D1676160

Walter Schulz

Philosophie in der veränderten Welt

Neske

1.–5. Tausend November 1972
6.–8. Tausend März 1974
9.–11. Tausend Mai 1976
© Verlag Günther Neske Pfullingen 1972. Schutzumschlag und Einband von Brigitte Neske. Gesamtherstellung: Buchdruckerei Wilh. Röck, Weinsberg. ISBN 3 7885 0047 6. Printed in Germany

Inhalt

Verwissenschaftlichung

11

Verinnerlichung

247

Vergeistigung
und Verleiblichung

335

Vergeschichtlichung

469

Verantwortung

629

Vorwort

Daß unsere Gegenwart eine Zeit des Umbruchs ist, ist allgemein bekannt und anerkannt. Ob es möglich ist, diesen Umbruch angemessen zu Begriffe zu bringen, erscheint vielen jedoch fraglich. Die wesentlich technologisch ausgerichteten Superstrukturen übergreifen, so heißt es, nicht nur die Handlungschancen des einzelnen, sondern auch dessen Verständnishorizonte. Aber selbst wenn die Aufgabe einer Orientierung in unserer Zeit als notwendig bejaht und als – zumindest im Grundsatz – lösbar deklariert wird, gilt es durchweg als ausgemacht, daß die *Philosophie* hier nichts Wesentliches zu sagen habe.

Die Philosophie hat – wir sprechen hier nur von der abendländischen Philosophie – von ihren Anfängen an zu den jeweiligen Problemen ihrer Zeit Stellung genommen, auch wenn sie nicht aktiv in das Leben eingriff. Sokrates und Plato, Augustin, Descartes, Kant, Nietzsche und Heidegger – um nur einige Namen zu nennen – bezeugen dies Vorgehen. Einen Höhepunkt erreicht die philosophische Zeitanalyse im Deutschen Idealismus bei Fichte und Hegel. Fichtes Philosophie ist – man denke an die »Grundzüge des gegenwärtigen Zeitalters« – eine kritische Auseinandersetzung mit seiner Zeit; und Hegel sucht – dies beweist vor allem die »Phänomenologie des Geistes« –, seine Epoche von ihrer geschichtlichen Entwicklung her zu orten, Philosophie ist, so sagt Hegel in der Vorrede zu »Grundlinien der Philosophie des Rechts«, »ihre Zeit in Gedanken erfaßt«.

Die philosophische Zeitanalyse, wie sie sich in der Tradition ausgebildet hat, gehört der Vergangenheit an. Sie ist für uns unwiederholbar, vor allem aus zwei Gründen. Einmal: der Philosoph dieser Epoche begreift seine Gegenwart auf dem Hintergrund eines Gesamtentwurfes des Ganzen des Seins; dieser Gesamtentwurf soll aber gerade nicht zeitbedingt sein, ihm kommt unbedingte Geltung zu, insofern er von einer Metaphysik getragen wird. Sodann: die Arbeit, die der Philosoph zu leisten hat, steht unter der Voraussetzung, daß die Philosophie das gesamte Reich des Geistes, das heißt vor allem die Wissenschaften, in formaler und inhaltlicher Hinsicht zu fundieren vermag. Hegels »Enzyklopädie der philosophischen Wissenschaften« ist aus dieser Überzeugung heraus konzipiert.

Heute hat die *Metaphysik* ihre Rolle ausgespielt. Jeder Versuch, eine Gesamtdeutung der Welt, die diese als in sich gültige Ordnung erfaßt, zu entwickeln, kann gegenwärtig nur als die Privatphilosophie eines einzelnen verstanden werden, an der die Zeit interesselos vorübergeht. Die *Wissenschaften* aber – und dies wiegt noch schwerer – haben sich offenbar endgültig von der Philosophie getrennt und sind selbständig geworden. Da die Wissenschaft heute jedoch den entscheidenden Zeitfaktor darstellt, ist die Philosophie solchermaßen an den Rand geraten. Sie erscheint, so meinen viele, als eine überflüssige Sache.

Wenn hier dennoch der Versuch unternommen wird, eine Erhellung der Gegenwart von der Philosophie her zu geben, so ist Bescheidung unumgänglich. Es kann sich nur um eine Orientierung handeln, die andeutenden und vorläufigen Charakter trägt. Es ist erfordert, daß die Philosophie sich selbst angesichts der veränderten Welt auf die ihr noch verbleibenden Möglichkeiten besinnt. Die Aufgabe einer philosophischen Orientierung in der Zeit als Orientierung der Philosophie über sich selbst ist aber als Aufgabe nur in Angriff zu nehmen, wenn der Philosoph entschieden in der Gegenwart seinen Standort nimmt und die dieser Zeit eigentümlichen Probleme wirklich unvoreingenommen durchdenkt, auch auf die Gefahr hin, daß er am Ende erkennen muß, daß der Philosophie in Zukunft nur noch außerordentlich geringe und sehr indirekte Einflußmöglichkeiten offen stehen werden. Aber wie auch immer das Ergebnis dieser Analyse sein mag, fest steht, daß sich philosophische Zeitorientierung als Zirkelverfahren vollzieht: die Philosophie orientiert sich über sich selbst, indem sie die Zeit in Gedanken zu erfassen sucht.

Der hier vorgelegte Versuch ist historisch und systematisch zugleich ausgerichtet. Er geht davon aus, daß eine *philosophische* Orientierung in der veränderten Welt nur möglich ist durch die Besinnung auf die *Geschichte der Philosophie*. Freilich wird diese Besinnung sich weitgehend von der gelehrten Philosophiegeschichte im Stile des späteren 19. Jahrhunderts unterscheiden müssen. Sie kann wesentlich nichts anderes sein als eine an den Problemen der Gegenwart ausgerichtete *Perspektivengeschichte*, die bewußt vereinfacht.[1]

Systematisch gesehen stehen die Analysen unter fünf Leitbestimmungen: Verwissenschaftlichung, Verinnerlichung, Vergeistigung und Verleiblichung, Vergeschichtlichung und schließlich Verantwortung. Diese Leitbegriffe entsprechen in gewisser Weise bestimmten Gebietseinteilungen der traditionellen Philosophie. Doch sind sie mit diesen keineswegs deckungsgleich. Die gegenwärtige Lage der Philosophie ist nicht zuletzt dadurch gekennzeichnet, daß eine eindeutige Gliederung nach Disziplinen fraglich geworden ist. Wir deuten den Sinn dieser Leitbegriffe kurz an, eine genauere Erläuterung erfolgt jeweilig zu Beginn der betreffenden Teile.

Das Thema »Verwissenschaftlichung«, das im *ersten Teil* behandelt wird, erscheint verglichen mit den Analysen der anderen Teile bei weitem am aktuellsten. Der Begriff »Verwissenschaftlichung« ist nicht gleichbedeutend mit der Bestimmung »Wissenschaft«. Wissenschaft ist von Aristoteles bis Descartes die Erkenntnis eines in sich gültigen Bezirkes der Natur, sei er anschaulich gegeben oder begrifflich vermittelt. Verwissenschaftlichung ist als ein Prozeß zu verstehen. In und durch diesen Prozeß wird die einfache Trennung von objektiver Gegenstandswelt und der diese erfassenden Subjektivität aufgehoben zugunsten eines Forschungsvorganges, in dem Subjekt und Objekt gleichermaßen verflochten sind. Nur von dieser Verflechtung her, die eine ganz neue Art der Wissenschaft darstellt – man denke etwa an die Kybernetik –, wird die Möglichkeit, Wissenschaft als Technologie planend einzusetzen, überhaupt verständlich. Von der Gebietseinteilung der Philosophie her wäre das hier zu Behandelnde der Wissenschaftstheorie, besser: der Philosophy of Science einzuordnen. Es ist in diesem Zusammenhang notwendig zu fragen, inwieweit die insbesondere vom »Logischen Positivismus« aufgebaute Wissenschaftsanalytik in der Lage ist, den in sich sehr komplexen Prozeß der Verwissenschaftlichung – auch in seinen praktischen Folgen – angemessen zu begreifen. Das Verhältnis von Wissenschaft und Philosophie von der Gegenwart her zu durchdenken, ist jedenfalls eine dringliche Aufgabe. Deswegen wurde dieser Teil an den Anfang unserer Arbeit gestellt.

Unter dem Titel »Verinnerlichung« wird im *zweiten Teil* die Epoche der klassischen Metaphysik und als deren Fortsetzung die Existenzphilosophie thematisiert. In philosophiegeschichtlichen Begriffen geredet: es handelt sich um die sogenannte »Philosophie der Subjektivität«. Daß wir hier die Bestimmung »Verinnerlichung« als Leitbegriff ansetzen, hat einen kritischen Sinn. Diese Epoche scheint von den Fragen der Gegenwart her gesehen als »Irrweg«, insofern hier die innere Welt nicht nur der äußeren vorgeordnet, sondern zum Prinzip erhoben wird. Diese Philosophie der klassischen Tradition gehört der Vergangenheit an. Ihre Durchleuchtung, einschließlich der Analyse der Existenzphilosophie, die die abendländische Metaphysik vollendet, muß sich wesentlich als Destruktionsgeschichte vollziehen. Diese Destruktionsgeschichte erscheint uns notwendig, wenn anders man die Problematik der Gegenwart angemessen begreifen will.

Die Leitbegriffe »Vergeistigung und Verleiblichung«, die dem *dritten Teil* vorangestellt werden, gehören zusammen. In diesem Teil thematisieren wir die Entwicklung der abendländischen Anthropologie. Wesentlich erscheint es, den Gegensatz von Vernünftigkeit und Triebhaftigkeit zu untersuchen, der die ganze abendländische Anthropologie durchzieht, im 19. Jahrhundert aber eine Umkehrung aufweist: nicht mehr die Vernunft, sondern die Triebschicht wird zur bestimmenden Macht. In der Gegenwart bahnt sich nun eine entscheidende Wandlung an: die anthropologischen Probleme werden in immer stärkerem Maße, zum Teil unter praktischem Aspekt, zu Fragen der einzelnen Verhaltenswissenschaften. Die philosophische Frage nach dem »Wesen« des Menschen tritt zurück.

Der *vierte Teil* »Vergeschichtlichung« behandelt die Geschichtsphilosophie. Das Nachdenken über das Problem des geschichtlichen Geschehens gehört zu den Grundaufgaben der abendländischen Philosophie. Seinen Höhepunkt erreicht es in der Epoche des modernen Historismus, die mit Hegels Philosophie einsetzt und über die Fundierungsversuche der Geisteswissenschaft bis zum späten Heidegger und der modernen Hermeneutik weithin das philosophische Denken bestimmt. Heute ist das Problem der Geschichte in den Hintergrund geraten, sowohl in der Wissenschaft als auch im allgemeinen Bewußtsein. Der Ahistorismus hat sich weitgehend durchgesetzt. Es erscheint uns im Gegenzug zu der Tendenz der Enthistorisierung notwendig, die Dimension der Geschichte als für den Menschen wesentlich herauszuarbeiten. Freilich wird zu zeigen sein, daß echte Vergeschichtlichung nicht von der geistesgeschichtlichen Durchleuchtung der Vergangenheit her, sondern nur unter dem Aspekt des Handelns auf die Zukunft hin möglich ist.

Der *fünfte Teil* behandelt das Gebiet der »Ethik«. Auf ihn sind der Konzeption nach alle vorausgehenden Analysen ausgerichtet, und insofern kommt ihm zentrale Bedeutung zu. Die Ethik hat in der traditionellen Philosophie eine maßgebende Stellung eingenommen. In der gegenwärtigen Philosophie ist sie an den Rand geraten oder wird nur unter dem Gesichtspunkt der Sprache und des logischen Argumentierens abgehandelt. Dieser »Entwertung der Ethik« entgegenzutreten, scheint uns geboten. Freilich kann eine zeitgemäße Ethik nicht mehr unter dem Gesichtspunkt einer privaten Innerlichkeitsmoral stehen, auch wenn sie, wie wir meinen, an dem fundamentalen Gegensatz von Gut und Böse unbedingt festhalten muß. Notwendig für die Ethik ist die Ausrichtung an konkreten Sachproblemen unter dem Aspekt der Gestaltung der Zukunft.

Formal gesehen sind alle fünf Teile parallel aufgebaut: auf eine sehr zusammengedrängte Darstellung der Grundansätze der Tradition folgt eine breitere Untersuchung der jeweiligen Gegenwart, und daran schließt sich eine systematisch-sachlich ausgerichtete Analyse der Möglichkeiten, die sich von der Gegenwart im Blick auf die Zukunft als zeitgemäße Notwendigkeiten ergeben. Freilich ist das Gewicht dieser Unterabschnitte in den einzelnen Teilen sehr unterschiedlich. Während dort, wo die zu behandelnde Thematik wesentlich der Vergangenheit angehört und nicht wiederholbar ist, die historische Analyse überwiegt – so insbesondere im zweiten Teil –, wird dort, wo die Problematik gegenwärtig aktuell und vordringlich ist oder sein sollte, die systematisch-sachliche Analyse zentral. So insbesondere im ersten und vor allem im letzten Teil.

Das *Nachwort* bringt eine Zusammenfassung der vorausgehenden Analysen. Es weist auf die Möglichkeit hin, die Philosophie als eine durch die geschichtliche Entwicklung bedingte Zeitanalyse anzusetzen, und diskutiert in diesem Zusammenhang die Bedeutung der von uns verwandten philosophischen Begriffe, insbesondere des Begriffes der Dialektik. Die Hauptaufgabe dieses Nachwortes ist es jedoch, noch einmal auf die leitende Intention, die alle Analysen zusammenschließt, hinzuweisen. Es liegt uns daran, die Strukturen eines *zeitgemäßen Wirklichkeitsbegriffes* zu entwickeln und diesen als für uns verbindlich herauszustellen: Wirklichkeit ist ein dialektisches Geschehen, das der Mensch ebenso vermittelt, wie er durch dieses Geschehen vermittelt wird.

Erster Teil
Verwissenschaftlichung

Zur Gliederung

Der erste Teil unserer Arbeit steht unter dem Thema »Verwissenschaftlichung«. Der unter diesem Begriff zu behandelnde Fragenkreis wird – wie wir schon im Vorwort betonten – an den Anfang unserer Analyse gestellt, weil die Wissenschaft die eigentlich bestimmende Größe unserer Epoche darstellt und als das Charakteristikum des Zeitalters angesehen werden kann. Wir diskutieren zwei Probleme. Einmal: die *Struktur der gegenwärtigen Wissenschaften* als solche und sodann das *Verhältnis von Wissenschaft und Philosophie*, wie es sich heute darstellt. Zwischen beiden Problemen besteht historisch und sachlich gesehen ein Zusammenhang, gleichwohl – und gerade dies soll herausgestellt werden – hat sich die Wissenschaft heute der Philosophie gegenüber so verselbständigt, daß sie der philosophischen Fundierung zu entraten vermag.

Die Struktur der heutigen Wissenschaft, die durch den Prozeß der Verwissenschaftlichung bestimmt ist, läßt sich nur verstehen in Abhebung gegen die Konzeptionen von Wissenschaft, die in der *Tradition* maßgebend waren. Verwissenschaftlichung ist keineswegs mit der Bestimmung »Wissenschaft« identisch. Verwissenschaftlichung ist vielmehr eine besondere Ausprägung von Wissenschaft, die auf bestimmten historisch gewordenen Voraussetzungen beruht. Dies sei vorgreifend durch einen kurzen Hinweis auf die *Wandlungen der Naturwissenschaft*, genauer: der *Physik*, herausgestellt.

Die antike Wissenschaft ist wesentlich Wissenschaft von der Natur. Natur ist eine in sich ruhende ewige Ordnung. Diese Ordnung zeigt sich in der teleologischen Bewegtheit des organisch Seienden und an den Erscheinungen des Himmels, den überirdischen Sphären. Das Erkenntnisprinzip ist hier die Anschauung, das heißt die unmittelbare Beobachtung der Phänomene selbst. Die neuzeitliche Wissenschaft seit Galilei und Descartes verläßt sich nicht mehr auf das sich Zeigende. Sie sucht, abstrakt und mathematisch vorgehend, durch den Sinnenschein hindurchzustoßen und das hinter der Erscheinung stehende Wesen zu erfassen. Ihr Erkenntnisprinzip ist dementsprechend das begreifende Denken. Aber dies Denken bezieht sich – mit Hegel gesprochen – auf das ruhige Reich der Gesetze. Das besagt: auch hier bleibt der antike Gedanke, daß Natur eine in sich gültige objektive Ordnung sei, bestehen. Eine erste Wandlung dieses Ansatzes zeigt sich im Denken Kants. Natur ist als Inbegriff von Gesetzen von der Subjektivität abhängig. Aber diese Subjektivität ist als transzendentale Bedingung ein System reiner und immer gültiger Grundbestimmungen. Erst die *Physik der Gegenwart* hebt die Idee einer objektiven in sich abgeschlossenen Weltordnung auf. Subjekt und Objekt können nicht mehr als isoliert voneinander gedacht werden. Sie sind nicht voneinander abzulösen. Die Welt der Natur wird zum unendlichen Forschungsfeld. Der Wissenschaftler hat als Forscher nun – dies ist für den Vorgang der Verwissenschaftlichung wesentlich – zwei Aufgaben zu leisten. Er bemüht sich nach wie vor darum, die Natur als solche zu erkennen. Aber diese Erkenntnis muß zugleich auf den Forschungsprozeß bezogen werden und zwar nicht nur im Blick auf die bereits vorliegenden Forschungsergebnisse der Vergangenheit, sondern auch unter dem Gesichtspunkt der prognostischen Potentialitäten der zukünftigen Forschung.

Die Voraussetzung und die Folge der Verwissenschaftlichung ist die »Vergleichgültigung der Wesensfrage«. Die Hoffnung, ein für allemal die Naturordnung auf den Begriff zu bringen, wird aufgehoben in der wissenschaftlichen Einstellung des Als ob: man fragt zwar immer noch nach dem Ganzen der Welt, als ob man es erkennen könnte, aber man weiß doch zugleich, daß dies unmöglich ist.[1]

Diese Zweideutigkeit wird im Wissenschaftsbetrieb zumeist nicht auf ihre Konsequenzen hin reflektiert. Die Forschung vollzieht sich weithin unter *pragmatisch-technologischen Gesichtspunkten*. Die Tendenz, den wissenschaftlichen Fortschritt zum Maß zu setzen, wird verstärkt durch die Tatsache, daß sich die Forschung – und dies ist ein weiterer Wesenszug der Verwissenschaftlichung – auf das gesellschaftliche Leben in zuvor kaum geahnter Radikalität auswirkt und dies Leben beständig verändert. Natürliche Weltsicht und wissenschaftliche Weltsicht werden aber nicht mehr einsichtig miteinander vermittelt. Im Gegenteil: die Wissenschaft erarbeitet sich eine eigene Welt, es gibt – mit Planck gesprochen – eine »Welt der Physik«. Die wissenschaftliche Weltsicht steht der natürlichen Weltsicht entgegen, aber keine von beiden Sichten gilt als die wahre.

Der eben in bezug auf die Physik angedeutete Wandel läßt sich auch in den *Verhaltenswissenschaften* aufweisen. Die modernen Sozialwissenschaften fragen nicht mehr wie die traditionelle praktische Philosophie nach dem Wesen des Menschen, sondern thematisieren zwischenmenschliche Bezüge unter dem Gesichtspunkt der Funktionalität. Die soziologischen Systeme stellen Theorien dar, die ständig an der Empirie zu prüfen sind. Aber die Empirie ist nicht die Wirklichkeit selbst – bezugsweise ein Ausschnitt aus ihr –, sondern steht bereits im Lichte der Theorie. Die Empirie ist das für die wissenschaftliche Fragestellung präparierte Forschungsfeld.

Noch eindeutiger zeigt sich die Wandlung des Wissenschaftsverständnisses, wenn man die Informationswissenschaften, insbesondere die *Kybernetik* im Wissenschaftskosmos zu orten sucht. Die Kybernetik kann nicht mehr von der traditionellen Wissenschaftskonzeption her, derzufolge Wissenschaft Erkenntnis einer feststehenden Wirklichkeit ist, begriffen werden. In der Kybernetik zeigt sich vielmehr ein neuer Wissenschaftsbegriff: Wissen ist Reflexion auf mögliches Wissen, das heißt: das Wissen soll sich im Sinn technologischer Steigerung ständig überholen.

Diese hier nur angedeutete Strukturwandlung der Wissenschaft zeigt, daß die Wissenschaft von Grund aus *unphilosophisch* geworden ist. Dem »Logischen Positivismus« kommt das Verdienst zu, diese Sachlage erkannt und diskutiert zu haben. Wenn man sich über das gegenwärtige Verhältnis von Philosophie und Wissenschaft angemessen orientieren will, muß man daher auf diese Philosophie zurückgreifen und ihre Entwicklung vom Beginn des »Wiener Kreises« bis zu den Theorien des späten Carnap studieren. Der Logische Positivismus will nicht mehr Erkenntnistheorie im klassischen Sinne betreiben. Insbesondere der transzendentale Ansatz, vom Subjekt her das Phänomen der Erkenntnis aufzurollen, wird abgelehnt. An die Stelle der Erkenntnistheorie tritt die *Wissenschaftstheorie*. Ihre Aufgabe ist es, Wissenschaft im Hinblick auf die Struktur ihrer Aussagemöglichkeiten hin zu fundieren. Die Wissenschaftstheorie, die heute als Philosophy of Science die philosophische Situation beherrscht, erscheint als der letzte Versuch, der Philosophie noch eine eigenständige Aufgabe zuzusprechen.

Dieser Versuch – das zeigt die Entwicklung des Positivismus – ist jedoch *zweideutig*. Auf der einen Seite werden nur methodologisch ausgerichtete sprachlogische Fragestellungen zugelassen, alle Gegenstandsprobleme sollen ausgeklammert werden. Auf der anderen Seite hält man jedoch an einem empiristischen Tatsachenglauben fest, und zwar nicht nur in der Frühzeit des Positivismus; alle wissenschaftliche Forschung muß auf Beobachtung zurückgehen oder mit dieser vermittelt werden. Zwischen beiden Ansätzen, der sinnlichen Gewißheit und dem Verstand – mit Hegel gesprochen –, findet keine dialektische Vermittlung statt. Beobachtungssprache und Theoriesprache werden als gesonderte Schichten übereinander geordnet, und es wird versucht – so der späte Carnap –, nun die Bestimmungen einer Wissenschaft jeweilig in eine dieser Dimensionen einzuordnen.

Dieses sehr summarische Bild der Entwicklung des Logischen Positivismus wird in den folgenden Untersuchungen genauer ausgezeichnet werden müssen.[2] Nur soviel sei jetzt in grundsätzlicher Hinsicht gesagt: die *Wissenschaftstheorie* hat sich innerhalb der Wissenschaftsformation durchgesetzt. Ihr Verdienst, etwa als logische Propädeutik, zum wissenschaftlichen Denken überhaupt zu erziehen, ist offensichtlich. Nichts wäre abwegiger, als gegen diese Entwicklung zu protestieren. Es ist aber zugleich offensichtlich: je allgemeiner und grundsätzlicher die Wissenschaftstheorie vorgeht, desto weniger vermag sie den Kontakt zur Wissenschaft zu wahren. Diese Wissenschaftstheorie expliziert richtige Einsichten, an denen die Forschung jedoch weithin vorbeigeht. *Stephen Toulmin* erklärt, daß Untersuchungen über »Induktion, Kausalität, ob die Ergebnisse der Wissenschaft wahr oder nur in hohem Maße wahrscheinlich seien, die Gleichförmigkeit der Natur, die kumulative Bestätigung von Aussagen durch Beobachtungen, die induktiven Verfahren..., die Wahrscheinlichkeitsrechnung« zwar interessant seien, das Bemerkenswerte sei jedoch, »daß sie für jeden, der die Physik aus praktischem Umgang kennt, irgendwie eine Aura von Unwirklichkeit an sich haben. Was da gesagt wird, mag luzide und gelehrt sein und an Folgerichtigkeit nichts zu wünschen übrig lassen, aber irgendwie scheint es daneben zu treffen. Es ist nicht faktisch falsch oder auf andere Weise fehlerhaft, es ist einfach irrelevant: die Fragen, die da so einwandfrei und gründlich diskutiert werden, haben mit Physik nichts zu tun. Die Gedankengänge und Verfahrensweisen hingegen, die man bei Wissenschaftlern wirklich beobachten kann, kommen nur selten zur Sprache«.[3]

Mag diese Äußerung, auf die wir noch zurückkommen werden, überspitzt formuliert sein. Daß hier ein für die Wissenschaftstheorie und die philosophische Fragestellung überhaupt wesentliches Problem angeschnitten wird, ist offensichtlich. Um nur ein weiteres Beispiel zur Verdeutlichung dieser Problematik zu geben: die Forderung logischer Propädeutiker, in der Wissenschaft nur eindeutige Begriffe zuzulassen, ist bisher von der forschenden Wissenschaft nicht erfüllt worden. Sie ist auch nicht erfüllbar. Wir werden herauszustellen haben, daß gerade die *Grundbegriffe* einer Wissenschaft – wie in der Physik die Bestimmung »Atom« oder in der Soziologie der Begriff »Rolle« – nicht eindeutig definiert werden können. Diese Begriffe fungieren als relativ offene Leitbegriffe für empirische Untersuchungen, und als solche sind sie nicht endgültig festlegbar.

Angesichts dieser Situation erscheint es angebracht, daß sich das Verhältnis von Philosophie und Wissenschaft im Gegenzug zu einer bis in die Gegenwart reichenden Tradition *umkehrt*. Der Philosoph muß seine traditionelle Vorzugsstellung aufgeben, das heißt, er muß darauf verzichten, die Wissenschaft begründen zu wollen. Er hat sich vielmehr in die Wissenschaften *einzuleben*[4], das heißt zu erkennen, was in diesen selbst geschieht. Ein solches Vorgehen wird, da kein Fachfremder die modernen Wissenschaften im einzelnen oder im ganzen überblicken kann, laienhaft bleiben. Gleichwohl erscheint es uns notwendig, daß sich die Philosophie dieser Aufgabe unterzieht, wenn anders sie die faktische Situation der Gegenwart, die von Grund aus durch die Verwissenschaftlichung bestimmt ist, begreifen will. –

Wir beginnen unsere Analyse mit einem Abschnitt, der den *Bezug von Philosophie und Wissenschaft unter dem Aspekt der Philosophie* thematisiert. Nach einem kurzen Hinweis auf *Husserl*, der als letzter Transzendentalphilosoph die weltlose Subjektivität als Ursprungsort der reinen Wissenschaft deklariert, thematisieren wir in einem zweiten Kapitel den *Logischen Positivismus*. Hier geht es uns – wie oben angedeutet – darum, die Wandlung des Positivismus herauszustellen. Wir thematisieren in einem ersten Abschnitt die Philosophie *Carnaps* und zeigen in einem zweiten Abschnitt, wie der Positivismus in der *sprachanalytischen Philosophie* aufgehoben wird. In einem dritten Kapitel weisen wir auf die Position *Poppers* hin, der innerhalb des Positivismus eine Sonderstellung zukommt.

Der zweite Hauptabschnitt sucht den *Strukturen der gegenwärtigen Wissenschaft* nachzufragen. Dies kann nur beispielhaft und in Ausschnitten geschehen. Wir thematisieren bestimmte Ansätze der *modernen Physik*, der *modernen Soziologie* und der *Kybernetik* – die Situation der Geisteswissenschaften wird im dritten Teil, der unter dem Thema »Vergeschichtlichung« steht, diskutiert. In allen drei Kapiteln dieses Abschnittes geht es uns darum, die oben angedeutete Wandlung der Idee von Wissenschaft aufzuweisen und solchermaßen auf die gegenwärtige Situation hinzuführen, das heißt zu zeigen, daß die Wissenschaft als Forschung eine »zweideutige Dimension« darstellt. Diese Zweideutigkeit ist legitim. Sie an vergangenen Konzeptionen der Wissenschaft zu messen, wäre verfehlt und unzeitgemäß. Diese Zweideutigkeit kann vielmehr als Anzeichen dafür angesehen werden, daß sich auch in der gegenwärtigen Wissenschaft ein *neuer Wirklichkeitsbegriff* durchsetzt, dessen Kennzeichen die Aufhebung eines statischen Gegenstandsbezuges zugunsten eines *dialektischen Wechselverhältnisses von Subjekt und Objekt* ist. Da wir in diesen Analysen zum Teil auf spezifische Fragestellungen der Forschung eingehen müssen, erläutern wir, um die Orientierung zu erleichtern, zu Beginn dieser drei Kapitel – unter der Überschrift »Zur Gliederung« –, welchen Themenkreisen wir uns jeweilig zuwenden.

Zum Abschluß dieses Vorwortes sei noch eine Bemerkung angefügt. Verwissenschaftlichung ist, so sagten wir, durch ein Zweifaches charakterisiert, einmal durch die Aufhebung des unmittelbaren Gegenstandsbezuges zugunsten der Konstitution der Wissenschaft als Forschung und sodann durch den pragmatisch-technologischen Bezug, dessen Folge die radikale Umgestaltung unserer Lebenswelt ist. Beide Bestimmungen hängen aufs engste zusammen. Wir klammern in diesem Teil jedoch den Lebensbezug der Wissenschaft weitgehend aus und thematisieren ihn im fünften Teil der Arbeit unter dem Leitbegriff der Verantwortung, denn die hier wesentlichen Probleme lassen sich nur im Rahmen einer *zeitgemäßen Ethik* klären. Der erste Teil weist also auf den letzten Teil hin. Die Zwischenteile sind als Vermittlung zwischen beiden Teilen gedacht, sie explizieren das über Verwissenschaftlichung Gesagte insbesondere in geschichtlicher Hinsicht und bereiten zugleich die Erörterung der ethischen Probleme vor.[5]

A. Der Bezug von Philosophie und Wissenschaft unter dem Aspekt der gegenwärtigen Philosophie

Vorbemerkung: Die Aufhebung der traditionellen Wissenschaftseinteilung und die Vieldeutigkeit der philosophischen Einstellung zur Wissenschaft

Die neue Situation der Wissenschaft, deren Kennzeichen die radikale Verwissenschaftlichung ist, ist durch den Gang der Wissenschaft selbst entstanden. Innerhalb der Entwicklung ihres eigenen Forschens und nicht von außen her ergab sich die Möglichkeit und Notwendigkeit, die Wissenschaft als eine sich durch sich selbst bestimmende Dimension anzusetzen. Zu diesem Ansatz gehört es, daß die Klärung der Grundbegriffe einer Wissenschaft – z. B. in der Physik die Klärung der Bestimmung von Raum, Zeit und Kausalität und die Frage des Bezuges zur gegenständlichen Realität – nun zur Sache der Wissenschaft selbst geworden ist. Die Fundierung der Wissenschaft ist also nicht mehr von der Philosophie zu leisten. Eine Philosophie, die versuchen wollte, allgemeine Schemata zu entwerfen, in die dann die Wissenschaften einzuordnen wären, wäre ein verfehltes Unternehmen. Es geht nicht mehr an, das System der Wissenschaften als ein Universum in formaler und inhaltlicher Hinsicht von einer umgreifenden Vernunft aus a priori zu konstruieren.

Die Schwierigkeiten, denen sich die Philosophie heute ausgesetzt sieht, wenn sie ihr Verhältnis zur Wissenschaft klären will, sind also außerordentlich. Wir suchen sie nun ein wenig genauer zu charakterisieren. Zunächst: die *traditionellen Gebietseinteilungen* der Wissenschaften sind fraglich geworden. Verselbständigung und Spezialisierung der einzelnen Wissenszweige bestimmen die Lage. Gleichzeitig zeigen sich jedoch insbesondere in der Naturwissenschaft »Überschneidungen«. Eine Zusammenarbeit wird aktualisiert, in der eine enge Gebietsabgrenzung gerade aufgehoben ist. Man denke an die Grundlagenforschung in der Chemie, der Physiologie und der Biologie. Aber nicht nur innerhalb der *Naturwissenschaft* ist die Abgrenzung der verschiedenen Wissenschaften problematisch. Die erst im späteren 19. Jahrhundert erarbeitete Konsolidierung der *Geisteswissenschaften* den Naturwissenschaften gegenüber ist heute fraglich geworden. Die Geisteswissenschaften werden zwar unter dem Aspekt einer Erhellung der Vergangenheit in den philosophischen Fakultäten der Hochschulen gepflegt. Sie bestimmen jedoch nicht mehr das Bild der heutigen Wissenschaft. Die Frage wird aufgeworfen, welchen Sinn für das Ganze der Wissenschaft die Geisteswissenschaften heute überhaupt noch haben. Man diskutiert das Problem, ob den Geisteswissenschaften eine Aufgabenstellung zukommt, deren Bewältigung eine besondere *Methode* erfordert. Es ist ein Faktum, daß Methoden der Naturwissenschaft in die Geisteswissenschaften eindringen. In der *Psychologie* ist die experimentelle Methode und zwar in der Form der mathematisch-statistischen Fragestellung so zentral geworden, daß es Bestrebungen gibt, diese Wissenschaft, die in der Tradition den Geisteswissenschaften zugerechnet wurde, in die naturwissenschaftliche Fakultät einzugliedern. Auch die heutige *Soziologie* ist keine Geisteswissenschaft mehr. In dieser Wissenschaft stehen historische Untersuchungen und sozialphilosophische Gesamtanalysen nur noch am Rande. Ins Zentrum ist die sogenannte empirisch-analytische Forschung getreten, die sich weitgehend ebenfalls der mathematisch-statistischen Methode bedient. Die Frage taucht auf, ob die Sozialwissenschaften nicht einen neuen Typus von Wissenschaft überhaupt darstellen, der in das Schema Natur/Geisteswissenschaft nicht einzuordnen ist. Und diese Frage ist um so dringlicher, weil gerade diese Wissenschaften heute eine maßgebende Rolle spielen. Der gesellschaftliche Bereich ist wesentlich verwissenschaftlicht, und die Vermutung, daß diese Wissenschaften gerade in ihrer Verbindung zur Praxis hin in Zukunft die tragenden Disziplinen werden könnten, ist nicht von der Hand zu weisen.[1]

Zeigt also bereits ein kurzer Blick auf die heutige Situation der Wissenschaften, wie problematisch deren Einstellung und Abgrenzung gegeneinander geworden ist, so wird die Lage noch unübersichtlicher, wenn man nach dem Verhältnis fragt, in dem die *Philosophie* heute zur Wissenschaft steht. Auf der einen Seite begegnet man einer schroffen Ablehnung der neuzeitlichen Wissenschaftsgesinnung durch die Philosophie. *Heideggers* Wort: »Die Wissenschaft denkt nicht« ist als ein Verdikt über die gesamte neuzeitliche Wissenschaft gemeint.[2] Es gilt aber insbesondere für die *Naturwissenschaft,* denn in bezug auf die *Geisteswissenschaften* ist festzustellen, daß zwar nicht Heidegger selbst, wohl aber ein großer Teil seiner Schüler die Philosophie in eine sehr enge Nähe zu den Geisteswissenschaften zu bringen sucht. Die Entwicklung, die von Hegel über die historische Schule zu Dilthey führt, wird hier fortgesetzt und zwar in einer so intensiven Form, daß Philosophie geradezu in Geisteswissenschaft und umgekehrt Geisteswissenschaft in Philosophie aufgehoben wird. Die Probleme der Sprache und der Hermeneutik stehen hier im Vordergrund, und die Ausklammerung der Naturwissenschaften ist in inhaltlicher und methodischer Hinsicht noch radikaler als bei Dilthey vollzogen worden.[3] In striktem Gegensatz zu diesem Ansatz stehen alle die Richtungen der Philosophie, die sich auf die *Naturwissenschaft* beziehen. Die hier leitende Tendenz ist zunächst eine negative: die klassische in Hegel kulminierende Tradition und ebenso ihre Fortführung in den Geisteswissenschaften wird negiert. Philosophie soll sich den empirischen Wissenschaften anschließen. Es muß nun aber unterschieden werden, an welche naturwissenschaftliche Disziplinen diese Denker anknüpfen. Hier ist einmal die moderne, durch den späten Max Scheler inaugurierte *philosophische Anthropologie* zu nennen, die auf die *Biologie* zurückgreift. Man will nicht mehr allgemein nach dem Menschen fragen oder den Menschen gar metaphysisch durch einen Vergleich mit Gott bestimmen. Das Wesen des Menschen wird vielmehr in und durch Abhebung gegen das Tier zu deuten gesucht.[4] Gleichwohl darf man die Bedeutung der Anthropologie für die Konstituierung des Bezuges von Philosophie und Naturwissenschaft nicht überschätzen. Einmal: für die Anthropologen sind nur bestimmte Bereiche der Biologie, insbesondere die Verhaltensforschung, wesentlich; diese Bereiche sind aber in der heutigen Biologie gar nicht mehr die entscheidenden, insofern im Zentrum dieser Wissenschaft heute chemische und physiologische Forschungen stehen. Und sodann:

Vorbemerkung: Die Aufhebung der traditionellen Wissenschaftseinteilung 19

die Anthropologen selbst sind in ihren Untersuchungen darauf aufmerksam geworden, daß für die wissenschaftliche Bestimmung des Menschen mindestens ebenso wichtig wie die biologische Fragestellung, das heißt konkret der Vergleich zum Tier, die soziologische Analyse, das heißt die Untersuchung der gesellschaftlichen Lebenswelt des Menschen, ist. In Amerika und Deutschland ist der Trend der Anthropologie zur Soziologie hin nicht zu verkennen.[5] Stärker als der Bezug der Philosophie zur Biologie ist heute der Bezug der Philosophie zur »exakten Naturwissenschaft«, insbesondere zur Physik. Führend ist hier der *Logische Positivismus*, der von der sogenannten »Wiener Schule« ausging. Allerdings ist hier sogleich eine nähere Erläuterung angebracht. Es geht dem Logischen Positivismus nicht oder zumindest nicht primär um die Verbindung von konkreter physikalischer Forschung und Philosophie. Sein Grundanliegen ist es vielmehr, die Struktur der Wissenschaft überhaupt herauszuarbeiten in Anlehnung an das Ideal der Wissenschaften, das nach Meinung der Positivisten allein die exakte Naturwissenschaft verwirklicht hat. Philosophie wird zur Wissenschaftstheorie. Ihre erste Aufgabe ist es, die Philosophie selbst als Wissenschaft zu konstituieren, das heißt, sie von weltanschaulichen Aspekten zu befreien. Der Logische Positivismus ist innerhalb der gegenwärtigen Philosophie der maßgebende Versuch, Wissenschaft von der Philosophie her zu fundieren. Er hat andere Ansätze, die Wissenschaft zu begründen, zurückgedrängt, so den *Neukantianismus*, aber auch die Phänomenologie *Husserls*, die noch vor Jahrzehnten eine wesentliche Rolle spielte.

Dieser kurze Hinweis macht bereits deutlich, daß eine Analyse des Verhältnisses von Philosophie und Wissenschaft in der Gegenwart ein problematisches Unterfangen ist. Wir geben kurz an, welchen Weg unsere Untersuchung nimmt. Die Erörterung der Lage der Geisteswissenschaften wird hier ganz beiseite gelassen – im vierten Teil werden wir die faktische Situation der Geisteswissenschaft und die sich aus dieser ergebenden Möglichkeiten ausführlich diskutieren. Jetzt beschränken wir uns auf die Frage nach dem Verhältnis der Philosophie zu den Naturwissenschaften und den Verhaltenswissenschaften. Auch diese Problematik muß noch einmal genauer eingegrenzt werden. Wir fragen in diesem Abschnitt nach dem Verhältnis der Wissenschaft und Philosophie unter dem Aspekt der *Philosophie* und nicht unter dem Aspekt der Wissenschaft. Beide Aspekte sind zu unterscheiden. Wir haben oben bereits angedeutet, daß die Wissenschaften sich von der Philosophie abgekehrt haben. Ihre Strukturen und ihre Verfahrensweisen in inhaltlicher und in formaler Hinsicht sind wesentlich nur von ihnen selbst her und nicht mehr von der Philosophie her zu diskutieren. Wir werden uns im nächsten Abschnitt dieser Aufgabe unterziehen. Die Analysen des folgenden Abschnitts sind also in gewisser Hinsicht zeitgemäßer und sachangemessener, insofern sie eben dieser Wandlung im Verhältnis von Philosophie und Wissenschaft Rechnung tragen.

Wenn wir jetzt umgekehrt vorgehen, das heißt, das Verhältnis von Wissenschaft und Philosophie vom Aspekt der Philosophie her thematisieren, so besagt dies aber nicht, daß wir etwas bereits Überholtes tun. Der Versuch, die Wissenschaften philosophisch zu begründen, das heißt eine allgemeine Wissenschaftstheorie zu konstituieren, kennzeichnet heute weithin die philosophische Situation. Die Philosophie scheint nur auf diesem Weg noch ihr Daseinsrecht behaupten zu können. Vor allem aber: die hinter diesem Versuch stehende Gesinnung – es ist dies insbesondere die vom Logischen Positivismus praktizierte Einstellung zur Wissenschaft – hat sich auch in den Wissenschaften selbst weithin durchgesetzt, ein Beispiel ist der später zu besprechende sogenannte Positivismusstreit in der Soziologie. Man kann daher die Wandlungen der Wissenschaft und insbesondere der Wissenschaftsgesinnung in der Gegenwart nur diskutieren, wenn man eben die Versuche der Philosophie, die Wissenschaft theoretisch zu fundieren, ihrem Ansatz und ihrer Durchführung nach thematisiert.

Unsere Analyse nimmt folgenden Gang: in einem ersten Kapitel diskutieren wir *Husserls* Bemühungen, die Wissenschaft durch Rückgriff auf die reine Subjektivität zu begründen. Dieser Abschnitt ist relativ kurz, denn Husserls Vorgehen ist heute nicht mehr als maßgebend zu betrachten. Das zweite Kapitel thematisiert den »Logischen Positivismus«. Wir werden hier insbesondere die Probleme entwickeln, die sich im Positivismus aus der Reduktion der Philosophie auf Wissenschaftstheorie ergeben haben. Diese Untersuchung muß relativ ausführlich vorgehen, wenn anders sie der oben erwähnten Tatsache Rechnung tragen will, daß der Positivismus heute zu den maßgebenden Philosophien zählt. Im ersten Teil dieses Kapitels behandeln wir die Entwicklungsgeschichte des Positivismus insbesondere durch Rückgriff auf die Philosophie *Carnaps*. Und im zweiten Teil thematisieren wir die Aufhebung des Positivismus in der modernen *Sprachanalytik*. Das dritte Kapitel untersucht die Philosophie *Poppers*, dessen Anliegen es ist, eine Logik der Forschung unter dem Gesichtspunkt eines kritischen Rationalismus zu etablieren.

In all diesen Analysen geht es primär darum, die Situation als solche zu beschreiben. Eine eigentlich kritische Auseinandersetzung mit den dargelegten Positionen ist nur möglich, wenn man sich die Wandlungen der Wissenschaften von deren eigenen Ansätzen her verdeutlicht. Dies geschieht im zweiten Abschnitt, in dem wir zu zeigen suchen, wie in der Physik und in den Sozialwissenschaften Ansätze des Positivismus verarbeitet werden.

Erstes Kapitel
Husserl: Die weltlose Subjektivität als Ursprungsort der reinen Wissenschaft[1]

Husserls Philosophie, insbesondere seine spätere Philosophie, kann als Vollendung der Philosophie der Subjektivität angesehen werden. Als solche werden wir sie im zweiten Teil unter der Überschrift »Das reine Bewußtsein als Forschungsfeld« thematisieren. Dieser Titel zeigt an, daß es Husserls Anliegen ist, die Subjektivität in das Zentrum seiner Philosophie zu stellen und sie als das eigentlich zu untersuchende »Gebiet« auszugeben, von dem her *Wissenschaft überhaupt* zu begründen ist. Dieser Aspekt soll nun im folgenden eigens herausgestellt werden.

Die Fundierung der Wissenschaft durch die Philosophie ist nur möglich durch den Rückgang in die *transzendentale Dimension*. Es genügt nicht, den Geltungssinn von Sätzen zu thematisieren und eine kategoriale Grammatik zu entwerfen, wie es Husserl selbst in den »Logischen Untersuchungen« tat. Philosophie ist mehr als Klärung theoretischer Aussagemöglichkeiten. Sätze sind nicht an sich gültige Gebilde, sondern Leistungen der transzendentalen Subjektivität, die als solche, wie Husserl immer wieder betont, kein innerweltliches Ich ist. Der Philosoph muß also diese Subjektivität, die nicht gegeben ist, erst konstituieren. Er geht von der Subjektivität des Forschers aus, denn diese ist zunächst ja allein gegeben. Diese Subjektivität soll nun durch gewisse Überlegungen zur weltlosen Subjektivität gereinigt werden.

Der wissenschaftliche Forscher, aber auch der naive Philosoph, sind welthaft gebunden. Sie leben von sich weg »in die Welt hinein«. Die hier leitende Generalthesis besagt: die Welt ist eine gegebene Wirklichkeit, die alles innerweltlich Seiende umfaßt. Wenn nun der Philosoph sich aus der Welt herausnehmen soll, dann muß er sich des »Seinsglaubens«, auf dem ja die naive Hingabe an die Welt beruht, enthalten. Er darf nicht an der Welt interessiert sein, sondern er hat sich als der uninteressierte Zuschauer zu etablieren. Husserl legt diese Umwendung des öfteren sehr lichtvoll dar. Wir zitieren eine Stelle aus »Cartesianische Meditationen«: »Wir können, was hier vorliegt, auch so beschreiben: Nennen wir das natürlich in *die Welt* hineinerfahrende und sonstwie hineinlebende Ich an der Welt *interessiert,* so besteht die phänomenologisch geänderte und beständig so festgehaltene Einstellung darin, daß sich eine Ichspaltung vollzieht, indem sich über dem naiv interessierten Ich das phänomenologische als *uninteressierter Zuschauer* etabliert. Daß dies statthat, ist dann selbst durch eine neue Reflexion zugänglich, die als transzendentale abermals den Vollzug eben dieser Haltung des *uninteressierten* Zuschauers fordert – mit dem ihm einzig verbleibenden Interesse, zu sehen und adäquat zu beschreiben.«[2] Diese Ichspaltung beruht auf einer *Reflexion*. In der phänomenologischen Einstellung trennt das Ich sich als philosophisch reflektierendes ab und macht das naive, d. h. das in die Welt hineinlebende Ich mit seinen Vollzügen zu seinem Gegenstand. Dies heißt aber – dies muß in aller Schärfe betont werden, wenn anders man den ursprünglichen Sinn der »transzendentalen Epoché«, d. h. der Einklammerung des Weltglaubens, verstehen will – das transzendentale Ich ist eigentlich gar nicht tätig. Tätig ist allein das reflektierte vergegenständlichte Ich. Der Transzendentalphilosoph nimmt als Philosoph nicht wahr, er erinnert sich nicht oder er wünscht nicht, jedenfalls nicht in unmittelbar welthafter Weise. Er will nur erfassen, was das reflektierte Ich »tut«.

Daß dies Verfahren der *Reflexion* eine Bereicherung impliziert, ist offensichtlich. Der Reflektierende sieht mehr als der Naive. Um ein einfaches Beispiel zu geben: habe ich einen Aschenbecher vor mir und reflektiere ich mich als den, der den Aschenbecher sieht, so vermag ich mich als auf den Aschenbecher bezogen zu erfassen. Ich vermerke etwa, daß der Aschenbecher perspektivisch gegeben ist, daß ich die nicht direkt wahrnehmbare Rückseite ebenso wie die Standfestigkeit des Aschenbechers »mitsehe«, und daß der Aschenbecher in einem räumlichen »Horizont« steht. Natürlich vollzieht sich die Beobachtung der Erlebnisse im »Inneren«. Aber dieses Innen ist keine Innenwelt, die als ein Teil der ganzen Welt gegen die Außenwelt abgegrenzt wäre, so daß man nun nach dem Verhältnis beider Weltteile zueinander zu fragen gezwungen wäre. Die Innensphäre ist auf ihre Inhalte hin betrachtet nichts anderes als die Welt, in die das natürliche Ich hineinlebt; nur wird eben in der Epoché diese Welt zum *Forschungsfeld* des Philosophen erhoben, der nun reflektierend auf die Akte des faktischen Lebens achtet, um deren Wesensmöglichkeit aufzudecken. Der Philosoph nimmt also eine *künstliche Haltung* an, aus der er notwendig in die Lebenswirklichkeit wieder zurückfällt. Philosophische und natürliche Einstellung sind Gegensätze. Sie heben sich gegenseitig auf. Wenn ich reflektiere, vermag ich nicht naiv zu leben und umgekehrt. Husserl betont dies immer erneut. Aber beide Einstellungen bleiben aufeinander bezogen im Sinn gegenseitiger Bedingung. Der Philosoph zeigt die Leistungen und Akte, die als solche dem naiven Menschen unbekannt sind, auf; in diesem Sinn ist es angemessen zu sagen, daß der Philosoph diese Akte »begründet«. Aber dies Begründen ist als Aufdeckung der Leistungsstruktur dieser Akte auf die faktischen Leistungen des naiven Bewußtseins angewiesen. Es »lebt« von dessen Weltbezug. Es ist ja der dialektische Sinn der Einklammerung, daß die Welt nicht mit innerer Notwendigkeit als positiv seiend hingenommen werden *muß*; wäre dies der Fall, dann wäre die Reflexion als künstliche Haltung nicht möglich. Gleichwohl darf die Welt nicht absolut genichtet werden, denn dann entzöge sich die Reflexion mit ihrem Gegenstand den Boden, auf dem sie steht.

Wir haben diesen dialektischen Ansatz herausgestellt, um nun zu zeigen, daß Husserl ihn gerade nicht durchhält. Die Tendenz, das Innere für sich zu setzen und als *abgetrenntes apriorisches* Reich der natürlichen Welt vorzuordnen, setzt sich immer stärker durch. Der späte Husserl erklärt, das Ego sei ein unendliches, in sich abgeschlossenes, absolut eigenständiges Reich. Wir heben die für unser Problem der Wissensbegründung entscheidenden Folgen dieser Fürsichsetzung hervor.

Es ist zunächst von der auffälligen Tatsache auszugehen, daß sich Husserl in seinen Aktanalysen nicht auf die Welt, wie sie die Wissenschaft darstellt, bezieht, sondern auf das *natürliche Bewußtsein*. Die Tendenz, dies natürliche Bewußtsein herauszustellen, wird immer stärker, und die Untersuchung der *Lebenswelt* tritt immer mehr ins Zentrum der Analysen. Gleichwohl: Husserl untersucht diese Lebenswelt nicht, um sie als wirkliche Welt herauszustellen. Der Vorrang, den sie erhält, gründet darin, daß die Lebenswelt allein der »passende Gegensatz« zur transzendentalen Reflexion ist und daher gleichsam den Blick des Philosophen auf sich zieht. Konkret: Das in der Lebenswelt lebende Ich »leistet«, aber es leistet eben ohne reflektiertes Wissen um seine Leistung. Es ist naiv, und diese Naivität gehört zur Lebenswelt. Dieser Welt entspricht es eben, daß der Mensch *unmittelbar* in sie hineinleben muß, weil er schon immer in ihr ist und sie nicht durch freie Entscheidung gewählt hat. Alle Meinungen, die der naive Mensch über diese Welt ausbildet, sind schon vom Leben in ihr bestimmt. Gerade dieser Naivität entspricht aber *gegenteilig* die transzendentale Reflexion. Diese trifft hier nicht nur auf die tiefste Schicht auf, sondern sie hat hier ja allein die Möglichkeit, das *reine Faktum* der Leistung zu untersuchen. Das reine Faktum aber ist das Faktum, das noch nicht durch eine falsche Philosophie verunreinigt ist. Der Transzendentalphilosoph kann – das hat bereits Fichte gesehen – seine Aufgabe, eine Bewußtseinsanalyse durchzuführen, nur erfüllen, wenn er bei dem naiven Bewußtsein und nicht bei dem verfälschenden dogmatisch philosophierenden Weltglauben ansetzt.[3] Freilich hebt die Transzendentalphilosophie das naive Bewußtsein auf, insofern dieses ja in Vergessenheit seiner Leistung lebt, weil es gar nicht philosophiert. Aber eben diese Aufhebung ist die *genuine* Auslegung dieses Bewußtseins selbst. Es wird nur gezeigt, was dieses schon faktisch in seinen Leistungen tut und tun muß. Grundsätzlich gesagt: Die Lebenswelt ist als faktische immer schon im Recht. Hier kann noch gar nicht von Verfehlung die Rede sein. Verfehlung gibt es erst in der Dimension der *Wissenschaft* und der *Philosophie*. Und eben die *traditionelle* Wissenschaft und die *traditionelle* Philosophie haben nun, so erklärt Husserl, eine solche Verfehlung nicht nur nicht verhindert, sondern sie gerade gefördert. Das nachzuweisen, ist Husserls Anliegen. Genauer: Husserl sucht zu eruieren, daß die traditionelle Wissenschaft und die traditionelle Philosophie zweideutig sind. An sich sind sie im Recht, wenn sie das naive Leben aufheben, aber dies geschieht in einer weder diesem Leben noch der echten Transzendentalphilosophie angemessenen Form. Deswegen muß die Aufgabe einer angemessenen Begründung der Wissenschaft gleichzeitig mit der *Destruktion* der traditionellen Wissenschaft und der traditionellen Philosophie zusammenfallen.

Husserl stellt zwei Grundcharaktere von Wissenschaft überhaupt heraus. Es ist dies einmal die Notwendigkeit einer Aufhebung des naiven Bewußtseins zugunsten des *Primates des theoretischen* Geistes. Diesen Anfang – es ist historisch gesehen der Anfang der europäischen Kultur, ihrer Philosophie und Bildung – leisteten die *Griechen*. Zur Wissenschaft gehört ferner die Notwendigkeit einer *Selbstfundierung* durch Besinnung auf die Grundbestimmungen, die die Wissenschaft als Wissenschaft ermöglichen. Diese Aufgabe nahm die *neuzeitliche Philosophie* und *Naturwissenschaft* auf. Husserl – dies wird insbesondere in dem Werk »Die Krisis der europäischen Wissenschaften und die transzendentale Phänomenologie«[4] deutlich – bezieht sich vor allem auf Descartes, Galilei und die englischen Empiristen. Er nimmt den Grundzug dieser neuzeitlichen Wissenschaft, die Tendenz zur Selbstbegründung, auf. Husserls Ideal der Wissenschaft ist entscheidend durch die neuzeitliche Wissenschaft bestimmt. Dies zeigt sich auch und gerade dann, wenn er sich zu deren Verlauf kritisch einstellt.

Die Begründung der Wissenschaft geschieht wesentlich als *Konstituierung der jeweiligen Region* einer Wissenschaft. So muß durch Klärung dessen, was »Natur« besagt, die Naturwissenschaft fundiert werden, wobei zur Klärung der Bestimmung Natur nicht nur die Explikation der Begriffe »Raum« und »Zeit« im wissenschaftlichen Sinne gehören, sondern auch und vor allem die Explikation des Begriffs des naturhaft Seienden, das durch dingliche Materialität ausgezeichnet ist. In den Anfangspartien von *Heideggers* Werk »Sein und Zeit« wird diese Aufgabe der Wissenschaftsbegründung im § 3 unter dem Titel: »Der ontologische Vorrang der Seinsfrage« noch einmal wiederholt. In bezug auf Klärung der Grundbegriffe heißt es dort: »Grundbegriffe sind die Bestimmungen, in denen das allen thematischen Gegenständen einer Wissenschaft zugrundeliegende Sachgebiet zum vorgängigen und alle positive Untersuchung führenden Verständnis kommt. Ihre echte Ausweisung und ›Begründung‹ erhalten diese Begriffe demnach nur in einer entsprechend vorgängigen Durchforschung des Sachgebietes selbst ... Sie ist produktive Logik in dem Sinne, daß sie in ein bestimmtes Seinsgebiet gleichsam vorspringt, es in seiner Seinsverfassung allererst erschließt, und die gewonnenen Strukturen den positiven Wissenschaften als durchsichtige Anweisungen des Verfahrens verfügbar macht.«[5]

Husserl fragt nun, warum die traditionellen Wissenschaften diese Aufgabe der Selbstbegründung nicht angemessen geleistet haben. Das Versagen der traditionellen Wissenschaften ist nach ihm genau bestimmbar, denn es ist grundsätzlicher Art. Die traditionellen Wissenschaften sind positive Wissenschaften, insofern sie durch den Seinsglauben an die Welt bestimmt bleiben. Die neuzeitliche Physik ist durchweg objektivistisch orientiert, trotz oder gerade wegen ihres Zuges zur Mathematisierung. Das »verhängnisvolle Mißverständnis« und »die Unklarheit über den Sinn der Mathematisierung« zeigt sich, so meint Husserl, nur allzu deutlich, wenn man bedenkt, daß die Mathematik in Verbindung mit der Physik Weltwissenschaft sein will. Die Forscher sehen zwar von den sinnlichen Qualitäten ab, aber sie vermeinen, mit den mathematischen Bestimmungen das wirkliche Wesen der Natur zu treffen. Ihr Grunddogma lautet: »Die Natur ist in ihrem ›wahren Sein an sich‹ mathematisch«.

Dieser Glaube entspringt der Meinung, daß es Wissenschaft überhaupt mit der Weltwirklichkeit zu tun hat. Diesem Objektivismus entspricht aber – das zeigt Husserl sehr ausführlich – der *traditionelle Subjektivismus*. Die Grundbegriffe werden so bei Descartes in der Subjektivität begründet, aber diese Subjektivität wird als welthaft Seiendes gefaßt. Es ist offensichtlich: Husserl mißt die traditionelle Wissenschaft an seiner eigenen Idee von Wissenschaft, d. h. an der Transzendentalphilosophie, die von einer *weltlosen* Subjektivität ausgeht, deren Ursprung die durch reine Reflexionsstellung gewonnene Einklammerung des Weltglaubens ist. Die Verfälschung der traditionellen Wissenschaften liegt also darin, daß diese naiv bleiben, insofern sie sich auf Welt beziehen, anstatt sich in der reinen Subjektivität anzusiedeln.

Die moderne Wissenschaft ist *bodenlos* im Gegensatz zum natürlichen Bewußtsein *und* zur echten Transzendentalphilosophie. Die naive Einstellung ist ursprüngliche Befangenheit – man ist in die Lebenswelt hineingeboren –, die wissenschaftliche Einstellung dagegen beruht auf freiem Entschluß. Dieser Entschluß setzt zwar Ansätze des naiven Weltverhaltens fort, das heißt der Forscher führt die Abstraktionen des naiven Menschen weiter. Es ist davon auszugehen, daß die Lebenswelt im Sinne Husserls eine Kulturwelt ist. Gleichwohl: Der Entschluß zur Wissenschaft ist ja der Entschluß zur Konstitution einer wissenschaftlichen Welt und als solcher eben doch ein Neuanfang. Der Neuanfang aber, wie ihn die neuzeitliche Wissenschaft durchführt, ist verhängnisvoll. Die Wissenschaft reißt sich zwar vom Urboden der Lebenswelt los, ohne jedoch den neuen Boden der Transzendentalphilosophie zu erreichen. Dadurch wird sie selbst eben zweideutig. Verschärft gesagt: diese Wissenschaft spiegelt einerseits eine Naivität vor, die sie nicht mehr besitzt, und sie spiegelt andererseits eine transzendentale Reflexion vor, die sie noch gar nicht richtig durchzuführen vermag. Die Wissenschaft wird zweifach schuldig, nicht nur an der Idee der reinen Wissenschaft, sondern auch an dem Faktum der Lebenswelt. Die Wissenschaft bleibt zwar im Urglauben der naiven Lebenswelt befangen, dem Glauben an die Realität der Welt, aber der Forscher trachtet doch andererseits danach, diese Lebenswelt zu begreifen und sie zu verändern auf Grund seiner wissenschaftlichen Analysen, und damit unterläuft er störend das naive Lebensbewußtsein. Der Transzendentalphilosoph tut dies aber nicht; er beläßt gerade das naive Lebensbewußtsein in seiner ursprünglichen Naivität, und er vermag dies, weil er einen *ganz* anderen Boden, die *weltlose* Subjektivität erreicht hat.

Von hier aus wird verstehbar, warum Husserl nicht primär die Akte des wissenschaftlich vorgehenden Forschers, sondern die Akte des in der Lebenswelt gebundenen naiven Menschen ins Thema hebt. Wir verwiesen bereits auf die gegenseitige Entsprechung von Lebenswelt und transzendentaler Einstellung. Diese besagt: das ursprüngliche Lebensbewußtsein »leistet«, aber vollkommen unbewußt. Der Transzendentalphilosoph dagegen »leistet« eigentlich nichts, er deckt nur auf, sein Anliegen ist die uninteressierte Analyse. Der Philosoph setzt das Bewußtsein in seiner Naivität also voraus. Aber er thematisiert nun vor allem dies Bewußtsein dort, wo es »passiv« ist. Man gehe unter diesem Aspekt einmal Husserls Analysen durch. Bevorzugt werden Akte des Erkennens und zwar besonders untere Akte, etwa die schlichte Wahrnehmung, und vor allem die Weisen des Zeiterlebens – die Zeitanalyse tritt bei Husserl immer mehr ins Zentrum. Diese Analysen sind genial, gerade in ihrem Detail – die Bestimmung der Retention, beispielhaft dargelegt am Hören eines Tons, prägt sich unvergeßlich ein.[6] Analysen aktiver, das heißt die reale Welt verändernder Leistungen kommen bei Husserl dagegen zu kurz. Die Lebenswelt bestimmt sich aber weitgehend bereits durch solche Leistungen, und die Wissenschaft setzt hier ja gerade an. Husserl weiß dies natürlich. Er stellt den Übergang von der Lebenswelt zur Wissenschaft unter diesem Aspekt heraus. Insbesondere die neuzeitliche Wissenschaft nimmt den Zug des natürlichen Lebens zur Technisierung auf. Sie will bewußt und zweckhaft die Welt verändern aufgrund ihrer Einsichten in die Gesetze der Natur. Husserl jedoch erkennt diesen Anspruch der Wissenschaft, lebensdienlich zu sein, nicht an. Lebensdienlichkeit gehört zur Lebenswirklichkeit, nur dort ist sie im Recht. Dringt dies Vorgehen in die Wissenschaft ein, so verhindert es gerade die Ausbildung der echten Wissenschaft, denn diese ist *reine Theorie*.

In der »Krisis der europäischen Wissenschaften und die transzendentale Phänomenologie« erklärt Husserl, daß der »Aufbruch« der abendländischen Wissenschaft anzuerkennen sei, aber er sei nicht radikal genug, denn die Radikalität ist nach ihm ja gleichbedeutend mit der Ausschaltung des Realitätsbezugs. Erst wenn diese Ausschaltung vollzogen ist, ist der Boden gewonnen, auf dem die Wissenschaft gegründet werden kann. Dieses Ziel ist schwer zu erreichen; aber es ist die eigentliche Aufgabe der abendländischen Kultur, ihm nachzustreben. In einem der Überblicke über den geschichtlichen Gang des abendländischen Denkens, die Husserl in der »Krisis« gibt, heißt es, daß auf die vorausgehenden Stufen der antiken und neuzeitlichen Welterkenntnis und Menschenerkenntnis die Phänomenologie zu folgen habe. Die Philosophie wird auf dieser Stufe – es ist nach Husserls Zählung die dritte Stufe – in Phänomenologie umgewandelt. Diese Umwandlung ist das *Ziel der historischen Entwicklung.* »Die dritte Stufe ist Umwandlung der Philosophie in Phänomenologie, mit dem wissenschaftlichen Bewußtsein von der Menschheit in ihrer Historizität und der Funktion, sie in eine Menschheit zu verwandeln, die sich bewußt von der Philosophie als Phänomenologie leiten läßt.«[7] Husserl selbst weiß um die Gefährdung dieses Ziels. Nicht nur die objektivierende Wissenschaft, sondern auch die nun heraufkommende »Weltanschauungsphilosophie« hemmen den Gang zur Vollendung hin. Husserl hält trotzdem an diesem Ziel fest. Das ist subjektiv bewundernswert. Gleichwohl wäre es unangemessen, nicht darauf hinzuweisen, daß Husserls Urteile über die neuzeitliche Wissenschaft den Geist, der diese Wissenschaft bestimmt, verkennen. Bereits die Lebenswelt, so sahen wir, kennt Akte, durch die die Welt gestaltet wird. Diese Akte aber sind in sich dialektisch. Das planende Handeln erfährt Einwirkung aus der Welt, die es zu verändern bestrebt ist, und mit diesen Rückwirkungen hat sich der Mensch auseinanderzusetzen. Das planende Handeln aber hat eine andere Struktur als die Wahrnehmung, wobei noch zu fragen wäre, ob nicht die Wahrnehmung, so wie Husserl sie thematisiert, bereits eine Vereinfachung darstellt. Wahrnehmung wird ja hier neutralisiert oder idealisiert zum »schlichten Dahaben«. Diese Bestimmung der Wahrnehmung kommt nur zustande, wenn die Wahrnehmung aus dem Handlungszusammenhang herausgelöst und als rein theoretisches Gebilde thematisiert wird.[8] »Erfüllung« ist für Husserl das Ziel, nicht dialektische Auseinandersetzung.

Gerade diese Dialektik, die die Lebenswelt durchherrscht, nimmt aber die moderne Wissenschaft auf. Die moderne Wissenschaft ist kein schlichtes Erfassen. Sie beruht auch nicht auf einer Abstraktion, durch die mathematische Bestimmungen als reine Evidenzen ergriffen werden. Die moderne Wissenschaft ist *Forschung* und als solche ein sich dauernd selbst revidierendes Geschehen, das gegenstandsbezogen ist, ohne naiv gegenstandsgebunden zu sein, und das solchermaßen die Möglichkeit eröffnet, die Welt zu *verändern.*

In Husserls Verkennung des Geistes der modernen Wissenschaft und in der damit verbundenen negativen Einstellung zu dieser Wissenschaft wird eine bestimmte Tendenz der Philosophie sichtbar, die heute zwar kaum mehr aktuell ist, die die philosophische Situation vor fünfzig Jahren jedoch entscheidend bestimmt hat. Es ist dies die Tendenz, die neuzeitliche Wissenschaft von außen her und nicht von ihrem Vollzug her zu beurteilen und in Frage zu stellen. Sicher: es wäre abwegig, die Verdächtigungen der Wissenschaft der späteren Phänomenologie Husserl anzulasten. Gleichwohl: Husserl hat den Weg, der zu dieser Verdächtigung führt, eröffnet. Dieser Weg verläuft recht merkwürdig. Die Intentionen, die Husserl selbst in seiner Kritik leiteten, werden aufgegeben. Husserl beurteilte die traditionelle Wissenschaft ja letztlich von seiner eigenen Idee der Wissenschaft her. Husserls Nachfolger dagegen messen die Wissenschaft an der Lebenswelt, die als unmittelbare Wirklichkeit anerkannt wird. Husserl hat die Lebenswelt zwar für die Philosophie entdeckt, aber er selbst wollte sich dort nicht ansiedeln. Für seine eigene Person hielt er unabdingbar an der Idee der *reinen* Wissenschaft fest. Die viel diskutierten Sätze aus der Beilage

XXVIII in »Die Krisis der neuzeitlichen Wissenschaften und die transzendentale Phänomenologie«: »Philosophie als Wissenschaft, als ernstliche, strenge, ja apodiktisch strenge Wissenschaft – der Traum ist ausgeträumt«[9], besagen nicht, daß Husserl selbst der Lebenswelt einen Vorrang einräumt. Gleichwohl: insofern Husserl gezeigt hat, daß die Wissenschaft der Lebenswelt »entspringt«, hat er seinen Nachfolgern vorgearbeitet, wenn diese nun die Wissenschaft als »derivierten Modus« der Lebenswelt deklarieren.

In *Heideggers* großem Werk »Sein und Zeit«[10] ist diese Wendung in erstaunlicher Radikalität vollzogen. Der Ansatz Husserls bei der Epoché, der an der Idee reiner Wissenschaft orientiert war, wird aufgegeben zugunsten des hermeneutischen Zirkels. Die durch die *Sorge* bestimmte Lebenswelt tritt ganz in das Zentrum der Untersuchungen. Zur Sorge gehört auch das Besorgen des Zeugs im Sinn des Umgangs mit ihm innerhalb einer Welt, die als Bedeutungsganzes diesen Umgang ausrichtet. Sicher: es ist ein Fortschritt, daß nun die Sorge als Grundbestimmung angesetzt wird. In der Sorge hat ja das Handeln den Vorrang, d. h. jetzt werden »aktive« Leistungen thematisiert, die auf den Menschen selbst zurückwirken. Aber das Verhängnisvolle ist, daß diese Leistungen als Phänomene eines Verhaltens thematisiert werden, das von der Wissenschaft und der verwissenschaftlichten Welt abgetrennt ist. Soziologisch gesehen: die kleinbürgerliche Umwelt, insbesondere der Handwerksbetrieb, wird zum hermeneutischen Vorbild. Das Werkzeug – nicht die Maschine, die ja als Vermittlung ein kompliziertes Reflexionsgebilde darstellt – wird zur Illustration des besorgenden Umganges herangezogen. Das Besorgen vollzieht sich umsichtig in einem Raum, der durch übersehbare Greif- und Blickweite gekennzeichnet ist. Der mathematisch bestimmte Raum, von dem die Naturwissenschaft ausgeht, ist als formale Anschauung und als homogenes Kontinuum eine Nivellierung der ursprünglichen Räumlichkeit. Die wissenschaftliche Bestimmung des Raumes ist nur möglich, wenn die Sorge und der ihr gemäße Bezug zur Räumlichkeit aufgehoben ist. »Das umsichtsfreie, nur noch hinsehende Entdecken des Raumes neutralisiert die umweltlichen Gegenden zu den reinen Dimensionen. Die Plätze und die umsichtig orientierte Platzganzheit des zuhandenen Zeugs sinken zu einer Stellenmannigfaltigkeit für beliebige Dinge zusammen. Die Räumlichkeit des innerweltlich Zuhandenen verliert mit diesen ihren Bewandtnischarakter.«[11] Die hier und an entsprechenden Stellen verwandten Worte – z. B. »nur noch«, »neutralisieren«, »zusammensinken«, »verlieren« – weisen darauf hin, daß die Wissenschaft eine Entweltlichung durchführt. Natürlich ist diese Entweltlichung nicht im Sinn Husserls als Einstieg in die transzendentale Dimension zu verstehen. »Entweltlichung« besagt hier Verlust der alltäglichen Umwelt in ihrer Bewandtnisganzheit. Das eigentlich Verhängnisvolle liegt nach Heidegger aber darin, daß die traditionelle Philosophie und die traditionelle Wissenschaft um diesen Vorgang der Entweltlichung gar nicht wissen, weil sie ja die *abkünftige* Welt der Wissenschaft als die *wahre Welt* ansetzen. Insbesondere *Descartes* als der Begründer der neuzeitlichen Philosophie wird einer radikalen Kritik unterworfen. Descartes »überspringt« das Problem der Welt – Welt hier eben als Bewandtnisganzheit des Zeuges von der Sorge her verstanden – und »verlegt« damit den Weg zu einer echten Aufklärung der Phänomene. –

Diese mit großer Eindringlichkeit entwickelte Existenzialontologie hat Heidegger selbst zwar später aufgegeben. Die Abwertung der neuzeitlichen Wissenschaft wurde jedoch nicht nur beibehalten, sondern verschärft. Heidegger wendet sich nun den

Phänomenen der Technik zu, in denen sich die neuzeitliche Wissensgesinnung vollendet. Es sei ausdrücklich gesagt, daß Heidegger zu den Philosophen gehört, die sich diesem Grundproblem überhaupt stellen. Aber die neuzeitliche Wissenschaft und ihre Technik werden von Grund aus verurteilt. Es wird deklariert, daß hinter der neuzeitlichen Wissenschaft der absolute Herrschaftswille stehe, d. h. daß der Mensch von Descartes an nur noch vom Willen zur Macht bestimmt sei, durch den er alles Seiende »auf sich zuzustellen« trachtet. –

Wir brechen unseren Hinweis auf Husserl ab. Die Tatsache ist offensichtlich, daß es von Husserl her nicht möglich ist, den Geist der Verwissenschaftlichung positiv zu begreifen. Hier zeigt sich vielmehr, daß sich Philosophie – Philosophie als phänomenologische Theorie verstanden – und Wissenschaften auseinandergelebt haben. Die wissenschaftliche Welt wird vom Philosophen als solche in ihrem Recht nicht anerkannt. Die Beschreibung einer vorwissenschaftlichen Lebenswirklichkeit, die es faktisch kaum noch gibt, weil die Verwissenschaftlichung diese Wirklichkeit radikal aufgehoben hat, wird zu einem Grundthema erhoben, in der Meinung, daß die Philosophie ihr Daseinsrecht nur dadurch beweisen könne, daß sie sich den Dingen zuwendet, die »ursprünglich mit der Wissenschaft nichts zu tun haben«.

Zweites Kapitel
Der Logische Positivismus:
Die Problematik der Reduktion der
Philosophie auf Wissenschaftstheorie

Vorbemerkung: Der Ansatz des Logischen Positivismus und seine philosophische Bedeutung

Dem Logischen Positivismus kommt für die Untersuchung des Verhältnisses von Philosophie und Wissenschaft in der Gegenwart – darauf wiesen wir bereits hin – eine eminente Bedeutung zu. Seine Wirkung ist außerordentlich: es ist als Tatsache zu konstatieren, daß diese Bewegung in Amerika, England, den nordischen Ländern und seit einem Jahrzehnt auch in Deutschland sich durchgesetzt hat, aber auch in den Ländern des Ostblocks ist diese Philosophie in der Diskussion, zumeist in der Form einer Verbindung mit der mathematischen Logik. Der Logische Positivismus ist kein eindeutiges Gebilde. Gleichwohl deuten die verschiedenen Namen – logischer oder wissenschaftlicher Positivismus, logischer Empirismus, wissenschaftliche Philosophie oder Grundlagenforschung – auf die Grundüberzeugung hin, die diese Denkbewegung prägt: Es ist die Aufgabe der Philosophie, eine *methodische Grundlegung der Wissenschaft* zu erarbeiten. Darin erschöpft sich die philosophische Fragestellung, denn die Philosophie kennt keine spezifischen Gebiete, die sie als solche zu erforschen hätte. *Forschung* ist einzig und allein Aufgabe der einzelnen *empirischen Wissenschaften*. Die Welt als das Ganze des Seienden ist kein Forschungsgegenstand; was erforschbar ist, das sind die Regionen der Natur und der menschlichen Gesellschaft. Und eben diese Regionen sind Gegenstand besonderer Wissenschaften. Der Logische Positivismus ist also, insofern er nicht mit den empirischen Wissenschaften unter dem Gesichtspunkt der Forschung konkurrieren will, durch einen *Verzicht* bestimmt. Freilich: der Rückzug auf methodische Fragestellungen soll nun – das ist die andere Seite – eine neue Ausrichtung der Wissenschaft mit sich bringen. Die Wissenschaft ist eine Einheit, und das Ziel des frühen Positivismus ist es, die »Einheitswissenschaft« zu konstituieren.

Zunächst sind einige äußere Angaben notwendig.[1] Diese Bewegung konsolidierte sich im »Wiener Kreis«, der sich um *Moritz Schlick* bildete. Schlick, der seit 1922 an der Wiener Universität einen Lehrstuhl für induktive Wissenschaft innehatte, hat bei Max Planck promoviert und war mit den Fragen der Physik ebenso vertraut wie mit den Problemen der Philosophie. Sein Anliegen war die Schaffung einer den modernen Wissenschaften wirklich entsprechenden Erkenntnistheorie. Eine solche Erkenntnistheorie ist nicht durch spekulative Konstruktionen zu gewinnen, sondern muß sich selbst gemäß den Grundbestimmungen echter Wissenschaftlichkeit konstituieren. Nur wenn die Erkenntnistheorie sich selbst wissenschaftlichen Kriterien unterwirft, vermag sie wissenschaftliches Vorgehen zu Begriffe zu bringen und die Bedingungen einer wissenschaftlich exakten Sprache eindeutig und verbindlich herauszustellen. Dies Ideal der *Wissenschaftssprache* wurde von *Rudolf Carnap* in das Zentrum gestellt. Carnap tat dies mit solcher Entschiedenheit, daß er als der eigentlich führende Kopf des Positivismus anzusehen ist. Er entwickelte die Grundansätze, formulierte die Programme und suchte beides durch ständige Korrekturen zu verbessern. Auch Carnap steht in konkretem Bezug zur exakten Wissenschaft, insbesondere zur Mathematik, wie überhaupt die Mathematik in der Anfangszeit des Logischen Positivismus zentral vertreten war, vor allem durch Waismann und Hahn. Die Verbindung zur Physik stand für *Hans Reichenbach* im Vordergrund, und schließlich hat sich *Otto Neurath*, der in bezug auf die Frage der »Einheitswissenschaft« einen sehr radikalen Ansatz vertrat, um die Verbindung zur Soziologie bemüht. Durch Schlick und Waismann bestanden Beziehungen zu *Wittgenstein*[2], dessen berühmter Traktat 1921 erschienen war. Anhänger Wittgensteins – so insbesondere G. H. Wright – behaupten, daß die drei Grundgedanken des Traktates die Konzeption des Wiener Kreises von Grund aus bestimmt hätten. Das ist einmal die Idee einer inhaltlichen Entsprechung der wissenschaftlichen Aussagen mit der Wirklichkeit, sodann die Bestimmung des formalen Aufbaus dieser Aussagen, das heißt, die Lehre von den Wahrheitsfunktionen, und schließlich die strikte Trennung von Wissenschaft und Leben. Dies Urteil ist sicher übertrieben. Der Logische Positivismus ist, auf das Ganze gesehen, nicht von einem einzelnen philosophischen Genie inauguriert worden, wie andere philosophische Bewegungen. Er beruht auf der Zusammenarbeit von Denkern, die von verschiedenen Gebieten her die »Einheitswissenschaft« inaugurieren wollten. Die Programme und die Tagungen betonen immer wieder die Notwendigkeit der Gemeinschaftsarbeit. Der gemeinsame Geist, der die Anfangszeit bestimmt, läßt sich genuin erfassen durch das Studium der Zeitschrift »Erkenntnis«, die von Carnap und Reichenbach vom Jahr 1930 an herausgegeben wurde.[3]

Beziehungen persönlicher und sachlicher Art bestanden zu Vertretern der modernen Logik, vor allem zu den Grundlagenforschern in Polen; insbesondere *Alfred Tarski* hat für die Entwicklung des Logischen Positivismus eine wesentliche Rolle gespielt. Das Verhältnis von symbolischer Logik und Logischem Positivismus – dies sei hier nur vorgreifend angemerkt – stellt in historischer und sachlicher Hinsicht ein besonderes Problem dar; es wird des öfteren behauptet, insbesondere von Denkern der mathematischen Logik, daß wohl der Positivismus der symbolischen Logik bedürfe, diese aber nicht auf den Positivismus angewiesen sei, denn die symbolische Logik sei eine rein formale Disziplin und als solche von den spezifischen Ansätzen des Logischen Positivismus, insbesondere seiner empirischen Haltung unabhängig. Gerade diese Bindung des Positivismus an die *Empirie* werten andere Denker aber positiv. Sie erklären, daß der Positivismus sich nicht im Aufbau einer logischen Syntax erschöpfe und erschöpfen dürfe, als Philosophie hätte er die Aufgabe, die realen Wissenschaften, insbesondere die Naturwissenschaft, nicht nur in formaler, sondern auch in erkenntniskritischer Hinsicht zu fundieren.

Ebenso wie zur modernen Logik bestanden von Anfang an Beziehungen zu verwandten Richtungen des Empirismus, insbesondere dem *Pragmatismus* in Amerika. Diese Beziehungen verstärkten sich, als viele Positivisten nach 1938 nach Amerika und England auswanderten. Es bahnt sich nun eine gewisse Wandlung an – von einem Bruch kann man zunächst nicht reden –: Die Thematisierung der Sprache tritt in den Vordergrund. Von entscheidender Bedeutung ist die umfassende Analyse der Semiotik des Amerikaners *Morris*, der bereits auf einem Kongreß in Prag 1934 die Nähe des Positivismus zum Pragmatismus herausgestellt hatte. Immer mehr setzt sich die Anschauung durch, daß die Thematisierung der Sprache sich nicht auf die Untersuchung der logisch-syntaktischen Struktur beschränken dürfe. Die Erstellung formaler Logikkalküle, die gar keine »Bedeutung« haben, ist nur *eine* Aufgabe der Sprachbetrachtung, ebenso wichtig ist die Untersuchung von Bedeutungs- und Situationszusammenhängen. Entscheidend ist in dieser Hinsicht die spätere Philosophie Wittgensteins, die in striktem Gegensatz zum »Traktat« die wissenschaftliche Sprache nur als ein Sprachspiel unter anderen Sprachspielen ansieht. In der Nachfolge Wittgensteins wird insbesondere in England die *Sprachanalytik* zur beherrschenden Strömung, und hier wird nun die Frage nach dem Bezug von Philosophie und Wissenschaft beiseite geschoben.

Gegenwärtig ergibt sich das folgende Bild: Einerseits ist die Bedeutung der *mathematischen Logik* noch immer im Wachsen. Aber die mathematische Logik hat sich als eine eigenständige Wissenschaft etabliert; manche ihrer Vertreter meinen oder hoffen, daß durch die Reduktion der Philosophie auf mathematische Logik die Philosophie selbst nun endlich in den Rang echter Wissenschaftlichkeit aufrücken könne, wobei aber die Logik durchaus einen Zugang zu allgemeinen philosophischen Problemen eröffnen soll. Andererseits hat die sprachanalytische Philosophie durch den Rückgriff auf die Alltagssprache sich eine Dimension erschlossen, die der Wissenschaft vorausliegen soll, und von dieser her wird die traditionelle Philosophie einschließlich des Logischen Positivismus nun kritisiert. Der Versuch des Logischen Positivismus, eine Einheitswissenschaft und eine einheitliche wissenschaftliche Sprache zu etablieren, ist – das darf man wohl als Faktum herausstellen – gescheitert. Dieses Scheitern hat mancherlei Gründe: Dieser Versuch ist als letzte Bemühung, der Philosophie wenigstens in methodischer Hinsicht eine führende Stellung zuzusichern, zu spät gekommen, die Wissenschaften haben bereits eine *eigene* Methodik und Erkenntnistheorie entwickelt; vor allem aber: der Logische Positivismus beruht auf einer problematischen Konzeption, Empirismus und Logik oder »sinnliche Gewißheit und Verstand« sollen zur Einheit eines Systems zusammengeschlossen werden. Aber der Versuch gelingt nicht: Die angestrebte Einheit bricht in »gleichgültige Extreme« auseinander. Gleichwohl: die positivistische *Grundeinstellung* ist auch heute noch weit mehr, als man vermeint, ein bestimmendes Element, insofern der *Glaube an Tatsachen einerseits und Rationalität andererseits* weithin den Geist des Zeitalters kennzeichnen. Darum ist eine Auseinandersetzung mit dem Positivismus, der diesen Glauben zum Prinzip erhoben hat, nicht nur in wissenschaftstheoretischer Hinsicht, sondern auch in *zeitgeschichtlicher Hinsicht* lehrreich. Wir bemühen uns daher, eine Problemgeschichte des Logischen Positivismus zu entwickeln, die die allgemeinen Grundansätze nicht einfach referiert, sondern zeigt, wie sie entstanden sind und welche spezifischen Konsequenzen in ihrer Problematik beschlossen sind. Wir beginnen mit einer relativ ausführlichen Charakterisierung der Gesamtentwicklung, wobei wir *Carnaps* Denken in das Zentrum stellen, nicht nur, weil er der führende Denker des Logischen Positivismus ist, sondern weil diese Gesamtentwicklung von seinem Denken her am besten zu erfassen ist; sodann wenden wir uns einer Untersuchung der *sprachanalytischen* Philosophie zu, um zu zeigen, wie der frühe Logische Positivismus in seinen entscheidenden Tendenzen durch diese Philosophie so radikal verändert wird, daß man von einer »Aufhebung des Logischen Positivismus durch die Sprachanalytik« reden kann. –

Zum Abschluß dieser Vorbemerkung seien vorgreifend einige Punkte herausgestellt, die für unser Vorgehen wesentlich sind. Auch wenn unsere Analyse primär daran orientiert ist, eine Problemgeschichte des Positivismus – wenigstens im Grundriß – in der Form eines Berichtes zu geben, so ist dieser Bericht doch zugleich kritisch ausgerichtet. Es geht uns insbesondere darum zu zeigen, daß der Versuch des Positivismus, die Philosophie als *Wissenschaftstheorie* zu etablieren, nicht zu vollem Erfolg geführt hat. Diese Tatsache beweist die Entwicklung selbst.

Die erste Stufe dieser Entwicklung, das heißt die Philosophie des Wiener Kreises, wird mit Recht als der eigentliche Positivismus angesehen. Die zweite Stufe, das heißt die Sprachanalytik, wird dagegen ebenso mit Recht als ein neuer Ansatz verstanden, der gerade dadurch bestimmt ist, daß die Aufgabenstellung des Wiener Kreises, die Konstituierung der Philosophie als Wissenschaftstheorie, zur Seite geschoben wird. Es tritt nun eine neue Problematik ins Zentrum. Sprache erscheint als Schlüsselbegriff. Sie nimmt die Stelle ein, die – um zwei Vergleiche zu geben – im deutschen Idealismus die Subjektivität oder im Empirismus die dingliche Realität beanspruchten.

Dieser Weg ist von sachlicher Konsequenz bestimmt. Er beweist, daß es offensichtlich schwierig ist, Philosophie als reine Wissenschaftstheorie zu etablieren. Dies sei nun ein wenig genauer erläutert.

Die beiden Bestimmungen: Philosophie und Wissenschaftstheorie sind nicht ohne weiteres zur Deckung zu bringen. Wissenschaftstheorie ist ihrer Intention nach ein wesentlich *formal* ausgerichtetes Unternehmen. Man untersucht hier – um nur einige Themen zu nennen – wie sich Prädikationen vollziehen, was ein wissenschaftlicher Satz als Aussagemöglichkeit bedeute – hier muß die Bestimmung Elementaraussage und Wahrheitsfunktion geklärt werden –, man hat sich vor allem darüber Klarheit zu verschaffen, was überhaupt ein Begriff ist, genauer: wie man Begriffe bildet, und was eine Definition besagt; weiterhin ist zu entwickeln, was Theorie, Gesetz, Hypothese, Induktion und Wahrscheinlichkeit im Zusammenhang der Wissenschaft bedeuten. Alle diese Themen der Wissenschaftstheorie sind eben wesentlich formal. Sie überschneiden sich zum Teil mit Fragen der *Logik*. Gleichwohl ist das Gebiet der Wissenschaftstheorie von dem Gebiet der Logik zu unterscheiden. Die Differenz liegt in der Sache begründet. Wissenschaftstheorie muß ebenso wie an der Logik an dem *faktischen Vollzug der Wissenschaft* orientiert sein. Fällt diese Orientierung dahin, so wird die Wissenschaftstheorie »einseitig und abstrakt«. Man kann geradezu als Gesetz formulieren: Je allgemeiner, umfassender und formaler eine Wissenschaftstheorie vorgeht, desto weniger kann sie den konkreten Wissenschaften nützen. Die Gefahr, daß auf diese Weise zwar absolut richtige Einsichten erstellt werden, daß diese aber Leerformeln darstellen, ist nicht von der Hand zu weisen. Der wissenschaftliche Forscher kann dann mit der Wissenschaftstheorie nichts anfangen und eine Entfremdung zwischen Wissenschaftstheorie und konkreten Wissenschaften ist die Folge. *Stephen Toulmin* diskutiert in seiner »Einführung in die Philosophie der Wissenschaft« diese Gefahr in erhellender Weise, insbesondere von dem Aspekt der Physik her. In bezug auf die Untersuchungen, die Induktion, Kausalität oder Wahrscheinlichkeitsrechnung betreffen, erklärt er das Folgende: »Was da gesagt wird, mag luzide und gelehrt sein und an Folgerichtigkeit nichts zu wünschen übrig lassen, aber irgendwie scheint es daneben zu treffen. Es ist nicht faktisch falsch oder auf andere Weise fehlerhaft; es ist einfach irrelevant: die Fragen, die da so einwandfrei und gründlich diskutiert werden, haben mit Physik nichts zu tun.«[4]

Wir werden diesen Sachverhalt noch wiederholt herauszustellen haben, insbesondere wird zu zeigen sein, daß gerade die für die Forschung wesentlichen Grundbegriffe, wie z. B. die Bestimmung »Atom« oder »Rolle«, nicht allgemein und ein für allemal definierbar sind, weil sie von dem sich wandelnden Forschungsvollzug abhängig sind. Nur soviel sei jetzt schon vorgreifend gesagt: wenn eine reine Wissenschaftstheorie in der Gefahr steht, den Kontakt mit den faktischen Wissenschaften zu verlieren, so muß der Wissenschaftstheoretiker dieser Gefahr Rechnung tragen; das heißt, er darf – so formulieren wir vorläufig – seinem Unternehmen, eine für alle Wissenschaften gültige Wissenschaftstheorie zu erstellen, in Bezug zu dem konkreten Vollzug der forschenden Wissenschaften nicht konstitutive Bedeutung zumessen. Seine Untersuchungen sind, gerade weil sie propädeutisch sind, im »Vorfeld« der konkreten Wissenschaften angesiedelt. Es sei noch einmal ausdrücklich gesagt: formale und allgemeine Wissenschaftstheorien sind notwendig und sinnvoll. Aber sie können eben nicht den Anspruch erheben, die *konkrete* Forschung zu begründen.

Das besagt aber auf die Situation der Philosophie bezogen: der Wissenschaftstheoretiker muß begreifen, daß er durch seinen Versuch, Philosophie als reine Wissenschaftstheorie zu etablieren, die Tatsache, daß die Philosophie heute nicht mehr in der Lage ist, die Wissenschaft angemessen zu fundieren, nicht rückgängig machen kann. Die Wissenschaften haben sich, wie wir bereits andeuteten, von der Philosophie abgelöst und diskutieren ihre Grundbegriffe im Zusammenhang mit dem Forschungsprozeß. Wenn der Philosoph über die Klärung formaler allgemeiner Bestimmungen der Wissenschaft überhaupt hinausgehen will, dann muß er sich daher mit Husserl gesprochen in den konkreten Vollzug der Wissenschaften »einleben« und diesen zu Begriffe bringen. Wie weit eine solche Aufgabe erfüllbar ist, ist nicht von vornherein auszumachen.

Kehren wir nach dieser vorgreifenden Bemerkung zu der Charakterisierung des *Positivismus* und seiner Entwicklung zurück, so ist das folgende zu sagen: der Positivismus hat direkt und indirekt die soeben angedeutete Schwierigkeit einer allgemeinen und formalen Wissenschaftstheorie durchaus erkannt. Er hat sie zu beheben gesucht, indem er bestimmte philosophische Positionen, die einen möglichen Bezug zu den konkreten Wissenschaften zu gewährleisten schienen, in die Wissenschaftstheorie einbaute. Der Logische Positivismus setzt beim Empirismus an, und er greift immer wieder auf empiristische Positionen zurück, wenn er erkennt, daß eine formale Sprachanalyse nicht genügt, um die realen Wissenschaften zu begründen. Dieses Hin und Her, das die Entwicklung des Positivismus kennzeichnet, kommt nicht zu einem eindeutig befriedigenden Abschluß, das heißt, die *Vermittlung von formaler und realer Wissenschaftstheorie* gelingt nicht in der Form, daß nun für die Philosophie ein neues Fundament gefunden wird. Hier eben setzt die Sprachanalytik an.

Die *sprachanalytische Philosophie*, die aus dem Logischen Positivismus herausgewachsen ist, löst die soeben gekennzeichnete Problematik durch einen Verzicht. Sie klammert die wissenschaftstheoretische Fragestellung, insbesondere die Fragestellung, wie die Gegenstandsbezogenheit der Aussagen zu fundieren sei – eine Fragestellung, die noch den »Traktat« des frühen Wittgenstein beherrscht – ein und setzt die Sprache absolut. Die Philosophie hat nun wieder ein eigenes Gebiet: eben die Analyse der Sprache, denn die Sprache erscheint als das fundamentum inconcussum. Sprachanalytik und die von der Geisteswissenschaft herkommende Hermeneutik sind sich in dieser Überzeugung einig. Wir meinen, daß der Ansatz, der die Philosophie als solche durch einen Rückzug auf die Sprache zu retten sucht, nicht tragfähig ist. Das Handlungsproblem wird hier genauso wie im frühen Positivismus zur Seite geschoben – doch davon später.

1. Die Entwicklung des Logischen Positivismus, dargestellt insbesondere an der Philosophie Carnaps[1]

Die Kritik an der Metaphysik

Der entscheidende Einsatzpunkt des Wiener Kreises ist in negativer Hinsicht die strikte *Ablehnung der Metaphysik* als einer philosophischen Möglichkeit. Diese Gegenstellung zur Metaphysik hält sich in der Entwicklung des Positivismus durch, auch wenn sie in den späteren Stadien gemildert wird. Wir heben ihre Grundansätze heraus, soweit sie für die Wissenschaftsauffassung des Positivismus charakteristisch sind.

Die Positivisten ordnen die Metaphysik dem Glauben und dem Gefühl zu. Metaphysik ist Ausdruck von Emotionen. Sie ist daher völlig unverbindlich. Das Grundübel in philosophischer Hinsicht ist die Vermischung von Metaphysik und Wissenschaft, die in der Tradition, aber auch noch in der Gegenwart – insbesondere in der »Lebensphilosophie« – herrschend ist. Hier hilft nur klare Scheidung. Metaphysisch fühlende Menschen sollen ihre theoretischen Neigungen unterdrücken und sich künstlerisch betätigen. Lyrik und Musik, die höchsten Formen der Kunst, sind aber nur echt, wenn sie überhaupt nicht mit theoretischen Analysen »vermengt« werden. Hier wird also eine eindeutige Gebietstrennung propagiert. Im Grunde wird aber damit die Metaphysik abgewertet, jeder *Wahrheitsgehalt* wird ihr abgesprochen. Ihren radikalen Ausdruck findet diese Abwertung in der Devise *Wittgensteins*, daß man über das Sagbare klar, d. h. wissenschaftlich zu reden, über das Unsagbare aber zu schweigen habe.[2] Für den Philosophen als einen reinen Theoretiker ist die Wissenschaftlichkeit das schlechthinnige Ideal. Wissenschaft gibt unbedingte Einsichten. Freilich muß diese Aussage vor möglichen Mißverständnissen geschützt werden. Die Unbedingtheit der wissenschaftlichen Einsichten liegt allein in der *Exaktheit* und deren verschiedenen Charakteren: Nachprüfbarkeit, Wiederholbarkeit, Intersubjektivität und Ausschaltung des Qualitativen zugunsten des Quantitativen und Berechenbaren. Die Unbedingtheit wissenschaftlicher Aussagen bedeutet keineswegs, daß die einzelnen Aussagen nicht überholbar sind, dies gehört gerade zur Wissenschaftlichkeit. Gleichwohl: die methodisch fundierte und zu einer Einheit zusammengeschlossene Wissenschaft ist ihrer Idee nach, verglichen mit dem Leben und der Metaphysik, das Feste und Eindeutige und solchermaßen Unbedingte.

Die Sicherheit der Wissenschaft beruht auf dem *Ausschluß bestimmter Fragen*, die die bisherige metaphysisch bestimmte Philosophie immer wieder stellte. Es ist natürlich nicht möglich, einen vollständigen Katalog solcher Fragen aufzustellen. Erfordert ist jedoch, beispielhaft die Diskrepanz wissenschaftlich und metaphysisch orientierter Philosophie darzulegen. Unter den von der metaphysischen Philosophie erfundenen irrelevanten und überflüssigen Problemen steht die Frage nach der Realität der Außenwelt und die Frage nach der Realität des Fremdpsychischen voran. Beide Probleme sind jedoch unlösbar, weil sie, wie insbesondere Carnap zu zeigen sucht, keine echten wissenschaftlichen Sachfragen darstellen. Es ist daher angemessen, diese Fragen einfach als künstlich beiseite zu lassen. Diese Aussage Carnaps ist – dies sei hier sogleich angemerkt – zu bejahen; die Philosophie muß sich, wenn sie dem in den Wissenschaften sich ausweisenden Geist der Zeit gemäß sein will, von Scheinproblemen befreien. Nichts ist gefährlicher, als wenn sie sich ihr Daseinsrecht dadurch beweisen will, daß sie Probleme aufwirft, die einer abstrakten und im Grunde nicht überzeugenden Fragestellung entspringen. Die hier notwendige Befreiung geschieht aber nicht dadurch, daß der Philosoph nun die Unbeantwortbarkeit dieser Fragen ausdrücklich beweist, sondern daß er diese Probleme einfach als überlebt beiseite schiebt und sich den wirklichen Fragen der Zeit zukehrt.

Verfolgt man nun aber die positivistische Kritik der metaphysischen Problematik im einzelnen, so erkennt man, daß der Neupositivismus in bestimmter Hinsicht der Fragestellung, die die Metaphysik bewegte, verhaftet bleibt. Anstatt die metaphysischen Fragen zu »vergleichgültigen«, will er sie durch den eigenen Denkansatz »aufheben« im negativen und positiven Verstande. Konkret: *Carnap* erklärt, wissenschaftliche Probleme seien im Gegensatz zu metaphysischen entscheidbar. In seiner Arbeit: »Scheinprobleme in der Philosophie« gibt er ein Beispiel: »Wenn zwei Geographen, ein Realist und ein Idealist, ausgeschickt werden, um die Frage zu entscheiden, ob ein an einer bestimmten Stelle in Afrika vermuteter Berg nur legendär sei oder wirklich existiere, so kommen sie beide zu dem gleichen (positiven oder negativen) Ergebnis«.[3] Anders steht es in philosophisch-metaphysischer Hinsicht. Der Idealist sagt: Der Berg ist nicht real, er ist bloße Vorstellung; der Realist erklärt: Der Berg ist an sich ohne Bezug zu meiner Vorstellung da. Beide Thesen sind absolute Behauptungen und als solche verfehlt. Auch die Frage nach der Realität des Fremdpsychischen ist ein rein metaphysisches Problem, das im Gegensatz zur Wissenschaft steht. Der Wissenschaftler, in diesem Fall der Psychologe, wird Aussagen über das Verhalten anderer Menschen machen, indem er mimische und sprachliche Äußerungen thematisiert, insofern sie in der Erfahrung nachprüfbar sind. Hier ist eine Einigung möglich, unabhängig von dem metaphysischen Standpunkt, den ein Forscher einnimmt. Wenn ein Forscher dagegen als metaphysischer Solipsist der Meinung ist, dem beobachteten Verhalten läge kein wirkliches Bewußtsein zugrunde, so hat diese unbewiesene Meinung ebensowenig mit seinen Forschungen zu tun, wie die gleichermaßen unbewiesene Meinung eines metaphysischen Realisten, der behauptet, daß der Versuchsperson ein wirkliches Bewußtsein zukomme. Diese Argumentation wirkt merkwürdig. In Wahrheit wird wohl kein Psychologe und kein Geograph den Standpunkt des metaphysischen Idealismus, alles sei nur Vorstellung, einnehmen; beide werden die Realität der Untersuchungsobjekte anerkennen, ohne jedoch damit den metaphysischen Realismus zu vertreten, d. h. sich der ausdrücklichen These von einem bewußtseinsabhängigen Sein anzuschließen. Grundsätzlich gesagt: die Wissenschaftler sind an beiden metaphysischen Standpunkten uninteressiert. Anders Carnap: er will zwar einerseits – und mit Recht – darlegen, daß diese metaphysischen Standpunkte abstrakt sind, aber andererseits läßt er sie nicht nur bestehen, sondern behauptet sogar, daß die wahre positivistische Philosophie, das heißt konkret: sein Konstitutionssystem, mit *beiden* Ansätzen vereinbar sei.[4]

Carnap erklärt: »Der Begriff der Wirklichkeit (im Sinne der Unabhängigkeit vom erkennenden Bewußtsein) gehört nicht in die (rationale) Wissenschaft, sondern in die Metaphysik«.[5] Das hindert ihn aber nicht, einige Sätze später die These der unabhängigen Außenwelt als berechtigt anzusetzen. Für den Realismus spricht ein Mehrfaches: die wirklichen Gegenstände sind von erträumten zu unterscheiden, sie sind intersubjektiv, sie sind vom Erkanntwerden unabhängig, »als sie auch zu den Zeiten bestehen, wo sie in meinen Erlebnissen oder denen eines Anderen nicht vertreten sind«.⁶ Das besagt zusammengefaßt: Die von Carnap erstrebte Philosophie und der Realismus »widerstreben einander in keinem Punkte«.⁷ Dasselbe wird nun aber auch in bezug auf den Idealismus behauptet: »Mit dem Solipsismus hat die Konstitutionstheorie die Auffassung gemein, daß jedes Gegebene meine Erlebnisse sind. Konstitutionstheorie und transzendentaler Idealismus vertreten übereinstimmend die Auffassung: alle Gegenstände der Erkenntnis werden konstituiert (in idealistischer Sprache: ›im Denken erzeugt‹); und zwar sind die konstituierten Gegenstände nur als logische Formen, die in bestimmter Weise aufgebaut sind, Objekte der begrifflichen Erkenntnis.«⁸

So kommt das erstaunliche Ergebnis zustande, daß Carnap behauptet, die Möglichkeit vom Subjekt auszugehen, d. h. einen Solipsismus zu vertreten, sei an sich ebenso berechtigt, wie der gegenteilige Ansatz, im Sinne des Realismus das Materiell-Körperliche zur Grundlage zu erheben. Er selbst hat zunächst in seinem Werk »Der logische Aufbau der Welt« die erste Möglichkeit durchgeführt und erst später mit Otto Neurath zusammen den zweiten Ansatz als den eigentlich dem Positivismus gemäßen herausgestellt. Aufs Ganze gesehen jedoch ist das positivistische Denken in erkenntnistheoretischer Hinsicht nicht vom Idealismus oder dem Realismus beherrscht, sondern von deren »Vermittlung«, d. h. vom *Phänomenalismus*. Diese philosophische Anschauung hat von der Frühzeit an bis zu den späten Ausformungen positivistischen Denkens in Amerika, wie sie sich in den Arbeiten von *N. Goodman* und *H. Feigl*⁹ zeigen, eine bedeutsame Rolle gespielt: es gibt eine wirkliche Welt, die unabhängig vom Subjekt besteht, jedoch für dieses Subjekt nur in der Weise seiner Auffassung da ist – wir werden diesen Ansatz, von dem her man die neue Lage der Physik deuten will, später noch genauer kennen lernen.

Die *Wissenschaft* hat, so sahen wir, nach Meinung des Positivismus an die Stelle der Metaphysik zu treten; sie soll das Bedürfnis, zu einem auch in theoretischer Hinsicht überzeugenden Weltbild zu gelangen, das die Metaphysik vergeblich zu befriedigen suchte, endgültig stillen. Aber hier ergibt sich nun ein wesentliches Problem: gibt es *eindeutige Merkmale*, die das wissenschaftliche vom metaphysischen Vorgehen unterscheiden? Der frühe Positivismus bejaht diese Frage. Er setzt zwei Kriterien an, einmal die Widerspruchslosigkeit und Folgerichtigkeit der Aussagen in formaler Hinsicht und sodann den Rückgriff auf die Erfahrung in inhaltlicher Hinsicht. Von diesen beiden Kriterien her wird die eigentliche Differenz zwischen Metaphysik und Wissenschaft offensichtlich. Wissenschaftliche Aussagen gehen zurück auf *empirische* Sachverhalte, die als solche festgestellt und protokolliert werden können. Aussagen, die das Empirische betreffen, sind verifizierbar im Gegensatz zu metaphysischen Aussagen, denen nichts Wirkliches zugrunde liegt und die daher nicht verifizierbar sind. Wir werden später auf die genauere Bestimmung des Prinzips der Verifikation noch einzugehen haben, für unseren gegenwärtigen Zusammenhang gilt es zunächst festzuhalten: Die Kritik an der Metaphysik ist Kritik von der Erfahrung, genauer: der *sinnlichen Erfahrung* her, sie vollzieht sich zugleich als »Sprachkritik«, d. h. sie untersucht die metaphysischen Aussagen im Blick auf ihre grammatische und logische Stimmigkeit und im Blick auf den Bedeutungsgehalt der gebrauchten Worte.

Carnaps berühmter Aufsatz »Überwindung der Metaphysik durch logische Analyse der Sprache« illustriert dies Verfahren.¹⁰ Carnap legt zunächst beispielhaft dar, daß Sätze wie z. B. »Cäsar ist und« oder »Cäsar ist eine Primzahl« sinnlos sind;

im ersten Fall wird der grammatischen Syntax widersprochen, im zweiten Fall werden Sphären vermengt. Solche Verfehlungen sind zumindesten in so direkter und auffallender Form, wie in den angeführten Beispielen, weder in der Alltagssprache noch in der Metaphysik häufig. In verdeckter Form jedoch begegnen in der Metaphysik Verstöße, die aus der Nichtbeachtung der logischen Syntax und der Sphäreneinteilung entspringen. Das Wort »sein« zum Beispiel verleitet zu solchen Fehlern. »Vielleicht die meisten der logischen Fehler, die in Scheinsätzen begangen werden, beruhen auf den logischen Mängeln, die dem Gebrauch des Wortes ›sein‹ in unserer Sprache ... anhaften. Der erste Fehler ist die Zweideutigkeit des Wortes ›sein‹; es wird einmal als Kopula vor einem Prädikat verwendet (›ich bin hungrig‹), ein andermal als Bezeichnung für Existenz (›ich bin‹). Dieser Fehler wird dadurch verschlimmert, daß die Metaphysiker sich häufig über diese Zweideutigkeit nicht klar sind. Der zweite Fehler liegt in der Form des Verbums bei der zweiten Bedeutung, der *Existenz*. Durch die verbale Form wird ein Prädikat vorgetäuscht, wo keines vorliegt.«[11] Carnaps Beispiele sind die Aussagen »ich bin« oder »Gott ist«. In beiden Fällen sind unberechtigte Existenzaussagen gemacht. Diese beiden Beispiele weisen bereits auf den anderen Untersuchungshorizont hin, in dem der Bedeutungsgehalt der Worte im Blick auf die Empirie thematisiert wird. Er ist der ungleich wichtigere, denn hier läßt sich eindeutig zeigen, daß alle metaphysischen Worte sinnlos sind, weil sie sich nicht auf Gegebenes beziehen. So sind Worte wie Idee, das Gute, Prinzip, das Unvordenkliche, das Ding an sich, oder eben auch Gott und Ich ohne Sinn. Mit diesen Ausdrücken verhält es sich, so erklärt Carnap, »nicht anders als mit dem Wort ›babig‹«[12], einem Laut, der gar nichts besagt. Wenn der Metaphysiker dagegen behauptet, er selbst »meine« mit diesen Worten etwas, so gründet diese Behauptung eben nicht in einem empirischen Sachverhalt, sondern lediglich in einem bloßen Gefühl, das mit diesem Wort verbunden wird. Wie sehr Metaphysik auf das Ganze gesehen sinnlose Sprachdichtung ist, sucht Carnap durch Analyse von *Heideggers* berühmter Antrittsvorlesung »Was ist Metaphysik?« zu zeigen. Heideggers Aussage: »Das Nichts nichtet« beruht auf einem doppelten Fehler. Das Subjekt, das Wort »Nichts«, ist bedeutungslos, es ist weder ein Name noch kennzeichnet es einen Gegenstand, das Nichts gibt es nicht; und sodann: das Wort »nichten« ist ein konstruiertes Gedankending, es ist ja überhaupt nur zum Zwecke der Spekulation erfunden worden.

Diese Kritik hat trotz aller Überspanntheit durchaus etwas Berechtigtes. Es ist kein Zweifel, daß im Verlauf der geschichtlichen Entwicklung philosophische Denker immer wieder die *Sprache* eigenwillig zu nutzen suchten, um ihre metaphysischen Ansätze zu »verifizieren«. Bereits *Nietzsche* hat auf den Zusammenhang, der zwischen der Grammatik und metaphysischen Vorstellungen besteht, hingewiesen.[13] In der Tat wird durch die Substantivierung – das Sein, das Nichts, das Gute, das Wahre – eine Fürsichsetzung vollzogen, deren Folge es ist, daß diese Begriffe gleichsam ein eigenes Leben führen. Diese Fürsichsetzung ist das eigentliche Verhängnis der Metaphysik. Der Mensch, der als reflektierendes Wesen in der Auseinandersetzung mit dem Seienden steht, sucht die Dimension dieser Auseinandersetzung zu fundieren, indem er hinter sie die metaphysische Welt als absolute Größe setzt, von der her die Auseinandersetzung bereits vorbestimmt ist.

Aber – und dies ist gegen die positivistische Kritik ebenso wie gegen Nietzsches Kritik einzuwenden – diese Fürsichsetzung ist eigentlich kein sprachliches Geschehen.

Sie kommt nicht durch eine Verführung der Sprache zustande. Die Zweideutigkeit der Sprache kann ja nur »ausgenutzt« werden, wenn bereits philosophische Grundentscheidungen gefallen sind. So hat Plato die Idee als Haltepunkt für das erkennende und handelnde Selbst angesetzt, nachdem das substantielle Bewußtsein durch die Sophistik problematisch geworden war, und dann die entsprechenden Worte für das ideale Sein gebildet. Wenn aber die Fürsichsetzung nicht von der Sprache verursacht wird, kann sie auch nicht durch eine Besinnung auf die Sprache aufgehoben werden. Die Vorstellung, daß die Sprache als Sprache das Maß dessen, was philosophisch erlaubt ist, vorgeben kann, ist problematisch. Es ist nicht möglich, durch sprachliche Überlegungen eindeutig herauszubringen, was noch als sinnvolle Aussage anzusehen ist oder nicht; das Wort »sinnvoll« ist ja selbst außerordentlich vieldeutig.

Der Positivismus hat die Vieldeutigkeit der Bestimmung »Sinn« in seinen späteren Analysen der Sprache selbst ausdrücklich herausgestellt. Das Bewußtsein dieser Vieldeutigkeit steht aber von Anfang an als beunruhigend im Hintergrund. Nur deswegen wird der Rückgriff auf die Empirie als so wesentlich für die Metaphysikkritik angesehen, denn gegen eine Fürsichsetzung philosophischer Begriffe zu reinen Entitäten gibt es – das ist die zunächst leitende Überzeugung – eben letztlich nur ein einziges wirklich brauchbares Mittel: die Frage, ob diesen Begriffen etwas empirisch Beobachtbares entspricht oder nicht. Wie strikt Carnap dieses Mittel anfangs anzuwenden sucht, zeigt seine Analyse des Begriffes »Gott«. Zunächst weiß man nicht, ob mit diesem Wort ein Eigenname oder ein Prädikat gemeint sei. Im zweiten Fall wäre »Gott« Inbegriff von Merkmalen, man könnte in dieser Hinsicht sagen: X ist ein Gott, wenn X die erforderten Merkmale zukämen. Wesentlich ist jedoch nicht die Schwierigkeit, Gott den üblichen sprachlichen Unterscheidungen nicht einordnen zu können, sondern die Tatsache, daß Gott nichts empirisch Gegebenes ist, und nur darum ist dies Wort ein sinnloser Laut. Anders steht es jedoch mit dem Begriff Jupiter. Entscheidend ist hier nicht, daß Jupiter als Eigenname gedeutet werden kann, sondern der Bezug zur sinnlichen Sphäre. Jupiter ist ja der Donnerer und fällt damit in den Bereich *möglicher* Hörbarkeit: »denn wenn ich jetzt zu jemandem die Aussage mache: ›Jupiter wird um 12 Uhr hier brummen‹, so weiß er, was er zu erwarten hat; er kann, wenn er sich in die geeignete Situation (an den bestimmten Ort) begibt, eine Erfahrung machen, durch die meine Aussage bestätigt oder widerlegt wird«.[14] Als Donnerer tritt Jupiter in den Horizont möglicher Erfahrung, und das bedeutet nach Carnap eben, daß man mit diesem Wort etwas Sinnvolles verbinden kann.

Die enge Bindung der Metaphysikkritik an das Prinzip der Erfahrung als sinnlicher Gewißheit ist in der Entwicklung des Positivismus aufgegeben worden. Die Erkenntnis setzte sich durch, daß das wissenschaftliche Kriterium nicht allein die sinnliche Gewißheit sein könne; es gibt ja auch in der Wissenschaft inhaltliche Aussagen, die nicht empirisch-sinnlich verifizierbar, aber dennoch sinnvoll sind. Wir werden diesen für den Wissensbegriff des Positivismus wesentlichen Zusammenhang später genauer zu thematisieren haben. Jedenfalls wirkt sich diese Lockerung auch in bezug auf die Kritik der Metaphysik aus. Der naive und einfache Ansatz der Frühzeit, einzelne metaphysische Begriffe an der sinnlichen Gegebenheit zu messen und von dieser her als sinnlos zu deklarieren, wird aufgegeben. »Sinn« ist kein Merkmal eines Wortes oder eines einzelnen Satzes, »Sinn« zeigt sich erst im Zusammenhang eines jeweiligen Sprachsystems. Es ist durchaus möglich, sinnvolle, das heißt in sich verstehbare metaphysische Systeme zu entwerfen. Gleichwohl: diese Systeme bleiben eigentümlich leer, weil sie die Ebene *möglicher* Erfahrungen überschritten haben. Sie stehen damit im Gegensatz zu wissenschaftlichen Aussagen, deren Inhalte, auch wenn sie nicht *unmittelbar* sinnlich aufweisbar sind, doch immer zur beobachtbaren Wirklichkeit in vermitteltem Bezug gebracht und von dieser her indirekt bestätigt werden können.

Dieser neue Ansatz der Metaphysikkritik ist, so sagten wir, die *Folge* einer allgemeinen Wandlung in der Einstellung des Positivismus zu der Bestimmung der Wissenschaft und ihrer Kriterien. Es ist hier überhaupt als historisches Faktum festzustellen, daß die Kritik der Metaphysik in der späteren Entwicklung des Positivismus an Aktualität verliert. Daß man nicht mehr metaphysisch denkt, wird stillschweigend vorausgesetzt und nicht mehr ausdrücklich diskutiert.

Die Einteilung der realen Wissenschaften gemäß dem Vorrang der Physik. Der Physikalismus

Wir suchen zunächst im folgenden zu entwickeln, wie und nach welchem Prinzip der Positivismus die empirischen oder realen Wissenschaften einteilt. Den höchsten Rang nehmen die *Naturwissenschaften*, d. h. die exakten Wissenschaften, ein, insbesondere die *Physik*. Die *historischen Geisteswissenschaften* werden weit weniger beachtet, sie sind spekulativ durchsetzt, stehen allzusehr den Anliegen des Lebens offen und müssen so wesenhaft unexakt bleiben. *Psychologie* und *Soziologie* erfahren dagegen von Anfang an eine gewisse Beachtung. Die Psychologie ist, so meint man, keine reine Geisteswissenschaft, sondern kann auch als Naturwissenschaft betrieben werden. Ähnliches gilt für die Soziologie. Soziologie ist »Sozialbehaviorismus«, d. h. sie erhebt keinen Anspruch auf das Verständnis innerer Einstellungen; rechtliche oder ethische Gesichtspunkte sind einzuklammern. Der Soziologe untersucht die Formen des Korrelationsverhaltens, d. h. die »Reizverknüpfungen«, die zwischen den einzelnen Individuen oder Gruppen stattfinden. Psychologie und Soziologie werden als Wissenschaften relevant, insofern in ihnen Vollzüge erkannt werden, die kausal zu berechnen sind. Dieser Ansatz ist insbesondere von Carnap in methodischer und ontologischer Hinsicht genauer entwickelt worden und zwar unter dem Namen des »Physikalismus«. Diesen Standpunkt des Physikalismus, der in der Frühzeit des Positivismus eine erhebliche Rolle gespielt hat, müssen wir zu verstehen suchen, denn erst von ihm her wird der eigentliche Grund und der eigentliche Sinn der Hochschätzung der Physik verstehbar.

Wir wiesen mehrfach darauf hin, daß der Logische Positivismus in der Frühzeit die Idee einer *Einheitswissenschaft* deklariert. Diese Konzeption ist nicht so eindeutig, wie es auf den ersten Blick erscheint. Auf der einen Seite ist sie von der Vorstellung bestimmt, daß es allgemeine für alle Wissenschaften gültige Bedingungen des Wissens in formaler Hinsicht geben müsse. Auf der anderen Seite bleibt nicht verborgen, daß solche formalen Bedingungen doch einen sehr weiten Spielraum abstecken; es ist – wie wir bereits anmerkten – von Anfang an die Crux des Logischen Positivismus, daß er insbesondere in der Analyse der Struktur der wahren Sätze Bedingungen aufstellt, die so allgemein und für jeden Wissenschaftler so selbstverständlich sind, daß Verstöße dagegen praktisch kaum vorkommen.[15] Soll die Idee der Einheitswissenschaft wissenschaftlich sinnvoll sein, so muß man über die formalen Bestimmungen hinausgehen und konkrete Leitbegriffe für die Wissenschaft als maßgebend anerkennen. Und dies besagt nun: man greift faktisch auf bestimmte philosophische Vorstellungen zurück, nämlich die Vorstellungen, die Wirklichkeit sei eigentlich und wesentlich die Dimension von Körperdingen und deren Beziehungen. Die leitende Überlegung ist folgende: legt man die für alle Wissenschaften geltenden Bedingungen zugrunde, d. h. geht man vom Ideal der Exaktheit, Gesetzlichkeit und Berechenbarkeit aus, dann ist offensichtlich, daß die Physik diese Bedingungen eindeutig erfüllt. Es gilt daher, alle anderen Wissenschaften auf die Physik zurückzuführen. Es geht also darum – das ist die übliche Formulierung –, die Aussagen der anderen Wissenschaften in physikalische Sätze umzuwandeln.

Dieser Argumentation liegt sachlich gesehen eine bestimmte Ontologie zugrunde: Wirklichkeit ist die *Körperwelt*, die mechanischer Gesetzlichkeit untersteht. Die Positivisten scheuen jedoch weitgehend davor zurück, eine solche direkte Behauptung über die Wirklichkeit aufzustellen, dies wäre ja ein Rückfall in die Metaphysik. Die Positivisten reden zumeist sehr vorsichtig von einer Transformation nicht-physikalischer Sätze in physikalische Aussagen. Ja noch mehr: Die Sorge, in eine verfemte Weise des Denkens zurückzufallen, ist so groß, daß man zunächst den Physikalismus als bloße Hypothese neben die Gegenmöglichkeit setzt; man erklärt, es sei ebenso erlaubt, von den psychologisch zu erforschenden subjektiven Phänomenen auszugehen und von diesen her die Körperwelt zu konstituieren. Der Physikalismus setzt sich jedoch im Wiener Kreis durch und wird eine Zeit lang zur bestimmenden Grundlage des Logischen Positivismus. Gleichwohl: die Zweideutigkeit wird nicht behoben. Man behauptet einerseits, es ginge nicht darum, geistig-seelische Vorgänge vom körperlichen Geschehen abzuleiten, die Eigenheit des Geistig-Seelischen solle nicht geleugnet werden; aber man erklärt andererseits, wenn die geistig-seelischen Phänomene Gegenstand der *Wissenschaft* werden sollen, sei es notwendig, sie auf körperliche Vorgänge zurückzuführen.

So heißt es: »Der Physikalismus ist nicht so zu verstehen, als wolle er der Psychologie vorschreiben, nur physikalisch ausdrückbare Sachverhalte zu behandeln. Es ist vielmehr gemeint: Die Psychologie mag behandeln, was sie will, und ihre Sätze formulieren, wie sie will. In jedem Fall sind diese Sätze in die physikalische Sprache übersetzbar.«[16] Zugleich wird aber behauptet, die Psychologie sei nur ein Zweig der Physik: »Es gibt grundsätzlich nur eine Art von Objekten, nämlich die physikalischen Vorgänge«[17], oder – noch schärfer –: alle realwissenschaftlichen Aussagen können nichts anderes als Körperliches enthalten, da sie nur auf diese Weise verständlich und nachprüfbar sind.

Diese Aussage soll nun aber wiederum keine »inhaltliche« sein, d. h. es soll hier nicht über die geistige oder körperliche Wirklichkeit als solche gehandelt werden, sondern nur über die wissenschaftlichen *Sätze*, die diese Wirklichkeit betreffen, und hier habe man sich ja lediglich zu überlegen, ob die *Sprache* der Physik oder die *Sprache* der Psychologie wissenschaftlicher sei, und da zeige sich eben doch ein eindeutiger Vorzug der physikalischen Sprache, denn diese sei, insofern sie körperliche Vorgänge thematisiere, wirklich exakt. Dieser Vorrang scheint so eindeutig zu sein, daß man schließlich den Ausdruck »Physikalismus« durch den Ausdruck »Dingsprache« oder »Körperweltsprache« ersetzt, eben um zum Ausdruck zu bringen, daß eigentlich nur körperliche Vorgänge wissenschaftlich beobachtbar und protokollierbar und solchermaßen Gegenstand sinnvoller Aussagen seien. Wir zitieren einige Sätze aus einer Arbeit Carnaps »Physikalische Begriffsbildung«, die die leitende Vorstellung vom Wesen des Physikalismus klar erkennen lassen.

Carnap erklärt zunächst grundsätzlich: »Die Physik hat die Aufgabe, die sinnlich wahrnehmbaren Gegenstände begrifflich zu behandeln, d. h. die Wahrnehmungen systematisch zu ordnen und aus vorliegenden Wahrnehmungen Schlüsse auf zu erwartende Wahrnehmungen zu ziehen. Auch die anderen Realwissenschaften (ob alle, bleibe dahingestellt) beziehen sich letztlich auf die Wahrnehmung. Die Physik ist dadurch ausgezeichnet, daß sie die allgemeinsten Eigenschaften des Wahrnehmbaren untersucht, während die anderen Wissenschaften eine Sonderauswahl treffen, indem sie sich etwa nur auf die Vorgänge an Organismen oder nur auf die Zusammenhänge des Menschenlebens beziehen.«[18] Die physikalische Begriffsbildung vollzieht sich nun in drei Stufen. Die erste Stufe ist die qualitative: hier werden Dinge nach ihrer Eigenschaftlichkeit beschrieben. Auf der zweiten Stufe setzt sich der quantitative Gesichtspunkt durch, Messen und Zählen werden wesentlich; hier setzt die moderne Wissenschaftlichkeit ein, deren Überlegenheit über qualitative Beschreibungen sich darin ausweist, daß physikalische Gesetze nun als mathematische Berechnungen vollzogen werden, die die alltägliche Sprache hinter sich lassen. Die dritte Stufe ist durch eine noch radikalere Abstraktion bestimmt: ihr Thema ist die Welt als vierdimensionales Gebilde. Naturgesetze werden hier zu »Aussagen über die gegenseitige Abhängigkeit der Beschaffenheit von Teilen des vierdimensionalen Gebildes«.[19] Entscheidend ist es nun aber, daß alle abstrakten Aussagen *rückübersetzt* werden können. Carnap erklärt: »Bestände diese Möglichkeit der Rückübersetzung nicht, so wäre freilich die Physik auf dieser abstrakten, d. h. vollständig formalisierten Stufe nichts weiter als ein harmloses Rechenspiel. Nur weil jene Möglichkeit besteht, darf die Physik sagen, daß sie von der Wirklichkeit spricht; und nur weil die Rückübersetzung eindeutig ist, kann die Physik *bestimmte* Angaben machen, über Wahrnehmungen, die man noch nicht gemacht hat, sondern erst an einem bestimmten, zukünftigen Zeitpunkt machen wird, oder allgemeine Aussagen darüber, was für Wahrnehmungen unter gewissen Bedingungen stets zu erwarten sind.«[20]

Zusammengefaßt: Die Physik ist eine Wissenschaft, die von der Wirklichkeit handelt und zwar von einer Wirklichkeit, die wesentlich durch Wahrnehmungen zugänglich ist. Diese Wirklichkeit ist eine eindeutige Größe. Sie bleibt im Grunde immer sich gleich und ist unveränderlich, nur darum können ja die verschiedenen Auslegungen – die qualitative, quantitative und abstrakte – ineinander übersetzbar sein. Der Bezugspunkt der Übersetzung aber ist die Wirklichkeit, wie sie sich in der qualitativen Wahrnehmung darbietet. Von dieser Wirklichkeit, die ja *unmittelbar* gewiß ist, geht man aus und zu ihr kehrt man wieder zurück!

Es ist wohl kaum ein Zweifel daran möglich, daß die hier maßgebenden Vorstellungen kein angemessenes Verständnis der modernen Physik ermöglichen. Dabei ist festzuhalten, daß viele der Positivisten die Problematik der Physik in einem für Philosophen erstaunlich hohen Maße kennen. *Mach* hat Physik studiert und mit führenden Physikern rege korrespondiert. Im Berliner Kreis, der sich um *Reichenbach* bildete, standen Fragen der Physik im Zentrum, und in den ersten Jahrgängen der »Erkenntnis« werden naturwissenschaftliche Probleme durchaus konkret behandelt, so etwa die Frage nach der Unendlichkeit des Weltraums oder das Problem, ob und wieweit die Quantenmechanik in der biologischen Forschung zur Bestimmung der Organismen nutzbar gemacht werden könnte. Man vermag sich dieses unvermittelte Nebeneinander eines echten inhaltlichen Bezuges zur physikalischen Forschung einerseits und einer philosophisch unzulänglichen Grundlegung dieser Wissenschaft andererseits nur zu erklären durch die Tatsache, daß die Positivisten an philosophischen Vorstellungen festhalten, die eigentlich der Tradition angehören. Ein Beispiel sei zur Verdeutlichung herangezogen.

Im Jahre 1930 fand in Königsberg eine Tagung: »Erkenntnislehre der exakten Wissenschaften« statt.[21] *Heisenberg* sprach über »Kausalgesetz und Quantenmechanik«. Er stellte zusammenfassend fest: »Während früher die raum-zeitliche Beschreibung auch für einen isolierten Gegenstand möglich war, ist sie jetzt wesentlich geknüpft an die Wechselwirkung des Gegenstandes mit dem Beobachter oder seinen Apparaten; der völlig isolierte Gegenstand hat prinzipiell keine beschreibbaren Eigenschaften mehr. Die moderne Atomphysik handelt also nicht vom Wesen und Bau der Atome, sondern von den Vorgängen, die wir beim Beobachten des Atoms wahrnehmen; das Gewicht liegt also stets auf dem Begriff ›Beobachtungsprozeß‹. Der Beobachtungsprozeß kann dabei nicht mehr einfach objektiviert, sein Resultat nicht unmittelbar zum realen Gegenstand gemacht werden.«[22]

In der anschließenden Diskussion werden insbesondere zwei Probleme diskutiert. Einmal: durch die Beobachtung kommen subjektive Faktoren ins Spiel, das ist beunruhigend, denn die Physik, die ja die eigentlich objektive Wissenschaft sei, müsse doch völlig unabhängig vom Subjektiven sein. Sodann – als Gegensatz zu diesem Bedenken –: »Die Dinge, die aus den Wahrnehmungen konstituiert werden, entsprechen keiner außerhalb der Wahrnehmungen existierenden objektiven Wirklichkeit. Und eines ist sicher: Die Rolle der Wahrnehmungen ist in der heutigen Physik eine viel größere als früher« (Philipp Frank).[23] Diese zweite Argumentation findet weit mehr Anklang als die erste, nicht nur weil sie offenbar die Situation der modernen Physik angemessener auszudeuten vermag, sondern weil sie doch »an sich richtig« sei, das heißt, dem Prinzip des *Phänomenalismus* entspricht. Der Phänomenalismus erscheint – wir wiesen bereits darauf hin – den maßgebenden Logischen Positivisten als das philosophisch angemessenste System. Hier wird die Realität der Außenwelt nicht geleugnet, wie im Idealismus und Solipsismus, sie wird aber auch nicht als an sich bestehend behauptet: man erkennt an, daß die reale Außenwelt eben nur in den Bestimmungen der Subjektivität – und das heißt wesentlich in der Wahrnehmung – für uns vorhanden sei. Es ist aufschlußreich zu sehen, wie die Situation der Physik, die sich doch auf Grund einer internen Forschungslage ohne philosophische Vormeinungen ergeben hat, hier unter allgemeine, abstrakte und immer gültige philosophische Begriffe gebracht wird. Der phänomenalistische Standpunkt ist die *richtige* Ansicht von der Welt, und das hat nun eben auch und gerade die physikalische Forschung bestätigt! Aufschlußreich ist in dieser Hinsicht eine Äußerung von *Hans Reichenbach* am Ende dieser Diskussion. Reichenbach erklärt, die Physiker hätten nun gesehen, daß sie in ihrer Wissenschaft nicht einfach von einer objektiven Welt sprechen könnten, sondern daß sie auf die Wahrnehmung zurückgehen müßten, »was sich in der Quantenmechanik gegenwärtig, und besonders gerade unter Herrn Heisenbergs Einfluß, vollzieht, ist also eine Bestätigung jener älteren Überlegungen, die früher schon von positivistisch-empiristischer Seite an die klassische Physik angeknüpft wurden. Das Ergebnis dieser Überlegungen aber, in der älteren wie in der neueren Form, können wir dahin zusammenfassen: es besteht wohl eine objektive Welt, nur ist die *Deutung* dieser ›Objektivität‹ wesentlich komplizierter und vorsichtiger zu geben, als es in der bisherigen Physik üblich war.«[24]

Reichenbach hat sich unter den Positivisten der Frühzeit wohl am grundsätzlichsten mit den Fragen der modernen Physik befaßt, so insbesondere in seinen beiden Werken »Philosophie der Raum-Zeit-Lehre« (1928) und »Philosophische Grundlagen der Quantenmechanik« (1949). Reichenbach geht von der Schwierigkeit der modernen Atomtheorie aus. Korpuskularinterpretation und Welleninterpretation sind nicht zur Einheit zu bringen, durch Beobachtung werden freie Teilchen in einer nicht voraussagbaren Weise gestört. Diese Problematik ist nur lösbar, wenn man grundsätzlich der Frage nachgeht, wie und in welchem Maße man überhaupt von unbeobachtbaren Phänomenen etwas wissen und über sie reden könne. Reichenbach unterscheidet nun zwischen Phänomenen und Interphänomenen. Phänomene sind sinnliche Daten und Vorgänge, die aus diesen unmittelbar erschließbar sind, Interphänomene dagegen sind weder beobachtbar noch unmittelbar erschließbar. Zu solchen Interphänomenen sind nun die Bewegungen des Elektrons zu rechnen. Es kommt nun darauf an, diese Interphänomene näher zu bestimmen; man muß die sich hier einstellenden »kausalen Anomalien« so weit wie möglich eliminieren. Dies geschieht durch Rückgriff auf ein den jeweiligen Interphänomenen entsprechendes Kausalsystem. Indem interpretatorische Aussagen über unbeobachtbare Größen solchermaßen zu Aussagen über beobachtbare Größen in bezug gesetzt werden, werden sie »sinnvoll«. Man kann zwar diese Aussagen über unbeobachtbare Größen nicht unter die Alternative »wahr oder falsch« bringen, aber man kann sie in einer dreiwertigen Logik, die Reichenbach fordert, dem Wahrheitsgrad »unbestimmt« zuordnen.

In seiner Einführung in den Positivismus »Der Aufstieg der wissenschaftlichen Philosophie« legt Reichenbach sehr zusammengedrängt und zugleich doch sehr vorsichtig diesen Ansatz dar.[25] Er erklärt, die Vorstellung von Atomen als körperlichen Teilchen sei »eine Extrapolation, eine Ausdehnung unserer Sinneserfahrung auf den Mikrokosmos«. Sie ist daher eigentlich verfehlt. An ihre Stelle hat eine Deutung zu treten, die die Atome eben nicht mehr eindeutig unter bestimmte ontologische Begriffe bringt. Reichenbach weist in diesem Zusammenhang wieder auf die Notwendigkeit einer dreiwertigen Logik hin: »Man kann eine dreiwertige Logik konstruieren, die einen mittleren Wahrheitswert hat, den wir ›Unbestimmtheit‹ nennen können; in dieser Logik sind Aussagen entweder wahr oder falsch oder unbestimmt. Mit Hilfe einer solchen Logik kann die Quantenmechanik in einer neutralen Sprache beschrieben werden, die nicht mehr von Wellen oder Korpuskeln spricht, sondern von Zusammenstößen oder Koinzidenzen, und die es offen läßt, was auf dem Wege zwischen zwei Zusammenstößen passiert. Diese Logik scheint die endgültige Form der Quantenmechanik darzustellen – endgültig, menschlich gesprochen.«[26]

Dieser Ansatz ist natürlich nur für Reichenbach selbst und nicht für den Positivismus im ganzen charakteristisch. Es wurde an ihm auch von anderen Positivisten durchaus Kritik geübt. Aber diese Kritiker sind sich mit Reichenbach im Grundansatz einig: Es gibt Gegebenes, das sinnlich gewiß ist, und Nichtgegebenes, das ungewiß ist, und dieses Nichtgegebene ist nach Möglichkeit auf Gegebenes zurückzuführen. Eine solche Auffassung verkennt die Struktur der Wirklichkeit, die die moderne Physik untersucht, insofern diese Wirklichkeit, die »Welt der Physik«, durch subjektive und objektive Faktoren *zugleich* bestimmt ist und gar nicht auf Gegebenes als Gewisses und Nichtgegebenes als Ungewisses *eindeutig* verrechnet werden kann.[27]

Die Bedeutung der Mathematik

Wir haben gesehen, daß der Positivismus der Physik eine bevorzugte Stellung einräumt. Ebenso bedeutsam wie die Physik ist für den positivistischen Denkansatz die Mathematik. Es ist ja das eigentliche Grundanliegen des Positivismus, die Idee dessen, was Wissenschaft überhaupt und als solche sein kann, herauszustellen. Das ist aber nur möglich, wenn man auf die Mathematik zurückgreift. Mathematik – das ist der Grundansatz, der diesen Rückgriff bestimmt – ist keine »inhaltliche Wissenschaft«. Sie handelt nicht, wie Plato vermeinte, vom wahrhaften und vorbildhaften Seienden, das über unserer sichtbaren Welt steht, denn arithmetische oder geometrische Bestimmungen sind keine metaphysischen Entitäten. Mathematik ist aber auch nicht, wie die beginnende Neuzeit vermeinte, in der Weise gegenstandsgebunden, daß sie als die Sprache zu verstehen ist, in der das Buch der Natur geschrieben ist. Kant hat richtig gesehen: Die Mathematisierung der Natur ist ein konstruktives Tun, das als solches erst die Aufstellung von Naturgesetzen möglich macht. Der im 19. Jahrhundert sich ausbildende Ansatz überschreitet nun – und nach positivistischem Verständnis durchaus mit Recht – die Kantische Bestimmung der Mathematik von der transzendentalen Subjektivität her und ebenso die Idee, die Mathematik bringe das Wissen von der Natur auf unbedingte Grundgesetze.[28] Die Mathematik vermag – das zeigt ihre Entwicklung – systematische Zusammenhänge zu konstruieren, für die die Frage nach möglicher Anwendung durchaus sekundär ist. Die Mathematik ist die Wissenschaft reiner Selbstkonstitution. Ihr ist nichts vorgegeben, auf das sie sich stützt; ihre Bestimmungen werden erst in und durch das System für das System definiert. Die Axiome eines solchen Systems sind keine Wahrheiten, die anschaulich und evident sein müssen; Axiome sind, so definiert *Heinrich Scholz*, der zu dem Logischen Positivismus in Beziehungen stand, nichts anderes als Satzgerüste, die erst nachträglich durch eine ›Deutung‹ der in ihnen vorkommenden ›Variablen‹ in effektive Sätze übergehen. Satzgerüste sind weder wahr noch falsch, sondern entweder erfüllbar oder unerfüllbar. Die Mathematik leistet diese Systematik aber eben nur, weil in ihr jede Art von Gegenstandsbezug aufgehoben ist. Das heißt, sie ist völlig bedeutungsleer.

Die Positivisten stellen nun immer wieder heraus, daß die *mathematischen Theorien* des 19. Jahrhunderts und der Gegenwart mit dem positivistischen Ansatz zur Deckung gebracht werden können und müssen. Insbesondere *Carnap* hat sich mehrfach zu diesem Problem des Zusammenhanges von Positivismus und Mathematik in grundsätzlicher Form geäußert. Er diskutiert als die drei maßgeblichen mathematischen Grundrichtungen den Logizismus, den Intuitionismus und den Formalismus, wobei es sein Anliegen ist, einmal die sachliche Nähe dieser drei Richtungen untereinander und sodann ihre Konformität mit dem positivistischen Ansatz nachzuweisen.

Der Grundgedanke des *Logizismus* ist es, so legt Carnap dar, die Mathematik als Zweig der Logik zu betrachten, und zwar gründet diese Behauptung darin, daß die Begriffe und auch die Sätze der Mathematik sich aus logischen Begriffen und Sätzen ableiten lassen, d. h. aus Bestimmungen, »die für den Aufbau der Logik auch im gewöhnlichen, nicht mathematischen Sinn, unentbehrlich sind«.[29] Dieser von Frege und später von Russell und Whitehead durchgeführte Ansatz bedeutet aber nicht, daß die Mathematik der traditionellen Logik äußerlich untergeordnet wird. Logik und Mathematik haben beide eine parallele Wende, eben die Wendung zur *Konstruktion*, vollzogen. Und nur von hier aus ist der Logizismus zu verstehen, denn die Aufgabe, die er lösen will, ist es, »überall an die Stelle von Postulaten logische Konstruktionen treten zu lassen, d. h. durch logische Operationen Gebilde zu konstruieren, deren Existenz sich im gegebenen Fall auf Grund dieser Konstruktionen beweisen läßt, und die diejenigen formalen Eigenschaften besitzen, die die postulierten Gegenstände haben sollten.«[30]

Gerade dieser operative Gesichtspunkt wird aber auch von den beiden anderen Richtungen herausgestellt. Mit dem *Intuitionismus* verbindet den Logizismus, so erklärt Carnap, die konstruktive Tendenz in der Begriffsbildung, die besagt: »Ein Begriff darf nicht axiomatisch eingeführt werden, sondern muß aus den undefiniert vorausgesetzten Grundbegriffen durch schrittweise explizite Definitionen konstruiert werden.«[31] Wenn Brouwer erklärt, die Mathematik sei mehr ein Tun als eine Lehre, so trete hier der neue Ansatz klar heraus, dieses Tun sei aber nicht im Sinne einer apriorischen Gültigkeit vorherbestimmt, und es unterstehe nicht der Schematik von wahr und falsch. Auf dem Königsberger Kongreß deklariert der Mathematiker Heyting: »Das Ziel, das der intuitionistische Mathematiker sich setzt, ist folgendes. Er will Mathematik treiben als natürliche Funktion des Intellekts, als freie, lebendige Aktivität des Denkens.«[32] Und später heißt es sogar: »Die Mathematik ist von intuitionistischem Standpunkt aus das Stadium gewisser Fähigkeiten des menschlichen Geistes. Eine mathematische Theorie drückt eine rein empirische Tatsache aus, nämlich daß eine gewisse Konstruktion mit Erfolg durchgeführt worden ist.«

Dem *Formalismus* von Hilbert kommt für den Logischen Positivismus besondere Bedeutung zu, wie Carnap darlegt.[33] Daß hier der Gedanke der konstruktiven Festsetzung der Grundbegriffe, die für ein System gelten sollen, so klar hervortritt, dies gründet in der Einsicht, daß eine methodische Trennung von Mathematik und Metamathematik notwendig sei. Erst auf Grund einer solchen Scheidung ist eine logische Grundlegung der Mathematik durchführbar. Das heißt, erst so wird es möglich, »die überkommene Mathematik, die ja auch in der praktischen Anwendung ihre Fruchtbarkeit erwiesen hat, in möglichst weitem Umfang durch eine geeignete Interpretation zu legitimieren«.[34] Dieser Ansatz, daß eine methodische Überlegung über das, was *in* einer Wissenschaft vorgeht, als eine von dieser Wissenschaft abzusondernde neue Stufe anzusetzen sei, wird uns in der Analyse der Semantik noch beschäftigen.

Es ist wohl nicht abzustreiten, daß die von Carnap hier intendierte Annäherung moderner mathematischer Standpunkte an den Positivismus bestimmte Probleme aufwirft, nicht nur in mathematischer, sondern auch in philosophischer Hinsicht. Der Mathematiker *Reidemeister* weist mit Recht darauf hin, daß gewisse Grundbegriffe keineswegs eindeutig wären. Wenn Carnap von einer »rein logischen Bedeutung mathematischer Zeichen« rede, so bleibe der Sinn des Wortes »Bedeutung« doch weithin im Unklaren; »dies ist von den Vertretern der Logistik wohl nicht immer klar genug anerkannt worden, und es ist somit eine wichtige Aufgabe, zwischen diesen ganz verschiedenen Auffassungen des Begriffs ›Bedeutung‹ klare Grenzen zu ziehen«.[35] Hier wird in der Tat eine wirkliche Schwierigkeit aufgedeckt: wenn »Bedeutung« dem allgemeinen im Positivismus anerkannten Ansatz nach als »inhaltliche Bedeutung« zu verstehen ist, und Logik und Mathematik von hier aus gesehen bedeutungsleer sind, in welchem Sinn kann dann noch von einer Bedeutung mathematisch-logischer Bestimmung gesprochen werden?

Aber wichtiger als dies Problem ist ja die grundsätzliche Frage, ob nicht diese Ausrichtung an der mathematischen Fragestellung eine Verkürzung der philosophischen Problematik bedeutet, insofern es ja in dieser darum gehen soll, Wissenschaft im ganzen zu begründen. Das besagt konkret: zur Wissenschaftstheorie gehört doch auch die Erörterung der Problematik der *realen* Wissenschaften, und diese ist offenbar von der mathematischen Logik her nicht gänzlich zu bewältigen. Wir stoßen hier auf das für die ganze Entwicklung des Positivismus bedeutsame Problem: die Frage nach der Möglichkeit einer Wissenschaftstheorie, die Wissenschaft nicht nur in formaler, sondern auch in inhaltlicher Hinsicht begründen soll. Dieser Frage wollen wir uns nun zuwenden.

Wissenschaftstheorie als Sprachanalyse

Wir haben bereits mehrfach die Schwierigkeiten angedeutet, mit denen sich die Positivisten bei der Konstitution der Wissenschaftstheorie konfrontiert sehen. Der Logische Positivismus erkennt – das ist die eine Seite –, daß die realen Wissenschaften sich faktisch weitgehend der Philosophie entfremdet haben. Er will dieser Situation Rechnung tragen und ist der Meinung, daß die realen Wissenschaften in ihrem Forschungsvollzug sich selbst überlassen werden müssen. Andererseits soll die Wissenschaftstheorie sich aber nicht nur auf die Bestimmung wissenschaftlicher Aussagen in formaler Hinsicht beschränken und wissenschaftliche Urteile lediglich unter dem Gesichtspunkt logischer Zuordnung betrachten. Die Wissenschaftstheorie muß, so meinen die Positivisten, auch die Grundbestimmungen des Wissens in *inhaltlicher* Hinsicht herausarbeiten. Unterließe sie dies, dann wäre, wie wir sahen, eine Abgrenzung echten Wissens der Metaphysik gegenüber nicht möglich, denn metaphysische Aussagen sind in rein formaler Hinsicht durchaus nicht immer von echten wissenschaftlichen Aussagen eindeutig abzugrenzen.

Es ist nun, überblickt man die Entwicklung des Positivismus im ganzen, festzustellen, daß diesen Schwierigkeiten dadurch zu begegnen gesucht wird, daß man einen »Mittelweg« einschlägt: Wissenschaftstheorie wird wesentlich konstituiert als *Theorie wissenschaftlicher Aussagen*. Wissenschaftliche Aussagen sind einerseits Gegenstand der Logik, noch schärfer: wissenschaftliche Aussagen müssen sich, insofern sie ein System bilden, den Ansprüchen einer mathematischen Systematik unterstellen, denn eine solche Systematik ist das Urbild exakten Wissens überhaupt. Wissenschaftliche Aussagen sind andererseits inhaltlich bedeutungsvoll, und das heißt: sie sind gegenständlich bestimmt. Diese gegenständliche Bestimmung kommt ihnen zu, insofern sie Fragen und Ergebnisse der realen Wissenschaft darstellen und formulieren. Mag es auch nicht Aufgabe der Wissenschaftstheorie sein, im einzelnen solche Aussagen auf ihren Wert hin zu prüfen, so muß die Wissenschaftstheorie, als und insofern sie Theorie von wissenschaftlichen Aussagen überhaupt ist, doch auch die allgemeine Möglichkeit, und das heißt: die allgemeinen Bedingungen von Aussagen in inhaltlicher Hinsicht festlegen.

Immer wieder wird von den Positivisten auf diese Verklammerung von Philosophie, Wissenschaftstheorie und Sprache hingewiesen. Im ersten Band der »Erkenntnis« erklärt *Schlick*, der Philosophie käme auch in der Gegenwart eine führende Stellung zu, Philosophie sei selbst »zwar keine Wissenschaft, aber doch etwas so Bedeutsames und Großes, daß sie auch fürder, wie einst, als die Königin der Wissenschaft verehrt werden darf; denn es steht ja nirgends geschrieben, daß die Königin der Wissenschaften selbst auch eine Wissenschaft sein müßte. Wir erkennen jetzt in ihr – und damit ist die große Wendung in der Gegenwart positiv gekennzeichnet – anstatt eines Systems von Erkenntnissen ein System von Akten; sie ist nämlich diejenige Tätigkeit, durch welche der Sinn der Aussagen festgestellt oder aufgedeckt wird. Durch die Philosophie werden Sätze geklärt, durch die Wissenschaften verifiziert«.[36] Und *Carnap* legt wenige Seiten später die Aufgabe der »Erkenntnis« dahin fest: »Der neue Kurs dieser Zeitschrift, der mit diesem Heft beginnt, stellt sich die Aufgabe, die neue wissenschaftliche Methode des Philosophierens zu fördern, die man vielleicht in aller Kürze dadurch kennzeichnen kann, daß sie in der logischen Analyse der Sätze und Begriffe der empirischen Wissenschaft besteht.«[37] Und noch prägnanter und schärfer heißt es in »Logische Syntax der Sprache«: »Philosophie wird durch Wissenschaftslogik, d. h. logische Analyse der Begriffe und Sätze der Wissenschaft, ersetzt; Wissenschaftslogik ist nichts anderes als logische Syntax der Wissenschaftssprache.«[38]

Diese Einschränkung der Wissenschaftstheorie auf eine Theorie wissenschaftlicher Aussagen ist philosophiegeschichtlich außerordentlich bedeutsam. Hier wird eine *Wendung zur Sprache* vollzogen, die uns auch bei ganz anders gearteten philosophischen Ansätzen – so der modernen Theorie der Geisteswissenschaften – begegnet.[39] In allen diesen philosophischen Bewegungen setzt sich eine Haltung durch, die auf einer bestimmten *reflexiven* Grundeinstellung beruht: Man verzichtet auf einen unmittelbaren Bezug zu den Gegenständen des betreffenden Gebietes, seien es nun die Phänomene der Natur oder die Ereignisse der Geschichte. Man nimmt vielmehr diese Gebiete als eine wissenschaftliche Gegebenheit hin, aber – und dies ist die eigentliche Leistung der Reflexion – man umgreift sie noch einmal in einer höheren Untersuchung, die die Ansätze und die Durchführung dieser Wissenschaft nicht verändert, sondern nur durchleuchtet, als und insofern sie *sprachlich* ausgeformt sind.

Diese Reflexionen können sich in sehr verschiedenen Graden der Radikalität vollziehen. Es ist möglich, die *gegenständliche Bestimmung* der Sprache zu betonen, das heißt: die Sprache als ein Mittel des empirischen Erkennens zu verstehen und diesen Bezug unter formalem und inhaltlichem Gesichtspunkt zu untersuchen. So geht wenigstens zum Teil der frühe Positivismus vor. Man kann aber auch die Sprache als die eigentliche Wirklichkeit ausgeben, durch die allererst ein Gegenstandsbezug gesetzt wird, so argumentiert der spätere Wittgenstein. Die Sprache wird hier von der engen Bindung an die Logik gelöst, und ebenso wird die atomistische Betrachtung, in der einzelne sprachliche Bestimmungen Teilen der Wirklichkeit zugerechnet werden, aufgegeben. Die Sprache wird als ein in sich und durch sich bestimmter Zusammenhang verstanden, der allen einzelnen Bestimmungen vorausgeht und eine eigene Welt darstellt. Die Untersuchung dieser Welt wird zur Aufgabe einer Philosophie, die schließlich nicht mehr die Wissenschaft als die absolut maßgebende Größe ansieht. Die Ausarbeitung der Struktur und der Reichweite der Sprache ist also, so muß man feststellen, der eigentliche rote Faden in der Geschichte des Positivismus. Wir suchen zunächst den Ansatz der Sprachproblematik im *frühen* Positivismus zu skizzieren.

Die Wissenschaftstheorie konstituiert sich, so formulierten wir, als Untersuchung von wissenschaftlichen Aussagen. Leitend ist die Vorstellung, daß es durchaus möglich sei, bestimmte Charaktere solcher Aussagen herauszustellen, die für *alle* Wissenschaften gelten. Carnap erklärt, die allgemein verbreitete Ansicht, daß die Wissenschaft sich grundsätzlich in Hinsicht ihrer Objekte, ihrer Erkenntnisquellen, ihrer Methoden unterscheide, sei irrig.»Demgegenüber soll hier die Auffassung vertreten werden, daß die Wissenschaft eine Einheit bildet; alle Sätze sind in einer Sprache ausdrückbar, alle Sachverhalte sind von einer Art, nach einer Methode erkennbar.«[40] Die Idee der Einheitswissenschaft ist, so sahen wir, wesentlich vom Physikalismus bestimmt, das heißt, Aussagen, wie sie die Physik erbringt, werden als eigentlich wissenschaftlich angesetzt; der eben zitierte Satz befindet sich in einer Arbeit Carnaps, die den Titel trägt »Die physikalische Sprache als Universalsprache der Wissenschaft«. Die Physik ist aber eine reale Wissenschaft, und als solche kann sie ja nur Vorbild innerhalb der Gruppe der inhaltlichen Wissenschaften und nicht der formalen sein. Grundsätzlich gesagt: Aussagen der Logik und der Mathematik stellen Bestimmungen heraus, die für alle Wissenschaft gelten, während Aussagen der realen Wissenschaft, insofern sie inhaltlich und gegenstandsbezogen sind, ihrerseits nicht auf Logik und Mathematik angewandt werden können. Diese an sich unmittelbar einleuchtende und bereits in der Tradition herausgestellte Unterscheidung weist aber auf eine Problematik grundsätzlicher Art hin, deren Aporie nach Meinung der Positivisten so groß ist, daß man sie gar nicht angemessen lösen kann.

Um diese Aporie überhaupt zu verstehen, muß man davon ausgehen, daß die Positivisten der Überzeugung sind, daß es Aufgabe der Wissenschaft ist, eindeutige Bestimmungen zu setzen, deren eindeutiger Charakter auch dann nicht aufgehoben wird, wenn sich zeigt, daß eine Bestimmung in eine andere umformbar ist. Diese Forderung der Eindeutigkeit ist mit einer strikten *Negation des dialektischen Denkens* verbunden. Alle Positivisten sind sich darin einig, daß die Dialektik das Grundverderbnis der Wissenschaft ist, weil sie sich in vieldeutigen Bestimmungen bewegt. Dieser Ausschluß der Dialektik wirkt sich nun auf die Einteilung der Wissenschaft verhängnisvoll aus.

Die formalen und die realen Wissenschaften sind Arten des Genus Wissenschaft, die nicht aufeinander reduzierbar sind, demgemäß müssen auch die in ihnen vollzogenen Aussagen durch gegensätzliche Charaktere bestimmt sein. Konkret: Sätze der Logik und Mathematik sind *analytisch* und *formal*. Diese Sätze sind – Wittgenstein hat dies herausgestellt, und die Positivisten folgen ihm in dieser Hinsicht – *Tautologien*. Die Logik stellt ja nur Regeln der Umformung auf. Diese Regeln betreffen nicht die Wirklichkeit, sondern nur deren sprachliche Darstellung, und zwar lediglich unter dem Gesichtspunkt einer *logischen Syntax*.

Im Gegensatz zu Logik und Mathematik sind die Sätze der realen Wissenschaften *bedeutungsvoll*. Sie haben »Sinn«. Diese sinnvollen Sätze sind *synthetisch*, insofern sie über die logische Tautologie hinausgehend Erfahrungen aussagen. Mit Carnap formuliert: »Die Sätze der Logik und Mathematik sind Tautologien, analytische Sätze, Sätze, die allein auf Grund ihrer Form gültig sind. Sie haben keinen Aussagegehalt, d. h. sie besagen nichts über das Bestehen oder Nichtbestehen irgendeines Sachverhaltes ... Die gehaltvollen Sätze, also die Sätze, die (in üblicher Sprechweise) einen Sachverhalt zum Ausdruck bringen, gehören zum Bereich der Realwissenschaft.«[41]

Die Positivisten erklären nun – das ist der entscheidende Punkt –, daß es eigentlich gar nicht möglich sei, über das *Verhältnis* beider Wissenschaftsgruppen philosophische Aussagen zu machen, denn solche Aussagen sprengen ja den Bereich der allein berechtigten Sätze. Sie sind nicht formal, sondern inhaltlich, aber ihr Inhalt –

die Thematisierung des *Bezuges* von Form und Inhalt – ist kein wissenschaftlich erlaubter Inhalt, denn ein wissenschaftlich erlaubter Inhalt muß ja auf die reale Erfahrung bezogen werden. Es ist offensichtlich: Die Positivisten führen faktisch eine *dialektische Reflexion* durch, deren Sinn es ist, daß der Wissenschaftstheoretiker ·die Wissenschaft selbst und ihre Aussagemöglichkeiten zum Gegenstand·macht, aber sie billigen dieser Reflexion wiederum keinen »Sinn« zu, weil Sinn eben nur in inhaltlich empirischen Sätzen der realen Wissenschaft »vorkommt«. Das heißt: die Möglichkeit der Wissenschaftstheorie und, insofern Wissenschaftstheorie mit Philosophie identisch ist, die Möglichkeit der Philosophie ist von Grund auf problematisch.

Die Positivisten suchen diese Aporie zu überwinden. Alle diese Versuche sind jedoch dadurch gekennzeichnet, daß man den einfachen Sachverhalt nicht wahrhaben will, daß es für jeden Wissenschaftler möglich *und* notwendig ist, reflektierend sich selbst in seinem wissenschaftlichen Vorgehen zum Gegenstand zu machen. Schematisierend lassen sich *drei* Versuche unterscheiden. Die *erste* Möglichkeit spricht sich in der bekannten Argumentation Wittgensteins aus: »Meine Sätze erläutern dadurch, daß sie der, welcher mich versteht, am Ende als unsinnig erkennt, wenn er durch sie – auf ihnen – über sie hinausgestiegen ist...«[42] Wir werden auf diese Argumentation, die philosophische Aussagen über die Möglichkeit von Sätzen zwar durchführt, aber hinterher als *sinnlos* deklariert, noch zurückkommen. Die *zweite* Möglichkeit besteht darin, daß man solche Aussagen »konventionalistisch« versteht: sie sind nichts anderes als Festsetzungen, die eigentlich nur einen pragmatisch-technischen Sinn haben. Es handelt sich bei diesen philosophischen Sätzen im Grunde um »Gebrauchsdefinitionen«. Eine *dritte* Möglichkeit: Man versucht, das Dilemma der Wissenschaftstheorie aufzuheben, indem man, soweit es möglich ist, die inhaltliche Betrachtungsweise ausklammert und Wissenschaftstheorie nach dem Vorbild der mathematischen Logik aufbaut: Thema der Wissenschaftstheorie ist wesentlich allein die logische Syntax der Aussageformen.

Diese Lösungsversuche sind nur in abstracto eindeutig voneinander abzugrenzen, in concreto werden sie ständig miteinander kombiniert, oder genauer wäre zu sagen: Die in diesen Lösungsversuchen zutage tretenden Intentionen werden gegeneinander und miteinander ins Spiel gebracht. Es bilden sich solchermaßen »Tendenzen« aus, die die Philosophie des Positivismus in bestimmten Perioden prägen und sodann wieder zurücktreten. Und eben in diesem Hin und Her besteht die *Entwicklung* des Positivismus. Das besagt aber wiederum: Die von den Positivisten behauptete Eindeutigkeit, deren äußeres und inneres Indiz eine klare Schematik sein soll, in der ein für allemal die Strukturen der wissenschaftlichen Aussagen dargelegt werden, bleibt ein Ideal, das nicht erreicht wird.

Das Verifikationsprinzip und seine Problematik

Wir haben im Vorhergehenden mehrfach auf die Bestimmung »Verifikation« hingewiesen. Dieser Begriff sei nun genauer entwickelt, denn von ihm her lassen sich nicht nur die soeben dargelegten Schwierigkeiten der Einteilung der Wissenschaft, sondern auch die zu ihrer Überwindung angesetzten Lösungsversuche konkret erfassen. – Um das Wesen der Verifikation zu kennzeichnen, wird zumeist ein Satz Wittgensteins angeführt, der besagt, die Bedeutung eines Satzes bestehe in der Methode seiner Verifikation. Was unter dieser Methode der Verifikation zu verstehen sei, wird jedoch recht verschieden erläutert. Man kann diesen Begriff *sehr weit* und *allgemein* gebrauchen. Verifizieren besagt dann, den Nachweis erbringen, daß ein Satz *überhaupt verstehbar* ist. Überhaupt verstehbar – im Gegensatz zu leerem Unsinn – können aber nicht nur Sätze der empirischen Wissenschaft sein, sondern auch satzmäßig geformte Bestimmungen der Logik und Mathematik, und ebenso auch Sätze der alltäglichen vorwissenschaftlichen Sprache und schließlich auch metaphysische Aussagen. Wenn ein Metaphysiker erklärt, Gott sei gerecht, so »meint« er selbst nicht nur etwas, sondern er vermag diese Meinung auch einem anderen verständlich zu machen, ob dieser nun an Gott glaubt oder nicht. »Cäsar ist und« ist dagegen eine wirklich unverstehbare Aussage. Blickt man nun auf die Entwicklung des Positivismus, so ist festzustellen, daß in den frühen Stadien ein relativ weiter Gebrauch der Bestimmung »Verifikation« zwar anerkannt wird, aber das eigentliche Anliegen ist es, nicht durch eine so allgemeine Bedeutung der Verifikation die fixen und eindeutigen Unterscheidungen von formalen, realen und metaphysischen Aussagen zu verwischen. Das Verifikationsprinzip wird im *engeren Sinn* verstanden. Als sogenanntes »empiristisches Sinnkriterium« ist es die Grundbestimmung der Aussagen, die die realen Wissenschaften aufstellen. »Verifizieren« heißt hier, den Nachweis erbringen, daß die inhaltlichen Aussagen *empirisch* sinnvoll sind, das heißt, auf sinnlich Gegebenes bezogen werden können. Indem solchermaßen der Bezug zum Gegebenen als Kriterium angesetzt wird, wird die Sinnhaftigkeit von der Aussage zurückdatiert auf die sinnlich konstatierbare Tatsächlichkeit, deren ich mich in der »sinnlichen Gewißheit« versichere. Die Verifikation ist dementsprechend nur zu erbringen vom je einzelnen Subjekt, das an bestimmtem Ort und zu bestimmter Zeit mit seinen eigenen Sinneswerkzeugen die Wirklichkeit eines sinnlich erfaßbaren Vorgangs konstatiert, indem es diesen beobachtet.

Diese Beobachtungen werden in einfachen Sätzen ausgesprochen, die keine andere Aufgabe haben, als diese Beobachtungen wiederzugeben. Diese einfachen Sätze sind als »Beobachtungssätze«, »Protokollsätze« oder »Basissätze« zu kennzeichnen. Diese drei Bestimmungen sind jedoch nicht ohne weiteres identisch, in ihnen treten vielmehr durchaus verschiedene Aspekte des Verifikationsprinzips heraus. Man kann und muß grundsätzlich fragen – und die Positivisten tun dies von Anfang an –: was ist denn in sich selbst der Vorgang, der beobachtet wird? Und: wie ist das Verhältnis dieses Vorgangs zu den sich auf ihn beziehenden Aussagen zu deuten? Rede ich von einem Vorgang, so ist dies eigentlich, so argumentieren einige Positivisten der Anfangszeit, ein unerlaubter Vorgriff, denn – und hier kommt die unkontrollierte Verflechtung des frühen Positivismus mit der sensualistischen Philosophie ins Spiel – gegeben sind eigentlich doch nur subjektive Erlebnisse, wobei sofort als weiteres Problem die Frage auftaucht, wie diese Erlebnisse selbst strukturiert sind. Es wäre hier vor allem zu untersuchen, ob sie sich aus atomistischen Bestandteilen aufbauen oder im Sinn der Gestaltpsychologie ganzheitliche Gebilde darstellen.

Es ist nun aber bezeichnend, daß der Logische Positivismus sich nicht auf solche Fragen versteift. Seine Abneigung gegen erkenntnistheoretische Konstruktionen, wie sie in der Tradition üblich waren, kommt ihm hier zugute. Das besagt positiv: man rekurriert auf die Tatsache, daß wir im alltäglichen und im wissenschaftlichen Erkennen doch ständig Erfahrungen machen, indem wir Vorgänge beobachten, die sich in Raum und Zeit vollziehen. Diese unter dem Gesichtspunkt der Erfahrung vollzogene

Annäherung von natürlichem und wissenschaftlichem Erkennen wird von den Positivisten nicht ausdrücklich hervorgehoben. Sie bleibt aber doch weithin bestimmend. Insbesondere ist sie der Grund für die Tendenz, die Wissenschaft auf sinnliche Erfahrung festzulegen. Wir haben, als wir den Physikalismus und seine Bestimmung der Körperwelt- oder Dingsprache diskutierten, gesehen, daß das Maß auch der quantitativen und abstrakten physikalischen Aussagen die unmittelbare sinnliche Wahrnehmung bleibt. Diese Wahrnehmung aber – und damit wird der Rückgriff auf die alltägliche Erfahrung doch wiederum bedeutsam verkürzt – soll nur als Beobachtung eines *einzelnen* gewertet werden; auch wenn mehrere anwesend sind, kann ja nur jeder für sich konstatieren, was er gesehen hat, und er kann es für sich selbst nur in bezug auf einen bestimmten Zeitpunkt tun. Von hier aus gesehen ist ein *Protokollsatz* etwa folgendermaßen zu formulieren: N. N. hat zur Zeit t am Ort O das und das wahrgenommen. Vorbild solcher Sätze sind Protokolle psychologischer Experimente. Aber streng genommen ist eben, wie *Carnap* sagt, nur eine »monologische Verwendung« der Protokollsprache erlaubt. Daß ein solcher extremer Solipsismus weder im Leben noch in der Wissenschaft als sinnvoller Standpunkt erscheint, wird von den meisten Positivisten zugegeben, theoretisch jedoch, so argumentiert man in der Anfangszeit, sei dieser Solipsismus der eigentlich konsequente Ansatz.

Bedrängender noch als die Frage, wie allgemeine Erkenntnis möglich sei, wenn man sensu stricto doch nur vom einzelnen erkennenden Subjekt ausgehen kann, ist aber das zweite Problem: wie ist das Verhältnis der Aussage zu dem Vorgang, den sie beschreibt, zu verstehen? Diese Vorgänge, wie man sie auch des näheren bestimmt, können als solche ja nie mit den Aussagen im strengen Sinne identisch sein, denn Vorgang und Aussagen gehören verschiedenen Dimensionen zu. Man redet dementsprechend ja auch nur von »Übereinstimmung«. Man müßte nun aber, um die Übereinstimmung von Satz und Wirklichkeit zu prüfen, beides miteinander vergleichen. Nach der Grundvoraussetzung des Positivismus ist dies nicht möglich: man kann über das *Verhältnis* von Wirklichkeit und Satz nichts aussagen. Eine solche Aussage setzte voraus, daß der Aussagende sich über beides erheben könne an einen dritten Ort, von dem her die Bezüge überblickbar wären. Einen neutralen dritten Ort gibt es aber nicht, und das heißt allgemein formuliert: Aussagen über das Verhältnis von inhaltlichen Sätzen zu den Inhalten selbst als Wirklichkeiten sind grundsätzlich nicht verifizierbar. Sie sind sinnlos, ebenso sinnlos, wie wissenschaftstheoretische Feststellungen über das Verhältnis von formalen und realen Sätzen.

Diese Einsicht ist eine Grundeinsicht des *strikten Empirismus* überhaupt. Wir begegnen ihr zum Beispiel auch in der Kritik *Russells* an der Abbildtheorie des frühen Wittgenstein: Russell behauptet, daß der Empirismus sein eigenes Prinzip, nämlich die Behauptung, daß die Wirklichkeit nur empirisch zu erfassen sei, nicht empirisch begründen könne. Gleichwohl führt diese Aporie nie dazu, nun einmal den Grundansatz sachgemäß zu revidieren, das heißt zu erkennen, daß bereits die Intention, das Verhältnis von Satz und Wirklichkeit *empirisch* zu begründen, unsinnig ist, und daß es vielmehr darauf ankommt, von vornherein den dialektischen Bezug herauszustellen, durch den Wirklichkeit und Satz, allgemeiner formuliert: Objekt und Subjekt, im Erkennen und in der dies Erkennen formulierenden Aussage voneinander getrennt und zugleich miteinander verbunden sind.[43] Der Positivismus stößt zu einer solchen dialektischen Bestimmung des Erkennens nicht vor. Er begreift nicht, daß das Wort als sachhaltiges immer schon die »Sache selbst« meint, auch wenn es als Wort doch zugleich von ihr unterschieden ist. Man hält vielmehr an dem starren Gegensatz von Sache und Wort fest und deklariert, das Verhältnis von beiden sei eben nicht zu klären. Die erst durch diesen undialektischen Ansatz zustande gekommene Aporie wird immer wieder herausgestellt, aber man versucht zugleich, an ihr vorbeizukommen – andernfalls wäre Wissenschaft ja unmöglich.

Die konventionalistische These

Die maßgebenden Denker des frühen Positivismus ziehen aus der Einsicht, daß man Satz und Wort nicht von einem neutralen Ort her vergleichen könne, die Konsequenz, daß es angebracht sei, zuzugeben, daß unsere Erkenntnis von konventionalistischen Momenten mitbestimmt ist. Wir haben, so erklärt man, die Wirklichkeiten nie rein, das heißt: sprachfrei, sondern nur in Satzgebilden. Die Wissenschaft hat nun die Möglichkeit, bestimmte Sätze an den Anfang der jeweiligen Untersuchung zu stellen. Diese *Basissätze* bilden das Fundament. Basissätze sind gleichsam »zweiseitig«. Sie sind einerseits Aussagen über die Wirklichkeit oder vorsichtiger: sie scheinen sich ihrer Intention nach auf Wirklichkeit zu beziehen. Basissätze sind andererseits Anfangssätze der Wissenschaft. Die zweite Bestimmung ist ebenso zu beachten wie die erste. Sicher: es wäre an sich notwendig, die Basissätze daraufhin zu überprüfen, ob und wie sich in ihnen die Wirklichkeit darstellt; aber wenn eine solche Prüfung nicht möglich ist, dann muß man diese Sätze zum Fundament der Wissenschaft erheben, ohne ihren Gegenstandsbezug eindeutig geklärt und bestimmt zu haben.

Dieser Ansatz hat eine methodische Konsequenz, die von Bedeutung ist, insofern sie im Widerspruch steht zu der auch im Positivismus ursprünglich aufgestellten Behauptung, die Wissenschaft müsse auf eindeutig gesicherten Fundamenten errichtet werden. Im Gegensatz zu einer solchen Behauptung heißt es nun: »Es gibt keine absoluten Anfangssätze für den Aufbau der Wissenschaft.«[44] Die »Unsicherheit« der Basissätze ist konkret dadurch bestimmt, daß in ihnen außer dem in ihnen integrierten Wirklichkeitsgehalt auch ein konventionelles Moment steckt; diese Formulierung »konventionelles Moment« kehrt immer wieder. So heißt es bei Carnap: »Die Aufstellung des Systems der Wissenschaft enthält somit stets ein konventionelles Moment, d. h. die Form des Systems ist niemals vollständig, durch die Erfahrung festgelegt, sondern stets auch durch Festsetzungen mitbestimmt.«[45] Das Entscheidende und eigentlich Problematische aber ist es, daß man die Anteile beider Gehalte gar nicht reinlich voneinander abtrennen kann.

Die konventionalistische These kann, gerade weil man den jeweiligen Anteil von Wirklichkeitserkenntnis und Festsetzung nicht genau zu bestimmen vermag, radikalisiert werden zu der Behauptung, man müsse den in der naiven Erkenntnishaltung intendierten Wirklichkeitsbezug als Wissenschaftler überhaupt ausklammern. Dieser Ansatz wird in Argumentationen entwickelt, die kaum mehr zu überzeugen vermögen. Ein Beispiel soll dies erläutern. Carnap diskutiert in seinem programmatischen Aufsatz »Die physikalische Sprache als Universalsprache der Wissenschaft« die im Positivismus vertretenen Auffassungen der Protokollsätze und stellt zwei extreme Auslegungsmöglichkeiten gegeneinander. Einmal: »Die einfachsten Sätze der Protokollsprache sind die Protokollsätze, d. h. die Sätze, die selbst nicht einer Bewährung bedürfen, sondern als Grundlage für alle übrigen Sätze der Wissenschaft dienen.« Und als Gegensatz: »Die einfachsten Sätze der Protokollsprache beziehen sich auf das Gegebene; sie beschreiben die unmittelbaren Erlebnisinhalte oder Phänomene, also die einfachsten erkennbaren Sachverhalte.«[46] Carnap meint, daß bei dem gegenwärtigen Stand der Forschung die Frage nach der richtigen Bestimmung dieser Sätze »noch nicht« endgültig zu beantworten sei. Er selbst bejaht die erste Fassung, und zwar auf Grund seiner Überzeugung, daß der Wissenschaftler, wenn er wirklich exakt vorgehen wolle, nur in »formaler« und nicht in »inhaltlicher Redeweise« sprechen dürfe. Die inhaltliche Redeweise ist die Redeweise der konkreten Forschung. Man redet hier von Sachverhalten, Objekten oder Erlebnissen, kurz von Wirklichkeit. Der Forscher verwickelt sich aber auf Grund dieses Ansatzes unmittelbar in unlösbare Probleme, eben die Fragen, wie die Wirklichkeit und der Bezug zu ihr, eigentlich auszudeuten sei. Diese Probleme sind aber Scheinfragen, das heißt: sie sind metaphysisch und nicht wissenschaftlich, denn die echte Wissenschaft redet gar nicht über die Wirklichkeit, sie konstituiert sich als Dimension von *Sätzen*. Die formale Redeweise hat, so heißt es, allein die Klärung der Bedeutung von Sätzen und ihres Zusammenhanges zum Thema. Carnap sagt nun, daß durch den Übergang von der inhaltlichen zu der formalen Redeweise die Probleme der Übereinstimmung als Scheinprobleme verschwinden: »Durch die Anwendung der formalen Redeweise werden diese Scheinfragen automatisch ausgeschaltet.«[47]

Diese Argumentation ist außerordentlich zweideutig. Carnap vermeint, daß der Wissenschaftler grundsätzlich zwei Sprachen »zur Verfügung« hat, von denen er die eine oder die andere »anwenden« kann. Das heißt: es gibt Sprachen, wie es Dinge gibt, zwischen denen man wählen kann. Entschließt man sich zur formalen Redeweise, dann ist nach Carnap die Problematik der inhaltlichen Redeweise überwunden, denn die formale Sprache ist ja unabhängig von der inhaltlichen Sprache. Daß in den realen Wissenschaften – sachlich gesehen – die formale Redeweise die inhaltliche zur Voraussetzung hat, dies wird von Carnap nicht diskutiert. Gerade die Verkennung dieses Bezuges wirkt sich nun aber aus. Carnap hebt die Trennung von formaler und inhaltlicher Sprache wiederum auf, aber ohne dies ausdrücklich zu sagen: er setzt die formale Sprache mit der Protokollsprache gleich und greift auf seine frühere Formulierung zurück, daß Protokollsätze die Sätze einer Wissenschaft sind, die als *Grundlage* für *alle* übrigen Sätze dieser Wissenschaft dienen sollen. Die so bestimmte Protokollsprache wird nun aber der *physikalischen* Sprache untergeordnet, die Protokollsprache ist, so heißt es, »ein Teil« der physikalischen Sprache. In der Protokollsprache können demgemäß Aussagen über physikalische Körperzustände gemacht werden, d. h. Aussagen über bestimmte Beschaffenheiten von Körpern an bestimmten Raum-Zeit-Stellen.

Man sieht: die formale Redeweise, für die der Wirklichkeitsbezug ja nicht relevant sein sollte, wird nun ohne zureichende Begründung *unvermittelt* einem ganz bestimmten Standpunkt zugeordnet, eben dem Standpunkt des Physikalismus, der besagt, daß Wissenschaft wesenhaft nur als Wissenschaft von Körperweltdingen exakte Wissenschaft sei. Carnap nennt diesen Physikalismus »methodischen Materialismus« und grenzt diesen Materialismus vom »metaphysischen Materialismus«, der über die Wirklichkeit an sich redet und diese als Materie bestimmt, ab. Aber solche Definitionen ändern ja nichts daran, daß auch der Physikalismus etwas über materielle Vorgänge der Wirklichkeit aussagen will. Carnap bleibt dieser Sachverhalt nicht verborgen, aber er ist offenbar nicht willens, die dialektische Reflexion durchzuführen, daß eben die formale und die inhaltliche Sprache aufeinander bezogen sind, er vollzieht vielmehr eine entschiedene Wende zum *Konventionalismus*, und zwar in der Form eines allgemeinen historisierenden Ansatzes: die physikalische Sprache wird von der Wirklichkeit als einem Gegebenen wiederum abgelöst. Ihre Sätze – einschließlich der Protokollsätze – werden als Sätze verstanden, die bei den Wissenschaftlern unseres Kulturkreises allgemein anerkannt sind. »Die« Wissenschaft ist eigentlich »unsere« Wissenschaft, das heißt, »die Wissenschaft unseres Kulturkreises, genauer: die Wissenschaft, die mit den und den hypothetischen Ansätzen, die dort und dort in der geschichtlichen Entwicklung aufgetreten sind, nach den und den wissenschaftlichen Methoden aufgebaut und an den Protokollsätzen der Wissenschaftler unseres Kulturkreises nachgeprüft wird«.[48]

Zum Verhältnis von Satz und Wirklichkeit in ontologischer Sicht. Der Atomismus

Das Problem der Verifikation ist wesentlich durch die Frage bedingt, ob und wie sich wissenschaftliche Sätze auf eine *außersprachliche* Wirklichkeit beziehen. Dieses allgemeine Problem ist in zweifacher Hinsicht zu differenzieren, einmal unter der Frage nach dem Verhältnis von Satz und Wirklichkeit unter ontologischem Aspekt und sodann unter der Frage nach der näheren Ausgestaltung der Verifikation im Vollzug der konkreten Forschung. Wir suchen zunächst den *ontologischen* Aspekt zu entwickeln und werden dabei sehen, daß dieser Aspekt, der in schroffem Gegensatz zur konventionalistischen These zu stehen scheint, zu dieser durchaus in einen positiven Bezug gebracht wird.

Wir sprachen bisher von *Sätzen*, die es zu bewahrheiten gilt. Im allgemeinen behauptet der Positivismus auch, daß nur Sätze und nicht deren Bestandteile verifiziert werden können. Es begegnet aber – jedenfalls im frühen Positivismus – auch die Tendenz, bereits Worte, genauer: inhaltliche Begriffe dem Verifikationsprinzip zu unterstellen und von ihm her zu beurteilen. Insbesondere in der Kritik an der Metaphysik wird dies Verfahren durchgeführt: Worte, denen kein empirischer Sachverhalt entspricht, sind sinnlos. Durch diese einfache Überlegung sollen ja Bestimmungen wie Urgrund, Absolutes und Ich aus Philosophie und Wissenschaft überhaupt ausgeschaltet werden.[49]

Dieser Ansatz ist durch zwei Vorgriffe bestimmt. Einmal: Worte sind als direkte Repräsentanten von wirklichen Dingen zu verstehen, und sodann: die einzelnen Worte, bezugsweise die einzelnen Dinge, sind die Elemente, hinter die die Analyse nicht zurückgreifen kann. Dies bedeutet wiederum: Sätze sind aus Worten als ihren Elementen ebenso aufgebaut wie Sachverhalte aus einzelnen Dingen als ihren Elementen. Diese Theorie des *Atomismus*, die insbesondere der frühe Wittgenstein vertritt, gilt im Positivismus nicht unbestritten, bei dem frühen Carnap gibt es eine gewisse Gegentendenz: die Wirklichkeit repräsentiert sich in Elementar*erlebnissen*, die gerade keine Einzelheiten, sondern übergreifende Ganzheiten darstellen. Gleichwohl erscheint der Atomismus auf Grund seiner Tendenz zu undialektischer Eindeutigkeit als die einleuchtendste Theorie, von der her der Bezug von Wirklichkeit und Satz zu verstehen sei.

Geht man vom Satz aus, d. h. von dem Gebilde, das als Zusammensetzung von Worten zu verstehen ist, so muß man eine grundsätzliche Unterscheidung durchführen: es gibt Sätze, die sich als Funktion anderer Sätze erklären lassen. Diese Sätze bauen auf Sätzen auf, die einfach sind und sich unmittelbar auf die Wirklichkeit beziehen. Solche einfachen Sätze sind als Elementar- oder Atomsätze zu bezeichnen. Atomsätze sind zu bestimmen als Sätze, die keine logischen Verknüpfungszeichen wie »und«, »oder«, »wenn – dann« und andere enthalten. Atomsätze sind Bestandteile von Molekularsätzen, ein Molekularsatz muß mindestens zwei Atomsätze enthalten. Die Wahrheit der Molekularsätze hängt von der Wahrheit der einfachen Sätze ab und ist von diesen abzuleiten, die Wahrheit zusammengesetzter Sätze ist, so erklärt Wittgenstein daher, eine »Wahrheitsfunktion« der einfachen Sätze. Man sieht sofort: den einfachen Sätzen, bzw. deren Bestandteilen, kommt eine wesentliche Bedeutung zu, insofern sie die eigentlichen Wahrheitsträger, d. h. die *direkten Repräsentanten* der Wirklichkeit sind.

Diese Repräsentationstheorie steht im Gegensatz zum Konventionalismus, insofern sie eine Übereinstimmung von Satz und Wirklichkeit oder sogar von Teilen des Satzes mit Teilen der Wirklichkeit lehrt. Aber auf der anderen Seite kommt diese Theorie doch mit dem Konventionalismus überein. Die Repräsentation wird ihrerseits – in der Anfangszeit des Positivismus – im Sinne der sogenannten *Namentheorie* verstanden: Die Worte sind als sprachliche Zeichen Namen für individuelle oder generelle Gegenstände, und Sätze sind als Verbindungen von Worten Namen von Sachverhalten, wobei ein Sachverhalt als eine Zusammenordnung von Dingen zu bestimmen ist. Diese Namentheorie wird in der späteren Entwicklung des Positivismus aufgegeben, zunächst aber wird sie als mögliche Grundbestimmung des Bezuges von Wort und Wirklichkeit angesetzt. Dies hat einmal historische Gründe. Die traditionelle philosophische Sprachtheorie und die traditionelle philosophische Logik haben in der langen Geschichte ihrer Entwicklung natürlich sehr verschiedenartige ontologische Tendenzen verfolgt. *Eine* der ontologischen Tendenzen aber ist es, die Wirklichkeit als aus atomaren Bestandstücken zusammengesetzt zu verstehen, diese Bestandstücke als vorsprachliche Gegebenheiten, die eigentlich nur *aufzeigbar* sind, zu deuten und von daher die Worte als Namen auszulegen. Und hier ist eben die Übereinstimmung mit dem Konventionalismus gegeben, denn diese Namen sind frei gesetzte Zeichen, die auf Vereinbarung beruhen. Der Positivismus nimmt diese Namenstheorie auf, aber – und das ist das eigentlich Problematische – er diskutiert ihre ontologische Grundvoraussetzung nicht ausdrücklich, d. h. er fragt nicht nach der inneren Möglichkeit einer Begegnung von Konventionalismus und Atomismus.

Dies wirkt sich nun aber verhängnisvoll aus. Als die Positivisten – vor allem ist hier an Wittgenstein zu denken – schließlich doch zu der Einsicht in die Mängel dieser Theorie der Übereinstimmung gelangen, suchen sie nun nicht deren Recht und Unrecht sachlich zu bedenken, sondern klammern den Bezug zur äußeren Realität überhaupt ein. Der späte Wittgenstein kennt, seinen früheren Ansatz undialektisch umstoßend, nur noch die Wirklichkeit, wie sie in der Sprache ist. Der Atomismus, der eine Entsprechung von äußerer Realität und Satz behauptete, ist aufgehoben zugunsten einer *absoluten Vormachtstellung der Sprache*, die ein in sich stimmiges, »nach außen« jedoch nicht reflektiertes System ist.

Zur Logik der Forschung [50]

Der zweite Problemkreis, der sich bei näherem Durchdenken des Verifikationsprinzips eröffnet, betrifft die Fragen der konkreten Ausgestaltung der Verifikationsmethode. Es geht hier um die Probleme der Forschung. Die *Realwissenschaften* – von diesem Sachverhalt gilt es auszugehen – interessieren sich nicht für den einzelnen Fall, den sie protokollieren, um seiner selbst willen; sie intendieren Sätze allgemeiner Art, d. h. Sätze, in denen *Gesetze* oder *Theoriensysteme* aufgestellt werden. Das Verhältnis von Einzelfall und allgemeinem Gesetz ist seiner sachlichen Struktur nach nun aber dialektisch. Die Formulierung der allgemeinen Theorie beruht auf einer Zusammenfassung einzelner Beobachtungen. Aber es gilt auch das Umgekehrte. *Popper* formuliert diese Seite sehr gut, wenn er erklärt, Beobachtung ist stets Beobachtung »im Lichte von Theorien«. Diese Abhängigkeit der einzelnen Beobachtung von der allgemeinen Theorie wird im frühen Positivismus jedoch weniger beachtet als die Ableitung allgemeiner Bestimmungen von den Einzelfällen. Hier geht es um das Problem der *Induktion*. Dieses Problem untersuchen die Positivisten von Anfang an sehr intensiv, denn auf der Möglichkeit der Induktion beruht ja Sinn und Wert der realen Wissenschaften überhaupt. Da wir bei der Besprechung Poppers auf diese Problematik genauer einzugehen haben, seien jetzt nur die allgemeinen Fragen umrissen, die hier nach Meinung der Positivisten zu klären sind.

Was bedeutet überhaupt »Gesetz« im Zusammenhang einer Theorie der realen Wissenschaften? Es ist nach den Positivisten ja nicht möglich, synthetische Urteile a priori aufzustellen, wie Kant vermeinte. Wenn es Apriorität im Sinne zeitloser Gültigkeit gibt, dann nur in der Logik, deren Sätze als Tautologien analytisch sind. Gesetze der Realwissenschaft sind, insofern sie inhaltlich sind, also von vornherein als nicht ewig gültige, sondern revidierbare Theorien zu verstehen, die den Veränderungen der Forschung unterliegen. Trotzdem: ein Gesetz beansprucht doch so etwas wie allgemeine Gültigkeit. Wie ist diese zu prüfen? Soll man etwa alle einem Gesetz zugehörigen Einzelfälle »durchgehen«, um diese Gültigkeit zu erhärten? Das ist faktisch unmöglich und auch in logischer Hinsicht unmöglich. Alle Fragen nach der Seinsweise, dem Sinn und dem Wert eines Gesetzes sind überhaupt nur zu beantworten, wenn man zuvor grundsätzlich geklärt hat, wie das sogenannte Induktionsprinzip, mit dessen Hilfe der Überschritt vom Einzelnen zum Allgemeinen vollzogen wird, *an ihm selbst* eigentlich zu verstehen sei. Es ist offensichtlich, daß die Positivisten mit dieser Frage ihrem Ansatz gemäß auf fast unlösbare Aporien stoßen. Das Induktionsprinzip ist kein formal-analytischer, sondern ein inhaltlicher Satz. Inhaltliche Sätze sind aber empirisch-synthetische Aussagen und als solche nicht absolut gültig, und das heißt eben: das Induktionsprinzip kann, wenn anders es eben eine inhaltliche Aussage darstellt, keine unbedingte Gültigkeit beanspruchen.

Alle diese Probleme lassen sich zu einem Problem zusammenziehen: der Klärung der Bestimmung »Wahrscheinlichkeit« im Unterschied zur Bestimmung »Wahrheit«. Das Induktionsprinzip selbst und als solches soll nicht nur wahrscheinlich sein, aber es findet seine *Anwendung* ja in den realen Wissenschaften, und den Gesetzen dieser Wissenschaft kommt doch nur Wahrscheinlichkeit zu, wenigstens dem Teil dieser Gesetze, der auf Beobachtung beruht. Der Klärung des Begriffes »Wahrscheinlichkeit« ist also eine wesentliche Bedeutung im Zusammenhang einer Theorie der Induktion zuzusprechen.

Blickt man nun auf die grundlegenden Arbeiten, die der Positivismus diesem Problem widmet, so zeigt sich, daß die Untersuchung des Begriffes »Wahrscheinlichkeit« sich geradezu zu einer neuen wissenschaftlichen Disziplin entwickelt. Hier müssen so viele grundlegende Fragen aufgeworfen werden, daß es gar nicht möglich ist, den Bezug von Wahrscheinlichkeit und realer Forschung eindeutig oder gar abschließend zu bestimmen. Es ist vielmehr angebracht, der Frage der Wahrscheinlichkeit zunächst einmal in *logischer* Hinsicht nachzugehen. Carnaps Ansatz, wie er ihn in seinem Werk »Induktive Logik und Wahrscheinlichkeit« darlegt, ist hier aufschlußreich.[51]

Carnap unterscheidet zunächst eine »statistische Wahrscheinlichkeit« – hier geht es um den quantitativ zu errechnenden Wahrscheinlichkeitsgrad von Ereignissen, das heißt um deren »Häufigkeit« – und die »induktive Wahrscheinlichkeit« – hier wird das Verhältnis von Hypothesen und Erfahrungsdata untersucht. Diese Untersuchung ist durchzuführen im Rahmen der »induktiven Logik«. Es gibt für diese Logik durchaus Vorläufer in der Tradition, aber die eigentliche Aufgabe, die sich hier stellt, »eine Theorie des Bestätigungsgrades zu entwickeln«, ist noch nicht geleistet. Diese Theorie ist nur zu erarbeiten, so erklärt Carnap, im Zusammenhang eines Sprachsystems, das nach Regeln der Semantik allererst zu entwickeln ist. Die Konstruktion eines solchen Sprachsystems kann aber nur gelingen, wenn man zunächst sehr einfache Systeme aufbaut. Die Aussagemöglichkeiten dieser einfachen Systeme sind von naturwissenschaftlichen Aussagen zu unterscheiden. Die Sprache der Naturwissenschaft besitzt eine viel »komplexere Natur«. Die Ausarbeitung der logischen Theorie der Wahrscheinlichkeit impliziert also noch keineswegs eine eindeutige Klärung des Verhältnisses von Hypothesen und Erfahrungsdata in den realen Wissenschaften, insbesondere in den Naturwissenschaften.

Hier geht es, wie Carnap erklärt, um die Ausarbeitung eines semantischen Systems, das außerordentlich kompliziert ist, weil das Untersuchungsfeld der Naturwissenschaft selbst in hohem Maße komplexe Strukturen aufweist. Der Naturwissenschaft kommt ja ein Wirklichkeitsbezug zu. Selbst wenn man den konventionellen Anteil hoch ansetzt, so bleibt doch bestehen – dies ist in diesem Zusammenhang zu bedenken –, daß die Naturwissenschaft als reale Wissenschaft die Wirklichkeit der Natur erfassen will. Man denke an Carnaps Ansatz aus der Zeit des Physikalismus, der quantitative und abstrakte Aussagen letztlich auf die wirklichkeitsbezogene Wahrnehmung zurückführen will. Dies bedeutet aber nach Carnap, Probleme der Naturwissenschaft können nur in einem semantischen System geklärt werden, das Aussagemöglichkeiten bereitstellt, die diesen Tatsachenbezug und seine quantitativ-abstrakten Umformungen – diese Umformungen sind ja die allgemeinen Gesetze – in systematisch einsichtigen Zusammenhang bringen. Und dies ist eben nach Carnap bei der jetzigen Lage der Forschung »noch zu schwer«.

Man sieht an diesem Ansatz wiederum sehr deutlich, was das Ideal des Positivismus ist und wie von diesem her das Vorgehen bestimmt wird. Man stellt heraus, daß der realen Wissenschaft ein Wirklichkeitsbezug, und zwar ein sehr komplexer, zukommt. Aber man thematisiert diesen Bezug nun eben nicht in der Form, daß man auf den faktischen Forschungsprozeß, der die Wirklichkeit der Wissenschaft ausmacht, reflektiert und von diesem her die sich *wandelnden* Grundbegriffe in bewußt vorläufiger Form erstellt. Man sucht vielmehr vor der konkreten Forschung in einem semantischen System ein für allemal festzulegen, was die Grundbegriffe der Wissenschaft – wie Beobachtung der Wirklichkeit, Einzelfall, Gesetz oder Wahrscheinlichkeit – als solche bedeuten. Da diese Aufgabe aber außerordentlich schwierig ist, sieht man sich genötigt, ihre Lösung auf die Zukunft zu verschieben.

Ausschaltung des Erfahrungsbezuges.
Die »Dialektik« des empiristischen Sinnkriteriums

Die Diskussion des Verifikationsprinzips und der mit diesem Prinzip zusammenhängenden Probleme im frühen Positivismus ist vieldeutig, insofern sich hier so differierende Theorien wie die Abbildungstheorie und die konventionalistische These zu Wort melden. Der ursprüngliche Ansatz läßt sich jedoch schematisierend folgendermaßen kennzeichnen: der Anfang der Wissenschaft, ihre Basis, ist die *sinnliche Gewißheit* und deren Gegenstand, das sinnlich Gegebene. Alle höheren Bestimmungen der Wissenschaft müssen zu dieser Anfangsposition in Bezug gesetzt werden, wobei dieser Bezug nichts an der Basis verändern darf. Dieser Ansatz ist von der Gegnerschaft zur dialektischen Methode bestimmt. Das heißt aber – so meinen wir –: der Positivismus begibt sich der Möglichkeit, die in bezug auf die sinnliche Gewißheit auftretenden Probleme wirklich sachangemessen zu behandeln. Eine kritische Analyse dieser Fragen findet sich nun bei Hegel, auf sie sei kurz hingewiesen.

Hegel hat insbesondere am Anfang der »Phänomenologie des Geistes« gezeigt, daß die sinnliche Gewißheit ein abstrakter Standpunkt ist.[52] Man sieht hier davon ab, daß Erkennen immer schon und im ganzen ein Begreifen ist. Ein sinnliches Erkennen ohne Denken ist eine Illusion. Der Standpunkt der sinnlichen Gewißheit – in Reinheit vorgestellt und festgehalten – wäre ein sprachfreies reines Zeigen, das untermenschlich ist.[53] Daß eine reine sinnliche Erkenntnis für den Menschen eine Unmöglichkeit ist, das besagt aber nicht – auch das hat Hegel gesehen –, daß die Welt nun nur in der Sprache oder gar nur im Begriff »da« wäre, sondern es bedeutet, daß das Erkennen und die Wirklichkeit in einem Wechselverhältnis stehen. Das Subjekt hat auch als sprechendes und denkendes, insofern es zugleich ein sinnliches Wesen ist, eine Wirklichkeit entdeckt, die selbst *nicht* Wort und Begriff ist, sondern das, was in Wort und Begriff gerade gemeint ist, als das diesen »Vorausgehende«. Und eben dieser Sachverhalt, daß das Erkennen ein Etwas *umgreift* und *aufhebt*, was doch ein anderes als es selbst ist, ist es, der nicht nur das Erkennen, sondern auch dieses Andere in den Prozeß einer *Bewegung* hineinzieht. Diese Bewegung, durch die das Subjekt *und* sein Gegenstand sich gegenseitig bestimmen, ist das lebendige Gesetz allen Erkennens.[54]

Der Positivismus lehnt eine solche Dialektik ab und versucht an einem eindeutigen Tatsachenbegriff festzuhalten. Und hier entsteht nun das Dilemma: die Einsicht, daß es Tatsachen, die als fixe Größen zu unbefragten Grundlagen der Wissenschaft gemacht werden können, gar nicht gibt, bleibt auch den Positivisten, wie wir wiederholt sahen, nicht verborgen; aber anstatt den Sachverhalt nun dialektisch zu durchdenken, werden Behauptungen aufgestellt, die ebenso problematisch wie der ursprüngliche empirische Ansatz sind. Wir weisen im folgenden sehr gedrängt auf zwei solcher Ansätze hin, deren Absicht es ist, den Bezug zur Erfahrung überhaupt auszuschalten. Zunächst sei *Carnaps* Idee einer *logischen Syntax* skizziert.

Die Schwierigkeiten, die dem Verifikationsprinzip entgegenstehen, insbesondere die Unmöglichkeit eines Vergleichs von Sätzen mit Strukturen der Wirklichkeit, seien diese nun als Erlebnisse oder objektives Geschehen bestimmt, führen Carnap dazu, die Aufgabe der Wissenschaftstheorie neu zu bestimmen. Wissenschaftstheorie – das ist das Ergebnis dieser Bestimmung – ist nichts anderes als *Logik der Wissenschaftssprache*. In einer allererst zu konstruierenden Syntax sollen wissenschaftliche Aussagen in *rein formaler Hinsicht* untersucht werden. Man stellt Formregeln und Umformungsregeln auf. Die Formregeln bestimmen, wie Sätze aus Worten oder Symbolen gebildet werden – es geht hier eben nur um die Form, daher darf die Bedeutung nicht hinzugenommen werden. Die Umformungsregeln zeigen, wie ein Satz aus einem anderen oder mehreren anderen Sätzen erschlossen werden kann – es geht hier um die Bestimmung der »unmittelbaren Folge«. Die syntaktischen Regeln der Formung und Umformung, durch die die Bezugssysteme konstituiert werden, werden in Symbolen formalisiert und bilden einen durchsichtigen Ordnungszusammenhang. Logische Syntax, so erklärt Carnap, ist nichts anderes als »Mathematik der Sprache«.

Dieser Ansatz, der vom Aspekt der Logik her einen Gewinn darstellen mag, stellt in bezug auf die reale Sprach- und Erkenntnisproblematik eine Verkürzung dar, insofern die inhaltliche Seite ausgeschaltet wird. Carnap selbst hat sich auch von den radikalen Ansätzen seiner Logik der Syntax losgesagt und seine frühere Behauptung: »Eine Logik der Bedeutung ist überflüssig« in seinem späteren Werk »Introduction to Semantics« aufgehoben.[55] Daß er aber überhaupt die Problematik der Verifikation durch eine so radikale Lösung zu bewältigen suchte, gründet eben in der allgemeinen positivistischen Überzeugung, daß nur eindeutige Bestimmungen oder besser: undialektisch, das heißt, einseitige Bestimmungen wissenschaftlich erlaubt seien.

Der zweite Ansatz, insbesondere von *Otto Neurath* entwickelt, ist die sogenannte »Kohärenztheorie«. Diese Theorie ist eine radikalisierte Sonderart des Konventionalismus. Wir wiesen, um auf die konventionalistische These hinzuführen, auf die von den Positivisten herausgestellte Zweiseitigkeit der sogenannten Beobachtungs- oder Protokollsätze hin: Diese Sätze sind einerseits auf Wirklichkeit bezogen – sei es in der Weise reiner Abbildungen oder aber mit subjektiven Momenten durchsetzt –, andererseits sind sie Anfangssätze der Wissenschaft, und dementsprechend ist ihr Sinn allein im Rahmen der Wissenschaft selbst zu erörtern. Neurath hat die zweite Möglichkeit – das zeigen insbesondere seine Beiträge in den ersten Jahrgängen der »Erkenntnis« – sehr radikal ausgebaut. Anstelle eines Vergleichs von Sätzen mit der Wirklichkeit ist ein Vergleich der Sätze im Verhältnis zueinander erfordert. In seinem Aufsatz »Soziologie und Physikalismus« heißt es sehr pointiert, daß ein Vergleich von Aussagen und Welt sinnleer sei: »Wir können nicht als Aussagende gewissermaßen eine Position außerhalb des Aussagens einnehmen und nun gleichzeitig Ankläger, Angeklagter und Richter sein.« Das besagt positiv, »daß die Wissenschaft im Bereich der Aussagen verbleibt, Aussagen Ausgangspunkt und Ende der Wissenschaft sind«.[56] Der Sachbezug soll also einzig und allein durch die Übereinstimmung der Sätze *untereinander* gewährleistet werden. Ein solcher Ansatz ist ebensowenig haltbar wie die Beschränkung der Sprache auf logische Syntax. Wird der Gegenstandsbezug ausgeklammert, so wird der Wissenschaft als Forschung ihr Lebenselement genommen. Das Kohärenzprinzip ist daher ebenso wie die Einschränkung der Wissenschaftssprache auf rein syntaktische Bezüge aufgegeben worden. Gleichwohl führte diese radikale Hervorhebung der Bedeutung der Sprache ihrerseits zu einem *erneuten* Durchdenken des Verifikationsprinzips und ist insofern nicht umsonst.

Das Verifikationsprinzip ist, so sahen wir früher, mehrdeutig. Es kann in einem weiten Sinn gefaßt werden; verifizieren besagt dann, den Nachweis erbringen, daß ein Satz im Gegensatz zu sinnlosen Lauten überhaupt ein verstehbares Gebilde ist. Das Verifikationsprinzip kann jedoch auch im engeren Sinn verstanden werden, es bedeutet dann die Rückführung der Aussage auf sinnlich Gegebenes, das heißt auf Tatsachen. Der *frühe* Positivismus des Wiener Kreises stellt wesentlich die zweite Bedeutung heraus. Ein Satz kann ja aber nur dann durch die Erfahrung bestätigt werden, wenn er seiner Struktur nach einen überhaupt *möglichen* Wirklichkeitsbezug darstellt. Diesen Sachverhalt hat der Logische Positivismus auch faktisch von Anfang an nicht ausgeschlossen. Gleichwohl führt erst das Fraglichwerden des Verifikationsprinzips im engeren Sinn, das heißt das Fraglichwerden der *unmittelbaren* Rückführung der Aussage auf das sinnlich Gegebene, dazu, den *möglichen* Wirklichkeitsbezug als solchen ausdrücklich zu berücksichtigen.

Die Sachlage ist in historischer Hinsicht verwickelt. Während *Wittgenstein* bereits in seinem Traktat den möglichen Wirklichkeitsbezug herausstellt, wird bei den Denkern des Wiener Kreises dieser Bezug immer erst ausdrücklich thematisiert, wenn der unmittelbare Rückzug auf das Gegebene problematisch wird. Die Entwicklung ist daher durch ein Hin und Her gekennzeichnet: die enge Bindung an die Erfahrung schlägt in das *Gegenteil* um: die Ausschaltung der Erfahrung zugunsten der logischen Syntax oder Kohärenztheorie. Aber diese Ansätze werden wiederum negiert in einer erneuten Besinnung, deren Ergebnis eine gewisse »Lockerung der strengen Fassung« des empiristischen Sinnkriteriums ist – so wird das Ergebnis zumeist in historischen Darstellungen formuliert. Wir verdeutlichen die sich hier zeigende Problematik durch einen kurzen Hinweis auf Wittgenstein.

Wenn *Wittgenstein* bereits im Traktat den Bezug zur möglichen Wirklichkeit diskutiert, so beruht dies darauf, daß er den dargelegten Ansatz, Aussagen über den Wirklichkeitsbezug der Sätze als nicht legitim anzuerkennen, in einer geschickten Form aufhebt. Wittgenstein äußert sich ja durchaus über das Verhältnis von Satz und Wirklichkeit, aber er klammert diese Bemerkungen wiederum als sinnlos ein. Sie sind als philosophische Sätze weder formal-logische noch inhaltlich-wissenschaftliche Sätze und daher unerlaubt. Neurath hat mit Recht bemerkt, daß diesen »metaphysischen Vorbemerkungen« zwar die Verbindlichkeit abgesprochen wird, daß ihr Inhalt aber durchaus ernsthaft bedacht werden soll.[57]

Dieser Ansatz wirkt sich nun im Hinblick auf das Problem der Verifikation folgendermaßen aus: Auch Wittgenstein ist wie die frühen Positivisten der Meinung, daß inhaltliche Sätze in grundsätzlicher Übereinstimmung mit der Wirklichkeit stehen müssen. Darüber hinausgehend stellt er nun aber heraus, daß bereits der Satz als Satz erkenntlich machen müsse, ob er *überhaupt* auf Tatsachen zutreffen *könne* oder nicht. Wittgenstein unterscheidet diesen möglichen Wirklichkeitsbezug als »Sachverhalt« von der Bestimmung »Tatsache«. Sachverhalte sind das, was möglicherweise der Fall ist, Tatsachen dagegen sind etwas Wirkliches. Ein Satz ist wahr, wenn er eine Tatsache aussagt, wobei Wahrheit besagt: Übereinstimmung des Satzes mit der Wirklichkeit. Die Entscheidung über Sinn und Sinnlosigkeit ist also nicht von der durchgeführten wirklichen Erkenntnis abhängig, und es ist nicht erfordert, bei metaphysischen Sätzen den konkreten Nachweis zu erbringen, daß das in ihnen Ausgesagte in der Wirklichkeit nicht vorhanden ist. Es genügt, den in diesen Sätzen ausgesagten Sachverhalt zu bedenken, und da zeigt sich, daß metaphysischen Aussagen kein *möglicher* Wirklichkeitsbezug zuzusprechen ist.

Diese Fassung des Verifikationsprinzips, so wird heute mehrfach betont[58], bietet einen Ausweg aus der Verlegenheit an, in die das Verifikationsprinzip im engeren Sinne führt. Eine solche Behauptung erscheint uns jedoch nicht ganz angemessen. Man muß sich klar machen, daß das unter dem Verifikationsprinzip thematisierte Problem »von Anfang an dialektisch zweiseitig ist«. Wittgenstein betont die eine, die Positivisten die andere Seite, wobei beide aber jeweilig das Nichtbetonte in ihren Argumentationen voraussetzen. Konkret: die Positivisten des Wiener Kreises nehmen bereits das Verifikationsprinzip im weiten Sinn, das heißt die Verstehbarkeit der Aussagen im Blick auf mögliche Wirklichkeit in Anspruch, wenn sie Verifikation als Rückführung auf Tatsachen definieren, insofern die faktische Rückführung die mögliche Rückführung voraussetzt. Umgekehrt sieht Wittgenstein gerade die faktische Rückführung auf Tatsachen eben doch als das letzte Kriterium der Wahrheit an, wenn er Verifikation als die Deutung eines Sachverhaltes versteht, denn der Sachverhalt ist ja für Wittgenstein der mögliche *Wirklichkeits*bezug und nicht »bloße Sinnhaftigkeit« im Sinn einer grammatisch und logisch einwandfreien Artikulation. Wäre dies der Fall, fiele für Wittgenstein das Kriterium, metaphysische Sätze auszuschalten, dahin, denn diese sind in formaler Hinsicht ja durchaus von sinnlosen Lauten zu unterscheiden.

Die Bestimmungen der Verifikation im Wiener Kreis und bei Wittgenstein sind also nicht eindeutiger Form gegeneinander zu verrechnen. Gleichwohl ist die verschiedene Betonung der einen oder der anderen Seite nicht unwesentlich. Das zeigt die weitere Entwicklung. Der späte Wittgenstein klammert den Wirklichkeitsbezug des Satzes, das heißt die gegenständlich gebundene Bedeutung, ein, er achtet nur noch auf den Satz, genauer: die Sprachstruktur und ihren zwischenmenschlichen Sinn. Die Positivisten dagegen stellen den Wirklichkeitsbezug immer wieder heraus, aber eben in einer der Frühzeit gegenüber »gelockerteren Form«. Diese Lockerung ist durch ein Zweifaches bedingt, zunächst einmal durch die Einsicht, daß eine eindeutige Identifikation von Satz und Wirklichkeit nicht möglich sei, und sodann durch die infolge dieser Einsicht notwendig gewordene schärfere Beachtung des Satzinhaltes unter dem Gesichtspunkt eines *möglichen* Wirklichkeitsbezuges, wobei man aber doch daran festhält, daß eine Bestätigung des Gemeinten durch das Gegebene in irgendeiner Form notwendig sei.

Zur späteren Entwicklung des Positivismus.
Carnap: »Theoretische Begriffe der Wissenschaft«

Man gewinnt beim Studium der späteren Arbeiten des Positivismus ein zweideutiges Bild. Auf der einen Seite – dies fällt zunächst auf – überrascht der ungeheure Aufwand an logischen, syntaktischen und semantischen Bestimmungen und Unterbestimmungen, deren Sinn es ist, genaue Klassifizierungen der möglichen Grade wissenschaftlicher Aussagen zu geben. Auf der anderen Seite ist festzustellen, daß doch letzthin die Meinung des frühen Positivismus leitend bleibt, daß es eine wirkliche Welt gibt, die aus Tatsachen besteht, und daß die Wissenschaft letzthin auf diese Tatsachen zu gründen sei. Gleichwohl: auf das Ganze der Entwicklung des positivistischen Denkens gesehen, ist doch offensichtlich, daß man sich nun bemüht, die auftretenden Probleme von verschiedenen Seiten her zu betrachten und nicht wie in der Frühzeit jeweilig eine einseitige Lösung zu behaupten. So ist die Betrachtung der Sätze auf ihren möglichen Wirklichkeitsbezug hin in zweifacher Hinsicht als ein Fortschritt anzusehen; einmal wird erkannt, daß es nicht genügt, die wissenschaftliche Sprache unter rein formalen Gesichtspunkten zu betrachten, bei wissenschaftlichen Sätzen ist Bedeutung, Sinn und Sachgehalt ebenso zu beachten, und zwar eben als möglicher Wirklichkeitsbezug. Dies besagt – und darin liegt das zweite Positivum –, man gibt die einfache Identifizierung von Inhalt und empirischer Gegebenheit, die in der Frühzeit leitend war, auf. Die Erkenntnis setzt sich durch, daß es wissenschaftliche Inhalte gibt, die nur indirekt auf das Gegebene zu beziehen sind. Gerade die Grundbestimmungen der modernen Wissenschaft stellen eine eigene Dimension dar, die selbst nicht auf unmittelbaren Gegebenheiten beruht. Carnap, Popper und von Popper beeinflußte Denker diskutieren diesen Sachverhalt. Sie bringen den realen Forschungsprozeß der empirischen Wissenschaften damit weitgehend auf den Begriff. Wir illustrieren diese Sachlage durch einen kurzen Hinweis auf *Carnap*, denn Carnap hat sich in seinen späteren Arbeiten um die Klärung dieser Problematik sehr intensiv bemüht und verschiedene Ansätze zu ihrer Lösung vorgelegt.

Der erste Ansatz, insbesondere dargelegt in »Testability and Meaning« (1936) stellt eine Modifikation des empiristischen Sinnkriteriums dar. Die Bestimmung »Verifikation« wird zu ersetzen gesucht durch vorsichtigere und genauere Begriffe, wie *Prüfbarkeit, Bestätigungsfähigkeit, Beobachtbarkeit*, und diese Begriffe werden wiederum differenziert durch Zusätze wie »direkt« bzw. »indirekt«, oder »vollständig« bzw. »unvollständig«. Das empiristische Grundprinzip, das als solches besagt, daß alle Begriffe schließlich auf undefinierte Grundbegriffe zurückzuführen sind, die sich ihrerseits auf Beobachtbares beziehen, kann daher in mehr oder weniger »toleranten Fassungen« zugelassen werden.

Carnap hat in der Folgezeit seine Zweifel an der Möglichkeit, alle Wissenschaftsbegriffe auf Beobachtung zurückzuführen, *radikalisiert*. Im zweiten Vorwort zu seinem Werk »Der logische Aufbau der Welt«, das eine sehr knappe, aber sehr instruktive Zusammenfassung seiner Entwicklung gibt, weist er selbst auf eine Arbeit hin, in der er dies Problem noch einmal grundsätzlich aufgenommen hat: »The Methodological Character of Theoretical Concepts«.[59] Diese Arbeit ist außerordentlich interessant, denn hier finden sich Formulierungen, die den Vollzug der Forschung durchaus adäquat zur Aussage bringen. Aber – das ist die andere Seite – Carnap schränkt diese Aussagen wiederum ein durch ein klassifikatorisches Verfahren. Der Ansatz beruht im ganzen gesehen auf einer außerordentlich geschickten Zusammenfügung der beiden früheren Konzeptionen Carnaps. Einerseits will Carnap das Verifikationsprinzip, das er ja selbst in der ersten Periode seines Denkens so betont hatte, festhalten, allerdings in »gelockerter Form«, und andererseits sucht er die Vorstellung eines axiomatisch aufgebauten Systems, die er in der durch die Abfassung seines Werkes »Logische Syntax der Sprache« bestimmten Epoche entwickelt hat, nicht preiszugeben. Es ist als Gewinn anzusehen, daß Carnap nun beides, die Erfahrung im Sinn der Beobachtung und den Entwurf eines Axiomensystems, als für die Wissenschaft notwendige Grundbedingungen anerkennt. Das Problematische liegt darin, daß er zwei Sprachen als zwei gesonderte Schichten ansetzt, eine, die sich auf Beobachtung, und eine andere, die sich auf theoretische Begriffe bezieht. Damit ist die lebendige Dialektik der Wissenschaft, in der Grundbegriffe und Beobachtungen sich *gegenseitig* bedingen, aufgehoben oder zum mindesten eingeschränkt.

Carnap erklärt, »daß gewisse früher vorgeschlagene Kriterien zu eng waren, z. B. die Forderung, daß alle theoretischen Terme auf Grund von Termen der Beobachtungssprache definierbar und daß alle theoretischen Sätze in die Beobachtungssprache übersetzbar sein müßten«.[60] Gäbe man nun aber das empiristische Grundkriterium einfach auf, dann entstände sofort das Problem, ob nicht die Grenzen zwischen sinnvollen und sinnlosen Aussagen völlig fließend würden. Es schiene dann, daß es eine »kontinuierliche Linie« gäbe von sinnvollen zu metaphysischen und sinnlosen Begriffen, »von den Termen, die eng mit Beobachtungen verbunden sind, z. B. ›Masse‹ und ›Temperatur‹ durch entferntere Terme, wie ›elektromagnetisches Feld‹, ›Ψ-Funktion‹ in der Physik, zu solchen Termen, welche keine angebbare Verbindung mit beobachtbaren Ereignissen haben, zum Beispiel Termen der spekulativen Metaphysik«.[61] Die Skeptiker haben also, so scheint es, Recht: keine Grenzziehung ist zuverlässig. Grenzen sind entweder zu eng, das heißt, es werden Terme ausgeschlossen, die von der Wissenschaft für sinnvoll gehalten werden können, oder zu weit, das heißt, es werden Terme eingeschlossen, »die von wissenschaftlich denkenden Menschen nicht als sinnvoll hingenommen werden«. Carnap meint jedoch, daß eine solche Skepsis nicht notwendig sei. Man könne durchaus bestimmte Grenzen ziehen. Zu diesem Zwecke legt er die Idee eines zweisprachigen Systems vor, durch das die *ganze* Wissenschaftssprache ausgemessen ist. Er erklärt: »Die Gesamtsprache der Wissenschaft, L, läßt sich als aus zwei Teilen, der Beobachtungssprache L_O und der theoretischen Sprache L_T, bestehend ansehen.«[62] Für jedes System sind Sinnkriterien darzulegen, und sodann sind beide Systeme aufeinander zu beziehen.

Die Charakterisierung der *Beobachtungssprache* erscheint nicht allzu schwierig. Ihre Terme »sind Prädikate, die beobachtbare Eigenschaften von Ereignissen oder Dingen ... oder beobachtbare Beziehungen zwischen ihnen ... bezeichnen«.[63] Es lassen sich im einzelnen nun spezifische Forderungen der Beobachtungssprache aufstellen. Carnap entwickelt sechs Bestimmungen. Auf das Ganze gesehen ist jedoch deutlich: Die Idee der Beobachtungssprache stellt eine modifizierende Wiederaufnahme früherer Bestimmungen des Verifikationsprinzips dar, insbesondere des »empiristischen Grundprinzips«, das ja seinerseits bereits eine Lockerung des empiristischen Sinnkriteriums bedeutete, insofern hier *Grade* der Beobachtbarkeit unterschieden wurden. Zur Beobachtungssprache können also durchaus komplexe Aussagen-Zusammenhänge gehören, diese müssen aber auf beobachtbare Ereignisse durch Definitionen zurückgeführt werden.

Das eigentliche Problem stellt die Bestimmung der *Theoretischen Sprache* dar. Ihre Inhalte sind die Grundbestimmungen einer Wissenschaft, das heißt die logischen und deskriptiven Konstanten, die das Feld dieser Wissenschaft abstecken. Hier beginnt nun die Schwierigkeit. Wenn man – und dies ist Carnaps Absicht – diese theoretische Sprache scharf von der Beobachtungssprache abtrennen will, dann müßte man für die Theoretische Sprache ein eigenes Kriterium angeben. Dies gelingt Carnap nicht in überzeugender Weise. Dies »Versagen« ist, so meinen wir, legitim; auch wenn es möglich und sinnvoll ist, die Terme der direkten und der vermittelten Beobachtungssprache von den theoretischen Grundbestimmungen zu unterscheiden, so ist das Verhältnis beider Sprachen doch nie eindeutig zu kennzeichnen. *Beide* Sphären bestimmen sich dem Gang der sich wandelnden Forschung gemäß *gegenseitig*. Carnap sucht jedoch die Theoretische Sprache »für sich zu setzen«. Das Leitbild ist der Entwurf eines in sich geschlossenen Systems nach der Weise eines formalen Kalküls.

Natürlich genügt es nicht, die Theoretische Sprache als logische Syntax zu konstruieren. Die Theoretische Sprache soll ja auch und gerade bedeutungsvolle inhaltliche Bestimmungen umfassen, auch wenn diese nicht beobachtbar sind; gleichwohl muß sie sich als System darstellen.

Man muß sich einmal klarmachen, was alles zu dieser Theoretischen Sprache gehört. Sie soll zunächst als logische Sprache aufgebaut werden, d. h. es müssen zum Beispiel die wahrheitsfunktionalen Verbindungen, die Regeln der logischen Deduktion in syntaktischer und semantischer Hinsicht und die Wertbereiche der zulässigen Variablen dargelegt werden, sodann müssen bestimmte »Konventionen« festgestellt werden, »um sicher zu stellen, daß L_T die gesamte in der Wissenschaft benötigte Mathematik und alle Arten von Entitäten, die in irgendeinem Zweig empirischer Wissenschaft vorzukommen pflegen, in sich begreift«.[64] Aber mit diesen Überlegungen ist man ja gleichsam noch im Vorhof stehengeblieben. Die Theoretische Sprache muß ja die *spezifischen* Grundbegriffe einer Wissenschaft entwickeln, insbesondere der Physik, der Psychologie und der Sozialwissenschaften.

Carnap erklärt in bezug auf die *Physik*, um nun zu zeigen, welche Begriffe hier »zuzulassen« sind, das Folgende: »Jetzt schreiten wir weiter zur Physik. Wir nehmen an, daß L_T auf einem besonderen raumzeitlichen Koordianten-System beruht ... ein Raum-Zeit-Gebiet ist eine Klasse von Raum-Zeit-Punkten. Irgendein besonderes physikalisches System, über das ein Physiker sprechen kann, zum Beispiel ein materieller Körper oder ein Strahlungsvorgang, nimmt ein bestimmtes Raum-Zeit-Gebiet ein. Wenn ein Physiker ein physikalisches System oder einen darin auftretenden Vorgang oder einen momentanen Zustand des Systems beschreibt, schreibt er Werte von physikalischen Größen (z. B. Masse, elektrische Ladung, Temperatur, elektromagnetische Feldintensität, Energie und ähnliches) entweder dem Raum-Zeit-Gebiet als Ganzem oder seinen Punkten zu ... Ein physikalisches System ist nichts anderes als ein Raum-Zeit-Gebiet, beschrieben mit Hilfe von Größen.«[65]

Aber nicht nur die Begriffe, durch die das Gebiet als solches umrissen ist, gehören zur theoretischen Sprache der Physik. Auch Bestimmungen der atomaren Forschung, wie etwa das »Elektron«, sind theoretische Begriffe. Die Situation wird aber noch komplizierter, wenn man die sogenannten »Dispositionsbegriffe« diskutiert. Es handelt sich hier um Begriffe, durch die bestimmte »Geeignetheiten« für Vorgänge bezeichnet werden, z. B. elastisch, zerbrechlich, löslich. »Ein Ding heißt elastisch, wenn es die folgende Regelmäßigkeit aufweist: Wenn es leicht deformiert und dann freigelassen wird, nimmt es seine ursprüngliche Form wieder an.«[66] Carnap erklärt nun grundsätzlich das Folgende – wir zitieren, um zu zeigen, wie kompliziert hier die ganze Einteilung wird –: »Unter den deskriptiven Termen, die nicht zur Beobachtungssprache L_O gehören, gibt es zwei Arten, die ich heute in Abweichung von meiner früheren Auffassung als wesentlich verschieden ansehen möchte. Die eine Art ist die der theoretischen Terme, die wir in diesem Aufsatz ausführlich erörtert haben.[67] Die andere Art will ich (reine) Dispositionsbegriffe nennen. Nach meiner Ansicht nehmen sie eine Zwischenstellung zwischen den Beobachtungstermen von L_O und den theoretischen Termen ein; sie stehen in engerer Beziehung zu den ersteren als zu den letzteren.«[68] Wird die Beobachtungssprache im weiten Sinn verstanden, dann schließt sie die Dispositionsbegriffe ein. Faßt man jedoch die Beobachtungssprache enger – und Carnap will dies in diesem Aufsatz tun –, d. h. rechnet man ihr nur direkt Beobachtbares oder auf direkt Beobachtbares durch explizite Definitionen in extensionaler Form Rückführbares zu, dann ist die Frage nach dem Ort der Dispositionsbegriffe neu aufzunehmen. Carnap tut dies im 9. Abschnitt seiner Abhandlung. Im Verlauf der Untersuchung radikalisiert sich die Frage aber immer mehr; aus dem Problem, ob und wie Dispositionsbegriffe von theoretischen Termen zu unterscheiden seien, wird nun die Frage, ob nicht wissenschaftliche und theoretische Bestimmungen ihrerseits überhaupt den Dispositionsbegriffen einzuordnen seien. Dispositionsbegriffe werden aber jetzt verstanden als »Operationsdefinitionen«, das heißt als Bestimmungen, deren Bedeutung allein durch Angabe der entsprechenden Testverfahren zu erbringen ist. Carnap lehnt – dies sei hier nur angemerkt – diese Operationsdefinitionen jedoch ab, weil sie keine vollständige Bestimmung der Bedeutung eines Terms geben können.

Man sieht, wie schwierig es ist, eine überzeugende Abgrenzung des Bezirkes der Theoretischen Sprache zu gewinnen, ja noch mehr: man bezweifelt schließlich, ob die Art und Weise des Abgrenzens, die Carnap vollzieht, überhaupt sinnvoll ist. Carnap setzt nämlich das Beobachtbare als Maß an und vergleicht nun ihrer Herkunft und ihrem Sinn nach ganz verschiedenartige Bestimmungen lediglich unter dem Gesichtspunkt der Nähe oder Ferne zum Beobachtbaren. Bestimmungen wie Masse, Temperatur, überhaupt Maßbegriffe sind, so heißt es in diesem Vergleich, »enger« mit der Beobachtung verbunden als so abstrakte Begriffe wie der Begriff des Elektrons. Die Bestimmung »erfahrungsverbunden« wird – gleichsam unter der Hand – mit »empirisch feststellbar« gleichgesetzt. Die klassifizierenden Zusammenstellungen von theoretischen Begriffen gehen völlig objektivierend vor. Aus der Frage nach der Geltung – quid juris – wird die Frage nach der Herkunft – quid facti. Die Einsicht, daß theoretische Begriffe weithin kategorialen Charakter haben, das heißt *Möglichkeiten* der Erfahrung darstellen und daher selbst nicht erfahrbar sind, wird nicht genügend herausgestellt.

Auf das Ganze gesehen bleibt die Bestimmung des Verhältnisses von Theorie und Beobachtung zweideutig. Einerseits wird die höhere Sphäre – wie eben angedeutet – objektivierend an der unteren gemessen unter dem Gesichtspunkt, wie weit ihre Bestimmungen beobachtbar sind oder nicht. Andererseits wird die höhere Sphäre, obwohl ihre Abgrenzung ja erst festgelegt werden soll, von vornherein strikt für sich gesetzt, das heißt, sie soll in der Weise eines formalen axiomatischen Systems entwickelt und erst *nachträglich* zur Beobachtungssprache in Bezug gesetzt werden. Diese Zuordnung geschieht durch eine Interpretation der theoretischen Begriffe mit Hilfe von *Zuordnungsregeln*. Carnap erklärt: »Zunächst ist vor Aufstellung der Z-Regeln die Sprache L_T ... ein nicht gedeuteter Kalkül ... Wir sind in der Konstruktion des Kalküls frei. Es mangelt nicht an Klarheit, sofern die Regeln des Kalküls klar angegeben sind. Dann werden die Z-Regeln beigefügt. Ihre Leistung besteht im wesentlichen darin, die Ableitung gewisser Sätze von L_O aus bestimmten Sätzen von L_T oder umgekehrt möglich zu machen.«[69] In der Tat: wenn man die Theoretische Sprache frei entwirft und für sich setzt, dann ist eine nachdrückliche Zuordnung erfordert, wenn anders die Theoretische Sprache wissenschaftlich relevant sein soll. *Wolfgang Stegmüller*, der Carnaps Argumentation sehr klar referiert, erklärt in diesem Zusammenhang das Folgende: »Die Gesamtheit der beobachtbaren Vorgänge und Phänomene wird durch eine Ebene repräsentiert. Über dieser Ebene erhebt sich ein dreidimensionales Netzwerk, welches die Theorie symbolisiert ... Das Netzwerk schwebt nicht vollkommen frei über der Ebene, sondern ist an gewissen

Punkten in ihr verankert. Die Berührungspunkte zwischen Netzwerk und Beobachtungsebene (›Interpretationsanker‹) entsprechen den Zuordnungsregeln; durch sie werden Punkte des Netzwerkes mit gewissen Stellen der Beobachtungsebene verknüpft. Gäbe es diese Verbindungen nicht, würde also das Netzwerk frei über der Ebene schweben, so würde die Theorie einen uninterpretierten Kalkül darstellen. Durch die Berührungspunkte mit der Beobachtungsebene wird das Ganze erst zu einer erfahrungswissenschaftlichen Theorie. Mittels der Berührungsstellen auf der Ebene fließt das Blut der empirischen Realität durch die Verbindungslinien bis in die von der Ebene am weitesten entfernten Knotenpunkte des Netzwerkes hinein, welche die Grundbegriffe der Theorie repräsentieren.«[70]

Vergleicht man die sich in diesem Bild aussprechende Vorstellung mit dem wirklichen Vorgang der Forschung, so bleibt der Eindruck zwiespältig. Auf der einen Seite ist deutlich, daß die Tendenz zur äußeren klassifizierenden Einteilung dem wirklichen Geist der Forschung nicht angemessen ist. Gerade die Entwicklung der modernen Wissenschaft zeigt, daß die leitenden Grundbegriffe – das werden wir noch zu zeigen suchen – kein System für sich bilden, sondern sich ständig und zwar im Zusammenhalt mit der konkreten Forschung wandeln. Der Versuch, eine Sphäre erfahrungsfreier Bestimmungen *genau* abzugrenzen, um sie sodann der Beobachtungsebene »zuzuordnen«, ist also dem *Vollzug* der Wissenschaft nicht konform. Gleichwohl – das ist die andere Seite – gelingen Carnap Bestimmungen, die in gewissem Gegenzug zu seiner klassifizierenden Einteilungstendenz einer »Verflüssigung« das Wort reden. Carnap erkennt nämlich, daß bestimmte theoretische Begriffe nur Sinn haben, wenn und insofern sie Voraussagen ermöglichen. Von hier aus wird ein neues Kriterium zwischen erfahrungsgebundenen und metaphysischen Aussagen möglich. Während diese grundsätzlich nicht auf Erfahrung bezogen werden können, kommt echten wissenschaftlich-theoretischen Begriffen eine *prognostische Relevanz* zu. Geht man von der Behauptung aus, daß die moderne Wissenschaft weithin prognostisch-experimentell vorgeht, dann bedeutet Bestätigung theoretischer Begriffe aber nicht mehr, daß diese Begriffe selbst und als solche irgendwie doch noch der Beobachtung angenähert oder selbst beobachtbar würden, sondern daß mit ihrer Hilfe *mögliche* Erfahrungen *konstruiert* werden, die sich dann ihrerseits bestätigen können oder nicht.

Carnap kommt von hier aus zu Formulierungen, die die eigentümliche Dimension, in der sich die Forschung heute bewegt, herausstellen. So erklärt er – um nur ein Beispiel zu geben –, die Realität des Elektrons kann nicht an der vorwissenschaftlichen Bestimmung von Realität gemessen werden, es hat aber einen guten wissenschaftlichen Sinn, mit dieser Bestimmung zu arbeiten, d. h. der Forscher kann sie gebrauchen im Zusammenhang möglicher Erfahrung »zur Lenkung seiner Erwartungen durch Ableitung von Vorhersagen über künftig beobachtbare Ereignisse aus beobachteten Ereignissen«.[71] Solche Äußerungen sind wirklich als Fortschritt zu buchen, wenn man an Aussagen der Frühzeit des Positivismus zurückdenkt, wie die folgende Behauptung Schlicks: »Atome und elektrische Felder, oder wovon der Physiker sonst reden mag, sind ja gerade das, woraus Häuser und Bäume nach seiner Lehre bestehen; das eine muß also in demselben Sinne wirklich sein wie das andere. Die Objektivität der Berge und Wolken ist genau dieselbe wie die der Protonen und Energien...«[72] Wir werden auf Carnap zurückkommen; aber es sei schon jetzt gesagt, daß Carnaps Position eine wesentliche Bedeutung zukommt, wenn man sie vom Aspekt der wissenschaftlichen Forschung reflektiert und damit »verflüssigt«.

2. Die Aufhebung des Logischen Positivismus in der sprachanalytischen Philosophie[1]

Die Unterscheidung von Objektsprache und Metasprache

Die Tendenz, die Sprache als die eigentliche Dimension der Wissenschaft zu setzen, ist – dies suchten wir zu zeigen – dem Positivismus von seiner Frühzeit an zu eigen; aber – und dies gilt es ebenso zu beachten – diese Thematisierung der Sprache impliziert nicht ohne weiteres eine eindeutige Ablösung von der Empirie oder eine Aufhebung des Verifikationsprinzips. Führende Positivisten suchen vielmehr dies Prinzip zu erweitern, indem sie die anfänglich starre Bindung an das Sinnliche einschränken, ohne den Bezug zum Gegebenen jedoch ganz aufzugeben, denn auf ihm beruht die Möglichkeit der *realen* Wissenschaften. Dies besagt in grundsätzlicher Hinsicht formuliert: Für die aus dem Wiener Kreis hervorgegangenen Denker bleibt die Aufgabe, die Wissenschaftstheorie in formaler *und* inhaltlicher Hinsicht zu konstituieren, maßgebend, und dies bedeutet wiederum, daß das Problem der Sprache von dieser Aufgabenstellung her angegangen wird.

Neben dieser Entwicklungslinie wird jedoch, und zwar in immer stärkerem Maße, ein zweiter Weg sichtbar, der dadurch gekennzeichnet ist, daß die Sprache als solche und im ganzen zum zentralen Thema der philosophischen Analyse wird. Die Erörterung der Sprache beschränkt sich nicht mehr auf die Erstellung einer formalen logischen Syntax. Man untersucht die vielfältigen Möglichkeiten des sprachlichen Verhaltens, unter denen die Wissenschaftssprache ja nur eine ist. Diese Wende zur Sprache überhaupt führt schließlich dazu, sich von der wissenschaftstheoretischen Problematik abzukehren; das Ideal einer *Einheitswissenschaft*, die, an der exakten Naturwissenschaft ausgerichtet, sich durch eine einzige Sprache, die wissenschaftlich-physikalische Sprache, etablieren sollte, wird aufgegeben zugunsten der Vielheit von *Sprachspielen*, so Wittgenstein.[2]

Diese zweite Linie ist gegenwärtig immer mehr in das Zentrum getreten. Der Logische Positivismus wurde in der *sprachanalytischen Philosophie* »aufgehoben«. Diese Philosophie erscheint, so deklarieren insbesondere Denker der Schule von Oxford, als der legitime Abschluß einer Entwicklung, deren erste Stufe eben der Positivismus des Wiener Kreises war. Solche Konstruktionen stimmen nachdenklich, denn sie sind ihrerseits ein deutliches Zeichen des Rückzuges der Philosophie von den maßgeblichen Problemen der Zeit. Die Intention des Logischen Positivismus, eine Theorie der Wissenschaft zu erstellen, ist – dies sei noch einmal ausdrücklich gesagt – als solche legitim, denn die Wissenschaft ist heute die bestimmende Macht. Mag die Durchführung dieser Aufgabe im Positivismus auch in vielem problematisch sein, ihre Inangriffnahme bezeugt eben einen echten Bezug zur Zeit. Die Absolutsetzung der Sprache in der sprachanalytischen Philosophie führt die Idee pluralistischer Sprachwelten herbei, unter denen die wissenschaftliche Sprache nur eine ist. Damit wird aber der Vorrang, der der Wissenschaft heute zukommt, verkannt. Wissenschaft und Philosophie werden getrennt. Die Philosophie begibt sich auf das Niveau der *alltäglichen* Welt, von der man behauptet, sie läge der Wissenschaft noch voraus. Die Sprachanalytik insbesondere Wittgensteins und seiner Schüler ist in dieser Hinsicht der Thematisierung der Lebenswelt durch den späten *Husserl* und *Heidegger* verwandt.[3]

In allen diesen Fällen vermeint man, daß die Philosophie ihr Daseinsrecht nur dadurch beweisen könne, daß sie sich den Dingen zuwendet, »die ursprünglich mit der Wissenschaft nichts zu tun haben«. –

Wir suchen nun zunächst vom Ansatz des Logischen Positivismus her, die Wende zur Sprachanalytik in ihrer inneren Möglichkeit zu explizieren. In der Entwicklung des Positivismus treten immer mehr zwei Einsichten heraus. Einmal die Erkenntnis, daß alle inhaltlichen wissenschaftlichen Aussagen eine logische Syntax voraussetzen, und sodann die Erkenntnis, daß ein solch formales Gerüst für den Aufbau einer realen Wissenschaftssprache nicht genügt. Es kommt nun darauf an, nicht zwischen formaler und inhaltlicher Betrachtungsweise der Sprache hin- und herzuschwanken, die eine der anderen vorzuordnen oder gar die eine zugunsten der anderen auszuschließen, sondern beide gleichzeitig zu beachten. Eine solche Untersuchung der Sprache stellt eine Reflexion über die Möglichkeit sprachlichen Verhaltens *überhaupt* und im ganzen dar. Grundsätzlich formuliert: man muß Aussagen *über* eine Sprache von dem konkreten Gebrauch dieser Sprache unterscheiden. Es ist angebracht und wissenschaftlich notwendig, eine Differenz von *Objektsprache* und *Metasprache* zu setzen. *Carnap* erklärt in seinem Werk »Symbolische Logik«: »Bei Untersuchungen über Sprachen, entweder historisch vorliegende natürliche Sprachen oder künstliche Sprachsysteme, nennen wir die Sprache, die das Objekt der Untersuchung bildet, die Objektsprache ... Diejenige Sprache, in der man über die Objektsprache spricht, wird die Metasprache genannt ... In der Metasprache werden die Regeln für die betreffende Objektsprache formuliert, besonders semantische und syntaktische Regeln, und Lehrsätze aufgestellt, die sich auf Grund der Regeln ergeben.«[4]

Diese Unterscheidung erscheint einfach und einleuchtend, sie enthält aber bebestimmte, nicht leicht zu lösende Probleme. Zunächst: es ist notwendig herauszustellen, daß die Unterscheidung von Objektsprache und Metasprache in bezug auf *natürlich gewachsene* Sprachen und in bezug auf *künstliche* Sprachen nicht im gleichen Sinne zu verstehen ist. Bei natürlichen Sprachen ist die Metasprache der Sache nach eine nachträgliche Reflexion, die durchaus wissenschaftlich sinnvoll sein kann; es ist aber zu fragen, ob diese Metasprache die natürliche Sprache überhaupt angemessen zu erfassen vermag, denn eine natürliche Sprache ist ja kein explizit geregeltes System. Künstliche Sprachen, die ein übersichtliches von Axiomen ableitbares System, das auf Regeln beruht, darstellen sollen, werden erst geschaffen, und zwar mit Hilfe der Metasprache, das heißt einer schon bestehenden natürlichen Sprache. Der Aufbau einer künstlichen Sprache geschieht zumeist in der Alltagssprache des betreffenden Forschers. Diese Sprache ist der umfassende Horizont, nur in ihr kann über den Sinn, den Wert und die Reichweite der künstlichen Sprache gesprochen werden. Aber selbst wenn diese künstliche Sprache als in sich funktionsfähig erarbeitet ist, wird die Metasprache nicht überflüssig. Gemäß dem Grundansatz der von *Russell* entworfenen *Typentheorie* ist die Möglichkeit, daß eine Aussage sich reflexiv auf sich selbst bezieht, das heißt, auf sich selbst angewandt wird, nicht erlaubt. Die Metasprache – so darf man von diesem Ansatz her formulieren – ist also notwendig, um über eine Sprache angemessen reden zu können. Sie erscheint angesichts des Verbotes der Rückbezüglichkeit als legitimer Ausweg. Aber dieser Ausweg impliziert eine *infinite* Fortführung: die Metasprache erfordert eine Metasprache ihrer selbst und so fort.

Geht man von der Grundintention, die bei der Aufstellung der künstlichen Sprache leitend ist, aus, so ist offensichtlich, daß nicht die Metasprache, sondern die zu erstellende Objektsprache das Wesentliche ist. Gleichwohl: man darf nicht vergessen, daß die Metasprache, das heißt genauer: die als Metasprache fungierende Alltagssprache eben doch der umgreifende Horizont für die wissenschaftliche Sprache ist. Der späte Wittgenstein und seine Anhänger betonen daher den Vorrang einer solchen *lebendigen* Sprache gegenüber den künstlichen Systemen; wir werden später auf diesen Ansatz, durch den die Idee der Trennung von Objektsprache und Metasprache problematisch wird, zurückkommen. Aber eines sei schon jetzt herausgestellt, um mögliche Fehlauslegungen zu vermeiden: Zugegeben, daß die Metasprache Grund und Boden für die Objektsprache abgibt, so muß man doch daran festhalten, daß der Metasprache *keinesfalls* eine transzendentale Bedeutung zukommt.

Der *transzendentalen Philosophie* ist es wesentlich, den Bedingungszusammenhang, den sie setzt, als solchen deduktiv durch einzelne Schritte erkenntlich werden zu lassen – im Mittelpunkt der »Kritik der reinen Vernunft« *Kants* steht die »Transzendentale Deduktion«, die zeigt, *wie* Kategorien auf das Gegebene anwendbar sind. Eine solche Deduktion ist aber nur möglich, weil und insofern es ein bedingendes *Subjekt* gibt. Grundsätzlich gesagt: Transzendentalphilosophie ist Philosophie der Subjektivität. Als solche ist sie ja gerade ein durchaus *rückbezügliches* System. Die Möglichkeit der Metasprache dagegen ist, weil der Gedanke der Rückbezüglichkeit ja nach positivistischer Grundüberzeugung verboten ist, in keiner Subjektivität zu begründen. Vielmehr ist in *objektiver Form* eine jede Metasprache durch eine je höhere zu vergegenständlichen. Natürlich ist der Sache nach in dieser Unterscheidung von Vergegenständlichendem und Vergegenständlichtem die Subjektivität am Werk, denn sie allein ist es ja, die diesen Unterschied setzt. Aber die Positivisten wollen eben nicht diese Problematik von Vergegenständlichendem und Vergegenständlichtem *als Bestimmung der Subjektivität* erkennen, sie suchen dieser ganzen Problematik zu entkommen durch die Idee einer rein objektiven infiniten Überhöhung.[5]

Eine zweite Bemerkung, die ebenfalls auf die Problematik der Unterscheidung von Objektsprache und Metasprache hinweisen soll: Die Idee der Metasprache, die sachlich gesehen wesentlich von der Erstellung künstlicher Systeme her konzipiert ist, wird problematisch, je stärker man die *inhaltliche Relevanz* sprachlicher Zeichen betont. Sobald man nämlich Sprache nicht nur als reine Syntax, sondern als Zusammenhang von Bedeutungen versteht, muß man erkennen, daß ein solcher Bedeutungszusammenhang ja immer einen spezifischen Weltbezug impliziert. Die Worte als Bedeutungsträger weisen über sich hinaus auf die Wirklichkeit selbst. Dieser Wirklichkeitsbezug kann aber nicht durch eine metasprachliche Regelung wie ein formaler Kalkül im vorhinein geordnet werden.

Ergänzung der Syntax durch Semantik und Pragmatik. Die Semiotik von Morris

Historisch gesehen ist die Wende über die Syntax hinaus zur Bedeutungslehre, der Semantik, ein komplizierter Vorgang. Die meisten Darstellungen, die die Unterscheidung von Syntax und Semantik im Rahmen der Semiotik explizieren, erwecken den Eindruck, als ob es sich hier um eine eindeutige, feststehende und allgemein anerkannte Klassifizierung handelte. Dies ist aber nicht der Fall.

Die Entwicklung läßt sich schematisiert folgendermaßen umreißen: solange der Positivismus noch von der Problematik der Verifikation bestimmt war, bleibt das Bedeutungsproblem als solches gerade im Hintergrund. Daß zu bewahrheitende Worte und Sätze Bedeutungsträger sind, erscheint klar. Das Fraglichwerden des empiristischen Sinnkriteriums führte sodann zu einer Abwendung vom Außenbezug und zu einer Konzentration auf die Sprache als eigentlicher Dimension der Wissenschaft. Diese wissenschaftliche Sprache sollte, so Carnap, unter Ausschaltung des Bedeutungsproblems als reine logische Syntax verstanden werden. Erst als die Einseitigkeit dieser Sprachbetrachtung erkannt wurde, trat das Problem der Bedeutung *als solches* in den Vordergrund, und zwar in der Weise, daß man nun die inhaltliche Betrachtung der Sprache, eben unter dem Gesichtspunkt der Bedeutung, als Ergänzung zur formalen Betrachtung forderte.

Die Idee der Ergänzung schließt eine dialektische Bestimmung des Verhältnisses von logischer Syntax und Bedeutungslehre aus. Man versucht zwar nicht mehr wie in der Frühzeit, eine Bestimmung zugunsten der anderen mehr oder weniger auszuschalten, aber es ist nicht zu verkennen, daß das Pendel nun doch in die andere Richtung ausschlägt. Die Notwendigkeit der syntaktischen Sprachbetrachtung wird zwar anerkannt, aber faktisch tritt diese Sprachanalyse zurück zugunsten einer »empirischen Interpretation« jeweilig in sich zentrierter Sprachwelten.

Diese Wende impliziert aber zugleich eine *weitere* Ergänzung. Zur Sprachanalyse gehört außer der Beachtung von Syntax und Bedeutung die Untersuchung des sprechenden *Subjekts*. Diese Analyse ist ebenso wie die beiden anderen Thematisierungen der Sprache nicht transzendental ausgerichtet. Die Eigenarten des Sprechenden, sein technisch oder praktisch orientierter *Gebrauch* von Worten und Sätzen, sind als eine besondere, allerdings sehr wesentliche Art menschlichen *Benehmens* im Zusammenhang einer Verhaltenslehre zu untersuchen.

Diese beiden Ergänzungen der Syntax bedeuten nicht nur so etwas wie »Bereicherungen« der Sprachbetrachtung, sondern stellen als weiterführende Tendenzen faktisch den früheren Ansatz, Philosophie sei Begründung der *Wissenschaft* und sonst nichts, in Frage. Dadurch kommt in die Entwicklung des Positivismus im ganzen eine Bewegung, deren Hin und Her schließlich eben dazu führt, daß der ursprüngliche Ansatz, den der Wiener Kreis ausgearbeitet hat, in den Hintergrund gerät. Diese Problematik sei nun kurz entwickelt.

Carnap erklärt in »Symbolische Logik«, nachdem er den Unterschied von Objektsprache und Metasprache dargelegt hat, das Folgende: »In jeder Situation, in der eine Sprache angewendet wird, können in folgender Weise drei Hauptfaktoren unterschieden werden: (1) der Sprecher, ein Organismus in einem bestimmten Zustand innerhalb einer bestimmten Umgebung; (2) die verwendeten sprachlichen Ausdrücke, das sind von dem Sprecher hervorgebrachte Laute oder Schreibfiguren (z. B. ein Satz, bestehend aus bestimmten Wörtern der französischen Sprache); (3) die Gegenstände, Eigenschaften, Sachverhalte oder dergl., die der Sprecher mit den geäußerten Ausdrücken zu bezeichnen beabsichtigt; wir wollen sie die Designate der Ausdrücke nennen (so ist z. B. die Farbe Rot das Designat des französischen Wortes ›rouge‹). Die gesamte Theorie über eine Objektsprache wird die Semiotik der betreffenden Sprache genannt; die Semiotik wird in der Metasprache formuliert. Innerhalb der Semiotik werden drei Teilgebiete unterschieden, je nach den Faktoren, die dabei in Betracht gezogen werden. Eine Untersuchung der Sprache, die sich ausdrücklich auch auf den Sprecher bezieht – gleichgültig, welche der anderen Faktoren sie mit in

Betracht zieht –, gehört zum Gebiet der Pragmatik. Falls von dem Sprecher nicht die Rede ist, aber außer den Ausdrücken auch ihre Designate berücksichtigt werden, gehört die Untersuchung zum Gebiet der Semantik, schließlich gibt es Untersuchungen, die weder auf den Sprecher noch auf die Designate Bezug nehmen, sondern nur auf die Ausdrücke und ihre Form, d. h. die Art und Weise, wie die Ausdrücke aus Zeichen bestimmter Arten in bestimmter Reihenfolge zusammengesetzt sind. Solche Untersuchungen werden formal oder syntaktisch genannt und zum Gebiet der (logischen) Syntax gerechnet.«[6]

Diese im Positivismus allgemein anerkannte Einteilung geht auf den Amerikaner *Charles W. Morris* zurück.[7] Morris hat im Jahr 1934 am Kongreß für Einheit der Wissenschaften in Prag teilgenommen. Seine Beiträge »The Relation of the formal and empirical Sciences within scientific Empiricism« und »Some aspects of recent American Scientific Philosophy« zeigen bereits die Morris leitende Grundtendenz sehr deutlich.[8] Logik und Mathematik sehen zwar von den tatsächlichen Verknüpfungen und Bedeutungen der sprachlichen Symbole ab, aber andererseits sind diese formalen Wissenschaften doch auf Empirie bezogen, weil ihre Ergebnisse an empirischen Strukturen zu prüfen sind! Der Formalismus ist daher als ein »Teilgebiet« dem Empirismus einzuordnen, und dieser wiederum muß sich seinerseits dem *Pragmatismus* öffnen. Der Pragmatismus hat die Logik wesentlich als allgemeine Semiotik bestimmt, das heißt als Untersuchung des Verhaltens unter dem Gesichtspunkt der Beziehung der sprachlichen Symbole zu empirischen Data. Und Morris ist der Meinung, daß der Logische Positivismus, sobald er sein Augenmerk auf die Verwendung der Symbole richtet, das heißt den *ganzen* Reflexionsprozeß betrachtet – und dies muß er nach Morris eigentlich tun –, sich dem Pragmatismus annähern wird, der das empirische Verhalten ja von vornherein in das Zentrum stellt.[9]

Von diesem pragmatischen Gesichtspunkt her ist die Semiotik von Morris aufgebaut: »Die Semiotik liefert eine Grundlage für das Verstehen der hauptsächlichen Formen menschlicher Tätigkeit sowie deren gegenseitiger Abhängigkeit, da alle diese Tätigkeiten und Beziehungen in den Zeichen widergespiegelt werden, welche die Tätigkeiten vermitteln...«[10] Die Philosophie hat die Aufgabe, die charakteristischen Formen dieser Tätigkeit zu begreifen, und eben dies kann sie nur leisten durch die Aufstellung einer *Wissenschaft von den Zeichen*, die das Verhalten regeln. Die Semiotik ist die philosophische Grundwissenschaft – die Philosophie der Zukunft wird, so erklärt Morris, semiotisch orientiert sein, wobei aber zu beachten bleibt, daß die Semiotik wesentlich von der Pragmatik her aufgebaut ist.

Morris unterscheidet Syntax, Semantik und Pragmatik. Die *Syntax* untersucht die Beziehung der sprachlichen Zeichen zueinander, die *Semantik* den Bezug dieser Zeichen zu dem, worauf sie sich beziehen, also zu den welthaften Tatsachen und Gegenständen, und die *Pragmatik* betrachtet diese Zeichen vom Handelnden her. Mit Morris' eigenen Worten: »Syntactics as the study of the formal relations of signs to one another ... semantics as the study of the relations of signs to the object to which the signs are applicable ... pragmatics as the study of the relations of signs to interpreters.«[11] Die drei Gesichtspunkte gehören zusammen. Wenn man nur einen von ihnen herausstellt, dann vollzieht man eine künstliche Isolierung. Eine solche Isolierung ist unter bestimmten wissenschaftlichen Hinsichten durchaus erlaubt, gleichwohl geben erst alle drei Betrachtungen den Blick auf das Ganze der Sprache, genauer: des sprachlichen Verhaltens, frei.

Das Verhalten als solches wird von Morris wesentlich im Sinne des amerikanischen Pragmatismus als durch Lebensinteressen bestimmt gekennzeichnet. Es ist daher möglich und erfordert, wertende Aussagen oder Aussagen, in denen sich Bedürfnisse zum Wort melden, neben rein feststellenden Urteilen als Bedeutungsmodi anzusetzen. Wesentlich jedoch ist für Morris, daß sprachliches Verhalten im Sinne des *Behaviorismus* als empirisch feststellbar verstanden wird. Das Subjekt verwendet Zeichen im Sinne eines habituellen Reaktionsverhaltens. Die Zeichen fungieren als auslösende Reize, als Signale, durch die das Verhalten gesteuert wird. Sprachliches Verhalten wird also nicht von innen her durch ein verstehendes Mitgehen erschlossen, sondern von außen her beobachtet. Dieser Ansatz ist von den Denkern, die von der Hermeneutik herkommen, kritisiert worden.[12] Wir werden darauf zurückkommen. Zusammenfassend ist jedoch folgendes festzuhalten: von der Gesamtentwicklung des Positivismus her betrachtet erscheint der Entwurf von Morris einerseits als Ergänzung früherer Positionen und andererseits doch als deren Einschränkung. Die Sprache wird nun nicht mehr allein unter dem Gesichtspunkt der Wissenschaft betrachtet, sondern der *anthropologische* Aspekt wird wesentlich. Vom Aspekt des Handelns her ist es angebracht, die Sprache nicht mehr als exaktes System anzusetzen. Insofern jedoch die Sprache dem Verhalten untergeordnet wird und dieses als »feststellbare Tatsächlichkeit« gedeutet wird, bleibt die frühere positivistische Tendenz zum Feststellbaren und Beobachtbaren erhalten.

Probleme des Übergangs von der Wissenschaftssprache zu der Betrachtung der natürlichen Sprachen

Wir sahen, daß die Einteilung der Semiotik von Morris sich weitgehend im Positivismus durchgesetzt hat. Aber diese Übernahme bedeutet nicht ohne weiteres eine Anerkennung des für Morris entscheidenden Vorranges der Pragmatik. Für *Carnap* kehrt sich jedenfalls zunächst die Bewertung um. Auch wenn die Syntax nicht die einzige Betrachtungsweise der Sprache ist, so ist sie doch die eigentlich wesentliche und nicht die Pragmatik. Von der konkreten Sprachuntersuchung der Empirie her mag es durchaus richtig sein, die Pragmatik als zentrale Bestimmung der Semiotik anzusetzen, im Sinne der Wissenschaftstheorie geht dies jedoch nicht an. Es zeigt sich hier wieder die Grundtendenz des frühen Positivismus: Sprache ist philosophisch nur als Wissenschaftssprache interessant, genauer: Sprache ist wesentlich nur als System, und ein System ist wahrhaft nur dort zu finden, wo man einen künstlichen Kalkül aufbaut, und das heißt, wo man von der welthaften Bedeutung der Worte und vom Redenden absieht.

Mit diesem Problem einer verschiedenen Bewertung der drei Gesichtspunkte, unter denen die Sprache betrachtet werden kann, verbinden sich nun weitere Fragen. Es ist dies zunächst die Frage, ob eine philosophische Sprachuntersuchung *empirisch* oder *apriorisch* vorzugehen habe. In vielen Darstellungen des Positivismus findet man zwar die einfach klassifizierende Angabe, daß die drei Disziplinen der Semiotik entweder empirisch oder als reine Wissenschaft betrieben werden können. Die Entwicklung des Positivismus zeigt aber, daß die Sachlage komplizierter ist.

Konkret: der ursprüngliche Grundansatz der Sprachanalyse im Positivismus ist von der Überzeugung getragen, daß eine philosophische Betrachtung der Sprache wesentlich nicht empirisch sein darf. Eine empirische Betrachtung der Sprache durch die Sprachwissenschaft ist nur möglich auf dem Grunde einer reinen Sprachanalyse. In »Logische Syntax der Sprache« erklärt Carnap, daß eine solche Syntax nicht nur der logischen Analyse und der Wissenschaftstheorie dienen könne, sondern auch der Analyse der Wortsprachen, und in diesem Zusammenhang heißt es: »Das bisher übliche Vorgehen der direkten Analyse der Wortsprachen mußte ebenso scheitern, wie ein Physiker scheitern würde, wenn er von vornherein seine Gesetze auf die vorgefundenen Dinge, Steine, Bäume usw. beziehen wollte.«[13] Die syntaktischen Beschaffenheiten bestimmter Sprachen sind, so erklärt Carnap eindeutig, am besten durch den Vergleich mit einer als Bezugssystem dienenden konstruierten Sprache darzustellen und zu untersuchen: »So wird sich die syntaktische Beschaffenheit einer bestimmten Wortsprache, etwa der deutschen, oder bestimmter Klassen von Wortsprachen oder einer bestimmten Teilsprache einer Wortsprache am besten durch den Vergleich mit einer als Bezugssystem dienenden konstruierten Sprache darstellen und untersuchen lassen.«[14] Carnap hat diesen Vorrang der reinen Sprachtheorie immer beibehalten. Das wird gerade deutlich, wenn man sich klarmacht, warum Carnap in seinen späteren Arbeiten seine frühere Meinung revidiert und der Pragmatik nun ein größeres Gewicht einräumt. Dies geschieht, wie in einem Aufsatz aus dem Jahr 1955 »On Some Concepts of Pragmatics« sichtbar wird, aus der Überzeugung heraus, daß eine *reine* Pragmatik möglich sei. Eine reine Pragmatik ist die Lehre von sprachlichen Verhaltensweisen, die zunächst in einem formalen System zu entwickeln und sodann erst den behavioristischen Data zuzuordnen sind. Der Sinn ist, »daß die pragmatischen Beziehungen der Sätze (wie etwa das Fürwahrhalten) in ein formales System als undefinierte Begriffe axiomatisch eingeführt und deduktiv untersucht werden, um dann (im Übergang zur empirischen Pragmatik) durch Zuordnung zu experimentell-behavioristischen Daten inhaltlich so oder so interpretiert zu werden«.[15] Dies Vorgehen entspricht dem grundsätzlichen Ansatz nach dem in »Theoretische Begriffe« entwickelten Programm, das wir oben skizzierten.

Carnaps Betonung des Vorranges der reinen Theorie ist aber nicht für die allgemeine Entwicklung des späteren Positivismus, insofern diese weitgehend durch die Ansätze der Sprachanalytik bestimmt ist, kennzeichnend. Diese Entwicklung ist vielmehr durch einen »Trend zur Empirie« bestimmt. Die Idee der wissenschaftlichen Universalsprache wird aufgegeben zugunsten der Analyse der verschiedenen Sprachwelten, in denen die Sprache doch allein wirklich ist. Dies bedeutet, daß die drei Gesichtspunkte der Sprachbetrachtung – Syntax, Semantik und Pragmatik – berücksichtigt werden müssen, denn sie alle sind in der lebendigen Sprache bestimmt. Die Syntax, das heißt die grammatische Struktur einer lebendigen Sprache, impliziert bereits einen bestimmten Weltbegriff, und dieser spricht sich ebenso in der Semantik und in der Pragmatik aus. Und Semantik und Pragmatik gehören ihrerseits aufs engste zusammen: Die Bedeutungen der Worte einer lebendigen Sprache lassen sich nicht im vorhinein und ein für allemal eindeutig festlegen. Es gibt keine »reinen Bedeutungen«, die Bedeutungen zeigen sich erst im Gebrauch der Worte, der Gegenstand der Pragmatik ist. Und dies besagt: Die Pragmatik wird zum eigentlichen Blickpunkt, von dem her die drei Betrachtungsweisen zusammengeordnet werden.

Mit dieser Wende zu den konkreten Sprachen geht in eins das Problematischwerden der Unterscheidung von Objektsprache und Metasprache. Wenn die Sprache sich – mit *Wittgenstein* geredet – als Spiel darstellt, dann ist sie gar nicht von einem außerhalb dieses Spiels stehenden Standpunkt her angemessen zu erfassen. Sprache als Sprache schließt den Gedanken der Konstruktion nicht aus; es ist durchaus möglich, Sprachspiele zu konstruieren, der Kalkül ist ein solches konstruiertes Sprachspiel. Aber ob es sich um natürliche oder künstliche Sprachen handelt, einzig und allein der *Vollzug* des Sprechens zeigt Sinn, Bedeutung und Reichweite einer Sprache an. Wenn aber der Zugang zu einer Sprache nur durch das konkrete Einüben zu gewinnen ist, dann wird die Idee einer dieser Sprache zu- und übergeordneten Metasprache zum Problem. Es zeigt sich hier sehr deutlich, daß es nicht angängig ist, die Bestimmung »Metasprache« als eine fixe Bestimmung anzusetzen, die immer in gleicher Weise gültig wäre. Die Metasprache fungiert im frühen Positivismus als Hilfsmittel für die Konstruktion des Kalküls, das heißt der eigentlich intendierten wissenschaftlichen Sprache. Metasprache ist konkret die alltägliche Sprache, in der der künstliche Kalkül aufgebaut wird. Wenn jetzt die alltägliche Sprache, in der man sich bewegt, als ursprüngliche und eigentliche Sprache angesetzt wird, und wenn man dieser Sprache noch eine Metasprache zuordnet, dann muß sich diese nur als eine *nachträgliche Reflexion* der wirklichen Sprache darstellen. Und als solche bleibt sie dieser doch äußerlich, weil die wirkliche Sprache nicht reflexiv verstanden werden kann.

Ansätze zu einer Überwindung der behavioristisch orientierten Sprachanalyse

Durch *Wittgenstein* wurde die Alltagssprache in der Vielfalt ihrer Ausprägungen in das Zentrum der Sprachbetrachtung gerückt. Diese Ausprägungen erscheinen als »Lebensformen«. Die Sprachanalytiker intendieren jedoch keine Anthropologie als philosophische Disziplin, sondern beschränken sich bewußt auf die Untersuchung der Sprache. Deswegen bleiben die sie leitenden Vorstellungen vom Wesen und der Funktion der Sprache im Rahmen der menschlichen Wesensstruktur weitgehend unausdrücklich. Gleichwohl lassen sich zwei entgegengesetzte Möglichkeiten unterscheiden, von denen die Auslegung der Sprache bestimmt wird.

Einmal: die Sprache wird behavioristisch behandelt. Dieser Ansatz liegt historisch und sachlich nahe; historisch, insofern der Positivismus in Amerika weithin eine Verbindung mit den Gedankengängen der dortigen Philosophie eingeht; sachlich, insofern das sprachliche Verhalten als ein im Schema von Reiz und Reaktion ablaufender Vorgang ausgelegt wird; als solcher ist er von außen her zu konstatieren. Er untersteht also den allgemein anerkannten Grundsätzen des Positivismus, nur beobachtbare Tatsachen in empirischen Untersuchungen als relevant anzuerkennen. – Die andere Möglichkeit wird erst in der zweiten Phase der Entwicklung und auch dort nur zögernd ergriffen. Man fragt sich, ob das sprachliche Verhalten äußerlich konstatierbar ist. Ist nicht der Mensch ein auf Ziele zustrebendes, das heißt ein *intentionales* Wesen und ist nicht bereits das Sprechen intentional, insofern es etwas meint? Und schließlich: Kann eine solche Intention nicht nur durch ein mitvollziehendes *Verstehen* zugänglich werden? Der Sache nach bedeutet bereits das Stellen dieser Frage eine Abwendung vom ursprünglichen Positivismus oder vorsichtiger gesagt: einen Zweifel an dessen behavioristischer Grundlage.

Dieser Zweifel wird insbesondere dort wach, wo man von der Sache her gezwungen wird, auf die eigenen sprachlichen Voraussetzungen zu achten. Das geschieht vor allem im Zusammenhang *ethnologisch-anthropologischer* Untersuchungen, in denen natürliche und gewachsene Sprachen thematisiert werden, die dem Forscher fremd sind. Hier ist die Frage nach dem möglichen Zugang und durch sie veranlaßt die Reflexion auf das mitgebrachte eigene Sprachverständnis kaum zu vermeiden.

Eine Besinnung auf die Voraussetzungen der eigenen Sprachwelt ist aber auch notwendig, wenn man kritisch die Möglichkeiten der Tests, die sprachliches Verhalten betreffen, durchleuchtet, insbesondere der Tests, die das *Erlernen* der Sprache thematisieren. Hier zeigt sich nämlich, daß dies Erlernen gar nicht vom Tatsachenbegriff her zu erklären ist. Erlernt werden ja nicht nur einzelne Worte, sondern auch semantische Regeln, durch die diese Worte zu sinnvollen Sätzen zusammengeschlossen werden. Diese Regeln bedingen und leiten ihrerseits den Prozeß des Lernens. Und eben der Vorgang des Erfassens dieser Regeln ist die Leistung des kompetenten Subjektes. Das besagt aber: eine angemessene Deutung des Sprachlernens ist nicht möglich ohne Rückgriff auf einen Verstehensbegriff, der nicht mehr auf das Reiz-Reaktions-Schema reduzierbar ist. – Wir brechen diese sehr fragmentarischen Hinweise auf mögliche Ansätze, in denen sich eine Revision der behavioristisch orientierten Sprachdeutung anzeigt, ab und weisen zum Abschluß auf den Ansatz der sprachanalytischen Ethik hin.

Zur Fragestellung der sprachanalytischen Ethik [16]

Der frühe Positivismus hatte ethische Probleme als Lebensfragen aus der Philosophie strikt ausgeschlossen und damit schlechthin jede Diskussion, die ethische Probleme betraf, als nicht wissenschaftlich deklariert.[17] Die Thematisierung der *Alltagssprache* führt zu einer Aufhebung dieses Ausschlusses. Die Alltagssprache ist in hohem Maße von Redeformen bestimmt, die sich nicht auf gegenständliche Sachverhalte in der Weise der Darstellung beziehen, wie zum Beispiel befehlen, auffordern, Stellung nehmen, tadeln, loben. Diese ethisch relevanten Redeformen werden nun in der sprachanalytischen Ethik ins Zentrum gestellt. Es handelt sich bei den Denkern der Oxford-Schule – achtet man auf die ursprüngliche Intention – nicht um die Diskussion ethischer Fragen als solcher, sondern allein um die Erschließung ethischer Redewendungen im Zusammenhang einer umfassenden Einsichtnahme in die verschiedenen Ausformungen sprachlicher Regelsysteme.

Es erhebt sich hier nun sofort eine Frage von allgemeiner Bedeutung: Kann eine solche Untersuchung ethischer Aussagen ohne ethische Parteinahme durchgeführt werden? Jeder Forscher ist doch von einer bestimmten moralischen Sichtweise geleitet, die sein Denken und Handeln durchwaltet. Das mag im Leben notwendig sein, als Wissenschaftler jedoch – so argumentiert man – hat der Forscher die eigene ethische Einstellung zurückzustellen. Seine Untersuchungen über die Ethik sind nur dann als wissenschaftliche Leistungen anzuerkennen, wenn sie nicht selbst bestimmte Werte und Forderungen propagieren. Man muß daher ethische Einstellungen und deren Ausformung in einer philosophischen Morallehre, die als solche bestimmte ethische Ansprüche an den Menschen stellt, das heißt die Ethik im engeren Sinne, scharf abheben von der Fragestellung der *Metaethik*, das heißt den Analysen der Moral, in denen die alltägliche *und* die philosophische Ethik untersucht werden. Diese Untersuchung ist nicht wertend. Es können daher zwei Forscher, die persönlich inkompatible ethische Ansichten vertreten, in metaethischen Fragen völlig einig sein.

Die sprachanalytische Ethik geht nun grundsätzlich metaethisch vor, das heißt eben: der Forscher darf nicht seine eigenen ethischen Standpunkte ins Spiel bringen, sondern hat sich strikt auf die wertneutrale Untersuchung ethischer *Aussagen* als solcher zu beschränken. Gleichwohl meinen die Sprachanalytiker, daß auf diesem Wege eine wissenschaftliche Grundlegung der Ethik zu leisten sei, insofern hier alle ethischen Aussagemöglichkeiten von den sprachlichen Elementarformen bis zu den kompliziertesten Redewendungen systematisch untersucht werden.

Die Analysen der sprachanalytischen Ethik sind nun außerordentlich lehrreich, gerade in ihrer Subtilität. Das weist ein Studium der Werke von *Moore, Stevenson, Hare* und *Baier* auf – um nur einige Autoren zu nennen.[18] Es wird hier sichtbar, daß unsere Sprache, insbesondere unser alltägliches Reden, weit mehr ethisch und wertend vorgeht, als man vermeint, wenn man in seinen Analysen vom Urteilssatz ausgeht. Zugleich wird deutlich, daß die konkreten ethischen Bestimmungen so differenziert sind, daß es unangemessen wäre, sie auf abstrakte Grundregeln – etwa moralische Formeln im Sinn des kategorischen Imperativs – zurückzuführen. Gleichwohl: diese Untersuchungen sind nicht unproblematisch. Sie setzen nämlich eine »intakte Gesellschaft« voraus, die so genau weiß, was ethisch richtig und nicht richtig ist, daß es überflüssig erscheint, *ethische Probleme als solche* zu diskutieren. Anders gesagt: die ethische Sprache fungiert hier als ein so eindeutiger Ausdruck bestimmter ethischer Ansätze, daß man bei sprachlichen Wendungen verbleiben kann, um bestimmte Lebensformen zu erfassen, denn diese sind mit ihren Formulierungen deckungsgleich im Sinne Wittgensteins. Aber hier erhebt sich ein Problem. Ganz abgesehen von der Frage, ob es solche intakten Gesellschaften gibt – der Strukturalismus würde es für die primitiven Gruppen, die nur eine »kalte Geschichte« kennen, behaupten –, in der *Gegenwart* sind die Aspekte der Ethik als solche außerordentlich problematisch geworden. Man denke an die heutige weithin herrschende technologische Einstellung, die ein Anzeichen dafür ist, daß die Ethik heute durchaus nichts Selbstverständliches mehr ist.

Die Sprachanalytiker suchen diesen Schwierigkeiten jedoch zu entgehen, indem sie sich auf alltägliche ethische Redewendungen konzentrieren. Diese *umgangssprachlichen* Aussagen werden klassifiziert, wobei die Klassifizierung im Sinne einer Unterscheidung der einzelnen Redeformen und im Sinne einer möglichen Transposition solange keine Probleme aufwirft, als diese Aussagen als fraglos gültige Tatbestände angenommen werden. Dieser Ansatz wird nun aber gerade – das ist das Zweite, was wir hier anmerken wollen – *unterlaufen*. Die Sprachanalytiker diskutieren, und zwar in immer stärkerem Maße, philosophische Probleme der Ethik, insofern sie die Hintergründe aufzudecken suchen, die die ethischen Aussagen bedingen. Wir weisen zur Verdeutlichung auf die sogenannte emotive Theorie von *Stevenson* hin.[19] Diese Theorie besagt: es gibt *emotive Bedeutungen*, die gegen die rein deskriptiven Bedeutungen abgehoben werden müssen. So ist die Bestimmung der Demokratie als solcher von ihrer emotiven Bewertung, die geschichtlich außerordentlich differiert, zu unterscheiden. Es mag schwierig sein zu entscheiden, wieweit diese Unterscheidung wirklich durchführbar ist. Wesentlich ist jedoch, daß sie als solche eine weitere Frage wachruft, nämlich das Problem, ob ethische Aussagen als emotiv nur *Glaubenssätze* darstellen und ob ihnen solchermaßen nur eine Überredungsfunktion zukommt oder ob sie rationale Verbindlichkeit beanspruchen. Stevenson neigt im Ganzen seines Ansatzes der ersten Möglichkeit zu; die rationale Analyse ist letztlich nur wesentlich zur Klärung der Überzeugung. Damit aber wird der Tatbestand, »daß moralische Urteile mit universalem und objektivem Anspruch auftreten, auf Gründe bzw. Prinzipien verweisen und Rechtfertigungen verlangen«, verkannt.[20] Gerade diesen präskriptiven Charakter der Ethik aber gilt es zu beachten, wenn anders man ethischen Aussagen gerecht werden will. Man führt deswegen die Bestimmung »moral reasoning« ein. Diese besagt: der Ethiker muß versuchen, seinen Ansatz zu begründen, wenn anders er ihn als *verbindlich* deklariert. Diese Begründung fällt nun aber sehr unterschiedlich aus. Man kann rational argumentativ auf die Folgen einer ethischen Entscheidung hinweisen unter dem Aspekt des durch sie zu erlangenden Vorteils und vermeinen, daß auf diesem Wege nun die Möglichkeit einer Verbindlichkeit der Ethik gesichert werde, so *Baier*. Man kann aber auch behaupten, daß letzthin nur die persönliche Entscheidung im Sinne eines Dezisionismus den Ausschlag für eine moralische Handlung gebe, so *Hare*.

Man sieht – und nur dies sollte hier gezeigt werden –: die Beschränkung auf eine reine Deskription ethischer Aussagen wird bei den sprachanalytischen Ethikern selbst aufgehoben. Dies geschieht – so meinen wir – mit Recht, denn eine eindeutige Abtrennung der Analyse ethischer Aussagen von der ethischen *Problematik als solcher* ist nicht möglich. Das besagt nicht, daß die Intention, die der Scheidung von Ethik und Metaethik zugrunde liegt, im ganzen verfehlt wäre. Es ist durchaus notwendig, die eigene ethische Einstellung nicht absolut zu setzen, insbesondere ist dies erfordert, wenn man fremde Gruppen in ihrem ethischen Verhalten verstehen will. Aber dies bedeutet eben, daß man den eigenen moralischen Standpunkt nicht ausschaltet, sondern ihn mit der zu untersuchenden Einstellung »konfrontiert« im Sinne einer dialektischen Auseinandersetzung.

Daß die sprachanalytische Ethik sich dieser Einsicht immer mehr öffnet, ist als ein Positivum zu verbuchen. Freilich wirkt sich der anfängliche Ansatz, sich auf die alltägliche Welt als intakter ethischer Dimension zu verlassen, verhängnisvoll aus. Man springt von dieser als gültig anerkannten Welt unmittelbar auf grundsätzliche philosophische Theorien, um eben diese Gültigkeit zu erklären. Das bedeutet: man spart nach wie vor die »principia media«, das heißt die *sozialen* und *politischen* Probleme aus. Diese aber sind für die Ethik gerade heute entscheidend; doch davon wird im fünften Teil die Rede sein.

Wir brechen unseren Hinweis auf die Aufhebung des frühen Positivismus in und durch die Sprachanalyse ab. Die Meinung, daß nur feststellbare Tatsachen und deren logische Aussagestruktur philosophisch relevant seien, wird im Zuge einer Rückkehr zur Lebenswelt aufgegeben. Freilich: dieser Rückzug – dies ist in unserem Zusammenhang entscheidend – hat zur Folge, daß nun die *wissenschaftstheoretischen* Probleme in den Hintergrund treten. Dies ist von der gegenwärtigen Gesamtsituation her gesehen problematisch, denn die Wissenschaft ist heute die bestimmende Macht auch der sogenannten Lebenswelt.

Bevor wir uns jedoch den Untersuchungen der Struktur der gegenwärtigen Wissenschaft zuwenden, sei noch der Ansatz Poppers dargelegt, der sich trotz bedeutsamer Berührungspunkte mit dem Positivismus des Wiener Kreises doch von diesem nicht unerheblich unterscheidet.

Drittes Kapitel
Karl R. Popper: »Logik der Forschung«[1]

Popper spricht dem wissenschaftlich-philosophischen Denken als solchem eine allgemeine Aufgabe zu. Es gilt, den Geist des Rationalismus und der Aufklärung zu fördern. Das ist gerade heute nötig, weil das mystisch-prophetische Denken nach Popper weitgehend den Zeitgeist bestimmt. Die Vertreter dieses Denkstils vermeinen im Besitz absoluter Wahrheiten zu sein; sie suchen Anhänger zu gewinnen durch suggestive Reden und verhindern damit das rationale Denken, dessen Element die kritische Diskussion ist, in der andere Meinungen, wenn sie sachliche Argumente anführen, anerkannt werden, weil dem Rationalisten nicht daran liegt, recht zu behalten. Rationales Denken im Geist der Aufklärung ist, so erklärt Popper, auf keine bestimmte philosophische Theorie eingeschränkt, sondern eine grundsätzliche Einstellung, und als solche muß es sich allgemein auswirken. Popper hat demgemäß Probleme der Sozialwissenschaft, der Geschichte und der Politik untersucht. Aufgabe des kritischen Rationalismus ist die Konstitution und die Förderung einer »offenen Gesellschaft«, in der Freiheit allein gedeihen kann. Freiheit ist für Popper wesentlich Freiheit des Einzelnen, der sich durch Vernunft bestimmt. Popper denkt jedoch in bezug auf die Durchführung vernünftigen Handelns durchaus »realistisch«; jede pathetische Überschwenglichkeit vermeidend erklärt er, daß die Welt sich im ganzen wohl nicht verbessern lasse, und wie es dem Einzelnen ergeht, »ist hauptsächlich Sache des Glücks oder der Gnade und zu einem verhältnismäßig kleinen Teil auch Sache der Tüchtigkeit, des Fleißes und anderer Tugenden«.[2] Man kann nur versuchen, so legt er immer wieder dar, mögliche Fehlentwicklungen zu vermeiden, das heißt vor allem: man muß ständig aufmerken auf das, was *unbeabsichtigt* bei unserem Planen und Tun herauskommt. In bezug auf die theoretischen Sozialwissenschaften führt Popper von diesem Gesichtspunkt her aus, daß die Hauptaufgabe dieser Wissenschaften in der Feststellung »unbeabsichtigter sozialer Rückwirkungen absichtlich geleiteter menschlicher Handlungen« bestände. Hinter einer solchen Aussage steht nicht nur eine bestimmte Geschichtstheorie, sondern auch dieser entsprechend eine grundsätzliche Anschauung über die Möglichkeiten eines von wissenschaftlicher Einsicht geleiteten Handelns. Eine Klärung dieser Zusammenhänge erfordert eine Besinnung auf das Wesen wissenschaftlicher Erkenntnis überhaupt.

Die *Wissenschaftstheorie*, die Popper entwickelt, soll den Nachweis erbringen, daß der Geist des kritischen Rationalismus auch das Verfahren wissenschaftlicher Forschung bestimmen müsse. Popper fühlt sich in dieser Hinsicht als Nachfolger Kants. Freilich geht er nicht nur im Detail, sondern auch im Grundsätzlichen über Kants Ansatz hinaus. Es gibt in den empirischen Wissenschaften keine Aussagen, die ein für allemal die Natur einer Sache in den Begriff höben. Dies besagt nun aber für Popper – hier zeigt sich der Unterschied zu Kant –: es ist überhaupt nicht möglich, wissenschaftliche Sachverhalte eindeutig als wahr zu deklarieren. Es läßt sich nur die Falschheit von Theorien erweisen. An die Stelle der Verifikation hat daher in der Wissenschaft die *Falsifikation* zu treten, das heißt die kritische Prüfung, die ein Ergebnis immer erneut in Frage stellt und sich nur dann zufrieden gibt, wenn man es trotz aller Bemühungen nicht zu negieren vermag. Es ist gerade diese Theorie der Falsifikation, die mit Poppers Namen verbunden wurde. Sie entspricht einem Grundzug des Zeitgeistes, nämlich der Skepsis gegenüber unbedingten Wahrheiten.

Poppers Gegnerschaft gegen die Wesensphilosophie, den sogenannten »Essentialismus«, ist nicht auf ein bestimmtes System eingeschränkt. Es ist klar, daß Popper die klassische Metaphysik, die Wesensverhalte in und durch die bloße Besinnung auf die dem Menschen und der Welt einwohnende Vernunft zu erweisen vermeint, ablehnt. Aber er wendet sich mit seiner Kritik des Essentialismus darüber hinaus gegen die philosophische Haltung, die nach ihm in der gesamten Tradition maßgebend ist. Man stellt in dieser Tradition die »Was-Frage«, und zwar auf den verschiedensten Gebieten, zum Beispiel: Was ist Schwerkraft? Was ist ein Gesetz? Was ist Demokratie? Was ist Freiheit? Was ist Ähnlichkeit? Die leitende Voraussetzung ist der Glaube, daß jeder reale oder abstrakte Denkgegenstand bestimmte Beschaffenheiten besäße, die durch ein inhärentes Wesensprinzip zusammengehalten würden. Diese Vorstellung hat vom Animismus bis zum modernen Holismus das allgemeine Denken betört. In der Philosophie ist sie bereits von Plato und Aristoteles herausgestellt worden. Im Verlauf der Entwicklung hat sie sich mit durchaus verschiedenen Ansätzen verbunden, denn nicht nur spekulative Metaphysiker, sondern auch empirische Denker vermeinten Wesensverhalte erfassen zu können. Die Essentialisten haben aber auch weithin die Rationalität gering geschätzt und sich der irrationalen Intuition überlassen. Insbesondere in den Geisteswissenschaften vermeinte man, das Wesen geschichtlicher Vorgänge durch verstehende Aneignung »von innen her« erfassen zu können.

Poppers Ablehnung der Wesensphilosophie involviert jedoch keineswegs eine Verwerfung philosophischer Grundeinstellungen überhaupt. Popper neigt seinerseits dem *metaphysischen Realismus* zu. Er erklärt: »Die Aufgabe der empirischen Wissenschaft, die ... darin besteht, befriedigende Erklärungen zu finden, kann kaum verstanden werden, wenn wir nicht Realisten sind.«[3] Dies besagt, man müsse überzeugt sein, daß es in der Welt vorhandene Ordnungen gebe, die auch wir erkennen können. Gleichwohl darf dieser Realismus nicht als endgültige Fundierung der Logik der Wissenschaft verstanden werden. Es ist überhaupt nicht angebracht, von ihm her eine Wissenschaftstheorie aufzubauen. Popper behauptet, die rationale Entwicklung der Methodologie hänge »sicherlich nicht von der metaphysischen und höchstwahrscheinlich falschen Annahme ab, daß die wahre strukturelle Theorie der Welt (falls es sie gibt) in menschlicher Sprache ausdrückbar sei«.[4]

Die Methodologie muß also, wenn anders sie im kritischen Geist vollzogen werden soll, versuchen, ohne metaphysische Annahmen auszukommen. Das bedeutet nicht, daß sie das *Prinzip der Wahrheit* eliminiert. In seiner Auseinandersetzung mit

Adorno erklärt Popper, der Wahrheitsbegriff sei für den Kritizismus unentbehrlich. In diesem Zusammenhang heißt es: »Die fundamentale methodologische Idee, daß wir aus unseren Irrtümern lernen, kann nicht ohne die regulative Idee der Wahrheit verstanden werden: Der Irrtum, den wir begehen, besteht ja darin, daß wir, mit dem Maßstab oder der Richtschnur der Wahrheit gemessen, das uns gesetzte Ziel, unseren Standard, nicht erreicht haben. Wir nennen eine Aussage ›wahr‹, wenn sie mit den Tatsachen übereinstimmt oder den Tatsachen entspricht oder wenn die Dinge so sind, wie die Aussage sie darstellt. Das ist der sogenannte absolute oder objektive Wahrheitsbegriff, den jeder von uns dauernd verwendet ... Diese Bemerkung setzt voraus, daß der Wahrheitsbegriff unterminiert war. Und in der Tat, die Unterminierung des Wahrheitsbegriffes hat zu den herrschenden relativistischen Ideologien unserer Zeit den Hauptanstoß gegeben.«[5] Popper richtet sich – das zeigen diese Sätze – gegen die Auflösung des Wahrheitsprinzips in den dialektischen Theorien, die nach Popper eben dem Relativismus verfallen sind. Dem Relativismus gegenüber gilt es zu betonen, daß wissenschaftliche Forschung sich auf Fakten zu beziehen hat.

Von diesem Ansatz her, daß wissenschaftliche Wahrheit auf der Übereinstimmung von Sätzen mit Tatsachen beruht, hat Popper seine Theorie der Wissenschaft entworfen. Seine »Logik der Forschung« bezieht sich auf den Vorgang des realen Erkennens in den Wissenschaften und sucht diesen zu fundieren. Popper will die Philosophie im Gegensatz zu gewissen Tendenzen des Wiener Kreises also nicht auf logische Sprachanalyse einschränken. Tut man dies, so begibt man sich der Möglichkeit, die Logik der wirklichen, das heißt der empirischen Untersuchungen, zu erfassen. Darum geht es aber Popper von Anfang an. Er ließ sich in diesem Unternehmen nicht durch den Vorwurf beirren, daß Wissenschaftstheorie nur als reine Analytik und eben nicht als Logik der konkreten Forschung möglich sei. Im zweiten Kapitel seines großen Werkes »Logik der Forschung« steht der Satz: »Der Positivist wünscht nicht, daß es außer den Problemen der ›positiven‹ Erfahrungswissenschaften noch ›sinnvolle Probleme‹ geben soll, die eine philosophische Wissenschaft, etwa eine Erkenntnistheorie oder Methodenlehre, zu behandeln hätte.« Popper gibt eine Anmerkung zu diesem Satz: »In den zwei Jahren, bevor die Erstauflage dieses Buches erschien, lautete der ständige Einwand, den Mitglieder des Wiener Kreises gegen meine Ideen erhoben, daß eine Methodenlehre, die weder eine empirische Wissenschaft noch reine Logik ist, unmöglich sei, da alles was außerhalb dieser Gebiete liegt, bloßer Unsinn sein müsse.«[6]

Gleichwohl gibt es enge Berührungspunkte zwischen Popper und dem Wiener Kreis. Popper diskutiert zunächst das Problem der sogenannten *Basissätze*. Er ist der Meinung, daß die Schwierigkeit dieser Sätze, sich auf Tatsachen zu beziehen und diese doch nicht adäquat erfassen zu können, zu beheben sei. Basissätze beruhen auf einem Beschluß: »Die Basissätze werden durch Beschluß, durch Konvention anerkannt. Sie sind Festsetzungen.«[7] Gleichwohl will Popper eine rein konventionalistische Theorie ausschließen, denn der Konventionalismus, streng zu Ende gedacht, würde ja nicht nur die Verifikation, sondern auch die Falsifikation als sachlich bestimmtes Kriterium aufheben, insofern er *nur* Festsetzungen kennt. Popper erklärt, daß sein Gegensatz zum strengen Konventionalismus nicht durch eine rein logische Debatte ausgetragen werden könne; sein eigener Konventionalismus sei von der Forschungssituation her zu verstehen. Der Forscher muß, um überhaupt Grundlagen zu haben, bestimmte, in Sätzen formulierte, Sachverhalte als Ausgangsposition »setzen«. Diese Setzungen durch Beschluß beruhen aber nicht auf Willkür, sondern ergeben sich auf Grund der Forschungen. Das heißt, sie sind immer schon auf eine Theorie und deren Anwendung bezogen. »Die Festsetzung der Basissätze erfolgt anläßlich einer Anwendung, durch die wir die Theorie erproben; wie die Anwendung überhaupt, so ist die Festsetzung ein durch theoretische Überlegungen geleitetes planmäßiges Handeln.«[8] Zwischen der Theorie und »ihren« Basissätzen besteht also sachlich gesehen ein dialektischer Zusammenhang. Die Basissätze sind und bleiben Basen für die Theorie, aber sie sind immer schon von dieser her belichtet. Es gibt keine theoriefreie Beobachtung. Dies gilt für die Erkenntnis im Alltag und in der Wissenschaft. Popper erklärt: »Mein Standpunkt läßt sich kurz so darstellen: Unsere Alltagssprache ist voll von Theorien; Beobachtung ist stets Beobachtung im Licht von Theorien; aber das induktivistische Vorurteil verleitet viele dazu, zu glauben, es könne eine theoriefreie und rein beschreibende Sprache (›phenomenal language‹) geben, die von einer ›theoretischen Sprache‹ unterscheidbar wäre...«[9] Das sind wesentliche Sätze. Sie zeigen, daß Popper eine starre Unterscheidung von theoretischer Sprache und Beobachtungssprache nicht anerkennt.

Popper sucht nun zu klären, welche Funktion *Theorien* haben. Theorien sind – das ist der Grundansatz – nicht mit Hilfe des *Induktionsprinzips* aus Tatsachen ableitbar, wie die Empiristen vermeinen, denn das Induktionsprinzip ist kein echtes Prinzip. Daß das Induktionsprinzip keinen Anspruch auf Gültigkeit erheben kann, ist nach Popper gerade dann nachzuweisen, wenn man in den Unterscheidungen des Positivismus denkt. Das Induktionsprinzip kann nicht als analytische Aussage betrachtet werden. Es ist offensichtlich ein synthetischer Satz. Synthetische Sätze a priori gibt es jedoch nach positivistischer Überzeugung nicht. Wäre das Induktionsprinzip aber ein synthetischer Satz a posteriori, so müßte er durch Erfahrung gestützt werden und gelte nicht absolut. Man könnte angesichts dieser Schwierigkeiten das Induktionsprinzip, das die Annahme genereller Hypothesen erhärten soll, selbst als eine Hypothese ansetzen und nun versuchen, diese Hypothese induktiv zu begründen. Dazu braucht man dann aber ein höheres Induktionsprinzip, dies Verfahren führt also zu einem regressus in infinitum. Das Induktionsprinzip ist also, so erklärt Popper abschließend, wissenschaftlich nicht zu rechtfertigen und daher zu verwerfen.

Popper erklärt nun, die Frage, wie man zu Theorien und Gesetzen komme, sei überhaupt keine wissenschaftliche. Psychologisch gesehen könne man sagen, Theorien würden intuitiv gewonnen und seien freie Schöpfungen, durch die man sich in die Natur einzufügen sucht. Aber wie gesagt: bei Theorien ist die Frage, wie sie entstehen – quid facti – unwichtig, wichtig ist nur die Frage nach der Geltung – quid juris. Theorien im strengen Sinne beanspruchen *unbedingte Gültigkeit;* sie sind nicht für bestimmte Räume und bestimmte Zeiten zutreffend und für andere nicht. Solche eingeschränkten Theorien gibt es zwar auch, es handelt sich dann aber eben nicht um reine Theorien, sondern um »Quasitheorien«, die eine besondere Analyse erfordern. Echte Theorien gelten ausnahmslos allgemein. Es ist daher zweckmäßig, so sagt Popper, Naturgesetze als »allgemeine synthetische Sätze oder als Allsätze aufzufassen«; ein Allsatz hat die Form: »Für alle Raum-Zeit-Punkte (oder alle Raum-Zeit-Gebiete) gilt...«[10]

Es ist die Aufgabe der Wissenschaft, diese Theorien nicht unkritisch hinzunehmen, sondern zu prüfen. Diese Prüfung wird von Popper als Deduktion bezeichnet. Der Sinn dieser Deduktion ist es, die Theorien nach Möglichkeit gerade zu falsifizieren. Eine positive Prüfung, das heißt eine Verifizierung, gibt es, wie wir bereits sagten, nicht. Popper bedient sich, um das Prinzip der Verifikation in diesem Zusammenhang auszuschalten, eines bekannten Argumentes. Die Wahrheit, das heißt die absolute Geltung einer Theorie, ist nur dann erwiesen, wenn man schlechthin alle der ihr zugehörenden Anwendungsfälle durchgeprüft hat. Da dies aber empirisch nicht möglich ist, ist eben diese Wahrheit nicht zu erweisen.

Die *Falsifikation* als solche ist ein logisch klassifizierendes Verfahren. Alle Fälle, die unter die Theorie subsumiert werden können, müssen entweder mit ihr verträglich oder mit ihr unverträglich sein. Diese Fälle sind jeweilig beobachtbare und solchermaßen nachprüfbare Sachverhalte oder Vorgänge. Um nun eine Theorie, die ja allgemein gelten soll, auf diese Fälle beziehen zu können, muß diese Theorie zunächst in einen Allsatz umgeformt werden, der seinerseits wiederum in einen »Es-gibt-nicht-Satz« umzuformen ist. Auf diesen beiden Umformungen basiert das Verfahren. Einfaches von Popper selbst stammendes Beispiel: Die Theorie besagt, es gehört zum Wesen der Schwäne, weiß zu sein. Als Allsatz umgeformt: »Alle Schwäne sind weiß«, in einen »Es-gibt-nicht-Satz« umgeformt: »Es gibt keine nicht-weißen Schwäne.« Wird nun doch ein einziger nicht-weißer Schwan beobachtet, das heißt, muß man nun einen Satz formulieren: »Es gibt hier und jetzt einen nicht-weißen Schwan«, dann ist die frühere Behauptung, daß es keine nicht-weißen Schwäne gibt, hinfällig.

Es wäre nun sicher verkehrt, Popper auf solche an die Schullogik erinnernden Beispiele festlegen zu wollen. Popper will seiner Intention nach nicht einzelne Tatsachen auf einzelne Theorien beziehen. Es geht ihm um die Falsifikation von Hypothesen, die ja nie isoliert auftreten. Und der Sinn der Falsifikation ist es, durch den Nachweis der Fehlerhaftigkeit einer Theorie eben zu besseren Hypothesen zu gelangen. Popper unterscheidet dementsprechend Grade der Prüfbarkeit und sucht diese Grade durch allgemeine Regeln festzulegen. Seine späteren Arbeiten zeigen, daß er immer stärker dahin tendiert, das Falsifikationsprinzip auszubauen zu einem *Bewertungskriterium von kompetitierenden Theorien*.[11] Seine Schüler sind ihm darin gefolgt und haben, so insbesondere *I. Lakatos*, zwischen einfachen Theorien und auf Theorien aufbauenden und sie zusammenfassenden *Forschungsprojekten* unterschieden. Diese Forschungsprojekte weisen auf Prozeduren hin, die zu vermeiden sind und entwickeln diesen gegenüber empfehlenswerte Verfahrensweisen. Diese Differenzierung erscheint uns fruchtbar, insofern sie auf den realen Vollzug der Forschung rekurriert. Sie erfordert aber doch ein radikaleres Umdenken, als Popper es zu vollziehen gewillt ist. Das heißt: man muß sich von der Vorstellung lösen, als ob überhaupt mit den Mitteln der klassischen Logik der Forschungsprozeß fundiert werden könne. In diesem geht es nicht um Unterordnungen unter eindeutig definierbare Sachverhalte. Die Erkenntnis des dialektischen Wechselbezugs von Theorien und Basissätzen, die sich heute in der Forschung durchzusetzen beginnt, läßt eine einfache Unterscheidung der Fälle in »kompatibel mit der Theorie« und »nichtkompatibel mit der Theorie« kaum zu. Die wissenschaftlichen Grundbegriffe, wie etwa in der Physik die Bestimmung: »Atom« oder in der Soziologie die Bestimmung: »soziale Rolle« sind keine so eindeutigen Bestimmungen wie Raben oder Schwäne. Das heißt aber: das klassifizierende Subsumtionsverfahren ist hier nur beschränkt anwendbar. Eine Logik der Forschung bleibt, wenn sie nur eindeutige Bestimmungen als zulässig anerkennen will, dem Wissensvollzug gegenüber abstrakt, denn dieser kann nur als dialektischer Prozeß verstanden werden. Wir werden später auf diesen Sachverhalt zurückkommen.[12]

Wir weisen zum Abschluß auf Poppers Theorien über die *Geschichte* hin. Zunächst: Popper bemüht sich um eine allgemeine Theorie, die es möglich macht, individuelle Ereignisse zu erklären. Grundsätzlich gesagt sind nach Popper *zwei Arten von Erklärungen* zu unterscheiden. Es kann sich einmal darum handeln, eine Theorie durch eine höhere Theorie zu erläutern und auf diese zurückzuführen. Erkenntnis vollzieht sich hier als Aufbau eines axiomatischen Systems ohne Berücksichtigung der Erfahrung, da diese in der zu erklärenden Theorie bereits verarbeitet ist. Bei der zweiten Möglichkeit besteht die Aufgabe darin, raum-zeitlich bedingte individuelle Eigenschaften oder Vorgänge unter allgemeine Theorien und Gesetze zu subsumieren. Es muß hier nun unterschieden werden zwischen dem Explikandum, dem zu erklärenden Einzelfall, und dem Explikans, der Theorie, von der her der Einzelfall gedeutet werden soll. Zwischen beide Bestimmungen wird ein Drittes geschoben, die sogenannten »Randbedingungen« oder »Antecedensbedingungen«, das heißt die besonderen Bedingungen, unter denen der individuelle Fall steht. Wenn man diese kennt, weiß man, wie das Gesetz auf diesen Fall angewendet werden kann. Popper erklärt: »Wir finden also zwei verschiedene Arten von Sätzen, die erst gemeinsam die vollständige ›kausale Erklärung‹ liefern: (1) allgemeine Sätze – Hypothesen, Naturgesetze – und (2) besondere Sätze, d. h. Sätze, die nur für den betreffenden Fall gelten – die ›Randbedingungen‹. Aus den allgemeinen Sätzen kann man mit Hilfe der Randbedingungen den besonderen Satz deduzieren . . .«[13] Das Explikans besteht also aus einem allgemeinen Gesetz (G), und singulären Anfangsbedingungen (A), wie Popper darlegt, um die Schlußform klar heraustreten zu lassen; aus G und A wird auf das Explikandum (E) geschlossen. Das Explikandum ist bei diesem Erklärungsvorgang gegeben, es wird entweder vom Forscher selbst beobachtet oder es ist zuverlässig bezeugt; die eigentliche Aufgabe besteht darin, ein passendes Explikans zu suchen und zu finden.

Diese Theorie der Erklärung hat weithin allgemeinen Anklang gefunden. Dies liegt vor allem daran, daß sie – insbesondere durch die Einführung der Bestimmung »Randbedingung« – ein brauchbares Modell für alle Wissenschaften, nicht nur für die Naturwissenschaften, sondern auch für die Geisteswissenschaften, abzugeben scheint. Wenn die Geisteswissenschaften, so argumentiert man, den hier aufgezeigten Weg einschlagen, ist es nicht mehr möglich, ihnen den Rang der Wissenschaftlichkeit abzustreiten. Diese Theorie wurde daher gerade im Blick auf die Kulturwissenschaften weiter durchdacht. Insbesondere *Carl Hempel* und *Paul Oppenheim*, zwei Denker, die aus dem Wiener Kreis hervorgingen, haben sich sehr intensiv mit der Frage der Begriffsbildung und der Erklärung in diesen Wissenschaften befaßt und eine diffizile »Theorie der Erklärung« dargelegt.[14]

Gleichwohl: mögliche Einwände gegen diesen Ansatz sind nicht zu übersehen. Popper selbst hat erklärt, daß die Randbedingungen bei historischen Erklärungen eine bedeutendere Rolle als bei naturwissenschaftlichen Erklärungen spielen. Sie sind im geschichtlichen Geschehen ja selbst als mögliche oder wirkliche Ursachen für den Einzelfall zu betrachten und müssen also ihrerseits unter dem Gesichtspunkt der Hypothesenbildung thematisiert werden. Es ist daher notwendig, die methodologische Schematik der Erklärung im Blick auf die historischen Ereignisse noch einmal gründlich zu durchdenken. Sodann: die Gesetze, von denen abgeleitet werden soll, haben verschiedene Umfänge. Für die Geisteswissenschaften gilt nun, je allgemeinere Bedeutung ihnen zukommt, desto trivialer sind sie, sie nützen dann dem Historiker nichts. Auch diesen Sachverhalt hat Popper durchaus bemerkt. Beide Einwände können aber noch erheblich verschärft werden zu einem grundsätzlich methodischen Angriff, und in der Tat hat man vom hermeneutischen Ansatz her mit guten Gründen dargelegt, daß die »Logik der Erklärung« im Raum der geistesgeschichtlichen Deutung überhaupt unzulänglich sei. Das Verfahren der Subsumtion unter Gesetze sei trotz aller Zuhilfenahme von Unterbestimmungen hier verfehlt, weil es an der spezifischen Grundbestimmung des geschichtlichen Geschehens vorbeigehe, nämlich an der Tatsache, daß geschichtlich handelnde Menschen sich zu sich selbst verhaltende Wesen seien.[15] Wir lassen diese Kritik, deren Berechtigung offensichtlich ist, jetzt aber auf sich beruhen und suchen zum Abschluß zu zeigen, wie Popper nun von diesen wissenschaftslogischen Grundbestimmungen her den Ansatz zu einer Theorie des geschichtlichen Handelns entwickelt.

Den besten Zugang zu diesem Problem gewinnt man, wenn man Poppers Erläuterung der Bestimmung »Prognose« durchdenkt. Der Begriff »Prognose« ist, so erklärt Popper, Gegenbestimmung zum Begriff »Erklärung«. Bei der Erklärung, so sahen wir, ist das Explikandum – der Einzelfall – gegeben, das Explikans – die Theorie – wird gesucht. Bei der Prognose dagegen ist gerade die Theorie gegeben, und man sucht, mögliche Konsequenzen aus ihr abzuleiten. Mit Poppers Worten: »Während im Falle der Erklärung das Explikandum gegeben und ein passendes Explikans gesucht wird, geht die Prognosendeduktion umgekehrt vor. Hier ist die Theorie gegeben (z. B. von den Lehrbüchern übernommen) und ebenso die Anfangsbedingung (durch Beobachtung festgestellt). Wir fragen nach den Konsequenzen, d. h. nach gewissen soweit unbeachteten logischen Folgerungen. Diese sind die Prognosen.«[16] Prognosendeduktion und ebenso technische Anweisungen, die von einer Theorie her ersonnen werden können, stellen, so sagt Popper, »eine Art Umkehrung des fundamentalen Erklärungsschemas dar«.[17] Popper sucht also den Begriff »Prognose« wissenschaftlich zu rechtfertigen. Dies heißt für ihn, daß diese Bestimmung nicht vom handelnden Subjekt und seinem Selbstverständnis her erläutert werden soll. Sie muß vielmehr in objektiver Form von objektiv sich vollziehenden Vorgängen her begründet werden.

Popper grenzt die Prognose als wissenschaftliches Vorgehen gegen die Prophetie ab. Geschichtsphilosophische Prophetien werden nicht nur von unwissenschaftlichen Menschen entwickelt, sondern auch und gerade von Denkern, die auf rationale Weise das geschichtliche Geschehen im ganzen zu erklären und von dieser Gesamterklärung her den zukünftigen Verlauf der Geschichte zu berechnen suchen. Diese Denker irren sich, denn geschichtliches Geschehen ist nicht berechenbar. Geschichtliches Geschehen ist anders geartet als das Geschehen der Natur. Lapidar erklärt Popper im Vorwort zur englischen Ausgabe von »Das Elend des Historizismus«: »Das bedeutet, daß wir die Möglichkeit einer *theoretischen Geschichtswissenschaft* verneinen müssen, also die Möglichkeit einer historischen Sozialwissenschaft, die der *theoretischen Physik* entsprechen würde. Eine wissenschaftliche Theorie der geschichtlichen Entwicklung als Grundlage historischer Prognosen ist unmöglich.«[18]

Popper setzt nun aber in seinen eigenen geschichtstheoretischen Überlegungen nicht nur das naturhafte Geschehen als das für die Wissenschaft eigentlich allein relevante Geschehen an, sondern er versucht, das geschichtliche Geschehen nach Möglichkeit auf naturhaftes Geschehen zurückzuführen. Geschichtliches Geschehen hat, so erklärt er, keinen Sinn. Geschichtliche Ereignisse sind als Tatsachen zu verstehen, und in der

Dimension der Tatsachen darf die Bestimmung »Sinn« nicht angewandt werden, denn sie ist eine rein subjektive Kategorie. Es ist unberechtigt, Geschichtsphilosophie als Sinndeutung des Geschehens zu betreiben, etwa zu behaupten, die Weltgeschichte sei das Weltgericht. Insbesondere Hegel wird von Popper mit nie ermüdendem Eifer angeprangert und vor seiner Methode der Dialektik wird nachdrücklich gewarnt, denn mit deren Hilfe läßt sich, so erklärt Popper, jede Entwicklung zurechtbiegen; »der Dialektiker braucht eine Widerlegung durch zukünftige Erfahrungen nicht zu befürchten«, da ja nach ihm geschichtliches Geschehen nie aus eindeutigen Tatsachen besteht.[19]

Hier wird die *eine* Tendenz, die Poppers Geschichtsanalyse bestimmt, sichtbar: Popper will *Geschichtsphilosophie* überhaupt ausschalten, weil jede Geschichtsphilosophie Sinndeutung des Geschehens ist. Das besagt eben, geschichtliches Geschehen soll als *sinnfreie Tatsachenabfolge* nach Art der Naturwissenschaft erklärt werden. Aber diesen Ansatz stellt Popper selbst wieder in Frage, denn geschichtliches Geschehen muß ja methodisch gegen das Naturgeschehen abgegrenzt werden, und das erfordert gerade, seine *Andersartigkeit* herauszustellen.

Die sachliche und methodische Verwirrung wird noch gesteigert durch Poppers eigenwillige Terminologie. Popper klassifiziert wiederum, er setzt als Oberbegriff die Kategorie «Historizismus« und unterscheidet als Unterarten »Die antinaturalistischen Doktrinen und die pronaturalistischen Doktrinen des Historizismus«. Sein Buch »Das Elend des Historizismus« hat vier Teile, der erste und zweite soll die Situation schildern – I. »Die antinaturalistischen Doktrinen des Historizismus«, II. »Die pronaturalistischen Doktrinen des Historizismus« – und der dritte und vierte Teil die entsprechende Kritik bringen – III. »Kritik der antinaturalistischen Doktrinen«, IV. »Kritik der pronaturalistischen Doktrinen«. Popper zögert nicht, dieser Schematik zuliebe Gedanken zu konstruieren, die, wie er selbst sagt, von den Historizisten nicht vorgebracht wurden. Das besagt, daß er sich Gegner je nach Bedarf aufbaut. Wenn er *gegen* die Geschichtsphilosophie angehen will, das heißt gegen jedwede Sinndeutung geschichtlichen Geschehens, dann bezeichnet er die von ihm angegriffene Gegenposition als antinaturalistische Doktrin, die dadurch bestimmt ist, daß die ihr zugehörigen Denker das geschichtliche Geschehen *nicht* mit naturwissenschaftlichen Bestimmungen auslegen wollen. Wenn er dagegen selbst zeigen will, daß Geschichtswissenschaft *keine* Physik ist, dann nennt er die bekämpfte Gegenposition pronaturalistische Doktrin und kennzeichnet die ihr zugehörigen Denker als diejenigen, die in dem geschichtlichen Verlauf erklärbare Zusammenhänge sehen. Diese Schematik ermöglicht es Popper nun, bestimmte Denker in *beide* Doktrinkreise einzuordnen. Hegel, aber auch Marx, haben Geschichte nicht als mechanisches Naturgeschehen verstanden, also sind sie Antinaturalisten; beide, insbesondere Marx, haben geschichtliches Geschehen jedoch als Ursache-Wirkung-Zusammenhang berechnen wollen, also sind sie Pronaturalisten.

Trotz dieser das angemessene Maß von Polemik überschreitenden Argumentation finden sich nun bei Popper bemerkenswerte Gedankengänge zum Problem der Geschichte, zwar nicht so sehr, wenn er die Antinaturalisten bekämpft, denn in diesem Fall zieht er sich weitgehend auf das positivistische Grunddogma, daß Wissenschaft wesentlich Naturwissenschaft sei, zurück, sondern vielmehr dann, wenn er die *Pronaturalisten* bekämpft, denn hier muß er, ohne Rückhalt am Positivismus, zeigen, daß im geschichtlichen Geschehen ein Zusammenhang waltet, der eben nicht oder zumindest nicht ganz und gar wie das Naturgeschehen auszulegen oder zu berechnen ist. Dazu kommt, daß Popper ja gerade als Aufklärer bei aller Skepsis gegen geschichtlichen Fortschritt an einer Verbesserung der Zustände oder zumindest der Abwehr des Übels gelegen ist. Auch aus diesem Grunde muß er die Eigenart des geschichtlichen Geschehens beachten. Wir suchen die sich hier zeigenden Ansätze kurz anzudeuten.

Geschichtliche Sachverhalte werden, achtet man auf den faktischen Vollzug der Geschichtswissenschaft, nach Popper, immer unter bestimmten Gesichtspunkten ausgewählt. Auch in der Naturwissenschaft beruhen Theorien weitgehend auf Selektion. Immerhin ist nicht zu verkennen, daß in der Geschichtsforschung, in der der Mensch ja nicht eine ihm fremde Natur, sondern sein eigenes Handeln beschreibt, die Auswahl in starkem Maße subjektiv gefärbt ist. Popper sagt, wir schreiben die Geschichte, die uns *interessiert*. Diese Tatsache ist nicht durch Proklamierung einer reinen Objektivität zu beheben. Es gilt vielmehr, den Standpunkt, den man einnimmt, offen darzulegen. Gleichwohl ist der Geschichtsschreiber zur Sachlichkeit verpflichtet, nicht nur wenn er das vergangene Geschehen erklärt, sondern auch wenn er Vorhersagen aufstellt. Eine wissenschaftliche Prognose muß im Gegensatz zu prophetischen Phantasiegebilden sich auf das *wirkliche* Geschehen stützen, nur dann kann man bestimmte sachangemessene Pläne aufstellen. Geschichtliches Handeln läßt sich nun aber nicht »überhaupt und im allgemeinen« planen, planbar ist nur ein Verhalten, das auf kritisch erarbeiteten Prognosen beruht. Ernst zu nehmende Planungsentwürfe können, so erklärt Popper, nur für relativ kurze Fristen aufgestellt werden.

Insbesondere in den *Sozialwissenschaften*, die sich auf menschliches Handeln innerhalb der industriellen Gesellschaft beziehen, spielen Erwägungen über *Mittel*, die man einsetzen muß, wenn man zu bestimmten Erfolgen kommen will, eine wesentliche Rolle. Hinter diesem wissenschaftlich zu erwägenden Auswählen der Mittelmöglichkeiten stehen aber *ethische* Entscheidungen grundsätzlicher Art. Diese Entscheidungen sind nicht wissenschaftlich zu behandeln, weil sie über das berechenbare Geschehen hinausgreifen. Popper will Ethik und Wissenschaft trennen. Gleichwohl sieht er, daß nicht nur die Wahl der möglichen Mittel, sondern auch die ethischen Entscheidungen in Bezug zu geschichtlichem Geschehen, insbesondere den gesellschaftlichen Verhältnissen, zu setzen sind. Hier eröffnet sich eine Dialektik: Popper begreift einerseits, daß pragmatisch-technische Handlungsvorschläge *und* ethische Entscheidungen nicht unmittelbar durch das Geschehen fundiert werden können, und er weiß andererseits, daß sie doch zu ihm »passen« müssen. Aber Popper versucht nun nicht, diesen Sachverhalt ausdrücklich dialektisch zu entwickeln. Man kann daher sagen: die Struktur des geschichtlichen Handelns haben Poppers Gegner, die Vertreter der »Kritischen Theorie«, besser herausgestellt als er selbst. Freilich haben sie dabei Poppers Einsicht, daß die Sozialwissenschaften weithin *analytisch* vorgehen müssen, wenn anders sie die Mittelwahl bedenken wollen, zu schnell beiseite geschoben. Wir werden im nächsten Abschnitt auf die Kontroverse zwischen Popper und der »Kritischen Theorie« noch einzugehen haben.[20]

B. Strukturen der gegenwärtigen Wissenschaft

Vorbemerkung: Die Entfremdung zwischen Philosophie und Wissenschaft. Wissenschaft als Forschungsprozeß

Wir haben im vorigen Abschnitt den Bezug von Philosophie und Wissenschaft unter dem Aspekt der *Philosophie* behandelt. Wir wiesen aber bereits darauf hin, daß diesen Ausführungen eine Analyse folgen müsse, die die Wandlungen der *Wissenschaft von dieser selbst her* analysiert. Diese Analyse ist der Sache nach von größerem Gewicht, denn die Wissenschaften haben sich faktisch von der Philosophie abgelöst. Sie lassen sich nicht mehr von dieser her ein für allemal begründen. Ihre Strukturen, Ansätze und Funktionsgesetze sind in formaler und inhaltlicher Hinsicht nur von ihnen selbst her zu thematisieren.

Das *Verhältnis von Philosophie und Wissenschaft* hat sich im Verlauf der abendländischen Geschichte grundlegend gewandelt. Diese Wandlung zeigt jedoch einen bestimmten Trend. Es ist dies die zunehmende gegenseitige *Entfremdung von Philosophie und Wissenschaft*. Um nur auf einige bekannte Tatsachen hinzuweisen: für Aristoteles gibt es keine Differenz zwischen philosophischer und wissenschaftlicher Betrachtung. Er überblickt die Wissenschaften seiner Zeit und ist in diesen maßgebend tätig. Dies zeigen insbesondere seine großen Vorlesungen über Physik und seine naturwissenschaftlichen Einzeluntersuchungen. Descartes und Leibniz – um nur zwei Denker aus der klassischen neuzeitlichen Philosophie zu erwähnen – philosophieren nicht nur über die Wissenschaft, sondern suchen diese in einer mathesis universalis zu begründen. Sie sind selbst Forscher. Descartes untersucht den Blutkreislauf und setzt dessen Erklärung durch Harvey durch, er entwirft eine Theorie der Bewegung, um die Entstehung der Planeten zu erklären. Leibniz konzipiert die Infinitesimalrechnung und gilt als wissenschaftliches Universalgenie. Auch Kant betätigt sich wissenschaftlich. Er entwickelt die Nebeltheorie der Sternentstehung, die Laplace aufnimmt. Gleichwohl ist Kant nicht mehr eigentlich ein forschender Wissenschaftler. Seine Hauptaufgabe sieht er darin, die Naturwissenschaft zu begründen, das heißt, er setzt das Werk Newtons als fraglose Gegebenheit voraus. Hegel unternimmt den Versuch, das Ganze der Wissenschaften von der Philosophie her, die selbst die eigentliche Wissenschaft ist, zu umgreifen. Dies beweist seine »Enzyklopädie der philosophischen Wissenschaften«. Hier sollen alle Gebiete des Wissens zu Begriffe gebracht werden. Hegels Philosophie hat zwar für die Entstehung der Geisteswissenschaften ganz wesentliche Bedeutung. Aber der konkrete Bezug zu den Naturwissenschaften wird Hegel im allgemeinen abgesprochen. Nach dem Deutschen Idealismus tritt die entscheidende Wende ein, die die gegenwärtige Situation heraufführt. Der Siegeszug der exakten Naturwissenschaften im 19. Jahrhundert beruht wesentlich auf der Abwendung von der Philosophie. Hegels und Schellings Systeme gelten nun als erschreckende Zeugnisse unwissenschaftlichen Geistes. Die Neukantianer haben diese Situation durchschaut und ihr zu begegnen gesucht. Aber ihr Rückzug auf Kant blieb für die Wissenschaften ebenso wirkungslos wie Husserls Fundierung der Wissensregionen in einer philosophischen Urwissenschaft. Der Logische Positivismus zieht aus dieser Entwicklung die Konsequenz. Die führenden Denker des Wiener Kreises, persönlich vollkommen vertraut mit der Forschungssituation in Physik und Mathematik, erklären, daß Philosophie keine Forschung zu betreiben habe. Forschung ist nur in den empirischen Wissenschaften möglich.

Angesichts dieser Situation bleibt der *Philosophie*, wenn sie sich nicht einfach auf Gebiete zurückziehen will, die mit der Wissenschaft nichts zu tun haben, nichts anderes übrig, als sich in den Vollzug der Wissenschaften »einzuleben« – mit Husserl gesprochen –, um das, was in diesem geschieht, gleichsam nachträglich zu Begriffe zu bringen. Einem solchen Unternehmen haftet etwas Dilettantisches an. Die Wissenschaften sind so spezialisiert und kompliziert, daß jede Bemühung um ein Verständnis ihrer Probleme ohne gründliche Detailkenntnis oberflächenhaft bleibt. Detailkenntnisse kann der Fachfremde aber allerhöchstens auf *einem* Gebiet erstreben, eine Aneignung des »Ganzen der Wissenschaften« ist für den Einzelnen nicht mehr möglich. Gleichwohl: selbst wenn die Kenntnis der wissenschaftlichen Forschungslage bruchstückhaft bleibt, und selbst wenn ein philosophisches Bemühen um die Wissenschaften den Wissenschaftlern selbst nichts nützt, so ist der Versuch, sich von der Philosophie her mit den Wissenschaften zu befassen, nicht sinnlos. Er erscheint aus »zeitgeschichtlichen Gründen« notwendig. Die Wissenschaft ist nun einmal zur faktisch maßgebenden Macht geworden, und wenn anders die Philosophie die Aufgabe auf sich nimmt, eine Zeitanalyse durchzuführen – und wir meinen, daß dies eine wesentliche Aufgabe der gegenwärtigen Philosophie ist –, dann kann sie nicht am Faktum der Wissenschaft vorbeigehen. Sie muß die Situation der Wissenschaft *im Zusammenhang der gegenwärtigen Gesamtlage* bedenken.

Dies kann aber nicht bedeuten, daß der Philosoph nur den *Bezug von Wissenschaft und Gesellschaft* zu erfassen sucht, indem er fragt, wie das Leben durch die Wissenschaft verändert wird, oder indem er, vom wissenschaftspolitischen Aspekt her, diskutiert, nach welchen Maßstäben wissenschaftliche Projekte heute geplant werden sollten. Daß diese Fragen wesentlich sind, ist offensichtlich; die reine Wissenschaftstheorie hat sie allzu sehr vernachlässigt. Aber sie machen nicht das Ganze des Phänomens der Verwissenschaftlichung aus. Sie sind zudem nur zu klären, wenn man das Vorgehen der Wissenschaft selbst zu verstehen sucht, indem man sich bemüht, die *Vollzugsformen* und die *Strukturgesetzlichkeiten*, die für die gegenwärtige Wissenschaft charakteristisch sind, zu erfassen. Ein solcher Versuch erfordert jedoch den Rückgriff auf die *Geschichte*. Nur wenn man die geschichtlichen Wandlungen in der Vorstellung dessen, was Wissenschaft ist, bedenkt, vermag man die heutige Situation zu begreifen. Wir versuchen daher im folgenden diesen Wandlungen nachzugehen, um im abhebenden Vergleich die Novität der Gegenwart zu erfassen.

Einige Hinweise sollen unseren Ansatz näher verdeutlichen. Wir haben bisher von *der* modernen gegenwärtigen Wissenschaft geredet. Dieser Begriff ist vage. *Die* moderne Wissenschaft als einheitliches Phänomen gibt es nicht. Wir haben oben in der

Einleitung zum ersten Abschnitt zudem darauf hingewiesen, daß die überkommenen Einteilungen der Wissenschaft, insbesondere die Abhebung der Geisteswissenschaft von der Naturwissenschaft, fraglich geworden sind. Die sogenannten Verhaltenswissenschaften – um diesen nicht ganz glücklichen Ausdruck zu gebrauchen – haben in dieser Einteilung keinen legitimen Ort. Man trägt dieser Situation – so meinen wir – nur Rechnung, wenn man einerseits von den überkommenen Gebietseinteilungen ausgeht, aber andererseits die *übergreifenden Verfahrensweisen* des wissenschaftlichen Vorgehens beachtet. Selbstverständlich gibt es auch heute noch »Gebietseinteilungen«, aber es treten Verfahrensweisen auf, die in verschiedenen Regionen angewandt werden. Die quantifizierende mathematisch-statistische Methode spielt nicht nur in den Naturwissenschaften, sondern auch in den Verhaltenswissenschaften eine wesentliche Rolle. Vor allem aber zeigt sich, daß sich wissenschaftliche Verfahrensweisen von jeder Gebietszuordnung überhaupt ablösen und sich als relativ selbständige Wissenschaften konstituieren. Man denke an die Kybernetik. Die Kybernetik spielt nicht nur in verschiedenen wissenschaftlichen Disziplinen, sondern auch in den Bereichen der industriellen und wirtschaftlichen Praxis eine immer stärker hervortretende Rolle. Ihre Aufgabe ist die Vermittlung von Handlungsmöglichkeiten durch den Computer im Sinn einer Steigerung technischen Könnens. Die Kybernetik ist aber deswegen nicht als eine »instrumentale Hilfswissenschaft« oder gar als bloße Technik zu bezeichnen. Dagegen spricht nicht nur, daß ihr möglicher Ausbau nur auf dem Wege wissenschaftlicher Forschung vollzogen werden kann, sondern daß hier neue Begriffe – wie der Begriff der Information – ins Zentrum rücken, deren Klärung verschiedene Wissenschaften wie Biologie, Mathematik und formale Wissenschaftstheorie auf den Plan ruft.

Wir gehen in unseren Analysen folgendermaßen vor. Zuerst untersuchen wir den Ansatz der modernen *Physik*. Sodann thematisieren wir die Forschungssituation in der gegenwärtigen *Soziologie*. Abschließend behandeln wir den technischen und wissenschaftlichen Aspekt der *Kybernetik*. Die Geisteswissenschaften bleiben im jetzigen Zusammenhang ausgespart, ihre Ansätze und Möglichkeiten werden im dritten Teil unter dem Aspekt der Vergeschichtlichung diskutiert werden.[1] Die Auswahl der drei soeben genannten Wissenschaften aus dem großen Komplex der Natur- und der Verhaltenswissenschaften erscheint zufällig. Gleichwohl liegt ihr eine bestimmte Vorstellung zugrunde, nämlich die Idee, daß die eben angedeutete »Wandlung« von den »Gebietswissenschaften« zu den »Vollzugswissenschaften« als ein *relatives* Orientierungsmerkmal fungieren kann, wenn man die Situation der gegenwärtigen Wissenschaften begreifen will. Die Physik ist eine »klassische« Wissenschaft, sie hat ein bestimmtes Gebiet: die Region der unbelebten Natur, deren Wesensgesetzlichkeit sie zu erkennen sucht; freilich wird sich zeigen, daß ihr Vorgehen nicht mehr von den Erkenntnisidealen der antiken oder der neuzeitlichen Physik her zu begreifen ist. Die modernen Sozialwissenschaften befassen sich mit dem Menschen, aber sie klammern die philosophische Frage nach der Natur des Menschen ein. Die Kybernetik ist, wie wir bereits andeuteten, eine Wissenschaft, die weitgehend unter pragmatischem Aspekt steht. Hier eröffnet sich die Möglichkeit einer wissenschaftlichen Beherrschung des Lebens, deren erste Ausmaße sich in der Konstitution der »Big Science«, der *Projektwissenschaften* und der Futurologie andeuten. Wissensplanung ist selbst nur als Wissenschaft möglich. Hier ist der Übergang von der »reinen« Wissenschaft zum Komplex »Wissenschaft und Gesellschaft« fließend geworden.

Wir suchen nun im Vorgriff auf die kommenden Ausführungen einen Grundzug herauszustellen, der allen modernen Wissenschaften – zwar in unterschiedlicher Weise – eigentümlich ist und der daher als *Unterscheidungsmerkmal der Tradition gegenüber* dienen kann. Es ist dies die Etablierung der Wissenschaft als *Forschung*. Forschung ist ein wesentliches Merkmal der Verwissenschaftlichung. Wir charakterisierten oben die Verwissenschaftlichung unter einem doppelten Gesichtspunkt. Es geht einmal darum, daß Wissenschaft und *Leben* in einen wechselseitigen Zusammenhang treten. Die Wissenschaften formen und bestimmen die zwischenmenschlichen Bezüge, aber auch das Leben des einzelnen heute so radikal, daß man mit Recht unser Zeitalter als verwissenschaftlichte Epoche bestimmt, und eben dies verwissenschaftlichte Leben wirkt dann auf den Forschungsvollzug der Wissenschaften zurück. Ebenso wichtig aber ist ein zweiter Grundzug, der die Entwicklung der *Wissenschaft selbst* betrifft. Die Wissenschaft, so formulieren wir vorläufig, versteht ihr Untersuchungsfeld nicht mehr oder nicht mehr primär als eine an sich seiende Wirklichkeit. Die Wissenschaft schafft sich ihre Region allererst selbst. Es gibt, wie wir sehen werden, nun eine Welt der Physik, die als eine eigenständige Dimension gegenüber der »natürlichen Natur«, wie sie dem alltäglichen Menschen erscheint, abzugrenzen ist.

Dieser zweite Grundzug, die *Etablierung einer wissenschaftlichen Region*, die als dialektische Einheit von objektiven Gegenständen und Wissen von diesen Gegenständen zu verstehen ist, zeigt an, daß die Wissenschaft zur Forschung geworden ist, das heißt zu einem Prozeß, der sich als ständige Korrektur von bereits gewonnenen und prognostizierbaren Ergebnissen der wissenschaftlichen Untersuchung vollzieht. Das bedeutet: nicht nur die Hoffnung, das Wesen einer Sache ein für allemal zu begreifen, sondern bereits die *Frage* nach dem Wesen tritt zurück. Sie wird vergleichgültigt. Darin liegt das eigentlich Unphilosophische der Wissenschaft. Wir verdeutlichen diesen Ansatz durch einen *Vergleich mit den vorhergehenden Epochen*. Dieser Vergleich geht vereinfachend vor. Er soll nur auf das Grundsätzliche abheben; die späteren Ausführungen müssen die Differenzierungen je nach der Eigenart des Gebietes herausarbeiten.

Von der Antike bis in die Anfänge der Neuzeit hinein ist Wissenschaft wesentlich Wissen von der *Natur*. Als solches hat sie die Aufgabe, die Wesensstrukturen des naturhaft Seienden zu erkennen. Diese Naturwissenschaft steht unter einer doppelten Voraussetzung. Einmal – das ist das Entscheidende – ist die Überzeugung maßgebend, daß es eine sich immer gleichbleibende an sich und in sich bestimmte Natur gibt. Diese vermag – das ist die zweite Voraussetzung – der einzelne Wissenschaftler als vernünftiges Wesen adäquat zu erfassen. Der einzelne Wissenschaftler vermittelt seine Erkenntnis mit den Einsichten seiner Vorgänger. Aristoteles durchmustert die Lehrmeinungen der ihm vorausgehenden Denker, indem er sie an seinem eigenen Ansatz mißt, der ihm als fraglose Wahrheit erscheint. Radikaler noch gehen – um nur auf zwei Denker der beginnenden Neuzeit zu verweisen – Descartes und Galilei vor. Sie verurteilen die Tradition und intendieren einen Neuanfang, der die wahren Gesetze der Natur ein für allemal herausstellen soll. Diese Denker vermeinen aber, ebenso wie Aristoteles, »von sich aus« zum Wesen der Natur vorstoßen zu können, von sich aus: das besagt aufgrund der ihnen als vernünftigen Wesen eigentümlichen Kraft der Erkenntnis.

In bezug auf den Gebrauch der Erkenntnisvermögen zeigt sich allerdings ein Unterschied zwischen antikem und neuzeitlichem Ansatz. Die *antike Naturwissenschaft* beruht wesentlich auf unmittelbarer Beobachtung. Gegenstand ist einerseits die organische Natur, deren Gattungen und Arten sich durch den Wechsel der Individuen erhalten, und andererseits sind es die Himmelserscheinungen. Hier muß mathematische Berechnung angesetzt werden, aber diese deckt die wahren Strukturen auf: es gibt ideale Figuren und ideale Bewegungsverläufe, die das Maß der Berechnung sind. Wenn die Untersuchung zu Ergebnissen führt, die mögliche Unregelmäßigkeiten anzeigen, so ist dies beunruhigend. Unter Umständen müssen diese Ergebnisse berichtigt oder sogar negiert werden, wenn es nicht gelingt, sie den idealen Ordnungen anzugleichen. Man kann ein wenig summarisch zusammengefaßt feststellen: in der antiken Naturwissenschaft ist das Prinzip der Anschauung bestimmend.

Anders in der *Neuzeit*: die Natur wird nicht in ihrem sich unmittelbar zeigenden Anschein, das heißt als Phänomen hingenommen. Man sucht die sinnliche Erkenntnis abzuwerten. Daß die Sinnlichkeit täuscht, ist ein Grunddogma, das von Descartes außerordentlich breit abgehandelt wird. Der Gegenstand ist die *hinter* dem sinnlichen Anschein verborgene Gesetzlichkeit. Natur ist daher eine kausal-mechanisch erklärbare Ordnung. Diese Ordnung ist nur auf dem Wege des Experiments, das sich auf ideale mathematische Größen bezieht, zu erkennen. Aber – und dies ist wesentlich – die Natur stellt, mit Hegel geredet, ein ruhiges Reich der Gesetze dar. Die Erkenntniskraft, die hier ins Werk gesetzt wird, ist der *Verstand*. Das ihm entsprechende Wissensideal ist die mathesis universalis.

Antikes und neuzeitliches Naturverständnis unterscheidet sich also in bezug auf die Strukturierung der Natur und in bezug auf die Bewertung der Kräfte der Erkenntnis, durch die diese erfaßt wird. Aber beide Epochen gehen von der Überzeugung aus, daß die Natur eine *ewige* Ordnung ist, und daß es möglich ist, diese *adäquat* zu erkennen. Die Erkenntnis ist – so kann man bildlich sagen – am Phänomen des *Raumes* orientiert. Der Forscher richtet sich als Subjekt auf ein ihm »gegenüberstehendes« Objekt und den Zusammenhang, in dem dieses steht. Erkennen ist primär verstanden als auf Evidenz bezogenes Sehen, das heißt, es ist eine gegenstandsbezogene Intention. Auch als das sinnliche Sehen entwertet wird und der Verstand an die Stelle des sinnlichen Erkennens tritt, bleibt dieser Ansatz seiner Grundstruktur nach erhalten: der Wissenschaftler gewinnt als denkendes Wesen Einblick in die rationalen Zusammenhänge.

Ganz anders der *gegenwärtige Ansatz:* der Gegenstand der Wissenschaft ist nicht mehr unmittelbar die Natur als solche und deren Wesenszusammenhang. Die Erkenntnis der Natur ist immer schon vermittelt durch die Kenntnisse, die die Wissenschaft erbracht hat und erbringen kann. Der Wissenschaftler muß sich als einzelner in den Prozeß der Forschung einordnen im Wissen, daß dieser Prozeß endlos ist und sich als Aufhebung jeweiliger Kenntnis konstituiert – Aufhebung im negativen und positiven Sinne verstanden. Der Wissenschaftler kann daher einen Anspruch auf unmittelbare Wahrheit nicht mehr erheben, dies wäre geradezu unwissenschaftlich.

Der Wissenschaftler hat nun als Forscher eine *doppelte* Aufgabe zu leisten. Einmal muß er die eigene Intention auf die »Sache selbst« durchführen und zugleich hat er diese Intention in bezug auf den Forschungsprozeß zu reflektieren. Beides ist jedoch nicht genau gegeneinander abzugrenzen. Der unmittelbare Zugang ist – psychologisch gesprochen – der persönliche Antrieb zu den Sachen selbst, er ist als Motor der Forschung unerläßlich. Ihn vom Forschungsprozeß isolieren zu wollen, wäre jedoch nicht nur naiv, sondern vergeblich, denn faktisch ist der persönliche Einsatz immer schon vom Forschungsprozeß übergriffen und durch ihn vermittelt. Und dies besagt: er bleibt vorläufig. Wir illustrieren vorgreifend diesen Sachverhalt an zwei Beispielen.

Das Atom der modernen Physik »gibt es nicht«. Es ist weder als anschaulicher noch als begrifflicher Bestandteil der Wirklichkeit »da«. Heisenberg definiert es als ein Symbol, »bei dessen Einführung die Naturgesetze eine besonders einfache Gestalt annehmen«.[2] Das Atom ist also eine Bestimmung der Wissenschaft, und der Fortschritt der Wissenschaft besteht darin, diesen Inbegriff in und durch die experimentierende Untersuchung zu »explizieren«.

In der modernen Sozialwissenschaft ist der Bezug zwischen Empirie und Theorie entscheidend. Die Empirie, von der her die Theorie aufgebaut wird, ist nicht die Wirklichkeit, in der wir leben. Diese Empirie ist ja für das System und von ihm her ausschnitthaft ausgewählt. Auch die Erprobung und Kontrolle der Theorie ist nicht einfach Erprobung an der Wirklichkeit. Die Ergebnisse der Theorie müssen erst durch Transformation mit dem alltäglichen Leben vermittelt werden. Das Gedeihen des Wissensentwurfes hängt geradezu davon ab, daß man diese Abstraktheit bewußt auf sich nimmt. Dazu gehört Distanzierung vom eigenen Selbstverständnis. Dieser Wechselprozeß von Empirie und Theorie ist als Abwendung von der unmittelbaren Lebenswirklichkeit ein nicht mehr rückgängig zu machender »Fortschritt« der Wissenschaft.

Die Etablierung der Wissenschaft als Forschung ist ein Indiz des gegenwärtigen Zeitalters und bildet solchermaßen ein Unterscheidungsmerkmal zur klassischen Epoche der neuzeitlichen Wissenschaft, die die Zusammenhänge des Seienden als das ruhige Reich der Gesetze ein für allemal aufdecken will. Gleichwohl gibt es in der Neuzeit bereits *Vorläufer* des gegenwärtigen Ansatzes — Epochenunterscheidungen sind ja immer relativ, denn geschichtliches Geschehen ist wesentlich durch die Kategorie der Ungleichzeitigkeit, das heißt durch das Zurückbleiben oder das Überschreiten in bezug auf den allgemeinen Horizont bestimmt. Als solche Vorläufer der modernen wissenschaftlichen Haltung sind insbesondere Descartes und Kant anzusehen. Wir weisen hier nur auf *Kant* hin.

Natürlich bestehen zwischen Kants Konzeption und der gegenwärtigen Wissenschaft bedeutsame Unterschiede. Ansatz und Vollzug der Wissenschaft können heute nicht mehr, wie Kant vermeint, durch einen Rückgriff auf die Bestimmung der transzendentalen Subjektivität fundiert werden. Gleichwohl: Kant hat klar erkannt, daß die Negation einer metaphysisch begründeten Wissenschaft zugunsten einer *empirisch* vorgehenden Wissenschaft die Idee des Forschungsprozesses einschließt.

Konkret: indem Kant die Vorstellung, daß die Welt eine gegebene Totalität sei, auflöst, deklariert er die Welt zum *unendlichen Forschungsfeld*. Dies sei zum Abschluß dieser Vorbemerkung ein wenig genauer entwickelt: Die Aufhebung der Vorstellung der Welt als einer festen Totalität wird von Kant in der »Kritik der reinen Vernunft« in den der Kosmologie gewidmeten Abschnitten, den »Antinomien der reinen Vernunft«, vollzogen.[3] Wir bringen die für uns wesentlichen Argumentationsschritte des kantischen Beweisganges in Erinnerung. Kant geht in der ersten Antinomie, auf die wir uns hier besonders beziehen, der metaphysischen Frage nach, ob die Welt sowohl in räumlicher als auch in zeitlicher Hinsicht unendlich sei. Die Argumentation ist indirekt. Kant beweist These und Gegenthese jeweilig e contrario. Dies geschieht in bestimmter Absicht. Kant will zeigen, daß weder die These noch die Gegenthese anschauliche Evidenz beanspruchen können. Gleichwohl ist jeder dieser Beweise, so sagt Kant, »aus der Natur der Sache gezogen«. Es handelt sich um keinen »Advokatenbeweis«. Hinter beiden Beweisen steht nämlich ein bestimmtes philosophisches Anliegen. Die Philosophie ist sowohl an der These als auch an der Gegenthese »interessiert«. Aber dies Interesse ist jeweilig gegensätzlicher Art. An der These ist in allen vier Antinomien der Dogmatismus insbesondere in spekulativer Absicht interessiert. Daß die Welt sich als *Ganzheit* zeige, dies ist ein Wunsch, der der Vernunft selbst entspringt, denn nur als Ganzheit ist die Welt überblickbar und faßbar. An der Behauptung der Unendlichkeit der Welt ist dem Empirismus gelegen, nicht aus spekulativem, sondern aus wissenschaftlichem Interesse, denn wenn die Welt unendlich ist, dann eröffnet sich ein Feld unabgeschlossener Erfahrungen, die, gesetzmäßig und kausal strukturiert, kontrolliert werden können. Kant erklärt nun, beide Thesen gegeneinander abwägend, das Folgende: Gegen die These spricht, daß eine endlich begrenzte Welt »zu klein« ist, ich kann im Denken weitergehen. Gegen die Antithese ist das Umgekehrte einzuwenden, daß eine unendlich unbegrenzte Welt für allen möglichen empirischen Begriff »zu groß« ist, man verliert im Denken jeden Halt.

Kant entscheidet sich in theoretischer Hinsicht nicht für eine der beiden Behauptungen. Die Antinomie ist also durchaus »echt«. Gleichwohl wird durch die von Kant ausführlich erörterte Frage des Regresses in infinitum doch deutlich, daß der *Antithese* ein gewisses Plus zukommt. Gegen das dogmatisch metaphysische Denken kann prinzipiell jederzeit eine sich überhöhende Reflexion eingesetzt werden. Am deutlichsten wird dies in bezug auf die theologische Begründung des Gedankens eines unendlichen Wesens. Kant sagt – wir zitieren die berühmte Stelle –: »Die unbedingte Notwendigkeit, die wir, als den letzten Träger aller Dinge, so unentbehrlich bedürfen, ist der wahre Abgrund für die menschliche Vernunft. Selbst die Ewigkeit, so schauderhaft erhaben sie auch ein Haller schildern mag, macht lange den schwindligen Eindruck nicht auf das Gemüt; denn sie *mißt* nur die Dauer der Dinge, aber *trägt* sie nicht. Man kann sich des Gedankens nicht erwehren, man kann ihn aber auch nicht ertragen: daß ein Wesen, welches wir uns auch als das höchste unter allen möglichen vorstellen, gleichsam zu sich selber sage: Ich bin von Ewigkeit zu Ewigkeit, außer mir ist nichts, ohne das, was bloß durch meinen Willen etwas ist; *aber woher bin ich denn?* Hier sinkt alles unter uns, und die größte Vollkommenheit wie die kleinste, schwebt ohne Haltung bloß vor der spekulativen Vernunft, der es nichts kostet, die eine so wie die andere ohne die mindeste Hindernis verschwinden zu lassen.«[4] Durch die Antithese, die von der unendlichen Reflexion ausgeht, ist also bereits die Metaphysik, die ja wesentlich ein Ganzes und ein Letztes will, von Grund aus in Frage gestellt. Kant versetzt sich in der Formulierung der These ja faktisch auf den Standpunkt eines unreflektierten Denkens zurück. Aber dieser Standpunkt ist in Wahrheit, sobald man einmal die Idee der unendlichen Reflexion erfaßt hat, schon verloren. Hält man ihn künstlich fest, dann kann die Reflexion jederzeit gegen ihn auftreten.

Daß sich Kant jedoch nicht für die Antithese entscheidet, sondern die Antinomie offenläßt, ist im Zusammenhang seiner dialektischen Kritik der Metaphysik völlig legitim. Nicht nur die These, sondern auch die Antithese ist ja als metaphysisch-dogmatische Aussage gemeint: die Welt *an sich* ist entweder endlich oder unendlich. Es geht Kant aber darum, die Metaphysik *als solche* auszuschalten, sowohl die vorliegende Metaphysik der Tradition, die sich in der These ausspricht, als eine Metaphysik, die von der Antithese ausgeht. Erst wenn man die Metaphysik von Grund aus fraglich gemacht hat, kann ja der Empirismus, der der Antithese zugrunde liegt, als echte Möglichkeit einer nicht-metaphysischen Einstellung hervortreten. Es genügt also nicht, daß das philosophische Denken angesichts der unlösbaren Antinomie »in die Schwebe gerät«. Dies In-die-Schwebe-Geraten ist nur der erste Schritt, auf den der zweite zu folgen hat. Dieser besagt: Ich lasse die metaphysische Frage, was Welt *an sich* sei, auf sich beruhen. Die Frage selbst wird also aufgehoben. Wenn das pro und contra gleich gültig sind, muß die Alternative eben als solche vergleichgültigt werden. Sie kann aber vergleichgültigt werden, insofern sich im Empirismus eine Möglichkeit des Weltverhaltens zeigt, die der *Wissenschaftler* aktualisiert, denn für ihn ist die Welt nichts anderes als das fruchtbare Feld der Forschung.

Es sei hier jedoch daran erinnert, daß der wissenschaftliche Weltbegriff für Kant nicht der einzig mögliche Weltbegriff ist. Es liegt im Wesen des wissenschaftlichen Weltbegriffes, sich selbst zu beschränken, und das heißt, andere Weltbegriffe »freizusetzen«. Der metaphysische Weltbegriff hat den Zweck, dem Menschen eine Stellung in der Ordnung des Seienden zuzuweisen und ihm eine Ausrichtung für sein Handeln zu geben. Der wissenschaftliche Weltbegriff vermag hier keinen Ersatz zu leisten, weil er es sich nicht zur Aufgabe setzt und setzen kann, den Menschen von einer Ordnung her zu »orten«. Diese Ortung – das hat gerade Kant gesehen – ist Sache der Ethik, d. h. einer Besinnung auf die Aufgaben des Menschen, die sich aus seiner Bestimmung zur praktischen Vernunft ergeben. Auch wenn Kants Metaphysik der praktischen Vernunft, die den Gedanken einer übersinnlichen Welt der Geister zugrunde legt, im einzelnen nicht wiederholbar ist, so bleibt das von Kant herausgearbeitete Motiv einer moralischen Weltordnung, die der Mensch im Konkreten zu erwirken hat, wesentlich. Wir werden diesen moralischen Weltbegriff noch zu thematisieren haben im Zusammenhang unserer Erörterung des Problems der Ethik. Es wird sich hier zeigen, daß diese moralische Haltung notwendig in einem dialektischen Spannungszustand zur Wissenschaft steht, das heißt, daß Wissenschaft und Moralität sich gegenseitig bedingen.

Sucht man nun den *wissenschaftlichen Weltbegriff*, wie Kant ihn entwickelt hat, genauer zu erhellen, so ist davon auszugehen, daß dieser Weltbegriff sich sowohl vom naiven Weltverhalten als auch von der Weltvorstellung, die der klassischen neuzeitlichen Philosophie zugrunde liegt, unterscheidet. Der naive Mensch lebt von sich weg auf die Welt hin. Er versteht diese als Umwelt, in deren Besorgen er aufgeht. Ich bin aber faktisch der Mittelpunkt dieser Umwelt, auf den hin alles Seiende konzentriert ist. In der neuzeitlichen Wissenschaft ist dieser naive Anthropozentrismus aufgehoben. Hier wird eine Vergleichgültigung meiner selbst als des fixen Zentrums durchgeführt. Die Welt erscheint als ein *in sich* geordnetes rationales System. Insbesondere *Leibniz* hat die Strukturen einer solchen Welt dargelegt, indem er sie als eine prästabilierte Harmonie kennzeichnet. Kant hat nun nicht nur die naive Weltvorstellung, sondern auch die Vorstellung, daß Welt ein in sich gültiges objektives System sei, negiert. Die konstitutive Systemidee wird durch die *regulative* Systemidee ersetzt. Die spekulativen Vorteile des Empirismus, »die sehr anlockend sind und diejenigen weit übertreffen, die der dogmatische Lehrer der Vernunftideen versprechen mag«, bestehen darin, daß der Verstand »jederzeit auf seinem eigentümlichen Boden« verbleibt, »nämlich dem Felde von lauter möglichen Erfahrungen, deren Gesetzen er nachspüren und vermittels derselben er seine sichere und faßliche Erkenntnis ohne Ende erweitern kann«.[5] Kant redet von *möglichen* Erfahrungen, d. h. die Erkenntnis ist ein grundsätzlich unabschließbarer Prozeß. Genauer: die »Welt der Wissenschaft« *ist* selbst nichts anderes als diese ständig fortschreitende systematische Erfahrung. In der Wissenschaft wird nicht mehr die Welt als Ganzheit zum unmittelbaren Gegenstand der Frage. Die Idee der Einheit der Welt fungiert nur noch im Sinne des regulativen Prinzips. Wir sind aufgefordert, die *mögliche* Einheit zu erstreben und zugleich zu wissen, daß keine von der Wissenschaft herausgestellte Einheit der Wissenschaft selbst genügt. Es ist notwendig, so sagt Kant, »niemals anderswo als bei einer a priori vollendeten Erklärung aufzuhören, andererseits aber auf diese Vollendung niemals zu hoffen, d. i. nichts Empirisches als unbedingt anzunehmen, und sich dadurch fernerer Ableitung zu überheben. In solcher Bedeutung können beide Grundsätze als bloß heuristisch und regulativ, die nichts als das formale Interesse der Vernunft besorgen, ganz wohl beieinander bestehen«.[6]

Erstes Kapitel
Der gebrochene Gegenstandsbezug:
Zur Forschungssituation der Physik

Zur Gliederung

Wir wiesen darauf hin, daß die Bedeutung und der Sinn der Verwissenschaftlichung sich nicht abstrakt und im vorhinein definieren lassen, sondern erst durch die Beobachtung des konkreten Vollzugs der Forschung erschlossen werden können. Die Forschung aber ist, auch wenn sich heute die Wissenschaften in methodischer Hinsicht weithin aneinander angeglichen haben, doch gebietsmäßig differenziert. Das wirkt sich natürlich auch auf unsere Frage nach der Verwissenschaftlichung aus. Es ist ein Unterschied, ob es sich um die Verwissenschaftlichung der Natur oder um die Verwissenschaftlichung der menschlichen Gesellschaft handelt. Wir müssen unsere Untersuchungen daher spezialisieren und thematisieren in diesem Kapitel zunächst den Vorgang der Verwissenschaftlichung, wie er sich innerhalb der modernen Naturwissenschaft zeigt. Wir beschränken uns hier auf eine Analyse der modernen *Physik*. Diese Beschränkung hat zwei Gründe. Einmal: die Physik ist innerhalb der Naturwissenschaft das Gebiet, das von Aristoteles an ein besonderes philosophisches Interesse erregt, denn hier handelt es sich um die Deutung von Natur überhaupt; gerade die gegenwärtige Physik eröffnet aber Einsichten, auf Grund deren es offensichtlich wird, daß sich das Verständnis der Bestimmung der Natur heute wesentlich gewandelt hat. Sodann: die Physik hat sich als Wissenschaft bereits in der Antike konstituiert. Wenn wir diese Wissenschaft nun in bezug auf die Frage nach der Verwissenschaftlichung untersuchen, gilt es also zu beachten, daß hier durch die Verwissenschaftlichung nicht ein Gebiet für die Wissenschaft überhaupt erst »erobert« wird. Die Möglichkeit, daß die Erschließung eines Gebietes für die Wissenschaft überhaupt sich in der Form der Verwissenschaftlichung vollzieht, wird uns später bei der Untersuchung der menschlichen Gesellschaft beschäftigen, denn dort – das zeigt insbesondere die moderne Soziologie – fällt die Eröffnung des Wissensgebietes als solche mit der Verwissenschaftlichung weitgehend zusammen. Bei der Physik ist die Situation aber eine andere. Hier gilt es zu untersuchen, wie sich das Verständnis der Natur von der Antike zur Gegenwart hin gewandelt hat. Das besagt aber: hier ist die Möglichkeit gegeben, sichtbar zu machen, daß die Verwissenschaftlichung eine besondere »Art« der Wissenschaft ist.

Wir unterziehen uns *im ersten Abschnitt* der Aufgabe, in sehr summarischer Form die *traditionelle Bestimmung der Naturdeutung* darzulegen, und zwar heben wir gerade die Züge an der traditionellen Bestimmung heraus, die im Gegensatz zu der

Konzeption der Wissenschaft im Zeitalter der Verwissenschaftlichung stehen. Diese historischen Anmerkungen sollen aber nicht nur den *Unterschied*, der zwischen dem traditionellen und dem modernen Ansatz der Physik besteht, aufweisen, sie sollen zugleich zeigen, wie die Idee der Verwissenschaftlichung der Natur in der neuzeitlichen Physik *vorbereitet* wird. Im *zweiten Abschnitt* weisen wir darauf hin, daß die gegenwärtige Physik durch einen *doppeldeutigen Aspekt* gekennzeichnet ist. Die Physik ist und bleibt auf Grund ihrer Tradition eine »Weltwissenschaft«, das heißt, sie bezieht sich auf die Wirklichkeit der Natur als solcher. Auf der anderen Seite zeigt sich aber eine immer stärker werdende Tendenz, methodologisch oder genauer: technologisch-pragmatisch vorzugehen und die Frage nach dem Wirklichkeitsbezug als philosophischen Restbestand einzuklammern. Der *dritte Abschnitt* sucht die Forschungssituation der Physik zu kennzeichnen durch einen Rückgriff auf die gegenwärtige *Atomphysik*. Anhand verschiedener Theorien soll gezeigt werden, daß und wie sich hier philosophische, ontologische, methodologische und wissenschaftstheoretische Deutungen überschneiden. Diese Überschneidung erscheint uns von der Sache her legitim, sie ist nicht zu vermeiden. Der *vierte Abschnitt* thematisiert das *Verhältnis der physikalischen zur natürlichen Weltsicht*. Ausgehend von einer Unterscheidung Plancks zwischen physikalischer, sinnlicher und realer Weltsicht diskutieren wir die Möglichkeit, daß sich auch in der Physik ein neuer, nämlich ein dialektischer Weltbegriff anbahnt. Das mag eine bloße Hypothese sein. Aber offensichtlich ist es, daß die physikalische und die natürliche Weltsicht sich als Gegenpole darstellen, die gleichwohl doch so aufeinander verweisen, daß es nicht möglich ist, die eine Dimension als in sich geschlossene Wirklichkeit der anderen gegenüber »für sich zu setzen«.[1]

1. Zur Naturdeutung von Aristoteles bis Kant[1]

Aristoteles[2]

Aristoteles, der das Ganze der Wissenschaften systematisch gliedert, bestimmt die Physik als die Wissenschaft *von* der Natur. Dies heißt: hier werden Natur und Naturwissenschaft der Sache nach voneinander unterschieden. Es gibt Natur auch ohne eine Wissenschaft von ihr. Aristoteles führt eine solche Unterscheidung in all ihren Konsequenzen nicht ausdrücklich durch, weil er nicht – jedenfalls nicht im modernen Sinne – die Frage stellt, wie eine bestimmte Wissenschaft und das ihr zugehörige Gebiet miteinander zusammenhängen. Diese Frage wird erst notwendig, wenn der *unmittelbare* Zugang zu dem Gebiet und die Möglichkeit der Erforschung des ihm zugehörenden Seienden problematisch geworden ist. Erst dann ist es erfordert, daß der Fragende die Möglichkeit der Zugänge selbst »erkenntnistheoretisch« ins Thema hebt. Aristoteles ist in dieser Hinsicht »naiv«. Ebenso wie er das menschliche Zusammenleben unmittelbar zum Gegenstand einer Untersuchung macht, ebenso unbefangen untersucht er die Region Natur, wobei er bei allen diesen Untersuchungen einerseits kritisch von Gedankengängen der ihm vorausliegenden Traditionen ausgeht und andrerseits sich auf das sich in der Sprache zeigende Vorverständnis stützt und dieses zu Begriffe bringt.[3] Daß es für Aristoteles Natur »vor« der Wissenschaft von der Natur gibt, dies besagt konkret, die Wissenschaft bezieht sich auf etwas, was sich *von sich aus* zeigt und was so offenbar ist, daß man es begreifen kann.

Das Gebiet des natürlich Seienden ist dadurch gekennzeichnet, daß dies Seiende in sich selbst den Ursprung der *Bewegung* und der Ruhe trägt, sei diese Bewegung Ortsbewegung oder Wachsen und Vergehen oder Veränderung.[4] Die Bewegung – Aristoteles thematisiert insbesondere die organische Natur – ist sinnhaft und zweckhaft, das heißt *teleologisch* bestimmt. Sie bezeugt die Regelmäßigkeit, die den Lebensvorgängen überhaupt zu eigen ist. Natur ist als solche gar nichts anderes als die Ordnung, die sich im natürlich Seienden zeigt. Dies Seiende ist im Gegensatz zu den Sachverhalten, die die Mathematik untersucht, ein Seiendes, das wirklich, das heißt selbständig ist, wie Tiere und Menschen. Dies Seiende läßt sich in doppelter Weise untersuchen, einmal durch konkrete Erforschung seiner einzelnen Erscheinungsweisen und sodann durch Heraushebung allgemeiner Wesensbestimmungen, die dem natürlich Seienden überhaupt zukommen. Beides – modern gesagt: Naturwissenschaft im engeren Sinne und Naturphilosophie – ist aber der Sache nach gar nicht zu trennen. Die Ordnung ist ja nur *im* Seienden da und kann nur von diesem her begriffen werden. Und umgekehrt: das einzelne Seiende ist nur verstehbar, wenn es von der Ordnung her, die es repräsentiert, gedeutet wird.

Vergleicht man die Wissenschaft der Natur mit der wissenschaftlichen Erfassung der *Menschenwelt*, so ist zu sagen, daß die Naturwissenschaft höher steht. Es gehört nach Aristoteles zur Wissenschaft, immer gültige Ordnungszusammenhänge zu erkennen. Geregelte Ordnung ist aber in der Natur in weit höherem Maße da als in der Menschenwelt. Sicher: die Naturwissenschaft muß überboten werden durch die *Theologie*, weil das natürliche Seiende als bewegtes Seiendes nichtig ist und darum auf das eigentlich Seiende verweist, den Gott, der in sich ruht.[5] Aber das ändert nichts an der Tatsache, daß die Naturwissenschaft eine wesentliche Wissenschaft ist und bleibt.

Dieser Ansatz, daß Naturwissenschaft Wissenschaft nur ist, als und insofern sie sich auf die Ordnung der Welt im Ganzen bezieht, steht nicht im Gegensatz zum alltäglichen Bewußtsein. Mag der vorwissenschaftliche Bezug zur Natur durch die Wissenschaft, insofern diese erst die *Gründe* erkennt, überboten werden und mögen einzelne Bestimmungen der Wissenschaft sogar dem alltäglichen Verständnis der Natur widersprechen, prinzipiell gesehen ist gerade dieses alltägliche Verständnis eine Quelle der Wissenschaft. Und dem entspricht es, daß die sinnlich erscheinende Natur und die auf Begriffe gebrachte Natur »dieselbe« Natur sind. Das heißt, es gibt hier noch keine Welt der Gesetze, die als wahre Natur im Gegensatz zu der Natur, die wir alltäglich sehen, steht.

Die Naturkonzeption des Christentums und ihre Folgen [6]

Das Christentum hebt den griechischen Gedanken der Natur als ewiger in sich seiender Ordnung auf. Natur ist gemacht. Hier ergeben sich sofort zwei Probleme, einmal: wie ist dieser Gedanke der Faktizität mit der Idee, Natur sei ein ewiger Zusammenhang, zu verbinden? Und damit hängt die zweite Frage zusammen: Wie ist es möglich, daß der Mensch die Natur *erkennen* kann, wenn unter Erkenntnis mehr verstanden wird als die bloße Hinnahme von Faktischem, nämlich als wahr verifizierte Einsicht? Die erste Frage kann gemäß dem theologischen Ansatz nur beantwortet werden, wenn man sie in bezug auf *Gott* als den Schöpfer der Natur diskutiert. Hier bilden sich im Verlauf der geschichtlichen Entwicklung zwei Antworten heraus. Die *erste* besagt: Gott als absolut freier Herr hat das Seiende aus reiner Willkür so gemacht, wie es ist, ohne vorgängige Bindung an die Vernunft. Am Ende des Mittelalters und zu Beginn der Neuzeit haben *Occam* und *Descartes* diesen Ansatz dargelegt und damit die Möglichkeit einer Forschung eröffnet, die nicht mehr in einer vernünftigen Ontologie fundiert ist.[7] Es wird nun notwendig, diese Untersuchungen als solche in sich selbst zu fundieren. Das geschieht durch die Aufstellung einer *Methode*, die regelnde Grundbegriffe herausstellt, die für diese Forschung gültig sind – wir werden auf diesen Ansatz sogleich zurückkommen.

Die *zweite* Deutung besagt: Gott ist an die Vernunft *gebunden*. Schöpfung heißt, die ewigen Ideen, die in Gott ihren ursprünglichen Ort haben, werden in die kontingente Materie eingeformt. Dort kann sie der Mensch, der als Gottes Ebenbild die Ideen in sich trägt, erblicken. Dieser Ansatz wird bereits in *Augustins* Philosophie deutlich ausgesprochen.[8] In bezug auf die Möglichkeiten des menschlichen *Erkennens* der Natur bedeutet dies: die *subjektive* Vernunft des Menschen und die *objektive* Vernunft der Natur kommen überein, weil beide in der *übergreifenden göttlichen* Vernunft fundiert sind. Hier findet nun die Spekulation ein reiches Feld. Das zeigt die Entwicklung der Naturphilosophie, die von dem Problem bewegt ist, diese dreifache Vernunft zu vereinheitlichen. Der *Deutsche Idealismus* löst dieses Problem, indem er einen Entwicklungsgang der göttlichen Vernunft deklariert. Die objektive Vernunft wird als erste, die subjektive Vernunft als zweite Explikation des Göttlichen verstanden. Die göttliche Vernunft ist also die *Bewegung* ihrer Selbstdarstellung, deren Stationen die Natur und der menschliche Geist sind. Die Naturerkenntnis ist möglich, weil ja Natur und Mensch durch das Absolute vermittelt sind. Konkret: die Entwicklung der Natur geht der Entwicklung des menschlichen Geistes voraus.

Natur ist noch nicht wirklich geistig, gleichwohl ist in ihr der Geist schon latent darin: Natur ist *objektives Subjekt-Objekt*, wie *Schelling* sagt.⁹ Der menschliche Geist dagegen ist nicht mehr einfache Natürlichkeit, gleichwohl ist in ihm die Natur latent noch anwesend. Der menschliche Geist ist – nach Schelling – *subjektives Subjekt-Objekt*. Das besagt nun aber: der Mensch begreift die Natur, indem er sich des Prozesses, durch den er selbst produziert wird, erinnert. Wiederum mit Schelling geredet: er »depotenziert« sich. Das heißt, er versetzt sich in den Anfang zurück und durchläuft philosophierend die Entwicklung noch einmal. Es ist offensichtlich, daß diese Spekulation eine wirkliche Erforschung der Natur nicht aufkommen läßt. Die Natur ist als Stufe der Entwicklung bereits *abgeschlossen*, und weil es keine neue Natur mehr gibt, kann es auch im Grunde nichts Neues in der Naturwissenschaft geben. Es ist natürlich möglich, daß der einzelne Naturphilosoph noch nicht die Entwicklung wirklich begriffen hat; in dieser Hinsicht vermag er also noch neue Einsichten zu gewinnen; aber an sich ist die Natur in seinem Geist als vernünftige Ordnung bereits da, und zwar nicht nur in ihren Grundbestimmungen, sondern auch in den einzelnen Bestimmungen. Grundsätzlich gesagt: der Mensch braucht sich der Natur als einer gegenständlichen Welt nicht in einem unendlichen Prozeß der Forschung anzunähern. Die sogenannten Tatsachen, die er empirisch vorfindet, sind nur Bestätigungen und Beispiele der in seinem Geist aufzudeckenden *Systematik*, als welche Natur ist. An die Stelle »der Beglaubigung des Vorfindens und der erfahrenen Tatsache« tritt daher die »Freiheit des Apriorischen«, durch die sich der Sachverhalt umkehrt, denn nun erscheint die Tatsache als »Darstellung und Nachbildung der ursprünglich und vollkommen selbständigen Tätigkeit des Denkens«. In dieser Spekulation – so fassen wir zusammen – zeigt sich nichts, was die moderne Verwissenschaftlichung vorbereitet: hier gibt es keine Forschung, die sich dem empirisch zu untersuchenden Gegenstand freigibt.

Anders steht es dagegen mit dem zweiten Weg, dessen Grundansatz wir oben schon kennzeichneten: Gott hat die Natur in absoluter Freiheit so gemacht, wie sie faktisch ist. Dies besagt aber nun, es besteht im Grunde kein Anlaß und auch keine Möglichkeit mehr, wenn man die Natur *erkennen* will, auf Gott zurückzugreifen, denn zwischen Gott und dem von ihm grundlos Gemachten waltet kein *einsichtig* erkennbarer Zusammenhang. In *Descartes'* Denken wird dieser Verlust einer einsichtigen Fundierung der Naturerkenntnis in Gott ebenso offensichtlich wie seine Konsequenz, die Freisetzung der Forschung an ihr selbst. Descartes rekurriert *als Metaphysiker* auf Gott. Er erklärt: Gott hat die Natur frei gemacht, aber wie ein König sich an seine gegebenen Gesetze hält, so hat sich Gott an das einmal von ihm Gesetzte gebunden, weil er wahrhaftig ist. Der Mensch kann also darauf vertrauen, daß das, was ihm sicher erscheint, auch sicher ist. Aber dieser *allgemeine* Rückgriff auf Gott wirkt sich eben nicht in der Forschung aus. Die aus ihm abgeleitete grundsätzliche Gewißheit gilt ein für allemal, das heißt, faktisch ist der Naturforscher nun sich selbst überlassen. Er muß seine Forschung im Grunde selbst sichern, wenn anders sie gültig sein soll. Er ist also genötigt, Maßbegriffe anzusetzen, die seiner *eigenen* Vernunft einleuchten. Der erste Maßbegriff ist die *Intuition*. Descartes bestimmt sie als ein einfaches und distinktes Begreifen des reinen und aufmerksamen Geistes, das so einleuchtend ist, daß kein Zweifel übrigbleibt.¹⁰ Zur Intuition tritt die *Deduktion* dazu, das heißt die Ableitung weiterer Einsichten aus den ersten Gewißheiten, wobei zu beachten ist, daß die Glieder jeweilig in sich selbst wiederum evident sein müssen.

Beide Bestimmungen sind nun aber nicht unmittelbar Bestimmungen des Seienden, sondern Bestimmungen, die für die Wissenschaft gelten. Es sind *Regeln,* an die der Wissenschaftler sich zu halten hat. Hier wird also zum erstenmal das Gebiet der Wissenschaft wirklich *methodisch* aufgebaut. Das heißt für die Naturwissenschaft, um deren Fundierung es Descartes allein geht: Gegenstand der Wissenschaft kann nur das Seiende sein, insofern es *mathematisierbar* ist. Descartes ist kein Mathematiker im platonischen Sinne. Er sucht nicht zu einem Reich ewiger Wesenheiten aufzusteigen, sondern er fragt nach Grundbestimmungen, die einleuchten, weil sie nicht mehr reduzierbar sind, und eben diese Grundbestimmungen sollen Leitbegriffe für die Wissenschaft sein. Die Mathematisierung ist nichts anderes als die Aufstellung der Methode unter dem Gesichtspunkt der Klarheit und Deutlichkeit.

Von diesem Gesichtspunkt her schaltet Descartes die sinnliche Erfahrung radikal aus. Er hat nicht die Absicht, diese sinnliche Erfahrung als solche zu erklären und zu begründen. An der naiven Weltsicht ist er als Wissenschaftler nicht mehr interessiert, weil die wissenschaftliche Welt nur da ist, wenn man die naive Weltsicht einklammert und auf sich beruhen läßt. Dieser Schritt ist von großer Bedeutung. Es bricht hier nicht nur zwischen der naiven und der wissenschaftlichen Weltsicht ein Zwiespalt auf, sondern die wissenschaftliche Weltdeutung verzichtet darauf, Auslegung des Seins der »Natur im Ganzen« zu sein, denn zu einer solchen Auslegung gehört eben auch die Erklärung des sinnlichen Erfassens der Natur. Dieser Verzicht wird Descartes leicht, denn die wissenschaftliche Welt gilt ihm als die *wahre Welt.* Die Wahrheit wird nun aber nicht mehr als Angleichung an gegenständlich Gegebenes verstanden. Wahrheit ist Evidenz wissenschaftlicher Begriffe. Die Wissenschaft konstituiert also erst das, was sie als Wissenschaft untersuchen will, eben das Reich evidenter Einsichten. Dies ist ein Schritt in Richtung auf die Verwissenschaftlichung. Gleichwohl hat Descartes einen anderen Grundzug der modernen Wissenschaft verkürzt; dies ist die methodisch vorgelenkte Hinwendung zur *Empirie.* Zur neuzeitlichen Wissenschaft gehört nicht nur die Regelung des wissenschaftlichen Vorgehens, sondern der durch diese Regeln geleitete Rückgriff auf das Gegebene. Dieser Rückgriff ist keine Hingabe an die Natur im Sinne eines schlichten Erfassens dessen, was sich zeigt. Man entfernt sich zunächst von der Natur und konstruiert in Gedanken die sie aufbauenden Bestimmungen.

Wir deuten die hier waltende Dialektik durch ein sehr einfaches Beispiel an, das durch Newton formulierte *Trägheitsgesetz.* Es besagt: Jeder Körper verharrt in seinem Ruhezustand oder im Zustand der geradlinig-gleichförmigen Bewegung so lange, bis er durch Kräfte, die dem entgegenwirken, veranlaßt wird, diesen Zustand zu ändern. Dies Gesetz bildet nicht eine anschaulich gegebene Wirklichkeit ab. Es stellt einen Idealfall heraus, der im Konkreten gar nicht vorkommt. Es gründet aber auch nicht in der Schau ewiger Wesenheiten, die eine für sich seiende Welt, die Welt der Ideen bilden. Dies Gesetz beruht auf einer Konstruktion des denkenden Menschen. Diese Konstruktion ist nicht willkürlich. Das Gesetz ist von unbedingter Gültigkeit. Es ist ja die Grundvoraussetzung der neuzeitlichen klassischen Naturwissenschaft, daß sie die *objektiven* Gesetze des Kosmos erfaßt. Aber diese Gesetze müssen ihrerseits fruchtbar gemacht werden. Sie sollen die konkrete Untersuchung des Gegebenen durch das Experiment leiten. Das Experiment stellt eine künstliche Fragestellung dar. Es ist nach den Prinzipien des Verstandes »ausgedacht«, aber als Frage verlangt es Antworten, die man nicht im vorhinein weiß, die Natur selbst muß die

Antworten erbringen. Erst in diesem Gespräch, das der Forscher mit der Natur führt, verwirklicht sich der Fortschritt, den die Wissenschaft darstellt, denn die an die Natur gestellten Fragen finden ja Antworten, die ihrerseits wiederum neue Fragen herbeiführen.

Neben den beiden soeben angedeuteten Grundlinien, der Vorstellung, daß Gott, Natur und Ich durch eine gemeinsame Vernunft verbunden sind, und der Vorstellung, daß Gott frei ohne Bindung an die Vernunft schafft, so daß der Mensch sich als Erkennender selbst überlassen ist, tritt zu Beginn der Neuzeit noch eine *dritte* Möglichkeit. Diese bezieht sich allerdings weniger auf die Konzeption einer Wissenschaft von der Natur als auf die Konzeption eines *technischen* Zuganges zur Natur. Dies sei hier kurz durch einen Rückgriff auf *Cusanus* verdeutlicht, der die maßgebenden Strukturen dieses Ansatzes entwickelt hat.[11]

Cusanus sagt: Gott ist der Ort der Ideen. Die göttlichen Ideen sind aber nicht als fertige Gebilde zu verstehen, die Gott als Schöpfer einfach aus sich heraussetzt. Gott bildet die Ideen. Gott geht in der Schöpfung gleichsam wie ein genialer *Erfinder* vor. In einem Werk des Cusanus, dem Dialog »De mente«, unterhält sich ein Löffelschnitzer mit einem Gelehrten. Der Löffelschnitzer sagt: als Löffelschnitzer bin ich ein unmittelbares Symbol für Gottes reine Schöpferkraft, ich mache etwas, was es in der Natur nicht gibt, die Form des Löffels. Diese Form ist, so heißt es, keine »Nachahmung vorhandener Naturformen«. Sie ist aber auch keine zufällige Setzung unverstehbarer und reiner Willkür. Sie beruht auf einer sinnhaft überlegten Erfindung. Man sieht hier sehr deutlich den Unterschied zum klassischen griechischen Bewußtsein. Der griechische Techniker bildet feste Formen ab, die in der Natur vorhanden sind. Jetzt traut sich der Mensch eine Erfindung von Nichtnatürlichem, das heißt Nichtvorgegebenem, zu. Gott selbst gilt nun als ein vernünftiger Künstler und ihn ahmt der Mensch, allerdings in eingeschränkter Form, nach.

Kant[12]

Die Möglichkeiten, die in der neuzeitlichen Naturwissenschaft erschlossen sind, sucht Kant durch eine philosophische *Fundierung* der Wissenschaft zu Begriffe zu bringen. Wir haben oben auf Kant schon hingewiesen, denn bei ihm tritt ein sehr wesentliches Kennzeichen des verwissenschaftlichten Naturbegriffes, die *Auflösung des Gedankens einer geschlossenen Welt*, heraus. Jetzt suchen wir den zweiten Grundzug der Argumentation Kants, seine Begründung der Naturwissenschaft durch den *Rückgriff auf die transzendentale Subjektivität* zu charakterisieren. Dieser Ansatz steht in gewissem Gegenzug zu der Idee des unendlichen Forschungsprozesses, insofern die reine Subjektivität als zeitlose jedem Wandel entnommen ist.

Kant schaltet entschlossen jede theologische Begründung der Naturwissenschaft durch den Rückgriff auf Gott aus. Aber diese Ausschaltung bedeutet nicht, daß Kant die Naturwissenschaft sich selbst überläßt, das heißt, daß er es der Forschung anheim gibt, ihre Grundbegriffe vom Forschungsprozeß her zu bestimmen. Kant sucht die leitenden Begriffe der Naturwissenschaft im *Verstand*, den er als ein System kennzeichnet, zu fundieren. Sein Anliegen ist es zu zeigen, wie Naturwissenschaft *möglich* ist. Diese Sicherung ist nachträglich, das heißt, das Werk Galileis und Newtons geht ihr voraus. Und dies besagt: Kant steht, so wesentlich viele seiner Gedanken für die

Grundlagenproblematik der neuzeitlichen Naturwissenschaften auch sein mögen, nicht mehr im konkreten Zusammenhang der Forschung selbst.

Die Fundierung der Naturwissenschaft ist als das Werk eines Philosophen der Versuch einer neuen Ontologie der Natur, und zwar einer Ontologie, die das Sein des natürlich Seienden, insofern es gesetzmäßig ist, in der Subjektivität begründet. Kant bereitet in dieser Hinsicht die Naturphilosophie des Deutschen Idealismus vor, insofern dieser Natur im Geist fundiert. Aber Kant führt die Fundierung der Natur in der Subjektivität nicht so radikal durch, wie es der Deutsche Idealismus tut. Die Subjektivität trägt nur die *Formbestimmungen* in sich, der Inhalt der Erkenntnis muß von außen durch die Erfahrung gegeben werden. Die Subjektivität vermag also den konkreten Gegenstand nicht im vorhinein zu entwerfen. Damit eröffnet Kant aber die Möglichkeit einer Naturforschung, die sich der Empirie hinzugeben vermag. Wir betonen »die Möglichkeit«, denn Kant selbst hat diesen Ansatz nicht wirklich in concreto durchgeführt, und zwar aus zwei Gründen. Einmal ist sein Denken wesentlich durch die Frage bestimmt, welche Einsichten der Naturwissenschaft zur *reinen* Naturwissenschaft zu rechnen seien. Er betont zwar immer wieder, daß die so betrachtete Natur, die »natura formaliter spectata« nicht das Ganze sei. Zum Ganzen gehören auch die »besonderen Gesetze«, die, weil sie empirisch bestimmte Erscheinungen betreffen, »nicht vollständig abgeleitet werden können«; hier muß »Erfahrung dazukommen«. Aber die Durchführung einer solchen konkreten Forschung läßt Kant doch weitgehend beiseite, weil es ihm eben unter dem Gesichtspunkt der Fundierung von Naturwissenschaft überhaupt wesentlich um die Grundlagen der reinen Naturwissenschaft geht. Sodann: Kants Ansatz ist im ganzen nicht auf die Frage nach der Möglichkeit der Naturwissenschaft eingeschränkt. Kant ist an einer Durchleuchtung des Bewußtseins als solchem gelegen, insofern er zu zeigen sucht, wie Erkenntnis *überhaupt* zustande kommt. Diese Frage nach der Erkenntnismöglichkeit überhaupt ist ihm die eigentlich dringliche, denn durch sie soll entschieden werden, ob Metaphysik als Wissenschaft möglich ist. Kant ist also nicht nur der Philosoph der Naturwissenschaft, wie die Neukantianer vermeinten. Gleichwohl: betrachtet man sein Werk im Blick auf die Verwissenschaftlichung der Natur, so zeigt sich, wie sehr er deren Grundgedanken vorgearbeitet hat. Natur ist als Gegenstand der Naturwissenschaft nicht an sich da, so daß – wie Aristoteles vermeint – sich der Naturforscher nun nur einer in sich geordneten Welt hinzugeben habe. Die Natur der Naturwissenschaft wird erst durch die Verstandesbestimmungen konstituiert. Diese Konstitution – um es noch einmal zu sagen – wird nicht durch die Naturwissenschaft selbst geleistet; dieser die moderne Physik bestimmende Ansatz ist Kant fremd. Die Konstitution der leitenden Grundbestimmungen erbringt der *Philosoph*, und zwar ein für allemal. Kant ist von der unbedingten Gültigkeit dieser Grundlegung durch die kritische Philosophie überzeugt. Von dieser Philosophie sagt er in der »Öffentlichen Erklärung«, in der er sich von Fichtes Wissenschaftslehre lossagt, »daß ihr kein Wechsel der Meinungen, keine Nachbesserungen oder ein anders geformtes Lehrgebäude bevorstehe, sondern das System der Kritik auf einer völlig gesicherten Grundlage ruhend, auf immer befestigt und auch für alle künftigen Zeitalter zu den höchsten Zwecken der Menschheit unentbehrlich sei«.[13]

Wir stellen das Wesentliche unseres kurzen Hinweises auf die Entwicklung der Naturwissenschaft von Aristoteles bis Kant noch einmal heraus. Die Naturwissenschaft steht in dieser Epoche in *Einheit mit der Philosophie*, weil es beiden um die Erkenntnis des Seienden, wie es in seinem wahren Wesen ist, geht. Wie auch immer die eine wahre Welt des näheren bestimmt wird und welchen Kräften des Erkennens auch immer der Vorzug gegeben wird: die Welt ist eine *ewige Ordnung*. Dieser Ansatz wird zwar von Descartes und insbesondere von Kant unterlaufen, insofern beide Denker die Natur der Natur*wissenschaft* allererst durch eine philosophische Grundlegung konstituieren und damit die Idee einer Vorgegebenheit der Natur fraglich machen. Durch diese Grundlegung aber wird gerade die Natur als Ordnung abgesichert. Naturwissenschaft erhält ihren eigentlichen Wissensrang erst, wenn sie von der *Philosophie*, und zwar ein für allemal, auf ein fundamentum inconcussum gestellt wird. Wir schließen unsere Analyse mit zwei Anmerkungen.

Hegel hat in seiner »Phänomenologie des Geistes« – im Kapitel »Kraft und Verstand, Erscheinung und übersinnliche Welt« – die Dialektik, die die neuzeitliche Naturwissenschaft bestimmt, sehr einprägsam herausgestellt.[14] Diese Wissenschaft intendiert das »Übersinnliche«. Aber das Übersinnliche ist hier nicht mehr eine *für sich seiende* Ideenwelt. Das Übersinnliche ist hier nichts anderes als das nicht durch die Sinne wahrnehmbare *Wesen* des Sinnlichen. Das Übersinnliche ist also das Sinnliche, wie es aus der Erscheinung »herkommt«, oder es ist die Erscheinung »in ihr Wesen vermittelt«. »Das Übersinnliche ist das Sinnliche und Wahrgenommene, gesetzt, wie es in Wahrheit ist.«[15] Eben diese Erfüllung im Wesen hat die Erscheinung begriffen. Der Wechsel der Kräfte, der sich in der Welt der Erscheinungen zeigt, ist wesenhaft betrachtet das *Gesetz*, das Hegel als das beständige Bild der unsteten Erscheinung bestimmt. »Die übersinnliche Welt ist hiermit ein ruhiges Reich von Gesetzen, zwar jenseits der wahrgenommenen Welt – denn diese stellt das Gesetz nur durch beständige Veränderung dar –, aber in ihr ebenso gegenwärtig und ihr unmittelbares stilles Abbild.«[16]

Jürgen Mittelstraß hat in seinem großen und außerordentlich instruktiven Werk »Neuzeit und Aufklärung«[17] den von Paul Lorenzen und seinen Schülern entworfenen Unterschied von *Protophysik* und *empirischer Physik*, auf den wir später noch zurückkommen werden[18], zum Auslegungsprinzip seiner Interpretationen der neuzeitlichen Naturwissenschaft, insbesondere der Galileis, gemacht. Er erklärt, daß die Unterscheidung von Protophysik und empirischer Physik, und nicht so sehr die inhaltlichen Einsichten Galileis, als seine eigentliche Leistung anzusehen sei. Die Protophysik thematisiert einerseits terminologische Bestimmungen wie Masse, Kraft oder Impuls und sucht andererseits generelle Sätze physikalischer *Theorien* zu entwickeln. Die empirische Physik bezieht sich auf die physikalische *Welt*. Sie muß – und zwar mit Hilfe des Experimentes – prüfen, wie weit die Bestimmungen der Protophysik in der Wirklichkeit anwendbar sind. Das eigentliche Verhängnis der neuzeitlichen Physik ist es nach Mittelstraß nun, »daß aus einer Methodenfrage schließlich Metaphysik, aus der Frage, wie man Physik treiben solle, die Frage, wie die (physikalische) Welt und der sie betrachtende einfache ›Geist‹ beschaffen sei, wird«.[19] Das große Beispiel für diese Verkehrung ist Descartes.

Wir meinen, daß diese Deutung zwar zur Interpretation der neuzeitlichen Naturwissenschaft Wesentliches beitragen kann, daß sie jedoch nicht überspitzt werden darf. Es ist selbstverständlich, daß Galilei im Unterschied zu der Tradition physikalische Grundbestimmungen und Gesetze herausstellt, die nicht unmittelbar in der Wirklichkeit vorkommen. Diese Theorien haben den Sinn, empirische Verhältnisse zu erklären. Das heißt aber: sie sind als solche immer *weltbezogen*. Die »Protophysik«

Galileis greift nicht wie die Protophysik Lorenzens auf sprachliche Bedingungen zurück; Mittelstraß sieht selbst, daß in der neuzeitlichen Wissenschaft und Philosophie das Sprachproblem keine wesentliche Rolle spielt. Die »Protophysik« Galileis stützt sich auf die allgemeine *Vernunft*, und diese Vernunft erfaßt das *wahre Wesen des Kosmos*. Galileis berühmter Satz, daß das Buch der Natur in mathematischer Sprache geschrieben sei, mag auf theologische Bestände zurückzuführen sein und solchermaßen eine zeitgemäße Metapher darstellen[20], daß er eigentlich methodisch und nicht kosmologisch gemeint sei, erscheint uns nicht einleuchtend. Galileis Aussage weist auf den Sachverhalt hin, daß seine »Protophysik« immer schon in bezug auf eine physikalische Welt entwickelt wird. Diese physikalische Welt ist eben – das ist das Entscheidende – *in sich selbst* differenziert als die wahre Welt der Gesetze und als die Welt der bloßen Erscheinungen. Mittelstraß zitiert kritisch einen Satz von A. C. Crombie: »Galileo held that the physical world actually consisted of the mathematical primary qualities and their laws.«[21] Dieser Satz scheint uns den Sachverhalt klar zu treffen. Bei *Newton* tritt übrigens der Weltbezug der Physik, wie Mittelstraß selbst herausstellt, deutlich hervor.

2. Der doppeldeutige Ansatz der gegenwärtigen Physik

Die moderne Physik ist über den neuzeitlichen Ansatz hinausgegangen, sofern sie herausstellt, daß die Konstituierung der Naturwissenschaft eine unabschließbare Leistung ist, weil alle Bestimmungen der Natur, auch gerade die grundsätzlichen Bestimmungen, nicht von ewiger Geltung sind. Das bedeutet: hier wird Naturwissenschaft und Philosophie – Philosophie verstanden als Auslegung des Seienden, wie es seinem Wesen nach im Ganzen ist – getrennt. Diese entscheidende Wandlung ist durch die Entwicklung der Naturwissenschaft selbst vollzogen worden. Die Physik wurde durch ihren *internen Forschungsgang* dazu gedrängt, die Wesensfrage zu vergleichgültigen. Die Überzeugung, daß die Natur ein in sich geschlossenes und auf sich selbst beruhendes System sei, wird gleichsam eingeklammert. Es bildet sich nun in der Naturwissenschaft eine eigene Weltschematik aus, die den Charakter eines Prozesses annimmt, dessen Vollzug durch die Dialektik von Erwartung und Bestätigung möglicher Hypothesen bestimmt ist. Es wird nicht nur die Idee der gegenständlichen Wahrheit, das heißt die Vorstellung, daß der Wissenschaftler sich einfach an das Seiende anzugleichen habe, aufgegeben, sondern auch die Möglichkeit einer eindeutig evidenten Herausstellung von wahren Grundgesetzen, die die Erscheinung durchwalten, tritt in den Hintergrund. Die Unterscheidung von Wesen und Erscheinung ist für den Forschungsprozeß ebenso wenig mehr leitend, wie die räumliche Vorstellung, daß man zur Sache selbst »durchstoßen« könne. Die Bewegung des »Dahinterkommenwollens« wird zwar nicht als falsch deklariert, aber sie wird ihrerseits, wie wir oben bereits sagten, durch die Bestimmung der Zeit übergriffen. Natur und Naturwissenschaft bilden als Forschungsprozeß einen einheitlichen Geschehenszusammenhang, der sich in sich selbst vorwärtstreibt und eine Wirklichkeit sui generis darstellt, die ihre *eigene Vollzugsgesetzlichkeit* entwickelt. Die Natur wird durch Bestimmungen zu erfassen gesucht, die als solche *Potentialitäten* darstellen.[1] Aber diese Potentialitäten sind nicht Möglichkeiten im Aristotelischen Sinne, das heißt feste Anlagen eines in sich konzentrierten natürlichen Seienden, das sich auf ein bestimmtes Ziel hin entwickelt. Die Potentialitäten der Natur sind immer zugleich Potentialitäten der *Wissenschaft* von der Natur, die ihrerseits eben nicht bloß theoretisch-hinnehmende Betrachtung ist, sondern experimentierender Vorgriff. Diese Potentialitäten sind *wahrscheinliche* Möglichkeiten, die sich zu bewähren haben innerhalb einer Forschung, die offen ist.

Es ist nun schwierig, diese Situation der Physik in ihrer *grundsätzlichen* Bedeutung zu erfassen, denn die moderne Physik ist in sich durchaus nicht einig, wie sie diese Aufhebung der fixen Objektivität beurteilen soll. Viele Forscher neigen einer *pragmatischen Grundeinstellung* zu. Sie meinen, daß der methodisch gesicherte Selbstvollzug der Wissenschaft, das heißt die Bestätigung von Hypothesen, der einzige »Sinn« der Wissenschaft sei. Es sei, so wird gesagt, gar nicht die Absicht der modernen Physik, grundsätzliche Theorien über das, was die Natur *in Wahrheit* sei, aufzustellen. Die Vergleichgültigung der Wesensfrage ist hier so weit vorgetrieben, daß bereits die Frage nach dem Wirklichkeitsbezug, den die Physik vermittelt, als veraltet erscheint. Die Wissenschaft wird hier als eine eigene Dimension verstanden, deren Eigenheit sich bereits in ihrer *Sprache* zeigt. Diese Sprache ist eine wesentlich methodisch orientierte Formelsprache. Sie ist nicht mehr gegenständlich gemeint. Ihr Sinn liegt allein in der informativen Selbstverständigung der Forscher untereinander im Hinblick auf die Förderung des Forschungsprozesses. Es geht jedoch nicht an, diese Einstellung als die Grundhaltung der heutigen Physik schlechthin auszugeben. Man findet gerade bei dem »großen« Physiker immer wieder Ansätze, die Gesamtlage der Physik in *prinzipieller Hinsicht* zu bedenken, auch wenn man sich hier im klaren darüber ist, daß eine Auslegung der Physik von philosophischen Begriffen der Tradition her ein problematisches Unternehmen ist. Gleichwohl vermeint man, daß die Physik, wenn anders sie die Erkenntnis der Natur vermitteln will, nicht umhin kann, die Frage des ihr zukommenden Wirklichkeitsbezuges zu diskutieren.

Die Auslegung der durch die Forschung selbst herbeigeführten Situation, die durch die Aufhebung der philosophischen »Vorurteile« der klassischen Physik gekennzeichnet ist, ist also *zweideutig*. Diese Zweideutigkeit ist für den Philosophen, der versucht, sich in die Welt der gegenwärtigen Physik einzuleben, natürlich belastend. Andererseits ist sie aber gerade im hermeneutischen Sinn als positiv zu werten, insofern sie die möglichen Ansatzpunkte einer wissenschaftstheoretischen Klärung der Situation der Physik vorgibt. Ist – so formulieren wir die Alternative vereinfachend – die moderne Wissenschaft durch den »technologischen Zugzwang« so eindeutig bestimmt, daß sie darauf verzichten muß, gegenstandsorientierte Auslegung der Natur im Ganzen zu sein, oder kann die Physik der prinzipiellen Frage nach ihrem Wirklichkeitsbezug nicht entgehen, das heißt, muß sie versuchen, diese Frage zwar nicht mehr im Zusammenhang der traditionellen Wesensphilosophie, wohl aber gerade auf Grund der sich mit immanenter Notwendigkeit ergebenden gegenwärtigen Forschungssituation neu zu beantworten?

Eine Diskussion dieser Alternative scheint uns, wenn anders man das Problem der Wandlung der Physik von der Tradition zur gegenwärtigen Situation klären will, unumgänglich. Freilich kann diese Diskussion nicht in abstracto vollzogen werden. Wir suchen daher den Vorgang der Auflösung der Tradition durch einen Hinweis auf die heutigen *Atomtheorien* zu verdeutlichen. Dieser Hinweis hat paradigmatischen Charakter. An sich könnte man auch andere Grundprobleme der gegenwärtigen Physik, die Bestimmung des Raumes und der Zeit oder die Frage nach der Kausalität heranziehen, um die Wandlungen dieser Wissenschaft zu explizieren. Gleichwohl scheint die Diskussion der Atomtheorie besonders geeignet zu sein, diese Wandlung aufzuzeigen, insofern hier der Umbruch zu neuen Ansätzen, die im Gegenzug zu der Tradition stehen, besonders deutlich wird.[2]

3. Zur Problematik der Atomtheorie der gegenwärtigen Physik

Zur Genesis der modernen Situation. Die Auflösung des Objektivismus

Die heutigen Atomtheorien unterscheiden sich von der antiken Atomlehre in prinzipieller Hinsicht. *Demokrit*, der Initiator des antiken Atomismus, behauptet, die Wirklichkeit setze sich aus letzten kleinen unteilbaren Körperchen zusammen – auch die Seele sei aus solchen Einheiten aufgebaut. Atome sind also Aufbauelemente des Kosmos, und Demokrit will – das ist ihm ganz selbstverständlich – durch seine Lehre Auskunft geben über die Wirklichkeit, wie sie an sich und wesentlich ist. Die Atomtheorie ist also Philosophie, und zwar Philosophie im Sinne einer Realontologie. Bis weit in die Neuzeit hinein bleibt diese Lehre eine der Grundmöglichkeiten der philosophischen Naturwissenschaft – man denke an Descartes und Galilei, die beide die Materie atomar erklären. Diese Theorie entspricht, wie Kant in der These der zweiten Antinomie in der »Kritik der reinen Vernunft« darlegt, einem Bedürfnis der systematisierenden Vernunft. Diese Vernunft, die ihrer Natur nach auf Abgeschlossenheit und eindeutige Bestimmtheit hindrängt, sucht die Idee der »schlechten Unendlichkeit«, das heißt eine reductio in infinitum, grundsätzlich auszuschließen. Das besagt in unserem Zusammenhang, sie bestreitet in bezug auf die Frage nach der Teilbarkeit der Materie eine unendliche Teilung. Es muß vielmehr vernünftigerweise postuliert werden, daß es letzte feste Einheiten gibt, durch deren Zusammensetzung die materiellen Dinge zustande gekommen seien. Die Teilung kann, so argumentiert man eben, nicht ins Unendliche fortgesetzt werden, nicht nur nicht in der Realität, sondern auch und vor allem nicht dem Gedanken nach, denn die Idee einer unendlichen Teilbarkeit hebt die Idee des Fixen auf, und diese gehöre doch zum Wesen der Materie, die ihrem Seinssinn nach faßbare widerständige Massivität sei.

Bereits in der Neuzeit wird aber – das sei hier nur angemerkt – diese Vorstellung der Materie aufgehoben. Innerhalb der Philosophie ist hier vor allem *Leibniz* zu nennen. Leibniz geht über den Gegensatz Teilbarkeit und Unteilbarkeit überhaupt hinaus, im Gedanken der Monade, die als solche wesentlich ein Energiezentrum ist. Sicher: die Monade ist nach Leibniz eigentlich etwas Geistiges, weil sie auf Selbstkonzentration und das heißt letzthin: auf Selbstbewußtsein hin angelegt ist. Aber insofern Leibniz auch die materielle Welt als Monadenwelt versteht, setzt er gemäß der Grundbestimmung der Monade, *Kraft* zu sein, die Materie als Spannungsverhältnis an. Er eröffnet damit für die Philosophie die Möglichkeit, bestimmte Phänomene, wie etwa das Licht oder die Elektrizität, angemessener als bisher zu begreifen. Diese Phänomene sind – vom naiven Menschen her formuliert – einerseits materiell, aber andererseits nicht Materie im Sinn einer fixen, anfaßbaren und undurchdringlichen Widerständigkeit. Ihre Auslegung von dem naiven Materiebegriff her gelingt ebensowenig wie ihre Deutung von der traditionellen Atomlehre her. Gerade diese Phänomene aber treten nun in der Neuzeit auch in der Physik immer mehr ins Zentrum der Untersuchung.

In der *modernen Atomtheorie* ist nun die Meinung, daß Materie ein anfaßbares, widerständiges Etwas sei, in radikaler und grundsätzlicher Form außer Geltung gesetzt. Das Atom wird vielmehr zur Deutung bestimmter physikalischer Vorgänge angesetzt. Es ist nichts anderes als der zusammenfassende Inbegriff dieser Vorgänge. *Heisenberg* sagt, die Erfahrung der neueren Physik lehre, »daß es Atome als einfache körperliche Gegenstände nicht gibt, daß aber erst die Einführung des Atombegriffs eine einfache Formulierung der Zusammenhänge ermöglicht, die alle physikalischen und chemischen Vorgänge bestimmen«. Das Atom ist also »seinem Wesen nach nicht ein materielles Gebilde in Raum und Zeit, sondern gewissermaßen nur ein Symbol, bei dessen Einführung die Naturgesetze eine besonders einfache Gestalt annehmen«.[1] Grundsätzlich gesagt: die Bestimmung des Atoms hat Sinn nur für die Wissenschaft und in der Wissenschaft selbst. Sie ist daher vom Fortgang der Forschung und deren ständiger Wandlung abhängig. Das »Wesen« des Atoms ist eigentlich nur zu klären in einer Forschungsgeschichte der modernen Atomtheorie. Wir weisen jetzt nur auf einige Stationen dieser Entwicklung hin.

Die Lage um 1930 ergibt ungefähr folgendes Bild: Das Atom besteht aus einem Kern, den elektrisch positiven Protonen und den elektrisch neutralen Neutronen, und einer Hülle, den elektrisch negativen Elektronen. Diese sind von einem elektromagnetischen Feld umgeben, das dadurch entsteht, daß immerfort Quanten von Energie aufgenommen und abgegeben werden. Das Atom ist einem Planetensystem vergleichbar; in dessen Mitte befinden sich kleine Kugeln, und andere Kugeln umkreisen diese Mitte. Dieses Modell, das im wesentlichen von *Niels Bohr* und *Ernest Rutherford* konzipiert wurde, wurde im einzelnen überholt, aber die Nomenklatur »innen« und »außen«, Kern und Hülle blieb weitgehend erhalten. Sie entspringt nun – das erscheint zunächst merkwürdig – in hohem Maße der Alltagssprache; deren Bedeutung für die Forschung ist – wie wir noch sehen werden – in der Tat zu beachten. Gleichwohl: diese bildhaften Bestimmungen sind alle unzulänglich. Es handelt sich hier um »anschauliche Hilfsbegriffe« und nicht um Wesensbestimmungen.

Zum Grundanliegen der Forschung wird nun die Untersuchung des Kerns, und die Entwicklung hat dazu geführt, über die drei Bestimmungen – Protonen, Neutronen und Elektronen – hinauszugehen. Man postulierte, daß auch innerhalb des Kerns Energie ausgetauscht würde, und daß dieser Energieaustausch eigentlich »den Kern zusammenhalte«. Die hier wirkenden Kräfte müssen, so argumentierte der Japaner *Yukawa*, stärker als die elektromagnetischen Kräfte des Elektrons sein. Die Quanten dieses Kraftfeldes nannte er Mesonen, und man wies deren Existenz in der kosmischen Strahlung nach. Aber hier blieb die Forschung nicht stehen. Es wurden weitere Teilchen entdeckt, und zwar wesentlich mit Hilfe von sogenannten »Beschleunigern«, in denen Materiepartikel fast bis auf Lichtgeschwindigkeit beschleunigt und dann mit anderen Materieteilchen zur Kollision gebracht werden können. Sie lösen so Kernprozesse aus, die beobachtbar werden, zum Beispiel in der sogenannten Blasenkammer, die mit überhitztem flüssigem Wasserstoff gefüllt ist, worin die hochenergetischen Teilchen eine sichtbare Spur hinterlassen. Auf das Ganze der Entwicklung gesehen führte diese technische Forschung dazu, immer neue Elementarteilchen zu finden. »Diese Möglichkeit des Entstehens und Vergehens von Elementarteilchen ... trägt das Bild des neuen Atomismus, und wir kennen heute schon hunderte derartiger Prozesse.«[2]

Diese Möglichkeit ist nun aber ihrerseits wiederum nur zu verstehen, wenn man sich klar macht, wie die Untersuchung der Struktur des Atoms konkret ansetzt. Das Atom ist zunächst immer ein bestimmtes Atom, ein chemisches Element, das an der

Zahl der Protonen zu erkennen ist; Wasserstoff hat nur 1, Uran 92 Protonen. *Hahn* erwies nun in seinen berühmten Versuchen, die er 1939 unter dem Titel »Über den Nachweis und das Verhalten der bei der Bestrahlung des Urans mittels Neutronen entstehenden Erdalkalimetalle« veröffentlichte, daß bei dieser Bestrahlung künstliches Radium entsteht. Dies war nach allgemeiner Ansicht unwahrscheinlich. Die Wiederholung dieser Versuche und entsprechende Experimente von Enrico Fermi erwiesen aber, daß es möglich ist, neue in der Natur nicht vorhandene Elemente zu erzeugen. Zu den 92 »natürlichen« Elementen kamen neue Elemente dazu, so daß die Zahl bald über hundert anstieg. Die entdeckten Urelemente sind keine an sich seienden ewigen Grundstoffe. Sie entstehen und vergehen, sie sind zum Teil sehr kurzlebig, vor allem aber: sie sind nicht »elementar« im Sinne von »unveränderlich«.[3] Damit wird deutlich, daß das Atom nichts anderes als der Inbegriff von möglichen Untersuchungsvorgängen ist.

Wie sehr in der Atomphysik vorausgreifende Berechnung die Beobachtung bedingt, sei noch an zwei Beispielen angedeutet, dem Problem der sogenannten *Antimaterie* und der sogenannten *Quarks*. 1928 hatte *Paul Dirac* die Vermutung geäußert, daß den vom Physiker beobachteten Elektronen ein Gegenteilchen mit positiver Energie und positiver Ladung entsprechen müßte. Tatsächlich gelang es, dieses Gegenteilchen zu entdecken. Später folgte die Entdeckung des negativen Antiprotons als Gegenstück zum Proton und des Antineutrons als Gegenstück zum Neutron. Diese »Antiteilchen« besitzen die gleiche Masse wie die gewöhnlichen Teilchen und stellen im übrigen gleichsam deren Spiegelbild dar. Es handelt sich hierbei um eine andere Art von Materie, die sogenannte Antimaterie. Das Zusammentreffen der beiden gegensätzlichen Materien würde dazu führen, daß beide in einer ungeheuren Energiefreisetzung zerstrahlten.

Die Annahme, daß jedem Teilchen ein Antiteilchen entspricht, erscheint, so erklären die Physiker heute allgemein, als grundsätzlich gesichert, auch wenn man bisher noch nicht das Vorhandensein von großen Antimaterieballungen im Weltall nachweisen konnte. Man sieht – und nur dies sollte das Beispiel verdeutlichen –, daß theoretische Erwägungen dem experimentellen Nachweis vorausgehen. Und dies bezeugt eben, daß das Atom der heutigen Atomphysik einen *offenen Inbegriff von Potentialitäten* darstellt, deren mögliche Wirklichkeit zunächst durch theoretische Berechnungen erschlossen wird.

Der Vorrang der Theorie in der gegenwärtigen Atomphysik zeigt sich noch deutlicher in der »Entdeckung« des Amerikaners *Murray Gell-Mann* an. Gell-Mann sucht das Verhältnis der kurzlebigen Partikel auf Grund eines mathematischen Modells zu ordnen. Er legte bestimmte Eigenschaften als Kriterien der Ordnung fest und faßte dementsprechend die Elementarteilchen in Gruppen zusammen. Auf Grund dieser Einteilung gelang es, ein Elementarteilchen – omega-minus – experimentell nachzuweisen. Eine Gruppe von anderen Teilchen nannte Gell-Mann Quarks – der Name ist einem Roman von James Joyce entnommen. Und nun ist man bemüht, die Existenz dieser Quarks, bisher ohne Erfolg, experimentell nachzuweisen. Es könnte jedoch, so vermuten einige Physiker, sein, daß die Quarks überhaupt nur »hypothetische Teilchen« sind, die nur mathematisch existieren. Als solche hätten sie jedoch durchaus Sinn, denn sie ermöglichen es, physikalische Phänomene zu deuten.

Ein weiterer für die gegenwärtige Atomphysik wesentlicher Sachverhalt sei noch vorgreifend angeführt[4]: Die Tatsache der *Nichtausschaltbarkeit der forschenden Sub-*

jektivität. Dieser Sachverhalt gilt allgemein als ein wesentliches Unterscheidungsmerkmal der heutigen Atomphysik gegenüber der klassischen Physik. Diese versteht die Natur, wie wir formulierten, als ein Reich von Gesetzen, das von der Subjektivität des Forschers, als und insofern er forscht, unabhängig ist. Daß diese Gesetze nach Kant in der transzendentalen Subjektivität gründen, ist mit diesem Ansatz – das sei hier ausdrücklich angemerkt – durchaus verträglich, denn die transzendentale Subjektivität fungiert ja als die immer gültige Voraussetzung der Forschung und geht als solche *nicht* in den Forschungsprozeß ein. Die heutige Physik dagegen ist in Bereiche vorgestoßen, in denen eine Trennung von beobachtetem Objekt und beobachtendem Subjekt, von objektivem Vorgang und eingreifendem Beobachtungsprozeß nicht möglich ist. Das beobachtende Subjekt ist von der wissenschaftlichen Untersuchung, in der sich die physikalische Wirklichkeit ja allererst zeigt, nicht ablösbar. Natürlich geht das beobachtende Subjekt in der Untersuchung nicht willkürlich vor. Aber es ist eben auch nicht mehr als das *überzeitliche* Subjekt bestimmt, das in sich ein festes System von Bestimmungen trägt, durch die das Gegebene geformt ist.

Konkret: in der klassischen Physik konnte man die Wechselwirkung zwischen den Objekten und den Meßgeräten außer acht lassen oder kompensieren. In der Quantenphysik dagegen bildet die Wechselwirkung einen integrierenden Bestandteil der Phänomene, so *Niels Bohr*. Bohr erläutert dies: »Die Unmöglichkeit einer getrennten Kontrolle der Wechselwirkung zwischen den atomaren Objekten und den für die Definition der Versuchsbedingungen notwendigen Geräten verhindert im besonderen die uneingeschränkte Kombinierung raumzeitlicher Koordinierung und dynamischer Erhaltungsgesetze, auf denen die deterministische Beschreibung in der klassischen Physik beruht. Jeder unzweideutige Gebrauch der Begriffe ›Raum‹ und ›Zeit‹ bezieht sich auf eine Versuchsanordnung, die eine prinzipiell unkontrollierbare Übertragung von Impuls und Energie auf die für die Definition des Bezugssystems erforderlichen Geräte – wie feststehende Maßstäbe und synchronisierte Uhren – in sich schließt. Umgekehrt setzt die Beschreibung von Phänomenen, die durch die Erhaltung von Impuls und Energie charakterisiert werden, einen prinzipiellen Verzicht auf eine ins einzelne gehende raumzeitliche Koordinierung voraus.«[5]

Diese Abhängigkeit von den Versuchen, die sich darin zeigt, daß das Licht in der einen Anordnung sich nur als Photon, in der anderen nur als elektromagnetische Welle äußern kann, hat, so erläutert Bohr, »eine unvermutete Begrenzung der mechanistischen Naturauffassung, welche den physikalischen Objekten selbst bestimmte Eigenschaften zuschreibt, enthüllt«.[6] Das besagt aber in letzter Konsequenz: die klassische Vorstellung des Objektes, die ja wesentlich von der Schematik »Substanz und Akzidenz« bedingt ist, wird problematisch. Es taucht die Frage auf, ob nicht diese Vorstellung von Träger und Eigenschaften, die offensichtlich der Alltagssprache entnommen ist, eine Redeweise ist, die die »Sache selbst« überhaupt nicht mehr trifft.[7]

Von Weizsäcker kennzeichnet diese Problematik indem er erklärt, daß das sogenannte Teilchen eine physische Realität sei, »die jenseits der Grenzen unmittelbarer Wahrnehmung liegt, und die wir in unseren räumlichen und zeitlichen Begriffen überhaupt nicht mehr anschaulich beschreiben können ... Die Begriffe ›Teilchen‹ und ›Welle‹ oder genauer ›räumlich diskontinuierlicher‹ und ›räumlich kontinuierlicher Vorgang‹ treten also nur auf als durch unsere Anschauungsform geforderte Deutungen eines nicht mehr unmittelbar anschaubaren Geschehens.«[8]

In einem Aufsatz »Die Erforschung des Atoms« hat *Wolfgang Gentner* die Auflösung der naiven Realitätsauffassung in bezug auf das Atom so lichtvoll dargelegt, daß wir zum Abschluß hier einige der wesentlichen Sätze zitieren wollen. »Auch Protonen, die Kerne des Wasserstoffatoms, können entstehen und vergehen. Im Gegensatz zum alten Atomismus, wie er noch vor 50 Jahren existierte, kennen wir also kein ewiges Existieren der Urbestandteile mehr. Die Atome und die Elementarteilchen besitzen keine Individualität mehr, sie sind ineinander verwandelbar. Die Frage nach den Urbestandteilen der Materie ist in dieser Form sinnlos geworden. Es gibt keine individuellen Urbestandteile mehr, wie es den Naturwissenschaftlern seit Demokrits Zeiten bis in dieses Jahrhundert hinein vorgeschwebt hat.« Die Verwandlung ist also nicht Verwandlung eines letzthin doch Identischen, das hinter seinen Erscheinungen steht. »Dieser Verlust der Individualität ist auch nicht dadurch zu retten, daß man annimmt, ein Teilchen habe verschiedene Erscheinungsformen, so wie etwa Zeus in der griechischen Sage je nach dem Abenteuer, das er vorhatte, sich seinem Opfer als goldener Regen, als Schwan oder als Mensch nähern konnte. Dabei blieb er aber immer Zeus und konnte sich auch jederzeit wieder zurückverwandeln. Dies ist bei den Elementarteilchen keineswegs der Fall. Sie können sich zum Beispiel auch in kleine Energieportionen auflösen. Sie sind prinzipiell ununterscheidbar, und dies geht bei der Theorie der Stoßprozesse als zwingendes Faktum ein.«[9] Gentner fragt nun, welches *Bild* sich heute der Physiker vom Atom und seinem Kern macht, und seine Antwort lautet: »Soweit man noch von einem anschaulichen Bild überhaupt reden kann, ist dieses Bild wesentlich verschwommener oder, vielleicht besser, verschmierter und dazu vielschichtiger geworden. Denn die entdeckten Gesetze der atomaren Welt sind so grundverschieden von der uns umgebenden Natur, daß die Anschauung immer mehr verloren geht und durch Modelle ersetzt wird, die immer mehr der Märchen- und Geisterwelt angehören. Der Physiker benutzt auch gar nicht mehr ein einziges Modell, sondern er kopiert sozusagen mehrere Bilder übereinander. Er legt sich eine Sammlung von übereinanderliegenden Transparenten an. Aus diesem vielschichtigen Bild zieht er je nach dem vorliegenden Problem eines aus dem großen Haufen heraus, das dem Problem besonders angepaßt erscheint.«[10] Die Atomtheorien sind gleichsam einer Gemäldesammlung vergleichbar. »Die Kunst des Forschers besteht darin, sich in dieser Gemäldegalerie so gut auszukennen, daß er bei jedem Problem weiß, welches Bild er zu Rate ziehen muß. Wenn er eine entscheidend neue Eigenschaft durch ein neues Experiment entdeckt, dann darf er sogar ein neues Bild malen, das diese Eigenschaften wiedergibt. Dieses Bild wird dann neben die anderen Bilder in die Galerie aufgehängt, denn die alten Bilder sind dadurch ja nicht überflüssig geworden, sondern sie werden ergänzt. Um bei unserer ersten Beschreibung zu bleiben, es wird ein neues Transparent angefertigt, durch das man die alten Bilder immer noch sieht.«[11] Das heißt – so reflektiert Gentner zum Schluß –: »in jedes Bild eines Elementarteilchens muß auch gleichzeitig das Bild aller anderen Elementarteilchen mit hineingemalt werden«.[12]

Dieses »Bild von der Bildersammlung« erscheint uns erhellend. Allerdings muß man es dialektisch auffassen. Einerseits ist zu sagen: es gibt – wie bei jedem Bild – einen Gegenstand, der abgebildet wird, das ist in unserem Fall eben »das« Atom. Andererseits gilt jedoch: »das« Atom, als für sich seienden Gegenstand, »gibt« es nicht, sondern eben nur Bilder von ihm. Beide Behauptungen sind richtig. Der Nachdruck liegt jedoch auf der zweiten Aussage, denn hier allein in der Aufstellung der vielen »Bilder« ist der Raum der *konkreten Forschung*. Die erste Aussage markiert gleichsam den Startpunkt der Forschung. Das Atom wird als Inbegriff angesetzt für *mögliche* Forschung. Man braucht einen Inbegriff, das heißt, man fragt nach dem Wesen des Atoms – die Wesensfrage gehört, wie wir sehen werden, unabdingbar zur Wissenschaft. Aber man muß gleichzeitig gegen das eine Wesen gleichgültig geworden sein, das heißt, es ist erfordert, sich auf die Tatsache seiner absoluten »Verflüssigung« einzustellen, denn nur auf diesem Wege kann die Forschung als Vollzug konkret werden. Das besagt aber: die Physik des Atomforschers ist keine unmittelbare Erklärung einer gegenständlich feststehenden Natur, sondern als verwissenschaftlichte hat sie sich selbst ihr Gebiet geschaffen, und dies ist nur möglich, wenn sie *theoretische* Begriffe als Leitbestimmungen ansetzt, die ihren Sinn darin haben, die Forschung als solche auszurichten. –

Wir wollen im folgenden nun einige *Deutungen* der soeben beschriebenen Forschungslage der gegenwärtigen Atomphysik diskutieren. Wir erörtern kurz die Möglichkeit, von *Kants* Erkenntnisansatz her diese Situation begreiflich zu machen. Sodann wenden wir uns den Interpretationen zu, die vom Ansatz des *Logischen Positivismus* her die Problematik der Forschungssituation der Atomphysik angehen. Zum Abschluß weisen wir auf Gedankengänge hin, die *von Weizsäcker* zur gegenwärtigen Situation der Physik geäußert hat. Diese Auswahl ist natürlich sehr begrenzt und zudem sicher subjektiv. Gleichwohl vermag sie darzulegen, daß heute eine *eindeutige Deutung* der Atomphysik kaum möglich ist.

Der Rückgriff auf Kant

Kant wurde insbesondere in der Zeit der *Anfänge* der modernen Atomphysik immer wieder ins Feld geführt als der Denker, von dem her die neue Situation zu deuten sei. Es handelt sich bei diesem Rückgriff nicht darum, Kants Naturphilosophie in inhaltlicher oder methodischer Hinsicht auf die gegenwärtige physikalische Situation zu beziehen. Solche Versuche werden heute bis auf wenige Ausnahmen kaum noch unternommen. Es geht vielmehr darum, von Kants Erkenntnisansatz her die Situation der gegenwärtigen Physik im ganzen verständlich zu machen.

Kant gilt als der Zerstörer der Metaphysik. Er hat – auf diesen Ansatz haben wir ausführlich hingewiesen – bereits die Bedeutung der empirischen Forschung erkannt. Zugleich hat er die Idee, die regulativen Prinzipien als Leitmotive der Forschung anzusetzen, herausgestellt. Und schließlich: Kant hat dargelegt, daß wir es in der Wissenschaft nie mit einer Welt an sich, sondern nur mit einer Welt von *Erscheinungen* zu tun haben. Diese Einsicht erscheint als die eigentlich wesentliche Entdeckung Kants. Wenn, so argumentiert man, die Entwicklung der Physik zu der Einsicht geführt hat, daß die wissenschaftlichen Ergebnisse nicht unabhängig vom Prozeß der Forschung zeitlose Geltung beanspruchen dürfen, dann besagt dies eben: die physikalische Erkenntnis kann als solche die Welt der Erscheinungen nie überschreiten. Also hat Kant recht, wenn er behauptet, daß die Wissenschaft es nie mit einer Welt an sich zu tun habe, sondern nur zu Erkenntnissen führt, die von der Subjektivität nicht unabhängig sind.

Freilich wird der Unterschied des modernen physikalischen Erfahrungsbegriffes zu Kants Ansatz, sobald man die Sachlage genauer bedenkt, offensichtlich. Kant fundiert ja die Erfahrungswelt in der *reinen* Subjektivität, die die Grundbestimmungen der

Natur in sich trägt. Gerade diese Grundbestimmungen aber – Raum, Zeit, Kausalität – werden in der neueren Physik nicht mehr als apriorische Bedingungen verstanden. Dadurch wird der *absolute Rang der reinen Subjektivität* aufgehoben. Dies hat aber zur Folge, daß auch der dialektische Gegenbegriff zur reinen Subjektivität, nämlich das *Ding an sich*, problematisch wird. Grundsätzlich formuliert: Wird der eine der beiden Fixpunkte fraglich, so kann auch der andere nicht fraglos gültig bleiben. Also ganz abgesehen davon, daß kein moderner Physiker mehr vermeinen würde – wie es Kant doch faktisch tat –, daß uns die hinter den Erscheinungen stehenden Dinge an sich »affizieren«; die Auflösung der transzendentalen Subjektivität als eines festen Inbegriffes von gesetzlichen Bestimmungen führt eben *auch* die Auflösung des Dinges an sich als des »Grundes« der Erscheinungen herbei. Von Weizsäcker, der herausstellt, daß bei Kant der Ansetzung der reinen Subjektivität auf der einen Seite die Ansetzung des Dinges an sich auf der anderen Seite entspricht, sagt mit völligem Recht: sobald man genötigt ist, die reine Subjektivität in einer höheren Meditationsstufe als durch den Wissensprozeß bestimmt anzusetzen, ist man auch gezwungen, den Gedanken einer Welt an sich als des Trägers der Erscheinungswelt aufzugeben.[13] Es bleibt dann offenbar nur noch die Möglichkeit, die Dimension der Physik zu bestimmen als einen Prozeß, der weder im Subjekt noch in der Welt der Dinge an sich zu fundieren ist, sondern eine eigene Welt, eben die Welt der Physik, darstellt. Wir werden auf diesen Begriff einer »Welt der Physik« noch zurückkommen, denn von ihm her läßt sich das Problem des Wandels der Physik in grundsätzlicher Hinsicht aufrollen. Jetzt weisen wir nur noch kurz auf eine Äußerung *Heisenbergs* hin. Heisenberg will im Vorwort zu seiner Schrift »Wandlungen in den Grundlagen der Naturwissenschaft« auf die merkwürdige Situation aufmerksam machen, »vor die sich der Naturforscher heute – entgegen seinem ursprünglichen Wunsch – beim Anblick seiner Wirklichkeit gestellt sieht«. Heisenberg erklärt: »Der Verfasser ist überzeugt, daß diese Situation – als eines von vielen Anzeichen einer sich wandelnden Zeit – eine tiefgehende Veränderung in der Struktur der ganzen Wirklichkeit ankündigt; wobei mit dem Wort Wirklichkeit die Gesamtheit der Zusammenhänge bezeichnet wird, die sich zwischen dem formenden Bewußtsein und der Welt als seinem objektivierbaren Inhalt aufspannen.«[14]

Diese Aussage erinnert – deswegen wird sie hier angeführt – im allgemeinen Sinn an Kants Ansatz. Aber der Unterschied zu Kant ist doch nicht zu verkennen. Die beiden Pole, die Heisenberg erwähnt: das formende Bewußtsein und der objektivierbare Inhalt sind für die heutige Physik eben nicht mehr fraglose Größen. Das formende Subjekt ist für den Physiker keine zeitlose Instanz, das Subjekt steht ja im Prozeß der Forschung selbst mit darin; und der objektivierbare Inhalt als solcher ist keine Welt, die als wahre Wirklichkeit hinter den Erscheinungen – diese bedingend – steht. Der Rückgriff auf den kantischen Begriff der Erscheinungswelt kann also nicht dazu verhelfen, die *spezifische* Forschungssituation der Physik als solche zu erklären. Gleichwohl hat er durchaus eine zeitgeschichtliche Bedeutung. Er weist auf den Unterschied der modernen durch Kant eröffneten Epoche zur Tradition hin, das heißt, er zeigt an, daß die klassische Deutung der Wissenschaft, die dadurch gekennzeichnet ist, daß man das Seiende, so wie es wirklich, d. h. an sich ist, eindeutig zu Begriffe bringen könne, der Vergangenheit angehört.

Die positivistische Deutung der Physik.
Theorie- und Beobachtungssprache (Carnap)

Wir wollen im folgenden die Möglichkeit, die sich in der Atomphysik zeigende physikalische Grundlagenproblematik von den Ansätzen des Logischen Positivismus und der mit ihm verwandten Richtungen aufzurollen, diskutieren. Daß der Positivismus heute weithin als die maßgebende Philosophie angesehen wird, von der her die Problematik der Wissenschaft, insbesondere der Naturwissenschaft, erfaßt und gedeutet werden könne, haben wir im ersten Abschnitt ausführlich erörtert. Blickt man nun auf die Entwicklung des Positivismus, so müssen vom Aspekt der Forschungssituation der Physik her insbesondere zwei Ansätze hervorgehoben werden: der sogenannte »Physikalismus« und die Unterscheidung von Theorie- und Beobachtungssprache. Die erste Konzeption wird in der Frühzeit des Wiener Kreises, die zweite in den späteren Phasen entwickelt – wir haben beide Ansätze in unserer Analyse der Wissenschaftstheorie Carnaps diskutiert und erinnern jetzt nur an das für unseren Zusammenhang Wesentliche.

Der *Physikalismus* entspringt der Konzeption, daß die Wissenschaften zu einer Einheit zusammenzuschließen seien. Indiz der Einheitswissenschaft ist eine einheitliche wissenschaftliche *Sprache*. Auf die Frage, von welcher Wissenschaft her eine solche Sprache aufzubauen ist, bietet sich die Antwort an: es ist dies die *Physik*. Die Sprache der Physik bezieht sich auf beobachtbare Phänomene. Beobachtbare Phänomene sind »Eigenschaften von Körpern und deren Relationen zueinander«. Die physikalische Sprache läßt sich daher auch als Ding- oder Körperweltsprache bestimmen. Alle Wissenschaften sind also auf diese Sprache zu reduzieren, das heißt, ihre Aussagen sind auf die Ebene der Physik zu transformieren. Dieser Ansatz tendiert auf eine bestimmte Weltsicht hin. Wirklichkeit ist die Körperwelt, die als solche mechanischen Gesetzen untersteht. Der Zugang zu dieser Welt geschieht durch die Wahrnehmung. Wir werden zwar sogleich sehen, daß Wahrnehmung für den Physiker nicht als Erkenntnis der natürlich gegebenen Welt wesentlich ist, sondern sich als Beobachtung innerhalb eines Experimentes vollzieht. Gleichwohl: der Physiker muß davon ausgehen, so erklärt Carnap, daß die erste Stufe aller Erkenntnis die Wahrnehmung ist, die Dinge qualitativ auf ihre Eigenschaften hin erforscht. Diese Stufe wird aufgehoben durch Abstraktion, indem man quantitativ vorgeht und schließlich zu allgemeinen Gesetzen kommt. Wesentlich ist jedoch, daß abstrakte Aussagen rückübersetzbar sind: »Nur weil jene Möglichkeit besteht, darf die Physik sagen, daß sie von der Wirklichkeit spricht . . .«[15]

Dieser Standpunkt des Physikalismus wurde von Carnap selbst überschritten. Seine Deutung der Physik kann also nicht auf diesen frühen Ansatz festgelegt werden. Wir beschränken uns darum jetzt auf einige Anmerkungen unter historischem und sachlichem Aspekt, die zeigen sollen, wie dieser Ansatz zugunsten des »Phänomenalismus« modifiziert wurde.

Der Bezug zwischen den Denkern des Wiener Kreises und den Physikern ist in der Anfangszeit des Positivismus sehr eng. Die Physiker – um Formulierungen Heisenbergs und von Weizsäckers aufzunehmen – fanden hier ihrer Meinung nach endlich eine unspekulative Philosophie vor, die nicht an den Fachproblemen der Physik vorbeigehen wollte. Ein sehr instruktives Zeugnis des Dialoges zwischen Physikern und Positivisten ist die Tagung für »Erkenntnislehre und exakte Wissenschaft« in Königsberg (1930), auf die wir oben hingewiesen haben. Die Berührungspunkte lagen vor allem in der Gleichung von Tatsächlichkeit und Beobachtbarkeit. Methodologisch formuliert: die *Beobachtung* ist die Grundlage der Physik, wenn anders die Physik eine nachprüfbare Weltwissenschaft sein will. Es ist nun aber zu beachten, daß für den Physiker beobachtbare Objekte gerade nicht die Phänomene der natürlichen Umwelt sind, sondern die sich im *Experiment* zeigenden Vorgänge. Diese Vorgänge sind »intersensual«, das heißt von jedem feststellbar, der diese Experimente nachvollzieht.

Heisenberg erklärt auf dieser Tagung: »Die moderne Atomphysik handelt also nicht vom Wesen und Bau der Atome, sondern von den Vorgängen, die wir beim Beobachten des Atoms wahrnehmen; das Gewicht liegt also stets auf dem Begriff ›Beobachtungsprozeß‹. Der Beobachtungsprozeß kann dabei nicht mehr einfach objektiviert, sein Resultat nicht unmittelbar zum realen Gegenstand gemacht werden.«[16]

Es ergeben sich angesichts der Behauptung, daß die Physik keine unmittelbare Welterkenntnis darstellt, zwei Fragen. Erstens: wie ist der Bezug der modernen Physik zur klassischen Physik, bezugsweise zur Weltvorstellung des natürlichen Bewußtseins zu deuten? Diese Frage ist nicht zu lösen ohne Klärung des Problems, welcher Aussagewert den Begriffen und den Theorien, die die moderne Physik ausarbeitet, zukommt, wenn sich diese Begriffe und Theorien eben nicht mehr auf unmittelbar Gegebenes beziehen. Dies ist das zweite Problem.

In diesen Komplex gehört nun die Frage nach der *Existenz der Atome*. Die Atome der modernen Physik sind keine realen Weltelemente: sie sind nicht im herkömmlichen Sinne beobachtbar. Eine Lösung bietet sich an, wenn man auf die Unterscheidung *Reichenbachs* von Phänomenen und Interphänomenen zurückgeht. Phänomene sind sinnliche Daten und Vorgänge, die aus diesen unmittelbar erschließbar sind; Interphänomene dagegen sind weder beobachtbar noch unmittelbar erschließbar. Zu solchen Interphänomenen sind zum Beispiel die Bewegungen des Elektrons zu rechnen. Es kommt nun darauf an, diese Interphänomene näher zu bestimmen, man muß die sich hier einstellenden »kausalen Anomalien« soweit wie möglich eliminieren. Dies geschieht durch Rückgriff auf ein den jeweiligen Interphänomenen entsprechendes Kausalsystem. Indem solchermaßen interpretatorische Aussagen über unbeobachtbare Größen zu Aussagen über beobachtbare Größen in Bezug gesetzt werden, werden sie »sinnvoll«.

In seinem Werk »Der Aufstieg der wissenschaftlichen Philosophie« hat Reichenbach in einem Kapitel, das die Überschrift trägt: »Gibt es Atome?«, diesen Sachverhalt sehr anschaulich dargelegt. Wie es bereits im alltäglichen Leben beobachtbare und unbeobachtbare Phänomene gibt, so auch im Reich der atomaren Natur. Hier bricht allerdings das eigentliche Problem auf. Man kann über unbeobachtbare Phänomene in dieser Dimension nicht mehr in der Sprache des Beobachtbaren sprechen und deren Gesetze anwenden, wie dies bei den unbeobachtbaren Phänomenen der alltäglichen Welt angebracht und sinnvoll ist. Reichenbach erklärt: »Für die Deutung der unbeobachteten Dinge der Quantenmechanik gibt es kein Normalsystem, und wir können daher hier nicht im gleichen Sinne von unbeobachtbaren Dingen sprechen wie in unserer täglichen Welt. Wir können die elementaren Bestandteile der Materie als Wellen oder als Korpuskeln auffassen; beide Interpretationen passen auf unsere Beobachtungen ebenso gut und ebenso schlecht. Das ist also das Ende der Geschichte. Die Streitfrage zwischen der Wellen- und der Teilcheninterpretation hat sich in eine Dualität von Interpretationen verwandelt.«[17] Reichenbach fährt nun aber fort: »Wir sollten uns glücklich schätzen, daß diese Unbestimmtheit auf kleine Dinge beschränkt ist; für große Dinge fällt sie fort, denn Heisenbergs Unbestimmtheit tritt hier wegen der Kleinheit des Planck'schen Quantums nicht zutage.«[18]

Gleichwohl: die allgemein bekannte und anerkannte Scheidung von Makrokosmos und Mikrokosmos wird von den Positivisten »philosophisch unterlaufen« durch die Tendenz, zu einer *Gesamtdeutung* der Welt zu gelangen. Man sucht eine Brücke zwischen der Atomphysik und dem üblichen Weltverständnis zu schlagen. Diese Brücke ist der *Phänomenalismus*. Er ist die eigentlich angemessene Weltsicht, die für den Atomphysiker und den Philosophen gilt. Die Grundlage des Phänomenalismus ist die Wahrnehmung, die, so Philipp Frank auf der angeführten Königsberger Tagung, nicht nur in der empirischen Philosophie, sondern auch in der heutigen Physik eine viel größere Rolle spielt als in der klassischen Physik. Wenn unsere Erkenntnis der Wirklichkeit aber wesentlich durch die Wahrnehmung bedingt ist, so besagt dies, daß es keine Welt an sich gibt, sondern nur eine phänomenale Welt, und zwar sowohl für den Physiker als auch für den natürlichen Menschen, mögen die Sichtweisen beider auch gegeneinander abzugrenzen sein.

Reflektiert man diese Diskussion, so zeigt sich, daß die Tendenz leitend ist, die Physik philosophisch zu orten. Es ist unter den vielen Weltdeutungen eine Wahl zu treffen; der richtige Standpunkt soll herausgestellt werden, der *auch* für die Physik gilt, und dies ist eben die phänomenale Weltansicht.

Der phänomenale Standpunkt stellt nun aber weder für die philosophische Weltauslegung im ganzen noch in bezug auf die Forschungssituation der Physik eine befriedigende Lösung dar, insofern er die Beobachtbarkeit des Gegebenen zum fraglosen Maß erhebt. Dies haben die Positivisten, wie wir oben ausführlich darlegten, selbst herausgestellt. Die eindeutige Erklärung der Phänomene von sinnlichen Data her wurde aufgegeben. Die strenge Fassung des Verifikationsprinzips wurde, so sahen wir, »gelockert«. Einen gewissen Abschluß dieser Entwicklung bildet die von Carnap durchgeführte Scheidung von Beobachtungs- und Theoriesprache.

Die *Unterscheidung von Theorie- und Beobachtungssprache* ist für die Deutung der Situation der gegenwärtigen Physik weit angemessener als der Physikalismus. Wir haben über diese Unterscheidung zum Abschluß unserer Analyse des Positivismus bereits berichtet und erinnern jetzt nur an die wichtigsten Bestimmungen. Jede Wissenschaft setzt Grundbegriffe und Theorien voraus, die nicht unmittelbar auf Beobachtungen zurückführbar und in die Beobachtungssprache übersetzbar sind. Man muß daher eine zweite Sprache, eben die Theoriesprache, ansetzen. Es bestehen zwischen beiden Verbindungen. Wäre dies nicht der Fall, so würde die theoretische Sprache einen uninterpretierten Kalkül darstellen. Die Verbindungen regeln die Zuordnungsregeln. Ihre Leistung besteht darin, den Zusammenhang gewisser Sätze der Beobachtung oder der Theorie miteinander zu verdeutlichen. Carnap hat diesen Ansatz mehrfach dargelegt. Wir beziehen uns im folgenden auf sein 1966 erschienenes Buch »Philosophical Foundations of Physics«, dessen 5. Teil von den theoretischen Gesetzen und den theoretischen Begriffen handelt.[19] Dieses Buch, das auf Vorlesungen zurückgeht, scheint uns in sachlicher Hinsicht eine relative Auflockerung der starren Klassifikationsschematik des Positivismus, auf die wir oben hinwiesen, zu bedeuten. Wir referieren sehr zusammengedrängt einige für unsere jetzige Thematik wichtige Gedankengänge.

Empirische Gesetze sind »solche Gesetze, die Größen und Begriffe enthalten, die man entweder direkt sinnlich wahrnehmen oder mit relativ einfachen Verfahren messen kann«.[20] Theoretische Gesetze dagegen beziehen sich »nicht auf Observable, auch wenn man dieses Wort in dem weiten Sinne des Physikers versteht. Es sind Gesetze über solche Dinge wie Moleküle, Atome, Elektronen, Protonen, Elektromagnetische Felder etc., die man nicht direkt und einfach messen kann.«[21] Zu einer Theorie kommt man dementsprechend nicht durch Verallgemeinerungen vom empirisch Gegebenen. In bezug auf die Bestimmung »Molekül« führt Carnap das Folgende aus: »Ganz gleichgültig, wie lang und wie sorgfältig wir Gegenstände beobachten, wir kommen nie zu dem Punkt, an dem wir ein Molekül beobachten. Der Begriff ›Molekül‹ tritt nie als Resultat von Beobachtungen auf. Deshalb werden Verallgemeinerungen und Beobachtungen niemals eine Theorie der molekularen Vorgänge liefern.«[22] Theoretische Terme sind nicht von der Beobachtungssprache her exakt zu definieren. »Ein theoretischer Term kann niemals explizit auf der Grundlage der Beobachtungs-Terme definiert werden, obwohl manchmal ein Beobachtungs-Term mit Hilfe von theoretischen Termen definiert werden kann.«[23]

In diesem Zusammenhang erklärt Carnap nun: es gibt keine beobachtbaren Atome und Elektronen. Die Frage nach dem Wesen des Atoms, so fährt er fort, wird zumeist von Philosophen aufgeworfen. Sie ist aber eine »schlecht gestellte Frage«, weil sie die Dimension der Physik verfehlt, das heißt nicht begreift, daß hier »Definitionen nicht gegeben werden können und nicht verlangt werden sollten«.[24] Carnap hebt nun aber hervor, daß solche physikalischen Grundbegriffe »nicht wie mathematische Theorien völlig von der Welt zu isolieren wären«. Die Begriffe eines Axiomen-Systems in der Physik müssen daher, auch wenn sie theoretisch sind, durch »Zuordnungsregeln interpretiert werden, welche diese Begriffe mit den beobachtbaren Erscheinungen verbinden. Diese Interpretation ist notwendigerweise unvollständig. Weil sie stets unvollständig ist, läßt man das System offen, um die Hinzufügung neuer Zuordnungsregeln zu ermöglichen.«[25] Diese Zuordnung »ist ein endloser Vorgang. Es wird stets die Möglichkeit geben, neue Regeln hinzuzufügen und auf diese Weise den Grad der Interpretation der theoretischen Begriffe zu erhöhen; aber ganz gleichgültig, wie man ihn auch erhöht, die Interpretation ist niemals endgültig.«[26]

Wir haben oben die Unterscheidung von Theorie- und Beobachtungssprache ausführlich besprochen und versucht, sie in ihrer Doppeldeutigkeit herauszustellen. Sie ist einerseits ein Fortschritt gegenüber dem Standpunkt des Physikalismus, insofern nun zwei Sprachen anerkannt werden, andererseits bleibt die entwickelte Schematik aber doch weithin starr, insofern die beiden Sprachen als gesonderte Schichten angesetzt werden. Es sei jedoch ausdrücklich hervorgehoben, daß Carnap gelegentlich erklärt, daß die Grenze von Beobachtbarem und Nicht-Beobachtbarem »fließend ist... Es wäre voreilig, nach sehr starken Zuordnungsregeln zu suchen, derart, daß man ›Elektron‹ explizit definieren könnte. Der Begriff ›Elektron‹ ist so weit von einfachen direkten Beobachtungen entfernt, daß es am besten ist, ihn theoretisch und offen für Veränderungen durch neue Beobachtungen zu halten.«[27]

Die fließende Grenze zwischen Beobachtung und Theorie

Das Problem der fließenden Unterscheidung zwischen Beobachtung und Theorie sei noch ein wenig genauer in seinen wissenschaftstheoretischen und philosophischen

Konsequenzen diskutiert, um zu zeigen, daß hier *der Forschungslage nach* keine eindeutige Differenzierung möglich ist. Das besagt in unserem Zusammenhang: die Frage nach der *Existenz der Atome* ist und bleibt als solche *vieldeutig* und *vielschichtig*.

Es ist selbstverständlich: das Atom der modernen Physik ist nicht eine dingliche Gegebenheit. Es ist nicht beobachtbar wie Gegenstände des Makrokosmos. Aber wesentlich bleibt, daß das Atom doch in *empirischen* Untersuchungen zugänglich gemacht wird. Das Atom ist objektivierbar, das heißt, es ist – mit von Weizsäcker gesprochen – reduzierbar auf empirisch entscheidbare *Alternativen*. Die Entscheidung dieser Alternativen aber ist eben durch das Experiment möglich: man beobachtet ja die Vorgänge in der Blasenkammer, durch die der Zerfall der Elementarteilchen sichtbar gemacht wird.

Bedenkt man diesen einfachen Sachverhalt, so zeigt sich bereits, daß der Versuch, das Atom *eindeutig* in einen der beiden Bereiche: »Beobachtbarkeit« und »Nichtbeobachtbarkeit« einzuordnen, eigentlich verfehlt ist. Es erscheint uns solchen Versuchen gegenüber notwendig, die Alternativbegriffe Beobachtbarkeit und Nichtbeobachtbarkeit zu »vergleichgültigen«. Das bedeutet selbstverständlich keineswegs, daß diese Begriffe zu eliminieren sind. Man kommt ohne sie nicht aus. Sie bleiben die »hermeneutische Grundlage der Interpretation« der Phänomene. Wohl aber ist es erfordert, diese Begriffe dialektisch zu verflüssigen. Was dies positiv heißt, können wir aber erst untersuchen, wenn wir die Schematik »Beobachtbarkeit und Unbeobachtbarkeit« durch die Begriffspaare »empirisch und transzendental«, »objektiv und subjektiv«, »makroskopisch und mikroskopisch« und vor allem »geistig und materiell« ergänzen. Bevor wir auf diese Probleme eingehen, sei jedoch kurz auf eine Möglichkeit der Verflüssigung hingewiesen, die dadurch gekennzeichnet ist, daß hier rein pragmatisch und technologisch vorgegangen wird. Es ist dies der sogenannte Operationalismus und der sogenannte Instrumentalismus.

Die Verflüssigung der Begriffe im Operationalismus und Instrumentalismus

Es ist sicher richtig, daß der Operationalismus der Wissenschaftstheorie eine allgemeine Lektion erteilt hat, indem er fordert, daß die Wissenschaftstheoretiker analysieren müßten, was Wissenschaftler tun, so *Lorenz Krüger*.[28] Mit unseren früheren Formulierungen geredet: man muß der Gefahr begegnen, allgemeine Theorien der Wissenschaft zu entwickeln und sie von außen her an die Forschung heranzutragen. Der Operationalismus ist gegenüber unfruchtbaren Theorien im Recht, wenn er darauf hinweist, daß die Anwendung eines Begriffs zu geschehen hat »je nachdem, ob auf bestimmte Operationen eines Beobachters hin sich bestimmte Reaktionen des Objektes zeigen oder nicht«.[29] Diese Forderung läßt sich – das sei hier nur angemerkt – mit Grundsätzen des Wiener Kreises und vor allem mit Wittgenstein in Verbindung bringen. *Bridgmans* berühmte Formel »Im allgemeinen meinen wir mit einem Begriff weiter nichts als eine Klasse von Operationen, der Begriff ist bedeutungsgleich mit der entsprechenden Klasse von Operationen« ist, so erklärt *Gustav Bergmann* in einem Aufsatz »Sinn und Unsinn des methodologischen Operationalismus«, eine gewisse Version der These Wittgensteins, daß der Sinn einer Aussage die Methode ihrer Verifikation sei, oder schärfer: der Sinn eines Begriffes darf nicht identifiziert werden »mit seinem Bezugsobjekt, sondern mit den Operationen, die man durchführen muß, um dessen Vorhandensein festzustellen«.[30]

Bridgman hat dies Verfahren zunächst wesentlich nur für die Definitionen von Begriffen der empirischen Basis ausgebildet. Später hat er jedoch erklärt, daß Operationen auch »Papier- und Bleistiftoperationen« bedeuten können. »Die Papier- und Bleistift-Welt ist eine Welt, in der freie Erfindung möglich ist, getrennt von allem unmittelbaren Kontakt mit der instrumentellen Welt des Labors. In dieser Welt freier Erfindung sind genau wie im Labor Entdeckungen möglich.«[31] Wenn der Physiker sich hier jedoch nicht verlieren will, muß er sich vornehmen, immer wieder instrumentell vorzugehen. Bridgman erklärt: »Der Kontakt mit Instrumenten gewährt ihm die einzige ›Realität‹, die er als für sich verbindlich anerkennt.«[32]

Von diesem Ansatz her wird die Frage der *Atome* angegangen. Bridgman erinnert daran, daß vor fünfzig Jahren Ostwald behauptet habe, daß der Begriff des Atoms überflüssig sei, »da alles, was er ausdrückte, die Tatsache konstanter Gewichtsverbindungen in der Chemie war«.[33] Bridgman fährt nun fort: »Aber durch all unsere neuen experimentellen Entdeckungen, die Folgerung aus der Brown'schen Bewegung und die Spuren in einer Wilson'schen Nebelkammer, um nur zwei zu nennen, wurde die Bequemlichkeit des Atombildes so überwältigend, daß wir ... von der Situation in anderen Ausdrücken reden, so wenn oft gesagt wird, alle diese Tatsachen hätten die Wirklichkeit der Atome bewiesen.«[34] Bridgman legt nun aber dar, daß sich genau betrachtet »die logische Situation durch all die neuen experimentellen Entdeckungen in keiner Weise gewandelt hat«, das heißt, man brauche streng genommen den Begriff »Atom« nicht. Die neue Redeweise sei jedoch so bequem, daß wir die Möglichkeit eines strengen Denkens vergessen und fallen lassen. »Aber wir sollten, so meine ich, nicht vergessen, was wir hier tun, und uns daran erinnern, daß wir nichts logisch Eindeutiges vor uns haben, sondern eine bestimmte Übereinkunft treffen wegen der Natürlichkeit, mit der sie sich unserem alltäglichen Denkschema einfügt.«[35]

Der Ansatz des Operationalismus – dies sei noch einmal hervorgehoben – ist aus dem Verfahren der Forschung selbst erwachsen. Er stellt eine unmittelbare Reflexion auf dieses dar, und das Ergebnis dieser Reflexion ist die Einsicht, daß Begriffe verflüssigt werden müssen. Der Operationalismus läßt sich durchaus als eine besondere Art der Negation einer Fürsichsetzung von Begriffen verstehen. Aber es haftet ihm doch eine gewisse Unzulänglichkeit an. Die »Existenz« oder genauer der Geltungsanspruch eines Begriffes bezugsweise einer Theorie werden vorschnell negiert. Begriffe und Theorien aber sind notwendig. Ihr Sinn ist es, die Struktur eines Gegenstandsbereiches herauszuheben, die die Überprüfungsvorgänge festlegt und kontrolliert. Diese Struktur ist aber »umfassender« als die durch sie ermöglichte Verifikation und durch diese nicht einholbar. *Ernest Nagel* formuliert mit Recht: »Der logischen Ordnung unserer Erkenntnis nach sind die Grundsätze oder Theorien früher als Experiment und Beobachtung.«[36] Die Vorgängigkeit der Theorie und der theoretischen Konstrukte im methodischen Sinn ist ein Indiz echter Wissenschaftlichkeit, wenn Wissenschaft mehr als eine behavioristische Deskription des *faktischen* Vorgehens sein will, das heißt, wenn sie auf Wahrheit aus ist. Nagel erklärt, Verifizier*barkeit* und Verifikation müßten als solche in jeder Untersuchung unterschieden werden, wenn sie auch miteinander verbunden sind.

Sodann: der extreme Operationalismus schaltet, insofern er *rein instrumentell* vorgeht, die Frage nach dem Wirklichkeitsbezug der Physik bereits als Frage aus. Diese Frage läßt sich jedoch nicht einfach als überflüssig zur Seite schieben, wenn anders man den Ansatz der modernen Physik im ganzen deuten will. Daß eine solche Deutung genötigt ist, auf *traditionelle* Begriffe zurückzugreifen, und daß sie doch zugleich einsehen muß, daß diese Begriffe »unzulänglich« sind, sei nun genauer erläutert.

Die Untrennbarkeit von methodologischer und ontologischer Fragestellung

Wir haben oben bereits angemerkt, daß neben die Bestimmung »Beobachtbarkeit und Nichtbeobachtbarkeit« andere Begriffe treten, so »empirisch und transzendental«, »objektiv und subjektiv«, »mikroskopisch und makroskopisch«, »geistig und materiell«. Es scheint offensichtlich, daß diese Gegensatzpaare für die Physik von *unterschiedlicher Relevanz* sind. Der ontologische Gegensatz »geistig und materiell« erscheint nicht so wesentlich wie der methodologische Gegensatz »beobachtbar und nichtbeobachtbar«. Aber eine eindeutige Scheidung zwischen ontologischen oder genauer gesagt: gegenstandsbezogenen und methodischen Begriffen läßt sich nicht durchführen.

Was besagt eigentlich die bekannte Gegenstellung von *Mikrokosmos* und *Makrokosmos*, vom Aspekt »ontologisch-gegenständlich« und »methodisch« her gefragt? Diese Unterscheidung hat – das ist offensichtlich – zunächst eine bestimmte Funktion. Sie soll zeigen, daß – mit Reichenbachs auf den Laien zugeschnittenen Worten geredet – die mikroskopische Betrachtung »auf kleine Dinge beschränkt ist und nicht unsere bekannte Welt betrifft«. Soll man diese Unterscheidung deswegen ontologisch nennen, das heißt, bedeutet sie, daß »die« Welt in zwei Welten, eben eine große und eine kleine, zerfällt? Eine solche Argumentation wäre sicher naiv. Wir werden auf das hier angeschnittene Problem einer »Welt der Physik« noch zurückkommen, aber es ist wohl kaum zu leugnen – und nur dies ist jetzt wichtig –: diese Unterscheidung hat einen Sinn, der weder auf methodische und forschungspragmatische noch auf gegenständliche Fragestellungen *eindeutig* aufzuteilen und einzugrenzen ist.

In der Unterscheidung »transzendental und empirisch« steckt, wenn auch in modifizierter Form, der Unterschied von Theorie und Beobachtung darin. *Mario Bunge* erklärt, daß »jede Theorie mit Begriffen, nicht mit Bildern, aufgebaut wird und diese Begriffe – weit entfernt davon, empirisch (das heißt durch Beobachtung gegeben) zu sein – voll ausgebildete Gedankenkonstruktionen sind, das heißt transobservable Begriffe...«[37] Diese Gedankenkonstruktionen gehen also der Erfahrung voraus; auch wenn sie nicht mehr im kantischen Sinne überzeitliche Geltung beanspruchen, so bleibt ihre Aufgabe, die empirische Untersuchung zu *leiten*, bestehen. Die Scheidung von »transzendental und empirisch«, die ihrerseits eben mit der Differenz von »beobachtbar und nicht-beobachtbar« zusammenhängt, ist nun aber nicht rein methodisch, sie hat *auch* einen gegenständlichen Sinn. Das zeigt sich ja gerade in der Frage nach der *Existenz der Atome*. Sicher: wir haben oben darauf hingewiesen, daß kein moderner Physiker diese Frage in naivem Sinn stellt, das heißt, die mögliche Existenz der Atome im Sinne *makroskopischer Massivität* versteht. Die Frage – so erklären positivistische Deuter der Physik – soll nicht ontologisch, sondern methodologisch angegangen werden. Aber man sieht doch, wenn man einen Querschnitt durch die diesbezüglichen Aussagen der positivistischen Ausleger legt, daß der ontologische und der methodologische Aspekt nicht klar zu scheiden ist. Das liegt offenbar in der Sache selbst begründet, denn die Frage nach der Existenz der Atome, sei diese auch noch so sublimiert, das heißt, sei das Atom nur ein »transzendentaler« Leitbegriff von Gesetzlichkeiten, ist nie rein methodisch oder terminologisch zu entscheiden. Existenz ist in irgendeinem Sinne immer »nachweisbare Faktizität«, und die Frage ist nun eben, was unter einer solchen nachweisbaren Faktizität in bezug auf die Atome zu verstehen sei.

Daß eine Untersuchung in bezug auf die Frage nach der Existenz der Atome den Bereich der Methodologie überschreitet, sei durch einen kurzen Hinweis auf einen Aufsatz *Gustav Bergmanns* »Eine empiristische Philosophie der Physik im Aufriß« verdeutlicht. Bergmann deklariert, daß ontologische Fragen aus der Physik auszuschließen seien. Er will vom Standpunkt des naturwissenschaftlichen Empirismus und des Logischen Positivismus ausgehen, seine Analyse soll methodologisch und terminologisch sein. Sie befaßt sich als solche mit der Klärung der physikalischen Begriffsbestimmungen, der Frage nach empirischen Gesetzen und der Struktur von Theorien. Die Atome werden nun von Bergmann als theoretische Existenzkonstrukte gedeutet, das heißt, sie sind »Grundbegriffe eines teilweise interpretierten Kalküls, welche die Kennzeichen formaler Dingheit aufweisen«.[38] Als solche transzendieren sie den Bereich empirischer Gesetze und empirischer Konstrukte. Nun legt sich Bergmann aber eine Frage vor, die diese Einteilung zu unterlaufen scheint. Er fragt nämlich, »ob nicht ein Existenzkonstrukt von heute vielleicht morgen einem empirischen Konstrukt zugeordnet werden kann«.[39] Bergmann vermerkt dazu, »daß dies zweifellos ein starkes Argument in einem Augenblick ist, wo selbst der Laie weiß, daß wir in der Wilson'schen Nebelkammer und im Geigerzähler beinahe den Finger auf das einzelne Teilchen gelegt haben«.[40] Er erklärt nun aber weiterhin, die Situation »ist allerdings noch dialektischer. Während wir einerseits die Finger auf das Teilchen legen konnten, hat dieses selbe Teilchen innerhalb des Modells immer mehr Merkmale der formalen Dingheit verloren. Dies ist schließlich nur eine andere Art, von dem zu sprechen, was gewöhnlich das Versagen des mechanistisch-deterministischen Modells genannt wird, so daß es heute sogar zweifelhaft erscheint, ob wir überhaupt noch ein Modell benützen.«[41] Viele Physiker ziehen deswegen vor, in lockerer Weise ihre Thesen rein technisch zu interpretieren. Bergmann selbst leugnet von dem Sachverhalt her, daß die Teilchen in den Versuchen die Merkmale der formalen Dingheit verlieren, die Existenz der Atome. Er bemerkt jedoch zum Abschluß seiner Ausführungen »anstandshalber«, »daß selbst Sterne und mikroskopische Gegenstände, wenn man sich streng an diese Analyse hält, nicht im wörtlichen Sinn physikalische Dinge sind, sondern nur durch das Wohlwollen von Sprache und bildhafter Phantasie. Das mag mißlich erscheinen. Aber wenn ich durch ein Mikroskop oder ein Fernrohr schaue, sehe ich nur einen Farbfleck, der über das Gesichtsfeld kriecht wie ein Schatten über die Wand. Und ein Schatten ist, wenn auch wirklich, gewiß kein physikalisches Ding.«[42]

Wir wollen diese Aussagen hier nicht im einzelnen diskutieren.[43] Sie sollten nur zeigen, daß es kaum angeht, eine methodologische Analyse von einer gegenstandsbezogenen Untersuchung *eindeutig* zu trennen. Die Unterscheidung von theoretischen und empirischen Konstrukten, sodann die Tatsache, daß Teilchen faktisch beobachtet werden, das heißt, daß theoretische Konstrukte zu empirischen werden können, dabei aber das Merkmal »formaler Dingheit« verlieren: all diese Erörterungen sind durch ein Ineinander von gegenstandsbezogenen und methodologischen Bestimmungen geprägt.

Wir haben diese Problematik bereits in unserer Darstellung des Positivismus, insbesondere bei der Erörterung des Physikalismus und der Unterscheidung Carnaps von *formaler* und *inhaltlicher* Redeweise, ausführlich diskutiert. Jetzt wollten wir nur noch einmal darauf hinweisen, daß die sich auch bei Bergmann zeigende Einstellung einer Grundtendenz des Positivismus entspricht: ontologische und gegenstandsbezogene Aussagen entspringen einer *veralteten philosophischen Grundhaltung*. An ihre Stelle muß eben die Methodologie treten, denn diese braucht die Frage des Wirklichkeitsbezuges nicht zu diskutieren, sie macht sie *überflüssig*. Carnaps Bestimmung der inhaltlichen Redeweise zeigt nun aber bereits, daß diese Konzeption sich faktisch nicht durchführen läßt. Jedoch erst, wenn man zu den konkreten Problemen einer Weltwissenschaft, wie es die Physik ist, übergeht, wird die Unmöglichkeit dieser Ausklammerung wirklich deutlich – wir werden auf diesen Sachverhalt noch zurückkommen.

Wir schließen unseren Hinweis auf das dialektische Verhältnis von methodologischen und ontologischen Begriffen durch einen Rückgriff auf einige Gedankengänge *Mario Bunges* ab. Bunge hat in einem Aufsatz »Physik und Wirklichkeit« das Verhältnis zwischen den klassischen philosophischen und modernen physikalischen Theorien diskutiert. Er unterscheidet im physikalischen Bereich eine Theorie T von einem Komplex K, der Anweisungen enthält, wie T zu prüfen ist. Dieser Prüfungstest kann aber nur zum Teil auf direkte Weise vollzogen werden, weil T und Beobachtung nicht isomorph sind. Bunge begründet dies, indem er erklärt: »Ein für eine Theorie relevanter empirischer Beweis kann von deren intendiertem Bezugsgegenstand so sehr verschieden sein wie ein klinisches Syndrom von der zugehörigen Krankheit.«[44] Bunge stellt nun vier Merkmale einer physikalischen Theorie heraus: »Jede physikalische Theorie ist 1. aus symbolischen (nicht bildlichen) und zum Teil der Konvention unterworfenen Blöcken erbaut; 2. bezieht sie sich voraussetzungsgemäß (aber oft fälschlicherweise) letztlich auf reale Gegenstände (physikalische Systeme); 3. ist ihr Bezug zu solchen realen Gegenständen unvollständig, extrem indirekt und bestenfalls teilweise richtig; und 4. schließt ihr Test weitere Theorien ein und setzt die physikalische Existenz gewisser Dinge voraus.«[45]

Bunge mustert nun die herkömmlichen philosophischen Systeme von diesen Bestimmungen der Theorie her. Er verwirft sowohl den unkritischen Realismus als auch den Subjektivismus in allen seinen Spielarten: Idealismus, Konventionalismus, Fiktionalismus, Phänomenalismus, Operationalismus etc.[46] Bunge selbst neigt dem *kritischen Realismus* zu, und von diesem her geht er die Frage nach der *Existenz der Atome* an. Er erklärt: »Während daher der naive Realist die Realität von Elektronen für garantiert hält, wird der kritische Realist sagen, daß die heutige Physik annimmt, daß Elektronen wirkliche Dinge sind. Das heißt, er stellt die Hypothese auf, daß der Begriff ›Elektron‹ ein konkretes Gegenstück hat, würde aber gleichzeitig nicht überrascht sein, wenn diese Annahme sich als falsch herausstellte, und Elektronen durch etwas anderes ersetzt würden.«[47]

Ob nun der kritische Realismus, in der Form wie Bunge ihn entwickelt, zu bejahen ist oder nicht, sei dahingestellt. An Bunges Argumentation als solcher scheinen uns jedoch mehrere Momente bedeutsam. Erstens: auch die moderne Physik hat einen symbolischen, wir würden sagen, einen *gebrochenen* und nur dialektisch auszudeutenden Gegenstandsbezug; die Physik ist nach wie vor also Weltwissenschaft. Zweitens: dieser Bezug ist nicht ein für allemal darzulegen und in philosophische Weltsysteme einzuordnen. Denn – das ist das Dritte – über die Struktur dieses Weltbezuges kann nur der *Physiker* nachprüfbare Aussagen abgeben. Die Forschungslage wandelt sich aber, und das bedeutet eben, daß eine Existenzaussage in bezug auf den Status der Atome, die heute noch gültig ist, morgen schon hinfällig sein kann. Viertens: es ist notwendig – und dies ist in unserem Zusammenhang besonders wichtig herauszustellen –, daß die *traditionelle philosophische Begriffseinteilung*, wenn anders man sich nicht mit einem rein instrumentalistisch gedachten Operationalismus zufriedengeben will, nicht einfach hinfällig geworden ist. Diese Begriffe müssen jedoch entscheidend »modifiziert« oder, wie wir oben sagten, »verflüssigt« werden. Das besagt vor allem: diese Bestimmungen können nur als *regulative* Prinzipien fungieren. Ihnen kommt keine konstitutive Bedeutung zu. Von diesen Begriffen her ist also kein geschlossenes Weltbild aufzubauen, weder ein phänomenalistisches noch ein idealistisches noch ein realistisches. Geschlossene Weltbilder beruhen eben auf konstitutiven Prinzipien, die einen *eindeutigen* ontologischen Sinn haben und solchermaßen von der Forschungssituation und deren Methodologie abgelöst sein müssen. Methodologische und ontologische Fragestellung aber sind heute eben dialektisch aufeinander bezogen, und von dieser Dialektik her verbietet sich eine *reine* Ontologie. Fünftens: wenn die oben genannten Bestimmungen nur als regulative Leitbegriffe fungieren, mit deren Hilfe die Interpretation der Phänomene aufgenommen werden kann, dann sind sie *selbst* nicht festlegbar. Auch sie können sich ändern, und zwar vom zu untersuchenden Gegenstand her. Die Änderung der Ordnungsbestimmungen und der Objekte, die durch sie geordnet werden, stellt sich als *Wechselverhältnis* dar. Ebenso wie die Grundbegriffe die Objekte definieren, werden sie selbst von diesen her definiert. Gerade diese Dialektik ist, so meinen wir, eines der wesentlichsten Merkmale der heutigen Situation der Physik, insofern diese sich als Forschung konstituiert hat.

Natur als einheitliche Ordnung.
Die Reduktion des Atoms auf den Geist
als objektive Verstehbarkeit (von Weizsäcker)

Zum Abschluß dieses Abschnittes sei noch eine bedeutsame Analyse diskutiert, die sich von dem bisher Erörterten wesentlich unterscheidet. Es ist dies der Ansatz von Weizsäckers, das Problem *der Einheit der Natur* aufzurollen. Von Weizsäcker will bei diesem Unternehmen nicht die Philosophie zur Grundlagenwissenschaft erheben. Philosophie hat vielmehr die Funktion des Weiterfragens, das heißt, sie nimmt die Fragen nach den Prinzipien auf, die die Wissenschaften mit guten Gründen nicht stellen. Von Weizsäcker erklärt in bezug auf seine Konzeption, eben die Frage nach der Einheit der Natur: »Die Philosophie spielt in diesem Konzept nicht die Rolle einer Grundwissenschaft, die vor den Einzelwissenschaften, a priori in einem historischen Sinne, die Prinzipien dieser Wissenschaften festzulegen hätte. Sie ist gleichwohl unentbehrlich, aber nicht als Gesetzgebung, sondern als Weiterfragen. Jede Einzelwissenschaft ermöglicht sich selbst dadurch, daß sie nach der Rechtfertigung ihrer eigenen Prinzipien nicht mehr fragt. Die Einzelwissenschaften zementieren durch dieses Verfahren ihren Pluralismus. Die legitime Rückfrage nach dem Sinn und dem Recht dieser Prinzipien nimmt dann die Gestalt einer anderen Denkweise, der Philosophie, an.«[48]

Die Frage nach der Einheit der Natur läßt sich von *verschiedenen Aspekten* her entwickeln. Nach ihnen sind von Weizsäckers Studien »Die Einheit der Natur« gegliedert. Der erste Teil ist methodischen und wissenschaftstheoretischen Fragen gewidmet. Wesentlich ist für uns insbesondere der Aufsatz über die Sprache der Physik, auf den wir noch zurückkommen werden. Der zweite Teil fragt nach der Einheit der Physik. Das Problem der Einheit der Natur stellt sich zunächst als Problem der Einheit der *Wissenschaft* von der Natur, das heißt eben der Physik. Diese Frage führt auf die grundsätzliche Frage: Wie ist Physik möglich? Von Weizsäcker erklärt: »Methodisch gesehen ist Physik eine Erfahrungswissenschaft. Einheit der Erfahrung muß als ein metaphysisches Postulat erscheinen, solange wir nicht zu der Frage vordringen: ›Wie ist Erfahrung möglich?‹ ... Die Aufsätze des zweiten Teils entwickeln die These, die allgemeinen und insofern einheitsstiftenden Sätze der Physik formulierten lediglich Bedingungen der Möglichkeit von Erfahrung überhaupt. Physik wäre demnach überhaupt nur möglich, weil Einheit der Physik möglich ist.«[49] Diese kantische Fragestellung muß aber überboten werden. Die Möglichkeit der Physik als einer menschlichen Leistung beruht ja darauf, daß der Mensch die Natur erfahren kann, »also auf dem noch unanalysierten Grund der wesentlichen Zusammengehörigkeit des erfahrenden Menschen mit der erfahrenen Natur«.[50] Diese Frage, wie der Mensch »als Kind der Natur« Erkenntnis von ihr zu gewinnen vermag, wird im dritten Teil, und zwar von der Kybernetik her, behandelt. Hier wird insbesondere das Problem der Reduktion der Natur auf den Geist als objektive Verstehbarkeit angegangen. Der vierte Teil fragt philosophisch nach der Einheit als Einheit. Das Problem: »was meinen wir eigentlich, wenn wir von Einheit sprechen?«, übersteigt die wissenschaftliche Dimension. Es bewegt sich auf einem »Reflexionsniveau, von dessen Möglichkeit wir Wissenschaftler meist nicht einmal eine Ahnung haben, und andererseits in historischen Denkformen, die uns fremd geworden sind und in einen Stand des positiven Wissens eingebettet, den wir längst hinter uns gelassen haben«.[51]

Es ist hier natürlich nicht möglich, auf die Analysen im einzelnen einzugehen. Es handelt sich, wie von Weizsäcker selbst sagt, weithin um ein Programm, das erst durchgeführt werden muß. Ein Laie in physicis ist nicht in der Lage, die zum Teil hypothetisch vorgetragenen physikalischen Theorien zu überprüfen. Wir beschränken uns auf einige Andeutungen, die das grundsätzliche Vorgehen betreffen. Der leitende Gesichtspunkt ist für uns – deswegen erörtern wir von Weizsäckers Analyse gerade in diesem Zusammenhang – das Problem, von welchen Aspekten und mit Hilfe welcher Begriffe der Ansatz der *Mikrophysik* interpretiert werden soll.

Von Weizsäcker diskutiert das Problem eines *neuen Reduktionismus*, der im Gegensatz zum positivistischen Reduktionismus steht. Der positivistische Reduktionismus ist von der Tendenz bestimmt, eine Einheitswissenschaft zu etablieren, deren Kennzeichen eine einheitlich physikalische Sprache ist: die »Körperweltsprache«, auf die alle wissenschaftlichen Aussagen zurückzuführen sind – wir haben diesen Ansatz oben ausführlich diskutiert. Von Weizsäcker wendet sich gegen die diesem Positivismus zugrunde liegende allgemein anerkannte Meinung, daß Physik eine Theorie der materiellen Körperwelt sei, als und insofern diese mechanischen Gesetzen unterworfen werden könne. Im Gegenzug zu dieser These sucht von Weizsäcker das Verhältnis von *Materie und Gesetzlichkeit* neu zu bestimmen. Er erklärt, daß die Gesetze der Physik nichts anderes seien als »die Bedingungen der Möglichkeit der Objektivierbarkeit des Geschehens«.[52] Er fährt fort: »›Objektivieren‹ möchte ich dabei definieren als: Reduzieren auf empirisch entscheidbare Alternativen. Ich vermute also, daß, wo immer es uns gelingt, irgendein Phänomen, das uns begegnet, auf empirisch entscheidbare Alternativen zu reduzieren und die Gesetzmäßigkeiten zu ermitteln, mit denen man den Ausfall solcher Entscheidungen prognostizieren kann, sich erweisen wird, daß die Gegenstände dieser Objektivierungen den Gesetzen der Physik unterliegen. Die Gesetze der Physik sind ja heute hoch abstrakt. Sie sind nicht Gesetze über Billardbälle. Was wir Atome nennen, sind selbst formal kaum mehr etwas anderes als gewisse sich durchhaltende Gesetzmäßigkeiten in der Entscheidung einfacher experimenteller Alternativen. Das ist nun eine These über die begriffliche Struktur der heutigen Elementarteilchenphysik. Wenn sie wahr ist, dann steht, von dieser Physik aus gesehen, aber nichts der Behauptung im Wege – die allerdings auch nicht aus ihr folgt –, daß, wenn ich einmal klassische Begrifflichkeit benutzen darf, die Substanz, das Eigentliche des Wirklichen, das uns begegnet, Geist ist. Denn es ist dann möglich, so zu formulieren, daß die Materie, welche wir nur noch als dasjenige definieren können, was den Gesetzen der Physik genügt, vielleicht der Geist ist, insofern er sich der Objektivierung fügt, insofern er also auf empirisch entscheidbare Alternativen hin befragt werden kann und darauf antwortet. So etwa sieht der Ansatz aus, den ich hier versuchen möchte.«[53]

Wir fügen ein zweites Zitat an, das ebenfalls das Problem der *Materie* betrifft. Ein heutiger Atomphysiker würde die Frage nach der Materie auf die Frage nach den Atomen zurückführen. In bezug auf die Atome aber ist folgendes zu sagen: »Die Atome sind Materien, oder die Felder, als welche die Atome auch erscheinen, sind Materie. Das heißt, es ist nicht die räumliche Ausdehnung, es sind nicht die kleinen Billardkugeln, es ist etwas nur viel abstrakter Faßbares. Und wenn man dann fragt, wie faßt Ihr's denn? Dann sagen wir: in den Naturgesetzen. Also Materie ist das, was den Naturgesetzen genügt.«[54]

Physikalische Theorien beziehen sich auf Gesetze, die nicht einer *an sich seienden Materie* auferlegt werden. Die materialistische Annahme, die die traditionelle Physik geprägt hat, daß Materie das Primäre sei und Naturgesetze das nachträglich Eingeführte, verkehrt sich in der heutigen Physik in das Gegenteil. Diese Umdrehung führt nun aber in letzter Konsequenz zu der Idee, daß Materie im Grunde *Geist* ist, und zwar Geist, insofern er sich »der Objektivierbarkeit fügt«. In der Sprache der traditionellen Physik ausgedrückt: was wir Materie nennen, ist eine Weise, wie die letzte Wirklichkeit »von sich selbst als sich selbst entfremdete wahrgenommen wird. Das ist also ein Ansatz, der vom Geist beginnt, und ich würde sagen, es ist der tiefere und der eigentliche und der wahre Ansatz«.[55]

Von Weizsäcker sucht nun aber seine These, daß Materie verstehbarer Geist sei, nicht spekulativ, sondern von der *Entwicklung der Physik* her zu erörtern und zu begründen. Materie wird zu Beginn der Neuzeit als etwas Selbständiges bestimmt. Sie erscheint den Atomisten als das eigentlich Seiende. Im 19. Jahrhundert wird Energie als Gegenbegriff zur Materie angesetzt: »Energie ist das Vermögen, Materie zu bewegen.«[56] Ein weiterer Schritt ist es, Materie und Energie zu gleichen. Von Weizsäcker verweist auf Heisenbergs einheitliche Feldtheorie und erklärt: »Im Sinne einer solchen Theorie gibt es in der Tat eine einheitliche Substanz, die Heisenberg konsequenterweise ›Energie‹ nennt, von der alle Elementarteilchen nur verschieden quasistationäre Zustände sind.«[57] Diese Bestimmung der Materie als Energie wird aufgehoben durch die Gleichung von Energie und Information. Von Weizsäcker erklärt: »Energie ist Information.«[58] Information ist hier natürlich nicht als Bewußtseinsinhalt subjektiv zu deuten. Information ist etwas Objektives: »Information ist nur, was verstanden wird.«[59] Von Weizsäcker fügt hinzu: »›Verstehen‹ kann hier so objektiv gemeint sein, wie der Proteinerzeugungsmechanismus die DNS-Information ›versteht‹, indem er sie in Proteingestalten umsetzt.«[60] Dementsprechend gilt: »Information ist nur, was Information erzeugt.«[61] Information aber als das Verstehbare und sich selbst Erzeugende zeigt sich als die Grundstruktur der Welt. In der Sprache der Tradition geredet: sie ist objektiver Geist. Das bedeutet aber: das menschliche Subjekt kann Information verstehen, weil es selbst »Teil« der Welt ist, die der Inbegriff von Informationen als entscheidbaren Alternativen ist.

Bevor wir diesen Gedankengang auf seinen grundsätzlichen Sinn hin zu analysieren suchen, sei kurz darauf hingewiesen, daß sich bei *Heisenberg* ähnliche Äußerungen finden. Wir geben hier nur zwei Hinweise. Am Schluß seines Aufsatzes »Die Entwicklung der Deutung der Quantentheorie«, der in der Festschrift für Bohr erschien, erklärt Heisenberg in bezug auf die Kopenhagener Deutung der Quantentheorie, daß die Kritik an dieser Theorie auf der Sorge beruhe, daß hier der Begriff der Wirklichkeit verdrängt würde. Diese Sorge ist, so fährt Heisenberg fort, unbegründet: das »Faktische« – verstanden als Wirklichkeit in Raum und Zeit – spielt auch in der Quantentheorie eine wesentliche Rolle. Wenn man allerdings versucht, »hinter dieser Wirklichkeit in die Einzelheiten des atomaren Geschehens vorzudringen, so lösen sich die Konturen dieser ›objektiv-realen‹ Welt auf – nicht in dem Nebel einer neuen und noch unklaren Wirklichkeitsvorstellung, sondern in der durchsichtigen Klarheit einer Mathematik, die das Mögliche, nicht das Faktische, gesetzmäßig verknüpft«.[62] Heisenberg erklärt abschließend: »Das Argument des Idealismus, daß gewisse Vorstellungen ›a priori‹, d. h. insbesondere auch vor aller Naturwissenschaft sind, besteht hier zu Recht. Die Ontologie des Materialismus beruhte auf der Illusion, daß man die Art der Existenz, das unmittelbare ›Faktische‹ der uns umgebenden Welt, auf die Verhältnisse im atomaren Bereich extrapolieren kann. Aber diese Extrapolation ist unmöglich.«

Sehr aufschlußreich für diese »Philosophie der Physik« sind Heisenbergs Äußerungen in seinem Buch »Der Teil und das Ganze«. Mag das Buch auch primär für Laien geschrieben sein, es gibt gerade mit Hilfe der fingierten Gespräche doch einen lebendigen Einblick in die Entwicklung der gegenwärtigen Physik. Wir beziehen uns hier auf einen Gedankengang aus dem letzten Kapitel, das die Überschrift trägt: »Elementarteilchen und Platonische Philosophie«. Heisenberg berichtet von Gesprächen mit von Weizsäcker, die kosmologische Probleme betreffen. Von Weizsäcker legt dar, daß man im kontingenten Bereich einen grundsätzlichen Unterschied von zufällig und einmalig machen müsse. »Den Kosmos gibt es ja nur einmal. Also stehen am Anfang einmalige Entscheidungen über die Symmetrieeigenschaften des Kosmos.«[63] Heisenberg unterstreicht das Einmalige dieser ersten Entscheidung und erklärt: »Diese Entscheidungen legen Symmetrien fest, einmal und für immer; sie setzen Formen, die das spätere Geschehen weitgehend bestimmen. ›Am Anfang war die Symmetrie‹, das ist sicher richtiger als die demokritische These ›am Anfang war das

Teilchen‹. Die Elementarteilchen verkörpern die Symmetrien, sie sind ihre einfachsten Darstellungen, aber sie sind erst eine Folge der Symmetrien.«[64] In dem nun folgenden Gespräch nimmt Heisenberg diesen Gedanken wieder auf und erklärt von Weizsäcker gegenüber: »›Du möchtest also ... die Elementarteilchen, und damit schließlich die Welt, in der gleichen Weise aus Alternativen aufbauen, wie Plato seine regulären Körper und damit auch die Welt, aus Dreiecken aufbauen wollte. Die Alternativen‹ sind ebensowenig Materie wie die Dreiecke in Platos ›Timaios‹.«[65]

Von Weizsäcker selbst beruft sich nun in der Tat immer wieder auf *Plato*, und zwar unter dem Aspekt der These, daß die Materie im Grunde Geist sei. Von Weizsäcker interpretiert die platonische Idee als Verstehbarkeit: »Die platonische Idee ist, wenn man die platonische Philosophie in ihrer Strenge durchmeditiert, einfach ein Name für das einzige, das man verstehen kann. Was man verstehen kann, ist Idee. Ein Beispiel: wenn wir heute Naturwissenschaft treiben, dann ist das Naturgesetz das einzige, was wir verstehen können, das heißt, das Naturgesetz ist in der Natur der Repräsentant dessen, was Platon die Idee nennt.«[66]

Wir können hier natürlich nicht in eine Interpretation der Frage eintreten, ob die Gleichung der Idee mit Verstehbarkeit, und von da aus die Gleichung von Idee und mathematischer Gesetzlichkeit, Plato adäquat wiedergibt. Daß ein Rückzug auf traditionelle philosophische Texte auch für den Physiker erhellend sein kann, sei selbstverständlich nicht angezweifelt. Freilich: von Weizsäcker hätte sich, um seine These zu stützen, besser als auf Plato auf den *frühen Schelling* berufen, denn bei diesem finden sich nun Argumentationen, die von Weizsäckers Gedanken weitgehend entsprechen. Schelling bestimmt die materielle Natur als objektiven Geist, das heißt als Inbegriff von Strukturgesetzlichkeit, die begreifbar ist, ohne sich selbst zu erfassen. Auch der Gedanke von Weizsäckers, daß das menschliche Subjekt die Natur nur verstehen kann, weil es selbst ein Teil der Welt ist – diese als Inbegriff verstehbarer Strukturen gedeutet –, findet bei Schelling eine gewisse Parallele.

Wir weisen auf diese idealistischen Gedankengänge hin, weil von Weizsäckers Ansatz letztlich doch als Gegenzug zu ihnen gedeutet werden kann. Es handelt sich – sachlich gesehen – hier ja um die Frage des *Übergangs vom subjektiven zum objektiven Geist*. Von Weizsäcker untersucht die Möglichkeit der Physik als Erfahrungswissenschaft, aber er begründet diese Möglichkeit nicht mehr im Sinne Kants. An die Stelle der Subjektivität, das heißt der transzendentalen Apperzeption, tritt die *Zeit*. Die Zeit ist der Schlüsselbegriff der Naturdeutung überhaupt. Dies ist die eigentliche Grundthese von Weizsäckers. Er erklärt, die Zeit sei der Grundbegriff der Physik und als solcher die eigentliche »Substanz«: »Gehen wir von der Zeit als Grundbegriff aller Physik aus, so werden wir etwa sagen: Alles, was ist, ist letzten Endes Zeit.«[67] Wir können hier auf diese sehr komplizierte Zeitanalyse nicht eingehen. Relevant erscheint sie uns durch ihre Weite. Die Zeit wird physikalisch vom zweiten Hauptsatz der Thermodynamik her untersucht, aber zugleich wird sie philosophisch von der Erfahrung der Zeitekstasen her angegangen. Wesentlich dabei aber ist eben, daß die Zeit als »Substanz des Seienden« verstanden wird, und solchermaßen soll sie den Übergang vom subjektiven zum objektiven Ansatz vermitteln. Von der kantischen Apperzeption her ist dieser Übergang nicht nachzuweisen. Die subjektive Sprechweise Kants läßt undeutlich erscheinen, »wie der Anschluß an den ›zweiten Halbkreis‹, den der Abhängigkeit des erkennenden Menschen von der Natur, bewerkstelligt werden sollte«.[68]

Der *Zusammenhang von subjektivem und objektivem Geist* ist, wie wir bereits sagten, in der Tat ein philosophisches Grundproblem. Der *Idealismus* hat es als solches klar erkannt und im Rahmen seiner Philosophie der absoluten Subjektivität gelöst. Der objektive Geist ist ebenso wie der subjektive Geist eine Manifestation des absoluten Geistes.[69] Das ist für uns eine nicht übernehmbare metaphysische These. *Von Weizsäcker* sucht, anders als der Idealismus, mit Hilfe der Zeit einen objektiven Zusammenhang des gesamten Seienden zu finden, um seine These zu stützen, daß die Wirklichkeit im Grunde Geist sei. Wir meinen nun aber, daß diese These kaum in Einklang mit der Situation der gegenwärtigen Physik zu bringen ist. Sicher: von Weizsäcker geht als Wissenschaftler vor, der von der Physik her »weiterfragt«. Gleichwohl: sein Versuch, die Materie auf den Geist als Inbegriff der Verstehbarkeit zurückzuführen und solchermaßen die Welt als geistige Ordnung zu deuten – dieser Versuch scheint uns die hermeneutische Mitte des Buches zu sein –, überschreitet die Möglichkeiten der heutigen Wissenschaft. Dies sei zum Abschluß kurz verdeutlicht.

Zwischen dem Ansatz, der von der Subjektivität, als und insofern diese Natur erforscht, ausgeht, und dem Ansatz, der den Menschen selbst in die Natur einordnet, bleibt für die Wissenschaft eine Kluft, die gar nicht zu schließen ist und auch nicht geschlossen werden darf um willen der Forschung. Historisch formuliert: ein modifizierter Kantianismus, das heißt ein Standpunkt, der Kants Idee der Forschung so radikalisiert, daß er *auch noch* das transzendentale Subjekt in deren Prozeß hineinnimmt, ist die heute legitime wissenschaftliche Haltung. Diese Haltung aber schließt die Möglichkeit einer abschließenden einheitlichen Weltsicht aus. Mit unseren früheren Formulierungen geredet: die Leitbegriffe der physikalischen Forschungen können nicht als konstitutive, sondern nur als *regulative* Prinzipien verstanden werden. Dies sei nun in bezug auf das Gegensatzpaar Materie und Geist erläutert.

Wir haben öfters herausgestellt, daß Materie für die heutige Physik nicht als Massivität im alltäglichen Sinne und auch nicht als Zusammenballung kleiner Teilchen im Sinne Demokrits verstanden werden kann. Atomare Materie erscheint als Inbegriff von Gesetzen. Aber Atome sind deswegen nicht Geist.

Materie und Geist sind Begriffe, die sich auf »unsere« Welt, den Makrokosmos, beziehen. Im alltäglichen Leben, das eben ein Leben im Makrokosmos ist, setzen wir diese Unterscheidung immer schon an, zunächst noch diesseits von philosophischen Theorien wie Idealismus und Materialismus. Auf diesen Lebenserfahrungen baut dann die philosophisch-ontologische Deutung auf und sucht sie zu Begriffe zu bringen. Es ist nun unvermeidlich, daß wir diese Bestimmungen vom Leben *und* der Philosophie her immer wieder in der Physik hineintragen. Aber dieses Hineintragen in die Physik erfordert eine *Einstellungsänderung*. Die Bestimmungen »geistig« und »materiell« sind in der Physik dialektisch-hermeneutische Begriffe. Wir brauchen sie, um Phänomene zu deuten. Die Phänomene dürfen aber nicht unter diese Begriffe als statische Grundbestimmungen *subsumiert* werden. Ihr Bedeutungsgehalt wandelt sich vielmehr von der Analyse der Phänomene her. Vielleicht kann die Physik in und durch ihre Untersuchungen nicht nur einen neuen Begriff der Materie, sondern auch des Geistes erarbeiten. Diese neuen Begriffe würden aber zunächst nur in der Welt der Physik gelten. Es wäre darüber hinaus jedoch denkbar, daß diese wissenschaftliche Neuorientierung schließlich auch auf das alltägliche Verständnis dieser Begriffe zurückwirkt. Aber das sind vorerst reine Hypothesen.

4. Die Welt der Physik und ihr Verhältnis zur Lebenswelt

Plancks Unterscheidung der sinnlichen, der realen und der physikalischen Welt und ihre Modifizierung in der Gegenwart

Am 18. Februar 1929 hielt Max Planck in Leiden einen Vortrag »Das Weltbild der neuen Physik«. Dieser Vortrag ist sicher in vielen Punkten überholt. Trotzdem läßt sich von seinem Ansatz her und in Abhebung gegen ihn die Problematik, die die gegenwärtige Physik bestimmt, deutlich aufzeigen.

Planck unterscheidet drei Welten: die sinnliche Welt, die reale Welt und die Welt der Physik. Die *sinnliche Welt* ist die Welt, in der wir uns als Lebewesen vorfinden. Es ist die Welt, die wir alle, ob Physiker, Philosophen oder unwissenschaftliche Menschen, im Alltag für die natürliche halten. Hinter dieser Welt muß aber, wie Planck sagt, eine zweite Welt, die *reale Welt*, angenommen werden. Diese Welt führt ein »selbständiges vom Menschen unabhängiges Dasein«.[1] Wir können sie nie direkt, sondern nur »mittels gewisser Zeichen« wahrnehmen. Ihre Erkenntnis ist nur als Annäherungsprozeß zu verstehen. Planck fährt nun fort: »Zu diesen beiden Welten, der Sinnenwelt und der realen Welt, kommt nun noch eine dritte Welt hinzu, die wohl von ihnen zu unterscheiden ist: die Welt der physikalischen Wissenschaft oder das physikalische Weltbild. Diese Welt ist, im Gegensatz zu jeder der beiden vorigen, eine bewußte, einem bestimmten Zweck dienende Schöpfung des menschlichen Geistes und als solche wandelbar und einer gewissen Entwicklung unterworfen. Die Aufgabe des physikalischen Weltbildes kann man in doppelter Weise formulieren, je nachdem man das Weltbild mit der realen Welt oder mit der Sinnenwelt in Zusammenhang bringt.«[2]

Die *physikalische Welt* kann also zu beiden Welten, der Sinnenwelt und der realen Welt, in bezug gesetzt werden. Alle drei Weltsichten ergänzen sich »glücklicherweise«. Allerdings ist, blickt man auf die Entwicklung der Physik, ein bedeutsamer Wandel zu bemerken. Der physikalische Forscher entfernt sich immer mehr von der Sinnenwelt; rein formale mathematische Operationen werden immer wesentlicher. Planck hält diese Entwicklung jedoch für einen *Fortschritt*, denn die Abkehr von der sinnlichen Welt involviert eine Annäherung an die reale Welt. Diese Aussage ist nicht logisch zu begründen, sie ist aber auch nicht logisch zu widerlegen. Entscheidet man sich für sie, dann aus der Überzeugung heraus, daß diese Entscheidung vernünftig ist, das heißt genauer: man erkennt, daß die vorwärts schreitende Entwicklung des physikalischen Weltbildes »die reifsten Früchte trägt«. Das Ziel der Entwicklung ist und bleibt aber die Erkenntnis der realen Welt. Die Intention auf sie hin ist das Motiv jeder Forschung. »Die Physik würde unter allen Wissenschaften eine Ausnahme bilden, wenn sich nicht auch bei ihr das Gesetz bewährte, daß die weittragendsten, wertvollsten Resultate der Forschung stets nur auf dem Wege nach dem prinzipiell unerreichbaren Ziel einer Erkenntnis der realen Wirklichkeit zu gewinnen sind.«[3]

Diese Sicht ist, jedenfalls in der Form wie Planck sie darlegt, heute nicht mehr allgemein gültig. Plancks Ansatz ist bei aller Skepsis und dem Einschlag eines kantisch gefärbten Philosophierens doch in seiner Grundtendenz vom »wissenschaftlichen Fortschrittsrealismus« bestimmt, wie er das ausgehende 19. Jahrhundert beseelt. Gleichwohl bleibt in grundsätzlicher Hinsicht die Schematik dieses Ansatzes, das heißt die Ansetzung der drei Welten, bedeutsam, auch dann noch und gerade dann noch, wenn man sich klar macht, daß der Bezug dieser Welten zueinander nicht mehr einfach als »glückliche Ergänzung« zu kennzeichnen ist.

Dieser Bezug, so wie er sich in der *gegenwärtigen* Situation der Physik darstellt, sei noch einmal kurz dargelegt. Geht man vom Entwicklungsgang der Physik aus, so zeigt sich, daß die *klassische* Physik ein anderes Verhältnis zur Sinnenwelt und zur realen Welt als die gegenwärtige Physik hat. Die Welt der klassischen Physik hebt die natürliche durch die Sinne unmittelbar vermittelte Welt im positiven und negativen Sinn auf. Sie entdeckt die hinter ihr stehende *wahre Welt*, das heißt das »Reich der Gesetze«. Diese Gesetze sind in der Sinnenwelt immer schon verzerrt und nie in Reinheit anwesend. Aber sie bedingen die sinnliche Welt. Man kann das Verhältnis beider Welten zueinander als die Dialektik von *Wesen* und *Erscheinung* bestimmen. Das wahre Wesen ist von den Phänomenen abgehoben, auch wenn es sich zugleich in diesen zeigt. An ihr selbst betrachtet ist die Welt der klassischen Physik aber eben die reale Welt. Die klassische Physik kennt noch nicht eine Diskrepanz zwischen der Welt der Physik und der realen Welt, wie Planck sie entwickelt, wenn er die reale Welt als den nie erreichbaren Bezugsgegenstand der physikalischen Forschung deklariert. Der Anspruch der klassischen Physik ist es, als mathesis universalis die eine wahre Welt als solche eindeutig auf den Begriff zu bringen.

Ganz anders ist die Welt der *modernen* Physik zu verstehen. Daß diese Welt die wahre Welt sei, das würde wohl kaum noch ein moderner Physiker in direkter und unmittelbarer Form behaupten. Anders gesagt: erst von der modernen Physik her wird die *Trennung* der realen Welt und der Welt der Physik, die Planck ansetzt, überhaupt verstehbar. Insofern aber nun die Welt der Physik von der sogenannten realen Welt unterschieden wird, und zwar in der Weise, daß diese als nie erreichbarer Bezugspunkt deklariert wird, wird nun auch die Stellung zur Sinnenwelt maßgebend verändert. Im Unterschied zur klassischen Physik gesagt: die moderne Physik erhebt nicht wie die klassische Physik den Anspruch, eine wahre Wesenswelt zu erstellen, die hinter der sinnlichen Welt als der ihr zugehörigen Erscheinungswelt steht.

Daß der Bruch zwischen der sinnlichen Welt und der Welt der Physik heute im Gegenzug zur klassischen Physik radikalisiert ist, das gründet letztlich darin, daß der mögliche Bezugspunkt: die *reale Welt* selbst fraglich geworden ist. Das ist das eigentlich bedeutsame Faktum. Jetzt taucht das Problem auf, ob es diesen Bezugspunkt überhaupt gibt. Dies besagt: der von Planck herausgestellte Ansatz, daß die reale Welt zwar an sich unerkennbar sei, daß wir uns ihr aber annähern können, erscheint nun nur als eine Meinung unter anderen Auslegungen. Diesem »kritischen Realismus« ließen sich andere Ansätze entgegenstellen: der Phänomenalismus, der Operationalismus oder der Instrumentalismus, um nur einige Ansätze zu nennen. Aber der entscheidende Gegensatz zu Planck ist nicht die Tatsache der möglichen Vielfalt der Weltdeutung von der gegenwärtigen Physik her, sondern die Tatsache, daß sich heute die Physik weitgehend gar nicht mehr für das Problem »Weltdeutung überhaupt« interessiert. Wir haben oben diesen Sachverhalt ausführlich erörtert und versucht, die Situation der heutigen Physik von dieser Differenz her anzugehen, indem wir gleichsam idealtypisch zwei Extreme aufstellten, einen Ansatz, für den die

Frage des *Wirklichkeitsbezuges* der Physik, wie auch immer man diese Frage beantwortet, nach wie vor noch wesentlich ist, und seinen Gegensatz, dessen Merkmal es ist, daß man den Forschungsprozeß *rein pragmatisch und technologisch* betreibt und die Frage nach dem Wirklichkeitsbezug als philosophischen Restbestand ausklammert. Daß sich de facto beide Tendenzen überschneiden, haben wir oben diskutiert. Gleichwohl: die Differenz dieser beiden Ansätze bleibt hermeneutisch aufschlußreich.

Angesichts dieser Situation ist es nicht möglich, Plancks Standpunkt unbesehen zu übernehmen, insofern er eine unabhängige Wirklichkeit als Bezugspunkt im Sinne des Realismus ansetzt und nun die Physik als Möglichkeit der stetigen Annäherung zu dieser Welt an sich versteht. Gleichwohl muß der diesem Realismus zugrunde liegende Gedanke in modifizierter Form beibehalten werden. Die Physik hat nach wie vor die Aufgabe, die Welt der Natur, wie sie »eigentlich ist«, zu erkennen. Aber der Physiker muß begreifen, daß sich sein Erkennen nicht in der Weise der intentio recta, sondern nur als intentio obliqua aktualisieren kann. Eine solche *gebrochene Einstellung* aber setzt voraus, daß der Forscher als Forscher die Frage des Wirklichkeitsbezuges der Physik ausdrücklich reflektiert. Es handelt sich hier genau gesehen um *zwei* Probleme: einmal um den Fragenkomplex, der die »Welt der Physik« als solche betrifft einschließlich des Problems der in dieser Welt konstituierten Gegenständlichkeit, und sodann um die Frage, wie sich diese Welt der Physik zu der alltäglichen Weltstruktur – mit Planck geredet: zur sinnlichen Welt – verhält. Beide Fragen überschneiden sich natürlich. Gleichwohl haben sie eine unterschiedliche Ausrichtung. Die erste Frage ist vom wissenschaftlichen Aspekt her gesehen von größerem Gewicht. Wir haben sie bisher ganz in das Zentrum gestellt und wollen die herausgearbeiteten Ansätze nun noch einmal zusammenfassen, um uns sodann der zweiten Frage, dem Verhältnis der Welt der Physik zur alltäglichen Lebenswelt, zuzuwenden.

Abschließende Bemerkungen über den Charakter der physikalischen Welt

Die Welt der Physik hat sich als die verwissenschaftlichte Welt der Forschung etabliert. Die hier erarbeiteten Bestimmungen gelten zunächst nur für diese Welt, sie sind zudem, weil die Forschung in stetigem Fortschreiten begriffen ist, nie endgültig. Kant hat in bezug auf diesen Wandel die dem Forscher allein mögliche Einstellung klar herausgestellt. Es ist dies die Haltung, die unter dem regulativen Denkprinzip stehend sich als »zweideutig-dialektisch« kennzeichnen läßt. Für die Wissenschaft gibt es keine Welt an sich, die Welt wird zum Feld »von lauter möglichen Erfahrungen«. Die Idee der Einheit fungiert nur als leitendes Prinzip. Man könnte die Unabgeschlossenheit des Forschungsprozesses *reflexionsphilosophisch* folgendermaßen begründen: der Forscher begreift, daß er als das forschende Subjekt nie in objektiv erforschten Zusammenhängen aufgeht, sondern diese ständig »hinterfragt«. Jede Weltsicht, in der das Subjekt als endgültig geortet erscheint, ist, weil das Subjekt ja selbst das Ortende der Forschung ist, vorläufig. Das ist ein Gesichtspunkt, der *prinzipiell* nicht ausgeschaltet werden kann. Von hier aus erscheint die These einer abgeschlossenen Physik problematisch. Diese These beruht ebenso wie die klassische Metaphysik des Idealismus auf dem »Vorurteil«, daß das forschende Subjekt restlos in das Weltganze einzufügen sei.

Die Möglichkeit der Hinterfragbarkeit der bereits erarbeiteten Weltdeutungen durch das untersuchende Subjekt leistet aber – dies sei hier ausdrücklich angemerkt – keiner Anthropologisierung der heutigen Physik Vorschub. Im Gegenteil: die überfragende Subjektivität radikalisiert gerade den Forschungsvorgang, indem sie nun sich selbst als in diesen einbezogen objektiv thematisiert. Das ist nicht nur gegenüber der klassischen Physik, die eben unter dem Vorurteil einer geschlossenen Welt als prästabilierten Harmonie stand, sondern auch gegenüber der kantischen Transzendentalphilosophie ein Fortschritt. Die moderne Physik erweist den erkenntnistheoretischen Ansatz Kants, die Grundbestimmungen der Natur in einer reinen Subjektivität zu verankern, als nicht legitim. Diese Grundbestimmungen und die Subjektivität, die sie nach Kant begründen soll, können nicht aus dem Forschungsprozeß herausgehalten werden, sondern werden erst durch den Wissensprozeß jeweilig bestimmt. Durch diese Einsicht wird aber nicht nur die Transzendentalphilosophie aufgehoben, deren Idee es ja ist, das Subjekt als Grundlage in konstitutiver Bedeutung der konkreten Forschung vorzuordnen, sondern es wird nun gerade die Möglichkeit eröffnet, diese Subjektivität selbst ebenso wie den Gegenstand zu thematisieren. Die moderne Physik stellt also gegenüber der klassischen Physik eine *höhere Stufe der Reflexion* dar.

Wilhelm Szilasi hat diesen Sachverhalt sehr eindrücklich dargelegt. Er erklärt, daß die moderne Physik nicht von natürlichen Erfahrungen, sondern von Theorien ausgeht, die unsere Erfahrungen im Sinne eines Vorstoßes überschreiten. »Die Entdeckung von neuen Erfahrungsmöglichkeiten mit den ihnen eigenen, von unseren spezifisch ›natürlichen‹ verschiedenen Dimensionen ist die Theorie. Die moderne Physik ist in erster Linie in diesem neuen Sinne theoretisch; sie ist nicht systematische Erklärung, sondern Vorstoß. Die Überschreitung der natürlichen Erfahrungen klammert diese ein.«[4] Der »Fortschritt« muß konsequenterweise auch die Möglichkeit, diese Erfahrung durch eine transzendentale Grundlegung zu fundieren, ausschalten. »Anstelle des transzendental subjektiven Entwurfs tritt das jeweilige Erfahren von einem bestimmten Schema der Realität des Zusammenwirkens von unbekannten Momenten. Den Physiker interessiert dieses Schema des Ineinandergreifens.«[5] Reflexionsphilosophisch gesagt: die klassische Physik bleibt gegenstandsbezogen insofern sie das forschende, oder, wie Szilasi bildhaft sagt, das sich zurecht finden wollende Subjekt ausklammert. Das ist das eigentliche Kennzeichen ihrer »Naivität«. Die moderne Physik dagegen beachtet die Subjektivität, aber eben nicht als transzendentales Fundament, sondern von der Theorie her, insofern die Subjektivität selbst als *Beobachter-Schema* fungiert. Szilasi sagt: »Die moderne Physik ist frei von subjektiver Beschränkung, so sehr, daß sie das menschliche Sichzurechtfinden mit in das Geflecht der Gefügeordnung einbezieht. Der Mensch ist selbst zu einem Beobachter-Schema aufgelöst und das Schema in die Umwandlungsmöglichkeit-Verbindungen mit verbunden. Das Beobachter-Schema ist nicht Subjekt, sondern objektives Moment der Verbindungsgeflechte, der Gefügeordnung.«[6]

Das sind erhellende Sätze, weil sie zeigen, daß höhere Reflexion gerade nicht Einschaltung subjektiver Willkür, sondern Steigerung der Objektivität bedeutet. Es gibt also grundsätzlich betrachtet durchaus einen Fortschritt der Wissenschaft, insofern durch die sich überhöhende Reflexion das früher Unbefragte jetzt befragt werden kann und muß. Aber dieser Fortschritt ist als Fortschritt der wissenschaftlichen Reflexion eben nicht eine einfache Annäherung des Forschers an die Natur an sich. Es gilt auch hier und gerade hier, an der grundsätzlichen Dialektik, die die Wissenschaft in ihrem Vollzugssinn bestimmt, festzuhalten. Diese Dialektik aber ist in einem letzten Sinn nicht mehr erkenntnistheoretisch oder wissenschaftstheoretisch zu bewältigen, sondern sie ist als die neue »Grundeinstellung zum Seienden überhaupt«, die das Zeitalter der Verwissenschaftlichung heraufgeführt hat, »anzueignen«. Es geht darum, sich in die Haltung der »Vergleichgültigung der Wesensfrage« einzuleben, das heißt, nach dem Wesen zu fragen im Bewußtsein, daß jede Frage und jede Antwort *vorläufig* bleibt.

Wir schließen diese Zusammenfassung mit einer Anmerkung ab. Gerade wenn man sich klar gemacht hat, daß die Einbeziehung der Subjektivität in der modernen Physik nicht eine Einschränkung der Objektivität bedeutet – man vermeint dies ja nur, wenn man am Ideal der klassischen Physik, das heißt einer subjektlosen Objektivität festhält –, kann man nun vielleicht noch einen Schritt weitergehen und gleichsam als »philosophische Hypothese« die Behauptung wagen, daß sich auch in der Physik ein neuer Wirklichkeitsbegriff zeigt. Diesen Wirklichkeitsbegriff herauszuarbeiten, ist die leitende Intention unserer ganzen Untersuchung. Wir deuten die Möglichkeit, diesen Wirklichkeitsbegriff auch in der Physik zu finden, jetzt nur an; bei unseren Diskussionen des Verhältnisses der Physik zur Lebenswelt werden wir noch einmal auf die sich hier zeigende Problematik zurückkommen müssen.

Wir zitierten oben eine Äußerung *Heisenbergs* aus dem Vorwort zu seinem Werk »Wandlungen in den Grundlagen der Naturwissenschaft«. Heisenberg erklärt, daß der Physiker heute vor einer merkwürdigen Situation stände, die seinem ursprünglichen Wunsch entgegen sei – dieser ursprüngliche Wunsch ist ganz offensichtlich der Wunsch nach subjektloser Objektivität. Heisenberg fährt an dieser Stelle fort: »Der Verfasser ist überzeugt, daß diese Situation – als eines von vielen Anzeichen einer sich wandelnden Zeit – eine tiefgehende Veränderung in der Struktur der ganzen Wirklichkeit ankündigt.«[7] Wir haben diese Sätze oben kritisch behandelt, um den Versuchen, die physikalische Situation von Kant her zu erklären, entgegenzutreten. Gleichwohl sind Heisenbergs Sätze, wenn man sie nicht mehr kantisch versteht, aufschlußreich, denn sie zeigen an, daß das, was die Welt der Physik ausmacht, nicht mehr von der Idee einer reinen Objektivität her bestimmt werden kann.

Um noch einmal das Gesagte gegen Mißverständnisse abzusichern: Es geht hier nicht darum, zu »anthropologisieren« und den Gedanken der wissenschaftlichen Objektivität zu negieren. Heisenbergs vieldiskutierte Formulierung, daß in der Physik der Mensch heute nur noch sich selbst begegne, ist sicher nicht als geglückt anzusehen. Der mögliche Ansatz eines anthropologischen Mißverständnisses wird aber gerade nur dann beseitigt, wenn man eben die Rolle der forschenden Subjektivität »positiv« wertet, das heißt unter Verzicht auf das Ideal der klassischen Physik erkennt, daß die Welt der Physik die Gesamtheit von Vorgängen betrifft, die eine durchaus kontrollierbare dialektische Verflechtung von Subjekt und Objekt darstellen.

Sodann: es geht auch nicht darum, unter dem Aspekt des neuen Wirklichkeitsbegriffes eine »Fusion« der Wissenschaften zu propagieren. Es zeigt sich zwar auch, wie wir im vierten Teil sehen werden, in den Geisteswissenschaften diese neue Konzeption der Wirklichkeit. Aber die Struktur beider Wissenschaftskreise ist und bleibt doch sehr verschiedenartig. Die Naturwissenschaft untersteht nach wie vor einem Ideal der Exaktheit, das die Geisteswissenschaft nicht akzeptieren *darf*. Und schließlich und vor allem: es geht uns nicht darum, der Physik von der Philosophie her eine neue Ontologie zu substituieren. Die Möglichkeit einer philosophischen Fundierung der Physik ist endgültig vorbei. Es geht uns allein darum, eine Reflexion auf das, was Verwissenschaftlichung in bezug auf die Physik heißt, zu vollziehen, und das besagt: zu erkennen, daß sich die Physik ihre Welt als ein kontrollierbares und solchermaßen gerade außerordentlich »objektives« Forschungsfeld allererst aufbaut.

Zum Sprachproblem der Physik

Wir wollen uns nun der Frage nach dem Zusammenhang der Welt der Physik mit der *Lebenswelt* zuwenden. Zwischen beiden Welten besteht eine Spannung, die sich zunächst in der Form der Ausschließlichkeit zeigt. Je mehr sich die Wissenschaft ihre Welt erbaut, desto radikaler wird die alltägliche Welt als Gegensatz zu ihr gesetzt. Husserl hat diesen Sachverhalt in bezug auf seine transzendentale Phänomenologie sehr klar herausgearbeitet. Sein Ansatz läßt sich jedoch verallgemeinern. Der Forscher bleibt als Mensch in der Lebenswelt »befangen«. So bewegen wir uns im Alltag natürlicherweise im makroskopischen Bezirk und verstehen Materie nach wie vor als Massivität und erfahren sie als Widerständigkeit. Sobald der Forscher jedoch wissenschaftlich vorgeht, schaltet er um, das heißt, er vollzieht eine Einklammerung der natürlichen Einstellung. Auf der anderen Seite gibt es zwischen beiden Welten fließende Übergänge. Auch das natürliche Leben ist von operationalen Handlungen und Experimenten bestimmt und bildet Vorstufen der Wissenschaft aus. Vor allem aber: die wissenschaftliche *Sprache* ist aus dem Leben erwachsen. *Von Weizsäcker* sagt mit Recht in seinem Aufsatz »Die Sprache der Physik«: »Die sogenannte exakte Wissenschaft kann niemals und unter keinen Umständen die Anknüpfung an das, was man die natürliche Sprache oder die Umgangssprache nennt, entbehren. Es handelt sich stets nur um einen Prozeß der vielleicht sehr weit getriebenen Umgestaltung derjenigen Sprache, die wir immer schon sprechen und verstehen.«[8] Es besteht nun aber nicht nur die Möglichkeit, von der Alltagswelt und ihrer Sprache zur Wissenschaft aufzusteigen, sondern auch die umgekehrte Möglichkeit, von der Welt der Wissenschaft auf die Lebenswelt zurückzukommen. *Carnap* hat die Rückübersetzbarkeit der physikalischen Aussagen, wie wir oben darlegten, als ein wesentliches Indiz der Physik angesehen; bestände diese Möglichkeit nicht, dann wäre die Physik nur ein »harmloses Rechenspiel«. Auch wenn man Carnaps Äußerungen – sie stammen aus der Zeit des »Physikalismus« – nicht im einzelnen folgt, so weisen sie darauf hin, daß es für die Physik nicht angeht, den Bezug zur Realität, wie er sich in der *alltäglichen Welt* darstellt, einfach auszuklammern.

Wir suchen die Frage nach dem Verhältnis von physikalischer Welt und natürlicher Lebenswelt nun vom *Sprachproblem* der gegenwärtigen Physik her genauer darzulegen. Es ist durchaus berechtigt, von einem Sprachproblem in der modernen Physik zu reden. Die Physiker sind selbst auf die Frage gestoßen, ob die wissenschaftliche Sprache, die der Naturwissenschaft von der Tradition her überkommen ist, überhaupt die eigentlichen Sachverhalte, die die heutige Physik aufdeckt, angemessen auszusagen vermag.

Die Form der *traditionellen wissenschaftlichen Sprache* ist der *Urteilssatz*. Dieser zeigt eine bestimmte Struktur. Es gibt ein Subjekt, das als *Substanz*, das heißt als für sich Seiendes, vorhanden ist. Diesem Subjekt als dem Träger werden nun Prädikate zugesprochen, die ihm notwendiger- oder zufälligerweise zukommen. Eben diese Grundvoraussetzung des Urteilssatzes, daß es eine solche feste und für sich seiende Substanz überhaupt gibt, ist aber in der heutigen Physik fraglich geworden. Damit gewinnt das Problem des Urteilssatzes eine grundlegende Bedeutung. Es geht bei diesem Problem – das ist an sich wohl klar, sei aber ausdrücklich angemerkt – nicht darum, daß nun der Urteilssatz als Form der wissenschaftlichen Aussage negiert werden soll, sondern um die Frage, ob die *ontologische Vorstellung*, die dem Urteilssatz zugrunde liegt, dem eigentümlichen Ansatz der modernen Physik noch entspricht.

Wolfgang Wieland hat diesen Sachverhalt in einem sehr instruktiven Aufsatz »Philosophische Grundfragen der modernen Physik« diskutiert und folgende These aufgestellt: »Was durch die moderne Physik radikal in Frage gestellt wurde, ist nichts anderes als die allgemeine Gültigkeit der sprachlichen Grundstruktur von Subjekt und Prädikat (wie sie für den indogermanischen Sprachtyp charakteristisch ist); einer Struktur, die ja auch zu den Vorgegebenheiten der traditionellen Ontologie gehört, wenn diese – wie immer sie sich auch begründen mag – zwischen Dingen und Eigenschaften von (bzw. Relationen zwischen) Dingen unterscheidet.«[9]

Bereits in der *klassischen Physik der Neuzeit* wird die Vorstellung einer zugrundeliegenden Substanz in gewisser Weise aufgehoben, denn was hier ausgesagt werden soll, sind nicht Eigenschaften einer dinglichen Substanz, sondern Vorgänge, und zwar Vorgänge mechanischer Art, die kausal erklärbar sind. *Ernst Cassirer* hat in mehreren erhellenden Untersuchungen gezeigt, wie im neuzeitlichen Denken der Begriff der Substanz durch den Begriff der Funktion aufgehoben wird.[10] Die Natur selbst stellt sich als funktionaler Zusammenhang dar. Gleichwohl: man hält gleichzeitig daran fest, daß dem Geschehen eine Substanz zugrunde liegt. Diese Vorstellung scheint so naheliegend und selbstverständlich zu sein, daß man unter Umständen dieses Subjekt »konjiziert«. Ein einziges Beispiel sei zur Verdeutlichung herangezogen. Es ist die Theorie des *Äthers*, deren Problematik unmittelbar zur Konzeption der Relativitätstheorie durch Einstein führte. Diese Äthertheorie hat eine Vorgeschichte. *Newton* nahm, um die Gravitation zu fundieren, das Vorhandensein eines unsichtbaren feinen Mediums an, das den ganzen Weltraum erfüllt. Dieser »Spiritus« sollte das Aufeinanderwirken der Körper vermitteln. Newton hat, so erklärt *Arthur March*, diese Annahme aber als Philosoph vollzogen; dies bedeutet – so kann man den Sachverhalt formulieren –, daß Newton von der natürlichen Vorstellung ausging, daß es für die Verbindung der Körper einen Träger geben müsse. Als Physiker lehnte Newton diese Vorstellung jedoch ab: »Um sich das Wirkliche der Gravitation erklären zu können, nahm Newton – wohlgemerkt als Philosoph und nicht als Physiker! – das Vorhandensein eines unsichtbar feinen, den ganzen Weltraum erfüllenden Mediums an – er nannte es ›Spiritus‹ –, das zwischen den Körpern eine Verbindung herstellt, so daß sie durch Vermittlung des Mediums aufeinander einwirken können. So dachte Newton als Privatmann. Aber als Physiker lehnte er diese über die Erfahrung hinausgehende Hypothese mit aller Entschiedenheit ab. Für die Physik reduziert sich nach ihm die Gravitation auf das mathematische Gesetz; alles, was man diesem hinzufügt, ist von Übel. Aus dem ›Spiritus‹ wurde später der Äther, den die mechanische Lichttheorie als Träger der Lichtwellen ausgab, bis Einstein mit ihm genau nach dem Muster Newtons verfuhr und ihn aus dem physikalischen Vokabular strich.«[11] Dieser Äther ließ sich nämlich durch keine Experimente nachweisen, und deswegen zog man die Konsequenz: es gibt keinen Raum an sich, der durch

Eigenschaften des »Äthers« charakterisierbar wäre, sondern nur Bezugssysteme der Körper zueinander.

Bleibt also das neuzeitliche Denken im ganzen noch wesentlich durch den Substanzbegriff bestimmt, so sind doch in der klassischen Philosophie dieser Epoche bereits Ansätze zu finden, die nicht nur der These eines substanziellen Raumes entgegenwirken, sondern überhaupt die Substanzvorstellung außerordentlich »dialektisch machen«, das heißt sie verflüssigen, ohne sie jedoch ganz und gar aufzugeben. Dies sei – in ausdrücklichem Bezug zum Urteilssatz – durch einen kurzen Hinweis auf *Leibniz* illustriert: Leibniz, der Mathematik, Physik und Philosophie in seinem Denken in seltener Einheit verbindet, stellt folgenden Grundsatz auf: »Semper notio praedicati inest subjecto in vera propositione.« Aber das Subjekt ist nun nichts Fixes mehr. Es expliziert sich, und diese Explikation – das ist das Entscheidende – *ist* das Subjekt als solches. Setzen wir für den Begriff »Subjekt« das Grundwort von Leibniz, »Monade« ein so heißt dies: die Monade ist die Gesamtheit ihrer Vollzüge als unbedingte und gesetzmäßige Entfaltung ihrer selbst. Leibniz versucht die Vorstellung der Entsubstanzialisierung radikal durchzuführen. Er gibt die naive Vorstellung, daß Materie ein zugrundeliegendes und widerständiges Etwas sei, auf. Materie ist Spannung von Kräften. Von diesem Ansatz her wird ebenso Descartes' Theorie von der res extensa, das heißt die Theorie der mit dem Raum geglichenen Materialität, wie auch die Annahme eines absoluten Raumes hinfällig. Raum ist System von Beziehungen und hat »keine von diesen Körpern unabhängige Existenz – eine Auffassung, die sich ganz mit der heutigen Physik deckt«.[12] Gleichwohl ist der Unterschied zwischen Leibniz und der modernen Physik evident. Die Auflösung der fixen Substanzialität geschieht bei Leibniz zugunsten einer funktionalen Ordnung. Diese Ordnung repräsentiert sich aber wiederum in ihren »Trägern«, den Monaden, die, auch wenn sie nichts außer ihrer Entfaltung, das heißt der Repräsentation der Ordnung als Ordnung, sind, doch im philosophischen Sinn das wahrhaft Seiende darstellen.

Die *moderne Physik* hat Gedanken einer objektiven Ordnung und ineins damit die Vorstellung wahrhaft seiender Repräsentanten dieser Ordnung aufgegeben, und das besagt, die Bestimmung der Substanz, die dem Urteilssatz zugrunde liegt, ist für sie nicht mehr angemessen, weder im naiven Sinn, nach dem dem Subjekt als fixem Etwas Prädikate zugesprochen werden, noch im Sinn von Leibniz, nach dem das Subjekt die Entfaltung seiner Bestimmungen ist. Hier aber setzt nun die Notwendigkeit ein, die Sprache auf ihre Möglichkeit hin, nicht eindeutige Sachverhalte auszusagen, zu untersuchen. Wir legen diese Problematik im Anschluß an *Heisenbergs* Ausführungen in »Physik und Philosophie« dar, insbesondere beziehen wir uns auf das Kapitel »Sprache und Wirklichkeit in der modernen Physik«, weil hier die wesentlichen Aspekte in ihrer grundsätzlichen Bedeutsamkeit sichtbar werden.

Heisenberg weist darauf hin, daß die Physiker untereinander in einer mathematischen Sprache reden, sie können, so heißt es, sich zufrieden geben, daß sie ein mathematisches Schema haben, das auf die Deutung ihrer Versuche anwendbar ist. Aber, so fährt Heisenberg fort, »auch für den Physiker ist die Möglichkeit einer Beschreibung in der gewöhnlichen Sprache ein Kriterium für den Grad des Verständnisses, das in dem betreffenden Gebiet erreicht worden ist«.[13] Die weiteren Ausführungen zeigen nun deutlich, daß Heisenberg das Problem des Bezuges von Physik und Sprache zunächst nur an diesem Kriterium eines allgemeinen Verständnisses orientiert.

Es gibt von diesem Aspekt her im Grunde kein Problem der Sprache für den Physiker als Physiker, sondern nur für den Physiker, der über die Wirklichkeit allgemeinverständlich reden will, wie es die klassische Physik und die alltägliche Sprache tun. Das besagt von der Gesamtsituation der Physiker her geurteilt: die »Physiker unter sich« denken und sprechen aus eben der »pragmatischen Haltung« heraus, die wir bereits früher erwähnten. Die Physiker – so erklärte einmal ein Physiker in einem Gespräch zwischen Naturwissenschaftlern und Philosophen – haben unter sich eine Sprache ausgebildet, in der ein Forscher den anderen, der sich bereits *innerhalb* der physikalischen Vorstellungswelt bewegt, informiert; das Ziel ist mögliche Verständigung, die sich durch mathematische und physikalische Ergebnisse ausweist; es wird keine philosophische Deutung der Wirklichkeit erstrebt. Die vielen kleinen Büchlein über moderne Physik, so fuhr dieser Physiker fort, die heute verfaßt werden, geben ein schiefes Bild, insofern sie den Anschein erwecken, als ob die heutige Physik sich zur Aufgabe gesetzt habe, das wahre Wesen der gegenständlichen Wirklichkeit als solches herauszuarbeiten.[14]

Heisenberg weist nun darauf hin, daß die moderne Physik Grundbegriffe – Raum, Zeit und Kausalität – in einem Sinn anwendet, der dem alltäglichen und dem neuzeitlichen Sprachgebrauch entgegensteht. In bezug auf die Bestimmungen »Raum« und »Zeit« heißt es, daß die Sprache der klassischen Physik eindeutig das wahrhafte, das heißt das subjektunabhängige Geschehen zu erfassen meint. »Zu den grundlegenden Vorstellungen dieser Sprache gehörten die Annahmen, daß die Reihenfolge von Vorgängen in der Zeit völlig unabhängig sei von ihrer Anordnung im Raum, daß die Euklidische Geometrie im wirklichen Raum gelte und daß die Vorgänge in Raum und Zeit geschehen unabhängig davon, ob sie beobachtet werden oder nicht.«[15] Gerade diese Annahme aber ist fraglich geworden. Jedoch der Widerspruch zwischen dem alltäglichen und dem klassischen Sprachverständnis von Raum und Zeit auf der einen und der modernen Physik auf der anderen Seite ist für den Physiker eben nicht so relevant. Es ist möglich, den gegenständlichen Anspruch auszuschalten. Die Physiker verständigen sich über ihre »Tatsachen« dann rein informativ, ohne damit etwas über die »Wirkliche Welt« sagen zu wollen. Nur wenn man diesen Anspruch erhebt, ergeben sich sprachliche Probleme. Die Voraussetzung dieser Argumentation ist ganz offensichtlich die Vorstellung, daß sich die übliche Sprache auf Wirklichkeit beziehe, die physikalisch-mathematische Formelsprache dagegen eben nicht.

Heisenberg diskutiert nun in immer erneuten Ansätzen die Möglichkeit der Physik, den Wirklichkeitsanspruch auszuklammern. In diesem Zusammenhang finden sich aber nun gerade Gedankengänge, die zeigen, wie tief das Sprachproblem eben doch in die Welt der Physik selbst eingreift. Die Quantentheorie, so sagt Heisenberg, hat einen solchen Gegensatz zwischen der mathematischen Aussage und der alltäglichen Sprache aufgerissen, daß die Frage nach der Gegenstandsbezogenheit physikalischer Aussagen eigentlich nicht zu umgehen ist. Die Probleme der Sprache sind »sehr ernsthafter Natur. Wir sollen in irgendeiner Weise über die Struktur eines Atoms sprechen und nicht etwa nur über die Tatsachen – zu denen etwa schwarze Punkte auf einer fotografischen Platte oder Wassertröpfchen in einer Nebelkammer gehören. Aber wir können in der gewöhnlichen Sprache nicht über die Atome selbst reden«.[16] Heisenberg erklärt in diesem Zusammenhang, der Begriff der Komplementarität, wie er von Bohr in die Quantentheorie eingeführt wurde, habe die Physiker ermutigt, »lieber eine zweideutige, statt eine eindeutige Sprache zu benützen«.[17]

Die Problematik des Rückgriffes auf die übliche Sprache und die aus ihr erwachsenen klassischen Begriffe wird nun von Heisenberg zunächst an Beispielen dargelegt und sodann in grundsätzlicher Hinsicht diskutiert. Die klassischen Begriffe werden in der Quantentheorie nur »mit statistischen Erwartungen verknüpft«, das heißt vom Experiment her gesehen: die Erwartung ist nicht objektiv im Sinne der Wirklichkeit, sondern nur objektiv im Sinne der Möglichkeit. Heisenberg erklärt von dieser Erwartung: »Man mag sie eine objektive Tendenz oder Möglichkeit nennen, eine ›Potentia‹ im Sinne der Aristotelischen Philosophie. In der Tat glaube ich, daß die Sprache, die bei den Physikern gebräuchlich ist, wenn sie über Atomvorgänge sprechen, in ihrem Denken ähnliche Vorstellungen hervorruft wie der Begriff ›Potentia‹. So haben sich die Physiker allmählich wirklich daran gewöhnt, die Elektronenbahnen und ähnliche Begriffe nicht als eine Wirklichkeit, sondern eher als eine Art von ›Potentia‹ zu betrachten. Die Sprache hat sich, wenigstens in einem gewissen Ausmaße, schon an die wirkliche Lage angepaßt. Aber es ist nicht eine präzise Sprache, in der man die normalen logischen Schlußverfahren benützen könnte; es ist eine Sprache, die Bilder in unserem Denken hervorruft, aber zugleich mit ihnen doch auch das Gefühl, daß die Bilder nur eine unklare Verbindung mit der Wirklichkeit besitzen, daß sie nur die Tendenz zu einer Wirklichkeit darstellen.«[18]

Diese Sätze sind aufschlußreich, denn sie zeigen ja gerade die völlige Neuartigkeit der Situation der modernen Physik gegenüber Aristoteles, der hier nicht zu Recht herangezogen wird. Für Aristoteles ist die »Möglichkeit« der objektive Weg zu einem objektiven Telos hin. Das heißt in bezug auf das Sprachproblem: selbst wenn Aristoteles noch keine Begriffssprache im Sinn der neuzeitlichen klassischen Physik ausgebildet hat, so ist er doch überzeugt, daß die Sprache das Seiende trifft. Die Aporie, eine nur bildhafte Sprache anwenden zu müssen und mit dieser eben die wahren Sachverhalte nicht zu treffen, ist ihm völlig fremd. Diese Aporie stellt sich ja erst ein, wenn die Gewißheit, daß die natürlich gewachsene Sprache die Dinge selbst aussagt, *fraglich* geworden ist.

Da nun aber der heutige Physiker um die Unzulänglichkeit der üblichen Sprache weiß, sucht er nun doch einen besseren Weg zu finden. Heisenberg fährt nach dem angeführten Zitat fort: »Die in ihrem Wesen begründete Ungenauigkeit dieser bei den Physikern gebräuchlichen Sprache hat daher zu Versuchen geführt, eine davon verschiedene, präzise Sprache zu definieren, die wohldefiniert logische Schlußweisen zuläßt und dem mathematischen Schema der Quantentheorie genau entspricht.«[19]

Das besagt: es wird eine Aussagenlogik intendiert, die über die klassische Logik – diese Logik ist ja die Logik des Urteilssatzes – hinausgeht. Die klassische Logik kennt nur die Aussage: entweder A ist B, oder A ist nicht B – tertium non datur. Gerade dieser Ansatz aber muß auf Grund der modernen Forschungslage revidiert werden. Dies kann nicht in der gewöhnlichen Sprache und der ihr zugehörigen Logik geschehen. Es wäre widersprüchlich, so sagt Heisenberg mit Recht, in der gewöhnlichen Sprache ein logisches Schema beschreiben zu wollen, »das nicht auf die gewöhnliche Sprache Anwendung findet«. Es ist eine Stufenlogik notwendig. Diese Logik steht nun aber auch im Gegensatz zu der informativen Sprache, die die Physiker unter sich verwenden, weil sie eben die Sprache der Wissenschaft in einer Stufenordnung von Aussagemöglichkeiten reflektiert. »Eine erste Stufe handelt von den Objekten, z. B. von dem Atom oder den Elektronen. Eine zweite Stufe bezieht sich auf Aussagen über Objekte. Eine dritte mag sich beziehen auf Aussagen über Aussagen über Objekte usw. Es wäre dann möglich, verschiedene logische Schlußverfahren in den verschiedenen Stufen zu benützen. Allerdings wird man schließlich auf die gewöhnliche Sprache und damit auf die klassische Logik zurückkommen müssen. Aber von Weizsäcker schlägt vor, die klassische Logik in ähnlicher Weise als ›a priori‹ zur Quantenlogik zu betrachten, wie die klassische Physik ein a priori für die Quantentheorie darstellt. Die klassische Logik würde dann als eine Art Grenzfall in der Quantenlogik enthalten sein, aber die letztere würde doch das allgemeine logische Schema darstellen.«[20]

Die klassische Logik und die klassische Physik sollen also, wie Heisenberg erklärt, durch die Quantenlogik aufgehoben und dadurch gerade als untergeordnete Möglichkeiten beibehalten werden. Suchen wir den Sachverhalt noch einmal im ganzen darzulegen. Der Ausgangspunkt jeder wissenschaftlichen Sprache ist die Alltagssprache. Diese ist – gerade Heisenberg weist wiederholt darauf hin – durch Ungenauigkeit, Bildhaftigkeit und vor allem durch Komplementarität bestimmt. Wenn irgendwo, so regiert im alltäglichen Sprechen dies sich gegenseitige Ergänzen. Diese Ungenauigkeit hebt die klassische Philosophie und ihre Logik auf. Sie intendiert Begriffe und sucht deren mögliche Verbindung zu erfassen. Man arbeitet aus der alltäglichen Sprache die Struktur eines reinen Urteilssatzes heraus, der in der Wissenschaft seinen Ort hat. Die Wissenschaft ist bereits Gegengriff zu der alltäglichen Sprache, insofern sie inhaltlich und formal die begriffliche Reinheit des Urteils intendiert. Dies ist die eine Seite. Aber – das gilt es ebenso zu beachten –, auch wenn diese Wissenschaft in relativem Gegensatz zur alltäglichen Sprache steht, so ist sie ebenso wie diese durch das Prinzip der *objektiven Gegenständlichkeit* bestimmt. Dieses Prinzip umgreift auch die Wissenschaft und ihre Logik. Historisch gesehen regiert dieser Ansatz von Aristoteles bis zu Kant. Kant ist der legitime Abschluß der Entwicklung. Er konstruiert über die formale Logik hinausgehend eine *transzendentale* Logik, deren Formen nicht nur Formen der Aussage, sondern auch der gegenständlichen Welt sind. Ein Problem grundsätzlicher Art ersteht erst, wenn der Gegenstandsbezug fraglich wird, und dies geschieht, wenn man zu der Einsicht gezwungen ist, daß Gegenstand und Ich nicht voneinander eindeutig zu trennen sind. Damit wird das Ideal der subjektfreien Objektivität im Sinne der klassischen Physik *und* das Ideal der eindeutig durch ein reines Subjekt bedingten Gegenständlichkeit im Sinne Kants fraglich. Es ersteht nun die Aufgabe, die diesem Sachverhalt gemäßen Aussagemöglichkeiten und eine ihnen entsprechende Logik zu thematisieren.

Heisenberg erklärt mit Recht, daß man beim Aufbau dieser *Stufenlogik* auf die *gewöhnliche Sprache* zurückgreifen müsse. Es zeigt sich hier, daß die Diskussion des Sprachproblems in der Physik zu Problemen führt, die auch die Fragestellungen des Positivismus bestimmen. Wir haben sie, insbesondere die Differenzierung von Objekt- und Metasprache, oben erörtert und wollen die sich hier zeigenden Parallelen im einzelnen nicht herausstellen. Nur soviel sei gesagt: der Ausweg *Wittgensteins*, die Physik ebenso wie die natürlichen Sprachen als je in sich geschlossene Sprachspiele zu betrachten, würde dazu führen, das Problem der Gegenstandsbezogenheit als sinnlos zur Seite zu schieben. Die Sprache der Physik würde damit für sich gesetzt und fungierte als rein informativ-pragmatische Verständigung. Daß eine solche Ausklammerung des Gegenstandsbezuges die Forschungsdimension der Physik verkürzt, insofern die Physik hier – mit Carnap gesprochen – zum harmlosen Rechenspiel würde, wurde oben gezeigt.

Reflektieren wir das Gesagte, so zeigt sich eine *unaufhebbare Dialektik*. Einerseits muß die Unterschiedenheit der Welt der Physik und der alltäglichen Lebenswelt betont werden. Beide Welten haben eine eigene Sprachlichkeit. Andererseits muß die Sprache der Physik auf die alltägliche Sprache zurückgreifen, nicht nur um sich verständlich zu machen, sondern auch um eine Stufenlogik verbindlicher physikalischer Aussagen zu entwickeln.

Anmerkung zur »Protophysik« (Lorenzen)

In diesem Zusammenhang sei kurz auf die Protophysik, die *Paul Lorenzen* und seine Schüler entworfen haben, hingewiesen.[21] Diese Physik, die sich als systematische Physik von der empirischen und der historischen Physik unterscheidet – so *Peter Janich*[22] –, hat zum Ziel die Klärung der grundsätzlichen Verfahrensweisen der Physik unter dem Aspekt der Exaktheit. Diese Physik, als universelle Somatologie, das heißt als Lehre von Körpern, insofern sie Körper sind, bestimmt, muß von leitenden Grundbestimmungen her aufgebaut werden. Ein solcher Aufbau hat die *Sprachstrukturen* zu berücksichtigen, auf denen wissenschaftliche Aussagen beruhen. Ausgangspunkt dieser Untersuchung ist die allgemeine Umgangssprache und nicht die traditionelle Wissenschaftssprache und ihre Terminologie.[23] Sprechen ist grundsätzlich betrachtet eine Handlungsform. Wesentlich ist der *Dialog*. Der wissenschaftliche Dialog muß sich als Dialogspiel nach bestimmten Regeln konstituieren. Er geht operativ vor. Es werden *Handlungsvorschriften* entwickelt. Lorenzen spricht von idealen Normen und versteht diese eben als Handlungsvorschriften.

Dieser Ansatz erinnert an den Operationalismus Bridgmans, auf den wir oben zu sprechen kamen. Er ist jedoch von diesem zu unterscheiden. Während Bridgman Begriffe ihrem Sinngehalt nach allein von den Verfahrensweisen her zu konstituieren sucht, greift Lorenzen auf die Bestimmung »apriori« zurück. Es gibt neben den empirischen Wahrheiten nicht-empirische Wahrheiten. »Nach Kant nennen wir nicht-empirische Wahrheiten auch apriorische Wahrheiten. Mit diesem Terminus ›apriori‹ ist natürlich nichts gewonnen: er dient nur als affirmatives Wort für ›nicht-empirisch‹ (und den Wortsinn ›apriori‹ = ›von vornherein‹ mag man sich so deuten, daß die Verifizierung einer apriorischen Wahrheit vor der empirischen Verifizierung der im Satz enthaltenen Elementarsätze geschehen kann). Wir nennen also jedenfalls die logischen Wahrheiten zugleich ›apriorisch-wahr‹.«[24] Im Anschluß an Kant unterscheidet Lorenzen verschiedene Arten nicht-empirischer Wahrheiten.[25] Wichtig für die Protophysik ist folgende Einteilung: es gibt formal-analytische Sätze. Dies sind Sätze, deren Wahrheit auf ihrer logischen Form und bestimmten Definitionen beruht. Daneben stehen die formal-synthetischen Sätze der Arithmetik, die mindestens eine Konstruktionsvorschrift enthalten. Und schließlich material-synthetische Sätze, die sich auf die Geometrie beziehen. Diese gibt als Wissenschaft der räumlichen Ordnung Handlungsvorschriften vor für »begründende Handlungen an Körpern«.

Wir können diesem Ansatz im einzelnen hier nicht nachgehen. Interessant in unserem Zusammenhang, der das Problem der wissenschaftlichen Sprache und ihr Verhältnis zur Umgangssprache betrifft, ist die Behauptung, daß die Umgangssprache

Die Welt der Physik und ihr Verhältnis zur Lebenswelt 143

den Grund und Boden aller sprachlichen Handlungen, also auch der wissenschaftlichen Sprache, darstellt. Es wird nun aber darauf abgehoben, daß die Meinung der hermeneutischen Sprachphilosophie, daß die Umgangssprache ein Urdatum sei, nicht zu Recht bestehe. Die alltägliche Sprache ist – dies hat insbesondere *Kuno Lorenz* darzulegen gesucht[26] – durchaus »hintergehbar«. Man kann aus ihr gültige Formen von Aussagen herausarbeiten bis zu den wissenschaftlichen Sätzen einer Protophysik hin.

Es ergeben sich freilich zwei Fragen. Einmal: Wie weit ist die Protophysik in der Lage, die reale Forschungssituation der Physik angemessen zu erfassen? Die Protophysik ist zwar konkreter auf die Physik bezogen als die allgemeine Wissenschaftstheorie, aber stellt sie nicht doch einen der letzten Versuche der Philosophie dar, vorgängig Vorschriften für die reale Forschung zu entwickeln, die zwar richtig sein mögen, mit denen der Forscher aber in concreto bei seinen Experimenten nicht sehr viel anfangen kann? Sodann: daß es ein Sprachproblem der Physik gibt, das kein Randproblem dieser Wissenschaft ist, haben wir zu zeigen gesucht. Das besagt aber nicht, daß die Frage nach dem Wirklichkeitsbezug der Physik und vor allem die Frage nach dem Verhältnis von physikalischer und natürlicher Welt von der Sprache her zu lösen sei. Diese Probleme überschreiten, und zwar in mehrfacher Hinsicht, den Horizont der Sprachproblematik. Dies sei zum Abschluß noch einmal herausgestellt.

Natürliche Welt und wissenschaftliche Welt als dialektische Gegenpole

Das Verhältnis zwischen wissenschaftlichem und alltäglichem Weltverständnis ist durch die Nichtreduzierbarkeit der einen Weltsicht auf die andere bestimmt. Es ist nur dialektisch auszudeuten. Grundsätzlich formuliert: auch in bezug auf die Frage nach dem Verhältnis beider Sichten zeigt sich die Möglichkeit eines neuen Verständnisses der Wirklichkeit. Wir greifen, um diese Aussage zu verdeutlichen, noch einmal auf unsere Analyse der gegenwärtigen Situation der Physik zurück. Die *Welt der Physik* ist eine verwissenschaftlichte Welt. Das besagt: sie ist keine subjektfreie Dimension, sondern muß als die Gesamtheit der Vorgänge verstanden werden, die durch eine kontrollierbare Verflechtung von Subjekt und Objekt bedingt sind. Der Physiker hat also die Vorstellung einer in sich ruhenden Natur an sich als für die heutige Physik nicht mehr maßgebend anzusetzen. In der Physik, so sagten wir demgemäß, zeigt sich ein neuer Wirklichkeitsbegriff, der eben durch diese unaufhebbare und nicht abschließbare »dialektische Wechselbestimmung« von Subjekt und Objekt gekennzeichnet ist.

Dieser Wirklichkeitsbegriff – das gilt es ganz entschieden festzuhalten – ist aber eben einzig und allein ein Merkmal der modernen *Physik* und *nur* von deren Forschungssituation her verständlich. Die sich hier zeigende Dialektik ist und bleibt eine objektive und kontrollierbare. Diesen Wirklichkeitsbegriff auf die alltägliche Welt einfach zu übertragen, wäre ein arges Mißverständnis. Man würde solchermaßen ja gerade die Dimensionsunterschiedenheit beider Welten verkennen. Die alltägliche Welt erscheint von der Dialektik der Physik her gesehen als undialektische »Natürlichkeit«. Es gehört ja gerade zu der Dialektik des Verhältnisses von physikalischer und »natürlicher« Weltsicht, die physikalische Welt als Gegenzug gegen die natürliche Weltsicht, insofern diese durch den naiven Realitätsglauben bestimmt erscheint, aufzubauen. Methodisch formuliert: die Wissenschaft setzt als Gegenspieler eine Unmittelbarkeit voraus, die sie zwar aufgehoben hat, die aber die ihr vorgegebene Ausgangsbasis ist.

Das ist aber nur die eine Seite. Versucht man nämlich die sogenannte *Lebenswelt* in sich selbst zu betrachten, dann sieht man, daß sie keineswegs widerspruchslos ist. Die Idee einer natürlichen und intakten Lebenswelt ist heute – wir haben dies gegen die Ansätze Husserls und Heideggers darzulegen versucht[27] – eine Illusion. Die Lebenswelt ist heute von Grund auf verwissenschaftlicht. Die ständige Umwandlung dieser Welt durch die Wissenschaft ist ein unleugbares Faktum; wir haben diese Tatsache schon mehrfach herausgestellt und werden im letzten Teil, der der Ethik gewidmet ist, auf die sich hier eröffnende Problematik noch einmal zurückkommen müssen. Jetzt sollte nur darauf hingewiesen werden, daß nicht nur die Welt der Wissenschaft, sondern auch die Lebenswelt dialektisch im Sinne der Vieldeutigkeit geworden ist, und zwar auf Grund der Verwissenschaftlichung.

Gleichwohl: Wissenschaft und Leben bleiben Gegensätze. Ihr Verhältnis ist *zunächst* gerade dadurch bestimmt, daß der jeweilige Gegenpol als undialektisch angesetzt wird. Der Wissenschaftler hält nach wie vor die Lebenswelt für eine natürliche Vorgegebenheit, und das alltägliche Bewußtsein ist von der Meinung bestimmt, daß die Welt der Wissenschaft zwar für es kaum verständlich sei, in sich aber eine objektive und nachprüfbare Gewißheit vermittle.

Erst wenn die Erkenntnis aufbricht, daß der jeweilige Gegenpol in sich selbst *und* im Verhältnis zu seinem Gegenpol dialektisch geworden ist, zeigt sich die Möglichkeit, die Meinung, es gebe heute überhaupt noch eine in sich ruhende Wirklichkeit, radikal zu negieren zugunsten der Einsicht, daß unsere gesamte Wirklichkeit heute in Bewegung geraten ist, so daß es gar nicht mehr angängig ist, einen der sie konstituierenden Faktoren unabhängig von den anderen als fraglose Größe für sich zu setzen.

Zweites Kapitel
Theorie und gesellschaftliche Realität:
Zur Forschungssituation der Soziologie

Zur Gliederung

In diesem Kapitel soll die Forschungssituation der modernen Soziologie thematisiert werden. Wir wiesen bereits in unserer Einleitung zu dem vorausgehenden Kapitel, in dem die Forschungssituation der Physik diskutiert wurde, darauf hin, daß die Entwicklung beider Wissensdisziplinen einerseits parallel verläuft, daß sie aber andererseits doch spezifiziert werden muß. Bestimmend ist für beide Wissenskreise die Verwissenschaftlichung. Die Verwissenschaftlichung ist, wie wir sagten, durch ein Zweifaches gekennzeichnet, einmal durch die Abkehr vom unmittelbar Gegebenen, die Wissenschaft konstituiert sich ihre »Welt« allererst selbst, insofern sie sich als Forschung etabliert; sodann ist maßgebend der dialektische Bezug, in dem Wissenschaft und Leben zueinander stehen, beide Dimensionen bleiben getrennt und sind doch aufs engste miteinander verzahnt.

Diese *allgemeinen Merkmale* der Verwissenschaftlichung sind sowohl für die Entwicklung der Physik als auch für die Entwicklung der Sozialwissenschaften charakteristisch. Gleichwohl zeigen sich zugleich bedeutsame *Unterschiede*. Die Sozialwissenschaften haben es mit dem Menschen zu tun: auch wenn sie die philosophische Frage nach dem Wesen des Menschen ausklammern und nur auf die Probleme der zwischenmenschlichen Bezüge abheben, ist hier der Forschungsgegenstand doch in engerer Weise mit den Fragen nach dem Verhältnis des Menschen zu sich selbst verknüpft als es in der Physik der Fall ist, die die äußere Natur untersucht. Dieser Sachverhalt wirkt sich dahin aus, daß die Entwicklung der Sozialwissenschaften komplizierter und diskontinuierlicher verläuft als die Entwicklung der Physik. Die Frage, wieweit die mitmenschlichen Bezüge wissenschaftlich erfaßt werden können, oder anders formuliert: das Problem, wie es überhaupt mit dem *Wissenscharakter der Sozialwissenschaften* steht, ist hier zentral. Mit diesem Problem hängt aufs engste ein zweiter Fragenkomplex zusammen. Die Sozialwissenschaften haben in höherem Maße als die Naturwissenschaften eine *pragmatisch-praktische Abzweckung*. Ob sie nun auf Veränderung der vorgegebenen Situation im ganzen abzielen oder sich als »Stückwerkwissen« etablieren, der pragmatisch-praktische Bezug zur Gesellschaft ist für ihre Konstitution wesentlich.

Angesichts dieser sehr weit gespannten Problematik ist in dem jetzt zu thematisierenden Zusammenhang eine *doppelte Beschränkung* geboten. Einmal: wir untersuchen in diesem Abschnitt nur die Forschungssituation der Soziologie, das heißt, wir klammern die Analyse anderer Sozial- oder Verhaltenswissenschaften, insbesondere der Politologie, hier aus. Sodann: die Soziologie soll hier nur unter dem *Gesichtspunkt der Verwissenschaftlichung* untersucht werden. Dieser Gesichtspunkt ist einseitig, er erschließt keineswegs das Ganze der gegenwärtigen soziologischen Ansätze. Insbesondere werden hier die Fragen, die die konkrete Gestaltung der gegenwärtigen Situation unter dem Aspekt der Soziologie betreffen, ausgespart. Diese Probleme werden im fünften Teil, der unter dem Thema der *Verantwortung* steht, diskutiert. Der dort entwickelte Ansatz besagt, daß die Probleme eines zeitgemäßen Handlungsbezuges unter die allgemeine Frage gestellt werden müssen, wie das menschliche Zusammenleben heute optimal gestaltet werden kann. Diese Frage ist aber nur im konkreten Zusammenwirken von Soziologie, Politik und Ethik diskutierbar. In dem fünften Teil werden auch wissenschaftspragmatische Probleme der Sozialwissenschaft, und zwar wesentlich unter ethischem Aspekt, verhandelt werden.

Auf Grund dieser Beschränkung ergibt sich für dies Kapitel folgende Gliederung: in einem *ersten Abschnitt*, der gleichsam als Einleitung fungiert, suchen wir die *Genese* der modernen Situation der Sozialwissenschaften herauszuarbeiten. Hier kommt es uns vor allem darauf an zu zeigen, daß und wie die anfängliche *Abwertung sozialphilosophischer Fragestellungen* zugunsten der Naturwissenschaften dadurch aufgehoben wird, daß die Sozialwissenschaften als solche nun selbst *rationalisiert* werden. Dieser Abschnitt, der sehr zusammengedrängt ist, schließt mit einem Hinweis auf die Soziologie *Max Webers*. Im *zweiten Abschnitt* wenden wir uns der gegenwärtigen Soziologie zu und suchen die soziologische Forschungssituation unter wissenschaftstheoretischen Aspekten durch einen Rückgriff auf den sogenannten *Positivismusstreit in der Soziologie* zu charakterisieren. In diesem Zusammenhang wird das Verhältnis zwischen kritischer und analytischer Soziologie diskutiert, und es werden die Arbeiten von *Jürgen Habermas* behandelt; ihnen kommt – so meinen wir – symptomatische Bedeutung zu, insofern Habermas eine Wende zur sprachphilosophisch orientierten Wissenschaftstheorie vollzieht. Der *dritte Abschnitt* gilt der Analyse der Problematik der gegenwärtigen soziologischen *Modelltheorien*. Durch die Interpretation der Ansätze und der Grundbegriffe maßgebender soziologischer Theorien soll beispielhaft die Dialektik aufgewiesen werden, die zwischen System und Realität besteht. Wir thematisieren hier die Theorien von *Talcott Parsons, Niklas Luhmann* und *Ralf Dahrendorf*. Der *vierte Abschnitt* sucht an dem für die Soziologie zentralen *Begriff der Rolle* diese Dialektik näher zu verdeutlichen. Wir wollen hier darlegen, daß die soziale Rolle ein Konstrukt ist, das zur Entschlüsselung der Empirie dient; gleichwohl ist eine angemessene Bestimmung der Rolle nicht ohne Rückgriff auf das Verhalten des Menschen zu sich selbst möglich; dieses muß jedoch unter soziologischen Aspekt objektiviert werden. Im *fünften Abschnitt* weisen wir, die Ergebnisse des dritten und vierten Abschnittes zusammenfassend, darauf hin, daß soziologische Theorien ihren Sinn nicht darin haben, die reale Wirklichkeit abzubilden; sie fungieren als *Orientierungsthesen*, die die empirische Erforschung der Wirklichkeit leiten sollen. Diese Aufgabe läßt sich am besten durch einen *Pluralismus der Theorien* erfüllen. Der *sechste Abschnitt* thematisiert sehr zusammengedrängt den *Praxisbezug der Soziologie* unter dem Aspekt des Verhältnisses von Theorie und empirischem Einzelprojekt. Er leitet damit zur Fragestellung des fünften Teiles über.

Eine allgemeine Bemerkung sei noch angefügt. Wenn wir von *kritischer* und *analytischer Soziologie* reden, so fungieren beide Begriffe als »Sammelbegriffe«. Dies ist sicher mißlich. Mag der Begriff der kritischen Soziologie noch relativ umgrenzt sein, insofern es sich hier wesentlich um die »Frankfurter Schule« handelt, die von Horkheimer und Adorno ausgegangen ist, so ist die Bestimmung »analytische Soziologie« sehr allgemein und vage. Es wäre hier nicht nur der Methode nach zwischen normativ-analytischer und empirisch-analytischer Theorie zu differenzieren, sondern auch dem inhaltlichen Problemansatz nach zwischen bestimmten Modellen, etwa der funktionell-strukturellen Theorie und der Konflikttheorie. Wir werden auf diese Differenzen in unseren konkreten Analysen natürlich eingehen. Zum Zwecke einer *allgemeinen Orientierung* scheint uns jedoch die Unterscheidung von kritischer und analytischer Soziologie brauchbar und fast unumgänglich, nicht zuletzt darum, weil beide Bestimmungen sich im Jargon der wissenschaftlich interessierten Öffentlichkeit weitgehend durchgesetzt haben.[1]

1. Sozialphilosophische und sozialwissenschaftliche Konzeptionen von der Antike bis zur Gegenwart

Zur Problematik der Sozialphilosophie in der Antike und in der Neuzeit

Wenn man die Entwicklung der Sozialphilosophie und der Sozialwissenschaft in der Tradition angemessen verstehen will, so muß man den bereits mehrfach gekennzeichneten Wissenschaftsbegriff dieser Tradition beachten und in Rechnung stellen.[1] Er besagt: die wesentliche Aufgabe der Wissenschaft ist es, die immer gleichbleibenden Strukturen des Seienden aufzudecken. Wissenschaft ist daher vorzüglich Wissenschaft von der *Natur*. Die Physik hat nach Aristoteles, den wir als Kronzeugen der griechischen Auffassung anführen, die Natur als eine in sich geregelte Ordnung darzustellen. Sie weist, insofern das natürlich Seiende als bewegtes ein nichtiges Seiendes ist, über dieses hinaus auf die Theologie hin, die das nichtungsfreie Göttliche betrachtet – die Mathematik bleibt für Aristoteles, insofern sie von nicht selbständigem Seiendem handelt, von untergeordneter Bedeutung. Physik und Theologie sind ontologische Wissenschaften. Wissenschaften, die es mit dem Menschen zu tun haben, wie *Ethik* und *Politik*, sind von diesen ontologischen Wissenschaften deutlich zu unterscheiden. Sie beziehen sich auf *Veränderliches*. Die Technik nimmt gleichsam eine Mittelstellung ein; sie ist zwar als menschliche Tätigkeit durch den Zufall bedroht, aber sie wird durch den Vorblick auf die Natur, die es nachzuahmen gilt, bestimmt. Sicher: es gibt Bezüge zwischen diesen Wissenschaften; so verweist die Ethik, insofern sie das menschliche Tun im ganzen ausrichtet, gerade auf die Theologie und kennzeichnet das höchste menschliche Handeln als Betrachtung des ontologisch höchstrangigen, d. h. des immer seienden Göttlichen. Aber in grundsätzlicher Hinsicht ist zu sagen, daß das menschliche Leben in seinen Bezügen nicht in der gleichen Weise ontologisch erfaßt werden kann wie die Natur oder der Gott.

Dieser Ansatz wird zu *Beginn der Neuzeit* nicht wesentlich modifiziert. Zwar tritt nun die Mathematik als Grundlage der Naturwissenschaft heraus, und die technische Ausnutzung der Naturwissenschaft wird aktualisiert, denn die Naturwissenschaft ermöglicht die Herrschaft über die Natur. Aber die Naturwissenschaft bleibt der Technik, die auf sie aufbaut, gegenüber autonom. Und vor allem: an ihrem Rang gemessen erscheint eine Wissenschaft vom menschlichen Zusammenleben zweitrangig, wenn nicht gar unmöglich. Wir erinnern an *Descartes*. Descartes legt ausführlich dar, daß eine geschichtliche Kunde vom Menschen nicht eigentlich Wissenschaft sein könne, weil Wissenschaft nur dort möglich ist, wo der Gegenstand mathematisierbar ist. Für Descartes gibt es nur eine »vorläufige Moral«. Aber diese vorläufige Moral ist gerade die einzig mögliche Moral, denn die Moral kann nie ewig gültige Regeln aufstellen, weil das Leben der Menschen schwankend und nicht gesetzmäßig zu ordnen ist. Sicher: es gibt in der Neuzeit auch Versuche – wir denken vor allem an *Hobbes* –, das menschliche Zusammenleben zu »mathematisieren«, d. h. als gesetzliche und berechenbare Dimension zu konstituieren. Aber dieser Ansatz wird – das zeigt ein Blick auf Locke und Hume – nicht ausgebaut. Die Grundüberzeugung bleibt leitend, daß eine Wissenschaft vom Menschen, insbesondere eine Wissenschaft der Politik, der Sache nach nie mechanische Gesetzeswissenschaft werden könne. Hier spielt die Erfahrung eine wesentliche Rolle. Ihre Regeln und Gesetze entspringen einer *pragmatisch-praktisch* orientierten Überlegung. Bis zu Kant hin bleibt dieser Ansatz erhalten. Wissenschaft ist nach Kant wesentlich Naturwissenschaft im Sinne mathematisierender Mechanik. Die *Ethik* hat es überhaupt nicht mit der Natur, also auch nicht mit der menschlichen Natur, zu tun, sondern mit der nicht empirischen praktischen Vernunft. Und die *pragmatische Anthropologie*, die zeigt, wie die Menschen faktisch leben, kann gar nicht den Anspruch auf den Rang einer echten Wissenschaft erheben.

Die Abwertung der Wissenschaft vom menschlichen Zusammenleben, die die Tradition bestimmt, wird also vom Gesichtspunkt der »reinen« Wissenschaft, wie sie sich in der Naturwissenschaft darstellt, vollzogen. Sie bedeutet aber keineswegs, daß man nicht anerkennt, daß das anthropologische Gebiet, zu dem Politik und Wirtschaft ebenso gehören wie Ethik und Recht, eine in sich durchaus sinnvolle Struktur hat. Im anthropologischen Gebiet durchkreuzt und überschneidet sich wissenschaftliches, d. h. nach den wahren Ursachen fragendes Vorgehen mit vorwissenschaftlichem Verhalten. Diese Vermischung von »Wissenschaft« und »Nicht-Wissenschaft« gehört zum Wesen dieser Gebiete, denn eine bloß theoretische Betrachtung würde die ihnen ursprünglich zukommende praktische Komponente entscheidend verkürzen. *Plato* sucht das menschliche Zusammenleben von der »Wissenschaft der Ideen« aus, die das Wesen alles Seienden vom *Guten* her erkennt, zu durchdringen und zu ordnen und dem Menschen solchermaßen Anweisungen zu geben. *Aristoteles* inauguriert die Wissenschaft von der Politik. Selbstverständlich ist die Wissenschaft von der Politik nicht selbst Politik, ebensowenig wie die Wissenschaft vom menschlichen Verhalten, die Ethik, bereits konkretes ethisches Verhalten ist. Aber es ist andererseits offensichtlich, daß zwischen der Wissenschaft der Politik und der Ethik einerseits, und dem realen politischen und ethischen Tun andererseits ein sehr enger Zusammenhang besteht. Hier zeigt sich der Unterschied zu der Naturwissenschaft. Naturwissenschaft und Natur – wir legten es ausführlich dar – sind nach antikem Verständnis zu unterscheiden. Gerade auf dieser Unterscheidung beruht ja die Möglichkeit der Naturwissenschaft, echte Wissenschaft zu sein. Nur weil man sich hier auf *an sich* Seiendes beziehen kann, gibt es eine theoretisch objektive Forschung. Geht man nun von der Idee aus, Naturwissenschaft sei die eigentliche Wissenschaft, dann erscheint der enge Zusammenhang, der auf anthropologischem Gebiet zwischen dem praktischen Verhalten und seiner denkerischen Durchdringung besteht, in negativem Licht. Er verhindert, daß es im anthropologischen Gebiet echte Wissenschaft gibt. Aber – und das ist eben die andere Seite – diese Gebiete werden nicht als unvernünftig und als dem denkenden Verständnis unzugänglich angesetzt. Vielmehr hat sich hier immer schon ein *ursprüngliches* Wissen ausgebildet, das – praktisch oder pragmatisch ausgerichtet – Handeln und Erkennen, Subjektivität und Objektivität miteinander verbindet.[2]

Die Verwissenschaftlichung der Soziologie als Rationalisierung

Die Gegenwart zeigt ein völlig verändertes Bild. Es ist keine Frage, daß den Sozialwissenschaften heute eine ganz außerordentliche Bedeutung zukommt. Niemand wird ernsthaft bestreiten, daß sie *gleichberechtigt* neben den Naturwissenschaften stehen und wie diese einen entscheidenden Anteil an der Umformung des alltäglichen

Lebens durch die Wissenschaft haben. Die Entwicklung der Sozialwissenschaften zu ihrer gegenwärtigen durch den Geist der Verwissenschaftlichung geprägten Gestalt ist aber, betrachtet man den konkreten geschichtlichen Gang, weit komplizierter als der parallele Vorgang innerhalb der Naturwissenschaft. Die Verwissenschaftlichung der Naturwissenschaft vollzieht sich mit geradliniger Konsequenz. Auf Grund einer wissenschaftsinternen Entwicklung wird die Voraussetzung, Naturwissenschaft bezöge sich auf eine an sich seiende Natur, negiert und die Natur zum Bestandteil des Forschungsprozesses gemacht. Die anthropologischen Wissenschaften dagegen vollziehen die Verwissenschaftlichung nicht als Aufhebung eines An-sich-Seins ihres Gegenstandes in den Forschungsprozeß. Für sie ist ja nach *traditionellem Verständnis* ein *rein* gegenständlicher Wissensbezug gar nicht möglich. Die Verwissenschaftlichung besteht hier vielmehr gerade darin, die »unklare Mischung« von »Wissenschaft« und »Nicht-Wissenschaft«, die in der *Tradition* auf diesen Gebieten vorherrscht, aufzuheben. Die Verwissenschaftlichung vollzieht sich hier als eine radikale »Reinigung«: die Elemente des praxisbezogenen Handelns werden aus der Forschungssphäre ausgeschaltet. Das wirkliche soziale, politische und wirtschaftliche Agieren wird als *reine Entscheidungssphäre* etabliert. Dieser Vorgang, durch den also das Ineinander von Wissen und Handeln, das diesem Gebiet in der Tradition eigentümlich war, aufgelöst wird, ist gleichbedeutend mit der Etablierung der Sozialwissenschaften als »echter« Wissenschaften.

Die Erhebung der Sozialwissenschaften zu anerkannten Wissenschaften vollzieht sich konkret als *Rationalisierung* dieser Wissenschaften. Nur durch diese Rationalisierung erscheint es möglich, daß das Gebiet der Wissenschaften vom Menschen berechenbar wird. Das erfordert aber, daß man jede metaphysische Festlegung, d. h. jede grundsätzliche Aussage über das *Wesen* des Menschen und seine Stellung in der Welt ausschaltet. Dieser Gesichtspunkt der Ausklammerung der Metaphysik hat sich in den Sozialwissenschaften erst am Ende des 19. Jahrhunderts wirklich durchgesetzt. Hegel, Marx und Comte stehen noch vor dieser Wende. Gleichwohl bereitet sich bei allen drei Denkern das Neue schon vor. Auf Marx' eminente Bedeutung für die Entstehung der modernen Sozialwissenschaft werden wir später eingehen, wenn wir im vierten Teil die Frage nach dem dialektischen Zusammenhang von Geschichte und Handlungsbewußtsein diskutieren.[3] Die Ansätze Hegels und Comtes seien jedoch jetzt, soweit sie für unseren Zusammenhang wichtig sind, kurz dargelegt. Beide Denker suchen ihre Untersuchungen des sozialen Lebens noch von einem Gesamtentwurf der geschichtlichen Entwicklung her zu fundieren. Aber es zeigt sich, daß diese Fundierung doch durchkreuzt wird von Ansätzen, die bereits auf die moderne Situation der Sozialwissenschaft *vorausweisen*.

Hegel[4]

Hegel, der sich in erstaunlichem Maße mit Fragen der Nationalökonomie und Problemen der beginnenden Industrialisierung, insbesondere unter dem Gesichtspunkt der Arbeit, befaßt hat, erkennt, daß der moderne Mensch wesentlich dadurch bestimmt ist, daß er als Privatperson in der bürgerlichen Gesellschaft lebt. Hegels Bemühen ist es nun, diese bürgerliche Gesellschaft in das Ganze seiner systematischen, vom Prinzip des Geistes bestimmten Ordnung einzugliedern. Dies wird deutlich, wenn man sich den Aufbau der »Grundlinien der Philosophie des Rechts« vergegenwärtigt. Auf den Abschnitt »Das abstrakte Recht« folgt in dialektischem Fortgang der Abschnitt »Die Moralität«. Der Mensch kann sich nicht damit begnügen, lediglich äußerlich als rechtsfähige Person zu existieren; er will sich gemäß dem Prinzip der Innerlichkeit, das sich insbesondere im Phänomen des Gewissens offenbart, als verantwortlich und selbständig, d. h. als für sich seiende moralische Persönlichkeit wissen. Aber der Rückzug in die Innerlichkeit beschwört die Gefahr einer Entweltlichung. Äußerlichkeit und Innerlichkeit müssen zusammengeschlossen werden und dies geschieht im Prinzip der *Sittlichkeit*. Sittlichkeit wird von Hegel bestimmt als »der zur vorhandenen Welt und zur Natur des Selbstbewußtseins gewordene Begriff der Freiheit.«[5] Ihre erste Ausformung liegt in der *Familie* vor; ihre Vollendung findet die Sittlichkeit im *Staat:* »Der Staat ist die Wirklichkeit der sittlichen Idee, – der sittliche Geist als der offenbare, sich selbst deutliche, substantielle Wille, der sich denkt und weiß und das, was er weiß und insofern er es weiß, vollführt.«[6] Zwischen Familie und Staat wird nun die *bürgerliche Gesellschaft* eingeordnet. Die bürgerliche Gesellschaft bedeutet als Aufhebung des Familienzusammenhanges einen »Verlust«. Aber sie fungiert andererseits als die vermittelnde Negation zum Staat hin. Die Darlegung dieser Vermittlung wirkt jedoch nicht überzeugend, insofern Hegel selbst deutlich macht, daß die bürgerliche Gesellschaft einen Zustand darstellt, der eigentlich nicht aufhebbar ist. Die bürgerliche Gesellschaft ist ihrem Wesen nach »abstrakt«, d. h. sie begründet sich lediglich auf die Natur der Bedürfnisse und sucht diese rein äußerlich zu vermitteln. Ihr Prinzip ist der einzelne, der sich nur als *arbeitendes* Wesen, d. h. genauer als ökonomisches Wesen auf die anderen einzelnen bezieht. Natürlich ist diese Abstraktheit noch nicht die Abstraktheit des »homo oeconomicus« oder des »homo sociologicus«, d. h. fingierter Leitbegriffe der Forschung. Gleichwohl: der bürgerliche Mensch ist nach Hegel nicht mehr substantiell in eine Ordnung gebunden, sondern er wird in der Gesellschaft nur unter dem Gesichtspunkt der wirtschaftlichen Arbeit, insofern diese der reinen Bedürfnisbefriedigung dient, erfaßt. Hegel stellt – eigentlich wider Willen – heraus, daß die Äußerlichkeit und Formalität, die dem Menschen in der bürgerlichen Gesellschaft zukommt, auch dann nicht negiert werden kann, wenn er Staatsbürger ist, d. h. sich einer sittlichen Gemeinschaft einordnet. Der Staat vermag im Grunde nicht mehr die radikale Tendenz zur Vergesellschaftung, die die moderne Entwicklung bestimmt, aufzuhalten. Er erscheint gleichsam nur als Korrektur dieser Entwicklung. Dies besagt aber: Hegels Versuch einer Deutung des sozialen Lebens von einer Gesamtordnung her wird durchkreuzt durch die von Hegel selbst faktisch herausgestellte, aber nicht mehr vermittelbare Zweiheit des Menschen als Gesellschaftswesens und als Staatsbürgers. Hegel erklärt: »Die bürgerliche Gesellschaft ist . . . die ungeheure Macht, die den Menschen an sich reißt, von ihm fordert, daß er für sie arbeite, und daß er alles durch sie sei und vermittelst ihrer tue.«[7] Auf das Ganze der Entwicklung gesehen wird hier also offenbar, daß der Mensch aus den geschichtlich gewachsenen und metaphysisch sanktionierten Gebilden, wie dem Staat, in die abstrakte Gesellschaft *freigesetzt* wird. Damit wird aber die Möglichkeit – zumindest grundsätzlich – eröffnet, eine dieser abstrakten Gesellschaft entsprechende Wissenschaft, eben die rationale Sozialwissenschaft, zu konstituieren.

Comte[8]

Auch Comtes Ansatz ist noch von der Tradition bestimmt, insofern er wie Hegel und Marx eine geschichtsphilosophische Gesamtdeutung der Entwicklung vorlegt. Auf das theologische Stadium, das die Naturkräfte zu göttlichen Personen fingiert, folgt das metaphysische Stadium, das von abstrakten Wesenheiten – wie etwa der vis vitalis – ausgeht. Den Abschluß bildet das wissenschaftliche oder positive Stadium. Die Entwicklung ist ein eindeutiger Fortschritt, und zwar ein *Fortschritt zur Wissenschaft* hin. Die Struktur der Wissenschaft wird von Comte im sogenannten »enzyklopädischen Gesetz« expliziert. Die Mathematik ist die allgemeinste und abstrakteste Wissenschaft. Astronomie, Physik, Chemie und Biologie bauen auf der in der Mathematik herausgestellten logischen Beweisform auf. Sie erfordern jedoch neue Methoden – Beobachtung, Experiment und klassifizierendes Verfahren –, die mit der mathematischen Methode vereint werden müssen. Die letzte und komplizierteste Wissenschaft ist die *Soziologie*. Ihr Gegenstand, der Mensch, ist durch die historische Methode zu erfassen, denn die Kenntnis der intellektuellen und moralischen Kräfte des Menschen ist nur durch das geschichtliche Studium möglich.

Dieser Ansatz erinnert an Hegel. Comte denkt durchaus geschichtlich, er erklärt: »Um dich zu kennen, kenne die Geschichte.« Gleichwohl zeigt sich ein wesentlicher Unterschied zu Hegel: das vollendete Stadium ist nicht durch die Philosophie des absoluten Geistes, sondern durch die positive Wissenschaft bestimmt. Das Wesen dieser Wissenschaft ist aber nur im Gegenzug zur Theologie und zur Metaphysik zu erfassen. Theologie und Metaphysik haben – das zeigt die Entwicklung der beiden ersten Stadien – auf Grund ihrer theoretischen Erklärungen der Erscheinungen von übernatürlichen Mächten her die Möglichkeit einer Weltgestaltung durch den Menschen verhindert. Im Gegensatz dazu weiß man im wissenschaftlichen Stadium, daß das theoretische Durchschauen die Welt für den Menschen *verfügbar* macht. Wenn die Gesetzeszusammenhänge aufgedeckt werden – das ist nach Comte möglich, sobald man nicht mehr theologisch und metaphysisch, sondern wissenschaftlich denkt –, kann man in den Verlauf des Geschehens eingreifen. Theorie und Praxis gehören im dritten Stadium aufs engste zusammen. Der Gelehrte und der Industrielle, die Grundfiguren des positiven Zeitalters, stehen sich näher als der Philosoph und Jurist im zweiten oder gar der Priester und Krieger im ersten Stadium, denn der Gelehrte und Industrielle gehen beide von dem Grundsatz aus: »Savoir pour prévoir, prévoir pour prévenir«. Die Einheit von Theorie und Praxis besagt nun aber, daß sich die Wissenschaft erst eigentlich in der Soziologie vollendet, insofern hier der Mensch – sich selbst erkennend – sich als das Subjekt der Geschichte zu begreifen und für deren Gestaltung einzusetzen vermag. Comtes Rückgriff auf die klassische Naturwissenschaft macht diesen Ansatz deutlich. Comte erkennt, daß es das Anliegen dieser Naturwissenschaft ist, eine verstehbare Ordnung in der Natur aufzuzeigen. Dies Anliegen »überträgt« er auf die Menschenwelt. Aber diese Übertragung geschieht nun nicht mehr in der Weise, daß der Mensch – wie Hobbes es versuchte – als mechanischer Körper ontologisch gewertet wird, sondern Comte geht davon aus, daß in der Wissenschaft überhaupt *Herrschaft* erstrebt wird. Kenntnis von Gesetzen muß sich sowohl in der Natur als in der Menschenwelt in Praxis umwandeln lassen. Wie der Mensch die materielle Natur durchschaubar macht, so muß er sich selbst durchschaubar machen, um das Ganze des Geschehens in die Hand zu bekommen.

Dieser Gedanke, daß Selbsterkenntnis und Selbstgestaltung des Menschen mit Hilfe der Wissenschaft, insbesondere der Soziologie, nicht nur möglich, sondern auch notwendig sind, ist für Comte das eigentliche Prinzip. Von ihm her ist sein geschichtsphilosophischer Entwurf zu verstehen. Es ist ja nicht so, daß das historische Geschehen als solches die Selbständigkeit des Menschen einfach herbeiführt. Der Mensch muß sich selbst als Akteur ergreifen. Und das besagt gerade: er darf das Geschehen nicht mehr als vorherbestimmtes hinnehmen, sondern er muß es selbst in Freiheit gestalten. Es ist jedoch notwendig – so meint Comte –, daß die Freiheit ihrerseits fundiert werde. Dies geschieht einmal durch Aktivierung der Menschheitsgefühle in einer allgemeinen Religion, deren höchster Gegenstand die Menschheit selbst ist. Die alte theologische und metaphysische Ontologie soll also durch eine neue emotionale Haltung ersetzt werden, die eigentlich erst zu erwecken ist. Die Fundierung der Freiheit geschieht aber zweitens – dies ist die eigentliche Sicherung – eben durch die Wissenschaft, in der sich der Mensch gerade nicht von bloßen Gefühlen beeindrucken läßt, sondern die Einsicht in die »endgültige Überlegenheit der positiven Philosophie« gewinnt. Diese Philosophie stellt weder materialistische noch spiritualistische Seinsaussagen auf: »Die einzige wesentliche Eigenschaft des neuen philosophischen Geistes ... besteht in seiner notwendigen Tendenz, überall das Relative an die Stelle des Absoluten zu setzen.«[9] Es kommt überhaupt nicht darauf an, ein gegebenes Wirkliches zu erkennen – eine wirkliche Übereinstimmung von Gegebenem und Erkennendem ist gar nicht zu erweisen –, sondern wesentlich ist es, mit Hilfe einer nicht mehr unmittelbaren seinsgebundenen Wissenschaft das Leben vernünftig zu gestalten. Die Einheit von theoretischem und praktischem Leben – »das erfreulichste Privileg des Geistes des Positivismus« – zielt ab auf ein technologisches Denken, das nicht danach fragt, was ist, sondern was sein *kann*. Die Technik hat sich bisher nur auf die Formung der anorganischen Materie beschränkt. Im positivistischen Zeitalter wird sich dies ändern, »denn die Technik wird dann nicht mehr ausschließlich geometrisch, mechanisch oder chemisch usw. sein, sondern auch und in erster Linie politisch und moralisch«.[10]

In Comtes Denken wird ein Grundzug des modernen Zeitalters, die Aktivierung eines nicht mehr unmittelbar gegenständlich gebundenen technischen Denkens sichtbar. Freilich: Comte versucht, dieses Denken immer sogleich mit dem Denken des gesunden Menschenverstandes zu verbinden. Wissenschaft und Leben sollen im positiven Zeitalter eine unmittelbare Einheit bilden. Comte ist also der spezifische Gedanke der Verwissenschaftlichung noch fremd, der besagt, daß die Wissenschaft nur dann wahrhaft in das Leben einzugreifen vermag, wenn sie sich vom Gegebenen lösend als *offenes* Forschungsfeld von Möglichkeiten konstituiert. Gleichwohl: Comte – das sei zum Abschluß dieses Hinweises noch einmal betont – hat entscheidend zu der Erkenntnis beigetragen, daß die Gestaltung des modernen Lebens innerhalb der industriellen Gesellschaft wesentlich von den Sozialwissenschaften abhängig ist. Diese Erkenntnis aber ist die eigentliche *Realbedingung* dafür, daß sich die Sozialwissenschaften überhaupt ihren hohen Rang erobern konnten.

Die Einsicht in den eminenten Wert der Sozialwissenschaften für die reale Gestaltung der modernen Gesellschaft bedeutet – darauf sei hier nur hingewiesen –, daß sich diese Wissenschaften nicht in den Komplex der historischen Geisteswissenschaften einfügen lassen. Die *Kulturphilosophie* des 19. Jahrhunderts versucht zwar, alle Kulturgüter auf den Menschen als schöpferisches Wesen zurückzuführen. *Dilthey*[11], der die geschichtliche Entwicklung des modernen Bewußtseins untersucht, erklärt, daß die sozialen Bezüge einen wesentlichen Faktor im Gesamtgeschehen darstellen; sie dürfen jedoch nicht isoliert oder gar zur Grundlage erhoben werden. Aber der Versuch, die Sozialwissenschaften in den Rahmen der historischen Geisteswissenschaften einzuordnen, war nicht von Erfolg gekrönt. Soziale Tätigkeit ist nicht wie Kunst, Religion und Philosophie eine reine Manifestation des geistigen Schaffens, die es nachfühlend zu deuten gilt. Erst hier wird die eigentümliche Dialektik sichtbar, die zu der Verwissenschaftlichung des sozialen Gebietes führt. Wenn man die *reale* Bedeutung der sozialen Tätigkeit für das Leben erkennt, darf man diese Tätigkeit nicht nur zu verstehen suchen, sondern man muß sie *steuern*. Das ist aber nur möglich, wenn man die wissenschaftliche Analyse vom Lebensvollzug *abtrennt*. Nur die wissenschaftliche Forschung, die die *Möglichkeiten* des Tätigseins *rein rational* durchspielt, ist dem Machtanspruch des modernen Menschen wirklich angemessen, weil sie sein Handeln in seinen Chancen zu *berechnen* vermag.

Max Weber [12]

Der Vorgang der Konstituierung der Sozialwissenschaft als eines Forschungsfeldes rein rationaler Möglichkeiten sei an Max Weber verdeutlicht. Webers Denken ist für die moderne Sozialwissenschaft maßgeblich, auch wenn Weber sich, insofern er als verstehender Soziologe Historiker sein will, von dem spezifisch analytischen Ansatz der gegenwärtigen Sozialwissenschaften, der die Dimension der Geschichte einklammert, unterscheidet.

Die Soziologie ist eine moderne Wissenschaft und als solche gerade das Produkt der abendländischen Gesamtentwicklung, die auf Grund der ständig zunehmenden Rationalität zur *Entzauberung der Welt* geführt hat. Weber verzichtet daher als Soziologe auf übergreifende Ordnungsgesichtspunkte metaphysischer Art. Er leugnet die Möglichkeit, geschichtliche Prozesse von bestimmten Sinnkonzeptionen her zu deuten. Weber will *empirisch* vorgehen. Dies besagt konkret: er greift auf die handelnden *Einzelmenschen* zurück, denn diese sind die einzigen Akteure im Geschehen. Handeln kann traditionsorientiert, wertbezogen oder zweckrational sein. Für Weber als Soziologen ist der letzte Gesichtspunkt, der sich in der Gegenwart durchgesetzt hat, bestimmend. Er leugnet nicht, daß es auch heute noch traditionell geprägte Handlungen gibt. Vor allem streitet er nicht ab, daß Handeln von Wertgesichtspunkten bestimmt wird. Aber die Werte sind nicht mehr als allgemeingültig und verbindlich für den einzelnen zu deklarieren. Sie stehen im Widerstreit, und jeder hat sich für sich selbst zu entscheiden, welchen »Göttern« er folgt. Die Wissenschaft als solche muß alles wertende Verhalten ausschließen. Die berühmte Kontroverse Webers mit zeitgenössischen Soziologen, insbesondere mit Gustav von Schmoller, auf der Tagung des Vereins für Sozialpolitik am 5. Januar 1914, die einen Höhepunkt im sogenannten Werturteilsstreit darstellt, ist von dem Gesichtspunkt des Wissenschaftsanspruches der Soziologie zu verstehen. Es geht hier Weber nicht um die empirische Frage, ob und wie weit sich in die Wissenschaft faktisch Werturteile einmischen; es geht ihm vielmehr darum, Programme für bestimmte Ideale als unerlaubt aus der Wissenschaft auszuschließen.

Die Konstituierung der Soziologie unter dem Gesichtspunkt des *zweckrationalen*

Handelns kann nun aber nicht durch eine Zuwendung zur gegebenen Wirklichkeit geleistet werden. Der Soziologe muß von vereinfachenden Gesichtspunkten ausgehen, die gerade nicht an der Wirklichkeit ablesbar sind. Die reale Wirklichkeit ist im ganzen gesehen eigentümlich verstellt, weil sie sich nie rein zweckrational, etwa nach wirtschaftlichen Kategorien, vollzieht. Das eigentlich Fehlerhafte des marxistischen Ansatzes liegt von Weber her gesehen darin, die geschichtliche Wirklichkeit als einen rein ökonomischen Prozeß erklären zu wollen. Faktisch artet daher der marxistische Ansatz in eine Spekulation aus, weil Marx Wirklichkeit und ökonomische Wissenschaft zur unmittelbaren Deckung bringen will. Grundsätzlich gesagt: wirtschaftliche Prozesse sind als wirtschaftliche nur zu verstehen, wenn man ein Bezugssystem erarbeitet, das *nicht* mit der Wirklichkeit identisch ist, durch das aber die Wirklichkeit erklärbar wird. Weber sucht die sozialen Beziehungen *als solche* herauszustellen. Soziale Beziehung ist, so sagt er, ein sich gegenseitig aufeinander einstellendes Verhalten mehrerer Personen, das als *gesetzmäßiges* zu untersuchen ist. Diese Gesetzmäßigkeiten gründen nicht in der Substanz der menschlichen Natur. Sie beruhen auch nicht auf einer überpersönlichen Gemeinschaft als einem Gesamtsubjekt. Diese Gesetzmäßigkeiten müssen erst durch die Wissenschaft erarbeitet werden. Vorgegeben sind empirische Verhaltensweisen, und diese Verhaltensweisen müssen nun *typenhaft* formalisiert werden, denn nur als solche stellen sie Bezüge eines zweckrationalen Verhaltens dar.

Wir illustrieren dieses Vorgehen durch Rückgriffe auf die Figur des »Wirtschaftsmenschen«. Der Wirtschaftsmensch wird durch eine rationale Konstruktion theoretisch isoliert und dem Aspekt des reinen Gewinnstrebens unterstellt. Das Gewinnstreben ist dabei als eine »typisch sinnhafte Außenbezogenheit des Handelns« zu verstehen; nur als solches zeigt es eben Zweckrationalität. Diese Konstruktion stellt dar, »wie ein bestimmt geartetes, menschliches Handeln ablaufen würde, wenn es streng zweckrational, durch Irrtum und Affekte ungestört, und wenn es ferner ganz eindeutig nur an einem Zweck (Wirtschaft) orientiert wäre. Das reale Verhandeln verläuft nur in seltenen Fällen (Börse) und auch da nur annäherungsweise so, wie im Idealtypus konstruiert.«[13]

Weber weiß also, daß es in der Wirklichkeit nicht zweckrational zugeht, weil der wirkliche Mensch nie rein wirtschaftlich denkt. Die Konstruktion ist nur Hilfsmittel zur Erfassung der geschichtlichen Wirklichkeit. »Die Konstruktion eines streng zweckrationalen Handelns also dient ... der Soziologie, seiner evidenten Verständlichkeit und seiner – an der Rationalität haftenden – Eindeutigkeit wegen, als Typus (›Idealtypus‹), um das reale, durch Irrationalitäten aller Art (Affekte, Irrtümer) beeinflußte Handeln als ›Abweichung‹ von dem bei rein rationalem Verhalten zu gewärtigenden Verlaufe zu verstehen.«[14] Das sind aufschlußreiche Sätze; sie zeigen einerseits, daß die Soziologie als eine Wissenschaft verstanden wird, die von Begriffen geleitet ist, denen keine Wirklichkeit unmittelbar entspricht; die Soziologie wird als Dimension der Wissenschaft vom Gegebenen abgetrennt. Aber diese Sätze zeigen andererseits, daß diese Abtrennung nur ein Umweg zum Verstehen der geschichtlichen Wirklichkeit ist.

Die Idealtypen sind, so erläutert Weber, »gedankliche Mittel« zum Zweck der geistigen Beherrschung des Gegebenen. Sie fungieren also nur als »Werkzeuge«. Sie sind nicht in sich gültige kategoriale Bestimmungen. Als »Forschungsgesichtspunkte« wandeln sie sich mit der Forschung selbst. Man steigert einen Gesichtspunkt aus dem

Vorgegebenen heraus und sieht nun zu, ob und wie weit er sich bewährt. Der Idealtypus als gedankliches Idealbild ist selbst keine Hypothese, sondern will der »Hypothesenbildung die Richtung weisen und der Darstellung eindeutige Ausdrucksmittel verleihen«.[15] So bildet man – um nur ein Beispiel zu nennen – den Begriff »Stadtwirtschaft«, um die »moderne verkehrswirtschaftliche Organisation der Gesellschaft« zu verstehen.

Es ist, will man Webers Ansatz angemessen begreifen, entscheidend, daß man an diesem Werkzeugcharakter der Bestimmung »Idealtypus« festhält. Idealtypen haben ihren Ort nicht in einem geschlossenen System. Sie sind und bleiben historisch orientiert, das heißt, sie dienen nur der Auslegung der Wirklichkeit. Weber geht so weit, daß er die Idealtypen als »Nothäfen« charakterisiert, die man braucht, um sich auf dem ungeheuren Meere der Tatsachen zurecht zu finden. Er malt das Ideal einer reif gewordenen Wissenschaft aus, die solche Nothäfen nicht mehr nötig hat. Diese Wissenschaft müßte zu einer »Überwindung des Idealtypus« führen.[16]

Hinter dieser Argumentation steht Webers Konzeption der Soziologie als einer Wirklichkeitswissenschaft. Weber erklärt: »Die Sozialwissenschaft, die wir treiben wollen, ist eine Wirklichkeitswissenschaft. Wir wollen die uns umgebende Wirklichkeit des Lebens, in welches wir hineingestellt sind, in ihrer Eigenart verstehen – den Zusammenhang und die Kulturbedeutung, ihre einzelnen Erscheinungen in ihrer heutigen Gestaltung einerseits, die Gründe ihres So-und-nicht-anders-geworden-Seins andererseits.«[17] Am Schluß seiner Abhandlung »Über die Objektivität sozialwissenschaftlicher Erkenntnis« deklariert Weber, daß die eigentliche Aufgabe der Sozialwissenschaft nicht eine »stete Hetzjagd nach neuen Gesichtspunkten und begrifflichen Konstruktionen sein solle. Im Gegenteil. Nichts sollte hier schärfer betont werden als der Satz, daß der Dienst an der Erkenntnis der Kulturbedeutung konkreter historischer Zusammenhänge ausschließlich und allein das letzte Ziel ist, dem, neben anderen Mitteln, auch die begriffsbildende und begriffskritische Arbeit dienen will.«[18]

Webers eigentliches Anliegen ist es, die *moderne* Wirklichkeit geschichtlich zu verstehen. Wenn er von ihr her vergleichend andere Kulturkreise untersucht, dann geschieht dies letztlich nur, um die *Unentrinnbarkeit* unserer gegenwärtigen durch Rationalität bestimmten Situation aufzuzeigen. Das bedeutet aber: Weber würde die Unterscheidung einer Soziologie, die geschichtlich orientiert ist, und einer Soziologie, die reine analytische Theorie ist, nicht anerkennen. Gleichwohl: Weber kann als Vorläufer der analytischen Theorie in der Soziologie angesehen werden. Blickt man auf seine *Wirkung*, so läßt sich vereinfachend folgendes sagen: Das, was dem Zuge der Verwissenschaftlichung der Soziologie in seinen Werken nicht gemäß war, tritt in den Hintergrund. Die Verklammerung der Soziologie als einer verstehenden Wissenschaft mit der Geschichte und der Versuch, Wissenschaft und Wirklichkeit aus einer bestimmten geschichtlichen Konstellation zu deuten, diese Ansätze wurden, achtet man auf den allgemeinen Trend der Soziologie, nicht weitergeführt. Vielmehr wurde Webers Intention, die Sozialwissenschaft als reine Wissenschaft zu konstituieren, nun radikalisiert. *Carl G. Hempel* hat sicher recht, wenn er erklärt, Webers Verdienst sei es gewesen, die Soziologie vom Stadium der Deskription und der empirischen Generalisierungen »auf der Ebene der Konstruktion theoretischer Systeme oder Modelle anzuheben«.[19] Sodann: Weber deklariert die strikte Scheidung von Wissenschaft und Leben. Die moderne Wissenschaft und die moderne Lebensstruktur sind zwar beide durch dieselbe geschichtliche Entwicklung bestimmt, das heißt, sie sind beide gleichermaßen rationalisiert. Aber die Wissenschaft als solche hat mit den Lebensproblemen nichts zu tun. Sie lehrt niemanden, wie er handeln soll. Auch diesen Ansatz hat die analytische Soziologie übernommen.

Wir brechen unseren Hinweis auf Weber ab – auf Webers Unterscheidung von Verantwortungs- und Gesinnungsethik werden wir im fünften Teil zurückkommen.[20] Wir wenden uns nun der unmittelbaren Gegenwart zu und versuchen zunächst, das Auseinanderbrechen der beiden bei Weber selbst noch vereinten Sichtweisen, der geschichtlichen und der analytischen, in der modernen Soziologie darzulegen.

2. Der Gegensatz von kritischer und analytischer Theorie in der Soziologie. Der »Positivismusstreit«

Vorbemerkung

Die gegenwärtige Soziologie ist weitgehend durch den Gegensatz von zwei Theorien bestimmt. Es ist dies einerseits die *kritische* und andererseits die *analytisch* orientierte Theorie. Um diesen Gegensatz zu verdeutlichen, setzen wir bei dem sogenannten »Positivismusstreit in der deutschen Soziologie« an. Es geht uns hier nicht um die Herausarbeitung der zum Teil schon überholten historischen Details, sondern um die Klärung der gegenwärtigen Grundmöglichkeiten der Soziologie. Der Ausgangspunkt des Streites war die *Tübinger Arbeitstagung der Deutschen Gesellschaft für Soziologie (1961)*. Wesentlich sind die Referate von *Popper* »Die Logik der Sozialwissenschaften« und das Korreferat von *Adorno* »Zur Logik der Sozialwissenschaften« und die anschließenden »Anmerkungen zur Diskussion« von *Dahrendorf*. Der Streit wurde dann in mehreren Aufsätzen von *Jürgen Habermas* und *Hans Albert* fortgesetzt. Einen gewissen Abschluß fand er auf der *Frankfurter Tagung der Deutschen Gesellschaft für Soziologie (1969)*. Hier wurde bereits deutlich, daß sich die Auseinandersetzung weitgehend von der wissenschaftstheoretischen auf die politische Ebene verschob. Die Frage, ob die Soziologie die gegenwärtige Gesellschaft verändern könne und solle, und zwar in Richtung auf eine klassenlose Gesellschaft, erschien nun als das Zentralthema, an dem die Geister sich schieden. Wir verdeutlichen zunächst sehr zusammengedrängt den Ansatzpunkt der Kontroverse, und zwar greifen wir zu diesem Zwecke auf einen Aufsatz von Jürgen Habermas zurück, in dem der Gegensatz beider Positionen deutlich herausgearbeitet wird.[1]

Habermas: »Analytische Wissenschaftstheorie und Dialektik«

Habermas bezeichnet seinen Aufsatz über den Gegensatz von analytischer Wissenschaftstheorie und Dialektik, der in der Festschrift für Adorno zum 60. Geburtstag erschienen ist, als einen Nachtrag zur Kontroverse zwischen Popper und Adorno. Er stellt mehrere Gesichtspunkte heraus, an denen sich der *Unterschied zwischen analytischer Wissenschaftstheorie und Dialektik* verdeutlichen läßt. Die *analytische Theorie* kennt nur einen funktionalen Begriff des Systems. »Im Rahmen einer strikt erfahrungswissenschaftlichen Theorie kann der Begriff des Systems nur formal den interdependenten Zusammenhang von Funktionen bezeichnen, die ihrerseits etwa als Beziehungen zwischen Variablen sozialen Verhaltens interpretiert werden.«[2] Demgemäß werden Theorien hier als Ordnungsschemata verstanden, die notwendig auf Konstruktion beruhen. Diese Theorien sind jedoch an der Erfahrung zu prüfen. Erfahrung wird ihrerseits festgelegt als »kontrollierte Beobachtung physischen Verhaltens, die in einem isolierten Feld unter reproduzierbaren Umständen von beliebig austauschbaren Subjekten veranstaltet wird«.[3] Die Arbeitsweise ist vom methodischen Gesichtspunkt her betrachtet in Natur- und in Kulturwissenschaften die gleiche. In beiden Disziplinen geht es um Erklärungen und Prognosen, die aber als solche nur bedingten Anspruch erheben können. Die in der Soziologie gewonnenen Erkenntnisse finden keine unmittelbare lebenspraktische Anwendung. Sie vermitteln nur technische Ratschläge für eine zweckrationale Mittelwahl. Das Verfahren als ganzes hat sich von Wertungen frei zu halten. Der Dualismus von wissenschaftlich relevanter Tatsächlichkeit und lebensbezogener Entscheidung ist unaufhebbar.

Diesem Ansatz gegenüber behauptet die *dialektische Theorie*, daß es notwendig sei, einen Unterschied von Naturwissenschaften und Soziologie durchzuführen. Die soziologische Theorie muß sich ständig der Angemessenheit ihrer Begriffe versichern. Das besagt: sie ist genötigt, auf das Vorverständnis zurückzugreifen, das die wissenschaftliche Fragestellung schon im vorhinein bedingt. Das Verstehen von lebenspraktisch relevanten Sinnstrukturen ist in der Soziologie als hermeneutisches Verstehen zu aktualisieren, das seinerseits durch die Geschichtlichkeit vermittelt wird. Dieses Verstehen ist immer schon von einem bestimmten Bild der Gesellschaft geprägt, das das wissenschaftliche Verfahren leitet und übergreift. Die einzelnen Phänomene sind nur erfaßbar »im Lichte der Totalität«, das heißt innerhalb einer sozialen Lebenswelt, die eine epochale Lage im ganzen darstellt. Die Soziologie muß also eine geschichtliche Erhebung der Situation, und zwar im kritischen Sinne, vollziehen. Sie deckt die Widersprüche dieser Situation auf und bemißt sie an dem Entwurf einer repressionsfreien Gesellschaft, deren Glieder durch ein emanzipiertes Bewußtsein bestimmt sind. Die Verwirklichung einer solchen Gesellschaft ist nicht mit technischen Mitteln zu erreichen, sondern nur durch eine Tätigkeit, die sich dem Ziel einer realen Veränderung der gesellschaftlichen Zustände unterstellt.

Die Kritik des dialektischen Ansatzes durch Popper und Albert

Wir heben aus der Gegenkritik der »positivistischen« Soziologen die entscheidenden Punkte hervor. Albert legt dar, daß *Popper* kein Positivist, sondern »kritischer Rationalist« sei. Das besagt: Popper orientiert sich nicht an dem Ideal der positiven Rechtfertigung wissenschaftlicher Aussagen durch Rückgriff auf Tatsachen, wie dies im Wiener Kreis üblich war, sondern er setzt dieser Idee die Leitvorstellung einer kritischen Prüfung entgegen. Popper selbst formuliert in seinem Referat »Die Logik der Sozialwissenschaften« als 6. These, die er als Hauptthese kennzeichnet: »Die Methode der Sozialwissenschaften wie auch die der Naturwissenschaften besteht darin, Lösungsversuche für ihre Probleme – Probleme, von denen sie ausgeht –, auszuprobieren. Lösungen werden vorgeschlagen und kritisiert. Wenn ein Lösungsversuch der sachlichen Kritik nicht zugänglich ist, so wird er eben deshalb als unwissenschaftlich ausgeschaltet, wenn auch vielleicht nur vorläufig.«[4]

Das kritisch-rationale Verfahren steht in fundamentalem Gegensatz zur Dialektik. Die Bestimmung »Dialektik«, so wenden Popper und Albert immer wieder ein, sei von Hegel einfach übernommen worden. Die dialektische Schule habe es unterlassen, diesen ihren Grundbegriff zu definieren. Ebenso unklar wie die Bestimmung Dialektik ist nach Popper und Albert die Bestimmung der *Totalität*. Sie verschwimmt im Unfaßbar-Allgemeinen. Die Dialektiker verlassen solchermaßen den Bereich der Wissenschaft, denn wissenschaftliche Aussagen müssen kontrollierbar sein. Das ist aber nur möglich, wenn man nicht in zweideutiger Weise über das Ganze redet, sondern im Bereich überprüfbarer Aussagen bleibt. Popper sucht von seinem Ansatz her das

Problem des Verstehens in der Soziologie im Gegenzug zu der hermeneutisch-dialektischen Methode zu entwickeln. Soziales Verstehen ist kein Motivverstehen im psychologischen Sinne. In der Soziologie ist eine Methode erfordert, die man »als die objektiv-verstehende Methode oder als Situationslogik bezeichnen kann«.[5] Diese Methode besteht darin, »daß sie die Situation des handelnden Menschen hinreichend analysiert, um die Handlung aus der Situation heraus ohne weitere psychologische Hilfe zu erklären«. Die Situationslogik muß nun »auch eine soziale Welt annehmen, ausgestattet mit anderen Menschen, über deren Ziele wir etwas wissen (oft nicht sehr viel), und überdies mit sozialen Institutionen. Diese sozialen Institutionen bestimmen den eigentlichen sozialen Charakter unserer sozialen Umwelt«.[6]

Von der Situationslogik und der Theorie der Institutionen her läßt sich der Grundansatz der theoretischen Soziologie aufbauen. Popper schließt seine Ausführungen mit einem entsprechenden Vorschlag: »Als die Grundprobleme der reinen theoretischen Soziologie könnten vorläufig vielleicht die allgemeine Situationslogik und die Theorie der Institutionen und Traditionen angenommen werden. Das würde solche Probleme einschließen wie die beiden folgenden.

1. Institutionen handeln nicht, sondern nur Individuen in oder für Institutionen. Die allgemeine Situationslogik dieser Handlungen wäre die Theorie der quasi-Handlungen der Institutionen.
2. Es wäre eine Theorie der gewollten und ungewollten institutionellen Folgen von Zweckhandlungen aufzubauen. Das könnte auch zu einer Theorie der Entstehung und der Entwicklung von Institutionen führen.«[7]

Diese Konzeption des objektiven Verstehens – dies sei hier nur angemerkt – wird in einem Aufsatz von *Harald Pilot*, der ebenfalls in dem Sammelband »Der Positivismusstreit in der deutschen Soziologie« erschienen ist, in behavioristischem Sinne modifiziert. So hebt Pilot in seiner Kritik an Habermas hervor, daß es zwar bisher noch nicht gelungen sei, Sätze über Intentionen synonym in Sätze über Verhalten zu übertragen. In einer Anmerkung dazu erklärt er jedoch: »Mir scheint allerdings eine ›behavioristische‹ Forschungsstrategie auch dann noch möglich, wenn sich intentionale Strukturen nicht voll erfassen lassen sollten. Denn Prognosen über zukünftiges Verhalten setzen lediglich eine Wenn-Dann-Relation zwischen dem ›Verbalverhalten‹ und den prognostizierten ›Handlungserfolgen‹ voraus.«[8] Am Schluß dieses Aufsatzes stellt Pilot zusammenfassend die wesentliche Tendenz des positivistischen Ansatzes heraus. Das regulative Prinzip der Geschichte muß zugleich »als ›objektives‹ Interesse und als Interesse an Objektivität bestimmt werden«. Der herrschaftsfreie Dialog ist in der Diskussion der Wissenschaft zu antizipieren. »Dies nun freilich in doppelter Funktion: zum einen als Interesse an der Stabilisierung, Reproduktion und Maximierung wissenschaftlicher Objektivität, zum anderen jedoch als Interesse an der praktischen Negation aller Regeln des sozialen Handelns, die dieser ›Objektivität‹ widersprechen.«[9]

Exkurs: Die wissenschaftstheoretische Ausklammerung der Frage nach der Gesellschaft im Ganzen (Erwin Scheuch)

Zur Verdeutlichung der positivistischen Position oder genauer der in ihr beschlossenen wissenschaftstheoretischen Möglichkeiten, die für die Soziologie relevant sind, sei kurz auf einige Ausführungen von *Erwin Scheuch* hingewiesen, die allerdings über Poppers und Alberts Ansätze erheblich hinausgehen. Scheuchs wissenschaftstheoretische Position sei zunächst durch Rückgriff auf einen Aufsatz gekennzeichnet, den Scheuch zusammen mit *Dietrich Rüschemeyer* in der »Kölner Zeitschrift für Soziologie und Sozialpsychologie« veröffentlicht hat. Der Titel lautet: »Soziologie und Statistik. Über den Einfluß der modernen Wissenschaftslehre auf ihr gegenseitiges Verhältnis«.

Scheuch und Rüschemeyer gehen davon aus, daß heute vor allem in den USA eine Kontinuität von Ideen des *logischen Empirismus* und des *Pragmatismus* wesentlich ist. Sie bildet »in vereinfachter und wohl auch vergröberter Form heute einen wesentlichen Bestandteil der auf den Colleges der USA üblichen Kurse über Methodenlehre für Sozialforscher«.[10] Maßgebend ist der Begriff der *Theorie*. Die Theorie ist ein System von Sätzen, »deren eine Gruppe die voneinander unabhängigen Axiome umfaßt, aus denen sich die Sätze der anderen Gruppe nach festgelegten Regeln deduzieren lassen«.[11] Theorien haben eine doppelte Funktion. Sie geben Verhaltensvorschriften und machen Prognosen möglich. Theorien sind nachprüfbar. »Eine entscheidendes Kennzeichen der modernen Wissenschaftsauffassung scheint uns darin zu bestehen, daß man die Wissenschaft durch die Befolgung bestimmter Verhaltensregeln kennzeichnet. Diese Regeln sind so festgesetzt, daß die sich ergebenden Aussagen intersubjektiv kontrollierbar sind, ein Vorzug, der die Wissenschaft als Erkenntnisquelle von anderen Wegen der ›Wahrheitsfindung‹ unterscheidet.«[12] Akzeptiert man diese Wissenschaftslehre, »dann genügt es nicht, wenn sich die Soziologie – wie es bis heute weithin der Fall ist – darauf beschränkt, Faktenbeschreibungen zu geben, völlig getrennt davon interdependente Begriffe eines theoretischen Systems zu definieren und – noch einmal weitgehend vom übrigen abgelöst – empirisch nicht überprüfbare Spekulationen über die soziale Realität anzustellen, welche man dann im Gegensatz zur empirischen Forschung als ›Theorie‹ bezeichnet. Angesichts solcher Spekulationen tritt der Vorzug einer intersubjektiven Kontrollierbarkeit der Aussagen deutlich hervor«.[13]

Dieser Ansatz erfordert es, daß soziologische Thesen *formalisiert* werden. Diese Formalisierung bietet Vorteile. Sie vermittelt genauere Kenntnis der postulierten Mechanismen, sie hilft bei der Feststellung, ob bestimmte Postulate aus anderen abgeleitet werden können, sie verbessert die Möglichkeit, Inkonsistenzen zwischen den empirischen Daten und den zu ihrer Erklärung herangezogenen Theorien zu entdecken, sie legt die Grundlage für die weitere Ausarbeitung der Theorie, und sie gestattet schließlich die Behandlung komplizierter simultaner Wechselbeziehungen zwischen einer relativ großen Anzahl von Variablen.[14]

Die Formalisierung macht es natürlich erforderlich, die Alltagssprache auszuschalten und durch eindeutige Begriffe zu ersetzen, die auf *Definitionen* beruhen; die »Nichtrationalität« erscheint von hier aus lediglich als Grenzbestimmung der Soziologie. Auf das Ganze gesehen bedeutet dies Vorgehen – das ist für uns jetzt wichtig – eine strikte Ausklammerung des *unmittelbaren* gesellschaftlichen Bezuges und zugleich eine Beschränkung auf genau eingegrenzte *Einzelprobleme*. Fundierte Theorien, die die gesellschaftliche Wirklichkeit im Ganzen betreffen sollen, sind ein Widerspruch in sich selbst.

In seinem Referat auf dem *Frankfurter Soziologenkongreß* hat Scheuch diesen Ansatz verschärfend gegen die »Dialektik in der Soziologie« abgehoben. Soziologie ist eine empirische Wissenschaft. Das besagt: genauso wie der Biologe seine Einzelforschungen betreiben muß, ohne präzis zu wissen, was Leben ist, kann und muß der Soziologe soziologische Analysen durchführen, ohne ein Bild von der Gesellschaft im Ganzen zu haben. Scheuch erklärt: »Offensichtlich wird die Fähigkeit, Soziologie als Einzelwissenschaft zu betreiben, durch ein Fehlen verbindlicher Aussagen über den Charakter gesellschaftlicher Existenz oder von im wissenschaftlichen Sinne belegten Theorien über Entwicklungsgesetze der menschlichen Gesellschaft nicht verhindert.«[15] Soziologisch legitim sind Untersuchungen also durchaus auch dann, wenn sie nicht auf der Konzeption einer Totalität beruhen. Sodann: der Soziologe hat sich in gewissem Sinne nach dem *Instrument* zu richten, über das er verfügt, und er hat sich zu fragen, in welchem Maße es für sein Forschungsvorhaben geeignet ist. Scheuch erklärt: »Ich sehe kein grundsätzliches Problem darin, daß die jeweilige Technologie auf die Art der Forschung zurückwirkt. Das ist in anderen Disziplinen, in denen neue Instrumente verfügbar wurden (Fernrohr, Elektronenmikroskop, Röntgenapparate) als Anregung neuer Fragestellungen zusätzlich zu den bereits existierenden (die ja auch weitergeführt werden!), wirksam geworden.«[16] Gerade vom Aspekt des Instruments und der Technologie her hat sich nach Scheuch die Situation für die Soziologie *verbessert*, seit es die Möglichkeit gibt, große Datenmengen zu sammeln. »Jetzt erst kann der Sozialforscher mit Material von großer Breite spielen und schließlich aufgestellte Sätze an komplexem Material prüfen.«[17] Scheuch illustriert dies Vorgehen an der »Mehrebenen-Analyse«, durch die verschiedene Erscheinungen der sozialen Realität zueinander in Bezug gesetzt werden.

In der Diskussion zu diesem Referat wurde Scheuch von *Werner Hofmann* entgegengehalten, daß nach ihm nicht die Sache oder das Problemverständnis, sondern das jeweilig verfügbare Instrumentarium die Forschung bestimme. Und Dahrendorf wandte vom methodischen Gesichtspunkt her ein, daß die von Scheuch vollzogene Aufgabe des Gewißheitsanspruches faktisch zu einer »Aggregierung von Stückwerk« führe, weil hier die Gesellschaft als objektive Instanz ausgeschaltet sei.[18] Mit beiden Vorwürfen scheint uns in der Tat der Ansatz Scheuchs getroffen zu sein. Die von ihm her allein mögliche Konsequenz ist es, die faktische Gegebenheit anzuerkennen und ihr gemäß zu argumentieren und zu handeln. In einem sehr instruktiven Aufsatz »Abschied von den Eliten« legt Scheuch dar, daß es heute keine echte Führungselite mehr gibt. Macht und Bildung sind getrennt. Macht ist an Organisationen, an Industriegesellschaften und parlamentarische Regierungsgruppen zerteilt. Sodann: es fehlt an generellen Deutungssystemen, die allgemein überzeugen. Scheuch meint nun aber: »Sehr lange wird das Fehlen dieser Elemente traditioneller Gesellschaften vielleicht nicht mehr als Mangel empfunden; jedoch heute noch.«[19] Er begründet diese Aussage folgendermaßen: diejenigen, die diesen Zustand bedauern und anprangern, sind die sogenannten Intellektuellen. Bei Lichte betrachtet handelt es sich hier aber um parasitäre Gruppen, die, mögen sie im Moment auch noch als maßgebend oder gar als Bedrohung erscheinen, im Grunde zur Wirkungslosigkeit verurteilt sind, eben weil sie keine Machtelite darstellen.

Der Gegensatz von wissenschaftstheoretischer Analyse
und politischem Praxisbezug (Die Frankfurter Tagung für Soziologie)

Wir weisen nun auf die *zweite* Phase des Positivismusstreites hin, deren Ansätze sich auf der Frankfurter Tagung für Soziologie deutlich abzeichnen. Bereits in der Tübinger Tagung spielen Probleme der allgemeinen Wissenschaftstheorie eine wesentliche Rolle. Dies gilt jedoch nicht uneingeschränkt für alle Teilnehmer. *Adornos* Vorgehen ist durch bestimmte philosophische und politische Grundansätze bestimmt, die kaum in den Rahmen einer allgemeinen Wissenschaftstheorie einzuordnen sind. Der wissenschaftstheoretische Gesichtspunkt wird erst in der Kontroverse von *Habermas* und *Albert* wirklich zentral. Hier wird nun aber der Ansatz des *frühen* Positivismus überschritten. Insbesondere Habermas diskutiert – wie wir gleich sehen werden – wissenschaftstheoretische Probleme in immer stärkerem Maße im Blick auf die durch Wittgenstein und die Sprachanalyse eröffnete Problematik. In dieser zweiten Phase wird – so läßt sich der Trend der Entwicklung, die noch nicht abgeschlossen ist, ein wenig summarisch auslegen – die *Wissenschaftstheorie* zum eigentlichen Fundament der Diskussion. Dies wirkt sich aber dahin aus, daß nun das Problem des Praxisbezuges und das Problem des politischen Verhaltens weithin aus der Diskussion ausgeschaltet werden. Diese Ausschaltung aber bedingt ihrerseits den Gegenzug, nämlich eine *Politisierung* der soziologischen Fragestellung. Diese Politisierung vollzieht sich weithin als Kritik an der Wissenschaftstheorie und dem dieser zugrunde liegenden Wissenschaftsbegriff. Die Berichte der Frankfurter Tagung sind unter dem Titel »Spätkapitalismus oder Industriegesellschaft?« erschienen. Der Titel zeigt bereits die Frontenbildung an. Die jungen politisch argumentierenden Soziologen thematisieren kritisch das ökonomische Problem des »Spätkapitalismus«, der wertneutrale Begriff »Industriegesellschaft« erscheint ihnen als Ausflucht. Am deutlichsten wird diese Frontenbildung in einem Gemeinschaftsreferat »Herrschaft, Klassenverhältnis und Schichtung«.[20]

Blickt man auf den Gang der Gesamtentwicklung, so ist es wohl nicht zuviel gesagt, wenn man behauptet, daß diese politisch orientierten Soziologen der jungen Generation nunmehr als die eigentlichen Vertreter der *Kritischen Theorie* erscheinen. Sie nehmen die ursprünglichen Ansätze Horkheimers und Adornos auf. *Horkheimer*, der eigentliche Erfinder der Kritischen Theorie, hat in seinem berühmten Aufsatz »Traditionelle und Kritische Theorie«, der die eigentliche Programmschrift der Frankfurter Schule darstellt, entwickelt, daß die Kritische Theorie eindeutig eine *praktische* Abzweckung hat. Sie muß jedoch in Anbetracht der Zeitumstände als *negative* Theorie auftreten. Horkheimer erklärt: »In einer geschichtlichen Periode wie dieser ist die wahre Theorie nicht so sehr affirmativ als kritisch, wie auch das ihr gemäße Handeln nicht ›produktiv‹ sein kann. An der Existenz des kritischen Verhaltens, das freilich Elemente der traditionellen Theorien und dieser vergehenden Kultur überhaupt in sich birgt, hängt heute die Zukunft der Humanität. Eine Wissenschaft, die in eingebildeter Selbständigkeit die Gestaltung der Praxis, der sie dient und angehört, bloß als ihr Jenseits betrachtet und sich bei der Trennung von Denken und Handeln bescheidet, hat auf die Humanität schon verzichtet.«[21]

Natürlich bestehen zwischen Adornos und Horkheimers Ansatz einerseits und der jungen Soziologengeneration andererseits wesentliche Unterschiede; nicht nur in bezug auf Fragen der konkreten Veränderung – an dem Problem einer gewaltsamen

Umwandlung der Gesellschaft ist ja wesentlich der Konflikt zwischen Horkheimer und Adorno und ihren Schülern ausgebrochen –, sondern auch in bezug auf die Frage nach dem konkreten Geschichtssubjekt; wir werden diese Frage am Abschluß unseres vierten Teiles, der dem Problem der Vergeschichtlichung gilt, diskutieren. Gleichwohl: die ursprünglichen Intentionen Adornos und Horkheimers, eine Veränderung der Gesellschaft zu erwirken, werden hier von der jüngeren Generation weitergeführt. Wir lassen diesen Fragenkreis der Praxis jetzt jedoch beiseite – er wird im fünften Teil behandelt werden – und weisen auf den weiteren Verlauf der *wissenschaftstheoretischen* Diskussion über den Ort und die Ausrichtung der Soziologie hin. Wir beziehen uns dabei auf die späteren Arbeiten von Habermas, die die Konzeption einer kritischen Wissenschaftstheorie zu entwickeln suchen.

Habermas' Wende zur Wissenschaftstheorie

Will man die gegenwärtige wissenschaftstheoretische Situation der Soziologie verstehen, so muß man davon ausgehen, daß sich, und zwar in immer stärkerem Maße, eine *Einigkeit* zwischen den »Gegnern«, den »Positivisten« und den »Dialektikern«, herauszubilden scheint. Dies gilt einmal in bezug auf das Ziel: alle Beteiligten sind von dem Gedanken bestimmt, daß *Aufklärung* und *Emanzipation* herbeizuführen seien. Aber auch in bezug auf den Weg zu diesem Ziel hin wird nun eine gewisse Gemeinsamkeit sichtbar. Der Rückgriff auf die *Wissenschaft* ist notwendig, »weil die Wissenschaft selbst zur ›Lebensform‹ der industriellen Gesellschaften geworden ist und Aufklärung daher nur als Aufklärung der an der Wissenschaft mittelbar oder unmittelbar Partizipierenden möglich ist: als Aufklärung über die Irrationalität einer Praxis, deren Lebenselement und Legitimationsgrundlage wissenschaftliche Rationalität ist, und als Aufklärung über die Unterdrückung von Kommunikationsprozessen, deren Entbindung erst dem wissenschaftlich-technischen Fortschritt eine vernünftige, mit den Bedürfnissen der Subjekte, die ihn betreiben, vereinbare Richtung geben könnte«.[22] Diese Aussage *Albrecht Wellmers* deckt sich durchaus mit Ansätzen des kritischen Rationalismus, wie sie *Hans Albert* in seinem Buch »Traktat über kritische Vernunft« entwickelt hat.

Habermas' Intention ist die Etablierung der Selbstreflexion. »Die Selbstreflexion ist Anschauung und Emanzipation, Einsicht und Befreiung aus dogmatischer Abhängigkeit in einem. Der Dogmatismus, den die Vernunft gleichermaßen analytisch wie praktisch auflöst, ist falsches Bewußtsein: Irrtum und unfreie Existenz zumal. Nur das Ich, das sich in intellektueller Anschauung als das sich setzende Subjekt durchschaut, gewinnt Autonomie.«[23] Dieses Ziel der Autonomie ist aber nur mit Hilfe der Wissenschaft zu erreichen. Die Wissenschaft muß dabei allerdings von dem Denken in technischen Zwängen befreit werden. Im Beispiel der Politik: die Politik muß verwissenschaftlicht werden, aber sie soll zugleich mit dem hermeneutischen Selbstverständnis vermittelt werden. In seinem Aufsatz: »Verwissenschaftlichte Politik und öffentliche Meinung« erklärt Habermas: »Der Prozeß der Verwissenschaftlichung von Politik würde sich, mit der Integration technischen Wissens in das hermeneutisch explizierte Selbstverständnis einer gegebenen Situation, jeweils erst dann vollenden können, wenn unter den Bedingungen einer allgemeinen, auf das Publikum der Staatsbürger ausgedehnten und von Herrschaft freien Kommunikation zwischen

Wissenschaft und Politik die Gewähr dafür geboten wäre: daß sich der Wille die Aufklärung verschafft hat, die er tatsächlich will, und daß zugleich Aufklärung den tatsächlichen Willen soweit durchdrungen hat, wie sie es unter den gegebenen, den gewollten und den machbaren Umständen irgend vermag.«[24]

Das Problem einer Integration von Wissenschaft und Technologie in das hermeneutische Lebensverständnis wird nun von Habermas primär unter dem *wissenschaftstheoretischen Aspekt einer kritischen Soziologie* diskutiert. Habermas geht es insbesondere darum, von der Hermeneutik her die Frage des Verstehens in der Soziologie in der Auseinandersetzung mit Ansätzen der Sprachanalytik Wittgensteins und den Konzeptionen über die Struktur der Geschichtswissenschaft im späteren Positivismus zu klären.

In seinem außerordentlich instruktiven Forschungsbericht »Zur Logik der Sozialwissenschaften«[25], in dem Habermas einen umfassenden Überblick über die wissenschaftstheoretische Fundierung der Soziologie gibt, insbesondere unter Heranziehung angelsächsischer Arbeiten, werden diese Fragen aufgenommen und zunächst als Alternative formuliert. Genügt für den Soziologen ein rein deskriptives Vorgehen, oder ist ein Rückgriff auf einen intentionalen Handlungsbezug erforderlich? Die zweite Möglichkeit wird bejaht. Das *Sinnverstehen* ist gerade für die empirisch-analytische Soziologie notwendig; denn schließt man sich dem Vorgehen der deskriptiven Verhaltenswissenschaften an, dann kann man eben nur beobachtbare Ereignisse erfassen. Man verkürzt solchermaßen den Bereich sozial relevanter Handlungen, der weithin durch intentionales Sinnverstehen bestimmt wird. Der linguistische Ansatz des späten Wittgenstein und der hermeneutische Ansatz Gadamers zeigen nun aber, daß das Sinnverstehen nicht mehr von der traditionellen Bewußtseinsproblematik her angegangen werden kann, sondern von der *Sprache* her. Zwischen Wittgenstein und der Hermeneutik bestehen jedoch Unterschiede. Gegenüber Wittgenstein, der zwar den Zusammenhang von Sprache und Praxis herausgestellt hat, die Sprachspiele im ganzen aber als einübende Repetition fester Muster deutet, hat die Hermeneutik recht, wenn sie das Verstehen als Verschmelzung von Verstehenshorizonten, das heißt als Wirkungsgeschichte interpretiert.

Die Idee der *Wirkungsgeschichte* weist nun aber zwei grundsätzliche Mängel auf. Sie kennt keine *Kriterien* für die Auslegung geschichtlicher Zusammenhänge. »Das Recht der Reflexion erfordert die Selbsteinschränkung des hermeneutischen Ansatzes. Es verlangt ein Bezugssystem, das den Zusammenhang von Tradition als solchen überschreitet; nur dann kann Überlieferung auch kritisiert werden.«[26] Habermas hat diesen Vorwurf in der Festschrift für Gadamer weiterentwickelt[27], und ebenso hat *Wellmer* von dem Gesichtspunkt aus, daß eine Geschichtsanalyse bestimmter Kriterien bedürfe, sich kritisch mit der hermeneutischen Theorie auseinandergesetzt.[28] Der zweite Mangel ist darin zu sehen, daß der Hermeneutiker auf Grund seines Universalitätsanspruches nicht erkennt, daß es personal- und sozialrelevante Prozesse gibt, die nicht unmittelbar verstehbar sind, sondern nach der Methode der Psychoanalyse aufgeklärt werden müssen. In Anbetracht der sich hier zeigenden Grenzen einer *rein* hermeneutisch orientierten Soziologie erklärt Habermas abschließend, daß wir an den *Funktionalismus* verwiesen werden. Freilich muß Parsons' Konzeption des Funktionalismus, insbesondere seine Anknüpfung an das biologische Modell der Selbstregulierung, revidiert werden: »An die Stelle des Sollzustandes eines selbstgeregelten Systems tritt der antizipierte Endzustand eines Bildungsprozesses.«[29]

Die in diesem Bericht zutage tretenden Intentionen werden von Habermas in seinem Buch »Erkenntnis und Interesse« und in einem gleichnamigen Aufsatz wissenschaftstheoretisch untermauert.[30] Wir weisen hier nur auf den Grundsatz hin, so weit er für unseren jetzigen Zusammenhang wesentlich ist.

Habermas versteht die Wissenschaftstheorie als *transzendentales Vorgehen*. Er weist nun aber darauf hin, daß die moderne Wissenschaftstheorie im Gegenzug zu der traditionellen Erkenntnistheorie steht. Die wissenschaftstheoretische Besinnung folgt der Konstitution der jeweiligen Wissenschaft nach. Insofern kann sie nicht wie die kantische Transzendentalphilosophie eine allgemein grundlegende Erkenntnistheorie von der reinen Subjektivität her entwickeln. Dies besagt: es entfällt die Möglichkeit einer einsichtigen Deduktion, die objektiv in einzelnen Schritten zeigt, wie die Subjektivität ihre Bedingungen einem Stoff auferlegt. Die transzendentale Reflexion vollzieht sich vielmehr als Herausstellen *allgemeiner Einteilungsprinzipien*, durch die den Wissenschaften ihr jeweiliger Funktionszusammenhang zugeteilt wird.

Habermas unterscheidet drei Wissenschaftsbezirke: die empirisch-analytischen Wissenschaften, die historisch-hermeneutischen Wissenschaften und die systematischen Handlungswissenschaften. Jeder Wissenschaftsbezirk gewinnt seine Erkenntnisse in einem besonderen methodologischen Rahmen. Für die *empirisch-analytischen* Wissenschaften ist ein Bezugssystem maßgebend, das den Sinn möglicher erfahrungswissenschaftlicher Aussagen präjudiziert und Regeln für den Aufbau der Theorie festlegt. In den *historisch-hermeneutischen* Wissenschaften tritt an die Stelle der Beobachtung von Tatsachen das Sinnverstehen; dieses konstituiert den zwischenmenschlichen Bereich. Die transzendentale Besinnung ist hier die Hermeneutik: »Die Regeln der Hermeneutik bestimmen daher den möglichen Sinn geisteswissenschaftlicher Aussagen.«[31] Die *systematischen Handlungswissenschaften* sind Ökonomie, Soziologie und Politik. Sie haben wie die empirisch-analytischen Naturwissenschaften das Ziel, nomologisches Wissen hervorzubringen. Habermas will aber über eine Zuordnung der systematischen Handlungswissenschaften zu den empirisch-analytischen Wissenschaften hinausgehen. Er setzt eine *kritische Sozialwissenschaft* an. Diese soll überprüfen, »wann die theoretischen Aussagen invariante Gesetzmäßigkeiten des sozialen Handelns überhaupt und wann sie ideologisch festgefrorene, im Prinzip aber veränderliche Abhängigkeitsverhältnisse erfassen«.[32]

Die Idee einer kritischen Sozialwissenschaft steht bei Habermas im Zentrum. Ihr methodisches Vorbild ist die *Psychoanalyse*, die ideologisch festgefrorene Abhängigkeitsverhältnisse entlarvt und solchermaßen abzubauen vermag. Die Eigenständigkeit einer solchen Wissenschaft gegenüber den anderen Wissenschaften, insbesondere den historisch-hermeneutischen Wissenschaften, wird von Habermas eingehend dargelegt. Habermas greift auf sehr scharfsinnige Analysen von *Karl-Otto Apel* zurück, in denen gezeigt wird, daß es im geschichtlichen Raum bestimmte Gebilde wie Ideologien gibt, die dem Selbstverständnis der geschichtsrelevanten Person vorausliegen und es unbewußt bestimmen. Der Historiker darf daher nicht dabei stehenbleiben, das Selbstverständnis hermeneutisch zu erschließen. Er muß es unter Umständen »hinterfragen«.[33]

Apel sucht den positivistischen Forschungsverfahren ein gewisses Recht zuzubilligen. Geschichte beruht nicht nur auf intentionalen Handlungen, sondern es ist auch der Fall denkbar, »daß das Verständnis der Gründe durch eine Analyse von objektiv wirksamen Faktoren, die den verantwortlich Handelnden überhaupt nicht als Sinnmotive bewußt wurden, methodisch vermittelt wird«.³⁴ Diese Argumentation ist durchschlagend und muß als Arbeitsdevise innerhalb der konkreten Forschung anerkannt werden. Apel sucht von hier aus nun aber eine neue Wissenschaftslehre in erkenntnisanthropologischer Sicht zu entwerfen. Szientistik und Hermeneutik sollen in der *Ideologiekritik* vermittelt werden. Es ergibt sich, so sagt er am Schluß seiner außerordentlich gedrängten, aber den Ansatz sehr klar aufweisenden Ausführungen, »die methodologische Forderung einer dialektischen Vermittlung der sozialwissenschaftlichen ›Erklärung‹ und des historisch-hermeneutischen ›Verstehens‹ der Sinntraditionen unter dem regulativen Prinzip einer ›Aufhebung‹ der vernunftlosen Momente unseres geschichtlichen Daseins«.³⁵

Für Habermas ist das sozialkritische Vorgehen, wie wir schon andeuteten, die eigentliche Aufgabe der Wissenschaft. Die Kritik muß, insofern sie gesellschaftlich relevant ist, sich als Gesellschaftskritik konstituieren. Habermas erklärt, »daß radikale Erkenntniskritik nur als Gesellschaftstheorie möglich ist«.³⁶ Das Ziel ist der mündige emanzipierte Mensch, der die Aufklärung als *Selbstreflexion* durchführt. Die Reflexion – mit dem Hinweis auf sie schließen die bedeutsamen Arbeiten Habermas' aus der letzten Zeit – ist die eigentliche und nicht zu überbietende Möglichkeit des Menschen. »In der Selbstreflexion gelangt eine Erkenntnis um der Erkenntnis willen mit dem Interesse an Mündigkeit zur Deckung. Das emanzipatorische Erkenntnisinteresse zielt auf den Vollzug der Reflexion als solchen.«³⁷

Wir lassen die Frage, ob die formale Bestimmung der Selbstreflexion genügt, um gegen die Technokratie aufzukommen, zunächst auf sich beruhen und fragen nur nach der wissenschaftstheoretischen Bedeutung der kritischen Sozialwissenschaft. Es zeigt sich – darin stimmen Habermas und Apel überein –, daß diese kritische Sozialwissenschaft einerseits eine *Vermittlung* der anderen beiden Wissenskreise vollziehen soll, daß sie aber andererseits der schematisierenden Einteilung gemäß *neben* diese geordnet wird. Beide Tendenzen laufen nebeneinander und überschneiden sich zugleich. Insbesondere Habermas' Werk »Erkenntnis und Interesse«, das seine Wissenschaftstheorie nicht abstrakt, sondern an geschichtlichen Beispielen zu erhellen versucht, ist in dieser Hinsicht aufschlußreich. Die empirisch-analytischen Wissenschaften gehen technologisch und instrumental vor, sie vollziehen sich monologisch. Die historisch-hermeneutischen Wissenschaften sind praktisch ausgerichtet. Sie sind dialektisch-kommunikativ. Die kritische Wissenschaft übernimmt von beiden Wissenskreisen etwas. Sie geht – das zeigt ja die Psychoanalyse – durchaus ein Stück rein technologisch vor. Gleichwohl ist hier der Dialog von vornherein das Medium. Aber er vollzieht sich nicht als hermeneutische Begegnung zweier sich gegenseitig verstehender Personen; die eine Person, nämlich der Arzt, hinterfragt das Selbstverständnis der anderen Person, nämlich des Kranken, auf verfestigte Hintergründe hin.

Von hier aus wird sichtbar: die alte Einteilung der Wissenschaft in Natur- und Geisteswissenschaft genügt nicht mehr. Neben beide tritt die Kritik, und zwar als Sonderfall. Sie ist nicht mehr auf einen objektiven Zusammenhang zurückzuführen, sondern, insofern sie Aufklärung und Selbstreflexion bewirken soll, ist sie Theorie *und* Therapie. »Die Zurückführung eines transzendentalen Gesichtspunktes auf einen objektiven Zusammenhang und ein entsprechendes Erkenntnisinteresse erübrigt sich, weil die analytische Auflösung einer verzerrten Kommunikation, die Verhaltenszwang und falsches Bewußtsein determiniert, beides in einem ist: Theorie und Therapie.«³⁸

Auf der anderen Seite wird aber, wie wir schon andeuteten, die kritische Sozialwissenschaft den anderen Wissenschaften *nebengeordnet* und alle Wissenskreise werden bestimmten Prinzipien unterstellt. Die Naturwissenschaften, denen der objektive Zusammenhang der Natur vorgegeben ist, unterstehen als technologisch vorgehend dem Prinzip der *Arbeit*. In den Geisteswissenschaften, denen der objektive Zusammenhang der Gesellschaft zugeordnet wird, steht die *Sprache* im Zentrum. Die Kritik hat es mit der *Herrschaft* zu tun, und zwar wesentlich in der Form der Negation: insofern sie gesellschaftliche Kritik ist, baut sie gesellschaftliche Herrschaftsformen ab. Diese drei Bestimmungen sind nun nach Habermas schlechthin Grundbestimmungen, denn sie sind in einer sich überhöhenden Untersuchung als wissenschaftstheoretische, transzendentale und objektive Bestimmungen gewonnen worden. Habermas erklärt: »Der Strukturen von Arbeit, Sprache und Herrschaft haben wir uns nicht naiv, sondern auf dem Wege einer wissenschaftstheoretisch ansetzenden, sodann transzendental gewendeten und schließlich ihres objektiven Zusammenhanges innewerdenden Selbstreflexion der Erkenntnis versichert.«[39]

Wir lassen hier beiseite, daß bereits die Prädikate, die Habermas der Naturwissenschaft zuspricht – *Peirce* gilt als deren Repräsentant –, kaum die wirkliche Situation der heutigen Naturwissenschaft treffen. Diese verhält sich, wie wir herauszustellen suchten, als relativ in sich konzentrierter Forschungsprozeß durchaus dialektisch zur Lebenswirklichkeit und kann nicht in eindeutiger Form mit Hilfe der Begriffe »instrumental« und »technologisch« der Lebenserhaltung untergeordnet werden. Wir weisen jetzt nur auf die Problematik hin, die sich von diesem Schema her für die Geschichte ergibt.

Geschichte hat in dieser Systematik zwei ungleiche Stellenwerte. Der eigentliche Ort der Geschichte ist wissenschaftstheoretisch gesehen die sinnverstehende hermeneutische Wissenschaft, die im Gegensatz zur Naturwissenschaft steht. Der Sache nach wird hier Geschichte auf den Bezirk der Geistesgeschichte eingeschränkt, ihr Element ist Interaktion als Sprache. Zugleich kommt Geschichte aber in dem dritten Wissenskreis, der kritischen Sozialwissenschaft, vor. Hier jedoch als der Prozeß der Selbstreflexion, in dem die Einheit von Erkenntnis und Interesse durchschaut und bejaht wird. Von diesem Prozeß her soll die Zuordnung von forschungstranszendentalen Gesichtspunkten und erkenntnisleitenden Interessen, wie Habermas erklärt, als notwendig eingesehen werden. Hinter allen Wissenschaften steht das Interesse an der Selbsterhaltung der menschlichen Gattung. Aber dieses Interesse ist nicht rein technologisch bestimmt. Es ist immer schon hermeneutisch und kritisch vermittelt, und insofern übersteigt es den biologischen Ansatz.

Habermas erklärt: »Das Interesse an Selbsterhaltung kann nicht unversehens auf die Reproduktion des Lebens der Gattung abzielen, weil diese Gattung unter den Existenzbedingungen der Kultur das, was ihr als Leben gilt, selber erst interpretieren muß. Diese Interpretationen wiederum richten sich nach Ideen des guten Lebens. Das ›Gute‹ ist dabei weder Konvention noch Wesenheit, es wird phantasiert, aber es muß so genau phantasiert sein, daß es ein zugrundeliegendes Interesse trifft und artikuliert: eben das Interesse an Emanzipation, das historisch, unter den gegebenen wie unter den manipulierten Bedingungen, objektiv möglich ist.«[40]

Hier zeigt sich wieder: das Ziel des Prozesses ist im Grunde die sich als Selbstzweck setzende Reflexion. Diese ist jedoch eigentlich nur negativ zu bestimmen als Aufhebung jeder vorgegebenen und undurchschauten Objektivität.

Wir weisen zum Schluß noch kurz auf Habermas' Interpretation der Ansätze Diltheys und Marx' hin, um anzudeuten, wie die methodische Schematik einer angemessenen geschichtlichen Auseinandersetzung entgegensteht. Wie Peirce für die Naturwissenschaft, so wird *Dilthey* als exemplarisches Beispiel für die Möglichkeit einer Selbstreflexion der Geisteswissenschaft und der historischen Sinnkritik angesetzt. Dies besagt: Dilthey wird klassifizierend in das Schema eingeordnet, das Habermas für die historisch-hermeneutischen Wissenschaften entworfen hat. Dies Schema ist aber zweideutig. Es ist einerseits methodologisch orientiert, das heißt, es stellt Probleme der Geschichts*wissenschaft* in das Zentrum. Es ist andererseits an interaktivem *Handlungszusammenhang* ausgerichtet, das heißt, es geht um die Fragen, die die objektive Ausformung der Kultur und Gesellschaft betreffen. Vom wissenschaftstheoretischen Aspekt her stellt Habermas nun bei Dilthey das Problem des Verhältnisses von Einzelnem und Allgemeinem ins Zentrum, und vom Handlungsproblem her die Frage der Wechselwirkungen der Individuen in Gesellschaftssystemen. Es ist klar, daß diese Fragen bei Dilthey eine wesentliche Rolle spielen. Entscheidend ist es aber zu begreifen, daß Dilthey beide Fragenkomplexe vermittelt durch einen Ansatz, der primär weder wissenschaftstheoretisch noch praktisch-pragmatisch orientiert ist, nämlich dem Ansatz bei der *Idee des Lebens*. Das Leben steht, so erklärt Dilthey, hinter allen Erscheinungen; es ist nur in seinen geistigen Produkten zugänglich, die ihrerseits als geschichtlich vergangene in der Dimension der souverän gewordenen *Innerlichkeit* nacherlebt werden. Dieser Ansatz Diltheys ist in seiner Relevanz nur zu verstehen, wenn Diltheys Ort in der Geschichte des 19. Jahrhunderts, das heißt seine Zwischenstellung zwischen Hegel und der Existenzphilosophie, in der das Prinzip der Innerlichkeit vorrangig wird, thematisiert wird.[41]

Die Darstellung *Marx'*, die Habermas in »Erkenntnis und Interesse« gibt, bleibt – so meinen wir – hinter den früheren Arbeiten über Marx und den Marxismus, die Habermas insbesondere in seinem Buch »Theorie und Praxis« zusammengefaßt hat[42], zurück, insofern Marx' Ansatz nun wissenschaftstheoretisch von Habermas' Schematik her geortet und kritisiert wird. Marx wird mangelnde Reflexion auf die methodischen Voraussetzungen der Gesellschaftstheorie vorgeworfen. Er hat die instrumentale Tätigkeit der Naturbeherrschung und die gesellschaftliche Praxis der Interaktion nicht nur nicht unterschieden, sondern den gesellschaftlichen Prozeß vom Produktionsprozeß her gedeutet. Marx hat dies zwar nur kategorial, nicht material getan. Habermas erklärt: »Die Selbstkonstitution durch gesellschaftliche Arbeit wird auf kategorialer Ebene als Produktionsprozeß begriffen; und instrumentales Handeln, Arbeit im Sinne der produktiven Tätigkeit, bezeichnet die Dimension, in der sich die Naturgeschichte bewegt. Auf der Ebene seiner materiellen Untersuchungen rechnet Marx hingegen stets mit einer gesellschaftlichen Praxis, die Arbeit und Interaktion umfaßt; die naturgeschichtlichen Prozesse sind durch die produktive Tätigkeit des Einzelnen und die Organisation ihres Verkehrs untereinander vermittelt.«[43] *Wellmer* hat diese Kritik von Habermas an Marx aufgenommen und noch beträchtlich gesteigert, indem er Marx vorwirft, in theoretischer Hinsicht nur eindimensional gedacht und solchermaßen das Faktum des technologischen Fortschritts zum Maß gesetzt zu haben: ». . . die Eindimensionalität des Marx'schen Geschichtsmodells impliziert ein eindimensionales Modell des technischen Fortschritts, dessen bloßes Faktum, und nicht mehr dessen Qualität, zum entscheidenden Kriterium der Progressivität wird.«[44]

Diese methodologische Argumentation führt – so meinen wir – an den eigentlichen Problemen von Marx vorbei. Habermas hat ja gerade in seinen frühen Arbeiten herausgestellt, daß dies die Probleme sind, die den gesellschaftlich vermittelten Handlungszusammenhang der Naturbeherrschung als ganzen betreffen. Diesen Problemen ist nicht durch wissenschaftstheoretische Schematisierung beizukommen. Im übrigen: die von Habermas intendierte kritische Sozialwissenschaft läßt sich wohl besser an Marx als an Freud illustrieren. Die Übertragungen von der psychoanalytischen Einzeltherapie auf eine Therapie der Gesellschaft *im ganzen* ist problematisch. Es wäre hier zu fragen, wer denn eigentlich als Gesellschaftstherapeut fungieren kann, und vor allem wäre zu überlegen, ob in der Gesellschaft der Wille zur Heilung in gleichem Maße vorausgesetzt werden darf wie bei einer Einzelperson, die sich von sich aus zum Therapeuten begibt. Marx' Ansatz, die *realen materiellen Bedürfnisse* als Motor der gesellschaftlichen Änderungen anzusetzen, erscheint geschichtsphilosophisch betrachtet einleuchtender als der Rückgriff auf Freud, selbst wenn man erkennen muß, daß es heute kein geschlossenes Proletariat im Sinne von Marx mehr gibt.

Zusatz während der Korrektur. – Habermas hat den Ansatz, den er in »Erkenntnis und Interesse« dargelegt hat, in wissenschaftstheoretischer Hinsicht weiterhin auszubauen versucht. Das zeigt insbesondere seine Auseinandersetzung mit *Niklas Luhmann*. Wir können hier nicht im einzelnen auf seine Ausführungen eingehen und beschränken uns auf einige kritische Bemerkungen.[45]

Habermas stellt nun seinen früheren marxistischen Ansatz, der an dem Problem einer gesellschaftsverändernden Praxis orientiert war, zugunsten sprachphilosophischer Erwägungen zurück. Das Ziel, an dem seine Untersuchungen ausgerichtet sind, bleibt jedoch nach wie vor die Herbeiführung eines emanzipierten Bewußtseins. Die Struktur dieses Bewußtseins soll zunächst theoretisch durch eine Besinnung auf die Sprache geklärt werden, zugleich aber hat diese Besinnung offensichtlich den Zweck, dazu mitzuhelfen, die Menschen diesem Ziel näher zu bringen.

Habermas entwickelt die Grundzüge einer »Theorie der kommunikativen Kompetenz«. Er unterscheidet verschiedene Möglichkeiten der Sprachbetrachtung. Vorrang hat für ihn die Universalpragmatik, die er gegen die Linguistik abhebt. Er erklärt: »Elementare Sätze sind die Grundeinheiten des Gegenstandsbereichs der Linguistik. Die Aufgabe der Linguistik als einer Theorie der linguistischen Kompetenz sehe ich mit Chomsky darin, das System von Regeln zu rekonstruieren, nach dem linguistisch kompetente Sprecher Sätze bilden und umformen. Elementare Äußerungen sind die Grundeinheiten des Gegenstandsbereichs der Universalpragmatik. Die Aufgabe der Universalpragmatik als einer Theorie der kommunikativen Kompetenz sehe ich darin, das System von Regeln zu rekonstruieren, nach dem kommunikativ kompetente Sprecher aus Sätzen Äußerungen bilden und in andere Äußerungen umformen.«[46]

Die *Universalpragmatik* ist der empirischen Pragmatik, deren Gegenstand die konkreten Äußerungen sind, vorgeordnet. Sie stellt die Strukturen der idealen Sprachsituation heraus, das heißt, sie zeigt, was zu einem repressionsfreien Dialog gehört. Die Erörterung dieses Dialoges ist Sache eines Diskurses. Die spezifische Leistung des Diskurses ist es, »eine Verständigung und das heißt einen wirklichen Konsensus herbeizuführen«. Eben diese Leistung muß aber »mit Bezugnahme auf die sprachlichen Mittel des Diskurses selber zu erklären« versucht werden.[47]

Habermas sucht die Bedeutung und den Sinn dieses Diskurses unter dem Aspekt seiner *praktischen Verwirklichung* herauszustellen. Hier setzt nun eine außerordentliche Vieldeutigkeit von Bestimmungen ein. Der Diskurs fungiert als maßgebendes Prinzip. Er soll die Sprachwirklichkeit bestimmen. Seine Realisation ist die Bedingung der repressionsfreien Rede, die das entscheidende Charakteristikum des emanzipierten Bewußtseins ist. Da der Diskurs jedoch noch nicht wirklich ist, wird er als »kontrafaktisch« deklariert. Gleichwohl ist er nicht fiktiv, sondern wird »unterstellt«. Diese Unterstellung ist nicht nur erlaubt, sondern erfordert, weil der Diskurs in jeder faktisch vernünftigen Rede schon anwesend ist. Habermas erklärt: »Die Bedingungen der empirischen Rede sind mit denen der idealen Sprachsituation (und des reinen kommunikativen Handelns) ersichtlich nicht, jedenfalls oft oder meistens nicht, identisch. Gleichwohl gehört es zur Struktur möglicher Rede, daß wir im Vollzug der Sprechakte (und der Handlungen) kontrafaktisch so tun, als sei die ideale Sprechsituation (oder das Modell reinen kommunikativen Handelns) nicht bloß fiktiv, sondern wirklich – eben das nennen wir eine Unterstellung. Das normative Fundament sprachlicher Verständigung ist mithin beides: antizipiert, aber als antizipierte Grundlage auch wirksam.«[48]

Dieser Ansatz, daß der Diskurs antizipiert und doch schon wirksam ist, wird nun noch genauer zu erläutern gesucht. Man kann den Diskurs nicht als regulative Idee im Sinne Kants bezeichnen, aber auch nicht als existierenden Begriff im Sinne Hegels. Man könnte »am ehesten« von einem transzendentalen Schein reden, »wenn nicht dieser Schein, statt sich einer unzulässigen Übertragung (wie beim erfahrungsfreien Gebrauch der Verstandeskategorien) zu verdanken, zugleich konstitutive Bedingung möglicher Rede wäre«.[49] Habermas spricht deswegen von einem »konstitutiven Schein, der zugleich Vorschein einer Lebensform ist«. Er fährt fort: »A priori können wir freilich nicht wissen, ob jener Vorschein bloße, wie immer aus unvermeidlichen Suppositionen stammende Vorspiegelung (Subreption) ist – oder ob die empirischen Bedingungen für die, sei es auch annähernde, Verwirklichung der supponierten Lebensform praktisch herbeigeführt werden können. Die in die Universalpragmatik eingebauten Fundamentalnormen möglicher Rede enthalten unter diesem Gesichtspunkt eine praktische Hypothese. Von ihr, die in einer Theorie kommunikativer Kompetenz erst entfaltet und begründet werden muß, nimmt die kritische Theorie der Gesellschaft ihren Ausgang.«[50]

Luhmann akzeptiert in seiner Entgegnung die Konzeption dieses Diskurses, insofern hier an die Stelle des Monologs der Dialog tritt, und das heißt: die gegenseitige Anerkennung der Subjekte als Akteure innerhalb einer Interaktion. Er kritisiert aber zugleich Habermas' ideale Konzeption von der Realität her, und zwar in der Form, daß er den Diskurs auf seine empirischen Bedingungen hin funktionalisiert. So fordert der Diskurs einen Diskussionsleiter, der die Beiträge zusammenhalten muß. Diese Beiträge sind je nach dem Niveau der jeweiligen Partner unterschiedlich, außerdem spielen immer persönliche Motive – Ehrgeiz oder Ermüdung zum Beispiel – beim Reden eine Rolle. Unter Umständen muß man dem Diskurs, wenn er zu unübersichtlich wird, ein »Teilsystem« voraussetzen, von dem her er gelenkt wird. Bedenkt man solchermaßen die verschiedenen Faktoren, die dem Gelingen eines Diskurses entgegenstehen, oder anders: erkennt man, welche Voraussetzungen notwendig sind, damit ein idealer Diskurs Wirklichkeit werden kann, dann muß man nach Luhmann einsehen, daß Habermas' Rekurs auf die allgemeine Vernünftigkeit der Teilnehmer viel zu vage ist, um das Gelingen des Diskurses zu garantieren.

Es mag sein, daß Luhmann durch den Rückgriff auf empirische Bedingungen des

Diskurses Habermas' Intention um ihre Pointe bringt. Gleichwohl hat Luhmann insofern Recht, als er darauf hinweist, daß der Status dieser Idealität eigentümlich ungeklärt bleibt. Auch andere Kritiker haben dies gesehen. So hat *Gadamer* herausgestellt, daß Habermas' Behauptung vom zwangshaften Charakter der Rhetorik, »den man zugunsten des zwangsfreien rationalen Gespräches hinter sich lassen müsse«, von »erschreckender Irrealität« sei.[51] Habermas sieht nicht – dies hat neben Gadamer auch *Hans Joachim Giegel* herausgestellt[52] –, daß ein solcher Diskurs bereits eine Solidarität voraussetzt, die sicher nicht auf dem Wege einer Sprachtherapie herzustellen ist. Habermas überschätzt deren Möglichkeit, wenn er behauptet, daß die Kritische Theorie, deren ursprünglicher Ansatz die Kritik an den realen gesellschaftlichen Verhältnissen und das Bedenken möglicher realer Veränderungen war, von der Theorie der kommunikativen Kompetenz »ihren Ausgang nehmen müsse«.

Wie sehr Habermas seine ursprüngliche Position aufgegeben hat, wird vor allem daran klar, daß er den Begriff eines geschichtlichen Gesamtsubjektes als unzulänglich eliminiert. Habermas weist selbstkritisch auf den Ansatz von »Erkenntnis und Interesse« hin. Dort war er transzendentalphilosophisch vorgegangen, hatte die Transzendentalphilosophie jedoch nicht in einem reinen Subjekt, sondern in der *Menschengattung* und deren Interessen fundiert. Dagegen wendet er jetzt ein, daß man von den Denkzwängen der Transzendentalphilosophie grundsätzlich freikommen müsse. An die Stelle eines Gesamtsubjektes soll das *System* treten. Habermas formuliert sehr scharf: »Da sich das der Transzendentalphilosophie entliehene Kollektivsubjekt einer sinnhaft konstituierten Lebenswelt jedenfalls in der Soziologie als eine irreführende Fiktion erweist, bietet sich der Systembegriff an. Soziale Systeme sind Einheiten, die objektiv gestellte Probleme durch übersubjektive Lernprozesse lösen können.«[53] Wir werden auf die hier sich eröffnende Sachproblematik noch einzugehen haben.[54] Daß durch die Beachtung der Systemanalyse bestimmte objektive Zusammenhänge schärfer gesichtet werden können als durch einen *einseitigen* Ausgang von einem Kollektivsubjekt, sei nicht in Abrede gestellt. Gleichwohl werden keineswegs alle soziologischen Probleme durch die Ausklammerung des Subjekts zugunsten des Systems durchsichtiger oder gar einer Lösung näher gebracht. So kann – wie wir meinen – das Problem der Klassengesellschaft oder der unterentwickelten Länder nicht systemtheoretisch bewältigt werden, sondern nur vom Ansatz der *geschichtlichen* Handlungsproblematik her. Hier ist aber der Begriff des Gesamtsubjektes unentbehrlich.

Wir schließen diesen Exkurs mit einer Anmerkung ab. Bei der wissenschaftstheoretischen Konzeption der Universalpragmatik und des Theoriebegriffs hat offensichtlich die *Protophysik Lorenzens* Pate gestanden.[55] Die Universalpragmatik soll für die empirische Sozialwissenschaft das leisten, was die Protophysik für die empirische Physik leistet. Habermas weiß natürlich, daß eine Protosoziologie keine einfache Parallele zur Protophysik darstellen kann. Die Protophysik geht operational vor. Sie bedient sich apriorischer Konstruktionen, die sie *normativ* als Handlungsvorschriften entwickelt. Die Protosoziologie kann ein solches Verfahren nicht in gleicher Weise anwenden. Habermas gelingt es nun aber nicht zu zeigen, wie die Grundbegriffe einer Protosoziologie, die »kontrafaktische« Bestimmungen sind, sich mit der Empirie verbinden können. Der hier erforderte Nachweis einer möglichen Realisierung des repressionsfreien Diskurses wird nicht geliefert. Die Frage, wie *Solidarität* herzustellen sei, wird jedenfalls nicht von politischen und ethischen Gesichtspunkten her angegangen. Dies aber erscheint uns unumgänglich, wenn anders man, über die Wissenschaftstheorie hinausgehend, an der realen Verwirklichung der Emanzipation engagiert ist.

Wissenschaftstheorie und Verwissenschaftlichung

Wir fassen das Ergebnis unserer Darstellung der gegenwärtigen Situation der Soziologie unter allgemeinem wissenschaftstheoretischem Aspekt kurz zusammen. Wir haben uns darauf konzentriert, durch den Rückgriff auf den Positivismusstreit in der Soziologie und die Arbeiten von Habermas diese Situation darzustellen. Dies geschah aus zwei Gründen. Einmal werden hier die *grundsätzlichen Positionen*, die den Ort der gegenwärtigen Soziologie und ihre Ausrichtung charakterisieren, ausdrücklich gemacht. Gerade die alternativen Entgegensetzungen lassen diese Positionen profiliert hervortreten. Wir erinnern an den oben herangezogenen Aufsatz von Habermas: »Analytische Wissenschaftstheorie und Dialektik«, in dem in Alternativform aufgezeigt wird, um welche Probleme es hier geht. Es sind dies die Fragen der soziologischen Einstellung zur *Erfahrung* und zur *Geschichte* und damit verbunden die Fragen nach der Struktur des *soziologischen Verstehens*. Die Diskussion in Alternativen bringt nun aber – das ist die andere Seite – auch Nachteile mit sich. Sie läßt – jedenfalls in der ersten Phase des Streites – das Problem einer Verbindung zwischen diesen Positionen nicht aufkommen. Daß eine solche Verbindung möglich ist, zeigt die zweite Phase der Diskussion, in der die unmittelbaren alternativen Entgegensetzungen aufgegeben werden. Insbesondere die späteren Arbeiten von Habermas gehen davon aus, daß das Recht der analytisch-empirischen Methode in der Soziologie anerkannt werden müsse. Freilich: die Diskussion im Positivismusstreit und ebenso die späteren Arbeiten von Habermas legen die Frage nahe – dies ist der zweite Grund der ausführlichen Behandlung der herangezogenen Positionen –, ob der wissenschaftstheoretische Gesichtspunkt, so wie er hier entwickelt wird, überhaupt ausreicht, um die Forschungssituation der gegenwärtigen Soziologie angemessen darzustellen.

Wir meinen diese Frage verneinen zu müssen. Eine *allgemeine* Wissenschaftstheorie kann ihrem Ansatz und ihrer Struktur nach gar nicht das dialektische Verhältnis erfassen, in dem sich heute Theorie und Empirie, Geschichte und System in der Forschung verbinden. Die allgemeine Wissenschaftstheorie hat die Tendenz, in unreflektierter und undialektischer Form mit Begriffen und Klassifizierungen zu arbeiten, von denen her die Wissenschaften »geortet« werden sollen. Dies Verfahren aber geht weithin an der faktischen Situation der Wissenschaft vorbei.

Konkret: die gegenwärtige Situation der Soziologie ist ebenso wie die gegenwärtige Situation der Physik durch die Verwissenschaftlichung bestimmt. Verwissenschaftlichung und Wissenschaftstheorie sind aber keineswegs Begriffe, die unmittelbar auf einen Nenner zu bringen sind. Verwissenschaftlichung ist ein gar nicht allgemein zu erfassendes *geschichtliches Geschehen*. Verwissenschaftlichung zeigt keineswegs an, was Wissenschaft überhaupt sein kann, weil sie auf spezifischen geschichtlichen Wandlungen beruht. Diese Wandlungen weisen in den verschiedenen Wissenschaften vergleichbare Strukturen auf, aufgrund einer umgreifenden Gesamtveränderung der Situation. Gleichwohl sind sie in jeder Wissenschaft spezifiziert.

Wir haben in unserem Einleitungsabschnitt den Verlauf der Verwissenschaftlichung der Sozialwissenschaften in der Tradition kurz skizziert. Hier handelt es sich im Gegensatz zur Physik darum, die Sozialwissenschaften überhaupt erst in den Rang der Wissenschaft zu erheben. Dies geschieht wesentlich dadurch, daß man die Formen des Zusammenlebens der Menschen auf *rationale Gesetzlichkeiten* hin untersucht und solchermaßen »wissenschaftsfähig« macht. Wir werden im nächsten Abschnitt zeigen, wie sich dieser Prozeß der Verwissenschaftlichung in der Gegenwart radikalisiert hat. Zuvor sei jedoch als Überleitung zu diesem Abschnitt eine abschließende Bemerkung über das Verhältnis von kritischer und analytischer Soziologie gegeben.

Abschließende Bemerkung über das Verhältnis von kritischer und analytischer Soziologie

Die moderne Soziologie hat – vereinfachend gesagt – *zwei Wurzeln*. Es ist dies einmal das politische und praktische Interesse an der Gesellschaft im Hinblick auf ihre *Veränderung*. Soziologie hat solchermaßen eine *kritische Funktion* – Habermas hat in seinem Buch »Theorie und Praxis«, insbesondere in dem Aufsatz »Kritische und konservative Aufgabe der Soziologie« diesen Ansatz eindrücklich herausgestellt.[56] Die zweite Wurzel ist das Interesse an einer *Rationalisierung der menschlichen Bezüge*. Diese beiden Interessen sind gegensätzlicher Natur. Gerade die zwischen ihnen bestehende Spannung ist aber für das Ganze der soziologischen Fragestellung wesentlich. Summarisch im Hinblick auf die Positionen des Positivismusstreites gesagt: Adorno und Horkheimer sind durchaus im Recht, wenn sie die kritische Funktion der Soziologie herausstellen. Aber ebenso ist die Gegenseite im Recht, die die rationale Analytik als legitimes soziologisches Verfahren deklariert. Erst durch dies Vorgehen, das durch den überprüfbaren Bezug von Theorie und Empirie geleitet ist, hat die Soziologie den Rang einer modernen Wissenschaft erreicht.

Der Widerspruch dieser beiden Positionen ist nicht eindeutig aufhebbar. Gleichwohl muß er vermittelt werden. Diese *Vermittlung* kann nur in dialektischer Form geschehen. Wir deuten sehr gedrängt und summarisch ihre Struktur an. Der Ausgangspunkt einer jeden soziologischen Fragestellung ist und bleibt das gesellschaftliche Miteinander der wirklichen Menschen in einer bestimmten geschichtlich vorgegebenen Situation. Die Soziologie als eine Wissenschaft, genauer: als eine Wissenschaft, die von der Verwissenschaftlichung bestimmt ist, überschreitet nun aber diese gegebene Wirklichkeit. Diese Überschreitung besteht weder darin, daß man diese Wirklichkeit nun auf Begriffe bringt in Form empirisch induktiver Verallgemeinerungen, noch daß man sie hermeneutisch durchleuchtet. Die Soziologie baut sich als Wissenschaft ihr Untersuchungsfeld allererst selbst auf, das heißt, sie konstituiert sich als Forschung. Als solche entwirft sie *Theorien*, und von diesen her wird die Empirie angegangen. Die soziologische Empirie – Popper hat dies mit Recht gesehen – ist keine vorgefundene Wirklichkeit, weil sie schon im Licht von soziologischen Theorien steht. Die soziologische Analyse hat also keine unmittelbare Abbildungsfunktion. In ihr wird der unmittelbare Lebensbezug vielmehr »gebrochen«. Soziologische Systeme sind *Modelle*, und soziologische *Rollen-Figuren* sind keine wirklichen Menschen.

Die Soziologie vollzieht als Wissenschaft also eine »Entwirklichung«. Diese Entwirklichung ist nun aber in einem zweiten Schritt »zurückzunehmen«, damit die soziologische Erkenntnis für den Lebenszusammenhang ausgewertet werden kann. Diese Rückübersetzung ist notwendig; würde sie nicht vollzogen, dann gälte für die Soziologie das, was Carnap in bezug auf die Physik sagt: eine nicht rückübersetzbare Physik ist ein reines Gedankenspiel.

Diese angedeutete Schematik – dies sei ausdrücklich herausgestellt – ist eine Idealkonstruktion. Von den Personen her gesehen: es wird keinen Forscher geben, der den Weg »nach oben«, das heißt vom Lebenszusammenhang zur Theorie und sodann von der Theorie zum Lebenszusammenhang zurück in methodisch einwandfreier Form vollzieht. Von der Sache her formuliert: es wird keine soziale Theorie geben, die ein eindeutiges und abgeschlossenes System darstellt; immer werden in eine solche Theorie vorwissenschaftliche Elemente, insbesondere vorwissenschaftliche Vorurteile, eingehen. Diese Aporien sind wissenschaftstheoretisch nicht lösbar. De facto kann man ihnen am besten entgegentreten durch den Pluralismus soziologischer Theorien. Daß der theoretische Pluralismus für die Soziologie von eminenter Bedeutung ist, werden wir später zu erörtern haben.

Suchen wir nun das Gesagte in bezug auf die Ansätze der analytischen und der kritischen Theorie zu konkretisieren. Der Lebenszusammenhang, von dem jede soziologische Fragestellung ausgeht, steht – wie wir oben andeuteten – als solcher vor jeder wissenschaftlichen Soziologie. Das besagt: er muß für die soziologische Untersuchung entwirklicht werden, um wissenschaftlich relevant zu sein. In dieser Hinsicht meinen wir, daß die *analytische Theorie* im Recht ist, wenn sie die Wirklichkeit für ihre Forschungen allererst »präpariert«. Andererseits hat die *kritische Theorie* herausgestellt, daß der Lebenszusammenhang heute in hohem Maße bereits verwissenschaftlicht ist. Dies bedeutet, daß er bestimmte Fragestellungen für die Wissenschaften vorgibt. Die kritische Theorie hat aber zugleich betont, daß der verwissenschaftlichte Lebenszusammenhang, wenn anders man sich nicht den sogenannten technologischen Sachzwängen überlassen will, von der Praxis her kritisch anzugehen und zu verändern ist.

Formelhaft vom Gesichtspunkt der Korrekturnotwendigkeit her jeweilig negativ formuliert, könnte man daher folgendes behaupten: die *hermeneutisch-kritische Theorie* steht in der Gefahr, die Notwendigkeit der Verwissenschaftlichung als Entwirklichung nicht anzuerkennen; sie muß durch die analytische Theorie ergänzt und korrigiert werden. Umgekehrt: die *analytische Theorie* steht in der Gefahr, die Theorie zu verselbständigen und von der Praxis abzutrennen; die Folge ist dann – wie wir sehen werden – gerade eine unkritische Anpassung an die vorhandenen Gesellschaftsstrukturen. Die analytische Theorie muß also durch die kritische Theorie korrigiert und ergänzt werden. Wenn man will, dann kann man die hermeneutisch-kritische Soziologie als »Orientierungswissenschaft« im Sinne einer letztlich auf die Praxis ausgerichteten Gesamtanalyse ausdeuten, und die analytisch orientierte Soziologie als Forschung im Sinne von Einzelanalysen, hinter denen allgemeine Systemtheorien stehen, auffassen – so etwa argumentiert *Dahrendorf*.[57] Aber solche Festlegungen bleiben vorläufig, sie haben nur Sinn, wenn sie als hermeneutische Gesichtspunkte für die Auslegung der konkreten Situation der Soziologie angesetzt werden, von der her sie ständig korrigiert werden können und müssen.

Wir fügen noch eine Bemerkung an: wenn wir im nächsten Abschnitt, der der Frage nach dem Verhältnis von Theorie und gesellschaftlicher Realität unter dem Aspekt soziologischer Modellbildung nachgehen soll, zur Verdeutlichung der Forschungssituation vorwiegend Theorien behandeln, die im weitesten Sinne der *analytischen Soziologie* zuzurechnen sind, so geschieht dies nicht, weil die analytische Soziologie »bessere Ergebnisse« und »größere praktische Erfolge« als die hermeneutisch-kritische Theorie hervorbrächte. Solche Behauptungen wären mit Recht anfechtbar. Wir meinen auch nicht, daß wissenschaftliche Soziologie nur als analytische Theorie möglich sei. Eine solche Behauptung würde durch das historische Faktum anderer wissenschaftlicher Soziologien, wie sie insbesondere im 19. Jahrhundert und zu Beginn des 20. Jahrhunderts aufgestellt wurden, widerlegt. Wenn wir die analytische Theorie in unserem jetzigen Zusammenhang »bevorzugen«, so geschieht dies nur auf Grund der Tatsache, daß die analytische Soziologie eindeutig die Züge der Verwissenschaftlichung an sich trägt. Dies sei durch einen kurzen Vergleich der Verwissenschaftlichung in der Soziologie mit der Verwissenschaftlichung in der Physik herausgestellt.

Beide Wissenschaften sind über die Tradition hinausgegangen, die dadurch bestimmt ist, daß man vermeint, die Wissenschaft hätte die Welt in ihrem wahren Wesen auf den Begriff zu bringen, sei es in der Weise einer einfachen Beobachtung des Gegebenen oder in der Weise, daß die die Wirklichkeit konstituierenden Gesetze aufgedeckt werden. Die Welt der modernen Physik erfaßt weder die Naturwirklichkeit, in der wir leben, noch zeigt sie ein für allemal, wie Natur als gesetzmäßiger Zusammenhang zu bestimmen ist. Entsprechendes gilt für die Systeme der analytischen Soziologie. Diese stellen nicht die gesellschaftliche Wirklichkeit, in der wir uns befinden, unmittelbar dar. Sie arbeiten aber auch nicht Begriffe heraus, die als Konstituentien dieser Wirklichkeit im kategorialen Sinne eindeutig festgelegt wären. Beide Wissenschaften kennen keinen unmittelbaren, sondern nur einen gebrochenen Wirklichkeitsbezug. Daß der gebrochene Gegenstandsbezug der Physik und der gebrochene Handlungsbezug der analytischen Soziologie gebietsmäßig zu differenzieren sind, ist klar. Gleichwohl gibt es Gemeinsamkeiten bei aller Unterschiedenheit. Um nur einen wesentlichen Sachverhalt anzudeuten: Die gegenwärtige Physik objektiviert, wie wir zu zeigen suchten, das Subjekt, indem sie es in der Funktion des Beobachters in den Prozeß der empirischen Forschung hineinnimmt. Auch in der Soziologie vollzieht sich eine Objektivierung der Subjektivität. Das Subjekt wird nicht als konkreter Mensch thematisiert, es wird als Rollenträger in Systemen funktional geortet.[58]

Exkurs: Erläuterung des Begriffs »Entwirklichung« im Gegenzug
zu Adornos Begriff der »Entfremdung«

Wir haben darauf hingewiesen, daß die soziologische Theorie nicht die Wirklichkeit abbildet, sondern Modelle darstellt, von denen her die Empirie zu interpretieren ist. Wir gebrauchten in diesem Zusammenhang den Begriff »Entwirklichung«. Der methodische Sinn dieser Bestimmung sei nun ein wenig genauer geklärt durch Abhebung gegen bestimmte Argumentationen, die *Adorno* zur Klärung der gegenwärtigen soziologischen Situation durchgeführt hat. Das heißt: wir wollen zeigen, daß Entwirklichung als soziologische Kategorie kein Indiz der Entfremdung – Entfremdung als geschichtliche Kategorie verstanden – ist.

Adorno sucht in einer genialen und fast raffinierten Argumentation die Möglichkeit der *Objektivität der gegenwärtigen Soziologie* zu erklären. Er legt zunächst dar, daß nicht die Dialektiker »subjektiv« vorgehen, sondern gerade die positivistisch orientierten Soziologen. Diese Soziologen stellen Raster heraus und interpretieren von ihnen aus die Wirklichkeit als das vorgegebene Material. Sie gehen dabei aber gerade auf isolierte Individuen zurück. Diese Individuen werden nach der Methode der Markt-Forschung befragt. Es scheint, daß die auf diesem Wege gewonnenen quantitativen und statistischen Aussagen »nach den Gesetzen der Wahrscheinlichkeitsrechnung generalisierbar und von individuellen Schwankungen unabhängig sind. Aber die gewonnenen Durschnittswerte, mag auch ihre Geltung objektiv sein, bleiben meist doch objektive Aussagen über Subjekte; ja darüber, wie die Subjekte sich und die Realität sehen«.[59]

Die Positivisten vergessen die Tatsache »der Vermitteltheit alles Einzelnen durch die objektive gesellschaftliche Totalität«.[60] Die moderne Gesellschaft ist gerade objektiv, »weil auf Grund ihrer tragenden Struktur ihr die eigene Subjektivität nicht durchsichtig ist, weil sie kein Gesamtsubjekt hat und durch ihre Einrichtung dessen Instauration hintertreibt«.[61] Das besagt: in der gegenwärtigen Gesellschaft ist das Subjekt sich *entfremdet*. Die Tatsache dieser Entfremdung ist die heute vorgegebene alles einzelne übergreifende *wahrhafte Objektivität*.

Der nicht kritische Soziologe versteht diese Objektivität jedoch als *wertneutrale Gegebenheit*. Er begreift nicht, daß sie eine geschichtlich entstandene Verkehrung ist. Die Folge ist, daß die nicht kritische Soziologie sich an die Verhältnisse *anpaßt*, ohne diese Anpassung zu durchschauen. Diese Soziologie stellt solchermaßen *selbst* eine Entfremdung dar. Sie ist die wissenschaftliche Spiegelung der realen Entfremdung, die unsere Gesellschaft durchgängig bestimmt. Als solche ist sie »bloße Verdoppelung, verdinglichte Apperzeption des Dinghaften, und entstellt das Objekt gerade durch die Verdoppelung, verzaubert das Vermittelte in ein Unmittelbares«.[62] Das Verhängnis, in dem sich diese Soziologie befindet, ist nur aufzuheben durch die Erkenntnis, daß unsere Wirklichkeit eben *durchgehend* durch die Entfremdung bestimmt ist. Diese Erkenntnis herbeizuführen ist Aufgabe der *Philosophie*. Sie muß in den Fakten die Tendenz aufweisen, die über diese Fakten hinaustreibt. Adorno schließt seinen Aufsatz »Soziologie und empirische Forschung« mit folgendem Satz: »Ihre« – das heißt: der Subjekte – »eigene Beschaffenheit, ihr Subjektsein, hängt ab von der Objektivität, den Mechanismen, denen sie gehorchen und die ihren Begriff ausmachen. Der aber läßt sich bestimmen nur, indem man in den Fakten selber der Tendenz inne wird, die über sie hinaus treibt. Das ist die Funktion der Philosophie in der empirischen Sozialforschung. Wird sie verfehlt oder unterdrückt, werden also bloß die Fakten reproduziert, so ist solche Reproduktion zugleich die Verfälschung der Fakten zur Ideologie.«[63]

Adorno hat diesen Ansatz in seinem Werk »Negative Dialektik« untermauert; davon wird später noch zu reden sein.[64] Wir weisen jetzt nur auf einige für unseren Zusammenhang wichtige Punkte hin. Es ist vollkommen legitim, die moderne Soziologie geschichtlich zu orten. Aber diese Ortung muß gegen sich selbst kritisch sein. Das besagt konkret: die These, daß unsere Epoche einschließlich der Soziologie durch die Tatsache der Entfremdung *eindeutig* bestimmt sei, wäre ihrerseits zu überprüfen. So wäre zum Beispiel zu fragen, ob nicht feudalistische und vorkapitalistische Zeiten in weit stärkerem Maße Epochen der Entfremdung darstellen – und zwar in wirtschaftlicher, sozialer und religiöser Hinsicht – als unsere Zeit. Und es wäre weiterhin zu untersuchen, ob nicht heute trotz aller Mißstände ein gewisser Fortschritt zu konstatieren ist: es sind im Spätkapitalismus weniger Menschen in soziologischer und ökonomischer Hinsicht versklavt als in vorkapitalistischen Gesellschaftssystemen. Aber ganz abgesehen von einer solchen empirischen Prüfung der geschichtlichen Situation, die immer zweideutig bleibt, und nur dann sinnvoll ist, wenn man den positiven Trend der Geschichte zur Zukunft hin zu erkennen und dementsprechend zu handeln sucht, meinen wir, daß es *grundsätzlich gesehen* keine Epoche gibt und geben wird, die eindeutig unter die Bestimmung der Entfremdung zu subsumieren ist. Macht und Ohnmacht des Menschen sind trotz allen Schwankungen, denen zufolge der eine oder der andere Faktor überwiegen mag, in der Geschichte immer miteinander verbunden, so daß eine eindeutige Epocheneinteilung, die sozusagen gute und schlechte Zeiten festlegen will, nicht durchführbar ist.

Indem Adorno die analytisch-positivistische Soziologie als objektive Spiegelung der objektiven Entfremdung ausgibt, erweist er sie als zeitgemäß. Damit verstellt er sich aber gerade die Möglichkeit, das Verhältnis dieser Soziologie zur geschichtlichen Situation angemessen, das heißt dialektisch, zu fassen. Noch einmal: die Konstitution dieser Soziologie ist durch den heute bestimmenden Trend der Verwissenschaftlichung bedingt. Dieser Trend ist nicht rückgängig zu machen. Die Verwissenschaftlichung bringt ihre spezifischen Gefahren mit sich, und diese liegen eben darin, die verwissenschaftlichte Theorie von der Dimension der Praxis abzutrennen und solchermaßen dem Denken in den sogenannten technologischen Sachzwängen zu verfallen. Auf solche Weise wird dann gerade die Gesellschaft als unabänderlich in ihrem faktischen Bestand sanktioniert.

Diese Gefahr hat Adorno mit Recht hervorgehoben. Aber man entgeht ihr ja nur dann, wenn man die Entwicklung des soziologischen Vorgehens nicht wie Adorno als *objektive Entfremdung* deklariert, sondern im Sinne der Verwissenschaftlichung als *methodisches Vorgehen* versteht, dessen Zweck es ist, die soziologischen Theorien als Modelle zu erstellen, um sie sodann auf die geschichtliche Situation zurückzubeziehen. Das Herausstellen dieser Dialektik ist heute notwendig, wenn anders der Bezug von soziologischer Theorie und gesellschaftlicher Realität angemessen erfaßt werden soll. Es sei noch einmal gesagt, daß die Dialektik des Dreischrittes – Ausgang vom Leben, Erstellung der Theorie, Rückkehr zum Leben – eine Idealkonstruktion ist, die kein Forscher in Reinheit verwirklichen kann angesichts der Tatsache, daß heute Wissenschaft und Leben bei aller Unterschiedenheit in hohem Maße miteinander verzahnt sind. Gleichwohl: die Welt der Wissenschaft ist nicht die alltägliche Lebenswelt. Dies gilt für die Soziologie ebenso wie für die Physik. Zwischen beiden Welten bestehen Spannungen. Diese muß der Forscher auf sich nehmen, das heißt, er muß wissen, daß er als Forscher sich notwendig vom Leben entfernt, und er muß andererseits daran festhalten, daß die wissenschaftliche Theorie doch nicht um ihrer selbst willen da ist, sondern nur eine umwegige Vermittlung »im Dienste des Lebens« darstellt, das heißt, auf den Menschen als handlungsorientierten Geschichtsträger bezogen werden kann und bezogen werden muß.

3. Zur Problematik der gegenwärtigen soziologischen Modelltheorien

Vorbemerkung

In diesem Abschnitt soll versucht werden, das Problem der Theoriebildung in der Soziologie, wie es sich auf Grund der Verwissenschaftlichung herausgebildet hat, zu kennzeichnen. Wir beschränken uns auf die Erörterung einiger grundlegender Gesichtspunkte. Das besagt: wir klammern Theorien über spezifische Probleme, wie etwa die Frage nach der sozialen Schichtung, der sozialen Mobilität oder des sozialen Wandels aus, und ebenso gehen wir nicht auf Probleme der soziologischen Einzeldisziplinen ein –; bestimmte Problemkreise, insbesondere das Problem der Gruppenbildung, werden unter dem Gesichtspunkt der Ethik im fünften Teil behandelt. Wir wählen hier nur drei allgemeine Theorien aus. Diese Auswahl mag den Charakter des Zufälligen und Subjektiven an sich tragen. Gleichwohl meinen wir, daß sich an den zu behandelnden Theorien das für uns zentrale Problem: die Frage nach der Funktion von Modell- und Systemanalysen *exemplarisch* aufweisen läßt.

Wir thematisieren zuerst das strukturell-funktionale System von *Talcott Parsons*, weisen sodann auf die funktionale Methode von *Niklas Luhmann* hin und diskutieren schließlich die Konflikttheorie von *Ralf Dahrendorf*. Im nächsten Abschnitt soll zur Ergänzung dieser Auslegung ein Grundbegriff der Soziologie, nämlich der Begriff der Rolle, diskutiert werden.[1]

Das strukturell-funktionale System (Parsons)

Wir versuchen zunächst den allgemeinen geistesgeschichtlichen und soziologischen *Hintergrund* der Theorie von Parsons zu erläutern und greifen zu diesem Zweck auf eine Gegensatzschematik zurück, die in der Sozialphilosophie und in der Sozialwissenschaft der Tradition immer wieder hervortritt. Es handelt sich hier um die Alternativfrage, ob man Gesellschaft von den einzelnen Individuen und ihrer Handlung her erklären, oder ob man sie als übergreifende Einheit verstehen soll.

Max Weber mag als Zeuge der ersten Möglichkeit gelten. Es gibt nach ihm keine übergreifenden Subjekte und keine übergreifenden Ordnungszusammenhänge. Nur die Individuen handeln. Kollektivbegriffe wie Staat, Gesellschaft und Gruppe müssen daher auf das Handeln der einzelnen Menschen zurückgeführt werden. Die *Gegenmöglichkeit* ist von dem Gesichtspunkt bestimmt, daß Gesellschaften durch übergreifende *Einheiten* konstituiert werden. Diese Einheiten sind natürlich in inhaltlicher und formaler Hinsicht von verschiedenen Strukturen. Es kann sich um metaphysische Gebilde wie *Augustins* civitates handeln, um ökonomisch bedingte Klassen im Sinne von *Marx*, man kann auch Staat und Gesellschaft von der Ordnung des Organismus her verstehen – *Spencer*, auf den sich Parsons bezieht, erklärt: die Gesellschaft ist ein Organismus, und auch *Hegel* benutzt die Analogie zum Organismus, um Werden und Funktion des Staates zu deuten.

Versucht man diese beiden Ansätze historisch zu orten, so scheint es, daß das Ordnungsdenken in der antiken und mittelalterlichen Tradition vorherrscht, und daß erst der neuzeitliche Individualismus zu der These führt, die handelnden Einzelnen seien als einzige Realität der Gesellschaft anzusetzen. Gegen eine solche Annahme lassen sich jedoch Einwände erheben. Gerade im modernen Sozialismus tritt der Gedanke von Kollektivsubjekten heraus. Freilich zeigt sich hier bereits ein Unterschied zur metaphysischen Tradition. Diese Subjekte beruhen nicht auf einer ontologischen Hierarchie. Sie werden zum Teil auf Organisationen zurückgeführt. Auf das Ganze gesehen ist aber daran festzuhalten, daß im gegenwärtigen soziologischen Denken der Gedanke der Ordnung immer mehr analytisch-methodischen Charakter gewinnt. *Georg Simmel* – dies sei hier nur am Rande erwähnt – hat bereits das Problem der Ordnung in diesem Sinne durchdacht. Er erklärt, daß die Alternative Individualsubjekt oder Gesellschaftssubjekt verfehlt sei, daß es aber notwendig sei, in *methodischem* Sinne ein Subjekt »Gesellschaft« anzusetzen, denn nur so würden jenseits individuell verantwortbarer Leistungen *sachliche Tendenzen* der Gesellschaft objektiv darstellbar.

Wir können hier auf die geschichtliche Problematik der gesellschaftlichen Ordnungsschematik nicht im einzelnen eingehen. Wir halten nur fest, daß die historische Entwicklung eine Abkehr von metaphysisch-ontologischen Ordnungsschemata zu Organisationsordnungen zeigt und schließlich zu der Idee führt, Ordnungsschemata überhaupt als methodische Gebilde zu verstehen, die nicht real seien. Dieser methodische Ansatz tritt aber zumeist nicht rein heraus. Die Möglichkeit, Ordnungsschemata nur als Theorien im Sinn von Hypothesen zum Zwecke der Erklärung zu verstehen, wird weitgehend durchkreuzt: soziologische Ordnungsschemata erscheinen als »Quasirealitäten« oder man meint, daß sie realen Ordnungszusammenhängen zumindesten *vergleichbar* seien. So setzt der spätere Parsons seine Idee des Systems in bezug zum kybernetischen Modell, das er als biologisch fundiert bestimmt.

Wir suchen nun in der hier erforderten Kürze die Theorie von *Parsons* konkreter zu entwickeln. Parsons definiert das theoretische *System* folgendermaßen: »Ein theoretisches System, so wie es hier verstanden wird, ist eine Gesamtheit allgemeiner Begriffe, die logisch interdependent sind und einen empirischen Bezug haben. Ein solches System ist auf ›logische Geschlossenheit‹ angelegt: im idealen Fall erreicht es einen solchen Grad logischer Integration, daß jede logische Implikation aus einer beliebigen Kombination von Sätzen des Systems in einem anderen Satz des gleichen Systems ausdrücklich festgestellt wird.«[2] Dies System hat einen *empirischen* Bezug. Das besagt: es geht auf Sachverhalte, »über die Tatsachenfeststellungen getroffen werden«, zurück. Diese Sachverhalte müssen in ihrem *Zusammenhang* thematisiert werden. Dieser Zusammenhang ist der Gegenstand wissenschaftlicher Beschreibung. Die Beschreibung ist geleitet von einem *Bezugsrahmen*: »Er stellt den Rahmen jener allgemeinsten Kategorien dar, innerhalb derer die empirische wissenschaftliche Arbeit einen ›Sinn‹ hat. In der klassischen Mechanik beispielsweise sind der dreidimensionale, geradlinige Raum, die Zeit, Masse, Stellung und Bewegung die wesentlichen Elemente des Bezugsrahmens. Jede beschreibende Feststellung muß sich, soll sie auf ein mechanisches System anwendbar sein, auf einen oder mehrere ›Körper‹ beziehen, die jeweils eine gegebene Masse haben, eine angebbare Stellung im Raum einnehmen, ihre Stellung in der Zeit durch Bewegung verändern können usw. Die Funktion des Bezugsrahmens erschöpft sich jedoch nicht darin, bestimmte Kategorien für die Beschreibung eines Systems zu liefern: sie besteht vor allem darin, einen Test für die Genauigkeit der Beschreibung zu schaffen.«[3]

Parsons führt nun zur Erläuterung des Bezugsrahmens den Begriff »Struktur« ein. Struktur ist der »statische Aspekt« der Beschreibung eines Systems. Zur Strukturanalyse tritt die *dynamische* Analyse. Sie ist das eigentliche Ziel wissenschaftlicher Forschung. Mit ihrer Hilfe können Prozesse in der Vergangenheit erklärt oder künftige Ereignisse vorausgesagt werden. Man vermag durch sie Gesetze herauszufinden, die sich auf Einzelfälle anwenden lassen. Da alle Erscheinungen in einem System interdependent sind, ist das System im Idealfall »logisch geschlossen«. Diese Geschlossenheit ist nur in der Mathematik möglich; in der Soziologie nicht, jedenfalls bisher noch nicht.

Die strukturelle und die dynamische Betrachtung müssen miteinander verknüpft werden. »Diese Verknüpfung wird durch den zentralen Begriff der Funktion erreicht. Seine entscheidende Rolle besteht darin, Kriterien für die Wichtigkeit der verschiedenen dynamischen Faktoren und Prozesse innerhalb des Systems zu setzen.«[4]

Die Bestimmungen »Dynamik« und »Funktion« zeigen an, daß Systeme sich in einem Prozeß befinden. Sie haben in sich jedoch die Grundtendenz, sich zu *stabilisieren* und zu erhalten. Gleichwohl gibt es auch Dysfunktionen, die die Integration beeinträchtigen. Auch diese muß der Systemforscher berücksichtigen.

Das strukturell-funktionale System ist, so erklärt Parsons, primär in der Biologie entwickelt worden. Dort ist der feste Bezugspunkt der Organismus – Parsons verweist auf W. B. Cannon, »The Wisdom of the Body«. Seine Fruchtbarkeit hat sich aber auch in anderen Wissensdisziplinen durchgesetzt.

Dieser Ansatz muß nun genauer differenziert werden. Parsons greift auf die *Psychologie* zurück und entwirft mit ihrer Hilfe eine Analyse der Strukturen der *sozialen Aktionen*. Dieser Rückgriff auf die Psychologie ist kompliziert; Parsons hat ihn zudem öfters modifiziert. Wir geben das Grundschema an. Der Handelnde steht mit seinem Bedürfnissystem in einer Situation, die als »object system« zu bestimmen ist. In dieser Situation sucht er sich zu orientieren, um seine Bedürfnisse zu befriedigen. Dies erfordert zugleich eine Wertung der Situation. Bedürfnissystem und Objektsystem (Situation) bilden das *Personalsystem*. Von diesem ist nun das *Sozialsystem* zu unterscheiden. Das Sozialsystem zeigt Muster von Beziehungen an, durch die Personen miteinander verbunden sind. Hier hat jeder eine soziale Position, das heißt einen Status – dies ist der Ort, den er im sozialen Gefüge einnimmt –, und demgemäß hat er eine Rolle zu spielen.

Das Sozialsystem wird seinerseits bestimmt vom *kulturellen System*. Das besagt: die Verhaltensmuster sind von bestimmten *Normen* und *Werten* geprägt. Parsons differenziert hier nun noch genauer. Er unterscheidet die allgemeinen Ziele kultureller Systeme von den Verhaltensalternativen dem System gegenüber. Diese *patternvariables* sind zumeist psychologischer Natur. Man kann sich zum Beispiel affektiv engagieren oder affektiv neutral bleiben, am anderen oder an sich selbst orientieren, universalistisch oder partikularistisch denken. Die *allgemeinen* Ziele eines Systems sind von der Tendenz zur Erhaltung bestimmt. Um Stabilität zu erlangen, muß man bestimmte Mittel in der Politik und in der Wirtschaft anwenden; kulturelle Stabilität beruht als solche wesentlich auf der *Integration* in die Gemeinschaft: man erkennt deren Werte als verbindlich an. Bedeutsam ist in diesem Zusammenhang der Begriff der *Institution*. »Die Institutionen sind gleichzeitig Resultanten und Steuerungsfaktoren des Handelns von Menschen in der Gesellschaft.«[5] Soviel zur Klärung der Grundbegriffe, die Parsons Ansatz kennzeichnen.

Es gilt nun, die *Problematik* dieser Theorie herauszustellen. Man sieht, daß hier *verschiedene wissenschaftliche Aspekte* zusammenwirken. Für den Systemgedanken als solchen ist die Biologie und die Kybernetik wichtig, für die Bestimmung des Handlungsprozesses die Psychologie und für die Klärung des kulturellen Systems eine allgemeine Kulturphilosophie. Indem diese wissenschaftlichen Aspekte vom Systemgedanken her vereint werden, wird aber ihre ursprüngliche Intention eingeschränkt. Der biologische und der kybernetische Aspekt werden immer schon auf den Handelnden bezogen. Umgekehrt wird der psychologische Gesichtspunkt vom Gedanken der Ordnung, insbesondere der kulturellen Ordnung, her durchkreuzt. Andererseits entwickelt Parsons aber keine Kulturphilosophie als solche, sondern betrachtet die Kultur wesentlich vom Aspekt des Systems her.

Sucht man nun die Vermittlungen genauer zu begreifen, so erscheint als wesentlich der *Übergang vom personalen zum sozialen System*. Die personale Sphäre ist soziologisch relevant nur im Hinblick auf Ordnung als Systemstabilität. Das bedeutet aber, daß sie nicht mehr psychologisch vom einzelnen Individuum, sondern *funktional vom Ganzen* her interpretiert wird. Parsons erklärt: »Allerdings zeichnet sich die Struktur von sozialen Handlungssystemen dadurch aus, daß in den meisten Beziehungen der Handelnde nicht als individuelle Ganzheit beteiligt ist, sondern lediglich mit einem bestimmten, differenzierten ›Ausschnitt‹ seines gesamten Handelns. Ein derartiger Ausschnitt, der die Grundeinheit eines Systems sozialer Beziehungen darstellt, wird heute überwiegend als ›Rolle‹ bezeichnet. Die obige Aussage muß daher folgendermaßen umformuliert werden: die soziale Struktur ist ein System von Beziehungsmustern zwischen Handelnden in ihrer Eigenschaft als Rollenträger.«[6]

Als Rollenträger reflektiert der einzelne sich nicht in seinem privaten Selbstverständnis, sondern er reflektiert sich von den anderen her. Rollenmuster sind *Erwartungsmuster*, das heißt, der Handelnde muß sich nach den Erwartungen der Gruppenmitglieder richten. Gleichwohl wird der persönliche Gesichtspunkt nicht völlig eliminiert. Der Rollenträger kann nur rollenkonform handeln, wenn er sich die Rollenfunktion angeeignet hat, und diese *Internalisierung* ist nur durch Anpassung an die jeweiligen Kulturwerte möglich. Die eigentlich zentrale Bestimmung ist also das *systemkonforme* soziale Verhalten, das als Rollenmuster kulturell genormt ist, wobei aber der Gesichtspunkt der Funktionserhaltung des Systems das letzte Kriterium darstellt.

Parsons hat nun immer wieder darauf hingewiesen, daß ein soziologisches System nicht die Wirklichkeit abbildet. Das soziologische System ist eine *Theorie*, und als solche dient es einerseits zur Erklärung faktischer Gegebenheiten und andererseits zur Prognose künftiger Ereignisse. An der Realität hat es sich als fruchtbar zu erweisen. Diese Fruchtbarkeit ist das Indiz seiner »Wahrheit«. Grundsätzlich gesagt: soziologische Theorien sind Orientierungsthesen. *Dietrich Rüschemeyer* hebt in seinem Vorwort zu Parsons »Beiträge zur soziologischen Theorie« diesen Ansatz klar hervor. Er erklärt nun aber: »Die Orientierungsthesen eines theoretischen Ansatzes lassen sich umformulieren in metaphysische Aussagen. Dieses Vorgehen ist häufig eine Rückübersetzung, da viele empirisch orientierte theoretische Ansätze sich historisch aus sozialphilosophischen Positionen entwickelt haben.«[7]

Es besteht in der Tat ein relativ enger Zusammenhang zwischen einer *sozialphilosophischen* und einer soziologischen Position. Das ist verständlich. Soziologische Theorien, gerade Theorien, die sich als Systeme konstituieren, sind ja keine Theorien, die unmittelbar mit experimentellen, objektiv kontrollierbaren Versuchsanordnungen gekoppelt sind. Ihnen liegt die geschichtliche Wirklichkeit in ihrer Vieldeutigkeit zugrunde. Jeder Forscher sieht diese Wirklichkeit schon immer unter »sozialphilosophischem« Aspekt. Es ist gar nicht zu vermeiden, daß diese sozialphilosophische Sicht in die Theorie hineinwirkt. Gerade deswegen muß der Soziologe sich immer wieder klar machen, daß seine Theorie ihrem *methodischen Sinn* nach weder ein ontisches Ideal darstellt noch eine konstitutive transzendentale Bedingung, unter der die Wirklichkeit steht, sondern daß sie als *Hypothese* fungiert. Das besagt aber, der Soziologe muß gegen andere Theorien offen sein; der Theorienpluralismus ist der beste Weg, die eigene Theorie nicht absolut zu setzen.

Parsons geht diesen Weg nicht. Er will vielmehr seine Theorie zum vollständigen System ausbauen. Dementsprechend bemüht er sich, andere Möglichkeiten der sozialen Orientierung in seine Theorie einzuordnen. So sucht er der sozialen Tatsache der *Dysfunktionalität* dadurch beizukommen, daß er sie von der Systemstabilität her interpretiert. Das ist sicher sein gutes Recht. Gleichwohl ist dies Verfahren nicht unbedenklich. Indem die Dysfunktionalität von der Funktionalität und der Integration her verstanden wird, das heißt als *Störung* betrachtet wird, wird der Konflikt immer schon als zweitrangig angesetzt. Die Möglichkeit, den Konflikt zur soziologischen Grundtatsache zu erheben, wird so a limine ausgeschlossen. Vor allem aber: der Konflikt kommt nach Parsons dem System wesentlich nur *von außen* zu. Das bedeutet aber, daß das System in sich selbst als mehr oder weniger ideale Ordnung abgedichtet wird, nicht nur in methodischer Hinsicht, sondern auch unter sozialphilosophischem Aspekt. Die geschlossene Gesellschaft erscheint als die wahrhafteste Wirklichkeit. Dementsprechend wird nun die Integration als Anpassung an das System zur legitimen Forderung erhoben.

Dahrendorf hat in seiner Kritik an Parsons diesen Sachverhalt immer wieder herausgestellt.[8] Parsons entwirft, so erklärt Dahrendorf, ein »utopisches Inseldasein«, das aber faktisch weithin die Züge der amerikanischen Wirklichkeit trägt. Parsons' konkrete Untersuchungen über die Sozialstruktur und über die Persönlichkeit machen dies deutlich. Der konformistische und aufstiegsfähige Mittelschichtamerikaner ist das Vorbild. Fortschritt ist progressive und kontrollierbare Verbesserung der Bedürfnisstruktur und ihrer Befriedigung. Die Familie wird zum Bereich des »Motivationsmanagements«, und der amerikanische Aktionismus, der die Produktionsprobleme so gut meisterte, »tritt auch in der Meisterung der persönlichen Beziehungen immer mehr in Erscheinung«.[9]

Dies Bild, das Parsons entwirft, ist – so meinen wir – nicht nur einseitig, sondern verhängnisvoll. Gerade die wesentlichen Probleme, vor denen Amerika heute steht, etwa das Rassenproblem, werden solchermaßen von vornherein verdrängt. Noch einmal auf das Grundsätzliche bezogen: die Umsetzung der sozialen *Wirklichkeit* in soziologische *Theorie* ist vom Standort der Wissenschaft her gesehen erforderlich. Es ist aber notwendig, diese Umsetzung *kritisch* zu vollziehen, und das besagt: man muß das System von der Wirklichkeit und die Wirklichkeit vom System her reflektieren. Das System soll ja Orientierung für mögliche Erfahrung und für mögliche Veränderung der Wirklichkeit geben. Diese Aufgabe ist aber nur zu lösen, wenn das System eben als *hypothetisches* Modell fungiert.

Es ist nicht abwegig, hier auf Carnaps Abhebung der Ebene der Theoriesprache von der Ebene der Beobachtungssprache zurückzugreifen. Die Theorie ist keine summative Anhäufung von Beobachtungsdaten. Sie muß erst aufgebaut werden, und zwar in relativer Geschlossenheit durch abstrakte Kombinationen. Um diesen Sachverhalt an der Bestimmung der *Stabilisierung* zu verdeutlichen: Die Stabilisierung als soziologischer Begriff ist kein wirklicher Zustand und auch nicht ein Ideal, dem man unbedingt nachzustreben hätte. Sie fungiert als eine systemimmanente Bestimmung. Das besagt: die verschiedenen Faktoren müssen auf ihre Interdependenz hin betrachtet werden, insofern diese sich als funktionale Stimmigkeit innerhalb des Systems erweist. Gerade aber weil das System nicht unmittelbar die Wirklichkeit darstellt, kann es auf diese zurückbezogen werden. An ihr hat es sich zu bewähren.

Prüft man die Theorie von Parsons unter dem Gesichtspunkt ihrer möglichen Fruchtbarkeit, so ist der Eindruck zwiespältig. Es ist auf der einen Seite herauszustellen, daß es Parsons gelungen ist, entscheidende Grundzüge, die für jede Gesellschaft konstitutiv sind, in seinem Modell zu explizieren. Wir heben ein Zweifaches heraus. Einmal: Parsons stellt die Tendenz zur Stabilisierung als Trend zur Ordnung mit Recht heraus. Diese Tendenz – wir werden dies genauer im fünften Teil behandeln – ist *ein* wesentlicher Aspekt an jeder Wirklichkeit, sei diese nun ein totalitäres oder demokratisches »System«. Auch eine Räuberbande muß sich, wie Plato in der »Politeia« erklärt, stabilisieren, um aktionsfähig zu sein. Freilich – das sei noch einmal gesagt – die Wirklichkeit kennt *auch* andere Tendenzen. Vor allem aber: sobald ich in der Wirklichkeit handeln will, ist die Differenzierung zwischen den konkreten Möglichkeiten von Stabilität notwendig. Die hier geforderte Entscheidung geht aber über formale Ordnungskriterien hinaus.

Sodann: Parsons sucht personale, soziale und kulturelle Faktoren zu vermitteln. Auch dieser Aspekt erscheint uns legitim. Jede gesellschaftliche Wirklichkeit ist durch das Zusammenwirken dieser drei Faktoren bestimmt. Auch hier ist natürlich die Realität der Theorie gegenüber vieldeutiger und unausgeglichener. Sie fordert als solche zur Wertung zwischen den einzelnen Faktoren heraus. Diese Wertung ist *nicht* durch die Theorie abgedeckt. Wie zum Beispiel persönliches und soziales Verhalten in der konkreten Situation miteinander zu vermitteln sind, das ist dem System nicht zu entnehmen. Gleichwohl: die funktionell-strukturelle Theorie hebt, wenn sie auf das Zusammenwirken der verschiedenen Faktoren hinweist, eine wesentliche Bedingung hervor, die für jedes Sozialgebilde konstitutiv ist.

Freilich – dies ist die andere Seite –: die strukturell-funktionale Theorie läßt ebenso berechtigte soziale Konstituentien im Hintergrund. Sie reflektiert nicht, wie wir sahen, in zureichendem Maße darauf, daß zur Wirklichkeit eben auch der Konflikt gehört, und zwar als ursprüngliches Element. Noch einmal sei gesagt: auch eine Theorie der Mobilität und der Veränderung gibt keine konkrete Anweisung für revisionistische oder revolutionäre Handlungen. Dies ist gar nicht im Rahmen einer analytischen Soziologie zu leisten. Wohl aber gehört es in den Aufgabenbereich dieser Soziologie, unter dem Aspekt der Veränderung mögliche *Zukunftsbezüge* theoretisch-modellhaft zu konstruieren. Und diese Notwendigkeit ist eben in Parsons Theorie nicht genügend bedacht.

Rüschemeyer erklärt mit Recht, soziologische Thesen – verstanden als Orientierungsthesen – müßten darauf hin analysiert werden, »für welche Probleme sie sich besonders eignen und für welche weniger«.[10] Vom Gesichtspunkt der *funktionalen Ordnung* und vom Aspekt des *Zusammenwirkens verschiedener Faktoren* her scheint uns die Theorie von Parsons, wie wir oben darlegten, außerordentlich fruchtbar zu sein. Habermas hat mit Recht darauf hingewiesen, daß der Funktionalismus Parsons' nicht einseitig die objektive Beobachtung oder die subjektiven Sinnintentionen zur Grundlage erhebt. Er erklärt: »Der Funktionalismus erlaubt, mit einem Wort, die Analyse von Handlungszusammenhängen unter dem doppelten Gesichtspunkt des subjektiv bestimmenden und des objektiven Sinns.«[11] Daß diese Vermittlung des subjektiven und des objektiven Faktors für die Konzeption soziologischer Systeme von wesentlicher Bedeutung ist, wird später noch zur Sprache kommen.

Die funktionalistische Methode (Luhmann)

Wir schließen an unsere Darstellung des Funktionalismus von Parsons einen Hinweis auf den Funktionalismus von Niklas Luhmann an. Luhmann hat den entscheidenden Mangel der Theorie von Parsons, die Konzentration des Systems auf sich selbst, das heißt seine Abdichtung nach außen, herausgestellt. Luhmann konzipiert ein System, das auf die Bestimmung der Reduktion von Konflikten, die durch den Umweltbezug bedingt sind, abhebt. In seinem Werk »Zweckbegriff und Systemrationalität. Über die Funktion von Zwecken in sozialen Systemen« grenzt Luhmann seinen Ansatz sehr instruktiv gegen andere Systemtheorien und insbesondere gegen die Systemkonzeptionen der philosophischen Tradition ab.

Luhmann legt dar, daß der *Zweckbegriff* in der *Antike* ontologisch ausgerichtet ist. Der Zweck einer Handlung ist vorgegeben. Die Handlung erhält allein im Blick auf den feststehenden Zweck ihren Sinn. Diese insbesondere von Aristoteles herausgearbeitete Struktur des Zweckes wird im *neuzeitlichen Denken* aufgegeben. Zweck ist die durch die Handlung zu bewirkende Wirkung. Nur in dieser Wirkung liegt der Sinn der Handlung. Luhmann will diese Auffassung nicht als solche widerlegen, sondern versuchen, »sie auf eine andere Verständnisgrundlage hinüberzusetzen«.[12] Die Bestimmung »Zweck« soll nicht von der Handlungsrationalität her, sondern von der *Systemrationalität* her expliziert werden. Luhmann fragt dementsprechend »nach der Funktion von Zwecken für die Rationalisierung von Systemen«.[13]

Um den Begriff »Systemrationalität« zu verstehen, muß man sich klar machen, was »System« überhaupt heißt. Luhmann setzt sich ausführlich mit den klassischen philosophischen Systemtheorien und den soziologischen Systemkonzeptionen, insbesondere mit dem Funktionalismus Parsons', auseinander. Alle diese Theorien bestimmen das System als eine *Ganzheit,* die mehr als ihre Teile ist, auf diese ihre Teile aber einwirkt. Solche Theorien setzen das System »für sich«. Sie beachten nur den Innenbezug und verkennen solchermaßen die eigentliche fundamentale Funktion des Systems. Ein Innen hat, so erklärt Luhmann, nur Sinn in bezug auf ein Außen, gegen das es sich abgrenzt. Der Sinn eines Systems liegt dementsprechend darin, die Bedrohlichkeit des Außen, das heißt der Umwelt, zu reduzieren, um sich als Identität zu erhalten. »Durch Selektionsprozesse, die Ursachen und Wirkungen nach Maßgabe ihres Informationsgehaltes auswählen, ist ein System – immer natürlich nur mehr oder weniger – in der Lage, Umweltkomplexität zu reduzieren, das heißt sich zu erhalten, obwohl es die Umwelt weder ganz überblicken noch ganz beherrschen kann. Systembildung besteht mithin in der Stabilisierung relativ invarianter und auf die Umwelt bezogener Sinnstrukturen, die Komplexität reduzieren oder doch die Reduktion von Komplexität durch konkretes Verhalten erleichtern können.«[14]

Die *Reduzierung von Komplexität* ist also gleichbedeutend mit Stabilisierung. Von diesem Ansatz her erhält der Zweck nun seine *Funktion*. Zwecke sind systeminterne Möglichkeiten, das heißt, sie sind die Gesichtspunkte, die das System sich selbst – unter Umständen durch Schaffung von Institutionen – erarbeitet, um existent zu werden und existent zu bleiben. Zwecke sind »gleichsam Ersatzformeln für ein ihnen voraus liegendes Ungewißheitsproblem. Die Zwecksetzung ermöglicht, mit anderen Worten, eine Teilverlagerung der Bestandsproblematik von außen nach innen, also in die Sphäre eigener Disposition«.[15] Zusammengefaßt: Zwecke werden nicht einem System von außen auferlegt, sondern »sie werden vielmehr durch Entscheidungsprozesse im System selbst geschaffen, als vorläufig akzeptierte Präferenzen konstant gesetzt und gegebenenfalls geändert. Sie müssen deshalb sorgfältig unterschieden werden von den *Erwartungen*, welche die Umwelt an das System richtet«.[16]

Luhmann legt in sehr differenzierten Analysen dar, daß die Konstitution von Zwecken auf verschiedenen Reduktionsstrategien – so vor allem: Subjektivierung, Institutionalisierung, Umweltdifferenzierung und Innendifferenzierung – beruht. Er sucht zugleich zu zeigen, daß erst die Zwecksetzung als solche eine Verbindung dieser Strategien ermöglicht. Wir übergehen hier die Analysen, in denen die Funktionen der Zwecksetzungen und der Zweckprogrammierungen im einzelnen entwickelt werden, und weisen nur darauf hin, daß gerade die Reduktion der äußeren Komplexität den Sinn für Komplexität – diese verstanden als Potential von Entscheidungsmöglichkeiten – *steigert*. Die funktionale Methode »sucht den Erlebnishorizont des Handelnden zu transzendieren und mehr Komplexität zu erschließen, als er fassen kann, und ihm dann diese Komplexität an die Hand zu geben in der Form ausgearbeiteter und spezifischer Standpunkte, die ihm, sofern er sie einzunehmen vermag, ein Repertoire funktional äquivalenter Alternativen zur Wahl stellen«.[17]

In einem Referat auf dem *Frankfurter deutschen Soziologentag* hat Luhmann seinen Ansatz ausdrücklich *gegen Parsons* in »Zwar-Aber-Sätzen« abzugrenzen gesucht: 1. Parsons hat zwar im Gegenzug zum Behaviorismus gesehen, daß Handeln als solches sinnorientiert ist, aber er hat den Sinnbegriff »nicht weiter hinterfragt«. 2. Parsons hat zwar erkannt, daß Ordnung nicht mit Herrschaft identisch sei, wie Hobbes vermeint, sondern als »normative Überwindung von Kontingenz« zu deuten sei. Er hat aber den Normbegriff nicht funktionalisiert. Die Normen, die Kontingenz aufheben, werden bei Parsons nur äußerlich untergliedert. 3. Parsons kann mit seiner Theorie zwar die Technik funktionaler Analyse »innerhalb gegebener Systemstrukturen anwenden«, aber er fragt nicht nach der Funktion von Systemen und Strukturen als solcher: »All das zusammengenommen hindert Parsons, nach der Funktion von Gesellschaft zu fragen, Gesellschaft also durch Angabe einer spezifischen Funktion von anderen Sozialsystemen zu unterscheiden. Auf der Suche nach einer differentia specifica greift er vielmehr auf das alte Kriterium der Selbstgenügsamkeit (Autarkie) zurück.«[18]

Hinter Luhmanns Theorie stehen bestimmte *philosophische Ansätze*. Es ist dies – soweit wir sehen – einerseits die moderne Anthropologie, wie sie *Gehlen* konzipiert hat, und andererseits die transzendentale Phänomenologie *Husserls*. Von der Anthropologie ist die Scheidung Welt–Umwelt übernommen. Sie wird von Luhmann allerdings modifiziert. Diese Modifikation besteht darin, daß für Luhmann der Abbau von Komplexität – mit Gehlen gesprochen: die Entlastung – ein rein soziologisch zu betrachtendes Geschehen ist, das als solches nicht auf seine Hintergründe befragt wird, im Gegenzug zu Gehlen, der den Menschen durch Abhebung gegen das umweltgebundene Tier als weltoffenes Wesen philosophisch bestimmen will. Von Husserl ist der Gedanke der Sinnstiftung übernommen. Auch hier wird eine Modifikation vollzogen. Sinnstiftung ist für Luhmann nicht wie für Husserl eine transzendentale Leistung des reinen Bewußtseins, sondern ein Geschehen, dessen Träger reale, in Gruppen zusammengeschlossene Menschen sind.

Gleichwohl: Luhmanns Theorie soll offensichtlich mehr als eine bloße Hypothese sein. Sie tendiert darauf hin, das gesamte menschliche Verhalten unter dem Gesichtspunkt der Funktionalität auf einen Nenner zu bringen. Luhmann schließt seine Untersuchungen mit folgender Feststellung: das Problem der Komplexität ist *letztes Bezugsproblem* der funktionalistischen Methode. »Ihr Weltbegriff ist der eines äußerst komplexen Feldes von Möglichkeiten. Ihr Seinsbegriff der eines zu erhaltenden, systemmäßig individualisierten Bestandes in einer äußerst komplexen Welt.« Luhmann erklärt zwar, daß der philosophische Sinn seiner Prämissen »dunkel bleibt«. Er sagt jedoch von diesem Prozeß der Reduktion: »Es ist der Prozeß der Bestimmung des Unbestimmten, der Seinswerdung in der Zeit im Blick des Bewußtseins.«[19] Auch wenn Luhmann sich nicht auf den traditionellen Ansatz einläßt, demzufolge Seinswerdung Formung von Materie ist, so ist kaum zu leugnen, daß seine Argumentation eine gewisse ontologische, das Ganze der Welt betreffende, Bedeutung hat.

Zusatz während der Korrektur. — Luhmann hat seinen Ansatz in einer Vielzahl von Arbeiten weiter ausgebaut; wir weisen hier nur sehr zusammengedrängt auf seine *Auseinandersetzung mit Habermas* hin, die oben bereits erwähnt wurde. Luhmann radikalisiert nun den Funktionalismus. Systeme sind keine in sich geschlossenen fixen Größen im Sinne von Subjekteinheiten. Systeme sind Interaktionseinheiten, die sich auf dem Wege einer Evolution weiterentwickeln – die *Evolutionstheorie* wird als Bezugsrahmen der Systemtheorie bezeichnet. Durch Lernprozesse nehmen die Systeme an Eigenkomplexität zu. Die Folge ist, daß die soziale Welt im ganzen komplexer wird. Luhmann stellt nun klar heraus, daß dieser Prozeß eine dialektische Auseinandersetzung von System und Umwelt darstellt. »Wenn eine Welt aus mehreren Systemen besteht, die füreinander Umwelt sind, setzt jede Veränderung – die Frage der ersten Ursache wird damit also beliebig beantwortbar – eine mindestens zweifache Wirkungsreihe in Lauf: Das Ereignis verändert ein System, und es verändert damit zugleich die Umwelt anderer Systeme.«[20]

Die Mittel der Auseinandersetzung können als Mechanismen der Variation, der Selektion und der Stabilisierung beschrieben werden. Luhmann schlägt vor, »den Variationsmechanismus primär in der Sprache, den Selektionsmechanismus primär in den Kommunikationsmedien und den Stabilisierungsmechanismus primär in den Systembildungen der Gesellschaft zu sehen«.[21] Diese Mechanismen werden jedoch – das ist entscheidend – von einem Gesamtsystem übergriffen. »Auch in der Differenzierung und Interdependenz der einzelnen evolutionären Funktionen und Mechanismen, nämlich Variation, Selektion und Stabilisierung, steckt die Prämisse eines übergreifenden Systems, das Trennung und Verbindung dieser spezialisierten Leistungen regelt und ihnen den Charakter von Mechanismen, das heißt von relativ beständigen Leistungen gibt, auf die andere Systembereiche eingestellt werden können.«[22]

Es ist nun interessant zu sehen, wie Luhmann seinen methodischen Ansatz des näheren zu begründen sucht. Er will keine spekulative Weltthese entwickeln, wohl aber eine *universale Theorie*. Diese Theorie wird gegen »gegenstandsbezogene Totalitätsansprüche« abgegrenzt. »Universalität der Theorie heißt nicht, daß sie ihre Gegenstände total, das heißt in allen nur möglichen Hinsichten, erfasse.«[23] Das bedeutet konkret: Luhmann will nur die Möglichkeit der *Funktionsleistung* als solche untersuchen. Welt wird dabei von den Systemen als deren Woraus unterschieden. Sie gilt als »konkrete Totalität«[24]; zugleich wird sie als »Kontingenz alles Seienden«[25] bestimmt. Und eben diese Kontingenz wird nun durch die Bildung von Systemen abgebaut.

Dieser Abbau wird, wie schon angedeutet, unter rein funktionalistischem Aspekt auf Leistung hin untersucht. Das heißt: alle traditionellen philosophischen Fragestellungen werden als veraltet eingeklammert, nicht nur Fragen des Gegenstandsbezuges, sondern auch und vor allem Probleme der *Geltung*. Luhmann erklärt: Geltungen interessieren in dieser Perspektive nur als »Kontingenzregulierungen«. Interessant sind in diesem Zusammenhang Luhmanns Ausführungen zum Wahrheitsproblem, denen zufolge Wahrheit keinen eigenständigen Wert darstellt, sondern nur in ihrer Funktionalität als pragmatische Größe angesehen wird – für die Wissenschaft ist Wahrheit eine »Art ›endogener Reizquelle‹ des Wissenschaftssystems, die das System für Änderungen seiner fungierenden Strukturen sensibilisiert«.[26]

Trotz dieser Ablehnung philosophischer Ansätze ist es nicht schwer zu erkennen, daß bei der Konzeption dieser Theorie Luhmanns alter Lehrmeister in philosophicis, nämlich *Gehlen*, Pate gestanden hat. *Habermas* hat dies mit Recht herausgestellt. Luhmann kommt selbst auf Gehlen zu sprechen, und zwar grenzt er sich gegen ihn ab. »Gehlens Kontext ist noch der alteuropäische Versuch, den Menschen aus seinem Unterschied zum Tier zu bestimmen, nur daß in diesem Kontext die Bewertung umgekehrt wird. Gehlen feiert nicht mehr das Unterscheidungsmerkmal der Vernunft, sondern scheint zu bedauern, daß der Mensch nicht mehr ein Tier sei, sondern es nur noch *verehren* kann.«[27] Man kann gegen diesen Ansatz – so Dieter Claessens – »im Namen von Vernunft und Reflexionspotential« protestieren, dann bleibt man natürlich im Rahmen der Tradition. »Dem gegenüber verschiebt sich der Denkrahmen, wenn man nicht mehr Mensch und Tier, sondern Sinnsysteme und organische Systeme und eventuell noch physische Systeme und Maschinen als Systeme vergleicht. Es entfallen dann infolge Abstraktion die Konnotationen von ›Mängelwesen‹ und Belastung/Entlastung und übrig bleiben verschiedene Varianten der Einsicht, daß hohe Freiheitsgrade der Selektion nur bei in spezifischen Richtungen leistungsfähigen Reduktionsweisen entwickelt werden können. Diesen Gedanken habe ich unter dem Stichwort ›soziale Aufklärung‹ zu formulieren versucht... In diesem Rahmen könnte man den mit der Kategorie ›einfache Entlastung‹ gemeinten Sachverhalt wahlweise deuten als nicht mehr ganz gelingende Regression oder als Schranke eines beliebig-unendlichen Fortschritts.«[28]

Trotz dieser Abhebung ist es offensichtlich, daß Luhmann Gehlen doch *methodisch* verpflichtet bleibt. Er läßt die Wesensfrage, von der Gehlen im Vergleich von Mensch und Tier ausgeht, zwar auf sich beruhen. Aber er hält doch an der Kategorie der Entlastung, der bereits bei Gehlen hohe methodische Bedeutung zukommt, fest. Diese Kategorie wird nun jedoch »entanthropologisiert«. Und diese Entanthropologisierung ist eben gleichbedeutend mit der *Universalisierung* im Sinne der funktionalistischen Theorie. Sinnsysteme, organische Systeme, eventuell auch physische Systeme und Maschinen werden nun auf leistungsfähige Reduktionsweisen hin durchaus vergleichbar. Die nicht gegenstandsorientierte funktionalistische Betrachtungsweise will diese Unterschiede natürlich nicht als solche leugnen, aber sie kann sie auf Grund ihrer Universalität ausklammern oder zumindest nivellieren.

Man wird *Habermas* uneingeschränkt zustimmen, wenn er Luhmanns Ansatz als »Sozialtechnologie« kennzeichnet. Die von Luhmann konzipierte Technik ist natürlich nicht mehr als handwerkliche Tätigkeit zu bestimmen. Sie stellt ein universales Vorgehen dar. Ihre Mittel sind Idealisierungen und Schematisierungen im Sinne progressiver Operationalisierungen. Auf Grund dieser Formalisierung des Technikbegriffes ist es für Luhmann natürlich leicht, der Technik wiederum Universalität zuzusprechen und von dieser Universalität her den Unterschied von Technik und Praxis, den Habermas betont, zu leugnen, denn selbstverständlich läßt sich jede Praxis auf operationalistische Funktionalität hin »uminterpretieren«.

Es zeigt sich hier bereits, daß es schwer ist, gegen eine solche Methode, die einerseits versichert, nur *einen* bestimmten Aspekt – eben den funktionalistischen – durchzuführen, die andererseits diesen Aspekt aber auf formalistischem Wege universalisiert, mit methodischen Mitteln anzugehen. Man wird hier eben doch – den Vorwurf der Zurückgebliebenheit von seiten Luhmanns nicht scheuend – »naiv« argumentieren müssen. Wenn – um nur ein Beispiel zu geben – Luhmann erklärt, daß nicht nur der Begriff »Vernunft«, sondern auch der Begriff »Herrschaft« kein brauchbarer Begriff sei, und wenn er deklariert, daß sich die Systemtheorie von Vernunft und Herrschaft »emanzipiert« habe[29], dann wird man wohl feststellen müssen, daß Luhmanns Ansatz – weit über Habermas' Antizipation des repressionsfreien rationalen Diskurses hinausgehend – durch eine »erschreckende Irrealität« gekennzeichnet ist – um Gadamers oben erwähnte Wendung gegen Habermas aufzunehmen. Daß Herrschaft heute noch ein »existierender Begriff« – mit Hegel zu reden – ist, davon kann sich auch der aufgeklärte Soziologe relativ leicht überzeugen, wenn er einen Blick auf die reale politische Situation wirft.

Gleichwohl sei doch noch ein »philosophischer« Einwand gegen Luhmann angemerkt. Luhmann beachtet nicht in genügendem Maße, daß das System und die in ihm funktionierenden Variablen dialektisch aufeinander bezogen sind. Bei sozialen Systemen sind diese Variablen im Gegensatz zum Computer Menschen. Es mag sein, daß diese Menschen unter Umständen das umgreifende System kaum verändern und nicht einmal ganz durchschauen können. Sie sind aber keine auf das System hin inszenierte und festgelegte Größen. Der von Luhmann und Habermas herausgestellte Lernprozeß in sozialen Systemen ist reflexionsphilosophisch betrachtet ein anderer als der Lernprozeß des Computers. Im ersten Fall lernen die Menschen, insofern sie *selbst* programmieren und programmiert *werden*, ohne daß diese Möglichkeit von einer dritten Größe inszeniert und überwacht wird. Beim Computer wird diese Dialektik dagegen vom Hersteller des Computers als Möglichkeit *für* den Computer herbeigeführt.

Luhmann will offenbar diese Dialektik, der zufolge der Mensch vom System ebenso bedingt ist, wie er es bedingt, ohne daß diese Bezüge von einer dritten Größe dirigiert werden, nicht anerkennen. Er setzt ein alle Teilsysteme übergreifendes *Gesamtsystem* als absoluten Regler an – wir haben auf diese Konzeption oben hingewiesen. Dies übergreifende System ist nun aber die den ganzen Entwurf tragende Größe. Es ist die entscheidende letzte Vermittlung. Wenn Luhmann die Welt einmal als »konkrete Totalität« und einmal als »Kontingenz alles Seienden« deklariert, so können beide Aussagen, wenn sie nicht als schlechter Widerspruch stehen bleiben sollen, nur **vermittelt werden** eben durch eine übergreifende dritte Größe, die der »eigentliche Akteur« ist.

Luhmann, der sich ja in der Philosophiegeschichte ausgezeichnet auskennt, erwähnt den Denker, der innerhalb der Metaphysik ein entsprechendes Konzept entworfen hat. Es ist Leibniz. Luhmann erklärt: »Leibniz stellt nämlich das Problem der Weltkomplexität in der Form, daß er Welt im Rahmen des logisch Möglichen als kontingent begreift und die beste der möglichen Welten als eine solche definiert, die das Problem der Weltkomplexität optimal gelöst hat, indem sie ein höchstes Maß an Varietät mit einem Minimum an Mitteln und begrifflichen Hypothesen – modern gesprochen: mit einem Minimum an Steuerungseinrichtungen verbindet... Eine Welt, die das Problem der Komplexität optimal gelöst hat und damit ein perfektes System ist, ist deswegen noch nicht unbedingt eine Welt, in der es uns gut geht, in der das Wohlergehen der Geister, das gute Leben der Menschen Perfektion erreicht. Hier kann man wirklich von Komplexität als Leitgesichtspunkt einer zu optimierenden Ordnungstechnik sprechen.«[30]

Luhmann will nun Leibniz gegenüber System und Welt »begrifflich trennen«, beide aber gleichwohl als »interdependenten Konstitutionszusammenhang« verstehen. Er erklärt nun aber mit Recht, daß sich hier in modaltheoretischer Hinsicht Schwierigkeiten ergeben. Diese betreffen den Zusammenhang von Möglichkeit und Wirklichkeit. An dieser Stelle gerät Luhmanns rein funktionales Konzept in eine prekäre Situation, insofern die Frage der Möglichkeit eben doch auf die Frage der – gegenständlichen – Wirklichkeit verweist. Luhmann schlägt zwar vor, den Zusammenhang von Möglichkeit und Wirklichkeit nicht von identischen Substraten, sondern von selektiven Prozessen her aufzurollen; dazu sei aber ein *mehrdimensionaler Begriff* von Komplexität erforderlich. In bezug auf die nähere Bestimmung dieser Komplexität hält sich Luhmann jedoch zurück: »Ich kann diese Vorschläge noch nicht als voll durchdachte Konzeption anbieten.«[31]

Es liegt uns natürlich fern, Luhmann diese Zurückhaltung vorzuwerfen. Worauf wir abheben wollen, ist ein Zweifaches. Einmal: Luhmanns Konzept der formalen Funktionalität kommt auf Grund seiner Universalität schließlich nicht umhin, sich mit philosophischen Problemen, die der Tradition nicht fremd sind, zu belasten, insbesondere der Frage des Verhältnisses von *Möglichkeit* und *Wirklichkeit*. Sodann – und dies ist wichtiger –: Luhmann beachtet, wie wir sagten, die Dialektik, die zwischen Mensch und System besteht, nicht genügend. Insofern er aber nicht dem Sachverhalt Rechnung trägt, daß der Mensch ebenso von Systemen vermittelt wird, wie er diese vermittelt, wird er nun genötigt, ein *übergreifendes* letztes System anzusetzen. Dies System ist der eigentliche Regler der evolutionären Entwicklung, ohne daß es – dies ist der Unterschied zur theologischen Metaphysik eines Leibniz – die moralisch beste Möglichkeit aller Kombinationen verwirklichen kann.[32]

Die Konflikttheorie (Dahrendorf)

Zum Abschluß unserer Darstellung der gegenwärtigen Situation der Soziologie, deren Sinn es ist, an Beispielen die Problematik soziologischer Theorien herauszuheben, weisen wir auf die Konflikttheorie hin, die im allgemeinen als Gegensatz zum strukturell-funktionalen System angesehen wird. Wir illustrieren den Ansatz der Konflikttheorie durch einen Hinweis auf *Dahrendorf* – auf Dahrendorfs grundsätzliche Deutung der Soziologie werden wir noch bei der Diskussion des soziologischen Rollenbegriffs zu sprechen kommen.

Die Konflikttheorie scheint in weit höherem Maße als der strukturale Funktionalismus der *Realität* zu entsprechen, denn offenbar ist die Lebenswirklichkeit eben weitgehend durch das Austragen von Differenzen bestimmt. Diese Theorie läßt sich sogar – so wird behauptet – biologisch untermauern. Viele Phänomene, die *Lewis Coser* in seinem berühmten Buch »Die Funktion des sozialen Konflikts« herausstellt, hat auch die Verhaltensforschung bei den Tieren entdeckt, so zum Beispiel die Tatsache, daß Gruppen sich in sich festigen, wenn sie intern entstandene »Konfliktstoffe« durch Aggression nach außen an anderen Gruppen abreagieren, wobei zu beachten ist, daß diese Austragung nach außen in bestimmten Formen stabilisiert wird.

Wir lassen diesen biologischen Aspekt hier beiseite und beschränken uns auf die Deutung des Konflikts im menschlichen Sozialbereich. Dahrendorf weist auf *Kant* als einen Vorläufer der Konflikttheorie hin. Kant hat in seinen kleinen geschichtsphilosophischen Schriften die Ungleichheit unter den Menschen als eine indirekte Quelle zum Guten dargestellt, insofern sie die Menschen anspornt, im Konkurrenzstreit alle Kräfte zu entfalten. Dahrendorf erklärt, daß die Frage nach dem Ursprung und dem Sinn der Ungleichheit »historisch die erste Frage der soziologischen Wissenschaft war«.[33] Vor Kant hat sie bereits *Rousseau* unter kulturphilosophischem Aspekt behandelt. Vor allem aber ist hier natürlich auf *Marx* hinzuweisen: Arbeitsteilung, Unterschiede von Besitz und Eigentum führen zur sozialen Schichtung. Die Ungleichheit erscheint als ein negativer Zustand, der durch bestimmte wirtschaftliche Prozesse geschichtlich bedingt ist.

Dahrendorf entwickelt seinen Ansatz in gewissem Gegenzug zu Marx. Jede Gesellschaft, so legt er dar, schafft sich ein *Normensystem* und setzt Sanktionen gegen diejenigen an, die sich nicht an dieses System halten. Das aber bedeutet: für jede Gesellschaft ist es notwendig, daß die Einhaltung der Normen *erzwungen* werden kann. In der Notwendigkeit dieses Zwanges ist die Ungleichheit begründet. Sie ist also durch das Zusammenleben der Menschen, insofern es institutionalisiert wird, bedingt und beruht weder auf der Natur des Menschen noch auf bestimmten historischen oder wirtschaftlichen Konstellationen. Dahrendorf erklärt: »Der Ursprung der Ungleichheit unter den Menschen liegt weder in der menschlichen Natur noch in Faktoren von historisch möglicherweise begrenzter Wirklichkeit wie dem Eigentum. Er liegt vielmehr in gewissen notwendigen oder doch als notwendig angenommenen Merkmalen aller menschlichen Gesellschaften.«[34] Zusammenfassend formuliert: »Gesellschaft heißt, daß Normen das Verhalten der Menschen regeln; diese Regelung wird durch den Anreiz oder die Drohung von Sanktionen garantiert; die Möglichkeit, Sanktionen zu verhängen, ist der abstrakte Kern aller Herrschaft. Aus dem – zwar ungleichen, aber zusammengehörigen – Dreigespann Norm–Sanktion–Herrschaft – lassen sich, so möchte ich meinen, alle übrigen Kategorien der soziologischen Analyse ableiten.«[35]

Diese Theorie der Ungleichheit ist, so erklärt Dahrendorf, ein »Pfad aus Utopia«, das heißt, sie ermöglicht eine Abwendung von der funktionalistischen Theorie. Diese denkt nach Dahrendorf abstrakt und utopisch, insofern hier Gesellschaft als reibungslos funktionierendes Gebilde verstanden wird. Wenn man im Gegensatz zum

Funktionalismus begriffen hat, daß Ungleichheit ein notwendiges Indiz menschlicher Gesellschaft ist, dann hat man sich, so erklärt Dahrendorf, die Möglichkeit erschlossen, gesellschaftliche Phänomene im ganzen und im einzelnen angemessen zu begreifen. Ungleichheit wirkt sich als *soziale Schichtung* aus, Schichtung ist »eine Konsequenz der Herrschaftsstruktur«.[36] Soziale Schichtung aber bedingt ihrerseits *sozialen Wandel:* »Immer bedeutet Ungleichheit den Gewinn der einen auf Kosten der anderen; jedes System sozialer Schichtung trägt daher den Protest gegen sein Prinzip und den Kern zu seiner Überwindung in sich.«[37] Ungleichheit wird also »zum Stachel, der soziale Strukturen in Bewegung hält«.[38] Diese Bewegung vollzieht sich nun aber eben als das Austragen sozialer Konflikte. Dahrendorf erklärt: »Es ist meine These, daß die permanente Aufgabe, der Sinn und die Konsequenz sozialer Konflikte darin liegt, den Wandel globaler Gesellschaften und ihrer Teile aufrecht zu erhalten und zu fördern. Wenn man so will, könnte man dies als die ›Funktion‹ sozialer Konflikte bezeichnen.«[39]

Überdenkt man diese Argumentation, so zeigt sich: die Theorie des Konflikts wird von Dahrendorf unter einem engeren und einem weiteren Aspekt, anders gesagt, unter einem soziologischen und einem sozialphilosophischen entwickelt. Wir weisen zunächst auf den *soziologischen* Gesichtspunkt hin. Als soziologische Theorie hat die Konflikttheorie nicht die Aufgabe, die geschichtliche Vielfalt der Konflikte einfach zu beschreiben. Sie darf aber auch nicht beliebig bestimmte Konflikttheorien, etwa die Klassenkampftheorie, als Erklärung aller Konflikte ansetzen, das wäre eine empirisch unerlaubte Vereinfachung. Der Soziologe muß zunächst die Probleme, die sich unter dem Sammelbegriff »sozialer Konflikt« zusammenfassen lassen, sortieren und klassifizieren. Diese Klassifizierung untersteht der Idee, Zufälligkeiten zu überwinden. Dahrendorf sagt: »Absicht einer soziologischen Theorie des Konflikts ist es, die prinzipielle Zufälligkeit unerklärten historischen Geschehens durch dessen Reduktion auf soziale Strukturelemente zu überwinden; anders ausgedrückt: bestimmte Prozesse mit prognostischer Verbindlichkeit zu erklären.«[40] Der Soziologe schaltet diesem Ansatz entsprechend Konflikte, die auf psychologischen Variablen und besonderen historischen Umständen beruhen, aus seiner Betrachtung aus und beschränkt sich darauf, Konflikte von sozialen Strukturen und deren Elementen her zu erklären. Dahrendorf erläutert diese Erklärung und sagt: »Im Sinne einer strengen soziologischen Analyse können nur solche Konflikte als erklärt gelten, die sich als unabhängig von der Zusammensetzung und Einstellung von Bevölkerungen und unabhängig von historischen dei ex machina aus der Struktur sozialer Positionen und Rollen erwachsend nachweisen lassen.«[41]

Von diesem Ansatz her werden nun von Dahrendorf *Modelle* möglicher sozialer Konflikte aufgebaut. Wir übergehen hier die einzelnen Analysen. Der Sinn der auf diesem Wege entwickelten Theorie ist es, daß sie sich als »aufschließende Kraft« an den empirischen Problemen bewährt. Die soziologische Theorie macht es möglich, »von der unergiebigen Suche nach ad-hoc-Beziehungen in einer Welt der Zufälligkeiten zum sinnvollen Studium bestimmter Zusammenhänge« überzugehen.[42]

Neben diesem sozialwissenschaftlichen Aspekt der Konflikttheorien steht der *sozialphilosphische*. Dahrendorf entwickelt – wenigstens in den Grundzügen – eine »Philosophie des Konflikts«, deren Sinn es ist, den Konflikt »zu rechtfertigen«. Dahrendorf verweist – wir deuteten dies schon an – auf Kants positive Einschätzung der Konflikte. Freilich besteht zwischen Kant und ihm ein bedeutsamer Unterschied. Für

Kant ist der Konflikt Mittel zum Fortschritt. Er ist von der vorsorgenden Natur eingeplant. Bei Dahrendorf ist von einem solchen aufklärerischen Optimismus nichts zu finden. Die Welt wird sich im ganzen wohl nicht »verbessern«. Es wird immer Ungleichheiten geben. Aus der Unüberwindbarkeit der Ungleichheit folgt, »daß es eine ideale, vollkommen gerechte und daher geschichtslose menschliche Gesellschaft nicht geben kann«.[43] Die Konfliktthese ist also auf Grund ihres Realitätsgehaltes als die angemessene Theorie der Wirklichkeit anzusehen. Zudem macht sie das Leben »lebendiger«, im Gegensatz zum Land »Utopia«. »Die völlig egalitäre Gesellschaft ist nicht nur ein unrealistischer, sie ist auch ein schrecklicher Gedanke: denn in Utopia wohnt nicht die Freiheit, der stets unvollkommene Entwurf in das Unbestimmte, sondern die Perfektion entweder des Terrors oder der absoluten Langeweile.«[44]

Wir brechen diesen Hinweis auf Dahrendorf ab. Dahrendorf weiß offensichtlich um die »Zweideutigkeit« seiner Analysen. Ein Teil seiner Thesen steht, so sagt er, »an der Grenze zwischen soziologischer Theorie und philosophischer Theorie der Gesellschaft«.[45] Zwischen soziologischer und philosophischer Deutung des Konflikts besteht jedoch nach Dahrendorf im Grunde ein *Wechselverhältnis*. Die soziologische Analyse weist auf die sozialphilosophische Sicht als Möglichkeit einer grundsätzlichen Aussage über die Struktur des menschlichen Zusammenlebens hin. Vor allem aber soll umgekehrt die sozialphilosophische These die soziologische These als realitätskonform abstützen. Der Vorrang des sozialphilosophischen Aspektes zeigt sich nicht zuletzt darin, daß Dahrendorf seinen »Gegner« Parsons nicht eigentlich methodologisch angeht. Der Funktionalismus wird nicht als soziologische Orientierungsthese verurteilt, sondern unter dem Aspekt der *Realitätsnähe* als eine Aussage über die Wirklichkeit bewertet und kritisiert.

Indem Dahrendorf seinen Gegner solchermaßen »ontologisiert«, verkürzt er für sich selbst aber die Möglichkeit, die Konflikttheorie als eine Theorie anzusetzen, die andere Theorien nicht a limine ausschließt. Sicher: es sei noch einmal gesagt, die Konflikttheorie ist eine klassische philosophische These, »für die vieles spricht«. Denker, die sich etwas darauf zugute halten, die Welt, »wie sie einmal ist«, anzuerkennen, werden immer dieser Theorie zuneigen. Sinn und Bedeutung für den Soziologen aber hat sie nur, wenn sie sich nicht dogmatisch als wahres Bild der Wirklichkeit ausgibt, sondern sich als eine Forschungsmöglichkeit unter anderen versteht.

4. Zum Begriff der sozialen Rolle

Homo oeconomicus

Wir wollen, um die im vorigen Abschnitt aufgewiesene Dialektik zwischen Theorie und gesellschaftlicher Realität zu konkretisieren, im folgenden den Begriff der sozialen Rolle thematisieren. Sachlich und historisch gesehen läßt sich die Bestimmung der Rolle oder, mit Dahrendorf geredet, die Bestimmung des homo sociologicus in bezug zu dem Begriff des *homo oeconomicus* setzen. Bereits *Weber* hat auf die Bedeutung dieses Begriffes für die Soziologie hingewiesen und ihn als fruchtbar deklariert. Man konstruiert einen Menschen, der rein rational nach wirtschaftlichen Gesichtspunkten handelt. Dieser Aspekt ist einseitig und irreal. Gleichwohl ist er, so meinen seine Erfinder, notwendig, um ökonomische Gesetze in ihrer Folgerichtigkeit herauszuarbeiten und adäquat darzustellen. Auch *Parsons* weist ausdrücklich darauf hin, daß das dem homo oeconomicus unterstellte Gewinnmotiv keine psychologische Kategorie sei. »Richtig ist vielmehr, daß ein System ›freier Wirtschaft‹ in einer Markt- und Geldwirtschaft die Situation für die Führung von Geschäftsunternehmen bzw. das Streben danach in der Weise definiert, daß die Gewinnverfolgung ihre Existenzbedingung und den Erfolgsmaßstab für die wirtschaftliche Tätigkeit darstellt.«[1]

Die Bestimmung des homo oeconomicus ist also von der Wirklichkeit abgetrennt. Dies hat weithin Kritik herausgefordert. Wir geben nur zwei Beispiele: *Hans Albert* erklärt in seiner Kritik des neoklassischen Stils des ökonomischen Denkens, daß der »Modell-Platonismus« eine Immunisierung gegen die soziologische Fragestellung vollzieht, insofern er den wirtschaftlichen Faktor vom sozialen Aspekt ablöst. Albert erweitert diesen Vorwurf und behauptet, »die Immunisierung gegen den Einfluß sogenannter außerökonomischer Faktoren führt zur Immunisierung gegen die Erfahrung überhaupt«.[2] Umgekehrt hat *Werner Hofmann* herauszustellen gesucht, daß diese Theorie in Wahrheit gar nicht erfahrungsfrei sei. Hinter ihr steht eine ganz bestimmte geschichtlich bedingte Haltung, nämlich die kapitalistische Einstellung. Der »Wirtschaftsmensch«, rein rational nach dem Prinzip des Gewinnstrebens handelnd, ist eingeordnet in einen »ökonomischen Funktionalismus«[3], der als selbstverständliches Maß gesetzt wird und weder auf seinen genetisch-historischen Ursprung noch seine Berechtigung hin befragt wird.

Die Einwände, die sich gegen die Konstruktion des homo oeconomicus erheben lassen, gelten nun auch für den homo sociologicus, und zwar – das wird immer wieder betont – in erhöhtem Maße. Soziale Verhaltensformen sind nicht so rein konstruierbar wie ökonomische Bezüge, die sich abstraktiv zu relativer Durchsichtigkeit erheben lassen. Noch prekärer ist es – dies sei hier nur angemerkt –, wenn man einen *homo politicus* konstruieren will. Versuche, die in diese Richtung gingen – Dahrendorf weist auf sie hin[4] –, sind als gescheitert anzusehen, weil politisches Handeln wesenhaft situationsgebunden ist und weithin immer noch auf nicht voraussehbaren individuellen Entschlüssen beruht. –

Wir suchen nun die Problematik, die für die Konzeption des homo sociologicus und die Bestimmung der sozialen Rolle wesentlich ist, ein wenig genauer zu entwickeln und weisen zunächst auf den methodischen Status dieser Begriffe hin. Es liegt uns hier daran, ihre Zweideutigkeit herauszustellen.

Die Zweideutigkeit der Bestimmung »Rolle«

Der Begriff »Rolle« ist ein *Konstrukt*. Als solches hat er instrumentelle Bedeutung. Er soll empirisches Verhalten aufschließen. An ihm selbst kommt ihm kein Wirklichkeitsgehalt zu. Das Verhältnis der Bestimmung »Rolle« zur Erfahrung ist nun aber zweideutig. Es ist klar: der allgemeine Begriff »Rolle« fungiert zunächst als *Sammelbegriff* für konkrete Rollen, zum Beispiel Kaufmann, Soldat, Professor. Die Bestimmung dieser Rollen beruht nun aber nicht auf einer »reinen« Konstruktion. Die Rolle ist offensichtlich eben doch kein empiriefreier Theoriebegriff. Die Konstruktion der Rolle geht vielmehr von *Beobachtungen* aus, die induktiv statistisch verallgemeinert werden. Genauer: der Umgang mit Menschen stellt den Erfahrungsbereich dar, aus dem auf dem Wege der »Entindividualisierung« *typenhafte Verhaltensweisen* herausgehoben werden im Sinne der durchschnittlichen Alltäglichkeit. Diese typenhaften Verhaltensformen werden zu Verhaltensmustern stilisiert, deren formale Merkmale relative Gleichförmigkeit und Regelmäßigkeit sind. Nur auf Grund dieser Indizien ist Voraussehbarkeit möglich. Verhaltensregelmäßigkeit, Orientierungsmöglichkeit und Voraussehbarkeit bilden einen Zusammenhang, wobei die Voraussehbarkeit im Sinne der *Erwartung* eines bestimmten, eben des rollenkonformen Verhaltens das wesentliche Moment bildet. Rollenverhalten ist also das vom *anderen* her gesehene Verhalten, insofern es eben von diesem erwartet wird.

Soweit ist das methodische Vorgehen eindeutig. Die Bestimmung »Rolle« hat nichts mit dem Verhalten des Menschen zu sich selbst zu tun. Sie betrifft nicht die »Innendimension«. Die Frage, wie ich mich zu mir selbst einstelle, ist ausgeklammert, insofern eben das Verhalten von dem anderen her beobachtet und getestet wird. Rolle ist eine »äußere« Bestimmung; nur als solche hat sie in der Soziologie Berechtigung und Sinn.

Um das rollenkonforme, bezugsweise das rollenabweichende Verhalten zu fundieren, wird nun aber der Begriff der *Sanktion* eingeführt. Auch dies geschieht zunächst in äußerlicher Weise. Das Vorkommen von Sanktionen wird empirisch festgestellt und ihre Funktion, rollengemäßes Verhalten zu erzwingen, wird als Tatsache konstatiert. Dabei wird der Begriff der Sanktion sehr weit gefaßt. Sanktionen sind – um nur einige Möglichkeiten zu nennen – gesellschaftlicher, wirtschaftlicher, politischer oder juristischer Natur. Man kann den von der Norm Abweichenden in seinen wirtschaftlichen Möglichkeiten beschränken, etwa durch Repressionen, oder »nur« in gesellschaftlicher Hinsicht als »unmögliche Person« mit Mißachtung oder Nichtbeachtung »strafen«. Die Grenzen sind hier fließend und nicht festlegbar. Die juristische Sanktion ist soziologisch gesehen nur ein besonderer Fall von Sanktionen und nicht einmal der häufigste. Verbreiteter ist die gesellschaftliche und die wirtschaftliche Repression.

Sanktionen beruhen auf *Verhaltensnormen*. Diese müssen innerhalb der jeweiligen Gruppe anerkannt sein, sonst würde ja das Abweichen nicht als negativ empfunden und beurteilt. Es muß also vorausgesetzt werden, daß die Normen »internalisiert« sind. Nicht nur die Sanktionierenden müssen von der Richtigkeit der Norm überzeugt sein, auch der Sanktionierte muß diese Normen anerkennen, insofern er derselben Gesellschaft angehört.

Die Argumentation der meisten Rollentheoretiker ist nun an diesem Punkt aber zweideutig. Man will – empirisch vorgehend – nur beobachtbares Verhalten als

Grundlage anerkennen. Das heißt, man sucht die Bestimmung der Normgemäßheit und der Internalisierung möglichst nicht unter kulturphilosophischem oder psychologischem Aspekt zu betrachten. Interessant ist in dieser Hinsicht die Argumentation von *Heinrich Popitz*. Popitz diskutiert folgende Möglichkeit: soziales Verhalten wird beobachtet, und die Verhaltensform, die am häufigsten festgestellt wird, das ist eben die Norm. Andererseits will Popitz die Verhaltensnormen »von anderen sozialen Verhaltensregelmäßigkeiten« doch unterscheiden. Aber diese Unterscheidung soll eben ihrerseits auf der Grundlage der Beobachtung durchgeführt werden. Popitz erklärt dementsprechend: »Wir unterscheiden Verhaltensnormen von anderen sozialen Verhaltensregelmäßigkeiten wiederum durch ein äußerlich hervortretendes Verhaltensmerkmal, die *negativ sanktionierende Reaktion* auf abweichendes Verhalten.«[5]

Diese Unterscheidung erklärt aber nicht, was sie erklären soll, eben die Tatsache der *Anerkennung* der Normen. Man führt daher neue Bestimmungen ein, so zum Beispiel »Konformitätsdruck« — diese Bestimmung ist sozusagen nicht mehr eine rein beobachtbare Verhaltensbestimmung, aber auch noch nicht eine rein psychologische oder gar personelle Kategorie. Es zeigt sich bereits hier schon sehr deutlich, daß die Bestimmung der Rolle *zweideutig* ist. Die Rolle soll ein Konstrukt sein, aber ein Konstrukt, das auf Beobachtung beruht. Die faktische Wirklichkeit unter einem bestimmten Aspekt, eben dem der Durchschnittlichkeit, geht nun in dieses Konstrukt weitgehend ein. Liest man als Philosoph die Merkmale, die Soziologen von dem rollenkonformen Verhalten entwickeln, so wird man an die Schilderung erinnert, die *Heidegger* in »Sein und Zeit« vom *Man*, das heißt dem Leben in der Öffentlichkeit, entwirft. »Das Man, das kein bestimmtes ist und das Alle, obzwar nicht als Summe, sind, schreibt die Seinsart der Alltäglichkeit vor ... Abständigkeit, Durchschnittlichkeit, Einebnung konstituieren als Seinsweisen des Man das, was wir als ›die Öffentlichkeit‹ kennen.«[6]

Die Soziologen wollen nun aber natürlich nicht wie Heidegger das Leben in der Öffentlichkeit am eigentlichen Selbstsein messen. Die soziologische Bestimmung der Rolle soll möglichst nicht auf Kategorien des »Innenverhaltens« zurückgreifen. Alle existentiellen Bezüge sind auszuschalten, insofern für den Soziologen nur der Zusammenhang von Regelmäßigkeit, Orientierungsmöglichkeit und Berechnung wesentlich ist, und dieser soll eben auf Beobachtung beruhen, bezugsweise durch Beobachtung verifiziert werden. Von der Sache her gesehen ist es aber — das ist die andere Seite — nicht zu vermeiden, daß, und zwar über den Gesichtspunkt der Sanktion, die Bestimmungen der Norm und der Normaneignung eingeführt werden müssen. Darüber herrscht unter den Soziologen eigentlich Einigkeit. Damit ist jedoch die faktische Grenze der Beobachtbarkeit überschritten. *Parsons* hat diesen Sachverhalt klar gesehen und — so meinen wir — den richtigen Weg der Vermittlung eingeschlagen. Er gibt die psychologischen und kulturphilosophischen »Implikationen« im soziologischen System zu. Er sucht aber andererseits zu zeigen, daß psychologische und kulturphilosophische Ansätze in der Soziologie immer wieder überblendet werden vom Gesichtspunkt des sozialen, das heißt des zwischenmenschlichen Verhaltens als dem eigentlichen Forschungsmotiv der Soziologie.

Rolle und Individuum.
Die Theorie Dahrendorfs (homo sociologicus)

Wir haben gesehen, daß psychologische und anthropologische Bestimmungen nicht eindeutig aus der Konzeption der sozialen Rolle auszuklammern sind. Dies wird insbesondere deutlich, wenn man erkennt, daß mit den Phänomenen der Normenanerkenntnis und Normeninternalisierung ein Komplex der Bestimmung der Rolle zusammenhängt, zu dem Begriffe wie *Rollenengagement, Rollenidentifikation* und *Rollenkonflikt* gehören. Hier ist das Verhalten des Individuums *zu* seinen Rollen direkt in den Blick gebracht. *Dieter Claessens* erklärt, daß das Rollenverhalten von hier aus gesehen »spontan« sei. »Zur Rolle gehört nach der Auffassung der modernen Sozialwissenschaften ein Komplex von Emotionen, Identifikationen und Engagement, der nicht erzwingbar und insofern spontan ist. Erst diesem Komplex entspringen dann die äußeren Handlungen. Daher tritt die Rolle dem ›Träger‹ keineswegs als fremde Zumutung ›gegenüber‹. Und damit gehen Rollen grundsätzlich über das, was mit oder durch Sanktionen gefordert werden kann, hinaus.«[7] Diese Aussage wird manchem Soziologen zu gewagt erscheinen, insofern hier die Rolle »anthropologisiert« wird. Claessens sieht aber richtig, daß die Struktur der Rolle gar nicht zu klären ist ohne ausdrückliche Einbeziehung des Verhaltens des Individuums *zu* seiner Rolle.

Auch *Dahrendorf* stellt diesen Bezug heraus. Dies zeigen seine bedeutsamen Untersuchungen zum Rollenbegriff, wie er sie insbesondere in seiner Arbeit »Homo Sociologicus« dargelegt hat. Dahrendorfs Ansatz ist aber zweideutig. Auf der einen Seite erklärt er sehr radikal, der Begriff »Rolle« sei eine Konstruktion, die Berechnung sozialer Verhaltensformen ermöglichen sollte. Die Rolle habe daher *keinen Realitätsgehalt*. Jede anthropologische Deutung, die auf das Selbstverständnis rekurriert, sei seinen Intentionen diametral entgegen. Auf der anderen Seite aber setzt er eben doch das Selbstverhalten als wesentliche Struktur des Rollenverhaltens an.

Die Argumentation verläuft unter diesem zweiten Gesichtspunkt betrachtet folgendermaßen: der Mensch an sich steht *vor* der Gesellschaft. Gesellschaft ist ihm nichts ursprünglich Zugehörendes. Gesellschaft entlastet den Menschen zwar, sie umgibt ihn andererseits mit Wällen. Gesellschaft ist daher ein Ärgernis. »Gesellschaft ist Ärgernis, weil sie uns zwar durch ihre Wirklichkeit entlastet und vielleicht überhaupt erst die Ausdrucksmöglichkeiten des Lebens gibt, weil sie aber andererseits uns stets und überall mit unüberschreitbaren Wällen umgibt, in denen wir uns einrichten, die wir bunt bemalen und bei geschlossenen Augen fortdenken können, die jedoch unverrückt bestehen bleiben.«[8] Die Rolle ist nun eine rein gesellschaftliche Bestimmung und nicht »der Mensch selbst«. Dieser kann sich zumindest der Intention nach daher von seiner Rolle *distanzieren*, und das heißt eben, zu ihr positiv oder negativ Stellung nehmen. Damit wird aber die Rolle im Gegenzug zu der anfänglichen Bestimmung, nur Konstrukt zur Erklärung von empirischen Phänomenen zu sein, »für sich gesetzt«. Demgemäß ist es eben möglich, sich zu seiner Rolle einzustellen. Grundsätzlich gesagt: das Rollenverhalten ist hier gerade nicht am Beobachter und dessen Erwartungshorizont, sondern an der eigenen Innerlichkeit orientiert.

Wir können hier nicht die Diskussion, die sich in bezug auf Dahrendorfs Ansatz entzündete, im einzelnen verfolgen.[9] Es würde sich jedoch zeigen lassen, daß die Argumente gegen Dahrendorf gegensätzlicher Natur sind, und daß diese Tatsache eben in Dahrendorfs eigenem Ansatz gründet. Die Kritiker stellen aber ebensowenig wie Dahrendorf ausdrücklich heraus, daß die aufgewiesene Zweideutigkeit – Rolle im Außenhorizont und Rolle im Innenhorizont – im »Wesen« der Rolle selbst liegt und gar nicht zu eliminieren ist. Es kommt jedoch gerade darauf an, diese beiden Aspekte miteinander zu vermitteln.

Die geschichtliche Bedingtheit des Rollenbegriffs

Um den Ansatz dieser Vermittlung aufzuzeigen, ist ein Umweg erfordert. Es gilt, die geschichtliche Bedingtheit des Rollenbegriffs in den Blick zu bringen. Eine Besinnung auf die geschichtliche Herkunft des Rollenbegriffs wird von den Rollentheoretikern zumeist nicht durchgeführt. Dies gründet weitgehend im allgemeinen Ahistorismus der gegenwärtigen Soziologie, die sich selbst nicht mehr geschichtlich ortet. Die Ausklammerung einer historisch-genetischen Analyse des Rollenbegriffs führt nun aber gerade dazu, daß in unbesehener Form historisch ganz anders geartete Begriffe der Bestimmung »Rolle« subsumiert werden, insbesondere der Begriff des Standesbewußtseins, des Kastenbewußtseins und des Klassenbewußtseins. Aufschlußreich ist in dieser Hinsicht *Claessens'* Argumentation. Claessens bestimmt die Rolle vom Gedanken der Macht her. Rolle ist primär *Herrschaftsrolle*; diese definiert sich selbst, und damit bestimmt sie die Rolle der anderen, das heißt der Untergebenen. Diese Konzeption der Rolle führt Claessens zu der, wie er sagt, »für den Soziologen prekären Feststellung«, daß die analytischen Gestalten der Rolle in Reinheit gar nicht in der Gegenwart anzutreffen sind. Die Soziologie »findet sie vielmehr in ihrer ausgeprägtesten Gestalt in der Vergangenheit. Nur in den sogenannten Entwicklungsländern treten sie noch auf – allerdings auch dort in bereits verdünnter Form«.[10]

Claessens weiß natürlich, daß diese Bestimmung der Rolle angreifbar ist. Er setzt daher neben die eigentliche Definition der Rolle von der Macht her einen Begriff der Rolle, der für die moderne Gesellschaft »passender« ist. Rolle wird in der Industriegesellschaft vom *Vertragsmodell* her funktionell bestimmt. In diesem Modell wird die Macht ausgeklammert. Das hat aber handfeste gesellschaftliche Gründe. »Diese Ausklammerung der Machtfrage kann aber gar keine andere Funktion haben als die, Macht zu verschleiern und/oder Machtpositionen zu erhalten.«[11] Diese Aussage ist sicher gesellschaftspolitisch gesehen berechtigt. Auf den Grundansatz hin betrachtet erscheint uns aber Claessens Versuch, die Rolle als solche von der Machtposition her zu konstruieren, nicht angemessen. Rolle ist ein Begriff, der nur in modernen Gesellschaften Sinn hat, insofern hier zwischen der privaten und der öffentlichen Sphäre unterschieden wird. Dahrendorf hat durchaus recht, wenn er den gesellschaftlichen Bezug des Menschen und den Menschen selbst gegeneinander abgrenzt. Freilich: Dahrendorf sieht nicht, daß dieser Sachverhalt *historisch* bedingt ist, sondern setzt ihn als anthropologische Gegebenheit voraus.

Wir versuchen, die historische Bedingtheit des Rollenbegriffs durch eine kurze Abhebung gegen die Epochen zu verdeutlichen, in denen diese Scheidung von Öffentlichkeit und Privatheit noch nicht maßgebend ist. Für das Verständnis solcher Zeiten ist der Begriff der Rolle deswegen nicht brauchbar, weil hier die Bestimmung der *substantiellen Sittlichkeit* maßgebend ist. Wir werden im fünften Teil die Struktur dieser Sittlichkeit näher erläutern[12], nur soviel sei jetzt gesagt: Die Struktur der substantiellen Sittlichkeit ist dadurch geprägt, daß Normen und Regeln allgemein anerkannt sind, so daß das Tun und Lassen des einzelnen immer schon von dieser Allgemeinheit umgriffen wird. Die aristotelische Ethik geht von dem Gedanken aus, daß die Sittlichkeit das Maß dessen angibt, was »geziemend« ist. Man wächst in die Sitte hinein; Erziehung bedeutet Eingewöhnung, und zwar Eingewöhnung in ein Leben, wie es dem freien Bürger entspricht. Ethik und Politik gehören zusammen. Dies besagt in unserem Zusammenhang: man *ist* Feldherr, Arzt oder Handwerker, man hat hier keine Rolle, die man von sich als Privatperson unterscheidet, zu spielen.

Das Einrücken in diese Positionen betrifft den *Menschen im ganzen*. Deswegen kann *Sokrates* das handwerkliche Tun als könnendes Verstehen in Analogie zum Selbstverständnis setzen. Grundsätzlich formuliert: Stände und Berufe sind im politischen Gemeinwesen verankert, insofern dieses ethisch ausgerichtet ist. Es gibt eine Norm, besser: eine Wesensbestimmung des guten Arztes oder des guten Steuermannes. Nach dieser Wesensbestimmung hat sich der einzelne zu richten. In modernen Begriffen formuliert: das Verhalten zu diesen »Rollen« untersteht eindeutigen ethischen und politischen Maßstäben und kann gar nicht einer persönlichen Entscheidung unterstellt werden. Der *Privatmann* ist daher nicht der Mensch, der über seine Rollen aus einer Distanz zu ihnen heraus zu bestimmen hat, sondern der Einzelgänger, der aus den Lebenszusammenhängen objektiv *und* subjektiv ausgeschlossen ist und gar nicht mehr »mitzählt« – wir werden diesen Sachverhalt noch genauer zu diskutieren haben.

Die Bestimmung der sozialen Rolle steht im Gegensatz zu dieser Verklammerung von Subjektivem und Objektivem, Privatem und Öffentlichem, Einzelnem und Allgemeinem. Die Rollenhaftigkeit setzt eine *Entfremdung* dieser Sphären voneinander voraus. Erst diese Entfremdung macht es möglich, nun die Person als solche von ihrer Rollenfunktion zu unterscheiden. Jetzt erst werden die *sozialen* Bezüge von anderen menschlichen Bezügen abgetrennt, so daß die Möglichkeit besteht, nun die sogenannten gesellschaftlichen Funktionen für sich zu untersuchen.

Wir brechen diesen Hinweis ab, obwohl hier noch vieles zu sagen wäre. Daß historisch gesehen der Bruch zwischen Innen und Außen wesentlich durch das Christentum gesetzt wurde, werden wir im zweiten Teil ausführlich zeigen. Wir halten jetzt nur fest: die Unterscheidung von Mensch und Rolle ist nur möglich auf Grund eines geschichtlich vermittelten Bruches, dessen Ergebnis eben die *Differenz von Innen und Außen* ist. Dieser Bruch kann nicht absolut rückgängig gemacht werden. Daß wir, nachdem die »Philosophie der Innerlichkeit« zu Ende gegangen ist, den zwischenmenschlichen Bezug neu zu bedenken haben, und daß von ihm her gesehen an die Stelle der Individualethik eine Verantwortungsethik zu setzen ist, werden wir im fünften Teil erörtern. Aber diese Vermittlung von Privatheit und Öffentlichkeit kann eben keine Rückkehr zur substantiellen Sittlichkeit als einer unmittelbaren Lebensform bedeuten.

Das Verhalten zur Rolle als objektives Bezugsverhältnis

Diese geschichtlich vermittelte Situation stellt nun die *Basis* dar, auf der die oben angedeuteten Probleme zu diskutieren sind. Es ist aber zunächst notwendig, die verschiedenen Gesichtspunkte, die hier ins Spiel kommen, gegeneinander abzuheben. Das von Dahrendorf mit Recht hervorgehobene Problem, wie sich der einzelne als

Mensch zur Gesellschaft verhält, hat seinen Ort wesentlich in dem Problem des modernen Lebenszusammenhanges, und zwar insofern dieser durch den Bruch von Innen und Außen bestimmt ist. Wenn die Soziologie hier etwas zu sagen hat, dann nicht – oder jedenfalls nicht primär – eine analytisch vorgehende Soziologie, sondern eine Soziologie, die sich *gesellschaftskritischen* Tendenzen unterstellt. Das heißt, man hat hier die mögliche Veränderung der gesellschaftlichen Gesamtstruktur und die Chancen ihrer Realisierung zu bedenken.

Wenn man jedoch von Rollen redet, dann überschreitet man diese Lebenswirklichkeit und begibt sich in die Dimension der *analytischen Soziologie*. Auch die analytische Soziologie, das heißt die Soziologie im Zeitalter der Verwissenschaftlichung, ist keine ungeschichtliche Größe. Ihre Fragestellungen sind nur in der modernen Gesellschaft möglich – das wollten wir ja gerade zeigen. Aber diese Einsicht ändert nichts daran, daß der unmittelbare Gesellschaftsbezug, wie ihn insbesondere der Politiker zu bedenken hat, vom verwissenschaftlichten Gesellschaftsbezug, den die analytische Soziologie thematisiert, zu unterscheiden ist. Daß diese Differenzierung in concreto unterlaufen wird, das heißt, daß zwischen Leben und Wissenschaft eine unaufhebbare Dialektik besteht, haben wir immer wieder als legitimes und zeitgemäßes Faktum herauszustellen gesucht. Aber dieses Faktum steht nicht in Widerspruch zu dem Sachverhalt, daß die verwissenschaftlichte Soziologie *ihrer Intention nach* eben nicht mehr unmittelbar auf die Lebenswirklichkeit bezogen ist.

Dies bedeutet nun für das Problem der Rolle das Folgende: die Rolle ist eine Bestimmung, die der analytische Soziologe konstruiert. Diese Konstruktion hat sich an der Empirie zu bewähren. Es ist durchaus legitim, die Rolle von der Erwartung der anderen her zu bestimmen und solchermaßen das Verhalten zu testen. Die soziologische Analyse, die zwischenmenschliches Verhalten nur unter dem sozialen Aspekt erfassen will, vollzieht sich – dies gilt auch für den Gesichtspunkt der Rollenfunkion – »in der Weise der Veräußerlichung«. Das besagt nun aber: wenn ich *mein* Verhalten zu *meiner* Rollenfunktion *in mir selbst* betrachte, dann reflektiere ich mich eben in bezug auf die Rollenerwartung *anderer*. Das Selbstverhalten ist soziologisch relevant nicht als meine private Introspektion, sondern einzig und allein, insofern es auf andere hin sich veräußerlicht und damit *objektiviert*. Im Beispiel: wenn jemand die Rolle des Professors in sich selbst thematisiert, so ist die Frage: »Was werden die Studenten von mir wollen und erwarten?« primär mitgesetzt. Die Frage des Rollenträgers an sich selbst ist unter soziologischem Aspekt eben schon immer auf *Öffentlichkeit* bezogen. Das besagt konkret: sie muß sich den durchschnittlichen Standards, die für die Rolle »Professor« heute üblich sind, unterstellen. Daß im *Einzelfall* die »individuelle Sicht« und die soziologische Analyse *nicht* zu trennen sind, ist klar. Aber – es sei noch einmal gesagt – in soziologischer Hinsicht ist die Betrachtung meiner Rolle von mir aus eben nur sinnvoll, wenn ich mich in bezug auf die anderen reflektiere.

Überdenkt man diese Zusammenhänge, dann erkennt man den *Sinn* und die *Bedeutung*, aber auch die *Eingeschränktheit* des Rollenbegriffs. Da heute in der technologischen und verwissenschaftlichten Gesellschaft das zwischenmenschliche Verhalten weitgehend auf *Durchschnittlichkeit* »genormt« ist, ist für das Verständnis der Gegenwart die soziologische Analyse von den Rollen her, die eben durchschnittliche Standards darstellen, sinnvoll. Es ergibt sich hier die Möglichkeit, bedingte Prognosen aufzustellen, denen natürlich nur statistische Wahrscheinlichkeit zukommt.

Freilich zeigen sich hier sofort die Grenzen des Rollenbegriffs. In »unruhigen Epochen« – und die Gegenwart ist eben auch eine unruhige Zeit – wird die Rollenerwartung »verunsichert« und verliert ihren empirischen und prognostischen Aussagewert. Die Soziologie der Rolle setzt also grundsätzlich betrachtet ein unter dem Prinzip der *Anpassung* stehendes Leben in der *geregelten Öffentlichkeit des Man* voraus, das zwar Konflikte kennt, deren Spielraum jedoch schon durch allgemein anerkannte Sanktionen eingegrenzt hat.

5. Soziologie als Entwurf von pluralistischen Orientierungsthesen

Wir wiesen darauf hin, daß die analytische Soziologie ein Produkt der verwissenschaftlichten Gesellschaft ist. Sie ist nur in dieser Gesellschaft möglich, und nur in ihr hat sie eine echte Funktion. Der Soziologisierung wird Vorschub geleistet, insofern in dieser Gesellschaft zwischen Öffentlichkeit und Privatheit ein einschneidender Unterschied gesetzt wird und insofern das öffentliche Leben weithin »entpersönlicht« ist. Die analytische Soziologie kann die gegenwärtige soziale Situation also angemessen erfassen, weil sie der objektiven Struktur dieser Gesellschaft entspricht.

Wir haben aber auf der anderen Seite darauf hingewiesen, daß den soziologischen Theorien als solchen kein unmittelbarer Wirklichkeitsbezug zukommt. Diese Theorien bilden weder die Realität ab, noch entwerfen sie eindeutig kategoriale Bestimmungen, durch die die Realität konstituiert wird. Die soziologischen Theorien beruhen auf einer »Entwirklichung«, das heißt, sie entfernen sich von der Lebenssphäre und klammern diese ein. Diese Entwirklichung ist ein Grundzug der Verwissenschaftlichung, denn zur Verwissenschaftlichung gehört es, daß nun die Wissenschaft sich eine eigene Welt aufbaut, in der der unmittelbare Lebensbezug gebrochen ist. Gleichwohl wirken die eingeklammerten unmittelbaren Bezüge sich weiterhin aus, vor allem in der Form von nicht eigens reflektierten Vorverständnissen, die die wissenschaftliche Fragestellung bedingen.

Die Aufgabe unserer Analyse ist es, auf diese *Zweideutigkeit* hinzuführen. Dieser Hinweis hat eine doppelte Funktion. Einmal soll er die *Tatsache* dieser Zweideutigkeit als solche aufdecken – dies ist notwendig, weil sie zumeist verdrängt wird –, und sodann soll er auf ihre *Unvermeidlichkeit* hinweisen. Die Konsequenz dieser Einsicht kann nur darin liegen, diese Unvermeidlichkeit anzuerkennen, und das heißt, die Spannung, die heute zwischen Leben und Wissenschaft besteht, als Bedingung der wissenschaftlichen Forschung anzusetzen. Der Wissenschaftler muß Leben und Forschung einerseits trennen und andererseits verbinden. Nur wenn er um die Abstraktheit und Künstlichkeit des Systems weiß, das heißt, nur wenn er nicht System und Wirklichkeit identifiziert, kann er ja die Aufgabe ausdrücklich übernehmen, das System von der Wirklichkeit her zu »verwerten«. Die modifizierende Transformation des Systems auf die Wirklichkeit hin muß gegen System *und* Wirklichkeit gleichzeitig kritisch sein. Es wäre ebenso verkehrt, das System als einfaches Modell für die Wirklichkeit anzusetzen als umgekehrt die Wirklichkeit als systemfremd oder systemunabhängig auszugeben.

Der Zusammenhang zwischen Wissenschaft und Leben ist nur *dialektisch* zu verstehen. Grundsätzlich formuliert: es sind für die soziologische Untersuchung zwei Bewegungen erfordert; einmal als erster Schritt die Entwirklichung und sodann als zweiter Schritt die Rückkehr zum Leben. Diese Unterscheidung von zwei Bewegungsschritten ist jedoch abstrakt. Kaum ein Soziologe wird – wir hatten diese Tatsache bereits angedeutet – die Entwirklichung als solche thematisch intendieren oder sie sich gar zum Ziel setzen. Ebensowenig wie der Physiker sich im allgemeinen vornimmt, eine »Welt der Physik« aufzubauen, sondern es sich zur Aufgabe setzt, die Naturwirklichkeit zu erkennen, wird der Soziologe sich nicht eine »Welt der Soziologie« zu erstellen suchen, es wird vielmehr sein Anliegen sein, die gesellschaftliche

Realität zu durchdringen. Erst wenn man auf das wissenschaftliche Vorgehen *reflektierend* achtet, erkennt man die Notwendigkeit einer dialektischen Unterscheidung von Theorie und Lebenswirklichkeit.

Zieht man in »forschungspsychologischer Hinsicht« aus dem Gesagten die Konsequenz, so läßt sich folgende Forderung aufstellen: es wird dem Soziologen nicht abverlangt werden können, sich die Struktur der Umwegigkeit als Gesetz seines Vorgehens ständig vor Augen zu stellen, wohl aber wird man von ihm erwarten dürfen, daß er sich klarmacht, daß seine Theorien keine letztgültigen Aussagen über die gesellschaftliche Wirklichkeit als solche sind, sondern nur *Orientierungsthesen* darstellen. Orientierungsthesen sind – mit kantischen Begriffen geredet – nicht konstitutiv, sondern regulativ. Das besagt: man spricht sich aus, daß das Ziel, die Erkenntnis der Wirklichkeit, nicht unmittelbar und direkt und ein für allemal zu erreichen ist. Es ist vielmehr notwendig, die Theorie als einen *Gesichtspunkt* zu entwickeln, von dem her eine Interpretation der Empirie als möglich erscheint. Popper hat diesen Sachverhalt immer wieder herausgearbeitet, wenn er, um die Logik der Forschung zu kennzeichnen, weder einem reinen Theoriedenken noch einem reinen Empirismus das Wort redet, sondern betont, daß zwischen Theorie und Empirie eine Wechselwirkung besteht. Die Empirie bedingt die Theorie und fordert vor allem zu deren Korrektur auf. Aber das ist nur möglich, weil die Theorie die Empirie überhaupt erschließt. Die so zugänglich gemachte Empirie ist nicht die Wirklichkeit selbst, auch nicht in der Weise eines Teilausschnittes aus ihr, sondern nur das von der Theorie her sichtbar gewordene Forschungsfeld.

Das Bewußtsein, daß soziologische Theorien nur Orientierungsthesen sind, ist durch den *Verzicht auf Endgültigkeit* der Theorie bestimmt. Der Forscher muß sich aussprechen, daß seine Theorie vorläufig und verbesserungsbedürftig ist. Vor allem aber muß er sich klarmachen, daß sie *einseitig* ist. Es ist daher erfordert, andere Orientierungsthesen gelten zu lassen. Mit einem Wort: es gilt, den *Pluralismus* der soziologischen Theorien anzuerkennen und anzustreben, denn nur auf diese Weise kann sich die Soziologie als Forschung konstituieren.

Was wir mit dieser Formulierung meinen, läßt sich durch einen Vergleich mit der Situation der *Physik* verdeutlichen. Die moderne Physik kann, so sagten wir, den Anspruch der klassischen Physik, die Wirklichkeit als das »ruhige Reich der Gesetze« ein für allemal zu erkennen, nicht mehr aufrecht erhalten. Die Welt ist für sie zum unendlichen Forschungsfeld geworden. Es ergeben sich immer neue Aspekte der Forschung. Der Forscher hat daher einen *doppelten Bezug* zu beachten; einmal ist er ebenso wie der klassische Physiker auf die Gegenstandswelt ausgerichtet – er will die wirkliche Natur erkennen –, aber zugleich muß er seine Theorien über die Natur im Forschungsvorgang, der einen kontinuierlichen Prozeß darstellt, orten. Dieser Doppelaspekt ist in der Physik und in der Naturwissenschaft überhaupt heute unvermeidbar.

Die Situation in der *Soziologie* ist trotz aller Vergleichbarkeit mit der Lage der Physik doch eine andere. Das zeigt sich schon darin, daß die soziologische Forschung in weit stärkerem Maße als die physikalische »zersplittert« ist. Insbesondere dort, wo es sich um grundsätzliche Theorien handelt, ist die Vielfalt und Widersprüchlichkeit der jeweiligen Ansätze ein nicht zu leugnendes Faktum. Diese Disparatheit soziologischer Theorien ist natürlich nicht zufällig. Sie gründet darin, daß wir bei der Erörterung soziologischer Probleme »existentiell betroffen sind«, insofern wir hier immer

»mit im Spiel stehen«. Sicher: der Soziologe hat – wir haben dies bei der Diskussion der sozialen Rolle herausgestellt – die Aufgabe, den Menschen zu »veräußerlichen« und zu objektivieren. Aber die Tatsache, daß eine solche Veräußerlichung ausdrücklich vollzogen werden muß und sich nicht von selbst versteht, weist ja auf die *spezifische* Zweideutigkeit des soziologischen Ansatzes hin – wir haben gesehen, daß in der Tradition die Frage, wie der Mensch sich als soziales Wesen erfassen kann, mit dem Problem identisch ist, ob Soziologie als Wissenschaft überhaupt möglich ist.

Der Soziologie kommt also – im Gegensatz zur Physik – nicht der Charakter einer Forschung zu, die sich als objektive Untersuchung eines äußeren Gegenstandsbereiches doch relativ kontinuierlich vollzieht. Diesem Faktum läßt sich nun in zweifacher Form begegnen. Man kann – wir beziehen uns hier wesentlich nur auf die theoretische Soziologie – entweder die eigene Theorie als dogmatische Wahrheit ausgeben, durch die die Wirklichkeit eindeutig erfaßt sei, oder aber man versteht den eigenen Ansatz eben nur als Orientierungsthese, das heißt, man erkennt die Notwendigkeit des Pluralismus der Theorien an. Der Pluralismus der Theorien ist für die Soziologie kein Übel, sondern eine *Notwendigkeit*. Die mögliche Einheit kann hier nur in der Vielheit der Theorien, die sich miteinander auseinandersetzen, ohne zu einer Harmonie zusammengeschlossen werden zu können, bestehen.

Hans Albert hat in seinem Werk »Traktat über kritische Vernunft« in der Nachfolge Poppers die Notwendigkeit des theoretischen Pluralismus herausgestellt. In dem betreffenden Kapitel legt er dar, daß keine wissenschaftliche Theorie einen unbedingten Gewißheitsanspruch erheben kann, denn keine Theorie vermag absolute Begründungen zu geben. In diesem Zusammenhang erklärt Albert: »Wenn es, wie sich aus der kritischen Analyse des Begründungspostulats ergab, niemals sicher sein kann, daß eine bestimmte Theorie wahr ist, auch dann, wenn sie die ihr gestellten Probleme zu lösen scheint, dann lohnt es sich stets, nach Alternativen zu suchen, nach anderen Theorien, die möglicherweise besser sind, weil sie größere Erklärungskraft haben, bestimmte Irrtümer vermeiden oder überhaupt Schwierigkeiten irgendwelcher Art überwinden, die von bisherigen Theorien nicht bewältigt werden.«[1] Albert führt weiterhin aus, daß jede Theorie irgendwelche Schwächen aufweist: »Sie wird mit gewissen Tatbeständen nicht ganz fertig, die im Lichte ihrer Erklärungsideen als Anomalien, Ausnahmen oder Abweichungen angesehen werden müssen, die man aber auf lange Sicht doch in ihrem Rahmen zu bewältigen hofft.«[2] Albert legt nun dar, daß es zumeist gar nicht gelingt, diese Anomalien im Rahmen der ursprünglichen Theorie angemessen zu bewältigen. Deswegen muß man »nicht nur die Suche nach konträren Tatbeständen, sondern vor allem auch die Suche nach alternativen theoretischen Konzeptionen als notwendig betrachten, um die Konstruktion und die Verwendung konkurrierender Bezugsrahmen und damit andersartiger Problemlösungen möglich zu machen«.[3] Das sind Sätze, denen – so meinen wir – gerade in bezug auf die Soziologie eine wesentliche Bedeutung zukommt.

6. Theoretische und empirische Soziologie: Zum Praxisbezug der analytischen Soziologie

Die im vorhergehenden diskutierten Theorien, an denen beispielhaft die Problematik des Verhältnisses von wissenschaftlicher Theorie und gesellschaftlicher Realität verdeutlicht werden sollte, haben trotz ihrer Gegensätzlichkeit einen gemeinsamen Charakter. Das ist ihre »Grundsätzlichkeit«. Selbst wenn man die strukturell-funktionale Theorie oder die Konflikttheorie nur als Orientierungsthesen für die Forschung und nicht als sozialphilosophische Deutungen der gesellschaftlichen Wirklichkeit versteht, so handelt es sich hier doch darum, Maßstäbe für die Forschung zu setzen, die nicht auf ein Einzelprojekt eingeschränkt sind. Ein solcher Ansatz findet in der gegenwärtigen Soziologie nicht uneingeschränkt Anerkennung. Im allgemeinen ist die heutige Soziologie zwar wohl kaum mehr bereit, unter methodischem Gesichtspunkt einem theorielosen Empirismus das Wort zu reden, wohl aber wird der Einwand erhoben, daß Theorien in der Forschung nur dann Sinn haben, wenn es sich um »theories of the middle range« (R. Merton) handelt. Die Konzentration auf partiellere Aspekte ist, so meint man, notwendig, wenn man den Kontakt zur konkreten empirischen Analyse nicht verlieren will.

Methodisch gesehen ist jedoch der Unterschied zwischen allgemeinen und partiellen Theorien, so wird andererseits mit Recht herausgestellt, kein grundsätzlicher und qualitativer. Auch die konkreten soziologischen Analysen beruhen auf der Erarbeitung eines jeweilig für diese Untersuchungen passenden Forschungsfeldes, dessen Bestimmungen, auch wenn sie nicht so abstrakt wie die obersten Grundbegriffe sind, dennoch »die Erfahrung überschreiten«. Heute besteht ein Großteil der soziologischen Arbeit in spezifischen Untersuchungen, die von bestimmten Auftraggebern an den Soziologen herangetragen werden. So soll herausgestellt werden, wie es mit der Eingliederung der Heimatvertriebenen steht, dem Anteil der Katholiken am Bildungsleben, dem Verhältnis der Studentin zum Studium, der Vorstellung des Arbeitnehmers vom Fabrikbetrieb. Hier geht es darum, Tatbestände zu erfassen. Diese Untersuchungen sollen Erfahrungsurteile erbringen. Um zu diesen zu gelangen, muß man aber das, was hier Erfahrung heißen kann, beachten. Erfahrung ist für den Soziologen eine Beobachtung, die sich selbst kontrolliert. Diese Beobachtung und diese Kontrolle sind nur möglich, wenn ein für die spezifische Untersuchung gültiges *Bezugssystem* erarbeitet wird, in dem die Tatbestände unter ganz bestimmten Hinsichten erfaßt werden. Es ist natürlich nicht notwendig, daß jeder konkreten Analyse eine vorgängige Konstituierung einer allgemeinen soziologischen Theorie vorausgeht. Es genügt, daß für die konkreten Analysen ein bestimmtes Bezugssystem erstellt wird. Zumeist geschieht das in der Form, daß das jeweilige Bezugssystem ineins mit der konkreten Untersuchung »mitkonstituiert« wird. Dabei steht aber – und das ist wesentlich – ein *allgemeines* Bezugssystem eben doch im Hintergrund. Es bestimmt das konkrete Vorgehen ebenso wie es von diesem her variiert wird.

Es ist nun aber nicht nur aus *methodischen Gründen* wesentlich, sich klarzumachen, daß auch das konkrete Projekt unter Vorbegriffen steht, die über das sogenannte empirisch Gegebene hinausgehen. Diese Einsicht ist auch unter *wissenschaftspragmatischem* oder genauer: unter *praktisch-politischem Aspekt* erfordert. Wenn der

Soziologe sich der Reflexion auf seinen Bezugsrahmen entzieht, dann setzt er die Empirie zum Maß. Damit entsteht aber – darauf wollen wir hier abheben – die Gefahr, daß er einem rein *technologischen Vorgehen* verfällt, das sich unter Umständen nur noch nach dem Instrumentarium richtet, das für die Befragung bereitsteht – wir haben diese Möglichkeit oben erörtert.[1] Das bedeutet unter praktisch-politischem Aspekt: der Soziologe wird zum technologischen Experten und schiebt die Entscheidung über die gesellschaftliche Bedeutung des Projektes dem jeweiligen Auftraggeber, etwa der politischen Entscheidungsinstanz, zu. Es ist klar: die letzte Entscheidung hat der Auftraggeber. Aber der Soziologe ist deswegen nicht von einer Vorüberlegung über die Entscheidungs*horizonte* dispensiert. Nur er kann darüber befinden, ob er sich selbst zum Instrument degradieren lassen will, oder ob auch er das Projekt kritisch in seiner gesellschaftlichen Bedeutung reflektiert.

Die sich hier eröffnende Problematik ist in der modernen Soziologie immer wieder behandelt worden, insbesondere im Rückgriff auf die von Max Weber inszenierte Frage nach der *Wertfreiheit*. Aber die einfache Scheidung von wertfreier Wissenschaft und wertender Praxis ist heute kaum mehr zeitgemäß. Die konkreten Verzahnungen, die sich gerade bei der soziologischen Auftragsforschung als fast unabwendbar erweisen, lassen eine eindeutige Trennung von Leben und Wissenschaft nicht zu. Selbst die von Dahrendorf erörterte Möglichkeit, daß der Soziologe sich überlegt, welchen Projekten er sich zuwenden will, ist heute bereits weitgehend überholt.[2] Der Soziologe ist heute kaum noch der Gelehrte, der von sich aus entscheidet, wann, wo und ob er überhaupt in die Praxis »eingreifen« soll. Der soziologische Betrieb der Forschung ist weithin von außerwissenschaftlichen Instanzen, nicht zuletzt auch in finanzieller Hinsicht, bestimmt. Wir werden im fünften Teil diesem Fragenkomplex nachzugehen haben, jetzt nur soviel: Selbst wenn man deklariert, daß die Entscheidung über die Mitarbeit an konkreten sozialen Projekten letzthin doch eine persönliche Entscheidung des Soziologen sei, dann muß sich diese Entscheidung, wenn anders sie nicht rein dezisionistisch gefällt werden soll, begründen lassen. Dies ist aber nur möglich, wenn der Soziologe das angetragene Projekt daraufhin reflektiert, ob und wie von ihm her gesellschaftliche Wirklichkeit sanktioniert oder verändert werden kann.

Poppers Einsicht, daß jede Empirie im Lichte einer Theorie steht, hat über die Logik der Forschung hinaus, also auch im Bereich der *Wissenschaftspragmatik* und der *Wissenschaftspraxis*, Bedeutung. Insbesondere gilt es – auch dies hat Popper mit Recht herausgestellt –, die unbeabsichtigten Nebenfolgen, soweit möglich, bereits im vorhinein zu bedenken.

Das Gesagte sei gegen Mißverständnisse abgesichert. Es gilt auch in diesem Zusammenhang zu beachten, daß für den Soziologen, und zwar nicht nur für den theoretischen, sondern auch für den empirisch arbeitenden Soziologen, nicht der unmittelbare Praxisbezug, sondern der »gebrochene« Handlungsbezug maßgebend ist. Das besagt konkret: Der Soziologe hat als Soziologe nur »Ratschläge« zu geben. Er hat Möglichkeiten zu entwickeln, deren Form das *Wenn-Dann-Schema* ist. Dies Schema bedeutet: wenn sich jemand im Zusammenhang der realen politischen oder wirtschaftlichen Gegebenheiten zu diesem oder jenem Tun entschließt, das heißt, dies oder jenes *Ziel* zu verwirklichen sucht, dann ist es sachangemessen, diese oder jene *Mittel* zu wählen. Nur in der Wahl dieser Mittel kann der Soziologe als *wissenschaftlicher* Soziologe raten, und zwar insofern er die Bezüge zwischenmenschlichen Verhaltens auf *rationale Weise* zu berechnen sucht. Gleichwohl darf dieser Tatbestand nicht dahingehend ausgelegt werden, daß der Soziologe die »wirklichen« Entscheidungen ausschließlich dem »Praktiker« zuschiebt. An der Verantwortung für die Gestaltung des Ganzen ist auch er beteiligt.

Es gilt in diesem Zusammenhang zu bedenken, daß man nicht die Gesellschaft im ganzen abstrakt verbessern kann, sondern daß eine Verbesserung nur von *Einzelprojekten* her möglich ist. Sicher: diese Einzelprojekte stehen immer schon im Kontext größerer und sehr schwer zu überschauender Zusammenhänge. Gleichwohl: nur bei den Einzelprojekten kann man ansetzen, und nur von ihnen her ist die Aussicht auf eine reale Veränderung der Gesellschaft gegeben. In bezug auf die Einzelprojekte aber können und müssen »Theoretiker« und »Praktiker« zusammenarbeiten, und zwar sowohl unter dem Gesichtspunkt gegenseitiger Ergänzung als auch unter dem Gesichtspunkt der Gemeinsamkeit. Der Praktiker – es wird zumeist der Politiker sein – muß nicht nur auf die »technologischen Ratschläge« des Soziologen eingehen, und der Soziologe muß sich nicht nur auf die »praktischen Entscheidungen« des Politikers einstellen, sondern beide müssen gemeinsam das jeweilige Projekt daraufhin betrachten, wie von ihm her als einem »Stückwerk« eine Verbesserung des Ganzen der gesellschaftlichen Verhältnisse möglich ist.

Drittes Kapitel
»Denkzeug« und Information: Zur Forschungssituation der Kybernetik

Zur Gliederung

Zum Abschluß unserer Analyse der gegenwärtigen Situation der Wissenschaft wollen wir einige Hinweise auf den Ansatz der Kybernetik entwickeln. Der uns hier leitende Gesichtspunkt ist der oben bereits angedeutete: die Kybernetik ist nicht primär eine gegenstandsgerichtete »intentionale« Wissenschaft, sondern eine »Metawissenschaft«, die zugleich *technische Abzweckung* hat. In der Kybernetik deutet sich, so sagten wir, eine neue Möglichkeit der Wissenschaft an, die dadurch gekennzeichnet ist, daß hier der Übergang von der »reinen« Wissenschaft zur technologischen Praxis, die unsere Lebenswelt heute weithin bestimmt, fließend geworden ist.

Diese Tatsache bedeutet ein Zweifaches. Einmal: der *Ort der Kybernetik* innerhalb der traditionellen Ordnung der Wissenschaften, die auf eindeutigen Gebietsgliederungen beruht, ist schwer auszumachen. Sodann – und dies ist für unser Vorgehen wichtig –: die Deutung der Kybernetik kann nicht primär auf die Ansätze zurückgreifen, die wir zur Erhellung der Situation der modernen Physik und der modernen Soziologie entwickelten. Dies besagt: es ist hier nicht angemessen, einseitig oder gar ausschließlich auf die Idee der Forschung, die sich von der gegebenen Wirklichkeit entfernt und ihren eigenen Raum absteckt, abzuheben. Vielmehr muß zur Deutung der Kybernetik die Bestimmung der *Vermittlung* herangezogen werden, wobei Vermittlung hier als die *technische Tätigkeit* zu verstehen ist, durch die der Mensch sich ein *Werkzeug* schafft, das sein Denkpotential steigern soll.

Von diesen Fragestellungen her ergibt sich folgende Gliederung: in einem *ersten Abschnitt* weisen wir, um die Forschungssituation zu kennzeichnen, auf die *Vielfalt der Aspekte* hin, von denen her die Deutungen der Kybernetik gegenwärtig vollzogen werden. Im *zweiten Abschnitt* stellen wir den *technischen Aspekt* in das Zentrum der Untersuchung. Es geht uns darum zu explizieren, wie in der Kybernetik sich ein Wissenschaftsbegriff anbahnt, der bereits weitgehend technisiert ist: Wissenschaft ist *Steigerung von Wissen*. Vor allem liegt uns aber daran, den *Werkzeugcharakter des Computers* herauszuarbeiten, das heißt zu zeigen, daß der Computer durchaus mit Werkzeugen, die körperliche Fähigkeiten ersetzen, verglichen werden kann, daß er aber als universales Denkzeug eine Sonderstellung innerhalb der Ersatzwerkzeuge einnimmt. Im *dritten Abschnitt* wird die *Dialektik der kybernetischen Vermittlungsbewegung* entwickelt. Der Computer wird vom Menschen hergestellt und gebraucht als eine Möglichkeit einer Wissensermittlung, die menschliche Fähigkeiten gerade übersteigen soll. Auf Grund dieser Funktion ist es erlaubt, vom Computer als einem »Partner« zu reden. In diesem Zusammenhang suchen wir die Zweideutigkeit der Frage, ob der Computer »Bewußtsein« habe und »denken« könne oder nicht, aufzuweisen. Wir diskutieren sodann im *vierten Abschnitt* kritisch die Möglichkeit einer *philosophischen Deutung der Kybernetik*, insbesondere setzen wir uns hier mit den Thesen Gotthard Günthers auseinander, die Information als eine dritte Größe neben Geist und Materie anzusetzen. Der *fünfte Abschnitt* weist auf die *universale Bedeutung kybernetischer Begriffe*, insbesondere des Begriffes der Information, für die verschiedenen Wissenschaften hin. Der *sechste Abschnitt* sucht diesen Sachverhalt unter *wissenschaftstheoretischem Aspekt* zu thematisieren. Wir diskutieren hier den Ansatz der *Allgemeinen Systemtheorie*, die den Gedanken der funktionalen Gesetzlichkeit als Indiz von Ordnungsgefügen versteht, und konkretisieren diese Ansätze durch einen Rückgriff auf die *Sozialkybernetik*. Hier wird insbesondere die Frage aufgenommen, ob der Begriff des Sozialsystems als Äquivalent zur Bestimmung des kollektiven Geschichtssubjektes angesehen werden kann.

Eine Anmerkung, die das Ganze dieses Kapitels betrifft, sei noch angefügt. Wir lassen alle fachtechnischen Fragen der Herstellung und des Gebrauchs von Computern hier ganz beiseite; innerhalb der Literatur über Kybernetik gibt es eine große Anzahl von Werken, die diese Fragen vorzüglich behandeln. Ebenso werden hier die »kulturellen« Probleme ausgespart, das heißt die Frage, ob die Kybernetik als Anfang einer technologischen Epoche anzusehen ist, die dadurch gekennzeichnet ist, daß die künstliche Werkzeugwelt nun als Superstruktur dem Menschen Sachzwänge auferlegt, von denen her sein Handeln vorgezeichnet wird. Auf diese Frage werden wir im fünften Teil zu sprechen kommen.[1]

1. Die Vielfalt der Fragestellungen in der Kybernetik

Philosophische, wissenschaftstheoretische, praktisch-pragmatische oder technisch orientierte Analysen der Kybernetik beginnen zumeist damit, eine *Definition* dieses Begriffes aufzustellen. Dieses Vorgehen ist verständlich. Die Kybernetik stellt eine Novität dar und muß im Unterschied zu den klassischen Wissenschaften erst im »Kosmos der Wissenschaften« geortet werden. Es zeigt sich nun aber, daß diese Definitionen der Kybernetik nicht nur sehr vielfältig sind, sie stehen zum Teil unter divergierenden Aspekten. Einige Forscher erklären sogar, daß es – jedenfalls in der Gegenwart – nicht möglich sei, eine eindeutige Definition der Kybernetik zu geben. Wir illustrieren diese Sachlage an einigen Beispielen.

Otto Walter Haseloff stellt am Anfang eines instruktiven Aufsatzes über Probleme der Motivation in der kybernetischen Verhaltenssimulierung einige Definitionen der Kybernetik zusammen.[1] *Norbert Wiener* bestimmt Kybernetik als »die Theorie der Technik der Nachrichten, des Nachrichtenumsatzes oder der diesen leistenden Systeme«. *Helmar Frank* kennzeichnet Kybernetik als »die Theorie der Aufnahme, Verarbeitung und raumzeitlichen Übertragung von Information«. *Stafford Beer* definiert sie als »Wissenschaft von Kommunikation und Regelung«. Wichtig ist die Definition von *Georg Klaus:* »Kybernetik ist die Theorie des Zusammenhangs möglicher dynamischer selbstregulierender Systeme mit ihren Teilsystemen.«

Haseloff selbst reflektiert diese Definitionen und betont, daß es nicht angemessen sei, einseitig vorzugehen. Zur Kybernetik gehören gleichrangig Informationstheorie, allgemeine Systemtheorie, Ingenieurkybernetik, Biokybernetik, Soziokybernetik und schließlich Entscheidungs- und Strategietheorien.

Auch bei *Karl Steinbuch* sind mehrere Definitionen zu finden. Er erklärt einerseits, auf die technische Relevanz abhebend: »Was wir heute als Kybernetik bezeichnen, ist im wesentlichen aus drei technischen Wurzeln herausgewachsen, nämlich aus: der Regelungslehre, der Nachrichtenübertragungstechnik samt Informationstheorie und der Nachrichtenverarbeitungstechnik.«[2] Steinbuch weist aber zugleich auf die allgemeine wissenschaftstheoretische Bedeutung der Kybernetik hin. Kybernetik kann nicht auf Nachrichtentechnik eingegrenzt werden. Sie eröffnet eine neue Möglichkeit wissenschaftlichen Vorgehens überhaupt, die dadurch bestimmt ist, daß mathematische Verfahrensweisen in Wissenschaftsgebiete eindringen, die bisher nicht mathematisierbar erschienen. Die Scheidung von Naturwissenschaften und Geisteswissenschaften wird demgemäß hinfällig. Nicht nur die Soziologie und die Psychologie, die heute kaum mehr jemand als Geisteswissenschaften charakterisieren wird, auch die humanistisch-historischen Geisteswissenschaften müssen kybernetische Arbeitsweisen beachten. Sie werden dadurch in den Rang der Wissenschaft, genauer der exakten Wissenschaft, erhoben. Kybernetik kann, beachtet man die technische *und* die wissenschaftstheoretische Seite, daher nach Steinbuch als »Wissenschaft von den informationellen Strukturen im technischen und außertechnischen Bereich« charakterisiert werden.[3]

Eine entsprechende Bestimmung ist bei *Pierre Bertaux* zu finden: »Die Kybernetik ist nicht etwa ein neuer Zweig der Natur- oder Geisteswissenschaften, sondern eine interdisziplinäre, sozusagen diagonal laufende Wissenschaft von Kommunikation und Regelung. Die Anwendung ihrer Theorien und Prinzipien führt zur Entwicklung von allgemeinen Steuerungs- und Regelungstechniken. Diese werden auf die verschiedensten Bereiche angewandt, auf die Biologie wie auf den Maschinenbau, auf die Sozialwissenschaften wie auf die Zusammenstellung von vollautomatisierten Industrieprozessen, sie dienen zum Lenken von Raketen wie zum Bau von Übersetzungsautomaten.«[4] *Siegfried J. Schmidt* bestimmt die Kybernetik als eine Metawissenschaft, die sich für die Modelle, Strukturen und Verfahrensformen praktisch aller Einzelwissenschaften interessiert. Die Kybernetik macht, so sagt er, »den Modellaspekt in der Welt begreiflich«. Freilich grenzt Schmidt unter Berufung auf *Heinz Zemanek* diese Bestimmung ein, indem er erklärt, daß dieses Begreiflichmachen viel, aber nicht alles, sei.[5]

Die Weite des Anwendungsbereichs wird auch bei *Felix von Cube* herausgehoben. Die Kybernetik erfaßt Strukturen (Funktionen, Theorien), die in verschiedenen Wirklichkeitsbereichen realisiert sind. Von Cube definiert demgemäß: »Die Kybernetik untersucht isomorphe Modelle in verschiedenen Wirklichkeitsbereichen.«[6]

Diese Deutungen der Kybernetik gehen von dem faktischen Erfolg, den die Kybernetik auf den verschiedensten Gebieten errungen hat, aus und fragen nun unter wissenschaftstheoretischem und wissenschaftspragmatischem Aspekt, welche Bedeutung der Kybernetik für wissenschaftliche Verfahrensweisen überhaupt zukommen kann, wobei aber zumeist die Meinung besteht, daß sich das kybernetische Vorgehen nach den Erkenntnisweisen der einzelnen Wissenschaften zu differenzieren habe und deren Grenzen nicht aufhebe. Freilich gibt es auch Gegenmeinungen, allerdings relativ selten. So erklärt *Heinz Zemanek*, daß die Kybernetik die Chance vorgebe, die Wissenschaft als solche zu vereinheitlichen. Kybernetik »ist ein Traum einer allgemeinen Wissenschaft mit einer allgemeinen Sprache nach einer Periode der Spezialisierung (einer Sprache), die wieder für die ganze Welt, für die gesamte Menschheit verständlich ist«.[7] Hier taucht der Gedanke der Einheitswissenschaft, wie er in der Anfangszeit des Wiener Kreises lebendig war, wieder auf. –

Ist bereits die Ortung der Kybernetik unter wissenschaftstheoretischem Aspekt nicht eindeutig, so wird das Bild noch komplizierter, wenn man die »philosophischen« *Deutungen* der Kybernetik beachtet. Zwei Aspekte sind hier wesentlich. Einmal ist es der »kulturphilosophische« *Gesichtspunkt*, der zu folgenden Fragen veranlaßt: Ist die Kybernetik Anzeichen einer total werdenden *Technokratie*, wird in Zukunft nur das am Computer orientierte Denken maßgebend sein, und werden dementsprechend die traditionellen humanistischen Werte bedeutungslos? Wenn dies so ist, wie ist dieser Vorgang zu beurteilen? Soll man ihn als Fortschritt zur Emanzipation verstehen und daher bejahen oder ihn als Aufhebung eines Denkens, das an der Idee der persönlichen Freiheit orientiert ist, verneinen? Die Antworten auf diese Fragen sind außerordentlich differierend. So erklärt *Steinbuch* einerseits, daß durch die Kybernetik und das Aufkommen neuer Informationswissenschaften die bisherige Orientierung an den philosophischen und geisteswissenschaftlichen Idealen der Tradition, die weltfremd seien, hinfällig geworden ist. Der Prozeß der Technisierung als Weg zu emanzipierter Rationalität ist also nach Steinbuch grundsätzlich zu bejahen. Allerdings muß er gesteuert werden, denn überließe man sich der »reinen Technik«, das heißt konkret: führte man alles durch, was technisch möglich ist, dann wäre nach Steinbuch eine Katastrophe größten Ausmaßes kaum zu vermeiden.

Von dieser »kulturphilosophischen« Deutung der Kybernetik läßt sich eine *zweite philosophische Auslegung* unterscheiden. Die außerordentlichen Leistungen des Computers führen zu der Frage, ob den »Denkmaschinen« *Bewußtsein* zukommt. Diese Frage drängt sich, so scheint es, angesichts der Tatsache auf, daß der Computer nicht nur primitive Funktionen menschlichen Verhaltens nachahmen kann oder menschliche Fähigkeiten wie kombinatorisches Rechnen schneller als der Mensch ausführen kann; die »Dringlichkeit« dieser Frage gründet in der Einsicht, daß Computer lernen können und Phantasie zu besitzen scheinen. Der Computer wird »anthropologisiert«, weil er eben keine Maschine im Sinn eines »unintelligenten Werkzeuges« zu sein scheint.

Die Frage, ob der Computer Bewußtsein habe, läßt sich aber nun unter verschiedenen Aspekten aufwerfen. Sie kann »existentiell« gestellt werden: Wird der Computer, weil er menschliches Denken unter Umständen leistungsmäßig übertreffen kann, uns ausschalten, das heißt, werden die Maschinen das Denken übernehmen und wir als ihre »Bediener« fungieren?[8] Hier zeigt sich, daß die philosophische Frage nach der Denkfähigkeit des Computers und das kulturphilosophische Problem der Kybernetik in engem Zusammenhang stehen. Man kann aber auch von diesem existentiellen Aspekt absehen und nun »rein objektiv« fragen: Wie ist die Leistung des Computers zu orten? Diese Frage konkretisiert sich zumeist in der Form, daß man nach dem Wesen der *kybernetischen Information* fragt. Seit *Norbert Wiener* den berühmten Satz schrieb, daß die Information weder Materie noch Energie sei[9], ist die Diskussion des »ontologischen Ortes« der Information nie ganz abgerissen. Soll man die Information idealistisch ausdeuten, das heißt, ist sie so etwas wie objektiver Geist? *Von Weizsäcker* neigt zu dieser Aussage, wir haben oben auf seine Argumentation hingewiesen, als wir seine These der Einheit der Physik diskutierten. Soll man die Information als eine Zwischenstufe zwischen Geistigem und Materiellem ansetzen, wie *Gotthard Günther* es tut, der die Information als eine neue ontologische Dimension einführt, oder soll man sie doch materialistisch auslegen wie *Georg Klaus*, der erklärt, daß die Kybernetik »insgesamt als eine der eindrucksvollsten wissenschaftlichen Bestätigungen des dialektischen Materialismus, die es überhaupt bis jetzt gegeben hat, betrachtet werden müsse«.[10] Wie man auch diese Fragen entscheidet, wesentlich ist es, daß Information hier als eine *objektive Größe* angesehen wird, die auf ihre Seinsweise hin befragt werden kann und muß.

Eine weitere Möglichkeit der Deutung der Kybernetik muß noch herausgehoben werden. Man verzichtet darauf, die kybernetische Information an ihr selbst ontologisch und philosophisch zu orten, das heißt, man legt sich weder auf materialistische noch idealistische Deutungen fest. Man bleibt aber auch nicht dabei stehen, die kybernetische Information wissenschaftstheoretisch oder wissenschaftspragmatisch zu bestimmen. Man setzt die Information als eine subjektunabhängige Größe an, betont aber zugleich, daß sie sich in *verschiedenen Gestalten*, und zwar auf den verschiedensten Gebieten, äußert. Diese Deutung findet ihren adäquaten Ausdruck in der »Allgemeinen Systemtheorie«. Für diese Theorie kann der Computer als Modell für systemfunktionale Ordnungen dienen.

Wir brechen diesen Hinweis ab. Es lag uns daran, die Vielfalt der Aspekte anzudeuten, von denen her die Kybernetik ausgelegt werden kann. Diese Vielfalt ist in der Tat überraschend, und *Hans Lenk* hat sicher nicht Unrecht, wenn er von einer totalen Verwirrung spricht: »Definition der Kybernetik als der mathematischen Theorie von Rückkopplungssystemen, als Regelungstechnik oder/und Informationswissenschaft, als allgemeine Systemtheorie, als allgemeinster Struktur- und Modelldisziplin, als Aktionsmethodologie, Steuerwissenschaft, als vereinigender Superwissenschaft oder gar als der Einheitstraum der Menschheit – deutlicher läßt sich die Vielfalt der ›Kybernetik‹-Definitionen und damit die Vagheit der Abgrenzung des Gesamtgebietes – wollte man alle diese Definitionen zur Orientierungsgrundlage nehmen – nicht illustrieren ... Die Verwirrung scheint total.«[11]

Angesichts dieser Situation wählen wir folgenden Weg: wir thematisieren zunächst den *technischen Aspekt* der Kybernetik. Die uns dabei leitende Absicht ist es, vom technischen Aspekt her den Ansatz der Kybernetik im ganzen in den Blick zu bringen, das heißt zu zeigen, daß die »kybernetische Bewegung« einen dialektischen Prozeß der Vermittlung darstellt.

Daß der technische Aspekt der Kybernetik wesentlich ist, steht außer Zweifel. Die Kybernetik ist aber nicht einfach als Technik zu verstehen, wie es *Louis Couffignal* tut, der die Kybernetik bestimmt als »die Kunst, die Handlungen wirksam zu machen«.[12] Daß die Kybernetik auch unter wissenschaftlichem Aspekt von außerordentlicher Relevanz ist, und zwar in fast allen wissenschaftlichen Disziplinen, ist allgemein anerkannt – wir erinnern an Haseloffs oder Steinbuchs Definitionen.

Klaus Tuchel versucht, beide Aspekte definitionsmäßig zu differenzieren. Er unterscheidet die *hypothetisch-wissenschaftliche* Konstruktion von der *technisch-materiellen* Konstruktion. Und von hier aus erklärt er: »Sofern die Kybernetik auf die Erkenntnis von Systemen gerichtet ist, muß sie als Wissenschaft, sofern sie auf die Veränderung von Systemen aus ist, muß sie als Technik bezeichnet werden. Obgleich wissenschaftliche Kenntnisse zu den Voraussetzungen der technischen Veränderungen gehören, empfiehlt es sich doch, Kybernetik als Wissenschaft von Kybernetik als Technik zu unterscheiden.«[13]

Eine solche Trennung leuchtet unmittelbar ein, insofern sie auf die einfache Tatsache rekurriert, daß wissenschaftliche Konstruktionen mit technischen Produktionen nicht identisch sind. Diese Zweiteilung wäre aber verhängnisvoll, wenn man sie definitiv als eindeutige Gebietsabgrenzung verstehen würde. Tuchel weist selbst darauf hin, daß wissenschaftliche Erkenntnisse zu den Voraussetzungen technischer Veränderungen gehören. Zudem ist die Wissenschaft heute selbst weithin »technisiert«, insofern sie das rationale Könnenspotential einer Beherrschung von Natur und Gesellschaft pragmatisch zu steigern sucht – wir werden auf diesen Gesichtspunkt noch einzugehen haben. Gleichwohl: es besteht ein Unterschied zwischen dem technischen und dem wissenschaftlichen Aspekt der Kybernetik. Bei dem ersten ist der Zweck der Herstellung von Computern maßgebend, bei dem zweiten handelt es sich um die zweckfreie Erforschung sich selbst regelnder Systeme. Sicher: diese Einteilung ist außerordentlich vereinfachend – wir werden sie in der folgenden Diskussion modifizieren müssen –, gleichwohl erscheint sie uns als Arbeitshypothese angesichts der Vielfalt des Komplexes »Kybernetik« brauchbar.

2. Die Intention der Kybernetik unter technischem Aspekt

Das universale Werkzeug

Wenn wir im folgenden die Kybernetik unter technischem Aspekt behandeln, so ist es, wie wir schon sagten, nicht unsere Absicht, Herstellung und Funktionsweise von Computern von fachtechnischen Gesichtspunkten aus im Detail zu erläutern. Dafür gibt es heute ausgezeichnete Sachbücher. Es handelt sich für uns darum, einerseits die allgemeinen Intentionen der technischen Herstellung als auch für die Produktion von Computern gültig herauszustellen, und andererseits zu zeigen, daß diese allgemeinen Intentionen in der Kybernetik doch eine besondere Ausprägung erhalten.

Technik ist heute ein vielfältiges Gebilde. Man kann mit *Helmut Schelsky* Produktionstechniken, die sachhafte Güter auf Grund der Maschinentechnik erzeugen, von Organisationstechniken unterscheiden, die soziale Beziehungen mit Hilfe der Sozialwissenschaften regeln, und schließlich Humantechniken ansetzen, die das seelische und geistige Leben durch Psychologie, Psychoanalyse oder auch mit Hilfe der Publizistik und Meinungsforschung »gestalten«.[1] In allen diesen Bereichen ist, so scheint es, die traditionelle Bestimmung der Technik überholt, nach der Technik Produktion von zweckhaftem Werkzeug ist. Diese zweckgerichtete Technik ist heute, so wird erklärt, aufgehoben, insofern Technik nun als abstraktes Können fungiert, das nicht mehr auf bestimmte Ziele festgelegt ist. *Gehlen* erklärt mit Rückgriff auf *Hans Freyer:* »Im heutigen Stande der Technik kommt es zu einer Umkehrung derart, daß das Können vorausläuft und sich erst hinterher ergibt, was man denn nun mit diesen Mitteln ›wollen‹ soll.«[2] Der technische Geist ist »gleichsam absolut gesetzt, er wird aus der Führung vorgegebener Zielsetzung entlassen«.[3]

Dieser Hinweis auf eine *Totalisierung der Technik* deutet auf eine mehr als quantitative Veränderung hin. Gleichwohl erscheint es uns keineswegs sachangemessen, den Werkzeugcharakter der Technik einfach als überholt anzusehen. Es ist natürlich nicht zu leugnen, daß sich die total gewordene Technik nicht mehr auf die Produktion von Werkzeugen beschränkt, die für bestimmte Zwecke »dienlich« sind, wie etwa der Hammer zum Nägeleinschlagen, um Heideggers berühmt gewordenes Beispiel für »handliches Zeug« aus »Sein und Zeit« anzuführen.[4] Technisches Werkzeug kann auch nicht mehr als einfacher Organersatz angesehen werden. Die Wesensfunktion des technischen Werkzeuges ist nicht auf die Bestimmung, zweckdienlicher Organersatz zu sein, eingeschränkt, und zwar aus zwei Gründen: es liegt – das ist das erste – in der Idee des Werkzeuges als eines Organersatzes, daß das Werkzeug nicht nur dem Organ gleichrangig ist, sondern daß es dessen Fähigkeit *überschreitet*. Diese Überschreitung als Tendenz zur Perfektion des Werkzeuges ist die leitende Intention bei der technischen Herstellung von Werkzeug; man kann sie als den »technischen Grundwillen« bezeichnen. Und mit dieser Überschreitung geht nun eben in eins, daß das Werkzeug nicht mehr auf bestimmte Zwecke eingeschränkt ist, sondern *universalen Charakter* erhält. Gehlens und Freyers Idee der totalen Technik als eines abstrakten Könnens trifft – so meinen wir – die konkrete Realität nur dann, wenn man sie auf die Herstellung von universalem Werkzeug, das menschliche Fähigkeiten überschreitet, bezieht. Zugegeben: die Idee eines universalen Werkzeuges ist für ein handwerkliches Denken ein merkwürdiger Begriff, weil unter dem Werkzeug ursprünglich eben das zweckdienliche Zeug gemeint ist, das der Benutzer in bestimmten Hinsichten verwenden und solchermaßen bedenken kann. Aber gerade diese Dialektik, daß universale Technik nur real wird durch Herstellung von Werkzeugen, die die menschlichen Fähigkeiten und die eindeutig dirigierte Benutzung übersteigen, ist der Schlüssel zum Verständnis moderner technischer Geräte, insbesondere des *Computers*.

Zur Verschränkung von Technik und Wissenschaft.
Wissen als Steigerung von Wissen

Will man die Bestimmung »universales Werkzeug« angemessen erfassen, so ist es notwendig, sich die allgemein bekannte Tatsache zu vergegenwärtigen, daß heute Technik nicht mehr von Wissenschaft getrennt werden kann. Die sich gegenwärtig erst in ihren Anfängen zeigende Verschränkung von Wissenschaft und Technik weist auf den Begriff einer technisierten Wissenschaft hin, der für das Verständnis der Kybernetik im ganzen maßgebend ist. Der Ansatz dieses neuen Wissensbegriffes sei kurz noch einmal herausgestellt.[5]

Wissenschaft in traditionellem Sinn ist Erforschung des Seienden, wie es an ihm selbst ist. Die Wesensfrage steht hier im Vordergrund. Man will durch den Sinnenschein hindurch das wahre Reich der Gesetze erfassen. Dieser intentionale Wissensbezug läßt sich vom Symbol des *Raumes* her ausdeuten: das Objekt steht mir gegenüber und soll auf seine Struktur abgefragt werden. Technik ist von hier aus gesehen mögliche *Anwendung* wissenschaftlicher Einsicht. In dem Wissenschaftsbegriff, der sich gegenwärtig durchzusetzen beginnt, tritt dagegen ein Wissensbezug hervor, für den die *Zeit* wesentlich ist. Zur Wissenschaft gehört der *Projektcharakter* auf die Zukunft hin. Das besagt nicht nur, daß wissenschaftliche Forschungsvorhaben im Sinne der Big Science geplant und gesteuert werden müssen. Der Wissensvollzug *selbst* und als solcher wird – sich von der unmittelbaren und direkten Intention auf die gegenständliche Welt ablösend – zum eigentlichen Thema erhoben. Man fragt, wie Wissen mögliches Wissen bereitstellen kann. Diese Frage steht – unphilosophisch geworden – eindeutig unter dem Aspekt einer *Steigerung des Wissens*, wobei das Wissen selbst und als solches weitgehend *technisch* bestimmt ist. Das heißt, es fungiert als *Mittel*, durch das unsere Beherrschung der Natur und vor allem die Regelung der gesellschaftlichen Zustände im Blick auf die Zukunft gesteigert werden kann. Wissen wird – allerdings in einem völlig unspekulativen Sinne – *reflexiv*: es muß sich auf sich selbst richten, um sich selbst als Möglichkeit eines »wissenden Könnens« zu *perfektionieren*. Gehlens Aussage, daß Technik heute nicht mehr gegenständlich und zweckhaft gebunden ist, sondern ein abstraktes Können erarbeitet, das »hinterher« erst auf seinen Sinn befragt werden kann, ist keine Bestimmung einer Technik, die der Wissenschaft nachgeordnet ist, sondern weist der Sache nach auf die Einheit von Wissenschaft und Technik hin. Hier hat die *Kybernetik* ihren Ort. Die Kybernetik wird bestimmt von der Idee eines sich selbst ergreifenden Könnens, indem sie ein *technisches Denkzeug* herstellt, das als der Träger dieses Könnens fungiert. Es ist Werkzeug, aber eben kein unmittelbar zweckgebundenes, sondern ein »allgemein gewordenes«. Seine Funktion, Wissen zu steigern, ist universal.

Die Sonderstellung des Computers innerhalb der Ersatzwerkzeuge

Das ausgezeichnete Sachbuch über Denkmaschinen von *Walter R. Fuchs* wird von dem Mathematiker *Yoshua Bar-Hillel* eingeleitet.[6] Bar-Hillel lobt dieses Buch, weil es Scheinprobleme vermeidet: »Vielen ›tiefen‹ und doch so oberflächlichen Scheinproblemen, mit denen man das Gespräch über Denkmaschinen zu einem ebenso interessanten wie absolut nutzlosen Gesellschaftsspiel werden lassen kann, wird auf überaus elegante Weise der Garaus gemacht. Ich hoffe, daß nach der Lektüre dieses Buches keiner mehr an Diskussionen über ›Können Computer denken?‹ wird mitmachen wollen, zumal er jetzt so viel mehr über die zwar weniger sensationellen, dafür aber doch ernsteren Fragen der Art ›Wie denkt man mit Computern?‹ oder ›Wie löst man Probleme mit Hilfe von Computern?‹ wissen wird.«[7]

Fuchs selbst gebraucht nun den Ausdruck »Denkzeug«, und zwar zunächst nicht in bezug auf den Computer. Fuchs bezeichnet die *Sprache* als Denkzeug oder Vehikel des Denkens. Mit Rückgriff auf den späten Wittgenstein, den Fuchs sicher nicht in seiner ganzen Tiefe ausschöpft, weist Fuchs darauf hin, daß Sprache das Denken »kanalisiert«. Unsere Gedanken werden in sprachlichen »Gußformen« geprägt. Diese Formen aber sind von Sprache zu Sprache verschieden. Unser Denken funktioniert daher als eine Art »Probehandeln«.[8] Von der Sprache als Denkzeug sucht Fuchs nun einen Weg zur Deutung des Computers. Das zehnte Kapitel trägt den Titel: »Vom ›Denkzeug‹ zum ›Computer‹.« Der Computer wird als eine »Informationsverarbeitungsanlage«, das heißt als »Rechner im weitesten Sinn« bestimmt. Als solcher stellt er eine ganz spezifische Art des Denkzeuges dar. Prinzipiell gesehen ist der Computer aber der Kategorie der Denkzeuge zuzuordnen. Fuchs erklärt: »Wir können also ... statt ›Denkmaschine‹ oder ›Denkzeug‹ jederzeit ›Computer‹ sagen.«[9]

Wir wollen die Ausführungen von Fuchs hier nicht im einzelnen diskutieren. Daß Sprache nicht einfach als Denkzeug zu bezeichnen ist, sondern daß Sprache und Denken in dialektischem Zusammenhang stehen, wäre gegen Fuchs herauszustellen. Es ist jedoch unangemessen, die Argumentation von Fuchs auf grundsätzliche Problemhorizonte festzulegen, da Fuchs bewußt seine Ausführungen auf die technischen und fachwissenschaftlichen Probleme der Kybernetik einschränkt. Wir übernehmen lediglich den Ausdruck »Denkzeug«, und zwar nur für den Computer, und suchen nun die *Sonderstellung* des Computers innerhalb der Werkzeugwelt herauszuarbeiten. Wir gehen dabei von allgemein bekannten und anerkannten Tatsachen aus.

Der Mensch hat sich heute eine künstliche Welt erschaffen, die sich als *Welt der Ersatzwerkzeuge* konstituiert. In diese Welt gehört der Computer. Die kybernetischen Geräte scheinen jedoch von besonderer Art, insofern sie menschliches *Denken* zu ersetzen suchen. Die Denkmaschinen sind aber zunächst durchaus mit den Maschinen zu vergleichen, die *Körperkräfte* ersetzen und übersteigen, etwa dem Auto, das sich schneller bewegt als ein Mensch oder ein Pferd, oder dem Flugzeug, das etwas kann, was der Mensch sich für sich selbst erträumte – man denke an den Mythos von Dädalus –, aber erst durch die Vermittlung eines solchen Werkzeugs erreichte. Ein Flugzeug »fliegt«, das besagt: es »erhebt sich in die Lüfte, bewegt sich dort und kommt zur Erde zurück«, »wie« ein Vogel. Nur kann das Flugzeug dies nicht auf natürlich-organische Weise tun, sondern nur deswegen, weil der Mensch ihm einen Motor, Flügel usw. eingebaut hat.

Im parallelen Sinn kann man durchaus behaupten, daß der Computer »denkt« –

daß dies ein Denken spezifischer Art ist, kein irrationales, sondern ein mathematisch-rechnendes, werden wir noch sehen. Aber im *umgangssprachlichen Sinn* ist es selbstverständlich erlaubt, vom Denken des Computers zu reden, oder differenzierter gesagt: dem Computer Gedächtnis, Lernfähigkeit und Phantasie zuzusprechen. Das Denken des Computers geschieht natürlich ebenso wie das Fliegen des Flugzeugs nicht sua sponte. Es beruht auf einem vom Menschen hergestellten Mechanismus. Der Computer, das Fahrzeug und das Flugzeug sind »reine« Werkzeuge, das heißt, sie haben keine organischen Eigenheiten wie das Pferd oder der Vogel. Das bedeutet aber technisch gesehen einen Vorteil. Auf die Stärke eines Pferdes muß der Mensch Rücksicht nehmen, sie läßt sich nicht ins Unermeßliche steigern. Zum reinen Werkzeug gehört aber die Steigerungsmöglichkeit. Der Mensch intendiert hier von vornherein, bestimmte organische Fähigkeiten zu überholen. Der Vorgang ist dialektisch und zeigt die Mittelstellung des Werkzeuges an. Die Tätigkeitsweise dieser Werkzeuge wird zwar von organischen Wesen »abgesehen« und nach diesen benannt. Aber die verbalen Ausdrücke »fliegen« oder »denken«, die auf das Werkzeug übertragen werden, unterstehen hier von vornherein der *Tendenz zur Perfektion*, selbst wenn diese nur schrittweise herzustellen ist.

Auf dem Hintergrund dieser Parallele muß nun aber ein gewisser Unterschied zwischen Maschinen, die körperliche Kräfte ersetzen, und Maschinen, die geistige Fähigkeiten simulieren, herausgestellt werden. Das Auto ist Ersatz menschlicher oder tierischer Bewegungsmöglichkeit im Sinne der Steigerung. Die Denkmaschine aber ist nicht nur steigernder Ersatz. Sie wird gleichsam zum »Partner« des Menschen auf Grund der in ihr eingebauten »mechanischen Reflexivität«. Oder genauer gesagt: durch die Denkmaschinen als Partner vermittelt der Mensch sich mit sich selbst. Der Computer wirkt auf den Menschen *zurück*. Diese Rückwirkung ist ja das eigentlich technisch Intendierte. Der Mensch will von den Denkmaschinen etwas erfahren, das heißt auf eine Frage eine Antwort erhalten. Diese Antwort ist keine einfache Rückkehr im Sinne einer vorbestimmten Dialektik, bei der nichts Neues herauskommt. Sie soll – sehr allgemein formuliert – das Wissen vermehren. Wir haben es hier also mit der Bewegung einer Wissensvermittlung oder genauer: *Wissensermittlung* zu tun, die durch den Menschen in Szene gesetzt wird und zu diesem auf dem »Umweg über den Computer« zurückkommt.[10]

Setzt man nun den technischen Willen zur Steigerung der Leistung des Werkzeuges als treibendes Motiv für die Herstellung und den Gebrauch des Computers an, dann muß man auf die höchsten Möglichkeiten des Computers »hinausdenken«. Das besagt eben: man muß den Computer »zum Partner des Menschen« erheben. Der Computer fungiert heute weithin als Kombinator und Sammler. Auf Grund seines ungeheuren »Gedächtnisses« stellt er Daten zusammen, die solchermaßen verfügbar werden und bei Bedarf abgerufen werden können. Um nur an ein einfaches Beispiel zu erinnern: »Der reiche Wissensschatz, der in Büchern vergraben ist«, wird durch den Computer erfaßt, aufgegliedert und allgemein verfügbar gemacht; Bibliotheken im alten Stil würden solchermaßen, so mutmaßt man, vielleicht einmal überflüssig. Oder – um ein zweites Beispiel zu nennen –: Behörden speichern mit Hilfe des Computers Daten, die die einzelnen Personen betreffen, etwa Feststellungen über Einkommen, Ausbildung oder berufliche Verwendbarkeit; auch diese Daten sind im Bedarfsfalle verfügbar. Diese und entsprechende Möglichkeiten sind erst durch die Computertechnik eröffnet worden. Gleichwohl liegt hier noch eigentlich keine Partnerschaft vor. Bei diesen Tätigkeiten des Computers kommt eigentlich nichts Neues heraus, ebensowenig wie wenn ein Computer im Betrieb Gehälter oder Kapitalanlagen ausrechnet. Alle diese Beispiele, die sich natürlich beliebig ergänzen ließen, weisen dem Computer die Rolle des »Bediensteten« zu, konkret: die Rolle des Kompilators, des Sammlers und des mnemotechnischen Hilfsarbeiters. Umgangssprachlich drückt sich dies so aus, daß man dem Computer Aufträge oder Befehle gibt, die *eindeutig* sind.

Die »Partnerschaft« sei im Gegenzug zu den angegebenen Fällen wiederum durch zwei Beispiele verdeutlicht. Der Computer soll einen Optimalzustand ausrechnen, den der Konstrukteur selbst noch nicht kennt, »zum Beispiel zur Steuerung chemischer Prozesse, bei welchen ... die Temperaturen, Drücke, Durchflußgeschwindigkeiten usw. so lange verändert werden, bis ... ein optimaler Wirkungsgrad der Gesamtordnung festgestellt wird. Von grundsätzlicher Bedeutung ist, daß der Automat einen Optimalzustand annimmt, welchen sein Konstrukteur vorher gar nicht kannte, eventuell auch im Prinzip nicht berechnen kann, weil ihm die physikalisch-chemischen Gesetze des Vorgangs und seine Ausgangswerte unbekannt sind«.[11] Wir entnehmen dieses Beispiel einem Kapitel aus Steinbuchs Werk »Die informierte Gesellschaft«, das den Titel trägt: »Lernende und forschende Automaten«. Steinbuch weist darauf hin, daß in naher Zukunft solchen »konstruktiven Tätigkeiten« des Computers große Bedeutung zukommen würde. Der Computer vermag – das ist ein weiterer Sachverhalt, auf den wir hier exemplarisch hinweisen wollen – »Entscheidungshilfen« zu geben. Eines der berühmtesten Beispiele, jetzt schon historisch geworden, ist McArthur und der Jalu-River: »Präsident Truman setzte den General ab, weil die Maschine sagte: wenn er den Jalu überschreitet, wird er zugrunde gehen – à la Delphi« –, so in einem »Bergedorfer Gespräch« über das Problem der Denkmaschinen der Psychologe *Peter R. Hofstätter*. Hofstätter merkt an, es wäre dies wohl »der erste historische Fall, in dem der Computer in die Weltpolitik eingriff«.[12] Auch bei diesen Leistungen kombiniert und sammelt der Computer natürlich rein mechanisch, aber »anthropologisch gesehen« geht er in die Rolle des Beraters, unter Umständen sogar in die Rolle des ausschlaggebenden Experten über.

Alle diese soeben angedeuteten Möglichkeiten des Computers sind technisch gesehen natürlich nicht eindeutig gegeneinander abzugrenzen. Gleichwohl darf man, wie wir bereits sagten, wenn anders man die Zukunftschancen der Kybernetik erfassen will, den Computer nicht zum »subalternen Hilfsangestellten« abqualifizieren. Wir werden im folgenden den Computer jedenfalls als »Partner« betrachten und dementsprechend den Bezug zu ihm von der »Schematik von Frage und Antwort« her charakterisieren. Diese an hermeneutische Redewendungen erinnernden Termini gebrauchen wir hier aber nur, um die technischen Möglichkeiten, die in der Idee des Computers liegen, zu verdeutlichen.

3. Der Computer als
»vermittelnder Partner«

Information des Computers und Information durch den Computer

Um die Rolle des Computers als eines möglichen »Gesprächspartners« zu verdeutlichen, gehen wir im folgenden vom Programmierer und nicht vom Konstrukteur des Computers aus. Sicher gibt es zwischen dem Programmierer und dem Konstrukteur Unterschiede. Der Programmierer, der seinen Computer für bestimmte Vorhaben programmiert, kann Antworten ja nur erhalten, weil der Konstrukteur ein solches Verfahren technisch ermöglicht hat. Aber zwischen Konstrukteur und Programmierer besteht ein »paralleles Wechselverhältnis«. Die Parallele liegt eben darin, daß beide mit dem Computer – diesen als Werkzeug verstanden – Steigerungen des Wissens bewirken wollen. Und die Wechselwirkung zeigt sich darin, daß nicht nur der Programmierer auf den Konstrukteur angewiesen ist, sondern daß auch das Umgekehrte gilt: vom *möglichen* Gebrauch des Computers her wird die Herstellung ihrerseits bedacht. Auf den technischen Grundwillen bezogen, das heißt auf die Intention, daß durch den Computer Leistungen erbracht werden sollen, die unter Umständen menschliche Fähigkeiten übersteigen, besteht also kein entscheidender Gegensatz zwischen Konstrukteuren und Programmierern des Computers.

Zur Illustration der möglichen Partnerschaft des Computers greifen wir auf den Begriff der *Information* zurück, verstehen die Information hier aber zunächst im umgangssprachlichen Sinn als *Mitteilung zwischen Partnern*, später werden wir das Problem der Information unter wissenschaftstheoretischem und philosophischem Aspekt genauer zu behandeln haben. *Durch* den Computer sucht sich der programmierende Benutzer in bezug auf ein *bestimmtes* Problem zu orientieren. Es handelt sich hier also um die Bewegung einer Wissensermittlung, die durch den Programmierer in Szene gesetzt wird und zu diesem zurückkehrt, aber auf dem Umweg über den Computer – so haben wir oben bereits den Sachverhalt formuliert.

In diesem Kreisprozeß erscheint die Information in doppelter Gestalt. Am Anfang als das Tun des *Programmierers*, der den Computer informiert, und am Ende als das Tun des *Computers*, durch das der Programmierer informiert wird. Die erste Information ist in rein formaler Hinsicht zunächst durchaus der üblichen Information vergleichbar. Der Informierende macht als Programmierer die Nachricht im Blick auf die Maschine als den Empfänger zurecht. Hier zeigt sich jedoch ein Unterschied zur umgangssprachlichen Information. Jede Information an Menschen rechnet mit der Eigenart menschlichen Verstehens. Zu dieser gehört es, interpolierend und kombinierend Sinnzusammenhänge als Komplexe zu ergreifen, auch wenn sie zum Teil nicht ausgeführt werden, sondern unausgesprochen bleiben. Für die *unverständige* Maschine muß dagegen das Geschehen in Berechenbarkeit umgeformt werden.

Der Vorgang der Information des Computers stellt sich vom technischen Aspekt her gesehen folgendermaßen dar: das Verfahren ist analytisch. Das Geschehen wird in Daten zerteilt, die so eindeutig sein müssen, daß sie durch bestimmte Zeichen zu ersetzen sind. Diese Symbole müssen ihrerseits unter eine Maßeinheit gebracht werden. Die einfachste Form ist Bejahung oder Verneinung, d. h. die Ja-Nein-Entscheidung innerhalb der zwei Seiten einer Alternative. Eine Ja-Nein-Entscheidung heißt ein »Bit« – Abkürzung des englischen »binary digit« – und gilt als Standardbegriff für eine Informationseinheit. Diese Einheiten werden nun in der Form von Stromstößen oder Strompausen dargestellt und solchermaßen für die Maschine »berechenbar«. Alles, was nicht unbedingt notwendig für diese Information ist, wird als Überfluß weggelassen. Die übliche Sprache ist also wesentlich reduziert. Nur auf Grund dieser Formierung kann die Maschine »Stellung nehmen«, denn ihre Stellungnahme ist ja grundsätzlich ein mechanisches Rechnen mit einzelnen genauen Daten.

Die Programmierung ist vom Aspekt der Umgangssprache her gesehen ein Akt der »Entwirklichung«. Die Entwirklichung ist hier technisch notwendig. Sie vollzieht sich konkret als Mathematisierung. Inhaltliche Bedeutungen werden, so sagt *Gerhard Frey* in einem Aufsatz: »Semantische Probleme der Informationstheorie und Kybernetik«, umgesetzt in Operationen, Rechenbeziehungen und Funktionen. Sie werden gewissermaßen »abfiltriert«. »Nur das Relationale und Funktionale, das operativ in die Maschine programmiert wird, geht durch diese hindurch. Der output wird dann wieder entsprechend interpretiert. In der Informationstheorie ist es üblich geworden, diese Vorgänge als Codierung und Decodierung zu bezeichnen. Die Übersetzung der Wörter in die der Maschine einzugebenden Code-Zeichen stellt im allgemeinen einen semantischen Reduktionsprozeß dar.«[1]

Diese Reduktion der üblichen Sprache – dies sei hier zunächst nur angemerkt – gibt Probleme auf, die unter sprachwissenschaftlichem und soziologischem Aspekt relevant erscheinen. Der Sprache als solcher muß eine gewisse Strukturiertheit zu eigen sein, damit sie überhaupt auf Regelsysteme reduzierbar ist; die generative Grammatik hat dies Problem der Reduktion insbesondere unter dem Gesichtspunkt der Syntax – wie wir im vierten Teil sehen werden – ins Zentrum ihrer Analysen gestellt. Es taucht nun aber auch die Frage auf, wie dieser Trend zur Exaktheit sich auf das gesamte sprachliche Verhalten auswirkt. Frey fährt an der oben angeführten Stelle fort, diese Reduktion »hat ein wesentlich soziales Ziel. Die durch Uminterpretation und Reduktion präzisierten Begriffe ermöglichen eine bessere und sicherere Kommunikation. Die Sicherheit der Kommunikation, die Ausschaltung vieler Möglichkeiten, wird erkauft durch Bedeutungsreduktionen und -restriktionen«.[2] Wir werden später auf dieses Problem noch zurückkommen.

Die erste Information, das heißt die »Fütterung« des Computers, enthält, so sahen wir, eine Frage, auf die der Computer in einer *zweiten Information* antwortet. Diese Frage muß aber das »Verhalten« des Computers bereits so formieren, daß eine Antwort herauskommen kann, die einerseits grundsätzlich auf die Frage »paßt«, und die andererseits doch noch nicht im vorhinein gewußt wird. Der Computer ist also kein »echter« Partner, der vollkommen frei antwortet, sondern, wie wir sagten, eine »Zwischenstation«. Aber diese Zwischenstation ist eine relativ selbständige Größe, nicht nur weil der Computer Antworten erbringt, die der Programmierer vorher noch nicht kannte, sondern weil diese Antworten gleichsam durch eine eigenständige »Überlegung« erbracht werden. Wir greifen zur Illustration dieses Sachverhaltes wiederum auf ein »Bergedorfer Gespräch« zurück. Der Kybernetiker *Alwin Walther* erklärt dort, er hätte sich früher gegen das Wort »Denkmaschine« gewandt aus der Meinung heraus, daß zwar die Rechenmaschinen oder Elektronenrechner Routinedenken viel besser und viel schneller als der Mensch ausführen können, daß aber für sie ein Wort unseres Altbundespräsidenten Prof. Heuss gilt: »Das sind Maschinen, die ... keine Phantasie haben.« Walther erklärt, daß er diese Meinung aufgegeben habe: »Mittlerweile bin ich anderer Ansicht geworden . . . wir übersehen nicht ganz, was sich alles noch entwickeln wird und wie weit die Rechenmaschinen und Informations-Verarbeitungs-Maschinen einbrechen werden in Bezirke, die man noch mehr als die Mathematik bisher als allein dem Menschen vorbehalten angesehen hat. Der Ausweg aus dem Determinismus, der in den Rechenmaschinen steckt, eröffnet sich durch das Programm. Sobald wir in das Programm indeterministische oder stochastische Elemente, also Zufallszahlen, hineingeben, kommen wir zum elektronischen Komponieren, zur Analyse und Nachahmung geistiger Prozesse, also zu dem, was man ›künstlichen Intellekt‹ nennt. Es gibt da ja eine Zweiheit: einerseits den Rechenautomaten, der nur aufgetragene Tätigkeiten ausführen kann, andererseits das Rechen- oder Arbeitsprogramm, in das man alles mögliche, z. B. auch gewisse psychologische Elemente oder Dinge, hineingeben kann, die man vorher nicht übersieht.«[3]

Auf eine solche Unterscheidung, die zwischen aufgetragenen Tätigkeiten und Arbeitsprogrammen, die nicht im vorhinein übersehbar sind, differenziert, haben wir oben bereits hingewiesen. Sie ließe sich jedoch noch radikalisieren. Der Computer erscheint seinen Fähigkeiten nach dem menschlichen Lebewesen vergleichbar. Man kann daher geradezu eine »analytische Anthropologie des Computers« entwickeln. Auch wenn die höchsten Möglichkeiten heute noch nicht technisch verwirklichbar sind, so muß man – darauf haben insbesondere technisch orientierte Kybernetiker hingewiesen – beachten, daß eine *Kontinuität* zwischen den »geistigen Fähigkeiten« des Menschen besteht. Diese Tatsache wirke sich auch auf die Konstruktion des Computers aus, der diese Fähigkeiten nachahmen soll. Eines Tages werde die Technik auf Grund ihres quantitativ kontinuierlichen Ganges zur Perfektion hin daher auch die höchsten Fähigkeiten des Menschen darstellen können.

Mögen dies noch *Zukunftsträume* sein. Daß der Weg zur Perfektion bereits mit Erfolg beschritten wird, sei exemplarisch nur kurz am Beispiel des *Lernens* des Computers angedeutet. *Frey* erklärt: »Die modernen Automaten arbeiten nicht nur mit einem starr festgelegten Programm. Sie können so programmiert sein, daß sie ihr Programm abändern. Das kann auf Grund von Ergebnissen, zum Beispiel einer Rechnung, erfolgen, es kann aber auch durch die Wechselwirkung der Maschine mit ihrer ›Umwelt‹ erfolgen. Im letzteren Fall ›lernt‹ die Maschine gewissermaßen. Durch jede Programmänderung werden aber relationale, funktionale und operative Zusammenhänge ebenfalls verändert. Das heißt aber, daß durch Programmänderung auch Bedeutungsänderungen möglich sind. Es ist ja nun möglich, die durch solche Lernprozesse umfunktionierten Operationen oder Zeichen auf ihre neue abgeänderte operative Struktur hin zu analysieren.«[4] Das besagt: Lernen ist hier nicht als assoziatives Anhäufen zu verstehen, sondern als ein gesamtfunktionaler Prozeß, durch den das Verhältnis zur Umwelt im Sinne einer Optimierung selbständig verändert wird.

Die Dialektik der kybernetischen Vermittlungsbewegung

Wir fassen unsere Ausführungen über die Rolle des Computers als »Gesprächspartner« kurz zusammen, um die sich aus ihnen ergebenden Konsequenzen zu ziehen. Der Computer ist ein Werkzeug, das heißt ein technisch hergestelltes Mittel. Aber dieses Mittel ist von besonderer Art. Um noch einmal auf einige der wichtigsten

Punkte hinzuweisen: die Leistungen des Computers übersteigen die des Menschen. Der Computer rechnet nicht nur schneller, sondern er überblickt und kombiniert eine Fülle von Möglichkeiten insgesamt, wie es uns nicht gegeben ist. Sodann: der Computer ist ein universales Werkzeug, er kann ebenso wie das menschliche Denken für die verschiedensten Operationen eingesetzt werden. Und schließlich: der Computer ist nicht so zu dirigieren, wie ein Hammer zu handhaben oder ein Auto zu lenken ist – wir erinnern an Steinbuchs Beispiel, daß der Computer Lösungen herbeiführt, die der Programmierer im vorhinein nicht kennt. Dieser kann nur die Vorbereitungen treffen, unter denen der Computer »selbständig« sein Tun »dirigiert«. Diese Beispiele ließen sich vermehren. So besteht bereits die Möglichkeit, daß ein Computer Tochtercomputer konstruiert und selbständig programmiert. Hier ist der Werkzeugcharakter nicht mehr unmittelbar einsichtig. Alle diese Steigerungen menschlicher Fähigkeiten aber sind *gewollt* gemäß dem technischen Grundwillen, das Werkzeug so zu perfektionieren, daß es nach Möglichkeit mehr als der Mensch leistet und auf bessere Weise. Maximierung und Optimierung sind die Maximen des technischen Tuns.

Hält man an diesem Sachverhalt fest, dann ergeben sich bestimmte Folgerungen. Zunächst und vor allem: die oben herausgestellte Einsicht, daß der Computer das Mittelstück eines Kreisprozesses ist, dessen Anfang und Ende der Mensch ist, sei es der Konstrukteur, der Programmierer oder der Benutzer, ist von Grund aus *dialektisch*. Dies sei ein wenig genauer dargelegt. Wir sprachen von der *Selbst*vermittlung des Menschen »durch« den Computer und verstanden diese Selbstvermittlung als die Möglichkeit, »mit Hilfe« des Computers uns selbst auf einen höheren Stand des Wissens zu bringen. Der Computer ist die *mittelnde Mitte* dieser Vermittlung. Als solcher stellt er die Bedingung der Wissenssteigerung dar. Wir sind in dieser Hinsicht von dem Mittel *abhängig*. Diese Steigerung ist aber von uns inszeniert. Wir sind es ja, die die Verbesserungen des Computers in ihren Möglichkeiten bedenken.

Beachtet man diese Dialektik, dann wird die Idee der Partnerschaft des Computers in ihrem begrenzten, aber doch berechtigten Sinn verständlich: ebenso wie wir den Computer durch unsere Information vermitteln, werden wir vermittelt durch die Information, die der Computer erbringt, wobei unsere Vermittlung des Computers aber der *Anstoß* für unser Vermittelt*werden* durch den Computer ist. Insofern sind *wir* Anfang und Ende des kybernetischen Prozesses. Wir haben es hier also mit dem Phänomen einer *indirekten Selbstvermittlung* zu tun, auf das wir noch zu sprechen kommen werden, so insbesondere am Abschluß unserer Analyse der Anthropologie.[5]

Die soeben angedeutete Dialektik ist formal. Sie herauszustellen, erscheint uns aber notwendig, um die »totale Verwirrung«, von der Lenk in bezug auf die Kybernetik spricht, ein wenig zu klären. Das besagt konkret: nur diese Dialektik verhindert es, das Phänomen des Computers von *einfachen Alternativfragen* her anzugehen und diese Fragen nun subjektiv und dezisionistisch zu entscheiden. Dies sei an einem Beispiel erläutert, nämlich an dem Problem, ob der Computer »denken« kann.

Die Mehrdeutigkeit der Frage nach der Denkfähigkeit des Computers

Überblickt man die Meinungsäußerungen zu dem Problem, ob der Computer denken kann, so ist zunächst festzustellen, daß diese Frage zumindest gegenwärtig nur *am*

Rand der kybernetischen Forschung steht. Die Aussage Bar-Hillels, daß es nicht angemessen sei, dies Problem zu diskutieren, sondern daß es vielmehr notwendig sei zu untersuchen, *wie* wir mit dem Computer denken können, findet heute weitgehend Anerkennung. Gleichwohl kommen doch diejenigen Wissenschaftler, die sich um eine grundsätzliche Ortung der Kybernetik bemühen, immer wieder auf dies Problem zurück.

Es lassen sich nun *drei Ansätze* unterscheiden. Der *erste* besagt: der Computer vermag auf seine Chancen hin betrachtet ebenso gut wie der Mensch zu denken, die Entwicklung der Technik wird dies beweisen. Der *Gegenansatz* besagt: der Mensch ist den Leistungen des Computers überlegen, diese Überlegenheit ist prinzipiell, sie gründet in der Reflexion und dem Selbstbewußtsein und ist nicht vom Computer einzuholen. *Zwischen beiden Extremen* stehen diejenigen Wissenschaftler, die meinen, sich noch nicht entscheiden zu können und die die Frage daher offenlassen. Es kann hier nicht unsere Aufgabe sein, diese drei Ansätze ausführlich zu belegen. Es kommt uns nur darauf an zu zeigen, daß ihnen ein sehr unterschiedliches Verständnis dessen, was »Denken« heißt, zugrunde liegt. Wenn man sich diese Unterschiede klar macht, begreift man, daß alle drei Ansätze, aber eben unter jeweilig verschiedenen Gesichtspunkten, recht haben.

Der erste Ansatz ist dadurch gekennzeichnet, daß er das Denken als ein *objektives Verhalten* versteht, das man auf seine nachweisbaren Leistungen hin untersucht. Man muß zunächst feststellen, worin die Leistungen des Denkens eigentlich bestehen. Das heißt, der allgemeine Begriff »Denken« muß unterteilt werden in Phänomene wie Kombinieren, Sich-Erinnern, Lernen oder Planen. Man hat sodann zu fragen, in welchem Maße diese Phänomene dem Computer zuzusprechen sind. Diese Frage wird mit der technischen Frage nach der Herstellung von Denkmaschinen verbunden. In diesen Zusammenhang gehört vor allem das Problem, wie man *Denkleistungen höherer Art* auf mathematische Berechenbarkeit hin transformieren und solchermaßen den Computer programmieren kann. Je besser man nun, so wird erklärt, Denkstrukturen, die dem Menschen gegeben sind, in ihrem Mechanismus zu begreifen vermag, desto größer wird die Möglichkeit, sie im Computer *nachzuahmen*. Das gelingt heute nur in geringem Maße. Es ist jedoch möglich, wenn nicht sogar wahrscheinlich, daß wir eines Tages in der Lage sein werden, den Computer so zu bauen, daß er genauso, wenn nicht besser als wir denkt. Der Vergleich zwischen menschlichem Denken und dem Denken des Computers steht hier also ganz unter dem Aspekt der Leistung. Auf dem Wege einer »quantitativen Analogie« soll das Problem gelöst werden. Des öfteren spielt hier eine gewisse materialistische Komponente eine Rolle. Die Tatsache wird betont, daß Denken an materielle Vorgänge, das heißt an physiologische Prozesse »gebunden« oder durch diese »bedingt« sei, und man hofft nun, deren Mechanismus auch bei dem Computer nachahmen zu können.

Bei *Steinbuch* finden sich Äußerungen, die in diese Richtung weisen. Steinbuch versteht das Denken wesentlich als informationsverarbeitenden Kreisprozeß, der vom sensorischen Bereich ausgeht und über das Bewußtsein und den motorischen Bereich, bezugsweise unbewußte Bahnen wieder zum sensorischen Bereich zurückkehrt. Die hier leitende Vorstellung besagt, daß zur Erklärung geistiger Funktionen keine Voraussetzungen gemacht werden müssen, welche über die Physik, Chemie, Biochemie oder Physiologie hinausgehen.[6] Allerdings gibt es bei Steinbuch auch gegenteilige Äußerungen. Auf Grund der dominierenden Bedeutung der Information stehe die

Kybernetik dem alten »idealistischen« Denken näher als dem »materialistischen«.[7] Die Bestimmung »näher« deutet jedoch darauf hin, daß hier der mögliche Vergleich im quantitativen Sinne vollzogen wird.

Die *Mittelgruppe*, das heißt die Wissenschaftler, die die Frage nach der Denkfähigkeit des Computers offen lassen wollen, geht, sieht man auf den grundsätzlichen Ansatz hin, ebenfalls von einem *objektiven Analogieschema* aus. Der Unterschied zu der ersten Gruppe läßt sich folgendermaßen verdeutlichen: man meint vom technischen Gesichtspunkt her, daß Vorsicht in bezug auf allzu große Hoffnungen geboten sei. Diese Meinung scheint heute nach den vielversprechenden Anfangszeiten der Kybernetik sehr verbreitet zu sein.[8] Der Computer ist, so heißt es hier, bisher nur als guter Rechner aufgetreten, aber aufs Ganze gesehen sei er ein »geistloser Vollidiot«. Man muß abwarten, ob, bezugsweise wie weit seine Entwicklung bis zur Höhe menschlichen, das heißt »kreativen« Denkens voranzutreiben sei. Zudem: solange man das Wesen des Denkens beim Menschen noch nicht bestimmen könne, das heißt, solange noch Philosophen und Psychologen über die Definition des Bewußtseins und des Selbstbewußtseins uneinig sind, muß die Frage offen bleiben. *Hans Lenk* verweist auf eine Äußerung *Siegfried J. Schmidts* zu der Frage, ob die Computer Bewußtsein hätten: »Solange niemand zureichend und verbindlich angeben kann, was Bewußtsein ist, bleibt die Frage nach dem Bewußtsein der Maschinen aporetisch.«[9] Lenk zitiert diese Bemerkung zustimmend, obwohl er selbst einige Zeilen zuvor auf die methodische Unfruchtbarkeit aller Klassifizierungen des Denkens hingewiesen hat. Er verkennt, daß Schmidts Aussage eben unter einer bestimmten Voraussetzung steht: die Frage, was Bewußtsein beim Menschen ist, soll durch *wissenschaftliche Untersuchungen* objektiv geklärt werden, und nur, wenn das geschehen ist, kann man eine Entscheidung darüber herbeiführen, ob und wieweit dem Computer Bewußtsein zukommt.

Im strikten Gegensatz zu diesen zwei Gruppen steht die *dritte Gruppe*, die prinzipiell am Vorrang des Denkens festhält, und zwar wesentlich auf Grund der Tatsache, daß der Mensch Selbstbewußtsein hat. Das Ich kann durch kein Modell abgebildet werden. Die im Ich gründende Subjekt-Objekt-Beziehung geht jeder Objektivation geistiger Prozesse voraus. Dieser Ansatz kann im einzelnen differenziert werden. Selbstbewußtsein und *Reflexion* hängen zusammen. Reflexion als sich auf sich richtender Selbstbezug ist aber als solche iterativ und verweist damit »in unauslotbare Tiefen«. Sodann: Selbstbewußtsein und Reflexion sind nicht als ein Vorgang zu deuten, der intentionalen Bewußtseinsakten *nachfolgt*, sondern das Selbstbewußtsein »begleitet« diese Prozesse. Darauf hat *Ernst Oldemeyer* in einem sehr instruktiven Aufsatz »Überlegungen zum phänomenologisch-philosophischen und kybernetischen Bewußtseinsbegriff« hingewiesen.[10]

Sucht man diese Ansätze kritisch zu beurteilen, so muß man davon ausgehen, daß zwischen den beiden ersten und dem dritten ein wesentlicher Unterschied besteht. In der ersten und der zweiten Konzeption wird Denken in objektiver Form von seinen Leistungen her untersucht, und diese werden beim Menschen und beim Computer in *Analogie* gesetzt. Es wird hier auf die Basis zurückgegangen, die wir oben als Analogieschema von Werkzeug und Organismus kennzeichneten. Die Fähigkeit des Organismus – in unserem Falle das Denken – wird zu der Leistung des Werkzeugs in vergleichenden Bezug gesetzt. Das heißt, der Ausdruck »Denken« wird hier ebenso wie der Ausdruck »Fliegen« beim Flugzeug vom organischen Lebewesen her

»übertragen« im Sinne einer technisch herzustellenden Leistung. Vom Gesichtspunkt der Leistung her ist es durchaus berechtigt, ja sogar notwendig, das Denken auf einzelne Leistungs*merkmale* hin zu differenzieren, und nun zu untersuchen, wie weit diese *technisch* simuliert werden können. Diese Übertragung erscheint uns also durchaus legitim, wir haben sie oben ausführlich diskutiert und sie als Intention des technischen Willens herauszustellen gesucht.

Freilich: man muß sich klar machen, daß dieser Ansatz nicht das Ganze des Problems umfaßt. Insofern er nur objektiv von Leistungen ausgeht, klammert er den *Bezug zum Subjekt* ein. Das besagt: hier wird die einfache Tatsache nicht beachtet, daß die Maschine ja nicht sua sponte denkt, sondern daß die technisch hergestellte Konstruktion der Grund der Möglichkeit ihres »Denkens« ist. Der Rückschluß auf den Konstrukteur bezugsweise den Programmierer wird nicht vollzogen, weil die Tatsache ausgeklammert wird, daß der kybernetische Prozeß eine dialektische Bewegung der Selbstvermittlung darstellt, die vom Konstrukteur oder Programmierer *inszeniert* wird und zu ihm zurückkehrt. Man nimmt gleichsam das *Mittelstück* dieses Prozesses, das »Denken« der Maschine, und setzt es ebenso für sich wie den Konstrukteur oder den Programmierer. Beider Leistungen werden unter dem Oberbegriff »Denken« subsumiert, dessen Strukturen man vom Menschen abnimmt. Es wird also nicht nur die Tatsache, daß der Mensch Anfang und Ende des kybernetischen Prozesses ist, ausgeklammert, sondern auch die Aussage, daß das Wissen des Menschen durch den Computer gesteigert wird, denn auch diese Aussage ist ja dialektisch auf die Selbstvermittlung des Menschen bezogen.

Die durch den objektiven Vergleich bedingte »Verkürzung« ist, wie gesagt, keineswegs fehlerhaft. Sie hat für den *Techniker*, der nur auf die Perfektion des Werkzeuges hindenkt, durchaus Sinn. Vergleiche zwischen menschlicher Leistung und möglicher Leistung des Computers sind hier geradezu notwendig. Aber eben diese Verkürzung bedeutet, daß der Vorrang des Menschen, der den kybernetischen Prozeß inszeniert, außer acht gelassen wird.

Diese Einsicht wird nun von der *dritten* Gruppe herausgestellt, die an der *prinzipiellen Überlegenheit* menschlichen Denkens festhält, insofern der Mensch Selbstbewußtsein hat und solchermaßen auf sich als denkendes Wesen reflektieren kann. Diese Aussage ist nun aber ihrerseits genau einzugrenzen. Sie muß grundsätzlich aus dem Analogie-Schema herausgelöst werden. Wenn man *genetisch* das Selbstbewußtsein als höhere Stufe aus dem Bewußtsein oder genauer: aus Leistungen des Bewußtseins hervorgehen läßt und nun die Leistung von Bewußtsein und Selbstbewußtsein inhaltlich zu vergleichen sucht, wird der Sinn dieser Reflexion verstellt. Das besagt, man muß auch hier, um den prinzipiellen Vorrang des Selbstbewußtseins herauszustellen, darauf zurückgreifen, daß der Mensch den Computer als Werkzeug *gebraucht*. *Walter Gölz* zitiert eine dementsprechende Äußerung von *Walter Heistermann*, der in bezug auf das Mikroskop erklärt, daß das Mikroskop nicht genauer sieht als der Mensch, sondern daß der Mensch durch das Mikroskop genauer zu sehen vermag. Er überträgt das auf das Verhältnis zu kybernetischen Systemen und sagt: ». . . alles, was in einer kybernetischen Maschine geschieht, ist ohne Zuordnungs- und Deutungsfunktion des Menschen blind.«[11] Mit unseren früheren Formulierungen geredet: der Mensch als seiner selbst bewußtes Ich ist es, der den ganzen kybernetischen Prozeß *auf sich* bezieht als den, der sich durch den Computer vermittelt.

Es gilt nun aber – und dies ist die andere Seite – herauszustellen, daß diese Einsicht eigentümlich *leer* bleibt. Sie begründet lediglich den formalen Vorgang des reflektierenden Selbstbewußtseins. Sie besagt also keineswegs, daß der Mensch, insofern er den Computer konstruiert und programmiert, in bezug auf die Leistung dem Computer überlegen ist. Vielmehr ist das Gegenteil der Fall, zumindest der Tendenz nach, denn der Mensch will ja leistungsmäßig vom Computer überholt werden. Vor allem aber: der formale Vorrang des reflektierenden Selbstbewußtseins ist in keiner Weise eine Lösung des technologischen und kulturphilosophischen Problems der Kybernetik. Der Mensch könnte als Konstrukteur sich ja so durch den Computer *entlasten* oder entlasten zu können vermeinen, daß ihm das eigene Denken »abgenommen« wird. »Das Werk wächst dann über den Schöpfer hinaus«, so daß dieser nun zum *Diener* des Apparates wird. Es ist entscheidend, die hier waltende Dialektik herauszustellen, denn philosophische Deuter der Kybernetik sehen in der reflexiven Überlegenheit des Menschen über sein Werk eine Garantie dafür, daß der Mensch nun auch in der Anwendung des Computers diesem gegenüber frei ist. Das ist ein arger Fehlschluß.

Wir haben hier eine genaue Parallele zu einem anthropologischen Grundphänomen vor uns, das wir zum Abschluß unserer Untersuchung über die moderne Anthropologie im dritten Teil erörtern werden: Es handelt sich um die Frage nach der Möglichkeit und dem Sinn des Vergleiches von Mensch und Tier. Der Mensch ist es, der sich und das Tier vergleicht. Darin liegt sein prinzipieller Vorrang, und dieser gründet eben in der Ichhaftigkeit – Kant weist am Anfang seiner »Anthropologie« darauf hin, daß sich der Mensch, weil er zu sich Ich sagen kann, allen anderen Wesen überlegen zeigt. Aus dieser Ichhaftigkeit ist aber kein inhaltlicher Gewinn zu ziehen. Jede Deduktion im idealistischen Sinne – etwa in der Manier Fichtes –, die nun vom Ich her die Fähigkeiten des empirisch weltgebundenen Menschen ableitet, ist abwegig. Die Ichgewißheit steht zwar »hinter« allem Verhalten und durchleuchtet es. Sobald man aber konkret Mensch und Tier vergleicht, etwa indem man nach der Struktur und der Auswirkung der Aggression bei Mensch und Tier fragt, hilft diese formale Einsicht nicht weiter.

Das Parallele gilt in verschärfter Weise für die Frage nach dem Denken des *Computers*. Der Mensch hat – so fassen wir zusammen – prinzipiell einen Vorrang, insofern er die Maschine konstruiert und sich durch sie vermittelt. Aber der Sinn der Vermittlung, unter dem Aspekt spezifischer Denkleistungen betrachtet, ist es ja gerade, daß der Mensch sich durch den Computer überholen lassen will. Der Unterschied beider Feststellungen liegt in der Betrachtungsart. Im ersten Fall ist die Betrachtung eben prinzipiell, man beachtet den *ganzen* kybernetischen Prozeß in seiner *Dialektik*. Im zweiten Fall sieht man von diesem prinzipiellen Gesichtspunkt ab, gerade dies Absehen ist für den *pragmatischen* Aspekt, der sich auf *spezifische* Leistungen bezieht, unabdingbar.

Überdenkt man diese Sachverhalte, so wird klar, daß es nicht angeht, eine runde und eindeutige Antwort auf die Frage, ob der Computer »denken« könne, zu geben. Die Frage ist vielmehr selbst auf ihre möglichen Sinnintentionen hin zu differenzieren, und dies besagt eben: man muß sich klar machen, ob man formal reflexionstheoretisch vorgeht oder inhaltlich nach spezifischen Leistungen fragt.

4. Zur philosophischen Deutung der Kybernetik

Vorbemerkung

Wir diskutieren in diesem Abschnitt die Möglichkeit einer philosophischen Ausdeutung der Kybernetik, insbesondere des kybernetischen Grundbegriffes »Information«. Wir beschränken uns dabei auf eine Auseinandersetzung mit *Gotthard Günther*, dessen Interpretation der Kybernetik uns sehr aufschlußreich erscheint. Vorausgeschickt wird ein kurzer Hinweis auf *von Weizsäckers* Argumentation – von Weizsäckers Ansatz einer Deutung der Natur *überhaupt* haben wir im vorigen Kapitel diskutiert.[1]

Information als objektiver Geist (von Weizsäcker)

Von Weizsäcker legt bei der Erörterung der biologischen Information dar, daß Information ein objektives Geschehen ist, das verstanden werden kann, und das dadurch gekennzeichnet ist, daß »Information Information erzeugt« – wir haben entsprechende Aussagen oben zitiert. Von Weizsäcker entwickelt in diesem Zusammenhang seine grundsätzliche Konzeption der Natur, die dahin tendiert, daß sich die Bestimmung der Materie in Richtung auf das Geistige hin sublimiert. Materie wird als Energie und diese wiederum als Information bestimmt, d. h. als Geist, insofern er verstanden wird, wobei der verstehende Geist des Menschen seinerseits ein Teil der Welt ist, die einen *objektiven Geistzusammenhang* darstellt.

Das Recht oder Unrecht einer solchen von v. Weizsäcker selbst nur vorsichtig vorgetragenen »spekulativen Ontologie« haben wir erörtert und insbesondere darzulegen versucht, daß eine *eindeutige* ontologische Ortung des *Atoms*, wie wir meinen, nicht der gegenwärtigen wissenschaftlichen Forschungssituation entspricht. Man kommt nicht umhin, zur Deutung des atomaren Geschehens traditionelle Begriffe wie »geistig« und »materiell« zu gebrauchen. Aber es zeigt sich, daß beide Begriffe doch unzureichend sind. Das Atom kann zwar nicht mehr als widerständiges Massenteilchen im Sinne eines »makroskopischen Materialismus« bestimmt werden. Aber auch wenn man es als Inbegriff von Gesetzen auffaßt, so ist es doch nicht als Geist anzusetzen.

Für die Interpretation der biologischen und kybernetischen Information gilt das Entsprechende. Es ist angemessen, dieses Phänomen nicht materialistisch auszulegen, aber deswegen ist es nicht als solches Geist. Wie der Begriff »Atom« ist die Bestimmung »Information« ontologisch zweideutig. Gerade diese Zweideutigkeit stellt nun *Gotthard Günther* heraus, indem er dem Geist und der Materie eine dritte Seinsstufe zuordnet, in der beide verbunden sind.

Information als ontologische Dimension neben Geist und Materie (Günther)

Günther geht vom Phänomen des *Organismus* aus. Wesen und Funktion eines Organismus sind nicht nur von der materiellen Zusammensetzung dieses Organismus her zu erklären, sondern auch und vor allem von der Fähigkeit der Selbststeuerung. Tritt eine Störung an den Organismus heran, so reagiert er sofort, er regeneriert sein Verhalten durch *Rückkopplung*. Nur auf Grund dieses kommunizierenden Systems von Regelmechanismen ist die Existenz des Organismus überhaupt möglich. Dies System bestimmt den Organismus auch in bezug auf die *Umwelt*. So wird, um nur ein Beispiel zu erwähnen, die »Tendenz zur Gestalt« gedeutet »als die Fähigkeit des perzipierenden Bewußtseins mit geringstem Aufwand an subjektiver Information ein Maximum an objektiver Information aus dem Wahrnehmungsfeld herauszuholen«.

Es gibt nun aber auch Maschinen, die Regelkreissysteme darstellen. Ein einfaches Beispiel: der Eisschrank reguliert sich selbst, der Kältegrad wird gemessen, mit dem Sollwert verglichen und die Differenz (Regelabweichung) wird der Kältemaschine mechanisch mitgeteilt, so daß eine notwendige Korrektur, d. h. eine Steigerung oder Minderung der Kälteproduktion, eintritt.

Die eigentlich technische Möglichkeit der Selbstregulierung aber zeigt sich im *Computer*. Es ist gelungen, Modelle zu konstruieren, die eine erstaunliche Reaktionsfähigkeit aufweisen. Die »Schildkröte oder machina speculatrix« von Grey Walter verfügt über eine Seh- und Tastzelle. Sie vermag Kurs auf eine Lichtquelle zu nehmen. Wenn dieser Kurs gestört wird, so versucht sie – nach Meldung der Tastzelle, daß ein Hindernis da ist –, dieses Hindernis zu umgehen, um zum Ziele zu gelangen. Diese Schildkröte vermag sich selbst, wenn sie »hungrig« ist, an einer Steckdose aufzuladen und geht nach ihrer »Sättigung« weiter auf Wanderschaft.

Hier zeigt sich nun, so argumentiert Günther, daß die Kybernetik berechtigt ist, die traditionelle Unterscheidung von Mechanismus und Organismus – mag sie an sich sinnvoll sein – für ihre eigene Fragestellung auszuschalten, denn der klassische Gegensatz von Kausalität und Teleologie ist im Regelkreis aufgehoben. Man könnte sagen, daß in diesem System alles zielhaft geordnet sei, eben im Sinne der Selbstregulation. Ebenso könnte man aber behaupten, daß hier alles der Schematik »Ursache – Wirkung« unterstehe, jedoch eben in der Weise, daß die Wirkung selbst Ursache sei. Aber diese Vorstellung eines Zusammenfallens von Kausalität und Teleologie im Sinne einer Koinzidenz trifft das Wesen des Regelkreises nicht. Bestimmend ist hier das Gesetz der statistischen Wahrscheinlichkeit. Günther weist auf diese Tatsache wiederholt hin und zeigt, wie mit der Aufhebung des starren Gegensatzes von Mechanismus und Organismus die Setzung der statistischen Wahrscheinlichkeit verbunden ist.

Die Unterscheidung von Mechanismus und Organismus ist für die Kybernetik »irrelevant«. »Daraus folgt nun weiter, daß die Theorie der kybernetischen Maschinen den Gesetzen der statistischen Mechanik unterliegt und nicht denen der klassischen Mechanik Newtons. D. h. die temporale Struktur eines Informations- und Kommunikationsprozesses, selbst dann, wenn man ihn aus dem lebenden, bewußten Subjekt in einen kybernetischen Mechanismus projiziert hat, ist immer doch die eines Organismus. In anderen Worten: in der Kybernetik hebt sich die essentielle Differenz von Mechanismus und Organismus (Vitalismus) auf.«[2]

Günther erklärt dementsprechend: »Aber die Kybernetik interessiert sich für jene klassischen Naturgesetze höchstens nur soweit, als es darauf ankommt, an ihnen *vorbei* einen Weg zu jener tieferen Seinsschicht physischer Existenz zu finden, auf der sich jene uns bekannten Naturgesetze erst als sekundäre Realitätsformen aufbauen. Daß jene Seinsschicht existiert und daß ihre Gesetzlichkeit eine transklassische nichtaristotelische Gestalt hat, das ist heute keine Frage mehr. In jener tieferen Schicht wird die Kausalität von der statistischen Wahrscheinlichkeit abgelöst, und die starre, irreflexive Identität des klassischen Körpers durch heute uns noch sehr dunkle Funktionen ersetzt, die reflexiven, d. h. auf sich selbst bezogenen Charakter zu haben scheinen.«[3]

Es ergibt sich nun folgendes Dilemma: die Information, die sich im Regelkreis manifestiert, kann nicht – das ist die eine Seite – in die Dimension kausal-mechanisch zu berechnender Materialität aufgelöst und von dieser her begründet werden. Günther erklärt aber, daß es ebenso unmöglich ist, die Information als Geist zu bestimmen – Geist als reflexives Selbstbewußtsein verstanden. Es liegt zunächst zwar nahe, Informationen als Geist zu verstehen, weil hier »Kategorien der Innerlichkeit« im Spiel sind, zum Beispiel Erinnerung, Spontaneität, Entscheidungsvermögen, Lernfähigkeit und Intelligenz überhaupt. »Seit jedoch Artefakte gebaut werden, die man bisweilen auch Elektronengehirne oder Denkmaschinen nennt, die unbezweifelbar ein Verhalten zeigen, das bislang Tieren und Menschen vorbehalten war, indem sie bestimmte Zustände selbsttätig gegen Umwelteinflüsse aufrecht erhalten, Produktionsabläufe planen und steuern, oder gar lernen und lehren, ist es nicht mehr ohne weiteres möglich, klar zu unterscheiden, was in der Welt Geist und was nur Materie sei.«[4]

Angesichts dieser Situation ist es notwendig, den Dualismus von Geist und Materie zu revidieren. Das erfordert nicht nur eine Kritik an der traditionellen *Ontologie,* sondern auch an der ihr entsprechenden *klassischen Logik.* Die klassische Logik ist entstanden als Logik des Objektiven. Der Mensch setzt, sich selbst vergessend, sich mit dem Vorhandenen auseinander und bringt dieses auf Begriffe. Er formalisiert sein Verfahren und richtet sich dabei nach dem Axiom der Zweiwertigkeit: ein dritter Wert ist ausgeschlossen.

Im Gegenzug zu dieser Logik unternimmt es *Hegel,* eine subjektorientierte Logik zu erstellen. Das besagt konkret: Hegel will die Struktur des Selbstbewußtseins in einer *dialektischen* Logik erfassen. Die Denkmaschinen können nun aber auch von diesem Ansatz her nicht begründet werden. Günther weist darauf hin, daß das Selbstbewußtsein nie ganz objektiviert werden kann. Der Computer ist ein mechanisches Gehirn, und ein solches Gehirn kann nicht den Charakter eines Ich annehmen.

Auf der anderen Seite muß man sich aber eingestehen, daß es für den Objektivationsprozeß der Reflexion, wie er sich in den Denkmaschinen darstellt, keine angebbare eindeutige Grenze gibt. Angesichts dieser Situation sieht Günther sich nun genötigt, eine *dritte* Dimension anzusetzen, die zwischen Geist und Materie steht: »Wir haben deshalb nach kybernetischer Auffassung mit drei protometaphysischen Komponenten unserer phänomenalen Wirklichkeit zu rechnen. Erstens: dem gegenständlich transzendenten Objekt. Zweitens: der Informationskomponente. Und drittens: dem subjektiv-introszendenten Selbstbewußtsein!«[5]

Das bedeutet unter ontologischem und logischem Aspekt: es ist im Gegenzug zu der traditionellen Auffassung nicht mehr möglich, die Struktur der Wirklichkeit nur durch zwei Realitätskomponenten zu bestimmen. Man muß zu einer neuen Ontologie und einer ihr entsprechenden dreiwertigen Logik übergehen.

Günther grenzt nun diese neue Seinsstruktur genauer ab. Er erklärt: »Weiter oben haben wir unter Zitierung Norbert Wieners bereits darauf hingewiesen, daß es grundsätzlich unmöglich ist, den kybernetischen Informationsbegriff auf rein materiell-energetische Kategorien zu reduzieren. Wir wiederholen noch einmal mit Wiener: Information ist Information und nicht Materie oder Energie. Jetzt aber müssen wir hinzufügen: Es ist ebenso unmöglich, Information und den sie tragenden Kommunikationsprozeß mit ichhafter Innerlichkeit, also Subjektivität zu identifizieren. Wir können also den eben zitierten Ausspruch des Verfassers der Cybernetics umkehren und sagen: Information ist Information und nicht Geist oder Subjektivität.«[6]

Diese *dritte Dimension* ist nach Günther nicht durch eine scharfe Trennung von Subjektivem und Objektivem bestimmt, sondern stellt einen reflexiven Prozeß dar, der als solcher jedoch rein objektiv ist, also nicht wie die denkende Subjektivität durch das Selbstbewußtsein bestimmt wird. Diese dritte Dimension hat sich nicht aus der reinen Materie »herausgebildet«, sondern ist mit dieser objektiv gleichrangig da. Die Kybernetik stellt fest, »daß es keinen Zustand der physischen Existenz gibt, der nicht alle überhaupt erlebbare ›Information‹ implizit und explizierbar von vornherein enthält. So wie sich der Gesamtbetrag an Materie resp. Energie in der Welt weder vermehren oder vermindern kann, ebenso kann die Gesamtinformation, die die Wirklichkeit enthält, sich weder vergrößern noch verringern. Und wenn man in dem neuen Weltbild die Konzeption des Chaos etwa beibehalten wird, dann kann dieser Begriff nur einen Weltzustand meinen, in dem die stets vorhandene ›Information‹ nicht ›ablesbar‹ ist. Die Wahl des Terminus ›Information‹ für die Bedeutungszusammenhänge eines Systems ist nicht zufällig, sondern in ›Cybernetics‹ von der Einsicht diktiert worden, daß solche Zusammenhänge prinzipiell ablesbar sein müssen, so wie Bewußtsein von einem lebendigen Gesicht ›abgelesen‹ werden kann.«[7] Es gibt jetzt zwei Materialdimensionen: »erstens das ursprüngliche (irreflexive) klassische Material und zweitens das Material jener zweiten Realitätskomponente, die wir unter dem Namen ›Information‹ kennengelernt haben«.[8] Günther propagiert daher, daß die traditionelle Metaphysik ergänzt oder besser: revidiert werden muß. Die Information ist eine *dritte eigenständige Dimension*. Sie tritt als solche neben Geist und Materie, Geist hier als reines Selbstbewußtsein und Materie als »irreflexible klassische Materialität« verstanden.

Das Bestechende an Günthers Ansatz ist es, daß Günther eine *eindeutige* ontologisch-logische Zuordnung der Information zum Geist oder zur Materie vermeidet. Günthers Deutung der Information ist – so meinen wir – in gewisser Weise der Auslegung des Atoms in der neueren Physik vergleichbar, insofern das Atom weder als ein rein materielles Etwas noch als eine rein geistige Gesetzlichkeit angesehen werden kann. Gleichwohl: die *ontologische Ortung*, die die Information als Verbindung von Materie und Geist versteht und diese Verbindung als eine dritte Dimension des Seienden ansetzt, erscheint doch problematisch, und zwar aus zwei Gründen. *Einmal*: die ontologische Ortung bewegt sich als solche im Rahmen der »Wesensfrage«, und zwar der Wesensfrage, wie sie für die philosophische Tradition bezeichnend ist. Es soll die Essenz einer Sache, so wie sie an und für sich ist, herausgestellt werden. Man verkennt, daß heute im Bereich der Wissenschaft die Wesensfrage, wenn man sie überhaupt noch stellt, »verflüssigt« ist. Denken wir wieder an das Atom der heutigen Physik zurück: die Bestimmungen des Atoms müssen als jeweilig durch den Forschungsprozeß *veränderbar* angesetzt werden. Wesen ist eine *offene* Bestimmung.

Sodann: wenn ich in traditioneller Weise nach einem an und für sich seienden Wesen der Information frage und die Information ontologisch zu orten suche, dann »isoliere« ich sie. Das heißt: ich löse sie vom Verstehensprozeß ab und setze sie hypostasierend als *Größe für sich.* Ein solches Vorgehen aber erscheint uns verfehlt. Gerade die technisch orientierten Kybernetiker haben immer wieder darauf hingewiesen, daß die Frage nach dem Wesen der Information nicht nur abstrakt ist, sondern daß hier die Information, insofern sie als ontologische Größe angesetzt wird, von den konkreten Phänomenen des Informations*vorganges* abgelöst wird. Dadurch werden aber die einfachen Sachverhalte, daß Information ein Geschehen zwischen Sender und Empfänger ist, und daß sie im Prozeß des menschlichen Verstehens ihren eigentlichen Ort hat, verkürzt. Steinbuch erklärt diesen *Hypostasierungen* gegenüber mit Recht: »Wir sollten nämlich nicht annehmen, daß außerhalb unseres Bewußtseins irgendeine Substanz mit dem Namen ›Information‹ existiert, die wir hier herausschöpfen und dort hineintun könnten. Diese Vorstellung einer außermenschlichen und auch innermenschlichen Substanz ›Information‹ ist irreführend. Was ist Information? Herr Bar-Hillel hat es sehr schön gesagt: Wir sollten die Ist-Frage ausklammern. Den ontologischen Aspekt der Information sollten wir zweckmäßigerweise aussparen.«[9]

Die Objektivation des Schaffens im Werk (Günther)

Gotthard Günther hat eine zweite Deutung der Kybernetik vorgelegt. Sie steht, so meinen wir, in gewissem Gegensatz zu seiner ontologischen Interpretation der Information. Wir legen sehr gedrängt den Ansatz dieser *metaphysisch* ausgerichteten Konzeption dar, und zwar durch Rückgriff auf einen Aufsatz, der den Titel trägt: »Schöpfung, Reflexion und Geschichte«.

Günther geht vom metaphysischen Begriff Gottes aus und zeigt, daß Gott sich in der Schöpfung objektiviert. Die Schöpfung ist doppeldeutig. Sie ist das Werk Gottes und als solches geringer als ihr Schöpfer. Aber als manifest gewordene Objektivation ermöglicht sie dem Schöpfer *spiegelbildlich* eine Reflexion über sich selbst. Sie *informiert* ihn über sein Tun.

Das Entsprechende gilt für die Herstellung von Denkmaschinen durch den Menschen. Diese Maschinen sind das Werk des Menschen, und doch kommt ihnen eine relative Selbständigkeit zu. Der Computer vermag Arbeitsschritte zu vollziehen, die der Mensch gar nicht im einzelnen kausal nachvollzieht. Die sogenannte »black box« weist auf diesen Sachverhalt hin. Fuchs erklärt in diesem Zusammenhang, daß sich hier ein gewisser Gegensatz zur »üblichen Technik« zeigt. Im allgemeinen vermag der Techniker seine Gebilde aus Elementen Schritt für Schritt aufzubauen. Jetzt aber sieht sich der Techniker, vor allem aber der Naturforscher in eine Situation versetzt, »in der er ein Gebilde natürlicher oder künstlich-technischer Art nicht einfach ›auseinandernehmen‹ kann, um zu sehen, ›was drin ist‹. Er behandelt es dann zweckmäßigerweise wie eine ›black box‹ mit unbekanntem Innenleben.«[10] Das Innere ist »unbekannt«, gleichwohl ist es der Forscher, der die black box geschaffen hat.

Günther hat die Dialektik von Hersteller und Werk *geschichtsphilosophisch* ausgedeutet. Der Grundansatz seiner Argumentation ist der soeben angedeutete: Handlung als schöpferischer Akt ist nicht restlos transferierbar in objektives Sein. Gleichwohl besteht zwischen Schöpfer und Werk ein wesentlicher Bezug, insofern sich der Schöpfer im Werk abbildet: Die lebendige Subjektivität produziert sich in die Objektivität und bleibt doch zugleich von dieser geschieden.

Dieser Vorgang, der unter *formalem* Gesichtspunkt als für Gott und Mensch gleich strukturiert angesehen werden kann, ist nun aber vom Prozeß der abendländischen Denkgeschichte her betrachtet zu differenzieren. Der antike, aber vor allem der mittelalterliche Mensch billigt seinem eigenen Schaffen und Erfinden nur eine *relative* Selbständigkeit zu, weil er dieses Schaffen immer auf Gott bezieht. Er bildet Gottes unendliche Tätigkeit in *endlicher* Weise ab. Dies besagt: der antike Mensch bleibt hier mit seiner Schöpfung auf die von Gott gesetzte Ordnung bezogen und bewegt sich grundsätzlich in deren Rahmen. Erst der Mensch, der sich von Gott radikal löst – theologisch gesprochen: sich an die Stelle Gottes zu setzen wagt –, unternimmt es, eine Natur zu schaffen, die wirklich sein eigenes Werk ist. Diese Natur ist nicht mehr »natürlich«, sondern »künstlich«.

Günther behauptet nun, daß dieser Prozeß der Loslösung von einer vorgegebenen Ordnung erst in der Gegenwart beginnt. Unsere Gegenwart ist als solche eine Übergangszeit. Wir desavouieren das göttliche Werk als eine vorgegebene Größe und versuchen an seine Stelle unser Werk zu setzen. »Wir sind damit heute an einem Punkt der Weltgeschichte angelangt, an dem der menschliche Wille sich gegen sich selbst wendet und seine bisherige Tätigkeit verwirft. (Theologische Analogie: der Abfall Luzifers.) Es ist von unendlicher Wichtigkeit, sich deutlich zu machen, daß – etwa in der Konstruktion einer Präzisionssprache für Elektronengehirne – nicht bloß das objektive Faktum einer natürlichen Sprache, sondern auch der subjektive Sprachgeist, der sich mit einem so unzureichenden Kommunikationsmittel begnügt hat, verworfen wird. Es ist ein richtiger Instinkt in dem Gefühl, das einen intelligent sprechenden Roboter als etwas Unheimliches empfindet. Diese technische Gestalt ist das gespensterhafte Symbol des Tatbestandes, daß der Mensch in der von Gott gegebenen Seele nicht mehr zuhause ist.«[11]

Der Mensch versucht, die von Gott gegebene Seele zu *verleugnen*. Und dies geschieht eben durch die Schaffung einer künstlichen Natur. Grundsätzlich gesagt: »Was wir heute in den primitiven Anfangszuständen neu entstehender Wissenschaften wie Kybernetik, mehrwertiger Reflexionstheorie und unserer ersten Kenntnis der Existenz von Anti-Materie vor uns haben, sind vorläufige, tastende Vorstöße in jener Richtung... Unter dem experimentellen Zugriff des Physikers verschwindet die physische Realität dessen, was wir bisher Natur zu nennen pflegten, in einem unentwirrbaren Netz immaterieller Reflexionen, deren Sinn zu assimilieren gänzlich außerhalb der Kapazität unseres bisherigen Bewußtseins liegt.«[12]

Diese Wandlung ist noch keineswegs abgeschlossen, sondern steht, wie wir bereits sagten, erst in den Anfängen. Das besagt konkret: der Mensch bildet sich – so in der Computertechnik – in seinem Können ab. Er ist aber andererseits immer noch der Meinung, daß er einer »natürlichen« Natur, das heißt einer bereits geordneten Welt, gegenübersteht. Diese Zweideutigkeit des Welt- und Selbstverständnisses ist der Grund dafür, daß der Mensch sich heute im Ganzen seines Bewußtseins, insbesondere in bezug auf sein technisches Tun, als verunsichert erfährt. »Der Urheber dieser weltgeschichtlichen Stufe ist somit die anima abscondita. Die demiurgische Seele der letzten Epoche aber zieht in jene Gebilde ein, die wir heute in ersten ungeschickten Annäherungen als Elektronengehirne, Robots und technische Bewußtseinsanalogien kennenzulernen beginnen.«[13]

Günther sucht, diese Konzeption mit seiner *ontologischen Ausdeutung der Information* zu verbinden. Er erklärt, daß im Computer durch den Menschen ein Werk hergestellt wird, das Geist und Materie vereinend eine neue dritte ontologische Dimension darstellt. Wir meinen nun aber, daß die ontologische Deutung der Information und die Idee der Projektion des Schaffens in ein Werk hinein nicht ohne weiteres zu vereinen sind. Die ontologische Interpretation klammert als solche den dialektischen Sachverhalt, daß der Hersteller genötigt ist, seine Werke einerseits als Abbildung seiner selbst zu verstehen und andererseits sie als fremde Objektivität zu deuten, ein. Die ontologische Deutung fällt in das von Günther abgelehnte *klassische* Denken zurück, insofern sie Seinsschichten je für sich setzt, und diese nun auf ihre objektiven Merkmale hin befragt.

Philosophiegeschichtlich formuliert: die ontologische These Günthers sucht zwar die von den *Griechen* konzipierte klassische Ontologie zu überwinden. Sie bleibt jedoch in deren Rahmen, insofern sie Seinsstufen ansetzt und diese miteinander vergleicht. Die Objektivationsthese dagegen legt – wie Günther ja selbst sagt – den *christlichen* Schöpfungsmythos zugrunde. Sie ist im Gegensatz zur ontologischen These dialektisch, insofern sie Einheit und Widerspruch von Schöpfer und Werk bedenkt. Wir wollen nicht abstreiten, daß ihr ein hermeneutischer Wert zukommt. Der Computer ist Abbildung unserer selbst. Günthers Feststellung, daß man angesichts eines intelligent sprechenden Roboters etwas Unheimliches empfindet, besteht zu recht. Gleichwohl wirkt sich der Rückgriff auf die christliche Metaphysik doch verhängnisvoll aus. Günther denkt in deren Bahnen weiter. Der Mensch ist nun »luziferisch« geworden. Er sucht sich an die Stelle Gottes zu setzen. Der Mensch kann aber – so meinen wir – nie Gott gleich werden. Dagegen spricht die Tatsache seiner Endlichkeit, oder weniger existentiell gesagt: Günther sieht nicht die Dialektik, die dem Computer als Werkzeug zukommt. Das Werkzeug ist zur Bewältigung der Lebensprobleme, die dem Menschen als bedürftigem Wesen auferlegt sind, notwendig. Werkzeuge sollen jedoch menschliche Fähigkeiten leistungsmäßig übersteigen. Dies bedeutet wiederum, daß der Mensch unter Umständen unter die Herrschaft einer durch ihn erstellten Welt geraten kann. Mit unserer früheren Formulierung geredet: der Mensch kann sich eine künstliche Welt erschaffen, die ihm realiter »über den Kopf wächst«. Die Erkenntnis, daß diese Welt sein Werk ist, in das hinein er seine Seele produziert hat, nützt ihm in diesem Fall nichts mehr.

Mit anderen Worten: der von uns oben herausgestellte Sachverhalt, daß der Mensch den Computer vermittelt und *zugleich durch ihn vermittelt wird*, scheint uns der realen Situation besser zu entsprechen als die Dialektik der projizierenden Objektivation. Die reflexive Einsicht, daß der Prozeß der kybernetischen Vermittlung als solcher von uns inszeniert wird, involviert keineswegs die Gewißheit, daß wir als Herren über die Computerwelt herrschen können.

Die hier anstehenden Fragen sind nicht durch philosophische Argumentationen zu lösen, sondern als Probleme der Ethik und Gesellschaftspolitik zu thematisieren. Davon wird im fünften Teil die Rede sein.

5. Information als biologische, psychologische und soziologische Bestimmung

Vorbemerkung

Wir wollen in den folgenden Abschnitten das Problem der Kybernetik unter allgemeineren Aspekten betrachten. Es geht uns darum, den Computer als *einen* Fall des Regelsystems und der Information auszulegen, dem andere Fälle, und zwar aus den verschiedensten Bezirken zu parallelisieren sind. Die Parallelisierung ermöglicht es, diese Systeme miteinander zu *vergleichen* und wechselseitig zu interpretieren. Hier tritt die weitgehende Relevanz der Kybernetik deutlich hervor, und in diesem Zusammenhang stellt sich das Problem, ob eine allgemeine *wissenschaftstheoretische Deutung* der kybernetischen Grundprobleme möglich ist. – Wir erinnern zunächst kurz an *Wieners Ansatz* der Kybernetik und weisen sodann auf die verschiedenen Ausformungen der Information in der *Biologie, der Psychologie und der Soziologie* hin. Diese Hinweise sind relativ kurz, durch sie soll lediglich die nachfolgende Erörterung der *Allgemeinen Systemtheorie* und der *Sozialkybernetik* vorbereitet werden.

Die Universalität der kybernetischen Grundbestimmungen (Wiener)

Wir haben bereits oben darauf hingewiesen, daß sich Computertechnik und wissenschaftliche Analyse von Regelsystemen, insbesondere von biologischen Systemen, gegenseitig bedingen. Die technische Herstellung des Computers hat die wissenschaftliche Erforschung dieser Systeme zur Voraussetzung und wirkt gleichzeitig auf sie zurück. Dieser Sachverhalt sei durch eine kurze Erinnerung an die Forschungen *Norbert Wieners* expliziert.

Wiener schildert sehr anschaulich, daß er sich des öfteren mit Kollegen über den Plan eines Buches unterhalten habe, das über »Vorhersagestrukturen und Regeltheorien« handeln sollte. In diesem Zusammenhang fragte er sich, wie dieses Buch zu betiteln wäre. Er erklärt: »Für den Ausdruck ›Kybernetik‹ sprach bei mir, daß er das beste Wort war, das ich finden konnte, um Technik und Wissenschaft der Regelung in den gesamten Gebieten zu bezeichnen, wo dieser Begriff anwendbar ist. Viele Jahre vorher hatte Vanevar Bush zu mir davon gesprochen, daß neue wissenschaftliche Werkzeuge für die Behandlung der neuen Theorien über Regelung und Organisation gefunden werden sollten. Schließlich begann ich mich auf dem Gebiete der Kommunikation nach solchen Werkzeugen umzusehen.«[1] Wiener hebt von vornherein auf die *Universalität* seiner Untersuchungen ab. Er kommt in diesem Zusammenhang auf das Problem der Organisation zu sprechen und erläutert, daß eine Organisation nur dann existieren kann, »wenn ihre Teile mehr oder weniger in Reaktion auf innere Spannungen nachgeben können. Organisation müssen wir als etwas betrachten, bei dem eine Wechselwirkung zwischen den verschiedenen organisierten Teilen besteht, die aber Gradunterschiede aufweist. Bestimmte innere Zusammenhänge müssen wichtiger sein als andere, das besagt also, daß die innere gegenseitige Abhängigkeit nicht vollständig ist und daß die Festsetzung bestimmter Größen des Systems die Möglichkeit offenläßt, andere zu verändern«.[2]

Wiener kam vom Gedanken der Organisation und des Organismus aus auf die Idee, Geräte zu konstruieren, die, wie er sagt, »gewisse Merkmale tierischen Verhaltens aufweisen«. Nachrichtentechnik und biologische Kybernetik verweisen also aufeinander. In beiden geht es um *Kommunikation.* »Kommunikation ist keineswegs auf die Menschheit beschränkt, denn man findet sie in verschiedenen Graden auch bei Säugetieren, Vögeln, Ameisen und Bienen, um nur einige wenige anzuführen.«[3] Kommunikation kann aber eben auch in kybernetischen Apparaturen hergestellt werden. Sie ist im ganzen zu bestimmen als eine Auseinandersetzung mit der Außenwelt. »Kommunikation mit der Außenwelt bedeutet, daß man Nachrichten aus ihr empfängt und in sie entsendet. Einerseits bedeutet das: beobachten, experimentieren und lernen. Andererseits besagt es, daß wir unseren Einfluß auf die Außenwelt geltend machen müßten, damit unsere Handlungen zweckvoll und wirksam werden. Experimentieren ist tatsächlich eine Form des zweigleisigen Verkehrs mit der Außenwelt, wobei wir abgehende Kommandos dazu benutzen, die Bedingungen ankommender Wahrnehmungen zu bestimmen, und wobei wir gleichzeitig unsere ankommende Wahrnehmung zur Verstärkung der Wirksamkeit der abgehenden Befehle benutzen.«[4]

Die Einsicht in die Universalität von Prozessen der Organisation und Kommunikation beruht nun aber auf bestimmten Voraussetzungen, oder anders gesagt: sie schließt bestimmte Konsequenzen für die Forschung in sich ein. Es ist, wie Wiener zeigt, nicht angebracht, Organisation und Kommunikation auf Menschen, andere organische Lebewesen oder kybernetische Maschinen jeweilig zu beschränken. Organisation und Kommunikation müssen vielmehr als Grundmerkmal von *Ordnung und System überhaupt* verstanden werden. Und dies besagt: es gibt offensichtlich so etwas wie eine »objektive Information«. Wir suchen diesen Begriff nun ein wenig genauer zu explizieren.

Die biologische Information der Genstrukturen

Die Notwendigkeit, die Information als objektive Größe, das heißt als eine Größe, die nicht vom menschlichen Subjekt inszeniert wird, anzusetzen, zeigt sich innerhalb der Biologie in vielfacher Form. Wir weisen hier auf den *genetischen Code* hin. *Von Weizsäcker* erklärt: »Die modernen Biologen sprechen, z. B. in der Genetik, völlig legitim von Information. Ein Chromosomensatz enthält in seinen Genen die Information, die den Phänotyp des Individuums, soweit er erblich bestimmt ist, determiniert. Man hat sogar jetzt die ›Buchstaben‹ gefunden, in denen diese Schrift geschrieben ist. Nur vier verschiedene chemische Substanzen, in langen Schraubenwindungen aneinandergereiht, legen durch die Art ihrer Reihenfolge den gesamten Erbtyp fest. Man hat den Informationsbestand eines einzigen menschlichen Zellkerns als vergleichbar dem einer tausendbändigen Bibliothek geschätzt. Daß, wenn irgendwo, dann hier die Begriffe der Informationstheorie am Platze sind, ist evident. Hier ist aber niemand, der spricht, niemand, der etwas mitteilt, oder das Mitgeteilte versteht.«[5]

Wir können hier im einzelnen nicht auf das Problem der biologischen Information eingehen und weisen nur auf einige Sachverhalte hin, die in unserem Zusammenhang wichtig sind. Leben entsteht, wenn bestimmte chemische Voraussetzungen gegeben sind. Es wird geformt und weitergegeben nach festliegenden Informationen. Diese enthalten den genetischen Bauplan. Im einfachen Beispiel: spezifische Gene in den Chromosomen einer Fruchtfliege sind dafür zuständig, daß eine bestimmte Flügelform oder eine bestimmte Augenform vererbt werden. Es liegen also Programme, und zwar offenbar sehr reichhaltige Programme vor, die von einer Generation zur anderen weitergegeben werden.

Dieser Vorgang der Information ist stofflicher Art, gleichwohl ist er *sinnvoll*. »Alle biologischen Eigenschaften eines Organismus sind in Molekülen festgelegt, deren Sequenz weder zufällig noch periodisch, sondern einfach ›sinnvoll‹ ist. Wie bei einer Schrift ist durch die spezifische Aufeinanderfolge dieser Moleküle eine Information niedergelegt, die die Entwicklung und den Endzustand des betreffenden Organismus ›beschreibt‹.«[6]

Die Deutung dieses Prozesses bedient sich einer chemischen Formelsprache, die natürlich die Sprache des Forschers ist. Er ist es, der die vier Säuren nach Buchstaben unseres Alphabetes benennt. Aber diese Formelsprache gründet eben in der »Sache selbst«. Nicht der Forscher bringt in ein Chaos Ordnung hinein, diese Ordnung liegt in der objektiven Information selbst vor. Die menschliche Interpretation besteht nur darin, einen an sich vorhandenen Code zu entziffern. *Hans-Friedrich Freksa* hat in einem sehr aufschlußreichen Aufsatz, der den bezeichnenden Titel trägt: »Abschrift, Umschrift und Übersetzung von Information im Zellgeschehen«, die biologische Information in bezug zu programmierten Maschinen gesetzt und den Vorgang im ganzen in Analogie zu den menschlichen Tätigkeiten, eben der Abschrift, Umschrift und Übersetzung gebracht. Wir zitieren nur eine der entscheidenden Stellen: »Wir können eine solche Programmierung heute viel besser verstehen, seitdem wir selbst programmgesteuerte Maschinen bauen. Um einem Computer das Programm verständlich zu machen, muß das Programm in eine für die Maschine ablesbare Schrift umgeschrieben werden, z. B. Algol- oder Fortranschrift. Das gleiche geschieht in der Zelle. Von der im Zellkern gespeicherten genetischen Information wird ein kleiner Streifen abgenommen, der in die Schrift umgeschrieben wird, die für die Eiweißfabriken im Zellplasma verständlich ist. Dieser Vorgang wird im Englischen als transcription, im Deutschen als Umschrift bezeichnet. In der Eiweißfabrik wird die Anordnung von vier Komponenten umgeformt in eine lineare Anordnung von zwanzigerlei verschiedenen Komponenten. Dieser Vorgang wird im Englischen als translation, im Deutschen als Übersetzung bezeichnet. Schließlich muß auch die ganze Erbstruktur verdoppelt werden, bevor jede Zelle sich teilen kann. Wir sprechen hier im Englischen von copy, im Deutschen von Abschrift.«[7]

Exkurs: Zur philosophischen Auslegung der biologischen Information

Es ist sehr schwierig, diesen Vorgang der objektiven biologischen Information philosophisch zu begreifen. Auf der einen Seite geht man davon aus, daß die »Stoffe« eben selbst die Informanten sind. Es geht nicht an, ein sie bedingendes entelechiales Lebensprinzip nach Art des Vitalismus zu erfinden und dieses als Ordnungskonstituens für die Information anzusetzen. Der alte Gegensatz von Mechanismus und Vitalismus ist hier, so erklärt man, unterlaufen. Auf der anderen Seite sucht man nun aber, diese Information ontologisch auszudeuten. Auf entsprechende Ansätze bei *von Weizsäcker* und *Günther* haben wir oben hingewiesen und wollen diese Hinweise

Information als biologische, psychologische und soziologische Bestimmung   237

jetzt nicht wiederholen. Nur am Rande seien einige *Anmerkungen* gegeben, die in Erinnerung rufen sollen, daß die biologische Forschung unphilosophisch geworden ist: Die Frage nach dem Schöpfer des biologischen Codes, bezugsweise des Lebens überhaupt, wird nicht mehr gestellt und auch die Frage nach dem ontologischen Status der biologischen Information unterbleibt.

Wie fern uns die Idee liegt, biologische Sachverhalte auf einen Schöpfergott zurückzuführen, sei durch einen Hinweis auf eine Äußerung *Paul Diracs* auf der Lindauer Nobelpreistagung des Jahres 1971 verdeutlicht. Dirac warf dort die Frage auf, ob der Gedanke eines Schöpfergottes für den Physiker und Chemiker notwendig sei. Nach einem Bericht der »Frankfurter Allgemeinen Zeitung« erklärte er das Folgende: »Nach den Gesetzen von Physik und Chemie allein ist Gott nicht notwendig für die Existenz von Leben. Die Frage nach Gott hängt davon ab, wie schwierig es ist, eine lebendige Zelle aus den zahllosen Atomen herzustellen, aus denen sie besteht, also Leben zu schaffen. Kann sich Leben leicht bilden, so bedarf es keines Gottes. Wenn es sehr schwierig ist, wenn die Chance ungeheuer gering ist, $1:10^{100}$ oder beliebig kleiner, dann spricht das für einen einmaligen Schöpfungsakt und damit für eine Existenz Gottes. Antworten darauf können vielleicht von der Planetenforschung kommen oder aus dem Labor durch die künstliche Herstellung von Leben. Zwar ist die Herstellung von Bestandteilen der lebenden Zelle bereits gelungen, aber es ist ein großer Sprung, diese Teile zur lebenden Zelle zusammenzufügen. Und es wird sehr lange dauern – vielleicht hundert oder zweihundert Jahre, bis wir wissen, ob es gelingen wird und wir damit die Frage nach Gott beantworten können.«[8]

Der Berichterstatter der »Frankfurter Allgemeinen Zeitung« merkt dazu an, daß diese Äußerungen sicher nicht den Beifall von Philosophen und Theologen finden würden. Aber auch und gerade die Wissenschaftler selbst werden wohl Dirac nicht folgen, insofern für sie die Frage nach Gott *überhaupt aus der Wissenschaft ausgeschaltet ist*. In der klassischen Tradition wäre dies anders gewesen. Nehmen wir einmal an, Leibniz hätte die biologische Information, wie sie in den Genstrukturen vorliegt, gekannt, dann hätte er sie nicht nur im allgemeinen auf Gott bezogen, sondern sie als Beweis für die *kombinatorische Weisheit* des göttlichen Denkens angesetzt. Solche Spekulationen sind uns, wie gesagt, fremd. Heute versteht man zumeist die biologische Information als Zufallsprodukt innerhalb einer langen Entwicklung, das heißt, man denkt *darwinistisch*. *Von Weizsäcker* diskutiert diesen Ansatz in grundsätzlicher Weise. Der Darwinismus erhebt den Anspruch, so sagt er, »daß er auch die Entstehung der Regelsysteme erklärt, die wir Organismus nennen. Dieser Anspruch wird schwerlich empirisch beweisbar und schwerlich empirisch widerlegbar sein.«[9]

Es ist aber jedenfalls offensichtlich, daß die Frage nach einem persönlichen Schöpfergott der biologischen Information heute irrelevant geworden ist. Was den Forscher allein interessiert, ist das Phänomen als solches in seinem Strukturaufbau. Nur von diesem her kann das Problem der Entstehung des Lebens angegangen werden, das heißt, es muß im Gegensatz zur freischwebenden Spekulation im *experimentellen Vorgehen* aufgenommen werden. Wir zitieren einige Sätze von *Gerhard Schramm*, der diesen Sachverhalt heraushebt: »Die Nukleinsäuren nehmen eine beherrschende Stellung im Zellgeschehen ein. Ich glaube daher, daß alle Experimente, die uns Auskunft über die Entstehung der Nukleinsäuren geben, auch wichtig sind für die weit umfassendere Frage nach der Entstehung des Lebens ... Das große Problem besteht darin, wie auf diesen Nukleinsäuren sich biologisch sinnvolle Informationen ansammeln könnten. Wenn wir diese Frage beantworten könnten, wären wir einen großen Schritt weitergekommen, *denn ich vermute, daß die Entstehung des Lebens etwas zu tun hat mit der Entstehung und Ansammlung von Informationen.* Wie bei jeder schöpferischen Leistung ist wahrscheinlich auch in der Natur das Auftauchen und das Festhalten eines Plans das Entscheidende.«[10]

Überblickt man die gewandelte Situation, so kann man also zusammenfassend folgendes feststellen: die Genstrukturen stellen sich als ein Sinnzusammenhang dar, den es als solchen zu interpretieren gilt. Da wir uns nicht mehr die »unwissenschaftliche« Auskunft erlauben, daß Gott diese Informationen hergestellt hat, bleibt uns nichts anderes übrig, als dies »Faktum der Natur« hinzunehmen und nun nach unserem menschlichen Verhalten auszulegen. Das besagt konkret: wir bedienen uns des Begriffes »Information«, wie er *umgangssprachlich* gebraucht wird. Eben damit wird aber die philosophische Wesensfrage: »Was ist die biologische Information an ihr selbst und als solche?« ausgeschaltet. Von Weizsäcker, der sich das Problem vorlegt, ob wir die biologische Information der Natur nur nachsprechen, oder ob wir hier die Natur unter unsere Anschauungen und Denkformen bringen, oder ob sich hier gar eine prästabilierte Harmonie von Sprache und Natur zeigt, schließt seine Überlegungen mit folgender Feststellung ab: »Vielleicht ist hier die naivste Ausdrucksweise auch wirklich die sachgemäßeste: diejenige, die sprachliche Kategorien auch dort anwendet, wo kein sprechendes und kein hörendes Bewußtsein ist. Chromosomen und heranwachsendes Individuum stehen in einer solchen Beziehung zueinander, *als ob* das Chromosom spräche und das Individuum hörte; Metaphern, die sich jedem Naturforscher aufdrängen, legen davon Zeugnis ab, z. B. die Redeweise, daß das Chromosom die Art des Wachstums *vorschreibt* oder daß das Wachstum dieser Vorschrift *gehorcht.*«[11]

Dieser Rückzug auf unsere Umgangssprache und die damit verbundene »Philosophie des Als-Ob« erscheinen uns legitim, insofern hier die ontologische Wesensfrage, ob Information Geist oder Materie ist, als unbeantwortbar ausgeklammert wird. Diese Ausklammerung entspricht zudem der modernen Situation der Biologie, insofern diese als Forschung pragmatisch vorgeht. Das besagt: wie auch immer das Verstehen der objektiven Information an sich erklärt werden könnte, entscheidend ist, daß dies Verstehen »Konsequenzen« hat. Es eröffnet die Möglichkeit, daß wir etwas mit dieser Information »anfangen« können. Das heißt, wir sind nun in der Lage zu fragen, wie die Genstrukturen zu beeinflussen und zu verändern sind. Beeinflussung und Veränderung gründen im Verstehen als einem Entdeckthaben. Sie wirken aber auf das Verstehen zurück. Hier vollzieht sich der Zirkel, der der modernen Forschung eigentümlich ist und sie vorwärts treibt.

Information im Bereich der Psychologie und der Soziologie

Es sei nun kurz dargelegt, daß das Phänomen der Information auch in anderen Wissenschaften eine Rolle spielt, und zwar nicht nur in den Naturwissenschaften, sondern auch in den Wissenschaften, die es mit dem Menschen zu tun haben, den sogenannten Verhaltenswissenschaften. Wir werden sogleich den hier zu thematisierenden Phänomenen unter dem Aspekt der Sozialkybernetik genauer nachgehen. Jetzt deuten wir nur sehr summarisch auf den Sachverhalt hin, daß es auch in der *Psycho-*

logie und *Soziologie* Verhaltensformen gibt, die vom Phänomen der Selbstregulierung und des Informationsflusses her zu deuten sind. Natürlich bestehen in der Ausformung der objektiven Information wesentliche Unterschiede, so läßt sich die genetische Information nicht unmittelbar mit der sozialkybernetischen Information identifizieren: in der genetischen Urschrift gibt es keine Auseinandersetzungen im Sinn eines Lernprozesses, wie ihn soziale Systeme kennen. Gleichwohl ist ein *Vergleich* möglich, insofern auch in der Psychologie und Soziologie bestimmte Prozesse als Vorgänge, die sich selbst regulieren, gedeutet werden können.

Um ein Beispiel aus der Psychologie zu geben: das Verhalten des Menschen in bezug auf seine *Umwelt* läßt sich vom kybernetischen Aspekt her weithin als informative Selbstregulierung ausdeuten. Das zeigt eine Analyse der *Motivation*.[12] Man kann Motivation allgemein als energisierende Aktivität eines Systems und spezifisch als zielorientierte Organisation des Verhaltens verstehen. Die Vorgänge der Motivation stehen in offenem Wechselspiel mit Wahrnehmen, Denken und Handeln. Das heißt, sie hängen mit den maßgebenden umweltbezogenen Verhaltensweisen des Menschen zusammen. Es ist nun möglich, die Funktionen der Motivation »theoretisch zu operationalisieren und technisch zu simulieren«. Konkret: Motivation ist als solche ein Spannungszustand; die Spannung soll reduziert werden. Diese Reduktion vollzieht sich weitgehend als Anpassung an die Bedingungen und Chancen der Umwelt, sie soll möglichst langfristige Effizienz haben. Eine solche Anpassung ist nun das *Lernen*. Das Lernen ist vom Individuum her gesehen dessen subjektive Information. Es muß aber unter wissenschaftlichem Gesichtspunkt auf seine objektiven Vollzugsstrukturen hin untersucht werden. Diese Vollzugsstrukturen zeigen bestimmte Regelmäßigkeiten, sie verlaufen in spezifischen Schemata, wie etwa Reiz und Reaktion. Das besagt grundsätzlich gesehen, daß das Lernen im Ganzen seines Vollzugs bestimmten Gesetzmäßigkeiten untersteht, die als solche eben den Vorgang einer *objektiven Informationserarbeitung* darstellen. Auf dieser Gesetzlichkeit beruht es ja, daß man menschliches Lernen theoretisch operationalisieren und technisch simulieren kann!

Ein zweites Beispiel der objektiven Information im psychologischen Bereich sei kurz angeführt. Die *Gedächtnisleistungen* lassen sich weitgehend kybernetisch interpretieren. »Das Auftreten von Gedächtnisinhalten (die Erinnerung) setzt voraus, daß ein Codierungssystem (innerhalb der Wahrnehmung usw.) existiert, weiter ein Decodierungssystem, das zu einer mehr oder weniger korrekten Gedächtnisvorstellung führt, und ein Code, der die Übersetzung der registrierten Inhalte ermöglicht. Beobachtbar sind dabei nur Input und Output, während der Code und die Codierungs- und Decodierungsvorgänge unbeobachtbar sind.«[13] Code und Codierungsvorgänge sind die eigentlich entscheidenden Bestimmungen. Sie vermögen Veränderungen des Verhaltens herbeizuführen, die wiederum in Verbindung mit den Intelligenzschemata stehen. Auch bei dem *Computer* gibt es nun solche Strukturveränderungen und entsprechende Verbesserungen der Grade der Intelligenz. Das heißt, es gibt eine Entwicklung, die beim Menschen und beim Computer den endogenen Gesetzen der Selbstregulierung folgt und zugleich »einer ständigen Modifizierung unterworfen ist, die durch den Feedback aus den Beziehungen zur Umwelt zustande kommt«.[14]

Das letzte Beispiel der objektiven Information sei dem *sozialphilosophischen Bereich* entnommen. In einem »Bergedorfer Gespräch« diskutiert *Haseloff* die Tatsache der weitgehenden Parallelität zwischen Mensch und Computer. In diesem Zusammenhang heißt es: »Auch Menschen sind in Wirklichkeit meist recht eng programmiert. Diese Programme lernen sie durch Erziehung, einige Programme entstammen bereits der genetischen Information, einige ergeben sich aus den Zwängen des Konkurrenzkampfes, durch die Erfordernisse der Arbeitswelt. Wir sind also auch programmiert, wäre das nicht der Fall, dann gäbe es vermutlich kein geordnetes Zusammenleben. Interaktion und Cooperation beruhen ja auf Wahrscheinlichkeitsschätzungen in bezug auf das Verhalten anderer.«[15] Haseloff führt dann aus, daß diese Programmierungen bei vielen Menschen so »starr« sind, daß eigentlich kaum mehr Alternativen oder Entscheidungen zustande kommen. Umgekehrt: man kann den Computer nicht auf eine starre Programmierung einengen, auch der Computer kann Entscheidungen treffen. Er ist in der Lage, »auf die Lösung eines Problems bei Vorliegen bestimmter Außenbedingungen bei problematischem eigenem Systemzustand zu verzichten. Auch eine Maschine, die den Entschluß faßt, sich selbst zu zerstören, ist denkbar.«[16] Wir lassen die Frage, die Haseloff aufwirft, ob die Willensfreiheit nicht einfach eine Sache des Informationsgrades sei, hier offen und heben nur auf die Tatsache ab, daß menschliches Verhalten den »Fähigkeiten« des Computers weit mehr gleicht als es das einzelne Individuum, das sich frei dünkt, annimmt.

Insbesondere die *Sozialkybernetik* stellt den Gedanken einer umgreifenden Information in den Vordergrund. Natürlich besteht, wie wir bereits sagten, ein Unterschied zwischen der sozialkybernetischen und der biologischen Information, wie sie sich in den Genstrukturen zeigt. Im sozialen System gibt es »verständige« Sender und Empfänger der Information. Beides sind Menschen, die als solche Information – in welchem Grade auch immer – selbsttätig interpretieren. Entscheidend ist jedoch, daß das System sich *selbst* als Informationsfluß etabliert. Dieser Informationsfluß ist zwar von den Subsystemen abhängig. Gleichwohl ist die Information des *Systems* die übergreifende Größe, die die Partner miteinander vermittelt. In der Sozialkybernetik muß Information letztlich immer in bezug zum Gesamtsystem gesetzt und als dessen *Selbst*regulierung verstanden werden.

Es sei noch einmal darauf hingewiesen, daß zwischen den einzelnen Systemen, seien es nun Genstrukturen, Menschen oder Maschinen, seinsmäßige Unterschiede bestehen. Gleichwohl hat *Luhmann* recht, wenn er auf die Möglichkeit einer vergleichenden Sichtweise hinweist, die eben nicht mehr primär gegenstandsbezogen ist, sondern auf *Funktionalität* als einen universalen Gesichtspunkt abhebt. Dem *Computer* kommt unter diesem Aspekt nun aber eine gewisse Sonderstellung zu. Sicher: er ist ein von Menschen hergestelltes System, das Werkzeugcharakter hat. Aber gerade weil der Computer ein künstlich hervorgebrachtes und daher isoliertes System ist, ist seine Funktionalität relativ durchsichtig. Solchermaßen erweist sich seine Eignung, Regelkreissysteme überhaupt *modellhaft zu repräsentieren*.

6. Zum Ansatz der Allgemeinen Systemtheorie und der Sozialkybernetik

Vorbemerkung

Wir haben im vorhergehenden Abschnitt auf die Ausprägungen der Information in den Bereichen der Natur und der gesellschaftlichen Welt hingewiesen und zugleich angemerkt, daß sich diese Informationsvorgänge miteinander vergleichen lassen. Die Möglichkeit solcher Vergleiche sei nun unter *wissenschaftstheoretischem Gesichtspunkt* ein wenig genauer diskutiert, und zwar durch einen Hinweis auf die sogenannte »Allgemeine Systemtheorie«. Wir beschränken uns auf eine sehr knappe Darstellung, denn bei unserer Diskussion des Verhältnisses von Theorie und Realität im Bereich der Physik und vor allem der Soziologie, sind bereits viele der für die Allgemeine Systemtheorie maßgebenden Problemkonstellationen erörtert worden.

Zur Allgemeinen Systemtheorie

Die Allgemeine Systemtheorie spielt heute – so meinen wir – bei der Konzeption wissenschaftlicher Theorien direkt oder indirekt eine wesentliche Rolle. Dabei ist es nicht entscheidend, wieweit der Ausbau der Theorie durch ihren Schöpfer *Ludwig von Bertalanffy* in einzelnen Punkten überzeugend gelungen ist. Bedeutsam ist es, daß diese Theorie Ansätze bereitstellt, die übergreifende Zusammenhänge zwischen den Wissenschaften aufweisen, auch wenn diese Ansätze erst in den Einzelforschungen fruchtbar werden können. Die Allgemeine Systemtheorie entspricht in hohem Maße dem wissenschaftlichen Zeitgeist, insofern sie bestimmte Vorgriffe und Ausklammerungen, die heute weithin anerkannt werden, vollzieht.

Konkret: die Allgemeine Systemtheorie ist weltanschaulich *neutral*. Sie kann von Philosophen, die das Ganze des Universums erfassen wollen, ebenso benutzt werden, wie von Soziologen, die soziale Zusammenhänge auszudeuten suchen, oder von Technologen, die dahin tendieren, die Gesellschaft kybernetisch zu steuern. Maßgebend ist der einfache Gedanke, daß es eine »Gefügegesetzlichkeit«, wie von Bertalanffy sagt, gibt, die als Strukturzusammenhang eines Systems fungiert. Allgemeine Systemtheorie, so erklärt von Bertalanffy, »beschäftigt sich mit allgemeinen Eigenschaften und Prinzipien von Ganzheiten oder Systemen, unabhängig von deren spezieller Natur und der Natur ihrer Komponenten. Die so entwickelten Modelle und Prinzipien sind interdisziplinär, das heißt, sie gelten für Systeme verschiedener Art und verschiedener Disziplinen. Um an ein einfaches Beispiel zu erinnern: Das Prinzip der Rückkoppelung stammt ursprünglich aus der Technologie (man denke an den Thermostaten, die Rückkopplungsschaltung im Radioempfänger, an die moderne Automation im allgemeinen); dasselbe Feed-Back-Modell läßt sich aber auch auf die Selbstregulierung (die sogenannte Homöostase) vieler physiologischer Mechanismen anwenden, ebenso auf bestimmte psychologische und soziologische Phänomene. Derartige Modelle sind also zueinander *isomorph* und können von einem Wissensgebiet auf ein anderes übertragen werden. Es besteht eine Isomorphie bezüglich gewisser allgemeiner und abstrakter Eigenschaften zwischen Systemen, die sich in ihrer Natur, ihren Einzelteilen, ihren Antriebskräften und dergleichen voneinander unterscheiden. Noch anders ausgedrückt, es gelten allgemeine Systemgesetze, unabhängig von der Natur sowie den Bestandteilen und Wechselwirkungen in verschiedenen Systemen.«[1]

Von Bertalanffy bezeichnet die Kybernetik als den bekanntesten Zweig der Allgemeinen Systemtheorie. Er erklärt, »daß sich das kybernetische Rückkopplungsschema auf eine Vielzahl biologischer, psychologischer und soziologischer Phänomene anwenden läßt. Das kybernetische Modell ist dazu geeignet, die formale Struktur von Regelprozessen zu beschreiben, selbst wenn die tatsächlichen Mechanismen nicht bekannt sind und das System ›ein schwarzes Kästchen (black box)‹ darstellt, das nur durch die Ein- und Ausfuhr von Information charakterisiert ist.«[2] Von Bertalanffy merkt aber zugleich an, daß die Allgemeine Systemtheorie nicht an die Kybernetik gebunden sei. Entscheidend ist der »weiterreichende« grundsätzliche Gedanke, daß die Welt im Ganzen und in ihren einzelnen Teilen ein Ordnungsgefüge sei.

Dieser »Glaube an die Ordnung« wird jedoch – das ist entscheidend – nicht mehr philosophisch begründet. Die Ordnung ist nicht im Sinne des Idealismus ein metaphysisch bestimmtes Prinzip, das in die einzelnen welthaften Bereiche auf dem Wege einer Deduktion hineingetragen wird, so daß nun diese Bereiche sich als Stufenordnungen in Form einer Entwicklung darstellen. Es ist auch nicht möglich, in der Manier eines philosophischen oder wissenschaftlichen Reduktionismus die Ordnung eines besonderen Systems, etwa die des Organismus, als maßgebend anzusetzen und nun die anderen Systeme von dieser Ordnung her zu begründen. Die Gefügegesetzlichkeit kann als *Isomorphie* nicht auf bestimmte materielle oder geistige Konstellationen eingeschränkt werden, insofern sie eben in materiellen Organismen wie in geistig-seelischen Zusammenhängen zu finden ist.

Der Gedanke an Ordnung ist »allgemein« und als solcher ein »Konstrukt«. Dies Konstrukt ist aber empirisch nachweisbar und verifizierbar, *wenn* man komplexe Gebilde als *Systeme* versteht und auf ihre *Struktur* und ihre *Funktion* hin betrachtet. *Daß* man dies tut, kann als Vorgriff angesehen werden im Sinne einer Hypothese oder einer Theorie. Aber diese Theorie ist eben von den Tatsachen her gewonnen und kann daher an diesen nachgeprüft werden.

Es besteht nun aber bei vielen Anhängern der Allgemeinen Systemtheorie, insbesondere bei Biologen, eine gewisse Tendenz, Ordnung als *konstitutives* Prinzip anzusetzen. Wir wiesen bereits darauf hin, daß hinter der Allgemeinen Systemtheorie der Glaube steht, daß die Welt ein Ordnungsgefüge sei. Von Bertalanffy erklärt, daß sich gegenwärtig eine Gegenentwicklung zum kausalen Determinismus, der ja seinerseits mit dem Mechanismus zusammenhängt, herausbildet. »Wenn diese Entwicklung auch noch lange nicht abgeschlossen ist, läßt sie doch schon die Entstehung neuer Denkmodelle vorausahnen, die sich auf Systeme und geordnete Gesamtheiten anwenden lassen. Die Welt ähnelt immer weniger einem Chaos oder, um Einsteins berühmtes Wort zu verwenden, einem ›Würfelspiel‹, sondern erscheint eher – im Sinn Nicolaus Cusanus', Leibniz' oder Goethes – als ein großes Ordnungsgefüge.«[3]

Wir begegnen hier, wissenschaftstheoretisch betrachtet, der gleichen Zweideutigkeit, die wir bei der Interpretation der Situation der modernen Physik und insbesondere der modernen Soziologie beobachten. Man denke an Parsons' Systemtheorie: das System soll an sich nur als *Modell* zur Erklärung von empirischen Tatbeständen dienen; gleichwohl ist bei Parsons, so sahen wir, die Tendenz nicht zu verkennen, das

System als konstitutiv zu verstehen und dementsprechend zumindest indirekt zu propagieren, der Mensch solle sich systemkonform verhalten, und das heißt, der Wirklichkeit anpassen.

Zur Sozialkybernetik

Wir wollen im folgenden versuchen, den Grundansatz der Allgemeinen Systemtheorie durch einen kurzen Hinweis auf die Sozialkybernetik zu konkretisieren. Auch hier beschränken wir uns auf einige Anmerkungen, um Wiederholungen zu vermeiden, denn die im vorigen Kapitel diskutierte wissenschaftstheoretische Problematik der analytischen Soziologie ist weitgehend auch für die Sozialkybernetik bestimmend.

Die Sozialkybernetik sucht das soziale Verhalten im ganzen und im einzelnen als ein Geschehen zu interpretieren, das den Funktionen des *Computers* isomorph ist. Die sozialkybernetischen Theorien lassen sich jedoch nicht eindeutig gegen andere Systemtheorien der Soziologie abgrenzen, Parsons' strukturell-funktionale Systemidee oder Luhmanns Sozialtechnologie – um nur zwei Beispiele zu nennen – sind nicht der Sozialkybernetik zuzurechnen, gleichwohl bestehen zwischen ihnen und der Sozialkybernetik deutliche Beziehungen.

Wesentlich für die Sozialkybernetik ist die *Ausklammerung des Subjektes*. Dies besagt: die sozialen Handlungen werden nicht vom einzelnen Menschen her verstanden und mit dessen Selbstverständnis vermittelt, die subjektive Sinnintention des Handlungsbezuges wird nicht thematisiert. Man geht aber auch nicht von einem sogenannten Gruppensubjekt aus, das die einzelnen übergreift, sondern eben vom System. Das System als solches steht zwar in Wechselwirkung mit seinen Subsystemen, von deren Funktion es abhängt. Gleichwohl ist das System als *übergreifende* Einheit die eigentlich maßgebende Größe. Seine Strukturen hat die soziologische Interpretation herauszuarbeiten.

Das bedeutet konkret: man muß das System auf die »Motive« hin abfragen, denen seine Bewegung untersteht. Als wesentlich lassen sich nun zwei Tendenzen herausstellen. Einmal die *Selbststabilisierung*. Diese ist die entscheidende Bestimmung. Vorbild ist hier der Organismus. Soziale und politische Gebilde sind dem Organismus vergleichbar, insofern es in allen diesen Fällen um Selbsterhaltung geht. Die zweite Grundtendenz ist der *Lernprozeß*. Diese Bestimmung tritt in der Sozialkybernetik immer stärker in den Vordergrund. Kybernetische Systeme – das hat ja gerade die Computertechnik gezeigt – können sich entwickeln, sie sind lernfähig. *Karl Deutsch* hat in seiner Politischen Kybernetik die Lernfähigkeit geradezu zum Schlüsselbegriff erhoben. Von ihr her – wir werden dies im einzelnen im fünften Teil noch sehen[4] – werden die klassischen politischen Ansätze und Begriffe revidiert. Die Macht ist für politische Systeme nicht der bestimmende Faktor, denn Macht garantiert noch nicht das Überleben, dessen Chance liegt heute weitgehend in der Lernfähigkeit. Der Wille erscheint von hier aus gesehen geradezu als identisch mit dem Wunsch, nicht zu lernen. Dieser Wille mag zu Zeiten nötig sein, ein übermäßiger und unabbrechbarer Informationsfluß würde die Entscheidungsfähigkeit lähmen. Gleichwohl: die Lernfähigkeit ist für komplexe Sozialgebilde wesentlich.

Stabilisierung und Lernprozeß sind die primären »Sollwerte« des sozialen Systems. *Wie* sie verwirklicht werden, hängt von der Struktur des jeweiligen Systems ab. Man muß unter diesem Gesichtspunkt die Systeme auf die sie bedingenden Faktoren hin genauer untersuchen und sie klassifizieren. Hier dient die Kybernetik eindeutig als Vorbild. Es gilt – um nur einiges zu nennen –, offene und geschlossene Systeme zu unterscheiden, und demgemäß müssen die Systemgrenzen und weiterhin die Interdependenz und Independenz, die Zentralisierung oder Dezentralisierung, die Isolierung und Interaktionsfähigkeit eines Systems bestimmt werden, wobei Multistabilität von Ultrastabilität, ständiges von unbeständigem Gleichgewicht abzuheben ist. Weiterhin sind die Faktoren der negativen Entropie (das heißt das Maß der Ordnung) und der positiven Entropie (das heißt das Maß der Unordnung) als mögliche »Tendenzen« zu beachten.

Ganz wesentlich ist bei diesen Untersuchungen nun die Struktur der *Information* des Systems. Deutsch unterscheidet die Information aus der Um- und Außenwelt, die gespeicherten Informationen der Vergangenheit und die Informationen über das System selbst und den aktuellen Zustand seiner Teile.[5] Diese drei Informationsmöglichkeiten müssen miteinander im Gleichgewicht stehen, wenn anders das System lebens- und entwicklungsfähig sein soll. Bei politischen Gebilden ist daher darauf zu achten, daß die Information ebenso »von oben«, das heißt den Regierenden, »nach unten«, das heißt den Regierten, fließt wie umgekehrt. Informationen müssen weiterhin daraufhin untersucht werden, ob sie primär oder sekundär sind.

Überdenkt man die hier nur angedeuteten außerordentlich differenzierten Fragestellungen der Sozialkybernetik, so läßt sich nicht abstreiten, daß die Sozialkybernetik zur Interpretation von sozialen Gebilden Entscheidendes beiträgt. Sie bedeutet einen Fortschritt gegenüber gewissen soziologischen und politischen Theorien der Tradition, die *einseitig* das Subjekt – sei es ein einzelnes oder ein kollektives Subjekt – in das Zentrum stellen. Soziale Zusammenhänge lassen sich nicht nur aus intentionalem Handeln von einzelnen oder dessen Summierung erklären. Es gibt in der sozialen Wirklichkeit Strukturen, denen »überpersönliche Geltung« zuzusprechen ist. Es handelt sich hier um allgemeine Gefügegesetzlichkeiten, die in mehr oder weniger starkem Maße alle Sozialgebilde bestimmen.

Entscheidend für die Beurteilung der Analysen der Sozialkybernetik ist es jedoch, daß man daran festhält, daß sozialkybernetische Systeme Modellentwürfe darstellen. Setzt man dagegen das System mit der Wirklichkeit gleich, das heißt »hypostasiert« man es, dann erscheint es als die maßgebende Realität, nach der die Menschen sich zu richten haben. Die Frage nach der Systemkonformität schließt dann – zumindest indirekt – das Gebot der Anpassung ein.

Zum »Subjektcharakter« sozialkybernetischer Systeme

Wir wollen zum Abschluß unserer Erörterungen der Sozialkybernetik noch einmal die bereits oben erwähnte Frage, wie es mit dem Subjektcharakter dieser Systeme steht, erörtern. Es fällt zunächst auf, daß das System als solches eigentümlich »anthropologisiert« wird. Man redet nicht nur vom Wachstum und Lernen des Systems, unterscheidet nicht nur, so Deutsch, sich selbst zerstörende Systeme von sich selbst entwickelnden und erweiternden Systemen, sondern spricht vom *Bewußtsein* der Systeme. *Dieter Senghaas* erklärt: »Die Autonomie eines Systems, in einem operationellen oder informationellen Sinn verstanden, hängt von dem Bewußtsein ab, das ein System von sich selbst besitzt. Das Bewußtsein des Systems ließe sich als eine Ansammlung von internen Rückkoppelungsmechanismen bestimmen, die seine Bewegungen beobachten.«[6] Dies Bewußtsein kann verfeinert werden zum subtilen Selbstbewußtsein; dessen Erwerb bedeutet einen Gewinn an Steuerungsmöglichkeiten. »Ein subtiles Selbstbewußtsein, das abhängig ist von Informationen, die ein System über seinen Gesamtzustand und den seiner Teile besitzt und damit indirekt auch von Informationen aus seiner Umwelt und seiner Vergangenheit, ermöglicht einer Gesellschaft bei verfügbaren und mobilisierbaren materiellen und energetischen Ressourcen eine relativ hohe Steuerungspräzision.«[7]

Überdenkt man diese Aussagen, dann scheint es, daß an die Stelle des kollektiven Subjektes als Äquivalent nun eine Art »Systemsubjekt« getreten ist. Man muß hier jedoch vorsichtig argumentieren. Zunächst: es ist klar, daß die Redeweise von Handlungen, Bewußtsein und Selbstbewußtsein, ob diese sich nun auf Systeme oder Geschichtssubjekte – etwa Klassen oder Nationen – bezieht, sich in der Dimension der Umgangssprache bewegt. Sie stellt als solche eine Übertragung von den *Einzelsubjekten* her dar, und soll weder dem System noch dem Geschichtssubjekt die Rolle eines bewußten Akteurs substituieren.

Ein gewisser Gegensatz zwischen den Anhängern der Theorie eines Kollektivsubjektes und den Systemtheoretikern zeigt sich jedoch nun in folgendem: die Systemtheoretiker gebrauchen die Kategorien, die für die Subjektivität charakteristisch sind, zwar relativ häufig, aber eben nur im umgangssprachlichen Sinn. Eine *sachliche* Identifizierung von Subjekt und System lehnen sie strikt ab. Das hat – wie wir meinen – durchaus berechtigte Gründe. Die Systemtheoretiker erklären, daß das kollektive Geschichtssubjekt eine vage Bestimmung sei, das System aber lasse sich auf seine Struktur hin relativ exakt untersuchen. Anders gesagt: das System ist eine Bezugsgröße, die unter dem Gesichtspunkt der *Funktionalität* weitgehend *durchsichtig* gemacht werden kann, ebenso wie die Arbeitsweise des Computers.

Das »Geschichtssubjekt« stellt – so kann man sagen – eine relativ unmittelbare Übertragung vom Einzelsubjekt her dar. Es übernimmt dessen Fähigkeiten im ganzen, seien sie nun emotionaler oder rationaler Natur. Das »Systemsubjekt« dagegen steht nur unter dem Gesichtspunkt der *Rationalität*. Ebenso wie beim homo oeconomicus ist hier der Wirklichkeitsbezug weitgehend eingeklammert. Wenn Organismen, einzelne Menschen, Computer und Sozialsysteme systemtheoretisch untersucht werden, dann nicht als gleichgeartete *Wirklichkeiten*, sondern lediglich unter dem Gesichtspunkt der *Funktionalität*. Dies besagt für die Systeme der Sozialkybernetik: es handelt sich hier um *Modelle*, die auf rational-technologische Funktionsfähigkeit hin *konstruiert* werden. Diese Systeme sind also keine wirklichen Subjekte. Die wirklichen Subjekte sind die *geschichtlich handelnden Menschen*. Diese können und müssen sich zu *kollektiven Geschichtssubjekten* zusammenschließen; wir werden diesen Sachverhalt im vierten Teil, der unter dem Thema der Vergeschichtlichung steht, diskutieren.[8]

Überdenkt man diese Zusammenhänge, dann erkennt man, daß der sozialkybernetische Wissenschaftler *dialektisch* vorgehen muß. Ihm ist es nicht nur aufgegeben, von den Modellen her die Realität zu »perfektionieren«, sondern auch umgekehrt von der Wirklichkeit her die Modelle zu beurteilen und zu bewerten, damit diese nicht zu quasiontologischen Subjekten hypostasiert werden, denen gegenüber keine Kritik, sondern nur noch Anpassung möglich ist.

Zweiter Teil
Verinnerlichung

Zur Gliederung

Wir haben im ersten Teil die Verwissenschaftlichung behandelt und sie als maßgebendes Kennzeichen des gegenwärtigen Zeitalters herauszustellen gesucht. Als philosophisches Ergebnis dieser Analysen zeigte sich, daß sich in der gegenwärtigen Wissenschaft ein bedeutsamer Wandel vollzieht, dessen Kennzeichen die Aufhebung einer fixen Gegenständlichkeit ist. Wissenschaft vollzieht sich heute als Forschung. Der Forschungsprozeß aber stellt sich als ein Geschehen dar, in dem Subjekt und Objekt aufeinander verweisen in der Form gegenseitiger Bedingung. In der gegenwärtigen Wissenschaft tritt, so faßten wir unsere Untersuchungen zusammen, ein *neuer Begriff von Wirklichkeit* hervor.

Diesen Wirklichkeitsbegriff auf allen Gebieten in seiner ganzen Bedeutsamkeit herauszuarbeiten, ist die eigentliche Aufgabe unserer Arbeit. Diese Aufgabe aber ist nicht nur durch eine unmittelbare Analyse der Gegenwart zu leisten; ebenso wichtig ist, wie wir im Vorwort bereits darlegten, die *Auseinandersetzung mit der geschichtlichen Vergangenheit*.[1]

Diese Auseinandersetzung untersteht der Kategorie der *Aufhebung*. Die Bestimmung »Aufhebung« hat einen positiven und einen negativen Charakter, wobei aber beide Tendenzen, das heißt das Bewahren und das Negieren der Vergangenheit, durchaus nicht von gleichem Gewicht und gleichem Rang sein müssen. Es erscheint uns, wenn man die klassische Philosophie der Tradition, insbesondere die dort ausgebildete Metaphysik und deren Ausläufer überblickt, notwendig, die Negation in das Zentrum zu stellen und die Tradition von der Gegenwart her zu destruieren. Den meisten der Zeitgenossen – auch innerhalb der Philosophie – mag eine solche Destruktionsgeschichte überflüssig erscheinen, denn die klassische Philosophie der Tradition ist bereits, so erklärt man, gleichgültig geworden und beginnt in absolute Vergessenheit zu geraten. Im Gegenzug zu einer solchen Einstellung meinen wir, daß die ausdrückliche Destruktion der Tradition vom philosophischen Aspekt der Gegenwart her ein durchaus sinnvolles Unternehmen ist. Verglichen mit einer totalen Gleichgültigkeit bedeutet die Destruktion dieser Tradition ein Ernstnehmen derselben, nicht nur, insofern man sich hier überhaupt inhaltlich auseinandersetzt, sondern auch und vor allem, insofern man von der Überzeugung ausgeht, daß sich das Denken gerade durch die Destruktion in die Möglichkeit bringt, sich in einen angemessenen Bezug zur Wirklichkeit zu versetzen. Die Destruktion hat dabei gerade die von der Gegenwart her positiv erscheinenden Möglichkeiten der Tradition auszuschöpfen, und insofern kommt der Auseinandersetzung mit unserer Vergangenheit auch der Charakter des Bewahrens zu.

Wir suchen das Gesagte nun im Hinblick auf die folgenden Untersuchungen zu konkretisieren. Diese Untersuchungen stehen unter dem Titel »Verinnerlichung«. Man könnte, um das Wesen der Verinnerlichung zu charakterisieren, auf die Begriffe der *Subjektivität* und der *Subjektivierung* zurückgreifen, die bereits bei Hegel zu finden sind und insbesondere in der Heidegger-Schule als Schlüsselbegriffe zu einer Deutung der Entwicklung der klassischen Philosophie angesetzt wurden. Das Kennzeichen dieser Philosophie ist es, daß sich das Subjekt vom Äußeren abtrennt, sich auf sich besinnt und sich schließlich als Ursprungsprinzip einer im Medium des reinen Gedankens sich vollziehenden Weltkonstruktion etabliert. Wir wollen jedoch im folgenden den Begriff der »Philosophie der Subjektivität« nicht ins Zentrum stellen, sondern vom Begriff der Verinnerlichung ausgehen. Die Einsetzung dieses Begriffes stellt bereits einen kritischen Gegenzug gegen die gesamte klassische Philosophie und der dieser zugehörigen Philosophiegeschichte dar. Für beide ist die Bestimmung »Subjektivität« ein philosophischer Grundbegriff. Von der Subjektivität her ist der Bezug zum Seienden als solcher zu deuten. Ob man nun diesen Ansatz, wie es eben in der Philosophie der Subjektivität geschieht, positiv wertet, oder ob man ihn kritisiert, in beiden Fällen verbleibt die Argumentation »philosophie-immanent«, das heißt, sie bewegt sich im Raum der Problematik, auf welchem Fundament die Philosophie in ihrer Systematik aufbauen soll.

Die Bestimmung »Verinnerlichung« dagegen ist offensichtlich kein rein philosophischer Begriff. Von einer strengen philosophischen Systematik her erscheint dieser Begriff relativ unbestimmt und allzu weit. Zudem schwingt in seinem Gebrauch immer eine gewisse positive oder negative Wertung mit, insofern Verinnerlichung eine dialektische Gegenbestimmung zur Veräußerlichung ist. Beide Aspekte sind für uns aber durchaus relevant. Es gilt gerade, die *Weite* des Begriffes der Verinnerlichung positiv zu werten, das heißt zu erkennen, daß Verinnerlichung einen allgemeinen Grundzug der abendländischen Geistesgeschichte darstellt. Die Intention, das welthafte Gebundensein abzuwerten und im Inneren die eigentliche Welt aufzubauen, ist dem christlichen Denken entsprungen, und von hier aus hat sie sich als maßgebende Tendenz in der gesamten abendländischen Geistesgeschichte durchgesetzt. Im *Gegenzug* zu dieser Tendenz gilt es, das Verflochtensein des Menschen in die Äußerlichkeit allgemeiner Lebensverhältnisse als Faktum anzuerkennen und deren Gestaltung als Aufgabe zu übernehmen. Diese Übernahme aber ist nur möglich, wenn man begreift, daß der Mensch kein für sich seiendes Subjekt ist, sondern daß er in einem Geschehenszusammenhang steht, den er ebenso zu vermitteln hat, wie er durch ihn vermittelt ist. Im Blick auf die späteren Teile formuliert: die Überwindung einer Philosophie der Innerlichkeit muß von einer Philosophie her geschehen, die sich unter die Leitbegriffe »Vergeschichtlichung« und »Verantwortung« stellt.

Wir sagten, daß die Verinnerlichung ein allgemeiner Grundzug der abendländischen Geistesgeschichte ist. Dieser Grundzug wird jedoch am faßbarsten in der *Entwicklung der klassischen Philosophie der Tradition*. Diese Entwicklung soll hier thematisiert werden, und zwar eben in der Form, daß die Tendenz der Verinnerlichung als Schlüsselbegriff der Interpretation angesetzt wird. Dies bedeutet, daß wir philosophische Konzeptionen, die in der üblichen Philosophiegeschichte als disparat oder gar als Gegensätze angesetzt werden, als zuinnerst verwandte Phänomene zu erfassen suchen. Nicht nur die christliche Philosophie, wie sie in Augustins Denken zutage tritt, oder die cartesianische Philosophie der Subjektivität, auch Kants transzendentalphilosophischer Ansatz und die aus ihm erwachsene spekulative Philosophie des Deutschen Idealismus unterstehen dem Prinzip der Innerlichkeit. Natürlich zeigen sich in dieser Entwicklung bedeutsame Unterschiede, die wir in unserer Analyse zu beachten haben. Gleichwohl ist es unser eigentliches Bemühen, die genetische Einheit der abendländischen Philosophie von Augustin bis zur Existenzphilosophie aufzuzeigen. –

Von diesem Ansatz her ergibt sich folgende Gliederung: der erste Abschnitt untersucht unter dem Titel »Philosophie als Bewegung zum Unendlichen. Zur geschichtlichen Entwicklung der Metaphysik der Innerlichkeit von Augustin bis zum Deutschen Idealismus« die Metaphysik der klassischen Tradition. Unsere Absicht ist es zu zeigen, daß das Philosophieren in dieser Epoche als die Bewegung des Transzendierens verstanden wird. Der Philosoph geht davon aus, daß es Aufgabe des Menschen ist, sich zum Unendlichen zu erheben, und er sucht darzulegen, daß dies möglich ist, weil der Mensch selbst wesenhaft vom Unendlichen bestimmt ist. Der zweite Abschnitt thematisiert »Die Philosophie der Existenz als Bewegung der Verendlichung«. Diese Bewegung der Verendlichung steht im Gegensatz zur Metaphysik der Tradition. Gleichwohl bestehen zwischen beiden philosophischen Ansätzen nicht nur Differenzen, sondern auch Gemeinsamkeiten, insofern die klassische Metaphysik und die Existenzphilosophie das Innere als die wesenhafte Dimension ansetzen. Diese Zusammenhänge untersuchen wir in einer Vorbemerkung, die den Titel trägt »Existenzphilosophie und Metaphysik der Innerlichkeit«. Die konkrete Analyse der Existenzphilosophie beginnt mit einer Darstellung Kierkegaards, die unter dem Titel steht »Kierkegaard: Der Gegenzug gegen Hegels Verweltlichung der Philosophie«. Diese Darstellung ist relativ ausführlich, denn Kierkegaard ist der erste Denker, der an der Philosophie des Unendlichen, die im Deutschen Idealismus kulminiert, radikale Kritik übt vom Gesichtspunkt der existierenden Subjektivität her. Seine Analysen dieser Subjektivität bilden die Grundlage der späteren Existenzphilosophie. Es folgt ein Exkurs »Husserl: Das reine Bewußtsein als Forschungsfeld«. Dieser Exkurs sucht unsere Analyse Husserls, die wir im ersten Teil entwickelten, vom Gesichtspunkt der Verinnerlichung her zu erweitern. Dies erscheint uns in unserem Zusammenhang notwendig, denn ohne Rückgriff auf Husserls Denkansatz ist ein legitimes Verständnis von Heidegger und Sartre kaum möglich. Das zweite Kapitel, überschrieben »Heidegger: Die transzendentalphilosophische Sicherung der Endlichkeit«, entwickelt Heideggers Neubegründung der Philosophie als Gegenzug zur klassischen Metaphysik. Wir beschränken uns hier auf die Interpretation von Heideggers frühem Hauptwerk »Sein und Zeit« und stellen vor allem das Problem der Endlichkeit ins Zentrum. Auf Heideggers spätere Philosophie werden wir im vierten Teil genauer eingehen. Unter dem Titel »Sartre: Die absolute Freiheit« untersuchen wir im dritten Kapitel die philosophischen Möglichkeiten, die Sartre in seinem Werk »Das Sein und das Nichts« eröffnet hat. Wir suchen hier darzulegen, daß Sartres Konzeption des Engagements und seine Herausstellung des zwischenmenschlichen Bezuges immer wieder durchkreuzt wird durch die Idee, daß das menschliche Individuum sich als diskontinuierliche Einheit seiner eigenen Entscheidungen etabliert. Im vierten Kapitel, überschrieben »Jaspers: Die existentielle Reflexion« explizieren wir Jaspers' Differenzierungen von wissenschaftlicher Welterfahrung, Existenzphilosophie und Metaphysik und fragen hier insbesondere, ob diese Unterscheidungen eine legitime Möglichkeit des gegenwärtigen Philosophierens darstellen.

Eine Anmerkung zu diesem zweiten Abschnitt sei angefügt. Die Existenzphilosophie gehört heute, so scheint es, bereits der Vergangenheit an, jedenfalls ist sie weithin in Vergessenheit geraten. Gleichwohl ist, so meinen wir, eine relativ ausführliche Darstellung dieser Bewegung angemessen. In der Existenzphilosophie, der letzten »großen Philosophie«, vollendet sich die klassische Tradition. Man kann diese Tradition nur begreifen, wenn man diesen Abschluß in seiner ganzen Tragweite bedenkt. Dies ist aber wiederum notwendig, wenn anders man erkennen will, welche *neuen Wege* das Philosophieren heute einschlagen muß, um die uns gestellten Aufgaben zu bewältigen.

Dieser Fragestellung untersteht der letzte Abschnitt dieses Teiles »Zur Überwindung der Philosophie der Subjektivität«. Hier versuchen wir, und zwar insbesondere von *Fichtes Philosophie* her[2], die Denkansätze herauszuarbeiten, die im Gegenzug zu der Philosophie der Innerlichkeit stehen. Das besagt konkret: wir wollen darlegen, daß die Subjektivität ihre legitime Grenze am *Mitmenschen* findet. Vom zwischenmenschlichen Bezug her aber zeigt sich eine wesentliche Bestimmung des neuen Begriffs der Wirklichkeit. Wirklichkeit ist nicht die objektive Gegenstandswelt, sondern die Dimension einer Auseinandersetzung, in der die Menschen sich darum bemühen und bemühen sollen, eine der Vernunft gemäße Ordnung herzustellen, die den einzelnen umgreift und doch nicht ohne sein Zutun vorhanden ist.

A. Philosophie als Bewegung zum Unendlichen. Zur geschichtlichen Entwicklung der Metaphysik der Innerlichkeit von Augustin bis zum Deutschen Idealismus

Vorbemerkung

Die Bewegung der Verinnerlichung, wie sie sich in der Existenzphilosophie darstellt, vollzieht sich als Bewegung der Verendlichung. Sie steht, wie wir sagten, im Gegenzug zur Epoche der klassischen Metaphysik, die unter dem Prinzip der Unendlichkeit steht. Die Grundansätze dieser Epoche werden im folgenden thematisiert. Nach einem kurzen Hinweis auf die *Dialektik von Gott, Welt und Mensch im frühen Christentum*, thematisieren wir *Augustin*, dessen Denken für die Grundkonzeption der Philosophie der Innerlichkeit von wesentlicher Bedeutung ist, sodann *Descartes*, den Inaugurator der »Ichgewißheit«. Daran schließt sich eine Analyse der *Transzendentalphilosophie* und der aus dieser hervorgehenden *spekulativen idealistischen Philosophie*, für die die Innerlichkeit sich als das metaphysische Prinzip herausstellt, von dem her die Welt in Gedanken konstituiert werden kann.

Die Dialektik von Gott, Welt und Mensch im frühen Christentum[1]

Für den christlichen Glauben ist die Welt ein Faktum; als geschaffene wird sie vorübergehen. Die Welt gilt also nicht als eine ewige in sich gültige Ordnung. Dementsprechend bestimmt sich der Weltbezug. Das ursprüngliche christliche Weltverhalten ist durch eine eigentümliche Gebrochenheit geprägt. Man nimmt Teil, und man darf teilnehmen an dem Geschehen dieser Welt. Aber man soll sein Herz nicht an die Welt hängen. Der Mensch bleibt der Welt gegenüber ein Fremdling. Paulus bringt dies dialektische Verhältnis in der Formulierung des »Habens, als hätte man nicht« zum Ausdruck.[2] Das Grundgeschehen, das den Menschen wirklich angeht und angehen soll, ist die Geschichte, in der Gott die Glaubenden aus der Welt herausruft. Diese Geschichte ist für den einzelnen nur dann wirklich, wenn er für sich selbst diese Heilstat Gottes ergreift, das heißt, anerkennt, daß Gott durch Christus die Umkehr von der Haltung der Weltverlorenheit zu einem neuen Sein erwirkt hat, für das nun der Bezug von Gott und Mensch allein wesentlich ist. Dieser Bezug ist vom Menschen her nie gesichert und abgeschlossen. Er ist individuell und einmalig, insofern sich Gott auf jeden Menschen in personhafter Weise bezieht. Es ist jedoch daran festzuhalten, daß die Grundcharaktere der Heilsgeschichte das persönliche Geschehen zwischen Gott und einzelner Seele überschreiten, weil Gott als der Vater der eine

Gott aller Menschen ist. Er vermittelt sie auf sich hin, und er vermittelt sie untereinander, insofern sie in der Welt sind und doch nicht von der Welt sein sollen.

Die Bezüge zwischen Gott und Welt, Gott und Mensch und Mensch und Welt sind außerordentlich dialektisch. Die Gefahr besteht, entweder die Pole allzusehr voneinander zu entfernen, so daß das Verhältnis seiner Auflösung zuneigt, oder umgekehrt, die Pole allzusehr einander anzunähern, so daß der Unterschied zwischen ihnen als nicht mehr wesentlich erscheint. Das christliche Denken hat sich in seiner geschichtlichen Entwicklung bemüht, eine mögliche Gleichgewichtslage zwischen den Polen herzustellen, indem es mit Hilfe der *antiken Metaphysik* die Bezüge von Gott, Welt und Mensch ontologisch der allgemeinen Vernünftigkeit gemäß fundierte. Diese Verfremdung des ursprünglich neutestamentlichen Glaubens, der am philosophischen Denken uninteressiert ist, bedeutet nun, daß der Gottesgedanke sich wesentlich kompliziert. Gott ist für die »christliche Philosophie« nie eine Bestimmung des bloßen inneren Glaubens. Im Gegenzug zu modernen theologischen Richtungen, deren Anliegen es ist, theologische Aussagen zu entmythologisieren und zu existenzialisieren[3], ist strikt daran festzuhalten, daß Gott nach der allgemeinen christlichen Tradition von der Glaubensinnerlichkeit allein her gar nicht zugänglich sein kann, weil Gott eben nicht darin aufgeht, Bezugspunkt des jeweiligen persönlichen Glaubensverhältnisses zu sein. Gott ist das *zuhöchst Seiende*, das für sich ist und solchermaßen transzendent über der Welt und den Menschen steht. Gott ist jedoch zugleich auf beides, Welt und Mensch, insofern sie ebenfalls seiend sind, bezogen.

Von dieser Dialektik her ist die »Ontologie der Innerlichkeit« zu verstehen. Das Innere ist der Ort, an dem nicht nur Gott, sondern auch die Welt zur Erscheinung kommt. Genauer: der *homo interior* ist die Mitte im Sinn einer möglichen Vermittlung von Gott und Welt. In diese Seinsposition ist der Mensch von Gott eingesetzt. Gleichwohl muß die Dimension der Innerlichkeit immer erst vom einzelnen durch den Rückzug auf sich selbst und den Aufstieg zu Gott gewonnen werden. Zur Innerlichkeit gehört grundsätzlich gesehen immer eine existenzielle Komponente, insofern das Innere nur in und durch die Freiheit des Einzelnen zu aktualisieren ist.

Wir suchen nun diese Wendung zur Innerlichkeit durch einen Hinweis auf *Augustin* zu illustrieren, denn Augustins Konzeption einer christlichen Philosophie ist für die auf ihn folgende Tradition grundlegend.

Augustin[4]

Augustin entwickelt eine christliche Geschichtsphilosophie[5], in der das Geschehen von Kain und Abel an bis zum Ende der Welt einer gliedernden Konstruktion unterworfen wird. Seine Schematisierung ist in prinzipieller Hinsicht durch den Gegensatz der *civitas dei* und der *civitas terrena* bestimmt. Die civitas dei ist eigentlich keine welthafte Größe. Sie ist nicht die äußere kirchliche Gemeinschaft, der man durch die Taufe zugehört oder in die man eintritt. Gleichwohl: insofern die Kirche in der Welt vorhanden ist, ist es nicht angängig, sie als reine eschatologische Größe zu bestimmen. Die Kirche muß ja mit Amtsgewalt verwaltet und in Ordnung gehalten werden. Umgekehrt: die civitas terrena ist an sich die civitas diaboli. Aber diese darf nicht einfach als eine Gegebenheit verstanden werden, die durch die Welthaftigkeit qua Welthaftigkeit zustande kommt. Augustin beurteilt den römischen Staat als die gegenwärtige Wirklichkeit der civitas terrena eigentümlich zweideutig. Von Grund aus sündhaft und verderbt ist er doch Träger der äußeren Ordnung. Die sich hier auftuende Problematik, ob und wieweit welthafte und nicht welthafte Gemeinschaften in vergleichbaren Bezug treten können, wird von Augustin aber nicht als philosophische Frage aufgeworfen, denn Augustin ist der Ansicht, daß Gott der Herr beider civitates und damit des geschichtlichen Geschehens überhaupt ist. Ihm ist dieses anheim gestellt. Der Mensch braucht sich um die Gestaltung der Geschichte gar nicht zu sorgen, weil dieses Geschehen ja nach Gottes unerforschlichem, aber sinnvollem Ratschluß bereits vorhergesehen ist. Vor allem aber: Gott hat einige grundlos und unverstehbar erwählt. Der einzelne vermag dieser Erwählung nie ganz gewiß zu sein, im Vertrauen auf Gott und die Gemeinschaft der Heiligen sichert er sich jedoch so weit gegen die Welt ab, daß ihm deren Geschick gar nicht wesentlich zu sein scheint.

Deutlicher noch als in der Geschichtsphilosophie tritt die Problematik der christlichen Innerlichkeit in der *Anthropologie*[6] Augustins heraus. Augustin spricht vom *homo interior* und *homo exterior* und zugleich vom *homo novus* und vom *homo vetus*. Beide Bestimmungen sind verschiedenen Ursprungs. Der alte Mensch ist der von Gott getrennte und der neue Mensch der von Gott zu Gott hin umgewandte. Diese an der Bekehrung orientierte Unterscheidung versteht den Menschen zeitlich von seiner inneren Geschichte her. Sie wird aber mit der zweiten Bestimmung des Menschen verbunden, die den Menschen aufgrund seiner Vermögen den Seinsbereichen zuordnet. Der homo vetus ist der äußere Mensch, der einen Körper hat und sich aufgrund dieses körperlichen Seins an das Körperliche verloren hat. Getrieben von der Neugier bindet er sich an die temporalia und carnalia. Der homo novus dagegen ist der innere Mensch, der durch Enthaltsamkeit und Weisheit bestimmt ist. Er steht im Bezug zu Gott, der den Menschen bekehrt hat, indem er sich als das eigentliche Sein zeigt und den Menschen auf sich hin zieht.

Beide Einteilungen sind durch den Gegensatz von »Natürlichkeit« und »Freiheit« bestimmt. Der Mensch, der als homo vetus und als homo exterior existiert, ist weltgebunden. Der ungebrochene Weltbezug ist ihm gleichsam vorgegeben, oder zumindest: er erscheint »natürlich« – christlich gesprochen ist diese Natürlichkeit die einer gefallenen Natur, d. h. ein durch Freiheit zugezogener verderbter Zustand. Der homo interior oder der homo novus ist nichts Gegebenes. Der einzelne muß sich erst in seiner Innerlichkeit verwirklichen. Aber diese Leistung ist nur im Bezug zu Gott möglich. Seelisches, unsichtbares Geschehen entfaltet sich nur als Hören[7] auf Gottes Aufforderungen. Augustin hat in den »Confessiones« von seinen eigenen Erfahrungen berichtet als dem Weg zu Gott hin. Dieser Weg ist der *reditus in se ipsum*, der als solcher von Gott gelenkt wird. Gottes Lenkung geschieht aber nicht nach Willkür, sondern der ontologischen Stufenordnung gemäß. Das zeitliche Geschehen dieser Verinnerlichung ist daher zugleich ein Aufstieg von unten nach oben, vom Irdisch-Vergänglichen zum Himmlisch-Unvergänglichen, vom Körperlichen zum Geistigen. Augustin trägt daher seine Lebensgeschichte auf dem Hintergrund einer ontologischen Seinsgliederung vor, von der her der Ort des Inneren im Ganzen der Seinsordnung bestimmt erscheint.

Auch das *welthaft Seiende* steht in Bezug zu Gott. Als von Gott Gemachtes stellt es eine Ordnung dar. Die Ordnung, in der sich die Schönheit der Welt zeigt, ist nichts Materielles, denn die eigentlichen Ordnungsfaktoren sind die Zahlen, auf denen die Harmonie der Welt beruht. Der Mensch versteht diese Ordnung im ganzen und im einzelnen. Dies besagt aber nicht, daß er sie vom Äußeren abnimmt und ins Innere überträgt. Er erkennt diese Ordnung als homo interior, denn Gott hat die Wesensbestimmungen ins Innere gesetzt. Die Ideen sind also im Äußeren, der Welt, *und* im Inneren, dem Geist, da. Im Inneren sind sie jedoch als unsichtbar und immateriell reiner als in der Welt. Der Mensch kann die Welt nur verstehen, weil er ihr überlegen ist. Dies Verstehen bedeutet, daß er die Welt auf Gott bezieht. Dies ist aber nur möglich, wenn er Gott als Gott ergreift. Augustin erklärt grundsätzlich, daß Gott »weit eher« im Inneren als in der Welt zu finden sei. Gott ist aber nicht im Inneren so da, wie etwas innerhalb eines Raumes ist. Gott überragt als Transzendenz das Innere. Dies besagt aber, wie Augustin dialektisch formuliert, das Innere muß sich seinerseits übersteigen und sich zu seinem Ursprung hin vermitteln.

Augustin hat die Frage, wie man Gott finden kann, insbesondere in seiner Analyse der *memoria*[8] zu beantworten gesucht. Diese Lehre ist für die Entwicklung der Philosophie der Innerlichkeit von hoher Bedeutung. Die memoria umgreift zunächst das Äußere: die ganze große ausgedehnte Welt kann im Inneren in der Weise von Bildern da sein. Die memoria ist »weiträumig«. Sie umfaßt aber nicht nur die Bilder der äußeren Dinge, sondern auch die Grundbegriffe, von denen her dies Äußere geordnet werden kann. Und schließlich: das Innere vermag sich selbst zu erfassen, nicht nur in der Form, daß man vergangener Erlebnisse eingedenk ist, sondern auch in der Form, daß man sich selbst beurteilen kann. Diese Selbstbeurteilung aber zeigt, daß alles Verhalten intentional auf eine Vollendung hinstrebt. Der Mensch ist so lange beunruhigt, bis er diese Vollendung, und das heißt eben Gott, ergreift. Anders formuliert: wenn das Innere auf sich selbst reflektiert, so muß es sich als endlich begreifen und das heißt, erfassen, daß es die Aufgabe des Menschen ist, über sich hinauszugehen zum göttlichen Ursprung, da ja alles Endliche notwendig auf das Unendliche als das Positive verweist, von dem her es existiert.

Von der Bewegung des Transzendierens her, in der die ontologische Rangordnung vom einzelnen und für den einzelnen aktualisiert wird, erschließt sich der Sinn der Innerlichkeit. In der Innerlichkeit liegt die Möglichkeit einer Ablösung vom Äußeren. Verwirklicht man diese Möglichkeit, dann wird das Äußere im Inneren, d. h. in der Wesensdimension, ideal erfaßt. Aber diese Erfassung ist nur dann angemessen, wenn sich dies Innere im Hinblick auf Gott verwesentlicht, auf Gott, der beides, Welt und Ich, als Schöpfer und Erhalter umgreift. Augustins Ansatz hat sich in der auf ihn folgenden Tradition ausgewirkt. Daß die Innerlichkeit die Wesensbestimmung des Menschen sei, d. h. daß der Mensch sich vom Äußeren abzukehren habe, um wahrhaft Mensch zu sein, dies bleibt die leitende Überzeugung. Ihre Folge ist verhängnisvoll. Das Bewußtsein, daß der Mensch für die Gestaltung der Welt verantwortlich ist, kommt nicht auf, weil es ja Gott ist, der das Weltgeschehen in seinen Händen hat. Und dieser Gott hat es auch ermöglicht, daß der Erkennende in sich selbst, d. h. in seiner memoria, die äußere Welt in ihrer reinen und verwesentlichten Gestalt zu denken vermag. Zwar tritt zu Beginn der Neuzeit die *menschliche* Subjektivität in das Zentrum, aber der einmal vollzogene Bruch von Innen und Außen bleibt in der Philosophie beherrschend, er wird sogar noch verstärkt: der Mensch erbaut sich nun in sich selbst als denkendem Wesen eine Welt in Gedanken als die wahre Welt. Dies gilt es nun genauer darzulegen.

Der transzendentalphilosophische und der spekulative Ansatz in der neuzeitlichen Philosophie [9]

Die neuzeitliche Philosophie stellt sachlich gesehen keine Einheit dar. Sie ist auf der einen Seite an der *Wissenschaft* orientiert und will diese begründen. Sie nimmt damit auf ihre Weise an der grundsätzlichen Wandlung teil, die sich zu Beginn der Neuzeit vollzieht. Die Welt wird nicht mehr unmittelbar theologisch als Schöpfung Gottes gedeutet, sondern sie wird »verweltlicht«. Die Welt soll auf ihren rationalen Gesetzeszusammenhang hin untersucht werden. Dieser Gesetzeszusammenhang kann aber nur von der denkenden Subjektivität, genauer: dem Verstand, erfaßt werden, er ist sogar im Verstand zu begründen. Darum muß nun der Verstand zum Prinzip einer Philosophie werden, die das Wissen der Wissenschaft fundieren will. Mit Hegel gesprochen: »Die Weltlichkeit will weltlich gerichtet werden, der Richter ist der denkende Verstand.«[10] Die Philosophie als ganze aber geht in diesem Vorhaben, Wissenschaftsbegründung zu sein, nicht auf. Sie hat als Nachfolgerin der Religion auch die Aufgabe, in der Betrachtung des Ewigen das *metaphysische Bedürfnis* zu stillen, das in der Wissenschaft nicht erfüllt werden kann. Wenn diese Betrachtung des Ewigen auch keine exakte Betrachtung ist, so darf sie jedoch nicht bloß erbaulich sein. Diese philosophische Betrachtung muß Wissen sein, freilich eine besondere Art des Wissens, und diese besondere Art des Wissens ist die *Spekulation*. Die Spekulation ist der Religion vergleichbar, insofern sie Zusammenhänge von Gott, Welt und Mensch aufweist, durch deren Erkenntnis der Mensch zuinnerst zur Ruhe kommt und sich über das Irdische erhoben fühlt. Aber dieser Aufweis durch die Philosophie überschreitet den Glauben. Diese Zusammenhänge sind, so behaupten die Philosophen nun, in und durch die Vernunft konstruiert und daher a priori gültig. Das Wesen dieser Spekulation ist nur zu verstehen, wenn man sich den Ansatz der Transzendentalphilosophie verdeutlicht, aus der die spekulative Philosophie hervorgeht.

Die *Transzendentalphilosophie* geht von einem Ich aus, das von der Erfahrung unabhängig sein soll. Dieses nicht empirische, d. h. reine Ich, ist ein zweideutiges Gebilde. Es ist einerseits – so muß man historisch feststellen – nach der Idee *Gottes* entworfen. Es gründet sich andererseits auf die reflexiv zu eruierende Gewißheit des *menschlichen* Selbstbewußtseins. Die konkrete Bestimmung dieses Ich schwankt in der neuzeitlichen Philosophie zwischen beiden Extremen hin und her, jedoch ist die Tendenz der Entwicklung eindeutig: das reflexive Ich steigert sich zum absoluten Geist. Der Weg von Descartes zu Hegel ist durch die ständige Überhöhung des Ich, d. h. durch die ständige Eliminierung menschlicher und endlicher Züge der Ichhaftigkeit bestimmt. Dieser Erhöhung entsprechend wird die Ableitung der Welt vom Absoluten her immer weniger auf Erfahrungstatsachen gestützt. Diese Ableitung der Welt stellt sich in sich selbst betrachtet als dialektischer Denkprozeß dar. Man vollzieht zwei Schritte: zunächst löst sich das Ich von der Welt bewußt ab und konstituiert sich damit als weltüberlegene Subjektivität, und sodann sucht es von dieser Subjektivität aus die Weltbindung genetisch zu erklären. Beide Bewegungen, die Loslösung und die Rückbindung, vollziehen sich *in Gedanken*. Das heißt, die Gesamtbewegung ist ein Geschehen in der Dimension der Innerlichkeit. Man muß sich diesen Ansatz einmal in seiner ganzen Befremdlichkeit verdeutlichen. Ich kann – mit Descartes gesprochen – am Schreibpult sitzen und diese ganze Welt in Gedanken verschwinden lassen, um sie sodann in Gedanken wiederzugewinnen.

Diese spekulative Philosophie erscheint vom Selbstverständnis ihrer Träger her geurteilt als *Vollendung philosophischer Systematik überhaupt*. Nur auf das Ich als vom Außen abgelöste Innerlichkeit zurückgehend, konstruiere ich die Welt in einer Bewegung, deren Indiz ihre eigene vernünftige Konsequenz ist. Ein solcher Ansatz geht über Augustin weit hinaus. Und dieses Hinausgehen bedeutet eine Radikalisierung der Innerlichkeit. Augustin und die ganze christliche Theologie ist ihrem Selbstverständnis nach nicht spekulativ, denn diese Denker meinen, von wirklichen Ereignissen zu berichten. Gott, eine reale Person, hat die reale Welt einmal realiter geschaffen. Die spekulative Philosophie will aber gar nicht mehr von faktischen Ereignissen und Geschehensabfolgen berichten. Die transzendentale Geschichte ist nie wirklich geschehen. Sie ist, wie Schelling sagt[11], eine ewige und zeitlose Bewegung, d. h. die in ihr aufgedeckten Strukturen sind immer gültig. Wer sich in diese reine Gedankenbewegung hineindenkt, der ist, so erklärt Schelling, über die ontische Realität hinausgeschritten. Schärfer: wer die Welt genetisch nach *transzendentalen* Prinzipien vernünftig zu erklären vermag, der ist überhaupt nicht mehr an bloßen Erzählungen von *realen* Geschehnissen – und der christliche Schöpfungsbericht ist eine solche Erzählung – interessiert. Das bedeutet aber wiederum, daß diese spekulative Konstruktion grundsätzlich nicht mehr an Fakten – seien diese durch die alltägliche Erfahrung oder durch den Glauben vermittelt – zu messen ist. Allein die Vernunft überzeugt von der Wahrheit der Konstruktion. Insofern aber die Philosophie der Meinung ist, in einer reinen Gedankenbewegung absoluter Geschlossenheit die Rätsel der Welt ein für allemal gelöst zu haben, verstärkt sie den bereits durch das Christentum vollzogenen Zwiespalt von Innen und Außen. Das dem natürlichen Menschen eigentümliche Wissen um die Unabgeschlossenheit des realen Bezuges, in dem er zu der Welt steht, wird verdeckt. Die Wendung zu einer Welt in Gedanken ist die Wendung zu der reinen Wahrheit. Von dieser Wahrheit her aber muß die Idee, daß die Wirklichkeit eine nie abgeschlossene und in ihrem Vollzug nicht a priori zu konstruierende wechselseitige Vermittlung von Subjekt und Objekt ist, geradezu als Unwahrheit erscheinen, denn Wahrheit ist Wahrheit nur – das ist jetzt die Grundüberzeugung –, als und insofern sie eindeutig und endgültig ist. – Wir wenden uns nun Descartes zu, der maßgeblich an der Herausarbeitung dieser vom Ich ausgehenden Philosophie beteiligt ist.

Descartes[12]

Descartes' Philosophie ist vieldeutig. Man muß in grundsätzlicher Hinsicht zwei Themenkreise bei ihm unterscheiden: die Wissenschaftsbegründung und die Metaphysik. Unter dem ersten Aspekt ist zu beachten, daß Descartes eine ontologische Fundierung der Wahrheit ausschließt. Wahrheiten sind für ihn keine idealen Seinsverhalte, die in einem überirdischen Ort – so Plato – oder im Verstand Gottes – so Augustin – beheimatet sind. Der Ort der Wahrheit ist für Descartes die *Wissenschaft*, die sapientia universalis. Die Wissenschaft geht auf evidente Einsichten zurück, die durch keinen gegen sie gerichteten Zweifel fraglich zu machen sind. Von diesen prinzipiellen Einsichten aus baut die Wissenschaft einen Ordnungszusammenhang auf, durch den sich allererst der volle Sinn von Wahrheit erschließt. Wahrheit erweist sich wesentlich als der *Zusammenhang* einer berechenbaren Systematik. Durch diese

Systematik ist es möglich, das Seiende auf die in ihm waltende Gesetzmäßigkeit hin zu durchleuchten. Diese kritische Durchleuchtung versetzt den Menschen in die Lage, das Seiende technisch umzugestalten und so die Natur zu nutzen.

Descartes hat nun dort, wo er dies Wissenschaftsprogramm entwickelt oder dort, wo er von seinen konkreten Forschungen berichtet, keine Metaphysik betrieben, insbesondere hat er in diesen Zusammenhängen nicht von der Ichgewißheit gesprochen und auch nicht von der Notwendigkeit, auf Gott zurückzugreifen. Dies ist ein bedeutsamer Sachverhalt. Es wird offenbar, daß die neuzeitliche Wissenschaftsgesinnung, die sich in Descartes erstmalig zur Aussage bringt, unmetaphysisch ist. Der Wissenschaftler qua Wissenschaftler ist nicht an der traditionellen Behauptung, daß Gott Welt und Mensch vermittelt, interessiert, denn er empfindet als Wissenschaftler gar nicht die Notwendigkeit einer solchen absoluten Vermittlung. Der Mensch ist ja gar nicht grundsätzlich von der Welt getrennt. Wissenschaftliche Forschung geht davon aus, daß der Mensch relativ weltgebunden und relativ weltabgelöst zugleich ist. Sie hat die Tendenz, sich selbst vorwärts zu treiben, indem sie das ungeprüfte Wissen, das der naiven Welthingabe eigentümlich ist, ständig aufhebt zugunsten einer vernünftigen Einsicht, die als solche ein freies Verhältnis zur Welt bedeutet, das sich aber nie zur reinen Weltlosigkeit verabsolutiert.

Dies besagt in unserem Zusammenhang: Wenn in der *Wissenschaft* das Problem »Innen-Außen« auftritt, so nicht als abstraktes Grundproblem, sondern immer in bestimmten Fragezusammenhängen. Man diskutiert die Möglichkeit der sinnlichen Erkenntnis und der Bildertheorie: bilden wir im Inneren das Äußere ab in der Weise der Entsprechung? Konkret wird das Problem »Innen-Außen« für den Wissenschaftler aber nicht nur in einer solchen *erkenntnistheoretischen* Fragestellung, sondern auch in *sozialer* Hinsicht. Unter der Alternative »Öffentlichkeit-Privatheit« hat Descartes das Selbstverständnis des Wissenschaftlers zu klären gesucht. Der Wissenschaftler ist für seine Person Privatmann, als solcher ist er König in seinem Gedankenreich und keinen äußeren Mächten verantwortlich.[13] Gerade in dieser privaten Sphäre vermag er aber reale Erkenntnisse zu gewinnen, die der Öffentlichkeit Nutzen bringen. Auf das Ganze der Entwicklung gesehen, ist also zu sagen, daß in Descartes der eine Grundzug des neuzeitlichen Denkens, die Wendung zur Wissenschaft, klar sichtbar wird.

Descartes ist aber auch Metaphysiker. Als Metaphysiker bedenkt er die Möglichkeit der Erkenntnis in einer über die wissenschaftlichen Forschungen weit hinausgreifenden Weise. Er will – das ist hier sein Anliegen – Erkenntnis auf die Wahrhaftigkeit Gottes zurückführen. Dies Bedürfnis einer Untermauerung der Wissenschaft gründet ganz offensichtlich darin, daß Descartes von der Einsicht, daß wissenschaftliche Wahrheiten nicht mehr ontologisch gesichert sind, eben doch beunruhigt wird. Dieser Beunruhigung sucht er durch einen Rekurs auf Gott zu begegnen. Gleichwohl: die metaphysische Fundierung des Wissens bleibt seiner ursprünglichen Konzeption der Wissenschaft doch fremd. Sie ist im ganzen gesehen nicht nur eigentümlich unwissenschaftlich, sondern außerordentlich künstlich. Ihr Sinn wird nur verständlich, wenn man Descartes' metaphysischen Ansatz von der Entwicklung der Philosophie der Innerlichkeit **her versteht.**

Descartes' metaphysische Grundabsicht ist es, Gott als Vermittler von Mensch und Welt anzusetzen. Descartes steht in dieser Hinsicht in der christlichen Tradition. Aber nicht nur in der Durchführung, sondern bereits im Ansatz geht das cartesianische Unternehmen über die Tradition wesentlich hinaus. Descartes trennt Welt und Mensch in einer so radikalen Weise, daß das weltlos gewordene Ich von sich aus gar nicht mehr zur Welt zurückkommen kann. Diese Absonderung des Ich von der Welt wird durchgeführt, um Gott als *einzige* Möglichkeit einer Vermittlung von Welt und Ich herauszustellen. Die Absonderung des Ich von der Welt und ebenso die darauf folgende Vermittlung von Ich und Welt durch Gott vollziehen sich auf der Ebene der *Reflexion*. Die Argumentation im ganzen wird ausdrücklich als reine Gedankenbewegung gekennzeichnet. Durch diese Gedankenbewegung ändert sich im realen Weltverhalten des Menschen also nichts. Der Mensch ist am Ende der Argumentation, was er am Anfang schon war, ein Wesen, das sich zwar vom welthaft Seienden unterscheidet, realiter aber nie absolut weltlos wird. Gerade weil diese Bewegung der radikalen Absonderung nur eine Phantasieleistung ist, ist sie verlockend. Es bietet sich die Möglichkeit, der faktischen Weltbindung in Gedanken zu entgehen.

Die metaphysische Bewegung – das zeigt insbesondere Descartes' Grundschrift »Meditationes de prima philosophia« – beginnt mit dem Zweifel am welthaft Seienden. Das Ergebnis dieses Zweifels ist der Nachweis, daß dem Ich ein eindeutiger Vorrang gegenüber der Welt zukommt. Alles welthaft Seiende ist durch den Zweifel aufhebbar. Sinnlich Gegebenes, der eigene Körper, aber auch die mathematischen Grundbestimmungen, können in ein mögliches Nichtsein »weggedacht« werden. Ich selbst als der Zweifelnde bleibe in dieser Bewegung aber erhalten. Metaphysischontologisch formuliert: ich bin als Denker nicht auf das welthaft Seiende angewiesen, ich bedarf seiner nicht zum Existieren. Ich bin also eine Substanz, wobei aber zu beachten bleibt, daß das Wesen dieser Substanz im je gegenwärtigen Vollzug des Denkens liegt. Die reflexive Selbstwahrnehmung, die sich in dem Satz ausspricht: cogito me cogitare, vergewissert mich nur meiner selbst als eines denkenden Seins, aber dessen in unbedingter Form. Bereits *Augustin* hat die Möglichkeit einer im Denken zu gewinnenden Selbstgewißheit erkannt. Es finden sich in seinem Werk Stellen, die weitgehend mit Descartes' Aussagen übereinstimmen.[14] Aber Augustins Entdeckung der Selbstgewißheit bleibt für den Denkenden eigentümlich folgenlos. Sie wird nicht auf die Möglichkeit, das Ich radikal von der Welt abzulösen, hin reflektiert. Descartes dagegen versetzt dieses Ich durch seine Denkbewegung in die Weltlosigkeit. Aber diese Weltlosigkeit ist eine künstlich konstruierte.

Die Künstlichkeit beruht konkret auf einer Übertreibung. Descartes sagt am Ende der »Meditationes« selbst, seine Zweifel seien übertrieben und lächerlich gewesen.[15] Diese Übertreibung kommt zustande durch eine bewußte Einseitigkeit der Argumentation. So wird – um nur ein Beispiel zu geben – die Möglichkeit, daß das Leben ein *Traum* sei, zunächst nicht auf den Unterschied von Wachen und Schlafen hin reflektiert. Dies geschieht dagegen am Schluß der »Meditationes«, denn hier soll nun gerade gezeigt werden, daß das Leben in Wahrheit kein Traum ist; Descartes erklärt nun, daß es im Traum nicht die Möglichkeit einer kontrollierbaren Verbindung der gegenwärtigen Erlebnisse mit den vergangenen durch das Gedächtnis gäbe, wie es im Wachen der Fall sei. Die Künstlichkeit zeigt sich aber vor allem in der durch diese Ablösung zustande gekommenen Struktur des *Ichs*. Dieses Ich ist eigentümlich leer. Es ist Form ohne Inhalt. Die Inhalte, nicht nur die aus der Außenwelt stammenden, sondern auch die mathematischen Sachverhalte, sind ja »weggedacht«. Grundsätzlich gesagt: Inhalte sind für das Ich überhaupt gleichgültig. Ob zwei + zwei =

vier ist oder nicht, ob es überhaupt so etwas wie Zahlen gibt, oder ob die Vorstellung »Zahl« ein Hirngespinst ist, die Entscheidung dieser Fragen betrifft das Ich als Ich nicht, denn das Ich ist als bloßes Bewußtsein seiner selbst reine formale Punktualität. Diese Punktualität aber verkürzt das Ich als Denkendes, denn Denken ist ohne Inhalte faktisch nicht möglich.

Descartes weiß um die Künstlichkeit seiner Argumentation. Er isoliert, wie wir bereits sagten, das Ich in so radikaler Weise ja nur, um die Notwendigkeit einer Vermittlung Gottes herauszuarbeiten. Der *zweite* Schritt der Argumentation, der die *Rückkehr zur Welt* behandelt, vollzieht sich daher als Aufweis, daß Gott es ist, der Welt und Ich verbindet. Es ist zunächst aber notwendig, das Dasein Gottes überhaupt zu beweisen, denn das Ich hat ja, als es alles außer ihm Vorhandene in Frage stellte, auch die Existenz Gottes bezweifelt. Von dem weltlos formalen Ich führt nun aber kein Weg zu Gott hin. Descartes verschiebt daher die Argumentation auf eine neue Ebene, nämlich auf die Ebene des natürlichen Lebensverständnisses und sodann auf die Ebene der Metaphysik. Das denkende Ich wird als *endlich* bestimmt. Diese Einsicht in meine Endlichkeit ist eine faktische: blicke ich auf das menschliche Leben, so sehe ich, daß der Mensch zweifelt, irrt, wünscht, hofft, all dies beweist seine Endlichkeit. Endlichkeit aber – und damit vollzieht sich die Verschiebung auf die metaphysische Ebene – ist nur zu verstehen in der Abhebung gegen die Unendlichkeit. Um mich als endlich zu begreifen, setze ich notwendig die Idee des Unendlichen als Maßstab voraus.

Das Ich führt also in seinem *Inneren* eine ontologische Einstufung seiner selbst in das Seiende im Ganzen durch. Es erkennt, daß es zwar der Welt überlegen, aber Gott, dem reinen Unendlichen, unterlegen ist. Diese im Inneren vollzogene Reflexion führt aber zunächst nur zur Idee Gottes, noch nicht zu seiner Existenz. Diese beweist Descartes mit Hilfe des mittelalterlichen Theorems, daß eine Idee immer von einer aktualen Realität als sachlicher Existenzgrundlage getragen werden muß, und daß diese Realität die Idee nur dann fundieren kann, wenn ihr eigener Seinsgehalt nicht geringer als der Seinsgehalt der Idee ist. Das besagt im vorliegenden Fall: Die mir überlegene Idee des Unendlichen kann nicht durch meine aktuale Realität garantiert werden, weil ich ja endlich bin. Nur eine wahrhaft unendliche Realaktualität, und das heißt eben Gott, kann die Idee der Unendlichkeit in mir verursacht haben.[16]

Wenn aber Gott unendlich ist, ist er vollkommen. Als vollkommener kann er mich nicht täuschen. Ich kann mich auf meine eigene Urteilskraft verlassen. Gott hat mich faktisch dieser eigenen Urteilskraft überantwortet, und mit dieser muß ich im Alltag arbeiten. Die *grundsätzliche* Einsicht, daß Gott mich nicht täuscht, vermag sich im konkreten einzelnen Erkennen nicht realiter auszuwirken, hier muß ich nach meinen *eigenen* Maßstäben unterscheiden. Am Ende fällt der Gedankengang wieder auf die Position zurück, von der er ausging, ohne daß sich diese Position wesentlich verändert hat: das Leben bleibt ungewiß, insbesondere dort, wo es zu handeln gilt. Die »Meditationes« enden mit der nüchternen Feststellung, daß man nicht leugnen kann, daß das menschliche Leben hinsichtlich einzelner Dinge oft Irrtümern unterworfen ist, die Schwäche unserer Natur ist anzuerkennen.[17]

Descartes ist ein zwielichtiger Denker. Er erkennt, daß die Metaphysik am realen Lebenszusammenhang faktisch nichts ändert. Metaphysische Untersuchungen können sich zudem, wie er sagt, allzu leicht in subtile und fadenscheinige Argumentationen verstricken. Descartes wagt zwar deswegen noch nicht, die Metaphysik als solche zu negieren, aber er zieht doch aus seiner Skepsis gegenüber metaphysischen Gedankengängen eine bestimmte Konsequenz: die eigentlich sichere Domäne ist nicht die Metaphysik. Die wissenschaftliche Untersuchung vermag ihre Ergebnisse zu kontrollieren und durch diese Kontrolle sich ständig vorwärts zu treiben. Und solchermaßen setzt sie sich in den Stand, dem Leben zu nützen.

Kant[18]

Wir suchen nun die Ansätze der Transzendentalphilosophie und der aus ihr hervorgehenden spekulativen Metaphysik als Vollendung der klassischen Philosophie der Innerlichkeit darzulegen. Die geschichtliche Entwicklung der Transzendentalphilosophie stellt keinen gradlinigen und kontinuierlichen Weg dar. Nicht nur zwischen Kant, dem Inaugurator der ganzen Bewegung, und seinen spekulativen Nachfolgern, Fichte, Schelling und Hegel, bestehen wesentliche Unterschiede, auch diese drei idealistischen Denker sind nicht ohne weiteres auf einen Nenner zu bringen. Es läßt sich jedoch eine bestimmte Grundtendenz der Entwicklung nicht verkennen: je absoluter die Subjektivität gedacht wird, d. h. je radikaler sie vom Seienden abgelöst wird, desto eindeutiger begreift sie sich als die Dimension einer endgültigen Wahrheit, deren Ausweis eine umfassende und in sich gültige, d. h. apriorische Deduktion des Seienden, als und insofern es denkbar ist, sein soll. –

Die *kantische Philosophie* stellt eine wesentliche Station auf dem Wege der Subjektivierung des Gegebenen dar. Diese Subjektivierung beruht auf der Erkenntnis, daß die Außenwelt kein an sich vom Begreifen unabhängiges Reich darstellt, sondern von subjektiven Formen bedingt ist. Das zeigt sich bereits in der alltäglichen Erfahrung, vor allem aber in der wissenschaftlichen Erforschung, deren Begründung Kant in der »Kritik der reinen Vernunft« gibt.[19] Kants Philosophie geht aber nicht darin auf, Grundlegung der Wissenschaft zu sein. Kant unterscheidet die Philosophie nach dem *Schulbegriff* und die Philosophie nach dem *Weltbegriff*. Die Begründung der Wissenschaft durch eine subtile Durchleuchtung des Vernunftzusammenhanges ist Sache der Schulphilosophie. Die Philosophie nach dem Weltbegriff thematisiert dagegen das, was jedermann notwendig interessiert. Ihr Gegenstand ist der handelnde Mensch. Die *Anthropologie* zeigt, wie sich faktisch in der alltäglichen Lebenssphäre das Tun und Lassen vollzieht. Die *Ethik* will nachweisen, wie die Menschen als moralisch vernünftige Wesen handeln sollen. Die *Metaphysik in praktischer Hinsicht* erläutert, welche Stellung den Menschen als freien Wesen in der übersinnlichen Welt zukommt.

Im *Verhältnis von Theorie und Praxis* zeigen sich nun Probleme, die für die Entwicklung der Philosophie der Innerlichkeit von entscheidender Bedeutung sind. Mag die theoretische Philosophie nur von wenigen verstanden werden und mag die Begründung der Erkenntnis eigentlich nur für den Wissenschaftler von wirklichem Belang sein, *der Sache nach* beansprucht das theoretische Erkenntnisvermögen Universalität. Als systematische Einheit von allgemeingültigen Funktionen ist es durchschaubar, vor allem aber: die Bestimmungen des Verstandes lassen sich in der Erfahrung, weil sie diese konstituieren, verifizieren und darstellen. Die Situation in bezug auf die praktische Philosophie ist anders. Zwar gibt die Moralität allgemeine und unbedingte Gesetze, aber ihr Prinzip der Autonomie und der Freiheit ist theoretisch nicht erkennbar, und darum ist es in der sinnlichen Sphäre nicht verifizierbar. Es gibt zwischen dem moralischen Vernunftreich, das gar nicht existent in der Weise der Vorhandenheit ist, und der Dimension der Erfahrung keinen nachweisbaren Zusammenhang. Wir haben zwar das moralische Gebot in der gegebenen Wirklichkeit durchzusetzen, aber der Erfolg ist ungewiß. Keiner weiß mit Hilfe der Erfahrung vom anderen, ja nicht einmal von sich selbst, ob wirklich rein moralisch gehandelt wird. Es zeigen sich zudem – man denke an die dritte Antinomie der reinen Vernunft – Widersprüche zwischen dem Reich der Erfahrung und dem Reich der Moralität, Widersprüche, die unaufhebbar sind. Der Einzelne muß jeweilig die Gesichtspunkte verändern, wenn er von der Erfahrung zur Moralität übergeht.[20]

Kants Abtrennung der Moralität von der gegebenen Realität hat zur Intensivierung der weltabgewandten Innerlichkeit wesentlich beigetragen. Das spätere 19. Jahrhundert beruft sich mit der Konzeption einer Scheidung von Wissenschaft und Moralität immer wieder auf Kant. Wissenschaft, so heißt es, ist objektiv verbindlich, als solche ist sie Sache des allgemeinen Bewußtseins. Moralische Überlegungen sind wesenhaft unwissenschaftlich. Ihrem eigenen immanenten Anspruch nach wollen die moralischen Forderungen zwar allgemein gelten, aber weil dieser Anspruch nicht verifizierbar ist, hat – gesellschaftlich gesehen – die Moral ihren Ort in der *Gesinnung* des Einzelnen und damit in der *Privatsphäre*.[21]

Es sei hier ausdrücklich darauf hingewiesen, daß diese Argumentation Kant nicht wahrhaft angemessen ist. Sie geht sehr einseitig von der Wissenschaft als einer in sich gültigen und fraglosen Bestimmung aus. Heute, nachdem der naive Wissenschaftsglaube fraglich geworden ist, ist ein anderer Blick auf Kants Ethik erforderlich. Anstatt diese Ethik an der Wissenschaft als dem Inbegriff fester Wirklichkeitskategorien zu messen, gilt es zu sehen, daß Kants ethischer Ansatz wegweisend ist, insofern Kant den Menschen als ein Wesen versteht, das über das Gegebene hinausgehend sich selbst zu bestimmen hat und zwar als *Vernunftwesen*. Die Vernunft ist aber nichts Individuelles, sondern für alle Menschen verbindlich. Freilich muß der kantische Ansatz heute neu durchdacht werden. Die Subjektivität darf sich in der Ethik nicht auf die reine Gesinnung zurückziehen, sondern muß einen ständigen Kontakt mit der Welt suchen, für deren Gestaltung der Mensch verantwortlich ist. Wir werden auf die kantische Grundlegung der Ethik bei der Erörterung des Problems der geschichtlichen Verantwortung noch zurückkommen.[22] In unserem Zusammenhang gilt es, das Faktum als solches herauszustellen, daß Kants Konstituierung der Gesinnungsethik in der Dimension der Innerlichkeit wesentlich zur Verstärkung des Bruches von Außen und Innen beigetragen hat.

Die Überwindung der Scheidung von Wissenschaft und Moral ist eines der Motive, die die idealistische Spekulation herbeiführen. Das wird deutlich in der Philosophie Fichtes, der wir uns nun zuwenden.

Fichte[23]

Bei Kant ist das Ich als transzendentale Apperzeption nur die Form, die auf Inhalte, die uns durch die Affektion von außen gegeben werden, angewiesen ist. Fichte geht in dieser Hinsicht über Kant hinaus. Er setzt – dies ist eine bedeutsame Wende in der Philosophie der Subjektivität – die Subjektivität für sich, und zwar in der Weise, daß er sie als *absolutes* Ich vom Gegebenen völlig unabhängig zu machen sucht. Der Zugang zu diesem Ich muß nun eigens bedacht werden. Während Kant in einer einfachen Reflexion auf das Erkennen das »Ich denke« als Bedingung des Erkennens herausstellt, erfordert das absolute Ich als metaphysisches Grundprinzip ein radikales Überschreiten der Ebene der Erfahrung. Wenn, so schließt Fichte durchaus folgerichtig, das Ich nichts Gegebenes ist, sondern als Aktus der Spontaneität zustande kommt, dann ist der Zugang zu ihm die Freiheit. Ich muß mich durch Freiheit und aus Freiheit als Ich setzen. Das Ich ist nichts anderes als diese Setzung; es ist reine *Tathandlung*. Diese Tathandlung ist nicht theoretisch demonstrierbar. Das Ich wird zugänglich nicht durch erkenntniskritische Überlegungen, sondern durch das moralische Handlungsbewußtsein. Die ethische Erhebung eröffnet den Eingang in die transzendentale Philosophie. Ich werde aufgefordert, mich als Identität – in der Identität besteht ja das Wesen des Ich – mit mir zusammenzuschließen. »Sei ein Ich«, dies ist der eigentliche Sinn des kategorischen Imperativs.

Dieser frühe Ansatz Fichtes stellt den Versuch dar, die Wirklichkeitsferne der Ethik aufzuheben. Wenn die Ethik nicht vom Gegebenen ausgeht, und wenn das moralische Prinzip im Gegebenen überhaupt keinen adäquaten Ort findet, so heißt dies nicht, daß das moralische Prinzip weniger real als die äußere Wirklichkeit wäre. Die statische Vergleichung zweier Seinsbereiche, eines äußeren und eines inneren, muß grundsätzlich aufgehoben werden durch ein dynamisches Aktionsdenken. Dies Aktionsdenken fordert in praktischer Hinsicht zur bedingungslosen Umgestaltung des Seienden durch die Ichtätigkeit auf. Zugleich soll aber, so deklariert Fichte, in theoretischer Hinsicht die Möglichkeit dieser Umgestaltung erwiesen werden.

An sich ist eine solche *theoretische Grundlegung der Praxis* nicht erfordert, denn an sich könnte die Umgestaltung des Seienden durch das Ich im Pathos der Ungewißheit und des Wagnisses, wenn wir moderne Formulierungen einsetzen, geschehen. Es gibt bei Fichte Gedankengänge, die ein theoretisch unfundiertes und in diesem Sinn rücksichtsloses Handeln um des Handelns willen propagieren. Die Welt fordert – wiederum modern formuliert – nicht zur Erkenntnis, sondern zur Umgestaltung auf. Aber Fichte begnügt sich nicht mit dem Entwurf einer rein praktischen Philosophie. Er sucht das Handeln in seiner Möglichkeit ein für allemal theoretisch abzusichern. Das bedeutet: Fichte intendiert eine deduktive Auslegung des Seienden im Ganzen von der absoluten Subjektivität her, weil es sein Anliegen ist, eine Welt zu denken, in der Handlungen *möglich* sind. Die Welt darf nicht im dogmatischen Sinn als ein Zusammenhang von an sich seienden Dingen verstanden werden – dann wäre ein Handeln auf die Welt hin unmöglich –, sie muß als Produkt eines absoluten Ich begriffen werden, denn – das ist der leitende Grundgedanke – wenn das Ich die Welt setzt, dann kann es die Welt auch innerhalb der ihr vom Ich a priori in einer vorbewußten Setzung auferlegten Gesetze gestalten. Es gilt also, das Ich zum absoluten Ich zu erheben, denn nur durch diese Konstitution des *absoluten* Ich wird es möglich, die Welt als eine Setzung des Ich begreiflich zu machen. Fichte inauguriert damit die Metaphysik des spekulativen Idealismus, derzufolge der Welt keine Eigenständigkeit zukommt.

Wir haben bereits die Problematik dieser spekulativen Philosophie angedeutet[24] und konzentrieren uns jetzt auf einige Hinweise, die Fichtes spezifischen Ansatz betreffen. Fichtes philosophische Entwicklung ist dadurch bestimmt, daß er das absolute Ich immer radikaler vom Seienden abgrenzt. Das Ich wird – mit unserer früheren Formulierung geredet[25] – immer weniger als Selbstbewußtsein gedacht, dessen man sich in einer einfachen Reflexion vergewissert; es wird immer mehr nach dem Vorbild eines Gottes konstruiert, der die Welt geschaffen hat, wobei zu beachten bleibt, daß die philosophische Konstruktion der Welt vom Absoluten her auf Grund ihrer einsichtigen Denkschritte die Berichte von einem bloß faktischen Tun, in dem ein persönlicher Gott das Seiende einmal hervorgebracht hat, überflüssig machen soll. Diese Weltkonstruktion – das eigentliche Thema der *Wissenschaftslehre* – ist eine im Inneren sich vollziehende, vom Außen nicht störbare Bewegung von reinen Gedanken, deren formaler Mechanismus, der zur Gegenstandssetzung als solcher führt, in sich stimmig abläuft. Die Philosophie der Wissenschaftslehre, so sagt Fichte ausdrücklich, steht im Gegensatz zum Leben und hat sich über dieses erhoben.[26] Der Akteur dieser Bewegung, das von allem Seienden abgelöste absolute Ich, verliert sich dabei immer mehr ins Unbestimmte. Dies Ich ist ja nicht denkbar – denken heißt, sich in Gegensätzen bewegen, das absolute Ich hat aber als absolutes keinen Gegensatz.[27]

Fichte hat sich damit in eine denkerisch schwer zu bewältigende Situation hineinmanövriert. Es läßt sich – das ist die eine Seite – im undenkbaren Absoluten nichts finden, was dieses zu einer Einschränkung seiner selbst, das heißt, zu einer Herabsetzung zum welthaften Ich nötigte. Aber – das ist die andere Seite – das welthafte Ich ist doch da, und wenn anders dies Ich vom absoluten Ich bedingt sein soll, so muß dieses sich eben doch selbst beschränkt haben. Fichte erfindet also, um dieses Dilemma zu lösen, einen *Anstoß*, der auf die absolute Ichtätigkeit geschehend das Ich veranlaßt, sich zu verendlichen, und das heißt, sich zu einem Ich zu machen, das ebenso durch ein Nicht-Ich bedingt ist, wie es seinerseits dieses bedingt. Dieser Anstoß soll zwar, wie Fichte sagt, »nicht ohne Zutun des Ichs« geschehen, aber er liegt doch andererseits nicht im Wesen des absoluten Ich, denn dieses ist reine, d. h. ungebrochene und nicht in sich zurückgetriebene Tätigkeit. Auf diesem Anstoß aber, dessen Wesenssinn eben nicht vom reinen Absoluten her zu deuten ist, sondern der in Wahrheit den reduzierten Rest aller welthaften Faktizität darstellt, beruht das ganze System, und aus ihm soll die Selbstbegrenzung des Absoluten »sehr natürlich folgen«.[28] In der Tat: allein durch diesen unerklärlichen Anstoß kommt die ganze Bewegung des Abstiegs vom reinen Absoluten zum welthaft Eingeschränkten und Begrenzten zustande.

Es ist nicht zuviel gesagt, daß die Beseitigung dieses unerklärlichen und darum selbst anstößigen Anstoßes das eigentliche Moment ist, das die Weiterentwicklung nicht nur von Fichtes Denken, sondern des ganzen Idealismus bestimmt. Ungehalten, so könnte man sagen, über das Restchen von Weltbindung, das sich im Anstoß verbirgt, versucht Fichte, nach der Abfassung der Wissenschaftslehre von 1794 diesen Anstoß spekulativ zu beseitigen. Er bemüht sich, über die Bestimmung »Ich«, insofern diese die Möglichkeit einer Bindung an die Endlichkeit enthält, hinauszugehen und ein wirklich schlechthin reines und unbedingtes, und das heißt, ein ichloses Absolutes zu setzen. Der Zugang zu diesem Allerletzten wird nun aber ebenso undurchsichtig, wie der Abstieg von ihm zur Welt. Eine ungeheure Denkenergie wird aufgeboten, um »bruchlos überzugehen«. Aber irgendwo und irgendwann im System tritt der Anstoß dann doch auf, und das heißt konkret: das Ich, das sich spekulativ im Unendlichen verlor, fällt auf sich und seine unabdingbare faktische Weltbindung zurück.

Fichtes Entwicklung ist durch eine immer stärker werdende *Tendenz zur Spekulation* bestimmt. Es ist, als ob Fichte die Idee eines lückenlosen Gedankenzusammenhanges theoretischer Spekulation so fasziniert, daß er das praktische Anliegen immer mehr in den Hintergrund treten läßt. Gerade darum ist sein Ansatz so lehrreich. Er zeigt, daß es offenbar verfänglich ist, das Handlungsbewußtsein in theoretischer Hinsicht abstützen zu wollen! Dieser Versuch einer absoluten Sicherung verfälscht nicht nur die Struktur der Handlung, zu der wesenhaft eine ständige Ungesichertheit gehört, er bleibt auch in denkerischer Hinsicht problematisch. Fichte »gelingt« eine absolute Vermittlung von Theorie und Praxis im Grunde nur, indem er das Absolute in Analogie zum christlichen Gott denkt, dessen Tun sich auf eine Welt bezieht, die er »hingeschaut« hat – der Terminus »hinschauen« in aktiver Bedeutung wird bereits in der Wissenschaftslehre von 1794 zur Kennzeichnung der Setzungstätigkeit des absoluten Ich gebraucht.

Schelling[29]

Schellings Philosophie, der wir uns nun zuwenden, ist stärker als es bei Fichte der Fall ist, von Krisen und Umwandlungen bestimmt. Ihre Bedeutung für die Entwicklung der Philosophie der Innerlichkeit liegt daher in ganz verschiedenen Einsichten. Wir kennzeichnen zunächst die Ansätze der *Frühphilosophie*, soweit sie für unseren Problemzusammenhang wichtig sind. Der junge Schelling erklärt, die Erhebung zum Absoluten sei ein Rückgang »aus dem Wechsel der Zeit in unser Innerstes, von allem, was von außenher hinzukam, entkleidets Selbst«.[30] Gehe ich ins Innerste zurück, dann fallen nicht nur alle welthaft bedingten Unterschiede, sondern auch die Differenz von endlichem und absolutem Ich. Mit dieser Behauptung ist nun der reinen durch nichts mehr eingeschränkten Spekulation Tor und Tür geöffnet. Schelling spürt aber im Grunde die Unfaßbarkeit dieses Zusammenfalles von Unendlichkeit und Endlichkeit. Er schränkt daher seinen Ansatz ein: man soll sich dem Absoluten nur annähern in einem »unendlichen Streben«. Der Grund für diese Aussage ist nicht allein in der denkerischen Notlage zu erblicken, daß man als endliches Wesen das Absolute nicht zu erkennen vermag, sondern auch – modern formuliert – in einer existenziellen Angst: das Übergehen in das Absolute als *reine* Indifferenz wäre ein Gang in die Vernichtung meiner selbst, d. h. ein Übergang in den »Zustand des Todes«.[31] Dieser Sehnsucht nach dem Nichtsein steht der Wille zur Aktivität und zur Tätigkeit entgegen. Beide Tendenzen sucht Schelling zu vereinigen. Die Tätigkeit, von der wir in der Welt ausgehen müssen, hat zwar die Ruhe im Absoluten zum *Ziel*. Aber der Weg zu diesem Ziel ist – man ist fast versucht zu sagen: glücklicherweise – unendlich, so daß Leben und Aktivität sich als der eigentliche Sinn des menschlichen Daseins erweisen.

Der junge Schelling thematisiert das Absolute und den Bezug zu ihm – das zeigt dieser Ansatz – in methodisch unbekümmerter Direktheit. Im Verlauf seines Denkens aber stellt er sich der Frage: wie verhält sich eigentlich das Denken des Philosophen zum Absoluten? Diese Frage wird für ihn besonders drängend, weil es seine ursprüngliche Grundtendenz ist, unmittelbar das Absolute ergreifen zu wollen. Sie bewegt ihn von seinem Werk »Das System des transzendentalen Idealismus« bis zum Ende seines Philosophierens. Wir heben die für das Problem der Innerlichkeit wichtigen Gedankengänge hervor, die Schelling in seinem »Identitätssystem« und in seinen späten »Vorlesungen zur Philosophie der Mythologie und der Offenbarung« entwickelt.[32]

Das Ich, so wie es der frühe Fichte konzipierte, macht eine Konstruktion der gegenständlichen Welt in und durch das Wissen möglich. In dieser Konstruktion bleiben der Philosoph und die Welt jedoch einander fremd, und zwar deswegen, weil der Philosophierende viel zu subjektiv und innerlich nur an sich und seinem Wissen interessiert ist und allein darauf reflektiert, wie dieses Wissen zustande kommt. Dieses philosophierende Ich gibt sich nicht, so sagt Schelling, der wahren und wirklichen Bewegung frei. Diese Bewegung aber ist zu bestimmen als die *Entwicklung des Absoluten selbst in und durch die Welt*, das heißt genauer: in und durch die beiden großen Bereiche der Natur und der Geschichte. An der Umbruchstelle von Natur zum Geist steht der Mensch. Will er die Bewegung von ihrem Ursprung her adäquat begreifen, dann muß er sich, so lehrt das Identitätssystem, »depotenzieren«, das heißt, aus sich als reflektierendem Ich herausgehen auf den wahren Anfang zurück, der Natur und Geschichte vorausliegend, beide bedingt. Schelling redet dementsprechend von einer reinen Theorie, das heißt einer Theorie, die nicht subjektiv reflektierend am Ich festhält, sondern die Entwicklung der Welt als solche thematisiert und thematisieren kann. Im Menschen kommt nämlich das Absolute zu sich, das heißt zu seinem Begriff. Der Mensch ist daher in der Lage, die Entwicklung des Absoluten in den Bereichen von Natur und Geschichte vollkommen angemessen zu erfassen.

Dieses System des *entwicklungsgeschichtlichen Pantheismus*, das Schelling in seiner Identitätsphilosophie erstmalig entwickelt und das Hegel dann allseitig ausbaut, bedeutet einen Höhepunkt in der Geschichte der abendländischen Metaphysik. Sachlich gesehen wird auf die Anfänge dieser Metaphysik zurückgegriffen, wie sie bei *Augustin* sichtbar werden. Augustin lehrt, daß der eine Gott die Natur und das geschichtliche Geschehen umgreift, weil die Welt sein Werk ist, ebenso wie der Mensch, der als Gottes Ebenbild die Weltordnung, allerdings nur in eingeschränkter Form, zu erfassen vermag. Die idealistische Metaphysik nimmt diesen Ansatz auf, aber sie modifiziert ihn in einer bedeutsamen Form. An die Stelle Gottes als einer bestimmten Person tritt der allgemeine Geist, der das Prinzip der Welt als eines vernünftigen Geschehenszusammenhanges ist. Die Welt bietet sich vollkommen offen dem Begreifen des Menschen dar, denn Welt und Mensch sind durch und im Absoluten vereint.

Der *späte* Schelling hat am entwicklungsgeschichtlichen Pantheismus und zwar vor allem an der Gestalt, die Hegel ihm gegeben hat, Kritik geübt. Diese Kritik bedeutet der Sache nach eine radikale Vorwegnahme nachidealistischer Argumentation. Schelling erklärt, die ganze Weltkonstruktion müsse als ein ewiges Geschehen ausgegeben werden, ein ewiges Geschehen wäre aber keine reale Bewegung. »Ein ewiges Geschehen ist aber kein Geschehen. Mithin ist die ganze Vorstellung jenes Prozesses und jener Bewegung eine selbst illusorische, es ist eigentlich nichts geschehen, *alles* ist nur in Gedanken vorgegangen, und diese ganze Bewegung war eigentlich nur eine Bewegung des Denkens.«[33] Diese Sätze zeigen, daß die Überwindung des transzendentalen Ansatzes, der von dem auf sich reflektierenden Ich ausgeht, durch den Pantheismus, der bei einem gegensatzlosen Absoluten anfängt, ein zweideutiges Unternehmen ist. Inneres und Äußeres werden zwar vermittelt, aber diese Vermittlung vollzieht sich als philosophische Gedankenkonstruktion allein im Inneren, das sich als Stätte einer in sich gültigen Vernünftigkeit etabliert. Schelling erklärt, daß diese Vernunftphilosophie eine bloß negative Philosophie sei und an der realen Wirklichkeit vorbeigehe. Diese Wirklichkeit ist nicht eindeutig als sinnvoll zu erweisen. Der Mensch steht der Natur gegenüber, die weithin durch Unvernunft bestimmt ist, und er wird schließlich zum Zweifel an der Vernunft des Seienden überhaupt getrieben.

Aber – das ist die andere Seite – Schelling hebt diese Zweifel wiederum auf, und damit schränkt er seine Einsicht in die Diskrepanz einer bloßen Gedankenbewegung vom realen Geschehen bedeutsam ein. Die Art und Weise dieser Einschränkung ist lehrreich. Schelling stellt die immanente apriorische Geschlossenheit der Vernunftkonstruktion heraus und setzt sie als in sich gültig neben das reale Geschehen. Die Deklarierung der Bewegung der Vernunft als bloßer Gedankenbewegung entwertet diese zwar durch den Vergleich mit dem wirklichen Geschehen, aber sie läßt sie auf der anderen Seite doch in ihrer Gültigkeit unangetastet. Und damit hat sich Schelling die Möglichkeit geschaffen, »hinterher«, wie er selbst sagt, diese Vernunftbewegung mit der wirklichen Bewegung zu vereinen. Die Bewegung im Inneren, d. h. die Vernunftkonstruktion kann der Bewegung im Äußeren, d. h. dem wirklichen Geschehen entsprechen, weil *Gott* beide vermittelt. Der vermittelnde Gott ist für Schelling nicht ein Absolutes, das im reinen Denken zu konstruieren wäre. Er geht über das Denken hinaus. Wir werden im Zusammenhang unserer Diskussion des Verhältnisses von Wille, Vernunft und Trieb auf diesen Ansatz des späten Schelling zurückkommen, denn in ihm zeigt sich trotz aller theologischen Gebundenheit eine Möglichkeit, die reine Subjektivität, die nur durch die Vernunft bestimmt ist, zu überwinden.[34]

Hegel[35]

Hegel nimmt die Idee des mittleren Schelling, daß der entwicklungsgeschichtliche Pantheismus das eigentliche System der Philosophie sei, auf. Aber Hegel sucht nun die Gleichung des Absoluten mit der Welt konkret zu durchdenken. Die Entwicklung der Welt soll nicht nur im ganzen als das sich selbst vorantreibende vernünftige Geschehen behauptet werden, sie muß als dieses auch im einzelnen aufweisbar sein. Diese Aufgabe ist nur lösbar, wenn man das Wesen der *Dialektik* durchschaut. Die Dialektik ist als das Gesetz der Entwicklung der Gang von einer einfachen Unmittelbarkeit über deren Negation zu einer neuen, der vermittelten Unmittelbarkeit. Die zweite Stufe ist wesentlich nur ein Übergang. Als Übergang, d. h. als Zustand der Negativität, ist sie weniger wirklich als die erste und die dritte Stufe, die beide bestimmte Positionen darstellen. Sicher: auch die erste Stufe ist, insofern sie negiert werden kann, nicht ein wahrhaft Substantielles, d. h. ein Standhaltendes und Standgebendes, dies ist erst die dritte Stufe. Gleichwohl bietet die erste Position – drücken wir den Sachverhalt einmal möglichst naiv aus – erfülltere Möglichkeiten des Lebens als die zweite Stufe.

Von dieser Stufenordnung her ist Hegels kritische Schilderung der Innerlichkeit zu verstehen. Die *Innerlichkeit* und ihr Pendant, die *Äußerlichkeit* sind Phänomene, die weder auf der ersten noch auf der dritten Stufe bestimmende Realität gewinnen. Sie sind Grundmerkmale der *Übergangsepoche* und stellen Zustände dar, die unwahr und künstlich sind. Wenn sich in bestimmten Zeiten Innerlichkeit und Äußerlichkeit als Extreme *gegeneinander* stellen, so sind dies Zeiten, die notwendig über sich hinaustreiben. Wir weisen, um das eben Dargelegte zu konkretisieren, auf Hegels Darstellung der *Erkenntnisproblematik* seiner Zeit und auf seine Analyse der *Moralität* hin.

Die *Transzendentalphilosophie Kants* stellt nach Hegel eine extreme Form der Innerlichkeit dar. Das Subjekt wird aus dem wirklichen Erkennen herausgezogen und als Erkenntnismöglichkeit *vor* dem konkreten Erkennen bestimmt. Es erscheint als bloße Formkraft, der das Gegebene, das an sich ein Chaos ist, gegenübersteht. Leitend ist die Vorstellung, daß die Subjektivität ein in sich gültiges System widerspruchsloser Grundbestimmungen sei. Diese Vorstellung der festen Subjektivität gilt es zu zerstören, und das heißt konkret: es ist notwendig zu zeigen, daß die Sicherheit dieser Subjektivität auf einer künstlichen Isolierung beruht. Hegel – dies ist der Sinn der »Phänomenologie des Geistes« – weist an einfachen Phänomenen der Erkenntnis, wie Empfindung und Wahrnehmung, nach, daß Inneres und Äußeres, Subjekt und Objekt im Erkenntnisprozeß immer miteinander verflochten sind. Das naive Bewußtsein vermeint zunächst als gewisses und unbedingt Wahres das ihm Gegenüberstehende zu besitzen. In der sinnlichen Gewißheit ist es seiner selbst sicher, als ein »reiner Dieser hier« weiß er das Objekt als »reines Dieses dort«. Aber Hegel löst diese Gewißheit auf, indem er zeigt, daß weder Ich hier noch der Gegenstand dort unveränderlich sind, denn beide sind dialektisch aufs innigste miteinander verbunden. Das zeigt die einfache Reflexion, die auf das Verhältnis von beiden achtet: das Ding stellt sich für das auffassende Bewußtsein je anders dar, und eben seiner Veränderung entspricht zugleich immer eine je andere Weise des Bewußtseins.

Hegel setzt also bei dem Standpunkt an, der Subjekt und Objekt als getrennte Größen bestimmt, und nun versucht, beide miteinander in ein commercium eintreten zu lassen. Aber dieser Subjekt-Objekt-Standpunkt wird gerade von ihm negiert, indem er in einer Analyse des Bezuges von Subjekt und Objekt zeigt, daß beide ineinander verflochten sind, so daß die Bestimmung des einen notwendig zugleich immer die Bestimmung des anderen ist. Diese Erkenntnis ist gewonnen durch die *Reflexion*. Aber diese Reflexion ist überhaupt kein subjektives Vermögen, sondern die Bewegung des Denkens selbst, das in seinem Reflektieren des Subjektes *und* des Objektes gerade den Gegensatz beider aufhebt. Als dieser Vollzug des Übergreifens von Subjekt und Objekt aber ist das Denken *Geist*. Geist ist nicht das Subjekt, das einem Objekt gegenübersteht, sondern Geist ist das in der Überwindung dieses Gegensatzes allererst hervortretende und nur in diesem Vollzug erscheinende Absolute.

An und für sich, das heißt von der Wahrheit des Geistes her gesehen, ist also der transzendentale Standpunkt nicht nur unberechtigt, er beruht auf einer Illusion, denn der Sache nach gibt es ein in sich selbst bestimmtes fixes Subjekt ohne Objekt nicht. Gleichwohl ist eine solche Illusion durchaus »sinnvoll«, denn sie stellt ja die Stufe des Überganges zur eigentlichen Wahrheit dar. Daß das Erkennen ein *Wechselgespräch* von Subjekt und Objekt ist, das wird als Wahrheit ja nur sichtbar, wenn man zuvor die Unwahrheit der Isolierung erfahren hat. –

Für die Geschichte der Innerlichkeit ist Hegels Analyse der *Moralität* fast noch aufschlußreicher als seine Kritik der Transzendentalphilosophie. Moralität – wir beziehen uns im folgenden auf Hegels Analysen in seinen »Grundlinien der Philosophie des Rechts« – ist eine innere Einstellung und als solche geht sie über das abstrakte Recht hinaus, das seinem Anspruch nach bloß äußerlich erfüllt werden muß. Zur Moralität gehört es, daß man sich über die Berechtigung der Gebote Rechenschaft ablegt. Das ist nur möglich, wenn man sich in und durch die Selbstbestimmung als autonome Persönlichkeit ergriffen hat, philosophisch gesprochen: man muß die Subjektivität als Prinzip gesetzt haben. Wesentlich ist für die Moralität der Entschluß, nur der Stimme des *Gewissens* zu folgen. »Das Gewissen drückt die absolute Berechtigung des subjektiven Selbstbewußtseins aus, nämlich *in sich* und *aus sich* selbst zu wissen, was Recht und Pflicht ist, und nichts anzuerkennen als was es so als das Gute weiß.«[36] Hegel führt – in diesem Vorgehen zeigt sich seine Meisterschaft – in sehr konkreten Überlegungen auf diesen Standpunkt der Moral hin, indem er den bloßen Rechtsstandpunkt problematisch macht. So ist bei der Beurteilung einer Handlung der Vorsatz und die Absicht zu berücksichtigen. Verantwortlich gemacht werden kann ein Mensch ja nur für das, was er gewollt hat, und nicht für das, was sich bei seinem Tun zufällig ergibt. Der Mensch ist zudem endlich und kann die möglichen Folgen gar nicht im vorhinein überblicken, sie sind unter moralischem Aspekt nicht relevant. In der Moralität kommt es nur auf die Reinheit der inneren Gesinnung und nicht auf den äußeren Erfolg an. Hegel wertet also den moralischen Standpunkt durchaus positiv. Aber er bleibt bei ihm nicht stehen, sondern hebt ihn auf – die Dialektik des Dreischrittes, derzufolge die zweite Stufe nur ein Übergang ist, ist auch hier das Gesetz der Bewegung.

Die moralische Subjektivität ist, so legt Hegel dar, Einzelheit. Als solche vermag sie gar nicht von sich aus zu wissen, was Recht ist. Die moralische Subjektivität will diese Tatsache jedoch nicht wahrhaben. Im Gegenteil: sie tendiert dahin, sich in unsachlicher Weise mit ihren Überlegungen über alles hinwegzusetzen. Hegel formuliert diesen Sachverhalt mit außerordentlicher Schärfe: »Nicht die Sache ist das Vortreffliche, sondern *Ich* bin der Vortreffliche, und bin der Meister über das Gesetz und die Sache, der damit, als mit seinem Belieben, nur spielt, und in diesem ironischen Bewußtsein, in welchem Ich das Höchste untergehen lasse, *nur mich genieße.* – Diese Gestalt ist nicht nur die Eitelkeit alles sittlichen *Inhalts* der Rechte, Pflichten, Gesetze – das Böse, und zwar das in sich ganz allgemeine Böse –, sondern sie tut auch die Form, die *subjektive* Eitelkeit, hinzu, sich selbst als diese Eitelkeit alles Inhalts zu wissen, und in diesem Wissen *sich* als das Absolute zu wissen.«[37]

Die Moralität und die ihr »verwandten Wendungen«, wie die Philosophie des inneren Gefühls und die Religion der reinen Erbaulichkeit, sind als Phänomene der Innerlichkeit das Gegenstück zu der anderen Grundbestimmung der Gegenwart, der *bürgerlichen Gesellschaft*, die durch das Prinzip der Äußerlichkeit gekennzeichnet ist. Beide Phänomene sind Extreme. Diese Extreme ergeben sich aus dem Zerfall der Tradition. Die Tradition ist durch eine Sittlichkeit bestimmt, die den Menschen im Ganzen seines Seins trägt. Politik und Wirtschaft, Religion und Ethik bilden hier noch eine Einheit. Das Auseinanderfallen dieser Einheit in Extreme ist ein dialektischer Vorgang. Die Extreme sind Gegensätze und als Gegensätze beziehen sie sich aufeinander. Dies geschieht jedoch in der Form der Gleichgültigkeit. Konkret: in der Moralität und den verwandten Phänomenen wendet der Mensch sich vom Äußeren ab, um im Inneren seine wahren Bedürfnisse zu erfüllen. Die Gesellschaft dagegen ist durch Rationalität, Sachlichkeit und Unpersönlichkeit bestimmt. Hier steht das äußere Miteinander im Zentrum, das wesentlich durch Arbeit und wirtschaftliche

Konkurrenz bedingt ist. Die »Ergänzung« liegt darin, daß der Mensch den Mangel an seelischen Werten, dem er als Gesellschaftswesen unterworfen ist, als Privatperson im Inneren ausgleicht. Aber dies bedeutet wiederum, daß das gesellschaftliche Leben von moralischen Erwägungen und überhaupt von seelischen Wertungen freigehalten wird. Als moralisches Wesen und ebenso als gesellschaftliche Person ist der Mensch jedoch wesentlich Einzelheit. Die *atomistische Freiheit*, die in der zweiten Epoche bestimmend wird, beruht auf der Ausschaltung geschichtlich gewachsener und den einzelnen umgreifender Ordnungen. Es gibt kein öffentliches Bewußtsein mehr, das mir sagt, was ich zu tun habe.

Man ist über die eindrückliche Treffsicherheit von Hegels Schilderung überrascht. Es ist offensichtlich, daß Hegel die tatsächliche Situation seiner Epoche in ihrer Grundstruktur wirklich angemessen zu Begriffe bringt. Man darf aber nicht vergessen, daß Hegels Schilderung durch eine philosophische Konstruktion bestimmt ist. Die Dialektik der Dreistufung erfordert es, daß die zweite Stufe aufgehoben wird. Die unwahre Gegenwart treibt über sich hinaus auf einen Zustand hin, der als positiver zum negativen der Gegenwart »paßt«. Man kann diese dritte Stufe konstruieren, indem man auf die erste Stufe, aus der die zweite ja entstanden ist, zurückblickt, denn die dritte Stufe wird ja durch die Negation hindurch in neuer Form die erste Position wieder erstehen lassen.

Hegel, der die Zeichen des Positiven in seiner eigenen Zeit bereits deutlich zu erkennen vermeint, konstruiert den *Staat*, in dem die Extreme in ihrer Einseitigkeit negiert sind. Moralität und Gesellschaft verbinden sich zu einer echten Einheit, denn der Staat ist die Stätte der wahren Sittlichkeit. »Der Staat ist die Wirklichkeit der sittlichen Idee – der sittliche Geist als der offenbare, sich selbst deutliche, substantielle Wille, der sich denkt und weiß und das, was er weiß und insofern er es weiß, vollführt.«[38]

Diese Konstruktion ist nicht überzeugend. Der Staat, der als das an und für sich Vernünftige *über* der Gesellschaft steht und sich als Stätte der sittlichen Freiheit durch Einsicht lenkt, ist eher ein Wunschgebilde als eine Realität. Wir werden auf das Problem von Staat und Gesellschaft in Hegels Rechtsphilosophie noch zurückkommen. Nur soviel sei hier zu Hegels Geschichtskonstruktion angemerkt: Hegel hat sicher mit Recht herausgestellt, daß geschichtliche Epochen nicht beziehungslos auseinander hervorgehen, sondern daß das Neue das Alte »aufhebt«. Aber die Aufhebung ist nicht ohne weiteres eine Vermittlung zum Besseren hin. Aufhebung und Vermittlung sind Weisen des geschichtlichen Tuns von Menschen, die im Wissen und Handeln endlich sind und sich darum bis zur Selbstvernichtung irren können. Hegel dagegen glaubt, daß der geschichtliche Wandel wesenhaft auf eine Vollendung hinstrebt, denn dieser Wandel ist ja von der Vernünftigkeit des absoluten Geistes bestimmt. Im Vertrauen auf diese letzte Instanz vermeint Hegel, daß der Zwiespalt von Außen und Innen in der mit seiner Philosophie beginnenden Epoche realiter und endgültig überwunden werde.

B. Die Philosophie der Existenz als Bewegung der Verendlichung

Vorbemerkung:
Existenzphilosophie und Metaphysik der Innerlichkeit

Wir haben die Entwicklung der klassischen Metaphysik der Innerlichkeit untersucht und wollen nun auf diesem Hintergrund die moderne Bewegung der Verinnerlichung, wie sie sich in der Existenzphilosophie vollzieht, darstellen. Einige Bemerkungen seien vorausgeschickt, durch die wir unsere Analyse gegen andere Darstellungen der Existenzphilosophie abgrenzen.[1]

Die Existenzphilosophie wird heute sowohl in der philosophiegeschichtlichen Forschung als auch im allgemeinen Bewußtsein der Gebildeten als eine eindeutige *Gegenbewegung* zur klassischen sich in Hegel vollendenden Philosophie verstanden. Man argumentiert folgendermaßen: die traditionelle Philosophie ist wesentlich systematische Metaphysik, als solche bemüht sie sich um die Klärung allgemeiner Zusammenhänge von Gott, Welt und Mensch; die Existenzphilosophie wendet sich von solcher abstrakter Systematik ab und kehrt sich dem wirklichen und realen Menschen zu. Die Einsicht, daß dieser Mensch sein Existieren selbst zu gestalten habe, wird zentral, so daß sich von ihr aus eine Neuorientierung der Philosophie ergibt. Die Existenzphilosophie ist jedoch vieldeutiger, als es diese Argumentation erkennen läßt. Der konkreten Interpretation vorausgreifend deuten wir die komplizierten Tendenzen, die die Existenzphilosophie bestimmen, in thesenartigen Behauptungen an, wobei sich diese Behauptungen auf unsere Ausführungen über die Metaphysik der Innerlichkeit stützen und diese für das Verständnis der Existenzphilosophie fruchtbar zu machen suchen.

In der philosophischen Situation nach Hegel treten zwei *entgegengesetzte Tendenzen* deutlich hervor. Die eine Tendenz geht dahin, in striktem Gegensatz zur Spekulation das Prinzip der Innerlichkeit *überhaupt und von Grund aus* zu negieren und sich der Wirklichkeit als einer uns aufgegebenen Realität zuzuwenden; nicht nur Denker wie *Feuerbach* und *Marx*, sondern auch die Philosophen, die sich der *Wissenschaft* anschließen, vollziehen diese Wende. Die Gegentendenz ist es, »noch innerlicher zu werden«, um einen Ausdruck *Kierkegaards* zu gebrauchen. Und diese Möglichkeit wird von der Existenzphilosophie aktualisiert. Dies besagt, daß die existenzphilosophische Wende zum realen Menschen grundsätzlich gesehen innerhalb der Philosophie der Innerlichkeit verbleibt. Sie hebt deren klassische Gestalt auf und setzt sich insbesondere in Gegenzug zu der idealistischen Spekulation, die die Welt von einer *absoluten* Subjektivität her konstruiert. Diese Philosophie wird als Entfremdung gebrandmarkt, denn der Mensch könne nicht wie ein Gott philosophieren. Im Gegensatz zu der Absolutsetzung des Denkens soll die Gebundenheit des existierenden Menschen herausgearbeitet werden. Der Mensch ist »existierende Einzelheit« und als solche ein Selbst, das sich um sich bekümmern müsse. Dieser Wende zur sich sorgenden Existenz entsprechen die anderen berühmt gewordenen Entdeckungen der Existenzphilosophie: das Lebensgefühl des Pessimismus, das im Gegensatz zum idealistischen Optimismus steht, die Meinung, daß das Leben weitgehend zufällig, unvernünftig, wenn nicht gar sinnlos sei und schließlich das Gefühl der Geworfenheit und der Weltangst. Alle diese Tendenzen der Existenzphilosophie lassen sich dahingehend zusammenfassen, daß der Mensch wesenhaft als endlich bestimmt wird. Diese Bewegung der Verendlichung zu vollziehen, ist die Grundaufgabe der Existenz. Von ihr her erscheinen politische, soziale und wirtschaftliche Probleme als bloß äußerliche Angelegenheiten.

Die Existenzphilosophie ist also, insofern sie Philosophie der Endlichkeit sein will, der eindeutige Gegensatz zur idealistischen Metaphysik als einer Philosophie der Unendlichkeit. Diese von den Existenzphilosophen selbst herausgearbeitete Gegenstellung aber darf nicht darüber hinwegtäuschen, daß die Existenzphilosophie eine Philosophie der Innerlichkeit darstellt und als solche von der ihr vorausgehenden Philosophie abhängt. Dies zeigt sich zunächst an der Tatsache, daß die formale Bestimmung der Existenz ganz wesentlich an die neuzeitliche Philosophie, insbesondere die idealistische Philosophie anknüpft. Wir weisen nur auf Kierkegaards Bestimmung des Menschen hin. Kierkegaard fragt am Anfang der »Krankheit zum Tode«, was der Mensch sei und bestimmt den Menschen als Geist und diesen als das Selbst: »Aber was ist das Selbst? Das Selbst ist ein Verhältnis, das sich zu sich selbst verhält oder ist das am Verhältnis, daß das Verhältnis sich zu sich selbst verhält; das Selbst ist nicht das Verhältnis, sondern daß das Verhältnis sich zu sich selbst verhält.«[2] Und Heidegger bestimmt das Dasein als ein Seiendes, dem es in seinem Sein um dieses Sein selbst geht: »Zu dieser Seinsverfassung des Daseins gehört aber dann, daß es in seinem Sein zu diesem Sein ein Seinsverhältnis hat.«[3] Solche Definitionen wären gar nicht möglich, ohne das vorausgehende idealistische Denken. Wir erinnern nur an die bekannte Formulierung Hegels in der Vorrede zur »Phänomenologie des Geistes«: »Es kommt nach meiner Einsicht ... alles darauf an, das Wahre nicht als *Substanz*, sondern ebensosehr als *Subjekt* aufzufassen und auszudrücken.«[4] Grundsätzlich formuliert: die Existenzphilosophie gehört der *Philosophie der Subjektivität* an, die als eine besondere die Neuzeit bestimmende Ausgestaltung der Philosophie der Innerlichkeit zur Geltung kommt, und der es eben eigentümlich ist, das Selbst als *Selbstverhältnis* in den Mittelpunkt der Philosophie zu stellen.

Sodann: wir wiesen darauf hin, daß Kierkegaard den existierenden Menschen gegen den Menschen als allgemeines Vernunftwesen abhebt; diese Abhebung hat zur Folge, daß die Vernunftphilosophie, die sich in einem System zusammenschließt, negiert werden soll. Diese Negation besagt aber keineswegs, daß nun die großen Grundprobleme der Tradition nicht mehr beachtet werden sollen. Kierkegaard erklärt vielmehr, seine Absicht sei es gewesen, »die Urschrift der individuellen, humanen Existenzverhältnisse, das Alte, Bekannte und von den Vätern Überlieferte solo noch einmal, womöglich auf eine innerlichere Weise wieder zu lesen«.[5] Und die gegenwärtige Existenzphilosophie erstrebt eine Gesamtdeutung des Seienden.

Diese soll zwar von der Existenz ausgehen, aber die Existenz darf nicht zum einzigen Thema werden, von der Existenz und ihrem Selbstverständnis her gilt es, einen Zugang zum »Sein im Ganzen« zu gewinnen.

Hier brechen nun aber die eigentlichen Schwierigkeiten auf: in welcher Form kann und soll überhaupt *philosophiert* werden, wenn die allgemeine Vernunft nicht mehr als das fraglose Medium der Philosophie gilt? Die Antworten der einzelnen Existenzphilosophen auf diese Frage differieren. Hier zeigt sich die erstaunliche Vielfalt, Buntheit und Zerrissenheit der Existenzphilosophie, die es so schwer macht, diese Philosophie als einheitliche Bewegung zu verstehen. Das eine Extrem der gegebenen Antworten bildet die Behauptung, daß die indirekte Mitteilung, die im Gegensatz zur wissenschaftlichen, direkten und objektiven Aussage steht, das eigentliche Medium der Philosophie sei. Das andere Extrem ist eine kritische Anknüpfung an die Transzendentalphilosophie: die Subjektivität wird als ontologische Bedingung herausgestellt, wobei das Wesen dieser Subjektivität nicht durch die Unendlichkeit, sondern durch die Endlichkeit bestimmt ist. Zwischen diesen Extremen steht die Möglichkeit einer phänomenologischen Beschreibung, in der der Mensch und sein Weltverhalten in voller Konkretion ohne konstruktive Vorgriffe thematisiert werden sollen. Alle diese Ansätze unterstehen jedoch einer Voraussetzung: man geht davon aus, daß der homo interior Grund und Boden der Philosophie sei. Wir konkretisieren das soeben Gesagte durch einen vorgreifenden Blick auf die einzelnen Existenzphilosophen.

Der Versuch, das Philosophieren in der Form der *indirekten Mitteilung* zu vollziehen, entspringt einer bewußten Gegenstellung zur Tradition, insofern diese an die Form vernünftig allgemeiner Aussagen gebunden war. Gleichwohl zeigt sich – das ist die andere Seite –, daß der Grundzug dieser Tradition und zwar in der Form einer Radikalisierung fortgeführt wird: Innerlichkeit wird zur *Verinnerlichung*. Das Innere ist, so argumentiert man hier, nicht als eine vorgegebene und in ontologischen Bestimmungen auszusagende Dimension zu verstehen. Innerlichkeit ist allererst durch die Bewegung der Verinnerlichung zu gewinnen. Nur in und durch diese Bewegung, die der Einzelne für sich zu vollziehen hat, und die daher nicht allgemein aussagbar ist, wird Innerlichkeit überhaupt existent. Das besagt aber wiederum: erst in dieser Verinnerlichung als einer existentiellen Reflexion wird die traditionelle Idee, daß das Innere der vom Außen abgesonderte und mit den Mitteln der Äußerlichkeit gar nicht zu erfassende »Wesenskern« des Menschen sei, wahrhaft verwirklicht. Die Philosophie der Existenz als Bewegung der Verinnerlichung erscheint so als Vollendung der klassischen Metaphysik der Innerlichkeit.

Jaspers ist der Denker, der das Philosophieren am entschiedensten als indirekte Mitteilung verstanden haben will. In der Nachfolge Kierkegaards erklärt er, daß dies Problem der indirekten Mitteilung das tiefste Problem des Philosophierens sei.[6] Die Innerlichkeit ist als Abwendung von der Äußerlichkeit wesentlich eine Abwendung von der Wissenschaft, deren Ziel das Herausarbeiten von allgemeinverbindlichen Sachverhalten ist. Hier zeigt sich ein Bezug zu Kant. Jaspers, so kann man sagen, sucht Kant und Kierkegaard zu verbinden. Er will wie Kant über der Dimension der objektiven Wissenschaft eine Region ansetzen, die nicht wissenschaftlich fundierbar, aber auch nicht von der Wissenschaft her angreifbar ist. Diese Dimension soll als der von Kierkegaard gesichtete Bezirk existentieller Erfahrungen der eigentliche Raum der Philosophie sein.

Das andere Extrem des existenzphilosophischen Denkens, die kritische *Anknüpfung an die Transzendentalphilosophie*, bestimmt *Heidegger* und in gewisser Hinsicht auch *Sartre*. Wesentlich ist für beide Denker *Husserls* Phänomenologie. Husserl geht von der Voraussetzung aus, daß die Philosophie nur als Transzendentalphilosophie die grundlegende Wissenschaft sein könne. Dieser Ansatz muß als die letzte Gestalt der *klassischen* Transzendentalphilosophie angesehen werden, insofern hier die reine und unendliche Subjektivität als Prinzip gesetzt wird.

Von Husserl übernimmt *Heidegger* die Idee, daß die phänomenologische Beschreibung nicht eine Ansammlung zufälliger Einsichten darstellen dürfe, sondern ontologische Wesenszusammenhänge aufzudecken habe, die für das ontisch-konkrete Verhalten *konstitutiv* seien. Aber Heidegger begnügt sich nicht damit, das Bewußtsein wie Husserl als das unendliche Feld von Konstitutionsleistungen zu untersuchen. Er intendiert eine grundsätzliche Aussage über das Wesen und das Sein der Subjektivität. In einer sehr eindringlichen Anknüpfung an Kant sucht er eine *Transzendentalphilosophie der Endlichkeit* zu entwickeln als Gegenentwurf gegen die idealistische Philosophie des Absoluten. Hier tritt ein eigentümlich verschränkter Bezug zur klassischen Philosophie der Innerlichkeit hervor. Mit Kierkegaard, aber zumeist ohne ausdrücklichen Bezug auf ihn, wendet sich Heidegger aufs schärfste gegen die Möglichkeit, ein System absoluter Vernünftigkeit von der reinen Subjektivität aus zu entwerfen, und mit der Transzendentalphilosophie wendet er sich gegen die Möglichkeit, menschliches Verhalten nur in der Weise einer existentiellen Erhellung appellativ zu thematisieren. Die transzendentalphilosophisch freigelegte Wurzel ist das »Dasein im Menschen«, wie Heidegger in seinem Kantbuch sagt.[7] Von dieser Bestimmung her sind alle Phänomene auszulegen. Das heißt konkret: das äußerlich dem Menschen zustoßende Geschehen wird auf die ontologische Wesensstruktur zurückgeführt und von dieser her *begründet*. Die Verinnerlichung hat hier einen kaum zu überbietenden Grad erreicht: alles der Existenz Begegnende ist im vorhinein im transzendentalen Grunde aufgehoben.

Auch bei *Sartre* tritt der Rückgriff auf die traditionelle Philosophie der Innerlichkeit deutlich heraus. Sartre ist weit mehr als Heidegger ein Schüler Husserls geblieben. Er hat die Philosophie der Innerlichkeit in der Form der transzendentalen Bewußtseinsphilosophie, wie Husserl sie entwarf, nie aufgegeben. Das Bewußtsein ist das Erste. Ich bin dies Bewußtsein in der Weise des Fürsichseins. Das Fürsichsein ist vom äußeren Seienden, dem Ansichsein, fundamental geschieden. Zwischen beiden klafft ein Bruch. Aber Sartre beläßt das An-sich-sein und das Für-sich-sein nicht im zusammenhanglosen Nebeneinander, sondern er entwickelt eine Dialektik, in der An-sich und Für-sich miteinander vermittelt werden. Die Nähe zu *Hegel* ist erstaunlich. Aber der Ansatz und das Ergebnis der Untersuchung ist bei Hegel und Sartre gänzlich verschieden. Das Bewußtsein wird bei Sartre nicht wie bei Hegel mit dem Äußeren durch das übergreifende Absolute vermittelt – die Idee des Absoluten ist ein widersinniger Gedanke –, das Bewußtsein bleibt auf sich als absolute Freiheit verwiesen. Seine Verbindungen mit der Welt heben diese Isolation nur oberflächlich und nie im letzten Grunde auf.

Wir brechen diese Bemerkungen, die auf den Zusammenhang, in dem die Existenzphilosophie mit der klassischen Philosophie der Innerlichkeit steht, hinweisen sollten, ab und wenden uns nun den konkreten Ansätzen der einzelnen Existenzphilosophen zu.

Erstes Kapitel
Kierkegaard: Der Gegenzug gegen Hegels Verweltlichung der Philosophie[1]

Kierkegaard thematisiert die Innerlichkeit in bewußt dialektischer Form. Was Innerlichkeit ist, das wird nur sichtbar, wenn man die Gegenbestimmung beachtet. Die Verinnerlichung richtet sich gegen die *Veräußerlichung*. Unter dieser versteht Kierkegaard aber nicht primär das öffentliche und alltägliche Leben, in dem soziale und wirtschaftliche Probleme wesentlich sind. Der bürgerliche Privatmann Kierkegaard, der hoffte, daß das ihm von seinem Vater ausgesetzte Kapital bis zu seinem Tode ausreichen würde – diese Hoffnung wurde in der Tat erfüllt –, überläßt diese Fragen des äußeren Lebens der göttlichen Führung. In »Entweder-Oder« wird der Mensch, der das Geld als eine wesentliche Bedingung des Lebens ansieht, ironisiert, und in bezug auf die Nahrungssorge erklärt Kierkegaard, daß diese Sorge zwar notwendig sei, aber das Ideale sei es doch, die irdischen Mühen und Beschwerden, die das Leben dem unsterblichen Geist macht, nicht allzu ernst zu nehmen, sondern über sie zu lächeln. Verinnerlichung ist für Kierkegaard auch nicht der Gegenzug zu der wissenschaftlichen Einstellung, insofern diese existenzielle Probleme als unwichtig deklariert oder sie zumindest einklammert. Ganz abgesehen davon, daß die Wissenschaft zu Lebzeiten Kierkegaards noch nicht die heutige Vormachtstellung erlangt hat: Kierkegaard interessiert sich für wissenschaftliche Fragen nicht, der Bruch zwischen Philosophie und Wissenschaft ist bei ihm so eindeutig vollzogen, daß er die Entwicklung der Wissenschaft überhaupt nicht beachtet. Verinnerlichung ist eine reine Angelegenheit der *Philosophie*. Sie vollzieht sich ebenso wie die Veräußerlichung, gegen die sie sich wendet, in der Dimension des Gedankens.

Als höchste Form der philosophischen Veräußerlichung erscheint Kierkegaard das System *Hegels*. Daher gehört zur echten Philosophie, insofern diese sich als Vorgang der Verinnerlichung konstituiert, die ständige Kritik an Hegels Denken. Diese Kritik ist geradezu die Grundlage, auf der Kierkegaard ansetzt. Er erklärt immer wieder, der Herr Professor Hegel habe vergessen, was er selbst sei, nämlich ein existierender Mensch. Hegel ist, so sagt Kierkegaard ironisch, zur reinen Spekulation geworden und in seinem System als Mensch aufgehoben und verschwunden. Der *existierende Mensch* dagegen steht in konkreten Situationen, die er nie durchschauen kann. Kierkegaard setzt daher gegen das abstrakte Denken Hegels das konkrete Denken: »Was ist abstraktes Denken? Es ist das Denken, bei dem es keinen Denkenden gibt. Es sieht von allem anderen als dem Gedanken ab, und nur der Gedanke befindet sich in seinem eigenen Medium ... Was ist konkretes Denken? Das ist das Denken, bei dem es einen Denkenden gibt und ein bestimmtes Etwas (in Bedeutung von etwas Einzelnem), das gedacht wird, wo die Existenz dem existierenden Denker den Gedanken, Zeit und Raum gibt.«[2]

Der Mensch hat als Existierender sein Existieren in und durch sich selbst in Ordnung zu bringen. Diese Aufgabe existentieller Lebensgestaltung ist mit dem Menschsein identisch, denn der Mensch ist zur Freiheit bestimmt. Diese Freiheit der Selbstgestaltung gründet in einem Freigewordensein von der Welt. Die Welt ist für Kierkegaard nicht mehr wie für Hegel das vernünftige Universum. Das menschliche Tun erscheint nicht mehr im Weltgeschehen sinnhaft eingeordnet. Das Sein in der Welt ist vielmehr ein reines Faktum, das dem Menschen Angst macht. In der »Wiederholung« bringt Kierkegaard diese *Weltangst* sehr eindrücklich zur Aussage: »Man steckt den Finger in die Erde, um zu riechen, in welchem Land man ist, ich stecke den Finger ins Dasein; es riecht nach gar nichts. Wo bin ich? Was will das heißen: Welt? Wer hat mich in das Ganze hineingelockt und läßt mich nun da stehen? Warum wurde ich nicht gefragt, sondern ins Glied gestellt, als sei ich von einem Seelenkäufer gekauft?«[3]

Die Kritik, die Kierkegaard an Hegel übt, gipfelt in dem Grundvorwurf, daß Hegel vermeinte, es käme lediglich darauf an, die Ordnung der Welt in ihrer inneren Harmonie zu erkennen. In einem solchen Erkennen, so sagt Kierkegaard, wäre jede Möglichkeit der Freiheit zugunsten der Notwendigkeit des Begriffs negiert. Die Freiheit der Selbstgestaltung, in der der Mensch auf sich verwiesen ist, bildet also die Gegenbestimmung zum einsichtigen Erkennen der Welt. Diese Freiheit setzt, wenn nicht gerade die Unvernünftigkeit, so doch zumindest die Unverstehbarkeit der Welt voraus. Der Zusammenbruch der Vernunftphilosophie ist die historische Voraussetzung von Kierkegaards Ansatz, denn die Entdeckung der Freiheit als *reiner* Selbstgestaltung beruht auf der Aufhebung des Weltbezuges. Kierkegaard selbst erkennt diese geschichtliche Bedingtheit seines Denkens nicht. Er setzt vielmehr die auf sich zurückgeworfene Existenz als *selbstverständliche* Grundlage der Philosophie an und charakterisiert nun – die historische Sachlage auf den Kopf stellend – die Haltung des Weltvertrauens von der Existenz her als Verfallenheit an die Welt, in der man das Existieren vergißt.

Das *Selbstwerden des Menschen* als eines konkret existierenden Einzelnen als Gegenzug zu der in Hegel sich zeigenden Veräußerlichung wird zum eigentlichen und einzigen Thema, das Kierkegaard als Denker interessiert. Kierkegaard betrachtet sich zwar selbst nicht als Philosoph. Weil er dazu neigt, Hegels System mit der Philosophie überhaupt gleichzusetzen, sieht er sich genötigt, die Philosophie als solche zu ironisieren. Gleichwohl ist er der Sache nach nicht nur als Philosoph von Rang zu bezeichnen, sondern er ordnet sich durchaus und zwar in der Form des Gegensatzes in die Entwicklung der neuzeitlichen Philosophie ein. Die von Descartes an diese Philosophie durchwaltende Tendenz ist es, die Subjektivität zu immer abstrakteren oder, wie Kierkegaard sagt, zu immer unmenschlicheren Gestalten zu erhöhen. Hegels Bestimmung der Subjektivität als absoluter Geist ist der Höhepunkt dieser Philosophie. Denken und Sein fallen im Absoluten auf Grund seiner Göttlichkeit zusammen, im Gegensatz zum Menschen, der Denken und Sein als Existierender trennen muß. Kierkegaard erklärt: »Gott existiert nicht, er ist ewig. Der Mensch ... existiert und die Existenz scheidet Denken und Sein, hält sie auseinander.«[4] Gegen diese absolute Subjektivität soll nun der »arme existierende Mensch« zur *Grundlage* der Philosophie als eines konkreten Denkens erhoben werden.

Mit dieser Bestimmung der existierenden Subjektivität stellt sich Kierkegaard in Gegensatz zu der metaphysischen Tradition. Die Metaphysik ist für Kierkegaard, weil sie den Aufstieg zu einem übermenschlichen Absoluten fordert, eine radikale Veräußerlichung. Sie ist ein Irrweg, insofern der Mensch hier das Ewige in sich überbetont und das Endliche vergißt. Dies Vergessen liegt, so erklärt Kierkegaard ausdrücklich, nahe, es ist »natürlich«, daß der Mensch das Unendliche erstrebt und dementsprechend die Bewegung des Transzendierens zum Absoluten als dem wahrhaften und reinen Ewigen vollzieht.

Kierkegaard stellt drei Grundmöglichkeiten der metaphysischen Aufstiegsbewegung heraus und illustriert diese an Sokrates, Plato und Hegel. *Sokrates* steht nach Kierkegaard noch vor der eigentlichen, d. h. der spekulativen Metaphysik. Sokrates sagt zwar, daß der Mensch zum Ewigen zu streben habe, aber er weiß, daß das Streben nie an sein Ziel gelangt. Der Mensch hat als Mensch nicht die Möglichkeit, aus der Zeit in die reine Ewigkeit überzugehen. In »Unwissenschaftliche Nachschrift« wird dieser Ansatz dialektisch dargelegt. Sokrates als *subjektiver Denker* reflektiert über sich als den, der das Ewige erkennen will, er begreift, daß er das Ewige nie erreichen kann, weil er selbst ein endlicher Mensch ist. Also, so folgert er, ist das Streben der einzig mögliche Bezug zum Ewigen. Dies besagt wiederum, die Existenz muß sich selbst als strebende Subjektivität ergreifen. Kierkegaard erklärt: »Die Leidenschaft zur Unendlichkeit ist das Entscheidende, nicht nur ihr Inhalt, denn ihr Inhalt ist gerade sie selbst. Also ist das subjektive Wie und die Subjektivität die Wahrheit.«[5] Das eigentlich zu Erstrebende ist nicht das inhaltlich feststehende Objektive, sondern das Streben selbst: das Streben wird zum Inhalt der menschlichen Existenz, der als solcher von ihr anzueignen ist.

Kierkegaards Liebe zu Sokrates ist zwiespältig. Er weiß, daß Sokrates zwar im Gegensatz zu der in Hegel kulminierenden Philosophie den Menschen unendlich betont, aber er weiß zugleich, daß Sokrates der Vorbereiter der spekulativen Ontologie ist, die von Plato bis Hegel herrscht. Daß Sokrates vor dieser Ontologie haltmacht, das ist seine Einzigartigkeit. Aber dieses Haltmachen ist nicht notwendig, denn an sich ist Sokrates bereits »auf dem Wege zur Spekulation«. Sokrates und die spekulative Ontologie sind sich ja darin durchaus einig, daß sie meinen, daß der Mensch sich eigentlich nur im Ewigen und Unendlichen erfülle.

Bereits *Plato* ist der spekulativen Ontologie verfallen. Kierkegaard legt dies dar, indem er auf die platonische Lehre von der Wiedererinnerung hinweist. Diese Lehre besagt: die Wahrheit war dem Menschen ursprünglich zu eigen, und diese Ursprünglichkeit gilt es wieder herzustellen, indem man sich auf dem Weg der Wiedererinnerung *in das Ewige* zurücknimmt. Das Sich-Erinnern ist zweideutig. Es kann einmal als Aufgabe auf sich genommen werden, ohne daß man je in den Zustand des Habens gelangt; so versteht es Sokrates. Das Sich-Erinnern kann jedoch auch als ein bloßer Weg angesehen werden, an dessen Ende der Besitz der objektiven Wahrheit erreicht wird; so versteht es Plato und die ihm nachfolgende Ontologie. Kierkegaard erklärt: »Der Satz: alles Erkennen ist ein Sicherinnern deutet den Anfang der Spekulation an, aber Sokrates verfolgte ihn daher auch nicht, er wurde wesentlich platonisch. Hier biegt der Weg ab. Sokrates betonte wesentlich das Existieren, während sich Plato, dies vergessend, in Spekulationen verliert.«[6] Und schließlich hebt Hegel, in dem sich die Entwicklung der Metaphysik vollendet, den Menschen in das Ewige so restlos auf, daß der Mensch als denkendes Wesen mit dem Absoluten identisch wird. Wenn es nun gilt, dieses System zu negieren, so kann diese Negation sich nur als Rückwendung zu Sokrates vollziehen, denn Sokrates ist der Philosoph, der das Menschliche nicht vergaß. Gleichwohl gibt eine einfache Rückwendung zu Sokrates noch nicht die Garantie dafür, daß sich die Entwicklung von Sokrates zu Plato und zu Hegel nicht noch einmal wiederholt. Um eine solche Wiederholung *grundsätzlich* auszuschließen, muß man, so erklärt Kierkegaard, aus der Philosophie herausgehen und sich dem Christentum zuwenden.

Kierkegaards Deutung des *Christentums* steht unter dem Motiv, das Christentum als die *einzig* echte Möglichkeit der Verinnerlichung zu begreifen. Der christliche Glaube – Kierkegaard spricht vom christlichen Denkprojekt – muß jedoch von der Metaphysik, mit der er sich faktisch verbunden hat, abgelöst werden, er muß sogar als diametraler Gegenzug zur Metaphysik herausgearbeitet werden. Nach Kierkegaard hat das Christentum die traditionelle Metaphysik zur Sinnlosigkeit degradiert. Bereits des Sokrates Anliegen war es, den Menschen zu verinnerlichen. Aber diese Verinnerlichung bleibt gefährdet, weil der transzendierende Ausweg in die Metaphysik an sich offensteht. Das Anliegen des Sokrates kommt gerade erst dort zur Erfüllung, wo der Mensch sich selbst die metaphysische Möglichkeit grundsätzlich verschlossen hat, und das heißt, wo er sich selbst von der Wahrheit abgeschnitten hat und in der Unwahrheit ist. Kierkegaard nennt in »Philosophische Brocken« diese Unwahrheit Sünde. Sünde ist die radikalste Abgeschnittenheit von der ewigen transzendenten Wahrheit und daher die radikalste Innerlichkeit. Kierkegaard sagt völlig unmißverständlich: »Aber je schwieriger es dem Menschen gemacht ist, sich erinnernd aus der Existenz zu ziehen, desto innerlicher kann sein Existieren in der Existenz werden, und wenn es ihm unmöglich gemacht wird, wenn er so in der Existenz steckt, daß die Hintertür der Erinnerung für ewig verschlossen ist, so wird die Innerlichkeit am tiefsten.«[7]

Durch das Sündersein hat der Mensch sich selbst vom Ewigen abgetrennt. Dieser Verinnerlichung entspricht auf das genaueste das Tun Gottes. Gott ist selbst in die menschliche Dimension eingegangen. Dies ist für einen unendlichen Gott eine völlig paradoxe Tat. Es ist ja nicht so, daß Christus wie ein griechischer Gott gelegentlich menschliche Gestalt annimmt, um in die menschlichen Geschäfte einzugreifen oder gar im eigenen Interesse eine schöne Frau zu gewinnen. Christus geht in das Leiden der Existenz ein. Und eben durch den existent gewordenen Gott ist das Transzendieren sinnlos gemacht. Das Transzendieren geschieht ja in der Absicht, den Menschen zum Ewigen zu bringen. Wenn das Ewige aber gerade nicht im Ewigen, sondern im Zeitlichen existent ist, dann wird dieser Transzendenzbezug sinnentleert. Um das Ewige zu erlangen, darf der Mensch nicht die Zeit überschreiten, sondern muß in der Zeit bleiben, weil in ihr allein das Ewige zu finden ist.

Die Paradoxie tritt hier deutlich hervor: das Christentum hebt zwar die *naive* Metaphysik als Bewegung des Transzendierens und damit als Weg in eine übermenschliche Dimension auf, aber den metaphysischen Trieb, das Ewige zu ergreifen, erfüllt es durchaus. Das Christentum macht den Zugang zum Ewigen, so sagt Kierkegaard, einerseits unendlich schwer, weil es dem natürlichen Streben zum Übermenschlichen widerspricht, es macht ihn andererseits unendlich leicht, weil man, um zum Ewigen zu kommen, nicht die Dimension der existierenden Subjektivität negieren muß.

Wir lassen diese paradoxe Aufhebung der Metaphysik auf sich beruhen. Wenn sie überhaupt sinnvoll ist, dann nur für den, der wie Kierkegaard noch des Glaubens ist, daß der Mensch sich eigentlich nur durch den wie auch immer zu gestaltenden Bezug zum Ewigen erfüllen könne. Die zeitgeschichtliche Bedeutung Kierkegaards liegt aber nicht darin, daß er eine neue Möglichkeit der Metaphysik – eben die *Metaphysik des christlichen Paradoxes* erfindet –, sondern darin, daß es Kierkegaard aufgrund seiner Thematisierung der Subjektivität gelungen ist, Möglichkeiten des modernen Selbstverständnisses in den Blick zu bringen. Dies sei nun konkret dargelegt durch eine kurze Interpretation der *ästhetischen* und der *ethischen* Existenz, wie sie Kierkegaard in seiner ersten pseudonymen Schrift »Entweder/Oder« entwickelt.

Das Werk »Entweder/Oder« stellt sich als Schriftenkomplex dar, den der Herausgeber, Victor Eremita, auf absonderliche Weise fand. Das Vorwort beginnt folgendermaßen: »Es sind dir, lieber Leser, vielleicht schon hin und wieder Zweifel aufgestiegen an der Wahrheit des bekannten philosophischen Satzes, daß das Äußere das Innere, das Innere das Äußere sei.«[8] Diese Worte sind gegen Hegel gerichtet, der die dialektische Einheit von Innerem und Äußerem behauptet. Daß eine solche Einheit nicht besteht, »beweist« Victor Eremita durch den Bericht darüber, wie er zu diesem Schriftenkomplex kam. Victor hat sich einen alten Schreibtisch gekauft. Eines Tages will er verreisen. Die Schublade, in der sein Geld liegt, läßt sich nicht öffnen. Er führt mit einem Beil einen furchtbaren Schlag auf den Schreibtisch aus. Ein verborgenes Fach springt auf und gibt sein Inneres preis: einen ganzen Packen außerordentlich interessanter Manuskripte. Wer hätte von dem äußerlich so wenig ansehnlichen Schreibtisch erwartet, daß er solche Schätze in sich berge.

Victor erkennt beim Studium, daß diese Schriften von zwei Menschen von je verschiedener Lebensanschauung verfaßt sind. Dementsprechend teilt er sie an einen A und an einen B auf. A bringt das ästhetische, B dagegen das ethische Lebensverständnis zur Darstellung.

Man kann A einen unglücklichen oder vielleicht sogar einen verunglückten Dichter nennen. Das beweist gleich der Anfang des ihm zugeteilten Schriftenkomplexes, der Aphorismen an sich selbst bringt. Diese Aphorismen zeigen einen starken Einschlag von Reflexion. Die meisten handeln vom Dichter, aber in der Weise, daß über den Dichter auf eine seltsam lyrisch-dialektische Weise gesprochen wird. Gleich zu Beginn wird der eine Dichter als ein unglücklicher Mensch gekennzeichnet. Er bringt sein Inneres, das heißt sein Seufzen und Schreien, in schöne Musik verwandelt dar. Aber er selbst bleibt in Qualen gebunden. Diese Qualen gründen in einer depressiven Gesamtstimmung. A ist kleinlaut, schwach, nichtig und eigentümlich unfruchtbar. Er windet sich, so heißt es, in Wehen und gebiert doch nicht. Dieses Nichtgebären gründet in der *Selbstreflexion*, mit der dieser Dichter des Dichters sich selbst in seiner unmittelbaren dichterischen Produktion lähmt. So sagt A, er habe nur einen Freund, und dieser Freund sei das Echo; das Echo sei ihm Freund, weil er seinen Kummer liebe, und das Echo diesen Kummer wiedergebe.

A zeigt sich als ein Mensch, der sich fortdauernd beobachtet und im Zirkel dieser Beobachtungen verfangen bleibt. Aber A nimmt sich in diesem Beobachten, in dem ihm alles sinnentleert erscheint, nicht ernst, sondern ironisiert diese Betrachtung der Welt und seiner selbst. Diese Ironie, in der sein Lebensinhalt eigentlich besteht, ist zugleich der Genuß seiner selbst als eines wirklichen oder vermeintlichen Genies. Aber A wird in diesem Genuß nicht froh, weil er alle nur möglichen Erlebnisse im vorhinein schon überholt hat. Sehr eigentümlich tritt diese Leere des Selbstgenusses im »Tagebuch des Verführers« hervor, von dem A nicht der Verfasser, sondern nur der Herausgeber ist. Johannes, der Verfasser dieses Tagebuches, liebt das Mädchen Cordelia nicht, wenn man unter Liebe das sich öffnende Hingezogensein zu einem Du versteht. Johannes liebt den Rausch der eigenen Macht. Er legt alles nur auf den einen Moment an, in dem sich Cordelia hingeben wird. Das ist der Höhepunkt, auf dem man abbrechen muß. Johannes weiß im voraus, daß es dann nur noch darauf ankommt, sich wieder aus dem Mädchen, in das man sich hineindichtete, herauszudichten.

Kierkegaard hat bei seiner Schilderung des Ästhetischen das Menschenbild der *Romantik* im Blick, oder genauer: er sucht die Konsequenz zu zeigen, die das romantische Lebensverständnis haben kann. Bereits in seinem Erstlingswerk »Über den Begriff der Ironie mit ständiger Rücksicht auf Sokrates« hat Kierkegaard das romantische Selbstverständnis in seinem Zusammenhang mit dem Phänomen der romantischen Ironie eindringlich untersucht. Kierkegaard zitiert dort aus Schlegels »Lucinde« einen Satz, und zwar aus einem Gespräch zwischen Julius und Lucinde: »... Das höchste und vollkommenste Leben ist nichts anderes als reines Vegetieren.« Kierkegaard fährt nun folgendermaßen fort: »Das Pflanzenleben ist überhaupt das Ideal, das erstrebt wird. Julius schreibt daher an Lucinde: ›Wir beide werden uns einst in Einem Geiste anschauen, daß wir Blüten Einer Pflanze und Blätter Einer Blume sind, und mit Lächeln werden wir dann wissen, daß das, was wir jetzt nur Hoffnung nennen, eigentlich Erinnerung war.‹ Die Sehnsucht selbst nimmt daher die Gestalt eines vegetativen Stillebens ein. ›Julius, fragte Lucinde, warum fühle ich in so heiterer Ruhe die tiefe Sehnsucht? Nur in der Sehnsucht finden wir die Ruhe, antwortete Julius. Ja, die Ruhe ist nur das, wenn unser Geist durch nichts gestört wird, sich zu sehnen und zu suchen, wo er nichts Höheres finden kann, als die eigene Sehnsucht‹.«[9]

Es zeigt sich: nicht nur die gegenständliche Welt, sondern auch das eigene Innere wird nicht wirklich ernst genommen. Jedes Erlebnis ist nur interessant, insofern es Anlaß zu einer *Selbstbeobachtung* gibt, die äußerst raffiniert ist. Die Fähigkeit, ein Erlebnis ergebnislos auszukosten, wird so eingeübt, daß sie sich als iterative Selbstreflexion etabliert. Man findet nichts Höheres als sich selbst, wobei die von Langeweile und Sehnsucht durchstimmte Subjektivität sich als »Phantasieexistenz« verliert. Kierkegaard zeigt insbesondere in der genialen Studie »Der Unglücklichste«, wie hier einerseits die Zukunft als eigentlich schon vergangen betrachtet und damit entwertet wird – die Zukunft wird ja nichts Neues bringen, alles ist eigentlich nur in der Erinnerung da –; und er zeigt andererseits, wie die Vergangenheit als Zukunft erwartet und erhofft wird – in der wirklichen Vergangenheit hat man noch gar nicht eigentlich gelebt, also steht die Vergangenheit eigentlich noch bevor. Der so der Gegenwart entfremdete Mensch ist »doppelt verdreht«. »Einsam steht er da, und die ganze Welt steht ihm gegenüber als das ›Du‹, mit dem er fortwährend im Streit liegt; denn die ganze übrige Welt ist für ihn nur *eine* Person und diese eine Person, dieser zudringliche Freund, den er nicht loswerden kann, ist das Mißverständnis.«[10]

Kierkegaards Analysen dieses ästhetischen Daseinsverständnisses sind außerordentlich eindrücklich. Kierkegaard eröffnet, seiner Zeit voraus, die Möglichkeit einer *Reflexionsliteratur*, deren Thema die Zergliederung eines Inneren ist, das in sich selbst nur als Bühne erscheint, auf der Erlebnisse sich als Bilder einstellen, die gleichsam ein eigenes Leben führen, dem der Mensch selbst nur zuschauen kann. Dem Ästhetiker ist die Haltung selbstgestaltender Aktivität fremd. Der Zustand der haltlos räsonnierenden Dauerreflexion läßt überhaupt keinen Sachbezug aufkommen. Gleichwohl wäre es verkehrt, das ästhetische Daseinsverständnis als eindeutige Verfallsform zu deklarieren und es als »defizienten Modus der Uneigentlichkeit« dem ethischen Dasein als dem Wahren in undialektischer Form entgegenzustellen. Der Ästhetiker ist, insofern er nicht mehr an eine von einem Absoluten durchwaltete vernünftige Welt glaubt, der man einfach vertrauen dürfte, über Hegel hinaus. Sicher: das ist nicht eigentlich das Verdienst des Ästhetikers, da ihn die Weltentfremdung gleichsam überkommt, aber sachlich gesehen ist offensichtlich, daß der Ästhetiker bereits »mögliche Existenz« ist. Kierkegaard sagt von der Haltung des Ästhetikers: »Sie ist also nicht Existenz, sondern Existenz-Möglichkeit nach der Existenz zu und ihr so nahegebracht, daß man gleichsam fühlt, wie jeder Augenblick, wo es noch nicht zur Entscheidung kommt, verloren geht.«[11] Kierkegaard setzt daher die ästhetische Existenz zum ethischen Selbstverständnis in bezug. Man geht nun aber nicht bruchlos aus einem Stadium in das andere über. Die Gewinnung des ethischen Standortes vollzieht sich vielmehr im »Sprung«. Wir referieren kurz, wie Kierkegaard diesen Sprung vom ästhetischen zum ethischen Selbstverständnis im zweiten Teil von »Entweder/Oder« darlegt.

B sucht den A zu stellen, indem er ihm seine latente Verzweiflung vor Augen führt. In diesem Zusammenhang redet er von der *Selbstwahl* und nimmt diese vor allem ins Thema in einem sehr langen Brief, der den Titel trägt: »Das Gleichgewicht des Ästhetischen und des Ethischen in der Ausarbeitung der Persönlichkeit«. B erklärt: In der Selbstwahl wähle ich nicht dies oder das, das heißt, ich wähle nichts Endliches. Ich wähle absolut oder ich wähle das Absolute. Er fragt nun, was dieses Absolute sei, und er antwortet: »Das bin ich selbst in meiner ewigen Gültigkeit. Etwas anderes als mich selbst kann ich nie als das Absolute wählen; denn wähle ich etwas anderes, so wähle ich etwas Endliches und wähle nicht absolut.«[12] Dieses Selbst als das Absolute wird nun weiter bestimmt als Freiheit. Freiheit besteht darin, daß ich dieses oder jenes wähle, zwischen diesem oder jenem mich entscheiden *kann*. Das besagt, wenn man das Ganze dieses Gedankenganges zusammenfaßt: ich wähle mich als Wählen-*könnenden*. Dieses Sich-wählen als Wählen-könnenden, so erklärt B, muß jeder konkreten Wahl von diesem oder jenem Endlichen vorausgehen, denn erst die absolute Wahl meiner selbst macht eine konkrete Wahl von Bestimmtem *möglich*. Dieser Akt aber ist das eigentliche Wesen des *Ethischen*. B sagt: »Das Ästhetische im Menschen ist das, wodurch er unmittelbar ist, was er ist; das Ethische ist das, wodurch er wird, was er wird.«[13]

Diese Wahl ist äußerst dialektisch. B sagt einerseits: das ewige Selbst war vor der Wahl nicht da, es wurde erst durch die Wahl. »Als unmittelbare Persönlichkeit bin ich zwar erschaffen aus dem Nichts, aber als freier Geist bin ich geboren aus dem Grundsatz des Widerspruches, oder dadurch, daß ich mich selbst wählte.«[14] Die Selbstwahl scheint sich als ein Erschaffen des Selbstes als ewiger Persönlichkeit zu vollziehen. B erklärt nun aber gerade: Wählen ist kein Erschaffen, denn was gewählt wird, muß vor der Wahl doch da sein, sonst könnte es gar nicht gewählt werden. Was gewählt wird, das ist ja kein abstraktes Selbst, sondern das bin ich selbst, dieser B. Ich wähle *mich* und nicht einen anderen. Dieses *konkrete* Selbst aber wurde nicht erst durch die Wahl, wenn man »werden« im Sinn eines Erschaffens aus dem Nichts versteht. Aber B sagt weiterhin, in einem anderen Sinne wurde dies Selbst allerdings erst durch die Wahl gesetzt, nämlich als das *Selbst der Freiheit*, durch die ich mein Leben nun selbst in die Hand nehmen will. B weist auf die hier vorherrschende dialektische Identität hin und erklärt: »Was ich wähle, das setze ich nicht, denn wenn es nicht gesetzt wäre, so könnte ich es nicht wählen, und doch, wenn ich es nicht dadurch gesetzt hätte, daß ich es wählte, so wählte ich es nicht; das heißt, wenn es nicht wäre, könnte ich es nicht wählen, das heißt nicht, daß es erst dadurch würde, daß ich es wähle, sonst wäre meine Wahl eine Illusion.«[15] B erläutert diese Dialektik, indem er sagt: die Wahl vollzieht in einem Akt zwei dialektische Bewegungen. Die eine Bewegung ist das Sich-losreißen, das Sich-freimachen und Sich-konstituieren als *unendliches* Selbst, die andere Bewegung ist das Zurückkehren und Sich-binden, wodurch sich das Selbst als *endliches* in Freiheit übernimmt.

B stellt, insofern er Ethiker ist, die Bedeutung des *Handelns* heraus, durch das der Mensch erst von der ästhetischen Selbstbeobachtung befreit wird. Der eigentliche Sinn und das letzte Ziel des Handelns ist die innere Ordnung der Existenz, in der das Endlich-Konkrete und das Unendlich-Abstrakte selbst zur Einheit kommen. Das heißt: um sich ethisch angemessen zu verstehen, muß man sich zuerst einmal radikal vereinzeln, der Entschluß zum Entschluß, das Sich-wählen als Wählen-könnender ist der *höchste Punkt* der Ethik. Aber der Ethiker B ist nun der Meinung, daß, wenn der Mensch sich selbst gewählt hat, die *Harmonie von Innen und Außen* nicht ausbleiben kann, denn ethisches Handeln stimmt mit der Welt so zusammen, daß sich der Mensch im Konkret-Allgemeinen erfüllen kann. Der Ethiker B proklamiert der Sache nach *Hegels Bestimmung der substanziellen Sittlichkeit*, in der der Einzelne und das Allgemeine miteinander verbunden sind. Aber – und dies ist nun das Entscheidende – diese Einheit wird nicht mehr wie bei Hegel metaphysisch vom Absoluten her garantiert, sondern gleichsam anthropologisch als mögliche Belohnungs- oder Erfüllungschance für die ethische Wahl angesetzt. Kierkegaard stellt den Ethiker B absichtlich als einen recht naiven Menschen dar. B ist gut bürgerlich gesinnt und hängt einem religiös verbrämten Kulturoptimismus an. Es ist für Kierkegaard nun nicht schwer, den Nachweis zu erbringen, daß diese Erfüllung unter Umständen nicht eintritt. Genauer: es ist nicht nur nicht notwendig, sondern nicht einmal wahrscheinlich, daß sich ethisches Verhalten und äußeres Weltgeschehen decken. Die unglücklichen Ausnahmen, die Kierkegaard zunächst beschreibt – Menschen, die vom Schicksal ausgesondert sind –, sind keine merkwürdigen oder pathologischen Sonderheiten. Jeder kann in das Geschick der Ausnahme gezwungen werden, und das besagt: die Angst um diese Möglichkeit gehört zum Leben als solchem dazu. Gleichwohl: auch wenn Kierkegaard den Bruch von Innen und Außen aufweist, seine Argumentation als ganze ist am ästhetischen Weltverständnis orientiert, insofern sie das Ideal der privaten Erfüllung ins Zentrum stellt. Kierkegaard zieht nicht die Möglichkeit einer Verpflichtung zu einer aktiven Weltgestaltung, die das persönliche Glück überschreitet, in Betracht. Er eröffnet sich nicht den Fragen einer sozialen oder politischen Veränderung der Wirklichkeit, denn eine solche Veräußerlichung würde den Weg in die radikale Innerlichkeit fraglich werden lassen.

Daß die private Einzelheit das Prinzip ist, das Kierkegaard in seiner Vermittlungsbewegung leitet, zeigt sich nun gerade auch in der *christlichen Religiosität*, die als höchste Stufe über dem ethischen Selbstverständnis steht. Weil – so wird der Übergang motiviert – der Ethiker einen erfüllten Weltbezug nicht garantieren kann, wird der Mensch erneut auf sich selbst verwiesen. Er erfährt, daß er auf ethischem Wege mit sich selbst nicht in Ordnung kommen kann. Die Ethik muß suspendiert werden, weil die prekäre Grundstruktur der menschlichen Natur, die allem Handeln vorausgeht, durch Handeln nicht zu verändern ist. Eine neue Verzweiflung wird wach, die über die ästhetische Verzweiflung weit hinausgreift, insofern sie zeigt, daß der Mensch sich in sich selbst gar nicht erfüllen und glücklich werden kann.

Kierkegaard stellt in seinen beiden reifsten Werken, dem »Begriff Angst« und der »Krankheit zum Tode« dieses Problem der reinen, das heißt der weltlosen Selbstvermittlung in das Zentrum. Aber er tut dies nur, um so endgültig ins Christliche »hineinzubetrügen«. Der Mensch kann sich nicht durch die Selbstwahl in die Hand bekommen, weil er sich nicht über sich selbst erheben kann. Der Geist, der die Synthese zwischen Unendlichem und Endlichem, Ewigem und Zeitlichem zu setzen hat, ist, so zeigt Kierkegaard im »Begriff Angst«, nicht ein neutrales Drittes, das über den beiden Extremen steht. Der Geist ist selbst in die Möglichkeit der Entscheidung hineingesprungen und solchermaßen mit im Spiel. Der Mensch kann – das ist das Grundthema der »Krankheit zum Tode« – nur verzweifeln, weil er nie in sich das Gleichgewicht seiner selbst herstellen kann: entweder gibt er sich zu sehr der Endlichkeit hin und vergißt seine Freiheit, oder er wendet sich einseitig der Unendlichkeit zu und verschwebt im Raum unwirklicher Möglichkeiten. Aber ob der Mensch sich nun trotzig immer wieder bemüht, die Mitte der Extreme erreichen zu wollen, oder ob er verzagt darauf aus ist, sich selbst loszuwerden, in beiden Fällen wird er nicht der Verzweiflung entgehen. Er kann diese seine Situation, als existierende Subjektivität ein *zwiespältiges* Wesen zu sein, nur ertragen, wenn er sich eingesteht, daß ein »Gott da ist und er (er selbst, sein Selbst) vor diesem Gott da ist«.[16] Allein diese Einsicht, die keine Änderung der Struktur der Existenz bedeutet, führt nach Kierkegaard die entscheidende Dialektik herauf: der Mensch muß immer wieder sich selbst zu vermitteln versuchen, *damit* er immer wieder an sich selbst verzweifelt, denn nur so kann er »den Gott in der Zeit« ergreifen. Die höchste Stufe der Verinnerlichung, in der der Einzelne vom Außen ganz abgelöst ist, ist »getroste Verzweiflung«.

Wir brechen diese Darlegung Kierkegaards ab. Kierkegaard gehört nicht der unmittelbaren Gegenwart zu, gleichwohl erscheint es uns notwendig, seinen Ansatz so ausführlich darzulegen, weil er die Möglichkeit der Verinnerlichung ursprünglich durchdenkt, indem er sie einerseits in dialektischer Form gegen die Veräußerlichung, das heißt die in Hegel kulminierende Verweltlichung der Philosophie, abgrenzt, und indem er andererseits durch die konkrete Schilderung des Selbstverständnisses die große Vielfältigkeit der Reflexionsstrukturen aufzeigt, die die »innere Welt« in sich birgt.

Exkurs. Husserl:
Das reine Bewußtsein als Forschungsfeld[1]

Bevor wir uns den führenden Denkern der gegenwärtigen Existenzphilosophie, Heidegger, Sartre und Jaspers zuwenden, sei auf den philosophischen Ansatz Husserls hingewiesen. Dies ist nicht nur deswegen angebracht, weil Husserl der Lehrer Heideggers und Sartres ist und diese Denker seinen Ansatz, wenn auch in wesentlich modifizierter Form, aufnehmen, sondern vor allem deswegen, weil Husserls späte Philosophie eine ganz besondere Form der Transzendentalphilosophie darstellt, die in einer Geschichte der Philosophie der Innerlichkeit nicht unberücksichtigt bleiben darf. Husserl untersucht das *reine Bewußtsein* und betrachtet dieses in seinen Leistungsmechanismen; das Ergebnis dieser Betrachtung ist die Auflösung des Ich als des obersten Prinzips der Philosophie.

Husserl geht von der Idee einer weltlosen Subjektivität aus, und von ihr her kritisiert er die traditionelle Wissenschaft. Diese Wissenschaft hat zwar den unmittelbaren Weltglauben des natürlichen Bewußtseins aufgehoben, aber sie hat nicht die Dimension der weltlosen Subjektivität erreicht, denn in dieser Wissenschaft blieb die Meinung in Geltung, daß es Aufgabe der Forschung sei, innerweltliche Gegebenheiten zu untersuchen. Im Unterschied zu diesem weltgebundenen Wissen wendet sich die *transzendentale Phänomenologie* Husserls von der wirklichen Welt und dem wirklichen Menschen radikal ab. Beides wird in der *Epoché* eingeklammert, das heißt, die Frage nach der Realität der Welt und des in ihr vorhandenen Menschen wird nicht gestellt. Der Gegenstand der Phänomenologie ist das *reine* Bewußtsein, dessen Akte zu untersuchen, die eigentliche Aufgabe der Philosophie ist.

Das Verhältnis vom reinen zum wirklichen, d. h. welthaften Bewußtsein wird im Sinne der Transzendentalphilosophie als das Verhältnis von Bedingungen zum Bedingten verstanden. Das reine Bewußtsein, das ein durchsichtiges Vernunftreich ist, wird vom Philosophen erforscht. Von ihm her kann das wirkliche Bewußtsein in seinen Strukturen begriffen werden, denn dieses Bewußtsein ist, insofern es überhaupt Bewußtsein ist, notwendig durch das reine Bewußtsein bestimmt, das ja gar nichts anderes ist als der Inbegriff aller möglichen und wirklichen Aktvollzüge. Die Unterscheidung des reinen vom natürlichen Bewußtsein soll nicht bedeuten, daß nun das Bewußtsein verdoppelt wäre und im ontischen Sinn zweimal vorkäme. Das reine Bewußtsein hat gar kein Sein. Es ist, so erklärt Husserl, ein in sich gültiges *Wesensreich*, und eben als solches ist es für die Konstitution des naiven Bewußtseins maßgebend und geht diesem gleichsam als Urbild voraus. Die Absolutsetzung des reinen Bewußtseins vollzieht sich als Reinigung des natürlichen Bewußtseins, das, weil es in konkretem Bezug zur Welt steht, von Zufällen bestimmt ist. Das reine Bewußtsein ist das verwesentlichte und verinnerlichte Bewußtsein, das nicht mehr vom Außen betreffbar ist.

Es ist nun auffallend, daß Husserl nicht primär an der Frage interessiert ist, wie das Verhältnis von reinem und natürlichem Bewußtsein in seinen konkreten Strukturen zu bestimmen sei. In dieser Hinsicht unterscheidet sich sein Denken sehr wesentlich vom idealistischen Ansatz. Die idealistische Transzendentalphilosophie erstrebt ein System, das sich in sich schließen soll. Wenn *Fichte* vom absoluten Ich redet, denkt er bereits *dialektisch* den Gegensatz, das empirische Ich, »dazu«, und das heißt, er blickt von vornherein auf die Möglichkeit voraus, durch die sich diese Gegensätze vermitteln lassen. Fichtes Absicht ist es ja, das konkrete Bewußtsein zu erklären. Er geht aus vom absoluten Ich, das gegensatzlos ist. Das absolute Ich schränkt sich selbst aber ein, das heißt, es verendlicht sich und wird zum konkreten empirischen Ich, dem ein Nicht-Ich entgegensteht, Ich und Nicht-Ich bestimmen sich gegenseitig. Weil aber das absolute Ich der *einzige* Akteur ist, d. h., weil das absolute Ich ja sich selbst einschränkt, vermag es jede Einschränkung zu übergreifen. So kommt das Ergebnis zustande, daß das einschränkende und das eingeschränkte Ich eine dialektische Einheit bilden; das konkrete eingeschränkte Ich ist das absolute Bewußtsein, *insofern* es eingeschränkt ist.[2]

Husserl dagegen will einzig und allein die Strukturen des reinen Bewußtseins beobachten. Die sich hier zeigenden Phänomene stellen Verweisungszusammenhänge dar, wobei die Verweisungen vielfältiger Art sind. Es gibt nicht nur Verweisungen in die tieferen Grundschichten dieses Bewußtseins, sondern auch Verweisungen in der Dimension der Breite. In dieser Beobachtung aber zeigt sich das reine Bewußtsein als »verwundersame systematische Ordnung«. Diese Ordnung erschließt sich dem Untersuchenden, wenn er das ungeheure Reich der transzendentalen Selbsterfahrung durchwandert, als sich in der Evidenz ausweisende. Man muß also, wenn man Husserls Ansatz verstehen will, ein Zweifaches bedenken, einmal: das reine Bewußtsein ist ein *unendliches Forschungsfeld* – hier zeigt sich die Tendenz zur Verwissenschaftlichung – und: das reine Bewußtsein erweist sich in dieser Untersuchung als ein *systematisch gefügter Zusammenhang*.

Sucht man die Unterschiede, die zwischen der idealistischen Philosophie und Husserls Ansatz bestehen, auf einen Nenner zu bringen, so zeigt sich also, daß diese Differenzen auf die grundsätzlich verschiedene Bewertung des Ich zurückzuführen sind. Für die idealistische Philosophie ist das transzendentale Ich der höchste Punkt. Dies Ich hat der Philosoph, wie *Fichte* lehrt, in der selbstbewußten *Freiheit* zu ergreifen. Sich als Ich setzen, das bedeutet ein Sichlosreißen vom Gegebenen, und eine innere Sammlung. Nur durch diese *Tathandlung* gewinnt man den festen Punkt, von dem die Philosophie ausgehen kann. Das besagt: die Ordnung im transzendentalen System beruht einzig und allein auf der *Aktivität* des Ich; das Ich ist das Prinzip, das den Aufbau des Systems einsichtig dirigiert und die Stufenordnung als deduktive Folge von Setzungen konstruiert. *Husserls* Ordnungssystem des reinen Bewußtseins beruht nicht auf einer solchen »aktiven Ichtätigkeit«. Die Bestimmung »Ich« hat für Husserl überhaupt nicht mehr eine dem idealistischen Ansatz entsprechende fundamentale Bedeutung. Dies hat zur Folge, daß Husserls Denken auf einen *objektivistischen* Ansatz hintendiert, der dadurch gekennzeichnet ist, daß der Philosoph bloßer Zuschauer eines Bewußtseins ist, das sich als ein eigentümlich ichloses und darum unlebendiges Reich der Schatten etabliert. –

Wir suchen diesen Ansatz Husserls, der gegenüber der Ich-Philosophie des Idealismus eine bedeutsame Radikalisierung der Philosophie der Innerlichkeit darstellt, durch den Rückgriff auf einige Textstellen genauer darzulegen. Husserl wirft im § 53 seines Werkes »Die Krisis der europäischen Wissenschaften und die transzendentale Phänomenologie« das Problem der Paradoxie der menschlichen Subjektivität auf.[3] Diese ist Subjekt für die Welt und zugleich Objekt in der Welt – die Überschrift dieses Paragraphen lautet: »Die Paradoxie der menschlichen Subjektivität; das Subjektsein für die Welt und zugleich Objektsein in der Welt«. Husserl sucht in den folgenden Paragraphen diese Paradoxie aufzulösen, und hier zeigt sich eine schwer durchschaubare *Vieldeutigkeit des Ich*.

Husserl spricht zunächst vom Ich als dem Akteur der Epoché. Hier ist das Ich durchaus aktiv. Daß die Welt in der *Epoché* eingeklammert wird, beruht einzig und allein auf einem freien Entschluß des Ich, das sich durch diese Einklammerung in eine »einzigartige philosophische Einsamkeit« versetzt. Vom Ich wird aber sogleich in durchaus anderer Weise geredet, ohne daß der Übergang von der einen Ichbestimmung zu der anderen einsichtig dargelegt wird. Das Ich, so heißt es, ist der *Ichpol* des jeweilig transzendentalen Lebens. Hier ist das Ich offensichtlich von der Schematik »Subjekt-Objekt« her als eine dialektische Bestimmung gesetzt, die als solche ihre gegensätzliche Ergänzung fordert: ein Subjekt ist nicht ohne Objekt und umgekehrt. Unmittelbar darauf wird aber wieder gesagt, daß das Ich alles in voller Konkretion umfasse. Die Begründung lautet: »Konkret ist jedes Ich nicht bloß Ichpol, sondern Ich in allen seinen Leistungen und Leistungserwerben, mitgerechnet die als seiend und soseiend geltende Welt.«[4] Husserl verwendet – das zeigt sich, wenn man auf seinen »Stil« achtet – gern die Worte »konkret« und »nicht bloß, sondern«. Aber durch solche Redewendungen wird der Zusammenhang, in dem »Ichpol« und »Ich in seinen Leistungen« stehen, nicht einsichtig als dialektisches Verhältnis dargelegt, sondern nur umschrieben.

Ebensowenig wird das Verhältnis von einklammerndem Ich zum »absoluten Ego« oder dem »Urich« wirklich geklärt. Husserl fordert, das Ich, das die Epoché vollzieht, solle »systematisch zurückfragen«, um »sich selbst, d. h. das transzendentale Ego« in seinen unsagbar verschlungenen Geltungsfunktionen kennenzulernen. Auf diesem Wege erfasse es sich als absolutes Ego oder Urich. Hier hat man offenbar ein Letztes erreicht, über das hinaus es nichts gibt. »Beim ego angelangt, wird man dessen inne, daß man in einer Evidenzsphäre steht, hinter die zurückfragen zu wollen, ein Unsinn ist.«[5] Wenige Zeilen später heißt es: »Jede Evidenz ist ein Problemtitel, nur nicht die phänomenologische Evidenz, nachdem sie sich selbst reflektiv geklärt und als letzte erwiesen hat.«[6] Aber in der Durchführung zeigt sich, daß dieses Absolute recht unbestimmt bleibt. Es wird als eine Dimension, eine *Evidenzsphäre*, ein bereitliegendes Arbeitsfeld gekennzeichnet. Das Ich ist hier bei Lichte besehen gar nichts anderes als eine Anzeige dafür, daß die Verweisungen im Bewußtseinsleben miteinander sinnhaft zusammenhängen. Es ist die alle Erlebnisse »durchziehende Einheit«. Husserl erklärt, daß der Lebensstrom mit dem *Indiz* »Ich« versehen sei. Er fragt sich sogar, ob es überhaupt angemessen sei, im Zusammenhang der Epoché vom Ich zu reden. Und er antwortet, das durch die Epoché gewonnene Ich – auf dieses Ich als den Zentralpunkt der Analyse konzentriert sich ja die ganze Problematik – heiße eigentlich nur durch Äquivokation »Ich«. »Das Ich, das ich in der Epoché erreiche, dasselbe, das in der kritischen Umdeutung und Verbesserung der Descartes'schen Konzeption das ›ego‹ wäre, heißt eigentlich nur durch Äquivokation ›Ich‹...«[7] Aber die Äquivokation ist doch keine zufällige, sondern »eine wesensmäßige Äquivokation«: »ich bin es, ich der Epoché-Übende, ich, der die Welt, die mir jetzt nach Sein und Sosein geltende Welt, mit allen ihren Menschen, deren ich so völlig gewiß bin, als Phänomen befrage; also ich, der ich über allem natürlichen Dasein, das für mich Sinn hat, stehe und der Ichpol bin des jeweils transzendentalen Lebens, worin zunächst Welt rein als Welt für mich Sinn hat: Ich, der ich in voller Konkretion genommen, all das umfasse.«[8]

Husserl stellt in diesem Zusammenhang heraus, daß das einklammernde Ich ein konkretes Ich ist. Das transzendentale Ich, von dem er redet, soll kein allgemeines Ich sein, sondern ein individuelles Ich. Dies transzendentale Ich ist, verglichen mit dem transzendentalen Ich, das Kant oder Fichte im Blick haben, eine seltsame Bestimmung. Einerseits soll es »weit radikaler« gefaßt sein: es ist als weltloses schlechthin über alles Seiende, auch das absolute Ich des transzendentalen Idealismus, erhoben; andererseits ist dieses Ich aber »viel konkreter«, weil es im Unterschied zum transzendentalen Ich des Idealismus das Ich eines *bestimmten* Menschen ist. Bei Lichte besehen ist dieses Ich gar nichts anderes als der Philosoph selbst, der sich in seinem Bewußtseinsleben betrachtet. Dies Ich kommt nur zustande durch die *Verinnerlichung der Reflexion,* die der einzelne vollzieht. –

Dieser transzendentale Rückzug aus dem wirklichen Leben sei nun noch ein wenig genauer in seinen Strukturen thematisiert. Das Ich hat die Möglichkeit, auf sich selbst in sich ständig überhöhender Reflexion herabzusehen. Das Ich zerspaltet sich in beobachtendes und beobachtetes Ich, und es kann diesen Vorgang selbst wiederum durch eine höhere Reflexion konstatieren. Husserl sagt, »daß sich in der Epoché eine Ichspaltung vollzieht, indem sich über dem naiv interessierten Ich das phänomenologische als *uninteressierter Zuschauer* etabliert. Daß dies statthat, ist dann selbst durch eine neue Reflexion zugänglich«.[9] Auf diese kann ich wiederum reflektieren. Natürlich wird man nicht ins Endlose reflektieren, aber faktisch wäre das nicht nur möglich, sondern diese endlose Reflexion müßte, so erklärt Husserl, eigentlich genauer untersucht werden. In der sechsten Beilage zu den »Vorlesungen der Phänomenologie des inneren Zeitbewußtseins« erklärt Husserl: »Wenn nun auch nicht in infinitum Reflexion geübt wird und überhaupt keine Reflexion nötig ist, so muß doch dasjenige gegeben sein, was diese Reflexion möglich macht und, wie es scheint, prinzipiell wenigstens in infinitum möglich macht. Und da liegt das Problem.«[10]

Bereits die Idealisten – wiederum insbesondere Fichte – haben die Möglichkeit der iterativen Reflexion in den Blick gebracht und ihr entgegenzutreten gesucht, denn hier zeigt sich die Gefahr einer Ichauflösung – *Fichte* entgeht dieser Ichauflösung durch die bedingungslose Anerkennung des anderen Ich.[11] *Husserl* rettet sich vor dieser Gefahr durch eine eigentümliche Wende zum Objektivismus. Mag – so kann man den hier leitenden Ansatz formulieren – die unendliche Reflexion ein echtes Problem darstellen, es hat sich ja die Möglichkeit eröffnet, das Bewußtsein schlicht zu untersuchen als ein durch die Epoché erschlossenes System von Leistungsaktionen. Grundsätzlich formuliert: das Bewußtsein erscheint als eine reine Gegebenheit, die man objektiv beobachten kann in der Haltung des uninteressierten Zuschauens mit dem »einzig verbleibenden Interesse, zu sehen und adäquat zu beschreiben«.[12] Husserl reflektiert sich nicht als Philosoph in sein System »hinein«, wie es die Idealisten tun, die sich ständig die Frage vorlegen, wie sich der Philosoph zum Absoluten verhalte. Diese Frage zu stellen, erscheint den Idealisten notwendig, weil für sie das Absolute nichts Gegebenes ist, man kann sich ihm daher nicht wie welthaften Gegebenheiten schlicht beobachtend zuwenden. Husserl dagegen bleibt bloßer Zuschauer. Die Leistungen des reinen Bewußtseins verlaufen unabhängig von der Beobachtung im weltlosen reinen Reich der Gültigkeit.

Gleichwohl: die Tatsache, daß Husserl es unterläßt, sich in aktiver Reflexion mit seinem Gegenstand, dem absoluten Bewußtsein, zu vermitteln, hat verhängnisvolle Folgen. An die Stelle einer solchen Reflexion tritt – gleichsam als Äquivalent –

ein Bezug vom einzelnen Ich zum absoluten Ich, der seiner Form nach als moderner Platonismus gedeutet werden kann. Der Grundgedanke ist der folgende: das jeweilige Ich ist als solches mit Eigentümlichkeiten behaftet und in diesem Sinn zufällig. Diese Zufälligkeit muß aufgehoben werden. Das ist durchaus möglich, denn dieses konkrete Ich ist als *Variation* eines allgemeinen Ich, das heißt des »Eidos ego« zu verstehen. Das Eidos ego aber ist nichts anderes als der völlig objektivierte Inbegriff *aller* Ichmöglichkeiten.

Es ist bezeichnend, wie Husserl das Eidos ego einführt. Er geht vom »Eidos Wahrnehmung« aus, das heißt einem Phänomen, in dem das Subjekt sich auf ein Gegebenes bezieht. Wenn ich jetzt und hier etwas wahrnehme, so ist dies ein reales Weltgeschehen. Ich kann nun, so erklärt Husserl, gemäß der Epoché den Weltbezug ausschalten. Dadurch hebe ich diesen bestimmten Vorgang in eine »prinzipielle Dimension«. Dies bedeutet ein Zweifaches, erstens: ich kann diesen Vorgang nun in seinen Wesensbestimmungen beschreiben, und zweitens: ich vermag diesen Sachverhalt als Möglichkeit unter anderen Möglichkeiten der Wahrnehmung, das heißt, als einen besonderen Typus von »Wahrnehmung überhaupt«, zu verstehen. »Mit anderen Worten, wir verwandeln das Faktum dieser Wahrnehmung unter Enthaltung von ihrer Seinsgeltung in eine reine Möglichkeit und unter anderen ganz *beliebigen reinen* Möglichkeiten – aber reinen Möglichkeiten von Wahrnehmungen. Wir versetzen gleichsam die wirkliche Wahrnehmung in des Reich der Unwirklichkeiten, des Als-ob, das uns die *reinen* Möglichkeiten liefert. Rein von allem, was an das Faktum und jedes Faktum überhaupt bindet. In letzterer Hinsicht behalten wir diese Möglichkeiten auch nicht in Bindungen an das mitgesetzte faktische ego, sondern eben als völlig freie Erdenklichkeit der Phantasie – so daß wir auch von vornherein als Ausgangsexempel ein Hineinphantasieren in ein Wahrnehmen hätten nehmen können außer aller Beziehung zu unserem sonstigen faktischen Leben.«[13]

Durch dieses Hineinphantasieren vollziehe ich eine *Kehre*. Ich nehme das Faktum des Vorganges nicht, wie es der wirkliche Mensch tut, als das Eigentliche und Wesentliche, als das, worum es geht, sondern verstehe es lediglich als mögliche Figuration eines Eidos Wahrnehmung, »dessen *idealen* Umfang alle idealiter möglichen Wahrnehmungen als reine Erdenklichkeiten ausmachen«.[14] Damit habe ich aber auch mich als besonderes Ich überstiegen, an die Stelle dieses Ich tritt ein »intuitives und apodiktisches Allgemeinheitsbewußtsein«. Nur dieses Allgemeinheitsbewußtsein entspricht dem Eidos, denn: »Das Eidos selbst ist ein erschautes, bzw. erschaubares Allgemeines, ein reines *unbedingtes,* nämlich durch kein Faktum bedingt, seinem eigenen intuitiven Sinne gemäß. Es liegt *vor allen Begriffen* im Sinne von Wortbedeutungen, die vielmehr als reine Begriffe ihm angepaßt zu bilden sind.«[15] Die Ansetzung dieses Eidos aber macht es möglich, daß alle wirklichen und erdenklichen Wahrnehmungen, eben weil sie nur Besonderungen dieser Allgemeinheit sind, aufeinander verweisen und einen Ordnungszusammenhang bilden.

Das *Eidos ego* wird nun in völlig entsprechender Parallelität bestimmt. Mein Ich ist der faktische Ausgangspunkt der Überlegungen. Ich kann mich nun aber frei in andere Möglichkeiten des Ich hineinphantasieren, genauso wie ich es bei der Wahrnehmung tat. »Jede Konstitution einer wirklich reinen Möglichkeit unter reinen Möglichkeiten führt implicite mit sich als ihren Außenhorizont ein im reinen Sinne mögliches ego, eine reine Möglichkeitsabwandlung meines *faktischen.*«[16] Indem ich mich so fingiere, »als wäre ich anders«, vollziehe ich die Kehre: ich halte mich nicht mehr als fixen Ausgangspunkt fest, sondern erhebe mich in der Phantasie über mich selbst und begreife nun, daß mein faktisches Ich vom Eidos ego her als eine besondere Variation zu verstehen ist. Die Möglichkeiten, die im Eidos ego beschlossen sind, sind als transzendentale früher als die Wirklichkeiten. »So geht ›an sich‹ die Wissenschaft der reinen Möglichkeiten derjenigen von den Wirklichkeiten vorher und macht sie als Wissenschaft überhaupt erst möglich.«[17] Auch hier bei dem Eidos ego bleibt es ebenso wie beim Eidos Wahrnehmung undeutlich, wie dies Eidos als Inbegriff aller Ichmöglichkeiten eigentlich »aussieht« und wie es erfaßt werden kann. Dies Eidos ist bei Lichte besehen nichts anderes als der unanschauliche *Leitbegriff* der Forschung. Husserl setzt es – das dürfte wohl kaum zu bezweifeln sein – nur an, um die faktisch endlose Untersuchung in grundsätzlicher Hinsicht als abgesichert erscheinen zu lassen.

Husserl will als Philosoph absolute Sicherheit, deswegen konstituiert er Philosophie als Transzendentalphilosophie. Er geht auf das Innere zurück, weil das Innere ja nicht wie das Äußere durch Zufälle gestört werden kann. Husserl zitiert am Schluß der »Cartesianischen Meditationen« Augustin: »Noli foras ire, in te redi, in interiore homine habitat veritas.«[18] Aber der Rückzug in das Innere als Einstieg in die reine Wesensdimension gewährt gerade keinen Halt. Er eröffnet nicht nur unendliche Aufgaben, deren endgültige Bewältigung gar nicht möglich ist, sondern er vollzieht sich faktisch als *Ichverlust*. Der Philosoph hat sich in *transzendentaler Schizophrenie* gespalten und ist bloßer Beobachter von Erlebnissen geworden, die sich gleichsam verselbständigt haben. In Husserls Innenschau wiederholt sich auf wissenschaftlichem Niveau die Stufe der Innerlichkeit, die Kierkegaard als ästhetisches Dasein gekennzeichnet hat, denn in beiden Fällen ist das Innere eine Bühne, auf der sich das Bewußtseinsleben in sich selbst abspielt. Die Gedanken beginnen, ein eigenes Leben zu führen, dessen Ordnungen ein nur zu konstatierender Verweisungszusammenhang ist, der nicht vom Ich selbst in bewußter Aktivität gestaltet wird.

Zweites Kapitel
Heidegger: Die transzendentalphilosophische Sicherung der Endlichkeit[1]

Die Wirkung, die Heideggers großes systematisches Werk »Sein und Zeit«, das 1927 erschien, hervorrief, ist erstaunlich. Sie ist wohl mit keinem anderen philosophischen Bucherfolg seit der Jahrhundertwende zu vergleichen. Deuter Heideggers weisen darauf hin, daß diese Wirkung, jedenfalls soweit sie die Öffentlichkeit betrifft, eigentlich auf einem Mißverständnis beruhe. Die allgemeine Meinung sei im Irrtum, wenn sie behaupte, Heidegger habe den ungesicherten Menschen der Epoche nach dem ersten Weltkrieg beschreiben wollen, und sein primäres Anliegen sei es gewesen, diesen Menschen nachdrücklich zu einer Besinnung auf seine Endlichkeit und insbesondere die Tatsache des Sterbenmüssens aufzufordern. In Wahrheit, so argumentieren diese Ausleger, habe Heidegger, um existentielle Angelegenheiten sich nicht bekümmernd, die Frage nach der menschlichen Existenz unter *fundamentalontologischem Aspekt* gestellt, und hinter dieser Frage hätte die Absicht gestanden, das uralte philosophische Problem, was das *Sein überhaupt* ist, wieder aufzunehmen. Heidegger, so wird erklärt, sage dies ja selbst in seiner Vorbemerkung zu »Sein und Zeit«[2], und seine spätere denkerische Entwicklung, in der die Seinsfrage ganz im Zentrum stehe, beweise die Richtigkeit einer solchen Auslegung.

Man wird diese Argumentation nicht a limine abweisen dürfen. Heideggers eigentliche philosophische Intention in »Sein und Zeit« ist es zweifellos, die Philosophie überhaupt durch die Konzeption einer neuen Ontologie zu fundieren, und diese Absicht ist sicher nur von wenigen voll verstanden und gewürdigt worden. Gleichwohl wird man die Breitenwirkung von »Sein und Zeit« nicht als ein reines Mißverständnis kennzeichnen dürfen, denn »Sein und Zeit« ist tatsächlich ein Werk, in dem der Geist der Zeit zur Aussage kommt. Hier findet man durchaus die Möglichkeit einer Ausrichtung des eigenen Selbstverständnisses. Es gilt heute, nachdem die große Zeit der Existenzphilosophie und des Existenzialismus der Vergangenheit angehört, diese Wirkung als ein geschichtliches Faktum *anzuerkennen*. Es ist daher nicht nur legitim, sondern auch für das Verständnis Heideggers und seiner Wirkungsgeschichte notwendig, gerade die Fragenkomplexe aus »Sein und Zeit« herauszustellen, von denen diese Wirkung ausging.

Hier ist zunächst Heideggers *Rückgang auf die Lebenserfahrung* zu nennen. Sicher: bereits Husserl hatte die Bedeutung der Lebenswelt erkannt, und seine Analysen haben auf Heidegger gewirkt.[3] Heideggers Schilderungen übertreffen aber nicht nur an Eindringlichkeit und Ursprünglichkeit Husserls Untersuchungen, sie wirkten seinerzeit geradezu als eine Befreiung von der vorausgehenden Tradition, insofern hier überhaupt nicht mehr von Konstitutionsfragen die Rede ist, sondern das wirkliche Leben unmittelbar thematisiert wird. Diese Unmittelbarkeit ist im philosophischen Sinne aber keine Naivität. Sie beruht einerseits auf der Abwendung von der Metaphysik und andererseits auf der Destruktion der traditionellen Erkenntnistheorie.

Die *Abwendung von der Metaphysik* besagt der Sache nach, daß der Mensch nicht mehr von einem Absoluten und Unendlichen her gedeutet wird. Heidegger steht in dieser Hinsicht in der philosophischen Bewegung, die mit Feuerbach, Marx und Kierkegaard beginnend die metaphysische Deutung des Menschen als eine Form der Selbstentfremdung deklariert. Die Abwendung von der Metaphysik als Zuwendung zum Menschen ist bei Heidegger dadurch bestimmt, daß Heidegger den Menschen in seinen *alltäglichen* Verhaltensweisen thematisiert. Gerade darin besteht die eigentümliche Radikalität seines Ansatzes. Heidegger sucht nicht die Möglichkeit der Metaphysik durch allgemeine Erwägungen kritisch zu durchleuchten, sondern er denkt an ihr gleichsam »vorbei«, wenn er den Menschen in seiner Alltäglichkeit beschreibt. Sicher: dies ist nicht die einzige Einstellung Heideggers zur Metaphysik. Insbesondere der späte Heidegger sucht die Metaphysik als eine durchaus sinnhafte Epoche in der vom Sein zugeschickten Denkgeschichte zu deuten. Aber auf die Gesamtsituation der Zeit gesehen ist dieses Vorbeidenken an der Metaphysik schwerwiegender und wirkungsvoller als eine direkte Auseinandersetzung mit ihr, insofern hier die Metaphysik bereits vergleichgültigt ist.

Die Zuwendung zum wirklichen Menschen vollzieht sich zugleich als *Destruktion der traditionellen Erkenntnistheorie*. Heidegger kritisiert ausdrücklich deren Grundlegung durch Descartes. Descartes setzt das Subjekt für sich und sucht nun von ihm her die Welt als Inbegriff aller Objekte zu fundieren. Dieser Ansatz, der sich im Deutschen Idealismus radikalisiert, bleibt auch, so erklärt Heidegger, in den realistischen Wendungen des späteren 19. Jahrhunderts erhalten. Man behauptet nun, daß das Subjekt berechtigt sei, an die Realität der Außenwelt zu glauben, weil es deren Wirklichkeit im Widerstandserlebnis erfahre.[4] Ebenso konstruktiv und umständlich wird die Möglichkeit, den Mitmenschen zu verstehen, dargelegt; der Andere ist an sich pure Realität im Sinne eines dinglichen Daseins, aber er soll doch zugleich als Person gelten, und deren Wesen erschließt man sich, indem man die durch Selbstbeobachtung gewonnenen inneren Merkmale in den anderen hineinverlegt, das heißt, sich in den Anderen »einfühlt«.

Im Gegensatz zu diesen Ansätzen geht Heidegger davon aus, daß der Mensch nicht zunächst für sich ist und sodann in einen Bezug zur Welt tritt, sondern daß er schon immer mit Dingen und Menschen umgeht, weil das menschliche Dasein welthaft ist. Wenn Heidegger sagt, der Mensch sei in der Welt, dann ist dieses *In-sein* als ursprüngliches Vertrautsein mit der Welt zu verstehen. Welt ist also nichts dem Dasein an sich fremdes, denn das Dasein ist nur als Weltbezug möglich.

Dieses in-der-Welt-sein wird von Heidegger nun – wir wiesen bereits darauf hin – in seiner Alltäglichkeit beschrieben, denn hier zeigt sich der ursprüngliche Bezug. Das Dasein geht mit den Dingen als dem zu besorgenden *Zeug* um. Dieser Umgang ist kein theoretisch abstraktes Erkennen von an sich vorhandenen Gegenständen. Er vollzieht sich innerhalb einer Lebenswelt, in der man sich auskennt.

Diese Lebenswelt ist eine räumlich bestimmte. Die *Räumlichkeit* ist ihrerseits durch die Umsicht charakterisiert, in der man die Örter, an denen das Zeug seinen Platz hat, in praktischer Hinsicht, also nicht mathematisch abstrakt, »berechnet«. Entsprechendes gilt für den *mitmenschlichen Bezug*. Der Andere ist nicht ein Gegenstand, der mit subjektiven Prädikaten durch Übertragung meiner Erlebnisse ausgestattet wird, sondern mein Dasein ist als Mitsein mit anderen immer schon auf diese bezogen. Das Für-, Wider-, Ohne-einanderdasein, das Aneinandervorbeigehen, das Einander-nichts-angehen sind solche möglichen Weisen des menschlichen Umgangs.[5]

Überdenkt man diese Analysen, so begreift man, daß ihre befreiende Wirkung darauf beruht, daß Heidegger ein Verhalten beschreibt, das jeder aus eigener Erfahrung kennt. Freilich ist hier eine Einschränkung nötig. Diese Welt ist — sozial gesehen — die intakte Welt des Handwerkers; von der sozialen Problematik der Zeit ist hier nichts zu spüren, ebensowenig von der Tatsache der Technisierung und Verwissenschaftlichung. Gleichwohl: ein gewisser pragmatischer Ansatz ist in diesen Analysen nicht zu verkennen. Insbesondere die Ablehnung eines reinen theoretischen Erkennens ist wesentlich. Heidegger denkt dem Geist der Zeit gemäß, wenn er das ursprüngliche Erkennen als eine Verbindung von Theorie und Praxis auslegt. In der Bestimmung des Daseins, die Heidegger als Schlüsselbegriff ansetzt, wird diese Verbindung von Theorie und Praxis sehr deutlich. Dasein ist, insofern es mit Zeug und Mitmenschen umgeht, als *Sorge* zu kennzeichnen. Sorge ist hier nicht als reiner Selbstbezug zu verstehen, in dem ein Mensch sich in sich selbst versponnen vom Außen abschneidet. Sorge ist wesenhaft Weltbezug. Von der Sorgestruktur her zeigt sich also, daß es völlig verfehlt wäre, Heidegger als einen Denker der Innerlichkeit zu bezeichnen, wenn man unter einem solchen einen Menschen versteht, der den von der Welt als dem Außen abgetrennten Innenraum als die eigentliche Dimension ansetzt, die es durch Introspektion zu erfassen gelte. Von solcher Innenschau hat Heidegger nie etwas gehalten.

Der zweite Fragenkreis, auf den wir hinweisen, um Heideggers Wirkung zu kennzeichnen, ist durch Heideggers Rückgang auf die ursprüngliche Konstitution des *Selbstverhaltens* bestimmt. Heidegger betont ausdrücklich, daß das Selbstverhältnis mit dem Weltverhältnis eine Einheit bildet. Beides ist nicht zu trennen, weil das Dasein immer in der Welt ist, auch wenn es sich zu sich verhält und umgekehrt. Gleichwohl ist es notwendig, ausdrücklich zu fragen, wie sich das Dasein an ihm selbst, wie Heidegger des öfteren sagt, *erschlossen* ist. Heidegger beschreibt zwei Grundphänomene, die gleichursprünglich sind, wie ausdrücklich gesagt wird: das Phänomen des Verstehens und das Phänomen der Befindlichkeit. Das *Verstehen* ist gleichsam die aktive Form der Selbsterschlossenheit. Wenn das Dasein mit Zeug und Menschen umgeht, so gründet dies darin, daß das Dasein sich in Möglichkeiten bewegt. Das Dasein ist durch das Seinkönnen bestimmt. Es hat *Entwurf*charakter, d. h. es kann sich den Spielraum konkreter Möglichkeiten selbst eröffnen. Verstehen und Entwurf bilden eine Einheit eben in der Weise, daß der Entwurf, auch wenn er auf welthaft Seiendes gerichtet ist, ein Verhältnis zu mir als einem seinkönnenden Wesen einschließt. Von der Sorge und dem Zeitbezug her läßt sich das Verstehen als Besorgen der Zukunft explizieren, wobei dies Besorgen sich aber immer in einem bestimmten Umkreis von Möglichkeiten vollzieht. Verstehen und Endlichkeit gehören zusammen. Das Verstehen — als Verstehen von Möglichkeiten — kommt überhaupt nur einem Wesen zu, das nicht rein vollendet in voller Wirklichkeit in sich ruht.

Heidegger liegt gerade an diesem Nachweis der Endlichkeit des Verstehens. Hier zeigt sich bereits, daß die Herausarbeitung der Endlichkeit die Grundintention von »Sein und Zeit« ist.

Dies tritt in der Analyse der *Befindlichkeit* oder alltäglich gesprochen: der Stimmung noch deutlicher heraus. Es ist keine Frage, daß diese Analyse zu den wirkungsvollsten Abschnitten von »Sein und Zeit« gehört. Zu Heideggers Charakterisierung des Verstehens konnten gewisse Parallelen aus der Tradition angeführt werden – etwa der griechische Begriff des Wissens, wie ihn Plato in seinen frühen Dialogen darlegt. Das Phänomen der Befindlichkeit war dagegen offensichtlich überhaupt noch nicht philosophisch thematisiert worden. Die ganze Dimension der Gefühle, um deren Einteilung sich die Psychologie bemühte, wird hier gleichsam »unterlaufen« in einer ursprünglichen Sicht des Menschen. Und damit wird nun ein konkreter Grundzug der Endlichkeit sichtbar: die Unverfügbarkeit. Stimmungen überkommen, man kann sie nicht willentlich herbeizwingen – das künstliche Stimmungmachen, etwa durch Stimulantia, erscheint von Heidegger her als eine Perversion des ursprünglichen Wesens der Stimmung. Mit der Betonung der Endlichkeit als der Unverfügbarkeit hängt es zusammen, daß Heidegger ausschließlich auf »negative Stimmungen« zurückgeht, insbesondere auf die *Angst*, in der sich dem Dasein das reine Faktum des In-der-Welt-seins, d. h. die Geworfenheit erschließt.

Heidegger stellt in bezug auf die *Geworfenheit* eine Alternative auf: man kann den Lastcharakter des Daseins in der Angst auf sich nehmen oder ihn verdecken. Heidegger expliziert diese Alternative durch die Unterscheidung des uneigentlichen und des eigentlichen Daseinsverständnisses. Das *uneigentliche Dasein* ist durch das Leben im »Man« bestimmt, dessen Charakter die Durchschnittlichkeit ist, in der die echten Möglichkeiten eigener Entscheidung eingeebnet sind. Das »Man« ist – auf das Grundsätzliche gesehen – von der Tendenz durchherrscht, den Lastcharakter des Daseins und die ihm zugehörende Angst nicht wahrhaben zu wollen. Aus diesem »Man« – sich ihm entgegenstellend – reißt sich der Einzelne los, wenn er sich entschließt, »Gewissen haben zu wollen«, denn im Gewissen-haben-wollen zeigt sich die *Eigentlichkeit des Daseins*, das sich nicht mehr entfliehen will, sondern sich übernimmt.

Man wird – dies sei hier kurz angemerkt – an Kierkegaards Analysen erinnert, der das Ethische als reine Selbstwahl bestimmt und diese zur Voraussetzung eines verantwortlich geführten Lebens macht. Beide Denker sind in dieser Hinsicht für eine Grundtendenz des Zeitalters repräsentativ. Nachdem die »substantielle Sittlichkeit«, die auf dem Glauben an eine vorgegebene Weltordnung beruht, fraglich geworden ist, ersteht allererst die Alternative von Masse und Einzelnem, wobei die Masse als das Durchschnittlich-Allgemeine erscheint, aus dem der Einzelne sich freimacht im Wissen, daß er sein In-der-Welt-sein selbst verantwortlich zu gestalten hat.[6]

Die Herausarbeitung der Endlichkeit tritt im zweiten Hauptabschnitt von »Sein und Zeit«, »Dasein und Zeitlichkeit«, ganz ins Zentrum. Heidegger thematisiert bestimmte Grundphänomene, insbesondere den Tod, und von diesem her noch einmal die Angst, sodann das Phänomen des Gewissens und der Schuld. Diese Analysen sind der Sache nach durch die Erörterung der im ersten Teil dargelegten Grundstrukturen vorbereitet: Angst ist ein Modus der Befindlichkeit, und Gewissen und Schuld sind Modi des Seinkönnens. Aber Heidegger setzt diese Analysen offenbar nicht als ausfüllende und bestätigende Konkretionen der bereits in formaler Hinsicht herausgearbeiteten Grundstrukturen an. Man gewinnt vielmehr den Eindruck, daß erst jetzt das eigentliche Wesen des Daseins zur Sprache kommt, oder anders formuliert: erst jetzt tritt das *Ideal* heraus, das Heideggers Gesamtdeutung des Menschen bestimmt. Auch hier ist es nicht so, daß Heidegger in ethischen Ermahnungen zur Verwirklichung eines Leitbildes auffordert. Die ethische Ausrichtung ist indirekt, aber gerade deswegen um so eindrücklicher. Heidegger fragt – scheinbar ganz formalistisch –, ob es nicht möglich sei, die bisher angeführten Phänomene einheitlich von der *Ganzheit* des Daseins her zu verstehen. Aber die folgenden Analysen machen nun deutlich, daß diese Ganzheit einzig und allein vom Dasein selbst zu *leisten* ist, d. h., daß sie gar nicht äußerlich zu konstatieren ist. Die leitenden Begriffe: Ganzheit, Ganzseinkönnen, Geschlossenheit, Erschlossenheit und Entschlossenheit weisen auf echte *Möglichkeiten* der sich selbst aus sich verstehenden Existenz hin. Diese Bestimmungen meinen alle einen einzigen »Sachverhalt«, nämlich, daß das Dasein sich seine Endlichkeit erst vor Augen bringen muß: nur wenn es dies tut, wird es »ganz«.

Hier wird noch einmal evident, wogegen sich Heidegger in allen diesen Analysen wendet: es ist die Metaphysik der Tradition. Die Metaphysik wird von Heidegger nicht nur negiert, insofern sie als metaphysische Erkenntnistheorie eine Konstruktion darstellt, die den ursprünglich phänomenologischen Sachverhalt, den die Welt der Alltäglichkeit darbietet, verstellt, sondern die Metaphysik muß negiert werden, weil sie den Menschen als ein *unendliches* Wesen deklariert. Im Gegenzug zur Unendlichkeit die Endlichkeit herauszuarbeiten, dies wird zur zentralen Aufgabe, und zwar in so starkem Maße, daß dahinter die phänomenologische Schilderung fast völlig zurücktritt – dies zeigen die unmittelbar nach »Sein und Zeit« erschienenen Werke.[7] Von hier aus läßt sich die Grundhaltung, die den frühen Heidegger bestimmt, in inhaltlicher und in formaler Hinsicht kennzeichnen: Das Dasein soll *aus sich selbst* ausgelegt werden, das heißt, alle das Dasein »betreffenden« Phänomene müssen »verinnerlicht« werden. Von dieser Intention her wird verstehbar, daß und warum es nicht nur möglich, sondern notwendig ist, Heideggers frühen Ansatz in einem geschichtlichen Überblick über die Entwicklung der Philosophie der Innerlichkeit zu thematisieren. Wir setzen bei einer Analyse des Todes an.

Bis zu Kant hin sind die Fragen von *Tod und Unsterblichkeit* Grundthemen der philosophischen Metaphysik. Man kann – dies ist die communis opinio – über den Menschen nur dann etwas Wesentliches sagen, wenn man zur Frage seines Fortlebens Stellung nimmt. Nach Kant tritt dieses metaphysische Problem zurück, wenn man vom Deutschen Idealismus und wenigen Ausnahmen der späteren Zeit – zu ihnen gehört vor allem Georg Simmel[8] – absieht. Heidegger nimmt diese Fragen wieder auf, aber in einer Form, die durch das Hinschwinden der Metaphysik bestimmt ist. In der Tradition behandelt man das Problem des Todes eben immer im Zusammenhang mit der Frage nach der Unsterblichkeit. Heidegger nimmt zu dem Problem der Unsterblichkeit nicht Stellung. Es ist dies offenbar für ihn kein eigentlich *philosophisches* Problem mehr. Er thematisiert den Tod in der Form, daß er ihn im Gegensatz zu einer metaphysischen Fragestellung *von der Existenz* her deutet. Das Dasein läuft nicht innerhalb einer objektiven Zeit ab. Als sich verstehende Existenz kann es auf eine äußere Weise gar nicht vom Tod betroffen werden. Eine objektive Betrachtung des Todes ist daher der Existenz grundsätzlich unangemessen. Der Tod ist für die Existenz nur wesentlich, als und insofern sie begreift, daß das

Sterbenmüssen zum menschlichen Dasein unabdingbar gehört, d. h. ein Konstituens des Daseins ist, das dieses jeden Augenblick in allem seinem Tun und Lassen bestimmt. Sterben heißt – im Gegensatz zum äußeren Ableben – um diese Endlichkeit wissen und sie ausdrücklich übernehmen. Indem der Mensch sein »Sein zum Tode« vollzieht, versteht er sich von diesem Ende her und nur so wird er *ganz*. Der Tod wird also absolut verinnerlicht. Diese Verinnerlichung vollzieht sich als Anthropologisierung und Subjektivierung. *Anthropologisierung* heißt hier konkret: der Tod ist dem Menschen vorbehalten. Von Heidegger her ist zu sagen, daß Tiere nicht »sterben«, sondern »verenden« oder »ableben«. Daß der Tod auch beim Menschen etwas mit seiner Leiblichkeit zu tun hat, dies bleibt hier völlig außerhalb der Betrachtung. Und *Subjektivierung* des Todes heißt hier konkret: der Tod wird als objektives, von außen kommendes und den Menschen treffendes Geschehen aufgehoben und in der Subjektivität *begründet*. Er hat Sinn nur, insofern der Mensch als sich verstehendes Subjekt um seinen Tod weiß, wobei dies Wissen aber nicht abstrakt ist, das heißt, nicht auf dem bekannten Schluß beruht: alle Menschen sterben, also sterbe auch ich, weil ich ein Mensch bin, sondern auf dem Vorlaufen als der »ihrer selbst gewissen und sich ängstigenden Freiheit zum Tode«.[9]

Entsprechendes gilt für das Phänomen des *Gewissens* und der *Schuld*. Heidegger greift auf die Denker der christlichen Tradition zurück, denen diese Phänomene wesentlich waren; *Augustin* und *Luther* sind für die Entstehung dieser Analysen von »Sein und Zeit« bedeutungsvoll. Aber die Bestimmungen des Gewissens und insbesondere der Schuld stehen bei Heidegger nicht mehr im christlichen Glaubenshorizont. Die Schuld ist in der christlichen Tradition eine Bestimmung, die Sinn nur im Bezug von Gott und Mensch oder von Menschen untereinander hat. Bei Heidegger dagegen ist Schuld aus jedem dialogischen Verhältnis herausgelöst. Schuld ist eine Bestimmung des Selbstverhaltens, d. h. auch sie gründet in der endlichen Struktur des Daseins. Konkret: das Dasein kann als endliches nicht *alle* Möglichkeiten, die sich eröffnen, realisieren. Indem es eine ergreift, verfehlt es andere und wird so an diesen schuldig. Das Schuldigsein ist also grundsätzlicher Natur und zeigt an, daß das Dasein als Dasein »nichtig« ist. Die *Anthropologisierung* der Schuld zeigt sich also darin, daß Schuld nicht mehr im theologischen Horizont des Bezuges von Gott und Mensch gesichtet wird, sondern auf das menschliche Dasein verlagert wird. Und das besagt wiederum: die Schuld wird *subjektiviert*. Sie ist überhaupt nicht als etwas Objektives zu erfassen, sondern für den Menschen nur sinnvoll, wenn er sie als eine Bestimmtheit seiner *Wesensstruktur* sich aneignet, d. h. erkennt, daß er sich – aller konkreten Verschuldung voraus – als *Schuldigsein überhaupt* zu übernehmen hat.

Am aufschlußreichsten für diesen Prozeß der Verinnerlichung ist Heideggers Analyse der *Angst*. Angst wird von der Furcht abgehoben. Furcht geht auf Bestimmtes, ich habe Furcht vor etwas. Angst dagegen ist gegenstandslos, sie bezieht sich auf nichts Bestimmtes und ist überhaupt nicht auf ein Äußeres gerichtet. Die Angst überkommt das Dasein grundlos aus ihm selbst. Aber das heißt nicht, daß sie aus einem für sich seienden weltlosen Subjekt hervorbricht, denn ein solches Subjekt gibt es ja gar nicht: das Dasein ist wesenhaft schon immer In-der-Welt-sein. Das In-der-Welt-sein ist rein als solches der »Grund« der Angst. Es gäbe diese Angst also auch dann, wenn im konkreten überhaupt nichts Innerweltliches bedrängte. Die Angst ist zu einer *Grundbestimmung* des Daseins erhoben worden, als und insofern das

Dasein in der Welt ist. Es ist dabei zu beachten, daß diese Formel: In-der-Welt-sein ein Existenzial ist, d. h. eine Bestimmung, die dem Dasein als solchem wesenhaft zukommt.

Jeder Außenbezug – das zeigen alle diese Analysen – ist schon übergriffen und verinnerlicht. Aber diese Verinnerlichung hebt das Äußere nicht auf in einer absoluten Subjektivität, die als reine Unendlichkeit welttranszendent ist, sondern sie hat einzig und allein den Sinn, dem Menschen seine endliche Seinsstruktur so vor Augen zu stellen, daß er weiß, daß er dieser Endlichkeit nie ausweichen kann. Sie gehört zu seinem Wesen und als solche muß er sie ständig leisten. »Sein und Zeit« eröffnet damit die Möglichkeit einer Ausrichtung des Selbstverständnisses, die der Tradition entgegensteht. Der Mensch, der erkennt, daß er keine unendliche Subjektivität ist, hat die Aufgabe, dieses sein endliches Sein zu bejahen: nur wenn er dies tut, gewinnt er seine *Eigentlichkeit*. –

Dem Werk »Sein und Zeit« kommt – dies ist ja ganz selbstverständlich – über die öffentliche Wirkung hinaus innerhalb der Entwicklung der *Philosophie* als einer bestimmten wissenschaftlichen Disziplin eine epochale Bedeutung zu: »Sein und Zeit« entwirft – wir wiesen anfangs bereits darauf hin – eine *Fundamentalontologie*, durch die die Philosophie im ganzen neu ausgerichtet werden soll. Wir suchen die Problematik dieser Fundamentalontologie, soweit es für die Geschichte der Verinnerlichung wichtig ist, darzulegen.

Heidegger erklärt, daß die allgemeine Frage nach dem *Sein* nicht naiv und unmittelbar gestellt werden könne. Der Fragende muß sich auf sich selbst besinnen, und das heißt, er muß sich über seine eigene Seinsstruktur klarwerden: die Fundamentalontologie konstituiert sich daher als *existenziale Analytik des Daseins*. Heidegger legt ausführlich dar, daß dem Dasein ein Vorrang im Bezug auf die Seinsfrage zukommt. Er greift zunächst auf Husserls Intention, die Wissenschaft durch die Philosophie begründen zu wollen, zurück, und erklärt in diesem Zusammenhang, daß man Wissenschaft nur treiben könne, wenn man die Regionen des Seienden, das in einer bestimmten Wissenschaft untersucht wird, vorgängig »absteckt«. Dies ist aber nur möglich, so erklärt nun Heidegger über Husserl hinausgehend, wenn man sich klar wird, was mit den Bestimmungen »Sein« und »Seiendes« überhaupt gemeint ist. Und eben die Klärung dieser Frage setzt voraus, daß das Dasein sich selbst in seinem *Seinsverständnis* thematisiert, denn das Dasein ist der eigentliche Ort des Seinsverständnisses. Heidegger erklärt: »Dasein versteht sich in irgendeiner Weise und Ausdrücklichkeit in seinem Sein. Diesem Seienden eignet, daß mit und durch sein Sein dieses ihm selbst erschlossen ist. *Seinsverständnis ist selbst eine Seinsbestimmtheit des Daseins. Die ontische Auszeichnung des Daseins liegt daran, daß es ontologisch ist.*«[10] Dies Verstehen des Daseins ist zunächst, so führt Heidegger aus, noch nicht explizit, es ist in gewisser Weise vage und ungenau. Aber es ist der *einzige* Boden für die philosophische Erhellung des Seins. Grundsätzlich gesagt: Jede ausdrückliche Ontologie – sowohl die Ontologie der Wissenschaften als auch die ontologische Aufhellung des Daseins, d. h. die Fundamentalontologie – geht auf dies vorontologische Seinsverständnis zurück und konstituiert sich als dessen Klärung.

Heidegger vollzieht hier einen entscheidenden Schritt über die Tradition hinaus. Die Philosophie als Philosophie konstituiert sich nur als Analyse eines letztlich nicht mehr philosophisch begründbaren, d. h. dem Philosophen *vorgegebenen Seinsverständnisses*. Heidegger redet ja mit Bedacht davon, daß das Seinsverständnis eine *ontische* Auszeichnung des Daseins ist. Das Ontische aber ist das, was nicht mehr ableitbar ist, sondern nur als pures Vorhandensein konstatiert werden kann. Die Tatsache, daß Menschen vorhanden sind, und zwar in der Weise, daß sie ihr Sein verstehen, ist also der Grund, auf dem Philosophie allein aufbauen kann. Heidegger hat diese ontische Voraussetzung noch genauer zu klären gesucht, indem er auf die *geschichtliche* Vorgegebenheit, die jede Philosophie bestimmt, hinweist. Auch dem Werk »Sein und Zeit« liegt ein bestimmtes geschichtlich geprägtes Ideal zugrunde. Heidegger will diese Bedingtheit nicht nur nicht abstreiten, sondern sie ausdrücklich herausstellen. Er erklärt, daß der Zirkel zum Verstehen überhaupt gehört.

Heidegger führt nun jedoch in seiner Anfangszeit diesen Ansatz, der eine wesentliche Umorientierung der Philosophie zur Folge gehabt hätte, nicht radikal durch, eben insofern er eine Fundamentalontologie intendiert. Mit dem Bemühen, die Philosophie als konstitutive Ontologie zu etablieren, ordnet sich Heidegger vielmehr in die Entwicklung der *Transzendentalphilosophie* ein. Sicher: Heideggers Transzendentalphilosophie ist von sehr eigener Art: das transzendentale Subjekt ist nicht wie im Deutschen Idealismus ein absolutes und unendliches Ich, sondern das endliche Dasein. Gleichwohl kommt diesem Dasein formal die gleiche Funktion wie dem absoluten Ich zu. Es soll das Verstehen der gegebenen Wirklichkeit *begründen*. Und dies besagt: wie der Idealismus das absolute Ich für sich setzt, so wird bei Heidegger das Dasein vom Menschen abgetrennt. Der Mensch, so erklärt Heidegger in seinem Buch »Kant und das Problem der Metaphysik«, das zwei Jahre nach »Sein und Zeit« erschien, kommt als ein Seiendes unter Seiendem vor. Das Dasein dagegen »ist ursprünglicher als der Mensch«. Heidegger redet vom »Dasein im Menschen«, um anzuzeigen, daß der Mensch nur ein verstehendes Wesen ist, weil und insofern er vom Dasein so durchwaltet wird, wie das empirische Ich vom reinen Ich.[11] Demgemäß werden in »Sein und Zeit« auch die Grundbestimmungen der Existenz nie dem Menschen, sondern immer nur dem Dasein zugesprochen. Heidegger redet von *Existenzialien*: »Alle Explikate, die der Analytik des Daseins entspringen, sind gewonnen im Hinblick auf seine Existenzstruktur. Weil sie sich aus der Existenzialität bestimmen, nennen wir die Seinscharaktere des Daseins *Existenzialien*. Sie sind scharf zu trennen von den Seinsbestimmungen des nicht daseinsmäßigen Seienden, die wir *Kategorien* nennen.«[12] Die existenzialen Aussagen haben als solche nichts mit dem Ontischen zu tun. Wenn zum Beispiel vom Tod die Rede ist, dann gelten die hier gemachten Aussagen *unabhängig* vom »realen Sterben«, und wenn die Faktizität als eine Existenzialbestimmung thematisiert wird, so gilt diese Bestimmung ohne Rücksicht darauf, ob Menschen ontisch vorhanden sind oder nicht. Auf der anderen Seite aber ist klar – Heidegger selbst hat ja darauf hingewiesen –, daß die ganze ontologische Wesensschematik nur durchgespielt werden kann, weil es Menschen gibt, die als *ontische* Wesen mit einem Seinsverständnis ausgerüstet sind. Dieser Rückgriff auf das Ontische bedeutet der Sache nach eine Aufhebung der Transzendentalphilosophie, denn wenn der Mensch als ontisches Wesen vorhanden sein muß, damit ontologische Existenzialien entwickelt werden können, so ist diese Ontologie kein Einstieg in eine reine Wesensdimension, die dem Menschen vorausliegt, sondern nur die Klärung dessen, was er als ontisches Wesen ist.

Es ist, will man die Zweideutigkeit von Heideggers Transzendentalphilosophie verstehen, notwendig, auf *Husserls* Ansatz zurückzublicken. Auch Husserls Transzendentalphilosophie wurde einerseits als reflektierende Beobachtung etabliert, das heißt, sie setzte das wirkliche ontische Leben mit seinen Leistungen voraus. Andererseits sollte sie aber eine reine vom Gegebenen unabhängige Region eröffnen. *Heidegger* erklärt ausdrücklich, daß die Ontologie nur die Klärung eines vorausgehenden Seinsverständnisses ist, der reflektierende Philosoph setzt dieses konkrete vorphilosophische Seinsverständnis voraus. Er bewegt sich in einem *Zirkel* des Verstehens. Aber Heidegger benutzt nun gerade diesen Zirkel zur Etablierung einer *Transzendentalphilosophie*, die ihrerseits Husserls Transzendentalphilosophie radikalisieren soll. Man muß sich in diesem Zusammenhang klarmachen, daß der Zirkel in gegensätzlicher Hinsicht verwandt werden kann. Um die *Abhängigkeit* des Philosophen zu behaupten, verweist man darauf, daß Philosophie nur eine nachträgliche Klärung von Vorgegebenem sei; um die *Vorgängigkeit* der philosophischen Analysen zu behaupten, verweist man umgekehrt darauf, daß die Philosophie das Reich *reiner* Bestimmungen aufdeckt, von denen her das Gegebene überhaupt erst verstehbar würde. Husserl und Heidegger suchen also beide, insofern sie Transzendentalphilosophen sind, die in der Wirklichkeit begegnenden Phänomene auf die *Subjektivität* zurückzuführen. Das heißt: das Äußere als das Zufällige wird verinnerlicht in der Dimension einer reinen Subjektivität, die als Wesensdimension in sich gültig ist. Nicht nur Husserl, auch Heidegger redet ausdrücklich von der Apriorität der Wesensbestimmung.

Heidegger gibt nun ebenso wenig wie Husserl eine konkrete Deduktion des Ontischen aus dem Ontologischen, wie der Deutsche Idealismus es tut, wenn er das empirische Ich und sein Selbstverhalten aus dem reinen Ich ableitet. An die Stelle der Deduktion tritt bei Heidegger eine klassifizierende Schematik, in der das ontologische Wesensprädikat als Oberbegriff für die möglichen ontischen Fälle fungiert. Diese Schematik ist zugleich ethisch ausgerichtet, jedoch in verdeckter Form. Konkret: das ontologische Wesensprädikat umgreift *zwei* Möglichkeiten, von denen die eine in ethischer Hinsicht positiv zu bewerten ist, insofern sie eine Bestimmung der Innerlichkeit darstellt, während die andere ethisch gesehen als negativ erscheint, insofern sie eine Bestimmung der Äußerlichkeit darstellt. Diese negative Möglichkeit wird, weil die ethische Parteinahme für die Innerlichkeit nicht ausdrücklich herausgestellt wird, jedoch lediglich in formalisierender Redeweise als derivierter oder defizienter Modus bezeichnet. Da der ganze ontologische Ansatz von »Sein und Zeit« auf diesem Verfahren beruht, sei er am Beispiel der *Sorge* in seinen einzelnen Schritten dargelegt.

Heidegger geht aus vom wirklichen Leben. Dies Leben ist durch die Sorge bestimmt. Das besagt konkret: Menschen sind Wesen, die ständig ungesichert sind, weil sie der Welt und ihrer selbst nicht Herr sind. Das Sorgen ist durchaus vielfältig. Es ist nicht nur gebietsmäßig verschieden, sondern es unterscheidet sich auch grad- oder stärkemäßig, das heißt, es gibt auch Menschen, die sich weithin der Sorge entschlagen. Diese ontische Beobachtung wird nun gemäß dem hermeneutischen Zirkel ins Ontologische umgesetzt, das heißt, Sorge wird zur Wesensbestimmung des Daseins im transzendentalphilosophischen Sinne erhoben. Sie gehört zum Dasein als In-der-Welt-sein, unabhängig vom ontischen Verhalten des Menschen. Insofern aber die Sorge ein Existenzial ist und als solche alles ihr »entsprechende« ontische Verhalten umgreift, ist sie die Möglichkeit auch für das ontische *Nicht*sorgen. Dieses Nichtsorgen ist als derivierter Modus von der Sorge als Grundbestimmung abkünftig.

Es ist nun offensichtlich, daß die Konstatierung dessen, was ontologisch und dessen, was nur ontisch ist, vom jeweiligen Selbstverständnis des Autors abhängt. Dieses Selbstverständnis aber ist keine feste Bestimmung, sondern kann sich unter Umständen auch verändern. So erklärt Heidegger – um das Gesagte an einem Beispiel zu verdeutlichen – zunächst das Man als die ontologische Grundbestimmung, und das sich vom Man ablösende Selbstsein als dessen existenz*ielle* Modifikation: »Das eigentliche Selbstsein ... ist eine existenzielle Modifikation des Man als eines wesenhaften Existenzials.«[13] Als ontologische Wesensbestimmung wird hier also einfach das Häufige, Übliche und Allgemein-Durchschnittliche deklariert. Es findet sich nun aber auch der Gegensatz: Das sich auf sich besinnende Dasein, das zum Tode vorläuft, wird als Wesensbestimmung gesetzt, und von ihm her wird nun gerade das Leben im Man als defizienter Modus deklariert. Allein diese zweite Bestimmung – das zeigt sich dem Leser sehr bald – entspricht dem wahren Geist von »Sein und Zeit«, denn nur von ihr her wird der innere Ansatz, der hinter Heideggers Transzendentalphilosophie steht, verstehbar. Heidegger erklärt: »Die Eigentlichkeit des Selbstseinkönnens verbürgt die Vor-sicht auf die ursprüngliche Existenzialität, und diese sichert die Prägung der angemessenen existenzialen Begrifflichkeit.«[14]

Heidegger ontologisiert – so fassen wir zusammen –, indem er ein bestimmtes ontisches Menschenbild idealisierend ins reine Wesen umsetzt. Inhaltlich gesehen ist dies Ideal die auf sich konzentrierte Innerlichkeit, die von der realen Welt nicht mehr betroffen werden kann, weil sie in sich so endlich ist, daß sie gar nichts Äußeres mehr zu verendlichen vermag.

Von diesem als ontologische Wesensbestimmung gesetzten Idealbild her erscheint nun der defiziente ontische Modus als eine Weise der *Veräußerlichung*. Das Verhalten zum *Tode* möge dies Vorgehen beispielhaft erhellen. Der Tod ist ontologisch bestimmt als Vorlaufen zum Ende hin. Unter dieser ontologischen Bestimmung stehen nun zwei ontische Möglichkeiten: einmal ein Verhalten, das dieser ontologischen Struktur genauestens entspricht – es ist die sich ängstende Freiheit zum Tode – und sodann ein Verhalten, das gerade der strikte Gegensatz zur ontologischen Wesensbestimmung ist. Und eben dieses zweite Verhalten ist nun als defizienter oder derivierter Modus eine Veräußerlichung der ontologischen Wesensbestimmung. Diese Veräußerlichung zeigt sich auf eine doppelte Weise: als »philosophische Verfehlung« und als existenzielles Verfallensphänomen. Beides gehört jedoch zusammen.

Konkret: die *philosophische Verfehlung* liegt in der Aufhebung der existenzialen Zeitlichkeit durch eine objektivierende Zeitauffassung, der zufolge die Zeit als bloße Abfolge von Jetztmomenten betrachtet wird. Dieser Zeitsicht entspricht die Vorstellung, daß der Tod ein äußeres Geschehen sei, das an einem bestimmten objektiven Zeitpunkt dem Dasein »passiert«. Durch eine verfehlte philosophische Zeitauffassung – eben die Veräußerlichung der Zeitlichkeit – wird der Tod in philosophisch unangemessener Weise bestimmt. Das *existenzielle Verfallen* zeigt sich in der Haltung, die das Man dem Tode gegenüber einnimmt. Man läßt die Angst vor dem Tode gar nicht aufkommen, weil der Tod ja im Moment noch aussteht. So beruhigt man sich. Auch diese den Tod wegschiebende Sorglosigkeit gründet in der objektiven Zeitauffassung. Die negative philosophische und die negative existenzielle Verhaltensweise gehören zusammen und zwar mit innerer Notwendigkeit, weil beides ja Veräußerlichungen der zum Wesensprinzip erhobenen Innerlichkeit sind. Geht man einmal »Sein und Zeit« unter dem Gesichtspunkt durch, wie Heidegger defiziente

Modi beschreibt, dann erkennt man sehr deutlich, daß alle philosophischen Methoden, die nicht existenzialanalytisch vorgehen und alle existenziellen Verfallsformen, wie sie das Man bestimmen, von Heidegger einander angenähert werden. Von diesem Zusammenhang her ist auch Heideggers Kritik an der Wissenschaft zu verstehen: die Wissenschaft erscheint im ganzen vom existenziellen Bezug her gesehen als ein derivierter Modus, dessen Kennzeichen eine veräußerlichende Objektivierung ist, und als solche kann sie abgewertet werden.[15]

Die Herausstellung der Endlichkeit war in der Epoche, in der »Sein und Zeit« erschien, zeitgemäß. Das Schwinden des Kulturoptimismus, die Prognose eines möglichen Unterganges des Abendlandes, überhaupt das Zerbrechen der bürgerlichen Sekurität durch das Aufkommen der Einsicht, daß die Welt ungesichert sei: all diese Phänomene zeigten, daß eine metaphysische Deutung, in der der Mensch in einer Ordnung eingestellt ist, deren Garant das Unendliche ist, keine Überzeugungskraft mehr hatte. Es ist Heideggers Größe gewesen, diese Wende zur Endlichkeit wirklich zur Aussage gebracht zu haben. Darin liegt die eigentümliche Faszination, die »Sein und Zeit« auch auf diejenigen ausübte, die die ganze ontologische Apparatur, die den Analysen zugrunde lag, nicht verstanden oder nicht beachteten.

Aber Heidegger ging nun ins andere Extrem: seine ontologische Transzendentalphilosophie setzt die Endlichkeit als das Absolute an, indem sie den Menschen aus der ganzen zufälligen und ungesicherten Realität der Äußerlichkeit zurückruft und auf sich selbst als das Dasein verweist, das alles Äußere bereits *wesenhaft* verinnerlicht hat. Die Zeit ist über diese *Philosophie der absoluten Endlichkeit* hinweggeschritten. Die Entdeckung der Endlichkeit war ein Gegenzug zur Philosophie der Unendlichkeit und als solche nur ein Übergang. Das »dialektische Endergebnis« zeigt sich heute. Die Gegensätze sind irrelevant geworden, die Alternative »Unendlichkeit/Endlichkeit« erscheint heute nicht mehr als das wesentliche Problem. Die Fragen, die heute bedrängend sind, betreffen das reale Geschehen, insofern es durch die Verwissenschaftlichung und die Technisierung bestimmt ist. Daß gerade der *späte* Heidegger die hier aufbrechenden Probleme in ihrer Tragweite herausarbeitet, wird im Zusammenhang des Phänomens der Geschichtlichkeit zu diskutieren sein.[16]

Drittes Kapitel
Sartre: Die absolute Freiheit[1]

Sartre nimmt in der gegenwärtigen Philosophie eine besondere Stellung ein, insofern er nicht nur Philosoph ist, sondern auch Dichter und kritischer Schriftsteller, der sich in konkreten Stellungnahmen am politischen Geschehen engagiert. Gerade auf dieser Verbindung durchaus verschiedener Gebiete beruht seine große Wirkung. Der wesentlich durch Sartre inaugurierte *Existenzialismus* – eine Zeitlang eine sich bis ins Äußere auswirkende Modeerscheinung – ist nicht als philosophische Schule zu bezeichnen, denn Sartre selbst ist kein »akademischer Lehrer«. Es zeigt sich hier sehr deutlich, daß heute Philosophie nur dann allgemeinen Einfluß zu gewinnen vermag, wenn sie Orientierungsmöglichkeiten im Konkreten zu entwerfen sucht, durch die der Mensch sich in seiner Zeit zu begreifen vermag. Inhaltlich gesehen nimmt Sartre Themen auf, die nach dem Zusammenbruch der klassisch philosophischen Systeme vor allem bei Kierkegaard und sodann in der deutschen Existenzphilosophie in den Vordergrund traten. Sartre greift aus den ihm vorliegenden Analysen der Philosophen aber nur das heraus, was ihm sachlich bedeutungsvoll erscheint und wandelt es sogleich – den Anspruch einer sachgemäßen historischen Auslegung beiseitelassend – seinem eigenen Anliegen gemäß um. Seine Absicht ist die Herausarbeitung einer *phänomenologischen Ontologie* – darauf weist der Untertitel seines Hauptwerkes »Das Sein und das Nichts« hin. In dieser Ontologie soll das Phänomen der Weltverlassenheit als Verwiesenheit auf pure Faktizität und pure Freiheit zur Grundbestimmung des Menschen erhoben werden.

Sartre stellt zwei Grundarten des Seins heraus: das An-sich und das Für-sich. Eine äußere Kennzeichnung beider Seinsarten und eine entsprechende Aufteilung des Seienden erscheint relativ einfach. Das *An-sich* ist das in sich ruhende kompakte Sein, das uns im *dinglich Seienden* entgegentritt. Sartre beschreibt diese Seinsart in seinem ersten Roman »Der Ekel«. Der »Held« des Romans Roquentin sitzt auf einer Bank in einem Park und sieht die Wurzel eines Kastanienbaumes vor sich. Und auf einmal wird ihm in und durch dieses Anschauen vermittelt, was eigentlich Existenz ist – er hat den Schlüssel gefunden. Existenz läßt sich nicht begrifflich erfassen, sondern nur umschreiben. Sie ist das Absurde, das Zwecklose, das Zufällige, das Überflüssige. Phänomenologisch gesagt: Existenz ist das Zerfließende, das Schlaffe und Träge, das Schamlose und das Nackte und doch wiederum das Kompakte, insofern sie eben nur *in sich* ist und das heißt, das reine Sein ist, das kein Verhältnis zu sich hat.² Der Gegensatz zu diesem An-sich ist das *Für-sich*. Es zeigt sich als und im *Bewußtsein*, das durchgängig durch die Zerrissenheit seiner selbst bestimmt ist. Bewußtsein ist das An-sich, das sich genichtet hat. Das An-sich hat Löcher bekommen, Löcher aber – hier wird der psychoanalytische Einschlag bei Sartre bereits deutlich – will man verstopfen. Das besagt: das zerrissene Sein hat in sich die Tendenz, wieder zum reinen Sein zu werden, aber dies ist eben wesensmäßig nicht möglich, denn wenn ihm dies gelingen würde, so würde es sich selbst, insofern es Bewußtsein ist, aufheben.

Sartre versucht am Ende von »Das Sein und das Nichts« das *dialektische Verhältnis* zwischen diesen beiden Seinsarten näher zu bestimmen. Er deutet erzählend an, wie es zu dem Für-sich kommt, und zwar durch einen ausdrücklich als fingiert bezeichneten Mythos. Der Ausgang ist das grundlose An-sich. Indem dieses An-sich sich nichtet, geschieht ein Umsturz, der ein absolutes Ereignis ist. Der Umsturz ist als Ereignis unerklärbar, aber er ist in seiner Intention durchaus verstehbar. Der Nichtung liegt nämlich das Bestreben des An-sich zugrunde, sich selbst zu fundieren; anders gesagt: das An-sich will Für-sich werden, weil es sich als Ursache seiner selbst etablieren will. Das Ergebnis dieses Versuches ist negativ. Das An-sich wird zwar aufgehoben, aber die Selbstbegründung gelingt nicht, denn das An-sich ist unmittelbar in das Für-sich »umgeschlagen«. Beide Seinsarten sind nicht in einem Dritten zu vermitteln. Das Dritte wäre mit Hegel gesprochen das *An-und-für-sich-sein*, das heißt das Sein, das als Bewußtsein zwar einerseits ein Verhältnis zu sich hat und das doch andererseits zugleich in sich zu ruhen vermag. Das Dritte wäre die im Gedanken *Gottes* gemeinte Seinsmöglichkeit, die der traditionellen Metaphysik als Ideal vorschwebt. Aber der Gedanke Gottes ist – und dies will dieser Mythos gerade zeigen – widersinnig, denn hier soll Unvereinbares vermittelt werden: Gott soll als An-sich in sich vollendet sein, es soll ihm nichts mangeln, und zugleich soll er doch nicht bewußtloses, sondern freies, sich selbst bewußt aus seinem Wesen bestimmendes Sein sein. Im Gegensatz zu dieser Idee eines Gottes erklärt Sartre: wenn es Freiheit und Bewußtsein gibt, dann kommt beiden die Seinsart des Mangels, der Unvollendbarkeit und Zerrissenheit, d. h. mit einem Wort: die Endlichkeit zu.

Diese Geschichte zeigt nun aber, daß der innere Ausgangspunkt der Philosophie Sartres nicht das An-sich, sondern das *Für-sich*, d. h. das *Bewußtsein* ist. Nur das Bewußtsein kann, weil es sich denkend zu sich verhält, Ausgangspunkt der Philosophie sein. Sartres Denkansatz steht also – historisch gesehen – im Raum der Philosophie der Subjektivität. Sartre bekennt sich nicht nur zu deren Begründer Descartes, sondern er nimmt seinen konkreten Ausgangspunkt bei Husserl. Sartres erste Arbeiten, insbesondere »Die Transzendenz des Ego« (1936/37), zeigen dies ebenso deutlich wie die Anfangspartien von »Das Sein und das Nichts«. Das Bewußtsein ist schwer zu erfassen. Wenn man von ihm als dem Inneren spricht, so ist dies Innere nichts, was im Sinne des Etwasseins einem Äußern entgegensteht. Das Bewußtsein ist nichts Vorhandenes. In der phänomenologischen Analyse zeigt sich, daß das Bewußtsein zunächst gar nicht mit sich beschäftigt ist, es richtet sich vielmehr auf ein transzendentes Objekt, das heißt, das Bewußtsein ist *intentionales Meinen*. Aber gerade weil das Bewußtsein das alles Meinende ist, ist es das Absolute. Es ist die Grundlage, weil jedes Phänomen auf das Bewußtsein relativ ist. Das Bewußtsein bezieht sich, so sagt Sartre, als Meinendes auf ein Sein, das ein anderes als es selbst ist. Es verlangt nun aber »ganz einfach, daß das Sein dessen, was *erscheint*, nicht *nur* existiert, insofern es erscheint. Das transphänomenale Sein dessen, was *für das Bewußtsein* da ist, ist selbst *an sich* da.«[3] Das Bewußtsein bezieht sich also gerade auf das An-sich, das als An-sich eben mehr als bloße Erscheinung ist.

Der wesentliche Bezug des Für-sich zum An-sich ist nicht nur als hinnehmendes Erkennen zu bestimmen, sondern als der Versuch, das An-sich zu nichten. Ursprüngliche Weisen des *Nichtens* stellen die Frage und die Verneinung dar. Frage und Verneinung bedeuten der Sache nach, daß das Bewußtsein das An-sich zu negieren vermag. Hier tritt ein entscheidender Gedanke heraus: wenn der Mensch Äußeres nichten kann, dann liegt das nur daran, daß er selbst ein ursprüngliches Verhältnis zum Nichts hat. Nichtungen, wie Frage und Verneinung, verweisen darauf, daß das Bewußtsein selbst sein *eigenes* Nichts ist. Sartre erklärt, daß die Grundlage jeder Verneinung eine Nichtung sei, »die sich *mitten in der Immanenz vollzieht;* in der absoluten Immanenz und in der reinen Subjektivität des augenblicklichen *cogito* müssen wir den ursprünglichen Akt zu entdecken suchen, durch den der Mensch sich selbst zu seinem eigenen Nichts wird«.[4]

In formaler Hinsicht zeigt sich hier eine Parallele zu *Heideggers* ontologischem Ansatz in »Sein und Zeit«. Wie Heidegger alle von außen kommenden Verendlichungen im Dasein selbst zu fundieren sucht, weil das Dasein zutiefst an ihm selbst endlich ist, so bemüht sich Sartre zu zeigen, daß die Nichtung nicht nur nichts ist, was dem Bewußtsein von außen her passiert, sondern daß sie so im Bewußtsein gründet, daß jeder Bezug zum An-sich letztlich nur als Selbstbezug des Für-sich zu deuten ist. Aber Sartres »negative Metaphysik« unterscheidet sich doch zugleich wesentlich von Heideggers Existenzialanalyse. Der Selbstbezug ist nach Sartre außerordentlich paradox: das Für-sich sucht sich mit dem An-sich zu vermitteln, es will ja eigentlich An-und-für-sich-sein werden, aber dies Ziel ist – wie wir sahen – unerreichbar. Das Für-sich versucht also etwas Unmögliches, und daher ist der Selbstvollzug ein von Grund aus widersinniges Unterfangen. Der Nachweis dieses Widersinns, d. h. der Nachweis, daß das Für-sich keine Selbstvermittlung zum An-und-für-sich-sein leisten kann, ist das eigentliche Grundthema von Sartres Hauptwerk.

Wenn das Für-sich wesenhaft permanente *Selbst*nichtung ist, dann muß das, was genichtet wird, dem Für-sich immanent sein. Das An-sich muß also zu einer Bestimmung des Für-sich erhoben werden. Die einfache Einstellung, derzufolge das dingliche Sein mit dem An-sich geglichen wird, wird zwar nicht als verfehlt aufgehoben, aber sie tritt in den Hintergrund, insofern dem Für-sich das An-sich zugehört. Bereits in »Der Ekel« tritt dieser Ansatz klar heraus. Auch ich, so heißt es, war schlaff, träge, schamlos, verdauend, den Kopf voll finsterer Ideen, auch ich war überflüssig. Die Überflüssigkeit des dinglichen Seins und die Überflüssigkeit meiner selbst gehen in eins. »*Ich war* die Wurzel des Kastanienbaumes.« Als Bewußtsein der Existenz dieser Wurzel bin ich zwar von der Wurzel selbst getrennt »und doch war ich verloren in sie, nichts anderes als sie«.[5] Das besagt, daß das An-sich mich als Grundbestimmung meiner selbst völlig durchdringt. Sartre sucht daher in den konkreten Analysen immer wieder Phänomene aufzuweisen, in denen sich das Für-sich als überflüssiges Sein erfährt, wobei eben diese Erfahrung die Erfahrung eines *unglücklichen Bewußtseins* ist. »Die Wirklichkeit des Menschen leidet an ihrem Sein, weil sie in diesem Sein als ständig von einer Totalität heimgesucht auftaucht, die sie ist, ohne sie sein zu können, da gerade sie das An-sich nicht erreichen könnte, ohne sich als Für-sich zu verlieren. Sie ist daher von Natur unglückliches Bewußtsein.«[6]

Wenn aber das Bewußtsein sich nicht zusammenschließen kann, sondern sich ständig negieren muß, dann ist die Selbstvermittlung des Bewußtseins im Grunde nichts anderes als seine Selbstaufhebung. Die Dialektik dieser Selbstaufhebung sei durch einige Hinweise auf das Phänomen des Anderen und sodann auf das Phänomen der Freiheit thematisiert.

Sartres Analysen des *Bezuges zum Anderen* sind von Heideggers Bestimmung des Daseins als eines Miteinanderseins zu unterscheiden. Während *Heidegger* den Bezug zum Anderen gemäß seinem Grundansatz, alle Phänomene in der Struktur des Daseins zu fundieren, als zum Dasein selbst gehörend deklariert, ist für Sartre dieser Bezug *zufällig* und *kontingent*. »Die Existenz des Anderen hat die Natur einer kontingenten und irreduziblen Tatsache. Man begegnet dem Anderen, man konstituiert ihn nicht.«[7] Mit dieser Behauptung der bloßen Faktizität des Anderen geht Sartre über den transzendentalen Solipsismus, der vom Deutschen Idealismus über Husserl bis zu Heidegger herrscht, hinaus. Es gibt für Sartre eine *echte* Fremdbegegnung. Aber Sartre sucht nun nicht den Bezug selbst als ein Geschehen zu bestimmen, das das Ich und das Du übergreifend beide vermittelt, sondern er reflektiert den Bezug völlig einseitig. Der Orientierungspunkt ist die je einzelne Freiheit, und die Begegnung ist nur zu verstehen als eine Negation dieser Freiheit. Sartre zeigt diese Negation insbesondere am Phänomen des Blickes auf. Der Blick ist die ursprüngliche Vermittlung von mir zum Anderen oder umgekehrt, und zwar in der Weise, daß der Blick »stellt« und festlegt. Die sorgfältige und außerordentlich eindrückliche Analyse, die Sartre gibt, vollzieht sich in bestimmten Stufen.

Ich erblicke einen anderen Menschen, genauer: ich beobachte ihn. Ich erkenne, daß der Andere als Für-sich die Welt als Umwelt um sich so ordnet, wie ich dies für mich tue. Indem ich dies beobachte, begreife ich, daß der Andere sich als Mittelpunkt seine Welt aufbaut, und das heißt, ich bemerke, daß meine eigene Umwelt, in der ich ja den Anderen beobachte, *gestört* wird. Der Andere raubt mir die Geschlossenheit *meiner* Welt, sie rinnt auf ihn hin aus, wie Sartre formuliert. Diese Störung meiner Welt als »innere Ausblutung« wird nun überboten, wenn der andere nicht bloß beobachtetes Objekt ist, sondern mich ansieht. In diesem Moment werde ich selbst betroffen. Dieses Betroffensein ist aber – das ist durch den methodischen Ansatz bei der jeweiligen Einzelheit erfordert – nur vom Selbstbezug her zu deuten. Es besagt: ich bin mir selbst durch den Blick des Anderen als ein Objekt für den Anderen gegenwärtig. Wenn ich aber den Anderen als ein Wesen erfahre, das mich *objektivieren* kann, dann ist der Andere grundsätzlich als Grenze meiner Freiheit zu bestimmen. Der Andere ist mich »transzendierende Transzendenz« und als solche der »Tod meiner Möglichkeiten«.

Sartre hat dieses Objektiviertwerden ausführlich untersucht und zu zeigen gesucht, daß ich diesem Gestelltwerden durch den Anderen nie entgehen kann. Ich werde hier veräußerlicht und bin nun so »draußen«, daß mein Inneres demgegenüber eigentümlich ohnmächtig erscheint. Das Phänomen der Scham, gegen die ich nicht »ankann«, veräußerlicht mich ebenso, wie die reale Knechtung, durch die ich mich als Mittel weiß, das der andere als Herr gebrauchen kann. Ich muß daher versuchen, es dem Anderen gleich zu tun, das heißt ihn meinerseits als Objekt zu stellen. Aber dieser Versuch kann ja nicht glücken, weil der Andere ihm entgegenarbeitet. So bleibt der »permanente Umschlag« von verdinglichter Knechtung und verdinglichender Herrschaft das letzte Wort. Um diese prekäre Situation aufzuweisen, setzt Sartre bei der

Verdinglichung des Leibes an. Das Ziel der Verdinglichung ist aber nicht die Knechtung des Leibes als solche, sondern die Vernichtung der Freiheit des Anderen. Diese Vernichtung gelingt jedoch nicht, denn die Freiheit ist prinzipiell transzendent.

Sartres Schilderungen des *sexuellen Verhaltens*, die im Zentrum seiner Analyse des Miteinanderseins stehen, sind allein von dieser Dialektik der Freiheit her zu verstehen. Ich will durch den Körper hindurch das *Bewußtsein* des Anderen für mich gewinnen. Konkret: ich will vom Anderen als einem *freien* Wesen geliebt werden. Das ist aber widersinnig, denn dieser von mir ausgehende Wunsch bedeutet ja gerade die Negation der Freiheit des Anderen. Sartre reflektiert diesen Bezug in formaler Hinsicht äußerst genau, aber hier zeigt sich, wie sich die Reflexion überschlägt. Ich muß, eben um den Anderen mit meinem Wunsch, von ihm geliebt zu werden, nicht zu knechten, wollen, daß der Andere von sich aus will, daß *ich* ihn liebe, denn wenn *ich* ihn liebe, wäre *seine* Liebe zu mir von meiner Liebe zu ihm getragen! Aber dieser Wunsch des Anderen, von mir geliebt zu werden, ist ja von mir selbst gewünscht, und das heißt, er ist und bleibt ein Unterjochen des Anderen. Grundsätzlich gesagt: die Liebe kann nicht gelingen; was bleibt, ist Knechtung und Geknechtetwerden, das heißt Sadismus und Masochismus. Beide Haltungen gehen ineinander über in der Weise eines Zirkels, weil keine für sich gelingen kann. Der Versuch der Knechtung des Anderen, das heißt der Sadismus, scheitert daran, daß ich den Anderen nur als Objekt, d. h. als Leib habe: »alles ist mißlungen«, seine Freiheit, die ich eigentlich wollte, habe ich nicht in Besitz gebracht. Und der Versuch des Masochismus, mich dem Anderen zu unterwerfen, bedeutet in umgekehrter Entsprechung, daß ich ihm nur meinen Leib überlasse, nicht aber mich selbst als Freiheit.

Es ist hier aber hervorzuheben, daß Sartre die Sexualität durchaus nicht negativ abwertet. Sadismus und Masochismus müssen, wenn sie als radikaler Anspruch auf die Freiheit des Anderen auftreten, scheitern. Wenn jedoch auf diesen Anspruch verzichtet wird, dann kann sich ein Rückfall in ein reines An-sich vollziehen. Wenn in der Liebkosung (Caresse) der Andere nur noch als Fleisch für mich da ist, und ich ebenso für ihn nur noch als Fleisch existent bin, das heißt, wenn die geistige Aktivität erloschen ist, dann setzt eine *Trägheit* ein, die jeder individuellen Personhaftigkeit entgegen *pure Gegenwärtigkeit* ist. In ihr ist der Kontakt nicht mehr gewollt, sondern stellt sich gleichsam selbst her. Diese Erfahrung ist nur momentan. Daß sie Sartre hervorhebt, zeigt, wie tief der Wunsch ist, das Für-sich-sein zu nichten. Gelingt eine solche Nichtung nicht durch Erhebung zum An-und-für-sich-sein, so bleibt der Rückfall in ein *nichtgewolltes* An-sich, wie ihn nach Sartre die bloße Sexualität beschert, die einzige Möglichkeit, aber nur für Augenblicke[8], denn das sich in der Dialektik von Sadismus und Masochismus zeigende Dilemma des zwischenmenschlichen Bezuges ist prinzipiell nicht behebbar: »Das Wesen der Beziehungen zwischen Bewußtseinsindividuen ist nicht das Mitsein, sondern der Konflikt.«[9]

Überblickt man diesen Ansatz, so wird deutlich: Sartre geht nicht nur von einem isolierten Subjekt aus, sondern hält an dieser Isolierung eindeutig fest. Er betrachtet das Miteinander allein daraufhin, wie es der absolut gesetzten Freiheit abträglich ist. Die Liebe als positiver Bezug, in dem Menschen miteinander vertraut werden, wird ebensowenig diskutiert, wie die Möglichkeit, durch Hingabe an eine gemeinsame Sachsphäre die Einzelheit aufzugeben. Entsprechend wird das Wir nicht als eine Ich und Du übergreifende positive Bestimmung anerkannt; der Wirbezug erscheint vielmehr gegen die Beziehung von Ich und Du abgehoben als eigentümlich irreal.

Daß dieser Ansatz gerade auf Grund seiner Einseitigkeit eine erstaunliche Folgerichtigkeit in sich trägt, ist offensichtlich: wenn ich die Freiheit des Anderen nicht negieren kann, und wenn entsprechend auch der Andere meine Freiheit nicht in den Griff zu bringen vermag, dann ist jederzeit für den einzelnen die Möglichkeit gegeben, in diese letzte Dimension der Freiheit auszuweichen. Das ist – wie gesagt – konsequent gedacht, denn wenn die Freiheit sich am Anfang der Begegnung nicht selbst dem Anderen freigibt und ihm eröffnet, dann muß sie am Ende der Begegnung ebenso unbetroffen aus ihr hervorgehen. Sartre legt diese Möglichkeit der Unbetreffbarkeit sehr radikal dar. Werde ich gefoltert, so ist diese Folterung nur dann etwas, was mich selbst betrifft, wenn ich sie selbst in Freiheit *wähle*; werde ich als Jude beschimpft, so ist diese Beschimpfung nur dann für mich existent, wenn ich dies Judesein, das ich für den Antisemiten von Natur bin, übernehme, tue ich dies jedoch nicht, so bleibt das Bewußtsein, unumschränkte Transzendenz zu sein. Hier zeigt sich, daß man bei Sartre eigentlich nicht von einer echten Situationsbedingtheit sprechen kann. Jede Situation muß erst in Freiheit von mir gewählt werden, wenn sie für mich relevant werden soll. Sartre erkennt letzthin keine »Geworfenheit« an. Die Tatsache meiner Geburt, der Zugehörigkeit zu einer bestimmten Epoche oder einer bestimmten Situation muß von mir aktualisiert werden; der Krieg, in den ich als Glied einer Nation verwickelt werde, ist nur als »mein« Krieg aktuell, das heißt, er ist nur dann wirklich, wenn ich ihn bejahe, »weil ich jederzeit mich ihm hätte entziehen können durch Selbstmord oder Fahnenflucht: diese äußersten Möglichkeiten sind diejenigen, die uns immer gegenwärtig sein müssen, wenn es darum geht, eine Situation ins Auge zu fassen«.[10]

Bereits die Analyse des Miteinanderseins macht offenbar, daß die *Freiheit* für Sartre ein Absolutum ist. Die Idee einer relativen Freiheit, in der ich in echter Auseinandersetzung einschränke und zugleich eingeschränkt werde, hat in Sartres System keinen Platz. Insofern Sartre aber die Idee einer solchen Freiheit von vornherein ausschaltet, wird die Bestimmung der Freiheit überhaupt problematisch. Dies sei nun konkreter gezeigt.

Sartres Anliegen ist es, das Für-sich und die Freiheit in einem strikten Sinne zu gleichen. Das Für-sich hat nicht die Freiheit als eine Eigenschaft, sondern es ist seine Freiheit. Dieser Freiheit kann nichts Äußeres begegnen, durch das sie bedrängt würde. Freiheit ist prinzipiell nur durch sich selbst bedingt. Dieser Ansatz – das weiß Sartre sehr genau – läßt sich aber nur durchhalten, wenn alle nur möglichen und wirklichen Bezüge und Strukturen, in denen der Mensch als faktisch *nicht* freies Wesen steht, von der Freiheit her »uminterpretiert« werden. Solche Bezüge und Strukturen sind mannigfaltiger Art. Es handelt sich jedoch, hebt man das Wesentliche heraus, um ein Dreifaches, was diese Freiheit in Frage stellt. Es handelt sich einmal um die konkrete *Situationsbedingtheit*, das »hic et nunc«, das heißt um die Tatsache, daß ich in dieser Umgebung lebe; es geht sodann um die ontologische *Wesensstruktur* des Menschen als solche, also vor allem um seine Endlichkeit und Zeitlichkeit; und es ist schließlich auch die *Individualität* des Menschen zu beachten, die weder durch das Menschsein überhaupt noch durch äußere Situationen bedingt ist – Flaubert ist ein ganz bestimmter Charakter, der nicht vom Allgemeinen her zu deuten ist.[11] Von diesen drei Fragenkomplexen ist der erste für Sartre am leichtesten zu bewältigen; die bereits dargelegte Lösung der hier auftauchenden Problematik besagt: ich stehe zwar als Mensch in *Situationen*, aber diese werden erst für mich durch meine Wahl *wesent-*

lich. Schwieriger ist es, den beiden anderen Problemkreisen zu begegnen: wir legen zuerst Sartres Antwort auf die dritte Frage dar, in der es darum geht, die Tatsache des *individuellen Charakters* des Menschen mit der Idee der absoluten Freiheit zu vereinen, denn die Analyse dieses Fragenkomplexes ist für Sartres Bestimmung der Freiheit im ganzen paradigmatisch.

Sartre sucht auf der einen Seite die absolute Freiheit auch als Grundbestimmung des konkreten Lebens herauszustellen. Das konkrete Leben zeigt sich durchaus nicht, wenn man es von innen her betrachtet, als Kontinuum, sondern es vollzieht sich eigentümlich *abrupt*. Sartre sagt von sich selbst, daß er nicht treu sei: »Ich wurde ein Verräter und bin es geblieben. Es nützt nichts, daß ich mich mit Kopf und Kragen in meine Unternehmungen stürze, ohne Vorbehalt an die Arbeit verliere, an den Zorn, an die Freundschaft: einen Augenblick später werde ich mich verleugnen, ich weiß es, ich will es, und mitten in der Leidenschaft verrate ich mich bereits durch ein heiteres Vorempfinden meiner künftigen Verräterei.«[12] Grundsätzlich gesagt: »Ich konnte nicht zulassen, daß man das Sein von Außen empfängt, daß es sich durch Untätigkeit erhält und daß seelische Erregungen das Ergebnis vorangegangener Erregungen sein sollen. Da ich aus Zukunftserwartung geboren war, trat ich strahlend und total in Erscheinung, und jeder Augenblick wiederholte die Zeremonie meiner Geburt: ich wollte in den Empfindungen meines Herzens ein knisterndes Feuerwerk erblicken. Wieso hätte mich die Vergangenheit bereichern sollen? Sie hatte mich nicht geschaffen.«[13] Weil ich nicht durch die Vergangenheit gebunden bin, kann ich jeden Augenblick im Handeln neu ansetzen.

Gleichwohl – und hier zeigt sich die andere Seite –: mag mein Leben sich so im ständigen Bewußtsein des Neuanfanges vollziehen, für die *Anderen* bin ich doch ein *bestimmtes* Individuum, dem eine gewisse Kontinuität zukommt. Eben diese Individualität kann weder durch die äußere Situation erklärt werden, noch auf die Struktur des Menschseins, die formal für alle Menschen die gleiche ist, zurückgeführt werden. Es ist hier erfordert, auf das jeweilige Innere des einzelnen Menschen zurückzugehen und dieses zu erforschen. Diese Erforschung vollzieht sich in der Form einer *existenziellen Psychoanalyse*. Es finden sich nämlich in jedem Menschen »Fixierungen«, die zumeist in der Kindheit vollzogen wurden. Diese Fixierungen sind die eigentlichen Urentscheidungen, durch die ein Mensch das ist, was er ist. Der Mensch wählt sich hier als Einheit und Ganzheit, und diese bestimmt ihn in seinem einzelnen Tun. Sartre sagt: »Mit anderen Worten: Diese *empirische* Haltung ist selbst der Ausdruck der ›Wahl eines intelligiblen Charakters‹.«[14] Die Wahl des intelligiblen Charakters umgreift alle bestimmten Vornahmen und Entscheidungen. Sie muß aus der empirischen Wahl »als ein Jenseits und als die Unendlichkeit ihrer Transzendenz herausgeschält werden«.[15] Sartre sucht diese Urwahl gegen die idealistische Lehre vom intelligiblen Charakter und die psychoanalytische Deutung des Unbewußten abzugrenzen. Die Urwahl wird nicht in einer reinen überzeitlichen Dimension vollzogen, wie die Idealisten meinen, sie geschieht in der Zeit; aber – und damit wendet sich Sartre gegen die Psychoanalyse – »ihr Gegenstand ist nicht eine in den Finsternissen des Unbewußten vergrabene Gegebenheit, sondern eine freie und bewußte Selbstbestimmung – die nicht einmal im Bewußtsein ihren Sitz hat, sondern mit diesem Bewußtsein selbst eins ist«.[16] Wenn aber diese Urwahl mit dem Bewußtsein eins ist, d. h. wenn sie nicht Gegenstand *für* das Bewußtsein ist, dann ist sie nicht frei im Sinne einer Auswahl zwischen bestimmten Möglichkeiten. Im Gegensatz zu einer solchen konkreten Wahl muß die Urwahl als *grundlos* bestimmt werden. Sie ist, wie Sartre sagt, absolut kontingent. Der Mensch hat sich faktisch auf das Sein, das er ist, festgelegt. Diese Festlegung muß aber wiederum als dem Wesen der absoluten Freiheit widersprechend genichtet werden. Und dies ist möglich, weil der Mensch, wie Sartre zuvor erklärt hat, »im Leben ständig frei ist«.

Überdenkt man diese Argumentation, so zeigt sich, daß Sartre gar nicht versucht, die Urwahl und die konkrete Freiheit im Leben miteinander zu vermitteln. Die Lehre vom intelligiblen Charakter ist gleichsam eine *hinterherkommende* Deutung, sie hat Sinn im Horizont eines auslegenden Verstehens. Die konkrete Freiheit im Leben dagegen bestimmt mich in meinem eigenen Sein und in meinem *inneren* Selbstvollzug. Gerade darum kommt ihr ein *unbedingter* Vorrang zu.

Dieser jederzeitige Rückzug in die absolute Freiheit im Leben, deren Indiz das *Neuanfangen* ist, ist für Sartre aber nicht nur existenziell wesentlich, sondern diese Freiheit muß auch in ontologischer Hinsicht gerechtfertigt werden, das heißt, es soll ausdrücklich gezeigt werden, daß die *Wesensstruktur* des Menschen mit der Idee der absoluten Freiheit durchaus vereinbar ist. Wir legen im folgenden dar, wie Sartre seine Idee der Freiheit *ontologisch* zu fundieren sucht.

Sartre will zunächst die Vorstellung abweisen, daß die ontologische Wesensstruktur dem »ontischen Menschen« vorgegeben sei und ihn bedinge. Er wendet sich in diesem Zusammenhang – dies wird bei gründlicher Lektüre von »Das Sein und das Nichts« deutlich – nicht nur gegen die Transzendentalphilosophie, sondern auch und vor allem gegen *Heideggers* Fundamentalontologie. Sartre will nicht das Wesen des Daseins existentialontologisch enthüllen und die ontisch-existentiellen Verhaltensweisen des Menschen als konkrete Ausfüllungen unter dieses Wesen subsumieren. Er versucht vielmehr, die Unterscheidung des ontologischen Daseins vom Menschen aufzuheben. Wenn aber der Mensch keiner Wesensordnung mehr untersteht, dann darf der Philosoph weder in inhaltlicher noch in formaler Hinsicht von einem Wesen des Menschen reden, das verbindlich und allgemeingültig dem konkreten Handeln des Menschen vorausginge. Der Philosoph hat vielmehr zu zeigen, daß das »Wesen« des Menschen gerade darin besteht, daß er ständig gegen die Möglichkeit angeht, sich selbst als durch eine festgelegte Seinsstruktur bedingt zu betrachten. Ontologische Aussagen, die die menschliche Existenz betreffen, stellen keine Tatsachen, die man als objektive zu konstatieren hätte, heraus. Diese Aussagen berichten vielmehr von einem Geschehen, nämlich dem »absoluten Ereignis«, das das Für-sich darstellt. Daß Sartre hier von einem individuellen Abenteuer spricht, ist legitim, denn das Abenteuer des Existierens muß jeder für sich selbst vollziehen.

Nur von diesem Ansatz her wird die paradoxe Ausformung der Ontologie der Existenz bei Sartre verständlich bis zu den stilistischen Eigenheiten hin. Sartre liebt widersprüchliche und schockierende Aussagen, er ist bestrebt, die Ontologie gleichsam zu »durchlöchern«. Im Konkreten geht er so vor, daß er auf die Ontologie des An-sich zurückgreift, weil es eine »eigentliche Ontologie«, das heißt eine Ontologie im Sinne fester Bestimmungen, ja nur für das An-sich gibt; er sucht nun aber sogleich diese festen Aussagen vom Für-sich her problematisch zu machen, da sie der Existenz nicht angemessen sind. Auf dieser Methode beruht die berühmte Formel, mit der Sartre das Wesen des Für-sich und damit der Freiheit von der *Zeitlichkeit* her zu umschreiben sucht. Diese Formel heißt: Der Mensch ist, was er nicht ist, und er ist nicht, was er ist. In dieser Formel ist »Sein« im Sinn fixer Bestimmtheit gefaßt, aber diese Bestimmung wird dialektisch negiert. Sartre erklärt: Vergangenheit und Zukunft sind nicht, Sein kommt eigentlich nur dem Bewußtsein zu, als und insofern dieses mit der Gegenwart eine Einheit bildet. Aber das Bewußtsein ist als gegenwärtiges doch wesentlich nur als Bezug auf seine eigentlich nicht seiende Vergangenheit und Zukunft. Es setzt sich mit seiner Vergangenheit und Zukunft ständig auseinander, und es kann dies wiederum nur, weil es beide transzendiert: »Das Bewußtsein steht vor seiner Vergangenheit und vor seiner Zukunft wie vor einem Selbst, das es in der Weise ist, es nicht zu sein.«[17] Ich beziehe mich auf ein Sein meiner selbst, das von mir als aktuellem Selbst durch ein »nichtendes Nichts« getrennt ist.

Der freie Entschluß ist also immer ein Neuansatz, weil der Mensch durch das Vergangene nicht für die Zukunft festgelegt ist. Das Für-sich-sein etabliert sich in einer immer erneut zu vollziehenden Beurteilung und Verurteilung der Vergangenheit. Von diesem Zusammenhang her gewinnt die existenzielle Psychoanalyse einen neuen Sinn: indem sie die Urwahl aufdeckt, gibt sie die Möglichkeit frei, sich mit dieser Urwahl auseinanderzusetzen. Der intelligible Charakter ist also, insofern er erkannt werden kann, in gewisser Hinsicht doch modifizierbar. Durch das Erkennen wird er als An-sich genichtet. Aber selbst wenn eine solche nichtende Aufdeckung der von der Urwahl bestimmten Vergangenheit im konkreten Fall nicht gelingt, so muß vom individuellen Gegenwartsbewußtsein her jede Tat in »absoluter Verantwortung« vollzogen werden, und das heißt, jede Tat muß so bedacht werden, als ob ich nicht nur nicht durch die Vergangenheit bedingt wäre, sondern als ob ich die Vergangenheit durch diese Tat erst setzte.

Von der Zeitlichkeit her wird das Phänomen der *Angst* verständlich. Die Angst ist nur begreifbar im Raum der Handlung. Ich weiß, daß *alles* von mir abhängt. Es gibt nichts, was die Entscheidung leitet, aber trotzdem bin ich gezwungen zu handeln. Weder von einem Gott noch von der Welt her erfahre ich eine Ausrichtung für mein Tun, also bin ich auf mich verwiesen, das heißt konkret auf mein Wesen als Gewesenheit: »Das Wesen ist alles das, was die menschliche Realität an sich selbst ergreift als *gewesen seiend*.«[18] Aber ich kann mich eben nicht an diese Vergangenheit halten. Ich muß sie ja erst durch mich als gegenwärtiges Bewußtsein »setzen«. Es liegt an mir, was ich aus der Vergangenheit heraushebe, und wie ich es tue. Der gegenwärtige Augenblick entscheidet, was aus mir wird, und dies Bewußtsein erzeugt eben die Angst. Zunächst und zumeist spreche ich mir aber die Wichtigkeit der jeweiligen Entscheidung gar nicht aus. Zunächst und zumeist geschieht das Handeln blind. Ich stürze mich in meine Akte und entdecke mich erst *hinterher* als den, der gewählt hat. Wenn ich nun aber überstürzt handle und mir die möglichen Folgen gar nicht ausspreche, dann ist auch hier die Angst zur Stelle, und zwar als die unbewußte Besorgnis, daß ich mich selbst an dem Punkt, wohin ich blind gesprungen bin, gar nicht »antreffe«. Aufs Ganze gesehen: in der Angst zeigt sich meine ganze Endlichkeit. Ich bin ungesichert und erfahre, daß mein Sein eigentümlich irreal ist. Sartre legt diese prekäre Situation in »Die Wörter« einmal sehr eindrücklich dar. An die Stelle eines Vorlaufens in den Tod, wobei der Tod als der sinnhafte Abschluß eines Lebens erscheinen könnte, tritt das Gefühl, mit jedem Herzschlag zur Welt zu kommen und gleichzeitig zu sterben: »Dadurch wurde jeder Augenblick zu einer Frivolität, mitten in der tiefsten Aufmerksamkeit entfaltete sich eine noch tiefere Unaufmerksamkeit, in jeder Fülle gab es nun eine Leere, in jeder Realität eine leichte Irrealität.«[19] Die Existenz beginnt zu schweben, aber dies Schweben überkommt mich nicht stimmungshaft, ich gerate in den Schwebezustand ja durch mich selbst. Die Existenz, verstanden als gegenwärtiges Bewußtsein, bringt sich in die Schwebe durch die Losreißungskraft (le pouvoir d'arrachement), mit der sich der Mensch von sich ablöst.

Wenn ich mich aber nicht sinnvoll mit mir selbst zusammenschließen kann, dann ist das Bewußtsein im Grunde gar nicht ontologisch zu erfassen, denn jede Ontologie – und damit erst tritt die eigentliche Kritik Sartres an der Ontologie heraus – lebt von dem Vorurteil, daß das Sein, das sie untersucht, überhaupt *sinnvoll* und als solches begreifbar sei. Der Mensch aber ist ein Sein, das sinnlos ist. Er jagt ständig einem Ziel, dem An-und-für-sich-sein nach, und er selbst ist es, der dieses Ziel ständig verneint, denn der Mensch ist ja nichts anderes als ein nichtendes Nichts. »Wir richten uns umsonst zugrunde; der Mensch ist eine nutzlose Leidenschaft (passion inutile).«[20] –

Sartre ist nicht nur »Philosoph«, sondern er ist auch »Schriftsteller«. Der Zusammenhang besteht nicht darin, daß Sartre seine Philosophie in Dichtung »umsetzt«. Man könnte fast eher umgekehrt behaupten, daß Sartre seine Philosophie seiner Tätigkeit als Schriftsteller unterordnet. Der Schriftsteller ist, wie Sartre darlegt, vom Dichter zu unterscheiden, denn er ist als Prosaschriftsteller nicht darauf aus, sich den Worten als eigenen Welten zu unterstellen. Für den Schriftsteller sind Worte Werkzeuge, mit denen er etwas erreichen will. Sprache ist hier als Handeln zu verstehen. Dieses Handeln aber muß moralisch sein. Diese Ausrichtung des Schriftstellers, der sich Sartre selbst – auch als Dramatiker – unterstellt, besagt konkret: »Der Schriftsteller hat gewählt, die Welt zu enthüllen, insbesondere den Menschen, den anderen Menschen zu enthüllen, damit sie angesichts des so entblößten Objekts ihre ganze Verantwortung auf sich nehmen.«[21] Der Schriftsteller *engagiert* sich, und zwar ist das Wogegen des Engagements die *Entfremdung*, die sich vielfältig zeigt. Die eigentliche Aufhebung der Entfremdung geschieht jedoch nicht durch die Tätigkeit des Schriftstellers. Sartre erklärt ausdrücklich, daß erst die konkrete Negation der realen Verhältnisse, die durch die Unfreiheit gekennzeichnet sind, die Möglichkeit der Freiheit für den Einzelnen ergibt. Gleichwohl dient der Schriftsteller dieser realen Befreiung. Er wendet sich immer schon an die Menschen, insofern sie frei sein wollen, indem er Aspekte einer eigentlichen Welt entwirft, »die immer mehr mit Freiheit durchtränkt werden muß«.[22]

Dieser Ansatz einer Littérature engagée ist hochbedeutsam, denn er weist auf die Möglichkeit einer entschiedenen *Abwendung von der Innerlichkeit* hin. Sartre hat diesen Durchbruch von der Theorie zur Praxis – das sei ausdrücklich gesagt – *für seine Person* ständig aktualisiert im deutlichen Bewußtsein, daß ein stellungnehmendes Handeln auch im *Äußeren* notwendig sei. Die Abhebung gegen Camus vermag dies zu verdeutlichen. Beide, Sartre und Camus, gehen davon aus, daß die Welt und das Leben in ihr sinnlos ist. Sartre zeigt nun aber – insbesondere in einer Analyse von Camus' Werk »Der Fremde«[23] –, daß diese Sinnlosigkeit bei Camus nicht zu einer Aufhebung der Verhältnisse führt. Camus' Devise ist es, daß man immer auf Seiten der Unterdrückten, nie aber auf Seiten der Unterdrücker zu stehen habe. Im Gegensatz zu dieser passiven Haltung propagiert Sartre ein politisches Handeln. Es ist erfordert auch dann, wenn der Handelnde nicht moralisch verfahren kann, sondern sich die Hände schmutzig machen muß – Sartre hat dies Problem, das *Hegel* in seiner Kritik der Moralität diskutiert hat, eindringlich durchdacht.[24]

Aber dieser konkrete Durchbruch zur Praxis führt Sartre weder zu einer Revision seiner Philosophie noch zu einer Vermittlung seines eigenen schriftstellerischen Tuns mit der Idee des engagierten Schriftstellers. Dies sei durch einen kurzen Hinweis auf Sartres philosophische Deutung des *Marxismus* gezeigt: Der philosophische Schriftsteller soll Ideologien erbauen. Dies besagt positiv: er muß versuchen, einer aufsteigenden Klasse das ihr entsprechende Selbstbewußtsein zu vermitteln. Sartre wendet sich in diesem Zusammenhang entschieden gegen die Deutsche Existenzphilosophie, insbesondere gegen Jaspers, der sich »der eigentlichen Bewegung der *Praxis* zugunsten einer abstrakten Subjektivität entzieht, deren einziges Ziel darin besteht, eine bestimmte innere Qualität zu erlangen«.[25] Demgegenüber weist Sartre immer wieder auf den Vorrang der Praxis hin. Der Ausgang seiner Argumentation ist und bleibt aber die abstrakte Freiheit des Einzelnen, und das Ziel ist, deren Realisierbarkeit den Boden zu bereiten. Das bedeutet, daß das gesellschaftliche Sein vom Einzelnen her anvisiert wird. Alle konkreten Analysen, so heißt es in einem ausgezeichneten Aufsatz über Sartre, sollen eine einzige These untermauern: »Die nämlich, daß es möglich sei, den ganzen Bereich der sozial-materiellen Wirklichkeit von der individuellen Praxis her durchsichtig zu machen.«[26] Diesem Zweck dient die von Sartre propagierte Verbindung der Gesellschaftsanalyse mit der Psychoanalyse. Der marxistische Ansatz, der das Sein des Einzelnen aus der Zugehörigkeit zu einer Klasse deuten will, erreicht nach Sartre nicht den spezifischen Charakter des Individuums. Dieser Ansatz soll ergänzt werden durch eine soziologische Untersuchung, die wesentlich von der *historischen Situation* ausgehen muß. Aber auch diese soziologische Deutung muß eingeschränkt werden, denn letztlich hat sich der Mensch ja selbst gewählt. Eigentlich gibt also nur die Psychoanalyse, die die individuelle Urwahl aufdeckt, den Schlüssel zur Deutung des Menschen, die soziologische Gesellschaftsanalyse ist nur vorbereitend. Es zeigt sich hier, daß das Verstehen, und zwar das Verstehen des Einzelnen, den Horizont darstellt, innerhalb dessen Sartre den Marxismus diskutiert. Freilich ist dieser Ansatz beim Verstehen des Einzelnen nur *eine* Tendenz in Sartres Auslegung des Marxismus. Auf der anderen Seite ist zu sagen: der *spätere* Sartre hat die Philosophie der Innerlichkeit insofern überwunden, als er das Problem des Zusammenhanges von Einzelnem und Gruppe thematisiert und zwar unter dem Aspekt des Handelns.

Sartres »Kritik der dialektischen Vernunft« gehört zu den wenigen Büchern, die eine Philosophie des Politischen intendieren, die schwierigen Problemen nicht ausweicht. So sucht Sartre zu zeigen, daß der einzelne sein Tun *totalisieren* muß. Er ist aufgefordert, sich in ideologischer und praktischer Hinsicht einer Gesamtheit zu unterstellen, durch die allein politisches Handeln aktualisiert werden kann. Wir werden auf diese Ansätze in unseren Analysen des Politischen noch zurückkommen.[27] Freilich bleibt, wie *Merleau-Ponty*, der von einem verinnerlichten Marxismus bei Sartre spricht, richtig erkennt, diese Deutung des Politischen insofern der Philosophie der Innerlichkeit immer noch verhaftet, als Sartre nach wie vor die geschichtliche Gebundenheit und zwar als Chance und Hindernis zu wenig beachtet und den einzelnen oder auch die Partei immerfort zur Realisierung *absoluter* Freiheit in permanenter Revolution auffordert.

Von dieser Idee der absoluten Freiheit her wird nun aber auch die Möglichkeit des *engagierten Schriftstellers* eingeschränkt. Dies geschieht zwar nicht in theoretischer Ausdrücklichkeit, sondern in der Form, daß Sartre, auf sich selbst und sein eigenes schriftstellerisches Tun reflektierend, die *Sinnlosigkeit* des Schreibens überhaupt herausstellt. Sartre sagt am Schluß seiner Arbeit »Was ist Literatur?«, daß die Chance der Literatur die Chance Europas, des Sozialismus, der Demokratie, des Friedens sei. Er erklärt: »Mit Hilfe der Literatur, sagte ich, geht die Gemeinschaft zur Reflexion und zum Nachdenken über, sie bekommt ein schlechtes Gewissen, ein innerlich unausgewogenes Bild ihrer selbst, das sie unausgesetzt zu modifizieren und zu verbessern sucht.« Dann folgt die Feststellung, daß die Kunst des Schreibens nicht durch unabänderliche Dekrete der Vorsehung geschützt sei. Die Menschen machen die Literatur, indem sie sie wählen, und schließlich heißt es: »Gewiß – das ist alles nicht so wichtig: die Welt kann die Literatur durchaus entbehren, sie kann aber noch leichter den Menschen entbehren.«[28]

Wenn Sartres Grundthese ist, daß der Mensch ein sinnloses Unternehmen sei, dann muß auch das Tun des Schriftstellers an dieser grundsätzlichen Sinnlosigkeit teilhaben. Sartre sucht dies nun in der Tat herauszustellen. Die Sinnlosigkeit wird nicht auf den relativ geringen Erfolg des Schriftstellers zurückgeführt. Sartre reflektiert zwar immer wieder die Stellung des Schriftstellers in der Gesellschaft unter dem Gesichtspunkt der möglichen Wirkung. So weist er darauf hin, daß dem heutigen Schriftsteller ein wirkliches Engagement schwerfällt, weil die Situation weithin undurchsichtig ist. Aber die entscheidende Argumentation wird nicht »von außen her« unter dem Gesichtspunkt einer Einflußnahme auf Andere vollzogen, sondern »von innen her«, nämlich durch eine *Reflexion*, in der der Schriftsteller sich als Schriftsteller selbst thematisiert. Diese Reflexion ist nach Sartre eine innere Notwendigkeit. Sie kann gar nicht unterlassen werden, denn der Schriftsteller – das ist der Grundansatz – wird von nirgendwoher beauftragt, weder von Gott noch von einer Klasse. Er muß sich als Einzelner vor sich selbst für sein Schreiben rechtfertigen. Diese Reflexion auf sich selbst wird ausdrücklich in der Form der Selbstbiographie. Der Sache nach ist die Selbstbiographie für jeden Schriftsteller erfordert, also auch für den, der nicht über sich selbst schreibt, denn auch dieser Schriftsteller muß sich über sein Tun klarwerden, eben weil er nicht mehr von außen gerechtfertigt ist.

Sartre erscheint in dieser Hinsicht als ein legitimer Nachfolger *Kierkegaards*, denn Kierkegaard, der Dichter, Schriftsteller und Philosoph in einem ist, hat das Problem einer engagierten, aber nicht autorisierten Literatur zum Grundproblem des Schriftstellers erhoben.[29] Allerdings zeigt sich sogleich ein wesentlicher Unterschied zwischen Kierkegaard und Sartre. Kierkegaard gelingt schließlich doch noch eine Rechtfertigung seines Tuns durch den Rückgriff auf den christlichen Glauben, in den er »hineinbetrügen« will. Sartre schließt jede positive Möglichkeit der Rechtfertigung a limine aus. Und das besagt nun konkret: die »Rechtfertigung« vollzieht sich als Dauerreflexion, in der der Dichter um sich selbst kreisend sein Tun *entwertet*. Sartre radikalisiert – so kann man sagen – die romantische Ironie, deren Sinn es ist, daß der Schöpfer seine dichterischen Produktionen immer wieder in Frage stellt.

Sartre hat in »Die Wörter« erklärt, daß er sein Schreiben zunächst als Surrogat für den christlichen Glauben betrieben habe, an dieser Möglichkeit sei er jedoch irre geworden, weil er eingesehen habe, daß der wahre Atheist zu einer totalen Illusionslosigkeit kommen müsse, für die es keine Ersatzreligion geben könne. Diese Argumentation führt nun aber Sartre nicht zu dem Entschluß, nicht mehr zu schreiben. Im Gegenteil: er wird nach wie vor schreiben, denn das Herausstellen der *Sinnlosigkeit*, die auch den Schriftsteller bestimmt, ist der »Sinn« des Schreibens. Wie die

Ontologie von »Das Sein und das Nichts« im Gegensatz zur traditionellen Ontologie die Sinnlosigkeit des Menschen aufdecken soll, so soll die Selbstbiographie das Tun des Schriftstellers als sinnlos herausstellen, indem sie jede nur mögliche Sanktionierung aufspürt, um sie zu nichten.

Sartre ist in diesem Aufspüren ein Meister. Sartre gefällt sich in raffinierten Enthüllungen. Die existenzielle Psychoanalyse wird ständig eingesetzt, um jedes Engagement, genauer: jede »Berufung« als unaufrichtig zu erweisen. Aber die Psychoanalyse, der der Schriftsteller sich selbst unterstellt, ist von besonderer Art. Das, was aufgedeckt wird, wird nun gerade nicht eliminiert, sondern es wird vielmehr durch die Aufdeckung als unaufhebbar gezeigt. Nur so »legitimiert« der Schriftsteller sein Schreiben als »Notwendigkeit«. Die Selbstreflexion etabliert sich damit faktisch als *Kreisbewegung*: der Sechzigjährige reflektiert sich in das schreibende Kind zurück, und das schreibende Kind reflektiert sich auf den Ruhm des späteren Schriftstellers voraus. In diesem Hin und Her des Zurück- und des Vorwärtsblickens »existiert« das Selbst des Schriftstellers, denn dieses Selbst ist die Nichtung jeder Möglichkeit, durch die sich das Leben zu einem sinnhaften Lebenslauf zusammenschließen könnte. Der Schriftsteller radikalisiert also die Situation, die das Für-sich ist, denn das Für-sich ist seinerseits ja bereits als die Destruktion jeder Festigkeit bestimmt. Sartre schließt »Die Wörter« mit folgender Feststellung: Wenn der Schriftsteller nicht mehr durch sein Schreiben das unmögliche Heil erwartet, dann bleibt er sich zurück als ein ganzer Mensch, »gemacht aus dem Zeug aller Menschen, und der soviel wert ist, wie sie alle und soviel wert wie jedermann«.[30] Der Schriftsteller ist also keine Ausnahmeexistenz, sondern bezeugt die menschliche Realität in ihrer Nichtigkeit überhaupt.

Aber dieser Zusammenschluß des Schriftstellers mit den anderen Menschen unter dem Gesichtspunkt der Sinnlosigkeit des Menschseins ist doch nicht das letzte Wort, denn immer wieder bricht bei Sartre das Bewußtsein durch, daß der Schriftsteller sich engagieren müsse und solchermaßen sich auf die *Realität* einzulassen habe. Sartre sagt in einem Interview, das nach der Abfassung von »Die Wörter« stattfand, über sein Erstlingswerk »Der Ekel«, daß ihm damals der Sinn für die Realität gefehlt habe, und er fährt fort: »Seitdem habe ich mich gewandelt. Langsam habe ich eine Lehre über die Realität durchgemacht. Ich habe Kinder Hungers sterben sehen. In Gegenwart eines Kindes, das stirbt, hat ›La Nausée‹ kein Gewicht.« Und er erklärt: »Von dem Schriftsteller verlange ich, daß er die Realität und ihre Grundprobleme nicht ignoriert.« Diese Wandlung aber ist nur möglich, wenn man die Suche nach einem Absoluten aufgibt und auf ein Heil für sich selbst verzichtet: »Die Welt bleibt dunkel. Wir sind unglückselige Tiere ... aber ich habe plötzlich entdeckt, daß die Entfremdung, die Ausbeutung des Menschen durch den Menschen, die Unterernährung das metaphysische Übel auf den zweiten Platz verweisen.«[31]

Viertes Kapitel
Jaspers: Die existentielle Reflexion[1]

Jaspers' Denken setzt mit einer Besinnung auf die gegenwärtigen Möglichkeiten der Philosophie ein. Jaspers fragt: Was kann Philosophie heute dem Menschen bedeuten? Und er antwortet: Philosophie kann heute nur dann wesentlich werden, wenn sie den bewußt ungeborgenen, d. h. den dogmatisch nicht gebundenen Menschen anspricht. Philosophie ist nur als Philosophieren. Als solches hat sie die Aufgabe, »in die Schwebe zu bringen«, d. h. im Überschreiten aller fixierenden Welterkenntnis an die Freiheit des je Einzelnen zu appellieren und damit den Raum eines unbedingten Tuns zu eröffnen. Indem Jaspers die Philosophie mit Entschiedenheit von der Wissenschaft abgrenzt, bringt er sie auch in Gegenzug zu der durch die Wissenschaft geprägten Welt, die sich als technisierte Arbeitswelt konstituiert. Philosophie ist – das ist der Grundansatz – als echtes Philosophieren nur noch möglich im Raum einer *Innerlichkeit*. Die Dimension der Innerlichkeit aber ist als solche nicht vorfindbar, sie ist kein objektiver oder objektivierbarer Tatbestand. Die Innerlichkeit wird vielmehr erst durch den Aufschwung der Philosophie in *existenzieller Reflexion* konstituiert. Die Struktur dieser Reflexion gilt es herauszuarbeiten, wenn man Jaspers' Ansatz verstehen will.

Jaspers stellt in seinem Hauptwerk »Philosophie«, das 1933 erschien, das *Suchen des Seins* als Aufgabe der Philosophie heraus. Diese Fragestellung ist äußerlich gesehen dem Ansatz *Sartres* und *Heideggers* vergleichbar, denn auch diese beiden Denker fragen nach dem Sein. Der Unterschied ist jedoch deutlich. Heidegger erstrebt eine Fundamentalontologie, in der zwar die alte Frage nach dem Sein aufgenommen wird, aber sie wird in einer neuen Weise gestellt: die Existenzialanalytik setzt sich in Gegensatz zur Tradition und deren Menschenbild. Und Sartres paradoxe Ontologie der menschlichen Existenz will die Verbindung von Theologie und Metaphysik, die in der Tradition beherrschend war, grundsätzlich auflösen: der Mensch ist ein Widerspruch, insofern er dem Ziel des in sich ruhenden Seins nachjagt, das er aber nicht zu erreichen vermag. Jaspers dagegen nimmt die Frage nach dem Sein in einer Form auf, die an die alte traditionelle Schematik anknüpft. Welt, Seele und Gott sind die Themen der Philosophie, die sich in »Weltorientierung«, »Existenzerhellung« und »Metaphysik« gliedert. Aber während die Tradition sich die Differenzierung der Philosophie von den Gegenständen her naiv vorgeben läßt, wird die Verschiedenheit der Gebiete bei Jaspers auf die Zerrissenheit des Seins selbst zurückgeführt. Diese

Zerrissenheit ist beunruhigend, denn das Denken erstrebt als solches ein einheitliches Sein. Aber gerade die Erfahrung, daß das Sein keine Einheit ist, ist der eigentliche Einstieg in die Philosophie.

Konkret: Philosophie geht, so sagt Jaspers, von einer Situation aus, in der ich, zu mir selbst erwachend, frage, was das Sein eigentlich ist. Bereits eine erste Besinnung auf diese Frage zeigt, »daß es vielerlei Sein gibt«. Das Sein ist gespalten in Objektsein und Sein als Ichsein. Diese Unterscheidung ist grundsätzlicher Art und bestimmt alles wissenschaftliche und philosophische Denken. Beide Seinsarten aber sind ihrerseits wiederum zu unterteilen. Hinter dem Sein als Objektsein steht das Sein an sich, und ebenso ist das subjektive Sein zu differenzieren: das natürliche und umweltlich bestimmte Dasein, das auf reine Gegenständlichkeit gerichtete allgemeine Bewußtsein – »das Bewußtsein überhaupt« –, und der auf Ganzheit bezogene Geist sind verschiedene Formen der Subjektivität. Es ist nun formal gesehen durchaus möglich, eine dieser bestimmten Seinsweisen zum Umgreifenden zu erheben, zum Beispiel ist alles Sein auf »Bewußtsein überhaupt« bezogen. Aber eben dieser Versuch, ein Sein als endgültig zu etablieren, muß immer wieder rückgängig gemacht werden, weil sich immer erneut zeigt, daß keiner Seinsart ein absoluter Vorrang zukommt. Von hier aus zeigt sich Jaspers' methodisches Vorgehen als bestimmt durch das polemische Räsonnement, in dem der mögliche Vorzug des einen Seins über die anderen Seinsarten herausgestellt und zugleich fraglich gemacht wird. Setze ich – um bei der Grundunterscheidung Subjekt-Objekt zu bleiben – das Subjekt als Prinzip an, so muß ich sofort erkennen, daß kein Subjekt ohne Objektbezogenheit ist; gehe ich vom Objektiven aus, so ist sofort einzusehen, daß das Objekt ein Sein ist, das für das Subjekt da ist und diesem entgegensteht. Ich darf mich also weder auf das Objektive noch auf das Subjektive festlegen, sondern muß zwischen beiden denkend hin und her gehen. Grundsätzlich formuliert: die Zerrissenheit des Seins macht einen Abschluß der philosophierenden Bewegung unmöglich. Diese Einsicht ist niederschmetternd, denn der Philosophierende erstrebt an sich eine endgültige Gewißheit für sich selbst, durch die er zur Ruhe käme. Wenn aber ein absoluter Halt nicht zu finden ist, dann bleibt die Bewegung des Philosophierens im Sinne einer verinnerlichten existenziellen Reflexion die letzte Möglichkeit. Dies sei nun durch einige Hinweise auf das Hauptwerk von Jaspers, »Philosophie«, herausgestellt.

Jaspers handelt unter dem Titel »Philosophische Weltorientierung« den möglichen Bezug von Welt und Ich ab. Ich kann mich einerseits als einen Teil der Welt betrachten, als Dasein, das in der Welt vorkommt, und ich kann andererseits die Welt als nur in den perspektivischen Sichten der Subjektivität gegebene und insofern vielfältige Wirklichkeit deklarieren. Jaspers ist daran gelegen, diese Differenz als unbefriedigend herauszustellen. Er erklärt aber, daß sie unaufhebbar sei; in diesem Sinne hält er also gerade an ihr fest. Sie ist gleichsam die Absprungsbasis, von der der Philosoph zu einer neuen Stufe gelangt.

Von dieser Dialektik her thematisiert Jaspers das Wesen der *Wissenschaft*. Wissenschaft ist eine besondere Möglichkeit der Weltorientierung. Mag Wissenschaft aus der Praxis und deren Bedürfnissen entstanden sein, so ist das Wissenwollen ein eigener Ursprung, der das zweckgebundene Handeln transzendiert. Wissenschaft will das Erkannte in kritischer Methode als zwingend herausstellen, indem sie objektive Feststellungen erbringt. Dies Wissen gewährt eine anders nicht zu erreichende Befriedigung. Jaspers spricht vom Reiz, den Erkenntnis ausübt, auch dann und gerade dann, wenn der Forscher weiß, daß das Wissen der Wissenschaft immer vorläufig ist, weil es einen Prozeß darstellt, in dem eine neue Einsicht die alte überholt. Wissenschaft hat nun aber *Grenzen*. Diese Grenzen sind zweifach, ich habe nie das Ganze der gegenständlichen Wirklichkeit, sondern nur Teilaspekte, und sodann: in der Wissenschaft erfasse ich mich selbst nur, als und insofern ich objektivierbares Dasein bin, das heißt, die Wissenschaft erfüllt mich nicht, insofern ich um mich als Freiheit weiß. Die Freiheit hat keinen Platz in der Wissenschaft, weil Freiheit überhaupt kein gegenständliches Etwas ist. Da ich mir aber meiner Freiheit bewußt bin – dies Bewußtsein ist unbedingt –, ist es notwendig, ein nicht gegenständliches Denken anzuerkennen, das über die Wissenschaft hinausgeht.

Es ist gar kein Zweifel, daß Jaspers in der Nachfolge *Kants* steht, wenn er die Wissenschaft gegen die Welt der Freiheit eingrenzt. Aber zwischen Kant und Jaspers besteht doch ein wesentlicher Unterschied: Für Kant ist die durch die Freiheit eröffnete Dimension die übersinnliche Welt, deren Prinzip die praktische Vernunft ist. Die praktische Vernunft ist als Vernunft von der Idee verbindlicher und eindeutiger Allgemeinheit bestimmt. Als solche erschließt sie das intelligible Reich, das sich als sinnhafte Ordnung der Zwecke darstellt. Zwischen Kant und Jaspers liegt nun aber das 19. Jahrhundert, in dessen späteren Jahrzehnten die Idee einer Verbindlichkeit der übersinnlichen Welt aufgelöst wird. Die metaphysische Welt wird, wenn sie nicht überhaupt geleugnet wird, relativiert, d. h. in den Raum des Privaten und Persönlichen abgedrängt.[2]

Hier setzt nun Jaspers an: eine Philosophie, die von der Freiheit her metaphysische Aussagen wagt, ist nicht allgemein verbindlich. Diese Philosophie konstituiert sich auf dem Wege der Negation. Sie gewinnt ihre Aussagemöglichkeiten wesentlich in *Abhebung gegen wissenschaftliche Aussagen*. So legt Jaspers das Wesen der indirekten Mitteilung – die indirekte Mitteilung ist die eigentliche Sprache der Philosophie – in der Weise dar, daß er diese Mitteilung in gegensätzlichen Bezug zu dem wissenschaftlichen Urteil stellt, das eine direkte Aussagemöglichkeit ist. Die abhebende Negation muß nun aber radikal durchgeführt werden, so daß am Ende die philosophische Aussage gerade nicht mehr an wissenschaftlichen Urteilen gemessen wird und daher auch nicht mehr von der Wissenschaft her kritisierbar ist. Der Zwiespalt von Wissenschaft und Philosophie stellt also letzthin kein echtes Problem für die Philosophie selbst dar, weil die eine Fragestellung mit der anderen sich im Grund nicht berührt. Ich kann mich jederzeit in die philosophische Dimension der nicht wissenschaftlich verbindlichen Aussage zurückziehen. Die Philosophie hat sich im Raum der Innerlichkeit *unangreifbar* gemacht. Dieser Rückzug ist aber auch für die Wissenschaft nicht folgenlos. Jaspers leistet – sicher gegen seine Absicht – dem positivistischen Selbstverständnis der Wissenschaft Vorschub, insofern er am Bild einer Wissenschaft festhält, der es gelingt, eindeutige und objektiv zwingende Tatsachen zu eruieren.

Wissenschaft und Philosophie unterscheiden sich grundsätzlich und bleiben voneinander getrennt. Gemäß der Dialektik der abhebenden Negation aber muß diese Unterscheidung zugleich als negierender *Übergang* von der Wissenschaft zur Philosophie bestimmt werden. Die strikte Trennung von objektiv zu untersuchendem Dasein und nicht objektivierbarer Existenz muß »verflüssigt« werden, indem gezeigt wird, daß die wissenschaftliche Weltorientierung *sich selbst* an ihre Grenze treibt und damit über sich hinausweist.

Wir illustrieren diesen Übergang von der Wissenschaft zur Philosophie durch einen Hinweis auf die »Grenzsituation«. Situationen als solche sind, so erklärt Jaspers, Wirklichkeiten, in denen der Mensch steht, und an denen er interessiert ist, ohne sie jedoch eindeutig überschauen zu können. Das Stehen in Situationen gehört zur Geschichtlichkeit des Daseins, und das besagt, daß das Dasein hier seine Endlichkeit erfährt, denn Situationen sind, insofern sie den Menschen einengen, »wie eine Wand«. Wand und Grenze sind nun aber zu unterscheiden. »*Grenze* drückt aus: es gibt ein anderes, aber zugleich: dies andere ist nicht für das Bewußtsein im Dasein. Grenzsituation ist nicht mehr Situation für das Bewußtsein überhaupt ... Die Grenzsituation gehört zur Existenz, wie die Situationen zum immanent bleibenden Bewußtsein.«[3]

Der Übergang vom Dasein zur *Existenz*, d. h. dem durch Freiheit bestimmten Selbst, vollzieht sich als eine innere Umwandlung, deren Sinn es ist, daß die menschlichen Phänomene nicht mehr objektiv interpretiert werden. Die Analyse des *Todes* als einer Grenzsituation, die Jaspers gibt, ist hier sehr aufschlußreich. Der Tod kann mehrfach bedacht werden. Als objektives Faktum des Daseins ist er wissenschaftlich zu untersuchen etwa vom Mediziner, der das Sterben als biologischen und physiologischen Prozeß betrachtet. Als Arzt hat der Mediziner zugleich die Absicht, den Tod hinauszuzögern, denn vom Lebenswillen her betrachtet ist der Tod etwas, dessen Negierung man natürlicherweise anstrebt. Die aus dem Lebenswillen resultierende Furcht vor dem Tode ist jedoch noch nicht »existenziell«. Der existenzielle Umgang mit dem Tod geht grundsätzlich über die Daseinsebene hinaus. Jaspers thematisiert zunächst den *Tod des Nächsten*, wobei dieser Nächste der »Eine und Einzige ist, der unersetzbar ist«. Hier erfahre ich den Abbruch einer einmaligen Kommunikation. Die Schilderung dieser Erfahrung, die Jaspers gibt, ist schlechthin meisterhaft: »Der Tod des Nächsten, des geliebtesten Menschen, mit dem ich in Kommunikation stehe, ist im erscheinenden Leben der tiefste Schnitt. Ich bin allein geblieben, als ich, im letzten Augenblick den Sterbenden allein lassend, ihm nicht folgen konnte. Nichts ist rückgängig zu machen; für alle Zeit ist es das Ende. Der Sterbende läßt sich nicht mehr ansprechen; jeder stirbt allein; die Einsamkeit vor dem Tode scheint vollkommen, für den Sterbenden wie für den Bleibenden. Die Erscheinung des Zusammenseins, solange Bewußtsein ist, dieser Schmerz des Trennens, ist der letzte hilflose Ausdruck der Kommunikation.«[4] Aber indem die äußere Kommunikation abbricht, wird ihr Wesentliches ins Zeitlose verwandelt. Das Sterben des Anderen wird zur Erscheinung ewiger Wirklichkeit. Ich weiß, daß der Andere mir unverlierbar ist.

Existenziell noch bedeutsamer als der Tod des Nächsten ist »Mein Tod«. Er ist »als dieser einzige, gar nicht objektive, nicht im Allgemeinen gewußte« die entscheidende Grenzsituation. Ich erfahre mein absolutes Nichtwissen im Fortfall jeder Rückkehr. Aber dies Nichtwissen ist nur echt, wenn es sich zum Nichtwissenwollen erhebt, d. h. zum bewußten Verzicht auf jede Aussage über das Fortleben. Erst so und gerade so ersteht der Anspruch, »mein Leben angesichts des Todes zu führen und zu prüfen«.[5] Ich betrachte mein Handeln nun unter einem zweifachen Aspekt: »was *angesichts des Todes wesentlich* bleibt, ist existierend getan; was hinfällig wird, ist bloß Dasein«.[6] Es zeigt sich also im Dasein eine neue Dimension, die Dimension des existenziell wesentlichen Tuns, und sie hat ihren Sinn unabhängig von der Frage, ob ich nach dem Tode noch fortleben werde oder nicht.

Auch andere Grenzsituationen: das Leiden, der Kampf oder die Schuld können einerseits als Daseinsphänomene objektiv betrachtet werden, und sie können andererseits existenziell relevant werden. Das besagt nun aber: die existenzielle Dimension ist kein Bereich, in dem andere Phänomene als die, die das Dasein schon kennt, vorkommen. Die existenzielle Dimension ist vielmehr die *Verinnerlichung der Daseinsbestimmtheiten*. Das Äußere als das Objektive, Allgemeine und Wißbare wird in das nicht Objektive, nicht Allgemeine und nicht Wißbare umgewandelt, wobei durch diese Umwandlung allererst der Raum der Innerlichkeit gewonnen wird. In dieser Dimension der Innerlichkeit kann man nicht »real leben«. Jaspers bezieht daher durchaus legitim die Existenz auf die Daseinswirklichkeit zurück, indem er erklärt, daß das existierende Selbst sich nur im Zeitdasein verwirkliche. In ganz unkantischer Weise wird diese Verwirklichung metaphysisch ausgedeutet als Erscheinung eines Zeitlosen in der Zeit. Wir weisen auf Jaspers' Erörterung der Kommunikation hin, um diese Dialektik beispielhaft zu erhellen.

Der Sache nach ist die *Kommunikation* in dreifacher Weise zu thematisieren, einmal als Daseinskommunikation, d. h. als die Tatsache des Miteinanderlebens der Menschen in der Vielfalt ihrer Beziehungen, sodann als existenzielle Kommunikation und schließlich, da diese existenzielle Kommunikation sich nicht in sich selbst realiter als wirksam erweisen kann, als deren Verwirklichung im Zeitdasein. Diese Verwirklichung aber bleibt durch eine Spannung bestimmt. Das besagt konkret: es ist unmöglich, von der existenziellen Kommunikation her direkte und allgemeinverbindliche Anweisungen für die Gestaltung des realen Zusammenlebens zu geben. Existenzielle Kommunikation kann im Staat, der Gesellschaft oder dem Berufsleben »wirksam« werden. Aber es gibt keine existenzielle Ethik, von der her diese Formen des Zusammenlebens allgemeinverbindlich zu gestalten wären. Die Unmöglichkeit einer existenziellen Ethik zeigen die sogenannten *Ausnahmesituationen*: ich kann in geschichtlich bedingte Situationen geraten, in denen ich das allgemeingültige Gesetz »Du sollst nicht lügen« aus existenziellem Anlaß brechen muß; ich werde diesem Gesetz gegenüber schuldig und weiß doch, daß diese Lüge zuinnerst erfordert war.

Von der Dialektik her, die zwischen Dasein und Existenz waltet, läßt sich das Wesen der *Existenzerhellung* bestimmen. Existenzerhellung ist eine verinnerlichende Reflexion. Der Philosoph reflektiert auf das Dasein als das primär Gegebene in der Form, daß er dessen eindeutige und allgemeine Bestimmtheit zersetzt und aufhebt. Diese Zersetzung aber ist zugleich der Rückgang in eine Dimension, in der die Daseinsphänomene in ihrer *Eigentlichkeit* zu ergreifen sind. Diese Dimension ist kein Wesensreich, das in sich gültig wäre. Sie muß vielmehr ständig im Gegenzug gegen das Dasein gewonnen werden. Die existenzielle Erhellung ist daher als Erhellung »inneres Handeln« und als solches ein paradoxes Tun. Die Frage, ob ich in der Erhebung zur Existenz mich selbst schaffe oder nicht, ist nicht eindeutig zu beantworten: »Ich kann nicht ich selbst sein, wenn ich nicht will, und ich bin nicht schon ich selbst, wenn ich ich selbst sein will; ich werde zwar, indem ich mich schaffe; aber bin ich ich selbst, so habe ich mich nicht geschaffen. Mich zu mir verhalten, heißt nicht schon ich selbst sein, sondern in einem inneren Handeln mich erwarten.«[7]

Dieser Ausdruck »erwarten« ist bewußt gewählt, denn daß ich Existenz werde, hängt nicht von mir allein ab, sondern von der *Transzendenz*. Existenz ergreift sich, so sagt Jaspers, nur in bezug auf Transzendenz. Die Existenzerhellung verweist auf die *Metaphysik*. Das besagt: die Existenz, die sich im Dasein nie endgültig gründen kann, sucht in einem übersinnlichen Reich zur Ruhe zu kommen.

Um den Übergang von der Existenzerhellung zur Metaphysik zu verstehen, ist es angemessen, davon auszugehen, daß Existenzerhellung *die innere Mitte* der Philosophie ist, und zwar in der Weise, daß sie einerseits Weltorientierung und Metaphysik trennt und andererseits beide verbindet. Die Trennung ist notwendig, denn Weltorientierung und Metaphysik sind grundsätzlich verschieden. Weltorientierung, die über metaphysische Phänomene Aussagen zu erbringen sucht, ist ebenso verfehlt, wie Metaphysik, die sich als Wissenschaft ausgibt. Die Existenzerhellung, die selbst nicht wissenschaftlich vorgehen kann und darf, hat daher die Aufgabe zu übernehmen, Metaphysik vor dem Versuch, Wissenschaft sein zu wollen, zu bewahren. Gleichwohl besteht zwischen Weltorientierung und Metaphysik eine paradoxe Gemeinsamkeit: die von der wissenschaftlichen Weltorientierung vergeblich und zu Unrecht erstrebte Gesamtdeutung der Welt ist ja von jeher das Anliegen der Metaphysik. Metaphysik löst also die Aufgabe, die Wissenschaft nicht lösen kann. Aber sie tut dies in gänzlich unwissenschaftlicher Form. Daß aber die Metaphysik sich nicht auf wissenschaftliche Argumentationen einläßt, dies gründet eben in der ihr vorausgehenden Existenzerhellung. Indem die Existenzerhellung sich an ihr eigenes Ende bringt und solchermaßen ihrerseits auf die Metaphysik verweist, sucht sie die metaphysische Dimension als die Dimension eines Grundes zu erweisen, von der man doch nur in Andeutungen reden kann.

Der konkrete *Übergang zur Metaphysik* wird wiederum unter der Bestimmung des Ungenügens abgehandelt. Existenz lebt im Bewußtsein der Zerrissenheit, der Unstetigkeit und der Unruhe. Dieses Bewußtsein ist vielfältig. Seine äußerste Ausformung zeigt sich darin, daß die existenzielle Wahrheit durch die *Pluralität* der existenziellen Erfahrungen vervielfältigt wird, und diese Vielfalt ist der Grund dafür, daß die Existenz über sich hinausweist. Der letzte Satz der »Existenzerhellung« heißt: »Nicht schon die Grenzsituationen, sondern erst diese Vielfachheit der Wahrheit im Sein von Existenz zu Existenz bringt ganz in jenen *Schwindel* am Abgrund, der von jedem Boden reißen mußte und aus dem Transzendenz befreit oder das Dasein sich rettet in begrenzende Selbsttäuschungen, die es eigensinnig und angstvoll festhält.«[8] Existenz braucht also eine höhere Dimension, aus der sie leben kann, und erst wenn sie diese Dimension ergriffen hat, kann sie sich im Dasein verwirklichen.

Jaspers umschreibt diesen metaphysischen Ort der Existenz zunächst in der Weise, daß er ihn zur gegebenen Welt als dem Ort, in dem das Dasein lebt, in Parallele setzt. Er erklärt: »Das worin und wodurch wir da sind, ist die Welt. Das worin und wodurch wir wir *selbst* und *frei* sind, ist die Transzendenz.«[9] Aber diese Parallele ist doch wiederum problematisch, denn die Transzendenz kann für die Existenz nicht in der Weise ein fragloser Ort sein, wie es die Welt für das Dasein ist. Es gilt daher, die Vorstellung, als ob die Existenz in der Transzendenz eindeutig zur Ruhe käme, als abwegig zu entlarven. Es ist notwendig, das *Transzendieren* als einen Weg zu kennzeichnen, der seinem Wesen nach zweideutig ist und bleiben muß. Transzendieren ist Übersteigen. Dies Übersteigen kann sich, als und insofern es formal gesehen doch ein Denken ist, nur in Kategorien vollziehen. Kategorien aber gehen auf bestimmtes Sein. Wenn das transzendierende Denken diese Kategorien gebraucht – und dieser Gebrauch ist eben unvermeidbar –, dann muß es sich als kategoriales Denken fraglich machen. Das Denken muß sich »überschlagen« zum Nichtdenken: »Es ist ein immer zu erneuerndes Sichüberschlagen des Denkens zum Nichtdenkenkönnen, nicht nur das Transzendieren eines Gedachten zum Undenkbaren, das dadurch erhellt, daß es nicht Etwas denkt und nicht Nichts denkt. Diese sich selbst vernichtende Dialektik ist ein spezifisches Denken, nichtssagend für mich, solange mir Gegenständlichkeit und Anschauung allein Bedingung eines Sinnes bleiben, wesentlich aber für die Erhellung meines philosophischen Bewußtseins vom Sein.«[10] Konkret: Das transzendierende Denken muß sich in Gegensätzen vollziehen. Solche Gegensätze sind: Einheit und Dualität, Form und Inhalt, Sein und Nichts. Diese Gegensätze müssen gegeneinander ausgespielt werden. Wird etwa die Transzendenz als das Sein, das aller Bestimmung vorausliegt, ausgesagt, so ist sofort zu erklären, daß dieses Sein eigentlich das Nichts ist.

Aber nicht nur in formaler Hinsicht, sondern auch unter inhaltlich existenziellem Gesichtspunkt zeigt sich das Transzendieren als *zweideutig*. Auch hier stellt Jaspers Gegensatzpaare auf, wie etwa Trotz und Hingabe, Abfall und Aufstieg, das Gesetz des Tages und die Leidenschaft zur Nacht. Trotz, Abfall, die Leidenschaft zur Nacht erscheinen zunächst zwar negativ. »Das Negative kann aber in der Antinomie schließlich ein Vernichten werden, das selbst Positivität ist: was vorher nur verneinend schien, wird zur Wahrheit, wird verwirrend jetzt nicht nur Verführung, sondern Anspruch; und es wird ein neuer Abfall, dieser Wahrheit auszuweichen.«[11] Wiederum sind Jaspers' Gedankengänge von einer eigentümlichen Faszination. Nachdem er das Gesetz des Tages, das Klarheit, Konsequenz, Treue und Vernunft fordert, geschildert hat, heißt es: »Aber an der Grenze des Tages spricht ein anderes. Es abgewiesen zu haben, läßt keine Ruhe. Die *Leidenschaft zur Nacht* durchbricht alle Ordnungen. Sie stürzt sich in den zeitlosen Abgrund des Nichts, der alles in seinen Strudel zieht. Aller Aufbau in der Zeit als geschichtliche Erscheinung sieht ihr wie oberflächliche Täuschung aus. Klarheit vermag ihr in nichts Wesentliches zu bringen, vielmehr ergreift sie selbstvergessen die Unklarheit als das zeitlose Dunkel des Eigentlichen.« Jaspers schließt diese Schilderung, indem er sagt, daß diese Leidenschaft der Drang sei, »sich in der Welt zu ruinieren zur Vollendung in der Tiefe der Weltlosigkeit«.[12]

Wenn das Transzendieren bereits zweideutig ist, so muß die Transzendenz selbst, die ja nur in und durch das Transzendieren zu ergreifen ist, ebenso zweideutig sein. Transzendenz ist nie da im Sinne von gegenständlicher Vorhandenheit. Transzendenz wird vielmehr nur gegenwärtig in der Weise der verbergenden Andeutung. Transzendenz spricht in *Chiffren*. Diese Sprache der Chiffren ist nicht vom »Bewußtsein überhaupt«, sondern nur von möglicher Existenz zu lesen. Die Existenz ist im Verstehen dieser Sprache frei, denn sie ist hier nicht an verbindliche Maßstäbe gebunden, wie sie der Sprache der Wissenschaft zu eigen sind. Aber das Lesen der Chiffrenschrift ist nicht Sache der Willkür, denn das hier zu Entziffernde ist in gewisser Weise vorgegeben. Alles welthaft gegenständliche Sein ist, so erklärt Jaspers, nicht nur da, sondern es ist als Daseiendes immer schon *transparent*, und als solches kann es gleichsam physiognomisch angeschaut werden. So sind Natur und Geschichte nicht nur Tatsachenbereiche für die Wissenschaft, sondern auch Erscheinungen eines Transzendenten, das sich in ihnen offenbart. Das transzendente Sein, das die Existenz entziffert, ist also gleichsam die metaphysische Rückseite und der metaphysische Wesenshintergrund des welthaften Seins. Freilich ist eine solche Auslegung wiederum von Grund aus fraglich zu machen, denn wollte man das Verhältnis des transzendenten Seins zur gegenständlichen Welt von der Schematik »Wesen und

Erscheinung« her *eindeutig* erklären, dann wäre ja die Transzendenz ihrerseits – eben als Wesensdimension – durchaus bestimmbar und solchermaßen festgelegt. Der Metaphysiker muß also die ontologisch-metaphysische Schematik wiederum negieren. Er muß sich daran erinnern, daß die Chiffrenschrift nie endgültig werden kann. Jeder Versuch, durch das Lesen der Chiffren einen verläßlichen Halt zu gewinnen, scheitert, denn Welt und Transzendenz sind grundsätzlich getrennt. Und gerade dies Scheitern einer einheitlichen Sicht des Seins ist nun, wie Jaspers erklärt, als die letzte und unaufhebbare Chiffre zu verstehen. Am Ende steht das Schweigen »vor der undeutbaren Chiffre des universalen Scheiterns in bezug auf das Sein der Transzendenz, vor dem *die Welt vergangen* ist. Das Nichtsein allen uns zugänglichen Seins, das sich im Scheitern offenbart, ist das Sein der Transzendenz. Keine dieser Formeln sagt etwas, jede sagt dasselbe, alle sagen nur: *Sein*. Es ist, als ob sie nichts sagten, denn sie sind ein Brechen des Schweigens, ohne es brechen zu können.«[13]

Sucht man Jaspers' Ansatz im ganzen zu durchleuchten, so muß man von der Tatsache ausgehen, daß die Philosophie nach Jaspers auf einer besonderen, eben der existenziellen Einstellung beruht. Erst die existenzielle Erfahrung eröffnet die eigentliche Dimension. Diese Eröffnung vollzieht sich als Verinnerlichung. Und diese Verinnerlichung ist nach Jaspers notwendig, wenn anders der Mensch zu sich selbst kommen will. Die Veräußerlichung hat heute, so erklärt Jaspers, bereits totalen Charakter angenommen. Sie hat sich nicht nur auf den Gebieten des alltäglich praktischen Lebens durchgesetzt, sondern auch und gerade die wesentlich menschlichen Phänomenbereiche erfaßt. Die Philosophie muß daher einerseits diese Veräußerlichung immer wieder aufzeigen und andererseits den einzelnen auffordern, in und durch das Philosophieren die Dimension der Innerlichkeit zu gewinnen.

Wir sahen nun, daß es von der Existenzerhellung her keine eindeutigen, direkten und verbindlichen Anweisungen für das äußere Leben gibt. Gleichwohl: wenn anders sich Existenz nur im Dasein verwirklichen kann, ist das *Problem einer existenziellen Daseinsgestaltung* nicht abzuweisen. Jaspers hat sich durchaus und zwar in immer stärkerem Maße – das zeigt die Entwicklung seines Werkes – der Frage gestellt, ob und wie existenzielle Einsichten im realen Leben wesentlich werden können, insbesondere hat er die Möglichkeit des *politischen* Handelns von der Existenz her durchdacht.

In »Die geistige Situation der Zeit«, einem Buch, das vielen in der Zeit um 1933 zu einem Trostbuch wurde, bedenkt Jaspers die Chancen einer Aristokratie, die gegen die Masse steht. Er setzt diese Chancen als gering an. Aber dies ist letztlich nicht von wesentlicher Bedeutung, denn der echte Adel ist nur durch die philosophierenden Einzelnen zu verwirklichen. Diese leben notwendig unerkannt, »wie die unsichtbare Kirche eines corpus mysticum«. Jaspers erklärt: »In der Weise seines philosophischen Lebens liegt die Zukunft des Menschen. Es ist nicht als eine Vorschrift, nach der man sich zu richten hätte, auch nicht als idealer Typus vor Augen zu stellen, dem nachzuleben wäre. Das philosophische Leben ist überhaupt nicht das eine, das für alle identisch wäre. Es ist als das Heer der Einzelnen der Sternschnuppenfall, der, unwissend woher und wohin, durch das Dasein zieht. Der Einzelne wird, wenn auch noch so gering, in ihm mitgehen durch den Aufschwung seines Selbstseins.«[14]

Die späteren Schriften zur Politik – insbesondere das große Werk »Die Atombombe und die Zukunft des Menschen« – weisen weit stärker auf die Notwendigkeit eines politischen Tuns hin. Diese Notwendigkeit hat zunächst reale Daseinsgründe, denn die Vernichtung durch die Atombombe kann möglicherweise den totalen Untergang des Lebens bedeuten. Ihr muß daher im vorhinein begegnet werden. »Das Erste ist heute, die Angst zu steigern (vielleicht nicht die der führenden Politiker der Großmächte, die wissen und in ihr leben, sofern sie nicht in die abgestumpfte Verfassung geraten sind, die vital nur um die eigene gegenwärtige Macht kämpft, aber gleichgültig gegenüber dem Gang der Dinge im ganzen und daher verantwortungslos ist). Zu steigern ist die Angst der Völker, daß sie wächst zu einer überwältigenden Macht, nicht der blinden Nachgiebigkeit, sondern des hellen verwandelnden Ethos, das die ihm entsprechenden Staatsmänner hervorbringt und deren Handlungen trägt.«[15] Diese Angst ist sinnvoll, insofern durch sie die Menschen darauf aufmerksam werden, daß sie den geschichtlichen Prozeß zu steuern haben. Das geschichtliche Geschehen ist, so erklärt Jaspers grundsätzlich, kein Naturprozeß, sondern wird durch die Handlung einzelner Menschen bedingt: »Die Geschichte im ganzen geschieht doch durch Handlungen ungezählter Einzelner. Im Ursprung und am Anfang stehen Einzelne. Der Einzelne ist mitverantwortlich für das Ganze, durch alles, was er tut. Er ist in irgendeinem noch so geringem Maße mächtig. Denn er nimmt Teil an dem Geschehen, handelnd in seinem Bereich oder nicht handelnd. Durch jede kleine Tat und Unterlassung schafft er mit an dem Boden, auf dem schließlich wieder Einzelne in Machtpositionen die für das Ganze entscheidenden Handlungen vollziehen. Was geschieht, geschieht durch Menschen.«[16]

Aber – und das ist nun wesentlich – Jaspers schränkt diese Aussage, daß die Steigerung des politischen Bewußtseins erfordert ist, wenn das Leben auf der Erde erhalten bleiben soll, in einer bestimmten Weise ein. Der sittliche Ernst existenzieller Entscheidungen wird als eigener Wert herausgestellt. Jaspers ist hier sehr radikal, er erklärt, es wäre verfehlt, das existenzielle Tun als Mittel zur Erhaltung des menschlichen Lebens zu verstehen, denn dieses Tun sei grundsätzlich kein Mittel. Das Ethos muß um willen seiner selbst erstrebt werden, ohne jede Rücksicht auf mögliche Folgen. »Die Unbedingtheit im überpolitischen Ethos kann die Rettung des menschlichen Lebens zur Folge, aber nicht zum Ziel haben. Das Ethos als Mittel einzusetzen, um das bloße Leben zu retten, ist vergeblich, weil in solcher Zweckhaltung das Ethos selber preisgegeben wird.«[17] Das Ethos, das den Politiker beseelen soll, kann sich zwar nur verwirklichen durch vernünftige Überlegungen, die als sachlich orientierte das bloße Machtdenken im Blick auf ein herzustellendes Ganzes einschränken, aber seiner inneren Struktur nach ist es »überpolitisch«, das heißt, es beruht auf einer sachlich gar nicht zu begründenden und nicht zu erzwingenden freien Entscheidung des Einzelnen.

Jaspers weist darauf hin, daß sittliches Tun in der Politik nicht ohne weiteres positive Folgen hat. Aber er geht noch einen Schritt weiter, indem er erklärt, daß alle Folgen, also nicht nur die negativen, sondern auch die positiven, die Existenz letzthin nicht betreffen können. Die Existenz, die zu sittlichem Tun auch in der Politik verpflichtet ist, weiß, daß dieses Tun ein Handeln ist, das *metaphysisch* gesehen seinen Sinn nur im Transzendenten haben kann, weil es gar nicht in der äußeren Dimension des Daseins adäquat zu verwirklichen ist. In einem Aufsatz aus dem Jahre 1960, der den Titel trägt »Wo stehen wir heute?«, tritt dieser Ansatz sehr klar hervor. Jaspers spricht von der Unsicherheit desjenigen, der am Weltgeschehen teilnimmt, und in diesem Zusammenhang stehen die folgenden Sätze: »Ich bin gewiß, daß sein und getan werden soll, was ich nach meinem Gewissen für recht erkenne, ohne es darum in der Welt als das notwendig Siegreiche beurteilen zu dürfen. Ich stehe im Kampf der Mächte, die ich nicht übersehe: Ich habe weder die Ruhe, die das trügende Bewußtsein gibt, in jedem Fall bei der siegenden Sache zu sein, noch die Ruhe durch die Anerkennung seitens der faktischen Macht, der ich gehorche. Vielmehr kann ich nun, wenn es vergönnt wird, nur mit der ganz anderen Ruhe leben, die der Gewißheit der Wahrhaftigkeit entspringt, welche unabhängig werden kann, so daß sie keiner Bestätigung bedarf, unbeirrbar noch in der Einsamkeit einer von Menschen erzeugten Wüste vielleicht standzuhalten vermag.«[18]

Diese Grundeinstellung bestimmt auch die politischen Schriften, die nach 1965 erschienen sind. Gleichwohl ist hier der konkrete Bezug zur politischen Situation noch einmal in erstaunlichem Maße verstärkt worden. Das zeigt besonders Jaspers' Schrift »Wohin treibt die Bundesrepublik?«, die zu den Bestsellern des Jahres 1966 gehört. Jaspers geht hier auf ganz spezifische Probleme der Politik ein. So wird die Frage nach dem Ost-West-Konflikt ausführlich behandelt. Jaspers sucht das »Prestigedenken«, das an der Idee des Nationalstaates orientiert ist, zu destruieren in dem klaren Bewußtsein, daß die Bundesrepublik keine reale Machtposition darstellt. Ihre Aufgabe ist es vielmehr, sich in den westlichen Machtblock zu integrieren, der seinerseits ebenso wie der Ostblock alle Chancen des friedlichen Zusammenlebens ausnutzen muß, denn »kein Staat kann heute noch seine Interessen von denen der gesamten Menschheit trennen«.[19] Ebenso wesentlich ist die Betrachtung der Innenpolitik. Jaspers warnt vor der Parteienoligarchie, und er sieht mit Sorge die Tendenz, durch Notstandsgesetze den staatlichen Machtapparat zu stärken. Demgegenüber empfiehlt er eine politische Gesamterziehung, deren Zweck es ist, das Bewußtsein zu stärken, daß die Selbstbehauptung und Befestigung der Freiheit für alle der eigentliche Sinn des Politischen ist. Diese Analysen sind von einer großen Nüchternheit bestimmt, und vor allem: die Überlegungen verbleiben nicht im Allgemeinen, Jaspers entwickelt konkrete Vorschläge zu den jeweiligen einzelnen politischen Problemen. Hier ist die Wende zur wirklichen Realität vollzogen. Dies gilt es anzuerkennen. Der berühmte Elfenbeinturm, in dem die deutschen Philosophen und die deutschen Intellektuellen hausen, ist hier – wie die Kritik herausstellte – verlassen.

Gleichwohl bleibt nach der Lektüre von Jaspers' Buch ein merkwürdiges Gefühl des Unbefriedigtseins zurück. Es liegt aber nicht, wie die Kritik zumeist behauptet, an den sachlichen Analysen. Auch wenn man hier in Einzelheiten anders denkt, die Analysen, die Jaspers gibt, sind so genau, detailliert und konkret, daß man zu verantwortlich sachlichem Mitdenken gezwungen wird, und mehr kann wohl von einem Buch über die politische Situation in der Bundesrepublik nicht verlangt werden. Das Gefühl des Unbefriedigtseins hat – so meinen wir – seinen Grund in der Vorstellung vom *idealen Politiker*, die Jaspers leitet. Hier zeigt sich nämlich ein interessanter Sachverhalt: Der Politiker ist zwar aus dem Raum der Innerlichkeit herausgegangen, aber der individualistische Ansatz, der ein Kennzeichen der Philosophie der Innerlichkeit ist, ist damit nicht grundsätzlich aufgehoben, im Gegenteil: der Politiker, der verantwortlich für den Gang der Dinge ist, wird nun als der *große Einzelne* bestimmt. In merkwürdiger Umkehrung des Ansatzes aus der Zeit um 1933, dessen Sinn es war, wahren Adel und politisches Tun als Gegensätze zu deklarieren, wird nun die Möglichkeit hoher, gehaltvoller, schöpferischer Politik herausgestellt. Das Bild des Politikers wird dem Bild des Philosophen angenähert, insofern beide unter dem formalen Maßstab der Größe stehen.

Jaspers erklärt: »Wem es in seinem Berufe als Professor der Philosophie durch den Willen des Staates vergönnt und aufgegeben ist, lebenwährend mit den großen Menschen der Jahrtausende umzugehen, der großen Denker nicht nur, sondern der Großen überhaupt, der hat sich an einen intimen Umgang mit Menschen gewöhnt, der nicht der alltägliche ist. Man erfährt den Ernst ihrer Entschlüsse und Taten, ihre Vorstellungen und Glaubensantriebe.« An diesem Ideal der Größe werden nun die heutigen Politiker gemessen und abgeurteilt: »Diese Politiker scheinen heute wie die der zwanziger Jahre (mit wenigen Ausnahmen) unsichere und ungewisse Gestalten zu sein. Ihre Gebärde täuscht, sie möchten, was sie nicht können. Sie stehen nicht aufrecht, wenn es wirklich ernst wird. Es ist, als ob dann die Maske fiele, als die sich ihr anständiges Dasein erweist, nicht eigentlich, weil sie böse wären, sondern weil im Tiefsten eine Nichtigkeit wohnt, die das Unbegreifliche möglich macht. Anders ausgedrückt: Man findet unter ihnen nicht viele eigentliche ›Männer‹.« Jaspers führt nun aus, was er unter einem »Mann« versteht. Ein Mann wagt es, offen zu sein, er redet glaubwürdig, er entzieht sich nicht, er steht unter der Macht einer großen Sache, mit der er identisch ist, er ist ohne Eitelkeit, aber hat hohen Ehrgeiz, er weiß, was er will. »Er steht freien Hauptes unter dem Himmel und fest auf der Erde. Er erblickt die weitesten Horizonte und handelt im Nächsten, Gegenwärtigen. Seine Rede ist klar und einfach, und in ihr ist er selbst. Er sagt immer dasselbe, das in der Undeutlichkeit der Realität alles zusammenhält, aber selber nicht geradezu aussagbar ist, sondern durch die Denkungsart und die Urteilskraft sich in jeder Lage neu bezeugt.«[20]

Solche Ausführungen erscheinen nicht ungefährlich. Das Bild des Politikers wird durch die Bestimmung der Größe und der entsprechenden »moralisierenden« Prädikationen formalisiert und damit eigentümlich unwirklich. Politik ist heute aber im Zeitalter der Verwissenschaftlichung und der Technisierung mit den Mächten der Wirtschaft und der Industrie unauflöslich verbunden. Diese Verflechtung muß der Politiker heute nicht nur in seinem Handeln, sondern bereits in seinen Überlegungen ständig berücksichtigen. Sicher: in der Politik wird immer die einzelne große Persönlichkeit eine Rolle spielen, aber der Politiker muß sich in viel stärkerem Maße als je zuvor in dem Gefüge der wirtschaftlichen Industriegesellschaft auskennen, um seine Entscheidungen angemessen fällen zu können. Die Vernünftigkeit, die heute erfordert ist, ist weitgehend sachgebunden, und als solche ist sie wesentlich nur durch Zusammenarbeit zu verwirklichen. Zudem darf man nicht verkennen, daß politische Größe sich überhaupt erst entfalten kann auf einer gehobenen Machtposition. Es ist daher für die politische Begabung notwendig, mit Geschick die Begebenheiten zu nutzen, um überhaupt zum Zuge zu kommen. Es bedarf also gerade in der Politik einer Selbstvermittlung der Größe mit der sogenannten Masse.

Daß Jaspers diese Dialektik der Politik nicht anerkennt, ist von seinem Ansatz her aber durchaus konsequent, denn seine Stellung zur Politik entspricht der Grundkonzeption seines Denkens: Philosophie ist die höchste Verwirklichung der menschlichen Existenz, die ständig sich selbst und die Welt überschreitend aus der Transzendenz auf sich zurückkommt.

C. Zur Überwindung der Philosophie der Subjektivität

In der Existenzphilosophie vollendet sich die Philosophie der Subjektivität. Diese Vollendung ist gerade nicht dadurch bestimmt, daß das Subjekt sich selbstherrlich auf sich stellt und sich als fundamentum inconcussum aller Gewißheiten ausgibt. Im Gegenteil: Das Subjekt erkennt die *Endlichkeit* als die innerste Bestimmung seiner selbst an und nimmt sie auf sich. Alle die Wesensmerkmale der Existenz, die aus dieser Endlichkeit folgen, die Gebundenheit in die Situation, die Notwendigkeit einer Entscheidung ohne Anhalt an vorgegebene Ordnungen, das Wissen um den drohenden Tod: alle diese Bestimmungen scheinen von der Tradition her gesehen negativ, aber diese Negation nicht nur auszuhalten, sondern sie eigens vom inneren Wesenskern des Menschen her sich anzueignen, das wird nun zur eigentlichen Aufgabe. Dieser Wesenskern der Existenz ist nichts Gegebenes. Er ist erst zu gewinnen durch die je eigene Leistung der *Verinnerlichung*, in der und durch die ich mich selbst als die endliche Subjektivität, die ich zu sein habe, konstituiere.

Diese existenzphilosophische Wende nach innen ist – so wurde am Eingang dieses Kapitels gesagt – der Versuch, im Reich der Gedanken vor der bedrängenden Realität Ruhe zu finden. Diese Flucht aus der Wirklichkeit entspringt dem Verlust des Vertrauens zur Welt. An die Stelle der Weltgeborgenheit tritt die *Weltangst*.[1] Zweimal ist diese Weltangst innerhalb der abendländischen Geschichte zu einer das Welt- und Selbstverständnis bestimmenden Macht geworden, einmal am Ausgang der Antike und sodann im nachidealistischen 19. Jahrhundert, als die idealistische Überzeugung, daß der Mensch der Träger einer vernünftigen Weltentwicklung sei, zerbricht. Beide Male sucht man dieser Angst zu begegnen. Aber der Vollzug dieser Reaktionen auf die Weltangst ist im 19. Jahrhundert ein anderer als im *frühen Christentum* und der aus ihm hervorgehenden *Metaphysik*. Nach neutestamentlichem Verständnis vermag der Christ im Glauben die Welt, in der er Angst hat, zu überwinden und dadurch von der Angst frei zu kommen. Der Christ kann aber darauf vertrauen, daß auch die gefallene Welt eine Schöpfung Gottes ist. Als solche wird sie von Gott getragen und stellt durchaus eine Ordnung dar, die der homo interior zu durchdringen vermag. Diese positive Möglichkeit der Weltauslegung wird in der abendländischen Metaphysik aufgenommen und führt schließlich dazu, die Angst zu verbannen. Die Welt ist abhängig von einer absoluten Subjektivität, und die Möglichkeit besteht, im Denken diese Welt auf diese Subjektivität hin zu überschreiten und von ihr her als Ordnungszusammenhang zu konstituieren. Das welthafte Geschehen wird solchermaßen als vernünftig gerechtfertigt. Erst als diese große Phase der abendländischen Philosophie, die bis zu Hegel währt, zu Ende geht, wird die Weltangst wieder bedrängend. Aber die metaphysischen Konstruktionen einer sinnvollen Welt, durch die man das erste Mal diese Angst beschwichtigte, sind dahin, denn die Metaphysik ist fraglich geworden, und deswegen sind die Möglichkeiten, die nun in der Existenzphilosophie bedacht werden, um der Weltangst zu entkommen, durchaus andersartig.

Die Thematisierung der Weltangst in der *Existenzphilosophie* ist außerordentlich reflektiert. Die Negativität wird nicht metaphysisch aufgehoben, sondern geradezu propagiert: der Verlust der Weltsicherheit wird ausdrücklich gemacht, denn eine wesentliche Aufgabe der Philosophie ist es nun, den Menschen zu *verunsichern*. Von Kierkegaard bis zu Heidegger wird das In-der-Welt-sein als unerklärliches Faktum des Seinmüssens herausgestellt. Die alte metaphysische Frage: »Warum ist überhaupt etwas und nicht vielmehr nichts?« gewinnt ein vorher unbekanntes Gewicht, weil es jetzt gar nicht mehr um eine mögliche Antwort geht, sondern nur darum, die Grundlosigkeit des welthaften Seins herauszustellen. Der Mensch soll wissen, daß das In-der-Welt-sein ihm *auflastet*. Dies gilt es gerade durch die Bewegung der Verinnerlichung anzuerkennen. Der konkrete Sinn der existenzphilosophischen Verinnerlichung ist es, die Angst zu *verwesentlichen*. Indem die Angst von den äußeren zufälligen Anlässen der Furcht abgehoben wird, wird sie als gegenstandslos und grundlos mit dem Grundgeschehen des Daseins identifiziert. Das Äußere ist für die Existenz unwesentlich geworden, insofern sie sich im Inneren rein um sich selbst als in der Welt seiend ängstet.

Die Existenzphilosophie hat sich überlebt. Der Zeitgeist ist realistischer geworden. Die Tendenz zur Versachlichung als Zuwendung zu konkreten Problemen ist heute maßgebend. Von dieser Wendung her ist das Phänomen der Weltangst neu zu bestimmen. Es gilt anzuerkennen, daß die Auseinandersetzung, in der der Mensch mit dem Gegebenen steht, die Möglichkeit dieser Angst durchaus »impliziert«. Der Mensch ist im Gegensatz zum Tier nicht weltgebunden, und dies bedeutet, daß er ständig von dem ausdrücklichen oder unausdrücklichen Bewußtsein der Andersartigkeit, des *Unterschiedes* von Welt und Ich bestimmt ist. Dies Bewußtsein hat viele Formen. Es ist lebendig im Gefühl des Überschwanges über das Gegebene und den Entwürfen und Planungen der Zukunft, es ist aber auch lebendig in der Weltangst. Heute tritt die Weltangst jedoch nicht »abstrakt für sich« auf, sondern sie hat sich konkretisiert, vor allem in der Angst, daß der Mensch die Welt im ganzen durch seine technischen Möglichkeiten vernichten könne. Will man dieser Angst begegnen, so kann dies nur durch *konkrete* Maßnahmen geschehen. Aber man muß zugleich wissen, daß die Angst als solche nicht grundsätzlich aufgehoben werden kann. Sie gehört zum Menschsein dazu. Ich kann der Wirklichkeit nicht entfliehen, denn ich bin in sie unaufhebbar verflochten und zwar in der Weise, daß ich durch das Geschehen ebenso bestimmt werde, wie ich dies zu bestimmen habe. Wir versuchen die *Struktur dieser Wirklichkeit* ein wenig genauer zu entwickeln. Denn hier zeigt sich die eigentliche *Gegenmöglichkeit* gegen die Philosophie der Subjektivität und der Innerlichkeit, und zwar vollziehen wir zwei Schritte, zuerst stellen wir das Gesetz der *indirekten Vermittlung* heraus und sodann suchen wir auf die Bestimmung des *menschlichen Miteinanderseins*, wie Fichte sie entwickelt hat, zurückzugreifen.

Wenn der Mensch wirklich zu sich selbst kommen will, so darf er sich gerade nicht in einer unmittelbaren Weise mit sich selbst zu vermitteln suchen. Wenn er dies tut, verfällt er einer in sich kreisenden Reflexion, die – an sich in vielfältigen Gestalten möglich – sich historisch gesehen einerseits in dem abstrakten Selbstsetzen des absoluten Ich im Sinne des Idealismus und andererseits in der im Grunde nicht weniger abstrakten Selbstwahl der Existenz im Sinne Kierkegaards und seiner Nachfolger ausgesagt hat. Man muß sich vielmehr über und durch etwas anderes, als man selbst ist, vermitteln. Diese *indirekte Selbstvermittlung* kann aber nicht von mir selbst in Gang gesetzt werden. Versucht man dies, so verfällt man dem Arrangement einer künstlichen Selbstinszenierung. Man muß sich faktisch »vergessen«, und dies heißt, den Ansprüchen von der Welt her eröffnen, denn nur so kommt man zu der Einsicht, daß man vermittelt und zugleich vermittelt wird. Erst diese Einsicht führt über den bloßen Selbstbezug hinaus und macht eine *reale* Überwindung der Philosophie der Subjektivität möglich. Auch in den Zeiten der Metaphysik – dies darf man nicht vergessen – war die indirekte Selbstvermittlung wesentlich: man vermittelte sich durch die Hingabe an Gott, und nur durch den Glauben vermochte der Mensch mit sich selbst ins Reine zu kommen. Dieser Ansatz wurde später – das zeigt die neuzeitliche Philosophie – durch die transzendentale Erhebung zu einer *absoluten Subjektivität* ersetzt.[2] In beiden Fällen aber vollzog sich die Selbstvermittlung im Raum der Innerlichkeit, sie war ein Gespräch der Seele mit sich selbst. Die indirekte Selbstvermittlung ist aber nur dann echt, wenn das Seiende, über das sie geschieht, einerseits nicht ich selbst bin, und andererseits nichts ist, was grundsätzlich außerhalb des menschlichen Wirkungskreises bleibt. Und das besagt: diese Selbstvermittlung muß sich als Auseinandersetzung mit *anderen Menschen* vollziehen. *Hegel* hat dies begriffen, wenn er das Werden des Selbstbewußtseins als Auseinandersetzung des Selbstes mit einem anderen Selbst thematisiert. Freilich hat er nicht nur im Ganzen seines Systems, sondern auch in Teilanalysen diese Auseinandersetzung immer wieder zur bloßen Bewußtseinsgeschichte »verinnerlicht«. So führt die Dialektik von Herrschaft und Knechtschaft das Bewußtsein zu der Einsicht, daß das Selbst eigentlich nur in seinem Inneren frei ist. Es sucht solchermaßen gestärkt sich stoisch auf sich selbst zurückzuziehen.[3]

Um in die Bewegung der indirekten Selbstvermittlung hineinzukommen, ist die *Destruktion* der für sich gesetzten absoluten Subjektivität notwendig. Diese Destruktion muß vollzogen werden als Bewußtwerden einer *Begrenzung*. Es genügt nicht, auf die vielfältige Gebundenheit des Menschen im allgemeinen hinzuweisen. So wesentlich solche Hinweise auch sind, entscheidend ist, daß die Subjektivität *sich selbst* an eine Grenze bringt, die grundsätzlich nicht zu negieren ist. Die Subjektivität muß diese Grenze »denkend erfahren«, denn die Begrenzung der Subjektivität kann ja, insofern sie denkendes Selbstbewußtsein ist, keine äußere sein, sie muß ihr einsichtig werden.

Wir suchen diese zunächst nur angedeuteten Gedankengänge zu konkretisieren durch einen Rückgriff auf *Fichte*, denn Fichte hat das Thema einer Selbstbegrenzung der Subjektivität in radikaler Form aufgenommen und zwar in seiner populären Schrift »Die Bestimmung des Menschen«.[4] Dies Buch, das trotz seiner Kürze eines der wesentlichsten Werke der Philosophie ist, sei hier zum Schluß in seinen Grundzügen dargelegt.

»Die Bestimmung des Menschen« umfaßt drei Bücher. Die Titel lauten: Zweifel,

Wissen und Glauben. Fichte erklärt, sein Anliegen sei es, durch eigenes Nachdenken herauszufinden, was eigentlich die Bestimmung des Menschen sei. Dieses Nachdenken führt zunächst zu einer Weltsicht, die man als *deterministischen Naturalismus* bezeichnen kann. Fichte formuliert diesen Standpunkt allgemein: »Alles, was da ist, ist durchgängig bestimmt; es ist, was es ist und schlechthin nichts anderes.«[5]

An diese Gedankengänge schließt Fichte eine Reflexion an, die das Gesagte überprüfen soll. Er erhebt einen Einwand: Im unmittelbaren Selbstbewußtsein erscheine ich mir gerade als nicht kausal bedingt, sondern als frei. Das Herz will, daß ich in allem Tun mich selbst auswirke und bestätige. Fichte sagt: »Ich will lieben, ich will mich in Teilnahme verlieren, mich freuen und mich betrüben.«[6] Aber diesem Wunsch tritt das naturalistische System entgegen. »Trocken und herzlos, aber unerschöpflich im Erklären« sagt es: Nicht du selbst wünschst frei zu sein, sondern dieser Wunsch nach Freiheit ist im Grunde durch die Natur in dir bedingt, nicht anders als dein sonstiges Tun und Lassen. Mit diesem Widerstreit von Herz und Verstand endet das erste Buch, und dieses Hin und Her scheint so unlösbar, daß Fichte den Tag verwünscht, der ihn zu einem Leben berief, dessen Wahrheit und Bedeutung ihm zweifelhaft wurde.

Aus dieser Stimmung von Unmut und Angst wird das zerrissene Bewußtsein erlöst durch die Einsicht, daß der Determinismus ein völlig verfehltes System darstellt. Fichte läßt zu Beginn des zweiten Buches, das den Titel »Wissen« trägt, einen Geist auftreten. Dieser Geist sagt: »Du erbebst vor Schreckbildern, die du dir selbst erst mit Mühe geschaffen hast. Erkühne dich, wahrhaft weise zu werden. – Ich bringe dir keine neuen Offenbarungen. Was ich dich lehren kann, das weißt du längst, und du sollst dich jetzt desselben nur erinnern.«[7] Dieser Geist bringt in der Tat keine neuen Offenbarungen, denn was er entwickelt, das ist nichts anderes als der Grundansatz der Wissenschaftslehre Fichtes.

Wir rekapitulieren die nun folgende Darlegung der Wissenschaftslehre nicht in ihren einzelnen Schritten. Sie ist, so meinen wir, für uns *nicht* verbindlich, denn in ihr soll gerade der absolute Vorrang der Subjektivität erwiesen werden. Fichte geht von der unbestreitbaren Einsicht aus, daß ich mir reflektierend auszusprechen vermag, daß ich denkend alles Gegenständliche auf mich beziehe. Aber er versucht nun, die Macht der Subjektivität als Macht zur *absoluten* Setzung auszulegen. Das besagt konkret: Fichte will zeigen, daß das Ich sich nicht nur die formalen Bestimmungen der Gegenständlichkeit als solche mit ihren Unterbestimmungen, wie Materialität und Widerständigkeit, vorgibt, sondern daß es auch in der Lage ist, das real dem Menschen begegnende Seiende in seiner Inhaltlichkeit zu deduzieren. Eine solche Deduktion ist, so meinen wir, ein Phantasiegebilde und vermag nicht zu überzeugen. Fichte – und das ist für uns das Wesentliche – führt diese Idee der absoluten Subjektivität aber in dieser Schrift nur ein, um sie *fraglich* werden zu lassen.

Der Grundgedanke ist der folgende: Als das Unbedingte ist das Ich das *Unbestimmte*, das nur negativ Bestimmte, das Nicht-Ding, wie Fichte sagt. Wenn ich aber begreife, daß das absolute Ich unbestimmt ist, dann besagt dies, zuende gedacht, daß der Gedanke des absoluten Ich wesenhaft in der Gefahr steht, sich überhaupt aufzulösen. Das sucht Fichte in einer großartigen, aber nicht leicht zu verstehenden Reflexion darzulegen: Gewußt wird immer nur das Bestimmte, das absolute Ich kann also nicht gewußt werden, denn es ist ja das Unbestimmte. Wenn wir nun wirklich einmal streng auf den Vorgang des Wissens, wie er sich im Bewußtsein darstellt, achten, dann zeigt sich auch tatsächlich, daß in ihm das absolute Ich gar nicht gewußt wird. Was im Bewußtsein erscheint, sind Bilder, oder genauer: ein Wechsel und eine Abfolge von Bildern von diesem und jenem Gegenstand. Das Bewußtsein ist gleichsam eine Bühne, auf der sich diese Bilderfolge abspielt. Und das heißt, man kann eigentlich nur sagen, wenn man diese Bilderfolge im Bewußtsein als Denken bezeichnet: es *wird* gedacht; man darf nicht sagen: *ich* denke. Fichte erklärt, nur das Erste: es wird gedacht, ist Faktum, während das Zweite: ich denke, »hinzuerdichtet« ist.[8] Achte ich wirklich streng auf den faktischen Vollzug des Bewußtseins, dann zeigen sich eben nur *Gedanken*. Ich darf also nur sagen: Es erscheint der und jener Gedanke. Vom Ich kann man allenfalls behaupten, daß es ein Anhängsel dieser Gedanken ist, ein Bild von Bildern.

Grundsätzlich gesagt: was bleibt, ist gerade kein dauerhaftes, festes Sein, sondern nur der *Bewußtseinsstrom von Erlebnissen*, die sich als Erlebnisse miteinander verketten und verbinden. Zu dieser Erkenntnis führt der Geist am Ende des zweiten Buches das Ich hin. Es gelingen hier Fichte Sätze von großer Eindringlichkeit, die zeigen, daß Fichte die Problematik einer absoluten, das heißt vom Seienden abgelösten Ichheit, weit tiefer durchschaut als die moderne Kritik an der Philosophie der Subjektivität. Fichte erkennt: das eigentliche Problem der Subjektivität liegt nicht darin, daß sie alles auf sich »zustellt«, sondern darin, daß das Ich *sich selbst* nicht festzustellen und festzuhalten vermag. Das Ich ruft, durch die Gedankenstrenge des Geistes gezwungen, aus: »Es gibt überall kein Dauerndes, weder außer mir noch in mir, sondern nur einen unaufhörlichen Wechsel. Ich weiß überall von keinem Sein, und auch nicht von meinem eigenen. Es ist kein Sein. – *Ich selbst* weiß überhaupt nicht, und bin nicht. Bilder sind: sie sind das Einzige, was da ist, und sie wissen von sich, nach Weise der Bilder: – Bilder, die vorüberschweben, ohne daß etwas sei, dem sie vorüberschweben; die durch Bilder von den Bildern zusammenhängen, Bilder, ohne etwas in ihnen Abgebildetes, ohne Bedeutung und Zweck. Ich selbst bin eins dieser Bilder; ja, ich bin selbst dies nicht, sondern nur ein verworrenes Bild von den Bildern. – Alle Realität verwandelt sich in einen wunderbaren Traum, ohne ein Leben, von welchem geträumt wird, und ohne einen Geist, dem da träumt...«[9]

Das Wesentliche und Bleibende dieser Argumentation ist die Erkenntnis, daß das Ich, wenn es sich nur auf sich selbst stellt, und sich nur auf sich zu konzentrieren sucht, jeden Halt verliert und der *Selbstauflösung* verfällt. Diese Gefahr bedroht aber nicht nur das absolute Ich, sondern jede Gestalt der Subjektivität, als deren Wesenszug das reine Selbstverhältnis deklariert wird. Im Gegenzug zu einem solchen Ansatz gilt es zu erkennen, daß die Subjektivität grundsätzlich nicht in der Lage ist, sich in sich selbst und durch sich selbst zu bestimmen. Der Zirkel, den die in sich konzentrierte Subjektivität darstellt, muß daher aufgehoben werden. Aber dies gelingt nur, indem die Subjektivität eine Eingrenzung erfährt, durch die sie gerade zu ihrer wahren Erfüllung kommt.

Die Möglichkeit einer solchen *Begrenzung* der Subjektivität ist nun von Fichte im dritten Teil der »Bestimmung des Menschen« thematisiert worden. Um das Ich vor der Selbstauflösung zu bewahren, stellt Fichte den *Mitmenschen* als reale Begrenzung dem Ich entgegen. Wenn man den Ansatz und die Ausrichtung dieses Buches verstehen will, ist es notwendig, sich noch einmal vor Augen zu führen, worin die Gefahr einer Auflösung des Ich begründet ist. Die Möglichkeit, daß das Ich sich verliert, liegt in seiner Unbestimmtheit und Grenzenlosigkeit. Es ist ein

Grundphänomen, das Fichte immer wieder, und zwar vom Beginn seines Philosophierens an, herausstellt, daß Bestimmtheit und Begrenztheit zusammengehören. Deswegen muß eben eine grenzenlose Freiheit, die keinen Widerstand findet, an dem sie sich brechen kann, ins Unbestimmte verschweben. Nur an einer Grenze kann sich die Freiheit gleichsam sammeln und reflektieren, das heißt, sich auf sich zurückwenden und damit die Bestimmtheit zum Handeln erlangen. Angesichts dieser Forderung einer Begrenzung des Ichs erhebt sich nun aber die Frage: wer oder was kann dem Ich wirklich Grenze sein? Fichte antwortet: die Grenze, die das Ich als eine unbedingte anzuerkennen hat, ist das ihm gleiche Wesen, der Andere. Allein am *anderen Ich* gewinnt das Ich Halt und Ständigkeit.

Auch in der *Existenzphilosophie* – daran sei ausdrücklich erinnert – ist die Ich-Du-Beziehung herausgestellt worden, nicht bei Heidegger, der das Miteinandersein zum Existenzial erhebt und demgemäß nur vom jeweiligen Dasein her gesteuerte Bezüge der »Fürsorge«, bezugsweise deren defiziente Modi, anerkennt, wohl aber bei Sartre und Jaspers. *Sartre* deklariert, daß der Andere ein kontingentes Faktum sei. Mit dieser Feststellung geht er, wie wir sagten, über den Solipsismus der traditionellen Philosophie hinaus. Aber Sartre will die Begrenzung gerade nicht positiv werten. Sie ist eine Störung der je eigenen Freiheit, die als Ausgangspunkt festgehalten wird, und darum muß entweder der Andere oder ich selbst negiert werden. Der Konflikt ist die einzige Form des Miteinanderseins, und das besagt: der Anspruch des Ich auf *alleinige Macht* bleibt ungebrochen, denn die Grenze, die der Andere faktisch ist, wird nicht einsichtig in Freiheit übernommen. *Jaspers'* Denken führt hier weiter. Die Kommunikation, und zwar in allen ihren Formen, wird als echte Auseinandersetzung zum Wesenszug des menschlichen Seins erhoben. Aber auch bei Jaspers zeigt sich, daß die Vorrangstellung der Subjektivität nicht radikal aufgehoben ist. Die je einzelne Subjektivität wird vielmehr als Wahrheit für sich selbst und in sich selbst deklariert; die Wahrheit als verbindende Ordnung ist, so sagt Jaspers, zersplittert in die Vielfachheit von Selbsterfahrungen der einzelnen Existenzen. Diese Vielfachheit aber wird als im Prinzip unaufhebbar nun gerade festgehalten. Die jeweilige Existenz, so heißt es, gerät angesichts dieser Zerrissenheit der Wahrheit in jenen »Schwindel am Abgrund, aus dem nur die Transzendenz befreit«.[10] Die Transzendenz kann jeder nur für sich allein ergreifen. Der Bezug zum Anderen, der von vornherein nur an der existenziellen Kommunikation orientiert ist, wird im ganzen also an der metaphysischen Frage gemessen, ob die jeweilige Existenz durch ihn zu der Unbedingtheit kommt, die sie an sich sucht. Da aber jeder Versuch, durch und mit dem Anderen zur letzten Wahrheit zu gelangen, scheitert, bleibt die Rettung nur der Aufschwung des Einzelnen zu einem übermenschlichen und eigentümlich unfaßbaren Sein.

Für *Fichte* dagegen bedeutet der Bezug zum Anderen eine echte Möglichkeit der *Selbsterfüllung*. Und von diesem Bezug her gelingt es Fichte, einen neuen und über die Tradition hinausweisenden *Begriff der Wirklichkeit* zu konzipieren. Diese Konzeption ist in mancherlei Hinsicht zeitbedingt und beruht auf metaphysischen Voraussetzungen, die für uns vergangen sind. Gleichwohl ist der Ansatz so wesentlich, daß er als eine der Grundkonzeptionen bezeichnet werden muß, an die man sich auch in der Gegenwart zu halten hat.

Das Ich will über die bloße Spekulation, d. h. den Zirkel des um sich wissenden Wissens hinaus. Es verlangt nach einem außerhalb des Wissens liegenden Realen.

Dieses Verlangen nennt Fichte den *Trieb zur Realität*. Das Wort »Trieb« ist hier, wie zumeist bei Fichte, nicht negativ gemeint. Es bezeichnet eine unmittelbare Kraft, die im Gegenzug zur wissenden Reflexion steht. Der Trieb zur Realität ist als Grundtrieb nun von solcher Ursprünglichkeit, daß er aller Reflexion vorausliegt und durch sie überhaupt nicht befriedigt werden kann. Die Erfüllung dieses Triebes liegt daher nicht im Wissen, sondern im Glauben. Der Glaube ist hier nicht als etwas Geringeres dem Wissen untergeordnet. Glaube ist, so sagt Fichte, unbedingte Gewißheit und Überzeugung meiner Bestimmung. Hier schließt sich nun der Zusammenhang des Ganzen. Der Mensch kann nicht von den Dingen her bestimmt werden, aber zugleich kann er sich nicht in absoluter Willkür selbst bestimmen und zu etwas Beliebigem machen. Positiv gesagt: dem Menschen kommt es zu, sich zu bestimmen durch die freie Einsicht in das ihm eigentlich Aufgegebene, seinen Zweck. Dieser Zweck ist nicht durch bloßes Wissen zu erfassen, schon deswegen nicht, weil ich an ihm ja ein Interesse nehmen muß. Dies besagt, daß er nur im Glauben zu ergreifen ist. Der Glaube als wirkliche Überzeugung vermittelt sich aber durch die aus dem Gewissen stammende Einsicht in das, was ich tun soll.

Sucht man nun genauer zu begreifen, was der Zweck des Menschen ist, so zeigt sich, daß dieser Zweck nicht im Egoistisch-Privaten liegen kann. Ich muß mich ja immer wieder an der Grenze meiner selbst, dem Anderen, orientieren und bestimmen. Fichte legt diesen Bezug zum Anderen nun ausführlich dar. Das *Gewissen* steht im Gegensatz zur bloßen Spekulation. Diese degradiert den Anderen zum Produkt der Vorstellung; das Gewissen dagegen fordert, den Anderen *frei* anzuerkennen. Die Grenze, die das andere Ich mir bedeutet, ist also nicht im Sinn dinglicher Vorhandenheit einfach »da«, sondern sie muß auf Grund des Gewissensrufes gegen die bloße Spekulation zuinnerst angeeignet werden. Fichte erklärt: »Eine durchgeführte Spekulation hat mich ja belehrt, oder wird mich belehren, daß diese vermeinten Vernunftwesen außer mir nichts sind als Produkte meines eigenen Vorstellens; daß ich nun einmal nach aufzuweisenden Gesetzen meines Denkens, genötigt bin, den Begriff meiner selbst außer mir selbst darzustellen ... Aber die Stimme meines Gewissens ruft mir zu: was diese Wesen auch an und für sich seien, du sollst sie behandeln, als für sich bestehende, freie, selbständige, von dir ganz und gar unabhängige Wesen. Setze als bekannt voraus, daß sie ganz unabhängig von dir und lediglich durch sich selbst sich Zwecke setzen können, störe die Ausführung dieser Zwecke nie, sondern befördere sie vielmehr nach deinem Vermögen. Ehre ihre Freiheit: ergreife mit Liebe ihre Zwecke, gleich den deinigen –.«[11]

Das Ich soll sich also in seiner Egoität negieren. Fichte will aber keineswegs einem bloß legalen Rechtszustand das Wort reden, etwa in dem Sinne, daß man sich jeweilig ausrechnet, wie weit die Menschen sich beschränken müssen, um überhaupt miteinander auszukommen. Versuche ich eine solche Rechnung aufzustellen, so bleibt der Egoismus immer noch das leitende Prinzip.[12] Grundsätzlich gesagt – und hier sieht man, wie durchdacht der Gedankengang Fichtes ist –: theoretische Spekulation, die den Anderen zu einer von mir gesetzten Vorstellung degradiert, und Egoismus gehören faktisch zusammen, denn der Egoismus sieht ja den Anderen als ein Wesen an, das sich nicht aus sich bestimmen soll. Da aber der Andere in Wirklichkeit sich eben nicht als ein durch meine Vorstellung bedingtes Wesen erweist, bleibt dem durch den Egoismus bestimmten Ich nur übrig, den Anderen entweder zu bekämpfen oder mit ihm einen Vergleich zu schließen. Aber durch den bloßen Vergleich wird der Andere gerade nicht als *freies* Wesen wahrhaft anerkannt, sondern eben »verrechnet«. Diesem Egoismus tritt das *Gewissen* entgegen. Es fordert zu einer radikalen Anerkennung des Anderen auf. Hier am mitmenschlichen Gegenüber muß daher das Pathos, daß Grenzen immer überwunden werden sollen, das den Dingen gegenüber zurecht besteht, von mir selbst und in mir selbst von Grund aus gebrochen werden. Aber dies ist wiederum nur möglich, wenn das Ich und das Du sich *vereinigen* in der gemeinsamen Ausrichtung auf ein allererst zu Gestaltendes. Dies zu Gestaltende ist eine *bessere Welt*, Fichte redet von der »absoluten Forderung einer besseren Welt«.[13]

Es ist wesentlich, daß man diese Forderung nicht dadurch in ihrem Sinngehalt verkürzt, daß man sie als »bloße Aufforderung« in absoluten Gegensatz zu der bestehenden Wirklichkeit bringt und sie sodann von dieser her als »irreales Überfliegen« ausdeutet. Wer so denkt, der bleibt hoffnungslos dem Dogmatismus verfallen, denn dieser geht ja immer davon aus, daß das Gegebene das eigentlich Wirkliche sei, dem gegenüber die Forderung einer besseren Welt bloße Ideologie bedeutet. Das, was Fichte hier zeigen will, ist aber gerade, daß ein solcher Begriff der Wirklichkeit völlig verfehlt ist. Fichte setzt als den eigentlichen Sinn des Begriffes Realität nicht dingliche Massivität oder überhaupt feststellbare Vorhandenheit an, sondern bringt *Realität* und *Handlung* in dialektischen Bezug. Er erklärt, daß das Ziel des Handelns kein äußerer Glückszustand sei, in dem alles wie in einem unfehlbaren Mechanismus funktioniere. Fichte fordert, daß das Handeln als »freie Bestimmung der Freiheit« um des moralischen Gebotes willen erfolge. Das moralische Gebot aber ist das Gesetz, das als *Band* für lebendige Geister diese vereint. Die moralische Ordnung als das Reich der Geister steht jenseits der Frage, ob sie vorhanden ist oder nicht, weil sie grundsätzlich die Dimension der Dinge und der äußeren Feststellbarkeit unter sich gelassen hat. Fichte sagt: wenn ich als moralisches Wesen wirke, weiß ich nie um den äußeren Erfolg, aber bereits das Wirken als Wirken zeigt mich als Glied der geistigen Welt.

Die *geistige Welt* bestimmt Fichte als Zusammenstimmung und System von mehreren einzelnen Willen. Diese Zusammenstimmung ist *Verbindlichkeit* im Sinne von Verbindung und Verpflichtung zugleich. Obwohl dieses System ohne die einzelnen Willen nicht ist, ist es doch gerade nicht das Resultat einer äußeren Summierung, sondern das einzig Wahrhafte, das mein moralisches Tun bereits von Grund her durchwaltet. Wenn ich moralisch wirke, werde ich von der moralischen Ordnung ebenso bestimmt, wie ich sie selbst durch mein Tun bestimme im Sinne der Verwirklichung. In dieser *Dialektik*, daß mich die moralische Ordnung trägt und zugleich doch fordert; daß ich sie meinerseits verwirkliche und in aller Verwirklichung zugleich doch von ihr immer schon umgriffen werde, liegt die *einzige* und *eigentliche Realität*, die es für den Menschen als Menschen geben kann. Es ist die gleiche Dialektik, die dem Wort »Bestimmung« im Titel dieser Schrift zugrunde liegt. »Bestimmung« ist sowohl des Menschen Wesen, das ihm Vorgegebene, das ihm bestimmt ist, als auch das Ziel und der Zweck, zu dem er sich selbst bestimmt.

Es mag sein – dies sei noch einmal gesagt –, daß manches in dieser Argumentation für uns nicht wiederholbar ist. Die Überzeugung, daß die Bestimmung des Menschen und ebenso die Bestimmung des Verlaufes der Geschichte durch die Vernunft eindeutig nach einem festen Plane geschehe, ist uns problematisch geworden. Aber Fichte hat unabdingbar recht, wenn er deklariert, daß man der Grenze, die man durch den Anderen findet, nur im *moralischen* Verständnis inne wird. Man denkt in diesem Zusammenhang an die Argumentation, die *Schopenhauer* in bezug auf das Problem des Mitmenschen entwickelt. Auch Schopenhauer hat darauf hingewiesen, daß der theoretische Egoismus, der die anderen zur Vorstellung degradiert, an sich nicht zu widerlegen sei; aber eine solche Widerlegung, so sagt er, sei nicht notwendig, denn ernstlich zweifle niemand, der nicht ins Tollhaus kommen wolle, die Realität des Anderen an. Diese Argumentation bezeugt Schopenhauers durchaus berechtigtes Bestreben, eine allzu weit getriebene Spekulation zugunsten der Realität auszuschalten. Gleichwohl genügt die Berufung auf den »gesunden Sinn« ebensowenig wie eine pragmatische Nützlichkeitserwägung, um die Realität des Anderen wirklich angemessen zu begreifen. Diese Realität erschließt sich nur, wenn der Andere mir *Forderung und Halt* zugleich ist, das heißt eben, wenn sein Sein für mich »verbindlich« ist. In einer erstaunlichen Hellsichtigkeit, daß nur auf diese Weise der Mensch Stand gewinnen könne, hat Fichte die mitmenschliche Beziehung vom Bezug zu den Dingen grundsätzlich unterschieden. Fichte ist von Grund aus von dem modernen Fortschrittspathos beseelt. Die Wissenschaftslehre, die Dinge als Setzungen des Ichs versteht, bietet ihm gleichsam die Garantie dafür, daß der Mensch jede Grenze, die er durch die welthaften Dinge erfährt, überwinden kann. Die Natur hat als Produkt des absoluten Ich kein Eigenleben, der technische Herrschaftswille soll sie sich daher restlos unterwerfen. Einzig und allein am Mitmenschen erfährt das Ich eine wirkliche Grenze. Aber das bedeutet eben, daß diese Grenze nur da ist, wenn ich sie mir im moralischen Bewußtsein aneigne und in Freiheit übernehme. Diese Moral ist keine Ideologie, das heißt ein Zusatz zu einer in sich fertigen und in sich ruhenden Wirklichkeit, denn die Wirklichkeit selbst ist ja ein Geschehen, in dem die Menschen miteinander verflochten sind in der Weise, daß sie die Verantwortung dafür tragen, daß dies Geschehen von der Vernunft bestimmt werde.

Dritter Teil
Vergeistigung und Verleiblichung

Zur Gliederung

Wir haben im zweiten Teil die klassische Tradition von Augustin bis zur Existenzphilosophie unter dem Aspekt der *Verinnerlichung* behandelt. Der dritte Teil baut auf diesen Untersuchungen auf. Er thematisiert die *Entwicklung der abendländischen Anthropologie*. Diese Entwicklung ist von der Antike bis zum späteren 19. Jahrhundert dadurch bestimmt, daß die Anthropologie nicht als eine philosophische Sonderdisziplin auftritt. Anthropologische Fragen werden vielmehr im Zusammenhang einer umfassenden Deutung des Seienden im Ganzen abgehandelt. Insofern sind die im zweiten Teil entwickelten Analysen, die die metaphysische Grundtendenz der klassischen Philosophie herausarbeiten, unerläßlich, wenn man das Menschenbild der abendländischen Philosophie angemessen verstehen will. Erst im zwanzigsten Jahrhundert, und zwar seit den Arbeiten des späten Scheler, etabliert sich die Anthropologie als eine besondere philosophische Disziplin. Die Frage nach dem Wesen des Menschen soll nun nicht mehr metaphysisch, sondern – das ist der eigentlich bestimmende Ansatz dieser philosophischen Anthropologie – mit Hilfe der empirischen Wissenschaft geklärt werden.

Gleichwohl: die gesamte Anthropologie des Abendlandes von Augustin bis zur Gegenwart ist durch eine spezifische Problemstellung bestimmt, die sich wie ein roter Faden durch die Entwicklung zieht. Es handelt sich um die Frage nach dem *Verhältnis von Vernunft und Trieb* oder grundsätzlicher gesagt: *von Geist und Leib*. Der Mensch ist, so stellt die klassische Tradition heraus, ein widersprüchliches Wesen. Er hat an der reinen Vernunft, wie sie einem Gott zukommt, ebenso Anteil wie an der reinen Vitalität, durch die die Tiere bestimmt sind. Als *animal rationale* ist er auf der einen Seite dem Geistigen und auf der anderen Seite dem Leiblichen zugehörig. Und dies bedeutet: der Mensch hat in sich selbst ständig den Konflikt von Vernünftigkeit und Triebhaftigkeit auszutragen. Diese Problematik ist nicht künstlich ersonnen, sondern sie weist auf eine reale Notsituation hin, in der der Mensch als Mensch steht, und mit der er in irgendeiner Weise fertigwerden muß.

Überblickt man nun die geschichtliche Entwicklung, so ist wohl kaum zu bezweifeln, daß der Mensch praktisch nicht mit dieser Not zu Rande kam. Setzt man einmal mit der klassischen Tradition die Vernünftigkeit als die wahre Bestimmung des Menschen an, so zeigt sich sofort, daß der Mensch tatsächlich nicht vernünftig lebt. Die Vernünftigkeit erscheint vielmehr als eine *Forderung*, von der es zweifelhaft ist, ob der Mensch sie überhaupt erfüllen kann. Es gibt hier also keinen festen Boden, auf den man den Menschen zurückrufen kann, denn die reale Wirklichkeit ist ebenso durch die Unvernunft wie durch die Vernunft bestimmt. Die Aufgabe, den Menschen zur Einheit und zur Ordnung seiner selbst zusammenzuschließen, ist – so kann man formulieren – von der Realität her gesehen für uns noch genauso brennend wie in den Tagen Platos.

Aber nicht nur in bezug auf die Frage der Realisierung der Vernunft gegenüber der Triebhaftigkeit zeigt sich, daß die Schwierigkeiten der anthropologischen Problematik ungelöst sind. Noch bedrängender ist es, daß die Entscheidung für die Vernunft und den Geist durchaus nicht selbstverständlich zu sein scheint. Und erst hier treffen wir auf die *eigentliche Problematik* der philosophischen Anthropologie, die es notwendig macht, sich ausdrücklich mit ihrer Entwicklung nicht nur in der Gegenwart, sondern auch in der Vergangenheit zu befassen.

Seit dem »Zusammenbruch des Idealismus«, allgemeiner gesagt: seit dem *Fraglichwerden der Vernunftmetaphysik* setzt sich die Meinung immer stärker durch, daß die Vernunft nicht nur der Macht nach, sondern auch dem Rang nach durchaus nicht das Erste sei, das seien vielmehr die Triebe oder genauer: der *Wille*. Der Wille wird – und das ist nun entscheidend – nicht mehr wie in der Tradition als Bundesgenosse der Vernunft zu den oberen Vermögen gerechnet. Der Wille ist an ihm selbst *dunkler Drang, Begierde und Trieb*, mit einem Wort reine, und das heißt nun: unvernünftige Kraft. Und in diesem Willen, nicht in der Vernunft liegt das Wesen des Menschen. Nicht die Vergeistigung, sondern die *Verleiblichung*, ist die Aufgabe, die dem Menschen gestellt ist, so lehrt Nietzsche.

Von dem soeben angedeuteten Verlauf der Entwicklung her ergibt sich die im folgenden durchgeführte Gliederung: Vergeistigung und Verleiblichung stellen zwei Tendenzen dar, die historisch gesehen einander ablösen. Die Tendenz der Vergeistigung ist das Kennzeichen der metaphysischen Anthropologie, die von den Griechen bis zu Hegel das philosophische Denken bestimmt. Diese Anthropologie untersuchen wir unter dem Titel »Die metaphysische Anthropologie unter dem Prinzip der Vergeistigung. Zur geschichtlichen Entwicklung der Anthropologie von Plato bis Hegel«.

Die Tendenz der Vergeistigung wird im Denken des späteren 19. Jahrhunderts in ihr Gegenteil verkehrt. Nicht die Vernunft, sondern die Triebschicht ist entscheidend. Wir thematisieren diese Epoche unter dem Titel »Die metaphysische Anthropologie unter dem Prinzip der Verleiblichung«. Der Begriff Metaphysik, der in diesem Titel erscheint, zeigt an, daß es sich hier um eine Umkehrung handelt, die der vorausgehenden Tradition verhaftet bleibt. Die hier zu behandelnden Denker: *Feuerbach, Kierkegaard, der späte Schelling, Schopenhauer* und *Nietzsche* sind sämtlich »metaphysische Denker«, das heißt, sie fundieren ihre Anthropologien in einem Absoluten, sei dies Gott oder das Ganze des Seins. Auf ihre konkreten Ansätze hin betrachtet, gehen diese Denker sehr unterschiedlich vor. Während Kierkegaard und Schelling trotz ihrer Einsicht in die Unkraft der Vernunft die Geistmetaphysik noch zu halten suchen, behaupten Feuerbach, vor allem aber Schopenhauer und Nietzsche, daß die Vernunft nicht nur unter dem Gesichtspunkt der Stärke, sondern auch unter dem Aspekt des Ranges sekundär sei. Diese Epoche des späteren 19. Jahrhunderts ist für die Entwicklung der Anthropologie zentral, denn der hier vollzogene Umbruch ist die Voraussetzung der gegenwärtigen anthropologischen Situation. Gleichwohl schließen sich die Epoche der Geistmetaphysik und die Epoche der Leibmetaphysik zu einem Ganzen zusammen, insofern hier, wie wir sagten, der Mensch unter metaphysischen und nicht unter wissenschaftlichen Aspekten thematisiert wird.

Der Rückgriff auf die Wissenschaft ist das eigentliche Kennzeichen der *modernen philosophischen Anthropologie*. Die Untersuchung dieser Anthropologie bildet das Zentrum unserer Analyse der abendländischen Anthropologie. Wir entwickeln die anthropologischen Lehren von *Scheler, Plessner* und *Gehlen*. Bei allen Unterschieden, die zwischen diesen Denkern bestehen, zeigt sich eine Gemeinsamkeit darin, daß sich alle drei Philosophen auf die Wissenschaft der *Biologie* stützen. Die Frage nach der möglichen Sonderstellung des Menschen soll durch den Vergleich zwischen Tier und Mensch gelöst werden.

Der Schlußabschnitt dieses Teiles untersucht »Die Aufhebung der philosophischen Anthropologie«. Es geht uns darum, die Tendenzen der Gegenwart aufzuzeigen, die darauf hindeuten, daß die den Menschen betreffenden Probleme nicht mehr philosophisch angegangen werden. Diese Probleme werden nun in den *anthropologischen Einzelwissenschaften* behandelt, nicht zuletzt darum, weil diese Wissenschaften im Gegensatz zur Philosophie von vornherein den Bezug zur Praxis thematisieren. Dieser Rückzug auf die Wissenschaft geht über die Anthropologie, wie sie Scheler, Plessner und Gehlen entworfen haben, hinaus; diese Denker suchten trotz ihres Anhaltes an der Biologie ja noch eine einheitliche Wesensbestimmung des Menschen herauszustellen. Die sich gegenwärtig zeigende Auflösung der philosophischen Anthropologie läßt das Problem wach werden, ob nicht die philosophische Schlüsselattitüde an ihr Ende gekommen ist. Das heißt, erst hier tritt die Tendenz zur Verwissenschaftlichung eindeutig hervor, und erst hier setzt sich die Überzeugung durch, daß die Probleme der Anthropologie nicht rein theoretischer Natur sind, sondern wesentlich unter praktisch-pragmatischen Aspekten zu behandeln sind.

Den Fragen, die durch diese Wende zur wissenschaftlichen Praxis aufgeworfen werden, werden wir im vierten und fünften Teil nachgehen, in denen die Aspekte der *Vergeschichtlichung* und *Verantwortung* als maßgebende Gesichtspunkte des Handelns herausgearbeitet werden sollen. Diese beiden Aspekte dürfen nicht als Gegensätze zur gegenwärtigen Tendenz der Verwissenschaftlichung angesetzt werden.[1] Die zeitgemäßen Möglichkeiten eines Handelns, das eine allgemeine Optimierung der menschlichen Situation herbeiführen will, können nicht ohne Hilfe der Wissenschaft herausgearbeitet werden, auch wenn »der Entschluß zur ethischen Einstellung« die Dimension der Wissenschaft überschreitet.[2]

A. Die metaphysische Anthropologie unter dem Prinzip der Vergeistigung. Zur geschichtlichen Entwicklung der Anthropologie von Plato bis Hegel

Vorbemerkung

Die anthropologische Problematik wird in der Tradition – darauf wiesen wir bereits hin – nicht für sich, sondern im Rahmen einer metaphysischen Gesamtdeutung des Seienden im Ganzen abgehandelt. Leitend ist die Überzeugung, daß die *Vernunft* das gestaltende Prinzip sei. An dieser Vernunft hat der Mensch teil, seine Aufgabe ist es, sie in sich selbst gegen alle Widerstände zu verwirklichen. Innerhalb dieses Ansatzes werden nun die anthropologischen Fragen durchaus in voller Breite abgehandelt. Man diskutiert nicht nur das Verhältnis von Vernunft und Trieb, sondern auch das Verhältnis von Denken und Wollen, Denken und Fühlen, Bewußtem und Unbewußtem, Geist und Körper überhaupt. Es ist hier nicht möglich, die Entwicklung dieser vielfältigen Problematik nur einigermaßen vollständig schildern zu wollen. Wir beschränken uns auf einige Hinweise auf die Grundlinien dieser Entwicklung, um auf diesem Hintergrund die im späteren 19. Jahrhundert erfolgte *Umkehr der Tradition* verdeutlichen zu können. Zuerst zeigen wir, wie *Plato* und *Aristoteles* den Menschen und seine Stellung in der Welt bestimmen. Diese Bestimmung ist für das abendländische Denken grundlegend geblieben; selbst dann noch, als der Vorrang der Vernunft fraglich wurde, gab der platonische und der aristotelische Ansatz die Basis ab, auf der die neue Problematik diskutiert wurde. Sodann weisen wir auf *Descartes* und *Spinoza* hin, in deren Systemen die Sonderstellung des Menschen als eines denkenden Wesens so eindeutig und einseitig herausgearbeitet wird, daß nun die Fragen nach dem Verhältnis von Geist und Körper kaum lösbar erscheinen. Zum Abschluß zeigen wir, wie *Kant* in seiner Ethik den Willen und die Vernunft zu einer Einheit zusammenschließt, und wie *Hegel* den Menschen als ein Wesen bestimmt, das sich von den unteren Stufen des Bewußtseins zum Geist emporarbeiten soll und kann.

Plato[1]

Der frühe Plato thematisiert den Menschen nicht unter naturphilosophischem Aspekt, sondern von einem *ethisch-ontologischen* Ansatz her. Es hängt vom Zustand der *Seele*, d. h. von ihrer Tüchtigkeit oder Untüchtigkeit ab, ob der Mensch glücklich leben kann. Man muß sich daher darum bemühen, daß die Seele ihre beste

Verfassung erlangt. Seele und Körper sind unter dem Gesichtspunkt der Besorgung zunächst zu parallelisieren. Wie der Körper unter dem Gesichtspunkt der Gesundheit zu besorgen ist, so ist es nötig, daß die Seele sich um ihre höchste Möglichkeit, die sich in bestimmten Tüchtigkeiten, insbesondere der Gerechtigkeit zeigt, bekümmert.

Freilich zeigt sich sogleich ein *Unterschied* zwischen dem Besorgen der Seele und des Körpers. Bei der Seele sind Besorgender und zu Besorgendes identisch. In der Besorgung des Körpers dagegen – überhaupt in allen technischen Verhaltensweisen – bilden der Besorger und das zu Besorgende keine Einheit, selbst wenn der Arzt sich um seinen eigenen Körper kümmert, bleibt er von diesem als besorgender Arzt unterschieden. Die Identität von Besorgendem und zu Besorgendem bei der Seele ist jedoch nicht im Sinne der Philosophie der Innerlichkeit zu verstehen, das heißt, sie ist kein reflexiver Selbstbezug, der sich in der Ichgewißheit aussagt. Die Sorge für die Seele – dies tritt in den mittleren Dialogen Platos deutlich hervor – vollzieht sich als der Vorgang einer *Erhebung*, in der der Mensch das sinnlich Gegebene überschreitet und sich der Welt der *Ideen* zuwendet. Dieser modernem Denken schwer zugängliche Ansatz beruht auf zwei Voraussetzungen: jedem Seienden ist eine feste Wesensbestimmung zu eigen, und: alle Wesensbestimmungen hängen zusammen und stellen eine Gesamtordnung dar, die, wie Plato in der »Politeia« lehrt, vom Guten getragen wird. Diese Ordnung zu erkennen, ist die Aufgabe des Menschen. Der ethische Ansatz wird also ontologisch fundiert.

Wenn die Seele nur durch die Schau der Ideen gerecht und gut werden kann, so gründet dies darin, daß sie dieser Dimension *ursprünglich* zugehört. Der Seele kommen daher – dies ist anthropologisch bedeutsam – die Prädikate zu, die den Ideen zugesprochen werden. Sie ist eingestaltig, sich gleichbleibend, keinen Wechsel annehmend und vor allem: die Seele ist *unsterblich*. Unsterblichsein heißt »vom Tod nicht betroffen werden«: wenn der Tod an den Menschen herantritt, geht die Seele, so erklärt Plato, rein und unversehrt von dannen.[2] Die Seele steht, weil sie der Dimension der Ideen zugehörig ist, über dem Körper und der Welt des Körperlichen, die durch die dem Ideenbezirk entgegengesetzten Prädikate gekennzeichnet ist. Das Körperliche ist vielgestaltig, wechselnd, veränderlich und vergänglich. Während der Lebenszeit sind Seele und Körper zusammen. Ihre Vereinigung ist aber eine rein äußere, sie ist nicht wesensnotwendig. Die Seele, die das eigentliche Sein des Menschen ausmacht, hat eine eigene Existenz, mythisch gesprochen: in der vorgeburtlichen Zeit hat sie als körperlose die Ideen rein erschaut. Sie wird in der Geburt mit dem Körper verbunden, und muß nun im Leben danach trachten, sich vom Körperlichen zu lösen. Die Philosophen sollen sich bemühen zu sterben; wenn sie sich vom Körper und dessen Bedürfnissen und Genüssen abwenden, bereiten sie sich auf den Moment des Todes vor, in dem die Seele vom Körper ganz befreit wird.[3]

Der soeben angedeutete Ansatz ist von Plato besonders in der mittleren Periode seines Denkens, die durch die Konzeption seiner Ideenschau bestimmt ist, entwickelt worden, und auf ihm beruht die eigentliche Wirkung Platos. Gleichwohl: die hier leitende Schematik ist offensichtlich einseitig und bedeutet eine weitgehende Vereinfachung. Zunächst: es ist auch und gerade für griechisches Denken möglich und notwendig, die Seele unter »biologischen Aspekten« zu betrachten. Plato hat dies selbst in seinen späteren naturphilosophischen Überlegungen getan. Im »Phaidros« bestimmt er die Unsterblichkeit der Seele nicht von ihrer Zugehörigkeit zu den Ideen her. Die Seele ist unsterblich, weil sie das sich selbst Bewegende ist, und als solches ist sie Anfang aller Bewegung und *Prinzip des Lebens.* Und im »Symposion« wird die Unsterblichkeit als eine Möglichkeit gekennzeichnet, über das Individuum hinauszugreifen durch die *Zeugungskraft.* Plato weist darauf hin, daß das Zeugen nicht nur in physischem Sinn als Erzeugen von leiblichen Nachkommen zu verstehen sei, sondern auch in der Seele stattfinde – Dichter und Philosophen sind zeugende Menschen. Es zeigt sich hier deutlich, daß die starre Abtrennung einer unsterblichen Seele von einem sterblichen Körper, wie wir sie oben insbesondere vom Dialog »Phaidon« her darlegten, nicht dogmatisch als die eigentlich platonische Lehre angesetzt werden darf. Es gibt – dies wird ja aus der Deutung des Eros im »Symposion« offensichtlich – Grundkräfte, die Körper und Seele übergreifen und die die eigentlich bestimmenden Mächte des Lebens sind. Wie sich diese naturphilosophische Betrachtung der Seele zu der ethischen Betrachtung im Ganzen und in der einzelnen Bestimmung verhält, das ist ein Problem, das die Plato-Forschung seit jeher bedrängt hat.[4]

Ein Zweites: Von der einfachen ethisch-ontologischen Gegenstellung der Seele und des Körpers her sind die *Triebe,* die im Leben doch eine gewaltige Realität darstellen, ihrer Möglichkeit nach gar nicht angemessen zu verstehen. Plato faßt, insbesondere im »Phaidon«, die Dimension dieser Triebe sehr weit. Alle Verhaltensweisen des »äußeren Menschen« – mit Augustin geredet –, also alle Verhaltensweisen, die auf Sichtbares und dessen Erwerb gerichtet sind, stehen hier im Blick. Alle diese Triebe kommen, so heißt es, »aus dem Körper«. Dementsprechend erklärt Plato: der Körper begehrt, wünscht, strebt. Aber strenggenommen kann der Körper ja gar nicht in dieser Weise tätig sein, sondern nur die Seele. Sie ist das, was im Menschen handelt und zwar nicht nur, wenn der Mensch den Trieben entgegentritt, sondern auch, wenn er diesen Trieben folgt. Die Seele wird schlecht nicht durch die einfache Tatsache des Behaftetseins mit dem Körper, sondern nur, wenn sie sich dem Körperlichen von sich aus »hingibt«. Die Triebe sind, als und insofern sie nicht mechanisch, sondern ethisch betrachtet werden – und dies ist ja Platos eigentlicher Ansatz – als Kräfte der *Seele* anzusehen, und zwar einer Seele, die an den Körper gebunden ist.

Diese Einsicht hat nun aber bestimmte Folgen: Die Seele muß so weit gefaßt werden, daß sie *alle* Handlungsmöglichkeiten des Menschen, also vernünftige und unvernünftig-triebhafte, umfaßt. Plato legt in der »Politeia« eine entsprechende Einteilung der Teile der Seele vor.[5] Er setzt den *vernünftig überlegenden Teil* der Seele als Oberstes an. Ihm kommt die Weisheit, das heißt die Sicht der Ideen, zu. Hier wird der eingangs gekennzeichnete Grundansatz deutlich: die Seele muß durch das *Erkennen der Ideen* in Ordnung kommen. Dieser Teil ist der Gegensatz zum *Begehrungsvermögen,* den Affekten. Daß Vernunft und Affekte nicht eins sein können, geht aus der Tatsache hervor, daß der Mensch den Affekten entgegentreten kann; wenn er Durst hat, vermag er sich das Trinken zu versagen. Dies Versagen muß, so legt Plato dar, durch einen anderen Teil der Seele als dem Teil, der durch die Begehrlichkeit bestimmt ist, bedingt sein. Es gibt also offensichtlich zwei Grundkräfte im Menschen, die auf zwei entgegengesetzte Teile der Seele zurückgeführt werden müssen. Plato setzt nun aber außer den beiden genannten noch einen dritten Teil an: das *Drangartige.* Das Drangartige ist von der Begierde zu unterscheiden, denn das Dranghafte entrüstet sich des öfteren gerade dann, wenn der Mensch den

Begierden und Trieben folgt. Auf der anderen Seite ist aber das Dranghafte auch nicht mit dem Vernünftigen identisch: in Kindern, die noch nicht viel Vernunft zeigen, kann sich dies Dranghafte durchaus als wirksam erweisen.

Die Deutung dieses Drang- oder Muthaften ist nicht leicht. Es ist offensichtlich, daß Plato diesen Teil in der Einzelseele als Parallele zu dem Stand der Krieger im Staat eingesetzt hat. Gerade diese Parallele macht aber das hier auftauchende Problem deutlich. Die Soldaten sollen den Herrschern gehorchen und das von diesen Beschlossene durchführen. Heißt dies nun, daß der obere Stand der Staatslenker zur Umsetzung seiner Erwägung in der Realität von sich aus gar nicht fähig ist und anderer Kräfte bedarf? Hat Plato schon die moderne ontologisch-anthropologische Lehre, wie sie insbesondere von Nicolai Hartmann und Max Scheler vertreten wird, konzipiert, daß die oberen Schichten, auch wenn sie rangmäßig höherstehen, an Durchsetzungsenergie den unteren Schichten unterlegen sind, so daß das Vernünftige, weil es an sich nur Denktätigkeit ist, wenn es verwirklicht werden soll, eben grundsätzlich auf die unter ihm stehenden Kräfte angewiesen ist?

Man wird diese moderne Vorstellung nicht in Plato hineininterpretieren dürfen. Plato hat nie die Vernunft als kraftlos im Verhältnis zu den unteren Schichten gekennzeichnet. Im Gegenteil: er ist der festen Überzeugung, daß das innerhalb einer Ordnung Ranghöhere auch das Stärkere sei. Gleichwohl: das sich an dieser Stelle zeigende Problem ist kein Scheinproblem. Jedermann weiß, daß die Menschen in ihrem Tun sehr oft nicht der Einsicht der Vernunft folgen. Das besagt nach Plato zwar eben nicht, daß die Vernunft *an sich und ihrem Wesen nach* schwächer als andere Schichten der Seele ist, aber es deutet doch darauf hin, daß das Vernünftige *im Menschen* nicht so eindeutig als das Mächtige angesehen werden kann, daß der Mensch ohne weiteres immer schon vernünftig handelte.

Die Lehre von den Seelenteilen, die Plato in der »Politeia« darlegt, ist keine in theoretischer Absicht entwickelte psychologische Schichtentheorie, sondern sie hat *praktischen* und *ethischen* Sinn. Diese Untersuchung dient einer Bestimmung der verschiedenen Tüchtigkeiten. Jedem einzelnen Teil der Seele kommt eine bestimmte Tüchtigkeit zu – dem vernünftigen die *Weisheit*, dem mutartigen die *Tapferkeit* und dem begehrlichen die *Besonnenheit* –, allen insgesamt aber die *Gerechtigkeit*, denn Gerechtigkeit hat ihren Sinn eben darin, daß das Verhältnis aller Teile gemäß ihrem Seinsrang bestimmt werde.

Daß die Seele für das harmonische Verhältnis ihrer Teile zu sorgen habe, sagt nicht, daß die Seele selbst von ihren Teilen abgehoben und für sich gesetzt werden dürfe. Die handelnde Seele ist in jedem ihrer Teile darin, ohne – eben als handelnde – an einen Teil eindeutig gebunden zu sein. Aber hier gilt es nun, wenn man Plato wirklich angemessen auslegen will, allzu feste Aussagen zu vermeiden. An sich, das heißt dem *ontologischen Rang* nach, ist die Seele am meisten im obersten Teil darin; von diesem her kann sie ja geradezu als lenkende Kraft überhaupt definiert werden. Grundsätzlich formuliert: die ontologische Rangordnung der Seele entspricht der natürlichen Ordnung des Kosmos, durch die das Seiende im Sein gehalten wird. Nach dieser Ordnung ist das Vernünftige als das Gute das wahrhaft Seiende, das Vernunftwidrige und Schlechte ist demgegenüber mangelhafter und weniger seiend. Aber – dies darf man eben nicht außer acht lassen – diese natürliche Ordnung, dergemäß die Vernunft am meisten seiend ist, übt auf das Verstehen und das Handeln des Menschen keinen mechanischen Zwang aus. Die Seele kann diese Rangordnung *verkehren.* Gelänge ihr dies radikal, dann allerdings verlöre sie sich in das reine Nichtsein.

Die Seele ist, so legt Plato immer wieder dar, ein *Zwischenwesen.* An sich den Ideen zugehörend, bewegt sie sich faktisch zwischen dem oberen und dem unteren Bezirk. Als nicht festgestellt kann sie, anstatt den natürlich vorgegebenen Weg, den Weg nach oben, zu beschreiten, auch den Weg nach unten wählen. Sie wird sich dann aber auch in ihrem Wesen verändern. Plato erklärt im »Phaidon« – auf mythische Bilder zurückgreifend –, daß die Seele, wenn sie sich dem Körperlichen zuwendet, selbst schwer und irdisch würde.[6]

Diese dialektische Betrachtung der Seele ist in der *christlichen Metaphysik* gültig geblieben. *Augustin,* der eigentliche Inaugurator dieser Metaphysik, lehrt, daß die Seele, die ihrem Wesen nach dem Überzeitlichen und Idealen zugehört, diese ihre Bestimmung verfehlen und sich dem Irdischen zukehren könne. Diese Verkehrung, nun als Sünde gegen Gott verstanden, ist eigentlich unerklärlich. Sie kann von der vorgegebenen Rangordnung her in gar keiner Weise gedeutet werden, weil sie dieser ja gerade entgegen ist. Wie soll man es verstehen, daß die Vernunft, die obenstehend doch das an sich Stärkere ist, von dem Unteren als dem Geringeren überwunden zu werden vermag? Man kann und muß die Verkehrung, so lehrt Augustin, auf den *freien Willen,* das liberum arbitrium, zurückführen. Aber hier ergeben sich neue Schwierigkeiten, zunächst Schwierigkeiten theologischer Art. Gott ist der Schöpfer des freien Willens. Wenn dieser sich verkehrt, ist Gott dann nicht, zumindest indirekt, Urheber dieser Verkehrung? Verneint man dies – und als Christ muß man dies tun –, und versucht man nun, das liberum arbitrium als reine sich aus sich bestimmende Spontaneität zu deuten, so verliert man jeden Anhalt und gerät ins Unbestimmte: die Reflexion in infinitum setzt ein. Der Wille muß, um sich rein durch sich selbst zu bestimmen, verdoppelt werden in einen bestimmenden und bestimmbaren Willen, und hinter dem bestimmenden muß wiederum ein neuer bestimmender Wille gesetzt werden und so fort. Scharfsinnige Scholastiker sind diesem Problem der iterativen Reflexion nachgegangen. Wesentlicher und folgenreicher jedoch als diese diffizilen Erörterungen ist die Tatsache, daß man sich in der Tradition nie eindeutig dazu entschloß, das liberum arbitrium von der vorgegebenen Rangordnung ganz und gar abzulösen und solchermaßen absolut zu setzen. Man denkt diese Möglichkeit zwar, schrickt aber immer wieder vor ihr zurück. *Descartes* ist das große Beispiel; er erklärt, der Wille sei bei Gott und Mensch an sich seinem Begriff nach als absolute Indifferenz zu verstehen, in Wahrheit jedoch sei der Wille des Menschen nur dann wirklich frei, wenn er der Vernunft und der Einsicht des Besseren folge. Diese Idee der Rangordnung, d. h., die Vorstellung, daß die Vernunft im Kosmos und im Menschen das Höhere und also auch das Bestimmende sei, bleibt leitend. Sie gilt jahrhundertelang als natürlich und selbstverständlich.

Wir schließen unsere Skizze der platonischen Anthropologie mit zwei Hinweisen ab, die Platos erstaunliche Menschenkenntnis eindrücklich beweisen. Das Dranghafte ist, so sagten wir, von den Begierden zu unterscheiden, denn zwischen beiden kann ein Kampf stattfinden. Im Menschen gibt es, so legt Plato in der »Politeia« dar, nun einen Trieb, das *Grauenvolle* anzuschauen; dieses übt eine eigentümliche Faszination aus, aber diesem Trieb stellt sich der mutvolle Drang entgegen. Um diesen Kampf zu schildern, erzählt Sokrates folgende Geschichte: »Aber, sprach ich, ich habe einmal etwas gehört und glaube dem: wie nämlich Leontios, der Sohn des

Aglaion, einmal aus dem Piräus an der nördlichen Mauer draußen heraufkam und merkte, daß beim Scharfrichter Leichname lägen, er zugleich Lust bekam, sie zu sehen, zugleich aber auch Abscheu fühlte und sich wegwendete und so eine Zeitlang kämpfte und sich verhüllte, dann aber von der Begierde überwunden mit weitgeöffneten Augen zu den Leichnamen hinlief und sagte: Da habt ihr es nun, ihr Unseligen, sättigt euch an dem schönen Anblick.«[7] Diese Geschichte ist aus einem doppelten Grunde aufschlußreich, einmal, insofern sie die Möglichkeit begründet, zwei Tendenzen, die Lust an der Schau des Grauenvollen und den »Gegenwillen«, zu unterscheiden, und sodann, weil sich hier der platonische Grundansatz sehr deutlich zeigt: Seele und Körper werden in der Weise getrennt, daß der Körper als der eigentliche Träger der Begierden erscheint. Der Mensch folgt daher den Begierden nicht als »er selbst«, d. h. als vernünftiges Wesen, sondern nur als körperliches Wesen. Aber zugleich ist es eben doch der Mensch selbst, d. h. die Seele, die dem Körper die Erfüllung des triebhaften Wunsches gewährt. Diese Dialektik will Plato zum Ausdruck bringen, wenn er den Leontios zu seinen Augen sprechen läßt: da habt *ihr* es nun, ihr Unseligen, sättigt euch an dem schönen Anblick.

Die zweite Stelle zeigt, daß Plato Einsichten, die uns durch die Psychoanalyse vertraut sind, durchaus nicht fremd waren, Triebe, und zwar *Triebe verbrecherischer Art*, überkommen den Menschen im *Traum*, also dann, wenn er selbst weitgehend als um sich wissendes Wesen ausgeschaltet ist. Sokrates antwortet, als er gefragt wird, um welche Triebe es sich hier handelt, folgendermaßen: »Es sind diejenigen, die im Schlaf zu entstehen pflegen, wenn das Übrige in der Seele, was vernünftig und mild ist und über jenes herrscht, im Schlummer liegt, das Tierische und Wilde aber, durch Speisen oder Getränke überfüllt, sich bäumt und den Schlaf abschüttelnd losbricht, um seiner Sitte zu frönen. Du weißt, wie es dann, als von aller Scham und Vernunft gelöst und entblößt zu allem fähig ist. Denn es unternehmen, sich mit der Mutter zu vermischen, wie es ja meint, macht ihm nicht das mindeste Bedenken, oder mit irgendeinem anderen, sei es Mensch, Gott oder Tier, oder sich mit irgend etwas zu beflecken, und keiner Speise glaubt es sich enthalten zu müssen und, mit einem Wort, von keinem Unsinn und keiner Unverschämtheit bleibt es zurück.«[8] Plato erklärt unmittelbar darauf das Folgende: Man solle während des Tages die Vernunft in sich stärken, d. h., man solle zur Selbstbesinnung kommen, dazu gehört es, den Trieben eine angemessene Befriedigung zu gewähren und sie solchermaßen zu beruhigen. Geht ein Mensch, dem dies gelungen, nun zur Ruhe, dann werden ihn solche Triebe am wenigsten heimsuchen. Abschließend weist Plato jedoch noch einmal daraufhin, »daß eine heftige, wilde und gesetzlose Art von Begierden in einem jeden wohnt, wenn auch einige von uns noch so gemäßigt erscheinen«.[9] Der ontologische Vorrang der Vernunft – dies tritt an dieser Stelle ja deutlich hervor – besagt keineswegs, daß der Mensch ein gutartiges Wesen ist. Er muß sich vielmehr immer erneut gegen die Triebe zur Vernünftigkeit umwenden. Diese Umwendung zu erwirken, ist der Sinn aller Erziehung, wobei aber zu bedenken bleibt, daß der Vorgang der Umwandlung selbst, an dessen Ende die Ideenschau steht, nur vom Einzelnen in seiner Seele zu leisten ist.

Aristoteles

Aristoteles philosophiert nicht mehr wie Plato in appellativer Form. Für ihn ist Philosophie eine *Wissenschaft*, die den Unterschieden des Seienden und seinen möglichen Betrachtungsweisen gemäß in verschiedene Disziplinen zerfällt. Es gibt Seiendes, das Gegenstand mehrerer Disziplinen ist. Das vorzügliche Beispiel einer solchen vielfältigen Betrachtung ist der Mensch. Er muß in der Biologie, der Psychologie, aber ebenso in der Ethik und der Theologie thematisiert werden – wir setzen moderne Begriffe der Wissenschaftseinteilung an, die der Sache und zum Teil der Bezeichnung nach aber auf Aristoteles zurückgehen.

Der Mensch ist Gegenstand der *Biologie*, weil er ein natürliches, d. h. ein beseeltes Seiendes ist. Als solches ist er aus Stoff und Form geeinte Einzelheit, der die Möglichkeit der Bewegung zukommt. Stoff und Form bilden im Lebendigen eine innige Einheit. Die *Seele* wird als Form dieser Einheit bestimmt. Sie ist kein dingliches Etwas, das im Körper vorhanden ist, sondern sie ist das *Prinzip der Lebendigkeit* eines Körpers. Es gibt der Ausgestaltung der Lebendigkeit entsprechend verschiedene Seelenvermögen, so – um nur summarisch anzudeuten – das Ernährende, das Erstrebende, das Wahrnehmende. Die von der Biologie herausgestellten Vermögen sind aber nichts spezifisch Menschliches, d. h. nichts, was dem Menschen als Menschen zukommt. Diese Vermögen sind auch den *Tieren* eigentümlich. Aristoteles bemüht sich, genau zu erkunden, in welcher Form bestimmten Tieren bereits Leistungen zukommen, die wir aus dem menschlichen Bezirk kennen. So untersucht er, ob Tiere zu lernen vermögen, und ob sie imstande sind, einfache Erfahrungen zu sammeln. Natürlich sind seine Forschungen in dieser Hinsicht überholt. Gleichwohl hat Aristoteles in methodischer und inhaltlicher Hinsicht erstmalig eine entscheidende Möglichkeit der anthropologischen Betrachtung konzipiert, die bis heute gültig geblieben ist: Menschen und Tiere haben weitgehend Gemeinsames, nicht nur in körperlicher Hinsicht und in Anbetracht der organischen Ausstattung, sondern auch in bezug auf primitive Leistungen des Bewußtseins, durch die das Leben von einem Zentrum her gesteuert wird.

Aber der Mensch ist nun ein Lebewesen besonderer Art. Er hat an der *Vernunft* teil. Auch die Vernunft ist als solche nichts spezifisch Menschliches. Sie kommt primär dem Gott zu. Wenn man das Wesen der Vernunft rein erfassen will, muß man sich daher der *Theologie* zuwenden. Die Anthropologie weist also nicht nur nach unten, sondern auch nach oben über sich hinaus. Der Mensch ist kein eindeutig Seiendes, wie der Gott und das Tier, sondern ein Zwischenwesen. Um nun die Natur eines Wesens, das zwischen Gott und Tier steht, zu erforschen, muß man zunächst einmal Gott und Tier je in ihrer reinen Wesensbestimmtheit erfassen. Hier zeigt sich aber ein Unterschied: die menschliche *Seele* gleicht als Seele der Seele der höheren Tiere weitgehend. Der Mensch ist als Lebewesen, d. h. als beseeltes Wesen, nicht nur seiner körperlichen Ausstattung nach, sondern auch seinen primitiven Verrichtungen nach, wie Nahrungssuche, Fortpflanzung und Bewegung nicht in grundsätzlicher Hinsicht vom Tier zu unterscheiden. Die menschliche *Vernunft* dagegen gleicht der göttlichen Vernunft nicht in der Weise, wie die menschliche Seele der Seele der höheren Tiere gleicht. Die Vernunft, wie sie sich als Bestimmung des Göttlichen zeigt, hat, so stellt Aristoteles heraus, nichts mit den Charakteren des natürlichen Lebens gemein. Der Gott steht über der Natur, das heißt, er ist nicht durch Bewegung bestimmt. Bewegung ist ontologisch gesehen Nichtigkeit. In-Bewegung-sein bedeutet ein Noch-nicht und ein Nicht-mehr. Gott dagegen ruht in seiner Wesenswirklichkeit immer und ewig. Diese Wesenswirklichkeit ist das Glück *reiner* Vernünftigkeit. Gott ist, so sagt Aristoteles, sich vernehmende Vernunft. Diese Aussage ist nicht im modernen Sinn, d. h. vom reflexiven Selbstbezug des Selbstbewußtseins her, zu verstehen. Gott ist, so argumentiert Aristoteles, das höchste Seiende. Als solches muß ihm die höchste Tätigkeit zukommen, diese ist das Denken als reines Vernehmen. Das Vernehmen geht aber immer auf ein Vernehmbares. Das höchste Vernehmen kann natürlich nur auf das höchste Vernehmbare gerichtet sein, und das ist wiederum Gott. Gott vernimmt daher sich selbst. Aristoteles bringt diese Gedanken in einer berühmten Stelle im 12. Buch seiner Metaphysik zur Aussage: »Nun kann sich der Geist selber denken, insofern er am Gedachten teilbekommt. Er wird nämlich selbst Gedachter, wenn er an die Sache rührt und denkt, so daß denkender Geist und Gedachtes dasselbe sind. Denn das, was das Gedachte und das Sein erst aufzunehmen vermag, ist zwar auch Geist, aber er ist erst wirklich tätig, wenn er es schon hat; daher ist dies mehr als jenes das, was man am Geist für göttlich hält, und die Schau ist das Erfreuendste, und das Beste. Wenn nun so gut, wie wir uns zuweilen, der Gott sich immer befindet, ist das etwas Wunderbares, wenn aber noch mehr, dann ist es noch wunderbarer. So aber befindet er sich wirklich.«[10]

Die menschliche Vernunft oder genauer: die Vernunft im Menschen ist nie »reine Vernunft« wie die göttliche. Der Mensch ist und bleibt – das ist eine offensichtliche Tatsache – im Ganzen seines Seins ein *Lebewesen*. Als solches untersteht er den Gesetzen des Organischen. Der Mensch kann daher nicht, wie die oben angeführte Stelle zeigt, *immerfort* in der Weise eines Gottes denken. Er ist an den biologischen Rhythmus von Wachen und Schlafen gebunden. Aristoteles hält nun aber fest, daß die Vernunft auch im Menschen, insofern sie Vernunft ist, eigentlich nicht in biologische Zusammenhänge eingehen kann. Er setzt daher, um die Wesensfreiheit der Vernunft als solche nicht anzutasten, eine scharfe *Differenz von Seele und Vernunft* im Menschen an. Die Vernunft tritt, wie Aristoteles an einer berühmten Stelle sagt, von außen an den Menschen heran und bleibt dem Lebenszusammenhang transzendent.[11] Sie ist unsterblich im Gegensatz zur individuellen Seele, diese geht mit dem einzelnen Lebewesen, dessen bestimmende Form sie ja nur ist, beim Tod zugrunde.

Diese scharfe Trennung der Seele oder genauer: des beseelten Lebewesens von der Vernunft ist aber nur die eine Seite des aristotelischen Ansatzes. Aristoteles, der mit Recht als ein Denker gilt, der über Phänomene unvoreingenommen philosophiert, weist auf der anderen Seite eben auf die Verflochtenheit beider Bestimmungen hin, und zwar sowohl in seiner Erkenntnistheorie als auch in seiner Ethik. Das *Erkennen* wird von Aristoteles genetisch, d. h. von seinen untersten Stufen her analysiert. Aristoteles geht in sehr eindrücklicher Weise zunächst die verschiedenen Sinneswahrnehmungen durch, wobei diese im ganzen als teleologisches und nicht rein mechanisch-kausales Geschehen zu deuten sind. Er zeigt, wie die Sinne ein ihnen Spezifisches erfassen – so das Sehen das Farbige –, und er legt sodann dar, wie die Eindrücke gesammelt werden durch die Einbildungskraft, auf Grund derer der Mensch, das rein rezeptive Aufnehmen überschreitend, sich etwas Abwesendes »vor Augen stellen kann«. Über der Einbildungskraft aber steht die Vernunft. Die Vernunft vernimmt frei, und zwar in der Weise, daß sie die idealen Seinsgehalte als solche erfaßt. Aristoteles erläutert diese Möglichkeit im Zusammenhang der Erkenntnisstufung folgendermaßen – wir beschränken uns auf das Grundsätzliche –: Die Vernunft setzt die untere Stufe des Erkennens voraus. Auf dieser sind die Anblicke an das Seiende gebunden. Das Tun der Vernunft vollzieht sich nun in der Form, daß diese Anblicke abgehoben, für sich gesetzt und miteinander verbunden werden, so daß sie schließlich als solche in ihrer Reinheit aussagbar sind. Insofern die Vernunft in dieser Tätigkeit die Tätigkeit der Wahrnehmung und der Einbildung voraussetzt, ist sie nicht göttliche Vernunft. Aristoteles spricht in diesem Zusammenhang von der »sogenannten Vernunft der Seele« und stellt ihr die Vernunft »als getrennte« entgegen. Diese Vernunft, an der der Mensch teilhat, ist eben selbständig und leidensunfähig. In der Schrift »Über die Seele« sagt Aristoteles: »Die Vernunft aber scheint hineinzukommen, indem sie eine Substanz ist, und nicht unterzugehen, denn sonst würde sie am ehesten zugrunde gehen infolge der Schwäche, die im Alter auftritt. ... Verstehen, Lieben, Hassen usw. sind nicht Zustände der Vernunft, sondern dessen, was sie hat, sofern es sie hat; wenn dieses untergeht, gibt es daher auch kein Erinnern und kein Lieben mehr, denn das gehört nicht der Vernunft zu, sondern dem Gemeinsamen, das zugrunde ging. Die Vernunft dürfte vielleicht etwas Göttliches und Leidensunfähiges sein.«[12]

Noch aufschlußreicher für die konkrete Bestimmung des Verhältnisses von Seele und Vernunft als die Erkenntnislehre ist die *Ethik* des Aristoteles. Hier bewahrt sich Aristoteles in hohem Maße die Nähe zum wirklichen Leben. Er unterscheidet in seinem Hauptwerk, der »Nikomachischen Ethik«, drei Teile der Seele, einen Teil, der ganz ohne Logos ist – das vegetative Leben –, einen Teil, der den Logos hat – die Vernunft und einen aus beiden gemischten Teil, dieser Teil ist nicht vernünftig, er kann aber auf die Vernunft hören. Gerade mit diesem Teil hat es die Ethik zu tun, deren Ziel es ist, die Begierde durch Gewöhnung auf die Vernunft umzustellen, so daß man sittlich handelt. Die Analyse der *ethischen Tugenden*, d. h. der Tugenden des Charakters, gipfelt in der Einsicht, daß diese Tugenden je die Mitte zwischen Extremen darstellen. So ist die Tapferkeit die Mitte zwischen Verwegenheit und Feigheit. Diese Ethik ist hochbedeutsam, denn die ethischen Bestimmungen werden hier nicht von den sozialen Bezügen des Miteinanderlebens abgelöst. Die Erziehung spielt eine wesentliche Rolle, und zwar als Erziehung zu einer Gemeinschaft, in die man sich einzuleben hat.[13]

Freilich: die Analyse der ethischen Tugenden bildet nicht das Ganze des ethischen Ansatzes, denn Aristoteles unterscheidet nun von den ethischen Tugenden die *dianoetischen Tugenden*. Diese kommen nur dem Teil der Seele zu, der den *Logos* hat. Die dianoetischen Tüchtigkeiten werden von Aristoteles unterteilt: die feststellende Tüchtigkeit richtet sich auf das, was unveränderlich ist, die erwägende Tüchtigkeit dagegen wendet sich dem zu, was durch uns verändert werden kann. Aristoteles' klassifizierende Leidenschaft zeigt sich hier am Werk; beide Tüchtigkeiten werden nämlich noch einmal unterteilt: die erwägende Tüchtigkeit kann sich auf das Herstellen von Werken beziehen, wie es in der Technik geschieht – das Werk des Schuhmachers sind die Schuhe – oder auf das Handeln, bei dem die Verbesserung der Tätigkeit *selbst* das Ziel ist – der Läufer will gut laufen. Bei der feststellenden Tätigkeit, die als solche ja die Tüchtigkeit dessen ist, der die Wissenschaft betreibt, ist die Wissenschaft im engeren Sinn und die Weisheit zu unterscheiden. Wissenschaft im engeren Sinn vollzieht sich als ableitendes Beweisen, die Weisheit dagegen bezieht sich auf das Prinzipielle und das Göttliche.

Aristoteles untersucht nun diese verschiedenen Möglichkeiten unter dem Gesichtspunkt, welches die beste Tätigkeit sei, das heißt die Tätigkeit, die am meisten Glück gewährt. Er entscheidet sich für die *Weisheit* und begründet diese Entscheidung eingehend. Die Weisheit macht, so heißt es, am meisten Freude. Hier ist der Mensch von den Bedürfnissen des Lebens abgelöst und genügt sich selbst. Die Weisheit ist zudem die stetigste Tätigkeit. Diese Merkmale der um ihrer selbst willen in Muße betriebenen Theorie machen aber nun deutlich, daß ein solches Leben der Weisheit eigentlich ein übermenschliches, ein göttliches Leben ist. Aber so groß auch der Unterschied zwischen dem Göttlichen und uns ist, dies Leben ist auch für uns das *erstrebenswerte*. »Es gilt, sich zur Unsterblichkeit zu erheben und alles zu tun, um unser Leben nach dem einzurichten, was in uns das Höchste ist.«[14]

Descartes[15]

Durch Plato und Aristoteles sind die Fundamente der philosophischen Anthropologie des Abendlandes gelegt worden: der Mensch ist als Vernunftwesen auf das Göttliche bezogen, und zu ihm hat er hinzustreben. Dies Streben ist Sache der Freiheit, das heißt, es kann sich auch verkehren, indem der Mensch die Richtung »nach unten« einschlägt. *Augustin* hat, wie wir oben andeuteten, als christlicher Platoniker diese Problematik der Freiheit ausdrücklich ins Thema gehoben und gelehrt, daß diese Verkehrung unbegreiflich sei. Aber diese Unbegreiflichkeit ist kein Einwand gegen die Grundauffassung, daß die Richtung »nach oben« die ursprüngliche sei. Wenn aber diese Ausrichtung auf das Göttliche hin dem Menschen natürlich ist, dann muß dies ontologisch begründet werden: es muß nachgewiesen werden, daß der Mensch seiner *Wesensbestimmung* nach dem Göttlichen zugehört, weil er wie dieses Geist ist. Dieser Grundansatz wird zu Beginn der Neuzeit in entscheidender Weise radikalisiert. Was Geist ist, dies kann nur auf dem Wege einer Selbstbesinnung erkannt werden, durch die der Mensch seines eigenen *Ich* inne wird. Dieser von Descartes herausgestellte Ansatz, der die Grundlage des neuzeitlichen Philosophierens bis zum Deutschen Idealismus abgibt, bedeutet nun eine wesentliche Komplizierung der anthropologischen Problematik, insbesondere der Frage nach dem Verhältnis von Körper und Geist.

Die *zweite Meditation* Descartes' trägt den Titel: »De natura mentis humanae: Quod ipsa sit notior quam corpus«. Daß der menschliche Geist leichter als der Körper zu erkennen sei, dies gründet im Wesen und in der Natur dieses Geistes selbst. Der Geist muß nicht von außen beschrieben werden, wie der Körper. Man wird sich seiner im eigenen Denkvollzug bewußt. Der Weg dieser methodischen Selbstvergewisserung beginnt mit dem Zweifel an allem welthaft Seienden, auch am eigenen Körper. Ich kann mir ausdenken, daß ich keinen Körper habe, aber auch dann bleibe ich als Denker zurück, dieses mein denkendes Dasein ist nicht auszuschalten. Diese Argumentation hat im ganzen etwas Künstliches. Descartes zeigt dies selbst am Schluß seiner »Meditationes« in bezug auf den Körper auf. Mein Körper ist ein unabdingbarer Teil meines faktischen Selbstes, und als solcher ist er mir grundsätzlich näher als andere Körper. Ich bin also kein reiner Geist. Gleichwohl ist durch diese Bewegung des Zweifels eine der Tradition unbekannte Möglichkeit eröffnet worden, sich selbst kennenzulernen. Die Kenntnis des Menschen beruhte bisher –

von Descartes her gesehen – auf einer naiven und unreflektierten Beobachtung, in der der Geist nicht anders als der Körper von seinen Eigenschaften her beschrieben wurde. Der Körper und der Geist wurden auf Grund ihrer Merkmale ontologisch geortet, das heißt, in die beiden Grundschichten des Sichtbar-Vergänglichen und des Unsichtbar-Unvergänglichen eingeordnet. Die von Descartes geforderte denkende *Selbstvergewisserung* dagegen ist eine innere Kenntnisnahme. Sie ist in methodischer Hinsicht einzigartig: jeder kann sich für sich und durch sich als Geist erkennen. Diese Selbsterfahrung ist von aller äußeren Beschreibung nicht nur gradmäßig, sondern wesenhaft unterschieden. Descartes erklärt daher durchaus mit Recht, daß er erst durch diese Selbstvergewisserung in der Lage sei, wirklich zu verstehen, was der Sinn der Bestimmungen »mens«, »animus«, »intellectus« und »ratio« sei.

Aber hier ersteht nun ein schwieriges Problem. Die Selbstvergewisserung ist eine punktuelle, leere und formale Selbstreflexion. Von ihr komme ich nicht zur Welt zurück, d. h. von ihr her vermag ich nicht, meinen faktischen Weltbezug zu begreifen und zu fundieren. Descartes schlägt daher einen Ausweg ein: er versucht mit Hilfe Gottes vom Ich zur Welt zu gelangen. Dieser Versuch setzt aber voraus, daß das reflexiv gewonnene Ichbewußtsein nun doch wiederum »ontologisiert« wird, denn nur wenn das Ich selbst kategorial als Seiendes unter Seiendem bestimmt wird, kann man zwischen ihm und dem anderen Seienden Bezüge herstellen. Auf dieser *Verbindung von weltloser Selbstreflexion mit welthafter Ontologie* beruht das cartesianische Menschenbild. Die Konzeption dieses Menschenbildes ist also durchaus nicht einheitlich. Aber sie hat gerade mit ihren Widersprüchen und Ungereimtheiten nicht nur in der Philosophie, sondern auch in der Wissenschaft der Neuzeit eine ganz wesentliche Wirkung ausgeübt.

Um die Verbindung der Philosophie des reflexiven Selbstbewußtseins mit der traditionellen Ontologie sachlich zu verstehen, ist es erfordert, die *zweideutige Struktur des Selbstbewußtseins* herauszustellen. Als ein denkendes Wesen vollziehe ich Akte, deren ich mir jederzeit als meiner eigenen Akte bewußt bin. Descartes formuliert daher in *grundsätzlicher Hinsicht*: »Unter dem Namen ›Bewußtsein‹ (cogitatio, pensée) befasse ich alles das, was so in uns ist, daß wir uns seiner unmittelbar bewußt werden. In dem Sinne sind alle Operationen des Willens, des Verstandes, der Einbildung und der Sinne Bewußtseinsvollzüge (cogitationes, des pensées).«[16] Vom Bewußtsein als einem Selbstvollzug her gesehen, fällt die Unterscheidung, die zwischen Denken, Wollen, Fühlen und Empfinden gemacht werden kann, dahin, denn alle diese Akte sind ja Akte meiner selbst als eines denkenden Ich. Descartes fragt in der zweiten Meditation, was er eigentlich sei, und er antwortet: Ich bin ein »denkendes Etwas« (res cogitans). Und dieses denkende Etwas wird seinerseits bestimmt als ein Etwas, das zweifelt, einsieht, bejaht, verneint, will, nicht will, Einbildungen und Empfindungen hat.

Es ist nun aber offensichtlich, daß ein solcher Ansatz eigentümlich unfruchtbar ist. Verharrt man in dieser formalen Leerheit, so kommt man gar nicht zum »wirklichen Denken«, denn dieses ist dadurch bestimmt, daß das Bewußtsein sich zu inhaltlichen Sachverhalten in Bezug setzt. Dies ist aber nur möglich, wenn es sich selbst als ein bestimmtes Etwas im Ganzen des Seins versteht. Descartes versucht daher das Selbstbewußtsein als *welthafte Bezugsgröße* auszulegen. Dieser Versuch ist außerordentlich komplex und vieldeutig. In grundsätzlicher Hinsicht kann man jedoch *drei* Möglichkeiten herausstellen, von denen her die Bezüge des Selbstbewußtseins als einer welthaften Größe zu anderen welthaften Größen negativ oder positiv erklärbar wären. Die *erste* Möglichkeit besagt: Die res cogitans ist in Wahrheit das *einzig welthaft vorhandene Seiende*, alles andere welthaft Seiende ist gar nicht existent, es beruht auf purer *Einbildung*. Die *zweite* Möglichkeit behauptet das Gegenteil: das Bewußtsein ist nicht das einzig Seiende, es gibt noch *anderes Seiendes*. Aber zwischen diesem und dem Bewußtsein ist ein objektiver Vergleich gar nicht durchführbar, weil wir ja an unser Ich gebunden sind. Es ist jedoch möglich, von der res cogitans aus zu dem anderen Seienden eine gleichsam *conjizierende Verbindung* herzustellen, denn die im Bewußtsein vorhandenen Ideen tragen unmittelbar einen Verweisungscharakter auf Äußeres an sich – wenn ich etwa von einem Tisch rede, weiß ich, daß ich ein materielles Etwas außer mir »meine«. Die *dritte* Möglichkeit verwirft nicht nur die Einbildungstheorie, sondern sie läßt auch die erkenntnistheoretische Besinnung, die vom Subjekt her denkt, auf sich beruhen und argumentiert *analogisch*. Die res cogitans ist als Selbstbewußtsein ein Seiendes besonderer Art, das neben anderem Seienden steht, dem das Selbstbewußtsein ermangelt. Alles Seiende aber muß, insofern es Seiendes ist, doch *vergleichbar* sein. Die res cogitans kann also in der Weise einer *objektiven Betrachtung* zu dem andern Seienden in Bezug gesetzt werden, indem man insbesondere in kategorialer Hinsicht Gemeinsamkeiten und Unterschiede aufdeckt. So läßt sich zum Beispiel bei allem Seienden fragen, ob es ein substantielles oder nur akzidentielles sei.

Descartes hat alle diese drei Möglichkeiten diskutiert. Die erste wird, wie der Gang der »Meditationes« zeigt, auf theologischem Wege ausgeschaltet. Gott täuscht mich nicht. Wenn ich also vermeine, daß es Seiendes außer mir gibt, so kann dies keine Einbildung sein. Die zweite Möglichkeit bleibt für Descartes in *erkenntniskritischer* Hinsicht wesentlich. Das seiner selbst gewisse Ich erscheint als Kasten. In diesem Kasten sind Ideen darin. Ideen sind Vorstellungen. Vorstellungen sind aber doppeldeutig. Sie sind zu betrachten als formale Denkakte oder als inhaltlich bestimmte. Als inhaltlich bestimmt repräsentieren die Vorstellungen die Außenwelt. Ich kann zwar nicht wissen, ob diese Bilder den äußeren Dingen genau entsprechen, aber mit Hilfe Gottes ist dies wahrscheinlich zu machen. Auf diesem Ansatz beruht das allgemein bekannte Descartes-Bild: Descartes ist der Inaugurator der *erkenntnistheoretischen Bewußtseinsphilosophie,* derzufolge alles Erkannte wesenhaft bewußtseinsbedingt ist, was aber nicht besagt, daß alle Vorstellungen aus dem Bewußtsein entspringen müssen. Die dritte Möglichkeit wirkt sich insbesondere in der *naturwissenschaftlichen Forschung* Descartes', vor allem aber in seiner *Anthropologie* aus, wobei sich allerdings ständig Überschneidungen mit der zweiten, der erkenntnistheoretischen Möglichkeit, ergeben. Wir suchen im folgenden von diesem dritten Ansatz aus, aber unter Berücksichtigung der erkenntnistheoretischen Bestimmung, das *Verhältnis von Seele und Körper* zu erörtern.

Descartes bestimmt die Seele *und* den Körper als *Substanzen*, das heißt als Seiendes, das durch sich selbst zu existieren vermag. Freilich sind Körper und Seele nur substantiae finitae und als solche auf Gott, die substantia infinita, angewiesen. Gott erhält die beiden endlichen Substanzen im Sein. Körperliche und denkende Substanz haben aber miteinander nichts zu tun. Sie sind *reine Gegensätze,* und ihre Merkmale schließen einander aus. Es ist nicht möglich, Seinsprädikate aufzustellen, die zwischen beiden Substanzen stehen. Solche Pseudoprädikate hat Aristoteles erfunden, als er das Organische als eine eigene Seinsdimension deklarierte und dieser besondere Eigenheiten zusprach, die weder rein geistig noch rein materiell sein sollten. Das ist unerlaubt. So sind die *Tiere* entweder als rein denkende oder als rein körperliche Wesen zu deuten. Descartes deklariert das Zweite: die Tiere gelten ihm als Maschinen.

In dieser scharfen ontologischen Unterscheidung der res cogitans und der res extensa tritt der *dualistische Ansatz* Descartes', der auch seine Anthropologie bestimmt, klar heraus. Aber dieser Dualismus wird nun durch andersartige Erwägungen durchkreuzt und erfährt dadurch eine gewisse Korrektur. Es handelt sich zunächst um die Erfahrung der *Sonderstellung meines Körpers*, die Descartes insbesondere in der *6. Meditation* thematisiert. Die Sinne vermitteln mir triebhafte Eindrücke. Diese drängen sich so unmittelbar auf, daß ich hier zunächst gerade nicht zwischen einem körperlichen und einem geistigen Anteil bei der sinnlichen Erkenntnis unterscheiden kann – das ist erst Sache einer späteren Reflexion. Vor allem aber zeigen Phänomene wie Hunger, Durst und Schmerz, daß ich als Geist mit meinem Körper ein »einheitliches Etwas« (ein unum quid) bilde. Descartes sagt: »Die Natur lehrt mich durch diese Empfindungen des Schmerzes, des Hungers, des Durstes usw., daß ich meinem Körper nicht nur gegenwärtig bin wie der Schiffer dem Schiff, sondern daß ich ihm aufs engste verbunden bin und gleichsam mit ihm vermischt, so daß ich mit ihm zusammen ein einheitliches Etwas ausmache.«[17] Hier zeigt sich, daß es neben der rein geistigen Denkbestimmtheit eine weitere Möglichkeit gibt, durch die ich von mir »weiß«. Es ist dies die *Selbsterfahrung*, und durch diese gelange ich zu der Einsicht, daß ich ein leibhaft gebundener Geist und als solcher betreffbar bin.

Für Descartes – das wird in der Descartes-Literatur oft nicht genug beachtet – ist diese Selbsterfahrung durchaus ein wesentliches Phänomen. Das zeigt sich, wenn man sie unter *ethischem* Aspekt betrachtet. Schmerz, Hunger oder Durst, aber auch die sinnlichen Erkenntnisse sind für Descartes negative Erfahrungen, weil und insofern sie ja nicht von mir ausgehen, sondern mich *überkommen*. Die ihnen eigentümliche Mischung von Dunkelheit und Undurchsichtigkeit bedeutet eine Verunsicherung. Es ist nun für Descartes eine selbstverständliche Voraussetzung, daß der Mensch, der ja eigentlich und an sich nur denkendes Ich ist, sich nicht vom Körper knechten lassen darf – er würde sich sonst nicht achten können. Vom Herrschaftsanspruch des Geistes her, das heißt von der Forderung, daß der denkende Geist im Menschen das eindeutig lenkende Prinzip sei, ergibt sich also die Notwendigkeit, die frühere Behauptung, Geist und Körper hätten nichts miteinander zu tun, einzuschränken. Der Geist soll sich als das Ich erweisen, das sich aus sich bestimmt und solchermaßen in der Lage ist, sich nicht nur den faktischen Affektationen, die vom Körper her auf ihn eindringen, nicht zu unterwerfen, sondern seinerseits dem Körper Befehle zu erteilen. Diese Problematik wird von Descartes in seiner Schrift »Des passions de l'âme« thematisiert.

Descartes unterscheidet die »passions de l'âme« und die »actions de l'âme«. Die *passions* werden eingehend beschrieben. Descartes erklärt, es gäbe sechs ursprüngliche Leidenschaften: Verwunderung, Haß, Liebe, Verlangen, Freude und Traurigkeit. Alle diese Leidenschaften sind von bestimmten physiologischen Veränderungen begleitet, so sind bei der Traurigkeit die Zugänge zum Herzen verengt und das Venenblut fließt nur schwach zum Herzen.[18] Zusammenfassend läßt sich sagen: Leidenschaften affizieren die Seele, »sofern sie sich im Ganzen des Menschen als vom Körper und, durch ihn vermittelt, von der übrigen Welt beeinflußt zeigen«.[19]

Die *actions* bilden den Gegensatz zu den *passions*. Es sind Willensvorgänge. Der Wille aber geht von mir aus. *Wille an sich* besteht als solcher in der Freiheit zum Tun oder Nichttun. Descartes erklärt in der vierten Meditation: »Es ist allein der Wille oder die Freiheit der Willenswahl, die ich in mir als so groß erfahre, daß ich mir keine größere vorstellen kann, so daß ich durch die Beschaffenheit dieses Willens einsehe, daß ich ein gewisses Bild und eine gewisse Ähnlichkeit Gottes darstelle, denn obgleich der Wille in Gott unvergleichlich größer als in mir ist, sowohl in Hinsicht auf Erkenntnis und Macht, die mit ihm verbunden sind und die ihn selbst stärken und wirksamer machen, als auch in Hinsicht auf den Gegenstand, da er sich ja auf mehr erstreckt, so scheint der Wille dennoch, sofern er der Form nach und genau betrachtet wird, in sich nicht größer, weil er nur darin besteht, daß wir dasselbe entweder tun oder nicht tun, d. h. bejahen oder verneinen, verfolgen oder meiden können.«[20] Descartes setzt den Willen als oberstes Gut an. Er legt dar, Tugenden im üblichen Sinne seien oft Gewohnheiten der Seele, die nur zum Teil von ihr abhingen, weil hier auch des öfteren die Leidenschaften und von diesen her der Körper im Spiel sei. Allein der Wille sei nicht von den Leidenschaften und dem Körper her bedingt. Daher gründet die Selbstachtung des Menschen auf der Freiheit des Willens. Descartes erklärt: »Ich kenne nur Eins, was uns genügend Grund zur Achtung unserer Selbst geben kann, nämlich den Gebrauch des freien Willens und die Herrschaft über unser Begehren; denn nur die von dem freien Willen abhängigen Handlungen können mit Grund gelobt oder getadelt werden. Dieser Wille macht uns gleichsam Gott ähnlich, indem er uns zum Herrn über uns macht; nur dürfen wir nicht aus Schlechtigkeit die dadurch erlangten Rechte wieder preisgeben.«[21] Die *große Gesinnung* (générosité), in der sich dieser Wille als Haltung manifestiert, ist daher das von Descartes erstrebte Ideal. Zu dieser Gesinnung gehört es wesentlich, daß ich mich rein von mir aus in Klarheit zu dem entschließe, was mir selbst als Vernunftwesen einleuchtet.[22]

Diese Selbstbestimmung muß sich als Herrschaft über den Körper erweisen. Zu diesem Zwecke sucht Descartes eine »Vermittlungsstelle«, in der Seele und Körper »zusammenkommen«. Es ist dies die *Zirbeldrüse*. Diese Drüse ist nach Descartes »der Sitz der Seele«. Hier werden die körperlichen Sinneseindrücke der Seele vermittelt, und hier setzt eben umgekehrt auch der Wille an, insofern er dem Körper Befehle erteilt. Descartes sucht diese Vorgänge genau zu schildern. Die »Lebensgeister« (esprits animaux), die physiologisch als Träger der Leidenschaften fungieren, bewegen die Zirbeldrüse, um in der Seele das den jeweiligen Leidenschaften eigentümliche Verlangen nach bestimmten Gegenständen zu wecken; die Seele selbst aber stellt sich ihnen vermittels des Willens entgegen und treibt sie zurück. Diese Lehre ist nicht nur in ihren Einzelheiten, sondern in ihrem Gesamtansatz vielfach kritisiert und belächelt worden. Man hat mit Recht eingewandt, daß Descartes eine solche Vermittlungsstelle ja nur braucht auf Grund seines Dualismus, der doch als solcher wirklich überspannt und unhaltbar sei. In der Tat – das wird am Ende dieses Teiles zu zeigen sein – kann man bei diesem Dualismus nicht stehenbleiben. Aber auch hier sollte man sich klarmachen, daß Descartes' Ansatz philosophisch immer noch fundierter ist als eine materialistische Metaphysik, die geistige Vorgänge rein physiologisch und mechanisch erklärt, oder ein Idealismus, der das Körperliche spiritualisiert. Es zeigt sich hier doch sehr deutlich: Descartes ist nicht nur der Philosoph, der unumstößliche und eindeutige Gewißheit sucht, Descartes ist auch ein Denker, der sich durchaus vielfältigen und miteinander *nicht* vereinbaren Problemstellungen öffnet. Er ist Metaphysiker, Wissenschaftstheoretiker und Anthropologe zugleich. Auf keinem Gebiet ist es uns heute möglich, seinen Argumentationen zu folgen. Aber es ist immer noch lehrreich, sich mit diesen Argumentationen auseinanderzusetzen. Descartes' Denken ist auch heute noch ein Stein des Anstoßes.

Descartes' Wirkung in anthropologischer Hinsicht ist eine zweifache. Einmal wird der *Dualismus von Körper und Seele* zum Grunddogma der auf ihn folgenden Philosophie. Diese Philosophie sucht die von Descartes angestrebte Lösung, letzthin Gott als den eigentlichen Vermittler von Körper und Seele anzusetzen, genauer zu erhellen. Die Erörterung der Probleme, die sich aus dem Dualismus von Seele und Körper ergeben, ist eines der Hauptthemen der neuzeitlichen Philosophie bis zum Deutschen Idealismus hin. Gleichzeitig – das ist der zweite Aspekt von Descartes' Wirkung – wird der *Vorrang der Subjektivität* immer radikaler herausgestellt. Als Vernunftwesen vermag der Mensch sich selbst zu bestimmen. In der Selbstbestimmung, in der Denken und Wollen innig vereinigt sind, gründet die Möglichkeit, daß der Mensch von der Gebundenheit an die Welt, die wesentlich durch die Triebe zustande kommt, frei wird. Diese Wende zur sich selbst bestimmenden Subjektivität vollendet sich schließlich, wie wir oben darlegten[23], in der Transzendentalphilosophie und der durch diese eingeleiteten spekulativen Metaphysik. Wenn der Mensch der Welt überlegen ist, dann gründet dies – das ist die Grundthese – darin, daß er sich über sich selbst als empirisch gebundenes Wesen zur absoluten Subjektivität erhebt. Von dieser Subjektivität her vermag er die Welt als vernünftige Ordnung zu konstituieren, und eben dadurch beweist er, daß seine eigene Vernunft und die Weltvernunft identisch sind. Dieser philosophische Ansatz ist in maßgebender Weise von Spinoza vorbereitet worden.

Spinoza[24]

Spinozas Bedeutung für die neuzeitliche Anthropologie zeigt sich darin, daß Spinoza aus dem Dualismus Descartes' eine entscheidende Folgerung zu ziehen sucht. Descartes hat recht, wenn er erklärt, cogitatio und extensio können nicht aufeinander einwirken, und er hat ebenso recht, wenn er darlegt, daß die faktische Übereinstimmung zwischen Geistigem und Körperlichem letztlich auf Gott zurückzuführen sei, der beides vermittelt. Aber, so argumentiert Spinoza nun, über Descartes und seine unmittelbaren Nachfolger hinausgehend, eine solche göttliche Vermittlung ist ontologisch nur möglich, wenn Gott nicht nur durch die cogitatio, sondern auch durch die extensio bestimmt ist. *Denken* und *Ausdehnung* sind, so sagt Spinoza, in gleicher Weise als Attribute Gottes zu verstehen. Sie sind zwar voneinander unabhängig, aber insofern sie eben Attribute *derselben* Substanz sind, ist eine Übereinstimmung der je in sich konzentrierten Abläufe des geistigen und des körperlichen Geschehens möglich. Dieser Ansatz Spinozas hat im Idealismus, insbesondere bei Schelling, der sich ausdrücklich auf Spinoza beruft, weitergewirkt.

Spinoza hat nun – und das ist für die Entwicklung der neuzeitlichen Anthropologie ebenso bedeutsam – auf dieser Grundlage eine Bestimmung des Menschen im Ganzen des Seienden zu geben versucht, von der her eine *ethische Ausrichtung* des Handelns in grundsätzlicher Hinsicht möglich wird. Er erklärt, der Mensch sei Vernunftträger, insofern er sich zu der höchsten Vernunft, d. h. zu der Vernunft, die das Ganze durchwaltet, erhebt und von dieser her sich selbst betrachtet. Auf Grund dieser Betrachtung — »sub specie aeternitatis« — ist er in der Lage, sich der Knechtschaft der Affekte zu entziehen. Wir legen diese Analyse des *Bezuges von Vernunft und Affekten* genauer dar.

Spinoza knüpft an die cartesianische Unterscheidung der actions und der passions an. Auch er will wie Descartes darlegen, daß und wie sich Willensaktionen gegen die Leidenschaften durchzusetzen vermögen. Aber Spinoza führt seine Analyse der Affekte nun nicht wie Descartes als philosophisches Randthema oder anders gesagt: als ergänzende Korrektur eines dualistischen Ansatzes durch, sondern diese Analyse ist das Grundthema seines Hauptwerkes, der »Ethik«. Dort wird sie im dritten Buch, nachdem in den beiden ersten Büchern die Grundlagen geklärt sind, aufgenommen.

Wenn man den »Ursprung und die Natur der Affekte« verstehen will, muß man sich das Wesen des Geistes und seine Erkenntnismöglichkeiten klar machen. Im Geist sind Ideen (Vorstellungen) vorhanden, durch die das Seiende in seinem Zusammenhang begriffen wird. Dieses Begreifen vollzieht sich in zweifacher Form. Man kann entweder den Zusammenhang von seiner Ursache bis zu seiner Wirkung hin adäquat erfassen, oder aber man vermag diesen Zusammenhang nicht adäquat zu durchdringen, weil man die Wirkung nicht eindeutig auf eine Ursache beziehen kann. Spinoza sucht nun von hier aus das *Handeln* und das *Leiden* zu erklären. Wenn wir handeln, dann setzen wir uns als Ursache eines adäquaten Ursache-Wirkungszusammenhanges unserer Natur gemäß in Gang. »Ich sage, wir handeln dann, wenn etwas in uns oder außer uns geschieht, dessen adäquate Ursache wir sind, das heißt, wenn aus unserer Natur etwas in uns oder außer uns folgt, das durch sie allein klar und deutlich verstanden werden kann.«[25] Umgekehrt: wenn wir leiden, dann müssen wir ein Geschehen ertragen, dessen Ursache wir nicht klar zu durchschauen vermögen, weil wir sie nicht selbst sind.

Affekte als solche, so scheint es zunächst, sind *reine* passiones, insofern sie nicht von uns ausgehen und daher unüberschaubar sind. Sie sind zudem zumeist körperlich bedingt, und dies besagt nach Spinoza: sie sind den mechanischen Gesetzen unterworfen, die in der Körperwelt gelten. Es gibt, so führt Spinoza aus, Affekte, auf die diese Bestimmung eindeutig zutrifft, so etwa die Traurigkeit, in der wir im Ganzen unseres Seins herabgestimmt sind. Es besteht nun aber die Möglichkeit, von der passio zur actio überzugehen und so den Affekt zu ändern. Das Mittel dazu liegt in der vernünftigen Erkenntnis. Sobald wir uns nicht einem Affekt überlassen, sondern ihn zu klären und zu durchdringen suchen, hört er auf, reine passio zu sein. Wir bekommen ihn in die Gewalt und können aktiv werden. Affekte sind also, insofern man von der passio zur actio übergehen kann, zweideutig. Die *Liebe* ist das hervorragendste Beispiel. Liebe kann uns als Leidenschaft überkommen. Ob diese Leidenschaft quälend oder beglückend ist, sie bindet auf jeden Fall an die Außenwelt, d. h. sie verunsichert mich und reißt mich hin und her. Das muß so sein, weil ich ja nicht die Ursache dieser Leidenschaft bin. Liebe kann aber auch von mir ausgehen. Wenn ich die Ursache der Liebe bin, d. h., wenn die Liebe eine Handlung ist, dann kann und muß sie sich in einer Weise vollziehen, die nicht meiner triebhaften, sondern meiner vernünftigen Natur gemäß ist.

Hier tritt der anthropologische Grundansatz Spinozas deutlich hervor. Der Mensch als Affektträger ist emotional an die Außenwelt gebunden, der Mensch als Vernunftträger ist autark und ruht in sich. Die Beherrschung der Affekte muß konkret als Besinnung auf die Affekte vollzogen werden. In dieser Besinnung wird die Affektivität durch ihre Vergegenständlichung *gebrochen*, und so verlieren die Affekte ihre unmittelbare Macht, in der sie an das Außen binden, und der Mensch wird frei. Spinoza thematisiert hier eine Grundmöglichkeit menschlichen Verhaltens, die in der modernen Psychologie, insbesondere in der Psychoanalyse, eine große Rolle spielt: das Nichtdurchschauen ist die eigentliche Kraftquelle der Affektivität, und dementsprechend ist die *rationale Durchdringung* der wesentliche Schritt zu einer Überwindung dieser Affekte.

Die die Affekte vergegenständlichende Vernunft – das ist das Zweite, was für uns wichtig ist – ist nun aber ihrerseits »metaphysisch gebunden«. Dies besagt, daß die Besinnung, durch die die Außenbindung der Affekte aufgehoben wird, kein bloßer Rückzug auf die jeweilige Subjektivität ist, sondern eine Erhebung zu Gott, denn die menschliche Vernunft ist nur dann wahrhaft vernünftig, wenn sie sich in der *allgemeinen* Vernunft fundiert, die das Ganze als Ganzes darstellt. Spinoza legt diesen Zusammenhang genau dar: die Affekte werden gebrochen – das ist der erste Schritt – durch die vergegenständlichenden actiones. Die Aktionen gehen als Aktionen von mir aus: ich bin ihre Ursache. Dies bedeutet aber nicht, daß ihre Ziele von meiner Willkür abhängen. Im Gegenteil: wenn die actiones vernünftig sind, müssen ihre Ziele im Gegensatz zur subjektiven Willkür stehen. Es gibt aber eigentlich nur ein vernünftiges Ziel, das zu erstreben ist. Dies ist Gott. Gott ist kein besonderer Gegenstand, weder in der Welt noch außer der Welt, denn als besonderer Gegenstand wäre er Einzelheit und als solche beschränkt. Gott ist das Ganze des Seins. Als solcher ruht er in sich selbst ohne Außenbezug. Der adäquate Bezug des Menschen zu diesem Gott kann keine pathologische Liebe sein, sondern nur die *vernünftige Liebe*, die als actio von mir ausgeht und ausgehen kann, insofern ich, wie Gott, Vernunftwesen bin. Das besagt konkret: diese Liebe zu Gott ist die Liebe, in der ich mich dem Ganzen zuwende und es zu begreifen suche; sie ist nichts anderes als die Einsicht in die Notwendigkeit, d. h. die vernünftige Ordnung, die das Ganze an ihm selbst ist.

Wenn aber, so argumentiert Spinoza nun, der Mensch das Ganze durchschaut, so weiß er sich gerade nicht als ihm gegenüber selbständig, sondern er erkennt, daß er in diese Ordnung als ihr *Teil* eingefügt ist. Als dieser Teil aber nimmt er Anteil an der in sich kreisenden und sich auf sich beziehenden Vernunft des Ganzen. Spinoza sagt: »Die vernünftige Liebe des Geistes zu Gott ist Gottes Liebe selbst, womit sich Gott selbst liebt, nicht sofern er unendlich ist, sondern sofern er durch die Wesenheit des menschlichen Geistes, inwieweit dieser unter der Art der Ewigkeit betrachtet wird, erklärt werden kann, das heißt, die vernünftige Liebe des Geistes zu Gott ist ein Teil der unendlichen Liebe, womit Gott sich selbst liebt.«[26] Die Liebe des Menschen zu Gott ist also nur ein endlich bestimmter Ausdruck Gottes. Wir als vernünftig denkende Wesen sind ja abhängig von Gott als der einen Substanz, die alle cogitationes umgreift. Daher muß unsere Liebe zu Gott, die als Handlung aus unserer Natur folgt, im Grunde begriffen werden als von Gott als der einzigen Ursache bewirkt, das heißt, wir lieben Gott, insofern sich Gott *selbst* als das einzig wahrhaft Seiende in uns liebt.

In Spinozas Philosophie tritt die Tendenz, die die Entwicklung der metaphysischen

Anthropologie bestimmt, deutlich hervor: das *Aufheben der menschlichen Endlichkeit*. Wenn der Mensch Vernunftträger ist, d. h., wenn er seine Affekte besiegen kann, weil und insofern er sich von der das Ganze tragenden göttlichen Vernunft her zu bestimmen vermag, dann ist er dem Unendlichen viel näher als man in der platonisch-augustinischen Tradition vermeint. Um den Menschen angemessen zu verstehen, muß man den besseren Teil in ihm, den Geist, also weit radikaler, als man es bisher tat, mit dem göttlichen Geist vergleichen. Es gibt, wie *Hegel* sagt, eigentlich nicht einen menschlichen Geist und als Gegensatz dazu einen göttlichen Geist, Geist ist immer der eine und derselbe Geist. Indem man diesen Geist als das bestimmende Prinzip alles Seienden versteht, lösen sich die anthropologischen Probleme, die die Tradition bedrängten, gleichsam von selbst. Die Vermittlung von geistigem und körperlichem Geschehen im Menschen ist ebenso gesichert wie die Herrschaft über die Affekte, denn der Mensch ist Teil des absoluten und unendlichen Geistes, von dem her alles bestimmt ist.

Kant[27]

Zwischen der spekulativen Philosophie Spinozas und der spekulativen Philosophie des Deutschen Idealismus steht Kant. Auch Kant behauptet, daß der Vernunft im Menschen ein unbedingter Vorrang zukommt, aber er sucht diesen Vorrang nicht in einer Metaphysik des Übersinnlichen *theoretisch* zu fundieren, sondern verknüpft ihn mit der *Moral*. Das Handeln aus der Vernunft muß der Mensch sich praktisch gebieten, ohne daß die intelligible Welt, der er als Vernunftwesen zugehört, den Erfolg dieses Handelns garantiert. Wir suchen diesen Ansatz zu entwickeln, indem wir die für Kant wesentliche *Unterscheidung von Moralphilosophie und Anthropologie* diskutieren.

Insofern Kant den Gedanken der transzendentalen Apperzeption, d. h. eines *reinen, überempirischen Ich* konzipiert, bereitet er die Philosophie des Deutschen Idealismus vor, die von einer übermenschlichen Subjektivität ausgeht. Mag die transzendentale Apperzeption, wie Kant sie bestimmt, als Form auf ihr von außen vermittelte Inhalte angewiesen sein, und mag sie für sich selbst gar nicht faßbar sein, sie ist doch die oberste Bedingung alles Denkens und Erkennens. Als solche ist sie unbedingte Spontaneität. Diese Idee der Spontaneität, d. h. des reinen Aus-sich-entspringens, ist aber nicht ohne weiteres mit dem Ansatz der traditionellen *Vermögenspsychologie*, von der Kant im Ganzen seiner Philosophie ausgeht, vereinbar. Die Vermögen sind – dies ist der Kern dieser Lehre – anerschaffene und insofern endliche Anlagen des Menschen. Sie sind die *substantielle* Grundlage, das heißt die Träger jeweiliger Aktualisierungen. So ist das Willensvermögen der Träger des jeweiligen Wollens und das Denkvermögen der Träger der jeweiligen Denkvorgänge. Diese Vorstellung eines in sich ruhenden Vermögens ist wesentlich von der sinnlichen Erkenntnis her konzipiert. Es gibt ein Sehvermögen, d. h. genauer: ein Sehorgan, das durch Einwirkung von außen von der Möglichkeit in die Wirklichkeit überführt wird. Bereits beim Verstand wird diese Idee der Aktualisierung von außen her problematisch, insofern der Verstand ja selbsttätig sein soll, und beim Ich wird sie offensichtlich unsinnig, denn das Ich ist seinem wahren Wesen nach doch keine vorhandene und in sich ruhende Grundlage, die erst aktualisiert werden müßte.

Kant hat diese Schwierigkeiten gesehen und sie vielfältig im Hinblick auf mögliche Lösungen durchdacht. Er hat – dies ist für unseren Zusammenhang wichtig – innerhalb der verschiedenen Vermögen einen reinen Teil als unabhängig und in sich autark angesetzt und diesem reinen Teil einen empirischen untergeordnet. Dieser empirische Teil ist doppelt bedingt, einmal von der äußeren Welt her und einmal vom reinen Teil. Die reinen Teile sind gemäß den verschiedenen Vermögen als Verstand, Urteilskraft und Vernunft zu bestimmen. Kant erklärt: »In Ansehung der Seelenvermögen überhaupt, sofern sie als obere, d. h. als solche, die eine Autonomie enthalten, betrachtet werden, ist für das *Erkenntnisvermögen* (das theoretische der Natur) der Verstand dasjenige, welches die *konstitutiven* Prinzipien a priori enthält; für das *Gefühl der Lust und Unlust* ist es die Urteilskraft, unabhängig von Begriffen und Empfindungen, die sich auf Bestimmung des Begehrensvermögens beziehen und dadurch unmittelbar praktisch sein könnten; für das *Begehrungsvermögen* die Vernunft, welche ohne Vermittlung irgendeiner Lust, woher sie auch komme, praktisch ist und demselben, als oberes Vermögen, den Endzweck bestimmt, der zugleich das reine intellektuelle Wohlgefallen am Objekte mit sich führt.«[28]

Das jeweilige obere Vermögen ist autonom, und als solches nicht von außen affizierbar. Dies besagt für das *Begehrungsvermögen*, dessen Analyse wir uns nun zuwenden, die Vernunft kann praktisch sein und sich zum Handeln entschließen, ohne Anreiz von außen durch Vermittlung der Lust. Dies obere Begehrungsvermögen und die es thematisierende Wissenschaft, die *Metaphysik der Sitten* oder die *Moralphilosophie*, ist dementsprechend genau abzugrenzen von der Empirie und damit auch von jeder Wissenschaft, die sich auf die Erfahrung stützt. Kant setzt die Moralphilosophie in Gegensatz zur *Anthropologie*. In formaler Hinsicht ist diese Abgrenzung parallel der Unterscheidung der rationalen Physik, der Metaphysik der Natur, von der empirischen Physik. Wie die empirische Physik es mit Erscheinungen der Natur zu tun hat, die nur durch Erfahrung kennenzulernen sind, so hat es die Anthropologie mit dem faktischen Menschen zu tun, von dessen Tun und Treiben man eben nur durch Erfahrungen weiß. Gleichwohl ist das Verhältnis von Moralphilosophie und Anthropologie doch von Grund aus anders als das Verhältnis von rationaler und empirischer Physik. Die empirische Physik schaltet die Gesetze der reinen Physik, etwa die Kausalität, ja nicht aus. Sie nimmt sie gerade zur Grundlage und erörtert von dieser Grundlage her »die besonderen und mehreren Gesetze« der Natur. Die Anthropologie dagegen kann die praktische Vernunft nicht als konstitutive Grundlage für ihre pragmatische Erkundung des Menschen ansetzen: die praktische Vernunft ist kein konstitutives, sondern ein regulatives Prinzip. Sie *soll* mein Handeln regeln, aber sie vermag nie zu zeigen, ob und in welchem Maße vernünftiges Handeln die Realität bestimmt. Grundsätzlich gesagt: das Handeln aus Vernunft überschreitet die gegebene Wirklichkeit und kann daher auch nicht mit den Bestimmungen, die in und für diese Dimension gültig sind, beschrieben werden.

Daß die *Anthropologie* so scharf von der Moralphilosophie abgetrennt und dieser gegenüber als durchaus zweitrangig deklariert wird, dies besagt aber keineswegs, daß ihr nicht eine gewisse Bedeutung zukommt. Die Anthropologie thematisiert etwas, was weder die praktische Moralphilosophie noch die theoretische Philosophie untersuchen kann: das wirkliche und reale Tun und Lassen des Menschen. Die reine Moralphilosophie stellt die moralische Forderung als Forderung heraus, und die theoretische Philosophie sucht alles, was in der Erfahrung vorkommt, strikt vom Gesetz der Kausalität her zu deuten. In beiden Fällen wird das *konkrete Selbstverständnis*, das das faktische Tun des Menschen bestimmt, nicht berücksichtigt. Dieses stellt sich als eine Verbindung von Freiheit und Unfreiheit, Vernünftigkeit und Triebhaftigkeit dar. Eben hier setzt die anthropologische Betrachtung an. In ihr wird der Mensch untersucht, insofern er ein welthaftes Wesen ist, d. h., insofern er von der Welt her affiziert wird und auf die Welt hin handelt. Man will in Erfahrung bringen, wie es eigentlich zugeht, wenn die Menschen die Lebenswelt kennenlernen und sich in ihr orientieren, um in ihr, wie Kant sagt, »mitspielen« zu können. Diese Betrachtungsweise ist von *pragmatischem Nutzen*, da der Mensch faktisch in der Welt lebt und handeln muß.

Historisch gesehen – dies sei nur am Rande vermerkt – fügt sich Kants Anthropologie einer bestimmten literarischen Gattung ein, die von der Renaissance und den französischen Moralisten an zumeist in der Form kurzer Essays psychologische Beobachtungen darlegt. Man will den Menschen vorurteilslos erfassen; eine gewisse skeptische Einstellung, etwa bei den französischen Moralisten oder Bacon, ist nicht zu verkennen. Diese Betrachtung bleibt aber am Rande der klassischen Philosophie. Nicht nur der Form, auch dem Inhalt nach kann sie keine systematischen Ansprüche erheben, denn eine metaphysische Wesensbestimmung des Menschen liegt diesen Beobachtungen zumeist nur indirekt zugrunde. Auf der anderen Seite weisen diese anthropologischen Skizzen jedoch auf die Gegenwart voraus, insofern hier psychologische, soziologische, ethnologische und kulturhistorische Beobachtungen miteinander verbunden werden. Gerade diese Verbindung verschiedener Sichten ist ein Merkmal der modernen Anthropologie. Freilich zeigt sich zwischen diesen Beobachtungen und der gegenwärtigen Anthropologie ein wesentlicher Unterschied. Solange man noch glaubt, daß die eigentliche Bestimmung des Menschen Sache der Theologie oder der metaphysischen Philosophie sei, werden die anthropologischen Betrachtungen eben nur als Nebenprodukte angesehen, selbst dann noch, wenn sie faktisch durch ihre Skepsis die metaphysische Bestimmung des Menschen fraglich machen. Wenn man dagegen der Theologie und der Philosophie die Möglichkeit abspricht, ein verbindliches Menschenbild zu geben, oder wenn man – und dies ist ja eine Tendenz des verwissenschaftlichten Zeitalters – der Meinung ist, daß es gar kein eindeutiges Menschenbild gibt, dann gewinnen diese von verschiedenen Aspekten ausgehenden Beobachtungen des Menschen an Wert. Und dies bedeutet wiederum: die Anthropologie negiert den Charakter des bloß erzählenden Berichtens, den sie in der Tradition hatte, und sucht sich selbst als Wissenschaft zu etablieren.[29]–

Will man den Grundansatz der *Moralphilosophie* im Gegenzug zu der Anthropologie erfassen, so muß man davon ausgehen, daß Kant in einer bisher nicht bekannten Radikalität fragt, was eigentlich *Handeln aus praktischer Vernunft* bedeutet. Er entwickelt den einfachen Gedanken, daß dies Handeln seine Bestimmung, seinen Wert, seine Möglichkeit und seine Wirklichkeit rein in sich selbst – eben in seiner Vernünftigkeit – trägt und keiner anderen Begründung mehr bedarf. Eben dadurch wird dies vernünftige Handeln von den Bestimmungen der Menschlichkeit abgelöst, ohne jedoch in einem göttlichen Sein fundiert zu werden. Die Möglichkeit, Gott als Ursprung der Vernunft anzusetzen, und den Menschen nun von Gott her zu verstehen und damit das menschliche Handeln im göttlichen Handeln zu fundieren, diese Möglichkeit schließt Kant a limine aus. Er sucht vielmehr umgekehrt das göttliche Handeln in der reinen Vernünftigkeit zu begründen. Das bedeutet nun aber, daß es durchaus möglich ist, sich das, was Handeln aus reiner praktischer Vernunft besagt, an Gott *beispielhaft* klar zu machen.

Gott handelt immer vernünftig, d. h. nach reiner Gesetzmäßigkeit. Gott ist die Möglichkeit, unvernünftig zu handeln, verwehrt, da ihm die Sphäre, aus der unvernünftiges Tun entspringt, die Sphäre der Triebe, Affekte und Neigungen, verschlossen ist. Das vernünftige Handeln muß daher Gott sich nicht abfordern. »Das *Sollen* ist hier am unrechten Orte, weil das *Wollen* schon von selbst mit dem Gesetz notwendig einstimmig ist.«[30]

Das Wesen des *moralischen Gesetzes* wird deutlich durch einen Rückgriff auf die Naturwissenschaft. In der Naturwissenschaft bedeutet Gesetz nichts anderes als ausnahmslos gültiger Funktionszusammenhang. Kant weist auf diesen Sinn des Gesetzes selbst hin. Er erläutert die Formel des kategorischen Imperativs – »Handle nur nach derjenigen Maxime, durch die du zugleich wollen kannst, daß sie ein allgemeines Gesetz werde« – durch eine zweite Fassung: »Handle so, als ob die Maxime deiner Handlung durch deinen Willen zum *allgemeinen Naturgesetz* werden sollte.«[31]

Wenn die Bestimmung »Gesetz« ausnahmslose Gültigkeit eines Funktionszusammenhanges besagt, so gehören Gesetz und Vernunft aufs engste zusammen, denn die Vernunft ist ihrerseits ja gar nichts anderes als unbedingte allgemeine Gültigkeit. Der Unterschied zwischen dem reinen Naturgesetz und dem praktisch moralischen Gesetz liegt allein darin, daß Gesetze in der Natur unbewußt wirken, während Gesetze in der moralischen Welt bewußt vollzogen werden. Vernünftigkeit, Gesetzmäßigkeit und Wille bilden in der moralischen Dimension eine Einheit. Die Bestimmung »Wille« – das ist für das Verständnis der Ethik Kants entscheidend – ist nicht identisch mit dem Begriff »Willkür«. Während Willkür im Sinne des liberum arbitrium unbestimmte Beliebigkeit bedeutet, ist der Wille als oberes Vermögen von der *Vernunft*, d. h. der Einsichtnahme in *gesetzliche Ordnung*, geleitet und im Sinne der Willkür gerade nicht frei. Kant sagt: »Ein vernünftiges Wesen hat das Vermögen, *nach der Vorstellung* der Gesetze, d. i. nach Prinzipien zu handeln oder einen Willen. Da zur Ableitung der Handlungen von Gesetzen Vernunft erfordert wird, so ist der Wille nichts anderes als praktische Vernunft.«[32] Und entsprechend erklärt er: »Der Wille wird als ein Vermögen gedacht, der *Vorstellung gewisser Gesetze* gemäß sich selbst zum Handeln zu bestimmen. Und ein solches Vermögen kann nur in vernünftigen Wesen anzutreffen sein.«[33] Die praktische Vernunft ist identisch mit der *Freiheit*. Freiheit ist negativ bestimmt Freisein von Trieben, positiv bestimmt bedeutet sie im Gegensatz zur Willkür Vollzug der eigenen Wesensgesetzlichkeit in der Weise heller und einsichtiger Bewußtheit.

Insofern Kant die praktische Vernunft mit den Bestimmungen Gesetz, Wille und Freiheit gleicht, weist er auf das idealistische Denken voraus, das die Idee der sich rein aus sich selbst bestimmenden absoluten Subjektivität ins Zentrum stellt. Aber Kants ethischer Ansatz unterscheidet sich doch in einem wesentlichen Punkte vom idealistischen Denken. Für Kant bleibt zwischen der in sich gültigen Vernunft und dem Menschen eine Kluft, die nicht, wie die Idealisten meinen, durch eine intellektuelle Erhebung zum Absoluten zu schließen ist. Diese strikte Unterscheidung von Vernunft und Menschlichkeit bedeutet aber, daß ausdrücklich dargelegt werden muß, wie dem Menschen als einem Wesen, das eben nicht absolute Vernünftigkeit ist, die Möglichkeit, sich aus der Vernunft zu bestimmen, überhaupt gegeben ist.

Daß der Mensch ein Doppelwesen ist, das heißt, daß er einerseits Vernunftwesen und andererseits Triebwesen ist, dies ist für Kant eine Tatsache, die weder abzuleugnen noch zu begründen ist. Die praktische Vernunft ist im Gegensatz zu den Trieben etwas, was gar nicht von der Natur des Menschen her zu erklären ist. In diesem Sinn ist diese Vernunft »übernatürlich«. Das besagt aber gerade nicht, daß sie nicht als solche verstehbar sei. Im Gegenteil: die Vernunft ist der Sache nach dasjenige, was unbedingt einsichtig ist. Der Mensch kann diese Einsicht in die Vernunft grundsätzlich aktualisieren, er vermag ja von ihren Gesetzen und Forderungen in vernünftiger Weise Rechenschaft zu geben.

Die Offenheit des Menschen für die Vernunft ist nicht so zu verstehen, als ob der Mensch zwischen der Vernunft und den Trieben stände und sich beliebig für oder gegen die Vernunft entscheiden könnte. Die Offenheit des Menschen für die Vernunft ist vielmehr als dialektisches Paradox zu erfassen. Einerseits erhebt sich der Mensch, und zwar insofern er Vernunftwesen ist, über sich, d. h. über seine ständig andrängende Triebgebundenheit. Aber diese Erhebung ist andererseits nur möglich, wenn die Vernunft ihrerseits den Menschen »angeht«, das heißt, wenn sie sich ihm als Gebot so verpflichtend entgegenstellt, daß er auf sie hören *muß*. Diese Paradoxie sagt der Begriff »Autonomie« aus. Autonomie bedeutet: ich bestimme mich selbst, aber in der Weise, daß ich mich damit unter ein Gesetz im Sinne des *Gebotenen* stelle.

Kant hat das Wesen dieser Selbstverpflichtung aus Vernunft zur Vernunft immer wieder als den entscheidenden Grundzug seiner Moralphilosophie herausgestellt. Wir erinnern an seine Kennzeichnung des Gefühls der *Achtung*, die ich für das Gesetz empfinde. Achtung ist, so sagt Kant, ein selbstgewirktes Gefühl, und er erläutert diese paradoxe Bestimmung folgendermaßen: »Der *Gegenstand* der Achtung ist also lediglich das *Gesetz*, und zwar dasjenige, das wir uns *selbst* und doch an sich notwendig auferlegen. Als Gesetz sind wir ihm unterworfen, ohne die Selbstliebe zu begraben; als von uns selbst auferlegt, ist es doch eine Folge unseres Willens ... «[34] Kant spricht in diesem Zusammenhang davon, daß das Bewußtsein des moralischen Gesetzes ein »Faktum der Vernunft« sei, das sich für sich selbst uns aufdringt, und das als Faktum »vor allem Vernünfteln über seine Möglichkeit und allen Folgerungen, die daraus zu ziehen sein möchten, vorhergeht«.[35] Der Begriff »Faktum der Vernunft« ist widersinnig, insofern Faktum unverstehbare Tatsächlichkeit und Vernunft einsichtigen Selbstvollzug bedeutet. Aber gerade diese Widersinnigkeit ist für die praktische Vernunft legitim: das Gesetz ist uns als Gesetz *auferlegt*, aber es ist doch nicht heteronom, d. h. uneinsichtiger Zwang, sondern steht meiner Einsicht offen, denn die Moralität gründet ja eben darin, daß ich das Geforderte als vernünftig begreife und anerkenne.

Durch diesen Ansatz ist die Möglichkeit gegeben, die *Kluft zwischen Moralphilosophie und Anthropologie*, oder genauer: zwischen dem Handeln aus Vernunft und dem »wirklichen Handelnsvollzug« zu *überbrücken* und zwar von der Vernunft her. Die Forderung der Vernunft richtet sich ja an den wirklichen Menschen und verlangt, daß dieser Mensch auch in der Realität die Vernunft durchsetze. Dies besagt nicht, daß die Trennung von Moralphilosophie und Anthropologie als solche aufgehoben werde; es bleibt dabei, daß die Moralphilosophie ihren Geltungsanspruch aus überempirischen Prinzipien zieht, während die Anthropologie eine bloß empirische Beobachtung ist. Aber insofern die von der moralischen Vernunft ausgehende Forderung sich an den wirklichen Menschen richtet, gibt sie eben eine »Bestimmung« des menschlichen Seins, die den Menschen im ganzen angeht und eine Gesamtausrichtung gerade seines Tuns und Lassens in dieser Welt bedeutet. Es sei zugegeben, daß Kant selbst diesen Ansatz nicht genügend herausstellt. Immer wieder schiebt sich ihm die Aufgabe, die Gültigkeit der Moral als solche zu erweisen, in den Vordergrund. Die Moral, als reine Gesinnungsmoral deklariert, wird vom Äußeren abgelöst. Der Mensch als Vernunftträger ist Glied eines Reiches der Zwecke, das als mundus intelligibilis nicht von dieser Welt ist. Wir haben im zweiten Teil dieser Arbeit dargelegt, daß Kants Ethik im 19. Jahrhundert durchaus nicht zu Unrecht von diesem Gesichtspunkt der *Verinnerlichung* her begriffen wurde, aber wir haben zugleich darauf hingewiesen, daß eine solche Betrachtung Kants doch einseitig ist. Es ist heute notwendig, die andere Seite der kantischen Ethik herauszustellen, nämlich die Einsicht, daß der Mensch für sich selbst und seine Lebensgestaltung *verantwortlich* ist, weil er Vernunft hat.

In der Vernünftigkeit liegt nicht nur der eigentliche Rang, sondern auch die eigentliche Chance des Menschen. Vernunft muß nur im weiten und ursprünglichen Sinn verstanden werden als das Vermögen, in triebdistanzierter Sachlichkeit die besten Möglichkeiten für den Menschen in einer Situation zu erkennen und sie dieser Erkenntnis entsprechend zu verwirklichen. In einer solchen vernünftigen Überlegung wird zwar der direkte Triebanspruch und insofern der unmittelbare Egoismus, der aus diesen Triebansprüchen kommt, außer Kraft gesetzt, aber diese Überlegung ist deswegen durchaus nicht »einfach altruistisch«. Kant sagt in der »Metaphysik der Sitten« sehr schön, daß die Allgemeinheit des Gesetzes, die Wohlwollen als Pflicht empfiehlt, auch mich einschließt: »Ich will jedes anderen Wohlwollen (benevolentiam) gegen mich; ich soll also auch gegen jeden Anderen wohlwollend sein. Da aber alle *anderen* außer mir nicht *alle* sein, mithin die Maxime nicht die Allgemeinheit eines Gesetzes an sich haben würde, welche doch zur Verpflichtung notwendig ist: so wird das Pflichtgesetz des Wohlwollens mich als Objekt desselben im Gebot der praktischen Vernunft mit begreifen; nicht als ob ich dadurch verbunden würde, mich selbst zu lieben (denn das geschieht ohne das unvermeidlich, und dazu gibt's keine Verpflichtung), sondern die gesetzgebende Vernunft, welche in ihrer Idee der Menschheit überhaupt die ganze Gattung (mich also mit) einschließt, schließt als allgemein gesetzgebend mich in der Pflicht des wechselseitigen Wohlwollens nach dem Prinzip der Gleichheit wie alle anderen neben mir ein und *erlaubt*, dir selbst wohlzuwollen unter der Bedingung, daß du auch jedem anderen wohlwillst; weil so allein deine Maxime (des Wohltuns) sich zu einer allgemeinen Gesetzgebung qualifiziert, als worauf alles Pflichtgesetz gegründet ist.«[36]

Daß der Mensch zu einer vernünftigen Gestaltung des Lebens, von der er selbst »profitieren« kann, aufgefordert ist, dies bedeutet eine ständige Belastung, die in keiner Weise metaphysisch abgesichert werden kann. Auch in dieser Hinsicht ist Kants Ansatz für uns heute lehrreich. Kant setzt ja keine Vermittlung von Menschlichkeit und Vernünftigkeit in der Weise an, daß ein Absolutes alles menschliche Tun immer schon im vorhinein übergriffen und vorgelenkt und solchermaßen seinen Erfolg garantiert hätte. Die Ausschaltung einer solchen metaphysischen Vermittlung bedeutet aber konkret, daß der Mensch sich eingesteht, daß eine echte Verbindung von Moralität und Wirklichkeit durch die Vernunft sich nur innerhalb von *geschichtlichen* Situationen vollziehen kann, und zwar in der Weise, daß der Mensch das Gegebene durch vernünftiges Planen überschreitet und es diesem Planen gemäß zu verändern sucht. Kant selbst hat die Idee einer Gestaltung der geschichtlichen Wirklichkeit durch die Vernunft durchaus thematisiert. Neben den moralphilosophischen und den anthropologischen Schriften steht ein relativ kleiner Komplex: die Schriften zur *Geschichtsphilosophie und Politik*.[37] Hier stellt sich Kant in großer Nüchternheit die Frage, ob die Menschen, die nicht instinktsicher sind wie die Tiere, sondern irren können, sich in der Zukunft an die Vernunft halten werden. Kant gibt eine Antwort auf diese Frage nur zögernd. Er weiß, daß der Mensch aus krummem Holze geschnitzt ist, und er ist überzeugt, daß sich die Vernünftigkeit erst spät und nach vielen mißlungenen Versuchen durchsetzen werde. Aber Kant entwickelt nun – diesseits von Optimismus und Pessimismus – Regeln für das *Zusammenleben* der Menschen. Hier schließt sich der Kreis: Vernunft ist das Prinzip des Allgemeinen; das Denken der Vernunft ist jedem zuzumuten, insofern er Vernunftwesen ist. Die Vernunft ist also das alle Menschen eigentlich verbindende Element und als solches kann und muß sie die Fragen des Zusammenlebens der Menschen untereinander zu regeln suchen. Diese Regeln aber ziehen ihre Kraft aus dem Vertrauen, daß die Vernunft dem Menschen wirklich in einsichtiger Weise zu zeigen vermag, was er hier und jetzt zu tun habe, auch wenn das geschichtliche Geschehen und damit der Erfolg dieses Tuns unsicher bleibt. Im ersten Anhang zu der Schrift »Zum ewigen Frieden«, der den Titel trägt »Über die Mißhelligkeit zwischen der Moral und der Politik, in Absicht auf den ewigen Frieden« sagt Kant: »Der Grenzgott der Moral weicht nicht dem Jupiter (dem Grenzgott der Gewalt); denn dieser steht noch unter dem Schicksal, d. i. die Vernunft ist nicht erleuchtet genug, die Reihe der vorherbestimmenden Ursachen zu übersehen, die den glücklichen oder schlimmen Erfolg aus dem Tun und Lassen der Menschen nach dem Mechanism der Natur mit Sicherheit vorherverkündigen (obgleich ihn dem Wunsche gemäß hoffen) lassen. Was man aber zu tun habe, um im Gleise der Pflicht (nach Regeln der Weisheit) zu bleiben, dazu und hiermit zum Endzweck leuchtet sie uns überall hell genug vor.«[38]

Hegel[39]

Kants Denken erscheint auf dem Hintergrund der Entwicklung, die von Spinoza zum Deutschen Idealismus führt, fast wie eine Episode, denn die Tendenz dieser Entwicklung geht dahin, den Menschen als Vernunftträger in eindeutiger Weise von der absoluten Vernunft her zu begreifen und schließlich mit dieser zu identifizieren. Diese Entwicklung kommt in Hegels System zum Abschluß, und insofern ist Hegels Philosophie als die eigentliche *Vollendung der metaphysischen Anthropologie* zu verstehen, denn Hegel will die Unterscheidung von Gott und Mensch, die in der Tradition wesentlich war, als Zeichen eines philosophisch verfehlten Ansatzes herausstellen. Selbstverständlich weiß auch Hegel, daß der Mensch als solcher kein Gott ist, aber wer einseitig und borniert auf dem Unterschied von Mensch und Gott beharrt und diesen als absolute Wahrheit behauptet, der verfällt gerade der Unwahrheit, denn die Wahrheit ist nur als das Ganze eines Bezuges, durch den Gott und Mensch miteinander und durcheinander vermittelt sind. Es ist daher Hegels Anliegen, die fixen und abstrakten Bestimmungen des Menschen, die die Tradition erarbeitet hat, zu destruieren, denn allein in und durch die Verflüssigung aller festen

Die metaphysische Anthropologie: Vergeistigung 363

Bestimmungen zeigt sich, was der Mensch wirklich ist. Wir suchen diese Methode Hegels durch einen Hinweis auf seine Analyse des subjektiven Geistes in der »Encyclopädie« zu verdeutlichen.[40]

Die »Encyclopädie der philosophischen Wissenschaften« soll den Anspruch, daß die Philosophie die eigentliche Wissenschaft sei und als solche alle besonderen Wissenschaften fundiere, verifizieren. Unter diesem Gesichtspunkt thematisiert Hegel drei Wissensbezirke: Logik, Naturphilosophie und Philosophie des Geistes. Der Geist als solcher muß seinem Auftreten gemäß unterschieden werden als subjektiver, objektiver und absoluter Geist. Der *objektive Geist* – das geronnene und manifest gewordene Geistige – zeigt sich in den kulturellen Schöpfungen, die das einzelne Subjekt übergreifen, im Recht und der Sittlichkeit vor allem. Auch der *absolute Geist* hat es mit Gebilden der Kultur zu tun, der Kunst, der Religion und der Philosophie. Aber hier weiß der Geist um sich in der Weise reiner Verinnerlichung. Wirklich erreicht ist dieses Wissen allerdings erst in der Philosophie; Kunst und Religion bleiben noch der Anschauung und der Vorstellung verhaftet und sind insofern von der Äußerlichkeit noch nicht wirklich frei geworden.

Vom objektiven und absoluten Geist, den intersubjektiven geistigen Realitäten, ist der *subjektive Geist* zu unterscheiden. Der subjektive Geist ist der endliche Geist. Er ist – vereinfacht gesagt – das Ich, als welches jeder Mensch sich weiß. Dies Ich ist von Descartes zum Ausgangspunkt der Philosophie erhoben worden. Hegel will nun gerade zeigen, daß es verfehlt ist, diesen subjektiven Geist als Prinzip zu setzen. Man muß über ihn hinausgehen zum objektiven Geist, in dem die Unterscheidung von Subjekt und Objekt aufgehoben ist. Aber dies Hinausgehen kann nur gelingen, wenn der subjektive Geist sich selbst in allen seinen Bestimmungen nicht als fixes Sein zeigt, sondern von der Tendenz einer lebendigen *Entwicklung* durchwaltet ist. Hegel läßt daher die verschiedenen Stufen des subjektiven Geistes genetisch auseinander hervorgehen, um den subjektiven Geist auf die Stufe des objektiven Geistes zu erheben. Die Untersuchung des subjektiven Geistes gliedert sich, den Stufen seiner Entwicklung entsprechend, in Anthropologie, Phänomenologie und Psychologie. Die Anthropologie hat es mit der Seele, die Phänomenologie mit dem Bewußtsein und die Psychologie mit dem Geist zu tun.

In der *Anthropologie*, die an den letzten Teil der Naturphilosophie, die Schilderung des Organischen, anschließt, legt Hegel dar, daß auch der Mensch noch weitgehend der Natürlichkeit verhaftet ist. Die Bestimmung »Seele« wird hier im Sinn des Aristoteles gebraucht. Seele ist das immaterielle Lebensprinzip eines natürlich Seienden. Als solche ist sie körpergebunden. Sie untersteht also dem Rhythmus von Schlafen und Wachen, sie altert und ist geschlechtlich differenziert. Der Seele sind die einfachsten Formen des Erlebens, Empfinden und Fühlen eigentümlich. »Das Empfinden überhaupt ist das gesunde Miterleben des individuellen Geistes in seiner Leiblichkeit.«[41] Das Fühlen bezieht sich sowohl auf die Außenwelt, die im Fühlen als gegenständlich Anderes noch unmittelbar gehabt wird, als auch auf das eigene Sein. Das Selbstgefühl ist die erste und primitive Form des Wissens um sich selbst als eines Ich, das mit seinem Körper innig vereint ist. »Die Seele ist in ihrer durchgebildeten und sich zu eigen gemachten Leiblichkeit als *einzelnes* Subjekt für sich . . .«[42] Überblickt man diese Entwicklung, so fällt die Fülle der dargelegten Phänomene auf, sodann: diese Phänomene werden erstaunlich anschaulich beschrieben, sie sind nicht von einer abstrakten Schematik her konstruiert. Das genetische Vorgehen erweist seine Stärke darin, daß vieles hier auf der untersten Stufe zugegeben und behauptet werden kann, was später auf höheren Stufen dem Gang der Entwicklung gemäß »aufgehoben« wird. Im Beispiel: der Geist, der wahrhaft zu sich gekommen ist, ist als *reines* Denken nicht körpergebunden. Hegel will auf diese Stufe hinführen, gerade darum kann er unvoreingenommen und ohne Bedenken erklären, daß der Geist sich in dem Stadium, wo er eben noch nicht um sich als reines Denken weiß, als unmittelbar leibgebunden fühlen muß. Hegel legt im Gegensatz zum traditionellen Dualismus von Descartes und Spinoza also gerade dar, daß der noch unentwickelte Geist, d. h. die Seele, aufs innigste mit dem Körper vereint ist. Das Ich weiß hier um sich nur in und durch seine leibliche Befindlichkeit.

Insbesondere die einprägsame Schilderung der *Empfindung* zeigt das Wesen dieser genetischen Untersuchung sehr klar auf. Hegel sagt: »*Alles ist in der Empfindung*, und wenn man will, alles, was im geistigen Bewußtsein und in der Vernunft hervortritt, hat seine *Quelle und Ursprung* in derselben; denn Quelle und Ursprung heißt nichts anderes als die erste unmittelbarste Weise, in der etwas erscheint.«[43] Hegel legt also zunächst – dies ist durchaus positiv gemeint – dar, wie Empfindung das Herz erfüllt: Empfindung erscheint als mein Eigenstes. Aber wenige Zeilen später deutet er mit leichter Ironie darauf hin, daß das Empfinden ja dem Menschen mit dem Tier gemein sei, und daß es nur das Denken sei, wodurch der Mensch sich vom Tier abhebt. In der Anthropologie, so kann man sagen, ist der Unterschied zwischen Mensch und Tier noch nicht als Unterschied ausdrücklich gemacht. Gleichwohl ist er immer schon »im Grunde gesetzt« und durchstimmt alle hier dargelegten Bestimmungen. Der Sinn der Entwicklung liegt nun darin, das, was zwar latent »da ist«, in voller Klarheit heraustreten zu lassen.

In der *Phänomenologie* wird das *Bewußtsein* thematisiert. Hegel verwendet hier den Titel seines früheren Hauptwerkes, »Phänomenologie des Geistes«. Die Absicht dieses Buches ist es, in die Philosophie einzuführen, indem die Erscheinungen des Geistes untersucht werden, d. h. Hegel will darlegen, wie das Bewußtsein sich durch die verschiedenen Stufen seiner Entwicklung – und diese sind eben die Erscheinungen des absoluten Geistes – zum Absoluten selbst emporarbeitet.[44] Die Phänomenologie innerhalb der »Encyclopädie« untersteht demselben Ziel. Sie zeigt, daß das Wesen des Bewußtseins darin liegt, eine Unterscheidung von Ich und Gegenstand zu setzen. Bewußtsein ist – nicht anders als die Bestimmung »Seele« – ein »gewordener Zustand«. Das Bewußtsein ist entstanden durch die Aufhebung der relativen Einheit und Ununterschiedenheit, in der das Ich als Seele mit dem Seienden verbunden ist. Es durchläuft seinerseits eine bestimmte Entwicklung. Das sinnliche Bewußtsein, die Wahrnehmung und der Verstand – Hegel greift in diesen konkreten Analysen wiederum auf die »Phänomenologie des Geistes« zurück – sind Weisen der sich steigernden Differenzierung, in der das Ich und das welthaft Gegenständliche auseinandertritt.

Die genetische Methode bewahrt Hegel also davor, erst einmal ein Subjekt für sich zu setzen und sodann zu fragen, wie dieses Subjekt zu den Gegenständen gelangen könne. Indem Hegel umgekehrt vorgeht, d. h., indem er als ursprünglichen Zustand ein unmittelbares Welthaben ansetzt, schaltet er die künstliche Frage aus, wie das Ich zur Welt in Bezug tritt, und eröffnet sich die Möglichkeit, die Aufhebung des unmittelbaren Welthabens durch Differenzierungen nicht abstrakt, sondern in voller Konkretion zu verstehen. Das sich ausgliedernde Ich ist nicht das formalisierte

Ich der Erkenntnistheorie, sondern die sich auf sich stellende Einzelheit, deren Wesen die *Begierde* ist, d. h. die Selbstsucht, die ihre Befriedigung in der Negation des Anderen sieht. Das Ich ist das Selbstbewußtsein, das die Mitmenschen nicht gelten lassen will. Studiert man diese Ausführungen Hegels, und zieht man die ihnen zugrunde liegenden Abschnitte aus der »Phänomenologie des Geistes« zur Hilfe heran[45], dann erkennt man, wie unmittelbar lebensnah Hegel vorgeht. Seine Analyse vermeidet einseitige Gesichtspunkte – seien diese nun erkenntnistheoretisch oder ethisch – und deutet den Menschen in der ganzen Weite seines Weltverhaltens.

Die Phänomenologie kulminiert in einer Schilderung der Aufhebung des sich auf sich konzentrierenden Selbstbewußtseins. Das einzelne Selbstbewußtsein wird zum *allgemeinen Selbstbewußtsein* vermittelt, in dem man sich gegenseitig anerkennt und gelten läßt und den eigenen Absolutheitsanspruch aufgibt. Hier ist die *Vernunft* am Werk, denn das Wesen der Vernunft ist die Vermittlung. Diese Vermittlung zeigt sich in unserem Zusammenhang in zweifacher Hinsicht: einmal als Versöhnung der einzelnen selbstbewußten Individuen mit- und untereinander und sodann – das ist nicht weniger wichtig – als Aufhebung der Differenz, die durch das Bewußtsein zwischen Ich und Welt, Subjekt und Objekt, aufgerissen ist. Das Subjekt begreift, daß es schon immer mit dem Gegenstand vereint sein muß in und durch die Vernunft, wenn es das Wirkliche erkennen soll. Hegel sagt, das Selbstbewußtsein kommt zu der Gewißheit, »daß seine Bestimmungen ebensosehr gegenständlich, Bestimmungen des Wesens der Dinge, als seine eigenen Gedanken sind«.[46]

Überblickt man den bisherigen Gang, so sieht man, daß an dieser Stelle ein Abschluß erreicht ist. Ausgangspunkt ist das unmittelbare Sein der Seele. Diese Unmittelbarkeit wird aufgehoben: die Seele wird zum Bewußtsein, das sich als Selbstbewußtsein auf sich konzentriert und von den anderen Individuen und der Welt abtrennt. Aber diese Einseitigkeit wird wiederum zunichte gemacht in der Vernunft, in der die Differenz aufgehoben ist. Hegel treibt die Analyse jedoch weiter, indem er im dritten Abschnitt, der *Psychologie*, den Geist und zwar in theoretischer und praktischer Hinsicht thematisiert. Der Grund dieser Fortführung liegt darin, daß Hegel der Meinung ist, die jetzt erreichte Versöhnung sei noch zu unmittelbar, sie müsse daher noch einmal aufgehoben und erneut vermittelt werden und zwar durch den sich in diesem Tun ausdrücklich begreifenden Geist. Konkret: die Vernunft zeigt sich als die Vereinigung des Getrennten. Diese Vereinigung darf aber nicht nur ideal an sich gesetzt werden, sie muß zum *Für-sich-sein des Wissens* erhoben werden. Dies kann nur geschehen durch den *Geist*. Wenn aber der Geist diese Vereinigung aktualisieren soll, dann muß er *sich selbst* als die »wissende Wahrheit« erkennen. Die Aufgabe der Psychologie ist es daher, dem Geist zur Einsicht der in ihm beschlossenen Möglichkeit des Begriffes zu verhelfen.

Hegel thematisiert in der Psychologie unter der Überschrift »Der theoretische Geist« die Weisen des Wissens von der Anschauung über die Vorstellung bis zum Denken hin. Es werden hier also bereits bei der Erörterung des Bewußtseins aufgewiesene Möglichkeiten des Erkennens noch einmal entwickelt. Aber das Ziel ist nun eindeutiger als bisher, dem Subjekt die Einsicht zu vermitteln, daß alle seine Erkenntnisse darin gründen, daß die Intelligenz sich durch *sich selbst* zum Wissen bestimmen kann. Deutlich tritt diese Absicht in der Analyse des *Denkens* heraus, die den Abschluß der Untersuchung des theoretischen Geistes bildet. Denken, so sagt Hegel, ist »Gedanken haben«. Gedanken aber sind nichts anderes als »er-innerte«, d. h.

verinnerlichte Vorstellungen. Das Denken nimmt an den Vorstellungen eine Verwandlung vor. Es hebt den ihnen zunächst anhaftenden Bezug auf äußerliche Gegebenheiten auf, beurteilt und erklärt den in ihnen gemeinten Inhalt als solchen, d. h., es bringt ihn zu Begriffe. Dieser Vorgang der Aneignung und Vermittlung aber versetzt die Intelligenz selbst und als solche in Freiheit. Hegel erklärt: »Die Intelligenz, die als theoretische sich die unmittelbare Bestimmtheit aneignet, ist nach vollendeter *Besitznahme* nun in ihrem *Eigentume*; durch die letzte Negation der Unmittelbarkeit ist an sich gesetzt, daß *für sie* der Inhalt durch sie bestimmt ist. Das Denken als der freie Begriff ist nun auch dem *Inhalt* nach frei.«[47]

Damit ist aber der Übergang vom theoretischen zum *praktischen Geist* gegeben. Hegel fährt an der eben zitierten Stelle fort: »Die Intelligenz, sich wissend als das Bestimmende des Inhalts, der ebenso der ihrige, als er als seiend bestimmt ist, ist *Wille*.«[48] Der Wille bestimmt sich seinen Inhalt selbst, wobei aber dieser Inhalt nicht etwas bloß Subjektives, sondern das Allgemeine sein soll. Die Erhebung des Willens zum Allgemeinen ist daher das eigentliche Ziel dieses Abschnittes. Zuerst erscheint der Wille als mit zufälligem Inhalt erfüllt selbst partikulär, er ist im Grunde nur »vielfach beschränkte Triebhaftigkeit«. Aber der Wille geht seinem wahren Wesen nach über jede Besonderheit hinaus, weil und insofern er mit dem Denken verbunden ist. »Der Wille als denkend und an sich frei, unterscheidet sich selbst von der *Besonderheit* der Triebe und stellt sich als einfache Subjektivität des Denkens über deren mannigfaltigen Inhalt; so ist er *reflektierender* Wille.«[49] Der Wille als reflektierender Wille ist Willkürfreiheit, d. h. die »allgemeine Möglichkeit«, dieses oder jenes zu wählen. Durch diese Möglichkeit eröffnet der Geist sich den Weg, sich nicht nur in sich selbst in formaler Hinsicht zu verallgemeinern, sondern auch in bezug auf den Inhalt von der Zufälligkeit und Beschränktheit frei zu kommen, d. h. zu erkennen, daß der wahre Inhalt des Willens der »seiende« Inhalt ist, in dessen Ergreifen die Intelligenz zur Ruhe kommt.

Die innere Notwendigkeit, zum seienden Inhalt überzugehen, wird von Hegel ausführlich begründet, denn mit dem Nachweis, daß der Wille nicht nur der Form, sondern auch dem Inhalt nach allgemein sein solle, will sich Hegel die Möglichkeit schaffen, vom subjektiven Geist zum *objektiven Geist* überzugehen. Hegel stellt über den theoretischen und den praktischen Geist den *freien Geist*. Die Bestimmung »frei« besagt, daß der Geist zu sich gekommen ist, um sich weiß und daher autonom ist. Als Selbstbestimmung hat der freie Geist »sein Wesen zur Bestimmung und zum Zweck«. Dies Wollen der Freiheit ist etwas Allgemeines – man denkt an Kant zurück –, insofern es Triebhaftigkeit, Partikularität und Willkür überschritten hat. Aber – und darin zeigt sich die Kritik an Kants Ansatz – selbst wenn alle Menschen, insofern sie Vernunftwesen sind, in diesem Bewußtsein der Autonomie vereint werden, so ist diese Einigkeit eben nur formal, der Wille bleibt unbestimmt und leer. Diese Leerheit gilt es zu überwinden. Dies kann aber nicht durch eine erneute und weitere Besinnung auf die Subjektivität geschehen, wie sie Fichte Kant gegenüber durchzuführen sucht, sondern nur dadurch, daß das Subjekt gerade begreift, daß es seinerseits schon immer von objektiven Zusammenhängen umgriffen wird. Das Subjekt sieht ein, daß es von Ordnungen getragen wird. Diese Ordnungen sind nicht natürlich, sondern entspringen der Vernunft des *objektiven Geistes*. In der »Philosophie des Rechts« erklärt Hegel, das Recht sei das Reich der verwirklichten Freiheit, »die Welt des Geistes aus ihm selbst hervorgebracht als eine zweite Natur«.[50]

Freilich ist es nach Hegel notwendig, auch die Dimension des objektiven Geistes zu überschreiten. Mag der objektive Geist ein aus dem Geist hervorgebrachtes übernatürliches Reich sein, so ist er doch noch der Äußerlichkeit verfallen. Dies zeigt sich darin, daß dieser Geist den Wandlungen der Geschichte untersteht. Sicher: Hegel weist immer wieder darauf hin, daß Vernunft in der Geschichte ist. Aber in der Geschichte ist die Vernunft nie »rein«. Sie ist hier durch ein ins Auge fallendes Gewebe von Zufälligkeiten verdeckt. Wirkliche Vernünftigkeit ist erst dort erreicht, wo der Geist sich von der Geschichte absolviert hat, d. h. mit den Phänomenen umgeht, von denen Kunst, Religion und Philosophie zeugen. Auch Kunst, Religion und Philosophie unterstehen dem geschichtlichen Wandel; Hegel ist es ja gerade gewesen, der diesen Wandel untersucht hat, indem er seine Sinnhaftigkeit aufzuzeigen sucht. Gleichwohl: Kunst, Religion und Philosophie intendieren – das zeigt sich von der Tradition her gesehen insbesondere in der Religion – die übergeschichtliche Dimension des *bei sich seienden* Geistes, in der alle Äußerlichkeit aufgehoben ist. Hegel stellt daher an das Ende der »Encyclopädie« die berühmten Sätze aus der Metaphysik des Aristoteles, in denen Aristoteles das Glück des Gottes, der nur *sich* denkt, preist.[51] Anders formuliert: Kunst, Religion und Philosophie sind für Hegel im Gegensatz zu Recht, Staat und Sittlichkeit nicht nur höhere Erzeugnisse der Kultur, sondern die eigentlichen Möglichkeiten der *Verinnerlichung*. Hier, wo der Geist nur mit sich selbst zu tun hat, ist der Aufstieg in die Dimension der wahren Wesenheiten, die der Zeit enthoben sind, vollendet.

Überblickt man den Verlauf dieser Analysen unter dem Gesichtspunkt des Bezuges, der zwischen Hegel und der *Tradition* waltet, so zeigt sich, daß die These, Hegels System bedeute die *Vollendung* der Tradition, in dialektischem Sinn zu verstehen ist. Hegel – das fällt zuerst in die Augen – nimmt den Ansatz der Tradition, der Mensch sei ein Wesen, das durch die Vernunft bestimmt sei, nicht nur auf, sondern radikalisiert ihn. Die Differenz von Endlichkeit und Unendlichkeit soll grundsätzlich negiert werden. Aber – das ist das Zweite – Hegel stellt der Behauptung der Differenz nicht eine bloße Gegenbehauptung entgegen. Die von ihm als Wahrheit gesetzte Einheit zeigt sich nur im Aufheben der Differenz. Das besagt: die Bestimmungen, die sich aus der Differenz ergeben, werden zunächst einmal gesetzt. Dies geschieht – das sei noch einmal ausdrücklich gesagt – durchaus nicht zum Schein. Sie werden sodann durch andere Bestimmungen überhöht und damit selbst zur »bloßen Grundlage« herabgesetzt. Undialektisch formuliert: die früheren Bestimmungen werden auf dem höheren Standpunkt unwichtig. Hegel würde also nicht wie *Nicolai Hartmann* fragen, ob das Verhältnis des Oberen zu dem Unteren als Überbauung oder Überformung zu verstehen sei, eine solche Frage wäre für Hegel zu äußerlich und zu statisch formuliert.[52] Daß der Mensch in dieser Welt nicht ohne Körper existieren kann, würde Hegel als banale Selbstverständlichkeit ebenso zugeben wie die Tatsache, daß der Mensch erst alles im Gefühl und später im Denken habe. Aber diese früheren Stufen müssen und sollen eben unwichtig werden angesichts der Bestimmung des Menschen als Geist.

Hegels *genetische Methode* geht über die Tradition hinaus, in der die Vorstellung leitend ist, daß dem Menschen genau definierbare unveränderliche Vermögen zukämen. Im 19. Jahrhundert hat sich dies genetische Denken auf den verschiedensten Gebieten durchgesetzt. Man erinnere sich nur an *Darwins* Abstammungstheorie, die auf dem Gedanken beruht, daß der Mensch variabel sei, und daß die Abänderung seines Wesens durch dieselbe allgemeine Ursache – nämlich den Kampf ums Dasein – bedingt sei wie bei den Tieren.[53] Aber der zwischen dieser biologischen Betrachtung und Hegels Ansatz bestehende Unterschied ist evident. Hegels genetische Betrachtung ist im Gegensatz zum Biologismus durch eine teleologische Konzeption ausgerichtet. Das besagt konkret: die höhere Stufe ist jeweilig das Woraufhin der vorausgehenden Entwicklung. Von dieser Stufe her ist das Frühere als notwendiger Durchgang zu verstehen. In idealistischer Sprache geredet: der Inhalt und die Form der Entwicklung sind dasselbe. Der Inhalt ist das Geschehen der Vermittlung, aber die Form, in der sich dieses Geschehen expliziert, d. h. in der dieser Inhalt faßbar wird, ist ja ebenfalls die Vermittlung. *Vernunft als Vermittlung* gedacht ist also keine äußere Bestimmung, die an das Geschehen herangetragen wird. Die Vernünftigkeit ist dem Seienden selbst immanent. Vernunft ist Explikation, Entfaltung im Sinne der Zertrennung einer unmittelbaren Einheit. Aber diese Zertrennung ist zugleich Zusammenfassung, Implikation, und als solche der Weg zu einer vermittelten Einheit hin, in der alles endgültig zusammengeschlossen ist. Der Mensch steht in diesem Geschehen, und nur von ihm her erfährt er, was er selbst ist, nämlich das Wesen, das sich von der Natürlichkeit zum Geist hin zu verwesentlichen vermag.

B. Die metaphysische Anthropologie unter dem Prinzip der Verleiblichung

Vorbemerkung:
Der Umbruch der metaphysischen Grundeinstellung im späteren 19. Jahrhundert

Wir haben im Vorausgehenden die Entwicklung der metaphysischen Anthropologie von den Griechen bis zu Hegel hin in ihren Grundzügen dargelegt. Der gemeinsame Ansatz aller der in dieser Epoche maßgebenden Theorien besagt: der Mensch ist *Vernunftträger*, genauer: der Mensch ist ein Wesen, das den Geist als das maßgebende Prinzip zu setzen hat. *Vergeistigung* ist die eigentliche Aufgabe des Menschseins. Daß diese Aufgabe erfüllt werden kann, dies gründet darin, daß Geist und Vernunft dem Rang und der Stärke nach die bestimmenden Mächte sind, im Ganzen des Seins als einer gestuften Ordnung und auch im einzelnen Menschen. Wenn dieser die geistige Bestimmung seiner selbst verfehlt, so wird dadurch der ontologische und der anthropologische Vorrang von Geist und Vernunft nicht in Frage gestellt.

Dieser traditionelle Ansatz wird, so sagten wir bereits in der Einleitung zu diesem Teil, nach Hegels Tod in sein Gegenteil verkehrt. Vernunft und Geist werden ihres Vorranges beraubt. Sie erscheinen nicht mehr als die stärksten Mächte. Macht im Sinne der Wirkungskraft verstanden, liegt vielmehr im *Leiblichen* und der *Triebschicht*. Diese Entthronung des Geistes ist das bestimmende Element in der philosophischen Entwicklung des 19. Jahrhunderts. Diese Umwandlung vollzieht sich jedoch in sehr unterschiedlicher Klarheit und Radikalität.[1]

Wir suchen im folgenden die Hauptstufen dieses Prozesses herauszustellen, indem wir einige der wesentlichen Denker dieser Epoche unter dem Gesichtspunkt der Entwertung des traditionellen Prinzips der Vernunft zugunsten des Leibes thematisieren. Dieser Gesichtspunkt erschließt sicher nicht das Ganze ihrer Philosophien. Er erscheint uns aber heute als der eigentliche Schlüssel, durch den diese Denker für die Gegenwart verständlich gemacht werden können.

Wir thematisieren zuerst *Feuerbach*, der die Theologie in die Anthropologie aufheben will. In dieser wird die Sinnlichkeit als Prinzip deklariert. Sodann zeigen wir, wie beim *späten Schelling* die Einsicht wach wird, daß das Denken im Vergleich zum Willen, der die eigentliche Energiequelle im Menschen ist, unvermögend ist; der Geist ist zur Durchsetzung seiner Ideen auf »untere Kräfte« angewiesen. Im nächsten Kapitel thematisieren wir *Kierkegaards* »Begriff der Angst«. Die Angst gründet in der faktischen Situation des Menschen, so lehrt Kierkegaard, als Geist und Leib zugleich existieren zu müssen. Diese Zweiheit bedrängt den Menschen, er vermag nicht in Ordnung zu kommen, das heißt, die Balance seiner selbst zu gewinnen.

Mit Hinweisen auf *Schopenhauer* und *Nietzsche* schließen wir unsere Analyse ab. In beiden Denkern vollendet sich die zweite Epoche der metaphysischen Anthropologie. Hier wird nicht mehr der Geist, sondern der *Leib* ausdrücklich als die maßgebende Bestimmung gesetzt. Er ist der Träger des Willens. Der Wille wird im Gegenzug zur Tradition von der Vernunft abgelöst. Er ist dunkler Drang. Man kann diesem Willen auf dem Wege der asketischen Resignation zu entgehen suchen – so Schopenhauer – oder ihn als unhintergehbares Kennzeichen des Lebens preisen – so Nietzsche –, in beiden Fällen ist er die eigentliche Macht, metaphysisch gesprochen: das Ding an sich.

Erstes Kapitel
Feuerbach: Der Mensch als sinnliches Wesen [1]

Feuerbachs Denken ist für die Entwicklung der modernen Anthropologie in zweifacher Hinsicht bedeutsam, einmal durch die Gegenstellung zur Theologie und zur spekulativen Metaphysik, und sodann durch die These, daß der Mensch wesentlich nicht durch den Geist, sondern durch die Sinnlichkeit bestimmt sei.

Feuerbach hat in grundsätzlichen und weitausholenden Analysen *das Wesen der Religion und des Christentums* zu klären gesucht. Der Mensch ist ständig dem Leiden ausgesetzt und vor allem droht ihm der Tod. Dieser unglücklichen Situation sucht er durch die Religion zu begegnen. Feuerbach erklärt: »Nur im Elend des Menschen hat Gott seine Geburtsstätte.«[2] Religion ist als der Versuch anzusehen, das Ohnmachtsgefühl des Menschen zu kompensieren. Diese Kompensation vollzieht sich in der Form, daß der Mensch seine eigenen positiven Eigenschaften oder genauer: die Eigenschaften, die das Wesen der als ideal gesetzten Gattung Mensch ausmachen, als Prädikate eines Gottes ausgibt. Der Mensch beurteilt – um ein Beispiel zu geben – die Menschen, die barmherzig sind, positiv. Er setzt sodann das Prädikat für sich, d. h., er redet nun von »der Barmherzigkeit«. Dies ist nach Feuerbach an sich nicht verkehrt, denn Feuerbach sagt, er wolle die religiösen Prädikate ihrem Wert nach gar nicht negieren. Der Fehler liegt allein darin, daß man nun diesen Prädikaten ein göttliches Wesen unterschiebt, eben gemäß der Vorstellung, daß Prädikate ohne Subjekt nicht wirklich sind. Diese im menschlichen Bereich sicher berechtigte Vorstellung ist aber in bezug auf Gott verfehlt. Beim Menschen überzeugt man sich in der realen Begegnung davon, daß es einen Träger gibt. Bei Gott fällt aber diese Möglichkeit einer realen Begegnung dahin. Das Verhängnisvolle liegt nun darin, daß man sich dies nicht klarmacht, d. h., daß man den Prozeß der Substituierung gar nicht durchschaut. Man vergißt, daß der Mensch selbst von den Prädikaten her Gott allererst gesetzt hat und tut so, als ob Gott als Träger der Prädikate eine ganz und gar fraglose Wirklichkeit sei.

Die Religion ist also *Anthropologie*. Das bedeutet, daß sie immer nur etwas über den Menschen aussagt. Feuerbach eröffnet mit dieser Einsicht einer historischen und ethnologischen Betrachtung der Religion das Feld: die Religion wird als Ausdruck des Charakters einer bestimmten Gruppe gedeutet. Den Germanen konnte ihr Gott, so sagt Feuerbach, nur als Germane erscheinen, und gemäß den Eigenschaften des Kriegers, die den Germanen als das Höchste galten, mußte ihr oberster Gott, Odin, der Kriegsgott sein. Wenn der Mensch in der Religion nur sich selbst darstellt, so ist die Religion – grundsätzlich gesehen – als eine indirekte Selbstdarstellung des Menschen zu verstehen. Feuerbach sagt: Die Religion ist das erste und zwar indirekte Selbstbewußtsein des Menschen. Der Mensch verlegt sein eigenes Leben zuerst außer sich, ehe er es in sich findet. »*Das göttliche Wesen ist nichts anderes als das menschliche Wesen.* Oder besser: *das Wesen des Menschen* abgesondert von den Schranken des individuellen d. h. wirklichen, leiblichen Menschen, vergegenständlicht, d. h. angeschaut und verehrt als ein anderes, von ihm unterschiedenes, eigenes Wesen – alle Bestimmungen des göttlichen Wesens sind darum Bestimmung des menschlichen Wesens.«[3] Die Religion ist also eine Selbstentäußerung und Selbstentfremdung.

Feuerbach behauptet, daß zwischen der Religion und der spekulativen Philosophie ein inniger Zusammenhang besteht. Die Religion geht der Philosophie voraus, und die Philosophie – Feuerbach meint hier immer die spekulative Philosophie – setzt ihrerseits die Religion fort. Religion und spekulative Philosophie beruhen auf Irrtum, allein die Anthropologie gibt die Wahrheit. Feuerbach zeigt nun aber, daß sich bereits in der Religion, genauer in der christlichen Dogmatik, bestimmte Probleme einstellen, die die *Aufhebung der Religion* vorbereiten. Der Gott für mich, das heißt »der anthropologische Gott«, rückt im *Protestantismus* in das Zentrum und zwar in der Lehre von Christus. Der Protestantismus ist daher eigentlich gar nicht mehr, so sagt Feuerbach, *Theologie*, sondern als Christologie religiöse Anthropologie. Der Protestantismus wird seinerseits durch die spekulative Philosophie überwunden. Feuerbach hat die Entwicklung der *spekulativen Philosophie* gründlich untersucht. Vor allem sucht er zu zeigen, wie zweideutig diese Metaphysik ist. Einerseits gehen die ihr zugehörigen Denker vernünftig und konsequent vor, insofern sie das Wesen Gottes, wie Feuerbach sagt, »vergegenwärtigen, rationalisieren und damit realisieren«. Aber diese Setzung Gottes in Begreiflichkeit ist – das ist die andere Seite – noch theologisch ausgerichtet, insofern man noch von einem *absoluten* Geist redet. Deswegen muß eben auch noch die spekulative Philosophie negiert werden durch das Bewußtwerden der Einsicht, daß sowohl die Religion als auch die von dieser abhängige Philosophie nichts anderes als Erzeugnisse des Menschen sind. Daß der Mensch der reale Träger des Prozesses der Selbstentfremdung *und* ihrer Aufhebung ist, dies herauszustellen, ist ein Grundanliegen der wahren Philosophie. Der erste Paragraph der »Grundsätze der Philosophie der Zukunft« lautet: »Die Aufgabe der neueren Zeit war die Verwirklichung und Vermenschlichung Gottes – die Verwandlung und Auflösung der Theologie in die Anthropologie.«[4]

Die Bestimmung »Anthropologie« hat also bei Feuerbach einen sehr genauen Sinn. Anthropologie ist keine biologisch ausgerichtete Lehre, die die naturhaften Merkmale des Menschen untersucht, sie beruht auch nicht auf der Beobachtung des alltäglichen Zusammenlebens der Menschen, sondern Anthropologie ist philosophische *Grundwissenschaft* und als solche hat sie die Aufgabe, die bisher die Metaphysik leistete, zu übernehmen. Diese Übernahme ist aber zweideutig. Einerseits muß sich die Anthropologie in Gegensatz zur bisherigen theologischen Metaphysik stellen – Anthropologie ist geradezu ein »Kampfbegriff« –, andererseits soll die Anthropologie ebenso wie die frühere Metaphysik dem Menschen zeigen, was der Sinn seines Lebens ist. Das ist aber nur möglich, wenn man weiß, was das wahrhaft Wirkliche ist. Wenn aber der Mensch sich als dieses wahrhaft Wirkliche erweist, dann besagt dies, daß der Mensch nun die Stelle einnimmt, die vorher Gott oder der absolute Geist besetzt hielt. Der Mensch ist das ens metaphysicum geworden. Feuerbach bringt diesen Sachverhalt klar zum Ausdruck, indem er darlegt, daß der Anfang der Philosophie das Endliche und das Bestimmte sei. Er gibt zum Begriff »das Endliche« nun aber eine Anmerkung, die besagt, daß er hier das Wort »endlich« im Sinne der absoluten Philosophie gebraucht habe, welche vom Standpunkt des Absoluten das eigentlich Wirkliche, den Menschen, als endlich bestimme; in Wahrheit sei gerade der wirkliche Mensch nicht als endlich, sondern als unendlich zu denken: »Wenn das Unendliche nur dann ist, nur *Wahrheit und Wirklichkeit* hat, wenn es bestimmt, das heißt, wenn es nicht als Unendliches sondern als *Endliches* gesetzt wird, so ist ja in Wahrheit das *Endliche* das *Unendliche*.«[5]

Die Bestimmung der Anthropologie als einer philosophischen Grundwissenschaft, wie Feuerbach sie propagiert, hat sich in direkter und unmittelbarer Form in der Philosophie des späteren 19. Jahrhunderts kaum durchgesetzt. Die großen Philosophen, wie Schopenhauer und Nietzsche, verstehen den Menschen von dem zum Weltprinzip erhobenen Willensdrang her. Und der Anthropologie des 20. Jahrhunderts, die sich an bestimmte Wissenschaften hält, insbesondere die Biologie und die Soziologie, bleibt Feuerbach, der keinen wirklichen Bezug zur Wissenschaft hatte, fremd. Gleichwohl spricht Feuerbach das aus, was das bestimmende Prinzip der nachidealistischen Epoche im ganzen ist; und insofern hat er die Grundlagen des späteren 19. Jahrhunderts sichtbar gemacht, die Grundlagen, deren man so sicher war, daß man sie stillschweigend voraussetzte und gar nicht mehr ausdrücklich diskutierte. Auch bei den Metaphysikern, wie Schopenhauer und Nietzsche, und ebenso bei den modernen Anthropologen ist die Voraussetzung wirksam, daß man in der Philosophie nicht von Gott auszugehen habe, sondern vom *Menschen*, weil wir uns selbst das Nächste sind, und zwar nicht, insofern wir denken, wie Descartes lehrte, sondern in einer viel *unmittelbareren* Weise.

Feuerbach selbst glaubt diese Unmittelbarkeit in der *Sinnlichkeit* zu finden. Er erklärt: »Der Philosoph muß das im Menschen, was *nicht* philosophiert, was vielmehr *gegen* die Philosophie ist, dem abstrakten Denken *opponiert*, das also, was bei Hegel nur zur *Anmerkung* herabgesetzt ist, in den Text der Philosophie aufnehmen. Nur so wird die Philosophie zu einer *universalen, gegensatzlosen, unwiderleglichen, unwiderstehlichen Macht*. Die Philosophie hat daher nicht *mit sich*, sondern mit ihrer *Antithese*, mit der Nichtphilosophie zu beginnen. Dieses vom Denken unterschiedene, unphilosophische, absolut *antischolatische* Wesen in uns ist das Prinzip des Sensualismus.«[6] Dieser Rückzug auf die Sinnlichkeit ist bei Feuerbach zweideutig. Einerseits ist er naiv gemeint und tendiert zu einer einfachen Anerkennung des gesunden Menschenverstandes, für den feststeht, daß der sinnliche Augenschein im Gegensatz zum abstrakten Denken in unmittelbarer Form Wirklichkeit darbietet. Andererseits muß Feuerbach als Hegelschüler *und* Hegelgegner die zum Prinzip erhobene Sinnlichkeit gegen eine mögliche Aufhebung durch das Denken sichern. Hegel hat ja am Anfang der »Phänomenologie des Geistes« eine solche Destruktion des sinnlichen Erkennens vollzogen, indem er zeigte, daß der Erkennende nicht bei der Sinnlichkeit stehen bleiben kann.[7] Feuerbach sucht nun zu zeigen, daß in der von ihm propagierten neuen Philosophie der Gegensatz von Geist und Sinnlichkeit überhaupt aufgehoben ist und zwar zugunsten der Sinnlichkeit, die, zum Prinzip gesetzt, Herz und Verstand erfüllt. Feuerbach erklärt: »*Die neue Philosophie* stützt sich auf die *Wahrheit der Liebe, die Wahrheit der Empfindung*... die neue Philosophie ist in Beziehung auf ihre Basis selbst nichts anderes als das zum *Bewußtsein erhobene Wesen der Empfindung* – sie bejaht nur *in und mit der Vernunft*, was *jeder Mensch – der wirkliche Mensch – im Herzen bekennt.* Sie ist das zu Verstand gebrachte Herz. Das Herz will keine abstrakten, keine metaphysischen oder theologischen – es will *wirkliche,* es will *sinnliche Gegenstände und Wesen.*«[8]

Sinnlichkeit ist für Feuerbach keine bloße erkenntnistheoretische Bestimmung. Wenn er vom Sensualismus redet, so meint er nicht eine Philosophie, die den Bezug von Subjekt und Objekt im Sinne Lockes oder Humes konstruiert, indem sie ihn abstrakt von den Sinneseindrücken her genetisch zu erklären sucht. Feuerbach legt dar, daß nur durch die Sinne ein Gegenstand in seinem wahren Sein gegeben wäre. Aber diese Gegebenheit ist kein Modus des bloßen Erkennens, denn hier sind alle Kräfte des Menschen im Spiel. Im Beispiel: Feuerbach redet immer wieder von der *Empfindung;* Empfindung ist aber für ihn nicht das isolierte Urdatum, auf dem – nach Kant – die Erkenntnis aufbaut, Empfindung ist auch nicht im Sinne Hegels ein Zustand, in dem Subjekt und Objekt noch ungeschieden und so unbegriffen sind, daß dieser Zustand über sich hinausdrängt. Empfindung ist eine Weise des Erfassens, die in sich selbst ein totum ist, das heißt, hier wird dem Subjekt als einer ungetrennten Einheit von Erkennen, Fühlen und Wollen das Seiende unmittelbar vermittelt in seiner ganzen welthaften Bedeutsamkeit.

Von diesem Ansatz bei der Sinnlichkeit her versucht Feuerbach das *Leib-Seele-Problem,* das in der neuzeitlichen Tradition zu den bedrängenden Grundfragen der Philosophie gehörte, »auszuhängen«. In den »Grundsätzen der Philosophie der Zukunft« erklärt Feuerbach das Folgende: »Charakteristisch für die frühere abstrakte Philosophie ist die Frage: wie verschiedene selbständige Wesen, Substanzen aufeinander, z. B. der Körper auf die Seele, das Ich einwirken können? Diese Frage war aber für sie eine unauflösliche, weil von der Sinnlichkeit abstrahiert wurde, weil die Substanzen, die aufeinander einwirken sollten, abstrakte Wesen, pure Verstandeswesen waren. Das Geheimnis der Wechselwirkung löst nur die Sinnlichkeit.«[9] Der abstrakte Verstand isoliert, d. h. er löst die gegebene Einheit von Körper und Geist künstlich auf, und setzt Körper und Geist als jeweilige Substanzen für sich; und sodann sucht er, beides wiederum zusammenzufügen, wobei die Zusammenfügung nach Feuerbach willkürlich ist, weil sie von abstrakten Bestimmungen ausgeht, mit denen das der Wirklichkeit abgekehrte Denken beliebig verfahren kann. Die Sinnlichkeit dagegen sieht gerade nicht von den faktischen Verbindungen ab, sondern erkennt diese an. Das Leib-Seele-Problem wird von Feuerbach also aufgehoben, insofern er herausstellt, daß es ja allererst durch eine künstliche Isolierung von Körper und Seele zustande kommt.

Durch diese Aufhebung werden dem Philosophen wieder Einsichten zugänglich, die dem natürlichen Menschen von jeher selbstverständlich sind. Mein Leib ist mir unmittelbar gegeben, ich bilde mit ihm eine *Einheit.* Der *Unterschied zum Tier* beruht daher nicht auf dem bloßen Denken, sondern auf dem ganzen Wesen des Menschen: »Der *Mensch unterscheidet* sich *keineswegs nur durch* das *Denken* von dem *Tiere.* Sein *ganzes* Wesen ist vielmehr *sein Unterschied vom Tiere.* Allerdings ist der, welcher *nicht* denkt, *kein* Mensch, aber nicht, weil das Denken die Ursache, sondern nur weil es eine *notwendige Folge und Eigenschaft* des menschlichen Wesens ist. Wir brauchen daher auch hier nicht über das Gebiet der Sinnlichkeit hinauszugehen, um den Menschen als ein über den Tieren stehendes Wesen zu erkennen.«[10]

Feuerbach begründet diese Behauptung im folgenden genauer dadurch, daß er zeigt, daß die Sinnlichkeit beim Tier eine partikuläre, beim Menschen dagegen eine universelle ist, und als solche schließt sie die Geistigkeit ebenso in sich ein wie die Freiheit, die den Menschen befähigt, sich nicht tierisch zu benehmen. »Die tierischen Sinne sind wohl schärfer als die menschlichen, aber nur in Beziehung auf bestimmte, mit den Bedürfnissen des Tieres in notwendigem Zusammenhang stehende Dinge, und sie sind schärfer eben wegen dieser Determination, dieser ausschließlichen Beschränkung auf Bestimmtes. Der Mensch hat nicht den Geruch eines Jagdhundes, eines Raben; aber nur weil sein Geruch ein alle Arten umfassender, darum freier, gegen besondere Gerüche indifferenter Sinn ist. Wo sich aber ein Sinn erhebt über die Schranke der Partikularität und seine Gebundenheit an das Bedürfnis, da erhebt er sich zu *selbständiger*, zu *theoretischer* Bedeutung und Würde: – *universeller* Sinn ist Verstand, *universelle* Sinnlichkeit Geistigkeit.« Feuerbach führt weiter aus, daß der Mensch keinen tierischen, sondern einen menschlichen Magen habe, das bedeutet ein Doppeltes: er ist nicht auf bestimmte Arten von Nahrungsmitteln eingeschränkt, und er ist auch frei von der Freßbegierde, mit der das Tier über seine Beute herfällt. »Laß einem Menschen seinen Kopf, gib ihm aber den Magen eines Löwen oder Pferdes – er hört sicherlich auf, ein Mensch zu sein. Ein beschränkter Magen verträgt sich auch nur mit einem beschränkten, d. i. tierischen Sinn. Das sittliche und vernünftige Verhältnis des Menschen zum Magen besteht daher auch nur darin, denselben nicht als ein viehisches, sondern menschliches Wesen zu behandeln. Wer mit dem Magen die Menschheit abschließt, den Magen in die Klasse der Tiere versetzt, der autorisiert den Menschen im Essen zur Bestialität.«[11]

Insofern der Mensch ein leibhaftes Wesen ist, gibt es für ihn vorgegebene »Fatalitäten«, denen er sich nicht entziehen kann. Eine dieser grundlegenden Fatalitäten ist die *Zweigeschlechtlichkeit*. Die Sinnlichkeit im Sinne der Zweigeschlechtlichkeit ist ein unaufhebbares Faktum. »Daß du eine Frau bist und ich ein Mann«, ist keine geistig zu bewältigende Tatsache. Im Gegenteil: die Geschlechtlichkeit durchdringt den Menschen im Ganzen seines Seins. Aufgrund dieser Differenzierung, die allem Denken voraus ist, kann es zu einer wirklichen Begegnung mit dem anderen kommen. Hier stößt Feuerbach zu einer Einsicht vor, die den Ansatz der Philosophie der Subjektivität beim einzelnen Ich aufhebt. Feuerbach erklärt: der einzelne wird auch sich selbst wesenhaft durch den anderen gegeben. Dies ist der Sinn der Liebe, denn nur die Liebe eines Du sagt mir, was ich selbst bin. »*Der einzelne Mensch für sich* hat das *Wesen* des Menschen *weder in sich als moralischem, noch in sich als denkendem Wesen. Das Wesen des Menschen ist nur in der Gemeinschaft, in der Einheit des Menschen mit dem Menschen* enthalten – eine Einheit, die sich aber nur auf die *Realität des Unterschiedes* von Ich und Du stützt.«[12] Allerdings – dies muß hier ausdrücklich angemerkt werden – wird die Entdeckung des Mitmenschen, die an sich eine Aufhebung des Prinzips der Innerlichkeit bedeutet, von Feuerbach nicht bis zur Idee einer realen Auseinandersetzung der Menschen untereinander entwickelt. Feuerbach wendet sich nicht der Dimension des gesellschaftlichen und geschichtlichen Lebens zu. Daß die Menschen hier einander entfremdet werden können bis zum Kampf gegeneinander, daß eine solche Situation einen Appell an das Handeln bedeutet, daß die Vermittlung hier also eine Aufgabe ist, die der Mensch eigens und ausdrücklich zu leisten hat, dies stellt erst Marx heraus. Feuerbach propagiert eine Gemeinsamkeit, die nicht von den Menschen hergestellt werden muß, weil sie schon immer wirksam ist: dies ist die *Einheit der Gattung*. Wenn Feuerbach von der Gattung redet, dann mischen sich geradezu religiöse Töne ein. Die Gattung ist der Träger aller positiven Prädikate der Menschlichkeit. Sie ist das Göttliche. So sehr es nach Feuerbach verfehlt ist, Gott als Einzelwesen zum Träger der hohen Prädikate der Menschlichkeit zu machen, so berechtigt ist es, der Gattung diese Rolle zuzuschreiben. Diese Bestimmung der Gattung bleibt aber unmittelbar, das heißt, sie wird nicht mit den konkreten Formen des menschlichen Zusammenlebens vermittelt.

Feuerbachs Wirkung auf die Nachwelt verbleibt im allgemeinen: Daß der Mensch nicht mehr theologisch von Gott her, sondern anthropologisch aus sich selbst her zu denken sei, diese von Feuerbach erstmalig radikal vorgetragene These wird zur anerkannten und selbstverständlichen Voraussetzung des späteren 19. Jahrhunderts. Feuerbachs positive Deutung des Menschen vom Prinzip der Sinnlichkeit her wirkt sich dagegen nicht so bestimmend aus, wie es Feuerbach selbst vermeint hat. Das ist durchaus verständlich. Feuerbach hat die These, daß der Mensch ein sinnliches Wesen sei, zwar propagiert – seine Schriften sind, wie die Titel zeigen, zumeist überhaupt Programmentwürfe –, aber nicht wirklich reflektiert. Die als Prinzip gesetzte Sinnlichkeit bedeutet bei Feuerbach den *ganzen* Menschen. Sinnlichkeit soll beim Menschen im Unterschied zum Tier durchaus Geistigkeit und Freiheit einschließen. Aber das Wie dieser Einschließung bleibt ungeklärt, und es muß ungeklärt bleiben, weil Feuerbach jede Dialektik ausklammert. Die Tradition, gegen die er angeht, hat aber gerade die Dialektik anerkannt, insofern sie den Menschen als Doppelwesen bestimmt. Gegen diese Tradition kommt man nicht auf, wenn man naiv von der Wirklichkeit des Menschen als einer einfachen Gegebenheit redet. Die eigentliche Überwindung der Tradition muß weit reflektierter vollzogen werden, als es bei Feuerbach der Fall ist. Das weiß *Marx* sehr genau, der die Sinnlichkeit nun in dialektischen Bezug zur Tätigkeit setzt. Dieser Ansatz bei der Handlung stellt – wie wir sehen werden – eine neue Möglichkeit dar, insofern hier die anthropologische Binnenproblematik grundsätzlich aufgehoben wird: der Mensch erfüllt sich nicht in sich selbst, sondern nur in der Auseinandersetzung mit der realen Welt. Den *großen Philosophen des nachidealistischen 19. Jahrhunderts*, die im folgenden thematisiert werden, ist diese Idee der realen Auseinandersetzung ebenso fremd geblieben wie Feuerbach. Sie haben den Menschen aber neu zu bestimmen gesucht, indem sie die traditionelle Überzeugung, daß die Vernunft das Herrschende sei, in ihr Gegenteil verkehrten: der Mensch ist wesenhaft nicht von der Vernunft, sondern vom nicht vernünftigen Willen, dessen Träger der Leib ist, bedingt.

Zweites Kapitel
Der späte Schelling: Die Entwertung des Denkens zugunsten des Wollens[1]

Wenn man sich von Feuerbach Schelling zuwendet, so bedeutet dies einen Rückgang zum traditionellen Denken, denn Schellings Philosophie ist Metaphysik im Sinne der Tradition. Das absolute Prinzip ist Gott und nicht der Mensch, und die Aufgabe ist es, die Entwicklung der Welt als einen Weg des Absoluten zu sich selbst zu verstehen. Dieser Weg führt von der Indifferenz durch die Natur zum Geist. Die Natur ist also auf das Ganze der Entwicklung gesehen eine Zwischenstufe. Sie ist der noch äußerliche, sich noch nicht besitzende Geist und als solcher ein Widerspruch. Der Geist drängt daher über die Stufe der Natur hinaus zu der ihm gemäßen Seinsweise, dem Wissen um sich selbst. Schellings Metaphysik ist also auf das Ganze gesehen Metaphysik des Geistes. Gleichwohl: insofern Schelling der Natur eine wesentliche Bedeutung zuspricht, bereitet er die Möglichkeit vor, diese Geistmetaphysik fraglich zu machen. Er selbst fängt die aufbrechende Problematik zwar immer wieder ab. Aber seinen Ansätzen kommt für die Entwicklung der Anthropologie im späteren 19. Jahrhundert eine kaum zu überschätzende Bedeutung zu, denn der späte Schelling ist der erste, der den Willen ausdrücklich von der Vernünftigkeit ablöst und zwischen beiden einen Gegensatz konstatiert. –

Der Versuch, die Entwicklung Schellings vom Gesichtspunkt der Umwertung von Vernunft und Willen auszulegen, ist ein schwieriges Unternehmen, weil Schelling seine Ansätze ständig modifiziert. Wir beschränken uns darauf, die für unseren Zusammenhang wesentlichen Ansätze herauszustellen.[2]

Schelling, so hatten wir in unseren früheren Erörterungen im zweiten Teil dargelegt[3], ist zunächst von der Frage bewegt, wie das Absolute an sich selbst zu bestimmen sei, und wie der Philosoph einen Zugang zu ihm finden könne. Das Absolute – so lautet die Antwort auf die erste Frage – ist nicht, wie Fichte meint, das menschliche Ich, das Absolute ist als »Prinzip des Anfangs« gegen jede Scheidung, insbesondere die Differenz von Geist und Natur, indifferent. Der Mensch muß sich, wenn anders er diesen Anfang ergreifen will – dies ist die Antwort auf die zweite Frage – »depotenzieren«, d. h., auf den wahren Anfang zurückgehen. Tut er dies, so vermag er, in Gedanken die Entwicklung wiederholend, das Seinsgeschehen zu konstruieren. Voraussetzung dieses Ansatzes ist die Überzeugung, das Seinsgeschehen sei eindeutig geordnet, d. h. objektiv vernünftig und darum restlos verstehbar. Diese Überzeugung bestimmt die ersten Perioden von Schellings Denken.

Schelling geht hier sehr methodisch vor. Zunächst legt er dar, daß es in der Natur durchaus Vernunft gibt, denn die Natur ist geordnet. Ordnung und Vernunft gehören aber zusammen. Daß die Natur kein Chaos ist, zeigen unmittelbar alle natürlichen Phänomene, insbesondere der Organismus. Im Organismus ist das Prinzip der Selbstgestaltung am Werk. Dies Prinzip ist ein Grundprinzip und als solches in allem Seienden wirksam, auch im Menschen. Der Mensch ist geradezu der Beweis, daß unbewußte, d. h. natürliche, und bewußte, d. h. geistige, Gestaltung zu einer unmittelbaren Einheit vermittelt werden können. Das beweist insbesondere das Phänomen der Kunst. Der Kunst wird von Schelling in dieser Epoche – es ist die Zeit, in der er die »Identitätsphilosophie« konzipiert – eine hohe Bedeutung zugesprochen. Sie erschließt das Absolute, das ja die anfängliche und ursprüngliche Einheit von Geist und Natur ist. Der Künstler ist eine lebendige Manifestation dieser Einheit. Rationales und Irrationales, Bewußtes und Unbewußtes bestimmen das Kunstschaffen gleichermaßen. Der Künstler muß technisch-handwerkliche Regeln der Herstellung kennen und beherrschen. Aber in ihm ist zugleich eine unbewußt naturhafte Kraft wirksam. Das zeigt sich im Kunst*werk*. Wenn dieses gelungen ist, dann überrascht dies Gelingen den Künstler selbst. Er empfindet dies Gelingen als Geschenk, weil er weiß, daß es nicht allein auf willensmäßiger Anstrengung beruht.

Dieser Ansatz wird nun aber problematisch gemacht. Sachlich gesehen sind es zwei verschiedene Überlegungen, die Schelling beunruhigen. Es ist einmal das Problem des Gleichgewichts von Natürlichem und Geistigem. Wenn Natur und Geist in ausgewogenem Verhältnis zueinander stehen, wer garantiert dies Verhältnis? Ist es notwendig, über Natur und Geist hinaus noch ein Drittes anzusetzen, was die Ordnung zwischen beiden herstellt, oder – im negativen Fall – diese Ordnung aufhebt? Dies Problem bedrängt Schelling bis zum Ende seines Lebens. Die andere Überlegung beruht auf empirischen Beobachtungen. Blickt man auf die wirkliche Welt, so ist es durchaus berechtigt, eine Entwicklung von der Natur zum Geistigen hin als Tatsache zu konstatieren – Schelling hat diese Überzeugung zeitlebens beibehalten. Gleichwohl: Es gibt faktisch doch auch weitgehend Unvernünftiges und Ungeordnetes. Dies dürfte aber nicht der Fall sein, wenn die Welt wirklich von der Vernunft regiert wird. Schellings Blick wird frei für die negativen Seiten der Welt. Die Negativität erscheint in verschiedenen Formen. Bereits in der Natur begegnet vieles – etwa bizarre und schreckenerregende Tiergestalten –, was nicht zweckhaft eingerichtet zu sein scheint. Noch mehr: manches ist geradezu sinnwidrig, man denke nur an die Grausamkeit im Verhältnis der Tiere zueinander. Noch deutlicher aber zeigt sich die Unvernunft in der Menschenwelt. Und hier ist es doch offensichtlich, daß die Menschen die Unvernunft, mit der sie gegeneinander vorgehen, aufgrund ihrer Freiheit inszenieren.

Freiheit[4] ist für Schelling nicht unmittelbar mit Geist und Vernunft identisch, und umgekehrt kann auch die Unfreiheit nicht einfach mit der Triebhaftigkeit gleichgesetzt werden. Freiheit und Unfreiheit sind Möglichkeiten, die eigentlich gar nicht mehr ontologisch zu orten sind, d. h., sie sind nicht auf vorgegebene Anlagen zurückzuführen. Freiheit ist das reine substanzlose Können, das – sich selbst negierend – in Unfreiheit umschlagen kann. Freiheit ist als solche unbegreifbar. Gleichwohl gibt es eine Möglichkeit, Freiheit zu verstehen, denn wenn die Freiheit auch nicht auf eine Anlage oder ein Vermögen zu begründen ist, so steht sie doch in Bezug zu diesen. Freiheit ist eine dialektische Bestimmung. Einerseits ist Freiheit als solche an nichts gebunden und in diesem Sinn liberum arbitrium. Aber – und dies ist die andere Seite – diese Freiheit als reine Möglichkeit, ist zu ihrer Verwirklichung auf die Naturhaftigkeit und die Vernünftigkeit des Menschen verwiesen. Die Freiheit kann entweder die Ordnung von beiden, d. h. die Unterordnung der Natur unter die Vernunft verwirklichen oder das Gegenteil herbeiführen. Die erste Möglichkeit ist das Gute, die zweite das Böse. Schelling bleibt also in ethischer Hinsicht der Tradition verhaftet. In der Bestimmung der formalen Möglichkeit der Freiheit, d. h. der Befolgung oder Nichtbefolgung dieser Ausrichtung, geht er jedoch über die Tradition hinaus, insofern er die Freiheit allen Vermögen überordnet. Freiheit ist der Grundvollzug des menschlichen Seins überhaupt. Diese Identifizierung von Freiheit und Menschsein beruht aber – das ist entscheidend – auf dem Fraglichwerden des Grundansatzes der metaphysischen Tradition. Die Vernunft wird nun selbst zu einer Möglichkeit des Handelns neben der Unvernunft.

Der Zweifel an der Vernunft, der von der Einsicht in die faktische Unvernünftigkeit der Welt und des Menschen ausgeht und sich auf die vorurteilslose Betrachtung des Seienden stützt, treibt sich vor zu der Überzeugung, daß die Vernunft von sich aus gar nicht das eigentlich Mächtige ist. Der Glaube, daß das Seiende notwendig durch Vernunft konstituiert sei, wird damit aufgegeben, denn wenn Vernunft in der Welt ist, so ist das gar nichts, was von der Natur des Seienden selbst her zu verstehen ist. Die Verwirklichung der Vernunft ist als ein pures Faktum anzusehen, das als solches einfach nur konstatiert werden kann. Dieser Ansatz wird von Schelling nicht im deutlichen Bewußtsein für die Konsequenzen, die sich aus ihm ergeben, entwickelt. Der späte Schelling ahnt wohl die Folgen dieser Entthronung der Vernunft, aber er schreckt vor ihnen zurück. Er deklariert, daß Gott die Welt als Vernunftordnung geschaffen hat, und daß er diese Vernunft immer wieder durchzusetzen vermag. Aber diese Rettung in die Theologie bleibt zweideutig. Daß die Vernunft auf einer Setzung beruht, darin zeigt sich das Aufgeben des idealistischen Vernunftbegriffes, denn eine gesetzte Vernunft ist eben eine faktische und das heißt letztlich eine zufällige Vernunft. –

Wir suchen nun, nachdem wir den Grundansatz der Philosophie Schellings verdeutlicht haben, von diesem her die anthropologischen Bestimmungen, die der späte Schelling entwickelt, konkret darzulegen. Das ist in einer Geschichte der Anthropologie notwendig, denn mögen Schellings Konstruktionen uns in vielem abstrus anmuten, so bleibt sein Ansatz im ganzen doch hochbedeutsam, weil Schelling die Subjektivität nicht mehr von der Vernunft her konstruiert.

Der späte Schelling nimmt seine frühere Behauptung, daß zum Menschsein die Natürlichkeit gehöre, auf. Aber die Erschütterung der Vernunftgläubigkeit wirkt sich aus, denn die Natürlichkeit wird nun von der Vernunft abgelöst und rein in sich als Drang, Trieb, Begierde und Sucht gekennzeichnet. Und diese Sucht wird ihrerseits nun als Wille bestimmt. Der Wille wird »naturalisiert«, d. h., als eine Kraft ausgegeben, die in allem Seienden, nicht nur den Geistwesen, wirkt. Wille bedeutet Durchsetzungskraft und Impulsivität. Wille als Wille ist das Unaufhaltsame, das Vorwärtsstürmende, das Widerstände Niederreißende. Es fällt Schelling offenbar schwer, eine adäquate Kennzeichnung dieses Willens zu geben. Denn einmal erheben sich von der Tradition her, die ja Vernunft und Willen als innige Einheit versteht, Bedenken gegen diese neue Bestimmung, und sie bewirken, daß Schelling gelegentlich den als bloße und reine Kraft bestimmten Willen den »noch nicht eigentlichen Willen« nennt, und sodann merkt Schelling selbst, daß die von der Tradition her überkommenen Bedeutungen dessen, was Trieb, Drang oder Sucht ist, seine Intentionen gar nicht adäquat auszudrücken vermögen. Schelling hilft sich, indem er durch eine eigenwillige Mischung von Beschreibung und Spekulation diesen Willen und sein Verhältnis zu den anderen Bestimmungen des Menschen zu erfassen sucht.

Im Mittelpunkt dieser philosophischen Bemühungen des späten Schelling steht die sogenannte Potenzenlehre.[5] Diese Potenzenlehre mutet einerseits außerordentlich konstruiert an, aber andererseits kommt ihr eine wahrhaft erhellende Bedeutung für die Erkenntnis des Wesens der Subjektivität zu. Schellings Anliegen ist es, die Subjektivität von ihren einzelnen Bestimmungen her aufzubauen. Diese Bestimmungen werden als Potenzen bezeichnet. Der Begriff »Potenz« ist hier im wörtlichen Sinn zu verstehen als »Möglichkeit«. Diese Möglichkeiten sind dialektisch zweideutige Bestimmungen. Sie erscheinen am Anfang der Überlegung als die Bausteine, aus denen die Subjektivität allererst konstituiert wird. Aber am Ende wird dieser Eindruck völlig aufgehoben: die Subjektivität ist mehr als die Möglichkeiten, aus denen sie ersteht und besteht. Als Subjektivität vermag sie über diese Möglichkeiten gerade zu verfügen: es sind »ihre« Möglichkeiten (genetivus subjectivus). Dieser dialektische Sinn der Bestimmung »Potenz« wird von Schelling bewußt herausgestellt. Er will das naive Verständnis der Person als einer Substanz, die als feste Grundlage »hinter« ihren Vermögen ruht, negieren. Die Person ist der Funktionszusammenhang von Kräften, sie waltet in ihnen und ordnet sie. Person ist Freiheit. Ihr kommt daher die Dialektik zu, auf die wir schon hinwiesen: die Freiheit verwirklicht sich nur an und durch ihre Bedingungen – in der früheren Terminologie: an und durch ihre Vermögen –, aber in der Weise, daß sie diese ihre Bedingungen übergreift und ausrichtet.

Schelling unterscheidet drei Potenzen: den Willen, den Verstand und den Geist. Keine Potenz ist ohne die andere möglich. Alle bedingen sich gegenseitig. Gleichwohl ist die Reihenfolge der Potenzen nicht umkehrbar.

Schelling bezeichnet die erste Potenz als Wille, wobei er das Wesen dieses Willens dadurch zu kennzeichnen sucht, daß er den Willen in Gegensatz zur besonnenen Möglichkeit bewußter Entscheidung stellt. Eine solche Entscheidung ist nur durchführbar, wenn der Wille vom Verstand bestimmt wird. Das besagt aber: Entscheidungen fällen kann weder der Wille noch der Verstand, sondern nur die Person – wir werden dies noch genauer zu erörtern haben. Der Wille als bloßer Wille ist, so sagt Schelling, das Seinkönnende und zwar das unmittelbare Seinkönnende. Der Wille besitzt sich in dieser Unmittelbarkeit noch nicht, es ist ihm vielmehr eigentümlich, »kopfüber vorwärts zu stürzen«. Der Wille als reiner Wille ist blind. Wir geben, um den Sachverhalt zu veranschaulichen, einige Zitate aus den »Vorlesungen zur Philosophie der Offenbarung«, ohne sie im einzelnen zu kommentieren: »Das unmittelbar Seynkönnende also ist dasjenige, was, um zu sein, nichts bedarf, als eben vom Nichtwollen zum Wollen überzugehen. Das Seyn besteht ihm eben im Wollen; es ist in seinem Seyn nichts anderes als Wollen. Kein wirkliches Seyn ist ohne ein wirkliches, wie immer näher modificiertes, Wollen denkbar. Daß irgendetwas ist, also das Seyn irgendeines Dinges erkenne ich nur daran, daß es sich behauptet ... Der tote Körper besteht durch ein bloß selbstisches, an sich selbst sich erschöpfendes und schon darum blindes Wollen. Der tote Körper hat genug an sich, und will nur sich. Das Tier, schon die lebendige Pflanze, der man ja einen Lichthunger zuschreibt, will etwas außer sich, der Mensch will etwas über sich. Das Tier ist durch sein Wollen außer sich gezogen, der Mensch im wahrhaft menschlichen Wollen über sich gehoben ... also Wille ist überall und in der ganzen Natur von der tiefsten bis zur höchsten Stufe. Wollen ist die Grundlage aller Natur. Jenes ursprünglich Seynkönnende aber, dem der Übergang vom nicht Seyn zum Seyn nur ein Übergang vom nicht Wollen zum Wollen ist, kann in seinem Seyn auch nichts anderes seyn als eben ein aktiv gewordener, gleichsam entzündeter Wille. Nichtwollen ist ein ruhendes, Wollen ein entzündetes Feuer, wie wir selbst im gemeinen Leben von einem Feuer des Wollens, der Begierde reden ... Wenn eine Begierde in uns entsteht, so ist auf einmal ein Seyn da, wo vorher keines war. Deswegen fühlen wir uns von einer Begierde bedrängt, denn sie nimmt einen Raum ein, der vorher frei war, in dem wir uns frei fühlten, und wir atmen gleichsam auf, wenn wir diese Begierde wieder loswerden. In dem Seynkönnenden liegt der Keim einer Begierde, eines Wollens. Das Seynkönnende ist der wollen könnende Wille.«[6]

Exkurs: Fichtes Bestimmung des Triebes

Die Bestimmung des Willens, wie sie Schelling entwickelt, läßt sich in ihrer ganzen Bedeutung nur erfassen, wenn man auf Fichte[7] zurückblickt, denn Fichte ist der erste der Deutschen Idealisten, der versucht, die Subjektivität wirklich als Selbstermöglichung zu denken. Die reine Tathandlung, durch die das Ich zustande kommt, erläutert Fichte als das Sichsetzen des Ich durch sich selbst und in sich selbst. Das Setzen ist ein ungebrochenes, d. h. ein unreflektiertes Vorwärtsgehen aus sich selbst heraus – bildhaft gesprochen. Dieses Vorwärtsgehen kommt aber nirgends an, weil ja nichts da ist, worauf das Ich zugeht. Diese reine Tätigkeit ist nicht zu begreifen, weil Begreifen ja bedeutet, etwas einem anderen etwas entgegenzusetzen. Gleichwohl hat Fichte immer erneut versucht, das Wesen dieser Tätigkeit dem Verstehen nahezubringen, und zwar in der Weise, daß er auf bekannte anthropologische Bestimmungen zurückgreift. Es ist zunächst klar: insofern die reine Tathandlung vor dem Begriff steht, kann sie nicht mit Ausdrücken, die dem Denkbereich zukommen, bestimmt werden. Man muß vielmehr Bestimmungen aufnehmen, durch die die nichtrationale Sphäre ausgelegt wird. Solche Bestimmungen sind vor allem Trieb, Streben und Sehnen. Diese Begriffe meinen ein Geschehen, was vor jeder Konstruktion liegt, was überhaupt vorbewußt ist – Bewußtsein haben heißt ja, im Gegensatz von Subjektivem und Objektivem stehen. Hier zeigt sich also das Ursprüngliche. Daher sind diese Bestimmungen zur Auslegung der Selbstermöglichung der Subjektivität hilfreich, denn die Subjektivität ist ja nichts anderes als der aus sich hervorgehende Ursprung.

Wenn nun aber die erwähnten Bestimmungen zur Kennzeichnung der Selbstermöglichung der Subjektivität herangezogen werden, so hat dies bedeutsame Folgen, Folgen, die für die Entwicklung der Anthropologie von sehr wesentlicher Bedeutung sind. Diese Folgen sind zweifach. Einmal: diese Bestimmungen verlieren die Bedeutung, die sie in der Tradition hatten, nämlich den Menschen an das Außen zu binden. Und damit – das ist das Zweite – wird der Richtungssinn verändert. Die Bewegung von außen auf mich zu entfällt. Das Innere als rein aus sich sich bestimmende Tätigkeit, das heißt als Bewegung von mir aus, steht im Zentrum.

Wir verdeutlichen diese Umwandlung genauer. Der Tradition nach bedeutet »Triebehaben«, daß man von außen affiziert werden kann. Triebe überkommen »von der Welt her«, indem ein welthaft Seiendes stimuliert. Diese Stimulation ist als solche nicht negativ zu bewerten, sie ist ihrem ursprünglichen Wesen nach kein künstliches Aufreizen, das inszeniert wird, um die abgesättigten und überforderten Nerven in Bewegung zu bringen. Die Stimulation wird zwar in der Tradition – man denke an Augustins Verdammung der Schaulust – von der Verinnerlichung her abgewertet[8], aber eigentlich handelt es sich nur um eine Abwertung der sinnlichen Verlockungen, insbesondere wenn sie sich im Übermaß aufdrängen. Im Geistigen ist das Angezogenwerden vom Wahren und Guten gerade das Ideale, man denke wiederum an Augustin, der die Strahlkraft der überirdischen Ideen, durch die der Mensch außer sich gerät, preist. Aufs Ganze gesehen: daß der Mensch als sinnliches und geistiges Wesen von außen affiziert wird, ist nicht nur offensichtlich, es ist auch natürlich, denn diese Affektion gehört zu der Welthaftigkeit, die dem Menschen zukommt. Der Trieb wird aber nach der traditionellen Vorstellung nicht nur vom Äußeren angereizt, er kann – das ist ebenso bedeutsam – auch nur vom Äußeren erfüllt werden. So gibt es, um nur ein Beispiel zu nennen, nach ursprünglichem traditionellen Verständnis eigentlich keinen Geschlechtstrieb im Sinne einer Potentialität, die sich in irgendeiner Weise auswirken will, sondern man wird – Plato legt es im »Symposion« ausführlich dar – vom Schönen angezogen und möchte mit ihm vereinigt sein, weil man weiß, daß nur diese Vereinigung Erfüllung bringen kann. Grundsätzlich gesagt: In dieser Angewiesenheit auf äußere Erfüllung zeigt sich die Endlichkeit des Menschen.[9]

Ganz anders stellt sich die Triebsituation nach dem modernen, bei Fichte erstmalig ausdrücklich werdenden Denkansatz dar. Erfüllung liegt nun im Auswirken als solchem. Dieses bringt die erstrebte Entlastung. Wir werden später[10] auf die konkreten Vollzugsformeln solcher Triebbewegungen genauer eingehen müssen, jetzt seien nur einige Anmerkungen gegeben, um die Umwandlung als solche zu verdeutlichen. Es gibt, so lehrt die moderne Anthropologie und Verhaltensforschung, ein bestimmtes Quantum von Energie. Seine Auswirkung ist beim Tier relativ geregelt, sie ist institutionalisiert, zeremonialisiert und ritualisiert – man denke etwa an die festen Formen, in denen die Aggression beim Tier verläuft. Der weltoffene Mensch dagegen ist nicht vorgelenkt. Und hier lauert nun eine Gefahr: diese in einer bestimmten Menge vorhandene und notwendig zu verbrauchende Kraft kann sich unkontrolliert äußern und solchermaßen verhängnisvoll werden. Sicher: die mechanisch-naturwissenschaftliche Vorstellung, daß die Energie ein bestimmtes Quantum sei, das nicht wirkungslos bleiben kann, ist Fichte noch fremd. Gleichwohl ist nicht zu bezweifeln, daß Fichtes Ansatz eine Zäsur bedeutet: Fichte vollzieht eine Umorientierung der wesentlichen menschlichen Verhaltensweisen, insofern er diese als Vollzüge der wirkenwollenden Subjektivität versteht, deren Wesensbestimmung das reine »Von-sich-aus« ist. –

Wir haben auf Fichte hingewiesen, weil ohne seinen Ansatz Schellings Konzeption nicht denkbar ist. Gleichwohl ist Schellings Konstruktion der Subjektivität durchaus eigenständig und zwar nicht nur, insofern Schelling die einzelnen Bestimmungen, Wille, Verstand und Geist, einerseits deutlich voneinander trennt und andererseits dialektisch miteinander vermittelt, sondern auch und vor allem, insofern er die Potenzen als Möglichkeiten einer Subjektivität versteht, die sich in und durch diese Möglichkeiten verwirklicht. Diese Auslegung der Subjektivität ist innerhalb des Idealismus und der auf ihn folgenden Zeit als einmalig zu bezeichnen.

Der späte Schelling sucht die als »Urdatum« der Subjektivität angesetzte Willenskraft zu den anderen Potenzen in Bezug zu setzen. Der Wille muß als Kraft zwar in allen Lebenserscheinungen als Grundlage jeder Aktualisierung wirksam sein. Wollen ist Ursein, erklärt Schelling bereits in der Freiheitsschrift.[11] Aber er bedenkt nun stärker als früher die Möglichkeit, daß sich dieser blinde Wille »aus dem Grunde erheben« und ein Chaos herbeiführen könne. Diese Gefahr ist so groß, daß man Gegenmöglichkeiten einsetzen muß, durch die der Wille eingeschränkt wird. Einschränken bedeutet kein absolutes Negieren. Es ist ein eingrenzendes Bestimmen, und durch dieses wird der Wille vermittelt. Die Möglichkeit dieser Vermittlung ist nun durch die zweite Potenz gegeben. Sie ist der als Gegenkraft fungierende Verstand. Die Bestimmung »Gegenkraft« ist jedoch mit Vorsicht zu gebrauchen, denn eine Kraft ist der Verstand eigentlich nicht. Schelling legt in geistreicher Etymologie das Wesen des Verstandes aus: Verstand ist Vorstand, Urstand, Unterstand. Als Unterstand ist er das Standgebende. Das Standgebende ist als solches aber nicht für sich selbst, sondern für ein anderes da. Der Verstand bringt den Willen »zustande«, indem er ihn zur Besonnenheit einschränkt. Der Verstand dient als dieses Einschränkende also allein dem Willen. Der Verstand ist gar nicht »selbstsüchtig« und daher überhaupt das Willenlose, das ist im Sinne des selbstlosen Seins für ein Anderes. »Man pflegt wohl auch Verstand und Willen einander entgegenzusetzen: mit Recht, inwiefern der Wille abstrakt vom Verstand nur das blinde, in sich selbst keine Grenze kennende Wollen, ein Wille also für sich allerdings das Verstandlose ist ... Man sagt von einem blinden Wollen, es nehme keine Vernunft, keinen Verstand an (hier ist kein Unterschied zwischen diesen Worten), der Verstand ist hiernach etwas, das der Wille annehmen muß, hinwiederum also ist der Wille das Subjekt des Verstandes, das Wort Subjekt auch hier im eigentlichen Verstand genommen als id quod subjectum est.«[12]

Der Verstand ist bloße Form und als solche vermittelt er das Wissen. Wissen ist als reines Wissen betrachtet nichts Selbsthaftes, denn das reine Wissen weiß gerade nicht sich selbst, sondern anderes. Dies Andere ist der Stoff, und dies heißt: es ist der Wille. Denn der Wille ist, wie Schelling sagt, »das ursprünglich Stoff-Erzeugende, das einzige im Menschen, das Ursache von Sein ist«. Als Stoff Erzeugendes aber ist der Wille, obwohl er doch die unterste Potenz ist, mächtiger als der Verstand. Man darf auch hier mit der gebotenen Vorsicht auf die folgende Entwicklung vorausweisen, in der sich diese Auffassung immer mehr durchsetzt. Schopenhauer und Nietzsche bestimmen den Willen eindeutig als das Primäre. Natürlich bestehen zwischen Schelling und diesen Denkern Unterschiede. Schelling will Willen und Verstand vermitteln im Geist, der höher als beide steht. Aber das ändert nichts daran, daß das spezifische Vermögen des Denkens und Wissens, das die Tradition als mens oder ratio und Schelling als Verstand bezeichnet, an ihm selbst kraftlos ist. –

Die erste und zweite Potenz, Wille und Verstand, sind als Stoff und Form aufeinander angewiesen. Schelling erklärt daher von diesen beiden Potenzen, daß nicht jede als ein für sich Seiendes gedacht werden dürfe. Um nun die Verbindung von beiden herauszustellen, schlägt Schelling folgenden Weg ein: er setzt die Einheit beider Potenzen als eine dritte Potenz an. Dieses Dritte bezeichnet er als Geist und erklärt, der Geist sei das Seinsollende. Will man das Wesen dieses Geistes adäquat verstehen, so ist ein Zweifaches zu beachten. Einmal: dieser Geist ist an den Willen und den Verstand gebunden, er ist ja nur deren unmittelbare Vermittlung. Sodann: dieser Geist ist noch nicht »der wahrhafte Geist«, denn er ist noch nicht wirklich frei. Schelling bestimmt diesen Geist als selbstbezogene Subjektivität, der das Handlungsbewußtsein abgeht. Wir haben es hier mit einem Ich zu tun, das nur um sich weiß. Dies Ich kommt nicht von sich los. Es übersteigt sich nicht durch die Handlung, in der es sich und seine reine Innerlichkeit zu überwinden vermag.[13]

Historisch gesehen – das ist gar nicht zu bezweifeln – greift Schelling mit den Schilderungen dieses Geistes Hegels Bestimmung des Geistes an. Hegel hat den Geist, so meint Schelling, immer nur als Abschlußprodukt einer Entwicklung gesetzt, und diesen Geist nennt Schelling den »Gott am Ende«. Aber ein solcher Gott ist nicht wirklicher Geist, »denn wie sollte wirklicher Geist sein, was von dem Ende, an das es gesetzt ist, nicht hinwegkann, das nur die Funktion hat, die vorhergehenden Momente alle unter sich als alles Beschließendes aufzunehmen, aber nicht selbst Anfang und Prinzip von etwas zu sein«.[14]

Schelling setzt daher über den Geist als dritte Potenz noch den »wirklichen Geist«, der absoluter und d. h. »von sich selbst freier Geist« ist. Die Forschung hat sich immer wieder über diese Verdoppelung des Geistes gewundert und sie für eine an sich überflüssige Spielerei gehalten. Zugegeben: die Terminologie ist hier noch verwirrender als bei der Bestimmung des Willens, die ja bereits sehr zweideutig ist. Aber der gemeinte Sachverhalt ist evident und überzeugend. Man muß davon ausgehen, daß diese ganze Konstruktion der Subjektivität auf die Bestimmung des Handelns zuläuft, denn in dieser sieht Schelling das wahrhafte Wesen der Subjektivität. Für ein freies Handlungsbewußtsein genügt es nicht, daß man sich über seine Möglichkeiten verständigt hat. Man gleitet nicht aus dem Sich-verständigt-haben unmittelbar ins Handeln hinein. Zum Handeln kommt es nur durch den Entschluß, dieser aber ist ein Sprung, in dem ich über mich hinaus gelange. Die Wahl, die diesem Sprung vorausgeht, eröffnet prinzipiell gesehen zwei Möglichkeiten, nämlich zu handeln oder nicht zu handeln, d. h., aus sich herauszugehen oder nicht herauszugehen. Schelling liegt daran, auch das Nichthandeln als eine Möglichkeit des Handelns, genauer: als dessen negativen und defizienten Modus zu bestimmen. Von hier aus ist die Formel zu verstehen, daß der wirkliche Geist frei werde von sich selbst. Dieses Freiwerden bedeutet ein Sich-ablösen (absolvere) von sich selbst als dem Geist, der in sich bleibend abgeschlossene Innerlichkeit ist. Das Freiwerden ist als Aufgeben der Innerlichkeit das Aus-sich-herausgehen und Sich-verwirklichen im Äußeren. Und dieser Vorgang ist eben das Wesen des Handelns.

Schelling hat – dies sei hier ausdrücklich angemerkt – seinem metaphysischen Ansatz gemäß die Analyse der Handlung primär in bezug auf Gott unter dem Aspekt der Weltschöpfung entwickelt, und zwar soll Gott als frei erwiesen werden: es stand bei ihm, die Welt zu schaffen oder nicht zu schaffen. Es ist nun aber möglich, diese theologischen Argumentationen auf den Menschen zu übertragen. Schelling billigt ein solches Verfahren, denn er weiß, daß seine Bestimmungen Gottes via eminentiae dem menschlichen Bereich entnommen sind. Ein kräftiger Anthropomorphismus sei, so erklärt er, in philosophischen Überlegungen, die Gott betreffen, durchaus berechtigt. Wie unbekümmert er in dieser Hinsicht vorgeht, zeigt folgende Stelle: »Johannes Müller schreibt in einem seiner Briefe: ich bin nur glücklich, wenn ich produziere. Darin wird ihm jeder beistimmen, der nicht etwa selbst mit geistiger Inproduktivität geschlagen ist. Im Produzieren aber ist der Mensch nicht mit sich selbst, sondern mit etwas außer sich beschäftigt, und gerade darum ist Gott der große Selige, wie ihn Pindar nennt, weil alle seine Gedanken immerwährend in dem sind, was außer ihm ist, in seiner Schöpfung.«[15] Schelling setzt diese Produktion in Gegensatz zu einem bloßen Denken und kritisiert von hier aus den Gottesbegriff des Aristoteles, nach dem Gottes Wirklichkeit in reinem Denken bestehen solle; wiederum ist der unmittelbare Übergang zwischen den Bestimmungen Gottes und denen des Menschen bezeichnend. Schelling erklärt, nachdem er Aristoteles' Gotteslehre dargelegt hat, daß hier von dem bloßen Begriff Gottes die Rede sei. »Wenn aber eben darin auch die Aktivität des wirklichen Gottes bestehen soll, so müssen wir dieses immerwährende sich selbst Denken vielmehr als den peinlichsten Zustand ansehen. Peinlicher kann es gewiß nichts geben, als ohne Aufhören nur sich selbst und also an sich selbst zu denken. Der Mensch verlangt vielmehr von sich hinweg, als an sich zu haften, wie die an sich haftenden Menschen wahrlich weit nicht die glücklichsten und in der Regel am wenigsten imstande sind, etwas außer sich, etwas wahrhaft von ihnen Unabhängiges – Objektives – geistig hervorzubringen.«[16] –

Schelling hat sein Menschenbild auch ohne theologische Auslegung dargelegt, so in dem sogenannten »Anthropologischen Schema«, einem Bruchstück aus späterer Zeit. Die hier leitende Absicht ist es, konkret zu zeigen, daß nur das Einhalten der Ordnung der menschlichen Kräfte die Menschlichkeit des Menschen garantieren kann; wird diese Ordnung aufgehoben, so droht der Verfall. Wir zitieren zunächst den Anfang, in dem Schelling kurz das Wesen der drei Grundkräfte darlegt:

»I. WILLE

die eigentliche geistige Substanz des Menschen, der Grund von allem, das ursprünglich Stoff-Erzeugende, das Einzige im Menschen, das Ursache von Seyn ist.

II. VERSTAND

das nicht Erschaffende, sondern Regelnde, Begrenzende, dem unendlichen, schrankenlosen Willen Maß Gebende, dem für sich blinden und unfreien Besinnung und Freiheit Vermittelnde.

III. GEIST

der eigentliche Zweck, was seyn soll, worin sich der Wille durch den Verstand erheben, wozu er sich befreien und verklären soll.«[17]

Schelling fährt fort: »Diese drei Elemente alles geistigen Seyns sind so gegeneinander gestellt, daß es Aufgabe des Menschen ist, sie im rechten, ihrer Natur gemäßen Verhältnis zu vereinigen. Diese Vereinigung ist der Inhalt eines Prozesses, durch den er sich selbst bildet, sich zur bestimmten Persönlichkeit gestaltet.«[18] Wenn diese Ordnung nicht eingehalten wird, das heißt, wenn die Kräfte pervertiert werden, wird der Mensch zerrüttet und unter Umständen sogar geisteskrank. Schelling versucht in dem »Anthropologischen Schema« eine gewisse Anordnung der Perversionen und der möglichen Verfallsformen des Geistes zu geben. Diese Anordnung stützt sich auf bereits früher, insbesondere in den »Aphorismen zur Naturphilosophie« entwickelte Gedankengänge.

Es gibt zwei mögliche Extreme der Verkehrung der Ordnung. Einmal kann der Mensch sich in vollem Bewußtsein der Perversion hingeben, indem er sie berechnet und sie durch Überlegung künstlich zu gestalten sucht, um den beabsichtigten Genuß zu steigern. Ein Beispiel: Schelling unterscheidet im geschlechtlichen Bereich natürliche Wollust und bewußte Grausamkeit. Die Grausamkeit ist eine Perversion des Geistes und wird von diesem inszeniert. »Wer mit den Mysterien des Bösen nur einigermaßen bekannt ist (denn man muß es mit dem Herzen ignorieren, aber nicht mit dem Kopf), der weiß, daß die höchste Corruption gerade auch die geistigste ist, daß in ihr zuletzt alles Natürliche, und demnach sogar die Sinnlichkeit, ja die Wollust selbst verschwindet, daß diese in Grausamkeit übergeht, und daß der dämonisch-teuflisch Böse dem Genuß weit entfremdeter ist als der Gute.«[19] Der Grausame will seine Destruktion des Andern genießen, aber er zerstört damit auch sich selbst, insofern er die Natur in sich freisetzt. Diese Freisetzung aber bedeutet die Herbeiführung des Chaos.

Die Aufhebung des Ordnungszusammenhanges zeigt sich auch in der entgegengesetzten Möglichkeit der Perversion. Diese ist dadurch gekennzeichnet, daß der blinde Wille den Menschen überwältigt; es brechen gleichsam alle Dämme, so daß der Mensch, wie Schelling sagt, im wörtlichsten Sinne »den Verstand verliert«. Im äußersten Fall kann dies Phänomen den Eintritt einer Geisteskrankheit, nämlich des Wahnsinns, bedeuten. Der Wahnsinn ist im Gegensatz zu anderen Geisteskrankheiten – etwa dem Idiotismus als dem langsamen geistigen Tod – dadurch gekennzeichnet, daß die Gesundheit der Seele, die in ständigem Ausgleich von Verstandes- und Gemütskräften beruht, aufgehoben wird. Es entsteht das Schreckliche, so sagt Schelling, nämlich der Wahnsinn, und er fährt fort: »Ich hätte eigentlich nicht sagen sollen: er entsteht, sondern: er tritt hervor«[20], denn – so erläutert Schelling – wenn der Wahnsinn den Verstand ausschließt, so ist er selbst ja gar nicht mehr genetisch mit Hilfe des Verstandes zu erklären.

Schelling geht nicht der Frage nach, ob man in diesen Fällen, insbesondere beim Ausbruch des Wahnsinns, durch den der Mensch überrannt wird, noch von Schuld reden könne, insofern Schuld und Freiheitsbewußtsein doch offenbar zusammengehören. Es bleibt beim Erschrecken vor der Tatsache, daß es ein solches Freiwerden dunkler Kräfte überhaupt gibt. Aber dieses Erschrecken ist fast zur Grundmelodie des Spätwerks von Schelling geworden. Der Mensch sollte die Krone der Schöpfung, der »Naturheiland«, d. h. der Erlöser der Natur durch deren Vergeistigung sein. Aber faktisch ist er der eigentliche Grund der Verwirrung und als solcher das Unbegreiflichste. »Weit entfernt also, daß der Mensch und sein Tun die Welt begreiflich mache, ist er selbst das Unbegreiflichste, und treibt mich unausbleiblich zu der Meinung von der Unseligkeit alles Seyns, einer Meinung, die in so vielen schmerzlichen Lauten aus alter und neuer Zeit sich kundgetan. Gerade Er, der Mensch, treibt mich zur letzten verzweiflungsvollen Frage: warum ist überhaupt etwas? Warum ist nicht nichts?«[21]

Schelling spricht von der Angst des Lebens. Diese Angst gründet darin, »daß die wahre Grundbestimmung alles Lebens und Daseins eben das Schreckliche ist«.[22] Dieses Schreckliche lauert immer »im Grunde«, es bedarf nur eines Anstoßes, der – äußerlich nicht begründbar – aus mir selbst entspringt, und der Urgrund bricht durch. –

Es ist offensichtlich, daß Schelling weit tiefer als Feuerbach in die anthropologische Problematik eindringt. Feuerbach begnügt sich mit dem Hinweis auf die Natur des Menschen, die er mit der Sinnlichkeit gleichsetzt. In diesem Ansatz spricht sich das naive Zutrauen Feuerbachs zum menschlichen Wesen aus. Schelling dagegen weiß, wie problematisch und ungesichert die Wirklichkeit des Menschen ist. Der Mensch ist gar nichts Gegebenes. Er ist wesenhaft sich vollziehende Subjektivität und untersteht damit der Dialektik der Selbstvermittlung, die Hegel erstmalig entwickelt hat. Schelling hat in dieser Hinsicht sicher Entscheidendes von Hegel gelernt; in der Idee, daß die Subjektivität kein substanzielles Etwas sei, sind beide Idealisten einig im Gegenzug zu allem naiven Denken. Aber der Unterschied, der zwischen ihnen besteht, ist nicht zu übersehen. Hegel deutet die Vermittlung des Geistes als bruchlose Entwicklung, die Läuterung zur Helle geschieht ohne Widerstand, denn die unteren Stufen sind ja die unwesentlichen. Schelling bestimmt das Verhältnis der Stufen ganz anders: das Untere, und Frühere ist und bleibt das Ursprüngliche. Es ist die Grundmöglichkeit der Subjektivität, das heißt sich verwirklichen wollende Kraft.

Drittes Kapitel
Kierkegaard: Die Leibgebundenheit des
Geistes als Quelle der Angst[1]

Will man das Phänomen der Angst, das sich in der Philosophie des späten Schelling erstmalig als Zentralproblem erweist, angemessen erfassen, so ist es angebracht, *Weltangst* und *Angst vor mir selbst* zu unterscheiden. Mag eine solche Differenzierung zunächst abstrakt und künstlich erscheinen, weil man in der Wirklichkeit keinen reinen Fall von Weltangst oder Angst vor mir selbst nachweisen kann, so ist diese Unterscheidung doch erforderlich, wenn anders die Frage beantwortet werden soll, wie man dem Verlust der Weltsicherheit, der nach dem Deutschen Idealismus das Bewußtsein bestimmt, zu begegnen sucht.

Die *Angst vor mir selbst* – so formulieren wir vorläufig – hängt damit zusammen, daß ich einen Leib habe, genauer: daß ich ein von Trieben bedrängtes, d. h. ein nicht geistiges Wesen bin. Diese Angst ist *konkret* und steht in das Handlungsbewußtsein hinein. Insbesondere in der Gegenwart wird die Angst unter diesem Aspekt analysiert. Um nur zwei Beispiele zu geben: die Psychoanalyse sucht nach ganz spezifischen Anlässen, die die Angstneurose hervorgebracht haben und an diesen setzt sie an, um auf therapeutischem Wege die Störung zu beheben. Und die Verhaltensforschung redet vom Aggressionstrieb; ihr Problem ist es, wie und durch welche Entlastungen das Quantum Aggression bewältigt werden kann, und diese Frage wiederum ist nicht ohne soziologische Orientierung lösbar. Das ganze Problem der Triebschicht wird heute also in konkrete wissenschaftliche und praktische Fragestellungen gelenkt.[2] Die Denker des 19. Jahrhunderts, die dieser Entwicklung vorausgehen, wie *Schopenhauer* und *Nietzsche*, gehen zwar noch metaphysisch vor, gleichwohl ist für sie das Problem des Willens – Wille verstanden als dranghafter Trieb – nicht nur ein Problem der reinen spekulativen Philosophie, sondern auch und vor allem eine Frage der Praxis. Es wird gefordert, dem Willen zu entsagen und asketisch zu leben – so Schopenhauer, oder gerade dem Willen zur Macht zu folgen und ihn zu steigern – so Nietzsche.

Die *Weltangst* dagegen wird weder in wissenschaftlichen noch in praktischen Problemstellungen angegangen. Diese Angst ist – das sei vorgreifend angedeutet – undialektisch: es geht in ihr nicht, wie in der Angst vor mir selbst, um den Gegensatz von Geist und Leib, sondern um die allgemeine Frage nach dem Sein und dem Sinn der Welt überhaupt. Diese Frage ist jedoch eine »transzendente« Frage: sie übersteigt jede mögliche Antwort. Man hat sich mit der Tatsache des In-der-Welt-seins abzufinden und die Geworfenheit in die Welt zu ertragen. Weltangst ist – das hat *Heidegger* überzeugend herausgestellt – ein Phänomen, das durch die Gestimmtheit, und zwar durch eine grundlose Gestimmtheit, erschlossen wird. Von dieser Gestimmtheit aus aber führt kein direkter Weg zur Handlung.

Die Probleme der Angst erfahren dieser Differenz entsprechend eine getrennte Behandlung. Ein wenig vergröbert formuliert: die Weltangst wird in der Existenzphilosophie und die Angst vor mir selbst in der Anthropologie und den ihr verwandten Wissenschaften thematisiert. Beide Richtungen rechnen sich gegenseitig Versäumnisse vor. Die Existenzphilosophie wirft der anthropologischen Fragestellung vor, sie sei in naturalistischen Vorstellungen hängengeblieben. Die Anthropologie behauptet umgekehrt, die existenzphilosophische Fragestellung bewege sich in einem von der theologischen Metaphysik bedingten Horizont, der der Realität des gegenwärtigen Menschen gar nicht entspreche. Gleichwohl gibt es sowohl in sachlicher als auch in historischer Hinsicht durchaus Verbindungen von Weltangst und Angst vor mir selbst. So kann die Angst vor mir selbst sich zur Weltangst »steigern«, und dadurch kann das mögliche Handlungsbewußtsein überhaupt gelähmt werden. Die Angst reichert sich solchermaßen in sich selbst an; das faktische Ergebnis ist eine Mischung von stimmungshafter Depression und durchrationalisierter Dauerreflexion, ein Zustand, der auch heute im Zeitalter der Versachlichung in der Schicht des gebildeten Bürgertums noch verbreiteter ist, als man zunächst vermeint.

Innerhalb der Philosophie ist *Kierkegaard* als der Denker anzusehen, der die Weltangst *und* die Angst vor mir selbst gleichzeitig thematisiert hat. Kierkegaards Analyse der Angst übersteigt die allgemeinen philosophischen Kategorien und bewegt sich in »psychologischen Zwischenbestimmungen«. Gerade dies Verfahren macht Kierkegaards Untersuchung in anthropologischer Hinsicht hochbedeutsam. Kierkegaard hat das Thema der Angst mehrfach behandelt, insbesondere aber hat er ihm eine eigene Schrift »Der Begriff Angst« gewidmet.[3]

Das Thema dieses Werkes ist die *Erbsünde*, das heißt, die Frage nach dem Zusammenhang der Sünde Adams mit den Sünden der späteren Menschen. Es ergibt sich eine Alternative: entweder hat Adam die Sünde als Sünde gesetzt, und wir als seine leiblichen Nachkommen haben sie mit der Geburt einfach übernommen, wir sind also eigentlich unschuldig; oder wir sind genau wie Adam die Initiatoren jeweiliger persönlicher Sünden, jeder steht isoliert für sich, der Zusammenhang des Geschlechtes ist damit zerrissen. Kierkegaard löst dieses Problem auf dialektische Weise: der Einzelne ist er selbst und zugleich das Geschlecht. Er entwickelt in diesem Zusammenhang eine geschichtsphilosophische Theorie, die weit über die entsprechenden Ansätze der anderen Existenzphilosophen hinausgeht und durchaus aktuell ist. Um diese dialektische Lösung vorzubereiten, erscheint es Kierkegaard nun aber nötig, den *Sündenfall* als solchen zu untersuchen, denn nur so ist es möglich, die Folgen des Sündenfalles nicht kausal zu verstehen, sondern als freie Wiederholungen der Tat Adams durch jeden einzelnen zu deuten.

Das Werk trägt folgenden Untertitel: »Eine simple psychologisch-hinweisende Erörterung in Richtung des dogmatischen Problems der Erbsünde.« Kierkegaard ist als Christ des Glaubens, daß man eigentlich von der Sünde nur auf dogmatische Weise als autoritativer Zeuge reden dürfe.[4] Dazu fühlt er sich selbst nicht berufen. Seine Untersuchung hat nur Dienststellung, insofern sie spezifische Vorbedingungen des Sündenfalles aufzeigt. Diese Vorbereitung aber – dies hat Kierkegaard nicht gesehen – ist theologisch äußerst gefährlich, denn wenn die Bedingungen der Sünde aus dem Wesen des Menschen als solchem verstehbar gemacht werden, dann ist damit jede theologische Auslegung der Sünde bereits im Ansatz problematisch geworden. Kierkegaard vollzieht der Sache nach eigentlich eine Entwertung des christlichen Ansatzes. Der Sündenfall ist christlich gesehen als Ungehorsam gegen Gott ein Negativum. Hier dagegen ist er die Tat der Menschwerdung, und diese ist eigentlich nicht mehr bewertbar, zumindest ist sie nicht negativ abzuurteilen. Dem Kenner Kierkegaards kann nicht verborgen bleiben, daß der Sündenfall nur die verallgemeinerte Form der ethischen Selbstwahl ist, und diese Selbstwahl ist für Kierkegaard eine unabdingbare Forderung. Sie führt über das ästhetische Stadium heraus und verfällt auch im christlichen Stadium nicht einer reinen Negation.[5]

Sodann: wenn Kierkegaard die Tat der Menschwerdung durch einen Rückgriff auf die Erzählung der Genesis deutet, so schildert er an sich Zustände und Vorgänge, die am Anfang der Geschichte stehen. Aber diese einmaligen Ereignisse wiederholen sich in jedem Menschen. Und das besagt, daß der Sache und dem philosophischen Gehalt nach eigentlich nicht die alten Geschichten, sondern vielmehr die eigene Existenz die Quelle der Analyse ist. Diese Selbsterfahrung der Existenz wird aber dem Gesamtansatz Kierkegaards gemäß im Gegenzug zu Kierkegaards Erzfeind *Hegel* expliziert. Sie ist daher auf das Ganze gesehen nie rein und unvermittelt, weil diese Explikation eben von Kategorien geleitet wird, die sich als Kategorien nur konstituieren lassen im negativen Kontakt mit Hegels System.

Der dem Sündenfall vorausgehende Zustand ist durch die *Unschuld* bestimmt. Unschuld ist nicht Unmittelbarkeit, die sich als solche nicht denken läßt und daher eo ipso in ihr Gegenteil umschlägt. Unschuld ist eine Qualität, die nur durch eine Handlung, d. h. eben das Schuldigwerden, vernichtet werden kann. Der Mensch ist in diesem Zustand kein geistiges, sondern ein seelisches Wesen. Das seelische Sein ist friedfertig und ruhig. Es gibt hier noch keine ausdrücklichen Gegensätze, oder genauer: der Mensch weiß hier noch nicht um diese Gegensätze als Möglichkeiten, zwischen denen er zu wählen hat. Gleichwohl ist er auch im Stande der Unschuld schon seinem Sein nach, oder hegelisch gesprochen »an sich«, ein doppeldeutiges Wesen. Kierkegaard legt auch im »Begriff Angst« der Bestimmung des Menschen seine Definition der Existenz zugrunde, die besagt, daß die Existenz eine Synthese von Unendlichem und Endlichem ist.[6] Die nähere Bestimmung dieser Gegensätze wird im »Begriff Angst« nun auf eine doppelte Weise vollzogen. Der Mensch wird einerseits als Synthese von Seele und Leib und andererseits als Synthese von Zeitlichkeit und Ewigkeit gekennzeichnet. Beide Gegensatzpaare sind jedoch nicht ohne weiteres parallelisierbar. Es waltet zwischen ihnen vielmehr ein wesentlicher Unterschied, den es herauszuarbeiten gilt, denn nur auf diese Weise wird die Problematik der Verbindung von Weltangst und Angst vor mir selbst begreifbar. Wir skizzieren, wie Kierkegaard diese beiden Synthesen entwickelt und wenden uns zunächst der Erörterung der Synthese von Zeitlichkeit und Ewigkeit zu.

Der Gegensatz von *Zeitlichkeit und Ewigkeit* wird in einer Synthese vermittelt, die Kierkegaard den *Augenblick* nennt. Reine Ewigkeit als solche ist Ununterschiedenheit, reine Zeitlichkeit dagegen absolute Diskretheit. Zeitlichkeit als solche ist für Kierkegaard nicht die Existenzzeit, in der der konkrete Mensch lebt, sondern eine abstrakte Bestimmung, ebenso unmenschlich wie ihr Gegensatz, die Ewigkeit. Zeitlichkeit und Ewigkeit, die als Extreme – mit Hegel gesprochen – einander gleichgültig lassen, werden beide erst »konkret« in der Vermittlung, die der Mensch vollzieht. Diese Vermittlung ist die Setzung des Augenblickes als der existenziellen Zeit. Der Augenblick ist es, durch den die reine Ununterschiedenheit der Ewigkeit und die reine Diskretheit der Zeit in bezug zueinander gebracht werden. Durch diese Vermittlung erhält Zeit erst Bedeutsamkeit. Durch den Augenblick gliedert sie sich nämlich in die Gegensätze der Vergangenheit und der Zukunft, aber in der Weise, daß eine virtuelle Verbindung von beiden entsteht. Hier kommt die echte existenzielle Zeitlichkeit zustande, deren Wesen die Verschränkung von Vergangenheit und Zukunft als Gegenwart ist: die Zukunft ist nie rein zukünftig, sie eröffnet Möglichkeiten, die von der Vergangenheit her schon vorbelastet sind, und umgekehrt: die Vergangenheit ist nie rein vergangen, ihre Wirklichkeiten sind nie absolute Festlegungen, sondern wiederholbar.

Auf Grund dieser Dialektik der Zeitlichkeit kann Kierkegaard nun die Angst »konkret machen«. Die allgemeine Angst vor und um das In-der-Welt-sein, die sich aussagt in der eigentlich an niemanden sich richtenden Anklage, daß ich nicht gefragt wurde, ob ich in die Welt kommen wollte[7], wird hier durchaus real. So habe ich Angst vor der Zukunft, insofern ich fragen kann und muß: werde ich von dem in der Vergangenheit negativ Getanen in der Zukunft frei werden, und werde ich umgekehrt das in der Vergangenheit positiv Getane in der Zukunft bewahren können?

Kierkegaards Anliegen ist es nun aber, die Angst, die durch die zeitliche Struktur der Existenz möglich gemacht worden ist, auf die Angst zurückzuführen, die aus dem Gegensatz von *Leib* und *Geist* ersteht. Angst – das ist die hier leitende Überzeugung – ist wirkliche Angst nur, wenn sie nicht »reine Geistesangst« ist. Eine solche Angst kann nämlich nicht »dialektisch werden«, denn das *Dialektisch-werden* geschieht nur dort, wo der Geist *selbst* durch ein ihm wahrhaft Gegensätzliches bestimmt wird, das ihn selbst als Geist radikal in Frage zu stellen vermag. Und dies ist nur in der Angst vor mir selbst der Fall, in der der Gegensatz von Geist und Leib aufgerissen wird. Dies sei nun genauer dargelegt.

Dem Sündenfall geht ein Zustand voraus, der durch eine Tat aufgehoben wird; Kierkegaard geht es ja – wie wir sahen – gerade darum, in der Unschuld eine eigenständige Qualität und kein bloßes Abstraktum zu sehen. Die Unschuld ist konkret als Einheit von Leib und Seele. Wenn dieser Zustand im Sündenfall aufgehoben wird, so darf dies nicht durch ein Fremdes von außen her geschehen, dann wäre der Mensch ja für den Sündenfall nicht verantwortlich. Kierkegaard arbeitet das Problem klar heraus. Der Zustand der Unschuld muß einerseits qualitativ von dem späteren Zustand unterschieden werden, und er muß andererseits diesen späteren Zustand irgendwie in sich enthalten. Dies besagt konkret: der Zustand der Unschuld ist zweigliedrig, er ist durch *Seele* und Leib bestimmt, aber diese Zweiheit ist doch eine Einheit im Gegensatz zu der späteren Diskrepanz von *Geist* und Leib. Der Geist ist in dieser Einheit bereits verborgen anwesend als der *mögliche* Akteur, der die Einheit aufzuheben vermag. Die Aufhebung aber als Selbstsetzung des Geistes geschieht in der Weise, daß der Geist als das synthetisierende Dritte auf die eine Seite der nun neu bestimmten Alternative tritt. Die Einheit von Seele und Leib wird aufgehoben in der Weise, daß die Seele selbst, genauer: der seelische Einheitszustand negiert wird; an die Stelle der Seele tritt der Geist, so daß die Alternative nun »Leib und *Geist*« heißt, wobei der Leib als Gegensatz zum Geist gegen den Leib, der mit der Seele vereinigt war, klar abzuheben ist. Erst der Leib, der dialektisch auf den Geist bezogen ist, ist menschlicher Leib, und gerade durch diesen menschlichen Leib wird der Geist nun bedrängt.

Allein von dieser Dialektik her wird Kierkegaards Vorgehen in seiner Doppelheit verständlich. Kierkegaard will – das ist das Problem, von dem das *erste* Kapitel handelt – zeigen, daß der Geist bereits vor dem Sündenfall latent da ist, so daß es hier schon eine Angst des Geistes vor sich selbst gibt; und er will andererseits zeigen – das ist das Thema der *späteren* Kapitel –, daß der Geist auch nach dem Sündenfall, d. h. nach seiner ausdrücklichen Setzung, noch Angst hat, weil er selbst nun mit dem Gegensatz von Geist und Leib belastet ist. Das Verhältnis beider Formen der Angst zueinander ist dialektisch. Einerseits ist die Angst vor dem Sündenfall gleichsam die transzendentale Bedingung aller späteren Angst, und entsprechend ist die im Sündenfall gesetzte Freiheit, d. h. die Tat der eigentlichen Menschwerdung, der Grund für alle späteren im Leben vollzogenen Entscheidungen. Andererseits ist die Angst vor dem Sündenfall von der Selbsterfahrung im Leben her konzipiert, diese ist es, die sich den Sündenfall als Bedingung »voraussetzt«.

Sucht man nun den dialektischen Zusammenhang, der zwischen beiden Formen der Angst waltet, unter dem Gesichtspunkt des Zusammenhanges von Weltangst und Angst vor mir selbst konkret darzulegen, so ist zunächst davon auszugehen, daß der Sündenfall nichts anderes ist als die ausdrückliche Setzung des In-der-Welt-seins. Vor dem Sündenfall im Paradies gibt es noch kein wirkliches Weltbewußtsein, denn zum wirklichen Weltbewußtsein gehört das Wissen, daß ich selbst zur Auseinandersetzung mit dem Seienden, das als Nicht-Ich von mir unterschieden ist, fähig und gezwungen bin. Zum Weltbewußtsein gehört das Bewußtsein der Freiheit. Angst vor dem Sündenfall ist also Angst vor der *Freiheit*, durch die ich allein Welt habe. Aber – dies ist das Zweite, das es ebenso zu beachten gilt – die Freiheit setzt nicht nur ein Verhältnis zur Welt als dem Nicht-Ich, sondern auch ein Verhältnis zu mir selbst, und zwar zu mir als einem möglichen Gegensatz zwischen *welthaftem Leib* und *weltlosem Geist*.

Grundsätzlich formuliert: im Sündenfall wird das Weltverhältnis gesetzt als etwas, was, bildhaft gesprochen, quer durch mich durchgeht. Die Angst vor dem Sündenfall ist nicht als eine allgemeine Angst vor der allgemeinen Möglichkeit einer allgemeinen Freiheit zu kennzeichnen, sondern sie ist Angst vor dem Aufklaffen des Gegensatzes, welthaft gebunden und weltlos ungebunden zugleich zu sein. Durch diese Doppelheit kommt die Zweideutigkeit der Angst zustande. Der Geist erfaßt sich, so führt Kierkegaard aus, in der Unschuld in der Weise des *Träumens*. Das Träumen ist vom Wachen und Schlafen zu unterscheiden. Im Wachen ist der Unterschied zwischen mir und dem Nicht-Ich gesetzt, im Schlaf ist er suspendiert, im Traum ein angedeutetes Nichts, das, wenn es Gestalt annehmen soll, immer wieder zerrinnt. Die Angst ist daher unbestimmt, Kierkegaard setzt sie in Gegensatz zur Furcht, die sich auf Bestimmtes bezieht. Wir geben die entscheidenden Sätze Kierkegaards wieder: »Die Angst ist eine Bestimmung des träumenden Geistes und gehört als solche in die Psychologie hinein. Im Wachen ist der Unterschied zwischen mir selbst und meinem Anderen gesetzt, schlafend ist er suspendiert, träumend ist er ein angedeutetes Nichts. Die Wirklichkeit des Geistes erweist sich beständig als eine Gestalt, durch die seine Möglichkeit verlockt wird, die aber fort ist, sobald er nach ihr greift, und die ein Nichts ist, das nur ängstigen kann. Mehr kann sie nicht, solange sie sich nur zeigt. Den Begriff der Angst sieht man fast niemals in der Psychologie behandelt, ich muß deshalb darauf aufmerksam machen, daß er gänzlich verschieden ist von der Furcht und ähnlichen Begriffen, die sich auf etwas Bestimmtes beziehen, während die Angst die Wirklichkeit der Freiheit als Möglichkeit für die Möglichkeit ist.«[8]

Dieses Träumen ist als solches zweideutig. Es vollzieht sich, so führt Kierkegaard aus, als sympathetische Antipathie und als antipathetische Sympathie. Die Möglichkeit der Freiheit verlockt und stößt zugleich ab. Sie verlockt: als Freiheit selbst entscheiden zu können, ist sie ja die Wesensbestimmung des Menschen, die seine Weltüberlegenheit zeigt; sie stößt zurück: als Freiheit entscheiden zu müssen, bedeutet sie ein Sichfestlegen, das als solches ein Indiz der Weltgebundenheit des Menschen ist. Gerade diese Zweideutigkeit ist es nun, die, sich auf die Spitze treibend, zum *Sprung* führt, in dem der Mensch sich als Geist setzt. Der Sprung ist qualitativ und als Übergang in eine andere Qualität nicht durch das Denken zu klären. Man kann nur die *Folgen* des Sprunges von der unwissenden Unschuld zur wissenden Schuld auslegen, und eben dies ist das Thema der späteren Kapitel.

Durch den Sündenfall wird die Angst in zweifacher Form verändert. In *psychologischer* Hinsicht ist zu sagen, daß die vor dem Sündenfall unbewußte Angst nach der Geistsetzung bewußt geworden ist. Diese Bewußtheit mindert jedoch nicht die Angst, sondern steigert sie gerade. In *geschichtlicher* Hinsicht gilt es zu begreifen, daß die Angst in der Entwicklung im quantitativen Sinne zunimmt. Jeder muß zwar für sich selbst die Angst neu erfahren – darin sind alle gleich –, aber die Prädispositionen sind durch die Entwicklung gesteigert und zwar in dem Sinne, daß die höher werdende Bewußtseinslage die Angstbereitschaft verstärkt. Die Angst ist dann selbst wesentlich reflektierter als zuvor.

Diese psychologischen und geschichtlichen Veränderungen basieren ihrerseits auf einer grundsätzlichen Umwandlung der menschlichen Struktur durch den Sündenfall. Erst nach dem Sündenfall gibt es überhaupt den Menschen als ein sich verstehendes Wesen. Im Sündenfall geschieht der Sprung in den Zustand des Wissens, und das erste und ursprünglichste Wissen ist das Wissen um die Differenz von Geist und Leib und damit der Sexualität. Der Geist durchdringt scheidend die frühere Einheit und kommt somit zur Setzung der Gegensätze in einer Synthese. »In der Unschuld war Adam als Geist träumender Geist. Die Synthese ist also nicht wirklich; denn das Verbindende ist gerade der Geist, und dieser ist noch nicht als Geist gesetzt. Bei dem Tier kann die sexuelle Verschiedenheit instinktartig entwickelt sein, aber so kann ein Mensch sie nicht haben, gerade weil er eine Synthese ist. In dem Augenblick, da der Geist sich selber setzt, setzt er die Synthese, aber um die Synthese zu setzen, muß er sie zuerst unterscheidend durchdringen, und das Äußerste des Sinnlichen ist gerade das Sexuelle. Dieses Äußerste kann der Mensch erst erreichen in dem Augenblick, da der Geist wirklich wird. Vor dieser Zeit ist er nicht Tier, aber auch nicht eigentlich Mensch, erst in dem Augenblick, wo er Mensch wird, wird er dies auch dadurch, daß er zugleich Tier ist.«[9] Durch den Sündenfall ist die Sinnlichkeit als Gegensatz zum Geist gesetzt, und damit ist sie zur Sexualität geworden. Jetzt erst ist der Mensch Mensch und zwar in der Weise, daß er zugleich um seine Tierheit weiß.

Man hat sicher nicht mit Unrecht diese schroffe Entgegensetzung von *Geist* und *Sexualität* auf Kierkegaards eigene Persönlichkeit und sein scheiterndes Verhältnis zu seiner Braut Regine Olsen zurückführen wollen. Das ändert aber nichts daran, daß Kierkegaards Ansatz anthropologisch von allgemeiner Bedeutung ist. Kierkegaard erkennt den Geist im Gegensatz zu Hegel als konkret gebundenen Geist, und das heißt für ihn eben wesentlich, daß der Geist der Geist eines Menschen ist, der sexuell bestimmt ist. Man kann sich diesen Ansatz im Gegenzug zu Feuerbach verdeutlichen. Feuerbach negiert den traditionellen Vorrang des Geistes, indem er an dessen Stelle die Sinnlichkeit setzt, wobei Sinnlichkeit nicht nur sinnliche Erkenntnis bedeutet, sondern auch Zweigeschlechtlichkeit. »Daß du eine Frau bist und ich ein Mann«, dies bestimmt uns Menschen im ganzen. Die Sinnlichkeit wird aber als solche bei Feuerbach undialektisch gedacht, d. h., sie ist eine Tatsache, die man als eine Gegebenheit einfach anzuerkennen hat. Kierkegaard betont dagegen die Dialektik und zwar in der Form, daß er am Vorrang des Geistes festhält. Der Geist ist die Bestimmung des Menschen. Aber der Geist ist nicht »absoluter« Geist, er ist nicht vom Leib abgelöst, sondern er wird von ihm ständig bedrängt. Und dieses Bedrängtwerden erzeugt eben die Angst. Die Umwandlung der Sinnlichkeit zur Sexualität soll gerade die innere Möglichkeit dieser Angst bezeugen. Sexualität ist zunächst das Faktum der Zweigeschlechtlichkeit, das dem Geist vorgegeben ist, aber indem der Geist darum weiß, stellt er sich zur Sexualität immer schon positiv oder negativ ein, und damit wird die Sexualität selbst in den Zusammenhang existentiellen Verhaltens einbezogen. Von diesem Ansatz aus gelingen Kierkegaard erstaunlich eindringliche Analysen konkreter Phänomene der Angst – wir weisen nur auf einiges hin.

Die Angst ist bereits in der *Scham* wirksam, die der Geist darüber empfindet, daß er zu einem Leib und zwar zu einem Leib in geschlechtlicher Differenz gehört. »In der Schamhaftigkeit ist eine Angst, weil der Geist auf der äußersten Spitze der Differenz der Synthese so bestimmt ist, daß der Geist nicht bloß Körper, sondern als Körper mit dem Geschlechtsunterschied bestimmt ist. Doch ist die Schamhaftigkeit zwar ein Wissen von dem Geschlechtsunterschied, aber nicht als ein Verhältnis zu einem Geschlechtsunterschied, das will sagen, der Trieb ist nicht als solcher zur Stelle. Die eigentliche Bedeutung der Schamhaftigkeit ist, daß der Geist gleichsam nicht die äußerste Spitze der Synthese anerkennen kann. Deshalb ist die Angst der Schamhaftigkeit so ungeheuer zweideutig. Da ist keine Spur von sinnlicher Lust, und doch ist da eine Schamhaftigkeit. Worüber? Über nichts. Und doch kann das Individuum aus Scham sterben und verwundete Schamhaftigkeit ist der tiefste Schmerz, weil er der unerklärlichste von allen ist.« [10]

Die Scham als solche ist noch keine reflektierte Form der Angst. Sie kommt daher der Frau mehr zu als dem Mann, denn, so sagt Kierkegaard, die Frau ist im ganzen ungeistiger und das heißt eben sinnlicher als der Mann. Gerade darum ist sie rätselhafter auch in ihrer Angst. Sie ruht weitgehend noch »unbewußt« in sich und doch ist sie »tiefer« von Angst bewegt. Diese Tiefe schließt aber nicht aus, daß die Angst der Frau in Verbindung mit der Sexualität reflektiertere Formen, genauer: raffiniertere Formen annehmen kann.

Aber nicht nur im Vergleich von Mann und Frau zeigt sich eine Differenzierung der Angst, sondern auch in den Wandlungen der *Geschichte*. Kierkegaard trägt, zunächst unbekümmert darum, daß ja alle Menschen nach dem Sündenfall geistgeprägte Wesen sind, in die geschichtliche Entwicklung eine scharfe Zäsur zwischen *Griechentum* und *Christentum* ein. Seine Analysen sind erstaunlich konkret und unmittelbar überzeugend. Der Grieche lebt noch gebundener in Natürlichkeit, er ist »seelischer« als der Mensch der christlichen Zeit, für den Geist und Fleisch Widersacher sind. Dies wirkt sich vielfältig aus. So wird in der modernen Plastik im Gegensatz zur antiken Plastik das Gesicht wichtig. Das gründet darin, daß das objektive Leid, das die Griechen insbesondere in ihrer Tragödie herausstellen, im modernen Bewußtsein in subjektiven Schmerz umschlägt. Dieser Schmerz ist aber ein geistig-innerliches Phänomen, er kann sich daher äußerlich, soweit es überhaupt möglich ist, nur im Gesicht ausdrücken.[11]

Für die Gräzität ist die Schönheit maßgebend. »Wenn die Schönheit herrschend sein darf, dann bringt sie eine Synthese hervor, in welcher der Geist ausgeschlossen ist. Dies ist das Geheimnis in der ganzen Gräzität. Insofern ist da eine Sicherheit, eine stille Feierlichkeit über der griechischen Schönheit; aber gerade deshalb ist da auch eine Angst, die der Grieche wohl nicht merkte, wenn auch seine plastische Schönheit in ihr erbebte. Deshalb gibt es eine Sorglosigkeit in der griechischen Schönheit, weil der Geist ausgeschlossen ist, aber deshalb gibt es da auch eine unerklärte tiefe Trauer.«[12]

Von diesem Ansatz aus wird noch einmal der Unterschied von Mann und Frau thematisiert: »Wohl begreift nun die griechische Schönheit den Mann und die Frau wesentlich auf dieselbe Art, also nicht geistig, macht aber doch einen Unterschied innerhalb dieser Gleichheit. Das Geistige hat seinen Ausdruck im Antlitz. Bei der männlichen Schönheit ist doch das Antlitz und der Ausdruck darin wesentlicher als bei der weiblichen Schönheit... Venus bleibt wesentlich eben so schön, auch wenn sie schlafend abgebildet wird, ja, sie ist vielleicht gerade dann am schönsten, und doch ist das Schlafende eben der Ausdruck für die Abwesenheit des Geistes... Soll dagegen ein Apoll dargestellt werden, so ginge es nicht an, ihn schlafen zu lassen, ebensowenig wie einen Jupiter. Apollo würde dadurch unschön und Jupiter lächerlich.«[13]

Daß die Angst des Griechen wesentlich noch »ungeistig« ist, zeigt sich auch im griechischen Verständnis des *Todes*. Dieses Verständnis ist von einer unergründlichen Wehmut durchstimmt. Anders die christliche Todesvorstellung: wo der Geist als Geist gesetzt ist, muß der Tod sich als das Schreckliche zeigen. »Das Tier stirbt eigentlich nicht; aber wenn der Geist als Geist gesetzt ist, dann zeigt der Tod sich als das Entsetzliche... Im Todesaugenblick befindet sich der Mensch am äußersten Ende der Synthese; der Geist kann gleichsam nicht zur Stelle sein, denn er kann nicht sterben und doch muß er warten, denn der Leib muß ja sterben. Die heidnische Anschauung des Todes war – ebenso wie deren Sinnlichkeit naiver, deren Zeitlichkeit sorgloser war – milder und anmutiger, ermangelte aber des Höchsten... Es liegt eine unergründliche Wehmut darin, daß der Genius des Todes mit seiner freundlichen Gestalt sich über den Sterbenden beugt und mit dem Atem seines letzten Kusses den letzten Lebensfunken auslöscht, während das Erlebte nach und nach verschwunden ist und der Tod zurückgeblieben wie das Geheimnis, das, selbst unerklärt, erklärte, das ganze Leben sei ein Spiel gewesen, das damit endet, daß alles, das Größte wie das Kleinste, sich verlief wie die Schulkinder, und zuletzt die Seele selbst als Schulmeister, aber es liegt da auch die Stummheit der Vernichtung darin, daß das ganze nur ein Kinderspiel war und nun ist das Spiel aus.«[14]

Kierkegaard sucht nun aber die historische Betrachtungsweise, die zwischen Griechentum einerseits und Christentum andererseits eine so scharfe Zäsur setzt, wiederum aufzuheben oder zumindest einzuschränken. Am Anfang aller Geschichte steht ja der Sündenfall. Das bedeutet aber nicht nur, daß die Menschen sich trotz aller historischen Unterschiede im Grund gleich sind, sondern daß sie alle ausnahmslos *Sünder* sind. Einen Beweis für die allgemeine Sündhaftigkeit sieht Kierkegaard darin, daß alle Menschen nicht nur sinnliche, sondern sexuell bestimmte Wesen sind. Sexualität und Sünde gehören, wie Kierkegaard sagt, zusammen. Engel, die keinen Leib haben, sind ungeschlechtlich und sündlos. Der Mensch aber ist nach dem Sündenfall grundsätzlich ebenso in Sexualität wie in Sünde verstrickt. Auch hier muß man genau interpretieren: nicht die Leiblichkeit und das reine Faktum der Zweigeschlechtlichkeit ist der Grund der Sünde. Tiere sündigen nicht, obwohl sie zweigeschlechtlich sind. Der Akteur der Sünde ist der Geist, und zwar der Geist, der sich selbst als Gegensatz zum Körper gesetzt hat. Hier tritt der Gegensatz von Kierkegaards Anthropologie zur Tradition klar hervor. Auch in dieser Tradition gilt weithin der Leib als Träger der Triebe und damit des Bösen. Aber daß der Mensch überhaupt einen Leib hat, daß er als Seele mit ihm während der Lebenszeit »zusammen sein muß«, wie Plato sagt, das ist für den Geist eine vorgegebene Bestimmung, für die er nicht verantwortlich ist. Dementsprechend kann Plato erklären, daß es eigentlich nicht der Mensch als geistig sich verstehendes Wesen ist, der Begierde empfindet und auf deren Erfüllung hintendiert, sondern der Körper.[15] Für Kierkegaard dagegen ist die Leiblichkeit des Menschen nichts Natürliches. Vielleicht war sie dies vor dem Sündenfall. Nach ihm aber ist der Leib geistbestimmt, und das heißt, da das leiblich-sexuelle Sein ja der vom Geist übergriffene Gegensatz seiner selbst ist, daß der Geist auch noch für diesen Gegensatz verantwortlich ist. –

Kierkegaards Beschreibungen der Angst erwachsen aus einer Grundstimmung, die durch das tiefe Erschrecken über die Gebundenheit des Geistes geprägt ist. Das macht seine Schilderung der Angst so eindringlich. Er ist – wenn man so formulieren darf – nicht nur zum Erleiden der Angst bereit, er ist von ihr, obwohl sie den Menschen bis zur äußersten Grenze belastet, eigentümlich fasziniert. Aber diese Grundstimmung spricht sich nicht im bloßen Klagen aus, sondern arbeitet in jedem Fall der Angst genau heraus, daß und wie der Geist selbst in Bedrängnis gerät. Kierkegaards Untersuchung hat ein bestimmtes Ziel. Er will aufweisen, daß es für den Menschen keine Balance, keine glückliche Ausgewogenheit zwischen Geist und Leib geben kann, weil es nichts Neutrales im Menschen gibt, was diese Balance herzustellen und über ihren Bestand zu wachen vermöchte.

Überblickt man diese Ausführungen Kierkegaards und sucht sie in bezug zu *Schellings* Analysen der Subjektivität zu setzen, so ist der Unterschied, der zwischen beiden Denkern waltet, in die Augen fallend. Nach Schelling ist der Geist in der Lage, zwischen Dunklem und Hellem, zwischen dranghaftem Willen und regelndem Verstand, zu entscheiden. Der Geist steht zwar in ständigem Bezug zu beiden Vermögen. Gleichwohl ist er ihnen gegenüber frei, weil er über beiden steht. Das bedeutet, daß der Geist das Verhältnis beider Vermögen nicht nur pervertieren, sondern auch harmonisch gestalten kann. Tut er dies, dann versetzt er sich in die Lage, über sich selbst hinauszugehen, d. h., welthaft zu handeln. Nach *Kierkegaard* aber steht der Geist selbst unabdingbar im Spiel. Er ist zur Entscheidung gezwungen, zwischen sich und dem Leib zu wählen, wobei diese Wahl immer in der Situation der Leibgebundenheit des Geistes geschieht. Der Geist steckt in der Alternative so tief darin und ist mit ihr so beschäftigt, daß ihm das Handeln nach außen und ein

Freiwerden für Anderes unmöglich ist. Der Geist verzehrt sich wesenhaft in der Dimension der Innerlichkeit. Er verquält sich unaufhebbar in sich selbst, weil er mit der Diskrepanz von Intellektualität und Sexualität nicht zu Ende kommt.

Kierkegaard hat Möglichkeiten der modernen Form des »unglücklichen Bewußtseins« thematisiert, und zwar konkret bis in Einzelheiten hinein, seine »psychosomatischen Analysen« sind auch heute noch anthropologisch aufschlußreich. Der »Begriff Angst« ist aufgrund dieser konkreten Fragestellung nicht durch spätere existenzphilosophische Analysen der Angst überholt worden. In diesen späteren Analysen wird gerade die spezifische Verbindung von Weltangst und Angst vor mir selbst, die Kierkegaards Ansatz auszeichnet, aufgehoben. Am radikalsten geschieht dies bei *Heidegger*. Die Angst wird »ontologisiert«, es geht in ihr um das reine Faktum des In-der-Welt-seins. Heidegger hat in »Sein und Zeit« die Dimension der Leiblichkeit überhaupt nicht thematisiert. Von Kierkegaard her gesehen bedeutet dies: es gelingt Heidegger nicht, die Angst dialektisch werden zu lassen, denn dies ist nur möglich, wenn die Subjektivität sich als durch ein ihr Gegensätzliches vermittelt erfährt, das sie ihrerseits zu vermitteln hat. – *Jaspers* unterscheidet verschiedene Möglichkeiten der Angst. Grundsätzlich gesehen kann sich die Angst jedoch eigentlich nur in zweifacher Form zeigen: einmal als bloße Daseinsangst und sodann als existenzielle Angst. Bloße Daseinsangst ist Angst vor dem Tode als Schaudern vor dem Nichtsein, gegen das sich der pure Lebenswille aufbäumt. Die existenzielle Angst greift tiefer. Im ganzen ist sie zu kennzeichnen als die Angst darum, ob ich mich als eigentliches Sein ergreife. Dieser existenziellen Angst ist eine gewisse Dialektik nicht abzusprechen. Sie ist Angst vor der Möglichkeit des Selbstverlustes oder des Selbstgewinnes, der seinerseits von dem Bewußtsein, daß Existenz von der Transzendenz getragen wird, bestimmt werden muß. Gleichwohl: von Kierkegaard her gesehen bleibt diese existenzielle Angst »reine Geistesangst«, denn die Existenz hat es, insofern es um ihr eigenes Selbstsein geht, nur mit sich selbst zu tun, sie wird eben nicht von einem ihr dialektisch zugehörenden Anderen radikal in Frage gestellt. – *Sartre* steht Kierkegaards Ausführungen am nächsten. Eine genauere Untersuchung könnte zeigen, daß Sartres Analysen der Angst weithin eine Wiederholung von Kierkegaards Bestimmung der Angst in bezug auf die Zeitlichkeit sind. Sartre redet von der Angst vor der Zukunft und der Angst vor der Vergangenheit und bezieht beides dialektisch aufeinander. Die Angst vor mir selbst als dem Gegensatz von Geist und Leib, hat Sartre jedoch nicht thematisiert, obwohl der Leib in seiner Philosophie eine so wesentliche Rolle spielt. Das ist kein Zufall, denn der Leib wird im Grunde genommen von Sartre nicht dialektisch auf die Existenz bezogen. Er ist pure *Kontingenz* und als solche das der sich verstehenden und in sich konzentrierten Existenz grundsätzlich Fremde. Mit diesem Fremden kann ich mich nicht in der Form dialektischer Gegensätzlichkeit vermitteln. An die Stelle einer solchen Vermittlung tritt die undialektische Identität: ich bin mein Leib – eine solche Aussage hätte Kierkegaard strikt abgelehnt.[16]

Daß Kierkegaard den Begriff Angst dialektisch denkt, dies gründet historisch gesehen in seiner zweideutigen Nähe zu *Hegel*. Aber die Dialektik ist bei ihm im ganzen zur Gestalt der reinen Negativität geworden. Sie lebt aus der Einsicht, daß der Mensch nicht nur nicht mit der Welt, sondern auch mit sich selbst nicht ins reine zu kommen vermag. Die menschliche Struktur ist grundsätzlich widersinnig. Ich bin als Leib ein Teil der Welt, genauer der Naturwelt, und zwar in sehr konkretem Sinn, denn als geschlechtlicher Leib sorge ich für die Existenz und das Fortbestehen dieser Welt; und ich bin als Geist zugleich welttranszendent. Ich kann diesen Widerspruch nicht aufheben, und dies besagt: ich muß an ihm leiden. Der Mensch ist zur Angst nicht nur verdammt, sondern auch verpflichtet, denn nur in der Angst erfährt er und bestätigt er seine widersinnige Seinsstruktur. Die Wunde der Negativität ist daher offen zu halten.

Diese Argumentation beruht auf einer bestimmten Voraussetzung, nämlich dem Wunsch des Menschen, reiner Geist zu sein. Dieser Wunsch ist historisch durch die Tradition bedingt. Er entstammt der Metaphysik, deren Grunddogma es ist, daß dem Geist und der Vernunft ein absoluter Vorrang zukommt. Nur wenn und solange dies »Vorurteil« in Geltung ist, wird die Körpergebundenheit als Last empfunden. Auch Schopenhauer und Nietzsche haben das Verhältnis von Geist und Leib in seiner ganzen Tragweite als wesentliches Problem der Philosophie ihrer Zeit erkannt. Aber sie haben den Leib zum Ding an sich erhoben und den Geist entwertet. Sie setzen die Antithese. Aber die Antithese ist ebenso abwegig wie die These. Die »Lösung« des Problems liegt darin, den Zirkel der Frage, ob der Geist oder der Leib einen *absoluten* Vorrang hat, zu durchbrechen. Es gilt Kierkegaards Einsicht – aber nicht deren Auswertung – aufzunehmen, daß der Mensch Geist und Leib als *dialektische* Einheit ist.

Der Geist hat einen Vorrang, jedoch nicht im metaphysischen Sinn, sondern im konkreten Sinn des alltäglichen phänomenologisch beschreibbaren Selbstverständnisses. Der Mensch kann seinen Leib »einsetzen« und sich von ihm distanzieren, er ist ihm überlegen. Der Leib hat mehrfache Bedeutungen. Ich kann einerseits »mit ihm und in ihm« leben, bewußt und unbewußt, oder gar ihn zum Bezugspunkt meines Handelns erheben. Ich kann ihn andererseits gebrauchen, ohne ihn als solchen zu thematisieren. Keine dieser Möglichkeiten ist ganz auszuschalten, wohl aber hat die zuletzt genannte wesentliche Bedeutung: wenn ich meinen Leib *unthematisch* gebrauche – im alltäglichen Umgang tun wir dies alle –, auf die *Welt* hin handelnd, dann kreise ich nicht mehr in mir selbst, und damit wird der Gegensatz Geist-Leib *vergleichgültigt*. Sartre hat diese Möglichkeit durchaus gesehen, aber auf Grund seiner metaphysischen Philosophie der Subjektivität ist für ihn nicht die unthematisierte Leiberfahrung das Wesentliche, sondern der Leib, als und insofern er die Freiheit der Existenz nichtende Kontingenz ist.

Als Ausweg aus dem Leiden am Zwiespalt des Ichs zeigt sich die indirekte *Vermittlung* meiner selbst durch die Welt – wir haben am Ende unserer Untersuchung der Innerlichkeit bereits deren Struktur thematisiert.[17] Gerade wenn man von sich »weglebt« – und unsere Zeit der Versachlichung begünstigt diese Wende – erwächst die Chance, daß man von sich selbst frei wird. Der Blick auf die Weltaufgaben, und der konkrete Einsatz für deren Gestaltung bedeutet die Aufhebung der anthropologischen »Binnenproblematik«. Freilich wäre es verfehlt, »wenn man die hier waltende Dialektik vergessen wollte. Handeln auf die Welt hin hängt ebenso von einer Selbstklärung ab, wie umgekehrt die Selbstklärung durch das Handeln auf die Welt hin bestimmt wird. Es ist notwendig, daß ich mir in mir selbst über mich klar werde im Blick auf das, was ich tun soll, aber diese Selbstklärung geschieht nicht in Einsamkeit, sondern in der Dimension des Miteinanders: die Anderen sind an dieser Selbstklärung aktiv oder passiv immer und wesenhaft beteiligt.

Viertes Kapitel
Schopenhauer: Der Wille als
Quelle des Leidens[1]

Schopenhauer sucht als erster Denker die Konsequenz aus dem Dahinschwinden der traditionellen Metaphysik der Vernunft zu ziehen. Er entwirft das Bild einer Welt, die nicht mehr von der Vernunft, sondern vom Willen bestimmt ist, dessen Wurzel der Egoismus ist. Der Ort, an dem ich diesen Willen unmittelbar wirkend erfahre, ist der eigene Leib. Das sind Behauptungen, die zu allem in der Tradition Gelehrten im Gegensatz stehen. Ebenso neuartig sind die Mittel, die Schopenhauer ersinnt, um dem Leiden, das dieser unersättliche und zwiespältige Wille mit sich bringt, zu entgehen: Schopenhauer thematisiert die Kunst wesentlich unter dem Gesichtspunkt einer Entlastung, und er inauguriert eine Ethik, die nicht auf der Vernunft beruht, sondern dem universellen Mitleid, durch das die Schranken der Subjektivität aufgehoben werden. Alle diese Thesen werden bei Schopenhauer in der Form eines Systems entwickelt, das als absolut geschlossen ausgegeben wird und in dem die Welträtsel ein für allemal gelöst werden sollen.

Schopenhauers Denkstil bleibt jedoch hinter der strengen dialektischen Reflexion, die das idealistische Philosophieren auszeichnet, zurück. Aber – und diese zweite Komponente in Schopenhauers Denken zu erkennen, ist ebenso wichtig – Schopenhauers Philosophie beruht im ganzen auf einer einheitlichen Welterfahrung. Das wird jedem deutlich, der Schopenhauer aufmerksam liest. Hier liegt ein Problem, das nicht mehr durch Hinweise auf Schopenhauers »Neigung zur Effekthascherei« oder seine »Unfähigkeit zu strengem Denken« erklärt werden kann. Es ist offenbar rein sachlich gesehen nicht mehr möglich, diese neue Erfahrung in der Form eines geschlossenen Systems angemessen auszusagen. Zunächst wiederum psychologisch argumentiert: jeder Leser Schopenhauers spürt, daß diese Erfahrung innerhalb des Werkes ganz unterschiedlich zu Worte kommt. In der Darlegung der Welt als Vorstellung ist von ihr weniger zu finden als in der Erörterung der Welt als Wille. Aber auch hier wird sie nicht ganz ausdrücklich, weil – das ist nun entscheidend – die Form fester ontologischer Aussagen über die Welt, Schopenhauers innerem Anliegen gar nicht mehr gemäß ist. Am stärksten, am tiefsten und am reinsten – solche Termini sind in diesem Zusammenhang erlaubt – kommt diese Lebenserfahrung in Schopenhauers »Heilslehre« zu Wort, d. h. dort, wo Schopenhauer seine spekulative Weltauslegung und seine Idee des moralischen Handelns in einer gegensätzlichen Einheit zusammenschließt. Diese Heilslehre ist jedoch nur zu verstehen, wenn man zuvor den

Sinn der Behauptung, die Welt sei *Wille*, erfaßt hat. Diese Behauptung ist ja Schopenhauers »dogmatischer Lehrgehalt«, und ihr müssen wir uns zuwenden.

Schopenhauer geht nun zunächst, um den Willen zu kennzeichnen, subjektiv vor. Das heißt konkret: er thematisiert sich selbst, und zwar sich selbst »als Leib«. Der Leib ist der ursprüngliche Erfahrungsort des Willens. Schopenhauer stellt sich damit entschieden gegen die Tradition. Die traditionelle Auffassung vom Wollen ist die einer zielbewußten rationalen Bewegung, die auf einem Entschluß beruht und sich in Handlung umsetzt. Eine solche Bestimmung des Willens ist nach Schopenhauer nicht ursprünglich, weil sie, insofern sie vom Intellekt ausgeht, sich im Reich der Vorstellung bewegt und auf Vermittlung beruht. Die Ausschaltung des Intellekts wird zunächst auf rein physiologische Weise vollzogen. Schopenhauer führt das Bewußtsein auf das *Gehirn* zurück und erklärt, der Wille werde »direkt empfunden und mittels der Sinne angeschaut nur im Gehirn«.[2] Schopenhauer macht diesen Ansatz aber selbst fraglich, insofern er die »Ätiologie« als Erkenntnis von außen von der philosophischen Erkenntnis als *Selbsterfahrung* abhebt – es ist klar, daß die Aussage, daß Empfindung und Anschauung im Gehirn stattfinden, keine Selbsterfahrung, sondern eine ätiologische Erkenntnis ist.

Achtet man auf den Grundsatz, von dem her der Leib thematisiert wird, so zeigt sich, daß es zwei verschiedene Erkenntniszugänge zum Leib gibt. Auf der einen Seite ist der Leib und zwar nicht nur der fremde, sondern auch der eigene, Gegenstand der Vorstellung, ein in Raum und Zeit vorhandenes *materielles Etwas*, das mechanisch und kausal erklärbar ist. Auf der anderen Seite ist er »jenes jedem unmittelbare Bekannte, welches das Wort *Wille* bezeichnet. Jeder wahre Akt seines Willens ist sofort und unausbleiblich auch eine Bewegung seines Leibes: er kann den Akt nicht wirklich wollen, ohne zugleich wahrzunehmen, daß er als Bewegung des Leibes erscheint ... und diesem entsprechend ist andererseits jede Einwirkung auf den Leib sofort und unmittelbar auch Einwirkung auf den Willen: sie heißt als solche Schmerz, wenn sie dem Willen zuwider; Wohlbehagen, Wollust, wenn sie ihm gemäß ist«.[3]

Es ist nun wesentlich, zu begreifen, daß Schopenhauer die Selbsterfahrung des Leibes von Grund aus verkürzt. Diese Erfahrung ist als solche die Erfahrung des ganzen Menschen, d. h. des Menschen, der als geistiges Wesen einen Leib »hat«. Geist und Leib bilden eine Einheit, aber der Mensch vermag sich als Geist zu seinem Leib distanzierend zu verhalten. Die Leiberfahrung ist also immer schon »intellektualisiert« und nie rein. Gerade eine *reine* Leiberfahrung will Schopenhauer aber herausstellen, denn nur so läßt sich seine These, daß der Leib dem Intellekt in der Stufenfolge der Willensobjektivationen wirklich vorgeordnet sei, beweisen. Von dieser These aus, daß der Leib *objektive* Bedingung des Intellektes sei, wird also durchaus verständlich, daß Schopenhauer immer wieder zur physiologischen und mechanischen Ätiologie und dem materialistischen Ansatz zurückkehrt.

Die Verkürzung der Selbsterfahrung zeigt sich aber nicht nur in dieser materialistischen Argumentation, sondern auch in der ihr an sich entgegengesetzten *teleologischen* Denkweise. Schopenhauer stellt heraus, daß zwischen Leibeserregungen und objektiven Organen eine innere Zweckeinheit besteht. Er erklärt: »Die Teile des Leibes müssen deshalb den Hauptbegehrungen, durch welche der Wille sich manifestiert, vollkommen entsprechen, müssen der sichtbare Ausdruck derselben sein: Zähne, Schlund und Darmkanal sind der objektivierte Hunger, die Genitalien der objektivierte Geschlechtstrieb, die greifenden Hände, die raschen Füße entsprechen dem schon mehr mittelbaren Streben des Willens, welches sie darstellen.«[4] Beide Erklärungsarten, die mechanische und die teleologische aber werden eingeführt, um die *objektive* Entwicklung der Willensmanifestationen zu erhärten.

Wir sahen: Schopenhauer ordnet den Leib dem Intellekt vor. Er ist der *umgekehrte Cartesianer*. Wie Descartes die menschliche Ganzheit zugunsten des Intellekts auflöst, so löst Schopenhauer sie auf zugunsten des Leibes. Das heißt konkret: Schopenhauer nähert den Menschen in entscheidender Weise dem *Tier* an. Und diese Annäherung bedeutet eben, daß der Wille kein vernünftiges Vermögen, sondern leibhaft bestimmt ist. Dieses leibhafte Bestimmtsein wird nun sehr weit gefaßt. Schopenhauer erklärt, alle Affekte, wie Lieben, Sich-freuen, Betrübtsein, Hoffen, sind Erscheinungen des Willens, insofern in ihnen ein Begehren vorliegt, das sich leibhaft äußert. Und eben diese Äußerung findet sich auch beim Tier. Man kann daher sagen: »Selbst im kleinsten Insekt ist der Wille vollkommen und ganz vorhanden: er will was er will so entschieden und vollkommen wie der Mensch.«[5] Nachdem Schopenhauer Mensch und Tier in bezug auf den Willen einander angenähert hat, geht er auf die erkenntnislose Natur zurück, zunächst zur Pflanze, die durch entschiedenes Streben bestimmt ist, und schließlich zum Anorganischen. Gerade die Chemie, so meint Schopenhauer, ist eine Bestätigung seines Ansatzes. Denn die chemischen Stoffe sind sich verbindende oder ausschließende, und das heißt eben vom Willen bestimmte qualitative Elemente. Schopenhauer stellt also befriedigt fest, daß das Ganze des Seienden in allen seinen Stufen vom Willen nachweisbar geprägt sei.

Es ist offensichtlich, daß Schopenhauer hier von der idealistischen Naturphilosophie, insbesondere von *Schellings* Theorien abhängig ist. Gleichwohl sind die Unterschiede evident. Sie liegen nicht nur darin, daß Schopenhauer nicht wie Schelling im Vormenschlichen bereits den Geist vorgeformt sieht, sondern vor allem darin, daß Schopenhauer die Idee der Entwicklung in eigentümlicher Weise problematisch macht. Es bleibt eigentlich alles beim alten, denn *jedes* Seiende, auf welcher Stufe es auch steht, will das Gleiche: Selbsterhaltung. Nur die Mittel dazu sind verschieden. Der Wille an ihm selbst, der in den Erscheinungen west, ist immer derselbe. Gleichwohl: zwischen den Erscheinungen des Willens und dem Willen als Ding an sich besteht eine Wechselwirkung. Man kann den Willen nur erfassen, wenn man sich seinen Erscheinungen zuwendet. Diese Zuwendung darf jedoch nicht bloße Vorstellung sein, sondern muß die Erscheinungen auf den Willenscharakter hin, der sich in ihnen zeigt, untersuchen. Diese Untersuchung ist sui generis. In ihr ist Erkenntnis und Interessenahme aufs innigste verbunden.

Betrachtet man nun den Willen in der Weise, daß man von der Erscheinung her zum Ding an sich hinfragt, so zeigt sich, daß der Wille als Wille nie zur Einigkeit mit sich selbst kommt. Er ist mit sich selbst entzweit und treibt sich ständig weiter. Der Wille ist unersättlich, denn im Erreichen des Einen endet ja das Habenwollen nicht, sondern erstrebt bereits ein Neues. *Georg Simmel* hat diese Grundstruktur des Willens klar herausgestellt und sie von dem einzelnen Erstreben bestimmter Objekte unterschieden: »Dem Wollen kann nie genügt werden, nur seine Objekte, die das Bewußtsein ihm gibt, können wechseln ... denn das *Willens*moment an unseren Wollungen kann seinem Wesen nach niemals Frieden finden; was zu Ende und Ruhe kommen kann, sind nur die einzelnen Inhalte und Motivierungen, die aber in einer ganz anderen Schicht liegen, und deren Münden und Wechseln das Wollen selbst, das freilich durch sie seine Erscheinung findet, nicht erreicht.«[6] Schopenhauer erklärt: der Wille selbst, d. h. der Wille, insofern er rein ist, ist nicht zielhaft, denn Ziele sind vorübergehende und wechselnde Einzelheiten. Der Wille selbst will schlechthin, und das heißt, er ist *grundlos*. Konkret: ich kann mir zwar klarmachen, warum ich dies und nicht jenes will, ich kann aber nicht fragen, warum ich überhaupt will. Der Wille ist das Wesensmerkmal des Lebens, und hinter das Leben kann man, so scheint es zunächst, nicht zurückgreifen.

Gleichwohl gibt es eine allgemeine Bestimmung des Willens: »Die Haupt- und Grundtriebfeder im Menschen wie im Tiere ist der Egoismus, d. h. der Drang zum Dasein und Wohlsein.«[7] Der *Egoismus* ist das Urgesetz, dem alles unterworfen ist. Er zeigt sich bereits in der Natur, denn die Natur wird durch Streit und Kampf bestimmt. Dieser Kampf ist vielfältig, und er nimmt, je höher das kämpfende Wesen steht, immer schrecklichere Formen an. Die Pflanze findet noch unmittelbar ihre Nahrung an dem Ort, an dem sie wächst. Das bewegliche Tier dagegen muß sich Nahrungsplätze suchen, hier gibt es »Gedränge und Gewirre« um den Futterplatz. Entsprechendes zeigt sich im Bezug auf die Fortpflanzung. Bei der Pflanze geschieht diese noch ohne ausdrückliche Partnerwahl, bei den Tieren kämpfen die Männchen gegeneinander, der Stärkere setzt sich durch. Beim Menschen aber wird beides, Nahrungssuche und Fortpflanzung, nicht mehr in der von der Natur vorgegebenen Form vollzogen, sondern hier setzt die bewußte Überlegung ein. Der Mensch ist verständig, aber sein Verstand dient nur dem egoistischen Grundtrieb. »Die Welt zeigt jetzt die zweite Seite. Bisher bloß *Wille*, ist sie nun zugleich *Vorstellung*, Objekt des erkennenden Subjekts. Der Wille, der bis hierher im Dunkeln, höchst sicher und unfehlbar, seinen Trieb verfolgte, hat sich auf dieser Stufe ein Licht angezündet, als ein Mittel, welches notwendig wurde, zur Aufhebung des Nachteils, der aus dem Gedränge und der komplizierten Beschaffenheit seiner Erscheinungen eben den vollendetsten erwachsen würde.«[8] Schopenhauer nimmt hier entscheidende Ansätze der modernen Anthropologie vorweg. Der Mensch ist wie das Tier zunächst vom Willen zur Selbstbehauptung bestimmt, aber er ist nicht spezifiziert, d. h., er weiß nicht den Weg zur Erfüllung der Bedürfnisse von Natur aus. Dieser Mangel wird ausgeglichen im verständigen und vernünftigen Denken.

Das *Denken* sucht eine künstliche Vermittlung zwischen dem Trieb und dessen möglicher Stillung herzustellen. Auch dem Tier kann zwar der Verstand nicht gänzlich abgesprochen werden, insofern es bereits dem Schein und der Täuschung ausgesetzt ist, aber die tierische Erkenntnis ist wesentlich anschaulich. Beim Menschen dagegen, der die Anschauung, und das heißt die Dimension der Gegenwart, überschreitet, kommt die Reflexion als Vermögen abstrakter Begriffe dazu. Der Mensch ist daher fähig, sich immer neue Möglichkeiten zu ersinnen, wie er sich durchsetzen könne. Dieser Durchsetzungswille richtet sich wesentlich gegen die Mitmenschen. Beim Menschen ist nicht mehr die Unterjochung von unter ihm stehenden Lebewesen das Entscheidende, der Kampf ist *Konkurrenzkampf* der Menschen untereinander. Schopenhauer bringt diesen Kampf bereits weitgehend unter ökonomische Bestimmungen. Das Terrain ist zu klein, um allen Platz zu gewähren, so muß man um den Raum kämpfen; und entsprechend muß die Zeit einbezogen werden, man muß »weiter« als die anderen denken, um mehr Materie zu gewinnen – Materie ist hier als materieller Besitz zu verstehen.

Der Kampf der Menschen untereinander ist jedoch keineswegs nur ökonomisch. Wäre er dies, dann ginge er der Ausrichtung nach nicht über den Kampf der Tiere hinaus. Wenn der Mensch es vermag, künstliche Überlegungen anzustellen, wie er zur Herrschaft kommt, dann können sich diese Überlegungen in sich selbst gleichsam anreichern und ausgestalten über die erstrebten Zwecke hinaus. Hier setzen die *spezifischen* Egoismen des Menschen ein: Übelwollen, Schadenfreude, Gehässigkeit, Bosheit, Grausamkeit. In einer außerordentlichen Hellsichtigkeit hat Schopenhauer gezeigt, wie der Egoismus hier gar nicht mehr von der Not her gesteuert ist, sondern sich in sich übersteigert. Seine Schilderung der *Grausamkeit* sei hier wiedergegeben. Der Grausamkeit ist, so sagt Schopenhauer, das fremde Leiden nicht mehr Mittel zur Erlangung der Zwecke des eigenen Willens, sondern Zweck an sich. In einem einzigen Satz legt Schopenhauer das Wesen der Grausamkeit zusammenfassend dar: »Wenn nun ein Mensch von einem überaus heftigen Willensdrang erfüllt ist, mit brennender Gier alles zusammenfassen möchte, um den Durst des Egoismus zu kühlen, und dabei, wie es notwendig ist, erfahren muß, daß alle Befriedigung nur scheinbar ist, das Erlangte nie leistet, was das Begehrte versprach, nämlich endliche Stillung des grimmigen Willensdranges; sondern durch die Erfüllung der Wunsch nur seine Gestalt ändert und jetzt unter einer anderen quält, ja endlich, wenn sie alle erschöpft sind, der Willensdrang selbst, auch ohne erkanntes Motiv, bleibt und sich als Gefühl der entsetzlichsten Leere und Öde, mit heilloser Qual kundgibt: wenn aus diesem allen, was bei den gewöhnlichen Graden des Wollens nur in geringerm Maße empfunden, auch nur den gewöhnlichen Grad trüber Stimmung hervorbringt, bei jenem, der die bis zur ausgezeichneten Bosheit gehende Erscheinung des Willens ist, notwendig eine übermäßige innere Qual, ewige Unruhe, unheilbarer Schmerz erwächst; so sucht er nun indirekt die Linderung, deren er direkt nicht fähig ist, sucht nämlich durch den Anblick des fremden Leidens, welches er zugleich als eine Äußerung seiner Macht erkennt, das eigene zu mildern. Fremdes Leiden wird ihm jetzt Zweck an sich, ist ihm ein Anblick, an dem er sich weidet: und so entsteht die Erscheinung der eigentlichen Grausamkeit.«[9]

Der Überschuß des Wollens über die Stillung der Not hinaus will sich um jeden Preis ausleben. Wenn man also nicht mehr aus Not unterjocht, dann unterjocht man eben aus Freude am Leid des anderen. Schopenhauer kann daher klassifizierend sagen, daß neben dem Egoismus, der das eigene Wohl will, die Bosheit stände, die das fremde Wehe will, und sie gehe bis zur äußersten Grausamkeit. Aber beide Triebfedern entspringen demselben Grunde: dem mit sich entzweiten Willen. Als Fazit dieser Innenbetrachtung der Welt zeigt sich: alles Seiende ist grundsätzlich zum *Leiden* bestimmt, insofern es dem Willen untersteht. Die Zeiten des sogenannten Glückes sind nichts anderes als kurze Atempausen in diesem ständigen rastlosen Vorwärtsgetriebenwerden. Aber eben dieses Vorwärtsgetriebenwerden bringt auf das Wesentliche hin betrachtet keine wirkliche Veränderung mit sich. Der Wille und das Leiden bleiben sich gleich, auch wenn der Mensch immer neue Mittel zur Befriedigung seines Begehrens ersinnt. Auf das Ganze gesehen: das Leben aller Wesen ist ein Tretrad, in dem man sich bewegt, ohne vorwärts zu kommen. Schopenhauer wird nicht müde, in immer neuen Bildern dies Elend auszumalen.

Der Mensch steht in der Entwicklung über allen anderen Wesen, und darum *weiß* er um das Leiden. Und aus dem Wissen um dieses Leiden heraus philosophiert er. Philosophie ist nicht nur notwendig, um die Welt theoretisch zu betrachten, sondern Philosophie ist erfordert, um Abhilfe für das Leiden zu ersinnen. Schopenhauers eigentliches philosophisches Bemühen ist es daher, Möglichkeiten zu finden, durch die der Mensch dem Tretrade des Willens entkommen kann. Die eine Möglichkeit ist die Kunst, die andere das Mitleiden und die Resignation.

In und durch die *Kunst* findet der Mensch die Chance, den Willensdrang zu vergessen und auf diese Weise von ihm frei zu kommen. Schopenhauer erklärt am Ende des zweiten Buches seines Hauptwerkes, nachdem er gezeigt hat, daß der Intellekt ursprünglich nur dem Willen dient und zunächst nur ein Mittel zur Erhaltung des Individuums und der Art ist, »jedoch werden wir im dritten Buch sehen, wie im einzelnen Menschen die Erkenntnis sich dieser Dienstbarkeit entzieht, ihr Joch abwerfen und frei von allen Zwecken des Wollens rein für sich bestehen kann, als bloßer klarer Spiegel der Welt, woraus die Kunst hervorgeht«.[10] Kunst ist eine unmittelbare Erkenntnis. In der Kunstbetrachtung hält man sich nicht mehr an den Leitfaden des Willens, das heißt, man fragt nicht mehr nach dem Wo, Wann, Wozu und Warum, sondern ist auf das reine Wesen bezogen.

Unmittelbarer noch als vom Kunstbetrachter wird vom Kunstschaffenden, dem *Genie*, her offenbar, wie sich dieser Entlastungsvollzug darstellt, denn die Genialität ist zu bestimmen als »das Freiwerden des Intellekts«. Hier wird deutlich, daß dem Intellekt bei Schopenhauer eine mehrdeutige Stellung zukommt. Er ist als solcher nicht selbständig, sondern wird von anderen Kräften bestimmt. Ursprünglich ist es der Wille, der den Intellekt als Mittel gebraucht. In wenigen Menschen dagegen, d. h. in den Genies, kann der Intellekt entfesselt werden. Er wird dadurch, wie Schopenhauer bezeichnenderweise sagt, von seinem »Ursprung« völlig abgetrennt. Daß und warum dem Genie dies geschieht, ist nicht zu beantworten, denn das Genie ist unableitbar. In ihm, und auch schon im Menschen, insofern er reiner Kunstbetrachter ist, ist der Lebenszusammenhang unterbrochen.

Überblickt man diese Bestimmung der Kunst, so ist klar, daß Schopenhauer sich weitgehend an die Tradition anlehnt. Daß Kunst Erfassung des feststehenden Wesens ist, daß sie im Genie gründet, und daß man in ihr frei, d. h. interesselos wird, dies alles haben bereits Schopenhauer vorausgehende Denker gelehrt. Aber – und das ist das Wesentliche – diese Bestimmungen verlieren bei Schopenhauer ihren traditionellen Sinn. Schopenhauer betrachtet als Philosoph die Kunst letztlich nicht mehr um ihres Eigenwertes willen, sondern aus der Fragestellung heraus, wie Kunst sich zum Leben verhalte. Es ist offensichtlich, wenn die Kunst als Befreiung bestimmt wird, dann gibt das reale Leben den Maßstab für die Bestimmung der Kunst. Wie sehr dies geschieht, das zeigt sich darin, daß Schopenhauer immer wieder betont, daß die Erlösung durch die Kunst nicht von Dauer sei, sondern nur für bestimmte Augenblicke. Die Kunst versetzt in einen Ausnahmezustand. Das Leben setzt sich aber immer wieder durch, und in ihm ist und bleibt der Wille existenziell bedrängendes Leiden.[11]

Schopenhauer muß also eine über die Kunst hinausreichende Möglichkeit finden, durch die der Mensch nicht nur zeitweilig, sondern im Ganzen seines Seins von dem Leiden am Willen frei kommt. Das ist von den Grundbestimmungen des Systems her gesehen eine außerordentlich schwierige Aufgabe, denn der Wille steht hinter allem Tun als das bestimmende Weltprinzip. Es geht um nichts Geringeres als um eine Aufhebung des Absoluten, des Dinges an sich und der von diesem abhängigen Erscheinungen. Das heißt grundsätzlich gesprochen: Schopenhauer kann eine Lösung nur gelingen, wenn er die *praktische Heilslehre* der auf dem Wege der spekulativen Erkenntnis entdeckten metaphysischen Weltsicht nicht nur entgegensetzt, sondern ihr übergeordnet. Und das ist wiederum nur möglich, wenn er die metaphysische Weltsicht für das praktische Handeln als nicht zwingend deklariert, sondern sie nur als den Hintergrund versteht, auf dem man, oder genauer: *gegen* den man handeln kann und handeln soll.

Es ist, macht man sich diese Schwierigkeiten deutlich, verständlich, daß Schopenhauers Lehre vom Quietiv, durch das der Mensch wirklich zur Ruhe kommt, durchaus verschiedenartige und zum Teil recht verwunderliche Züge an sich trägt. Es handelt sich einerseits um Anweisungen für ein konkretes asketisches Verhalten und andererseits um eine geistige Haltung, die eine sehr eigenartige Einheit von Erkenntnis und Handlung darstellt. Gleichwohl: Schopenhauer gelingt es, zwischen beiden Einstellungen zu vermitteln, so daß seine Heilslehre sich doch als ein Ganzes zeigt.

Will man den Grundansatz der praktischen Askese verstehen, so muß man sich Schopenhauers Gedanken über den Geschlechtstrieb und die Fortpflanzung vergegenwärtigen. Schopenhauer ist ergrimmt über die List der Natur. Die Natur ist am Einzelnen uninteressiert, sie treibt das Individuum jedoch an, für sich selbst in der Liebe Erfüllung zu suchen, obwohl sie gerade nur die Erhaltung der Gattung bezweckt. Das Tier ist gegen diese List machtlos. Der Mensch dagegen durchschaut sie. Er erkennt, daß im Zeugungsakt sich das innerste Wesen des Willens am deutlichsten aussagt; der Zeugungsakt ist, wie Schopenhauer sagt, die Quintessenz des Willens. Wenn der Mensch sich nun den Zeugungsakt versagt, so verneint er die Förderung des Fortbestandes der Welt, er negiert die Möglichkeit, daß neue Wesen »durch die Pforte der Geschlechtsteile« in die Welt eintreten. Schopenhauer weiß nun aber im Grunde genau, daß diese Lösung widernatürlich ist, und daß es nur sehr wenige sein werden, die in einer solchen direkten Form den Willen zum Leben verneinen. Er bedenkt daher Möglichkeiten der Askese, deren Sinn es nicht ist, den realen Weltbestand aufzuheben, sondern den *einzelnen* Menschen in sich zu verändern. Vorbild ist der Heilige, der sich selbst verleugnet. Nicht frei von Romantik legt Schopenhauer dar, wie der Heilige seinen Leib »mortifiziert« durch Fasten und Kasteiungen. Diese Askese ist doppeldeutig. Als äußeres Tun richtet sie sich auf den sichtbaren und welthaft vorhandenen Leib; als innere Handlung tötet sie die Begierden selbst ab. Der Heilige versetzt sich so in die Lage, das Gaukelspiel der Welt überhaupt zu durchschauen. Hier kommt also die Erkenntnis bereits mit ins Spiel, und das Wesen dieser Erkenntnis gilt es nun herauszustellen.

Die Erkenntnis ist ebenso wie der Intellekt ein nicht eindeutiges Phänomen. Erkenntnis kann theoretische Vorstellung nach dem Satz des Grundes sein, sie kann sich aber auch als reine Ideenschau vollziehen, und schließlich, Erkenntnis kann sich auf das Ganze der Welt beziehen, und diese Erkenntnis ist das eigentliche Ziel des Erkennenden. Dies Ganze bekommt man nicht durch sukzessive Erkenntnis des Einzelnen in den Blick, sondern durch einen einmaligen Einblick, der hinter allem, seien es Ideen oder Erscheinungen, das immer gleiche Ding an sich erfaßt. Hier wird – Schopenhauer greift in diesem Zusammenhang auf das fernöstliche Denken zurück – der Schleier der Maja gelüftet. Ein Vergleich dieser Erkenntnis mit der Kunstanschauung ist lehrreich. In der Kunst reinigt sich das Subjekt zur Schmerzlosigkeit, aber diese ist doch das Ergebnis einer Flucht, einer Entlastung; der Wille bleibt als solcher unangetastet bestehen. Jetzt dagegen richtet sich die Erkenntnis gerade auf den Willen selbst. Der Einzelne begreift, daß er selbst und alles Seiende durch den Willen bestimmt und dadurch zum Leiden verurteilt ist. Hier und nur hier geht die

Einsicht auf, daß Wille und Leiden wesenhaft zusammengehören. Diese Erkenntnis bricht nicht unmittelbar auf, d. h. sie ist nicht schon durch die Tatsache der menschlichen Intellektualität als solcher gegeben, sondern diese Erkenntnis ist wesentlich vermittelt durch das *Mitleiden*. Man muß daher Schopenhauers Bestimmung des Mitleids untersuchen, wenn anders man das Wesen dieser letzten Erkenntnis adäquat begreifen will. Schopenhauer gelingen hier so wesentliche Einsichten, daß schon allein von ihnen aus der hohe Rang seines Denkens sichtbar wird. Von verschiedenen Seiten setzt Schopenhauer an; das Mitleid wird unter metaphysischen, psychologischen und ethischen Gesichtspunkten betrachtet, aber in der Form, daß der eine Gesichtspunkt in den anderen übergeht. Den besten Zugang stellt die Bestimmung des Mitleids als Grundlage der Ethik dar.

Es ist nach Schopenhauer unmöglich, die Ethik in der Vernunft zu fundieren, und zwar aus verschiedenen Gründen. Zunächst: Die Vernunft stellt, so heißt es, auf Grund ihrer eigenen Einsicht Moralgesetze und Sollensgebote heraus. In Wahrheit ist diese Vernunftethik nur ein Abkömmling der theologischen Ethik, denn beide deklarieren absolute Forderungen. Absolute Forderungen aber – das ist das Zweite, was Schopenhauer kritisch herausstellt – treten an den Menschen immer von außen heran. Der Widersinn solcher Forderungen zeigt sich nach Schopenhauer in Kants Ansatz, denn Kant fordert, die moralischen Gebote rein um ihrer selbst willen zu befolgen, obwohl er genau weiß, daß dies nie in der Wirklichkeit geschieht. Und schließlich: Die Vernunftethik erstrebt eine konkrete Kasuistik moralischen Verhaltens. Es ist aber unmöglich, ein solches Verhalten aus der Vernunft zu deduzieren. Der Begriff eines unbedingten vernünftigen Wollens ist also, so erklärt Schopenhauer, auszuschalten. Ebensowenig aber kann der Begriff eines bedingten Sollens die Ethik fundieren, denn ein bedingtes Sollen ist ja faktisch immer heteronom ausgerichtet, hier schielt man auf den möglichen Lohn oder die mögliche Strafe. Zusammengefaßt: Jede imperativische Ethik ist abzulehnen. Man muß vielmehr vom Menschen selbst ausgehen, genauer: von den Handlungen, welche einen moralischen Wert haben. Schopenhauer redet von »moralischen Triebfedern«.

Aber hier bricht nun die eigentliche Schwierigkeit auf: Alles menschliche Verhalten ist ja durch den Egoismus bestimmt. Wie ist diese Macht des Egoismus zu brechen? Schopenhauer erklärt nun: der Andere muß zum ausschließlichen Gesichtspunkt meines Handelns werden. Das ist nur möglich, wenn sein Wohl und Wehe unmittelbar mein Motiv wird. Noch schärfer: ich muß mich mit dem Anderen identifizieren. Schopenhauer hat nun seine Freude daran, diese Identifikation umständlich darzulegen. Ich kann mich nicht in die Haut des Anderen stecken, die Identifikation kann nur im Kopf vorgehen, und das heißt, sie ist eine Erkenntnis. Diese Erkenntnis, in der die Schranken, die zwischen Ich und Du bestehen, fallen, ist eben das Mitleiden: »Der hier analysierte Vorgang aber ist kein erträumter oder aus der Luft gegriffener, sondern ein ganz wirklicher, ja keineswegs seltener: es ist das alltägliche Phänomen des Mitleids.«[12] Gleichwohl: dieser Vorgang des Mitleides ist, wie Schopenhauer sagt, »ein Mysterium«, denn indem ich mit dem Anderen mitempfinde, sein Leid als meines fühle, wird nicht nur meine Individualität aufgehoben, sondern auch die des Anderen. Mitleid meint den Anderen ja nicht als bestimmte Person, sondern als das leidende Wesen überhaupt. Die Paradoxie des Mitleides ist es, daß es sich auf einen konkreten Menschen richtet und doch mit ihm nicht um willen seiner Persönlichkeit, sondern nur weil er leidet, mitempfindet. Mitleid ist universell.[13]

Mit dieser Einsicht ist nun aber das Ziel erreicht, das Schopenhauer anstrebt. Im Mitleiden eröffnet sich eine noch vor jeder Individuation stehende Dimension, in der sich der Wesenszug der Welt, das universale Leiden, *rein* zeigt. Und aus dieser Erkenntnis gilt es nun, die letzte Konsequenz zu ziehen.

Diese Konsequenz heißt *Resignation*. Die Resignation als Einheit von Erkenntnis und innerer Handlung wandelt den Menschen von Grund aus um. In der Resignation wird der Grund des Leidens: der Wille selbst, aufgehoben, er löst sich und in eins damit die aus ihm hervorgehenden Erscheinungen auf. Schopenhauer legt – im Bewußtsein seiner großen schriftstellerischen Wirkung – das Ergebnis dieser Resignation am Schluß seines Werkes dar. Wenn der Friede, der höher ist als alle Vernunft, den Menschen ergriffen hat, dann bleibt vor uns allerdings nur das Nichts. Das Nichts ist aber nicht, wie sehr oft behauptet wird, die Nichtung der Welt als Vorstellung, sondern die Nichtung der Welt als Wille. Es geht hier allein um die Wandlung der inneren Einstellung. Was Schopenhauer meint, zeigt er selbst deutlich an durch das Wort »Gleichgültigkeit«: der Entsagende sucht, so sagt er, die größte Gleichgültigkeit gegen alle Dinge in sich selbst zu befestigen. Und hier zeigt sich das Wesen der Resignation: die Welt ist da als realer Willenskomplex, man lebt in ihr, aber man ist nicht mehr von dieser Welt, denn die Welt ist nichtig geworden. Überschärft gesagt: man könnte alles in der Welt »mitmachen«, aber in der Weise der Gleichgültigkeit; mit dem Neuen Testament (1. Kor. 7,29 f.) geredet: das Ziel ist die innere Distanz zur Welt, »das Haben, als hätte man nicht«. Aber diese Distanz zur Welt gründet nicht mehr in der Zuwendung zu einem Jenseits, das die wahre Welt sein soll. Das Quietiv, das Schopenhauer im Blick hat, ist grundlos. Man hat sich gewandelt und die Welt losgelassen, ohne in einer Transzendenz Halt zu finden.

Fünftes Kapitel
Nietzsche: Die metaphysische
Sanktionierung der Triebschicht[1]

Will man den anthropologischen Ertrag von Nietzsches Denken erschließen, so muß man sich klarmachen, daß es nicht angeht, einzelne Aussagen über den Menschen aus Nietzsches Philosophie herauszulösen, denn diese einzelnen Aussagen sind einseitig, überspitzt und widersprechen zum Teil einander. Es ist vielmehr erfordert, die anthropologischen Aussagen Nietzsches von dem Gesamtansatz seines Denkens her zu bedenken.

Nietzsches Werk hat sich wesentlich gewandelt.[2] Nietzsche selbst hat diese Wandlung immer erneut thematisiert: er sei vom Bejahend-Verehrenden zum freien Geist fortgeschritten, der alles in Frage stellend umgekehrte Schätzungen vollzog; aber diese Wandlung vom »Du sollst« zum »Ich will« sei nur die Vorstufe zum einfachen »Ich bin« gewesen. In dem Kapitel »Die drei Verwandlungen«, das am Anfang der Reden Zarathustras steht, vergleicht Nietzsche diese letzte Stufe des in sich ruhenden Seins mit dem Sein eines Kindes und ordnet das Kind über das Kamel, den tragsamen Geist vorgegebener Werte, und den Löwen, der sich zur Freiheit eines neuen Schaffens entschließt. Gleichwohl zeigt sich trotz der Wandlungen im Werk Nietzsches eine gleichbleibende Grundeinstellung. Es ist die *Abwertung der traditionellen Vernunftmetaphysik* zugunsten einer Metaphysik des Lebens, wobei dies Leben als vor oder über der Ratio stehend als die den Menschen eigentlich tragende und bestimmende Macht erscheint. Wir illustrieren diesen Ansatz im Hinblick auf die ihm immanente Problematik, indem wir zunächst auf Nietzsches Frühwerk »Die Geburt der Tragödie« hinweisen.

Nietzsche setzt, um die griechische Tragödie zu erklären, zwei Grundtriebe an: das *Apollinische* und das *Dionysische*. Apollo ist der Schöpfer der Kunst des Bildners, Dionysos dagegen der Schöpfer der unbildlichen Kunst der Musik. Die Welt Apollos ist die Traumwelt, die Welt des Dionysos der Rausch. »An ihre beiden Kunstgottheiten, Apollo und Dionysos, knüpft sich unsere Erkenntnis, daß in der griechischen Welt ein ungeheurer Gegensatz, nach Ursprung und Zielen, zwischen der Kunst des Bildners, der apollinischen, und der unbildlichen Kunst der Musik, als der des Dionysos, besteht . . .«[3] Die apollinische Welt ist vom Prinzip der Individuation bestimmt. Sie ist eine Scheinwelt. Aber in der Schöpfung dieser Welt zeigt sich eine bestimmte Grundmöglichkeit der Kunstproduktion überhaupt, der Trieb zum Maßvollen, Gebändigten und Geformten. Das Dionysische ist der entgegengesetzte Trieb zum Maßlosen, Ungebändigten und Ungeformten. Dieser Trieb – und darin offenbart sich der höhere Rang des Dionysischen – vermittelt den *Weltgrund*. Der Künstler und das Kunstprodukt sind in der dionysischen Kunst zur Einheit geworden, weil die Welt sich hier in voller Ursprünglichkeit aussagt, und das heißt, sie zeigt sich in ihrer ganzen Schrecklichkeit. Nietzsche erklärt, daß das Dasein dieser Welt nur als ästhetisches Phänomen zu rechtfertigen sei. Der dionysische Mensch, der einen wahren Blick in das Wesen der Dinge getan hat, will nicht mehr handeln; er weiß wie Hamlet, daß Handeln nichts an der Welt ändert, »beide haben einmal einen wahren Blick in das Wesen der Dinge getan, sie haben *erkannt*, und es ekelt sie zu handeln; denn ihre Handlung kann nichts am ewigen Wesen der Dinge ändern, sie empfinden es als lächerlich oder schmachvoll, daß ihnen zugemutet wird, die Welt, die aus den Fugen ist, wieder einzurichten«.[4]

Die sich in der ersten Periode von Nietzsches Schaffen anbahnende Entwertung der traditionellen Metaphysik, die die Welt als sinnvoll geordnete Ganzheit versteht, wird in der *zweiten Periode* zum ausdrücklichen Grundthema. Nietzsche sucht nun, die Vernunftmetaphysik mit Hilfe der Wissenschaft zu »entlarven« und zwar zugunsten des »Haushaltes der Triebe«. Das leitende Ideal ist der »freie Geist«, der jedem Ja ein Nein hinzufügt.[5] Als Wissenschaftler verfolgt der freie Geist eine bestimmte Methode: er will hinter den Vordergründen und den Vorurteilen die wahren Gründe und Urteile finden. Diese Methode ist an sich ein freischwebendes Können, das auf den verschiedensten Gebieten angewandt wird. Aber – und dies ist zu beachten – die Entlarvung der Vorurteile auf einem bestimmten Gebiet treibt sich notwendig weiter vor, entweder in die Breite, d. h. auf die Nachbargebiete – so verweist die Kritik der Religion auf die Kritik der Moral – oder in die Tiefe, d. h. in die Dimension der Grundbegriffe, die für alle Gebiete konstitutiv ist. Als diese Dimension zeigt sich die Logik und schließlich die Sprache. Gemeinsames Anliegen aller Destruktionsschritte ist es, den Glauben an eine allgemeingültige Ordnung, die dem Menschen vorgegeben sei, weil sie objektiv gelte, aufzuheben. Das bedeutet: die *Subjektivität* muß als Ursprung dieser Scheinobjektivität erwiesen werden. Die Subjektivität selbst und als solche aber ist keine eindeutige Größe. Konkret: es ist unangemessen und unerlaubt, allgemeine Bestimmungen der Subjektivität, wie Wille, Vernunft, Freiheit, Ichhaftigkeit zu verwenden, denn diesen Bestimmungen entspricht keine Realität. Die Realität der Subjektivität ist gar nichts Festes, sondern ein fließendes Auf und Ab, das als solches in einer Chemie der Begriffe und Empfindungen analysiert werden muß. Der erste Aphorismus von »Menschliches, Allzumenschliches« schließt mit folgenden Sätzen: »Alles, was wir brauchen und was bei der gegenwärtigen Höhe der einzelnen Wissenschaften uns gegeben werden kann, ist eine *Chemie* der moralischen, religiösen, ästhetischen Vorstellungen und Empfindungen, ebenso aller jener Regungen, welche wir im Groß- und Kleinverkehr der Kultur und Gesellschaft, ja in der Einsamkeit an uns erleben: wie, wenn diese Chemie mit dem Ergebnis abschlösse, daß auch auf diesem Gebiet die herrlichsten Farben aus niedrigen, ja verachteten Stoffen gewonnen sind?«[6]

Eine explizite wissenschaftlich-physiologische Deutung der Empfindungen ist bei Nietzsche jedoch ebenso wenig zu finden, wie eine eingehende, phänomenologische Beschreibung des Triebverhaltens. An die Stelle einer solchen wissenschaftlichen Untersuchung der Subjektivität tritt vielmehr die *Destruktion* der Meinungen, die in der Tradition gültig waren. Konkret: der Mensch glaubt, als Vernunftwesen zu handeln. Aber in Wahrheit kämpfen verschiedene Triebe in ihm gegeneinander. Man muß nun, um diesen Kampf zu erklären, annehmen, daß Triebe durchaus auf vielfache Weise beeinflußbar sind. Man kann einem Trieb eine Regel einpflanzen, ihn übersättigen bis zum Ekel hin, ihn mit negativen Phantasiebildern besetzen, eine Lokation vornehmen, d. h., die Triebintention durch neue Reize ablenken. Solche Triebveränderungen bestimmen das alltägliche Leben. Daß man aber – und das ist nun entscheidend – überhaupt einen Trieb verändern und bekämpfen will, »steht nicht in unserer Macht, ebenso wenig, auf welche Methode man verfällt, ebenso wenig, ob man mit dieser Methode Erfolg hat, vielmehr ist unser Intellekt bei diesem ganzen Vorgange ersichtlich nur das blinde Werkzeug eines *anderen Triebes*, welcher ein *Rival* dessen ist, der uns durch seine Heftigkeit quält ... während ›wir‹ uns also über die Heftigkeit eines Triebes zu beklagen meinen, ist es im Grunde ein Trieb, *welcher über einen anderen klagt* ...«[7]

Nietzsche weist darauf hin, daß es außerordentlich schwer sei, diesen Kampf der Triebe angemessen zu erfassen. Die Welt des Subjekts ist unbekannt. Was wir Handlungen nennen, das ist eine jeweilige Zusammenfassung von Triebregungen. Aber was hier »Zusammenfassung« heißt, ist im Grunde ebenso dunkel wie das, was »Triebregung« bedeutet. Was wir Triebe nennen, das sind bereits Interpretationen von Nervenreizen, die wir gar nicht mehr sprachlich bezeichnen können. Muß man nicht zugeben, so fragt Nietzsche, »daß all unser sogenanntes Bewußtsein ein mehr oder weniger phantastischer Commentar über einen ungewußten, vielleicht unwißbaren, aber gefühlten Text ist«?[8] Grundsätzlich formuliert – und hier zeigt sich der Gegenzug zur Tradition überaus deutlich –: Es gibt keinen *Willen* – Willen verstanden als bewußtes auf Verwirklichung von Zielen sich einstellendes Vermögen – und vor allem: es gibt kein *Ich*. Sprachliche Vorurteile haben an der Entstehung der Vorstellung von unserem Seelenhaushalt mitgewirkt. Die Worte und die Begriffe, die wir für Phänomene der Subjektivität gebrauchen, sind Abstrakta, denen kein faßbarer Inhalt entspricht. Was ist eigentlich mit solchen Bestimmungen wie Liebe, Haß oder Begehren gemeint? Vielleicht sind diese Worte nicht ganz unnütz, weil hinter ihnen doch bestimmte erfühlbare Triebregungen stehen. Die Worte »Wille« und »Ich« dagegen sind reine Erfindungen, d. h., es fehlt hier jedes fundamentum in re. Mit diesen Worten ist eine bewußte von einem Zentrum ausgehende und von ihm her gesteuerte Aktivität gemeint, und diese gibt es nicht. An die Stelle des »Ich tue« muß daher der Sache nach das »Ich werde getan« treten. »Die Menschheit hat zu allen Zeiten das Aktivum und das Passivum verwechselt, es ist ihr ewiger grammatikalischer Schnitzer.«[9]

Nietzsches Destruktion ist so radikal, daß sie sich am Ende selbst aufhebt. Wenn es nichts Festes gibt, wenn alle Verfestigungen Irrtümer sind, dann sind wissenschaftliche Aussagen unmöglich, denn Worte und Begriffe der Wissenschaft sind solche Verfestigungen. Selbst wenn man behauptet – und Nietzsche tut dies –, daß alles im Haushalt der Triebe kausal ablaufe, so ist dieser Ablauf nicht aussagbar. Aber Nietzsche destruiert nicht nur die Möglichkeit der wissenschaftlichen Aussage, sondern auch die Möglichkeit des menschlichen Selbstverständnisses. Faktisch lebt der Mensch und zwar gerade im Alltag als ein auf die Zukunft handelndes Ich.[10] Der Mensch kann nicht im Bewußtsein existieren, nur eine Marionette zu sein. Die Erklärung, daß sein Handeln ein zufälliges Ergebnis von unendlich vielen Ursachen sei, von Ursachen, die eben im Moment der Tat nicht bewußt und bekannt waren und die ihrerseits wieder von vorausgehenden Ursachen abhängen, diese Erklärung nützt dem konkreten Menschen nichts. Sie kommt immer zu spät und bleibt theoretisch. Nietzsche ist sich dieser Tatsache im Grunde durchaus bewußt. Aber er versucht nicht, Selbstverständnis und hinterherkommende Außendeutung klar zu unterscheiden und zu fragen, wie beides zu vermitteln sei; eine solche Aufgabe, die in der Psychoanalyse, aber auch bei Sartre, als zentral ergriffen wird, ist Nietzsche fremd. Er proklamiert vielmehr im unmittelbaren *Gegenzug* zu der These, »daß wir getan werden«, die Aktivität des reinen Handelns. Im Begriff »Wille zur Macht« tritt der undurchschaute Widersinn seines Ansatzes – wie wir noch sehen werden – deutlich hervor.

Es ist, überblickt man diese Periode der Freigeistigkeit im ganzen, offensichtlich, daß es nicht Nietzsches Absicht ist, das, was Handeln und Trieb anthropologisch bedeuten, sachangemessen zu untersuchen. Nietzsche sieht es vielmehr als seine Aufgabe an, die Tradition als solche abzuwerten. Er verkündet den »Nihilismus«. Aber der Nihilismus ist ein vieldeutiges Phänomen. Diese Vieldeutigkeit des Nihilismus tritt besonders klar hervor, wenn Nietzsche auf die Wirkungen des »Atheismus« zu sprechen kommt. Atheismus oder genauer: die Gottlosigkeit ist für Nietzsche ein Ereignis, durch das eine Entwicklung, die fast zwei Jahrtausende lang bestimmend war, abgeschlossen wird. Diesem Ereignis steht man mit Erleichterung gegenüber: man ist Gott endlich »losgeworden«, d. h., man ist von ihm frei gekommen; aber ebenso bestimmend ist die Trauer: der gott-lose Mensch hat keinen Halt mehr. In »Die fröhliche Wissenschaft« findet sich der berühmte Aphorismus: »Der tolle Mensch«.[11] Der tolle Mensch sucht Gott, worüber die nicht an Gott Glaubenden lachen. Diesen Menschen, denen der Atheismus etwas Selbstverständliches ist, verkündet der tolle Mensch, daß wir selbst es waren, die Gott getötet haben: »Wir alle sind seine Mörder.« Die Folgen dieser Tat sind noch nicht abzusehen: »Irren wir nicht wie durch ein unendliches Nichts? Haucht uns nicht der leere Raum an? Ist es nicht kälter geworden? Kommt nicht immerfort die Nacht und mehr Nacht?« Gleichwohl: »Es gab nie eine größere Tat – und wer immer nach uns geboren wird – gehört um dieser Tat willen in eine höhere Geschichte, als alle Geschichte bisher war!« Der tolle Mensch – damit schließt der Aphorismus ab – stellt fest, daß die Menschen diesen Mord noch nicht in seiner ganzen Tragweite begriffen haben. »Taten brauchen Zeit, auch nachdem sie getan sind, um gesehen und gehört zu werden. Diese Tat ist ihnen immer noch ferner als die fernsten Gestirne – *und doch haben sie dieselbe getan!*« Auf das Problem des Nihilismus zurückbezogen: die absolute Entwertung der christlichen Tradition ist als solche noch nicht in ihrer ganzen zweideutigen Schwere begriffen worden, d. h., man hat noch nicht erfaßt, daß diese Entwertung einen Verlust mit sich bringt, der nun ausgeglichen werden muß, indem der Mensch die Aufgabe ausdrücklich übernimmt, ein neues Schwergewicht zu setzen, d. h. neue Werte zu schaffen.

Dies *Setzen neuer Werte* ist nun aber überaus problematisch, und man kann nicht sagen, daß Nietzsche diese Problematik wirklich gelöst hat. Hier wirkt sich vielmehr die eigentümlich übertreibende Unsachlichkeit Nietzsches verhängnisvoll aus. Während Schopenhauer den christlichen Dogmen bereits soweit entfremdet ist, daß er den vom Christentum propagierten Mitleidsgedanken als solchen problemlos anerkennt, ist Nietzsche dem Christentum noch so nah, daß er nur die unmittelbare Alternative zu den christlichen Werten kennt. Aber diese Alternative wird nun ihrerseits in zweideutiger Weise entwickelt: einerseits propagiert Nietzsche, gleichsam aus dem Nichts neue Werte zu erschaffen, und andererseits will er sich auf die Wissenschaft, insbesondere die Naturwissenschaft stützen, um dem Handeln Halt zu geben. Oft gehen beide Forderungen in merkwürdiger Weise durcheinander.

Das zeigt sehr deutlich ein Aphorismus »Hoch die Physik«, ebenfalls aus der »Fröhlichen Wissenschaft«. Nietzsche wendet sich gegen die christlich bedingte Berufung auf das eigene Gewissen, indem er zunächst darauf hinweist, daß das Gewissensurteil durch die Vorgeschichte der Triebe, Neigungen und Empfindungen geformt ist. Dies besagt grundsätzlich, daß jede Handlung, auch die zukünftige, unwiderleglich bedingt ist. Aber diese Bedingtheit ist unerkennbar, denn für jeden einzelnen Fall ist das Gesetz seiner Mechanik unnachweisbar. Daraus zieht Nietzsche folgende Konsequenz: »*Beschränken* wir uns also auf die Reinigung unserer Meinungen und Wertschätzungen und auf die *Schöpfung neuer eigener Gütertafeln* ...« Ist schon der mit dem Wort »also« dargelegte Übergang von der Unerkennbarkeit einer Gesetzlichkeit auf die Möglichkeit des Neuschaffens problematisch, so ist der Schluß des Aphorismus widersinnig: »Wir aber *wollen die werden, die wir sind* – die Neuen, die Einmaligen, die Unvergleichbaren, die Sich-selber-Gesetz-gebenden, die Sich-selber-Schaffenden! Und dazu müssen wir die besten Lerner und Entdecker alles Gesetzlichen und Notwendigen in der Welt werden: Wir müssen *Physiker* sein, um in jenem Sinne *Schöpfer* sein zu können – während bisher alle Wertschätzungen und Ideale auf *Unkenntnis* der Physik oder im *Widerspruch* mit ihr aufgebaut waren. Und darum: Hoch die Physik! Und höher noch das, was uns zu ihr *zwingt* – unsere Redlichkeit!« [12] Der Mensch, der sich selbst Gesetze geben soll, wird als unvergleichlich, einmalig und sich selbst schaffend ausgegeben, und deswegen soll er Physiker sein, d. h., die Gesetze entdecken, die alles bedingen. Wir werden auf das Problem des Zusammenhanges von Freiheit und Notwendigkeit noch einzugehen haben [13], aber schon jetzt sei gesagt, daß Nietzsches Lösungen unhaltbar sind.

Nietzsche nimmt – so fassen wir zusammen – auf der einen Seite den Menschen in das Naturgeschehen restlos hinein: der Mensch ist nicht anders als alles Welthafte in das sinnlos zufällige Weltspiel »hineingemischt«. Auf der anderen Seite aber billigt Nietzsche dem bindungslosen Menschen eine absolute Sonderstellung zu. Als nicht teleologisch bestimmt ist er überhaupt unbestimmt und kann aus sich das machen, was er will.

Beide Möglichkeiten werden metaphysisch ausgeformt. Wenn der Mensch ebenso wie alles andere welthaft Seiende vom Weltspiel bestimmt ist, dann ist er von der Aufgabe einer eigenen Lebensführung entlastet. Er ist im Weltgeschehen »aufgehoben«. Diese reine Rücknahme in den Kosmos bedeutet für Nietzsche eine positive Möglichkeit der Metaphysik. Metaphysik hat von jeher nicht nur die Aufgabe, das Weltgeschehen theoretisch auszulegen, sondern sie soll dem Menschen von diesem Ganzen her Halt und Gebundenheit gewähren. Und der extremste Fall einer solchen Gebundenheit ist eben dann erreicht, wenn der Mensch, seiner Sonderstellung beraubt, restlos naturalisiert und entpersonalisiert in das Geschehen hineingebunden ist. Nietzsche sucht diesen Ansatz in der *Lehre von der ewigen Wiederkehr des Gleichen* zu entwickeln. Aber auch der andere Ansatz, dem Menschen eine absolute Sonderstellung zuzusprechen, ist für Nietzsche eine positive metaphysische Möglichkeit. Metaphysik will von jeher ein Absolutes. Als dies Absolute galt in der Tradition Gott. Wenn Gott nun aber tot ist, dann muß die nun leer gewordene Stelle des

Absoluten vom Menschen besetzt werden. Nietzsche verbleibt in dieser Hinsicht, nicht anders als Feuerbach, im Schema der traditionellen Metaphysik, insofern er den Menschen als maßgebende Größe ansetzt. Begriffe wie *Übermensch* und *Wille zur Macht* sind nur von dieser anthropologischen Metaphysik her verständlich.

Beide Ausformungen der Metaphysik stehen in striktem Gegensatz. Dieser Gegensatz ist so eklatant, daß Nietzsche es als Aufgabe erkennt, zwischen diesen Möglichkeiten eine Vermittlung zu suchen. Das Problem einer solchen Vermittlung ist das Grundproblem der *dritten Epoche* seines Schaffens. Der Ausgangspunkt seiner beiden metaphysischen Ansätze ist der *Verlust der Metaphysik der Vernunft*, der dem Menschen die Aufgabe auflastet, sich in irgendeiner Weise in der durch die Negation der traditionellen Metaphysik offenbar gewordenen Sinnlosigkeit zurechtzufinden. Insofern nun Nietzsche aber diese Sinnlosigkeit zur Grundlage seines Denkens macht, untergräbt er selbst die Möglichkeit seiner eigenen Metaphysik. Nietzsche streitet ja ab, daß es überhaupt eine philosophisch verbindliche Seinsauslegung, die die Wirklichkeit träfe, geben könne. Möglich sind nur jeweilige Perspektiven, hinter denen keine an sich seiende Welt steht. Es gibt immer nur Auslegungen, aber keinen festen Text, der ausgelegt wird. Überdenkt man diese Behauptungen, so wird es verständlich, daß es Nietzsche nicht nur nicht gelingt, seine beiden metaphysischen Ansätze wirklich überzeugend miteinander zu vermitteln, sondern daß bereits die jeweilige Ausformung dieser Ansätze in sich selbst eigentümlich problematisch ist. Nietzsche, dem diese zweideutige Situation seiner Philosophie nicht verschlossen ist, steigert sich in die extreme Rolle eines Verkündigers, der keiner Kritik untersteht.

Inhaltlich gesehen stellt die dritte Periode in Nietzsches Schaffen keinen Neuansatz dar. Die Elemente des metaphysischen Baues, der nun errichtet werden soll, sind bereits in den früheren Epochen gefunden worden. Der *Übermensch* – auf diesen Begriff sei zunächst hingewiesen – ist nichts anderes als der ins Positive gewendete freie Geist. Der Übermensch soll aus der Negation des Menschen erstehen. Der Mensch ist etwas, das überwunden werden muß, denn der Mensch hat einen Grundfehler. Dieser liegt nicht so sehr in einer ihm vorgegebenen Wesensstruktur – Nietzsche deklariert zwar gelegentlich auch in biologischer und physiologischer Hinsicht, daß der Mensch ein Mängelwesen sei –, sondern in seinem Selbstverständnis: der bisherige Mensch verstand sich wesentlich durch den Bezug zu Gott bestimmt, und dies besagt: er ist der Erde untreu geworden. Daher heißt es vom Übermenschen: »Der Übermensch ist der Sinn der Erde. Euer Wille sage: der Übermensch *sei* der Sinn der Erde!«[14] Der Mensch hat als der Erde Absterbender das Leiden als den Grundzug des Lebens verstanden. Nietzsche erklärt: »Leiden war's und Unvermögen – das schuf alle Hinterwelten; und jener kurze Wahnsinn des Glücks, den nur der Leidendste erfährt. Müdigkeit, die mit Einem Sprung zum Letzten will, mit einem Todessprunge, eine arme unwissende Müdigkeit, die nicht einmal mehr wollen will: die schuf alle Götter und Hinterwelten.« Und Nietzsche fährt fort: »Glaubt es mir, meine Brüder! Der Leib war's, der an der Erde verzweifelte – der hörte den Bauch des Seins zu sich reden.«[15]

Der Wille zum *Leib* ist die Grundvoraussetzung des wahrhaftigen Lebens. Aber auch die Bestimmung »Leib« bleibt mehrdeutig. Einmal ist der Leib im Gegensatz zur Hinterwelt das »Diesseitige«, d. h. das Wirkliche – dies erinnert an Feuerbachs Ansatz. Aber andererseits ist der Leib kein Faktum, sondern er muß erst gesund, vollkommen und rechtwinklig werden, um wirklicher Leib zu sein. Der Leib, wie er den Hinterweltlern erscheint und wie er für sie tatsächlich existent ist, ist ein krankhaftes Ding. Der gesunde Leib wird im Gegenzug zu den Vorstellungen der Vernunftmetaphysik als das noch nicht verwirklichte Wesen des eigentlichen Menschseins gefordert. »Leib bin ich ganz und gar, und Nichts außerdem; und Seele ist nur ein Wort für ein Etwas am Leibe. Der Leib ist eine große Vernunft, eine Vielheit mit Einem Sinne, ein Krieg und ein Frieden, eine Herde und ein Hirt. Werkzeug deines Leibes ist auch deine kleine Vernunft, mein Bruder, die du ›Geist‹ nennst, ein kleines Werk- und Spielzeug deiner großen Vernunft. ›Ich‹ sagst du und bist stolz auf dies Wort. Aber das Größere ist – woran du nicht glauben willst – dein Leib und seine große Vernunft: die sagt nicht Ich, aber tut Ich.« [16]

Hinter den Gedanken und Gefühlen steht als mächtiger Gebieter das »Selbst«, das der Leib ist, und dieses Selbst bläst dem Ich Begriffe ein und gängelt es. Nietzsche greift also auf den Ansatz seiner zweiten Epoche zurück, daß der Mensch eine Vergesellschaftung von Trieben sei. Aber an die Stelle des sinnlosen Auf und Ab der Triebe tritt nun ein durchaus teleologisches Geschehen. Der Leib ist der »unbekannte Weise«, der nicht nur faktisch immer schon – unter dem Gesichtspunkt der Selbsterhaltung – das Leben sinnhaft regelt, sondern der dies Leben zu steigern vermag, denn, so sagt Nietzsche, wenn die Vernunft als Quelle der Vorschriften für den Leib wegfällt, wird der Leib nun eo ipso frei »zu dem, was er am liebsten will«, nämlich »über sich hinaus schaffen«. Der leibhafte Übermensch ist aber noch nicht existent. Existent sind vielmehr nur Menschen in der Möglichkeit, Brücke zum Übermenschen und das heißt, *Übergänge* zu sein. In der Struktur des Überganges aber liegt auch die Möglichkeit, daß der Mensch nicht zum Ideal fortschreitet, sondern hinter sich selbst zurückfällt. Diesen Rückfall sieht Nietzsche im »Letzten Menschen« real werden, den er als Prototyp seiner Zeit versteht. Es ist der Mensch, der in der Masse lebt und gleichgeschaltet ist. »Kein Hirt und eine Herde! Jeder will das Gleiche, Jeder ist gleich: wer anders fühlt, geht freiwillig ins Irrenhaus.« [17] Ziel und oberster Wert ist hier das Wohlbehagen eingeebneter Durchschnittlichkeit. »Man ist klug und weiß Alles, was geschehen ist: so hat man kein Ende zu spotten. Man zankt sich noch, aber man versöhnt sich bald – sonst verdirbt es den Magen. Man hat sein Lüstchen für den Tag und sein Lüstchen für die Nacht: aber man ehrt die Gesundheit. ›Wir haben das Glück erfunden‹ – sagen die letzten Menschen und blinzeln.« [18]

Der Begriff des Übermenschen verweist auf den zweiten Grundbegriff der späten Metaphysik Nietzsches: den *Willen zur Macht*. Im zweiten Buch des »Zarathustra« unter der Überschrift »Von der Selbst-Überwindung« wird dieser Wille erstmalig thematisiert. Wille zur Macht wird eingeführt als der eigentliche Sinn des Willens zur Wahrheit. Der Wille zur Wahrheit ist Wille zur Denkbarkeit. Aber denkbar ist das Seiende nicht von sich aus. Es muß erst denkbar gemacht werden – die Herrschaftsidee des neuzeitlichen Menschen setzt sich hier durch, wobei die Voraussetzung ist, daß das Seiende an sich ein Chaos ist, das erst durch den Menschen Sinn erhält. [19] Hinter dem Willen zur Denkbarkeit als einem Willen zur Herrschaft aber steht der unerschöpfliche, zeugende *Lebenswille* selbst. Und dieser Lebenswille ist der Wille zur Macht. Der Wille zur Macht ist also nicht das Streben der Ohnmacht zur Macht hin, sondern er ist bereits in sich selbst Macht. Er bestimmt zwar alles Lebendige – »Wo ich Lebendiges fand, da fand ich Willen zur Macht« –, gleichwohl gewinnt er beim Menschen besondere Gestalt. Der Mensch soll der *sich selbst* Überwindende sein. Selbstüberwindung ist nicht als moralische Selbstkasteiung zu verstehen, sondern als das Schaffen, das über seine eigenen Schöpfungen immer hinausgeht im Sinne der *Steigerung.*

Der Unterschied von Nietzsches Konzeption des Willens zur Macht zu *Schopenhauers* Bestimmung des Willens ist oft herausgestellt worden. Für Schopenhauer ist der Wille der unselige Drang des Habenwollens, und das heißt, der Wille ist wesenhaft unbefriedigt. Für Nietzsche dagegen ist der Wille ein Überschußphänomen, Leben ist Kraft, die sich nie erschöpft. Schopenhauer beurteilt den Willen negativ und sucht in der Resignation Gegenmöglichkeiten gegen die dranghafte Triebhaftigkeit. Nietzsche dagegen wertet den Willen positiv und will ihn zum Prinzip des Handelns erheben.

Dieser Versuch ist problematisch, denn ein reines Handeln unter dem Gesichtspunkt der bloßen Auswirkung und der bloßen Steigerung der Macht wäre im konkreten Sinne ja ziellos. Sicher: es gibt den Herrschaftswillen, der Macht um willen der Macht erstrebt, aber dies Streben ist doch nur real, wenn es mit der intentionalen Zweckgerichtetheit, durch die das Wollen in der Wirklichkeit durchgängig gekennzeichnet ist, verbunden ist. Gerade eine solche Verbindung negiert Nietzsche aber, und erst hier wird der eigentliche Widersinn dieses Begriffes deutlich: insofern der Wille zur Macht Zeichen des Übermenschen ist, darf ihm grundsätzlich keine wie auch immer geartete Bindung im Sinne der Verbindlichkeit auferlegt werden. Nietzsche kennt nur die strikte Alternative: freies Sich-selbst-schaffen oder äußerlich auferlegten Zwang. Die Möglichkeit einer geschichtlich sich vollziehenden Selbstgesetzgebung, die sich ständig korrigiert, bringt er nicht in den Blick. Die Idee echter Auseinandersetzung als einer Dialektik von Bedingtsein *und* Bedingen ist ihm fremd. Das ist der eigentlich verhängnisvolle Punkt. Nietzsche hat zwar mit Recht gesehen, daß die Zeit, in der man an *ewige* Werte glaubte, vorbei ist, aber daß an die Stelle dieser Werte die Dialektik eines »vorläufigen Handelns« treten muß, das an Sachproblemen orientiert schrittweise vorwärts schreitet, zu dieser Erkenntnis stieß er nicht vor. Die metaphysische Komponente, daß der Mensch als Werte setzend an die Stelle Gottes zu treten habe, bestimmt seine Konzeption des Willens zur Macht. Das besagt aber der Sache nach: die absolute Forderung völlig neuer Werte und die absolute Einsicht, daß alles im Grunde gleichgültig ist, gehören wesenhaft zusammen. Auf seine formale Struktur hin betrachtet, ist der Wille zur Macht eine Bestimmung der absoluten Subjektivität und solchermaßen abstrakt. Dieser Wille ist reiner Selbstbezug. Er will immer nur sich selbst. Allein mit sich selbst beschäftigt, spielt er die möglichen Kombinationen seiner Setzungen durch.

Um diesen Ansatz genauer zu erfassen, sei Nietzsches Lehre von der *ewigen Wiederkehr* entwickelt. Diese Lehre ist der Versuch, den bindungslosen Menschen, der *sich selbst aus sich selbst ohne Anhalte* neu bestimmen soll, metaphysisch vom Ganzen des Seins her zu begreifen und damit sein Tun zu sanktionieren.

In dem Kapitel »Von der Erlösung« in »Also sprach Zarathustra«, das für die Konzeption der Lehre von der ewigen Wiederkehr sehr wichtig ist, rollt Nietzsche das Zeitproblem auf.[20] Der Mensch lebt auf die Zukunft hin, insbesondere der Mensch, der sich überwinden soll und der auf dem Wege zum Übermenschen ist. Nun läuft dem Menschen aber seine Vergangenheit ständig nach und belastet ihn. Der »Geist der Rache« meldet sich und fordert Strafe. Man kann diese Belastung im Sinne Schopenhauers beurteilen – »also sollte Wollen selber und alles Leben –

Strafe sein«! – Die Resignation als Überwindung des Wollens und des Lebens überhaupt ist dann der einzige Ausweg: »Keine Tat kann vernichtet werden: wie könnte sie durch die Strafe ungetan werden! Dies, dies ist das Ewige an der Strafe ›Dasein‹, daß das Dasein auch ewig wieder Tat und Schuld sein muß! Es sei denn, daß der Wille endlich sich selber erlöste und Wollen zu Nicht-Wollen würde: doch, ihr kennt, meine Brüder, dies Fabellied des Wahnsinns.«[21] Dieser Lösung stellt Nietzsche eine andere Möglichkeit entgegen, die das Leben unbedingt bejaht: der Wille erkennt die Vergangenheit so radikal an, daß er sie ohne Abstriche auch zukünftig setzen will: »Alles ›Es war‹ ist ein Bruchstück, ein Rätsel, ein grauser Zufall – bis der schaffende Wille dazu sagt: ›aber so wollte ich es!‹ bis der schaffende Wille dazu sagt: ›aber so will ich es! So werde ich's wollen!‹«[22]

Diese Haltung eines »existenziellen Positivismus« bedeutet eine absolute Vergleichgültigung alles Tuns. Sie unterscheidet sich aber wesentlich von der Gleichgültigkeit, von der Schopenhauer sprach. Diese Gleichgültigkeit bedeutet als Haltung der Resignation den Versuch einer Distanzierung zum Leben. Die Vergleichgültigung, die Nietzsche intendiert, erwächst dagegen aus der Einsicht, daß es unsinnig ist, das Leben als solches zu verneinen. Die Bejahung des Lebens und zwar in allen seinen Ausführungen ist aber nur durchzuführen, wenn sie nicht vom Willen des einzelnen abhängt, sondern als Grundcharakter des Geschehens im Ganzen nachweisbar ist. Die Welt muß in sich selber ein Kreisgeschehen sein, wenn anders es *wahr* sein soll, daß die Zukunft schon immer vergangen und umgekehrt die Vergangenheit immer noch zukünftig ist.

Die Konzeption der Lehre der ewigen Wiederkehr beruht auf bestimmten Voraussetzungen. Die Zeit als formale Zeitabfolge und der Zeitinhalt werden gedanklich getrennt. Zeit als formale Zeitabfolge ist eine reine leere Unendlichkeit. Der Zeitinhalt dagegen ist gerade nicht unendlich, sondern endlich. Ich kann zwar faktisch nicht alles innerzeitliche Geschehen umgreifen, aber es gibt eine begrenzte Konstellation, in der die Ereignisse sich vollziehen. Da aber die Zeit nie leer sein kann, muß die endliche Konstellation – Nietzsche spricht vom Weltenjahr –, wenn sie einmal zu Ende gekommen ist, erneut durchgespielt werden. Alles wird sich also wiederholen, auch der Augenblick, in dem diese Lehre in ihrer ganzen Schwere konzipiert wird. Nietzsche legt dies sehr eindrücklich dar in dem Kapitel »Von Gesicht und Rätsel«. Zarathustra fragt den Zwerg, der den Geist der Schwere verkörpert: »Muß nicht, was laufen *kann* von allen Dingen, schon einmal diese Gasse gelaufen sein? Muß nicht, was geschehen *kann* von allen Dingen, schon einmal geschehen, getan, vorübergelaufen sein? Und wenn alles schon dagewesen ist: was hältst du Zwerg von diesem Augenblick? Muß auch dieser Torweg nicht schon – dagewesen sein? Und sind nicht solchermaßen fest alle Dinge verknotet, daß dieser Augenblick *alle* kommenden Dinge nach sich zieht? Also – – *sich selber noch*?«[23]

Diese Lehre von der ewigen Wiederkehr ist vielfach diskutiert worden, zunächst unter der Fragestellung, ob in ihr nicht Widersprüche vorliegen. *Karl Löwith*[24], der die hier auftauchenden Probleme gründlich untersucht, spricht von einer kosmologischen und einer anthropologischen Gleichung. Nietzsche selbst hat seinen Ansatz abzustützen gesucht durch den Rückgriff auf den Satz der Erhaltung der Energie. Die Kraftmenge des Geschehens ist bestimmt und bleibt in den kausalen Verknüpfungen der Ereignisse immer dieselbe. Die *kosmologische Gleichung* bedeutet als mechanische Kausalabfolge die Aufhebung einer jeden intentionalen Zielausrichtung.

Der Mensch ist dem Geschehen eindeutig unterworfen. Im Gegensatz dazu steht die *anthropologische Gleichung* unter ethischem Aspekt. Ich soll mir aussprechen, daß alles, was ich jetzt tue, immer wiederkehrt. Durch diese Einsicht verleihe ich meinem Tun ein neues *Schwergewicht*: ich muß so handeln, als ob mein jetziges Tun für die Ewigkeit gültig wäre. Beide Auslegungen lassen sich vom Text her stützen. Es wird kaum gelingen, eine dieser Deutungen als die wahre Meinung Nietzsches auszuweisen. Offensichtlich ist aber, daß Nietzsche diese Lehre konzipiert hat, um den Menschen metaphysisch neu zu orten. Es erscheint ihm notwendig, eine neue Seinslehre zu entwickeln, von der her menschliches Sein und menschliches Handeln bestimmbar wird. Nietzsche geht also nicht wie Schopenhauer der Möglichkeit nach, daß ontologische Weltsicht und menschliches Handeln sich überhaupt nicht decken, so daß das Handeln, durch das der Mensch die innere Ruhe seiner selbst erlangt, sich sogar gegen die ontologisch erschlossene Weltsicht zu wenden habe. Nietzsche will – darin im Rahmen der alten Metaphysik verbleibend – das Handeln von der Ordnung des Seienden im Ganzen her sanktionieren, selbst dann, wenn sich diese Ordnung als sinnloses Kreisgeschehen zeigt. –

Das eigentliche Ziel der Metaphysik Nietzsches ist es, eine *neue Unmittelbarkeit* zu gewinnen. Der Mensch soll sich nicht mehr vom Unmenschlich-Übermenschlichen her seinem Wesen fremde Gebote auferlegen. Es gilt von dem »Du sollst« zum »Ich will« zu kommen. Aber – wir wiesen bereits am Anfang unserer Darlegung Nietzsches darauf hin – das »Ich will« soll noch überboten werden durch das »Ich bin«, das das Sein des Kindes auszeichnet: »Unschuld ist das Kind und Vergessen, ein Neubeginn, ein Spiel, ein aus sich rollendes Rad, eine erste Bewegung, ein heiliges Ja-sagen.«[25] Erst im Kindsein wäre die wahre Unmittelbarkeit erreicht, denn das Kind spielt und geht im Spiel ganz von seinem Tun erfüllt auf. Die Frage nach Sinn und Zweck, seien es nun fremde oder selbstgesetzte Zwecke, ist ihm unbekannt. Und eben diesem Spiel des Kindes, so meint Nietzsche, entspricht das Weltenspiel, das ewig närrisch Schein und Sein vermischt. Der mögliche Bezug, der zwischen dem Weltenspiel und dem Menschenspiel als dem Spiel des einzelnen waltet, ist schwer zu durchschauen, denn man kann hier nicht mehr im Stil der rationalen Metaphysik deklarieren, daß das Menschenspiel durch das Weltenspiel »bedingt« sei oder in ihm »gründe«. Die Selbigkeit von beidem wird nur erfahren, wenn man bereits fraglos im Ganzen des Geschehens mitspielt. Diese Fraglosigkeit bedeutet, daß das In-der-Welt-sein nicht mehr als ein Problem empfunden wird, über das man sich wundert oder gar entrüstet. An die Stelle des Warum ist – mit Heidegger gesprochen – das Weil getreten im Sinne des Verweilens. »Das Spiel ist ohne ›Warum‹. Es spielt, dieweil es spielt. Es bleibt nur Spiel: das Höchste und Tiefste.«[26]

Aber – und das ist eben die andere Seite – diese neue Unmittelbarkeit ist noch nicht da. Sie steht noch aus. Der Übermensch, der wie das Kind nicht von der Vernunft, sondern vom Leib her lebt, ist noch ein Ziel der Sehnsucht. Auch hier – wie immer bei Nietzsche – wird die Fraglosigkeit mit Reflexion durchsetzt. Und diese Reflexion steigert sich schließlich zu einem radikalen Zweifel, ob die Lehre von der ewigen Wiederkehr überhaupt stimmt. Nietzsche beschwichtigt diesen Zweifel nicht durch einen romantischen Rückgriff auf Heraklits Konzeption des Weltenspieles, sondern durch eine pragmatische Philosophie des Als ob. Er erklärt: selbst wenn diese Lehre nicht wahr ist, so kann sie als wahrscheinliche ungeheuer wirken. »Prüfen wir, wie der *Gedanke*, daß sich *etwas wiederholt*, bis jetzt gewirkt hat (das Jahr zum Beispiel, oder periodische Krankheiten, Wachen und Schlafen usw.). Wenn die Kreis-Wiederholung auch nur eine Wahrscheinlichkeit oder Möglichkeit ist, auch der *Gedanke einer Möglichkeit* kann uns erschüttern und umgestalten, nicht nur Empfindungen oder bestimmte Erwartungen! Wie hat die *Möglichkeit* der ewigen Verdammnis gewirkt!«[27]

Nietzsches Versuch, zu einer unbedingten Unmittelbarkeit durchzustoßen, entspricht nicht dem Wesen des heutigen der Metaphysik entfremdeten Menschen. Sachlich und historisch gesehen bezeugt Nietzsches Vorhaben, über die Negation zur endgültigen Position zu gelangen, sein indirektes Festhalten an der christlichen Metaphysik, nur soll das »neue Sein«, in dem alle Probleme ein für allemal gelöst sind, eben nicht im Jenseits, sondern im Diesseits wirklich werden. In der »Götzendämmerung« legt Nietzsche in einem einzigen Aphorismus »Wie die ›wahre Welt‹ endlich zur Fabel wurde« die Entwicklung der Metaphysik als den Weg ihrer Destruktion dar. Die Überwelt, ironisch als »wahre Welt« gegen unsere Welt als »Scheinwelt« abgehoben, wird so fraglich, daß man sie schließlich abschafft. »Die wahre Welt haben wir abgeschafft: welche Welt blieb übrig? die scheinbare vielleicht? ... Aber nein! *mit der wahren Welt haben wir auch die scheinbare abgeschafft!*«[28] Diese Aussage ist hochbedeutsam, denn in der Tat muß die Negation der Überwelt zugleich eine Negation der negativen Bewertung unserer Welt sein. Aber diese Negation kann nicht, wie Nietzsche vermeint, eine fraglose Verherrlichung unserer Welt implizieren. Sie führt nicht die Zeit des »großen Mittags« und den Höhepunkt der Menschheit herbei, denn unsere Welt ist und bleibt zweideutig: Stätte des Glücks und des Unglücks zugleich. Und diese Welt muß der Mensch, soweit er kann, durch sein Tun zum Besseren zu verändern suchen im gelassenen Bewußtsein, daß sie doch nie die Stätte einer neuen Unmittelbarkeit wird.

C. Die Epoche der nichtspekulativen Anthropologie

Vorbemerkung: Die biologische Frage nach dem Wesen des Menschen
als philosophisches Problem

Nietzsches Versuch, den Menschen vom Ganzen des Seinsgeschehens her zu deuten, ist die letzte große Station der metaphysischen Anthropologie. Von der *modernen Anthropologie*, die unter dem Zeichen der Verwissenschaftlichung steht, her gesehen, erscheint die mit Nietzsche abgeschlossene Tradition als widersprüchlich und einheitlich zugleich. Die *Widersprüchlichkeit* liegt in der differierenden Bewertung von Geist und Leib und Vernunft und Trieb. Die bis zu Hegel hin geltende Grundüberzeugung, daß der Mensch wesenhaft vom Geist und der Vernunft als den eigentlichen Seinsmächten bestimmt sei, wird in das Gegenteil verkehrt. Der Leib und die Triebschicht sind die entscheidenden Instanzen. Die *Einheit* dieser Epoche zeigt sich darin, daß der Mensch vom Ganzen des Seins her oder von einem dies Ganze repräsentierenden Absoluten ausgelegt wird. Daß die Metaphysik in dieser Tradition wesentlich ist, das bedeutet, daß die anthropologische Auslegung des Menschen ontologisch fundiert ist und solchermaßen eine ethische Ausrichtung involviert: der Mensch wird direkt oder indirekt aufgefordert, sich der eigentlich bestimmenden Macht – sei es der Geist oder der Leib – zu unterwerfen, das heißt, sie in seinem Tun und Lassen als das Maßgebende anzuerkennen und durchzusetzen.

Die moderne Anthropologie will den Menschen nicht mehr von spekulativen Vorurteilen und Vorgriffen her auslegen. Das besagt konkret: man darf weder den Geist noch den Leib zu einem Prinzip erheben und den Menschen von diesem Prinzip her auslegen. Ob der Mensch von der Vernunft oder von den Trieben bestimmt wird, das kann nur durch *wissenschaftliche Untersuchungen* festgestellt werden, wobei die Begriffe Geist und Leib selbst aber nicht als fraglose Größen angesetzt werden dürfen, sondern ihrerseits erst analysiert werden müssen. Diese Untersuchungen können, wenn anders sie wissenschaftlichen Anspruch erheben wollen, nur *empirisch* vorgehen. Ihre vorzüglichste Möglichkeit in methodischer und inhaltlicher Hinsicht ist der *Vergleich von Mensch und Tier*. Die Metaphysik der Triebe, wie Nietzsche sie darlegte, vor allem aber der Darwinismus, haben die Frage aufgeworfen, ob der Mensch dem Tier gegenüber überhaupt einen wesenhaften Vorrang habe. Diese Frage kann aber nur beantwortet werden, wenn man unvoreingenommen Tier und Mensch auf mögliche Gemeinsamkeiten und Unterschiede hin untersucht. Diese Untersuchung ist die primäre Aufgabe der modernen Anthropologie.

Die Anthropologie greift auf die *Biologie* zurück. Die Biologie thematisiert den gesamten Bereich des Lebendigen, und sie geht nicht spekulativ vor; Beobachtungen und Hypothesen bestimmen sich gegenseitig im Zirkelverfahren. Die Biologie muß daher in inhaltlicher und methodischer Hinsicht von der Anthropologie berücksichtigt werden. Diese Anlehnung an die biologische Wissenschaft soll nun aber nach der Meinung der philosophischen Anthropologen nicht bedeuten, daß die *philosophische* Fragestellung überflüssig wird. Die philosophische Fragestellung ist jeder wissenschaftlichen, auch der biologischen Forschung gegenüber dadurch ausgezeichnet, daß sie nicht bei Untersuchungen von Einzelphänomenen stehenbleibt, sondern diese in grundsätzlicher Hinsicht zusammenzufassen sucht. Der philosophische Anthropologe will die *Natur* des Menschen herausstellen. Diese Anthropologie ist also insofern noch von der Tradition geprägt, als sie die »Wesensfrage« stellt. Die Wesensfrage beruht aber auf einer bestimmten Voraussetzung, nämlich dem »Vorurteil«, daß es überhaupt ein solches Wesen, das heißt eine Struktureinheit und Strukturganzheit gibt, die die Einzelphänomene übergreift und deren Zusammenhang als Ordnungszusammenhang garantiert. Der Widerspruch zwischen einer philosophischen Grundeinstellung und spezifisch ausgerichteten Einzelforschungen ist für die moderne Anthropologie im ganzen kennzeichnend. Er hat schließlich dazu geführt, daß die Anthropologie als philosophische Grundwissenschaft aufgehoben wurde. Die Fragen, die den Menschen betreffen, werden heute kaum noch als philosophische Probleme angesehen, sondern in immer stärkerem Maße von den konkreten Wissenschaften und der Praxis her angegangen.

Wir beginnen unsere Analyse mit einer Darlegung der Anthropologie *Max Schelers*; Scheler gilt mit Recht als der Inaugurator der modernen Anthropologie, sein Ansatz ist aufschlußreich, insofern Scheler versucht, am Vorrang der Vernunft festzuhalten. Sodann thematisieren wir die Anthropologie *Helmuth Plessners*; Plessners Werk zeichnet sich dadurch aus, daß die Widersprüche der Anthropologie hier wirklich ausgetragen werden, Plessner geht biologisch und »reflexionsphilosophisch« vor, freilich gelingt es ihm in methodischer Hinsicht nicht, die sich hier zeigenden Widersprüche wirklich aufzuheben. Schließlich untersuchen wir *Arnold Gehlens* Anthropologie; Gehlen löst sich am radikalsten von der Tradition ab, seine Anthropologie soll eine Anthropobiologie sein. In Gehlens späterem Werk wird aber sichtbar, daß die Anthropologie sich von der Biologie zu soziologischen Fragestellungen hin entwickelt, diese Entwicklung geht mit der Negation der »philosophischen Schlüsselattitüde« parallel.[1]

Erstes Kapitel
Scheler: »Die Stellung des Menschen im Kosmos«[1]

Max Scheler hat seine Anthropologie nicht in breiten und fundierten Veröffentlichungen vorgelegt. Das gründet vor allem darin, daß Scheler die Wendung zur Anthropologie erst relativ spät in seiner philosophischen Entwicklung vollzogen hat, und daß sein früher Tod die Ausführung seiner Konzeption unmöglich machte. Gleichwohl kann und muß Scheler als der eigentliche *Inaugurator* der modernen philosophischen Anthropologie angesehen werden, insofern er die Notwendigkeit und die Legitimität der Anthropologie als philosophischer Grundwissenschaft herauszuarbeiten versucht.

Scheler hat sich in seiner Denkentwicklung mehrfach gewandelt auf Grund einer zunächst sicher unbewußt gebliebenen Skepsis endgültigen Lösungen gegenüber. Innerhalb dieser Entwicklung kommt der Stufe, die Scheler vor der Wendung zur Anthropologie einnahm, wesentliche Bedeutung zu. Das Kennzeichen dieser Stufe ist Schelers Bemühen um eine *phänomenologische Ethik der Werte.*[2] Es gibt, so führt Scheler aus, ein hierarchisch gestuftes Reich der Werte; diese Werte werden nicht rational, sondern emotional erfaßt, und in ihrem Erfühlen erfährt der Mensch eine Ausrichtung seines Verhaltens.

Die Schwierigkeit dieser Wertphilosophie liegt in einem Zweifachen; einmal: es gelingt kaum angesichts der Vielheit und Disparatheit der Werte eine wirklich überzeugende Ordnung des Wertreichs durchzuführen, und sodann: die Bestimmung des Wertes ist philosophisch außerordentlich problematisch. Der Begriff Wert entstammt wissenschaftsgeschichtlich gesehen der Nationalökonomie. Dort dient er der Analyse wirtschaftlichen Verhaltens, das als solches Güter immer nur unter dem Gesichtspunkt möglichen Tausches einschätzt. Der ökonomisch verwandte Begriff Wert ist also eine wissenschaftstheoretische Bestimmung. In Schelers philosophischer Ethik wird dagegen der Wert als eine *ideale Wesenheit* gesetzt. Der ideale Bezirk ist der Dimension der an sich wertfreien Tatsachen vorgeordnet. Hier tritt sofort die Frage auf, wie das Verhältnis beider Bezirke des näheren zu denken sei. Die Frage wird für Scheler so dringend, weil er ausdrücklich einen Hiatus setzt, indem er erklärt, daß das absolute Ideen- und Wertreich »ganz gewaltig viel höher« über allem Faktischen stände. Das Problem des Bezuges beider Dimensionen wird besonders wichtig als Frage nach der *Durchsetzungskraft des Idealen im Realen.* Selbst wenn man die Werte als höherrangig ansetzt, so ist damit ja noch nicht die Garantie gegeben, daß sie eindeutig die Wirklichkeit bestimmen. Gerade dies Problem der Verwirklichung des Idealen hat Scheler bedrängt. Es ist ein Grundproblem seiner ganzen Anthropologie geblieben.

Will man die Frage nach dem Verhältnis beider Dimensionen von Grund aus klären, so erfordert dies eine *kritische Auseinandersetzung mit der philosophischen Tradition*, genauer: es ist notwendig, sich die Grundsätze, die die Philosophie bisher bereitgestellt hat, um den Menschen im Ganzen des Seins einzuordnen, in ihrer Gegensätzlichkeit vor Augen zu führen. Scheler nennt am Anfang seiner anthropologischen Programmschrift: »Die Stellung des Menschen im Kosmos« drei Ideenkreise. Es ist dies einmal die jüdisch-christliche Tradition: der Mensch ist das Ebenbild Gottes, sodann der griechische Grundansatz: der Mensch ist der Träger der Vernunft, und schließlich die moderne Naturwissenschaft und die genetische Psychologie: der Mensch ist das späte Ergebnis einer natürlichen Entwicklung. Die beiden ersten Ideenkreise sehen das Wesen des Menschen in seiner Geistigkeit, der dritte Ideenkreis leugnet die Eigenständigkeit des Geistigen. Von dieser Unterscheidung her kann nun das Problem des Menschen, so meint Scheler, zu der Frage zusammengezogen werden, ob man berechtigt ist, dem Menschen *Geist* zuzusprechen. Das Charakteristische an dieser Argumentation ist es, daß Scheler nicht den Geist als solchen in seiner Wesenhaftigkeit in Frage stellt, sondern daß er primär nur danach fragt, ob dem Menschen Geist zukommt oder nicht.

Um diese Frage beantworten zu können, ist eine breite Grundlage der Untersuchung erforderlich. Der »Aufbau der biopsychischen Welt« muß thematisiert werden. Daß auch der Mensch biopsychisch bedingt ist, ist klar; es geht Scheler nur um die Frage, ob er durch diese Bedingtheit im Ganzen seines Seins bestimmt ist, oder ob er das Biopsychische als Geist überschreitet. Kennzeichen des Biopsychischen, das heißt des Lebendigen, sind von außen her betrachtet Selbstbewegung, Selbstformung, Selbstdifferenzierung, Selbstbegrenzung, und von innen her betrachtet Fürsichsein und Innesein. Es gilt nun aber zu beachten, daß das Lebendige in sich *gestuft* ist. Nach Scheler müssen fünf Stufen unterschieden werden. Alle diese Stufen sind auch im Menschen vorhanden, jedoch erfahren sie dort eine gewisse Abwandlung. Die Problematik dieser modifizierenden Wiederholung der unteren Stufen im Menschen muß man sich verdeutlichen, wenn anders man Schelers Ansatz verstehen will.

Die *erste Stufe* wird als *Gefühlsdrang* bestimmt. Dieser Drang stellt eine objektlose Lust und ein objektloses Leiden dar als das einfache Hinzu und Vonweg. Träger dieses Gefühlsdranges ist primär die *Pflanze*. Von ihr her lassen sich die Grundmerkmale des Lebens in seinen Primärerscheinungen abnehmen: Leben ist nicht Wille zur Macht, sondern Drang zum Wachstum und zur Fortpflanzung. Dieser Drang ist allgemein und nicht im Sinne gerichteter Aktivität spezifiziert. Auf dieser ersten Stufe gibt es keine Rückmeldung, jede Reflexion, sei sie noch so schwach, ist hier ausgeschlossen. Scheler erklärt zusammenfassend: »Die *wesenhafte* Richtung des Lebens, die das Wort ›pflanzlich‹, ›vegetativ‹ bezeichnet, ... ist ein ganz nach außen gerichteter Drang. Daher spreche ich bei der Pflanze von ›ekstatischem‹ Gefühlsdrang...«[3]

Scheler merkt zur Erläuterung an, daß die Darstellung dieser wie aller anderen Stufen »metaphysisch« ausgerichtet sei: es geht darum, die Eigenart jeder Stufe im Sinn einer Wesensphänomenologie herauszustellen. Jede teleologisch-hierarchische Betrachtung, sei sie objektiv oder subjektiv ausgerichtet, muß ausgeschlossen werden. Das besagt für die erste Stufe: es ist verkehrt zu behaupten, die Pflanze sei »für« das Tier oder den Menschen als höhere Subjektivitäten da; und es ist ebenso unangemessen, das Verhalten der Pflanze objektiv analogisch vom zweckhaften Verhalten des Menschen her auszulegen. Aber auch eine mechanische Erklärung der Pflanze ist verfehlt; ein Tier kann weit eher als eine Pflanze auf Grund der Zunahme einer Zentralisierung des Nervensystems in Analogie zur Maschinenstruktur erklärt werden. Gerade aber – und das ist nun das Entscheidende – wenn man die *Selbständigkeit* dieser Stufe erkennt, vermag man zu begreifen, daß sie die Grundlage für alle höheren Stufen darstellt.

Auch der *Mensch* ist wesenhaft von dieser untersten Stufe bestimmt. Nur weil er von der ursprünglichen Lebenskraft getragen wird, ist er lebensfähig, und diese biologische Lebensfähigkeit ist die Voraussetzung und das Fundament der höheren menschlichen Möglichkeiten. Scheler erklärt, der Drang stelle »die *Einheit* aller reich gegliederten Triebe und Affekte des Menschen dar«.[4] Vor allem aber behauptet er, der Gefühlsdrang sei auch im Menschen »das Subjekt jenes primären *Widerstandserlebnisses*, das die Wurzel alles Habens von ›Realität‹, von ›Wirklichkeit‹ ist, insbesondere auch der Einheit und des allen vorstellenden Funktionen vorangängigen Eindrucks der *Wirklichkeit*«.[5] Nur im Widerstandserlebnis wird Wirklichkeit rein, das heißt noch vor aller begrifflichen Bestimmung, erfahren. Man sieht sofort, daß das, was bei der Pflanze Gefühlsdrang genannt wird, beim Menschen wesenhaft verändert auftritt. Bei der Pflanze ist der Drang primär, ein Hinzu zum Äußeren. Die Pflanze sucht das auf, was sie zum Leben braucht. Das Vonweg setzt ja nur dort ein, wo etwas Schädliches begegnet. Beim Menschen aber ist der Drang überhaupt kein Drängen auf etwas hin, sondern die sich auslebenwollende Kraft. Jeder Außenbezug wird als Störung und Hemmung empfunden. Der Drang als menschliches Phänomen ist die Urpotenz des reinen Willens – Wille hier im Sinne von Fichte, Schelling und Nietzsche verstanden als sich äußernde Triebkraft.[6] Der Drang beim Menschen wird von Scheler also, so kann man zusammenfassend feststellen, gar nicht mehr biologisch unter dem Gesichtspunkt der Lebenserhaltung betrachtet, sondern metaphysisch als Machtpotential der Subjektivität. – Scheler hat die Idee, daß der Gefühlsdrang die ursprüngliche Erfahrung des Menschen von der Wirklichkeit darstelle, auch in seinen beiden Abhandlungen »Erkenntnis und Arbeit« und »Idealismus und Realismus« erörtert.[7]

Die *zweite Stufe* wird durch das Phänomen des *Instinktes* bestimmt. Der Instinkt ist artgebunden und nicht individuell differenziert. Er verläuft rhythmisch fest und unabänderlich. Das besagt: der Instinkt ist »starr«. Als angeborenes und erbliches Strukturmerkmal kennzeichnet er das tierhafte Dasein in seiner jeweiligen Angepaßtheit an eine bestimmte Umgebung. Scheler hat hier die Umwelttheorie von *J. von Uexküll* im Blick. »Was ein Tier vorstellen und empfinden kann, ist durch den Bezug seiner angeborenen Instinkte zur Umweltstruktur apriori beherrscht und bestimmt.«[8] Versucht man das Instinktverhalten psychologisch zu deuten, »so stellt es eine untrennbare *Einheit von Vor-Wissen und Handlung* dar, so daß niemals *mehr* Wissen gegeben ist, als in den nächsten Schritt der Handlung gleichzeitig eingeht«.[9]

Auch im *Menschen* ist ein instinkthaftes Verhalten anzutreffen. Dies zeigt sich zum Beispiel im unmittelbaren Eingehen auf spezifische Empfindungsreize – man denke an das sogenannte Kindchen-Schema.[10] Aber es handelt sich offensichtlich beim Menschen nur um Instinkt*residuen*. Und dies besagt: Instinkte sind für den Menschen nicht konstitutiv. Das Tier ist durch den Instinkt dagegen im Ganzen seines umwelthaften Seins zweckdienlich strukturiert. Sodann: Instinkte und Triebe sind beim Tier nicht zu unterscheiden, sie stellen eine innige Einheit dar. Beim Menschen aber muß beides differenziert werden, Triebe können für den Menschen durchaus sinnlos und sogar schädlich sein, das zeigt zum Beispiel die Sucht nach Rauschgiften.

Ein Vergleich von Tier und Mensch unter dem Gesichtspunkt des Instinktverhaltens macht also deutlich, wie wesentlich sich Tier und Mensch unterscheiden. Wenn der Instinkt als zweckdienliches Verhalten beim Menschen nur in geringem Maße auftritt, dann besagt dies, daß der Mensch sich nicht auf seine Instinkte verlassen kann. Und dies bedeutet wiederum, daß der Mensch gar nicht lebensdienlich eingerichtet ist. Auf das methodische Vorgehen Schelers bezogen, läßt sich also schon jetzt nach der Interpretation der zweiten Stufe das Folgende feststellen: der Gesichtspunkt, unter den Scheler die Auslegung der unteren Stufen stellt, ist der *biologische*, das heißt, der vom Sein der Pflanze und des Tieres her gewonnene Aspekt der *Lebensdienlichkeit*. Bereits die konkrete Zuordnung der Merkmale der beiden ersten Stufen zu der Natur des Menschen macht aber die Problematik der Argumentation deutlich: Gefühlsdrang und Instinkt sind, wenn sie beim Menschen anzutreffen sind, vom Sein des Menschen her anders zu interpretieren als beim Tier, und zwar deswegen, weil der Mensch im Gegensatz zum Tier eben nicht mehr biologisch zweckmäßig strukturiert ist.

Auch die *dritte Stufe* wird durch das tierhafte Dasein repräsentiert – das Tier hat nach Scheler eine so differenzierte Entwicklung erfahren, daß es nicht eindeutig einer bestimmten Stufe zuzuordnen ist. Das Merkmal der dritten Stufe ist das *assoziative Gedächtnis*. Die Voraussetzung dieses Gedächtnisses ist das Hervortreten von Einzelempfindungen und Einzelvorstellungen aus diffusen Komplexen. Das heißt, hier setzt die Fähigkeit der Dissoziation ein. Dissoziation ist nach Scheler eine entscheidende Voraussetzung einer jeden schöpferischen Leistung. Die erste Stufe einer solchen schöpferischen Leistung stellen die Probierbewegungen eines Tieres dar, in denen und durch die es auf spielende Weise etwas Neues erfährt und sich darin einübt. Das vielleicht zufällig zustande gekommene vom früheren abweichende Verhalten wird nämlich wiederholt, wenn das Tier merkt, daß dies Verhalten eine positive Triebbefriedigung gewährt, unter Umständen im Sinne einer nicht unerheblichen Steigerung der Lust. In diesem Fall wird das Verhalten »fixiert«. Auf dem Prinzip der Einübung und Fixierung erfolgreicher Verhaltensweisen beruhen die Phänomene der Fremddressur und der Selbstdressur. Biologisch gesehen: die durch Lernen erfolgte Neuorientierung des Verhaltens geht »in *Gewöhnung*« über, das heißt, bestimmte Reize werden mit bestimmten Erwartungen nun ständig »zusammengefügt«. Dieses assoziative Gedächtnis wird solchermaßen zu einer selbständigen Bestimmungsmacht des Verhaltens; man kann sich auf das Funktionieren des Gedächtnisses weitgehend verlassen. Entscheidend ist jedoch, daß beim Tier dieses assoziative Gedächtnis eindeutig der Triebbefriedigung untersteht und von dieser her festgelegt wird, und daß es rein mechanisch arbeitet: Nachahmung und Kopieren sind die »Spezialisierungen« des Wiederholungstriebes.

Scheler versucht nun die Bedeutung des assoziativen Gedächtnisses auch für den *Menschen* zu erweisen. Diese Argumentation ist interessant. Zunächst rekapituliert

Scheler das, was er über das assoziative Gedächtnis beim Tier ausgeführt hat, und bestimmt dies Gedächtnis rein formal als Möglichkeitsgrund erlernten Gewöhnungsverhaltens. Dann aber verschiebt er die Untersuchung auf eine höhere Ebene: das assoziative Gedächtnis ist *traditionsbildend*. Tradition ist mehr als biologische Vererbung und weniger als frei und bewußt erlebte Erinnerung. Tradition als solche ist ein Suggestionsdruck. Tradition in diesem Sinne tritt schon »in den Horden, Rudeln und sonstigen Gesellschaftsformen der Tiere auf: auch hier ›lernt‹ die Herde, was die Pioniere vormachen, und vermag es kommenden Generationen zu überliefern«.[11]

Tradition als Überlieferung kann jedoch, so meinen wir im Gegensatz zu Scheler, eigentlich nicht mehr als bloß mechanisch eingeübte Gewöhnung im Schema von Reiz und Erwartung bestimmt werden. Als mehrere Individuen zu einer ständigen »Gemeinschaft« zusammenschließende Macht weist sie auf die Dimension der *Geschichte* hin, die nicht für das Tier, jedoch für den Menschen wesentlich ist. Der Mensch kann – das ist ja das Wesen seiner Geschichtlichkeit – zu seiner Tradition Stellung nehmen im positiven oder negativen Sinne. Tradition ist als eine Möglichkeit, die ständig in Frage steht, nichts Selbstverständliches.

Problematischer als auf den ersten drei Stufen stellt sich auf der *vierten* Stufe das Verhältnis von Mensch und Tier dar. Kennzeichen dieser Stufe ist die »organisch gebundene praktische Intelligenz«. Das Wesentliche ist hier, daß unabhängig von der Anzahl der Versuche, die ein Tier macht, ohne sichtbaren Grund plötzlich eine Intuition aufleuchtet, die unmittelbar die Entscheidung herbeiführt. Das Verhalten ist hier also nicht mehr reproduktiv, sondern produktive Setzung von antizipierten Sachverhaltsmöglichkeiten. »Das Vorherhaben eines neuen nie erlebten Tatbestandes (pro-videntia, prudentia, Klugheit, Schlauheit, List)«[12] ist das eigentliche Zeichen dieser praktischen Intelligenz. Sicher: auch dies intelligente Verhalten bleibt beim Tier triebhaft gebunden. Das Tier »handelt« nur, um Triebe zu befriedigen. Aber die Möglichkeit der *Mittelwahl* ist das Neue. Die Mittel werden nun miteinander und gegeneinander kombiniert. Das »Denken in Werkzeugen« wird entscheidend. Werkzeuge aber sind die ersten und ursprünglichen Weisen von »Mittelungen«. Praktische Intelligenz zeigt sich als »Vermögen zur Zwischenschaltung«.

Scheler ist der Meinung, daß die praktische Intelligenz Tieren und Menschen zukommt. Entscheidend für diese Argumentation sind für ihn offensichtlich die Versuche Wolfgang Köhlers mit Schimpansen. Köhler spricht, so sagt Scheler, mit vollem Recht diesen Tieren einfache Intelligenzhandlungen zu, weil sie mit Hilfe von Stöcken und Kisten, die zum Teil aufeinander gestapelt werden, ihr Triebziel herbeischaffen. Das Tier ist zwar von seinem Ziel »gebannt«, aber es vermag von ihm her das Umfeld intelligent zu strukturieren. So unterscheidet es Dinge nach ihren dynamischen Funktionswerten, »Dinge zum Heranholen« erhalten einen hohen Wert. Sie verlieren diesen Wert wieder, wenn sich die Situation ändert. Die Strukturierung des Umfeldes ist also nicht reflexiv erworbener Dauerbesitz, sondern eine augenblicklich anschauliche Gegebenheit. Aber das ändert nichts daran, daß sich hier in der Vermittlung zum Triebziel hin echte Intelligenz zeigt. Daß intelligentes Verhalten vorliegt, geht nach Scheler aus dem Experiment eindeutig hervor. Wenn ich das Tier beobachte, dann erkenne ich genau, daß und wie sein Verhalten vom kombinierenden Erfolgsdenken geprägt ist. Entsprechendes Vorgehen kann ich nun aber auch beim *Menschen* beobachten. Tierische und menschliche Technik ist also nicht grundsätzlich unterschieden. Scheler schreibt in einer Anmerkung zu dieser Argumentation den folgenden oft zitierten Satz: »Zwischen einem klugen Schimpansen und Edison, dieser nur als Techniker genommen, besteht nur ein – allerdings sehr großer – *gradueller* Unterschied.«[13] Tier und Mensch werden also gleichermachen thematisiert unter dem Begriff eines Verhaltens, das eigentlich weder als geistig noch als ungeistig bestimmt werden kann. Das praktisch intelligente Verhalten ist zweck-dienliches Wissen, das sich einzig und allein durch seine beobachtbaren Erfolge bestätigt.

Scheler hat die Sonderstellung dieses Wissens klar erkannt. Insbesondere in seinen späteren soziologischen Arbeiten findet sich eine grundsätzliche Scheidung möglicher Wissensarten durchgeführt. Wissen kann sich als *Herrschafts-* oder *Leistungswissen* konstituieren, als solches dient es dem Zweck einer faktischen Umbildung der Dingwelt. Diesem Wissen steht einerseits das *Wesen-* oder *Bildungswissen* entgegen, dessen Ziel die volle Entfaltung der menschlichen Persönlichkeit ist, und andererseits das *Erlösungs-* oder *Heilswissen*, das als Metaphysik den Sinn des Seins im Ganzen zeigt. Das praktisch intelligente Verhalten ist nun ganz eindeutig als Ausformung des Herrschaftswissens zu klassifizieren. Dies besagt aber: es ist »wissenschaftliches Wissen«, denn das wissenschaftliche Wissen ist für den späten Scheler einzig und allein dem Willen zur Herrschaft entsprungen.[14]

Insofern die Anthropologie wissenschaftliches Wissen sein will, muß auch sie von dem Grundcharakter dieses Wissens ausgehen. Der wissenschaftliche Anthropologe fragt also gar nicht allgemein nach dem Wesen des Menschen. Er stellt seine Untersuchung vielmehr unter einen bestimmten Gesichtspunkt, nämlich den Gesichtspunkt der Lebensbewältigung. Aber auch in methodischer Hinsicht hält sich der wissenschaftliche Anthropologe an das Verfahren des Leistungswissens. Er entwirft Hypothesen und sucht diese zu bestätigen. Auf die vierte Stufe bezogen besagt die Hypothese: die Menschen und die höheren Tiere sind in der Lage, ihr Verhalten durch praktische Intelligenz zu gestalten. Und eben diese Hypothese bewährt sich durch Beobachtung und Experiment.

Überdenkt man diese Argumentation, dann erkennt man: Mensch und Tier werden beide unter dem Gesichtspunkt betrachtet, wie sie ihr Leben führen, wobei Lebensführung *technisches Können* bedeutet, dessen Ausformungen rein empirisch feststellbar sind. Dieser Ansatz wird in der Folgezeit, wie wir sehen werden, weithin als selbstverständlich angesehen. Bereits bei Gehlen wird er nicht mehr auf seine Berechtigung hin untersucht. Das Leistungswissen hat sich als *einzige* Wissensmöglichkeit durchgesetzt.

Scheler ist nun jedoch nicht bei der Kennzeichnung des Menschen als eines praktisch intelligenten Wesens stehengeblieben. Er hat den Menschen vielmehr seinem innersten Wesen nach gerade als Geistwesen bestimmt und ihn damit in strikten Gegensatz zum Tier gestellt. Diese Bestimmung des Menschen erscheint gemessen am Prinzip des Leistungswissens als Spekulation, oder in bezug auf Schelers persönliches Schicksal formuliert: die Tradition bleibt für ihn eine verbindliche Macht. In der Tat ist Schelers Bestimmung des Menschen als Geist in ganz eminentem Sinne der metaphysischen Tradition verhaftet, denn Geist ist für ihn der Gegensatz zur Lebenswirklichkeit und daher ein außerzeitliches und außerräumliches Prinzip. Noch genauer: Geist ist für Scheler eigentlich ein Wesensmerkmal des Göttlichen. Das besagt: insofern der Mensch Geistwesen ist, nimmt er am Göttlichen teil.

Um auf diese eigentliche Bestimmung des Menschen hinzuleiten, erklärt Scheler, nachdem er die Stufe der praktischen Intelligenz dargelegt hat, folgendes: »Hier aber erhebt sich nun die für unser ganzes Problem entscheidende Frage: Besteht dann, wenn dem Tiere bereits Intelligenz zukommt, überhaupt noch mehr als ein nur gradueller Unterschied zwischen Mensch und Tier – besteht dann noch ein *Wesensunterschied?*«[15] Er billigt dem Menschen eine Wissensmöglichkeit zu, die keine Abzweckung hat, sondern reines Wesenswissen ist. Wesenswissen aber ist ein Wissen – so scharf ist der Gegensatz zum Leistungswissen –, das sich überhaupt nicht mehr im Raum der Wirklichkeit bewegt. Die Frage nach dem Wesen entsteht nämlich erst, *wenn der Wirklichkeitsbezug eingeklammert wird,* und dies bedeutet wiederum: man kann die Wesenserkenntnis gar nicht verifizieren, verifizierbar ist nur Wissen von Wirklichem.

Es ist deutlich, daß diese Bestimmung des Wesenswissens von *Husserls* Idee der Einklammerung des Wirklichkeitsbezuges durch die transzendental-phänomenologische Reduktion abhängig ist.[16] Scheler weist selbst auf Husserl hin. Aber er greift über Husserl hinaus auf die gesamte Tradition der Geistmetaphysik zurück. Bereits Aristoteles hat, so legt Scheler in der Abhandlung »Philosophische Weltanschauung« dar, von einer »Ersten Philosophie« gesprochen, in der die Vernunft apriorische Wesenserkenntnisse erschließt.[17]

Als Geistwesen vermag der Mensch über die Stufe des intelligenten Verhaltens hinauszugehen und sich zu dem Prinzip des Lebens in Gegensatz zu setzen. Das Prinzip des Lebens bestimmt die vier unteren Stufen insgesamt. Das besagt konkret: Gefühlsdrang, Instinkt, assoziatives Gedächtnis und praktische Intelligenz sind samt und sonders auf Trieberfüllung ausgerichtet. Die Vitalsphäre und ihre psychologischen Funktionen sind rein biologisch bestimmt. Sie unterstehen solchermaßen dem Gesetz der Lebenserhaltung. Der Mensch vermag im Gegensatz zum Tier dieses Gesetz der Lebenserhaltung zu *negieren*. Er kann sich den Triebansprüchen versagen, nicht nur in der Form, daß er einen Triebanspruch zugunsten eines anderen für eine bestimmte Zeit zurückstellt, sondern in grundsätzlicher Hinsicht: der Mensch kann gegen Triebe überhaupt »protestieren« und volitive und emotionale Akte vollziehen wie Güte, Liebe, Reue oder Verzweiflung. Der Mensch ist nämlich *Person*. Die Person definiert Scheler als den Vollzieher *geistiger* Akte, die als solche aufs strengste vom triebhaften Lebensverhalten zu unterscheiden sind. Diese Möglichkeit, gegen die Vitalsphäre anzugehen, aber ist ihrerseits bedingt durch die Fähigkeit zur *Ideation*. Ideation ist nichts anderes als Wesenserkenntnis. Als Geist vermag der Mensch das Sosein, das vom Dasein abgehoben ist, zu erfassen. Scheler definiert: »Geist ist daher *Sachlichkeit,* Bestimmbarkeit durch das Sosein von Sachen selbst.«[18] Diese Fähigkeit zur Sachlichkeit ist die eigentliche Auszeichnung des Menschen. Durch sie gewinnt der Mensch Distanz zu den Dingen und kann etwas als etwas in seinem *wahren* Sein erfassen. Scheler ist der Meinung – das sei hier nur angemerkt –, daß das technisch-pragmatische Wissen, weil es vital gebunden ist, nicht zu dieser Sachlichkeit vordringt. Deswegen ist das Leistungswissen auf das Wesenswissen angewiesen, zwar nicht für den Vollzug seiner konkreten Forschungen, wohl aber zur Umgrenzung der obersten Grundbegriffe des betreffenden Forschungsgebietes.

Aufs Ganze der anthropologischen Grundfrage, ob der Mensch und das Tier wesenhaft zu unterscheiden seien, bezogen, bedeutet die Möglichkeit des »Ideen-Denkens«, die dem Menschen gegeben ist, daß er im Gegensatz zum umweltgebundenen Tier »weltoffen« ist. Scheler erklärt: »*Der Mensch ist das X, das sich in unbegrenz-*

tem Maße ›weltoffen‹ verhalten kann.«[19] Die Bestimmung »Weltoffenheit« ist in der Anthropologie von Scheler an zu einer Grundbestimmung menschlichen Seins geworden. Sie begegnet auch bei Plessner und Gehlen. Dort erhält sie jedoch – wie wir sehen werden – einen anderen Sinn. Es ist daher angebracht, Schelers Bestimmung der Weltoffenheit genau einzugrenzen. Weltoffenheit bedeutet *Transzendenz jeder Weltgebundenheit*. Weltoffenheit weist sich daher aus in der vollkommen interessenlosen Vergegenständlichung alles Seienden durch den Geist, der seinerseits als das Vergegenständlichende selbst nicht vergegenständlicht werden kann, sondern ungegenständlich erlebt wird: »Das Zentrum des Geistes, die ›Person‹, ist weder gegenständliches noch dingliches Sein, sondern nur ein stetig selbst sich vollziehendes (wesenhaft bestimmtes) Ordnungsgefüge von Akten. Die Person ist nur *in* ihren Akten und *durch* sie.«[20]

Diese Kennzeichnung des Geistes geht ganz eindeutig auf Schelers Ausführungen über das Personsein, wie er sie in seiner *Wertethik* entwickelt hat, zurück. Das Neue dieser Periode gegenüber liegt auch gar nicht in den Bestimmungen von Geist und Person als solchen, sondern darin, nun mit Hilfe dieser Bestimmungen das *Verhältnis der geistigen Person zu der Triebsphäre zu klären*, und das heißt zu zeigen, daß der Mensch sich von sich aus den Triebansprüchen zu versagen vermag. Aber – und dies gilt es nun herauszustellen – der konkrete und genaue Nachweis dieser Überlegenheit des Geistes bereitet Scheler große Schwierigkeiten. Das wird bei gründlichem Studium der betreffenden Partien deutlich.

Von der Wirklichkeit des Lebens, die die ersten vier Stufen bestimmt, her gesehen, erscheint der Geist unwirklich, das heißt: ohnmächtig und ohne jede Durchsetzungskraft. Der Geist ist eigentlich nur ein Prinzip der *Negation*. Sicher: Um das Wesen des Geistes zu erfassen, muß man von den spontanen Akten ausgehen, die ihren Grund in der Person als dem Aktzentrum haben, aber diese Akte sind ihrerseits im Aufbau der menschlichen Gesamtstruktur betrachtet nur als *Gegenzüge* zu verstehen. Diese Gegenzüge sind inhaltlich gesehen nichts anderes als Modifikationen und Umstrukturierungen der vorausgehenden und ursprünglich allein maßgebenden Triebwirklichkeit. Es ist zwar für Scheler kein Zweifel daran möglich, daß diese geistigen Akte *dem Rang* nach wertvoller als die Triebvollzüge sind, die ja samt und sonders dem Egoismus der Lebenserhaltung unterworfen sind. Aber diese geistigen Akte haben eben von sich aus keine Durchsetzungskraft. Wenn der Geist handeln will, muß er sich auf die Kraft der unteren Schichten beziehen und diese sich nutzbar machen, und das heißt: *sublimieren*. Sublimieren bedeutet ein Zweifaches: gegen die Inhalte der Triebe werden Gegeninhalte angesetzt durch den Geist und vom Geist her. Dieser Vorgang ist an sich nur eine gedankliche Umstrukturierung. Indem aber diese Umstrukturierung vollzogen wird, wird – das ist das Zweite – die Unmittelbarkeit der Triebe gebrochen. Der direkte Zusammenhang von Triebkraft und Triebziel wird aufgehoben und solchermaßen wird der Trieb *gehemmt*. So ersteht die Möglichkeit, die in den Trieben vorhandene Energie den Gegenbesetzungen, das heißt den idealen Inhalten gemäß einzusetzen. Scheler erklärt: »Eben der *Geist* ist es, der bereits die Triebverdrängung *einleitet*, indem der idee- und wertgeleitete geistige ›Wille‹ den idee-wertwiderstreitenden Impulsen des Trieblebens die zu einer Triebhandlung notwendigen Vorstellungen versagt, anderseits den lauernden Trieben idee- und wertangemessene Vorstellungen gleichsam wie Köder vor Augen stellt, um die Triebimpulse so zu koordinieren, daß sie das geistgesetzte Willensprojekt ausführen, in Wirklichkeit überführen.«²¹ Einige Zeilen später stellt Scheler noch einmal heraus, daß der Geist seine Ideen den Trieben nur »vorhalten« kann, und dann heißt es: »Was aber der Geist nicht vermag, ist dies: selbst irgendwelche Triebenergie *erzeugen* oder aufheben, vergrößern oder verkleinern.«²² Es ist kein Zufall, daß Scheler, wenn er vom geistigen Willen spricht, das Wort »Wille« in Anführungszeichen setzt, denn »eigentlichen Willen« gibt es nur in den unteren Schichten, der Wille ist ja als solcher nichts anderes als Triebkraft. Der Sache nach bleibt diese Bestimmung »geistiger Wille« überaus problematisch. Einmal: es ist schwer zu verstehen, wie der außerhalb von Raum und Zeit angesetzte Geist in die Dimension der Wirklichkeit hineinwirken kann; und sodann: irgendwie muß der Geist, so meint man, doch ein kleines Quantum Energie haben, um überhaupt umlenken zu können. Scheler geht diesen Fragen nicht ausdrücklich nach. Sein Anliegen ist es zunächst, im Gegenzug zur christlich-humanistischen Tradition den Geist zu entmachten zugunsten der unteren Schichten: »*Mächtig ist ursprünglich das Niedrige, ohnmächtig das Höchste.* Jede höhere Seinsform ist im Verhältnis zu der niedrigen *relativ* kraftlos ... Wohl kann der Geist durch den Prozeß der Sublimierung Macht *gewinnen*, können die Lebenstriebe in seine Gesetzlichkeit und in die Idee- und Sinnstruktur, die er leitend ihnen vorhält, eingehen und im Verlaufe dieses Eingehens und Durchdringens in Individuum und Geschichte dem Geiste Kraft ver-*leihen* – von Haus aus und ursprünglich hat der Geist keine eigene Energie.«²³

Mit dieser Deklarierung, daß die unteren Schichten stärker als die höheren seien, ordnet sich Scheler in die Bewegung der Negation der Geistmetaphysik ein, die das nachidealistische 19. Jahrhundert beherrscht. In Schelers anthropologischen Ansatz sind Elemente aus Schopenhauer, Nietzsche, aber auch aus Marx eingegangen. Die Lehre von der Unkraft des Geistes – das macht ein Blick auf Schelers soziologische Arbeiten deutlich – kommt der Sache nach der Behauptung nahe, daß das Geistige als ideologischer Überbau zu bestimmen sei. Aber Scheler – dies ist die andere Seite – versucht nun immer wieder in Gegensatz zu diesen einfachen Negationen der Geistmetaphysik ein philosophisches System zu erstellen, in dem das Anliegen der Geistmetaphysik und das Anliegen ihrer Negation miteinander vermittelt werden. Er ist überzeugt, ein solches System mit seiner Lehre vom *werdenden Gott* gefunden zu haben. In dieser Lehre wird eine Auflösung des Rätsels, das der Widerspruch von Leben und Geist darstellt, versucht. Freilich: diese Auflösung läßt sich nur verstehen, wenn man den Boden der Wissenschaft verläßt und gewillt ist, nach dem Sinn des Seins im ganzen zu fragen; terminologisch geredet: Schelers Lehre vom werdenden Gott hat ihren Ort in der Dimension des *Heils-* oder des *Erlösungswissens.*

Man kann diese Lehre Schelers vom werdenden Gott in ihrer Eigenart nur verstehen, wenn man auf die entsprechenden Gedankengänge im Deutschen Idealismus, insbesondere *beim späten Schelling*, zurückgreift. Schelling behauptet – wir haben dies ausführlich diskutiert²⁴ –, daß Gott nicht nur Verstand, sondern auch drangvoller Wille sei. Dieser Wille aber ist die Urpotenz alles Seins und als solcher die Grundlage des Verstandes. Auch Scheler lehrt, daß Gott Wille und Geist zugleich sei, und ebenso wie Schelling legt er dar, daß die gegenseitige Durchdringung von Wille und Geist der Sinn der Entwicklung des werdenden Gottes sei, einer Entwicklung, die mit der Entwicklung der Welt identisch ist. Bei näherem Zusehen zeigt sich jedoch ein gewichtiger Unterschied zwischen Schelling und Scheler. Bei Schelling umgreift die Entwicklung Gottes die Entwicklung des Menschen. Diese gehört in die

Geschichte Gottes hinein und ist von ihr her prädisponiert. Scheler dagegen setzt die positive Durchdringung von Drang und Geist im Sinne der Vergeistigung des Dranges als eine Aufgabe an, die Gott und Mensch gleichermaßen zu leisten haben. Er legt dar, daß der Seinsgrund sich einzig und allein im Menschen zu fassen vermöge. Erst im Menschen »treffen« sich Drang und Geist. Dies bedeutet aber, daß Gott ebenso auf den Menschen als Stätte seiner Verwirklichung angewiesen ist, wie der Mensch auf Gott: Scheler sagt: »Von vornherein also ist nach unserer Anschauung Mensch- und Gottwerdung gegenseitig aufeinander angewiesen. So wenig der Mensch zu seiner Bestimmung gelangen kann, ohne sich als Glied jener beiden Attribute des obersten Seins und dieses Seins sich selbst einwohnend zu wissen, so wenig das Ens a se ohne Mitwirkung des Menschen.«[25] Dieser Argumentation entsprechend proklamiert Scheler den tätigen Mitvollzug und den Akt persönlichen Einsatzes des Menschen für die werdende Gottheit. Metaphysik ist, so heißt es in diesem Zusammenhang, »keine Versicherungsanstalt für schwache stützungsbedürftige Menschen. Sie setzt bereits einen kräftigen, hochgemuten Sinn im Menschen voraus«.[26]

Schelers Lehre vom werdenden Gott will also keineswegs eine Garantie für die Vergeistigung des dunklen Dranges darstellen. Der Prozeß der Vergeistigung ist noch nicht abgeschlossen, und das besagt, die Möglichkeit, daß faktisch die gegenseitige Durchdringung von Drang und Geist nicht gelingt, ist nicht auszuschließen. Es geht hier aber gar nicht um eine theoretisch zu lösende Frage. Scheler erklärt: »Nur suche man in letzter Linie nie theoretische Gewißheiten, die diesem Selbsteinsatz vorhergehen sollen. *Erst im Einsatz der Person selbst ist die Möglichkeit eröffnet, um das Sein des Durch-sich-Seienden auch zu ›wissen‹.*«[27] –

Wir versuchen zum Abschluß die Anthropologie Schelers als ganze in bezug zur philosophischen Tradition zu setzen. Den Grundansatz der anthropologischen Tradition hat *Aristoteles* überzeugend dargelegt.[28] Der Mensch ist *animal rationale*. Als Lebewesen steht er auf gleicher Stufe wie die Tiere. Das besagt konkret, wie diese ist er durch spezifische Fähigkeiten bestimmt, vermittels derer er sein Leben zu erhalten und zu fördern vermag. Aristoteles spricht von Möglichkeiten der Seele, wobei die Seele selbst als Lebensprinzip definiert wird. Als rationales Wesen dagegen gehört der Mensch einer Dimension zu, die grundsätzlich außerhalb der organischen Lebenswirklichkeit steht. Die Vernunft tritt »von außen heran«. Sie ist ort- und zeitlos und kennt keine Bezüge zu anderem als sich selbst. Der Mensch zerfällt also in zwei entgegengesetzte Teile, deren faktischer Zusammenhang zwar eine offensichtliche Tatsache, aber dennoch sehr schwer angemessen zu begreifen ist.

Scheler greift auf diese Bestimmung des Aristoteles zurück. Auch für ihn ist der *dualistische Ansatz* wesentlich: einerseits gehört der Mensch dem Tierreich und andererseits dem Göttlichen zu. Ein Unterschied zu Aristoteles und der auf ihn folgenden Tradition zeigt sich erst, wenn man nach dem Rangverhältnis der beiden Teile fragt. Wir erinnern uns: die metaphysische Tradition des Abendlandes, die antikes und christliches Gedankengut miteinander verbindet, räumt dem Geist einen absoluten Vorrang ein. Nach christlicher Vorstellung ist Gott allweise, allgütig und allmächtig. Diese Bestimmung Gottes ist bis zum Deutschen Idealismus hin das eigentliche *Vorbild* dessen, was Geist ist, geblieben. Der menschliche Geist ist als Ebenbild Gottes zu verstehen, und als solcher ist er nicht nur dem Wert, sondern auch der Kraft nach den Trieben überlegen. Nach Hegels Tod kehrt sich das Verhältnis um: die unteren Sphären, die die Mächte des Lebens repräsentieren, sind die stärkeren.

Scheler hat diese These von der Unkraft des Geistes übernommen. Aber seine Tendenz ist es zugleich, den Geist als *Zielpunkt* der Entwicklung beizubehalten. Alle »negativen Theorien«, wie die Psychoanalyse Freuds, zeigen nicht, so legt Scheler dar, warum und wohin man sublimieren solle. Grundsätzlich formuliert: jeder Gegenzug zur Tiefschicht bleibt unverständlich, wenn man nicht den Geist als Prinzip allem Seienden voraussetzt. Scheler nimmt also eine vermittelnde Stellung zwischen der klassischen Tradition und deren Negation ein. Darin liegt seine besondere und einmalige Stellung in der Entwicklung der abendländischen Anthropologie. Aber diese Vermittlungsposition ist problematisch.

Es sind offensichtlich zwei Gründe, die Scheler am Vorrang des Geistes festhalten lassen. Einmal: Scheler ist der festen Überzeugung, daß die Tradition recht hat, wenn sie die Frage nach dem *Sinn* des einzelnen Seienden und des Seienden im Ganzen stellt. Der Mensch kann nach Scheler diese Frage nicht aufgeben. Selbst wenn er keine theoretisch zureichende Antwort erhält, so braucht er, um überhaupt handeln zu können, eine *Richtungsangabe*, die zeigt, wohin sein Handeln abzielen soll. Scheler würde nie zugeben, daß die bloße Lebenserhaltung das letzte, alles Tun ausrichtende Ziel sei. Man kann zwar theoretisch und von außen her die Selbsterhaltung allem konkreten Handeln als Motiv unterschieben. Im realen Lebensvollzug jedoch zeigt sich, daß der Mensch gerade zwischen den auf Selbsterhaltung ausgerichteten Triebansprüchen und höheren volitiven und emotionalen Akten, die ihrem Sinn nach der Selbsterhaltung entgegenstehen, zu wählen vermag. Und angesichts dieser Situation des Zwiespaltes bleibt die Subsumierung alles Tuns unter die Selbsterhaltung eigentümlich abstrakt. Schelers Argumentation ist hier – so meinen wir – berechtigter als der Ansatz Gehlens, wir werden bei der Interpretation Gehlens noch auf die Frage der Selbsterhaltung zurückkommen müssen.

Der zweite Gesichtspunkt, von dem her Scheler am Vorrang des Geistes festhalten zu müssen glaubt, ist der *praktische Aspekt*. Das Faktum der Negation der Triebsphäre ist, so meint Scheler, nicht zu leugnen. Diese Negation kann aber nicht durch die Triebe selbst, sondern nur durch ein anderes Prinzip, eben den Geist, erklärt werden. Wie schwierig es ist, den Vorgang dieser Negation der Triebe durch den Geist angemessen zu deuten, wenn dem Geist an ihm selbst keine Macht zukommt, haben wir gesehen.

Die Zwiespältigkeit im Denken des späten Scheler zeigt sich darin, daß Scheler sich nicht an seine Bestimmung der Wissensmöglichkeiten hält. Man muß – das ist der Grundansatz einer *wissenschaftlichen* Anthropologie – die Philosophie einschränken. Das Gebiet der Philosophie ist das Wesens- und das Heilswissen. Das Leistungs- oder Herrschaftswissen hat mit Philosophie nur indirekt zu tun – die Philosophie grenzt, wie wir sahen, die Gebiete der Forschung im ganzen gegeneinander ab. Die Forschung als solche aber untersteht, insofern sie Wissenschaft ist, dem Prinzip der praktischen Intelligenz, und praktische Intelligenz ist strikt vom Geist zu unterscheiden. Wissenschaft ist also von hier aus gesehen unphilosophisch.

Als *philosophischer* Anthropologe hebt Scheler jedoch diese strikte Scheidung auf. Einen Gutteil seines Weges – das ist der erste Eindruck – geht Scheler wissenschaftlich vor, vor allem in der Untersuchung der Tiere. Erst bei der Analyse des Menschen, oder genauer: bei der Analyse der höheren geistigen Funktionen des Menschen geht er in die Dimension des Wesens- und Heilswissens über. Bei genauerem Überlegen merkt man jedoch, daß es kaum angeht, Schelers Anthropologie »streckenweise« an die verschiedenen Wissensarten aufzuteilen. Scheler will von Anfang an, so erklärt er ja, nicht empirisch, sondern metaphysisch vorgehen. Die Stufenordnung, die er vorlegt, beruht im ganzen auf einer Wesensschau, und insofern stellt das *Wesenswissen* für die gesamte Untersuchung den Grund und Boden dar.

Dieses Mit-, Neben- oder Gegeneinander verschiedener Wissensmöglichkeiten ist von Scheler an das Kennzeichen der philosophischen Anthropologie geblieben, auch wenn Schelers spezifische Einteilung der Wissenschaften mit ihrer besonderen terminologischen Festlegung relativ rasch in Vergessenheit geriet. In methodischer Hinsicht wurde zwar der Anspruch, nicht spekulativ, sondern nur empirisch vorgehen zu wollen, wesentlich verstärkt. Aber insofern die Anthropologie weiterhin das Verhältnis von Mensch und Tier als das zentrale Thema herausstellte, und es ihr Anliegen blieb, die Überlegenheit des Menschen eindeutig zu erweisen, mußte sie notwendig die Ebene bloßer Beobachtung verlassen. Die leitenden Grundbegriffe wie Handlung (Gehlen) oder Exzentrizität (Plessner) sind zwar »funktionalistischer« als Schelers Geistbegriff, aber auch sie entziehen sich der einfachen Feststellbarkeit.

Das eigentliche Problem, das Schelers Anthropologie in Gang bringt und in Bewegung erhält, ist nicht mehr methodisch zu erfassen. Es geht Scheler um die Einheit des Menschen. Unbekümmert um seine eigene Einteilung der Wissenschaften meint Scheler, daß die Philosophie als Philosophie diese Einheit herauszustellen habe, und daß dies ihre eigentliche Aufgabe sei, weil alle philosophischen Fragen auf die eine Grundfrage nach dem Wesen des Menschen zurückgehen. Scheler erklärt: »In gewissem Verstande lassen sich alle zentralen Probleme der Philosophie auf die Frage zurückführen, was der Mensch sei und welche metaphysische Stelle und Lage er innerhalb des Ganzen des Seins, der Welt und Gott einnehme.«[29] Aber – und dies gilt es zugleich festzuhalten – Scheler erkennt, daß heute diese Frage nicht wirklich zureichend zu beantworten ist, denn der Mensch ist keine Einheit mehr. Es ist daher auch nicht möglich, ihn wesenhaft zu begreifen. »Der Mensch ist«, so sagt Scheler, »ein so breites, buntes, mannigfaltiges Ding, daß die Definitionen alle ein wenig zu kurz geraten. Er hat zuviele Enden.«[30]

Zweites Kapitel
Plessner: »Die Stufen des Organischen und der Mensch«[1]

Plessners großes Werk »Die Stufen des Organischen und der Mensch« wird in der Entwicklung der modernen Anthropologie zumeist als Zwischenstation zwischen Schelers Programmschrift »Die Stellung des Menschen im Kosmos« und Gehlens Hauptwerk »Der Mensch« eingeordnet. Äußerlich von den Ergebnissen her betrachtet, ist diese Einordnung nicht unberechtigt, insofern Plessners Grundsatz – »Der Mensch ist exzentrisch« – durchaus zu Schelers Bestimmung des Geistes und zu Gehlens Begriff der Handlung sich in Beziehung setzen läßt. Plessners Argumentation ist jedoch in methodischer Hinsicht von einer außerordentlich selbstkritischen Besonnenheit bestimmt. Plessner gibt Erörterungen über den möglichen Zugang zu leitenden Grundbegriffen der Anthropologie weit mehr Raum als Scheler und Gehlen. Er erklärt im Vorwort zur zweiten Auflage, daß anthropologische Charakterisierungen »weder mit den begrifflichen Instrumenten der Naturwissenschaft noch mit denen der Psychologie erfolgen« dürfen.[2] Der Anthropologe muß den Gegensatz von Naturwissenschaft und Geisteswissenschaft beiseite lassen und sich um einen einheitlichen Gesichtspunkt bemühen, von dem her die Stufung der organischen Welt im ganzen und im einzelnen verstehbar wird.

Plessner selbst geht nun so vor, daß er einen allgemeinen Begriff, der alles Lebendige umfaßt, ansetzt und diesen sodann ausdifferenziert zu den unterschiedlichen Bestimmungen, die das Sein der Pflanze, des Tieres und des Menschen kennzeichnen. Das Organische stellt sich als eine gestufte Ordnung dar. Jede Stufe ist gegen die andere selbständig. Die Stufenordnung ist also nicht als Entwicklungsgang zu verstehen. Plessner will – darin Scheler verwandt – eine Wesensanalyse des Lebendigen geben.

Der Grundbegriff, der alle Beschreibungen leitet, ist die Bestimmung »Positionalität«. Positionalität bedeutet den Strukturzusammenhang, in dem ein Lebewesen mit seinen »Sphären«, das heißt seinen Umfeldern, Umwelten oder Welten verbunden ist. Positionalität zeichnet das Organische im Gegensatz zum Anorganischen aus. Der unbelebte Körper ist, soweit er reicht. Ein organisches Gebilde steht dagegen zu seinem Raum in Beziehung. Es hat einen natürlichen Ort, den es behauptet. Dies besagt: es ist schon immer über die äußere Grenze seines Körpers hinaus und hat sich zu der Umgebung als *seiner* Umgebung in ein Verhältnis gesetzt.

Der große Unterschied zwischen den Organismen liegt darin, ob, bezugsweise in welcher Gestalt das Lebendige sich selbst in diesem Verhältnis »hat«. Die *Pflanze* ist in ihre Umgebung eingegliedert. Plessner spricht von der offenen Organisation der Pflanze und definiert: »Offen ist diejenige Form, welche den Organismus in allen seinen Lebensäußerungen unmittelbar seiner Umgebung eingliedert und ihn zum unselbständigen Abschnitt des ihm entsprechenden Lebenskreises macht.«[3] Das *Tier* dagegen hat eine geschlossene Organisation. Plessner definiert: »Geschlossen ist diejenige Form, welche den Organismus in allen seinen Lebensäußerungen mittelbar seiner Umgebung eingliedert und ihn zum selbständigen Abschnitt des ihm entsprechenden Lebenskreises macht.«[4] Diese mittelbare Eingliederung bedeutet für das Tier eine gewisse Selbständigkeit. Plessner legt dar, daß ein Tier positional als Individuum ein »Hier-Jetzt« bildet und Einwirkungen von der Außenwelt ebenso erhalten kann, wie es auf diese hin tätig ist. »Es merkt und es handelt, der Unterschied von Fremdem und Eigenem ist zonenmäßig klar gegeben.«[5] Aber dem Tier wird dieses Sein im Hier-Jetzt nicht gegenständlich, es geht vielmehr in ihm auf. Plessner erklärt daher: »Das Tier lebt aus seiner Mitte heraus, in seine Mitte hinein, aber es lebt nicht als Mitte.«[6] Das heißt: das Tier lebt *zentrisch*.

Dem Inhalt nach decken sich hier Plessners Analysen weithin mit den entsprechenden Ausführungen anderer Anthropologen und Biologen, die vom umweltgebundenen Verhalten der Tiere sprechen. Aber man sieht bei Plessners Analyse des Tieres, wie er versucht, über die einfache Beobachtung tierischen Verhaltens hinaus das Verhalten des Tieres zu seiner Umwelt von ihm selbst und seinem Erleben her zu interpretieren.

Vom *Menschen* her gesehen erscheint das Tier als eine bloße Vorstufe, denn erst im Menschen ist die Dimension eines Sichhabens erreicht. Hier ist das Lebendige in die Möglichkeit gelangt, sich selbst und seine Umwelt zu begreifen und beides in bezug zueinander zu setzen. Das aber bedeutet, daß der Mensch nicht mehr aus seiner Mitte heraus- und in seine Mitte hineinlebt, sondern daß er sich als Mitte *weiß*. Um sich aber als Mitte wissen zu können, muß man – hier beginnt die Dialektik – das »Sein als Mitte« überschritten haben und aus der Mitte herausgetreten sein. Nur so kann man sich selbst in seinem Verhältnis zu den Sphären gegenständlich werden, das heißt, diese Sphären von sich unterscheiden und sie zugleich auf sich beziehen. Der Mensch muß Distanz haben, denn nur das Wesen, das »abgehoben« ist, kann die totale Reflexion des Lebenssystems erlangen. Das aber besagt: der Mensch ist *exzentrisch*. Die Bestimmung Exzentrizität wird als Grundbestimmung des Menschen gesetzt, und von ihr her werden die Eigentümlichkeiten des Menschen interpretiert.

Es ist jedoch keineswegs leicht, das Wesen der Exzentrizität zu explizieren. Die Aussage, daß der Mensch nicht umweltgebunden, sondern weltoffen ist, die des öfteren von Schelers und Gehlens Ansätzen her zur Erläuterung von Plessners Position herangezogen wird, genügt nicht, um den von Plessner gemeinten Sachverhalt angemessen zu verdeutlichen. Plessner selbst geht davon aus, daß der Mensch ein Wesen ist, das zu sich Ich sagen kann. Dieses Wesen »hat sich selbst, es weiß um sich, es ist sich selbst bemerkbar und darin ist es Ich, der ›hinter sich‹ liegende Fluchtpunkt der eigenen Innerlichkeit, der jedem möglichen Vollzug des Lebens aus der eigenen Mitte entzogen den Zuschauer gegenüber dem Szenarium dieses Innenfeldes bildet, der nicht mehr objektivierbare, nicht mehr in Gegenstandsstellung zu rückende Subjektpol«.[7]

Dieser Satz zeigt deutlich, daß Plessner hier auf die *idealistische Grundproblematik* zurückgeht. Das Ich setzt sich selbst ständig als das sich Setzende voraus. Das Ich ist die Bedingung seiner selbst. Aber es kann sich als das Bedingende nicht wahrhaft erfassen, weil Erfassen ja ein Objektivieren bedeutet, das Ich seinem innersten Wesen nach aber nichts Objektivierbares ist. Plessner erklärt ganz im idealistischen Sinne, daß dieses Ich nicht erlebbar ist und nicht in Gegenständlichkeit überführt werden kann.

Gerade dieses »reine Ich« ist nun aber eigentlich nichts für sich. Es ist die Möglichkeit dafür, daß ich mir als »Individual-Ich« in meinem Hier und Jetzt vollkommen zugänglich werde. Das Ich vermag sich »in voller Rückwendung« in diesem seinem konkreten Sein zu erfassen, indem es seinem Wollen, Denken, Fühlen und Empfinden zusieht. Der Mensch muß sich also – das ist das Ergebnis –, insofern er ein Ich ist, in sich differenzieren. Das Ich ist durchaus eine Einheit. »Die Einheit überdeckt jedoch nicht den Doppelaspekt, sie läßt ihn nicht aus sich hervorgehen, sie ist nicht das den Gegensatz versöhnende Dritte, das in die entgegengesetzten Sphären überleitet, sie bildet keine selbständige Sphäre. *Sie ist der Bruch, der Hiatus, das leere Hindurch der Vermittlung...*«[8] Plessner hat jedoch nicht die Absicht, obwohl er weithin auf den Idealismus zurückgreift, eine transzendentalphilosophische Genesis zu entwickeln, das heißt das empirisch welthafte Ich aus dem reinen Ich zu deduzieren. Er verliert sich nicht in theoretische Spekulationen über das Verhältnis von reinem und individuellem Ich. Er will vielmehr nur die *faktische Paradoxie des Doppelaspektes*, der das »Sein« des Menschen bestimmt, herausarbeiten. Dieser Ansatz ist, so meinen wir, dem Vorgehen Schelers und Gehlens überlegen, denn die Aufgabe, die sich auch diese Denker stellen, die Andersartigkeit des Menschen gegenüber dem Tier in grundsätzlicher Hinsicht zu beweisen, ist nur dann zu erfüllen, wenn man davon ausgeht, daß der Mensch ein seiner selbst bewußtes Ich ist. Wir werden auf diesen Sachverhalt später noch zurückkommen.[9]

Es wäre jedoch verfehlt, wollte man die Tatsache unterschlagen, daß Plessners Ansatz zweideutig ist. Plessners Anliegen ist es – im Vorwort zur zweiten Auflage wird dies deutlich erklärt –, sein Vorgehen gegen die Existenzphilosophie abzugrenzen. Dies besagt sachlich formuliert: der Existenzphilosophie wird der Vorwurf gemacht, daß sie die leibhafte Seite des Menschen, seine naturhafte Gebundenheit, nicht beachtet habe. Ein durchaus berechtigter Vorwurf! Aber Plessners Argumentation erweckt nun den Eindruck, als ob die Existenzanalyse durch die *Biologie* fundiert werden könne, wenn erklärt wird, daß es angebracht sei, im Gegenzug zu einer freischwebenden Analyse der Existenz auf biologische Fakten zurückzugreifen. Die Biologie erscheint als die sicherste, ja sogar als die einzig angemessene Grundlage der Anthropologie. Plessners Argumentationen sind hier zum Teil widersprechend. Will er auf der einen Seite Kategorien herausstellen, die vom Gegensatz Natur und Geist unberührt sind, so erklärt er auf der anderen Seite, daß seine Untersuchung im ganzen eine biologische sei. Der Mensch soll als besonderes Produkt der Natur mit ihren anderen Produkten verglichen werden. Im Vorwort zur zweiten Auflage wird ausdrücklich gesagt: »Die Untersuchung hält sich dabei strikt im Rahmen der äußeren Anschauung, welche die Operation des Biologen und des Verhaltensforschers fundiert.«[10] Die Grundaufgabe soll es sein, »eine apriorische Theorie der organischen Wesensmerkmale oder, um den Ausdruck Helmholtz' dafür zu gebrauchen, der organischen Modale zu erstellen«.[11]

Um keine Mißverständnisse aufkommen zu lassen: es ist selbstverständlich möglich, als Biologe die Stufenordnung von Pflanze, Tier und Mensch zu untersuchen, ebenso wie es berechtigt ist, als Chemiker alle Lebensphänomene auf physikalisch-chemische Prozesse zurückzuführen. Geht man solchermaßen »rein naturwissenschaftlich« vor, dann bleibt das Geistige als Geistiges überhaupt außerhalb der Untersuchung. Das Problematische an Plessners Ansatz liegt, wie wir bereits andeuteten, in der Zweideutigkeit seiner Argumentation. Plessner will, wie er des öfteren formuliert, nur als Biologe vorgehen, und das besagt, er will sich an das reine Erscheinungsbild halten und dieses beschreiben. Der Gegenstand des Biologen ist das Lebendige in seiner unmittelbaren Ausprägung, dessen Kennzeichen die Eingeschlossenheit in die Natur ist. Dieses Natürliche ist Erscheinung ohne hintergründiges Wesen, unmittelbares In-sich-sein ohne Spaltung. Im Gegenzug zu diesem rein natürlichen Sein ist der Mensch als exzentrisch nicht natürlich und nicht unmittelbar. Er ist, wie Plessner selbst sagt, der *Bruch* von Wesen und Erscheinung. Als solcher aber ist er kein Gegenstand der Biologie, denn per definitionem hat es die Biologie ja nur mit Lebensformen zu tun, die in äußerer Anschauung eindeutig zugänglich sind, weil sie in ihrem Erscheinen aufgehen. Die strikte Gegenstellung von Biologisch-Natürlichem und Nichtbiologisch-Unnatürlichem, die Plessner de facto vollzieht, führt also dazu, den Menschen als weltloses Wesen zum absoluten und eindeutigen Gegenspieler alles welthaft Lebendigen zu machen und ihn als reinen Widerspruch nur auf sich selbst zu stellen.

Sartres Analysen sind hier der Sache nach durchaus mit Plessners Argumentationen zu vergleichen. »Die Exzentrizität bedeutet für den so Gestellten einen in sich unlösbaren Widerspruch. Zwar wird er durch sie einer Außenwelt und einer Mitwelt eingegliedert und erfaßt sich selbst innerlich als Wirklichkeit. Aber dieser Kontakt mit dem Sein ist teuer erkauft. Exzentrisch gestellt, steht er da, wo er steht, und zugleich nicht da, wo er steht.«[12] Plessner erklärt von diesem Ansatz aus: »An der eigenen Haltlosigkeit, die dem Menschen zugleich den Halt an der Welt verbietet und ihm als Bedingtheit der Welt aufgeht, kommt ihm die Nichtigkeit des Wirklichen und die Idee des Weltgrundes. Exzentrische Positionsform und Gott als das absolute, notwendige, weltbegründende Sein stehen in Wesenskorrelation.«[13] Aber der Gedanke Gottes ist der strikte Widerspruch zum menschlichen Sein, und daher muß der Mensch ihn negieren: »Die Exzentrizität seiner Lebensform, sein Stehen im Nirgendwo, sein utopischer Standort zwingt ihn, den Zweifel gegen die göttliche Existenz, gegen den Grund für diese Welt und damit gegen die Einheit der Welt zu richten. Gäbe es einen ontologischen Gottesbeweis, so dürfte der Mensch nach dem Gesetz seiner Natur kein Mittel unversucht lassen, ihn zu zerbrechen.«[14] Der Mensch ist aus dem zentrischen Sein ausgerückt, und als solchermaßen »abgehobener« ist er das Wesen, das die Idee des Kreises zugunsten der endlosen Unendlichkeit aufgibt. Plessner sagt vom Geist: »Sein Zeichen ist die Gerade endloser Unendlichkeit.«[15]

Die »negative Metaphysik«, die Plessner hier entwickelt, hat weder in Schelers noch in Gehlens Denken eine Parallele. Wollte man dennoch einen Vergleich durchführen, so wäre zu sagen, Plessner gestattet sich nicht mehr wie Scheler den Ausweg in eine spekulative Entwicklungstheorie. Auf der anderen Seite negiert er die gegenüber metaphysischen Standortbestimmungen uninteressierte Haltung Gehlens. Indem Plessner den Menschen in Gegensatz zu Pflanze und Tier bringt, verbietet er sich aber auch und gerade jeden Rückzug auf einen »Biologismus«. Gehlens »biologische Philosophie der Selbsterhaltung« findet bei Plessner keine Stütze. Wenn der Mensch wirklich exzentrisch ist, dann ist eine Subsumierung des menschlichen Verhaltens im ganzen unter das Prinzip der Selbsterhaltung eine unbewiesene Einschränkung dessen, was der Mensch ist und sein kann.

Der Mensch seinem eigentlichen Wesen nach – das zeigt Plessners Untersuchung de facto ja überaus deutlich – ist kein Gegenstand der Biologie. Wir sahen, daß Plessner »als Biologe« diese Folgerung aber nicht ausdrücklich zieht. Er wendet sich jedoch gegen eine einseitige naturwissenschaftliche Analyse des Menschen und erklärt, daß auch die geisteswissenschaftliche Methode bei einer Untersuchung des Menschen als wesentlich anzusetzen sei. Wie notwendig und sinnvoll in der Tat eine Überschreitung der biologischen Fragestellung durch eine Interpretation des Menschen von seinem Selbstverständnis her ist, das zeigt Plessner nun selbst: die Schlußkapitel seines Buches, die anthropologische Grundgesetze herauszustellen suchen, lassen der Sache nach den biologischen Ansatz hinter sich.

Dies wird bereits bei der Interpretation des *ersten Grundgesetzes* deutlich. Plessner bestimmt es als *Gesetz der natürlichen Künstlichkeit*. Der Mensch ist nur, wenn er sich vollzieht. Er lebt, indem er sein Leben »führt«. Er sucht ins Gleichgewicht zu kommen, weil er nicht wie das Tier immer schon im Gleichgewicht steht. Der Mensch hat keine natürliche Umwelt, sondern muß sich die ihm gemäße Welt erst aufbauen. Die dem Menschen entsprechende Welt ist die Kulturwelt. Der Mensch hat diese künstliche Welt nicht nur nötig, um sich solchermaßen am Leben zu erhalten. Die Kulturwelt ist immer schon mehr als die bloße Sphäre biologischer Ersatzmittel im Sinne der Lebensfristung. Die menschliche Welt ist *geschichtlich* und als geschichtliche ist sie der Dialektik von Vertrautheit und Unvertrautheit, Geborgenheit und Ungeborgenheit unterworfen. Der Mensch schafft seine Welt – das ist wesentlich –, um sich in ihr heimisch zu fühlen. Weil er keine natürliche Heimat hat, muß er sich eine ihm gemäße Heimat selbst erbauen. Dies gelingt ihm aber nur für eine bestimmte Zeit, keine Heimat ist endgültig. Der Mensch muß immer über das Gesetzte »hinauswollen«, weil es ihm nie genügt. Die Geschichte des Menschen ist daher ebenso durch traditionell-konservative Züge wie durch fortschrittlich-revolutionäre geprägt. Das Gesetz des Wechsels wird nun seinerseits dadurch bestimmt, daß der Mensch alles von ihm Geschaffene an einem *Gesollten* in moralischer Hinsicht mißt. Es ist für Plessner evident, daß die Normen, von denen her der Mensch urteilt, menschliche Setzungen sind. Der Mensch ist der Schöpfer der Werte und der Sinnsphären. Weil der Mensch aber nun von Grund aus schöpferische Potenz ist, vermag ihm keine Normenwelt zu genügen. Nicht nur die hergestellte Sachenwelt, sondern auch die Dimension der Normen, von der her das Tun bewertet wird, wird daher immer erneut überholt. Setzung und Aufhebung wechseln sich in allem, was der Mensch tut, ständig ab.

Diese Grundstruktur des menschlichen Seins wird von Plessner überzeugend herausgearbeitet. Besonders die Einzelhinweise, die Plessner entwickelt, um sein Gesetz zu stützen, sind interessant und hochbedeutsam. Ein einziges Beispiel sei angeführt: die allgemeine Tendenz der Anthropologie und Ethnologie geht dahin, als Kriterium der Menschlichkeit die Benutzung künstlicher Werkzeuge anzusetzen. Plessner zeigt sehr schön, daß auch das Tier Werkzeuge, die es findet, benutzt. Das Tier kann aber nicht *erfinden*. Plessner erklärt: »Das Tier kann finden, erfinden kann es nicht, weil es nichts *dabei* findet (d. h. entdeckt).«[16] Der Mensch als Kulturwesen betrachtet das naturhaft Vorhandene bereits so, daß er dessen *mögliche* Zuhandenheit erkennt und dann auszunützen vermag. Das besagt idealistisch formuliert: die Natur gibt etwas »an sich« vor, das ich »für mich« verwende. Solche Beobachtungen Plessners zeigen, wie hier echt dialektisch ein Zusammenhang von Natur und menschlicher Tätigkeit gesehen wird – im Gegensatz zu Gehlens oder Heideggers Analysen der Dingwelt, in denen das Faktum der Vorgabe durch die Natur gar nicht beachtet wird.

Das *zweite Gesetz* ist das *Gesetz der vermittelten Unmittelbarkeit*. Es betrifft den Gegensatz von Immanenz und Expressivität. Plessner sucht das Wesen des *Ausdrucks* zunächst erkenntnismetaphysisch zu entwickeln. Er greift auf *Fichte* zurück. Fichte hat die Ichtätigkeit untersucht und gezeigt, daß alles, was das Ich setzt, das heißt, worin es sich ausdrückt, dem Ich zugehört. Das besagt: es ist bewußtseinsimmanent. Und doch steht das Ausgedrückte als Anderes dem Ich gegenüber. Der Mensch ist als Ich aber in der Lage, beide Seiten dialektisch zu vereinen. Er umgreift das Gesetzte, das heißt seine Welt, durch das Bewußtsein, aber gerade als das, was nicht selbst Bewußtsein ist, sondern vom Bewußtsein unterschieden ist. Des Menschen »Situation ist die Bewußtseinsimmanenz. Alles was er erfährt, erfährt er als Bewußtseinsinhalt, und *deshalb* nicht als etwas im Bewußtsein, sondern außerhalb des Bewußtseins Seiendes«.[17]

Plessner legt diesen Sachverhalt sehr differenziert dar, indem er sich methodisch weithin der idealistischen Argumentationsweise anschließt. Als Ergebnis zeigt sich die Alternative, daß der Mensch einerseits sich direkt auf die Außenwelt bezieht und an ihr gleichsam *Halt* gewinnt, daß er aber andererseits eben diesen Halt aufhebt, indem er reflexiv die dialektische Setzung der Außenwelt *durchschaut*. Plessner behauptet, daß beide Relationen sich gegenseitig Konkurrenz machen. Insofern der Mensch in konkretem Bezug zur Außenwelt steht, geht er unmittelbar in diesem Bezug auf. Wenn er sich aber zuschaut, wird diese Unmittelbarkeit gebrochen. Vom Leben her gesehen kommt dem ersten Bezug jedoch ein Vorrang zu: es gehört – idealistisch formuliert – zum Leben, daß man sich nicht mehr an die Arbeit der Setzung erinnert. Plessner sagt, daß die Vermittlung sich selbst tilgt, insofern sich das vermittelnde Subjekt vergißt, »– und die naive Direktheit mit der ganzen Evidenz, die Sache an sich gepackt zu haben, kommt zustande«.[18]

Bleibt Plessner hier in formaler und erkenntnistheoretischer Hinsicht dem idealistischen Ansatz außerordentlich nahe, so geht er in inhaltlicher Hinsicht über den Idealismus hinaus. Das Ausgedrückte sind nicht die in einer allgemeinen Deduktion der Vorstellung ein für allemal abzuleitenden Dingeinheiten der objektiven Gegenstandswelt. Das Ausgedrückte sind geschichtliche Kulturprodukte. Der Einfluß *Diltheys* wird deutlich, wenn Plessner erklärt, daß der kulturelle Ausdruck für die Selbsterkenntnis des Menschen notwendig ist. Erst durch diesen Ausdruck erfährt der Mensch sein Wesen. Grundsätzlich gesagt: Selbsterkenntnis ist einzig und allein durch die *Geschichte* möglich. »Es ist Gesetz, daß im Letzten die Menschen nicht wissen, was sie tun, sondern es erst durch die Geschichte erfahren.«[19]

Die Geschichte des Menschen aber ist von einer unaufhebbaren Dynamik bestimmt. Der Mensch will in seinen Schöpfungen etwas Endgültiges und Widerspruchsloses setzen. Das glückt ihm jedoch nicht. Gehalt und Form decken sich nicht: »... das Gelingen ist *von Neuem* zu versuchen. Denn das gelungene Ergebnis ist ... dort, wo es nicht sein sollte, das, was es nicht sein sollte.«[20] Die Bestimmung »vermittelte

Unmittelbarkeit« wird – das zeigen diese Ausführungen – also wesentlich vom Schöpfertum des Menschen her gedacht. Schaffen als solches ist unmittelbar. Es ist ein direktes Hinausgehen über sich selbst und in diesem Sinn ekstatisch. Dies Schaffen begreift sich jedoch selbst nur in der Vermittlung durch das Werk. Der Umweg über das Produkt ist notwendig, wenn anders die Subjektivität ihrer selbst »ansichtig« werden will, wobei aber das Tragische darin liegt, daß kein Werk ein wirklich adäquater Ausdruck zu sein vermag.

Es ist nun für das Ganze der Anthropologie Plessners aufschlußreich, daß er den Ausdruck nicht nur in erkenntniskritischer und geschichtsphilosophischer Hinsicht untersucht, sondern daß er ihn auch mit dem leiblichen Geschehen in Verbindung bringt. Erst durch diesen Bezug zum Leib wird der idealistische Ansatz wirklich entscheidend modifiziert. Insbesondere in seinem Buch »Lachen und Weinen« zeigt Plessner, wie bei diesen Phänomenen Geist und Körper so innig vereint sind, daß das Verhalten weder vom Körper noch vom Geist allein her erklärt werden kann. In Lachen und Weinen zeigt sich einerseits echte Menschlichkeit – Tiere lachen und weinen nicht –, aber andererseits ist hier die Freiheit der Subjektivität doch wesenhaft eingeschränkt. Diese Phänomene können nicht willentlich herbeigeführt werden, und sie vermitteln auch nicht die Möglichkeit einer indirekten Selbsterkenntnis, wie es bei den Werken der Kultur der Fall ist, in denen sich die Schaffenskraft ausdrückt. Lachen und Weinen sind Reaktionen an Grenzen, auf die das menschliche Verhalten stößt und zwar in der Weise, daß es hier nicht die sonst üblichen Mittel der Bewältigung einsetzen kann. Man kann »nur noch« lachen oder weinen, denn man ist »außer allem Verhältnis und aller Verhältnismäßigkeit« geraten.

Plessners Analysen dieses nicht mehr steuerbaren Verhaltens sind von großer Eindringlichkeit. Aber man darf nicht vergessen, daß es sich hier doch um »Randerscheinungen« handelt. Vom Gesamtsein des Menschen her betrachtet, ist der Ausdruck im Sinne einer geschichtlich-kulturellen Schöpfungsleistung weit wesentlicher als dieses unmittelbare Gebaren. Nur in und durch die Kultur gibt es ja die Möglichkeit der Selbsterkenntnis des Menschen. Und Plessners Grundtendenz ist es – dies zeigen seine späteren Arbeiten, die die biologische Fragestellung immer stärker zurücktreten lassen –, die *Chancen einer Selbsthabe* angesichts des widersprüchlichen Seins des Menschen in das Zentrum zu stellen. Wir illustrieren dies durch einen Hinweis auf Plessners Charakteristik des Menschen als eines *Rollenträgers*. Plessners Analyse der Rolle ist sehr vielschichtig und nicht ganz leicht zu verstehen; da sie aber für den Aufbau seiner Anthropologie und seiner Soziologie nicht unwesentlich ist, sei sie hier kurz angedeutet.

Plessner gebraucht die Bestimmung Rolle nicht primär im wissenschaftstheoretischen Sinn als eine Konstruktion, um zwischenmenschliches Verhalten in seinen vielfältigen Formen »idealtypisch« zu untersuchen. Plessner leitet den Rollenbegriff aus der Grundstruktur des Menschen ab. Weil der Mensch sich gegenübertreten kann, vermag er sich darzustellen und zwar nicht nur auf direkte, sondern auch auf indirekte Weise. Man kann – das zeigt das Theater – eine Rolle spielen, von der man sich selbst unterscheidet; man stellt auf der Bühne einen anderen dar. Auch in bezug auf die Rolle als gesellschaftliches Funktionselement ist eine Abständigkeit möglich. Man kann sich ja als Individuum von seiner gesellschaftlichen Funktion distanzieren. »Daher billigt man unter dem Begriff der Rolle dem Menschen einen Abstand von seiner gesellschaftlichen Existenz zu, der etwas Tröstliches haben kann: der Mensch, der

Einzelne ist nie ganz das, was er ›ist‹. Als Angestellter oder Arzt, Politiker oder Kaufmann, als Ehemann oder Junggeselle, als Angehöriger seiner Generation und seines Volkes ist er doch immer ›mehr‹ als das, eine Möglichkeit, die sich in solchen Daseinsweisen nicht erschöpft und darin nicht aufgeht.«[21]

Diese Möglichkeit der Unterscheidung trägt im sozialen Leben aber nun gerade die Tendenz in sich, einen Bruch zwischen Innerlichkeit und Äußerlichkeit zu setzen. Gegen diese Zertrennung und den ihr entsprechenden Gegensatz von privater Gesinnung und zwanghafter Institutionalisierung richtet sich Plessner sehr entschieden. Im Gegenzug zu diesen Formen der Entfremdung redet er einem einheitlichen Öffentlichkeitsbewußtsein das Wort, dessen Kennzeichen es ist, daß der Mensch sich nicht auf das Private zurückzieht. Wesentlich sind in diesem Zusammenhang seine kritischen Analysen der deutschen Innerlichkeit in dem bedeutsamen Werk »Die verspätete Nation«. Hier wird die deutsche Philosophie mit ihrer Tendenz zur Abspaltung von Innen und Außen als Verhängnis gewertet und gegen die westlichen Ideologien abgehoben.[22]

Die praktisch-pragmatische Forderung der Einheitlichkeit des Menschen kann für Plessner aber natürlich nicht bedeuten, daß er die grundsätzliche Aussage, daß der Mensch ein doppeldeutiges Wesen sei, rückgängig machte. Wohl aber spricht sich in ihr Plessners Überzeugung aus, daß der Mensch sich immer und überall, also auch im gesellschaftlichen Leben, der Aufgabe unterziehen müsse, seine Doppelheit in den Griff zu bekommen. Der Mensch kann dies auch, denn er ist, so sagt Plessner, an keine bestimmte Rolle gebunden. »Er ist nur, wozu er sich macht und versteht. Als seine Möglichkeit gibt er sich erst sein Wesen kraft der Verdoppelung in einer Rollenfigur, mit der er sich zu identifizieren sucht.«[23] Wenn aber der Mensch seine möglichen Rollen durchschauen und sie in Freiheit übernehmen kann, dann ist damit die Chance eines optimalen Ausgleichs zwischen den Gegensätzen, die die moderne Industriegesellschaft geschaffen hat, insbesondere eben dem Gegensatz von Innerlichkeit als Privatheit und Äußerlichkeit als Öffentlichkeit, gegeben. Grundsätzlich formuliert: der Mensch ist nicht dazu verurteilt, an seinen Widersprüchen zugrunde zu gehen. Er hat die Möglichkeit, diese Widersprüche zu beheben.

Freilich: Keine Aufhebung der Widersprüche ist endgültig. Der Wechsel von Positivität und Negativität behält das letzte Wort. Das *dritte Grundgesetz* stellt abschließend diese Diskrepanz noch einmal heraus. Plessner spricht vom *Gesetz des utopischen Standortes*. Wir haben dies Gesetz bereits oben erörtert, als wir darlegten, daß Plessners anthropologischer Ansatz beim Ich die Dimension der Biologie überschreitet, und weisen jetzt nur kurz auf die Grundbestimmungen hin, die er bei der Erörterung dieses Gesetzes herausstellt. Es sind dies die Begriffe *Nichtigkeit* und *Transzendenz*. Indem der Mensch über seine Welt ständig »hinausgeht«, nichtet er sie. Der Ort des Menschen ist das Nirgendwo. Gerade aber weil der Mensch solchermaßen ungebunden ist, hat er einen echten Zukunftsbezug. Das besagt vor allem: er kann alte Formen grundsätzlich und radikal negieren, und eben dadurch erneuert sich die Gesellschaft. Plessner erklärt: »So gibt es ein unverlierbares Recht der Menschen auf Revolution, wenn die Formen der Gesellschaftlichkeit ihren eigenen Sinn selbst zunichte machen, und Revolution vollzieht sich, wenn der utopische Gedanke von der endgültigen Vernichtbarkeit aller Gesellschaftlichkeit Macht gewinnt. Trotzdem ist er nur das Mittel der Erneuerung der Gesellschaft.«[24] –

Plessners Anthropologie zeichnet sich in zweifacher Hinsicht aus. Einmal: der grundsätzliche Unterschied von Mensch und Tier wird von der Ichhaftigkeit des Menschen her interpretiert, ohne daß Plessner mit dieser Wendung zur Reflexion einer idealistischen Metaphysik verfällt. Sodann: Plessner bestimmt den Menschen dialektisch, insofern er zeigt, daß die menschliche Wirklichkeit nicht eindeutig ist und sich nicht zu schließen vermag. Es kommt nun aber, so meinen wir, darauf an, nicht einer negativen Metaphysik zu verfallen, in der diese Absurdität absolut gesetzt wird. Die Aufgabe ist vielmehr, den Widerspruch des menschlichen Seins einerseits als Faktum anzuerkennen und ihn andererseits zu »vergleichgültigen«, indem man über die anthropologische Binnenproblematik hinausgeht und sich welthaften Sachproblemen zuwendet. In der Behandlung solcher Probleme kommt der Widerspruch immer mit ins Spiel, insofern der Mensch seine Natur auch im gegenständlich ausgerichteten Handeln nicht verleugnen kann. Aber der Mensch starrt dann nicht mehr nur auf sich selbst und sucht nicht mehr mit diesem Widerspruch nur in sich selbst fertig zu werden.

Drittes Kapitel
Gehlen: »Der Mensch. Seine Natur
und seine Stellung in der Welt« [1]

Die Selbsterhaltung als Prinzip des menschlichen Lebens

Gehlen hat ebenso wie Scheler in seiner Philosophie eine Wandlung vollzogen, auf Grund deren er es für notwendig hielt, die Anthropologie als Grundwissenschaft zu deklarieren. Gehlens frühe Schriften, die dieser Wandlung vorausgehen – insbesondere seine glänzende Untersuchung: »Theorie der Willensfreiheit« aus dem Jahre 1933 – sind dadurch ausgezeichnet, daß Gehlen im Sinne des *Deutschen Idealismus* zu philosophieren sucht.[2] Der Deutsche Idealismus versteht Denken nicht als eine Fähigkeit, durch die ein an sich vorhandenes Sein passiv abgebildet wird. Denken ist für die Deutschen Idealisten eine Tätigkeit und zwar die Tätigkeit der Konstruktion, die sich selbst in ihrem Tun durchschaut. Insbesondere Fichte hat nun zu zeigen gesucht, daß der Mensch nur dann das Denken als Handlung verstehen könne, wenn er sich selbst als Freiheit ergriffen hat. Dieses produktive Denken aus Freiheit läßt sich nicht von außen her demonstrieren. Jeder muß sich als freies Selbstbewußtsein je für sich konstituieren. Dies geschieht jedoch auf dem Wege einer indirekten Vermittlung: der Mensch orientiert sich an der unbeschränkten Tätigkeit. Indem er im Blick auf Gott handelt, geht er zwar über sich hinaus auf ein Objekt zu, aber dies Objekt ist ja selbst das absolute Subjekt und als solches Vorbild aller Tätigkeit.[3]

Gehlen hat in seinen späteren Arbeiten – das zeigt vor allem sein anthropologisches Hauptwerk »Der Mensch. Seine Natur und seine Stellung in der Welt« aus dem Jahr 1940 – diese Bestimmung der freien Tätigkeit von der idealistischen Spekulation abgelöst. Die Bedeutung der Handlung für den Menschen wird, so meint Gehlen nun, gar nicht sichtbar, wenn man Handlung als spekulative Weltsetzung nach dem Vorbild Gottes versteht, d. h., von einem absoluten Ich her die welthaften Gegenstände zu deduzieren versucht. Menschliches Handeln kann als solches nur verstanden werden, wenn man vom wirklichen Menschen, der schon immer in einer Welt handelt, ausgeht. Das Weltverhalten des realen Menschen zu interpretieren, ist Sache der Anthropologie, und zwar kommt es dabei darauf an, den Handlungsbegriff als den Schlüsselbegriff anzusetzen, von dem her die vielfältigen und scheinbar differierenden Verhaltensformen in ihrem Zusammenhang erfaßt werden.

Überblickt man diesen Weg, so sieht man die ihn bestimmende Konsequenz. Gehlen hat offensichtlich die hohe Bedeutsamkeit des Handlungsproblems im Zusammenhang seiner Idealismusstudien erkannt. Die Idealisten, insbesondere Fichte, sind ja in der Tat als die Denker anzusehen, die das Handlungsproblem zum philosophischen Grundproblem erhoben. Aber im Idealismus bleibt – diesen Vorwurf erhebt Gehlen nun – Handlung im Raum folgenloser Innerlichkeit. Einer solchen Philosophie gilt es grundsätzlich abzusagen. Gehlen bekennt sich in seinen anthropologischen Arbeiten zu einer *empirischen* Philosophie mit pragmatischem, praxisbezogenem Einschlag. Und dies bedeutet: der Handlungsbegriff ist nun kein in sich abgeschlossener Wesensbegriff mehr, sondern fungiert als *Leitbegriff für empirische Untersuchungen*. An diesem hat er sich zu bewähren. Denn jede echte Theorie, so erklärt Gehlen nun, erfüllt sich nur im Durchordnen und Verstehbarmachen von Tatsachen.

Wenn der philosophische Anthropologe empirisch vorzugehen sucht, dann muß er sich auf wissenschaftliche Einzeluntersuchungen einlassen, aber in der Weise, daß er deren Ergebnisse zu vereinheitlichen sucht. Gehlen erklärt: »Für das, was ich zu sagen habe, müssen sehr viele Tatsachen aus mehreren Wissenschaften übersehbar gemacht werden, und dies von einer Gesamtanschauung aus zu tun, war die eigentlich philosophische Aufgabe.«[4] Die von Gehlen intendierte Gesamtanschauung untersteht dem »anthropo-biologischen Aspekt«, man fragt: welches sind die Existenzbedingungen des Menschen, das heißt: wodurch ist es dem Menschen möglich gemacht, sich am Leben zu erhalten?

Gehlen schließt durchaus nicht grundsätzlich andere Betrachtungsweisen aus, nicht einmal die neutral-theoretische Frage nach dem Wesen des Menschen. Der anthropobiologische Aspekt erscheint ihm jedoch besonders wichtig, ja er ist im Grunde für ihn eigentlich der allein richtige, denn man kann, so meint Gehlen, nachweisen, daß alles Verhalten des Menschen dem biologischen Gesichtspunkt der *Lebenserhaltung* untersteht. Wir haben bereits bei unserer Untersuchung Schelers darauf hingewiesen, daß der eindeutige Vorrang des Aspektes der Selbsterhaltung nicht empirisch zu erhärten ist. Wenn man vom konkreten Verhalten des Menschen ausgeht, und dies von seinen Motiven her zu erfassen sucht, dann sieht man, daß das menschliche Handeln sich auch gegen das Prinzip der Selbsterhaltung vollzieht. Der Trieb der Selbsterhaltung fungiert bei Gehlen im Grunde als ein abstraktes Prinzip, von dem her und auf das hin interpretiert wird. Schärfer gesagt: Gehlen geht von einer biologischen Metaphysik aus. Deutlich tritt dies heraus, wenn er die Berechtigung seiner Fragestellung dadurch anzuzeigen sucht, daß er im Stil der Aufklärung erklärt, »die Natur« habe den Menschen im Gegensatz zum Tier so »eingerichtet«, daß er sich durch sich selbst am Leben erhalten müsse. –

Wir versuchen nun nach diesen Vorbemerkungen die konkrete Durchführung der anthropologischen Fragestellung Gehlens darzulegen, wie er sie in seinem Hauptwerk entwickelt hat. Die anthropologische Deutung des Menschen hat davon auszugehen, daß der Mensch sich über sich selbst klar werden kann und muß. Der Mensch ist ein Wesen, »zu dessen wichtigsten Eigenschaften es gehört, zu sich selbst Stellung nehmen zu müssen«.[5] Wenn der Mensch zu sich Stellung nehmen kann und muß, dann bedeutet dies, daß es noch keine abschließende Feststellung über den Menschen gibt. Daß der Mensch, wie Nietzsche formuliert, »das noch nicht festgestellte Tier« ist, besagt: »erstens: es gibt noch keine Feststellung dessen, was eigentlich der Mensch ist. Und zweitens: das Wesen Mensch ist irgendwie ›unfertig‹, nicht ›festgerückt‹. Beide Aussagen sind zutreffend und können übernommen werden«.[6]

Das menschliche Unfertigsein stellt sich als der biologische Zwang dar, daß der Mensch sich seine Lebensmittel zu beschaffen hat und zwar aus bitterer Not, weil er sonst gar nicht am Leben bleiben würde. Diese Möglichkeit der eigenständigen Lebensleistung gründet darin, daß der Mensch das *handelnde Wesen* ist. Den Menschen solchermaßen bestimmen, besagt, ihn von seinem *Lebensvollzug* her als Einheit thematisieren. Eine funktionale Betrachtung ist, so meint Gehlen, fruchtbarer als eine Wesensontologie des Menschen, wie sie Scheler entwickelt, der noch von der Vermögenspsychologie bestimmt ist. Scheler geht dualistisch vor: er stockt auf die Vermögen, die Tier und Mensch gemeinsam sind, den Geist als Sondergabe des Menschen auf. Das Verhältnis des Geistes zu den unteren Schichten bleibt jedoch unklar. Das besagt allgemein: der ontologische Dualismus kann keine überzeugende Antwort auf die Frage nach dem Verhalten des Menschen erbringen.

Im Gegenzug zu dieser dualistischen Anthropologie gilt es, den Menschen überhaupt nicht als »Tier mit Geist« zu betrachten, sondern ihn von vornherein als Sonderentwurf der Natur auszulegen. Der Mensch unterscheidet sich grundsätzlich vom Tier. Tiere sind hochspezialisiert, das heißt reizmäßig eingepaßt in Regionen, die als solche nur von diesen Reizen her erfaßt werden. Diese Idee der teleologischen Einpassung des Tieres ist, wie Gehlen herausstellt, bereits von Herder entwickelt worden. Herder hat auch schon erkannt, daß der Mensch biologisch hilflos ist. Diese Hilflosigkeit gründet darin, daß der Mensch überhaupt keine spezifische Umwelt hat. Gehlen erklärt: »Morphologisch ist nämlich der Mensch im Gegensatz zu allen höheren Säugern hauptsächlich durch *Mängel* bestimmt, die jeweils in exakt biologischem Sinne als Unangepaßtheiten, Unspezialisiertheiten, als Primitivismen, d. h. als Unentwickeltes zu bezeichnen sind: also wesentlich negativ.«[7]

Gerade weil der Mensch unangepaßt ist, vermag er sich seine Welt aufzubauen. Diese Möglichkeit der selbständigen Eigentätigkeit ist mit der Nichtangepaßtheit identisch. Die Mängel sind zugleich Vorteile, die Belastung gibt die Chance einer Entlastung! Diese Dialektik zeigt sich zum Beispiel am Phänomen der Reizüberflutung, des unzweckmäßigen Einströmens von Eindrücken auf den Menschen. Dem Menschen steht, so sagt Gehlen, ein Überraschungsfeld unvorhersehbarer Strukturen entgegen, das er erst durcharbeiten muß. Der Mensch muß sich entlasten, »d. h. die Mängelbedingungen seiner Existenz eigentätig in Chancen seiner Lebensfristung umarbeiten«.[8]

Das *Entlastungsgesetz* ist das eigentliche anthropologische Grundgesetz. Es konkretisiert den allgemeinen Begriff Handlung und zwar in der Weise, daß es in direktem oder indirektem Vergleich zum Tier die möglichen Formen menschlicher Selbstvermittlung aufweist. Die Entlastung steigert sich. Das zeigt die Untersuchung ihrer Entwicklung von den unteren Stufen zu den oberen hin. Von dieser Entwicklung her ist der Aufbau des Buches gegliedert. Nachdem Gehlen im ersten Teil »Die morphologische Sonderstellung des Menschen« erörtert hat, thematisiert er im zweiten Teil »Wahrnehmung, Bewegung, Sprache«, und nimmt im dritten Teil unter dem Titel »Antriebsüberschuß, Haltungsgefüge, Führungsordnungen« das Problem der Triebe und der Institutionen auf. All diese Phänomene werden – dies sei noch einmal gesagt – nur unter dem Gesichtspunkt der Lebensführung betrachtet. Wir skizzieren einige dieser Positionen, um den Aufbau der Stufen zu verdeutlichen.

Die *morphologische Sonderstellung* des Menschen sucht Gehlen durch einen Rückgriff auf bestimmte Forschungsansätze der »naturwissenschaftlichen Anthropologie« zu erweisen, insbesondere greift er auf Theorien des Anatomen Bolk zurück. Es geht ihm nicht darum zu untersuchen, wie der Mensch sich subjektiv zu seinem Leib verhält, sondern wie sein Körper als solcher strukturiert ist. Vergleicht man den Körperbau des Menschen mit dem der Anthropoiden, so wird deutlich, daß der menschliche Körper unspezialisiert ist. Er zeichnet sich durch bestimmte morphologische Eigentümlichkeiten aus – der aufrechte Gang und die Hand mit dem opponierbaren Daumen sind hier zu nennen; diese Eigentümlichkeiten deuten auf die eigenständige Entlastung hin.

Gehlen diskutiert in diesem Zusammenhang die *Abstammungsfrage*. Er betont, daß die Abstammungsfrage nicht ohne einen vorgängigen adäquaten Begriff vom Menschen zu diskutieren sei. Das Wesentliche für die Herausarbeitung eines solchen Begriffes ist es aber, daß er sich keineswegs auf körperliche Merkmale beschränken darf, sondern von vornherein die gesamte Aufbauordnung menschlicher Möglichkeiten berücksichtigen muß, denn der Mensch ist als Leistungswesen eine teleologische Einheit. – Auf das Ganze des anthropologischen Ansatzes von Gehlen gesehen, darf man jedoch feststellen, daß diesem ersten Teil keine zentrale Bedeutung zukommt. Gehlen bringt hier – durchaus verständlicherweise – keine neuen wissenschaftlichen Ergebnisse bei. Im allgemeinen ist überhaupt zu sagen, daß den gegenwärtigen führenden Anthropologen weit mehr an einer phänomenologisch ausgerichteten Analyse von Tier und Mensch gelegen ist als an einer Klärung der Fragen, die die Entwicklung vom Tier zum Menschen betreffen. Hier zeigt sich ein deutlicher Unterschied zum späteren 19. Jahrhundert, in dem die Abstammungsfrage in naturwissenschaftlicher *und* weltanschaulicher Hinsicht zu den zentralen Problemen gehörte.

Die Untersuchungen der psychischen Möglichkeiten des Menschen, die Gehlen im *zweiten Teil* durchführt, unterstehen einzig und allein der Frage nach dem Zusammenhang dieser Tätigkeiten unter dem Prinzip der Lebenserhaltung und Lebensmeisterung. Die Anordnung stellt eine bestimmte dialektische Bezogenheit dar. Die früheren Stufen sind die notwendige Voraussetzung für die späteren. Man kann – das macht die Entwicklung des Kindes deutlich – keine höhere Stufe »erspringen«. Die Erlernung einer jeden Stufe treibt eo ipso über sich hinaus. Die höhere Stufe ist aber nicht aus der unteren abzuleiten. Sie ist durchaus ein Novum, und diese Novität zeigt sich darin, daß die früheren Stufen »herabgesetzt« werden, insofern die höheren Stufen die Aufgaben der Lebensleistung besser bewältigen. Das ist aber wiederum nur möglich, weil die höheren Prozesse in den früheren schon latent anwesend sind. Der Mensch ist also nie auf eine bestimmte Stufe festlegbar.[9]

Wir verdeutlichen diesen Stufenaufbau konkreter. Der Wahrnehmungserfahrung gehen elementare *sensomotorische Kreisprozesse kommunikativer Erfahrung* – wie etwa das Tasten – voraus, durch die das Kind die Umwelt kennenlernt. Hier tritt bereits die Bewegungsphantasie ins Spiel, insofern verschiedene Bewegungen miteinander kombiniert werden. Diese ursprünglichen Bewegungen sind aber nicht gesteuert im Sinne eines Zweckverhaltens. Sie geschehen vielmehr absichtslos. Sie werden jedoch wiederholt, wenn sie lustvoll sind. Indem sich das Selbstgefühl der eigenen Tätigkeit als Lustquelle ergreift, ersteht die Möglichkeit, daß die Bewegungen eingesetzt und geführt werden. Dies bedeutet eine erste Versachlichung. Gehlen erklärt, daß das Kind ein entfremdetes Selbstgefühl der eigenen Leistung gewinnt: »Irgendeine unbeabsichtigte oder unwillkürliche motorische Leistung hat einen Reizerfolg, und dadurch entsteht ein besonderes Bewußtsein, ein entfremdetes Selbstgefühl dieser Leistung, die nun übernommen, eingesetzt und vor allem ausgebaut werden kann. Es ist dieses entfremdete Selbstgefühl der eigenen Tätigkeit, das den weiteren Ausbau derselben steuert.«[10] Die eigene Tätigkeit, die als solche rückempfunden wird, trennt sich als »meine« Empfindung von der Objektwelt ab. Gehlen legt dar, daß hier ebensowohl das objektive Sosein der in Umgang gezogenen Dinge vermittelt wird, wie ihr subjektiver Umgangswert. Überdenkt man diese Analysen, so erkennt man, daß die Selbsterhaltung hier keineswegs als direkt angesteuertes Ziel fungiert. Vielmehr ist hier ein Spieltrieb und eine ihm zugehörige Lustkomponente am Werk. Wenn aus diesen Bewegungsspielen der Selbsterhaltung dienende Möglichkeiten des Umgangs mit der Welt erwachsen, so zeigt sich eben, daß der Mensch von Grund auf sinnvoll strukturiert ist.

Der eigentliche Ertrag dieser Prozesse liegt darin, daß durch sie ein Sich-Auskennen in der Umwelt herbeigeführt wird. Ein jahrelanger Prozeß von Erfolgen und Mißerfolgen, Impulsen und Gegenimpulsen führt zu eingeübten Gewohnheiten, deren Könnenscharakter sich darin zeigt, daß das Kind eine hochgradige Sach- und Selbstempfindlichkeit entwickelt. Bereits geringe Berührungen zeigen den positiven oder negativen Charakter des dingwelthaft Begegnenden an, und schließlich werden diese Berührungsmöglichkeiten »verinnerlicht«.

Der Umschwung zum Innenbesitz von Umgangs- und Bewegungsphantasmen, Erfolgs- und Mißerfolgsvorstellungen ist aber als Distanzierung zum Gegebenen nur möglich, wenn diese kommunikativen Bewegungsprozesse durch die *optische Symbolik* abgelöst werden. Die ursprüngliche Tasterfahrung ist zunächst mit der Seherfahrung unmittelbar vereint. Aber die Seherfahrung stellt sich in mehrfacher Hinsicht als höherwertig heraus. Das Sehen ist müheloser: man braucht nicht mit dem Gegenstand in physischen Kontakt zu treten, um ihn kennenzulernen; sodann: die Seherfahrung bietet ein größeres Feld dar. Dieser Vorzug wirkt sich dahin aus, daß die theoretische und praktische Orientierung einschließlich der Beurteilung möglicher Lustchancen schließlich *nur* vom Sehvorgang geleistet wird. Der Tastvorgang ist damit aufgehoben: ich muß nicht mehr den Ofen betasten, um seine Hitze zu empfinden, ich »sehe« die Hitze.

Die Wahrnehmung beim Menschen ist also grundsätzlich anders als die Wahrnehmung des umweltgebundenen Tieres. Dies arbeitet Gehlen meisterhaft heraus, indem er die Wahrnehmung in das Lebensganze des Menschen einpaßt. Wenn der Mensch die möglichen Qualitäten, insbesondere im Blick auf die Modifizierbarkeit der Dinge »mitsieht«, dann zeigt sich darin, daß das Sehen *handlungsbezogen* ist. Wenn ich »die praktischen Werte«, wie Schwere, Konsistenz und Materialstruktur im Sehen erfassen kann, dann vermag ich die mir so zugänglich gewordenen Dinge zu *verplanen*.

Diese optischen Leistungen sind nun ihrerseits bereits vorgelenkt von höheren Leistungen, auf die hin sie erschlossen sind, und zu denen der Mensch überzugehen vermag. Die in der Seherfahrung noch vorhandene Unmittelbarkeit, die Gegenwärtigkeit des Gesehenen, kann durch eine kombinierende Phantasietätigkeit überboten werden, in der der Mensch eine Situation »voraussieht«.

Alle diese Entlastungsvorgänge – Tasten, Wahrnehmen, kombinatorische Phantasie – stehen in Verbindung mit der Entwicklung der *Sprache*. Gehlens Analyse der Sprache gehört zu den bedeutendsten Untersuchungen des ganzen Buches und zwar in doppelter Hinsicht. Einerseits tritt der technisch pragmatische Gesichtspunkt, den Gehlen im ganzen vertritt, nirgends so deutlich wie in dieser Analyse hervor:

Sprache ist das vorzüglichste Mittel zur Daseinsbeherrschung. Andererseits zeigt sich die »nach unten« und »nach oben« verweisende teleologische Verknüpfung der anthropologischen Phänomene nirgends so unverhüllt, wie bei der Sprache. Gehlen erklärt, daß bestimmte Anfangsprozesse der Sprache – er redet von *Sprachwurzeln* – schon in primitiven Schichten zu finden sind. Diese Sprachwurzeln sind jedoch von der »Sprache selbst« zu unterscheiden. Diese Differenz ist wesentlich, sie entspricht der Sache nach der Differenz der psycho-physischen Faktoren von den geistig bewußten Akten, wie es die Akte des Denkens sind. Es ist jedoch – dies ist die andere Seite – angebracht, die »Sprache selbst« nicht von diesen ihren Wurzeln abzulösen.

Gehlen nennt fünf Sprachwurzeln: 1. das Leben des Lautes: Laute sind motorische Vollzüge und als gehörte selbstempfundene Eindrücke; 2. den Lautausdruck auf Seheindrücke: das bedürfnislose Ansprechen des Gesehenen, das jedoch ein festes Band zwischen Gesehenem und Laut knüpft; 3. den wiedererkennenden Laut: »wiederholte Eindrücke werden in kommunizierenden Bewegungen beantwortet, unter denen Lautbewegungen einen Vorzugswert erhalten«, Gehlen redet von »Lautantworten«; 4. den Ruf: zufällig als Ausdruck von Unruhe entstanden, wird er einsetzbar, wenn man »heraushat, daß Abhilfe erscheint«; 5. die Lautgesetze: es ist dies die »Begleitmusik«, die bestimmte Bewegungsfiguren artikuliert.[11]

Alle diese Wurzeln sind als solche »vorintellektuell«. Deswegen fragt Gehlen: »Wo ist nun aber der Stamm, in den alle jene Wurzeln zusammenwachsen oder, da sie ja alle ›vorintellektuelle‹, vitale Leistungen waren: wo ist der Keimpunkt des Gedankens?«[12] Der eigentliche Keimpunkt ist nach Gehlen die *Intention*, das heißt, eine nicht weiter auflösbare Fähigkeit des Menschen, sich von sich aus auf etwas zu richten. Intention setzt als eine eigene Weise der Aktivität dort ein, wo man nicht mehr unmittelbar etwas verändern will, sondern wo man eine reine Kommunikation vollzieht. Und dies geschieht eben in der Sprache selbst, und zwar insofern diese mit dem Denken, das eine Symbolik zweiter Ordnung, »die Gedankenwelt« herstellt, zusammenhängt.

Es ist nun aber ein Zweifaches strikt zu beachten. Erstens: auch wenn Gehlen die Sprache und das Denken als eine neue genetisch nicht ableitbare Qualität ansetzt, so findet sich nicht die geringste Andeutung bei ihm, diese Fähigkeiten auf einen Geist als Grundlage zurückzuführen. Und das bedeutet wiederum – das ist das Zweite –: man darf trotz aller Differenzierung keine grundsätzlichen Unterschiede zwischen der Sprache und dem Denken auf der einen Seite und den »primitiveren« Fähigkeiten auf der anderen Seite ansetzen. Alle Möglichkeiten des menschlichen Verhaltens dienen ja der Selbsterhaltung. Wenn Gehlen erklärt, Denken führe als solches keine unmittelbare Veränderung herbei, so bedeutet dies nicht, daß im Denken die Möglichkeit einer »freien Theorie« erlangt wäre, denn auch das Denken muß dem Ziel der Lebensbewältigung dienen und ist in dieser Hinsicht praktisch; besser: Denken *soll* praktisch sein. Insofern im Denken der äußere Bezug ausgehängt wird, entsteht nämlich die Möglichkeit, daß das Denken entartet. Es kann sich in Reflexionsinnerlichkeit vom Leben und dessen Ansprüchen entfernen. Dies ist verfehlt, denn wenn auch das Denken unter Umständen sehr lange Umwege vollzieht, so geht es nicht an, es deswegen von der Praxis abzulösen und als eigene Dimension anzusetzen. Dies bedeutet konkret: Gehlen erkennt keine Region reiner idealer Bedeutungen an. Auch in diesem Zusammenhang argumentiert er äußerst geschickt, insofern er die Frage, ob es eine solche reine Bedeutungsregion gibt, nicht grundsätzlich entscheidet, weil es für ihn ja nur darauf ankomme, Sprache und Denken vom biologischen Gesichtspunkt her auszulegen.

Es sei jedoch ausdrücklich gesagt, daß es Gehlen, obwohl er keine im ganzen befriedigende Analyse der Sprache gibt, doch in einem erstaunlichen Maße gelingt, bestimmte Grundzüge der Sprache herauszuarbeiten. Insbesondere legt er im Rückgriff auf zum Teil sehr verborgene Stellen bei *Fichte* dar, wie die Sprache selbst eine eigentümliche Tendenz zur Sachlichkeit in sich trägt. Das sprechende Subjekt tritt zugunsten eines *Satzsubjektes* zurück. Indem der »Begriff der eigentümlichen Beziehung des Subjekts auf die Menschen« wegfällt, werden die welthaften Gegenstände selbst als Akteure gesetzt, und damit wird der Satz vom sprechenden Subjekt und dessen Situationsgebundenheit frei. »Die ›Dramatisierung‹ der Welt durch die Sprache vollendet ihre längst angebahnte Objektivität zu einer *Welt* unendlicher, über das Gegebene in Raum und Zeit grenzenlos sich erstreckender Sachverhalte.«[13]

Durch die Intention, die der Sprache und dem Denken eigentümlich ist, sind alle höheren Möglichkeiten des Menschen bedingt: *die Vorstellung, die schöpferische Phantasie und die wissenschaftliche Erkenntnis.* Wir deuten den für die Entwicklung dieser Funktionen leitenden Gedankengang an. Die Worte bilden eine Zwischenwelt. Dadurch werden die wirklichen Dinge entmachtet. Der Mensch wird vom tatsächlich Vorhandenen frei. Er kann sich in Vorstellungen bewegen, die ihrerseits zu Begriffen werden. Hier bleibt jedoch zu beachten, daß Begriffe nicht in platonischem Sinn als Wesenheiten angesetzt werden, denn Denken, Vorstellungen und Begriffe sollen ja eben nur instrumental betrachtet werden. Dieser *instrumentale Aspekt* aber hat nun »ontologische Konsequenzen«. Denken vollzieht sich – traditionell gesprochen – in der Seele und im Inneren des Menschen. Das sogenannte Innere darf jedoch nicht für sich gesetzt werden. Es ist nur eine Zwischenschaltung im Umgang mit dem Äußeren. Gehlen greift in diesem Zusammenhang eine Formulierung von Novalis auf: es gibt eine »innere Außenwelt«. Dieser dialektische Terminus soll auf den Gesamtprozeß hinweisen. Äußeres wird in Inneres verwandelt, und das Innere wird wiederum in Äußeres umgesetzt. Dies geschieht durch die Handlung. Daß das Innere nichts für sich Seiendes ist, sondern nur eine instrumentale Möglichkeit, beeinträchtigt aber in keiner Weise die spontane Selbständigkeit des Menschen. Der Satz, daß ich nur verstehe, was ich konstruiere, gibt diesen Vorrang der inneren Selbsttätigkeit adäquat wieder.

Auf dieser *Konstruktion im Inneren* beruhen die höheren Produktionen der Kultur, insbesondere die Ergebnisse der *wissenschaftlichen Tätigkeit.* Wissenschaftliche Wahrheiten sind wesentlich pragmatische Wahrheiten. Gehlen hält gegen den »üblichen Rationalismus« eine »Gegenaufklärung aus dem Geist der Wissenschaft« für notwendig. Und ein Grundsatz dieser Gegenaufklärung besagt: Naturwissenschaften und Geisteswissenschaften sind Möglichkeiten »tätiger Orientierung in der Welt«. Diese Orientierung setzt aber Phantasiebegabtheit – idealistisch formuliert: »Einbildungskraft« – voraus. Von Verhandlungen im eigentlichen Sinn kann man nur sprechen, wenn man die Zukunft nicht nur erwartet, sondern sie in aktiver Phantasie vorwegnimmt. Dieser Zusammenhang ist aber nur zu verstehen, wenn man die dialektische Struktur der »Handlungen im eigentlichen Sinn« untersucht.

Gehlen widmet sich diesem Thema im dritten Teil seines Buches, der den Titel trägt »Antriebsüberschuß, Haltungsgefüge, Führungsordnungen«. Die erste Aufgabe dieses Teiles ist es, Handlung gegen Trieb abzusetzen. Das besagt ein Zweifaches.

Einmal: die höheren Möglichkeiten des menschlichen Verhaltens können adäquat nur ausgelegt werden, wenn man die Aufhebung einer triebhaft gelenkten unmittelbaren Weltbindung zugunsten einer möglichen Freiheit *von vornherein* in Rechnung stellt. Das bedeutet wiederum – das ist das Zweite –: die menschlichen Triebe sind *grundsätzlich* auf diese mögliche Freiheit zu beziehen und daher von den Trieben der Tiere zu unterscheiden. Gehlen, dem ja wesenhaft daran liegt, die Sonderstellung des Menschen in jedem Verhalten herauszuarbeiten, redet beim Menschen zumeist gar nicht von Trieben, sondern von *Antrieben*, und sein Anliegen ist es zu zeigen, daß das Antriebsleben des Menschen eine eigene Struktur hat, die gar nicht in Gegensätzlichkeit zur Handlung steht.

Der gängigen Vorstellung zufolge – dies zeigt die Sprache an – gibt es eine Unzahl von Trieben, etwa, um nur einige zu nennen, Machttrieb, Nachahmungstrieb, Gestaltungstrieb, Formtrieb, Zerstörungstrieb. Bestimmte Triebe, wie Geschlechtstrieb oder Nahrungstrieb, gelten als Grundtriebe. Triebe rufen Verhaltungen hervor, die den den Trieben zugrunde liegenden Bedürfnissen abhelfen sollen, und zwar unmittelbar in der Form der Jetztbefriedigung. Diesen Trieben werden nach allgemeinem Verständnis die Handlungen entgegengesetzt. Handlungen sind bewußt geplant und willensmäßig gesteuert. Wenn aber – dies ist der erste Einwand Gehlens – der Mensch von Grund auf weltoffen ist, dann geht es nicht an, ihm gleichsam als Unterbau bestimmte Triebe als Weltbindung zuzusprechen und dann darüber freie Handlungen als Gegenzüge zu dieser Weltbindung anzusetzen. Das besagt aber: das Triebproblem muß erneut aufgerollt werden und zwar »von oben her«. Gehlen erklärt: »Von der Unspezialisiertheit und organischen Mittellosigkeit, von der Weltoffenheit und Intelligenz des Menschen blicke man hin auf seine handelnde Weise, sich im Dasein zu halten, und frage sich: wie muß das Antriebsleben eines solchen Wesens beschaffen sein?«[14]

Geht man von der Weltoffenheit aus und sucht von ihr her die zum Menschen »passende« Antriebsstruktur zu eruieren, so zeigt sich, daß der Mensch keine eigentlich festgelegten Triebe hat, »mit Ausnahme der sehr wenigen organisch bedingten«. Die »höheren« Triebe des Menschen brauchen nicht unbedingt erfüllt zu werden. Sie sind nicht nur verschiebbar, man kann ihnen überhaupt entgegentreten. Die Triebe sind also immer auf Handlung beziehbar und zwar in der Weise, daß sie durch Handlung beeinflußbar sind. Allgemein formuliert: menschliche Antriebe sind entwicklungsfähig und können, wie Gehlen formuliert, »den Handlungen nachwachsen«. Dies bedeutet in letzter Konsequenz: das Bild einzelner in sich fertiger Triebe des Menschen ist fehlerhaft. Vielmehr muß man annehmen, daß ein bestimmtes *Quantum* von reiner Triebenergie vorhanden ist, das als solches durch Handlungen formierbar ist.

Diese Formierung aber ist nur möglich, wenn der Mensch seine Triebe »abhängen« kann. Gehlen spricht vom *Hiatus*. Dieses Wort soll, so erläutert er, »die Tatsache bezeichnen, daß der Mensch imstande ist, seine Antriebe, Wünsche und Interessen bei sich zu behalten...«[15] Dies Beisichbehalten führt dazu, daß die Antriebskraft gestaut wird – im Gegensatz zu tierischem Verhalten, denn die Tiere geben ihre Triebkraft, wenn sie nicht daran gehindert werden, immer adäquat aus. Die gestaute Antriebskraft stellt also ein Reservoir dar, das durch die biologische Erfüllung der Minimalbedürfnisse gar nicht erschöpft wird. Die Triebhaftigkeit des Menschen ist daher durch das Phänomen des »Antriebsüberschusses« bestimmt.

Überdenkt man diese Argumentation, so wird deutlich, wie Gehlen den *biologischen* und den *kulturellen* Aspekt zu verbinden sucht. Einerseits setzt er ein biologisches Quantum von Energie an, das als solches verbraucht werden muß, ansonsten führt die Stauung zu katastrophenhaften Ausbrüchen. Andererseits spricht er dem Menschen die Fähigkeit der *Formierung* der Triebe zu. Auf dieser Formierung beruht die Kultur, denn Kultur ist nur möglich, wenn der Mensch seine Antriebe auf Dauerhaltungen umstellt, durch die eine Ordnung des menschlichen Zusammenlebens im ganzen zustande kommt. Gehlen hebt von hier aus noch einmal die Differenz von Mensch und Tier heraus. Man darf nicht »das einfältige Dasein« des Tieres aus denselben Kräften erklären, aus denen der Mensch seine Kultur aufbaut. »Es besteht hier kein bloßer Unterschied des Grades – wie der Ausdruck ›Überschuß‹ allerdings anzudeuten scheint –, sondern einer des Wesens, der Qualität.«[16] Anders gesagt: der Antriebsüberschuß des Menschen entspricht zwar »der biologischen Lage des Menschen«, aber die durch ihn möglichen Leistungen sind eben nichts natürlich Gewachsenes, sondern »Phänomene der Künstlichkeit«, das heißt der Kultur. Im Grunde zeigt sich hier erst die eigentliche Seinsart des Menschen: der Mensch ist das Wesen, das seine Triebenergie *gestaltet*. Im historischen Vergleich: Gehlen geht wie Schopenhauer und Nietzsche davon aus, daß die »Willenskraft« des Menschen eigentlich seine Triebkraft ist. Aber er stellt den Menschen unter die harte Notwendigkeit, diese Triebkraft kulturell formieren zu müssen. Die Triebkraft darf nicht, wie Nietzsche es propagiert, ausgelebt werden, das führt unglückliche Situationen herauf. In dieser Hinsicht steht Gehlen Freud, aber auch Scheler nahe. Gleichwohl ist ein gewisser Unterschied zu beiden Denkern nicht zu verkennen. Die Notwendigkeit der Formierung ist nach Gehlen dem Menschen geradezu ein *inneres Bedürfnis* und wird solchermaßen selbst zum Trieb. Gehlen erklärt, es wäre daran festzuhalten, »daß diese Formierung des Antriebslebens nun eben *selbst* erzwungen ist, und zwar durch jenen Überschuß, der eine Verarbeitung und Festlegung aufnötigt, die ein ›inneres Bedürfnis‹, ein Trieb selbst ist. Ist diese Formierung gelungen, so ergibt sie eine fast unerschöpflich gerichtete Leistungsenergie«.[17]

Um diese Möglichkeit der Formierung genauer zu entwickeln, greifen wir noch einmal auf die Bestimmung »Hiatus« zurück. Gehlen definiert: »Dieser ›Hiatus‹ zwischen den Bedürfnissen und Antrieben auf der einen Seite und ihren Erfüllungen und den darin tätigen Handlungen auf der anderen ist der entscheidende Umstand, der *ein ›Inneres‹ überhaupt erst freilegt, ja dieser Hiatus selbst – das ist die ›Innenwelt‹!*«[18] Durch den Hiatus gewinnt der Mensch die Möglichkeit, seine Antriebe mit inneren Zielbildern zu besetzen. Diese Zielbilder hat der Mensch nötig, weil er ja nicht von Natur festgelegt ist, sondern von sich aus sein Leben ausrichten muß. In diesen Zielbildern verkörpern sich Handlungsanweisungen. An sie kann der Mensch sich in seinem konkreten Tun halten.

Man erkennt hier sofort, wie außerordentlich gefährlich die Situation des Menschen als eines kulturellen Wesens ist, und zwar nicht nur deswegen, weil der Mensch diesen Zielbildern »entgegenhandeln« kann, sondern weil die Zielbilder selbst gar nichts Vorgegebenes sind, sondern erst vom Menschen geschaffen werden müssen. Bei diesem Schaffen können eben aufgrund der Nichtfestgelegtheit unter Umständen lebensfeindliche Tendenzen zum Zuge kommen. Der Mensch kann zum Beispiel als Zielbild eine reine *Innenkultur* ansetzen, und das heißt, das Innere vom Zusammenhang mit der Handlung überhaupt ablösen. Das Innere wird dann zur Domäne der folgenlosen Phantasie. Die Bilder verselbständigen sich gleichsam, so daß eine Formierung nicht nur nicht mehr gewollt wird, sondern gar nicht mehr möglich ist. Es entsteht dann »eine Ausweitung einzelner Triebräume, Wucherungen mit entsprechenden Verödungen, man beobachtet Süchte, luxurierende Funktionen, wieder übermäßigen inneren Hemmungsaufwand, Abdrängungen in fiktive Betätigungen, zu Rauschmitteln, Asozialität«.[19]

Diese Phänomene der Reflexionskultur, in denen der Subjektivismus sich auslebt, sind als solche aber nur zu begreifen, wenn man sie als Gegenzug gegen den Zwang der *Institutionen* auslegt. Denn – und das ist nun nach Gehlen ein unbedingter Grundsatz – Zielbilder sind nur dann verbindlich und wirkungskräftig, wenn sie nicht in der Innerlichkeit des einzelnen verbleiben, sondern institutionalisiert sind. Der Mensch braucht immer *Außenhalte*, und diese Außenhalte findet er eben in den Institutionen. Institutionen sind den einzelnen umgreifende Ordnungen, durch die das ganze Antriebsleben so gezügelt und gelenkt wird, daß es für bestimmte Zwecke einsetzbar ist. Diese Zügelung und Lenkung einerseits und die Ausrichtung auf bestimmte Zwecke andererseits ist Angelegenheit der obersten *Führungssysteme*, zu denen Sitte, Moral und Religion gehören. Daß Gehlen seine anthropologischen Analysen mit der Erörterung dieser Systeme abschließt, ist durchaus konsequent, denn wenn anders der Mensch kein natürlich geordnetes Triebleben besitzt, dann sind für ihn institutionalisierte Leitlinien, von denen her sein Verhalten bestimmt wird, eine Notwendigkeit. Gehlen sucht die Moral ihrer inneren Möglichkeit nach nicht vom Selbstverständnis des einzelnen als einer autonomen Persönlichkeit zu begründen, sondern von der *Gemeinschaft*. Diese gibt sich zum Zwecke der Durchsetzung nach innen und außen Ordnung. Der leitende Gesichtspunkt ist auch hier die Selbsterhaltung und zwar die Selbsterhaltung der Gruppe.

Institutionen und Reflexionskultur

Der letzte Teil von Gehlens anthropologischem Hauptwerk »Der Mensch« entwickelt unter der Überschrift »Antriebsüberschuß, Haltungsgefüge, Führungsordnungen« erstmalig Gehlens Philosophie der Institutionen. In einem im Jahre 1956 erschienenen größeren Werk »Urmensch und Spätkultur«[20] hat Gehlen seine Analyse der Institutionen weiter ausgebaut und durch eine Fülle ethnologischer Detailkenntnisse zu stützen gesucht. Der Titel dieses Werkes zeigt bereits deutlich die Ausrichtung an, unter der die späteren Arbeiten Gehlens stehen. Gehlen vollzieht eine Analyse der Gegenwart »e contrario«. Er setzt der als Reflexionskultur gekennzeichneten Gegenwart eine Kultur entgegen, die institutionell eindeutig stabil durchgeordnet ist. Von dieser Kultur her gesehen, deren Vorbild die archaische Lebenswelt ist, erscheint unsere Zeit als Verfallsmodus. Das besagt aber keineswegs, daß Gehlen die Gegenwart anprangert oder Vorschläge beibringt, wie diesem Verfall der Institutionen zu begegnen sei. Gehlen vermeidet jede Wertung. Die Analyse vollzieht sich in der Weise reiner Feststellung. Gehlens Absicht ist es sogar, die Unabänderlichkeit der gegenwärtigen Situation aufzuzeigen: angesichts der »Superstrukturen« ist ein Eingriff durch Handlung kaum möglich. In diesen späten Schriften tritt die anthropologische Fragestellung, deren Aufgabe es ist, die Natur des Menschen und seine Stellung in der Welt ein für allemal herauszuarbeiten, in den Hintergrund. Sie wird nicht negiert – Gehlen hält an ihren Ergebnissen durchaus fest –, aber die Ausrichtung an der Biologie, das heißt konkret: der Tier-Mensch-Vergleich ist nicht mehr zentral. Ethnologische und insbesondere soziologische Analysen werden nun wesentlich. In dieser Verschiebung deutet sich die Aufhebung der Anthropologie als einer philosophischen Grunddisziplin zugunsten konkreter Untersuchungen an. Es ist in unserem Zusammenhang, der die Entwicklung der Anthropologie zum Thema hat, nicht geboten, diese Arbeiten Gehlens in extenso zu erörtern, wir werden auf sie im fünften Teil noch einzugehen haben, da sie zu den wichtigsten zeitkritischen Analysen gehören. Jetzt kommt es uns nur darauf an, den Denkansatz aufzuweisen, der sich in dieser radikalen Entgegensetzung von Institutionen und Reflexionskultur zeigt.

Wir referieren zuerst, wie Gehlen im letzten Teil seines anthropologischen Hauptwerkes die Ordnungen des menschlichen Handelns durch die Institutionen expliziert. Es ist die eigentliche Aufgabe des Menschen, seine Triebe zu hemmen und den Antriebsüberschuß sinnhaft von einer Ordnung her zu lenken und einzusetzen. Von dieser Aufgabe her »ist eine letzte Definition des Menschen möglich: als *Zuchtwesen*. Diese Bezeichnung umfaßt alles, was man unter Moral verstehen kann, im *anthropologischen* Aspekt: die Zuchtbedürftigkeit, den Formierungszwang, unter dem ein ›nicht festgestelltes Tier‹ steht, und von dem Erziehung und Selbstzucht, auch die Prägung durch die Aufgaben des Lebens nur die auffälligsten Stadien sind«.[21]

Erziehung, Selbstzucht und Prägung durch das Leben sind nur in einer *Gruppe* möglich, denn der Mensch ist überhaupt nur Mensch innerhalb einer Gemeinschaft. Diese Behauptung gilt ohne jede Einschränkung. Von ihr her muß jede individualistische Ethik als verfehlt angesehen werden. Die Gemeinschaft hat dahin zu wirken, daß die Interessen des einzelnen von der privaten und jeweiligen Jetztbewältigung auf *Dauerinteressen* umgestellt werden. Wird der Mensch solchermaßen durch Erziehung in Sitte und Moral eingewöhnt, so bedeutet dies für ihn als einzelnen einen Vorteil. Er braucht nicht in jeder Situation immer erneut grundlegende Überlegungen über sein Tun anzustellen. Der einzelne ist von der Gewöhnung her entlastet. Und ebenso trägt die Gemeinschaft einen Gewinn davon. Sie kann sich weithin auf dies eingeübte Handeln verlassen.

Anthropologisch bedeutet diese Durchstrukturierung, daß die Energie des einzelnen »gerichtet« wird. Der Mensch wird solchermaßen zum *Charakter*. Charakter ist »ein Haltungsgefüge aus übernommenen, angeeigneten oder abgestoßenen, aber immer verwerteten Antrieben, die man tätig aneinander und an der Welt orientiert hat«.[22] Gehlen verweist in diesem Zusammenhang auf Nietzsche. Nietzsche habe recht daran getan, ein allgemein neutrales Willensvermögen zu leugnen, denn von einem solchen Willensvermögen habe man den Charakter weggestrichen. Richtig sei es dagegen, »wenn man den Menschen als ein System von Funktionen betrachtet, aus denen sich herrschaftliche, befehlende, gestaltende Kräfte herausheben, die immer das Gebiet ihrer Macht mehren und innerhalb desselben immer wieder vereinfachen ...«[23] Nur bei einem solchen Menschen ist von einem Willen zu sprechen. Wille und Charakter bilden eine innige Einheit.

Diese Formierung des einzelnen zum Charakter ist nur möglich, wenn die Gemeinschaft »oberste Führungssysteme« entwickelt. Diese Führungssysteme sind verbindlich, das heißt, durch sie wird das Bewußtsein gesteuert und das Antriebsleben geformt. Indem bestimmte Antriebe verworfen und andere zugelassen werden, wird eine Aufbauordnung durchgeführt. Oberste Führungssysteme sind – so kann man in grundsätzlicher Hinsicht definieren – »die übergreifenden Weisen, in denen nicht nur der einzelne sondern eine ganze Gemeinschaft ›sich feststellt‹ und damit am Leben erhält«.[24]

Gehlen sucht den Begriff der Führungssysteme gebietsmäßig genauer zu untergliedern. Er weist auf drei anthropologische Grundbedürfnisse hin: das theoretische Bedürfnis nach einer Sinndeutung, sodann das Bedürfnis nach Normen und schließlich das Bedürfnis nach Absicherung. Diese Bedürfnisse erfüllen die *Weltanschauungen*, deren Aufgabe es ist, einen abschließenden Deutungszusammenhang der Welt zu entwickeln, Normen der Handlungsformierung aufzustellen und Interessen der Ohnmacht zu befriedigen. Den Interessen der Ohnmacht, das heißt insbesondere der Erfahrung der Zufälligkeit, des Leidens und des Todes, sucht die *Religion* durch dämonische oder göttliche Kräfte abzuhelfen. Aber strenge Grenzen sind insbesondere in den frühen Kulturen zwischen Religion und Weltdeutung ebensowenig zu ziehen, wie zwischen Religion und Moralsystemen.

Natürlich ist in allen drei Funktionskreisen nur der Mensch der Initiator. Er stellt nicht nur die Probleme, sondern findet auch die Lösungen, besser: er muß Lösungen finden, um sein Leben zu führen. Gehlen geht also auch in der Erörterung der Weltanschauung nicht anders als bei der Analyse von Wahrnehmung, Sprache oder pragmatischer Wissenschaft allein von den biologischen Lebensinteressen aus. Er blendet methodisch jede Frage nach dem Wahrheitsgehalt der Weltanschauungen ab, und ebenso sucht er sich von jeder Bewertung der einzelnen Funktionskreise in ihrem Verhältnis zueinander fernzuhalten. Nur als beobachtender Anthropologe und Soziologe gibt er von der Gegenwart her einen Hinweis auf die Entwicklung: »Die Gewaltsamkeit der technischen und wirtschaftlichen Entwicklung hat zu einer allgemeinen Rationalisierung im Sinne der Versachlichung der Bewußtseinsstruktur, aber auch des Antriebslebens geführt. Das ist die Voraussetzung der allgemein empfundenen ›Auflösung‹ der Religion im alten Sinne.«[25] Die Religion wird immer mehr zur Seelsorge, das heißt, es bleibt ihr nur der Bezirk der Ohnmachtsinteressen. Die Weltdeutung übernimmt weithin die *Wissenschaft* und die Handlungsformierung der *Staat*. »Von den drei Quellen des religiösen Stromes sind also zwei abgeleitet worden: die eine zur wissenschaftlichen Weltdeutung, die andere zu einer immanenten Politik und Menschenführung, die mit steigender Komplikation und Schwere der Probleme immer ausschließlicher Sache der Staaten sein wird.«[26] So die Aussage der dritten 1944 erschienenen Auflage. In den späteren Auflagen sind die Schlußkapitel geändert.

Bereits in diesen Analysen zeigt sich deutlich, daß Gehlen eine »soziologische Außenbetrachtung« vollzieht. Das heißt, er setzt sich nicht zur Aufgabe, die Weltanschauungen von der sich verstehenden Subjektivität her zu begründen. Dieser Ansatz wird in »Urmensch und Spätkultur«[27] bedeutsam verstärkt. Man gewinnt den Eindruck, daß Gehlen auf die *frühen Kulturen* nicht nur deshalb zurückgreift, weil hier die Entstehung der Moral an der Quelle zu erforschen ist, sondern weil wir hier die Moral gleichsam in Reinkultur, das heißt eben in strenger Institutionalisierung vor uns haben. Gerade bei den Primitiven wird eine durchaus nicht »primitive«, sondern bis in Einzelheiten – etwa die Verwandtschaftsbeziehungen – genau durchdachte Ordnung durchgeführt, die von freigesetzter Innerlichkeit noch völlig unbelastet ist. Es ist offensichtlich, daß Gehlen hier der Sache nach dem Ansatz des *Struk-*

turalismus zuneigt, insofern er die Idee übergreifender Ordnungszusammenhänge propagiert, die nicht nur in theoretischer, sondern auch in praktischer Hinsicht den Menschen bestimmen, ohne auf der Subjektivität begründet zu sein. Freilich, dem reinen Strukturalismus gegenüber stellt Gehlen immer wieder den Bezug von Ordnung und Handlung heraus – Handlung hier nicht verstanden als subjektives Vorhaben, sondern als institutionell vorgeschriebenes und gebotenes Verhalten.

Diesem Menschen der archaischen Kultur setzt nun Gehlen den Menschen der *Spätkultur* als anderes Extrem entgegen. Der Urmensch ist der Mensch, der in verbindlichen Ordnungen »gehalten« ist, der Mensch der Spätkultur dagegen ist der Mensch, der der Innerlichkeit und der Subjektivität verfallen sich in Dauerreflexion erschöpft und nicht mehr handelt. Daß heute so viele in der »subjektiven Benommenheit« aufgehen, das gründet aber nach Gehlen nicht darin, daß das Subjekt sich durch eigene Kraft von den vorgegebenen Ordnungen löst. Die allgemein verbreitete These, daß die Subjektivität sich selbst in Freiheit konstituiert, wird von Gehlen nicht geteilt, denn die Subjektivität hat gar nicht eine solche Kraft. Diese sich vom Äußeren isolierende Subjektivität ist ja wesentlich nichts anderes als der Zuschauer ihrer permanenten Selbstauflösung.

Die Wende zur Reflexionskultur beruht auf Prozessen, die überhaupt nicht vom Menschen geplant und in ihren Konsequenzen vorbedacht wurden. Konkret: seit Beginn der Neuzeit hat der Vorgang, durch den der Mensch die Natur zum Forschungsobjekt machte und sie sich solchermaßen unterwarf, immer radikalere Formen angenommen. Vor die wirkliche Natur schob sich eine zweite künstliche Natur, die durch Wissenschaft erstellt wird und technisch ausnutzbar ist. Wissenschaft, Technik und Wirtschaft bilden eine Einheit. Diese Einheit ist als *Superstruktur* zu kennzeichnen. Zu den Superstrukturen gehört es aber, daß der Mensch sie nicht mehr durchdringen, verstehen und lenken kann. Der Mensch ist diesen Strukturen gegenüber eigentümlich hilflos, und eine der Folgen ist es, daß er sich in reine Innerlichkeit zurückzieht. Diese Subjektivität ist ausgesperrt von der Natur erster Hand und damit »von den Handlungs- und Erfahrungschancen, welche in dieser liegen...« Sie ist auf eine *Bildungswelt* zurückgeworfen, die eigentümlich unfruchtbar und irreal ist.

Die Gegenmöglichkeit zu der freigesetzten Subjektivität besteht darin, daß der einzelne in den durch die Superstrukturen erzeugten Ordnungsgebilden tätig ist, auch wenn er sie nicht mehr im ganzen versteht. Diese Mitarbeit erfordert innere Distanz, und in dieser Haltung der Distanz übt man sich ein durch *Askese*. Der Asket erkennt die Unausweichlichkeit der Situation an. Er opponiert nicht gegen die Superstrukturen, das wäre zwecklos. Er nimmt in seiner sachgebundenen Arbeit durchaus verantwortlich teil. Aber er geht im Betrieb nicht auf. Askese bedeutet also ein Zweifaches. Einmal: man verbietet sich den Luxus der Flucht in die Hyperidealität des Subjektivismus, dessen Tendenz es ist, sich nicht in die Organisationen der heutigen Gesellschaft einordnen zu wollen; man nimmt also Gegenstellung gegen die »Intellektuellen«. Aber man geht auch – das ist das Zweite – nicht im allgemeinen Öffentlichkeitsbewußtsein auf, dessen Kennzeichen die Außenlenkung ist. Wenn der einzelne sich so auf sich selbst stellt, wird er eine Persönlichkeit. Gehlen schließt seine Arbeit »Die Seele im technischen Zeitalter« mit folgendem Satz: »Eine Persönlichkeit: das ist eine Institution in *einem* Fall.«[28]

Überdenkt man diese Analysen Gehlens genauer, so zeigt sich jedoch eine gewisse

Zweideutigkeit. Gehlen propagiert die Notwendigkeit institutioneller Außenhalte weiterhin. Offensichtlich ist er überzeugt, daß Institutionen, welcher Art auch immer, auf jeden Fall besser sind als die freischwebende Subjektivität. Er sucht also in grundsätzlicher Hinsicht am Gedanken der indirekten Vermittlung des Menschen durch die Institutionen festzuhalten. In einer 1952 erschienenen Arbeit »Über die Geburt der Freiheit aus der Entfremdung« findet sich der folgende aufschlußreiche Gedankengang: die Subjektivität ist immer »falsch«, auf sie läßt sich nichts gründen; man muß versachlichen, objektivieren, das heißt entfremden: »Der Mensch kann zu sich und seinesgleichen ein *dauerndes* Verhältnis nur *indirekt* festhalten, er muß sich auf einem Umwege, sich entäußernd, wiederfinden, und da liegen die Institutionen. Es sind dies die allerdings, wie Marx richtig sah, von den Menschen produzierten Formen, in denen das Seelische, ein auch im höchsten Reichtum und Pathos unduloses Material, versachlicht, in den Gang der Dinge verflochten und gerade nur damit auf Dauer gestellt wird. So werden wenigstens die Menschen von ihren eigenen Schöpfungen verbrannt und konsumiert und nicht von der rohen Natur, wie Tiere.«[29]

Diese Ausführungen lassen darauf schließen, daß Gehlen eigentlich gerade zeigen will, daß die Bewegung der Selbstvermittlung durch Institutionen heute nicht bis zum glücklichen Ende durchführbar ist. Es bleibt bei der *Selbstentfremdung*. Gehlen erklärt, daß man uns das Gefühl unermeßbarer Verantwortung injiziert, ohne daß wir wüßten, wofür. Es ist jedoch unlogisch für ein Ganzes, das man gar nicht kennt, verantwortlich zu sein.

Diese resignierende Grundhaltung in bezug auf die Möglichkeiten einer verantwortlichen Gestaltung des Zeitalters hat in Gehlens Untersuchungen zur *modernen Kunst* einen bedeutsamen Ausdruck erfahren.[30] Der Grundgedanke dieser Kunstanalyse ist der folgende: Kunst ist wesentlich Entlastung. Aber die Bedeutung dieses Begriffes ist nun im Vergleich zum früheren Ansatz verschoben. Entlastung ist nicht mehr unmittelbar biologisch zu verstehen als lebensdienliche Aufhebung einer bestimmten Phase in die nächsthöhere, die indirekteres und müheloseres Verhalten verspricht. Entlastung bedeutet nun Freiwerden vom Wirklichkeitsdruck, ohne daß dieser Befreiung in biologischem Sinne lebensfördernde Funktion zukommt. Der Reiz der modernen Malerei, aber auch der anderen Künste, könnte damit zusammenhängen, »daß sie uns *mit Daseinsmächtigkeit verschont*, könnte also in der *Entlastung* liegen«.[31] Diese Entlastung ist nicht nur vollkommen unmetaphysisch – Kunst erschließt keine Wesenswirklichkeit –, sondern völlig unverbindlich. Daß wir uns, wie der Schlußsatz dieses Werkes sagt, »vor diesen Bildern halten«, gründet darin, daß die heutige Kunst ganz und gar unserer alltäglichen Bewußtseinsverfassung entspricht. Diese Bewußtseinsverfassung ist die *zuständlich gewordene Reflexion*, und sie bestimmt eben auch die Kunst. »Heute ist Kunst Reflexionskunst, Inspiration und Kalkül sind zusammengewachsene Zwillinge...«[32] Kunst als Reflexionskunst kann die »Durchformung unserer wirklichen alltäglichen Bewußtseinsverfassung vermitteln, nämlich der Oberflächen-Spannung, der Außen-Irritation, des Antennismus, aber in *Vollkommenheit*, davon kommt sie nicht los«.[33]

Es ist in unserem Zusammenhang nicht möglich, diese Deutung der modernen Kunst auf Recht und Unrecht hin zu diskutieren. Daß Gehlen hier wesentliche Ansichten erschlossen hat, insofern er einerseits die metaphysische Unverbindlichkeit dieser Kunst und andererseits ihren Zusammenhang mit der Reflexionskultur herausstellt, ist offensichtlich. Wichtig ist für uns jetzt die Tatsache, daß Gehlen die Möglichkeit, die sich in dieser Kunst zeigt, freizügiger und folgenloser »Halt« für unser Bewußtsein zu sein, durchaus anerkennt und insofern sanktioniert. Dies Zeitalter ist eben als Reflexionskultur durch eine allseitige, aber wesenlose Vermittlung bestimmt. Es ist eine Einheit, die auch noch die möglichen Auswege gegen die durch die Epoche allererst geschaffenen Belastungen bereitstellt.

In gewisser Hinsicht erinnert dieser Ansatz an Analysen der gegenwärtigen amerikanischen Kultur, wie sie insbesondere *Herbert Marcuse* in seiner Zeitkritik entwickelt hat.[34] Diese Kultur ist im ganzen die Vollendung »liberaler Unverbindlichkeit«. Das Prinzip des laissez faire ist so weit getrieben, daß man Nonkonformismen und sogar mögliche Angriffe, von Außenseitern gegen die Zeit vorgetragen, von vornherein in Rechnung stellt. Man nimmt sie gerade damit nicht ernst, denn man glaubt an keine grundlegenden, durch eigentätige Handlungen herbeigeführte Veränderungen. Die sich selbst in sich ausbalancierenden Superstrukturen sind die eigentlich bestimmenden Mächte. Es ist nicht so, als ob durch sie die beste aller Welten herbeigeführt würde, so daß keine Verbesserung notwendig wäre. Aber man kann, das ist die hier leitende Überzeugung, in dieser Welt leben, und man richtet sich auf Dauer in ihr ein.[35] –

Wir haben Gehlens Ansätze ausführlich dargelegt, um den Weg von der anthropologischen Spekulation zur wissenschaftlich fundierten Anthropologie möglichst konkret aufzuweisen. Auch wenn Gehlen in bestimmter Hinsicht – etwa dem Gedanken der Zucht – eine Sonderstellung innerhalb der modernen Anthropologie einnimmt, so treten bei ihm doch die entscheidenden Grundzüge dieser Anthropologie sehr eindrücklich hervor: die Abwendung von der Metaphysik, die Zuwendung zur empirischen Betrachtung und vor allem die Ausschaltung fester Wesensbegriffe. Hinter Gehlens Ansatz – das zeigt die Entwicklung seines Werkes – steht der Unglaube an die Macht der Philosophie. Kaum ein gegenwärtiger Denker hat in so eindrücklicher Weise, wie es Gehlen in seinen späteren Arbeiten tut, dargelegt, daß die philosophische Attitüde dahin ist. Gehlen meint, daß sich hier ein ganz entscheidender Wandel vollzöge. Er erklärt in einem im Jahr 1961 gehaltenen Vortrag »Über kulturelle Kristallisation«, daß keine weltanschaulichen Angebote mehr entstehen werden, »– das liegt nicht mehr in den Möglichkeiten der Epoche und folglich bietet die Philosophie den Anblick, den sie zeigt. Das Ende der Philosophie im Sinne der Schlüsselattitüde kann an Bedeutung schwer überschätzt werden . . .«[36]

D. Die Aufhebung der philosophischen Anthropologie

Vorbemerkung

Wir haben bereits in der Einleitung zu diesem Teil darauf hingewiesen, daß die moderne philosophische Anthropologie einen *Übergang* darstellt. Fragen, die den Menschen betreffen, werden heute – das scheint die eindeutige Tendenz der Entwicklung zu sein – gar nicht mehr als philosophische Probleme betrachtet, sondern in immer stärkerem Maße als Probleme der konkreten Wissenschaft angesehen oder von der Praxis her angegangen, wobei aber diese Probleme der Praxis ihrerseits mit Hilfe der Wissenschaft gelöst werden sollen. Wir meinen, daß dieser Wandel dem Geist des verwissenschaftlichten Zeitalters entspricht und durchaus legitim ist. Gleichwohl ist es erforderlich, die sich in ihm zeigenden Strukturveränderungen kritisch zu durchdenken, wenn anders man die Gefahren vermeiden will, die die Verwissenschaftlichung mit sich bringt. Es ist dies insbesondere die Gefahr, sich im Geist eines unkritischen Positivismus einem Tatsachenglauben zu überlassen oder im Geist eines übersteigerten Pragmatismus sich ohne jedes Verantwortungsbewußtsein dem Gedanken reiner Machbarkeit und reiner Manipulierbarkeit des Menschen zu unterstellen.

Fragt man nun den Phänomenen nach, die eine Aufhebung der philosophischen Anthropologie in ihrer von Scheler, Plessner und Gehlen entwickelten Fragestellung anzeigen, so ist eine gewisse Vieldeutigkeit zu beobachten. Grundsätzlich gesehen ist jedoch folgendes zu sagen: die Ansätze und vor allem die Ergebnisse dieser Anthropologie stehen heute nicht mehr im Zentrum der wissenschaftlich-anthropologischen Diskussion. Man kommt – so läßt sich der Gesamteindruck vielleicht ein wenig überschärft zusammenfassen – auf dem Wege, den diese Denker eingeschlagen haben, offenbar nicht mehr recht weiter. Das Gefühl des *Überlebtseins* dieser Anthropologie, das bis zur Uninteressiertheit an ihren Ergebnissen führt, ist – so meinen wir – ein deutliches Anzeichen der beginnenden Aufhebungsbewegung. Es hat in der Entwicklung der Anthropologie selbst liegende Gründe. Diese Gründe werden allerdings nur sichtbar, wenn man bereits neue Wege eingeschlagen hat. Wir suchen sie im folgenden ausdrücklich zu machen und weisen zunächst auf eine Schwierigkeit hin, die die biologisch orientierte Anthropologie von Scheler an belastet.

Die Zweideutigkeit der biologisch orientierten Anthropologie.
Der Vergleich von Tier und Mensch

Die moderne Anthropologie will grundsätzlich und ein für allemal – darin liegt ja die philosophische Attitüde – die Struktur und das Wesen des Menschen herausarbeiten. Aber diese Bestimmung des Menschen soll nicht mehr durch eine spekulative Introspektion, sondern durch den Vergleich mit dem Tier geleistet werden. Dieser Vergleich basiert auf einer Voraussetzung. Diese Voraussetzung besagt: der Vergleich zwischen Tier und Mensch muß auf dem Wege der *Empirie* durchgeführt werden. Es ist klar, daß der eine Vergleichspartner, das Tier, nur durch die äußere Beobachtung erschlossen werden kann. Wird nun der Mensch mit diesen empirisch gesicherten Strukturen des Tieres verglichen, dann ist ein solches Vorgehen nur sinnvoll, wenn auch der Mensch in seiner Struktur nach derselben Methode untersucht wird. Wenn es sich nun zeigt, daß eine äußere Beobachtung beim Menschen nicht ausreicht, weil wesentliche Bestimmungen des Menschseins so nicht erschlossen werden können, wird die Lage prekär. In der anthropologischen Argumentation vollzieht sich dann ein Bruch. Bei *Scheler* wird dies deutlich; Scheler schaltet von der empirischen Forschung auf das Wesenswissen und das Heilswissen um; dieser »Übergang« widerspricht aber dem Ansatz einer auf dem Tiervergleich basierenden Anthropologie, die ja wesenhaft nur empirisch sein kann und darf. Die Überschreitung der Empirie wird ebenso bei *Plessner* und *Gehlen* sichtbar. Wenn der Mensch als sich zu sich verhaltendes und seine Welt selbständig aufbauendes Wesen angesetzt wird, dann ist eine solche Aussage nicht mehr im strengen Sinne empirisch beweisbar, denn ein Selbstverhältnis ist keine konstatierbare Tatsache. Alle drei Denker überschreiten also die Ebene der biologischen Untersuchung. Die sie leitende Absicht ist es ja, die *Andersartigkeit* des Menschen zu beweisen, und die Mittel, durch die dieser Beweis geführt werden soll, sind letzten Endes eben nicht der Biologie, sondern der philosophischen Tradition entlehnt. Für Scheler ist der Mensch seiner Bestimmung nach ein Geistwesen, der Geist selbst aber ist im Sinne der Tradition das Prinzip einer rein sachlich orientierten triebfreien Wesenserkenntnis. Und wenn Plessner und Scheler den Menschen als das Wesen bestimmen, das auf Grund seines Selbstverhaltens sein Leben selbst zu führen hat, dann greifen sie auf das Gedankengut des Deutschen Idealismus zurück.

Überdenkt man diese Situation, so ist unter systematisch-sachlichem Aspekt folgendes zu sagen: die Zweideutigkeit des anthropologischen Vorgehens kann nicht durch die Anthropologie, wie sie sich von Scheler an konstituiert hat, behoben werden. Wenn man zeigen will, daß der Mensch dem Tier *grundsätzlich* überlegen ist, dann muß man davon ausgehen, daß ein solcher Beweis nur auf dem Wege einer entschiedenen *Selbstreflexion* des Menschen möglich ist, einer Selbstreflexion, durch die der Mensch sich seiner selbst als eines ichhaften Wesens versichert, das sich *und* das Tier zu untersuchen vermag. Ein solches Vorgehen aber erfordert, daß man den Versuch, durch einen empirischen Vergleich die Überlegenheit des Menschen über das Tier zu erweisen, als Irrweg durchschaut. Um genau zu sein: ein empirischer Vergleich von Tier und Mensch kann, wenn er in bestimmter Hinsicht durchgeführt wird, etwa um das Aggressionsverhalten von Tier und Mensch zu erforschen, außerordentlich nützlich sein.[1] Konkrete Vergleiche von Tier und Mensch sind aufschlußreich, weil der Mensch hier gleichsam auf dem Wege einer Selbstentfremdung bei ihm verwandten und doch andersartigen Wesen Phänomene untersucht, die ihm an ihm selbst »zu nah« sind. Anders gesagt: der Vergleich von Tier und Mensch vollzieht sich als eine indirekte *Selbstvermittlung* des Menschen. Ich will durch den Vergleich etwas lernen nicht nur über das Tier, sondern auch über mich selbst. Ich gehe in einer solchen Untersuchung von mir aus, und kehre wieder zu mir zurück, wobei dieser Umweg über die Erforschung des Tieres eben der Weg der Erkenntnis meiner selbst durch das »dialektisch Andere« ist.[2]

Daß der Mensch sich vom Tier nur durch das Mittel der Selbstreflexion grundsätzlich zu unterscheiden vermag, darf nicht dahin verstanden werden, als ob wir den Idealismus wieder aufleben lassen wollten. Der Versuch, eine Metaphysik des Menschen vom Idealismus her aufzubauen, wäre heute im Zeitalter der Verwissenschaftlichung anachronistisch. Aber gerade wenn man von der idealistischen Systematik wirklich frei geworden ist, ist es möglich, nun unvoreingenommen berechtigte Gedanken des Idealismus anzuerkennen. Und eben ein solcher Gedanke ist die Bestimmung »Ich«, die *Kant* am Anfang seiner Anthropologie folgendermaßen aussagt: »Daß der Mensch in seiner Vorstellung das Ich haben kann, erhebt ihn unendlich über alle anderen auf Erden lebende Wesen.«[3]

Die Ichhaftigkeit des Menschen kann und muß als »Prinzip« einer jeden Besinnung des Menschen auf sich selbst angesetzt werden. Es ist aber mit ihr »nichts weiter anzufangen«. Versuchte man das Ich von der Erfahrung abzulösen und es isoliert für sich zu betrachten, dann verfiele man damit einer sich ins Unendliche erstreckenden und leerlaufenden Reflexion – wir haben auf diese Möglichkeit bei unserer Interpretation Fichtes hingewiesen.[4] Es ist, so kann man also zusammenfassend sagen, durchaus notwendig und angemessen, sich die Ichhaftigkeit des Menschen auszusprechen, um solchermaßen der *grundsätzlichen Unterscheidung von Tier und Mensch* gewiß zu werden; es ist aber ebenso angebracht, dann diese Einsicht auf sich beruhen zu lassen und sich den *konkreten* anthropologischen Fragen zuzuwenden. In solchen konkreten Untersuchungen aber wird der Ichbegriff geradezu »zersplittert«. So ist zum Beispiel das Ich als Gegenbegriff zum Du nicht im strengen Sinne identisch mit dem Ich, das sich von »seinem« Körper unterscheidet. Es genügt aber durchaus, die Einheit und Wesenhaftigkeit des Ich als »hintergründig durchscheinend« bei diesen konkreten Untersuchungen »mitzudenken«.[5]

Die Notwendigkeit einer Methodenvielfalt der anthropologischen Untersuchungen

Die »Lockerung im Vorgehen« erscheint uns überhaupt eine Grundbestimmung des anthropologischen Fragens, wie es sich in der Gegenwart herauszubilden beginnt. Gerade wenn dem Zuge der Entwicklung gemäß nun konkrete anthropologische Probleme in den Vordergrund treten, ist jede Methodeneinseitigkeit verderblich. Die Problematik erfordert in ihrer Vielfältigkeit ein Hin und Her zwischen verschiedenen Ansätzen, dessen Grundmerkmal die Aufhebung reinlicher Scheidungen ist. Genausowenig, wie es angemessen ist, bei den konkreten Fragen eine eindeutige Trennung zwischen einem rein theoretisch und einem rein praktisch orientierten Vorgehen als Ideal anzusetzen, genausowenig ist es sinnvoll, eine empirische Untersuchung von einer nicht-empirischen Analyse im strengen Sinne ablösen zu wollen.

Wenn man die Entwicklung der Anthropologie überblickt, so zeigt sich deutlich, daß sich die Meinung durchgesetzt hat, daß der Zugang zum Menschen nicht mehr durch den Entwurf einer spekulativen Geistmetaphysik gewonnen werden könne. In diesem Sinne ist es legitim zu sagen, daß der Grund und der Boden der Wissenschaften vom Menschen die *Erfahrung* ist. Erfahrung ist jedoch im anthropologischen Bereich ein sehr weiter Begriff. Es ist notwendig, sich diese Weite nicht nur immer wieder klarzumachen, sondern sie als Positivum zu buchen. Es genügt nicht, ja es ist sogar verfehlt, den anthropologischen Erfahrungsbegriff abzugrenzen, indem man erklärt, naturwissenschaftliche Erfahrung habe es mit äußeren Objekten zu tun, sie sei daher durch Nachprüfbarkeit gekennzeichnet, im menschlichen Bereich dagegen sei eine entsprechende Objektivität nicht zu erlangen. Gegen eine solche Argumentation ist zu sagen, daß heute die Erfahrung der Naturwissenschaft – wie wir im ersten Teil gesehen haben[6] – nicht mehr als rein objektive Eindeutigkeit zu bestimmen ist. Auch hier hat der Mensch, wie Heisenberg erklärt, mit sich zu tun, als und insofern er sich als Forscher im Forschungsprozeß, der die eigentliche Wirklichkeit der Wissenschaft ist, mitthematisieren muß. Sodann ist zu beachten, daß auch in den Wissenschaften vom Menschen Erfahrung heute nicht mehr primär unmittelbare Erfahrung ist. Auch in diesen Wissenschaften wird die Erfahrung umwegig bestimmt durch die Schaffung abstrakter künstlicher *Modellstrukturen*. Wir haben in der Erörterung des Begriffes der Rolle, wie er gegenwärtig in der Soziologie gebraucht wird, diese Wende zur Konstruktion von Modellen, die zwar erfahrungsbezogen, aber nicht selbst erfahrbar sind, ausdrücklich erörtert.[7] Dieser dialektisch erweiterte Erfahrungsbegriff hat sich heute in der Wissenschaft durchgesetzt. Er muß auch und gerade in der Anthropologie berücksichtigt werden.

Das »Prinzip« aller Anthropologie ist, wie wir gesehen haben, die Erkenntnis der Ichhaftigkeit des Menschen. Als Ich kann der Mensch sich nicht nur von der äußeren Natur, sondern auch von sich selbst unterscheiden. Er ist daher fähig, nicht nur die äußere Natur, sondern auch sich selbst »objektiv von außen her« zu untersuchen. Das menschliche Verhalten kann also durchaus von seinen sinnlich feststellbaren und kontrollierbaren Äußerungen her thematisiert werden. Aber eine solche Untersuchung muß immer wieder zu dem wirklichen Selbstverständnis des Menschen in Bezug gebracht werden und zwar um willen einer Gesamterkenntnis des Menschen. Daß der Mensch sich selbst zum Objekt machen kann, muß ja als zu dem Menschen gehörende »Tatsache« berücksichtigt werden, wenn anders man ihn angemessen erfassen will. Grundsätzlich gesagt: der Mensch hat die Möglichkeit einer Selbsterkenntnis, die sehr verschiedene Ausformungen und sehr verschiedene Grade annehmen kann. Das eine Extrem ist die behavioristische Objektivierung, das andere die verinnerlichte Selbstreflexion. Beide Betrachtungsweisen sind dem Menschen möglich, und daher ist es notwendig, sie und die zwischen ihnen liegenden Variationen zu thematisieren. Es geht also darum – so fassen wir zusammen –, die anthropologische Erfahrung als das Ineinander, Miteinander und Gegeneinander verschiedener Methoden anzusetzen. Äußere Beobachtung, abstrakte Modellkonstruktion, individuelle und geschichtliche Selbsterkenntnis sind allesamt berechtigte Verfahrensweisen der Anthropologie.

Die Vergleichgültigung der Grundbestimmungen der philosophischen Anthropologie

Überblickt man die moderne philosophische Anthropologie im ganzen, so sieht man, daß für die Fragestellungen die traditionelle Anthropologie weithin den Rahmen abgibt. Das besagt vor allem: es geht auch in der modernen Anthropologie um das Problem des Dualismus von Geist und Körper und von Vernunft und Trieb. Aber nicht nur in der Problemstellung, sondern auch in den Ergebnissen bleibt die moderne Anthropologie dem traditionellen Denken verbunden, insofern sie die Überlegenheit des »Menschen selbst« über seinen Körper und vor allem seine Triebe herauszustellen sucht. Der Mensch ist Geist (Scheler), ein exzentrisches Wesen (Plessner), ein handelndes Wesen (Gehlen) und deswegen vermag er gegen seine Triebe zu protestieren und sie zu beherrschen.

Das Neue an der modernen Anthropologie zeigt sich in der Ablehnung der alten durch den theologischen Schöpfungsbegriff begründeten Vermögenspsychologie. Die moderne Anthropologie geht nicht mehr von ruhenden Anlagen aus. Die anthropologischen Grundbegriffe werden vielmehr und zwar in immer stärkerem Maße – dies macht die Entwicklung der Anthropologie von Scheler zu Gehlen deutlich – funktionalisiert. So will Gehlen mit dem Begriff Handlung arbeiten, ohne diese Handlung ihrerseits auf ein Vermögen zurückzuführen. Die Tendenz der modernen Anthropologie, durch Ausarbeitung funktioneller Grundbestimmungen die Vermögenspsychologie aufzuheben, wirkt sich nun dahin aus, daß die dualistische Ontologie der traditionellen Philosophie aufgegeben wird, ohne daß dadurch der dualistische Ansatz als solcher »absolut zum Verschwinden gebracht wird«.

Die traditionelle Ontologie bestimmt den Körper als ein vorhandenes Etwas, und entsprechend wird auch der Geist als ein vorhanden Seiendes angesetzt. Wir haben es hier mit zwei Substanzen zu tun, die zwar sui generis sind, aber doch aufeinander wirken. Dieser Ansatz wirft – wie wir ausführlich erörterten – schwerwiegende philosophische Probleme auf. Die traditionelle Philosophie hat bis zum Deutschen Idealismus hin immer erneut versucht, die Frage einer wechselseitigen Einwirkung von Körper und Geist theoretisch eindeutig mit Hilfe einer weitgehenden Spekulation zu lösen. Die moderne funktional-dynamische Anthropologie dagegen hat in eins mit der Negation der Vermögenspsychologie diese Spekulationen über den Zusammenhang von Körper und Geist zur Seite geschoben. Das bedeutet aber nicht, daß damit die Dualität des Menschen als solche grundsätzlich abgestritten wäre.

Man kann die Wende, die die moderne Anthropologie mit sich bringt, im ganzen als den Vorgang einer *Vergleichgültigung* der dualistischen Schematik der Tradition verstehen. Das besagt einerseits, daß die moderne Anthoprologie das Problem des Verhältnisses von Körper und Geist nicht mehr als Grundproblem der Anthropologie ansetzt. Man wendet sich vielmehr der Analyse von Verhaltensformen, die den »ganzen Menschen« betreffen, zu. Aber auf der anderen Seite wird auch in der modernen Anthropologie als Tatsache anerkannt, daß der Mensch Körper und Geist »hat«, daß beide voneinander unterschieden sind und sich doch gegenseitig beeinflussen können. Die moderne *psychosomatische Medizin* hat die Einwirkung des Seelischen auf den körperlichen Organismus herausgestellt. Und der sich heute ständig steigernde Gebrauch von Psychopharmaka beruht ja auf der uralten Lebenserfahrung, daß der Mensch sich durch physische Mittel seelisch und geistig beeinflussen kann. Diese Tatsachen können auch dann, wenn man sie nicht mehr als philosophische Grundprobleme betrachtet, nicht geleugnet werden. Man sucht ihnen aber heute nun – das ist das eigentliche Neue – wesentlich in *praktischer Hinsicht* beizukommen. Das Aufgeben der Meinung, es ginge hier um grundlegende philosophische Probleme, und die Wendung zur praktischen Bewältigung der sich hier zeigenden Zusammenhänge gehören aufs engste zusammen!

Überdenkt man diese Wandlung, so zeigt sich, daß die moderne philosophische Anthropologie einen Übergang und ein Zwischenstadium darstellt und offenbar darstellen muß aufgrund ihrer geschichtlichen »Zweideutigkeit«. Auch wenn die Anthropologie die dualistische Substanzlehre durch ihren funktionellen Ansatz aufhebt, so will sie doch – das ist die eine Seite – ebenso wie die Tradition eine endgültige philosophische Anschauung über das Wesen des Menschen finden. Aber – und hier zeigt sich die andere in die Zukunft weisende Tendenz – mit ihrer Wende zur einzelwissenschaftlichen Forschung arbeitet die Anthropologie diesem allgemeinen Ansatz selbst entgegen und trägt das Ihre zur Aufhebung der Anthropologie als einer philosophischen Grunddisziplin bei. Vor allem aber ist zu bedenken, daß die einzelwissenschaftliche Fragestellung weithin, wie wir bereits andeuteten, praktisch-pragmatisch ausgerichtet ist. Das Interesse an den hier auftretenden konkreten Fragen wirkt nun aber daran mit, daß die in der Anthropologie bereits selbst vorhandenen Möglichkeiten, sich vom Allgemeinen und Grundsätzlichen zum Konkreten und Spezifischen zu wenden, entscheidend verstärkt werden.

Dieser Entwicklungsgang stellt im ganzen eine Bewegung der Aufhebung dar. Aber diese Bewegung ist nicht mehr in eindeutiger Weise als linearer und gradliniger Fortschritt zu deuten. Sie ist von der traditionellen Fragestellung her gesehen durch »Erscheinungen der Verarmung und Verkürzung« gekennzeichnet. Das Erlöschen des Interesses an theoretisch grundsätzlichen Bestimmungen überhaupt, auch denen einer dynamisch orientierten Anthropologie, ist heute nicht zu übersehen. Das bedeutet konkret: es treten nun nicht mehr an die Stelle der früher leitenden Grundbestimmungen – seien diese im Sinne der Substanzlehre oder eines dynamischen Funktionalismus gedacht – neue philosophische Gesichtspunkte.

Man kann sich diesen Vorgang vor allem durch einen Blick auf den *terminologischen* Wandel der anthropologischen Bestimmungen verdeutlichen. In der metaphysischen Epoche waren Geist und Körper relativ eindeutige Begriffe, oder – vorsichtiger formuliert – es war das Anliegen dieser Epoche, die unter der Vorherrschaft der Wesensfrage stand, eindeutige Formulierungen zu erarbeiten. In der modernen Anthropologie wird diese Tendenz zur Eindeutigkeit selbst zweideutig; auf der einen Seite sollen die dynamischen Grundbegriffe die Natur des Menschen adäquat zur Aussage bringen, auf der anderen Seite stellen sie lediglich hypothetische Begriffe zur Erklärung von konkreten Phänomenen dar und werden mit deren Erklärung selbst verändert.[8] Durch die gegenwärtig sich immer stärker zeigende Wende zur einzelwissenschaftlichen Fragestellung und zur pragmatisch orientierten Praxis aber wird der eindeutige Gebrauch anthropologischer Grundbestimmungen in noch radikalerem Maße »verunsichert«. Aber diese Unsicherheit – das ist das Neue – erscheint eigentlich nicht mehr als besorgniserregend. Man sucht ihr eben nicht mehr zu begegnen durch die Bemühung um philosophisch zureichende Definitionen, sondern gebraucht vielmehr entweder die traditionellen Termini weiterhin oder greift auf umgangssprachliche Funktionsbestimmungen zurück, die durchaus die Ausrichtung des jeweiligen Forschungsvorhabens anzuzeigen vermögen. Wir werden bei unserer Besprechung der Psychoanalyse auf diesen Sachverhalt noch einzugehen haben.[9]

Die ethische Ausrichtung der Anthropologie

Wenn wir im anthropologischen Bereich den Übergang zu konkreten Fragen als den Sinn der Entwicklung anerkennen, so besagt dies nicht, daß wir einer allgemeinen Richtungslosigkeit das Wort reden wollen. Vielmehr gilt es, die Fragenvielfalt ständig an dem Problem zu messen, wie in der gegenwärtigen Gesellschaft das Menschsein in geschichtlicher Verantwortung verwirklicht werden kann. Was diese sehr allgemeine Formel inhaltlich besagt, werden wir im fünften Teil erörtern, wenn wir den Problemen der Verantwortung konkret nachgehen; hier vermag nur eine der Zeitsituation angepaßte spezifische Analyse weiterzuhelfen, die nicht mehr von der Philosophie allein geleistet werden kann. Der *Philosophie* fällt nun vor allem eine doppelte Aufgabe zu. Sie hat einmal die faktisch vorherrschenden Methoden zu reflektieren, das heißt, sie muß insbesondere die Notwendigkeit einer Vielfalt dieser Methoden nachweisen. Und sie hat zweitens als »mahnendes Gewissen« der Forschung zu fungieren. Im Hinblick auf diese zweite Funktion seien jetzt einige Hinweise gegeben.

Die Auflockerung der philosophischen Anthropologie in methodischer und inhaltlicher Hinsicht läßt sich als eine *Negation* der »philosophischen Binnenproblematik« verstehen. Das besagt: anthropologische Fragen werden, wie wir bereits darlegten, nun innerhalb bestimmter Wissenschaften, der Psychologie, der Psychoanalyse, insbesondere aber der Soziologie abgehandelt. Diese Wendung vollzieht sich als Zersplitterung in Einzelfragen. Das ist ein Faktum, das hinzunehmen ist. Man hat aus ihm die notwendigen Konsequenzen zu ziehen. Die philosophische Anthropologie muß ihr Ideal, daß sie die in den einzelnen Wissenschaften erarbeiteten Ergebnisse zusammenfassen und auf einen Nenner zu bringen vermöge, aufgeben. Eine solche Zusammenfassung ist unmöglich, und zwar nicht nur deswegen, weil es kaum einem Gelehrten gelingt, alle Ansätze und alle Ergebnisse der anthropologischen Einzelwissenschaften wirklich zu kennen, sondern auch und vor allem deshalb, weil der philosophische Anthropologe keinen einheitlichen und eindeutigen Gesichtspunkt herauszustellen vermag, von dem her diese Ergebnisse umfassend zu erhellen wären. Aber dieser Verzicht ist durchaus dialektisch. Es ist zwar unmöglich, ein philosophisches Gesamtbild des Menschen ein für allemal als theoretische Wesensaussage dessen, was der Mensch ist, aufzustellen. Es ist jedoch möglich und sogar erfordert, von der geschichtlichen Situation her in offenen Horizonten so etwas wie *Leitbilder* für das Handeln zu entwerfen. Solche Leitbilder fungieren, wie wir im fünften Teil sehen werden, weitgehend als Rahmenordnungen, insofern sie unaufhebbare Bedingungen des Menschseins herausstellen.

Man muß sich in diesem Zusammenhang klarmachen, daß auch heute noch der handelnde und leidende Mensch der Ausgangspunkt aller anthropologischen Wissenschaft ist. Von der Aufgabe her, eine mögliche Verbesserung der menschlichen Situation innerhalb des vorgegebenen geschichtlichen Raumes zu erwirken, ist daher die theoretische Einzelanalyse als »Zwischenstück« anzusetzen. Anders formuliert: die Einzelanalysen müssen wiederum in den Lebenszusammenhang aufgehoben werden.

Der Philosoph hat hier so etwas wie eine Rückkoppelung zu vollziehen, deren Sinn es ist, das einzelwissenschaftliche Vorgehen unter den Gesichtspunkt der *Ethik* zu stellen und zu analysieren. Die ethische Fragestellung geht davon aus, daß der Mensch nichts Vollendetes ist, sondern daß er sich selbst ständig in Richtung auf die Zukunft fraglich wird, das heißt, daß er sich zu überholen hat. Dies Sich-Überholen geschieht oder genauer: es soll geschehen als Verbesserung zwischenmenschlicher Bezüge. Diese Verbesserung kann heute – dies gilt es einer abstrakt philosophischen Ethik gegenüber festzustellen – nicht ohne Besinnung auf die *soziologisch* zu erhellende Konstellation vollzogen werden, denn die menschlichen Bezüge sind nur zu gestalten, wenn man bedenkt, daß der Mensch gegenwärtig inmitten einer technisch verwissenschaftlichten Welt steht, die ihn selbst in seinen Möglichkeiten bestimmt.

Die mitmenschlichen Bezüge sind heute mehr denn je verschiedenartig ausgeformt. Grob formuliert läßt sich jedoch folgende Einteilung aufstellen: es gilt zu unterscheiden zwischen *informellen Gruppen oder Kleingruppen* und *Großformationen*, wie sie sich durch die Entwicklung der industriellen Gesellschaft herausgebildet haben.[10] Diese Großformationen sind in sich schwer zu erfassen, weil sie nicht durch die unmittelbare Begegnung mit einem einzelnen oder nur wenigen Menschen repräsentiert werden. Gleichwohl ist ihre Gestaltung entscheidend, denn sie umgreifen die informellen Gemeinschaften, und von ihrer Fassung hängt es wesentlich ab, wie sich das persönliche Zusammenleben gestaltet. Die Kenntnis und vor allem die Möglichkeit einer Formung dieser Großgebilde ist aber in weit stärkerem Maße, als dies bei den kleinen Gruppen notwendig ist, nur mit Hilfe sozialwissenschaftlicher Analyse möglich. Die *Sozialwissenschaften* müssen heute im anthropologischen Bereich als *Grundwissenschaften* angesetzt werden. Der Philosoph darf sein Interesse, wenn anders er zeitgemäß sein will, daher nicht, wie dies heute noch weithin geschieht, auf die Analyse des Privat-Persönlichen beschränken und die Großformationen beiseite lassen oder sie gar als Entfremdungsformen des Menschen anprangern.

Es ist in dieser Hinsicht als Fortschritt zu buchen, daß sich die führenden Anthropologen soziologischen Problemen zuwenden. Diese Zuwendung erfordert weitgehend den Verzicht auf grundsätzliche Bestimmungen dessen, was der Mensch ist, und ein Eingehen auf spezifische Fragen, die sich immer weiter verzweigen und ein unendliches Forschungsfeld darstellen. Eine solche Wende zur Konkretion bedeutet jedoch eine Bereicherung, denn der Vergleich von Tier und Mensch ist, wie wir bereits darlegten, wenn er nicht unter bestimmte Einzelprobleme gestellt wird, heute kein wirklich ergiebiges Forschungsfeld mehr. Anthropologen wie Plessner oder Gehlen scheinen diese Tatsache durchaus zu berücksichtigen. Ihre Zuwendung zu soziologischen Fragen ist, so meinen wir, auch durch die Einsicht bedingt, daß von der biologisch orientierten Anthropologie nicht mehr wesentlich neue Ergebnisse zu erwarten sind.

Wenn die Erkenntnis und die Gestaltung der zwischenmenschlichen Verhältnisse, insbesondere der Großformationen, nur mit Hilfe der Sozialwissenschaften möglich ist, so besagt dies für die Ethik, daß sie auch und gerade dann, wenn sie allgemeine Leitbilder für das Handeln entwerfen will, den zweifachen Bereich der heutigen Wissenschaft beachten muß, den *beobachtbaren Erfahrungsbestand* und die *theoretisch konstruierte Modellwelt*. Leitbilder für das Handeln sind heute nur echt, wenn diese komplizierte Doppelform der Wissenschaft berücksichtigt wird und zwar in der Weise, daß der *Bezug* zwischen beiden Dimensionen eigens bedacht wird. Nicht nur der

»Sozialtechniker«, sondern auch der Ethiker verfehlt seine Aufgabe, wenn er die empirische Wirklichkeit oder die Modellwelt allein beachtet, denn Planung, auch Planung unter ethischen Aspekten, muß sich gerade im »Zwischenraum« zwischen beiden Dimensionen bewegen oder besser: sie muß deren Vermittlung ausdrücklich vollziehen. Wir werden im fünften Teil diesen Sachverhalten noch genauer nachzugehen haben und dort vor allem zu zeigen versuchen, daß das Herausarbeiten einer ethischen Fragestellung nicht regional einzugrenzen ist. Das besagt, es kann ebenso gut vom Philosophen wie vom jeweiligen Wissenschaftler betrieben werden. Im ersten Fall muß der Philosoph sich in die Fachwissenschaften »vertiefen«, und im zweiten Fall ist es erfordert, daß der Fachwissenschaftler unter ethischen Aspekten zu philosophieren beginnt.

Diese *dialektische Vermittlung von Wissenschaft und Leben* stellt gegenwärtig die einzige Chance dar, durch die dem Menschen heute eine mögliche Selbstverwirklichung eröffnet wird. Grundsätzlich formuliert: im Zeitalter der Verwissenschaftlichung kann sich eine Selbstverwirklichung nur noch in indirekter Form vollziehen. Wir werden die Struktur der indirekten Vermittlung im Zusammenhang unserer ethischen Analyse des Miteinander noch genauer zu thematisieren haben und weisen jetzt nur vorgreifend auf die Bedeutung dieser Bestimmung hin.

Die *indirekte Vermittlung* erscheint als ein Grundgesetz des menschlichen Lebens überhaupt. Dies Gesetz besagt, daß der Mensch mit sich selbst nur zurechtkommt durch den Bezug zu anderen, sei es daß dieser Bezug zu den anderen natürlich gewachsen ist, oder daß der einzelne ihn herstellt. Eine reine Form der Selbstverwirklichung des einzelnen unmittelbar nur durch sich selbst ist offensichtlich weder im äußeren noch im inneren Sinne eine menschliche Möglichkeit. Es gibt jedoch Zeiten, in denen diese »Tatsache« der indirekten Selbstvermittlung zurücktritt, und zwar sind dies Zeiten, in denen faktisch und ideologisch der einzelne ins Zentrum rückt. Die Einmaligkeit des Menschen wird als wesentlich betont. Jeder hat sich für sich selbst zu verwirklichen. In den Epochen der »Innenkultur« tritt der Gedanke der persönlichen Entelechie ins Zentrum. Der Mensch als Person entwickelt sich seinem Wesen gemäß, der Andere kann zu dieser immanenten Entwicklung nichts Entscheidendes beitragen. Der zwischenmenschliche Bezug wird durch eine Ordnung gewährleistet, die alle übergreift, und die sich immer wieder von selbst einspielt. Diese Ordnung zeigt sich auf allen Gebieten. Diese Gebiete sind zwar an sich voneinander unterschieden und werden als »Kulturregionen« gegeneinander abgegrenzt. Es waltet in ihnen jedoch der gleiche Stil. Wenn ökonomisch gesehen der einzelne nur an sich und seinen Vorteil denkt, so wird, so argumentiert man in diesen Epochen, der Konkurrenzkampf als solcher den Ausgleich aller herstellen, und ebenso werden die verschiedenen Persönlichkeiten mit ihrer privaten Entwicklung doch miteinander harmonisieren; die Monadenlehre von Leibniz zeigt auf dem Gebiet der Philosophie das Grundgesetz an: der einzelne ist sich selbst je das Maß, und doch sind alle von einer übergreifenden Einheit bestimmt.[11]

Der *gegenwärtigen Epoche* ist dieser Ansatz fremd geworden. Die Vorstellung einer Vollendung des menschlichen Wesens in sich selbst mußte in einem Zeitalter aufgehoben werden, das durch die Vergleichgültigung der Wesensbestimmungen geprägt ist, und das eine strikte Gebietseinteilung nicht mehr kennt – die verschiedenen Kulturgebiete, insbesondere Wissenschaft und Leben greifen ineinander, der Gedanke ihrer Eigengesetzlichkeit und Autonomie ist hinfällig geworden. Diese Vergleichgültigung der Wesensbestimmung führt eine Abwendung von der Innenproblematik des einzelnen und eine *Zuwendung zum Außen* herbei, besser: der Gegensatz von Innen und Außen wird eingeebnet. Vergleichgültigung bedeutet jedoch auch hier nicht »absolute Negation«. Der Unterschied von Innen und Außen kann nicht einfach verschwinden. Auch der gegenwärtige Mensch ist nie ganz und gar veräußerlicht. Der außengesteuerte Mensch in Reinkultur gedacht, das wäre der Mensch, der sich gar nicht mehr von sich aus mit irgend etwas, sei es von außen oder innen kommend, selbst vermittelt, sondern der sich selbst völlig aufgegeben hat und nur noch gelebt wird. Wir werden auf die Frage der Außenlenkung noch im fünften Teil zu sprechen kommen, weisen aber jetzt schon darauf hin, daß die Unzulänglichkeit eines solchen Begriffes in seiner undialektischen Struktur liegt. Sicher: es gibt bestimmte Epochen, in denen die Menschen mehr außengesteuert, und Epochen, in denen sie mehr innengesteuert sind, Innen- und Außenlenkung sind jedoch beide Grundmerkmale des Menschen als Menschen.

Die Bestimmung »indirekte Vermittlung« ist im Gegensatz zu den Bestimmungen »Innenlenkung und Außenlenkung« *dialektisch*. Gegenüber dem Begriff »Außenlenkung« soll sie anzeigen, daß es zum Menschen als Menschen gehört, daß er sich in irgendeiner Form immer *selbst* vermittelt und nie nur vermittelt wird; gegenüber der Bestimmung »Innenlenkung« soll sie darauf hinweisen, daß diese Vermittlung wesentlich nicht im einzelnen Menschen, sondern nur in bezug zu den anderen, das heißt durch die Mittlung des anderen geschieht. Mittlung bedeutet vom einzelnen her gesehen Umwegigkeit. Diese Bestimmung ist sehr weit zu fassen. Das Umwegige kann auch und gerade darin liegen, daß die Mittlung durchaus nicht vom einzelnen »inszeniert« wird, durch die Affektion von außen her zustande kommt, das Umwegige – die »Öffnung« für die anderen – wird dem einzelnen dann »aufgezwungen«.

Die Bedeutung der indirekten Vermittlung zeigt sich heute auch darin, daß der zwischenmenschliche Bereich nicht isoliert betrachtet werden kann, sondern nur vom Ganzen und im Ganzen der verwissenschaftlichten Zivilisation. Man fordert mit Recht, daß die menschlichen Bezüge über den Sachbezügen stehen sollen: der Mensch soll nicht als Mittel gebraucht werden. Aber diese Forderung ist nur zu erfüllen, wenn man sich der Tatsache der Einbezogenheit des Menschen in die »umgreifenden« Superstrukturen des verwissenschaftlichten Zeitalters, bewußt wird. Handeln im Blick auf eine Verbesserung der menschlichen Lage ist nur möglich, wenn man diese Gebundenheit nicht verleugnet. Es gilt – entgegen einer rein passiven Einstellung – die durch diese Superstrukturen bestimmte Situation als den Ort möglicher Einsatzchancen zu begreifen.

Heute hat sich zwar weithin die Meinung durchgesetzt – wir haben dies an Gehlens Kultursoziologie exemplifiziert –, daß die Superstrukturen und die Großformationen gar nicht zu gestalten seien, weil sie ja nicht überblickbar wären. Im Gegenzug zu einer solchen resignierenden Einstellung gilt es zu betonen, daß der Rückgriff auf die indirekte Vermittlung, wie er hier gemeint ist, letzthin *ethischen* Sinn hat. Indirekte Vermittlung bedeutet, daß man sich für die anderen freigeben soll, um seiner selbst und der anderen willen. Und diese Freigabe erfordert zugleich, daß man sich der gemeinsamen Aufgabe einer Gestaltung der Lebenswelt unterzieht, und zwar einer Lebenswelt, die heute eben von Grund auf in technischer und wissenschaftlicher Hinsicht versachlicht ist. Eine solche Gestaltung ist nicht ohne verantwortliche Steuerung von innen her zu leisten, und Innensteuerung ist allemal Sache des einzelnen. Aber diese Steuerung ist inhaltlich betrachtet an Fragestellungen orientiert, die den einzelnen übergreifen. Im Raum der gegenwärtigen Gesellschaft kann sich der einzelne weniger denn je selbst in Ordnung bringen unter Nichtachtung des Allgemeinen. Die Chance heutiger Ethik liegt darin, daß der Mensch von sich selbst in seiner individuellen Einzelheit absieht und sich »in Selbstlosigkeit versachlicht«. Der Mensch ist heute gezwungen, sich selbst zu planen, und das heißt, mit sich selbst zu experimentieren, denn gerade der Mensch der gegenwärtigen Gesellschaft ist mehr denn je als das nicht fertige Wesen zu bestimmen.

Auch in diesem Zusammenhang muß die Dialektik beachtet werden. Es geht nicht darum, gegen das abgeschlossene Menschenbild der Tradition das Unabgeschlossensein des Menschen als endgültige Wesensbestimmung zu behaupten. Wenn der Mensch sich selbst heute zur Aufgabe wird, so besagt dies gerade, daß er sich hintergründig durchaus als latente Einheit seiner Leitbilder »voraussetzt«. Diese Einheit ist nicht inhaltlich zu bestimmen – die Offenheit bedeutet ja gerade das Nichtfestgelegtsein auf weltanschauliche Gesamtdeutungen des Menschen, wie sie die Tradition gab. Diese Einheit ist vielmehr »nur« als Einheit eines Handlungsbewußtseins zu verstehen. Von dieser Einheit wird im vierten und insbesondere im fünften Teil, der die Zusammenhänge von Geschichte und Ethik untersucht, genauer zu reden sein.

Vierter Teil
Vergeschichtlichung

Zur Gliederung

Wir haben in den vorangehenden Teilen, die die Problemstellungen unserer Gegenwart unter bestimmten Aspekten untersuchen, immer wieder *historische Rückblicke* durchgeführt, die das Verständnis unserer Wirklichkeit gegen die Ansätze der Tradition im positiven und negativen Sinne abheben sollten. Im folgenden Teil wird nun das *Problem der Geschichte* direkt angegangen. Dieser Untersuchung kommt, insofern sie einen bestimmten Fragenkomplex thematisiert, ebenso wie den anderen Teilen ein Eigengewicht zu. Formal gesehen vollzieht sich die Analyse in einer zu den vorausgehenden Teilen parallelen Form. Auch die Problematik des gegenwärtigen Geschichtsverständnisses wird historisch durchleuchtet, das heißt zu den vergangenen Geschichtskonzeptionen in Bezug gesetzt. Gleichwohl nimmt dieser Teil eine gewisse Sonderstellung ein. Das Problem der Geschichte hat für uns *prinzipielle Bedeutung*, insofern die Geschichte die Dimension darstellt, in der sich unsere gesamten Analysen bewegen.[1] Im Gegenzug zu der durch die Metaphysik bestimmten Tradition, die ein für allemal das immer gültige Wesen des Seienden im Ganzen herausstellen wollte, gehen wir bei allen Untersuchungen von der Einsicht in die durchgängige *geschichtliche Bedingtheit* unserer gegenwärtigen Lage aus. Die Anerkenntnis dieser Bedingtheit ist die Voraussetzung dafür, daß wir nicht im Allgemeinen verschweben, sondern die uns eröffneten Möglichkeiten erkennen und verwirklichen, das heißt zeitgemäß denken und handeln.

Dies Begreifen der geschichtlichen Bedingtheit vollzieht sich als Akt der *Vergeschichtlichung*. Vergeschichtlichung ist eine *Reflexionshandlung*. In dieser Reflexionshandlung entschließe ich mich, meiner Situation zu »entsprechen«: Ich orientiere mich von der Vergangenheit her in meiner Gegenwart im Blick auf die Zukunft, wobei es erforderlich ist, die vorgegebenen Trends kritisch unter dem Maßstab einer Optimierung der menschlichen Gesamtverhältnisse zu beurteilen. Vergeschichtlichung ist nicht ohne das Bewußtsein der *Verantwortung* möglich; diese Verantwortung aber darf ihrerseits nicht allein von der personell-privaten Einsicht bestimmt werden, sie muß die Möglichkeiten bedenken, die dem Zeitalter der Verwissenschaftlichung gemäß in sachlicher Hinsicht von Wissenschaft und Technik vorgegeben werden.

Der Akt der Vergeschichtlichung steht im Gegenzug zu der Meinung, daß die Entwicklung sich aufgrund der technischen Rationalität von selbst im Sinne des Fortschrittes vollzieht. Er negiert aber ebenso das Bewußtsein, daß wir angesichts der Superstrukturen, die das Geflecht von Wissenschaft, Technik und Wirtschaft bestimmen, zur Ohnmacht verurteilt sind. Positiv formuliert: die Vergeschichtlichung ist zugleich Bedingung und Folge der Einsicht, daß Wirklichkeit nichts Vorgegebenes und als Tatsache Feststellbares ist, sondern ein *Wechselprozeß zwischen Subjekt und Objekt:* Ich bedinge das Geschehen ebenso, wie ich durch es bedingt werde. Geschichtliches Handeln offenbart die Macht und die Ohnmacht des Menschen.

Überdenkt man diesen Sachverhalt, so zeigt sich: Geschichte ist eine vorzügliche Weise der *Vermittlung*. Sie ist vermitteltes Vermitteln und vermittelndes Vermitteltsein. Die Bestimmung der Wirklichkeit vom Aspekt der Geschichte her ist in ihren Grundzügen bereits in der idealistischen Tradition herausgestellt worden, insbesondere von *Hegel*. Gleichwohl können wir nicht einfach auf diese Tradition zurückgreifen, denn die Entdeckung dieses Wirklichkeitsbegriffs wird hier wesentlich verkürzt, weil sie dem Sinn der klassischen Tradition gemäß metaphysisch fundiert werden soll.

Wir beginnen unsere Analyse mit einem sehr gedrängten Überblick über die »*Entwicklung der Geschichtsproblematik von den Griechen bis zur Aufklärung*«. In dieser Epoche bleibt auf das Ganze der Entwicklung gesehen das Problem der Geschichte ein *Randproblem*. Dies ändert sich in der Zeit des Deutschen Idealismus: durch Hegel rückt die geschichtliche Betrachtungsweise in das Zentrum der Philosophie. Das Verstehen aller Erscheinungen des Geistes ist nur möglich durch die genetische Erhellung ihres Werdens. Hegel inauguriert mit diesem Ansatz den modernen *Historismus*, dessen Kennzeichen es ist, *Geschichte zum Prinzip zu erheben*.

Die Entwicklung dieses Historismus suchen wir im zweiten Abschnitt unter der Überschrift »*Stufen des Historismus. Von Hegel bis zur Gegenwart*« zu thematisieren. Diese Untersuchung konzentriert sich in ihren ersten fünf Kapiteln auf die Linie, die von Hegel über die *großen Historiker des 19. Jahrhunderts zu Dilthey* und zu den *Existenzphilosophen* führt und sodann in der Idee der Seinsgeschichte und der hermeneutischen Wirkungsgeschichte kulminiert. Die hier vollzogene Betrachtung ist zumindest von Dilthey an wesentlich darauf aus, die Geschichte als die eigentliche Dimension des menschlichen Seins herauszustellen und von da her die *Geisteswissenschaften* im Gegenzug zu den Naturwissenschaften zu fundieren. Durch diese Konzeption der Geisteswissenschaften aber wird der reale Lebensbezug, vor allem der Zukunftsbezug, entscheidend verkürzt. Dieser Ansatz hat dazu beigetragen, die Geisteswissenschaften »in Verruf zu bringen«. Wir haben uns daher ausdrücklich zu fragen, welche *Chancen* den *Geisteswissenschaften* heute noch offen stehen. – Den Abschluß der Analyse des Historismus bildet eine Untersuchung der Geschichtsphilosophie von *Marx* und der *Geschichtskonzeptionen des 19. und des 20. Jahrhunderts, die im Gegenzug zum Historismus stehen*. Hier werden Problemstellungen eröffnet, die auch gegenwärtig noch aktuell sind. Insbesondere die von Marx aufgeworfene Frage nach den Möglichkeiten eines realen Handelns, das sich unter den Aspekt der Weltveränderung stellt, ist heute noch genauso wesentlich wie zur Zeit von Marx.

Im folgenden Abschnitt thematisieren wir die »*Tendenz zur Enthistorisierung in der gegenwärtigen Wissenschaft*«, indem wir heute maßgebende Ansätze in bestimmten Wissensdisziplinen skizzieren. Wir weisen zunächst auf die Geschichtsproblematik hin, wie sie sich im *Logischen Positivismus* darstellt. Sodann legen wir den Ansatz der *strukturalistischen Sprachtheorie* und der *generativen Grammatik* dar und untersuchen schließlich die Bedeutung der Ausklammerung der Subjektivität und der Geschichtlichkeit in der *strukturalen Anthropologie*. Dieser Abschnitt bildet den Hintergrund für die Analysen, die den vierten Teil unserer Arbeit abschließen.

Diese Analysen tragen den Titel »*Anmerkungen zu einer zeitgemäßen Philosophie der Geschichte*«. Das Wort »Anmerkungen« soll anzeigen, daß es sich hier nicht um eine allgemeine Theorie der Geschichte handelt. Es ist vielmehr unsere Absicht, auf Ansätze hinzuweisen, von denen her heute eine zeitgemäße Einstellung zur Geschichte möglich ist. Wir gehen in diesem Abschnitt »historisch vor«, das heißt wir fragen, ob und in welcher Form Ideen der traditionellen Geschichtsphilosophie für uns noch gültig sind. Das erste Kapitel ist zentral. Es stellt die oben angedeutete *Dialektik von Macht und Ohnmacht in der Geschichte* heraus. Diese Dialektik wird sowohl in der Tradition als im modernen Ahistorismus so stark verkürzt, daß es notwendig ist, sie ausdrücklich als Grundstruktur der Geschichte herauszuarbeiten. Von dieser Dialektik her ist es erfordert, die Frage nach dem *Sinn der Geschichte* neu zu stellen. Eine mögliche Antwort auf diese Frage suchen wir im zweiten Kapitel anzudeuten: Es geht heute nicht mehr darum, Gesamtdeutungen der Geschichte im ganzen zu geben, sondern das Sinnproblem vom Aspekt des situationsbedingten Handelns her anzugehen. Das dritte Kapitel sucht – auf Gedankengänge der zwei ersten Kapitel zurückgreifend – Möglichkeiten herauszustellen, von denen her die *gegenwärtige Geschichtswissenschaft zu revidieren wäre.* Insbesondere geht es darum, die Frage nach den Akteuren der Geschichte neu aufzurollen angesichts der Tatsache, daß die im 19. Jahrhundert maßgebenden Begriffe wie Volk, Nation, große Persönlichkeit, heute problematisch geworden sind. Die *Frage nach den Geschichtssubjekten* wird noch einmal im vierten Kapitel unter grundsätzlichen Aspekten aufgenommen. Wir suchen hier zu zeigen, daß Geschichtssubjekte nicht fixe Größen sind, sondern allererst in und durch ein auf die Zukunft bezogenes Bewußtsein konstituiert werden. Dieser Sachverhalt wird am Beispiel der Menschheit als eines werdenden Geschichtssubjektes illustriert.

A. Zur Entwicklung der Geschichtsproblematik von den Griechen bis zur Aufklärung

Vorbemerkung

Um die moderne Bestimmung der Geschichte, insbesondere die Geschichtsproblematik, wie sie durch Hegel und die ihm folgenden Geschichtsdenker konzipiert wurde, angemessen begreifen zu können, ist es, so sagten wir, erfordert, sich die vorausgehende *traditionelle* Einstellung zur Geschichte zu vergegenwärtigen. Es kann hier nicht unsere Aufgabe sein, den in sich durchaus verschiedenen Ausprägungen dieser Geschichtsdeutung ausführlich nachzugehen. Wir versuchen vielmehr nur die Grundansätze herauszustellen. Wir beginnen mit einem sehr gedrängten Überblick über die *antike Geschichtsauffassung* und thematisieren sodann die *christliche Geschichtstheologie*. Um die neuzeitlichen in sich sehr unterschiedlichen Bestimmungen der Geschichte zu verdeutlichen, greifen wir zunächst auf *Descartes* zurück, der die Geschichte vom Aspekt der strengen Wissenschaft her abwertet. An *Voltaire* und *Kant* soll die *Geschichtskonzeption der Aufklärung* verdeutlicht werden. Den Abschluß bildet ein Hinweis auf *Vico* und *Herder* als *Vorläufer des Historismus*.[1]

Die Antike: Geschichte als Kunde vom menschlichen Tun

Der ahistorische Ansatz der klassischen Tradition zeigt sich sehr deutlich im griechischen Denken. Gegenstand der Wissenschaft ist die *Natur*. Natur ist die geregelte Geschehensabfolge des bewegten Seienden, dessen Bewegung sich als rhythmischer Wechsel unabänderlich vollzieht. Das zeigen die organischen Gebilde ebenso wie die Gestirne. *Geschichtliches Geschehen* hat keine entsprechende Ordnung aufzuweisen. Geschichtliches Geschehen: das sind insbesondere die politischen Ereignisse, die sich aus dem alltäglichen Daseinsverlauf herausheben und diesen entscheidend verändern. Der *Geschichtsschreiber*, der zumeist nicht mit dem, der die Geschichte »macht«, identisch ist, sondern wie die Menge diese Ereignisse zu erleiden hat, setzt es sich zur Aufgabe, die bemerkenswerten »Geschichten« festzuhalten und für die Nachwelt zu bewahren. Er verläßt sich nicht auf die mündliche Weitergabe, durch die zwar eine Kontinuität gestiftet, aber nicht garantiert wird, sondern sucht der Verfallstendenz des Vergessens ausdrücklich entgegenzutreten. Die Bewahrung des Geschehens als der »Wille zum Gedächtnis« mag ein Grundanliegen des Menschen sein, dessen

Motive vielfältiger Art sind. Zur Geschichte im Sinne der ausdrücklichen Fixierung des Geschehens wird die Bewahrung erst, wenn der Wille zum Gedächtnis sich selbst begreift und methodisch überlegend vorgeht. Wir weisen auf Herodot und Thukydides hin, die beiden Historiker, durch die die abendländische Geschichtsschreibung inauguriert wird.

Herodots Grundanliegen ist es, die Taten der Vergangenheit und der Gegenwart der Nachwelt zu überliefern, damit sie nicht vergessen werden. Er wählt das Außergewöhnliche aus, das, was aus dem Rahmen des Üblichen fällt und Staunen und Bewunderung erregt. Historie ist die Kunde von solchen Weltbegebenheiten. Diese Ereignisse werden aber nicht nach dem Gesetz äußerer Kausalität auseinander erklärt, sondern *»metaphysisch«* gedeutet. Herodot sucht zu zeigen, daß hinter dem zufällig erscheinenden Tun des Menschen die Götter als die eigentlichen Lenker der Geschichte stehen. Die Götter aber sind immer im Recht: das Orakel verkündet, daß im dritten oder vierten Glied ein bestimmtes Ereignis als »Folge« einer schlimmen Tat eintreten werde, der Anschein des Geschehens scheint dagegen zu sprechen, aber schließlich bewahrheitet sich das Vorausgesagte. Herodots Geschichtsdeutung ist dem Ansatz der klassischen griechischen *Tragödie* verwandt, deren Sinn es ist, die verborgene Macht der Götter zu erweisen. Der Mensch kann der Verblendung verfallen, er ist vom Schicksal jederzeit betreffbar. Dies zu erkennen, ist Aufgabe der echten Selbsterkenntnis, die nichts anderes ist als das Wissen um die Begrenztheit des Menschen.[2] Dies Wissen aber gewinnt man nicht durch Introspektion, sondern durch geschichtliche Erfahrung. Dieses Motiv der Geschichtsschreibung, zur Einsicht in die Endlichkeit des Menschen zu führen, hat sich zumindest unterschwellig bis zur Gegenwart erhalten.

Im Gegensatz zu der metaphysischen Geschichtsdeutung Herodots kann *Thukydides* als der Inaugurator der kritischen Geschichtsschreibung gelten. Thukydides will geschichtliches Geschehen *erklären*. Diese Erklärung kann nicht durch den Rückgriff auf die Götter geleistet werden, von diesen hat der Historiker nicht zu reden. Er muß, wenn er das Geschehen erklären will, ein Zweifaches beachten, einmal die Natur des Menschen, insofern sie für das geschichtliche Geschehen relevant ist. Dies besagt konkret: das Streben nach *Macht* ist als die Triebfeder der geschichtlich Handelnden in Rechnung zu stellen.[3] Und sodann sind als die spezifischen Faktoren die besonderen Konstellationen der Machtverhältnisse zu analysieren. In beiderlei Hinsicht hat der Historiker kausal vorzugehen, das heißt die Verkettung der Ereignisse nach dem Schema Ursache – Wirkung zu deuten. Wenn er die wirklichen Ursachen entdecken will, muß er die vordergründigen absondern. Und dies erfordert wiederum die Prüfung der *Quellen* auf Verläßlichkeit hin. Thukydides will das Geschehen seiner Zeit darstellen, weil dieses relativ einwandfrei feststellbar sei.

Bedenkt man die Möglichkeiten der Geschichtsschreibung, die sich in Herodot und Thukydides abzeichnen, dann begreift man, daß und wieweit die These Spenglers von den unhistorischen Griechen in gewisser Hinsicht zu Recht besteht.[4] Spezifische Charaktere des modernen Geschichtsverständnisses: der Sinn für die Dynamik des Geschehens, vor allem die Einsicht in die Einmaligkeit, Individualität und Unwiederholbarkeit der einzelnen geschichtlichen Ereignisse und des Geschichtsverlaufes im ganzen bleiben den Griechen verschlossen. Auf der anderen Seite ist aber kein Zweifel möglich, daß die Griechen, insbesondere Thukydides, die Erfinder der abendländischen Geschichtsschreibung sind. Nicht nur in methodischer, sondern auch in anthropologischer Hinsicht: Geschichte ist *pragmatische Erforschung* des Menschen in seinem Tun.

Hier zeigt sich aber gerade für den Griechen die Begrenztheit der geschichtlichen Betrachtung. Geschichte ist keine echte Wissenschaft.

Wahre Auskunft über den Menschen kann man gar nicht von seinem Tun, sondern nur von seinem Wesen her gewinnen, und zwar in der Weise, daß man dies Wesen von der Gesamtordnung des Seienden, auf die hin der Mensch zu leben hat, erfaßt. *Platos Philosophie*, die über die Ideen zur Schau des Guten führt, zeigt diesen Grundansatz deutlich.[5] *Aristoteles* berücksichtigt zwar anders als Plato die Dimension der alltäglichen Wirklichkeit. Aber auch er greift auf eine Wesensbestimmung des Menschen zurück, deren Sinn es ist, den Menschen zum Göttlichen zu erheben. Es darf zwar nicht vergessen werden, daß beide Denker sich durchaus mit Problemen der Geschichte befassen und zwar im Zusammenhang der Ethik und der Politik, die ihrerseits eine innige Einheit bilden – der Mensch kann nicht als Einzelner, sondern nur in der Polis seinen Lebenszweck erfüllen. Entscheidend bleibt jedoch, daß der wissenschaftstheoretischen Grundeinstellung nach, Geschichte keine echte Wissenschaft ist. Das berühmte Wort des Aristoteles, daß die Poesie philosophischer als die Geschichte sei, weil sie nicht das Einzelne, sondern das Allgemeine behandle, bringt diesen Ansatz zur klaren Aussage.

Bei den *Römern* gewinnt die Geschichte in *praktisch-politischer Hinsicht* eine hohe Bedeutung. »Geschichte bedeutet für die Römer«, so sagt Collingwood, »Kontinuität: das gewissenhafte Festhalten an ererbten Institutionen der Vergangenheit in der von den Vorfahren überkommenen Form; die Prägung der Lebensformen nach dem Vorbild der Sitten der Vorfahren«.[6] Die Geschichtsschreibung wird ausgerichtet am Gedanken des römischen Volkes, wobei sich der nationale Aspekt zum Universalen ausweitet, denn Rom wird Weltreich. Diese Geschichtsschreibung trägt einen »*moralischen*« Charakter. Aufstieg und Verfall, die der Geschichtsschreiber zu untersuchen hat, betreffen die eigene res publica, durch die und für die man lebt oder leben soll. Kriterien der geschichtlichen Bewegtheit sind der Erfolg bezugsweise der Mißerfolg. Den Erfolg gewähren die Götter, aber nicht als Zufallsgeschenk, sondern gemäß dem Verhalten des Menschen; menschlicher Einsatz ist faktisch das entscheidende Potential im geschichtlichen Geschehen. Geschichte bekommt von hier aus eine erzieherische Bedeutung. Die großen Männer sind Vorbilder, denen man nachzustreben hat. Allgemein formuliert: geschichtlich relevante Taten sind zurückzuführen auf den Charakter der Personen. Bei den Römern bildet sich im Zusammenhang mit der moralischen Wertung eine *psychologische* Geschichtsschreibung aus. Das Tun wird aber nicht von dem spezifischen Zusammenhang und der besonderen Struktur des Geschichtsverlaufes her als seinen Bedingungen verstanden. Das besagt: die Entwicklung wird nicht zu den Handlungen der Menschen in *dialektischen* Bezug gebracht. Daß die Menschen Geschichte nur machen, insofern sie selbst durch das Geschehen bedingt werden, diese Einsicht liegt außerhalb des antiken Horizontes.

Der christliche Ansatz: Das dialektische Verhältnis von Weltgeschichte, Heilsgeschichte und persönlicher Glaubensgeschichte [7]

Einen entscheidenden Einschnitt in der Entwicklung der abendländischen Geschichtsproblematik bewirkt das christliche Bewußtsein. Wir haben im zweiten Teil auf die Grundbestimmungen dieses Bewußtseins hingewiesen und stellen jetzt nur das für unseren Zusammenhang Wichtige heraus. Insofern der Christ auf eine Wirklichkeit verwiesen ist, die nicht von dieser Welt ist, ist sein Sein in der Welt die *Fremdlingschaft*. Erfordert wird von ihm ein gebrochenes Verhalten. Er kann am Weltgeschehen teilnehmen, aber er darf diesem Geschehen kein letztes Gewicht beimessen. Alle welthaften Ordnungen sind zeitlich und vorläufig. Die Welt wird vergehen, und auf ihr Ende hin – es im Glauben vorwegnehmend – hat der Christ zu leben. Es bleibt jedoch zu bedenken, daß Gott die Geschichte dieser Welt inszeniert. *Weltgeschichte* ist nach ursprünglich christlichem Verständnis mit der *Heilsgeschichte* identisch.[8] Gott hat die Welt gemacht und die durch den Sündenfall des Menschen ihm entfremdete Schöpfung durch die geschichtliche Tat seiner Menschwerdung in Christus wieder angenommen. Diese Zeitwende bedeutet für den einzelnen Menschen nun, daß er durch den Glauben an Christus sein Leben umändern kann. Für den Christen gibt es also eine doppelte Geschichte, einmal die Weltgeschichte, die die Geschichte des Heils im Ganzen ist, und sodann die *persönliche Geschichte*, die zwischen Gott und der Seele geschieht. In dieser persönlichen Geschichte wiederholt der Mensch die Geschichte von Abfall und Versöhnung. Weltgeschichte und persönliche Geschichte sind beide auf ein Ziel hin ausgerichtet: die endgültige Aufhebung der Trennung von Gott und Mensch. Geschichtliches Geschehen ist also kein im Grunde sich gleich bleibendes Geschehen, sondern ein sinnhaft gegliederter Prozeß, der einen letzten Zweck hat, auf den hin der Mensch sich auszurichten hat. Ein angemessenes Verständnis des Menschen ist ohne den Rückgriff auf diese Geschichte, einen Rückgriff, den der Mensch je für sich selbst zu vollziehen hat, gar nicht möglich. Dies ist das eigentlich Neue der antiken Vorstellung gegenüber, nach der eine Wesenserhellung des Menschen ohne Bezug auf das Phänomen der Geschichte nicht nur möglich, sondern sogar notwendig ist.

Die Weltgeschichte und die persönliche Geschichte stehen in *dialektischem* Zusammenhang. Das besagt: die eine Geschichte ist nicht ohne die andere möglich. Die Weltgeschichte bedingt die Geschichte des einzelnen, der sie, wie wir sagten, für sich wiederholt. Andererseits wird die Weltgeschichte durch den Glaubensvollzug des einzelnen aktualisiert, nur diese verinnerlichte Geschichte ist eine für mich selbst relevante Geschichte. Gleichwohl ist es nicht angemessen, die christliche Geschichtsauffassung – wie dies insbesondere *Rudolf Bultmann* betreibt[9] – zu existentialisieren, das heißt den innerzeitlichen Ereignischarakter der Heilsgeschichte aufzuheben und geschichtliches Geschehen nur als innere Entscheidung des Glaubens im Hier und Jetzt zu deklarieren. Nach der Lehre des Neuen Testamentes bleibt der Glaube auf überindividuelle und in diesem Sinn faktisch vorliegende Ereignisse bezogen. Diese Ereignisse sind von Gott gesetzt, der seinen Ort nicht im Selbstverständnis der Existenz hat, sondern Herr der Welt ist.

Die Dialektik, die zwischen der Weltgeschichte als Heilsgeschichte im Ganzen und der individuellen Geschichte waltet, macht es jedoch möglich, die eine Geschichte der anderen in mehr oder weniger radikaler Form vorzuordnen. Die jeweilige Bestimmung des Verhältnisses beider Geschichten zueinander ist für die *Entwicklung des Christentums* entscheidend. Auch dann und gerade dann, wenn man die Problematik des Bezuges nicht als solche herausstellt und eigens thematisiert, bleibt diese Dialektik der Rahmen für das christliche Geschichtsverständnis. –

Für die *ersten Jahrhunderte* nach der Zeitwende läßt sich der folgende historische Verlauf konstatieren: solange der Glaubende auf das Ende der Welt wartet, bleibt ihm die Weltgeschichte relativ bedeutungslos; erst als die Tatsache der Weltbeständigkeit nicht mehr in Frage gestellt werden kann, beginnt das Problem, wie sich der Einzelne mit seiner persönlichen Geschichte zu der Welt, in der er faktisch existieren muß, verhalten soll, wirklich akut zu werden. *Augustin* hat in einer großartigen und einmaligen Form – wir haben dies im zweiten Teil dargelegt – beide Möglichkeiten der Geschichtsbetrachtung je gesondert für sich abgehandelt. Seine »*Confessiones*« sind das Grundbuch der inneren Geschichte. Augustin stellt seine Selbsterfahrung dar, aber im Angesicht Gottes. Der reditus in seipsum führt zwar von der Welt fort, aber er isoliert den Menschen nicht, denn in seinem Inneren findet der Mensch die wahrhafte Spur Gottes. Und in seinem Werk »*De civitate dei*« hat Augustin die erste christliche Geschichtsphilosophie von Rang entworfen. Er beschreibt die Geschichte der Bürgerschaft Gottes einerseits und der Bürgerschaft des Teufels andererseits und sucht das Verhältnis, das zwischen beiden Bürgerschaften besteht, zu bestimmen.[10]

Hier aber zeigt sich das Grundproblem, das einer christlichen Deutung der *Weltgeschichte* latent von Anfang an zugrunde liegt. Wir sagten, daß Welt- und Heilsgeschichte identisch sind, weil und insofern Gott die Welt nach seinem Heilsplan lenkt. Gleichwohl ist die Weltgeschichte ja auch die Geschichte des Menschen und zwar des Menschen, der von Gott abgefallen ist. Diese Geschichte des Menschen ist außerordentlich *zweideutig*. Einerseits ist sie verderbt, sie ist von den Kämpfen, in denen es dem selbstbezogenen Menschen nur um seine Macht geht, bestimmt. Andererseits bleibt auch in diesem Geschehen Gott der Herr, er wehrt dem absoluten Verderben und gewährt eine äußere Ordnung. Diese Ordnung ist notwendig, damit alles, was in der Welt ist, überhaupt einen relativen Bestand hat. Ohne diesen Beistand Gottes wäre seine Selbstauflösung unausweichlich. Insofern nun aber die Bürgerschaft Gottes selbst nicht nur eine unsichtbare Gemeinschaft ist, sondern auch eine welthaft vorhandene durch Organisation bestehende Kirche, gehört auch sie in den Raum der äußeren Geschichte. Grundsätzlich gesagt: die einfache Identifikation von Weltgeschichte und Heilsgeschichte ist ebenso unmöglich, wie ihre einfache Trennung. *Innerhalb* der Gemeinschaft der Gläubigen zeigt sich die harte Tatsache, daß reine Welttranszendenz eine faktische Unmöglichkeit ist; kein Inneres kann ohne Äußeres existent werden und existent bleiben. Die Einsicht in die welthafte Notwendigkeit einer *Veräußerlichung* der Kirche aber bedingt auch eine Neuorientierung des Verhältnisses des Christen zum *Staat*. Die politische Geschichte kann nicht nur Gott überlassen werden. Der Christ hat auch hier seine Aufgaben zu erfüllen, nämlich durch den Staat in der Welt äußere Ordnung zu halten.

Es kann hier nicht unsere Aufgabe sein, das geschichtliche Hin und Her von Kirche und Staat im *Mittelalter* zu schildern. Wichtig ist es für uns nur, sich einzugestehen, daß die grundsätzliche Problematik durch keine befriedigende Lösung zu Ende gebracht werden kann. Die *Kirche* steht ständig im Widerspruch mit sich selbst. Sie ist einerseits göttlichen Ursprungs, überweltlich, unsichtbar, nicht kämpfend, sondern leidend. Die von Gott Herausgerufenen sind je einzelne, ihr Miteinander kann nur

– modern formuliert – die private Kommunikation sein, die ständig ungewiß ist. Trost und Hoffnung gibt nur die Erwartung des Endes der Welt. Die Kirche ist andererseits als geschichtliche Größe notwendig institutionalisiert, eine Organisation unter anderen. Sie muß sich, insofern die Glaubensbotschaft an alle ergeht, der allgemeinen zeitgeschichtlichen Vorstellungswelt jeweilig anpassen. Zur Kirche gehört zudem die Pflege von *Kultus* und *Ritus*. Selbst dann, wenn man feststellt, daß das Christentum keine gewachsene Volksreligion ist, können diese Bindungen nicht vernachlässigt werden – Hegel hat dies immer wieder betont.[11] Entsprechend dieser Zweideutigkeit ist die *Theologie* gezwungen, Weltabwendung und Weltzuwendung gleichermaßen zu rechtfertigen. Der geschichtliche Verlauf zeigt jedoch, daß die Weltabwendung bis in die Anfänge der Neuzeit hinein zumeist als Protest gegen die Weltzuwendung aktualisiert wird. Die Weltzuwendung ist in der geschichtlichen Epoche, in der das Christentum ein politisch bestimmender Faktor ist, die leitende Grundtendenz. Erst in der *Neuzeit* kehrt sich die Situation um. Die Kirche, nun faktisch am Rande des politischen und kulturellen Weltgeschehens stehend, sucht sich dieser Situation entsprechend ihrem ursprünglichen Anfang gemäß als nicht welthafte Macht zu begreifen. Doch wird diese Tendenz immer wieder bis zur Gegenwart hin durchkreuzt durch den Hang des modernen Menschen, sich in allgemeiner und relativ unverbindlicher Form religiös abzustützen. Insofern damit der Kirche als Institution nun gerade eine »Lebensnotwendigkeit« zugesprochen wird, wird ihre welthafte Berechtigung sanktioniert.

Wir müssen diesen Hinweis auf die grundsätzliche Problematik der welthaften Bindung des Christentums abbrechen, obwohl hier noch vieles zu erörtern wäre, was für das Verständnis der christlichen Geschichtsphilosophie relevant ist. Nur auf einen Fragenkreis sei noch kurz hingewiesen: das Problem der *Kirchengeschichte*.[12] Die Kirchengeschichte hat sich erst in der Neuzeit als besondere Disziplin etabliert. Für den frühchristlichen Theologen *Eusebius* ist die Geschichte der Kirche von der geschichtlichen Betrachtung, die zeigt, wie Gott die Welt überhaupt regiert, noch nicht getrennt. Entscheidend ist nun, daß sich die Kirchengeschichte, sobald sie sich als wissenschaftliche Disziplin konstituiert, mit einer Zweideutigkeit belastet, die nicht behoben werden kann. Die Kirchengeschichte ist einerseits historische Wissenschaft und hat als solche sich deren Methoden zu unterwerfen. Die geschichtliche Abfolge aller die Kirche betreffenden Ereignisse kann nur in profaner Weise untersucht werden. Man muß zudem bedenken, daß die Kirche nicht nur in politische Machtkämpfe »verflochten« wurde, wie man oft formuliert hat, sondern selbst Machtansprüche in der Welt gestellt hat. Andererseits soll, auch wenn man glaubt, daß Gott die politische Geschichte und die Geschichte der Kirche gleichermaßen regiert, die Kirchengeschichte unter einem besonderen Prinzip stehen. Als theologische Disziplin ist die *historia divina* von der *historia humana* zu unterscheiden. Eine klare Abgrenzung gelingt jedoch nicht. Das zeigen die Versuche einer Begründung der Kirchengeschichte, die von Bodinus bis zu den großen Kirchenhistorikern des 19. Jahrhunderts unternommen wurden. So wird schließlich – das ist jedenfalls die Tendenz der gegenwärtigen evangelischen Theologie – der Begriff der Kirchengeschichte fraglich gemacht. Man erklärt, daß vom Glauben her ein neues Verständnis von Geschichte und Geschichtlichkeit überhaupt erschlossen würde, ein Verständnis, das gar nicht am konkreten innerzeitlichen Geschehen orientiert sei, sondern am Hören auf den Ruf Gottes, der den Menschen immer und jederzeit trifft und zur Entscheidung fordert. Damit ist aber eine besondere Deutung des konkreten Geschehens aus christlicher Sicht ausgeschlossen. *Reinhard Wittram* erklärt, daß die Profanierung der Kirchengeschichte den Weg frei gemacht habe »für den Anblick der gesamten Vergangenheit als des ungeteilten Feldes der nie aussetzenden, aber auch nirgends wissenschaftlich nachweisbaren Wirksamkeit Gottes«.[13] Wittram warnt entsprechend davor, daß man über den persönlichen Bereich der Glaubenserfahrung hinausgehend nun an bestimmten Taten Gottes Wirken in der Geschichte nachweisen wolle. –

Wir hatten darauf hingewiesen, daß *Augustin* in seinem Werk »*De civitate dei*« diese civitas von der civitas diaboli unterscheidet. Er definiert civitas als eine Menge, die durch ein bestimmtes Band verbunden ist. In diesem Sinne konstituiert er nun beide Gemeinschaften als geschichtliche Größen. Die civitas dei geht auf Abel, die civitas diaboli auf Kain zurück. In allegorischer Form wird die Geschichte beider Reiche geschildert.

Diese sich an das Alte Testament anlehnende allegorische Auslegung des Geschichtsverlaufes bleibt die vorherrschende Deutung. Für *Orosius*, den Schüler Augustins, sind die Zeiten einteilbar nach der Differenz von Glauben und Unglauben, die beide wiederum Zeichen der Gottesnähe oder Gottesferne sind. Von Christus her gesehen ist die ganze ihm vorausgehende Epoche als Zeit der Gottesferne zu bestimmen, die durch ihn aufgehoben ist. Alle Zeiten werden jedoch von vornherein durch den Plan Gottes umgriffen. Dieser Plan ist deutlich durch eine »*Tendenz zum Dreischritt*« charakterisiert. Dem Sündenfall, der die Zeit der Gottesferne einleitet, geht das Paradies voraus, das nach der Geschichte wieder hergestellt wird. Auf dies Ende kann man sich jetzt, weil man ja glücklicherweise in der Zeit nach Christus lebt, vorbereiten. Die jeweilige Einteilung der Weltgeschichte nach dem Schema des Dreischritts kann nun differenziert werden. Die eine Möglichkeit ist es, die *ganze* welthafte Zeit als Dimension der Zeitlichkeit gegen das Paradies und den neuen Himmel abzugrenzen und negativ abzuwerten. Die Gegenmöglichkeit ist es, *in der Zeit selbst Unterschiede zu setzen*. Der große Entwurf von *Joachim von Floris*[14] führt eine solche innerzeitliche Unterscheidung in drei Epochen durch: Das Reich des Vaters ist die vorchristliche Zeit, das Reich des Sohnes ist das christliche Zeitalter, das seinerseits überboten wird durch das Reich des Heiligen Geistes, das noch aussteht.

Das Entscheidende an dieser Konzeption des dritten Reiches ist nicht nur, daß sich hier der Gedanke der Eschatologie als Vorrang der Zukunft durchsetzt, sondern daß diese Endzeit nun als geschichtliche Zeit bestimmt wird. Dies hat seinen Grund darin, daß Joachim in einem außerordentlich hohen Maße von dem Problem der Verweltlichung der Kirche bewegt wird. Es geht ihm gerade darum – so kann man seinen Ansatz kennzeichnen –, die *wahre* Kirche als eine *geschichtliche* Größe zu konstituieren. Diese Kirche soll in Armut und Demut, wie Christus selbst gefordert hat, leben. Die Hierarchie der Priester muß durch die spirituelle Gemeinschaft der Mönche aufgehoben werden. In diesem dritten Zeitalter werden Kontemplation und Lobpreisung im Zentrum stehen, denn hier herrscht die *plenitudo intellectus* im Gegensatz zum mühsam erworbenen Teilwissen, das den früheren Perioden zu eigen war. Und in dieser Epoche werden die Gottesgebote restlose Erfüllung finden.

Die »*Historisierung*« des Geschehens zeigt sich hier deutlich. Einem Zeitalter ist etwas möglich, das anderen verwehrt war. Diese geschichtsphilosophische Konstruktion, die eine Gliederung der Zeiten von den Inhalten der Epochen her wertend vollzieht, tritt bereits bei Augustin und den Kirchenvätern hervor; sie begegnet uns im

Deutschen Idealismus wieder. Sie steht im Gegensatz nicht nur zu einer formalisierten Idee der Geschichtlichkeit, sondern auch zu den Vorstellungen, die Geschichte als eindeutig lineares Geschehen unter allgemeine Leitbegriffe wie Verfall oder Fortschritt stellen. Wenn aber geschichtliches Geschehen trotz oder besser: mit Hilfe der Konstruktion als eine *faktische Ordnung* verstanden wird, dann ist auf es der von den Griechen konzipierte Wissenschaftsbegriff, der jede Faktizität in eine allgemeine ewig gültige Idee aufhebt, nicht anzuwenden. Damit ergibt sich aber gerade die Aufgabe, einen Begriff der Wissenschaft zu erarbeiten, der diesem neuen Verständnis der Geschichte gerecht wird.

Es hat außerordentlich lange gedauert, bis diese Aufgabe überhaupt als Aufgabe gesichtet und in Angriff genommen wurde, obwohl sie doch, wie man rückblickend sagen kann, mit der Konzeption einer einmaligen sinnhaft gegliederten Geschichte durch das christliche Bewußtsein gesetzt war. Daß diese Aufgabe erst spät ergriffen wurde, hat vor allem zwei Gründe. Einmal: dem ursprünglich christlichen Denken liegt es fern, überhaupt einen Wissenschaftsbegriff zu formulieren; die von Gott gesetzte Geschichte kann nicht begriffen, sondern nur berichtet werden. Sodann und in gewissem Gegensatz zu dem eben Gesagten: das christliche Bewußtsein hat – bereits Augustin zeigt es deutlich – mit der Aufnahme der griechischen Ontologie auch den griechischen Wissenschaftsbegriff als verbindlich anerkannt und von diesem Wissenschaftsbegriff her die Bedeutung der Geschichte weitgehend negiert. Es ist ja die Grundwahrheit einer jeden christlichen Theologie, daß der Herr der Geschichte der Gott ist, der als ewiger allem Wandel entnommen ist. Der Bezugspunkt der Geschichte ist selbst *übergeschichtlich*. Diese Wahrheit muß anerkannt bleiben. Selbst wenn man Gott, im Gegenzug zu seiner rein ontologischen Bestimmung als summum ens, als personhaft mich beanspruchendes Du versteht, darf er seine Transzendenz nicht verlieren. Anders gesagt: eine wirklich reale Möglichkeit, von der Geschichte her einen Gegenbegriff gegen den griechischen Wissenschaftsbegriff zu konzipieren, ersteht erst dort, wo der christliche Grundansatz überhaupt aufgehoben und damit die Idee der Transzendenz als *ungeschichtlich* beiseite gelassen wird.

Der Gedanke Gottes als reiner Transzendenz hat zudem – dies darf nicht vergessen werden, wenn man das christliche Geschichtsverständnis adäquat begreifen will – auch in anthropologisch-praktischer Hinsicht hohe Bedeutung. Gott gibt der Geschichte den *Sinn*. Er ist als Sinngeber niemandem Rechenschaft schuldig. Auch wenn der Sinn nicht im einzelnen verstehbar ist, weiß ich mich als Glaubender von Gottes Vorsorge umgriffen, denn alles Tun und Lassen ist schon immer in diesen göttlichen Plan einbegriffen. Die Möglichkeit oder gar Notwendigkeit, menschliches Tun autonom im Blick auf seine geschichtliche Wirkung zu gestalten, wird damit hintangehalten. Grundsätzlich gesagt: weil und insofern gerade der außerhalb der Geschichte stehende Gott der eigentliche und letzthin der einzige Akteur der Geschichte ist, kann der Mensch die Problematik der Geschichte nicht nur in theoretischer, sondern auch in praktischer Hinsicht von sich abweisen.

Macht man sich diesen Ansatz des christlichen Geschichtsverständnisses klar, dann begreift man, wie wenig angemessen es ist, das neuzeitliche Bewußtsein bis zur Gegenwart hin unter die Kategorie der *Säkularisierung* zu stellen.[15] Diese heute weithin übliche Etikettierung mag äußerlich gesehen nicht falsch sein, die christliche Wende zur Geschichte hat die modernen Geschichtstheorien formal und inhaltlich nachhaltig beeinflußt. Aber wenn man behauptet, diese modernen Theorien seien nichts anderes als eine Umsetzung christlichen Gedankengutes in Diesseitigkeit, und wenn man als Grund dieser Umwandlung auf die »Tatsache« hinweist, daß der Mensch der Neuzeit sich an die Stelle Gottes gesetzt habe, dann verstellt man sich a limine ein genuines Verständnis der neuzeitlichen Geschichtsproblematik.

Descartes: Die Abwertung der Geschichte vom Standort der Naturwissenschaft [16]

Das neuzeitliche Bewußtsein, wie es sich in Descartes programmatisch ausspricht, ist beherrscht von der Idee des Neuanfanges, die sich durch eine Besinnung auf die Macht des verständigen und seiner selbst bewußt werdenden Denkens ausweist. Dieses Denken realisiert sich wesentlich nur in der Wissenschaft. Die Wissenschaft bezieht sich auf das, was sich immer gleich bleibt, und dies ist die Natur. Aber – und hier tritt ein Novum dem griechischen Ansatz gegenüber hervor – Natur zeigt sich als Ordnung nur, wenn man sie mit Hilfe des mathematisch gelenkten Experimentes erforscht. Naturwissenschaft muß selbst einsichtig und eindeutig sein. Nur als System verkörpert sich die Idee der *sapientia universalis*, das heißt der Wissenschaft, die die Möglichkeiten, die dem Verstand gegeben sind, zur Vollendung bringt. Von diesem Ansatz aus ergibt sich für die Auffassung und die Beurteilung der Geschichte eine unabwendbare Konsequenz. Geschichte kann nicht in den Kosmos der Wissenschaften aufgenommen werden, weil ihr Gegenstand, das menschliche Geschehen, nichts Gleichbleibendes, Unveränderliches und solchermaßen Berechenbares ist. Geschichte gehört in den Lebenszusammenhang.

Descartes hat in seinem berühmten Werk »*Discours de la méthode*« einen Bericht über seinen Studiengang vorgelegt, und in diesem auch das Für und Wider der Geschichte sehr eindrücklich dargelegt. Geschichte ist Umgang mit den Menschen vergangener Jahrhunderte. Sie gleicht den Reisen und ist insofern lehrreich. Wenn man die Sitten fremder Völker kennen lernt, vermag man über die eigenen gesünder zu urteilen, man sieht nämlich die Relativität aller Sitten und wird solchermaßen zur Toleranz erzogen. Descartes weist nun aber sogleich auf die möglichen Gefahren hin, die eine Betrachtung des geschichtlichen Geschehens mit sich bringt. Zunächst ist es vom Standpunkt der Handlung her gesehen unangebracht, Geschichte als Beispielsammlung für das eigene Tun zu benutzen, denn die Geschichtsschreiber geben kein wahres Bild des Menschen. Vor allem aber: Geschichte kann den Menschen seiner Gegenwart entfremden, im Beispiel der Reisen geredet: »Verwendet man aber auf das Reisen zuviel Zeit, so wird man schließlich in seinem eigenen Land fremd; und, ist man allzu begierig, die Dinge zu erfahren, die in den früheren Jahrhunderten geschehen sind, so bleibt man gewöhnlich recht unwissend in dem, was in unserem Zeitalter geschieht.«[17] Der Satz »Was in unserem Zeitalter geschieht ...« ist sehr allgemein gefaßt. Er meint aber, blickt man auf das Ganze des Zusammenhanges, nicht nur die Gegenwart als den Ort der Handlungen des einzelnen, sondern auch und vor allem das Zeitalter, insofern es durch Wissenschaft das zukünftige Leben zu gestalten vermag. Diese Abwertung der Geschichte von der Gegenwart her bringt einen entscheidenden Grundzug zur Aussage, der das neuzeitliche Denken weithin beherrscht. Geschichte ist eine Angelegenheit der »Bildung«.[18] Historische Bildung als Kenntnis der Vergangenheit aber ist für das, was der Mensch sein kann, sowohl in seinem wissenschaftlichen Tun als auch im praktischen Leben nicht hilfreich, denn die hier zu erschließenden Möglichkeiten müssen von mir selbst durch eigene Überlegung gefunden werden. Diese Überlegung mag, wenn sie in den Lebenszusammenhang eingebunden ist, der vollendeten Rationalität entbehren. Sie hat jedoch immer den Vorzug, als von mir selbst und durch mich selbst inszenierte im hellen Raum der Bewußtheit zu stehen.

Der Grundgedanke der Aufklärung: Vernünftigkeit als wahre Natürlichkeit[19]

Die Abwertung der Geschichte als der Dimension einer zufälligen und undurchsichtigen Vergangenheit zugunsten der Präsenz heller Vernünftigkeit ist der Grundzug eines Denkens, das sich um Aufklärung bemüht. Und insofern das neuzeitliche Denken von Descartes bis zu Kant das Prinzip der Aufklärung deklariert, bleibt diese Einstellung für die ganze Epoche bestimmend. Aber das Zeitalter der Vernünftigkeit muß ja allererst herbeigeführt werden, und deswegen ist es erforderlich, das Problem der Geschichte neu zu durchdenken. Das besagt aber: man muß über Descartes hinausgehen, denn Descartes' Bestimmung der Geschichte ist insofern einseitig, weil sie nur wissenschaftstheoretisch orientiert ist. Descartes fragt, ob Geschichtsschreibung Wissenschaft sei, er thematisiert aber nicht die »geschichtliche Dimension der Vernünftigkeit« als solche. Er macht sich keine konkreten Gedanken darüber, wie die Menschheit im ganzen zur Vernünftigkeit herangebildet werden kann. Gerade dies muß aber die Grundfrage aller Aufklärung sein, denn Aufklärung ist eine allgemeine Angelegenheit. Sie betrifft das *öffentliche* Bewußtsein, nicht nur die Wissenschaftler und die Philosophen.

Es ist nicht leicht, die Geschichtskonzeption der Aufklärung genuin zu erfassen. Insbesondere muß die Behauptung ausgeschaltet werden, daß die Aufklärung den Fortschrittsglauben zum Dogma erhoben habe, indem sie die christliche Vorstellung vom Ende der Zeit in die Idee einer sich ständig überhöhenden innerzeitlichen Vervollkommnung umgewandelt habe. Will man die Geschichtsphilosophie der Aufklärung angemessen verstehen, so muß man davon ausgehen, daß es der Aufklärung primär um pädagogische, politische und moralische Probleme geht.

Erfordert ist die Negation des bloß Überlieferten, das heißt der Tradition, die gerade, insofern sie undurchschaut ist, Autorität für sich fordert. Jeder soll durch die Vernunft sich selbst bestimmen können. Diese Vernünftigkeit ist die einzig sichere Garantie dafür, daß die Menschen zu Vollendung und Glück gelangen. Die faktisch sich zeigende Differenz zwischen der Vernünftigkeit als dem wahren Wesen und der entstellenden Erscheinung muß aufgehoben werden. Das wahre Wesen konnte bisher noch nicht wirklich offenbar werden, weil die Menschen sich noch nicht selbst ihrer Vernunft anvertrauten. Die Vernunft ist jedoch stärker als die bisher herrschende Unvernunft, denn Vernunft ist Mündigkeit und Unvernunft ist Unmündigkeit. Der Mündige ist dem Unmündigen aber von Natur überlegen. Die Vernunft muß sich also durchsetzen. Aufklärung ist in diesem Sinne das Erlangen der Selbständigkeit. *Kants* berühmte Schrift: »Beantwortung der Frage: Was ist Aufklärung?« zeigt diesen Ansatz deutlich. Unmündigkeit ist selbst verschuldet, und daher kann der Mensch sie aufheben. Nichts ist erfordert als Freiheit. Dem Menschen ist damit eine

Aufgabe gegeben, eben die Selbstbefreiung. Diese Aufgabe ist zwar noch nicht bewältigt, sie ist aber grundsätzlich lösbar. Kant sagt, daß wir nicht in einem aufgeklärten Zeitalter, wohl aber im Zeitalter der Aufklärung leben.[20]

Die *Entwicklung zur Vernunft* ist Aufgabe des Menschen: daß aber diese Aufgabe geleistet werden kann, liegt an der *Natur*. Der Begriff der Natur hat für den Aufklärer zwei Bedeutungsnuancen. Die Natur ist einmal die ordnende Natur: natura naturans. Natur, Gott und Vorsehung werden identische Begriffe. Diese Natur ist gütig und gestaltet alles aufs beste. Natur ist sodann die entfaltete Natürlichkeit, die natura naturata, die sich als objektive Vernünftigkeit zeigt. Der Zusammenhang zwischen beiden Bestimmungen aber ist die Geschichte. Geschichte ist eigentlich »*Naturgeschichte*«, das heißt Herausstellung der Natur als des wahren Wesens. Diese Geschichtsbestimmung bleibt in der Aufklärung maßgebend bis zu Herder hin. Der Ansatz ist jedoch nicht ganz eindeutig. Natürlichkeit und Vernünftigkeit decken sich nie vollkommen. Die Natur ist zuzeiten durchaus nicht gütig – das Erdbeben von Lissabon hat das optimistische Bild der Natur problematisch gemacht. Diese Problematik führt aber nicht zu einer Negation der Idee des Fortschritts. Die bedeutendsten Denker der Aufklärung suchen vielmehr den Fortschrittsgedanken auch gegen mögliche Verfallserscheinungen durchzuhalten. Wir illustrieren diesen Ansatz durch einen Hinweis auf die Geschichtsphilosophie Voltaires und Kants.

Die Idee des Fortschritts bei Voltaire und Kant

Voltaire[21] ist vom Gedanken einer Revolutionierung der menschlichen Denkungsart bestimmt. Der Umsturz vollzieht sich als *Negation der früheren Gebundenheit* des Menschen in religiösen Vorurteilen. Nicht nur die christlichen Anschauungen und Dogmen, sondern auch die christliche Theologie der Geschichte soll aufgehoben werden. Man muß grundsätzlich, so sagt Voltaire, Offenbarungs- und Vernunftwissen unterscheiden. Das Vernunftwissen zeigt eindeutig seine Vorzüge. Es bewährt sich in bezug auf die Geschichte in methodischer und inhaltlicher Weise. Die historischen Quellen werden über die Offenbarungsbehauptung gesetzt, denn die historischen Quellen sind nachprüfbar. Zugleich bemüht sich der vernünftig denkende Historiker, die Dinge im Großen zu sehen, das heißt, sie in dem Maße herauszustellen, wie sie die allgemeine Aufmerksamkeit des gebildeten Publikums erreichen können und sollen. Dies bedeutet inhaltlich gesehen, daß nicht mehr die Entwicklung der Kirche und ihrer Dogmen, sondern die *Entwicklung der Zivilisation*, das heißt, die Entwicklung der Wissenschaften und der Kunstfertigkeiten, der Sitten und Gesetze, des Handels und der Industrie dargestellt werden.

Der *Sinn der Geschichte im Ganzen*, den der Geschichtsschreiber seinerseits zu fördern sucht, ist es, den Menschen zur Humanität zu erziehen. Der Fortschritt geschieht jedoch nur langsam. Er ist durchaus nicht eindeutig durch die Vernunft geregelt. Man sieht, so erklärt Voltaire, im geschichtlichen Geschehen viele Zufälle. Man muß zudem erkennen, daß die Menschen Irrtümern und Unwahrheiten folgen, und zwar nicht nur in der Zeit, in der sie noch vom Aberglauben bestimmt waren. Aufs Ganze gesehen zeigt sich Geschichte als ein Haufen von Dummheiten, Elend und Verbrechen. Vor allem aber: der Mensch ist, selbst wenn er sich zur Vernunft entschließt, ja nie und nimmer in der Lage, in der gleichen Weise wie ein Gott die Geschichte zu lenken. Zwischen Gott und dem Menschen als möglichen Subjekten der Geschichte besteht nicht ein gradueller, sondern ein grundsätzlicher Unterschied, insofern der Mensch nicht aufgrund von Allwissenheit, Allmacht und Allgüte das Geschehen zu gestalten vermag. Daß der Sinn der Geschichte die Heraufführung der Vernünftigkeit ist, dies ist für Voltaire also kein metaphysisch sanktioniertes Dogma. Die Formel vom Fortschritt ist einerseits als eine *historische Feststellung* zu verstehen. Daß das menschliche Geschlecht vernünftiger geworden ist, zeigt sich insbesondere in der Tatsache, daß der religiöse Glaube, der ja zumeist Aberglaube ist, nicht mehr die zentral bestimmende Macht ist, und daß Kultur und Bildung gewachsen sind. Andererseits ist in dieser Formel eine *moralische Aufforderung* an die Menschen insgesamt und an jeden einzelnen eingeschlossen, die Vernünftigkeit zu stärken. Und schließlich: auch wenn der Fortschritt nicht eindeutig zu garantieren ist, so ist es doch angemessen, eine allmähliche Verbesserung der menschlichen Anlagen und Kräfte zu erwarten. Denn die Vernunft sorgt für sich selbst: Es ist das Wesen des *natürlichen Raisonnements*, Unwissenheit und Schlechtigkeit aufzuheben. –

Der Gedanke, daß Geschichte Fortschritt zur Vernünftigkeit ist, ein Fortschritt jedoch, der nicht theologisch zu fundieren sei, findet sich auch bei *Kant*.[22] Nur wird durch Kant das Problem des Fortschrittes in seiner grundsätzlichen Dialektik herausgestellt und von den verschiedenen Aspekten her durchdacht. Kant geht über die Forderung einer Verbesserung der menschlichen Geisteskräfte hinaus und fragt nach den *inneren Möglichkeiten der Vernunft* sowohl in theoretischer als auch in praktischer Hinsicht. Das Ergebnis ist die Einsicht, daß die Vernunft dem Gegebenen gegenüber selbständig ist. Die *praktische Vernunft* – dies ist für unseren Zusammenhang besonders wichtig – kann nicht von der faktischen Wirklichkeit her fundiert werden. Man vermag aber auch nicht zu zeigen, wie die praktische Vernunft auf diese Wirklichkeit einwirkt. Das Reich der Freiheit steht dem Reich der empirischen Natur ohne Vermittlung entgegen. Der Mensch kann und muß, insofern er praktisches Vernunftwesen ist, als absolut frei angesehen werden. Aber die Freiheit entzieht sich jedem Begriff und ist nicht wissenschaftlich zu erweisen. Wissenschaft ist streng kausal vorgehende Naturwissenschaft, und von dieser her ist das Tun des Menschen nicht anders als die Ereignisse der äußeren Natur rein gesetzmäßig zu erklären.

In diesem System, das die Welt der praktischen Vernunft als Freiheit der Naturwelt als Gesetzeszusammenhang gegenübersetzt, hat die Geschichte streng genommen keinen Platz. Und in der Tat finden sich bei Kant keine Ansätze zu einer Kritik der historischen Vernunft, die der Kritik der reinen oder der praktischen Vernunft ebenbürtig wären. Gleichwohl: Kant hat sich – wenn auch gleichsam nur am Rande – immer wieder mit den Problemen der Geschichte befaßt. Kants geschichtsphilosophische Überlegungen gehören in den Raum seiner *Anthropologie*. Diese Anthropologie paßt nun aber nicht in das Gegensatzschema: Moral und kausale Naturbetrachtung. Sie erhält ihren Ort in der Philosophie nur dann, wenn man, wie Kant es am Anfang der »Grundlegung zur Metaphysik der Sitten« darlegt, die *empirische Untersuchung* zweiteilt: in eine empirisch-kausale Betrachtung der äußeren Natur und eine empirisch-pragmatische Betrachtung des Menschen in seinen alltäglichen Lebensvollzügen.[23]

Die Anthropologie ist als *empirisch-pragmatische Betrachtung* im Gegensatz zur Moralphilosophie und zur Naturerkenntnis nicht stringent. Sie beruht auf Lebenserfahrung. In den Umkreis dieser Anthropologie gehört es, auch und gerade zu erkunden, ob und wie sich Moralität und Sittlichkeit in der Wirklichkeit durchsetzen. Es ist nun für Kant ein Zweifaches klar: wahre Moralität kann nie empirisch bestätigt werden, und: die Menschen bleiben in ihrem Tun durch den Hang zum Bösen bestimmt. Andererseits ist die Vernunft – anthropologisch-pragmatisch gesehen – die einzige Chance des Menschen, sein Zusammenleben erträglich und sinnvoll zu gestalten durch Schaffung juristischer und vor allem politischer Ordnungen. Um diese Ordnungen muß sich der Mensch sowohl in theoretischen Überlegungen als auch im praktischen Verhalten bemühen, dazu ist er verpflichtet. In diesem Problemkreis erhält nun die Geschichte eine hohe Bedeutung, und zwar geht es hier um die Frage, wie die *Ordnung des Zusammenlebens* von der Vernunft her zu gestalten ist angesichts der Tatsache, daß die Menschen eben faktisch unvernünftig und böse sind. Kants Schriften zur Geschichtsphilosophie sind also nur zu verstehen, wenn sie auf dem Hintergrund seiner Anthropologie und seiner politischen Philosophie gesehen werden. Kant geht es in diesen Schriften nicht um Probleme der historischen Forschung, sondern um die *prospektive Sicht der möglichen Verbesserung der Menschheitsgeschichte*. Diese Sicht stellt auf das Ganze gesehen eine Verbindung von empirischer Beobachtung und apriorischer Konstruktion, von moralischer und pragmatischer Analyse, von Vergangenheits- und Zukunftsbetrachtung dar.

Konkret: das Ineinander von Triebhaftigkeit und Vernünftigkeit, das das Leben des Menschen kennzeichnet, ist nur wirklich zu durchschauen, wenn man eine *genetische* Betrachtung durchführt, die sowohl den Einzelnen als auch das gesamte Geschlecht betrifft. Diese Betrachtung zeigt, daß die Menschen in ihren Frühstadien vom Instinkt als einer Stimme Gottes geleitet werden. Sie befinden sich gut dabei. Die Vernunftüberlegung hebt diesen Zustand auf. In ihr entdeckt der Mensch, daß er nicht an eine einzige Lebensweise gebunden ist. Er wird aus der Vormundschaft der Natur in den Stand der Freiheit gesetzt. Gerade hier zeigt sich nun die Dialektik der Geschichte. Die ersten Versuche in der langen Reihe der Entwicklung sind fehlerhaft, denn diese Entwicklung verläuft nicht mehr natürlich, sondern künstlich, und ist daher dem Irrtum unterworfen. Die Aufhebung der Natürlichkeit durch die Künstlichkeit ist aber unabwendbar; die Natürlichkeit erleidet durch die Kultur ständigen Abbruch. Man muß daher gerade die Kultur fördern, um das Ziel der Menschheit, daß vollkommene Kunst wieder Natur wird, zu erreichen.

Kant versucht nun genauestens zu zeigen, wie der Widerspruch, der die Bewegtheit der Geschichte ausmacht, sich im einzelnen konstituiert und wie er im ganzen das Geschehen vorwärtstreibt. Kant stellt die Analyse des Verhältnisses der Menschen zueinander ins Zentrum. Der Einzelne will ursprünglich und von Natur aus mit den Anderen in Einklang stehen. Die Eintracht wird aufgehoben, der Zwiespalt, insbesondere in der Form des Konkurrenzkampfes, entsteht. Dieser Kampf aber entwickelt gerade die kulturellen Kräfte in ihrer Vielfalt. Daß die Geschichte solchermaßen zum Guten ausschlägt, bewirkt die Vorsehung der Natur. Kant erklärt geradezu hymnisch: »Dank sei also der Natur für die Unvertragsamkeit, für die mißgünstig wetteifernde Eitelkeit, für die nicht zu befriedigende Begierde zum Haben oder auch zum Herrschen! Ohne sie würden alle vortrefflichen Naturanlagen ewig unentwickelt schlummern. Der Mensch will Eintracht; aber die Natur weiß besser, was für seine Gattung gut ist: sie will Zwietracht. Er will gemächlich und vergnügt leben; die Natur will aber, er soll aus der Lässigkeit und untätigen Genügsamkeit hinaus, sich in

Arbeit und Mühseligkeiten stürzen, um dagegen auch Mittel auszufinden, sich klüglich wiederum aus den letztern herauszuziehen . . .«²⁴

Die Natur will nicht wie ein allmächtiger Gott das Geschehen von sich aus bestimmen. Kant sagt: »Die Natur hat gewollt: daß der Mensch alles, was über die mechanische Anordnung seines tierischen Daseins geht, gänzlich aus sich selbst herausbringe, und keiner anderen Glückseligkeit oder Vollkommenheit teilhaftig werde, als die er sich selbst, frei von Instinkten, durch eigene Vernunft verschafft hat.«²⁵ Hier zeigt sich die eigentliche Dialektik der Geschichte: die Natur hat den Menschen auf sich selbst gestellt, damit er sich selbst durch sich selbst kultiviere.

Insbesondere in der kurzen Abhandlung »*Idee zu einer allgemeinen Geschichte in weltbürgerlicher Absicht*«²⁶ hat Kant diesen Ansatz dargelegt. Er erklärt, daß der Mensch alle seine vernünftigen Kräfte entfalten solle, und erläutert, daß dies nur auf *gesellschaftliche* Weise, das heißt nur in der Gattung geschehen könne. Die Gattung aber entwickelt sich durch Antagonismen, zu denen politische Händel, einschließlich Kriege, gehören. Anders ist das Ziel der Menschheit, die Schaffung eines vernünftigen alle Staaten umgreifenden Gemeinwesens, nicht zu erreichen.

Am Abschluß dieser kurzen Abhandlung sagt Kant, daß eine solche Geschichtssicht eine Idee der Weltgeschichte entwickele, die »gewissermaßen ein Leitfaden apriori« für den darstelle, der die Geschichte philosophisch betrachte. Diese Geschichtssicht will dem Menschen, der moralisch zu handeln entschlossen ist, das Vertrauen in die Macht der Vernunft stärken, indem sie ihm den Gedanken des Fortschreitens als eine »Idee der Vorsehung« vor Augen führt, auf die wir unsere Bestrebungen zu richten haben. Kant spricht in diesem Zusammenhang von einer bloßen, aber in aller Absicht sehr nützlichen Idee. Man darf also die Bestimmung des Fortschritts nicht als konstitutives, sondern nur als *regulatives Prinzip* ansehen. Gerade als regulatives Prinzip aber spricht sie mich in meinem Handeln an und fordert mich auf, an der Förderung des gemeinsamen Wohles mitzuarbeiten.

Vico und Herder als Vorläufer des Historismus

Es war unsere Absicht, im Vorangehenden zu zeigen, daß in der klassischen Neuzeit die Geschichte von der Fragestellung der Wissenschaft her betrachtet nicht als wesentliches Problem angesehen wird, denn die Erkenntnis der Natur als eines Gesetzeszusammenhanges steht im Zentrum der Wissenschaft. Wenn man sich mit der Geschichte befaßt, dann geschieht dies nicht primär um willen einer Erforschung der Vergangenheit, sondern prospektiv: man untersucht die Möglichkeiten des zukünftigen, in der Gegenwart aber bereits beginnenden *Vernunftzeitalters*.

Es gibt nun aber auch in dieser Epoche Denker, für die die Geschichte als *Vergangenheitsgeschichte* bedeutsam wird: Vico und Herder. Hier wird der Historismus vorbereitet und zwar in zweifacher Hinsicht. Geschichte, das heißt das vergangene Geschehen, setzt sich sinnhaft in der Gegenwart fort, so daß die Gegenwart nicht nur aus sich selbst, sondern auch von der Vergangenheit her zu verstehen ist. Solches Verstehen aber – das ist das Zweite – setzt voraus, daß man nun eigens über die Möglichkeit der Geschichts*schreibung* als einer besonderen *Wissenschaft* nachdenkt. Die Ansätze Vicos und Herders sind aber im Unterschied zu dem in Hegel anhebenden Historismus dadurch gekennzeichnet, daß bei beiden Denkern Geschichte als natürliche Entwicklung verstanden wird: als Selbstdarstellung der ewigen Natur des Menschen bei Vico, und als ein Prozeß, der von der alles lenkenden Natur in Gang gebracht und daher nur von dieser her zu begreifen ist bei Herder.

Vicos[27] geschichtsphilosophischer Ansatz, dargelegt in seinem Werk »*Die neue Wissenschaft über die gemeinschaftliche Natur der Völker*«, ist ohne unmittelbare Wirkung geblieben. Gleichwohl lassen sich sachlich gesehen Verbindungslinien nicht nur zu Herder, sondern auch zu Dilthey und zu Spengler ziehen. Vicos methodischer Grundgedanke ist die Idee, daß wir angemessen nicht, wie Descartes behauptet, die äußere Natur, sondern vielmehr nur die Geschichte verstehen können, denn die Geschichte haben wir im Gegensatz zur äußeren Natur gemacht. Vico sagt: »Es kann nirgends größere Gewißheit geben als da, wo der, der die Dinge schafft, sie auch erzählt.«[28] Dieser Ansatz bleibt insofern dem cartesianischen Vorurteil verhaftet, als Vico wie Descartes grundsätzlich das Wissen als Durchleuchten des *Vorgangs des Machens* bestimmt.

Gleichwohl wäre es verfehlt anzunehmen, daß Vico sich nur deswegen der Geschichte zugewandt habe, weil diese den Ansprüchen wahrer Wissenschaft genüge. Vicos Hervorhebung der Geschichte gründet in seiner *humanistischen* Einstellung. Er greift der Sache nach auf den Grundgedanken der italienischen Renaissance zurück, daß der *mondo civile*, die bürgerliche Welt, die eigentliche Welt sei, in der wir unser Leben faktisch vollziehen und gestalten. Diese Welt wird geprägt durch das Öffentlichkeitsbewußtsein der Gebildeten, den sensus communis. Der sensus communis aber kann sich seiner Natur gemäß nicht auf unbedingte Gewißheiten wie die Naturwissenschaft stützen, sondern auf das Einleuchtende und Wahrscheinliche. Dieses hat als »Konkret-Allgemeines« jedoch sein eigenes Recht und Maß, und es wäre verfehlt, es dem Ideal der Naturwissenschaft zu unterwerfen.[29]

Von diesem Ansatz her ist Vicos Geschichtsphilosophie zu verstehen. Es gibt, so behauptet Vico, eine *gemeinschaftliche Natur aller Völker*, so daß die Geschichten verschiedener Völker vergleichbar sind. Die Entwicklung dieser Natur wird von der Vorsehung gelenkt, aber diese wirkt nicht übernatürlich, sondern im Menschen und durch dessen eigenes Tun. Die geschichtsbildende Tätigkeit des Menschen vollzieht sich nicht als ein vorherbestimmtes Schaffen, das überzeitliche Wahrheiten in die Zeitlichkeit setzt, sondern die den Menschen in der Geschichte leitenden Wahrheiten entstehen erst in und durch das menschliche Tun selbst. Vico erkennt den Lehrsatz an: verum et factum convertuntur. Das besagt: er negiert die Wahrheit im Sinne apriorischer Gültigkeit und versteht Wahrheit als faktische Geschehenswahrheit. Geschichte muß daher durch *Erfahrung* erkannt werden. Von diesem Ansatz her ist Vicos bereits erwähnter Grundsatz, daß wir Geschichte verstehen, weil sie von Menschen gemacht ist, zu begreifen. Dies Verstehen ist konkret als Erforschung des vergangenen Tuns der Menschen. Dieses Tun ist jedoch immer Ausdruck der ewigen menschlichen Natur, wobei aber zu beachten ist, daß diese Natur ihre Wahrheit erst *in* der Entwicklung zeigt: natura wird, was sie ist, »nascendo«.

Vico bestimmt diese Entwicklung als *Kreisgeschehen*, das sich nach dem Gesetz von Aufstieg, Fortschritt, Verfall und Ende vollzieht. Es sind jeweilig im Gesamtverlauf drei Zeitalter zu unterscheiden: das theokratische Zeitalter der Götter ist die Zeit des Barbarentums, das mythologische Zeitalter der Heroen ist die Zeit der Aristokratie, das rationale Zeitalter der Menschen ist die Zeit der Klassik. Der Ablauf endet jeweilig mit einem Rückfall in die anfängliche Primitivität. Aus ihr hebt jedoch ein neuer »Anlauf« an. Da dieses Schema alle geschichtlichen Erscheinungen bestimmt, lassen sich Vergleiche durchführen. So ist die homerische Zeit dem europäischen Mittelalter analog, beide Zeiten tragen Kennzeichen der heroischen Epoche: Kriegerkaste, Agrarwirtschaft, Balladenliteratur. Vico schließt jedoch die Idee, daß in der Geschichte relativ Neues geschieht, nicht aus. Die Geschichte wiederholt sich niemals vollkommen. Es sollen im geschichtlichen Vergleich aber gar nicht primär die jeweiligen Inhalte, sondern die diese formenden Strukturen parallelisiert werden.

Vicos Ansatz wirkt in zweifacher Hinsicht modern. Vico geht von der Überzeugung aus, daß die Geschichte zum Verständnis des Menschen wesentlich ist, denn die menschliche Natur wird erst durch das, was der Mensch im Verlauf des Geschehens tut, *offenbar*. Geschichte wird zur anthropologischen Grundwissenschaft, insofern sie *allein* den Menschen wahrhaft erkennt. Geschichte muß daher dem Rang nach – dies ist das Zweite, was über die Tradition hinausweist – dem Wissen von der äußeren Natur übergeordnet werden, denn das geschichtliche Geschehen betrifft den Menschen ganz anders als das natürliche Geschehen, das für den Menschen doch ein objektiv Fremdes ist. Gleichwohl: Vico bleibt der Tradition in einem entscheidenden Punkt verhaftet. Er glaubt an die eine *ewige Natur des Menschen*. Und dementsprechend ist seine letzte Absicht, die eine ideale Geschichte darzustellen, nach der in der Zeit die Geschichten aller Völker ablaufen. –

Herder[30] philosophiert wie Vico im Gegenzug gegen den neuzeitlichen Rationalismus. Seine Absicht ist es, eine Gesamtdeutung der Welt durchzuführen, durch die der Gegensatz von Natur und Geschichte, natürlicher und menschlicher Welt, aufgehoben wird. Die Aufgabe, die Herder sich hier stellt, ist als solche dem Denken der Aufklärung nicht fremd, denn die Aufklärung versucht ja, wie wir sahen, Vernünftigkeit und Natürlichkeit zu vereinen. Herder modifiziert die Problematik aber in ganz entscheidender Weise, indem er im Gegenzug zum rationalistischen Ansatz zu zeigen sucht, daß das Verhältnis beider Begriffe nur vom Gedanken einer *Entwicklung der Natur* her zu deuten sei.

Dieser Ansatz zeigt sich bereits sehr deutlich in Herders *Anthropologie*. Herder will in Abhebung gegen Kant eine ursprünglichere Dimension als den Verstand im Menschen freilegen. Er findet diese Dimension in der *Sprache*.[31] Tiere und Menschen haben die Sprache der Empfindungen gemeinsam, das heißt die einfachen Ausrufe der Freude oder des Schmerzes. Der Mensch hat darüber hinaus die Möglichkeit, durch Merkworte, das heißt Worte, die etwas gemäß seiner Natur kennzeichnen, sich anderen mitzuteilen. Diese Fähigkeit beruht auf der dem Menschen eigentümlichen Abständigkeit, der Reflexion. Herder spricht von der Besonnenheit. Aufgrund dieser Besonnenheit kommt dem Menschen eine bestimmte Art von Bildung zu, nämlich die selbständige Ausbildung seiner natürlichen Anlagen und Vermögen. Herder ist, wie *Gehlen* mit Recht sagt, ein Vorfahre der modernen Anthropologie.[32] Er bestimmt den Menschen durch den Vergleich zum Tier, aber in der Weise, daß er gerade die Unterschiede zwischen beiden herausarbeitet. Diese Differenzierung führt ihn jedoch nicht dazu, den Menschen grundsätzlich aus dem Naturzusammenhang herauszunehmen. Tier und Mensch sind je besondere Möglichkeiten in der »Haushaltung der Natur«.

Von dieser Idee einer Entwicklungsreihe her ist Herders Begriff der Geschichte zu verstehen. Geschichte ist das Ganze einer Gesamtentwicklung, das sich durch die Wirklichkeit einzelner Stufen vorwärtstreibt. Jede Stufe hat ihr Recht in sich, aber sie weist zugleich auf die höhere hin. Alle Stufen des Naturreiches sind Vorstufen für den Menschen, der Selbstzweck ist, insofern er nichts über sich hat, sondern sich durch sich zu bestimmen vermag.

Herder gleicht Natur und Geschichte. Indem er in der Bestimmung der Natur den Gedanken der Entwicklung ins Zentrum stellt, »vergeschichtlicht« er die Natur. Aber zugleich »naturalisiert« er eben die Geschichte, das heißt, er faßt alles Geschehen als »natürliches Geschehen« auf. Das ist das Entscheidende. Herder erklärt, daß im historischen Kosmos nicht andere Gesetze walten als im natürlichen Kosmos. Hier wie dort gibt es nämlich Veränderungen im Sinn der Regelhaftigkeit. Der eigentliche Begriff, der in beiden Bereichen bestimmend ist, ist der Begriff der Kraft.[33] Auch im geschichtlichen Bezirk sind die Kräfte die maßgebenden, das heißt die Wirkung herbeiführenden Mächte. In der Herausstellung des Begriffs der Kraft zeigt sich wiederum Herders Gegenzug zur Aufklärung. Kraft ist eine Bestimmung, die nicht eindeutig rational einzugrenzen ist. Wenn Herder erklärt, daß alle einzelnen Kräfte Offenbarungen Gottes als der alles umgreifenden »Allkraft« sind, so bleibt dieser Gottesbegriff eigentümlich unbestimmt.

Das Geschehen ist aus sich selbst zu interpretieren. Das ist aber nur möglich, wenn man sich dem geschichtlichen Geschehen wirklich freigibt. Herder will jeder einzelnen Epoche ein Recht auf sich selbst und in sich selbst zugestehen. Man muß zugeben, so erklärt er, daß jedes Zeitalter und jedes Volk ebenso wie jedes Lebensalter den Mittelpunkt seiner Glückseligkeit in sich selbst hat. Das besagt in grundsätzlicher Hinsicht formuliert: man darf Geschichte nur betreiben, wenn man keinen geschichtlichen Standpunkt absolut setzt. Die Menschheit ist differenziert in Einheiten, die sich jeweils ihren bestimmten Charakter aus naturhaften Lebensbedingungen und eigenen Taten zuziehen. Jedes Volk ist durch den ihm eigenen Volksgeist geprägt, das zeigt insbesondere die Eigentümlichkeit seiner Dichtung. Im Konkreten setzt Herder – dies sei hier nur angemerkt – die natürlichen Bedingungen weit höher an als die Formung durch geschichtliches Schicksal.

Indem aber Herder das Recht des *Individuellen*, sei dies eine einzelne Person oder ein Volk, eindeutig herausstellt, ersteht für ihn ein schwerwiegendes Problem. Wenn jede Epoche in sich zentriert ist, dann besagt dies, Geschichte kann nicht als Fortschritt angesehen werden. Es ist kein Zweifel daran möglich, daß Herder, durch seine entschlossene Wende zur individuellen Einzelheit bewogen, tatsächlich dazu neigt, die Frage nach dem Fortschritt in den Hintergrund zu rücken. Er wird zu einer Ausklammerung der Sinnfrage überhaupt noch aus einem anderen, nämlich einem methodischen Grunde veranlaßt. Das Wesen der Geschichte ist, so sagt er, der reine Charakter der stetigen *Veränderung*. Veränderung aber schließt Vollendung aus. Veränderung deutet sogar eigentlich auf eine letzte Sinnlosigkeit des Geschehens hin. Alles, was für sich selbst Zweck ist, wird ja für ein anderes nur Mittel, so daß schließlich angesichts dieser Relativität der Bestimmungen Zweck und Mittel nicht einmal mehr die Behauptung, jedes Zeitalter sei in sich zentriert, in eindeutiger Weise aufrecht erhalten werden kann.[34]

Herder sucht sich nun aber gegen eine solche Skepsis und Resignation zu wehren und zwar durch einen eigentümlichen Rückzug auf seinen Naturalismus. Wenn man auf die Entwicklung *im Großen* achtet, so zeigt sie sich als eine Höherentwicklung, die im Menschen kulminiert. Es ist daher doch offensichtlich, daß es einen Sinn im Gesamtgeschehen gibt. Und dieser ist eben die Heraufführung der *Humanität*. Humanität manifestiert sich darin, daß der Mensch sich selbst durch sich selbst in seinen natürlichen Kräften auszubilden vermag. Diese Ausbildung ist der Zweck der Geschichte. Herder erklärt, daß die ganze Geschichte »eine Schule des Wettlaufs zur Erreichung des schönsten Kranzes der Humanität und Menschenwürde sei«.

Freilich: dieser Gedanke der Humanität bleibt, auch wenn oder gerade wenn er auf der dem Menschen eigenen Natürlichkeit begründet werden soll, blaß. Herder bestimmt Humanität als »selbstwirksame Natur«, als »Kreis freier Tätigkeit« oder – in sittlicher Hinsicht – als »Verständigkeit«, »Billigkeit«, »Güte«, »Gefühl der Menschheit«, wobei in diesem Begriff »Menschheit« die Gesamtheit aller Menschen (universitas) und das Eigentliche des Menschseins (humanitas) gleichermaßen gemeint sind. Es ist *Kant* gewesen, der in seiner Besprechung von Herders »Ideen zur Philosophie der Geschichte der Menschheit« den schwachen Punkt dieses Ansatzes herausstellte. Herder wolle, so sagt Kant, »mit Vermeidung aller metaphysischen Untersuchungen die geistige Natur der menschlichen Seele, ihre Beharrlichkeit und Fortschritte in der Vollkommenheit aus der Analogie mit den Naturbildungen der Materie, vornehmlich in ihrer Organisation, beweisen«.[35] Zu diesem Zwecke erfinde er allgemeine unsichtbare Kräfte. Das erscheint Kant zu spekulativ. Vor allem aber: Geistigkeit und Natürlichkeit sind nach Kants Grundüberzeugung in der Geschichte nur von der Geistigkeit her zu vermitteln; die Natur überläßt den Menschen sich selbst, er soll alles Positive aus sich selbst heraus bringen, und dazu muß er sich *allein* auf die Vernunft und den freien Willen gründen.

Kritischer Rückblick auf die Neuzeit

Überblickt man die Entwicklung der Geschichtsproblematik in der klassischen Neuzeit, so muß man feststellen, daß diese Zeit reichhaltigere und differenziertere Ansätze zur Geschichtsphilosophie aufweist, als im allgemeinen angenommen wird. Es werden hier Gedanken entwickelt, die wir durchaus aufnehmen können. Insbesondere scheint uns ein Zweifaches wesentlich. Dies ist einmal die bei *Vico* erstmalig herausgearbeitete Grundidee, daß den Menschen das geschichtliche Geschehen unmittelbarer und direkter als das Geschehen der äußeren Natur angeht. Diese Einsicht muß gerade heute herausgestellt werden angesichts der Wende zum positivistischen Denken, dem es eigentümlich ist, nicht nur Wissenschaft als geschichtsunabhängige Tatsachenprüfung zu deklarieren, sondern überhaupt zu leugnen, daß die Geschichte eine wesentliche anthropologische Bedeutung habe. Freilich können wir bei Vicos »umgekehrtem Cartesianismus« nicht stehen bleiben, sondern müssen auf die radikalere Ausformung der Idee der Geschichtlichkeit, wie sie bei Hegel und den ihm nachfolgenden Denkern sichtbar wird, zurückgreifen, ohne jedoch diese nun als fraglos gültig zu übernehmen, vor allem deswegen nicht, weil hier der Bezug von Geschichte und auf die Zukunft ausgerichteter Handlung kaum gesehen oder zumindest nicht als primär erkannt wird.

Gerade in dieser Hinsicht kann uns nun aber die Geschichtskonzeption der *Aufklärung* wichtig werden, denn Geschichte wird hier unter den Gesichtspunkt einer möglichen Verbesserung der menschlichen Lage gestellt. Dieser Ansatz – und dies ist das Zweite, das wir als für uns bedeutsam aus dem neuzeitlichen Geschichtsverständnis herausheben wollen – erscheint uns bedenkenswert, weil man sich heute weithin daran gewöhnt hat, das geschichtliche Geschehen, insofern es durch unverstehbare Superstrukturen bestimmt sei, als nicht lenkbar auszugeben.

In gedrängter Form seien die für uns wesentlichen Ansätze der Geschichtskonzeption der Aufklärung noch einmal genannt. Geschichte – das ist das Erste – ist nicht einseitig an der Vergangenheit zu orientieren und geht nicht in einer Erforschung des Gewesenen auf. Das geschichtliche Geschehen muß von der Gegenwart her im Blick auf die Zukunft bedacht werden. Und damit hängt das Zweite zusammen: Geschichte muß unter die Idee des Fortschrittes gestellt werden. Auch hier werden wir nicht im naiven Sinn den Optimismus der Aufklärung wiederholen können, aber der Kern der aufklärerischen Fortschrittsidee, die Einsicht, daß der positive Trend der Entwicklung nur in und durch den »moralischen Einsatz« des Menschen zu realisieren sei, gehört zu den unabdingbaren Voraussetzungen einer jeden Geschichtsphilosophie.

Heute ist man sich darin einig, daß die Geschichte nicht unter moralische Gesichtspunkte zu bringen sei. Gerade die Geschichte lehre, so wird immer wieder erklärt, daß die menschlichen Dinge unverläßlich und moralisch indifferent seien. Ob eine solche Aussage den Tatsachen entspricht oder nicht, dies läßt sich empirisch schwer entscheiden. Wesentlich bleibt jedoch, daß mögliche und notwendige Verbesserungen nicht ohne moralisches Engagement in Gang kommen, wobei nicht übersehen werden soll, daß dieses Engagement nur im Bunde mit der in einer geschichtlichen Situation sich herausstellenden Notlage einer Gruppe, die zur Änderung der Verhältnisse drängt, wirksam ist.

In bezug auf die Verbindung von Moralität und Fortschritt bleibt Kants Einsicht wegweisend, daß es nicht erfordert sei, Fortschritt als ein konstitutives Prinzip zu deklarieren, daß jedoch als regulatives Prinzip diese Idee schlechthin notwendig sei. Noch in einem zweiten Punkte scheint uns Kants Ansatz bedeutsam: die Verbindung von geschichtlichem Geschehen und moralischem Handeln ist nur sinnvoll, wenn anders sie wirksam werden soll, im *politischen* Raum. Kant hat diesen Zusammenhang von prospektiver Geschichtsbetrachtung und Politik nicht nur allgemein, sondern außerordentlich konkret herausgearbeitet. Insbesondere seine Idee des *Weltbürgertums* kann heute in einem Zeitalter, in dem das Fraglichwerden des Nationalitätenprinzips ebenso offensichtlich ist wie die Notwendigkeit, weltpolitisch zu denken, wegweisend sein.

B. Stufen des Historismus.
Von Hegel bis zur Gegenwart

Vorbemerkung: Geschichte als Prinzip [1]

Die im Vorausgehenden thematisierten Betrachtungsweisen der Geschichte, mögen sie in sich noch so verschiedenartig sein, müssen insgesamt abgehoben werden gegen die Bewegung des *modernen Historismus*. Es erscheint uns nicht angemessen, diese Bewegung auf einen eindeutigen Begriff zu bringen. Die Behauptung *Friedrich Meineckes*, daß der Historismus nichts anderes sei als die Anwendung der in der Deutschen Bewegung von Leibniz bis zu Goethes Tod gewonnenen neuen Lebensprinzipien auf das geschichtliche Leben, ist zu weit; und die wesentlich wissenschaftstheoretisch orientierte Aussage des Neukantianismus, daß der Historismus menschliches Geschehen nicht mehr generalisierend, sondern individualisierend betrachtet, ist zu eng. Der Historismus unterliegt selbst der geschichtlichen Wandlung. Das *allgemeine* Merkmal dieser Wandlung ist – das hat *Ernst Troeltsch* klar gesehen [2] – der sich radikalisierende Abbau überzeitlicher Normensysteme und die zunehmende Erkenntnis, daß wir uns als geschichtliche Existenzen verstehen müssen bis in die innersten Zonen unseres Menschseins. Und ebenso angemessen ist es, zu behaupten, daß auf dem Höhepunkt des Historismus die Einsicht unabwendbar wird, daß dieser Prozeß der Historisierung nicht rückgängig zu machen ist. Die »Überwindung des Historismus« kann also keine Rückkehr zu naiver Ungeschichtlichkeit bedeuten – diese These muß heute allerdings erst erhärtet werden angesichts der gegenwärtig offensichtlich werdenden Abwendung von der Geschichte.

Vergleicht man diese Epoche des modernen Historismus, die mit Hegels Philosophie beginnt, mit der vorausliegenden *Tradition*, so läßt sich relativ eindeutig folgender Unterschied herausstellen: in der Tradition ist und bleibt Geschichte im ganzen ein »Randproblem«. Das gilt nicht nur vom wissenschaftstheoretischen Aspekt her, wie er sich in der Antike und der beginnenden Neuzeit herausgebildet hat, sondern auch für die Bewegungen, die durchaus bedeutsame Geschichtskonzeptionen entworfen haben, wie das frühe Christentum und die Aufklärung. Auch wenn die Aspekte der Heilsgeschichte und der persönlichen Glaubensgeschichte für das christliche Selbstverständnis entscheidend sind, ist der Bezugspunkt alles Geschehens der geschichtstranszendente Gott. Und in der Aufklärung wird die leitende Bestimmung der Vernünftigkeit nicht historisiert. Vernünftigkeit ist das wahre, und das heißt das an ihm selbst ungeschichtliche Wesen des Menschen, das es als solches herauszustellen gilt.

Im modernen Historismus dagegen wird die Geschichte zur *Grundbestimmung* und zwar sowohl in der Wissenschaft als auch in bezug auf das welthafte Geschehen. Das besagt: alles Seiende kann und muß auf seine »*Historizität*« hin durchleuchtet werden. Nur auf diesem Wege ist wirkliches Verstehen möglich. Diese Durchleuchtung darf nicht sogenannte ungeschichtliche oder übergeschichtliche Sphären aussparen. Sie muß – wenigstens der Tendenz nach – radikal sein. Der Historismus ist also eigentlich ein Gegenbegriff oder schärfer: ein Kampfbegriff gegen das ungeschichtliche Denken. Daß Geschichte Prinzip alles Verstehens ist, dies ist eine Einsicht, die durch das Selbstverständnis des Menschen *aktualisiert* werden muß. Diesem Menschen ist nun die Aufgabe gestellt, sich im Ganzen seines Seins als geschichtlich bedingt zu begreifen und dementsprechend zu verhalten. –

Zur *Gliederung* dieses Kapitels sei folgendes angemerkt: wir beginnen unsere Darstellung des Prozesses der Historisierung mit einer Analyse der Geschichtsphilosophie *Hegels*, denn Hegel ist als der Denker anzusehen, von dem die wesentliche Idee des Historismus konzipiert wird: Geschichte ist die Grundbestimmung der konkreten Wirklichkeit, insofern diese eine Wechselbestimmung von Subjektivem und Objektivem ist. Es ist offensichtlich, daß noch nicht alle Züge des Historismus bei Hegel zur Sprache kommen, weil Hegel als Metaphysiker des Absoluten das geschichtliche Geschehen schließlich in die Omnipräsenz des Geistes aufhebt. Gleichwohl muß er als der Initiator des modernen Historismus angesehen werden. Sein geschichtsphilosophischer Ansatz bildet die Grundlage auch für die *Geschichtsdenker des späteren 19. Jahrhunderts*, die sich gegen ihn wenden. Nachdem wir die Aufhebung der Geschichtsphilosophie Hegels im Geschichtsbewußtsein dieser Epoche in ihren Grundzügen gekennzeichnet haben, suchen wir die Ansätze der Geschichtsproblematik herauszustellen, die von *Wilhelm Diltheys* Grundlegung der Geisteswissenschaften in einer Philosophie des Lebens ausgehen und über *Martin Heideggers* und *Karl Jaspers'* Theorien der Geschichtlichkeit zu der Konzeption einer sprachphilosophisch und hermeneutisch fundierten *Wirkungsgeschichte* führen. An diese historische Darlegung schließt sich eine kurze kritische Überlegung an, die unter der Frage steht, ob den Geisteswissenschaften heute im technisch-verwissenschaftlichten Zeitalter noch wirkliche Chancen zukommen. Im Gegenzug zu der geisteswissenschaftlichen Aufhebung der Philosophie Hegels steht die Umkehrung Hegels, die *Marx* vollzieht. Seine Geschichtskonzeption wird in diesem Teil nur in ihrem Grundansatz entwickelt. Die im Denken von Marx aufgebrochene Problematik ist für unsere Situation so wesentlich, daß wir auf sie im fünften Teil, der den realen Möglichkeiten unseres Handelns nachfragt, zurückgreifen müssen. Den Abschluß dieses Teils bildet ein Kapitel, in dem wir die *Geschichtskonzeptionen des ausgehenden 19. und des beginnenden 20. Jahrhunderts* darzulegen suchen, die im Gegenzug zum Historismus stehen. Wir weisen auf den *Darwinismus, Burckhardt, Nietzsche* und *Spengler* hin. Diese Geschichtsdeutungen sind ihrem Inhalt und ihrer Methodik nach verschiedenartig. Eine Gemeinsamkeit besteht zwischen ihnen jedoch darin, daß sie der Geschichte eine Natur, die den differierenden Ansätzen dieser Denker entsprechend verschieden bestimmt wird, vorzuordnen suchen.

Erstes Kapitel
Hegel: Geschichte als Weltgeschichte des Geistes [1]

Wenn man Hegels Bedeutung für die Entwicklung der modernen Geschichtsproblematik verstehen will, so ist es nicht angebracht, sich nur auf Hegels spezifische Analyse der Geschichte, wie er sie in seinem Vortragszyklus »Philosophie der Weltgeschichte« vorgelegt hat, zu beschränken. Hegels *Entdeckung der Geschichtlichkeit* stellt einen philosophischen Neuansatz überhaupt dar. Wir suchen zunächst diesen Neuansatz in seiner Problematik zu verdeutlichen und greifen zu diesem Zwecke auf Hegels Ausführungen in seiner Frühschrift »*Differenz des Fichteschen und Schellingschen Systems der Philosophie*« zurück. Hegel erklärt dort, daß die Philosophie zwei Voraussetzungen habe: »Die eine ist das Absolute selbst; es ist das Ziel, das gesucht wird. Es ist schon vorhanden; wie könnte es sonst gesucht werden? Die Vernunft produziert es nur, indem sie das Bewußtsein von den Beschränkungen befreit; dies Aufheben der Beschränkungen ist bedingt durch die vorausgesetzte Unbeschränktheit. Die andere Voraussetzung würde das Herausgetretensein des Bewußtseins aus der Totalität sein, die Entzweiung in Sein und Nichtsein, in Begriff und Sein, in Endlichkeit und Unendlichkeit.« [2]

Hegel ist der Meinung, daß die Philosophie als solche – das sagt die erste Voraussetzung – nur *ein* Thema haben kann. Dies ist das *Absolute*. Das Absolute ruht in sich selbst. Die Philosophie muß zu ihm hinführen, und das heißt, das Bewußtsein von seinen Beschränkungen befreien. Das ist wesentlich im Sinne Schellings, und zwar des Schelling der Identitätsphilosophie, gedacht: Die All-Einheit ist nur als schrankenlose das wahrhafte Prinzip, und sie ist nur zu erreichen durch Aufhebung aller Unterschiede. Die erste Voraussetzung schließt also jeden Versuch, das Denken zu »vergeschichtlichen«, aus; das Denken muß sich ja gerade als einen Weg in das Übergeschichtliche verstehen. Die zweite Voraussetzung steht zu der ersten im Gegenzug. Sie konstatiert als Faktum, daß das Bewußtsein aus der Einheit herausgetreten, und daß damit ein Gegensatz zwischen der Unendlichkeit und der Endlichkeit gesetzt sei. Aber von hier aus ergibt sich nun – und dies zu deklarieren ist Hegels eigentümliche Leistung – die Aufgabe, diese Gegensätze aufzuheben, und zwar kann dies nur dadurch geschehen, daß das Absolute selbst sich zur Endlichkeit herabsetzt und in die Zeit eingeht. Diese Herabsetzung kann nicht bedeuten, daß das Absolute seine Unendlichkeit schlechthin negiert und auf die andere Seite des Gegensatzes, die Endlichkeit tritt. Aber die Verendlichung darf auch nicht als ein dem Absoluten bloß äußeres und accidentielles Geschehen angesehen werden. Sie muß in seiner Struktur selbst angelegt sein.

Hegel greift zur Lösung dieser Problematik in methodischer Hinsicht auf die traditionelle Unterscheidung: Wesen und Erscheinung zurück. Das Endliche ist Erscheinung des Unendlichen. Hegel sagt aber in seiner »Philosophie der Weltgeschichte«, daß dieser Ausdruck hier nicht die gewöhnliche Vorstellung habe, nach der die Erscheinung das Unwesentliche sei. Im Gegenteil: »Wo Geist ist, der konkrete Begriff, da ist Erscheinung selbst das Wesentliche. Die Unterscheidung des Geistes ist seine Tat, Aktuosität ... So ist der Geist wesentlich Energie, und man kann bei ihm nicht von der Erscheinung abstrahieren.«[3]

Der Weg der *Selbstverwirklichung* des Geistes wird von Hegel durch die Dialektik der Bestimmungen An-sich, Für-sich und An-und-für-sich gegliedert. Das Absolute ist schon anfänglich, das heißt an sich, das, was es am Ende als Resultat, das heißt an und für sich, ist, wobei dieser Weg der Vermittlung die Zwischenstufe der Negativität durchschreitet, deren Wesen das Aufheben der einfachen Einheit, das heißt die Entzweiung, die Veräußerlichung und Entfremdung ist. Diese geschichtliche Entwicklung ist unbedingt notwendig, wenn anders das Absolute sich im Begreifen seiner selbst besitzen soll.

Die Abhängigkeit dieser Konzeption einer Geschichte des Absoluten von der christlichen Lehre der *Menschwerdung Gottes* ist offensichtlich. Aber die Umsetzung des christlichen Dogmas in philosophische Wahrheit ist der entscheidende Vorgang einer Aufhebung ins Wesentliche. Der mit dem Wort »Gott« – das für sich genommen nur, wie Hegel in der »Phänomenologie des Geistes« sagt, »ein sinnloser Laut, ein bloßer Name« ist –[4] eigentlich gemeinte Sinn ist die Bestimmung »Geist«. Diese Bestimmung wird allein in der Philosophie aktualisiert, denn Geist ist nur als die Bewegung des Denkens. Als denkender aber vermag sich der Geist vollkommen einsichtig zu explizieren. Es genügt nicht, sich in allgemeinen Kategorien, wie Vorsehung, Güte und Weisheit Gottes, zu bewegen, ohne mit ihnen zu arbeiten. Es geht darum, die geschichtliche Entwicklung des Geistes in concreto als sinnvoll zu erkennen, und zwar als die Entwicklung der *Welt*: Gott bleibt nicht außerhalb der Weltgeschichte, sondern geht in diese ein. Dadurch aber wird nicht nur das Weltgeschehen, sondern auch er selbst begreiflich. Sicher: Hegel bemüht sich als metaphysischer Vollender der christlichen Theologie, die Bestimmung des Absoluten nicht vollkommen in der Geschichte aufgehen zu lassen. Auf der anderen Seite ist er aber darauf aus, ineins mit der Aufhebung Gottes in den Begriff Geist Gott durch die Bewegung des Weltgeschehens zu »vergeschichtlichen«.

Die philosophische Betrachtung der Weltgeschichte erkundet die Vergangenheit, durchschaut sie in ihrer Vernünftigkeit und hebt sie damit in ihre Wahrheit auf. Philosophische Betrachtung der Geschichte vollzieht das Werk der *Erinnerung*. Am Schluß der »*Phänomenologie des Geistes*« hat Hegel das Wesen dieser Erinnerung dargelegt. Er entwickelt dort seinen ganzen philosophischen Ansatz: der Geist, so sagt Hegel in Anlehnung an die christliche Theologie, opfert sich auf. »Diese Aufopferung ist die Entäußerung, in welcher der Geist sein Werden zum Geiste, in der Form des *freien zufälligen Geschehens* darstellt, sein reines *Selbst* als die *Zeit* außer ihm und ebenso sein *Sein* als Raum anschauend. Dieses sein letzteres Werden, *die Natur*, ist sein lebendiges unmittelbares Werden ... Die andere Seite aber seines Werdens, *die Geschichte*, ist das *wissende, sich vermittelnde* Werden – der an die

Zeit entäußerte Geist...«[5] Dieses geschichtliche Werden ist eine Aufeinanderfolge von Stufen. Indem die vorangehende Stufe aufgehoben wird, erscheint das neue Dasein, eine neue Welt und Geistesgestalt. »Das Geisterreich, das auf diese Weise sich in dem Dasein gebildet, macht eine Aufeinanderfolge aus, worin einer den andern ablöste, und jeder das Reich der Welt von dem vorhergehenden übernahm.«[6] Das Ziel aber ist der sich als Geist wissende Geist, und dessen Wissen ist nun eben die Erinnerung, die – das Zufällige verwesentlichend – begriffene Geschichte ist. »*Das Ziel*, das absolute Wissen, oder der sich als Geist wissende Geist hat zu seinem Wege die Erinnerung der Geister, wie sie an ihnen selbst sind und die Organisation ihres Reiches vollbringen. Ihre Aufbewahrung nach der Seite ihres freien in der Form der Zufälligkeit erscheinenden Daseins, ist die Geschichte, nach der Seite ihrer begriffenen Organisation aber die *Wissenschaft* des *erscheinenden Wissens;* beide zusammen, die begriffene Geschichte, bilden die Erinnerung und die Schädelstätte des absoluten Geistes, die Wirklichkeit, Wahrheit und Gewißheit seines Throns, ohne den er das leblos Einsame wäre...«[7]

Es ist durchaus nicht zu Unrecht immer wieder herausgestellt worden, daß dieser sich als Geist wissende Geist niemand anderes als Hegel als Philosoph ist. Aber diese Tatsache besagt nicht, daß sich Hegel als Geschichtslenker an die Stelle Gottes gesetzt habe, sondern nur, daß er als Philosoph die Aufgabe übernimmt, die Vergangenheit als vernünftig zu begreifen, wobei er von der Überzeugung geleitet ist, daß dies vernünftige Begreifen sich durch den Vollzug am Ende als möglich erweist. Immer wieder erklärt er, die These von der Vernünftigkeit des Geschehens wäre zunächst nur eine unbeweisbare Voraussetzung, deren Anspruch erst durch die konkrete Geschichtsdarstellung verifiziert werden könnte.

Gleichwohl: eine *Zweideutigkeit* bleibt bestehen. Es ist einerseits klar – Hegel würde das nie abstreiten –, daß der Philosoph, der das vergangene Geschehen begreift, nicht mit dem um sich selbst wissenden absoluten Geist begriffsidentisch ist. Dieser Geist stellt sich im Geschehen selbst dar, er expliziert allein das, was er an sich schon ist. »Der Prozeß ist dann ausgemacht, bevor er begonnen hat, unter der absoluten Sonne, worunter er steht, entspringt nichts wirklich Neues und kann nicht entspringen. Die Geschichte ist von hier aus, vom beschworen-betrachteten Antiquarium aus, lediglich Explikation Gottes (des Absoluten) in der Zeit; ein Absolutum erfährt aber nichts ihm Unbekanntes.«[8] Der Philosoph dagegen muß das Vergangene als das ihm Vorliegende aufnehmen, durchdringen und sich aneignen. Das heißt schlicht: er muß empirisch vorgehen. Im empirisch untersuchten Geschehen aber entdeckt er Zufälligkeiten, Ungereimtheiten und Widersinnigkeiten. Hier hilft sich der metaphysische Geschichtsdeuter: er greift auf das Absolute zurück, das heißt auf die Bewegung des Weltgeistes, die als solche von diesen Negativitäten nicht betreffbar ist, und sanktioniert solchermaßen die Geschichte.

Die philosophische Geschichte ist im strengen Sinn »*Geistesgeschichte*«. Dieser Terminus ist nicht gebietsmäßig eingegrenzt, etwa in Abhebung gegen politische Geschichte. Die Geistesgeschichte im Sinne Hegels betrachtet die Gesamtzusammenhänge des geschichtlichen Weltgeschehens. Diese werden als einsichtige Sinnzusammenhänge, das heißt als vernünftige Geschichte, thematisiert.

Insofern ist die Idee der Geistesgeschichte Gegenbegriff gegen die äußerliche Geschichtsbetrachtung, die sich mit der faktischen Tatsächlichkeit allein befaßt und bei dieser stehen bleibt. Als philosophische Betrachtung der Geschichte aber ist die Geistesgeschichte verankert im Geschehen des absoluten Geistes, der nur – gleichermaßen Subjekt und Objekt der Bewegung – mit sich zu tun hat.

Die Problematik dieses Grundansatzes zeigt sich deutlich, wenn man den Begriff der *Freiheit* bedenkt, wie Hegel ihn in der Geschichtsphilosophie entwickelt. Freiheit, so legt Hegel dar, ist eine Bestimmung des Geistes. Der Geist ist sich selbst Mittelpunkt. »Er hat die Einheit nicht außer sich er findet sie beständig in sich, er ist in und bei sich selbst.«[9] Beisichselbstsein, das heißt Unabhängigkeit von anderen, eben dies ist die Freiheit. Freiheit in diesem strengen Sinne des unbedingten Selbstbesitzes ist die eigentliche Bestimmung des *Absoluten*. Sicher: dieser Selbstbesitz wird erst durch den Prozeß als wahrhafte Selbstgewißheit aktualisiert. Aber der Weg zum abgeschlossenen Selbstbewußtsein involviert auf allen Stufen bereits die Unabhängigkeit. Die Dialektik ist offensichtlich: der Geist ist im Grunde immer bei sich selbst, er ist sich selbst ständig gegenwärtig und damit zeitlos. Aber insofern er erst zu sich kommt, fällt er in die Zeit. Hegel sagt in der »Phänomenologie des Geistes«: »Die Zeit erscheint daher als das Schicksal und die Notwendigkeit des Geistes, der nicht in sich vollendet ist«. Dies Schicksal aber nimmt der Geist auf sich, um das, »was erst *innerlich* ist, zu realisieren und zu offenbaren, d. h. es der Gewißheit seiner selbst zu vindizieren«.[10] Zeit und Reflexion als stufenhafte Selbstvergewisserung gehören zusammen. Die Zeit ist hier also nicht Zeitlichkeit im Sinne der Betreffbarkeit und Zufälligkeit, sondern nichts anderes als ein sinnhaftes Aufeinanderfolgen der Entwicklungsstufen, das am Ende als der Voll-endung aufgehoben werden muß, wenn der Geist sich selbst in absoluter Omnipräsenz genießt.

Dieser Freiheitsbegriff – Freiheit als Unabhängigkeit von anderen – liegt auch der geschichtlichen Analyse der abendländischen Entwicklung, die Hegel gibt, zugrunde. Aber hier wird diese Bestimmung der Freiheit doch insofern modifiziert, als es um eine *konkrete* Freiheit geht. Hegels Darlegung der Entwicklung dieser Freiheit von den Orientalen bis zu seiner Gegenwart ist hochbedeutsam. Diese Freiheit ist als Freiheit des realen Subjektes, das heißt konkret als gesellschaftliche, politische und moralische Freiheit, gerade nicht ein Maß in sich selbst. Die subjektive Freiheit darf sich nicht selbst genügen und auf sich selbst stellen, sondern soll sich mit dem Ganzen vermitteln. Dies geschieht im *Staat*, in dem Einzelheit und Allgemeinheit verbunden sind. Absolute Freiheit im politischen Bereich ist nach Hegel das Verderben, dies hat er in der »*Phänomenologie des Geistes*«, insbesondere in dem Kapitel »*Die absolute Freiheit und der Schrecken*« dargelegt.[11] Man sieht also sofort: die konkreten Bestimmungen der Freiheit und der strenge Freiheitsbegriff, der nur auf das Absolute trifft, decken sich nicht ganz. –

Die metaphysische Ausrichtung der Geschichtsphilosophie Hegels ist immer wieder *getadelt* worden. Man hat von Marx bis zu Popper einen Katalog der Negativitäten Hegels aufgestellt, zumeist in der Form, daß man die Charaktere an der Geschichte herausstellte, die Hegel nicht nur »vergessen«, sondern durch seinen metaphysischen Ansatz ausgeschlossen hat. Wir erwähnen nur die wesentlichsten Argumente. Die Zufälligkeit, Widersprüchlichkeit und Unvernünftigkeit des Geschehens ist so offensichtlich, daß sie durch keine List der Vernunft zu beseitigen ist. Sodann: in der Geschichte sind wesentlich die nichtgeistigen Realfaktoren, politische Machtkonstellationen und ökonomische Verhältnisse. Diese Realfaktoren sind außerordentlich dunkel und undurchsichtig; Geschichte ist überhaupt nicht eindeutig durchschaubar. Zur Geschichte gehört zudem ganz notwendig das Scheitern von Plänen und Entschlüssen. Gleichwohl muß der Mensch auch und gerade angesichts der Unvernunft, der Unüberschaubarkeit und der Gefahr des Scheiterns handeln und seine geschichtliche Zukunft selbst gestalten. Daß Hegel diesen Zusammenhang von Geschichte, Zukünftigkeit und Handlung nicht gesehen hat, weil er Geschichte nur als Betrachtung der Vergangenheit und sich selbst als »Reichsverwalter dieser abgeschlossenen Geschichte«[12] verstand, das ist seine eigentliche Verfehlung.

Diese Vorwürfe sind pauschal. Dem Fachhistoriker der Philosophie ist es aufgegeben, zur Revision solcher Grundsatzurteile den verschlungenen Wegen, die Hegel ging, im einzelnen nachzugehen. So ist es für ein eindringliches Studium von Hegels Geschichtsphilosophie – um nur auf einen Sachverhalt hinzuweisen – notwendig zu untersuchen, in welcher Weise sich die Philosophiegeschichte von der Weltgeschichte und von der Bildungsgeschichte, wie Hegel sie in der »Phänomenologie des Geistes« darlegt, in concreto unterscheidet.[13] Alle diese Untersuchungen können aber letzthin die einfache Grundtatsache, daß Hegels Geschichtskonzeption von seiner Metaphysik des Absoluten bestimmt ist, nur bestätigen, und insofern bestehen die oben angeführten Urteile gegen Hegels Geschichtsphilosophie zu Recht.

Gerade aber wenn man sich die »Mängel« Hegels verdeutlicht, ergibt sich die Möglichkeit, nun auch das »*Positive*«, das heißt die vorwärts deutenden Tendenzen in Hegels Philosophie der Geschichte ernst zu nehmen. Dies Positive aber ist, so meinen wir, von außerordentlicher Bedeutung. Es finden sich bei Hegel Einsichten in die Struktur der Geschichte, die auch für uns verbindlich sind, und es erscheint uns nicht möglich, unsere eigene Geschichtsproblematik ohne den Rückgriff auf diese Einsichten zu bewältigen. Wir suchen dies im folgenden – zunächst in schematisch-zusammengefaßter Form – darzulegen.

Entscheidend für das Geschichtsverständnis Hegels ist seine Auffassung von der *Wirklichkeit* überhaupt. Hegel konzipiert einen neuen Wirklichkeitsbegriff, der sich heute immer deutlicher auf allen Gebieten durchzusetzen beginnt. Wir haben den Ansatz dieses Wirklichkeitsbegriffes mehrfach entwickelt – ihn herauszustellen, ist ja die Aufgabe dieser ganzen Arbeit –[14], und weisen jetzt nur auf seine Bedeutung für das Problem der Geschichte hin.

Nicht nur das naive Bewußtsein, sondern auch die Wissenschaft und die Philosophie der Tradition gehen davon aus, daß es eine feste, in sich ruhende und immer seiende Wirklichkeit gibt. Sie steht dem Menschen gegenüber, und als solche objektive Gegebenheit muß sie erkannt werden. Die Aufgabe des Erkennens ist es, sich nicht mit dem vordergründigen Sinnenschein zu begnügen, sondern tiefer zu dringen, das heißt, die hintergründigen wahren Wesenszusammenhänge – Hegel spricht von einem ruhigen Reich der Gesetze – zu erfassen. Von diesem Ansatz her muß – wir haben dies entwickelt – die Geschichte entwertet werden, weil sie Zufälligkeiten und Besonderheiten enthält, die nicht auf Gesetze zu bringen sind.[15]

Hegels Genialität ist es nun – das ist das Entscheidende –, die Geschichte nicht einfach aufzuwerten, indem er ihre anthropologische Wichtigkeit betont, sondern den traditionellen Wirklichkeitsbegriff so grundsätzlich ad absurdum zu führen, daß die Geschichte als Grundcharakter des Wirklichen überhaupt erscheint. Nur weil und insofern Hegel dies tut, kann und muß er als der eigentliche Inaugurator des Historismus gelten. Hegel legt dar, daß bereits die Reflexion auf das einfache Erkennen zeigt, daß es kein fixes Sein gibt, sondern daß Subjekt und Objekt sich *wechselseitig* bestimmen. Die Vorstellung: dort steht das Objekt und hier stehe ich, der sogenannte

Subjekt-Objekt-Standpunkt, muß durchgängig auf allen Gebieten des wesentlichen Erkennens negiert werden. Wesentliches, das heißt konkretes Erkennen ist ein Lebensvollzug, und Leben wandelt sich aufgrund dieser dialektischen Struktur ständig. Nur wenn ich die Erkenntnis aus diesen konkreten Bezügen herauslöse und zur reinen Abstraktion isoliere, wie etwa in der Mathematik, kann ich von diesem Wandel absehen.

Wenn aber die konkrete Wirklichkeit als ein *Prozeß* aufzufassen ist, dann ist Geschichte kein Gebiet neben anderen. Grundsätzlich gesagt: Geschichte ist überall, wo sich eine *Vermittlung von Subjektivem und Objektivem* vollzieht. Geschichte *ist* diese Vermittlung, und da es nichts wahrhaft Seiendes gibt, was von dieser Vermittlung ausgeschlossen ist, ist Geschichte der *Wesenscharakter* der Wirklichkeit überhaupt. Auch Natur hat in diesem Sinn Geschichte, insofern sie ein konkretes Werden ist. Hier bleibt diese Bewegung jedoch ein Kreislauf. Erst in der menschlichen Geschichte gibt es ein Fortschreiten, weil hier der Mensch nicht nur vom Geschehen bedingt wird, sondern dies auch seinerseits bedingt. Hegel setzt von diesem Gesichtspunkt her – wie wir sogleich sehen werden – die menschliche Geschichte der Natur entgegen. Aber dies ändert nichts daran, daß jede Unmittelbarkeit auf Vermittlung und somit auf Geschichte verweist, sei es im Himmel oder in der Natur oder im Geist.

Von dieser dialektischen Bestimmung der Wirklichkeit her sei noch einmal auf Hegels Idee der *philosophischen Geschichte* zurückgeblickt. Diese Idee ist – darauf hat Gadamer mit Recht hingewiesen –[16] den Argumentationen, die von den Historikern des 19. Jahrhunderts entwickelt wurden, überlegen. Hegel strebt auch in wissenschaftstheoretischer Hinsicht keinen Objektivismus an. Und dies gründet in seiner Überzeugung, daß jede Geschichtsschreibung dialektisch sein muß. Hegel erklärt, daß wir das Historische getreu auffassen müssen. Zugleich legt er aber dar, daß das treue Auffassen, insofern es Denken ist, nicht passiv sein kann. Der Historiker »bringt seine Kategorien mit und sieht durch sie das Vorhandene«.[17] Von diesem Ansatz her wird klar, daß die Vernunft in der Geschichte gar nichts ist, was objektiv vorgefunden werden kann. Sie ist als das Wechselspiel zwischen dem auslegenden Subjekt und dem auszulegenden Objekt. Dies ist der Sinn des berühmten Satzes, den Hegel als Abschluß seiner methodischen Überlegungen formuliert: »Wer die Welt vernünftig ansieht, den sieht sie auch vernünftig an; beides ist in Wechselbestimmung.«[18] –

Nachdem wir uns Hegels geschichtsphilosophischen Ansatz in seiner grundsätzlichen Problematik verdeutlicht haben, suchen wir seine »*konkrete Geschichtsauffassung*« darzulegen. Hegel diskutiert hier – erstaunlich unvoreingenommen – Fragen, denen sich auch heute noch der Historiker zu stellen hat.

Im Zusammenhang mit der Konzeption seines Wirklichkeitsbegriffes bestimmt Hegel die Struktur der Geschichte als *Veränderung*. Diese Veränderung verläuft nicht zyklisch, Geschichte ist kein Kreisgeschehen, sondern erbringt Neues und vollzieht sich wesentlich als fortschreitend. »Die Wiederbelebung in der Natur ist nur die Wiederholung eines und desselben; es ist die langweilige Geschichte mit immer demselben Kreislauf. Unter der Sonne geschieht nichts Neues. Aber mit der Sonne des Geistes ist es anders. Deren Gang, Bewegung ist nicht eine Selbstwiederholung, sondern das wechselnde Ansehen, das der Geist sich in immer anderen Gebilden macht, ist wesentlich fortschreitend.«[19] Die Welt der Geschichte ist als Geisteswelt ein zweites Reich, das von Menschen gemacht ist. »Nach der Schöpfung der Natur tritt der

Mensch auf, und er bildet den Gegensatz zu der natürlichen Welt; er ist das Wesen, das sich in die zweite Welt erhebt.«[20]

Diese geschichtliche Welt ist zweigesichtig. Sie erfüllt uns mit Melancholie, nicht nur weil Geschichte als Zeitlichkeit Vergänglichkeit überhaupt ist, sondern weil Menschen das Edelste, Schönste durch Leidenschaft zugrunde richten. Aber die Trauer über den Untergang glänzenden und gebildeten Menschenlebens wird aufgehoben durch die andere Seite der Veränderung, daß aus dem Tode neues Leben ersteht.[21] Diese Einsicht in den negativen und positiven Charakter der Veränderung hat grundsätzliche Bedeutung. Sie impliziert eine eindeutige Aufhebung des Vorurteils der traditionellen Metaphysik, daß Ewigkeit, Dauerhaftigkeit und Festigkeit höhere Seinscharaktere als die Veränderlichkeit seien.

Es gibt für Hegel keine menschliche Geschichte ohne das *Bewußtsein* des Menschen von der durch ihn bewirkten Veränderung des Geschehens. Dies Bewußtsein spricht sich aus, indem es von den res gestae berichtet. Res gestae und Geschichtsbericht gehören zusammen. »*Geschichte* vereinigt in unserer Sprache die objektive sowohl und subjektive Seite und bedeutet ebensowohl die *historiam rerum gestarum* als die *res gestas* selbst, die eigentlicher unterschiedene Geschichtserzählung als das Geschehene, die Taten und Begebenheiten selbst. Diese Vereinigung der beiden Bedeutungen müssen wir für höhere Art als für eine äußerliche Zufälligkeit ansehen...«[22]

Das geschichtliche Bewußtsein hat sich im Verlauf des Geschehens mannigfaltig und verschiedenartig ausgeprägt, und dieser Differenziertheit entspricht die Vielfalt der Formen der *Geschichtsschreibung*. Grundsätzlich aber gilt, daß das geschichtliche Bewußtsein nie unmittelbar ist und sein kann. Geschichtliches Bewußtsein ist als »geistiges Bewußtsein« wesenhaft »Hinausgehen über die Unmittelbarkeit«. Ein Geschichtsbericht kann daher keine reine Wiedergabe von Fakten sein. Den Historiker leitet in mehr oder weniger starkem Maße die Tendenz, die Tatsachen auf einen geistigen Zusammenhang, ein Ganzes hin konstruktiv auszulegen.

Diese Tendenz vollendet sich in der *philosophischen Geschichtsschreibung*, deren Gesichtspunkt ein wirklicher allgemeiner ist. Das *Allgemeine*, das hier thematisiert wird, ist das wesentlich alle Menschen Betreffende und sie Angehende. Es kann nie empirisch gefunden werden wie das Besondere und Einzelne, es ist nur in Gedanken und als Gedanke da. Aber die hier erforderte Erhebung über das Zufällige und Besondere läßt dieses nun nicht einfach zurück, sondern »hebt es auf«. Das Allgemeine, das in der philosophischen Geschichtsbetrachtung wirksam wird, ist nicht ein Abstraktes, das vom Besonderen einfach absieht, sondern das Konkret-Allgemeine, die Idee. Hegel erklärt: »Gleich dem Seelenführer Merkur ist die Idee in Wahrheit der Völker- und Weltführer, und der Geist, sein vernünftiger und notwendiger Wille ist es, der die Weltbegebenheiten geführt hat und führt.«[23]

Aus dieser Betonung des Allgemeinen folgt für Hegel, daß die geschichtliche Spezialbetrachtung, deren Recht er nicht abstreitet, überhöht werden muß durch eine Gesamtgeschichte, die unter *weltgeschichtlichen Aspekt* zu stellen ist. Das weltgeschichtliche Geschehen ist ein linearer Vorgang, dessen Epochen der Entwicklung des Menschen vergleichbar sind. Das Zeitalter der Kindheit ist die orientalische Welt, das Jünglingsalter zeigt sich in der griechischen Welt verwirklicht, das Mannesalter wird von den Römern repräsentiert, und wir selbst, die christlich-germanische Welt, können als Greisenalter bezeichnet werden.

Diese Idee der Weltgeschichte steht unter dem Begriff des Fortschritts, und zwar des Fortschritts im *Bewußtsein der Freiheit*. An diesem Begriff werden alle Geschehnisse bemessen. Er ist der wahrhaft allgemeine Gesichtspunkt. Wir haben oben bereits dargelegt, daß die strenge Definition der Freiheit – Freiheit als Unabhängigkeit und als Selbstbesitz – wesentlich nur auf das Absolute zutrifft. In der konkreten Geschichtsdarstellung muß eine gewisse Modifikation dieses Begriffes vollzogen werden, insofern die menschliche Freiheit als politische und gesellschaftliche Freiheit sich nur in der Einfügung des einzelnen in umgreifende Ordnungen wie den Staat vollendet.

Diese konkrete Bedeutung des Freiheitsbegriffes darf nicht übersehen werden, wenn man die Stufen der Entwicklung der Freiheit, die Hegel entwirft, adäquat erfassen will. Die *Orientalen* wissen nicht, daß der Mensch an und für sich frei ist, sie wissen nur, daß einer, der Despot, frei ist, aber die Freiheit dieses einen ist bloße Willkür. Bei den *Griechen* und *Römern* ist das Bewußtsein der Freiheit aufgekommen, aber nicht allgemein, sondern nur bei einigen, und nur diese waren frei, »darum haben die Griechen nicht nur Sklaven gehabt und ist ihr Leben und der Bestand ihrer schönen Freiheit daran gebunden gewesen, sondern auch ihre Freiheit war selbst teils nur eine zufällige, unausgearbeitete, vergängliche und beschränkte Blume, teils zugleich eine harte Knechtschaft des Menschlichen, des Humanen«.[24] Erst im *Christentum* ist das Bewußtsein der Freiheit allgemein geworden, und damit ist der weltgeschichtlich relevante Vorgang einer Verweltlichung der Freiheit eingeleitet worden. Der Weg führt von der religiös-innerlichen Freiheit zu der bürgerlichen Freiheit. Das Christentum hat ja noch nicht die Sklaverei abgeschafft, erst die Umsetzung der religiösen Freiheit in »weltliche Allgemeinheit« hat hier Abhilfe geschaffen. Der Sinn der Entwicklung ist, der »Anwendung« der Freiheit in der Welt entsprechend, die vernünftige Organisation von Regierungen und Verfassungen, die als solche auf den »allgemein gemachten« Prinzipien der Freiheit gegründet sind. Und hier findet auch der einzelne die substantielle Freiheit, denn im Staat ist das subjektive und objektive Moment der Freiheit vereint.[25]

Macht man sich diesen Ansatz klar, so scheint es nicht unangebracht zu behaupten, daß Hegel die quantitative Ausbreitung der Freiheit, das heißt den Prozeß der politischen Demokratisierung, gleichsetzt mit der qualitativen Steigerung der Freiheit, die sich darin ausweist, daß die Menschen, ihrer selbst bewußt werdend, sich als Subjekt der Geschichte begreifen. Historischer Fortschritt ist »bewußte Praxis«, erklärt *Herbert Marcuse* in seiner Auslegung Hegels. Und er fährt fort: »Der Fortschritt hängt von der Fähigkeit des Menschen ab, das allgemeine Interesse der Vernunft zu erfassen, und von seinem Willen und von seiner Kraft, dieses Interesse Wirklichkeit werden zu lassen.«[26] Dementsprechend wäre das Ziel der Geschichte erst erreicht, »wenn das Selbstbewußtsein seine Herrschaft über den Prozeß ausübt«.[27]

Freilich: eine solche Deutung Hegels, die von Marx inspiriert ist, stellt Hegel einseitig dar. Sie schiebt den metaphysischen Aspekt, daß der Akteur der Geschichte das Absolute sei, beiseite und beachtet nicht die mit diesem Aspekt zusammenhängende Bestimmung der Geschichte, rückwärts gewandte Vergangenheitsbetrachtung zu sein. Gleichwohl bleibt zu bedenken, wenn Hegel Geschichte als Fortschritt der Freiheit bestimmt und unter dieser Freiheit die bewußte Selbstbestimmung versteht, dann ist es der *Sache nach* durchaus sinnvoll, den Fortschritt gerade nicht nur retrospektiv in der Vergangenheit zu betrachten, sondern ihn auch prospektiv durch die eigene

Handlung in der Zukunft herbeizuführen. Anders formuliert: wenn Hegel die Idee des Fortschrittes der Freiheit unter die Kategorie der Vollendung bringt, das heißt, wenn er die Entwicklung von seiner Gegenwart her als positiv abgeschlossen deklariert, so wird die Idee des Fortschrittes der Freiheit damit reduziert auf das Bewußtsein eines einzelnen Philosophen, in dem die Geschichte als Weg des Absoluten *in Gedanken* abgeschlossen ist.

Die Idee des Fortschritts wird bei Hegel grundsätzlich *nicht* unter *moralischen Aspekt* gebracht. Hegel führt – dies ist für seinen geschichtsphilosophischen Ansatz im ganzen bedeutsam – eine sehr scharfe Trennung zwischen moralischer und geschichtlicher Betrachtung durch, und zwar in der Weise, daß er das Recht beider Betrachtungen anerkennt. Moralität ist Sache des einzelnen, seines Gewissens und seiner persönlichen Einsicht. In der Moralität und der Religion überschreitet der Mensch die historische Dimension und ist Zweck an sich. Moralisches Tun kann also nicht an geschichtlichem Erfolg oder Mißerfolg gemessen werden. »Dieser innere Mittelpunkt, diese einfache Region des Rechts der subjektiven Freiheit, der Herd des Wollens, Entschließens und Tuns, der abstrakte Inhalt des Gewissens, das, worin Schuld und Wert des Individuums, sein ewiges Gericht, eingeschlossen ist, bleibt unangetastet und ist dem lauten Lärm der Weltgeschichte und nicht nur den äußerlichen und zeitlichen Veränderungen, sondern auch denjenigen, welche die absolute Notwendigkeit des Freiheitsbegriffs selbst mit sich bringt, entnommen.«[28] Umgekehrt darf auch geschichtliches Geschehen nicht moralisch beurteilt werden. Dies herauszustellen, ist Hegel besonders wichtig. Wenn Geschichte Fortschritt im Bewußtsein der Freiheit ist und als solche eine immer größere Selbständigkeit des Menschen impliziert, so besagt dies Selbständigwerden nicht, daß die Menschen besser werden. Indem aber Hegel die Moralität ganz ins Innere verlegt und sie damit als übergeschichtliche oder außergeschichtliche Privatangelegenheit auslegt oder abstempelt, stellt er den Ablauf der Geschichte unter die Bestimmung des faktischen Erfolges, der als solcher immer im Recht ist.

Diese *fatalistisch-realistische Betrachtung* des geschichtlichen Geschehens ist für Hegel wesentlich, und es bedarf der ganzen Arbeit des Begriffs, um gegen diese Betrachtung nicht nur die metaphysische Sicht der Geschichte, sondern überhaupt die Deklaration, daß Geschichte ein sinnhaftes Fortschreiten sei, durchzusetzen. Die Vermittlung beider Ansätze geschieht mit Hilfe dialektischer Kunstgriffe, in deren Erfindung Hegel Meister ist. Gleichwohl: hinter diesen Vermittlungsversuchen stehen geschichtsphilosophische Grundprobleme, die heute so aktuell sind wie zu Hegels Zeit, und die wir ebensowenig gelöst haben wie Hegel.

Konkret: reale Geschichte ist vor allem *politische Geschichte*. Daß hier kein Fortschritt zu verzeichnen ist, ist für Hegel offensichtlich. Er erklärt: »Man verweist Regenten, Staatsmänner, Völker vornehmlich an die Belehrung durch die Erfahrung der Geschichte. Was die Erfahrung aber und die Geschichte lehren, ist dieses, daß Völker und Regierungen niemals etwas aus der Geschichte gelernt und nach Lehren, die aus derselben zu ziehen gewesen wären, gehandelt haben.«[29] Die *Leidenschaften* sind die eigentlichen Triebkräfte im politischen Geschehen. – Spricht man sich dies aus, so erkennt man, daß Geschichte nicht nur vom Standpunkt der Moral, sondern auch des individuellen Glücks sinnlos ist. Es bleibt angesichts des »Schauspiels der Leidenschaften« subjektiv gesehen Trauer, Empörung und Ratlosigkeit das letzte Wort. Objektiv gesehen muß sich hier aber gerade die Erkenntnis durchsetzen, daß Glück eben nur

Zufall ist. Hegel sagt: »Die Geschichte ist nicht der Boden für das Glück. Die Zeiten des Glücks sind in ihr leere Blätter. Wohl ist in der Weltgeschichte auch Befriedigung; aber diese ist nicht das, was Glück genannt wird; denn es ist Befriedigung solcher Zwecke, die über den partikulären Interessen stehen.«[30]

Der letzte Teil dieses Zitates zeigt Hegels dialektische Bestimmung des *Individuums*. Das Individuum in sich selbst und für sich selbst betrachtet, sei es unter moralischem Aspekt oder unter dem Gesichtspunkt seines Strebens nach Glück, ist weltgeschichtlich nicht relevant. Ein Individuum gewinnt weltgeschichtliche Bedeutung nur dann, wenn es über die partikulären Interessen hinaus allgemeine Zwecke verfolgt, oder genauer gesagt: in diesem Fall wird es vom Weltgeist gebraucht und zwar als Mittel. Dieser Gesichtspunkt des Mittels ist wesentlich. Hegel handelt die geschichtsphilosophische Problematik der Individualität unter dem Titel »*Die Mittel der Verwirklichung des Geistes in der Geschichte*« ab.[31] Um diese Funktion der Mittel zu verstehen, muß man gleichzeitig das Moment des Materials berücksichtigen, das für die Verwirklichung des Zweckes mit Hilfe der Mittel »vorhanden sein oder herbeigeschafft werden muß«. Und auf die Frage: »Was ist das Material, in welchem der vernünftige Endzweck ausgeführt werde?«, antwortet Hegel, dies sei der *Staat*. Wir müssen also die Bedeutung des Staates in der Geschichte betrachten, um Hegels Begriff des geschichtlichen Mittels adäquat erfassen zu können.

Hier zeigt sich nun aber sofort ein Problem. Wenn Hegel den Staat als Material ansetzt, in welchem der vernünftige Endzweck, die Verwirklichung des Geistes, realisiert werden soll, so kann dies nicht ohne weiteres bedeuten, daß die historische Abfolge der Staaten als solche einen Fortschritt darstellt. Staaten sind politische Gebilde, und in der Politik gibt es eigentlich keinen Fortschritt. Andererseits kann Hegel den Staat nicht eindeutig vom Fortschritt abtrennen. Der moderne Staat ist doch fortschrittlicher als der antike: das erklärt ja Hegel selbst immer erneut – wir wiesen bei der Erörterung des Problems der Verwirklichung der Freiheit auf diesen Sachverhalt hin.

Hegels Darlegungen sind hier außerordentlich dialektisch. Einerseits trennt er die Staatengeschichte und die reine Bewußtseinsgeschichte des Fortschrittes zur Freiheit voneinander ab. Die Bewußtseinsgeschichte hat den Vorrang, sie betrifft das Allgemeine, das heißt das unbedingte Wissen, daß der Mensch *als Mensch* frei ist. Die Staaten sind dagegen als geschichtliche Mächte besondere Individuen und müssen ebenso wie die einzelnen Individuen im geschichtlichen Gang untergehen und aufgeopfert werden. Aber dieses Opfer ist von der Idee des Fortschrittes her gesehen durchaus sinnvoll. Das faktische Untergehen eines politischen Gebildes, etwa in der Form einer Ausrottung durch andere Staaten, beweist, so behauptet Hegel, das Versagen dieses Staates an der geschichtlichen Aufgabe, den Fortschritt der Freiheit weiterhin zu verwirklichen. Das Versagen ist natürlich nicht moralisch zu beurteilen, dieser Staat hat nur, so erklärt Hegel, seine weltgeschichtliche Rolle ausgespielt.

Man muß, um diese Zusammenhänge zu verstehen, sich daran erinnern, daß für Hegel zwar der Staat Träger der Sittlichkeit ist. Dies gilt aber nur im Blick auf die Innenpolitik. Von der Außenpolitik her geurteilt ist Hegel de facto Machiavellist. Staaten stehen gegeneinander, jeder will nur seine Macht, für die er bis zum Untergang kämpft. Aber der faktische Untergang wird eben weltgeschichtlich sanktioniert mit Hilfe der Idee vom Fortschritt.

In den Staaten als dem *Material* des Fortschrittes sind nun die *weltgeschichtlichen*

Individuen tätig. Sie sind auf dieses Material angewiesen und vermögen es doch zugleich zu verändern. In diesen weltgeschichtlichen Individuen aber zeigt sich nun erst wahrhaft die Dialektik der Weltgeschichte. Diese Individuen folgen ihrer Leidenschaft, und nur aus dieser heraus handeln sie. Aber ihre privaten Ziele unterstehen der allgemeinen Idee, die die Individuen eben als Mittel gebraucht. Hegel erklärt: »Nicht die allgemeine Idee ist es, welche sich in Gegensatz und Kampf, welche sich in Gefahr begibt; sie hält sich unangegriffen und unbeschädigt im Hintergrund und schickt das Besondere der Leidenschaft in den Kampf, sich abzureiben. Man kann es die *List der Vernunft* nennen, daß sie die Leidenschaften für sich wirken läßt, wobei das, durch was sie sich in Existenz setzt, einbüßt und Schaden leidet. Denn es ist die Erscheinung, von der ein Teil nichtig, ein Teil affirmativ ist.«[32]

Die Idee der List der Vernunft, die der rationale Begriff für Vorsehung ist[33], ist viel getadelt worden. Sie ist in der Tat ein Kunstgriff, durch den die Sanktionierung des geschichtlichen Geschehens möglich werden soll. Hinter ihr steht Hegels mythologische Hypostasierung einer ganzen »Galerie von Geistern«. Der eigentliche Akteur, der die Geschichte im ganzen lenkt, ist der *Weltgeist*. Er ist »gemäß dem göttlichen Geiste, welcher der absolute Geist ist«.[34] Er allein hat den Endzweck, die Verwirklichung der Freiheit, unverrückbar im Auge. Aber dieser Geist hält sich zurück, er greift nicht ein. Unter dem Weltgeist stehen die *Volksgeister*, jene »mythologischen Vollzieher dieses Weltgeistes«.[35] Diese Volksgeister sind bereits Besonderungen und treten daher pluralistisch auf. Vom Weltgeist her gesehen ist zu sagen, »sein Bewußtsein muß sich in der Welt gestalten; das Material dieser Realisierung, ihr Boden ist nichts anderes als das allgemeine Bewußtsein, das Bewußtsein eines Volkes«.[36] Durch den Volksgeist wird die Nation geprägt – unter Nation im engeren Sinne versteht Hegel das Volk, insofern dies durch natürliche Gegebenheiten bedingt sich von anderen Völkern unterscheidet. Und unter dem Volksgeist stehen dann die einzelnen *Individuen*.

Diese Geister sind nun aber *dialektisch* miteinander vermittelt, und zwar unter verschiedenen Gesichtspunkten. Vom Aspekt des realen Handelns und des Einsatzes im Kampfe her gesehen: nur die Individuen handeln, nicht die Volksgeister und der Weltgeist. Vom Gesichtspunkt der Einsicht in das geschichtliche Geschehen her betrachtet: der Weltgeist und in gewissem Maße die Volksgeister besitzen Einsicht, die Individuen kaum oder nur in geringem Maße. Dem Weltgeist und den Volksgeistern erwächst die Einsicht aber erst im Prozeß und zwar in der Weise, daß die Einsicht des Weltgeistes durch die Aufeinanderfolge der Bewußtseinsstufen, wie sie jeweilig durch die Volksgeister repräsentiert werden, verwirklicht wird. Die Volksgeister sind vom Weltgeist her gesehen die Mittel, durch die er sich in seinen Wissensmöglichkeiten realisiert.

Überblickt man diese Geistesstufung, so ist klar, daß Hegel hier auf die christliche Gottesvorstellung zurückgreift, er gebraucht religiöse Termini, wie Lenkung und Vorsehung. Auf der anderen Seite aber macht Hegel doch die religiösen Vorstellungen fraglich, insofern seine Geschichtsbetrachtung als geistesgeschichtliche Sicht auf Verstehbarkeit aus ist. Und von hier aus gesehen erscheinen die Volksgeister und der Weltgeist als »*Anzeiger*« für eine sich im Prozeß selbst abzeichnende Sinnrichtung des Geschehens, die der *Philosoph* zu ermitteln vermag.

Sicher: diese Formulierung »Anzeiger« ist zu modern und geht über Hegel hinaus. Aber – und dies festzuhalten erscheint uns wichtig – Hegel hat hier ein echtes

Problem entdeckt und zugleich die Richtung, in der es gelöst werden kann, angezeigt. Dies Problem ist die Frage nach den *Geschichtssubjekten*.[37] Einerseits ist klar: es sind nur die konkreten Menschen, die denken und handeln. Aber diese Menschen denken und handeln in Ordnungsgebilden, in formellen oder informellen Gruppen – modern formuliert. Und hier zeigt sich ein »Widerspruch«: die einzelnen bedingen Meinung und Aktion der Gruppe, aber sie werden andererseits ebenso durch die Gruppe bedingt. Die Gruppen und die in ihnen agierenden Menschen setzen sich gegenseitig voraus und formen sich wechselseitig und zwar in vielfältiger Weise. Dies sei kurz erläutert durch einen Hinweis auf Hegels Unterscheidung des subjektiven und des objektiven Geistes. Diese Unterscheidung ist ein Zentralstück in Hegels Geschichtsphilosophie.

Der objektive Geist ist dialektischer Gegenbegriff zum subjektiven Geist. Der *subjektive Geist* ist das einzelne Ich, der Mensch als Individuum. Dieser Mensch ist mit bestimmten Fähigkeiten ausgerüstet, in der Sprache der traditionellen Vermögenspsychologie geredet: er kann denken, fühlen und wollen. Aber Hegel setzt diese Fähigkeiten nicht als gleichberechtigte Vermögen an. Er konstatiert vielmehr zwischen ihnen eine Entwicklung. Jeder Mensch ist zunächst gefühlsmäßig und triebhaft, das heißt unmittelbar, an die Außenwelt gebunden. Diese Unmittelbarkeit zeigt sich insbesondere in der Empfindung. Empfindung ist, so erklärt Hegel, die ursprüngliche Form der Welthabe; sie ist dadurch gekennzeichnet, daß hier noch kein bewußter Einschnitt zwischen Mensch und Umwelt besteht. Aber der Mensch kann in diesem ursprünglichen Zustand nicht verbleiben, weil er ein Vernunftwesen ist. Das Weltverhältnis differenziert sich aus. Es werden Unterschiede in bezug auf die Gegenstände gesetzt. Dies ist nur möglich, weil der Mensch sich selbst verändert, das heißt, von der Empfindung zum Denken übergeht. Das Denken trennt und vermittelt die gegenständliche Welt, so daß der Bezug zu ihr nun vom Menschen gesteuert werden kann. Der Wille kommt ins Spiel, Wille und Denken gehören für Hegel aufs engste zusammen.[38]

Dieser ganze Entwicklungsprozeß des subjektiven Geistes stellt sich als *Übergang vom Besonderen zum Allgemeinen* dar. Während ich im Triebverhalten und in der Empfindung auf einzelnes bezogen bin, vermag ich denkend das Allgemeine, das heißt das, was die Welt in ihren Wesensbestimmungen ausmacht, zu erfassen.

Dieser Übergang vom Besonderen zum Allgemeinen ist das Wesen der *Bildung*. Bildung hat eine zweifache, in gewisser Hinsicht gegensätzliche Bedeutung. Einmal einen naturhaften Sinn: wie eine Pflanze sich aus ihrem Keim zu ihrem Wesen, das heißt der Blüte bildet, so gewinnt der Mensch seine Bestimmung, vernünftige Person zu sein, erst und allein durch den lebendigen Prozeß der Formung seiner Kräfte. Aber dieser Prozeß – das ist die zweite Bedeutung von Bildung – ist immer mehr als natürliches Reifen. Er ist harte Arbeit. Hegel hat immer wieder – darin modern denkend – Bildung und Arbeit zusammengebracht.[39] Das Wesen der Arbeit ist das Herausgehen des Menschen aus sich selbst. Der Mensch wendet sich einem Äußeren zu und sucht es zu durchdringen. Nur auf diesem Wege einer umwegigen Vermittlung kommt er zu sich selbst. Hegel hat als Gymnasiallehrer in Nürnberg diesen Prozeß am Beispiel des Erlernens fremder Sprachen illustriert. Wer die griechische Sprache verstehen will, muß aus der eigenen Sprachwelt hinausgehen und sich ganz in die fremde Sprachwelt einleben. Gerade dadurch wird ihm aber ein neues Verständnis seiner eigenen Welt vermittelt.

Dieser Vorgang – und damit kommen wir zur Bestimmung des *objektiven Geistes* – bedeutet, daß ich mich den Gebilden zuwende, die als allgemeine den einzelnen immer schon umgreifen und bestimmen. Der objektive Geist ist das gesamte Gut der *Kultur*. Zu ihm gehören die Sprachen, die Sitten, aber auch das Recht und dessen Ausformung in Gesetzen und Verfassungen des Staates. Der objektive Geist ist die primäre Dimension der Geschichte, denn hier vollziehen sich, zumeist in langsamer Stetigkeit, zuweilen aber auch in unmittelbarem Umbruch, die großen Wandlungen, die die Entwicklung der Kultur kennzeichnen.

Hegel zeigt nun – das ist das Bedeutsame –, daß subjektiver und objektiver Geist aufeinander bezogen sind. Beide Bestimmungen setzen sich *gegenseitig* voraus. Der einzelne Mensch kommt nur zu sich, wenn er sich mit dem Kulturgut vermittelt und zwar in der Weise, daß er das geschichtlich Tradierte durchdringt und sich so in übergreifende Dimensionen einfügt. Aber diese Kulturgüter – das ist die andere Seite – bestehen nicht für sich isoliert vom Menschen. Sie haben ihre Wirklichkeit einzig und allein durch die Menschen, sie leben *in* deren Wissen und Tun.

Hegel hat nun sehr anschaulich die Dialektik, die zwischen subjektivem und objektivem Geist besteht, entwickelt. Das Kulturgut stiftet den Zusammenhang eines bestimmten Gemeinwesens. Hegel redet vom Volksgeist. Der Volksgeist ist, so sagt er, ein allgemeines Individuum. Er ist allgemein, weil er die einzelnen Glieder eines Volkes umgreift und vereint, er ist individuell, weil die Völker sich untereinander unterscheiden.

Gerade in den Unterschieden der Völker untereinander aber liegt die Möglichkeit des geschichtlichen Fortschrittes begründet. Ein Volk wird über sich hinaus getrieben, und zwar dann, wenn ein ihm zugehöriges Individuum »gegen« den eigenen Volksgeist denkt. Dies Individuum bereitet damit eine neue geschichtliche Epoche, die durch einen höheren Volksgeist repräsentiert wird, vor. Hegel rekurriert hier der Sache nach auf das Gesetz der *geschichtlichen Ungleichzeitigkeit*. Das besagt: es können in einer bestimmten Epoche einige Menschen »ihrer Zeit voraus« sein. Diese Menschen treiben dann die Geschichte voran. In ihnen zeigt sich die neue Möglichkeit an, die der Weltgeist zu realisieren strebt. *Sokrates* ist für Hegel das große Beispiel dieses Übergangs zu Neuem. Sokrates geht nicht im Allgemeinen seines Staates auf. Er kann es nicht, denn er hat das Prinzip der persönlichen Freiheit ergriffen und zwar in der Form von Moralität und Reflexion. Hegel erklärt in seiner Auslegung der Sokrates-Gestalt: »Sobald nun die Reflexion eintrat und das Individuum sich in sich zurückzog und sich von der Sitte trennte, um in sich und nach eigenen Bestimmungen zu leben, da entstand das Verderben, der Widerspruch. In dem Gegensatze kann aber der Geist nicht bleiben, er sucht eine Vereinigung, und in der Vereinigung liegt das höhere Prinzip. Dieser Prozeß, dem Geist zu seinem Selbst, zu seinem Begriffe zu verhelfen, ist die Geschichte.«[40]

Wenn Hegel das historische Gesetz der Ungleichzeitigkeit anerkennt, so besagt dies nicht, daß er damit seine These der Zeitgemäßheit aufhebt. Zeitgemäßheit ist ein dialektischer Begriff. Hegel erklärt: »Jedes Individuum ist der Sohn seines Volkes auf einer bestimmten Stufe der Entwicklung dieses Volkes. Niemand kann den Geist seines Volkes überspringen, sowenig er die Erde überspringen kann. Die Erde ist das Zentrum der Schwere; wenn ein Körper vorgestellt wird als sein Zentrum verlassend, so ist er vorgestellt als in der Luft zerstäubend. So verhält es sich mit dem Individuum. Aber daß es seiner Substanz gemäß ist, dies ist es durch sich selbst . . .«[41]

Die Zeitgemäßheit wird hier als Forderung der Aneignung des vorgegebenen substantiellen Inhaltes einer bestimmten Epoche verstanden. Zeitgemäß kann aber auch ein Individuum sein, das sich gerade nicht an das Vorhandene anklammert, sondern den in der Gegenwart latenten Geist der Zukunft erfaßt. Hegel erklärt: »Es ist der verborgene Geist der an die Gegenwart pocht, der noch unterirdisch ist, der noch nicht zu einem gegenwärtigen Dasein gediehen ist und heraus will, dem die gegenwärtige Welt nur eine Schale ist, die einen anderen Kern in sich schließt, als der zur Schale gehörte.«[42] Die weltgeschichtlichen Individuen sind es, die diesem Geist zum Dasein verhelfen, und sie können es, weil sie wissen, »was an der Zeit, was notwendig ist«.

Daß das noch Verborgene zu Offenbarkeit und damit zur Mächtigkeit kommt, dies geschieht also durch Menschen, die – modern formuliert – den »*Trend der Geschichte*«, das, was die Weltgeschichte »anzeigt«, erspüren und ihm folgen, wobei dieses Folgen ein aktives Herausstellen der gesichteten Tendenzen ist. Diese Menschen nehmen wie Sokrates die notwendige nächste Stufe ihrer Welt vorweg. Aber dies Vorwegnehmen ist eben »an der Zeit«. Es mag sein, daß diese Menschen mit dem etablierten Zeitgeist in Konflikt geraten, gleichwohl sind sie die eigentlich Einsichtsvollen und nicht diejenigen, die am im Grunde bereits Vergangenen festhalten.

Überdenkt man die Bestimmung der Zeitgemäßheit nicht nur unter dem Gesichtspunkt der Angleichung an das Gegebene, sondern auch unter dem Aspekt einer Vorbereitung des Kommenden, dann erkennt man, wie radikal Hegel die Tatsache der geschichtlichen Seinsweise des Menschen in den Blick gebracht hat. Dies muß hervorgehoben und festgehalten werden, auch wenn man sich auf der anderen Seite eingesteht, daß Hegel für sich selbst als metaphysischer Philosoph hieraus keine Konsequenzen zieht, insofern er den gesamtgeschichtlichen Prozeß in seinem System abschließt und ihn damit in die zeitlose Gegenwart des seiner ewig gewissen Geistes erhebt.

Zweites Kapitel
Die Aufhebung der Geschichtsphilosophie Hegels in den Geschichtskonzeptionen des späteren 19. Jahrhunderts

Daß Hegels Geschichtsphilosophie einen wesentlichen Einschnitt in der Entwicklung des neuzeitlichen Geschichtsbewußtseins darstellt, wird in der Geschichtsbetrachtung des späteren 19. Jahrhunderts deutlich. Alle großen Geschichtsdeuter und Historiker dieser Zeit sind von Hegel direkt oder zumindest indirekt abhängig, auch dann, wenn sie sich in wesentlichen Hinsichten bewußt von ihm unterscheiden wollen. Die Hauptdifferenz, die zwischen Hegel und diesen Denkern auftritt, betrifft die verschiedene Einstellung zu einer metaphysischen Deutung der Geschichte. Hegels Überzeugung, daß der geschichtliche Verlauf als Fortschritt der Vernunft so eindeutig bestimmt sei, daß der philosophische Historiker die Entwicklung als Gang zur Vollendung interpretieren und die Geschichte damit in der Philosophie des Absoluten endgültig aufheben könnte, stößt allgemein auf Ablehnung. Diese Negation Hegels vollzieht sich aber in sehr verschiedener Radikalität und unter unterschiedlichen Aspekten. Den schärfsten und für die weitere Entwicklung folgenreichsten Angriff gegen Hegel führt *Marx* durch. Er setzt an die Stelle des absoluten Geistes den Menschen als handelndes Subjekt. Gleichwohl bleibt er Hegels Dialektik weitgehend verhaftet, vor allem aber: Marx teilt Hegels Idee, daß Geschichte auf ein *Ziel* zuläuft, allerdings ist dies Ziel keine philosophische Vollendung des Wissens, sondern die nicht mehr von Klassenkämpfen zerrissene Gesellschaft der wirklichen Menschen.[1] Weniger radikal erscheinen verglichen mit Marx die großen Historiker des späteren 19. Jahrhunderts. Bei ihnen ist eine gewisse metaphysische Grundstimmung zu finden, sie gibt gleichsam den Hintergrund für die konkrete Arbeit ab. Bleiben diese Historiker in dieser Hinsicht Hegel näher, als es bei Marx der Fall ist, so suchen sie aber auf der anderen Seite Geschichte und zwar in eindeutiger Form als *Wissenschaft* zu konstituieren unter Ablehnung aller Spekulation. Dieser Vorgang ist für die Entwicklung der Geschichtsproblematik im 19. Jahrhundert entscheidend, und muß daher ein wenig genauer dargelegt werden.

Die Konstitution der Geschichte als Wissenschaft bedeutet, daß gleichzeitig alle Wissenschaften vom Menschen, die nun als Geisteswissenschaften oder Kulturwissenschaften zusammengefaßt werden, *historisiert* werden. Diese Wissenschaften melden gegen die Naturwissenschaften ihr Eigenrecht an. Dies Eigenrecht beruht aber eben wesentlich auf der geschichtlichen Betrachtungsweise: das Gegebene muß als *Gewordenes* von seiner Vergangenheit her gedeutet werden.

Eine wesentliche Rolle spielt in dieser Entwicklung die *Historische Rechtsschule*: Recht, so erklärt *Savigny*, sei keine rational durchsichtige Setzung, sondern etwas Gewachsenes, das Recht sei durch die gesamte Vergangenheit der Nation gegeben, das heißt aus deren innerstem Wesen und Geschichte hervorgegangen. *Wilhelm Roscher*, der Begründer der älteren historischen Schule der *Nationalökonomie* – sein Hauptwerk trägt den Titel »Grundriß zu Vorlesungen über die Staatswirtschaft nach geschichtlicher Methode« – behauptet, es gelänge nicht, den gesellschaftlichen Zusammenhang als Kausalzusammenhang von Naturkräften zu erklären; dieser Zusammenhang sei nur von der Entwicklung her, in der göttliche und menschliche Triebkräfte den Gemeinsinn stufenhaft gestalten, zu begreifen. Die *Theologie* versteht sich als historisch-kritische Wissenschaft, sie durchleuchtet ihre Geschichte, insbesondere wird das Neue Testament einer philologisch-historischen Kritik unterzogen. Vor allem aber zeigt sich die Wandlung in den Fächern, die bis heute in der philosophischen Fakultät zusammengefaßt sind. Literaturkunde wird zur *Literaturgeschichte*, die biographisch-psychologische Deutung der Person von ihrer Lebensgeschichte und den Zeitumständen her wird zentral. Die *Altphilologie* beginnt – man denke an die Homeranalyse und die Platoforschung – ihren Gegenstand philologisch aufs genaueste zu zergliedern; der leitende Grundsatz besagt: man darf nicht die Maßstäbe der eigenen Zeit in die Texte eintragen, sondern muß versuchen, diese aus ihrer eigenen Zeit zu verstehen. Ganz wesentlich für die Entstehung dieses wissenschaftlichen Historismus aber ist die Entwicklung der *politischen Geschichtsschreibung*. Der Nationalstaats- und Machtstaatsgedanke setzt sich durch und legitimiert nun die Geschichtsschreiber, Geschichte weithin als Geschichte der Nationalstaaten zu untersuchen. Entsprechend sehen diese Historiker eine primäre Aufgabe ihrer Arbeit darin, ihrerseits den Machtgedanken zu stärken. Auch die *Philosophie* entgeht diesem Schicksal der Historisierung nicht, jedenfalls nicht die akademische Schulphilosophie. Sie löst sich von der Naturwissenschaft ab, ordnet sich den Geisteswissenschaften zu und sieht ihre wesentliche Aufgabe darin, sich als *Geschichte der Philosophie* zu etablieren.

Die Historisierung in den Geisteswissenschaften wirkt sich nun auf das *allgemeine Bildungsbewußtsein* aus. Im Gegensatz zu dem Bildungsbegriff der Aufklärung, der prospektiv war, wird Bildung nun an der Vergangenheit orientiert. Bildung ist *historische* Bildung, und als solche ermöglicht sie es, aus der Tradition zu leben. Geschichte wird für das nationalstaatlich gesinnte Bürgertum des späteren 19. Jahrhunderts zur »Bildungsmacht« – dieser merkwürdige Begriff zeigt die Verknüpfung von Bildung und politischem Selbstbewußtsein. Dieser Vorgang der Historisierung der Bildung ist aber nur zu verstehen, wenn man ihn in gegensätzlichen Bezug setzt zu dem Aufschwung der Naturwissenschaften. Der »Siegeszug der Naturwissenschaften« gibt dem Bürgertum das eigentlich *reale* Machtgefühl. Naturwissenschaft und Technik gehören jedoch als solche nicht zur Bildung. Hier zeigt sich bereits, daß Bildung, verglichen mit den wahren, das heißt den realen Lebensbedürfnissen und deren Befriedigung durch Naturwissenschaft und Technik, eine »Zusatzangelegenheit« ist, »weltanschauliche Bedürfnisse« sind nicht primäre Bedürfnisse.

Der Vorgang der Historisierung im 19. Jahrhundert ist also durchaus komplex. Zusammenfassend läßt sich ein Dreifaches herausheben. Einmal: Der Historismus bedeutet den *Abbruch der metaphysischen Tradition*, Wahrheit ist nicht mehr unmittelbar zeitlos gewiß, die historisch-genetische Betrachtung verflüssigt alle absoluten

Maßstäbe. Sodann: Der Historismus verlangt, insofern er als Wissenschaft auftreten will, eine methodisch zureichende Fundierung in *Abwehrstellung gegen die Naturwissenschaft*. Geistesgeschichtliche Erkenntnis ist nicht mit den Mitteln der Naturwissenschaft zu gewinnen. Das ist die leitende Überzeugung der Geisteswissenschaftler, wie auch immer die Grundlegung der Geisteswissenschaft im einzelnen durchgeführt wird. Und schließlich: der Historismus ist vom Siegeszug der Naturwissenschaft her betrachtet ein *Rückzug in die Welt der Innerlichkeit*; dies bleibt jedoch noch solange verdeckt, als die Geschichte als Bildungsmacht politisch fundiert wird.

Wir suchen nun die soeben allgemein skizzierte Bewegung der Historisierung im 19. Jahrhundert durch einige konkrete Hinweise zu verdeutlichen und ziehen zunächst die Einleitungen heran, die die beiden berühmten Biographen Hegels *Karl Rosenkranz* und *Rudolf Haym* ihren Werken vorausgeschickt haben.[2] Diese Einleitungen sind für unser Problem sehr instruktiv, weil hier ein Gesamtbild der geistigen Lage um die Jahrhundertmitte entworfen wird.

Beide Denker stellen eine unleugbare Veränderung des Bezuges der Philosophie zur Wirklichkeit fest. Die Wirklichkeit soll unter Verzicht auf Metaphysik wissenschaftlich erkannt werden. Die wissenschaftliche Erkenntnis ist aber differenziert, die Wissenschaften können nicht von der Philosophie her in einer Enzyklopädie zusammengefaßt und begründet werden. *Haym* – radikaler als Rosenkranz – redet von einem fast allgemeinen Schiffbruch des Geistes. »Werfen wir auch die letzte Scheu vor der nackten Wahrheit der Tatsachen von uns! Eine beispiellose und schlechthin entscheidende Umwälzung hat Statt gefunden. Das ist keine Zeit mehr der Systeme, keine Zeit mehr der Dichtung oder der Philosophie. Eine Zeit statt dessen, in welcher, Dank den großen technischen Erfindungen des Jahrhunderts, die Materie lebendig geworden zu sein scheint.«[3] Dies hat sich der Philosoph einzugestehen, er muß auf Dogmatik und Systematik verzichten; »es ist schlechterdings nötig, das Geschehene zur Geschichte, die Geschichte zur *verstandenen und erzählten Geschichte* zu machen«.[4] Diese Historisierung geht über Hegel hinaus, ja kehrt seinen Ansatz ins Gegenteil um. Hegel wollte die Erscheinungen in die Präsenz des absoluten Wissens aufheben. Jetzt soll umgekehrt das Metaphysische, Ewige, Fixe und Manifeste in den Menschengeist als in seinen wahren Ursprung zurückgeholt werden. »Es ist einer der aufklärendsten Schritte, welche überhaupt getan werden können, wenn man, die Arbeit der Geschichte rückwärts nachmachend, etwas, was bis dahin als etwas Dogmatisches, als etwas objektives Ideelles, als eine Metaphysik oder Religion, als ein Ewiges und Fixes gegolten hat, zu einem rein Historischen herabholt und bis auf seinen Ursprung im bewegten Menschengeiste hineinverfolgt.«[5]

In dieser Reduktion wird ein Problem wach, das für die Geschichtsdeutung im 19. Jahrhundert im ganzen wesentlich ist. Es ist das Verhältnis von Allgemeinem, Ewigem, immer Gültigem zum Besonderen, Zeitlichen, Beschränkten. Der Menschengeist ist einerseits allgemein – Haym versteht unter diesem Begriff das ganze Menschengeschlecht, er spricht in dieser Hinsicht vom »ewig lebendigen Prozeß des Menschengeistes«. Andererseits ist der Menschengeist je gesondert und zwar in Völker. Das *Volk* ist – so könnte man zunächst sagen – die Vermittlung zwischen dem Allgemein-Menschlichen und den einzelnen Menschen. Aber als solche Vermittlung wird es nun zu der eigentlichen Realität, der gegenüber die beiden Extreme, insbesondere das Allgemeine, verblassen. Durch diese Zentrierung auf das Volk als Realwirklichkeit kommen neue Probleme auf. Die Kulturgüter sind als geistige Schöpfungen der Völker deren »Ausdruck«. Sind sie als solche auf das jeweilige Volk reduzierbar und gar nicht allgemein gültig oder kommt ihnen doch übervölkliche Bedeutung zu?

Rosenkranz hat diese Frage diskutiert und sie in Anlehnung an Hegel zugunsten des Allgemeinen gelöst. Gleichwohl zeigt sich in seinen Argumentationen eine eigentümliche Zweideutigkeit. Er erklärt in der Einleitung zu seiner Hegel-Biographie: »Eine wahre Philosophie ist die Tat eines Volkes. Erst mit ihr beweist es, daß es den Bildungsprozeß in sich bis zu seiner letzten Tiefe durchgeführt und das Absolute in einer seinem individuellen Selbstbewußtsein gemäßen Form angeschaut hat.«[6] Rosenkranz legt dar, daß es für die Philosophie, insofern sie Philosophie ist, nun aber nicht auf die Eigenheit des volkstümlichen Ursprunges ankommt. Aber diese Aussage ist vom nationalen Standort her formuliert. Hegels Philosophie ist echte deutsche Philosophie, »worin der Schwäbische Tiefsinn dem Preußischen Scharfsinn sich verbündet hat«.[7] Sie hat Anspruch auf allgemeine Würdigung, das heißt konkret, sie muß auch im Ausland bekannt und anerkannt werden. Am Schluß der Einleitung wird Hegel diesem Ansatz entsprechend als *Nationalheros* gefeiert: »Aber ein Volk, sei es auch in sich noch so zerstückelt, künstlich auseinandergehalten, noch so in sich gegen sich selbst sich verausländernd, noch so zauderhaft unentschlossen, ist doch eine innere, solidarische Einheit. Es ist mit seiner Natur, mit seinen Denkmalen, seinen Erinnerungen, seinen vom Weltgeist ihm übergebenen Richtungen so verwachsen, daß es, wie man es auch aus seiner gottgezeichneten Bahn herausdrängen wolle, doch immer wieder in dieselbe zurücklenkt, sein Geschick zu erfüllen. Und so hat es denn keine Not, daß aus dem Himmel seiner Geschichte neben einem Lessing, Schiller, Göthe, Kant, Fichte, nicht auch Hegel als ein heiliges Sternbild dem Deutschen Volke auf immer und immer segenvoll entgegenstrahlen sollte.«[8]

Diese Zuwendung zum Volk als Abwendung vom Allgemein-Menschlichen bedeutet — das zeigt die weitere Entwicklung — zugleich eine Abwendung von der philosophischen Historie und eine Zuwendung zur wissenschaftlich fundierten Geschichtsforschung. Diese etabliert sich wesentlich, wie wir bereits andeuteten, als *Nationalgeschichte*. Der Gedanke des Allgemeinen wird nicht einfach negiert. In zweifacher Hinsicht will man ihm Rechnung tragen. Einerseits intendiert man eine Universalgeschichte, und andererseits greift man auf Übergeschichtliches — Gott oder das Göttliche — zurück. Wir weisen zur Verdeutlichung dieses Ansatzes auf Ranke und Droysen hin.

Rankes Bemühen gilt der *Weltgeschichte*. Aber Weltgeschichte kann sich faktisch nur etablieren als Geschichte einzelner Völker, die miteinander zusammenhängen, wobei dieser Zusammenhang in seiner empirisch-historischen Abfolge erschlossen wird. Er muß von den Tatsachen her nachgewiesen werden. Die Erforschung der Tatsachen ist der Ausgangspunkt der Historie. Man darf Geschichte also nicht vom Absoluten her a priori konstituieren. Gleichwohl ist es möglich, das Geschehen als sinnvoll zu verstehen. Gott bezeugt sich in jeder Tat des einzelnen, aber am meisten *im Zusammenhang* der großen Geschichte, und in dieser haben die Nationen ihren Ort, die ihren Rang nach dem Grad einnehmen, in welchem sie das Gemeingut der gebildeten Menschheit sich aneignen und vermehren. Man kann, so sagt Ranke, nicht Notwendigkeit, aber Folgerichtigkeit im Geschehen begreifen. Diese Folgerichtigkeit hebt die Freiheit durchaus nicht auf — die Szenen der Freiheit zu erfassen, ist der größte Reiz der Historie —, aber man untersucht das freie Tun, als und insofern es von übergreifenden Kräften geleitet wird. Kraft ist das Innere, das sich äußern muß, und im geschichtlichen Geschehen ist die Kraft die »allgemein gewordene Macht«. Geschichtliche Kräfte sind die Tendenzen, die sich durchzusetzen vermögen. Sie bestimmen von Grund aus das Geschehen. Ranke spricht von diesen Kräften als *Ideen*, die er wiederum als Gedanken Gottes bezeichnet. Ranke verbleibt hier jedoch im Unbestimmten. Er erklärt: »Es sind Kräfte, und zwar geistige, Leben hervorbringende, schöpferische Kräfte, selber Leben, es sind moralische Energien, die wir in ihrer Entwicklung erblicken. Zu definieren, unter Abstraktionen zu bringen sind sie nicht; aber anschauen, wahrnehmen kann man sie; ein Mitgefühl ihres Daseins kann man sich erzeugen. Sie blühen auf, nehmen die Welt ein, treten heraus in den mannigfaltigsten Ausdruck, bestreiten, beschränken, überwältigen einander; in ihrer Wechselwirkung und Aufeinanderfolge, in ihrem Leben und Vergehen, in ihrer Wiederbelebung, die dann immer größere Fülle, höhere Bedeutung, weiteren Umfang in sich schließt, liegt das Geheimnis der Weltgeschichte.«[9]

Zugunsten dieser Mächte – und nicht zugunsten der bloßen Tatsachen – will Ranke sein Selbst auslöschen: »Ich wünschte mein Selbst gleichsam auszulöschen und nur die Dinge reden, die mächtigen Kräfte erscheinen zu lassen . . .«[10] Der Historiker weist durch diesen Wunsch zur Selbstauslöschung auf die hohe Bedeutung der Geschichte hin. Die Geschichtsforschung ist theologisch gesprochen Mitwisserschaft des Alls und einem priesterlichen Amt vergleichbar; vom Menschen her gesehen ist das Bewußtsein des Historikers aber damit gerade die Vollendung des menschlichen Selbstbewußtseins schlechthin.[11]

Droysen, der aufgrund seiner »Historik« als der eigentlich methodische Kopf der großen Geschichtsschreibung im späteren 19. Jahrhundert anzusehen ist, sucht radikaler als Ranke die Eigenart der Geschichtsschreibung einzugrenzen. Er unterscheidet das Erkennen, durch das die Philosophie im logischen System das Ganze zu begreifen sucht, vom Erklären, in dem die Naturwissenschaft das Besondere von Gesetzen ableitet, und stellt beiden das Verstehen der Geschichte entgegen.[12] Im Verstehen wird das einzelne Geschehen zu einem Ganzen in Bezug gesetzt und zwar in der Weise, daß man dies Ganze vom einzelnen Geschehen her erfaßt, in dem es sich ausdrückt. Dies Verstehen ist mehr als die Feststellung sogenannter Tatsachen, insofern es nicht nur die bloße Richtigkeit, sondern die »Wahrheit« der Wirklichkeit erfaßt. Im Verstehen sind Objektives und Subjektives vereint. Zur Geschichte als Geschehen kommt die Auslegung des Geschehens, die Geschichtswissenschaft, nicht als ein Fremdes hinzu.

Aber Droysen begnügt sich nicht mit methodischen Fragen. Er sucht die geschichtliche Wirklichkeit von der *Sittlichkeit* her zu begründen. Geschichte im eminenten Sinn ist, so erklärt er, die Geschichte der Menschenwelt als eines »sittlichen Kosmos«, und dementsprechend muß der sachliche Inhalt der Historie bestimmt werden als die Arbeit der Menschheit, in der sie die sittliche Welt aufbaut. Dieser Aufbau geschieht nicht durch einzelne isolierte Personen; Geschichte kann daher nicht primär den einzelnen, etwa unter psychologischem Aspekt, behandeln. Der einzelne bewegt sich schon immer in den Wirkungszusammenhängen, die Droysen als »sittliche Mächte« bezeichnet.

Die *sittlichen Mächte* sind das eigentliche »Objekt« der Geschichtsschreibung, wobei dies Objekt nur zu erfassen ist, wenn man sich diesen Mächten selbst unterstellt. Dieser Begriff der sittlichen Mächte erscheint bedeutsam, zunächst in ethischer Hinsicht, insofern sittliches Verhalten nie bloß persönliches Verhalten sein kann, und sodann in geschichtsphilosophischer Hinsicht, insofern Historie und Ethik vereint werden. Droysen erklärt: »Die Ethik ist die Lehre von den sittlichen Mächten, nicht bloß von dem persönlichen Verhalten zu ihnen und in ihnen. Ethik und Historik sind gleichsam Koordinaten. Denn die Geschichte gibt die Genesis des ›Postulats der praktischen Vernunft‹, das der ›reinen Vernunft‹ unauffindbar blieb.« Noch eindringlicher die Variante: »Die Ethik fordert die Historik.«[13] Droysen erläutert diesen Ansatz, indem er darauf hinweist, daß der einzelne sich den großen gemeinsamen sittlichen Aufgaben unterstellen und an ihnen mitwirken muß, um zum Fortschreiten der Menschheit beizutragen.

Droysen steht mit dieser Konzeption *Hegel* näher, als man im allgemeinen wahrhaben will. Sicher: Droysen unterscheidet sich von Hegel in wesentlichen Punkten, er teilt nicht Hegels apriorischen Vernunftglauben – das Fortschreiten in der Geschichte ist nicht zu beweisen – und sodann: in der Bestimmung »sittliche Mächte« ist immer die Forderung mitgemeint – Droysen spricht sogar von einem kategorischen Imperativ der Geschichte. Aber – und hier zeigt sich die Nähe zu Hegel – Droysen ist überzeugt, daß die sittlichen Mächte immer schon wirklich sind. Sie haben in der *Vergangenheit* ihre Realität bewiesen. Gerade dies herauszustellen, ist ja Aufgabe des Historikers. Diese Durchleuchtung der Vergangenheit ist – mit Hegel geredet – Geschichte des objektiven Geistes. Dessen Bestimmungen: Familie, Volk, Staat, Kunst, Wissenschaft und Gesellschaft finden sich bei Droysen unter dem Titel »*Natürliche und ideale und praktische Gemeinsamkeiten*« wieder. Droysen ist jedoch in bezug auf die Bestimmung des Verhältnisses des einzelnen zu diesen Gemeinsamkeiten optimistischer als Hegel. Hegel deklariert, wie wir sahen, eine unaufhebbare Dialektik von Einzelnem und Allgemeinem im geschichtlichen Geschehen. Droysen harmonisiert; anders gesagt: die sittlichen Ordnungen erscheinen ihm, auch wenn im Geschehen immer wieder Leidenschaften »wie Flammen« durchbrechen, intakt. Sie stellen im Grunde zeitlose Wahrheiten dar. Der einzelne kann sich von ihnen getragen wissen.

Drittes Kapitel
Dilthey: Die Grundlegung der Geschichtswissenschaft in der Philosophie des Lebens[1]

Dilthey beginnt die aus dem Jahr 1896/97 stammende »*Übersicht meines Systems*« mit der Feststellung, daß er von geschichtlichen Studien zur Philosophie gekommen sei und seine Aufgabe darin erblickt habe, die Geisteswissenschaften und die in ihnen enthaltenen Erkenntnisse für die Philosophie fruchtbar zu machen.[2] Als Historiker erklärt er, daß eine Philosophie, die zeitlose Einsicht intendiert, unmöglich sei. Es gibt keine allgemein gültige Theorie über Gott, die Welt und die Menschennatur überhaupt. Die Ablehnung der traditionellen Metaphysik resultiert bei Dilthey nicht aus der erkenntniskritischen Einsicht in die Unzulänglichkeit des menschlichen Erkennens wie bei Kant, sie beruht auf der geschichtlichen Erkenntnis, daß die Metaphysik sich selbst »zu Ende gelebt hat«. Dies Faktum ist einfach anzuerkennen. Dilthey unternimmt es daher, die Geschichte der Metaphysik, ihre Herrschaft und ihren Verfall, darzustellen. Die »*Euthanasie der Metaphysik*« wird offenbar, wenn der Mensch erkennt, daß er in allen metaphysischen Gebilden nur immer sich selbst ausgesprochen habe und daher in der Metaphysik immer nur sich selbst finden könne. »Dies ist in der Tat das letzte Wort aller Metaphysik, und man kann sagen, nachdem dasselbe in den letzten Jahrhunderten in allen Sprachen bald des Verstandes, bald der Leidenschaft, bald des tiefsten Gemütes ausgesprochen ist, scheint es, daß die Metaphysik auch in dieser Rücksicht nichts Erhebliches mehr zu sagen habe.«[3]

Betrachtet man die Geschichte der Metaphysik inhaltlich, so sieht man eine grenzenlose Vielfalt von Systemen, die sich gegenseitig bekämpfen, ohne daß eine Entscheidung, welchem System absolute Wahrheit zukäme, herbeigeführt werden kann. Philosophische Systeme wechseln wie die Sitten, die Religionen und Verfassungen und erweisen sich als durchgängig geschichtlich bedingte Erzeugnisse. Und diese geschichtliche Bedingtheit gründet darin, daß ich begreifen muß: »Ich bin so bis in nicht mehr erforschbare Tiefen meines Selbst ein historisches Wesen.«[4]

Diese Einsicht in die Relativität alles menschlichen Verhaltens führt Dilthey jedoch nicht zu absoluter Resignation und Skepsis. Dies hat zwei Gründe. Einmal: alle geschichtlichen Erscheinungen sind für Dilthey Ausdruck des Lebens. Das Leben legt sich in der Geschichte aus. Es ist zwar immer nur »in gebrochenen Strahlen« zu erfassen, aber es durchstimmt als Ganzes doch alle seine Erscheinungen. Die Bestimmung »Leben« leistet solchermaßen eine Gesamtsicherung der Geschichte und ist in dieser Hinsicht der Bestimmung des absoluten Geistes bei Hegel durchaus vergleichbar. Dilthey bleibt insofern doch Metaphysiker. Sodann: Dilthey sieht seine eigentliche Aufgabe darin, eine wissenschaftliche Grundlegung der Geschichte und der Geisteswissenschaften zu geben, die als solche allgemein gültig und objektiv sein soll. Er will solchermaßen den Geisteswissenschaften einen ebenbürtigen Platz neben den Naturwissenschaften ermöglichen, und er hält diese Aufgabe durchaus für lösbar.

Beide Ansätze, der metaphysische und der wissenschaftstheoretische, sind nicht voneinander zu trennen. Das Problem der Wissenschaftsbegründung wird von Dilthey jedoch von Anfang an ins Zentrum gerückt. Dilthey hat es 1883 im ersten Band der »*Einleitung in die Geisteswissenschaften*« in Angriff genommen und seine späteren Analysen wurden von ihm als Fortführung dieses ersten Bandes verstanden. Sie liegen jetzt insbesondere im siebenten Band der Gesammelten Werke unter dem Titel »*Der Aufbau der geschichtlichen Welt in den Geisteswissenschaften*« vor.[5]

Dilthey intendiert eine »*Kritik der historischen Vernunft*«. Diese soll ein Pendant zu Kants »Kritik der reinen Vernunft« darstellen. Der Unterschied zu dieser liegt sowohl im Inhalt als auch in der Methode. Es geht Dilthey nicht um eine Fundierung der Naturerkenntnis, sondern der Erkenntnis der gesellschaftlichen Welt. Daß diese Fundierung an der Zeit sei, zeigt sich darin, daß man nun begriffen hat, daß der Mensch nicht durch allgemeine abstrakte Theorien im Sinne der Aufklärung zu erfassen sei, sondern nur durch den Rückgriff auf seine Geschichtlichkeit. Geisteswissenschaften sind keine Moralwissenschaften im Sinne der Aufklärung, weil der Geist selbst ein sich ständig wandelnder ist.

Die *Erkenntnisweise der Geisteswissenschaften* kann nicht die äußere Empirie sein, auf die die Naturwissenschaften zurückgreifen. Mit Kant behauptet Dilthey jedoch, daß jede echte Erkenntnis Erkenntnis aus Erfahrung sein müsse im Gegensatz zur Scheinerkenntnis aus Spekulation. Erfahrung läßt sich nun in äußere und innere Erfahrung unterteilen. Die *innere Erfahrung* gleicht der äußeren darin, daß sie auf Gegebenes zurückgreift. Das Gegebene ist hier das Seelenleben. Dieses Seelenleben ist Gegenstand der Psychologie. Dilthey versucht daher zunächst die Geschichtserkenntnis von der Psychologie her zu fundieren. Er gibt diesen Ansatz später zugunsten der hermeneutischen Erfahrung auf. Aber auch in dieser hermeneutischen Erfahrung liegt etwas vor, nämlich das geschichtliche Geschehen als der Text, den ich auszulegen habe. Beide Wege, der psychologische und der hermeneutische, deklarieren also die Anerkenntnis der Erfahrung als Grundlage der Wissenschaft.

Auch die innere Erfahrung – dies ist das Zweite, das es zu beachten gilt, – untersteht dem Anspruch der *Allgemeingültigkeit*. Die geistesgeschichtliche Erfahrung muß sich, wenn sie Erkenntnis sein will, über die Zufälligkeit des eigenen Standortes erheben und Objektivität zu erreichen suchen. Diese Objektivität aber ist nur – das ist Diltheys Grundüberzeugung – in der Subjektivität zu begründen. Diese Subjektivität kann jedoch nicht die transzendentale Subjektivität im Sinne Kants sein, denn diese ist ja zeitlos.

Dilthey sucht nun dies Problem dadurch zu lösen, daß er – und dies gilt sowohl für den psychologischen als auch den hermeneutischen Ansatz – auf die »*Totalität der menschlichen Kräfte*« rekurriert. Diese Kräfte machen die Lebendigkeit des Selbstes aus – hier tritt der lebensphilosophische Ansatz heraus. Diese Lebendigkeit ist in ihrer Ursprünglichkeit »die ganze, volle, unverstümmelte Erfahrung«. Die Aufgabe der Philosophie ist es, diese Totalität zum Bewußtsein zu bringen und sie in ihrer Einheit auszulegen. Das heißt, es geht darum, alle Lebensäußerungen von dem Zusammenhang des Ganzen her zu erfassen. Dilthey hält nun aber daran fest, daß diese Totalität nur als Individualität wirklich ist. Reale Subjekte sind allein die bestimmten Einzelpersonen. Aber – und dies ist für das Problem der Grundlegung der Geisteswissenschaften wichtig – die jeweilige individuelle Subjektivität ruht eben auf einer »allgemeinen Natur des Menschen« auf. Darum kann der Geschichtsforscher denjenigen, der Geschichte »gemacht« hat, verstehen. Hinter beiden steht dieselbe Menschennatur. Die nähere Bestimmung des Verhältnisses von Individuellem und Allgemeinem erweist sich für Dilthey jedoch als ein schwerwiegendes Problem. Und gerade dieses Problem ist es, was Dilthey veranlaßt, vom psychologischen Ansatz zum hermeneutischen Ansatz überzugehen. Wir müssen daher beide Ansätze nun gesondert betrachten und wenden uns zunächst dem psychologischen zu. Es ist jedoch nicht angemessen – dies sei hier angemerkt –, eine scharfe Trennung zwischen beiden Konzeptionen anzunehmen. Der hermeneutische Ansatz löst den psychologischen nicht einfach ab. Beide Ansätze überschneiden sich.

Dilthey will, so sahen wir, um die Geisteswissenschaften methodisch zu fundieren, von der inneren Erfahrung ausgehen. Diese Erfahrung hat der äußeren Erfahrung gegenüber einen ungeheuren Vorteil. Die äußere Erfahrung gibt, kantisch gesprochen, nur die Erscheinung, nicht das Ding an sich. Die innere dagegen vermittelt Wirklichkeit in vollem Sinne. Die innere Erfahrung ist zu kennzeichnen als *Erlebnis*. Die Bestimmung »Erlebnis« ist für Dilthey eine Grundbestimmung, die nicht einseitig für den psychologischen oder den hermeneutischen Ansatz zu reservieren ist. Sie ist für Diltheys Werk im ganzen charakteristisch. Erlebnis ist etwas, was zum menschlichen Leben unabdingbar gehört, weil sich dies Leben allein durch seine Erlebnisse konstituiert und aufbaut. Dilthey definiert: »Das Erlebnis ist eine Einheit, deren Teile durch eine gemeinsame Bedeutung verbunden sind.«[6] Das heißt, Erlebnis ist ein sinnhafter Zusammenhang und als solcher ein teleologisches Ganzes. Entscheidend ist nun aber, daß das Erlebnis als je meines sich in meiner Innerlichkeit vollzieht. Jeder Mensch ist in sein individuelles Bewußtsein eingeschlossen. Es ergibt sich damit die erkenntnistheoretische Frage, wie ich über diese Bewußtseinsimmanenz hinauskomme.

Dilthey sieht die Lösung für dieses Problem darin, daß das Seelenleben als solches einen *Strukturzusammenhang* darstellt, der alles individuelle Erleben bedingt und daher das gegenseitige Verstehen möglich macht. Unter dem Strukturzusammenhang versteht Dilthey das gesetzlich geordnete Korrelatverhältnis des Selbst zur Welt. Jeder Mensch ist in seinem Erleben von seinem Milieu abhängig und wird von diesem beeinflußt. Aber der Mensch wirkt auch seinerseits auf die Außenwelt zurück. Die psychologische Zuständlichkeit ist solchermaßen außerordentlich wechselvoll. Sie ist jedoch durch eine Grundordnung bestimmt. »Mitten im Wechsel dieser Vorgänge ist nur das permanent, was die Form unseres bewußten Lebens ausmacht: Das Korrelatverhältnis des Selbst und der gegenständlichen Welt.«[7]

Diese Strukturordnung, die den Zusammenhang der Bestandteile des Seelenlebens unter wechselnden Bedingungen ermöglicht, untersteht dem Begriff der Zweckmäßigkeit. Ein Lebewesen kann sich immer mehr vervollkommnen. Insbesondere der Mensch – darin zeigt sich seine Geschichtlichkeit – vermag auf Grund von Erfahrungen den Lebenszusammenhang zu erweitern, wobei aber alle Erweiterungen eine Entwicklung der Möglichkeiten sind, die die Menschennatur als solche vorgibt.

Dilthey grenzt die Strukturpsychologie gegen eine Psychologie ab, die von Elementen ausgeht und diese äußerlich assoziativ aneinanderreiht. Struktur ist immer lebendige Einheit und als solche erlebbar. Dilthey erklärt, daß er unter psychischer Struktur eine Anordnung verstehe, »nach welcher im entwickelten Seelenleben psychische Tatsachen von verschiedener Beschaffenheit regelmäßig durch eine *innere erlebbare Beziehung* miteinander verbunden sind«.[8] Als strukturierte sind die Erlebnisse aber eben nie an eine bestimmte Person gebunden, sondern können allgemein verstanden werden, weil ja die Struktur »übergreift«. Die Strukturpsychologie ist also, so kann man zusammenfassen, die Grundlage der Geisteswissenschaften, weil sie zeigt, wie geschichtliches Verstehen möglich ist. Diese Lösung ist jedoch problematisch, denn die Struktur kann ja eigentlich nur dann das Verstehen tragen, wenn sie selbst dem Wechsel entnommen ist.

Um diese Wende zur Ungeschichtlichkeit, die dem psychologischen Ansatz zu eigen ist, zu vermeiden, schlägt Dilthey daher einen zweiten Weg ein. Er versucht von der *Hermeneutik* her die Geisteswissenschaft zu fundieren. Auch hier geht Dilthey davon aus, daß der einzelne als Individuum der eigentliche Träger der Geschichte ist, und daß sich das Leben dieses Individuums aus Erlebnissen aufbaut. Aber Dilthey stellt nun nicht nur heraus, daß das Individuum immer schon in Wirkungszusammenhängen steht – das hat er von Anfang an gesehen –, sondern er betont, daß das Leben des Menschen durchgängig durch den Bezug geprägt ist. Dieser Bezug ist aber nicht mehr psychologisch zu verstehen, sondern als Intention ein Meinen von *Bedeutung*, denn die Wirkungszusammenhänge sind immer Bedeutungszusammenhänge. Diese Bedeutungszusammenhänge sind nicht zeitlos gültig. Ihre Abgrenzung ist relativ und daher vom Historiker immer erneut zu überprüfen. Man muß, um solche Totalitäten zu entdecken, also das Historisch-Gegebene analysieren. Dilthey will nun aber die Bedeutungszusammenhänge nicht einfach auf historische Gegebenheiten reduzieren, sondern versucht, sie in einer Metaphysik des Lebens zu fundieren.

Diese *Metaphysik des Lebens* ist nicht leicht zu verstehen. Leben ist für Dilthey Prinzip im Sinne des Ursprungs. Dies Prinzip soll untersucht werden, aber in der Weise, daß es als nicht objektivierbare Macht herausgestellt wird. Dilthey erklärt: das Leben bleibt unergründlich, wir erfassen es nur in seinen Äußerungen, die auf der Produktionskraft des Lebens beruhen. Auch der Philosoph muß sich selbst von diesem produzierenden Leben her verstehen, wenn er das Leben zum Bewußtsein bringt. An seinen Freund, den Grafen Yorck schreibt Dilthey: »Man muß vom Leben ausgehen. Das heißt nicht, daß man dieses analysieren muß. Es heißt, daß man es in seinen Formen nachleben und innerlich *die in ihm liegenden Consequenzen ziehen muß*. Die Philosophie ist eine *Aktion*, welche das *Leben, das heißt das Subjekt in seinen Relationen als Lebendigkeit, zum Bewußtsein erhebt und zu Ende denkt.*«[9] In diesen Worten kommt der Ansatz Diltheys zu klarem Ausdruck: der Philosoph bestimmt sich seinen Ort von dem her, was ihm voraus liegt, dem Leben, das er nur »nacherleben« kann. Aber gerade dies Nacherleben ist eine »freie Aktion«, in der das Leben sich zum Bewußtsein seiner selbst erhebt.

Der Begriff Leben bleibt jedoch bei Dilthey *zweideutig*. Auf der einen Seite ist es für ihn klar, daß Leben nur das Leben eines einzelnen ist, es gibt kein Leben ohne wirkliche Subjekte. Auf der anderen Seite aber wird Leben, eben im Sinn des Prinzips, als Ursprung nicht nur des individuellen Entwicklungsprozesses, sondern auch und vor allem der übergreifenden Ordnungszusammenhänge angesetzt, die »Repräsentationen des Lebens« sind. Entscheidend ist jedoch, daß Dilthey auch dort, wo er vom Leben im Sinn des Prinzips redet, nie dieses Leben von seinen Ausdrücken abtrennt. Leben ist *relativ auf diese Ausdrücke*, und diese sind eben die Gestalten des objektiven Geistes, zu denen nun auch die von Hegel dem absoluten Geist reservierten Gebiete, Kunst, Religion und Philosophie, gehören.[10]

Gerade diese Einsicht, daß das Leben relativ auf seine Ausdrücke ist, und nie von diesen isoliert als übergeschichtliche Größe »vorkommt«, ist für die Fundierung der Geisteswissenschaften bedeutsam und führt über den psychologischen Ansatz hinaus. Wenn an die Stelle des Strukturzusammenhanges, der als formaler allen Besonderungen zu Grunde liegt, das Leben tritt, so ist dies Leben immer schon selbst geschichtlich bestimmt. Nur insofern es bedeutungsvoller Wirkungszusammenhang ist, ermöglicht es das gegenseitige Verstehen der einzelnen Individuen, denn diese Individuen stehen als lebendige in eben den geschichtlichen Zusammenhängen, in denen sich das Leben manifestiert hat.

Wenn Dilthey das gegenseitige Verstehen der Individuen von übergreifenden Wirkungszusammenhängen her fundiert, so bedeutet dies aber nicht, daß nun das Individuum seinen Rang, eigentlicher Träger der Geschichte zu sein, verliert. Im Gegenteil: an der zentralen Bedeutung des Individuums hält Dilthey fest, und zwar so radikal, daß er vom Individuum her die Bedeutung des Wirkungszusammenhanges in gewisser Hinsicht wiederum einschränkt. Die Objektivationen des Geistes sollen »übersetzt« werden in die Lebendigkeit, aus der sie hervorgegangen sind, denn Ausgangspunkt und Endpunkt ist das erlebende Individuum. Die Geschichtsdeutung muß daher beim eigenen Leben und Erleben ansetzen. Dilthey erklärt: »Die Macht und Breite des eigenen Lebens, die Energie der Besinnung über dasselbe ist die Grundlage des geschichtlichen Sehens.«[11]

Hier waltet nun aber eine mehrfache Dialektik. Einmal: das Leben des einzelnen setzt sich aus Erlebnissen zusammen, wobei diese Synthese dialektisch ist; das einzelne Erlebnis wird vom ganzen Lebenslauf und der ganze Lebenslauf wird umgekehrt vom einzelnen Erlebnis her bestimmt. Sodann: mein Leben ist Grundlage des Verstehens von fremdem Leben, diesem verleihe ich, wenn es sich um vergangenes Leben handelt, selbst Leben, wobei ich mich aber zugleich in fremdes Dasein »verliere«. Und schließlich: diese dialektischen Bewegungen vollziehen sich immer schon in objektiven Wirkungszusammenhängen, die mich ebenso wie die Menschen der Vergangenheit gebildet haben. Einerseits gilt also: Selbsterkenntnis setzt Fremderkenntnis voraus. »Der Mensch erkennt sich nur in der Geschichte, nie durch Introspektion. Im Grunde suchen wir ihn alle in der Geschichte.«[12] Zugleich wird aber gefordert, daß der Historiker vom eigenen individuellen Leben und Erleben ausgehe. Methodisch wirkt sich die Betonung der eigenen Individualität nun dahin aus, daß Dilthey der *Selbstbiographie* einen unbedingten Vorrang einräumt. Er erklärt: »Die Selbstbiographie ist die höchste und am meisten instruktive Form, in welcher uns das Verstehen des Lebens entgegentritt.«[13] Hier kommt man den Wurzeln allen geschichtlichen Auffassens nahe: »Die Selbstbiographie ist nur die zu schriftstellerischem Ausdruck gebrachte Selbstbesinnung des Menschen über seinen Lebensverlauf. Solche Selbstbesinnung aber erneuert sich in irgendeinem Grade in jedem Individuum. Sie ist immer da, sie äußert sich in immer neuen Formen.«[14] Darum gilt für den Historiker: »Die Besinnung eines Menschen über sich selbst bleibt Richtpunkt und Grundlage.«[15]

Dieser *Rückzug auf die Individualität* wirkt sich – deswegen weisen wir nachdrücklich auf ihn hin – dahin aus, daß Diltheys Geschichtsbetrachtung immer wieder dazu tendiert, sich als »*Psychologie der Innerlichkeit*« zu etablieren. Sicher: Diltheys Ansatz ist nicht eindeutig. Er erklärt ausdrücklich, daß die Geschichtsdeutung nicht Motivforschung sein müsse. So heißt es: »Der historische Skeptizismus kann nur überwunden werden, wenn die Methode nicht auf die Feststellung von Motiven zu rechnen nötig hat.«[16] Das besagt: An die Stelle des »psychologischen Raffinements« tritt das Verstehen geistiger Gebilde. Und noch schärfer: »Die ins Allgemeine wirkenden Handlungen, welche geschichtlich werden, sind nicht begleitet vom Bewußtsein der Motive. Wohl aber stehen sie in einem klaren Zusammenhang zu den sachlichen Notwendigkeiten, welche in den Zwecksystemen und äußeren Organisationen angelegt sind; zugleich aber sind für ihre Wirkungen die Motive ganz gleichgültig.«[17] Aber dieses Verstehen ist eben objektives Verstehen. Es kann sich des Vergleiches, ja sogar der Vertauschbarkeit der Subjekte bedienen und so Sicherheit gewinnen, weil hier eben die Individualität weitgehend ausgeschaltet ist. Objektives Verstehen ist am gesichertsten als rein sachgebundene wissenschaftliche Einsicht, die intersubjektiv gültig ist. Aber – und dies ist nun entscheidend – die eigentliche Geschichtsschreibung darf eben nicht beim Objektiven stehen bleiben. Sie muß auf das *schöpferische Individuum* zurückgreifen.

Dieser Rückgriff ist ein komplizierter Vorgang. Man muß ja davon ausgehen, daß dem Historiker immer nur der *Ausdruck*, genauer: das Ausgedrückte gegeben ist. Dies ist der einzige Befund. Das Ausgedrückte – etwa ein dichterisches Werk – ist in eigentümlicher Weise vom Individuum abgelöst und ins Allgemeine aufgehoben. Es hat einen Sachgehalt und gehört einem bestimmten Gebiet – hier der Literatur – zu. Die geschichtliche Untersuchung solcher Sachgebiete darf nie »rein psychologisch« sein, weil ihr Gegenstand eben ein Objektives ist. Dilthey erklärt: »So ist der Gegenstand, mit dem die Literaturgeschichte oder die Poetik zunächst zu tun hat, ganz unterschieden von psychischen Vorgängen im Dichter oder seinen Lesern. Es ist hier ein geistiger Zusammenhang realisiert, der in die Sinnenwelt tritt und den wir durch den Rückgang aus dieser verstehen.«[18] Die Geisteswissenschaft muß sich als *Geisteswissenschaft* also zunächst auf die Auslegung objektiver Gebilde konzentrieren. Aber sie darf hier nicht stehen bleiben. Wir wissen von uns selbst, »daß der Einzelne in der geistigen Welt ein Selbstwert ist, ja der einzige Selbstwert, den wir zweifellos feststellen können«.[19] Diese an Descartes erinnernde Aussage bedeutet für die Geschichtsforschung, daß die Individualität ihr Ausgangs- und Endpunkt ist. »Das Geheimnis der Person reizt um seiner selbst willen zu immer neuen und tieferen Versuchen des Verstehens. Und in solchem Verstehen öffnet sich das Reich der Individuen, das Menschen und ihre Schöpfungen umfaßt. Hierin liegt die eigenste Leistung des Verstehens für die Geisteswissenschaften.«[20] Dilthey erklärt abschließend: »Der objektive Geist und die Kraft des Individuums bestimmen zusammen die geistige Welt. Auf dem Verständnis dieser beiden beruht die Geschichte.«[21] Aber es sei noch einmal gesagt: Den Individuen kommt der Vorrang zu. Sie sind ja – dies ist letzthin der springende Punkt – die einzig wirklichen Subjekte.

Dieser Vorrang des Individuellen wirkt sich in Diltheys *Hermeneutik* des geschichtlichen Verstehens aus. Geschichtliches Verstehen ist mehr als Verstehen von Sachgehalten. Die Auslegung solcher Sachgehalte bedarf keiner hermeneutischen *Kunst*. Diese ist erst erfordert beim Verstehen anderer Personen, insbesondere: Personen der Vergangenheit. Und hier ist das Verstehen ein *Hineinversetzen* und *Nach-*

erleben. Auf dem Wege des Nachbildens wiederholt der Ausleger den Vorgang des individuellen Schaffens, und zwar setzt er beim vorhandenen Werk an. Geschichtliches Verstehen ist »Rückübersetzung vom Werk aus«. Die Möglichkeit dieser Rückübersetzung gründet darin, daß das Leben als umgreifende Macht sich in mir und den vergangenen Gestalten ausgelegt hat.

Allein durch diese historische Erkenntnis gelangt der Mensch zu umfassender Selbsterkenntnis. Wenn Dilthey immer wieder erklärt, das Wesen des Menschen sei nur aus der Geschichte zu erkennen, so hat diese Aussage durchaus einen empirischen Sinn. Je mehr ich historisch erforsche, das heißt, je mehr ich mich ausweite, desto mehr gewinne ich an Kenntnis und Erkenntnis des menschlichen Lebens. Diese quantitative Erweiterung ist der positive Gegenzug zu meiner eigenen Relativität und Bedingtheit, und daher ein Weg zur *Souveränität*, in der ich mich selbst zur Bindungslosigkeit erhebe: »Das historische Bewußtsein von der Endlichkeit jeder geschichtlichen Erscheinung, jedes menschlichen oder gesellschaftlichen Zustandes, von der Relativität jeder Art von Glauben ist der letzte Schritt zur Befreiung des Menschen. Mit ihm erreicht der Mensch die Souveränität, jedem Erlebnis seinen Gehalt abzugewinnen, sich ihm ganz hinzugeben, unbefangen, als wäre kein System von Philosophie oder Glauben, das Menschen binden könnte. Das Leben wird frei vom Erkennen durch Begriffe; der Geist wird souverän allen Spinneweben dogmatischen Denkens gegenüber.«[22]

Die geschichtliche Vielfältigkeit und Relativität wird von Dilthey – dies zeigt seine Argumentation ganz deutlich – nicht als Bedrückung empfunden, sondern als Reichtum, in dem man befreit verweilen kann. Die Historisierung bewirkt eine auf keinem anderen Wege zu erreichende Entlastung. »Das historische Bewußtsein zerbricht die letzten Ketten, die Philosophie und Naturforschung nicht zerreißen konnten.«[23] Im Hintergrund bleibt bei Dilthey freilich der Glaube an eine letzte Einheit aller Weltanschauungen bestehen: »Die Wahrheit ist in ihnen allen gegenwärtig.«[24]

Überdenkt man diese Aussagen, so erkennt man: Dilthey sucht sich selbst als Geschichtsphilosoph in bezug auf seine Situation zu reflektieren, um so Klarheit über die eigenen philosophischen Möglichkeiten zu gewinnen. Er weiß, daß diese Situation selbst historisch bedingt ist. Dilthey rechnet seine Philosophie in gewisser Hinsicht dem Pantheismus zu. Er spricht gelegentlich sogar von seiner vergleichenden pantheistischen Religiosität. Dies besagt sachlich, daß er Wahrheit in allen geschichtlichen Erscheinungen findet, die er als Ausdruck eines unbestimmten Göttlichen miteinander vergleicht. Aber ebenso ist er vom Freiheits- und Autonomiebewußtsein geprägt, das er als Grundmerkmal des neuzeitlichen Denkens hervorhebt. Beides, die vergleichend pantheistische Religiosität und das Freiheitsbewußtsein, sind Produkte der *historischen Bildung*. Die historische Bildung aber ist als Befreiung von Dogmatismus einerseits und als Anreicherung andererseits für Dilthey ein unbedingter und fragloser Wert, der nicht relativierbar erscheint.

Macht man sich diese Voraussetzung Diltheys klar, dann versteht man, daß er vor dem Problem der radikalen Geschichtlichkeit immer wieder zurückschreckt. Die von Dilthey herausgestellte Einsicht der unabwendbaren Gebundenheit in die eigene Situation wird von ihm selbst durch den Rückgriff auf den Eigenwert des historischen Wissens eben relativiert. Und dies Wissen wird seinerseits abgestützt durch eine Philosophie des Lebens, für die das Leben ein unbestimmter Begriff ist, der dazu dient, die Diskrepanz von Geschichtlichem und Übergeschichtlichem zu verdecken.

Diltheys Zeitgenosse *Georg Simmel*[25] hat die Frage nach dem Verhältnis von Geschichtlichem und Übergeschichtlichem – darauf sei hier kurz hingewiesen – in seinen späten Schriften dialektisch zu lösen versucht. Das Leben trägt in sich die Tendenz, über sich hinauszugehen. Indem es sich verfestigt, geht es in die Ebene der Sachgebundenheit über. Das geistige Leben ist immer Mehr-als-Leben. Simmel erklärt von den geistigen Schöpfungen: »Wir unterscheiden ihren Gehalt, Geist, Sinn, Bedeutung oder wie immer man es nennen mag, von dem psychologisch-historischen Vorgang, mittels dessen jenes in einem bestimmten Augenblick in einem bestimmten Wesen für das Bewußtsein und für seinen Weiterbestand erzeugt wird.«[26] Diese Lösung Simmels bleibt hinter Dilthey zurück, insofern sie für die Gebilde des objektiven Geistes, insbesondere für die Kunstwerke, »Ewigkeitsgeltung« beansprucht. Aber andererseits sieht Simmel im Gegensatz zu Dilthey – und dies scheint uns wesentlich – die Dialektik des Lebens selbst. Leben ist nicht nur als Mehr-Leben dynamische Kraft, sondern ihm gehört, insofern es Mehr-als-Leben ist, die Tendenz zum Sachgehalt, und damit die Tendenz zur Transzendenz des Lebens, *ursprünglich* zu.[27]

Dilthey ist diese Einsicht in den dialektischen Charakter des geschichtlichen Lebens verschlossen geblieben. Das Leben, das als Kraftquelle alles aus sich entläßt, ist eine *irrationale Macht*.[28] Dieser Irrationalität aber kann nur eine *ästhetische Haltung* angemessen sein, die die Geschichte als Schauplatz des Geschehens kontemplativ vor sich hat. Dieser Ästhetizismus setzt Distanz voraus. Die Distanz ermöglicht gerade ein Nacherleben auch derjenigen vergangenen Haltungen, zu denen der Ausleger von inhaltlichem-sachlichem Aspekt her keinen Zugang findet. Dilthey gibt einmal ein instruktives Beispiel. Religiöse Zustände, mit solcher eruptiven Gewalt, wie Luther sie erlebt hat, liegen »jenseits jeder Erlebnismöglichkeit für einen Menschen unserer Tage«.[29] Trotzdem kann man sie »imaginativ nacherleben«, und dies Nacherleben befreit den Menschen wiederum von seiner eigenen Realitätsgebundenheit.

Der Historiker ist dem Kunst*betrachter* verwandt. Er wird von dem ständig beiherspielenden Bewußtsein begleitet, daß das Werk bereits existent ist. Die Arbeit ist schon getan, so daß der Genuß nun einsetzen kann – mit Hegel gesprochen. Freilich: Der Unterschied zu Hegel ist nicht zu übersehen. Bei Hegel schaut der absolute Geist auf sein eigenes Tun zurück, bei Dilthey dagegen hat der Geschichtsforscher Leistungen anderer Personen vor sich. Vor allem aber: die Erinnerung des absoluten Geistes ist für Hegel Aufhebung aus der Zufälligkeit in die Wesenhaftigkeit. Für den nacherlebenden Historiker im Sinne Diltheys spielt in der Erinnerung das vergleichende Wissen um andere Möglichkeiten beiher. Geschichtliches Geschehen ist nie eindeutig. Dilthey weiß dies, und er sucht das Zufällige, ja auch das Sinnwidrige zu bejahen als historische Realität. Das Leben ist der eigentliche Akteur in *allem* Tun, und hinter dieses Leben kann man nicht mehr zurückgehen. –

Diltheys Philosophie beginnt für uns zu einer historischen Größe zu werden. Damit werden wir in die Möglichkeit versetzt, abzuwägen, was uns an seinem Werk nicht mehr angemessen erscheint und was auch für uns noch wesentlich ist. Um das »Positive« voranzustellen: Dilthey betreibt – und dies ist seine unvergleichliche Leistung – die Historisierung so radikal, daß sich der Historismus als Befreier von dogmatischer Metaphysik und, insofern diese Metaphysik aus der klassischen Tradition kommt, als Befreier von dieser Tradition überhaupt begreift. Dilthey hat klar erkannt, daß die Befreiung von der dogmatischen Bindung nicht durch die Naturwissenschaft, sondern durch die historischen Wissenschaften geleistet werden mußte.

Damit hat er, so meinen wir, die weltgeschichtliche Bedeutung des Historismus angemessen herausgestellt. In diesem Sinne ist seine Philosophie die große *Zäsur*, denn in ihr wird der Bruch ausdrücklich, der uns von der Tradition trennt, und zwar so radikal, daß jeder *unmittelbare* Rückgang zu dieser Tradition nunmehr künstlich erscheint.

Freilich: die konkrete Form dieser Befreiung ist für uns – das dürfte aus den vorausgehenden kritischen Anmerkungen klar sein – nicht mehr verbindlich. Das Souveränitätsbewußtsein, der Bildungsglaube, die ästhetische Zuschauerstellung, das Ausschließen des Handlungsbewußtseins, all dies – so kann man rückblickend formulieren – war vielleicht notwendig, um die Befreiung real zu Ende zu bringen und sie nicht, von Resignation und Skeptizismus bedrückt, vorzeitig abzubrechen. Aber für uns sind diese Einstellungen nicht mehr maßgebend.

Daß die Geisteswissenschaften heute in einer prekären Lage sind, ist offensichtlich.[30] Es wäre verkehrt, Dilthey oder überhaupt eine einzelne Person dafür verantwortlich zu machen. Gleichwohl muß man, wenn man die Entwicklung angemessen begreifen will, sich klar machen, daß Diltheys Etablierung der Geisteswissenschaften in gewisser Hinsicht verhängnisvoll war. Im Gegenzug zu Hegel, dessen Geschichte des Geistes das gesamte Geschehen umfaßt, wird Geistesgeschichte für Dilthey eine entpolitisierte Geschichte von Weltanschauungen, die ihrerseits auf künstlerischen, insbesondere literarischen, religiösen und philosophischen Schöpfungen beruhen. Sicher: Dilthey schließt nicht die Beachtung gesellschaftlicher Zusammenhänge aus, seine Ablehnung der Soziologie bezieht sich wesentlich nur auf die Soziologie Comtes.[31] Aber es ist kein Zweifel daran möglich, daß Diltheys Grundlegung der Geisteswissenschaften nicht nur der Philosophie der Innerlichkeit verhaftet bleibt, sondern diese entscheidend fördert. Radikaler gesagt: wenn man wie Dilthey das Ziel der Geschichtsbetrachtung im Freiwerden von den realen Nöten des Lebens erblickt und sich solchermaßen diesem Leben entfremdet, dann ist es nicht verwunderlich, wenn nun umgekehrt vom realen Leben her einer solchen Geschichtsbetrachtung kein Interesse mehr entgegengebracht wird und die Meinung aufkommt, daß Geistesgeschichte überhaupt unzeitgemäß und überflüssig sei.

Viertes Kapitel
Die Existenzphilosophie:
Die Fundierung der Geschichte in der Geschichtlichkeit[1]

Der *erste Abschnitt des nachidealistischen Historismus*, der durch die Arbeit der großen Historiker im späteren 19. Jahrhundert einerseits und Diltheys Grundlegung der Geisteswissenschaften andererseits bestimmt wird, beruht auf zwei Voraussetzungen. Einmal: Geschichte ist als Geschehen ein umgreifender Bewegungsprozeß, in den der Einzelne verflochten ist. Dieser Einzelne ist durch das Geschehen bedingt. Dies besagt negativ: er ist in den Möglichkeiten seines Handelns und Wissens eingeschränkt, und es besagt positiv: er ist getragen von bestimmten Mächten und Kräften. Dies geschichtliche Geschehen aber – dies ist die zweite Voraussetzung – ist erst durch die Mittel der historischen Wissenschaft wahrhaft in seiner Wirklichkeit zu erfassen. Res gestae und historia rerum gestarum sind eins. Das Geschehen ist jedoch nie als Ganzes zu begreifen, sondern immer nur in seinen Teilen, von denen her sich eine mögliche Aussicht auf das Ganze im vorläufigen Sinne ergeben mag.

Die *zweite Stufe des Historismus* setzt das Verhältnis von Geschichte und Einzelnem anders an. Die Tatsache, daß der Einzelne im geschichtlichen Geschehen steht, ist zwar nicht zu leugnen, aber sie wird für ihn erst relevant, wenn sie in sein Selbstverständnis zurückgeholt wird. Diese Zurückholung bedeutet faktisch, daß der Einzelne sich weitgehend aus der Geschichte als dem realen Geschehen zurückzieht in die *Innerlichkeit seines Selbst*. Diese Verinnerlichung vollzieht sich jedoch – das ist das Paradox – unter dem Anspruch einer *radikalen Historisierung*. Die *Geschichtlichkeit* wird als Grundbestimmung entdeckt. Geschichtlichkeit ist Gegensatz zur Natürlichkeit. Und Geschichtlichkeit bestimmt den Menschen – diese Meinung setzt sich immer mehr durch – weit tiefer als Natürlichkeit.[2] Von der Geschichtlichkeit her soll nun Geschichte als Geschehen begriffen werden. Geschichte als Geschehen gibt es nur – das ist die These Heideggers –, insofern die Geschichtlichkeit eine *Grundbestimmung* des menschlichen Daseins ist.

Die Existenzphilosophie stellt – dies haben wir im zweiten Teil unserer Arbeit ausführlich dargelegt – eine extreme Gestalt der Philosophie der Subjektivität dar. Der Mensch wird, und zwar nicht in seiner Wesensallgemeinheit, sondern als je einzelnes Selbst ins Zentrum der Philosophie gerückt. Dies Selbst ist jedoch allererst durch den *Selbstvollzug* zu konstituieren. Innerlichkeit ist nur durch Verinnerlichung zu gewinnen.

Eine der wesentlichen Möglichkeiten dieser Verinnerlichung ist der Prozeß, in dem sich das Selbst in seiner Geschichtlichkeit ergreift. Wir suchen diesen Prozeß in seinen Grundansätzen bei *Jaspers* und *Heidegger* zu charakterisieren. Zwischen beiden Denkern bestehen bedeutsame Unterschiede. Jaspers wertet zwar das existenziell-geschichtliche Bewußtsein höher als das wissenschaftlich-historische Bewußtsein, aber er erkennt eine gewisse Dialektik von Geschichte als faktischem Weltgeschehen und Geschichtlichkeit an. Heidegger dagegen führt Geschichte als Geschehen existenzialontologisch auf das menschliche Dasein zurück; er kehrt damit das übliche Verständnis von Geschichte und Geschichtlichkeit um. Dies auch bei Dilthey noch leitende Verständnis besagt, daß der Mensch geschichtlich ist, weil er »in« der Geschichte steht. Heidegger dagegen behauptet, es gibt Geschichte nur, weil das Dasein als solches geschichtlich ist.

Jaspers hebt in seinem großen Werk »*Philosophie*« die existentielle Selbsterhellung als philosophischen Aufschwung gegen die wissenschaftliche Weltorientierung als Forschungsprozeß ab. Diesem Ansatz gemäß muß das Problem der Geschichte gegliedert werden. Jaspers unterscheidet historisches und geschichtliches Bewußtsein. *Historisches Bewußtsein* ist, so sagt er, Wissen von der faktischen Geschichte. Das vergangene Geschehen wird als objektive Voraussetzung unseres gegenwärtigen Daseins erfaßt, und zwar durch die Geschichtswissenschaften, die als Wissenschaften auf das Öffentliche gerichtet sind, das heißt hier genauer: auf das Soziologische, Politische, auf die Einrichtungen und Sitten, auf Werke und Wirkungen.[3] Die Geschichtswissenschaften sind wie jede Wissenschaft dem Wandel der Erkenntnis unterworfen und geben immer nur überholbare Teilansichten. Der Historiker hat sich daher davor zu bewahren, Totalentwürfe zu versuchen. Jede in philosophische Pseudosystematik abgleitende Weltorientierung, die sich zum Ganzen schließt, widerspricht dem Geist der Wissenschaft. Für den Historiker bedeutet der Verzicht auf Gesamtdeutung insbesondere, daß er nicht versuchen darf, die Geschichte auf einheitliche und endgültig seinsollende Sinnformeln zu bringen. Solchen Versuchen gegenüber gilt: Geschichte erscheint wie ein Versuchsfeld unendlicher Möglichkeiten. Die Konstruktion von Entwicklungslinien oder das Herausheben typischer Gesamthaltungen stellen Vereinfachungen dar. Sie sind für den Historiker erlaubt, wenn er sich für stetige Korrekturen offen hält und keinen Totalanspruch für diese Vereinfachungen erhebt.

Geschichtliches Bewußtsein ist gegen das historische Bewußtsein abzuheben. Das historische Bewußtsein erarbeitet historisches Wissen nicht für mich als »existierenden Einzelnen«, sondern für mich »als den Fall eines gegenwärtigen Menschen«.[4] Geschichtliches Bewußtsein dagegen ist nicht allgemein, sondern je persönlich. Es muß die faktische geschichtliche Gebundenheit als je eigene ergreifen, aber in der Weise, daß sich eine Einheit von innerzeitlichem *Dasein* und die Zeit überschreitender *Existenz* herstellt. Diese Einheit ermöglicht ein Aufscheinen der Wahrheit der Transzendenz in der Zeit.

Jaspers setzt also historisches und geschichtliches Bewußtsein einerseits in Gegensatz, aber andererseits verbindet er beide in dialektischer Form. Existenz würde sich verflüchtigen, wenn sie sich nicht im Zeitdasein realisierte, wobei aber jede Realisierung vorläufig bleibt. Konkret bedeutet dies, daß das geschichtliche Bewußtsein über die bloß theoretische Betrachtung des Vergangenen hinausgeht und sich »erfüllt« mit den Gestalten der Vergangenheit, die es ansprechen, weil sie selbst ihrerseits die ewige Gegenwart der Transzendenz bezeugen. Und durch diesen existentiellen Umgang gewinnt die Existenz nun wahrhaft *geschichtliche Kontinuität*, die dann ihrerseits ihr Handeln im Dasein bestimmt.[5]

Jaspers entwickelt diese Dialektik meisterhaft. Wenn ich mich in historischer Kenntnis ins Grenzenlose verliere, ergeht die Forderung, mich als geschichtliche Existenz aus dem Zeitdasein herauszureißen und in der Transzendenz zu verankern. Wenn ich jedoch nur auf Transzendenz aus bin, muß ich mir umgekehrt aussprechen: »Ich werde mir meiner selbst und darin der Transzendenz nur gewiß *im Dasein.*«[6]

Der übergeschichtliche Bezug zur *Transzendenz* ist gegen andere Überschreitungsmöglichkeiten der Geschichte abzusichern. Man kann Geschichte durch Hinwendung zur Natur oder zu zeitlos gültiger Wahrheit – etwa in der Mathematik – transzendieren. Dies erfüllt mich als Existenz nicht wahrhaft. Das existentiell allein gültige Überschreiten der Geschichte ist nur das Überschreiten zur ewigen Gegenwart der Transzendenz. Dieses Überschreiten geschieht von dem Punkt aus, »wo wir in der Unbedingtheit unseres Übernehmens und Wählens dessen, wie wir uns in der Welt finden, unseres Entscheidens, unseres Sichgeschenktwerdens in der Liebe selbst, das Sein quer zur Zeit als Geschichtlichkeit werden«.[7]

Überdenkt man diese Dialektik, so zeigt sich, daß sich Jaspers vor dem »Schrecken des Historismus« auf zweifache Weise bewahrt. Einmal, indem er der Geschichte als *stringenter Wissenschaft* das Wort redet. Mag Geschichte als Geisteswissenschaft gegen Naturwissenschaft abzugrenzen sein, als Wissenschaft untersteht sie den allgemeinen Gesetzen von Wissen überhaupt. Es geht auch in der Geschichtswissenschaft um überprüfbare intersubjektive Erkenntnis objektiv zu sichernder Fakten in einem sich ständig vorwärtstreibenden Prozeß der Forschung. Der historische Relativismus ist unter dem Aspekt von Wissenschaft überhaupt gesehen nicht bedrückkend; er ist durchaus legitim, denn Wissen ist ja immer relativ und darf nie endgültig sein. Von den Geisteswissenschaften sagt Jaspers: »Ihr Gegenstand ist im geschichtlichen Sichhervorbringen als eine nur tatsächliche, nicht aus einem Übergeordneten ableitbare Mannigfaltigkeit.«[8]

Die andere Möglichkeit, sich vor dem Historismus zu bewahren, ist eben der *Bezug zur Transzendenz*, der nach Jaspers für das Selbstwerden der Existenz unabdingbar ist. Allerdings führt dieser Bezug nie eindeutig und endgültig über die Geschichte hinaus, weil ja die Transzendenz sich nie ein für allemal, sondern nur je geschichtlich darstellt. Dieser Rückzug auf die Transzendenz muß zudem von der Existenz geleistet werden, denn es gilt ja, daß für die Existenz nur das relevant ist, was sie durch den Akt der Verinnerlichung selbst erst konstituiert.

Hier zeigt sich nun, daß Jaspers Geschichte als Geschehen in die Subjektivität zurücknimmt. Das vergangene Geschehen wird in das gegenwärtige Existenzbewußtsein des Einzelnen »aufgehoben«. Allein durch diese Aufhebung, in der, wie Jaspers sagt, das Historische erst eigentlich geschichtlich wird, bekommt Geschichte als Geschehen Sinn. Diese Zurückführung des Geschehens auf die Subjektivität ist von der ontologischen Fundierung der Geschichte im Dasein des Menschen, wie Heidegger sie durchführt, zu unterscheiden. Geschichtlichkeit als Verinnerlichung im Sinne von Jaspers bleibt relativ zu dem realen Geschehen. Verinnerlichung ist ja konkret Gegenbewegung zur *Äußerlichkeit* als der Sphäre, in der wir als Dasein zu leben haben.

Jaspers' Geschichtssicht verbleibt nicht im Allgemeinen, sie wird konkret in seinen *Analysen der Gegenwart*. Es ist notwendig, den geschichtlich gewordenen Charakter der realen Lebensverhältnisse genau zu erfassen, um entscheiden zu können, wie heute im Zeitalter der Verwissenschaftlichung und der Technisierung eine Verwirklichung der Existenz noch möglich ist. Jaspers ist dieser Frage in mehreren Untersuchungen nachgegangen, vor allem in den Werken »*Die geistige Situation der Zeit*«, »*Die Atombombe und die Zukunft des Menschen*« und »*Vom Ursprung und Ziel der Geschichte*«. Wir weisen auf die Geschichtsanalyse hin, die Jaspers in »Vom Ursprung und Ziel der Geschichte« gibt.

Der Grundansatz ist, daß man Geschichte als den universalen Raum begreifen muß, in dem die Frage nach der *realen Einheit der Menschheit* zu stellen, möglich und notwendig ist. Die Erörterung dieser Einheit ist aber nicht auf die wissenschaftliche oder die existentielle Dimension aufzuteilen; faktisch läßt Jaspers in seiner konkreten Geschichtsanalyse diese Einteilung weitgehend zur Seite. Er entwirft ein Schema der Weltgeschichte, deren Hauptlinie von der Vorgeschichte über die alten Hochkulturen zur sogenannten *Achsenzeit* führt: »Aus den alten Hochkulturen, in ihnen selber oder in ihrem Umkreis, erwächst in der Achsenzeit von 800–200 v. Chr. die geistige Grundlegung der Menschheit, und zwar an drei voneinander unabhängigen Stellen, dem in Orient–Okzident polarisierten Abendland, in Indien und China.«[9]

Der zweite entscheidende Einschnitt der Weltgeschichte liegt in der *Neuzeit*. Hier beginnt das wissenschaftliche und technische Zeitalter. Jaspers thematisiert im zweiten Teil seines Buches diese Epoche, indem er die Genese und das Wesen der modernen Wissenschaft und Technik untersucht. Leitend ist das Bewußtsein, daß dies Zeitalter eine unvergleichliche Wende der Geschichte bedeutet. Es scheint nichts bestehen zu lassen, »was der Mensch sich in Jahrtausenden an Arbeitsweisen, Lebensformen, Denkungsart, an Symbolen erworben hat«.[10] Das Geschehen ist nicht mehr relativ universal, sondern absolut universal. »Unser technisches Zeitalter ist nicht bloß relativ universal, wie das Geschehen in jenen drei voneinander unabhängigen Welten der Achsenzeit, sondern absolut universal, weil planetarisch. Es ist ein nicht nur dem Sinne nach zueinander gehöriges, aber faktisch getrenntes Geschehen, sondern es ist in ständigem gegenseitigen Verkehr ein Ganzes. Es geschieht heute mit dem Bewußtsein der Universalität. Sie muß eine andere Entscheidung über das Menschsein bringen, als jemals erfolgt ist. Denn während alle früheren Wendezeiten lokal waren, der Ergänzung durch anderes Geschehen, an anderen Orten, in anderen Welten fähig waren, bei ihrem Scheitern eine Rettung des Menschen durch die anderen Bewegungen möglich ließen, ist jetzt, was geschieht, absolut entscheidend, es gibt kein Außerhalb mehr.«[11]

Die *planetarische Universalität* erfordert ein bisher unbekanntes Vorausbedenken der Zukunft. Prognose und Planung werden total. Jaspers warnt auch hier davor, Wunschbilder, die sich als wissenschaftlich ausgeben, zu entwerfen. Gleichwohl müssen wir auf die mögliche *Einheit der Menschheit* als reale Welteinheit vorausblicken. Vorsichtig abwägend erklärt Jaspers, das Zeitalter der Welteinheit sei nicht vorwegnehmend zu entwerfen, aber man dürfe Chancen und Grenzen dessen, was sein wird, erörtern. Die Tatsache, daß es bisher noch keine Welteinheit gab, kann kein unbedingter Gegengrund gegen ihre Möglichkeit sein. Das Vorbild ist die bürgerliche Freiheit in demokratischen Ordnungen; diese Freiheit ist zwar unvollkommen, aber doch faktisch in Ausnahmefällen, wie Jaspers erklärt, gelungen. Jaspers versucht in concreto zu zeigen, wie hier und jetzt die Verwirklichung der Einheit von der politischen Ebene her in Angriff zu nehmen sei, denn der Weg führt »geschichtlich über die faktischen politischen Machtpotenzen«.[12]

Das Überzeugende dieser Überlegung liegt darin, daß Jaspers einerseits von den Möglichkeiten ausgeht, die wirklich gegeben sind, und daß er andererseits im Gegensatz zu einer rein technologischen Realpolitik an dem Forderungscharakter, der für uns im Gedanken der Welteinheit aufleuchtet, festhält. Freilich: der Gedanke der Welteinheit wird schließlich doch wieder existenzphilosophisch relativiert. Vollendung in der Geschichte darf nicht sein, weil Ruhe nur in der Transzendenz ist. Einheit muß höher gesucht werden als im Ganzen der Welt. Sie zeigt sich als das »verborgene Reich der Offenheit des Seins in der Eintracht der Seelen«.[13]

Die Metaphysik der Innerlichkeit behält das letzte Wort. Gleichwohl: auch derjenige, der diese Metaphysik der Innerlichkeit hinter sich gelassen hat, kann in bezug auf die Exposition der heute notwendigen Aufgaben von Jaspers lernen. Der Sinn der Geschichte ist, so sagt Jaspers, die Heraufführung der Freiheit, und es geht um die Frage, wie die Freiheit wirklich sein kann, heute in der uns bestimmenden geschichtlichen Situation: »Die Aufgabe ist: im Raum geschichtlicher Möglichkeiten zu leben, die offene Welt zu sehen: der Mensch steht darin und nicht darüber.«[14] –

Heidegger sucht die Geschichtlichkeit als *ontologischen Wesenszug* des menschlichen Daseins herauszustellen. Dies Dasein ist – darauf haben wir bei unserer früheren Erörterung Heideggers hingewiesen[15] – dadurch ausgezeichnet, daß es sich zu sich selbst verhält und sich in diesem Selbstverhältnis versteht. In diesem Selbstverhältnis ist, insofern das Dasein In-der-Welt-sein ist, immer schon ein Verhältnis zur Welt involviert, wie umgekehrt das Weltverhältnis immer schon ein Verhältnis zu sich selbst impliziert. Alle diese Bestimmungen des menschlichen Daseins werden von Heidegger transzendentalphilosophisch als Existenzialien angesetzt. Das »Dasein im Menschen« – so die Formulierung in »Kant und das Problem der Metaphysik« – umgreift als *vorgängige* ontologische Bestimmung alle ontischen Variationen. Wir haben diesen Problemansatz im zweiten Teil ausführlich diskutiert und zu zeigen gesucht, daß er sich dahin auswirkt, daß Heidegger keine realen Möglichkeiten anerkennen kann, durch die das Dasein, sei es von anderen Menschen oder dem welthaft Seienden, entscheidend in seinem Wesensbestand betroffen und verändert werden kann.

Diese Existenzialisierung zeigt sich nun vor allem in der Bestimmung der *Zeitlichkeit*, die Heidegger als Grundstruktur des Daseins entwickelt. Diese Zeitlichkeit ist gegen die Vorstellung der objektiven Zeit abzuheben, nach der Zeit vorhandene Erstreckung, das heißt ein punktuelles Nacheinander gleichgültiger Jetztpunkte ist. Diese Zeit ist, so meint man, vor dem Menschen da, er hat ein bestimmtes Quantum auf der Zeitstrecke von der Geburt bis zum Tode zu durchlaufen. Zeitlichkeit ist demgegenüber als ekstatische Struktur des Daseins zu kennzeichnen. Vorlaufend, das heißt zukünftig komme ich auf mich in meiner Gewesenheit zurück und gelange so in die Gegenwärtigkeit meines Handelns. Objektive Zeit und existenziale Zeitlichkeit stehen aber nicht gleichgültig nebeneinander. Heidegger degradiert die objektive Zeit zum defizienten Modus der existenzialen Zeitlichkeit. Das besagt: nur wenn ich *nicht* entschlossen vorlaufe, entsteht der Eindruck, daß es Zeit unabhängig von mir gibt.

Diese Ableitung der objektiven Zeit aus der existenzialen Zeitlichkeit verstellt, so meinen wir, den Zugang zu einer angemessenen philosophischen Bestimmung der Zeit. Zeit ist ein dialektisches Phänomen. Das besagt, ebenso wie die objektive Zeitvorstellung von der Zeitlichkeit her interpretierbar ist, ist umgekehrt die Zeitlichkeit von der objektiven Zeit her zu verstehen. Die existenzielle Zeitvorstellung setzt gerade als ursprünglichen Gegenpol das Bewußtsein voraus, daß ich »in« der Zeit bin. Nur darum hat diese Zeit eine solche unheimliche Macht über mich. Mein Tod steht mir unabdingbar als *innerzeitlich* mich betreffendes Ereignis bevor, und dies wiederum nur, insofern ich ein somatisches, das heißt ein alterndes, hinfälliges und vergängliches Wesen bin. Es ist klar, daß diese objektive Macht der unentrinnbar vergehenden Zeit für mich nur wesentlich ist im *Wissen* um sie; mein Tod ist anders als das tierische Ableben ein vorausgewußter. Aber dies bedeutet nicht, daß nun die objektive Zeit von der Subjektivität existenzialontologisch abgeleitet werden muß.

Von der Zeitlichkeit her ist nun die *Geschichtlichkeit* zu begreifen. Die Untersuchung der Geschichtlichkeit läuft der Analyse der Zeitlichkeit in gewisser Weise parallel. Auch bei der Bestimmung der Geschichtlichkeit ist es entscheidend, die Vorstellung zu negieren, daß der Mensch geschichtlich ist, weil er in der Geschichte steht. Im Gegenzug gegen diese Auffassung setzt Heidegger das Dasein als Möglichkeitsgrund der Geschichtlichkeit an. Er erklärt in den einleitenden Paragraphen von »Sein und Zeit«: »Die Bestimmung Geschichtlichkeit liegt vor dem, was man Geschichte (weltgeschichtliches Geschehen) nennt. Geschichtlichkeit meint die Seinsverfassung des ›Geschehens‹ des Daseins als solchen, auf dessen Grunde allererst so etwas möglich ist wie ›Weltgeschichte‹ und geschichtlich zur Weltgeschichte gehören.«[16] Anstatt also die Geschichtlichkeit aus der Geschichte zu begründen, muß man umgekehrt vorgehen, das heißt, die Vorstellung, daß der Mensch in der Geschichte steht, ist als Derivat aus der Geschichtlichkeit abzuleiten.

Heidegger geht aber in seiner Analyse des Verhältnisses von traditioneller Geschichtsvorstellung und ursprünglicher Geschichtlichkeit doch ein wenig anders vor als in der Analyse des Bezuges von objektiver Zeitvorstellung und ursprünglicher Zeitlichkeit. Das hat bestimmte Gründe. Das objektive Zeitverständnis ist kennzeichnend einerseits für das im Man lebende uneigentliche Dasein und andererseits für die versachlichte Naturwissenschaft. Beide Möglichkeiten werden von Heidegger als Verfallsmodi gewertet. Das traditionelle Geschichtsverständnis ist aber nicht entsprechend abwertbar. Die Geschichtsdeuter seit Hegel haben es eigens zu begründen gesucht. Sie grenzen das geschichtliche Vorgehen ja gegen das naturwissenschaftliche Erkenntnisideal ab und versuchen, die *Eigenheit* des geschichtlichen Geschehens herauszuarbeiten. Das zeigt sich bei Droysen, vor allem aber im gesamten Werk Diltheys. *Dilthey* wird nun von Heidegger durchaus »positiv« abgehandelt. Dies geschieht in der Form, daß das übliche Bild Diltheys kritisiert und sein Ansatz, insbesondere aber der Ansatz seines Freundes, *Graf Yorck*, in Richtung auf eine grundsätzliche Klärung des Phänomens der Geschichtlichkeit als Gegenzug zu der Natürlichkeit ausgelegt wird.[17] Sachlich bedeutet dies nun aber – und hier zeigt sich der Unterschied zu der Zeitanalyse –, daß die den Historikern vertraute Geschichtsvorstellung nicht einfach als Verfallsmodus kritisiert wird. Heidegger versucht vielmehr zu zeigen, daß die von diesen Denkern gesicherten Phänomene eigentlich nur von der existenzialen Geschichtlichkeit her zu begründen sind.

Im Phänomen der Geschichtlichkeit ist ein ursprünglicher und unverstellter Zugang zum Gesamtkomplex der Geschichte gegeben, weil Geschichtlichkeit ja keine wissenschaftstheoretische Bestimmung ist, sondern eine Seinsweise des sich um sich *sorgenden* Daseins. Heidegger stellt den Zusammenhang zwischen Handlungs- und Zukunftsbezug einerseits und Geschichtlichkeit andererseits heraus. Konkret: Das geschichtliche Dasein hat je eine Vergangenheit. Aber die Vergangenheit ist erst dann und nur dann für das Dasein relevant, wenn es sie als Gewesenheit übernimmt. Das Übernehmen aber ist die Wiederholung vergangener Möglichkeiten von der Zukunft her. Gewesenheit steht immer im Bezug zur Zukunft, Zukunft verstanden als der vorlaufende Entwurf von Möglichkeiten, durch den ich auf mich zurückkommend meine Gegenwart bestimme.

Von diesem Ansatz her läßt sich nun aber gerade das Phänomen der *Tradition* »ursprünglich« fassen. Heidegger erklärt: »Die Entschlossenheit, in der das Dasein auf sich selbst zurückkommt, erschließt die jeweiligen faktischen Möglichkeiten eigentlichen Existierens *aus dem Erbe,* das sie als geworfene *übernimmt.* Das entschlossene Zurückkommen auf die Geworfenheit birgt ein *Sichüberliefern* überkommener Möglichkeiten in sich...«[18] Noch einmal ohne Anklang an Heideggers Terminologie formuliert: Das Dasein hat seine Geschichte, d. h. zunächst, es hat eine Vergangenheit. In dieser als einer *bestimmten* Vergangenheit liegen die konkreten Möglichkeiten beschlossen, durch die das Dasein hier und jetzt entscheidend »vorgeprägt« ist. Aber diese Vergangenheit wird erst »geschichtlich«, d. h., sie betrifft mein Selbstverständnis erst, wenn ich sie aktualisierend wieder-hole. Die Gewesenheit grenzt mich also faktisch ein. Sie zeigt mir meine Geworfenheit in eine bestimmte Situation. Zu dieser »Tatsache« kann ich mich jedoch doppelt verhalten. Das *eigentliche* Dasein bejaht das Erbe, es ist für die Gewesenheit erschlossen, indem es zu ihr *ent*schlossen ist. Das *uneigentliche* Dasein durchschaut sich nicht, es handelt nicht und bleibt eigentümlich passiv. Indem es aber die Aktivität, durch die Geschichte erst relevant ist, »vergißt«, kann die Vorstellung aufkommen, Geschichte gäbe es als zeitliche Erstreckung *ohne* den Menschen, und das bedeutet wiederum, der Mensch würde von der Geschichte nur zufällig bestimmt, denn er habe ein immer gleich bleibendes Wesen, das vom Geschehen im Grunde nicht betreffbar sei.

Entscheidend für die Geschichtlichkeit ist also das *Ineinander von Geworfenheit und Entwurf.* Als geworfenes ist das Dasein, so sagt Heidegger, angewiesen auf eine Welt und existiert faktisch mit anderen. Geworfenheit zeigt sich, insofern ich mir von der Gewesenheit her meine Gebundenheit klar mache. Aber insofern Gewesenheit ja nur im Blick auf die Zukunft daseinsrelevant ist, ist Geworfenheit nie reine Determination, sondern wiederholbare Möglichkeit. Die Verwiesenheit auf die Vergangenheit zeigt, daß ich keine Phantasieexistenz – mit Kierkegaard geredet – bin, sondern in bestimmten Möglichkeiten existiere. Hier zeigt sich die Endlichkeit des Daseins, der ich nicht entrinnen kann. Immer schon muß ich mich von meiner Vergangenheit her auf meine Zukunft entwerfen. In diesem Zirkel aber hat die *Zukunft* nach Heidegger einen eindeutigen Vorrang. Stellte man sich einmal vor, das Dasein hätte keine Zukunft, sondern nur eine Vergangenheit, so wäre es nach Heidegger nicht geschichtlich. Heidegger faßt seine Analysen in einem berühmt gewordenen Abschnitt zusammen, der die Einheit der drei Ekstasen der Zeitlichkeit herausstellt. Dieser Abschnitt schließt mit folgendem Satz: »*Nur eigentliche Zeitlichkeit, die zugleich endlich ist, macht so etwas wie Schicksal d. h. eigentliche Geschichtlichkeit möglich.*«[19]

Die Radikalität, mit der Heidegger die Geschichtlichkeit als Aktualisierung der Vergangenheit von der Zukunft her expliziert, ist als Gegenzug gegen die passive Vergangenheitsbindung, die fast der gesamten Historie bis Dilthey eigentümlich ist, ein Gewinn. Freilich darf diese Anerkenntnis nicht dazu führen, nun die Einseitigkeit dieses Ansatzes zu verkennen, wenn anders man das Phänomen der Geschichtlichkeit in seiner vollen Struktur begreifen will. Indem Heidegger die Geschichtlichkeit zum Ursprung der Geschichte macht, entnimmt er faktisch den Menschen den konkreten Bedingtheiten. Geschichtlichkeit ist als ontologisches Existenzial ein *transzendentalphilosophischer Begriff* und solchermaßen eine Bestimmung der *isolierten* Subjektivität. Entschlossenheit, Wiederholung, Überlieferung: all diese Existenziale sind Möglichkeiten des auf sich selbst verwiesenen Daseins. Diese Möglichkeiten bleiben *formal*. Es wird nie in »Sein und Zeit« erläutert, wofür sich die Existenz einzusetzen hat. Dies ist von Heidegger her gesehen durchaus konsequent, denn er muß alle realen geschichtlichen Bindungen, seien diese ökonomischer, sozialer oder kultureller Art, entwerten, weil hier die Tendenz regiert, geschichtliche Abhängigkeiten von der »Tatsache« her, daß ich »in« der Geschichte stehe, erklären zu wollen. Geschichtliche Bedingtheit kann nach Heidegger im Grunde aber nur die *Selbst*bedingung sein, in der ein Subjekt sich selbst in seiner Endlichkeit »übernimmt«. Insofern Heidegger in seinen Analysen die Subjektivität zum Schlüsselbegriff erhebt, verkürzt er also das Phänomen der Geschichte. Es ist aber auf der anderen Seite daran festzuhalten, daß Heidegger, insofern er den Zusammenhang von Geschichtlichkeit, Handlungsbewußtsein und Zukünftigkeit herausstellt, die Geschichte als bloße Vergangenheitsbetrachtung aufhebt. Dies ist ein wirklicher Fortschritt.

Die eigentlich bleibende Bedeutung der Analyse der Geschichtlichkeit in »Sein und Zeit« aber liegt – das zeigt sich heute nach fünfzig Jahren sehr deutlich – darin, daß Heidegger die Frage, wie Geschichtliches und Übergeschichtliches, sei dieses als ewige Menschennatur, als Wertbezirk oder als Gott bestimmt, »zusammenzudenken« sei, entschlossen beiseite geschoben hat. Alle Versuche, die Metaphysik zur Deutung der Geschichte anzusetzen, das heißt, das Zeitliche vom Überzeitlichen her auszulegen, sind seit dem Erscheinen von »Sein und Zeit« eigentümlich suspekt geworden. Diese Wirkung ist »fundamental-existenziell«. Sie bleibt bestehen, auch wenn man den transzendentalphilosophischen Ansatz und seine Konsequenzen, die ohnehin – wie wir bereits früher andeuteten – zumeist übersehen wurden, nicht akzeptiert.

Fünftes Kapitel
Die Vollendung des geschichtlichen Bewußtseins:
Seinsgeschichte und hermeneutische Wirkungsgeschichte[1]

Der Versuch der Existenzphilosophie, insbesondere Heideggers, die Geschichtlichkeit als Grundbestimmung anzusetzen, von der her Geschichte als Geschehen zu fundieren sei, scheint in seiner Radikalität den Endpunkt des Prozesses der Historisierung darzustellen. Gleichwohl ist dieser Prozeß über den existenzphilosophischen Ansatz hinausgegangen und hat zu einer Betrachtung der Geschichte geführt, die unser Bedingtsein durch das konkrete Geschehen ins Zentrum stellt. *Heidegger selbst* hat in seiner Spätphilosophie diese Sichtweise eröffnet. Grundzüge dieser Philosophie – insbesondere die Hervorhebung der Sprache – wurden in modifizierter Form zur Grundlage einer Geschichtskonzeption gemacht, die vom Gedanken der *Hermeneutik* und der Wirkungsgeschichte ausgeht und damit wiederum die Verbindung zu den historischen Geisteswissenschaften herzustellen sucht. In beiden Ansätzen erlangt das geschichtliche Bewußtsein eine Reflektiertheit, die nicht mehr überbietbar zu sein scheint. Es erfährt solchermaßen seine *Vollendung*.

Heidegger[2] spricht in seinen späten Schriften vom *Sein*. Dies Sein erscheint als Initiator der Geschichte. Es ist jedoch, so betont Heidegger immer wieder, verfehlt, das Sein analog zu Gott oder dem absoluten Geist zu verstehen. Vergleicht man es mit diesen Bestimmungen der »Philosophie der Subjektivität«, so erscheint es als *Nichts*. Gleichwohl ist das Sein als dasjenige zu denken, was uns in unserem geschichtlichen Sein »bestimmt«. Diese Bestimmung ist nicht als Determination zu verstehen. Das Sein räumt den Menschen vielmehr einen Spielraum ein. Der Mensch kann, weil er keine eindeutigen Anweisungen vom Sein her erfährt, irren. Das besagt konkret: er kann sich auf sich selbst stellen und das Sein »vergessen«. Die ganze abendländische Geschichte, insbesondere die Philosophie, bezeugt dieses Vergessen und zwar in steigendem Maße. Der Beginn der Seinsvergessenheit ist in *Platos* Konzeption der Ideenlehre ausdrücklich geworden. *Descartes'* Ansatz, der Philosophie und Wissenschaft anthropologisierend auf den Menschen »zustellt«, bildet eine entscheidende Zäsur. Und das vorläufige Ende zeigt sich in *Nietzsches* Denken, der im Willen zur Macht das bestimmende Prinzip sieht.[3]

Der *philosophischen Subjektivierung* entspricht die immer radikaler werdende *Technisierung*. Heidegger hat wiederholt zum Problem der Technik Stellung genommen. Die Technik entbirgt »solches, was sich nicht selber her-vor-bringt und noch nicht vorliegt, was deshalb bald so, bald anders aussehen und ausfallen kann«.[4] Die moderne Technik aber ist nicht nur ein Hervorbringen im antiken Sinn der Poiesis, sondern »ein Herausfordern, das an die Natur das Ansinnen stellt, Energie zu liefern, die als solche herausgefördert und gespeichert werden kann«.[5] Dieses Herausfördern beruht nicht auf einem beliebigen Einfall. Es ist kein bloß menschliches Tun, sondern ein *geschichtliches Geschick*. Der Mensch wird »beirrt« und zwar in einer so radikalen Form, daß dieser Irrtum durch ihn nicht abzustellen ist. Gerade dadurch wächst die Gefahr, deren Wesen die Bedrohung ist, »daß dem Menschen versagt sein könnte, in ein ursprünglicheres Entbergen einzukehren und so den Zuspruch einer anfänglicheren Wahrheit zu erfahren«.[6]

Der Vorgang der Technisierung entspricht also der Seinsvergessenheit, die sich in der Philosophie zeigt. Die Herrschaft der Technik kann jedoch so radikal werden, daß schließlich das philosophische Denken überhaupt und als solches verdrängt und überflüssig gemacht wird. Dies zeigt sich in der Gegenwart als der Zeit *radikaler Seinsferne*. Heidegger fordert nun aber keineswegs auf, sich den Tendenzen der Zeit entgegenzustellen. Jede moralische Ermahnung, »die Auswüchse der Technik einzudämmen«, erscheint Heidegger als vollkommen unzeitgemäß. Die Aufgabe ist es vielmehr, die in der Zeit liegenden Möglichkeiten zu Ende zu denken und ihnen entsprechend zu handeln. Von hier aus wird *Nietzsche*, weil er das geschichtliche Geschick in seinem Denken vollendet, als der eigentliche Philosoph der Epoche herausgestellt.

Aber der radikale Wille der Seinsvergessenheit trägt gerade aufgrund seiner Radikalität die *Möglichkeit der Kehre* in sich. Heidegger zitiert Hölderlin: »Wo aber Gefahr ist, wächst das Rettende auch«. Auf dem äußersten Punkt der Entfernung vom Sein eröffnet sich die Chance der Umkehr. Heidegger versteht – dies sei hier ausdrücklich herausgestellt – sein eigenes Denken offensichtlich nicht als das Ereignis des Umschlages. Dieser steht noch aus. Gleichwohl kann ein anfänglicheres Denken ihn vorbereiten, wenn es auf das Ereignis »horchsam« wird. »Kein Wandel kommt ohne vorausweisendes Geleit. Wie aber naht ein Geleit, wenn nicht das Ereignis sich lichtet, das rufend, brauchend das Menschenwesen er-äugnet, d. h. er-blickt und im Er-blicken Sterbliche auf den Weg des denkenden, dichtenden Bauens bringt?«[7]

Der letzte Satz weist auf die *Dialektik* hin, die zwischen Sein und Mensch waltet. In dieser Dialektik ist jedoch der Vorrang des Seins streng gewahrt. Das Sein ist kein Partner, mit dem man ins Gespräch kommen kann. Daß der Mensch vom Sein zu reden vermag, gründet darin, daß das Sein von sich aus im Menschen existent wird, so zwar, daß sich die Wahrheit des Seins nicht im Dasein erschöpft oder gar mit diesem in eins gesetzt werden kann. Das Sein offenbart sich nie eindeutig und endgültig. Es entbirgt sich, indem es sich verbirgt, und indem es sich verbirgt, entbirgt es sich. Entbergung und Verbergung können zwar in den jeweiligen Epochen gradmäßig verschieden sein. Die Verbergung nimmt zur Gegenwart hin zu. Aber grundsätzlich gilt für alle geschichtlichen Zeiten, daß das Sein sich immer nur als verbergend entbirgt und umgekehrt.

Daß Heidegger so energisch Entbergung und Verbergung zusammendenkt, besagt für den Vollzugssinn der jeweiligen geschichtlichen Epochen, daß diese Epochen sich selbst nie ganz offenbar werden und nie ganz verdeckt bleiben. Helle und Dunkel, Wissen und Nichtwissen sind immer miteinander verbunden. Dies kennzeichnet die Geschichtlichkeit, in der und durch die dem Menschen Geschichte *geschieht*.

Die Dialektik von Entbergung und Verbergung weist darauf hin, daß das Sein selbst geschichtlich ist. Ja es scheint sogar, daß es mit seiner Geschichte – der *Seins-*

geschichte – identisch gesetzt wird. Es gibt im Werk des späten Heidegger für eine solche Auslegung Belege oder vorsichtiger gesagt: Anhaltspunkte. In den »Entwürfen zur Geschichte des Seins als Metaphysik« heißt es: »Die Seinsgeschichte ist weder die Geschichte des Menschen und eines Menschentums noch die Geschichte des menschlichen Bezugs zum Seienden und zum Sein. Die Seinsgeschichte ist das Sein selbst und nur dieses. Weil jedoch das Sein zur Gründung seiner Wahrheit im Seienden das Menschenwesen in den Anspruch nimmt, bleibt der Mensch in die Geschichte des Seins einbezogen, aber jeweils nur hinsichtlich der Art, wie er aus dem Bezug des Seins zu ihm und gemäß diesem Bezug sein Wesen übernimmt, verliert, übergeht, freigibt, ergründet oder verschwendet.«[8]

Freilich, nichts wäre nach Heidegger verfehlter als die Vorstellung, daß die Seinsgeschichte mit dem, was man so allgemein Geschichte nennt, gleichzusetzen wäre. Heidegger sucht im Gegenteil die Geschichte des Seins ausdrücklich gegen das übliche Bild der Geschichte abzuheben. Dies geschieht in einer Form, die an die Argumentationsweise von »Sein und Zeit« erinnert. Wie in diesem Werk Zeitlichkeit und Geschichtlichkeit im Gegengriff zur üblichen Auffassung von Zeit und Geschichte konstituiert werden, so wird jetzt aufgefordert, die Seinsgeschichte, in der das Sein selbst sich ereignet, gegen das Verständnis der Geschichte als einer Abfolge von Begebenheiten abzusondern. Das »*Ereignen des Seins*« kann überhaupt nicht als innerzeitliches Geschehen verstanden werden. Es ist nicht kausal aus dem Geschehen erklärbar und vor allem: es ist selten. Und insofern eigentliche Geschichte nur als Ereignis ist, ist auch Geschichte selten.

Diese Abhebung der Seinsgeschichte gegen die alltägliche Geschehensgeschichte bedeutet in letzter Konsequenz, daß die Seinsgeschichte eigentümlich unbewegt ist. Gerade als solche aber ist sie der Ursprung der üblichen Geschichte. Auch hier wiederholt sich der Ansatz von »Sein und Zeit«: die allgemein gängige Sicht ist das Derivat der ursprünglichen Struktur. Das heißt: die Geschichte des abendländischen Denkens »ruht im Sein«. Dort bleibt sie »einbehalten«, auch wenn sie sich äußerlich gesehen in der Form philosophiehistorisch kontrollierbarer innerzeitlicher Aussagen vollzieht. Diese Rückführung des abendländischen Denkens in die Seinsgeschichte bedeutet zugleich, daß eine negative Bewertung bestimmter Epochen der Geschichte des Denkens nicht angemessen ist. Seinsschickungen sind nicht zu tadeln. Sie sind der menschlichen Willkür entzogen. Dies besagt aber, da die Seinsgeschichte ja wesentlich die Geschichte der Seinsvergessenheit ist, daß auch diese Vergessenheit im Sein »gründet«.

Man darf hier jedoch keine eindeutigen Aussagen fällen. Das Seinsgeschehen ist als Ereignis, wie wir sahen, unerklärbar, und vor allem: das Sein geht offensichtlich nie im Ereignen vollkommen auf. So nahe es liegt, das Sein mit der Seinsgeschichte unmittelbar zu gleichen und von da aus Grundcharaktere der Geschichte überhaupt herauszuarbeiten: Heidegger selbst steht solchen Versuchen kritisch gegenüber. Gleichwohl hat er ihnen sachlich gesehen »vorgearbeitet«.[9] Er setzt eine kunstvolle Dialektik an, um mit deren Hilfe zu zeigen, wie das Sein überhaupt geschichtlich relevant werden *kann*.[10]

Das Sein *kommt* zur Sprache, indem die Denker und Dichter es zur Sprache *bringen*. Es geht Heidegger aber nicht primär um die Inhalte, die diese Dichter und Denker jeweilig aussagen, sondern er *reflektiert* auf die Stellung von Dichten und Denken zum Sein überhaupt. Die wesentlichen Denker und Dichter sind diejenigen, die selbst den Bezug zum Sein thematisieren. So dichtet ein Dichter des Dichters wie *Hölderlin* allererst, was Dichtung ist, nämlich verbergend-offenbarende Rede vom Sein.¹¹ Dichter und Denker eröffnen durch ihr Tun dem Menschen die Welt, in der er existieren kann. Sie sind es, die Geschichte »stiften«. Diese Vermittlung, in der Dichter und Denker dem Menschen sein Geschick zuweisen, geschieht in der Sprache. Die Sprache rückt damit ins Zentrum der konkreten Analyse des späten Heidegger. Heidegger hat damit eine Wende vollzogen, die auch für die Konzeption der hermeneutischen Wirkungsgeschichte bestimmend ist. –

Um diese *Wende zur Sprache* zu verstehen, ist es angemessen, sich klarzumachen, daß ihre Voraussetzung der »*Unglaube an den Begriff*« ist. Die hohe Schätzung des Begriffs – mögen Begriffe auf Spontaneität oder Rezeptivität beruhen, apriorisch oder aposteriorisch gelten, am Tatsächlichen verifiziert werden oder bloß im Denken bestehen –, die hohe Schätzung des Begriffs beruht auf einem Zutrauen in die Kraft des verbindlichen Denkens, genauer des *rationalen* Denkens, dem jede Unbestimmtheit zuwider ist. Dieses Denken geht von der Überzeugung aus, daß Begriffe verbindlich sind und als solche anerkannt werden müssen. Es gibt hier sachlich ausweisbare »Denkzwänge«. Überall, wo diese Überzeugung in der Geschichte der Philosophie wesentlich wird, tritt die Besinnung auf die Sprache zurück. Das besagt keineswegs, daß die rationalen Denker nicht über die Sprache nachdenken, aber sie bleiben – Hegel zeigt dies insbesondere – nicht bei einer solchen Betrachtung stehen, sondern wenden sich der im Begriff erfaßten »Sache selbst« zu.¹²

Die Sprache wird zum *zentralen* Problem, wenn der Glaube an die Begrifflichkeit fraglich wird. Dies Fraglichwerden kann sich zu radikaler Skepsis erweitern. Das Vertrauen auf Sachhaltigkeit der Aussage wird als Vorurteil deklariert. Man setzt die Sprache als eine eigene *in sich geschlossene Sprachwelt* an. Der *späte Wittgenstein* beschreibt diesen Weg, und die ihm nachfolgende *Sprachanalytik* reduziert die Aufgaben der Philosophie auf die Untersuchung sprachlicher Gebilde.¹³ Eine bei aller Gegensätzlichkeit verwandte Möglichkeit der Sprachreflexion zeigt sich nun in der gegenwärtigen *Hermeneutik*. Hier sucht man durch die Besinnung auf die Sprache die philosophischen Grundeinstellungen der Tradition modifizierend zu wiederholen, weil man der Meinung ist, daß die philosophischen Grundprobleme nicht vom Begriff, sondern von der Sprache her bewältigt werden können und müssen.

Es ist die Absicht der modernen von Heidegger ausgehenden *Hermeneutik*¹⁴, Heideggers Konzeption der Sprache von der Übermetaphysik der Seinsgeschichte abzulösen und sie mit der Problematik der *Geisteswissenschaften* zu vermitteln. Dies erfordert zuerst, daß die Zweideutigkeit der modernen Geisteswissenschaft, die insbesondere im Denken *Diltheys* sichtbar wird, aufgehoben werden muß. Die Anleihen der Geisteswissenschaft bei der »Philosophie der Subjektivität« sind zu eliminieren, denn die Möglichkeit des Verstehens ist nicht von der Subjektivität her zu begründen. In der Geisteswissenschaft selbst war ja entgegen diesem Subjektivismus bereits die tiefere Einsicht wach, daß die Subjektivität immer schon in einem Zusammenhang steht, der sie bestimmt. Die geschichtliche Substanz liegt dem einzelnen schon zugrunde und durchwaltet sein Verstehen. Diese Idee der Geisteswissenschaft wird nun in der Hermeneutik von Heideggers Ansatz her radikalisiert. Geschichtliches Geschehen ist ein mich übergreifendes Geschehen, das mich unabdingbar bestimmt in allem meinem Tun und Denken. Aber dies Durchwalten – und hier zeigt sich der Unterschied zu Heidegger – soll eben nicht im Sinne einer »Übermetaphysik« als Seinsgeschick verstanden werden. Das geschichtliche Geschehen ist konkret die *Tradition*. Mit dieser muß ich ins Gespräch kommen, und zwar in der Weise, daß sich der fremde Horizont und mein Horizont ständig miteinander verschränken und verschmelzen. *Hans-Georg Gadamer* hat diesen Ansatz in seinem großen Werk »*Wahrheit und Methode*« herausgestellt. Dies Buch darf als das klassische Grundbuch der modernen Hermeneutik angesehen werden.

Um die Grundstrukturen dieses hermeneutischen Ansatzes angemessen zu erfassen, ist es zweckmäßig, auf *Hegel* zurückzugreifen, denn ein Vergleich zwischen Hegel und der modernen Hermeneutik vermag deren Problematik herauszustellen. Hegel hat die Wahrheit als ein Bewegungsgeschehen herausgestellt, und zwar als eine Bewegung, die eine Aufhebung des traditionellen Urteilssatzes impliziert. Dies zeigt seine Explikation des *spekulativen Satzes* in der Vorrede zu der »*Phänomenologie des Geistes*«.[15]

Der Urteilssatz ist durch die Vorstellung bestimmt, daß das Satzsubjekt eine fixe Sache ist. An dieses Satzsubjekt werden Prädikate angeknüpft, die ihm äußerlich oder innerlich zukommen. Der Tisch ist braun, er könnte auch schwarz sein: das Prädikat ist hier zufällig. Der Mensch ist ein Lebewesen: dies Prädikat gehört dem Subjekt wesenhaft zu. Hegel setzt die zweite Gruppe von Sätzen, die Wesensaussagen, höher an. Er thematisiert nun aber nur die Wesenssätze, die spekulativen Charakter haben, das heißt die Sätze, deren Satzsubjekt philosophisch relevant ist, zum Beispiel »Gott« oder »das Sein«. Dieser Ansatz ist entscheidend. Mit dieser Beschränkung sichert Hegel den spekulativen Satz im vorhinein ab, denn die innere Möglichkeit dieses Satzes beruht einzig und allein darauf, daß das Satzsubjekt eine Gestalt des zu sich kommenden Geistes ist.

Hegel zeigt nun, daß im spekulativen Satz das Subjekt und das Prädikat sich wechselseitig verändern. Das *denkende* Subjekt sucht den Sinn des *Satz*subjektes zu begreifen, indem es auf die dieses Satzsubjekt bestimmenden Prädikate blickt. In und durch diesen Vorgang aber wird das Satzsubjekt und der es bedenkende Philosoph in Unruhe versetzt. Der Philosoph muß zum Prädikat vorlaufen, denn in ihm wird erst das Subjekt ausgesagt. Er muß aber zugleich vom Prädikat zum Subjekt zurücklaufen: das Prädikat sagt das Subjekt aus. Geht er aber zurück, so findet er das Subjekt nicht mehr vor: es ist im Prädikat »untergegangen«. Das denkende Subjekt gerät also ineins mit dem Satzsubjekt in Bewegung und verliert den festen Halt. Dies Haltloswerden aber ist gerade positiv, denn die Bewegung ist die Wahrheit, das heißt »das Ganze«. In dieser Bewegung expliziert sich das Subjekt, dessen Wesen ja nur in und durch das Denken entfaltet werden kann, und zwar in einer eindeutigen und abschließbaren Form. Die Bewegung ist teleologisch. Sie geht vom An-sich zum An-und-für-sich und schließt sich zum Kreis zusammen, denn nur als Kreisgeschehen vermag sie das Ganze zu sein.

Weil der Geist es selbst ist, der sich *im Ganzen* dieser Bewegung darstellt, kann Hegel sagen, daß diese Bewegung die Dialektik der »Sache selbst« sei. Diese Dialektik steht als eine immanente Bewegung im Gegenzug zur bloß äußeren Reflexion, in der sich ein einzelnes Ich über ein ihm Vorliegendes erhebt und über dieses räsonniert. Das »immanente Selbst«, das heißt der Geist, waltet nun aber auch in der Geschichte. Geschichte als Bewegung ist daher sinnvoll. Das Geschehen läuft auf ein Ende zu. Ist dieses erreicht, dann hat der Weltgeist seine Arbeit getan. Er erinnert sich nun des Weges als eines Fortschrittes zur absoluten Selbstgewißheit.

Der Ansatz der *modernen Hermeneutik* ist der Konzeption, die Hegel in der Analyse des spekulativen Satzes entwickelt, insofern verwandt, als beide die dem Urteilssatz zugrunde liegende Vorstellung negieren, daß das zu beredende Satzsubjekt und das über den Satzinhalt redende Denksubjekt wesenhaft verschieden und voneinander getrennt seien. Entgegen dieser Meinung wird nicht nur von Hegel, sondern auch von der modernen Hermeneutik die Einheit des Zu-beredenden und des Redenden betont. Diese Einheit stellt sich – und darin zeigt sich der Unterschied – jedoch verschieden dar. Für Hegel ist die Einheit der eine Geist, der sich als Weltgeist durch die Volksgeister hindurch entwickelt. Es handelt sich hier also im Grunde um einen Monolog des Geistes mit sich selbst. Das moderne Denken substituiert der Bewegung nicht mehr ein absolutes Subjekt. Die jeweilig gegenwärtige Subjektivität, das heißt der einzelne Forscher, soll mit den Gestalten der Vergangenheit, die durch die Zeit von ihm getrennt sind, ins Gespräch kommen. Es geht also darum, entgegen der Fremdheit, die durch diese Trennung gegeben ist, überhaupt eine verbindliche Einheit zu finden.

Und hier bricht nun eine Dialektik auf, die Hegel noch unbekannt war. Das Vergangene muß – das ist eine von der Hermeneutik herausgestellte Einsicht – in seiner *Andersheit* anerkannt werden. Nur dann kann man es befragen, und vor allem: nur dann kann man von ihm selbst in Frage gestellt werden. Das Vergangene darf aber nicht unbedingte Andersheit darstellen, denn dann kommt das Gespräch gar nie zustande. Die Frage nach der verbindenden Einheit ist in dieser Dialektik die bedrängendere. Die Fremdheit ist ja durch den objektiven Zeitenabstand schon gegeben. Die Einheit muß aber allererst herausgestellt werden. Man könnte zunächst meinen, die Einheit sei doch konkret gegeben als die faktische Einheit des abendländischen Geschichtsverlaufes, in ihm offenbare sich die Einheit »unserer« Welt. Aber – hier zeigt sich das Erbe des Relativismus – diese Einheit hat sich dem modernen Denken in die Vielheit verschiedener Weltsichten oder, wie man nun sagt, in die Vielheit verschiedener Horizonte, zersplittert.

Grundsätzlich gesagt: Alle inhaltlichen Einheiten – so etwa die Idee des Fortschrittes – sind relativierbar, nur die *formale* Einheit des Gespräches mit der Vergangenheit ist nicht relativierbar. Sie ist die einzige Einheit, die »unbedingt« ist. Sicher: ich, das heißt ein einzelnes Subjekt, bin es, der das Gespräch in Gang bringt. Aber ich darf mich nicht als einen fixen Punkt, von dem her Einheit gesetzt wird, betrachten, sondern ich muß mich als durch das Gespräch bewegt erkennen. Dies aber eben bedeutet, daß nicht ich, sondern *das Gespräch* der eigentliche Akteur ist. Das Gespräch ist das geschichtliche Geschehen selbst, in dem ich schon immer stehe und durch das ich immer schon vermittelt bin. Dies Gespräch geschieht als die Geschichte selbst: es wird durch mich nur für mich aktualisiert. Diese Aktualisierung ist notwendig, denn das Gespräch geschieht zumeist in der Weise des Vergessens, d. h., die Wirkungs- und Vermittlungszusammenhänge bleiben unausdrücklich. Wenn nun aber diese Unausdrücklichkeit zur Ausdrücklichkeit erhoben wird, so bedeutet dies gerade nicht, daß ich das Gespräch stifte. Es umgreift mich und die anderen Partner als die geschichtliche Wirklichkeit.

Die geschichtliche Wirklichkeit ist gekennzeichnet durch eine eigentümliche Bewegtheit. Diese Bewegtheit hat den Charakter eines Spieles, das als Spiel seinen eigenen Sinn in sich selbst und nur in sich selbst hat. Das Spielen darf also nicht von der Subjektivität des Spielers her verstanden werden, »da vielmehr das Spiel es ist, das spielt, indem es die Spieler in sich einbezieht und so selber das eigentliche subjectum der Spielbewegung wird«.[16]

Die Möglichkeit dieses Gespräches zu bedenken, ist die Aufgabe der Hermeneutik. Und in diesem Zusammenhang steht die Besinnung auf die *Sprache*. Grundsätzlich gesehen kann diese Besinnung nichts anderes sein als das immer erneute Herausstellen, daß die Sprache eben das Medium ist, in dem sich die Gespräche bewegen. Im Konkreten aber sollen die vielfältigen Weisen des Sprechens in historischer und phänomenologischer Hinsicht untersucht werden. Wir heben, um anzudeuten, wie die konkrete Untersuchung immer wieder ins Grundsätzlich-Formale aufgehoben wird, nur einen Punkt hervor. Verstehen ist, so legt Gadamer sehr erhellend dar, auch und gerade als gegenseitiges Verstehen immer sachgebunden. Die Sprache stellt ein Weltverhältnis dar. »Aus dem Weltverhältnis der Sprache folgt ihre eigentümliche *Sachlichkeit*.«[17] Der Redende redet ja zunächst und zumeist nicht über die Sprache, sondern über das welthaft Seiende. Es gibt dementsprechend einen Unterschied zwischen der sprachlich geformten Weltansicht und der Welt an sich. Dieser Unterschied impliziert zugleich einen Bezug. »In jeder Weltansicht ist das Ansichsein der Welt gemeint.«[18]

Dieser Ansatz wird jedoch wiederum eingeklammert, und zwar wird der Begriff »Welt an sich« problematisch gemacht mit Hilfe der Sprache. Die Sprache ist das Umgreifende, und als solches ist sie es selbst, die den Unterschied von Ansichsein der Welt und Weltansicht setzt. Das heißt aber: es gibt keine Welt außerhalb der Sprache. »Die sprachliche Welterfahrung ist ›absolut‹. Sie übersteigt alle Relativitäten von Seinssetzung, weil sie alles Ansichsein umfaßt, in welchen Beziehungen (Relativitäten) immer es sich zeigt. Die Sprachlichkeit unserer Welterfahrung ist vorgängig gegenüber allem, das als seiend erkannt und angesprochen wird.«[19] Das Zirkelargument wird positiv ausgewertet: man kann nicht die sprachliche Welt »von oben einsehen wollen. Denn es gibt keinen Standort außerhalb der sprachlichen Welterfahrung, von dem her sie selber zum Gegenstand zu werden vermöchte«.[20] Diese Argumentation wird dann ihrerseits durch einen ausdrücklichen Rückgriff auf den Zusammenhang von Sprache und Verstehen gesichert. Die Sprache bringt nicht in sich schon fertige Bestimmungen, die vorsprachlich verstehbar wären, nachträglich zur Verlautbarung, sondern ist die Weise, wie Sein als sinnhaft Verstehbares überhaupt ist. »*Sein, das verstanden werden kann, ist Sprache* ... Zur-Sprache-kommen heißt nicht, ein zweites Dasein bekommen. Als was sich etwas darstellt, gehört vielmehr zu seinem eigenen Sein. Es handelt sich also bei all solchem, das Sprache ist, um eine spekulative Einheit: eine Unterscheidung in sich: zu sein und sich darzustellen, eine Unterscheidung, die doch auch gerade keine Unterscheidung sein soll.«[21] Das besagt: das, was zur Sprache kommt, ist zwar ein anderes als das Wort selbst, aber es ist kein sprachlos Vorgegebenes, »sondern empfängt im Wort die Bestimmtheit seiner selbst«.[22]

Von hier aus zeigt sich der Ansatz in seiner konsequenten Einfachheit. Die Aussage, daß Sprache den universalen Horizont darstellt, beruht auf der Reflexion, daß alles Verstehen sprachlich ist. Diese Reflexion muß – natürlich nicht vom naiven Menschen, wohl aber vom Hermeneutiker – ständig wach gehalten werden gegen die natürliche Grundtendenz der Sprache, von sich weg auf die Sache zu verweisen. Nur so läßt sich der Grundanspruch aufrecht erhalten, daß die Sprache das umgreifende Medium ist.

Die Sprache und zwar in der Form des Gesprächs ist das Geschehen der *Geschichte selbst*. Dies Geschehen ist nicht mehr relativierbar, weil es alles in sich einschließt und solchermaßen in sich selbst beschlossen ist. Als das Spiel, das sich selber spielt, ist es das absolute Subjekt. Überblickt man diesen Ansatz und setzt ihn zu der geschichtlichen Entwicklung in Bezug, so zeigt sich, daß die Bewegung von Hegel über Heidegger zur modernen Hermeneutik durchaus konsequent ist. Sie ist bestimmt durch eine immer radikalere Historisierung, der eine paradoxe Selbstauflösung der Philosophie der Subjektivität als Gang zu ihrer Vollendung hin entspricht. Das Subjekt verflüssigt sich, es wird nicht mehr für sich gesetzt, indem es sich gegen ein anderes, das als anderes zu negieren ist, abgrenzt. Konkret: Hegels Geschichtssubjekt, der Geist, ist noch vom Geschehen abzulösen, der Geist hebt ja dies Geschehen als Geschehen in sich auf, er umgreift die Geschichte als ein Anderes, das als Anderes zu negieren ist. *Heideggers* Geschichtssubjekt, das Sein, ist weit weniger als der Geist vom Geschehen abzutrennen, das Sein soll ja nichts für sich sein, dann wäre es ja ein Seiendes; gleichwohl sucht Heidegger das Sein davor zu bewahren, daß es im Geschehen restlos aufgeht. Empfindet man schon eine gewisse Hemmung, vom Sein der Spätphilosophie Heideggers als Subjekt der Geschichte zu reden, weil nach Heidegger der Bestimmung »Subjekt« keine positive Bedeutung zukommt, so erscheint es nun vollends unangebracht, die *Hermeneutik* noch in irgendeiner Weise von der Philosophie der Subjektivität her zu begreifen. Aber diese Unangebrachtheit gründet – das ist das Paradoxe – gerade darin, daß der Vorgang der Subjektivierung nun absolut geworden ist: es gibt kein Seiendes, das außerhalb der Geschichte steht. Geschichte ist nun *selbst* das Subjekt geworden.

Geschichte, Sprache, Gespräch und Spiel: all dies sind – das ist das Entscheidende – vertauschbare Größen. Zwischen ihnen gibt es keinen Bedingungszusammenhang mehr. Ihr gemeinsames formales Merkmal ist nichts anderes als »*rückbezügliche Bewegtheit*«. Damit ist der von Hegel eröffnete Prozeß der Historisierung vollendet. Von der modernen Hermeneutik her geurteilt: Hegel hat das Ziel, Geschichte als rückbezügliche Bewegtheit absolut zu setzen, nicht erreicht, weil er noch am absoluten Geist als einer ungeschichtlichen Größe festhielt. Jetzt dagegen sind alle metaphysischen *außergeschichtlichen* Reste abgestoßen, weil Geschichte nun an ihr selbst das absolute Subjekt geworden ist. Das Problem des historischen Relativismus ist damit gelöst: Man hat in eindeutiger Weise auf außergeschichtliche Gewißheiten Verzicht geleistet. –

Wir haben im Vorhergehenden den formalen Ansatz der modernen Hermeneutik herauszustellen gesucht, um seine Geschlossenheit aufzuweisen. Von dieser Geschlossenheit leitet sich der hohe Anspruch der Hermeneutik ab. Die Hermeneutik ist nicht auf den engen Bezirk der historischen Geisteswissenschaften einzuschränken. So erklärt Gadamer: »Es entspricht der Universalität des hermeneutischen Ansatzes, daß er auch für die Logik der Sozialwissenschaften beachtet werden muß.«[23] Insbesondere die Theologie hat sich wesentlich auf die Hermeneutik umgestellt. Die Worttheologie, nun als Sprachlehre oder Sprachschule des Glaubens propagiert, erscheint als universaler Schlüssel zu allen theologischen Problemen, weil das Wort und nur das Wort als der treffende Blitz den Menschen mit Gott vermittelt. Natürlich soll Gott als derjenige gelten, der Wesentlicheres als der Mensch im Gespräch zu sagen hat. Gleichwohl ist das *Sprachgeschehen* als dasjenige, was Gott und Mensch vereint, das *eigentliche Ereignis*. Unversehens können daher Redewendungen nebeneinander stehen, in denen einmal Gott und einmal dies Sprachereignis als Subjekt der Offenbarung erscheint.[24]

Es kann hier nicht unsere Aufgabe sein, die Durchführung des hermeneutischen Ansatzes auf den verschiedensten Gebieten darzulegen und zu diskutieren, obwohl die moderne Hermeneutik gerade im Detail ihre Fruchtbarkeit erweist. Die Einsicht, daß eine Philosophie mehr geben kann, als ihr schematischer Grundriß verspricht, trifft gerade auf die moderne Hermeneutik zu. Nur einige Anmerkungen, die für die Entwicklung der Geschichtsproblematik nicht unwesentlich sind, seien hier angebracht; insbesondere gilt es zu zeigen, daß sich die Hermeneutik, wie *Gadamer* sie entwickelt, nun ganz und ausschließlich als *Vergangenheitsgeschichte* etabliert. Gerade in diesem Zusammenhang zeigt sich aber, daß der formale Ansatz, nach dem Geschichte reines Reflexionsgeschehen ist, eingeschränkt wird: insofern die Vergangenheit das mir Vorgegebene ist, gewährt sie dem Gespräch einen *Halt*.

Geschichte als wirkliches Gespräch ist ebenso wie Geschichte als Ereignis – Ereignis im Sinne Heideggers verstanden – selten. Gadamer sucht dies Problem der Seltenheit eigens herauszustellen und von der Seinsweise der Geschichte selbst her zu deuten. Er erklärt: »Ich rechne es zu den größten Einsichten, die mir durch andere geworden sind, daß Heidegger einmal, vor Jahrzehnten, uns klar machte, die Vergangenheit sei nicht primär im Erinnern da, sondern im Vergessen. In der Tat, das ist die Weise, in der die Vergangenheit dem menschlichen Dasein selber angehört. Nur weil sie dies Dasein der Vergessenheit hat, kann überhaupt etwas behalten und erinnert werden. Alles Vergehende sinkt ab in ein Vergessen, und dieses Vergessen ist es, das das in die Vergessenheit Verhallende und in Vergessenheit Geratene festzuhalten und zu bewahren ermöglicht. Hier liegt die Aufgabe, die Kontinuität der Geschichte zu leisten.«[25]

Die Leistung der Kontinuität geschieht im Hin und Her des Sprechens. »Sprache vollzieht sich selbst und hat ihre eigentliche Erfüllung nur in dem Hin und Her des Sprechens, in dem ein Wort das andere gibt und in dem sich die Sprache, die wir miteinander führen, die Sprache, die wir zueinander finden, auslebt.«[26] Dies Hin und Her erfordert, daß man bereit ist, sich etwas sagen zu lassen. Gadamer erklärt: »Ich habe in meinen eigenen Versuchen etwa so formuliert: Wenn uns etwas in der Überlieferung begegnet, so daß wir es verstehen, ist das selber immer Geschehen. Auch dann geschieht einem etwas, wenn man aus der Überlieferung ein Wort sozusagen annimmt, ein Wort sich sagen läßt. Das ist gewiß nicht ein Verstehen der Geschichte als eines Verlaufs, sondern ein Verstehen dessen, was uns in der Geschichte als uns ansprechend und uns angehend gegeben ist. Ich habe dafür den vielleicht etwas zu vieldeutigen Ausdruck gewählt, daß all unser geschichtliches Verstehen durch ein wirkungsgeschichtliches Bewußtsein bestimmt ist.«[27]

Geschichte als Gespräch ist Gespräch mit der uns bewirkenden Überlieferung, das heißt der Vergangenheit. Gadamer stellt nun sehr eindringlich die Macht der Vergangenheit überhaupt heraus, um die Ohnmacht des Menschen aufzuzeigen. Vergangenheit ist für mich ursprünglich erfahrbar als *Vergänglichkeit*, als Hinfälligkeit und Altern, wobei man daran denken muß, daß das Altern nicht ohne biologische Komponente geschieht. Vor allem zeigt sich das Vergehen aber im Vergessenwerden. In einer äußerst reflektierten und schlechthin großartigen Auslegung von Rilkes »Duineser Elegien« weist Gadamer auf die Möglichkeit hin, daß wir den Verlust eines Toten »mit Gleichmütigkeit zu verschmerzen gelernt haben«.[28] Der Tote gehört dann

»zu den unendlich Toten, die kein Gedenken, geschweige denn eine Klage, je zurückruft«.[29]

Diese und ähnliche zum Teil nur leise anklingenden Wendungen zeigen, daß die Erfahrung der Hinfälligkeit offenbar als die ursprünglichste anthropologische Erfahrung gilt. Sie geht mich in meiner Natürlichkeit *und* meiner Geschichtlichkeit an. Ihr kann ich nicht durch Handeln begegnen. Hier bleibt nur Bescheidung. Die Bescheidung, die wir bereits als natürlich-vergängliche Wesen zu vollziehen haben, ist für uns als geschichtliche Wesen nun konkret zu leisten als *Anerkennen der Vergangenheit* als der eigentlich uns bestimmenden Macht. Durch diese Anerkenntnis werden die Möglichkeiten des Handelns im Blick auf die Zukunft eigentümlich abgewertet. All unser Tun, Handeln und Denken ist immer schon »überholt« von unserer Überlieferung. Man täuscht sich, wenn man revolutionär vermeint, neu ansetzen zu können. Aber dieses Durchschauen der Ohnmacht unserer zukunftsbezogenen Handlungen ist eben nicht niederdrückend. Dies erfährt man aber nur, wenn man sich vom Wahn des Machen-Könnens, den die Wissenschaft heute im Zeitalter des modernen Szientifismus propagiert, befreit.

Hier zeigt sich der existentielle Sinn der hermeneutischen Wirkungsgeschichte für das Selbstverständnis des Menschen. Er liegt einfach darin, daß ich anerkenne, daß die Vergangenheit mir immer schon voraus ist, und daß sie mich so durchwirkt, daß ich mit allem meinem Tun und Lassen, vor allem aber auch mit meiner Auslegung dieser Vergangenheit immer schon oder immer noch im Banne der Tradition stehe. Ich kann daher nicht – um ein Beispiel zu geben – unmittelbar nach der Wahrheit oder Unwahrheit der Ideenlehre Platos fragen, das heißt, sachlich zu prüfen suchen, ob diese Lehre für mich als modernem Menschen akzeptierbar sei oder nicht. Ein solcher Versuch ist naiv, weil er vergißt, daß Plato nicht unmittelbar einholbar ist. Anders gesagt: Plato ist für mich als die geschichtliche Macht des Platonismus, die jede philosophische Auseinandersetzung mit ihm schon im vorhinein bestimmt.

Gadamer hat in äußerster Reflektiertheit von diesem Ansatz her die Aufgabe der hermeneutischen Wirkungsgeschichte in der *Umkehrung Hegels* erblickt. Zu den erhellendsten Sätzen seines großen Werkes gehört die folgende Bestimmung der Hermeneutik: »*Geschichtlichsein heißt, nie im Sichwissen aufgehen*. Alles Sichwissen erhebt sich aus geschichtlicher Vorgegebenheit, die wir mit Hegel Substanz nennen, weil sie alles subjektive Meinen und Verhalten trägt und damit auch alle Möglichkeit, eine Überlieferung in ihrer geschichtlichen Andersheit zu verstehen, vorzeichnet und begrenzt. Die Aufgabe der philosophischen Hermeneutik läßt sich von hier aus geradezu so charakterisieren: sie habe den Weg der Hegelschen Phänomenologie des Geistes insoweit zurückzugehen, als man in aller Subjektivität die sie bestimmende Substantialität aufweist.«[30]

Die Wirkungsgeschichte ist als Substantialität ein uns übergreifendes Wahrheitsgeschehen. Gadamer sagt am Schluß seines Werkes: »Wir sind als Verstehende in ein Wahrheitsgeschehen einbezogen und kommen gleichsam zu spät, wenn wir wissen wollen, was wir glauben sollen.«[31] Oder noch radikaler: »Nicht, was wir tun, nicht, was wir tun sollten, sondern was über unser Wollen und Tun hinaus mit uns geschieht, steht in Frage.«[32]

Die Vergangenheit gewährt den Halt, der innere Gelassenheit ermöglicht. Vom Vergleich mit *Heidegger* her formuliert: Die Vergangenheit hat nun faktisch die Rolle des Seins übernommen. Sie ist der unerschöpfliche Grund des Gespräches, einmal im Sinn der Quelle: sie läßt das Gespräch entspringen, und sodann im Sinne des Stoffes: das Vergangene ist das, was es zu bereden gilt. Gleichwohl ist der Unterschied zu Heidegger nicht zu verkennen. Die Hermeneutik durchschaut sich in ihrem Tun und begreift sich als das, was sie ist, nämlich als *Etablierung der Reflexion*.

In dieser Reflexion offenbart sich die *Zweideutigkeit* des hermeneutischen Bewußtseins. Interesse und Intention aller Reflexion ist es, das Vorgegebene als das Substantielle aufzuzehren und der Subjektivität einzuverleiben. Auch die hermeneutische Reflexion untersteht diesem Gesetz der Reflexion überhaupt. Hermeneutik im engeren Sinne ist ja nichts anderes als die Kunstlehre der Auslegung, das heißt eine Reflexion über die Reflexion, als welche Auslegung sich hier etabliert, denn die wirkungsgeschichtliche Auslegung ist nie naiv. Gadamers Leistung ist es ja gerade zu zeigen, wie die Auslegung Naivität zerstört. Alles Unverstandene, Beiherspielende, »bloß Wirkende« wird durch Reflexion hervorgehoben und solchermaßen offenbar gemacht. Die Aktualisierung der Vergangenheit als Substanz geschieht in der Form der »Bewußtmachung«. Gadamer sagt: »Die Reflexion eines gegebenen Vorverständnisses bringt etwas vor mich, was sonst hinter meinem Rücken geschieht. Etwas – nicht alles. Denn wirkungsgeschichtliches Bewußtsein ist auf eine unaufhebbare Weise mehr Sein als Bewußtsein.«[33]

Daß wirkungsgeschichtliches Bewußtsein mehr Sein als Bewußtsein ist, dies ist der Glücksfund der hermeneutischen Reflexion. Diese Reflexion bescheidet sich nicht nur, weil sie die Substantialität nie restlos in Subjektivität auflösen kann, sondern empfindet gerade dies ihr Versagen als Positivum, denn nur *weil* sie immer »zu spät kommt«, kann sie sich getragen wissen: ihre sich in dieser Verspätung zeigende Ohnmacht ist identisch mit der Macht der Vergangenheit, die mir voraus ist und mich solchermaßen zu umgreifen vermag. Die Reflexion weiß sich aufgrund dieser Zweideutigkeit *abgesichert*. Wieviel sie ihrer ursprünglichen Intention, der Bewußtmachung, gemäß auch von der Substantialität aufzuheben vermag, sie kommt nie zu Ende. Damit ist ihre Arbeit als unendliche garantiert. Das Gespräch, das die Geschichte ist, findet keinen Abschluß.

Exkurs: Die gegenwärtigen Chancen der historischen Geisteswissenschaften

Wir haben den Ansatz der modernen Hermeneutik so ausführlich dargelegt, um zu zeigen, wie hier der Prozeß der Historisierung seine Vollendung erfährt: Geschichte ist – so kann man das Endergebnis zusammenfassen – nicht mehr in einem *Außerhalb* des Geschehens begründet, weder im absoluten Geist, so Hegel, noch im Leben, so Dilthey, noch in der Existenz, so Jaspers und der frühe Heidegger, noch im Sein, so der späte Heidegger. Geschichte ist der Prozeß des Geschehens, der nur in sich selbst als Vollzug seinen Sinn bekundet. Der zweite Grund für unsere Analyse lag darin, den Nachweis zu erbringen, daß nicht nur die moderne Naturwissenschaft, sondern auch die moderne Geisteswissenschaft dem Prinzip der *Vermittlung* untersteht.[1]

Wesentliches Merkmal der Vermittlung ist, daß der Prozeß des Erkennens sich als Prozeß etabliert, der auf sich selbst als Vollzug reflektiert und reflektieren muß, weil Erkennen ein Wechselgeschehen von Subjektivem und Objektivem darstellt, das sich gerade als Wechselgeschehen vorwärts treibt. Vermittlung zeigt sich konkret als *Verzeitlichung*. Das Erkennen, das dem Prinzip der Anschauung oder des Begriffs untersteht, ist dagegen durch räumliche Vorstellungen strukturiert. Man schaut ein dem Subjekt gegenüberstehendes Objekt innerhalb des Horizontes an, in dem es gegeben ist, oder man sucht, wenn man den sinnlichen Augenschein als unzuverlässig erkannt hat, durch diesen hindurch zu den hinter den Erscheinungen stehenden Bestimmtheiten durchzustoßen, die sich als das ruhige Reich fester Wesensgesetzlichkeiten zeigen. Daß Vermittlung dagegen dem Prinzip der Zeit untersteht, besagt konkret: sie vollzieht sich als *Negativität*. Das Fixe wird weggearbeitet zugunsten einer Verflüssigung, deren Eigentümlichkeit die *Relativierung oder Einklammerung der Wesensfrage* ist: man sucht gar nicht mehr nach einer Wesensbestimmung, die ein- für allemal feststehend absolut gültig wäre.[2]

Die Verflüssigung, die die *Geisteswissenschaft* betreibt, ist naturgemäß radikaler als der Verflüssigungsprozeß der Naturwissenschaft. Die Natur der Naturwissenschaft ist auch für den modernen Forscher eine äußerliche Gegenständlichkeit, die als solche, auch wenn sie nur in und durch den Forschungsprozeß zu erkennen und zu bestimmen ist, doch als intentionaler Bezugspunkt der Forschung festgehalten wird. Die Geisteswissenschaft hat keinen Bezugspunkt außerhalb des Geschehens. Der Forscher und der Gegenstand der Forschung sind beide bis in unauslotbare Tiefen, wie Dilthey sagt, durch die Geschichte bedingt. Diese Erkenntnis setzt sich im Prozeß der Historisierung von Droysen bis zur modernen Hermeneutik immer radikaler durch.

Die Geisteswissenschaft hat damit Strukturen herausgearbeitet, die für das Gesamtverständnis der Zeit verbindlich sind. Insbesondere die Einsicht, daß Wirklichkeit sich als Wechselverhältnis von Subjektivem und Objektivem konstituiert, ist als ein Grundmerkmal unseres Zeitalters der Vermittlung anzusehen und beherrscht faktisch das gegenwärtige Bewußtsein weithin.[3] Gleichwohl spielt der Glaube an fixe Gegebenheiten heute immer noch eine wesentliche Rolle, insofern die positivistische Einstellung von den exakten Wissenschaften aus sich durchsetzt und eine Surrogatmetaphysik ausbildet, für die nicht mehr das Übersinnliche, sondern die sogenannten

Tatsachen das Unbezweifelbare und Gewisse sind. Die Destruktion eines solch naiven Glaubens ist eine *notwendige Stufe im Befreiungsprozeß* von dogmatischen Bindungen überhaupt, und wir meinen, daß *Dilthey* im Recht ist, wenn er erklärt, daß eine solche Befreiung nur durch die Geisteswissenschaften zu erlangen sei. Darin liegt nach wie vor die hohe Bedeutung einer *historischen Bildung*. Bevor wir jedoch dies Problem der historischen Bildung, oder allgemeiner gesagt: die Frage nach dem »Sinn der Geisteswissenschaften heute« diskutieren, seien zwei *Einwände* gegen die Ausformung der Geisteswissenschaft, wie sie sich von Dilthey bis zur Gegenwart hin vollzogen hat, herausgestellt, denn nur auf dem Hintergrund einer Kritik ist, so scheint uns, eine positive Bewertung der Geisteswissenschaften heute möglich.

Einmal: die Geisteswissenschaft – das zeigt ihre Entwicklung – ist ganz entscheidend daran beteiligt, daß in immer radikalerer Weise die *Innerlichkeit* zum Prinzip erhoben wird. Damit wächst die Entfremdung den realen Fragen der Zeit gegenüber. Daß die Negation des Handelns, wie sie in Diltheys Ästhetizismus und in der Vergangenheitsbetrachtung der modernen Hermeneutik hervortritt, sich verhängnisvoll ausgewirkt hat, d. h. konkret, daß sie zur Abwertung der Geisteswissenschaften im gegenwärtigen durch Naturwissenschaft und Technik bestimmten Zeitalter entscheidend beigetragen hat, ist offensichtlich.[4]

Sodann: die Geisteswissenschaften haben paradoxerweise an der gegenwärtigen *Enthistorisierung* mitgewirkt. Der geisteswissenschaftliche Historismus hat die Inhalte der Geschichte radikal relativiert, nicht nur auf Grund des allgemeinen Axioms, daß keine Epoche über sich hinaus Anspruch auf Unbedingtheit erheben dürfe, sondern auch und vor allem auf Grund der Ausweitung der historischen Kenntnis. Die bunte Vielheit historischer Sichten bringt eine *Entschränkung des Horizontes* mit sich, der zur Vergleichgültigung führt. Das historische Interesse verliert seine Fixierung, wenn seine Gegenstände universal werden und den einzelnen nicht mehr wirklich angehen und betreffen.

Faßbar wird dieser Vorgang der Vergleichgültigung innerhalb der Geisteswissenschaften insbesondere darin, daß nicht mehr bestimmte Zeiten oder Menschen als besonders relevant, das heißt, nicht mehr als *klassisch* hervorgehoben werden. *Gadamer*, der das Problem des Zusammenhanges von Historischem und Klassischem untersucht, definiert das Klassische durchaus angemessen folgendermaßen: »Klassisch ist, was der historischen Kritik gegenüber standhält, weil seine geschichtliche Herrschaft, die verpflichtende Macht seiner sich überliefernden und bewahrenden Geltung, aller historischen Reflexion schon vorausliegt und sich in ihr durchhält.«[5]

Konkret: Die griechische Antike mit Homer, den Tragikern und Platon und die deutsche »Klassik«, insbesondere Goethe und Schiller, wurden zu Beginn der historischen Bewegung als besondere, das heißt *vorbildliche* Zeiten hervorgehoben. Auf sie konzentrierte sich die Forschung, in den Lehraufgaben der Universität wirkt sich dies heute immer noch aus. Die klassischen Texte wurden mit den verschiedensten überaus verfeinerten Methoden ausgelegt, ohne daß der Sinn dieses Tuns noch reflektiert wurde. Diese klassischen Zeugnisse stellen für uns aber keine verbindliche Wahrheit mehr dar, dies ist schon längst stillschweigend anerkannt. Die historisch-philologische Forschung selbst hat den Vorrang bestimmter Inhalte abgebaut. *Jede Epoche ist grundsätzlich gleichberechtigt* für die Untersuchung, die sich außerordentlich spezialisiert hat und weithin – wie Heidegger hervorgehoben hat – zum Betrieb geworden ist.

Daß eine historische Forschung, die vergleichgültigte Inhalte in unendlicher Fülle anbietet, zum *Überdruß an der Geschichte* führt, hat bereits *Nietzsche* gewußt.[6] Dieser Überdruß hat heute die Form einer Interesselosigkeit an der Geschichte überhaupt angenommen. Diese Interesselosigkeit ist in ihrer Allgemeinheit nicht allein auf die Entwicklung der Geisteswissenschaften zurückzuführen. Daß aber eine universal entschränkte und gerade damit in Spezifitäten zersplitterte Geisteswissenschaft den Ahistorismus fördert, kann nicht abgestritten werden.

Wir haben diese beiden »Verfehlungen« der Geisteswissenschaft – ihre Abwendung von der Lebensproblematik zugunsten einer folgenlosen Innerlichkeit und ihre unverbindliche Entschränktheit, die in den Ahistorismus umschlägt – herausgestellt, um nun im Gegenzug zu ihnen auf *positive Möglichkeiten* der Geisteswissenschaft in der Gegenwart hinzudeuten. Es geht uns hier nicht darum, die Geisteswissenschaft wissenschaftstheoretisch zu begründen. Solche Begründungsversuche, mögen sie nun von der Hermeneutik oder vom Positivismus her unternommen werden, setzen die Geisteswissenschaft als ein selbständiges Gebiet der Wissenschaft voraus, oder suchen zumindest, es als solches zu konstituieren. Auf jeden Fall verbleiben sie im Raum der Wissenschaft. Wir fragen dagegen zeitkritisch, ob und wie die Geisteswissenschaft innerhalb der modernen Gesellschaft noch eine Chance habe. Die uns bei diesen Überlegungen leitende Überzeugung – sie wird später genauer analysiert werden[7] – ist, daß man dem gegenwärtigen Ahistorismus nur entgegentreten kann, wenn man einen Geschichtsbegriff konstituiert, der den *zukunftsorientierten Handlungsbezug* als Grundansatz der Vergeschichtlichung herausstellt.

Von einem solchen Ansatz her ist das Wesen der *historischen Bildung* neu zu bestimmen. Wir setzen nicht, wie Dilthey es tat, die historische Bildung als fraglosen Selbstwert an.[8] Es erscheint uns auch zu hoch gegriffen, wenn man behauptet – so der Historiker *Hermann Heimpel* –, daß durch historische Bildung echte Menschlichkeit zu retten sei.[9] Aus der Geschichte ist in bezug auf die Menschlichkeit sehr wenig zu lernen. Hegel hat dies deutlich gesehen und mit Recht erklärt, daß historische Bildung weder in pragmatischer noch in moralischer Hinsicht unmittelbar belehre. Gleichwohl: in der historischen Bildung liegt eine Chance zur »Kultivierung«, Kultivierung hier im Gegenzug zum engstirnigen und beschränkten »Barbarentum« verstanden.

Die historische Bildung – dies ist die Grundvoraussetzung, von der wir ausgehen – ist ein Phänomen, das vom Leben her betrachtet werden muß. Negiert man diesen Bezug, d. h., entfernt man sich von den realen Lebensfragen, dann führt dies dazu, den Bildungsprozeß als leerlaufenden reinen Wissensprozeß absolut zu setzen. Die Innerlichkeit wird, wie wir sahen, folgenlos, als ungebundene übersättigt sie sich, die Übersättigung wird zum Überdruß an der Geschichte und schlägt schließlich in den Ahistorismus um. Geht man dagegen vom Leben aus, das heißt, stellt man den Selbstwert der Bildung in Frage, dann kann historische Bildung fruchtbar werden. Anders und konkreter gesagt: für den, der im Leben verankert ist und bleibt, und *nur* für ihn, ist die Möglichkeit, daß historische Bildung *entschränkt*, nicht nur nicht gefährlich, sondern sogar außerordentlich förderlich.

Wir haben hier einen Aspekt der historischen Bildung vor uns, den bereits *Descartes* in den Blick gebracht hat. Descartes erklärt im *»Discours de la Méthode«* das Folgende: »Mit dem Verkehr mit Menschen anderer Jahrhunderte steht es ähnlich wie mit den Reisen. Es ist gut, etwas von den Sitten verschiedener Völker zu kennen, um über unsere eigenen angemessener zu urteilen und nicht zu glauben, daß alles, was unserer Mode widerspricht, lächerlich sei und gegen alle Vernunft; so pflegen es Leute zu tun, die nichts gesehen haben.«¹⁰ Descartes ist diesem Gedanken, daß Geschichte die Chance gibt, daß der Mensch seine jeweilige Einstellung nicht absolut setzt, nicht näher nachgegangen, weil er vom Gesichtspunkt der Wissenschaft her Geschichte grundsätzlich abwertet. Gleichwohl zeigt sich hier eine echte Möglichkeit der historischen Bildung. Diese Bildung befreit, weil sie überhaupt entschränkt, »auch mich selbst von mir selbst«, das heißt, ich setze mich und meinen Horizont nicht mehr naiv als fraglosen Maßstab meines möglichen Denkens und Tuns an.

Diese Entschränkung ist – daran ist strikt festzuhalten – durch keine Fachwissenschaft zu leisten, sondern nur durch das *Bildungswissen*. In diesem geht es nicht primär um wissenschaftliche Forschung. Konkret: die historische Bildung ist der Umgang mit Menschen der Vergangenheit, insofern sie – mit Hegel und Dilthey gesprochen – den Gebilden des objektiven Geistes unterstehen. Dieser Umgang ist nicht unmittelbar zweckgebunden. Er nützt mir zur direkten Beantwortung meiner Lebensfragen nur wenig. Er vollzieht sich als das Hin und Her einer Bewegung des Denkens, das sich weder als bloßes Raisonnement über das Vergangene erhebt noch sich diesem unmittelbar hingibt. Historische Bildung ist sachgebunden, aber sie ist dem Gegebenen gegenüber doch frei. Hegel hat diese *Dialektik von Sachbezug und Freiheit* als das Wesen der Arbeit herausgestellt. Arbeit ist gehemmte Begierde; das Gegebene wird nicht dem Subjekt einverleibt, d. h. nicht aufgezehrt, sondern es wird vom Bewußtsein formiert. »Indem es den Gegenstand formiert, also selbstlos tätig ist und ein Allgemeines besorgt, erhebt sich das arbeitende Bewußtsein über die Unmittelbarkeit seines Daseins zur Allgemeinheit – oder, wie Hegel sich ausdrückt, indem es das Ding bildet, bildet es sich selbst.«¹¹

Historische Bildung ist aber eine besondere Art der Arbeit. Es kommt hier nicht auf ein herzustellendes äußeres Produkt an, sondern darauf, durch die Bildungsarbeit eine *formale* »Fertigkeit« zu erlangen, nämlich die Fertigkeit der Reflexion, vom Besonderen abzusehen und sich zum *Allgemeinen* zu erheben. Das Allgemeine liegt nicht als Tatsache vor, sondern muß erst erarbeitet werden, und dies geschieht eben durch die Reflexion, die mich und meine Vorurteile von einem fremden Ansatz und umgekehrt diesen Ansatz von mir her bedenkt.¹²

Wir haben die Vorteile der historischen Bildung zunächst unter dem formalen Gesichtspunkt der Reflexionsfähigkeit betrachtet. Es ist aber auch in *inhaltlicher* Hinsicht aus der historischen Bildung Gewinn zu ziehen. Dieser Gewinn liegt darin, daß man durch die Kenntnis der Vergangenheit die Gegenwart besser versteht. Freilich muß diese Vergangenheitsbetrachtung im Gegensatz zur antiquarischen Kontemplation kritisch ausgeweitet werden, das heißt, sie hat sich als *Auseinandersetzung mit der Tradition* zu vollziehen. Eine solche Auseinandersetzung kann an die wirkungsgeschichtliche Reflexion, die sich die Bedingtheit unserer selbst von der Vergangenheit her ausdrücklich macht, anknüpfen. Sie geht aber über den hermeneutischen Ansatz hinaus, indem sie von der Gegenwart her auf die Zukunft »vordenkt«. Diese Auseinandersetzung ist eine Form der *indirekten Vermittlung*. Durch Erkenntnis nicht nur der uns mit der Vergangenheit verbindenden Gemeinsamkeit, sondern auch der Andersartigkeit des Gewesenen vermag man die Möglichkeiten der eigenen Position einzugrenzen, das heißt, man kommt durch die Auseinandersetzung mit der Tradition zu sich selbst und kann sich solchermaßen zeitgemäß verstehen.¹³

Diese Konzeption einer *kritischen Geistesgeschichte* scheint uns von einer wesentlichen Bedeutung zu sein. Für sie allgemeine Richtlinien entwickeln zu wollen, wäre jedoch unangemessen. Nur einige Andeutungen sollen die sich hier eröffnenden Möglichkeiten umreißen.

Die Auseinandersetzung mit der Vergangenheit kann nur fruchtbar sein, wenn sie *sachbezogen* ist, das heißt, sich als eine *perspektivische Problemgeschichte* vollzieht. Um das Gemeinte an früher Entwickeltem beispielhaft zu verdeutlichen: die Struktur der gegenwärtigen Naturwissenschaft oder der gegenwärtigen Sozialwissenschaft versteht man nur in ihrer spezifischen Eigenart, wenn man sie gegen die Ansätze abhebt, von denen her der Begriff der Natur oder der Begriff der menschlichen Gesellschaft in der Vergangenheit bestimmt wurden. Zugleich aber ist es erfordert, daß die Sachanalyse möglichst viele Gebiete umfaßt und miteinander *vergleicht*. Wiederum im Beispiel: indem man fragt, wie sich die Wandlungen in der Naturwissenschaft und der Sozialwissenschaft voneinander unterscheiden, und indem man zugleich untersucht, ob andererseits hier doch Gemeinsamkeiten bestehen, erkennt man, daß die Entwicklung beider Wissenschaften weithin abhängig ist von »übergreifenden Bestimmungen«. Als eine solche Bestimmung stellte sich uns das »Vor-Urteil« der Tradition heraus, daß es eine in sich ruhende Wirklichkeit gibt, die es als Ordnung zu erkennen gelte. Erst im Gegenzug zu diesem Ansatz kann die neue Konzeption der Wissenschaft, für die die Welt ein unendliches Forschungsfeld darstellt, wirklich deutlich in ihrer Struktur heraustreten.

Die vergleichende Auseinandersetzung mit der Tradition von der Gegenwart her muß nicht unbedingt zu negativen Ergebnissen führen, das heißt die Tradition als »absolut aufgehoben« deklarieren. Es kann durchaus geboten erscheinen, an bestimmten Gedanken der Vergangenheit festzuhalten oder sie in modifizierter Form zu wiederholen. Wir werden eine solche Möglichkeit im Zusammenhang mit der Frage der »ethischen Einstellung« herauszustellen suchen.[14] Ob und wieweit eine Bindung an die Vergangenheit oder deren Negation angemessen ist, das läßt sich aber nur aus einer Analyse der Gegenwart, die sich auf die von uns verantwortlich zu gestaltende Zukunft einstellt, eruieren.

In den abschließenden Kapiteln dieses Teiles werden wir auf die Fragen der geschichtlichen Vermittlung zurückkommen. Nur eine Anmerkung sei ausdrücklich angefügt: die beiden eben erwähnten Aspekte hängen sachlich durchaus zusammen. Der *formale Aspekt* hebt die Möglichkeit hervor, daß die Geisteswissenschaft die Funktion der Reflexion ausübt, in der man vom Besonderen zum *Allgemeinen* übergeht. Diese Reflexion bleibt aber *gegenstandsbezogen*, insofern sie sich als Auseinandersetzung mit den Ansätzen der Vergangenheit von der Gegenwart her konstituiert. Diese Auseinandersetzung steht unter der Voraussetzung, daß die Geschichte zum Menschen unabdingbar gehört. Dies gründet in der Dialektik der Wirklichkeit selbst als eines Wechselgeschehens von Subjektivem und Objektivem. Die Erkenntnis dieser Dialektik setzt uns in den Stand, der Vergangenheit gegenüber frei zu werden. Das besagt konkret: wir können nicht vom Gewesenen Lösungen für die Probleme erwarten, die sich aus der spezifischen Form unserer Wirklichkeit ergeben. Diese Lösungen haben wir selbst zu finden. Aber dies ist nur möglich, wenn wir uns mit dem Geist der Vergangenheit auseinandersetzen. Freiheit *von* der Geschichte gibt es nur durch die Freiheit *zur* Geschichte, in der ich – im Blick auf den möglichen *und* notwendigen Trend zur Zukunft hin – das Vergangene reflektierend durchdringe. –

Exkurs. Die gegenwärtigen Chancen der historischen Geisteswissenschaften 547

Wir haben im Vorhergehenden auf die Bedeutung der Geistesgeschichte hingewiesen, indem wir den Wert der historischen Bildung für das Selbstverständnis des gegenwärtigen Menschen in formaler und inhaltlicher Hinsicht herauszuarbeiten suchten. Der im folgenden zu thematisierende Aspekt der Geistesgeschichte steht zu dem bisher Gesagten in *Widerspruch*. Wir suchen jetzt nicht die Geistesgeschichte in eine kritische Zeitgeschichte, die den Handlungsbezug ins Zentrum stellt, zu integrieren, sondern wollen die Chance der Geisteswissenschaft, als *ästhetisches Entlastungsphänomen* zu fungieren, herausarbeiten. Es gibt zwischen beiden Aspekten Gemeinsames. Dies zeigt sich darin, daß in beiden Ansätzen das Vergangene nicht mehr als das uns *unmittelbar* lebendig Tragende angesehen wird, das uns bewirkt hat. Die geisteswissenschaftliche Zeitgeschichte setzt aber die Vergangenheit ständig in Bezug zu den Fragen der Gegenwart, indem sie untersucht, was die Vergangenheit zu diesen Fragen zu sagen hat. Der zweite Aspekt dagegen, der Geistesgeschichte als ästhetisches Entlastungsphänomen deklariert, erhebt die Vergangenheit zur »absoluten« Vergangenheit. Er löst sie vom gegenwärtigen Handlungsbezug ab. Wir wollen diesen Ansatz im Gegenzug zum Handlungsproblem entwickeln. Einige *Vorbemerkungen* sind jedoch notwendig, um den Hintergrund dieser Problematik zu verdeutlichen.

Wenn wir versuchen, die ästhetische Betrachtung der Geistesgeschichte als *einen* und sicherlich nicht den wichtigsten Aspekt der Geisteswissenschaften darzulegen, so bedeutet dies nicht, daß die Geistesgeschichte nun der Kunst untergeordnet würde. Es besagt auch nicht, daß von den Geisteswissenschaften her das Ganze der heute möglichen Kunstbetrachtung zu erfassen sei. Daß Kunst auch heute noch gesellschaftliche Funktionen erfüllen kann, ist offensichtlich; so hat Brecht für das Drama die sich hier eröffnenden Möglichkeiten theoretisch entwickelt und praktisch dargelegt. Gleichwohl wirkt sich, so meinen wir, in dem Versuch, Geistesgeschichte von der Ästhetik her anzugehen, eine heute weithin anerkannte Einstellung zur Kunst überhaupt aus.

Kunst ist heute – wenn wir ein wenig summarisch reden dürfen – nicht mehr metaphysisch ausgerichtet, das heißt, sie gilt nicht mehr als Vermittlung ewiger Wesenheiten, der reinen Ideen Platos, wie Schopenhauer vermeinte. Kunst »eröffnet« auch nicht, wie Heidegger und ihm nahestehende Denker darlegen, die Wahrheit. Wenn Kunst als Wahrheitsgeschehen angesetzt wird, und zwar in der Weise, daß insbesondere die Dichter als die Vermittler dieses Geschehens angesehen werden, dann entspringt diese Konzeption einer aporetischen Situation der Philosophie: Man glaubt nicht mehr an die Wahrheit im Begriff, man will aber den Gedanken umgreifender, das heißt, mich bestimmender Wahrheit im Gegensatz zum Pragmatismus und Positivismus noch aufrecht erhalten, und deswegen wird nun Wahrheit dem »Vorbegrifflichen« zugeordnet, wie es sich in der Kunst, vor allem in der Sprache der Dichtung, zeigt. Kunst ist heute auch nicht mehr – um einen dritten Aspekt zu erwähnen – die eigentliche Macht, die das Leben gerade in seinen Dunkelheiten und Furchtbarkeiten rechtfertigt, wie Nietzsche meint. Allen diesen Deutungen gegenüber gilt es, sich einzugestehen, daß Kunst heute an den Rand des Gesamtgeschehens gedrängt ist. Für das öffentliche Bewußtsein stehen Kunst, Religion und Philosophie in keinem Zusammenhang mit der Wissenschaft, die immer mehr an Lebensbedeutung gewinnt. Das alles besagt nicht, daß heute die Kunst überhaupt keine Rolle mehr spiele oder zu spielen vermöchte. Aber die Rolle der Kunst ist die Rolle der *Entfremdung* gegenüber der Welt der realen Auseinandersetzungen. Von dieser Dimension her gesehen ist Kunst eigentümlich haltlos und gegenstandslos geworden. Gerade als solche hat sie aber nun durchaus eine zeitgemäße Funktion. Weil sie folgenlos ist, gerade darum kann sie *befreiend* wirken. Arnold Gehlen hat dieses Phänomen eindringlich dargestellt, und wir meinen, daß er einen Grundzug des modernen Ästhetizismus adäquat getroffen hat.[15]

Daß die *Geisteswissenschaften* eine der Kunst vergleichbare befreiende Wirkung haben, dies ist bereits von *Dilthey* gesehen worden, der das Erleben in den Geisteswissenschaften bewußt in die Nähe zum Kunsterleben brachte. In der Gegenwart hat insbesondere *Joachim Ritter* in einem bedeutsamen Aufsatz »*Die Aufgabe der Geisteswissenschaften in der modernen Gesellschaft*« den Versuch unternommen, die Funktion der Geisteswissenschaften in unserer Zeit unter dem Gesichtspunkt des Ausgleiches zu thematisieren.[16] Die moderne Gesellschaft hat sich von der Tradition befreit. Sie gründet sich auf das System der Bedürfnisse und deren Befriedigung durch Wissenschaft und Technik. Sie ist abstrakt – dies Wort im Sinne Hegels begriffen – und läßt daher den Menschen in seinem geschichtlich-kulturellen Sein leer. Dieser Mangel wird von den Geisteswissenschaften behoben. Auch die modernen Geisteswissenschaften sind – dies gilt es hier gerade zu beachten – ein Produkt der modernen Zeit. Sie gehen nicht unmittelbar, sondern historisierend vor. Es ist ja das Wesen des Historismus, der für die Entstehung der modernen Geisteswissenschaft maßgeblich ist, einen *Bruch* mit der Tradition, in der als solcher das Vergangene lebendig weiterwirkt, zu setzen. Gerade als solchermaßen »entfernt« ist die geschichtliche Vergangenheit aber durch die Geisteswissenschaften einholbar. »*So kann man sagen, daß die Gesellschaft selbst die Geisteswissenschaft als das Organ hervorbringt, das ihre Abstraktheit und Geschichtslosigkeit ausgleichen kann.*«[17]

Dieser Ansatz ist überzeugend, insofern gezeigt wird, daß auch die historischen Geisteswissenschaften ein Produkt der modernen Gesellschaft sind. Aber die Weise des Ausgleichs, die ihnen zugesprochen wird, wird nicht ganz durchsichtig. Daß die in den Geisteswissenschaften waltende Freiheit eines reinen Erkennens, das gesellschaftlich nicht relevant ist, die substantiellen Zusammenhänge des Menschseins vermitteln kann, wie Ritter meint, ist zu bezweifeln, denn diese substantiellen Zusammenhänge sind realiter doch durch die technisierte und verwissenschaftlichte Gesellschaft weithin negiert worden. Die Vermittlung könnte nur darin zu finden sein, daß diese Substanz als *nicht mehr* reale und *nicht mehr* verwirklichungsfähige erkannt und als »*absolut vergangene*« anerkannt, und das heißt gerade im Bewußtsein ihrer Irrealität vergegenwärtigt würde. Die Entlastung läge dann gerade im Wissen, daß wir es hier glücklicherweise nicht mehr mit uns angehender Wirklichkeit zu tun haben.

Grundsätzlich gesagt: Geht man vom *Handlungsbewußtsein* aus und hält an diesem als der Grundbedingung des Lebens fest, dann ist es möglich, die Geisteswissenschaft als sachorientierte Auseinandersetzung mit der Vergangenheit anzusetzen. Es ist nun aber ebenso möglich – das ist die andere Seite –, die Geisteswissenschaften als *Entlastungsphänomen* gerade in *Gegenzug* zum Handlungsbewußtsein zu bringen. Beide Aspekte widersprechen sich. Gleichwohl: zum Leben gehört ebenso wie das Handeln die Entlastung vom Handeln. Man muß zudem bedenken, daß es möglich ist, daß ein bestimmter Bereich für entgegengesetzte Verhaltensweisen offen steht, nämlich dann, wenn er selbst nicht eindeutig festliegt. Dies gilt in hohem Maße aber gerade für die Geisteswissenschaften. Diese stellen eine so »vage« Region dar, daß sie kein bestimmtes Verhalten erfordern, im Unterschied etwa zum Gebiet der exakten Naturwissenschaft und der Technik. Wir werden auf diesen Sachverhalt eines gegensätzlichen Verhaltens noch zurückkommen, versuchen zunächst aber, näher zu erläutern, worin die ästhetischen Entlastungsmöglichkeiten der Geisteswissenschaften bestehen.

Die Entlastung gründet in einer *Entwirklichung*. Diese Entwirklichung ist ihrer ursprünglichen Struktur gemäß keine vom Menschen bewußt inszenierte und bewerkstelligte Umsetzung eines Wirklichen in das Unwirkliche. Sie ist nichts anderes als das Absinken eines Gegenwärtigen in die *Vergangenheit*. Dies Absinken gehört zu den ursprünglichen Phänomenen des einzelnen Lebens. Es geschieht aber auch in der Geschichte. Hier wird es in seiner Reinheit erfahren, denn die Geschichte umgreift den einzelnen schon immer als die Macht der gesamten Vergangenheit – dies hat die moderne Hermeneutik klar erkannt.

Der Vorgang der geschichtlichen Entwirklichung gibt nun aber dem Menschen die Chance vor, ihm adäquat zu »entsprechen«. Diese Entsprechung geschieht als *Erinnerung*. Erinnerung ist dem Sprachgebrauch und dem Gehalt nach kein eindeutiger Vorgang. Wie aber die Erinnerung auch immer im einzelnen verstanden werden mag, wesentlich ist es, um willen einer Sachklärung Erinnerung vom Gedächtnis phänomenologisch zu unterscheiden. Das *Gedächtnis* zeigt sich primär – wir stützen uns hier auf Husserls Analysen[18] – als das Behalten und Festhalten eines Eindrucks, insofern dieser in die Vergangenheit absinkt. Das besagt: Gedächtnis ist *Retention*. Der eben gehörte Ton verklingt, er ist aber noch im Ohr, er rückt aber immer ferner, von neuen Tönen überdeckt, gleichwohl: seine modifizierte Präsenz ist notwendig, um das Ganze der Tonabfolge, die Melodie, zu erfassen.

Struktur und Wesen des Gedächtnisses sind mit der Bestimmung der Retention, das heißt des nachklingenden Festhaltens, noch nicht im ganzen erfaßt. Gedächtnis zeigt sich auch zum Beispiel in der *Mnemotechnik*, dies Wort im weitesten Sinne verstanden. Daß Tisch lateinisch mensa »heißt«, behalte ich »im Gedächtnis«, nachdem ich mir dies einmal eingeprägt habe. Auch wenn ich die Situation des ersten Lernens vergessen habe, bleibt der inhaltliche Ertrag, eben die Gleichung von Tisch und mensa, haften. Mnemotechnik und Retention haben aber etwas Gemeinsames. In beiden Fällen handelt es sich um ein Festhalten, durch das etwas als das, was es ist, identifizierbar ist und zwar in der Form, daß auf den möglichen Zeitbezug, das heißt den Zusammenhang von Gedächtnis und vergehender Zeit gerade *nicht* geachtet wird.

Anders steht es – phänomenologisch gesehen – mit der *Erinnerung*.[19] Das Erinnerte ist aus dem Gedächtnis verschwunden. Es ist erst einmal vergessen worden und wird nun der Vergessenheit entrissen. Erinnerung im weitesten Sinne kann als Gegenzug gegen das Vergessen verstanden werden. Aber dieser Gegenzug ist nur möglich, weil das Vergessen *vorausgeht*. Nur insofern das Erinnerte in das Vergessene eingegangen ist, kann es »*wieder heraufgeholt werden*«. Erinnerung stellt, so definieren wir, im Gegensatz zum Gedächtnis also eine *durch das Vergessen vermittelte Präsenz* dar, bei der das Bewußtsein des Vergangenseins mitläuft.

Daß die Vergessenheit Bedingung der Erinnerung ist, ist dem alltäglichen Bewußtsein durchaus vertraut: Erinnerung wird hier zumeist ja als »Einfall« verstanden, durch den etwas aus der Vergessenheit wieder aufsteigt, mag dieser Einfall nun grundlos erscheinen oder durch irgendetwas Gegenwärtiges assoziativ vermittelt sein. Nur weil Erinnerung Vergessenheit voraussetzt, kann man Erinnerung zu aktivieren suchen, das heißt, *Kontinuität* im Sinne der Wirkungsgeschichte ausdrücklich pflegen. Gadamer weist mit Recht darauf hin, daß die Vergangenheit primär nicht im Erinnern, sondern im Vergessen da ist, und daß deswegen die Aufgabe ersteht, die Kontinuität der Geschichte zu leisten.

Erinnerung ist, so sagten wir, eine vermittelte Präsenz, bei der das Bewußtsein des Vergangenseins »*mitläuft*«: ich sehe den Garten meines Elternhauses vor mir und mich selbst als Kind darin und »weiß« doch um die Vergangenheit und Unwiederholbarkeit dieses Geschehens. Erinnerung setzt, insofern sie den Vergangenheitscharakter des Erinnerten anzeigt, einen ausdrücklichen *Bruch* zwischen Gegenwart und Vergangenheit und läßt solchermaßen überhaupt erst das Bewußtsein der Vergangenheit *als Vergangenheit* erstehen. Es ist hier nicht möglich, die vielfältigen Nuancen dieses Phänomens genauer zu untersuchen; wir deuten nur einiges an. Die Erinnerung an vergangene Schmerzen schmerzt nicht mehr, sie kann sogar eigentümlich beruhigen. *Augustin* hat diesen Sachverhalt in seiner Analyse der memoria dargelegt.[20] Das Erinnerte ist der Gegenwart entfremdet, das heißt: es ist eigentümlich »stillgestellt«, in sich ruhend und in sich zentriert. Der Aktualität des gegenwärtigen Geschehens entrückt, ist es »aufgehoben« im zweifachen Sinne. Es ist negiert, abgedrängt durch spätere Eindrücke, das heißt: es ist *inaktuell* geworden. Als solches ist es aber gerade *verwesentlicht*. Das Abstreifen des Bedrängenden geht zusammen mit dem Abstreifen des Zufälligen – beides, Zufälligkeit und Bedrängnis, sind Zeichen der vollen Gegenwärtigkeit. Wie im Raum in und durch die Ferne nur noch die großen Konturen erscheinen, so vereinfacht auch die zeitliche Entfernung. Das Erinnerte ist verwesentlicht, weil es – mit Hegel gesprochen – als »Er-innertes« der Äußerlichkeit entnommen ist.

Wir brechen den Hinweis auf den Zusammenhang von Erinnerung und Entwirklichung ab und merken ausdrücklich an, daß das Gesagte mit gewissen Einschränkungen gilt. Es gibt auch andere Formen des Vergessens und des Erinnerns, zum Beispiel das Verdrängen im Sinn der Psychoanalyse. Hier beunruhigt das Vergangene ja gerade, wenn auch unbewußt; sein Aufdecken, das heißt sein Bewußtwerden, ist daher unangenehm. Gleichwohl: daß es *auch* das Erinnern im eben angedeuteten Sinn der Entwirklichung gibt, dessen Indiz das Inaktuellgewordensein des Erinnerten ist, ist ein nicht zu leugnendes Faktum.

Hier zeigt sich nun die positive Möglichkeit der *Entlastung*. Die Inaktualität des Erinnerten setzt dieses in Gegensatz zur Aktualität des Gegenwärtigen, das als solches wesenhaft belastet, insofern Wirklichkeit als Wechselgeschehen von Subjekt und Objekt Anspannung und Leistung erfordert. Dieser Wirklichkeitsdruck und Leistungsdruck wird aufgehoben, wenn einem etwas begegnet, das als entwirklicht nicht mehr im Sinn der Aufgabe angeht.

Die *Geisteswissenschaften* vermögen nun, so meinen wir, eine Begegnung mit der entwirklichten Vergangenheit zu vermitteln, die eine echte Entlastung darstellt. Der Mensch hat es hier mit seinesgleichen zu tun, aber in inaktueller Weise. *Graf Yorck* schreibt an Dilthey: »Und dann genieße ich das stille Selbstgespräch und den Verkehr mit dem Geiste der Geschichte. Der ist in seiner Klause dem Faust nicht erschienen und auch dem Meister Goethe nicht. Ihm würden sie nicht erschrocken gewichen sein, so ernst und ergreifend die Erscheinung sein mag, ist sie doch brüderlich und verwandt in anderem, tieferen Sinne als die Bewohner von Busch und Feld.«[21] Wir wollen hier keineswegs den Grafen Yorck als Kronzeugen für eine ästhetische Einstellung zur Geschichte anführen – Yorck wendet sich zumindest indirekt gegen den historischen Ästhetizismus Diltheys. Aber was Yorck klar gesehen hat, das ist die Tatsache, daß die geistesgeschichtliche Betrachtung ihrer ursprünglichen Tendenz nach gerade nicht auf historische Einmaligkeit und Jeweiligkeit abhebt, sondern »antihistoristisch« vorgeht. Yorck sieht Homer, Plato und das Neue Testament als bleibende Zeugnisse eines *Allgemein-Menschlichen* an. Und mit der Bestimmung des Allgemein-Menschlichen ist nun in der Tat der eigentliche Nerv der verwesentlichenden Erinnerung getroffen. Insofern die Erinnerung entwirklicht, geht sie gerade über die Zeitbedingtheit hinaus auf das Allgemeine. Das Allgemein-Menschliche aber ist nicht definierbar; es »zeigt sich« als und insofern wir selbst nur noch »als Menschen überhaupt berührt werden«. Hegel hat diesen Sachverhalt in seiner Geschichtsphilosophie immer dort herausgestellt, wo er über die vergangene Geschichte im ganzen nachdenkt und Geschichte nicht als Fortschritt deklariert. Die Betrachtung der vergangenen Geschichte ist, so sagt er, mit einer allgemeinen Trauer verbunden, nicht nur, weil hier die Hinfälligkeit sichtbar wird, sondern weil hier die Unabänderlichkeit der Menschennatur offenbar wird. Diese Trauer schmerzt nicht so, wie der Verlust lieber Menschen. Hegel spricht von »uninteressierter Trauer und Melancholie«.[28]

Wir wollen den ästhetischen Rückzug auf das Allgemein-Menschliche aber keineswegs als notwendig mit Trauer und mit Melancholie verbunden deklarieren. Er kann auch von dem Gefühl einer allgemeinen Befriedigung und Beruhigung begleitet sein oder dem Bewußtsein der *Gleich-Gültigkeit alles Menschlichen*. Wesentlich erscheint es uns, die geschichtlich-ästhetische Erinnerung nicht einseitig festzulegen. Anders gesagt: die dieser Erinnerung zugehörenden Charaktere sind eigentlich nur *im Gegenzug* zu den hier auszuschließenden Einstellungen zu erfassen. So glückt eine Entlastung nur dann, wenn man von der Vergangenheit eben keine Antworten für die uns unmittelbar bedrängenden Lebensfragen erwartet. Dem Phänomen der ästhetischen Entfernung entspricht es aber auch, daß man sich nicht »zurückwünscht«. Jeder ausdrückliche Vergleich, etwa die Aussage, daß die alten Zeiten doch besser waren, ist hier inadäquat, weil er bereits eine Auseinandersetzung bedeutet, in der ich das Vergangene auf mich und meine Gegenwärtigkeit beziehe.

Es ist keine Kodifikation dessen möglich, *was* in dieser Einstellung primär erinnert wird. Es ist klar, daß die Inhalte der Gesamtgeschichte, die einen durchsichtigen Bezug zur Gegenwart haben, weil ihre Entwicklung geradlinig ist, hier zurücktreten werden – so zum Beispiel Daten der Wissenschaftsgeschichte oder der Geschichte der Technik. Es gibt Gebiete, die in dieser Hinsicht nicht eindeutig klassifizierbar sind, so etwa die Philosophie: ich kann Platos Sokratesdialoge als Zeugnisse einer hohen Menschlichkeit lesen oder Plato als Lehrmeister ansehen, dessen Analysen auch für uns verbindlich sind. Ganz zweifellos aber haben Kunstwerke der Vergangenheit, insbesondere Dichtungen, einen hohen Anspruchsrang, vor allem angesichts der Tatsache, daß es heute kaum mehr eine kontinuierliche wissenschaftliche Dichtungsgeschichte gibt. Es wäre aber natürlich verfehlt, die Historiker vergangener Zeiten ausschließen zu wollen; auch hier versagt die klassifizierende Wertung: der allgemeinmenschliche Aussagegehalt des Thukydides ist nicht geringer als der Herodots; wenn Thukydides die unlösbare Verkettung von Menschsein und Machtstreben herausstellt, so werden wir hier das Allgemeine erkennen, und es vielleicht mit einer gewissen Resignation, aber ohne moralische Entrüstung »hinnehmen«.

Wir brechen diese Erwägungen ab und fügen noch eine historische Anmerkung an.

Es ist *Jacob Burckhardt* gewesen, der den entlastenden Wert der geschichtlichen Betrachtung nicht nur erkannt, sondern auch anthropologisch gerechtfertigt hat: »Unsere Kontemplation ist aber nicht nur ein Recht und eine Pflicht, sondern zugleich ein hohes Bedürfnis; sie ist unsere Freiheit mitten im Bewußtsein der enormen allgemeinen Gebundenheit und des Stromes der Notwendigkeiten.«[23] Entsprechend grenzt Burckhardt sein Vorgehen ein: »Die Geschichtsphilosophen betrachten das *Vergangene* als Gegensatz und Vorstufe zu uns als Entwickelten; — wir betrachten das *sich Wiederholende, Konstante, Typische* als ein in uns Anklingendes und Verständliches.«[24] Und am Schluß seiner *Weltgeschichtlichen Betrachtungen* erklärt Burckhardt, daß derjenige, der dies »wunderbare Schauspiel der Geschichte« erfasse, auf seine Individualität verzichten würde, Glück und Unglück vergessend würde er »in lauter Sehnsucht nach dieser Erkenntnis dahinleben«.[25]

Hier hat *Schopenhauer* Pate gestanden, denn was Burckhardt von der geschichtlichen Betrachtung, das hat Schopenhauer von der *Kunst* gesagt.[26] In der Kunstbetrachtung hält man sich nicht mehr an den Leitfaden des Willens, das heißt, man fragt nicht mehr nach dem Wo, Wann, Wozu und Warum, sondern ist nur auf das reine Was bezogen. Hier geschieht es, daß der Mensch »die ganze Macht seines Geistes der Anschauung hingibt, sich ganz in diese versenkt und das ganze Bewußtsein ausfüllen läßt durch die ruhige Kontemplation des gerade gegenwärtigen natürlichen Gegenstandes, es sei eine Landschaft, ein Baum, ein Fels, ein Gebäude oder was auch immer; indem man, nach einer sinnvollen deutschen Redensart, sich gänzlich in diesem Gegenstand *verliert*, das heißt, eben sein Individuum, seinen Willen, vergißt und nur noch als reines Subjekt, als klarer Spiegel des Objektes bestehen bleibt; so daß es ist, als ob der Gegenstand allein da wäre ohne jemanden, der ihn wahrnimmt und man also nicht mehr den Anschauenden von der Anschauung trennen kann, sondern beides Eines geworden sind«.[27] Die hier geschilderte Verwandlung ist eine doppelte. Auf der Objektseite ist der Gegenstand den Relationen des Willens entnommen und auf der Subjektseite ist der Erkennende nicht mehr ein bestimmtes Individuum, das Zielen nachjagt, sondern »reines, willenloses, schmerzloses, zeitloses Subjekt der Erkenntnis«. Schopenhauer — dies wird hier deutlich — betrachtet die Kunst in ihrem Verhältnis zum Leben. Vom Leben her bestimmt er die Kunst als *Befreiung* und aus diesem Gesichtspunkt heraus betont er immer wieder, daß die Erlösung durch die Kunst nicht von Dauer sein könne, sondern nur bestimmte Augenblicke währe. Die Kunst versetzt ja in einen Ausnahmezustand. Das Leben setzt sich aber immer wieder durch und mit ihm der Anspruch des Willens.

Schopenhauer und Burckhardt reden von Kontemplation und setzen diese über das Leben, das sie als die Dimension, die vom Willen bestimmt wird, entwerten. Die Kategorie der Entlastung ist keine Kategorie der Wertung. Sie ist eine Ergänzungsbestimmung zur Kategorie der Belastung. Die Bestimmung der Belastung ist die vorgängige, denn es ist die Wirklichkeit selbst, die uns unabdingbar belastet. Wie im einzelnen der dialektische Bezug von Belastung und Entlastung zu »handhaben« ist, dafür gibt es weder eine allgemeine Theorie noch eine konkrete Gebrauchsanweisung. Entscheidend ist, sich für beides offen zu halten, weil wir ohne Belastung *und* Entlastung nicht existieren können. Es ist gerade heute angebracht, das Eine nicht über dem Anderen zu vergessen. Denn der Geist unserer Epoche ist dadurch bestimmt, daß er nicht auf einen Nenner zu bringen ist, sondern disparate Möglichkeiten eröffnet, die alle von ihren jeweiligen Aspekten her berechtigt sind.

Sechstes Kapitel
Marx: Geschichte als Weg zur Selbstbefreiung[1]

Den großen Konzeptionen der abendländischen Geschichte, die wir bisher verfolgten, war es eigentümlich, daß in ihnen bestimmte Fragen nicht wirklich ausdrücklich und radikal gestellt wurden. So die Frage nach dem *Subjekt der Geschichte:* einerseits ist es klar, insbesondere wenn man an die politische Geschichte denkt, daß nur die Menschen handeln, aber eben ihr Handeln erschien gleichzeitig von einem Anderen bestimmt, sei dies das Fatum, die Götter, Gott, der Weltgeist oder die geschichtsbildenden Kräfte und die sittlichen Mächte, in die der Mensch verflochten ist. Die Überzeugung Rankes, daß Geschichte durch das Leben der Einzelnen, der Geschlechter, vor allem der Völker, aber schließlich durch »die Hand Gottes über ihnen« bestimmt sei, zeigt deutlich, daß die Frage nach dem eigentlichen Geschichtssubjekt nicht eindeutig beantwortet wurde. Und ebenso wie die Frage nach dem Subjekt in der Geschichte nicht wirklich geklärt wurde, blieb auch eine Antwort auf die Frage aus, in welcher *Dimension* sich Geschichte eigentlich vorzüglich ereignet. Einerseits erschien von der antiken Historie an die politische Geschichte als die wesentliche Dimension der Geschichte. Durch das Christentum trat aber eine Änderung ein: neben der Weltgeschichte steht die Heilsgeschichte, der ersteren an Rang überlegen. Von Voltaire an wurde die Kulturgeschichte zentral. In Hegels Philosophie der Weltgeschichte und in den historischen Geisteswissenschaften setzte sich deren Idee fort; bei Hegel stand allerdings weithin das Politische und Gesellschaftliche im Vordergrund, während in den Geisteswissenschaften von Dilthey an die Weltanschauungen als die eigentlichen Dimensionen der Geschichte erschienen. Ein mit dem eben Genannten zusammenhängendes Problem blieb ebenfalls vieldeutig: welches *Tempus* ist in der Geschichte das wesentliche? Allgemein galt, daß Geschichte das abgelaufene Geschehen, die Vergangenheit, darstellt. Diese Ansicht erschien gleichsam selbstverständlich. Aber sie blieb doch nicht uneingeschränkt maßgebend. Es war für das frühe Christentum, das auf das Ende aller Dinge wartete, notwendig, die Zukunft zu bedenken; aber auch der »säkularisierte« Aufklärer, der Geschichte als Fortschritt deklarierte, mußte zukunftsorientiert sein. Und schließlich sei noch ein nicht unwesentlicher Problemkreis angedeutet, der ebenfalls ungeklärt blieb: wie ist der *Zugang* und die rechte Einstellung zum geschichtlichen Geschehen zu bestimmen? Ist das Verstehen, das das Geschehene nachzuerleben sucht, oder das Handeln, das das Gegebene verändern und verbessern will, das angemessenere Verhalten?

Alle diese Unklarheiten waren vorwiegend darin begründet, daß die Geschichtskonzeptionen der Tradition wesentlich im Rahmen der *Metaphysik* verblieben. Die Metaphysik hat die angedeuteten Probleme ja zum großen Teil selbst erst geschaffen, indem sie hintergründige Subjekte ansetzte und das Geschehen übersinnlich interpretierte. Sie hat die sich dadurch ergebenden Schwierigkeiten aber wiederum verdeckt. Insofern sie nie direkt leugnete, daß der Mensch in der Geschichte tätig sei, beließ sie diesem den Status einer Selbständigkeit, deren Grenzen und Möglichkeiten aber im Unklaren blieben. Diese Unklarheiten stellten so lange keine ernsthaften Belastungen dar, als die Welt noch von der Metaphysik als intakte Ordnung erklärt wurde. Aber diese Metaphysik wurde ja selbst fraglich. Und dies bedeutete für die Geschichtskonzeption, daß alle metaphysischen oder halbmetaphysischen Begriffe, wie Weltgeist, sittliche Mächte und geschichtliche Kräfte, ihre Gültigkeit verloren.

Es ist *Marx* gewesen, der ausdrücklich herausgestellt hat, daß eine metaphysische Geschichtskonzeption nicht mehr an der Zeit sei, und Marx hat dementsprechend die oben angedeuteten Fragen in einer radikal antimetaphysischen Weise zu beantworten gesucht. Das Subjekt der Geschichte ist, oder genauer: soll sein der Mensch, und zwar der Mensch des *Proletariats*; die Dimension dieser Geschichte ist die Auseinandersetzung des Menschen mit der Natur und den Mitmenschen, eine Auseinandersetzung, die wesentlich *ökonomisch* bestimmt ist; der zeitliche Verlauf der Geschichte ist durch das Zugehen auf ein Ziel gekennzeichnet: die *klassenlose Gesellschaft*, von der her alle Geschichte als Vorgeschichte erscheint, und dementsprechend muß die Einstellung zur Geschichte über ein bloßes Verstehen hinaus als *Praxis* bestimmt werden: es geht darum, die Verhältnisse grundsätzlich zu ändern, um einen positiven Endzustand herbeizuführen. Wir wollen im Folgenden versuchen, diese soeben angedeuteten Antworten zu explizieren, indem wir die Geschichtskonzeption von Marx in ihren verschiedenen Problemansätzen entwickeln; im letzten Teil, der die Frage nach den Möglichkeiten unseres gegenwärtigen Handelns aufnimmt, werden wir noch einmal auf Marx zurückkommen und seine soziologischen und politischen Analysen und deren Fortführung in der Gegenwart diskutieren.[2]

Marx übernimmt von den *Linkshegelianern* die These, daß Religion und Metaphysik zu negieren seien; Religion und Metaphysik seien vom Menschen erfundene Kompensationen, um das Elend in Gedanken erträglich zu machen. An die Stelle der übersinnlichen Größen hat nach Meinung der Linkshegelianer der Mensch zu treten. Marx negiert mit Feuerbach nun aber die Vorstellung von *Max Stirner*, daß der Mensch der jeweilig Einzelne sei, der notwendigerweise als Egoist auftreten müsse. Marx ist sich mit Feuerbach einig, daß es den Menschen nur als Gesellschaftswesen gibt. Aber Marx erkennt die Schwächen der Anthropologie Feuerbachs. Feuerbach springt – wir haben dies oben ausführlich dargelegt – vom Einzelnen direkt auf das Allgemeine und Ganze. Er mystifiziert sodann dies an sich schon schwer faßbare Ganze, indem er eine allgemeine Empfindung und eine allgemeine Liebe als Gefühl der Humanität fordert.[3] Feuerbach übersieht die mittleren Bestimmungen, und das heißt, er übersieht die Dimension der *Geschichte*, Geschichte verstanden als der Raum konkret-allgemeiner Veränderungen zwischenmenschlicher Beziehungen durch den Menschen selbst. Grundsätzlich formuliert: die an sich legitime Einsetzung des Menschen, die die Linkshegelianer vollziehen, bleibt unbestimmt und wirkungslos, wenn nicht zwei Voraussetzungen, besser: zwei Bedingungen gesetzt werden. Einmal: der Mensch ist zu bestimmen als das sich selbst erst setzende und hervorbringende Wesen; seine Selbstrealisation als aktive Tätigkeit aber – das ist das Zweite – kann sich nur vollziehen in der konkreten Dimension der Geschichte. Modern formuliert: Geschichte ist die wesentliche Region der »principia media«, die auch und gerade dann, wenn es um eine Änderung des Ganzen geht, nicht vergessen werden dürfen.

Von der *Philosophiegeschichte* her bestimmt: Marx synthetisiert *Fichte* und *Hegel*, aber auf einem eigenen Fundament. Er stellt mit Fichte heraus, daß das Subjekt nur ist als sich selbst setzend, er erkennt mit Hegel, daß dies Setzen sich nur als dialektisches Geschehen der Geschichte vollzieht, und er deklariert, daß das eigentliche Medium dieser Geschichte die materielle Wirklichkeit sei.

Die Bestimmung der Geschichte, die Marx hier in den Blick bringt, ist nicht – dies sei hier angemerkt – von der christlichen Konzeption der Geschichte her zu verstehen. Die weit verbreitete Meinung, Marx hätte die christliche Eschatologie »*säkularisiert*«, ist eine oberflächliche und verkürzende Behauptung, weil sie die grundsätzlichen Unterschiede zwischen theologischer und anthropologischer Geschichtsauffassung nicht erkennt und anerkennt.[4] Wir haben diese Unterschiede schon früher herausgestellt und weisen nur noch einmal auf das Entscheidende hin. Der Mensch kann nicht an die Stelle Gottes gesetzt werden, weil er nicht in der Weise eines Gottes Subjekt der Geschichte zu sein vermag. Gott hat keine echte Geschichte. Er bleibt nach ursprünglicher christlicher Lehre als Herr der Geschichte außerhalb des Geschehens. Der Mensch dagegen steht unabdingbar im Geschehen darin. Wenn er es nicht meistert, wächst es ihm eo ipso über den Kopf. Und da er es nach Marx bisher nicht gemeistert hat, muß er nun alle Kraft daran setzen, sich selbst zu befreien und sich solchermaßen allererst in die Lage zu bringen, Subjekt der Geschichte zu *werden*. Auch wenn ihm dies gelingt, kann er kein allmächtiger Lenker des Geschehens werden. Man muß diesen grundsätzlichen Unterschied zwischen Gott und Mensch als Subjekten der Geschichte festhalten, um die dialektische Aufhebung der Geschichte zu begreifen, die Marx *Hegels Geschichtsphilosophie* zuteil werden läßt.

Marx erklärt, *Feuerbach* wäre der einzige, der unter den Linkshegelianern ein wirklich kritisches Verhältnis zu *Hegel* gehabt hätte. Seine große Tat sei es gewesen zu zeigen, daß Hegels Philosophie nichts anderes sei als die denkend ausgeführte Religion und damit eine Entfremdung des Menschen von sich selbst. Hegel hat diesem Ansatz gemäß auch die Geschichte theologisch und damit unmenschlich verstanden. Die ganze Bewegung der Dialektik, das heißt die Wiederherstellung des Positiven durch die Negation ist als vernünftige Bewegung im vorhinein spekulativ sanktioniert. Marx erklärt, Hegels Philosophie beruhe auf einem Grundirrtum. Hegel vermeint, »nur der *Geist* ist das *wahre* Wesen des Menschen und die wahre Form des Geistes ist der denkende Geist, der logische, spekulative Geist. Die *Menschlichkeit* der Natur und die von der Geschichte erzeugte Natur, die Produkte des Menschen erscheint darin, daß sie Produkte des abstrakten Geistes sind und insofern also *geistige* Momente, *Gedankenwesen*«.[5] Wenn Hegel den Geist als den eigentlichen Produzenten der Geschichte ansetzt, so besagt dies, er konstruiert eine esoterische Geschichte innerhalb der wirklichen Geschichte als deren Vorstufe: »Innerhalb der *empirischen*, *exoterischen* Geschichte läßt er daher eine *spekulative*, esoterische Geschichte vorhergehen. Die Geschichte der Menschheit verwandelt sich in die Geschichte des *abstrakten*, daher dem wirklichen Menschen *jenseitigen Geistes* der Menschheit.«[6]

Diese spekulative Übergeschichte, die Geschichte des absoluten Geistes ist, bringt, wie Marx klar sieht, eine Entwertung des Philosophen als Philosophen mit sich. Hegel setzt ja die Philosophie als die Dimension an, in der der absolute Geist sein Dasein hat. Er will aber durchaus nicht das »philosophische Individuum« einfach mit dem absoluten Geist identifizieren, sondern versteht dieses Individuum, so erklärt Marx, als »Organ« des absoluten Geistes, der seine *eigene* Geschichte vollzieht. Es ergibt sich nun nach Marx eine bestimmte Problematik: Der absolute Geist kommt am Ende seiner Geschichte zu sich selbst. Das besagt aber genau besehen: das philosophische Individuum steht außerhalb des Prozesses. Es reflektiert nur *nachträglich* und *bewußt*, was der absolute Geist bereits *unbewußt* getan hat: »Der Philosoph erscheint indessen nur als das Organ, in dem sich der absolute Geist, der die Geschichte macht, nach Ablauf der Bewegung *nachträglich* zum Bewußtsein kömmt. Auf dieses nachträgliche Bewußtsein des Philosophen reduziert sich sein Anteil an der Geschichte, denn die wirkliche Bewegung vollbringt der absolute Geist *unbewußt*. Der Philosoph kommt also post festum.«[7] Der Philosoph ist also entmachtet.

Hegels Vorgehen ist nun für Marx aber außerordentlich lehrreich. Nur *weil* das philosophische Selbstbewußtsein vom Prozeß sich abgetrennt hat, kann dieser Prozeß als ein rein metaphysisches Geschehen sich in sich selbst abspielen. Hegels Philosophie ist also nur möglich aufgrund einer *Entzweiung*. Im Gegenzug zu dieser Entzweiung wird es für Marx zur Aufgabe – das ist es, was man aus Hegel kritisch lernen kann –, das Selbstbewußtsein und den Prozeß »zusammenzubringen«. Dies gelingt aber nur, wenn man das philosophische Bewußtsein mitsamt seinen übersinnlichen Ideen negiert und den Prozeß nun als den *wirklichen* Weg des *wirklichen* Menschen zu seinem Selbstbewußtsein, das ja das einzige wahre Selbstbewußtsein ist, versteht.

Marx will nun aber nicht den selbstbewußten Menschen einfach und unmittelbar in die Stelle des absoluten Selbstbewußtseins einweisen. Der Mensch muß sich erst zu seinem wirklichen Selbstbewußtsein befreien. Dies kann nicht in einer Scheinbewegung, die im Grunde ungeschichtlich ist, sondern nur durch die wirkliche Geschichte geschehen. Diese Wende zur wirklichen Geschichte hat nun bedeutsame Folgen. Wenn die philosophischen Überbauten, genauer: die Unterscheidungen von bewußtem und unbewußtem Geschehen, vom absoluten Geist und den Philosophen als dessen Organ verschwinden, dann werden alle Differenzen und Widersprüche in den Menschen *selbst* verlegt. Der Mensch selbst muß mit ihnen fertig werden, und erst durch dieses Fertigwerden, das heißt durch den Prozeß der Geschichte, kommt er zu seiner Wesensnatur.

Marx bleibt der inneren Mitte von Hegels Philosophie nahe, insofern auch für ihn die Entwicklung nur ein einziges Ziel hat, die *Versöhnung als Vermittlung der Gegensätze und Widersprüche*. Die Versöhnung muß aber in der Realität und für die Realität geleistet werden. Die Philosophie hat, insofern sie erstmalig die Idee der Versöhnung als Grundidee konzipiert hat, »vorgearbeitet«, nun aber muß sie selbst aufgehoben werden. Diese Aufhebung ist gerade ihre Verwirklichung, weil die Philosophie ja nichts anderes als Versöhnung intendiert. »So ergibt sich die Konsequenz, daß das Philosophisch-Werden der Welt zugleich ein Weltlich-Werden der Philosophie, daß ihre Verwirklichung zugleich ihr Verlust ... ist.«[8] Die Befreiung der Welt von der Nichtphilosophie, das heißt dem festgehaltenen Widerspruch, ist also zugleich Befreiung von der Philosophie, insofern diese die Versöhnung immer nur in Gedanken vollzieht.

Von diesem dialektischen Ansatz her wird deutlich – dies sei hier nur kurz angemerkt –, daß die Frage, ob Marx als Philosoph anzusehen sei, eigentlich unfruchtbar ist. Marx kann und will nicht als Philosoph im traditionellen Sinne gelten, insofern er keine rein theoretische Erkenntnis um ihrer selbst willen anerkennt. Aber die von ihm herausgestellte dialektische Einheit von Theorie und Praxis ist keine »Kritische Theorie« im Sinne seiner modernen Nachfolger, denn in ihr meldet sich nicht nur jeweilige Kritik am Bestehenden zu Wort, sondern in ihr spricht sich durchaus eine neue *anthropologische Grundvorstellung* aus.

Zu den berühmtesten Aussprüchen von Marx gehört die elfte These über Feuerbach. »Die Philosophen haben die Welt nur verschieden *interpretiert*; es kömmt darauf an, sie zu *verändern*.«[9] Der Sinn dieser These ist es, die bisherige Philosophie in Frage zu stellen, weil sie auf falschen Voraussetzungen beruht. Diese Philosophie verstand sich als untätig und rein theoretisch, das heißt als Auslegung. Auslegung setzt streng verstanden einen abgeschlossenen Text voraus. Der Text der Philosophie ist die Wirklichkeit. Die Wirklichkeit ist da; mit dem Materialismus Feuerbachs geredet: sie wird angeschaut als sinnlich gegebene. Feuerbach erscheint als Fortschritt, insofern er an die Stelle der reinen Gedankenwesen eben das sinnlich Gegebene setzt. Aber dieser Materialismus versteht die Wirklichkeit als fertige Objektivität, die theoretisch konstatierbar ist. Marx erklärt demgegenüber, daß die Frage nach der Wirklichkeit überhaupt nicht abstrakt theoretisch sei. In der zweiten These zu Feuerbach sagt er: »Die Frage, ob dem menschlichen Denken gegenständliche Wahrheit zukomme, ist keine Frage der Theorie, sondern eine *praktische* Frage. In der Praxis muß der Mensch die Wahrheit, i. e. Wirklichkeit und Macht, Diesseitigkeit seines Denkens beweisen.«[10]

Wahrheit wird hier mit Wirklichkeit und Macht gleichgesetzt. Wirklichkeit ist nichts anderes als eine sich auf Gegenstände, Natur und menschliche Verhältnisse, richtende und diese modifizierende Tätigkeit. Der Vorrang der Tätigkeit vor der Vorhandenheit ist vom *Idealismus* entdeckt worden. Marx stellt dies ausdrücklich heraus und beweist damit, daß er zu den wenigen genuinen Auslegern des Idealismus gehört, die begriffen haben, daß hier ein neuer Wirklichkeitsbegriff konzipiert wurde. Man denke insbesondere an Hegels Ausführungen in der »Phänomenologie des Geistes«. Aber die dort entwickelte Idee, daß Wirklichkeit »erarbeitet« werden muß, bleibt nach Marx eben abstrakt. Arbeit ist für Hegel wesentlich nur »Gedankenarbeit«.[11]

Wenn Marx dieser abstrakten Gedankenarbeit die wirkliche Arbeit entgegensetzt, in der sich das Selbstbewußtsein erst zu sich selbst im Wandel der Geschichte entwickelt, so ist es klar, daß diese wirkliche Arbeit nicht wie die Gedankenarbeit vorkonstruiert werden kann. Die Geschichte ist kein Feld apriorischer Spekulation. In sie gehen unterschiedliche Faktoren ein, vor allem notwendiges und freies Handeln, wobei beide Bestimmungen vielfältig zu unterscheiden sind. So kann Notwendigkeit von der eigenen oder der äußeren Natur herrühren oder durch die anderen Menschen und die zwischenmenschlichen Verhältnisse, die »Institutionen«, bestimmt sein. Grundsätzlich gesagt: Geschichte ist und bleibt ein ungewisses Feld, das in kein eindeutiges philosophisches Schema gebracht werden kann. Marx hält jedoch daran fest, daß die Geschichte einen sinnvollen Gang geht, nicht nur insofern sie einer Vollendung zustrebt, sondern auch und vor allem, weil Geschichte der Dialektik der menschlichen Natur »entspringt«.

Im einzelnen: Marx geht – wie wir sahen – auf den wirklichen Menschen zurück, das heißt auf den Menschen, der in einem Verhältnis zur *Natur* und zu den *Mitmenschen* steht. Beide Verhältnisse sind nicht vom »Menschen selbst« abzulösen, so als ob dieser ein primär bezugloses Wesen wäre, das sich erst sekundär in Bezüge einließe. Marx erklärt, daß der Mensch ein tätiges Wesen sei und als solches sei er ein gegenständliches, das heißt ein natürliches Wesen. »Das gegenständliche Wesen wirkt gegenständlich und es würde nicht gegenständlich wirken, wenn nicht das Gegenständliche in seiner Wesensbestimmung läge. Es schafft, setzt *nur Gegenstände, weil es durch Gegenstände gesetzt ist, weil es von Haus aus Natur ist.*«[12] Die Natürlichkeit des Menschen zeigt sich darin, daß der Mensch sinnlich und bedürftig, mit Trieben und Kräften ausgerüstet ist. »Der Mensch ist unmittelbar *Naturwesen*. Als Naturwesen und als lebendiges Naturwesen ist er, teils mit *natürlichen Kräften*, mit *Lebenskräften* ausgerüstet, ein *tätiges* Naturwesen; diese Kräfte existieren in ihm als Anlagen und Fähigkeiten, als *Triebe*... Daß der Mensch ein *leibliches*, naturkräftiges, lebendiges, wirkliches, sinnliches gegenständliches Wesen ist, heißt, daß er *wirkliche, sinnliche Gegenstände* zum Gegenstand seines Wesens, seiner Lebensäußerung hat oder daß er nur an wirklichen sinnlichen Gegenständen sein Leben *äußern* kann. Gegenständlich, natürlich, sinnlich *sein*, und sowohl Gegenstand, Natur, Sinn außer sich haben oder selbst Gegenstand, Natur, Sinn für ein Drittes sein, ist identisch.«[13] Der Mensch ist aber nicht bloßes Naturwesen, sondern »menschliches Naturwesen«, das heißt, er existiert immer schon gesellschaftlich. »Aber der Mensch ist nicht nur Naturwesen, sondern auch *menschliches* Naturwesen: d. h. für sich selbst seiendes Wesen, darum *Gattungswesen*, als welches er sich sowohl in seinem Sein als in seinem Wissen bestätigen und betätigen muß.«[14] Noch prägnanter: ich bin gesellschaftlich, »weil als Mensch tätig«.

Entscheidend ist, daß das Verhältnis zur *äußeren Natur* und das Verhältnis zum *Mitmenschen* von Marx als sich gegenseitig und wechselseitig bedingend angesetzt werden. Es ist nach Marx grundverkehrt, das sachliche und das mitmenschliche Verhältnis trennen zu wollen. Eine reine Scheidung ist auch in der Theorie unmöglich.[15] Es ist nun klar: diese vielseitige Verschränktheit impliziert notwendig *Veränderlichkeit*. In der Natur des Menschen sind, so sagt Marx, Veränderungen »angelegt«, die sich aber allein im Medium des gesellschaftlichen Prozesses aktualisieren können. Der Mensch verwirklicht sich, indem er seine Gattungskräfte »herausschafft«, und dies ist nur durch die Gesamtheit aller Menschen, das heißt allein als Resultat der *Geschichte* möglich. Der Mensch bedingt das Geschehen, und er wird von ihm bedingt. Beides gründet darin, daß er als »menschliches Naturwesen« tätig ist. Als solches kann er sich – aber eben nur in Zusammenarbeit mit den Mitmenschen – gegen die Natur stellen. Natur ist als das, was vom Menschen real zu formieren ist, für Marx immer *wirklicher* Gegenstand und Widerstand und nicht nur die dialektische Vorstufe des Geistes, wie der Idealismus vermeint.

Die Auseinandersetzung mit der Natur stellt Marx unter den Gedanken der *Arbeit*. Arbeit ist vom Standpunkt der Bedürfnisse her notwendig. Die Bedürfnisse sind ihrer primären Struktur nach materieller und zugleich gesellschaftlicher Struktur. Der Hunger oder der Geschlechtstrieb können nicht vom einzelnen Menschen in sich selbst, sondern nur mit Hilfe der anderen Menschen und der äußeren Natur befriedigt werden, wobei die äußere Natur aber bearbeitet werden muß. Arbeit ist als solche eine Kultivierung des Gegebenen. Der Mensch schafft um sich und in sich selbst eine »zweite Natur«. Im »*Kapital*« hat Marx das Wesen der menschlichen Arbeit sehr klar dargelegt: »Die Arbeit ist zunächst ein Prozeß zwischen Mensch und Natur, ein Prozeß, worin der Mensch seinen Stoffwechsel mit der Natur durch seine eigene Tat vermittelt, regelt und kontrolliert. Er tritt dem Naturstoff selbst als eine Naturmacht gegenüber. Die seiner Leiblichkeit angehörigen Naturkräfte, Arme und Beine, Kopf und Hand, setzt er in Bewegung, um sich den Naturstoff in einer für sein eigenes Leben brauchbaren Form anzueignen. Indem er durch diese Bewegung auf die Natur außer ihm wirkt und sie verändert, verändert er zugleich seine eigene Natur. Er entwickelt die in ihr schlummernden Potenzen und unterwirft das Spiel ihrer Kräfte seiner eigenen Botmäßigkeit.«[16] Der Mensch ist als arbeitendes Wesen dem Tier überlegen, das nur seiner Species angemessen instinktiv tätig ist. »Eine Spinne verrichtet Operationen, die denen des Webers ähneln, und eine Biene beschämt durch den Bau ihrer Wachszellen manchen menschlichen Baumeister. Was aber von vornherein den schlechtesten Baumeister vor der besten Biene auszeichnet, ist, daß er die Zelle in seinem Kopf gebaut hat, bevor er sie in Wachs baut.«[17] So gelingt es dem Menschen, seine Zwecke in die Natur hineinzubilden und diese solchermaßen zu vermenschlichen.

Dieser Vorgang vollzieht sich als *menschliche Natur- und Gattungsgeschichte*. Marx sucht nun die Entwicklung möglichst konkret darzulegen, und zwar leitet ihn dabei der Gesichtspunkt, die eigene Zeitsituation von der Geschichte her zu erhellen. Man kann zwei große Epochen unterscheiden, die relativ naturgebundene und ungeschichtliche der vorbürgerlichen Gesellschaft und die bürgerlich-kapitalistische. Diese erst ist die eigentlich über die Natur hinausgreifende und damit wahrhaft geschichtlich bedeutsame Epoche. Beide Epochen sind wesentlich nach wirtschaftlichen Gesichtspunkten differenziert. Wir deuten ihre Unterschiede kurz an.

Die erste Epoche ist bestimmt durch eine Kooperation im Arbeitsprozeß. Diese beruht »einerseits auf dem *Gemeineigentum an den Produktionsbedingungen*, andererseits darauf, daß das einzelne Individuum sich von der Nabelschnur des *Stammes* oder des *Gemeinwesens* noch ebenso wenig losgerissen hat, wie das Bienenindividuum vom Bienenstock«.[18] Die Arbeitsteilung ist noch wesentlich natürlich und physiologisch bedingt nach Geschlecht und Altersunterschied. Die Produktion vollzieht sich innerhalb einer Gemeinschaft als reine Wechselwirtschaft. Sie erscheint »organisch«. Von den asiatischen Gemeinschaften sagt Marx, daß sich hier der Organismus der selbstgenügsamen Gemeinschaft immer wieder in sich selbst aufbaut und politisch unberührt bleibt. Philosophisch gesprochen: der Mensch ist noch der unreflektierten Unmittelbarkeit verhaftet. In der vorkapitalistischen *abendländischen* Gesellschaft zeigen sich nun bereits Unterschiede. Einzelne werden Privateigentümer des Bodens. Damit beginnt die Bodenbearbeitung bereits »historisch« zu werden. Das besagt: sie wird zweiseitig. Die Arbeit am Boden kann vom Besitzenden oder vom Sklaven und Leibeigenen her betrachtet werden. Es ist hier aber zu beachten, daß der Sklavenhalter oder der Feudalherr den Sklaven oder Leibeigenen als Vieh oder als Anhängsel der Erde und damit als ein Stück Natur einstuft. Die Wende zur eigentlichen Geschichte, d. h. die Ablösung vom Naturhaft-Unmittelbaren, ist noch nicht radikal vollzogen.

Die eigentliche Zäsur bildet die Entstehung der *bürgerlich-kapitalistischen Gesellschaft*. In ihr wird die Naturwüchsigkeit aufgehoben. Die Arbeit selbst und als solche ist jetzt wesentlich gesellschaftlich vermittelt. Das heißt aber nicht, daß nun die Menschen, weil sie von der Naturbindung frei geworden sind, den Prozeß der Arbeit bewußt gestalten. Im Gegenteil: die Vermittlung der Arbeit im Kapitalismus setzt sich als ein System von eigener Mächtigkeit durch, das in sich konzentriert ist. Die *Selbstreflexion des Kapitals* bedeutet eine Unterjochung des Menschen. Marx kann daher die vorkapitalistische und die kapitalistische Geschichtsepoche zusammennehmen. In beiden ist der Mensch nicht frei, jedoch aus verschiedenen Gründen: in der ersten Epoche ist er wesentlich noch naturgebunden, in der zweiten Epoche hat er sich aus dieser Naturgebundenheit befreit, aber er ist einer neuen Macht unterworfen, eben dem Kapital. Marx sucht nun aber die Herrschaft des Kapitals indirekt doch vom Menschen her zu erklären, nämlich als Entfremdung. Dies ist die Grundlinie seines Vorgehens. Sie wird jedoch – wie wir sogleich sehen werden – von anderen Ansätzen her durchkreuzt. Wir verdeutlichen zunächst den *Prozeß der Entfremdung* in seinen Grundzügen.

Die Naturgegenstände werden im Verlauf der Entwicklung in zunehmendem Maße *maschinell* bearbeitet. Die Vervollkommnung der Maschine vom einfachen Ersatzwerkzeug bis zu den Maschinen, die Kraft erzeugen und vermitteln, und die Anordnung eines Ensembles von Maschinen in einer *Fabrik* – ein Vorgang, der einer sich selbst reflektierenden Reflexion vergleichbar ist – ermöglichen eine ungeheure Steigerung der Produktion.[19] Die Erzeugnisse werden als Warenmenge über den Bedarf hinaus herstellbar. Die Ware etabliert sich als *für sich seiende* Größe. Das »Abstrakt-Geistvolle« dieses Vorgangs liegt darin, daß der Mensch vergißt, oder genauer, daß er gar nicht mehr erkennen kann, daß er selbst die Ware hergestellt hat. Sie wird ihm gegenüber selbständig, bekommt den Charakter eines »gesellschaftlichen Dinges«, das auf dem Markt verhandelt, das heißt durch Geld vermittelt werden kann. Das *Geld* ist die einheitstiftende Macht, weil es alle Dinge als Waren miteinander vergleichbar macht. »Das *Geld*, indem es die *Eigenschaft* besitzt, alles zu kaufen, indem es die Eigenschaft besitzt, alle Gegenstände sich anzueignen, ist also der *Gegenstand* in eminentem Besitz. Die Universalität seiner *Eigenschaft* ist die Allmacht seines Wesens; es gilt daher als allmächtiges Wesen . . .«[20] Das Geld ist die Vermittlung oder direkter ausgedrückt: der Kuppler. »Das Geld ist der *Kuppler* zwischen dem Bedürfnis und dem Gegenstand, zwischen dem Leben und dem Lebensmittel des Menschen. *Was mir aber mein* Leben vermittelt, das *vermittelt mir* auch das Dasein des anderen Menschen für mich. Das ist für mich der *andere* Mensch.«[21]

Mittels des Geldes sind nicht nur Waren, sondern auch Arbeitsmaterial und Arbeitsmittel käuflich. Zum Arbeitsmittel gehört auch die Arbeitskraft, das heißt der Mensch als *Arbeiter*. Der Arbeiter ist im Kapitalismus nicht mehr Sklave, er ist rechtlich frei. Gerade als solcher kann er nun als berechenbare Arbeitskraft gekauft werden. »Der Arbeiter produziert das Kapital, das Kapital produziert ihn, er also sich selbst, und der Mensch als *Arbeiter*, als *Ware*, ist das Produkt der ganzen Bewegung. Der Mensch, der nichts mehr ist als *Arbeiter*, und als Arbeiter sind seine menschlichen Eigenschaften nur da, insofern sie für das ihm *fremde* Kapital da sind.«[22] Noch schärfer: die Produktion produziert den Menschen »in der Bestimmung der Ware«, das heißt als »entmenschtes Wesen«. Entfremdung zeigt sich hier also als Selbstentfremdung; Entfremdung bedeutet nicht nur, daß ich ein von mir hergestelltes Produkt nicht kaufen kann, sondern daß ich *mich selbst* als Arbeitskraft verkaufen muß.[23]

Entscheidend bei diesem Vorgang ist die Logik des Geschehens. Sie zeigt sich in der Anhäufung, der *Akkumulation*, des Kapitals selbst. Dieser Prozeß beginnt sich schon in der Spätzeit des Feudalsystems vorzubereiten. Marx redet von einer ursprünglichen Akkumulation. Das Kapital wird als privates Vermögen angehäuft. Die Konzentration des Reichtums auf Wenige geht ineins mit der Armut der Vielen, Reichtum und Armut entsprechen sich. Das Kapital reproduziert sich »auf stets wachsender Stufenleiter« mit innerer Notwendigkeit. Der Mehrwert aber, der durch Arbeit erzeugt wird, fließt nicht in die Tasche des Arbeiters, sondern wird zur Steigerung des Kapitals genutzt. Das eigentlich Unmenschliche dieses Vorgangs, das heißt die Entfremdung, trifft *auch* den Kapitalisten. Mag dieser materiell gesehen nicht unglücklich sein, auch er ist in den Prozeß eingespannt und solchermaßen sich selbst entfremdet. Grundsätzlich gesehen: der Kapitalismus ist ein *in sich* ablaufendes System, das der Mensch nicht beliebig durch subjektive Freiheit ändern kann. Als historisch geworden bestimmt er eine ganze Epoche.

Hier stoßen wir auf ein für Marx und den gesamten Marxismus grundlegendes Problem. Den Kapitalismus verstehen, oder genauer: eine bestimmte Epoche als kapitalistische Epoche verstehen, bedeutet, diese Epoche *vom Ökonomischen* her auslegen und zwar in der Weise, daß man sie vollständig und als ganze den Gesetzen der Ökonomie unterstellt. Marx führt eine solche Betrachtung, wie seine Analysen zeigen, in der Tat durch. Auf der anderen Seite aber wirft er gerade den Nationalökonomen vor, daß sie das Kapital *als selbständige Größe* ansetzen. Dieser Vorwurf ist von seinem Grundansatz her legitim, denn die Herrschaft des Kapitals ist ja Entfremdung, und als solche soll sie gerade *negiert* werden. Dies kann aber nur geschehen, wenn man letztlich eben nicht von einer Eigengesetzlichkeit des Kapitals, sondern von der Freiheit des Menschen ausgeht.

Alfred Schmidt hat in einem instruktiven Aufsatz »*Über Geschichte und Geschichtsschreibung in der materialistischen Dialektik*« dies Problem zu lösen gesucht.[24] Im »Kapital«, so erklärt er, herrsche ein strenger Ökonomismus vor, von den Personen werde nur als »Personifikationen ökonomischer Kategorien« geredet. Schmidt erläutert dies: »Daß diese qualitativ neue Optik nichts mit einer subjektiven Sinnesänderung zu tun hat, sondern geschichtlich vermittelt ist, duldet keinen Zweifel. Die Theorie ist immer so negativ und ›einseitig‹, wie es ihr Gegenstand erheischt. Sie wird in dem Maße objektivistischer, wie die Verhältnisse sich gegenüber ihren Opfern verselbständigen.«[25] Schmidt zitiert Marx: Das »Aufeinanderstoßen« der Menschen »produziert ihnen eine über ihnen stehende *fremde* gesellschaftliche Macht; ihre Wechselwirkung als von ihnen unabhängigen Prozeß und Gewalt«. Es gibt also, so erläutert Schmidt, Zeiten, in denen das Kapital so mächtig ist, daß man diese Zeiten eben *nur* in Kategorien der Entfremdung, das heißt *objektiv ökonomisch* schildern, darlegen und erklären kann.

Wir meinen, daß diese Auslegung die grundsätzliche Problematik doch wohl ein wenig vereinfacht. Marx, und zwar insbesondere der spätere Marx, propagiert weitgehend eine rein ökonomische Geschichtsdeutung. Schmidt weist selbst auf den Ansatz dieser Deutung hin. Marx stößt sich daran, daß die bisherigen Geschichtsforscher das Ökonomische vergaßen, deswegen waren sie genötigt, Geschichte, wie Marx erklärt, nach einem »außer ihr liegenden Maßstab« zu schreiben. Die Marx hier leitende Überzeugung besagt: der eigentliche Maßstab der Geschichte ist nichts anderes als der jeweilige Stand der *Produktivkräfte*. Dieser ist wissenschaftlich feststellbar. Geschichte ökonomisch betrachten heißt, sie *objektiv-wissenschaftlich*, nicht ideologisch betrachten.

Es sind hier zwei Fragenkreise zu unterscheiden. Es handelt sich einmal um die Frage nach der *Bedeutung des Ökonomischen* bei Marx. Diese Frage ist endlos verhandelt worden, von der Philosophie her zumeist in recht allgemeiner Form: ist das Ökonomische der maßgebende geschichtliche Faktor, oder sind andere Faktoren – etwa das Religiöse, das Politische oder das Technische – wichtigere Bedingungen der Geschichte? Marx selbst ist im Gegenzug zum Idealismus bestrebt, die ökonomische Situation des Menschen als bedingend anzusetzen. Dies soll jedoch – das ist sein Anliegen von Anfang an – geändert werden, der Mensch soll gerade nicht durch das Ökonomische versklavt werden. Gleichwohl bleibt als *wissenschaftliche* Leitidee bestehen, daß der Stand der Produktivkräfte die *Basis* der Geschichte ist. Das Geistige hängt wesentlich vom Ökonomischen ab.

Hinter diesem Problemkreis des Ökonomischen aber steht – das ist das Zweite, was es hier zu bedenken gilt – die grundsätzliche und allgemeine Frage: *Wer macht Geschichte, sind es die Menschen oder die »Verhältnisse«*, mögen diese nun geistiger oder materieller Natur sein? In der Antwort auf diese Frage »schwankt« Marx, wie wir sahen, offensichtlich. Wir meinen nun nicht, daß Marx dieses Schwankens wegen zu tadeln sei. Er hat gesehen, daß der Mensch frei *und* zugleich bedingt ist. Und insofern dies Wissen sein Schwanken verursacht, ist es verständlich, oder schärfer: das Schwanken ist der menschlichen Situation adäquater als die Eindeutigkeit, mit der der eine Faktor absolut gesetzt und damit der andere negiert wird; das einseitige Herausstellen der Macht der Verhältnisse ist ebenso verfehlt wie das einseitige Betonen der Macht des Menschen.

Am aufschlußreichsten ist Marx dort, wo er beide Faktoren miteinander zu vermitteln sucht. Dies geschieht in den Zusammenhängen, in denen er die Chancen des geschichtlichen Handelns bedenkt. Die geschichtliche Konstellation bedingt *und* ermöglicht bestimmtes Handeln. Nicht jedes ist zu jeder Zeit aktualisierbar. Dies gilt insbesondere für die Aufhebung der Entfremdung. Freilich finden sich auch in bezug auf die Aufhebung der Entfremdung gegensätzliche Aussagen bei Marx. Einmal ist es rein die ökonomische Situation, die das Handeln erzwingt, und einmal erscheinen die Menschen als die alles bedingenden Akteure. Gleichwohl: Marxens Analyse der Aufhebung der Entfremdung ist auf das Ganze gesehen ein Meisterwerk, weil sie ihrer *ursprünglichen* Intention nach, wie wir meinen, doch wesentlich *dialektisch* angesetzt ist.

Die Entfremdung treibt sich auf die Spitze. Damit ergibt sich die Möglichkeit des Umschlages. Die Negation der Negation ist gleichsam fällig geworden. Die Änderungsmöglichkeit ist also durch die geschichtliche Entwicklung des Kapitalismus vorgegeben. Man muß ja immer bedenken, daß der Kapitalismus historisch entstanden ist und auch historisch vergehen muß, sobald er sich »vollendet«. Der Umschlagspunkt ist nun – mit Kierkegaard geredet – der Moment der Einsetzung des Menschen in die Freiheit. Aber diese Einsetzung in die Freiheit, genauer: die Freisetzung des Menschen aus der Versklavung unter das Kapital geschieht dem Menschen nicht von außen, sondern in der Weise, daß er die geschichtliche Situation *durchschaut*. Er erkennt seine unerträgliche Gebundenheit. Solchermaßen wird er aufgefordert, seine Lage zu ändern und seine Geschichte selbst mit Bewußtsein zu *übernehmen*. Daß die Menschen Subjekt des Geschichtsprozesses werden, das heißt, die Entfremdung aufheben, ist also durch die Entfremdung und insofern ökonomisch bedingt. Aber die Befreiung als solche kann nur die eigene Leistung des Menschen sein.

Marx durchdenkt, so darf man zusammenfassen, adäquat, was in der Formel »An-der-Zeit-sein« beschlossen ist. Es ist an der Zeit, die geschichtlich gewordene Situation aufzuheben, weil man an ihr unendlich leidet und so zum Handeln aufgefordert ist. Das Handeln ist das Wesentliche, aber die Eigenaktivität ist zugleich Reaktion auf die Situation. Diese Analyse stellt – es sei noch einmal betont – eine entscheidende Station in dem Prozeß der Historisierung dar, weil hier die Dialektik dessen, was zeitgemäßes Handeln heißt, erfaßt ist.

Geschichtsrelevantes Handeln kann nicht von einzelnen Subjekten ausgehen, sondern nur von einer *Klasse*. Klassen sind keine bloß theoretischen Einteilungen, sondern Realitäten. Ihr Gewicht beweisen sie durch ihre *materiellen Interessen*. Marx erklärt, eine Theorie sei nur soweit zu verwirklichen, als sie die Verwirklichung von realen Bedürfnissen sei. Das Wort aus der »Kritik der Hegelschen Rechtsphilosophie«, daß es nicht genüge, daß der Gedanke zur Verwirklichung dränge, die Wirklichkeit selbst müsse zum Gedanken drängen, gehört mit Recht zu den berühmtesten Aussprüchen von Marx.

Marx führt den Klassenbegriff also nicht aus allgemeinen geschichtsphilosophischen Erwägungen ein. Wesentlich ist für ihn nur die Klasse des *Proletariats* als des Geschichtsträgers seiner Gegenwart. Die Konstitution dieser Klasse ist dialektisch. Nicht schon oder nicht allein die gleiche Situation des materiellen Leidens und die gleichen Bedürfnisse schließen die Proletarier zusammen. Die Klasse als Klasse konstituiert sich wesenhaft nur, wenn sie sich ihrer selbst *bewußt* wird. Erst durch dieses Selbstbewußtsein versetzt sie sich in die Lage, die Situation umzuändern, in der Gewißheit der unbedingten Notwendigkeit des Tuns: weil es »durch die absolut gebieterische Not – den praktischen Ausdruck der Notwendigkeit – zur Empörung gegen die Unmenschlichkeit gezwungen ist, darum kann und muß das Proletariat sich selbst befreien«.

Die proletarische Klasse ist in der weltgeschichtlichen Stunde, die ihre Stunde ist, Stellvertreterin für das Menschengeschlecht. Die Entfremdung ist *total* geworden, und wenn die proletarische Klasse ihre Entfremdung aufhebt, dann hebt sie, eben als Träger der totalen Entfremdung, Entfremdung überhaupt und damit die Einteilung in Klassen als solche auf. Dieses geschichtlich seiner Stellung und seiner Aufgabe bewußt gewordene Proletariat konstituiert sich in der *kommunistischen Bewegung*. Diese ist durchaus nicht eindeutig und keineswegs schlechthin ideal. Der Kommunismus hat Stufen. Der rohe Kommunismus ist reine Negation, Negation des Privateigentums nicht nur, sondern abstrakte Negation der ganzen Welt der Bildung und Zivilisation. Über diese Stufe der reinen Negation geht der Kommunismus dann hinaus, wenn für ihn die negative Aufhebung zugleich Aneignung des menschlichen Wesens durch und für den Menschen ist. »Dieser Kommunismus ist als vollendeter Naturalismus = Humanismus, als vollendeter Humanismus = Naturalismus; er ist die *wahrhafte* Auflösung des Widerstreits zwischen den Menschen mit der Natur, und mit dem Menschen, die wahre Auflösung des Streits zwischen Existenz und Wesen, zwischen Vergegenständlichung und Selbstbestätigung, zwischen Freiheit und Notwendigkeit, zwischen Individuum und Gattung. Er ist das aufgelöste Rätsel der Geschichte und weiß sich als diese Lösung.«[26]

Dieser Zustand der Vollendung kann nur erreicht werden, wenn die revolutionäre Tätigkeit selbstbezüglich wird, das heißt, wenn sie sich – idealistisch formuliert – selbst kritisiert: »Wie die Vernunft in der Kritik sich kritisch auf sich selbst richtet, so richtet sich die Tätigkeit jetzt re-volutionär, praktisch-kritisch auf sich selbst: sie produziert nicht ohne weiteres mehr die Gegenstände für die fremde Macht des Kapitals, sondern sie produziert zuallererst einmal eine neue Weise des Produzierens als solche; das Abändern ändert jetzt sich selbst, es wird zur Selbstveränderung (3. These über Feuerbach). Die neue Produktionsweise, die hier vorbereitet und schließlich revolutionär durchgeführt wird, ist eben die Produktionsweise, in der jedes einzelne gegenständliche Tun von der allgemeinen, gesellschaftlichen Tätigkeit der Gesellschaft her vorgeplant und organisiert ist: der Sozialismus-Kommunismus.«[27] Dieser Sozialismus-Kommunismus ist als Stufe der Erfüllung die Aufhebung der bisherigen Geschichte. Diese erscheint nun als *Vorgeschichte* für die eigentliche Geschichte, die mit der klassenlosen Gesellschaft beginnen soll.

Marx selbst hat diesen *Vollendungszustand* nicht in concreto geschildert. Entscheidend ist, daß der Mensch sich hier in seiner *Totalität* gewinnen, das heißt, sich als allseitiges Wesen, wie Marx sagt, aneignen soll. Dieser totale Mensch ist eine Konstruktion.[28] Es ist das Gegenbild zur Zerrissenheit des Menschen im Zustand der Entfremdung. Geschichte ist als Gang durch die Negation Herstellung der Vollendung. Dieser Vorstellung gegenüber darf Kritik nicht schweigen: die wirkliche Geschichte ist nicht solchermaßen auf Negativität und Positivität zu verteilen. Deshalb kann auch die Negation der Negation nie eine reine und endgültige Positivität herbeiführen.

Die Feststellung, daß Positivität und Negativität in der Geschichte immer »vermischt« sind, darf jedoch – dies gilt es ausdrücklich festzustellen – kein Freibrief sein für die untätige Kontemplation, die sich damit abfindet, »daß die Welt immer im Argen liegt«. Das Negative zu negieren, ist die ständige Aufgabe für den Menschen. In diesem Sinn hat der Mensch durchaus Utopien nötig als »Leitbilder nach vorn«, nur muß er das Utopische ständig mit dem Realmöglichen vermitteln, indem er die latent-objektiven Tendenzen, die Trends der Geschichte, zu erkennen sucht. Dies kann heute nicht ohne Zuhilfenahme wissenschaftlicher Prognosen geschehen. Aber ebenso unerläßlich wie die Anleihe bei der Wissenschaft ist das *ethische Verantwortungsbewußtsein*, das die Trends kritisch unter dem Gesichtspunkt der Handlung durchdenkt. Dieses Verantwortungsbewußtsein ist auch dann und gerade dann gefordert, wenn in der zerrissenen Wirklichkeit keine Erfolgsgarantien gegeben sind. –

Wir fügen unserer Analyse noch eine Anmerkung an, die die Argumentation Marx' gegen *Abirrungen* absichern soll. Zunächst: es erscheint uns verkehrt, Marx von der Tatsache her, daß sein Zukunftsbild nicht voll verwirklicht ist – in den kommunistischen Ländern wurde das Paradies auf Erden nicht hergestellt – beiseite schieben zu wollen. Eine solche Argumentation ist ebenso abwegig, wie die Behauptung, Marx sei ad absurdum geführt, weil in den westlichen Ländern keine echte proletarische Klasse mehr vorhanden sei, insofern sich die Arbeiter längst in die bürgerliche Mittelstandsgesellschaft eingefügt hätten.[29] Die Leitidee von Marx, daß der Mensch selbst handelnd seine Geschichte in die Hand nehmen muß, daß er dies aber nur in dem Maße kann, wie es die geschichtliche Situation vorgibt, bleibt richtig, auch wenn Marx sich in manchen Punkten seiner Geschichtsdeutung »geirrt« hat.

Es ist aber notwendig, diesen Ansatz in seiner *dialektischen Struktur* gegen Marx selbst und seine unmittelbaren Nachfolger abzusichern. Marx hat sich in einem unberechtigten Maße darum bemüht, sein Geschichtsbild von der Ökonomie her als *reine Objektivität* auszugeben, als ob Geschichte wie das Naturgeschehen gesetzmäßig zu berechnen sei. Vergißt man solchermaßen die Ambivalenz der Geschichte, das heißt die Tatsache, daß der Mensch das Geschehen ebenso bedingt, wie er von ihm bedingt wird, dann gerät man in die Gefahr, Geschichtskonzeptionen zu konstruieren, die reine Spekulation werden, obwohl sie sich als Wissenschaft ausgeben.

Eine solche Geschichtsspekulation ist die Lehre des *historisch-dialektischen Materialismus*, nach der die *Materie* der eigentliche Akteur des Geschehens ist. Es kann hier nicht unsere Aufgabe sein, im einzelnen zu untersuchen, ob Marx selbst der Inaugurator dieser Lehre ist, oder ob sie auf seine Nachfolger zurückgeführt werden muß. Dies historische Problem ist ebenso wie die sachliche Frage, ob die Dialektik nur der menschlichen Geschichte zukäme oder ob sie die Natur im Ganzen bestimme, immer wieder ausführlich diskutiert worden. Auf die Auseinandersetzung, die sich zwischen Sartre und den französischen Kommunisten über diese Probleme entspann[30], werden wir später einzugehen haben. Jetzt weisen wir nur auf die spekulative Genese dieses historischen Materialismus hin, wie sie Engels entwickelt hat.

Engels' »*Dialektik der Natur*« ist ein zweideutiges Werk. Daß Engels die Dialektik in die Natur einführt, ist durchaus legitim. Er wiederholt in dieser Hinsicht Hegels Idee, daß Natur nicht starr und unbewegt sei. Das Verhängnisvolle liegt darin, daß Engels diese Einsicht im Gegenzug zu Hegel von der Reflexion des philosophischen Denkens ablöst. Anders gesagt: Bei Engels bricht der Wissenschaftsglaube und zwar in der Form des »*Abbildrealismus*« durch. Die Wissenschaft stellt die Dialektik fest als in der Natur vorhandene Gesetzlichkeit. Die Dialektik muß als Struktur der Materie einfach konstatiert werden in ihren jeweiligen Ausführungen. Denken ist der Reflex der Natur. »Die Dialektik, die sogenannte *objektive*, herrscht in der ganzen Natur, und die sogenannte subjektive Dialektik, das dialektische Denken, ist nur Reflex der in der Natur sich überall geltend machenden Bewegung in Gegensätzen, die durch ihren fortwährenden Widerstreit und ihr schließliches Aufgehen ineinander respektive in höheren Formen eben das Leben der Natur bedingen.«[31] Der denkende Geist wird solchermaßen in die Materie als das Ewige zurückgenommen: »Wir haben die Gewißheit, daß die Materie in all ihren Wandlungen ewig dieselbe bleibt, daß keins ihrer Attribute je verlorengehen kann, und daß sie daher auch mit derselben eisernen Notwendigkeit, womit sie auf der Erde ihre höchste Blüte, den denkenden Geist, wieder ausrotten wird, ihn anderswo und in andrer Zeit wieder erzeugen muß.«[32] Hier ist der Umschlag in Spekulation deutlich. Das wahrhaft Objektive ist ein umfassendes Urprinzip, das alles bedingt und durchwaltet.

Sucht man diesen Ansatz philosophisch zu erklären, so ist Folgendes zu sagen: der Mensch erkennt seine Ohnmacht und produziert ein Bedingendes, was er sich selbst und allem Seienden vorordnet. Damit tut sich aber die »*ontologische Differenz*« – die crux aller spekulativen Philosophie – auf: das wahrhafte Sein ist nicht auf den Menschen angewiesen, wohl aber der Mensch auf es. Auf diesen Sachverhalt müssen alle Vermittlungsversuche zwischen der Materie und den Menschen Rücksicht nehmen. Das heißt konkret: auch wenn die Materie »subjektiviert« wird, insofern sie als dialektische Bewegung erscheint, muß die materielle Dialektik als *objektive* der Denkdialektik des Menschen als subjektiver *vorgeordnet*, ja diese muß aus der materiellen Dialektik abgeleitet werden.[33]

Die Metaphysik triumphiert, nicht nur in der Weise, daß sich eine unbeweisbare Spekulation ausbreitet, sondern auch in der Form existentieller *Entlastung*. Die übermenschliche Materie ist zwar kein Halt wie ein Gott, an dem der Mensch sich bewußt anklammern kann, aber insofern sie das eigentlich Bedingende ist, wird der Mensch von der Verantwortung für die Geschichte befreit. Das Problem der *Praxis* tritt zurück, oder es wird unter dem Gesichtspunkt einer *privaten Ethik* behandelt, die davon ausgeht, daß der Gesamtverlauf des Geschehens nicht wesentlich durch die Menschen zu gestalten sei.

Im Gegensatz zum späteren 19. Jahrhundert hat heute der historisch-dialektische Materialismus wohl keine wirklich lebendige Breitenwirkung mehr, wenn er auch in den sozialistischen Ländern noch als offizielles Dogma fungiert. An seine Stelle ist auch in diesen Staaten die Surrogat-Metaphysik der Tatsächlichkeit getreten, die sich ihrerseits auf einen positivistisch ausgerichteten Wissensbegriff stützt. Ebenso wie der materialistischen Metaphysik gilt es diesem Ansatz gegenüber, »den Marx der Dialektik« als den für uns wesentlichen Marx herauszuarbeiten. Das besagt natürlich nicht – dies sei ausdrücklich angemerkt –, daß es angemessen wäre, den dialektischen Handlungsbegriff gegen die Wissenschaft als solche auszuspielen. Daß heute das Handlungsbewußtsein, wenn anders es geschichtlich relevant sein soll, einen Orientierungsanhalt bei der analytischen Wissenschaft, die funktionale Systemzusammenhänge entwirft, braucht, wurde mehrfach herausgestellt. Aber die wissenschaftliche Analyse ist in den Gesamtprozeß, den das Geschehen darstellt, einzuordnen. Das besagt: der Mensch muß die Ergebnisse der Wissenschaft als Möglichkeiten der Handlung kritisch in seine geschichtliche Situation umsetzen. Das wird nie bruchlos geschehen, weil die Wirklichkeit heute einen vielschichtigen dialektischen Zusammenhang darstellt, der nie eindeutig übersehbar ist. Daß aber der Mensch in diesen Zusammenhang eingreifen und ihn verantwortlich zu verändern vermag, dies gründet darin, daß dieser Zusammenhang keine objektive Größe ist, sondern ein Geschehen, an dessen Formierung menschliches Handeln als Einheit von Theorie und Praxis wesentlich mitwirkt.

Siebentes Kapitel
Geschichtskonzeptionen im Gegenzug zum Historismus

Vorbemerkung

Die gegenwärtige Situation ist durch einen *Trend zum Ahistorismus* gekennzeichnet.[1] Dieser Trend bereitet sich im 19. Jahrhundert vor und zwar auf vielfältige und durchaus differierende Weise. Wir deuten einige der Hauptformen an. Einmal: Geschichte als Wissenschaft verliert an Bedeutung im Vergleich zur Naturwissenschaft. Diese erscheint als eigentliche das reale Leben gestaltende Macht. Sodann: das geschichtliche Geschehen wird der Naturentwicklung unter- bezugsweise eingeordnet. Schließlich: die historische Betrachtungsweise wird als reine Vergangenheitsschau verstanden. Dies kann bedeuten, daß man Geschichte entwertet zugunsten des auf die Zukunft bezogenen wirklichen Lebens, oder daß man sie bewußt als reine Kontemplation zur Entlastung betreibt. Wir suchen diese Ansätze im folgenden ein wenig genauer zu entwickeln und beginnen mit einem Hinweis auf den allgemeinen Geist des späteren 19. Jahrhunderts.

Das Evolutionsprinzip

Im späteren 19. Jahrhundert wird die Überzeugung maßgebend, daß nicht die Religion und die Philosophie, sondern die Wissenschaft, insbesondere die *Naturwissenschaft*, das eigentliche Medium sei, in dem sich der denkende Mensch zu bewegen habe. Die Herrschaft der Wissenschaft und von dieser her eine allgemeine Humanisierung heraufzuführen, ist die eigentliche Aufgabe und der Sinn der Geschichte. Die Realisierung dieses Ziels wird nicht durch eine übersinnliche Macht garantiert, sie stützt sich auch nicht primär auf die moralischen Anstrengungen des Menschen, sondern beruht auf dem Prinzip der Evolution.

Das *Evolutionsprinzip* ist in weltanschaulicher Hinsicht ein Prinzip des Überganges von der Metaphysik zur Wissenschaft. Es soll auf der einen Seite in gewissen Grenzen noch das leisten, was die theologisch und philosophisch fundierte Geschichtsphilosophie des Fortschritts von der Aufklärung bis zu Hegel leistete, nämlich sichtbar machen, daß es eine Entwicklung gibt, die »nach oben führt«. Aber diese Entwicklung ist nicht supranatural gelenkt. Eine solche Lenkung anzunehmen, ist Ideologie. Ebenso voreilig ist es aber auch, die Natur selbst als allgütiges Prinzip anzusetzen. Was aus dem Naturgeschehen »herauskommt«, kann nur empirisch festgestellt werden. Hypothesen über das Walten der Natur sind – das muß die Grundüberzeugung jedes echten Wissenschaftlers sein – nur von der Beobachtung der wirklichen Natur her aufzustellen und von dieser her zu verifizieren.

Darwins Grundbuch »*Die Entstehung der Arten*«[2], das über die Wissenschaft hinaus auf das allgemeine Bewußtsein wirkte, zeigt in aufschlußreicher Weise die große Bedeutung des Evolutionsprinzips. Darwin singt im ersten Buch, so hat man mit Recht gesagt, das Loblied des erfolgreichen englischen Tierzüchters. Dieser kann durch seine Planung Rinder- und Schafherden bedeutend verbessern. Damit ist der Beweis erbracht, daß die Arten *variabel* sind. Die Lehre des Aristoteles von der Unwandelbarkeit der Arten, hinter der das metaphysische Prinzip steht, daß jedes Seiende ein bestimmtes Wesen hat, ist aufgehoben. Darwin überträgt nun das Züchterprinzip auf die Natur. Diese Übertragung aber verändert den Ansatz wesentlich. An die Stelle der Natur als eines einheitlichen Subjektes tritt – so kann man sagen – das vielfältige Verhalten natürlicher Wesen, das sich jedoch beobachten und als Gesetz formulieren läßt. Der Kampf ums Dasein ist eine solche gesetzliche Tatsache, und zwar in mehrfacher Hinsicht: Antriebsmotor aller Lebewesen ist die Selbsterhaltung. Das wird täglich bewiesen. Ebenso bewiesen aber ist die Tatsache, daß viele – und zwar sind es die Schwachen – auf der Strecke bleiben, und nur der Tüchtigste und Gesunde überlebt. Die »*natürliche Zuchtwahl*« ist ein negatives Prinzip: sie sortiert das Schlechte aus und gibt damit dem Besseren die größeren Chancen. Dieser »*Kampf ums Dasein*« vollzieht sich als Auseinandersetzung mit der Umwelt. Der Stärkere setzt sich durch, weil er sich in günstigerer Form den Lebensbedingungen – und diese sind hart – anpaßt. Darwin sieht die negativen Seiten dieses Prozesses durchaus. Er legt dar, daß es leicht sei, allgemein über den Kampf ums Dasein zu reden, aber daß es schwer sei, ihn beständig im Auge zu behalten, weil man dann in concreto sieht, wie Leben beständig vernichtet wird. Er sucht diese Betrachtung jedoch zu mildern, indem er erklärt, »daß der Krieg der Natur nicht ununterbrochen andaure, daß kein Geschöpf Furcht vor ihm empfindet, daß der Tod gewöhnlich rasch kommt, und daß der Kräftigste, Gesündeste und Glücklichste die anderen überlebt und sich fortpflanzt«.[3]

Die Entwicklung ist als faktische gar nicht zu ändern. Insofern aber das Faktische mit dem Sinnvollen gleichgesetzt wird, kann die Betrachtung der Natur nun ihrerseits eine Moral fördern, deren Wesen die Anerkenntnis des Tatsächlichen ist, insofern dieses eine *Höherentwicklung* darstellt. Man kann von hier aus sogar als noch ausstehenden Endpunkt der Entwicklung eine allgemeine humanistische Einstellung propagieren. Der Mensch ist auf dem Wege der Auslese aus der Tierwelt entstanden. Er ist wesentlich ein soziales Wesen wie die höheren Tiere auch. Das heißt, er liebt seinesgleichen innerhalb der Gruppe und ist aggressiv gegen Gruppenfremde. Zu erwarten ist nun, daß der Mensch die Sympathie von kleinen Gruppen auf größere Gemeinschaften überträgt. »Wenn der Mensch in der Kultur fortschreitet und kleine Stämme zu größeren Gemeinwesen sich vereinigen, so führt die einfachste Überlegung jeden Einzelnen schließlich zu der Überzeugung, daß er seine sozialen Instinkte und Sympathien auf alle, also auch auf die ihm persönlich unbekannten Glieder desselben Volkes auszudehnen habe. Wenn er einmal an diesem Punkt angekommen ist, kann ihn nur noch eine künstliche Schranke hindern, seine Sympathien auf die Menschen aller Nationen und aller Rassen auszudehnen.«[4]

Der Darwinismus hat eine außerordentlich breite Wirkung auf das *gebildete Bür-*

gertum ausgeübt. Die Negation der Metaphysik des Geistes zugunsten einer »Natürlichkeit«, die ihrerseits wiederum der wirtschaftlichen Situation des Konkurrenzkampfes entspricht, war ebenso zeitgemäß wie ein gemäßigter Fortschrittsglaube, der sich wesentlich auf die Macht der Wissenschaft stützte, die als solche, wie man meinte, den Trend zu einer allgemeinen Humanität beförderte, insofern sie Vorurteile abbaut. Der Darwinismus wurde aber auch von den *Sozialisten* akzeptiert. So erklärt – um nur ein Beispiel zu nennen – der Neukantianer *Albert Lange* das Aufbegehren der Arbeiterschaft vom Kampf um das Dasein her als legitim und notwendig. Der Ansatz Darwins – dies ist in diesem Zusammenhang zu beachten – ist in politischer Hinsicht durchaus unterschiedlich anwendbar. So prangert *Max Scheler* in seiner Schrift »Der Genius des Krieges und der Deutsche Krieg« die Engländer an, weil sie von der Biologie Darwins her utilitaristisch denkend eine allgemeine Wohlfahrt als Interessenausgleich und gegenseitige Anpassung der Menschen aneinander propagieren; er selbst sucht seinerseits den Krieg unter deutschem Aspekt – allerdings ohne Darwin zur Rechtfertigung heranzuziehen – vom Leben her zu deuten als Tendenz zur Steigerung, zum Wachstum und zur Entfaltung von Mannigfaltigkeitsarten.[5] Wir übergehen hier aber weitere politische Ausformungen der Evolutionstheorie und heben nur noch einmal das an Darwins Ansatz heraus, was für die Geschichtskonzeptionen im 19. Jahrhundert im ganzen wichtig ist.

Die Evolutionstheorie versteht den Weg nach oben hin nicht als notwendig, nicht einmal als gradlinig – im Gegensatz zu Hegel, bei dem der Fortschritt im Wesen des Geistes begründet ist. Der Fortschritt ist für die Evolutionisten ein *Faktum der Naturgeschichte*. Diese Naturgeschichte zeigt eine Entwicklung auf, die nicht teleologisch auf den Menschen zugeschnitten ist. Vielmehr ist der Mensch in die Entwicklung der Natur eingeordnet wie alles andere Lebendige auch. Seine Sonderstellung wird fraglich und damit auch die Eingrenzung der Geschichte auf das menschliche Geschehen. Die Geschichte des Menschen ist nur ein kleiner Teil der Gesamtgeschichte. Diese stellt sich als eine Geschehensabfolge im Sinne *biologischer Veränderungen* dar. Die Veränderungen müssen als Tatsachen empirisch festgestellt werden. Hypothesen sind als Konstruktionen erlaubt, wenn sie zur Klärung der Tatsachen beitragen. Die Untersuchung als ganze bewegt sich fern jeder Spekulation im Raum der exakten Naturwissenschaft.

Comte

Die Überzeugung, daß nicht die Philosophie, sondern die Wissenschaft das Medium sei, in dem sich der denkende Mensch zu bewegen habe, und der Glaube, daß Wissenschaft zur Humanität führe, bestimmt auch die Anfänge der modernen Soziologie, die es sich ihrerseits gerade zum Ziel setzt, diese Überzeugung zu sichern und zu verifizieren. Wir erinnern kurz an Comte, auf den wir bereits früher hingewiesen haben.[6] Bei Comte ist die Tendenz zur Enthistorisierung offensichtlich, nicht nur weil er methodisch am Ideal der Naturwissenschaft orientiert ist, sondern weil er vermeint, daß die exakt aufgewiesenen Gesetze der Soziologie gar nicht historisch bedingt seien. Comte ist der Ansicht, daß die Gesetze der gesellschaftlichen Wirklichkeit *invariant* seien. Sie stellen natürliche Interaktionsbezüge dar, die vor aller gesellschaftlichen Differenz liegen. Diese Differenz ist nur innerhalb der statischen Ordnung zu untersuchen, denn bei dieser Differenz handelt es sich im Grunde nur um Grade der Anpassung oder Nichtanpassung an den strukturellen Zusammenhang.

Die Entdeckung dieser Gesetzlichkeit ist erst, so meint Comte, in seiner eigenen Zeit, das heißt in der Epoche der Wissenschaft möglich geworden. Dieses Zeitalter ist das *Zeitalter der Vollendung*. Comtes Geschichtsphilosophie, insbesondere das Dreistadiengesetz, das den Fortschritt durch Negation propagiert – das metaphysische Zeitalter negiert das religiöse, und es wird seinerseits durch das wissenschaftliche Zeitalter negiert[7] –, erinnert an Hegel und an Marx. Gleichwohl ist ein Unterschied zu beiden sichtbar. Die Aufhebung des Vergangenen ist für Comte keineswegs ein Aufbewahren als Erinnerung im Sinne Hegels, sondern Negation des Falschen zugunsten des Richtigen. Die Entwicklung wird als rein technologischer Fortschritt gedacht. Und hier zeigt sich der Unterschied zu Marx. Der von Marx entworfene Vollendungszustand soll die eigentliche Geschichte herbeiführen, insofern nun der Mensch in der lebendigen Wesenstotalität seiner Kräfte ins Zentrum tritt. Comte – in dieser Hinsicht weit moderner als Marx – setzt als das bestimmende Element der neuen Zeit die reine Wissenschaft an, die gar nicht mehr von der Frage nach dem Wesen des Menschen geleitet ist, sondern der es allein auf gesetzmäßig zu erfassende funktionale Zusammenhänge von Erscheinungen ankommt. Comte erklärt: »Mit einem Wort, die grundlegende Revolution, die das Mannesalter unseres Geistes charakterisiert, besteht im Wesentlichen darin, überall anstelle der unerreichbaren Bestimmungen der eigentlichen Ursachen die einfache Erforschung von Gesetzen, das heißt der konstanten Beziehung zu setzen, die zwischen den beobachteten Phänomenen bestehen.«[8]

Burckhardt und Nietzsche

Die soeben entwickelten Ansätze zeigen, wie das Ideal der exakten Wissenschaft sich über den engeren Bereich der Naturwissenschaft hinaus als bestimmendes Prinzip allgemein durchzusetzen beginnt. Es gibt im späteren 19. Jahrhundert nur wenige Denker von Rang, die diesem Trend zum naturwissenschaftlichen Denken widerstehen, ohne jedoch wie Dilthey nun als Gegenzug den geisteswissenschaftlichen Historismus zu propagieren. Wir weisen auf Burckhardt und Nietzsche hin. Beide stellen sich dem Zeitgeist, insofern er einseitig durch die Wissenschaft, sei es durch die Naturwissenschaft oder durch die Geisteswissenschaft, geprägt ist, entgegen. Ihre Wirkung auf die Fachphilosophie und die Fachhistorie bleibt relativ gering. Gleichwohl zeigen sich in beiden Ansätzen Möglichkeiten, die heute fruchtbar gemacht werden können. Bei Burckhardt ist es die Konzeption, Geistesgeschichte als ästhetische Entlastung zu betreiben, und bei Nietzsche ist es die gerade entgegengesetzte Idee, Geschichte in den Dienst des Lebens zu stellen.

Burckhardt[9] lehnt jede philosophische Konstruktion der Geschichte ab. Die Geschichtsphilosophie ist nach Burckhardt eine contradictio in adjecto. Burckhardt hält – in dieser Hinsicht vollkommen altmodisch – daran fest, daß die Philosophie hoch über der Geschichte steht, weil sie »wirklich den großen allgemeinen Lebensrätseln direkt auf den Leib geht«. Sobald sich die Philosophie auf die Geschichte einläßt oder sich gar als geschichtliches Produkt versteht, gibt sie diesen absoluten Anspruch auf. Burckhardt geht nun aber – das ist das Bemerkenswerte – auf seine Weise durchaus philosophisch vor. Er will gerade über den geschichtlichen Wandel hinausgreifend das *Konstante* und *Typische* betrachten.

Die allgemeinen Aussagen, die Burckhardt erbringt, sind jedoch nur »Winke«, sie sollen nicht als Wesensaussagen verstanden werden. In seinem Werk ist deutlich eine Resignation jeder Metaphysik gegenüber zu spüren. Diese Resignation schlägt aber nie in Verzweiflung um. Verzweiflung kann für Burckhardt als Historiker gar nicht aufkommen, weil die Geschichte ein »wunderbares Schauspiel« darstellt, dessen Betrachtung eigentümlich beruhigt. *Resignation, Freude* an der geschichtlichen Betrachtung und *Weisheit* gehören zusammen. Daß das Studium der Geschichte zur Weisheit erzieht, gilt aber nur für den, der dem Geschehen gegenüber eine kontemplativ-ästhetische Einstellung praktiziert. Voraussetzung dieser Einstellung ist der Verzicht, und zwar der Verzicht auf die Deutung der Geschichte von einem Gesamtplan her, in den wir, wie Burckhardt sagt, nicht eingeweiht sind, und vor allem der Verzicht auf eine Besserung der Verhältnisse oder der Menschen. Geschichtliches Geschehen ist nicht in seiner Grundstruktur zu verändern. Burckhardt ist in dieser Hinsicht Fatalist. Aber dieser Verzicht fällt eben leicht, weil die geschichtliche Betrachtung als Betrachtung versöhnt. Sie zeigt das Menschliche als solches auf. Im Gegensatz zu großen Gesamtdeutungen, wie sie Augustin oder in neuerer Zeit der Sozialismus entwirft, erklärt Burckhardt: »*Unser* Ausgangspunkt ist der vom einzig bleibenden und für uns möglichen Zentrum, vom duldenden, strebenden und handelnden Menschen, wie er ist und immer war und sein wird; daher unsere Betrachtung gewissermaßen pathologisch sein wird.«[10]

Das Pathologische – das Wort »pathologisch« im Sinne des reinen Erleidens verstanden – und das Ästhetische gehören zusammen. Das bedeutet konkret: der Historiker hat sich der geschichtlichen Vielfalt zu eröffnen. Der Historiker betrachtet, so sagt Burckhardt, »das geschichtliche Leben, wie es tausendgestaltig, komplex, unter allen möglichen Verkappungen, frei und unfrei daherwogt, bald durch Masse, bald durch Individuen sprechend; bald optimistisch, bald pessimistisch gestimmt; Staaten, Religionen, Kulturen gründend und zerstörend, bald sich selbst ein dumpfes Rätsel, mehr von dunklen Gefühlen, die durch Phantasie vermittelt sind, als von Reflexionen geführt, bald von lauter Reflexion begleitet und dann wieder mit einzelnen Vorahnungen des viel später erst sich Erfüllenden«.[11]

Die geschichtliche Erkenntnis ist aber *idealisierend*, weil sie aus der Kraft des *Geistes* geschieht. »Der Geist ist die Kraft, jedes Zeitliche ideal aufzufassen. *Er* ist idealer Art, die Dinge in ihrer äußeren Gestalt sind es nicht.«[12] Von hier aus erst wird das Wesen der Weisheit völlig deutlich. Weisheit ist die rein gewordene Erkenntnis. »Der Geist muß die Erinnerung an sein Durchleben der verschiedenen Erdenzeiten in seinen Besitz verwandeln. Was einst Jubel und Jammer war, muß nun Erkenntnis werden... Wir wollen durch Erfahrung nicht sowohl klug (für ein andermal) als weise (für immer) werden.«[13]

Wir haben die von Burckhardt entwickelte Geschichtsschau bereits in einem früheren Abschnitt näher zu skizzieren versucht als *eine* Möglichkeit der Geschichtsdeutung, die andere, insbesondere aktive Einstellungen zur Geschichte nicht ausschließen darf.[14] Burckhardt dagegen setzt diese ästhetisch bestimmte Geschichtsbetrachtung absolut. Dies gelingt ihm aber nur, weil er zugleich die Vergangenheit als *verpflichtendes Erbe* deklariert. Burckhardt sucht das Wesen der geschichtlichen *Kontinuität* herauszuarbeiten. Er geht dabei davon aus, daß Kontinuität nicht von selbst geschieht, sondern hergestellt werden muß aus der Einsicht heraus, daß wir die Tradition als unseren höchsten geistigen Besitz nicht vergessen dürfen.

Burckhardt stellt die *Kulturgeschichte* und die *Kunstgeschichte* in das Zentrum seiner Historie, weil sich hier die Traditionspflege wesentlich auf das Geistige bezieht. Traditionsbewußtsein ist mit Kulturbewußtsein identisch. Dieses ist eine Auszeichnung der Gebildeten. In der *Bildung* aber vereinigt sich für Burckhardt die ästhetische Geschichtsschau mit der Traditionsverpflichtung, insofern sich beide vom Handeln auf die Zukunft hin fernhalten. Burckhardt sieht diese Bildung, deren Träger das Bürgertum ist, bedroht. Er blickt in dieser Hinsicht außerordentlich pessimistisch in die Zukunft. Vermassung, Technisierung und Militarisierung werden, so prophezeit er, Kennzeichen des 20. Jahrhunderts sein.

Die hohe Schätzung der Kulturgeschichte involviert für Burckhardt eine gewisse *Abwertung der politischen Geschichte*. Dies zeigt sich in Burckhardts Bestimmung der gegenseitigen Bedingtheiten der drei geschichtlichen Potenzen: Staat, Religion und Kultur. Jedes Gebiet ist zwar grundsätzlich und an sich sui generis. Aber der *Staat* tendiert zur Herrschaft über Religion und Kultur. Er will den Geist bevormunden, und der Geist ist nur allzu bereit, der politischen Macht gefällig entgegenzukommen. Es ist eine Illusion zu glauben, daß sich die politische Macht freiwillig zugunsten des Kulturlebens einschränken würde, denn diese Macht ist auf ihre Steigerung aus. Burckhardt erklärt in diesem Zusammenhang: »Und nun ist die Macht an sich böse, gleichviel wer sie ausübe. Sie ist kein Beharren, sondern eine Gier und eo ipso unerfüllbar, daher in sich unglücklich und muß also andere unglücklich machen.«[15]

Als Historiker rechtfertigt Burckhardt jedoch das Böse und das Negative überhaupt. Er erkennt das »geheimnisvolle Gesetz der Kompensation« an. Darwin steht im Hintergrund, wenn Burckhardt erklärt, daß dies Gesetz wenigstens an einer Stelle nachweisbar sei, »an der Zunahme der Bevölkerung nach großen Seuchen und Kriegen. Es scheint ein Gesamtleben der Menschheit zu existieren, welches die Verluste ersetzt ... Der Weltakzent rückte nur auf eine andere Stelle. So wie dort statt eines Todes ein anderer Tod gekommen wäre, so substituiert hier statt eines untergegangenen Lebens die allgemeine Lebenskraft der Welt ein neues.«[16]

Burckhardts Geschichtsbetrachtung hat eine Wirkung ausgeübt, die über die Grenzen der Fachhistorie hinausgeht. Dies gründet in der Souveränität, mit der er das Menschlich-Allgemeine herausstellt. Burckhardt denkt — so kann man zusammenfassen — im Schema von Wesen und Erscheinung. Er hält sich an die Erscheinung, macht diese aber immerfort auf ein Ewiges und Allgemeines hin durchsichtig, ohne jedoch ausdrücklich die Weise der Transparenz zu explizieren. Dies würde dem Sinn seines ästhetisch-pathologischen Ansatzes, der wesenhaft nur betrachtend sein will, widersprechen. –

Nietzsche[17] teilt mit Burckhardt die Ablehnung der geschichtsphilosophischen Konstruktion. Aber hinter dieser Negation steht bei ihm nicht der Geist einer ästhetischen Resignation, sondern der Wille, vom *Leben* her das Problem der Geschichte zu durchdenken. Nietzsche sucht grundsätzliche Erwägungen über den Wert und den Sinn der Geschichte mit konkreten geschichtlichen Auseinandersetzungen zu verbinden. Er ortet die Gegenwart durch kritische Abhebung von der Vergangenheit. Dies zeigt insbesondere seine Analyse des Nihilismus als eines Verfalles der platonisch-christlichen Wertsetzung. Nietzsches Grundtendenz ist jedoch letztlich *unhistorisch*. Er will die Triebschicht als Grundlage alles Verhaltens aufweisen und sie ihrerseits in einer Metaphysik des ziellosen Willens fundieren. Wir haben diesen Versuch, zu einer reinen Unmittelbarkeit vorzustoßen, im zweiten Teil unserer Arbeit kritisch durchleuchtet.[18] Im jetzigen Zusammenhang kommt es uns vor allem darauf an, Nietzsches *Gegenzug gegen den Historismus* zu kennzeichnen. Wir greifen dabei auf die berühmte »Zweite Unzeitgemäße Betrachtung«: »*Vom Nutzen und Nachteil der Historie für das Leben*« zurück, in der Nietzsche seine Geschichtskonzeption systematisch entwickelt – am Grundansatz dieser Frühschrift hat Nietzsche auch in der späteren Zeit festgehalten.

An den Anfang dieser Betrachtung stellt Nietzsche einen *Vergleich von Mensch und Tier*. Das Tier, an den Pflock des Augenblicks angebunden, kann vergessen. Es lebt unhistorisch. Der Mensch dagegen muß sich erinnern. Er neigt dazu, das »Es war« zum Maß für die Gegenwart zu setzen, so daß das Leben als ein nie zu vollendendes Imperfektum erscheint. Nietzsche weiß, daß der Mensch nicht schlechthin zum Tier zurückkehren kann. Er vermag das Historische nicht einfach auszulöschen, sondern nur einzuschränken. Nietzsche fordert daher einen Ausgleich von Historischem und Unhistorischem. Beides ist, so sagt er, gleichermaßen für die Gesundheit eines Volkes und einer Kultur notwendig, das heißt, beides hat im Dienst des Lebens zu stehen. Das Leben ist das höchste Maß. Es entscheidet über den Wert oder Unwert der Historie, indem es das Zuviel oder das Zuwenig an geschichtlichem Sinn bemißt. Nietzsche setzt nun drei Geschichtssichten an: die monumentalische, die antiquarische und die kritische. Diese Sichten sind dem Leben ursprünglich zugehörig und müssen daher als lebensdienlich anerkannt werden. Freilich gilt es, dem Übermaß, das hier ständig als Möglichkeit der Entartung droht, von vornherein zu wehren.

Die *monumentalische* Betrachtung erscheint von unserer Gegenwart her gesehen überholt. Nietzsche ist der Meinung, daß große Menschen die Geschichte machen. Ihr Tun ist unbedingt, denn diese Menschen heben sich aus der kontinuierlichen Zeitabfolge heraus. Kontinuität ist nur für die kleinen Geister da. Geschichte monumentalisch betrachtet erscheint wie ein zerklüfteter Gebirgszug: die Gipfel grüßen einander. Die Großen der Vergangenheit sind Beispiele; sie spornen, wie Nietzsche erklärt, zur Nachahmung an. Das ist der *anthropologische* Sinn dieser Geschichtsbetrachtung.

Die monumentalische Geschichtsdeutung stellt einen der letzten Ausläufer der Epoche dar, deren Leitbegriff die Kultur der Persönlichkeit ist. Freilich: Nietzsche übersteigert ins Maßlose. Sein extremer Individualismus verstellt jede Sicht der Geschichte, die, wie die Geistesgeschichte oder die Wirtschaftsgeschichte, allgemeine Entwicklungstendenzen untersucht. Heute ist diese Kulturepoche vergangen, denn in der Gegenwart spielen überindividuelle Trends eine wesentliche Rolle. Aber gerade in der Gegenwart wirkt sich Nietzsches starke Akzentuierung der monumentalischen Geschichtsbetrachtung verhängnisvoll aus: An der Tradition orientierte Denker setzen Geschichte definitionsmäßig mit den Handlungen großer Persönlichkeiten gleich, und weil heute eben den großen Individualitäten keine entscheidende Bedeutung mehr zukommt, vermeinen sie nun, daß unser Zeitalter *überhaupt* unhistorisch sei; wir werden auf diesen Sachverhalt noch zurückkommen.[19]

Nietzsche ergänzt diese Geschichtssicht durch eine zweite in gewisser Weise gegensätzliche: die *antiquarische* Geschichtsbetrachtung. Urbild ist hier – modern formuliert – das konservative Denken. Nietzsche erklärt: »Die Geschichte gehört also zweitens dem Bewahrenden und Verehrenden – dem, der mit Treue und Liebe dorthin zurückblickt, woher er kommt, worin er geworden ist; durch diese Pietät trägt er gleichsam den Dank für sein Dasein ab.«[20] Entscheidend ist, daß hier ein *Wir* zentral wird, sowohl in räumlicher als insbesondere in zeitlicher Hinsicht. Eine Gruppe zusammenlebender Menschen blickt über das Einzelleben hinweg auf den gemeinsamen Geist des Herkommens. Der *anthropologische* Sinn dieser Geschichtsbetrachtung liegt in der Verwurzelung, die, wie Nietzsche sagt, vor einem rastlosen kosmopolitischen Suchen nach immer Neuem bewahrt.

Auch diese Geschichtsbetrachtung ist heute nicht mehr wesentlich. Der Bruch mit der Vergangenheit, den Technisierung und Verwissenschaftlichung herbeigeführt haben, ist so groß, daß bodenständige Heimatverbundenheit kaum mehr eine wirkliche Realität darstellt. Nietzsche selbst hat – dies sei angemerkt – diese Geschichtssicht ein wenig abgewertet. Die erhaltenden Individuen neigen zur Borniertheit und Enge; ihnen fehlt vor allem das Schöpferische, das die Geschichte vorantreibt.

Am interessantesten, lehrreichsten und zugleich problematischsten ist die dritte Geschichtsbetrachtung, die Nietzsche die *kritische* nennt. Kritik ist hier nicht in wissenschaftstheoretischem und methodischem Sinne als das prüfende Verfahren zu verstehen, dem es um die Erfassung der »wirklichen Fakten« geht. Es gibt für Nietzsche keine solchen wirklichen Fakten, sondern immer nur Auslegungen – wir haben diesen Sachverhalt früher bereits erwähnt. Kritische Geschichtsbetrachtung bedeutet daher diesem Ansatz gemäß: es ergeben sich Konstellationen, in denen es *lebensnotwendig* ist, die gültigen und gängigen Auslegungen zu negieren, und das besagt: Geschichte »umzuschreiben«. Nietzsche erklärt grundsätzlich: Der Mensch »muß die Kraft haben und von Zeit zu Zeit anwenden, eine Vergangenheit zu zerbrechen und aufzulösen, um leben zu können: dies erreicht er dadurch, daß er sie vor Gericht zieht, peinlich inquiriert, und endlich verurteilt«.[21] Er fährt fort: »Es ist nicht die Gerechtigkeit, die hier zu Gericht sitzt; es ist noch weniger die Gnade, die hier das Urteil verkündet: sondern das Leben allein, jene dunkle, treibende, unersättlich sich selbst begehrende Macht.«[22]

Es ist wesentlich zu begreifen, daß hier der Rückzug auf das Leben gerade keinen Rückzug auf ein auslegungsfreies Faktum bedeutet. Das Leben bestimmt mich ja nur deswegen immer wieder zum Umschreiben, weil es keine an sich wahre Natur gibt, die vor aller Interpretation läge. Nietzsche sagt daher, diese Geschichtsbetrachtung sei der »Versuch, sich gleichsam a posteriori eine Vergangenheit zu geben, aus der man stammen möchte, im Gegensatz zu der, aus der man stammt: – immer ein gefährlicher Versuch, weil es so schwer ist, eine Grenze im Verneinen des Vergangenen zu finden«.[23] Aber es gibt, so fährt er fort, für den kritischen Historiker »einen merkwürdigen Trost: nämlich zu wissen, daß auch jene erste Natur irgendwann einmal eine zweite Natur war und daß jede siegende zweite Natur zu einer ersten wird«.[24]

Das *Problematische* dieser Umschreibung ist Nietzsche nicht verborgen geblieben, genauer: Nietzsche schwankt in der Analyse dieser Geschichtsbetrachtung. Auf der einen Seite behauptet er, daß das Leben, genauer die Gesundheit des Lebens, der Maßstab der Umschreibungen sei; hier kommt die bei ihm zweifellos vorhandene Grundtendenz, das Leben aus der Geschichte herauszunehmen und es als unhistorische, das heißt *unmittelbare* Macht für sich zu setzen, ins Spiel. Aber auf der anderen Seite macht er diese Tendenz ja selbst fraglich, wenn er erklärt, daß das Leben nie als Urtext zu erfassen sei. Wenn aber das Leben immer nur in seinen Vermittlungen zugänglich ist, dann ist jede Auslegung eben ein Umschreiben früherer Interpretationen. Und das besagt: keine Auslegung ist absolut im Recht, alle sind relativ.

Von den drei echten Möglichkeiten der Geschichtsbetrachtung her kritisiert Nietzsche nun den Geist der Zeit, insofern er vom *Historismus* geprägt ist. Der Historismus propagiert die folgenlose Erkenntnis und die gleichgültige Wahrheit. Er ist vom reinen Willen zur Objektivität und Gerechtigkeit bestimmt, dessen höchste Form ein grenzenloses Verstehen ist. Verstehen heißt hier, sich selbst verleugnen und an ein anderes ausliefern. Ein von diesem Ansatz geprägter Geschichtsdeuter ist ein Produkt der *Spätzeit*. Weil er selbst nicht mehr handelt und auch nicht mehr handeln kann, bezieht er sich auf frühere Handlungen und registriert diese. Der Historiker durchläuft die Geschichte wie der moderne Kunstkenner die Kunstkammern und Konzerte. Die so erzeugte Überbelastung führt schließlich zum Überdruß und Ekel an der historischen Kenntnis.

Dieser Misere sucht der Geschichtsforscher zu entkommen, indem er aus der Not der Historie eine Tugend macht. Das Problem der Geschichte soll durch die Geschichte selbst gelöst werden. Man setzt in den modernen Geschichtskonzeptionen die Geschichte als das Absolute an die Stelle der anderen geistigen Mächte, insbesondere der Kunst und der Religion, und gibt sie als das *Weltgericht* aus. Die Anerkenntnis der Macht der Geschichte schlägt um in die nackte Bewunderung des Erfolges und führt zum »Götzendienst des Tatsächlichen«. Dieser Götzendienst wird jedoch verbrämt: man erfindet die Idee eines sinnhaften Weltprozesses, an dessen Ende der Geschichtsphilosoph selbst steht. Er ist – eben als dieser Endpunkt – durch den Weltprozeß gerechtfertigt. Nietzsche verspottet insbesondere *Hegel*, denn für Hegel liege, so sagt er, der Höhepunkt des Weltprozesses in seiner Berliner Existenz.

Diese Kritik enthält legitime Gedanken, insbesondere der Nachweis, daß der Historismus ein spätes Denken bezeugt, und daß er solchermaßen das Handlungsbewußtsein lähmt, wenn nicht gar ausschaltet, ist wesentlich. Nietzsche – das gilt es festzuhalten – ist der erste, der die Gefahren des Historismus klar erkennt und radikal kritisiert. Daß Heidegger in seiner Analyse der Geschichtlichkeit, die ja ebenfalls im kritischen Gegenzug zum Historismus steht, auf Nietzsches Abhandlung zurückgreift, ist also durchaus verständlich und legitim.[25] Gleichwohl stellt Nietzsches Versuch einer Überwindung des Historismus keine Möglichkeit dar, die für uns verbindlich wäre. Es ist nicht nur die Übertreibung und Maßlosigkeit in seiner Argumentation, die zur Kritik herausfordert, sondern es ist die in dieser Maßlosigkeit sich zeigende Tendenz, Geschichte überhaupt zu negieren, der wir nicht folgen können. Im Grunde ist Nietzsches Ideal der unhistorische Mensch, der im Augenblick ruht – nur im Augenblick, so sagt Nietzsche, liegt das Glück – und der, wenn er handelt, nicht nur gewissenlos, sondern auch und vor allem wissenslos ist.

Nietzsche redet von der plastischen Kraft, mit der ein Mensch aus sich eigenartig wächst, Vergangenes umbildet und Verlorenes ersetzt. Er selbst hat sich jedoch in seinem Bedenken des Geschichtsverlaufes nicht an diese Bestimmungen gehalten, sondern sich vielmehr radikal gegen die Vergangenheit und die konkrete Geschichte überhaupt gestellt. Seine Leitideen, das Leben und die große Gesundheit, sind kritisch betrachtet, vage Begriffe, deren Unbestimmtheit in ihrer Ungeschichtlichkeit gründet. Diese Begriffe haben ihren Ort in einer entlarvenden Psychologie, die immer »hinterher kommt«, wenn sie feststellt, daß im Grunde eben der Wille zur Macht das eigentliche Motiv des jeweiligen konkreten Handelns war. Der Rückzug auf diese biologische Grundschicht erlaubt – wie wir im dritten Teil darlegten – keine sinnhafte Ausrichtung des Handelns im Blick auf die Zukunft. Nietzsches Kritik am Historismus kann daher in ihren Ansätzen nur wiederholt werden, wenn man die *Dialektik* anerkennt, derzufolge der handelnde Mensch sich in den konkreten Situationen, die sich ihm eröffnen, als bedingt und bedingend zugleich begreift.

Spengler

Die Konzeptionen der Geschichte, die im Gegenzug zum Historismus stehen, tendieren dahin, die Natur der Geschichte vorzuordnen. Das geschieht, wie wir sahen, in sehr verschiedener Form. Natur kann als »durchscheinende Konstanz« des menschlichen Wesens im geschichtlichen Wandel verstanden werden – so Burckhardt, oder als das gesunde Leben deklariert werden – so Nietzsche, oder als ein auch den Menschen umgreifender Entwicklungsprozeß bestimmt werden – so Darwin. Alle diese Ansätze werden jedoch an Radikalität überboten durch die Geschichtskonzeption Spenglers[26], nach der die menschliche Geschichte restlos als organisches Geschehen zu begreifen und gerade dadurch in den Griff zu bringen und vorherzubestimmen ist.

Spengler gibt seine Geschichtsbetrachtung als Philosophie aus und zwar als die Philosophie seiner Zeit schlechthin. Sein Gedanke mache, so deklariert er, Epoche, weil er nur hervorhebe, was an der Zeit wäre. Diese Zeitgemäßheit seiner Philosophie sucht Spengler objektiv zu begründen. Sein Werk stehe, so erklärt er, an einer bestimmten Stelle in einem bestimmten Prozeß aufgrund einer genau nachweisbaren »historischen Notwendigkeit«.

Konkret: die *systematische Philosophie* ist, so sagt Spengler, mit dem Ausgang des 18. Jahrhunderts vollendet. Das gleiche gilt für die *ethisch ausgerichtete Philosophie*. Es bleibt – dies zeigen historische Parallelen – nur noch eine dritte, dem antiken Skeptizismus entsprechende Möglichkeit innerhalb der abendländischen Welt. Aber die uns eröffnete Möglichkeit der *Skepsis* ist doch anders geartet als die antike. Die antike Skepsis war ahistorisch, unsere ist durch und durch historisch. »*Wir* nehmen demgegenüber die *Geschichte der Philosophie* als letztes ernsthaftes Thema der Philosophie an. Das *ist* Skepsis. Man verzichtet auf absolute Standpunkte, der Grieche, indem er über die Vergangenheit seines Denkens lächelt, wir, indem wir sie als Organismus begreifen.«[27]

Dieser moderne Skeptizismus stellt eine neue Philosophie dar, die, auch wenn sie historisch vermittelt ist, doch den Anspruch erhebt, erstmalig und restlos das Rätsel der Geschichte zu lösen und zwar durch den Rückgriff auf eine *Philosophie des Lebens*. Spenglers Idee des Lebens ist rein biologisch bestimmt, und gerade darum kann sie seiner Meinung nach die Geschichte wirklich fundieren. Geschichte ist Entwicklung von Kulturkreisen, die ganz und gar als *Organismen* zu begreifen sind.

Die Idee, geschichtliche Entwicklung als organische Entwicklung zu begreifen, ist an sich nicht neu, sie begegnet, um nur ein Beispiel zu nennen, auch bei Hegel. Die Differenz Spenglers zur Tradition liegt darin, daß er eine absolute Parallele zwischen organischem und geschichtlichem Geschehen deklariert bis in die Ausformung der Methode hinein. An die Stelle des Verstehens einmaliger Besonderheiten tritt der morphologische Vergleich. Er ist die eigentliche und einzig berechtigte geschichtliche

Betrachtungsweise. Geschichte ist, so erklärt Spengler grundsätzlich, *Morphologie*. Der Untertitel des Hauptwerkes »Der Untergang des Abendlandes« heißt: »Umrisse einer Morphologie der Weltgeschichte«. Morphologie ist aber ihrerseits *Physiognomik*. Man erfaßt mit intuitivem Blick die Erscheinungen einer Kultur als Einheit. Diese Einheit beruht auf der spezifischen *Kulturseele*, die sich in den Phänomenen dieser Kultur »ausdrückt«. Eine kausale Erklärung der Erscheinungen bleibt dem Geschehen vollkommen äußerlich. Die physiognomische Deutung erschaut die Ausgestaltung einer Kultur als Zusammenhang ihrer lebendigen Entwicklung. Kulturen wachsen wie Pflanzen. Als wachsende durchlaufen sie Stadien der Reifung mit einer unabänderlichen Gesetzmäßigkeit, die keine Zweckmäßigkeit außer ihr selbst hat. Wie der Zweck eines Lebewesens seine Selbstentfaltung ist, so muß sich eine Kultur lebendig als geprägte Form entwickeln und als solche erfaßt werden. Goethe wird immer wieder als Kronzeuge für diesen Grundansatz angeführt.

Entscheidend ist es also, alle Phänomene einer Kultur auf *einen* Nenner zu bringen, das heißt, eben von der spezifischen seelischen Artung dieser Kultur her zu verstehen. Das ist möglich, weil zwischen den Erscheinungen der verschiedensten Kulturgebiete eine innere Parallelität waltet. »Wer weiß es, daß zwischen der Differentialrechnung und dem dynastischen Staatsprinzip der Zeit Ludwigs XIV., zwischen der antiken Staatsform der Polis und der euklidischen Geometrie, zwischen der Raumperspektive der abendländischen Ölmalerei und der Überwindung des Raumes durch Bahnen, Fernsprecher und Fernwaffen, zwischen der contrapunktischen Instrumentalmusik und dem wirtschaftlichen Kreditsystem ein tiefer Zusammenhang der Form besteht?«[28] Spengler ist – dies sei ausdrücklich hervorgehoben – in diesem Vergleichen ein wirklicher Meister. Er bringt die Idee, daß Geschichte universale Betrachtung im synchronischen Sinne sein müsse, durch sein Vorgehen zur Geltung. Freilich kommt die mögliche Eigenständigkeit eines Gebietes in sachlicher Hinsicht zu kurz. Spengler negiert jede Beachtung der Sachgesetzlichkeit. Alles ist nur geschichtlich relevant, als und insofern es »Symbol« der jeweiligen Kulturseele ist.[29]

Spengler unterscheidet acht Kulturkreise, die gegeneinander durch bestimmte Strukturen differenziert sind. So ist die antike Kultur als *apollinisch* zu bezeichnen; Klarheit, Gegenwärtigkeit und Eindeutigkeit des Körperlichen sind bestimmend: der *Raum* ist hier Prinzip, daher ist diese Kultur wesentlich unhistorisch. Umgekehrt ist die abendländische Kultur, die durch die *faustische* Seele geprägt ist, durch einen Hang zur Unbegrenztheit und Unendlichkeit bestimmt. Prozeß, Dynamik und Funktion sind wesentlich, mit einem Wort: die *Zeit* siegt über den Raum. »Unter den Völkern des Abendlandes waren es die Deutschen, welche die mechanischen *Uhren* erfanden, schauerliche Symbole der rinnenden Zeit, deren Tag und Nacht von zahllosen Türmen über Westeuropa hin hallende Schläge vielleicht der ungeheuerste Ausdruck sind, dessen ein historisches Weltgefühl überhaupt fähig ist.«[30]

Jede Kultur ist also ihrer seelischen Artung nach von anderen Kulturen zu unterscheiden. Alle jedoch sind als Organismen dem Gesetz des Lebens, das von der Geburt über den Reifungsprozeß zum Tode führt, unabänderlich unterworfen. Der Historiker darf aber nicht dabei stehen bleiben, die Phänomene einer Kultur als Ausdruck ihrer Kulturseele zu erfassen, sondern er kann und muß die Kulturen *miteinander vergleichen*, und zwar eben auf Grund der parallelen organischen Reifungsstadien. Zwar ist – um ein Beispiel zu nennen – das Greisenalter der antiken Kultur inhaltlich anders geartet als das der abendländischen, aber insofern beide Spätstadien darstellen, gibt es zwischen ihnen gemeinsame Züge. So ist, wie wir bereits erwähnten, die antike und die moderne Spätzeit durch den Skeptizismus bestimmt, nur ist die antike Skepsis unhistorisch, während unsere durch und durch historisch ist auf Grund der faustischen Seele. Dieser Vergleich mit anderen Kulturen ist das eigentlich Neue und Gewinnbringende der morphologischen Betrachtung. Es ergibt sich so die Möglichkeit, relativ unbekannte Stadien in einer bestimmten Kultur durch Analogien zu rekonstruieren, und vor allem: man kann Kulturen im ganzen »berechnen«. Auf einer solchen Berechnung beruht ja der Titel von Spenglers Hauptwerk: »Der Untergang des Abendlandes«. Durch den Vergleich mit anderen Kulturen wird unsere Zeit auf ihren biologischen Stand hin untersucht und als Spätzeit gekennzeichnet. Es läßt sich sogar, so meint Spengler, errechnen, wie lange unsere Kultur noch von lebendiger Kraft bestimmt sein wird.

Hier erst wird die innere Mitte von Spenglers Denken sichtbar. Spengler will Geschichte letztlich als Zeitgeschichte, genauer: als *Zeitkritik* betreiben. Wir müssen durch den Vergleich herausbringen, woran wir mit uns selbst sind, und woran wir uns zu halten haben, das heißt, was unser *Schicksal* ist. Mit diesem Schicksal gilt es sich abzufinden. Dies verkündet Spengler nicht ohne heroisch-romantisches Pathos. »Wir kennen unsere Geschichte, wir werden mit Bewußtsein sterben und die Stadien der eigenen Auflösung mit dem Scharfblick eines erfahrenen Arztes verfolgen.« Trotzdem ist durch die Diagnose, so meint Spengler, das Handeln nicht unmöglich gemacht, im Gegenteil: es muß nur *zeitgemäß* sein, das heißt dem Schicksal entsprechend. Wer zeitgemäß handelt, den führt das Schicksal, gegen den aber, der sich gegen die Entwicklung stemmt, ist es gewalttätig. Spengler faßt am Schluß seines Hauptwerkes in wenigen Sätzen das praktische Fazit seiner ganzen Geschichtskonzeption zusammen: »Wir haben nicht die Freiheit, dies oder jenes zu erreichen, aber die, das Notwendige zu tun oder nichts. Und eine Aufgabe, welche die Notwendigkeit der Geschichte gestellt hat, *wird* gelöst, *mit* dem einzelnen oder gegen ihn. Ducunt fata volentem, nolentem trahunt.«[31]

Es ist – durchaus mit Recht – darauf hingewiesen worden, daß Spenglers Geschichtsphilosophie bereits im Grundansatz entscheidende Mängel und Irrtümer enthält. Mag es richtig sein, daß die Idee einer einheitlichen Weltgeschichte, wie *Hegel* sie konzipierte, heute nicht mehr aufrecht zu erhalten ist, so geht es doch nicht an, jede Beziehungseinheit und damit die Idee einer Gesamtgeschichte überhaupt zu leugnen. Eine universale Geschichte bahnt sich gerade heute auf Grund der weltumgreifenden Technisierung an. Daß Spengler dies nicht angemessen erfaßt, sondern nur in sich abgeschlossene Kulturkreise anerkennt, gründet darin, daß er im Gegensatz zu Hegel die Idee des Organismus unreflektiert und ohne Einschränkungen auf das geschichtliche Geschehen überträgt. Spenglers Philosophie ist in dieser Hinsicht merkwürdig undurchdacht. Er behauptet, daß er erst wirklich den Unterschied von Geschichte und Natur herausgestellt habe: »Der Mensch ist als Element und Träger der Welt nicht nur Glied der Natur, sondern auch Glied der Geschichte, eines *zweiten Kosmos* von anderer Ordnung und anderem Gehalte, der von der gesamten Metaphysik zugunsten des ersten vernachlässigt worden ist.«[32] Auf der anderen Seite aber ebnet er diesen Unterschied gerade ein, wenn er die Kulturen als zwecklos lebende organische Gebilde versteht.

Spengler baut seine geschichtsphilosophische *Anthropologie* bewußt biologisch im Gegenzug zum Geist vom Leben her auf. Wenn der Geist sich verselbständigt, das heißt, räsonnierend vom Leben ablöst, dann ist dies allemal ein Beweis dafür, daß sich eine Kultur dem Erschöpfungszustand nähert. Die jetzt erst auftretenden Hemmungen sind Anzeichen von Schwäche. Stärke dagegen ist es, wenn der Mensch die innere und die äußere Kraft hat, sich hemmungslos auszuleben. »Es handelt sich in der Geschichte um das Leben und immer nur um das Leben, die Rasse, den Triumph des Willens zur Macht, und nicht um den Sieg von Wahrheiten, Erfindungen oder Geld. *Die Weltgeschichte ist das Weltgericht.* Sie hat immer dem stärkeren, volleren, seiner selbst gewisseren Leben Recht gegeben, Recht nämlich auf das Dasein . . .«[33]

Von diesem Ansatz aus ergibt sich eine »*biologische Ethik*«. Stärke ist zu bejahen und Schwäche ist zu verachten. Spengler verspottet die Schreiberlinge unserer intellektuellen Großstadtkultur und bewundert die heute wirklichen Machthaber, das sind die Diktatoren und vor allem die Großindustriellen. Auf der anderen Seite weiß er aber genau, daß diese Machtmenschen Späterscheinungen sind. Sein Ideal – hier kommt der heimliche Romantiker zur Sprache – ist der bodenständige Adel, der noch die Mächte des schicksalhaften Daseins: Blut, Geschlecht und uralte Herrschaft anerkennt, weil er aus ihnen lebt.

Diese romantische Verherrlichung der Vergangenheit und die gleichzeitige Einsicht in ihre Unwiederholbarkeit wirken sich nun dahin aus, daß Spenglers Zeichnung unserer Gegenwart und Zukunft nicht überzeugt. Spengler verwickelt sich in Widersprüche. Unsere Kultur ist, so legt er dar, von Anfang an *geistbestimmt*. Der faustische Mensch liebt den Prozeß, die Dynamik, die Funktion und nicht das Bodenständige. Daß in unserer Gegenwart die Wirtschaft und das Geld und überhaupt die Industrialisierung bestimmen werden, entspricht durchaus dem Gesetz dieser Kultur. Spengler sieht dies deutlich, aber er stellt die Zusammenhänge eigentümlich kaschiert dar. Einerseits bewundert er die Wirtschaftskapitäne, weil sie eben die Machtmenschen unserer Zeit sind, andererseits deklariert er, daß sie, insofern sie dem reinen Gelddenken verfallen sind, der Macht des Blutes entfremdet sind. Spengler sucht nun seinerseits eine Einheit von Blut, Macht und modernem Wirtschaftsdenken zu finden: er entwirft das Bild eines *preußischen Sozialismus*, der im Gegensatz zum demokratischen, das heißt dem plebejischen Sozialismus durch den Gedanken der Zucht geprägt ist.[34]

Ebenso unfundiert wie dieses Wunschbild des preußischen Sozialismus ist Spenglers Behauptung, daß das Ende unserer Kultur dadurch bestimmt sein wird, daß das Geld »überwältigt und aufgehoben wird«. Spengler meint, daß wir aus dem hellen Wachsein wieder in das schweigende geschichtslose Dasein zurückfallen werden, das heißt, daß wir zurückfinden werden zu »den Urtatsachen des ewigen Blutes, das mit den ewig kreisenden kosmischen Fluten ein und dasselbe ist«.[35] Es ist offensichtlich: die Konstruktion verliert hier jeden Anhalt an der Realität und gibt sich phantastischen Spekulationen frei.

Spenglers Werk, von dem zu seiner Lebenszeit eine ungeheure Wirkung ausging, ist heute in Vergessenheit geraten. Dies liegt nicht nur daran, daß sich seine Prognosen vom Untergang des Abendlandes nicht verwirklicht haben, sondern auch daran, daß der philosophische Grundansatz *zwiespältig* ist. Spengler erklärt: »Die Philosophie dieses Buches verdanke ich der Philosophie Goethes, der heute noch so gut wie unbekannten, und erst in viel geringerem Grade der Philosophie Nietzsches.«[36] Von *Goethe* her ist die Metaphysik des Lebendigen, des Werdens und Sichwandelns entworfen. Aber diese Metaphysik gibt nur den allgemeinen Grundriß ab.

Das konkrete Menschenbild übernimmt Spengler durchaus von *Nietzsche*. In den »*Urfragen*« [37], die Spengler nach Abfassung des Hauptwerkes herauszugeben plante, kommt diese Abhängigkeit von Nietzsche deutlich zum Ausdruck. Insbesondere ist der Bezug zu den Gedanken, die Nietzsche in der Schrift »Zur Genealogie der Moral« äußert, nicht zu übersehen. Der Mensch ist, so deklariert Spengler, ein widersprüchliches und deswegen ein unglückliches Wesen. »Die Geschichte des Menschen ist der ewige Kampf zwischen dem Ethos eines Herrentiers und der Schwäche eines Beutetieres. Der Mensch hat es nötig, seelisch tapfer zu sein, weil er körperlich schwach ist. Sein Instinkt ist herrenmäßig, sein Leib ist schwach. Das ist ein Widerspruch in den Bedingungen seiner Existenz, den er zu lösen sucht, zu leugnen, zu überwinden.« [38] Der Widerspruch ist aber nicht zu lösen, die menschliche Existenz ist daher, so sagt Spengler, eine Tragödie.

C. Tendenzen zur Enthistorisierung in der gegenwärtigen Wissenschaft

Vorbemerkung

Der Prozeß der Historisierung, den wir im vorangehenden Abschnitt darzulegen suchten, stellt keine einheitliche Entwicklung dar. Seine radikalste Ausformung findet er in den *Konzeptionen der Geschichtlichkeit*, die *Dilthey*, die *Existenzphilosophie* und die *gegenwärtige Hermeneutik* entwickeln. Aber neben diesen Konzeptionen stehen Geschichtsentwürfe, die keineswegs die Geschichtlichkeit als unbedingtes Grundprinzip des menschlichen Seins anerkennen, sondern die Natur der Geschichte vorordnen. In diesen Geschichtsentwürfen wird aber trotz des Gegensatzes zum Historismus nicht der Versuch unternommen, die Geschichte und die Geschichtlichkeit überhaupt und als solche auszuklammern. Gerade ein solches Vorgehen ist nun in der Gegenwart festzustellen, und zwar keineswegs als Randerscheinung. Es zeigt sich nicht nur auf den verschiedensten Gebieten der Wissenschaft, es scheint auch das allgemeine Lebensbewußtsein zu bestimmen. Die Tendenz zur Enthistorisierung ist so stark, daß bedeutende Zeitkritiker unsere Gegenwart als die *Epoche des post-histoire* bezeichnen.

Es kann nicht die Aufgabe dieses Abschnittes sein, die Tendenz zur Enthistorisierung in allen ihren Ausprägungen zu untersuchen. Wir begnügen uns mit einigen Hinweisen auf die Abwertung der Geschichte in der *gegenwärtigen Wissenschaft*. In späteren Abschnitten wird das allgemeine Phänomen der Enthistorisierung, insofern es durch die heute herrschende Technologie bedingt ist, zur Sprache kommen. Auch in bezug auf die Darlegung des Enthistorisierungsprozesses in der Wissenschaft müssen wir uns beschränken. Wir charakterisieren zunächst die Einstellung zur Geschichte im *Logischen Positivismus*, sodann suchen wir, den Ansatz der *modernen Linguistik*, wie er sich in der *strukturalen Sprachtheorie* und der *generativen Grammatik* zeigt, darzulegen und schließen mit einer kritischen Analyse der *strukturalen Anthropologie*, insbesondere in ihrer Auslegung durch *Lévi-Strauss*.[1]

Zur Geschichtsproblematik im Logischen Positivismus

Den ersten entscheidenden Schritt zur Enthistorisierung der Wissenschaft vollzieht der moderne Logische Positivismus. Wir haben uns im ersten Teil ausführlich mit dieser Bewegung unter dem Aspekt der *Verwissenschaftlichung* beschäftigt[2] und weisen jetzt nur erinnernd auf die Grundansätze hin, soweit sie für das Problem der Geschichte relevant sind. Wissenschaft ist, so lehrt der *Wiener Kreis*, entweder empirische Wissenschaft, und als solche bezieht sie sich auf feststellbare und verifizierbare Gegebenheiten, oder Wissenschaft ist Wissenschaftstheorie und Logik und als solche formuliert und untersucht sie die Regeln der wissenschaftlichen Sprache und die logische Syntax. Als Tatsachenerforschung und als Wissenschaftstheorie ist das Wissen ein exaktes Unternehmen und von den Zufälligkeiten des menschlichen Geschehens, das heißt der *Geschichte*, frei. Geschichte als Geschichtswissenschaft ist eine contradictio in adjecto. Geschichte muß daher aus dem Wissenschaftsverband *ausgeschaltet werden*. Sie gehört in die Dimension des Lebens. So der Ansatz des *frühen Positivismus*. Der *spätere Positivismus* modifiziert diesen Ansatz. Geschichte wird in den Kreis der Wissenschaften aufgenommen, aber sie erhält nur eine untergeordnete Bedeutung, und zudem wird sie weitgehend dem Vorbild der Naturwissenschaft unterworfen.

Die Tatsachenforschung kann sich – dies ist die Erkenntnis des *späteren* Positivismus – nur dann etablieren, wenn sie sich von einer *Theorie* abhängig weiß, von der her sie gelenkt wird. Es müssen, mit dem späten Carnap geredet, drei Wissenschaftssprachen unterschieden werden, eine Theoriesprache, eine Beobachtungssprache und eine Sprache, die die Zuordnungsregeln zwischen den beiden ersten Sprachen untersucht. Wie auch immer man zu den Theorien gelangt – ob mit Hilfe der Induktion oder, wie Popper meint, durch Intuition – es ist klar, daß Theorien ihrerseits nur anerkannt werden dürfen, wenn sie sich an den Tatsachen bewährt haben. Die Erstellung solcher Theorien ist die eigentliche Aufgabe der Naturwissenschaft. In dieser sind ja die Naturgesetze das Erstrebte und nicht die einzelnen singulären Tatsachen. Diese sollen nur auf Gesetze hinführen. Nach diesem Schema wird nun auch die *Geschichtswissenschaft* aufgebaut. Die Positivisten geben zwar zu, daß in der Geschichtswissenschaft im Gegensatz zur Naturwissenschaft allgemeine Gesetze sehr oft banal und nichtssagend sind, das heißt »Leeraussagen« darstellen.[3] Aber das ändert nichts daran, daß man auch in der Geschichtswissenschaft Gesetze aufstellen muß, denn nur von den Gesetzen her kann *erklärt* werden. Daß es in jeder Wissenschaft um möglichst exakte Erklärungen geht, ist hier die leitende Grundvoraussetzung.

Wir haben diesen Ansatz in unserer Diskussion des späteren Positivismus genauer entwickelt und auf seine nähere Ausführung bei Popper, Carnap, Hempel und Oppenheim hingewiesen.[4] Man muß, so erklären diese Denker, in bezug auf das geschichtliche Geschehen, allgemeine Aussagen, das heißt Theorien, Gesetze und Hypothesen, durch Quasitheorien, Quasigesetze und Hilfshypothesen als Unterbestimmungen ergänzen, insofern allgemeine Gesetze in der Geschichte, wie wir eben erwähnten, zu vage und weit sind. Vor allem aber ist erfordert, *Randbedingungen* oder *Antecedenzbestimmungen* aufzustellen. Diese werden als die besonderen Bedingungen, unter denen ein einzelner Fall steht, zwischen das Explicans, die Theorie, und das Explicandum, den zu erklärenden Einzelfall, eingefügt.

Trotz dieser Ergänzungsbestimmungen, deren Sinn es ist, der Besonderheit der Geschichte gerecht zu werden, zeigen sich hier nicht unerhebliche Schwierigkeiten, ja sogar Widersprüche. So konstruiert *Popper* zwei gegenteilige Ansätze: die antinaturalistische und die pronaturalistische Doktrin der Historie, und argumentiert je nach Bedarf in entgegengesetzter Form. Wenn er zeigen will, daß Geschichte im Gegensatz zur Physik eigentlich keine Wissenschaft ist, wendet er sich gegen die pronaturalistischen Theorien; diese sind verfehlt, weil sie Geschichte nach dem Schema der Natur erklären wollen. Wenn er dagegen darauf aus ist, philosophische Theorien der Tradition über die Geschichte zu tadeln, prangert er die antinaturalistischen Theoreme an, weil sie das geschichtliche Geschehen überhaupt nicht wissenschaftlich erklärten, wobei das Wesen einer wissenschaftlichen Erklärung ganz unreflektiert im naturwissenschaftlichen Sinne verstanden wird.[5]

Das Verfehlte der Bestimmung der Geschichte im späteren Positivismus ist – so kann man zusammenfassend feststellen – darin zu sehen, daß hier an der Tatsache vorbeigegangen wird, daß geschichtlich handelnde Menschen sich zu sich verhaltende Wesen sind. Es ist zwar erfordert, daß sich die Geschichtswissenschaft nicht ausschließlich auf das Selbstverständnis der Subjektivität bezieht. Eine kritische Geschichte, deren Sinn es ist, verhängnisvolle Traditionen oder Ideologien abzubauen, muß das Selbstverständnis »hinterfragen«.[6] Aber diese Einschränkungen sind kein Freibrief für den Versuch, die Subjektivität *überhaupt* auszuschalten und geschichtliches Geschehen wie naturhafte Tatsächlichkeit von außen her zu untersuchen und auf Gesetze zu bringen, denn der handelnde Mensch, der zu sich Stellung nehmen kann, bleibt die *Grundlage* aller Geschichte. – Es ist – dies sei nur angemerkt – nicht sehr wahrscheinlich, daß sich die Geschichtsforscher in ihrem konkreten Tun an Theorien halten – Theorien sind vom konkreten Vorgehen her betrachtet nachträgliche Rechtfertigungen –, aber wenn die Forscher zu wählen hätten, welcher Theorie sie zur Erhellung des eigenen Tuns zustimmen könnten, so wäre die positivistische Theorie sicherlich nicht die anerkannteste, denn ihr abstrakter und klassifizierender Ansatz deckt sich nicht mit dem *wirklichen Vollzug* der Forschung.

Es ist nun aber, will man die weitere Entwicklung des gegenwärtigen Ahistorismus angemessen begreifen, festzustellen, daß der soeben dargelegte Ansatz des späteren Positivismus noch einmal entscheidend *modifiziert* wurde. Es vollzog sich eine Abkehr von einer rein an Fakten und Gesetzeszusammenhängen orientierten Analyse. Diese Abkehr kam jedoch nicht durch eine Besinnung auf die Geschichte zustande, sondern vollzog sich im Zusammenhang soziologischer, psychologischer und vor allem sprachphilosophischer Analysen. So erkannte man, daß das Erlernen einer Sprache ein Verständnis dieser Sprache voraussetzt, das nicht als Signalverhalten im behavioristischen Sinne zu deuten sei, weil es ein Zirkelverhalten darstellt: man versteht das Einzelne vom Ganzen und umgekehrt. Man begriff überhaupt, daß Sprache und Handeln zusammengehören. Und dies bedeutete wiederum, daß man die Zusammenhänge von Sprache und *Lebensform* beachtete. Die Betrachtung der Sprache als logischer Syntax trat in den Hintergrund zugunsten der Betrachtung der Sprache in ihrer alltäglichen Wirklichkeit. Wir haben diese Wandlungen des Positivismus unter der Überschrift: »*Die Aufhebung des Logischen Positivismus in der sprachanalytischen Philosophie*« abgehandelt und in einem besonderen Kapitel dieses Abschnittes auf die »*Ansätze zu einer Überwindung der behavioristisch orientierten Sprachanalyse*« hingewiesen.[7]

Gleichwohl: es erscheint uns nicht möglich, von diesen Ansätzen her einen unmittelbaren Weg zum Prozeß der Historisierung, wie er sich in Deutschland vollzog, zu finden[8], denn die Entwicklung der *Sprachanalytik* zeigt, daß die sogenannte Wende zur Wirklichkeit keine Wende zur Geschichte involviert und involvieren kann. In dieser Wende zur Wirklichkeit wird die *Ausschaltung der Subjektivität*, die dem frühen Positivismus zu eigen war, nicht nur nicht revidiert, sondern sogar verstärkt, insofern nun auch die volle Lebenswirklichkeit ohne Rückgriff auf die Subjektivität ausgelegt wird. Um nur ein Beispiel in Erinnerung zu rufen: Sprachspiele im Sinne des *späten Wittgenstein* sind einzuübende Verhaltensformen, deren Sinn es ist, reibungslos zu funktionieren. Sie sind hintergrundlose und, obwohl begrifflich vage, doch vollkommene Ordnungen. Das Verstehen eines Sprachspiels ist das sich als Können ausweisende »Kapieren« seiner Regelhaftigkeit. Demgemäß ist die Vielheit der Sprachspiele in zeitlicher und räumlicher Hinsicht kein Problem, das die Geschichtlichkeit der Sprache anzeigt, sondern gehört in den Raum technischer Erlernbarkeit. Erfordert ist das Umschalten und Umgewöhnen von einem Sprachspiel in ein anderes.[9] –

Zum Ansatz der strukturalen Sprachtheorie und der generativen Grammatik[10]

Die Ausschaltung der Subjektivität hat sich auch unabhängig von Wittgenstein und der philosophischen Sprachanalytik heute weithin in den Wissenschaften vom Menschen durchgesetzt. Wir weisen zur Verdeutlichung dieser Tendenz auf Ansätze der *modernen Linguistik* hin: Die Aufgabe, die sich die beiden heute maßgebenden Theorien, die strukturale Sprachtheorie und die generative Grammatik stellen, ist es, ein *System* zu entwerfen, das über die Reflexion auf eine bestimmte Sprache hinausgehend eine allgemeine Ordnung darstellt, durch die das Verständnis der verschiedenen Sprachen fundiert werden kann. Eine diesem Ansatz entsprechende Wende zum Ahistorismus zeigt sich bereits deutlich bei *Ferdinand de Saussure*, dem Wegbereiter der *strukturalen Linguistik*. Saussure unterscheidet das Sprechen des einzelnen (parole), die empirisch faßbaren Sprachäußerungen (langage) und die Sprache selbst (langue). Sein Interesse gilt der Sprache selbst. Diese ist das Wesentliche. Sie stellt ein System dar, das in keinem Individuum vollständig und vollkommen existiert. Dies System kann nur herausgearbeitet werden, wenn man die diachronische, das heißt, die durch die Zeit durchgehende geschichtliche Betrachtung, zurückdrängt zugunsten der *synchronischen* Sicht, für die die Sprache einen in sich gegliederten Ordnungszusammenhang darstellt.

Dieser Ordnungszusammenhang hat wesenhaft *Modellcharakter*, er ersteht aufgrund einseitiger Abstraktionen. »Der Sinn eines Modells«, so erklärt C. Lepschy in seiner Darstellung des Strukturalismus, »liegt in einer Analogie zwischen dem Modell und einigen Aspekten des zu beschreibenden Phänomens, und das heißt in der Abstraktion dieser Aspekte (die als relevant betrachtet werden) von anderen (die als irrelevant betrachtet werden)«.[11] Gleichwohl: auch wenn das Modell abstrakt und einseitig ist, soll es als solches doch die Grundlage zur Erklärung der Erscheinungen abgeben, wobei aber entscheidend ist, daß diese Erklärung keine transzendentale Deduktion im Sinne Kants darstellt. Das besagt: es wird nicht auf ein Subjekt zurückgegriffen, das als grundgebender Träger des Modellsystems fungiert und das darum die Ableitung der Erscheinungen in einzelnen Schritten durchsichtig zu entwickeln vermag. Die Gültigkeit des Systems ist eine *objektive*. Wir werden bei der Besprechung von Lévi-Strauss sehen, daß diese Objektivität eigentümlich zweideutig ist. Einerseits erscheint sie als maßgebende *Wirklichkeit*, als Tiefenstruktur, andererseits als *Konstruktion*. Wesentlich ist hier aber, wie auch immer das Modell des näheren bestimmt wird, die »Unwichtigkeit« des Subjektes. Das Subjekt rückt als empirische Einzelheit auf die Seite der Zufälligkeit und wird aus der eigentlichen Analyse, die der Sprache selbst gilt, ausgeklammert. Die Sprache selbst wird damit aber gerade für sich gesetzt. Sie ist, so erklärt Saussure, nur für sich selbst da.

Das einzelne Sprachzeichen ist für sich genommen keine substantielle Entität. Es ist in sich gar nicht bestimmbar. Sprachzeichen sind nur in bezug aufeinander zu erfassen. Die Erfassung dieses Bezuges, das heißt eben der Struktur, ist zwar nur empirisch zu leisten, aber das Bezugssystem selbst ist doch keine geschichtliche Tatsache, sondern deren Regelung, und als solche ist es dem geschichtlichen Geschehen entnommen. Dem widerspricht nicht, daß Saussure eine allgemeine Semiologie anstrebt als eine Wissenschaft, welche das Leben der Zeichen im Rahmen des sozialen Lebens untersuchen soll. Er erklärt, diese Semiologie würde einen Teil der Sozialpsychologie und infolgedessen einen Teil der allgemeinen Psychologie bilden. Ihre Aufgabe sei es, uns zu belehren, worin die Zeichen bestehen und welche Gesetze sie regieren. Diese Semiologie ist also wesentlich Wissenschaft von *allgemeinen Gesetzeszusammenhängen*, die nicht von geschichtlichen Wandlungen getroffen werden.

Der Ansatz der *generativen Grammatik*, wie ihn *Chomsky* entwickelt hat[12], scheint über die statische Betrachtung, die den Strukturalismus auszeichnet, hinauszugehen. In der generativen Grammatik soll ja – darin liegt der Sinn des Generativen – gezeigt werden, wie ein Subjekt aufgrund der *Sprachkompetenz* in der Lage ist, eine beliebige Zahl von Sätzen zu bilden, die es nie gehört oder gelesen hat. Die Kreativität ist also wesentlich. Aber diese Kreativität ist durchaus nicht im Sinne des Selbstverständnisses einer sich zu sich verhaltenden Subjektivität auszulegen. Die Kompetenz des Sprechers ist nichts anderes als die »*angeborene Prädisposition« für Regelordnungen*. Diese Regelordnungen erzeugen abstrakte Satzschemata einer Tiefenstruktur, die hinter der Oberflächenstruktur steht. Die Seinsweise der Tiefenstruktur aber – und hierin gleichen sich die generative Grammatik und die strukturale Sprachtheorie – ist eigentümlich zweideutig. Chomsky spricht immer wieder von angeborenen Fähigkeiten und führt diese darwinistisch auf die Evolution zurück – er hofft, daß eine physikalische Erklärung dieser Fähigkeiten möglich sein werde. Andererseits aber erscheint diese Struktur als *modellhafte Konstruktion*, die aus empirischen Daten erarbeitet ist. Es geht Chomsky primär – das ist für diesen Zusammenhang wesentlich – nicht darum, eine faktische Einzelsprache auf ihre Grammatik hin zu beschreiben, sondern er sucht die *universale* Grammatik zu erstellen, die allen Sprachen gemeinsam ist. Chomsky sagt: »Die Prinzipien der universalen Grammatik liefern sowohl ein hochgradig restriktives Schema, mit dem jede menschliche Sprache in Einklang stehen muß, als auch spezifische Bedingungen dafür, wie die Grammatik einer solchen Sprache gebraucht werden kann.«[13] Die universale Grammatik stellt eine Struktur dar, die offenbar eine artspezifische Tätigkeit ist, »die im Wesentlichen unabhängig von der Intelligenz ist«.[14]

Von diesem Ansatz her zeigt sich Unterschied und Gemeinsamkeit zwischen struktural Linguistik und generativer Grammatik nun genauer. Chomsky lobt zunächst die strukturale Linguistik: »Die strukturale Linguistik hat den Bereich der uns zur Verfügung stehenden Informationen enorm erweitert und die Zuverlässigkeit solcher Daten unermeßlich erhöht. Sie hat gezeigt, daß es strukturelle Relationen in der Sprache gibt, die abstrakt untersucht werden können. Durch sie hat die Präzision der Diskussionen über die Sprache ein gänzlich neues Niveau erreicht.«[15] Chomsky tadelt diese Theorie jedoch, weil sie den kreativen Aspekt des Sprachgebrauches nicht erkannt habe. Abschließend erklärt er aber wiederum, daß der Versuch des Strukturalismus eben doch zu den Grundproblemen der Sprachwissenschaft geführt habe. Sachlich formuliert: »Das Problem, das sich nun stellt, besteht darin, diejenigen Mechanismen zu spezifizieren, die auf Sinnesdaten operieren und Sprachkenntnis, also Sprachkompetenz, produzieren. Es liegt auf der Hand, daß solche Mechanismen existieren.«[16]

Chomsky greift immer wieder – dies sei hier nur angemerkt – auf den Cartesianismus zurück; er erwähnt insbesondere die Logik der Schule von Port-Royal.[17] Ebenso beruft er sich auf Humboldt. Descartes rekurriert in der Tat auf ein rationales System, die sapientia universalis, und Humboldt kennzeichnet seinerseits die Sprache als schöpferische Leistung. Aber weder für Descartes noch für Humboldt ist die Subjektivität ausgeklammert. Sie ist die Trägerin der Ordnung, sei es in der Weise der grundgebenden Fundierungen, so Descartes, oder in der Form der Zirkelbewegung, so Humboldt. Insbesondere zwischen Humboldt und Chomsky bleiben wesentliche Differenzen, denn Humboldt erkennt die Dialektik, daß der Mensch von der Sprache bedingt ist und zugleich auf diese zurückwirkt. Humboldt konnte deswegen gerade die *geschichtliche* Dimension der Sprache in ihrer wesentlichen Bedeutung herausstellen.

Überblickt man den Ansatz der strukturellen Sprachtheorie und der generativen Grammatik, so ist zunächst das Folgende festzustellen: das Vorgehen erscheint in methodischer Hinsicht durchaus »zeitgemäß«, denn in ihm zeigt sich ein Grundzug der modernen Wissenschaftstheorie. Es ist notwendig, ein allgemeines Ordnungsschema von Leitbegriffen zu entwerfen, von dem her die empirische Untersuchung zu dirigieren ist.[18] Wir finden den entsprechenden Ansatz auch in der modernen Soziologie und der modernen Physik wieder. In einem ganz ausgezeichneten Aufsatz hat *Manfred Bierwisch* diesen Sachverhalt dargelegt: »Eine Reihe methodologischer Prinzipien, die sich in den exakten Wissenschaften durchgesetzt haben, sind auch für die Linguistik unentbehrlich geworden. Vor allem zeigt sich, daß die naiven, zumeist auf unmittelbarer Anschauung gegründeten Begriffe und Vorstellungen, die in den Geisteswissenschaften oft dominieren, unzulänglich, ja irreführend sind. *Tiefenstruktur, Transformationsregeln, semantisches Merkmal* sind ebenso abstrakte und theoriegebundene Begriffe wie etwa der *Massenpunkt*, das *Elektron* oder das *Gravitationsfeld* der Physik, das *Gen*, die *Mutation* und die *Synapse* der Biologie. Das verlangt gegenüber der traditionellen Denkweise zwei entscheidende Änderungen. Erstens können linguistische Begriffe und Aussagen nicht länger direkt mit den Mitteln der Alltagssprache formuliert oder gar definiert werden. Sie erlangen ihren präzisen Sinn erst innerhalb der gesamten Theorie, die als Ganzes den Gegenstandsbereich erfassen soll. Nur im Rahmen der Grammatiktheorie können Termini wie *Morphem, syntaktische Regel, Bedeutung, Wort* oder *Satz* genügend scharf gefaßt werden... Zweitens können theoretische Begriffe nicht mehr einfach und unmittelbar auf konkrete Beobachtungen angewendet werden. Vielmehr entsprechen ihnen mitunter abstrakte Beziehungen und theoretische Einheiten, die keiner direkten Beobachtung zugänglich sind. Ihre Zulässigkeit ergibt sich allein daraus, daß nur mit ihrer Hilfe eine Theorie aufgebaut werden kann, die komplexe Zusammenhänge und Erscheinungen der Wirklichkeit erklärt.«[19]

Es gilt hier, will man dieser Entwicklung gerecht werden, ein Zweifaches zu bedenken. Einmal: die hier propagierte Wende zu einer Theorie der Sprache, die nicht unmittelbar die Wirklichkeit einer Sprachwelt betrifft, ist genauso berechtigt, wie die Wende zu einer analytischen Soziologie, die ein funktionales System erstellt, dessen Träger unwirkliche Rollenfiguren sind.[20] In beiden Fällen ist es jedoch notwendig, die Rückwendung zur Wirklichkeit und das heißt, zu der sich verstehenden Subjektivität zu vollziehen. Die soziologische Analyse muß von dem Entschluß geleitet sein, Möglichkeiten für den in realen Situationen handelnden Menschen zu erarbeiten; und die Linguistik muß zu dem wirklichen Menschen als dem realen Träger der Sprache zurückkehren. Es ist sicher ein Verdienst der strukturalen Sprachtheorie und der generativen Grammatik, durch die Erstellung einer reinen Theorie der Sprache die Einseitigkeit einer *nur* geschichtlich orientierten Betrachtung der Sprache gezeigt zu haben. Aber man darf die Geschichtlichkeit der Sprache nun nicht *überhaupt* zur Seite schieben. Wesentlich für jede Sprache ist es, daß der Sprecher sich intentional auf eine Sachwelt bezieht, daß er etwas meint, und daß er sich in der Kompetenz seines Meinens versteht. Die Sprache ist nicht einfaches Können, sondern ein sich zu sich verhaltendes Können. Natürlich ist der Sprechende immer schon in eine Sprachwelt eingeordnet. Aber diese ist nicht nur formal von der Grammatik her bestimmt, sei diese Grammatik nur die einer besonderen Sprache oder universal, sondern auch inhaltlich von den Worten her. Das Wort aber erscheint doch als das eigentliche »Element« der Sprache, und insofern es einen *bedeutungstragenden Weltbezug* vermittelt und darstellt, unterliegt es von Grund aus dem geschichtlichen Wandel.[21]

Wir können hier dem Problem der geschichtlichen Gebundenheit der Sprache nicht nachgehen. Nur eines sei noch angemerkt: strukturalistische Sprachtheorie und generative Grammatik sind keine »zeitlosen Wahrheiten«, sondern zeitbezogene Theorien. Und dies besagt: sie hängen ebenso von den Zeitkonstituentien ab, wie sie ihrerseits diese bedingen. Die oben geschilderte Tendenz zu einem System von Sprache überhaupt, die der strukturalistischen Linguistik und der generativen Grammatik zugrunde liegt, gewinnt immer mehr an Bedeutung in technischer Hinsicht. Mit Hilfe dieser Theorien werden zum Beispiel Übersetzungen durch Computer möglich, die nicht mechanisch ein Wort nach dem anderen übersetzen, sondern sich auf »Sinnatome« stützen, in denen der operationell-syntaktische und semantische Gebrauch der Worte erfaßt wird. Die Praktikabilität aber dieser Linguistik gründet darin, daß sie eben selbst einem technologischen Denken »entstammt«.

Pierre Aubenque erklärt in einem aufschlußreichen Aufsatz »*Sprache, Strukturen, Gesellschaft*«[22], »daß die strukturale Betrachtungsweise eine Technisierung, aber auch Verflachung des ganzen Gebiets der Sprache bewerkstelligt, die den Bedürfnissen der maschinellen Bearbeitung von Informationsaustausch so genau entspricht, daß man der Vermutung nicht entgehen kann, daß sie eben aus diesen Bedürfnissen entstanden ist, zumal jene Aspekte der Sprachtheorie, die von sozialen Bedürfnissen nicht so sehr beansprucht werden, wie z. B. Semantik oder Etymologie, von der strukturalen Sprachwissenschaft weitgehend vernachlässigt werden«.[23] Diese Aussage erscheint uns richtig. Sie involviert natürlich keine Abwertung. Das analytische Vorgehen ist – noch einmal sei es gesagt – eine legitime Methode der gegenwärtigen Wissenschaft. Aber dies Vorgehen darf eben nicht absolut gesetzt werden. Aubenque fährt nach dem soeben Zitierten fort: »Die strukturale Sprachwissenschaft berücksichtigt primär jene Aspekte der Sprache, vor allem die syntaktischen oder ›syntakmatischen‹, wodurch die Sprache als ein von menschlichen Intentionen und historischen Prozessen abgelöstes Ganzes zu funktionieren scheint. Diese Verselbständigung des sprachlichen Bereichs schafft die Bedingungen für eine ›Versprachlichung‹ der Welt, die der Strukturalismus weiterführt. Diese Verselbständigung der Sprache und Versprachlichung der Welt wird aber dadurch ermöglicht, daß das Wesen der Sprache – übrigens nicht zufällig – ›vergessen‹ und daß nach ihm nicht mehr gefragt wird. Das Wesen der Sprache ist letztlich nichts Sprachliches, entgeht also jeder sprachwissenschaftlichen Erforschung.«[24]

Die letzten Sätze mögen ein wenig über das Ziel hinausschießen, insofern hier vom Vergessen des Wesens der Sprache geredet wird – der Einfluß Heideggers ist nicht zu verkennen.[25] Aber Aubenque stellt mit Recht heraus, daß die Sprache auf den Sprechenden und sein Weltverhältnis verweist. Beachtet man nun aber die Relevanz des Sprechenden nicht in ihrer ganzen Weite, dann ersteht dadurch die Gefahr, die Sprache als solche für sich zu setzen und sie als mechanisch funktionierendes System zu konstituieren. –

Die Ausklammerung der Subjektivität und der Geschichtlichkeit in der strukturalen Anthropologie, insbesondere bei Lévi-Strauss

Der Strukturalismus ist heute nicht mehr auf die strukturale Linguistik eingeschränkt. Er ist geradezu Mode geworden. So gibt es eine strukturale Kunstbetrachtung und Literaturdeutung ebenso wie strukturale Analysen des gesellschaftlichen Lebens. Das Wesentliche dieser Ansätze ist darin zu erblicken, daß hier versucht wird, in Anlehnung an den sprachwissenschaftlichen Strukturalismus gültige Systeme herauszuarbeiten und von ihnen her das menschliche Verhalten zu deuten. Wir verweisen, um dies Vorgehen zu illustrieren, auf die Anthropologie von Lévi-Strauss, der zumeist als der eigentlich führende Kopf des Strukturalismus angesehen wird.[26]

Es ist ein Grundanliegen von Lévi-Strauss, den Zusammenhang aufzuweisen, der zwischen der strukturalen *Sprachwissenschaft* und der strukturalen *Anthropologie* besteht. Wir zitieren eine aufschlußreiche Stelle aus einem Aufsatz, der den Titel trägt »*Die Strukturanalyse in der Sprachwissenschaft und in der Anthropologie*«.[27] Lévi-Strauss zeigt zunächst in einem historischen Überblick, daß in der Vergangenheit Anthropologie und Sprachwissenschaft relativ unabhängig voneinander vorgingen; er führt sodann aus, daß sich die Situation in dieser Hinsicht grundlegend geändert habe und gibt eine kurze Kennzeichnung des sprachwissenschaftlichen Strukturalismus durch Rückgriff auf den Sprachforscher *Trubetzkoi:* »Die Entstehung der Phonologie hat diese Situation von Grund auf verändert. Sie hat nicht nur die sprachwissenschaftlichen Perspektiven erneuert, denn eine Umwandlung von solcher Breite beschränkt sich nicht auf ein einzelnes Fach. Die Phonologie muß für die Sozialwissenschaften die gleiche Rolle des Erneuerers spielen wie zum Beispiel die Kernphysik für die Gesamtheit der exakten Wissenschaften. Worin besteht diese Revolution, wenn wir versuchen, sie in ihren allgemeinsten Zügen zu sehen? Der berühmte Meister der Phonologie, N. Trubetzkoi, mag uns die Antwort auf diese Frage geben. In einem programmatischen Artikel führt er, kurz gesagt, die phonologische Methode auf vier Grundschritte zurück: zunächst geht die Phonologie vom Studium der *bewußten* Spracherscheinungen zu dem ihrer *unbewußten* Infrastruktur über; sie lehnt es ab, die *Ausdrücke* als unabhängige Entitäten zu behandeln und macht vielmehr die

Beziehungen zwischen den Ausdrücken zur Grundlage ihrer Analyse; sie führt den Begriff *System* ein: ›Die heutige Phonologie beschränkt sich nicht auf die Erklärung, daß die Phoneme immer Glieder eines Systems sind, sie *zeigt* konkrete phonologische Systeme und hebt ihre Struktur hervor‹; schließlich zielt sie auf die Entdeckung *allgemeiner Gesetze* ab, die entweder durch Induktion gefunden oder logisch deduziert werden, was ihnen einen absoluten Charakter verleiht.«[28]

Wir schließen sogleich ein zweites Zitat an, das die Struktur als die *objektive Realität* kennzeichnet, die nicht historischen Oberflächenschwankungen unterworfen ist: »Von allen sozialen Phänomenen scheint heute allein die Sprache für eine wirkliche wissenschaftliche Untersuchung geeignet zu sein, die die Art und Weise, wie sie sich gebildet hat, erklärt und bestimmte Modalitäten ihrer weiteren Entwicklung voraussieht. Diese Ergebnisse sind dank der Phonologie erzielt worden, und zwar in dem Maße, in dem sie es verstanden hat, über die immer oberflächlichen bewußten und historischen Bekundungen hinaus objektive Realitäten zu erreichen. Diese bestehen aus Bezugssystemen, die wiederum das Ergebnis der unbewußten Tätigkeit des Geistes sind. So stellt sich das Problem: kann eine solche Reduktion für andere soziale Erscheinungen vorgenommen werden? Wenn ja, würde die gleiche Methode zu den gleichen Ergebnissen führen? Und wenn wir diese zweite Frage positiv beantworten, könnten wir dann sagen, daß verschiedene Formen des sozialen Lebens im wesentlichen gleicher Natur sind: Verhaltenssysteme, die jeweils Projektionen allgemeiner, die unbewußte Tätigkeit des Geistes regierender Gesetze auf die Ebene des bewußten und gesellschaftlichen Denkens sind?«[29]

Lévi-Strauss beantwortet auch die letzte Frage positiv. Dies geschieht jedoch nicht spekulativ, sondern auf dem Weg konkreter ethnologisch-anthropologischer Forschung. Die Methode dieser Forschung ist aufschlußreich, insofern sie deutlich macht, wie sehr hier von einem unmittelbaren und intuitiven Verstehen des anthropologischen Materials abgesehen wird. Anthropologisches Material sind in ethnologischer Hinsicht vor allem die Mythen, die weitgehend gemeinsame Züge aufweisen, auch wenn sie geographisch und historisch gesehen ohne Bezug zueinander auftreten. Lévi-Strauss schafft, so erklärt er, diese Mythen in das Labor. Er zerlegt sie in Elemente, das heißt Mytheme, denen analoge Bedeutung wie den Morphemen und Phonemen der Sprachwissenschaft zukommt. So gibt es – um nur einige Beispiele zu nennen – die feststehenden mythologischen Bezüge: Oben-Unten, Mutter-Sohn, Mensch-Erde. Diese Relationsbestimmungen sind Modelle menschlichen Verhaltens. Dies besagt – das ist entscheidend –, daß den strukturalen Anthropologen nicht die Inhalte einzelner anthropologischer Begriffe interessieren, sondern allein die *Beziehungen* dieser Begriffe untereinander. Diese Beziehungen sind eben die Strukturen, die relativ stabil sind und als Gesetzmäßigkeiten nicht nur den primitiven, sondern auch den modernen Gesellschaften zugrunde liegen.

Die wissenschaftliche Untersuchung ist also keineswegs mit der einfachen Beobachtung von zeitlichen Zufälligkeiten identisch. Das Sammeln von empirischem Material an Ort und Stelle ist zwar notwendig – es ist der erste Schritt –, aber die Aufarbeitung des Materials ist nur möglich mit Hilfe einer *Theorie*. Die Erstellung dieser Theorie und vor allem ihre Anwendung auf das noch sehr differierende Material bedarf der exakten Methoden der Mathematik und der symbolischen Logik: »Um das Problem der Objektivität lösen zu können, das der Anthropologie durch die Notwendigkeit einer gemeinsamen Sprache zur Übersetzung heterogener sozialer Erfahrung auferlegt ist, beginnt die Anthropologie, sich der Mathematik und der symbolischen Logik zuzuwenden. Unser gewohntes Vokabular, das Produkt unserer eigenen sozialen Kategorien, ist in der Tat unzulänglich, um ganz andere soziologische Erfahrungen zu formulieren.«[30]

Von diesem Ansatz her läßt sich nun die *Abwertung der Geschichte* verstehen. Lévi-Strauss unterscheidet die heiße und die kalte Geschichte. Heiße oder kumulative Geschichte zeigt sich in den Gesellschaften, die auf Neuerungen und Veränderungen aus sind; hier steht der Mensch mit seinem Tun im Zentrum. Kalte oder statische Geschichte bestimmt dagegen die Gesellschaften, die Veränderungen möglichst zu vermeiden suchen. Solche Gesellschaften sind vor allem die sogenannten primitiven Gesellschaften. Lévi-Strauss redet zumeist von authentischen Gesellschaften, weil hier die direkte Nachrichtenform und persönlicher Kontakt wesentlich sind. Die heiße Geschichte ist vorzüglich Gegenstand der *Historie,* die kalte dagegen das Forschungsobjekt der *Ethnologie.* Diese Unterscheidung des Ethnologen vom Historiker hat einen gewissen wertenden Beiklang. In den vom Ethnologen zu untersuchenden Gesellschaften herrscht Ordnung, im Gegensatz zu geschichtlich bestimmten Gesellschaften, die vom Primat der Veränderung geprägt Auflösung und Chaos mit sich bringen. Die faktische Ordnung der primitiven Gesellschaft aber zeigt auf die wahre und eigentliche Grundordnung hin. Lévi-Strauss geht zwar sehr vorsichtig vor; er will selbst nur Forscher und kein Philosoph sein. Und als Forscher muß er feststellen, daß alle Ordnungen faktisch immer unvollkommen sind. Gleichwohl: Lévi-Strauss erhofft von seinen Entdeckungen bedeutsame Ergebnisse. Er erklärt: »Diese Entdeckungen werden einer sogleich sehr alten und sehr neuen Wissenschaft zugute kommen, einer *Anthropologie* im weitesten Sinne des Wortes, das heißt einer Kenntnis des Menschen, die verschiedene Methoden und Disziplinen miteinander verbindet, und die uns eines Tages die geheimen Kräfte aufdecken wird, welche unseren Gast bewegen, der, ohne zu unseren Debatten eingeladen zu sein, anwesend ist: den menschlichen Geist.«[31]

Lévi-Strauss geht in seinen Analysen von einer bestimmten Grundvoraussetzung aus: es gibt nicht viele beliebige Möglichkeiten menschlichen Verhaltens, sondern nur eine bestimmte Anzahl. Diese Möglichkeiten werden in der Wirklichkeit ausgeformt. Die Ausformung geschieht zumeist unbewußt; es gibt natürlich auch bewußte Gestaltungen, aber diese sind armselig, verglichen mit den unbewußten Infrastrukturen. An diese halten sich die Primitiven, indem sie sich von ihnen ohne Widerstand regeln lassen. Man muß also, wenn man etwas Wesentliches über den Menschen erfahren will, eigentlich Ethnologe sein, weil die statischen Strukturen der primitiven Gesellschaften gerade als unbewußt wirkende die bestimmenden Realitäten relativ unverzerrt zeigen. Der Ethnologe trägt also nicht eigene Modelle in die Wirklichkeit hinein. Seine Modelle sind vielmehr *Repräsentanten der Wirklichkeit,* als und insofern diese sich als tragende Ordnung erweist.

Dieser Ansatz wird nun aber »unterlaufen«. Es ist – wie wir bereits andeuteten – klar, daß keine primitive Gesellschaft die Ordnung des Menschlichen in Vollkommenheit zeigt. Man muß daher grundsätzlich gesehen zwischen der Wirklichkeit und der Struktur unterscheiden. Lévi-Strauss erklärt in bezug auf die soziale Struktur, daß sie nicht mit den faktischen sozialen Beziehungen verwechselt werden dürfe. »Die *sozialen Beziehungen* sind das Rohmaterial, das zum Bau der Modelle verwendet wird, die dann die *soziale Struktur* erkennen lassen. Auf keinen Fall darf diese auf die Gesamtheit der in einer gegebenen Gesellschaft beobachtbaren Beziehungen zurückgeführt werden.«[32] Man geht also von der empirischen Wirklichkeit aus und baut von ihr her Modelle auf, die die Empirie in ihren Ordnungen erkennbar machen. Modelle sind konstruktive Umwege der Forschung. –

Die methodische Zweideutigkeit, daß Strukturen einerseits Forschungsentwürfe und andererseits die eigentliche Wirklichkeit darstellen, zeigt sich und zwar in sehr verschiedenen Ausprägungen bei fast allen bedeutenden Strukturalisten. *Foucault*[33] erklärt: es gibt kein Ich – der Mensch ist überhaupt eine späte Erfindung –, die reinen Strukturen mit ihren Mechanismen sind die eigentliche Realität. Sie hat der »Archäologe« des Wissens zu erforschen. Dialektischer gehen *Lucien Sebag*[34] und *Louis Althusser*[35] vor. Beide Denker entwickeln eine *soziologische Gegenwartsanalyse*. Sie erklären: Strukturen sind die bestimmenden Gebilde, und zwar in der Weise, daß sie sich als *differierende und überhöhende Niveaus* darstellen. Als solche sind sie vergleichbar. Jede Struktur hat zwar ihre eigene Problematik und ist zunächst in sich zentriert. Aber alle einzelnen Ebenen stehen miteinander in Bezug. In Hinsicht auf das Erkenntnisproblem darf man daher gar nicht fragen, wie ein Subjekt an die objektive Wirklichkeit der Strukturen herankommt, sondern man muß den Mechanismus beachten, durch den sich eine objektive Ordnung in dem ihr entsprechenden cognitiven Prozeß zeigt. Diese Darstellung verändert unter Umständen und stellt eine Brechung dar. Eine solche Brechung ist z. B. die *Ideologie*, wie Sebag darlegt, der den grundsätzlichen Vorzug des Strukturalismus darin sieht, nicht mehr beim Subjekt ansetzen zu müssen. Er sagt in diesem Zusammenhang, daß die individuelle Praxis keineswegs als der autonome Pol angesehen werden dürfe, von dem her die soziale Realität erklärt werden könne. Diese sei nur zu erkennen durch eine wissenschaftliche Untersuchung der verschiedenen Strukturniveaus.

Die Abwendung von der Subjektivität involviert eine *Abwendung von der Geschichte*. Geschichte ist, wie *Sebag* darlegt, keine eigentliche Wissenschaft, weil sie die Beziehungen, die sie zwischen den Ereignissen einführt, immer nur als zufällige konstatieren kann. Der Historiker erkennt keine Notwendigkeit. Diese ist nur zu finden auf einer allgemeinen und hinreichend gereinigten Ebene, die eine bestimmte Anzahl von Variablen enthält, die sich gegenseitig definieren. Noch radikaler geht *Althusser* vor. Er wendet sich in seiner Marxinterpretation grundsätzlich gegen die traditionelle Philosophie, die humanistisch ausgerichtet ist, und erklärt, eine jede Anthropologisierung müsse als unwissenschaftlich abgelehnt werden. Dementsprechend ist nach Althusser nicht der frühe Marx, sondern der Verfasser des »Kapital« wesentlich, weil erst im »Kapital« ohne Rückgriff auf anthropologische Begriffe die *reine Ökonomie* als theoretisch-abstraktes Struktursystem entwickelt wird.

Der Ökonomismus bedeutet für Althusser also nicht mehr wie für Marx, daß die ökonomischen Strukturen den Menschen versklavende Faktizitäten wären. Versklavung ist ein anthropologischer und daher eigentlich nicht erlaubter Ausdruck. Das Ökonomische zeigt sich im »Kapital« als gereinigte, das heißt, als subjektlose Sphäre. Als solche offenbart sie die Produktionsform, die sich in entsprechender Weise auch auf anderen Ebenen dieses Systems, etwa der politischen oder ideologischen, wiederholt. Der Ausleger muß alle diese Stufen zu erkennen und miteinander zu vergleichen suchen. Erst so erfaßt er das Ganze einer Gesellschaft.

Die Problematik der Ausschaltung der menschlichen Subjektivität zeigt sich besonders deutlich in der Analyse des Handlungsproblems, die Althusser gibt. Eine durch den Strukturalismus bestimmte Gesellschaft muß auch die Handlungsebene strukturalisieren. Dies besagt der Sache nach: Handlung kann nichts anderes sein als rein technologisch gelenkte Anwendung wissenschaftlicher Einsichten. Die hier vollzogene Negation der traditionellen Anthropologie soll nun aber gerade den echten, weil gereinigten Humanismus herbeiführen, das heißt den Humanismus, der nicht mehr auf schwankenden menschlichen Überzeugungen, sondern auf der Erkenntnis der Wissenschaft begründet ist. Freilich: Althusser und auch Sebag schränken ihre Theorien doch wiederum ein, wenn sie erklären, daß faktisch in der Gegenwart noch kein solcher Zusammenfall von Struktur und Realität zu konstatieren ist.

Interessant und aufschlußreich für die Beantwortung der Frage, ob und wieweit der Strukturalismus gerade die Situation der Gegenwart erhellen kann, sind die Argumentationen von *Lucien Goldmann*.[36] Goldmann sucht zu zeigen, daß der Strukturalismus selbst historisch bedingt ist. Er ist Ausdruck des *organisierten Spätkapitalismus*, dem ein wissenschaftsgläubiges, rationales und unhistorisches Denken entspricht. Eine unhistorische strukturalistisch fundierte Soziologie kann daher durchaus eine Erkenntnis der Gegenwart leisten, insofern die moderne Gesellschaft als solche keine nennenswerte historische Wandlung mehr zeigt. Dies gründet nach Goldmann darin, daß hier die Werte so hintergründig geworden sind, daß das Verhältnis der Menschen realiter unabhängig von ihnen »auf Dauer gestellt werden kann«. Diese unhistorische Soziologie will, so faßt Goldmann zusammen, keine Wissenschaft vom Wesen des Menschen mehr entwickeln, sondern richtet sich auf die Äußerungen des Menschen, mit gewissem Recht, denn das Problem des Wesens des Menschen wäre, so sagt Goldmann, in dem Maße weniger dringend geworden, als es gelungen wäre, seine Äußerungen stetig werden zu lassen. Allerdings ist Goldmann selbst nicht gewillt, diese moderne Situation nun kritiklos zu bejahen. Er sieht die Gefahren einer funktionalisierten Gesellschaft, die die Notwendigkeit des Entscheidungshandelns nicht mehr wahrhaben will.

Eine geschichtliche Besinnung auf die Grenze des Strukturalismus, wie sie Goldmann vollzieht, findet sich jedoch bei den eigentlichen Anhängern des Strukturalismus kaum. Ob man die Struktur als Modell oder als eigentliche Wirklichkeit ansetzt – daß das Denken von den Strukturen aus das einzig richtige Denken sei, dies wird gar nicht bezweifelt. Der Strukturalismus verkennt die geschichtliche Dimension, weil er eben in unreflektierter Form die Struktur als bezugsloses Gebilde setzt. Kein vernünftiger Mensch wird leugnen, daß es den Menschen übergreifende Zusammenhänge gibt. Aber das Entscheidende ist und bleibt, daß der Mensch durch diese Ordnungen nicht nur bedingt ist, sondern daß auch er sie bedingt.

Auf das aktive Verhältnis des Menschen den Strukturen gegenüber hat *Sartre* eindringlich hingewiesen.[37] Es ist, so sagt er, der Mensch selbst, der, sich vergessend, sich den Strukturen gegenüber ausschaltet. Diese Negation seiner selbst bedeutet die Anerkenntnis des Faktischen. Wir kommen, so erklärt Sartre, zu einem Positivismus zurück, und zwar zu einem *Positivismus der Zeichen*. Dieser behauptet: »Es gibt Totalitäten, strukturierte Gesamtheiten, die sich durch den Menschen hindurch konstituieren und die zu entschlüsseln die einzige Aufgabe des Menschen ist.«[38] Sartre fordert im Gegenzug zu diesem Positivismus, daß der Mensch sich selbst und sein Tun bedenkt, indem er es totalisiert. »Das Wesentliche ist nicht, was man aus dem Menschen gemacht hat, sondern was er aus dem macht, was man aus ihm gemacht hat. Was man aus dem Menschen gemacht hat, das sind die Strukturen, die Sinneinheiten, die die Geistes- und Sozialwissenschaften untersuchen. Was der Mensch macht, das ist die Geschichte selbst, das wirkliche Überschreiten dieser Strukturen in einer totalisierenden Praxis.«[39] Sartre rechtfertigt von hier aus den Marxismus: »Auf den Marxismus zu verzichten hieße, darauf zu verzichten, den Übergang zu verstehen. Nun glaube ich aber, daß wir immer im Übergang begriffen sind, immer dekomponieren, indem wir produzieren, und produzieren, indem wir dekomponieren: daß der Mensch in bezug auf die Strukturen, die ihn bedingen, ständig ›hinaus‹ ist, weil es noch etwas anderes ist, das ihn sein läßt, was er ist. Ich verstehe also nicht, daß man bei den Strukturen halt macht: für mich ist das ein logischer Skandal.«[40]

Das sind legitime Aussagen. Freilich darf nicht verschwiegen werden, daß Sartre zur Überbetonung des Subjektes neigt.[41] Strukturen sind nicht, wie Sartre meint, von der Subjektivität her als geronnene Tätigkeit und Moment des Praktisch-Trägen zu definieren, und es geht nicht darum, Strukturen aufzulösen, weil sie Widerspruch zur Tätigkeit sind. Strukturen, insbesondere in der Form von Institutionen, gehören ebenso ursprünglich zur Geschichte wie die handelnde Subjektivität. Das Subjekt ist genausowenig ohne Strukturen zu denken, wie umgekehrt die Struktur ohne Subjektivität. Beide bedingen sich gegenseitig. Es ist daher nicht angebracht, die Strukturen rein aus der Tätigkeit des Subjektes ableiten zu wollen. Freilich: das Schwergewicht in dieser Dialektik liegt immer auf der Seite der Subjektivität, denn nur diese vermag zu handeln, wobei eben anzuerkennen ist, daß für das Handeln Ordnungen notwendig sind, weil menschliche Tätigkeit keine absolut freie und sich völlig durchschauende Setzung ist.

Die Notwendigkeit des Handlungsbezuges für den Menschen gilt es dem strukturalistischen Denken gegenüber deswegen zu betonen, weil hinter diesem Denken echte Erfahrungen der Negativität stehen. Der Strukturalismus ist historisch gesehen eine *Gegenbewegung gegen den Existentialismus*. Es ist sicher kein Zufall, daß er in Frankreich nach dem zweiten Weltkrieg zur Wirkung kam.[42] Man sah, daß Handlungen – vom Subjekt her verantwortlich geplant und unter Umständen sogar als moralische Verpflichtung verstanden – insbesondere im politischen Raum nur wenig erwirkten, weil hier andere Gesetze herrschten. Diese Einsicht wurde im Lauf der Nachkriegsentwicklung erweitert zu der zeitgeschichtlichen Diagnose, daß in der modernen technisch verwissenschaftlichten Welt der Einzelne überhaupt zur Untätigkeit verurteilt sei. Und nun machte man aus dieser Not eine Tugend. Das Erkennen schien allein Erfüllung zu geben, und zwar ein Erkennen, das aus dem Handlungszusammenhang gelöst einer abstrakten Systematik zugeordnet wurde, in der das Inhaltlich-Individuelle ausgeschaltet ist. Die strukturalistische Betrachtung ist distanzierte reine Außenbetrachtung. Methodisches Prinzip ist das Vergleichen und Berechnen von Bezügen. Das Quantitativ-Mathematische und das Oberflächenhafte hat, weil es rein formale Zusammenhänge aufweist, einen eigenen Reiz, wie einige Strukturalisten erklären. Die Betrachtung ist solchermaßen entlastend, darin liegt – existentiell gesehen – ihre Bedeutung. Diese Entlastung aber wird eben, so meinen wir, dann gefährlich, wenn man sie nicht mehr als solche durchschaut, sondern vermeint, der Strukturalismus löse die Probleme der Wirklichkeit. Solcher Ideologie gegenüber gilt es zu begreifen, daß der Mensch in aller seiner Endlichkeit das Subjekt des Geschehens ist, und daß es verfehlt ist, die Strukturen als »Quasisubjekte« zu etablieren.

Die Geschichte der Geschichtsphilosophie zeigt immer wieder, daß der Mensch, wenn er sich selbst als Geschichtssubjekt negiert, übermenschlich-irreale Größen wie

Gott, den Weltgeist, den Volksgeist oder die kulturellen Mächte als solche Quasi-subjekte einsetzt. Die Struktur gehört in diese Reihe hinein als ein extremes Beispiel. Das Geschehen wird hier bestimmt von einem Subjekt, das alle Züge der Personenhaftigkeit abgelegt hat, so daß die Struktur als ein subjektlos gewordenes Subjekt zu bestimmen ist.[43]

D. Anmerkungen zu einer zeitgemäßen »Philosophie der Geschichte«

Vorbemerkung: Der Ahistorismus als allgemeine Zeiterscheinung.
Abschied von der Geschichte.
Vergeschichtlichung als Reflexionshandlung

Wir versuchen, zum Abschluß dieses Teiles den Grundansatz eines zeitgemäßen Geschichtsverständnisses von der Bestimmung der *Vergeschichtlichung* her zu entwickeln. Wir gehen dabei von der Einsicht aus, daß der Ahistorismus heute als eine Tatsache angesehen werden muß, die den Hintergrund für eine jede Überlegung über die Geschichte bildet. Unter der Bestimmung »Ahistorismus« fassen wir jetzt – über den engeren Bereich der Wissenschaft hinausgehend – die Uninteressiertheit an der Geschichte überhaupt zusammen, die die Gegenwart kennzeichnet. Wir werden diesen Ahistorismus, der eine allgemeine Zeiterscheinung darstellt, später vom ethischen Aspekt her zu betrachten haben, jetzt kennzeichnen wir zunächst nur seine Grundstruktur.

Wesentlich für die Gegenwart ist nach der Meinung der maßgebenden zeitkritischen Deutungen unserer Epoche der im 19. Jahrhundert einsetzende sogenannte *Siegeszug der exakten Wissenschaften*. Das damit eingeleitete wissenschaftliche Zeitalter ist – das hat bereits Comte gesehen – eigentümlich geschichtslos. Geschichtslosigkeit, Berechenbarkeit und Außenbetrachtung gehören zusammen, wie umgekehrt Geschichte, unberechenbares Geschehen und nachfühlendes Verstehen miteinander verbunden werden. Die moderne Geschichtslosigkeit ist vom Gesichtspunkt der exakten Wissenschaft her gesehen aber gerade kein Mangel, sondern ein Positivum. Solange die Menschen noch »geschichtlich handelten«, war eben ihr Tun nicht planbar, denn Planbarkeit ist nur möglich, wo die Zufälligkeit als Wahrscheinlichkeitsfaktor in ein System eingebaut und damit relativ entmachtet ist.

Entscheidend an diesem Vorgang der Enthistorisierung ist der Zirkel: die moderne Wissenschaft führt das »Zeitalter der Nachgeschichte« herauf, und diese nachgeschichtliche Zeit etabliert ihrerseits die geschichtslose Wissenschaft als einzig legitime Wissenschaftsform, so daß diese Wissenschaft sich *stetig* steigern kann. Diese Steigerung bedingt den technischen Fortschritt. Dieser bringt zwar ständig Neues an Produktionsmöglichkeiten hervor. Aber diese Neuheit ist als Überwindung des Bisherigen gerade eingeplant. Sie beruht nicht auf einer nicht berechenbaren Freiheit, eine solche Freiheit ist weithin ausgeschaltet zugunsten der sogenannten Sachbezüge. Diese Sachbezüge sind die eigentlichen Strukturen des Zeitalters, das sich funktionierend vorwärtstreibt. Es entstehen Zustände, die »unendliche Entwicklungsmöglichkeiten enthalten, aber keine Alternativen im Grundsätzlichen mehr zulassen«.[1]

Diese Gleichung von Wissenschaft und planbarer Forschung ist heute – dies sei jetzt nur angemerkt – nicht nur für die Naturwissenschaften bestimmend. Sie ist für alle Wissenschaften gültig, die sich um den Menschen im Sinne des wissenschaftlich-technologischen Fortschrittes kümmern, also auch für die Soziologie, die Psychologie, die theoretische und die praktische Medizin und weite Teile der Psychotherapie. Grundsätzlich formuliert: legitim sind für das moderne Bewußtsein alle Wissenschaften, die sich dem Gesetz der Zusammengehörigkeit von Theorie und Empirie im Sinne der *Überprüfbarkeit* unterstellen und solchermaßen die Möglichkeit der Planbarkeit fundieren.

Das wissenschaftliche Zeitalter ist zugleich das technologische Zeitalter. Das Wesen der *Technologie* ist schwer zu erfassen.[2] Technologie ist weder eine reine Theorie noch eine bloße Praxis, sondern eine Denkweise und eine Verhaltensform zugleich. Hier wird der Begriff der Funktionalität zum zentralen Grundbegriff erhoben. Das Ideal der Technologie ist die kybernetische Selbststabilisierung, die instinktanalog ist. Das System soll sich gerade selbst steuern und selbst kontrollieren. Das Wesentliche des »technologischen Traums« ist es, die menschliche Entscheidungsfreiheit überflüssig zu machen. *Rein* technologisch gedacht ist also die allgemein behauptete Tatsache, daß der Mensch in die superstrukturierten Prozesse nicht mehr beliebig eingreifen kann, gerade kein Negativum, sondern das zu erstrebende Ideal.

Die Technisierung bringt eine *Schematisierung des Geschehens* mit sich, deren praktische Konsequenz es ist, daß die in dem Geschehen tätigen Menschen nicht mehr als Individuen erscheinen, sondern eigentümlich wesenlos werden. Man kann vom außengelenkten Typ reden, der sich auf das Geschehen »eingespielt« hat.[3] Diese Negation der Personalität geht nun ineins mit der *Ausklammerung der Geschichte und der Geschichtlichkeit.* Daß die Technologie eine allgemeine Uninteressiertheit an der Geschichte herbeiführt, dies gründet darin, daß die moderne Technik trotz ihrer immer perfekteren Funktionalisierung und trotz ihrer quantitativen Steigerung ins Gigantische sich in qualitativer Hinsicht eigentlich nicht wesentlich verändert. Sie erscheint geschichtslos.

Es zeigt sich, daß der berühmte »Sechste Sinn«, der historische Sinn, dessen Anliegen es ist, das Gegenwärtige von seiner Vergangenheit her genetisch zu begreifen, heute keineswegs mehr wie noch vor achtzig Jahren zu Nietzsches Zeit eine Gefahr darstellt. Anders gesagt: eine Vertiefung in die eigene Vergangenheit erscheint nur dort möglich, wo zwischen dieser Vergangenheit und der Gegenwart eine Kontinuität besteht, so daß die Vergangenheit mir etwas zu »bedeuten« hat. Wird diese Kontinuität aufgehoben – und dies geschieht durch die moderne Technik, die einen entscheidenden Umbruch bedeutet –, dann sinkt die Vergangenheit in das Vergessen ab, und die Uninteressiertheit an der Geschichte wird zur allgemeinen Grundstimmung.[4]

Diese Uninteressiertheit tritt zumeist in der Form *unthematisierter Gleichgültigkeit* der Geschichte gegenüber auf. Wird sie als solche zur Ausdrücklichkeit erhoben, dann ergibt sich die Möglichkeit, sich mit ihr auseinanderzusetzen. Die maßgebenden Kritiker der Zeit haben dies weitgehend auch getan. Diese Auseinandersetzung ist natürlich vielfältig und differenziert. Gleichwohl läßt sich doch eine *vorherrschende Grundtendenz* feststellen. Man akzeptiert den Zustand als *nicht veränderbar* und nimmt »Abschied von der Geschichte«. Dabei wird aber – und dies ist entscheidend – Wesen und Struktur der Geschichte völlig undialektisch als reiner Gegensatz zur gegenwärtig bestimmenden Technologie gekennzeichnet. Schärfer gesagt: man hält sich an *frühere* Möglichkeiten der Geschichte, und da diese heute vergangen sind oder vergangen zu sein scheinen, vermeint man, Geschichte im eigentlichen Sinn sei überholt und nicht mehr aktuell.

Konkret: die *einzelnen Individuen*, insbesondere die großen Männer, können heute nicht mehr in und durch ihr freies Handeln das Geschehen bestimmen. Das Tun des einzelnen ist für das Ganze, so scheint es, relativ unwichtig geworden. Dies Ganze ist aber auch nicht mehr durch die Tätigkeit von *Gruppen* wirklich zu gestalten, denn die Gruppen, nicht nur die Völker, sondern auch die Klassen, haben sich längst in ideologischer und ökonomischer Hinsicht aneinander angeglichen und sind durch den übergreifenden technologischen Prozeß miteinander so verzahnt, daß eine in Eigentätigkeit beschlossene Aktion gar nicht mehr realisierbar erscheint. Wenn aber – um es noch einmal zu sagen – die Gestaltung des Geschehens durch Menschen, seien es einzelne oder Gruppen, nicht mehr an der Zeit ist, dann ist Geschichte »zu Ende«, denn wirkliche Geschichte geschieht eben, so meint man, nur dort, wo eine wesentliche Veränderung des Geschehens durch ein freies Tun erwirkt wird.

Wir weisen zur Erhellung des soeben Dargelegten auf *Ernst Jünger* hin.[5] Jünger gehört – dies zeigt sein Frühwerk »Der Arbeiter«, in dem bereits die Struktur des technischen Zeitalters gezeichnet wird – zu den ersten, die das Ende der Geschichte als Problem thematisierten. Jünger – wir denken hier insbesondere an sein Werk »An der Zeitmauer« – erklärt, daß das historische Bewußtsein als geschichtsbildende Macht gegenwärtig aus der Herrschaft ausscheidet. Ein geschichtliches Zeitalter ist nicht selbstverständlich, sondern untersteht bestimmten Bedingungen. »Eine Person, eine Begebenheit, muß ganz bestimmte Eigenschaften ausweisen, um ›geschichtlich‹ zu sein. Dazu gehört sowohl die geschichtsbildende Kraft als auch die Fähigkeit, Gegenstand der Geschichtsschreibung und des in ihr waltenden Eros, Objekt der historischen Anschauung zu sein. Diese heftet sich an ganz bestimmte Zeiten und Vorgänge. Die geschichtsbildende Macht beherrscht kein abgeschlossenes Reich. Sie unternimmt Ausfälle und Streifzüge. Sie ist wie ein Licht, das durch das Dunkel der Zeit getragen wird – so scheint es ihr wenigstens in ihrem Selbstbewußtsein, in der besonderen Art ihrer Augenartigkeit.«[6]

Diese geschichtliche Kraft ist heute nicht mehr wirksam, weil alles zweideutig geworden ist. »Wir nennen bereits die Ereignisse nicht mehr zwingend, die wir erlebt haben. Was ist Freiheit, Nation, Demokratie? Was ist ein Verbrechen, ein Soldat, ein Angriffskrieg? Darüber sind die Ansichten babylonisch geteilt, nicht nur deshalb, weil es wie eh und je Parteien gibt, sondern vor allem deshalb, weil die Worte porös, weil sie vieldeutig geworden sind. Das liegt daran, daß immer mehr Figuren und Ereignisse sich nicht in den historischen Rahmen und seine Begriffe einfügen. Aus der Welt verschwindet mit den historischen Bindungen und Landschaften auch das Verhalten, das sich nach geschichtlichen Vorbildern beurteilen und prognostizieren läßt. Daher beginnen auch Worte trügerisch zu werden, die zum eisernen Bestand des geschichtlichen Handelns und der Verträge gehörten, wie Krieg und Frieden, Volk, Staat, Familie, Freiheit, Recht. Von Jahr zu Jahr wird beklemmender, mächtiger spürbar, daß Dinge im Werden sind, die im Geschichtlichen nicht unterzubringen sind. Das zeugt für mehr, für anderes als den Anbruch einer neuen Geschichtsepoche, eines historisch vergleichbaren Abschnittes. Es zeugt dafür, daß wir uns am Abschluß eines Zyklus befinden, der die Geschichte übergreift, und daß bereits ein neuer Zeitgroßraum auf die Menschen einwirkt.«[7]

Auch *Gehlen* schildert eindringlich – wir haben dies früher dargelegt – das Nivellement des technischen Fortschrittes, das »unabsehbare Endlosigkeit« bedeutet, und erklärt: »Daraus allein folgt der Zwang, die Epoche, in der wir leben, in ihrem wesentlichen Schwerpunkt als das post-histoire zu bezeichnen, als nachgeschichtliches Stadium, so wie es im echten Sinne ein vorgeschichtliches gab.«[8]

Die Darlegungen beider Denker sind nicht unabhängig von *Spengler* entstanden. Sie deklarieren, daß dieser Wandel unabänderlich sei. Man kann ihn zwar bedauern und hoffen, daß die in Jahrtausenden angesammelten Kräfte diese Nivellierung überleben werden – Hans Freyer hat diese Meinung in einer ausführlichen Schilderung der Gegenwart geäußert[9] –, aber diese Hoffnung kann sich kaum auf Tatsachen stützen. So bleibt nur Resignation.

Diese Resignation ist auch bei *Herbert Marcuse* zu spüren. Das durch Wissenschaft und Technik bestimmte Zeitalter ist gerade dadurch ausgezeichnet, daß es die möglichen Einwände gegen den Apparat in diesen eingebaut und damit kaltgestellt hat. So hat es sich fast unangreifbar gemacht. Es bleibt nur die Möglichkeit der »großen Weigerung«. *Jürgen Habermas* hat in einem Aufsatz die Parallelen zwischen Gehlens und Marcuses Analyse der Gegenwart herausgestellt[10]; wir werden auf die ethische Bedeutung der großen Weigerung noch zurückkommen müssen.

Die eben genannten Denker werten die Gegenwart wesentlich negativ. Die Situation kann nun aber auch *positiv* beurteilt werden. Wenn die Wissenschaft und die Technik die Unvorhergesehenheit und die Zufälligkeit weithin ausschalten, vermögen sie sich, so meint man, zum Guten auszuwirken. Eine eingreifende Verbesserung menschlicher Lebensmöglichkeiten erscheint realisierbar. Die *Sozialtechnik* kann die Führung übernehmen und die Geschichtsphilosophie ersetzen. Sehr erhellend sind in dieser Hinsicht die Ausführungen *Theodor Geigers* über unsere Zeit.[11] Geiger erwartet von der Steigerung der durch Wissenschaft möglichen Aufklärung eine Humanisierung. Er ironisiert – durchaus mit Recht – die Autoren, die so tun, als ob in früheren Zeiten alle Menschen autonome Persönlichkeiten gewesen wären, jetzt aber durch die Technik versklavt würden. Er sucht zu zeigen, daß nicht die schwankende Emotionalität, sondern allein die reine Rationalität den Fortschritt befördern kann. Der rational ausgerichtete Mensch ist der *emanzipierte* Mensch. Sein Handeln ist empirisch fundiert und erscheint daher gesicherter als die auf persönliche Verständigung abzielende kommunikative Interaktion. Die Entwicklung hat, so erklärt er, gezeigt, daß eine auf gegenseitiges Verstehen gegründete Lenkung der Geschichte weit unzuverlässiger ist als das Sachdenken, das als solches zur Rationalität erzieht.

Gefordert muß daher werden, daß sich der Mensch dem Gesamtprozeß anpaßt. Geiger sagt: »Das Mißverhältnis zwischen der Gesellschaftsstruktur und dem psychischen Habitus des Menschen hat seinen Grund darin, daß der Mensch in seiner persönlichen Entwicklung zurückgeblieben ist. Die objektive Zivilisation ist der subjektiven vorausgeeilt und davongelaufen. Gemessen an ihrer objektiven Kultur und Zivilisation sind die Menschen gesellschaftliche Schwachköpfe. Es geht darum, die Persönlichkeitsentwicklung des Menschen auf jene Stufe zu heben, die dem Aufbau und Apparat seiner Gesellschaft entspricht.«

Überblickt man diese Deutungen, so zeigt sich: die Beurteilung schwankt zwischen Extremen. Man bedauert die Entwicklung und trauert der Vergangenheit nach, oder man preist den rationalen Trend als eindeutigen Fortschritt. In beiden Fällen aber wird diese Deutung als Aufweis eines unabänderlich Vorliegenden deklariert. Und

Anmerkungen zu einer zeitgemäßen »Philosophie der Geschichte« 599

dementsprechend erscheint die *Akkomodation an die gegenwärtige Lage* als einzige Möglichkeit, mag sie nun widerwillig oder freudig vollzogen werden. Dieses Vorgehen ist problematisch. Indem der Deuter seine Analysen als eindeutig auf den Tatsachen beruhend ausgibt, verdrängt er die Einsicht, daß Zeitanalysen nie eine schlichte und abbildende Beschreibung sind. Jede Deutung ist eine Reflexion, und als solche kann sie gerade nicht das Gegebene »einfach wiedergeben«. Der Sinn einer analytischen und ideologiekritischen Zeitgeschichte ist es ja gerade, die verborgenen Zusammenhänge aufzudecken, die Vorverständnisse und die Implikationen ans Licht zu bringen. Das besagt aber konkret: es ist erfordert, die durchgängige Dialektik, die zwischen Deutung und Wirklichkeit besteht, herauszustellen. –

Der moderne Ahistorismus ist als allgemeine Zeiterscheinung durch keine rein theoretische Überlegung zu widerlegen oder gar auszuschalten. Es ist vielmehr notwendig, den Menschen an sich selbst, das heißt, an sein Handlungsbewußtsein und seine Verantwortung, und zwar insbesondere die Verantwortung in bezug auf die Gestaltung der Gesellschaft, zu erinnern. Eine solche Erinnerung muß letztlich *ethisch* ausgerichtet sein; eine Ethik aber kann ihrer Intention nach nicht demonstrierend vorgehen, sondern hat wesentlich appellativen Charakter. In diesen Zusammenhang einer ethisch ausgerichteten Handlungsorientierung gehört – auf das Grundsätzliche gesehen – die Erörterung der Bedeutung der Geschichte für uns. Eine solche Erörterung muß sich daher, wenn anders sie mehr als eine abstrakte Theorie sein will, als Reflexionshandlung etablieren.

Die Bestimmung »Reflexionshandlung« ist hier im idealistischen Sinne, insbesondere im Sinne *Fichtes* zu verstehen.[12] Das heißt: Reflexionshandlung ist ein von mir selbst allererst zu leistender Verstehensakt der Freiheit und setzt Selbsttätigkeit voraus. Sie ist als solche der Gegenzug zu einem Verhalten, das sich rein passiv von außen lenken läßt und dessen Ideal das Angepaßtsein an vorgegebene Strukturen ist. Entscheidend bei dieser Reflexionshandlung ist es, daß der Bezug zu der Situation, in der man steht, gewahrt wird. Grundsätzlich gesagt: Reflexionshandlung und Vergeschichtlichung gehören zusammen. Eine Reflexionshandlung ist, wenn anders sie zeitgemäß sein will, nur als Akt der Vergeschichtlichung möglich, durch den man sich zu seiner Zeit »bekennt«. Aber es gilt auch das Umgekehrte: Vergeschichtlichung ist, wenn anders sie mehr als bloße Anpassung sein will, nur als eine Reflexionshandlung möglich, durch die man sich kritisch zum Geschehen einstellt.

Blickt man von hier aus noch einmal auf das Problem der *Technologie* als Kennzeichen der Gegenwart zurück, so ist zu sagen, Reflexionshandlung und Technologie entsprechen sich als Gegensätze. Man kann der Technologie nur durch eine geschichtsbezogene Reflexionshandlung beggenen. Der Grundansatz dieser Reflexion ist es, dem Menschen vor Augen zu führen, daß er selbst es ist, der in diesen Vorgängen der Technisierung steht und von ihnen betroffen wird. Dies Wissen ist die Grundvoraussetzung allen Tuns. Ob und wieweit der Mensch gegen die Manipulationen vorgehen kann, das ist eine zweite Frage, die erst diskutiert werden kann, wenn der Mensch sich in seiner geschichtlichen Situation »reflexiv versteht«. Indem er seine Macht und seine Ohnmacht erkennt, kann er denkend zu den Fragen der Zeit Stellung nehmen, und eben damit etabliert er sich bereits als ein Wesen, das die rein technologische Dimension *überschritten* hat. –

Die erste Aufgabe einer zeitgemäßen Besinnung über die Geschichte kann, wenn anders sich diese Besinnung selbst geschichtlich versteht, nur darin liegen, herauszuarbeiten, welche Möglichkeiten der traditionellen Geschichtsproblematik heute noch wesentlich sind und welche so inaktuell geworden sind, daß sie nicht mehr gegen den modernen Ahistorismus ins Feld geführt werden können.

Die Antwort auf diese Fragen ist nicht so einfach zu geben, wie es auf den ersten Blick erscheint. Die traditionellen Theorien der Geschichte und die traditionellen Geschichtsphilosophien sind ja durchaus verschiedenartig strukturiert. Gleichwohl lassen sich bestimmte Probleme als für den traditionellen Ansatz typisch herausheben. Es sind dies Fragen nach dem Wesen und dem Sinn der Geschichte und ihrer Bedeutung für den Menschen. Diese Fragen werden differenziert. Einmal in bezug auf die res gestae: wer macht Geschichte? Völker oder die großen Einzelnen? Gibt es wirksame »Gesamtkräfte«? Sind diese politischer, kultureller oder wirtschaftlicher Art? Vor allem aber: stellt das Geschehen einen Fortschritt dar, und hat Geschichte einen Abschluß? Sodann in bezug auf die historia rerum gestarum: wie wird das Geschehen eigentlich erfaßt? Kann es einfach empirisch beschrieben werden? Muß es auf allgemeine Gesetze gebracht werden? Spielen bei der Geschichtsschreibung Werte eine Rolle? Kann der Historiker wirklich objektiv vorgehen, und soll er es überhaupt?

Bei vielen dieser Fragen, insbesondere bei der Frage nach dem Wesen und dem Sinn der Geschichte, geht es um grundsätzliche und allgemeine Probleme. Solche Probleme stehen heute nicht mehr im Vordergrund. Gleichwohl sind sie nicht einfach gegenstandslos geworden. Sie sind – so kann man sagen – zwar in den Hintergrund getreten, aber von dort aus wirken sie virtuell weiter.

Es zeigt sich uns hier ein Sachverhalt, der der im dritten Teil beschriebenen Wandlung der *modernen Anthropologie* vergleichbar ist.[13] Die großen und allgemeinen Probleme der traditionellen Anthropologie, insbesondere das Leib-Seele-Problem, verlieren an Aktualität. Nicht, weil sie gelöst wurden. Man ist vielmehr überzeugt, daß es für sie keine unbedingte Lösung gibt. Man ist aber auch nicht mehr an einer solchen metaphysischen Lösung interessiert, weil nun *konkrete* Probleme drängend geworden sind, z. B. die Frage: wieweit läßt sich körperliches Geschehen seelisch beeinflussen oder umgekehrt? Aber die allgemeinen Probleme bilden – das ist entscheidend – den latenten Hintergrund für diese konkreten Fragen. Ein analoger Sachverhalt zeigt sich nun, so meinen wir, in der Geschichtsproblematik. Auch die allgemeinen Grundprobleme der Geschichtsphilosophie wirken verborgen weiter.

Allerdings ist hier ein gewisser Unterschied zur Lage der Anthropologie festzustellen. Dort ist der Bezug von konkreten und allgemeinen Fragen durch die Forschungsproblematik selbst gegeben. So läßt sich über konkrete psychosomatische Probleme nur reden, wenn das Leib-Seele-Problem als solches hintergründig eben mitbedacht wird. In der Geschichtsproblematik muß der Bezug zu umgreifenden Zusammenhängen erst hergestellt werden. Der auf die Gegenwärtigkeit eingestellte Mensch bewegt sich wesentlich nur im Nahhorizont der Umwelt und hat wenig Sinn für eine Problemstellung, die diesen Horizont überschreitet. Die Reflexion hat hier die Aufgabe, das Bedenken des Konkret-Allgemeinen, das heißt der die Zeit im Ganzen umgreifenden und bestimmenden geschichtlichen Zusammenhänge, allererst zu inszenieren. In diesem Sinne ist eine Erinnerung an die Theorien der Geschichte, wie sie die Vergangenheit entwickelt, durchaus erfordert, denn in diesen Theorien ist der Sinn für das Allgemeine lebendig. Die Beschäftigung mit ihnen ist im Sinne unserer früheren Bestimmung also »bildend«: sie erweitert den Blick für größere Zusammenhänge und fördert die Fähigkeit zur Auseinandersetzung.

Vom Gesichtspunkt der Vergeschichtlichung als einer Reflexionshandlung her ist der Aufbau der folgenden Kapitel zu verstehen. Wir setzen zunächst bei der Diskussion grundsätzlicher Probleme der Geschichte und der Geschichtlichkeit an, insofern diese für uns aktuell sind, sodann wenden wir uns der Frage einer kritischen Revision der Geschichtswissenschaft zu und thematisieren schließlich Möglichkeiten der Zukunft, wie sie sich von der Vergangenheit und der Gegenwart her abzeichnen. Im einzelnen: das erste Kapitel behandelt die *Dialektik von Macht und Ohnmacht in der Geschichte*. Hier geht es uns um die Charakterisierung der Geschichte und der Geschichtlichkeit überhaupt. Dieser Absatz ist für den möglichen Ansatz einer zeitgemäßen Geschichtsphilosophie zentral. Im zweiten Kapitel wird die *Frage nach dem Sinn der Geschichte* diskutiert. Unsere Aufgabe ist es hier zu zeigen, daß heute nicht mehr die Metaphysik, sondern die Praxis der Ort der Sinnfrage ist. An die Stelle einer theoretischen Spekulation über den Sinn der Geschichte im Ganzen tritt das Bedenken von Sinnzusammenhängen, die realisierbare Möglichkeiten für das Handeln eröffnen. Im dritten Kapitel weisen wir auf die *Situation der gegenwärtigen Geschichtswissenschaft* hin und erörtern Ansätze, von denen her eine *Revision* der noch weithin von der Tradition bestimmten Grundbegriffe dieser Wissenschaft möglich erscheint. Solche Ansätze zeigen sich bei der Diskussion des Problems der Weltgeschichte und der Einheit der Menschheit. Die *Frage nach der Menschheit als einem möglichen Geschichtssubjekt* wird im letzten Kapitel zu konkretisieren gesucht, wobei das allgemeine Problem, wie sich Geschichtssubjekte überhaupt konstituieren, den Hintergrund unserer Analysen bildet.

Erstes Kapitel
Die Dialektik von Macht und Ohnmacht
in der Geschichte[1]

Wenn wir unsere Reflexion über die Geschichte am Leitbegriff der Vergeschichtlichung orientieren, so darum, weil dieser Begriff gerade die Verbindung von Konkretem und Allgemeinem intendiert. Genauso wie es verkehrt wäre, nur in dem Konkreten der jeweiligen Gegenwart aufzugehen, genauso abwegig wäre es, im Allgemeinen abstrakter Geschichtsphilosophien zu verschweben. Vergeschichtlichung bedeutet, wie wir sagten, sich in seiner Zeit orientieren, das heißt, die Situation als den vorgegebenen Ort erfassen und von ihr her die Initiative ergreifen. Aber dies erfordert die Kenntnis dessen, was gerade auf Grund der geschichtlich gewordenen Gesamtkonstellation für die Zukunft möglich ist.

Daß diese Vergeschichtlichung im Wesen des Menschen beschlossen ist, insofern er durch die Geschichtlichkeit strukturiert ist, hat der Historismus, insbesondere in seiner Ausprägung durch die Existenzphilosophie, aufgezeigt. Uns kommt es hier jedoch nicht darauf an, eine allgemeine Theorie der Vergeschichtlichung in anthropologischer Hinsicht zu entwerfen. Wichtiger erscheint es uns, die *Dialektik*, die die Vergeschichtlichung bestimmt, wenigstens im Grundansatz herauszustellen, denn nur von ihr her kann der Gegenzug gegen das heute allgemein herrschende technologische Denken geleistet werden. Das besagt konkret: Es geht uns darum, daran zu erinnern, daß der Mensch vom geschichtlichen Geschehen ebenso bedingt ist, wie er dieses bedingt.

Verfehlt und gefährlich ist eine jede Ideologie, die diesen Sachverhalt nicht durchschaut, sondern einseitig vorgeht, indem sie nur das eine Glied herausstellt und das andere vergißt, also entweder die Ohnmacht oder die Macht des Menschen in bezug auf die Gestaltung der Geschichte zum Prinzip erhebt. Beide Extreme zeigen sich in den Geschichtsphilosophien der Vergangenheit. Sie treten aber auch in der Gegenwart hervor, und erst hier erfahren sie ihre volle Entfaltung. Dies sei im folgenden dargelegt.

Das Extrem, das durch *einseitige Betonung der Ohnmacht des Menschen* in bezug auf die Gestaltung geschichtlicher Verhältnisse gekennzeichnet ist, ist anthropologisch durch die Erfahrungen der Unvollkommenheit und der Schwäche des Menschen vermittelt. Diese Erfahrungen sind vielfältiger Art. Sie gründen im Sein des Menschen, insbesondere in seiner biologischen Mangelstruktur. Zur spezifisch geschichtlichen Erfahrung wird das Bewußtsein der Ohnmacht, wenn die Handlungsdimension im Großen betroffen ist. So kann insbesondere das politische Geschehen das Ohnmachtsbewußtsein erzeugen. Nicht nur die Tatsache, daß kein Handelnder weiß, was bei seinem Tun »herauskommt« – die berüchtigte Erfahrung der Nebenfolgen –, sondern vor allem die Tatsache, daß Menschen immer wieder Menschen knechten, versklaven und vernichten, das heißt allgemein formuliert: die Tatsache, daß die Geschichte in moralischer Hinsicht gerade keinen Fortschritt zeigt, führt zu einer Negation des Aktivitätsbewußtseins. Man sucht Ruhe und findet diese nur in der Wendung zum Privaten. Bereits Hegel hat das Erschrecken darüber, daß die Menschen aus der Geschichte nie etwas lernen, und sich, von dem Furchtbaren in ihr abgestoßen, in die Innerlichkeit zurückziehen, eindringlich herausgestellt.[2]

Die Ausformungen eines solchen Rückzuges sind vielfältig. Sie können sich als passive Ethik etablieren: es gilt, aller Gewalt zu entsagen, weil es besser ist, Gewalt zu erleiden als Gewalt auszuüben. Moderner formuliert: man muß immer auf der Seite der Unterdrückten und nicht der Unterdrücker stehen. Die »Unwirklichkeit« dieser Konzeption, die Camus entwickelt, hat Sartre herauszustellen gesucht, indem er erklärt, daß die Menschen handeln müssen, und daß sie sich als Handelnde notwendig »die Hände schmutzig machen«.[3] Noch radikaler – wenigstens der Intention nach – als diese passive Ethik, die als Ethik ja noch ein bestimmtes Verhalten propagiert, ist die Resignation, die aus der Einsicht in die totale Sinnlosigkeit des Geschehens alles Handeln vergleichgültigt. Der mögliche Umschlag in einen instrumentalen Aktivismus liegt nahe: Weil kein Handeln besser als das andere ist, ist alles Handeln rein pragmatisch als Mittel zum jeweiligen Zweck zu betrachten.

Ihren wesentlichsten Ausdruck hat diese Einstellung der Passivität jedoch in der *theologisch inspirierten Metaphysik der Geschichte* gefunden. Diese Metaphysik will ausdrücklich begründen, warum eine Gestaltung der Geschichte durch Menschen gar nicht möglich sei. Nicht der Mensch, sondern übermenschliche Mächte – sei es das Schicksal, die Götter oder Gott – »machen« die Geschichte. Die Spekulation findet hier nun freies Feld. Sie kann und muß zeigen, wie im menschlichen Tun ein Höheres anwest, das dieses Tun verborgen, aber dennoch radikal ausrichtet, so daß das Geschehen – zumindest post festum – nicht als vom Menschen dirigiert und dirigierbar erscheinen kann. Zumeist dient diese Spekulation jedoch der Absicherung den Ungewißheiten und Zufällen der Geschichte gegenüber. Theologisch formuliert: Die Wege Gottes sind seltsam und wunderbar, aber Gott hat immer das Beste des Menschen im Auge. Es ist heute in einer unmetaphysisch gewordenen Epoche wohl kaum mehr möglich nachzuempfinden, wie dieser Glaube an das göttliche Walten – die Vorsehung in der Geschichte – jahrhundertelang den Menschen ein unbedingtes Sicherheitsgefühl gegeben hat. Die Erniedrigten und Beleidigten erzog er zur Geduld dem vorbestimmten Geschick gegenüber, und den Handelnden gab er das Bewußtsein, das Werkzeug Gottes zu sein.

Dieser theologisch-metaphysische Ansatz ist heute keine bestimmende Wirklichkeit mehr. Die hier maßgebende Überzeugung, daß Geschichte nicht durch menschliches Handeln zu bestimmen sei, ist aber in der Gegenwart durchaus noch lebendig, ja sie hat sogar eine eigentümliche Verschärfung erfahren. Die letzte und radikalste Möglichkeit der Passivitätseinstellung zur Geschichte ist die *Ausschaltung der Geschichte selbst* als eines zumindest relativ vom Menschen überschaubaren und gestaltbaren Geschehens. Diese Ausschaltung wird gegenwärtig propagiert. An die Stelle der Geschichte ist, so heißt es, ein Prozeß getreten, der als *technologischer* in sich funktioniert. Diese Funktionalität aber bedeutet keinen Zuwachs an Einsicht in das geschichtliche Gesamtgeschehen. Die Superstrukturen sind, wie *Arnold Gehlen* und *Herbert Marcuse* darlegen, nicht zu durchschauen.[4] Sie demonstrieren uns aber – im Gegensatz zum undurchsichtigen Schicksal und den unerforschlichen Wegen Gottes – ihre Übermacht in eigentümlich zwingender Form und erzeugen so das Bewußtsein der Passivität mit fast logischer Notwendigkeit.

Die Haltung der Bescheidung, die den übermenschlichen, die Geschichte gestaltenden Mächten der Metaphysik gegenüber angebracht erschien, wird dem modernen Ansatz entsprechend modifiziert. Sie sagt sich nicht mehr in existentiellen Sprachwendungen aus, sondern bedient sich technisierter Vokabeln. Bei Gehlen ist eine Technisierung der Darstellung unserer Abhängigkeit sehr deutlich zu spüren. Die Tatsache, daß man nicht handelnd in das Geschehen eingreifen kann, wird von den sogenannten Sachzwängen und deren Funktionalität her in technischen Wendungen expliziert und demonstriert: der Mensch hat keinen »Stellenwert« mehr.

Die Rationalität ist aber im ganzen irrational. Marcuse legt dies immer wieder als den entscheidenden Punkt dar, der sinnhaftes Eingreifen unmöglich macht. Daher seine Forderung der totalen Weigerung: man soll überhaupt nicht mehr »mitmachen«. Diese Forderung ist nicht weniger eine Kapitulation vor der Geschichte als Gehlens Überzeugung, daß nur im privaten Raum noch so etwas wie Freiheits- und Persönlichkeitskultur zu verwirklichen sei. In beiden Fällen ist man des Glaubens, daß der Mensch auf die Gestaltung der »großen Verhältnisse« – und dies waren ja bisher die eigentlich geschichtlichen Verhältnisse – keinen Einfluß mehr hat. Sicher nicht der Form, wohl aber dem Inhalt nach sind diese modernen Rückzüge den früheren Abwendungen von der Geschichte vergleichbar. Es ist hier wie dort die Erfahrung der geschichtlichen Ohnmacht, die zur Passivität und damit zur Ausschaltung des geschichtlichen Bewußtseins führt, das heißt des Wissens, daß der Mensch in seinem geschichtlichen Sein unaufhebbar durch das Mit- und Gegeneinander von Macht und Ohnmacht bestimmt ist und auch dann bestimmt bleibt, wenn die eine Seite in außerordentlichem Maße überwiegt. –

Die Gegenmöglichkeit zu der einseitigen Haltung der Passivität ist das *Überschätzen der menschlichen Aktivität* und ihrer Wirkungen in bezug auf die Gestaltung des geschichtlichen Geschehens. Formal gesehen wäre hier als Äquivalent zur Ohnmachtserfahrung die Erfahrung der Macht anzusetzen. Wie Ohnmachtserfahrung zur Untätigkeit führt, so Machterfahrung zum Bewußtsein einer Kraft, die sich die eindeutige Gestaltung des Geschehens zutraut. Eine solche Analogisierung mag grundsätzlich richtig sein. Es ist hier aber sogleich anzumerken, daß in der klassischen, in Hegels System kulminierenden Geschichtsphilosophie die These von der Macht des Menschen in bezug auf die Geschichte nicht so offen deklariert wird wie die Gegenthese von der Ohnmacht.

Dies gründet zunächst in der metaphysischen Überzeugung, daß der Mensch ein endliches Wesen ist, und daß ihn seine Endlichkeit so radikal von einem allmächtigen Gott unterscheidet, daß er nie wie dieser die Geschichte lenken kann. Es lassen sich jedoch auch politische und soziale Gründe für die Zurückhaltung des Menschen in bezug auf die Möglichkeit, die Geschichte zu bestimmen, angeben. Geschichte im politischen Sinn ist wesentlich durch das wechselseitige Verhalten der Menschen bestimmt. Kein politisch kluger Mensch aber wird, wie bereits Plato sagt, seinen Machtanspruch über andere Menschen offen deklarieren; er wird ihn zumindest ethisch tarnen, indem er sich zum Gerechtigkeits-, wenn nicht gar zum Gleichheitsprinzip bekennt.[5] Zudem: Die Gestaltung der Geschichte durch große Einzelne ist relativ selten. Es gibt Paradebeispiele wie Alexander den Großen und Napoleon. Aber der Satz, daß große Männer die Geschichte machen, ist sicher keine allgemein gültige Aussage, die durch Tatsachen gestützt würde. Und schließlich: Gerade die großen Politiker wissen um die Gewalt der Umstände und des glückhaften Geschickes. Als pragmatischer Theoretiker der Politik hat Machiavelli überzeugend dargelegt, daß virtù durch fortuna zu ergänzen sei. Man könnte also nicht zu unrecht behaupten, daß die einseitige Hervorhebung der Macht der großen Männer in der Geschichte eine Ideologie des Historikers sei, der seinen Helden hinterher glorifiziert.

Die These vom Machtanspruch in bezug auf die Gestaltung der geschichtlichen Verhältnisse läßt sich nun aber modifizieren: Nicht die einzelnen, wohl aber bestimmte *Gruppen* machen Geschichte. Diese Meinung ist insbesondere vom Marxismus vertreten worden. Sie ist aber gerade für den Marxisten kein Hinweis auf empirische Tatsachen. Einerseits fungiert sie als Anklage gegen die bisher herrschenden Klassen, die Feudalherren und das Bürgertum, und andererseits und vor allem bedeutet sie eine Aufforderung zur Revolution für das Proletariat. Das Wesentliche aber ist, daß Marx erkennt, daß Gruppenherrschaft immer dialektisch bedingt ist. Herrschaft setzt Knechtschaft voraus und umgekehrt. Es gibt bei Marx nun aber auch geschichtsphilosophische Äußerungen, die nicht dialektisch bestimmt sind. Marx propagiert einen geschichtlichen Machtanspruch des Menschen in der Form, daß er darlegt, daß in der klassenlosen Gesellschaft der Mensch das Geschehen ganz in die Hand nähme.[6] Diese Macht soll nicht als Herrschaft eines Teiles der Menschen über einen anderen verstanden werden; die klassenlose Gesellschaft ist Aufhebung aller Gegensätze zwischen den Menschen. Wohl aber soll sich in diesem Endzustand der Mensch als Herrscher über die Natur zeigen.

Erst hier kommt nun der eigentliche Sinn der These vom Machtanspruch des Menschen in bezug auf die Geschichte zur Geltung: die Macht des Menschen wird nicht als Macht über seinesgleichen propagiert, sondern als *Macht über die den Menschen bedrängende Natur*. Zunächst beherrscht die Natur den Menschen. Es gilt, diese Macht zu brechen, und dies ist nur möglich auf dem Wege der Technik. Die Technik aber entwickelt sich in der Geschichte in der Weise eines kontinuierlichen und eindeutigen Fortschrittes. Der Sinn dieses Fortschrittes ist die Verbesserung der menschlichen Lage durch immer unbeschränktere Ausnutzung und Veränderung des natürlich Gegebenen.

Auch dieser Herrschaftsanspruch hat seine metaphysische Fundierung gefunden, insbesondere durch *Fichte*.[7] Fichte hat die Macht über die Natur auf das Selbstbewußtsein, das heißt, die Setzung des Ich durch sich selbst, gegründet und erklärt, daß der Mensch zwar die anderen Menschen als Ich-Wesen zu achten habe, die ich-lose Natur dagegen sich vollständig unterwerfen dürfe und könne. Diese metaphysische Deutung der menschlichen Macht über die Natur tritt aber – überblickt man die Geschichte des neuzeitlichen Denkens – hinter der wissenschaftlichen Deutung zurück. Diese beruft sich nicht auf allgemeine Prinzipien, sondern auf den praktischen Erfolg. So erklärt *Descartes*, daß wir uns zu Meistern und Besitzern der Natur machen können.[8] Diese Aussage aber begründet er in der Einsicht, daß es Erkenntnismöglichkeiten gibt, die im Gegensatz zur Schulweisheit schon von vornherein praktische Abzweckung in sich tragen. Dies sind die Erkenntnisse der Physik.

Die Fortschrittstheorie ist also wesenhaft auf den Entwicklungsweg der wissenschaftlichen Entdeckungen gegründet, und insofern ist die Geschichte dieses Fortschrittes ebenso geradlinig wie die Geschichte der exakten Wissenschaften selbst. Natürlich ist man oft allzu schnell im Entwerfen von Utopien technischen und humanitären Charakters. Wenn man jedoch erfährt, daß unglaubwürdige Träume von gestern heute Wirklichkeit werden, dann scheint damit doch so etwas wie ein Beweis der praktischen Unbegrenztheit menschlichen Könnens gegeben zu sein.

Das *technologische Denken* hat sich in der Gegenwart als bestimmend durchgesetzt. Und nun ist es das Interessante, zu erkennen, daß es sich nicht nur mit der These von der Ohnmacht des Menschen in bezug auf die Gestaltung des Geschehens, sondern auch mit der Gegenthese verbindet, die die Macht des Menschen herausstellt.

Will man die Zusammenhänge angemessen verstehen, so muß man sich zunächst folgendes klarmachen: Der technologische Prozeß als solcher wird seiner Struktur und seiner Ausgestaltung nach von den meisten Zeitkritikern in erstaunlich übereinstimmender Weise beschrieben. Auch die Auskunft, daß es sich hier um einen irreversiblen Prozeß handelt, wird fast einheitlich vorgetragen. Lediglich in der »anthropologischen Auswertung« des Geschehens unterscheiden sich die Aussagen der Zeitanalytiker, hier aber eben in der Weise, daß gerade die *gegensätzlichen* Auffassungen vorgetragen werden.[9] Der oben angeführten Deutung, daß der Mensch den selbständig gewordenen Prozessen gegenüber zur Ohnmacht und Passivität verurteilt sei, steht die Meinung entgegen, daß jetzt erstmalig der Mensch wirklich den geschichtlichen Prozeß in die Hand bekommen könne. Diese Meinung stützt sich auf bestimmte Voraussetzungen. Die Geschehensvorgänge in Wissenschaft, Technik, aber auch in der Wirtschaft und in der Politik, sind in hohem Maße funktionalisiert, das heißt aber: sie sind rationalisiert. Der Schluß Marcuses, daß Rationalität zwar in den einzelnen Vorgängen anzutreffen sei, das Gesamtgeschehen aber irrational sei, wird von maßgebenden Soziologen, insbesondere Soziologen, die dem modernen Positivismus nahestehen, als nicht zwingend abgelehnt. Vielmehr wird gefordert, daß der Mensch sich der technischen Entwicklung anzupassen habe. Um noch einmal Theodor Geiger zu zitieren: »Es geht darum, die Persönlichkeitsentwicklung des Menschen auf jene Stufe zu heben, die dem Aufbau und Apparat seiner Gesellschaft entspricht.«[10]

Diese Zeitkritiker entwerfen ein Zukunftsbild des Menschen, das einerseits merkwürdig naiv wirkt, andererseits aber gerade in seiner Eindeutigkeit beeindruckt. Die Grundbedingung ist es, die Emotionen auszuschalten oder zumindest in das Privat-Persönliche abzudrängen. Maßgebend im öffentlichen Verhalten darf allein die Rationalität sein. Diese ist nicht inhaltlich, sondern nur formal zu bestimmen, als Genauigkeit, Unvoreingenommenheit, permanente Kritikbereitschaft einerseits und allseitige Informiertheit andererseits. Dieses Bild ist, wenn nicht direkt am Computer, so doch am Verhalten, das computergerecht ist, orientiert. Es ist nur zu aktualisieren, wenn man die bisherige falsche Programmierung des Menschen durch das humanistische Ideal der Tradition rückgängig macht.[11]

Der rational bestimmte Mensch soll nun aber gerade die eigentliche Optimierung des menschlichen Zusammenlebens herbeiführen. Das besagt vor allem: die Politik muß rationalisiert werden.[12] Mögliche Gefahren und Unzulänglichkeiten, die durch unvorhergesehene und nicht geplante Freiheiten zustande kommen, sind auszuschalten. Es ist klar, daß man das Willkürgeschehen nicht ganz auszuschließen vermag. Seine »Gefährlichkeit« kann aber dadurch weitgehend eingedämmt werden, daß es dem Schema der Planbarkeit entsprechend statistisch unter Wahrscheinlichkeitsfaktoren gebracht und damit relativ berechenbar wird. Dies besagt grundsätzlich: Geschichte als »Zufallsgeschehen« soll durch den technisch berechneten Prozeß ersetzt werden. Diese Konzeption gleicht im Endeffekt also ihrem Gegenteil, denn ob der technologische Prozeß als Beginn der absoluten Herrschaft oder der absoluten Knechtschaft des Menschen deklariert wird, in beiden Fällen ist das Ineinander von Macht und Ohnmacht, das die Geschichte »ausmacht«, negiert. –

Gegen beide Konzeptionen steht *das Ideal der Ausgewogenheit von Macht und Ohnmacht*. Dies Ideal ist jedoch nie zu verwirklichen. Faktisch wird immer der eine oder der andere Faktor überwiegen. Eine Ausgewogenheit könnte der Mensch ja nur erreichen, wenn er über der Geschichte stände und diese von außen her bestimmte. Wesentlich ist es diesem Ideal gegenüber, daß das Wissen um die nicht berechenbare Wirksamkeit beider Faktoren wach gehalten wird. *Dies Wissen ist nichts anderes als das, was man geschichtliches Bewußtsein nennt.* In und durch das geschichtliche Bewußtsein wird die Struktur des geschichtlichen Seins als solche anerkannt. Gleichwohl birgt auch diese Anerkenntnis der Dialektik von Macht und Ohnmacht Gefahren für das Selbstverständnis des Menschen in sich. Dies sei ein wenig genauer dargelegt.

Wenn das geschichtliche Sein durchgängig dialektisch bestimmt ist, dann ist Hegels Analyse von Herr und Knecht offensichtlich die angemessene Auslegung der Geschichte, insbesondere der politischen Geschichte. Daß Herrschaft nicht ohne Knechtschaft ist und umgekehrt, besagt aber: die Ungleichheit ist das bestimmende geschichtliche Prinzip. Die moderne soziologische Konflikttheorie, die behauptet, daß Konflikte das Wesen des geschichtlichen Geschehens ausmachen, hat diese Anerkenntnis der Ungleichheit zum methodischen Ausgangspunkt der soziologischen Analyse erhoben.[13]

Ist es nun aber nicht offensichtlich, daß die Konsequenz dieser Einsicht nichts anderes als eine fatalistische Hinnahme des faktischen Geschehens bedeuten kann? Hegel selbst gibt bereits dafür den Beweis: In der Philosophie, überhaupt in der geistesgeschichtlichen Entwicklung, ist jede Erkenntnis relativ, denn sie wird durch ihren Gegensatz dialektisch überholt; und in bezug auf das Politische sieht Hegel das faktische Unterlegensein als Erweis dafür an, daß ein Neues »an der Zeit ist«. Sicher: Hegel sanktioniert metaphysisch dieses trostlose Auf und Ab der Geschichte im übergeschichtlichen Geist, um dessen Entwicklung zum absoluten Wissen es in der Geschichte letztlich allein geht. Aber wenn man diese Sanktion nicht anerkennt, dann bleibt, so scheint es, die Hinnahme der Faktizität das letzte Wort.

Was ist angesichts dieser resignierenden Einstellung zur Geschichte, die gerade aus der Erkenntnis ihrer Struktur folgt, zu tun? Zunächst ist es notwendig, sich klar zu machen, daß die Einsicht in die Dialektik der Geschichte nicht metaphysisch fundiert werden darf. Das besagt: Es wäre verkehrt, der Metaphysik der Geschichte, die sich auf das Prinzip der Macht oder der Ohnmacht stützt, eine Metaphysik entgegenzusetzen, die den dialektischen Wechsel in der Geschichte selbst absolut setzt und unter Umständen sogar glorifiziert. Nietzsche hat dies getan, indem er durch seine Metaphysik des Werdens einen Freibrief auch für die Negativitäten im Namen des Lebens ausstellte.

Solche Versuche kommen einer Kapitulation vor der Geschichte gleich. Sie distanzieren sich vom konkreten Geschehen, indem sie die Geschichte im Ganzen ihrer Struktur abstrakt sanktionieren. Im Gegenzug zu diesen Ansätzen steht die Haltung, die nicht mehr metaphysisch bedingt ist, weil sie *jede* absolute Auskunft einklammert und dementsprechend auch die Zweideutigkeit der Geschichte weder unbedingt verdammt noch unbedingt preist, sondern als die Dimension hinnimmt, in der man zu existieren hat ohne Anhalt an absoluten Wahrheiten.

Eine solche Haltung kann nur eingeübt werden durch die *Reflexionshandlung*, in der ich mich selbst *vergeschichtliche*, das heißt, mich zu dem durch die Situation geforderten Tun entschließe. Dieser Entschluß setzt eine Orientierung über das gegenwärtig Mögliche voraus, und hierbei wird die technologische Sachkenntnis nicht gering geachtet werden dürfen. Die technologische Sachkenntnis bedeutet aber keine Determination. Sie fordert vielmehr eine Entscheidung, die eben nicht dezisionistisch-irrational sein darf, sondern rational begründet werden muß. *Friedrich Jonas* sagt in seinem ausgezeichneten Aufsatz »Technik als Ideologie«: »Rationalisierung bedeutet nicht Einrücken in die Weltvernunft, sondern Entzauberung der Welt und der Vernunft. Sie bedeutet nicht das Ende von Entscheidungsdruck und Risiko, sondern ruft den einzelnen vielmehr auf, sich rational, d. h. in bewußter Abwägung von Alternativen zu verhalten. Dort, wo ein Subjekt nicht wählt, sondern sein Verhalten als ein notwendiges deklariert, werden wir nicht rationale, sondern irrationale Beweggründe vermuten.«[14]

Dies Handeln aber muß in aller seiner Rationalität durch eine Vorstellung von dem, was heute geschichtlich *im ganzen* notwendig ist, geleitet sein. *Marx* hat, was hier als Minimalforderung anzusetzen ist, in sehr einfacher Form herausgestellt: Es geht um die möglichst effektive Aufhebung des Elends und die möglichst effektive Verbesserung der Lebenschancen für alle mit Hilfe der Technik.[15] Ein Handeln, das die Verwirklichung dieser Ziele erstrebt, muß sich darüber im klaren sein, daß der Mensch der Geschichte nicht absolut mächtig ist, ohne deswegen zu reiner Ohnmacht verurteilt zu sein. Es bleibt daher die erste Aufgabe der Reflexion, sich gegen den einseitigen Glauben an die Macht oder die Ohnmacht zu wenden, so wie es jeweilig die Situation erfordert. Es sei jedoch gesagt, daß der »Machtthese«, oder genauer: dem Anspruch des Menschen, über die Natur zu herrschen, wenn anders die Vorteile dieser Herrschaft in möglichst effektiver Form allen Menschen zugute kommen, ein grundsätzlicher Vorrang vor der »Ohnmachtthese« zuzubilligen ist. Der dialektische Sinn der »Ohnmachtthese« liegt wesentlich darin, daß das reale Scheitern des Handelns, das zur Geschichte ebenso unabdingbar gehört wie der Erfolg, von vornherein »eingerechnet« wird. Die Gesinnung des Handelnden in bezug auf die Gestaltung des geschichtlichen Geschehens muß durch die Haltung des »dialektischen Als-Ob«, das die einzig mögliche Einstellung gegen die absolute Resignation ist, bestimmt sein: *Wir haben zu handeln, als ob alles nur an uns läge.*

Wir brechen diesen Hinweis auf die dialektische Struktur der Geschichte ab. Es wäre eine weitere Aufgabe, diese Dialektik nun allseitig auszubauen. Insbesondere wäre es notwendig, eine *Zeitanalyse* zu entwickeln, die die verschiedenen Zeitvorstellungen, die die geschichtliche Bewegung bestimmen, als relativ selbständig expliziert und sie zugleich dialektisch aufeinander bezieht. Um auf die hier möglichen Problemansätze hinzuweisen: Die Geschichtszeit gründet nicht in der existenzialen Zeitlichkeit, wie Heidegger erklärt.[16] Die existenziale Zeitlichkeit steht in dialektischem Bezug zur objektiven Zeit. Deren Wirksamkeit erfahren wir primär an uns durch die

Tatsache der Vergänglichkeit. Die Macht der Vergänglichkeit aber beweist unsere Ohnmacht. Unsere Ohmacht zeigt sich aber nicht nur von der kreatürlichen Vergänglichkeit her, sondern auch angesichts der geschichtlichen Tradition. Diese Tradition überkommt uns von der Vergangenheit her, die sich als ein unsere Freiheit relativ prädestinierendes Geschehen präsentiert. Das bedeutet wiederum, daß der Zukunftsbezug nicht rein existenzialisiert werden kann als eine freie Wiederholung des Gewesenen durch die jeweilige Subjektivität. Zukunft und Vergangenheit hängen, den einzelnen übergreifend, objektiv zusammen. Erfordert ist daher das Erfassen des vorgegebenen Trends. Nur im Blick auf ihn, das heißt konkret: nur in der Durchmusterung der übersubjektiv uns vorliegenden Möglichkeiten, kann sich der auf die Zukunft vorlaufende Entwurf der Realität angemessen konstituieren.

Sodann: Zur dialektischen Bestimmung der Geschichte gehört es, sich nicht auf den Vorrang *einer* temporalen Ekstase von vornherein festzulegen. Es kann notwendig sein, nicht oder nicht primär den Zukunftsbezug, sondern den Vergangenheitsbezug zu betonen. In einer bestimmten Hinsicht, nämlich unter dem ethischen Aspekt allgemeiner Leitbegriffe, scheint uns eine Bindung an die Tradition durchaus erfordert. Das in der abendländischen Geschichte geprägte Bild der Humanität mag heute verblaßt sein. Aber als bestimmender Hintergrund für die konkreten Fragen der Gegenwart muß es bewahrt bleiben, nicht um eines formalen Traditionsbewußtseins willen, sondern weil in diesem Bild die ethischen Grundsätze zusammengefaßt sind, die auch im Zeitalter der Technologie noch verbindlich sind. Doch davon wird im letzten Teil genauer die Rede sein.

Zweites Kapitel
Die Frage nach dem Sinn der Geschichte

Wir haben die Dialektik der Geschichtlichkeit als das Ineinander von Macht und Ohnmacht zu entwickeln gesucht. Diese Dialektik bildet die *Grundlage*, von der her alle weiteren Fragen der Geschichtsphilosophie zu erörtern sind. Wir suchen nun zunächst sehr zusammengedrängt im folgenden die Frage nach dem Sinn der Geschichte zu diskutieren; auch dies geschieht im positiven und im negativen Bezug zu den Ansätzen der Tradition.

Überblickt man die Entwicklung der Geschichtsphilosophie von Hegel bis zur Gegenwart, so sieht man, daß diese bestimmt ist durch die Abwendung von inhaltlichen Geschichtsphilosophien und die Zuwendung zu formalen Bestimmungen der Geschichte. *Hegel* legt den konkreten Verlauf der gesamten abendländischen Geschichte dar und deklariert deren Vollendung in seiner eigenen Philosophie, die den Sinn des Ganzen aufweist. Bei *Dilthey* tritt die Frage nach dem Ganzen der Geschichte in den Hintergrund. Methodische Fragen nach der Geschichte als Wissenschaft, die bei Hegel am Rande standen, werden wesentlich. *Heidegger* geht hinter diesen methodischen Ansatz zurück. Das Problem der Geschichte soll bei ihm wiederum im Zusammenhang einer großen Philosophie erörtert werden, aber nicht mehr in inhaltlicher Ausrichtung, sondern seiner formalen Struktur nach. Das heißt, es geht um die Frage der Geschichtlichkeit als solcher. Die Struktur der Geschichtlichkeit ist die Bedingung alles konkreten geschichtlichen Verhaltens. Sie ist als allgemeine jedem Inhalt vorgängig, jeder Inhalt muß in sie »hineinpassen«. Die formale Fragestellung wird in der Gegenwart noch einmal eingeengt: der *Positivismus* fragt nur noch methodologisch und wissenschaftstheoretisch nach der Möglichkeit der Geschichte als Wissenschaft, wobei die Naturwissenschaft das Vorbild von Wissenschaft überhaupt abgibt.

Sucht man nun die Bedeutung der Geschichtsproblematik von der Idee der *Vergeschichtlichung* her anzugehen, so ist damit eo ipso eine Abkehr von formalen Bestimmungen, denen zeitlose Geltung zukommen soll, verbunden. Der Vollzug der Vergeschichtlichung kann, wenn anders man die eigene Situation zum Ausgangspunkt nimmt, nur inhaltlich orientiert sein. Wenn es aber um die Frage geht, was wir in unserer Zeit tun müssen, dann kommt damit wiederum die *Sinnbestimmung* als konkret-allgemeine Bestimmung ins Spiel. Und insofern greifen wir eben damit auf die klassische Tradition zurück, in der von Augustin bis Hegel die Frage nach dem Sinn der Geschichte zentral war. Freilich können wir die *metaphysische* Ausformung der Sinnbestimmung, die in dieser Tradition vorherrscht, nicht übernehmen. Eine solche Übernahme bedeutete einen Anachronismus. Wir explizieren dies ein wenig genauer.

In der metaphysischen Tradition ist die Frage nach dem Sinn aufs engste mit der Frage nach der *Ganzheit* verbunden. Ganzheit der Geschichte aber zeigt sich als *Weltgeschichte*. Weltgeschichte ist in räumlicher und vor allem in zeitlicher Hinsicht eine Einheit, die zu überblicken und zu gliedern ist, indem man vom einzelnen Geschehen auf den »Gesamtplan« blickt und umgekehrt. Ein solcher Ansatz ist, seit die Geschichte in die Dimension der Wissenschaft, und das heißt der Forschung, eingerückt ist, nicht mehr möglich. Bereits bei Ranke löst sich der eindeutig metaphysische Sinn von Weltgeschichte auf: Weltgeschichte ist die empirisch erforschbare Geschichte von Zusammenhängen der Nationalgeschichten. Ranke zehrt jedoch noch von einer theologischen Metaphysik, die ein hintergründiges Ganzheitsdenken möglich macht. Je mehr jedoch die Forschung sich spezialisiert, desto mehr wird der Anspruch auf Ganzheit suspekt. In den Vordergrund rückt die kritische methodisch gesicherte Erkundung der geschichtsrelevanten Tatsachen auf einem zeitlich und räumlich jeweilig eingegrenzten Gebiet. Neben oder besser am Rande dieser konkreten Forschungen hat die methodisch-wissenschaftstheoretische Besinnung ihren Ort. Hier wird nun auch die Frage nach dem Sinn der Geschichte behandelt, zumeist unter dem Aspekt der Wertproblematik, das heißt der Frage, wieweit Beurteilungen, insbesondere ethischer Art, in der Geschichtswissenschaft möglich und erlaubt sind.

Es wäre dilettantisch, nun im Gegensatz zu dieser Forschung die Frage nach dem Sinn der Geschichte als Frage nach dem *abgeschlossenen Ganzsein* des Geschehens wieder aufrollen zu wollen. Die Geschichte ist keine Einheit, die als eindeutiger Sinnzusammenhang ein theoretisch feststellbares Gegebenes ist. Die Frage nach der sinnvollen Ganzheit gehört heute in den Umkreis der *praktischen* Problematik. Dies besagt: es geht wesentlich um das Problem einer durch die räumliche Ausbreitung der Technik möglich und notwendig gewordenen Welteinheit. Wieweit diese Wende zum Praktischen auch zu einer Neuorientierung der Geschichtswissenschaft führen kann und führen muß, davon wird später die Rede sein.[1] Vorerst versuchen wir zu explizieren, wie die Frage nach dem Sinn innerhalb des Handlungshorizontes strukturiert ist. Da *Heidegger* in »Sein und Zeit« die Bestimmung »Sinn« vom Handlungsproblem her adäquat expliziert hat, weisen wir auf seine Ausführungen hin. Diese Ausführungen bewegen sich zwar in der transzendentalen Schematik, die für die Argumentation von »Sein und Zeit« im ganzen maßgebend ist, sie machen aber auf der anderen Seite diese Schematik in praktischer Hinsicht fraglich.

Heidegger expliziert die Bestimmung »Sinn« von den Bestimmungen »Verstehen« und »Entwerfen« her. Verstehen ist durch ein dreifaches »Vor« gekennzeichnet: durch Vorhabe, Vorsicht und Vorgriff. Man geht mit Seiendem immer schon innerhalb einer bestimmten Bewandtnisganzheit, das heißt, praktisch im Hinblick auf seine Möglichkeiten um. Heidegger erklärt: »Im Entwerfen des Verstehens ist Seiendes in seiner Möglichkeit erschlossen.«[2] Wenn Innerweltliches solchermaßen zum Verständnis gebracht ist, dann kann man sagen, »es hat Sinn«. Heidegger gibt daher folgende Definition: »Sinn ist das durch Vorhabe, Vorsicht und Vorgriff strukturierte Woraufhin des Entwurfs, aus dem her etwas als etwas verständlich wird.«[3] Sinn ist also nichts Vorgefundenes, Feststellbares und Konstatierbares. Sinn überschreitet die Objektsphäre der Gegebenheit. Sinn ist aber auch nichts Subjektives, das man in die

Dinge »hineinlegt«.[4] Sinn ist die Subjekt und Objekt umgreifende Bestimmung, die die *Auseinandersetzung* von beiden kennzeichnet und daher nicht auf eine Seite eingegrenzt werden kann. Sinn ist die spezifische Bestimmung eines Verhaltens, das eine Einheit von Theorie und Praxis ist. Das Wesentliche ist es, die Weite dieser Bestimmung zu erkennen. Sinn regiert ebenso im alltäglichen Leben wie in der Wissenschaft; gerade die moderne Wissenschaft ist, insofern sie Forschung ist, wesentlich durch die Bestimmung des Sinnes als einer Einheit von Vorhabe, Vorsicht und Vorgriff strukturiert.

Heidegger hat nun aber mit Recht herausgestellt, daß die Sinnfrage erst dann als Frage ausdrücklich wird, wenn ich mich nicht mehr in selbstverständlicher Form in den Zusammenhängen welthafter Bewandtnisganzheiten bewege und bewegen kann, weil diese Zusammenhänge gestört sind. Solche Störungen können mehr oder weniger radikal sein, und dementsprechend wird auch die Explikation der Sinnfrage differieren. Das äußerste Extrem ist die Frage nach dem Sinn von Sein *überhaupt*, das heißt, die metaphysische Grundfrage: »Warum ist überhaupt Seiendes und nicht vielmehr nichts?« Heidegger selbst hat ja diese Frage in das Zentrum seiner Philosophie gestellt.[5] Hier ist der Zusammenhang mit dem praktischen Verstehen natürlich außerordentlich gelockert. Die metaphysische Grundfrage »überfragt« als solche alles welthaft Seiende. Sie ist nicht, wie Heidegger selbst gezeigt hat, beantwortbar. Ebensowenig aber ist ihr geschichtsphilosophischer »Ableger«, das heißt, die Frage nach dem Sinn der Geschichte im ganzen, beantwortbar. Das bedeutet aber nun keineswegs – wie wir bereits andeuteten –, daß damit die Frage nach dem Sinn in der Geschichte überhaupt ausgeschaltet ist. In bestimmter Hinsicht, nämlich im Horizont des Handlungsbewußtseins, bleibt sie relevant.

Allerdings wird die Relevanz der Sinnfrage in praktischer Hinsicht nur demjenigen deutlich, der davon ausgeht, daß der Mensch als handelndes Wesen in das geschichtliche Geschehen »einzugreifen« vermag. Dieses Eingreifen ist ein Akt, in dem Selbstverständnis und Sachverständnis sich gegenseitig bedingen. Das Verstehen der Sache wirkt auf das Selbstverstehen und umgekehrt. In dieser Dialektik, die als Wechselgeschehen nicht abschließbar ist, geht es weder um abstrakt-allgemeine Aussagen theoretischer Art, noch um ein Verhalten, das zur umweltorientierten Gewohnheit geworden in fraglosen Bahnen verläuft, sondern um Möglichkeiten, die das Geschehen der Gegenwart im Blick auf die Zukunft ausrichten. Man überschreitet die Situation auf ein Ganzes hin, das noch aussteht. Dies Überschreiten nach vorn ist jedoch nur dann realitätskonform, wenn man über das persönliche Selbstverständnis hinausgehend auf den objektiven Trend des Geschehens zu achten sucht, der von der Vergangenheit herkommt.

Wir brechen unsere Erörterung der Frage nach dem Sinn der Geschichte ab und stellen noch einmal das Entscheidende heraus. Die uns hier allein mögliche »zeitgemäße« Haltung ist durch die Negation metaphysisch-theoretischer Gesamtdeutungen der Geschichte bestimmt. Diese Negation stellt insofern einen *Verzicht* dar. Aber dieser Verzicht wirkt sich nicht dahin aus, daß nun Skepsis und Resignation wach werden. Hier zeigt sich, in welch hohem Maße sich bereits die Entfremdung von der traditionellen Metaphysik durchgesetzt hat. Nicht nur eine mögliche Antwort, sondern schon die *Frage* nach einem absoluten und letzten Sinn der Geschichte ist inaktuell geworden. An die Stelle abstrakter Theorie ist die *konkrete Praxis* als der legitime Ort der Sinnfrage getreten. Hier geht es, wie wir noch genauer sehen werden, um das

Weltganze, nämlich darum, die Menschheit als ein einheitliches Geschichtssubjekt zu etablieren. Die Idee der Welteinheit ist für uns ein praktisches Regulativ und als solches unmittelbar handlungsbezogen. Hier ist das Bedenken bestimmter Möglichkeiten, die die geschichtliche Situation uns als realisierbare Chancen in concreto eröffnet, erfordert. Eine allgemeine Spekulation hilft hier nicht weiter.

Drittes Kapitel
Zur Revision der gegenwärtigen
Geschichtswissenschaft

Wir haben davon gesprochen, daß von dem Aspekt der Vergeschichtlichung her der traditionelle Ansatz der Geschichtswissenschaft modifiziert werden könnte. Die Möglichkeit und die Notwendigkeit einer solchen Modifikation gründet in der Geschichtlichkeit der Geschichtswissenschaft selbst. Diese Geschichtlichkeit erfordert es, daß von Zeit zu Zeit die Frage nach der Bedeutung des geschichtlichen Geschehens und dem Verhältnis des Geschichtsschreibers zu diesem ausdrücklich aufgenommen wird. Dies geschieht zumeist dann, wenn die Forscher zu einer Revision gezwungen werden, weil das bisherige Vorgehen fraglich geworden ist. Daß eine solche Revision gerade heute notwendig ist, ist offensichtlich, denn die durch die großen Historiker des 19. Jahrhunderts gelegten Fundamente der Geschichtswissenschaft sind brüchig geworden, nicht nur im Hinblick auf ihre *metaphysische* Ausrichtung, sondern auch in *methodischer* Hinsicht.

Geschichte ist, so vermeinten diese Historiker, wesentlich politische Geschichte, genauer: Geschichte von Völkern und Nationen. Das Geschehen wird maßgeblich von den großen Individuen gestaltet; deren Handeln in seinen Folgen zu betrachten, ist eine Hauptaufgabe der Geschichtsschreibung. Es ist aber dabei zu beachten, daß der Handelnde immer schon in größeren Zusammenhängen steht, die als »verborgene Kräfte« und »Ideen« wirksam sind.[1]

Dieser Ansatz ist in Deutschland nach 1945 faktisch unmöglich geworden, als der Halt am eigenen Staat, der für die großen Historiker des 19. Jahrhunderts wesentlich war, dahinfiel. Aber die Grundlagen, die das vorige Jahrhundert gelegt hatte, wurden von den meisten Historikern der Gegenwart nicht radikal genug in Frage gestellt. Das konservierende Vorurteil blieb in Geltung, daß der Historiker als Historiker der Vergangenheit *verpflichtet* sei. So erklärt *Hermann Heimpel*, daß der Mensch ohne historischen Sinn zum Barbaren würde. »Dieser historische Sinn ist die Verpflichtung des Menschen gegenüber seiner Vergangenheit. Er ist die wissenschaftlich gefaßte Form der Dankbarkeit.«[2] Das besagt konkret: wenn der Historiker vergangene Ordnungen reflektiert, so muß er von dem Willen bestimmt sein, sie als geschichtliche Größen zu *bewahren*. Der Traditionsschwund, der sich durch die Distanz zur Vergangenheit ergibt, muß durch die Geschichtswissenschaft aufgehoben werden. Es ist notwendig, so sagt Heimpel, die Geschichtlichkeit und durch sie die Menschlichkeit zu *retten*. In diesem Zusammenhang erklärt er: »Das Taedium historiae zu überwinden, ist für unser fast geschichtslos gewordenes Volk eine moralische Forderung und eine Bedingung seiner Existenz. Es hat Anspruch auf die Hilfe der Geschichtswissenschaft, in deren doppelter Anstrengung: in der Antwort auf den Anruf der geschehenden Geschichte und in der Wahrung sowohl des wissenschaftlichen Traditionszusammenhanges als auch der geschichtlichen Tiefe menschlicher Existenz.«[3]

In concreto wirkt sich diese Aufforderung zumeist so aus, daß man die Kategorien der Tradition zwar nicht unbesehen übernimmt, ihnen jedoch weiterhin in eingeschränkter Form folgt. Eine Lektüre der Werke, die gegenwärtig führende Historiker der älteren Generation über die Bedeutung ihres Faches schreiben, zeigt dies deutlich.[4] Man darf sich nicht auf geschichtsphilosophische Systeme einlassen, soll aber doch »übergeordnete Gesichtspunkte« bedenken. Man hat also zum Beispiel zu diskutieren, ob Geschichte einen Fortschritt darstellt, ob man aus ihr lernen kann, und ob es in ihr rein pragmatisch oder nicht zugehe. Die Antwort ist jeweilig zweideutig. Sie muß es offenbar sein, weil man sie, so meinen diese Historiker, ja nur der Geschichte selbst entnehmen kann, und die Geschichte selbst ist eben nicht eindeutig. Man gibt jedoch sogleich zu, daß bei solchen grundsätzlichen Erwägungen der Beurteilende selbst im Spiel steht. Gerade in unserer Zeit des Raisonnements gilt es aber, so wird dann wiederum erklärt, die »Würde des Faktischen« zu betonen. Man mahnt zur Vorsicht gegenüber allgemeinen Aussagen. »Das Allgemeine entzieht sich der Nahsicht, und für das Ganze der Geschichte – das ja auch die Zukunft einschließt – sind unsere Augen überhaupt nicht gemacht.«[5]

Diese Gedankengänge mögen durchaus »richtig« sein. Gleichwohl befriedigen sie nicht, denn ihnen ist eine gewisse »Unzeitgemäßheit« zu eigen. Überdenkt man sie genauer, so sieht man, daß hier die Ansätze der Tradition nur miteinander vermittelt werden, und zwar in der Weise, daß an den jeweiligen Extremvorstellungen, die zum Teil auf einer bestimmten Metaphysik beruhen, Abstriche vollzogen werden. Die sich hier aussprechende Haltung ist also wesentlich konservativ, und dieser Konservativismus verhindert eine durchgreifende Revision der von der Tradition aufgestellten Grundbegriffe. Im Gegenzug zu ihm gilt es auf die *dialektische Verschränkung* hinzuweisen, durch die das Verhältnis von Gegenwart und Vergangenheit bestimmt ist.

Es ist jedem Historiker klar, daß es nicht angängig ist, daß er die seine eigene Zeit wesentlich bestimmende Struktur einfach auf frühere Zeiten überträgt. Gleichwohl kommt der eigenen Gegenwart eine Schlüsselbedeutung zu. Das heißt, die Gegenwart lehrt, die Vergangenheit jeweilig neu und anders zu sehen. Im Beispiel: die Entdeckung der Geschichtsmächtigkeit der *ökonomischen Faktoren* in der eigenen Gegenwart vermag die Erforschung der Vergangenheit zu modifizieren, indem sie in dieser bisher übersehene wirtschaftliche Konstituentien als Bedingungsfaktoren herausarbeitet. Das kann nicht bedeuten, daß man erklärt, geschichtliches Geschehen sei grundsätzlich *nur* ökonomisch bedingt. Im geschichtlichen Geschehen wirken zu allen Zeiten wirtschaftliche Faktoren »mit«, und zwar in spezifisch der jeweiligen Epoche eigentümlicher Ausgeformtheit. In bestimmten geschichtlichen Konstellationen wird diese Tatsache erkannt, und sie kann erkannt werden, weil hier objektiv die Wirtschaft eine besondere Rolle spielt – dies Erkennen wirkt sich dann wiederum auf die Forschung aus: man versucht, von dieser Gegenwart her andere Zeiten »in neuer Beleuchtung« auf die wirtschaftlichen Faktoren hin zu durchforschen.

Um noch einmal die Dialektik herauszustellen: wenn bestimmte Zeiten durch das

Vorherrschen bestimmter »Faktoren« objektiv zu kennzeichnen sind – etwa als Epoche der Nationalstaaten, der Glaubenskämpfe oder der Technologie –, so heißt dies nicht, daß in anderen Zeiten nicht Phänomene, die den namengebenden Spezifika dieser Epochen entsprechen, vorhanden waren; aber diese waren nicht nur anders ausgeformt, sondern hatten auch ein anderes Gewicht für den Gesamtgeist der Zeit. Wiederum im Beispiel: in unserer Epoche spielen die »sozialen Bezüge« eine bedeutsame Rolle. Das hat objektive Gründe. Die Menschen sind im Zeitalter der industriellen Technisierung miteinander aufs engste verflochten. Aber diese Verflechtungen sind eigentümlich versachlicht. Sie berühren die persönliche Privatsphäre nicht und haben keinen metaphysisch-weltanschaulichen Hintergrund. Dies Spezifikum unserer Epoche kommt nicht in anderen Zeiten in gleicher Form vor, auch wenn es dort natürlich »soziale Bezüge« gibt. Es wäre daher zum Beispiel nicht angemessen, den modernen Begriff der Rolle auf die griechische Polis zu übertragen.[6] Aber diese Einsicht darf einen modernen Forscher nicht daran hindern, nun Platos Staat unter dem für uns wichtig gewordenen »soziologischen Aspekt« zu analysieren.

Eine Betrachtung der Vergangenheit von der Gegenwart her wirkt auf das Gegenwartsverständnis zurück. Man erkennt in abhebendem Vergleich die Ferne zwischen der Vergangenheit und der Gegenwart, und man begreift zugleich, wie die Gegenwart *geworden* ist, indem man, ohne die Zufälligkeit ausschalten zu wollen, zu erfassen sucht, aus welchen geschichtlichen Gründen die Vergangenheit sich veränderte. Grundsätzlich gesagt: eine dialektische Geschichtsbetrachtung lebt im Bewußtsein der Unterscheidung und der Gemeinsamkeit von Vergangenheit und Gegenwart. Wir wiesen darauf hin, daß heute der Bruch mit der Vergangenheit außerordentlich radikal ist, aber es wäre verkehrt, diesen Bruch absolut zu setzen. Konkret: der Vergleich von Gegenwart und Vergangenheit zeigt, daß es genauso abwegig ist, in unserer technokratischen Zeit jede Handlungsmöglichkeit in bezug auf die Gestaltung der politischen und der gesellschaftlichen Ordnung zu negieren, wie umgekehrt in der Vergangenheit die Intentionen der handelnden Personen zum einzigen Movens des Geschehens zu erheben. Geschichte ist immer durch die Dialektik von Eigentätigkeit und Erleidensnotwendigkeit, d. h. grundsätzlich gesagt: von Macht und Ohnmacht bestimmt. Daß sie dies ist, das geht einem aber eben *nur* durch das geschichtliche Studium auf. Eine soziologisch abstrakte Analyse, die von der Geschichte absieht, kann eine solche Einsicht in die Dialektik nicht herbeiführen. –

Wir weisen nun, um das Gesagte zu konkretisieren, auf einen Sachverhalt hin, den eine kritische Geschichtswissenschaft heute zu beachten hat. Die Vorstellung, geschichtliches Geschehen werde durch die großen Politiker geprägt, die ihrerseits von bestimmten Kräften und Ideen getragen würden, ist heute – wie wir sahen – hinfällig geworden. Es wäre sicher abwegig, den Vorrang des politischen Handlungsbewußtseins im geschichtlichen Gesamtgeschehen leugnen zu wollen, die politischen Entscheidungen sind auch heute noch nicht durch bürokratisches Management ersetzbar.[7] Auf der anderen Seite aber ist es offensichtlich, daß die Politik heute in außerordentlich starkem Maße mit der Wirtschaft, der Technik und der Wissenschaft verflochten ist. Das einzelne Gebiet steht mit den anderen in einem dialektischen Bezug, der als solcher einen Prozeß darstellt, dem eine gewisse Eigentendenz zukommt. Solche Prozesse – man denke etwa an den Prozeß der sogenannten industriellen Revolution – kann der Historiker nicht nach der Methode erforschen, nach der er das *intentionale* Handeln von Personen untersucht, denn ihre Struktur ist anders geartet.

Es ist hier nicht nur erfordert, die Entwicklung von ihren sich gegenseitig bedingenden Faktoren her zu durchleuchten, noch wichtiger ist die Erfassung der Entwicklungs*richtung*, die ja im Ganzen nicht primär durch einzelne Entscheidungen »ausgemacht« wird. Sie vollzieht sich vielmehr langsam und zumeist verborgen, um dann unter Umständen in bestimmten Konstellationen und Ereignissen allgemein sichtbar und faßbar zu werden.

Wir veranschaulichen das Gemeinte, indem wir noch einmal auf den im vorigen Kapitel bereits diskutierten Begriff der *Weltgeschichte* zurückgreifen. Die Idee einer Weltgeschichte als abgeschlossener Ganzheit im metaphysischen Sinn ist überholt. Weltgeschichte als ein durch die »weltumspannende« Technik und Wissenschaft vereinheitlichtes Geschehen ist dagegen heute »im Kommen«. Das Werden der Einheit wird realiter deutlich gerade in seiner Negation. Daß geschichtliches Geschehen weltumspannend geworden ist, zeigten erstmalig die »Weltkriege«: die Einheit meldet sich als Konfliktzusammenhang. Das besagt aber, die Welteinheit konstituiert sich nicht von selbst. Wir haben an ihr praktisch mitzuarbeiten. Diese Mitarbeit ist ein politisches und ethisches Gebot, das durchaus utilitaristisch »verankert« ist. Die mögliche Weltzerstörung beweist die pragmatische Notwendigkeit des Herstellens der Einheit.

Welche Konsequenzen hat nun aus dieser Situation der Historiker zu ziehen? Er wird sich zunächst eingestehen müssen, daß der traditionelle Begriff der Weltgeschichte problematisch geworden ist. Das haben führende Historiker heute klar erkannt; wir greifen auf eine kleine Arbeit von *Alfred Heuß* »Zur Theorie der Weltgeschichte« zurück.[8] Heuß erklärt, daß Weltgeschichte keine von vornherein festgelegte Größe sei. Es sei angebracht, Weltgeschichte als *Methode* zu konzipieren. Die historischen Ereignisse der Vergangenheit und der Gegenwart sollen daraufhin untersucht werden, ob ihnen Welthaftigkeit, das heißt allgemeine Bedeutung in bezug auf Expansion und Lebensfähigkeit, zukomme. Heuß warnt aber mit Recht davor, eine feste Bestimmung dessen, was »weltgeschichtlich« heißt, auszuarbeiten. Das praktische Vorgehen – insbesondere eine synoptische Geschichtsforschung – muß hier der Theorie vorangehen.

Reinhard Wittram zitiert in seinem schon öfters herangezogenen Buch »Das Interesse an der Geschichte« in dem Kapitel, in dem er die Möglichkeit einer Weltgeschichte erörtert, *Schillers* Jenaer Antrittsrede »Was heißt und zu welchem Ende studiert man Universalgeschichte?«. Indem die Weltgeschichte, so sagt Schiller, »den Menschen gewöhnt, sich mit der ganzen Vergangenheit zusammenzufassen und mit seinen Schlüssen in die ferne Zukunft vorauszueilen: so verbirgt sie die Gränzen von Geburt und Tod, die das Leben des Menschen so eng und so drückend umschließen. So breitet sie optisch täuschend sein kurzes Dasein in einem unendlichen Raum aus und führt das Individuum unvermerkt in die Gattung hinüber.«[9]

Nach Schiller ist der Bezug zur Gattung eine moralische Aufgabe für den Menschen. Mit unseren Bestimmungen gesprochen: Welteinheit zeigt sich heute als geschichtlicher Trend, an dessen Gestaltung im Sinne des Fortschritts wir verantwortlich mitzuarbeiten haben.

Das besagt: die Aufgabe erwächst, die *Menschheit* als *Subjekt* einer Weltgeschichte zu konstituieren. Hier brechen nun aber sehr schwerwiegende Probleme auf. Ist der Begriff »Menschheit« eine echte geschichtliche Kategorie? Ist er nicht zu weit und zu vage? Andererseits: es ist eine Tatsache, daß wir auf den Begriff Menschheit als geschichtliche Größe durch die Entwicklung *selbst* gestoßen sind und ihn daher heute diskutieren *müssen*. Die Notwendigkeit dieser Diskussion wird indirekt, aber doch nachdrücklich sichtbar in dem Faktum, daß uns Begriffe wie Volk, Staat, Nation nicht mehr zeitgemäß erscheinen. Sie sind einerseits nicht mehr eindeutig genug angesichts der gesellschaftlich konformen Strukturierung in den verschiedenen Völkern, und sie sind andererseits zu eng, um das heutige Geschehen zu fassen. In dieser Frage nach der Menschheit zeigt sich also exemplarisch die Möglichkeit, daß die Geschichtswissenschaft und die praktisch ausgerichtete Zeitanalyse sich heute einander annähern können. Die Geschichtswissenschaft wird diese Möglichkeit ergreifen müssen. Nur wenn sie sich bemüht, ihre Maßstäbe und ihre Kategorien nicht an den Ideen des 19. Jahrhunderts, sondern an der gegenwärtigen Problematik zu orientieren, wird sie überhaupt eine Zukunftschance haben.

Wir suchen im nächsten Kapitel die Frage, ob und wie die Menschheit ein Geschichtssubjekt sein oder werden kann, noch ein wenig genauer zu explizieren. An diesem Problem läßt sich – so kann man sagen – beispielhaft verdeutlichen, was das Wesen der Vergeschichtlichung als einer Reflexionshandlung ist, die die Gegenwart von der Vergangenheit her im Blick auf die Zukunft bedenkt.

Zusatz während der Korrektur. – Die Geschichtswissenschaft bietet heute bereits weithin ein anderes Bild, als wir es im vorhergehenden entworfen haben. Will man diese Wandlung verstehen, dann darf man das *Generationenproblem* nicht außer acht lassen. Die von uns geschilderte Situation wurde wesentlich durch die Forscher bestimmt, die noch von der großen Tradition der Historie im 19. Jahrhundert geprägt waren, und die andererseits doch unter dem Eindruck des zweiten Weltkrieges standen, das heißt insbesondere den Gedanken der Nationalstaatlichkeit nicht mehr als maßgebendes Prinzip der Geschichtsschreibung fraglos anerkennen konnten und wollten. Die jetzige Generation steht dieser Tradition einschließlich ihrer politischen Maßstäbe fremd gegenüber. Die gegenwärtige Lage der Historie ist dadurch gekennzeichnet, daß die Beschäftigung mit der Geschichte überhaupt in den Hintergrund getreten ist. Der Geist des *Ahistorismus*, insbesondere in der Form des Strukturalismus, bestimmt, wie wir sahen, die Situation im Ganzen.

Aus dieser Tatsache hat man, so wird nun argumentiert, die Konsequenzen zu ziehen. Das besagt zuerst: man hat anzuerkennen, daß Geschichtsforschung im Stil des 19. Jahrhunderts heute weder in inhaltlicher noch in formaler Hinsicht möglich ist. Vor allem aber muß jede Verbindung von Geschichtswissenschaft und Geschichtsphilosophie negiert werden. Auch die Forscher der älteren Generation beabsichtigten nicht, eine spekulative Geschichtsphilosophie im Sinne Hegels zu entwickeln. Aber sie wollten – wir haben darauf hingewiesen – philosophische Fragen nicht ganz ausschließen. Insbesondere die Frage nach dem Sinn in der Geschichte blieb weiterhin wesentlich, und zwar aus der Einsicht heraus, daß es Geschichte ja immer mit den realen Menschen zu tun hat, die in irgendeiner Weise *sinnintentional* denken und handeln. Jetzt dagegen wird gerade dieser Ansatz, daß der Mensch ein sich verstehendes Wesen ist, ausgeklammert, und zwar mit wachsender Radikalität.

Der Historiker als Historiker, so wird argumentiert, kann weder die Idee der *hermeneutischen Wirkungsgeschichte* noch die Idee der *marxistischen Geschichtsbetrachtung* anerkennen. Beide Ansätze stellen keine echte Möglichkeit einer Fundierung der Geschichte als Wissenschaft dar. Der hermeneutische Ansatz verbleibt in philosophischer Allgemeinheit und zeigt nicht, wie der Historiker als Forscher vorzugehen habe. Der marxistische Ansatz setzt zwar bei mehr oder weniger nachprüfbaren ökonomischen Faktoren an, aber er versteht Geschichte als zweckgerichteten Gesamtzusammenhang: geschichtliches Geschehen soll die Befreiung des Menschen aus gesellschaftlicher Knechtschaft herbeiführen. Eine solche Konzeption ist Geschichtsphilosophie und keine Forschung.

Dem hermeneutischen und dem marxistischen Ansatz gegenüber gilt es, Geschichte als Wissenschaft, genauer: als *empirische Wissenschaft* zu etablieren. Dies ist nur möglich auf Grund einer *wissenschaftstheoretischen Besinnung*, die ihrer Form und ihrem Ansatz nach nicht in Gegenzug zu einer wissenschaftstheoretischen Fundierung der Naturwissenschaft zu bringen ist. Wir haben oben die Ansätze einer solchen wissenschaftstheoretischen Fundierung der Geschichte, wie sie vom *Logischen Positivismus*, insbesondere in dessen Spätphase, und von *Popper* erarbeitet wurden, diskutiert und wollen das dort Gesagte nicht wiederholen. Jetzt beschränken wir uns auf einige sehr zusammengedrängte Anmerkungen, die die *Stellung des Faches Historie im Wissenschaftsverband* und deren *Begründung* betreffen. Da die Entwicklung zur Zeit noch keineswegs abgeschlossen ist, kann es sich nur um vereinfachende Hinweise handeln.

Grundsätzlich gesehen lassen sich *zwei Ansätze* unterscheiden. Der *erste* ist dadurch bestimmt, daß man resignierend mit der Möglichkeit rechnet, daß es in Zukunft nicht mehr gelingen wird, die Geschichte oder genauer: die Dimension geschichtlicher Erfahrung als allgemein anerkannte und eigenständige Disziplin gegenüber anderen wissenschaftlichen Erfahrungsbereichen im Wissenschaftsverband zu etablieren. Ein wenig überspitzt formuliert: Geschichte wird in Zukunft nur als *Appendix der Verhaltenswissenschaften* fungieren, insbesondere der Sozialwissenschaften, das heißt, der Soziologie, der Politologie und der Wirtschaftswissenschaft.

Die hier vollzogene Argumentation verläuft folgendermaßen: die *Sozialwissenschaften* nehmen gegenwärtig in inhaltlicher und in formaler Hinsicht einen außerordentlich hohen Rang ein. Die gesellschaftlichen Verhältnisse erscheinen heute als die den Menschen eigentlich bestimmenden »Mächte«. Die Sozialwissenschaften sind zudem, insofern sie die gegenwärtige Situation thematisieren, in der glücklichen Lage, ihre Theorien ständig *experimentell* überprüfen zu können. Die Geschichtswissenschaft muß sich nun diesem Trend anschließen, wenn anders sie »überleben« will. Das besagt zunächst, daß die politisch orientierte Geschichtswissenschaft weit mehr als bisher *soziale und wirtschaftliche Bezüge* herauszustellen hat, um deren Konstellation in der Gegenwart von der Vergangenheit her verständlich zu machen. Die Wende zur Sozial- und Wirtschaftsgeschichte hat aber auch *methodische* Vorteile. Soziale und wirtschaftliche Faktoren sind auch in der Vergangenheit in relativ objektiver Form zu eruieren. Man hat es hier nicht nötig, auf das Selbstverständnis der Handelnden zurückzugreifen, um die allgemeine politische Bedeutung dieser Faktoren zu erfassen. In Verbindung mit der Sozial- und Wirtschaftsgeschichte kann die politische Historie also durchaus den Rang einer *objektiv* vorgehenden Erfahrungswissenschaft gewinnen, auch wenn sie nicht experimentell vorzugehen vermag.

Es ist nun nicht zu verkennen, daß sich die Sozialwissenschaften ihrerseits wenig für diese Erweiterung ihrer Problemstellungen durch eine Besinnung auf vergangene Konstellationen interessieren. Der Historiker weiß dies natürlich. Er begegnet diesem Sachverhalt zumeist durch den Rückgriff auf die gegenwärtig allgemein gebräuchliche

Forschungsmaxime, daß *interdisziplinäre Zusammenarbeit*, in der sich die Wissenschaften gegenseitig befruchten, das Gebot der Stunde sei. Unter jüngeren Forschern begegnet man des öfteren der Meinung, daß die Humanwissenschaften unter Beibehaltung ihrer spezifischen Fragestellung – die Spezifizierung ist heute die Voraussetzung konkreter wissenschaftlicher Arbeiten – doch einer allgemeinen Verhaltenswissenschaft zugeordnet werden könnten und müßten. Diese allgemeine Verhaltenswissenschaft hätte die Aufgabe, die Ergebnisse der einzelnen Humanwissenschaften »synchronisch« zu erfassen. In diesem Zusammenhang wird immer wieder auf die hohe Bedeutung des *Strukturalismus* verwiesen. Der Strukturalismus, so argumentiert man, habe die Möglichkeit und Notwendigkeit herausgestellt, gleichbleibende Strukturen als Konstanten des Verhaltens zu eruieren. Die Aufgabe der Geschichtswissenschaft wäre es hier insbesondere, den sozialen Wandel strukturalistisch zu erfassen, das heißt, allgemeine Gesetzmäßigkeiten der gesellschaftlichen Veränderungen durch Analyse der Vergangenheit aufzuweisen. Durch diese Anreicherung des Erfahrungsmaterials und dessen Durchdringung könnte die *soziologische* Theorie des sozialen Wandels, die diesen Wandel primär in der Gegenwart untersucht, auf eine breitere Basis gestellt werden.

Der *zweite Ansatz*, die Geschichtswissenschaft wissenschaftstheoretisch zu fundieren, steht in gewissem Gegensatz zu der soeben dargestellten Konzeption. Man ist hier überzeugt, daß die geschichtliche Forschung auch in Zukunft ein durchaus eigenständiges wissenschaftliches Erfahrungsfeld darstellen wird. Der Beweis dieser Eigenständigkeit – dies wird ausdrücklich festgestellt – ist nicht leicht zu erbringen, denn er darf sich ja nicht mehr auf das Faktum und die Leistung der traditionellen Geschichtswissenschaft berufen insofern diese selbst gerade in Frage steht. Um die hier vollzogenen Argumentationsschritte beispielhaft zu verdeutlichen, greifen wir auf ein Werk von *Karl-Georg Faber* »Theorie der Geschichtswissenschaft« zurück.[10] Dieses Buch veranschaulicht die Situation in erhellender Weise, insofern hier die verschiedenen gegenwärtigen geschichtstheoretischen Ansätze – die analytische, die hermeneutische und die marxistische Konzeption – ausführlich diskutiert werden. Wir müssen uns jedoch auch hier beschränken und heben nur den Grundsatz dieses Buches hervor, insofern er uns für die gegenwärtige Situation der Geschichtswissenschaft typisch zu sein scheint.

Auch Faber will die *Geschichtsphilosophie* ausschließen. Er verzichtet auf das, »was seit Voltaire ›Geschichtsphilosophie‹ genannt wird, das heißt solche philosophische Entwürfe, die das ›Ganze‹ der Geschichte – entweder der bisherigen oder der vergangenen und der künftigen Geschichte – zu erklären, ihm einen Sinn zu geben suchen. Die sogenannte einfache ›Speculative Philosophy of History‹ interessiert hier nur insoweit, als sie in die Problematik der wissenschaftlichen Begründbarkeit und des Geltungsanspruchs von Theorien in der Geschichtswissenschaft hineingehört.«[11]

Geschichte soll als Wissenschaft etabliert werden. Das besagt: es muß aufgezeigt werden, was geschichtliche Erfahrung ist. Dies gelingt aber nur durch Aufstellung einer *allgemeinen Theorie von Geschichte überhaupt*. Bei der Erarbeitung dieser Theorie hat man davon auszugehen, daß der Begriff »Geschichte« eine real-materiale und eine theoretisch-formale Bedeutung hat. Im ersten Fall meint er »gewesenes Geschehen« und im zweiten Teil die »Beschäftigung« mit diesem Geschehen. Diese Doppelbedeutung des Begriffes »Geschichte« ist allgemein bekannt. *Hegel* hat auf sie hingewiesen und behauptet, daß beide Bestimmungen, die res gestae und die historia rerum gestarum, dialektisch zusammengehören. Faber will im Gegensatz zu einer solchen Behauptung beide Dimensionen trennen. Geschichte soll – nicht anders als die Natur der Naturwissenschaft – als »gegenständliches Objekt« für die Geschichtswissenschaft konstituiert werden. Diese Konstitution steht im Gegensatz zum »außerwissenschaftlichen Umgang mit der Vergangenheit«. Der Geschichtsforscher klammert diesen außerwissenschaftlichen Umgang aus. Geschichte als Wissenschaft muß daher auch und vor allem, so erklärt Faber, die Traditionsbindung negieren, in der ich von der Vergangenheit nicht frei komme, sondern ihr verhaftet bleibe. Gegenstand der Geschichtswissenschaft kann jede beliebige Vergangenheit werden. Auf eine Formel gebracht läßt sich der Gegenstand der Geschichte folgendermaßen allgemein umschreiben: »Die den Historiker interessierende Geschichte umfaßt menschliches Tun und Leiden in der Vergangenheit.«[12] Die Bestimmung »Vergangenheit« ist hier wesentlich. Das Vergangene ist abgeschlossen und nicht mehr manipulierbar, es ist daher objektiv. Freilich muß die Vergangenheit immer neu betrachtet werden, weil es, so gesteht Faber, Wirkungen des Gewesenen bis zur jeweiligen Gegenwart hin gibt, die sich ständig verändern. »Die Tatsache, daß die wissenschaftliche Beurteilung eines vergangenen Geschehens immer auch die von ihm ausgegangenen Wirkungen umfassen muß, der Historiker aber nur die bis zu seiner Gegenwart erfolgten Wirkungen umschreiben kann, rechtfertigt den Satz, daß jede Generation die Geschichte neu schreiben muß.«[13] Faber erklärt in diesem Zusammenhang, daß die eigene Lebenserfahrung durchaus als Schlüssel zur Vergangenheit angesehen werden sollte. Gleichwohl muß die Tendenz zu einer *allgemeinen empirischen Erkenntnis des Menschen* auch für den Historiker leitend sein. Der Historiker hat daher auf die »systematischen Bereichswissenschaften« zurückzugreifen. »Er ist seinerseits verpflichtet, die Ergebnisse der systematischen Bereichswissenschaften für die eigene Arbeit nutzbar zu machen. Jede Wissenschaft befindet sich gegenüber allen anderen Wissenschaften im Status einer Hilfswissenschaft, ohne damit ihre relative Autonomie zu verlieren.«[14]

Von diesem Ansatz her werden nun bestimmte Fragestellungen, die auch die traditionelle Geschichtswissenschaft ausgiebig behandelt hat, angegangen, so vor allem das Verhältnis von Individuellem und Allgemeinem, Kausalität und Zufall, Typus und Struktur in der Geschichte. Die Faber hier leitende Tendenz ist es, die »umgreifenden Faktoren« höher anzusetzen. Würde man etwa nur »narrativ« vorgehen und individuelle Ereignisse erzählen, oder würde man nur vom Zufälligen in der Geschichte reden, dann wäre Geschichte nicht als Wissenschaft zu etablieren. Einzelnes und Zufälliges bewegt sich im Rahmen des Möglichen. Das bestimmte Ereignis kann zwar nicht vorausgesagt werden, »weil es eben neu und zufällig ist«; es ist aber andererseits klar, »daß sich Determinanten des Neuen angeben lassen, sobald es einmal da ist, weil es sich eben im Rahmen des Möglichen hält«.[15]

Wir übergehen hier diese einzelnen Analysen und weisen sogleich auf den Abschluß der ganzen Untersuchungen hin. Faber will im letzten Kapitel »Zwei Grenzfragen der Geschichtswissenschaft« behandeln. Das ist einmal die Frage nach der Relevanz anthropologischer Ansätze in der Geschichte und sodann die Frage nach dem Sinn der Geschichtswissenschaft überhaupt.

Daß *anthropologische Ansätze* in der Geschichte und in der Geschichtswissenschaft eine Rolle spielen, wird niemand bezweifeln. Man muß hier aber, so erklärt Faber, unterscheiden zwischen dem Menschen »als Erfahrungstatsache« und dem Menschen

»als Person, als sittlichem und verantwortlichem Wesen«.[16] Bedauerlicherweise hat die traditionelle Geschichtsschreibung, die die Person in das Zentrum stellte, diese Unterscheidung nicht beachtet. Sie hat solchermaßen »eine Scheu vor der analytischen Beschäftigung mit dem Menschen« entstehen lassen.[17] Dieser Tradition gegenüber gilt es, den Menschen als Subjekt und den Menschen als Objekt, soweit dies möglich ist, zu trennen, denn nur, wenn man den Menschen *objektiv* untersucht, gelingt es, in Kooperation mit den anderen Humanwissenschaften »die Begründung eines intersubjektiv verbindlichen Menschenbildes« zu geben.[18] Im Hintergrund dieser Argumentationen steht der strukturalistische Ansatz. Es gibt, so sagt Faber, »eine gemeinsame Basis, also eine Konstante im Humanen«.[19] Die Frage nach dem Menschen als *Person* bleibt außerhalb dieser Betrachtung. Sie ist außerwissenschaftlich. Verantwortliches Handeln ist nur möglich durch Rückgriff auf *überzeitliche Normen*. Diese Wende zum Überzeitlichen setzt voraus, daß der Historiker »nicht ganz in dem Funktionszusammenhang seines Faches aufgeht«.[20]

Auf der Grundlage dieses Ansatzes wird die Frage nach dem *Sinn der Geschichtswissenschaft* behandelt. Es ist klar: Geschichtswissenschaft vermag, als und insofern sie Wissenschaft ist, keinen Sinn in der Geschichte festzustellen. Gleichwohl stellt die Geschichtswissenschaft keine sinnlose Beschäftigung dar. Faber deklariert: »Man kann den Sinn geschichtswissenschaftlicher Tätigkeit darin sehen, den Menschen der Gegenwart, der Gesellschaft, Lebens- und Entscheidungshilfen an die Hand zu geben.«[21] Faber konkretisiert diese Aussage, indem er erklärt: »Es ist für die Gesellschaft wie für den einzelnen von vitalem Interesse, menschliches Handeln und Streben richtig zu verstehen, Mißverständnisse möglichst zu vermeiden. Es wurde gezeigt, daß die Genauigkeit des Verstehens, das heißt die Wahrscheinlichkeit, daß man das Handeln der Menschen richtig versteht, in dem Maße wächst, in welchem der Verstehensakt kontrolliert wird. Die Kontrolle erfolgt durch Wissen, und zwar durch das Wissen darüber, was dem Menschen nicht nur heute, sondern auch in der Vergangenheit, unter den gegenwärtigen wie unter früheren selbst geschaffenen oder vorgefundenen Bedingungen möglich war und ist. Je mehr Vergleichsmaßstäbe die Historie der Gesellschaft an die Hand gibt, um so besser ist derjenige, der von ihnen Gebrauch macht, in der Lage, menschliches Handeln zu verstehen.«[22]

Dieses kontrollierende Verstehen menschlicher Handlungsmöglichkeiten auf Grund einer quantitativen Erweiterung des historischen Horizontes soll aber nach Faber die eigene Handlung, insofern sie von der Person ausgeht, nicht tangieren. Hier richte ich mich ja nach außergeschichtlichen Maßstäben. Faber erscheint dieser Sachverhalt offenbar sehr wichtig. Er sieht den Sinn der Geschichtsbetrachtung geradezu darin, daß der Mensch als Person die Geschichte *transzendiert*. Die Schlußsätze des letzten Abschnittes, in denen das Ideologieproblem behandelt wird, lauten: »Indem jedoch die Relativierung von Traditionen, um mit *Karl Bosl* zu sprechen, die ›Entzauberung der Vergangenheit aus dem Nebel der Mythen, Fälschungen, Zufälligkeiten und Einseitigkeiten der Überlieferung‹ bedeutet, wird die Gegenwart gezwungen, nach einem metahistorischen Standort zur Begründung eines ›guten Lebens‹ in der Geschichte zu suchen. So führt die historische Ideologiekritik über den Nachweis der innerweltlichen Relativität von Ideologien zur Einsicht in die dem Anspruch nach außergeschichtliche Dimension des Ideologieproblems.«[23]

Wir brechen diese kurzen Hinweise auf die »neuesten methodischen Ansätze der Geschichtswissenschaft« ab. Die *grundsätzlichen Einwände*, die gegen die diesen

Konzeptionen zugrunde liegende Etablierung der Geschichte als einer rein empirischen Wissenschaft erhoben werden können und erhoben werden müssen, haben wir oben bereits diskutiert, insbesondere in unserer Auseinandersetzung mit den Geschichtstheorien des Positivismus und des Strukturalismus; wir wollen diese Einwände hier nicht wiederholen. Auf einen Sachverhalt sei jedoch abschließend hingewiesen, der das *Verhältnis dieser Theorien zu den traditionellen Geschichtskonzeptionen* betrifft.

Daß die Geschichtsforschung in Zukunft nicht mehr im Stil des 19. Jahrhunderts vorgehen kann, haben wir immer wieder herausgestellt. Gleichwohl scheint es uns geboten, ausdrücklich darauf hinzuweisen, daß bestimmte Ansätze dieser Tradition im Gegenzug zu den gegenwärtigen Tendenzen beibehalten werden müssen. Die Geschichtsphilosophie und die Geschichtswissenschaft des 19. Jahrhunderts haben den Zusammenhang von Handlungsbewußtsein, Selbstverständnis und politischer Tätigkeit herausgestellt. Diesen Ansatz gilt es als dem geschichtlichen Geschehen angemessen anzuerkennen, auch wenn man jetzt – durchaus mit Recht – »überpersonale Faktoren«, wie die wirtschaftlichen und die sozialen Verhältnisse in der Geschichtsforschung, stärker als bisher in Rechnung zu stellen hat.

Nur wenn man davon ausgeht, daß die Geschichtswissenschaft es mit realen Menschen zu tun hat, die selbst »in« der Geschichte stehen, das heißt, durch sie ebenso bedingt werden wie sie diese bedingen, ist die Möglichkeit gegeben, theoretische Geschichtsforschung und praktische Geschichtsgestaltung *dialektisch miteinander zu verbinden*. Wird diese Verbindung aufgehoben, indem man Geschichtsforschung als theoretisch-empirische Beschäftigung mit dem Tun und Leiden vergangener Menschen versteht und sie der Idee einer allgemeinen Verhaltenswissenschaft unterstellt, dann ist der *Dezisionismus*, der sich ohne Begründung beliebigen Ideologien freigibt, die *einzige* Möglichkeit der Praxis. Im Gegenzug zu einer solchen Einstellung gilt es, aus der Geschichte zu *lernen*, indem man ihre Trends kritisch herausarbeitet und sich auf sie einstellt. Als ein konkretes Beispiel eines solchen Aktes der Vergeschichtlichung wird im folgenden Kapitel das Problem der Menschheit als eines möglichen Geschichtssubjektes erörtert werden.

Viertes Kapitel
Die Menschheit als werdendes Subjekt
der Geschichte[1]

Die Frage nach dem Geschichtssubjekt ist als solche nicht neu. Bereits bei *Hegel* spielt sie eine entscheidende Rolle, und auch von den Historikern des 19. Jahrhunderts wird sie ebenso wie von Dilthey intensiv diskutiert. Gleichwohl stellt sie sich für uns in einer veränderten Form, weil die gegenwärtigen Geschichtssubjekte nicht mehr als relativ geschlossene Einheiten und Ganzheiten aufgefaßt werden können. Vor allem: es ist heute nicht mehr möglich, die Frage, wie aus vielen einzelnen und deren unter Umständen widersprüchlichen Gesinnungen ein Ordnungszusammenhang und eine Aktionseinheit wird, dadurch zu lösen, daß man *metaphysische Wesenheiten* als Träger des Geschehens ansetzt. Eine Galerie solcher Geister, wie Hegel sie hypostasiert, ist ein theologischer Restbestand.[2] Es ist klar, daß nur *Menschen* die Geschichte machen. Freilich haben die Menschen als endliche Wesen nie den Erfolg in der Hand – die unbeabsichtigten Nebenfolgen gehören wesentlich zur Geschichte hinzu –; und sodann: der handelnde Mensch ist auf ihn übergreifende Institutionen angewiesen, nur in ihnen, durch sie und gegen sie kann er sein Handeln aktualisieren.[3]

Wir suchen nun darzulegen, wie sich die »Situation der Geschichtssubjekte« im heutigen *politischen Raum* darstellt, um von hier aus die Frage nach der *Menschheit* als möglichem Subjekt der Geschichte zu konkretisieren.[4]

Die gegenwärtig weltgeschichtlich relevanten Subjekte sind *Machtblöcke*, deren Zusammenschluß nicht oder nicht primär auf geschichtlich gewachsenen Traditionen beruht, sondern auf politisch-pragmatischer Basis erfolgt. Darum sind diese Zusammenschlüsse auch eigentümlich instabil. Neben dem westlichen Machtblock, der um die USA, und dem östlichen Machtblock, der um die Sowjetunion zentriert ist, ist nicht nur die Dritte Welt als neuer weltgeschichtlicher Faktor getreten. Auch die beiden großen Machtblöcke, insbesondere die kommunistische Welt, sind ständig im Zustand eines Hin und Her zwischen Integration und Desintegration. Die Verschiebung innerhalb der Machtblöcke und deren Verhältnis zueinander sind vom Streben nach Ausgleichsbalance und vom Streben nach Macht zugleich bestimmt.

Dieses politische Kraftfeld ist, obwohl man die jeweiligen Basen weltanschaulich gegeneinander abzugrenzen sucht, weitgehend homogen. Wenigstens die großen Machtblöcke zeigen unabhängig von ihrer Ideologie im technologischen Bereich eine erstaunlich gleiche Struktur. Die technologische Konvergenz garantiert aber keineswegs eine *politische* Einstimmigkeit. Die technische Produktion wird vielmehr von der Politik gelenkt, insofern diese die Technik für die Machtsteigerung des eigenen Blocks in Dienst nimmt. Realiter gesehen hat die Politik immer noch einen faktischen Vorrang vor der Technologie.[5]

Die Politik ist ihrerseits weitgehend von der Angst bestimmt, das Gleichgewicht zwischen den Blöcken sei nicht zu halten. Das Pendant zu der politischen Machtbalance bildet daher die *Politik der Abschreckung*. Diese führt zur Eskalation, die ein seltsames Ineinander technologischer Rationalität und anthropologischer Urangst ist. Die Notwendigkeit einer Verständigung ist offensichtlich. Diese Verständigung ist jedoch nicht als inhaltlicher Ausgleich der verschiedenen ideologischen Basen zu verstehen. Sie ist pragmatischer Art: der erstrebte Weltfriede soll die mögliche absolute Vernichtung, zu welcher sich heute auf Grund der Technisierung jeder Konflikt ausweiten kann, verhindern.

Diese Situation ist aufs Ganze gesehen ein Novum. Sie ist von Grund auf zweideutig. Die Einheit der Welt ist, so sagten wir, einerseits da, nämlich als technologischer Zusammenhang; sie ist andererseits nicht da, nämlich als einheitliches politisches Aktionsbewußtsein. Die Einheit ist ständig in Frage gestellt und andererseits weist die Entwicklung auf sie hin – das deuten solche bei Lichte besehen grotesken Überschriften an wie: »*Ist der Weltfriede unvermeidbar?*«[6] Man fordert nicht nur, sondern konstatiert steigende Rationalität und insofern eine gewisse Zunahme von Vernünftigkeit im politischen Zusammenleben, und man stellt auf der anderen Seite fest, daß das Problem der »irrationalen Machtsteigerung« weiterhin besteht. These und Gegenthese stehen in bezug auf die Welteinheit unmittelbar gegeneinander und beanspruchen gleiches Recht.

Reflektiert man diese Situation, dann erkennt man sehr klar, daß es nicht angeht, der Bestimmung Menschheit den gleichen Stellenwert wie den traditionellen Einheiten zuzubilligen. Der Begriff Menschheit als Subjekt der Geschichte hat einen anderen Sinn als der Begriff Volk und Nation. Er ist »*pragmatisch-politisch*« ausgerichtet. Die Beweglichkeit im Sinne der politischen Pragmatik zeigt gleichsam im *programmatischen Leerschema* an, in welcher Richtung sich die geschichtliche Entwicklung vollziehen muß, wenn anders die Menschheit überleben will. Diesen vorwärtsweisenden Sinn der Bestimmung Menschheit hat – dies sei hier noch einmal herausgestellt – gerade auch der Historiker zu aktualisieren. Es ist erfordert, daß er vom »Konservativismus« befreit und nicht versucht, die heutigen Verhältnisse an früheren zu messen oder von ihnen her zu interpretieren. Eine wichtige Aufgabe für ihn ist es, zukunftsweisende Ideen in der Vergangenheit herauszuarbeiten, wie z. B. *Kants Idee des Weltbürgertums*, in der sich bereits die sachliche Notwendigkeit anzeigt, über die Bestimmung Volk hinauszugehen. Grundsätzlich gesagt: die Haltung des Historikers muß ebenso wie die des Politikers durch das Bewußtsein bestimmt sein, das geschichtlich Erforderte in den Blick zu bringen. Als regulative Maxime formuliert: der geschichtliche Verlauf macht ersichtlich, daß sich immer größere Einheiten konsolidieren und die kleineren in sich einschließen; dieser Regel müssen wir folgen, um eine Tendenz zu fördern, »die eigentlich nicht mehr aufzuhalten ist«. – Wir fügen zur Verdeutlichung des Gesagten noch einige Hinweise an.

Man muß sich heute überhaupt von der Vorstellung fixer Subjekte als maßgebender Geschichtsakteure lösen und sich mit der Idee vertraut machen, daß Geschichtssubjekte sich allererst konstituieren, und zwar auf Grund einer bewußt übernommenen Praxis. Dieser Ansatz ist vom *Marxismus* aktualisiert worden.

Marx selbst hat das Proletariat zum Subjekt der Geschichte erhoben. Er war überzeugt, daß ein solches Subjekt als *geschlossene* Macht zur Inszenierung der Revolution nötig sei. Das Proletariat aber konstituiert sich nach ihm durch eine Notsituation, die ökonomisch bedingt ist; nur die ökonomischen Bedürfnisse und nicht die geistigen Ideale sind ja für Marx die Konstituentien des geschichtlichen Geschehens. Entgegen dem Ansatz von Marx wird gegenwärtig allgemein anerkannt, daß das Proletariat heute weitgehend in die mittelständische Gesellschaft aufgenommen, ökonomisch und bewußtseinsmäßig befriedigt und damit als kämpfende Klasse aufgehoben ist. Angesichts dieser Tatsache ist eine neue Überlegung erforderlich. Dogmatische Marxisten versuchten zwar, um die marxistische Theorie, daß entscheidende Umwandlungen in der Geschichte nur ökonomisch bedingt seien, nicht aufzugeben, die gegenwärtige Unruhe und Unzufriedenheit »ökonomisch hintergründig« auszudeuten, das heißt, eben doch auf Umwegen von materiellen Bedürfnissen her zu erklären. Offensichtlich ist dies aber verfehlt, denn der Träger der Unruhe ist heute die *intellektuelle Jugend*, und diese ist nicht primär aus materiellen Gründen revolutionär. [7]

Setzt man nun aber diese intellektuelle Jugend einmal als mögliches Geschichtssubjekt an, dann muß die Konzeption dessen, was man geschichtliche Praxis nennt, weitgehend revidiert werden. Die Intentionen der Intellektuellen sind – dies ist zunächst festzustellen – nicht eindeutig und zielbewußt ausgerichtet. Die *Negation des Bestehenden* herrscht vor. Die Aktionen sind deswegen eigentümlich verzettelt und sporadisch, sie zeigen keine politische Geschlossenheit. Man darf daher, so erklären einige Deuter dieser Situation, gar nicht von dieser intellektuellen Schicht als Klasse im Sinn eines möglichen Geschichtssubjektes reden, denn als geschichtsrelevante Klasse kann, so meint man, nur eine Gruppe auftreten, die auf Grund ihrer Geschlossenheit Machtansprüche zu erheben vermag.

Andere Deuter – und dies erscheint uns weit fruchtbarer – suchen aus dem weltweiten Vorgang des Aufstandes der Intellektuellen *methodisch* zu lernen, das heißt, sie negieren den wesentlich ökonomisch bedingten Begriff der *geschlossenen* Klasse. Die Intellektuellen sind, so wird hier erklärt, heute im Establishment, und zwar gerade als dessen Kritiker führend. Die Haltung des Intellektuellen ist aber grundsätzlich experimentierend, das heißt, Probierhandlungen sind nicht nur im privaten Raum, sondern auch im gesellschaftskritischen Bereich bestimmend. Man darf daher von den Intellektuellen gar nicht eine geschlossene Theorie erwarten. Für die Gesellschaftskritik der Intellektuellen hat dies Furio Ceruti herauszustellen gesucht: »Die Revolutionierung der bestehenden Verhältnisse schreitet als geschichtlicher Prozeß auch dann fort, wenn wir an unserem grünen Tisch die Arbeitswerttheorie und den Klassenbegriff noch nicht überzeugend revidiert haben ... Theorie und Praxis sind eben nicht identisch, und Praxis behält materialistisch ihren Primat. Dies ist nicht existentiell, sondern geschichtlich gemeint: ohne wissenschaftlich nicht ganz abgesicherte, aber massenhafte Praxis auslösende Entwürfe, ja ohne ›Binsenwahrheiten‹ hätte es keine revolutionäre Bewegung gegeben, ohne Sozialutopisten und Pariser Kommune keinen Marx.«[8] Man fordert einen »*disziplinierten Pragmatismus der Aktion*« aller Theorie voraus. Dieser Ansatz kann dann zu der Auffassung gesteigert werden, daß wenigstens für eine, sicher gefährliche, Wegstrecke es notwendig sei, »das unrealistische, fragmentarische und plakativ überspitzte Antizipieren« erstrebter Wirklichkeiten herauszustellen.

Das ist sicher problematisch. Anarchismus und Unverbindlichkeit spielen hier eine wesentliche Rolle. Gewinnen sie die Oberhand, das heißt, wird der sachliche Blick für die reale Situation und die sich in ihr eröffnenden Chancen verloren, dann läuft sich eine solche Bewegung tot. Gleichwohl – und nur dies herauszustellen ist in diesem Zusammenhang wichtig –: diese Situation weist eben auf die Tatsache hin, daß die Geschichtssubjekte heute nicht als organische in sich abgeschlossene Größen, sondern als *durch Praxis allererst zu konstituierende Einheiten* verstanden werden müssen, wobei dieser Praxisbegriff theoretisch nicht eindeutig festgelegt ist.

Dies führt uns zu einer letzten Anmerkung, die wiederum auf die Bestimmung »*Menschheit*« zurückleitet. Paradox formuliert: je ungeschlossener der umfassende Einheitsbegriff ist, desto direkter kommt der einzelne ins Spiel. Konkret: treten die Mittelgruppen, wie Volk und Nation, als den Menschen eingrenzende Ordnungen zurück, dann kann sich jeder unmittelbar mit dem anderen auf internationaler Basis verständigen. Das besagt aber, daß der einzelne, insofern er mobiler geworden ist, weit mehr als früher objektiv in die Dimension der Verantwortung einrückt. Wenn der einzelne nicht mehr auf unabdingbar eingrenzende Gruppeneinheiten festgelegt ist, dann ist eo ipso damit die objektive Möglichkeit *und* die objektive Notwendigkeit zur Vermittlung eines »allgemeinen Willens«, dessen Umfang bis zur Extrembestimmung der Menschheit reicht, durch die vielen einzelnen eröffnet. Auch hier gilt das geschichtliche Grundgesetz, daß Macht und Ohnmacht zusammengehören. Mag der einzelne realiter noch so geringe Chancen zur Weltveränderung haben, als *geschichtliches* Wesen ist er nie zur absoluten Ohnmacht verurteilt. Er kann das Seine dazu beitragen, die Menschheit als Geschichtssubjekt zu konstituieren, denn die Menschheit ist – wie *Kant* sah – die abstrakteste *und* die konkreteste Bestimmung zugleich, sie betrifft nicht nur alle, sondern auch jeden einzelnen in seiner *humanitas*.

Fünfter Teil
Verantwortung

Zur Gliederung

Der fünfte Teil unserer Arbeit steht unter dem Thema der *Verantwortung*. Er behandelt das Problem der *Ethik*. Daß wir die Erörterung dieses Fragenkomplexes an den Schluß unserer Arbeit stellen, hat, wie schon im Vorwort angedeutet, zwei Gründe. Einmal: die Ethik erscheint uns als die eigentliche und wesentliche Disziplin, auf die die Philosophie als solche »hinauszudenken« hat. Sodann: eine gegenwartsnahe Ethik kann nur in Auseinandersetzung mit dem bestehenden Zeitgeist konzipiert werden, das heißt, sie setzt die Kenntnis der bestimmenden Tendenzen unserer Epoche voraus; darum haben wir die Erörterungen der Grundcharaktere unserer Gegenwart, insbesondere den Trend zur Verwissenschaftlichung und zur Technologie, der Diskussion der ethischen Fragen vorausgeschickt.

Die ethische Problemstellung, das heißt genauer, die Forderung des *ethischen Engagements*, spielt innerhalb der *gegenwärtigen Philosophie* keine entscheidende Rolle. Es zeigt sich zwar in letzter Zeit die Tendenz, der »praktischen Philosophie« im Gegensatz zum Positivismus wiederum ein größeres Gewicht zuzubilligen. Es handelt sich hier vor allem um die *sprachanalytische Ethik* und die *Logik des moralischen Argumentierens*.[1] Im ersten Fall wird das ethische Verhalten als solches vorausgesetzt; die philosophische Aufgabe ist es, die ethisch relevanten Äußerungen auf ihren Sprachcharakter hin zu untersuchen. Im zweiten Fall soll die Ethik als allgemeine und reine praktische Philosophie, gleichsam als »Protoethik«, begründet werden, indem man die Möglichkeit, den Sinn und die Bedeutung des ethischen Vorgehens noch vor aller Anwendung herauszuarbeiten sucht.

Beide Ansätze bewegen sich in der Dimension der *wissenschaftlichen Philosophie*. Sie klammern solchermaßen die Frage des ethischen Engagements in seiner Konkretion aus. Insbesondere die Konzeption, die Ethik als reine praktische Philosophie zu etablieren, verbleibt bewußt im allgemeinen. Man geht bei diesen Fundierungsversuchen von der Voraussetzung aus, daß der Philosophie ein Vorrangrecht in bezug auf die ethische Fragestellung zukäme. Wir meinen, daß ein solcher Ansatz heute nicht mehr aktuell ist und auch nicht mehr aktuell sein kann. Ebensowenig wie die Philosophie als Wissenschaftstheorie die Wissenschaft in ihrer faktischen Gestalt als Forschung begründen kann, vermag die philosophische Ethik als Protoethik die Ethik in ihrer möglichen Bedeutung für die Gestaltung des realen Lebens der Gegenwart zu fundieren.

Die ethische Fragestellung scheint gegenwärtig auch für das *allgemeine Bewußtsein* nicht mehr vorrangig zu sein. Dies hat einen bestimmten Grund. Die *Verwissenschaftlichung* hat sich auf dem Gebiet der Anthropologie dahin ausgewirkt, daß Fragen, die früher dem ethischen Bereich zugerechnet wurden, jetzt von bestimmten Wissenschaften übernommen werden, so vor allem von der Verhaltensforschung, der Psychologie und den Sozialwissenschaften.[2] Diese Umstrukturierung der ethischen Fragestellung zeigt sich bereits im Sprachgebrauch. Die traditionellen Begriffe »gut« und »böse« gelten nicht mehr als anthropologisch relevante Bestimmungen. Man redet – um den Sachverhalt vorerst nur anzudeuten – von geistig-seelischer Krankheit, Frustration, Gehemmtheit oder von Unfreiheit, wobei diese Unfreiheit biologisch, psychologisch, politisch oder ökonomisch bedingt sein kann. Diese Wandlung ist von kaum zu überschätzender Bedeutung. Von ihr muß heute jede philosophische Besinnung über die Ethik ausgehen.

Es ist hier aber sogleich anzumerken, daß diese Umstrukturierung *problematisch* ist. In ihr wirkt sich weithin der gegenwärtige Trend zur Technologie aus. Dieser konkretisiert sich wiederum als Zug zur *Rationalisierung*. Rationalität erscheint als das eigentlich anthropologische Leitziel. Von den Positivisten über die kritischen Rationalisten bis zu den Anhängern der Kritischen Theorie ist man sich einig, daß Emanzipation, Mündigkeit, Reflexion im Sinne eines kritischen Bewußtseins dem Bestehenden gegenüber die anzustrebenden Ideale seien, weil hier eben die Emotionalität zugunsten der »Vernünftigkeit« ausgeschaltet würde. Auch dieser Tendenz zur Rationalität als dem Pendant der Verwissenschaftlichung ist kritisch zu begegnen. Hier wird zwar, wenigstens zum Teil, auf die gesellschaftlichen Probleme abgehoben. Gleichwohl bleiben diese Zielbestimmungen eigentümlich leer.[3] Sie sind zudem ethisch betrachtet neutral; Rationalität kann auch, wie wir bei der Erörterung des Problems der Aggression sehen werden, negativ angewandt werden. Der uns notwendig erscheinende Gegenzug zur technischen Rationalität – darauf sei sogleich ausdrücklich hingewiesen – bedeutet nicht, daß die Ethik sich von der Wissenschaft fernzuhalten habe. Im Gegenteil: eine zeitgemäße Ethik muß sich kritisch an wissenschaftliche Fragestellungen »anschließen«, um den realen Menschen der Gegenwart in seinem durch die Wissenschaft bestimmten Selbstverständnis zu treffen.

Die Forderung einer zeitgemäßen Ethik involviert nicht, daß uns die *traditionelle Ethik* nichts mehr zu sagen habe. Das Verhältnis zu dieser Ethik ist zweideutig. Auf der einen Seite scheint es notwendig, eine Trennung der Tradition gegenüber zu vollziehen, oder genauer: zu erkennen, daß bestimmte Ansätze dieser Tradition für uns nicht wiederholbar sind. Die Möglichkeit, die Ethik von einer Metaphysik der ontologischen Seinsstrukturen, die dem Menschen vorgegeben sind, her zu fundieren, ist für uns ebenso irreal wie die Möglichkeit, eine praktische Philosophie zu etablieren, deren Sinn es ist, das allgemeine sittliche Bewußtsein des Tunlichen zum Ausdruck zu bringen. Auf der anderen Seite hat die Tradition den Ansatz der Ethik vorbildlich herausgearbeitet: der Mensch ist ein durch sich selbst gefährdetes Wesen, das sich ständig der Forderung unterstellen muß, die Ordnung seiner selbst als das Gute zu bewirken. Anders gesagt: Ethik gründet im »*Selbsteinsatz aus Freiheit*«. Auch wenn die traditionelle Philosophie diese Einsicht weithin in der Form der Gesinnungsethik subjektivistisch verkürzt hat, bleibt von ihr zu lernen, daß das Selbstverständnis des Menschen die entscheidende Basis der Ethik ist, auch und gerade einer Ethik, die den mitmenschlichen Bezug ins Zentrum stellt.

Der Entwurf der folgenden Analyse steht unter dem Titel »*Verantwortung*«. Die Bestimmung Verantwortung läßt sich in gewisser Weise dem Begriff der *Vergeschichtlichung* parallelisieren. Wir haben im vorigen Teil zu zeigen gesucht, daß der Akt der Vergeschichtlichung die wissenschaftstheoretische Dimension, in der die Begründung der Geschichtsschreibung zentral ist, überschreitet. Ähnliches gilt hier: die Reflexionshandlung der Verantwortung transzendiert die Frage nach der Möglichkeit der Ethik als Wissenschaft. Zwischen beiden Reflexionshandlungen, dem Vollzug der Vergeschichtlichung und der Verantwortung besteht aber nicht nur eine Parallele, sondern auch eine dialektische Wechselwirkung. Die Vergeschichtlichung muß letzten Endes ethisch ausgerichtet sein, und die ethische Verantwortung kann sich nur im Raum der eigenen geschichtlichen Situation konstituieren und verwirklichen. Freilich sind in dieser Wechselwirkung Vergeschichtlichung und Verantwortung nicht gleichrangig. Die Verantwortung ist »letzte Instanz«. Sie ist dem Einzelnen unabdingbar auferlegt. Hier trifft man auf den innersten Punkt des Selbstverständnisses, der nie ganz und vollständig objektivierbar ist. Daß die Nichtobjektivierbarkeit der Verantwortung keineswegs gleichbedeutend ist mit der Einordnung in den Raum der reinen Innerlichkeit, sondern daß die innerliche Entscheidung gerade ihren Ansatz- und ihren Zielpunkt in einem welthaften Bezug hat, werden wir thematisieren, wenn wir zu zeigen suchen, daß diese Entscheidung gerade dem heute bestimmenden *dialektischen Wirklichkeitsbegriff* entspricht.

Verantwortung ist immer schon, insofern der Mensch unabdingbar in geschichtlichen Situationen steht, Verantwortung *vor*... und Verantwortung *für*... Das besagt: Verantwortung ist eine Bezugskategorie. In einer Verantwortungsethik müssen daher die Fragen des *zwischenmenschlichen* Verhaltens, und zwar in möglichster Konkretion, im Vordergrund stehen. Diese Konkretion ist – darauf wiesen wir bereits hin – nur realisierbar, wenn im Gegenzug zu einer philosophisch abstrakten Begründung von Ethik überhaupt die *Zusammenarbeit mit den anthropologischen Wissenschaften* für die Philosophie zentral wird. Programmatisch formuliert: eine Ethik, die nicht gewisse Grundkenntnisse der anthropologischen Wissenschaften, insbesondere der Soziologie, der Psychologie und der Psychoanalyse, verarbeitet, bleibt eine überflüssige Schreibtischangelegenheit. Nur wenn der Ethiker – um vorgreifend ein Beispiel zu geben – sich von der Psychoanalyse über die Grenzen der freien Selbstbestimmung belehren läßt, kann er sich sachangemessen für die Stärkung des Freiheitsbewußtseins einsetzen.

Freilich: die Philosophie muß sich gegenüber bestimmten Ansätzen der Wissenschaft *kritisch* verhalten. Vor allem darf sie nicht, dem Trend der Verwissenschaftlichung *unbesehen* folgend, die ethischen Grundbestimmungen ausschalten. Im Gegenteil: die *Leitbegriffe*, unter denen die Verantwortung steht, herauszuarbeiten, ist eine der wichtigsten Aufgaben der philosophischen Ethik. Es kommt hier auf ein Zweifaches an. Einmal: diese Leitbegriffe müssen in Einklang mit dem allgemeinen Bewußtsein stehen. Wir werden unter diesem Gesichtspunkt die »utilitaristische Formel«, die Ethik habe das größte Glück der größten Zahl zu bedenken, ins Zentrum stellen. Andererseits – und dies ist das Zweite – darf die Ethik sich aber nicht scheuen, auf die letzten Maßstäbe hinzuweisen, die von jeher als ethische Grundkategorien gelten, nämlich auf die Begriffe »gut« und »böse«. Wir greifen bewußt auf diese beiden Bestimmungen zurück, denn erst mit diesen Begriffen erreicht die Ethik ihre eigentliche Tiefendimension.

Wir meinen nun aber keineswegs, daß es angebracht wäre, die Bestimmungen »gut« und »böse« eindeutig definieren zu wollen. Daß die obersten Leitbegriffe einer Wissenschaft sich nicht ein für allemal festlegen lassen, dies gilt für die Ethik in erhöhtem Maße. Wir begnügen uns bewußt mit hinweisenden Umschreibungen, die auf den alltäglichen Sprachgebrauch und die traditionellen Bestimmungen zurückgreifen. Das Gute gilt uns – dies sei vorgreifend gesagt – als der Inbegriff von Ordnung, wobei Ordnung aber keine statisch ontologische Bestimmung ist, sondern funktional auf den Handlungszusammenhang zu beziehen ist. Das Böse zeigt sich im Egoismus und vor allem in den extremen Akten der Unmenschlichkeit, wie zum Beispiel der Grausamkeit. Hermeneutisch gesehen hat das Böse für die Konzeption der gegenwärtigen Ethik einen gewissen Vorrang. Gegenüber den heutigen Verflachungen des Bösen, wie sie sich zum Beispiel in bestimmten Ansätzen der Lernpsychologie zeigen, denen zufolge das Böse nichts anderes als eine falsche Konditionierung darstellt, gilt es immer wieder auf die erschreckenden Aktionen der Unmenschlichkeit hinzuweisen, deren »Sinn« es allein ist, einen anderen leiden zu lassen und dies Leiden zu genießen. Eine Ethik, die an dieser Realität der Unmenschlichkeit vorbeiredet, bleibt lebensfern.

Zwei Anmerkungen seien noch angefügt. Einmal: im Gegenzug zu gewissen Ansätzen der wissenschaftlichen Ethik, metaethisch, das heißt wertneutral, vorzugehen, meinen wir, daß zur philosophischen Ethik der *Appell* gehört, sei er direkt oder indirekt. An dieser Meinung festzuhalten oder sie gegen bestimmte Ausprägungen des Zeitgeistes zu propagieren, scheint uns eine wesentliche Aufgabe der Ethik zu sein. *Albert Schweitzer* hat heute noch recht, wenn er erklärt: »Alles Nachdenken über Ethik hat eine Hebung und Belebung der ethischen Gesinnung zur Folge.«[4]

Auch unsere zweite Anmerkung sei im Rückgriff auf Albert Schweitzer expliziert. Schweitzer hat eindrücklich gezeigt, daß zur Ethik wesenhaft die *Resignation* gehört. Er erklärt: »Resignation ist die Halle, durch die wir in die Ethik eintreten.«[5] Diese Resignation hat einen zweifachen Sinn. Einmal: die Ethik läßt sich nicht von einem absoluten Weltgrund her abstützen. Alle Versuche, die in dieser Hinsicht unternommen worden sind, sind gescheitert, und zwar endgültig. Der ethisch Handelnde hat keine Rückendeckung. Er muß den faktischen Tatbestand sehen: »Die Welt ist das grausige Schauspiel der Selbstentzweiung des Willens zum Leben. Ein Dasein setzt sich auf Kosten des anderen durch, eines zerstört das andere.«[6]

Die Resignation hat aber – dies ist das Zweite, was es zu beachten gilt – einen »*praktischen Lebensbezug*«, wie Schweitzer sagt. Das bedeutet: ich muß frei geworden sein für das, was ich tue, auch im Blick auf das mögliche Scheitern. Es ist klar: die Ethik wäre ein bloßes Gedankenspiel folgenloser Innerlichkeit, wenn sie sich nicht um den realen Erfolg einer Optimierung der Menschheit bemühte. Aber wir werden es nie fertig bringen, dem Bösen, das die Geschichte von Anfang an durchwaltet, ein Ende zu bereiten. Diese Einsicht nicht zu verdrängen und dennoch so zu handeln, als ob eine bessere Menschheit eines Tages Wirklichkeit würde, dies ist die Paradoxie, der alle Ethik untersteht. –

Wir beginnen unsere Analyse mit einem Überblick über das *Problem der Ethik in der Tradition*. Dieser Überblick ist sehr zusammengedrängt, denn in den vorausgehenden Teilen wurden viele der für den Grundansatz der traditionellen Ethik wesentlichen Fragen bereits erörtert. Der zweite Abschnitt thematisiert die *ethische Grundeinstellung der Gegenwart*. Es kommt uns hier darauf an, angesichts der oben gekennzeichneten Tatsache, daß die Ethik heute im Zuge der Verwissenschaftlichung in den Hintergrund gedrängt wurde, ethisch relevante Ansätze auch dort aufzusuchen und herauszustellen, wo sie nicht ausdrücklich als ethische Einstellungen deklariert werden. Wir thematisieren zunächst den *Aspekt der Freiheit* unter zwei Gesichtspunkten. Freiheit wird einmal als *Negation von Zwang* verstanden, diese Freiheitsbestimmung wird zum Beispiel in der »Kritischen Theorie« entwickelt. Freiheit wird sodann als *rationales Entscheidenkönnen* gefaßt; gerade dieser Freiheitsbegriff ist heute im Zusammenhang mit der Technologie zentral. Nach diesen grundsätzlichen Erörterungen weisen wir auf die *Protestaktion der Intellektuellen* hin, in der sich nicht nur die Negation der traditionellen Wertvorstellungen, sondern auch ein radikaler Gegenzug zur gegenwärtigen Technologie besonders deutlich zeigt. Sodann thematisieren wir die *Psychoanalyse*. Daß die Psychoanalyse hier und nicht im dritten Teil, der das anthropologische Grundproblem, das Verhältnis von Vernunft und

Trieb behandelt, untersucht wird, mag verwundern. Wir wollen jedoch durch die hier vorgelegte Erörterung der Psychoanalyse exemplarisch zeigen, wie der oben erwähnte Vorgang der Ersetzung ethischer Bestimmungen durch wissenschaftliche Begriffe konkret zu verstehen sei; zudem ist die Psychoanalyse auf Grund ihrer praktischen Abzweckung, das heißt ihres diagnostischen und therapeutischen Aspektes für die Aufhellung der ethischen Problematik der Gegenwart von außerordentlicher Bedeutung.

Der dritte Abschnitt – es ist der wesentliche Abschnitt dieses Teils – bringt den *Aufriß einer zeitgemäßen Ethik*. Unsere Absicht ist es nicht, eine systematische Grundlegung der Ethik zu geben, sondern die Ansätze des ethischen Selbsteinsatzes herauszuarbeiten, und zwar unter einem zweifachen Gesichtspunkt. Es geht uns einmal darum, die Möglichkeit und Notwendigkeit der Ethik gerade im Gegenzug zur Technologie[7] herauszuarbeiten, und sodann darum, konkreten Chancen des ethischen Verhaltens in der Gegenwart nachzufragen. Beide Fragestellungen stehen im Verhältnis *gegenseitiger* Bedingung. Das Allgemeine muß im Hinblick auf das Konkrete erörtert werden und umgekehrt. Den genauen Aufbau dieses Abschnitts erläutern die einleitenden Ausführungen – »Zur Gliederung« –, die ihm vorangestellt sind. Der Gesamtsinn der hier entwickelten Analysen ist es – dies sei noch einmal gesagt – herauszuarbeiten, daß die ethische Einstellung unabdingbar zum menschlichen Leben gehört, insofern sich der Mensch um die Ordnung seiner selbst und um die Ordnung seines Bezuges zum Mitmenschen, d. h. um das Gute, bemühen muß, im Gegenzug gegen das Böse in ihm. Auf diesen Sachverhalt hinzuführen, erscheint uns auch heute noch eine wesentliche Aufgabe der Philosophie.

A. Das Problem der Ethik in der Tradition

Vorbemerkung

Die folgende Kennzeichnung der Problematik der Ethik in der Tradition ist außerordentlich gedrängt. In den historischen Untersuchungen der früheren Teile haben wir ethische Probleme mitthematisiert. Wir verweisen insbesondere auf die Explikation des Verhältnisses von Wissenschaft und Lebensbezug im ersten Teil, der der Verwissenschaftlichung nachfragte, und sodann auf die Explikation der Philosophie der Innerlichkeit und die Geschichte der philosophischen Anthropologie im zweiten und dritten Teil.[1]

Daß in diesen Teilen die ethische Fragestellung berücksichtigt wurde, liegt in der Sache selbst: die großen philosophischen Ansätze der Tradition involvieren immer schon eine ethische Grundeinstellung. Eine Analyse der philosophischen Ethik im Abendland, die diese leitenden Ansätze nicht berücksichtigen wollte, würde ihren Gegenstand verfehlen. Anstatt eine Geschichte der Ethik im Sinne einer isolierten Sonderdisziplin zu schreiben, ist es angebracht, die *Grundansätze der Tradition unter ethischem Gesichtspunkt* zu betrachten.

Wir heben im folgenden ein wenig schematisierend zwei Grundlinien hervor. Die eine ist dadurch gekennzeichnet, daß die *Metaphysik* die ethische Einstellung bestimmt. Die andere ist dadurch charakterisiert, daß die Ethik von der *Wissenschaft* her »geortet« wird. Beide Linien überschneiden sich in der Geschichte des abendländischen Denkens. Sie sind jedoch der Sache nach von einer je besonderen Intention bestimmt. Das besagt: sie haben eine je eigene Entwicklung, deren Verlauf in beiden Fällen aber eine *Wandlung der Anfangsposition* zeigt. Diese Anfangsposition wird so wesentlich modifiziert, daß man geradezu von ihrer Aufhebung sprechen kann.[2]

Die Ethik unter dem Aspekt der Wissenschaft

Im ersten Teil unserer Arbeit haben wir den Ansatz des *griechischen und neuzeitlichen Wissenschaftsbegriffes* insbesondere am Beispiel der Physik zu explizieren versucht. Wir gingen davon aus, daß das abendländische Denken von Anfang an durch die Tendenz zur Gegenständlichkeit, Objektivität und Feststellbarkeit, das heißt, durch einen Hang zum »Ontologismus«, bestimmt ist. Dieser Ansatz wirkt sich auch in der Konzeption des Wissenschaftsideales aus. Wissenschaft stellt das wahrhafte

Wesen des Seienden heraus. Dieses ist eindeutig. Wissenschaftliche Erkenntnis ist von der forschenden Subjektivität unabhängig, sie gilt für alle in gleich zwingender Form. Das Vorbild der Wissenschaft ist die Wissenschaft von der *Natur* – dieser Satz gilt von den Griechen bis zum 19. Jahrhundert. Ob die Natur als das organische Geschehen verstanden wird, das sich in der Anschauung zeigt, oder als das Reich unsichtbarer Gesetze, das erst durch Wissenschaft aufzuschließen ist, die Erkenntnis hat sich nach ihr zu richten. Naturerkenntnis ist Anerkenntnis dessen, was feststeht.[3]

Diese Wissenschaft hat keine Bezüge zur Ethik. Die Erforschung der Natur steht unter der Alternative wahr und falsch, aber dies ist keine ethische Alternative. Auch die *Anwendung* wissenschaftlicher Einsichten stellt in der Tradition bis zum 19. Jahrhundert hin kein moralisches Problem dar. Die Natur als natura naturans hat uns zu Meistern über die Naturerscheinungen eingesetzt, so Descartes. Die praktische Anwendung der Erkenntnis liegt also in der Absicht der Natur selbst und kann daher nicht abwegig sein.

Dieser Ansatz wurde erst in der Gegenwart problematisch, als die Naturwissenschaften den Gedanken einer eindeutigen Realität, die sie zu erfassen hätten, aufgaben zugunsten eines Wirklichkeitsbegriffes, der durch die Wechselbestimmung von Subjekt und Objekt geprägt ist. Damit tritt die Frage nach der Anwendung der Erkenntnis als ethisches Problem hervor, denn die Anwendung der Erkenntnis kann nun nicht mehr auf dem Hintergrund einer an sich gültigen Naturordnung geschehen. Sie ist nicht mehr von der Natur *selbst* vorgegeben. Diese Umwandlung des Wirklichkeitsbegriffes, die zu der Einsicht führt, daß Wirklichkeit überhaupt, also auch die Naturwirklichkeit, *manipulierbar* ist, bringt eine entscheidende Veränderung im Verhältnis von Ethik und Wissenschaft mit sich. Wir haben aber bereits im ersten Teil darauf hingewiesen[4], daß die positivistisch eingestellten Forscher dies zumeist nicht zugeben. Sie versuchen, die Wissenschaft als Forschung von den Fragen der Anwendung reinlich abzusondern und letztere – und damit die ethische Problematik – dem praktisch Tätigen, insbesondere den Politikern, zuzuschieben. Die Anwendung als solche sei, so argumentiert man, von der Wissenschaft her als sekundär anzusehen, die Wissenschaft selbst sei sachgebunden und daher autonom und wertfrei. Diese Überzeugung ist gegenwärtig noch weithin maßgebend. Wir werden auf die zutage tretende Problematik noch zurückkommen.

Wenn die Wissenschaft der Tradition keinen ursprünglichen Bezug zur Ethik hat, dann bedeutet dies, daß der Ort der Ethik nicht der Verband der exakten Wissenschaften sein kann. Die Ethik hat es nach griechischem und neuzeitlichem Wissenschaftsverständnis, wie wir im ersten Teil unserer Arbeit erläuterten, im Gegensatz zur Naturwissenschaft nicht mit feststehenden Zusammenhängen zu tun, sondern mit *wechselndem Verhalten* von Menschen, das sich wissenschaftlicher Analyse entzieht. Menschliches Verhalten ist durch eine eigene, nicht-wissenschaftliche Ordnungsform, wie sie sich in Sittlichkeit und Recht niederschlägt, bestimmt. Wenn diese Ordnungsform zum Problem wird, dann ist die Thematisierung dieser Problematik in Richtung auf ihre Lösung Angelegenheit der *praktischen* Vernunft. Die praktische Vernunft und die ihr entsprechende praktische Philosophie ist – mit Kant geredet – im Gegensatz zur Philosophie der theoretischen Vernunft, das heißt der Philosophie, die es mit stringentem Naturwissen zu tun hat, keine Angelegenheit der »Schule«, sondern der »Weltweisheit«.

Diese soeben gekennzeichnete Grundhaltung ist bereits von *Aristoteles* eindringlich entwickelt worden.⁵ Ihre eigentliche Effektivität entwickelt sie aber erst in der Neuzeit. *Descartes* proklamiert nur eine vorläufige Moral, die es unter dem Aspekt der Gewißheit nicht mit den exakten Wissenschaften aufnehmen kann.⁶ *Kant* stellt die praktische Vernunft und dementsprechend die praktische Philosophie, die das moralische Bewußtsein vor dem Vernünfteln schützen soll, zwar über die theoretische Wissenschaft. Aber die Moralität ist eine Sache der *Innerlichkeit*, d. h. der Gesinnung, und als solche nicht demonstrierbar. Insofern ist sie nicht mit der Wissenschaft gleichrangig. Dieser kantische Ansatz hat das Bewußtsein gerade der bedeutenden Wissenschaftler des 19. Jahrhunderts entscheidend geprägt. Er ist auch heute noch wirksam – wir erinnern, um nur ein Beispiel zu nennen, an Jaspers' scharfe Trennung von Wissenschaft und Existenzerhellung.⁷ Die Vorstellung einer reinlichen Scheidung von Wissenschaft und Ethik lebt also gegenwärtig noch durchaus weiter. Gleichwohl ist heute eine gewisse Wandlung nicht zu verkennen: die Ethik wird von der Wissenschaft »aufgehoben«. Das besagt: die Wissenschaft beansprucht ihrerseits, bestimmte Fragen, die früher als dem Gebiet der Ethik zugehörig angesehen wurden, wissenschaftlich zu behandeln. Sie tut dies auf Grund eines verstärkten Selbstbewußtseins, das durch das Hinschwinden der Metaphysik einerseits und die wissenschaftlichen Erfolge andererseits zustande kommt.

Im Verhältnis von Wissenschaft und Ethik tritt mit dem Anspruch auf wissenschaftliche Durchdringung ethischer Fragen ein entscheidender Wandel ein. Bildlich gesprochen: der Raum der Ethik wird kleiner, weil viele ethische Fragen zu wissenschaftlichen Problemen »umfunktioniert« werden. Dieser Vorgang der *Verwissenschaftlichung ethischer Fragen*, der seiner Tendenz nach zu einer Aufhebung der ursprünglichen Position führt, nach der Wissenschaft und Ethik unabhängig voneinander als selbständige Größen existieren, läßt sich konkret als »Soziologisierung« und »Anthropologisierung« der ethischen Problematik durch die Wissenschaft verstehen. Die *Soziologisierung* vollzieht sich eins mit der Konstituierung der Sozialwissenschaften als anerkannter Disziplinen innerhalb des Kreises der exakt-rationalen Wissenschaften. Wir haben diesen Vorgang in unserem ersten Teil ausführlich untersucht und stellen nur noch einmal das für unseren Zusammenhang Wesentliche heraus.⁸

Die Ethik ist nach griechischem Verständnis primär nicht »Individualethik«, sondern fragt nach den *Möglichkeiten des menschlichen Zusammenlebens*. Man denke an *Platos* »Staat« oder an *Aristoteles'* Analysen, die die Ethik der Politik unterordnen. Die Frage des menschlichen Zusammenlebens ist aber nach griechischem Verständnis keine wissenschaftliche Frage, weil die menschlichen Gemeinschaftsformen dem Wandel unterstehen und als solche gar nicht Gegenstand eigentlicher Wissenschaft sind, denn die Wissenschaft hat es ja nur mit den gleichbleibenden Strukturen zu tun. Dieses Verständnis der Ethik wird zu Beginn der *Neuzeit* in Frage gestellt. Vor allem *Hobbes*, aber auch *Machiavelli*, suchen das menschliche Miteinander nach Art eines Naturgeschehens zu erklären. Im 19. Jahrhundert werden diese Versuche radikalisiert. Die Soziologie als eigentliche Wissenschaft des menschlichen Zusammenlebens wird konsolidiert. In wissenschaftstheoretischer Hinsicht wird das Ideal der Naturwissenschaft maßgeblich, denn leitend ist die Grundüberzeugung, daß die Sozialwissenschaft nur dann in den Rang echter Wissenschaft aufrückt, wenn sie sich in methodischer Hinsicht der Naturwissenschaft angleicht.

Aufgabe der Sozialwissenschaft ist es nicht, das konkrete menschliche Miteinander zu untersuchen. Es gilt vielmehr, gleichbleibende Strukturzusammenhänge herauszuarbeiten. Subjekte dieser Zusammenhänge sind nicht die realen Menschen, sondern die Träger von Rollen. Es ist klar, daß diese wissenschaftlichen Analysen nichts mit Ethik zu tun haben. Für *Max Weber* und insbesondere die »analytische Theorie« muß die ethische Stellungnahme aus der Wissenschaft ausscheiden. Das soziologische System erhebt ja gar nicht unmittelbaren Wirklichkeitsanspruch. Die Ethik darf nur für den Forscher in persönlicher Hinsicht eine Rolle spielen. Diese reinliche Scheidung ist kaum durchzuführen; faktisch fließen ethische Stellungnahmen in die Analyse ein, denn die Analyse steht nie im luftleeren Raum. Aber grundsätzlich gesehen und ihrer Intention nach sind die sozialwissenschaftlichen Analysen wertfrei.[9]

Dieser Ansatz bedeutet für die Ethik ein Zweifaches. Einmal: die Ethik wird in den Raum einer rein existentiellen *Innerlichkeit* verwiesen, die zwar unangreifbar, aber auch unfaßbar ist. Der Widerstreit der Werte ist nach Max Weber nicht rational zu schlichten. Modern formuliert: ethische Überlegungen sind samt und sonders *dezisionistisch*, d. h. Sache einer reinen Entscheidung. Indem die Ethik privatisiert wird, wird sie an ihr selbst haltlos und subjektivistisch. Die Randstellung der Ethik kann sich aber auch – das ist die zweite und schwerwiegendere Konsequenz – bis zum »Überflüssigwerden« der Ethik steigern. Erst hier läßt sich von einer *Aufhebung* der ethischen Einstellung reden. Die Fragen des Zusammenlebens werden als rein *sozialpsychologische* oder *sozialtechnische* Probleme angesehen. Als solche lassen sie sich zuverlässig und exakt analysieren im Rahmen einer Prognose, die zum Ziel hat, menschliches Zusammenleben zu verbessern. Die *Technologie*, deren Ideal der *rationale* Mensch ist, rückt ins Zentrum und macht ethisches Selbstverständnis überflüssig. Wir werden auf diese Zusammenhänge noch in unserer Schilderung der gegenwärtig leitenden ethischen Grundeinstellungen zurückkommen, wenn wir die technologische Freiheitsidee als eine heute weithin maßgebende Haltung zu kennzeichnen haben.

Die Aufhebung der Ethik zeigt sich nicht nur darin, daß die humanen Verhältnisse Gegenstand einer rational vorgehenden Sozialwissenschaft werden, ebenso maßgeblich ist die *wissenschaftliche Anthropologisierung* des ethischen Verhaltens. Wir haben diesen Vorgang ausführlich in unserer Geschichte der Anthropologie dargelegt und erinnern hier nur an das für unseren jetzigen Zusammenhang Wesentliche.[10] Ein Grundproblem der traditionellen Ethik ist das *Verhältnis von Vernunft und Trieb*. Dieser Ethik geht es darum, Möglichkeiten aufzuweisen, mit Hilfe derer die Vernunft gegen das Triebhafte durchgesetzt werden kann. Daß die Vernunft grundsätzlich gesehen stärker als die Triebe ist, das wird in der Tradition nicht bezweifelt.

Dieser Ansatz wird in der *Philosophie des späteren 19. Jahrhunderts* fraglich. Die Triebschicht erscheint als die stärkere. Damit ist die Frage nach dem Verhältnis von Trieb und Vernunft neu gestellt. Und hier setzt die moderne philosophische Anthropologie an. Sie versucht auf *wissenschaftlichem Wege*, insbesondere durch den *Mensch-Tier-Vergleich*, das Verhältnis von Vernunft und Trieb zu klären. Seiner Struktur und seiner Tendenz nach verläuft der Vorgang der wissenschaftlichen Anthropologisierung dem Vorgang der Soziologisierung parallel. Auch in der Anthropologie sollen vormals ethische Probleme zu wissenschaftlichen Problemen umfunktioniert werden. Auf die Gesamtentwicklung hin betrachtet bleibt die Wirkung der Anthropologie jedoch hinter der Wirkung der Sozialwissenschaften zurück. Das gründet darin, daß die Anthropologie sich einerseits weitgehend, dem Zuge der Zeit folgend, soziologisiert, und daß sie sich andererseits der Praxis annähert, d. h. sich den konkreten Problemen bestimmter pragmatisch ausgerichteter Wissenschaften, insbesondere der Psychologie, der Verhaltensforschung, der Psychoanalyse und der psychosomatischen Medizin öffnet.[11]

Wir brechen diesen Hinweis ab. Es lag uns daran zu zeigen, daß die Stellung der Ethik in der Tradition ungefestigt ist. Die Ethik ist von vornherein in ihrem Bereichsanspruch gefährdet. Je größer die Macht der Wissenschaft wird, desto mehr gerät die Ethik in den Hintergrund. Die jetzige Situation ist also nicht zufällig geworden, sondern durch die Tradition vermittelt. Diesen Sachverhalt werden wir in unseren späteren Analysen zu berücksichtigen haben.[12]

Die Ethik unter dem Aspekt der Metaphysik

Der soeben dargelegte Ansatz der Tradition, die Ethik von der Wissenschaft her zu betrachten und sie von dieser her als nicht wissenschaftlich fundierbar anzusetzen, stellt nur *einen* Grundzug der klassischen Tradition dar. Neben ihm steht ein zweiter, der durch die metaphysische Fundierung der Ethik gekennzeichnet ist.[13] Von der Metaphysik her gesehen darf sich die philosophische Ethik nicht darauf beschränken, als praktische Weltweisheit nur *appellativ* aufzutreten. Sie muß das menschliche Verhalten von einer Gesamtkonzeption des Seienden her ausrichten. *Spinozas* Ethik ist ein sehr extremes Beispiel für diese zweite Linie der Tradition, insofern hier nach dem mos geometricus ethisches Verhalten von der causa sui her einfach deduziert wird.[14] Aufschlußreicher jedoch als Spinozas System sind für die metaphysische Tradition die Ausformungen der traditionellen Philosophie, in denen metaphysische Seinslehre und ethische Verhaltensanweisung in *dialektischer* Form miteinander verbunden sind. Nach der hier entwickelten anthropologischen Systematik ist der Mensch zweigeteilt. Als *Vernunftwesen* gehört er dem übersinnlichen Kosmos, dem eigentlich Seienden, an, als *Triebwesen* der sinnlichen Welt, die nicht wahrhaft seiend ist. Von diesem Schema her ist die *Grundforderung* der Ethik zu verstehen. Der Mensch soll zu dem Oberen transzendieren und auf Grund dieser Transzendenz das Untere beherrschen. Bestimmt solchermaßen die Metaphysik die Ethik, so gilt andererseits auch das Umgekehrte. Die eigentliche und wahre Welt hat für den Menschen nur Bedeutung, insofern er sie sich durch seine Transzendenzbewegung erschließt. Allein die Ethik ermöglicht das »Sein in der Wahrheit«.

Die metaphysische Ethik hat in Aufnahme und in Ausformung *christlicher Grunddogmen* das allgemeine Bewußtsein von der Antike bis zum Deutschen Idealismus entscheidend geprägt. Die Entwicklung weist zwar bedeutsame Wandlungen auf, trotzdem ist sie erstaunlich einheitlich. Die Wandlungen zeigen sich darin, daß die statisch-ontologische Zweiweltenlehre zugunsten einer dynamischen Praxis aufgegeben wird. In der Antike ist der *Vorrang der Seinsordnung* – man denke an Plato und Plotin – vor dem Handeln eindeutig: ich muß mich in die vorgegebene Welt einordnen. In der Neuzeit – man denke insbesondere an Fichte – wird das Tätigkeitsbewußtsein zum Prinzip erhoben, von ihm her wird die Seinsordnung erschlossen. Aber es handelt sich in der Entwicklung der klassischen Tradition – beachtet man den Gesamtvorgang – nur um Gewichtsverschiebungen *innerhalb* der Dialektik von Seinsordnungen und Freiheit. Das besagt: eine undialektische Einseitigkeit wird vermieden. Die absolut determinierende Seinsschematik, die für die Freiheit keinen Raum läßt, erscheint der Tradition ebenso abwegig wie das grundlose Handeln, das keine Ordnung des Seienden anerkennt. *Descartes'* Argumentation ist in beiderlei Hinsicht aufschlußreich. Nach ihm ist das reine Willkürhandeln unfundiert und eigentümlich unfrei, weil es bloße Beliebigkeit ist, auf der anderen Seite gilt ihm eine geschlossene Weltdeutung als unmenschlich, weil hier das Bewußtsein, »es liegt an mir«, nicht beachtet wird.[15]

Diese dialektische Verschränkung von Ethik und Metaphysik hat die klassische Epoche der abendländischen Geistesgeschichte von Grund auf geprägt und bestimmt. Darum ist in dieser ganzen Epoche ineins mit dem Sinn für Metaphysik der Sinn für Ethik lebendig. Die Zeit der großen Metaphysik ist die Zeit, in der die Ethik das Bewußtsein maßgebend bestimmt. Der »Gedanke der Freiheit« ist hier unmittelbare Wirklichkeit. Aber diese Freiheit vollzieht sich im Raum einer Ordnung, die Seins- und Wertordnung zugleich ist. Gut und Böse sind daher keine Begriffe einer »bloßen Ethik«. Diese Worte haben ontologischen Charakter. Der Mensch, der sie gebraucht, weiß, daß er wesenhaft ein Bürger zweier Welten ist, die im Widerstreit miteinander stehen.

Der metaphysischen Ethik entspricht – dies sei jetzt nur angemerkt – eine *festgefügte soziale Ordnung*, d. h. konkret der feudale Ständestaat vorindustrieller Ausprägung, in dem jeder seine Aufgabe vom Ganzen her und für das Ganze erfüllen soll. *Hegels* Idee der substantiellen Sittlichkeit, nach der der einzelne in übergreifende Zusammenhänge eingeordnet ist, ist eines der eindrücklichsten Beispiele dieser Ethik. Freilich: Hegel sieht bereits die Auflösungstendenz. Er begreift, daß eine Gesellschaft Wirklichkeit wird, deren Motiv die Bedürfnisbefriedigung isolierter Individuen ist und nicht mehr die Konstituierung und Konsolidierung allgemein verbindlichen sittlichen Verhaltens.[16]

Daß die Epoche der Metaphysik heute der Vergangenheit angehört, ist eine Tatsache, auf die wir wiederholt hingewiesen haben. Wir deuten im folgenden nur an, wie sich dieser Auflösevorgang darstellt. Zunächst: die Ethik wird ineins mit der Metaphysik *privatisiert*. Über Begriffe wie Freiheit oder Gut und Böse läßt sich nichts wissenschaftlich Verbindliches ausmachen. Hier gelten nur relative Überzeugungsansichten, die den Einzelnen binden. Dieser Privatisierung der Ethik entspricht auf der anderen Seite eine starke Betonung des öffentlich adäquaten Verhaltens. In den »höheren«, d. h. den bürgerlichen Schichten, ist das Bewußtsein der Verpflichtung einer »Rolle«, insbesondere einer Berufsrolle, gegenüber bestimmend. Dieses Rollenbewußtsein ist als solches aber nicht mehr metaphysisch fundiert. Für eine metaphysische Ethik gibt es – darauf haben wir früher hingewiesen – keine »Rollen«, sondern nur gewachsene Ordnungsaufgaben.[17] In den »unteren« Schichten fordert das Klassenbewußtsein als Kampfbewußtsein ein bestimmtes Verhalten, das nicht nur unter politisch-taktischen Gesichtspunkten notwendig ist, sondern einen eigenen moralischen Wert darstellt. In allen Protestakten geht es um die Aufhebung der Entfremdung, durch die ein besseres menschliches Dasein erreicht werden soll. Die Klassenkampftheorie führt ineins mit der Entfremdungstheorie eine ausdrückliche Entwertung der metaphysischen Ethik herbei: diese Ethik erscheint als bürgerliche Ideologie.

Wir können das Problem der *Ideologie* hier nicht in seinen verschiedenen historischen und sachlichen Ansätzen analysieren, sondern weisen nur auf die für unseren Zusammenhang wesentliche Zweideutigkeit der Bestimmung »Ideologie« hin, die bereits bei Marx sichtbar ist.[18] Ideologie ist einerseits ein klassenkämpferischer Begriff. Der Ideologiekritiker entlarvt die pseudomoralische Wertordnung, die das Bürgertum als an sich gültig ausgibt und metaphysisch verankert, um seine wirklichen, d. h. ökonomischen Interessen zu tarnen. Ideologie ist also *objektiv* falsches Bewußtsein. Zugleich aber – dies ist die zweite Bedeutung – erscheint Ideologie als der für *jedes* gesellschaftliche Gebilde notwendige Inbegriff bestimmter Ideen, die eine Gruppe zur theoretischen und praktischen Selbstorientierung braucht.

Beide Bestimmungen der Ideologie werden im 19. Jahrhundert auf die Ethik angewandt, und zwar zumeist nicht säuberlich getrennt, sondern miteinander verschränkt. Man denke an *Nietzsche:* jede Ethik ist als solche verfehlt, insofern sie Werte aufstellt, die an sich gültig sein sollen. Alle Werte sind in Wahrheit auf das Leben reduzierbar. Nietzsche erklärt zugleich, daß Werte notwendig seien als Perspektiven für das Handeln. Er fordert ja selbst neue Werte als Gegenwerte zur platonisch-christlichen Ethik.[19]

In Nietzsches Lebensphilosophie wird die entscheidende Wandlung der metaphysischen Ethik im 19. Jahrhundert faßbar. Nietzsches Philosophie ist insofern für die Geschichte der Ethik aufschlußreicher als der Marxismus. Der Marxismus bleibt trotz seiner Kritik an der bürgerlichen Ideologie und der Behauptung, daß ökonomische Faktoren geistige Einstellungen bedingen, doch humanistisch orientiert im Sinne der Tradition. Das besagt vor allem: er fordert ein vernünftig-rationales Verhalten, dessen Sinn die Versöhnung der Gegensätze und die Gleichberechtigung aller Menschen ist. Nietzsche dagegen negiert gerade diese humanistische Tradition. Er setzt als Nachfolger Schopenhauers nicht mehr die Vernunft, sondern die Triebe, den vorwärtsdrängenden Willen, als bestimmende Macht. Insofern Nietzsche ebenso wie Schopenhauer noch nach einem Prinzip des Seienden sucht, denkt er zwar noch metaphysisch, aber insofern er im Gegensatz zu Schopenhauers Forderung der Askese die Triebschicht sanktioniert und ihr Ausleben als angemessen deklariert, konzipiert er eine Wertordnung, die im Gegenzug zu der gesamten Ethik der Tradition steht und diese umkehrt.

Wir haben auf die sachliche Schwierigkeit einer solchen naturalistischen Ethik hingewiesen: die Triebtheorie ist eine »hinterherkommende« Deutung. Sie kann nicht das Handeln in Richtung auf die Zukunft sinnvoll bestimmen. Zudem: ein nur seinen Trieben gehorchender Mensch geriete in Unordnung, weil menschliche Triebe im Gegensatz zu tierischen Trieben nicht biologisch zweckhaft orientiert sind.[20]

Auch wenn man das Ausleben der Triebe nicht propagiert, so gilt es – diese Meinung setzt sich jetzt weithin durch – doch anzuerkennen, daß die Triebe die anthropologische Grundschicht bilden. Diese Schicht ist, so wird gefordert, in ihrer Konstitution und ihrer Auswirkung unvoreingenommen zu analysieren. Allein auf Grund einer solchen Erkenntnis vermag der Mensch eine angemessene Einstellung zu den Trieben zu gewinnen. Diese angemessene Einstellung zeigt sich in concreto darin, daß der Mensch seine Triebe nicht einfach, wie es die Tradition fordert, unterdrückt, sondern sie sinnvoll »reguliert«.

Die moderne *philosophische Anthropologie* hat sich die Untersuchung der Triebschicht zur Aufgabe gemacht. Diese Anthropologie ist anfänglich – wir haben dies dargelegt – noch traditionell gebunden, nicht nur weil sie, so *Scheler* und *Plessner,* dem Geist eine wesentliche Bedeutung zubilligt, sondern vor allem, weil sie die »Wesensfrage« stellt, d. h. philosophisch zu klären sucht, was der Mensch eigentlich ist.

Gleichwohl: diese Klärung soll im Verein mit den Wissenschaften geschehen. Der Bezug zu den Wissenschaften wird immer zentraler und bewirkt schließlich ein Zurücktreten philosophischer Grundsatzüberlegungen überhaupt. An die Stelle der Frage nach dem Wesen des Menschen treten konkret-praktische Probleme. Unter diesen spielt das Problem der *Triebenergie* – zumeist als Problem der Aggression thematisiert – die entscheidende Rolle. In der Anthropologie wird, wie wir bereits darlegten, weithin die ethische Fragestellung in die wissenschaftliche umgewandelt.

In der Gegenwart treffen sich – so stellen wir abschließend fest – die beiden von uns thematisierten Linien der Entwicklung. Die *Wissenschaft* setzt sich sowohl der praktischen Philosophie als auch der metaphysischen Ethik gegenüber durch, indem sie deren Probleme »übernimmt«. Das ist ein Tatbestand, den wir nicht ableugnen dürfen. Freilich bedeutet dies keineswegs, daß wir nicht, wenn auch in modifizierter Form, auf gewisse Ansätze der Tradition zurückgreifen müssen. Die praktische Philosophie und die metaphysische Ethik haben darum gewußt, daß der Mensch alle wissenschaftliche Erkenntnis, auch die wissenschaftliche Ortung seiner selbst, *übergreift*. Dies Wissen aber ist unabdingbar, denn es ist die Voraussetzung dafür, daß der Mensch die *Verantwortung* für sich selbst und seine Geschichte übernimmt.

B. Zur Situation der Ethik in der Gegenwart

Erstes Kapitel
Die gegenwärtigen ethischen Grundeinstellungen

Vorbemerkung

Wir suchen im folgenden die *ethischen Grundeinstellungen*, die für die Gegenwart bestimmend sind, darzustellen. Diese Aufgabe kann nicht dadurch gelöst werden, daß wir die *philosophische* Ethik der Gegenwart analysieren, denn diese Ethik bestimmt nicht das heutige allgemeine Bewußtsein. Sie steht damit im Gegensatz zur praktischen Philosophie der Tradition, die ja weitgehend eine Fortführung der allgemeinen Lebenserfahrungen darstellt, und zu der metaphysischen Ethik, die im Zusammenhang mit der christlichen Glaubenslehre das Bewußtsein der Menschen bis ins 19. Jahrhundert hinein prägte.

Daß die gegenwärtige philosophische Ethik keine allgemeine Wirkung entwickelt hat und entwickeln konnte, sei kurz erläutert, indem wir auf die wichtigsten Ausformungen dieser Ethik in der Gegenwart hinweisen. Wir beschränken uns auf die maßgebenden Konzeptionen. Daß es in der gegenwärtigen Philosophie Ansätze gibt, die, ohne eine Ethik im engeren Sinne zu entwickeln, für die Bewältigung ethischer Probleme, auch in konkreter Hinsicht, von hoher Bedeutung sind – so vor allem bei *Jaspers* und *Heidegger* –, sei ausdrücklich angemerkt. Wir werden auf diese Ansätze im jeweiligen Zusammenhang zurückgreifen.[1]

Zur Diskussion der Ethik in der gegenwärtigen Philosophie

Durchmustert man die Situation der gegenwärtigen Philosophie vom Aspekt der Ethik her, so ist zunächst auf die *materiale Wert-Ethik* hinzuweisen. Dieser Ethik kommt heute nicht mehr eine große Wirksamkeit zu, noch vor wenigen Jahrzehnten stand sie hoch im Rang. Sachlich gesehen ist die materiale Wertethik ein letzter Ausläufer der ontologischen Metaphysik. Sie deklariert ideale Werte. Diese stehen als geordnete hierarchische Bezirke über der Ebene der Realität. Der Mensch strebt auf sie hin, und diese Intention erfüllt sich in der Wertschau. Im Akt der Schau ist der Mensch wesentlich unreflektiert, er ist gleichsam außer sich. Wertkonflikte sind als Angelegenheiten der Reflexion sekundäre Erscheinungen. Wir haben auf den Ausbau dieser Ethik bei *Scheler* bereits früher hingewiesen[2] und die Gründe aufgezeigt, die Scheler veranlaßten, diese Ethik aufzugeben: ideale Werte sind unwirklich und unwirksam, sie »blamieren sich«, wie Scheler sagt. Schelers Wandlung scheint uns für das Schicksal der materialen Wertethik symptomatisch: nach dem allgemeinen Verfall der Metaphysik hat eine solche Ethik keine wirkliche Chance mehr.

Eine weit bedeutsamere Rolle als diese materiale Wertethik spielt seit einigen Jahren die *sprachanalytische Ethik*. Diese Ethik ist nicht unmittelbar praktisch orientiert. Es geht hier nicht primär um die Problematik des ethischen Verhaltens selbst, das heißt, es wird nicht gefragt, woran sich der Mensch als sittliches Wesen zu halten, worum er sich zu bekümmern habe, und wie dies geschehen könne. Das ethische Verhalten wird vom Analytiker *vorausgesetzt*, der es in neutraler Einstellung beschreibt. Wir haben diesen Ansatz in unserer Darstellung des Positivismus kritisch zu durchleuchten gesucht.[3] Die Situation hat sich in letzter Zeit allerdings, wie wir bereits andeuteten, verändert. Von den Forschern werden in immer stärkerem Maße Grundsatzfragen der philosophischen Ethik diskutiert. Freilich werden dabei die Probleme des sozialen und politischen Verhaltens, die heute für die Ethik wesentlich sind, ausgespart. Dies Transzendieren der reinen Sprachbeschreibung ethischer Aussagen bedeutet also keine Wende zur Problematik der realen geschichtlichen Zeitsituation. Man konzentriert sich auf die allgemeinen Fundamente der Ethik überhaupt.

Neben die sprachanalytische Ethik, die vor allem in England vorherrschend ist, treten in Deutschland neuerdings Versuche, vom *hermeneutischen oder logischen Aspekt der Sprache* aus die ethische Problematik aufzurollen. Die Entwicklung ist hier noch im Fluß, wir beschränken uns daher auf einige Andeutungen.

Zu verweisen ist in diesem Zusammenhang auf die oben diskutierte Theorie der *kommunikativen Kompetenz*, die *Habermas* entwickelt hat. Ziel ist die Emanzipation, deren Zeichen der repressionsfreie Diskurs ist, der aber bereits jetzt schon in jeder Rede, insofern sie vernünftig ist, zum Vorschein kommt. Freilich klammert Habermas jeden direkten Bezug zur Ethik aus. Er hält in dieser Hinsicht am Ansatz der Kritischen Theorie fest, die das ethisch fordernde Denken durch eine zeitkritische Soziologie ersetzen will.[4]

Habermas' Ansatz – wir wiesen bereits darauf hin – steht in einer gewissen Übereinstimmung mit Theorien, die *Paul Lorenzen* und seine Schüler entworfen haben. Es handelt sich hier darum, parallel zu der Protophysik, deren Aufgabe es ist, eine allgemeine Somatologie aufzubauen[5], eine Philosophie der Praxis zu entwerfen, die die Fundamente der Ethik auf dem Wege eines *moralischen Argumentierens* errichten soll. Lorenzen selbst hat insbesondere in seiner Arbeit »Normative Logic and Ethics«[6] die Ansätze dieser Ethik expliziert und sie in einem interessanten Aufsatz »Szientismus versus Dialektik«[7] weiter entwickelt. Die theoretische Vernunft ist nicht, wie die Szientisten vermeinen, wertfrei. Sie untersteht bestimmten Normen. Dies zeigt sich in den allgemein anerkannten Richtlinien, die für wissenschaftliches Reden gelten. Diese Richtlinien aus der Alltagssprache herauszuarbeiten, ist möglich, weil die Alltagssprache durchaus »hintergehbar« ist. In einer radikalisierenden Fortführung dieser Argumentation wird nun versucht, die Genesis des Normenbewußtseins und seine Bedeutung für die Praxis überhaupt aufzuweisen. Diesen Aufweis zu erbringen, ist die Aufgabe der *praktischen Philosophie*, und zwar der »*allgemeinen*« oder der »*reinen*« *praktischen Philosophie*. Diese deckt das auf, »was einer so elementaren Schicht menschlicher Lebenspraxis zugehört, daß es in allen – wie auch immer differenzierten – konkreten Situationen enthalten ist«.[8] Auf diese allgemeine praktische Philosophie muß jede konkrete Zeitanalyse, in der es um ethische Probleme geht, zurückgreifen. Die konkrete Analyse ist gleichsam eine *Anwendung* der grundlegenden Strukturen auf die bestimmte historische Situation. Entscheidend für den Aufbau dieser allgemeinen Theorie ist das strenge Einhalten einer sorgfältigen Methode und eine genaue Beachtung der fundamentalen Terminologie, die für die kritische Erörterung von Normen als gültig erarbeitet wird. Die Bereitschaft zur gegenseitigen kritischen Prüfung ist eine unbedingte Voraussetzung des Gesprächs. So ist es zum Beispiel nicht angemessen zu sagen: »ich behaupte, daß . . .«, sondern: »ich schlage vor, daß . . .«.

Oswald Schwemmer hat auf Lorenzens Ansatz aufbauend die einzelnen Schritte einer solchen moralischen Argumentation zu entwickeln gesucht, und zwar in einer Auseinandersetzung mit Kant. Sein Buch *»Philosophie der Praxis. Versuch zur Grundlegung einer Lehre vom moralischen Argumentieren«* ist wohl zur Zeit die gründlichste Erörterung der ethischen Problematik aus dem Kreis der Erlanger Schule. Wir können Schwemmers Untersuchung hier nicht im Detail verfolgen und weisen nur auf einige Punkte hin.

Auf die Gesamtsituation der Philosophie insbesondere in Deutschland bezogen erscheint es uns als ein Fortschritt, daß der Bezug zur Praxis zu einem zentralen philosophischen Thema erhoben wird. Darin dokumentiert sich die Abwendung vom Tatsachenpositivismus. Sodann ist es – auf den sachlichen Ansatz hin betrachtet – als Gewinn zu buchen, daß die Vernunft als Medium der Argumentation angesetzt wird und die Aufgabe des vernünftigen Argumentierens darin gesehen wird, einen Konsensus herzustellen. Die Vernunft gilt hier nicht mehr als metaphysisches Prinzip, das zeitlose Wahrheiten festgefügt in sich trägt. Die Vernunft, so erklärt Schwemmer, wird wirklich nur in »einer gemeinsamen Praxis«, die frei von Willkür, Zwang und Skepsis ist. Vernunft ist nur im und als »Einsichtigwerden«. Dieser Ansatz erscheint uns – dies sei noch einmal ausdrücklich gesagt – zeitgemäß. In unseren späteren Analysen werden wir auf das hier angeschnittene Problem der praktischen Vernunft noch zurückkommen.[9]

Faktisch wird nun aber – und damit gehen wir zu der Kritik an diesem Ansatz über – die Vernunft nicht als Medium einer Besinnung verstanden, die sich auf die konkreten Probleme ethischen Verhaltens in unserer Situation bezieht. Gemäß der Aufgabe einer *allgemeinen Grundlegung* werden diese konkreten Fragen ausgespart. Die Vernunft wird eingeengt, oder vorsichtiger formuliert: formalisiert zu einer reinen Methode, eben der Methode eines moralischen Arguments, das sich in genau angebbaren Denkschritten nach dem Gesetz eines logischen Dialogs vollzieht. Man wird an Fichte erinnert, dessen »Sonnenklarer Bericht« den Untertitel trägt »Ein Versuch, den Leser zum Verstehen zu zwingen«. Schwemmer selbst weist in einer vorzüglichen Interpretation auf Fichtes Ansatz hin: Fichtes Besinnung ist Herstellung vernünftiger Einsicht durch innere Selbstkontrolle.

Schwemmer erklärt zu Beginn des Nachwortes: »Das Ergebnis dieser Untersuchungen mag manchen enttäuschen: Ist doch kein Normensystem gerechtfertigt, sondern lediglich ein – methodisch begründeter – Vorschlag unterbreitet, wie wir Normen rechtfertigen sollen.«[10] Es wäre natürlich nicht angemessen, diese Abstraktheit zu tadeln, gleichsam als ungewolltes Versehen. Sie wird ja, da es sich um eine Grundlegung handelt, bewußt in Kauf genommen. Problematisch erscheint uns jedoch der *Anspruch*, der hier erhoben wird, nicht nur in historischer Hinsicht – Hegels und Marx' Gedanken zur Ethik sollen durch Schwemmers Argumentation ihr methodisches Fundament erhalten –, sondern auch in sachlicher Hinsicht.

Schwemmer, der sehr differenziert zwischen Primärzwecken und Sekundärzwecken unterscheidet und deren mögliche Bezüge unter logischem Aspekt darstellt, stellt als allgemeinen und obersten Zweck die *Erfüllung physischer Bedürfnisse* heraus. Für diese gilt es bestimmte Mittel zu finden, um die Existenz zu sichern. »Die Beschaffung von Nahrung, die Herstellung von wetterschützender Kleidung und ebensolchen Wohnungen sind z. B. Handlungsweisen, die als Mittel zur Erfüllung dieser existenzsichernden Begehrungen verstanden werden können. Ich möchte diese Begehrungen *physische Bedürfnisse* nennen. Alle Zwecke, deren Verfolgung oder Erreichung als ein Mittel zur Befriedigung allein der physischen Bedürfnisse verstanden werden kann, sind Primär-Zwecke.«[11]

Es ist keineswegs unsere Absicht, diese Primär-Zwecke als solche abzuwerten, wir werden im Gegenteil später darauf hinweisen, daß eine zeitgemäße Ethik als »Rahmenethik« die unerläßlichen Bedürfnisse des Daseins zu bedenken hat. Die Frage ist aber, ob die Herausstellung dieser primären Bedingungen sachlich gesehen die hier vorgelegte Methode des moralischen Argumentierens zur *Bedingung* hat, und ob sie nur auf diesem Wege gesichert werden kann. Die Argumentation wendet sich ihrer Intention nach ja an jeden vernünftig Denkenden. Wir bezweifeln aber, ob der vernünftig Denkende – einmal vorausgesetzt, daß er die Argumentation adäquat versteht –, diesen Weg als notwendig erachtet. Es ist nicht unwahrscheinlich, daß er ihn als unnötige Komplikation ansieht.

Schwemmer verleugnet übrigens durchaus nicht, daß seine Herausstellung der primären Bedürfnisse in bezug zu *Marx* steht. Freilich, Marx ist eben, so erklärt Schwemmer, sofort an die Erstellung faktischer und auch normativer Genesen herangegangen, er hat die methodische Grundlegung übersprungen. Diese Argumentation erinnert an die Vorwürfe, die Habermas und Wellmer gegen Marx' methodische Unachtsamkeit erheben. Schwemmer tadelt Marx nun keineswegs. Gleichwohl entsteht der Eindruck, als ob Marx' Ansatz erst durch Schwemmers Argumentation gesichert wäre. Wir würden allerdings meinen, daß Marx, hätte er sich erst im formal-moralischen Argumentieren geübt, nicht das geworden wäre, was er war: ein Denker der konkret-zeitgemäßen Praxis.

Der Bezug zum Ansatz von *Habermas* wird auch in dem zweiten Ergebnis der moralischen Argumentation deutlich. Es ist dies die Einsicht, daß es ein elementares *Interesse am konfliktfreien Miteinander* gibt. Schwemmer schlägt vor, dieses Interesse »kommunikatives Interesse« zu nennen. Auch hier würden wir diesem Ergebnis als solchem selbstverständlich zustimmen, wobei aber wieder die oben diskutierte Frage auftaucht, ob der methodische Apparat wirklich erfordert ist, um zu diesem Ergebnis zu kommen.

Das eigentlich Problematische der moralischen Argumentation im Sinne von Lorenzen und Schwemmer sind die hinter diesem Argumentieren stehenden *Voraussetzungen*. Es handelt sich insbesondere um die auch von Habermas vorgetragene These einer *unmittelbaren Verbindung von Vernunft und Interesse*. Während Habermas aber die Vermittlung von beidem durch die Tendenz der Gattung zur Emanzipation im Sinn einer Selbstbefreiung gewährleistet sieht, steht für Schwemmer die Deckung von Vernunft und Interesse wesentlich unter dem Aspekt des vernünftigen Argumentierens. Diese Argumentation aber gibt den Horizont für die ethische Problematik als solche ab, insofern es in dieser Praxis um die Herstellung eines Konsensus geht.

Dieses Vorgehen verkennt, daß es die eigentliche Frage der Ethik ist, daß die Vernunft *im wirklichen Leben* weithin nur eine untergeordnete Rolle spielt, selbst wenn man einwandfrei moralisch argumentiert. Es ist klar, daß zwischen realem Tun und vernünftigem Reden eine Zirkelbewegung besteht, aber wenn man das vernünftige Argumentieren bereits wie Lorenzen und Schwemmer als Praxis versteht, ja es eigentlich als die wesentliche, weil grundlegende Praxis bestimmt, entsteht die Gefahr, daß man sich den Zugang zu den realen Problemen der wirklichen Praxis von vornherein verschließt. Der Vorwurf »erschreckender Irrealität«, den Gadamer gegen Habermas vorbringt, insofern Habermas Solidarität wesenhaft nur im Horizont der repressionsfreien Rede thematisiert[12], – dieser Vorwurf muß in verstärktem Maße, so meinen wir, gegen den ethischen Ansatz der Erlanger Schule erhoben werden.

Diese Irrealität zeigt sich auch in der zweiten Voraussetzung, die hinter dieser Argumentation steht. Es ist dies die Meinung, daß der Übergang von der allgemeinen Grundlegung zu konkreten Zeitproblemen *bruchlos* zu vollziehen sei. Das besagt: der historische Einzelfall untersteht den allgemeinen Gesetzen. Von diesen her kann er in bezug auf seinen Stellenwert deduziert werden, wenn man das logische Bezugssystem der Zwecksetzungen genauestens durchkonstruiert.

Hier zeigt sich, daß der Bezug zur *Geschichte* völlig formal ist. Es wird nicht darauf reflektiert, daß die Konzeption der vorgelegten Schematik in formaler und inhaltlicher Hinsicht selbst geschichtlich bedingt ist, sondern es wird vorausgesetzt, daß Geschichte, mag sie in concreto auch manchmal undurchsichtig und sogar rückschrittlich sein, ihrer Struktur nach sich nach der entwickelten Schematik richtet.

Wir brechen unsere Darstellung der Ethik der Erlanger Schule ab. Es sei noch einmal betont, daß die Tatsache, daß die Ethik hier zu einem zentralen Thema der Philosophie erhoben wird, einen Gewinn darstellt. Es ist aber, selbst wenn man die vorgelegten Argumentationen in sich als stimmig anerkennt, zu fragen, ob nicht dieser Gewinn wieder aus der Hand gegeben wird durch die Vorstellung, daß die Ethik durch dies moralische Argumentieren in ihrem Fundament nun eindeutig gesichert sei. Aber wie man diese Frage auch beantworten mag: betrachtet man diesen ethischen Ansatz unter dem Aspekt der *Realitätsnähe* der philosophischen Ethik, so wird man wohl nicht ungerecht sein, wenn man feststellt, daß von dieser Position her ein Zugang zu den konkreten ethischen Problemen kaum zu gewinnen ist.

Zum Ansatz der Analyse der gegenwärtigen ethischen Grundeinstellungen: Das Problem der Freiheit

Versuchen wir nun anstelle einer esoterischen nur für Fachleute relevanten Analyse der gegenwärtigen philosophischen Ethik gleichsam exoterisch vorzugehen, d. h. die ethischen Grundhaltungen zu analysieren, die heute *allgemein* wirksam sind und als solche anerkannt werden, so begegnet uns aber eine nicht unbeträchtliche Schwierigkeit. Die Ethik steht, wie wir bereits sagten, gegenwärtig nicht hoch im Kurs. Diese Situation ist nicht zu negieren. Wir müssen sie im Negativen, aber auch im Positiven zu verstehen suchen. Es könnte sein, daß hinter dem Abbau der traditionellen Ethik bereits ein neues Bewußtsein steht, das, wenn auch nicht eine eigene ausgeformte Ethik, so doch Möglichkeiten zu ihr vorgibt. Um diese Frage zu klären, ist es aber notwendig, in der Gegenwart ethische Einstellungen auch da zu suchen, wo von einer Ethik im engeren Sinne nur mittelbar geredet werden kann.

Wir setzen im folgenden beim Problem der *Freiheit* an. Dieses Problem wird heute vielfältig diskutiert. Freilich ist die Diskussion nicht rein philosophischer Art, sie bewegt sich vielmehr im Raum der konkreten Zeitanalysen. Die Bestimmungen der Freiheit, die hier begegnen, differieren. Gleichwohl lassen sich zwei grundsätzliche Möglichkeiten unterscheiden, die zwar miteinander zusammenhängen, denen jedoch eine relative Eigenständigkeit zukommt. Einmal wird die *Negation* in der Vorstellung von Freiheit betont. Freiheit wird demgemäß als *Freiheit von Zwang* verstanden, wobei der Zwang sehr verschieden sein kann. Es handelt sich aber vor allem um den technokratischen Zwang, der heute überall wirksam ist. Freiheit wird aber auch – das ist die zweite Möglichkeit – als *rationales Entscheidenkönnen* begriffen; hier eröffnet sich die Möglichkeit, Freiheit positiv auf den technischen Prozeß zu beziehen. Wir illustrieren beide Ansätze nun ein wenig genauer.

Freiheit als Negation von Zwang

Die Bestimmung der Freiheit, für die der Gedanke der Negation des Zwanges und das Streben nach Autonomie, modern formuliert: nach *Emanzipiertheit*, maßgebend ist, ist heute weit verbreitet und allgemein anerkannt. Es ist aber wohl nicht zu bezweifeln, daß *Marx* der Initiator dieser gegenwärtigen Bestimmung der Freiheit ist, ob man sich ausdrücklich auf ihn beruft oder nicht. Es ist jedoch geistesgeschichtlich nicht uninteressant, um die Ursprünge dieses Ansatzes kenntlich zu machen, über Marx hinaus auf das Ideengut der französischen Revolution, der Aufklärung und der frühen deutschen idealistischen Philosophie zurückzugreifen, und zwar hier weniger auf Kant als auf *Fichte*.[13] Für Kant ist Autonomie identisch mit praktischer Vernunft. Das besagt: als Vernunftwesen ist der Mensch Glied des mundus intelligibilis, des Reiches der Zwecke. Diese Gedankengänge sind dem gegenwärtigen Bewußtsein, für das Freiheit keine Einfügung in eine metaphysische Ordnung bedeutet, fremd. Wesentlich für die moderne Bestimmung der Freiheit ist jedoch Fichte. Zwar ist auch Fichtes Idee der Freiheit metaphysisch verankert: Fichte begründet die Freiheit in der absoluten Tathandlung. Gleichwohl tritt bei ihm der moderne Ansatz klar hervor: Freiheit ist Gegenbegriff zum Bestehenden als dem Fixen, dem Geronnenen, das als Manifestes bereits ein eindeutiges Negativum darstellt. Positiv gesehen ist Freiheit ein »Sich-selbst-Machen«. Als solches konstituiert sie sich als die Möglichkeit der *Selbstreflexion*, die ihrerseits gar nicht inhaltlich zu bestimmen ist, weil ihr Inhalt nur ihr Interesse an sich selbst als Freiheit ist.

Fichte geht solchermaßen über Kant hinaus: »Fichte begreift diesen reinen praktischen Antrieb, das ›Bewußtsein des kategorischen Imperativs‹, nicht als eine Hervorbringung der praktischen Vernunft, sondern als Akt der Vernunft selber, als die Selbstreflexion, in der das Ich sich als ein in sich zurückkehrendes Handeln transparent macht ... Erst in Fichtes Begriff der interessierten Selbstreflexion verliert das der Vernunft eingewobene Interesse seine Nachträglichkeit und wird konstitutiv für Erkennen und Handeln gleichermaßen.«[14]

Wir haben soeben *Habermas* zitiert, denn Habermas und ebenso Adorno und Horkheimer haben als Begründer der »Kritischen Theorie« diese Bestimmung der

Freiheit herausgestellt und sie im Bewußtsein der Intellektuellen gegenwärtig zur Anerkennung gebracht. Auf die Argumentation von Habermas haben wir oben schon hingewiesen und stellen jetzt nur noch einmal heraus, daß für Habermas Freiheit als Selbstständigkeit der Sinn und das Ziel aller Ethik ist. Habermas setzt das Gute in bezug zu dem Interesse an der Emanzipation. Wir haben aus seinem Werk »Erkenntnis und Interesse« bereits eine der in dieser Hinsicht entscheidenden Stellen angeführt: »Das Interesse an Selbsterhaltung kann nicht unversehens auf die Reproduktion des Lebens der Gattung abzielen, weil diese Gattung unter den Existenzbedingungen für Kultur das, was ihr als Leben gilt, selber erst interpretieren muß. Diese Interpretationen wiederum richten sich nach Ideen des guten Lebens. Das ›Gute‹ ist dabei weder Konvention noch Wesenheit, es wird phantasiert, aber es muß so genau phantasiert sein, daß es ein zugrundeliegendes Interesse trifft und artikuliert: eben das Interesse an dem Maß Emanzipation, das historisch, unter den gegebenen wie unter den manipulierbaren Bedingungen, objektiv möglich ist.«[15] Emanzipation aber – das ist das Zweite, was es hier zu beachten gilt – ist eben Aufhebung von Zwang jeglicher Art. Habermas sieht den Sinn der kritischen Sozialwissenschaften in Anlehnung an Freud darin, gefrorene, dogmatisch gewordene Satzungen, die hintergründig zwangshaft wirken, weil sie nicht durchschaut werden, aufzulösen.[16]

Noch radikaler als der Ansatz von Habermas, der die Selbstreflexion wissenschaftstheoretisch in einer bestimmten Disziplin, eben den kritischen Sozialwissenschaften, die er den anderen wissenschaftlichen Disziplinen überordnet, begründet, ist die Konzeption der Freiheit als Negation durch *Adorno*.[17] Die Kritische Theorie hat bei Adorno keinen positiven in sich selbst zentrierten Sinngehalt. Sie tritt als »Negative Dialektik« auf. Das besagt: sie orientiert sich an dem, was vorgegeben ist als dem, was zu negieren ist. Adorno erklärt: »Dialektik ist das konsequente Bewußtsein von Nichtidentität. Sie bezieht nicht vorweg einen Standpunkt. Zu ihr treibt den Gedanken seine unvermeidliche Insuffizienz, seine Schuld an dem, was er denkt.«[18] Die negative Dialektik erhält, insofern sie gesellschaftskritisch verankert ist, einen bestimmten moralischen Charakter. Da die *ganze* gegenwärtige Gesellschaft als kapitalistische verderbt ist, ist es moralisch erfordert, sich gegen sie zu stellen. Freilich erkennt Adorno im Gegensatz zu Marcuse, der die »große Weigerung« als echte moralische Möglichkeit propagiert, daß der Negierende in seiner Gesellschaft verfangen ist. Das besagt konkret: wir können nicht ohne weiteres der kapitalistischen Gesellschaft, deren Prinzip der verruchte Tausch der Vergeltung ist, entgegentreten. Adorno erklärt: »Alle Einzelnen sind in der vergesellschafteten Gesellschaft des Moralischen unfähig, das gesellschaftlich gefordert ist, wirklich jedoch nur in einer befreiten Gesellschaft wäre. Gesellschaftliche Moral wäre einzig noch, einmal der schlechten Unendlichkeit, dem verruchten Tausch der Vergeltung sein Ende zu bereiten. Indessen: dem Einzelnen bleibt an Moralischem nichts mehr übrig, als wofür die Kantische Moraltheorie, welche den Tieren Neigung, keine Achtung konzidiert, nur Verachtung hat: versuchen, so zu leben, daß man glauben darf, ein gutes Tier gewesen zu sein.«[19]

Das besagt, daß die heute allein mögliche Moral auf den *Impuls* zurückgeführt werden muß, der jeweilig und konkret die Negation demonstriert: es soll nicht gefoltert werden, es soll keine Konzentrationslager geben. Würde man jedoch aus diesen impulsiv wahren Sätzen ein System der Moral als System von Forderungen aufbauen, dann hätte man damit bereits seinerseits Zwang und Unfreiheit propagiert.

Imperative sind immer Organe von Unfreiheit. Jede positive vorwärtsweisende Festlegung ist unmöglich. Adorno spricht von der Fiktion positiver Freiheit und erklärt: »Freiheit ist einzig in bestimmter Negation zu fassen, gemäß der konkreten Gestalt von Unfreiheit.«[20]

Adornos negative Dialektik mag ein sehr extremes Beispiel für die heute maßgebende Bestimmung der Freiheit als Aufhebung von Zwang sein. Wir haben aber gerade auf seine Philosophie hingewiesen, weil sich hier die eigentliche Problematik dieser Bestimmung zeigt. Es ist ganz offensichtlich, daß Adornos Argumentation eine eminent ethische Einstellung zugrundeliegt. Adorno gehört zu den wenigen unter den heute maßgeblichen Denkern, die es noch fertig bringen, moralisch zu protestieren und anzuklagen. Dieser Protest ist die Mitte seines Denkens. Adorno wendet sich gegen jede Wissenschaft, die wie die analytische Soziologie Wertfreiheit propagiert, und er tut dies nicht auf Grund wissenschaftstheoretischer Überlegungen, sondern letztlich aus dem Wissen, daß das *Leiden* zu verhindern sei, und dazu bedarf es keiner positiven Ideale. Am Schluß eines 1957 gehaltenen Vortrages »Zum Verhältnis von Individuum und Gesellschaft heute« erklärt Adorno das Folgende: »Kein Psychiater etwa oder kein Psychoanalytiker, der es ernst meint, wird es jemals wagen, uns zu sagen, er wisse, wie der richtige, der normale, der gesunde, der voll entwickelte Mensch aussehe, ... Trotzdem wird jeder anständige Psychologe und jeder anständige Psychiater Ihnen benennen können, wenn er es mit einem bestimmten Menschen zu tun hat, an welchen Stellen die Wunde liegt, wo es weh tut, und der Analogieschluß auf die Gesellschaft ist nicht unerlaubt ... Wir können auch den Wahnsinn wahrnehmen, der darin besteht, daß eine Menschheit, deren technische Mittel ausreichen würden, heute bereits die Welt zu einem Paradies zu machen, in dem kein Kind und keine alte Frau in der ganzen Welt an irgendeiner Stelle mehr zu hungern brauchte, daß eine solche Welt wahrscheinlich den größten Teil ihres Sozialprodukts in die Herstellung von Vernichtungsmitteln steckt. Um diesen Wahnsinn zu durchschauen, braucht man weder eine abstrakte Idee noch ein politisches Leitbild von der Gesellschaft. Keineswegs schrecke ich vom Vorwurf des Negativismus zurück. Das Positive liegt heute darin, zu versuchen, so gut es in unserer Kraft steht, dem Negativen, dem Zustand der drohenden realen und dem der schon verwirklichten geistigen Entmenschlichung, doch das Ende zu bereiten.«[21]

Niemand kann den appellierenden Aspekt solcher Erwägungen verkennen. Nichts ist zudem heute in ethischer Hinsicht verhängnisvoller als die hohle Forderung des »Positiven«, sei es, daß man ein neues moralisches Bewußtsein oder neue Werte verlangt. Gleichwohl: das grundsätzliche Nichtfestgelegtsein und die Inhaltslosigkeit der negativen Dialektik ist problematisch. Diese Dialektik hat, wie wir zu zeigen suchten, die Anerkenntnis des Bestehenden als eines Negativen zur Voraussetzung. Eine Ethik oder besser: eine ethische Haltung gibt es hier allein als Impuls, der nur jeweilig einsetzt, und zwar in der zufälligen Begegnung mit Negativem. Die Tabelle des Negativen ist zudem außerordentlich bunt, sie reicht von körperlichen Leiden bis zur geistigen Unfreiheit, wie sie in der Manipulation durch die Kulturindustrie vorliegt. Die negative Dialektik gibt damit das Gesetz des Handelns aus der Hand. Die Möglichkeit eines konkreten auf die Zukunft hin ausgerichteten Handelns ist von vornherein ausgeklammert. Es gibt hier keinen Ansatz für das Bewußtsein der Verantwortung. Bereits das Wort »Verantwortung« wird vermieden. Es klingt »moralisch«, d. h. es hat Forderungscharakter und dieser ist eben als solcher negativ.

Die »Negation der fordernden Moralität« ist das Kennzeichen der eben geschilderten Freiheitsidee, auch wenn sich in der näheren Bestimmung der Freiheit die Konzeptionen voneinander unterscheiden. So ist klar, daß Habermas im Gegensatz zu Adorno das Thema einer Bewältigung der Zukunft in das Zentrum seiner kritischen Sozialwissenschaft stellt, die, insofern sie auf die anderen Wissenskreise, die analytischen und die hermeneutischen Disziplinen zurückgreift, durchaus konkret denkt. Aber auch hier bleibt der Ausfall der moralischen Bestimmung entscheidend.

Es wäre nicht uninteressant, unter dem Aspekt dieses Ausfalles den Sprachgebrauch der heute maßgebenden Verfechter dieser Freiheitsidee zu untersuchen. Um nur einige Beispiele zu nennen: Man spricht vom »mündigen Menschen«, vor allem ist diese Wendung bei den »Aufklärern« und den von Freud herkommenden Denkern zu finden, wie z. B. bei *Mitscherlich*. Man proklamiert den »*aufrechten Gang*« als Zeichen des nicht mehr versklavten Menschen, so *Ernst Bloch*. Oder man erklärt, daß der freigewordene Mensch eine »*neue Sensibilität*« entwickele, bis in seine physischen Bedürfnissphären hinein, weil er nicht mehr repressiv lebe, so *Marcuse*. Alle diese Bestimmungen sind unter sich verschieden; die Verschiedenheit resultiert weitgehend aus der Bewertung des technologischen Prozesses, d. h. aus der Entscheidung der Frage, ob man diesen Prozeß, wie er sich nun einmal entwickelt hat, ablehnen solle, wie Marcuse meint, oder ihn sinnvoll gestalten könne, wie das Habermas deklariert. Aber das Wesentliche aller dieser Bestimmungen ist die Ausklammerung einer spezifisch ethischen Fragestellung.

Wir brechen unseren Hinweis auf die Konzeption der Freiheit als Negation des Zwanges ab. Es galt zunächst, ihre *allgemeine Struktur* zu kennzeichnen. Ihre konkrete und geschichtlich wirksame Ausprägung hat diese Konzeption vor allem in den gegenwärtigen »*Protestaktionen der Intellektuellen*« gewonnen. Auf diese werden wir noch zu sprechen kommen. Vorher gilt es jedoch, die zweite heute maßgebende Bestimmung der Freiheit im Grundriß zu verdeutlichen: Freiheit als rationales Entscheidenkönnen.

Freiheit als rationales Entscheidenkönnen

In der gegenwärtigen zeitkritischen Diskussion steht das Problem, in welchem Maße wir angesichts der technokratischen Superstrukturen unsere Zukunft frei gestalten können, im Vordergrund. Das Augenmerk ist dabei auf die Formation der großen Zusammenhänge gerichtet. Die Probleme der persönlichen Lebensführung treten in dieser Diskussion in den Hintergrund. Das Zeitalter der Persönlichkeitskultur ist dahin. Man überläßt die Formung des Einzelnen, insoweit sie unter weltanschaulichen Aspekten steht, diesem selbst. Die Aufgabe ist es jedoch, durch die Gestaltung der großen Ordnungen eben den Raum der privaten Freiheit zu schaffen. Die Erstellung und Bewahrung dieses Raumes der individuellen Freiheit ist eines der wesentlichsten Ziele, die heute angestrebt werden. Aber dieses Ziel ist nur auf einem Umweg zu erreichen. Das heißt, es geht eben darum, den privaten Raum im gesellschaftlichen Gesamtrahmen, wie zumeist formuliert wird, »einzuplanen«.

Die Probleme, die hier auftreten, sind Probleme der konkreten Praxis. Sie bewegen sich weithin im Rahmen einer pragmatisch vorgehenden Strategie auf wissenschaftlicher Basis. Der Bezug zu den das menschliche Zusammenleben betreffenden Wissenschaften, d. h. den Wissenschaften, die unter den weiten Begriff der *Sozialwissenschaften* fallen, ist hier für den Praktiker unabdingbar.

Die Grundvoraussetzung, die hinter diesem Ansatz steht, ist die Einsicht in die Unabwendbarkeit unserer durch *Verwissenschaftlichung* und *Technisierung* durchgängig bestimmten Entwicklung. Auf diese Entwicklung haben wir uns einzustellen. Diese Forderung wird nun aber sehr verschiedenartig vorgetragen. Eine der bekanntesten Formulierungen ist die folgende: der objektive Entwicklungsprozeß ist dem Menschen »über den Kopf gewachsen«, es ist notwendig, daß wir diese Entwicklung »einholen«. Um noch einmal *Theodor Geiger* zu zitieren: »Die objektive Zivilisation ist der subjektiven vorausgeeilt und davongelaufen. Gemessen an ihrer objektiven Kultur und Zivilisation sind die Menschen gesellschaftliche Schwachköpfe. Es geht darum, die Persönlichkeitsentwicklung des Menschen auf jene Stufe zu heben, die dem Aufbau seiner Gesellschaft entspricht.«[22]

Ein weiteres Zitat sei zur Verdeutlichung dieser Argumentation angeführt. *Richard E. Behrendt* erklärt in einem Aufsatz »Über das Gefühl der Ohnmacht in unserer Gesellschaft«: »Unsere Technik – von wenigen gemacht, von vielen bedient, von allen benutzt – ist von heute und trägt uns immer rascher ins Morgen, wogegen unsere gesellschaftlichen Gefühls-, Denk- und Verhaltensweisen zumeist von vorgestern sind. Das Ergebnis sind eben Ohnmachtsgefühle des Menschen gegenüber einer von ihm mit*geschaffenen*, aber nicht bewußt mit*getragenen* Gesellschaft, hinter deren Problemen – aber auch Möglichkeiten – er geistig immer weiter zurückbleibt.«[23]

Dieser Widerspruch muß ausgeglichen werden, und dies kann nur geschehen, so erklärt Behrendt, durch *Steigerung der Rationalität*. Wenn der Mensch die gesellschaftliche Entwicklung meistern will, darf er sich nicht mehr durch Gefühle leiten lassen. Die Rationalität muß als das zeitgemäße Verhalten auf allen Gebieten maßgebend werden, auch auf dem Gebiet des menschlichen Zusammenlebens. Ein einziges wiederum relativ beliebig ausgewähltes Zitat möge diesen Zug zur rationellen Durchformung der Gesellschaft beispielhaft verdeutlichen. Es ist einem Aufsatz von *Lorenz Knorr* entnommen, der den Titel trägt: »Wissenschaftlich-technische Intelligenz und politische Entscheidung.« Dort heißt es: »Die technische Intelligenz ist von Berufs wegen der Sachlogik und der Rationalität verpflichtet... Wo in der Politik ein hoher Informationsgrad des Volkes, der für sachbezogene und verantwortbare politische Entscheidungen unerläßlich ist, durch Appelle an unkontrollierbare Gefühle oder durch vorsätzliche Manipulation ausgehöhlt oder ersetzt wird, droht den Arbeitsergebnissen der technischen Intelligenz und ihr selbst erfahrungsgemäß der Mißbrauch für inhumane Zwecke... Hoher Informationsgrad, Kontrollmöglichkeiten und Mitbestimmung, rationale Betrachtungsweise und humane Grundeinstellung reduzieren die Gefahr des Mißbrauchs technischer Errungenschaften und vermindern die Kluft, die zwischen technischen und moralischen Anstrengungen zur Zeit besteht.«[24]

Die Rationalität muß natürlich, insofern sie Sachbezogenheit verkörpert, dem jeweiligen Gebiet angepaßt sein und entsprechend differenziert werden. Gleichwohl darf sich der durch die Rationalität Bestimmte nicht an die Sachverhalte verlieren. Rationalität ist ihrem Sinn nach vielmehr als eine spezifische Gestalt der *Freiheit* zu verstehen. Man kann sich diese Gestalt verdeutlichen im Gegenzug zu der vorher besprochenen Idee der Freiheit. Freiheit von Zwang bedeutet, so sahen wir, Negation vorgegebener Inhalte. Diese Freiheit ist als absolute Verneinung nicht gewillt, sich auf die Sachen einzulassen. Von ihr her ist kein positives *Verhältnis zur Technologie* zu gewinnen. Der Technologie ist es, so argumentieren ihre Verteidiger, zu eigen, einen Bezug zu Sachgehalten zu entwickeln, der keine feste, sondern eine lockere Bindung darstellt. Wer technologisch denkt, weiß, daß jede Manifestation nur vorläufig ist. Grundsätzlich gesagt: das technologische Denken ist ein versachlichtes Denken, aber es betrachtet die Sachverhalte pragmatisch, sie sind im Grunde nichts anderes als Chancen für das technische Vorgehen, das heißt, sie stellen Problemfragen oder Problemantworten dar, die ständig überarbeitet werden müssen. Unter gesellschaftlichem Aspekt formuliert: technologisches Denken hat es mit planbaren Modellen zu tun.

Die Idee der modernen Planung haben wir schon öfters, insbesondere unter dem Aspekt der Verwissenschaftlichung, diskutiert. Wir heben jetzt nur das für die Bestimmung der Freiheit wesentliche Merkmal hervor. Es gibt bei der gesellschaftlichen Planung einen Konsensus über die *Fernziele*. Diese sind allgemein anerkannt. Obenan steht das Überleben der Gattung. Wesentlich sind sodann Befreiung von Krankheit, Not und Hunger, Förderung des Wohlstandes und Chancengleichheit für alle. Diese Ziele sind als grundsätzliche Voraussetzungen relativ unbestimmt. Sie teilen daher das Geschick aller Leerformeln: wenn etwas so wahr ist, daß es niemand bestreitet, ist es eigentlich »uninteressant«. In der praktischen Überlegung werden diese Voraussetzungen weitgehend eingeklammert. Planung und Futurologie müssen sich, wenn sie wissenschaftlich und nicht spekulativ vorgehen wollen, an reale Ziele und deren Bewältigung, d. h. an Ziele *mittlerer Reichweite* halten. Fernziele – und dazu gehören eben die genannten Voraussetzungen – haben nur allgemein strategischen Wert; Nahziele sind andererseits nicht Aufgabe der Planung. Wesentlich sind eben die Zwischenziele, denn hier ist es möglich, *echte Alternativen* anzubieten. Solche Ziele mittlerer Reichweite sind funktional, d. h. ihnen ist der Bezug zu technologisch-pragmatischen Handlungsanweisungen eigentümlich. Für die Planung, gerade die Planung im mittleren Bereich, ist nun die Freiheit, und zwar die Freiheit als Entscheidenkönnen die Voraussetzung, und als solche muß sie gefordert und gefördert werden. Die Menschen sind auf sie hin zu programmieren. Mit *Karl Steinbuch* formuliert: Die falsch programmierte Gesellschaft ist die bisherige Gesellschaft, die gar nicht geplant hat, sondern sich den gewachsenen Traditionen überließ; die richtig programmierte Gesellschaft dagegen ist die Gesellschaft, die eben das Planen gelernt hat, das heißt die in alternativen Entscheidungsmöglichkeiten zu denken vermag.

Freiheit bedeutet, so fassen wir zusammen, nicht festgelegt sein. Die Offenheit erscheint als ein eindeutiger Gewinn. Heute ist wie nie zuvor die Praxis an die Stelle der Theorie getreten, das heißt: man muß »handeln können«. »Handeln können« besagt aber die Fähigkeit haben, pragmatisch planbare Inhalte zu beurteilen und zwischen ihnen zu entscheiden. Gerade das rationale Zeitalter, so erklärt *Friedrich Jonas*, ist das Zeitalter der Entscheidungen, weil es das Zeitalter rationaler Alternativen ist. Der Entscheidungsdruck ist heute außerordentlich groß. Deswegen ist der einzelne auf den Plan gerufen, »sich rational, d. h. in bewußter Abwägung von Alternativen zu verhalten«.[25]

Wir verdeutlichen die Konzeption der Freiheit als Entscheidenkönnen an einem Beispiel aus der *Pädagogik*. Es ist erfordert, so erklärt *Hartmut von Hentig*, die Pädagogik neu auszurichten. Heute lernen wir »Substanzen statt Strukturen, bleibendes

Wissen statt die Veränderung des Wissens und die Gesetze dieser Veränderung. Wir lernen nicht ordnen, sondern Ordnung, die schon besteht, und die man erfüllen muß; statt zwischenmenschlichen Verhaltens lernen wir Charakter.« Dieser Übelstand kann nur verbessert werden, wenn man neue Lernziele herausstellt. Von Hentig nennt die folgenden vier: »1. Wir müssen lernen, in Modellen zu denken, das heißt in allgemeinen Strukturen, in Hypothesen und Utopien, die uns von den Gegebenheiten distanzieren. Dies ist die eine Seite des wissenschaftlichen Verfahrens. 2. Wir müssen lernen, in Alternativen zu denken, also in Vorstellungen, die durch die andere Seite der Wissenschaft, die Verifikation fordert, ergänzt werden. 3. Wir müssen in Optionen denken lernen und damit vor allem in Prioritäten; das heißt, wir müssen lernen, uns Ziele zu setzen; denn man kann keine Optionen ohne vorherige Zielsetzung und Projektion treffen. 4. Wir müssen lernen, in Prozessen zu denken, also Entscheidungen zu fällen und sie gegebenenfalls auch wieder aufzuheben. Wo lernt man eigentlich, sich zurückzunehmen?«[26]

Exkurs: Die Pädagogik unter dem Aspekt der technologischen Freiheitskonzeption

Die Konzeption, Freiheit als Entscheidenkönnen zu bestimmen, kann heute geradezu als der Grundansatz, besser: die methodische Grundeinstellung der Pädagogik bezeichnet werden. Die pädagogische Situation vermag daher die Struktur dieser Freiheitskonzeption zu verdeutlichen. Die *Abwendung von der Tradition* und deren Ausrichtung an einem humanistischen Menschenbild erscheint hier als vollendete Tatsache. Diese Abwendung wird kaum mehr diskutiert, sondern fungiert als stillschweigende Voraussetzung. Man vermag daher den Wandel bereits durch rein äußerliche Vergleiche zu konstatieren. Noch vor zwanzig Jahren standen in den Lehrplänen der Universitätspädagogik das Problem der Bildung und der Erziehung, und zwar vom kulturphilosophischen Aspekt her gesehen, und rein praktische Fragen der Schulpädagogik im Zentrum. Heute ist die Geschichte der Pädagogik irrelevant geworden, und ebensowenig fragt man von der Philosophie her nach der Struktur der Bildung und deren erzieherischem Wert. Die Worte Bildung und Erziehung sind ebenso wie das Wort Kultur und deren Derivate, wie Kulturpädagogik, im pädagogischen Sprachgebrauch nicht mehr maßgebend. Diese Worte erscheinen nur noch als »Problemanzeigen«, so spricht man von Bildungskrise und Bildungskatastrophe.

Die Pädagogik gliedert sich in miteinander verzahnte »Arbeitsbereiche«. Die allgemeine Pädagogik orientiert sich in immer stärkerem Maße an einer *wissenschaftstheoretischen* Fragestellung, d. h. sie sucht die Pädagogik als empirisch-analytische Wissenschaft methodologisch zu fundieren. Der allgemeinen Pädagogik entspricht auf der anderen Seite die *Unterrichtstechnologie*. Diese konkretisiert die wissenschaftstheoretischen Fragestellungen der allgemeinen Pädagogik unter dem Gesichtspunkt der *Didaktik*. Das Wort »Didaktik« ist ein Schlüsselbegriff der gegenwärtigen Pädagogik. Wissenschaftstheoretische und wissenschaftstechnologische Problemstellungen haben in der Pädagogik nur Sinn, wenn sie didaktische Möglichkeiten eröffnen. Hier zeigt sich die Möglichkeit, genauer: die Notwendigkeit einer Verbindung mit den Einzelfächern. Die allgemeine Didaktik wird konkretisiert in den Fachdidaktiken. Es ist, so argumentiert man, unmöglich, Anglistik oder Chemie fruchtbar zu lehren oder zu studieren, ohne Anhalt an der Didaktik. Ein Drittel der für die Ausbildung zur Verfügung stehenden Zeit ist daher nach Möglichkeit der Didaktik zu widmen, wenn man der Gefahr entgehen will, daß der Unterrichtsstoff, wie in früheren Zeiten, durch sinnloses Pauken eingetrichtert wird.

Daß Lehrende und Lernende sich auf dem Weg der Didaktik ein angemessenes *Verhältnis zum Stoff* erarbeiten, bedeutet konkret, daß der Stoff »geplant« werden muß. Erst hier kommt der technologische Zug der Pädagogik zum vollen Austrag. Die Curriculum-Forschung, Festlegung des Arbeitsfeldes und des in diesem anzubietenden projektierten Wissens setzen ebenso wie der Medienverband, das heißt das Zusammenwirken verschiedener Unterrichtstechnologien – etwa des audio-visuellen Lernens –, voraus, daß der Wissensstoff »gestrafft« wird, »überflüssiger Ballast ist abzuwerfen«. Positiv: der Stoff soll in übersichtlicher Weise auf bestimmte Problemkreise konzentriert werden. Diese müssen von den verschiedensten Disziplinen her angegangen werden. An der *interdisziplinären Zusammenarbeit* hängt, so heißt es, in Zukunft das Schicksal der Hochschule.

Das allgemeine Ziel der Didaktik ist es, *das Lernen zu lernen*, so daß man es zeitlebens kann – auch im späteren Beruf muß selbständig weitergelernt werden. Das besagt aber, daß der Lernende von vornherein nicht gegängelt werden darf. Man muß ihm von Anfang an die Freiheit geben, in seinem Hochschulstudium nicht nur zwischen verschiedenen Fächern sich entscheiden zu können und die Studienfächer zu wechseln, sondern auch zwischen verschiedenen Studienausrichtungen zu wählen. So kann er sich auf die Unterrichtslaufbahn oder den Beruf des Forschers konzentrieren. Die immer noch gebräuchliche Formel »*Forschung und Lehre*« ist heute in ihrem Sinngehalt verändert. Forschung bedeutet nicht zweckfreie Theorie, die sich nur um die Grundlagen eines Wissensgebietes bekümmert, und Lehre bedeutet nicht mehr die vermittelnde Weitergabe der Forschungsergebnisse. Forschung und Lehre verhalten sich vielmehr zueinander wie Theorie und Empirie im Sinne der analytischen Wissenschaftstheorie, wobei aber zu beachten ist, daß beide ausgerichtet sind am *Praxisbezug*. Der Praxisbezug ist heute die entscheidende Instanz, und zwar im konkreten Sinne der berufsbezogenen Praxis. Diese ist das Ziel der wissenschaftlichen Ausbildung.

Die *berufsbezogene Praxis* muß, so lautet die allgemein anerkannte Forderung, ihrerseits *gesellschaftsbezogen* sein. Alles Wissen hat der Gesellschaft zu dienen. Vom Gesellschaftsbezug her wird der eigentliche Angriff auf die Tradition geführt. Das Bürgertum war individualistisch orientiert, nicht nur im ökonomischen Bereich, sondern auch in seiner anthropologisch-pädagogischen Vorstellungswelt. Ein Beispiel sei zur Verdeutlichung angeführt: das *Problem der Begabung*. Die traditionelle Meinung besagt: Begabung ist wesentlich angeboren. Man hat dies anzuerkennen. Es gibt natürliche Unterschiede, die kaum zu verändern sind. Die philosophische und pädagogische Leitidee ist es daher, die Entelechie, auf die hin ein Individuum angelegt ist, zu fördern. Dieser Ansatz muß heute, so wird deklariert, von Grund aus negiert werden. Begabung und Talent sind nicht feststehende Anlagen, sondern »*Variable im Sozialisierungsprozeß*«. Das besagt: Begabung ist keine Größe an sich. Am Anfang des Sozialisierungsprozesses kann zwar der Intelligenzquotient getestet werden, aber erst die Ausbildung, das heißt die selbstvollzogene Selektion von Lernstoffen und deren Transformierung, entwickelt »Lernfähigkeit«, die den Bildungsprozeß als Qualifikationsprozeß charakterisiert. An dessen Ende zeigt sich die Resultante oder der Output, das heißt, der Grad der erworbenen Leistungsfähigkeit. Freilich ist hier zu beachten, daß diese Anzeige, vom Gesichtspunkt des Sozialisierungsprozesses her gesehen, nie endgültig ist. –

Um den technologischen Ansatz dieser Pädagogik zu verdeutlichen, sei ein *Vergleich mit dem klassischen Ideal der philosophisch-wissenschaftlichen Bildung* vollzogen, und zwar weisen wir kurz auf *Fichte* hin, in dessen Denken der Ansatz des humanistischen Idealismus klar hervortritt. Fichte hat sich unter den verschiedensten Gesichtspunkten mit den Problemen der Erziehung und der Bildung befaßt. Philosophische, politische und soziale Probleme der Pädagogik werden von ihm ebenso diskutiert, wie Fragen der Organisation der Universität. Wesentlich sind die »*Vorlesungen von den Pflichten des Gelehrten*.«[27] Sie stehen in der Mitte zwischen Fichtes grundsätzlichen Aussagen über die Bestimmung des Menschen und den konkreten Universitätsplänen.

Auch für den Gelehrten gilt natürlich das, was jedem Menschen »abzuverlangen« ist. Er muß sich in die metaphysische Ordnung – das Reich der Geister – einfügen. Dies Einfügen ist eine freie Tathandlung. Durch diese Handlung gewinnt der einzelne seine Identität (Ichhaftigkeit). Da aber das Individuum immer zugleich gesellschaftlich bestimmt ist, muß jeder den anderen als gleichberechtigt anerkennen. Dies entspricht einer Wesensbestimmung des Menschen, denn der Grundtrieb des Menschen ist es, »vernünftige Wesen unseresgleichen, oder Menschen zu finden«.[28] Wir haben diesen Ansatz oben ausführlich entwickelt.[29]

Die Selbstkonstitution des Menschen als eines freien Wesens ist für alle Menschen erfordert. Aber sie gestaltet sich doch für jeden Stand verschieden. Für den *Gelehrten* ist die Förderung der »*Geisteskraft*« wesentlich. Es gilt, das Interesse für Wahrheit in seiner Erziehung ins Zentrum zu stellen. Dies Interesse ist mehr als Neugier. Es ist ein »Erheben zum Idealen« und als solches von moralischem Wert. Geisteskraft und moralisches Vermögen sind, so sagt Fichte, aufeinander innigst angewiesen und bewirken dasselbe, nämlich ein freies Menschentum.

Hinter diesem Ansatz stehen bestimmte *soziale Vorstellungen*. Fichte erklärt, daß jeder die Chance haben müsse, Wissenschaftler zu werden, auch in finanzieller Hinsicht. Während der Ausbildung soll der Staat den wissenschaftlichen Lehrling vollkommen finanzieren. Fichte fordert »Sicherung vor jeder Sorge um das Äußere, vermittelst einer angemessenen Unterhaltung fürs Gegenwärtige und Garantie einer gehörigen Versorgung in der Zukunft«.[30] Auf Grund einer strengen Isolierung von anderen Lebensweisen während der Ausbildung kann und muß der Lernende dem Ideal der Wissenschaft gemäß leben. Fichte erklärt: »Dem Gelehrten aber muß die Wissenschaft nicht Mittel für irgend einen Zweck, sondern sie muß ihm Selbstzweck werden; er wird einst, als vollendeter Gelehrter, in welcher Weise er auch künftig seine wissenschaftliche Bildung im Leben anwende, in jedem Falle allein in der Idee die Wurzel seines Lebens haben, und nur von ihr aus die Wirklichkeit erblicken, und nach ihr sie gestalten und fühlen, keineswegs aber zugeben, daß die Idee nach der Wirklichkeit sich füge; und er kann nicht zu früh in dieses sein eigentümliches Element sich hineinleben und das widerwärtige Element abstoßen.«[31]

Entscheidend ist nun aber, daß die Wissenschaft wiederum mit dem Leben vermittelt wird. Die wissenschaftliche Ausbildung erscheint vom Leben her als *Umweg*. Der Gelehrte wird ausgebildet, »um der Gesellschaft dasjenige, was sie für uns getan hat, wiedergeben zu können; demnach ist jeder verbunden, seine Bildung auch wirklich anzuwenden zum Vorteil der Gesellschaft«.[32] Der Umweg ist notwendig: nur die wissenschaftliche Erkenntnis des Idealen macht den Menschen frei, und das heißt, nur sie garantiert, daß der Gelehrte nicht »instrumentell« vorgeht. Diese Möglichkeit kritisiert Fichte und bezeichnet sie als ein Merkmal seiner Zeit: »Wir wollten ein Glied der Gesellschaft, und wir machen ein Werkzeug derselben; wir wollten einen freien Mitarbeiter an unserem großen Plan, und wir machen ein gezwungenes leidendes Instrument desselben . . .«[33]

Gerade diese Idee, daß die philosophische Bildung umwegig dem Leben dient, ist fraglich geworden. Das zeigt sich bereits im späten 19. Jahrhundert. Fichtes Wissenskonzeption bricht in Extreme auseinander. Die pragmatisch-instrumentelle Forschung steht einer reinen zweckfreien Bildung unvermittelt gegenüber. *Helmut Schelsky* hat diesen Sachverhalt sehr erhellend dargelegt. Er zieht für die Gegenwart folgende Konsequenz: »Wir müssen heute den Mut zu der sozial resignativen Erkenntnis haben, daß Bildung die Angelegenheit einer Minderheit sein wird, die mit der funktionalen Führungsschicht der Gesellschaft nicht identisch ist oder daß Bildung überhaupt nicht sein wird.«[34] Daß die Möglichkeit, innerhalb der Hochschulen eine solche zweckfreie Bildung durchzuführen, heute kaum Chancen hat, ist offensichtlich; Schelsky selbst stellt dies heraus. Leitend ist nun die Idee der »praxisbezogenen Wissenschaft« geworden. Diese Wandlung wirkt sich aber faktisch dahin aus, daß die technologischen Verfahrensweisen den pädagogischen Betrieb maßgeblich bestimmen. Denken wird als Fähigkeit des Entscheidenkönnens zum Selbstwert. Als nicht festgelegtes Können muß es eingeübt werden, um jederzeit in den Aktionszusammenhängen verschiedenster Art einsetzbar zu sein.

Die ethische Relevanz der Freiheit als Entscheidenkönnen

Wir suchen nun die ethische Relevanz der soeben gekennzeichneten Freiheitskonzeption ein wenig genauer herauszuarbeiten.

Die erste Grundvoraussetzung, die hier maßgebend ist, ist die Überzeugung, daß die Technologie den Menschen bereits entscheidend verändert hat und ihn weiterhin verändern wird. Die Folge solcher Veränderung ist es, daß traditionelle Bedürfnisse und Wertungen absterben und neue der technologischen Struktur angemessene nachwachsen. Die Technologie gewinnt solchermaßen *anthropologische Relevanz*. Die zweite Grundvoraussetzung ist die Einsicht, daß die *traditionelle Ethik* dieser technologischen Situation nicht adäquat ist. Aus beiden Grundvoraussetzungen können nun verschiedene Folgerungen gezogen werden. Wir heben zwei, die uns wesentlich erscheinen, hervor.

Man fordert – das ist die erste Möglichkeit – *neue Leitbilder des Handelns*. Diese Forderung wird zumeist von führenden Männern der Wirtschaft und der Politik erhoben. Eine stillschweigende Voraussetzung dabei ist, daß diese Leitbilder eine »Zusatzangelegenheit« sind: An sich läuft die Entwicklung von Technik und Wirtschaft gar nicht so schlecht, nur wenn man sich in stillen Stunden einmal fragt, was das Ganze eigentlich für Sinn habe, erkennt man, daß die ethischen Leitbilder fehlen.[35]

Die Mehrdeutigkeit dieser Argumentation ist nicht zu übersehen. Man geht davon aus – oft jedoch, ohne es sich klar auszusprechen –, daß die Technologie sich faktisch nicht nur durchgesetzt hat, sondern daß sie Vorteile mit sich gebracht hat, insofern sie reibungslosere Abläufe in den Betrieben der Produktion, der Verwaltung, aber auch der Wissenschaft garantiert. Die Ethik ist von hier aus gesehen eigentlich überflüssig. Wenn man nun aber doch eine Ethik fordert, so geschieht dies – so scheint es – *nur* im Hinblick auf die »traditionelle Sinnfrage«, die eben immer noch lebendig ist. Dieser Ansatz wird nun durch die folgende Überlegung durchkreuzt: die technologische Entwicklung ist an sich wertindifferent. Aber sie kann negativ ausgenutzt werden.

Dies muß verhindert werden, und dazu bedarf es eben einer *neuen* Ethik. Diese Ethik bleibt aber völlig im Unbestimmten. Man bewegt sich in allgemeinen humanistischen Forderungen – wir werden auf diesen Sachverhalt noch zurückkommen.

Wesentlich für diesen Ansatz ist die *Abspaltung der Privatsphäre von der Öffentlichkeitssphäre*. In der Privatsphäre werden die ethischen Merkmale der Tradition weitgehend anerkannt. Man meint, daß diese Sphäre noch »relativ intakt« sei, abgesehen von den Konflikten zwischen den Generationen, die heute auf Grund des allgemeinen Abbaus der Autorität außerordentlich heftig sind. Diesen Konflikten müsse man jedoch mit Toleranz begegnen – die Toleranz gilt als ein Grundgesetz des sittlichen Verhaltens.

Es ist nicht leicht, dieser Haltung gerecht zu werden. Auf der einen Seite hat man den Verdacht, daß die hier erhobene Forderung einer neuen Ethik nur dem Bedürfnis nach einer Ideologie entspringt, die zu der technologisch bestimmten Realität passen, diese jedoch in ihrer Eigengesetzlichkeit nicht antasten soll. Auf der anderen Seite ist hier ein Rest von kritischer Distanz zur technologischen Entwicklung nicht zu verkennen. Man weiß, daß heute auf Grund der technischen Perfektion Weltkatastrophen möglich sind, und man erkennt, daß diesen nicht technologisch zu begegnen ist. Diese Einsicht – so meinen wir – stellt, unter dem Aspekt der ethischen Relevanz betrachtet, doch ein Positivum dar. Denn wenn man vermeinte, man könnte den möglichen Katastrophen auf rein technischem Wege beikommen, dann wäre die Ethik als selbständige Dimension aufgehoben.

Neben diesem Ansatz steht nun ein *zweiter*, der die wissenschaftliche und technologische Entwicklung eindeutig positiv beurteilt. Diese Entwicklung vermag, insofern sie rational ist, den Fortschritt zu garantieren. Es kommt daher darauf an, die *Rationalität zu fördern*. Dies ist die eigentlich »ethische« Aufgabe. Dieser Ansatz ist für das Verständnis der gegenwärtigen Situation außerordentlich aufschlußreich. Wir suchen ihn ein wenig genauer darzulegen.

Der Bestimmung der Freiheit als eines rationalen Könnens ist, so sahen wir, eine gewisse Dialektik eigentümlich. Das Können ist sachorientiert, aber es ist nicht an das Gegebene gebunden. Dieser *nicht festgelegte Sachbezug* kennzeichnet, so meinen die radikalen Verfechter der technologischen Freiheitsidee, die Struktur des heute allein relevanten Tuns. Pläne, die allzusehr ins Utopische abschweifen, erscheinen irreal: es gibt hier keine Angriffsfläche, an der man einsetzen kann. Das ist nur dort möglich, wo echte Alternativen auftauchen. Alternativen sind aber nur dann echt, wenn sie in der Dimension der Rationalität verbleiben, und das heißt, argumentativ entscheidbar sind.

Die Voraussetzung dieses Ansatzes ist es, daß die Entscheidungen *wissenschaftlich* orientiert sind. Dies ist für das Verständnis der technologischen Freiheitsidee sehr wesentlich. Diese Freiheit ist keineswegs rein dezisionistisch. Die Entscheidung ist nicht beliebig; sie darf nicht von einer Gesinnung getragen werden, die sich von der wissenschaftlichen Dimension unabhängig setzt. Die Entscheidung muß sich als solche rechtfertigen und begründen, und das besagt vor allem: sie muß sich in Frage stellen lassen. Jede Entscheidung ist korrigierbar, weil keine absolut ist. *Popper* hat dieses zur Rationalität gehörende Ethos immer wieder herausgearbeitet. Der Sozialingenieur, den er als heute maßgebende Figur deklariert, ist durch eine kritische Haltung gegen andere und gegen sich selbst bestimmt. Hans Albert hat in der Nachfolge Poppers die Grundzüge dieses kritischen Rationalismus umfassend herauszuarbeiten gesucht.[36]

Der Geist einer *modernen Aufklärung* steht hinter diesem Ansatz. Fortschritt, rational gelenkte Wissenschaft und eine dieser entsprechende Technologie gehören zusammen. Negatives Verhalten, d. h. ein Verhalten, das zu Störungen oder gar Katastrophen führt, ist von hier aus gesehen *Mißbrauch* von Erkenntnissen und Produkten der Wissenschaft. Dieser Mißbrauch kommt auf Grund emotionaler Einstellungen zustande, die ihrerseits Rückschritte – »Regressionen« – zu früheren Entwicklungsstufen darstellen. Natürlich sehen die Technologen, daß die Menschen trotz des wissenschaftlichen Fortschrittes ihr sozialschädliches Verhalten noch nicht aufgegeben haben. Sie suchen dieser Schwierigkeit durch folgendes Argument zu begegnen: Die Wissenschaft »braucht« den rationalen Menschen. Es ist nun keine Frage, daß sie den Menschen bereits weitgehend zur Rationalität umgeformt hat. Dieser Vorgang wird sich im Zuge des wissenschaftlichen Fortschritts weiterhin verstärken, so daß rationale Wissenschaft und der rationalisierte Mensch weitgehend zur Deckung kommen werden. Die Emotionalität und ihre sozialschädlichen Formen werden solchermaßen in hohem Maße ausgeschaltet werden.

Es ist schwierig, diese Haltung abstrakt zu erfassen, da sie nicht auf rein theoretischen Überlegungen beruht, sondern von der Praxis her faktisch »eingeübt« wird. Die Technologen diskutieren zudem ihre sie leitenden Voraussetzungen kaum. Sie entwerfen zumeist Programme, die weithin von *konkreten Fragestellungen* bestimmt sind. Wir weisen daher, um den technologischen Ansatz des Freiheitsproblems zu illustrieren, auf ein *Bergedorfer Gespräch* hin, das unter dem Thema steht: »*Die Biologie als technische Weltmacht.*«

Die Teilnehmer an diesem Gespräch sind sich darin einig, daß die biologischen Fragestellungen zuerst und zunächst natürlich wissenschaftlich bedingt sind. Gleichwohl haben sie auch gesellschaftliche Relevanz. Es gilt, so *Gerhard Neuweiler*, aufzuzeigen, »wo – von der Biologie aus betrachtet – die wissenschaftlich ergründbaren Voraussetzungen für eine menschliche Gesellschaft liegen«.[37] Der gesellschaftliche Bezug involviert letztlich die Aufgabe, *von der Biologie her* Normen aufzustellen: »Nachdem wir erkannt haben, daß unsere Wissenschaft unmittelbare praktische gesellschaftliche und ethische Konsequenzen hat, müßte es unsere Aufgabe sein, dieses Problem in unsere wissenschaftliche Tätigkeit mit einzubeziehen. Es reicht nicht aus, lediglich zu erörtern, ob wir vor dieser oder jener Folge warnen und die eine oder andere Konsequenz begrüßen sollen. Es müßte auch Gegenstand unserer Forschung sein, wie nach unserer Meinung die Gesellschaft auszusehen hat und welche Normen aufzustellen sind. Weil die Normen unmittelbar durch die Wissenschaft manipulierbar geworden sind, dürfen wir sie nicht mehr außerhalb der Wissenschaft, beispielsweise in einer Religion, etablieren. Die Normen sind als religiöse, als außerweltliche Motivation nicht mehr glaubhaft und auch nicht mehr glaubhaft zu machen. Deshalb müssen wir als Naturwissenschaftler die Motivation selber mitliefern.«[38]

Es ist andererseits klar, daß nicht die Biologie allein die gesellschaftlichen Normen aufstellen kann. Eine einzelne Wissenschaft kann dies überhaupt nicht. Konkret: die Biologie muß sich mit den Sozialwissenschaften verbinden, und zwar in der Weise gegenseitiger Bedingung. Angebracht ist hier aber die einsichtige Darlegung der wissenschaftlichen Möglichkeiten auch in der Aufklärung der Öffentlichkeit. Diese Aufklärung muß radikal sein. *Wolfgang Wieser* formuliert: »Mir erscheint wichtig, daß wir in der Lage sein müssen, alles Denkbare als Modell zu entwerfen, auch das Grausige, Unvorstellbare und Apokalyptische. Zunächst muß das Inventar des Möglichen bekannt sein, dann brauchen wir eine Instanz, die darüber entscheidet, welche Programme durchgeführt werden sollen.«[39] Unmittelbar daran anschließend wird die Feststellung getroffen: »In einer solchen Instanz müßten Wissenschaftler und Politiker, bzw. Leute, die an den Schalthebeln der Macht sitzen, miteinander diskutieren, so daß eine Integration beider Bereiche stattfindet.«[40]

Diese Instanz hat zur letzten Aufgabe, von der Wissenschaft her »ein neues Ethos« zu liefern. *Gerhard Böhme* formuliert: »Bisher wurde der Ethos-Begriff von der Theologie und der Philosophie her bestimmt, und zwar durchgängig für jeweils eine bestimmte Gesellschaftsordnung. Damit war er auch Grundlage für ein bestimmtes Wissenschaftsverständnis. Heute müßte primär von den Naturwissenschaften her in Verbindung mit der Psychologie und der Soziologie ein neuer Ethosbegriff entwickelt werden.«[41] Das besagt grundsätzlich formuliert: man darf nicht auf eine Ethik warten, »die von außen an die Naturwissenschaften herangetragen wird«.[42]

Diese Argumentation erinnert an den von uns oben diskutierten Ansatz, daß es einer neuen Ethik bedürfe, um den gegenwärtigen Problemen adäquat begegnen zu können. Der Unterschied, der zwischen diesem Ansatz und der jetzt vorgebrachten Argumentation besteht, ist aber nicht zu übersehen. Die zitierten Wissenschaftler fordern gerade nicht, daß die Philosophie oder die Theologie ein neues Ethos liefere, sondern erklären, daß die Wissenschaft selbst dies leisten müsse, denn dies neue Ethos dürfe nicht »von außen« an die Wissenschaft herangetragen werden. Die Grundvoraussetzung ist hier eben die Überzeugung, daß die Wissenschaft heute faktisch die bestimmende Macht ist, und daß man sich darauf in jeder Hinsicht einzustellen hat.

Den soeben zitierten Wissenschaftlern wird in diesem Gespräch – das sei hier ausdrücklich herausgestellt – widersprochen. Die Wissenschaft ist, so wird erklärt, als solche wertfrei, besser: wertindifferent. Das heißt aber: die Verantwortung ist Sache des *einzelnen*. Nur ein Zitat zur Verdeutlichung: »Man sollte in der Tat die Ambivalenz der Wissenschaft deutlich machen und nicht so tun, als ob die Anwendung der Wissenschaft nur in eine Richtung ginge ... Die Frage, ob und wie man gewisse Entwicklungen der Wissenschaft bremsen und kontrollieren soll, bringt uns in eine schwierige Situation. Wenn man bestimmte Experimente unterbindet, die möglicherweise der Kriegsführung dienen könnten, dann werden damit gleichzeitig auch wichtige Fortschritte auf anderen Gebieten verhindert ... Eine richtige Grenzziehung und eine sinnvolle Kontrolle sind also in der Wissenschaft schwer durchführbar. Ganz abgesehen von der Frage, wer denn überhaupt die Normen dafür festlegen sollte.«[43] Wenn aber die Wissenschaft ambivalent ist und nicht einmal ihr Fortschrittsgesetz eindeutig gültig ist, dann bleibt eben nur der Rekurs auf die persönliche Verantwortung: »Die persönliche Verantwortung des einzelnen Wissenschaftlers beginnt dort, wo die Resultate der Grundlagenforschung zur Anwendung kommen. Das ist auf allen Ebenen eine Frage der Zivilcourage.«[44] – Die gegenteiligen Meinungen dieses

Gespräches werden – dies sei hier nur angemerkt – in der Inhaltsangabe durchgängig in der Form von Alternativen dargelegt gemäß der grundsätzlichen Einstellung des Bergedorfer Gesprächskreises, »alternative Wege für neue Initiativen zur Entwicklung freier industrieller Gesellschaften aufzuzeigen«.

Überdenkt man die mit der technologisch orientierten Freiheitsidee verbundene Problematik, so wird deutlich, daß es sehr schwierig ist, sie auf eindeutige Formeln zu bringen. Gleichwohl treten gewisse *Grundvorstellungen* und *Grundforderungen* klar hervor. Das Gefühl ist auszuschalten und die Rationalität ist herauszustellen. Die Rationalität ist das Grundprinzip, das nicht nur für die Wissenschaft gilt, sondern auch das menschliche Verhalten bestimmen soll, das ja heute faktisch bereits weitgehend verwissenschaftlicht ist. Dies besagt in concreto, daß die anstehenden Probleme als Alternativen ausgeformt werden sollen, so daß eine wissenschaftlich fundierte Entscheidung möglich wird.

Hinter diesem Ansatz steht die Meinung, daß es die exakte Wissenschaft ist, die den bisherigen Fortschritt bewirkt hat. Das technologische Denken ist von einem außerordentlichen *Ideologieverdacht gegen die humanistische und geisteswissenschaftliche Tradition* bestimmt. Dieser Ideologieverdacht wird oft sehr eindrücklich formuliert. Wir zitieren als Beispiel einige Sätze, die dem Aufsatz eines *Theologen* entnommen sind, der auf einer Alpbacher Tagung, die unter dem Gesamtthema »Information und Kommunikation« stand, das Thema »Kybernetik und Theologie« behandelte.

»Nachdem die Technik mit der Erfindung der Maschine für die Befreiung des Menschen von der Sklaverei mehr geleistet hat als eine zweitausendjährige religiöse und philosophische Predigt vom Menschenbild, nachdem die Erfindung der Elektrizität und die Fortschritte in der Medizin die Vertreibung des Dämonenglaubens stärker förderten als religiöse und philosophische Aufklärung, ist die Beteiligung der Technik an der ethischen Diskussion wohl recht und billig. Mit der Entdeckung des Regelkreises und den Grundbegriffen der Information, der Steuerung, der Rückkoppelung usw. überholt die Kybernetik nicht nur die ideologischen Ansätze des Materialismus und des Idealismus, sondern bewährt sich darin, der komplizierten Wirklichkeit durch die Konstruktion oder Analyse von Modellen gerecht zu werden. Es läßt sich behaupten: der größte Teil aktueller Aufgaben ist ethisch heute nicht mehr zu bewältigen, ohne das naturwissenschaftliche System der Kybernetik anzuwenden. In der Vergangenheit hieß die ethische Zentralkategorie Ordnung... Eine flüchtige Erfahrung auf der Autobahn kann jeden Zeitgenossen umfassend darüber belehren, wie der Begriff der Ordnung ohne technischen Kontext, also ohne Regelung und Steuerung, zur Sinnlosigkeit entartet. Die idealistische Ethik der Besinnung ist hier ebenso am Ende wie die existenzphilosophische der Entscheidung. Krieg und Frieden, Hungersnöte und Seuchen werden heute nicht mehr wie zu Paul Gerhardts Zeiten als unveränderliche Gottesgabe demütig empfangen und besungen, sondern sind der technischen Weltvernunft des Menschen auferlegt. Die Kategorie des Machens und der Machbarkeit ist ethisch grundlegend. Die Kybernetik liefert hierfür die kategoriale Analyse.«[45]

Die traditionelle Ethik ist, so wird hier argumentiert, von der Theologie und der Philosophie inspiriert. Sie ist metaphysisch verankert und verbleibt demgemäß im Raum der Innerlichkeit. Heute, nachdem sich die Verwissenschaftlichung und die Technisierung als bestimmende Mächte durchgesetzt haben, wird ihre Unbrauchbarkeit offensichtlich. Man deklariert daher, daß die Ethik sich auf die Naturwissenschaft und die Technik stützen müsse, wenn anders sie wirksam werden wolle.

Es wäre sicher nicht angemessen zu behaupten, daß dieses Herausstellen von Wissenschaft und Technik als eines Raumes der Verwirklichung humaner Ziele zu einer Entmoralisierung führt. Es ist aber nicht zu übersehen, daß die Folge dieser Herausstellung die Verwissenschaftlichung ethischer Probleme und damit möglicherweise ihre *Neutralisierung* bedeuten kann. Oder noch schärfer gesagt: die Gefahr entsteht, daß die Mitteldimensionen – nämlich die Wissenschaft und die Technik – die humanen Zwecke übergreifen und überformen. Wir haben auf diese Gefahr insbesondere in unserer Diskussion der analytischen Soziologie hingewiesen.[46] Die sozialen Systeme werden als Quasi-Wirklichkeiten für sich gesetzt, und damit werden Möglichkeiten des zwischenmenschlichen Verhaltens, wie die Anpassung und der Konflikt, die früher in *direktem* Bezug zu der sittlichen und moralischen Sphäre standen, zu wertneutralem Rollenverhalten umfunktioniert. Dieses Umdenken ist – so sagten wir – durchaus legitim, insofern die heutige Wissenschaft sich weithin nicht mehr mit der unmittelbaren Wirklichkeit befaßt. Es kommt aber darauf an, die wissenschaftliche Analyse auf die Wirklichkeit zurückzubeziehen. Es ist nun eben die Frage, ob nicht die in der wissenschaftlichen Analyse durchgeführte ethische Neutralisierung sich dahin auswirkt, daß nun *auch* der Wirklichkeitsbezug nach rein technologischen Gesichtspunkten ohne jeden ethischen Bezug inszeniert wird. Daß eine solche Tendenz heute weithin herrschend ist, dürfte kaum anzuzweifeln sein.

Die Annäherung ethischer, wissenschaftlicher und technologischer Probleme, die gegenwärtig vollzogen wird, ist notwendig. Die Epoche der Verwissenschaftlichung fordert weithin ein nicht emotionales, sondern ein versachlichtes und ·rational begründetes Verhalten. Dieses Verhalten wird sich *auch* in der ethischen Problematik immer mehr durchsetzen, die ihrerseits ohne den Bezug zu den Wissenschaften, insbesondere den Sozialwissenschaften, nicht lösbar ist. Aber in dieser Umformung bahnt sich eben die Möglichkeit einer *Aufhebung der Ethik überhaupt* an. Die radikalste Konsequenz wäre die Ausschaltung jeder Eigenverantwortung zugunsten reiner Manipulation.

Nicht jede technologische Behandlung des Menschen ist »amoralisch«. Daß – um ein einfaches Beispiel zu geben – ein Raumfahrer in bezug auf die ihm gestellte Aufgabe körperlich und seelisch dressiert wird, und daß sein Verhalten weithin computergesteuert ist, ist von der Aufgabe, die er zu bewältigen hat, erfordert. Zu deren Bewältigung gehört es, daß der Mensch sich selbst in das vorgeschriebene Verhalten einspielt. Auch die viel beklagte Manipulation durch Massenmedien oder durch Reklame – um ein zweites Beispiel zu geben – ist noch nicht verwerflich im moralischen Sinne. Sie stellt ja an sich nur eine radikale Fortsetzung der alten Überredungskunst dar, die von jeher zur Menschenbehandlung gehört. Problematisch wird die Manipulation erst dort, wo man die Verantwortung als solche negiert in der Meinung, daß es dieses Phänomen gar nicht gibt, oder daß es für das Handeln nicht relevant sei.

Eine solche Meinung wird vom *Behaviorismus* vertreten. Es ist kein Zweifel, daß zwischen dem Behaviorismus und der Technologie eine enge Affinität besteht. Die Breitenwirkung des Behaviorismus über die psychologischen Schulen hinaus beruht auf seiner *technologischen Pragmatik*. Man hat es nicht notwendig, menschliches Verhalten von innen her zu betrachten und zu lenken. Die Außenbetrachtung ist allein »sinnhaft«, d. h. zweckmäßig im Blick auf konstatierbare Erfolge. Das äußere Verhalten läßt sich manipulieren im Sinne einer Dressur. Die moderne experimentelle Verhaltenspsychologie behavioristischer Richtung schaltet das Innere aus. Seelische Krankheiten sind dementsprechend als Fehlverhalten anzusehen. Dies Verhalten muß in seine einzelnen Komponenten zerlegt und neu konditioniert werden, damit der Mensch wieder gesund, d. h. den allgemeinen Verhaltensregeln angepaßt wird. Wir werden auf diesen Ansatz noch zurückkommen.[47]

In der reinen Manipulation, d. h. in der Manipulation, die das Verantwortungsbewußtsein ausschaltet, vollendet sich die Technologie als solche. Das Können, dem reinen Gesetz der technischen Machbarkeit folgend, steigert sich zu immer höheren und umfassenderen Möglichkeiten seiner selbst, wobei es nur noch auf das Können als solches ankommt. Dieses ist Selbstzweck geworden.

Dieser Gefahr der technologischen Freiheitsidee, Selbstzweck zu werden, ist nur durch den »ethischen Reflexionsakt« zu begegnen, indem ich mich verantwortlich für die Gestaltung von Ordnungen einsetze. Allein dieser bewußte Selbsteinsatz bewahrt davor, daß sich das Könnensbewußtsein in sich selbst so steigert, daß die absolute Bindungslosigkeit als Folge unausweichlich ist. Die reine Technologie sieht die Notwendigkeit dieser ethischen Reflexion nicht. Sie kann sie auch nicht sehen, weil sie – dies ist ihr eigentlicher Mangel – vermeint, daß die Rationalität als solche bereits der Garant dafür sei, daß die Entwicklung sinnvoll verläuft und nicht zum Unheil ausschlägt.

Schlußbemerkung

Wir haben, um die ethischen Einstellungen der Gegenwart zu kennzeichnen, zwei Gestalten des heutigen Freiheitsbewußtseins diskutiert. Es ist klar, daß damit keineswegs das Gesamt der heutigen ethischen Verhaltensmöglichkeiten ausgeschöpft ist. Die traditionelle Ethik, insbesondere die Gewissensethik, ist – darauf sei hier nur hingewiesen – noch immer für weite Kreise bestimmend. Das gründet vor allem darin, daß die christliche Metaphysik auch heute noch als maßgebende Ideologie des Abendlandes wirksam ist. Gerade aber die Entwicklung des gegenwärtigen Christentums zeigt die Zwiespältigkeit der heutigen ethischen Gesamtsituation sehr deutlich. Dem Konservativismus insbesondere der älteren Generation steht das *revolutionärsozialethische Denken* der Jüngeren entgegen: die christlichen Werte der Innerlichkeit sind, so wird hier erklärt, überlebt. Die auf diese Werte gegründete Ethik soll zugunsten einer realen Weltveränderung aufgehoben werden, erst dadurch würde der Auftrag Christi erfüllt. Wieweit durch diese Abwendung von der traditionellen Gestalt der kirchlichen Lehre das Christentum selbst in seinem Kern getroffen ist, ist eine nachdenkliche Frage. Zweifellos haben wir es hier mit einem der letzten Ausläufer der Metaphysikkritik zu tun: an die Stelle des Jenseitsbezuges soll die Verbesserung des Diesseits treten.

Auch in der Gegenwart ist wie zu allen Zeiten festzustellen – das ist das Zweite, was wir hier anmerken wollen –, daß der durchschnittliche Mensch sich um die Fragen der Öffentlichkeit nicht oder nur wenig bekümmert. Er schiebt solchermaßen die Probleme der Superstrukturen, d. h. die Probleme, die das Geflecht von Wissenschaft, Wirtschaft und Politik betreffen, zur Seite und schränkt sich auf den *Nahhorizont* ein. Der Grund ist die mehr oder weniger ausgeprägte, oft sogar nur unbewußt leitende

Meinung, daß in diesen Großbereichen doch nichts auszurichten sei, weil der einzelne hier keinen Einfluß habe. Dieser Rückzug auf den unmittelbaren Bezirk zwischenmenschlichen Verhaltens bedeutet ein Ausschalten der oben behandelten ethischen Probleme, die ja wesentlich die Gestalt der Gesellschaft betrafen, zugunsten einer »privaten Ethik«. Diese Ethik ist nicht ohne weiteres mit der traditionellen Ethik identisch, obwohl von der Tradition her manche Ansätze übernommen werden, insbesondere Einsichten der praktischen Philosophie, die auf Lebenserfahrung beruht. Es bildet sich in und für den unmittelbaren zwischenmenschlichen Bezug eine einfache Sittlichkeit heraus. Die Bestimmungen dieser Sittlichkeit, die Anständigkeit, Verläßlichkeit oder Hilfsbereitschaft, sind für das alltägliche Leben von außerordentlicher Bedeutung.[48] –

Wir wollen, um die herausgestellten Ansätze der gegenwärtigen ethischen Grundhaltungen zu konkretisieren, auf zwei große Bewegungen hinweisen, in denen sich das ethische Bewußtsein der Zeit manifestiert. Es sind dies einerseits die *Protestaktionen der Intellektuellen* und andererseits die *Psychoanalyse*. Daß gerade diese beiden Bewegungen von uns herausgestellt werden, hat zwei Gründe, einmal: die außerordentliche Breitenwirkung beider Ansätze ist kaum zu überschätzen. In beiden Bewegungen wird der Anspruch erhoben, die eigentlichen Nöte der Zeit ans Tageslicht zu bringen und zugleich den Weg möglicher Lösungen aufzuweisen. Sodann: Beide Bewegungen sind außerordentlich vieldeutig. Das macht sie gerade für eine Untersuchung, die nach den gegenwärtigen maßgebenden ethischen Grundeinstellungen fragt, interessant. Hier wird das Phänomen, daß es heute keine allgemein anerkannte Ethik gibt, in negativem und positivem Sinne faßbar. Man ersetzt in beiden Bewegungen ethische Kategorien durch wissenschaftliche oder halbwissenschaftliche Bestimmungen, durch ökonomisch-soziologische, so insbesondere im Fall der Protestaktionen, und durch medizinisch-psychologische, so insbesondere im Fall der Psychoanalyse. Gleichwohl ist in beiden Bewegungen ein ethischer Anspruch nicht zu übersehen. – Bei der Charakterisierung der Protestaktionen der Intellektuellen können wir uns relativ kurz fassen, da wir sie bereits thematisierten, als wir die gegenwärtigen Möglichkeiten der Vergeschichtlichung zur Sprache brachten.[49] Die Darstellung der Psychoanalyse dagegen wird relativ ausführlicher gestaltet werden müssen, da hier eine Erläuterung der Grundbegriffe unerläßlich ist, wenn anders die ethische **Relevanz** der Psychoanalyse begriffen werden soll.

Zweites Kapitel
Die Protestaktionen der Intellektuellen[1]

Der Protest, der heute weltweit gegen das »Establishment« erhoben wird, wird von der *intellektuellen* Jugend inszeniert. Er gibt sich – ideologisch gesehen – *marxistisch*. Der Unterschied zum »wirklichen Marx« und zu den von Marx ausgehenden politischen Bewegungen ist aber nicht zu verkennen. Der Bezug zur ökonomischen Basis ist faktisch in den Hintergrund getreten. Geblieben oder besser: ins Allgemein-Menschliche umgeformt ist die Grundthese der *Entfremdung*. Die Tatsache der Entfremdung ist durch die Struktur der gegenwärtigen Gesellschaft im ganzen bedingt. Diese Gesellschaft gilt es zu negieren. Die Forderung der *Destruktion des Bestehenden* wird dementsprechend als primäre Aufgabe deklariert.

Die Bestimmung der Freiheit als Negation des Zwanges erfährt hier eine radikale Ausformung. Man beruft sich im Anschluß an die Kritische Theorie darauf, daß eine Verbesserung der Gesellschaft im Detail nichts nütze und sinnlos sei. Es gelte vielmehr, die gesellschaftliche Totalität zu ändern. Diese Forderung des absoluten Umsturzes, die das Gegenwärtige von Grund aus verneint, gerät als Gestalt der reinen Negativität in die Nähe zum Anarchismus. Die Vorgänge sind heute noch nicht abgeschlossen, deswegen können die folgenden Anmerkungen nur bedingt gültig sein. Die Entwicklung verläuft – so meinen wir – nicht geradlinig. Gleichwohl sind bestimmte Ansätze zu unterscheiden. Diese folgen aber nicht einfach auf- und auseinander, sondern verschärfen sich im reflexiven Mit- und Gegeneinander.

Der Gedanke von Marx, den Umsturz von der *wirtschaftlich prekären Lage* einer bestimmten Klasse her zu begründen, wird zunächst aufgenommen. Die Träger der Revolte haben aber zumeist wirtschaftliche Not am eigenen Leibe nicht erfahren. Sie leben ja gerade in der »Überflußgesellschaft«. Die ökonomische These wird daher durch den Hinweis auf die Not in den unterentwickelten Ländern fundiert. Die Möglichkeit, in der Entwicklungshilfe »mitzumachen« – eine moderne Parallele zu Albert Schweitzers Hilfsaktion –, stellt nach der überwiegenden Meinung der Opponenten keine wirkliche Lösung dar: man weiß, daß es bei Einzelaktionen bleibt. Der Protest wird also zurückreflektiert auf die eigene Gesellschaft. Man entwirft zu dieser ein Gegenbild, das zweideutig ist. In materieller Hinsicht hat es gerade die Wohlstandsgesellschaft zur Voraussetzung, denn erst diese gibt die Chance des größten Glückes der größtmöglichen Zahl. In ideeller Hinsicht aber ist es die radikale Negation des jetzigen Zustandes: der neue Mensch soll von *neuen Bedürfnissen* geprägt sein.

Von *Marcuses* Ansatz her erläutert: der Mensch ist heute technologisch so weit, daß er die *primären* Mängel fast restlos überwinden kann. Es entfällt die Notwendigkeit von Kriegen und Revolten, überhaupt von Repressionen, die aus materieller Not entstanden, weil heute ökonomische Bedarfsdeckung für alle im Prinzip zu gewährleisten ist. An sich könnte und müßte es nun möglich sein, nur noch die »positiven« Triebe und Bedürfnisse im Menschen zu entwickeln. Wenn der Aggressionstrieb »unnötig« geworden ist, kann die Libido als Bezugsmöglichkeit zu Natur und Mitmenschen freigesetzt werden.

Das Bild des neuen »totalen Menschen«[2], der aus der Freiheit des Eros heraus lebt, läßt sich nun aber nicht mit der Gegenwart vermitteln. Es kann nur Wirklichkeit werden, wenn diese Gegenwart absolut aufgehoben ist. Man ist dabei des Glaubens, daß nach der Negation das Positive folgen wird. Dies heißt jedoch nicht – dies wird bei Marcuse sichtbar –, daß man mit Hegel das Gesetz der Negation der Negation fraglos anerkennt. Das Positive folgt nicht aus, sondern *auf* die Negation. Das Bild des Positiven bleibt demgemäß unbestimmt. Und diese Unbestimmtheit des Zieles wirkt sich wiederum zugunsten der *negierenden Praxis* aus. Man erklärt, daß die Praxis, d. h. konkret eben die Destruktion des Gegebenen, der Theorie, das heißt der klaren Vorstellung des zu Erstrebenden, vorausgeht. Das in sich ständig sich absichernde Establishment muß »verunsichert« werden. Dazu müssen neue und bisher nicht bekannte Möglichkeiten des Protestes ersonnen werden. Diese lassen sich nicht ein für allemal festlegen. Der Protest kann ja nicht, wie es der ursprüngliche Marxismus lehrt, mit den ökonomischen Druckmitteln der arbeitenden Klasse zielgerecht vorangetrieben werden, sondern ist nur als partisanenhafte jeweilige Störungsmaßnahme zu vollziehen.[3]

Die Ansätze der Protestaktionen sind also außerordentlich vieldeutig. Es wäre verfehlt, sie alle auf einen Nenner bringen zu wollen. Wir versuchen im folgenden nur unter dem Aspekt der *ethischen Relevanz* des Protestes einige Punkte, die uns wichtig erscheinen, hervorzuheben.

Wir gehen dabei von einer allgemein anerkannten Erklärung aus, die folgendes besagt: der Protest ist das gegensätzliche Pendant zur Überflußgesellschaft. In ihm zeigt sich psychologisch gesprochen der Überdruß am Überfluß. Marcuse selbst spricht von einem unerträglichen *Ekel*. Dieser Ekel ist verbunden mit der Angst vor der Übermacht der Technologie, die den Menschen »vereinnahmt«. Das hilflose Ausgeliefertsein an die »eindimensionale Gesellschaft« gehört zu den Grunderfahrungen der Protestierenden. Diese Gesellschaft ist außerordentlich effektiv und zugleich eigentümlich unfaßbar. Dies bedeutet realiter für die, die gegen sie angehen wollen, daß sie ständig verunsichert werden: man weiß im Grunde nicht, wo und wie die kritische Aktion als real wirksam angesetzt werden kann.

Die negative Dialektik wird so zum bestimmenden Grundgesetz. Die erste und immer wiederkehrende Form der Negation ist »die große Weigerung«. Sie stellt als solche einen moralischen Selbstwert dar. Daß von dieser Negation her aber kein Zugang zur realen Veränderung des Bestehenden zu gewinnen ist, ist offensichtlich. Diese Einsicht wird nun bei den radikalen Protestierenden zwar zumeist nicht ausdrücklich. Gleichwohl versucht man, offenbar aus der Ahnung heraus, daß eine absolute Weigerung ein problematisches Unterfangen ist, »Abhilfe zu schaffen«, und zwar auf zwei Wegen, die beide die totale Negation gerade nicht negieren, sondern vielmehr *fundieren* sollen.

Der eine Weg ist traditionell orientiert. Man wendet sich zu Marx zurück. Dieser immer wiederholte Rückgriff auf Marx soll die destruktive Praxis absichern im Sinn des *ökonomischen Materialismus*. Die materielle Lage ist die Bedingung jeder gesellschaftlichen Praxis. Diese treibt sich mit innerer Notwendigkeit selbst vorwärts, und zwar im Sinne der »Verbesserung durch Umsturz«. Man beruft sich auf das berühmte Wort von Marx aus der Schrift »Die heilige Familie«, daß die Kommunisten keine Moral predigen, weil die Moral die Impotenz in Aktion wäre, an ihre Stelle hätte die reale Bewegung zu treten, durch die der gegenwärtige Zustand abgeschafft würde. Durch die Rückwendung auf die ökonomische Entwicklung soll also die Destruktion fundiert werden.

Der zweite Ansatz, die reine Negation zu fundieren, ist unter ethischem Aspekt der interessantere. Man greift auf moderne Theorien, die das Problem der *Frustration* betreffen, zurück, und sucht von ihnen her das destruktive Verhalten zu rechtfertigen. Da wir später noch auf diese Theorien einzugehen haben, heben wir jetzt nur das für unseren Zusammenhang Wichtige hervor. Ordnung und Zwang, so deklariert man, hängen aufs engste zusammen, denn jede Ordnung gibt einengende Gebote und Verbote. Sie führt daher zur Triebunterdrückung, und das heißt, zur Frustration. Frustration beruht genauer gesagt auf der Enttäuschung, das Strebensziel nicht erreichen zu können. Der enttäuschte Mensch aber reagiert *aggressiv*. Aggression ist kein angeborenes Triebverhalten, sondern die Folge der Frustration. Das besagt also, ein nicht unter Zwang stehender Mensch wäre weder frustriert noch aggressiv. Die ganze abendländische Kultur, insbesondere die moderne kapitalistische Gesellschaft, ist nun aber – das ist die Grundthese – auf Zwang, konkret auf Triebunterdrückung, aufgebaut und daher repressiv. Würde die Repression aufgehoben, dann fielen die Anlässe zur Aggression dahin.

Marcuse hat den Zusammenhang von Zwang und Frustration in gesellschaftlicher Hinsicht herausgestellt und gegen ihn die neue Kultur abgehoben. Diese Kultur wird – wir deuteten es oben schon an – vom *Eros* bestimmt. Eros ist die positive Gestaltungskraft, durch die der Mensch seine Totalität erlangt. In der Freisetzung des Eros geschieht die eigentliche und wahre Emanzipation. Aber sie wird eben erst möglich durch Negation jedes Zwanges, denn *allein* der Zwang – sei er offen oder verdeckt wirkend – ist es, der den Menschen frustriert und damit aggressiv macht und solchermaßen die Schaffung der neuen Welt verhindert. Mit Freuds Begriffen geredet: die neue Kultur wird dadurch bestimmt, daß der Mensch sich nicht mehr der »Herrschaft des Realitätsprinzips« beugt, das sich seinerseits dem Gesetz der Leistung unterstellt und damit den Menschen versklavt. Der neue Mensch folgt dagegen dem Prinzip der *Lust*. Lust und Freiheit gehören zusammen. Und darum garantiert die neue Freiheit *sich selbst*. Sie ist die Freiheit des *Spieles*, dessen Kennzeichen das Fehlen jeder Unterdrückung ist, auch der moralischen Unterdrückung, denn Moral, Herrschafts- und Leistungsprinzip bilden eine innere Einheit.[4]

Zur Fundierung dieser Konstruktion weist Marcuse – dies sei noch einmal herausgestellt, damit man ihn nicht voreilig zum reinen Phantasten abstempelt[5] – darauf hin, daß die Technik heute den Menschen so weit gebracht hat, daß er nicht mehr unter dem Gesetz des Zwanges leben muß. Kultur ist nicht notwendig, wie *Freud* meint, auf Triebunterdrückung gegründet. Freuds Kulturtheorie ist historisch bedingt. Es gibt außer, oder besser: auf Grund der bisherigen repressiven Kultur, die die Natur nutzbar gemacht *hat*, die Möglichkeit einer repressionsfreien Kultur.[6]

Überdenkt man diese These, so ist ihr berechtigter Kern nicht in Abrede zu stellen. Die Technik hat Möglichkeiten geschaffen, die zumindest die Befriedigung der primären materiellen Bedürfnisse in weit größerem Maße als je zuvor zu realisieren erlauben. Das besagt aber nun nicht, daß eine totale Umwälzung eintreten und eine neue Epoche, die nicht unter dem Leistungsprinzip stände, beginnen werde. Die Technik schafft ihrerseits ja keineswegs das Leistungsprinzip ab.

Das eigentlich Gefährliche der Konstruktion einer repressionsfreien Kultur liegt aber darin, daß das Zukunftsbild zur gegenwärtigen Realität scheinhaft umfunktioniert wird, und daß von da aus das »Ausleben« als richtiges Verhalten propagiert wird. In solchen Ansätzen, die über Marcuses Argumentationen erheblich hinausgehen, bricht ein merkwürdiger emotioneller Optimismus durch, der sich jedoch als wissenschaftlich ausgibt, weil ja die Triebe als die eigentlich maßgebende Grundschicht erwiesen seien. Zwei Zeugnisse seien aufgeführt, um die außerordentliche Reichweite dieser Befreiungsthese zu illustrieren.

Arno Plack erklärt in seinem Buch: »*Die Gesellschaft und das Böse*« das Folgende: Wissenschaftliche Ethik propagiert keine Werte; sie vertraut darauf, daß die menschliche Natur, wenn sie nur in Ruhe gelassen wird und nicht von klein auf verbogen, aus sich selber heraus ein Verhalten entwickelt, das dem Individuum wie der Gemeinschaft am besten entspricht. »Was als das Gute und das Böse im Rahmen einer bestimmten Kultur erscheint, ist niemals das Gute oder Böse an der Natur des Menschen selber, es bezeichnet vielmehr die Pole, zwischen denen die ursprüngliche Menschennatur in der betreffenden Kultur sich zerrt. Eine moralische Ordnung, die die Natur des Menschen im ganzen annimmt, stünde folgerichtig jenseits von Gut und Böse. Wir nennen eine solche moralische Ordnung das Ethos der Liebe.«[7]

Das zweite Beispiel betrifft die psychedelische Kunst und deren Zusammenhang mit der »Psychochemie«. »Psychedelische Kunst ist immer eine aufregende Sache, geprägt vom Geiste der Forschung und Entdeckung, der Eroberung neuer Grenzen des Geistes. Auch dafür ist die Zeit reif, denn wir alle stehen schließlich an einem jener Kreuzwege der Geschichte, an denen Bewußtseinskrisen deutlich werden, das alte Weltbild zusammenbricht und ein neues Bewußtsein entsteht... Die Psychochemie ist heute auf dem besten Wege, ein neues, erstrebenswertes Gleichgewicht der Welt des Geistes herbeizuführen. Das Wichtigste dabei ist, daß wir auf diese Weise eine Entwicklung zu ändern vermögen, die auf die Schaffung eines fast ausschließlich logischen und rational bestimmten neo-corticalen Menschen ausgerichtet zu sein schien, dem es an Einbildungskraft und anderen Voraussetzungen für künstlerisches Schaffen fehlte und der sich dank seines mit mathematischer Präzision funktionierenden computerhaften Gehirns immer mehr zum Roboter oder zur monströsen Ameise entwickelt hat. Es kann sein – und wir halten das durchaus für möglich –, daß sich der Mensch mit Hilfe von auf die Psyche wirkenden Chemikalien und anderer Mittel in diese Entwicklung einschalten und eine erstrebenswertere Wechselwirkung zwischen neuen und alten Gehirnfunktionen herstellen wird, indem er die Fähigkeiten beider entwickelt und verfeinert.«[8]

Diese Beispiele ließen sich vielfältig ergänzen. Grundsätzlich formuliert: die Freiheit als Negation von Zwang, die sich selbst tragen und garantieren soll, schlägt um in die »Herrschaft der Triebe«, die mit den Mitteln der Technik »verfeinert« werden soll. Von Freud her gesehen: die Angst vor dem Realitätsprinzip ist so groß, daß man die Wunschwelt als die wirkliche Welt setzt.

Wir brechen diesen Hinweis auf die Protestbewegung ab und stellen zunächst noch einmal ausdrücklich das Positive heraus. Der Protest ist ein Fortschritt verglichen mit der heute weit verbreiteten passiven Gleichgültigkeit den Zeitproblemen gegenüber. Das Aufbegehren gegen überalterte Traditionen ist durchaus notwendig, insofern hier erspürt wird, daß man mit den Mitteln dieser Tradition die gegenwärtige Situation nicht mehr bewältigen kann. In den Protestaktionen zeigt sich eine ethische Haltung, gleichsam ein unmittelbarer ethischer Elan, insbesondere wenn man an die Anfangszeit der Protestbewegung denkt.

Gleichwohl: betrachtet man die Bewegung in ihrem Verlauf, so muß man feststellen, daß die Haltung der Negation nicht nur nicht aufgegeben wird, sondern daß sich der Trend zur anarchistischen Irrationalität verstärkt. Tritt hier keine Wandlung ein, das heißt, bemüht man sich nicht um die Rückbindung an die Realität, dann kann sich die positivistische Prognose bestätigen, daß dieser Protest der letzte und im Grunde bereits von der Technokratie überholte »Sehnsuchtsschrei« der Romantik sei. —

Zusatz während der Korrektur. — Wir haben bereits am Anfang dieses Kapitels darauf hingewiesen, daß die Protestaktion der Intellektuellen keineswegs abgeschlossen und daher nicht eindeutig zu beschreiben, geschweige denn angemessen zu beurteilen sei. Es scheint sich nun in den letzten Jahren eine gewisse Wandlung zu vollziehen, deren Kennzeichen der *Zerfall in Extreme* ist. Den politischen Gruppen treten Bewegungen in immer stärkerem Maße entgegen, die der politischen Tätigkeit entsagen.

Bei den *politischen Gruppen,* deren Kern in den westlichen Ländern nach wie vor durch die Intellektuellen gebildet wird, zeigt sich als *eine* Haupttendenz ein gewisser *Zug zur Dogmatisierung.* Die theoretische Fundierung wird als eine der primären Aufgaben herausgestellt. Man stützt sich nicht nur auf Marx, sondern auch auf Lenin, Stalin und Mao. Die gesellschaftsphilosophischen und ökonomischen Grundvorstellungen des dialektischen Materialismus fungieren als eindeutige Grundlage. So wird immer wieder die Rolle des Proletariats als des geschichtlich vorwärtstreibenden Faktors betont und die Verbindung von Intelligenz und Proletariat propagiert. Der konkrete Praxisbezug wird demgegenüber eingeschränkt. Die Einsicht, die in der Anfangszeit der Protestaktionen weithin leitend war, daß ein »Probierhandeln« notwendig sei, solange sich noch kein geschichtsmächtiges Subjekt konstituiert hat, daß aber gerade durch dieses Probierhandeln sich eine solche Subjektivität herausbilden könne, hat offensichtlich an Wirkungskraft verloren.[9] Der Dogmatisierung entspricht es, daß die Gruppen streng auf ihre Identität achten. Zwischen den einzelnen Gruppen innerhalb des linken Potentials kommt es zu Spannungen und Verfeindungen. Bestimmte Gruppen suchen ihr Aktionsbewußtsein durch Anschluß an bestehende kommunistische Parteien zu stärken, dem entspricht es, daß sie taktische Überlegungen als legitim ansetzen. Von den Gegnern wird dagegen jedes Taktieren als Aufweichung angeprangert.

Es finden sich auch kritische Ansätze. Die Situation soll neu durchdacht werden im Blick auf die reale Lage. Wir weisen auf einige Äußerungen *Herbert Marcuses* hin. Marcuse verwahrt sich gegen den Versuch, die Arbeiterklasse absolut zu setzen. »Der Marxismus hat nie die Arbeiterklasse als ein daseiendes Ding genommen, dem die Wahrheit und die Befreiung schlechthin anhaften.«[10] Den Intellektuellen ersteht, ob sie nun den Kontakt zu der heute weithin verbürgerlichten Schicht der Arbeiter finden oder nicht, die Verpflichtung und die Verantwortung, gegen bereits *offensicht-*

lich gewordene und weithin erkannte Negativitäten – zum Beispiel den Krieg in Vietnam oder die Neger-Unterdrückungen – anzugehen. Die Forderung einer organisierten leninistischen Kaderpartei ist dagegen so lange abwegig, als es keine potentiell revolutionären Massen gibt, die sich auf die Revolution einstellen. »Wo diese Massen fehlen, ist die leninistische Kaderpartei keine brauchbare Organisationsform. Jeder Versuch in dieser Richtung muß zur Diktatur einiger selbst ernannter Revoluzzer über die anderen führen.«[11] Marcuse merkt an, daß das erzieherische und defensive Vorgehen das zur Zeit einzig mögliche Verhalten sei. Diese Sätze zeigen nicht nur Marcuses persönlichen Realitätssinn, sondern deuten auf die zeitgemäße Aufgabe der Intellektuellen hin: Es ist erfordert – so sagt Marcuse –, Strategien zu entwickeln, die auf eine *Bewußtseinsveränderung* hinwirken. Wir werden auf die hier anvisierten Zusammenhänge in dem Kapitel, das die Bezüge von Politik und Ethik zu klären sucht, noch zurückkommen.

Den politischen Gruppen stehen nun Gruppen gegenüber, die die politische Tätigkeit in Richtung auf eine Veränderung der Gesellschaft überhaupt nicht als wesentliche Aufgabe ansehen. Es erscheint uns zur Zeit unmöglich, diese Gruppen angemessen zu charakterisieren. Vereinfacht gesprochen lassen sich wiederum zwei Extreme unterscheiden. Auf der einen Seite wird das *Ausleben in vitaler und aggressiver Hinsicht* propagiert oder besser: es wird »ausprobiert«. Das zeigen fest organisierte Rokker-Bewegungen ebenso wie – um ein anderes Beispiel zu geben – Kunstproduktionen und Kunstausstellungen, in denen der Zuschauer durch Ungewöhnliches geschockt werden soll. Der direkte Weg zur Entlastung ist der Drogenrausch, der nach dem Urteil der Experten erstaunlich zunimmt. Es ist offensichtlich, daß sich hier eine Protestaktion gegen die technische und rationalisierte Welt vollzieht. Man revoltiert gegen ihre Zwänge durch Freisetzen der Triebschicht, dessen Sinn es ist, vorgegebene Verbindlichkeiten zu negieren. Das Verhängnisvolle dieser Negation liegt darin, daß sie sich zu immer stärkeren Formen des Auslebens steigert. Der Zerfall erscheint hier als das pervertierte Leitziel. Ob man diese Zielrichtung nun auf einen besonderen Trieb, den Todestrieb, zurückführt, oder ob man sie nur als Tendenz zur absoluten Entlastung konstatiert, ist sekundär. Bereits *Nietzsche* hat – dies sei hier nur angemerkt – das Gelüst nach dem Rausch als Gegenzug zur Maschine angesetzt. Wir zitieren eine Äußerung aus dem Jahre 1879: »Die Maschine kontrolliert furchtbar, daß alles zur rechten Zeit und recht geschieht. Der Arbeiter gehorcht dem blinden Despoten, er ist mehr als sein Sklave. Die Maschine *erzieht nicht* den Willen zur Selbstbeherrschung. Sie weckt Reaktionsgelüste gegen den Despotismus – die Ausschweifung, den Unsinn, den Rausch. Die Maschine ruft Saturnalien hervor.«[12]

Den Verfechtern des Prinzips der absoluten Freiheit im Sinne der Negation von Bindungen steht nun eine große Anzahl von Gruppen gegenüber, die ebenfalls nicht primär politisch orientiert sind. Auch hier geht man gegen die Zwänge der technischrationalisierten Welt an. Aber das Leitmotiv ist nicht die Negation, sondern das *Leben in einer neuen Unmittelbarkeit*. Jesus-Jünger, Anhänger des Zen-Buddhismus, Krishnas – um nur einige Bewegungen zu nennen –: in all diesen Gruppen, die zum Teil aus der Hippie-Bewegung hervorgegangen sind –, zeigt sich eine neue »Religiosität«. Der Einfluß dieser Gruppen mag gering sein. Daß überhaupt solche Gruppen entstehen konnten, ist jedoch ein erstaunliches Phänomen. Die politischen Protestaktionen lassen sich historisch und sachlich relativ leicht erklären; es gab im späteren 19. und im bisherigen 20. Jahrhundert immer eine mehr oder weniger stark ausgeprägte kontinuierliche marxistische Grundströmung auch in den westlichen Ländern. Das heißt, es wurde immer wieder der Ruf nach einer aktiven Verbesserung der Umstände wach, durch die die Menschen auf eine neue Stufe des Lebens gehoben werden sollten. Daß aber in unserer, der Metaphsik des Übersinnlichen entfremdeten Zeit der Verwissenschaftlichung, religiöse Bewegungen auftreten können, ist weit schwerer zu erklären.

Jürgen Habermas hat in einer kurzen, aber einprägsamen Schilderung der gegenwärtigen philosophischen Lage das philosophische Denken nicht nur gegen das technokratische Bewußtsein abgehoben, sondern auch mit dem allgemeinen *Zerfall des religiösen Bewußtseins* konfrontiert. Die Religion der Tradition gewährte eine Absicherung des Menschen in weltanschaulicher und persönlicher Hinsicht. Die geschlossene Weltdeutung überspielte die Kontingenz des einzelnen, seines Leidens und seines Todes. Jetzt ist diese Sicherung der Identität dahin. Habermas erklärt: »Einige Indikatoren sprechen dafür, daß sich als Reaktion auf den massenhaften Verlust religiöser Heilsgewißheit ein neuer Hellenismus abzeichnet, also eine Regression hinter die in den monotheistischen Hochreligionen erreichte Stufe der in der Kommunikation mit dem Einen Gott gebildeten Identität. Die vielen kleinen subkulturellen Ersatzreligionen bilden sich in regional, inhaltlich und sozial außerordentlich differenzierten Randgruppen und Sekten aus. Sie reichen von transzendentaler Meditation über neue Kommune-Rituale, halbwissenschaftliche Trainingsprogramme, über die oft nur zum Scheine pragmatischen Zielsetzungen kollektiver Selbsthilfe-Organisationen bis zur radikalen Ideologie kleiner aktionistischer Gruppen im Zeichen politisch-theologischer, anarchistischer oder sexual-politischer Weltveränderung.«[13] Habermas weist ausdrücklich auf die Ambivalenz dieser Bewegungen hin, auf »die Zweideutigkeit von Motivationsentzug und Protest, die Zweideutigkeit von regressiver Entdifferenzierung und Innovation«.[14] Er spricht von einem zwiespältigen Phänomen des Zerfalls hochkulturell ausgebildeter Ich- und Gruppen-Identität.

Diese Charakteristik ist aufschlußreich. In der Tat kann man von einem Verlust des Identitätsbewußtseins reden, wenn man diese Gruppen zur institutionalisierten Religion der Tradition, die Ich- und Gruppenidentität weltanschaulich absicherte, in bezug setzt. Man muß sich zugleich aber klarmachen, daß die *unmittelbare* Voraussetzung dieser Gruppenbildung gar nicht mehr der Zerfall der traditionellen Religiosität ist, sondern die auf diesen Verfall nachfolgende Gleichgültigkeit gegen die Religion überhaupt. Das spätere 19. Jahrhundert glaubt – achtet man auf die maßgebenden Trends – mit dem Phänomen Religion bereits fertig zu sein. Die herrschende Grundstimmung ist keineswegs die Trauer um den Verlust einer religiösen Weltdeutung, sondern die sich selbst offensichtlich genügende *»Wende zum Diesseits«* unter dem Zeichen der erfolgreichen Wissenschaft und Technik.

Die neue Religiosität hat sich von dieser Einstellung radikal abgekehrt. Ihr äußeres Charakteristikum ist – negativ formuliert – der fast totale Mangel an wissenschaftlichem Problembewußtsein und damit verbunden die Ausschaltung eines technisch strukturierten Praxisbezuges. Prinzip ist ein *neues Sein* – mit dem Neuen Testament gesprochen: eine neue Kreatur –, das sich als unmittelbares eben nur in sehr einfachen Formen zeigen kann, so in Kindlichkeit, Friedfertigkeit und Gutartigkeit. Die Wandlung zu diesem Sein beruht nicht auf praktischen Leistungen oder intellektuellen Überlegungen. Man kann den anderen nicht durch Argumente überzeugen, sondern nur programmatisch und plakativ auffordern, den gleichen Weg nach oben einzuschlagen. Jesus gilt als Heiland und Erlöser. Die »christologischen Dogmen« werden in naiv-fundamentalistischer Problemlosigkeit anerkannt. Vom Superstar Jesus zum Gott Jesus ist offensichtlich kein allzu weiter Weg.

Daß diese Wende zur Naivität keine echte Lebensmöglichkeit für den Menschen der Gegenwart darstellt, liegt auf der Hand. Der *Vorwurf der Realitätsferne*, den wir oben in bezug auf die Theorie und die Praxis des Auslebens erhoben, ist also hier zu wiederholen. Gleichwohl: selbst wenn man behaupten würde, daß das Phänomen der neuen Religiosität objektiv gesehen auf Selbsttäuschung über die geschichtliche Situation beruhe, und daß es subjektiv betrachtet auf »Ekstasen« basiere, so ist es doch offensichtlich, daß wir hier eine der radikalsten Formen des Protestes gegen das Dogma vom absoluten Rang der Rationalität vor uns haben. Die Rationalität wird, so kann man zusammenfassend sagen, hier ausgeklammert, weil sie leer läuft und unbefriedigend ist. Dies gilt nicht nur für die *technologische*, sondern auch und gerade für die *emanzipatorische Rationalität*. Programmforderungen wie Mündigkeit, Autonomie oder Selbstreflexion erscheinen diesen naiven Nonkonformisten abstrakt, vor allem aber unmenschlich, weil sie den wirklichen Menschen gar nicht treffen; dieser vermag mit solch entleerten Formalbestimmungen nichts anzufangen. –

Es sei zum Abschluß dieser Zusatzbemerkung noch einmal betont, daß die angedeuteten Interpretationen vorläufig sind. Sie können und müssen korrigiert werden. Aufgabe einer zeitgemäßen Ethik ist es jedoch, in den Erscheinungen des gegenwärtigen menschlichen Lebens *mögliche* Wandlungen der ethischen Grundeinstellung aufzuspüren und herauszustellen.

Drittes Kapitel
Die Psychoanalyse und ihre Auswirkungen[1]

Vorbemerkung

Es scheint offensichtlich, daß die Wirkung der Psychoanalyse in ethischer Hinsicht nicht direkter und in die Augen fallender Natur ist. Jeder moralisch unmittelbare Appell wird hier vermieden. Die Psychoanalyse ist primär eine Angelegenheit der Wissenschaft. Sie gehört geistesgeschichtlich gesehen der Bewegung zu, die von Schopenhauer und Nietzsche zur modernen Anthropologie führt und deren Grundproblem das Verhältnis von Vernunft und Triebschicht ist.[2] Gleichwohl ist, auf die Breite und Tiefe der Wirkung hin betrachtet, die Effektivität der Psychoanalyse kaum zu überschätzen. Heute denkt fast jeder Gebildete mehr oder weniger in psychoanalytischen Kategorien.

Die Wirkung der Psychoanalyse beruht nicht zuletzt darauf, daß die wissenschaftliche Erkenntnis hier von vornherein praktische Abzweckung hat. Darin ist die Psychoanalyse durchaus der Ethik vergleichbar: sie geht wie diese über die bloße Theorie hinaus. Aber – und dies ist für das moderne Bewußtsein der Vorzug der Psychoanalyse vor der Ethik – die Psychoanalyse verurteilt und fordert nicht. Sie bietet Hilfe durch Diagnose und Therapie, und zwar eben wissenschaftlich fundiert. Das macht sie dem verwissenschaftlichten Zeitgeist von vornherein vertrauenswürdig.

Wir suchen im folgenden die Grundzüge der Psychoanalyse unter dem oben entwickelten Gesichtspunkt der Freiheit, der besagt, Freiheit ist *Negation von Zwang*, darzulegen. Diese Bestimmung: Negation des Zwanges ist bei Freud – dies sei sogleich angemerkt – doppeldeutig. Der Zwang kann in der *Herrschaft der Triebe* gesehen werden. Befreiung heißt dann Vorrangigwerden des Ich gemäß der Devise: »Wo Es ist, soll Ich werden.«[3] Neben dieser Tendenz steht aber auch die umgekehrte: die in der ethischen Tradition propagierte Zwangsherrschaft der Moral über die Triebe soll revidiert werden. Die Triebe dürfen nicht radikal unterdrückt werden. Ansonsten brechen sie mit ungehemmter Macht durch. Beide Tendenzen bilden aber für die Therapie keinen eigentlichen Gegensatz. Das Ziel ist es, die *Balance von Ich und Trieben* herzustellen. Diese Dialektik, die zwischen dem Ich und den Trieben waltet, wird aber unterlaufen durch eine theoretische Konzeption, nach der die Triebe allein maßgebend sind. Ihr Gegeneinander wird als das den Menschen bestimmende Grundgeschehen angesetzt. Von diesem Ansatz her sucht Freud nicht nur das Ganze des Menschseins, sondern auch das Phänomen der Kultur zu erklären. Das zeigt insbesondere seine Lehre vom *Eros* und vom *Todestrieb*.

Beide Ansätze sind weder in zeitlicher noch in sachlicher Hinsicht in Freuds Argumentation eindeutig zu trennen. Will man jedoch den Grundzug seines Denkens herausstellen, so ist zu sagen, daß es Freuds ursprüngliche Tendenz ist und bleibt, dem Menschen zur Kenntnisnahme seines Trieblebens zu verhelfen, so daß er dieses vom Ich her beherrschen oder besser: regulieren kann. Freud ist von Grund aus vom Geist der Aufklärung und des Rationalismus bestimmt.

Auch der größte Teil seiner Anhänger, insbesondere die unmittelbaren Schüler, haben diese Ausrichtung anerkannt. Sie ist ja vor allem für die *Therapie* entscheidend: Die nicht bewältigten, abgedrängten Triebe sind der Grund der Krankheit. Die Therapie sucht daher auf dem Wege der Analyse das Unbewältigtsein rational aufzuheben, um eine Balance von Triebanspruch und Ich-Herrschaft herzustellen. Hier ist durchaus ein Zusammenhang mit der ethischen Tradition zu spüren. Die Macht der Triebschicht wird zwar weit stärker als in der Tradition angesetzt. Aber die Triebe sollen ja gezügelt werden. Der Unterschied zur Tradition liegt darin, daß diese Zügelung nicht ethisch befohlen wird, sondern therapeutisch als Ausgleich von Ich und Es hergestellt werden soll.

Man kann den Ansatz Freuds in seiner Grundtendenz mit dem Ansatz von *Marx*[4] vergleichen. Wie Freud nicht beabsichtigt, die Grundschicht der Triebe absolut zu setzen, so will auch Marx nicht die ökonomischen Strukturen zum bestimmenden Prinzip erheben. Das würde in beiden Fällen ja gerade die *Versklavung* des Menschen herbeiführen. Die Absicht ist es vielmehr, die Vorherrschaft dieser Grundschicht zu brechen. Marx hat jedoch – wie wir sahen – den *Ökonomismus* vorbereitet, insofern er alles Verhalten aus wirtschaftlichen Faktoren erklären wollte. Und Paralleles begegnet bei Freud, wenn er erklärt, alles Tun und Lassen sei vom *Gegensatz der Triebe* her zu deuten. Beide Denker entdecken die Ohnmacht der bloßen Vernünftigkeit. Sie stehen nun vor der Schwierigkeit, das Nichtvernünftige einerseits als die eigentlich bestimmende Macht anzuerkennen, und es andererseits doch der Herrschaft des Vernünftigen unterwerfen zu wollen. –

Wir charakterisieren zunächst kurz den wissenschaftstheoretischen Ansatz Freuds und erläutern sodann die Grundbegriffe seiner Theorie.

Freuds Wissenschaftsbegriff

Freud beginnt seine ärztliche Tätigkeit als Nervenanatom. Seine positive Einstellung zum *naturwissenschaftlichen Denken* im Stil des späteren 19. Jahrhunderts hat er nie verleugnet. Dies zeigt sich vor allem in zweifacher Hinsicht. Einmal: die seelischen Prozesse haben eine *physische Grundlage*. Das Biologische hat, so sagt Freud, die Rolle des unterliegenden gewachsenen Felsens für diese Vorgänge zu spielen. Von dieser Grundlage her müssen seelische Prozesse erklärt werden. Das Ideal wäre es, die psychischen Vorgänge durch physische zu regulieren. Wäre dies Ziel erreicht, so könnte an die Stelle der psychoanalytischen Behandlung die Therapie mit Hilfe von Psychopharmaka treten. Mit dieser Voraussetzung, daß seelische Prozesse physische Grundlagen haben, hängt ein Zweites zusammen: seelische Prozesse sind ebenso wie physisches Geschehen *determiniert*. Man muß sie genetisch und kausal zu erklären suchen, und zwar nach Möglichkeit restlos. Freuds Wissenschaftsbegriff ist also wesentlich von einem *objektivistischen* Denkansatz bestimmt.

Von diesem Ansatz her ist die Erforschung des Unbewußten und der Triebe zu verstehen. Als Wissenschaftler, und zwar als medizinisch-empirischer Wissenschaftler, entdeckt Freud Phänomene, die nicht in das bisher anerkannte Schema der Medizin hineinpassen und daher als solche störend sind. Man muß sie also erst in den Griff bringen. Das besagt: man geht vom Phänomen aus und setzt zu dessen Erklärung Hypothesen an. Die praktische Analyse steht im Wechselverhältnis zur wissenschaftlichen Theorie. Sie liefert Material und ermöglicht solchermaßen die Theorie. Die Theorie gibt aber andererseits die Richtung für das praktische Vorgehen vor. Man muß sich dieses Verfahren, für das der Wechselbezug von Theorie und Praxis wesentlich ist, von vornherein in seiner Bedeutung klarmachen, um nicht in die Gefahr zu geraten, Freuds Ansatz philosophisch zu überfordern. – Wir suchen nun zunächst die Bedeutung der Bestimmungen des Unbewußten und des Triebes darzulegen.

Das Unbewußte und der Trieb

Geistesgeschichtlich gesehen liegt Freuds Bedeutung darin, die klassische These von der *Vorherrschaft des Bewußtseins* gebrochen zu haben, durch die die gesamte Tradition bedingt ist. Man denke insbesondere an Descartes, der Ich, Bewußtsein und Denken strikt gleicht. Ich-Akte sind modi cogitandi. Bewußtsein ist Mitwissen des Ichs um seine Akte. Das Mitwissen involviert in gewisser Weise die Moral. Weil und insofern ich um mich, das heißt um meine Akte weiß, kann und muß ich mich jederzeit beurteilend und wertend zu diesen Akten einstellen.

Im Gegenzug zu dieser Tradition zeigt Freud die *Macht des Unbewußten* auf, und zwar in ihrer vielfältigen Ausgestaltung. Es gibt Akte des Bewußtseins, die notwendig andere Akte voraussetzen, die nicht, wie Freud sagt, vom Bewußtsein »bezeugt« werden. Solche unbewußten Akte beweisen sich durch Fehlhandlungen, etwa das Sichversprechen, vor allem aber durch *Träume*. Hinter jedem Traum stehen »aktiv unbewußte« Gedanken, insbesondere Wünsche. Wir müssen also auf dem Wege eines Schlußverfahrens ein »anderes« Bewußtsein annehmen, das als die Grundlage und das Reservoir der bewußten Akte fungiert.

Hier tauchen nun sofort Schwierigkeiten auf, einmal *methodischer* Art. Das Unbewußte ist Gegenbegriff zum Bewußten und nur *von diesem her* zu erschließen. Freud sagt vom Bewußtsein: »Es ist damit, wie mit unserem Leben; es ist nicht viel wert, aber es ist alles, was wir haben. Ohne die Leuchte der Bewußtseinsqualität wären wir im Dunkel der Tiefenpsychologie verloren, aber wir dürfen versuchen, uns neu zu orientieren.«[5] Neben dieser methodischen Schwierigkeit steht die anthropologisch-ontologische Frage: kommt dem Bewußtsein oder dem Unbewußten ein Vorrang zu? Welches ist die Schicht, von der aus menschliches Verhalten wesentlich bestimmt wird?

Freud unterscheidet das *Vorbewußte* vom *Unbewußten*. Das Vorbewußte (Vbw) ist das, was noch nicht bewußt ist, wohl aber bewußtseinsfähig ist, das heißt, »es kann nun ohne besonderen Widerstand beim Zutreffen gewisser Bedingungen Objekt des Bewußtseins werden«.[6] Das Unbewußte in dem für die Analyse relevanten Sinne (Ubw) ist das, was verdrängt wird, das heißt, es darf nicht ins Bewußtsein kommen, weil die Zensurschwelle es nicht erlaubt. Das Unbewußte wird also, insofern es das vom Bewußtsein Ausgeschlossene ist, von diesem her bestimmt. Gleichwohl ist es das Mächtigere und vermag das Bewußtsein außerordentlich stark zu bedrängen und zu stören.

Zwischen allen drei Instanzen herrscht ein reger Verkehr komplizierter Art. Freud erklärt: »Das *Ubw* wird an der Grenze des *Vbw* durch die Zensur zurückgewiesen. Abkömmlinge desselben können diese Zensur umgehen, sich hoch organisieren, im *Vbw* bis zu einer gewissen Intensität der Besetzung heranwachsen, werden aber dann, wenn sie diese überschritten haben und sich dem Bewußtsein aufdrängen wollen, als Abkömmlinge des *Ubw* erkannt und an der neuen Zensurgrenze zwischen *Vbw* und *Bw* neuerlich verdrängt.«[7] Diese Differenzen sind für die Praxis besonders wichtig; der Analytiker muß bei den Abkömmlingen des Unbewußten, insofern sie in das Vorbewußte einzudringen vermögen, ansetzen. – Das Unbewußte ist – dies sei jetzt nur angemerkt – aber nicht mit dem Verdrängten identisch. Freud erklärt, das Unbewußte sei nicht mit dem Verdrängten gleichzusetzen, »weil auch ein Teil des Ich, und zwar ein sehr wichtiger, nämlich das Über-Ich, unbewußt ist«.

Die genauere Einsicht in die Bedeutung der Verdrängung ist nur möglich von der Bestimmung des *Triebes* her. Der Begriff »Trieb« ist – das erkennt Freud sehr klar – ein schwer zu klärender Begriff, weil Triebe nicht empirisch nachweisbar sind. Freud bezeichnet die Bestimmung »Trieb« als konventionellen Begriff. Gleichwohl sucht er die Triebe möglichst genau ihrer Struktur nach innerhalb eines subjektivistisch orientierten Schemas zu bestimmen. Wir legen dies Verfahren genauer dar, weil es für den Gesamtansatz Freuds außerordentlich aufschlußreich ist.

Freud definiert: »Der Triebreiz stammt nicht aus der Außenwelt, sondern aus dem Inneren des Organismus selbst.«[8] Der Trieb ist nicht als momentane Stoßkraft, sondern als konstante Kraft zu verstehen. Seine Funktion ist biologisch bedingt und unterliegt dem Lustprinzip, das alle Lebewesen bestimmt. Das heißt, Unlust soll vermieden und Lust gesucht werden. Des genaueren sind am Trieb zu unterscheiden die *Quelle*, das ist der somatische Vorgang in einem Organ, »dessen Reiz im Seelenleben durch den Trieb repräsentiert ist«[9]; sodann der *Drang* als Summe von Kraft und Aktivität; ferner das Ziel: es ist allemal die Befriedigung und »schließlich das Objekt« als dasjenige, »an welchem oder durch welches der Trieb sein Ziel erreichen kann«.[10]

Auf diesem subjektivistischen Ansatz beruht es, oder schärfer: nur durch ihn ist es möglich, »die Objekte zu wechseln«. So kann man in der Entwicklung verschiedene Phasen der Sexualität unterscheiden: die orale, die anale und die phallische. In allen Phasen ist die Lustbestimmung maßgebend. Nur die »Mittel«, das heißt, die interessierenden Sexualobjekte, wechseln: Mund, Anus und Penis. Man muß weiterhin den Selbstbezug, das heißt, den Narzismus, gegen die Fremdbezogenheit abheben, die ihrerseits wiederum homo- oder heterosexuell sein kann. Freud kennt also keine ursprüngliche, natürliche Objektbindung, die als normal anzusetzen sei.

Freuds Bestimmung des Triebes erinnert – geistesgeschichtlich gesehen – an *Fichte*, denn Fichte – wir haben dies ausführlich dargelegt[11] – ist der erste Denker, der den Trieb ausdrücklich nicht mehr als abhängig von der Außenwelt, das heißt, als Beeindruckung oder unmittelbare Antwort auf Beeindruckung versteht, sondern wesentlich subjektiv als Kraft ansetzt, die sich *äußern* will. Freilich: Freud denkt im Gegensatz zu Fichte den Trieb wesentlich physikalisch. Es gibt, ebenso wie es ein Quantum physischer Energie gibt, ein Quantum psychischer Energie. Mit diesem

»besetzt« der Mensch bestimmte Objekte; Besetzung ist der Betrag an psychischer Energie, der auf ein Objekt gerichtet wird. Von hier aus läßt sich ein Gesetz aufstellen: nimmt der Betrag der nicht entladenen Besetzung zu, dann entsteht Unlust, wie umgekehrt die Entladung als Abnahme der drängenden Energie zur Lust führt – wir haben bei Nietzsche den entsprechenden Ansatz kennengelernt. Entscheidend ist, daß diese an der Physik orientierte Vorstellung des Triebes vollkommen wertneutral ist. Die Triebe sind da und müssen irgendwie verwertet werden. Ist die Abfuhr gesperrt, kommt es zu Katastrophen.

Triebe und Unbewußtes gehören nun zusammen. Freud erklärt: »Der Kern des *Ubw* besteht aus Triebrepräsentanzen, die ihre Besetzung abführen wollen, also aus Wunschregungen. Diese Triebregungen sind einander koordiniert, bestehen unbeeinflußt nebeneinander, widersprechen einander nicht.«[12] In diesem System regiert absolute Zeitlosigkeit, es gibt hier auch keine Rücksicht auf die Realität. Das Schicksal der unbewußten Vorgänge hängt nur davon ab, »wie stark sie sind und ob sie die Anforderungen der Lust-Unlust-Regulierung erfüllen«.[13]

Das Ich

Die Triebschicht, bezugsweise das Unbewußte, steht sowohl unter methodischem als auch anthropologischem Aspekt in Bezug zum Ich. Allein dieser Bezug ist es, der den Menschen zu schaffen macht und zu Konflikten, Neurosen und Psychosen führt. Hier findet der Psychoanalytiker sein praktisches Arbeitsfeld. Es ist klar, daß dieser Bezug auch in theoretischer Hinsicht für die Psychoanalyse das kardinale Problem darstellt. Um dies genauer darzustellen, wäre an sich eine detaillierte Analyse der wissenschaftlichen Entwicklung Freuds angebracht. Da wir diese hier nicht geben können, deuten wir nur die Grundansätze an.

Zunächst: Freud ist nicht wie die Philosophie der Tradition der Meinung, daß es außer oder besser: über der Triebschicht eine ebenso starke, wenn nicht stärkere Macht gäbe – heiße sie nun Vernunft, Ich oder Bewußtsein –, der es eindeutig möglich sei, das Untere zu beherrschen. Freud ist als empirischer Wissenschaftler ja nicht einmal in der Lage, eine solche Bestimmung wie das Ich ohne weiteres als existent anzuerkennen. Man muß sich in diesem Zusammenhang klarmachen – die philosophische Freud-Forschung berücksichtigt dies zumeist nicht genügend –, daß Freud die Möglichkeit, durch Selbstreflektion oder Introspektion sich seines Ich zu vergewissern, nicht anerkennt. Ist es schon bei der Diskussion des Triebes schwierig, dessen Existenz überhaupt nachzuweisen, so ist es bei den »höheren« Bestimmungen noch problematischer, ihr Dasein festzustellen. Zu dieser methodischen Schwierigkeit kommt noch Freuds »persönliche Aversion« gegen die Überschätzung der »oberen Dimension«: höheres Verhalten soll aus dem unteren abgeleitet werden.[14]

Freud sucht dieser Schwierigkeiten auf verschiedene Weise Herr zu werden. Einmal gebraucht er die Bestimmung »Ich« *konventionell*. Konkret: das Wort »Ich« erscheint als occasioneller Ausdruck, dessen Sinn sich jeweils nach dem Zusammenhang richtet und aus diesem verständlich wird. So fungiert das Ich manchmal als *Sammelbegriff*: das Ich umfaßt Bewußtes *und* Unbewußtes, das Ich verdrängt, aber das Verdrängte verbleibt im Ich. Das Ich kann aber auch als identisch mit dem *Bewußtsein* gesetzt werden, dann steht es gegen das Unbewußte und den Trieb.

Sodann: Freud stellt umfassende *genetisch-historische Erklärungen* des Phänomens der *Kultur* auf. In diesem Zusammenhang erläutert er die *Entstehung* des Ich und des Über-Ich, denn Ich und Über-Ich sind Grundbedingungen der Kultur. Diese Deutungen sind außerordentlich kompliziert und des öfteren auch recht spekulativ. Freud sucht sie jedoch immer wieder von den Phänomenen her abzustützen. Das besagt konkret: Freud parallelisiert weitgehend die Kulturentwicklung und die Entwicklung des kindlichen Bewußtseins, wobei in beiden Fällen die Grundschicht die Triebe sind. Entwicklung heißt Ausdifferenzierung.

Diese genetisch-historischen Deutungen sind gegen andere Erklärungsversuche des Seelenhaushalts abzuheben. Freud hat im Verlauf seiner wissenschaftlichen Entwicklung allgemeine Schematisierungen des seelischen Zusammenhanges aufgestellt. Er hat zumeist aber versucht, von den späteren her die früheren Ansätze einzuordnen. Wir heben zunächst nur einen für uns wichtigen Ansatz hervor.

In seiner Abhandlung »Das Unbewußte« aus dem Jahre 1915 erklärt Freud: »Ich schlage vor, daß es eine metapsychologische Darstellung genannt werden soll, wenn es uns gelingt, einen psychischen Vorgang nach seinen *dynamischen, topischen* und *ökonomischen* Beziehungen zu beschreiben.«[15] Die hier genannten Gesichtspunkte sollen sich, wie Freud sagt, ergänzen. Sie sind aber der Sache nach verschieden. Der *topische* Gesichtspunkt ist ein räumlicher, er ordnet das Ich in die Mitte ein zwischen Es und Über-Ich. Der *dynamische* Gesichtspunkt thematisiert das Hin und Her von Aktionen. Er setzt jedoch, so meint Freud, den topischen Gesichtspunkt, das heißt, die räumliche Vorstellung, voraus, insofern die Akte verschiedenen Schichten zugeordnet werden. Von der Entwicklung Freuds her gesehen ist der dynamische Gesichtspunkt der früher konzipierte. Er beachtet nur die funktionalen Verläufe und deren Wandlung. Der topische Gesichtspunkt geht über diese Betrachtung hinaus, insofern er hypostasiert. Hier werden Schichten als »besondere Systeme« angesetzt. Freud selbst erklärt, daß zu der Dynamik die Topik »dazukommen« müsse, ihre Aufgabe sei es eben, von einem jeden beliebigen seelischen Akt anzugeben, »innerhalb welchen Systems oder zwischen welchen Systemen er sich abspielt«.[16] Der dritte Gesichtspunkt ist der *ökonomische*. Er ist weder räumlich noch funktional, sondern physikalisch orientiert. Hier betrachtet man alle Vorgänge unter dem Prinzip der verändernden Verschiebung von Energiequanten. Das ist möglich, da alle Lustvorgänge, wie Freud sagt, »Schicksale von Quantitäten seelischer Erregung oder Energie« darstellen. Dieser Ansatz bedeutet in letzter Konsequenz eine Aufhebung des Prinzips spezifischer Schichtungen zugunsten der Deklarierung eines *einheitlichen Quantums*, das nur dem Lustprinzip untersteht.

Wir versuchen nun von diesen Ansätzen her, das heißt, der metapsychologischen und der genetischen Analyse, Funktion und Aufbau des Ich zu bestimmen.

Die Urschicht im Menschen – das lehrt die Kinderpsychologie – ist die *Triebschicht*. Sie stellt die »psychische Urbevölkerung« dar. Dieses als Erbmasse dem Einzelnen mitgegebene Kapital ist an sich unabhängig von der Außenwelt. Freud spricht vom *Es*. Nun ist es aber ein nicht zu leugnendes Faktum, daß der Mensch auch ein weltbezogenes Wesen ist. Er empfängt nicht nur Reize von innen, sondern auch von außen. Beide muß er bewältigen. Es sondern sich daher auf dem Wege der Ausdifferenzierung allmählich Teile der Urschicht ab, die eben zu der Bewältigung der Reize, insbesondere der Umweltreize, eingesetzt werden können. So entsteht das Ich. Diese Genese zeigt sich – und das ist offensichtlich ein Beweis ihrer Richtigkeit für Freud –

in der Entwicklung des Kindes. Das Ich ist also ganz und gar ein *Produkt der Entwicklung.*

Freud gelingt es, durch diese Hypothese die *Zweideutigkeit* des Ich zu erklären. Das Ich ist einerseits *Vollstrecker der Triebe.* Es steht ganz im Dienst des Es. Es ist der technische Regulator der aus dem Es stammenden Triebwünsche. Gleichzeitig aber läuft die Ich-Entwicklung auf eine Differenzierung und Problematisierung des Verhältnisses von Es und Ich hinaus. Das Ich hebt sich nicht nur gegen die Umwelt, sondern *auch* gegen das Es ab. Diese Abhebung zeigt sich in der Differenz von Primär- und Sekundärprozessen. Die *Primärprozesse*, die das kindliche Anfangsstadium kennzeichnen, sind primitive Verhaltensweisen, die unter dem Gesetz der unmittelbaren Befriedigung stehen. Die »späteren« Sekundärprozesse dagegen sind durch zeitliche Verschiebungen der unmittelbaren Entlastung bestimmt, das heißt, der Erwachsene oder der Heranwachsende kann »sich zurückhalten«.

Dieser Bremsakt beruht auf dem Denken und dem Sprechen. Beides sind ausgezeichnete Ich-Faktoren, in denen sich die Tendenz des Ich zur Versachlichung offenbart. Hier ist nun auf eine für Freuds Ansatz sehr wesentliche Bestimmung hinzuweisen: das *Realitätsprinzip.* Dies Prinzip steht dem Lustprinzip entgegen. Der Mensch macht die Erfahrung der Außenwelt, und zwar im Sinne eines die Lust Störenden. Die Realität der Außenwelt ist aber leider nicht abzuleugnen. Man hat mit ihr zu rechnen, und man ist gezwungen, auf sie einzugehen, das heißt, man muß sie *erkennen.* Freud erklärt, daß an die Stelle des parteiischen von der Lust gesteuerten Verhaltens das Erkennen träte, das heißt, »die *unparteiische Urteilsfällung,* welche entscheiden sollte, ob eine bestimmte Vorstellung wahr oder falsch, das heißt, in Einklang mit der Realität sei oder nicht«.[17] Das Ich steht als Prinzip der Sachlichkeit also den Trieben entgegen.

Noch einmal sei der entscheidende Punkt herausgestellt. Das Ich ist den Trieben gegenüber sekundär. Es hat sich aus dem Es »herausdifferenziert«, damit der Mensch die Außenwelt bewältigen könne. Die Erfahrung der Außenwelt ist ebenfalls sekundär. Auf Welt stößt der Mensch als ein ihm ursprünglich Fremdes. Das Ich, das nun als Bewußtsein den Weltbezug übernimmt, steht, insofern es versachlicht, in möglichem Gegensatz zum Es und dessen Wünschen. Dies besagt aber: einzig und allein die Realitätserfahrung ist es, die ein Scheitern der Triebe möglich macht. An sich sind die Triebe das zeitlose Chaos, in dem es gar kein Scheitern geben kann, weil es hier eben keinen Widerspruch gibt. Das Es hat »keine Organisation, bringt keinen Gesamtwillen auf, nur das Bestreben, den Triebbedürfnissen unter Einhaltung des Lustprinzips Befriedigung zu verschaffen. Für die Vorgänge im Es gelten die logischen Denkgesetze nicht, vor allem nicht der Satz des Widerspruchs. Gegensätzliche Regungen bestehen nebeneinander, ohne einander aufzuheben, ohne sich voneinander abzuziehen.«[18] Das besagt aber, daß weder die Triebe noch das Ich allein, sondern erst ihre Zweiheit Konflikte schaffen. Reines Ausleben von Trieben wäre, hätten wir kein Ich, nicht beunruhigend. Es wäre einfache Abfuhr von Energie.

Die problematische Stellung des Ichs wird aber erst ganz deutlich, wenn wir die dritte Bestimmung der Metapsychologie, das *Über-Ich*, ins Spiel bringen. Um die Struktur der Dialektik von Es, Ich und Über-Ich – und damit die ethische Relevanz des Ansatzes Freuds – zu erfassen, ist es angebracht, den zweiten Weg der Psychoanalyse Freuds zu bedenken, den wir am Anfang unserer Darstellung als den Versuch kennzeichneten, *allein vom Geschehen der Triebe* her das ganze seelische Leben zu deuten. Dieser zweite Weg überschneidet sich mit der soeben entwickelten Schichtentheorie. Gleichwohl tritt in ihm eine eigentümliche und ursprüngliche Grundtendenz Freuds hervor. Um sie zu verstehen, müssen wir noch einmal auf die Frage der Differenzierung der Triebe und ihr Verhältnis zueinander genauer eingehen.

Der Kampf der Triebe gegeneinander. Eros und Todestrieb

Freud hat von Anfang an die *Sexualität* als den eigentlichen und bestimmenden Trieb angesetzt. Von der Entwicklung der libido sexualis her ist die Entwicklung des Menschen, wenn nicht schlechthin, so doch in ihren wesentlichen Stufen, zu verstehen. Freud unterschied nun ursprünglich von den Sexualtrieben die sogenannten *Ich-Triebe*. Deren Aufgabe ist die *Selbsterhaltung*. Diese erscheint als ein Urprinzip. Von ihr her sind auch negative Verhaltensformen wie Haß und Aggression zu deuten. Aggression stellt sich gegen die Objekte ein, die dem Ich schaden wollen und damit die Erhaltungsbedürfnisse beeinträchtigen.

Diesen ursprünglichen Ansatz revidierte Freud. Er suchte die Selbsterhaltung von der Sexualität her zu deuten. Wir erinnern uns, daß Freud die Sexualität nicht auf bestimmte Objekte festlegt. Der sogenannte Selbsterhaltungstrieb ist, so erklärt Freud nun, Liebe zum eigenen Ich als einem *Sexualobjekt*. Das besagt: er ist *narzistisch*. Der Narzismus kann uns in krankhafter Form begegnen. Es gibt aber auch einen normalen, den primären Narzismus. Von diesem her sucht Freud die Genese eines bestimmten Ich-Verhaltens, nämlich die Aufrichtung des Ich-Ideales zu deuten. Er erklärt, wenn der Mensch ein Ideal vor sich hin projiziert, so ist das »der Ersatz für den verlorenen Narzismus seiner Kindheit, in der er sein eigenes Ideal war«.[19]

Auch diesen Ansatz hat Freud noch einmal überholt durch eine Theorie, die als seine endgültige Bestimmung der Triebproblematik angesehen werden kann. Wichtig ist hier insbesondere Freuds 1920 erschienene Schrift *»Jenseits des Lustprinzips«*. Freud unterscheidet nun wiederum zwei Grundtriebe, den Eros und den Todestrieb. Der *Eros* ist Lebenstrieb. Von ihm her können die Selbstliebe, der Narzismus und die Selbsterhaltung erklärt werden. Freud sagt von dieser Triebart: »Sie umfaßt nicht nur den eigentlichen, ungehemmten Sexualtrieb und die von ihm abgeleiteten zielgehemmten und sublimierten Triebregungen, sondern auch den Selbsterhaltungstrieb, den wir dem Ich zuschreiben müssen und den wir zu Anfang der analytischen Arbeit mit guten Gründen den sexuellen Objekttrieben gegenübergestellt hatten.«[20] Wesentlich für die Konstitution des Eros ist für Freud eine biologische Theorie, die er im Anschluß an den Biologen Weismann entwickelt. Durch den Eros werden die Zellen im Leibe zusammengehalten und zur Einheit zusammengeschlossen. Die Funktion der Vereinigung, die auf dem Eros beruht, wird von Freud sehr weit gefaßt. Sie bestimmt auch die Kultur. Freud erklärt von dieser, »sie sei ein Prozeß im Dienst des Eros, der vereinzelte menschliche Individuen, später Familien, dann Stämme, Völker, Nationen zu einer großen Einheit, der Menschheit, zusammenfassen wolle. Warum das geschehen müsse, wissen wir nicht; das sei eben das Werk des Eros.«[21]

Der *Todestrieb* steht in radikalem Gegensatz zum Eros. Die ihm eigentümliche Tendenz ist es, »zur Ruhe des anorganischen Seins zurückzukehren«. »Auf Grund theoretischer, durch die Biologie gestützter Überlegungen supponierten wir einen To-

destrieb, dem die Aufgabe gestellt ist, das organische Lebende in den leblosen Zustand zurückzuführen...«[22] Der Todestrieb beweist die Wahrheit des Trägheitsgesetzes. Er macht erkenntlich, daß das Leblose früher ist als das Lebendige, und daß das Ziel alles Lebens der Tod ist. Dies Ziel ist nur zu erreichen als *Destruktion* des Lebens. Eine entsprechende Destruktionstendenz sucht Freud konkret und empirisch nachzuweisen, wobei zu beachten ist, daß der Todestrieb sowohl auf meinen Tod als auch auf den Tod des anderen abzielt. Freud greift auf den *Sadismus* und die *Aggression* zurück und bestimmt beide als Formen der Destruktion, das heißt als abkömmlich vom Todestrieb.

Es ist nun aber entscheidend, daß Freud über die empirische Verifikation hinausgehend den Todestrieb ebenso wie den Eros zum Weltprinzip ausweitet. Er erklärt von ihm her nicht nur die Gewalttaten gegen andere, wie Kriege, sondern auch das Wüten des Gewissens gegen sich selbst. Außerordentlich aufschlußreich ist hier eine Stelle aus dem berühmten *Brief Freuds an Einstein* über das Kriegsproblem. Freud erklärt dort: »Der Todestrieb wird zum Destruktionstrieb, indem er mit Hilfe besonderer Organe nach außen, gegen die Objekte gewendet wird. Das Lebewesen bewahrt sozusagen sein eigenes Leben dadurch, daß es fremdes zerstört. Ein Anteil des Todestriebes verbleibt aber im Innern des Lebewesens tätig und wir haben versucht, eine ganze Anzahl von normalen und pathologischen Phänomenen von dieser Verinnerlichung des Destruktionstriebes abzuleiten. Wir haben sogar die Ketzerei begangen, die Entstehung unseres Gewissens durch eine solche Wendung der Aggression nach innen zu erklären. Sie merken, es ist gar nicht so unbedenklich, wenn sich dieser Vorgang in allzu großem Ausmaß vollzieht, es ist direkt ungesund, während die Wendung dieser Triebkräfte zur Destruktion in der Außenwelt das Lebewesen entlastet, wohltuend wirken muß. Das diene zur biologischen Entschuldigung all der häßlichen und gefährlichen Strebungen, gegen die wir ankämpfen. Man muß zugeben, sie sind der Natur näher als unser Widerstand dagegen, für den wir auch noch eine Erklärung finden müssen.«[23]

Freud setzt das *biologische Geschehen* als das bedingende Grundgeschehen an. Unmittelbar nach dem Zitat spricht er von seiner »Triebtheorie« als einer Mythologie. Diese Redewendung begegnet uns des öfteren bei ihm. So heißt es in »Neue Folge der Vorlesungen zur Einführung in die Psychoanalyse«: »Die Trieblehre ist sozusagen unsere Mythologie. Die Triebe sind mythische Wesen, großartig in ihrer Unbestimmtheit. Wir können in unserer Arbeit keinen Augenblick von ihnen absehen und sind dabei nie sicher, sie scharf zu sehen.«[24] In »Das Unbehagen in der Kultur« redet Freud, zwar in Anführungszeichen, von den beiden Grundtrieben als »himmlischen Mächten«. Am Schluß dieses Werkes erklärt er, daß nun, nachdem der Todestrieb so mächtig geworden sei, es zu erwarten sei, »daß die andere der beiden ›himmlischen Mächte‹, der ewige Eros, eine Anstrengung machen wird, um sich im Kampf mit seinem ebenso unsterblichen Gegner zu behaupten«.[25] Sicher: man darf solche Äußerungen nicht überinterpretieren. Freud hat ja auf der anderen Seite immer wieder von den Trieben als konventionellen Bestimmungen gesprochen. Gleichwohl: es ist kaum ein Zweifel möglich, daß der soeben entwickelte Ansatz zu Ende gedacht, eine Negation des Handlungsprinzips bedeutet.

Freud hat diese Konsequenz vollkommen klar erkannt. In der Schrift »Ich und Es« heißt es, daß wir von unbekannten, unbeherrschbaren Mächten gelebt werden.[26] Von dieser Konzeption her ergibt sich ein überaus pessimistisches Bild der Kulturentwicklung. Kultur beruht – wir sahen es – auf dem Zusammenschluß Einzelner zu Gemeinschaften. Dieser Zusammenschluß ist ein Werk des Eros. Gegen den Eros steht aber der Todestrieb, und deshalb ist die Kultur von Grund aus gefährdet. Die Gefährdung wird nun noch dadurch erhöht, daß beide Triebe miteinander *gemischt* auftreten. So ist in der Sexualität immer der Aggressionstrieb mit am Werk. Eine Scheidung von rein positiven und rein negativen Triebkräften oder Triebtendenzen ist gar nicht möglich. Aber selbst wenn sie gelänge, so wäre damit noch nichts erreicht, denn der Mensch kann dem Kampf der Triebmächte ja eigentlich nur ohnmächtig zuschauen. Er ist nicht im Besitz einer starken Gegenmacht, von der her er die Triebe in Ordnung zu bringen vermöchte.

Freud hat – so deuteten wir bereits an – die Konsequenz seiner Trieblehre durchaus erkannt und sie offen dargelegt. Zugleich aber hat er diese Lehre, die innerhalb des Gesamtwerkes den *einen* Grundansatz darstellt, mit dem anderen Grundansatz zu vermitteln gesucht, der das Ich dem Es, d. h. der Triebschicht, überordnet. Von der reinen Triebtheorie her gesehen ist das Ich entmächtigt. Es ist nur Vollstrecker von Triebwünschen. Freud billigt dem Ich nun aber auf der anderen Seite eine Zensurstellung gegenüber den Trieben und sogar eine gewisse Kraft, diese einzuschränken, zu.

Immer wieder spricht er davon, daß es darauf ankäme, das Ichbewußtsein zu *stärken*. Dies ist die Aufgabe des Arztes. Ärztliche Tätigkeit wäre unmöglich, wenn der Arzt vermeinte, daß das Triebgeschehen sich grundsätzlich in sich selbst unabänderlich und unbeeinflußbar vollzöge. Der Arzt fordert zwar nicht ethisch, aber er verhält sich auch nicht passiv, »weil jeder Eingriff sinnlos wäre«. Er schlägt einen Weg ein, dessen Zweck die *Aufklärung* des Menschen über sich selbst ist. Die Analyse soll dem Kranken helfen, sich besser zu verstehen und verständiger leben zu können. Die Analyse zielt darauf ab, den Menschen dahin zu bringen, daß ihm eine gewisse Herrschaft über seine Triebe möglich wird. Befreiung vom Zwang der Triebe als Vorrangigwerden des Ich, das ist das Ziel, an dem Freud seine ärztliche Wissenschaft ausrichtet. »Wo Es ist, soll Ich werden.« [27]

Das Über-Ich

Wir suchen nun die Bestimmung des Über-Ich zu analysieren, denn nur von diesem Begriff her wird der dialektische Kampf verständlich, den das Ich mit den Trieben führt. Zu diesem Zwecke setzten wir bei dem oben erörterten metapsychologischen System an, dem zufolge dem Ich eine Doppelstellung zukommt. Das Ich ist einerseits vom Es abhängig und zugleich stellt es sich zu diesem in Gegensatz. Diese Doppelstellung wird durch den Begriff der *»genetischen Differenzierung«* begründet. Das Ich ist zwar dem Es ursprünglich zugehörig, aber es hat sich von ihm abgetrennt, und es mußte sich abtrennen, damit der Mensch dem Realitätsbezug gewachsen ist. Diese Deutung ermöglicht es Freud, einerseits den Vorrang der Triebe anzuerkennen und andererseits doch dem Ich eine Chance zuzubilligen, gegen die Triebe vorzugehen.

Dieselbe Dialektik wendet Freud bei der Erklärung des *Über-Ich* an. Das Über-Ich ist *topisch* gesehen eine besondere Instanz, die über dem Es steht, und zwar in der Weise, daß sie auf das Ich und vermittels des Ich auf das Es einwirkt. Das ist aber nur möglich, weil das Über-Ich vom Es ein Quantum Energie übernommen hat, so daß es überhaupt wirksam werden kann. Das besagt genetisch betrachtet: das Über-

Ich ist ebenso wie das Ich aus dem Es entstanden, und zwar durch Triebveränderung, das heißt konkret Triebmischung und Triebentmischung.

Wir haben bereits mehrfach auf diesen Vorgang der Triebveränderung hingewiesen. Er stellt eine Umwandlung der Trieb*intention* dar. Eine solche Umwandlung ist auch die sogenannte *Internalisierung* oder *Introjektion*. Diese besteht vom *ökonomischen* Gesichtspunkt her betrachtet darin, daß Energie, die aufs Äußere gerichtet war, im Inneren verbleibt und im Inneren verbraucht und abgeführt wird. Internalisierungsvorgänge können natürlich sehr verschiedenartig sein. Man kann die aufs äußere Objekt gerichtete Liebe in Selbstliebe umwandeln oder nach außen gerichtete Aggression auf sich selbst anwenden. Beide Möglichkeiten spielen nun bei der Entstehung des Über-Ich eine wesentliche Rolle.

Die erste Möglichkeit haben wir bei der Erörterung des Narzismus bereits in den Blick gebracht. Das kindliche Ich wählt sein eigenes Selbst als Liebesobjekt und errichtet ein Ich-Ideal, an dem und von dem her es sein Verhalten bemißt. Aber auch die zweite Möglichkeit, nach der das Ich »negative« Triebe, insbesondere Aggressivität, auf sich richtet, spielt bei der Entstehung des Über-Ich eine entscheidende Rolle. Es handelt sich bei der Genesis des Über-Ich also um sehr komplexe Vorgänge. Wir deuten den Grundansatz an.

Freud greift, um die Entstehung des Über-Ich zu erklären, auf den *Ödipus-Komplex* zurück und bestimmt das Über-Ich als Ersatz der ödipalen Objektbesetzungen. Das besagt: das Über-Ich introjiziert die Herrschaftsstellung der Eltern, so daß das Kind *in sich selbst* deren Funktion übernimmt. Um diesen Vorgang zu verstehen, müssen wir uns klarmachen, daß der Ödipus-Komplex verwickelter Natur ist. Grundlegend ist der Wunsch, jeweilig den gegengeschlechtlichen Elternteil zu *besitzen* und der gleichgeschlechtliche Elternteil zu *sein*. In der zweiten Möglichkeit ist für den Knaben die Tendenz eingeschlossen, sich nach dem Vorbild des Vaters zu bilden. Das Verhältnis zum Vater ist aber außerordentlich ambivalent. Einerseits ist es bestimmt durch Haß, Neid und Mordgedanken. Der Vater besitzt ja die Mutter, die man selbst haben möchte. Andererseits hat man Angst, man werde für das Begehren der Mutter kastriert werden. Aber in diesem Verhalten schwingt doch der Wunsch mit, wie der Vater zu *sein*. Natürlich ist dieser Wunsch dadurch motiviert, daß man »dann« – nämlich als Vater – die Mutter besitzen könne. Dies Hin und Her findet seinen Abschluß durch den Vorgang der internalisierenden *Identifikation mit dem Vater*. Man klammert den äußeren Vater ein und verzichtet auf ihn, weil man ihn sich innerlich »einverleibt«. Dieser internalisierte Vater kann und muß nun alle die vielfältigen Funktionen übernehmen, die der wirkliche Vater hatte. Diese Umfunktionierung ist die *Genese des Über-Ich*. Freud erklärt: »Wir verstehen: mit dem Auflassen des Ödipus-Komplexes mußte das Kind auf die intensiven Objektbesetzungen verzichten, die es bei den Eltern untergebracht hatte und zur Entschädigung für diesen Objektverlust werden die wahrscheinlich längst vorhandenen Identifizierungen mit den Eltern in seinem Ich so sehr verstärkt. Solche Identifizierungen als Niederschläge aufgegebener Objektbesetzungen werden sich später im Leben des Kindes oft genug wiederholen; aber es entspricht durchaus dem Gefühlswert dieses ersten Falles einer solchen Umsetzung, daß deren Ergebnis eine Sonderstellung im Ich eingeräumt wird.«[28]

Die Internalisierung bedeutet natürlich, daß man darauf verzichtet, den Vater zu ermorden. Das besagt aber: der Wunsch auf äußere Erfüllung wird verdrängt. Gerade dadurch kann er nun in verwandelter Form im Inneren weiterleben. Man wird gegen *sich*, und nicht den Vater, aggressiv. Diese Umwandlung von Fremdaggression in Aggression gegen sich selbst kennzeichnet die Entstehung des *Gewissens*. Freuds Analyse des Gewissens ist kompliziert, weil das Gewissensverhalten ja ebenso ambivalent sein muß, wie es das Verhalten des wirklichen Vaters aus der Sicht des Kindes *und* dessen eigenes Verhalten zu diesem Vater war.

Das Gewissen ist – das ist der Grundansatz – der *Ersatz der väterlichen Autorität*. Ich, und nicht mehr der Vater, lege mir Forderungen auf und beurteile mich selbst. Und zwar werde ich ebenso streng sein, wie es der wirkliche Vater war. »Die Aggression des Gewissens konserviert die Aggression der Autorität.«[29] Diese Konservierung bedeutet aber, so betont Freud, sogleich eine Steigerung. Jeder neue Verzicht auf äußere Aggression vermehrt die Autorität des Gewissens und damit die innere Aggression, zugleich aber auch den Wunsch, gegen diese Aggression anzugehen, das heißt, »gewissenlos« zu sein. Für diesen amoralischen Wunsch fühlt man sich dann wiederum schuldig und gerät in *Angst*. Die so entstehende Gewissensqual ist wesentlich ein sich in sich steigerndes Zirkelgeschehen.

Die Introjektion schafft Moral als Gewissensmoral. Diese Moral wird kulturell ausgeformt. Die Entwicklung der Kultur stellt ein moralisch-soziales Gesamterbe dar, das der Einzelne von seinem Vater her übernimmt. Freud redet von einem *Kultur-Über-Ich* und erklärt: »Das Kultur-Über-Ich hat seine Ideale ausgebildet und erhebt seine Forderungen. Unter den letzteren werden die, welche die Beziehungen der Menschen zueinander betreffen, als Ethik zusammengefaßt. Zu allen Zeiten wurde auf diese Ethik der größte Wert gelegt, als ob man gerade von ihr besonders wichtige Leistungen erwartete.«[30]

Dieses Kultur-Über-Ich ist als die Individuen Übergreifendes unbewußt. Es ist der Träger der ethischen Gesamttradition, die sich über Generationen fortpflanzt. Von dieser geschichtlichen Entwicklung her gesehen kann und muß man sagen, daß »das Über-Ich des Kindes eigentlich nicht nach dem Vorbild der Eltern, sondern des elterlichen Über-Ich aufgebaut wird«.[31] Diese geschichtliche Tatsache der ethischen Überlieferung ist nicht außer Acht zu lassen. Sie darf aber nicht dazu führen, den zentralen Charakter der Internalisierung zu verkürzen, das heißt, nicht zu begreifen, daß allein im Inneren und durch das Innere Moral entsteht. Allgemeine sozial vorgegebene Richtlinien erhalten also erst wahrhaft ethische Relevanz, wenn sie vom einzelnen moralisch *angeeignet* werden.

Das Phänomen der Moral

Sucht man nun von der Bestimmung des Über-Ich her Freuds Stellung zur Moral als ganze in den Blick zu bringen, so zeigt sich eine durchgängige Zweideutigkeit. Freud erkennt – das ist die eine Seite – keine Moral an, die an sich und in sich selbst gültig wäre. Sein ganzes Anliegen ist es, die Moral *genetisch* zu erklären, das heißt letztlich auf Vorgänge im Energiehaushalt zurückzuführen. Introjektion ist als Einsetzung von Moral ökonomisch betrachtet ja nichts anderes als Umschichtung, wobei die hier vollzogenen Veränderungen ihrerseits wesentlich von der sexuellen Entwicklung her erklärt werden. Freud nimmt aber – das ist die andere Seite – die Moral als *Faktum* hin. Er fühlt sich, als biologisch-medizinischer Wissenschaftler und sodann als Angehöriger einer bestimmten Kultur, deren Entwicklung gefährdet ist, veranlaßt, zu der Moral Stellung zu nehmen und ihren Nutzen und Nachteil zu bedenken. Wir suchen zunächst, das für die Moral »positive« Ergebnis herauszustellen.

Freud erkennt die *Notwendigkeit von Ethik und Moral*. Es ist unumgänglich, daß der Mensch sich Entsagung, positiv formuliert, Disziplin, auferlege gegenüber dem totalen Anspruch des Es. Insbesondere ist der Kampf gegen den Todestrieb zugunsten des Eros eine wesentliche Aufgabe. Der Mensch ist Kulturwesen geworden. Und nachdem er es geworden ist, muß er dem Gesetz der Kultur folgen. Kultur beruht auf der Beachtung des *Realitätsprinzips* durch das Ich, das sich auf Sachlichkeit einstellt und dem Leistungsprinzip unterwirft. Aber dem Ich muß der Rücken gestärkt werden durch das Über-Ich. Das Verhältnis zwischen beiden ist dialektisch. Freud sagt, daß das Über-Ich nur eine Stufe zum Ich sei, das heißt zur bewußten Selbststeuerung. Aber eine bewußte Selbststeuerung ist nur möglich, wenn das Ich sich vom Über-Ich als dem Träger des Ich-Ideals einsichtig den Triebverzicht auferlegen läßt. Freud erklärt: »Das Ich-Ideal umfaßt die Summe aller Einschränkungen, denen das Ich sich fügen soll.«[32] Diese Einschränkungen sind notwendig angesichts des ständig drängenden Triebes zur Destruktion, durch die der Mensch sich selbst als Kulturwesen gefährdet. Das Ausleben dieses Triebes würde, so meint Freud, zur totalen Vernichtung führen, nachdem durch das Leistungsprinzip der Mensch sich über die äußere Natur erhoben und sich diese nutzbar gemacht hat. Freud erklärt am Schluß von »Das Unbehagen in der Kultur«: »Die Menschen haben es jetzt in der Beherrschung der Naturkräfte soweit gebracht, daß sie es mit deren Hilfe leicht haben, einander bis auf den letzten Mann auszurotten. Sie wissen das, daher ein gut Stück ihrer gegenwärtigen Unruhe, ihres Unglücks, ihrer Angststimmung.«[33]

Wenn aber der Mensch grundsätzlich gefährdet ist, dann bedeutet dies, daß Argumente, wie wir sie von Marcuse her kennen, für Freud abwegig sind. Unsere durch Zwang bestimmte Kultur ist nicht zeitbedingt und kann nicht zugunsten einer rein vom Eros bestimmten neuen Kultur aufgehoben werden, in der alles spielerisch nach einer neuen Sensibilität geschieht. Mögen die Gestalten des ethischen und moralischen Zwanges wechseln, ohne Unterdrückung von Trieben ist keine Kultur möglich. Man muß in diesem Zusammenhang aber gleichzeitg bedenken, daß die Beherrschung der Triebe auch erfreuliche Seiten zeigt, insofern sie die Befreiung von dem Zwang bedeutet, den die unbeherrschten Triebe ansonsten über den Menschen ausüben würden.

Gerade diesen Zwang will ja die *therapeutische* Analyse überwinden. Sie verhilft dem Menschen durch Selbstaufklärung dazu, daß er seinen Trieben nicht bedingungslos folgt. Insbesondere bricht sie deren dunkle und vom Unbewußten her gesteuerte Herrschaft. Die Analyse soll, wie wir sagten, den Menschen in die Lage bringen, mit seinen Trieben umgehen zu können. Die Frage, wie und in welchem Maße er dies kann, ist weitgehend nur individuell zu lösen. Grundsätzlich gesehen zeigt jedoch das Gesetz der *Umschichtung von Energie* die Möglichkeit der Beherrschung an. Wesentlich ist hier der Vorgang der *Sublimierung*, die ihrerseits wiederum mit der Ersetzung von kindlichen Primärprozessen durch ichhaft gesteuerte Sekundärprozesse zusammenhängt. Die Sublimierung zeigt, wie die Anforderung erfüllt werden kann, ohne die Verdrängung herbeizuführen. Freilich: Alle bestehenden Möglichkeiten von Triebbeherrschung und Triebumwandlung garantieren keineswegs die Existenz und das Fortbestehen der Kultur. Freud bleibt in dieser Hinsicht sehr skeptisch.

Diese Skepsis ist vielschichtig. Sie gründet einmal darin, daß Freud die Kraft der Moral und der Ethik relativ gering einschätzt, und daß er den Aggressionstrieb für außerordentlich mächtig hält. Sie beruht sodann darauf, daß Freud als Analytiker der Meinung ist, Moral und Triebunterdrückung nicht unbedingt, sondern nur in Maßen empfehlen zu dürfen. Und hier müssen wir nun auf die andere Seite der Einstellung Freuds zur Moral zu sprechen kommen: die »negative« Bewertung der Moral.

Freud erklärt in »*Das Unbehagen in der Kultur*«: »In der Neurosenforschung und Neurosentherapie kommen wir dazu, zwei Vorwürfe gegen das Über-Ich des einzelnen zu erheben: Es kümmert sich in der Strenge seiner Gebote und Verbote zu wenig um das Glück des Ichs, indem es die Widerstände gegen die Befolgung, die Triebstärke des Es und die Schwierigkeiten der realen Umwelt nicht genügend in Rechnung bringt. Wir sind daher in therapeutischer Absicht sehr oft genötigt, das Über-Ich zu bekämpfen, und bemühen uns, seine Ansprüche zu erniedrigen. Ganz ähnliche Einwendungen können wir gegen die ethischen Forderungen des Kultur-Über-Ichs erheben. Auch dies kümmert sich nicht genug um die Tatsachen der seelischen Konstitution des Menschen, es erläßt ein Gebot und fragt nicht, ob es dem Menschen möglich ist, es zu befolgen. Vielmehr, es nimmt an, daß dem Ich des Menschen alles psychologisch möglich ist, was man ihm aufträgt, daß dem Ich die unumschränkte Herrschaft über sein Es zusteht. Das ist ein Irrtum, und auch bei den sogenannt normalen Menschen läßt sich die Beherrschung des Es nicht über bestimmte Grenzen steigern.«[34]

Als Analytiker legt Freud dar, daß die Fälle, in denen der Mensch vom Über-Ich geplagt wird, genauso zu Neurosen führen, wie die umgekehrten, in denen das Es den Menschen überwältigt. Wir haben oben bereits auf die Phänomene der Gewissensangst hingewiesen, als wir erwähnten, daß die Gewissensregungen eine Zirkelbewegung darstellen. Man gewinnt bei gründlicher Lektüre von Freuds Werk, insbesondere der späteren Arbeiten, den Eindruck, daß Freud mehr daran liegt, die Schädlichkeit als den Nutzen der Triebverdrängung und Triebunterdrückung zu entwickeln. Das mag als Gegenzug zu der traditionellen Überschätzung der Moral verstanden werden. Zudem ist Freud – wie wir schon sagten – von einem außerordentlich starken Ideologieverdacht den »oberen Regionen« gegenüber beherrscht. Der tiefere Grund für die negative Einschätzung der Moral ist jedoch der *Biologismus* Freuds, demzufolge die Triebschicht die bestimmende Schicht ist.

Triebe sind als solche wertfrei. Freud erklärt in der Abhandlung »*Zeitgemäßes über Krieg und Tod*«: »In Wirklichkeit gibt es keine ›Ausrottung‹ des Bösen. Die psychologische – im strengeren Sinn die psychoanalytische – Untersuchung zeigt vielmehr, daß das tiefste Wesen des Menschen in Triebregungen besteht, die elementarer Natur, bei allen Menschen gleichartig sind und auf die Befriedigung gewisser ursprünglicher Bedürfnisse zielen. Diese Triebregungen sind an sich weder gut noch böse.«[35] Aber Freud geht noch einen Schritt über die Deklarierung der Wertfreiheit der Triebe hinaus. Er entschuldigt die Triebausbrüche nicht nur, sondern meint, daß das Ausleben an sich gesund sei, wir haben eine betreffende Stelle aus dem Brief an Einstein bereits zitiert.[36] In »Das Unbehagen in der Kultur« findet sich eine entsprechende Stelle. Freud sucht dort den Zusammenhang von Kulturentstehung und Gewissen als Internalisierungsvorgang zu erläutern. Es heißt dort: »Die Aggression wird introjiziert, verinnerlicht, eigentlich aber dorthin zurückgeschickt, woher sie gekommen ist, also gegen das eigene Ich gewendet. Dort wird sie von einem Anteil des

Ichs übernommen, das sich als Über-Ich den übrigen entgegenstellt, und nun als ›Gewissen‹ gegen das Ich dieselbe strenge Aggressionsbereitschaft ausübt, die das Ich gerne an anderen, fremden Individuen befriedigt hätte.«[37]

Das Wort »gerne« ist nicht zufällig gesetzt. An sich liegt es dem Menschen näher, sich nach außen abzureagieren, als sich selbst zu quälen. Dies Ausleben entspricht der Natur. Und dies besagt: die Moral, die Triebunterdrückung anempfiehlt, überhaupt jeder Zwang vom Über-Ich her, ist biologisch gesehen verfehlt. Dies Argument ist und bleibt für Freud wesentlich. Es scheint uns jedoch nicht erträglich, den Biologismus Freuds gegen den nicht wegzuleugnenden anderen Ansatz, nach dem zur Kultur unabdingbar Triebeinschränkung gehört, aufzurechnen. Da der Mensch nun einmal Natur- und Kulturwesen zugleich ist, muß eine Ausgeglichenheit und Balance von Es, Ich und Über-Ich gesucht werden.

Diese Balance wäre der ideale Zustand, denn das Verhalten des Ich ist nur dann in Ordnung, wenn es gleichzeitig die Anforderungen des Es, des Über-Ich und der Realität erfüllt, das heißt deren verschiedene Tendenzen und Intentionen miteinander zu versöhnen vermag. Die Herstellung einer solchen Balance ist jedoch eigentlich eine Unmöglichkeit, denn ein Gleichgewicht zwischen den verschiedenen Ansprüchen könnte der Mensch ja nur erringen, wenn er als Ich Abstand zu sich selbst zu gewinnen vermöchte und seine Kräfte solchermaßen von außen her ordnete. Dies ist ihm aber verwehrt, weil das Ich keine neutrale Größe ist, sondern immer schon selbst – mit Kierkegaard gesprochen – im Spiel steht.

Freud erkennt diese Schwäche des Ich und erklärt: »Wenn das Ich seine Schwächen einbekennen muß, bricht es in Angst aus, Realangst vor der Außenwelt, Gewissensangst vor dem Über-Ich, neurotische Angst vor der Stärke der Leidenschaften im Es.«[38] Diese dreifache Angst ist grundsätzlich im Menschsein angelegt. Auch der Gesunde steht ständig in der Gefahr, von diesen Ängsten übermannt zu werden. Gleichwohl verfällt Freud trotz aller Skepsis und allem Pessimismus keiner Verzweiflung. Er setzt als Aufklärer auf die Rationalität. Seine wenn auch geringe Hoffnung auf den Fortbestand der Kultur gründet er auf die Tatsache, daß das *Wissen* um die Kräfte, aus denen der Mensch lebt, als solches eine relative Fähigkeit zur Selbstlenkung involviert, Selbstlenkung hier ganz unpathetisch verstanden als Kennzeichen eines humanen Lebens in bürgerlicher Durchschnittlichkeit. –

Wir suchen im folgenden einige Punkte hervorzuheben, die uns an der Wirkungsgeschichte der Psychoanalyse Freuds unter dem Aspekt der ethischen Relevanz besonders wichtig erscheinen. Wir setzen bei dem Problem der Verdrängung der ethischen Kategorien durch die Psychoanalyse ein, stellen sodann die Tendenz zur Aufklärung als Grundtendenz der Psychoanalyse heraus und weisen abschließend auf einige Deutungen der Kultur hin, die von Schülern Freuds unter dem diagnostischen und therapeutischen Gesichtspunkt der Psychoanalyse entwickelt wurden.

Die Verdrängung der ethischen Kategorien

Daß es besondere Fälle gibt – zum Beispiel eklatante Erkrankungen des Geistes –, in denen der Mensch nicht zurechnungsfähig und verantwortlich ist, dies hat man natürlich vor Freud gewußt. Das Entscheidende ist, daß durch Freud das Phänomen der Verantwortung über diese Fälle hinaus fraglich geworden ist. Um dies beispielhaft zu verdeutlichen: seit Freud ist jedem die Reflexion vertraut, mit der man das Tun und Lassen der Menschen, sobald es nicht mehr eindeutig zu sein scheint, »hinterfragt«. Man sucht nach dem, was eigentlich dahinter steht, wobei die Voraussetzung ist, daß der Täter das selbst nicht weiß und auch nicht wissen kann, denn die sein Handeln bestimmende Triebschicht ist ihm selbst weithin unbekannt. Dieses Hinterfragen ist grundsätzlich immer möglich, denn jeder Mensch trägt im Verborgenen kulturell nicht sanktionierte Triebwünsche in sich. Natürlich wird nur in den eklatanten Fällen, wo das Verborgene in die Realwelt ausbricht und diese negiert, die Problematik des Verantwortungsbewußtseins wirklich sichtbar. Aber – und dies ist es, worauf wir hier abheben – die Grenzen zwischen Verantwortlichkeit und Nichtverantwortlichkeit erscheinen heute nicht mehr eindeutig.

Diese Problematik zeigt sich nicht nur im juristischen, sondern auch und gerade im alltäglichen Bereich. Das Alltagsverhalten verläuft im allgemeinen in gekonnten Gewohnheitsbahnen. Hier wird die Frage der Verantwortung gar nicht oder nur in bedingter Form ausdrücklich. Aber sobald es Störungen gibt, sei es im Berufsleben oder in der Familie, die nicht unmittelbar zu beheben sind, so daß das Zusammenleben einen Bruch erfährt, taucht die Frage nach der Verantwortung auf. Sie wird jedoch sogleich eigentümlich modifiziert durch psychologische Erklärungen, die das negative Verhalten, wie man formuliert, »verständlich machen sollen«. Es ist durchaus nicht so, daß die Verantwortung überhaupt negiert wird, wohl aber wird der ethische Aspekt weitgehend ausgeschaltet. Insbesondere der Begriff der moralischen Schuld scheint geradezu suspekt geworden zu sein. Jedenfalls wird er weitgehend vermieden. Man sucht – das ist ja die eigentliche Absicht der das negative Tun verständlich machenden Erklärung –, den sogenannten Schuldkomplex »*aufzulösen*«.

Diese Situation ist der Grund und Boden, auf dem wir stehen. Dies besagt nicht, daß wir sie unkritisch anzuerkennen haben. Erfordert ist ein Bewußtsein, das kein ausschließendes Entweder/Oder von ethischer Verantwortung und psychoanalytischer Erklärung setzt. Es ist einerseits notwendig, sich klar zu machen, daß ja gerade die Psychoanalyse dem Menschen zum Wissen um seine Freiheit verhelfen will. Andererseits aber ist es unumgänglich, das ethische Bewußtsein nicht als absolutes Bewußtsein – etwa im Sinne Fichtes – anzusetzen, sondern die menschliche Natur in ihrer physischen und psychischen Bedingtheit anzuerkennen. Freilich: die *Grenze* zwischen Verantwortlichkeit und Nichtverantwortlichkeit ist nie eindeutig auszumachen. Gerade diese Nichteindeutigkeit fordert aber ethisch gesehen dem einzelnen ein gesteigertes Verantwortungsbewußtsein ab. Weil er nicht weiß, wo sein Können und Vermögen »aufhört«, muß *bei ihm selbst* der Wille zur Verantwortung grundsätzlich leitend sein. Nur auf Grund dieses Willens zur Verantwortung kann er *für* einen anderen verantwortlich sein. Das bedeutet konkret: er sucht den anderen gerecht zu beurteilen, indem er mit ihm »mitdenkt«. Dazu gehört *auch*, daß er dessen Verfehlungen »psychologisch zu verstehen und zu erklären« sucht. Wir werden auf diese Problematik, insbesondere unter dem juristischen Aspekt der Freiheit, noch zurückkommen.

Die Tendenz zur absoluten Aufklärung

Der zweite Problemzusammenhang, den wir als besonders wirksam an der Psychoanalyse herausheben, ist die Tendenz zur Aufklärung. Der Grundsatz: Wissen um seelische Vorgänge stellt Befreiung von triebhaftem Zwang dar, ist durch die Psychoanalyse heute allgemein zur Geltung gekommen. Auch dieser Grundsatz hat zur Negation der Ethik beigetragen.

Der Wissensbegriff der Psychoanalyse ist weitgehend physikalisch-technologisch bedingt. Das zeigt sich schon in der Sprache, die mechanisch-instrumental geprägt ist. Man denkt nur an Ausdrücke wie Besetzung, Betrag, Verschiebung oder Entmischung. Die differenzierenden Eingriffe und Kunstgriffe des Dialoges zwischen Arzt und Patienten bezwecken zwar, daß der Mensch sich erkennt. Diese Erkenntnis ist aber nicht ein Um-sich-Wissen im Sinn der ethischen Verantwortung, sondern das Sichauskennen im faktischen Seelenhaushalt. Man begreift, wie das seelische Geschehen sich vollzieht, so daß man sich auf dieses Geschehen einstellen kann. Es ist klar, daß es keine Analyse geben wird, die restlose Aufklärung vermittelt, jede Analyse bleibt, wie Freud sagt, Stückwerk. Aber das Ideale wäre es – vom methodischen Gesichtspunkt her formuliert –, sich absolut zu durchschauen und sich so in die Hand zu bekommen, daß man sich den allgemein anerkannten gesellschaftlichen Verhaltensformen problemlos anpassen kann.

Diese Tendenz der Psychoanalyse zur *Technologie* und die damit verbundene Forderung der *Anpassung an gegebene kulturelle Bedingungen* ist von den kritischen Anhängern Freuds zumeist getadelt worden. So hat *Habermas*, wie wir sahen, als Mangel des psychoanalytischen Ansatzes herausgestellt, daß das Ich dahin gebracht werden soll, die Funktion der intelligenten Anpassung und der Triebzensur auszuüben, ohne diese Funktion als das, was sie sein könnte, zu begreifen: nämlich als kritische Selbstreflexion.[39]

Habermas hat nun aber zugleich zu zeigen gesucht, daß der Sache nach gerade durch Freud die Möglichkeit einer solchen Selbstreflexion erschlossen wird. Wir würden dieser Aussage durchaus zustimmen. Wichtiger aber als die historische Frage nach dem »richtigen Freud« ist das Problem, ob die Tendenz zur Selbstreflexion und zur Selbstaufklärung als *eindeutiges* Positivum bewertet werden soll.

Wir meinen, daß diese Frage nicht uneingeschränkt zu bejahen ist. So sehr es angemessen ist, gegen geronnene und festgefrorene Dogmen, die den Menschen zwangshaft binden, vorzugehen, es gehört auf der anderen Seite zum Leben das nie ganz durchschaubare Bestimmtwerden von überlieferten Vorgegebenheiten sowohl im privaten als auch im öffentlichen Bereich. Die Konzeption der Wirkungsgeschichte, die besagt, daß wir aus der Tradition leben, ist verfehlt, wenn sie den Bezug zur Zukunft abschneidet. Sie hebt aber mit Recht die weitgehende Unbewußtheit der Wirkungen der Vergangenheit hervor. Wir werden diese Problematik noch bei der Erörterung der Dialektik von Sittlichkeit und Moralität zu thematisieren haben.

Das Problem der Kultur unter dem Gesichtspunkt der Psychoanalyse

Der dritte Punkt, den wir aus der allgemeinen Wirkungsgeschichte Freuds herausheben wollen, betrifft die Möglichkeit einer psychoanalytischen *Kulturphilosophie*.

Gerade die bedeutenden Schüler und Anhänger Freuds haben Deutungen des Kulturgeschehens von der Psychoanalyse her vorgelegt und dementsprechend die Psychoanalyse als praktisches Verfahren auszuweiten gesucht: die Psychoanalyse soll die Krankheit der Kultur diagnostizieren und Möglichkeiten kultureller Therapie ersinnen.

Bevor wir auf die differierenden Ansätze der psychoanalytischen Kulturdeutungen eingehen, sei kurz *Freuds* eigene Einstellung zu dem Komplex der Kulturdeutung dargelegt. Zunächst: die Psychoanalyse Freuds hat ihren Ursprung, ihre Bindung und ihre Ausrichtung in der Diagnose und der Therapie von *Individuen*. Daran ist strikt festzuhalten. Es mag sein, daß die individuellen Krankheiten kulturell bedingt sind, etwa durch die übergroßen Anforderungen des kulturellen Über-Ichs; Heilung gibt es als solche nur für das Individuum. Heilung besagt, sozialpsychologisch gesehen, für Freud Anpassung an die gesellschaftliche Struktur. Ironisch und illusionslos hat Freud einmal erklärt, der Kranke solle sein Privatelend verlieren, um am allgemeinen Elend teilnehmen zu können. Nach Freud ist es nicht im Plan der Schöpfung enthalten, daß der Mensch glücklich sei. Er bezweifelt, daß die Aufklärung, die er ja selbst erstrebt, das Glück im allgemeinen und für den einzelnen wirklich herbeiführen könne.

Freud hat sich zeitlebens, insbesondere im Alter, Gedanken über die geschichtliche Entwicklung der Menschheit im ganzen gemacht. Seine Deutungen der Kultur stützen sich auf die Ergebnisse der individuellen Therapie und suchen die Hypothesen, die er zu deren Fundierung ansetzt, ins Allgemein-Kulturelle zu erweitern. So wird vom Ödipus-Komplex her – das zeigt bereits die 1913 erschienene Schrift »*Totem und Tabu*« – ein wirklicher Vatermord als entscheidendes Ereignis der Kulturentstehung statuiert. Dieser Vatermord ist die Ursache des Zusammenschlusses der Mördersöhne. Diese erheben aus Reue den erschlagenen Urvater zum Gott. Freud erklärt, daß die Religion eine Zwangsneurose der ganzen Menschheit sei, und daß diese kollektive Neurose es möglich mache, daß das Individuum sich unter Umständen seine eigene Neurose erspart. Individuelle und kollektive Neurose haben gemeinsam, daß der Neurotiker der Realität entflieht. Freud sucht für die kollektive Neurose eine mögliche Heilung. Er sieht diese im Heraufkommen der *Wissenschaft*. Die Wissenschaft wird die Religion als Illusion entlarven, und sie kann dies, weil sie selbst illusionslos ist. Allerdings wird der Mensch durch die Errungenschaft der Illusionslosigkeit keineswegs glücklicher. Der Gott Logos verspricht keine Entschädigung »für uns, die wir schwer am Leben leiden«.

Man sieht: Freuds Kulturphilosophie bleibt auch dort, wo sie die therapeutischen Möglichkeiten der Wissenschaft prognostisch bedenkt, *skeptisch*. Zudem darf man nicht das grundsätzliche Diktum Freuds vergessen, daß der Ausgang der Kultur als Kampf von Eros und Todestrieb vollkommen ungewiß sei. –

Der Unterschied der *Schüler und Nachfolger Freuds*, die sich mit dem Phänomen der Kultur befassen, zu Freud liegt darin, daß diese Denker in viel stärkerem Maße als es bei Freud der Fall ist, der Psychoanalyse Möglichkeiten der Umwandlung in kultureller Hinsicht zutrauen. Die Psychoanalyse erscheint bei einigen dieser Deuter als das entscheidende Heilmittel der »kulturellen Krankheiten«. Die Diagnose und die Therapie werden nun aber sehr verschiedenartig angesetzt. Wir weisen sehr gedrängt auf einige der wichtigsten Ansätze hin.

Insbesondere in der *amerikanischen Psychoanalyse* wird die Notwendigkeit einer *am Ich* orientierten Analyse ins Zentrum gerückt. Bereits *Anna Freud*, die Tochter Freuds, suchte hervorzuheben, daß es verfehlt sei zu vermeinen, daß sich die Psychoanalyse ausschließlich mit dem Unbewußten beschäftige. Es wäre, so erklärt sie, in der Analyse im Grunde immer um die Problematik des Ich gegangen. Mit der Programmierung der Ich-Stärkung kommt ein allgemein »humanistischer« Zug in die Psychoanalyse. So wird vor allem erklärt, daß der Mensch *Leitbilder* brauche. Die analytische Praxis zeige nämlich immer wieder, daß Anlaß zu Neurosen nicht allein das sexuelle Verhalten sei, sondern das allgemeine Unbehagen darüber, daß der einzelne in und für sein Leben keinen Zweck und Sinn erkenne. Leitbilder aber – das ist die Grundüberzeugung eines großen Teiles der amerikanischen Psychoanalyse – kann der einzelne nur durch die Vermittlung der Gesellschaft finden. Dieser muß er sich anpassen. Der Grundansatz der Anpassungstheorie besagt unter dem Aspekt der Dialektik von Krankheit und Gesundheit betrachtet: nicht die Kultur, sondern der einzelne ist krank, und zwar insofern er nicht angepaßt ist. Aufgabe der Heilung ist also, die Einfügung in die Gesellschaft herbeizuführen, oder genauer: die Hindernisse zu beseitigen, die einer solchen Einführung entgegenstehen.

In striktem Gegenzug zu diesem Ansatz behaupten die gesellschaftskritischen Psychoanalytiker: die Kultur im ganzen ist krank, weil sie unter der Ich-Herrschaft und dem Leistungsprinzip steht. Der einzelne *muß* erkranken, wenn er sich von dieser Kultur einfangen läßt und sich ihr nicht verweigert. Die Verweigerung ist die notwendige Voraussetzung und der erste Schritt zu einer neuen Kultur. Wir haben diese psychoanalytische Theorie der Kultur durch Rückgriff auf *Marcuse* zu illustrieren versucht. Dieser Ansatz kann aber natürlich gesteigert werden: erfordert ist die Aufhebung von Kultur als Zwangsinstitution zugunsten des natürlichen Menschen. Dieser Mensch ist an sich gesund, und er vermag gesund zu bleiben, solange er sich ausleben kann, das heißt, nicht kulturell frustriert wird.[40]

Zwischen diesen Extremen stehen psychoanalytische Deutungsversuche der Kultur, die die gegenwärtige Kultur kritisch betrachten, aber sie auf *evolutionärem Wege* verändern wollen. In Deutschland ist in dieser Hinsicht als wichtigster Ansatz die Arbeit von *Alexander Mitscherlich* zu nennen.[41] Die gegenwärtige industrielle Gesellschaft ist nach Mitscherlich die beherrschende, aber anonyme Macht. Die Folge der Technisierung ist der *Zerfall der Hierarchie der Vaterrollen*. Es entstehen dadurch neue noch unbewältigte Spannungsverhältnisse. Der Weg nach vorn ist der Weg der Emanzipation. Mitscherlichs kulturphilosophische Aussagen gehen, wie er mitteilt, von der Beobachtung von Neurosen und Heilungserfolgen aus. Das heißt methodisch gesehen: die Kulturanalyse beruht auf Sammlung und Verarbeitung von einzelnen empirischen Krankheitsfällen.

Die Möglichkeit, durch Heilung einzelner Individuen die Kultur im ganzen zu verbessern, wird auch in psychoanalytischen Schulen, die sich von Freud ablösen, so insbesondere bei *C. G. Jung und seinen Anhängern* in den Vordergrund gestellt. Wesentlich für unseren Zusammenhang sind die Arbeiten *Erich Neumanns*.[42] Neumann sucht eine *neue Ethik* zu begründen. Diese steht im Gegenzug zur alten »Sollensethik«. Die Sollensethik ist abstrakt und allgemein. Sie fordert nur und verknechtet den einzelnen. Die neue Ethik sucht dagegen unter dem Gedanken der Vollkommenheit die Möglichkeiten des einzelnen zu entwickeln, wobei das sogenannte Böse als Schatten mit eingerechnet werden muß. Gerade durch die ethische Formung des einzelnen würde jedoch, so erklärt Neumann, indirekt das Allgemeine gefördert.

Auch zu diesem dritten Punkt der Konzeption einer analytischen Kulturphilosophie seien einige kritische Anmerkungen gegeben. Eine einfache Parallelisierung von Einzelschicksal und Kulturgeschehen unter dem Gesichtspunkt von Krankheit und Gesundheit erscheint uns nicht angemessen. Die Krankheit des einzelnen, das heißt, seine Neurose, stellt sich subjektiv gesehen als ein Leidenszustand dar, der den Kranken beunruhigt und bedrängt und aus den gewohnten Bahnen des Alltagslebens wirft. Objektiv gesehen ist die Neurose ein Abweichen von der Allgemeinheit, das heißt, der Welt der »Normalen«. In der Behandlung der Neurose sind Arzt und Kranker verbunden; der Arzt sucht dem Kranken zu helfen, das heißt, dessen verstellten Willen zur Gesundheit durch das Gespräch zu stärken. Eine Krankheit der Kultur ist weder subjektiv noch objektiv mit einer vergleichbaren Sicherheit zu konstatieren. Maßstäbe der Gesundheit können hier nur sehr allgemein bestimmt werden. Einzelschicksal und Kulturgeschehen sind also nicht unmittelbar zu parallelisieren.

Es ist nicht abzustreiten, daß Krankheiten kulturell erzeugt sein können. Die Psychosomatik hat dies eindrücklich gezeigt. Mitscherlich redet von sozialen Krankheiten und definiert: »Soziale Krankheiten sind Verhaltensformen der Gesellschaft, durch die im einzelnen Mitglied Gefühlserregungen bewußt und unbewußt je nachdem erweckt oder unterdrückt werden, aber in einer Weise, die den affektiven Spannungen keine ausreichenden rhythmischen Entspannungsmöglichkeiten gewährt.«[43] Die Erkenntnis sozialer Krankheiten macht es möglich, »daß die Gesellschaft hier in die Lage versetzt wird, etwas über sich selbst zu erfahren, und zwar gerade das, wofür sie sonst kein Wahrnehmungsorgan besitzt, was sie aus ihrer gegenwärtigen Bewußtseinslage noch nicht zu überschauen und also auch noch nicht zu korrigieren vermag«.[44]

Vom Aspekt der Sozialmedizin her gesehen ist es, so führt Mitscherlich aus, erfordert, den traditionellen Krankheitsbegriff zu modifizieren. Die Behauptung, Krankheit sei ausschließlich ein naturhaftes Ereignis in der körperlichen Dimension des Menschen, genügt nicht mehr, wenn man einmal die Bedeutung des sozialen Faktors in medizinischer Hinsicht erkannt hat. Entsprechend müssen sich auch die Möglichkeiten der Heilung ändern. Für soziale Krankheiten kann wirkliche Abhilfe nur geschaffen werden durch Maßnahmen, die das gesellschaftliche Gefüge verbessern und damit die Krankheitschancen verringern.

Sodann: Die Struktur einer sozialen Krankheit kann nur durch eingehende Analysen verschiedener Wissenschaften herausgestellt werden. Diese Querverbindung setzt aber sinnvoll nur bei der Bewältigung bestimmter Probleme an. Wir nennen als Beispiel die Frage der Aggression. Zur Klärung dieses Phänomens ist nicht nur die Psychoanalyse und die Individualpsychologie auf den Plan gerufen, sondern auch die Soziologie und die Politikwissenschaft.

Daß die Psychoanalyse solchermaßen in den Zusammenhang mit anderen Wissenschaften gebracht wird, bedeutet für sie aber keinen Verlust. Es eröffnet sich so die Möglichkeit, den Bezug von Ich und Trieben nicht nur im privaten Raum der Innerlichkeit zu bedenken, sondern von der Dialektik her zu verstehen, in der sich der einzelne und die Gesellschaft gegenseitig bedingen. Anders gesagt: es zeigt sich hier die Chance, die anthropologische Binnenproblematik zugunsten der indirekten Vermittlung zu überschreiten, deren Wesenszug es ist, daß der Mensch nur im »Umweg über Außenhalte« zu sich selbst ins rechte Verhältnis kommt.[45]

Wir wollen im Anschluß an unsere Darstellung der Psychoanalyse noch auf eine andere, für die Gegenwart außerordentlich bedeutsame Wissensdisziplin hinweisen: die experimentell-objektive Verhaltensforschung behavioristischer Ausprägung und die aus ihr entstandene Verhaltenstherapie.

Behaviorismus, Verhaltenspsychologie und Verhaltenstherapie

Die behavioristisch ausgerichtete Psychologie und Therapie kann nicht unmittelbar mit der Psychoanalyse in Zusammenhang gebracht werden. Beide Ansätze sind zwar – darin gründet überhaupt die Möglichkeit eines Vergleiches – durch eine positive Schätzung technischen Verhaltens bestimmt. Der Sinn der Technik ist aber verschieden. In der Psychoanalyse bezweckt die Analyse, auch wenn sie technisch strukturiert ist, die Selbstaufklärung. Sie hat die Eigensteuerung zum Ziel. Und sodann und vor allem: die Analyse beruht auf der Vorstellung eines *Innenlebens*, das durch die Dialektik von Es, Ich und Über-Ich bestimmt wird, und in dem das Ich herrschen soll. Die behavioristisch ausgerichtete Psychologie kennt nur die reine Außenbetrachtung. Es gibt für sie kein Inneres und dementsprechend kann Selbstaufklärung nicht mehr das Ziel der Therapie sein.

Wir haben in unserer Diskussion des Positivismus die Grundansätze des Behaviorismus schon dargelegt und weisen jetzt nur auf seine Bedeutung für die Psychotherapie und Ethik hin. *John B. Watson*, der als Begründer des klassischen Behaviorismus gilt, erklärt, daß für die Psychologen nur das äußere Verhalten, das mit *naturwissenschaftlichen Mitteln* zu erfassen ist, wichtig sei. Dieser Ansatz – das zeigt bereits seine 1913 erschienene Streitschrift »*Psychologie, wie sie der Behaviorist sieht*« – ist als Gegenzug gegen die Bewußtseinspsychologie entwickelt. Diese wird als Abkömmling der Seelenmetaphysik gekennzeichnet. In der Bewußtseinspsychologie herrscht eine unklare Begrifflichkeit, die nicht zu vermeiden ist, wenn man sich der Introspektion überläßt, denn diese ist kein wissenschaftliches Verfahren. Wissenschaftlich kann nur ein Vorgehen sein, das, nach dem Schema von Reiz-Reaktion sich vollziehend, auf kontrollierbaren Feststellungen beruht.

Das behavioristische Vorgehen entlastet von überflüssiger philosophischer Spekulation. Man fragt nicht mehr nach einem Wesen des Menschen, das hinter den beobachtbaren Äußerungen steht, sondern beschränkt sich strikt auf das hintergrundlos gewordene Verhalten. Diesem Ansatz gemäß wendet sich die Psychologie Einzelproblemen zu. Sie erreicht so außerordentliche Exaktheit und braucht nun nicht mehr, so wird erklärt, wie die geisteswissenschaftliche Psychologie hinter der Naturwissenschaft zurückzustehen. Wesentlich ist der unmittelbare Bezug zur Praxis. Dieser erscheint als der eigentliche Vorzug im Vergleich zur folgenlosen Innerlichkeit.

Überblickt man die Entwicklung des Behaviorismus und der durch ihn bestimmten Psychologie zur Gegenwart hin, so zeigt sich ein Doppeltes. Einmal: die Spezifizierung nimmt immer mehr zu. Insofern aber das Sammeln von Informationen über punktuelle Verhaltensausschnitte, die miteinander korreliert und deren Resultate »faktorisiert« werden, zentral wird, werden die Grundsatzfragen, in denen es um übergreifende Zusammenhänge geht, noch weiter zurückgedrängt. Dies hat aber zur Folge – und das ist das Zweite, was wir herausstellen wollen –, daß auch der strenge Behaviorismus gemildert wird. Man schaltet alle unbegründbaren Erklärungshypothesen aus, seien sie idealistisch oder materialistisch. Das bedeutet aber nun, daß man die Existenz des Inneren nicht mehr einfach ableugnet. B. F. *Skinner*, einer der Hauptvertreter des *beschreibenden Behaviorismus*, erklärt: »Der Einwand gegen die Beschäftigung mit inneren Zuständen bedeutet nicht, daß sie nicht existieren, sondern daß sie für die funktionale Analyse nicht relevant sind.« [46]

Diesem Ansatz der Verhaltensforschung entspricht die *»Verhaltenstherapie«*. Diese Therapie geht davon aus, daß psychische Symptome (Verhaltensstörungen oder Verhaltensanomalien) mit Hilfe von äußeren Behandlungsmethoden beseitigt werden können, die weitgehend von den modernen Lerntheorien abgeleitet werden. Die Verhaltenstherapie weiß sich somit im Gegensatz zur Psychoanalyse. In einem Aufsatz: *»Kritik psychoanalytischer Begriffe und Theorien«* erklärt Skinner, die Psychoanalyse hypostasiere Kräfte, die angeblich ihren Ort in einem topographisch zu beschreibenden Bereich des Geistes hätten. »Innerhalb dieses Bereiches wirken verschiedene psychische Ereignisse – Ideen, Wünsche, Erinnerungen, Emotionen, Instinkte und so weiter – zusammen und verbinden sich auf vielerlei komplexe Weise miteinander. Systeme dieser psychischen Ereignisse werden schließlich fast als subsidiäre Persönlichkeiten aufgefaßt und mit Eigennamen versehen: das Es, das Ich und das Über-Ich.« [47] Diese subsidiären Persönlichkeiten sind nach Skinner *überflüssige Konstrukte*. Skinner erklärt, hätte Freud über seine These, daß vieles im seelischen Verhalten nur indirekt zu beobachten sei, hinaus auch noch den nächsten Schritt getan und erkannt, »daß sowohl auf unbewußte als auch auf bewußte Ereignisse nur aus äußeren Tatsachen geschlossen werden kann« [48], dann wäre er noch größer gewesen als er bereits jetzt schon ist. Freud war, so erklärt Skinner, zwar gegen die Introspektion mißtrauisch, aber er hat sich nicht von der Aufspaltung der Natur in einen psychischen und physischen Bezirk freigemacht. Das leistet gerade die Verhaltenstherapie, insofern sie eben allein das Verhalten beachtet und nur dessen Änderung bewirkt.

Es geht in der Verhaltenstherapie im Grunde um eine Art der *Dressur*. Als Beispiel einer solchen Dressur sei auf das berühmte Experiment hingewiesen, das *Watson* durchgeführt hat. Watson erzeugte in einem elf Monate alten Jungen, Albert, der gerne mit weißen Ratten spielte, eine neurotische Phobie. Wenn der Junge sich zu den Ratten niederbeugte, ertönte ein Geräusch. Niederbeugen und Hören des Tones assoziierten sich zum Phänomen der Angst vor Ratten. Diese Angst setzte auch dann ein, wenn nur die Ratte erschien und kein Geräusch ertönte. Sie dehnte sich auf Kaninchen und sogar Pelzmäntel aus. Das Kind wurde von Watson umkonditioniert, das heißt geheilt. Es wurden Ratten zunächst in Entfernung gezeigt. Bei Wohlverhalten gegenüber den Tieren wurde Schokolade verabreicht. Albert assoziierte diesen Schokoladengenuß mit dem Erscheinen der Ratten. Die Phobie vor den Tieren verschwand.

Wir übergehen weitere Beispiele. Vom therapeutischen Aspekt her läßt sich folgendes sagen: Alle Maßnahmen sollen eine Immunisierung des Patienten gegen die das Fehlverhalten auslösenden Reize bewirken, sie dienen der sogenannten *»Desensibilisierung«*. Positiv: die *Konditionierung* soll ein normales Verhalten herbeiführen, das, am Beginn der Behandlung nur in Verbindung mit Lohn oder Strafe funktionierend, schließlich davon unabhängig wird und sich als Gewohnheitsverhalten einspielt.

Es ist nun eingewandt worden, daß diese Maßnahmen nur ein primitives Verhalten verändern und nicht die komplizierten Neurosen heilen könnten, um die sich die

Psychoanalyse bekümmert. Dieser Einwand erinnert an die gegen die Kybernetik vorgetragenen Argumente: der Computer könne nicht das komplizierte Denken des menschlichen Gehirns erreichen. Die Verhaltenstherapeuten weisen ebenso wie die Kybernetiker diese Einwände zurück und behaupten, daß die Differenz grundsätzlich aufholbar wäre. Auch komplexe Neurosen seien mit ihrer Theorie zu heilen, man müsse sie eben nur genauestens in ihre einzelnen Komponenten zerlegen.

Solche vergleichenden Verrechnungen sind problematisch. Natürlich muß sich jede Therapie an ihren Heilerfolgen ausrichten. Auch *Freud* tut dies. Sein Vorgehen ist – wie wir sahen – ein Zirkelverfahren von Theorie und Praxis; Hypothesen werden zur Verbesserung der Heilung ersonnen und an deren möglichem Erfolg gemessen. Das Erfolgsdenken der Verhaltenstherapie ist rein pragmatisch-technologisch ausgerichtet. Als Pluspunkte werden nicht nur die Heilungserfolge als solche, sondern auch andere Umstände gebucht: die Verhaltenstherapie ist von geringerer Dauer und erfordert niedrigere Kosten, der Kranke geht kein Risiko seelischer Art ein, wie er dies in der langwährenden psychoanalytischen Behandlung tut, die das Verborgene ans Licht bringen will. In der Verhaltenstherapie wird er ja nicht in seinem vermeintlichen Selbst getroffen, sondern soll nur auf Grund gut begründeter experimenteller Verfahrensweisen »umlernen«.

Diese Argumentationen lassen außer acht, daß die Psychoanalyse und die Verhaltenstherapie gar nicht unmittelbar miteinander vergleichbar sind. An die Stelle eines einfachen vergleichenden Messens unter dem Gesichtspunkt des äußeren Erfolges muß eine Überlegung treten, die zunächst gerade die Unterschiede bedenkt. Diese Unterschiede betreffen die jeweiligen Grundansätze: beide Therapien haben einen anderen Begriff von geistiger Gesundheit. Wir zitieren zwei Bestimmungen des »gesunden Geistes«: »Wir wollen geistige Gesundheit als die Anpassung der Menschen an die Welt und aneinander bei einem Maximum an Effektivität und Glück bezeichnen. Nicht Effektivität allein oder nur Zufriedenheit oder der Beschluß, den Spielregeln freudig zu gehorchen. Es ist alles das zusammen. Es ist die Fähigkeit, ein ausgeglichenes Temperament, rege Intelligenz, sozial gebilligtes Verhalten und eine glückliche Sinnesart beibehalten zu können. Das ist, denke ich, ein gesunder Geist.«[49] Relativ anders dagegen ist die folgende Formulierung: »Geistig-seelische Gesundheit ist gekennzeichnet durch die Fähigkeit, zu lieben und schöpferisch zu sein, ... durch ein Gefühl der Identität, auf Grund des Erlebens seiner selbst als Subjekt und Organ der Eigenkräfte, durch Erfassen der Realität in uns und um uns, das heißt, durch die Entwicklung von Objektivität und Vernunft.«[50]

Dem ersten Zitat nach ist es das Ziel der Heilung, die Anpassung an die Gesellschaft, verbunden mit dem Gefühl des Glückes, herbeizuführen. Dem zweiten Zitat nach geht es primär um die Gewinnung eines Selbstbewußtseins als Bewußtsein der Eigenkräfte, das heißt, um das Bewußtsein der Freiheit. Beide Ziele sind verschieden, und demgemäß wird die Therapie auch differieren. Auf Selbstbewußtsein und Freiheit hin kann man nicht dressieren, sondern eben nur auf Anpassung an normales, zufrieden-glückliches Gewohnheitsverhalten.

Es ist nun keine Frage, daß der Mensch, ob gesund oder krank, solche Anpassungsvorgänge vollziehen muß, und daß er nicht ohne sie existieren kann, insbesondere als soziales Wesen nicht. Das Problem ist nur, ob in der Anpassung das eigentliche Leitziel der geistigen Gesundheit liegen soll und nicht vielmehr in der Freiheit. Wird die Freiheit als Leitziel der Gesundheit gewählt, dann gilt die Anpassung gar nicht mehr fraglos als oberste Kategorie. Das Ziel ist es nun vielmehr, daß der Kranke zur Selbständigkeit gebracht wird, so daß er selbst zwischen Freiheit und Anpassung vernünftig vermitteln kann.

Es kommt also – und damit fassen wir unseren Hinweis auf die Verhaltenstherapie zusammen – darauf an, die technologischen Möglichkeiten weder a limine auszuschließen, noch sie absolut zu bejahen, sondern sie theoretisch und praktisch »einzubauen«. Dieses Einbauen ist nur von der Idee der Verantwortung und der Freiheit her möglich. Dies besagt aber, daß es hier kein allgemeines Konzept gibt, wie und in welchem Maße dieser »Einbau« geschehen kann. Wir treffen hier wieder auf den in unserer Erörterung der Psychoanalyse bereits dargelegten grundsätzlichen Sachverhalt, daß Verantwortungsbewußtsein und pragmatisch vorgehende Technologie nicht in abstracto gegeneinander eindeutig abzugrenzen sind. Das dialektische Miteinander oder Gegeneinander von beiden kann nur in concreto verantwortlich erwogen werden. Zu dieser Erwägung will ja die Psychoanalyse den Kranken führen, wobei es wesentlich ist, der Endlichkeit der Freiheit eingedenk zu sein, das heißt, zu wissen, daß wir oft weit unfreier sind oder, mit Freud gesprochen, weit mehr »gelebt werden«, als wir zumeist vermeinen.

Bei Skinner finden sich in dem bereits erwähnten Aufsatz die folgenden Sätze: »Der Akt der Selbstbeschreibung, wie auch der der Selbstbeobachtung, spielt bei der Determinierung der Handlung keine Rolle. Er wird dem Verhalten aufgepfropft. Freuds Argument, daß uns wichtige Ursachen des Verhaltens nicht bewußt zu sein brauchen, führt ganz natürlich zu dem umfassenderen Schluß, daß das Bewußtsein der Ursachen nichts mit der Wirksamkeit der Ursachen zu tun hat.«[51]

Diese Argumentation mißversteht Freud. Freud will gerade den Zusammenhang von Ursache und Wirkung erkennen. Es geht ihm ja darum, durch die Analyse das ich-fremde Tun zu durchschauen, so daß das Ich Stellung nehmen kann. Sobald das gelingt, ist die Entfremdung aufgehoben. Die Analyse will mich also bewußt selbst in das Spiel bringen, so daß eben das Ich und nicht das Es handelt. Noch schärfer: Die Analyse soll sich selbst überflüssig machen, und sie wird überflüssig, sobald sich beide, der Arzt und der Patient, als selbständige Menschen gegenüberstehen. Die Verhaltenstherapie dagegen ist zweideutig. Freiheit wird theoretisch ausgeklammert. Faktisch gesehen macht jedoch der Experimentator und der Therapeut von ihr unbeschränkt Gebrauch, und zwar dem zu manipulierenden Objekt gegenüber. Indem der Manipulator es beobachtet, vergißt er sich selbst als Arrangeur und deklariert als wissenschaftliches Ergebnis, daß es kein Inneres und keine Freiheit gebe, oder daß diese, falls doch vorhanden, »für die funktionale Analyse nicht relevant seien« (Skinner).

Diese Zweideutigkeit bestimmt auch *Skinners* gesellschaftliche Konzeption. In seinen Büchern »*Futurum II*« und »*Jenseits von Freiheit und Würde*«[52] will er die Möglichkeit aufzeigen, wie in Zukunft die globale Kultur bewußt gesteuert werden kann. Die Freiheit im Sinn der Selbstbestimmung des einzelnen wird von Skinner ausgeschaltet. An ihre Stelle muß die Konditionierung treten, die, wie Skinner sagt, mit sanften, aber eindringlichen Sanktionen arbeitet. Die *Wissenschaft* hat gezeigt, daß der Mensch in einem vom Laien kaum für möglich gehaltenen Sinne manipulierbar ist. Die Wende zur Wissenschaft ist, so erklärt Skinner, eine Wende vom Vermuteten zum Beobachtbaren, vom Wundersamen zum Natürlichen, vom Unbegreiflichen zum Manipulierbaren. Dieser Orientierung an der Wissenschaft entspricht es, daß nun die Wissenschaftler die Richtlinien für kulturelles Verhalten entwerfen. Sie sind die letzten Instanzen. Auf ihr Wissen, das heißt ihre Fähigkeit, die menschliche Natur zu durchschauen, kann man sich verlassen. Anfang und Ende der Manipulation sind also festgemacht in einem Begriff der Freiheit als technologischer Machbarkeit, der sich als wissenschaftlich fundiert im vorhinein sanktioniert.

C. Aufriß
einer zeitgemäßen Ethik

Zur Gliederung

Wir haben in den vorhergehenden beiden Abschnitten die ethischen Ansätze der Tradition und der Gegenwart skizziert und wollen nun den Aufriß einer zeitgemäßen Ethik zu entwickeln suchen. Es kann sich dabei nicht, wie wir bereits im Vorwort zu diesem Teil darlegten, um den Entwurf einer systematisch geschlossenen Ethik handeln. Wir wollen vor allem nicht, wie es sich die wissenschaftliche Ethik der Tradition und der Gegenwart angelegen sein lassen, versuchen, das ethische Verhalten ontologisch, anthropologisch oder logisch zu fundieren durch Rückgang auf allgemeine Handlungsprinzipien. Wenn wir, insbesondere in den ersten Kapiteln, grundsätzliche Fragen der Ethik erörtern, so geschieht dies nur, um darauf hinzuweisen, daß es eine wesentliche Aufgabe der gegenwärtigen Philosophie ist, die *Relevanz der ethischen Einstellung für das menschliche Leben* herauszuarbeiten. Die Erörterung dieser Kapitel ist auf die späteren Ausführungen hin ausgerichtet, in denen der Versuch gemacht wird, möglichst konkret, insbesondere vom politischen und soziologischen Aspekt her, den Chancen ethischen Handelns in der Gegenwart nachzufragen.

Wir beginnen im *ersten Kapitel* mit einer Klärung der *Voraussetzungen und der Grundbegriffe*, unter denen dieser Aufriß steht; es geht uns darum, in Auseinandersetzung mit der philosophischen Ethik der Tradition und der wissenschaftlichen Ethik der Gegenwart die Ansatzpunkte einer zeitgemäßen *Ethik des Engagements* zu finden; wesentlich ist von diesem Aspekt her insbesondere die Erörterung des Begriffes des *ethischen Selbsteinsatzes aus Freiheit*. Das *zweite Kapitel* untersucht die Begriffe »gut« und »böse«, wiederum in einer kritischen Anknüpfung an die Tradition. Beide Bestimmungen gelten uns als die zentralen Bestimmungen einer jeden Ethik. Das Gute wird als Inbegriff möglicher Ordnung vom Handlungszusammenhang her bestimmt, wobei die verschiedenen Vermittlungen menschlicher Ordnung thematisiert werden. Das Böse wird von der Ambivalenz des Ich her in seinen Erscheinungen, dem Egoismus und vor allem den extremen Handlungen der Unmenschlichkeit, zu explizieren gesucht.

Das dritte und vierte Kapitel gehören zusammen, insofern sie die Bestimmungen des Guten zu konkretisieren suchen. Im *dritten Kapitel* untersuchen wir die *ethischen Maximen der Gegenwart*. Es kommt uns hier darauf an, keine abstrakten oder unerfüllbaren Forderungen zu erheben, sondern auf die Prinzipien hinzuweisen, die jedermann angelegen sind oder angelegen sein können. Es ist dies einmal die *Aner-

kenntnis des Willens zum Leben als einer Urtatsache, und sodann der *Grundsatz, möglichst vielen ein möglichst großes Glück zu erwirken*. Insbesondere in der Erörterung dieses Grundsatzes zeigt es sich, daß die Ethik heute primär Rahmenordnungen zu bedenken hat, innerhalb deren die primitiven Bedürfnisse als die eigentlichen Grundlagen menschlicher Existenz zu erfüllen sind. Das *vierte Kapitel* hebt als *Instanzen der Ethik* die *Vernunft* und das *Mitleid* heraus. Vernunft gilt uns als die nicht metaphysisch festgelegte Möglichkeit, das Allgemeine in bezug auf die Gestaltung der Ordnung der Großgruppen zu bedenken. Das Mitleid, in der philosophischen Tradition zumeist abgewertet, erscheint uns als letzte Möglichkeit, im Gegenzug zum radikal Bösen im Menschen, das heißt der Grausamkeit, durch Identifikation mit dem Leidenden die Verderbnis der Welt wenigstens in ihren schlimmsten Formen ein wenig zu lindern – wie Schopenhauer formuliert.

Das *fünfte Kapitel* soll explizieren, daß die Ethik heute dialektisch vorgehen muß, wenn anders sie der Realität des Menschen angemessen sein will. Wir entwickeln diese *Dialektik als das Ineinandergreifen von Freiheit und Unfreiheit*. Das Freiheitsproblem wird zunächst erläutert durch den Rückgriff auf das *Problem der Willensfreiheit unter juristischem Aspekt* und auf die *Ansätze der modernen Strafrechtsreform*, die im Gegenzug zum Vergeltungsrecht den Straftäter resozialisieren will. Daran schließt sich als zweites Beispiel eine Erörterung der verschiedenen *Analysen der Aggressionsforschung* unter dem Aspekt der Dialektik von Freiheit und Unfreiheit an. Hier soll zugleich gezeigt werden, daß eine wertfreie, rein analytische Deutung des Phänomens der Aggression, die von der Ethik absehen zu können glaubt, die menschliche Situation verfehlt.

Die drei letzten Kapitel, die den Abschluß der Arbeit bilden, befassen sich mit konkreten Phänomenen des ethischen Verhaltens. Das *sechste Kapitel* sucht den Unterschied von *Moral* und *Sittlichkeit* herauszustellen und auf die damit zusammenhängende Differenz zwischen dem Verhalten in bezug auf *Kleingruppen* und *Großgruppen* hinzuführen. Beide Unterscheidungen werden sodann zum Begriff des *Horizontes* als einem Grundbegriff des Verstehens in Beziehung gesetzt. Nahhorizont, Kleingruppen und Sittlichkeit, genauer: unmittelbare Sittlichkeit, gehören zusammen, während Fernhorizont, Großgruppen und Moral, genauer: regulative Moral, eine gewisse Einheit darstellen. Das *siebente Kapitel* sucht das *ethische Verhalten im Nahhorizont* zu skizzieren. Es soll hier insbesondere dargelegt werden, daß die Einschränkung der Sittlichkeit als unmittelbarer Sittlichkeit auf die kleinen Gruppen ein historisch bedingtes Faktum ist. Das *achte*, weit umfangreichere *Kapitel* thematisiert das *ethische Verhalten im Fernhorizont*. Hier geht es uns vor allem um die Frage des *Bezuges von Politik und Ethik*. Die Wandlungen dieses Bezuges innerhalb des abendländischen Denkens werden herausgestellt, um die gegenwärtige Situation angemessen in den ihr eigenen Möglichkeiten zu begreifen. Sodann werden der *Marxismus* und der *Liberalismus* unter dem Gesichtspunkt der Chancen der Humanisierung des menschlichen Zusammenlebens diskutiert, und abschließend wird das Verhältnis von Politik und Ethik in grundsätzlicher Hinsicht erörtert. Hier wird das Paradoxon aller Ethik, auf das wir bereits im Vorwort hinwiesen, noch einmal herausgestellt: die Ethik muß der Tatsache des unausrottbaren Bösen in der Welt eingedenk sein und doch unverrückbar auf eine Optimierung des menschlichen Zusammenlebens hinarbeiten.[1]

Erstes Kapitel
Voraussetzungen und Grundbegriffe

Vorbemerkung

Im folgenden Kapitel sollen einige Probleme diskutiert werden, die die *Grundlegung der Ethik* überhaupt betreffen. Wir suchen zu zeigen, daß es uns nicht angebracht erscheint, eine *allgemeine Fundierung* der Ethik von der Philosophie her zu intendieren. Solche Begründungen waren in der Zeit der großen Metaphysik sinnvoll. Sie brachten nur vom Ganzen eines Weltbildes her die Maßstäbe zum Ausdruck, die den einzelnen schon immer in seinem Handeln umgriffen und bestimmten. Heute sind diese geschlossenen Weltbilder dahin. Damit entfallen aber nicht nur metaphysische Fundierungen der Ethik, sondern auch deren gegenwärtige Äquivalente, das heißt, die Versuche, die Ethik von einer allgemeinen philosophischen Anthropologie oder einer Philosophie der Praxis her aufzubauen. Diese Versuche sind als Ausdruck der Wandlung der innerphilosophischen Diskussion bedeutsam: man nimmt die Ethik wieder, im Gegensatz zum Positivismus, ernst. Aber sie bleiben auf das Ganze unserer Situation bezogen unzeitgemäß, insofern hier nicht gesehen wird, daß eine philosophische Fundierung der Ethik für die reale Praxis des gegenwärtigen Lebens noch uninteressanter ist als es eine Fundierung der Wissenschaft durch eine allgemeine Wissenschaftstheorie für die empirische Forschung ist.

Der Ausschluß der grundsätzlichen Fundierungsversuche der Ethik von der Philosophie her negiert aber keineswegs die Möglichkeit, Gedankengänge, die in der Tradition oder in der Gegenwart geäußert wurden, aufzunehmen. Ein Ausschalten solcher Möglichkeiten wäre nicht nur vom Aspekt der Wirkungsgeschichte her gesehen verfehlt, sondern auch sachlich abwegig, denn bestimmte Ansätze der Tradition – so vor allem die Betonung des ethischen Selbsteinsatzes – scheinen uns auch heute noch von hoher Bedeutsamkeit zu sein.

Zur Problematik einer wissenschaftlichen Ethik

Es gehört zu jeder philosophischen Ethik, sich selbst in ihren Grundansätzen und Grundbegriffen zu explizieren. Eine solche Explikation kann nicht nur verschiedene Formen, sondern auch verschiedene Grade der Sicherheit haben. In den großen *Systemen der Metaphysik* spricht sich eine unbedingte ethische Gewißheit aus. Man denke an *Platos* Lehre, daß das Gute als oberstes Prinzip die Welt und das Handeln der

Menschen durchwaltet und regiert, oder – um ein anderes Beispiel zu nennen – an *Spinozas* Ethik, in der von der causa sui her das richtige Verhalten deduziert wird. Aber nicht nur in den großen Systemen der Metaphysik, sondern auch in der *praktischen Philosophie* der Tradition, die sich nicht primär um theoretisch-metaphysische Begründung bekümmert, ist eine solche Sicherheit zu finden. Die *stoische* Philosophie und vor allem *Sokrates* sind Grundbeispiele: Sokrates stehen einige ethische Grundgewißheiten fraglos fest, auch wenn er sie nicht zu fundieren vermag, so weiß er, daß es besser ist, Unrecht zu leiden als Unrecht zu tun.[1]

In der Tradition gibt es nun aber neben der eben angedeuteten Explikation der ethischen Einstellungen auf Grund innerer Gewißheit auch Versuche, die Ethik *objektivwissenschaftlich* zu begründen. In der geschichtlichen Entwicklung überschneiden sich beide Ansätze zwar, der Sache nach aber müssen innere Explikation und äußere Begründung bei ethischen Argumentationen unterschieden werden. Das äußere Begründungsverfahren setzt die neutrale Wissenschaft und ihre Methode als das Medium an, in dem sich der Begründungsversuch der Ethik zu vollziehen hat. Natürlich soll und kann der Begründer selbst von seinen Argumentationen »ethisch überzeugt« sein, aber für seine Begründungsform als solche ist dies nicht entscheidend.[2]

Man kann sich den Ansatz dieses Verfahrens verdeutlichen durch den Vergleich mit den Gottesbeweisen der mittelalterlichen Philosophie. Derjenige, der Gott beweist, hat selbstverständlich an diesen Beweisen selbst Interesse. Für seine Person braucht er jedoch nicht Gottes Wesen und Dasein zu demonstrieren. Wenn er dies tut, so geschieht es im Blick auf die Heiden, um diese auf Gott hinzuführen. Das heißt methodisch, er muß sich auf den neutralen Boden der allgemeinen Vernunft begeben, auf dem sich Christen und Heiden treffen können. *Descartes* legt in der Widmung seiner »Meditationes« an die Theologische Fakultät in Paris die Notwendigkeit eines solchen neutralen Verfahrens eindrücklich dar.[3]

Entsprechendes gilt für den Ethiker, wenn er objektiv vorzugehen sucht: er will die anderen, die der Ethik gegenüber skeptisch eingestellt sind, überzeugen. Dies bedeutet zunächst, daß versucht wird, ein Sondergebiet »Ethik« zu konstituieren und dies gegen andere Dimensionen abzuheben. Man unterscheidet – das ist hier der bestimmende Grundansatz – zwischen der Ebene des Feststellbaren und des Gegebenen, seien dies nun Gesetze oder Tatsachen, und der Region des *Sollens*. Die erste Dimension hat wissenschaftlich gesehen einen Vorrang, eben weil sie sich auf Vorliegendes berufen kann. In bezug auf die zweite Dimension gilt es dagegen erst zu beweisen, daß es *Freiheit* gibt. Gelingt dieser Beweis, dann ist damit die Möglichkeit der Ethik eruiert. Es gilt nun, das ethische Handeln gegen andere Formen des Tuns abzugrenzen. Dies erfordert, Prinzipien zu suchen, von denen dies Handeln abgeleitet werden kann.

Diese Versuche der Konstruktion einer wissenschaftlichen Ethik sind *zweideutig*. Insofern in ihnen ein Stück echter ethischer Selbstexplikation steckt, sind sie legitim. Als äußeres Beweisverfahren dagegen überzeugen sie nicht. *Kant* hat seine Unzulänglichkeit gezeigt. Kant hat selbst, wie sich aus seiner philosophischen Entwicklung belegen läßt, zunächst versucht, die Ethik zu beweisen, und zwar von der theoretischen Vernunft her. Er hat aber im Verlauf seiner Begründungsversuche die Unzulänglichkeit der theoretischen Fundierungen eingesehen. Der kritische Kant spricht vom *Faktum* der praktischen Vernunft: das Sollen und das moralische Gesetz kann durch kein Theoretisieren herausgeklügelt werden.

Dieser kantische Ansatz ist auch für uns noch gültig, insofern er zeigt, daß Freiheit und moralisches Bewußtsein nicht objektiv zu demonstrieren, sondern nur im *Selbstvollzug* zu begreifen und zu ergreifen sind. Das besagt nicht, daß wir Kants Argumentation in allen ihren einzelnen Schritten übernehmen können. Auch der kritische Kant bemißt die Moralität ihrem Gewißheitsgrad nach noch am Maßstab wissenschaftlicher Objektivität.[4] Aber auf das Grundsätzliche hin gesehen ist Kant doch als derjenige Denker anzusehen, der ein für allemal dargelegt hat, daß jeder Versuch, eine wissenschaftliche Begründung der Ethik durch theoretische Überlegungen zu liefern, zum Scheitern verurteilt ist. Diese Einsicht Kants in die theoretische Unbegründbarkeit der Ethik ist gerade für uns unumgänglich. Da wir nicht mehr aus der Gewißheit einer großen metaphysischen Tradition und einer fraglos praktischen Philosophie leben, liegen uns die Versuche sehr nahe, die Möglichkeit der Ethik wissenschaftlich demonstrieren zu wollen.

Wie zweideutig solche Versuche sind, zeigt beispielhaft der Ansatz von *Oswald Schwemmer*, den wir oben diskutierten, als wir die Analyse der Ethik in der gegenwärtigen Philosophie erörterten. Schwemmer weist darauf hin, daß gegen seine Philosophie der Vorwurf erhoben werden könnte, hier würde eine blutleere Erfahrungsferne zelebriert. Er nimmt diesen Vorwurf hin und wendet ihn ins Positive, indem er gegen die übliche moralphilosophische Berufung auf das »Tua res agitur« und die mit ihm verbundene argumentationslose Suggestion das disziplinierte Argumentieren setzt, das sich dem Ideal methodischer Strenge unterstellt.

Am Schluß seines Werkes erklärt Schwemmer nun aber, daß nicht nur Kants, Hegels und Marx' Fundierung der praktischen Philosophie, sondern auch seine eigenen Bemühungen nicht hinreichen, die praktische Philosophie zu sichern. »Auch dieser hier vorgetragene Versuch kann eine solche Sicherung nicht garantieren – wenngleich er sie ermöglichen möchte. Die hier beanspruchte Lehrbarkeit des Rechtfertigens von Normen ist eine hypothetische.« Es folgt ein Zitat von Paul Lorenzen: die kritische Philosophie kann Denkmethoden nur zur Verfügung stellen, die jeder lernen *könnte*. »Trotzdem läßt sich das Philosophieren nicht lehren, weil es nicht zu erzwingen ist, daß der Lernende das Gelernte auf sein eigenes Leben anwendet – ja, daß er überhaupt bemerkt, daß es um sein eigenes Leben geht.«[5]

Das »Tua res agitur« wird also am Ende doch anerkannt, und von ihm her wird die ganze moralische Argumentation, die doch verbindlich, ja sogar lehrbar sein sollte, durch einen existenziellen Dezisionismus ergänzt: die Argumentation ist nur hypothetisch, das heißt, es hängt nun alles an dem Entschluß des einzelnen, diese Hypothese auf sich »anzuwenden«. –

Wir beschließen unseren Hinweis auf die Problematik einer wissenschaftlichen Ethik, indem wir die Möglichkeit erörtern, Philosophie, bezugsweise Wissenschaft und Ethik, als *verschiedene Sphären* gegeneinander zu isolieren. Im späteren 19. Jahrhundert, insbesondere dann aber im *Logischen Positivismus*, zog man aus der Tatsache der Unbeweisbarkeit der ethischen Grundbegriffe eine dementsprechende Konsequenz. Die Ethik gehört, so wird deklariert, in die *Dimension des Lebens*. Das besagt aber, wenn die Ethik überhaupt für die wissenschaftlich orientierte Philosophie relevant sein soll, so kann es nur darum gehen, die formalen Strukturen der Ethik herauszuarbeiten. Dementsprechend untersucht die *Sprachanalyse* ethische Aussagen auf ihre syntaktische oder semantische Form hin.[6] Ethische Aussagen sind, auch wenn sie nicht als Imperative ausgeformt sind, nicht deskriptiv, sondern präskriptiv. Man muß daher diesen präskriptiven Sprachcharakter herausstellen. Zugleich aber ist es notwendig zu fragen, ob ethische Aussagen auf Erkenntnisurteile zurückzuführen sind, ob sie emotionalen Charakter haben oder ob sie eigenständiger Natur sind. Wir haben dieses Vorgehen im ersten Teil ausführlich erörtert und heben jetzt nur das für unseren Zusammenhang Wichtige hervor.

Die Unterscheidung von Theorie und Metatheorie bedeutet auf die Ethik bezogen, daß die Ethik und die metaethischen Analysen gegeneinander abgehoben werden müssen. *Metaethische* Theorien gehen rein wissenschaftlich vor. Sie sind daher wertfrei und ethisch neutral. Der Wissenschaftler darf ethische Systeme, die ihm persönlich fremd sind, nicht ablehnen, sondern muß sie objektiv untersuchen. Das ist aber eben nur möglich, wenn er selbst keine ethische Stellung bezieht, sondern nur die Strukturen einer ihm vorliegenden Ethik untersucht, sei es unter sprachlichem, psychologischem oder soziologischem Aspekt.

Die Problematik dieser Einstellung ist nicht zu verkennen. Es wird *als Tatsache* vorausgesetzt, daß es überhaupt so etwas wie Ethik und Moral im Leben gibt. Dabei wird aber die Ethik weitgehend auf soziale Verhaltensformen reduziert, die man ebenso wie tierische Geselligkeitsformen objektiv untersuchen kann. Der Fehler dieses Ansatzes ist der Ausschluß einer dialektischen Betrachtung. Natürlich ist es möglich und notwendig, ethische Einstellungen unvoreingenommen zu untersuchen, aber das kann nie in reiner Wertneutralität geschehen. Ich darf ja auch nicht meine eigene ästhetische Einstellung absolut verleugnen, wenn ich etwa primitive Kunstwerke betrachte. Erfordert ist hier die Auseinandersetzung, in der ich mich bzw. meinen eigenen ethischen Ansatz ebenso in Frage stellen lasse, wie ich andere ethische Ansätze in Frage stelle. Zu dieser Auseinandersetzung gehört Abständigkeit von mir selbst und Bereitschaft zum Hören. Aber das bedeutet keine Negation meiner eigenen Ethik. Eine Betrachtung ethischer Systeme verfehlt ihren Gegenstand, wenn sie die zu untersuchenden ethischen Einstellungen naturalistisch als reine Fakten behandelt. Ethische Haltungen können, auch wenn sie mir fremd sind, nur dann verstanden und adäquat beschrieben werden, wenn ich sie als Möglichkeiten menschlichen Selbstverständnisses begreife, zu denen ich positiv oder negativ Stellung nehmen kann und soll.

Möglichkeit und Notwendigkeit der Ethik überhaupt

Wir haben in der Auseinandersetzung mit den methodischen Ansätzen der Tradition zu zeigen versucht, daß es nicht möglich ist, die Ethik wissenschaftlich-objektiv zu begründen, daß es aber ebensowenig angeht, die Ethik als ein Faktum des kulturellen Lebens anzusetzen und von außen her zu betrachten. In beiden Fällen wird vergessen, daß die Ethik eine *Form des Selbstbezuges* ist, der in einer feststellenden Außenbetrachtung nie eingefangen werden kann.

Das besagt aber, daß die Diskussion der Ethik unter philosophischen Aspekten im Sinne eines Zirkelverfahrens, das heißt einer kritischen Explikation des eigenen ethischen Selbstverständnisses zu vollziehen ist. Von diesem Ansatz aus kann nun die Frage nach der *Möglichkeit* und der *Notwendigkeit* der Ethik angegangen werden. Es ist durchaus angebracht, vom Lebensaspekt her auf die Unumgänglichkeit der Ethik hinzuweisen. Solche Hinweise sind nicht unnützlich, auch wenn sie wesenhaft im allgemeinen verbleiben. Freilich: man muß sich von vornherein klarmachen, daß sie nur in und durch den eigenen ethischen Selbsteinsatz Leben gewinnen. Werden sie nicht solchermaßen »existentialisiert«, dann erscheinen sie eben lediglich als anthropologisch-soziale Fakten, die äußerlich feststellbar sind.[7]

Die *Möglichkeit* der Ethik gründet in dem gebrochenen Bezug, in dem der Mensch zu den Mitmenschen und zu den Dingen steht. Wir haben diesen Bezug als die *dialektische Struktur der Wirklichkeit* mehrfach herausgestellt: Wirklichkeit ist das Wechselgeschehen von Subjekt und Objekt. Dies bedeutet, daß der Mensch in das Vorgegebene eingreift und eingreifen muß. Es ist hierbei aber zu bedenken, daß er, ebenso wie er das Geschehen vermittelt und gestaltet, von diesem vermittelt und gestaltet wird.

Wäre die Welt eine feste Ordnung, dann käme dem Erkennen ein unbedingter Primat zu. Das Erkennen würde als Einsicht in die vorgegebenen Strukturen die Tätigkeit eindeutig ausrichten. Wäre umgekehrt die Welt ein völlig ungefügtes Chaos, das gar keine erkennbare Ordnung vorgäbe, dann wäre sie völlig frei zu formen. Das Handeln hätte einen Vorrang, und zwar als Sinngebung des Sinnlosen, denn ohne Anhalt und Ausrichtungen am Vorliegenden wird jedes Handeln zur beliebigen Setzung. Die Wirklichkeit als Wechselgeschehen von Subjektivem und Objektivem ist dagegen die Welt des offenen Spielraumes, in dem ich mich erkennend zu orientieren habe, um handelnd gestalten zu können.

Die Wirklichkeit als dialektischer Geschehenszusammenhang fundiert aber nicht nur die Möglichkeit, sondern auch die *Notwendigkeit* der Ethik. Der im Wirkungszusammenhang stehende Mensch wäre nicht lebensfähig, wenn er sich nicht erkennend und handelnd seine Welt aufbaute. Dieser Weltaufbau ist aber nicht durchführbar ohne eine ethische Ausrichtung. Ethik ist kein lebensfremder Luxus, wie man heute zum Teil vermeint, sondern eine harte Notwendigkeit. Der Mensch kann ohne die »normative« Ausrichtung seines Tuns im Blick auf das Verhalten der anderen und zu anderen nicht existieren.

Diesen Sachverhalt hat die *moderne Anthropologie* klar erkannt. Der Mensch ist nicht umweltgebunden. Er ist nicht festgestellt, so Nietzsche und Gehlen; er ist exzentrisch, so Plessner. Der Mensch ist sich in seinem Können immer voraus. Dieses Voraussein aber bedeutet, daß er sich selbst Ordnungen auferlegen muß, um von ihnen her zu existieren. Täte er dies nicht, so würde er, weil er sich in seinen Fähigkeiten ständig übersteigt, der Selbstzerstörung anheimfallen.

Gleichwohl: der Ansatz der Anthropologie ist mit entscheidenden Mängeln behaftet, und zwar in zweifacher Hinsicht. Einmal: die Anthropologie gehört zu den Endgestalten der *Philosophie der Subjektivität*. Das besagt: die Vorrangstellung des Menschen wird hier einseitig betont. Dies ist verständlich als Gegenzug gegen die theologisch-metaphysische Tradition, die die welthaften Ordnungen auf übermenschliche Setzungen oder überzeitliche Werte zurückführt. Aber die richtige Aussage, daß der Mensch und nicht ein Gott der Produzent der welthaften Ordnungen ist, ist eine Leeraussage. Sie bleibt abstrakt, weil es realiter nicht den Menschen überhaupt, sondern nur den geschichtlich bestimmten Menschen gibt. Der geschichtliche Mensch aber schafft keine Ordnungen aus dem Nichts heraus, weil er schon immer von der Vergangenheit her bestimmt ist. Sein »Ordnungsstiften« ist ein ständiger Prozeß des Umbauens.

Das eigentlich Verhängnisvolle des anthropologischen Ansatzes aber liegt in der

Ausschaltung des Selbstbezuges, der den Menschen auszeichnet. In der modernen Anthropologie wird die Notwendigkeit der Ordnung für den Menschen nur konstatiert, aber nicht mit seinem Selbstverständnis vermittelt.[8] Die These, daß der Mensch im Gegensatz zum Tier Ordnungen braucht, die er sich erst erschaffen muß, verbleibt in der Dimension der Außenbetrachtung. Sie wird als biologisch oder ethnologisch fundierte Erfahrungstatsache ausgegeben und gerade damit wird die Einsicht in die Struktur der Ethik entscheidend verkürzt. Indem die Ethik als soziales Faktum konstatiert wird, wird jede Frage, die die *innere Selbstverpflichtung* betrifft, ausgespart. Und dies bedeutet wiederum die Ausklammerung jeden konkreten moralischen Engagements, zu dem ich mich selbst in meiner geschichtlichen Situation aufrufe.

Die anthropologische Betrachtung ist in ethischer Hinsicht also unbefriedigend, insofern sie sich dem Schema der empirischen Wissenschaften unterwirft. Auf der einen Seite steht die grundsätzliche Behauptung, daß der Mensch eine Ethik brauche, in ihrer Abstraktheit. Auf der anderen Seite wird eine Fülle empirischen Wissens um institutionelle Ordnungen ausgebreitet, vom Urmenschen bis zur Spätkultur. Diese einzelnen Phänomene werden als besondere Fälle dem allgemeinen Ansatz untergeordnet. Es sei ausdrücklich gesagt, daß eine empirisch-historische Erforschung ethischen Verhaltens durchaus eine sinnvolle Aufgabe ist, aber diese Erforschung muß aufgehoben und übergriffen werden durch den »Selbsteinsatz der Person«, wenn anders man die Möglichkeit und die Notwendigkeit der Ethik adäquat erfassen will. Sinn und Bedeutung des ethischen Selbsteinsatzes gilt es nun genauer darzulegen.

Der ethische Selbsteinsatz.
Rückerinnerung an Fichte, Kierkegaard und Heidegger

Es wurde im vorausgehenden mehrfach darauf hingewiesen, daß wir in keiner intakten Gesellschaft, die durch »substantielle Sittlichkeit« bestimmt ist, leben. Es ist daher erfordert, allererst zur ethischen Einstellung aufzurufen. Ein solcher Aufruf mag unmodern, zum mindesten aber unwissenschaftlich erscheinen. Er ist jedoch angebracht, um den Ansätzen einer Technologie entgegenzutreten, die das sittliche Verhalten in rationalem Planen aufgehen lassen will. Im Gegenzug gegen ein solches Vorgehen gilt es sich immer wieder daran zu erinnern, daß die Wissenschaft als solche noch keineswegs die Probleme unserer Zeit im Sinne einer Förderung zur Humanität löst.

Der Aufruf zur ethischen Einstellung muß sich, wenn anders er sinnvoll sein, das heißt »ankommen« soll, an den *Einzelnen* richten.[9] Dessen ethische Konstituierung ist die erste Aufgabe. Diese Konstituierung darf jedoch nicht die Tatsache der Einordnung des einzelnen in übergreifende Zusammenhänge vergessen, sie soll vielmehr gerade den *Zugang* zu diesen eröffnen. Anders formuliert: es geht darum, das Bewußtsein der Verantwortung zu erwecken. Der Einsatz der Verantwortung geschieht im frei zu ergreifenden Entschluß von der eigenen Subjektivität her. Aber Verantwortung überschreitet immer schon den Raum der einzelnen Subjektivität, sowohl in persönlicher als sachlicher Hinsicht. Als Verantwortung *vor* und *für* andere Menschen bezieht sie den einzelnen in ihn bestimmende Gesamtzusammenhänge ein.

Das exemplarische Urbeispiel des ethischen Selbsteinsatzes ist die Gestalt des *Sokrates*. Sokrates ist – Hegel hat dies klar gesehen – eine zweideutige Figur. Er lebt in einer Zeit des Verfalles: die substantielle Sittlichkeit der vorausgehenden Epoche ist keine lebendige Macht mehr. Sokrates erscheint nun einerseits als die Verkörperung der Negation, insofern er den Verfallsprozeß fördert. Dies geschieht durch die Deklaration der eigenen Subjektivität. Die *Reflexion* wird als Maß gesetzt. Hegel kritisiert – durchaus mit Recht –, daß Sokrates nicht zu allgemeinen Verbindlichkeiten durchgestoßen sei. Gleichwohl zeigt sich in seiner Haltung ein entscheidender Wesenszug, der für die gesamte abendländische Ethik bestimmend wurde. Die ethische Einstellung gründet in der *Freiheit der Einsicht und des Wollens*. Bei Sokrates wird das Wissen wach, daß es letztlich am Menschen selbst liegt, wie er sich verhält, wobei aber dieses Selbstbewußtsein als einsichtiges Selbstbewußtsein wiederum die Verpflichtung zur Rechenschaftsabgabe einschließt und das heißt, sich nicht als irrationale Willkür etablieren darf.[10]

Der Akt der Selbstkonstitution der freien Subjektivität wird in den *modernen Denkansätzen* bewußt und ausdrücklich zum Grundthema der Philosophie erhoben. Diese Ansätze zeigen, insofern sie die Dimension der Innerlichkeit absolut setzen, an, wie wir heute nicht mehr vorgehen können und sollen. Auf der anderen Seite aber wird in und durch diese Entwürfe gerade deutlich, daß der Einsatz des *Selbstes* die Bedingung jeder Ethik ist. Dies sei illustriert durch Hinweise auf *Fichte, Kierkegaard* und *Heidegger*. Bei diesen Denkern wird das Problem des Selbsteinsatzes so grundsätzlich erhellt – auch in seinen möglichen Abgleitungen –, daß es nicht angebracht ist, die Frage nach der ethischen Selbstkonstitution ohne Rückgriff auf sie in Angriff zu nehmen.

Wir deuteten bereits an, daß Freiheit und Verantwortung zusammengehören. Die Freiheitsidee als Emanzipation bestimmt, bleibt leer und führt nicht auf den Gedanken der Verbindlichkeit hin. *Fichte* hat diesen Zusammenhang von Freiheit und Verantwortung gesehen.[11] Freiheit ist die Voraussetzung alles Tuns, aber Freiheit ist eben nicht, wie die Anhänger der Kritischen Theorie vermeinen, bloße Aufhebung von Zwang zugunsten emanzipierter Selbstaufklärung. Freiheit ist nur sinnvoll als und insofern sie sich selbst verbindlich *eingrenzt*. Das Herausstellen des dialektischen Zusammenhanges von Selbständigkeit und Bindung ist der entscheidende Beitrag Fichtes zur Ethik. Wir haben die Grundlegung der Ethik, wie sie Fichte vollzieht, am Schluß des zweiten Teiles durch eine Interpretation der Schrift Fichtes »*Die Bestimmung des Menschen*« zu erläutern gesucht[12] und rufen jetzt nur Fichtes Idee der Konstitution der Freiheit in Erinnerung.

Fichte zeichnet zwei Gegentypen: den Dogmatiker und den Idealisten. In der Schrift »Erste Einleitung in die Wissenschaftslehre« charakterisiert er die *Dogmatiker* als diejenigen, die sich noch nicht zum vollen Gefühl ihrer Freiheit und absoluten Selbständigkeit erhoben haben. »Sie haben nun jenes Zerstreute, auf den Objekten haftende, und aus ihrer Mannigfaltigkeit zusammenzulesende Selbstbewußtsein. Ihr Bild wird ihnen nur durch die Dinge, wie durch einen Spiegel zugeworfen ... Alles, was sie sind, sind sie wirklich durch die Außenwelt geworden.«[13] Im Gegenzug dazu wird der *idealistische Philosoph* bestimmt: »Wer aber seiner Selbständigkeit und Unabhängigkeit von allem, was außer ihm ist, sich bewußt wird, – und man wird dies nur dadurch, daß man sich unabhängig von allem durch sich selbst zu etwas macht, – der bedarf der Dinge nicht zur Stütze seines Selbst, und kann sie nicht brauchen, weil sie jene Selbständigkeit aufheben, und in leeren Schein verwandeln. Das Ich, das er besitzt, und welches ihn interessiert, hebt jenen Glauben an die Dinge auf.«[14]

Während also der dogmatisch bestimmte Mensch sich sein Tun und Lassen von den Objekten vorgeben läßt, unterstellt sich der idealistisch Denkende dem Prinzip des Handelns. Dies ist nur möglich, weil er sich selbst als *Ich* ergreift. Das Ich ist aber gar nichts anderes als diese Setzung durch sich selbst, das heißt die Tathandlung.

Dies Selbstergreifen ist der einzige Beweis der Freiheit. Fichte macht Ernst mit der kantischen Einsicht, daß Freiheit in keiner Weise äußerlich demonstrierbar ist. Er zeigt den Angelpunkt jeder Ethik auf: die innere Möglichkeit und Notwendigkeit der Ethik gründet allein in dem durch Freiheit zu aktualisierenden *Selbsteinsatz*, und dieser geschieht – das ist ebenso wichtig – als Gegenzug gegen die Passivität des Gelebtwerdens.

Dieser Gedanke muß gerade heute wachgehalten oder besser: wiedererweckt werden im Gegenzug zu einem Verhalten, das sich einer vorwiegend technologisch bestimmten Außenlenkung unterstellt. Sicher: wir werden uns nicht auf Fichtes pathetische Wendungen festlegen, vor allem: wir werden die Tathandlung nicht im Sinne einer spekulativen Transzendentalphilosophie als metaphysisches Anfangsprinzip deklarieren – die Ich-Konstitution steht als endliches Verantwortungsbewußtsein immer schon im Kontext eines Erfahrungszusammenhanges. Aber dies alles ändert nichts daran, daß wir von Fichte lernen können, daß das Selbstergreifen der Freiheit die *Grundvoraussetzung* alles ethischen Tuns ist.

Fichtes Bedeutung für die gegenwärtige Diskussion der Ethik sei konkret an einer bestimmten Frage, nämlich dem Problem des *Determinismus*, illustriert.[15] Wenn man heute über das Problem der Freiheit diskutiert, so kann man folgende Erfahrung machen: es besteht eine Scheu, sich auf philosophische Grundpositionen der Tradition festzulegen, das heißt, sich entweder als Determinist oder Indeterminist auszugeben. In concreto sucht man jedoch die Möglichkeit der Freiheit als problematisch auszuschließen, und zwar wird hier ähnlich wie im ersten Buch der Schrift »Die Bestimmung des Menschen« argumentiert. Der Standpunkt, daß alles Tun und Lassen von der Vergangenheit her eindeutig kausal bestimmt sei, auch wenn man die Gründe nicht, zumindest in ihrer Vielfältigkeit nicht, kennt, erscheint als zwingend, weil er, so meint man, objektiv und wissenschaftlich ist im Gegensatz zum bloß subjektiven Freiheitsgefühl.

Die Wissenschaftlichkeit des Determinismus wird heute vor allem durch Rückgriffe auf moderne Theorien, insbesondere psychologische, psychoanalytische oder biologische Lehren abgestützt. Die Triebkonstellationen oder die Genstrukturen bedingen alles Tun. Unter dem Gesichtspunkt der strengen Rationalität gilt: nicht ich handle, sondern vielfache Gründe bewirken »mein« Tun. Das besagt: das Ich ist ein umgangssprachlicher occasioneller Ausdruck und keine verifizierbare Wirklichkeit, der Gedanke »*sua sponte*« ist illusorisch.

Fragt man nun jedoch, ob es sich mit dieser Einstellung überhaupt leben läßt, so werden Zweifel am Determinismus laut. Man gibt zu, daß Handeln immer vorwärts gerichtet, d. h. *intentional* ist. Konkret: ich kann im Alltag nur existieren im Hin und Her von Überlegungen und Entscheidungen. Diese betreffen zunächst und zumeist keine großen Dinge. Gleichwohl »besteht« aus ihnen mein Leben. Das besagt aber, daß die reine Kausalerklärung eine post festum angesetzte Deutung ist, die nicht das alltägliche Bewußtsein trifft.

Hat man sich diesen Sachverhalt klargemacht, so ist die Möglichkeit eröffnet, ein pragmatisch-praktisches Handlungsbewußtsein als lebensnotwendig anzuerkennen, auch wenn es wissenschaftlich nicht eruierbar ist. Aussage eines biologischen Kybernetikers: die biologischen Strukturen mögen die letzten Bedingungen sein; von ihnen her kann ich nicht mein Leben führen.[16] Und von dieser pragmatisch-praktischen Einstellung her wird schließlich – zumeist jedoch ohne philosophische Grundsätzlichkeit – zugegeben, daß das *Ich* als Möglichkeit des Stellungnehmens und Entschließens eben doch keine Illusion sei.

Die Differenz zu Fichte ist nicht zu übersehen. Es geht in diesen modernen Argumentationen nicht mehr um eine metaphysische Entscheidung – nach Fichte ist ja die Entscheidung zwischen Dogmatismus und Idealismus die philosophische Urentscheidung schlechthin. Die Gemeinsamkeiten sind aber ebenfalls nicht abzuleugnen. Wissenschaftlich-objektives Kausaldenken erscheint auch heute als die sichere Position. Es ist der dogmatische, modern gesprochen: der positivistische Hang im Menschen, der das rechte Lebensverhältnis nicht aufkommen läßt. Aber bereits ein erstes Nachdenken zeigt die Diskrepanz zwischen dem Handlungsbewußtsein und der deterministischen Theorie deutlich auf. Und von da aus ist es möglich und notwendig, den Einstieg in die Dimension der Freiheit zu vollziehen, das heißt, das Wissen zu evozieren, daß ich der Täter meines Tuns bin, auch wenn meine Handlungen immer schon in endlichen Spielräumen außerordentlich eingeschränkt und nicht absolut frei sind.

Auch in bezug auf die Struktur der *Begrenzung* der Freiheit ist Fichtes Ansatz heute noch bedeutsam. Fichte erkennt, daß jede Gestalt der Subjektivität, die als reines Selbstverständnis deklariert wird, der Gefahr der Selbstauflösung preisgegeben ist. Eine grenzenlose Freiheit verschwebt im Unbestimmten. Nur die Begrenzung gibt dem Ich Halt. Eine Begrenzung des Ich aber ist nur dann sinnvoll, wenn sie vom Ich selbst einsichtig vollzogen wird. Und dies bedeutet wiederum, nicht die toten Dinge, sondern nur die *Mitmenschen* als mir gleichberechtigte Ichwesen sind es, die mir Grenze im Sinn eines maßgebenden Haltes verschaffen. Nur von den Mitmenschen her erfahre ich Verbindlichkeit als Verbindung *und* Verpflichtung zugleich.

Die mitmenschliche Begegnung aber steht immer schon unter moralischer Blickrichtung. Das moralische Bewußtsein ist keine Ideologie, das heißt kein Zusatz zu einer in sich fertigen und in sich ruhenden Wirklichkeit. Die Wirklichkeit selbst ist ja ein Geschehen, in dem die Menschen miteinander verbunden sind in der Weise, daß sie die Verantwortung dafür tragen, daß dies Geschehen von der Vernunft bestimmt wird. –

Kierkegaards[17] ethischer Ansatz kann für uns nicht in derselben Form wie Fichtes Denken verbindlich sein, insofern Kierkegaard nicht den ethischen Außenzusammenhang, das heißt, die Verbindlichkeit gegen die Mitmenschen in zureichendem Maße in seiner Ethik mitbedenkt. Der radikale *Rückzug in die Innerlichkeit*, der Kierkegaards Denken bestimmt, wirkt sich auch in seiner Ethik aus.

Konkret: Ethik hat für Kierkegaard nur Sinn in der Bewegung des Selbstwerdens, die wesentlich auf das einzelne Individuum bezogen bleibt. Jeder Mensch muß als einzelner die Aufgabe auf sich nehmen, sein Existieren in Ordnung zu bringen. Dies geschieht durch die *Selbstwahl*. Die Selbstwahl geht allen konkreten Entscheidungen voraus. Es handelt sich, wie Kierkegaard erklärt, in der Selbstwahl nicht darum, dieses oder jenes zu wählen, sondern sich selbst als Wählenkönnenden zu wählen. Die Ethik wird damit von jedem Inhalt abgelöst und formalisiert. Die Ethik ist, wie Kierkegaard sagt, nur das Ergreifen des Absoluten, das heißt der Freiheit in und durch die Selbstwahl. Kierkegaard versucht zwar – wir haben dies im zweiten Teil dargelegt –, die Selbstwahl mit dem Allgemeinen, das heißt den institutionellen Ordnungszusammenhängen, zu vermitteln, aber das gelingt ihm nicht in überzeugender Form, weil jeder Sachbezug immer schon von der Reflexionsfrage durchkreuzt wird, ob er durch meine formalethische Selbstkonstitution bestimmt ist – unmittelbare Hingabe an das Allgemeine ist nach Kierkegaard als Form der Selbstvergessenheit negativ zu werten.

Dieser Ansatz ist verfehlt, insofern er das Selbstverständnis undialektisch vom Gegebenen abtrennt und ihm einen absoluten Vorrang zubilligt. Gleichwohl hat auch Kierkegaards Konstruktion des Selbstseins für uns Bedeutung, insofern Kierkegaard die *geschichtliche Relevanz* der ethischen Selbstkonstitution erkennt. Kierkegaard sieht nämlich, daß die substantielle Sittlichkeit im Sinne Hegels nichts Selbstverständliches ist. Die wirklich geglückte Einheit von Individualität und Allgemeinheit ist nur in bestimmten Konstellationen möglich. Wenn die hier verwirklichte Sittlichkeit in der Folgezeit problematisch wird, dann muß der Einsatz des einzelnen, der für jede Ethik notwendig ist, *verstärkt* geleistet werden. Diese Einsicht gilt, so meinen wir, auch und gerade in der Gegenwart, in der die Ethik »an den Rand geraten ist.« –

Unser letzter Hinweis gilt den Analysen, die *Heidegger*[18] in »Sein und Zeit« unter dem Titel des eigentlichen Selbstseins entwickelt hat. Bei Heidegger ist der unmittelbare Bezug zur Ethik aufgehoben. Heidegger geht es um transzendental-ontologische Grundbestimmungen der Existenz. Der Außenbezug – nicht im ontischen, wohl aber im ontologischen Sinne – ist negiert. Heidegger denkt jedoch, nicht anders als Fichte und Kierkegaard, insofern dialektisch, als er das eigentliche Selbstsein gegen seinen Gegensatz, das *Man-selbst*, abhebt. Heidegger stellt heraus, daß das Man-selbst zunächst und zumeist das Dasein bestimmt. Selbstsein konstituiert sich, obwohl es das eigentliche Sein darstellt, nur als Gegenzug zum Man-selbst. Diese Konstitution geschieht im Akt des Gewissen-haben-wollens, durch den sich der einzelne vom Man-selbst losreißt und sich auf sich selbst stellt. Dieser Akt des Gewissen-haben-wollens ist die Negation des Allgemeinen; die absolute Vereinzelung vollendet sich als Vorlaufen zum Tode. Diese kaum mehr zu überbietende Herausstellung der Subjektivität in einer Metaphysik der bewußt übernommenen Endlichkeit und Nichtigkeit gehört der Vergangenheit an. Gleichwohl: Heidegger hat – darum weisen wir auf ihn hin – die dialektische Struktur der Selbstkonstitution, in der sich das Selbst allererst als Selbstseinkönnen durch den Gewissensruf erschließt, klar erkannt. In der Erläuterung des Gewissensrufes heißt es: »Gewissen-haben-wollen ist als Sich-verstehen im eigensten Seinkönnen eine Weise der *Erschlossenheit* des Daseins.«[19] Diese Erschlossenheit aber ist realiter nur als Entschluß. »*Der Entschluß ist gerade erst das erschließende Entwerfen und Bestimmen der jeweiligen faktischen Möglichkeit.*«[20]

Erst der Entschluß eröffnet die Situation als den Raum, in dem ich handeln kann. Das Man-selbst, so sagt Heidegger, kennt keine Situationen, sondern nur »allgemeine Lagen« und »Gelegenheiten«. Es verrechnet Zufälle und verschließt sich damit die Chance, Möglichkeiten verantwortlich zu übernehmen. Diese Einsicht, daß situationsgemäßes Handeln nur aktualisierbar ist, wenn ich mich als Selbst, das heißt als *faktisches Seinkönnen*, ergreife, bleibt wesentlich, auch wenn wir die Entgegensetzung: Eigentliches Selbstsein und Man-selbst, hinter der sich der alte Gegensatz von Individuum und Masse verbirgt, nicht mehr als Alternative anerkennen.

Wir brechen unsere Rückerinnerungen ab. Noch einmal sei ausdrücklich herausgestellt: jede undialektische Isolierung des Aktes, in dem ich mich selbst als Freiheit ergreife, ist abwegig, weil sie die Zusammenhänge auflöst, in denen ich schon immer stehe. Nicht nur Kierkegaards und Heideggers Analysen, in denen das Individuum und seine Entschlußsphäre vom Allgemeinen abgetrennt wird, auch Fichtes Ansatz, die Freiheitskonstitution als transzendentale Setzung eines »Absoluten Ich« zu deklarieren, erscheinen uns verfehlt.

Gleichwohl: in allen diesen Bestimmungen der Subjektivität ist der Gedanke leitend, daß ich, um konkrete Entscheidungen zu treffen, mich allererst einmal *gegen die Passivität* zum Selbstentscheiden entschlossen haben muß. Dieser Akt des Sichselbstergreifens ist kein psychologisch beobachtbares Geschehen. Es handelt sich hier überhaupt nicht um feststellbare Daten, sondern um eine Weise des *Selbstbezuges*, genauer: der Freiheit. Der Entschluß, »aktiv mitzumachen«, der in dem Bewußtsein fundiert ist: »es liegt an mir«, ist die Konstitution dieser Freiheit aus sich selbst, wobei es gleichgültig ist, ob diese Konstitution nur einmal im Leben als hervorragendes Ereignis geschieht, wie Kierkegaard behauptet, oder ob sie – dies ist das weit Wahrscheinlichere – immer wieder erneut geleistet wird.[21]

Notwendig jedoch ist es – das ist die andere Seite –, die Bedingtheit zu begreifen, der dieser Entschluß zur Freiheit unterliegt. Die dialektische Struktur der ethischen Selbstkonstitution zeigt sich darin, daß diese nichts anderes ist als die Eröffnung von konkreten sachlichen Entscheidungen, die auf welthafte Ordnungszusammenhänge hin orientiert sind und die als solche dem geschichtlichen Wandel unterliegen. Grundsätzlich gesagt: unsere Freiheit ist *endliche Freiheit*. Sie bezeugt die Macht und die Ohnmacht des Menschen zugleich, und darum können wir nie vom Gedanken einer reinen und zeitlosen Freiheit, die nicht vielfältig vermittelt ist, ausgehen. Das aber bedeutet wiederum: es gibt für die Selbstkonstitution der Freiheit keine eindeutigen Programme. Erfordert ist vielmehr, daß derjenige, der sich zur Freiheit entschließt, unvoreingenommen und allseitig offen ist für die Möglichkeiten, die sich aus der geschichtlichen Situation ergeben.

Begriffsgeschichtliche Anmerkungen zur Bestimmung »Verantwortung«. Der Ich-Du-Bezug bei Martin Buber und die Verantwortungsethik bei Max Weber

Die Idee, daß die Freiheit des Menschen eine gebundene Freiheit ist, das heißt, daß der Mensch sich immer im Blick auf das ihm vorgegebene Geschehen in seinem Tun und Lassen zu vermitteln hat, läßt sich explizieren durch die Bestimmung der Verantwortung. Das Verständnis dieses Begriffes erscheint uns für die Konstitution einer zeitgemäßen Ethik entscheidend zu sein. Darum soll in den nächsten Kapiteln der Ansatz einer Ethik näher entwickelt werden, die unter dem Prinzip der Verantwortung steht. Im folgenden geben wir als Vorbereitung dafür eine kurze begriffsgeschichtliche Erläuterung der Bestimmung Verantwortung[22] und skizzieren sodann zwei wesentliche Ausprägungen der sogenannten Verantwortungsethik. Das ist einmal die Theorie des Dialoges, wie sie insbesondere *Martin Buber* entwickelt hat, und sodann *Max Webers* Konzeption, die Gesinnungsethik und Verantwortungsethik scharf unterscheidet.

Seiner ursprünglichen Bedeutung nach bezeichnet der Begriff Verantwortung ein Geschehen, das wesentlich die Sphäre des einzelnen Individuums überschreitet. Zur Verantwortung gehören zwei oder mehrere Personen. Ich bin einem anderen verantwortlich für mein Tun und Lassen, und zwar deswegen, weil dieser andere in irgendeiner Weise ein Recht an mich hat. Im *Alten Testament* tritt dieser Ansatz klar hervor: Gott hat den Menschen geschaffen. Der Mensch hat Gott Gehorsam zu leisten. Er kann jederzeit zur Rechenschaft gezogen und auf Herz und Nieren geprüft werden. Hier gibt es kein Entrinnen. Dies persönliche Verhältnis ist also kein Verhältnis der Gleichberechtigung. Der Mensch ist totaliter abhängig von Gott als dem Herrn.

Das Grundereignis, das die Geschichte dieser Abhängigkeit bestimmt hat, ist der Sündenfall. Der Mensch hat die relative Freiheit, die Gott ihm als seinem Ebenbild gab, mißbraucht. Die Ursünde besteht eigentlich in nichts anderem als in dem Willen des Menschen, sich der Verantwortung Gott gegenüber zu entziehen, das heißt, in der Selbstsucht, dem incurvatum esse in se ipsum. Wenn diese Verschuldung bereinigt werden soll, dann kann dies nur von Gott und nicht vom Menschen her geschehen. Der Mensch kann zwar versuchen, Gott umzustimmen durch Opfer und das Bemühen, ein Gott wohlgefälliges Leben zu führen. Letzthin jedoch – das ist der *christliche Ansatz* – kann nur Gott als der Herr das persönliche Verhältnis wieder herstellen. Gott hat dies auch durch seine Menschwerdung getan, deren Sinn es ist, daß dem Menschen ein neuer Zugang zu Gott eröffnet wird, so daß er Gott wieder angemessen antworten kann.

Im Zuge der *Säkularisation* des christlichen Denkens tritt diese Idee der persönlichen Bindung an Gott zurück, ja sie erscheint sogar unter moralischem Aspekt verfehlt. Verantwortung einem anderen gegenüber ist Heteronomie: man handelt nicht aus moralischen Gründen, sondern um dem anderen zu gefallen; Lohn und Strafe sind hier maßgebend. Zum Grundbegriff der Ethik wird im neuzeitlichen Denken die Bestimmung der Autonomie. An ihr haben alle Menschen in gleicher Weise teil, insofern sie Vernunftwesen sind.

Durch den Gedanken der Autonomie wird nun die ethische Einstellung auf den moralischen *Selbstbezug des Einzelnen* eingeschränkt. Nicht der Außenbezug des Handelns, sondern die Gesinnung des Handelnden ist entscheidend. Diese *Verinnerlichung der Ethik* wirkt sich dahin aus, daß die Bestimmung der Verantwortung, eben weil sie eine »Bezugskategorie« ist, nicht mehr als ethisch relevant erscheint. In der Dimension der Äußerlichkeit dagegen ist sie durchaus anwendbar, hier ist ihr eigentlicher Ort. Man muß sich, um diesen Zusammenhang angemessen zu verstehen, eine wichtige, aber zumeist zu wenig beachtete Tendenz des modernen Denkens klarmachen.

Je mehr im Verlauf der Neuzeit die Ethik Angelegenheit der Innerlichkeit wird, desto mehr muß man für das äußere Dasein Ordnungsbegriffe deklarieren, die das Zusammenleben unter möglichst eindeutige und zureichende Regelbegriffe stellen. Die Bestimmung der *Legalität* erweist sich als unentbehrlicher Gegenbegriff zur Moralität. »Verantwortung«, vor allem aber »Verantwortlichkeit«, werden nun zu *juristischen Termini*. Um nur ein Beispiel zu nennen: *Hegel*, dessen Anliegen es an sich ist, den Gegensatz von Moralität und Legalität im Gedanken der umgreifenden Sittlichkeit aufzuheben, gebrauchte in seiner Philosophie des Rechts die Begriffe Verantwortung und Verantwortlichkeit wesentlich nur im juristischen Sinn. Verantwortlich gemacht werden kann nur derjenige, der eine Vorstellung davon hatte, was bei seiner Tat herauskam. Nur in einem solchen Falle kann ihm die Tat als Schuld seines Willens zugerechnet werden.[23] Allgemein formuliert: »Das Objektive der Entscheidung, die Kenntnis des Inhalts und der Umstände, die gesetzlichen und anderen Bestimmungsgründe« machen den Bereich der Verantwortung aus.[24]

Diese Bestimmung des Begriffes der Verantwortung ist heute weithin maßgebend. Der allgemein anerkannte Alltagsgebrauch geht aber über den juristischen Begriff der Zurechnungsfähigkeit hinaus und versteht unter Verantwortung »*Zuständigkeit*«. Man fragt: wer ist hier verantwortlich? Das heißt: wer ist hier zuständig? Diese Frage wird vor allem gestellt, wenn etwas gerade nicht ordnungsgemäß verläuft. *Georg Picht* hat in einem sehr instruktiven Aufsatz über den Begriff der Verantwortung[25] diesen Sachverhalt am Beispiel eines »unverschuldeten« Zugunglückes dargelegt. Weder der Lokführer noch der Zugführer oder der Fahrdienstleiter wollten das Unglück herbeiführen. Gleichwohl verweist das Gesamtgeschehen, genauer: die Ordnung der Organisation zunächst auf sie als die zuständigen Beamten. Sie haben das Unglück zu verantworten, weil und insofern sie im Ganzen der Verweisungszusammenhänge einen bestimmten Funktionsort haben, den sie im Unglücksfall nicht verleugnen können.

Die Bestimmung »Verantwortung« ist hier eigentümlich versachlicht. Gleichwohl bleibt, auch wenn nicht primär auf die Gesinnung des Verantwortlichen reflektiert wird, ein moralischer Beiklang im Gebrauch dieses Begriffes enthalten. »Man hat für etwas gerade zu stehen«, und zwar als diese bestimmte Person, wenn man einmal die betreffenden Funktionen übernommen hat.

Diese eben angedeutete Bedeutungsentwicklung des Begriffes Verantwortung hat entscheidend dazu beigetragen, daß diese Bestimmung nicht ebenso entwertet wurde wie andere ethische Begriffe – z. B. die Bestimmung Gewissen. Wir können an die juristisch und sachlich orientierte Bedeutung des Begriffs der Verantwortung auch durchaus anknüpfen, allerdings ist sie in ethischer Hinsicht zu »erweitern«. Nur als frei geleistete geht Verantwortung über verrechenbare Zuständigkeit hinaus. Grundsätzlich gesagt: für die ethische Verantwortung gibt es keine Bereiche, die ihr von technologischen Funktionen her einfach vorgegeben werden und in die man nur »eingewiesen« zu werden braucht. Die ethische Verantwortung muß sich ihre Aufgabenbezirke allererst in Freiheit *erschließen*, auch und gerade dann, wenn sie begreift, daß die Bewältigung dieser Aufgaben zumeist in rein sachlicher Arbeit besteht.

Hier zeigt sich die Bedeutung und die Notwendigkeit des *ethischen Selbsteinsatzes* und des ethischen Engagements. Fällt dieser Selbsteinsatz dahin, dann wird Verantwortung eo ipso zur Verrechnungskategorie. So versucht fast jeder, im Falle eines »negativen« Ereignisses die mögliche Schuld an diesem Ereignis dem anderen aufzubürden. Diese Verrechnung geht so lange hin und her, bis einer überführt und solchermaßen festgenagelt wird, so daß er die Schuld nicht mehr von sich wegschieben kann. Es ist klar, daß solche Verrechnungen zum Leben gehören, insofern menschliches Miteinander als öffentliches Leben ohne Regelung unter legalen Aspekten nicht möglich ist. Aber dieser legale Ansatz genügt nicht, wenn es um die zukunftsbezogene Optimierung menschlichen Zusammenlebens geht. Hier ist der Selbsteinsatz, das heißt, das *Übernehmen der eigenen Verantwortung*, die Grundbedingung.[26]

Bevor wir Martin Bubers Theorie des Dialoges skizzieren, sind einige allgemeine Bemerkungen über die Entwicklung der »*Ethik des Bezuges*« erforderlich.[27] Die humanistische Individualethik, die zur Ideologie des Bürgertums im 19. Jahrhundert gehört, wird in der Zeit nach dem Ersten Weltkrieg entscheidend in Frage gestellt. Man versucht eine Ethik zu konzipieren, in der das menschliche *Miteinander* im Zentrum steht. Hier wird der Begriff der Verantwortung wiederum wesentlich, und zwar in seiner ursprünglichen Bedeutung, daß jemand einem anderen als einem *Du* verantwortlich ist. Der Ansatz dieser dialogischen Ethik ist nun aber von einer bestimmten Voraussetzung getragen: soll im Gegensatz zur humanistischen Individualethik das Miteinander zur Grundkategorie erhoben werden, dann muß dies Miteinander als realer Bezug gewährleistet sein. Das besagt: es ist notwendig, zwischen Ich und Du eine *Differenz* zu finden, die es unmöglich macht, beide »gleichzuschalten«.

Der erste Denker, der diese Argumentation ausdrücklich durchführt, ist Feuerbach, wie wir bereits früher herausstellten.[28] Feuerbach begründet den zwischenmenschlichen Bezug in der Differenz der *Zweigeschlechtlichkeit*. Allein diese Zweigeschlechtlichkeit als pure Naturhaftigkeit schließt die Möglichkeit aus, daß sich Ich und Du im Reflexionsverhältnis gegenseitig als echte Partner aufheben. Ein zwischenmenschlicher Bezug geistiger Art ist nach Feuerbach gegen eine solche Aufhebung ungeschützt; hier wird ja geradezu die Aufhebung der Individualität im Hinblick auf übergreifende ideale Sachverhalte intendiert.[29]

Die neue, nach dem Ersten Weltkrieg inszenierte *dialogische Ethik* ist wesentlich von der *dialektischen Theologie* bestimmt. Das Verhältnis zwischen Gott und Mensch ist zentral. Wirklichkeit kommt dem Ich allein aus der Begegnung mit dem göttlichen Du zu. Das Entscheidende in diesem Bezug ist die absolute Andersheit von Gott und Mensch, die nicht in Gleichheit aufhebbar ist. *Friedrich Gogarten* redet von der Hörigkeit des Menschen gegenüber Gott.[30] Der volle Ernst des Bezuges zeigt sich darin, daß das göttliche Du, der Schöpfer, den Menschen als Geschöpf nicht aus dem Bezug heraustreten läßt – bei gleichberechtigten Partnern wäre diese Möglichkeit nicht auszuschließen. Der Bezug zum anderen Menschen muß daher über den göttlichen Bezug vermittelt werden, denn allein diese Vermittlung schließt eben aus, daß ich mich dem Anspruch des anderen entziehe.

Bubers Ansatz ist trotz mancher Berührungspunkte mit der dialektischen Theologie durchaus eigenständig. Buber macht die Ungleichheit der Partner nicht zur Bedingung des Bezuges. Daß der echte Bezug, das heißt das *Gespräch*, zustande kommt, liegt letztlich nicht an den Partnern, sondern am dialogischen Prinzip des »Zwischen«. Wir legen dies genauer dar.

Buber erklärt, daß das Ich einerseits durch den Bezug zum *Du* und andererseits durch den Bezug zum *Gegenstand* bestimmt werde. Beide Bezüge sind lebensnotwendig. Freilich ist der Ich-Du-Bezug für das Selbstverständnis des Menschen von ungleich höherer Bedeutung. Die Schrift »Ich und Du« beginnt folgendermaßen: »Die Welt ist dem Menschen zwiefältig nach seiner zwiefältigen Haltung. Die Haltung des Menschen ist zwiefältig nach der Zwiefalt der Grundworte, die er sprechen kann.
Die Grundworte sind nicht Einzelworte, sondern Wortpaare.
Das eine Grundwort ist das Wortpaar Ich-Du.
Das andere Grundwort ist das Wortpaar Ich-Es . . .«[31]

Erst das Sprechen dieser Grundworte »stiftet den Bezug«. Dieser besteht nicht außerhalb der Grundworte. Allerdings müssen diese Grundworte »mit dem Wesen gesprochen werden«.

Das Gespräch zwischen Ich und Du ereignet sich, wenn sich das Zwischen einstellt.

Das Zwischen ist mehr als die Partner. Buber redet von ihm als dem Geist – Geist ist das verbindende Medium. Das Gespräch ist als vom Zwischen getragen ein existentielles unwiederholbares Geschehen, das nicht von den Partnern inszeniert werden kann. Der echte Dialog muß also von dem alltäglichen Reden streng unterschieden werden. Er ist keine Dauererscheinung, sondern selten. Aus ihm gleitet der Mensch in den Alltag zurück, der Bruch ist nicht zu vermitteln. Buber sagt: »Das einzelne Du *muß*, nach Ablauf des Beziehungsvorgangs, zu einem Es werden.«[32] Der andere wird wieder in die Welt eingefügt, »in der man zu leben hat und in der sich auch leben läßt, ja die einem auch mit allerlei Anreizen und Erregungen, Betätigungen und Erkenntnissen aufwartet«.[33] Diese Ausführungen erinnern an Jaspers' Unterscheidung von Dasein und Existenz; bei beiden Denkern werden existentielles Geschehen und welthaft bedingte Vorgänge undialektisch gegeneinander gesetzt.

Überdenkt man diesen Ansatz im ganzen, so ist klar, daß hier die Kategorie Verantwortung im Sinne einer ethischen Forderung nicht wesentlich sein kann. Wenn das Gelingen des Dialoges als eines echten Beziehungsvorganges in der Sphäre des Zwischen gründet, dieses Zwischen aber nicht herstellbar ist, dann ist Verantwortung hier nur möglich als das Antworten*können*, das allererst im Gespräch und durch das Gespräch als »*Gnade*« geschenkt wird.

Es ist zweifellos ein Fortschritt, den zwischenmenschlichen Bezug herauszuarbeiten als Überwindung des Individualismus. Aber die sich hier zeigenden Möglichkeiten werden sofort eigentümlich verkürzt. Die Orientierung am Ich-Du-Bezug bedeutet nicht nur eine Einengung, insofern andere zwischenmenschliche Bezüge, insbesondere die Zusammenhänge in Gruppen und Verbänden des »Wir«, nicht beachtet werden, sondern dieser Bezug wird auch in sich selbst nicht angemessen ausgelegt. Die Ich-Du-Beziehung wird von der Ich-Es-Beziehung *undialektisch* abgetrennt. Es wird vergessen, daß realiter sich beide Beziehungen ständig überschneiden und gegenseitig bedingen. Ebenso wird nicht beachtet, daß der persönliche Bezug seinerseits immer schon weitgehend bestimmt wird durch die Intention *beider* Partner auf Zusammenhänge hin, die als solche die Sphäre des Persönlichen überhaupt überschreiten. In unserer Zeit der Versachlichung wird dieser überpersonale Bezug als wesentlich anerkannt. Die Epoche der Innerlichkeit, in der die Redensart, daß einer dem anderen die Welt bedeute, gültig war, ist dahin. Gerade im Blick auf die Bestimmung der Verantwortung gilt es, diesen Wandel anzuerkennen und die Notwendigkeit einer dialektischen Verbindung von Person und Sachbezug als Positivum herauszustellen. –

Wir skizzieren nun den Ansatz der Verantwortungsethik *Max Webers*.[34] Weber sucht den Ort und den Sinn der Wissenschaft im Ganzen des modernen Lebenszusammenhanges zu bestimmen. Er geht davon aus, daß durch die geschichtliche Entwicklung zur Rationalität Konstellationen heraufgeführt werden, die eine grundlegende Änderung auf allen Gebieten der Wissenschaft, der Wirtschaft und der Politik bedeuten. Gleichwohl sucht Weber nach spezifischen Unterschieden, die die einzelnen Gebiete methodisch und sachlich gegeneinander abgrenzen.

Den neukantianischen Ansatz radikalisierend trennt Weber Wissenschaft und Leben. Er deklariert, daß der Wissenschaftler als Forscher nicht zu werten habe, sondern nur als Mensch, der im politischen und sozialen Leben steht. Im Leben gibt es keine allgemeine ethische Verbindlichkeit, sondern nur je *persönlich begründete Entscheidungen*. Weber leistet dem reinen Dezisionismus Vorschub. Er deklariert in ethischer Hinsicht einen Pluralismus, weil kein ethischer Standpunkt ein absolutes Recht beanspruchen darf. Wenn man das Leben in seiner Vielfalt selbst versteht, muß man erkennen, so erklärt Weber, daß die Unvereinbarkeit und also »die Unaustragbarkeit des Kampfes der letzten überhaupt möglichen Standpunkte das letzte Wort ist«. Soweit der Grundansatz.

Weber relativiert nun diese Unterscheidung von Wissenschaft und Leben in zweifacher Hinsicht. Einmal: er erkennt, daß dieser Zustand *historisch* bedingt ist. Erst die moderne rationale Wissenschaft trennt sich radikal vom Leben ab. Diese Wissenschaft entzaubert die Welt. Diese Entzauberung bedeutet aber – das ist das Zweite – eine Entideologisierung. Als soziologischer Historiker sucht Weber zu zeigen, daß religiöse Überzeugungen in wirtschaftliche Einstellungen umgewandelt werden. Die religiöse Überzeugung bewirkt die wirtschaftliche Einstellung, wie Webers Untersuchungen über den Calvinismus und seinen Zusammenhang mit dem Kapitalismus zeigen wollen, aber die religiöse Überzeugung gerät ihrerseits durch diese Transformation in den Hintergrund.

Diese Entzauberung der traditionellen Wertüberzeugungen wird von Weber in eigentümlicher Radikalität bis zum *Verdacht der Sinnlosigkeit überhaupt* vorgetrieben. Studiert man Webers Werke genauer, so sieht man, die Irrationalität der Lebenssphäre bedeutet für ihn nicht nur, daß sich kein ethischer Ansatz als dem anderen überlegen erweisen läßt, so daß alle ethischen Standpunkte gleichberechtigt wären, sondern die Irrationalität bedeutet auch und vor allem Unvernünftigkeit der Wirklichkeit schlechthin. Weber redet von der »ethischen Irrationalität der Welt«, und dies besagt, daß die Welt so strukturiert ist, daß sie gar nicht ethisch geändert werden kann.

Es ist wohl nicht zu bezweifeln, daß Weber in nicht unerheblichem Maße seinen Teil zum Aufkommen einer Intelligenzschicht beigetragen hat, die nicht ohne einen Einschlag von Überheblichkeit und Pathos die Illusionslosigkeit zum Prinzip erhob. Jaspers dagegen hat in seinem Buch über Weber die Illusionslosigkeit Webers als nüchterne und zugleich stoisch-gelassene Haltung gepriesen – unserer Meinung nach nicht ganz zu recht.[35]

Sachlich betrachtet bedeutet diese Illusionslosigkeit *Anerkenntnis des faktischen Lebens*, insbesondere im Bereich der *Politik*. Politik ist für Weber primär Machtkampf. Weber deklariert die Unabhängigkeit des politischen Lebens von der Moral. In der Politik gelten andere Gesetze als in der sittlichen Sphäre. Augenmaß für das Mögliche und nicht das moralisch Gebotene ist hier erforderlich. Für den Politiker ist entscheidend »die geschulte Rücksichtslosigkeit des Blickes in die Realitäten des Lebens und die Fähigkeit, sie zu ertragen und ihnen innerlich gewachsen zu sein.«[36]

Weber weiß nun aber, daß auch die Politik gegenwärtig »*rationalisiert*« ist. Maßgebend ist heute weithin der bürokratische Funktionär. Seine Rationalität ist eine technische Rationalität. Diese technische Rationalität engt das persönliche Verhalten ein. Das Individuum hat heute nur einen sehr engen Wirkungskreis. Weber sieht, daß die Politik heute eigentlich nicht mehr im Sinne des imperialistischen Machtdenkens großer Männer gestaltet werden kann. Gleichwohl deklariert er den Vorrang der »großen Politik«[37] vor aller Bürokratie und setzt einen Wesensunterschied zwischen dem Politiker und dem Beamten an. Die Beamten, auch und gerade die »sittlich hochstehenden«, sind zumeist politisch wirkungslos. Ihnen fehlt die *Leidenschaft*, die der Politiker braucht. Leidenschaft neben Illusionslosigkeit kennzeichnet Webers Idealbild nicht nur des Politikers, sondern des Menschen schlechthin. Der

Mensch gewinnt nur dann seine Größe, wenn er seinem Dämon folgt, im Wissen, daß nichts wert ist, was nicht mit Leidenschaft getan wird.

Man muß sich die Tendenz Webers, die illusionslos und zugleich leidenschaftlich betriebene Machtpolitik als *Realpolitik* anzusetzen, vor Augen führen, wenn man seine Bestimmung der Verantwortungsethik angemessen verstehen will. Verantwortungsethik ist für Weber Gegenbegriff gegen die gesamte traditionelle Ethik, insofern diese von dem Glauben getragen ist, daß sittliche und moralische Werte die Wirklichkeit bestimmen. Webers Ausgangspunkt ist – wie wir sahen – die Überzeugung, daß das Postulat, daß die Welt ein gottgeordneter, also irgendwie sinnvoll orientierter Kosmos ist, nicht mehr gültig ist. Dies besagt aber: nicht nur die von Weber selbst vertretene Verantwortungsethik, sondern auch und gerade deren Gegensatz, die Gesinnungsethik, muß von der Tatsache der ethischen Irrationalität der Welt ausgehen.

Für Weber gilt als echter *Gesinnungsethiker* nur derjenige, der bereits grundsätzlich resignierend auf mögliche Erfolge *verzichtet* hat, im Wissen um die Sinnlosigkeit der realen Welt. Der durchschnittliche Vertreter der Gesinnungsethik wird nicht so eindeutig denken, er wird mit dem Erfolg liebäugeln und zumindest anderen gegenüber so tun, als ob »aus Gesinnung heraus« die Welt zu verbessern sei. Diese zweideutigen Ethiker – Vertreter des utopischen Sozialismus gehören nach Weber zu dieser Gruppe – verachtet er. Ihnen gegenüber stellt er immer wieder die *Reinheit* der eigentlichen Gesinnungsethik heraus, deren Kennzeichen eben das Wissen um ihre *vollkommene* Wirkungslosigkeit ist. Weber – das ist der entscheidende Trick, den er hier anwendet – stilisiert diese Ethik allererst zu einem absolut irrealen Ideal hinauf. »Halte den Backen hin«, so sagt er, »unbedingt, ohne zu fragen, wieso es dem anderen zukommt zu schlagen.«[38] Erst und allein diese Idealisierung ermöglicht es Weber, die Gesinnungsethik einerseits zu preisen, eben wegen ihrer Reinheit, und sie andererseits unter realpolitischem Gesichtspunkt überhaupt nicht ernst zu nehmen.

Als Gegenzug zu dieser reinen Gesinnungsethik ist die *Verantwortungsethik* konzipiert. Auch der Verantwortungsethiker weiß um die Erfolglosigkeit ethischer Maximen. Aber er will sich nicht zurückziehen und auf die Reinheit des Herzens berufen. Der Grund dafür ist primär ein persönlich-individueller. Der Verantwortungsethiker ist fasziniert von der politischen Macht. Er ist entschlossen, sich auf alles, was zur politischen Macht gehört, einzustellen. Verantwortungsethik bedeutet für Weber also nicht primär, für andere Verantwortung zu übernehmen im Sinne der Vorsorge, sondern Verantwortung betrifft den *Bezug der großen Persönlichkeit zu sich selbst:* der Verantwortungsethiker steht für alle Folgen gerade. Weber definiert als verantwortungsethische Maxime, »daß man für die (voraussehbaren) Folgen seines Handelns aufzukommen hat«.[39] Der Verantwortungsethiker rechnet nicht mit der Güte der Menschen, sondern »mit eben jenen durchschnittlichen Defekten der Menschen – er hat, wie Fichte richtig gesagt hat, gar kein Recht, ihre Güte und Vollkommenheit vorauszusetzen, er fühlt sich nicht in der Lage, die Folgen eigenen Tuns, soweit er sie voraussehen konnte, auf andere abzuwälzen. Er wird sagen: diese Folgen werden meinem Tun zugerechnet.«[40]

Der Verantwortungsethiker läßt sich bewußt »mit den diabolischen Mächten ein, die in jeder Gewaltsamkeit lauern«.[41] Natürlich will er nicht das Negative, aber er gebraucht es als Mittel, im Bewußtsein, daß das Mittel sich verselbständigen kann.

Der Verantwortungsethiker weiß, was aus ihm selbst werden kann: nämlich ein der reinen Macht verfallener Mensch. Derjenige, der sich zur Verantwortungsethik entschließt, ist durch keine Regel geschützt. Er steht nur auf sich selbst und muß mit Luther bekennen: »Ich kann nicht anders, hier stehe ich.« Weber fährt nach diesem Zitat fort: »Das ist etwas, was menschlich echt ist und ergreift.«[42]

Eine angemessene Kritik dieser Verantwortungsethik ist nicht leicht. Es ist offensichtlich: Weber stellt sich wirklich den Fragen, die nach der Aufhebung einer metaphysischen Gesamtdeutung der Welt aufbrechen. Er desillusioniert, wenn er die Unwirksamkeit der Ideen zeigt – darin Zeitgenosse des späten Scheler und Freud und vor allem Nachfahre von Marx. Aber Weber denkt undialektisch. Er übertreibt ständig in reine Extreme und verzerrt die Sachlage zu einer Eindeutigkeit, die es realiter nicht gibt.

Konkret: ebenso wie Weber die Trennung von Leben und Wissenschaft nicht dialektisch einschränkt, das heißt, die Wissenschaft nicht in den Lebenszusammenhang zurückbindet, ebensowenig sieht er, daß die Trennung von Gesinnungsethik und Verantwortungsethik nicht das letzte Wort ist. Sicher: Weber hat recht, wenn er die Weltlosigkeit der *reinen* Innerlichkeit herausstellt und ihr gegenüber die Verpflichtung aufzeigt, an der Gestaltung der Welt mitzuwirken. Aber Weber tut nun so, als ob der einzelne sich zwischen Verantwortungsethik oder Gesinnungsethik *entscheiden* könne. Er sieht nicht klar genug, daß jeder Mensch mit beiden Möglichkeiten ständig lebt und leben *muß*.

Hegel hat gezeigt, daß eine reine Innerlichkeit gar nicht existent werden kann. Wir leben alle schon in der Form des Sicheinlassens auf eine Welt, die nicht in Ordnung ist. Das bedeutet aber nicht, daß die Gesinnungsethik nun als solche schlechthin zu negieren sei, und daß man sich dem Anspruch der reinen Macht unterstellen müsse, sondern es besagt, daß man es auf sich nehmen muß, in der argen Welt nach Möglichkeit das Beste zu schaffen.

Weber *verspottet* solche Verbesserungsversuche. Er will nicht wahrhaben, daß es in der Geschichte Trends gibt, die *ethisch* relevant sind. Diese Trends übergreifen das Individuum und fordern es zugleich auf, mit den anderen, im Verband eines »Wir«, eben die Aufgaben zu bewältigen, die geschichtlich fällig sind. Der Marxismus ist ein überzeugender Beweis dafür, daß es solche wirksamen Trends als vorwärtstreibende Mächte in der Geschichte gibt.

Weber hat – so fassen wir zusammen – am Phänomen der Verantwortung nur einen, wenn auch zweifellos wichtigen, Sachverhalt herausgestellt: das Einstehen für die Folgen. Die anderen Bedeutungen der Bestimmung Verantwortung, Rechenschaftsabgabe den Mitmenschen gegenüber und die Fürsorge für sie, thematisiert er nicht, oder wenigstens nicht in genügendem Maße. Es gilt daher, wenn anders man den vollen Begriff der Verantwortung auch im politischen Leben aktualisieren will, die Alternative zwischen reiner Gesinnungsethik und reiner Verantwortungsethik, wie Weber sie aufweist, zu überwinden zugunsten eines Handelns, das um die Bedingtheit der ethischen Möglichkeiten in der Realität weiß und dennoch an der einfachen ethischen Devise festhält, daß es darauf ankommt, in der geschichtlichen Situation die jeweils optimalen Gesamtchancen zu verwirklichen.

Zweites Kapitel
Gut und Böse

Vorbemerkung

Wir haben im ersten Kapitel einige allgemeine Voraussetzungen der Ethik zu klären gesucht und wollen nun die beiden Grundbegriffe der Ethik, nämlich die Bestimmungen Gut und Böse, thematisieren. Einige Bemerkungen seien zur Erläuterung dieses Vorgehens vorausgeschickt.

Gut und Böse werden heute nicht mehr ohne weiteres als leitende Begriffe der Ethik anerkannt, ebensowenig wie in der Ästhetik der Begriff des Schönen oder in der Wissenschaft der Begriff des Wahren als fraglos maßgebende Bestimmungen gelten. Wir weisen auf einige Gründe dieser *Entwertung der Bestimmung Gut und Böse* hin.

Es handelt sich, so meint man, bei diesen Begriffen offensichtlich um sehr allgemeine und abstrakte Begriffe, die Leerformeln darstellen. Sodann: der sprachliche Gebrauch dieser Bestimmungen ist vielfältig und vieldeutig; es erscheint unmöglich, eine einheitliche Bedeutung dieser Begriffe herauszustellen. Weiterhin: die geschichtliche Entwicklung zeigt, daß die abstrakte Leerheit dieser Begriffe durch Auffüllung nicht nur mit verschiedenen, sondern sogar mit widersprüchlichen Inhalten ausgeglichen wird. Vergleicht man etwa die Vorstellung eines »Primitiven« vom Guten mit Konzeptionen, die die mittelalterliche Theologie oder die idealistische Philosophie über das Gute entwickelt hat, dann ist es nicht leicht, wirklich überzeugende Gemeinsamkeiten zu finden. Und schließlich: die Begriffe Gut und Böse sind metaphysisch belastet. Das zeigt bereits ein flüchtiger Blick auf die abendländische Tradition, die durch griechische Philosophie und christliches Denken bestimmt wird. Die Maßstäbe dieser Tradition sind aber für uns nicht mehr verbindlich. Diese Einwände, die sich durchaus noch differenzieren und ergänzen ließen, sind nicht von der Hand zu weisen, insbesondere der zuletzt erwähnte scheint für unseren Zusammenhang wichtig. Wir suchen daher noch einmal, die ihm zugrunde liegenden Vorurteile herauszustellen.

In der gegenwärtigen Situation steht die Ethik »nicht hoch im Kurs«. Wir haben die Gründe dafür mehrfach diskutiert und erinnern jetzt nur an die entscheidenden Indizien. Die Gegenwart gilt als eine »wirklichkeitsnahe Epoche«, das heißt: sie ist eine *Zeit des Ideologieverdachtes*. Dieser betrifft auch die Wirksamkeit ethischer Argumentationen, vor allem ethischer Appelle. Wer »ethische Einstellung« als Allheilmittel propagiert, der erscheint als Illusionist. Oder noch schärfer: wer glaubt, daß es nur an der Etablierung einer moralischen Gesinnung läge, daß die Welt in Ordnung käme, der macht es sich »unverantwortlich leicht«. Wahrscheinlich bleiben die Menschen, so wird argumentiert, genauso gut oder schlecht, wie sie immer waren. Wenn sich ihr Verhalten verbessern sollte, wenn etwa die Aggression abnehmen würde, dann geschähe dies nicht durch die Gesinnungsmoral, sondern durch eine Stärkung der Rationalität.

Das besagt aber: wenn die Ethik heute noch Sinn hat, dann nicht als folgenlose Forderung einer moralisch einwandfreien Gesinnung, sondern eben nur in Anlehnung an Rationalität. Die Ethik muß *entmetaphysiziert* werden. Positiv gesagt: sie muß *verwissenschaftlicht* werden. Damit werden aber die Begriffe Gut und Böse irrelevant. Sie sind durch zeitnahe Bestimmungen zu ersetzen. Diese Bestimmungen zeichnen sich dadurch aus, daß sie in einer kritisch-empirischen Zeitanalyse nachprüfbar sind. Wir haben einige dieser *Ersatzbegriffe* für das Gute oben erläutert, insbesondere haben wir den Begriff der Freiheit in seiner vielfachen Bedeutung als den eigentlichen Leitbegriff der gegenwärtigen ethischen Grundeinstellung herausgestellt.[1] Ob man von Selbstbestimmung, Emanzipation, Mündigkeit, Selbstreflexion, neuer Sensibilität redet: alle diese Bestimmungen sind Umschreibungen einer Freiheit, die keinen reinen inneren Wert darstellt, sondern wesentlich in der gesellschaftlichen Dimension ihren Ort hat. An die Stelle des Bösen treten diesem Ansatz entsprechend alle Verhaltensweisen, die in politischer, gesellschaftlicher und ökonomischer Hinsicht die Freiheit verhindern und solchermaßen den Menschen frustrieren und aggressiv machen. Das Böse ist im Grunde Unvernünftigkeit. Auf dieser beruhen alle Formen negativen Verhaltens, auch die Formen der Unterdrückung.

Sucht man das Gesagte zusammenzufassen, das heißt, die sich hier zeigende Grundtendenz herauszustellen, so bietet sich das Programmwort der Epoche an: *Aufklärung*. Wir sind alle heute vom Willen zur Aufklärung bestimmt. Ob wir uns als Sozialisten, Liberale, kritische Rationalisten, Positivisten oder Technologen verstehen, wir meinen, daß der Fortschritt wesentlich darauf beruhe, daß Unvernunft und Irrationalität aufgehoben würden.

Wenn wir im Gegenzug zu diesem allgemeinen Trend der Zeit an den Begriffen Gut und Böse festhalten, so geschieht dies in der Überzeugung, daß dies Festhalten im Grunde der Zeit entspricht. »Zeitgemäß« kann – mit Nietzsche geredet – gerade das »Unzeitgemäße«, das heißt, das nicht allgemein Anerkannte sein. Genauer gesagt: wir meinen, daß in den Worten Gut und Böse ein Sachverhalt zur Ausdrücklichkeit kommt, den wir auch heute anzuerkennen haben. Dies sei kurz angedeutet – die nachfolgenden Analysen werden das Gesagte konkretisieren.

Die für uns hermeneutisch maßgebende Bestimmung ist das *Böse*.[2] Das Böse läßt sich nicht eindeutig definieren, weder wissenschaftstheoretisch noch moralphilosophisch oder metaphysisch. Gleichwohl: was wir mit dem Bösen meinen, ist ein sehr realer Sachverhalt, gleichsam ein anthropologisches »Urphänomen«, dessen Wurzel der *Egoismus* und dessen eklatanteste Ausprägung der Hang des Menschen zur *Grausamkeit* ist. Das sich in der Grausamkeit in seiner radikalen Form zeigende Böse erscheint uns als eine ständig drohende Gefahr des Menschen, und diese Tatsache wird – so meinen wir – durch die heute maßgebende Ethik der rationalen Aufklärung zugedeckt.

Um das Gemeinte zu konkretisieren: wenn Philosophen sprachanalytische Untersuchungen der Ethik betreiben, sich im moralischen Argumentieren üben oder über den repressionsfreien Dialog diskutieren, dann bewegen sie sich bereits schon in einem hohen Grade in der Dimension emanzipierter Rationalität. Es geschehen nun reale Grausamkeiten. Der Philosoph kann von diesen Ereignissen *absehen*. Das tun die Sprachphilosophen in ihren Analysen und ebenso die Befürworter methodisch disziplinierten moralischen Argumentierens in hohem Maße. Dies zeigen ihre ethischen Beispiele; diese sind der normalen Welt des durchschnittlichen alltäglichen Lebens entnommen, das heißt, sie setzen eine relativ intakte Sphäre voraus, in der rationale Überlegung jederzeit ansetzen kann.

Man kann sich diesen Ereignissen auch *stellen*. Das besagt für die rationale Ethik aber primär: man muß sie erklären. Wie ist es möglich, daß Grausamkeiten nicht aus Mangel an aufklärerischer Emanzipation oder in irrationalem Rausch passieren, sondern in bürokratischer Überlegung rational geplant werden? Diese Frage läßt sich, so argumentiert man, nur beantworten, wenn man das negative Verhalten auf seine verschiedenen Faktoren hin analysiert. Als wissenschaftlicher Analytiker redet man aber zweckmäßig nicht von Grausamkeit, sondern von Aggression. Und nun muß man unterscheiden: etwa allgemeine Aggressionsneigung, spezifische Aggressionsneigung, objektspezifische Aggression, versetzte Aggression, vor allem Aggression im einzelnen und Aggression als Massenphänomen. Diese Fakten sind wiederum auf generelle Theorien zu beziehen. Hier ist zu fragen: beruht Aggression auf Anlage, Frustration oder auf schlechten Vorbildern?[3] Die Beantwortung dieser Fragen geschieht nach den Maßstäben analytischer Wissenschaft, das heißt im Wechselverhältnis von Theorie und Empirie.

Es wäre sicher verkehrt, solche Untersuchungen a limine als verfehlt anzusetzen. Sie sind in ihrer Funktion einer wissenschaftlichen Aufklärung über menschliches Verhalten unentbehrlich. Aber man muß zugleich wissen, daß die verwissenschaftlichte Fragestellung die Gefahr einer Verharmlosung der Probleme mit sich bringt. Dieser Gefahr begegnet man nur, wenn man sich von vornherein klarmacht, daß das Böse in all seinen Erscheinungen nicht wissenschaftlich restlos zu erklären ist – gelänge dies, dann würde das Böse kein wirklich ernst zu nehmendes Problem darstellen.

Das besagt für uns: eine zeitgemäße Ethik muß sich gegen die Illusion wenden, daß eines Tages der Mensch, emanzipiert, mündig und sich selbst reflektierend, nur noch von der Vernunft gesteuert wird, jenseits von Gut und Böse. Die Ethik muß den Menschen sehen wie er ist und trotzdem an seine Freiheit appellieren. Dieser Appell wird gerade heute nur in Verbindung mit der wissenschaftlichen Erforschung der menschlichen Situation im allgemeinen und im besonderen sinnvoll sein. Aber die wissenschaftliche Forschung und die von ihr her mögliche technologische Manipulation ersetzt nicht die Dimension verantwortlichen Tuns, die unter den Grundworten »Gut und Böse« steht.

Von dem soeben Entwickelten her fällt auch ein gewisses Licht auf die oben erwähnten Einwände, daß Gut und Böse sprachlich und geschichtlich vieldeutige Begriffe seien. Diese Tatsache wird kein vernünftiger Mensch leugnen. Wir haben ja gerade oben den Wandel der Ethik herausgestellt, der besagt, daß der metaphysische Begriff des Guten, wie er die Ontologie der Tradition beherrscht, für uns nicht mehr verbindlich ist. Gleichwohl ist – so meinen wir – innerhalb der Ethik eine »formale Konstanz« festzustellen. Sie zeigt sich darin, daß die Menschen sich immer um eine *Ordnung ihres Zusammenlebens* bemühen müssen, weil sie selbst diese Ordnung gefährden. Daß die Gestalten der Ordnung wechseln, ist klar. Aber die Differenz zwischen Ordnung und deren Negation ist ein Urphänomen des menschlichen Lebens. Auf diese Differenz weisen die beiden Begriffe Gut und Böse hin. Sie zeigen an, daß der Mensch selbst die Ordnung als das Gute nur herstellen kann im Gegenzug gegen seine eigene Tendenz zu deren Negation, das heißt dem Bösen.

Der zwischenmenschliche Bezug und seine Gefährdung durch das Böse

Der Vollzug des menschlichen Lebens ist nicht von einer isolierten Subjektivität her zu erklären. Der »Außenanspruch« gehört zum menschlichen Leben unabdingbar dazu. Ich gehe die anderen an und werde von den anderen angegangen in den vielfältigen Formen des Miteinander. Dieser Bezug »fluktuiert«. Wir leben in ihm und beachten ihn zunächst kaum, weil wir auf den anderen intentional eingestellt sind. Die Unterscheidung von Subjekt und Objekt ist hier nicht maßgebend, sie erscheint von dem Bezug her gesehen als nachträgliche Bestimmung der Reflexion. Die *Gegenseitigkeit* ist das Primäre: Beanspruchen und Beanspruchtwerden haben das gleiche Gewicht. Man fragt und antwortet in der Weise der »Entsprechung«.

Von einer »pragmatischen Anthropologie« her formuliert: unsere Lebensvollzüge verlaufen weithin in gekonnten Bahnen. Sie vollziehen sich in der funktionalen Ordnung von Gewohnheiten, die als gelernte gleichsam eine Garantie ihrer selbst darzustellen scheinen – wie *Wittgenstein* es von den Sprachspielen vermeint.

Aber diese *Unmittelbarkeit* des Lebensvollzuges ist nur die eine Seite. Blickt man auf das Leben im ganzen, so zeigt sich, daß zu ihm Spannungen vielfältiger Art gehören. Das Miteinander ist immer schon weitgehend aufgehoben oder durchkreuzt durch ein Widereinander, dessen Vorformen das Einander-nichts-angehen und das Aneinandervorbeigehen sind. Diese vielfältigen »Begegnungen« sind nur dann auf *einen* Nenner zu bringen, wie es Heidegger in »Sein und Zeit« versucht, wenn man sie als formal-ontologische Bestimmungen ansetzt[4]. Im realen Leben zeigen sich die positiven und die negativen Formen des Zusammenlebens als Gegenmöglichkeiten, die nicht aufeinander reduzierbar sind.

Damit aber ergibt sich die Notwendigkeit, die Einigkeit des Lebenszusammenhanges, das heißt die Ordnung, ausdrücklich gegen den Verfall zu bewahren, oder wenn sie aufgehoben ist, wieder herzustellen. Und hier setzt nun die *Ethik* an. Sittlichkeit und Moralität sind nur dort geboten, wo die Zwiespältigkeit die Einigkeit des menschlichen Zusammenlebens so radikal in Frage stellt, daß die Chance, daß das faktische Zusammenleben in sich selbst die Garantie seiner Sicherheit bietet, nicht mehr gegeben ist.

Plato hat in seiner »Politeia« die Genese der Zwiespältigkeit herausgearbeitet, indem er am Werden des Staates die Entstehung des *Gegensatzes von Gerechtigkeit und Ungerechtigkeit* aufzeigt.[5] Er entwirft zunächst das Bild eines gesunden Staates, des sogenannten »Schweinestaates«. Dieser Staat funktioniert reibungslos. Er beruht auf einer genauen Arbeitsteilung. Auf Grund dieses Perfektionismus ist jedermann glücklich. Sokrates sagt von diesem Staat, daß die Menschen in ihm in Frieden und Gesundheit leben; sie werden recht alt und hinterlassen ihren Nachkommen ein gleiches Los. Der Mitunterredner Glaukon erklärt darauf, daß ein Staat von Schweinen wahrscheinlich nicht anders aussehen würde.

Dieser Staat wird aufgehoben, weil die Menschen sich nicht mit diesem idyllischen Leben zufrieden geben. Das Mehrhabenwollen setzt sich an die Stelle der Bedürfnislosigkeit. Diese »Aufblähung zum üppigen Staat« erzeugt den Gegensatz von Gerechtigkeit und Ungerechtigkeit. Das besagt grundsätzlich formuliert: Gerechtigkeit gibt es nur als Gegenzug zur Ungerechtigkeit. Beide sind nur möglich in einer verfallenden Gesellschaft. Ein »gesunder« Staat wie der Schweinestaat ist weder ungerecht noch gerecht, sondern steht noch diesseits dieser Gegensätze.

Die soeben dargelegte Einsicht, daß ethische Begriffe nur sinnvoll sind, weil die Menschen nicht vollkommen sind, ist in der klassischen Philosophie immer wieder herausgestellt worden. So hat *Kant* die Lage des Menschen als eines in moralischer Hinsicht zweideutigen Wesens – der Mensch steht zwischen reiner Vernünftigkeit und reiner Triebhaftigkeit – gegen *Gott* abgehoben. Gott ist reine Freiheit als Inbegriff unbedingter Vernünftigkeit. Der göttliche, das heißt der »heilige« Wille, kann nicht von der Vernunft abirren, er ist ungefährdet und deshalb eigentümlich perfektionistisch.

Daß Ethik nur möglich und notwendig ist als Gegenzug zur Verfallenheit, scheint selbstverständlich zu sein. Gleichwohl: Es gab und es gibt Ansätze, die Ethik sozusagen außerhalb oder oberhalb von solchen Differenzen des Lebens anzusiedeln. Die Ethik, so meint man, hat es mit den Problemen des zwischenmenschlichen Verkehrs zu tun. Sie hat Vereinbarungen in Richtung auf eine reibungslose Perfektion dieses Verkehrs zu treffen. Der *Wille* zur Vereinbarung wird dabei immer schon vorausgesetzt. Bereits bei bestimmten Vertretern der klassischen Vertragstheorie ist ein solcher Ansatz zu finden.[6] In der Gegenwart zeigt er sich insbesondere in den Ausformungen der sprachphilosophischen Ethik, die die Frage der Verständigung ins Zentrum stellen und die Rationalität als Maßstab und Ziel der Ethik deklarieren. Im Gegensatz zu diesem Ansatz haben wir in der Vorbemerkung darauf hingewiesen, daß die Ethik nur als Gegenzug zum ständig drohenden Verfall möglich und notwendig ist. Jede Ethik, die von der Tatsache der Verderbtheit des Menschen abzusehen sucht, bleibt eine Angelegenheit lebensfremder Intellektualität und erschöpft sich schließlich darin, technische Regeln aufzustellen, die den Menschen in seinem realen Selbstbezug gar nicht betreffen. Das besagt aber – wie wir oben darlegten –: die Ethik hat die *Frage nach dem Bösen* aufzunehmen.

Die Frage nach dem Bösen wird in der klassischen Tradition unter verschiedenen Gesichtspunkten gestellt. Es gibt in der Welt Leid und Übel, das nicht auf das Konto des Menschen gesetzt und auch nicht abgeändert werden kann. Wir erinnern an die Konzeption des malum metaphysicum durch Leibniz, die besagt, daß bereits die Einschränkung, der alles Seiende unterliegt, als solche ein Übel darstellt.[7] Wir lassen hier aber die Frage des allgemeinen Übels beiseite und beschränken uns auf eine Erörterung des Bösen unter ethischem Aspekt.

Wenn der Frage nach dem Bösen unter ethischem Gesichtspunkt nachgegangen werden soll, so handelt es sich wesentlich darum, konkrete Einsatzmöglichkeiten des ethischen Handelns gegen das Böse herauszustellen. Solche Einsatzmöglichkeiten können jedoch nur angemessen erkannt werden, wenn man sich den Ursprung des Bösen vom Gesichtspunkt der Ethik aus verdeutlicht. Die Frage nach dem Ursprung des Bösen unter ethischem Aspekt unterscheidet sich in wesentlicher Hinsicht sowohl von einer biologisch-physiologischen wie von einer theologisch-spekulativen Erklärung des Bösen.

Die *biologische Erklärung* führt das menschlich Böse auf die allgemeine Tatsache der Aggression zurück. Die Funktion dieser Aggression ist beim Menschen, so erklärt die Verhaltensforschung, nicht so gut geregelt wie bei den Tieren. Gleichwohl: auch das menschlich Böse ist, insofern es die Mitgift der Natur ist, nicht unter moralische Kategorien zu bringen. Man muß daher vom *sogenannten* Bösen reden, so Lorenz. Wir werden auf das Problem der Aggression später noch zurückkommen.[8] Hier nur so viel: wir leugnen gar nicht grundsätzlich, daß der Mensch ebenso wie das Tier von Natur aus auf Aggressivität angelegt ist und daß sich dergestalt zwischen Mensch und Tier erstaunliche Parallelen zeigen. Aber man löst das Problem der menschlichen Aggression nicht durch Rückblick auf die Graugänse. Das aggressive Verhalten vollzieht sich beim Menschen, auch wenn es ihn »überkommt«, auf der Grundlage der *Freiheit*. Das bedeutet zunächst gar nichts anderes, als daß der Mensch zu seiner Aggression Stellung nehmend sich verhalten kann. Noch schärfer gesagt: nur der Mensch vermag überhaupt die *Frage* zu stellen, ob, bezugsweise in welchem Maße, es ihm gelingen kann, auf dem Wege einer ethischen Anstrengung gegen seine Aggressivität mit Erfolg »anzugehen«.[9]

Die ethische Deutung des Bösen unterscheidet sich auch von der *theologisch-spekulativen Erklärung des Bösen*. Diese stellt einen Komplex aus Mythos, Geschichte, Dogmatik und Ethik dar. Es wird von einem Ereignis, dem Sündenfall, berichtet, auf Grund dessen sich der Urmensch als Sünder etabliert und damit via Vererbung auch alle seine Nachkommen zu Sündern determiniert. Die Spekulation sieht sich hier unlösbaren Problemen gegenüber. Sie muß nicht nur fragen, warum und wie Gott den Fall »zuließ«, sondern auch, wie man sich das vorstellen soll, daß der Mensch, der doch ein geschaffenes Wesen ist, sich plötzlich durch sich selbst zur Negation veränderte. Eine der geistreichsten Deutungen vom Sündenfall hat Kierkegaard in seiner pseudonymen Schrift »*Der Begriff Angst*« entwickelt – wir haben sie oben interpretiert.[10]

Als dogmatisch-historischer Bericht ist die Geschichte vom Sündenfall für uns überholt. Ebensowenig wie wir vom Paradies als einer zeitlichen Realität reden, können wir vom Sündenfall als einem einmaligen Ereignis sprechen. Gleichwohl: als *Chiffre* bleibt die theologisch-spekulative Bedeutung des Bösen wesentlich. Der Bruch, durch den der Zustand des intakten Lebens aufgehoben wird, so daß es nun Zwiespältigkeit gibt, ist eine Realität. Wir kennen diesen Sachverhalt aus der eigenen Selbsterfahrung. Soziologen, Kulturhistoriker und Philosophen werden immer wieder darauf hinweisen, daß der Begriff des Bösen außerordentlich vielseitig ist. Der allgemeine Wesenszug des Bösen ist aber ganz offensichtlich: das Böse erscheint als die *Aufhebung der Ordnung* in und durch die *Tathandlung* des Menschen. Die theologisch-spekulative Deutung des Sündenfalles hat die »Urphänomenalität« dieses Sachverhaltes in den Blick gebracht.

Die Ambivalenz des Ich. Egoismus und reine Negation. Rückgriff auf Kant, Fichte und Schelling

Das Werk des Bösen ist – Freud hat dies klar gesehen – die Zerstörung des Lebens als einer Einheit. Diese Zerstörung ist außerordentlich vielfältig. Sie reicht von der Spannung über das Zerwürfnis und den Streit bis zur physischen und psychischen

Vernichtung des anderen. Daß der Ursprung dieser Negation etwas mit der Konstituierung des *Ich* zu tun hat, ist von jeher behauptet worden: wir meinen mit Recht. Freilich sind die Zusammenhänge weit komplizierter als es auf den ersten Blick erscheint.

Die *Ich-Konstitution*, die sich im Leben des einzelnen natürlich nicht auf einen einmaligen Akt zurückführen läßt, sondern sich allmählich vollzieht, ist von Grund aus zweideutig. Sie erscheint – davon gehen wir aus – als die notwendige Bedingung der *Selbständigkeit*. Als solche ist sie die *Negation der unmittelbaren Bindung an anderes*, seien es Personen oder Sachen. In der Sprache der Tradition formuliert: Ich ist die Setzung seiner selbst, das heißt, ich weiß von mir als einem Wesen, das sich gegen die Objektwelt *abzuheben* vermag – natürlich nicht jederzeit abzuheben braucht. Das latente Bewußtsein, daß ich nicht im unmittelbaren Sein zu und mit ... aufgehe, sondern auch »anders kann«, ist, auch wenn es nur beiherspielt, für das Menschsein wesentlich. Das zeigt seine jederzeit, aus welchen Anlässen auch immer, mögliche Aktualisierung.

Die immer noch beste Erläuterung dieser Ichsetzung findet sich in den Texten der *idealistischen Denker*. Auf diese Erläuterungen greifen wir zurück, wobei wir allerdings den transzendentalen Ansatz, durch den ein konstituierendes Ich als das reine Ich von einem konstituierten Ich als dem empirischen Ich abgetrennt wird, einklammern. *Fichte* – wir haben dies im Zusammenhang der Frage nach dem ethischen Einsatz oben erläutert – identifiziert das Ich mit der Selbstkonstitution der *Freiheit*.[11] Ich löse mich ab von der Dingwelt, weil ich nicht außengesteuert sein will, sondern mich selbst durch mich selbst zu dem machen möchte, was ich sein kann. Daß diese Ichkonstitution ein unbedingtes Positivum bedeutet, insofern der Selbsteinsatz die Grundbedingung jeder Ethik ist, sei noch einmal ausdrücklich hervorgehoben. Wie will ich Verantwortung tragen, wenn ich mich nicht selbst ergreife, das heißt, in mir das Bewußtsein erwecke: es liegt an mir?

Zugleich aber ist dieser Akt der Selbstkonstitution des Ich die Setzung der »Egoität« im Sinne des *Egoismus*. *Kant* hat auf Grund der ihm eigenen Welterfahrung in seiner »Anthropologie« beide Aspekte des Ich herausgestellt. Der § 1, überschrieben »Vom Bewußtsein seiner selbst«, beginnt mit folgender Feststellung: »Daß der Mensch in seiner Vorstellung das Ich haben kann, erhebt ihn unendlich über alle andere auf Erden lebende Wesen. Dadurch ist er eine *Person* ...« Als Person hat der Mensch Rang und Würde und unterscheidet sich von den Tieren. Der § 2, überschrieben »Vom Egoism«, beginnt folgendermaßen: »Von dem Tage an, da der Mensch anfängt, durch Ich zu sprechen, bringt er sein geliebtes Selbst, wo er nur darf, zum Vorschein, und der Egoism schreitet unaufhaltsam fort; wenn nicht offenbar (denn da widersteht ihm der Egoism anderer), doch verdeckt, um mit scheinbarer Selbstverleugnung und vorgeblicher Bescheidenheit sich desto sicherer im Urteil anderer einen vorzüglichen Wert zu geben.«[12]

Noch schärfer als Kant haben *Fichte* und *Schelling* die Zweideutigkeit des Ich expliziert. Wir weisen zunächst kurz auf Fichtes Trieblehre hin, die wir oben in unseren anthropologischen Analysen behandelt haben. Der Trieb ist für Fichte nichts Negatives. Triebe sind Energien und gehen vom Ich aus: Das Ich ist ursprünglich Triebkraft.[13] Als aktive Intention »von mir auf anderes zu« ist das Ich »aggressiv«. Die Aggression ist der Ausgriff, das Tätigseinwollen und Durchsetzen gegen und im Außen als dem bloßen Material. Die Beherrschung der Natur bezeugt die Kraft des

Ich. Aggressivität ist als menschlicher Trieb aber zugleich rückbezüglich, und das heißt »egoistisch«: ich will etwas durch mich und für mich. Das ist der primitive Sinn meiner Tätigkeit. Und in diesem ursprünglichen Wollen liegt eben die *Möglichkeit* der Negation der anderen bis zu deren Vernichtung. Es ist eine der tiefsten Einsichten Fichtes, daß er erklärt, daß abstrakt-theoretisch gesehen der andere von mir als einem selbstbewußten Ich ebenso negiert werden kann wie die Objektwelt, und daß allein der moralische Aspekt mich an dieser Vernichtung hindert, indem er mich auffordert, mich dem anderen gegenüber einzugrenzen und ihn *anzuerkennen*.[14] Hier zeigt sich die dialektische Struktur des Ich sehr deutlich. Das Ich gibt sich als Selbstbewußtsein die Möglichkeit, den anderen zu vernichten, und deswegen kann das Ich es nur selbst sein, was sich als moralisches Bewußtsein diese Möglichkeit versagt. Alle Ethik beruht auf Selbstdisziplin, das heißt, dem Gegenzug gegen den Egoismus in mir selbst.

Wir führen den Egoismus auf den rückbezüglichen Trieb zurück: ich will etwas durch mich und für mich selbst. Der Egoismus hat nun viele Spielarten. Eine seiner alltäglichen Erscheinungen ist der »Utilitarismus«, der unter der bewußten oder unbewußten Devise steht, alles nur als Mittel unter dem Gesichtspunkt des Eigennutzes zu gebrauchen. Das Ideal ist hier der Selbstgenuß als Stillung aller Bedürfnisse. Die eigentliche Struktur des Bösen aber – wir deuteten bereits darauf hin – zeigt sich erst dort, wo dieser utilitaristische Bezug nicht leitend ist, sondern die zwecklose, ja sogar widersinnige Freude an der reinen Destruktion vorherrscht. Erst hier entdeckt man die unheimlichen Züge des menschlichen Ich: den Machtrausch, der Zerstörung genießt. *Gehlen* hat in seiner »Ethik« offensichtlich in der Nachfolge Schopenhauers[15] auf diese Züge des Bösen hingewiesen. Er erklärt dort: »Im allgemeinen Begriff besteht das Böse wohl aus der Aggression gegen Wehrlose, sei es Tötung, Quälerei, Erniedrigung, Entwürdigung oder was auch immer.«[16]

Angesichts dieser Gestalt des Bösen als zweckloser reiner Negation muß die Aussage, daß die Ichhaftigkeit die Möglichkeit des Bruches im Verhältnis zu anderen eröffnet, wesentlich verschärft werden, und zwar durch eine differenziertere Analyse des Ich. Nur weil und insofern das Ich sich *in sich selbst* pervertiert, vermag es das Verhältnis zu anderen zu verkehren in den eben erwähnten Formen der Quälerei, Erniedrigung und Entwürdigung. Kant hat – wenigstens im Umriß – diesen dialektischen Zusammenhang gesehen. In seiner Religionsschrift erklärt er in dem berühmten Abschnitt vom radikal Bösen, das Böse läge weder in den Trieben und der Sinnlichkeit, noch in einer boshaften Vernunft, sondern darin, daß der Mensch die Ordnung in sich selbst umkehrt: er stellt die Triebfeder der Selbstliebe über das moralische Gesetz und macht sie zu dessen Bedingung. Allein diese Perversion meiner selbst ergibt die »*Verkehrtheit des Herzens*«, das heißt das Böse, das sich dann gegen andere auswirkt.[17]

Am weitesten in der Erhellung der dialektischen Struktur des Bösen als einer Perversion meiner selbst ist *Schelling* vorgedrungen. Schellings Spätphilosophie ist für die Geschichte der Anthropologie im nachidealistischen Zeitalter von kaum zu überschätzender Bedeutung; wir haben seinen Ansatz oben ausführlich entwickelt.[18] In wenigen Sätzen sei das für unseren Zusammenhang Wesentliche noch einmal herausgestellt.

Schelling negiert die humanistische Vernunftethik. Triebe, so lehrt er in der Nachfolge Fichtes, sind als solche nicht schlecht. Im Gegenteil: ohne diese Kräfte könnte der Mensch nicht wirken. Auf der anderen Seite braucht der Mensch den Verstand als regelnde und lenkende Instanz. Ohne den Verstand würden die Triebe das reine Chaos herbeiführen. Die Ausgewogenheit herzustellen, ist die Aufgabe des Menschen als eines freien Wesens, wobei Schelling herausstellt, daß die Harmonie aller Kräfte der Zustand höchster Freiheit ist. Diesen Ansatz, den Schelling bereits in seiner Freiheitsschrift von 1809 entwickelt hat, baut er in der Potenzenlehre seiner Spätphilosophie genauer aus. Die erste Potenz, das vordrängende blinde *Seinkönnen*, muß durch die zweite Potenz, das *Maßgebende*, geformt und mit dieser zur Einheit der dritten Potenz gebracht werden, die eben die Ausgewogenheit der ersten und zweiten Potenz darstellt. Über allen drei Potenzen aber steht der Geist, das heißt die Freiheit. Der menschliche Geist ist ambivalent. Er kann die Ordnung wahren oder negieren. Wahrt er sie, so bleibt der Mensch in sich selbst *und* im Bezug zu anderen im rechten Verhältnis – der Selbstbezug und der Fremdbezug sind dialektisch *miteinander verkoppelt*. Bringt der Mensch sich selbst in Unordnung, so wird auch das Verhältnis zu anderen gestört.

Das Böse ist die Unordnung, genauer: der Umsturz der Ordnung in mir selbst und der Ordnung in bezug zu anderen. Daß dieser Umsturz geschehen kann, gründet im Ich, insofern dieses Freiheit ist. Das Ich – und hierin ist die »Affinität« des Ich zum Bösen zu sehen – will aus der Ordnung ausbrechen, einzig und allein deswegen, weil die Ordnung ihm *vorgegeben* ist. Jede Vorgegebenheit aber bedeutet Bindung, und diese will das Ich nichten zugunsten seiner selbst als eines bedingungslosen Dranges. Indem das Ich solchermaßen sich über alle Bindungen hinwegsetzt, reißt es die Mauern und Zäune in sich und außer sich ein, die der Verstand zur Bändigung errichtet hatte, und setzt die erste Potenz, die reine Triebkraft frei. Dieses Einreißen und Freisetzen – beides ist nur begrifflich zu unterscheiden – aber erzeugt eine eigentümliche *Lust*, die durchherrscht wird von der Begierde, sich selbst als Bewußtheit – Bewußtheit ist ja Begrenzung – zu *verlieren*. Dieser Durchbruch ist der Rückgriff auf eine reine geistlose Natur. Er kehrt das Unterste zuoberst. Der Initiator aber ist – daran muß man festhalten – der Geist, der sich hier selbst pervertiert. Diese Grundperversion manifestiert sich in widernatürlichen Akten anderen gegenüber, zum Beispiel den Akten der Grausamkeit, deren »Sinn« es ist, die Destruktion rein um ihrer selbst willen durchzuführen und zu genießen.[19]

Wir übergehen weitere Einzelheiten und heben das Entscheidende noch einmal heraus. Schelling erkennt die Dialektik des Bösen. Das Böse ist der Gegenzug zu jeder Ordnung, der Ordnung in mir und außer mir. Sein Möglichkeitsgrund ist das Ichhafte am Ich, gleichsam der Ichkern: die *reine dranghafte Potentialität*. Seine Wirklichkeit erlangt das Böse durch die Tat der Freisetzung dieser Potentialität, die die Negation jeder Bindung ist. Durch diese Perversion wird die Ordnung im Menschen verkehrt und damit der Raum konkreter Perversionen eröffnet. Das Böse ist also das *Sinnlose* und *Sinnwidrige*, das in sich nicht zu erhellen ist. Auch wenn der Mensch sich bewußt den Perversionen hingibt, sie berechnet und nach raffinierter Überlegung ausgestaltet, bleibt das Böse *dunkel*. Der Mensch – das ist das Fazit – ist als Ich seiner selbst nicht sicher, weil er von Grund aus zweideutig ist.[20]

Dieser Ansatz Schellings ist im späteren 19. Jahrhundert radikalisiert worden. Wir denken an Kierkegaard, Schopenhauer, Nietzsche und schließlich Freud. Insbesondere *Schopenhauer* hat gezeigt, daß der Egoismus, der als Drang zum Dasein den ursprünglichen Grundtrieb darstellt, sich in sich außerordentlich modifizieren und steigern kann. Wenn die äußeren Bedürfnisse gestillt sind, muß der Überschuß des egoistischen Wollens neue Quellen erschließen. Man unterjocht nun die anderen nicht aus Not, sondern aus Freude an ihrem Leiden. Die Herbeiführung des Schmerzes bei anderen wird erstrebt, weil, wie Schopenhauer sagt, fremdes Leid einen Anblick gewährt, an dem ich mich schadlos weiden kann.[21]

Schopenhauer ist der letzte große Denker, der das Böse unter moralischem Aspekt thematisiert. *Nietzsche* versucht die zweideutige Lust des Zerstörens amoralisch zu verherrlichen. Bei *Freud* und in der *modernen Anthropologie* wird im Zuge der *Verwissenschaftlichung* schließlich die moralische Betrachtung eliminiert. Das altmodische Wort »das Böse« wird dementsprechend durch wissenschaftliche, zumeist psychologische und biologische Termini ersetzt, deren Berechtigung man empirisch nachzuweisen versucht, wie etwa beim Todestrieb. Wir haben die Struktur dieser Verwissenschaftlichung ausführlich diskutiert und auf den entscheidenden Ansatz hingewiesen, der darin liegt, daß nun die Meinung aufkommt, daß man dem Bösen eigentlich nur durch Stärkung der Rationalität beikommen könne. Gleichwohl: Freuds Skepsis, die auch in den höchsten Regionen des Menschen das Negierende wirksam findet, hat – zwar nicht dem Wort, aber der Sache nach – die Macht des Bösen in seinen *vielfältigen* Formen aufgewiesen, nicht nur im Leben des einzelnen, sondern auch in der Kultur. Es ist fraglich, so erklärt Freud, ob der Eros, den er ausdrücklich als Kraft zur Vereinigung bestimmt, in der Gesamtentwicklung gegen den Destruktionstrieb aufkommen kann.[22]

Wir brechen diesen Hinweis auf das Böse ab. Es liegt uns daran, gemäß dem Grundgedanken der Verantwortung, unter den wir die Ethik stellen, das Böse als *dialektische Bezugsbestimmung* zu verstehen. Das Böse gründet seiner Möglichkeit nach im Ich, aber das Ich ist nicht als solches das Böse, das Ich ist »ambivalent«. Indem es über die unmittelbare zwischenmenschliche Bindung hinausgeht, eröffnet es sich die Möglichkeit, sich von sich aus zu dem anderen einzustellen, sei es positiv oder negativ. Hegel hat diese Dialektik sehr klar erkannt. Er sagt in seiner Philosophie des Rechts, das Selbstbewußtsein sei »ebensosehr die Möglichkeit, das *an und für sich Allgemeine*, als die *Willkür*, die *eigene Besonderheit* über das Allgemeine zum Prinzipe zu machen, und sie durch Handeln zu realisieren – *böse* zu sein«.[23]

Die Vermittlung zur Ordnung.
Der gegenständliche Begriff des Guten und das Gute als Bestimmung der Innerlichkeit

Wir haben zu zeigen gesucht, daß und wie die Ordnung des menschlichen Zusammenlebens immer schon durch die Perversion des einzelnen, die sich in den vielfältigen Formen des Bösen manifestiert, gebrochen ist. Erst auf Grund dieses Bruches, so sagten wir, ergibt sich die Möglichkeit und die Notwendigkeit einer Ethik. Die Aufgabe der Ethik ist die *Vermittlung zur Ordnung*. Diese Vermittlung habe ich für mich zu leisten. Die Ethik richtet sich an mich als einzelnen, aber als einzelnen unter anderen. Mit diesen anderen habe ich mich – meinen Egoismus zurückstellend – zu vereinigen, wobei ich die anderen ebenso zur Ordnung vermittle wie ich durch sie zur Ordnung vermittelt werde. Die Ordnung selbst und als solche bezeichnen wir als das *Gute*. Das Gute ist das Verbindende und Vereinende und als solches das Haltgewährende. Wir suchen diesen Begriff des Guten durch einige historische Reminiszenzen zu verdeutlichen und erinnern zunächst an die Bestimmung des Guten im griechischen Denken.

Die *Griechen* unterscheiden noch nicht ausdrücklich zwischen dem Guten als einem personellen Prädikat, dessen Ort die Handlung oder gar die innere Gesinnung ist, und dem Guten als einer Zustandsbezeichnung, die gegenständlicher Art ist. Genauer gesagt: die Griechen suchen diese zweite Bestimmung als die eigentlich gültige herauszustellen, um von ihr aus auch das Tun des Menschen zu deuten. Gut ist ein Seiendes, wenn es *innerhalb einer Seinsordnung* seinen *Zweck* erfüllt. Die Kunst im handwerklichen Sinne verdeutlicht dies: gut ist ein Schuh, in dem man laufen kann. Auf diesen Zweck hat der Hersteller des Schuhes hinzuschauen. Die ganze Herstellung läuft auf das Worumwillen des *Gebrauches* hinaus. Dieses zeigt sich vom Gegenstand her betrachtet als dessen »Tauglichkeit«.

Das Entsprechende gilt für den Menschen. Ein guter Mensch ist nach der klassischen griechischen Philosophie ein Mensch, der in einer Verfassung steht, die es ihm ermöglicht, seine Aufgaben im Zusammenleben mit den anderen, insbesondere im Verband der Polis, zu erfüllen. Freilich zeigt sich hier sofort ein Problem. Die menschlichen Zwecke sind nicht so offensichtlich wie die technischen Zwecke, nach denen sich der Handwerker richtet. Das gründet darin, daß der Mensch kein herstellbares Ding ist, sondern ein *Selbstverhältnis*. Mit dem *Sokrates* der platonischen »Apologie« geredet: bei der Sorge um die Seele ist der Besorger und das Zu-Besorgende eins.[24] Gemessen am technisch durchspielbaren Herstellen von Gebrauchsdingen: der Mensch kommt sich immerfort in die Quere, oder philosophischer formuliert: der Mensch verhält sich zu seinem Verhalten, insofern er dieses, und das heißt eben sich selbst, ständig direkt oder indirekt beurteilt und bewertet. Das bedeutet, verglichen mit der einfachen Herstellung, eine Belastung. Der Mensch weiß nicht über seine Lebensführung eindeutig Bescheid. Es gibt keine Technik des Lebens im ganzen. Dies Nichtfestgelegtseins schließt nun aber auch die Möglichkeit ein, daß der Mensch sich verderben und zugrunde richten kann.

Plato hat diese Aporie des Menschseins herausgestellt. Dennoch hält er am gegenständlichen Begriff des Guten fest. Er bestimmt – dies zeigt insbesondere die »Politeia« – den Philosophen als den Menschen, der den Kosmos im ganzen und im einzelnen *kennt* und auf Grund dieser Kenntnis auch das menschliche Leben zu ordnen vermag. Die Voraussetzung dabei ist, daß der Kosmos vom *Guten* vollkommen durchwaltet ist, und daß der Mensch von dieser Ordnung bestimmt bleibt, auch wenn er sie verletzt und ihr entgegenhandelt.[25]

Diese direkte Fundierung des menschlichen Seins in der Ordnung des Kosmos ist ein für uns nicht mehr wiederholbarer Ansatz. Für uns ist das Wissen bestimmend, daß der Mensch sich von allem Welthaften loslösen kann. Anders formuliert: wir leben im Bewußtsein einer »revolutionären Freiheit«, das heißt, für uns sind Ordnungen nicht mehr naturwüchsige Vorgegebenheiten.

Die Aufhebung des kosmisch gebundenen Denkens setzt mit dem *Christentum* ein. Das Ergebnis dieser Wandlung ist es, daß neben den gegenständlich ausgerichteten Begriff des Guten eine Bestimmung des Guten tritt, die *rein personal* orientiert ist. Diese zweite Bestimmung hat aber nicht, wie man zum Teil behauptet, den gegenständlichen Begriff des Guten gänzlich aufgehoben. *Dilthey* hat in seinem »System der Ethik« mit Recht darauf hingewiesen, daß auch heute noch im personalen Bereich der gegenständliche Begriff verwandt wird. Gut sind am Menschen »stets solche Eigenschaften, welche dauernd und überall einer Aufgabe entsprechen, die das Leben dem Individuum stellt«.[26] Das Gute ist das Taugliche und Passende. Aber Dilthey hat nun, und ebenso mit Recht, erklärt, daß neben diese Bestimmung des Guten der verinnerlichte Begriff des Guten getreten ist, und zwar deswegen, weil im menschlichen Bereich der Wert einer Handlung nicht eindeutig mit ihren Folgen verbunden ist. Der heilige Crispinus, so erklärte Dilthey, machte aus gestohlenem Leder armen Leuten Schuhe; die gute Folge, »der Nutzen der armen Leute«, differiert hier mit einer Gesinnung, die das Eigentum mißachtet, und diese Mißachtung werden wir Modernen, so meint Dilthey, stärker als den Nutzen in Rechnung stellen.[27] *Kant* hat im modernen Denken, wie wir zeigten, die *Gesinnungsmoral*, die allein die Denkungsart als ethisch relevant anerkennt, als einzige mögliche Ethik zu erweisen gesucht.

Das Gute als Handlungsprinzip

Die Epoche der Innerlichkeit und die ihr zugehörende Philosophie der Subjektivität ist heute dahin. Unsere Aufgabe ist es, im Gegenzug zu einer reinen Gesinnungsethik zwischen dem inneren Wollen und der äußeren Gestaltung zu vermitteln. Anders gesagt: es ist erfordert, an dem Begriff des Guten, der dieses als das Vereinende und Halt Gewährende herausstellt, festzuhalten, aber den dieser Bestimmung anhaftenden gegenständlich-teleologischen Sinn zu Gunsten einer *funktionalen Konzeption des Guten*, die ihrerseits am Gedanken der Handlung orientiert ist, aufzuheben. Um diesen Ansatz genauer zu kennzeichnen, sind einige Abgrenzungen erforderlich.

Wir enthalten uns jeder Aussage darüber, ob die Welt im ganzen an sich in Ordnung sei, und ob der Mensch von Natur aus gut sei oder nicht. Daß vom moralischen Handlungshorizont her betrachtet die Welt im Argen liegt, insofern der Mensch böse handelt, ist ein schlichtes factum brutum. Sodann: wir versuchen das Gute nicht, im Gegensatz zur klassischen Tradition, spekulativ zu orten. Das besagt: wir deklarieren es nicht, wie Plato, als das höchste Objekt der Erkenntnis, das als wahrhafte und für sich seiende Wesenheit der Urgrund alles welthaft Seienden wäre. Ebensowenig aber wie wir das Gute zu einer Idee objektivieren, subjektivieren wir es wie das neuzeitliche Philosophieren zu einem Beurteilungsbegriff, der, wenn er nicht rein beliebig sein soll, nur in einer transzendentalen Dimension der Subjektivität festgemacht werden könnte.

Wir gehen auch in diesem Zusammenhang von dem Grundansatz der ganzen Arbeit aus, daß die Wirklichkeit ein Geschehen ist, das durch die *Wechselwirkung von Subjekt und Objekt* bestimmt ist. Der Mensch wird durch dieses Geschehen ebenso vermittelt wie er es seinerseits vermittelt. Seine Grundaufgabe aber ist es, diese Wirklichkeit, soweit er es vermag, optimal zu gestalten. Dies kann sich nur in der Weise vollziehen, daß der einzelne sich in das Ganze des Geschehens, und zwar auf Grund seiner Freiheit, »hineinvermittelt«. Der diese Vermittlung leitende Grundbegriff ist eben das Gute als der *Inbegriff möglicher und wirklicher Ordnung*. Die Ausformungen dieser Ordnung sind geschichtlich bedingt. Das besagt: keine Ordnung ist endgültig. Das Prinzip dieser durch und durch bewegten Geschehenswirklichkeit ist nie vollkommen realisierbar. Es ist das ständig Aufgegebene. Zugleich aber ist es in den Ordnungen immer schon da. Wäre dies nicht der Fall, so könnte der Mensch gar nicht existieren. Diese *Dialektik*, daß das Gute als Ordnung uns schon immer trägt, und daß es doch immer das erst zu Verwirklichende ist, zeigt, daß das Gute die *vermittelnde und die vermittelte Vermittlung* zugleich ist. Das besagt konkret, daß wir uns ständig um Ordnungen zu bekümmern haben, auch gerade dann, wenn diese Ordnungen uns bereits Halt geben und bestimmen.

Um das Gesagte zusammenzufassen: uns liegt nichts daran, den Begriff des Guten mit Hilfe der Ethik als spekulativen Grundbegriff für philosophische Konstruktionen zu etablieren. Daß wir an diesem Begriff festhalten, hat handlungspraktischen, genauer: sittlich-moralischen Sinn. Gegenüber den modernen Versuchen, die Ethik auf rational-technologische Verfahrensweisen einzuschränken, muß immer wieder betont werden, daß es das *Böse* in der Welt gibt, das jede Ordnung zu negieren trachtet. Und dementsprechend gilt es, das Gute als den Gegenzug zu ihm, und das heißt, die Ordnung zu bewirken. Es ist klar: »das Gute« als letzter Leitbegriff alles Handelns ist ein abstrakter Begriff. Diese Bestimmung muß gemäß der geschichtlichen Bedingtheit in konkreten Ordnungsgestalten aktualisiert werden. Gleichwohl ist es notwendig, auch wenn wir nie im allgemeinen gut, sondern immer nur im konkreten gut handeln können, sich klar zu machen, daß der Wille zum Guten als der Wille zur Ordnung überhaupt die Grundvoraussetzung einer jeden ethisch relevanten Handlung ist.

Die Bestimmung des Guten bei Hegel, Kierkegaard und Schelling

Wie bei der Bestimmung des Bösen wollen wir auch bei der Bestimmung des Guten auf einige Denker hinweisen, von denen wir meinen, daß sie entscheidende Strukturen an dem Begriff des Guten herausgehoben haben. Wir erinnern zuerst an Hegel. Hegel kommt das Verdienst zu, den dialektischen Zusammenhang von Ordnung, Wille und Gutem klar erkannt zu haben. Während Kant den Willen mit der praktischen Vernunft gleicht und von diesem Willen, der als praktische Vernunft nur gut sein kann, die Willkür unterscheidet, die gut und böse zu handeln vermag, sieht Hegel von vornherein, daß der Wille selbst und als solcher zwiespältig ist. Wille als mein Wille ist eo ipso ein *besonderer* Wille, und als solcher hat er, wie wir bereits darlegten, die Tendenz, eben die eigene Besonderheit zum Prinzip zu erheben, das heißt nach Hegel, böse zu sein. Der *allgemeine Wille*, oder, wie Hegel sagt, der Begriff des Willens ist dagegen die *Vernünftigkeit*, wie sie in der Sittlichkeit erscheint.

Dieser allgemeine Wille ist nichts anderes als die Ordnung und als solche das Gute. Das Entscheidende ist nun, daß Hegel beides, den besonderen Willen und den allgemeinen Willen, dialektisch vermittelt. Der besondere Wille muß sich selbst als egoistischen aufheben, das heißt dem Allgemeinen der Ordnung unterordnen. Aber er darf sich nicht absolut negieren, denn die Ordnung braucht den einzelnen. In dessen Selbstbewußtsein hat sie ihr »Wissen und Wollen«, und in dessen Handeln findet sie allein ihre Wirklichkeit. Durch die ichhaften Menschen muß also die Ordnung, die die Menschen trägt, vermittelt werden. Hegel bezeichnet daher die Sittlichkeit, die mit der *Freiheit* vereint ist, als das *lebendige Gute*.[28] Dieses lebendige Gute hebt die Einseitigkeit des abstrakten Rechts, die Orientierung am persönlichen Wohl der einzelnen Subjektivität in einem Allgemeinen auf, das verbindlich, das heißt innerlich verpflichtend ist, weil es die einzelnen zu einer Gemeinsamkeit verbindet.

Kierkegaard, auf den wir als zweiten Denker hinweisen, sucht das Gute psychologisch zu beschreiben. Er erklärt allerdings selbst, daß es gegen dies Vorhaben gewichtige Gründe gibt. Während das Böse auffällig, interessant und faszinierend ist, ist das Gute unauffällig, uninteressant und fast langweilig. Es ist seinem Wesen nach eigentlich das *Selbstverständliche*, und das Selbstverständliche bemerkt man kaum; man setzt es eben voraus. Beim Guten ergeht es einem wie bei der *Gesundheit*. Erst von der Negation her, das heißt, wenn man die Gesundheit verloren hat, oder wenn sie gefährdet ist, macht sie sich als Wert bemerkbar. Das sind bekannte, aber sehr wesentliche Sachverhalte.

Gleichwohl gelingt es Kierkegaard auf dem Wege seiner psychologisierenden Dialektik, entscheidende Hinweise auf das Wesen des Guten zu geben, insbesondere in seiner pseudonymen Schrift »*Der Begriff Angst*«. Dort erklärt Kierkegaard in einer sehr zusammengedrängten Anmerkung: »Das Gute läßt sich überhaupt nicht definieren. Das Gute ist die Freiheit. Erst für die Freiheit oder in der Freiheit gibt es den Unterschied zwischen Gut und Böse, und dieser Unterschied ist niemals in abstracto, sondern nur in concreto.«[29] Kierkegaard erläutert diese Sätze, um sie vor Mißverständnissen zu schützen, und erklärt: »Wenn man der Freiheit einen Augenblick geben will, um zwischen Gut und Böse zu wählen, ohne selbst in einem der Teile zu sein, dann ist die Freiheit gerade in dem Augenblick nicht Freiheit, sondern eine sinnlose Reflexion . . .«[30]

Kierkegaard hebt hier einen außerordentlich wesentlichen Sachverhalt hervor, den wir ein wenig ausführlicher darlegen müssen. Denkt man Freiheit undialektisch, so ergeben sich zwei Bestimmungen. Erstens: Freiheit ist das Vermögen *zum Guten und Bösen*, beides ist nur für die Freiheit als das *übergreifende Dritte* da. Zweitens: Freiheit ist Gegensatz zur Unfreiheit, und von hier aus bestimmt, ist sie selbst das Gute. Beide Bestimmungen müssen dialektisch verbunden werden, und zwar unter Vorzug der zweiten Bestimmung. Freiheit ist mit *Kant*, dem Kierkegaard in seiner Ethik weitgehend folgt, gesprochen: Autonomie, das heißt: ich weiß um das Gebotene als etwas, was ich *mir selbst* auferlege. Als frei handele ich in Helligkeit, Einsichtigkeit und Vernünftigkeit, und das besagt: ich handle gut. Wenn ich Böses tue, so geschieht dies dagegen in eigentümlicher Dunkelheit. Ich werde gleichsam überrannt, und dennoch weiß ich, daß ich verantwortlich, das heißt frei bin: an sich hätte ich anders handeln sollen und können.[31]

Von dieser Dialektik her gelingt es Kierkegaard nun, das Gute und das Böse zu kennzeichnen. Im Tun des Bösen wird die Freiheit »vertan«. Ich verfalle in eine Knechtschaft, deren Merkmal eine eigentümlich zirkelhafte Insichgekehrtheit und Verschlossenheit ist: die *Verstocktheit*. Im Gegenzug zum Dämonischen dieser Knechtschaft muß das Gute bestimmt werden als die Offenheit, deren Kennzeichen das *Ausweitende* und das *Kommunikative* ist, und zwar – dies ist wichtig – nicht nur in bezug zu anderen, sondern auch in bezug zu mir selbst. Das Ausweitende ist aber nichts anderes als die Freiheit eben im Sinne heller Vernünftigkeit. Der Verstockte, so sagt Kierkegaard dementsprechend, will sich nicht »in Freiheit durchdringen«.[32]

Diese Bemerkungen Kierkegaards weisen darauf hin, daß das Gute im Gegensatz zum insichgekehrten Bösen, das auf der Selbstsucht beruht, die Freiheit im Sinne der offenen und kommunikationsbereiten *Selbstlosigkeit* ist. Der *späte Schelling* hat diesen Gedanken der Selbstlosigkeit in spekulativer Form durchdacht. In seiner »Philosophie der Offenbarung« hat er *Christus* als die Gestalt der absoluten Vermittlung dargestellt. Als absoluter Vermittler ist Christus nur für andere da.[33]

Schelling erklärt, daß diese Selbstlosigkeit gerade nicht passiv sei. Als Vermittlung übernimmt sie die Aufgabe, Zusammenhang zu stiften im Sinn einer Aussöhnung von Feindlichem. *Hegel* hat die Dialektik der Versöhnung und der Vermittlung zum Grundthema seines Denkens erhoben. Bereits in den Theologischen Jugendschriften hat er von der Person Christi her den Geist der Versöhnung und der Liebe zu kennzeichnen versucht als die Weise der Selbstvermittlung, die zum Leben gehört. Liebe, so heißt es dort, ist Leben und »weil sie eine Vereinigung des Lebens ist, setzt sie Trennung, eine Entwicklung, gebildete Vielseitigkeit desselben, voraus«.[34] Der reife Hegel hat diese Idee der Versöhnung als Grundmerkmal des Geistes, insofern dieser in der Welt tätig ist, herausgestellt. Geschichtliches Geschehen ist bestimmt durch eine Dialektik, in der Entzweiung und Versöhnung sich gegenseitig bedingen: Ordnung als das lebendig Gute setzt sich nur durch auf dem Wege einer aufhebenden Vermittlung von Gegensätzen.

Diese klassische Tradition ist uns entfremdet, insofern sie spekulativ vorgeht. Gleichwohl – so meinen wir – bleiben zwei von den dort entwickelten Grundgedanken für uns verbindlich. Einmal, daß das Gute mit dem Gedanken der Ordnung zusammengebracht werden muß, und sodann, daß es nur zu verwirklichen ist durch eine Haltung, die durch den Willen zur Vermittlung bestimmt ist. Dieser Begriff »Wille zur Vermittlung« muß nun jedoch noch genauer erläutert werden. Das heißt, es geht uns darum, die Gemeinsamkeit und die Differenz zwischen der ethischen Vermittlung zur Ordnung und anderen Formen der Vermittlung menschlichen Zusammenlebens, insbesondere den Vertragstheorien, herauszustellen.

Die Grundformen der Vermittlung menschlichen Zusammenlebens

Daß das Gute seinem Begriff nach etwas mit Selbstlosigkeit zu tun hat, ist nicht abzustreiten. Das alltägliche Bewußtsein bezeugt diesen Zusammenhang, zumeist jedoch mit einem negativen Beiklang. Der Gute erscheint als der Gütige und Nachgiebige, als der ein wenig Energielose und unter Umständen sogar als der »Vertrottelte«. Selbstlosigkeit und Lebensferne gehören, so meint man, irgendwie zusammen. Anders gesagt: zum Realitätsbewußtsein gehört offensichtlich ein Schuß von »gesundem Egoismus«. Eine imitatio Christi, das heißt eine *absolute* Ausrottung des Egoismus würde mit der Negation des Menschseins zusammenfallen. Diese Argumentation des common sense ist nicht von der Hand zu weisen. Wir müssen noch einmal die Frage aufnehmen, wie der Mensch mit der Tatsache des Egoismus fertig werden kann.

Eine Antwort auf diese Frage muß davon ausgehen, daß es *mehrere Formen der Vermittlung zur Ordnung* als möglichen Gegenzug gegen den Egoismus gibt. Grundsätzlich gesehen lassen sich drei Typen herausstellen. Die *erste Möglichkeit* macht den Egoismus selbst zur Grundlage, schränkt ihn jedoch ein durch Etablierung eines *legalen Herrschaftssystems*. Bei der *zweiten Möglichkeit* wird der äußere Zwang in inneren Zwang verwandelt. Die *Moralität* tritt an die Stelle der Legalität. Die *dritte Möglichkeit* vollzieht sich auf dem dialektischen Weg einer *indirekten Vermittlung*: ich sehe von mir als Bezugspunkt ab und bemühe mich um die Konstitution von Ordnung als solcher. Auf diesem Umweg, das heißt durch die Vermittlung der Ordnung als des umgreifenden Allgemeinen, komme ich als einzelnes Wesen ebenso wie die anderen zu meinem Recht. Wir suchen diese drei Möglichkeiten nun im einzelnen genauer zu entwickeln. Um den ersten Ansatz zu verdeutlichen, greifen wir auf die Vertragstheorie zurück. Dieser Rückgriff hat in dem jetzt thematisierten Zusammenhang nur den Sinn, die Chancen einer möglichen Überwindung des Egoismus zu klären; die staatsphilosophische Relevanz der Vertragstheorie werden wir später bedenken.[35]

Die Vertragstheorie ist eine idealtypische Konstruktion, auch wenn sie bei einigen ihrer Vertreter, ihrer Form nach, als Bericht auftritt, das heißt, den Staatsvertrag als innerzeitliches Ereignis darstellt. Dem Vertrag geht – dies ist die Meinung jedenfalls der maßgebenden klassischen Vertragstheoretiker – ein Zustand voraus, der durch die Feindseligkeit der Menschen untereinander bestimmt ist. Diese Feindseligkeit muß als der Urzustand angesehen werden, so in der berühmten Theorie von *Hobbes*. Hobbes erklärt, es sei verfehlt, wie die meisten es tun, zu vermeinen, der Mensch sei von Natur aus ein zur Geselligkeit geeignetes Wesen; die Erfahrung zeige das Gegenteil: der Mensch wird auf Grund seiner Natur, das heißt seiner Leidenschaften, zu Feindschaft und Konkurrenz getrieben. Es gibt aber auch die Möglichkeit, den Zustand der Feindschaft als Produkt der geschichtlichen Entwicklung anzusehen, so argumentiert *Rousseau*.

Rousseau geht davon aus, daß die Menschen ursprünglich isoliert lebten und dies auf Grund ihrer materiellen Autarkie auch konnten. Die gesellschaftlichen Verbindungen sind zu dieser Zeit größtenteils ein Werk von Zufällen. Die Menschen schließen sich zusammen, um Unglücksfälle, zum Beispiel Naturkatastrophen, besser zu bestehen. Ein gewisser Geselligkeitstrieb ist jedoch hier schon am Werk. Schließlich haben sich die Menschen aneinander gewöhnt. Es entstehen *einfache* politische Ordnungen, die aber nicht auf Willensentscheid und Entschlüssen beruhen, sondern auf natürlichen Gemeinsamkeiten.

Die Störung entsteht nun durch den Egoismus der einzelnen. Der *amour de soi*, die natürliche Selbstliebe, wird zu dem *amour propre*, der Eigenliebe, depraviert. Negativ wirkt sich zudem die Arbeitsteilung aus, die ihrerseits zum Begriff des Eigentums führt. Der Bauer pflügt ein Feld von Jahr zu Jahr, er betrachtet den Boden als das ihm Zugehörende und deklariert ihn schließlich als Eigentum. So bilden sich Verhältnisse der Abhängigkeit und schließlich der Gegensätzlichkeit der Menschen untereinander heraus. Die Menschen suchen sich gegenseitig zu schaden, sie werden böse, weil jetzt der Egoismus regiert.

Es ist nun entscheidend zu begreifen, daß der Vertrag auf dieser negativen Grundlage aufbaut. Das besagt: er will die schädlichen Folgen des Egoismus ausschließen, den Egoismus als solchen jedoch nicht aufheben. Schärfer: der Vertrag stellt eine *Verrechnung auf der Basis des Egoismus* dar. Dieser soll kontrolliert und das heißt, eingeschränkt werden, *damit* er sich innerhalb bestimmter Grenzen frei entfalten kann. Wir illustrieren diesen Ansatz wiederum durch den Rückgriff auf die Vertragstheorien von Hobbes und Rousseau.

Hobbes stellt zwei Grundtriebe, die den Menschen beherrschen, heraus. Das ist einmal die Furcht vor einem gewaltsamen Tode, und das ist sodann das Verlangen nach den zum angenehmen Leben notwendigen Dingen. Beide Leidenschaften bilden die Grundlagen des Staatsvertrages, denn der Staat beruht auf diesen Affekten. Das ist der entscheidende Punkt. Vor dem Staat als dem *absoluten über Tod und Leben gebietenden Souverän*, dem Leviathan, hat man Furcht und darum hält man sich zurück, den anderen zu töten und wird selbst so gesichert. Und nur der Staat kann Wohlfahrt garantieren, weil er allein mächtig ist. Beide Leidenschaften, vor allem aber die Furcht vor dem eigenen Tode, treiben den Menschen zur Einsicht in die Notwendigkeit der Selbstbeschränkung. Diese Einsicht beruht also auf egoistischer Berechnung. *Iring Fetscher* formuliert mit Recht: »der ›natürliche Mensch‹ des Thomas Hobbes ist ungesellig; er wird von seinen übermächtigen Leidenschaften zu Feindschaft und Konkurrenzkapf getrieben. Aber die kalkulierende subjektive Vernunft eines jeden vermag doch – im Dienste der mächtigsten aller Leidenschaften, der Furcht vorm gewaltsamen Tode – zur Erkenntnis der Notwendigkeit einer politischen Zwangsordnung zu führen.«[36]

Auch *Rousseau* sucht eine Form der Gesellschaft zu finden, in der Person und Eigentum jedes einzelnen geschützt werden. Er sieht die Lösung darin, daß das Individuum sich einem *gemeinsamen Willen* unterstellt. Dieser allgemeine Wille darf nicht als der summative Wille aller Individuen, die ihr eigenes Interesse verfolgen, verstanden werden. Der allgemeine Wille konstituiert sich als politische Gemeinschaft, konkret als *Republik*. Die Republik ist der Souverän. Sie kann auf den einzelnen Zwang ausüben. Dies geschieht jedoch zu seinem Heil.

Reflektiert man diesen Ansatz unter ethischem Aspekt, so zeigt sich ein dialektischer Sachverhalt. An sich wollen die Vertragstheorien die Sphäre der Moralität aussparen. Bei der Konstruktion des Staatsvertrages ist die egoistische Berechnung maßgebend. Wenn aber der Staat nun einmal Wirklichkeit geworden ist, dann fungiert er als Initiator und Träger der Moral. Die *volonté générale* im Sinne Rousseaus ist, wie Rousseau erklärt, absolut, unfehlbar und unzerstörbar. Das besagt konkret: es gibt über den Staat hinaus nichts, woran man appellieren kann. Man muß daher allen Vorschriften des Staates uneingeschränkt folgen. Der Staat darf als Alleinherrscher den Menschen ganz und gar verpflichten. Dementsprechend entwirft Rousseau die Grundsätze einer zivilen Religion, die für jeden Staatsbürger verbindlich ist. Noch radikaler geht Hobbes vor. Der Staat gilt ihm als die moralische Anstalt schlechthin. Er ist das öffentliche Gewissen und entscheidet über Gut und Böse, und zwar durch Diktum. Seine Entscheidungen können nicht mehr überprüft werden, da es keine höhere Instanz als den Staat gibt.

Diese Vertragstheorien sind durchaus konsequent. Wenn der Egoismus die entscheidende und unaufhebbare anthropologische Grundbestimmung ist, dann kann Moral nicht auf einer Einstellung beruhen, die diesen Egoismus sittlich überwinden zu können vermeint. Moral kann nur als *Zwangsmoral* etabliert werden. Allein diese vermag den Egoismus in gewissen Grenzen zu brechen, und zwar durch reale Gewalt oder deren Androhung, wobei aber zu beachten bleibt, daß diese Zwangsmoral, vom Standpunkt der egoistischen Berechnung her gesehen, für den einzelnen durchaus vorteilhaft ist, oder genauer formuliert: sie ist immer noch besser als das reine, das heißt, das ungebrochene Ausleben der Triebe, das das Chaos herbeiführen würde.

Dieser Ansatz stellt – wer wollte dies anzweifeln – eine wesentliche Möglichkeit dar, den Egoismus einzudämmen. Grundsätzlich formuliert: der Zwang zur Ordnung als *legaler Zwang* ist und bleibt in Anbetracht des unausrottbaren Hanges des Menschen zum Bösen eine harte Notwendigkeit. Er stellt eine *Grundvoraussetzung* des menschlichen Zusammenlebens dar – wir werden auf diese Zusammenhänge noch bei unserer Erörterung der Politik zu sprechen kommen. Gleichwohl: die Vertragstheorie ist keine zureichende Garantie der Ordnung. Wenn man den reinen

Egoismus zur Grundlage macht, auf der nun Vor- und Nachteile verrechnet werden sollen, dann kommt man nie zu einer Ordnung, auf die sich ihre Teilnehmer innerlich verpflichtet fühlen, hier wird jeder vielmehr, soweit er es kann, die Ordnung zu umgehen suchen zum eigenen Vorteil.[37] Es gilt daher, über diesen Ansatz hinauszugehen zu der zweiten Stufe, die durch den *Selbstzwang* gekennzeichnet ist.

Kant und *Fichte* haben die Struktur dieses Selbstzwanges als das eigentlich bestimmende Prinzip der *Moral* entwickelt. Wir haben ihren Ansatz oben ausführlich erörtert und weisen auf diese Analyse zurück. Jetzt stellen wir nur den positiven und den negativen Beitrag eines solchen Selbstzwanges für die Herstellung einer Ordnung heraus. Der Selbstzwang konstituiert sich als das unbegreifbare Ergreifen meiner selbst als einer *autonomen Person*. Als solche trete ich meinen Trieben, deren Grundlage der natürliche Egoismus ist, entgegen. Entscheidend ist, daß dieser Gegenzug in selbstbewußter Freiheit geschieht. Wenn andere mir durch äußeren Zwang ein Gesetz auferlegen, so ist dies für mich moralisch nur verbindlich, wenn ich es einsichtig akzeptiere. Die Ordnung, zu der ich mich vermittle, ist nur die von mir selbst anerkannte *Vernunftordnung*.

Hier zeigt sich eine gewisse Grenze der Selbstverpflichtung. Der unmittelbare Bezug zu anderen wird abgeblendet. Von der Bestimmung der Verantwortung her formuliert: ich bin nur mir selbst und nicht einem anderen verantwortlich, Verantwortung einem anderen gegenüber wäre ja Heteronomie. Die Idee der Selbstverpflichtung gehört – geistesgeschichtlich gesehen – zur Philosophie der Subjektivität, deren Kennzeichen es ist, die Dimension der Innerlichkeit als allein maßgebend anzusetzen. Daß und wie Kant und vor allem Fichte in der Konzeption eines »Reiches der Geister« über diesen Ansatz hinausgehen, haben wir oben dargelegt. Aber sachlich gesehen liegt in der Idee der Selbstverpflichtung die Gefahr beschlossen, die zwischenmenschlichen Bezüge und die für diese maßgebenden Realordnungen als Äußerlichkeit zu deklarieren und sie der Sphäre der bloßen Legalität zuzuordnen. Zwischen der Moralität als Innerlichkeit und der Legalität als Äußerlichkeit aber gibt es keine unmittelbare Verbindung.

Hegel[38] hat diesen Sachverhalt klar gesehen und auf seinen bereits oben gekennzeichneten Versuch, den Gegensatz von Legalität und Moralität aufzuheben, wollen wir zurückgreifen, um die *dritte Möglichkeit* der Vermittlung zur Ordnung zu entwickeln. In seiner Rechtsphilosophie diskutiert Hegel die Vertragstheorie in einem Abschnitt, der unter dem Titel »Das abstrakte Recht« steht. Der Vertrag ist eine gesinnungsunabhängige rechtliche Vereinbarung. Er ist wesentlich ökonomisch ausgerichtet, das heißt, er regelt die Frage des Eigentums. Die Vertragspartner sind gleichberechtigte Personen, und der Vertragsabschluß ist eine willkürliche Abmachung. Als gesetzter jedoch ist der Vertrag beiden Partnern gemeinsam und für sie bindend. Jeder Vertrag ist nun aber – und das ist das Entscheidende – als Vertrag gefährdet, und zwar auf Grund des »besonderen Willens«, der ja im Vertrag nur äußerlich und teilweise gebrochen, das heißt nur *quantitativ eingeschränkt* wird. Dieser besondere Wille trumpft auf. Es kommt zum Vertragsbruch, der das Unrecht darstellt. Mit dem Phänomen des Unrechts ist aber der Übergang in die Dimension der Innerlichkeit, der Gesinnung, erreicht. Hegel geht daher in seiner Rechtsphilosophie vom abstrakten Recht zur Moralität weiter.

Das Problem der Vertragstheorie wird von Hegel klar herausgestellt. Verträge sind als bloße legale Abmachungen nicht moralisch fundiert. Sie sind nicht mit der

Gesinnung der jeweiligen Person vermittelt. Die Gesinnung muß daher, über das Vertragsdenken hinausgreifend, als Bedingung eines echten zwischenmenschlichen Bezuges ausdrücklich herausgestellt werden. Da aber nach Hegel die reine Moralität im Grunde eine unwirksame Angelegenheit ist, gilt es, *auch* über sie hinauszugehen und eine höhere Sicherung zu suchen. Hegel findet sie – wie wir sahen – im *Staat*. Der Staat hat einerseits Zwangscharakter, und er ist andererseits von der Gesinnung seiner Bürger getragen. Recht und Moralität sind hier vereint.

Hegels Staatsphilosophie ist von der Absicht bestimmt, die *Institutionen* nicht als äußere Organisationen der reinen Innerlichkeit als unvermittelten Gegensatz gegenüberzustellen, sondern sie als die eigentlichen Träger der Sittlichkeit zu deklarieren. Heute ist dies fraglose Vertrauen in die Institutionen nicht mehr aufrechtzuerhalten. Die Institutionen sind sowohl in ihrer realen Macht als auch in ihrer Möglichkeit, einerseits Anhalt und andererseits Ausdruck moralischer Gesinnung zu sein, erheblich geschwächt. Diese Situation ist aber nicht nur negativ zu beurteilen. Sie bietet vielmehr die Möglichkeit einer Vermittlung zur Ordnung, die über die Vertragstheorie und die Theorie der Selbstverpflichtung hinausgeht.

Diese Möglichkeit ist durch den Willen bestimmt, die *Konstitution* von Ordnungen als die eigentliche Aufgabe in das Zentrum einer zeitgemäßen Ethik zu stellen. Der »Grund« dieses Willens ist die praktische Einsicht, daß wir Ordnungen brauchen, um leben zu können, daß aber solche Ordnungen gegenwärtig nicht in überzeugender Form existent sind. Dieser Wille zur Vermittlung von Ordnung ist also durch eine geschichtliche Situation vermittelt. Er beruht auf der Aufhebung der Tradition.

Die Bestimmung der Ordnung hat bis zu Hegel hin einen »metaphysischen Beiklang«. Das besagt: Ordnung ist dem Menschen vorgegeben, sie wird nicht gemacht, sondern beruht auf ontologischen Grundstrukturen. Sicher: es gibt Gegenströmungen wie eben die Vertragstheorie. Aber der Grundzug, der das Ordnungsdenken der Tradition durchwaltet, ist der durch Griechentum und Christentum inaugurierte Glaube an eine *sinnvolle Gefügtheit des Seins*. Die kosmische Seinsordnung bestimmt auch die politische Ordnung. Platos Staatslehre und die mittelalterlichen Theorien über den Aufbau der Hierarchien – um nur zwei Beispiele zu nennen – beruhen auf diesem Ansatz. Auf eine Formel gebracht: das traditionelle Ordnungsdenken ist *konservativ*. Bewahren im Sinn des Anerkennens von Vorgegebenheiten erscheint als das legitime Verhalten zur Ordnung als Ordnung.

Dies Ordnungsdenken ist für uns dahin. Seine »negativen Folgen« machen sich noch bemerkbar. Der Begriff Ordnung ist für viele immer noch mit dem Merkmal der Metaphysik und des Konservativen behaftet und daher suspekt. Gleichwohl setzt sich de facto gegenwärtig ein neues Ordnungsdenken durch, dessen Kennzeichen die *Offenheit* ist. Ordnung erscheint nicht mehr als etwas Statisches und Fixes, sie ist vielmehr am Handlungszusammenhang orientiert.[39]

Es zeigt sich heute – so meinen wir – ein vielfältiges Interesse am *Entwerfen* von solchermaßen offenen Ordnungsgebilden – vom antiautoritären Kindergarten bis zum Weltstaat hin. Diese Ordnungsgebilde sollen nicht zwanghaft sein und möglichst viel Freiheit gewähren. Ihre Konstitution muß sich natürlich nach dem jeweiligen Funktionszusammenhang richten, für den die Ordnung gedacht ist. Versucht man dennoch ein Gesamtziel – gleichsam als unterste Minimalbestimmung – anzugeben, unter dem alle Ordnungsentwürfe stehen, dann wäre zu sagen: erstrebt wird die Sicherung menschlichen Zusammenlebens in der Form, daß jeder Mensch ein menschenmögliches und menschenwürdiges Dasein zu führen vermag – wir werden auf diese ethischen *Minimalbestimmungen* im nächsten Abschnitt ausführlich zurückkommen.

Der eben dargelegte Sachverhalt, daß es heute unserer Meinung nach ein bemerkenswertes Interesse an der Konstitution von Ordnungen gibt, darf nicht mißverstanden werden. Er gibt keineswegs in sich bereits eine wirkliche Absicherung gegen den Egoismus. Das Interesse an Ordnungsentwürfen kann ja ständig, eben weil es »nur« ein Interesse ist, durchkreuzt werden durch die Interessen der »Selbstliebe«. Angesichts des unausrottbaren Hanges zum Egoismus ist es notwendig, sich nicht auf dem schwankenden Boden von Interessen »anzusiedeln«, sondern immer wieder auf das moralische Verantwortungsbewußtsein zu rekurrieren, das sich im Selbsteinsatz der Freiheit konstituiert. Dieses Bewußtsein ist die einzige Möglichkeit, auch dann durchzuhalten, wenn ich selbst nicht mehr an der Konstitution der Ordnung unmittelbar interessiert bin. Gleichwohl wäre es verfehlt, das Interesse unbeachtet zu lassen, das heute in bezug auf die Konstruktion von Ordnungen lebendig ist. Beides, dies Interesse und das Verantwortungsbewußtsein, weisen – und das ist entscheidend – in die gleiche Richtung: von mir weg auf ein Allgemeines hin. Diese Freigabe für Ordnungen als *umgreifende Zusammenhänge* aber befreit mich von mir selbst als ausschließlichem Orientierungspunkt. Das Gute konstituiert sich, mit Kierkegaard gesprochen, als Offenheit.

Wenn ich mich nun einmal für die Ordnung und deren Konstitution eingesetzt habe, dann kann ich mich in meinem natürlichen Glücksanspruch »zurückerhalten«, denn insofern die Ordnung, an der ich mitarbeite, das Beste für alle, die unter ihr stehen, bezweckt, gibt sie auch für mich die Chance des Glücklichseins. Wir reden vom »Zurückerhalten«. Zurückerhalten setzt das Sichaufgeben voraus, gemäß dem Bibelspruch: wer sich verliert, der wird sich gewinnen. Weniger pathetisch gesagt: wir haben hier wieder das Phänomen der *indirekten* Selbstvermittlung vor uns, das besagt, daß ich nicht auf unmittelbare, sondern nur auf vermittelte Weise zu mir selbst komme.

Kant hat diese Zusammenhänge klar erkannt. Er deklariert, daß ich über die Vermittlung des Ganzen und von diesem her auch meine natürlichen Ansprüche befriedigen kann.

Um den Sinn der schlechthinnigen Allgemeinheit, die dem kategorischen Imperativ zukommt, von der vergleichsweisen Allgemeinheit abzuheben, hat Kant in der »Metaphysik der Sitten« dargelegt, daß das schlechthinnige Wohlwollen auch das Wohlwollen gegen mich einschließt. In diesem Zusammenhang erklärt er: »Ich will jedes anderen Wohlwollen (benevolentiam) gegen mich; ich soll also auch gegen jeden anderen wohlwollend sein. Da aber alle *anderen* außer mir nicht *alle* sein, mithin die Maxime nicht die Allgemeinheit eines Gesetzes an sich haben würde, welche mich als Objekt desselben im Gebot der praktischen Vernunft mit begreifen; nicht als ob ich dadurch verbunden würde, mich selbst zu lieben (denn das geschieht ohne das unvermeidlich, und dazu gibt's also keine Verpflichtung), sondern die gesetzgebende Vernunft, welche in ihrer Idee der Menschheit überhaupt die ganze Gattung (mich also mit) einschließt, schließt als allgemein gesetzgebend mich in der Pflicht des wechselseitigen Wohlwollens nach dem Prinzip der Gleichheit wie alle anderen neben mir mit ein und *erlaubt* dir, dir selbst wohl zu wollen unter der Bedingung, daß du auch jedem anderen wohl willst.«[40]

Drittes Kapitel
Ethische Maximen der Gegenwart

Vorbemerkung

Wir haben, um das Wesen des Guten zu klären, auf die Idee der Ordnung zurückgegriffen und diese als den ethischen Grundbegriff zu explizieren gesucht. Nun ist – wie wir bereits sagten – die Bestimmung »Ordnung überhaupt« sehr allgemein. Es ist notwendig, sie zu konkretisieren. Dies kann nur in Kontakt mit der historischen Situation geschehen. Für die Konstitution der konkreten Ordnungen müssen nun aber ethische Maßstäbe herausgestellt werden, wenn anders man das Ordnungsdenken nicht rein legalistisch und technologisch betreiben will. Diese Maßstäbe stehen in der Mitte zwischen der Idee des Guten als der Idee der Ordnung überhaupt und den konkreten Ordnungen. Diese Mittelstellung ist dialektisch. Durch die Maßstäbe gewinnt das Gute selbst Konkretion, insofern diese Maßstäbe das Gute veranschaulichen und schematisieren. Andererseits bewirken die Maßstäbe, insofern sie sich der Idee des Guten unterstellen, daß die konkreten Ordnungen über bloße Organisationsformen hinaus ethische Relevanz gewinnen. Diese Maßstäbe sollen als *Maximen unseres Handelns* fungieren.

Abgrenzung gegen traditionelle Wertvorstellungen

Bevor wir die inhaltliche Frage nach den ethischen Maßstäben aufnehmen, sind einige allgemeine Bemerkungen darüber, wie sich heute das Problem dieser Maßstäbe im Gegensatz zur Tradition darstellt, am Platze. Die Frage nach den ethischen Maßstäben ist nicht so problematisch, wie die philosophische Ethik der Tradition es zumeist vermeint. Diese Ethik hat weithin die Tendenz, das ethische Verhalten *von Prinzipien her* zu fundieren. Vom Aufbau der Theorie her gesehen ist die Vorstellung leitend, daß man eigentlich sittlich und moralisch nur handeln könne, wenn man erstens die Maßstäbe erfaßt und sie zweitens für die eigene Person als verbindlich anerkannt habe.

Kant hat die hier nötige Korrektur bereits angebracht. Ebenso wie es unmöglich ist, erst die Tatsache der Freiheit beweisen zu wollen, um dann auf Grund dieser Erkenntnis sich zum Handeln zu entschließen, ebenso abwegig ist es, erst die Maßstäbe als verbindlich herausarbeiten zu wollen, um sich, wenn dies geglückt ist, nach ihnen zu richten. Kant hat solchen Versuchen gegenüber behauptet, daß der Mensch schon immer moralisch *verpflichtet* ist und dies im Grunde auch weiß. Die Moral*philosophie* hebt nur das allgemeine moralische Bewußtsein in helles Licht und sichert es gegen Einwände ab.

Diese kantische Zuversicht haben wir sicher nicht mehr. Aber das kann weder bedeuten, daß der Philosoph die Möglichkeit von Maßstäben als solche abstrakt zu ergründen habe, noch daß er als moralischer Gesetzgeber auftreten, das heißt, neue Werte proklamieren solle. Der Philosoph kann nur das, was in ethischer Hinsicht der Zeit gemäß ist, ausdrücklich zu sagen versuchen. Das heißt: er muß die Maßstäbe, die faktisch für diese Zeit notwendig sind und als solche bereits vorphilosophisch Relevanz haben, herausstellen.

Von diesem Ansatz her wird ein Problem als unzeitgemäß ausgeschaltet werden müssen. Es ist dies die *Frage nach der allgemeinen Gültigkeit* der Werte. Die Tradition hat weithin an die Unbedingtheit ihrer Normen geglaubt, insbesondere deswegen, weil sie die Werte in der kosmischen Seinsordnung begründet sah. Das spätere 19. Jahrhundert, vor allem der Historismus, hat die Relativität aller Wertsetzung proklamiert; kein Wert ist im Vergleich zu anderen als absolut gültig zu erweisen. So konnte die Meinung aufkommen, daß im Grunde alle Werte unverbindlich seien.

Diese Behauptung ist bei Lichte besehen abstrakt und lebensfern. Es gibt sehr viel mehr Übereinstimmung in der Frage der ethischen Werte als der historische Relativismus vermeint. Dies zeigt sich, wenn man auf die einfache durchschnittliche Sittlichkeit achtet und von ihr in der Frage der Wertung ausgeht. Aber selbst wenn man deklariert, daß auch diese einfache Sittlichkeit geschichtlich bedingt ist, so bedeutet dies nicht, daß ich mich nun in der Praxis über die mir vorgegebenen Werte einfach hinwegsetzen könnte. Die Lebensnot zwingt zum Handeln nach Wertsetzungen. Auch dort, wo diese Wertsetzungen nicht mehr zweifelsfrei anerkannt sind, oder wo es Wertkonflikte gibt, bleibt dieser Zwang bestehen.

Es ist in diesem Zusammenhang notwendig, daß wir uns klar machen, daß wir in einer Zeit leben, die der Metaphysik entfremdet ist. Die Folge der Vergleichgültigung des Absoluten ist die Aufhebung der Meinung, daß Ethik nur dann verbindlich wäre, wenn ihre Maßstäbe, seien sie nun formal oder inhaltlich bestimmt, an sich gültige ewige Wahrheiten wären. Die Ethik hat dem *Leben* zu dienen, das sich *geschichtlich* gestaltet. Dies ist ihre eigentliche Aufgabe.

Von diesem Ansatz her suchen wir nun einige Grundregeln herauszustellen, die als *ethische Minimalforderungen* angesehen werden können. Solche Regeln haben methodisch gesehen hermeneutischen Sinn. Sie sollen formulieren, was dem Zeitgeist gemäß in Geltung ist. Der Handelnde muß sie sich nicht ständig in Reflexionsstellung vor Augen führen. Das ist nicht nur psychologisch unmöglich, sondern auch sachlich nicht geboten; wenn bereits ein lebendiges Interesse zu solchen Handlungen, wie sie die Regel vorschreibt, treibt, so ist das durchaus legitim. Nur wenn das positive Interesse versagt – und dies ist eben auf Grund der menschlichen Natur kein Ausnahmefall –, muß sittlich oder moralisch appelliert und geboten werden, und hier werden diese Regeln eben ausdrücklich.[1]

Rückgriff auf Kants Bestimmung des Menschen als Zweck an sich selbst

Die Regel, von der wir ausgehen wollen, ist Kants kategorischer Imperativ, und zwar dessen Formulierung unter dem Gesichtspunkt der Menschheit. Kant erklärt: »Handle so, daß du die Menschheit, sowohl in deiner Person als in der Person eines jeden anderen, jederzeit zugleich als Zweck, niemals bloß als Mittel brauchst.«[2] Die philosophische Rechtfertigung für diese Formel erblickt Kant darin, daß der Mensch als Zweck an sich selbst existiert, und zwar deswegen, weil er frei und autonom ist. Als Vernunftwesen gehört er dem übersinnlichen Reiche an, das über der Natur stehend die eigentliche Ordnung darstellt. Dieser Auslegung der Bestimmung Menschheit folgen wir nicht, insofern sie auf ein metaphysisches Reich abhebt. Ordnung ist für uns keine überweltliche Bestimmung, sondern der sinnhafte Zusammenschluß realer Menschen. Ordnung beruht darauf, daß sich diese Menschen gegenseitig anerkennen und nicht zum Mittel erniedrigen.

Wir suchen diese Forderung gegenseitiger Anerkennung im folgenden näher zu begründen oder vorsichtiger gesagt, auf einem allgemeineren Hintergrund zu erläutern, und zwar greifen wir auf zwei Sachverhalte zurück, von denen her die Idee der gegenseitigen Anerkennung verdeutlicht werden kann. Das ist einmal der *Wille zum Leben* und zweitens das *Verlangen nach Minderung des Leidens und Mehrung der Wohlfahrt*. Beide Bestimmungen erscheinen weit eher »materialistisch« als »idealistisch« orientiert zu sein. Anders gesagt: sie betreffen den äußeren Rahmen und die conditio sine qua non des Menschseins. Das ist legitim, denn die Ethik muß heute, um wirksam zu werden, minimale, aber notwendige Forderungen stellen. Gerade diese einfachen Forderungen sind jedoch – wie wir sehen werden – keineswegs eindeutig zu erfüllen. Sie verwickeln den Menschen in konkrete Probleme, die nicht leicht lösbar sind. Dies zeugt jedoch nicht gegen sie, sondern für sie: diese Prinzipien sind der Realität entnommen. Ihre Erörterung vermag zu zeigen, was die Ethik heute im Gegensatz gegen die metaphysische Ethik der Tradition leisten kann und soll.

Der Wille zum Leben als Grundprinzip

Der Wille zum Leben, und zwar zum Leben des einzelnen, ist nicht immer als fraglos gültiges Prinzip anerkannt worden. Das erhellt allein aus der Tatsache, daß es Kulturen gegeben hat, die die Aufopferung gegenüber dem Stamm, dem Volk oder dem Staat als unbedingte Forderung aufstellten und von dieser her den Willen zum Leben als Willen eines einzelnen einschränkten oder gar negativ bewerteten zugunsten des Kollektivs.

Geistesgeschichtlich gesehen wird der Wille zum Leben erst in der neuzeitlichen, insbesondere aber in der nachidealistischen Philosophie als Grundprinzip herausgestellt, vor allem von *Schopenhauer*. Wille zum Leben ist Wille zur *Selbsterhaltung*. Er manifestiert sich negativ als Angst vor dem Leiden und letztlich vor dem Tode. Diese Angst bestimmt alles Lebendige und solchermaßen auch den Menschen. Der Mensch kann gegen sie anders als das Tier angehen, aber sie bleibt auch bei ihm eine primäre Tatsache. Wille zum Leben ist also als vorrationaler Drang zu verstehen, den aber erst der Mensch als solchen zu erkennen vermag, so daß es ihm nun möglich ist, diesen Willen nicht nur bei sich selbst, sondern auch bei den anderen ausdrücklich zu negieren oder anzuerkennen. Mit der Forderung dieser ausdrücklichen *Anerkennung* aber ist die Dimension der Ethik erreicht.[3]

Albert Schweitzer, auf dessen Ethik wir hier bewußt zurückgreifen, hat diesen Sachverhalt immer wieder hervorgehoben. Er zeigt, daß Ethik dadurch entsteht, »daß ich die Weltbejahung, die mit der Lebensbejahung in meinem Willen zum Leben natürlich gegeben ist, zu Ende denke und zu verwirklichen versuche«.[4] Das heißt: »Ethik ist ins Grenzenlose erweiterte Verantwortung gegen alles, was lebt.«[5] Oder mit der Formel, die Schweitzer berühmt gemacht hat, gesprochen: »Ethik ist Ehrfurcht vor dem Willen zum Leben in mir und außer mir.«[6]

Man hat gegen diese Ethik mehreres eingewandt, einmal – insbesondere vom idealistischen Standpunkt aus –, daß sie auf einem biologischen Sachverhalt aufbaut und daher nicht der Geistigkeit des Menschen Rechnung trägt; sodann wurde erklärt, daß der Wille zum Leben ein unbestimmtes Prinzip sei: wo beginnt und wo hört Leben auf? Und schließlich behauptete man, der Ansatz sei sentimental und romantisch: Schweitzer bezieht ja auch das tierische Leben in seine Formel ein. Diese Einwände sind als Einwände nur möglich, weil der Wille zum Leben ein *»empirisches Prinzip«* ist, und als solches muß er legitimerweise schwerwiegende Fragen aufwerfen. Handelte es sich um ein übersinnliches Prinzip, dann gäbe es hier keine echten Probleme, weil man ja der Realität enthoben wäre.

Grundsätzlich gesagt: dieses Prinzip gebietet mir, das Leben, und zwar das animalische Leben, als einfache und nicht zu hinterfragende Grundtatsache anzuerkennen, und es fordert zugleich auf, diese Tatsache in ihrer nicht zu übersehenden Problematik zu *durchdenken*. Dies Prinzip ist – so kann man sagen – paradox. Wir wissen, daß es eindeutig gilt, und wir wissen zugleich, daß wir ständig dagegen handeln und sogar dagegen – so meinen wohl die meisten – handeln müssen. Wir brauchen – um die hier anstehenden Probleme zu kennzeichnen – nur an den Krieg, die Frage des lebensunwerten Lebens, der Euthanasie oder – von Schweitzer her gesehen – die zahllosen Tierversuche zu denken.[7] Aber auch das pragmatisch-technische Untersuchungsfeld, auf dem heute das Leben zum *experimentellen Faktor der Wissenschaft* geworden ist, muß hier beachtet werden. Wir nennen nur einige Probleme der medizinisch-biologischen Wissenschaft: die Transplantation von Organen, die künstliche Befruchtung menschlicher Eizellen und deren Einpflanzung in die Gebärmutter, die beliebige Wahl des Geschlechtes der Nachkommen, die mögliche Steuerung durch wahrnehmungsverändernde Drogen, die Auslöschung des Gedächtnisses und die Erhöhung der Intelligenz bei Mensch und Tier. In allen diesen Fällen wird das Leben nicht als unantastbar anerkannt.

In dieser Lage ist es die erste Bedingung, sich überhaupt »problematisieren« zu lassen, das heißt, nicht bedenkenlos dem technologischen Trend und der Devise einer wertfreien Sachlichkeit zu folgen. Schweitzer, auf den wir hier noch einmal zurückgreifen, erklärt, daß es die *primäre* Aufgabe der Ethik sei, Unruhe zu wecken gegen die Gedankenlosigkeit, die sich als Sachlichkeit ausgibt.

Um das Problem noch einmal in seiner grundsätzlichen Bedeutung herauszustellen: wenn wir den Willen zum Leben als primäre Tatsache ansehen und seine Anerkenntnis zur ethischen Grundforderung erheben, deren reale Befolgung nicht in absoluter Form möglich ist, so bedeutet dies nicht, daß das Gebot hinfällig würde. Es bleibt die wesentliche Maxime, die es in immer stärkerem Maße in die Wirklichkeit umzusetzen gilt. Notwendig ist im status quo der argen Welt eine *Verbindung von*

»*Gesinnungsethik*« und »*Verantwortungsethik*«, wie wir sie oben bereits in den Grundzügen entwickelten. Die Gesinnung, dem Gebot zu folgen, ist die Grundlage, aber sie muß sich die *Chancen* der besten Realisierung überlegen. Das Hin und Her, in dem ich mich zwischen dem *Gewissen* als letzter Instanz und der Realität bewege, wird bleiben. Wesentlich ist jedoch, um es noch einmal zu sagen, daß man die Forderung als unabdingbar anerkennt; mit Kierkegaard gesprochen: wenn der Schüler die Aufgabe nicht bewältigt, so bleibt sie dennoch bestehen. Wie man im einzelnen vorzugehen hat, das ist auf dieser ethischen Grundlage allererst zu diskutieren. Das konkrete Verhalten kann weitgehend nur im *Kontext* des bestimmten Vorhabens in seiner ethischen Relevanz erfaßt und bedacht werden. Es ist in diesem Zusammenhang, in dem es uns um das Prinzipielle geht, nicht unsere Aufgabe, die oben angedeuteten Probleme im einzelnen anzugehen – auf mögliche Ansätze werden wir später noch eingehen, wenn wir an Beispielen das Verhältnis von Wissenschaft und Ethik diskutieren.[8] Wir weisen jetzt nur auf einen Sachverhalt hin, dem unter ethischem Aspekt eine hohe Bedeutung zukommt.

Das Prinzip der Anerkennung des Willens zum Leben ist, so sagten wir, ein empirisches Prinzip. Deswegen besteht hier die Möglichkeit der Ausweitung, der zufolge immer größere Dimensionen unter seine Geltung gestellt werden. *Gehlen* hat diese Bestimmung der Ausweitung als einen wichtigen anthropologischen Sachverhalt herausgestellt und seine Bedeutung für die Ethik sichtbar gemacht.[9] Man sieht sich zuerst auf Grund bestimmter Regungen, so meint Gehlen, veranlaßt, die nächsten unmittelbar vertrauten Personen positiv zu behandeln. Allmählich aber wird diese Regung auf weitere Personenkreise ausgedehnt.

Wir illustrieren dies Prinzip an dem Sachverhalt des *Tötungsverbotes*. Es ist in primitiven Entwicklungsstadien – das zeigt die Ethnologie und die Kulturgeschichte – ethisch gefordert, nicht innerhalb der Gruppe, zu der man gehört, zu töten. Dieses Gesetz gilt einerseits als natürlich, andererseits ist es zweckmäßig orientiert. Dagegen ist es erlaubt und sogar geboten, dem Feind, der außerhalb der Gruppe steht, zu schaden. Das erscheint ebenfalls natürlich und zweckmäßig. Es ist nun eine historische Tatsache, daß die geschichtliche Entwicklung dazu führt, die Gruppenverbände zu erweitern. Diese Erweiterung kann verschiedene Gründe haben. Zu einem wesentlichen Teil geht sie auf die durch Verkehr und Technik ermöglichte intensivierte Annäherung ursprünglich fremder Gruppen und die damit verbundene Notwendigkeit, daß diese nun miteinander auskommen, zurück. Die Notwendigkeit des guten Auskommens ist andererseits durch die Verbesserung der Waffentechnik geboten, die restlose Vernichtung aller gegeneinander kämpfenden Gruppen ermöglicht. Der Gegenwart ist jedenfalls – wie wir sahen – die Aufgabe gestellt, daß sich die Menschheit über die verschiedenen Nationen hinaus unter dem Aspekt einer möglichen Welteinheit friedlicher als bisher verhalte, d. h. sich als einheitliches Geschichtssubjekt konstituiere.

Es ist nun geboten, diese historische Entwicklung ins Ethische umzusetzen und solchermaßen zu radikalisieren. Die Entwicklung führt durchaus nicht von selbst das Positive herbei. Einige Anthropologen meinen im Gegenteil, daß die Tötungshemmung, die im Angesicht des Gegners eintreten kann, bei den modernen Fernwaffen nicht einsetzt, die Tötungs*bereitschaft* sei deswegen heute größer geworden. Diese Aussage scheint uns nur bedingt richtig zu sein. Mag der Vollzug des Tötens bei der Anwendung technischer Waffen unanschaulicher und damit »leichter« vor sich gehen; daß in früheren Kriegen der Tötungsdrang geringer war, ist unwahrscheinlich. Wir werden diesen Sachverhalt später bei der Erörterung der Aggression zu diskutieren haben. Wesentlich in unserem Zusammenhang ist es, wie wir schon sagten, sich klar zu machen, daß die Entwicklung sich nicht von selbst zum Positiven hin bewegt. Sie muß also ethisch »untermauert« werden. Das bedeutet aber, daß die Ethik ihrerseits sich auf den Zug der geschichtlichen Entwicklung einstellt. Dies kann nur in der Weise geschehen, daß sie die positiven Möglichkeiten des geschichtlichen Trends begreift und weitertreibt. In unserem konkreten Fall: es gilt, die Politik der Nationalstaatlichkeit als überlebt zu deklarieren in Richtung auf übernationale Ordnungsgebilde.[10]

Auch in diesem Zusammenhang muß man sich klar machen, daß, selbst wenn es gelingt, übernationale Einheiten zu schaffen, damit keineswegs der Gruppenegoismus aufgehoben ist zugunsten einer allgemeinen humanitären Menschenfreundlichkeit. Das Böse bleibt als Macht bestehen. Gleichwohl – und dies sollte hier hervorgehoben werden – zeigt sich die Praktikabilität des Prinzips der Anerkennung des Willens zum Leben. Weil dieses Prinzip nicht an sich auf bestimmte Gruppen und bestimmte Verhältnisse festgelegt ist, kann jede geschichtlich sich zeigende Möglichkeit ausgenützt werden, es zu erweitern, gemäß der Maxime, daß Ordnung, wenn anders sie als das Gute das Vereinende ist, *universalen* Anspruch erhebt.[11]

Die Minderung des Leidens und die Mehrung der Wohlfahrt. Das größte Glück der größten Zahl

Wir sagten, daß das Prinzip der Anerkennung des Willens zum Leben historisch relativ ist. Es ist erst in der Neuzeit und insbesondere im 19. Jahrhundert ausdrücklich proklamiert worden. Hier zeigt sich ein entscheidender Wandel der Werte und der Tugenden an. Die kriegerische Tugend, der heldenhafte Einsatz für das Vaterland, dessen Hochschätzung bildungsgeschichtlich gesehen weithin auf die humanistische Verherrlichung der Antike, insbesondere des Römertums, zurückgeht, schwindet zugunsten der von Nietzsche angeprangerten *»kleinbürgerlichen Durchschnittstugend«*.[12]

In diesen Zusammenhang einer *Demokratisierung der Werte*[13] gehört nun auch das zweite Prinzip, das wir neben der Anerkennung des Willens zum Leben zur Erläuterung des Imperativs, daß der Mensch nie als Mittel zu gebrauchen sei, herausheben wollen. Es handelt sich um die Idee der Minderung des Leidens und der Stärkung der Wohlfahrt. Oder anders formuliert: um das Prinzip des größten Glücks der größten Zahl. Um dies Prinzip angemessen zu verstehen, ist es erfordert, es gegen den traditionellen utilitaristischen Eudämonismus abzugrenzen.

Hobbes hat der Konstituierung dieses Prinzipes vorgearbeitet. Neben die Todesfurcht, die zum Staatsvertrag führt, stellt er das Verlangen nach den zum angenehmen Leben notwendigen Dingen als das zweite Grundmotiv menschlichen Tuns heraus. *Jeremias Bentham*, dessen Werk »An Introduction to The Principles Of Morals and Legislation« 1780 erschien, hat sodann das Prinzip des Utilitarismus ausdrücklich formuliert. Die Moral, so sagt er, ist allgemein gefaßt die Lehre von der Kunst, die Handlungen der Menschen so zu leiten, daß man die möglichst größte Summe von Glück hervorbringe. Bentham denkt eindeutig von der *Gesellschaft*, die sich im Staat verkörpert, her. Die staatliche Gesetzgebung hat die Menschen auf die dem Gemeinwesen nützlichen Handlungen hinzuweisen und dem einzelnen klar zu machen, daß er dem eigenen Wohle dient, wenn er die anderen fördert. Im 19. Jahrhundert haben *John Stuart Mill* und *Herbert Spencer* diese Gedanken aufgenommen und wissenschaftlich zu fundieren gesucht. Der einzelne soll ein Gleichgewicht von Egoismus und Altruismus erlangen mit Hilfe einer biologisch ausgerichteten Sozialwissenschaft.

Diese Theorien stellen in zweifacher Hinsicht einen Fortschritt dar. Es wird begriffen, daß der einzelne in seinem Sein *gesellschaftlich vermittelt* ist. Die metaphysische Individualethik, die das Seelenheil des einzelnen ins Zentrum stellt, ist hier radikal aufgehoben. Die Gesellschaft selbst aber – das ist das zweite – ist nicht mehr ständisch, sondern demokratisch gedacht. Diesem Ansatz entspricht das Ziel der Ethik, die Wohlfahrt nicht auf die Herrschenden einzuschränken, sondern für alle herbeizuführen. Hier spricht sich also – dies ist nicht abzustreiten – eine echte humane Gesinnung aus. Freilich: die philosophischen Grundlagen, auf denen diese Ethik aufbaut, sind problematisch. Auch hier geht man ebenso wie bei der Vertragstheorie davon aus, daß der Mensch einzig und allein durch seine *Bedürfnisse* bestimmt sei. Auf Bedürfnissen und deren Befriedigung aber läßt sich eine Ethik, die das Verantwortungsbewußtsein wecken will, nicht aufbauen. Es kommt hier – wie wir sahen – nur eine Verrechnungstheorie zustande.

Dies erkennen auch in mehr oder weniger starkem Maße alle eben genannten Denker. Sie suchen Abhilfe zu schaffen. *Bentham* will eine »Hochschätzung des Altruismus« herbeiführen. Da er aber offensichtlich im Einzelnen keinen Anknüpfungspunkt für uneigennützige Handlungen, der eine wirkliche Sicherheit darstellt, findet, setzt er den *Staat* als den Beförderer des Altruismus an. Er teilt diesem die Aufgabe zu, die Menschen zur Offenheit füreinander zu erziehen. Albert Schweitzer hat diesen Sachverhalt kritisiert. Bentham, so sagt er, setzt »die ethische Persönlichkeit im Menschen außer Betrieb und erhebt dafür die Gesellschaft zur ethischen Persönlichkeit, um dann die Individuen durch Transmission mit dieser Kraftzentrale zu verbinden«, wobei die Voraussetzung ist, daß das Individuum die suggerierten Bewegungen »mit tiefer Überzeugung ausführt«.[14]

Spencer und *Mill* greifen auf die *Entwicklung des menschlichen Geschlechtes* zurück. Diese wird zum deus ex machina. Spencer beruft sich ausdrücklich auf Darwin, der nachgewiesen habe, daß der Altruismus zwar dem Egoismus entstamme, sich aber allmählich in der Generationenfolge durchgesetzt habe und nun als ererbter Erwerb weitergegeben werde – wir haben auf die entsprechenden Gedankengänge Darwins in unserer Analyse des Geschichtsbewußtseins im 19. Jahrhundert hingewiesen. Neben dieses Prinzip der Entwicklung tritt bei Mill als zweites Prinzip das *Sympathiegefühl*, das die Menschen miteinander verbindet. Die menschliche Natur neigt überhaupt – das ist hier der verborgene Ansatz – mehr zum Guten, sie ist jedenfalls nicht absolut böse, und darum kann die Entwicklung aufwärts führen.

Hintergründig ist bei allen diesen Ansätzen also ein naiver Optimismus bestimmend. Im Gegensatz zur radikalen Vertragstheorie wird grundsätzlich die Möglichkeit einer nicht auf Zwang und reiner Berechnung beruhenden Harmonie zwischen einzelnen und Gemeinschaft deklariert, sei diese nun auf natürlicher Anlage beruhend oder ein Produkt der Entwicklung. Diese Harmonie ist die Voraussetzung dafür, daß der Bürger es dem Staat zutrauen darf, daß dieser für alle einzelnen eine Vermittlung der Glücksgüter wirklich gerecht durchführen kann. Glück als solches wird von Mill definiert als Freisein von Schmerz und als Anwachsen der Lust. Der Lustzuwachs muß quantitierbar sein, denn sonst kann der Staat nicht distributiv vorgehen. Die Glücksgüter werden daher wesentlich ökonomisch betrachtet, Reichtum ist eo ipso lustfördernd.

Im Gegenzug zu dieser Konstruktion gilt es zunächst daran zu erinnern, daß das intakte gesellschaftliche Sein des Menschen keine Selbstverständlichkeit ist. Die Herstellung und Erhaltung von Ordnung ist also weder durch eine natürliche Veranlagung zur Gemeinschaft noch durch eine positive Entwicklung gesichert. Es ist klar, daß der technisch-wissenschaftliche Fortschritt höhere Chancen für die Abstellung der materiellen Not eröffnet. Diesen Gedanken haben ja Denker aus verschiedensten Lagern von Beginn der Neuzeit an bis zur Gegenwart – man denke an Gehlen und Marcuse – geäußert. Aber das verantwortliche Ausnützen dieser Chancen ist nicht durch den technischen Fortschritt als solchen garantiert.

Sodann gilt es sich klar zu machen, daß der Grundsatz, das größte Glück für die größte Zahl herbeizuführen, nicht mit der Vorstellung einer gelenkten Verteilung von Lustquanten durch den Staat oder die Gesellschaft verbunden werden darf. Jeder, der von Kant herkommt, stößt sich an der pragmatisch-utilitaristisch ausgerichteten Bestimmung »greatest«. Solche quantitativen Bestimmungen haben, so argumentiert man, in der Ethik keinen Sinn. Hier gilt nur die absolute Allgemeinheit, die universalitas. Der Kantische und der pragmatisch-utilitaristische Ansatz sind aber keine echten Gegensätze. Sie können und müssen miteinander verbunden werden. In meiner ethischen Überlegung – »*gesinnungsmäßig*« – muß ich immer das vernünftig Verbindliche, und das heißt das Universale, bedenken, in moralischer Hinsicht darf ich also den Geltungsbereich nicht einschränken, ansonsten erhebe ich faktisch die egoistische Verrechnung zum Prinzip. Aber dieser moralische Einsatz soll ja die Voraussetzung für die Konstruktion *konkreter* Ordnungen sein. Der ethische Beschluß muß *realiter* durchgesetzt, und das heißt, mit den wirklichen Verhältnissen vermittelt werden. Dies gelingt aber immer nur in quantitativem Maße. Unkantisch ist dieser Gedanke der realen Relativverbesserung nicht. Kant fragt, wie seine geschichtsphilosophischen und politischen Schriften zeigen – man denke nur an den Traktat über den ewigen Frieden – nach Möglichkeiten allmählicher Verbesserungen.[15]

Der Gedanke der Quantität ist, wenn er von der Frage der realen Durchsetzung des ethisch Gebotenen her bedacht wird, durchaus legitim. Dies heißt aber nicht, daß er nun die Grundlage einer naiven Philosophie der Lustverteilung abgeben soll. Er muß vielmehr im Sinne des Entwurfes und der Planung von relativ besten Ordnungen – diese als *Rahmenordnungen* verstanden – gefaßt werden. Um dies genauer zu erläutern, ist es erfordert, noch einmal die Frage nach dem *Glück* zu diskutieren.

Aristoteles hat das Streben nach dem Glück zum Ansatzpunkt seiner Ethik erhoben, wobei er das Glück den verschiedenen Anlagen und Tätigkeiten des Menschen gemäß näher zu bestimmen versucht. Man hat nun in der Tradition immer wieder auf die Vielfältigkeit dessen, was Glück heißt, hingewiesen, und *Kant* hat die Tatsache dieser Vielfältigkeit zum Anlaß genommen zu erklären, daß der Begriff des Glücks keine tragbare Grundlage für eine verbindliche Ethik abgebe. Es ist sicher nicht möglich, ein für alle verbindliches Glück festlegen zu wollen, aber man kann doch davon ausgehen, daß es soziologisch-anthropologisch betrachtet *relativ allgemein anerkannte* Stufungen der Glücksvorstellungen gibt.[16]

Die unterste Glücksmöglichkeit ist das Herbeiführen eines Zustandes, der ein lebenswertes Leben *möglich* macht. Maßgebend sind hier durchaus die materiellen Bedürfnisse, die als Grundlage einer menschlichen Existenz überhaupt angesehen werden müssen. Die nähere Bestimmung dieser Bedürfnisse mag im einzelnen schwanken. Es gibt hier keine absolute Eindeutigkeit. Gleichwohl sind gewisse Grundbedingungen, wie ausreichende Ernährung und Gesundheit, allgemein anerkannt. Auch diejenigen, die an sich höhere Vorstellungen von Glück haben, werden sicher nicht gern auf die Erfüllung dieser primären Bedürfnisse verzichten; tun sie es dennoch – etwa als Anhänger einer asketischen Ethik –, dann legen sie sich einen »unnatürlichen« Zwang auf. Historisch gesehen ist in der Neuzeit der Trend, die *Wohlfahrt* als Maß zu setzen, immer stärker herausgestellt worden. *Gehlen* hat dies in seiner Ethik aufgezeigt und als Verfall getadelt. Man könnte dagegen behaupten: erst nachdem die metaphysischen Hinterweltswerte abgebaut wurden, wagte man es, die *primitiven* Werte, das heißt, die natürlichen Anforderungen des Lebens, als die maßgebenden Werte zu deklarieren.

Die unteren Glücksgüter fungieren als Voraussetzungen des *höheren Glücks*. Dies Glück ist in weit stärkerem Maße differenziert. Hierher gehört – um nur einiges gegeneinander sehr Unterschiedliches äußerlich aufzuzählen – das private Hobby der Freizeitbeschäftigung ebenso wie die Freude an wissenschaftlicher Tätigkeit und schließlich auch die sogenannten »weltanschaulichen Bedürfnisse«.[17] Verglichen mit den Lebensnotwendigkeiten sind alle diese Möglichkeiten »Luxusgüter«. Sie sind daher erst erfüllbar – Aristoteles hat dies auf Grund seiner Lebensklugheit erkannt –, wenn die primitiven Bedingungen des Lebens gewährleistet sind.

Entscheidend ist nun, daß diese hohen Werte nicht direkt und unmittelbar planbar sind im Gegensatz zu den äußeren Gütern. Sie sind Angelegenheit der *privaten* Sphäre, das heißt, »frei auswählbar« – daß anthropologisch und soziologisch gesehen diese Auswahl bedingt ist, etwa durch Anlage oder durch Gruppenzugehörigkeit, ist klar.[18]

Wenn die Ethik sich primär um die Herstellung der äußeren Bedingungen des Lebens bemüht, so tut sie dies – so fassen wir das Dargelegte zusammen – nicht, weil diese Güter das einzig erstrebbare Glück wären, sondern weil sie die Grundlagen für die »höheren Interessen« sind. Unter diesen selbst eine Ordnung festlegen zu wollen und diese als moralisch verbindlich zu propagieren, ist nicht Aufgabe der Ethik. Natürlich ist der Sachverhalt dialektisch. Die niederen und die höheren Werte bedingen sich gegenseitig. So wird man innerhalb einer geschichtlichen Situation die Planung der unteren Güter immer schon im Blick auf die höheren als die maßgebenden vollziehen, um für diese eben die Grundlage zu schaffen. Auf der anderen Seite aber ist es notwendig zu erkennen, daß die höheren Güter nicht nur in ihrer Verwirklichung, sondern auch ihrer ideologischen Konzeption nach von der Basis abhängen.

Eine wesentliche Glücksquelle ist die *ethische Betätigung* selbst. Die »Befriedigung«, die das Gefühl, verantwortlich zu handeln – ob mit oder ohne Erfolg – ergibt, ist das eigentlich menschenwürdige Glück, weil es zur Natur des Menschseins gehört, daß der Mensch selbst die Aufgabe übernimmt, das Gute als die Ordnung herzustellen, unter der er zu leben vermag.[19] Macht man sich diesen Sachverhalt klar, dann sieht man – um auf unsere früheren Beispiele zurückzugreifen –, daß zwischen dem privaten Hobby und der wissenschaftlichen Tätigkeit durchaus ein Unterschied waltet. Bei dieser kann oder genauer: soll das Bewußtsein, eine mögliche Lebensförderung für alle herauszustellen, mitbestimmend sein.

Wir fügen unserer Exposition der verschiedenen Glücksgüter noch zwei Anmerkungen an. Einmal: daß die Ethik heute, wenn anders sie reale Bedeutung für das Leben haben will, gerade nicht die hohen Werte zum Maßstab dessen, was ihr *primär* zu erwirken obliegt, setzen darf; diese Tatsache ist selbst geschichtlich begründet. Hier zeigt sich der Abbruch der metaphysischen Tradition in seiner ganzen Bedeutung. Die metaphysische Ethik hat das gesamte Tun des Menschen aus der Differenz der oberen und der unteren Welt oder anthropologisch gesprochen aus der Doppelstellung des Menschen, beiden Welten anzugehören, bestimmt, und zwar in der Form, daß die obersten Werte nicht nur als maßgebend angesehen wurden, sondern daß sie sich, weil sie auf der genau gegliederten Ordnung des mundus intelligibilis beruhten, eindeutig bestimmen ließen. Diese Zeit ist für uns dahin.

Sodann: das Planen der primären Werte, das dem Ziel untersteht, eine optimale Lebensordnung für alle herbeizuführen, ist ein vielseitiges Geschäft. Soll der ethisch beste Entwurf *verwirklicht* werden, so muß er auf mögliche Realisation hin durchdacht werden, und dies ist nur mit Hilfe der Wissenschaft möglich. Im einfachen Beispiel: die ethische Idee, daß kein Mensch hungern darf, bleibt abstrakt, wenn man nicht das Ernährungsproblem allseitig durchdenkt, nicht nur als das Problem der unterentwickelten Länder und den möglichen Ausgleich zwischen armen und reichen Ländern in politischer Hinsicht, sondern auch als die Frage, wie durch die Wissenschaft neue Ernährungsquellen zu gewinnen sind.[20]

Die ethische Gesinnung muß also mit der Politik und der Wissenschaft vermittelt werden. Aber auch das Umgekehrte gilt: die Wissenschaft und die Politik müssen auf die Ethik zurückgreifen. Anders gesagt: die Idee der Wohlfahrt ist eine *regulative Idee*, die uns als moralisch Geforderte angeht. Der Fehler der Utilitaristen war es, Wohlfahrt als konstitutives Prinzip zu verstehen: Bentham konstruiert einen Staat, der als Verteiler für Glücksquanten fungiert. Moderne Technologen scheinen den Ansatz der Utilitaristen zu wiederholen, wenn sie vermeinen, die Verbesserung der Verhältnisse auf Grund organisatorischer Rationalität ohne ethischen Einsatz garantieren zu können.[21]

Viertes Kapitel
Instanzen der Ethik

Vorbemerkung

In der Tradition spielt die Frage nach den ethischen Instanzen eine wesentliche Rolle. An welche *Kräfte und Vermögen* im Menschen kann der Ethiker sich wenden? Es geht hier nicht allein darum, daß er seine Forderungen einsichtig und verständlich macht und deren Verbindlichkeit nachweist, sondern vor allem ist es wichtig, die *Quellen* zu erschließen, von denen her ihre *Verwirklichung* möglich erscheint.

Die klassische Philosophie hat diese Frage zu beantworten gesucht durch den Rückgriff auf eine anthropologische Grundschematik, die ihrerseits zumeist wiederum in einer *Metaphysik* fundiert war. Wir haben die Ansätze dieser Begründungsversuche am Anfang dieses Teiles entwickelt, als wir die Grundzüge der metaphysischen Ethik und der praktischen Philosophie der Tradition darlegten.[1] Durchmustert man diese Tradition, so sieht man, daß von den Griechen bis zum Deutschen Idealismus die *Vernunft* als maßgebende Instanz deklariert wurde. Dieser Ansatz ist auch für uns wesentlich. Wir suchen nun aber noch eine andere ethische Instanz herauszustellen. Das ist das *Mitleid*, das in der Tradition nicht hoch bewertet wurde. Daß wir uns auf die Erörterung von Vernunft und Mitleid beschränken, besagt natürlich nicht, daß es nicht noch andere ethische Instanzen gibt. Gleichwohl läßt sich an Vernunft und Mitleid die Möglichkeit eines ethischen Engagements, wie es für unsere Zeit erfordert ist, besonders deutlich aufzeigen.[2]

Vernunft

Der Rückgriff auf »letzte Überzeugungen« ist heute eigentümlich suspekt geworden, insofern er sich der Diskussion entzieht. Das *Gewissen* bleibt zwar für den abendländischen Menschen, der faktisch durch den reditus in se ipsum geprägt ist, eine gültige Instanz. Aber das Gewissen ist, wenn es als individuelles Gesetz dem Zusammenhang mit dem Allgemeinen entnommen wird, doch eine zweideutige Bestimmung. Hegel hat das klar erkannt. Er erklärt einerseits: »Das *Gewissen* drückt die absolute Berechtigung des subjektiven Selbstbewußtseins aus, nämlich in sich und aus sich selbst zu wissen, was Recht und Pflicht ist, und nichts anzuerkennen, als was es als das Gute weiß, zugleich in der Behauptung, daß, was es so weiß und will, *in Wahrheit* Recht und Pflicht ist.«[3] Aber Hegel hat andererseits diesen absoluten Rückzug auf die Subjektivität getadelt. Er ist dabei aber zweifellos zu weit gegangen, wenn er erklärt, daß das Gewissen von dem Staat als Träger der Sittlichkeit aufgehoben werde. Es gibt ethische Konflikte, die nicht von überpersönlichen Mächten her entscheidbar sind. Hier hat der einzelne sich gegen den Anspruch solcher Mächte zu erwehren. Auf sich zurückgeworfen kann er nur der Stimme des Gewissens gehorchen. Vor allem aber: angesichts der Tatsache, daß die Welt im Argen liegt, so daß ethisches Tun immer die Möglichkeit des Scheiterns in sich trägt, ist das Gewissen nicht nur die letzte Entscheidungsinstanz, sondern auch der letzte Ausweis und der letzte Halt für ein Handeln, von dem man weiß, »daß es sich nicht lohnt«, obwohl es ethisch geboten ist.[4]

Der Rückzug auf das Gewissen darf aber nicht, wie wir schon darlegten, mit einer Negation des zwischenmenschlichen Bezuges identisch sein. Anders gesagt: die Bereitschaft, auf die Mitmenschen zu *hören*, muß heute auch in der Ethik in den Vordergrund gestellt werden. Das bedeutet aber, daß der *Vernunft* in der Ethik eine zentrale Bedeutung zukommt. Ferne und Nähe zu *Kants Vernunftansatz* sind hier aufschlußreich. Kant erklärt in der »Grundlegung zur Metaphysik der Sitten«: »Praktisch gut ist aber, was vermittels der Vorstellung der Vernunft mithin nicht aus subjektiven Ursachen, sondern objektiv, d. i. aus Gründen, die für jedes vernünftige Wesen als ein solches gültig sind, den Willen bestimmt.«[5] Diesen Ansatz gilt es zu bejahen: die Vernunft vermag, mit Hegel gesprochen, das Allgemeine zu bedenken.

Freilich – und darin zeigt sich ein Gegensatz zu Kant und Hegel –: das vernünftige Bedenken des Allgemeinen ist heute nicht mehr metaphysisch bestimmt. Die Vernunft ist für uns kein fester Inbegriff eindeutiger Wahrheiten, die es bei gegebenem geschichtlichen Anlaß nur zu eruieren gälte. Die Vernunft ist selbst geschichtlich bestimmt und solchermaßen ein offenes Vermögen. Sie muß als die Möglichkeit betrachtet werden, Ordnungen zu konstituieren, die nie endgültig und perfekt sind, sondern nur das, was zu einer bestimmten Zeit optimal zu erreichen ist, darstellen. Kants Schrift »Über den ewigen Frieden« ist ein immer noch aktuelles Beispiel für ein Denken aus der Vernunft, das die reale Lage nicht vergißt.

Mitleid

Das Mitleid ist von den Philosophen zumeist *negativ* beurteilt worden. Es ist nur ein Affekt. Impulsiv aufbrechend ist es unzuverlässig im Gegensatz zur sich ausweisenden Vernünftigkeit. Sodann: das Mitleid erscheint sentimental. Vom Gesichtspunkt der Disziplin fordernden Ethik ist sie ein Zeichen der Spätkultur, das heißt, so meint man, einer »verweichlichten Humanisierung«. *Gehlen* gibt in seiner Ethik für diese »Verweichlichung« mehrere Beispiele, die sicher nicht zufällig zumeist das Mitleid gegen Tiere betreffen, so monierte man im späten Rom, daß die Zufahrtsstraßen zu den Tempeln für die Tiere zu steil wären und forderte, dies zu ändern. Und schließlich ist von der psychologischen Sicht her zu sagen, daß das Mitleid ein neugieriges und schamloses Verhalten sei. Man dringt in den intimen Bereich des anderen ein, der unter Umständen dies Eindringen als unangemessen und peinlich empfindet.

Nietzsche, der immer wieder auf das Mitleid zu sprechen kommt, hat alle diese Einwände gegen das Mitleid herausgestellt.[6] Der eigentliche Grund für seine negative Einschätzung des Mitleids ist aber die Abwertung des Leidenden, das heißt nach ihm, des schwächlichen Lebens überhaupt. Nur das gesunde und starke Leben ist im Recht. Wenn man aber das kranke Leben als abwegig deklariert, muß man es verachten. Man darf ihm nicht helfen. Nietzsche erklärt: »Der Kranke ist ein Parasit der Gesellschaft. In einem gewissen Zustand ist es unanständig, noch länger zu leben. Das Fortvegetieren in feiger Abhängigkeit von Ärzten und Praktiken, nachdem der Sinn vom Leben, das Recht zum Leben verlorengegangen ist, sollte bei der Gesellschaft eine tiefe Verachtung nach sich ziehen. Die Ärzte wiederum hätten die Vermittler dieser Verachtung zu sein.«[7] Sicher: das sind Äußerungen Nietzsches, denen durchaus gegensätzliche gegenübergestellt werden können. Nietzsche legt dar, daß Gesundheit eo ipso Borniertheit bedeutet. Gleichwohl spricht sich in der Negation des Mitleides ein grundsätzliches Verständnis des Lebens aus, das von dem antiken Ideal der Stärke und Gesundheit bestimmt in der Tradition eine nicht unerhebliche Rolle spielt.

Im Gegenzug zu diesen Argumentationen erscheint uns das Mitleid als ethische Instanz von hoher Bedeutung. Es kann hier nicht unsere Aufgabe sein, eine Phänomenologie des Mitleids zu entwerfen. Wir haben oben in dem Kapitel über *Schopenhauers* Philosophie auf die wesentlichen Züge des Mitleids hingewiesen.[8] Schopenhauer ist – so meinen wir – immer noch als derjenige Philosoph anzusehen, der die Bedeutung des Mitleids am stärksten anerkannt hat. Wir begnügen uns jetzt mit einigen Hinweisen, die insbesondere auf die Universalität des Mitleides abheben.

Das Mitleid ist ein *unmittelbares Verhalten*. Es ist ein Gefühl, das direkt einsetzt beim Anblick des Leidens anderer. Man kann es insofern in Gegensatz zur Vernunft setzen, die als Überlegung des Allgemeinen sich, wie wir noch genauer sehen werden, wesentlich auf die Gestaltung der großen Ordnungen bezieht. Gleichwohl wäre es vollkommen inadäquat, das Mitleid auf das Verhalten innerhalb kleiner Gruppen einzuschränken, insofern für deren Konstitution der personell-individuelle Umgang wesentlich ist. Beim Mitleid sieht man gerade von der bestimmten Person ab und meint nur noch den Leidenden *als Leidenden*. Das Mitleid muß daher von vornherein als ein von persönlichen Bedingungen entschränktes Verhalten angesehen werden, und dementsprechend kann es nicht auf den Bezug zu Menschen, die mir als Vertraute im Nahhorizont beggenen, eingegrenzt werden.

Die Universalität kommt auch dem entsprechenden Gegensatz zum Mitleid, nämlich der *Grausamkeit*, zu. Auch die Grausamkeit ist jedenfalls in ihren radikalen Formen ein apersonales Verhalten. Der andere wird zum *reinen Objekt* der zerstörenden Lust freigesetzt, das heißt, er wird entpersönlicht, sei es in psychischer oder physischer Hinsicht. Das Ziel ist es, seine Menschlichkeit zu negieren. Dieser Vorgang der Entpersönlichung aber ist und bleibt ein direkter Bezug: man braucht den anderen als *unmittelbares* Objekt, wenn man sein Leiden ansehen und genießen will.

Fälle solcher extremer Grausamkeit mögen zu ihrer Aktualisierung Ausnahmesituationen voraussetzen. Aber gerade Ausnahmesituationen zeigen im Negativen und Positiven Möglichkeiten menschlichen Verhaltens, die der Mensch sich im allgemeinen verdeckt. Um den Sachverhalt beispielhaft zu verdeutlichen: in sogenannten regulären Kriegshandlungen ist der Feind nicht als bestimmte Person gemeint. Man tötet ihn als Angehörigen einer gegnerischen Gruppe, die unter Umständen nicht einmal nach der Sündenbockthese zum Träger des Bösen hochstilisiert werden muß. Wenn aber einmal der für solche Kriegshandlungen geforderte und als notwendig erachtete Wille zur Vernichtung freigesetzt ist, dann kann er sich steigern zu Formen der Vernichtung, wie sie etwa das Foltern darstellt. Diese Formen werden gegenüber einem Gegner angewandt, der gerade wehrlos ist. Der Übergang von den sogenannten regulären Kriegshandlungen zu solchen Vollzugsformen der Grausamkeit aber geschieht in eigentümlich gleitender Weise. Er ist durch keine äußere oder innere Sanktion im vorhinein zu verhindern.

Das gegensätzliche Pendant zur Grausamkeit ist nun, wie wir sagten, das Mitleid. Auf den einzelnen bezogen: Grausamkeit und Mitleid kämpfen im einzelnen *unmittelbar* gegeneinander, und der Ausgang des Kampfes ist ungewiß, insofern auch im Einzelnen die Bereitschaft zur Grausamkeit latent vorhanden ist. Gleichwohl scheint uns das Mitleid die *einzige* Instanz und Gegenkraft gegen mögliche Perversionen, wie sie das Böse in seinen extremen Formen darstellt, zu sein. Um noch einmal an den vorhin dargelegten Befund zu erinnern: Mitleid setzt Nähe voraus, nämlich das anschauliche Leiden eines Gegenüber. Angesichts dieses Leidens erwacht der unmittelbare Wille zu helfen, gleichgültig, woher das Leiden kommt, ob durch unverschuldete Umstände oder durch menschliche Grausamkeit. Dieser unmittelbare Wille zu helfen ist der Wesenscharakter des Mitleids. Von hier aus läßt sich sagen: das Mitleid ist die äußerste und letzte Möglichkeit, den Menschen in seiner »nackten Existenz« zu retten angesichts der unmittelbaren Negation dieser Existenz.

Das Mitleid ist aber nicht nur ein bei einem gegebenen Anlaß einsetzender Affekt. Mitleid kann auch über den vorliegenden Fall hinausgehen und sich als *vorgreifende Bereitschaft* konstituieren, Leiden, wo auch immer und wie auch immer es auftritt, zu verhindern oder zu lindern. Wir haben hier wieder eine Form des Erweiterungsgesetzes, von dem oben die Rede war, vor uns. Die ethische Einstellung geht über die Bindung an das Anschauliche hinaus. Und eben dieses Hinausgehen erwirkt – das ist das eigentlich Relevante – einen »allgemeinen Gegenwillen« zu der latenten Bereitschaft, den anderen leiden zu lassen. Dieser Gegenwille betrifft zuerst und zunächst mich selbst, insofern auch in mir diese Bereitschaft lebendig ist.

Im Mitleiden vollzieht sich, so sagt *Schopenhauer*, eine Identifikation von Ich und Du, oder vorsichtiger: die Schranken der Individualität und damit des Egoismus fallen. Dieser Vorgang ist, so sagt Schopenhauer, ein Mysterium, denn indem ich mit dem anderen mitempfinde, sein Leid als meines fühle, wird meine Identität und die des anderen aufgehoben. Die Universalität des Mitleids ist also keine quantitative, sondern eine qualitative. Sie negiert die Dimension, in der wir im allgemeinen leben und leben müssen, wenn wir uns von den anderen unterscheiden, sei es in egoistischer oder altruistischer Einstellung.

Wir schließen unseren Hinweis auf das Mitleid mit einer Anmerkung ab. Das Mitleid als *Ferntugend*[9] ist keineswegs eine selbstverständliche Haltung. Die Tatsache der Distanzierung angesichts fernen Leidens, das durch die Massenmedien in Bild und Ton unmittelbar vermittelt wird, ist bekannt. Ähnlich wie im Schauspiel erscheint hier das Leiden trotz seiner Anschaulichkeit eigentümlich irreal. Es ist aber neben der soeben angedeuteten negativen Wirkung der Massenmedien doch auch ein positiver Affekt zu beachten. Wenn man das Leiden von Menschen in fernen Ländern auf Grund dieser Medien anschaulich vor sich hat, drängt sich die Forderung auf, sich für die Milderung dieses Leidens einzusetzen. Grundsätzlich gesagt: in der technisch erwirkten Vereinheitlichung der Welt schrumpft die äußere und die innere Möglichkeit einer Isolierung *auch* in moralischer Hinsicht zusammen. Es ist nun erfordert, »allgemein zu helfen«.[10]

Fünftes Kapitel
Die Dialektik von Freiheit und Unfreiheit als Grundproblem der Ethik.
Zum Verhältnis von Ethik und Wissenschaft

Vorbemerkung

Überblickt man die vorangehenden Analysen und sucht man von ihnen her die Strukturen einer zeitgemäßen Ethik zu bestimmen, so zeigt sich, daß eine solche Ethik dialektisch vorgehen muß. Das besagt konkret: die ethischen Grundbestimmungen müssen in ein fruchtbares Spannungsverhältnis zum Leben gebracht werden. Nur so gewinnt die Ethik ein offenes Verhältnis zu den realen Problemen der Zeit. Wir haben diese Dialektik mehrfach berührt und suchen sie jetzt an der Bestimmung von *Freiheit und Unfreiheit* zu entwickeln. Von diesem Ansatz her soll abschließend noch einmal das Wechselverhältnis, das zwischen Ethik und Wissenschaft besteht, schematisiert werden.

Der undialektische Ansatz der traditionellen Ethik (Kant)

Die klassische Ethik der Tradition geht bis auf wenige Ansätze nicht dialektisch vor. Sie ordnet sich den großen philosophischen Grundansätzen in formaler und inhaltlicher Hinsicht unter. Dies bedeutet, daß die Ethik von dem Streit, der zwischen diesen Systemen besteht, bestimmt wird. Sie muß sich zwischen *unvereinbar erscheinenden Gegensätzen* entscheiden, um sich als Ethik zu konsolidieren. Soll die Ethik – so ist zu fragen – auf die Vernunft oder auf das Gefühl vertrauen, die Freiheit behaupten oder sie leugnen, sich dem Prinzip der Innerlichkeit oder dem der Äußerlichkeit unterstellen, die Gesinnung oder den Erfolg als Maßstab setzen, das Gute utilitaristisch verstehen oder es von allem Glücksverlangen ablösen?

Wir haben diese Alternativen im Hinblick auf Kant formuliert, denn Kant hat die Probleme, die hinter diesen Gegensätzen stehen, durchdacht und sie zu einer Lösung zu bringen gesucht, die für die Entwicklung der philosophischen Ethik entscheidend wurde.[1] Indem Kant das Prinzip der *Innerlichkeit*, die Reinheit der moralischen Gesinnung, absolut setzt, hat er die Sphäre des Äußeren abgewertet. Hier herrscht das Streben nach Glück und Erfolg, das, grundsätzlich triebhaft-egoistisch gelenkt, nur legalistisch zu ordnen ist. Durch diesen Ansatz wurde die Ethik dem realen Leben entfremdet und eigentümlich privatisiert. Und zugleich wurde sie – das ist ebenso wichtig – in philosophischer Hinsicht um ihre echten Möglichkeiten gebracht. Kants Scheidung des mundus intelligibilis vom mundus sensibilis besagt, daß die Ethik es nur mit der praktischen Vernunft, die ganz und gar nicht empirisch-pragmatisch ist, zu tun hat. Dies bedeutet aber wiederum: nur als Bürger des mundus intelligibilis ist der Mensch verantwortlich. Den empirischen Menschen betrifft die Ethik eigentlich nicht; dieser Mensch ist ja gar nicht frei, er kann nicht verantwortlich gemacht werden, weil er ohne Einschränkung der Naturkausalität untersteht. Freilich: Kant hat diese von dem *theoretischen* Ansatz her konzipierte Zweiheit des Menschen als Gliedes der übersinnlichen und der sinnlichen Welt eingeschränkt: als »praktischer« Ethiker weiß er, daß sich das Gebot gerade an den zweideutigen Menschen wendet, das heißt, an den Menschen, der sowohl empirisch als intelligibel bestimmt ist. Gleichwohl: sein undialektischer Gegensatz der beiden Welten hat sich verhängnisvoll ausgewirkt.

Um noch einmal diesen Gegensatz in seinen Folgen darzulegen: die moralische Welt ist von der Welt der Erscheinungen nicht nur unterschieden, sondern es gibt zwischen beiden keinen Zusammenhang. Das bedeutet nun, überdenkt man die in diesem Ansatz beschlossenen Konsequenzen: ich kann zwischen zwei *diametralen Standpunkten* hin- und herwechseln, nämlich der Behauptung: als moralisches Wesen bin ich ganz und gar frei, absolut und eindeutig verantwortlich, und der Behauptung: als zugehörig zur Erscheinungswelt bin ich ganz und gar unfrei und daher nicht verantwortlich. Im praktischen Beispiel: stehe ich als Jurist oder als psychiatrischer Beobachter einem Fall gegenüber, der abnorme oder pathologische Züge zeigt[2], so kann ich entweder erklären: der Mensch ist als vernünftiges Wesen frei und daher verantwortlich für sich selbst, oder ich kann deklarieren: der Mensch ist als empirisches Wesen nicht verantwortlich. Man braucht, wenn man diese Behauptung aufstellt, ja nur den kantischen allgemeinen Begriff der kausalen Bedingtheit mit modernen Bestimmungen zu füllen, indem man etwa auf Erbanlagen, Einfluß des Elternhauses, Milieu und Erziehung verweist. Man sieht sofort: die eigentümliche Zwischendimension, in der sich der Psychologe und der Jurist in solchen Fällen ja eigentlich bewegen müssen – das heißt, die konkrete Frage: *wieweit* ist dieser Täter verantwortlich im äußeren und im inneren Sinne und wieweit ist er es nicht –, diese Zwischendimension wird durch die kantische Abscheidung der moralischen von der Erscheinungswelt übersprungen. Diese Scheidung ist lebensfern und eigentümlich abstrakt.[3]

Der Vorrang der Freiheit

Es ist angesichts der von Kant heraufgeführten Situation erfordert, den Gegensatz von Freiheit und Unfreiheit dialektisch zu vermitteln. Dies bedeutet nicht, daß der Freiheit und der Unfreiheit gleiche Bedeutung zukommen. *Vorrang* hat die Dimension der Freiheit. Dieser Vorrang ist nicht zu beweisen, weil Freiheit selbst nicht demonstrierbar ist. Jedoch ist es möglich, daß der einzelne sich den Vorrang der Freiheit durch eigene Selbsterfahrung vor Augen bringt und diese Selbsterfahrung sodann in einer einfachen Reflexion ausdrücklich macht.

Fichte[4] hat seine *Unterscheidung von Dogmatismus und Idealismus* auf einer solchen Reflexion aufgebaut. Der Dogmatiker kann, weil er sich selbst nur als abhängig deklariert, nicht den Gegensatz zur Abhängigkeit, die Freiheit, verstehen. Der Idealist dagegen kennt den Stand der Abhängigkeit; wir alle, so sagt Fichte, haben in diesem Zustand begonnen. Der Idealist hat sich zur Selbständigkeit erst erhoben, und darum weiß er durch eigene Erfahrung um den Unterschied von Freiheit und Unfreiheit. Man kann die hier waltende Dialektik auch rein erkenntnistheoretisch entwickeln, wie es Fichte in der Erörterung des dritten Grundsatzes in seiner »Wissenschaftslehre« von 1794 tut. Das Ich bezieht sich nicht nur auf sich selbst, sondern auch auf das Nicht-Ich, und zwar in reflektierter Form. Das besagt: das Ich weiß um sich selbst, als und insofern es auf das Nicht-Ich handelnd einwirkt – es kann sich ja selbst in seinem Handeln beurteilen –, und es weiß um sich selbst, als und insofern es vom Nicht-Ich beeindruckt wird – es kann ja zu diesen Eindrücken Stellung nehmen.

Dieser Vorrang des Ich als eines Selbstverhältnisses ist wesentlich. Wir haben mehrfach auf ihn hingewiesen, so zum Beispiel bei der Erörterung der Frage nach der Aggression: im Gegensatz zum Tier vermag sich der Mensch, so sagten wir dort[5], mit dem Problem zu befassen, ob und wieweit er gegen die Aggression angehen kann, oder allgemeiner: ob und wieweit er frei ist. In bezug auf das Problem der körperhaften Bedingtheit des menschlichen Geistes hat *Pascal* – dies sei im Hinblick auf die folgenden Analysen erwähnt – den dialektischen Sachverhalt sehr klar herausgestellt: »Der Mensch ist nur ein sehr schwaches Rohr der Natur; aber er ist ein denkendes Rohr. Das ganze Universum braucht sich nicht zu waffnen, ihn zu zermalmen. Etwas Dampf, ein Tropfen Wasser genügt, ihn zu töten. Aber wenn das Universum ihn zermalmt, der Mensch ist doch viel edler als das, was ihn tötet, denn er weiß, daß er stirbt; welchen Vorzug das Universum auch vor ihm hat, das Universum weiß nichts davon. Also besteht unsere ganze Würde in dem Gedanken.«[6]

Dialektisch formuliert: der Mensch kann nur denken »auf Grund« eines intakten Gehirns. Das ist eine Tatsache, die unabänderlich ist und die jeden Versuch, den Menschen in einer reinen transzendentalphilosophischen Dimension anzusiedeln, zunichte macht. Aber der Mensch ist in der Lage, diese materiale Bedingtheit seines Denkens zu denken und um sie zu wissen. Dies besagt aber: er kann sich zu ihr verhalten, darauf beruht ja die Möglichkeit der manipulierenden Umstrukturierung des Menschen.

Es ist nun aber entscheidend, daß man nicht dabei stehen bleibt, dies Reflexionsargument immer nur im formalen Sinne zu gebrauchen, um die philosophische Einseitigkeit des Determinismus als solche zu widerlegen. Es ist vielmehr notwendig, daß man es in den *Lebenszusammenhang*, aus dem es stammt, *zurückversetzt*. Dies Argument muß als Schlüssel für die Deutung von konkreten Phänomenen benutzt werden, und zwar gerade von solchen Phänomenen, in denen die Freiheit an ihre reale Grenze gelangt. Dies sei verdeutlicht an der Dialektik des Überganges vom moralischen Handlungsaspekt zur erklärenden Außenbetrachtung.

In unserer Analyse der ethischen Relevanz der Psychoanalyse sagten wir, daß für den Menschen selbst, insofern er im Lebenszusammenhang steht und handeln muß, das Freiheitsbewußtsein vorgängig ist, nicht als philosophisches Grundsatzbewußtsein, sondern als *Zukunftsbewußtsein*: ich lebe, mich sorgend, nach vorn ausgerichtet, wobei es zumeist im Alltag nur um kleine und nicht umwälzende Entscheidungen geht. Von diesem Handlungsbewußtsein her erscheint die Motivdeutung meines Tuns als nachträgliche Erklärung. Diese Erklärung ist Außenbetrachtung. Als »hinterherkommende« ist sie keine Devise, mit der ich leben kann.

Aber – und damit kommen wir auf die andere Seite der Dialektik –, es gibt Momente, in denen die *Außenbetrachtung* notwendig ist, bei mir selbst und vor allem in bezug auf andere. Diese Notwendigkeit wird im Alltag auch durchgängig anerkannt. Unzählige Beispiele wären hier anzuführen: ungeduldiges oder aufbrausendes Verhalten ist »verstehbar«, weil einer schlecht geschlafen hat und nervös ist. Dies gilt als »Entschuldigungsgrund«. Dieser Begriff zeigt sehr schön, daß Freiheits- und Verantwortungsbewußtsein in ihrer alltäglichen Form die Lebensgrundlage sind. Wäre alles Verhalten rein kausal bedingt, dann hätte das »Ent-schuldigen« keinen Sinn.[7]

Im »intakten« Lebenszusammenhang vollzieht sich die Dialektik von moralischer Innenbetrachtung und erklärender Außenbetrachtung zumeist als das Ineinanderspiel von beiden und stellt kein Problem dar. Anders ist es dort, wo ein Mensch in seinen Lebensfunktionen, sei es zeitweilig oder dauernd, so gestört ist, daß er nicht mehr »zurechnungsfähig« ist. Dann muß ein anderer, etwa ein Arzt oder ein Gutachter, die Stellungnahme übernehmen, und zwar in der Form einer *erklärenden* Außenbetrachtung. Diese Außenbetrachtung setzt aber eine Gemeinsamkeit zwischen dem Kranken und dem Beobachter voraus, insofern der Beurteiler stellvertretend ist. Der andere leistet die Reflexion, die der Kranke nicht mehr durchführen kann. Die Dimension der Freiheit bleibt als maßgebend also erhalten: der Arzt entscheidet für den Kranken, ob und wieweit dieser Kranke noch frei, das heißt verantwortungsfähig ist.

Der soeben entwickelte Übergang vom moralischen Innenaspekt zur beobachtenden Außenbetrachtung ist ein Beispiel dafür, wie *lebensnah* die Dialektik von Freiheit und Unfreiheit ist. Wir meinen nun, daß sich heute auch durchaus ein allgemeines Bewußtsein herausbildet, das die Realität dieser Dialektik erkennt und anerkennt. Dies sei im folgenden näher verdeutlicht.

Der undogmatische Ansatz der Freiheitsproblematik in der Gegenwart

Das Handlungsbewußtsein des gegenwärtigen Menschen ist zweiseitig orientiert: auf der einen Seite steht das Wissen um die Tatsache der Determiniertheit und auf der anderen Seite das Wissen um die Freiheit. Beide Bestimmungen werden jedoch nicht im kantischen Sinne als sich ausschließende Gegensätze angesetzt. Es geht dem heutigen Menschen gar nicht mehr um philosophische Thesen, die grundsätzliche Einsichten intendieren, sondern um *Auslegungen des Lebensbewußtseins*.

Konkret: Das *Bewußtsein der Determination* hat sich heute zersplittert. Es gründet sich auf wissenschaftliche Aussagen verschiedener Forschungsbereiche, vor allem der Verhaltensforschung, der Soziologie, der Biologie und der Medizin. Ein einziges Beispiel sei zur Verdeutlichung gegeben: die molekulare Biologie hat durch die Erforschung der Gen-Strukturen heute, auch wenn diese Erforschung in Einzelheiten dem Laien nicht bekannt und verstehbar ist, eine kaum zu überschätzende Wirkung auf das allgemeine Bewußtsein ausgeübt. Seit es durch eine genauere Untersuchung der physikalisch-chemischen Struktur der Gene möglich geworden ist, die genetische Information zu entziffern und damit eben den Gesetzen der Vererbung auf die Spur zu kommen, weiß man, daß die Mutationen der Gene durch genau definierbare chemische Reaktionen an den informationstragenden Bezirken der Nukleinsäure vor sich geht. Und erst durch die Konstitution einer solchen spezifischen Einsicht wird – das soll dies Beispiel anzeigen – die vorher im allgemeinen bekannte und im allgemeinen auch anerkannte Tatsache der Vererbung zu einer zwingenden Einsicht, das heißt zu einer Einsicht, die den Begriff »Determination durch Vererbung« aus der philosophischen Spekulation in die Dimension der Beweisbarkeit überführt hat.

Aber gerade dies Beispiel zeigt auch die andere Seite: weil und insofern man diese Determination nun kennt, erhebt sich die Frage in vorher nicht bekannter Dringlichkeit, was man mit dieser Erkenntnis praktisch-pragmatisch anfangen kann und vor allem: anfangen darf. Es ist ja nun – wenigstens grundsätzlich – möglich geworden, durch Eingriffe in die Ei- und Samenzellen die Erbanlagen zu verändern. Diese Möglichkeit »verlockt«. Unter welchen Aspekten hat sie zu geschehen, und wieweit sind solche Eingriffe überhaupt erlaubt? Man dürfte doch zumindest, so wird argumentiert, krankhafte Anlagen ausschalten, aber vielleicht wäre es für die Menschheit im Ganzen doch »zweckhaft«, bessere Exemplare der Gattung Mensch heranzuzüchten. Aber was heißt hier »besser«? Wer gibt die Maßstäbe für die Beurteilung des möglichen Vorgehens?[8]

Alle diese Fragen – das ist es, was es hier zu beachten gilt – weisen unmittelbar auf die Dimension der Freiheit hin. Weniger metaphysisch und zeitgemäßer gesprochen: die Einsicht in die Determiniertheit wird *sofort* mit der Frage der Manipulierbarkeit verknüpft, wobei die latente Voraussetzung ist, daß es vom Menschen abhängt, was er aus sich macht, das heißt, in welche Richtung er sich entwickelt. Dies Bewußtsein des *Bestimmens möglicher Richtungen* der Forschung ist das eigentliche, wenn auch zumeist unausdrücklich bleibende »Grundgefühl«. Freilich: auch hier geht es ebensowenig wie bei der Bestimmung der Determination um eine philosophische Grundüberzeugung. Schon das Wort »Freiheit« wird vermieden, weil es offensichtlich zu metaphysisch-pathetisch klingt. Aber der Sache nach ist »das Bewußtsein des Könnens« heute maßgebend und zwar in der ganzen Breite möglicher Aspekte, von der technisch orientierten Machbarkeit bis zu den moralischen Fragen hin, ob Veränderungen einschneidender Art erlaubt sind und unter welchen Zielen sie zu stehen haben. Der ethische Aspekt darf nicht unterschlagen werden, indem man behauptet, daß die heutige Forschung doch wesentlich wertfrei sei. Die ethische Relevanz wissenschaftlicher Einsichten ist nicht mehr auszuklammern, nachdem die traditionelle Idee einer rein autonomen theoretischen Erkenntniswissenschaft durch die Idee einer Forschung verdrängt wurde, in der theoretische und praktisch-pragmatische Faktoren ständig miteinander verbunden sind.

Überdenkt man diese Zusammenhänge, so wird man zu der Einsicht geführt, daß es sinnlos wäre, dem modernen Bewußtsein dadurch weiterhelfen zu wollen, daß man nun abstrakt die Freiheit oder die Determination des Menschen zu erweisen suchte, bezugsweise den Anteil der einen Bestimmung vom Anteil der anderen genauestens abzugrenzen sich bemühte – vorausgesetzt, solche Klärungen wären überhaupt möglich. Man muß vielmehr, wenn anders man zeitgemäß vorzugehen sucht, gerade den Willen aufbringen, ohne solche grundsätzlichen Erkenntnisse auszukommen, und dies besagt: es gilt, die Legitimität der offenen, abstrakt-theoretisch gar nicht zu schließenden *Dialektik* von Freiheit und Unfreiheit anzuerkennen und sie als den anthropologischen Horizont einer Ethik anzusetzen, die den Menschen immer mehr zur Freiheit verhelfen will.

Es wäre eine eigene Aufgabe zu untersuchen, wie sich der Umschwung von der Metaphysik der Freiheit zur realen Dialektik der Freiheit in den verschiedenen Bezirken des Lebens und der Wissenschaft durchsetzt. Wir können dies hier nicht in extenso tun und beschränken uns auf einige Beispiele.

Das Problem der Willensfreiheit unter juristischem Aspekt. Anmerkungen zur gegenwärtigen Reform des Strafrechts

Wenn im folgenden die Rechtswissenschaft gewählt wird, um den eben angedeuteten Wandel in der Freiheitsproblematik zu verdeutlichen, so gründet dies nicht nur darin, daß zwischen Rechtswissenschaft und Ethik Bezüge wechselseitiger Bedingung bestehen, sondern auch darin, daß sich in beiden Disziplinen eine analoge Entwicklung aufzeigen läßt. Wir gehen so vor, daß wir zuerst Kants und Hegels Rechtsauffassung, insbesondere ihre Bestimmung der Strafe darlegen und sodann im Gegenzug dazu die gegenwärtige Problematik skizzieren.

Kant hebt das Recht gegen die Ethik ab. Während es die Ethik mit der inneren Gesinnung, der Moralität, zu tun hat, richtet sich das Recht auf die Handlungen des Menschen nur in reiner Außenbetrachtung. Das heißt: der Rechtsgelehrte und der Richter haben zu fragen, ob und wie weit die Handlungen legal sind. Kant definiert: »Man nennt die bloße Übereinstimmung oder Nichtübereinstimmung einer Handlung mit dem Gesetze, ohne Rücksicht auf die Triebfeder derselben, die *Legalität* (Gesetzmäßigkeit).«[9] Die Unterscheidung von Legalität und Moralität bedeutet aber nicht, daß Ethik und Recht bezugslos nebeneinander stehen. Kant unterteilt seine »Metaphysik der Sitten« in Rechtslehre und Tugendlehre. Die Untersuchung des Rechts gehört zur Metaphysik der Sitten, insofern hier die metaphysischen Anfangsgründe der Rechtslehre thematisiert werden. Entscheidend ist, daß in beiden Bezirken die Freiheit regiert. Die Freiheit im Sinne der Moralität als praktische Vernunft ist aber von der Freiheit im Sinne des Rechts zu unterscheiden. Diese Freiheit ist Willkürfreiheit. Kant definiert: »Eine jede Handlung ist *recht*, die oder nach deren Maxime die Freiheit der Willkür eines jeden mit jedermanns Freiheit nach einem allgemeinen Gesetze zusammen bestehen kann.«[10] Für beide Formen der Freiheit aber gilt, daß der Mensch verantwortlich ist, ob er sich nun in seinem Inneren selbst oder ob ihn ein anderer im Äußeren richtet. Der Mensch ist verantwortlich, weil er *Person* ist. Person ist nach Kant dasjenige Subjekt, dessen Handlungen einer Zurechnung fähig sind.

In der Zurechnungsfähigkeit gründet die Straffähigkeit. Das *Strafrecht* wird von Kant sehr drakonisch im Sinne eines Obrigkeitsrechtes definiert. Es ist das Recht des Befehlshabers gegen den Unterwürfigen, »ihn wegen seines Verbrechens mit einem Schmerz zu belegen«.[11] Die Strafe selbst ist aber letztlich »übersinnlich« verankert. Sie entspringt der vernünftig-autonomen Gesetzgebung. Kant erklärt: »Ich als Mitgesetzgeber, der das *Strafgesetz* diktiert, kann unmöglich dieselbe Person sein, die als Untertan nach dem Gesetz bestraft wird; denn als ein solcher, nämlich als Verbrecher, kann ich unmöglich eine Stimme in der Gesetzgebung haben. (Der Gesetzgeber ist heilig.) Wenn ich also ein Strafgesetz gegen mich als einen Verbrecher abfasse, so ist es in mir die reine rechtlich-gesetzgebende Vernunft (homo noumenon), die mich als eines des Verbrechens Fähigen, folglich als eine andere Person (homo phaenomenon) samt allen übrigen in einem Bürgerverein dem Strafgesetz unterwirft.«[12]

Die Vernünftigkeit der Strafgesetze zeigt sich darin, daß sie ebenso wie die Gebote der praktischen Vernunft eindeutig sind und keine Ausnahme zulassen. Das besagt konkret: die Strafgesetze beruhen auf dem Prinzip der *Wiedervergeltung*. Jeder Maßstab, der nicht einfach das jus talionis befolgt, ist schwankend. Dies Gesetz ist mit aller Härte durchzuführen. Kant erklärt in einem berühmt gewordenen Beispiel, daß, wenn ein Volk, das eine Insel bewohnte, beschlossen hätte, auseinander zu gehen, es noch den letzten im Gefängnis befindlichen Mörder vorher hinrichten müsse, »damit jedermann das widerfahre, was seine Taten wert sind«.[13]

Hegel hat diese Bestimmung Kants aufgenommen und vom Ganzen seines dialektischen Ansatzes her radikalisiert.[14] Strafe ist Negation der Negation. Der Verbrecher hat die Ordnung negiert, dafür muß er selbst gemäß der Verletzung der Ordnung negiert werden. Diese Negation der Negation aber ist Wiederherstellung der Ordnung auch und gerade für den Verbrecher selbst. Durch seine Tat hat er sich außerhalb der Ordnung gestellt. Durch die Bestrafung wird er wieder in sie aufgenommen. Der Verbrecher hat, so sagt Hegel, ein Recht auf Strafe. Durch die Strafe wird er »als Vernünftiges geehrt«; das gilt auch im Fall der Todesstrafe.

Hebt man gegen diese traditionelle Philosophie des Rechts nun die Ansätze des modernen Rechtsdenkens ab, so zeigt sich – dies ist der Grundunterschied –: die modernen Theorien erheben keinen metaphysischen Anspruch mehr, wie es Kant und Hegel taten; die Thesen beider Denker sind ja nur verständlich, wenn man von der Idee der Heiligkeit des Rechts und der Unverbrüchlichkeit einer übersinnlichen Ordnung ausgeht. Heute ist – von wenigen Ausnahmen abgesehen – der Versuch, das Recht in einer metaphysischen Dimension zu fundieren, nicht mehr maßgebend. Man weiß, daß es mehrere und durchaus differente Quellen des Rechts gibt. Es ist daher gar nicht möglich, das Recht eindeutig zu fundieren. Man fragt nicht mehr in ontologischer Absicht: was ist »das« Recht? Die Rechtsphilosophie alten Stiles tritt immer mehr zurück hinter der Rechtssoziologie, deren Grundansatz durch die Absicht bestimmt ist, die Verflechtung von Recht und Gesellschaft als ein Faktum anzuerkennen, das nicht mehr nach übersinnlichen Normen ontologisiert werden darf.[15]

Die Folge dieser Entmetaphysizierung des Rechts ist es, daß das frühere rechtsphilosophische Fundamentalproblem, die Frage, ob es *Willensfreiheit* gebe oder nicht, hintergründig wird. An die Stelle theoretischer Grundsatzerwägungen tritt eine pragmatische Haltung, in der in mehr oder weniger starkem Maße das Bewußtsein lebendig ist, daß Freiheit und Unfreiheit aufeinander bezogen sind.

Der Übergang zu dieser pragmatischen Haltung vollzieht sich in Stufen. Die erste Stufe – Repräsentanten sind führende Rechtsphilosophen der älteren Generation – ist dadurch gekennzeichnet, daß man noch philosophisch vorgeht. Das besagt: man untersucht das Problem der Willensfreiheit als solches, zumeist in Auseinandersetzungen mit philosophischen Theorien, wie sie Scheler oder Nicolai Hartmann entworfen haben. Als Ergebnis dieser Untersuchungen wird jedoch zumeist die Einsicht herausgestellt, daß die Freiheit nicht beweisbar ist. Die berühmte Frage: »Hätte der Täter anders handeln können, als er es getan hat?« ist also nicht beantwortbar. Aber auch ein reines Kausaldenken führt in die Aporie. Theoretisch gesehen wäre, vom Aspekt unbedingter Kausalität her, nicht nur das Verhalten des Täters, sondern auch des Richters bedingt. Es gäbe dann aber keine Möglichkeit, Urteile als vernünftig oder gar sittlich berechtigt zu rechtfertigen.[16]

Die Konsequenz dieser Überlegung ist es, daß die Möglichkeit eines *reinen* Determinismus oder eines *reinen* Indeterminismus grundsätzlich angezweifelt wird. Wir weisen als Beispiel auf eine kurze, aber sehr instruktive Arbeit von *Karl Engisch* hin: »Die Lehre von der Willensfreiheit in der strafrechtsphilosophischen Doktrin der Gegenwart«.[17] In dieser Schrift wird das Dilemma einer philosophischen Fundierung des Rechts sehr deutlich. Engisch erklärt am Schluß seiner Ausführungen, die Untersuchung sei ohne Ergebnis geblieben. Das besagt ein Zweifaches; einmal: die grundsätzliche Debatte konnte nicht abgeschlossen werden. Aber selbst wenn es gelungen wäre herauszubringen, ob der Mensch an sich frei sei oder nicht, dann wäre – und dies ist das Zweite – ja noch nicht ausgemacht, ob man in einem bestimmten Fall das Recht hätte, einen bestimmten Menschen zu verurteilen. »Wir erklären unser Nichtwissen in bezug auf die Frage, ob ein konkreter Mensch in einer konkreten Situation anders hätte handeln können als er tatsächlich gehandelt hat.«[18] Aufs Ganze gesehen, zeigt sich die Unkraft der Philosophie: sie kann das Strafrecht nicht fundieren. Engisch erklärt daher: »Als Juristen müssen wir uns zufrieden geben, wenn wir für die Begriffe Schuld und Verantwortung und für die Handhabung der staatlichen Strafgewalt eine Rechtfertigung finden, die jene Begriffe und diese staatliche Aktion als sinnvoll und notwendig erscheinen läßt.«[19] Wie das aber geschehen soll, das ist das Problem! Engisch selbst findet eine Lösung – das sei hier nur angemerkt – im Begriff der Charakterschuld im Sinne Schopenhauers: das einzelne Tun ist durch den Charakter bedingt. Dieser Charakter hat, so heißt es, »letztlich den Schuldvorwurf zu tragen und sich zu verantworten«.[20] Damit ist das Problem nicht gelöst, es sei denn, man glaube wie Schopenhauer an eine vorgeburtliche intellektuelle Wahl, in der der Charakter sich festlegt.

Die eben charakterisierte Position ist heute jedoch schon weitgehend überholt, insofern man nun von vornherein gar nicht mehr versucht, philosophische Voraussetzungen für das konkrete juristische Vorgehen zu erarbeiten. Philosophische Überlegungen werden als solche nicht in Frage gestellt. Sie werden durchaus anerkannt, aber diese Anerkenntnis bleibt – darin zeigt sich der Unterschied zur älteren Generation – »vage«. Im Vordergrund steht ganz eindeutig ein praktisch-pragmatisches Denken. Wir illustrieren diesen Ansatz durch einen Rückgriff auf Äußerungen einer Gruppe von Strafrechtslehrern, die sich zusammenschloß, um einen *Alternativentwurf* vorzulegen, der die Entwürfe der Bundesregierung zur Strafrechtsreform vom Jahre 1962 progressiv überholen sollte. Diese Strafrechtslehrer haben mehrfach in kurzen Aufsätzen den Sinn ihres Unternehmens zu erläutern gesucht. Diese Ausführungen sind zum Teil Gelegenheitsarbeiten und programmatischer Natur. Gleichwohl kann man gerade aus ihnen sehr gut den Trend erkennen, der sich in dieser Gruppe, die in gewisser Weise für die jungen und fortschrittlichen Juristen in der Gegenwart repräsentativ ist, durchsetzt.[21]

Jürgen Baumann umreißt die grundsätzliche Position sehr klar. Er weist darauf hin, daß heute überall nach dem Menschenbild gefragt wird, und er erklärt, daß auch der Jurist ohne Menschenbild nicht auskommen könne: die Auffassung über Strafzweck und Strafkonzeption ist faktisch immer durch eine jeweilige Auffassung dessen, was Menschsein überhaupt bedeutet, bestimmt. Andererseits ist es für den Juristen angebracht, das Menschenbild in gewisser Hinsicht »einzuklammern«. Baumann weist auf den Alternativ-Entwurf als Beleg hin. Es war möglich, so sagt er, »einen Alternativ-Entwurf der Strafrechtslehrer vorzulegen, obgleich alle Beteiligten aus ganz verschiedenen Strafrechtsauffassungen kamen und die heute notwendige Arbeit von einem jeweils verschiedenen Menschenbild aus in Angriff nahmen«.[22]

Das ist eine nicht unwesentliche Feststellung, weil sie den grundsätzlichen Wandel anzeigt. Man kann in *praktischen Fragen* übereinkommen, auch ohne Rückgriff auf philosophische Grundpositionen. Aber das gelingt nur, weil man sich darin einig ist, daß den praktischen Problemen das größere Gewicht zukommt. Es geht nicht mehr darum, wie Baumann sagt, sittlichen und religiösen Postulaten den Vorrang zuzubilligen, die Aufgabe ist vielmehr »die Bewußtmachung bzw. Rückbesinnung auf die weltlich-soziale Aufgabe des weltlichen Strafrechts, die sozialen Verhältnisse zu ordnen«.[23]

Das Recht wird also wesentlich vom sozialen Aspekt betrachtet. Dementsprechend wird die Strafe primär unter dem Gesichtspunkt des Bezuges betrachtet, in dem der Straftäter zur Sozialordnung und diese zu ihm steht. Es ist nun interessant zu sehen, wie in den einzelnen Begriffsbestimmungen, die hier vorgelegt werden, die traditionellen Auffassungen, die wir im Rückgriff auf Kant und Hegel verdeutlichten, aufgehoben werden. Dies sei ein wenig genauer dargelegt, um zu zeigen, wie auch in der Rechtswissenschaft an die Stelle der Metaphysik der Freiheit der undogmatische Begriff der Freiheit tritt.

Zwischen grundsätzlichen Einsichten und praktisch-pragmatischen Vorschlägen besteht das Verhältnis gegenseitiger Bedingungen. Auch wenn der Praxis ein Vorrang zukommt, ist eine gewisse Klärung der Grundbegriffe gerade im Blick auf sie unerläßlich. Die Strafrechtslehre und die Richter müssen ihre Strafmaßnahmen ja begründen können. Die Diskussion um diese Begründung zeigt nun aber, daß keine in sich abgeschlossene Theorie anerkannt wird. Es ist offensichtlich notwendig, Kompromisse zu schließen. Diese Kompromisse sind natürlich, blickt man auf die Einzelheiten, sehr different. In grundsätzlicher Hinsicht kommen sie aber darin überein, die *Realdialektik von Freiheit und Unfreiheit* als solche zur Grundlage zu machen.

Konkret: in striktem Gegenzug zur klassischen Vergeltungstheorie steht die Idee der défence sociale.[24] Der Ansatz dieser Theorie entspricht dem positivistischen Trend der Zeit. Das Recht hat absolut nichts mit Metaphysik und Ethik zu tun. Der Richter ist nicht befugt, auf das Selbstverständnis und die Freiheit des Straftäters, wenn es diese Phänomene überhaupt gibt, einzuwirken. Die Aufgabe des Rechtes ist es lediglich, Maßnahmen zu treffen, die zur Wahrung des sozialen Zusammenhanges dienen. Strafe ist wesentlich Schutz- oder Zweckstrafe. Durch sie sichert sich die Gesellschaft gegen wirkliche und gegen mögliche Verbrechen ab. Die Verfahrensformen können und müssen natürlich im einzelnen differenziert werden. Vor allem erweist es sich als sinnvoll, sie miteinander zu kombinieren. So kann Sicherung als Generalprävention oder genauer: Androhungsgeneralprävention verstanden werden; die Allgemeinheit soll *abgeschreckt* werden. Sie kann aber auch als Spezialprävention vollzogen werden, sie richtet sich dann an den Straftäter selbst und sucht diesem zu helfen; hier kommt der Gedanke der Resozialisierung mit ins Spiel.

Dieser Ansatz ist in philosophischer Hinsicht schwer zu fassen. Grundsätzlich gesehen, neigen die Anhänger der défence sociale jedoch dazu, den Determinismus zu bejahen. Der Straftäter konnte nicht anders handeln. Wenn wir auf ihn einwirken, dann nicht, um ihn als freie Person anzusprechen, sondern eben nur, um uns und unter Umständen auch ihn vor sich selbst zu schützen. Letzten Endes beruht diese Theorie auf dem *behavioristischen Ansatz*: der Straftäter soll konditioniert werden. Die undiskutierte Voraussetzung ist hier – wir haben sie in unserer Analyse des Behaviorismus herauszustellen versucht –, daß die Konditionierenden, das heißt der Richter und der Strafvollzugsbeamte, nicht konditioniert, sondern frei sind. De facto billigt natürlich der Richter dem Angeklagten ein gewisses Maß von Selbstverständnis und freier Einsicht zu, dem Angeklagten soll ja das Urteil einleuchten und begründet erscheinen. Verzichtete der Richter darauf, sich dem Angeklagten verständlich zu machen, dann wäre der Prozeß eine Farce.

Die Abstraktheit einer konsequenten défence sociale zeigt sich aber vor allem, darin, daß hier die Bestimmung der Schuld völlig umgangen werden soll. Strafe wird als reine Zweckmaßnahme verstanden, eine Zweckmaßnahme schließt aber, so meint man, die Bestimmung »Schuld« aus. Diese Konstruktion ist nicht überzeugend. Wie man auch immer Strafe versteht, ob man sie als bloße Maßregelung ausgibt, oder ob man sie als äußerliche oder sogar als innerliche »Sühne« denkt, Strafe als Strafe setzt voraus, daß einer schuldig geworden ist. Selbst und gerade wenn das Verbrechen nur objektiv als eine bestimmte Tat angelastet wird im Sinne des Tatstrafrechts, gilt das alte Gesetz: nulla poena sine culpa.

Die Bestimmung »Schuld« ist nun aber ein von Grund aus zweideutiger Begriff. Die Bestrafung ist juristisch und sittlich nur erlaubt, weil der Verbrecher nicht determiniert handelte. Als freier hat er sich schuldig gemacht. Hier setzt jedoch sofort, wie bereits Hegel darlegt, die Dialektik ein. Hat der Verbrecher die Tat bewußt oder unbewußt getan, hat er sie beabsichtigt, hat er an die Folgen gedacht, was hat er eigentlich »bezwecken« wollen? Was ist an der objektiven Tatschuld als »sittliche Schuld« herauszustellen? Was ist überhaupt sittliche Schuld? Ist sittliche Schuld nicht eine rein moralische Bestimmung der Innerlichkeit, kann man von ihr nicht nur dort reden, wo einer »zuinnerst bereut«?

Der Jurist sucht sich verständlicherweise aus diesem Fragenkomplex herauszuhalten. Aber – das ist nun entscheidend – dies gelingt ihm nicht ganz. Das reine und unbedingte Heraushalten wäre die strikte Nichtbeachtung des Straftäters als eines handelnden und um dies Handeln wissenden Menschen im Sinne einer radikalen défence sociale. Diese Ausklammerung ist – wie wir sahen – aber nicht durchführbar. So kommt ein Hin und Her zustande, dessen Kennzeichen es ist, das Vergeltungsprinzip zu negieren, zugleich aber die sittlichen Bestimmungen nicht völlig außer acht zu lassen. Wir verdeutlichen dies ein wenig genauer.

Baumann erklärt, es ginge darum, den Schuldbegriff zu sozialisieren, zu säkularisieren und zu entmythologisieren. Er fährt fort: »Aber das heißt nicht, daß sittliche Schuld nicht bestünde. Sie besteht vielleicht, ich persönlich glaube an sie, fühle mich aber außerstande, diesen sittlichen Schuldvorwurf im sozial-rechtlichen Bereich zu erheben, kann sittlich nicht verurteilen, muß mich mit dem Verdikt der Sozialschädlichkeit begnügen. Es geht für mich im Strafrecht nicht primär um Gut und Böse, sondern um sozial nützlich und sozial schädlich, auch nicht um Sünde, sondern um soziales Fehlverhalten.«[25]

Dies ist die heute weithin herrschende Überzeugung: strafrechtliche Schuld darf nicht als sittliche Schuld, und Strafe darf nicht als Sühne solcher sittlichen Schuld gefaßt werden. Es handelt sich für den Juristen eben nur, mit Baumann zu reden, um Sozialschädigungen. Gleichwohl: auch Sozialschädigungen sind auf ein Wertsystem bezogen. Und dies besagt grundsätzlich: die ethische Bewertung ist gar nicht radikal auszuschalten. Sie läuft eben immer beiher. *Günther Stratenwerth* erkennt diesen Sachverhalt und erklärt durchaus mit Recht: »Zurückzuweisen ist vor allem und von vornherein die allzu nahe liegende Auskunft, den Begriff der Schuld in der Jurisprudenz prinzipiell von dem der Ethik zu lösen. Definitorische Hindernisse stünden dem zwar natürlich nicht im Wege: Man kann jeden Begriff so bestimmen, wie es einem als zweckmäßig erscheint. Nur verlöre der Maßstab der Schuld, wiche man grundsätzlich vom allgemeinen Verständnis ab, seine Brauchbarkeit gerade für diejenige Funktion, für die er unentbehrlich ist, eben für die Bemessung der Strafe. Wer etwa vorschlagen würde (und dafür gibt es Beispiele), die Gefährlichkeit des Täters auf den Namen der Schuld zu *taufen*, würde durch solche nominalistische Begriffsvertauschung das Regulativ des Schuldprinzips der Sache nach beseitigen, sich also über seine Unentbehrlichkeit hinwegsetzen. Das ist so evident, daß es nicht weiter ausgeführt zu werden braucht.«[26]

Stratenwerth schlägt nun vor, weil er als Jurist nicht rein moralisch vorgehen will, rechtliche und sittliche Schuld als Analogie zu fassen. Diese Bestimmung Analogie bleibt vage. Der Situation angemessen scheint es uns, wenn Stratenwerth erklärt, man solle die Widersprüche stehenlassen, und das heißt konkret: man solle die Fragwürdigkeit des Schuldprinzips nicht zugunsten seiner Unentbehrlichkeit hinwegeskamotieren oder umgekehrt, man solle aber auch nicht versuchen, »Fragwürdigkeit und Unentbehrlichkeit des Schuldprinzips zwangsweise miteinander zu versöhnen«[27]. Das ist in der Tat – so meinen wir – die einzig legitime Auskunft. Nicht nur für den Juristen, sondern für das heutige Handlungsbewußtsein überhaupt ist es notwendig, den Schuldbegriff anzuerkennen im Wissen um seine unlösbare Problematik.

Bei der Bestimmung des Begriffes »Sühne« zeigt sich dieselbe Schwierigkeit. Sühne ist keine Vergeltung, denn Vergelten, das heißt Zurückzahlen in entsprechender Weise, kann man nur Taten. Sühne dagegen, so wird erklärt, darf überhaupt nicht auf äußeren Ausgleich bezogen werden, das heißt als Bezahlung dessen, was die Tat wert war, verstanden werden. Sühne soll freiwillig sein. Noch schärfer: Sühne wird im Sinne der Läuterung und Sinnesänderung verstanden. Gleichzeitig schrickt man aber vor dieser allzu moralischen Bestimmung zurück. Der Jurist kann durch Strafe sicher keinen Gesinnungswandel herbeiführen; der Blick in die Gefängnisse macht deutlich, wie illusorisch eine solche Intention wäre. Auch hier zeigt sich: man bewegt sich zwischen dem Extrem einer verinnerlicht-ethischen und einer juristisch-veräußerlichten Bestimmung der Sühne. Dieser Mangel an Eindeutigkeit ist – noch einmal sei es gesagt – aber durchaus legitim, denn jede Eindeutigkeit wäre abstrakt und wirklichkeitsfremd. Das Leben selbst ist nicht eindeutig, und es ist ein Fortschritt, wenn man dies anerkennt.

Diese Anerkenntnis ist aber – und damit kommen wir auf den entscheidenden Punkt – nur tragbar, wenn sie im positiven Sinne praktisch ausgerichtet ist. Erst in diesem Fall unterscheidet sie sich von skeptischer Resignation und ist ethisch und sozial gerechtfertigt. Das heißt in unserem Zusammenhang: wesentlich muß es sein, den Straftäter in die Gesellschaft wieder einzugliedern.

Daß es eine primäre Aufgabe des Richters ist, den Straftäter zu *resozialisieren*, in diesem Punkt sind sich die Anhänger der verschiedensten Theorien weitgehend einig, wenn auch natürlich die näheren Bestimmungen, wie man hier vorzugehen habe, differieren. Grundsätzlich gesehen erscheint es richtig, die Resozialisierung gegen jede Art von Dressur, Abrichtung und Züchtung abzusichern. Wirkliche Resozialisierung »bedarf der Mitarbeit des zu Resozialisierenden. Sie ist Aktivierung seines guten Willens (im Gegensatz zum Vergeltungsstrafvollzug, der auf Brechung des bösen Willens gerichtet ist), sie ist ein Appell an seine Einsicht, denn nur wo der Täter zur Einsicht seines Fehlers und dadurch zur Lösung von seiner Schuld gelangt, darf erwartet werden, daß es in Zukunft nicht wieder zu Rückfällen kommt.«[28] Daß hier das eigentlich konkrete Arbeitsfeld der Strafrechtsreform und insbesondere der Verbesserung des Strafvollzuges zu finden ist, ist evident.

Es ist aufschlußreich, Hegels Dialektik der Wiedergutmachung und die Theorie der Resozialisierung zu vergleichen. Die Differenz ist deutlich. Es geht bei der Resozialisierung um den realen Menschen und nicht um eine metaphysische Idee der Gerechtigkeit. Daß der Mörder als rechtmäßig Getöteter wieder, wie Hegel vermeint, seine Ehre erlangt, erscheint uns absurd und fast pervers. Gleichwohl: die Idee der Resozialisierung ist eine Wiederholung des Gedankens der Ordnung als des lebendigen Guten, den Hegel konzipiert hat.[29] Leben ist wesentlich Entzweiung und Vereinigung zugleich, nur wo es Unrecht gibt, ist Recht als Forderung und Sanktion vonnöten. Der eigentliche Sinn des Rechts und der Strafe aber ist es, den Verbrecher in die Ordnung zurückzuführen. Freilich: die Rückführung ist – noch einmal sei es gesagt – für uns ein »empirischer Vorgang«, der den wirklichen Menschen trifft und ihm zu helfen versucht. Der Straftäter soll in die Lage kommen, die Ordnung als auch für sich verbindlich anzuerkennen.

Wir schließen unseren Hinweis auf die Problematik der heutigen Strafrechtsreform mit einigen Anmerkungen ab, deren Sinn es ist, den sich hier vollziehenden Wandel noch einmal aufzuzeigen. Nicht nur in der juristischen Praxis, sondern auch in der juristischen Theorie stellt man heute heraus, daß die Dialektik von Freiheit und Unfreiheit als reale Dialektik eine unaufhebbare Bedingung des Lebens ist. In einem Vortrag über »Schuld, Schicksal und Verantwortung des Menschen« erklärt *Paul Bockelmann*, daß weder der Determinismus noch der Indeterminismus eine zufriedenstellende Deutung menschlichen Handelns ergeben könne. In diesem Zusammenhang heißt es: »Damit aber drängt sich die Erwägung auf, ob nicht die praktisch brauchbare und zugleich doch auch, im Rahmen des Möglichen, theoretisch befriedigende Lösung des Problems der Verantwortlichkeit des Menschen vorgezeichnet ist durch jene im Umgang der Menschen miteinander allgemein praktizierte Übung, die ohne logische Skrupel das Handeln der Menschen immer zugleich als frei und als unfrei betrachtet. Noch nie hat ein Determinist sich durch seine Überzeugung von der kausalen Bedingtheit, von der Schicksalhaftigkeit alles menschlichen Handelns daran hindern lassen, über den Handelnden und seine Tat ein Urteil abzugeben, das sich auf moralische Maßstäbe stützt, und noch nie hat ein Indeterminist sich gehindert gefühlt, eine pädagogische Behandlung des Gestrauchelten zu versuchen, deren Ziel ist, ihn dahin zu bringen, daß er für die Zukunft nicht mehr die Freiheit zum Bösen hat.«[30]

In bezug auf die Dialektik von Freiheit und Unfreiheit ist der Jurist in einer schwierigeren Situation als andere Berufsgruppen, weil er ja nicht in unverbindlicher und allgemeiner Form die Grenzen von Freiheit und Verantwortung zu bedenken und zu diskutieren hat, sondern in konkreten Fällen Urteile abgeben muß. Wo aber *jeweilig* die Grenzen zwischen Freiheit und Unfreiheit, Verantwortlichkeit und Nichtverantwortlichkeit liegen, dies kann sicher nur in den seltensten Fällen völlig eindeutig angegeben werden.[31]

Der Jurist und vor allem der Richter werden sich hier, so wird mit Recht erklärt, vor Rigorismus hüten müssen. Sie dürfen sich beim Bedenken des Maßes der Verantwortung des Täters nicht vom Ideal absoluter Freiheit und höheren moralischen Ideen leiten lassen. Das Richtmaß des Juristen kann nur durch die *unabdingbaren*

Bedingungen gesellschaftlichen Seins, ohne die dieses nicht *bestandsfähig* wäre, bestimmt werden – das ist die richtige Einsicht der défence sociale.

Die Überzeugung, daß der Jurist als Jurist auf Minimalforderungen zurückgreifen muß, hat sich heute wohl allgemein durchgesetzt. Es ist, wie wir sahen, nicht möglich, diese juristischen Bedingungen ohne Rückgriff auf sittliche Wertordnungen herauszustellen. Aber auch hier ist man sich weithin darüber einig, daß es nicht angemessen ist, »allzu hohe Ansprüche zu stellen« oder sich gar in eine spekulative Diskussion einzulassen, wie sittliche Forderungen zu fundieren seien. Die Kontroversen, die noch nach 1945 üblich waren, wie die Rechtsordnung in metaphysischer Hinsicht zu gestalten und worauf sie zu begründen sei, haben sich offensichtlich überlebt.[32] Weder das Naturrecht noch ein übersinnliches Recht konfessioneller Ausprägung – auf beides hat sich der Bundesgerichtshof weithin gestützt – sind gegenwärtig als maßgebende Positionen anzusehen. Wesentlich ist heute der allgemeine Rückzug auf die elementare und einfache Sittlichkeit. »Der Gesetzgeber soll ethische Durchschnittsforderungen für den Durchschnittsmenschen beachten, und das heißt, er muß sich auf die Grundgebote des Gemeinschaftslebens stützen, die jedermann einleuchten: Du sollst nicht töten, nicht stehlen, nicht rauben, nicht betrügen, nicht Gewalt antun . . .«[33]

Es ist in diesem Zusammenhang zu beachten, daß auch das Recht den Wandlungen des Zeitgeistes unterliegt. Es mag sein, daß sich der Jurist im allgemeinen und von Haus aus an bestehenden Ordnungen orientiert, und daß er – wie man zu sagen pflegt – konservativ ist. Der Glaube, daß der Staat als Träger gottgewollter Obrigkeit fungiert, ist aber wohl endgültig dahin. Heute – und hier zeigt sich der allgemeine Trend des Zeitgeistes – ist die Ausrichtung am sozialen Leben auch für den Juristen maßgebend. Wenn aber der Jurist es sich zur Aufgabe setzt, die sozialen Verhältnisse zu ordnen, wie Baumann erklärt, dann kann für ihn nicht mehr die Bindung an die Tradition entscheidend sein. Der soziale Gesichtspunkt ist – heute jedenfalls – wesentlich zukunftsbezogen, insofern er auf mögliche Verbesserungen menschlicher Verhältnisse gerichtet ist.

In der Idee dieser Verbesserungen können und müssen sich Recht und Ethik begegnen. Es ist klar: die juristische Problematik ist von spezifischer Art. Aufgabe des Juristen ist es nicht – darin sind sich die Rechtstheoretiker von Kant bis zur Gegenwart einig –, sittliches Handeln zu fordern. Legalität und Moralität unterscheiden sich. Aber ebenso wie die Moral heute sozial orientiert sein muß und sich nicht auf die reine Gesinnung der Innerlichkeit beschränken darf, wenn anders sie die realen Verhältnisse treffen will, darf auch der Jurist nicht den sozialen Gesichtspunkt einklammern. Wenn er dies tut, besteht die Gefahr, daß er sich einem technologischen Positivismus verschreibt, wie er die *juristische Logik* der Gegenwart weithin bestimmt.

Diese Logik will sich – ebenso wie die sprachanalytische Ethik – nur auf formale Analysen beschränken. Man setzt jeweilige Aktionen (Wertungen) voraus und sucht nun zu zeigen, was von diesen Basishypothesen her erlaubt ist oder nicht. Ein solches Vorgehen mag zur Klärung der Grundsätze und des von ihnen abhängigen Verhaltens beitragen. Aber es paßt ebenso auf ein faschistisches wie auf ein demokratisches Recht. Demgegenüber gilt es sich klarzumachen, daß, auch wenn die Unterscheidung von sittlicher und legaler Sphäre erhalten bleiben muß, die juristische Dimension nicht gegen die ethische Fragestellung abgedichtet werden darf, ansonsten verfällt man dem Dezisionismus, das heißt, man liefert sich der Willkür unbegründeter Entscheidungen aus.[34]

Das Problem der Aggression in biologischer, sozialpsychologischer und ethischer Sicht

Wir suchen nun an einem zweiten Beispiel die Dialektik von Freiheit und Unfreiheit zu illustrieren, und zwar wählen wir dazu das Problem der Aggression aus. An diesem Fragenkomplex soll gleichzeitig das Verhältnis von Ethik und Wissenschaft exemplarisch erhellt werden. Das Problem der Aggression, das heute viel beredet wird, erweist sich als außerordentlich vieldeutig. Zunächst: daß man von Aggression und nicht vom Bösen redet, diese Tatsache bezeugt die von uns bereits mehrfach thematisierte Umwandlung ethischer Fragen in *wissenschaftliche* Probleme. Aggression soll – das ist der Ansatz der Forscher, die sich dieser Frage zuwenden – zunächst wertfrei untersucht und nicht moralisch beurteilt und abgewertet werden. Diese Untersuchung erscheint jedoch vordringlich. Die Aggression ist nicht nur als Aggression des einzelnen, sondern vor allem als Aggression großer Gruppen das eigentliche Hindernis eines friedlichen Zusammenlebens. Will man gegen sie praktisch vorgehen, so erfordert dies, so meint man, eine vorgängige wissenschaftliche Klärung. Im Beispiel: soll praktische Friedens*gestaltung* von Dauer sein, so nur auf wissenschaftlich gesicherter Grundlage; Friedens*forschung* ist also notwendig, diese setzt aber Kriegsforschung und diese wiederum *Aggressionsforschung* voraus.[35]

Der Ansatz, Aggression als wertfreien Tatbestand zu untersuchen, erweist sich jedoch als außerordentlich problematisch. Die Aggression ist kein empirisch eindeutig gegebenes Faktum. Im Verlauf der Untersuchungen löst sich das Phänomen Aggression als einheitliches Phänomen in die Vielheit aggressiver Verhaltensweisen auf. Aber auch diese Verhaltensweisen lassen sich nicht in rein experimenteller Sachlichkeit analysieren. Irgendwie spielt die Ethik immer schon beiher. Das läßt sich offenbar nicht vermeiden, weil die Aggressivität oder das Aggressionsverhalten zum Leben selbst gehört, das Leben sich aber immer schon in Wertungen vollzieht. Der Mangel der rein wissenschaftlichen Analysen ist es, daß sie diese Tatsache nicht genügend in ihrer methodischen Bedeutung anerkennen; dadurch wird die Untersuchung des Problems der Aggression eigentümlich verkürzt.

Es stehen sich heute *zwei Ansätze* zur Deutung der Aggression gegenüber. Der erste besagt: Aggression gehört zur natürlichen Mitgift aller Lebewesen, auch des Menschen. Es gibt ein Quantum Aggressivität, das verbraucht werden muß. Der zweite Ansatz behauptet dagegen: Aggression ist wesentlich ein kulturelles Produkt. Sie ist das Ergebnis von Frustration. Die erste Deutung ist insbesondere von der biologischen Verhaltensforschung vertreten worden. Die zweite wurde von amerikanischen Psychologen entwickelt. Wir weisen kurz auf die jeweiligen Begründungen hin.

Die *Verhaltensforschung* – in Deutschland allgemein bekannt geworden durch die Bücher von Konrad Lorenz und seiner Schüler – geht von bestimmten Voraussetzungen aus, die wir oben in unserer Analyse der gegenwärtigen Anthropologie bereits entwickelt haben. Die biologische Fragestellung wird als maßgebend deklariert; sie soll die Grundlage für die anthropologische Untersuchung abgeben. In concreto gilt es zwei Aufgaben zu lösen. Es muß einmal der als Aggression bezeichnete Sachverhalt physiologisch aufgewiesen und kausal erklärt werden, und man hat sodann die Frage nach der Funktionsbedeutung der Aggression für die Lebensführung, genauer: die Selbsterhaltung des betreffenden Lebewesens zu bedenken. Beide Fragestellungen lassen sich nicht voneinander trennen, sondern überschneiden sich.

Experimentell läßt sich mit hoher Wahrscheinlichkeit nachweisen, so erklären die Verhaltensforscher, daß Aggression auf einer endogenen, automatischen und rhythmischen Produktion aktionsspezifischer *Erregungsenergie* beruht. Diese wird bei gegebenem Anlaß, das heißt bei Eintreten der Reizung, nach außen abgeführt. Die Entladung ist notwendig. Zeigt sich kein Auslöser für sie, so tritt Unruhe ein. Es wird nach Möglichkeiten der Abfuhr gesucht. Der Schwellenwert der die Aggression auslösenden Reize erniedrigt sich – man platzt bei kleinstem Anlaß. Es zeigt sich also – das ist das Entscheidende –: Aggression ist keine bloße Reaktion. »Sie meldet sich«, so sagt Lorenz, »selbst zu Wort« und drängt zu spontanem Hervorbrechen. Eben dies berechtigt nach Meinung von Lorenz, von einem Aggressions*trieb* zu reden.

Bedenkt man nun die Funktion der Aggression für die Lebensführung, so zeigt sich ein Unterschied zwischen tierischer und menschlicher Aggression. Für das Tier ist Aggression natürlich geregelt. Sie ist zweckhaft für die Arterhaltung. Auf Aggression beruht die Auswahl des stärksten Tieres als Leittier, aber auch die Aufgliederung der Gruppe zu einer Rangordnung, in der auch das schwächste Tier seinen Platz findet. Aggression ist gruppenbildend. Wesentlich ist hier das Freund-Feind-Schema. Kein Tier tötet seinen Artgenossen. Beim Rivalenkampf wird der Unterlegene geschont, wenn sich dieser zu seiner Unterlegenheit in der sogenannten »Demutsgebärde« bekennt. Nach außen, das heißt in bezug auf andere Gruppen, gibt es jedoch kein Pardon. Hier verwandeln sich Tiere, wie Lorenz sagt, zu wahren Bestien. Biologisch gesehen, ist dies Verhalten sinnvoll. Solange Gegner da sind – und dies ist bei nicht domestizierten Tieren immer der Fall –, kann Aggression ständig abgeführt werden.

Beim Menschen dagegen ist die biologische Eindeutigkeit aufgehoben. Als Lebewesen unterliegt auch der Mensch denselben physiologischen und psychologischen Gesetzlichkeiten wie das Tier. Auch wir laden uns auf und werden unruhig, wenn wir etwa auf engem Raum zusammengepfercht werden; wir möchten dann dem anderen gleich »an den Hals springen«. Aber die instinkthafte Regelung der Aggression fällt beim Menschen aus. Lorenz, der in den letzten Teilen seines Buches »Das sogenannte Böse« und in mehreren Aufsätzen das Mißliche dieser Lage in ihrer kulturphilosophischen Relevanz aufzeigt, zum Teil mit Bezug auf Gehlen, erklärt, daß der Mensch nicht instinkt- und umweltgeleitet sei. Er ist der »Spezialist auf Nichtspezialisiertsein«, das »riskierte Wesen« und solchermaßen unfertig. Insbesondere ist festzustellen, daß der Mensch, wie die Entwicklung zeigt, seinen technischen Fähigkeiten nicht in moralischer und sozialer Hinsicht gewachsen ist. So hat die Verbesserung der Waffentechnik die Reste einer Tötungshemmung beim Menschen aufgehoben. »Das Abziehen eines Ferngeschützes oder die Auslösung eines Bombenwurfes ist so völlig ›unpersönlich‹, daß normale Menschen, die es absolut nicht über sich bringen könnten, ihren Todfeind mit den Händen zu erwürgen, dennoch ohne weiteres imstande sind, durch einen Fingerdruck Tausende von Frauen und Kindern einem gräßlichen Tode zu überantworten.«[36] Der totale Krieg, der zur restlosen Vernichtung führen kann, muß natürlich vermieden werden. Dies erscheint aber biologisch gesehen nicht ungefährlich. Eine befriedete Menschheit hätte keine Möglichkeit, sich auszuleben. Aggression würde bedenklich gestaut. Diese Argumentation begegnet in Diskussionen mit Verhaltensforschern und Anthropologen immer wieder.

Lorenz sucht mögliche Wege, wie Aggression unschädlich entladen oder sublimiert werden kann. In der ersten Hinsicht spielt der Sport eine Rolle, in der zweiten das persönliche Sich-kennenlernen über Volksgrenzen hinweg, vor allem aber die Wissenschaft, die als solche übernational und verbindend ist.

Überdenkt man diesen Ansatz, so fällt an ihm seine Plausibilität auf. Es ist offensichtlich, daß Tier und Mensch verwandt sind. Beide werden von Aggressionsenergie angetrieben. Ebenso evident erscheint es aber, daß sie sich verschieden zu ihrer Aggression einstellen. Lorenz betont ausdrücklich die Freiheit des Menschen. Er erklärt die Tatsache, daß *ich* es bin, der will, sei ebensowenig anzuzweifeln, wie die eigene Existenz. Noch mehr: Lorenz vertraut letztlich darauf, daß das Denken eben doch nicht schädlich, sondern nützlich sei. »Fast möchte man meinen, es müsse grundsätzlich jede Gabe, die dem Menschen von seinem Denken beschert wird, mit einem gefährlichen Übel bezahlt werden, das sie unausweichlich im Gefolge hat. Zu unserem Glück ist dem nicht so, denn dem begrifflichen Denken entspricht auch die vernunftmäßige *Verantwortlichkeit* des Menschen, auf der allein seine Hoffnung beruht, die ständig wachsenden Gefahren steuern zu können.«[37]

Gleichwohl versucht Lorenz, die Vernunftauszeichnung des Menschen wiederum biologisch auszurichten. Als Vernunftträger soll der Mensch sich nicht der Natur entfremden, sondern sich seine natürliche Gebundenheit vor Augen führen. Lorenz fordert eine Basalwissenschaft des menschlichen Lebens. Physiologie und Psychologie des Menschen und des Tieres sollen die Grundlagen einer induktiven naturwissenschaftlichen Soziologie abgeben, deren Aufgabe es ist, die drängenden Probleme der Menschheit durch geduldige Forschungsarbeit zu lösen.

Um der Verhaltensforschung gerecht zu werden, muß man sich zunächst klarmachen, daß sie historisch bedingt ist. Sie steht – jedenfalls ihrem von Lorenz entwickelten Ansatz nach – ebenso wie Freuds Triebtheorie der »Philosophie der Subjektivität« nahe. Die Grundvoraussetzung ist, daß der Mensch *in sich* Energie produziert, die er aus sich heraussetzen muß. Wir haben zu zeigen gesucht, daß *Fichte* der Urheber dieses Ansatzes ist.[38] Der Trieb ist für Fichte nicht mehr primär durch das affektive Erleiden eines Äußeren bestimmt. Er ist wesentlich Ausgriff, sua sponte. Dieser Ansatz bleibt maßgebend, auch als in der Folgezeit der Trieb rein naturwissenschaftlich, das heißt als kausalmechanisch wirkendes Quantum verstanden wird. Schopenhauer, vor allem aber Nietzsche und Freud verstehen den Trieb als eine Energiegröße, die abgeführt werden muß. Triebentladung ist ein unumgängliches natürliches Geschehen, das den Menschen im Ganzen seines Seins bestimmt.

Um zur Verdeutlichung an früher Ausgeführtes zu erinnern: *Nietzsche* hat in seinem Werk »Zur Genealogie der Moral« die Theorie vertreten, daß die Moral ein Produkt der Verdrängung sei. Er stellt die These auf, daß der Mensch, der daran gehemmt wird, seine Aggressionsenergie nach außen auszuleben, diese Energie auf sich selbst anwendet und sich so selbst quält. Diese Verinnerlichung ist die Entstehung des schlechten Gewissens, auf dem alle Moral beruht.[39] Diese Argumentation begegnet fast wörtlich auch bei *Freud*. In seinem Werk »Das Unbehagen in der Kultur« erklärt er, daß das Über-Ich gegen das Ich dieselbe strenge Aggressionsbereitschaft ausübt, die das Ich gern an anderen, fremden Individuen befriedigt hätte.[40]

Die These von der Spontaneität der Triebenergie ist also keineswegs selbstverständlich, sondern geschichtlich bedingt, so plausibel sie zu sein scheint und so sehr sie auf Fakten verweist. Das philosophische Relevante ist, daß sie auf einer bestimmten Voraussetzung beruht: Der Mensch äußert sich in Aktionen, die auf Kräfte, Anlagen oder Vermögen zurückgeführt werden. Von diesem Ansatz her soll nun auch die Aggressivität begriffen werden. Sie ist im Menschen als solchem veranlagt. Aggressivität ist auszugebende Energie, die nicht notwendig durch den Bezug zum Mitmenschen bestimmt wird. Man könnte sich rein theoretisch durchaus vorstellen, daß diese Energie allein an der äußeren Natur abgeladen würde, indem man diese bearbeitet.

Bevor wir kritisch zu dieser Theorie Stellung nehmen, ist es angebracht, die Gegenthese zu entwickeln. Sie besagt: Aggression ist das Ergebnis von *Frustration*. Diese Theorie wurde von *J. Dollard* entworfen und in Verbindung mit anderen Forschern der Yaleschule weiterentwickelt. Der Ansatz ist relativ einfach. Aggression hängt mit Frustration zusammen, wobei Frustration als die Enttäuschung verstanden wird, die eintritt, wenn man über längere Zeit behindert wird, ein erstrebtes Ziel zu erlangen. Dieser Grundgedanke wurde im einzelnen später genauer differenziert. So erklärte man, der Eintritt von Aggressionen setze zwar immer Frustration voraus, die Frustration als solche brauche jedoch nicht immer unbedingt zur Aggression zu führen. Andere Reaktionen auf Frustrationserlebnisse – z. B. Flucht oder erneutes Probierverhalten – seien durchaus möglich, die ihrerseits Aggressionshandlungen verhinderten. Man müsse also zwischen der Erregung durch Mißerfolg und dem Eintreten von Aggressionen genau unterscheiden.

Diese These hat auf die *soziologische Zeitkritik* erstaunliche Wirkungen ausgeübt. Sie war gleichsam Wasser auf die Mühle der Protestaktionen der Intellektuellen. Man behauptete: die abendländische Kulturentwicklung hat den Menschen frustriert, das heißt in seinem Triebleben verformt und verfremdet, und nur deswegen gibt es Aggression. Ein allerdings radikales Beispiel für diesen Ansatz ist die schon oben von uns erwähnte Arbeit von *Arno Plack*[41], deren These besagt: Wenn die Behinderungen durch die repressive Zivilisation wegfielen, dann könnte der Mensch sich positiv ausleben; die so entstehende Ordnung stände jenseits von Gut und Böse und beruhte auf dem Ethos der Liebe. Aber auch dort, wo nicht ein solcher moderner Rousseauismus vertreten wird, bleibt die Frustrationsthese der eigentliche Gegenspieler der biologischen These. Während nach dieser Aggression zum menschlichen Dasein gehört, wird hier erklärt: Aggression ist Produkt der Kultur, ihr eigentlicher Quellbereich ist die falsche Erziehung des Kindes.

Wir erinnern noch einmal zur Verdeutlichung dieser These an Gedankengänge *Herbert Marcuses*.[42] Die eindimensionale Gesellschaft ordnet den Menschen in ihr Gefüge ein. Sie vermag es, weil sie ja als Gesellschaft im Überfluß seine physischen Bedürfnisse befriedigt. Sie formiert nun aber das Antriebsleben technologisch. Die Technologie ist die eigentliche Frustration des ursprünglichen Trieblebens, sowohl des Eros als der Aggression. Beide werden »kanalisiert«. Dies besagt in bezug auf die Aggression: man wird zur Zerstörung »delegiert«, sei es im Krieg oder auf dem Sektor der ökonomischen Konkurrenz. Das Ergebnis ist also, daß die Aggression selbst eigentümlich verformt und frustriert wird. Man ist nicht mehr in der Lage, sie anders als in vorgeschriebenen Bahnen auszuleben, das heißt, Aggression und

Anpassung gehören zusammen. In diesem Zusammenhang hat der Begriff der sozialen Krankheit bezugsweise der kranken Gesellschaft, auf den wir oben hinwiesen, seinen Ort. Die Diagnose lautet hier, daß unsere Gesellschaft bis in die Wurzeln erkrankt sei. Ihr entsprechend wird als Therapie die Nichtanpassung an diese Gesellschaft empfohlen. Man muß gegen ihre Verlockungen immun sein.

Will man diese These der Frustration und ihre Wirkung angemessen beurteilen, so ist es angebracht, sie ebenso wie die biologische Gegenthese von ihrem »geistesgeschichtlichen Ort« her zu explizieren. Die Frustrationstheorie ist durch eine radikale Abwendung von dem traditionellen Ansatz bestimmt, der den Menschen als ein Wesen versteht, das mit bestimmten Anlagen ausgestattet ist. Die Frustrationsthese klammert die Wesensfrage ein und geht vom Verhalten aus. Sie ist eine psychologische Arbeitshypothese, die experimentell geprüft werden soll. Im Beispiel: Frustration stellt einen Anreiz zu Aggression dar; Aggression wird jedoch zumeist bestraft. Man kann also, um die These zu prüfen, experimentell Situationen herstellen, in denen Erregungen, die mit den Aggressionsreizungen wetteifern, wie Furcht vor Strafe, ins Spiel gebracht werden. Man vermag so zu beobachten, ob und in welcher Form Aggression eintritt. Reizung und Gegenreizung müssen gegeneinander aufgerechnet werden. Es gilt, allgemein formuliert, drei Faktoren zu analysieren: »zunächst die angeborenen physiologischen Reaktionsformen, zum zweiten die Lernvorgänge, drittens die Struktur des sozialen Labyrinths, welches die Lernprobleme aufgibt und die Belohnungen und Strafen enthält«.[43]

Verhaltensbeobachtung und Theorie bedingen sich hier wechselseitig, und zwar in der Weise, daß die Theorie immer nur als Erklärung für beobachtbare Phänomene angesetzt wird. Sie soll also nichts über das Wesen des Menschen aussagen. Eine Wesensanalyse wird, wie wir bereits sagten, gar nicht intendiert. Macht man sich diesen Ansatz klar, dann sieht man, daß es konsequent ist, die Aggression nicht mehr als einheitliches Gesamtphänomen zu verstehen, sondern nur das Einzelverhalten zu untersuchen. *Rudolf Bergius* erklärt in einem Bergedorfer Gespräch über die Aggression, die Sozialpsychologie sei hinter der Naturwissenschaft noch um Jahrhunderte zurück, was den Grad der Exaktheit betrifft. Um diesen aufzuholen, sei es erforderlich, »die großen Unterschiede zwischen den vielen verschiedenen Phänomenen, die alle Aggression genannt werden, auch in der Erklärung des aggressiven Verhaltens zu berücksichtigen«.[44] In grundsätzlicher Hinsicht erklärt Bergius dementsprechend: »Ich wende mich gegen den Begriff Aggression, weil ich sichtbares Verhalten untersuchen möchte, nicht aber so etwas wie Phantasieverhalten. Es dürfte jedenfalls fruchtbarer sein, genau anzugeben, welches Verhalten gemeint ist, und dann zu prüfen, unter welchen Bedingungen es zustande kommt.«[45]

Gerade diese Gegenstellung zur Tradition ist nun der Grund dafür, daß die Frustrationsthese eine so weite soziologische Wirkung haben konnte. Indem die »Binnenpsychologie«, das heißt die Lehre von einheitlichen Vermögen und Kräften, aufgegeben wird, wird der Nachdruck auf die *zwischenmenschlichen Bezüge* gelegt. Diese Bezüge sind es, die den Menschen in seinem Verhalten durchgängig bedingen.

Sucht man nun zu beiden Positionen, der biologischen und der sozialpsychologischen, kritisch Stellung zu nehmen, so kann dies nicht bedeuten, daß man unmittelbar die eine oder die andere These als unbedingte Wahrheit ausgibt. Es handelt sich bei der menschlichen Aggression nicht um einen fixen Tatbestand, der empirisch eindeutig gegeben wäre. Aggression setzt als menschliches Verhalten den Selbstbezug voraus. Arno Plack erklärt im Gegenzug zu der biologischen These mit Recht: »Unsere Meinungen über psychische Phänomene sind ... selber psychische Phänomene und als solche in gesellschaftlichem Maßstab auch soziale Fakten.«[46] Die Anschauungen und Meinungen über Aggression sind, wie wir zu zeigen suchten, geschichtlich bedingt. Als solche sind sie von gewissen Vorverständnissen und Vorgriffen gar nicht abzulösen. Die biologische These, die von einer Wesensbestimmung des Menschen ausgeht, ist der Tradition weit mehr verhaftet als die Frustrationstheorie, die diese Fragestellung aufgegeben hat. Diese ist ihrerseits nun aber durch den Vorgriff bestimmt, es sei angemessen, alle Wesensbestimmungen einzuklammern.

Um das Recht und das Unrecht beider Thesen dialektisch zu vermitteln, greifen wir zunächst auf einige Gedankengänge zurück, die *Alexander Mitscherlich* über das Problem der Aggression geäußert hat. Bei Mitscherlich wird die Frage, ob die Aggression spontan oder reaktiv sei, ob sie biologisch oder sozialpsychologisch zu behandeln sei, sehr besonnen behandelt und nicht vorschnell entschieden. Mitscherlich definiert: »Das Wesen der Aggression ist das Zufügen von Verletzungen oder wenigstens Schmerz, es ist andererseits rein reaktiv und stellt eine Antwort auf signalisierte Gefahr dar.«[47] Sodann erklärt Mitscherlich in bezug auf die Quellen: »Wir haben Aggression als ein vitales Grundvermögen, als eine Triebausstattung zu verstehen, die in der sozialen Realität die vielfältigsten Umwandlungen erfährt.«[48] Schließlich unterscheidet Mitscherlich, den Umfangs- und Geltungsbereich betreffend, zwischen Aggressionen, die zur Lebensbewältigung notwendig sind, und neurotischen Aggressionsprojektionen, die unter Umständen kollektiv auftreten. Die lebensnotwendige Aggression wird ihrerseits noch genauer eingegrenzt. Die Definitionen sind hier allerdings ungenau und überschneiden sich zum Teil. Mitscherlich unterscheidet ungekonnte Aggression als eigentliche Aggression von gekonnter Aggression. »Die letztere wäre die ziel- oder sachgerechte Aktivität.«[49] Die ungekonnte Aggression dagegen ist das unmittelbar zerstörende Zugreifen.

Bei der Aggression wirken Spontaneität und Reaktivität zusammen. Spontaneität ist nie reine Spontaneität, sondern setzt bei Reizungen an. »Spontaneität ist in jedem Falle auf triebhafte und affektive Reizung angewiesen. Ihre Eigenart besteht aber in der *Kombinationsfreiheit* der Antwort auf diese Reize, zu der auch die Freiheit der Entscheidung über die Sublimierungsrichtungen gehört.«[50] Das Ziel aller Erziehung ist es, den Menschen mündig zu machen, so daß er sich vernünftig entscheiden kann. Freilich: die Durchbrüche der ungekonnten Aggression sind nicht zu vermeiden. Aggressivität gehört zur Natur des Menschen. Mitscherlich erklärt gegen *Hans Kunz*, der die Existenz einer ursprünglichen Aggressivität leugnet: »Wir neigen zur Auffassung, Aggression gehöre zum Wesen des Menschen wie die Organe, deren sie sich bedient – sie könne nur gemildert werden.«[51] Mitscherlichs Ansatz geht auf *Freuds* Denken zurück. Mit Freud ist Mitscherlich darin einig, die Triebschicht nicht als solche zu verdammen. Es muß jedoch verhindert werden, daß sie ungezügelt ausbricht. Aggression soll zur gekonnten Aktivität sublimiert werden. Sublimierung aber heißt *Rationalisierung*. Die Rationalität stellt ein unangezweifeltes Positivum dar. Ihr muß die Triebschicht unterstellt werden. Im Gegensatz zum Tier, das seine Aggressionen unmittelbar auslebt, müssen wir verständig unsere Aggressionen *steuern*. Auch die biologische Deutung der Aggression durch die Verhaltensforschung hat diese Forderung der Steuerung der Aggression in das Zentrum gestellt.

Im genauen Gegensatz zu diesen Thesen werten die extremen Vertreter der *Fru-*

strationstheorie die Rationalität ab. Die Herrschaft der Ratio ist ein wesentlicher, wenn nicht der einzige Frustrationsgrund. Der Mensch würde gut, wenn die Repression durch die Rationalität wegfiele. Der Eros würde dann regieren.

Beide Thesen bewegen sich in der Schematik von Rationalität und Irrationalität und zwar in der Weise, daß sie jeweilig die eine Seite positiv werten. Dies Schema erscheint uns unzulänglich. Zunächst: daß das nicht durch Rationalität eingeschränkte Triebleben sich eindeutig positiv auswirkte, ist eine durch nichts zu beweisende Behauptung. Die Erfahrung scheint eher das Gegenteil wahrscheinlich zu machen. Die These, die die Rationalität höher bewertet, ist also insofern im Recht, als sie die Notwendigkeit einer einschränkenden Überwindung des Trieblebens anerkennt. Aber diese ist nicht ohne weiteres mit Rationalisierung und Technologisierung identisch. Die Rationalisierung stellt sicher ein notwendiges Hilfsmittel zur Besserung dar, oder vorsichtiger: sie vermag die Unmittelbarkeit reiner Triebausbrüche aufzuheben. Aber die Rationalität als solche bedeutet keineswegs die Überwindung der zerstörenden Aggression. Grundsätzlich gesagt – und hier kommen wir auf den entscheidenden Einwand –: genausowenig wie die Triebe in sich positiv sind, genausowenig ist die Rationalität als solche gut.

Hans Kunz hat dies vollkommen klar erkannt. Gegen Lorenz behauptet er, daß gerade die rationalisierte Aggressivität, die sich willkürlich vollzieht, die eigentlich gefährliche Aggressivität sei. Er erklärt: »Wir sehen gerade in der beliebigen, jederzeit aktualisierbaren, keiner triebhaft-affektiven Unterstützung bedürftigen, obzwar oft davon erregten und begleiteten Willkür des angreifenden und zerstörenden Tuns das ihm innewohnende Verhängnis verwurzelt. Vielleicht wirkt in der Lorenzschen These die weit verbreitete, aber verfehlte Meinung nach, dergemäß nur oder doch vorwiegend das ›Irrationale‹, ›Elementare‹, ›Urtümliche‹, die größte Gefährdung berge und zeitige. Allein schon die Existenz der Atombombe widerlegt diesen Irrtum und wäre Anlaß genug, den – freilich verborgenen – Beziehungen zwischen dem Denken, der Rationalität und der dem Menschen immanenten Destruktivität nachzusinnen.«[52]

Wie recht Kunz hat, erweist sich, wenn man an die bewußten Quälereien in den Konzentrationslagern denkt. Gerade diese gekonnten Aggressionen und nicht die harmlosen Ausbrüche – »wenn einem der Kragen platzt« – bezeugen die Macht des *Bösen*. Diese Aggressionen lassen übrigens nicht von selbst nach. Das aggressiv-destruktive Agieren erlaubt hier vielmehr, wie Kunz mit Recht sagt, eine endlose Fortsetzung, der lediglich durch eine allgemeine Ermüdung Schranken gesetzt werden. Diese Tatsache spricht sehr eindringlich gegen die These, daß Aggression ein bestimmtes ausgebbares Quantum sei.

Die Versuche, entweder die Negativität auf die Seite der Ratio oder der Triebe zu setzen, vergessen, daß Aggression wesentlich ein Geschehen ist, das triebhaft und rational zugleich ist. Aus dieser Einsicht gilt es die Folgerung zu ziehen. Dies besagt konkret: die Diskussion des Problems der menschlichen Aggression muß aus der Alternative Rationalität oder Irrationalität und ihren Unterbestimmungen befreit werden und auf dem Boden der »Tatsache der Ichhaftigkeit« angesetzt und damit dialektisch gemacht werden.

Es ist durchaus angemessen, den Menschen in anthropologischer Hinsicht als Kraftzentrum zu verstehen. Aber dies Kraftzentrum ist nicht rein biologischer Natur, das heißt, es unterliegt nicht einfach dem mechanischen Gesetz der Entladung oder der

Verschiebung. Das Kraftzentrum ist das Ich des Menschen. Das Ich als anthropologische Größe ist aber ein sehr weiter und relativer Begriff. Seine nähere Bestimmung richtet sich nach dem Bezug zu einem jeweiligen Nicht-Ich. Das Ich kann der ganze Mensch sein als Einheit von Leib, Seele und Geist – um diese traditionellen Begriffe zu gebrauchen. Als solche Einheit steht es im Gegensatz zur Welt der äußeren Dinge. Das Ich kann aber auch der »innere Mensch« sein. Dies gilt für alle die Fälle, in denen ich mich abhebend von meinem Körper unterscheide, wobei dieser Körper als mein Körper eine Mittelstellung zwischen der reinen Außenwelt und mir selbst als »denkendem Wesen« einnimmt. Das Ich steht also immer in Bezügen. Dies bedeutet aber, daß es nicht nur ein spontanes Wirkungsquantum ist, sondern auch schon immer reaktiv ist, wobei aber zu beachten ist, daß jede Reaktion der Möglichkeit nach aktionsbezogen ist. Es verkürzt den Tatbestand, wenn man die menschlichen Reaktionen als bloße Antworten auf Reize im behavioristischen Sinne versteht. Wir haben den hier angedeuteten Sachverhalt am Ende unserer Analyse der modernen Anthropologie entwickelt und dort zu zeigen gesucht, daß das Ich kein reines transzendentales Prinzip ist, wohl aber die Sonderstellung des Menschen bedingt: nur als Ich vermag ich das Seiende von mir zu unterscheiden und mich mit ihm zu vermitteln. Das besagt: nur als Ich vermag ich mich mit dem Seienden auseinanderzusetzen.[53]

Das Ich ist als spontan-reaktives Kraftzentrum immer schon auf Ordnung bezogen und zwar in der Weise einer möglichen Selbständigkeit. Selbständigkeit ist einerseits positiv. Die aktive Gestaltungskraft – wir sprachen von Einsatzbereitschaft – ist erfordert, weil menschliche Ordnung nicht als biologische Umweltsphäre vorgeformt ist. Das Ich ist aber zugleich immer schon latenter Gegenzug zur Ordnung. Im Ich ist von Haus aus die Möglichkeit angelegt, nicht offen, gelöst und kommunikativ, das heißt »gut« zu sein – um an Kierkegaards Bestimmungen des Guten anzuknüpfen –, sondern die Ordnung zu pervertieren. Eigenkraft ist also ein außerordentlich dialektischer Begriff. Eigenkraft als Ichhaftigkeit kann, wie wir in unserer Analyse von Gut und Böse zu zeigen suchten, positiv oder negativ wirken, Ordnung aufbauen oder zerstören. In beiden Fällen ist sie aktiv und reaktiv zugleich, auch wenn je nach den Umständen der eine Faktor übergeordnet ist oder beide so innig ineinander verschmolzen sind, daß eine Unterscheidung kaum mehr möglich ist. So ist die Anpassung an die gesellschaftliche Aggression, von der Marcuse spricht, kein nur reaktiver Vorgang. Das »Mitmachen« konstituiert sich als ein eigentümlich ursprüngliches, das heißt den verborgenen Tiefen des Ich entstammendes Bejahen auf der Grundlage der Anreizung.[54] In all diesen Verhaltensweisen sind – das ist das Entscheidende – die biologische und soziale Komponente, der rationale und irrationale Faktor mitbeteiligt, jeweilig sich gegenseitig bedingend.

Überdenkt man diesen Sachverhalt, so sieht man, daß aus ihm eine wissenschaftstheoretische und wissenschaftspragmatische Konsequenz zu ziehen ist. Auch wenn die Möglichkeit einer je spezifischen wissenschaftlichen Fragestellung aktualisiert wird – dies ist, wie wir sagten, durchaus notwendig –, so sollte dies mit dem Blick auf andere Möglichkeiten und *letztlich* auf die reale Lebensganzheit geschehen. Von diesem Lebensganzen her ist aber immer schon ein Bezug zwischen Aggression und ethischer Einstellung gesetzt. Es ist verfehlt, diesen Bezug absolut ausklammern zu wollen zugunsten eines sogenannten rein wissenschaftlichen Vorgehens.

Hans Kunz redet einer solchen Ausklammerung das Wort. Er weist mit Recht darauf hin, daß Aggression eben aufgrund des vieldeutigen Zusammenhanges von Rationalität und Irrationalität verschieden geartet sein kann. Er beruft sich auf die Erfahrung als den Grund und Boden, auf dem allein alle diese Phänomene Gegenstand der Wissenschaft sein könnten. Die Erfahrung gilt ihm als wertneutral. Dies bedeutet konkret: Aggression und Böses dürfen nicht geglichen werden. Kunz erklärt, daß es sich beim Bösen um einen Bereich handelt, der jenseits jeder sich ihrer Schranken bewußten biologischen und psychologischen Forschung liegt. »Reden Biologen und Psychologen *als Wissenschaftler* vom Bösen, so ist das gleichermaßen absurd, wie wenn sie etwa die paulinische Deutung des Todes als der Sünde Sold übernehmen wollten.«[55]

Es ist klar – wir haben es wiederholt betont –, daß eine wissenschaftliche Untersuchung der Aggression notwendig und sinnvoll ist. Diese Untersuchung kann die Phänomene nur unter einem jeweiligen wissenschaftlichen Aspekt angehen, sei es der psychologische, biologische oder soziologische. Eine solche Analyse untersteht, wie wir im ersten Teil ausführlich erörtert haben, dem *Zirkel von Theorie und Empirie*: Theorien werden an der Empirie geprüft und umgekehrt. Aber die wissenschaftliche Untersuchung ist auf das reale Leben zurückzubeziehen. Dies Leben ist ja die Dimension, in der die Aggressionen wirksam sind, und ihm hat die Aggressionsforschung zu dienen. Von hier aus zeigt sich ein Unterschied zwischen der Diskussion der Aggression und der von Kunz als parallel behaupteten Diskussion des Todesproblems. Die Deutung des Todes als der Sünde Sold ist rein metaphysisch. Mag es Zeiten gegeben haben, wo diese Deutung die eigentlich bestimmende war, gegenwärtig gilt dies nicht mehr. Die Aggression dagegen ist für uns kein metaphysisches Problem. Wohl aber ist jede Diskussion über sie von lebenspraktischer Bedeutung. Ob man von sozialschädlichen Aggressionen redet, oder die Aggression als das sogenannte Böse deklariert, ist dabei sekundär. Die lebenspraktische Bedeutung ist von der wissenschaftlichen Analyse gar nicht abzutrennen.

Die wissenschaftliche Untersuchung der Aggression kann also die Spannung von Wissenschaft und Leben nicht negieren. Sie muß sie vielmehr anerkennen, und wir meinen eben, daß dies am besten geschieht, wenn man vom Ich als dem »Relationskomplex« von Freiheit und Unfreiheit ausgeht und von hier aus die biologische und die sozialpsychologische Theorie über Entstehen und Wirkung der Aggression aufnimmt.

Erst von der »Ichhaftigkeit des Menschen« her ergibt sich – auf diesen Sachverhalt sei zum Abschluß hingewiesen – die Chance, eine mögliche Überwindung »schlechter« Aggression in wirklichkeitsnaher Form zu diskutieren und durchzuführen. Freilich gibt es für eine solche Überwindung keine Programme, weil niemand genau weiß, wo die Grenze zwischen »schlechter« Aggression, das heißt lebenszerstörender Destruktion und »guter« Aggression, das heißt aufbauender Aktivkraft, liegt. Gleichwohl lassen sich unter ethischem Aspekt – den konkreten Situationen vorgreifend – die Ansätze eines Gegenzuges zur destruktiven Aggression schematisierend aufzeigen.

Wir haben die Möglichkeiten, die hier gegeben sind, bereits diskutiert, als wir über das Gute sprachen.[56] Es handelt sich einmal um den Verrechnungszwang von Bedürfnissen, der der Vertragstheorie zugrunde liegt. Der *behavioristische Ansatz* hat diese *Konkurrenz der Aggressionsmotive* mit anderen Motiven, wie Strafe oder Belohnung, mit Recht herausgestellt. Höher als der äußere Zwang steht der moralische Selbstzwang. Der äußere Druck soll in *innere Selbstdisziplin* umgesetzt werden. Mit der Psychoanalyse gesprochen: die äußeren Autoritäten werden internalisiert. Außerordentlich wesentlich in bezug auf die Überwindung der Aggression erscheint uns aber die oben thematisierte dritte Möglichkeit eines Gegenzuges zu Negation und Destruktion. Es ist dies das *interessierte Engagement am Aufbau von Ordnung*. Hier ist Mitscherlichs Bestimmung der *gekonnten Aggression* sinnvoll aufzunehmen. Gekonnte Aggression rein technologisch verstanden, ist noch kein Positivum, denn die Rationalität als solche ist nicht identisch mit dem Willen zur Ordnung. Wenn aber die rationalisierte Aggression von diesem Willen bestimmt ist, dann ist sie ein notwendiges Vehikel zum Aufbau und zur Erhaltung menschlichen Zusammenlebens.

Mitscherlich spricht von einer *Sozialisierung* der Aggression.[57] Sozialisierung bedeutet, ethisch gesehen, Rücksicht auf die anderen. Rücksicht ist keine einfache Verrechnung auf Gegenseitigkeit im Sinne der Vertragstheorie. Ich werde hier vielmehr aufgefordert, von mir abzusehen und mich auf die anderen »einzustellen«. Aber diese Rücksicht wird ihrerseits vermittelt, bezugsweise unterstützt vom *gemeinsamen Interesse an der Ordnung*.

Dieser Ansatz, daß Aggression auf die Konstitution von Ordnung hin umzuformen ist, müßte im einzelnen natürlich konkretisiert werden. Das kann nicht – noch einmal sei es gesagt – ohne Rückgriff auf wissenschaftliche Analysen geschehen. Aber diese wissenschaftlichen Überlegungen haben für das Leben nur Sinn und Bedeutung, wenn sie der Dialektik von Freiheit und Unfreiheit unterstellt werden.

Zusatz während der Korrektur. – Die Analyse der Aggression scheint sich gegenwärtig immer mehr in einer bestimmten Richtung zu entwickeln, die bereits früher eine gewisse Rolle spielte, aber neuerdings außerordentlich an Bedeutung zunimmt: die Aggression soll *lernpsychologisch* gedeutet werden. Wir haben auf die allgemeinen Ansätze der Lernpsychologie schon hingewiesen und unsere grundsätzliche Kritik an dieser Konzeption dargelegt.[58] Daß wir jetzt die lernpsychologische Deutung der Aggression ausdrücklich herausstellen, hat einen besonderen Grund. Hier zeigt sich eine für die Gegenwart typische *Verbindung von Ethik und wissenschaftlicher Fragestellung* in besonders deutlicher und auffälliger Form.

Daß die Lernpsychologie zur Deutung des Komplexes Aggression Entscheidendes beitragen kann, gründet – so argumentieren ihre Anhänger – darin, daß hier die unfruchtbaren gegensätzlichen Ansätze, die Aggression als Triebentladung oder als Frustration zu deuten, die die bisherigen Analysen beherrschten, überwunden werden. Beide Thesen sind von der Lernpsychologie her betrachtet spekulative Vorgriffe, die sich empirisch als nicht haltbar erweisen. Die Erfahrung gibt ein anderes Bild. Sie zeigt, daß Aggression ein *erlerntes Verhalten* ist.

Die Voraussetzung dieser These läßt sich folgendermaßen kennzeichnen: der Mensch ist wesentlich von seiner *Umgebung* abhängig. Sein Verhalten richtet sich nach den Erfahrungen, die er mit ihr macht. Es ist daher nicht angebracht, die konkreten Verhaltensausformungen auf Anlagen zurückzuführen. Im Grunde ist der Mensch ein unbeschriebenes Blatt. Man muß, um bestimmtes Verhalten zu testen, ein »unentschiedenes Normalverhalten« ansetzen, das gleichsam eine Nullpunktsituation darstellt.

Wir illustrieren diese Konzeption durch Rückgriff auf einen Aufsatz von *Wilfried Belschner*, der in einem Sammelband »Zur Aggression verdammt?« erschienen ist.[59]

Dies Werk zeigt den Ansatz der lernpsychologischen Aggressionstheorie sehr eindrücklich. Belschner erklärt: »Mit der These, aggressive Verhaltensweisen müssen entwickelt und ausgeformt, d. h. gelernt werden, beginnend von einer Basislinie mit dem Niveau Null, wird es möglich«, den Zirkel zu durchbrechen, der darin besteht, daß man einen Aggressionstrieb als existent annimmt, sodann aggressive Verhaltensweisen als im Repertoire des Menschen gelegen *erwartet*, diese Verhaltensweisen gemäß dem Ansatz als Ausformung des Aggressionstriebes versteht und von ihnen her dann wiederum auf die Existenz des Aggressionstriebes *zurückschließt*. Einem solchen Zirkel gegenüber besteht die neue »revolutionäre Vorstellung« darin, »einen aggressionsfreien Menschen als überhaupt möglich zu erwarten«.[60]

Will man aggressives Verhalten lernpsychologisch in concreto untersuchen, so muß man auf die *allgemein anerkannten Lerntheorien* zurückgreifen. Es ist dies einmal die Idee des *klassischen Konditionierens*, wie sie Pawlow und Watson entwickelt haben, sodann handelt es sich um die Konzeption des *operanten Konditionierens*, wie sie bei Thorndike und Skinner zu finden ist, und schließlich ist das *Lernen am Modell* zu beachten, das insbesondere der Stanford-Psychologe Albert Bandura bekannt gemacht hat. Wesentlich für die Aggressionsforschung sind die beiden zuletztgenannten Ansätze; die klassische Möglichkeit des Konditionierens wurde, so erklärt Belschner, in der experimentellen Erforschung der Aggression kaum angewandt.[61]

Das Modell des *operanten Konditionierens* untersucht aggressives Verhalten unter dem Gesichtspunkt, ob eine Handlung Erfolg hat oder nicht. Als Beispiel zur Verdeutlichung führt Belschner den Apfeldiebstahl eines Schülers Hans an: »Ein hungriger Junge namens Hans geht an einem Obststand vorbei und nimmt sich einen Apfel, ohne daß der Händler es bemerkt. Der Apfel schmeckt ihm köstlich und stillt seinen Hunger.«[62] Hans hat also Erfolg. Dieser Erfolg bestätigt sich bei Wiederholungen. Hans merkt, daß er seinen Hunger auf diese Weise am leichtesten befriedigen kann. Das Verfahren wird weiter ausgebaut, das heißt, nicht nur der Diebstahl bei dem bestimmten Obststand wird modifiziert, sondern das Stehlen wird auf andere Situationen ausgeweitet und schließlich zu einer Art *Gewohnheit*. Das besagt: Hans hat das Stehlen gelernt.

Beim *Modellverhalten* ist der Bezug zu den Mitmenschen wesentlich. Diese fungieren als Vorbilder. Es braucht sich dabei nicht um real begegnende Mitmenschen zu handeln. Vorbilder können auch Menschen sein, die im Film oder Fernsehen agieren – das Fernsehen ist heute, so betont Belschner, von ungeheurem Einfluß. Bei der Modelltheorie wird nun das *Experiment* als das eigentliche Medium der Erforschung angesetzt. Wir geben ein Beispiel. Kleinkinder werden in zwei Gruppen eingeteilt, die eine sieht einen Film, der aggressives Verhalten vorführt, die andere sieht den Film nicht. Gibt man nun nach einer bestimmten nicht allzu langen Frist beiden Gruppen die Möglichkeit, in einer Spielsituation auf eine Puppe einzuschlagen, dann zeigt sich, daß die Kinder, die den Film sahen, auf die Puppe intensiv und mit Lust »losdreschen«, bei der anderen Gruppe aber ist dies nicht der Fall. Aggressives Verhalten wird hier also durch Vorbilder erlernt. Auch dies Beispiel läßt sich variieren, und es ergeben sich so weitere Fragen, etwa: Wie lange hält die Wirkung des Vorbildes an? Oder: Hat das Losschlagen »reinigenden« Effekt?

Wir übergehen hier diese spezifischen Probleme und weisen sogleich auf die Folgerungen hin, die aus diesen Experimenten gezogen werden. Beim *operanten Kondi-*

tionieren, das unter dem Aspekt des Erfolges steht, werden negative Erfahrungen, das heißt Mißerfolge, wenn sie sehr häufig sind, die Aggression *hemmen*. Man kann also durch Einführen von Mißerfolgen (Strafen) aggressives Verhalten reduzieren. Wesentlicher und dauerhafter aber ist es, aggressive Verhaltensformen durch nichtaggressive Verhaltensweisen zu »überbieten«: wenn jemand begreift, daß er das Ziel, das er bisher durch Aggression erreichte, durch nichtaggressives Verhalten ebensogut oder noch besser erlangen kann, wird er die Aggression von selbst lassen und eben diese neuen Möglichkeiten aktualisieren. Entsprechende Verfahrensweisen sind beim *Modellverhalten* anzuwenden: zeigt man nicht mehr »schlechte«, sondern »gute« Vorbilder, dann kommt es zumeist gar nicht zur Aggression. Tritt diese dennoch auf, dann muß das operante Konditionieren, das heißt das Bedenken des Erfolges, miteingesetzt werden. In der Praxis ist es daher am zweckmäßigsten, beide Lernverfahren zu kombinieren. Man wird so die größte Wirkung erreichen.

Will man diese Schematik im ganzen kritisch beurteilen, so muß man sich klarmachen, daß hier bestimmte Voraussetzungen leitend sind: Alle Verhaltensweisen zeigen lernpsychologisch betrachtet die gleiche Struktur. Das besagt: negative Verhaltensformen werden nicht anders eingeübt als positive. Einen Anhalt für negatives oder positives Verhalten in der menschlichen Natur gibt es nicht. Der Mensch scheint, so sagt *Herbert Selg*, weder gut noch böse zu sein.[63] Will man Aggression ausschalten, dann ist es also erfordert, aggressives Verhalten nicht einzuüben. Das Nichteinüben ist die beste Möglichkeit, das Nichteintreten von Aggression wahrscheinlich zu machen. Wenn man dagegen, wie die Verhaltensforschung es tut, Aggression als im Menschen angelegte Energie versteht, dann wird durch diese These die Aggressionsneigung nicht nur verstärkt, sondern die Aggression wird geradezu als *unvermeidlich* deklariert und solchermaßen freigesetzt. Das Beispiel des Krieges zeigt dies. Kriege gelten als »natürlich«, folglich führt man Krieg.

Anstelle dieser Argumentation hat die *wissenschaftlich erhärtete Einsicht* zu treten, daß es Aggression als Anlage nicht gibt. Unter praktischem Aspekt formuliert: klammert man die Behauptung einer triebbedingten Aggressivität aus, dann leistet man einen positiven Erziehungsbeitrag und zeigt zugleich auf Möglichkeiten hin, wie Frieden in der Welt zu schaffen ist – der von uns herangezogene Sammelband »Zur Aggression verdammt?« trägt den Untertitel »Psychologische Ansätze einer Friedensforschung«.

Hier erheben sich nun mehrere *Einwände*. Es überrascht die bei fast allen Lernpsychologen anzutreffende Naivität, mit der künstlich arrangierte Experimente mit Kindern und Ratten auf reale Lebensbezüge übertragen werden. Daß die Kindergartensituation nicht unmittelbar mit der Kriegssituation zu vergleichen ist, ist aber offensichtlich. Zudem: wollte man Kriege vom Erfolgsschema her beurteilen, dann wäre der Krieg sicher nicht als schlechteres Mittel im Vergleich zu friedlichem Verhalten anzusetzen, denn Kriege haben immer noch Erfolg. Vor allem aber: daß die Behauptung, daß Kriege überflüssig sind, weil einige Wissenschaftler vermeinen, daß es eigentlich keinen Aggressionstrieb gibt, irgend etwas bewirkt, ist unwahrscheinlich. Daß heute Kriege sinnlos werden, weil sie zur Totalvernichtung aller Gegner führen können, so daß man zu Verrechnungen der umstrittenen Ansprüche und Ziele gezwungen ist, dies ist keine Bestätigung der lernpsychologischen Aggressionsthese, sondern steht in Gegensatz zu ihr. Hier wird ja gerade vorhandene Aggressivität umwillen des eigenen Vorteils – man will selbst überleben – eingeschränkt.

Wichtiger jedoch als diese Einwände ist der Aufweis, daß in der lernpsychologischen Aggressionsdeutung ein *Verhältnis von Wissenschaft und Ethik* angesetzt wird, das uns problematisch zu sein scheint. Dies Verhältnis ist kompliziert. Die Ethik wird einerseits ausgeschaltet, weil man eben nur wissenschaftlich vorgehen will. Die Wissenschaft kennt kein »Gut und Böse«. Die Wissenschaft ist wertneutral. Andererseits wird eine ethische Einstellung vollkommen naiv vorausgesetzt! Aggression soll nicht sein. Von dieser Einstellung her werden nun gerade die Wissenschaften als die einzig positiven Möglichkeiten angesetzt, die zeigen, wie Aggression ausgeschaltet ist, wobei die Voraussetzung ist, daß Wissenschaft als solche natürlicherweise immer das Gute bezweckt. Wir skizzieren den Ansatz dieser zweideutigen Einstellung, indem wir zunächst fragen: wie sucht der Lernpsychologe, als und insofern er empirischer Wissenschaftler ist, dem Problem Aggression methodisch beizukommen. Diese Frage wird in dem hier herangezogenen Sammelband von *Franz Schott* behandelt in einem Aufsatz, der folgenden Titel trägt: »Was ist Aggression? (Ein Beitrag zum Problem der begrifflichen Eingrenzung und Anwendung psychologischer Konzepte).«[64]

Gleich zu Beginn dieses Aufsatzes zeigt sich eine Schwierigkeit. Die empirische Forschung hat es nicht mit »der« Aggression oder mit »der« Aggressivität zu tun, sondern mit spezifischem und konkretem aggressivem Verhalten. Gleichwohl muß der Psychologe, um sinnvoll arbeiten zu können, doch eine Klärung des Sachverhaltes, der mit dem Wort »Aggression« gemeint ist, herbeiführen. Schott fordert unter Rückgriff auf *Lorenzens* Ansatz, in einer Wissenschaftssprache nur genaue Definitionen zuzulassen[65], einen eindeutigen Begriff der Aggression. Um diesen Begriff zu erhalten, wendet er sich der Empirie zu, um von ihr her den Begriff zu eruieren. Der Empirie entnimmt er ein Beispiel: A gibt B eine Ohrfeige. Dieser empirische Sachverhalt erweist sich jedoch als vieldeutig. Diese Handlung kann zum Beispiel aus Notwehr geschehen, dann ist es eigentlich keine Aggression. Sie kann auch aus erzieherischen Gründen erfolgen, dann handelt es sich um eine sogenannte »instrumentelle Aggression«, die unter bestimmten Gesichtspunkten sogar erlaubt ist.

Schott stellt nun, um die Problematik einer genauen Bestimmung der Aggression zu verdeutlichen, zunächst die folgende Definition auf: »Aggression ist eine Handlung, bei der der Ausführende die Absicht hatte, jemanden zu schädigen oder wehzutun (im weitesten Sinne des Wortes).«[66] Diese Definition ist aber nicht eindeutig. »Absicht« ist ein subjektiver Ausdruck und daher wissenschaftlich nicht nachprüfbar. Es ist besser für »Absicht« »unmittelbarer Zweck« zu sagen. Auch dieser Ausdruck führt nicht weiter. Zweck ist ebenfalls eine subjektive Bestimmung. Schott nimmt daher eine Definition von *Selg* auf: »Eine Aggression besteht in einem gegen einen Organismus oder ein Organismussurrogat gerichteten Austeilen schädigender Reize ...«[67] Auch hier stört die ungeklärte Bestimmung »gerichtet«. Schott resigniert: »Zusammenfassend kommen wir zu dem Schluß, daß es derzeit keine Definition der Aggression gibt, die in jeder Hinsicht befriedigend wäre.«[68] Er zieht daraus den Schluß: Definitionen der Aggression sind relativ willkürlich. Gleichwohl haben sie Sinn für spezifische Untersuchungen, für die sie eigens eingesetzt werden. Wir haben die hier auftretende Problematik im ersten Teil dieser Arbeit ausführlich diskutiert und insbesondere bei den Bestimmungen »Atom« und »Rolle« zu zeigen gesucht, daß gerade die *Grundbegriffe* einer Wissenschaft nicht eindeutig zu definieren sind, daß sie aber als Arbeitshypothesen notwendig sind.[69]

Schott wendet sich – dem Zuge der Psychologie, mathematische Methoden als wesentlich anzusetzen, folgend – sodann der Frage zu, wie Ausprägungsgrade der Aggression zu *messen* sind, wobei eine neue Schwierigkeit auftaucht. Gemessen werden kann – und zwar durch Vergleichung – nur konkretes aggressives Verhalten und nicht *Aggressivität* als »psychische Disposition« zu Aggression. Aggressivität ist kein nachweisbarer Faktor. Gleichwohl scheint vom Gesichtspunkt der Umgangspraxis, vor allem der Erziehung her das Erforschen der Aggressivität als Potential notwendig. Aber bisher ist es noch nicht gelungen, Aggressivität überhaupt begrifflich genau zu bestimmen.

Wir übergehen das Detail dieser Ausführungen und weisen nur auf den Schluß der Abhandlung hin. Schott stellt fest, daß die Psychologie noch keine exakte Wissenschaft geworden ist. Man hat es faktisch nur mit »interessanten Einzelfällen zu tun«. »Eine allgemein anerkannte Theorie der Aggression aber wird weiterhin auf sich warten lassen. Diese Feststellung entbindet uns aber nicht von der Notwendigkeit, die Ergebnisse der bisherigen empirischen Aggressionsforschung kritisch zur Kenntnis zu nehmen, wenn wir etwas dafür tun wollen, daß Menschen weniger als bisher sich gegenseitig Leid durch Aggressionen zufügen.«[70]

Dieser ethische Abschluß der Abhandlung kommt, so scheint es zunächst, überraschend. In Wahrheit bestimmt die sich hier bekundende Einstellung jedoch die ganze Argumentation. Auch wenn Aggression und Aggressivität nicht eindeutig wissenschaftlich definierbar sind, gilt es als gewiß, daß Aggression auf ihren Kern hin betrachtet etwas Negatives ist. Sicher: Selg stellt im Nachwort ausdrücklich heraus, daß man nicht behaupten dürfe, alle Aggression sei »böse«. Gleichwohl ist der Trend aller Abhandlungen dieses Sammelwerkes dadurch bestimmt, daß Aggression nicht als Positivum zu verstehen sei. Gerade die methodisch nicht gelungenen Definitionsversuche zeigen dies. Sie sind gar nicht wertneutral, insofern in ihnen allen darauf abgehoben wird, daß es zur Aggression gehört, jemand *wehzutun* und ihn zu *schädigen*. Man streitet sich zwar, ob die Worte: Absicht, Intention, Gerichtetheit wissenschaftlich angemessen sind, weil sie subjektiv getönt sind. Aber wie auch immer: Aggression ist etwas »Schlechtes«, insofern sie eben wehtuend und schädigend ist. Nur von dieser ethischen Einstellung her ist die wissenschafts*pragmatische* Intention der Aufsätze zu verstehen: Aggression ist zu negieren. Selg erklärt zwar, im vorliegenden Bande solle nie der Eindruck entstehen, »man könne die Aggressionen aus der Welt schaffen«.[71] Aber daß man sie einschränken kann und soll, ist evident. Man muß nur »richtiges« Verhalten einüben, und dies geschieht eben durch Umänderung des Fehlverhaltens, das bisher allgemein üblich war. Woher dieses Fehlverhalten kommt, diese Frage bleibt offen; genauer: die Antwort auf diese Frage verliert sich im Dunkel des infiniten Regresses. Schlechtes Verhalten geht auf schlechte Vorbilder zurück, die ihrerseits wieder durch schlechte Modelle bedingt waren, und so fort.

Überdenkt man die Argumentation, daß Aggression als nur angelernt wieder verlernt werden kann, dann sieht man, daß hier der ethische Selbstbezug von Grund aus negiert wird. In der Abhandlung von Belschner wird ein Zitat des Psychoanalytikers *Kuiper* angeführt, in dem dieser darauf hinweist, daß die Grausamkeit mit einer eigentümlichen Lust verbunden ist. Dazu bemerkt Belschner: »Ich muß mich hier von Kuiper distanzieren: ich habe keine Lust am Plündern, Morden usw.«[72] Die Naivität, mit der man sich für einen »guten Menschen« hält, ist wirklich erstaunlich.

Dieser Ansatz wäre nicht so gefährlich, wenn er nur die Meinung einiger weniger Gelehrter darstellte. Er bestimmt aber weithin das *allgemeine* wissenschaftliche Bewußtsein. *Noam Chomsky* hat diese Tatsache klar erkannt. In seinem Buch »Amerika und die neuen Mandarine«[73] legt er dar, daß in den akademischen Kreisen immer mehr der Trend sich durchsetzt, die Sozial- und Verhaltenswissenschaften *technologisch* zu betreiben, wobei diese Technologie aber nicht nur als die einzig echte wissenschaftliche Methode, sondern auch als Zeugnis einwandfreier Menschlichkeit gilt. Wir zitieren eine entscheidende Stelle aus dem Aufsatz »Objektivität und liberales Gelehrtentum«: »Die Wissenschaft ist, wie jedermann weiß, verantwortungsvoll, gemäßigt, unsentimental und auch ansonsten gut. Die Verhaltensforschung sagt uns, daß es möglich ist, sich ausschließlich mit Verhalten und Verhaltenskontrolle zu beschäftigen. Daher *müssen* wir uns ausschließlich mit Verhalten und Verhaltenskontrolle beschäftigen; und es ist verantwortungsvoll, gemäßigt, unsentimental und auch ansonsten gut, das Verhalten durch angemessene Belohnung und Bestrafung zu kontrollieren. Das Interesse für Loyalitäten und Einstellungen ist emotional und unwissenschaftlich. Als rationale Menschen, die an das Ethos der Wissenschaft glauben, sollten wir uns damit beschäftigen, das Verhalten in eine wünschenswerte Richtung zu lenken, und uns nicht von mystischen Begriffen wie Freiheit, individuelle Bedürfnisse oder Volkswillen verführen lassen.«[74]

Die Verhaltensforschung wird, so erklärt Chomsky, zu einer neuen *Zwangsideologie*. Wer ihr nicht folgt, darf nicht mitreden. Sucht man moralisch vorzugehen und bestehende Zustände anzuprangern, so erscheint man eben als emotionaler und irrationaler Mensch, der nicht ernst genommen werden sollte. Die Gelehrten sind sich einig in dem Glauben, daß die Welt im Grunde in Ordnung ist, und daß die technischen Experten »mit den wenigen noch ausstehenden Problemen bald zu Rande kommen werden«.

Wir schließen diese Ausführungen über den lernpsychologischen Erklärungsversuch der Aggression mit zwei Hinweisen ab. Daß die Ethik sich heute um Kontakte mit der Wissenschaft bemühen muß, haben wir mehrfach betont. Das bedeutet in unserem Zusammenhang: es ist nicht nur sinnvoll, sondern notwendig, die konkreten Möglichkeiten der Lernpsychologie zu bedenken, das heißt zu fragen, wie der Mensch durch Modelle oder Aufweisen von Erfolgswegen zu beeinflussen ist. Allgemein formuliert: ebenso wie die Triebdeutung oder die Frustrationstheorie der Aggression kann und muß der lernpsychologische Aspekt bei der Untersuchung der Aggression beachtet werden, wenn anders man den Aggressionen *realer* Menschen wirklich beikommen will. Solche Untersuchungen ersetzen den moralischen und politischen Einsatz nicht, wohl aber können sie *Möglichkeiten* einer Umwandlung des Verhaltens aufweisen.

Die zweite Bemerkung hängt mit dem soeben Ausgeführten zusammen. Maßgebende Wissenschaftler und Zeitkritiker erklären heute, daß die Ethik nicht »zu hohe« Forderungen aufstellen dürfe, die gar nicht erfüllbar seien. Man muß, so heißt es, den Menschen *kennen*, um zu wissen, was man ihm abfordern kann. Diese Aussage ist legitim. Aber sie darf nicht dahin verstanden werden, daß die Wissenschaft, das heißt konkret: die Verhaltensforschung, die *Grundlage* der Ethik sei. Diese Interpretation begegnet immer wieder. Wir weisen zur Verdeutlichung kurz auf das bekannte Buch von Gerhard Szczesny »Das sogenannte Gute« hin.[75]

Szczesny kritisiert die abstrakten Idealforderungen der traditionellen Ethik, weil sie den Menschen als reines Geistwesen verstehen. Der Mensch *ist* aber nicht Geist, sondern er *hat* nur Geist. Das besagt: er ist ein Geistwesen, das durch vitale Bedürfnisse bestimmt ist. Kein vernünftiger Mensch wird heute dieser Aussage widersprechen. Szczesny zieht aber aus dieser Einsicht den Schluß, daß die Verhaltenswissenschaft die *Basis* der Ethik darstellen müsse, nur auf ihrer Grundlage könne eine angemessene Ethik und Politik praktiziert werden.

Szczesny bekundet hier einen dogmatischen Wissenschaftsglauben. Er ist offenbar der Meinung, daß die Verhaltensforscher herausgebracht hätten, bezugsweise in naher Zukunft eindeutig herausbringen werden, was der Mensch ist. Daß die Aussagen der Verhaltensforscher bereits Interpretationen des nicht festgelegten »Tatbestandes Mensch« darstellen, entgeht ihm. Vor allem aber: wenn man die Ergebnisse der Wissenschaft als für die Handlungshorizonte des Menschen aufschlußreich ansetzen will, muß man sich klarmachen, daß keine Wissenschaft dem einzelnen den *Entschluß* abnehmen kann. Diesen muß ich selbst leisten. Nur wenn ich dies tue, ist die Möglichkeit gegeben, mit Hilfe der Wissenschaft die Dialektik von Freiheit und Unfreiheit, durch die der Mensch in concreto durchgängig bestimmt ist, verantwortlich zu durchdenken und zu praktizieren.

Szczesny – dies sei hier angemerkt – macht seinen Wissenschaftsglauben in seinen konkreten Analysen selbst fraglich. Das zeigt zum Beispiel die folgende Argumentation: Szczesny legt dar, daß nicht die traditionelle Ethik, sondern die technische Entwicklung einen gewissen Fortschritt zur Humanisierung – etwa Abschaffen der Sklaverei und allgemeine Anerkenntnis der Menschenrechte – bewirkt habe. Er interpretiert diesen unbestreitbaren Sachverhalt durchaus angemessen, indem er erklärt, daß Sein und Bewußtsein sich im Regelkreisverfahren beständig *gegenseitig* bedingen. In diesem Zusammenhang heißt es, daß der Mensch durch seine *Geschichte* definiert, was für ihn gut ist.[76] Diese Aussage erscheint uns legitim. Der Mensch bringt sich durch die von ihm selbst hergestellten kulturellen Bedingungen in die Lage, sein ethisches Selbstverständnis zu revidieren. Aber er kann dies nur, weil diese kulturellen Bedingungen eben keine festen Grundlagen sind, die die Wissenschaft als Basisbedingungen ein für allemal herausstellt, sondern sich geschichtlich wandelnde Manifestationen von Handlungen, hinter denen schon immer ein bestimmtes Bild steht, das der Mensch von sich selbst entwirft.

Sechstes Kapitel
Sittlichkeit und Moralität.
Kleingruppen und Großgruppen.
Nahhorizont und Fernhorizont

Vorbemerkung

Wir haben die »Genese der Ethik« aufzuzeigen gesucht: der Bruch des intakten Miteinanders durch den Egoismus und das Böse erfordert eine ausdrückliche und verantwortliche Vermittlung des Guten als der Ordnung, innerhalb deren der Mensch ein menschliches Leben führen kann. Wir haben sodann die Frage der ethischen Instanzen erörtert und das Problem der Quellen des ethischen Bewußtseins diskutiert, und schließlich wurde die Dialektik von Freiheit und Unfreiheit als der anthropologische Boden der gegenwärtigen Ethik herauszustellen gesucht. Bei allen diesen Erörterungen haben wir wiederholt auf eine Differenz hingewiesen, die die Struktur des ethischen Verhaltens betrifft; wir unterschieden das ethische Verhalten in *kleinen Gruppen* und in *großen Verbänden* und sprachen vom Verstehen im *Nahhorizont* und im *Fernhorizont*. Diese Differenzierungen erscheinen uns für das Verständnis der Ethik im ganzen so grundlegend, daß wir sie nun ausdrücklich diskutieren wollen. Dies ist aber nur möglich, wenn wir im voraus eine in gewisser Hinsicht verwandte Differenz bedenken, die in der klassischen Ethik eine wesentliche Rolle spielt. Es ist dies die Differenz von *Sittlichkeit und Moralität*.

Sittlichkeit und Moralität als Grundmöglichkeiten ethischen Verhaltens

Die Ausdrücke Sittlichkeit und Moralität begegnen im gegenwärtigen Sprachgebrauch zumeist in kaum unterschiedener Bedeutung. Man redet zum Beispiel in der gleichen Intention vom sittlichen wie vom moralischen Bewußtsein oder vom sittlichen wie moralischen Verfall. Die Bestimmung Moralität hat jedoch, achtet man genauer auf den Sprachgebrauch, einen besonderen Klang. Sie erscheint als Verschärfung der Bestimmung Sittlichkeit. Der Begriff Moral wird mit den Vorstellungen von Strenge und Disziplin verbunden. Moral erscheint als Inbegriff unbedingter Forderungen, seien diese für eine Gruppe kodifiziert oder »letzte Überzeugungen« einer individuellen Person. Ein moralischer Mensch ist jedenfalls ein Mensch, der »nach Grundsätzen lebt«.

Diese Unterscheidung von Sittlichkeit und Moralität ist bedingt durch die *Entwicklung der abendländischen Ethik*. Der entscheidende Einschnitt in dieser Entwicklung ist die Entdeckung der christlichen Innerlichkeit.[1] Der reditus in seipsum konstituiert das moralische Bewußtsein als Gegensatz zur Sittlichkeit. Nicht die vorgegebenen Ordnungen und die Mitmenschen als deren Träger, sondern das eigene Gewissen ist das Maß. Hier muß ich unter den Augen Gottes nicht nur über mein Tun und Lassen, sondern auch über meine Gedanken Rechenschaft ablegen. *Augustins* »Confessiones« sind eines der eindrücklichsten Beispiele einer solchen Gewissensprüfung. Je mehr im Verlauf der Entwicklung die Innerlichkeit zum bestimmenden Prinzip erhoben wird, desto stärker setzt sich die Überzeugung durch, daß ethisches Tun nicht am äußeren Erfolg zu bemessen ist, sondern daß das Handeln von mir selbst und in mir selbst unter dem Gesichtspunkt der moralisch einwandfreien Gesinnung geprüft werden muß. Kant legt dar, daß die Selbstprüfung nur möglich sei aufgrund der moralischen Selbstgesetzgebung. Die Eigenverantwortlichkeit ist nach ihm der Grund und Boden aller Ethik, wenn diese nicht einer bloß äußeren Legalität des Tuns, die auf dem Prinzip von Lohn und Strafe aufbaut, das Wort reden will.

Es wäre nun aber nicht richtig, die Entwicklung der abendländischen Ethik als stetigen Prozeß der Aufhebung des Ideals der Sittlichkeit zugunsten des Prinzips der Moralität zu betrachten. Gegen den Ansatz der Gewissensmoral werden immer wieder Einwände erhoben. Wir erinnern nur an *Hegel*, der gegen den Eigendünkel des Herzens, das heißt die Anmaßung des einzelnen, bei sich selbst und durch sich selbst über gut und böse zu befinden, die Wichtigkeit der großen Ordnungszusammenhänge betont, in die der Mensch so eingefügt ist, daß ihm von diesen Ordnungen her das Wissen vermittelt wird, was er in ethischer Hinsicht zu tun und zu lassen hat.

Es geht, so meinen wir, nicht an, Moralität und Sittlichkeit gegeneinander auszuspielen. Beide sind für die Konstitution des ethischen Bewußtseins wesentlich, aber in unterschiedlicher Weise. Diesen Sachverhalt suchen wir im folgenden zu bestimmen. Wir beginnen mit einer kurzen Analyse des Begriffes der Sittlichkeit.

Die Bestimmung *Sittlichkeit* scheint einerseits weiter als der Begriff Moralität zu sein. Sie hat aber andererseits doch ihr eigenes Gepräge im Gegenzug zur Moralität. Sittlichkeit hängt mit Sitte zusammen. Die Formen und Gestalten der Sittlichkeit bilden sich im Verlauf der Geschichte heraus. Sie bestimmen als gewachsene Gewohnheiten den einzelnen schon, bevor er zur eigenen Vernünftigkeit erwacht. Sittlichkeit tritt im Gegensatz zur reinen Sollensethik nicht an den Menschen fordernd und drohend heran. Sittliche Gebote sind verbindlich, das heißt verpflichtend, weil sie die einzelnen immer schon innerhalb bestimmter Gruppen verbinden, wobei diese Gruppen die Lebensräume für das Tun und Lassen der Menschen darstellen. Verglichen mit dem Prinzip der moralischen Autonomie ließe sich sagen: diese Autonomie mag für besondere Ausnahmefälle, in denen der Lebenszusammenhang gestört ist, gelten, aber nicht für den Alltag. Das ethische Bewußtsein des Alltags wird, so erklärt *Gadamer* in einem Aufsatz »Über die Möglichkeit einer philosophischen Ethik«, von der Selbstverständlichkeit des Guten durchherrscht und untersteht der Bestimmung des Tunlichen. »Das Tunliche – das ist nun freilich nicht nur das, was recht ist, sondern auch, was nützlich, zweckmäßig und insofern ›richtig‹ ist. Die Durchdringung dieser beiden ›Richtigkeiten‹ im praktischen Verhalten des Menschen ist es offenbar, in der nach Aristoteles das menschlich Gute besteht.«[2]

Dies richtige Handeln ist, so lehrt Aristoteles, nur möglich innerhalb der *Polis*. Gadamer legt diesen Sachverhalt eindringlich dar: »Unser Handeln steht im Horizont der Polis und weitet damit unser Wählen des Tunlichen in das Ganze unseres äußeren gesellschaftlichen Seins hinein. Die Ethik erweist sich als ein Teil der Politik.«[3] Die

Sittlichkeit kann sich also nur konstituieren innerhalb politischer und gesellschaftlicher Institutionen. Diese Institutionen sind sehr unterschiedlich. Es handelt sich einmal um kleine Gruppen und Verbände. Keimzelle sittlichen Verhaltens ist für Aristoteles und Hegel – die beiden großen Befürworter des Prinzips der Sittlichkeit – die *Familie* und die *Hausgemeinschaft*. Aber noch wesentlicher sind für die beiden Denker die großen Institutionen, insbesondere der Staat, der seinerseits als Träger des Rechtssystems fungiert.[4]

Entsprechend dieser Vielfalt der politischen und gesellschaftlichen Institutionen ist das Leben innerhalb von diesen Ordnungsverbänden differenziert. Im Kreis der *Familie* sind vorrationale Bestimmungen wesentlich. Gadamer erklärt in seinem Hinweis auf den ethischen Ansatz des Aristoteles, »daß Lohn und Strafe, daß Lob und Tadel, daß Vorbild und Nachfolge und der Grund von Solidarität, Sympathie und Liebe, auf dem ihre Wirkung beruht, noch vor aller Ansprechbarkeit der Vernunft das ›Ethos‹ des Menschen formen und so überhaupt erst Ansprechbarkeit durch Vernunft möglich machen, das ist der Kern der aristotelischen Lehre von der Ethik«.[5] Im *Staat* sind die Bestimmungen dessen, was zu tun und zu lassen ist, legalisiert. Sie können gewaltsam erzwungen werden. Gleichwohl sind in beiden Fällen die Maßstäbe des Handelns dem Subjekt entzogen. Dem einzelnen werden sie durch das allgemeine Bewußtsein des Gemäßen vorgegeben.

Überdenkt man diese Bestimmung der Sittlichkeit, so erscheint sie unter dem Gesichtspunkt des Wirklichkeitsbezuges außerordentlich realitätsnah. Es ist offensichtlich, daß der Ethik, die die Sittlichkeit ins Zentrum stellt, das Bild einer intakten Gesellschaft vorschwebt. Eine absolut intakte Gesellschaft hat es in der Realität nie gegeben, und insofern die Schilderungen der Sittlichkeit auf eindeutige Intaktheit abheben, neigen sie zur Irrealität. Gleichwohl bleibt das Prinzip Sittlichkeit als solches, so erklärt Gadamer, grundsätzlich dem Leben nah, weil es aus diesem erwachsen ist. Schilderungen der sittlichen Gemeinschaften, wie sie Aristoteles und Hegel geben, tragen weit mehr Züge der Wirklichkeit als die Analysen Platos und Kants. Plato entwirft von vornherein ein reines Idealbild der Polis und Kant stellt die Unbedingtheit der Forderung der reinen praktischen Vernunft heraus.

Man könnte, überdenkt man diesen Sachverhalt, also meinen, die Sittlichkeit sei der Moralität unter dem Gesichtspunkt der Wirklichkeitsnähe grundsätzlich überlegen. Moralität beruht, so scheint es, auf einer Reflexion, mit der ich mich aus dem unmittelbaren Leben herausziehe, isoliert auf mich stelle und von mir her urteile, das heißt, Forderungen an das Leben stelle. Moralität ist wesentlich »apriorische Sollensethik«, das heißt, sie stellt Gebote auf, die nicht aus dem Leben selbst kommen, sondern aus der Sphäre reiner Vernünftigkeit. Wird aber die apriorische Vernunft zum Prinzip gesetzt, dann darf gar nicht mehr danach gefragt werden, ob die Gebote empirisch erfüllt werden oder nicht.

Diese Argumentation ist nicht falsch. Man muß zugeben, daß die Moralität nicht die gewachsenen Lebensformen als vorgegebene Ordnungen zur Richtschnur nimmt. Das besagt aber nun keineswegs, daß die Moralität als solche wirklichkeitsfremd sei. Wir müssen hier wieder an die grundsätzliche Bestimmung erinnern, nach der Wirklichkeit keine gegebene Faktenwelt ist, sondern ein dialektisches Bezugsganzes, in dem sich Subjekt und Objekt gegenseitig bedingen. Das besagt: es kann Zeiten geben, in denen diese Spannung keineswegs ein so ausgewogenes Verhältnis darstellt, daß das Subjekt von anerkannten Ordnungen eindeutig bestimmt und getragen wird.

Institutionen als die Subjektivität abstützende Außenhalte altern und verfallen. Sie vermögen dann nicht mehr als Träger sittlicher Ordnung zu fungieren. Gehlen hat die Epochen, in denen dies der Fall ist, als Spätkulturen gekennzeichnet und insbesondere die Gegenwart von hier aus als Verfallszeit zu charakterisieren gesucht. Das erscheint uns verfehlt. *Krisenzeiten* dürfen nicht an Epochen gemessen werden, in denen die Institutionen eine lebendige sittlich prägende Kraft darstellen. Es ist vielmehr für Krisenzeiten angebracht, das Prinzip der Moral als bestimmendes ethisches Moment herauszustellen.

Die Moralität hat hier einen doppelten Sinn. Einerseits eröffnet sie dem einzelnen die Möglichkeit, sich auf sich selbst zurückzuziehen und sein Leben durch eigene Überlegung zu gestalten. Die großen antiken Gestalten aus den Schulen der Spätsokratiker sind dafür Beispiele. Moralität bedeutet in Krisenzeiten aber auch, daß der einzelne es auf sich nimmt, nun aufgrund seiner Eigenständigkeit, das heißt seiner Freiheit, die Situation von der Vernunft her neu zu ordnen. *Fichtes* Philosophie ist das große Beispiel eines solchen ethischen Einsatzes aus Freiheit. »Die Grundzüge des gegenwärtigen Zeitalters« schildern die zeitgeschichtliche Situation innerhalb eines möglichen Weltplanes. Fichte erklärt: »Der Zweck des Erdenlebens der Menschheit ist der, daß sie in demselben alle ihre Verhältnisse mit Freiheit nach der Vernunft einrichte.«[6] Dieser Zweck wird nicht auf mechanische Weise verwirklicht. Er verlangt vom Menschen den aktiven Einsatz. Eine Welt, in der Freiheit bestimmendes Moment ist, wird nur durch die Freiheit verwirklicht, die sich mit der Vernunft verbündet. Moralität und Vernünftigkeit gewinnen hier – darin zeigt sich ein gewisser Gegensatz zu Kants überempirischem Reich der Zwecke – eine geschichtliche Tendenz. Gerade weil sie in der Gegenwart noch nicht bestimmend sind, muß aufgefordert werden, sie zukünftig zu verwirklichen.

Wir werden heute Fichtes Idee, daß ein fester Weltplan dem geschichtlichen Geschehen zugrunde liegt, nicht mehr teilen. Die vernünftige Gestaltung der Gegenwart im Blick auf eine bessere Zukunft ist nicht metaphysisch abzusichern. Aber Fichte hat klar erkannt, daß in den Epochen, in denen die Menschen nicht mehr sittlichen Ordnungen als tragenden Mächten vertrauen, die Moralität das *realitätsgerechte* Mittel ist, die Zustände zum Besseren hin zu verändern. Dies gilt es gerade heute zu bedenken, einmal in bezug auf die Gestaltung der großen Rahmenordnungen und sodann in bezug auf die vielen Prozesse, die sich aus dem Fortschritt der Wissenschaften ergeben. Hier ist der einzelne Wissenschaftler heute weitgehend, wenn er nicht in einem wissenschaftsimmanenten Denken befangen bleiben will, sich selbst überlassen, das heißt, er muß selbst seine Entscheidungen durch eigene Überlegungen fundieren. Wir zitierten oben die entsprechende Äußerung eines Gelehrten bei einem Bergedorfer Gespräch, der erklärt: »Die persönliche Verantwortung des einzelnen Wissenschaftlers beginnt dort, wo die Resultate der Grundlagenforschung zur Anwendung kommen. Das ist auf allen Ebenen eine Frage der Zivilcourage.«[7] Dieser Zustand ist – dies sei ausdrücklich gesagt – nicht ideal. Die Aufgabe ist es auch hier, zu allgemein anerkannten und in diesem Sinn zu sittlichen Einsichten zu kommen. Aber dies gelingt nur durch die Besinnung der vielen einzelnen, die die anstehenden Zeitprobleme von sich aus in moralischem Verantwortungsbewußtsein durchdenken und verbindlich zu lösen suchen.

Das soeben Dargelegte ist sogleich gegen ein mögliches Mißverständnis zu sichern. Es könnte so scheinen, als ob die Moralität nur als Prinzip für Krisenzeiten fungiere.

Das heißt, sie wäre nur dann wesentlich, wenn die vorangehende intakte Sittlichkeit nicht mehr eine lebendige Macht darstellt. Die Aufgabe der Moralität wäre es in einem solchen Fall, eine neue Sittlichkeit zu vermitteln. Diese Aussage ist sicher nicht falsch. Die Sittlichkeit scheint, anthropologisch und kulturphilosophisch betrachtet, die ursprüngliche und in diesem Sinn die immer wieder zu erstrebende ethische Einstellung zu sein. Gleichwohl wäre das einseitige Festhalten an einer solchen Konstruktion verfehlt und gefährlich. Es lassen sich historisch gesehen innerhalb der Geschichte durchaus Epochen unterscheiden, die intaktere Gesellschaftsstrukturen aufweisen als andere Zeitabschnitte. Aber grundsätzlich gesehen ist *jede* Epoche sowohl durch das Prinzip der Sittlichkeit als auch das der Moralität bestimmt. Der einfache Grund dafür ist, daß das Böse zu allen Zeiten eine bestimmende Macht darstellt. Alle Zeiten sind insofern Krisenzeiten.

Es gibt gleichsam über das »individuell Böse« hinaus ein jeweilig *geschichtlich allgemeines Böses*. Das hierarchisch gegliederte Mittelalter – um nur ein Beispiel zu geben – hat die Tendenz, alles, was nicht in den vorgeschriebenen Rahmen paßt, auf grausame Weise zu negieren. Verdammungsprozesse bis zur Folterung beweisen dies. Dem allgemeinen Bösen einer Zeit ist aber gerade nicht primär durch Sittlichkeit, das heißt, durch das Beachten des allgemein Anerkannten zu begegnen, sondern nur durch moralischen Aufstand zum Fortschritt hin. *Norbert Elias* erwähnt folgende Tatsache: Im Paris des sechzehnten Jahrhunderts galt es als durchaus erlaubt, zur Festesfreude des Johannestages ein oder zwei Dutzend Katzen lebendig zu verbrennen. Diese Feier war sehr berühmt, der König und der Hof waren anwesend und allgemeine Freude herrschte, während die Katzen schrien und miauten. Elias erklärt, daß ein solches Verhalten heute unmöglich sei, vieles von dem, was ehemals Lust erregte, erregt heute geradezu Unlust.[8] Wir wollen dies Beispiel nicht überinterpretieren und der aufklärerischen Behauptung das Wort reden, daß kultureller Fortschritt und sittliches Wachstum identisch seien. Gleichwohl ist die Tatsache zu beachten, daß die gängige Sittlichkeit kein zureichendes Mittel gegen das zeitgeschichtlich bedingte Böse ist, sondern daß mögliche Besserung nur durch die Aktionen der den Zeitgeist transzendierenden Moralität zustande kommt.

Überblickt man die vielfältige Dialektik, die zwischen Sittlichkeit und Moralität besteht, so kommt man zu der folgenden Feststellung: eine strikte Unterscheidung von Sittlichkeit und Moralität ist abwegig. Beide Prinzipien sind zu allen Zeiten gültig. Sie müssen jedoch innerhalb der geschichtlichen Entwicklung ihrem jeweiligen Schwergewicht nach differenziert werden. Diese Differenzierung in bezug auf die *Gegenwart* durchzuführen, ist die Aufgabe der beiden folgenden Kapitel, in denen wir darzulegen suchen, daß die Sittlichkeit – hier zeigt sich ein Gegensatz zu Aristoteles und Hegel – heute nicht mehr als Prinzip der Großgruppen angesehen werden kann, sondern nur für das Verhalten in den Kleingruppen wesentlich ist. Diese Behauptung setzt aber eine Klärung der heutigen Gruppenverhältnisse voraus, und diese ist nur durch den Rückgriff auf die entsprechenden sozialwissenschaftlichen Analysen möglich. Zu diesem Zwecke ist eine kurze Orientierung über die gegenwärtige Gruppenforschung erfordert.

Zum Problem der gegenwärtigen soziologischen Gruppenforschung

Die Soziologie hat im Verlauf ihrer Entwicklung vom ausgehenden neunzehnten Jahrhundert bis zur Gegenwart hin sehr differenzierte Bestimmungen über die Entstehung, die Struktur und die Organisation von Gruppen ausgearbeitet. Wesentlich ist für unseren Zusammenhang die Unterscheidung von *Primärgruppen* und *Sekundärgruppen*, die vor allem der Soziologe *Ch. Cooley* entwickelte. Primärgruppen sind die Familie, aber auch die Gemeinde, ebenso alle auf Nachbarschaft oder Freundschaft beruhenden Verbindungen. Entscheidend ist, daß bei den Primärgruppen der einzelne durch die anderen wesentlich geformt wird. Cooley spricht von diesen Gruppen als Intimgruppen – »face-to-face association and cooperation«. Die Bestimmung Sekundärgruppe ist für Cooley als Gegenbegriff zur Primärgruppe konzipiert. Alle Gruppen, die nicht durch Intimität geprägt sind, gehören hierher. Der Begriff Sekundärgruppe ist also sehr weit. Er umfaßt insbesondere Verbände, die auf einer mehr oder weniger strengen Organisation beruhen, also Vereine, Parteien, aber auch staatliche Institutionen.

Diese Unterscheidung von Primär- und Sekundärgruppen gehört zum Grundbestand der soziologischen und zeitkritischen Begrifflichkeit. Freilich wurde und wird sie immer neu zu formulieren und zu differenzieren gesucht gemäß der geschichtlichen Entwicklung. Entscheidend jedoch ist, daß hinter dieser Differenz bestimmte wertende Vorstellungen standen und stehen, die zum Teil gar nicht direkt ins Bewußtsein gehoben werden. Die Primärgruppe erscheint einem Denken, das den Begriff des Organischen und des Gewachsenen ins Zentrum stellt, als eindeutig *positive* Form des menschlichen Zusammenlebens. Hier findet man, so wird behauptet, echte Gemeinschaft; alle gehören zu einem Ganzen im Gegensatz zur Gesellschaft, die auf bloßer Organisation beruht. Die Unterscheidung von *Gemeinschaft und Gesellschaft* hat insbesondere in Deutschland bis zum Zweiten Weltkrieg einen romantisch wertenden Beiklang gehabt. Gesellschaft ist das Sekundäre und Abgeleitete, das Künstliche gegenüber dem Ursprünglichen und Natürlichen der Gemeinschaft. *Ferdinand Tönnies* deklariert in seinem bekannten Buch »Gemeinschaft und Gesellschaft«, daß Gemeinschaft das vertraute Zusammenleben sei, das sich ohne Interessenbindung konstituiere. Interessenvertretung kennzeichnet nur die Gesellschaft.[9]

Diese wertende Hochschätzung der Intimgruppe – dies ist in unserem Zusammenhang bedeutsam – verband sich zugleich mit der Sorge, daß die Primärgruppen immer mehr zugunsten der Sekundärgruppen zurückgedrängt würden. Das industrielle Zeitalter führt, so meint man, die sogenannte *Massengesellschaft* herbei. Die Menschen werden atomisiert. Die Gesellschaft ist eine amorphe und anonyme Zusammenballung ungezählter namenloser einzelner, die als Menschen entwurzelt, nivelliert und uniformiert sind. Gleichzeitig werden diese Menschen aber als Arbeitende in einen durchgeformten Apparat, in ein weit verzweigtes Gefüge von Instanzen, die spezialisiert und bürokratisiert sind, eingepaßt – so charakterisiert Geiger ironisierend die allgemein negative Beurteilung der modernen Gesellschaft.[10]

Wir weisen hier auf diese beiden Vorurteile – die Hochschätzung der Primärgruppen und die Sorge um ihre Existenz – nicht nur hin, um zu zeigen, daß die Unterscheidung von Primär- und Sekundärgruppen schon immer mit Wertungen verbunden ist, sondern auch und vor allem, um darzulegen, daß diese Wertungen zu voreiligen Hypothesen führen können. Als eine solche entpuppte sich die Meinung, daß die Gemeinschaft durch die Gesellschaft grundsätzlich negiert würde. Diese Hypothese hat sich an der Realität nicht bewährt. Insbesondere die amerikanische Soziologie wies nach, daß die gängige Theorie der Massengesellschaft nicht zu halten sei. Gründliche Studien, zum Beispiel über das Verhalten von Arbeitern im Betrieb oder von Soldaten bei militärischen Einsätzen zeigten, daß der einzelne weitgehend von kleinen Gruppen geprägt wird, die spontan und ohne Zwang sich auf menschlicher Basis konstituieren. Diese Gruppen und ihre Normen bestimmen Meinung und Verhalten des einzelnen weit mehr als die Gesellschaft im Großen.

Durch diese Untersuchungen wurde das Dogma der absoluten Herrschaft der Massengesellschaft fraglich gemacht. Das besagt aber nicht, daß diese Analysen nun ihrerseits ohne jedes Vorurteil auftraten. Hier stoßen wir vielmehr auf einen Sachverhalt, der für unseren Zusammenhang wesentlich ist, weil er bestimmte Grenzen der soziologischen Betrachtungsweise zeigt.

Man erkannte, daß die einfache Unterscheidung von Primär- und Sekundärgruppen genauer differenziert werden müßte, um die Empirie wirklich adäquat zu erfassen. Man suchte daher den Begriffsapparat zu verfeinern. Dies ist ein durchaus legitimes Vorgehen. Problematisch wird das Verfahren jedoch, wenn man die gegenseitige dialektische Bedingtheit der Begriffe und der Theorie einerseits und der empirischen Wirklichkeit andererseits nicht reflektiert. Und dies ist weitgehend der Fall. Die theoretischen Begriffe werden entweder als abstrakte Definitionsbestimmungen für geschlossene und nicht umweltbestimmte Systeme entworfen oder als ad hoc konzipierte Hilfsbegriffe vom Einzelfall her eingesetzt oder – diese dritte Möglichkeit ist nicht unwichtig – von spezifischen Gesichtspunkten her, etwa den Aspekten bestimmter Wissenschaften, konzipiert.

Wir suchen das soeben Gesagte zu verdeutlichen. Der Gesichtspunkt der *Organisation* schien geeignet zu sein, um die Unterscheidung von Primär- und Sekundärgruppen näher zu differenzieren. Die Bestimmung Organisation wurde ihrerseits nun aber weitgehend unter dem Aspekt der Ökonomie als betriebswirtschaftliche Arbeitsteilung angesetzt. Wesentlich von diesem Aspekt her, mindestens aber unter dem Gesichtspunkt rationaler Organisation konzipierte man nun die Differenz von *informellen und formellen Gruppen*. Die informellen Gruppen, sich spontan bildend und keine Organisation entwickelnd, befriedigen »soziale Bedürfnisse«, die durch die formellen, das heißt die organisierten Arbeitsgruppen nicht gedeckt werden. Man glich nun weithin »formell« und »organisiert« einerseits und »informell« und »nicht organisiert« andererseits und suchte sodann die formellen und organisierten Gruppen mit den Sekundärgruppen und die informellen und nicht organisierten Gruppen mit den Primärgruppen zur Deckung zu bringen. Diese Einteilung leuchtet zunächst ein. Sie ist aber durchaus problematisch. Dies wird deutlich, wenn man versucht, sie an bestimmten konkreten Gruppen zu verifizieren.

Wir geben zwei Beispiele. Erstes Beispiel: die Familie ist eine Primärgruppe. Sie ist aber nicht einfach als informelles Gebilde zu bezeichnen. Sie hat eine eigene Organisation. Aber diese Organisation muß von rationalen Betriebsorganisationen unterschieden werden. Zweites Beispiel: die Lern- und Arbeitsgruppen, die heute so wichtig sind, passen bei Lichte besehen ebenfalls nicht in das angeführte Schema. Sie sind weder intim noch nicht intim, denn hier ist das Verbindliche der sachliche Bezug auf das Lernziel hin. Sie sind auch nicht informell oder formell: die Gruppenordnung ist hier ständig im Fluß. Die trainierte Wirkungskontrolle hebt auf stetige Steigerung der Lernfähigkeit im team-work ab. Solche Gruppen sind nicht von der einfachen Alternative: Organisation oder Nichtorganisation her zu orten.[11]

Aufs Ganze gesehen zeigt es sich, daß die Hoffnung, eindeutige Bestimmungen der Gruppengliederung gewinnen zu können, mit Hilfe deren die Empirie genau zu erfassen sei, nicht restlos erfüllt wurde. Entscheidender noch als die Schwierigkeit, zureichende Gruppendefinitionen zu finden, ist aber die Bestimmung der *Empirie*, die diese Untersuchungen leitete. Das empirische Vorgehen wird weitgehend nach dem Schema eines experimentell ausgerichteten Beobachtens aufgebaut. Verhalten sollte äußerlich konstatiert und nach Möglichkeit auf quantitative Bestimmungen gebracht werden. Versuche werden durchgeführt, die die zu testenden Personen den Lebenszusammenhängen entnehmen und in eine künstliche Laborsituation versetzen. Hier zeigen sich Grenzen. Die innere Einstellung zu den Gruppennormen, die eine wesentliche Variable des Gruppenverhaltens ist, läßt sich schwer experimentell erfassen, insbesondere wenn man bedenkt, daß innere Einstellung, das heißt »Gesinnung«, und äußeres Verhalten oft auseinanderklaffen; äußeres Verhalten verläuft weithin gewohnheitsmäßig.

Trotz dieser offensichtlichen Mängel hält man aber weitgehend an dem Grundsatz fest, daß die Gruppe ein testbarer fixer Tatbestand sei, der, wie *Homans* meint, von eindeutigen Gesetzen bestimmt wird, deren Geltung der Geltung der naturwissenschaftlichen Gesetze entspreche.[12] Man übersieht also, daß Konstanz im menschlichen Gruppenverhalten eine geschichtliche Bestimmung ist, die nicht ohne Bezug auf Wandlungen gedacht werden darf. Auch Intimgruppen wandeln sich. So ist die Familie – um nur ein Beispiel zu nennen – nach dem Zweiten Weltkrieg in Deutschland als ein sicherer Hort des Zusammenhaltes angesehen worden, heute, zwanzig Jahre später, erscheint sie infolge des Aufkommens der revolutionären Protestbewegung der Jugend weithin gefährdet. Selbstverständlich lassen sich diese Wandlungen im Hinblick auf sich durchhaltende Konstanz untersuchen. Aber eine solche Untersuchung ist nur sinnvoll, wenn man die grundsätzliche Anerkennung der Geschichtlichkeit der Gruppen zur methodischen Voraussetzung macht. Es ist klar – dies sei noch einmal ausdrücklich gesagt –, daß empirisches Vorgehen für die Soziologie notwendig ist. Interviews, soziometrische Tests, Laborexperimente, Skalierungsverfahren, Samples – um nur auf einige Methoden hinzuweisen – gehören zum Werkzeug der empirischen Soziologie. Aber der Soziologe muß um die Grenzen dieser Methoden wissen. Das heißt positiv, er muß beachten, daß die zu untersuchenden Objekte der Soziologie geschichtlich sich verstehende Wesen sind.

Diese enge Bestimmung der Empirie und die damit verbundene Ausklammerung der Geschichtlichkeit haben nun dazu geführt – das ist ein weiterer erheblicher Mangel dieses Ansatzes –, die Untersuchungen der Großverbände und Sekundärgruppen in den Hintergrund treten zu lassen. Was Marx, Spencer, Comte über Großgruppen behaupteten, mag, so wird deklariert, wertvoll sein, es läßt sich nicht nachprüfen. Große Menschengebilde sind, so erklärt *de Voto* in der Einleitung zu dem Werk über Gruppenbildung von Homans, außerordentlich kompliziert und vielschichtig. Es gibt hier keine angemessenen und verläßlichen Mittel der Analyse, es sei daher erlaubt und sogar zweckmäßig, vorerst diese Gruppen auszuklammern. Wenn man einmal an den Kleingruppen *generelle* Verhaltensgesetze gefunden habe, dann könnte man diese auch den Großverbänden zugrunde legen, denn die Merkmale menschlichen Verhaltens seien in allen Gruppen gleich.

In gewissem Gegensatz zu dieser Tendenz, die Großgruppen von den Kleingruppen her zu interpretieren, steht eine zweite Konzeption der Untersuchung der Großverbände, die immer mehr an Boden gewinnt. Großverbände werden von Modelltheorien her interpretiert. Solche Theorien sind außerordentlich verschiedenartig. Einmal handelt es sich um grundsätzliche Entwürfe der Struktur des menschlichen Zusammenlebens, wie etwa die Konflikttheorie oder das struktural-funktionelle System, sodann um Theorien, die von modernen Wissenszweigen, der Kybernetik, der Spieltheorie und der Kommunikationstheorie ausgehen. Wir haben Ansatz und Struktur dieser Theorien unter wissenschaftstheoretischem Gesichtspunkt im ersten Teil diskutiert.[13] Unter dem spezifischen Aspekt der Gruppenforschung läßt sich folgendes feststellen: einerseits stellen diese Theorien eine Erweiterung der Forschung dar, insofern diese bisher, wie insbesondere die Wissenschaft von der Politik zeigt, allzu einseitig von der Theorie einer geschlossenen Handlungsgemeinschaft ausgegangen war. Andererseits werden die Großgebilde vorwiegend vom Standpunkt der äußeren Organisation her erfaßt oder noch genauer: sie werden – das zeigt insbesondere der Rückgriff auf die Kybernetik – rein technologisch gedeutet: menschliches Verhalten ist analog dem Verhalten des Computers zu erfassen. Daß der Mensch ein Wesen ist, das sich zu sich selbst verhält, und zwar nicht im Sinn einer technischen Rückkoppelung, sondern im moralischen Sinn, das heißt als Träger möglicher Verantwortung, wird hier nicht genügend gesehen.

Wir brechen unseren Hinweis auf die soziologische Gruppenforschung ab. Noch einmal sei ausdrücklich gesagt, daß ein Rückgriff auf die hier erarbeiteten Ergebnisse für die Konzeption einer auf die Verhältnisse der Gegenwart bezogenen Ethik unerläßlich ist trotz der angedeuteten Mängel.

Der Horizont als Grundbedingung des Verstehens

Wir suchen zum Abschluß dieses Kapitels die Differenz von Nahhorizont und Fernhorizont genauer zu entwickeln. Diese Differenz entspricht weithin der Unterscheidung von Kleingruppen und Großgruppen. Sie vermag aber im Gegensatz zur soziologischen Außenbetrachtung die Struktur des *sich orientierenden* Verstehens von vornherein in Rechnung zu stellen. Der Horizont ist nichts anderes als der Gesichtskreis, der zum Verstehen gehört. *Gadamer* stellt in seiner Hermeneutik die anthropologische Bedeutung der Bestimmung »Horizont« vom Begriff der Situation her klar heraus: »Wir bestimmen den Begriff der Situation eben dadurch, daß sie einen Standort darstellt, der die Möglichkeiten des Sehens beschränkt. Zum Begriff der Situation gehört daher wesenhaft der Begriff des *Horizontes*. Horizont ist der Gesichtskreis, der all das umfaßt und umschließt, was von einem Punkt aus sichtbar ist. In der Anwendung auf das denkende Bewußtsein reden wir dann von Enge des Horizontes, von möglicher Erweiterung des Horizontes, von Erschließung neuer Horizonte usw. . . . Wer Horizont hat, weiß die Bedeutung aller Dinge innerhalb dieses Horizontes richtig einzuschätzen nach Nähe und Ferne, Größe und Kleinheit.«[14]

Was Gadamer hier und an anderen Stellen seines Hauptwerkes sehr überzeugend darlegt, ist der Sachverhalt, daß der Horizont nichts Fixes ist, sondern sich ständig verändert. Der Horizont wandelt sich mit unserem Verstehen und zwar in dialektischer Form. Das Verstehen vollzieht sich immer innerhalb eines Horizontes. Aber der Horizont seinerseits wird durch das Verstehen selbst abgegrenzt und solchermaßen konstituiert. Der Begriff Horizont ist also keine von außen herangetragene Bestimmung. Die Begriffe Horizont und Selbstverhalten gehören, sich gegenseitig bedingend, zusammen.

Es ist nun aber, um den Begriff des Horizontes für konkrete Untersuchungen fruchtbar zu machen, erfordert, bestimmte Strukturen zu unterscheiden, denen gemäß sich Horizonte als Formen von Ordnungszusammenhängen ausbilden. Fernhorizont und Nahhorizont erscheinen uns als die beiden extremen Gegenbestimmungen der Horizontausbildung. Der Nahhorizont ist der relativ enge und relativ abgeschlossene Gesichtskreis, der durch die Ordnung der Primärgruppen bestimmt wird. Der Fernhorizont dagegen ist der offene und »verschwimmende« Gesichtskreis, der durch die Ordnung der Sekundärgruppen gebildet wird. Zwischen Fernhorizont und Nahhorizont waltet eine Dialektik. Der Fernhorizont kann weitgehend nur vom Nahhorizont, das heißt der Kleingruppe, her bestimmt werden. Dies bedeutet aber zugleich, daß man aus diesem Nahhorizont heraustritt und sich um die Formierung der großen Gruppengebilde bekümmert. Von deren Gestalt hängt aber wiederum das Schicksal der kleinen Gruppen ab. Kleingruppen sind eben nicht, wie viele moderne Soziologen meinen, in sich konstante und unabhängige Gebilde. Aber wir wollen in diesem Zusammenhang nicht allgemein über die Unterscheidung von Nah- und Fernhorizont reden, sondern vielmehr versuchen, von ihr her die ethischen Verhaltensweisen, die wir als Sittlichkeit und Moralität kennzeichneten, in ihrer Bedeutung für die Gegenwart näher einzugrenzen.

Dies ist, wie schon angedeutet, die Aufgabe der beiden folgenden Kapitel, die das Leben im Nahhorizont und im Fernhorizont, wie es sich heute darstellt, thematisieren. Die Untersuchung des Lebens im Fernhorizont wird ausführlicher als die Untersuchung des Lebens im Nahhorizont vorgehen müssen, gemäß dem Sprichwort, daß das, was in der Küche gekocht wird, sich nicht in dieser selbst entscheide.

Siebentes Kapitel
Zur Ethik im Nahhorizont

Das ethische Verhalten innerhalb der Kleingruppen: unmittelbare Sittlichkeit

Der Nahhorizont ist, so sagten wir, der Umkreis, der für die Primärgruppen und ihre Ordnungen wesentlich ist. Hier ist der unmittelbare Umgang bestimmend, in dem mir die anderen *anschaulich* gegenübertreten und zwar als Träger des jeweiligen Ordnungsganzen. Dies Ordnungsganze wird zumeist nicht im Sinne einer straffen Organisation formiert sein. Es kann aber auch – man denke an Zellen innerhalb politischer Gruppen – streng und genau geregelt sein. Es ist nicht möglich und wäre sicher methodisch verfehlt, eindeutige Merkmale zu entwickeln und danach die verschiedenen wirklichen oder möglichen Primärgruppen klassifizierend einzuteilen. Es ist aber natürlich durchaus berechtigt, vorläufige und offene Zuordnungen zu vollziehen. Familien, Nachbarschaften und Freundschaften gelten mit Recht als primäre Beispiele für das Leben im Nahhorizont. Ebenso wichtig erscheinen uns die Arbeitsgruppen, in denen Berufstätige unmittelbar agieren, zumeist ist die Arbeitsgruppe ein kleiner Kreis innerhalb des Gesamtverbandes, etwa der Belegschaft eines Betriebes. Ein wesentliches Merkmal ist in allen diesen Fällen, quantitativ gesehen, die kleine Zahl und, qualitativ gesehen, der unmittelbare persönliche Umgang, der über den Augenblick hinaus einen relativen Dauerkontakt darstellt.[1]

Der Umgang innerhalb dieses Nahhorizontes ist nicht durch abstrakte Prinzipien bestimmt. Allgemeine Ordnungen fungieren nur als Rahmenordnungen. Der Umgang ist von der konkreten Ordnung in der Weise geprägt, daß diese Ordnung in den Menschen so unmittelbar inkorporiert ist, daß es nur abstrakt möglich ist, die Ordnung vom persönlichen Verhalten zu unterscheiden. Wir geben für diese Bindung der Ordnung an persönliche Kontakte ein einfaches Beispiel: Wenn ein Kind von seiner Mutter aufgefordert wird, nicht Süßigkeiten zu stehlen, und es diese Forderung erfüllt, so tut es dies nicht aufgrund moralischer Vernunfteinsicht, sondern aus Liebe zur Mutter, oder noch einfacher formuliert: um das Verhältnis zur Mutter nicht zu stören. Der persönliche Bezug ist hier also mit dem Bezug zur Aufrechterhaltung der Ordnung verknüpft und nicht davon ablösbar. Entscheidend ist nun, daß dieser Sachverhalt für die Primärgruppen überhaupt bestimmend ist. Auch dann, wenn die Partner gleichberechtigt sind, bleibt die »persönliche Verpflichtung« maßgeblich. Man tut oder unterläßt etwas »dem anderen zuliebe«.

Auch in den Primärgruppen muß das Bezugsverhältnis – Familie, Nachbarschaft oder Freundschaft – von den Personen, die in diesem Verhältnis stehen, unterschieden werden. Das darf aber nicht bedeuten, daß das Bezugsverhältnis für sich gesetzt und hypostasiert wird. Bei Buber ist diese Tendenz deutlich zu spüren.[2] Buber erklärt ja ausdrücklich, daß das Verhältnis mehr als die Partner sei. Im Gegensatz zu dieser Tendenz, das Bezugsverhältnis zum Subjekt zu erheben, gilt es, die *wechselseitige Dialektik* herauszuheben, die zwischen dem Verhältnis und den Partnern waltet. Diese Dialektik ist auch für die Struktur der Sekundärgruppen maßgebend, dort ist jedoch, wie wir sehen werden, der Sachverhalt komplizierter.

Die Dialektik, die die Primärgruppen bestimmt, bedeutet konkret, daß das Verhältnis sich ebenso durch die Partner und mit deren Verhalten wandelt wie umgekehrt. Alles Verhalten ist immer schon von der Ordnung der Gruppe bestimmt. Diese ist ja der Horizont, innerhalb dessen sich die Partner verstehen. Aber insofern das Verhältnis mir in den anderen begegnet, und insofern ich entsprechend für die anderen das Verhältnis repräsentiere, ist das Verhältnis selbst von seinen Trägern abhängig und solchermaßen wandelbar. Diese Wandlungen können zur Stärkung oder zur Zersetzung des Bezuges führen. Das besagt – formal betrachtet –: sie konstituieren die *Geschichte* der Gruppe.

Die Dialektik gegenseitiger Bedingung, in der die Gruppe und die Partner aufeinander verwiesen sind, bewegt sich zwischen zwei Extremen: dem Einklang und dem Mißklang, und zwar in der Weise, daß das Verhalten selbst als Faktor in die Geschichte der Gruppe eingeht und so deren künftige Ordnung mitbestimmt. Dies Miteingehen des jeweiligen Verhaltens geschieht zumeist nicht bewußt. Es gibt natürlich auch hier die Möglichkeit, durch bewußte Beschlüsse das Verhältnis neu zu gestalten. Aber ob unbewußt oder bewußt auf die Ordnung der Gruppe hin gehandelt wird, jede dieser Handlungen wirkt an der Geschichte der Gruppe mit, ohne jedoch diese Geschichte als ganze in den Griff zu bekommen.

Das Leben in der Gruppe vollzieht sich als Antwortverhalten. Antwortverhalten ist Entsprechungsverhalten. Es ist Reaktion auf den Partner, der selbst anspricht – sei es, daß er fragt, wünscht, fordert, befiehlt usw. Das Entsprechungsverhalten ist Verhalten auf Gegenseitigkeit, aber – dies ist wesentlich – die Gegenseitigkeit ist in der Primärgruppe, selbst wenn sich diese organisiert hat, kein reines Berechnen im Sinne einer legalistischen Vertragstheorie. Das Entsprechungsverhalten erscheint – phänomenologisch betrachtet – im positiven Sinne des Gleichklangs als ein Mehr an Entgegenkommen von seiten des Antwortenden, und im negativen Falle des Mißklangs als ein Weniger an Entgegenkommen. Hier zeigt sich: der persönliche Umgang ist nicht quantitativ verrechenbar. Sobald ich dem anderen nur genauso viel sein oder geben will, wie er mir ist oder gibt, ist der Bezug als solcher gefährdet. Im Antwortverhalten schwingt also immer schon die Verantwortung für das Verhältnis selbst, das heißt die Ordnung der Gruppe, mit.[3]

Die Gruppe hat ein eigenes Lebensgesetz, es ist dies der Rhythmus von Entzweiung und Versöhnung.[4] Dies Gesetz ist aber kein natürliches, es gilt nicht unbedingt und ausnahmslos, weil das Verhältnis ja von dem Tun und Lassen seiner Träger abhängt. Es kann sein, daß die Entzweiung so radikal wird, daß das Bezugsverhältnis daran zerbricht; dann ist der einzelne auf sich selbst verwiesen, und das heißt, er muß von sich aus Bezüge aufzubauen suchen, die tragfähiger als die zerbrochenen sind.

Das soeben in seiner Struktur beschriebene Verhältnis untersteht dem Prinzip der Sittlichkeit, genauer gesagt: der *unmittelbaren Sittlichkeit*, insofern hier die Unmittelbarkeit der Entsprechung das Charakteristikum des Verhaltens ist. Hier zeigt sich ein Unterschied zu dem Verhalten innerhalb der großen Gruppen. Die Ordnung dieser Gruppen kann heute wesentlich nur von der Vernunft gestaltet werden; der Entschluß zur Ordnung setzt hier, wie wir noch sehen werden, das moralische Engagement des einzelnen voraus, sich *überhaupt* um das Allgemeine, das die vertrauten Horizonte übersteigt, verantwortlich zu bekümmern.

Wir schränken also – dies ist für die Ausführung dieses Kapitels wichtig – die Bestimmung Sittlichkeit auf den *Umgang im Nahhorizont* ein. Diese Einschränkung geschieht jedoch nicht aus grundsätzlichen Erwägungen. Sie beruht vielmehr auf dem *geschichtlichen Wandel* der gesamten gesellschaftlichen Verhältnisse. Dieser Wandel bewirkt es, daß die Sittlichkeit sich selbst entscheidend verändert hat.

Für *Aristoteles* und *Hegel* war Sittlichkeit im kleinen Kreis durch den Staat und die Gesellschaft bedingt, die als geschichtlich gewachsene Ordnungen das Tunliche vorschrieben. Die großen Institutionen als Ordnungsträger der Sittlichkeit waren *entlastende Außenhalte*. Heute ist dies nicht mehr – wie mehrfach hervorgehoben – der Fall. Das bedeutet in gewisser Weise, daß diese kleinen Gebilde auf sich selbst gestellt und nicht mehr »allgemein fundiert sind«.

Es wäre – dies sei hier nur angemerkt – möglich, dieser für die gesellschaftliche Gesamtkonstitution wesentlichen Entwicklung dadurch Rechnung zu tragen, daß man der unmittelbaren Sittlichkeit, das heißt dem direkten Entsprechungsverhalten im Nahhorizont, die *vermittelte Sittlichkeit* entgegenstellt, die als tragende Substanz der Großverbände zu charakterisieren wäre. *Hegels* Bestimmung der Sittlichkeit ließe sich von dieser Unterscheidung her explizieren. Die unmittelbare Sittlichkeit zeigt sich in der Familie, die vermittelte Sittlichkeit dagegen im Staat, zwischen beiden steht als trennendes und verbindendes Medium die Gesellschaft. Diese Konstruktion Hegels ist aber für uns nicht mehr verbindlich, insofern heute die Großgruppen, insbesondere der Staat, nicht mehr als sittliche Instanzen angesehen werden. Anders gesagt: mag eine vermittelte Sittlichkeit als Sittlichkeit der großen Verbände als zu erstrebendes Fernziel durchaus sinnvoll sein, der gegenwärtigen Situation entspricht man nur, wenn man das ethische Handeln mit den sich zur Zeit zeigenden Möglichkeiten zu vermitteln sucht. Dies bedeutet eben: man muß erkennen, daß sittliche Substanz heute wesentlich und primär nur noch in kleinen Gruppen anzutreffen ist.

Zum gegenwärtigen Verhältnis von Kleingruppen und Großgruppen

Das Verhältnis zwischen Kleingruppen und Großgruppen ist in der Gegenwart nicht eindeutig. Zunächst ist festzustellen, daß im allgemeinen die Tatsache der Nichtfundiertheit der kleinen Gruppen von den großen Gruppen her durchaus nicht als bedrückend empfunden wird. Im Gegenteil: die Kleingruppen sollen nach allgemeiner Meinung nicht von den Großverbänden her ausgerichtet werden. Diese haben – von den Kleingruppen her gesehen – vielmehr nur die Aufgabe, die *äußere* Möglichkeit der Kleingruppen zu gewährleisten, deren innere Gestaltung ihnen aber selbst zu belassen.

Zugleich aber – dies ist die andere Seite – suchen sich die Kleingruppen gegen die Großverbände »abzudichten«. Sie erscheinen gleichsam als Inseln, auf die sich der Mensch vor der Gesellschaft retten kann. Die Gesellschaft, das ist die Öffentlichkeitssphäre, die von den Superstrukturen, das heißt den miteinander verflochtenen Mächten von Wissenschaft, Wirtschaft und Politik undurchsichtig bestimmt wird. Sie läßt sich nicht, so meinen viele, eben weil sie undurchsichtig ist, verantwortlich gestalten.[5] Gleichwohl ist fast jeder berufsmäßig ihren Zwängen unterworfen und solchermaßen frustriert. Befriedigung und Glück findet man daher nur noch im privaten Raum. *Richard Behrendt* erklärt: »Die Trennung zwischen Privat- und Berufsleben, zwischen persönlicher und öffentlicher Sphäre – die ja erst ein Ergebnis der Versachlichung und Institutionalisierung in der dritten Kulturphase ist – wird auf diese Weise immer schroffer; und damit auch die Neigung, nur im Privaten eigentlich zu ›leben‹ und das Berufliche als ein notwendiges Übel, mit möglichst wenig Aufwand an Energie abzutun. Gleichzeitig erscheint die öffentliche Sphäre, wie gesagt, als der direkten Einwirkung und damit auch der eigenen persönlichen Verantwortung entrückt.«[6]

Entsprechend urteilt *Hans Paul Bahrdt*. Er spricht, wie *Helmut Schelsky*, der Familie auch heute noch hohe Stabilität zu; freilich meint er, daß die Familie ihrerseits überfordert sei: »Sie soll all das an Glück und Halt ersetzen, was andere gesellschaftliche Institutionen nicht mehr zu bieten vermögen.« Diese Entwicklung trägt nicht zur Förderung des politischen Engagements bei. Bahrdt erklärt, daß damit ein Rückzug von vielen Menschen in das Glück im Winkel praktiziert werde. Dieser Rückzug trägt zum Zerfall des öffentlichen Lebens in Politik und Kultur bei. »Die Familie ist, so stabil sie immer sein mag, weder die Keimzelle des Staats, noch die gesellschaftliche Grundeinheit, auf der sich wie in einer primitiven Stammesgesellschaft, alle weiteren sozialen Gebilde aufbauen.«[7]

Der Rückzug in das Private, verbunden mit der Tendenz, sich der Verantwortung für die Gestaltung der Großgruppen zu entziehen, hat, wie wir sahen, einen geschichtlichen Grund. Die Großgruppen sprechen nicht mehr im positiven Sinne *emotional* an. Vaterland und Nation sind nicht mehr absolute Größen wie im 19. Jahrhundert. Und eben durch diese Entwicklung wird der Hang verstärkt, in der Welt des Privaten Geborgenheit zu suchen.

Die gegenwärtige Gefährdung der Kleingruppen

Der soeben geschilderte Tatbestand, daß die Kleingruppen als Hort der Geborgenheit erscheinen, ist nun aber keineswegs eindeutig. Es wird immer wieder gefragt, ob die Kleingruppen heute wirklich noch Schutz und Sicherheit gewähren können. Der Zerfall von Ordnungsverbänden überhaupt, der für die Gegenwart charakteristisch sei, habe, so meinen viele, auch die Kleingruppen betroffen. Wir illustrieren diese Problematik beispielhaft durch einen Hinweis auf die *Wandlung der Struktur der Familie* und erinnern zunächst an die Schilderung, die Hegel in seinen »Grundlinien der Philosophie des Rechts« von der Familie gibt.[8] Dort heißt es im § 158: »Die Familie hat als die *unmittelbare Substanzialität* des Geistes seine sich *empfindende* Einheit, die *Liebe*, zu ihrer Bestimmung...« Hegel stellt aber zugleich die *Ehe* als eine Institution dar, die über die Zufälligkeit der Leidenschaft und des zeitlichen besonderen Beliebens erhaben ist. Die Ehe ist daher »an sich unauflösbar«. Sie findet ihre Vollendung in der Erziehung der *Kinder*: »In den Kindern wird die *Einheit* der Ehe, welche als substantiell nur *Innigkeit* und *Besinnung*, als existierend aber in den beiden Subjekten gesondert ist, als *Einheit selbst eine für sich seiende Existenz* und *Gegenstand*...« (§ 173). Die Erziehung der Kinder bezweckt gerade deren Selbständigwerden. Dies Selbständigwerden, sich naturhaft als Erwachsenwerden darstellend, aber führt dazu, daß die Familie auseinanderfällt. Diese Aufhebung ist legitim und sittlich. Hegel erklärt: »Die sittliche Auflösung der Familie liegt darin, daß die Kinder zur freien Persönlichkeit erzogen, in der *Volljährigkeit* anerkannt werden...« (§ 177).

Man sieht: die Familie ist für Hegel keineswegs Selbstzweck. Sie ist gerade nicht gegen andere Instanzen abzudichten. Sie bereitet die Kinder ja zum Eintritt in die Gesellschaft vor. Man kann auch nicht behaupten, daß Hegel die Familie schlechthin romantisiert habe; er erklärt ja ausdrücklich, daß im Familienverband die Innigkeit als die nur empfindende Substanzialität an sich dem Zufall und der Vergänglichkeit unterworfen sei.[9] Gleichwohl: das Familienleben stellt sich als intakter Zusammenhalt dar, und vor allem: die Familie ist als sich empfindender Geist die *Basis* aller Sittlichkeit. Den Kindern wird durch die Familie und nur durch sie die Möglichkeit gegeben, Träger der vermittelten Sittlichkeit zu werden: die Familie *erzieht* zu guten Staatsbürgern.

Vergleicht man diese Ausführungen Hegels mit den *gegenwärtig* ausgeprägten Strukturen der Familie, so zeigt sich durchaus eine gewisse Gemeinsamkeit. Hegel hat mit Recht die Unmittelbarkeit des Familienlebens herausgestellt. Das heißt, er hat gezeigt, daß der Umgang innerhalb der Familie »inniger« als das Verhalten in Gesellschaft und Staat ist. Hier zeigt sich gleichsam ein anthropologischer Grundsachverhalt. Geht man nun aber auf die einzelnen Bestimmungen ein, so ist der außerordentliche Unterschied zur gegenwärtigen Familienstruktur offensichtlich. Um nur auf einige Differenzen hinzuweisen: die Frau ist heute nicht nur oder genauer: nicht primär Ehefrau, Mutter und Hausfrau, sondern ein gleichberechtigter Partner – die Gleichberechtigung zeigt sich zum Beispiel in ihrer Berufstätigkeit. Die Kinder sind heute nicht mehr der Obhut der Eltern unterworfen in der Weise, daß die Eltern für sie bis zur Mündigkeit nicht nur juristisch, sondern auch im moralischen Sinne verantwortlich sind. Die antiautoritäre Erziehung betont, daß die Kinder als solche ein Eigenleben und ein Eigenrecht haben. Vor allem aber: es bilden sich heute relativ stabile Bezugsformen zwischen Mann und Frau heraus, von denen her gesehen die Ehe als institutionalisierte Form überholt erscheint. Entsprechend hat sich die Auffassung über die familiäre Kindererziehung verändert. Die traditionelle Meinung, daß Kinder die Familie als Hort der Geborgenheit brauchen, ist, so meinen maßgebende Pädagogen und Soziologen, durch den Erfolg interfamiliärer gemeinsamer Erziehung als Vorurteil entlarvt.

Weitere Beispiele aus dem Bereich der Kleingruppenforschung würden eine ähnliche Wendung der Einstellung zeigen. Wir erwähnen nur das Problem der *Freundschaft*. Das »hohe Lied der Freundschaft«, das Aristoteles in der »Nikomachischen Ethik« anstimmt, oder Goethes Worte, daß man nur glücklich sei, wenn man sich einem Freund erschließe, sprechen uns nicht mehr unmittelbar an.[10] An die Stelle der Freundschaft als einem Ich-Du-Bezug sind Zusammenschlüsse zumeist zwischen mehreren Personen getreten, in denen das persönliche Verhältnis und der Sachbezug nicht zu trennen sind. Wir müssen hier auf weitere Beispiele verzichten. Offensichtlich ist – und nur das sollte angezeigt werden –, daß die Kleingruppe als Hort der Geborgenheit heute keine fraglos gültige Erscheinung ist.

Schlußbemerkung

Überblickt man die Situation der Kleingruppen in der Gegenwart, so wird man feststellen müssen, daß diese Gruppen in bezug auf ihre Strukturen und ihre konkreten Ausgestaltungen einer tiefgreifenden Wandlung unterworfen sind. Gleichwohl halten wir – dies gilt es zum Abschluß herauszustellen – daran fest, daß es notwendig ist, die Kleingruppen als solche von den Großgruppen zu unterscheiden, wie auch immer sich diese Gruppen in concreto ausgestalten mögen. In beiden Gruppen zeigt sich ein verschieden strukturiertes Verhalten. Die Differenz zwischen unmittelbar personellem Entsprechungsbezug in den Kleingruppen und entpersönlichtem Bezug in den Großgruppen ist nicht nur für den Soziologen, sondern auch für den Ethiker, der gegenwartsbezogen denken will, wesentlich. Formelhaft gesagt: eine Ethik, die die allgemeine Vernunft zum Leitfaden erhebt, hat in bezug auf die Gestaltung der großen Ordnungszusammenhänge Sinn. Hier ist sie die maßgebende Instanz. In bezug auf die Ausformung des Verhältnisses im Nahhorizont, in dem mir der andere anschaulich begegnet, bleibt sie abstrakt. Umgekehrt: eine Ethik, die das Antwortentsprechen zum Prinzip erhebt, ist dem Umgang im Nahhorizont angemessen; die Probleme, die das Leben in der gesellschaftlichen Öffentlichkeit aufgibt, sind von diesem Prinzip her aber nicht zu bewältigen.

Wir fügen zur Erläuterung der Ausführungen dieses Kapitels einen Hinweis an. Der oben angedeutete Wandel der gesellschaftlichen Gesamtkonstellation zeigt sich, wie wir sagten, darin, daß es nicht mehr angemessen ist, die gegenwärtigen Großgruppen vom Prinzip der substantiellen Sittlichkeit her zu interpretieren, und dem entspricht es, daß die nun auf das Verhalten in den Kleingruppen eingeschränkte Sittlichkeit ihrerseits in einem Spannungsverhältnis zu dem Verhalten in den Großgruppen steht.

Der entscheidende Grund für diese Wandlung ist der *Verlust einer verbindlichen Bindung* des Menschen im Ganzen seiner Bezüge. Die Metaphysik und die praktische Philosophie der Tradition gaben dem Menschen fundierte Anweisungen für sein Tun. *Die Metaphysik* stellte die hierarchischen Ordnungen heraus, die das Handeln insgesamt regelten, vom Bezug zum Übersinnlichen bis zum sozialen Verhalten hin, und die *praktische Philosophie*, als Verbindung von Ethik und Politik, machte nur ausdrücklich, was allgemein anerkannt war; das Tun des einzelnen stand unter dem Begriff des Tunlichen und Zweckmäßigen, mit Aristoteles gesprochen. Der Gegenwart ist dieser Begriff einer festgefügten Verbindlichkeit fremd geworden.[11] Das Humane ist, wie der Soziologe *Helmut Klages* zutreffend darlegt, eine offene Kategorie geworden. »Das Humane liefert ... zwar Grenzbestimmungen für das, was tolerabel ist, oder was aus dem Möglichkeitsraum der Zukunft von vornherein ausgegliedert werden muß. Es liefert jedoch keine eindeutigen Kriterien für ein konkretes und in jeder Hinsicht vollständig bestimmtes Lebensmuster, vielmehr läßt es eine ganze Reihe solcher Lebensmuster als Alternativen möglich sein.«[12] Klages redet daher von einer Pluralisierung des Humanen.

Diese Vielheit der *konkreten* Vorstellungen des Humanen erscheint aber dem gegenwärtigen Menschen, weil er nicht mehr metaphysisch gebunden ist, wie wir sagten, durchaus nicht als Mangel. Man soll in weltanschaulichen Fragen Liberalität und Toleranz walten lassen bis zur äußersten Grenze hin, das heißt, man muß es auch gelten lassen, wenn jemand sich den letzten Fragen gegenüber uninteressiert zeigt. Diese Toleranz auf weltanschaulichem Gebiet hat für die gesamte Ethik weitgreifende Folgen. Diese Folgen zeigen sich sowohl innerhalb der Großgruppen als auch der Kleingruppen, auch wenn sie in beiden Gruppen der jeweiligen Struktur gemäß sich modifizieren. Wir verweisen auf einige Züge, die insbesondere die Kleingruppen betreffen.

Auch in den Kleingruppen macht sich ein gewisser *Trend zur Entpersönlichung und Entindividualisierung* bemerkbar. Die Zeit der Persönlichkeitskultur, in der der eine dem anderen die Welt im ganzen bedeuten konnte, ist vorbei.[13] Entsprechend wird das Verhältnis selbst entmetaphysiziert. Denkt man an die Gedankengänge Bubers zurück, so begreift man den Wandel. Uns ist die Idee eines Zwischen, das zwei Menschen, als Geheimes überkommend, verbindet, fremd geworden. Wie wenig leuchtet es uns ein, den Ich-Du-Bezug vom Ich-Es-Bezug abzulösen und ihn solchermaßen zu entweltlichen.

An die Stelle des für sich gesetzten Bezuges zwischen einem Ich und einem Du sind neue Formen getreten, die ihr eigenes Recht haben. Gerade weil der andere nicht mehr als der absolute Bezugspunkt gilt, kann man ihm in seinem Sosein gerecht werden und sich auf ihn einstellen. Diese *Offenheit auf Gegenseitigkeit hin* mag von der traditionellen Metaphysik her betrachtet keinen Fortschritt darstellen. Gemessen an der absoluten Verantwortlichkeit, mit der man sich früher für weltanschaulich Gleichgesinnte einsetzte, bezeugt sie einen gewissen Einschlag an Distanziertheit und Gleichgültigkeit dem innersten Kern des anderen gegenüber. Aber das bedeutet zugleich, daß man gewillt ist, den anderen als Menschen anzuerkennen und ihn nicht idealisiert oder nach Idealen umformt. Grundsätzlich gesagt: der andere ist nie Besitz. Ich kann nicht über ihn verfügen, wie der Herr über den Knecht verfügt.[14]

Es kommt also – dies sollte noch einmal gesagt werden – darauf an, die neue Form des primären Umganges nicht an früheren Idealen zu messen. Nur wenn man sich dazu entschließt, ist man in der Lage, ihre eigentümliche Positivität zu begreifen, das heißt zu verstehen, daß die Abkehr von der Leitidee der individuellen Einmaligkeit und Ausschließlichkeit des Ich-Du-Bezuges kein Verfallszeichen ist, sondern die Chance, den Gedanken der Verantwortung in seiner ganzen Weite zu aktualisieren. Das besagt konkret: es geht darum zu begreifen, daß die persönliche Verantwortung vor und für einen anderen in den Primärgruppen von der Idee geleitet ist und geleitet sein soll, den anderen *als anderen* anzuerkennen und ihm solchermaßen seine *eigene* Freiheitssphäre einzuräumen.

Achtes Kapitel
Zur Ethik im Fernhorizont

Schwierigkeiten einer Analyse der Großgruppen

Eine Untersuchung der ethischen Relevanz des Lebens im Fernhorizont, der durch die großen Gruppenverbände gebildet wird, sieht sich besonderen Problemen gegenüber.[1] Die Großgruppen sind außerordentlich verschiedenartig, nicht nur ihrem Umfang, sondern auch ihrer Struktur nach. Zu ihnen müssen, so erklärt Cooley, alle die Verbände gerechnet werden, die nicht wie die Primärgruppen auf der Unmittelbarkeit des Umgangs von Angesicht zu Angesicht beruhen. Großgruppen sind Völker, Staaten, Stände, Klassen, politische Parteien, Religionsgemeinschaften, kommerzielle Betriebe – um nur einige zu nennen. Der Zusammenhang beruht hier auf ganz verschiedenen Faktoren. Geschichtliche und natürliche Vorgegebenheiten stellen andere Bedingungen dar als Verträge. Ich werde in ein Volk hineingeboren; diese Tatsache, die sich in der Sprachzugehörigkeit zeigt, kann ich nie so ablegen wie die Mitgliedschaft in einer Partei oder einem Betrieb. Die Kohäsion in den Großgruppen ist also nicht nur anders geartet, sondern weit differenzierter als der Zusammenhalt in den Kleingruppen. Es ist nicht möglich, wie einige Soziologen meinen, die Großgruppen von den Kleingruppen her methodisch zu erfassen. Deren Gesetze lassen sich auf die Großgruppen nicht übertragen. Auch der Versuch, die Großgruppen »von unter her« aufzubauen als sich allmählich lockernde Kohäsion von Kleingruppen, wird der strukturellen Differenziertheit der großen Verbände nicht gerecht.

Die Untersuchung der Großverbände kann auch nicht – das ist eine weitere oben schon angedeutete Schwierigkeit – auf dem Wege des experimentellen Testverfahrens in der gleichen Weise wie die Analyse der kleinen Gruppen durchgeführt werden. Natürlich kann und muß sich auch die Untersuchung der Sekundärgruppen dieser Verfahrensweisen bedienen. Aber die Dimension der Sekundärgruppen in räumlicher und zeitlicher Hinsicht, das heißt ihre Unbestimmtheit, Unübersehbarkeit und die damit verbundene hohe Schwankungsbreite der Beobachtungsergebnisse macht solche Untersuchungen problematisch. Man hat, angesichts dieser Schwierigkeiten, in der gegenwärtigen Soziologie den Versuch unternommen, die Großgruppen vom Gesichtspunkt der formalen Ordnung, insbesondere der Organisation her, zu thematisieren. Wir haben auf die Probleme dieses Ansatzes hingewiesen. Völker oder Kirchen sind zwar organisiert, aber dies ist nicht das eigentlich entscheidende Merkmal der hier bestimmenden Ordnung. Vor allem die Gesellschaft, die heute als die alles umgreifende Macht gilt, ist trotz ihrer Einteilungen in Schichten und Klassen an ihr

selbst keine Organisation. Man spricht ja von der anonymen Massengesellschaft.²
Wir wollen mit diesen Bemerkungen den Faktor der Organisation nicht abwerten,
aber als eindeutiges Merkmal für die Bestimmung der Großverbände oder Sekundärgruppen kann er nicht fungieren.

Überblickt man die Situation der soziologischen Erforschung der Großverbände,
so scheint uns eines der wesentlichsten Merkmale zu sein, daß hier fast durchgängig
die Tatsache der Geschichtlichkeit der Großgruppen in den Hintergrund gedrängt
wird. Der »soziale Wandel« ist zwar eine Grundbestimmung der modernen Soziologie.³ Aber dieser Wandel wird nach den Methoden der Systemanalyse thematisiert. Es werden in Metatheorien Modelle von Wandlungsprozessen aufgestellt. Maßgebend ist dabei die Faktorenanalyse, das heißt die Frage nach den Ursachen des
Wandels. Hier werden endogene und exogene Faktoren unterschieden. Im allgemeinen geht man bei der Erarbeitung dieser Theorien von der Überzeugung aus, daß
die Großgruppe als ein System betrachtet werden muß, dessen Grundtendenz die
Stabilisierung, das heißt die Selbsterhaltung ist. Auch wo dieser Ansatz in Richtung
auf die Empirie durch weitere Klassifizierungen spezifiziert wird, wird der Tatsache
der Geschichtlichkeit nicht angemessen Rechnung getragen.

Die Analyse der geschichtlichen Entwicklung scheint uns aber die notwendige Voraussetzung einer adäquaten Thematisierung der gegenwärtigen Großgruppen zu
sein. Mag man mit gewissem Recht behaupten, daß die Kleingruppen im Lauf der
Geschichte in ihrer Struktur *relativ* konstant bleiben, für die Großgruppen gilt dies
nicht. Die gegenwärtige Situation der Großgruppen ist eine völlig andere als etwa
in der Antike oder zu Beginn der Neuzeit. Aufgrund gesamtgeschichtlicher Wandlungen haben sich gerade grundlegende Ordnungsgefüge, wie der Staat, wesentlich
verändert. Die soziologische Untersuchung trägt diesen grundsätzlichen Epocheneinschnitten, die wir bereits andeuteten, nicht genügend Rechnung.

Im Gegenzug zu diesem Ansatz wollen wir in einem *kurzen historischen Überblick*
darzulegen suchen, wie die heutige Situation entstanden ist. Wir beschränken uns
im wesentlichen auf das Gebiet der *Politik*. Daß insbesondere in der Entwicklung
zur unmittelbaren Gegenwart hin gesellschaftliche Probleme immer zentraler werden,
müssen wir dabei natürlich berücksichtigen. Auf eine Analyse der vielfältigen Faktoren, durch die die politische Gruppenbildung bedingt ist, können wir uns hier
jedoch nicht einlassen und thematisieren nur die Wandlung des politischen Denkens,
das heißt der sogenannten *politischen Ideengeschichte*. Das Verhältnis der politischen
Ideen zu anderen Faktoren, die bei der Bildung politischer Gruppen eine Rolle spielen, ist nicht eindeutig. Es ist klar: das politische Denken wird seinerseits weitgehend
»von unten her«, etwa durch ökonomische Faktoren, bestimmt. Gleichwohl ist auch
der umgekehrte Bezug zu beachten. Um ein Beispiel zu geben: das politische, in Hegels
Philosophie kulminierende hierarchische Ordnungsdenken verliert seine Wirkungskraft ineins mit dem »Zusammenbruch der Metaphysik«, und erst aufgrund dieser
Wendung kann der Blick frei werden für gesellschaftliche und ökonomische Verhältnisse. Dieser Überblick hat – das sei vorgreifend angemerkt – den Sinn, die allgemein
bekannten Grundlinien der Entwicklung in Erinnerung zu bringen. Dadurch soll
sichtbar werden, daß die gegenwärtige Situation ein Novum darstellt, so daß ihre
Bewältigung neuer Mittel bedarf. Auf der anderen Seite soll jedoch gezeigt werden,
daß wir uns mit unserer Tradition auseinandersetzen müssen, insofern hier das
Problem des Zusammenhanges von Ethik und Politik ausdrücklich erörtert wird.

Zur Entwicklung des politischen Denkens von der Antike bis zur Gegenwart

In der klassischen durch die Griechen geprägten Tradition steht der Begriff der Polis im Zentrum. *Platons Politeia* sucht drei Fragen zu beantworten. Erstens: wie kommt es zum Staat, das heißt, worin gründet der Staat selbst? Zweitens: wie erhält sich der Staat, das heißt, was sind die staatsaufbauenden Kräfte und die besten Staatsformen? Drittens: welches sind die Gefahren für den Staat, das heißt, welches sind die schlechten Verfassungsformen? Dieser Ansatz beruht auf der Voraussetzung, daß eine angemessene Bestimmung des Staates nur durch die Philosophie möglich ist. Die Philosophie erörtert ja die Grundlagen der gesamten Weltordnung, und in dieser ist die Ordnung des menschlichen Zusammenlebens fundiert. Die Menschen mögen zwar von der Ordnung abirren. An sich aber gibt es eine im Ganzen des Seins begründete beste Form des Zusammenlebens, nach der sich auch der Politiker zu richten hat.[4]

Die Ordnung des Politischen steckt ihrerseits den Raum ab, innerhalb dessen sich menschliches Miteinander überhaupt vollzieht. Die Ethik ist ein Teil der Politik. Die politische Ordnung beruht auf der Bestimmung des Gerechten, die der Philosoph herauszustellen hat. Dieser Ansatz ist nicht wiederholbar. Politik ist für uns nicht mehr von der Philosophie her zu fundieren.

Eine Wiederholung des politischen Denkens der Antike erscheint uns aber auch nicht wünschenswert. Es ist nicht verfehlt, wenn marxistische und positivistische Kritiker auf die Zusammenhänge verweisen, die zwischen Platos Metaphysik des Staates und der griechischen Wirklichkeit bestehen.[5] Faktische Grundlage des griechischen politischen Denkens und der griechischen politischen Wirklichkeit ist die *Sklavenwirtschaft*. Erst die Negation der Idee einer hierarchischen Grundordnung, die hinter dieser Sklavenwirtschaft steht, schafft die Möglichkeit, das gleiche Recht für alle Menschen ideal zu konzipieren und schließlich praktisch zu realisieren.

Einen Schritt in der ersten Richtung vollzieht die *Stoa* und insbesondere das *Christentum*: vor Gott sind alle Menschen gleich. Im christlichen Denken setzt sich die Dialektik von Äußerlichkeit und Innerlichkeit als bestimmendes Moment durch. Wir haben im zweiten Teil, der die Geschichte der Verinnerlichung untersucht, diesen Ansatz ausführlich dargelegt und erinnern jetzt nur noch einmal an das Wesentliche. Der Christ ist ein Fremdling in dieser Welt. Er hat an ihren Ordnungen teilzunehmen in gebrochener Stellung, als sei er nicht eigentlich betroffen. Die wesentliche Bestimmung für den Christen ist das Erwarten des Endes der Welt. So die ursprünglich neutestamentliche Haltung. Je mehr sich aber die Einsicht als unabwendbar zeigt, daß das reale Weltende ausbleibt, desto notwendiger erscheint eine Neuordnung des Weltbezuges.[6]

Augustin unterscheidet die *civitas dei* von der *civitas terrena*. Die Römer hatten die res publica gegen die res privata, das heißt konkret die Familie, abgehoben. Die res publica hat einen eindeutigen Vorrang. Die societas civilis beruht auf Gesetzen, die die Grundlage – das Band – des gemeinschaftlichen Lebens überhaupt sind. Augustin hebt diese Hochschätzung des Staates auf zugunsten der überweltlichen civitas dei, die nicht mit der Kirche identisch ist; die Gläubigen sind die Auserwählten und die aus der Welt Herausgerufenen. Gleichwohl: beide civitates sind bereits bei Augustin in sich und im Verhältnis zueinander zweideutig. Auch die Gemeinschaft der Gläubigen kann nur als welthaft organisierte Größe existieren. Und der Staat mag die Stätte der Laster sein – die politisch Großen sind vom Streben nach Ruhm und Macht beherrscht –, er ist aber der einzige Garant *äußerer* Ordnung, die die Voraussetzung jedes Lebens ist. Theologisch formuliert: Gott regiert auch die Welt als gefallene Schöpfung und bewahrt sie vor dem absoluten Verfall.

Die Lehre von den zwei Reichen bestimmt nicht nur das *mittelalterliche Denken*, sondern auch die *Staatsphilosophie des Luthertums*. Luther erkennt die Notwendigkeit des Staates als Ordnung einer gefallenen Welt an. Die Obrigkeit ist, so sagt er, von Gott. Sie muß die Menschen mit dem Schwert im Zaum halten und andererseits für sie sorgen; das Herrenamt kommt vom Vateramt. Wesentlich ist für unseren Zusammenhang, daß diese Idee der zwei civitates nun aber auch ohne theologischen Hintergrund als bestimmendes Moment bis zur Gegenwart hin erhalten bleibt. Sie tritt neben den antiken Ansatz, der weiter tradiert wird und insbesondere im nationalstaatlichen Denken der Neuzeit eine Renaissance erfährt. Hier wird die antike Idee, daß das Vaterland das höchste Gut sei, und daß man das Leben für es einzusetzen habe, wiederholt. Aber diesem Ansatz, der den Bezug zum staatlichen Leben als maßgebend setzt, steht nun eben eine zweite Tendenz entgegen: der Staat als Dimension der Äußerlichkeit muß von dem Reich der Kultur geschieden werden. Wissenschaft, Kunst und Religion sind dem Staat gegenüber autonom, weil sie eine eigengesetzliche Struktur haben, die ihre Entwicklung bestimmt. Vor allem aber: die Verwirklichung der unbedingten sittlichen Haltung ist nicht in der Sphäre der Politik möglich. Moral wird zum inneren Wert der Gesinnung.

Der Staat und die Ethik werden solchermaßen voneinander getrennt, der Staat wird immer stärker veräußerlicht, und die Ethik immer mehr verinnerlicht. Den ethisch-moralischen Bestimmungen müssen nun Bestimmungen entgegengesetzt werden, die nur das Faßbare, das Äußere, die Legalität im juristischen Sinn in Rechnung stellen. Es ist klar, daß das Bemühen, juristisch möglichst eindeutige Begriffe zu erstellen, als solches unabhängig von dieser Wende zur Innerlichkeit ist; das rationale Streben nach gesetzlichen Grundbestimmungen für das Zusammenleben ist sui generis. Es ist jedoch offensichtlich, überblickt man die Entwicklung des neuzeitlichen Denkens, daß der Tendenz zu immer radikalerer Verinnerlichung eine Tendenz zu immer radikalerer Veräußerlichung entspricht.[7]

Der soeben geschilderte Gegensatz von Verinnerlichung und Veräußerlichung bildet den Hintergrund der *modernen Vertragstheorien*, die wir oben bereits diskutiert haben.[8] Sicher: diese Vertragstheorien sind als solche unabhängig von diesem Gegensatz entstanden oder besser: ohne bewußten Rückgriff auf ihn. Geistesgeschichtlich gesehen ist ihr Ursprungsort der neuzeitliche Rationalismus. *Hobbes* sucht das menschliche Zusammenleben analog dem mechanischen Geschehen, das die äußere Natur bestimmt, zu konstruieren. Er verrechnet die Bedürfnisse miteinander und gegeneinander.

Man muß den Ansatz der Vertragstheorien nun aber auch auf dem Hintergrund des Gegensatzes von Innerlichkeit und Äußerlichkeit sehen. Die Vertragstheorien lassen das ethische Bewußtsein beiseite, insofern es nur eine innere Größe ist, und regeln das Zusammenleben äußerlich legalistisch. Sie vermeinen auf diesem Wege – das ist eben die Grundüberzeugung des Rationalismus –, das Ganze des Zusammenlebens vollkommen und befriedigend von ihren Konstruktionen her erfassen und ordnen zu können. Diese Theorien sind insofern Vorläufer des gegenwärtigen technologischen Denkens, dessen Kennzeichen es ja ist, die Frage des Zusammenlebens durch eine Planung, die rein rational vorgeht, regeln zu wollen. Man sieht hier also, wie moderne Haltungen in der Vergangenheit vorbereitet werden.

Wie bunt das Bild der Entwicklung des staatsphilosophischen und politischen Denkens zu Beginn der Neuzeit ist, erkennt man aber erst, wenn man auf zwei extreme Ansätze achtet, die sich zu dieser Zeit ausbilden. Das sind einerseits die Lehren der Utopisten und andererseits die Theorie des Machiavellismus. Die *Utopisten*[9] entwerfen Idealbilder, die als Gegenzug zu den Mängeln der Jetztzeit aufgebaut sind. Das Grundübel der Gegenwart ist das egoistische Streben nach *Eigentum*. Die direkte Überlegung, wie man den utopischen Zustand konkret herbeiführen kann, bleibt weitgehend im Hintergrund. Die Verwirklichung wird aber keineswegs ausgeschlossen. Die Entwürfe beruhen ja auf der Vernunft, und die Vernunft ist im Ganzen des Seins die bestimmende Macht. Diese Überzeugung von der Kraft der Vernunft, die sich erst durchsetzen kann, nachdem die christliche Lehre von der gefallenen Schöpfung und der Verderbtheit des Menschen hintergründig geworden ist, ist das entscheidende Merkmal der Utopie. Die Staatsentwürfe zeigen deswegen bewußt künstliche Gründungen und nicht natürlich gewachsene Ordnungen. Sie wollen »von vorn« anfangen, nur von der Vernunft geleitet. Hier ist der Gegensatz zu den Vertragstheorien offensichtlich. In den Utopien steht wesenhaft das Allgemeine im Zentrum; die Gründer der Utopien sehen daher vom Vorteil des einzelnen ab und betrachten nur das gemeinsame Wohl. *Thomas Morus* sagt entsprechend von seiner Staatsgründung, sie sei die einzige, die mit Recht den Namen eines Gemeinwesens für sich beanspruchen könne. »Wo man sonst vom Gemeinwohl spricht, haben es alle nur auf den eigenen Nutzen abgesehen; hier, wo es nichts Eigenes gibt, berücksichtigt man ernstlich die Belange der Allgemeinheit.«[10]

Vertragstheorien und Utopien sind Gegensätze, insofern die Utopie eine Lenkung durch reine Vernünftigkeit deklariert, in der das Bedenken des Eigennutzes dahinfällt. Vertragstheorien und Utopien gleichen sich jedoch insofern, als beide die ethische Anstrengung, durch die ich mich im Gegenzug zum Egoismus zum Allgemeinen erhebe, zur Seite schieben. Das ist ihr grundsätzlicher Mangel. Gleichwohl haben beide ihre relative Berechtigung, die Vertragstheorie im Bereich des legalistischen Verhaltens und die Utopie als Entwurf auf die Zukunft hin.

Für uns kann eine Utopie – dies sei hier nur angemerkt – nur sinnvoll sein im Zusammenhang mit Prognosen und Planungen auf wissenschaftlich-technischer Basis.[11] Planung und Utopie müssen sich ergänzen. Die wissenschaftlich-technisch fundierte Planung – die Projektwissenschaft – muß die Utopie vor Überschwang in illusionäre Träumerei bewahren. Und die Utopie muß umgekehrt die Planung davor schützen, nur den immanenten technologischen Sachbezügen zu folgen. Gerade heute fehlt den Planungen weitgehend »der Mut zur Utopie«. Der Wille, den Menschen als das »totale Wesen« (Marx) der wissenschaftlich-technologischen Ratio vorzuordnen, gilt als gut gemeinte Schwärmerei.[12]

Das Denken *Machiavellis* unterscheidet sich von allen bisher diskutierten Ansätzen in wesentlichen Punkten. Die antiken und christlichen Staatsphilosophen gehen ebenso wie die Utopisten und die Vertragstheoretiker davon aus, daß es die Aufgabe der über Politik nachdenkenden Menschen ist, den Staat als Ordnungszusammenhang zu konzipieren. Ob der Staatsentwurf auf den besten Staat abzielt oder ob er den Staat nur als »Zwangsnotwendigkeit« darstellt, in beiden Fällen soll der Staat das Zusammenleben der Menschen garantieren. Es geht um die Möglichkeit des friedlichen Miteinanders unter der Idee des Rechtes. Wesentlich ist für diese Entwürfe nicht der außenpolitische, sondern der innenpolitische Gesichtspunkt.

Machiavelli setzt vollkommen anders an. Er untersucht die Vollzugsformen des politischen Handelns als solche. Demgemäß schiebt er die Frage nach den besten Staatsformen in den Hintergrund. Nach dem Gesichtspunkt des Erfolges muß in einer Diktatur ebenso wie in der Demokratie gehandelt werden. Die Ethik wird zwar als solche nicht negiert. Aber sie hat mit Politik nichts zu tun. Machiavelli trägt also das Seine dazu bei, die Politik zu »entmoralisieren«, aber nicht zugunsten einer Konzeption, die Politik mit legalem äußeren Tun zur Deckung bringen will, sondern zugunsten einer Auffassung, die Politik allein als Handeln unter dem Gesichtspunkt der Macht versteht.

Machiavelli will die Gesetze dieses Handelns erkennen. Darin zeigt sich eine gewisse Verwandtschaft seines Ansatzes zum Rationalismus der neuzeitlichen Naturwissenschaft. Machiavelli fragt nach dem Zusammenhang von Ursachen und Wirkungen im politischen Geschehen. Er arbeitet Regeln des politischen Handelns heraus. Die Voraussetzung dabei ist, daß die Menschen im Grunde sich gleich bleiben. Darum kann man zum Beispiel von den antiken Historikern gültige Wahrheiten über dies Handeln erfahren.

Politische Regeln sind aber nicht auf naturwissenschaftlich-theoretischer Basis allein zu gewinnen. Sie sind praktisch-strategischer Natur und den Regeln des Schachspieles vergleichbar. Es sind Gegner da, die sich innerhalb einer Rahmenordnung bewegen, die eine relative Vorausberechnung ermöglicht. Dies Vorausberechnen steht, wie wir bereits sagten, unter der Kategorie möglichen Erfolges, das heißt der Stärkung der Macht. Der Politiker muß rücksichtslos sein. Die Beispiele, die Machiavelli besonders in »Il Principe« bringt, sind brutal. Will der Fürst Kolonien in Abhängigkeit halten, so soll er erwägen, ob es vom Kraftpotential her gesehen zweckmäßiger ist, die Oberschicht sich gefügig zu machen oder sie einfach auszurotten.

Der politisch Handelnde muß das rationale Berechnen – darin unterscheidet sich Machiavelli von den modernen Spieltheoretikern – mit der Rücksicht auf irrationale Faktoren verbinden. Machiavelli denkt von geschichtlichen Situationen aus. Diese Situationen sind dem Handelnden vorgegeben und bieten den Umständen nach jeweilig unterschiedliche Chancen. Was heute möglich ist, kann morgen unmöglich sein. Situationen sind auszunützende Zufälle, die Fortuna zuschickt. Der Politiker muß daher ein Gespür für die Lage haben. Letztlich bleibt ihm aber nichts übrig, als entschlossen auf den glücklichen Zufall zu setzen. Die politische Tüchtigkeit virtù vereint scheinbar entgegengesetzte Fähigkeiten: Mut zum Wagnis und politische Berechnung. Die virtù entspricht aber gerade in ihrer Doppeldeutigkeit dem Wesen des politischen Geschehens, das eine Mischung von Zufall und Notwendigkeit darstellt.

Machiavelli argumentiert im Freund-Feind-Schema; er stellt demgemäß den Primat der Außenpolitik heraus. Diese Konzeption bestimmt weithin das nationalstaatliche Denken der Neuzeit, insbesondere des 19. Jahrhunderts. Machiavelli wird dementsprechend von maßgebenden Denkern dieser Epoche gepriesen. *Dilthey* erklärt: »Die Schriften Machiavellis haben die Souveränität der politischen Technik des weltlichen Verstandes, wie sie in den italienischen Staaten eine Realität war, auch in der Theorie zur Geltung gebracht, und die Staatsräson der folgenden Zeit zumal in den neu aufkommenden fürstlichen Gewalten beschaute sich doch wie in einem Spiegel in den Sätzen des großen Florentiners.«[13] *Friedrich Meinecke* hat in seinem berühmten Buch »*Die Idee der Staatsräson in der neueren Geschichte*«[14] unter ausdrücklichem Rückgriff auf Machiavelli dargelegt, daß sich die Politik, die sich dem Begriff der Staatsräson unterstellt, nicht dem Gesetz der Moral unterwerfen könne. *Gerhard Ritter* preist in seinem Buch »*Machtstaat und Utopie*« Machiavelli als »Wegebahner des modernen kontinentalen Machtstaates«. Er erklärt, Machiavelli habe als erster gelehrt, »was auch das heutige Italien wieder predigt; die eiserne Lehre von der Notwendigkeit der Macht als Voraussetzung aller Freiheit. Er zuerst hat die Ballung und Behauptung von materieller Macht als innersten Kern jeder Staatsbildung erkannt. Und furchtlos, wie noch keiner vor ihm, hat er in das dämonische Antlitz dieser Macht geschaut.«[15] Diese Äußerungen zeigen, daß Machiavelli in der Geschichtsschreibung und in der Politologie, insbesondere in Deutschland, eine zentrale Rolle gespielt hat. Er galt als der »große Theoretiker« der »wirklichen« Politik, der sogenannten Realpolitik.[16] Es ist nicht zuviel gesagt, daß eigentlich erst die soziologisch-technologisch ausgerichtete politische Wissenschaft der Gegenwart dem Machiavellismus Widerpart geboten hat, insofern hier der Gedanke, daß Macht im Sinne der Gewalt das eigentliche Prinzip der Politik sei, fraglich gemacht wird.

Die verschiedenen zum Teil divergierenden Grundansätze der neuzeitlichen Staatstheorien, die wir soeben dargelegt haben, bilden den Hintergrund für die staatsphilosophischen Gedankengänge Kants und Hegels. Da wir die ethischen und die geschichtsphilosophischen Argumentationen beider Denker mehrfach dargelegt haben[17], beschränken wir uns jetzt darauf, das Wesentliche ihrer Argumentation in Erinnerung zu rufen.

Kant hat einerseits an der Entwicklung entscheidenden Anteil, die zu einer Entfremdung von Moralität und Politik führt. Er ist ja der Philosoph, der das Prinzip der Gesinnungsethik konzipiert. Moralität darf als Innerlichkeit nicht mit empirischen Gesichtspunkten vermischt werden, etwa der Frage nach der Durchsetzbarkeit und dem Erfolg des moralischen Handelns. Auf der anderen Seite hat Kant jedoch gerade den Versuch unternommen, Moralität und Politik zu verbinden, oder vorsichtiger: er hat sich gefragt, ob und wie eine Besserung der Menschheit in politischer Hinsicht möglich sei. Sein Gedanke, daß die Natur auf dem Umweg der Kultur doch schließlich einen Fortschritt der Menschheit zum Besseren erwirken werde, mag wesentlich durch den optimistischen Glauben der Aufklärung bedingt und für uns nicht wiederholbar sein. Der Grundansatz jedoch, Vernunft als das Prinzip des Allgemeinen auch in der Politik durchzusetzen, ist und bleibt eine wesentliche Einsicht. Freilich ist es notwendig, die Bestimmung Vernunft zu entmetaphysizieren. Vernunft stiftet für uns kein Reich übersinnlicher Zwecke, sie ist als »vernünftige Überlegung des Notwendigen« nur innerhalb von geschichtlichen Situationen möglich und wirklich. Aber als solchermaßen geschichtlich orientierte ist sie gerade das Prinzip, das für die Gestaltung des Lebens im Fernhorizont maßgebend ist.

Hegels Stellung in der Entwicklung der Staatsphilosophie ist von Grund aus zweideutig. Einerseits schließt Hegel die Tradition ab. Es geht ihm darum, den Staat als eigentlichen Garanten für die Möglichkeit menschlichen Zusammenlebens zu etablieren, nicht nur im äußeren Sinn als Zuchtmeister, sondern im Sinne einer umgreifenden Verbindlichkeit. Hegel sucht den antiken Ansatz zu wiederholen. Die politische Gemeinschaft schreibt dem einzelnen vor, was recht und billig ist und richtet solchermaßen sein Tun aus. Für Hegel ist die Staatsphilosophie also keine nebensächliche und untergeordnete Disziplin, sondern Krönung und Abschluß der Rechtsphilosophie, die als solche Hegels ganze Ethik enthält.[18]

Indem Hegel Recht und Moralität in der Institution des Staates zu fundieren und diesen als den eigentlichen Träger der Sittlichkeit herauszustellen sucht, macht er wirklich ernst mit der Behauptung, daß die Vernunft nichts Jenseitiges sei, sondern die Wirklichkeit als solche durchgängig bestimme. Aber dieser Ansatz ist – das ist die andere Seite – von Grund aus problematisch. Der durch das Christentum geprägten Epoche ist die Rückkehr zur substantiellen Sittlichkeit im griechischen Sinne versagt. Die vom Prinzip der Innerlichkeit bestimmte Gesinnung wird sich immer wieder dagegen sträuben, in institutionellen Ordnungen aufgehoben zu werden. Hegel selbst weiß dies sehr genau, er stellt immer wieder heraus, wie sehr die Institutionen von der Moralität her fraglich werden können.

Hegels Philosophie des Staates ist aber noch von einer zweiten Seite her gefährdet. Die Gesellschaft droht an die Stelle des Staates zu treten. Hegel hat das Problem der Gesellschaft intensiv durchdacht. Er sieht in der Gesellschaft keine auf sittlichen Prinzipien beruhende Gemeinschaft. Gesellschaft ist wesentlich zu bestimmen als »Vermittlung der Bedürfnisse«. Ihre Aufgabe ist die Befriedigung der vielen einzelnen im Rahmen einer ökonomischen Ordnung, die wesentlich auf der Arbeit beruht und zwar einer Arbeit, die weithin mechanisch-maschinell ist und die die Menschen wechselseitig voneinander abhängig macht. Aber diese Abhängigkeit geht eben nicht über die Ebene der Bedürfnisse hinaus. Verglichen mit der Sittlichkeit des Staates, die die Menschen innerlich verbindet, ist die Gesellschaft »abstrakt«.

Staat und Gesellschaft haben also offensichtlich verschiedene Aufgaben. Das bedeutet aber nicht, daß sie gleichberechtigt nebeneinander stehen. Hegel versucht vielmehr, die Gesellschaft im Staat aufzuheben. Dies gelingt ihm aber nicht in überzeugender Form. Bereits eine Analyse des Aufbaus der »Grundlinien der Philosophie des Rechts« könnte zeigen, wie brüchig die Vermittlung ist. Die Deduktion der Gesellschaft wird in dem Teil durchgeführt, der die Sittlichkeit thematisiert, und zwar wird sie zwischen die Untersuchung über die Familie und den Abschnitt, der über den Staat handelt, eingeschoben. Die Gesellschaft gehört aber gar nicht in den Bereich der Sittlichkeit. Hier ist sie ein Fremdkörper, denn sittliche Prinzipien sind in der Gesellschaft gerade nicht maßgebend im Gegensatz zu der Familie und dem Staat. Hegel gelingt die Vermittlung zum Staate nur durch einige Kunstgriffe, insbesondere dadurch, daß er die ökonomische Analyse der Gesellschaft durch eine auf der Tradition aufbauende Lehre von den Ständen »ergänzt«.[19]

Gleichwohl – dies sei hier ausdrücklich angemerkt – ist es nicht angemessen, aufgrund dieser faktisch nicht geglückten Vermittlung, Hegel nun die Absicht zu unterstellen, Gesellschaft und Staat nebeneinander ordnen zu wollen. *Joachim Ritter* hat Hegel in dieser Richtung interpretiert. Er sieht in der geschichtlichen Emanzipation ein Positivum, insofern sich die Gesellschaft eben auf die Bedürfnisbefriedigung beschränkt. Ritter erklärt: »*In der Emanzipation beschränkt sich die Gesellschaft auf den Naturbereich des menschlichen Daseins, auf seine Bedürfnisbefriedigung durch Arbeit und auf den ›natürlichen Willen‹ des Menschen und gibt damit seine sonstigen Lebenszusammenhänge frei. Die Abstraktheit der Gesellschaft ist inhaltlich mit dieser Einschränkung auf die Bedürfnisnatur des Menschen identisch und setzt damit die nicht auf sie reduzierbaren Lebenszusammenhänge frei.*«[20] Diese Interpretation verschleiert den Ernst der geschichtlichen Situation. Anders gesagt:

ließen sich Staat und Gesellschaft friedlich nebeneinander ordnen, dann wären sowohl Hegel, der den Staat der Gesellschaft, als auch Marx, der die Gesellschaft dem Staat überordnet, im Unrecht. Beide setzen aber – das ist der offensichtliche Tatbestand – die eine Bestimmung über die andere, weil sie erkannt haben, daß die *ausgewogene Gleichberechtigung* von Staat und Gesellschaft im industriellen Zeitalter eine Ideologie ist.

Hegel schließt die klassische Tradition ab. Nach ihm gibt es keine Staatsphilosophie im Sinne dieser Tradition mehr, denn der Staat erscheint nun nicht mehr als die maßgebende Größe, die für die Frage des menschlichen Zusammenlebens zuständig ist. Jetzt beginnt vielmehr die Konkurrenz zwischen Staat und Gesellschaft bestimmend zu werden. Diese Konkurrenz wirkt sich vielfältig aus bis in die wissenschaftlichen Fragestellungen hinein. Dies sei im folgenden durch einen Hinweis auf die *gegenwärtige Situation der Wissenschaften*, die sich mit dem *politischen Geschehen* befassen, dargelegt.

Das Prinzip der Nationalstaatlichkeit, das in der Französischen Revolutionsliteratur, den Schriften Herders, Mösers und der Deutschen Idealisten, insbesondere Fichtes, herausgearbeitet wurde, setzt sich im allgemeinen Bewußtsein des 19. Jahrhunderts als bestimmender Faktor durch[21] und bleibt bis zur Gegenwart bestimmend. Seine Unzulänglichkeit ist heute jedoch nicht mehr zu übersehen. Das technologische Zeitalter hebt die natürlichen und geistigen Abgrenzungen der Völker auf. Politik muß sich wesenhaft nach Weltmaßstäben ausrichten, denn politische Vorgänge sind nun nicht mehr auf einzelne Länder zu beschränken. Da aber die Menschheit kein Geschichtssubjekt ist – jedenfalls bisher noch nicht –, ist faktisch die Situation durch die Politik der Machtblöcke bestimmt. Allerdings wächst die Einsicht in die Notwendigkeit, übergreifende Einheiten zu konstituieren – wir haben unter dem Titel »Die Menschheit als werdendes Subjekt der Geschichte« diese Situation diskutiert.

Es ist klar, daß diese Zeit des Überganges von der Nationalstaatlichkeit zur Weltpolitik eine Umorientierung der geschichtlichen und der politischen Wissenschaften erfordert. Diese Umorientierung ist aber gegenwärtig noch keineswegs abgeschlossen. Die Situation der Wissenschaften, die sich mit dem menschlichen Zusammenleben befassen, zeigt vielmehr verschiedene und divergierende Tendenzen. Auf die Problematik der *Geschichtswissenschaft* haben wir oben hingewiesen, als wir die Möglichkeiten einer Revision der gegenwärtigen Geschichte behandelten. Das Prinzip der Nationalstaatlichkeit, überhaupt die Idee, den Staat und die großen Staatsmänner in das Zentrum zu stellen, kann heute nicht mehr als leitender Gesichtspunkt der Geschichtsforschung anerkannt werden. Aber noch schwerwiegender wirkt sich die allgemeine Tendenz zum Ahistorismus aus: die Vergangenheit interessiert als solche nicht mehr. Wesentlich ist nach allgemeiner Überzeugung die Bewältigung der Zukunft. Hier hilft aber die traditionell orientierte Geschichtswissenschaft nicht weiter.

Neben die Geschichtswissenschaft ist seit dem Zweiten Weltkrieg in immer stärkerem Maße die *politische Wissenschaft* getreten.[22] Diese Wissenschaft ist ein relativ uneinheitliches Gebilde. Einerseits ist sie historisch orientiert. Sie versteht sich als politische Ideengeschichte und als Lehre von den verschiedenen Staatsformen und Verfassungen; das komparative Vorgehen ist hier wesentlich. Andererseits übernimmt die politische Wissenschaft faktisch die Aufgabe der klassischen Staatsphilosophie. Sie untersucht das Wesen des Politischen als solches, insofern es sich von anderen Handlungsformen unterscheidet und in bestimmten Ordnungszusammenhängen vollzieht. Insbesondere die deutsche Politologie hat nach 1945 diese Aufgabe in Angriff genommen und zum Teil bewußt den Zusammenhang mit der Tradition hergestellt. Aber die Versuche, die Politologie gleichsam als einen Teil der Philosophie des Praktischen anzusetzen, überzeugen heute nicht mehr.[23] Gleichwohl kommt die politische Wissenschaft ebensowenig wie die Geschichtswissenschaft umhin, gewisse Grundbegriffe zu klären, wenn anders sie als Wissenschaft auftreten will.

Die hier aufbrechende Problematik zeigt sich exemplarisch an der Diskussion des Begriffes der *Macht*. Politik wird weithin als Kampf um die Macht bestimmt, wobei Macht als die Möglichkeit verstanden wird, den eigenen Willen in bestimmten Handlungen durchzusetzen, auch gegen den Widerstand anderer. Hinter dieser Definition stehen Machiavelli und Max Weber. Diese Bestimmung ist sachlich gesehen aber keineswegs selbstverständlich. Sie ist am traditionellen Begriff der persönlichen Handlung orientiert und kann daher nicht mehr ohne weiteres als zeitgemäß angesehen werden. Das wird deutlich, wenn wir nach den »Machtträgern« fragen. Die These Webers, Macht sei eine charismatische Begabung der großen Männer, überzeugt heute nicht mehr. Der Glaube an die überragenden Persönlichkeiten als den eindeutigen Gestalten der Geschichte ist dahin.

Aber auch der *Staat* – und das ist noch wichtiger – erscheint nicht mehr als eindeutig geschlossenes Machtgebilde. Der demokratische Staat der Gegenwart ist *Rechtsstaat* und als solcher auf freiheitliche Regeln verpflichtet, an die sich die Bürger zu halten haben. Der Theorie nach kann der Staat in der pluralistischen Demokratie gar nicht als Gegensatz zu den Staatsbürgern auftreten. Die Entzweiung in eine staatstragende Herrschaftsschicht und eine Gruppe von Untertanen soll hier ja aufgehoben sein. Der moderne Staat ist zugleich aber *Sozialstaat*. Als solcher muß er sich um das Gemeinwohl der Bürger kümmern und jedem die Möglichkeit zur äußeren Existenz garantieren. Der Sozialstaat ist aber nicht wie der Rechtsstaat durch relativ eindeutige Verfassungsbestimmungen zu charakterisieren. Er ist ein außerordentlich dynamisches Gebilde. Er muß sich konkret mit den verschiedenen *Interessenverbänden* der Gesellschaft auseinandersetzen und das Seine dazu beitragen, daß die Partner zu haltbaren Vereinbarungen kommen.[24] Hier taucht nun aber die Frage auf: ist dieser Sozialstaat eigentlich noch etwas anderes als die bloße Organisationsform der Gesellschaft, die sich ihrerseits eben als Antagonismus von Interessenverbänden konstituiert? Wie weit ist diesem Staat überhaupt noch eine eigene Sphäre »politischen Handelns« verblieben? Die einfache Antwort, die eigentlich politische Sphäre sei die Dimension der Außenpolitik, wird heute nicht mehr ohne weiteres anerkannt; die Außenpolitik ist ja ebenfalls weitgehend von wirtschaftlichen Interessen abhängig.

Die Wirtschaft ist nun aber ihrerseits mit der Wissenschaft und der Technik verzahnt zu den sogenannten Superstrukturen. Diese schwer übersehbaren Gebilde sind heute die eigentlichen »Mächte«. Sie folgen aber wesenhaft, so wird behauptet, ihren sogenannten Sachzwängen. Diesen Strukturen gegenüber gerät der Staat als die Sphäre des politischen Handelns ins Hintertreffen. Man redet bereits vom Aussterben des politischen Staates zugunsten einer Verwaltungsbürokratie, deren Aufgaben rein organisatorischer Art sind.

Hier kehrt sich die Argumentation nun aber eigentümlich um. Die Bürokratien werden weithin von den Militärs und den Wirtschaftskonzernen gesteuert. Diese Gruppen erscheinen damit als die eigentlich politischen Gruppen, das heißt als die Träger der Macht innerhalb der Gesellschaft. Obwohl zahlenmäßig klein, sind sie doch offensichtlich außerordentlich einflußreich. Die Definition, politisches Handeln sei wesentlich Handeln aufgrund von Macht, das heißt Durchsetzungskraft, erscheint von hier aus gesehen keineswegs so eindeutig überlebt, wie man zunächst vermeint.

Die Sachlage ist also unklar. Entsprechend zweideutig ist die betreffende Diskussion. Einerseits wird behauptet, es gäbe keine geschlossenen Gruppen von Führungseliten und damit auch keine Machtzentren mehr, weder im politischen noch im wirtschaftlichen Bereich; der Manager sei eine Figur der Legende, heute sei Führung »diffusioniert«.[25] Andererseits ist die These von der Führungselite doch nicht ohne weiteres abzuweisen. Sie läßt sich empirisch erhärten, man denke an die Rolle der Rüstungsindustrie in Amerika. Der Kampf der protestierenden Intellektuellen versteht sich ja weithin als der Versuch, die eigentlichen Arrangeure aus ihrer zumeist hintergründigen Anonymität herauszulocken und zu decouvrieren.

Man sieht – und nur dies sollte der Hinweis auf die Frage der Macht andeuten –: die gegenwärtige politische Situation ist schwer zu erfassen. Die *amerikanische Politologie* hat nun angesichts dieser Situation einen bestimmten Weg eingeschlagen. Die politische Wissenschaft wurde in methodisch-formaler und in inhaltlicher Hinsicht unter Anlehnung an moderne Wissenszweige »modernisiert«. Man hat sich – dies ist die vorherrschende Meinung – auch als Politologe zu fragen, wie Gruppenbildung heute in der wissenschaftlich-technologisch bestimmten Gesellschaft überhaupt vor sich geht und welche Faktoren hier maßgebend sind. Diese Faktorenanalyse muß in weitem Rahmen erfolgen. Es sind nicht nur politische, wirtschaftliche oder ideologische Aspekte zu berücksichtigen, das Problem der Gruppenbildung muß heute zum Beispiel auch unter dem Aspekt der Kommunikationstheorien thematisiert werden. Mit anderen Worten: die breite Untersuchung der *gesellschaftsbildenden Faktoren* ist auch für den Politologen die vordringliche Aufgabe. Diese Soziologisierung der politischen Wissenschaft ist aber letztlich nur angemessen zu verstehen, wenn man erkennt, daß und wie hier Ansätze von *Marx* aufgenommen und zugleich entscheidend verkürzt werden.

Marx kehrt – wie wir ausführlich dargelegt haben – Hegels System um, indem er es zugleich zu vollenden sucht. Die Idee der Vermittlung als Versöhnung bleibt maßgebend. Aber die Versöhnung soll auf realer Basis und nicht als Gedankenarbeit durchgeführt werden. Entscheidend ist nach Marx eine politische Praxis, die sich auf eine kritische Theorie stützt; durch diese soll die durchgängige Fehlkonstruktion der bürgerlichen Gesellschaft aufgewiesen werden. Die Praxis soll aber zugleich in der Wissenschaft fundiert werden, insbesondere in der Ökonomie, die zeigt, nach welchen Gesetzen sich die geschichtliche Entwicklung vollzogen hat und vollziehen wird. Marx stellt also im Gegensatz zur traditionellen Staatsphilosophie die Gesellschaft ins Zentrum seiner Analyse. Er ist solchermaßen der entscheidende Initiator der modernen soziologisch und ökonomisch orientierten Gruppenforschung.

Die moderne *westliche* Soziologie hat nun aber im Gegensatz zu Marx den direkten Bezug zur politischen Praxis weithin aufgehoben. Diese Soziologie ist zwar nach wie vor eine Wissenschaft der industriellen Gesellschaft. Das besagt gegenwärtig jedoch nicht – sieht man auf die Gesamtlage des Faches –, daß sich die Soziologie als kritische Theorie dieser Gesellschaft im Sinne von Marx etabliert. Die Soziologie hat diesen Ansatz aufgrund einer stark technologisch bestimmten Tendenz zur Anpassung an die Gesellschaft vielmehr eingeklammert. Sie ist solchermaßen wesentlich politisch handlungsindifferent, ja geradezu apolitisch geworden.[26]

Um diesen Mangel aufzuheben, ist es notwendig, die soziologischen Analysen wieder in Bezug zur Praxis zu setzen, das heißt, die soziologischen Erkenntnisse müssen zu Handlungsmöglichkeiten aktualisiert werden, die ihrerseits unter dem politisch-moralischen Aspekt einer möglichen Verbesserung des realen Lebens in den Großgruppen zu reflektieren sind. Im Hinblick auf die Tradition formuliert: wir können weder bei den Staatsphilosophien im Sinne von Aristoteles und Hegel ansetzen noch uns mit der Theorie des politischen Handelns im Sinne Machiavellis begnügen. Wir müssen die komplizierte Struktur der gegenwärtigen gesellschaftlichen Bezüge, wie sie sich geschichtlich herausgebildet hat, mit Hilfe der Soziologie und einer soziologisierten Politologie durchdenken. Aber das bedeutet nicht, daß wir die Tradition völlig verleugnen dürfen. Im Gegenteil: das in der klassischen Staatsphilosophie waltende politische und moralische Verpflichtungsbewußtsein der Allgemeinheit gegenüber, das ja auch noch Marx bestimmt, ist ein nicht aufzugebendes Erbe.[27]

Zum Abschluß dieses historischen Überblickes stellen wir sehr zusammengedrängt noch einmal die Ansätze heraus, die in der Tradition ausgearbeitet wurden, um das *Verhältnis von Politik und Ethik* zu bestimmen. Es lassen sich – ein wenig vereinfacht – zwei Grundmöglichkeiten unterscheiden. Die eine besagt: Politik ist als solche kein Gegensatz zur Ethik. In der Ethik geht es um das Herausstellen des Gemäßen und des Tunlichen; die gewachsene Sitte gibt die entsprechenden Bestimmungen vor, der Staat baut auf ihnen auf und legalisiert sie zu rechtlichen Ordnungen. Wir haben diesen Ansatz insbesondere durch Hinweise auf Aristoteles und Hegel illustriert.

Die Gegenmöglichkeit setzt einen Unterschied zwischen politischem und ethischem Tun an. Hier ergeben sich nun aber verschiedene Wege. Einmal: die bisherige oder die zur Zeit praktizierte Politik ist verderbt, sie soll daher von nun an durch ethisch fundierte Grundsätze bestimmt werden. Man denke an Plato: die politische Situation ist durch den philosophischen Rückgriff auf die wahren Ordnungen zu verbessern – die Philosophen sollen regieren. Diese Hoffnung auf eine radikale Versittlichung der Politik ist illusionär. Es gilt daher, sich auch gegen alle modernen Versuche zu wenden, die ein solches Ziel als reale Möglichkeit in die Zukunft hineinprojizieren. Die Ausrichtung auf die Zukunft hin ist als Korrektiv einer Vergangenheitsbindung sinnvoll. Sie wird aber unwahr, wenn sie das Paradies auf Erden verspricht. Alle solche Theorien sind Abkömmlinge metaphysischer Heilslehren, die die Tatsache, daß der Mensch aus krummem Holze geschnitzt ist (Kant), zu umgehen suchen.[28]

Die entgegengesetzte Möglichkeit besagt: Politik und Ethik sind nicht zu vereinigen. Politik als Realpolitik ist durch den Machtkampf bestimmt und daher nicht zu versittlichen. Dieser Gegensatz von Politik und Ethik kann aber verschieden bewertet werden. Es ist möglich, ihn positiv zu bejahen im Sinne der griechischen Sophisten, die behaupten, daß Durchsetzung von Macht erlaubt sei, weil Macht das natürliche Recht des Stärkeren sei. Macht sei also nicht ethisch einzukreisen – Ethik erscheint von hier aus gesehen als eine Angelegenheit der Schwachen, die sich zum Schutze zusammenschließen. Die Gegenthese besagt, daß es notwendig ist, angesichts der verderbten Welt der Politik auf deren Verbesserung zu verzichten. Man gibt das politische Tun seiner eigenen Gesetzlichkeit frei, im Wissen, daß die Macht böse ist.

Die soeben dargelegten Bestimmungen des Bezuges der Ethik zur Politik sind für uns nicht mehr eindeutig gültig. Sittliche Ordnungen im Sinne von Aristoteles oder Hegel, das heißt den Menschen im Ganzen seines Seins tragende Institutionen, gibt es nicht mehr. Aber auch der traditionelle Gegensatz von Moralität und Politik scheint uns überlebt. Dieser Gegensatz beruht darauf, daß hier die Moralität als völlig einwandfreie innere Gesinnung verstanden wird. Von dieser Moral her ist natürlich kein Bezug zum empirischen Handeln, also auch nicht zur Politik, möglich. Das Prinzip der reinen Gesinnungsmoral kann aber heute nicht mehr als fraglos anerkannt werden. Es beruht auf dem Gedanken eines übersinnlichen Reiches der Zwecke und erscheint solchermaßen als metaphysische Gedankenkonstruktion.[29]

Die Zweideutigkeit der gegenwärtigen Weltpolitik

Um die Chancen einer zeitgemäßen Verbindung von Ethik und Politik zu begreifen, ist es notwendig, sich die Zweideutigkeit der gegenwärtigen politischen Weltsituation zu verdeutlichen. Diese Situation ändert sich ständig. Spezifische Hinweise sind in Kürze überholt. Gleichwohl sind – so meinen wir – gewisse Grundlinien, die sich gerade durch einen Vergleich zur Vergangenheit zeigen, als noch für längere Zeit gültig anzusehen. In der *Vergangenheit* – so sahen wir – wurden die großen Institutionen, insbesondere der Staat, als Träger der Sittlichkeit ausgegeben. Diese Sittlichkeit – und dies gilt es zunächst noch einmal herauszustellen – ist allerdings von besonderer Art. Sie beruht darauf, daß die Einstellung zu den fremden Großgruppen wesentlich negativ ist. Diese Negation kann sehr verschiedene Ausprägungen annehmen. Ihre extreme, aber in der Außenpolitik fast durchgängig anerkannte Form, ist das *Freund-Feind-Schema*. Alle nicht zur eigenen Gruppe Gehörenden gelten als Feinde. Genauer: die Konstitution des eigenen Verbandes vollzieht sich in eins mit der Abgrenzung gegen das Fremde, das Bedrohliche, das die anderen Gruppen bedeuten. Wir erinnern zur Verdeutlichung beispielhaft an die Bestimmung des Nationalstaates.

Die Staatsbürger sind aufgrund eines gemeinsamen sie verbindenden Volkstums, das eine eigene Geschichte hat, zusammengeschlossen zu einer Nation. Diese unterscheidet sich von anderen Nationen durch den besonderen »Nationalcharakter«. In bezug auf die anderen Nationen gelten weder die ethischen noch die juristischen Bestimmungen der eigenen Nation. Die Verbindung von Politik und Sittlichkeit wird also auf das Verhältnis des Staates zu sich selbst, das heißt auf die Innenpolitik eingegrenzt. Das Verhältnis zu anderen Staaten ist durch Machtkämpfe bestimmt. *Hegel* erklärt in dem berühmten § 340 seiner »Grundlinien der Philosophie des Rechts« das folgende: »In das Verhältnis der Staaten gegeneinander, weil sie darin als *besondere* sind, fällt das höchst bewegte Spiel der inneren Besonderheit der Leidenschaften, Interessen, Zwecke, der Talente und Tugenden, der Gewalt, des Unrechts und der Laster, wie der äußeren Zufälligkeit, in den größten Dimensionen der Erscheinungen – ein Spiel, worin das sittliche Ganze selbst, die Selbständigkeit des Staates, der Zufälligkeit ausgesetzt wird.«[30]

Es gibt auch in der Tradition Versuche, das Verhältnis fremden Gruppen gegenüber nicht gänzlich von der nackten Gewalt bestimmen zu lassen. Man denke an das *Völkerrecht*.[31] Dies Recht stützt sich auf Vernunft und nicht auf Macht. *Grotius* lehrt, daß für den Menschen nicht der Selbsterhaltungstrieb und die Furcht vor dem Tode, sondern der Appetitus socialis, der Geselligkeitstrieb, entscheidend sei. In diesem Gedanken des Völkerrechts lebt ebenso wie in der Konzeption der Menschenrechte die stoische Tradition fort, die den Menschen, und zwar als Weltbürger, dem Staat vorordnet. Aber die Idee einer Einheit des Menschengeschlechtes und die darauf beruhende Verpflichtung zur gegenseitigen Anerkennung und Hilfeleistung aller Menschen untereinander bleibt im Hintergrund. Sie erscheint abstrakt, denn maßgebend ist die Vorstellung, daß Sittlichkeit immer *konkret* sein muß. Konkrete Sittlichkeit beruht aber auf der gewachsenen geschichtlichen Tradition einer Gruppe, die sich gegen andere abgrenzt. Und das besagt eben: Gewaltanwendung ist zwar innerhalb der eigenen Gruppe verpönt, aber nicht im Verhältnis zu den anderen Gruppen.

Hat sich diese Einstellung in der *Gegenwart* verändert? Es ist nicht leicht, darauf eine runde Antwort zu geben. *Alastair Buchan* erklärt mit Recht, daß die Hoffnung liberaler Philosophen, daß die Menschheit aus dem Zeitalter der Kämpfe herausgewachsen sei, weil sie sich nicht mehr von nationalen Interessen leiten ließe, getrogen habe. Konkret zeigt sich vom Problem »Krieg und Frieden« her gesehen folgendes Bild. Zwischen den Kontrahenten Amerika und Rußland hat sich ein gewisses Gleichgewicht hergestellt. Insofern neue Völker, wie Japan und China, zu Großmächten aufsteigen, ist aber die Weltbalance gefährdet. In den unterentwickelten Ländern aber – das ist bedeutsam – erwacht gerade ein neuer Nationalismus. Hier werden offensichtlich die ganzen Möglichkeiten des nationalen Prestigedenkens noch einmal wiederholt. Die größeren Staaten in der entwickelten Welt können diese Situation kaum ändern: sie beginnen sich immer mehr ihren eigenen Problemen zuzuwenden. So kommt ein Zustand zustande, der es wahrscheinlich macht, daß Kriege »bis zum Äußersten« nicht stattfinden werden, daß dagegen »kleine« Kriege ständig irgendwo geführt werden. Der Friede ist also außerordentlich labil. *Raymond Aron*, der sich mit dem Problem des Krieges und des Friedens intensiv befaßt, schreibt: »Das Ausbleiben des allgemeinen Krieges gestattet regionale Kriege. Konflikte zu lokalisieren, um sie zu begrenzen; die kleinen Kriege retten, um die Menschheit vor dem Atomkrieg zu bewahren – dies ist die Lösung, die während des Vierteljahrhunderts erdacht wurde, das seit den Explosionen von Hiroshima und Nagasaki vergangen ist.«[32] Aron faßt die Gesamtsituation zutreffend folgendermaßen zusammen: »Es gibt noch kein *allgemein geltendes Recht* für die ganze Menschheit; gemeinsam ist ihr nur der Wille, keinen Selbstmord zu begehen; und so ist der Friede unter der Herrschaft des Schreckens für uns nur ein Zustand ohne Krieg – genauer gesagt, ohne allgemeinen Krieg.«[33]

Es ist nun aber, will man die Situation im Ganzen erfassen, erfordert, auf der anderen Seite herauszustellen, daß fast allgemein die Notwendigkeit eines friedlichen Weltausgleichs und der Konstitution der Menschheit als eines Weltsubjektes anerkannt wird. Man weiß, daß Kriege eigentlich nicht mehr »möglich« sind. Kriege »rentieren« sich nicht mehr. Man hat kein »gutes Gewissen« mehr, wenn sie geführt werden. Es hat sich hier eine Gesamtwandlung vollzogen, die, marxistisch gesprochen, materiell und ideologisch zugleich bedingt ist. Jedenfalls gilt dies für die alten Kulturnationen. Man braucht sich, um diesen Wandel zu erkennen, ja nur an die noch gar nicht sehr lang zurückliegende Epoche zu erinnern, in der das Denken vom Nationalstaat her maßgebend war. Hier galt der Krieg als etwas zum Leben Gehörendes; selbst dort, wo man ihn nicht verherrlichte, deklarierte man seine Notwendigkeit, zumindest seine Unvermeidlichkeit. Heute sind diese Stimmen zum größten Teil verstummt. Das besagt natürlich nicht, daß es nun eo ipso keine Kriege mehr geben wird, aber es zeigt sich hier – so meinen wir – eine Änderung der Gesamtlage an, aufgrund deren eine Aufhebung des Krieges überhaupt erst als Zielaufgabe konzipiert werden kann.

C. F. *von Weizsäcker* hat diesen Sachverhalt klar herausgestellt. Er hat mehrfach drei Thesen formuliert, die die Problematik des Weltfriedens betreffen: »1. Der Weltfriede ist Lebensbedingung des technischen Zeitalters. 2. Sein Herannahen verwandelt die bisherige Außenpolitik in Weltinnenpolitik. 3. Seine Errichtung verlangt von uns eine außerordentliche Anstrengung.«[34] Wesentlich ist der Zusammenhang dieser drei Thesen: der Weltfriede ist, selbst wenn man ihn als Bedingung des gegenwärtigen Lebens bestimmen und von seinem Herannahen sprechen kann, nicht gesichert. Seine Konstitution ist nur aufgrund eines moralischen neuen Bewußtseins möglich.

Die Zweideutigkeit, daß Kriege »sinnlos« geworden sind, daß man sich aber gleichwohl auf sie einstellt, das heißt aufrüstet, sei kurz an einem Beispiel verdeutlicht: der sogenannten *Abschreckungsstrategie*. Dies Beispiel soll zugleich veranschaulichen, wie rationale Berechnung mit emotionalem Verhalten »gekoppelt« ist.

Es ist nicht allein die Fürchterlichkeit der Atomwaffen als solcher, die abschreckt. Wesentlich ist die »second strike capability«, die Fähigkeit zur posthumen Vergeltung. Der erste Schlag lohnt sich für den Angreifer nicht, weil der Angegriffene einen zweiten Schlag führen kann. Der Atomkrieg wird solchermaßen aus Angst »verhindert«, aber diese Verhinderung ist zweideutig. Angriffs- und Schutzwaffen lassen sich ständig verbessern. Es ist daher notwendig, den jeweiligen Vorrang der anderen Gruppe in bezug auf Angriffswaffen durch Erfindung von Verteidigungswaffen bezugsweise umgekehrt auszugleichen. Damit ist aber faktisch der Weg der Eskalation beschritten.[35]

Eskalation aber ist ein problematisches Verfahren, so »vernünftig« sie zunächst, militärisch betrachtet, zu sein scheint. Hier zeigt sich, daß die reine Technologie, die dies Vorgehen bestimmt, anthropologische Grenzen hat. Der Partner A muß in seiner Berechnung voraussetzen, daß der Feind B sich rational verhält, das heißt, daß B eskalativ von Stufe zu Stufe mitgeht und nicht vorschnell springt. Beide Partner sind nun aber emotional bestimmte Menschen. Es ist zu fragen, ob sie es wirklich in der Hand haben, die Eskalation nur aufgrund von Überlegungen zu vollziehen. Ist in ihnen – um nur auf eine Gefahr hinzuweisen – nicht auch die Tendenz vorhanden, bis zur denkbar letzten Stufe durchzuspielen in der Hoffnung, daß dadurch die Situation zum eigenen Vorteil endgültig entschieden würde?

Überblickt man die Probleme, die die Eskalation mit sich bringt, so kann man sagen: bestenfalls – das heißt ohne emotionale Kurzschlußhandlung – wird die Eskalation zu einem eigengesetzlichen Verfahren, das sich, nachdem man einmal »eingestiegen« ist, nach rein technisch-rationalen Bestimmungen vollzieht. Damit sind aber die Möglichkeiten politischer Alternativen, die außerhalb der Eskalation liegen, weitgehend verbaut, und die Gesamtpolitik ist nicht mehr flexibel. *Dieter Senghaas* erklärt von der Abschreckungspolitik: »Einmal begonnen, entwickelt sie sich wie von selbst. Da man der Abschreckungspolitik im allgemeinen weder Erfolg noch praktisches Versagen nachweisen kann, arbeitet sie sich selber in die Hände.«[36] In seinem Werk »The Nerves of Government« hat *Karl W. Deutsch* die Problematik der Abschreckungstheorie als eines Ablegers der Spieltheorie ausführlich diskutiert. Er führt verschiedene Gründe gegen sie an, insbesondere stellt er heraus, daß diese Theorie damit rechnet, »daß der Empfänger von heftigen und glaubwürdigen Drohungen sich stets rational verhalten wird, das heißt, die Theorie unterstellt einfach, daß seine Denk-, Berechnungs- und Entscheidungskapazität jeweils der aufgebürdeten Last angemessen sein wird, unbeschadet der Angst, Wut, Frustration und ähnlicher Emotionen, die als Folge solcher Drohungen auftreten können; unbeschadet auch des öffentlichen Drucks, den eine aufgebrachte politische Führungsschicht und ihre ›Volksmeinung‹ in unserem Massenzeitalter jederzeit mit Hilfe des Regierungsapparats und der Massenmedien einer Großmacht ausüben kann.«[37]

Die Abschreckungstheorie ist also eigentümlich widersinnig. Sie baut anthropologisch auf reinen Emotionen auf, einerseits auf Angst und Mißtrauen und andererseits auf Feindseligkeit und Aggression. Diese Emotionen sind die Gründe, die den Krieg und die Eskalation überhaupt möglich machen. Zugleich aber wird die Emotion ausgeklammert: man rechnet mit einem rein rationalen Verhalten.[38]

Vorzüge und Nachteile der Rationalisierung und Technisierung der Politik

Überdenkt man die Struktur der Abschreckungstheorie, so erkennt man, daß heute Rationalität und Technisierung einen wesentlichen Faktor in der Politik spielen, unbeschadet der Tatsache, daß die Emotionalität, wie wir soeben feststellten, nicht auszuschalten ist. Dieser Tatbestand der Rationalisierung soll nun eigens erörtert werden. Er involviert nämlich eine gewisse Neuorientierung der Politik. Wir verdeutlichen diesen Strukturwandel an dem oben bereits diskutierten Problem der *Macht*.

Politik wird von jeher als die Dimension von Machtkämpfen verstanden. Diese Charakterisierung steht aber, wie wir sahen, unter verschiedenen Aspekten. Sie kann resignierend erfolgen und zum äußeren oder inneren Rückzug aus der Öffentlichkeit führen. Sie kann aber auch radikal bejaht werden: die Macht ist Selbstzweck; sie zu erringen, befriedigt. Am eindringlichsten sind aber wohl die Zeugnisse, die einfach das Faktum der amoralischen Politik als solches darstellen.

Wir geben einen einzigen Hinweis: *Thukydides* — wir haben auf seinen Ansatz bereits hingewiesen — scheidet jede moralische Betrachtung des politischen Geschehens aus. Er will die politischen Vorgänge auf erkennbare Ursachen und Wirkungen hin untersuchen. Das Grundgesetz des politischen Geschehens ist das Streben nach Macht. Wie absolut unethisch dies Streben ist, zeigt wohl am deutlichsten der berühmte Dialog zwischen den Meliern und einer athenischen Gesandtschaft, von dem Thukydides berichtet.[39] Die Melier suchen in diesem Kriege neutral zu bleiben, die Athener jedoch wollen dies nicht anerkennen. Der Dialog zeigt nun das Hin und Her der Argumentation. Die Melier erklären, ihre Stadt solle ihre Freiheit bewahren, die sie schon seit jeher besäße. Sie vertrauten auf die Fügung, die vom Göttlichen kommt und sie vor Unheil bewahren würde. Die Athener werfen ihnen Illusionismus vor; die Melier, so sagen sie, verkennten die reale Lage, sie sähen das Undeutliche nach ihrem Wunschdenken als schon wirklich an, und vor allem: wer auf göttliche Fügung vertraue, werde am tiefsten fallen. Der Dialog wird ergebnislos abgebrochen. Und das Ende des Ganzen: die Stadt wird belagert und schließlich übergeben. Die Athener töten alle wehrhaften Männer und machen Frauen und Kinder zu Sklaven.

Thukydides stellt das reale politische Geschehen als eindeutig von der Macht bestimmt heraus; alles andere, insbesondere das Vertrauen auf göttliche Fügung, ist Illusion. Es wäre lächerlich, den Wirklichkeitsgehalt seiner Darlegung leugnen zu wollen. Gleichwohl: die von Thukydides aufgedeckte Tatsache, daß politisches Geschehen Machtgeschehen ist, muß heute neu durchdacht werden. Formal bedeutet Macht, daß eine Person oder eine Gruppe A eine andere Person oder Gruppe B dazu bringen bzw. dazu zwingen kann, etwas zu tun, was B nicht ohne weiteres tun würde. Diese Machtkonzeption muß nun aber auf zwei Voraussetzungen hin reflektiert werden. Einmal: zwischen A und B bestehen Interessenkonflikte, sodann: A und B berechnen ihre Vorteile.

Sehr schön legt die Struktur dieser Berechnung *Frieder Naschold* in dem Kapitel: »Machttheorien« innerhalb seiner Untersuchungen der modernen politischen Steuerungssysteme dar.[40] Naschold bestimmt den Unterschied von Macht und Gewalt. Gewalt ist nicht einfach, wie man bisher weithin vermeinte, angewandte Macht. Zwischen Gewalt und Macht besteht ein sachlicher Unterschied. Macht ist eine Relationsbestimmung, eine Bezugskategorie. Ich orientiere mein Verhalten an mir und dem anderen. Es zeigen sich hier Handlungsalternativen, die berechenbar sind. Macht und Rationalität schließen sich nicht aus, sondern gehören gerade zusammen. Gewalt dagegen ist nicht rational und nicht relativ.

Der Bezugscharakter der Macht ist ein wesentliches Strukturmoment. Auch wenn das Motiv meiner Handlungen der Machtrausch ist und ich rücksichtslos meine Macht stärken will, indem ich den anderen meinen Willen aufzwinge, muß ich »other-oriented« sein, wenn anders ich politisch vorgehen will. Die vergleichende Orientierung zwischen mir und den anderen aber verweist auf den Zusammenhang von Macht und Rationalität.

Die dargelegten Sachverhalte sind an sich nicht neu. Politik wurde von jeher als Berechnung des eigenen Vorteils, das heißt allgemeiner formuliert: als die Kunst des Möglichen verstanden. Um noch einmal auf den Melier-Dialog des Thukydides zurückzugreifen: die Athener suchen den Meliern klarzumachen, daß diese sich auf ihre Seite schlagen müßten, wenn sie ihren eigenen Vorteil bedächten. Und das heißt formal, die Melier sollten rational vorgehen. Diese zu allen Zeiten gültige Forderung wurde und wird aber ständig durchkreuzt. Gegen die Rationalität setzen sich emotionale Faktoren durch: Ehre des eigenen Volkes und Haß des Gegners. Alle diese Faktoren entstammen dem Freund-Feind-Schema. Dies Schema – dies ist wesentlich – begünstigt die Emotionen, es ist geradezu ihre Brutstätte. Dies emotionale Vorgehen kann man sich aber nur leisten, solange Chancenungleichheit der Gegner das Übliche ist. Hier mag es nicht »unsinnig« sein, von der Macht zur Gewalt überzugehen, das heißt konkret: Gewalt als aktualisierte Macht des Stärkeren zu verstehen und auszuleben. Im technologischen Zeitalter ist Chancengleichheit aber nicht mehr die Ausnahme, zumindest unter den Großmächten nicht mehr. Chancengleichheit aber erfordert ihrerseits erhöhte Bereitschaft zur verrechnenden Überlegung: man kann sich Emotionen nicht mehr leisten, wo der zweite Schlag droht. Es zeigt sich also, daß heute gerade unter dem Aspekt des Nutzeffektes die berechnende Rationalität unabdingbar ist.

Diese Rationalität muß sich als Rücksichtnahme auf die anderen konstituieren. Diese Rücksichtnahme ist noch nicht ethisch fundiert. Aber in ihr ist ein Keim der Vernünftigkeit zu finden: ich und die anderen fahren am besten, wenn wir ohne

Krieg auskommen. Strategisch formuliert: die drohende Möglichkeit einer ins Irrationale gesteigerten Eskalation fordert auf, kleine Schritte zur Abrüstung wie etwa Ächtung oder Einfrierenlassen bestimmter Waffensysteme zu versuchen.

Wir verdeutlichen die Problematik der Rationalisierung der Politik durch einen Hinweis auf die moderne amerikanische Politikwissenschaft. Hier hat sich die Einsicht, daß »Rücksichtnahme« und Rationalität zusammengehören und daß beide Begriffe die Konzeption der Macht bestimmen müssen, weithin durchgesetzt. Das heißt, das traditionelle Dogma, daß Macht ein persönliches, irrationales und charismatisches Kraftproblem sei, das sich in Einzelhandlungen auswirkt, wurde gebrochen.

Daß die amerikanische Soziologie und Politologie diese Wendung vollzogen hat, hat mehrere Gründe. Einmal wurde der traditionelle Grundansatz, nach dem in sich zentrierte Einheiten, seien es Personen oder Nationen, als Handlungsträger fungieren, zugunsten eines Bezugsdenkens, das stark behavioristisch fundiert ist, aufgehoben. Sodann: die Gesellschaft wurde dem Staat eindeutig vorgeordnet – die Folge dieser Umordnung ist eine durchgängige Soziologisierung der Politikwissenschaft. Und drittens: eine außerordentlich starke Neigung zu technologischem Denken wurde bestimmend.[41]

Diese Neigung ist, blickt man unter methodischem Aspekt auf die betreffenden Arbeiten der amerikanischen Soziologie, das entscheidende Moment. Von modernen Wissensdisziplinen her soll das politische Handeln erklärt werden, so vor allem von der Entscheidungstheorie, der Kommunikationstheorie und der Kybernetik. Politisches Handeln wird von Modellen her analysiert, die auf den Grundlagen dieser Theorien aufgebaut werden. Diese Theorien sind Produkte des technologischen Zeitalters und darum passen sie zu ihm. In der gegenwärtigen Gesellschaft sind Information und Kommunikation entscheidende Faktoren, die orientierende Teilnahme am Geschehen ermöglichen. Auch wenn man behauptet, daß die Massenmedien von hintergründigen Drahtziehern gesteuert würden: daß sich gegenüber der hierarchischen Klassengesellschaft hier neue Chancen der Verstärkung eines allgemeinen Öffentlichkeitsbewußtseins ergeben, dürfte außer Zweifel stehen.

Es ist zudem wesentlich, daß diese Theorien gerade unter politischem Aspekt ständig verbessert werden. So wurde – um nur ein Beispiel zu nennen – die Stimulus-Response-Theorie weithin aufgegeben. Diese Theorie ist ja eigentlich undemokratisch, insofern sie dem Sender alle Aktivität und dem Empfänger lediglich passives Geformtwerden zuspricht. Im Gegenzug zu dieser Theorie stehen die Transaktionstheorien, die dem Empfänger Vorverständnisse und Vorgriffe zubilligen, die ihrerseits auf den Sender zurückwirken. Es gibt hier also durchaus Möglichkeiten eines Dialoges oder technologisch gesprochen: der Rückkoppelung. Insbesondere bietet die Orientierung am kybernetischen Modell entscheidende Vorzüge. Dies wird deutlich, wenn man dies Modell mit der funktionellen Systemtheorie oder der Konflikttheorie vergleicht. Beide Theorien sind wesentlich am status quo orientiert. Im ersten Fall ist die Anpassung die Grundkategorie, von der her politisches Handeln nicht nur erklärt, sondern ausgerichtet werden soll. Im zweiten Fall werden die Konflikte als Gegebenheiten angesetzt, die zwar zu entschärfen, aber als politische Notwendigkeiten anzuerkennen sind. Im kybernetischen Modell dagegen wird in die Zukunft gedacht. *Karl W. Deutsch* stellt in seinem Werk: »The Nerves of Government« von der Kybernetik her mehrere Ansatzpunkte heraus, die zu einer Dynamisierung der Politik führen können.[42]

Kommunikation und Information sind in faktischen komplexen politischen Ordnungen, wie es die gegenwärtigen großen Demokratien sind, so erklärt Deutsch, nicht einseitig, das heißt, sie laufen nicht nur von oben nach unten, sondern auch von unten nach oben. Die Verweisungen sind aber nicht nur auf Systemimmanenz einzuschränken. Bei komplexen kybernetischen Systemen ist auch das Verhalten zur Außenwelt, das heißt politisch gesehen, zu anderen Gruppen entscheidend. Optimale Information und Kommunikation bedeuten, daß sich das System ständig mit der Umwelt auseinandersetzt und sich im Blick auf diese programmiert. Diese Bewegtheit ist nur möglich aufgrund einer Operationalisierung der politischen Grundbestimmungen. Das Gesamtziel ist dabei die Steigerung der Kreativität, das heißt der selbständigen Freiheit zu möglichen Entscheidungen. Bestimmungen wie Autonomie und Selbständigkeit sollen als »lebensfördernde Verhaltensmuster« im Sinne eines allgemeinen Wachstums aktualisiert werden. Deutsch hat die einzelnen Komponenten dieses Wachstums herauszustellen gesucht. Wesentlich ist dabei die Ausrichtung am Prinzip der Integration. Deutsch erklärt: »Das Wachstum des gesamten Entscheidungssystems ist also auch zu messen am Fortschritt einer zugleich ineinandergreifenden und differenzierenden Autonomie der Teilsysteme und somit an der Entwicklung eines Faktors, den manche Psychologen als *integratives Verhalten* bezeichnet haben. Eine verstärkte Bereitschaft zu integrativem Verhalten – das die Autonomie der integrierten Einheiten nicht zerstört – kann wiederum in Zusammenhang stehen mit der Fähigkeit einer Gesellschaft oder eines Staates, mit anderen Gesellschaften oder Staaten umzugehen, ohne daß es gleich zum Selbstmord oder zur gegenseitigen Zerstörung kommt.«[43] Dieser Faktor des integrativen Verhaltens wird heute immer wieder herausgestellt. Er ist in der Tat wesentlich, auch wir haben auf ihn hingewiesen, als wir die Frage übergreifender geschichtlicher Gesamtsubjekte diskutierten.

Freilich, diese Theorien sind durch gewisse Vorurteile bestimmt. Zunächst: Man hat eingewandt, daß die hier entworfenen politischen Modelle rein formal seien, sie paßten auf jedes System, sei es demokratisch oder diktatorisch. Dieser Vorwurf erscheint uns nicht ganz angemessen. Die entscheidenden Faktoren – Information und Kommunikation – sind im Sinne einer kontrollierenden Rückkoppelung nur in einer Demokratie möglich. Das eigentlich Verfehlte liegt unserer Meinung nach darin, daß das technologische Modell als wirkliche Struktur verstanden wird und daß man aufgrund dieser Gleichung von Modell und Realität vermeint, technische Verbesserungen würden sich unmittelbar realpolitisch auswirken. Diesem Ansatz entsprechend werden negative Verhaltensweisen als bloße Funktionsstörungen ausgegeben.

Will man diesen Systemen gerecht werden, so ist es notwendig, die technologisch ausgerichteten Analysen angemessen zu »orten«. Auch wenn die hier entworfenen Systeme zeitgemäß sind, so bilden sie nicht einfach unsere Wirklichkeit ab. Es erscheint uns daher verfehlt, wenn man diese Modelle als Ersatz für frühere realpolitische Möglichkeiten ansetzt. Man kann kaum sagen, daß an die Stelle der Politik, die vom realen Handeln einzelner Menschen oder Gruppen unter dem Gesichtspunkt der Macht – Macht wesentlich als gewaltsame Durchsetzung verstanden – bestimmt war, nun bereits die Politik getreten sei, die vom Prinzip des Verteilersystems und der sich ausbalancierenden sozialen Instanzen bedingt sei. Die Bestimmungen, die in diesen Analysen entwickelt werden, sind zunächst Bestimmungen, die nur für das System und im System gelten. Die société machine, deren Indiz reibungslo-

ses Funktionieren ist, ist auch heute noch nicht reale Tatsächlichkeit. Die Wirklichkeit ist nach wie vor durch Zufälle, durch Emotionen und Aggressionen bedingt. Das besagt aber: die reale Politik ist als geschichtliches Geschehen nicht rein technisierbar.[44]
Anders formuliert: wäre die Technologie eine ausreichende Garantie des glücklichen Lebens, dann könnte man sich ernsthaft überlegen, ob ihr nicht unter dem Gesichtspunkt des größten Glücks der größten Zahl ein uneingeschränkter Vorzug zukäme. Die Technologie ist aber nicht autonom. Sie wird durch das negative Tun der Menschen ständig gefährdet. Die Politik hat daher gerade die Aufgabe, die positiven Möglichkeiten der Technologie gegen Mißbrauch zu schützen. Das besagt aber: die Politik erweist sich als die umfassendere Dimension. Durch das politische Tun kommen die Negativitäten zustande und durch das politische Tun allein können sie verhindert oder gemildert werden. Wir wollen nicht – um es noch einmal zu sagen – die Politik um ihrer selbst willen gegen die Technologie ausspielen. Die Technologie und mit ihr die Wendung zur Rationalität ist durchaus als Fortschritt zu werten. Aber die Rationalität und die Technologie allein genügen nicht; sie sind als solche keine *eindeutigen* Positiva. Wir haben bei der Erörterung der Aggression gesehen, daß Rationalität auch in den Dienst der Negation gestellt werden kann, wodurch deren Wirkung eigentümlich radikalisiert wird.[45]

Zusatz während der Korrektur. Zur Problematik der Friedensforschung. – In den letzten Jahren hat sich die Friedensforschung in den westlichen Ländern erheblich verstärkt. Diese Tatsache stellt als solche einen Fortschritt dar. Sicher: ein Nachdenken über den Frieden ist noch kein Bewirken des Friedens. Gleichwohl: hier zeigt sich eine auch für die ethische Einstellung bedeutsame Wandlung an. Nicht mehr der Krieg, sondern das friedliche Miteinander, oder vorsichtiger formuliert: der »negative Friede« als der Nichtkrieg gilt als das, woraufhin man sich orientiert.

Es kann hier nicht unsere Aufgabe sein, die möglichen Varianten der Friedensforschung im Detail aufzuweisen. Wir erörtern nur im Anschluß an den letzten Abschnitt, der die Vorteile und Nachteile einer Rationalisierung der Politik erörtert, eine gewisse Einseitigkeit, die durch die *Verwissenschaftlichung der Friedensforschung* gegeben ist.[46]

So notwendig es ist, die möglichen Ursachen bewaffneter Konflikte in vielfältiger Hinsicht, also sowohl unter politischem als auch unter sozialem oder anthropologischem Aspekt zu untersuchen, solche Analysen können nicht wertneutral sein, und vor allem: sie dürfen sich nicht der Schematik der analytischen Wissenschaftstheorie problemlos überlassen. Ansonsten verliert der *praktisch-ethische Aspekt* der Friedensforschung zugunsten einer rein theoretischen Analyse, die sich auf der Ebene der Allgemeinheit und Grundsätzlichkeit bewegt, seinen notwendigen Vorrang. Wir suchen dieses kurz zu verdeutlichen.

Dieter Senghaas entwirft ein Schema der methodologischen Grundfragen der Friedensforschung. Es sind zu unterscheiden: wissenschaftstheoretische, fachspezifischmethodische, forschungsstrategische und forschungstechnische Fragen.[47] Zwischen diesen Fragestellungen gibt es natürlich Verweisungen. Aber grundsätzlich gesehen: die fachspezifischen Probleme der Friedensforschung setzen die allgemein gültigen Theorien wissenschaftlich-analytischer Arbeit voraus.

Das bedeutet vor allem: man muß zunächst eine *Definition des Krieges* zu geben versuchen. Natürlich soll dies auf empirischer Grundlage geschehen. Bereits hier entstehen Schwierigkeiten. Ethnologen erklären zum Beispiel, wenn unter Krieg das sanktionierte Töten der Angehörigen einer gegnerischen Gruppe verstanden wird, dann wäre den Eskimos der Begriff »Krieg« nicht bekannt. Oder moderne Politologen weisen darauf hin, daß die traditionell angemessene Aussage, daß zum Krieg eine Mobilmachung und eine Kriegserklärung gehört, heute nicht mehr ausnahmslos gilt.[48]

Man erkennt, daß es nicht gelingt, eine angemessene Definition des Krieges zu geben. Also setzt man Definitionen als Arbeitshypothesen an und subsumiert darunter die vielfältigen Konfliktphänomene von Großgruppen, die man im allgemeinen umgangssprachlich als Kriege bezeichnet. Diese Klassifikation bleibt jedoch problematisch und muß ständig modifiziert werden. Im Beispiel: man weiß, daß heute Kriege die Tendenz haben, sich zu Weltkriegen auszuweiten, die zu radikaler Vernichtung führen können und daß gerade deswegen sich die Politiker und sogar die Militärs zurückhalten, so daß faktisch Kriege als »schmutzige und brutale Kleinkriege«, unter Umständen als Partisanenkriege, geführt werden. Solche historisch bedingten Konstellationen lassen sich nur sehr künstlich in allgemeine Einteilungsschemata des »Krieges überhaupt« einordnen.[49]

Noch prekärer ist die Situation, wenn man auf die *psychologische Seite* eingeht. Kriege sind anthropologisch gesehen *Aggressionshandlungen*, also muß man das Wesen der Aggression erforschen. Hier sind nun zunächst die Theoreme der möglichen Deutung von Aggression *überhaupt* zu diskutieren. Ebenso sind die Erscheinungsformen der Aggression zu klassifizieren, wobei man insbesondere Aggression des einzelnen von der Aggression der Großgruppen zu unterscheiden hat.

Diese Untersuchungen sind nicht als solche verfehlt. Gleichwohl wirken sie in ihrer Grundsätzlichkeit *abstrakt*. Die Gegenwart und ihre *spezifische* Kriegs- und Friedenssituation erscheint als ein Fall, der neben andere geordnet wird und auf *allgemeine Merkmale* hin untersucht werden soll. Wir meinen dagegen, daß es notwendig ist, nicht nur von der Gegenwart auszugehen, sondern sie beständig im Blick zu behalten, und zwar unter dem Gesichtspunkt der *möglichen Praxis*. Der Friedensforscher ist als solcher in Personalunion, das heißt als »Gelehrter und Mensch«, mit der Aufgabe belastet, Chancen des Friedens heute zu bedenken. Er wird sicher nicht Kriege aus der Welt schaffen. Aber auf die Möglichkeit des »negativen Friedens« hin hat er seine *eigene Situation* zu erforschen. Der Sinn der Friedensforschung ist nicht – noch einmal sei es gesagt –, die Gegenwart unter allgemeine Bestimmungen von Kriegshandlungen zu subsumieren, sondern durch den abhebenden Vergleich unsere spezifischen Möglichkeiten genauer zu erfassen.

Will man Friedensforschung als Gegenwartsanalyse betreiben, so ist es angebracht, den ethischen und praktischen Aspekt mit dem sozialen und politischen von vornherein zu verbinden. Wir verdeutlichen kurz dies Verfahren und greifen beispielhaft auf allgemein bekannte Sachverhalte zurück, an die zu erinnern aber notwendig ist.

Gegenwärtige Kriege sind heute weitgehend immer noch *Prestige-Kriege*, das heißt Kriege, in denen es um den Anspruch der allgemeinen Geltung geht. Im Beispiel Amerikas: Amerika ist nach Meinung maßgebender Amerikaner moralisch und materiell die Nation des Fortschrittes, Amerika fällt »daher« die Aufgabe zu, »den kommunistischen Welteroberungsdrang zu stoppen«. Dies Sendungsbewußtsein ist nun aber mit der Angst vor den Kriegsfolgen verbunden. Der Spannungszustand zwischen Prestigedenken und dieser Angst ermöglicht es, das Erstreben des *Patts* zwischen den großen gegnerischen Gruppen als Idealzustand anzusetzen, wobei zugleich aber die *Eskalation* als Schutzmaßnahme weiter zu betreiben ist. An dieser indirekten Kriegsförderung sind bestimmte Politiker und insbesondere die Militärs interessiert. Ihre Tendenz aber wird nun ständig vom *sozialen Gesichtspunkt* her unterlaufen. *Seymour Melman* erklärt: »Politische Entscheidungsträger, die mit den Mitteln der militärischen Macht operieren, um ihre Entscheidungen nach innen und nach außen durchzusetzen, sind natürlich auf die Erhaltung und den Ausbau der militärischen Institutionen angewiesen. Aber ihre Politik wird durch die hocheffektiven labilisierenden Auswirkungen frustriert, die der Vorrang des Militärischen in den entwickelten wie den Entwicklungsländern hat. In den Vereinigten Staaten z. B. schließen die gegenwärtigen militärischen Prioritäten eine sinnvolle ökonomische Entwicklung im Inneren aus. Die inneren Unruhen gegen die bestehenden Lebensverhältnisse werden wahrscheinlich so lange anhalten, bis die rebellierenden Bevölkerungsteile entweder ausgerottet, gefangengesetzt oder ihre nach unseren kulturellen Normen berechtigten Forderungen durch großangelegte ökonomische Entwicklungsprogramme befriedigt worden sind.«[50]

Man sieht: beide Faktoren, der militärpolitische und der soziale, stehen im Widerstreit. Damit aber – und darauf sollte hier hingewiesen werden – ist für die konkrete Friedensarbeit eine Möglichkeit eröffnet. Man muß vom sozialen Aspekt – als dem innenpolitisch vordringlichen – her die Amoralität der Kriegsförderung und der Kriegsvorbereitung immer erneut herausstellen. Dies ist vornehmlich eine Aufgabe der Intellektuellen. Die Argumentation gegen den Krieg von sozialen Gesichtspunkten her läßt sich aber von weltanschaulichen Aspekten ablösen. Deswegen können verschiedene Gruppen hier zusammenarbeiten. Die reale Friedensarbeit ist nicht auf die gesinnungsmäßig eindeutig festgelegten Pazifisten einzuschränken.

Ein weiterer Sachverhalt sei angedeutet: Reale Friedensarbeit – so problematisch ist die Lage – schließt unter Umständen einen Aufstand oder einen Krieg nicht aus. Es kann, geschichtlich betrachtet, notwendig sein, um dauerhaftere, d. h. vom sozialen und politischen Aspekt her gesehen: bessere, Friedenskonstellationen zu erreichen, »einen Konflikt zu inszenieren«. Hier gibt es keine klaren Richtlinien. Wie schwierig es ist, in einem solchen Fall einen Krieg *grundsätzlich* zu ächten, sei an einem Beispiel erläutert, dem kurzen Krieg zwischen Indien und Pakistan im November 1971. Indien begann den Krieg und zwar weitgehend aufgrund pragmatisch-politischer Überlegungen. Es hatte sich durch ein Bündnis mit Rußland vorher abgesichert; und vor allem: es konnte damit rechnen, das militärisch unterlegene Pakistan bald zu besiegen. Indien und Pakistan wurden von den Vereinten Nationen zum Einstellen der Gewalthandlungen aufgefordert. Daß Indien dieser Aufforderung nicht Folge leistete und daß dies Verhalten von den Sowjets gebilligt wurde, erscheint nun amoralisch, selbst wenn man in Rechnung stellt, daß Indien nach dem entscheidenden Sieg die Kriegshandlungen einstellte, und Indira Gandhi nun »zur Demut« aufforderte. Gleichwohl: die vorzeitige Einstellung des Krieges hätte zur Folge gehabt, daß geographisch, politisch und sozial unhaltbare Zustände sanktioniert worden wären. Die Befreiung Ostpakistans und seine Konstituierung als selbständiger Staat wurde erst durch den Krieg erreicht. Hier zeigt sich das Dilemma. Die Vereinten Nationen – und hier vor allem die Gegner Indiens – argumentierten »vollkommen moralisch«. Sie verurteilten *jegliche* Anwendung von Gewalt und brandmarkten sie grundsätzlich als verwerflich. Das bedeutet aber konkret: sie bestanden auf der Beibehaltung der gegebenen Grenzen, wobei sie wußten, daß diese Grenzen sinnlose

Zufallsprodukte früherer Kolonialmächte waren. Die Aktion der Inder, durchaus von eigenem Interesse geleitet, war dagegen vom geschichtlichen Aspekt her gesehen *fortschrittlich* und sogar »ethisch fundiert«, insofern sie auf das Selbstbestimmungsrecht der Ostbengalen zurückgriff und diesen zum Siege verhalf.[51]

Dies Beispiel zeigt: die Entscheidung über Krieg und Frieden kann verantwortungspolitisch gesehen nie abstrakt, sondern nur situativ erfolgen. Der Politiker muß aber dabei bedenken, ob er eine Verbesserung der realen Weltsituation anstrebt oder ob seine Entscheidung nur von dem Prestige- und Machtwillen des eigenen Volkes bestimmt ist. –

Es ist eine vorzügliche Aufgabe der Friedensförderung, den zugespitzten Situationen vorzugreifen, insbesondere durch Schaffung internationaler Institutionen, zum Beispiel durch die Kontrolle über die Lebensmittel, das Bankwesen, die Kommunikationsmittel, die Polizeiaufgaben, den Reiseverkehr, die Bevölkerungswanderungen, den Schutz der natürlichen Umwelt (Margaret Mead).[52] Das Wesentliche ist in allen diesen Fällen die Förderung einer verzahnten, das heißt, verschiedene Nationen oder Machtblöcke umgreifenden *Interessenpolitik*, die es sinnlos macht, die Interessen der einzelnen Partner noch sachangemessen durch Kriege zu erfüllen.

Die Förderung der *Verständigungsbereitschaft* ist aber nicht nur Sache der progressiven Technologie. Wesentlich sind hier nach wie vor die Bemühungen der Politiker selbst. *Willy Brandts* »Verständigung mit dem Osten« mag als ein Beispiel dafür gelten, daß eine Umorientierung der Massen in politischer Hinsicht möglich ist. Anfänglich als würdelos oder illusorisch gekennzeichnet, wird diese Politik heute weitgehend als an der Zeit, das heißt als durchaus realistisch anerkannt. Willy Brandt hat diesen Realismus selbst herausgestellt: »Der Übergang von der klassischen Machtpolitik zur sachlichen Friedenspolitik, die wir verfolgen, muß als der Ziel- und Methodenwechsel von der Durchsetzung zum *Ausgleich der Interessen* begriffen werden.«[53]

Der Faktor *Umerziehung* stellt eine, wenn nicht die entscheidende »anthropologische Funktion« der Friedensforschung dar. Umerziehung ist ein vorgreifendes Verfahren, das die Vorstellung, daß der Krieg die ultima ratio und als solche unvermeidbar sei, problematisieren soll. Hier hat die Friedensforschung bereits Wesentliches geleistet, zum Beispiel durch modellhaftes Durchspielen von Konflikten unter dem Gesichtspunkt nicht-gewaltsamer Lösungen[54]

Eine Voraussetzung für die Umerziehung ist das Verstärken der *Angst* vor dem Krieg. Die Analysen *von Weizsäckers* weisen immer wieder exakt auf die heute bestehenden Möglichkeiten der totalen Vernichtung hin. Dies zeigt insbesondere der von ihm herausgegebene Sammelband »*Kriegsfolgen und Kriegsverhütung*«. Sicher: Wieweit es möglich ist, durch Analysen der negativen Folgen reale Angst *im vorhinein* zu erzeugen, ist psychologisch nicht eindeutig auszumachen. Faktisch hat bisher diese Angst jedoch eine gewisse Wirkung gehabt. Gerade bei dieser Angst muß der moralische Appell *ansetzen*. Man muß zeigen, daß der primitive Instinkt der Selbsterhaltung – der metus mortis im Sinne von Hobbes – nur dann seine Erfüllung findet, wenn man sein Denken und Handeln nicht auf den Krieg, sondern den Frieden hin ausrichtet. Daß Erweckung der vitalen Lebensangst und der moralische Appell zusammengehen müssen, hat bereits *Jaspers* in seinem Buch über die Atombombe klar gezeigt, dessen Ansatz wir im zweiten Teil erörtert haben.[55]

Wir brechen diese Bemerkungen, die natürlich vielfältig zu ergänzen wären, ab.

Sie sollten nicht die wissenschaftliche Friedensforschung als solche abwerten, sondern nur darauf hinweisen, daß diese Forschung nicht als wertneutrale Wissenschaft etabliert werden darf. Von Weizsäcker hat den praktisch-moralischen Aspekt der Friedensforschung durch einen einfachen Vergleich verdeutlicht. Die Medizin ist als Fach nicht durch einen eindeutig eingegrenzten Gegenstandsbezug, sondern durch ihre *praktische* Aufgabenstellung bestimmt. Ihr Ziel ist die Förderung der Gesundheit. Diese Förderung ist notwendig, weil es Krankheit gibt. Analoges gilt für die Friedensforschung: Die Friedensforschung ist notwendig, weil es Kriege gibt. Von Weizsäcker erklärt in diesem Zusammenhang: »Friedensforschung kann im Grunde nur heißen, diejenige Art von Wissenschaft zu treiben, die von dem praktischen Gesichtspunkt bestimmt ist, Frieden möglich zu machen, Frieden herzustellen. Friedensforschung scheint mir also mehr ein Name für einen integrierenden, die Aktivität leitenden Gesichtspunkt der Wissenschaft zu sein als für eine besondere Wissenschaft.«[56]

Die gegenwärtigen Möglichkeiten einer Humanisierung des politischen Lebens. Marxismus und Liberalismus

Wir haben im vorhergehenden die politische Situation in ihrer allgemeinen Struktur zu klären gesucht, indem wir das Problem des Weltfriedens diskutierten und die Möglichkeit einer Rationalisierung und Technisierung der Politik erörterten. Wir wollen jetzt die Frage direkt angehen, wie heute Politik und Ethik miteinander vermittelt werden können oder vorsichtiger formuliert: wir wollen fragen, welche Möglichkeiten einer *Humanisierung* des politischen Lebens *gegenwärtig* bestehen. Wir suchen die sich hier ergebenden Fragen zunächst durch einen Hinweis auf den Marxismus zu charakterisieren. Es geht uns jetzt nicht um historische Details in der Entwicklung der marxistischen Theorien, sondern nur darum, am Marxismus gegenwärtige Möglichkeiten einer Verbindung von Politik und Ethik zu zeigen. Die Voraussetzung dabei ist allerdings, daß der Marxismus heute als *Orientierungspunkt* einer solchen Überlegung nicht nur fungieren kann, sondern fungieren muß, auch wenn sich seine Begrenztheit zeigt.[57]

Erstens: Der Marxismus hat ideologisch das grundlegende Ziel alles politischen Tuns eindeutig herausgestellt. Es geht nicht um die Festigung von Machtpositionen einer Gruppe im Gegenzug zu anderen, sondern um die Verbesserung menschlicher Lebensverhältnisse überhaupt. Marxistisch formuliert: das Ziel des politischen Handelns ist die Konstitution der klassenlosen Gesellschaft oder, mit unseren früheren Bestimmungen geredet, es geht darum, Rahmenbedingungen für die Herstellung des größten Glücks der größten Zahl zu schaffen.

Zweitens: Der Marxismus hat klar erkannt, daß eine politische Änderung nicht durch eine Ethik zu erbringen ist, die zeitlosen Prinzipien einer verinnerlichten Moral folgt. Eine solche Änderung muß durch die geschichtliche Konstellation vorbereitet und ermöglicht sein. Auch diese Einsicht, daß das geschichtliche Geschehen eine bedingende Macht darstellt und daß es notwendig ist, die geschichtlichen Trends zu beachten, haben wir wiederholt herausgestellt.[58]

Drittens: Geschichtliche Änderungen sind, so lehrt der Marxismus, Änderungen der gesellschaftlichen Verhältnisse. Diese Änderungen können nur von maßgebenden Gruppen betrieben werden. Diese Gruppen sind die eigentlichen Geschichtssubjekte.

Sie bilden sich aufgrund bestimmter realer, vorwiegend ökonomisch oder produktionstechnisch bedingter Konstellation. Auch auf diesen Ansatz haben wir mehrfach hingewiesen.

Überblickt man die Verwirklichung dieses Konzeptes, so zeigen sich erhebliche Modifikationen. Der Marxismus ist, so heißt es, gerade in den Ländern, in denen er sich durchsetzte, zu einer politischen Größe alten Stils geworden. Die sozialistischen Staaten stellen in sich konzentrierte Machtkomplexe dar, die anderen Positionen eindeutig feindlich gegenübertreten. Das Denken im Freund-Feind-Schema hat sich, so wird behauptet, hier sogar verschärft. Der Marxismus setzt aufgrund seiner »weltanschaulichen Menschheitsmission« seine politische Stoßrichtung absolut, er sucht allen nichtsozialistischen Ländern seine Doktrin aufzuzwingen, um die Menschheit vom Kapitalismus als vom Verderben zu erlösen. Dem außenpolitischen Anspruch der Weltrevolution entspricht innenpolitisch die Diktatur. Jeder Abweichler muß liquidiert werden, äußerlich und innerlich – man denke an die Schauprozesse in der Sowjetunion. Diese kaum leugbaren Tatsachen werden von Marxisten und Nicht-Marxisten diskutiert. Es kann hier nicht unsere Aufgabe sein, die vielfältigen Argumente dieser Kontroverse zu wiederholen. Wir legen nur das Fazit dar, soweit es für unseren Zusammenhang wesentlich ist.

Politik läßt sich – so heißt es von kapitalistischer und liberalistischer Seite her – nicht weltanschaulich fundieren. Wenn man die Politik gesinnungsmäßig ausrichtet, so kommt ein Doktrinarismus zustande, dessen politische Struktur folgerichtig die Diktatur ist. Das Experiment des Marxismus ist gescheitert. Die Gegenseite hat es nicht leicht, diese Argumente zu entkräften. Hier finden sich sehr unterschiedliche Positionen. Auf der einen Seite stehen die reinen Dogmatiker – es sind zumeist die Funktionäre im Parteiapparat –, für die die gesamte Entwicklung mit innerer Notwendigkeit abläuft. Die offensichtlichen Mängel werden zugegeben, aber als Übergangserscheinungen deklariert: solange der Kommunismus sich noch nicht eindeutig durchgesetzt hat, bleiben die Gewaltsamkeiten und Ungerechtigkeiten der alten Welt noch bestehen. Diesen maßgebenden Doktrinären, die zum Teil zugleich große Realpolitiker sind – man denke an Lenin –, stehen nun aber einzelne oder kleine Gruppen entgegen, die das Problem des »unethischen Vorgehens« allseitig und ohne Beschönigung diskutieren, gleichwohl den Marxismus als solchen aber nicht aufgeben wollen. Das zeigen entsprechende Diskussionen in den sozialistischen Ländern, insbesondere der Tschechoslowakei und Jugoslawien. Die Tatsache, daß der Sozialismus sich in diesen Staaten durchgesetzt hat, wird als Positivum gewertet und als Grundvoraussetzung anerkannt. Es geht jetzt darum, so erklärt man, eine Liberalisierung durchzuführen im Gegensatz zu doktrinärer Gewalt und technologischer Bürokratisierung. Hier werden nun Probleme erörtert, die in mancher Hinsicht an die traditionelle Diskussion des Bezuges von Politik und Ethik erinnern, so vor allem die Frage: wie weit darf, soll und kann das Individuum gegen eine an sich bejahte Entwicklung angehen, wenn diese an bestimmten Punkten und in besonderer Hinsicht nach der Überzeugung dieses Individuums nicht richtig verläuft. *Mihailo Markovic* – um nur ein Beispiel anzuführen – beantwortet diese Frage, indem er erklärt, »daß der einzelne, der überzeugt ist, daß gewisse konkrete Entscheidungen nicht mit den Grundzielen und -werten übereinstimmen, gegen diese Entscheidung kämpfen muß, wenn er seine moralische Integrität wahren will«.[59] Markovic erörtert den Begriff »überzeugt« ausführlich. Überzeugung darf nicht nur subjektiv begründet sein, man muß nach reiflicher Überlegung zum Schluß gekommen sein, daß in dieser Situation das Programm der Partei eigentlich die Lösung verlangt, zu der man sich als dieser einzelne durchgerungen hat.

Diese Diskussion in den Ostblockstaaten hat insbesondere im französischen Bereich gewisse Parallelen. Aufschlußreich sind die Schriften von Garaudy, Sartre und Merleau-Ponty. *Merleau-Ponty* versucht die Geschichte des Kommunismus unter dem Gesichtspunkt der Dialektik von Humanismus und Terror darzustellen und zwar zunächst »systemimmanent« als Problem des Kommunismus selbst.[60] Es geht Merleau-Ponty nicht darum, den Kommunismus an liberalen Einstellungen zu messen – diese sind in ethischer Hinsicht, wenn man auf die Realität blickt, auch nicht besser als die kommunistische Praxis –, sondern um die Frage, ob der Kommunist die Gewalt rechtfertigen kann, wenn sie sich in den Dienst des Fortschritts stellt. Merleau-Ponty beantwortet die Frage nicht mit einem runden Ja oder Nein. Er hebt immer wieder hervor, daß der Kommunismus eine geschichtliche Bewegung ist. Eine geschichtliche Bewegung ist aber immer in ethischer Hinsicht zweideutig. Der Politiker muß sich hier an reellen Möglichkeiten orientieren, er kann sich nicht »moralisch absichern«. Die Gedankengänge Merleau-Pontys gehören zum Besten, was über das Verhältnis von Politik und Ethik heute gesagt wird. Wir werden auf sie noch zurückkommen. –

Überblickt man diese Diskussionen im ganzen, so zeigt sich, daß der Marxismus – ebenso wie der Liberalismus – zumeist nicht als geschichtliches Phänomen verstanden wird, wie es bei Merleau-Ponty geschieht, sondern als absolute Position, der unbedingte Wahrheit zu- oder abgesprochen werden kann. Es ist sicher möglich, sowohl für die eine als auch für die andere Bewegung einleuchtende Vorzüge in grundsätzlicher Hinsicht anzuführen. So hat der Sozialismus, wie wir darlegten, das Positivum für sich, eine Verbesserung der menschlichen Lage als das Ziel des politischen Handelns herauszustellen, dem alles andere unterzuordnen ist. Und für den Liberalismus ließe sich als Pluspunkt anführen, daß er dem Individuum von vornherein Freiheit und Selbständigkeit einräumt und darauf aus ist, die Bedingungen dafür ins Zentrum zu stellen. Gleichwohl: solche Argumentationen befriedigen nicht; sie bleiben abstrakt. Demgegenüber gilt es, den Marxismus und den Liberalismus als geschichtliche Möglichkeiten von der gegenwärtigen Situation her zu reflektieren.

Eine solche Reflexion muß zunächst eine einfache politische Bestandsaufnahme zu geben versuchen, deren Sinn es ist, die politischen Fakten herauszustellen. Es ist klar, daß jede politische Analyse wertend vorgeht. Ob ich als überzeugter Kommunist oder als überzeugter Liberaler meine Analysen durchführe, dies wirkt sich in den Befunden aus. Immer schon wird das politisch zu erstrebende Gesamtziel meine Überlegungen so bestimmen, daß ich die Bestandsaufnahme auch im Detail danach ausrichte. Alle diese Einwände ändern aber nichts daran, daß die politische Bestandsaufnahme als Analyse von Fakten und Chancen nicht am Wunschbild einer intakten Welt zu messen ist, sondern den realen Zustand einer Welt von unterschiedlichen Machtpositionen, die miteinander in Konflikten stehen, zur Grundlage zu nehmen hat.

Konkret: Der westliche und der östliche Machtblock stehen – wie wir sahen – zur Zeit in einem gewissen Gleichgewicht. Dies Gleichgewicht ist labil. Es wird gestört durch Aufkommen neuer Mächte, die nicht ohne weiteres den östlichen und westlichen Machtzentren zuzuordnen sind, wie China und Japan; sodann durch die

»Dritte Welt«, das heißt die Welt der unterentwickelten Länder, um die sich die beiden Blöcke konkurrierend mit wechselndem Erfolg bemühen. Die Unausgeglichenheit der politischen Situation gründet geschichtlich gesehen weitgehend in der kulturell-zivilisatorischen Unterschiedlichkeit der verschiedenen Länder. Wenn man die gegenwärtige Situation angemessen erfassen will, ist es daher unbedingt notwendig, diese Unterschiedlichkeit zu beachten.

Es besteht – wir vereinfachen jetzt um willen der Situationsklärung – gegenwärtig ein Gefälle an Wohlstand, Liberalisierung und Demokratisierung zwischen dem Westen, das heißt, Amerika und Westeuropa einerseits und bestimmten Ostblockstaaten, China und den unterentwickelten Ländern in Südamerika, Asien und Afrika andererseits. Wir reden bewußt von einem Gefälle, auch im Westen gibt es natürlich Armut und Unfreiheit. Gleichwohl ist der Unterschied nicht zu leugnen. Er ist ein geschichtliches Faktum. Sicher hat er auch eine ethische Relevanz. Wenn – um ein Beispiel zu geben – Funktionäre des Ostens ebenso wie die protestierenden Intellektuellen im Westen gegen den Westen den moralischen Vorwurf erheben, sein Wohlstand beruhe auf der, Kolonisation genannten, Ausbeutung fremder Länder, so ist das nicht ganz abwegig. Aber es fragt sich, ob diese Einsicht in das moralisch gesehen verfehlte Tun der Vergangenheit, das sich in der Gegenwart durchaus noch fortsetzt, genügt, um eine Änderung zu erwirken. Die meisten geben zu, daß die Aufgabe unabdingbar ist, einen Weltausgleich zu schaffen, das heißt, die Unterschiede insbesondere in ökonomischer Hinsicht zu beseitigen. Und man deklariert mit Recht, daß es notwendig sei, das allgemeine Verantwortungsbewußtsein für die Gesamtmenschheit zu stärken. Man darf hier aber nicht vergessen, daß diese Aufgabe des Ausgleichs nur von der realen Lage her, die durch die Differenz von Kommunismus und »spätkapitalistischer Überflußgesellschaft« bestimmt ist, in Angriff genommen werden kann.

Der *Kommunismus* intendiert die Aufhebung der hierarchischen Strukturen und erstrebt eine Gesellschaft, in der alle in materieller und ideologischer Hinsicht gleichberechtigt sind. Der Ansatzpunkt für eine solche Aufhebung ist grundsätzlich gesehen natürlich immer und überall gegeben, weil es zu jeder Zeit und an jedem Ort Unterdrückte und Erniedrigte gibt. Gleichwohl ist die Notwendigkeit, aber auch die Möglichkeit der Aufhebung besonders dort aktuell, wo radikale Ungleichheit vorliegt und konserviert wird, das heißt, wo aufgrund der Feudalherrschaft die Armen arm und unwissend gehalten werden. Das gilt heute vor allem für Südamerika – jedenfalls weithin – und einen Teil der afrikanischen und asiatischen Entwicklungsländer. Hier hat der Kommunismus gegenwärtig seine Aufgabe und zugleich seine Chance.

Aufgabe und Chance – das ist entscheidend – gehören aufs engste zusammen. Die Unterdrückten müssen nach Marx in quantitativer Hinsicht eine große Menge darstellen und in qualitativer Hinsicht unter dem Existenzminimum leben, damit die Bedingungen des Umschlags wirklich gegeben sind. Der Umschlag selbst kann in diesen Ländern zum Teil nur mit äußerer Hilfe aktualisiert werden. Aber wesentlich ist, daß eine echte Wendung nur eintreten kann, wenn die Unterdrückten selbst zum Geschichtssubjekt werden. Das Wirksamwerden der bisher Unterdrückten geschieht nun keineswegs nach den Prinzipien einer reinen Gesinnungsethik. Um die Aufgaben einer Reform durchzuführen, ist eine straffe und elitäre Organisation von Funktionären notwendig. Man darf nicht »liberal« vorgehen.

Gleichwohl: Nur der Kommunismus und nicht der westliche Liberalismus kann in diesen Ländern, so meinen wir, *wirkliche* Veränderungen schaffen. Es ist *geschichtlich* nicht möglich, daß der Westen, setzen wir einmal voraus, er praktiziere in sich selbst volle Liberalität, seine Struktur unmittelbar in diese Länder verpflanzt. Er kann nur Entwicklungshilfe in technischer und finanzieller Hinsicht leisten. Solche Hilfsmaßnahmen aber heben die hierarchische Struktur dieser Länder nicht auf. Es besteht vielmehr die Gefahr, daß Technisierung und Finanzmaßnahmen wiederum nur der besitzenden Feudalschicht zugute kommen – man denke an die sozialen Mißstände in Südamerika, die durch die amerikanische Hilfe keineswegs aufgehoben, sondern eher gefördert werden. Der Kommunismus dagegen stellt für diese Länder einen wirksame Möglichkeit dar. Er will von Grund aus ändern, das heißt die hierarchischen Verhältnisse als solche aufheben. Setzen wir voraus, daß ihm das nicht ganz gelingen wird, nehmen wir zudem an, daß die Umwälzung auf dem Wege einer Infiltration vor sich gehe, und solchermaßen nicht das Ganze des Volkes unmittelbar durchdringt: die Chance einer *realen* Verbesserung ist auf diesem Wege eben doch größer als bei der humanitären Entwicklungshilfe des Westens. Daran ändert sich auch dann nichts, wenn man sich klarmacht, daß die heute maßgebenden kommunistischen Mächte ihr mögliches Eingreifen in die Situation der Entwicklungsländer, wie wir bereits andeuteten, weitgehend dem Aspekt der eigenen Machtverstärkung unterstellen und nicht – jedenfalls sicher nicht primär – vom ursprünglichen marxistischen Welterlösungsdrang beseelt sind.

Wir brechen diesen Hinweis ab und stellen das für uns Wesentliche heraus. Es gibt in bezug auf die Möglichkeiten der Weltverbesserung, insofern diese politischer Natur ist, keine eindeutigen und zwingenden Anweisungen. Die politische Entscheidung ist, als auf Erfolg bezogen, immer ungewiß und nie im absoluten Sinne zu rechtfertigen oder zu verwerfen. Erfordert ist aber vom ethischen Aspekt her, daß man sich überhaupt politisch entscheidet und nicht in die Welt der Innerlichkeit zurückzieht und solchermaßen die politische Ebene ausklammert. –

Merleau-Ponty hat, wie wir bereits andeuteten, die Ungesichertheit der politischen Entscheidung und ihrer ethischen Rechtfertigungen immer wieder am Beispiel des Kommunismus herausgestellt und vom Phänomen der Geschichtlichkeit her zu deuten versucht. Er geht in seinen Büchern »Humanismus und Terror« und »Die Abenteuer der Dialektik«[61] polemisch vor. Er richtet sich gegen zwei Positionen, die seiner Meinung nach das angemessene Verständnis der Politik verfälschen. Die eine ist der orthodoxe Marxismus. Dieser Marxismus ist absolut geschichtsgläubig. Er vermeint, Geschichte sei eindeutig, sie kenne kein Schwanken, aber auch keine Rücksicht auf einzelne Subjekte, sondern gehe unbeirrbar auf ihr Ziel zu. Das bedeutet aber: der Kommunist, der das Ziel kennt, kann von ihm her jedes Mittel sanktionieren, insofern es auf die Verwirklichung des Zieles objektiv ausgerichtet ist. Von hier aus werden, so legt Merleau-Ponty dar, die Moskauer Schauprozesse gerechtfertigt. Die Angeklagten waren im Unrecht, weil sie sich auf ihre private Meinung verließen. Sie müssen zur Rechenschaft gezogen werden, denn auch wenn man ihnen subjektive Redlichkeit zubilligt, sind sie objektiv Verräter. Der orthodoxe Kommunist spricht von historischer Verantwortlichkeit, und diese überholt, wie Merleau-Ponty sagt, »die Kategorien des liberalen Denkens: Absicht und Tat, Umstände und Willen, Objektives und Subjektives. Sie erdrückt das Individuum in seinen Taten.«[62]

Merleau-Ponty greift zur Verdeutlichung dieser Geschichtskonzeption des orthodoxen Kommunismus auf Hegels Analyse der Französischen Revolution zurück und erklärt: »Hegel sagte, der Terror sei in die Praxis umgesetzter Kant. Von der Freiheit, der Tugend, der Vernunft ausgehend, enden die Männer von 1793 bei der nackten Autorität, weil sie sich als Träger der Wahrheit wissen, weil diese Wahrheit, verkörpert im Menschen und einer Regierung, augenblicks von der Freiheit der Anderen bedroht wird, und weil der Regierte als Anderer ein *Verdächtiger* ist.«[63]

Diesem Ansatz gegenüber verweist Merleau-Ponty auf die Kontingenz der Geschichte: »Es liegt in der Geschichte eine Art Fluch: sie tritt an die Menschen heran, führt sie in Versuchung, läßt sie glauben, in dieselbe Richtung zu gehen wie sie, und plötzlich entzieht sie sich, das Ereignis verändert sich, beweist in der Tat, daß anderes möglich war.«[64] Es gibt keinen objektiv einsichtigen geschichtlichen Verlauf, sondern immer nur ein vom Menschen gedeutetes Geschehen. »In der Richtung der Geschichte gehen, das wäre ein einfaches Rezept, wenn in der Gegenwart die Richtung der Geschichte augenfällig wäre.«[65] Diese Vieldeutigkeit des Geschehens besagt nun aber nicht, daß die bloß subjektive Auslegung das letzte Wort sei. Es gibt objektive Trends. Merleau-Ponty selbst ist von der geschichtlichen Mission des Marxismus überzeugt. Er erklärt: »Der Niedergang des proletarischen Humanismus ist keine so entscheidende Erfahrung, als daß sie den gesamten Marxismus annullierte. Als Kritik der bestehenden Welt und der anderen humanistischen Philosophie behält er seine Gültigkeit.«[66]

Merleau-Pontys Analysen werden aber erst ganz verständlich, wenn man die zweite Position bedenkt, gegen die er sich richtet. Dies ist der Existentialismus *Sartres*. Es ist hier allerdings anzumerken, daß Sartres politische Position bedeutsamer ist, als Merleau-Ponty vermeint, insbesondere aus zwei Gründen. Einmal: Sartre hat sich – dies zeigt »Die Kritik der dialektischen Vernunft« – die Frage vorgelegt, was politische Aktion eigentlich heißt, und wie eine solche Aktion möglich ist. Wir werden auf Sartres Idee der Totalisierung durch geschichtliche Gruppenkonstellationen noch zurückkommen. Sodann: Sartre hat von jeher das Problem der »Schmutzigen Hände« bedacht. Das heißt, er hat die Illusion abgewehrt, man könne in der Politik mit reiner Gesinnung Erfolg haben. Gleichwohl hat Merleau-Ponty einen Punkt herausgestellt, der Sartres Werk in allen seinen Phasen bestimmt. Es ist dies die Ausklammerung der konkreten Geschichte. Sartre rekurriert immer wieder auf die Freiheit des Einzelnen. In einem Vortrag auf einer Tagung des Gramsci-Institutes in Rom (1964) hat Sartre diesen Ansatz sehr deutlich herausgestellt. Er kritisiert zunächst den geschichtsgläubigen Positivismus. Dieser bleibt der Vergangenheit verhaftet, sein Tun ist Wiederholung: »Die Vergangenheit beherrscht alles, und das ‹wird›, ist lediglich ein als Futur verkleidetes ›was vorhersehbar war‹. Der Mensch ist sich selber äußerlich wie die Zeit und der Raum.«[67] Dem Positivismus entgegen gilt es die Vergangenheit außer Kurs zu setzen. Der Mensch muß sich als Selbst allererst erschaffen. »Die unbedingte Möglichkeit bestätigt sich als *meine von der Vergangenheit unabhängige mögliche Zukunft*.«[68] Sartre interpretiert von hier aus den Marxismus und erklärt, das sozialistische Ichbewußtsein sei das durch nichts bedingte »Produkt seiner selbst«.

Merleau-Ponty hat die Einseitigkeit dieses Konzeptes erkannt. Sartre verfällt, so sagt er, faktisch einem Marxismus der Innerlichkeit, dessen Prinzip apriorische Moralität ist. Von dieser her fordert Sartre nach Merleau-Ponty eine »permanente Revolution«, deren Sinn es sei, die Zweideutigkeit der Geschichte abzuschaffen. Sartre gerät damit, so sagt Merleau-Ponty, in Gegensatz zu Marx: »Für Sartre ist das Bewußtwerden ein Absolutum; es gibt den Sinn, und wenn es sich um ein Ereignis handelt, unwiderruflich. Für Marx ist das Bewußtwerden – das des Führers wie das der Militanten – selbst eine Tatsache, es hat seine Stelle in der Geschichte, es entspricht oder es entspricht nicht dem, was die Epoche erwartet, es ist vollständig oder unvollständig, bereits bei seiner Entstehung ist es *in* einer Wahrheit, die es richtet.«[69] Anders gesagt: es geht in der Geschichte um das Allgemeine, aber dieses ist nicht direkt sichtbar. Der Mensch muß vielmehr die »Dunkelheit des Geschehens auf sich nehmen und daran mit viel Wagemut ein wenig Wahrheit erzeugen«.[70]

Gerade deswegen fordert das geschichtliche Geschehen den Entschluß heraus. Geschichte, so sagt Merleau-Ponty, gibt eine Marschroute vor, »die sich für uns nur vollendet durch unseren Entschluß; wir haben gesehen, wie das Subjekt dadurch seine Gewißheit findet, daß es sich einer geschichtlichen Kraft anschließt, in der es sich wiederfindet«.[71] Dieser Entschluß ist aber nie isolierbar. »Das Bewußtsein, das wirklich in einer Welt und in einer Geschichte engagiert ist, auf die es Einfluß hat, die es aber überschreitet, ist nicht insular. Bereits in der Dichte des wahrnehmbaren historischen Gewebes spürt es die Bewegung anderer Präsenzen, wie beim Tunnelbau eine Gruppe die Arbeit einer anderen auf sie zukommende Gruppe vernimmt.«[72]

Politisches Handeln ist und bleibt also zweideutig. Es ist einerseits immer ein Wagnis und bewegt sich in einer »Zwischenwelt«. Andererseits gibt es im Geschehen doch Anhaltspunkte, von denen her man sich ausrichten kann. So führt Merleau-Ponty aus, daß die Entscheidung für den Kommunismus selbstverständlich sei, wo nur die Wahl zwischen dem Hunger und dem kommunistischen System besteht. Er erklärt aber sogleich, daß dort, wo moderne Produktionsverhältnisse herrschen, sich für das Proletariat die Frage ergebe, ob der Kommunismus die Kosten wert sei, die er mit sich bringt. Merleau-Ponty meint nun, daß, über solche Alternativen hinausgreifend, sich eine allmähliche Konvergenz zwischen kommunistischen und liberalistischen Staaten anbahne. Es zeichnet sich, so sagt er, »ein allgemeineres Wirtschaftssystem ab, worauf bezogen beide nur Sonderfälle darstellen«.[73] Diese Konvergenz ist jedoch noch nicht reale Wirklichkeit. Es bleibt daher die Aufgabe bestehen, eine Wahl zwischen Kommunismus und Liberalismus zu treffen. Merleau-Ponty entschließt sich – jedenfalls in dem Werk »Die Abenteuer der Dialektik« – für den Liberalismus, weil er meint, daß eine »Aufklärungsbemühung«, die ihm als solche eine unabdingbare Aufgabe zu sein scheint, in den kommunistischen Systemen im Gegensatz zur westlichen Welt unmöglich sei. –

Wir haben im vorhergehenden die gegenwärtigen Chancen des Kommunismus erörtert, zugleich aber zu zeigen gesucht, daß eine Entscheidung für den Kommunismus als alleingültiges System weder politisch noch moralisch mit absoluter Eindeutigkeit zu begründen ist. Diese Aussage gilt in entsprechender Weise dem *Liberalismus* gegenüber. Auch der Liberalismus ist kein System, das absolute Wahrheit beanspruchen kann, aber auch ihm kommt eine bestimmte geschichtliche Mission zu. Dies sei im folgenden durch einige knappe Hinweise erläutert.

Der Liberalismus konstituiert sich als Negation hierarchisch gefügter Ordnungen. Diese Negation vollzieht sich als der allmähliche Vorgang eines Autonomwerdens der einzelnen und zwar auf allen Gebieten. Durch dieses Selbständigwerden ist faktisch die Konkurrenz freigesetzt. Sie wird aber ideologisch tragbar durch das hintergründige Vertrauen auf eine sich selbst herstellende Ordnung des Ganzen.

Der Glaube an das sich ausbalancierende System ist ein Produkt des neuzeitlichen Rationalismus. *Leibniz* hat ihn metaphysisch zu begründen versucht: die einzelnen Individuen sind in sich zentrierte Einheiten, aber sie werden zu einer prästabilierten Harmonie zusammengeschlossen und zwar durch Gott. Diese Konzeption, Gott als Vermittler anzusetzen, wurde als Indiz theologischen Denkens bereits im englischen und französischen Aufklärungsliberalismus aufgegeben. Es gibt nun überhaupt kein übergreifendes »Gesamtsubjekt« mehr, sondern nur die realen Einzelsubjekte. Daß diese zusammen bestehen können, liegt, so wird nun deklariert, an dem natürlichen Gesetzeszusammenhang. Dieser konstituiert die Verträglichkeit. Der Gesetzeszusammenhang ist rational einsichtig und verstehbar und daher gerade nicht drückend, im Gegensatz zu objektiven Herrschaftsmächten, die den Menschen von außen zur Ordnung zwingen. *Leo Kofler* hat in seinem Werk »*Zur Geschichte der bürgerlichen Gesellschaft*« diesen Sachverhalt vorzüglich dargestellt und gezeigt, wie hier der naturwissenschaftliche Gesetzesbegriff anthropologisiert wird.[74] Die Vernünftigkeit ist die Natürlichkeit des Menschen. Dieser Glaube an das Funktionieren des Systems ist – jedenfalls seiner Grundstruktur nach – auch in den Ausformungen des gegenwärtigen Liberalismus noch lebendig.

Der Liberalismus setzt nicht, so könnte man das Dargelegte zusammenfassen, wie der Kommunismus die radikale Aktion einer Klasse frei, um durch einen Umsturz alles neu zu machen. Er zersetzt das Bestehende. Dieses wird durch die einzelnen, die sich ausgliedern, durchdrungen. Durch diese Durchdringung aber wird es gerade zum Funktionssystem umstrukturiert. Der Liberalismus ist also eine relativ späte Phase in der Entwicklung der Kulturen. Er ist vielschichtig und geschichtlich außerordentlich differenziert. Insofern er aufhebende Durchdringung eines Vorgegebenen ist, muß er jeweilig in Zusammenhang mit diesem historisch verstanden werden.

Auch die Verbindung von Liberalismus und Kapitalismus ist nicht aus einem allgemeinen Wesen des Liberalismus abstrakt zu begründen. Es handelt sich hier vielmehr um ein geschichtliches Ereignis, das nur in einer bestimmten Epoche der europäischen Entwicklung möglich war. Die hier maßgebende Meinung, daß die wirtschaftliche Entwicklung sich selbst überlassen bleiben müsse und nicht von außen gesteuert werden dürfe, und der Glaube, daß der so entfachte Konkurrenzkampf sich zu allseitigem Vorteil ausbalancieren werde, hat sich aber gerade nicht bewährt. Durch den absoluten Konkurrenzkampf wurde im Gegenteil der Ausgleich in wirtschaftlicher Hinsicht verhindert. So konnte, wie *Dahrendorf*, einer der modernen Verfechter des Liberalismus in Deutschland, erklärt, der frühere Liberalismus vom Sozialismus überholt werden. Der Sozialismus suchte, so erklärt er, »die formalen Gleichheitsrechte der Liberalen mit sozialem Inhalt zu füllen, also jene gesellschaftlichen Veränderungen vorzunehmen, die politische und soziale Teilnahme für alle Einzelnen zu einer Realität machen«.[75] Liberalismus und Sozialismus verbanden sich in Westeuropa zum Gebilde des Rechts- und des Sozialstaates. Die staatliche Gesamtmacht wird eingeschränkt zugunsten der legalen Freiheiten der Individuen. Für diese hat der Staat als Sozialstaat Sorge zu tragen, indem er ein Existenzminimum sichert.

Wir haben die Struktur des sozialen Rechtsstaates bereits erörtert, als wir das Problem der möglichen Entpolitisierung des gegenwärtigen Staates besprachen und merken jetzt nur das folgende an: soziale und ökonomische Probleme haben in allen modernen Industriestaaten einen eindeutigen Vorrang. *Raymond Aron* sagt mit

Recht: »In der Industriegesellschaft ist der Inhalt der politischen Kontroversen notwendig ökonomisch-sozialer Struktur, oder er ist überhaupt nichtig.«[76] Die westlichen Staaten können nun mit dem hier auftretenden Problem des sozialen Ausgleiches an sich fertigwerden, weil sie Überflußgesellschaften darstellen. *Herbert Marcuse* hat diesen Sachverhalt immer wieder betont und von hier aus gegen die amerikanische Gesellschaft der Gegenwart einen moralischen Vorwurf erhoben. Er findet sich hier – dies sei nur angemerkt – der Sache nach in einer gewissen Übereinstimmung mit maßgebenden Analytikern der amerikanischen Gesellschaft aus den Reihen der Soziologen und Politologen. Für diese ist freilich das Machtproblem, wie wir oben darlegten, wesentlich zu einem rein technologischen Verteilerproblem geworden; man vermeint, daß die Umfunktionierung der Macht, nach der Macht zum ausgleichenden Zuweisen wird, bereits vollzogen und damit die Grundlage eines besseren Lebens für alle garantiert sei.

Programmatisch läßt sich also in bezug auf den Liberalismus folgendes sagen: in den *westlichen Ländern* ist der Liberalismus die maßgebende ideologische Grundlage und fungiert weitgehend als Leitvorstellung. Diese Tendenz ist zu bejahen: es kommt darauf an, daß von staatlicher Seite möglichst wenig Zwang ausgeübt wird. Aber die Bewegung der Liberalisierung muß mit der Bewegung des *sozialen Ausgleichs* verbunden sein. Das besagt: Freiheiten dürfen nicht nur als formelle Grundrechte verstanden werden, sondern müssen reale soziale Chancen darstellen. Dieser Ausgleich wird in den einzelnen westlichen Ländern verschieden vollzogen werden müssen, dem jeweiligen Grad der Verwirklichung bezugsweise der Nichtverwirklichung des sozialen Rechtsstaates gemäß. An der Aktualisierung dieses Ausgleichs hängt aber letztlich das Schicksal der westlichen Demokratien.

Die Bewegung der Liberalisierung in den *sozialistischen Ländern* stellt sich anders dar. Der Kommunismus bleibt hier die Grundlage. Er hat die Feudalhierarchie beseitigt und einen Ausgleich in wirtschaftlicher und geistiger Hinsicht überhaupt erst möglich gemacht. Es gilt nun, diese Errungenschaften beizubehalten und zugleich die elitär-funktionalen Herrschaftsstrukturen des Kommunismus der ersten Periode abzubauen zugunsten der Freiheit des Einzelnen. Die geschichtlichen Chancen der Liberalisierung brechen also erst auf, wo die Verhältnisse soweit gebessert sind, daß die äußerste Existenznot in wirtschaftlicher Hinsicht bereits beseitigt ist. Erst wenn diese Stufe erreicht ist, ist es möglich, Lockerungen im Sinne der Freiheit des Einzelnen Raum zu geben.

Diese Liberalisierung wird – das sei hier angemerkt – durch die Entwicklung der kommunistischen Staats- und Gesellschaftsgebilde als solcher mit gewisser Notwendigkeit herbeigeführt. Sobald nämlich eine Führungsschicht heranwächst, die wesentlich an einer *technologisch* orientierten Ökonomie interessiert ist – und jede kommunistische Gesellschaft muß eine solche Führungsgruppe aufziehen, um gegen den Westen konkurrenzfähig zu sein –, beginnt ein Zersetzungsprozeß: die geschlossene Gemeinschaft der Kampfzeit ist nicht mehr zu bewahren. Diese Entwicklung darf nun aber nicht einfach hingenommen werden, denn es ersteht hier die Gefahr, daß sich eine unpolitische Führungsgruppe konstituiert, in der jeder sich als Privatperson das Maß ist. Man muß also den notwendigen Auflösungsprozeß zu steuern suchen. Soll dies nicht durch nackte Gewalt geschehen, indem man die Freiheit insbesondere der Intellektuellen einfach negiert, so ist der Einsatz einer neuen politischen Ideologie des Kommunismus erforderlich, die die Idee der Freiheit mit der Einsicht in die Notwendigkeit staatlicher Institutionen verbindet. Theoretische Grundlagen einer solchen Dialektik haben die Intellektuellen, die sich um die Zeitschrift »Praxis« in Jugoslawien sammeln, auszuarbeiten gesucht.[77]

Zusatz während der Korrektur. – Wir haben oben auf die Auseinandersetzung Merleau-Pontys mit Sartre hingewiesen und dabei angemerkt, daß die Vorwürfe Merleau-Pontys Sartre insofern nicht treffen, als Sartre im Durchdenken des Problems der *Totalisierung,* auf das wir noch zurückkommen werden, durchaus die Dimension der Geschichte beachtet. Freilich – und dies soll hier angemerkt werden – hat Sartre in den letzten Jahren die Position des *reinen Aktionismus* undialektisch verfestigt und für sich selbst die Konsequenz gezogen, daß der kompromißlose Widerstand gegen den Kapitalismus nicht nur in der Form der Einzelaktionen legitim, sondern unbedingt geboten sei.

In einem Artikel vom Januar 1968 »*Der Intellektuelle und die Revolution*« legt Sartre dar, daß zwischen Intellektuellen und politischen Akteuren innerhalb einer Partei eine Spannung bestehen müsse. Er erklärt: »Die Parteien sind politisch, und als solche haben sie die Tendenz, mitunter Möglichkeiten zu wählen, die sie von einer radikalen Linie abbringen. Der Intellektuelle muß für die Prinzipien einstehen.«[78] Die Intellektuellen sollen garantieren, daß die großen Ziele im Auge behalten werden; die praktischen Politiker dagegen haben streng die »Möglichkeitsfelder« zu beachten, um erfolgreich handeln zu können.

Diese »Arbeitsteilung« erscheint auf den ersten Blick sinnvoll. Der Intellektuelle hat in der Tat eine *politische* Sonderrolle; wir werden darauf zurückkommen. Freilich kann er – so meinen wir – die Aufgabe, die Reinheit der Prinzipien herauszustellen, nur in der Weise leisten, daß er zugleich diese Prinzipien von *ethischen Gesichtspunkten* her reflektiert und das heißt: humanisiert. Hier muß er den Konflikt, der zwischen Politik und Ethik besteht, auf sich nehmen, wenn er nicht von vornherein um willen einer abstrakten Reinheit der Prinzipien die rücksichtslose Gewalt propagiert. Der Intellektuelle trifft sich in dieser Hinsicht durchaus mit dem praktischen Politiker. Auch dieser kann den Widerstreit von Moral und Politik nicht vermeiden, wenn anders er im Blick auf eine Optimierung menschlicher Verhältnisse verantwortlich handeln will.

Sartre klammert nun aber – das zeigt seine spätere Argumentation[79] – sowohl für den Intellektuellen als auch für den praktischen Politiker jede Vermittlung von Handlung und ethischem Bewußtsein aus. Er sanktioniert letzten Endes die nackte Gewalt. Sozialismus und Kapitalismus sind – so argumentiert er – nicht einander anzunähern. Das bedeutet für den Kommunismus, daß der Kapitalismus durch eine *totale Negation* aufgehoben werden muß. Die totale Negation ist nur möglich als reine Aktion. Sartre erklärt: »Man muß erst handeln und dann denken.«[80] Reine Aktion ist konkret als destruktive Gewalt. Es gibt in den westlichen Staaten keinen allgemeinen Trend zum Sozialismus, auf den der Kommunist aufbauen kann. Also kann nur der einzelne oder eine geschlossene Gruppe in bestimmten Aktionen tätig werden. Man muß etwa Sabotageakte oder Entführungen maßgebender Kapitalisten veranstalten. Diese Aktionen dürfen nicht moralisch gewertet, sondern müssen allein unter dem Gesichtspunkt der politischen Effizienz geplant werden. Sartre erklärt in bezug auf die Möglichkeit der Entführung: »Eine Entführung ist weder gut noch schlecht. Sie ist politisch gültig unter bestimmten Umständen und gemäß der Effektivität, die sie enthält. Wenn ich in der Situation stünde, einen gefesselten, gefangenen

Menschen umlegen zu müssen, dann wäre mir das ziemlich entsetzlich – aber man darf es eben nicht auf diese Weise, individuell sehen. Man muß einzig und allein die Zweckmäßigkeit betrachten.«[81] Hinter dieser Propagierung der Zweckmäßigkeit der Aktion steht aber – bei Lichte besehen – kein konkretes politisch-pragmatisches Denken, sondern das existentielle Bewußtsein, daß Aktion als reine Aktion unbedingt notwendig und daher gerade moralisch geboten ist. Sartre begründet diese Notwendigkeit für sich selbst von der Situation des Schriftstellers, also des Intellektuellen, her. Der Schriftsteller ist »allgemein ein ängstliches Wesen«.[82] Er muß sich daher engagieren und zwar bedingungslos – die Aktion geht dem Denken voraus –: »Man muß immer weitergehen«.

Dies blinde Weitergehen als Überwindung der existentiellen eigenen Angst soll identisch sein mit dem absoluten Kampf für die als absolut gut erkannte Sache des Sozialismus. Sartre sucht die differenten Bestimmungen: Aktionismus, politischen Pragmatismus und moralischen Einsatz vom Gesichtspunkt der reinen Lehre her zu vermitteln. Überdenkt man diese Vermittlungsversuche, dann sieht man aber sogleich, daß in Wahrheit alle diese Bestimmungen in der Idee des absoluten Engagements, das als *totale Negation* des Bestehenden gefaßt wird, *fundiert* werden. –

Es erscheint uns ebenso abwegig, Sartres Argumentationen als Verirrungen eines berühmten Mannes zu brandmarken, wie umgekehrt Sartre als einen Mann von Ehre zu deklarieren, der nur das Gute will und dem gegenüber die Gesellschaft als das Schlechte erscheint. Wesentlich ist in unserem Zusammenhang allein die Tatsache, daß Sartres Argumentation gleichsam e contrario beweist, wie notwendig ein dialektisches Denken ist, wenn anders man den Zusammenhang von Politik und Ethik angemessen erfassen will. Moral darf nicht zu einer »Zwangsmoral« werden, in der die Überzeugung des einzelnen total vernichtet wird zugunsten einer dogmatisch angesetzten reinen Lehre. Die kritische Haltung – sich ethisch als Gewissen konstituierend – bleibt, wie wir oben andeuteten, die letzte Möglichkeit für den einzelnen, die ihm Halt gewährt, auch wenn er weiß, daß er politisch scheitern wird.[83] Ein solches Scheitern ist aber nur dann legitimiert, wenn man zuvor in bezug auf politische Aktionen die *Vernunft* walten läßt als die Instanz, die zeigt, was situativ in sachlicher *und* ethischer Hinsicht geboten ist.

Einheit und Widerspruch von Politik und Ethik

Unsere bisherigen Untersuchungen haben gezeigt, daß Politik und Ethik nicht direkt und unmittelbar zu vereinen sind. Ihre Vermittlung ist eine unendliche Aufgabe. Dem Wissen um diese Unvollendbarkeit entspricht ethisch gesehen die dialektische Moral des Regulativen. Dies sei zum Abschluß dieses Kapitels – das Vorangehende zusammenfassend – dargelegt.

Politik bleibt am Gedanken der Macht orientiert. Mag die Macht, wie wir sahen, heute weithin als Dispositionspotential funktionieren, der Umschlag von Macht zur nackten Gewalt ist nie auszuschließen, denn die Aggression, oder radikaler: der Hang zur Vernichtung gehört als Urform des Bösen zur menschlichen Natur. Das ist der anthropologische Tatbestand, der sich jedoch im Nah- und im Fernhorizont unterschiedlich auswirkt. Im Nahhorizont, das heißt innerhalb der eigenen Gruppe, wird die Aggression moralisch allgemein verpönt. Anders steht es im Fernhorizont. Hier wird Aggression von der Gruppe selbst inszeniert und sanktioniert, sie erscheint als legitimes Verhalten Fremden gegenüber. Es zeigen sich in der Gegenwart zwar Tendenzen, die das »Scheuklappendenken« negieren. Man begreift, daß Sittlichkeit nicht auf die eigene Gruppe eingeschränkt werden kann. Aber die politische Realität ist doch nach wie vor durch ein Freund-Feind-Denken bestimmt, für das die Gewalt nicht nur eine politisch legitime Maßnahme, sondern geradezu die politische Grundkategorie ist. Gleichwohl: weder vom Nützlichkeitsdenken noch von der Ethik her ist dieser Standpunkt zu rechtfertigen. Es gilt vielmehr herauszustellen, daß Macht im Sinne absoluter Gewaltmaßnahmen, das heißt Macht, die gar keine Rücksichtnahme kennt, letztlich zum Scheitern verurteilt ist.

Plato hat im ersten Buch der »Politeia« diese Problematik der Macht in einer bis heute gültigen Form entwickelt, im Gegenzug zu den Thesen des Sophisten *Thrasymachos*.[84] Thrasymachos propagiert die Macht als das natürliche Recht des Stärkeren über die Schwachen, das er bedingungslos zu seinem Vorteil ausnutzen kann. Sokrates zeigt in genauen Argumentationen, daß ein absolutes Ausleben des Machttriebes sich negativ für den Herrscher auswirken würde. Im Beispiel: ein Hirt darf nicht, wie Thrasymachos meint, einfach rücksichtslos gegen seine Herde vorgehen. Wenn er von seinen Schafen Vorteile haben will, muß er für sie sorgen. Entsprechendes gilt für den Politiker. Wenn er rein egozentrisch handelt, wird er, auf die Dauer betrachtet, sich selbst schaden. Von hier aus gesehen ist – dies sei nur angemerkt – Machiavellis Ansatz nicht unbedingt einleuchtend. Der Politiker im Sinne Machiavellis kann rücksichtslos nur sein, weil er eigentlich immer nur für den Augenblick und nicht auf lange Sicht plant – Machiavelli orientiert sich, wie man mit Recht betont hat, nur an den politisch ungeordneten und wirren Zuständen des oberitalienischen Raumes seiner Zeit: seine Analysen sind einseitig. Richtlinien für große, auf Dauer eingestellte Politik geben sie nicht.

Sodann und vor allem: Sokrates legt dar, daß ohne irgendeine Form von *Ordnung* politisches Tun unmöglich ist. Im Staat, in der Familie und im Heer, das heißt in jeder Gruppe, ist ein gewisses Maß von Übereinkunft notwendig. Auch eine Räuberbande darf, wenn sie aktionsfähig sein will, nicht in sich zerstritten sein. Aber auch der einzelne muß mit sich in Ordnung sein; es gelingt ihm nicht, planvoll aktiv zu werden, wenn er in innerem Aufruhr mit sich selbst zerfallen ist.

Diese Gedankengänge sind entscheidend. Sie zeigen, daß Ordnung ein konstituierendes Element alles Lebens, ja geradezu dessen Voraussetzung ist. Freud hat dies gut gesehen, wenn er den Eros gegen den Destruktionstrieb abhebt und erklärt, daß ohne den Eros, den er als ein Streben nach Vereinigung versteht, alles Leben der Zerstörung verfiele.

Der Gedanke der Ordnung ist es nun, von dem her eine Vermittlung von Ethik und Politik möglich und notwendig erscheint. Ethik kann sich mit der Politik verbinden, weil und insofern es auch im politischen Tun um Herstellung von Ordnung geht. Ethik muß sich mit der Politik vermitteln, weil und insofern im politischen Raum die Ordnung weitgehend gerade nicht von humanen Zielen her ausgerichtet ist. Ordnung, als *reine Aktionsübereinkunft* verstanden, ist ja eine formale Bestimmung.[85] Das besagt, daß geordnetes Tun noch nicht inhaltlich gesehen Tun des Guten ist. Das Beispiel der geordneten Räuberbande ließe sich durch Hinweise auf die strenge Disziplin der Gruppen, mit denen diktatorische Herrschaftsgebilde operieren, radikalisieren – man denke an den Orden der SS. Es kommt daher immer darauf an, die politische Ordnung unter das Prinzip der Menschlichkeit im Sinne der Förderung des größten Glücks der größten Zahl zu stellen. Eine solche Humanisierung der Politik ist die eigentliche Aufgabe einer politischen Ethik.

Politik steht heute im technologischen Zeitalter vor der Aufgabe, einen funktionalen Ausgleich der Institutionen durch Entwurf und Konstitution von *Rahmenordnungen* zu finden. Der Politiker hat es ja nicht mehr primär mit statischen und in sich ruhenden Gebilden zu tun. Er hat weder eindeutige Ausgangspositionen noch eindeutige Zielpositionen, die sein politisches Tun im Sinne des Haltes ausrichteten. Sicher: die Nation ist heute noch der Punkt, um den sich das politische Handeln dreht. Aber die Nation ist nicht mehr im Sinne von Aristoteles und Hegel der Ort der Sittlichkeit. Sie gibt dem Politiker nicht mehr das Tunliche vor. Die Nation ist heute selbst bereits wesentlich eine gesellschaftliche Funktionsordnung, die bedroht ist durch Interessenkonflikte, die ständig behoben werden müssen. Zudem und vor allem aber sind die Nationen »nach oben hin« in Machtblöcke eingefügt, deren Gleichgewicht, wie wir sahen, labil ist, so daß es immer erneuter Ausgleichsbewegungen bedarf.

Die politische Überlegung und Entscheidung ist heute in hohem Maße »unfestgelegt«. Der Politiker muß sich nicht nur auf Nahziele, sondern auch auf Fernziele einstellen. Natürlich gibt es nach wie vor die Aufgaben des politischen Alltags in relativ überschaubaren Bezirken. Aber es geht nicht mehr an, hier eine eindeutige Abgrenzung zu finden, weil die wirklich relevante Politik heute wesentlich Weltpolitik geworden ist. Unser Zeitalter ist, wie Jaspers sagt, »absolut universal«, weil das Geschehen im ständig gegenseitigen Verkehr einen Zusammenhang bildet, der kein Außerhalb mehr kennt.[86]

Zwischen politischen und ethischen Fernzielen besteht weithin Gemeinsamkeit. Man braucht ja nur einen Katalog der politischen Fernziele aufzustellen, um zu sehen, daß es sich hier um Ausformungen der ethischen Grundmaxime handelt, daß es darauf ankomme, das größte Glück der größten Zahl herzustellen. Die Konstitution der Menschheit als eines Geschichtssubjektes und die in diese Richtung abzielenden gemeinsamen Aktionen zeigen, daß es hier um Dinge geht, die zu beachten im *Interesse* jeder Nation liegt. Ihre Verwirklichung gelingt jedoch nur, wenn die nationale Souveränität eingeschränkt wird.

Ein Hinweis auf den *ökologischen Bereich* möge diesen Sachverhalt verdeutlichen, denn die Ökologie ist ein gutes Beispiel für die Problematik der Fernziele.[87] Jedermann weiß, aufgeschreckt durch die zum Teil apokalyptisch anmutenden Beschreibungen der durch die rücksichtslose Ausbeutung der Natur zustande gekommenen Umweltgefahren, um die Notwendigkeit, »daß hier etwas geschehen müsse«. Aber man schiebt das Problem in den Hintergrund. Die Industrie hat zudem kein Interesse, ihre Produktionen einzuschränken und erklärt, die Technik würde schon mögliche Gefahren meistern. Die Situation ist aber, wie die Ökologen aufzeigen, äußerst bedenklich. Wirkliche Abhilfe kann hier nur geleistet werden, wenn man sich der *allgemeinen* Verantwortung für die Zukunft bewußt wird, das heißt, sich klarmacht, daß es hier um die Frage der Existenz der *Menschheit überhaupt* geht. Konkrete Maßnahmen aber – und hier wird der politische Faktor sichtbar – erfordern die organisierte Zusammenarbeit der Nationen.

George F. Kennan geht in einem Aufsatz »*Weltkonflikte und Weltpolizisten*« diese Probleme sehr konkret an. Er erklärt: »Tiefsee, Meeresboden, Atmosphäre und

Weltraum heißen die neuen Aufgaben. Keine einzelne Nation kann und darf souverän über sie verfügen, denn sie könnte die ganze Menschheit gefährden.« Kennan nennt verschiedene Maßnahmen: »Richtlinien über die Anwendung von Insektiziden und Giften aller Art; Koordination gegen die Luftverunreinigung; Verhinderung der radioaktiven Verseuchung des Wassers und der Atmosphäre; Kontrolle der friedlichen Nutzung des Weltraumes.«[88] Aber hier melden die Politiker weithin Bedenken an. Sie erklären, daß diese Ziele an sich richtig seien, daß die Frage ihrer Realisierung jedoch außerordentlich schwierig sei. Hier spiele nicht nur für die einzelne Nation das Problem der Finanzierung eine Rolle; auch die Zusammenarbeit im Weltmaßstab, die an sich erfordert sei, um diese Probleme wirklich zu bewältigen, sei kaum zu verwirklichen.

Bedenkt man die gegenwärtige Situation im ganzen, so sieht man, daß die Tendenz besteht, die Fernziele als nicht so vordringlich oder gar als unrealisierbar auszugeben. Dieser Tendenz *entgegenzutreten* ist eine wesentliche Aufgabe der politischen Ethik. Es wäre sicher verkehrt, wenn sich die politische Ethik in einem allgemeinen moralischen Appell erschöpfte, das heißt, wenn sie sich damit begnügte, die Realpolitiker immer wieder auf die »letzten Aufgaben« hinzuweisen bezugsweise sie zu tadeln, wenn sie die Beachtung dieser Aufgaben versäumen. Die politische Ethik muß, wenn sie zeitgemäß ist, auch ins politische Detail eingehen. Faktisch bleibt aber jeder Ethik, auch der politischen Ethik, immer die Aufgabe des mahnenden Appells auferlegt. Das war zu allen Zeiten so, von Sokrates an, und es wird sich kaum ändern. Die primären Träger dieser »Mahner-Rolle« aber sind weitgehend die »Intellektuellen«. Ihnen liegt es vor allem ob, immer wieder auf die Bedeutung der Fernziele fordernd hinzuweisen.

Wir haben des öfteren die führende Rolle der Intellektuellen in der gegenwärtigen Gesellschaft diskutiert.[89] Sie ist vom politischen Aspekt her gesehen eine zweifache. Einmal: die Intellektuellen liefern das wissenschaftliche und technologische Rüstzeug. Politik ist ja heute ohne wissenschaftliche Planung nicht mehr denkbar. Wir skizzieren noch einmal die Möglichkeit einer solchen wissenschaftlich fundierten Planung der Politik und greifen auf eine Klassifizierung des politischen Wissens zurück, die *Kenneth Boulding* gegeben hat. Boulding unterscheidet 1. empirisches Wissen, das heißt praktische Erfahrung, 2. mechanisch-konstruktives Wissen, es ist dies die Fähigkeit, Planskizzen zu entwerfen, 3. technisches Detailwissen, dies Wissen betrifft die Ausführung des Planes, es ist Ingenieurwissen, 4. Systemwissen: man entwirft Gesamtkonzepte von einem Prinzip her und 5. »das Wissen über Systeme von theoretischen Systemen, etwa über vorhandene Weltplanungssysteme oder sicherheitspolitische Strategien. Erst solches strategisches Wissen ermöglicht den Entwurf von Planungssystemen zur Berechnung technischer Trends und zur technologischen Vorhersage.«[90]

Überblickt man diese Klassifikation, so erkennt man, wie sehr die Intellektualisierung der Politik bereits fortgeschritten ist. Es handelt sich hier aber faktisch immer nur – deswegen wiesen wir auf diese Klassifikation hin – um *technologische Fragen*. Und hier besteht die Gefahr, daß die Intellektuellen zu Handlangern des faktisch herrschenden politischen Systems werden. Sie stellen sich in den Dienst der Machthaber, denn man muß sich, so wird erklärt, an der »Realität der Gegenwart« orientieren. Diese Schicht der Intellektuellen ist heute zahlenmäßig sehr breit. Sie stellt den *Hauptstrom* dar. »Die Leute des ›mainstream‹ schätzen die Ideologie gering ein, weil – wie sie richtig sagen – Streitgespräche über ideologische Details der Lösung von Problemen hinderlich sind. Für die Mainstream-Anhänger ist Politik im wesentlichen (vielleicht sogar ausschließlich) ein Prozeß von Problemlösungen. Probleme zu lösen, ist aber nur sinnvoll, wenn ein Wertsystem existiert; nur in diesem Fall kann ein Problem als die Frage nach den Mitteln bestimmt werden, ein erstrebtes Ziel zu erreichen.«[91]

Die Gegenmöglichkeit wird von den protestierenden Intellektuellen dargestellt, deren Ziel es ist, eine Umänderung der bestehenden Verhältnisse herbeizuführen. Diese protestierenden Intellektuellen stellen keine Klasse im Sinne von Marx dar. Aber die These von Marx, daß nur materiell bedingte Klassengruppierungen geschichtsmächtig seien, ist nicht unbedingt richtig. Anatol Rapoport sagt: »Das Klasseninteresse stellt sich heute als das Interesse dar, eine Ideologie zu inthronisieren oder zu erhalten.«[92] Dementsprechend stellt er die Möglichkeit einer ideologischen Revolution heraus: »Ideologische Revolutionen sind stets von Intellektuellen angestiftet worden, denn sie sind, da sie mit der Sprache umzugehen verstehen, die gegebenen Träger und Vermittler neuer Ideen.«[93] Rapoport legt nun dar, daß diesen Intellektuellen gerade die Konzentration von Macht als Grundübel gilt: »Die neue Linke stellt sich uns als eine Klasse dar, der die *Konzentration von Macht*, in wessen Händen auch immer, als die Hauptbedrohung erscheint.«[94] Gleichwohl kann man, so sagt er, die Intellektuellen als geschichtswirksame Klasse bezeichnen. In bezug auf die Veränderung des status quo handelt es sich hier nämlich um ein kollektives Bedürfnis. »Der Intellektuelle empfindet sein Bedürfnis als allgemein menschliches, nicht nur als exzentrische Vorliebe.« Der Intellektuelle deklariert deswegen den Widerspruch zum Bestehenden zum Handlungsprinzip: »Er bildet aus seiner Erfahrung ein sittliches Kriterium, an dem er die ihn umgebende Welt mißt. Kurz: das individuelle Bedürfnis des Intellektuellen wird ideologisches Engagement. Daraus folgt als unmittelbare Konsequenz der ›dialektische Widerspruch‹.«[95] Als Widerspruch zum Bestehenden kündigt diese Klasse nun die Gefolgschaft im Sinne der Anpassung an das Establishment auf, und Rapoport erklärt: »Keine Machtelite kann einen derartigen Vertrauensschwund überleben.«[96]

Es kann hier nicht unsere Aufgabe sein zu untersuchen, wieweit der reale Einfluß der protestierenden Intellektuellen reicht. Daß sich hier Wandlungen vollziehen, ist nicht abzustreiten. Man denke nur – um ein Beispiel zu nennen – an die studentischen Unruhen in bezug auf die amerikanische Vietnampolitik. Hier erfolgt eine Verunsicherung der gesamten amerikanischen Öffentlichkeit, die sich schließlich auch militärpolitisch auswirken muß. Aber auch die Tätigkeit einzelner hat Erfolge erzielt. Wir erinnern an das politische Engagement des Linguisten *Chomsky*.[97] Chomsky erklärt, daß die Intellektuellen die Verantwortung dafür tragen, die Wahrheit zu sagen und die Lüge aufzudecken. Er fordert geradezu Buße im Sinne einer Umkehr von der Ungerechtigkeit zur Gerechtigkeit. Das erscheint illusorisch. Gleichwohl sind auch hier Wirkungen zu konstatieren. Kenner amerikanischer Verhältnisse bestätigen, daß die Amerikaner ihre selbstbewußte Unmittelbarkeit verlieren. Das zeigt sich vor allem in bezug auf die Rassenfrage. Die Einstellung der Vergangenheit, Neger sind Menschen zweiter Klasse, erscheint heute naiv, sie ist »intellektuell« nicht zu rechtfertigen. So setzt eine Besinnung auf die eigene Geschichte ein, die das Sicherheitsgefühl, immer das Gute getan zu haben, untergräbt.

Zwei Anmerkungen zu der gegenwärtigen Funktion der Intellektuellen sind angebracht. Einmal: die Intellektuellen sind heute keine genau abgrenzbare Schicht. Es handelt sich nicht nur um »Akademiker«, zudem verändert sich diese Schicht ständig im Zuge der Verwissenschaftlichung und Technisierung. Man muß hier die Zirkelbewegung beachten, die zwischen Intellektualisierung, Emanzipierung, Aufklärung und Demokratisierung besteht. Die Intellektualisierung befördert Emanzipation und Aufklärung und damit mögliche Demokratisierung, ebenso wie die Demokratisierung im politischen und sozialen Sinn die Chancen der Intellektualität steigert – man denke an die soziale Mobilität, den Aufstieg »von unten«, die Gleichheit der Startchancen.

Wahrscheinlich ist, daß die zunehmende und immer stärker in die Breite sich auswirkende Intellektualisierung die Spaltung zwischen den protestierenden Intellektuellen und den Intellektuellen, die sich dem Establishment anpassen, zunächst vertiefen wird. Und dies bedeutet – das ist das zweite, was wir anmerken wollen – eine Erhöhung der moralischen Belastung für die protestierenden Intellektuellen. Es geht nicht nur darum, daß diese Protestierenden sich der Tendenz der Anpassung, die heute unbewußt alle bestimmt, noch stärker als bisher zu widersetzen haben, sondern es ist vor allem notwendig, daß sie sich nicht von der politischen Realität abschließen und in sinnlosen Protesten verbrauchen. Die Gefahr, daß die Maßlosigkeit des Protestes dessen mögliche reale Wirkung abschwächt, so daß das Establishment die ohnmächtigen Neinsager in seinen Apparat als bloße Randerscheinungen einzuordnen und damit »kaltzustellen« vermag, ist nicht von der Hand zu weisen.[98]

Wir schließen unsere Analysen ab, indem wir noch einmal darauf hinweisen, daß die Vermittlung von Politik und Ethik nur auf dem Wege einer *regulativen Moral* möglich ist. Die Moral geht nicht vom Gegebenen als Grundlage aus. Sie vermeint nicht wie die Sittlichkeit, daß das Gegebene als das geschichtlich Gewachsene vorgibt, was zu tun ist. Die Voraussetzung der Moralität ist vielmehr die Diskrepanz von Sein und Sollen, Wirklichkeit und Forderung. Geschichtlich gesehen ist, wie wir darlegten, Moralität die Ethik der Krisenzeiten. Wenn die tragende Sittlichkeit zerfällt, erscheint Moralität als legitime Möglichkeit, und zwar in doppelter Form. Der einzelne zieht sich auf sich zurück, das heißt auf seine Gesinnung, und schaltet den Öffentlichkeitsbezug aus. Das ist die erste und ursprüngliche Gestalt der Moralität. Sie wird von den Spätsokratikern an über bestimmte Ausformungen der Stoa bis zur Gegenwart hin als die wahre ethische Haltung deklariert. Die zweite Möglichkeit – sie zu vermitteln, ist heute erfordert – besagt: der einzelne stellt sich zum Gegebenen kritisch ein, er sucht es jedoch zu verbessern.

Diese Moralität ist, mit Kants Begriffen formuliert, also nicht konstruktiv, sondern regulativ. Als solche muß sie aber auch gegen die Utopie abgegrenzt werden. Sie darf nicht überschwenglich sein und kein Paradies auf Erden entwerfen. Die Moralität geht davon aus, daß der Mensch von Grund aus böse ist und bleibt. Sie wirkt auf eine Verbesserung des Menschen und seiner Verhältnisse hin, als ob ein neuer Mensch eines Tages Realität würde, und sie weiß doch, daß dies nie gelingt. In solcher Gebrochenheit zeigt sich der hohe Rang der regulativen Moral. Weil diese Moral nicht unmittelbar wirklichkeitsgebunden ist, vermag sie Regeln vorzugeben, von denen her Wirklichkeit zu gestalten ist. Was Kant von der regulativen Naturbetrachtung sagt, gilt auch für den regulativen Geschichtsbezug: es ist geboten, »Ordnungen aufzusuchen«, auch wenn es unbestimmt ist, wo und wieweit diese im Gegebenen gegründet sind. Man kann sicher nicht mit Hegel behaupten, daß die Wirklichkeit im

Grunde vernünftig sei. Aber die Vernünftigkeit ist nicht a limine auszuschließen. Es ist daher angebracht und notwendig, die geschichtlichen Trends auf mögliche Chancen zum Besseren hin zu befragen und den positiv in die Zukunft weisenden zur Verwirklichung zu verhelfen. Wenn man diesen Trends folgt, ist man aber nicht der Herr des geschichtlichen Geschehens. Der nach regulativen Prinzipien Handelnde kennt die *Dialektik der Geschichte*. Er weiß, daß das reale Scheitern des Handelns ebenso unabdingbar zur Geschichte gehört wie der Erfolg.[99]

Die Reflexion des einzelnen auf sein Tun ist die Voraussetzung einer regulativen Moralität, die es unternimmt, sich verantwortlich auf das politische Leben einzulassen. Gleichwohl: diese Reflexion soll ja die Sphäre der einzelnen Subjektivität transzendieren und Regeln für das zukünftige Handeln im ganzen aufstellen. Diese Regeln werden nie endgültig sein. Sie sind ja geschichtlich bedingt. Dennoch sollen sie *vernünftig* sein.

Vernunft ist für uns nicht mehr – wir stellten es wiederholt heraus – ein metaphysischer Begriff. Das besagt: Vernunft ist kein übersinnliches Vermögen, das fehlerfrei wirkt, weil es ein eindeutiges System darstellt. Vernunft ist für uns Denken vom Allgemeinen her und auf das Allgemeine hin. Das Allgemeine ist nicht gegeben, sondern aufgegeben. Das bedeutet für den Einzelnen, daß er, wenn er sich dem Allgemeinen zu unterstellen entschlossen hat, gegen seinen ursprünglichen Egoismus und den in diesem gründenden Hang zur Aggression angehen muß im Willen zum Guten als der übergreifenden Ordnung. Ein wesentlicher Beitrag der Ethik zur Politik besteht primär im Vorausdenken auf *mögliche* Ordnungen hin. In diesem Vorausdenken liegt – um es noch einmal zu sagen – ein gewisser Überschwang der Ethik über das reale politische Tun. Man könnte von hier aus schematisierend behaupten, der Ethiker habe überhaupt die Aufgabe, von oben, das heißt von den allgemeinen Fernzielen her, zu argumentieren, während der reale Politiker wohl mehr im Konkreten, das heißt bei der Bewältigung der Nahziele, tätig sein müsse. Wir sagten aber bereits schon, daß eine solche schematisierende Aufteilung gefahrvoll sei, insofern sie zu einer künstlichen und isolierenden Rollenverteilung führen könne. Der Ethiker würde, legte man ihn solchermaßen auf allgemeine Fernziele fest, von vornherein als unreal abgestempelt. Solchen Einteilungen gegenüber gilt es zu betonen, daß die eigentliche Aufgabe für den Politiker *und* den Ethiker der Übergang vom Ganzen zum Teil und vom Teil zum Ganzen ist.

Sartre hat in seiner »Kritik der dialektischen Vernunft« die Bewegung vom Teil zum Ganzen und vom Ganzen zum Teil als den Vorgang der *Totalisierung* ausführlich und eindrücklich erörtert.[100] Er fragt, wie gemeinsame Aktionen eigentlich zustande kommen, wenn »wirkliches Handeln« doch immer nur Tun von einzelnen ist. Er erklärt, daß politische Aktionen nur durch den Zusammenschluß zu einer Gruppe möglich seien. Gruppenaktionen sind aber nur dann echt, wenn sie aus gesellschaftlichen Gesamtkonstellationen hervorgehen. Sartre spricht in diesem Zusammenhang von einer konkreten Totalisierung. Totalisierungen als solche sind Vollzugsakte. Sie stiften mögliche Einheiten, durch die Teile zusammengeschlossen werden. Diese Akte müssen immer erneut geleistet werden. »Für uns wird die Wahrheit, ist sie geworden und wird sie geworden sein. Sie ist eine Totalisierung, die sich unaufhörlich totalisiert. Die Einzeltatsachen besagen nichts, sie sind weder wahr noch falsch, solange sie nicht durch Vermittlung verschiedener relativer Totalitäten in den Vollzug der Totalisierung mit einbezogen worden sind.«[101]

Der Vorgang der Totalisierung ist für den, der geschichtlich handeln will, von unabdingbarer Notwendigkeit, denn geschichtliches Handeln kann nur, wenn anders es nicht wirkungslos bleiben will, von umgreifenden Horizonten her geschehen, die sich im geschichtlichen Geschehen selbst gebildet haben. Das besagt aber: nicht nur die Individuen totalisieren, indem sie Ganzheiten entwerfen, sondern diese Totalisierungen sind ihrerseits wiederum vom geschichtlichen Geschehen bedingt. Die Geschichte selbst ist, so sagt Sartre, Totalisierung, auch wenn hier kein bestimmtes Subjekt vorhanden ist. Geschichte gibt Zusammenhänge vor, die die Individuen in ihrem Tun aufnehmen müssen. Geschichte totalisiert uns also, indem wir sie totalisieren und wir totalisieren sie, weil und insofern sie uns totalisiert.

Diese wechselseitige Beziehung von Geschichte und Individuen ist nur als konkrete wahr. Das jeweilige Ganze kann für ein Individuum allein wesentlich sein, wenn von ihm her die reale und die ideologische Situation deutbar wird. Sartre erklärt, daß nur der Marxismus eine solche Deutung für die gegenwärtige Situation abgebe. Im Hinblick auf eine Briefstelle von Engels legt er dar, daß die ökonomischen Verhältnisse die entscheidenden sind. Sie sind das bedingende Milieu, in dem die realen Menschen existieren, die ihre Geschichte selbst machen müssen. Im Gegensatz zur idealistischen Praxis wird im Marxismus, so sagt Sartre, die Gebundenheit des wirklichen Menschen in eine wirkliche Welt gezeigt. Aber die Einsicht in die Bedingtheit impliziert – und damit unterscheidet sich Sartre vom dogmatischen Marxismus – einen »reflexiven Ausgangspunkt«, das heißt: »Die Enthüllung einer Situation erfolgt in und durch die *Praxis*, die sie verändert.« [102]

Die Bewegung der Totalisierung ist der Gegenzug zu einer jeden statischen Geschichtsauffassung. Das heißt allgemein formuliert: für den Ethiker und den Politiker ist es, insofern sie geschichtlich handeln, erfordert, von Grund aus beweglich zu sein. *Hartmut von Hentig* stellt in einem Aufsatz über die »Erziehung zum Frieden« zwei Punkte heraus, die diese Forderung erläutern: »Erstens: unermüdliche Bildung und Umbildung von Gruppen – allein erreicht man nichts, und immer mit denselben Leuten erreicht man auf die Dauer etwas Falsches; zweitens: unermüdlich die Rangfolge unserer Ziele revidieren.« [103] Das ist gut formuliert: die politische Gruppenbildung muß locker sein; sie kann und darf sich eben heute nicht mehr auf nationale und weltanschaulich dogmatische Fundierungen zurückziehen. Solche Fundierungen führen gerade dazu, die Angehörigen anderer Überzeugungsgruppen als Feinde zu deklarieren. Offenheit der Gruppen ist ihrerseits aber nur möglich, wenn man sich nicht starr auf Ziele festlegt.

Offenheit und Unfestgelegtheit sind als Bedingungen eines vernünftigen Denkens nichts Selbstverständliches. Sie müssen erst erlernt werden. Zu den überzeugendsten Argumentationen in dem oben erwähnten Werk von *Deutsch* gehört der Hinweis auf die Notwendigkeit der Lernfähigkeit in der Politik. Deutsch erklärt, politische Machthaber seien heute weithin noch nicht bereit, lernen zu wollen, man vertraut auf sich selbst und will seinem eigenen Charakter gemäß handeln, welcher Art dieser Charakter auch sein mag. Eine solche Vorstellung ist jedoch völlig unzeitgemäß. Eine Politik des echten Wachstums – und nur eine solche Politik kann dauerhaft sein – erfordert die Steigerung der »Fähigkeit zur Zieländerung, also jede Ausweitung der Vielfalt möglicher Ziele, die eine Gesellschaft, eine Kultur oder ein politisches System anstreben kann. Hierher gehört die *Lernfähigkeit*, die nicht allein für operative Reserven sorgt, sondern auch eine tiefgreifende Neuordnung der inneren Struktur und damit die Herausbildung ganz neuartiger Funktionen ermöglicht.«[104] Mag Deutsch allzu sehr der politischen Kybernetik vertrauen und vermeinen, der Fortschritt sei wesentlich auf technologische Faktoren aufgebaut, er hat unbedingt recht, wenn er die Steigerung der Lernfähigkeit fordert und darauf hinweist, daß es sich wesentlich um ein Lernen in bezug auf mögliche Ordnungen handelt, und das heißt um Lernen eines integrativen Verhaltens, das bereit ist, Teilsysteme jeweils unbeschadet ihrer relativen Autonomie in größere Ordnungszusammenhänge einzugliedern.

Solche Lernprozesse sind ethisch und politisch gleichermaßen relevant, insofern sie sich eben dem Prinzip der Integration unterstellen. Dabei ist Nüchternheit erfordert. Man muß sich klarmachen, daß Integration, die für den Zusammenschluß der Nationen maßgebend ist, nicht auf einer substantiellen Sittlichkeit beruht. Wohl gibt es auch in bezug auf die Menschheit ein einendes Gefühl. Es ist dies, wie wir sahen, die unmittelbare Menschlichkeit, die sich im Sinne möglicher Hilfsbereitschaft bewährt. Aber dies Gefühl ist eben nicht so konstitutiv, daß es dauerhafte Gruppenbildungen schafft.[105]

Sodann: zur Integration gehört die Negation nationaler Vorurteile und nationalen Prestigedenkens und der Wille, andere Gruppen in ihrer Eigenheit zu verstehen. Aber die Integration wäre zum Scheitern verurteilt, wenn man sich bemühte, Konflikte überhaupt aus der Welt zu schaffen. Der *politische* Friede kann ja nicht der Idealzustand eines Paradieses sein. Man wird sich also darum bemühen müssen, Konflikte anders als gewaltsam anzugehen. Das heißt: man muß versuchen, politische Konflikte unter dem Aspekt eines vernünftigen Interessenausgleichs zu lösen. Ein solcher Wandel von emotionaler Gewalttätigkeit zur Vernünftigkeit erfordert aber einen Prozeß des Umlernens, der nicht von heute auf morgen abgeschlossen werden kann.

Die letzte und höchste Möglichkeit des politischen Lernprozesses aber ist es, das *allgemeine Verantwortungsbewußtsein* zu stärken. Dies bedeutet, daß man gegen alle die Ansätze, die vermeinen, ohne Rückgriff auf das Selbstverständnis des Menschen auskommen zu können, kritisch sein muß. *Foucault* mag nicht unrecht haben, wenn er sagt, daß alle Herzensschreie und Ansprüche der menschlichen Person abstrakt bleiben, wenn sie von der wissenschaftlichen und technischen Welt, die unsere wirkliche Welt ist, abgeschnitten sind. Es ist klar, daß eine Selbstreflexion leer läuft, die sich von den Realitäten abtrennt. Die Selbstreflexion ist als solche aber nicht mit diesem ihrem Verfallsmodus identisch. Selbstreflexion ist ihrem Wesen nach *indirekte Vermittlung*. Das heißt: sie ist in den Prozeß, der Wirklichkeit heißt, unabdingbar *hineingebunden*. Sie bestimmt diesen Prozeß ebenso, wie sie durch ihn bestimmt wird. Diese Dialektik gilt es nicht nur der traditionellen Philosophie der Innerlichkeit gegenüber zu betonen, die die Selbstreflexion vom Geschehen abtrennt und für sich setzt, sondern auch dem gegenwärtigen »Objektivismus« gegenüber, der Wissenschaft und Technik aufgrund ihrer »Sachgemäßheit« im vorhinein absolut sanktioniert.

Natürlich ist Sachgemäßheit ein Positivum. Sie wird aber immer wieder durch egoistische und aggressive Handlungen gestört, die wissenschaftlich und technisch gar nicht zu überwinden sind. Diesen Verfallsmöglichkeiten kann man letztlich nur, wie wir darlegten, auf dem Wege der Ethik entgegentreten.[106] Die ethische Einstellung aber versteht sich eben nicht von selbst. Auf sie hin muß erzogen werden, und dies gelingt eben nur durch das *Erlernen* des Verantwortungsbewußtseins.

Hier aber zeigt sich ein Unterschied zwischen dem Verhalten im Nah- und im Fernhorizont. Die Verantwortung im alltäglichen Umgang mit dem Nächsten, das heißt die Verantwortung im Nahhorizont, spielt sich, wie wir sahen, auch heute noch weithin auf der Grundlage der Gegenseitigkeit ab. Verantwortung ist hier wesentlich Antwortverhalten, und dieses wird primär im und durch den Umgang selbst erlernt. Natürlich ist auch hier der eigene Einsatz wesentlich, aber doch nicht in dem Maße, wie es bei der Verantwortung im Fernhorizont der Fall ist. Hier ist es erfordert, daß ich mich selbst allererst »aufrufe«, das heißt, hier muß ich mich selbst als aktiver Teilnehmer ins Spiel bringen. Ich werde hier ja nicht wie im Alltag durch andere Personen, denen gegenüber ich mich zu verantworten habe, zum Antwortverhalten unmittelbar genötigt.

Im Fernhorizont wird Verantwortung, eben weil der unmittelbare Personenbezug nicht relevant ist, so scheint es, unbestimmt und vage und dennoch oder gerade darum so außerordentlich belastend und bedrückend. Man redet von der Verantwortung vor der Geschichte. Die Geschichte wird zur Instanz, der gegenüber ich Rechenschaft abzulegen habe. Aber zugleich bin ich ja für die Geschichte verantwortlich: ich muß für ihren Verlauf einstehen. Das Geschehen im großen läßt sich nicht zur Seite schieben, denn die Gestaltung des Lebens im Nahhorizont hängt wesentlich vom Weltgeschehen ab. Man kann der Verantwortung vor der Geschichte und für die Geschichte also gar nicht entrinnen. Ebenso wahr ist es jedoch, daß wir der Geschichte nicht Herr werden, weil wir nie wissen, in »welche Richtung das Ganze geht«. Diese Einsicht nicht zu verdrängen und dennoch sich für das Geschehen verantwortlich zu wissen, dies ist wohl die schwerste Aufgabe, die einer politischen Ethik auferlegt ist.

Nachwort
Dialektische Wirklichkeit

Vorbemerkung

Wir haben eine Analyse der Gegenwart zu geben versucht, die unter fünf Gesichtspunkten steht. Von diesen Gesichtspunkten her sollte die Struktur unseres Denkens auf den verschiedensten Gebieten der Philosophie thematisiert werden. Um möglichst konkret vorzugehen, bemühten wir uns darum, den Eigencharakter des jeweiligen Gebietes in das Zentrum zu stellen. Zugleich haben wir aber auf den *Zusammenhang* hingewiesen, der die Untersuchungen zusammenschließt. Oder anders formuliert: wir haben immer wieder die Intention herausgestellt, die die ganze Arbeit leitet. Es lag uns daran, einen *neuen Begriff der Wirklichkeit* zu entwickeln und ihn als für uns verbindlich darzulegen. Wirklichkeit ist, so wurde mehrfach formuliert, weder eine vorgegebene Objektwelt noch beruht sie auf einer Setzung des Subjektes. Wirklichkeit ist vielmehr ein Geschehenszusammenhang, in dem Objekt und Subjekt miteinander verflochten sind in der Weise gegenseitiger Bedingung: das Subjekt wird ebenso vom Objekt bestimmt, wie es dieses bestimmt. Dies Geschehen stellt einen Prozeß dar, dessen Grundmerkmal die *Dialektik* ist. Wir wollen nun zum Abschluß unserer Arbeit diese Bestimmung der Wirklichkeit von dem philosophischen Aspekt her, dem sie untersteht, noch einmal für sich herausstellen.

Philosophie als Zeitanalyse

Unsere Bestimmung der Wirklichkeit ist nicht im Sinne der philosophischen Tradition zu verstehen. Das besagt: wir intendieren keine Deutung der Welt, die ein für allemal darzulegen sucht, wie das Seiende im Ganzen gegliedert ist. Daß diese Möglichkeit einer metaphysischen Ontologie für uns dahin ist, haben wir in unseren konkreten Analysen immer wieder herausgestellt. Unsere Absicht ist es vielmehr, im Gegenzug zu solchen Konstruktionen zu zeigen, wie sich *hier und jetzt* Wirklichkeit darstellt. Es ging uns darum, die scheinbar verschiedenen und divergierenden Phänomene der Zeit auf einen Nenner zu bringen, um solchermaßen einen Standort zu gewinnen, von dem her eine Bestimmung der Situation im Ganzen nicht nur in Abgrenzung gegen die Vergangenheit, sondern auch im Blick auf die Zukunft möglich ist. Anders gesagt: wir versuchten mit der Behauptung, *daß die Philosophie ihre Zeit in Gedanken erfaßt sei*[1], Ernst zu machen.

Diese Bestimmung der Philosophie stellt keine ausschließende Definition dar. Es ist keineswegs unsere Absicht, die Philosophie als solche auf eine Zeitanalyse einzugrenzen. Was Philosophie heute ist und sein kann, läßt sich nicht eindeutig und allgemein verbindlich festlegen. Daß es heute auch andere Möglichkeiten der Philosophie gibt oder anders gesagt: daß heute bestimmte Richtungen in der Philosophie im Zentrum stehen, wie vor allem die Wissenschaftstheorie, soll also gar nicht in Abrede gestellt werden. Wir meinen nur, daß die Zeitanalyse, die das Ganze einer Epoche zu Begriffe zu bringen sucht, eine durchaus legitime Möglichkeit der Philosophie darstellt, die weder von den einzelnen Wissenschaften noch von einer Methodologie der Wissenschaften insgesamt zu leisten ist.

Eine Analyse der Zeit von der Philosophie her wäre unecht, wenn die Philosophie nicht sich selbst »in ihre Zeit stellte« und sie zum Bezugspunkt nähme, das heißt *zeitgemäß* zu denken versuchte. Daß ein zeitgemäßes Denken keineswegs unbesehen jedem Trend der Epoche nachfolgen muß, sondern daß es unter Umständen auch erfordert sein kann, gegen bestimmte Tendenzen der Epoche anzugehen, haben wir im vorhergehenden mehrfach betont. Ob man nun aber zeitgemäß im Sinne der Zustimmung oder der Kritik denkt, in beiden Fällen ist es erfordert, daß man sich der Bedingtheit der eigenen Aussagen bewußt ist und bewußt bleibt. Dies besagt vor allem: man muß ständig darauf reflektieren, daß den zur Deutung der Epoche herangezogenen Begriffen der Charakter der *Vorläufigkeit* zukommt.

Wir meinen hier einen ganz bestimmten Sachverhalt: eine Deutung unserer Gegenwart im Ganzen kann nicht daran vorbeigehen, daß diese Gegenwart von der Vergangenheit, aus der sie herkommt und gegen die sie sich abhebt, in ihrer Begrifflichkeit weithin bestimmt bleibt. Gerade wenn man sich den konkreten Phänomenen der Gegenwart zuwendet und versucht, diese Phänomene auf die sie bestimmenden Strukturen hin philosophisch zu durchleuchten, stellen sich *Grundbegriffe* ein, die aus der Tradition stammen und von dieser her »belastet« sind. Wir nennen nur beispielhaft einige dieser Grundbestimmungen, die wir im vorhergehenden anwandten: Natur und Geschichte, Geist und Materie, Vernunft und Trieb, Freiheit und Determiniertheit, Bewußtsein und Unbewußtes. Der Bedeutungsgehalt dieser Begriffe hat sich in der Tradition gewandelt. Gleichwohl fungieren diese Begriffe dort – das gründet im ontologischen Ansatz der traditionellen Metaphysik – als Wesensbestimmungen. Ihnen kommt prinzipielle Bedeutung zu. Jeder Philosoph muß, wenn anders er sein System rechtfertigen will, diese Begriffe im Zusammenhang einer Deutung des Seienden im Ganzen zu explizieren suchen.

Dieser Essentialismus – um einen Begriff Poppers zu gebrauchen – gehört ebenso wie die große metaphysische Philosophie der Vergangenheit an. Man kann daraus eine bestimmte Konsequenz ziehen: diese philosophischen Begriffe sind überlebtes Traditionsgut, und als solche sind sie aus der gegenwärtigen philosophischen Diskussion auszuschließen. Dies ist weithin die Meinung der methodologisch oder wissenschaftstheoretisch orientierten Philosophie. Dieser Ausschluß bedeutet aber, daß man sehr wesentliche Problemkomplexe der Gegenwart – zum Beispiel das Verhältnis von Wissenschaft und Leben, den Bezug von Einzelnem und Gesellschaft, das Problem von Rationalität und ethischer Selbstbestimmung – nicht mehr diskutiert. Will man diese Konsequenz vermeiden, dann ist man genötigt, diese traditionellen Begriffe beizubehalten. Das bedeutet aber ein Doppeltes: man muß wissen, daß diese Begriffe für uns zwar unentbehrlich sind, daß sie aber heute nicht mehr als prinzipielle Wesensbestimmungen fungieren. Anders gesagt: es ist unumgänglich, die eigentümliche Unbestimmtheit und Vieldeutigkeit, die diesen Begriffen heute zukommt, als zeitgemäßes Faktum anzuerkennen. Unter methodischem Aspekt gesehen: man darf hier gerade nicht der allgemeinen wissenschaftstheoretischen Maxime folgen, daß Begriffe auszuschließen seien, wenn sie nicht eindeutig definiert würden. Zudem: wir haben bei der Interpretation der gegenwärtigen Wissenschaft, insbesondere der Physik und Soziologie, herausgestellt, daß gerade Grundbegriffe wie Atom und Rolle nicht eindeutig sind, sie fungieren in der Forschung als offene Leitbegriffe. Das Entsprechende gilt für die oben genannten philosophischen Grundbegriffe. Würden wir diese Begriffe als feste Wesensbestimmungen im Sinne der Tradition ansetzen oder sie im Sinne der Wissenschaftstheorie als Konstrukte eindeutig einzugrenzen suchen, dann würden wir einen Ansatz der philosophischen Deutung der Gegenwart intendieren, der gerade nicht zeitgemäß ist.

Die Vieldeutigkeit des Begriffes »Dialektik«. »Denkdialektik« und »Seinsdialektik«. Hegel

Das soeben Dargelegte gilt, und zwar in erhöhtem Maße, auch für unsere Bestimmung der Wirklichkeit als eines Geschehenszusammenhanges, dessen Grundmerkmal die Dialektik ist. Dies sei im folgenden ein wenig ausführlicher dargelegt. Zunächst: der Begriff »Dialektik« spielt in der Philosophie von den Griechen an bis zur Gegenwart eine nicht unwesentliche Rolle. Sein Gebrauch ist jedoch, so scheint es, von einer Vieldeutigkeit bestimmt, die die Vieldeutigkeit anderer philosophischer Begriffe noch erheblich übersteigt. Dialektik wird – um nur auf einige Ansätze hinzuweisen – in der klassischen griechischen Philosophie als eine Weise des argumentierenden Sichunterredens bestimmt; Dialektik kann aber auch als maßgebendes Seinsprinzip verstanden werden – so bei Hegel. Ebenso unterschiedlich wie der *»Anwendungsbereich«* ist die *Bewertung* der Dialektik. Für Hegel ist das dialektische Denken mit dem Philosophieren identisch, weil nur ein solches Denken die Struktur der Wirklichkeit angemessen erfassen kann. Vom dialektischen Denken her werden andere Denkformen, etwa das mathematische Verfahren, als arm und leer abgewertet. Kant dagegen erscheint die Dialektik als Blendwerk; sie steht im Gegensatz zum philosophischen Denken des Verstandes, das nur feste Bestimmungen anerkennt. Moderne Positivisten sehen im dialektischen Denken das Verderben der Philosophie. Popper kennzeichnet in seinem bekannten Aufsatz »Was ist Dialektik?«[2] das dialektische Denken, das den Widerspruch als Prinzip anerkennt, als das Ende aller Kritik und damit als ernste Gefahr für die Wissenschaft. Vor allem moniert er, daß die Dialektiker – gemeint sind insbesondere die Denker der »Frankfurter Schule« – nie eindeutig definierten, was Dialektik sei.[3] Die Dialektiker selbst erkennen dies Argument nicht an. Sie erklären, daß man das dialektische Denken nur verstehe, wenn man sich in es allseitig einübt. Diese Aussage der Dialektiker scheint uns durchaus legitim. Wenn es zur dialektischen Methode gehört, jeweilig auch die andere Seite zu Wort kommen zu lassen und solchermaßen die definitorische Festigkeit aller Aussagen aufzuheben, dann kann dies Verfahren seinerseits nicht am Maßstab eindeutiger Aussagen gemessen werden.

Wir wollen jedoch keine weiteren Beispiele für die Bestimmung der Dialektik aus der Geschichte der Philosophie anführen. Ein Rückgriff auf die Geschichte ist nur dann sinnvoll, wenn er diese nicht als beliebige Beispielsammlung ausbeutet, sondern die geschichtliche *Entwicklung* beachtet. Diese Entwicklung zeigt nun durchaus trotz aller Vielfältigkeit einen sinnvollen und verstehbaren Fortgang. Dieser Fortgang sei kurz angedeutet, denn er ist die Voraussetzung dafür, daß wir hier die Dialektik als Wesenszug der Wirklichkeit deklarieren. Anders formuliert: es sind nicht allgemein philosophische Erwägungen, sondern geschichtliche Gründe, die uns das dialektische Verfahren als die einzig legitime Methode einer Deutung der Gegenwart im Ganzen erscheinen lassen.

Wir haben mehrfach darauf hingewiesen – insbesondere im ersten Teil, der die Entwicklung der Wissenschaft zur Gegenwart hin thematisierte –, daß die gesamte Tradition von den Griechen bis zu Kant von der Voraussetzung ausgeht, daß die Wirklichkeit eine feste und abgeschlossene Ordnung darstellt, die es als solche ein für allemal zu erkennen gilt; ob nun die Anschauung oder der Verstand als eigentliches Erkenntnisorgan angesetzt wird, bleibt diesem Grundansatz gegenüber, wie wir darlegten, sekundär. In dieser Epoche wird die Dialektik nicht als »Seinsdialektik« angesetzt – das Sein stellt sich als eine eindeutig bestimmbare wesenhafte Ordnung dar –, sondern als Form der Redeweise und des Argumentierens verstanden, und als solche steht sie zumeist nicht hoch im Kurs. Aber auch dort, wo das dialektische Argumentieren eine positive Wertung erfährt, wie bei Plato, betrifft sie nur den Weg zur Sache hin und nicht die Sache selbst. Sicher: es mag andere Ansätze geben, so die Dialektik der Stammbegriffe, wie sie Plato im »Sophistes« entwickelt oder die dialektische Ausdeutung der Schöpfungstat Gottes im christlichen Denken. Bei Lichte besehen, bleiben diese Ansätze jedoch der Grundvoraussetzung, daß das Sein etwas eindeutig Festes sei, verhaftet. So verweisen Platos Seinsbestimmungen zwar aufeinander – keine ist ohne die andere möglich –, aber in sich selbst sind sie durchaus »feste Begriffe«; und die Setzung des Seins als Negation des Nichts ist eine Tathandlung Gottes und daher eine Glaubenstatsache und keine Struktur des Seins als solchen. Daß die Dialektik in dieser Epoche nicht als Seinsbestimmung, sondern als Denkbestimmung erscheint und hier zumeist eben in negativer Bewertung, erhellt nichts so sehr wie *Kants* Argumentation: die Dialektik wird nicht dem Sein, sondern dem Denken zugesprochen, und zwar einem Denken, das sich dem unglücklichen Versuch freigibt, das Erkennbare zu überfliegen. Hegel hat diesen der traditionellen Ontologie verhafteten Ansatz Kants herausgestellt und Kant vorgeworfen, daß er »aus Zärtlichkeit für die Dinge« diese vom Widerspruch freigehalten habe: »Der Widerspruch ist nicht ›an und für sich‹ vorhanden, sondern kommt nur uns zu.«[4]

Erst im deutschen Idealismus oder genauer gesagt: nach einer Vorbereitung durch Fichtes und Schellings Philosophie wird in Hegels System die Dialektik als alles umfassendes Prinzip deklariert, und damit wird der *Ansatz* freigelegt, der in unserer Gegenwart zu voller Entfaltung zu gelangen beginnt, denn – und dies in concreto durch eine empirische Zeitanalyse aufzuweisen ist ja das Anliegen unserer Arbeit – unsere Gegenwart ist allseitig, das heißt nicht nur im Gebiet der Wissenschaft, sondern auch im Bezirk des geschichtlich-gesellschaftlichen Lebens von einem Denken bestimmt, dessen Kennzeichen eben das Aufgeben fester Seinsbestimmungen zugunsten einer Geschehensdialektik ist.

Wenn aber – so darf man folgern – die Dialektik als umfassendes Prinzip erstmalig in Hegels Philosophie herausgestellt wird, dann bedeutet dies, daß das Studium Hegels für uns immer noch die beste Einübung in das dialektische Denken darstellt.[5] Freilich gilt es, das Gesagte sogleich in entscheidender Weise einzuschränken. Hegel hat, so sagten wir, den *Ansatz* des neuen Wirklichkeitsbegriffes freigelegt, die *Durchführung* in concreto aber bleibt, so müssen wir nun hinzufügen, der traditionellen Metaphysik verhaftet. Es kann hier nicht unsere Aufgabe sein, Hegels Philosophie daraufhin im einzelnen zu durchleuchten, was aus ihr für uns annehmbar oder nicht annehmbar ist. Gleichwohl seien – in Anknüpfung an die früheren Analysen, in denen wir Hegels Philosophie thematisierten – in aller Kürze, lediglich um den uns bestimmenden Aspekt der Dialektik herauszuarbeiten, einige Zusammenhänge herausgehoben, von denen her Unterschied und Gemeinsamkeit zu Hegels Philosophie sichtbar werden.[6]

Im System Hegels wird, so könnte man zunächst sagen, im Gegensatz zu Kant, die Dialektik nicht mehr als »Denkdialektik«, sondern als »Seinsdialektik« angesetzt. Die Unterscheidung von einer Seinsdialektik und einer Denkdialektik ist von Hegel aber – und das ist nicht unwesentlich – nur im Blick auf die philosophische Tradition konzipiert worden, das heißt, sie dient der Durchleuchtung der Philosophiegeschichte bis zu Kant hin. Für Hegels eigenes System ist sie nicht gültig, denn Hegel intendiert ja gerade die Aufhebung einer strikten Differenz von Denken und Sein. Das Denken, das Subjekt, ist ebenso in den Prozeß verflochten wie das Sein, das Objekt. Wir erinnern zur Verdeutlichung an den Anfang der »*Phänomenologie des Geistes*«, der die *sinnliche Gewißheit* behandelt.[7]

Das naive Bewußtsein vermeint als Gewisses und unbedingt Wahres das ihm Gegenüberstehende zu besitzen. In der sinnlichen Gewißheit ist es seiner selbst sicher, als ein reiner Dieser hier weiß es das Objekt als dieses Einzelne dort. Hegel löst diese doppelte Gewißheit auf, indem er zeigt, daß weder Ich hier noch der Gegenstand dort gewiß sind, denn beide sind dialektisch aufs innigste miteinander verbunden. Das zeigt die einfache Reflexion, die auf das Verhältnis von beiden achtet: das Ding stellt sich für das auffassende Bewußtsein je anders dar, und eben seine Darstellung ist solchermaßen zugleich immer eine je andere Weise des Bewußtseins. Allgemein formuliert: Hegel setzt ein bei dem Standpunkt, der Subjekt und Objekt als getrennte Größen bestimmt und nun versucht, beide miteinander in ein commercium eintreten zu lassen. Aber dieser Subjekt-Objekt-Standpunkt wird gerade von ihm negiert, indem er in einer Analyse des *Bezuges* von Subjekt und Objekt zeigt, daß beide ineinander verflochten sind, so daß die Bestimmung des einen notwendig zugleich immer die Bestimmung des anderen ist.

Hegel hat diese dialektische Methode auf allen Gebieten der Philosophie, also nicht nur in der Logik, sondern auch in der Realphilosophie verifiziert. Wir haben – insbesondere im Rückgriff auf Hegels Argumentation in der »Philosophie des Rechts« – dargelegt, daß diese konkrete Dialektik eine *Zeitanalyse* darstellt, deren Sinn es ist, die eigene Gegenwart »in Gedanken zu fassen«. Auch diese Erfassung ist dialektisch. Eine Philosophie ist, so sagt Hegel in seiner »Geschichte der Philosophie«, »ganz identisch mit ihrer Zeit«.[8] Zugleich hebt sie diese Identität der Form nach auf, insofern sie den Geist ihrer Zeit »zum Gegenstand macht« und ihn solchermaßen weiß. Aber dies Wissen bleibt an die Gegenwart gebunden, weil es »wahrhaft keinen anderen Inhalt hat«.[9] In diesen wenigen Sätzen ist die dialektische Struktur einer philosophischen Zeitanalyse wirklich angemessen beschrieben.

Hegel hat nun aber – und damit kommen wir auf die andere Seite zu sprechen – die Dialektik als solche im absoluten Geist »festgestellt«. Formal gesehen vollzieht sich diese Feststellung als eine *Hypostasierung der Reflexion*. Die Dialektik von Subjekt und Objekt ist, wie Hegel mit Recht herausstellt, ein Vorgang, der vom Philosophen reflektiert wird. Diese Reflexion stellt, so erklärt Hegel, eine Erhebung über den Gegensatz von Subjekt und Objekt dar. Insofern aber die Reflexion Subjekt und Objekt übergreift, ist sie, so folgert Hegel, kein menschliches Vermögen, sondern der Weg des Geistes zu sich selbst. Geist ist nicht das Subjekt, das einem Objekt gegenübersteht, sondern Geist ist das in der Überwindung dieses Gegensatzes allererst hervortretende und nur in diesem Vollzug erscheinende Absolute – der Titel »Phänomenologie« deutet darauf hin. Das Absolute aber kann gar nicht für sich als bloßes Subjekt gesetzt werden, weil es alles umgreift. Es mag in der sogenannten Wirklichkeit eine Trennung von Subjekt und Objekt bestehen, diese Trennung ist unwahr. Das kann, so meint Hegel, bewiesen werden, indem man diese Unwahrheit aufzeigt. Dieser negative Aufweis ist aber zugleich der denkende und nur im Denken mögliche positive Beweis der Einheit von Denken und Sein im sich vollziehenden Geist.

Wenn aber der Geist als der Akteur der Bewegung alle Gegensätze übergreift, dann ist er selbst nicht mehr von einem Anderen als er selbst betreffbar. Die Dialektik muß daher als *Selbstvollzug* des Geistes verstanden werden, und als solche folgt sie nur ihrem eigenen Wesensgesetz. Die dialektische Bewegung vollzieht sich als Dreischritt von der Unmittelbarkeit über deren Negation zur vermittelten Unmittelbarkeit. Das Gesetz dieses Dreischritts zeigt sich nicht nur in der Logik, es bestimmt und durchwaltet auch die Natur und vor allem die geschichtliche Welt des Geistes, die sich im absoluten Geist zusammenschließt.[10] Dieser macht in diesem Zusammenhang ausdrücklich, daß die gesamte Bewegung – von der Logik über die Naturphilosophie zur Philosophie des Geistes hin – eben *nur* der Vollzug seiner selbst ist. Dieser Vollzug ist die Entwicklung des An-sich zum An-und-für-sich und als solche die Bestätigung der sich »wissenden Vernunft«. In dieser Bestätigung erfährt der Geist seine Vollendung und vermag sich selbst zu genießen.[11]

Die von Hegel vollzogene Absolutsetzung der Reflexion und die damit verbundene Deklarierung der Dialektik als einer reinen Bewegung des Selbstvollzuges des Geistes ist eine metaphysische Konstruktion. Will man von dieser Konstruktion den Schritt zurück in die »wahre Wirklichkeit« tun, dann muß man daran festhalten, daß es keine absolute, sondern nur eine be-dingte Reflexion gibt, das heißt eine Reflexion, die das Seiende nur übergreift, weil und insofern der Reflektierende immer schon von den Dingen angegangen wird. Menschliches Verhalten zu sich ist unauflöslich schon immer Verhalten zum Seienden. Verhalten zu sich und Verhalten zum Seienden sind nur ineinander und miteinander sinnvoll. Reflexion ist möglich als das Übergreifen des Seienden, ein Übergreifen, das nicht nur im Denken, sondern auch im Handeln geschieht. Aber dem reflektierenden Ich hat sich das Seiende schon immer entgegengeworfen (ob-jiciert). Wenn jedoch die übergreifende Reflexion in allem Übergreifen an das Seiende gebunden bleibt, dann kann die Reflexion nicht »für sich gesetzt werden« und vom Seienden und dem Bezug zu ihm abgelöst werden. Das besagt: Es gibt keine absolute Reflexion, sondern nur die »schlechte Unendlichkeit« des reflektierenden Menschen, der in ständiger Auseinandersetzung mit dem Seienden steht. Diese Auseinandersetzung findet keinen Abschluß im Sinne einer endgültigen Vollendung. Ein Enden der Auseinandersetzung gibt es nur für den einzelnen reflektierenden Menschen im äußerlich auf ihn zukommenden und darum harten Geschick des Todes.

Einheit und Zerrissenheit unserer Wirklichkeit

In Hegels Philosophie der absoluten Reflexion vollendet sich die Metaphysik, die von den Griechen, insbesondere Plato, konzipiert wurde und deren Anliegen es war, einen letzten Grund alles Seienden herauszustellen. Diese Metaphysik gehört der Vergangenheit an. Wir können und müssen sie »erinnern«, insofern es notwendig ist, daß wir uns mit unserem geschichtlichen Erbe auseinandersetzen. Sie hat aber für uns den Charakter der Verbindlichkeit verloren. Damit ist nicht nur die geschichtliche Möglichkeit, sondern die geschichtliche Notwendigkeit eröffnet, die Dialektik offenzuhalten. Ein solches Offenhalten ist nur aktualisierbar, wenn man die Dialektik nicht als an und für sich gültige Wesensbestimmung ansetzt und sie solchermaßen festlegt. Was wir oben für die Anwendung philosophischer Grundbegriffe in unserer Analyse für die Bestimmungen Natur und Geschichte, Vernunft und Trieb, Freiheit und Unfreiheit, darlegten, das gilt in erhöhtem Maße für den Begriff der Dialektik. Die Vagheit und Unbestimmtheit oder positiv gesagt: die Weite dieses Begriffes ist hinzunehmen und anzuerkennen, weil sie dem Zeitgeist entspricht. Gerade diese Unfestgelegtheit ermöglicht es nun aber, den Begriff der Dialektik in Richtung auf seine *Konkretionen* zu differenzieren: »Der Begriff der Dialektik bewährt sich in seinem Gebrauch«. Freilich ist eine solche Formulierung verfänglich, insofern sie die Möglichkeit eröffnet, die Dialektik vom Subjekt her als operationale oder instrumentale Methode zu verstehen. Die Dialektik ist aber kein Werkzeug, das wir einfach handhaben könnten. Wir selbst als Subjekte sind durch die Auseinandersetzung mit dem Seienden immer schon ebenso bedingt, wie wir das Seiende bedingen.

Am weitesten trägt vielleicht der Versuch, den Begriff der Dialektik *hermeneutisch* zu verstehen. Die Hermeneutik stellt – wir haben dies oben dargelegt – den Zielcharakter aller Auslegungen heraus. Wir stehen schon immer unter bestimmten Vorurteilen, die die Interpretation der Phänomene leiten. Bereits die ältere Hermeneutik hat den Gang vom Teil zum Ganzen und umgekehrt expliziert.[12] Dieser Ansatz ist auch für unsere Interpretation maßgebend. Dabei hat – so kann man zunächst sagen – die Teilanalyse einen Vorrang. Der uns leitende Begriff der Dialektik wird nur sichtbar, wenn man ihn in concreto auf den verschiedensten Gebieten entwickelt; erst in der Einzelinterpretation erhält er seinen vollen Sinn.

Freilich gilt es das Gesagte sogleich einzuschränken. Alle Teilinterpretationen tendieren darauf hin, den Geist der Epoche im Ganzen zur Aussage zu bringen. Dieser Geist ist aber kein Vorurteil, das wir ablegen könnten. Selbst wenn wir bestimmten Tendenzen der Zeit entgegentreten, so bleibt er als solcher allen Interpretationen gegenüber eine vorgängige Macht. Noch einmal konkret: daß wir nicht mehr in dem Zeitalter der Metaphysik leben, das heißt, daß wir nicht mehr – weder in der Wissenschaft noch im Leben – das Seiende als eine an sich geltende Ordnung verstehen, sondern daß Wirklichkeit für uns ein Geschehen ist, das wir ebenso vermitteln, wie wir durch es vermittelt werden: dies ist eine geschichtlich gewordene Tatsache, die für uns einen *verbindlichen Ganzheitscharakter* behält, auch wenn sich zeigt, daß sich diese unsere Wirklichkeit in einzelne Wirklichkeitsbezirke zerteilt, die aufeinander verweisen, aber von denen keiner auf die anderen reduziert oder gar von ihnen her fundiert werden kann.

Von diesem Aspekt der *Einheit und der Differenz* unserer Wirklichkeit her sei nun auf den Aufbau – oder wenn man so will: auf die innere Systematik – hingewiesen, die unsere Arbeit bestimmt. Indem wir die Differenz, die zwischen den einzelnen Teilen besteht, herausheben, suchen wir gerade den Entwicklungsgang der Arbeit im ganzen aufzuweisen. Dieser Entwicklungsgang ist von einer bestimmten Tendenz geleitet. Es geht darum, das *dialektische Bewußtsein* zu *steigern* und zu *verschärfen*.

Der *erste Teil* thematisiert die heutige Wissenschaft unter dem Gesichtspunkt der *Verwissenschaftlichung* als *Forschung*. In der Forschung zeigt sich ein spezifischer Charakter der Dialektik: die Aufhebung fester Wesensbestimmungen zugunsten eines Prozesses, der doppelt zu reflektieren ist, sowohl in bezug auf die zu untersuchende Gegenstandswelt als auch in bezug auf den bisherigen und zukünftigen Entwicklungsgang der Forschung selbst. Der dialektische Forschungsprozeß ist nicht willkürlich, er ist kontrollierbar und stellt, insofern das forschende Subjekt sich nun als forschendes mitthematisieren muß, eine erhöhte Weise der Reflexion dar. Diese Dialektik kann also nicht unmittelbar mit den Ausformungen dialektischer Bezüge im geschichtlichen und gesellschaftlichen Bereich identifiziert werden.

Die hier thematisierte Wirklichkeit ist die jeweilige *wissenschaftliche Welt*, das heißt das offene Ganze von Bezügen zwischen dem forschenden Subjekt und der zu untersuchenden Objektwelt, sei dies nun die äußere Natur oder die menschliche Gesellschaft.

Es zeigte sich nun – das ist für unseren Begriff der Wirklichkeit wesentlich –, daß die Welt der Wissenschaft und die alltägliche Lebenswelt einerseits aufs engste miteinander verflochten sind, daß sie aber andererseits gegensätzliche Strukturen aufweisen. Es ist nicht möglich, eine der beiden Wirklichkeiten als die wahre Wirklichkeit zu deklarieren. Die Dialektik, die zwischen beiden Welten waltet, schließt sich nicht zu einem Ganzen zusammen. Das besagt: es gibt kein einheitliches Weltbild mehr.

Gerade ein einheitliches Weltbild zu erstellen, ist das Anliegen der klassischen im Deutschen Idealismus kulminierenden Philosophie, als deren gegensätzliche Fortführung wir die Existenzphilosophie deklarierten. Wir thematisierten diese Entwicklung im *zweiten Teil* unter dem Gesichtspunkt der *Verinnerlichung* und suchten zu zeigen, daß sich von diesem Aspekt her trotz aller Unterschiede die Entwicklung als Einheit verstehen läßt.

Die Dimension der Innerlichkeit, die erst durch den Akt der *Verinnerlichung* – den reditus in seipsum – konstituiert wird, erscheint als eigentliche Wirklichkeit. Indem das Subjekt sich solchermaßen als das wahrhaft Seiende ausgibt, setzt es die äußere Welt zum sekundären Phänomen herab. Die eigentlich philosophische Aufgabe ist es nun, diese Welt vom Subjekt her zu begründen. Diese Begründungsversuche bestimmen die ontologische Metaphysik von Augustin bis zum Deutschen Idealismus und werden, wie wir zu zeigen suchten, in modifizierter Form auch in der Existenzphilosophie – so insbesondere bei Heidegger – durchgeführt.

Von der Gegenwart her erscheint die Philosophie der Innerlichkeit als Irrweg, insofern hier der reale dialektische Bezug, der die Auseinandersetzung des Menschen mit dem Seienden bestimmt, nicht genügend berücksichtigt wird. Es galt daher, eine *Destruktion* dieser Philosophie zu vollziehen. Zugleich aber suchten wir im Gegenzug zur Philosophie der Innerlichkeit auf die dialektische Struktur der Wirklichkeit unter dem Gesichtspunkt des *menschlichen Miteinanders* hinzuweisen. Dieser Aspekt geht über die im ersten Teil thematisierte Subjekt-Objekt-Beziehung, in der das Objekt als wissenschaftlicher Gegenstand verstanden wird, hinaus, insofern hier das »Objekt« ein mir gleiches Ich ist. Der zwischenmenschliche Bezug ist für unsere Bestimmung der Wirklichkeit wesentlich. Demgemäß bestimmten wir im Schlußkapitel dieses Teiles die Wirklichkeit als einen Geschehenszusammenhang, in dem die Menschen miteinander verflochten sind in der Weise, daß sie die Verantwortung dafür tragen, daß dies Geschehen von der Vernunft bestimmt werde. Die Begriffe »Verantwortung« und »Vernunft« weisen auf die späteren Teile, insbesondere den fünften Teil, der die Ethik behandelt, voraus, insofern sie anzeigen, daß dieser Wirklichkeit gegenüber nur ein Verhalten angemessen ist, das durch das ethische Engagement bestimmt ist.

Der *dritte Teil*, der der Untersuchung der abendländischen Anthropologie gilt, weist bereits im Titel »Vergeistigung und Verleiblichung« auf eine Dialektik hin, die den Menschen von Grund aus bestimmt. Der Gegensatz von Geist und Leib stellt sich offenbar als eine anthropologische Urdifferenz dar. Diese Differenz ist aber innerhalb der abendländischen Tradition immer schon geschichtlich bestimmt und nie »rein natürlich«. Wir sprachen daher von *Vergeistigung* und *Verleiblichung*, um von vornherein das Selbstverständnis und das Handlungsbewußtsein als zur menschlichen Wirklichkeit gehörend herauszustellen.

Unsere Aufgabe war es, hier zu zeigen, wie diese Dialektik konkret ausgetragen wird. Dies besagt: hier mußten die Wandlungen des Menschenbildes im Ganzen berücksichtigt werden. Damit ergeben sich enge Bezüge zu den anderen Teilen der Arbeit. Zunächst zum zweiten Teil: wird die *Vernunft*, wie es in der klassischen Tradition der Anthropologie geschieht, als der ranghöhere und stärkere Teil im Menschen verstanden, dann setzt dies die Bindung an eine übersinnliche Welt voraus. Die Vernunft ist kein anthropologisches Bestandstück, sondern beweist, daß ich zum mundus intelligibilis gehöre. Dieser Ansatz, der in der idealistischen Philosophie kulminiert, hat sich im späteren 19. Jahrhundert umgekehrt. Die *Triebschicht* ist die maßgebende und vor allem die stärkere Schicht. Diese Triebschicht ist aber, so argumentiert man, im Gegensatz zur erdachten Hinterwelt eine reale Gegebenheit. Die Dialektik der menschlichen Wirklichkeit, das heißt das Gegeneinander von Vernunft und Trieb, wird also von Plato bis Nietzsche mit der *metaphysischen Dialektik*, das heißt der Differenz von Überwelt und »realer« Welt verbunden.

Gerade diese Verklammerung der anthropologischen Fragestellung mit »metaphysischen Vorurteilen« soll in der *modernen philosophischen Anthropologie* aufgehoben werden. Indem die Anthropologie verwissenschaftlicht wird, wird die Frage nach einem einheitlichen Wesen des Menschen hintergründig. Wir begegnen hier also einem Sachverhalt, den wir bereits im ersten Teil diskutierten: die Verwissenschaftlichung führt zu einer Einklammerung der philosophischen Fragestellung überhaupt zugunsten von Problemstellungen, die nur auf dem Wege der Forschung anzugehen sind, und zugunsten einer Praxis, die sich auf wissenschaftliche Forschungsergebnisse stützt.

Diese Verschiebung besagt aber natürlich nicht, daß die Dialektik von Vernunft und Trieb aufgehoben ist. Sie bleibt nach wie vor ein »reales Problem«, das es zu bewältigen gilt. Wir suchten zum Abschluß dieses Teiles zu zeigen, daß eine solche Bewältigung nur gelingen kann, wenn man die anthropologische Binnenproblematik in die allgemeine Lebensproblematik zurückversetzt. Dies besagt konkret: es gilt davon auszugehen, daß das Verhältnis des Menschen zu sich selbst immer schon durch den mitmenschlichen Bezug und den Sachbezug bestimmt ist. Um die Möglichkeit einer Aufhebung der anthropologischen Binnenproblematik aufzuweisen, thematisierten wir das Phänomen der *indirekten Vermittlung*. Indirekte Vermittlung ist eine besondere Form des dialektischen Bezuges. Der einzelne erkennt, daß er sich nicht in sich selbst und durch sich selbst in Ordnung bringen kann. Ich komme zu mir selbst nur durch den Bezug zu anderen und zwar innerhalb einer geschichtlichen Situation, deren Gestaltung von uns allen abhängt. Das Schlußkapitel des dritten Teiles nimmt also die am Ende des zweiten Teiles entwickelten Gedankengänge auf und weist ebenso wie diese auf den fünften Teil hin.

Der vierte Teil, der das Problem der Geschichte thematisiert, ist in methodischer und inhaltlicher Hinsicht für das Ganze unserer Arbeit bedeutungsvoll, denn wenn wir unter Wirklichkeit einen Geschehenszusammenhang verstehen, dann ist die geschichtliche Dimension immer schon mitgemeint. Die Herausstellung des innigen Zusammenhanges von Geschichte und Wirklichkeit ist selbst das Ergebnis einer konkreten geschichtlichen Entwicklung. Das besagte aber für unser Vorgehen: wir mußten die *Wandlungen des Geschichtsverständnisses* thematisieren, um zu zeigen, daß und wie sich unser Verständnis von Geschichte und Wirklichkeit einerseits aus der Tradition herausgebildet hat und andererseits doch von dieser in entscheidenden Punkten unterscheidet.

Die verhältnismäßig ausführliche Darstellung der abendländischen Geschichtsphilosophie, insbesondere der Abschnitt, der die Geschichtskonzeptionen von Hegel bis Heidegger untersucht, hat seinen primären Sinn nicht darin, eine Geschichte der Geschichtsphilosophie zu entwickeln – das ist nur eine Nebenabsicht –, sondern den geschichtlichen Verlauf des geschichtlichen Denkens *kritisch* zu durchleuchten. Notwendig ist hier zunächst – darin besteht eine Parallele zum zweiten Teil, der die Verinnerlichung behandelt – eine Destruktion der Tradition. Die Geschichte, genauer: das geschichtliche Geschehen und die Geschichtsbetrachtung können für uns nicht mehr metaphysisch abgesichert werden. Fragen nach dem letzten Sinn und dem Endzweck des Geschehens oder absolute Aussagen zu dem Problem, ob es in der Geschichte vernünftig zugehe, sind für uns nicht mehr die eigentlich relevanten Probleme eines Nachdenkens über die Geschichte. Ebenso zu destruieren aber sind alle Ansätze, von der Geschichte oder der Geschichtlichkeit her die Wirklichkeit ihrer Grundstruktur nach zu fundieren. Es handelt sich hier vor allem um die transzendentale Ontologie der Geschichtlichkeit von der Zeitlichkeit her, wie sie Heidegger in »Sein und Zeit« entworfen hat, um die Konstitution der historischen Geisteswissenschaften im Zusammenhang der Lebenswelt, wie sie insbesondere Dilthey durchgeführt hat, und um die Konzeption der hermeneutischen Wirkungsgeschichte, wie sie Gadamer entwickelt hat. Diese Ansätze tendieren letztlich darauf hin, eine Neuausrichtung der Philosophie im Gegenzug zu der Naturwissenschaft zu entwickeln. Dies bedeutet jedoch, daß die Philosophie auf einen zu engen Bezirk eingegrenzt wird. Vor allem aber wird die Verklammerung des Geschichtsbewußtseins mit dem Handlungsbewußtsein weithin ausgespart und demgemäß gerät die *konkrete Analyse des geschichtlich-gesellschaftlichen Bereiches* in den Hintergrund.

Gerade die *Verklammerung des Geschichtsbewußtseins mit dem Handlungsbewußtsein* herauszuarbeiten, ist die eigentliche Aufgabe dieses Teiles. Das soll der Begriff *Vergeschichtlichung* andeuten. Vergeschichtlichung ist eine Tathandlung, durch die der Mensch sich in concreto in seine Situation hineinstellt, die er, auf die Zukunft hinblickend, zu gestalten sucht. Die Vergeschichtlichung stellt einen Gegenzug zu den heute weithin bestimmenden Tendenzen des *Ahistorismus* dar. Dieser Ahistorismus, sich im Positivismus und der Wissenschaftstheorie ebenso wie im Strukturalismus zeigend, klammert das Subjekt aus. Systemtheorien, Strukturzusammenhänge und die sogenannten Sachzwänge werden ins Zentrum gestellt. Von ihnen her ist unser Verhalten schon immer - unseren Überlegungen und Entschlüssen voraus – bestimmt.

Wenn diesen Ansätzen gegenüber auf das durch den Selbstbezug konstituierte Handlungsbewußtsein verwiesen wird, so besagt dies keineswegs, daß wir vermeinen, daß der Mensch der Herr der Geschichte sei und sie frei gestalten könne. Als durch das Geschehen schon immer bedingt, vermag er nur »in der Zeit zeitgemäß zu handeln«, wobei er – und hier wird die Verklammerung mit dem fünften Teil, der die Ethik behandelt, sichtbar – den positiven auf eine Optimierung hinweisenden Trends zum Durchbruch verhelfen muß. Der Schlußabschnitt dieses Teiles sucht diese Zusammenhänge zu thematisieren. Insbesondere das Kapitel »Die Dialektik von Macht und Ohnmacht in der Geschichte« weist darauf hin, daß das geschichtliche Bewußtsein sich nur dann angemessen begreift, wenn es die Geschichte als die unaufhebbare Dialektik von Gelingen und Scheitern anerkennt, ohne daß dadurch das Handlungsbewußtsein negiert werden darf.

Der *fünfte Teil* behandelt die *Ethik*. Ihm kommt innerhalb der Arbeit zentrale Bedeutung zu, insofern wir meinen, daß die ethische Einstellung als die *Schlüsselposition* anzusehen ist, auf die hin alle Bezüge, seien sie wissenschaftlicher, anthropologischer oder geschichtlich-gesellschaftlicher Natur, auszurichten sind.

Unsere erste Aufgabe war es hier, die geschichtliche Bedingtheit unserer Konzeption der Ethik herauszustellen, das heißt konkret, daran zu erinnern, daß wir nicht mehr im Zeitalter der Metaphysik leben. Unser Handeln wird in seiner Möglichkeit und in seiner Wirklichkeit nicht mehr von einer vorgegebenen Seinsordnung bestimmt, deren Prinzipien ewige Maßstäbe darstellen, von denen her eine eindeutige Ausrichtung für unser Tun zu deduzieren wäre. Der Verlust dieser absoluten Bindung bedeutet eine Verunsicherung, insofern der Handelnde sich nicht mehr von einer Seinshierarchie umgriffen und getragen weiß. Aber dieses Negativum stellt zugleich ein Positivum dar. Es eröffnet die Möglichkeit einer *Neuorientierung der Ethik*. Diese Neuorientierung muß von den Problemen unserer Zeit ausgehen. Als den Grundbegriff einer solchen zeitgemäßen Ethik stellten wir die Bestimmung »*Verantwortung*« heraus. Verantwortung ist – darin zeigt sich die Verschärfung der Dialektik – ein reiner Bezugsbegriff: ich bin vor den und für die anderen verantwortlich, und für diese gilt das Entsprechende.

Von der Dialektik der Verantwortung her schließen sich die Analysen, die unseren Wirklichkeitsbegriff klären sollen, zusammen. Um nur auf einige Punkte hinzuweisen: wir stellten am Ende des zweiten Teiles heraus, daß Wirklichkeit keine fixe Gegebenheit, sondern ein Geschehenszusammenhang sei, der wesentlich durch den *zwischenmenschlichen Bezug* bestimmt ist. Der zwischenmenschliche Bezug stellt die ursprüngliche Dimension der Verantwortung dar. Verantwortung zeigt sich hier als Antwort im Sinn eines Entsprechungsverhaltens, wobei aber zu bedenken ist, daß dieses Entsprechungsverhalten immer schon von der Struktur des die einzelnen umgreifenden Bezuges abhängig ist. Am Ende des dritten Teiles wiesen wir auf die *indirekte Vermittlung* hin. Indirekte Vermittlung setzt das Loskommen von sich selbst voraus: man hält nicht an sich selbst als dem absoluten Bezugspunkt fest, sondern gibt sich der Mitwelt und der Sachwelt frei. Dies Sichloslassen und Freigeben aber ist nur möglich, wenn der einzelne sich unter die Kategorie der Verantwortung stellt, besser: rückläufig erkennt, daß der Versuch des Menschen, in sich selbst und durch sich selbst in Ordnung zu kommen, scheitern muß, weil hier von der Tatsache der zwischenmenschlichen Verantwortung abgesehen wird. Am Ende des vierten Teiles wiesen wir auf die Grundstruktur der Geschichte hin und charakterisierten sie als die *Dialektik von Macht und Ohnmacht*. Der Mensch ist vermittelnd und vermittelt zugleich. Er kennt nicht das Ganze und muß trotzdem handeln. Solches Handeln aber kann nur, eben weil wir nicht als Geschäftsträger des Weltgeistes fungieren, in eigener Verantwortung geschehen, wobei es aber daran festzuhalten gilt, daß wir nicht nur für die, sondern auch *vor* der Geschichte verantwortlich sind. Die Geschichte bleibt eine maßgebende Instanz.

Verantwortung ist das Wesensmerkmal der »ethischen Einstellung«, das heißt des Engagements, in dem ich mich entschließe, von mir aus in das Geschehen handelnd überhaupt eingreifen zu wollen. Dieser Entschluß ist nur in Freiheit und aus Freiheit vom einzelnen zu leisten; zu ihm kann keiner gezwungen werden. Er ist jedoch die unausweichliche Bedingung und Voraussetzung für alles konkrete ethische Verhalten. Das ethische Engagement muß gerade heute besonders betont werden, weil die Ethik in der Gegenwart »an den Rand geraten ist«, im Gegensatz zur klassischen Tradition, in der ihr eine maßgebende Stellung zukam. Diese Entwertung der Ethik gründet in der Vorherrschaft des *technologischen Denkens.* Der Begriff der Technologie ist, wie wir bereits im vierten Teil darlegten, nicht eindeutig. In bezug auf die Ethik können jedoch insbesondere zwei bestimmte Argumentationen herausgestellt werden. Einmal: Ethik als Ethik ist heute überhaupt überflüssig. Unsere Epoche ist durchgängig von einer an den Sachbezügen orientierten Rationalität bestimmt. Diese Rationalität ist als das maßgebende Prinzip unseres Tuns anzusetzen. Man kann den Vorrang der Rationalität nun positiv als Garanten des Fortschrittes werten oder ihn negativ als Ausschalten einer personengebundenen Humanität abwerten, in beiden Fällen deklariert man, daß die Zeit vorbei ist, in der man vermeinte, von der Ethik her das Leben gestalten zu können. Im Gegensatz zu dieser extremen Haltung stehen – dies ist die zweite Möglichkeit – die Ansätze, die die Ethik in Verbindung mit der Technologie bringen und zwar in der Weise, daß die Technologie in Zusammenarbeit mit der Wissenschaft die Verhaltensmöglichkeiten des Menschen fundieren oder zumindest dirigieren und ausformen soll. Die Ethik soll durch Wissenschaft und Technologie abgesichert werden. Es wäre – so argumentierten wir diesen Ansätzen gegenüber – verfehlt, an den Analysen des Menschen, die die Wissenschaften vom Menschen erbringen, vorbeizugehen, oder Verhaltensmöglichkeiten, die die Technologie herausarbeitet, nicht zu beachten. Aber Wissenschaft und Technologie machen das ethische Engagement nicht überflüssig, denn rationale Erkenntnis und rational-technologisches Vorgehen führt nicht von sich aus eine Optimierung der menschlichen Möglichkeiten herbei. Im Gegenzug zu diesen Ansätzen gehen wir also davon aus, oder besser: halten wir mit der Tradition daran fest, daß eine Gestaltung unserer Welt unter dem Gesichtspunkt der Optimierung das ethische Engagement zur *unabdingbaren Voraussetzung* hat.

Als den höchsten und nicht mehr überholbaren Maßstab dieser Gestaltung stellten wir das *Gute* heraus. Das Gute aber ist der Gegenbegriff zum *Bösen*. Unsere Analyse dieser Dialektik ging von der Tatsächlichkeit des Bösen aus: nur weil es das Böse gibt, ist eine Ethik notwendig. Das Böse läßt sich in seinen vielfältigen Formen nur umschreiben – eine einheitliche Definition des Bösen erbringen zu wollen, wäre ein sinnloser Versuch. Seine Wurzel ist die Ambivalenz der Ichhaftigkeit, die sich im Egoismus, vor allem aber in Phänomenen wie der Grausamkeit in ihrer Negativität zeigt. Im Gegenzug zum Bösen, das das Verhältnis des Menschen zu sich selbst und zu den anderen pervertiert, bestimmten wir das Gute als das Prinzip und den Inbegriff von *Ordnung*. Der Begriff der Ordnung darf aber nicht, wenn anders man zeitgemäß denken will, metaphysisch verstanden werden. Daß das Sein im Ganzen seiner Struktur nach »eine unverbrüchliche Ordnung darstellt«, wagen wir nicht zu behaupten; blickt man auf den faktischen Weltbestand, dann scheint das Gegenteil der Fall zu sein. Wesentlich ist es jedoch, davon auszugehen, daß das Gute als Ordnung von Grund auf eine *dialektische Bestimmung* ist. Wir werden vom Guten immer schon vermittelt und getragen; fiele diese Bestimmung durch das Gute dahin, dann wären wir gar nicht existenzfähig. Zugleich aber gilt, daß das Gute nie da ist, sondern ständig aufgegeben ist als das zu Verwirklichende. Das Gute und das Handlungsbewußtsein gehören auf das engste zusammen.

Gerade weil der Begriff des Guten von prinzipiellem Rang ist, ist es notwendig, ihn durch *Konkretion* zu »verifizieren«. Der erste Schritt in Richtung auf diese Konkretion ist es, *Maximen* und *Instanzen* herauszuarbeiten, an denen sich der Mensch orientieren kann. Wir stellten die Minderung des Leidens und die Mehrung der Wohlfahrt als maßgebende Maxime der Gegenwart heraus und thematisierten Vernunft und Mitleid als Instanzen, die für das ethische Verhalten verbindlich sind und solchermaßen als »Quellen« der ethischen Einstellung aktualisiert werden können. Diese Bestimmungen fungieren für uns nicht – hier zeigt sich wiederum der Gegensatz zur metaphysischen Ethik – als absolute Gesetze, denen zeitlose Bedeutung zukommt. Sie sollen dem Menschen der Gegenwart Anhaltspunkte für sein Handeln geben. Sie müssen daher mit der Zeitsituation im Ganzen vermittelt werden. Das besagt: es ist erfordert, sie im Blick auf die *Vielfalt der Ansätze* zu durchdenken, von denen her heute das menschliche Leben interpretiert und gestaltet wird.

Von diesem Gesichtspunkt einer Vermittlung der ethischen Maßstäbe und Maximen mit den realen Möglichkeiten der Zeit her entwickelten wir zunächst die *Dialektik von Freiheit und Unfreiheit* unter juristischem, sozialpsychologischem und verhaltensbiologischem Aspekt und suchten sodann die *Problematik menschlichen Zusammenlebens* im Rückblick auf die soziologische Unterscheidung von Kleingruppen und Großgruppen zu erhellen. Diese Interpretationen sind vorläufig. Einmal: die hier verwendeten Begriffe – dies zeigt insbesondere die Bestimmung der Freiheit – sind nicht eindeutig, sodann und vor allem: die Situation selbst ist »offen«; das wird sichtbar, wenn man erkennt, daß das zwischenmenschliche Verhalten sowohl in den Kleingruppen als den Großgruppen heute bedeutsamen Wandlungen unterworfen ist, die noch keineswegs als abgeschlossen angesehen werden können.

Hier wird in verschärfter Form eine Problematik sichtbar, die unsere Arbeit im ganzen bestimmt. Wenn man nicht im Allgemeinen verbleiben will, das heißt keine Aussagen aufstellen will, die als *Leer*formeln zwar richtig sind, aber nicht viel besagen, dann muß man es auf sich nehmen, Interpretationen zu entwickeln, die unter Umständen schon morgen überholt sind. Die Wende zum Konkreten ist aber – dies ist die andere Seite – nur dann *philosophisch* relevant, wenn sie die leitenden Grundbegriffe nicht aus dem Blick verliert. Dies besagt für die Ethik: die Urdifferenz von Gut und Böse bleibt das maßgebende Prinzip der Auslegung. Hält man nicht an dieser Dialektik fest, dann wird man fast unausweichlich dazu getrieben, ethisch relevante Zusammenhänge zu verwissenschaftlichen und solchermaßen das verantwortliche Handlungsbewußtsein zu schwächen. Ein konkretes Mittel gegen diese Nivellierung der ethischen Fragestellungen ist es, nicht voreilig die ethischen Bestimmungen der Tradition als überholt aufzugeben, sondern sie weiterhin zu gebrauchen, wenn auch in modifizierter Form. In diesem Sinn griffen wir auf die traditionelle Differenzierung von Sittlichkeit und Moralität zurück, um die soziologische Unterscheidung von Kleingruppen und Großgruppen auf ihre ethische Relevanz hin zu durchleuchten.

Unter dem Aspekt einer Vermittlung der Ethik mit der realen Zeitsituation behandelten wir das *Verhältnis von Ethik und Politik*. Es ging uns hier vor allem darum, durch Analyse der geschichtlichen Trends zu erkennen, welche konkreten Chancen in Richtung auf eine Welteinheit hin heute eröffnet sind.

Blicken wir auf unsere Analysen im ganzen zurück, so zeigt sich, daß unsere Wirklichkeit durch eine Dialektik bestimmt ist, die sich nicht zu einer Einheit zusammenschließt. Dies wird einmal offenbar im *Verhältnis der einzelnen Bereiche* zueinander, insbesondere im Bezug von Wissenschaft und geschichtlich-gesellschaftlichem Leben. Zwischen beiden Bereichen bestehen vielfache Wechselwirkungen, aber keiner ist aus dem anderen ableitbar. Die Konsequenz ist, daß es – worauf wir mehrfach hinwiesen – heute kein einheitliches Weltbild mehr gibt. Die Dialektik – das ist das Zweite – ist aber auch *innerhalb jedes einzelnen Bereiches* nicht zum Abschluß zu bringen. Gerade diese »Offenheit« sollten unsere Bestimmungen der Wirklichkeit aufzeigen, denn wenn Wirklichkeit einen Geschehenszusammenhang darstellt, den wir vermitteln und durch den wir zugleich vermittelt werden, so ist eben durch diese Dialektik eine Differenz gesetzt, die grundsätzlich nicht aufhebbar ist.

Das *Vermitteln* ist uns auferlegt, und hier haben wir anzusetzen. Die Vermittlungsbewegung differenziert sich je nach der Struktur der einzelnen Bereiche. Sie ist im Bezirk der Wissenschaft eine andere als im Raum der Geschichte. Es gibt aber eine Vermittlung des *Guten* als einer Ordnung, von der her wir leben können. Diese ethische Vermittlung in den verschiedenen Bezirken unserer Wirklichkeit zu leisten, ist und bleibt unsere eigentliche Aufgabe. Und hier zeigt sich die schärfste Form der Dialektik: man muß sich der Bedingtheit und Unzulänglichkeit des eigenen Tuns und der Ungewißheit des Erfolges bewußt sein und dennoch so handeln, als ob eines Tages eine bessere Menschheit Wirklichkeit würde.

Anmerkungen

Vorwort Seite 7

1 Die Belegstellen für die Zitate werden in den folgenden Anmerkungen angeführt. Nach Möglichkeit werden nicht die großen Werkeditionen, sondern diejenigen Ausgaben angegeben, die leichter zugänglich sind. Fremdsprachliche Zitate werden in deutschen Übersetzungen wiedergegeben. – Auf die Angabe von Sekundärliteratur wird weitgehend verzichtet. Eine Ausnahme bilden diejenigen Werke, aus denen der Verfasser Entscheidendes für seine Analysen gelernt hat. Wenn der Verfasser eigene Arbeiten anführt, so deswegen, weil in diesen Veröffentlichungen einige Themen, die hier nur zusammengedrängt behandelt werden, ausführlicher entwickelt wurden.

Erster Teil. Verwissenschaftlichung
Zur Gliederung Seite 12

1 Vgl. unten S. 91 ff.
2 Vgl. unten S. 29 ff.
3 St. Toulmin, Einführung in die Philosophie der Wissenschaft, Göttingen 1953, S. 7 f.
4 Der Ausdruck »Einleben in die Wissenschaft« findet sich des öfteren bei Husserl, so zum Beispiel in: Cartes. Meditationen, § 4.
5 Vgl. zum Zusammenhang dieser Teile das Nachwort unten S. 848 ff.

A. Der Bezug von Philosophie und Wissenschaft unter dem Aspekt der gegenwärtigen Philosophie Seite 17

Vorbemerkung: Die Aufhebung der traditionellen Wissenschaftseinteilung und die Vieldeutigkeit der philosophischen Einstellung zur Wissenschaft Seite 17

1 Vgl. J. Habermas, Vom sozialen Wandel akademischer Bildung, in: Universitätstage 1963, Veröffentlichung der Freien Universität Berlin, Berlin 1963, S. 155 ff.
2 Vgl. insbesondere M. Heidegger, Die Zeit des Weltbildes, in: Holzwege, Frankfurt/Main 1950, S. 69 ff.; ders., Das Ende der Philosophie und die Aufgabe des Denkens, in: Zur Sache des Denkens, Tübingen 1969, S. 61 ff.
3 Vgl. insbesondere unsere Analyse der hermeneutischen Wirkungsgeschichte unten S. 534 ff.
4 Vgl. unsere Zusammenfassung der Grundansätze der modernen Anthropologie unten S. 458 ff.
5 Vgl. unten S. 464 ff.

Erstes Kapitel. Husserl: Die weltlose Subjektivität als Ursprungsort der reinen Wissenschaft Seite 21

1 Zu Husserls Philosophie vgl. auch unten S. 285 ff., dort wird Husserls Ansatz im Zusammenhang der Philosophie der Subjektivität untersucht. – Husserl wird zitiert nach: Husserliana, Gesammelte Werke, Den Haag 1950 ff.
2 Husserl, Cartesianische Meditationen, Husserliana Bd. 1, S. 73.
3 Vgl. insbesondere Fichte, Erste und Zweite Einleitung in die Wissenschaftslehre, Fichte, S. W. hrsg. von I. H. Fichte, Leipzig 1844 f., Bd. 1, S. 417 ff.
4 Husserliana, Bd. 6.
5 M. Heidegger, Sein und Zeit, 11. Aufl., Tübingen 1967, S. 10.
6 Vgl. Husserl, Vorlesungen zur Phänomenologie des inneren Zeitbewußtseins, Husserliana Bd. 10.
7 Husserl, Die Krisis der europäischen Wissenschaften, S. 503.
8 Vgl. zu diesem Problem Gehlens Bestimmung der Wahrnehmung unten S. 445 ff.
9 Husserl, Die Krisis der europäischen Wissenschaften, S. 508.
10 M. Heidegger, Sein und Zeit, § 14 ff.
11 ebd., S. 112.

Zweites Kapitel. Der Logische Positivismus: Die Problematik der Reduktion der Philosophie auf Wissenschaftstheorie Seite 29

Vorbemerkung: Der Ansatz des Logischen Positivismus und seine philosophische Bedeutung Seite 29

1 Vgl. zum Logischen Positivismus insbesondere V. Kraft, Der Wiener Kreis, 2. Aufl., Wien 1968; W. Stegmüller, Hauptströmungen der Gegenwartsphilosophie, 3. Aufl., Stuttgart 1969, dort ausführliche Literaturangaben; H. Schnädelbach, Erfahrung, Begründung und Reflexion. Versuch über den Positivismus, Frankfurt/Main 1971.
2 Zu Wittgenstein vgl. W. Schulz, Wittgenstein. Die Negation der Philosophie, Pfullingen 1967.
3 Im folgenden wird diese Zeitschrift mehrfach herangezogen, zitiert nach Band und Seitenzahl.
4 St. Toulmin, a.a.O., S. 8.

1. Die Entwicklung des Logischen Positivismus, dargestellt insbesondere an der Philosophie Carnaps Seite 35

1 Zu Carnap vgl. insbesondere P. A. Schilpp, (ed.), The Philosophy of Rudolf Carnap, La Salle/Ill. 1963; D. Wandschneider, Formalismus und Praxisbezug. Eine historisch-systematische Untersuchung zum Logischen Positivismus, durchgeführt am Werk R. Carnaps, im Druck.
2 Vgl. Wittgenstein, Tractatus logico-philosophicus, Vorwort und Satz 4, 116.
3 R. Carnap, Scheinprobleme in der Philosophie, hrsg. von G. Patzig, Frankfurt/Main 1966, S. 62.
4 R. Carnap, Der logische Aufbau der Welt, 2. Auflage, Hamburg 1961.
5 ebd., S. 246.
6 ebd., S. 248.
7 ebd., S. 248.
8 ebd., S. 249
9 Vgl. W. Stegmüller, Hauptströmungen der Gegenwartsphilosophie, 2. Aufl., Stuttgart 1965, S. 494 ff.
10 In: Erkenntnis, Bd. 2 (1931), S. 219 ff.
11 ebd., S. 233.
12 ebd., S. 227.
13 Vgl. zum Beispiel Nietzsche, Götzen-Dämmerung (Nietzsche, Werke, hrsg. von K. Schlechta, München 1956 f., Bd. 2, S. 960): »Ich fürchte, wir werden Gott nicht los, weil wir noch an die Grammatik glauben ...«.
14 R. Carnap, Scheinprobleme, S. 48.
15 Vgl. zum Problem der Leerformeln und der Abstraktheit allgemeiner Bestimmungen oben S. 32 f.
16 In: Erkenntnis, Bd. 3 (1932), S. 108.
17 ebd., S. 108.
18 R. Carnap, Physikalische Begriffsbildung, Darmstadt 1966, S. 4.
19 ebd., S. 56.
20 ebd., S. 60.
21 Vgl. Erkenntnis, Bd. 2, S. 91 ff.
22 ebd., S. 182.
23 ebd., S. 186.
24 ebd., S. 188.
25 Deutsche Ausgabe, Braunschweig 1968; vgl. insbesondere das Kapitel »Gibt es Atome?«, S. 189 ff.
26 ebd., S. 214.
27 Vgl. unsere Analyse der Deutungen der Bestimmung »Atom« in der modernen Physik unten S. 109 ff.
28 Vgl. zu Kants Deutung der Natur unten S. 103 ff.
29 R. Carnap, Die Mathematik als Zweig der Logik, in: Blätter für Deutsche Philosophie, Bd. 4 (1930), S. 298.
30 ebd., S. 303.
31 In: Erkenntnis, Bd. 2, S. 105.
32 In: Erkenntnis, Bd. 2, S. 106 ff.
33 R. Carnap, Die Mathematik als Zweig der Logik, a.a.O., S. 309.
34 ebd., S. 309.
35 In: Erkenntnis, Bd. 2, S. 149.
36 In: Erkenntnis, Bd. 1, S. 8.
37 ebd., S. 12.
38 R. Carnap, Logische Syntax der Sprache, Wien 1934, S. III f.
39 Vgl. unten S. 534 ff.
40 In: Erkenntnis, Bd. 2, S. 432.
41 ebd., S. 433.
42 Wittgenstein, a.a.O., Satz 6, 54.
43 Vgl. dazu Hegel, Phänomenologie des Geistes: Die sinnliche Gewißheit, das Dieses und das Meinen. – Wir werden auf das Problem der gegenseitigen Bedingung von Subjekt und Objekt mehrfach zurückkommen, so zum Beispiel in der Analyse der Bestimmung des Atoms in der modernen Physik.
44 In: Erkenntnis, Bd. 3, S. 224.
45 In: Erkenntnis, Bd. 2, S. 440.
46 ebd., S. 438.
47 ebd., S. 456.
48 In: Erkenntnis, Bd. 3, S. 180.
49 Vgl. die bereits diskutierte Kritik an der Metaphysik durch Carnap oben S. 35 ff.
50 Vgl. zu diesem Abschnitt unsere Analyse von Poppers Ansatz unten S. 79 ff.
51 R. Carnap und W. Stegmüller, Induktive Logik und Wahrscheinlichkeit, Wien 1959.
52 Hegel, Phänomenologie des Geistes, hrsg. von J. Hoffmeister, Hamburg 1952, S. 79 ff.
53 ebd., S. 88 f.
54 Vgl. W. Schulz, Hegel und das Problem der Aufhebung der Metaphysik, in: Martin Heidegger zum 70. Geburtstag, hrsg. von G. Neske, Pfullingen 1959, S. 66 ff.
55 R. Carnap, Introductions to Semantics, Cambridge/Mass. 1942.
56 In: Erkenntnis, Bd. 2, S. 397.
57 In: A. J. Ayer, Logical Positivism, New York 1959, p. 284 ff.
58 Vgl. insbesondere K. O. Apel, Wittgenstein und das Problem des hermeneutischen Verstehens, in: Zeitschr. f. Theologie u. Kirche, 63. Jg. (1966), S. 49 ff.
59 In: Minnesota Studies in The Philosophy of Science, ed. Feigl and Skriven, Vol. 1, 1956; übersetzt in: Zeitschr. f. philos. Forschung, Bd. 14 (1960), S. 209 ff. und S. 571 ff., nach dieser Übersetzung wird im folgenden zitiert.

60 ebd., S. 210.
61 ebd., S. 210.
62 ebd., S. 211.
63 ebd., S. 212.
64 ebd., S. 214.
65 ebd., S. 215.
66 ebd., S. 571.
67 Vgl. ebd., S. 211 ff.
68 ebd., S. 571.
69 ebd., S. 218.
70 In: Philosophie (Fischer-Lexikon), hrsg. von A. Diemer, Frankfurt/Main 1958, S. 341.
71 R. Carnap, a.a.O., S. 217.
72 In: Erkenntnis, Bd. 3, S. 23.

2. Die Aufhebung des Logischen Positivismus in der sprachanalytischen Philosophie Seite 68

1 Vgl. zur Sprachanalytik den Forschungsbericht von H. Fahrenbach, Positionen und Probleme gegenwärtiger Philosophie, Teil II, Philosophie der Sprache, in: Theol. Rundschau, 35. Jg. (1970), S. 272 ff. und 36. Jg. (1971), S. 125 ff., 221 ff.
2 Vgl. W. Schulz, Wittgenstein, S. 51 ff.
3 Vgl. oben S. 25 ff.
4 R. Carnap, Einführung in die symbolische Logik, Wien 1954, S. 70.
5 Vgl. W. Schulz, Wittgenstein, S. 29 ff. und S. 108.
6 R. Carnap, a.a.O., S. 70 f.
7 Vgl. Ch. Morris, Foundations of the Theory of Signs, in: International Encyclopedia of Unified Science, Vol. 1, Nr. 2 (1938).
8 In: Erkenntnis, Bd. 5 (1935), S. 6 ff.
9 ebd., S. 10 ff.
10 Ch. Morris, a.a.O., S. 58 f.
11 ebd., S. 6 f.
12 Vgl. insbesondere K. O. Apel, Wittgenstein und das Problem des hermeneutischen Verstehens, a.a.O.; ders., Die Entfaltung der »sprachanalytischen« Philosophie und das Problem der »Geisteswissenschaften«, in: Philos. Jahrbuch, 72. Jg. (1964), S. 239 ff.
13 R. Carnap, Logische Syntax der Sprache, S. 8.
14 ebd., S. 8.
15 R. Carnap, On some Concepts of Pragmatics, Philos. Studies (1955), p. 89 ff.
16 Vgl. H. Fahrenbach, Sprachanalyse und Ethik, in: Das Problem der Sprache, hrsg. von H. G. Gadamer (8. Deutscher Kongreß für Philosophie), München 1967, S. 373 ff.; E. v. Savigny, Die Philosophie der normalen Sprache, Frankfurt/Main 1969, insbesondere das 4. Kapitel.
17 Vgl. oben S. 35 ff.
18 G. E. Moore, Principia Ethica, 1903; G. L. Stevenson, Ethics and Language, 1945; R. M. Hare, The Language of Morals, 1952; K. Baier, The Moral Point of View, 1958.
19 Vgl. Stevenson, Ethics and Language, 1945.
20 H. Fahrenbach, a.a.O., S. 379.

Drittes Kapitel. Karl R. Popper: »Logik der Forschung« Seite 79

1 Vgl. zu Popper auch unsere Ausführungen über den »Positivismusstreit in der deutschen Soziologie«; unten S. 158 ff.
2 K. R. Popper, Zum Thema »Freiheit«, in: Die Philosophie und die Wissenschaften. Festschrift für S. Moser, hrsg. von S. J. Schmidt, Meisenheim 1967, S. 11.
3 K. R. Popper, Die Zielsetzung der Erfahrungswissenschaft, in: Theorie und Realität, hrsg. von H. Albert, Tübingen 1964, S. 85.
4 ebd., S. 85.
5 K. R. Popper, Der Positivismusstreit in der deutschen Soziologie, Neuwied 1969, S. 116.
6 K. R. Popper, Logik der Forschung, 2. Aufl., Tübingen 1966, S. 23.
7 ebd., S. 71.
8 ebd., S. 71.
9 ebd., S. 31.
10 ebd., S. 35.
11 Vgl. L. Schäfer, Über die Diskrepanz zwischen Methodologie und Metaphysik bei Popper, in: Studium Generale, Bd. 23 (1970), S. 856 ff.
12 Vgl. insbesondere die folgenden Kapitel über die Situation der gegenwärtigen Physik und der gegenwärtigen Soziologie.
13 K. R. Popper, Logik der Forschung, S. 32.
14 Zu C. G. Hempel und P. Oppenheim vgl. K. O. Apel, Die Entfaltung der »sprachanalytischen« Philosophie und das Problem der »Geisteswissenschaften«, a.a.O., S. 253 ff.
15 Vgl. unten S. 599 ff.
16 K. R. Popper, Naturgesetz und theoretische Systeme, in: Theorie und Realität, hrsg. von H. Albert, S. 96.
17 ebd., S. 97.
18 K. R. Popper, Das Elend des Historizismus, Tübingen 1965, S. XII.
19 K. R. Popper, Was ist Dialektik?, in: Logik der Sozialwissenschaften, hrsg. von E. Topitsch, Köln 1965, S. 289.
20 Vgl. unten S. 158 ff.

B. Strukturen der gegenwärtigen Wissenschaft Seite 88
Vorbemerkung: Die Entfremdung zwischen Philosophie und Wissenschaft. Wissenschaft als Forschungsprozeß Seite 88

1 Vgl. insbesondere unsere Analyse der Philosophie Diltheys, Gadamers und den Exkurs über die gegenwärtigen Chancen der historischen Geisteswissenschaften unten S. 514 ff., 535 ff., 542 ff.
2 W. Heisenberg, Wandlungen in den Grundlagen der Naturwissenschaft, 6. Aufl., Leipzig 1945, S. 52.
3 Kant, Kritik der reinen Vernunft, B 454 ff.
4 ebd., 641.
5 ebd., 496.
6 ebd., 644.

Erstes Kapitel. Der gebrochene Gegenstandsbezug: Zur Forschungssituation der Physik Seite 97
Zur Gliederung Seite 97

1 Dieser Sachverhalt wird wiederholt zur Sprache kommen, vgl. insbesondere unsere Ausführung über den Bezug der Welt der Physik zur Lebenswelt unten S. 131 ff.

1. Zur Naturdeutung von Aristoteles bis Kant Seite 99

1 Hier wird nur sehr zusammengedrängt die jeweilige Naturdeutung der behandelten Denker entwickelt, zu ihren metaphysischen, anthropologischen und ethischen Ansätzen sind unsere Ausführungen in den späteren Teilen zu vergleichen.
2 Vgl. zu Aristoteles' Naturdeutung W. Wieland, Die aristotelische Physik, 2. Aufl., Göttingen 1970.
3 Vgl. W. Wieland, a.a.O., S. 141 ff.
4 Zur Auslegung der aristotelischen Physik als Bewegungslehre vgl. M. Heidegger, Vom Wesen der Physis. Aristoteles' Physik B, 1, in: M. Heidegger, Wegmarken, Frankfurt/Main 1967, S. 309 ff.
5 Vgl. zur Theologie des Aristoteles unsere Ausführungen über die Anthropologie des Aristoteles unten S. 345 ff.
6 Der Ansatz der »christlichen Philosophie« wird in seiner Grundstruktur im 2. Teil entwickelt, vgl. unten S. 253 ff.
7 Vgl. zu Descartes' Ansatz unten S. 258 ff.
8 Vgl. unsere Analyse von Augustins theologischem Ansatz unten S. 254 ff.
9 Vgl. W. Schulz, Die Vollendung des deutschen Idealismus in der Spätphilosophie Schellings, Stuttgart 1954, S. 112 ff.
10 Descartes, Regeln zur Lenkung des Geistes, Regel 3.
11 Vgl. zu Cusanus K. H. Volkmann-Schluck, Nicolaus Cusanus, 2. Aufl., Frankfurt/Main 1957.
12 Vgl. zu Kants Naturphilosophie L. Schäfer, Kants Metaphysik der Natur, Berlin 1966; H. Hoppe, Kants Theorie der Physik, Frankfurt/Main 1969.
13 Kant, Erklärung in Beziehung auf Fichtes Wissenschaftslehre, in: Kant, Briefwechsel, hrsg. von K. Vorländer, Leipzig 1924, S. 293.
14 Hegel, Phänomenologie des Geistes, hrsg. von H. Hoffmeister, Hamburg 1952, S. 102 ff.
15 ebd., S. 113.
16 ebd., S. 114 f.
17 J. Mittelstraß, Neuzeit und Aufklärung. Studien zur Entstehung der neuzeitlichen Wissenschaft und Philosophie, Berlin 1970.
18 Vgl. unten S. 142 f.
19 J. Mittelstraß, a.a.O., S. 308.
20 ebd., S. 201, S. 312 f.
21 ebd., S. 112.

2. Der doppeldeutige Ansatz der gegenwärtigen Physik Seite 107

1 W. Heisenberg, Philosophie und Physik, Berlin 1959, S. 151 f.
2 Die Diskussion der modernen Atomtheorie stellt die Frage nach dem Gegenstandsbezug der Physik ins Zentrum und versucht auf diesem Wege die moderne Situation der Physik gegen die Tradition abzugrenzen.

3. Zur Problematik der Atomtheorie der gegenwärtigen Physik Seite 109

1 W. Heisenberg, Wandlungen in den Grundlagen der Naturwissenschaft, S. 53.
2 W. Gentner, Die Erforschung der Atome, in: Naturwissenschaft heute, hrsg. von H. W. Bähr, Gütersloh 1965, S. 73.
3 ebd., S. 73 f.
4 Vgl. zur Problematik der Subjektgebundenheit der Physik unsere Interpretationen der verschiedenen Deutungen der gegenwärtigen Atomphysik unten S. 114 ff.
5 N. Bohr, Einheit des Wissens, in: Erkenntnisprobleme der Naturwissenschaften. Texte zur Einführung in die Philosophie der Wissenschaft, hrsg. von L. Krüger, Köln 1970, S. 394. — Im folgenden wird dieser Sammelband unter dem Namen des Herausgebers Krüger angeführt.
6 Krüger, S. 395.
7 Zur Problematik der Substanzvorstellung in der Physik vgl. die Ausführungen über Physik und Sprache unten S. 136 ff.
8 C. F. v. Weizsäcker, Zum Weltbild der Physik, 3. Aufl., Stuttgart 1945, S. 41.

9 W. Gentner, a.a.O., S. 73.
10 ebd., S. 73.
11 ebd., S. 74.
12 ebd., S. 75.
13 Vgl. C. F. v. Weizsäcker, Das Verhältnis der Quantenmechanik zur Philosophie Kants, in: v. Weizsäcker, Zum Weltbild der Physik, S. 83 ff.
14 W. Heisenberg, a.a.O., S. 5 f.
15 R. Carnap, Physikalische Begriffsbildung, Darmstadt 1966, S. 60.
16 In: Erkenntnis, Bd. 2, S. 182.
17 Hans Reichenbach, Der Aufstieg der wissenschaftlichen Philosophie, Braunschweig 1968, S. 211.
18 ebd., S. 211.
19 Deutsche Übersetzung: R. Carnap, Einführung in die Philosophie der Naturwissenschaft, München 1969.
20 ebd., S. 226.
21 ebd., S. 227.
22 ebd., S. 230.
23 ebd., S. 233.
24 ebd., S. 234.
25 ebd., S. 237.
26 ebd., S. 237.
27 ebd., S. 238.
28 Lorenz Krüger, Einleitung zu Krüger, S. 18.
29 ebd., S. 18.
30 G. Bergmann, Sinn und Unsinn des methodologischen Operationalismus, in: Logik der Sozialwissenschaften, hrsg. von E. Topitsch, Köln 1965, S. 111.
31 Vgl. P. W. Bridgman, Die Natur einiger unserer physikalischer Begriffe, in: Krüger, S. 57 ff.
32 ebd., S. 59.
33 ebd., S. 70.
34 ebd., S. 70.
35 ebd., S. 70.
36 E. Nagel, Verifizierbarkeit, Wahrheit und Verifikation, in: Krüger, S. 300.
37 M. Bunge, Physik und Wirklichkeit, in: Krüger, S. 438; vgl. ders., Foundations of Physics, New York 1967.
38 G. Bergmann, Eine empiristische Philosophie der Physik im Umriß, in: Krüger, S. 94.
39 ebd., S. 94.
40 ebd., S. 94.
41 ebd., S. 95.
42 ebd., S. 95.
43 Bereits das letzte Zitat zeigt die Unzulänglichkeit der Unterscheidung: ein Schatten, ein Farbfleck, Sterne oder mikroskopische Gegenstände sind für den forschenden Physiker durchaus gegenständliche Phänomene.
44 M. Bunge, Physik und Wirklichkeit, in: Krüger, S. 455.
45 ebd., S. 455.
46 ebd., S. 456.
47 ebd., S. 457.
48 C. F. v. Weizsäcker, Die Einheit der Natur, München 1971, S. 12.
49 ebd., S. 13.
50 ebd., S. 14.
51 ebd., S. 15.
52 ebd., S. 281.
53 ebd., S. 389.
54 ebd., S. 307.
55 ebd., S. 304.
56 ebd., S. 344.
57 ebd., S. 345.
58 ebd., S. 363.
59 ebd., S. 351.
60 ebd., S. 351.
61 ebd., S. 352.
62 W. Heisenberg, Die Entwicklung der Deutung der Quantentheorie, in: Krüger, S. 426.
63 W. Heisenberg, Der Teil und das Ganze, München 1969, S. 324.
64 ebd., S. 324 f.
65 ebd., S. 331 f.
66 C. F. v. Weizsäcker, a.a.O., S. 310.
67 ebd., S. 346.
68 ebd., S. 183
69 Vgl. zu diesem Problem unsere Ausführungen über Schellings Naturphilosophie oben S. 100 f.

4. Die Welt der Physik und ihr Verhältnis zur Lebenswelt Seite 131

1 M. Planck, Vorträge und Erinnerungen, Darmstadt 1969, S. 207.
2 ebd., S. 308.
3 ebd., S. 210.
4 W. Szilasi, Philosophie und Naturwissenschaft, Bern 1961, S. 32.
5 ebd., S. 33.
6 ebd., S. 35.
7 W. Heisenberg, Wandlungen in den Grundlagen der Naturwissenschaft, S. 6.
8 C. F. v. Weizsäcker, Die Einheit der Natur, S. 65.
9 W. Wieland, Philosophische Grundfragen der modernen Physik, in: Ruperto-Carola (Mitteilungen der Freunde der Universität Heidelberg), 12. Jg., 1960, S. 299.
10 E. Cassirer, Substanzbegriff und Funktionsbegriff, Darmstadt 1969; ders., Zur modernen Physik, Darmstadt 1957.
11 A. March, Das neue Denken der modernen Physik, Hamburg 1957, S. 11.
12 ebd., S. 12.

13 W. Heisenberg, Physik und Philosophie, S. 140.
14 Heute hat sich die Situation verschärft: die sogenannten Sachbücher, auch die Sachbücher über Physik, wollen fachwissenschaftlich orientieren und schließen von vornherein philosophische Fragestellungen aus.
15 W. Heisenberg, a.a.O., S. 145.
16 ebd., S. 149 f.
17 ebd., S. 150.
18 ebd., S. 151 f.
19 ebd., S. 152.
20 ebd., S. 152 f.
21 Vgl. Paul Lorenzen, Wie ist die Objektivität der Physik möglich?, in: Argumentationen, Festschrift für J. König, Göttingen 1964, S. 143 ff.; ders., Methodisches Denken, Frankfurt/Main 1968; Peter Janich, Die Protophysik der Zeit, Mannheim 1964.
22 Peter Janich, a.a.O., S. 36.
23 Vgl. W. Kamlah und P. Lorenzen, Logische Propädeutik, Mannheim 1967, S. 15 ff.
24 ebd., S. 213 f.
25 ebd., S. 234.
26 Vgl. insbesondere K. Lorenz, Elemente der Sprachkritik, Frankfurt/Main 1970.
27 Vgl. den Abschluß unserer Analyse der Philosophie Husserls oben S. 26 ff.

Zweites Kapitel. Theorie und gesellschaftliche Realität: Zur Forschungssituation der Soziologie Seite 145

Zur Gliederung Seite 145

1 Auf soziologische Analysen wird im 5. Teil mehrfach zurückgegriffen, so insbesondere im Zusammenhang der Klärung des Verhaltens in Kleingruppen und Großverbänden.

1. Sozialphilosophische und sozialwissenschaftliche Konzeptionen von der Antike bis zur Gegenwart Seite 148

1 Vgl. zum Wissenschaftsbegriff der Antike und der Neuzeit unsere Analysen der Entwicklung der Naturwissenschaft oben S. 99 ff.
2 Vgl. zum Zusammenhang von theoretischer und praktischer Philosophie unsere Analyse der Ethik der Tradition unten S. 635 ff.
3 Vgl. das Kapitel über Marx' Geschichtsdenken unten S. 553 ff.
4 Vgl. auch unsere Ausführungen über Hegels Geschichtsphilosophie unten S. 494 ff.
5 Hegel, Grundlinien der Philosophie des Rechts, § 142.
6 ebd., § 257.
7 ebd., § 238 Zusatz.
8 Vgl. zu Comtes geschichtsphilosophischem Ansatz unsere Analyse im 4. Teil unten S. 569 f.
9 A. Comte, Rede über den Geist des Positivismus, hrsg. von I. Fetscher, Hamburg 1956, S. 91.
10 ebd., S. 61.
11 Diltheys Grundlegung der historischen Geisteswissenschaften wird unten S. 514 ff. abgehandelt.
12 M. Webers Unterscheidung von Verantwortungsethik und Gesinnungsethik wird im Zusammenhang der Klärung des Begriffes der Verantwortung unten S. 714 ff. thematisiert.
13 M. Weber, Ges. Aufsätze zur Wissenschaftslehre, 2. Aufl., Tübingen 1922, S. 206.
14 ebd., S. 209.
15 M. Weber, Ges. Aufsätze zur Wissenschaftslehre, 3. Aufl., Tübingen 1968, S. 190.
16 ebd., S. 206.
17 ebd., S. 170 f.
18 ebd., S. 214.
19 C. G. Hempel, Typologische Methoden in den Sozialwissenschaften, in: Logik der Sozialwissenschaften, hrsg. von E. Topitsch, Köln 1965, S. 90.
20 Vgl. unten S. 714 ff.

2. Der Gegensatz von kritischer und analytischer Theorie in der Soziologie. Der »Positivismusstreit« Seite 158

1 J. Habermas, Analytische Wissenschaftstheorie und Dialektik, in: Zeugnisse. Festschrift für Th. W. Adorno zum 60. Geburtstag, Frankfurt/Main, 1963; wieder abgedruckt in: Logik der Sozialwissenschaften, hrsg. von E. Topitsch, Köln 1965, S. 291 ff., wir zitieren nach der Seitenzahl der »Zeugnisse«.
2 J. Habermas, a.a.O., S. 474.
3 ebd., S. 476.
4 Th. W. Adorno, H. Albert u. a., Der Positivismusstreit in der deutschen Soziologie, Neuwied 1969, S. 105 f.
5 ebd., S. 120.
6 ebd., S. 121.
7 ebd., S. 122.
8 ebd., S. 318.
9 ebd., S. 334.
10 E. Scheuch und D. Rüschemeyer, Soziologie und Statistik. Über den Einfluß der modernen Wissenschaftslehre auf ihr gegenseitiges Verhältnis, in: Logik der Sozialwissenschaf-

ten, hrsg. von E. Topitsch, S. 347 – Dieser Sammelband wird im folgenden unter dem Namen des Herausgebers Topitsch angeführt.
11 ebd., S. 347.
12 ebd., S. 348.
13 ebd., S. 348.
14 ebd., S. 356. Scheuch und Rüschemeyer beziehen sich hier auf Formalisierungsvorschläge von H. A. Simon und H. Guetzkow.
15 E. Scheuch, Methodische Probleme gesamtgesellschaftlicher Analysen, in: Spätkapitalismus oder Industriegesellschaft? Verhandlungen des 16. Deutschen Soziologentages, Frankfurt/Main 1969, S. 155 f.
16 ebd., S. 178.
17 ebd., S. 179.
18 ebd., S. 183 ff.
19 E. Scheuch, Abschied von den Eliten, in: Das 198. Jahrzehnt, hrsg. von Cl. Grossner u. a., Hamburg 1969, S. 321 f.
20 Es handelt sich um ein Gemeinschaftsreferat von J. Bergmann, G. Brandt, Kl. Körber, E. Th. Mohl, Cl. Offe; a.a.O., S. 67 ff.
21 M. Horkheimer, Kritische Theorie, hrsg. von A. Schmidt, Frankfurt/Main 1968, Bd. II, S. 190.
22 A. Wellmer, Kritische Gesellschaftstheorie und Positivismus, Frankfurt/Main 1969, S. 56.
23 J. Habermas, Erkenntnis und Interesse, Frankfurt/Main 1968, S. 256.
24 J. Habermas, Technik und Wissenschaft als »Ideologie«, Frankfurt/Main 1968, S. 138.
25 J. Habermas, Zur Logik der Sozialwissenschaften, Philos. Rundschau, Beiheft 5, Tübingen 1967.
26 ebd., S. 176.
27 J. Habermas, Der Universalitätsanspruch der Hermeneutik, in: Hermeneutik und Dialektik, hrsg. von R. Bubner u. a., Tübingen 1970, Bd. I, S. 73 ff.
28 A. Wellmer, a.a.O., S. 42 ff.
29 J. Habermas, Zur Logik der Sozialwissenschaften, S. 193.
30 Der Aufsatz »Erkenntnis und Interesse« ist wieder abgedruckt in: J. Habermas, Technik und Wissenschaft als »Ideologie«, Frankfurt/Main 1968, S. 146 ff.
31 J. Habermas, Technik und Wissenschaft als »Ideologie«, S. 157.
32 ebd., S. 158.
33 K. O. Apel, Szientistik, Hermeneutik, Ideologiekritik, in: Wiener Jahrbuch für Philos., Bd. I (1968), S. 16 ff.
34 ebd., S. 42.
35 ebd., S. 45.

36 J. Habermas, Erkenntnis und Interesse, S. 9.
37 ebd., S. 164.
38 ebd., S. 348.
39 ebd., S. 347.
40 ebd., S. 350.
41 Vgl. unsere Darstellung der Philosophie Diltheys im 4. Teil unten S. 514 ff.
42 J. Habermas, Theorie und Praxis, Sozialphilosophische Studien, Neuwied 1963.
43 J. Habermas, Erkenntnis und Interesse, S. 71.
44 A. Wellmer, a.a.O., S. 127.
45 J. Habermas und N. Luhmann, Theorie der Gesellschaft oder Sozialtechnologie – Was leistet die Systemforschung?, Fankfurt/Main 1971.
46 ebd., S. 107.
47 ebd., S. 122.
48 ebd., S. 140.
49 ebd., S. 141.
50 ebd., S. 141.
51 H. G. Gadamer in: Hermeneutik und Ideologiekritik, hrsg. von J. Habermas, Frankfurt/Main 1971, S. 341.
52 Vgl. H. J. Giegel, Reflexion und Emanzipation, in: Hermeneutik und Ideologiekritik.
53 J. Habermas und N. Luhmann, a.a.O., S. 271.
54 Vgl. unsere Ausführungen zur Frage des Geschichtssubjektes im 4. Teil, insbesondere das Kapitel »Die Menschheit als werdendes Subjekt der Geschichte« unten S. 624 ff.
55 Vgl. zur Protophysik oben S. 142 f.
56 J. Habermas, Kritische und konservative Aufgaben der Soziologie, in: J. Habermas, Theorie und Praxis, S. 215 ff.
57 Vgl. R. Dahrendorf, Vom Nutzen der Soziologie, in: Soziologie zwischen Theorie und Empirie, hrsg. v. W. Hochkeppel, München 1970, S. 13 ff.
58 Vgl. zur Analyse des Rollenbegriffs unten S. 194 ff.
59 Th. W. Adorno, Soziologie und empirische Forschung, in: Topitsch, S. 513.
60 Th. W. Adorno in: Der Positivismusstreit in der deutschen Soziologie, S. 16.
61 ebd., S. 43.
62 Th. W. Adorno, Soziologie und empirische Forschung, in: Topitsch, S. 516 f.
63 ebd., S. 524.
64 Vgl. unsere Analyse der Freiheit als einer Negation von Zwang im 5. Teil unten S. 648 ff.

3. Zur Problematik der gegenwärtigen soziologischen Modelltheorien Seite 179

1 Die Diskussion des soziologischen Rollenbegriffs stellt eine Parallele zur Diskussion der

Bestimmung des Atoms in der modernen Physik dar; in beiden Fällen soll durch die Erörterung eines Grundbegriffes die Forschungssituation in concreto erhellt werden.
2 T. Parsons, Systematische Theorie in der Soziologie. Gegenwärtiger Stand und Ausblick, in: T. Parsons, Beiträge zur soziologischen Theorie, hrsg. v. D. Rüschemeyer, Neuwied 1964, S. 31.
3 ebd., S. 33.
4 ebd., S. 38.
5 ebd., S. 56.
6 ebd., S. 55.
7 ebd., S. 22.
8 R. Dahrendorf, Gleichgewicht und Prozess: Wider das statische Vorurteil in der soziologischen Theorie, in: R. Dahrendorf, Pfade aus Utopia, München 1967, S. 212 ff.
9 Vgl. T. Parsons, Sozialstruktur und Persönlichkeit, Frankfurt/Main 1968. Zur Kritik an Parsons vgl. auch J. E. Bergmann, Die Theorie des sozialen Systems von Talcott Parsons, Frankfurt/Main 1967.
10 T. Parsons, a.a.O., S. 22.
11 J. Habermas, Zur Logik der Sozialwissenschaften, S. 192.
12 N. Luhmann, Zweckbegriff und Systemrationalität, Tübingen 1968, S. 3.
13 ebd., S. 7.
14 ebd., S. 122.
15 ebd., S. 131.
16 ebd., S. 132.
17 ebd., S. 240.
18 In: Spätkapitalismus oder Industriegesellschaft, S. 258.
19 N. Luhmann, Zweckbegriff, S. 240.
20 J. Habermas und N. Luhmann, Theorie der Gesellschaft oder Sozialtechnologie – Was leistet die Systemforschung?, Frankfurt/Main. 1971, S. 363.
21 ebd., S. 364.
22 ebd., S. 368.
23 ebd., S. 379.
24 ebd., S. 379.
25 ebd., S. 380.
26 ebd., S. 390.
27 ebd., S. 308.
28 ebd., S. 308 f.
29 ebd., S. 401.
30 ebd., S. 313 f.
31 ebd., S. 315.
32 ebd., S. 314.
33 R. Dahrendorf, Über den Ursprung der Ungleichheit unter den Menschen, in: Pfade aus Utopia, München 1967, S. 353.
34 ebd., S. 372.
35 ebd., S. 375.
36 ebd., S. 374.
37 ebd., S. 379.
38 ebd., S. 379.
39 R. Dahrendorf, Die Funktion sozialer Konflikte, a.a.O., S. 272.
40 R. Dahrendorf, Zu einer Theorie des sozialen Konflikts, in: Theorien des sozialen Wandels, hrsg. von W. Zapf, Köln 1969, S. 109.
41 ebd., S. 110.
42 ebd., S. 118.
43 R. Dahrendorf, Pfade aus Utopia, S. 379.
44 ebd., S. 379.
45 ebd., S. 275.

4. Zum Begriff der sozialen Rolle Seite 194

1 Parsons, a.a.O., S. 60.
2 H. Albert, Modellplatonismus. Der neoklassische Stil des ökonomischen Denkens in kritischer Beleuchtung, in: Topitsch, S. 422.
3 W. Hofmann, Das Elend der Nationalökonomie, in: W. Hofmann, Universität, Ideologie, Gesellschaft, Frankfurt/Main 1968, S. 133.
4 R. Dahrendorf, Homo Sociologicus, in: Pfade aus Utopia, S. 130.
5 H. Popitz, Der Begriff der sozialen Rolle als Element der soziologischen Theorie, Tübingen 1967, S. 28.
6 M. Heidegger, Sein und Zeit, S. 127.
7 D. Claessens, Rolle und Macht, München 1968, S. 32.
8 ebd., S. 50.
9 Vgl. Dahrendorfs Auseinandersetzung mit seinen Kritikern: Soziologie und menschliche Natur, in: Pfade aus Utopia, S. 194 ff.
10 D. Claessens, a.a.O., S. 40.
11 D. Claessens, Rollentheorie als bildungsbürgerliche Verschleierungsideologie, in: Spätkapitalismus oder Industriegesellschaft?, S. 278.
12 Zur Unterscheidung von Sittlichkeit und Moralität vgl. unten S. 781 ff.

5. Soziologie als Entwurf von pluralistischen Orientierungsthesen Seite 202

1 H. Albert, Traktat über kritische Vernunft, Tübingen 1968, S. 49.
2 ebd., S. 49.
3 ebd., S. 52.

6. Theoretische und empirische Soziologie. Zum Praxisbezug der analytischen Soziologie Seite 205

1 Vgl. die bereits angeführte Argumentation von Scheuch oben S. 160 ff.
2 Vgl. zum Problem der Objektauswahl R.

Dahrendorf, Pfade aus Utopia, S. 74 ff., S. 86 ff.

Drittes Kapitel. »Denkzeug« und Information: Zur Forschungssituation der Kybernetik Seite 208
Zur Gliederung Seite 208

1 Vgl. zum Problem der Technologie unsere Analyse der Freiheit unter dem Aspekt des rationalen Entscheidenkönnens unten S. 651 ff.

1. Die Vielfalt der Fragestellungen in der Kybernetik Seite 210

1 O. W. Haseloff, Probleme der Motivation in der kybernetischen Verhaltenssimulierung, in: Informationen über Information, hrsg. von H. v. Ditfurth, Hamburg 1969, S. 105 ff. Dieser Sammelband wird im folgenden als »v. Ditfurth« angeführt.
2 In: Philosophie und Kybernetik, hrsg. v. K. Steinbuch und S. Moser, München 1970, S. 14.
3 K. Steinbuch, Automat und Mensch, 2. Aufl., Berlin 1963, S. 325. Zitiert nach: H. Lenk, Kybernetik – Provokation der Philosophie, in: H. Lenk, Philosophie im technologischen Zeitalter, Stuttgart 1971, S. 80. Lenk gibt über die divergierenden Definitionen der Kybernetik einen sehr guten Überblick.
4 P. Bertaux, Denkmaschinen, Kybernetik und Planung, in: Der Griff nach der Zukunft, hrsg. von R. Jungk, München 1964, S. 59.
5 S. J. Schmidt, Kybernetische Systeme als heuristische Modelle in Biologie und Psychologie, in: Anstöße (Berichte der Evangelischen Akademie Geismar), Nr. 3 (1965), S. 69.
6 F. v. Cube, Was ist Kybernetik?, Bremen 1967, S. 159. Zitiert nach Lenk, a.a.O., S. 81.
7 H. Zemanek, Formal Aspects of Cybernetics (Berichte des Kongresses für Philosophie, Wien 1968). Zitiert nach Lenk, a.a.O., S. 81.
8 Vgl. zu diesem Problem unsere Analysen über Macht und Ohnmacht des Menschen unten S. 602 ff.
9 N. Wiener, Cybernetics, New York 1948, S. 155.
10 G. Klaus, Kybernetik in philosophischer Sicht, 2. Aufl. Berlin 1965, S. 22. Zitiert nach Lenk, a.a.O., S. 76.
11 H. Lenk, a.a.O., S. 82.
12 L. Couffignal, Kybernetische Grundbegriffe, Baden-Baden 1962, S. 72.
13 K. Tuchel, Zum Verhältnis von Kybernetik, Wissenschaft und Technik, in: Akten des 14. Internationalen Kongresses für Philosophie, Wien 1968, S. 384 f.

2. Die Intention der Kybernetik unter technischem Aspekt Seite 214

1 H. Schelsky, Der Mensch in der wissenschaftlichen Zivilisation, Arbeitsgemeinschaft für Forschung des Landes Nordrhein-Westfalen, Heft 16, Köln 1961, S. 11.
2 A. Gehlen, Der Begriff »Technik« in entwicklungsgeschichtlicher Sicht, in: Mitteilungen des Ausschusses Philosophie und Technik im Verein Deutscher Ingenieure, Düsseldorf 1962, S. 8.
3 ebd., S. 8.
4 M. Heidegger, Sein und Zeit, § 14 ff.
5 Vgl. zur Entwicklung des Begriffes »Wissenschaft« unsere Analysen über das Verhältnis von Wissenschaft und Philosophie oben S. 91 ff.
6 W. R. Fuchs, Knaurs Buch der Denkmaschinen, München 1968.
7 ebd., S. 8.
8 ebd., S. 41.
9 ebd., S. 253.
10 Die Dialektik der Vermittlung von Mensch und Computer wird im nächsten Abschnitt genauer dargestellt.
11 K. Steinbuch, Die informierte Gesellschaft, Stuttgart 1966, S. 200.
12 P. R. Hofstätter in: Maschine – Denkmaschine – Staatsmaschine, Bergedorfer Gespräche zu Fragen der freien industriellen Gesellschaft, 9. Tagung (1963), S. 35.

3. Der Computer als »vermittelnder Partner« Seite 219

1 G. Frey, Semantische Probleme der Informationstheorie und Kybernetik, in: v. Ditfurth, S. 46.
2 ebd., S. 46 f.
3 A. Walther in: Kybernetik als soziale Tatsache, Bergedorfer Gespräche, 10. Tagung (1963), S. 26.
4 G. Frey, a.a.O., S. 48.
5 Zur indirekten Vermittlung vgl. insbesondere unten S. 465 ff.
6 K. Steinbuch, Kybernetik, 2. Aufl., Frankfurt/Main 1962, S. 116.
7 K. Steinbuch, Automat und Mensch, 2. Aufl., Berlin 1963, S. 337.
8 Der Verfasser bezieht sich hier auf mehrere Gespräche mit Dr. G. Hübner und Dr. H. Schneider, die bei der IBM in Sindelfingen tätig sind.

9 S. J. Schmidt, Maschine und Bewußtsein, in: Die Zeitwende, 9. Jg. (1968), S. 445 und S. 455. Zitiert nach Lenk, a.a.O., S. 84.
10 E. Oldemeyer, Überlegungen zum phänomenologisch-philosophischen und kybernetischen Bewußtseinsbegriff, in: Philosophie und Kybernetik, hrsg. von K. Steinbuch und S. Moser, München 1970, S. 79 ff.
11 W. Gölz, Philosophisches Problembewußtsein und kybernetische Theorie, in: Zeitschr. f. philos. Forschung, Bd. 24 (1970), S. 256.

4. Zur philosophischen Deutung der Kybernetik Seite 227

1 Zu v. Weizsäckers Deutung der Natur überhaupt vgl. oben S. 125 ff.
2 G. Günther, Das Bewußtsein der Maschinen. Eine Metaphysik der Kybernetik, Baden-Baden 1963, S. 31. Vgl. zu diesem Buch die Besprechung von Chr. Krehbiel in: Philos. Rundschau, 15. Jg. (1968), S. 66 ff.
3 G. Günther, a.a.O., S. 169 f.
4 Chr. Krehbiel, a.a.O., S. 69.
5 G. Günther, a.a.O., S. 24.
6 ebd., S. 24.
7 ebd., S. 169 f.
8 ebd., S. 91.
9 K. Steinbuch, in: v. Ditfurth, S. 98.
10 W. R. Fuchs, a.a.O., S. 234.
11 G. Günther, Schöpfung, Reflexion und Geschichte, in: Merkur, 14. Jg. (1960), S. 648 f.
12 ebd., S. 649.
13 ebd., S. 650.

5. Information als biologische, psychologische und soziologische Bestimmung Seite 234

1 N. Wiener, Mathematik – mein Leben, Frankfurt/Main 1965, S. 263.
2 ebd., S. 263 f.
3 ebd., S. 268.
4 ebd., S. 266 f.
5 C. F. v. Weizsäcker, Die Einheit der Natur, S. 53 f.
6 C. Bresch, Genetische Druckfehler, in: Berichte der Deutschen Forschungsgemeinschaft 1971, S. 41.
7 H. Friedrich-Freksa, Abschrift, Umschrift und Übersetzung im Zellgeschehen, in: Das Altertum und jedes neue Gute, Festschrift f. W. Schadewaldt, Stuttgart 1970, S. 477 f.
8 Bericht der Frankfurter Allgemeinen Zeitung vom 7. Juli 1971.
9 C. F. v. Weizsäcker, Die Einheit der Natur, S. 230.

10 G. Schramm, Der biologische Code, in: Kybernetik, hrsg. von H. Frank, 5. Aufl., Frankfurt/Main 1965, S. 118.
11 C. F. v. Weizsäcker, Die Einheit der Natur, S. 54.
12 O. W. Haseloff, Probleme der Motivation in der kybernetischen Verhaltenssimulation, in: v. Ditfurth, S. 105 ff.
13 J. Piaget und B. Inhelder, Jenseits des Empirismus, in: Das neue Menschenbild, hrsg. von A. Koestler, Wien 1970, S. 140.
14 ebd., S. 155.
15 O. W. Haseloff in: Kybernetik als soziale Tatsache, Bergedorfer Gespräche, 10. Tagung (1963), S. 33.
16 ebd., S. 33.

6. Zum Ansatz der Allgemeinen Systemtheorie und der Sozialkybernetik Seite 241

1 L. v. Bertalanffy, Gesetz und Zufall: Systemtheorie und Selektion, in: Das neue Menschenbild, hrsg. von A. Koestler, Wien 1970. S. 75.
2 ebd., S. 77.
3 ebd., S. 78.
4 Vgl. zum Bezug von Politik und Kybernetik unsere Analyse: »Vorzüge und Nachteile der Rationalisierung und Technisierung der Politik« unten S. 813 ff.
5 K. Deutsch, The Nerves of Government, New York 1966, S. 227 ff.
6 D. Senghaas, Sozialkybernetik und Herrschaft, in: Texte zur Technokratiediskussion, hrsg. von Cl. Koch und D. Senghaas, Frankfurt/Main 1970, S. 202.
7 ebd., S. 209.
8 Zum Problem der Geschichtssubjekte vgl. unten S. 624 ff.

Zweiter Teil. Verinnerlichung
Zur Gliederung Seite 248

1 Vgl. zur Bedeutung der geschichtlichen Orientierung für eine Gegenwartsanalyse das Vorwort oben S. 8.
2 Zu Fichte vgl. W. Schulz, J. G. Fichte. Vernunft und Freiheit, Pfullingen 1962.

A. Philosophie als Bewegung zum Unendlichen. Zur geschichtlichen Entwicklung der Metaphysik der Innerlichkeit von Augustin bis zum Deutschen Idealismus Seite 253

1 Vgl. zum frühchristlichen Denkansatz insbesondere R. Bultmann, Das Urchristentum im

Rahmen der antiken Religionen, Hamburg 1962.
2 Vgl. N.T., 1. Kor. 7, 29–31.
3 Diesen Weg haben R. Bultmann und seine Schüler beschritten. Vgl. insbesondere R. Bultmann, Offenbarung und Heilsgeschehen, München 1941.
4 Vgl. zu Augustins Verklammerung von christlichem und antikem Denkansatz oben S. 100 f.
5 Vgl. zu Augustins Geschichtsphilosophie unten S. 477 ff.
6 Vgl. zur Anthropologie Augustins insbesondere seine »confessiones«.
7 Vgl. H. Jonas, Augustin und das paulinische Freiheitsproblem, Göttingen 1930.
8 Vgl. zur Analyse der memoria Augustin, conf., Buch X.
9 Vgl. zum Zusammenhang der neuzeitlichen Philosophie W. Schulz, Der Gott der neuzeitlichen Metaphysik, 4. Aufl., Pfullingen 1969.
10 Hegel, Geschichte der Philosophie, hrsg. von G. Bolland, Leyden 1908, S. 842 ff.
11 Vgl. zu Schellings Deutung der Transzendentalphilosophie W. Schulz, Die Vollendung des deutschen Idealismus in der Spätphilosophie Schellings, Stuttgart 1954, S. 112 ff.
12 Vgl. zu Descartes' Wissenschaftstheorie oben S. 101 f und zu seinem anthropologischen Ansatz unten S. 348 ff.
13 Descartes, Von der Methode, hrsg. von L. Gäbe, Hamburg 1960, S. 43 ff.
14 H. Scholz, Augustinus und Descartes, in: Bl. für deutsche Philosophie, 5. Bd. (1932), S. 405 ff.
15 Descartes, Meditationen über die erste Philosophie, hrsg. von E. Schröder, Hamburg 1956, S. 156.
16 Vgl. W. Schulz, Der Gott der neuzeitlichen Metaphysik, S. 34 f.
17 Descartes, Meditationen, S. 159.
18 Vgl. auch unsere Analyse von Kants Begründung der Anthropologie unten S. 356 ff.
19 Vgl. zu Kants Begründung der Naturwissenschaft oben S. 103 ff.
20 Vgl. zum Problem des Verhältnisses von intelligibler und empirischer Welt unsere Analyse der Dialektik von Freiheit und Unfreiheit bei Kant unten S. 752 f.
21 Ein instruktives Beispiel für die Trennung von Wissenschaft und Weltanschauung sind Max Plancks Erörterungen des Verhältnisses von Wissenschaft und Glauben, vgl. M. Planck, Vorträge und Erinnerungen, Darmstadt 1969, S. 246 ff.

22 Vgl. insbesondere die Erörterung der kantischen Bestimmung des Menschen als Zweckes an sich selbst unten S. 740.
23 Vgl. zur Bedeutung des philosophischen Ansatzes von Fichte das Schlußkapitel dieses Teils unten S. 328 ff.
24 Vgl. unseren Hinweis auf den Zusammenhang von Transzendentalphilosophie und spekulativer Philosophie oben S. 257 f.
25 Vgl. oben S. 257.
26 So Fichte in: Rückerinnerungen, Antworten, Fragen, S.W. hrsg. von J. H. Fichte, Leipzig 1844 f., Bd. 5, S. 337 ff.
27 Vgl. zum Problem eines gegensatzlosen Absoluten W. Schulz, Das Problem der absoluten Reflexion, Frankfurt/Main 1963, S. 11 ff.
28 Fichte, Grundlage der gesamten Wissenschaftslehre, S.W. Bd. 1, S. 212.
29 Vgl. zu Schellings anthropologischem Ansatz unten S. 377 ff.
30 Schelling, S.W. hrsg. von K. F. A. Schelling, Stuttgart 1856 ff., Bd. 1, S. 318.
31 ebd., Bd. 1, S. 325.
32 Auf die Bedeutung der Spätvorlesungen Schellings wird unter anthropologischem Aspekt genauer eingegangen werden, vgl. unten S. 382 ff.
33 Schelling, a.a.O., Bd. 10, S. 124.
34 Vgl. zu Schellings Überwindung der Philosophie der Subjektivität unten S. 384 ff.
35 Vgl. zu Hegels Geschichtsphilosophie unten S. 494 ff.
36 Hegel, Grundlinien der Philosophie des Rechts, § 137.
37 ebd., § 140.
38 ebd., § 257.

B. Die Philosophie der Existenz als Bewegung der Verendlichung Seite 272
Vorbemerkung: Existenzphilosophie und Metaphysik der Innerlichkeit Seite 272

1 Auf O. F. Bollnows eindringliche Analyse der Existenzphilosophie sei hier ausdrücklich hingewiesen: O. F. Bollnow, Existenzphilosophie, 6. Aufl., Stuttgart 1964.
2 Kierkegaard, Die Krankheit zum Tode, Werke, hrsg. von Chr. Schrempf, Bd. 8, S. 10.
3 M. Heidegger, Sein und Zeit, S. 12.
4 Hegel, Phänomenologie des Geistes, hrsg. von J. Hoffmeister, Hamburg 1952, S. 19.
5 Kierkegaard, Abschließende unwissenschaftliche Nachschrift, Werke Bd. 6, S. 304.
6 K. Jaspers, Die geistige Situation der Zeit, 3. Aufl., Berlin 1932, S. 145.
7 M. Heidegger, Kant und das Problem der Metaphysik, 3. Aufl., Frankfurt/Main 1965, § 41.

Erstes Kapitel. Kierkegaard: Der Gegenzug gegen Hegels Verweltlichung der Philosophie Seite 276

1 Kierkegaard wird zitiert nach: Gesammelte Werke, hrsg. und übersetzt von Chr. Schrempf, Jena 1911 ff. Für eine Überprüfung der Übersetzung der wichtigsten hier angeführten Stellen bin ich H. Diem zu Dank verpflichtet. Diesem Kapitel liegt zugrunde: W. Schulz, Existenz und System bei Sören Kierkegaard, Pfullingen 1967.
2 Kierkegaard, Werke Bd. 7, S. 30.
3 Kierkegaard, a.a.O., Bd. 3, S. 183.
4 Kierkegaard, a.a.O., Bd. 7, S. 30.
5 ebd., S. 278.
6 ebd., S. 280.
7 ebd., S. 283.
8 Kierkegaard, a.a.O., Bd. 1, S. 3.
9 Kierkegaard, Über den Begriff der Ironie, übersetzt von H. H. Schaeder, München 1929, S. 248 f.
10 Kierkegaard, a.a.O., Bd. 1, S. 205.
11 Kierkegaard, a.a.O., Bd. 6, S. 325.
12 Kierkegaard, a.a.O., Bd. 2, S. 182.
13 ebd., S. 149.
14 ebd., S. 183.
15 ebd., S. 181 f.
16 Kierkegaard, a.a.O., Bd. 8, S. 12.

Exkurs. Husserl: Das reine Bewußtsein als Forschungsfeld Seite 285

1 Zu Husserls Begründung der Wissenschaft vgl. oben S. 21 ff.
2 Vgl. unsere Fichte-Darstellung oben S. 263 ff.
3 Husserl, Die Krisis der europäischen Wissenschaften (Husserliana, Bd. 6), S. 182 ff.
4 ebd., S. 187.
5 ebd., S. 192.
6 ebd., S. 192 f.
7 ebd., S. 188.
8 ebd., S. 188.
9 Husserl, Cartesianische Meditationen (Husserliana Bd. 1), S. 73.
10 Husserl, Zur Phänomenologie des inneren Zeitbewußtseins (Husserliana Bd. 10), S. 468.
11 Vgl. unsere Analyse von Fichtes Schrift »Die Bestimmung des Menschen« unten S. 328 ff.
12 Husserl, Cartesianische Meditationen S. 73.
13 ebd., S. 104.
14 ebd., S. 104.
15 ebd., S. 105.
16 ebd., S. 105.
17 ebd., S. 106.
18 ebd., S. 183.

Zweites Kapitel. Heidegger: Die transzendentalphilosophische Sicherung der Endlichkeit Seite 291

1 Wir thematisieren in diesem Kapitel Heideggers Hauptwerk »Sein und Zeit«; auf Heideggers Spätphilosophie gehen wir im Zusammenhang der Frage nach der Vergeschichtlichung im 4. Teil ein, vgl. unten S. 531 ff. Zu Heidegger vgl. W. Schulz, Über den philosophiegeschichtlichen Ort Martin Heideggers, in: Heidegger, hrsg. von O. Pöggeler, Köln 1969, S. 95 ff.
2 Heidegger, Sein und Zeit, S. 1.
3 Vgl. unsere Analyse der Bedeutung der Lebenswelt bei Husserl oben S. 25 ff.
4 M. Heidegger, Sein und Zeit, S. 200 ff.
5 ebd., S. 114 ff.
6 Vgl. unsere Analyse der Selbstwahl bei Kierkegaard oben S. 282 ff.
7 Vgl. insbesondere: Kant und das Problem der Metaphysik, 3. Aufl., Frankfurt/Main 1965; Was ist Metaphysik? und: Vom Wesen des Grundes, jetzt in: Wegmarken, Frankfurt/Main 1967.
8 Vgl. G. Simmel, Lebensanschauung, München 1918.
9 M. Heidegger, Sein und Zeit, S. 266.
10 ebd., S. 12.
11 M. Heidegger, Kant und das Problem der Metaphysik, S. 216 ff.
12 M. Heidegger, Sein und Zeit, S. 44.
13 ebd., S. 130.
14 ebd., S. 316.
15 Vgl. zur Problematik der Bewertung der neuzeitlichen Wissenschaft durch Heidegger oben S. 27 f.
16 Vgl. zum Problem der Technisierung in der Sicht Heideggers unten S. 531 ff.

Drittes Kapitel. Sartre: Die absolute Freiheit Seite 302

1 In diesem Kapitel wird primär Sartres Werk »Das Sein und das Nichts« behandelt; auf Sartres spätere Philosophie und ebenso auf sein politisches Engagement wird im 5. Teil eingegangen, vgl. unten S. 826 f., 830 f., 837 f. – Sartre wird nach der deutschen Übersetzung seiner Werke, die im Verlag Rowohlt (Hamburg) erschienen ist, zitiert.
2 Sartre, Der Ekel, Hamburg 1963, S. 137.
3 Sartre, Das Sein und das Nichts, Hamburg 1962, S. 30.
4 ebd., S. 90.
5 Sartre, Der Ekel, S. 137 ff.
6 Sartre, Das Sein und das Nichts, S. 140.

7 ebd., S. 334.
8 Vgl. H. Marcuse, Existentialismus, in: H. Marcuse, Kultur und Gesellschaft, II, Frankfurt/Main 1965, S. 49 ff.
9 Sartre, Das Sein und das Nichts, S. 547.
10 ebd., S. 697.
11 Vgl. zu Flaubert: Sartre, L'idiot de la famille, Paris 1969.
12 Sartre, Die Wörter, Hamburg 1965, S. 182.
13 ebd., S. 181.
14 Sartre, Das Sein und das Nichts, S. 709.
15 ebd., S. 709.
16 ebd., S. 721.
17 ebd., S. 77.
18 ebd., S. 78.
19 Sartre, Die Wörter, S. 176.
20 ebd., S. 180.
21 Sartre, Was ist Literatur? Hamburg 1958, S. 18.
22 ebd., S. 40.
23 Sartre, Situationen, Hamburg 1965, S. 44 ff.
24 Hegel, Grundlinien der Philosophie des Rechts, § 140.
25 Sartre, Marxismus und Existentialismus, Hamburg 1964, S. 17.
26 L. W. Nauta, Sartres neue Position, in: Archiv für Philosophie, Bd. 13 (1964), S. 155.
27 Vgl. unten S. 837 f.
28 Sartre, Was ist Literatur?, S. 175.
29 Vgl. Kierkegaard, Der Gesichtspunkt für meine Wirksamkeit als Schriftsteller, Werke Bd. 10, S. 3 ff.
30 Sartre, Die Wörter, S. 196.
31 In: Kursbuch, hrsg. v. H. M. Enzensberger, Nr. 1, S. 120 ff.

Viertes Kapitel. Jaspers: Die existentielle Reflexion Seite 315

1 Dieses Kapitel erschien aus Anlaß des Todes von K. Jaspers in: Evangelische Kommentare, 2. Jg. (1969), S. 193 ff. – Wir beziehen uns im folgenden insbesondere auf Jaspers' Hauptwerk: Philosophie, 3. Aufl., Berlin 1956, Bd. I Philosophische Weltanschauung, Bd. II Existenzerhellung, Bd. III Metaphysik.
2 Vgl. dazu unsere Bemerkungen über die Wirkung von Kants Gesinnungsethik oben S. 263.
3 Jaspers, Philosophie, Bd. II, S. 203.
4 ebd., S. 221.
5 ebd., S. 223.
6 ebd., S. 273.
7 ebd., S. 35 f.
8 ebd., S. 440.
9 K. Jaspers, Von der Wahrheit, München 1957, S. 107.
10 K. Jaspers, Philosophie, Bd. III, S. 39.
11 ebd., S. 102.
12 ebd., S. 102 f.
13 ebd., S. 234.
14 K. Jaspers, Die geistige Situation der Zeit, 10. Aufl., Berlin 1960, S. 179 f.
15 K. Jaspers, Die Atombombe und die Zukunft des Menschen, 4. Aufl., München 1960, S. 43.
16 ebd., S. 321.
17 ebd., S. 51.
18 In: Wo stehen wir heute?, hrsg. von H. W. Bähr, Gütersloh 1960, S. 47.
19 K. Jaspers, Wohin treibt die Bundesrepublik? München 1966, S. 223.
20 ebd., S. 117.

C. Zur Überwindung der Philosophie der Subjektivität Seite 326

1 Vgl. W. Schulz, Das Problem der Angst in der neueren Philosophie, in: Aspekte der Angst, hrsg. von H. v. Ditfurth, Stuttgart 1965, S. 1 ff.
2 Vgl. oben S. 257 f.
3 Hegel, Phänomenologie des Geistes, S. 141 ff.
4 Fichte, S.W., Bd. 2, S. 165 ff. – Vgl. W. Schulz, Fichte. Vernunft und Freiheit, Pfullingen 1962.
5 Fichte, a.a.O., Bd. 2, S. 172.
6 ebd., S. 196.
7 ebd., S. 199.
8 ebd., S. 244 f.
9 ebd., S. 245.
10 K. Jaspers, Philosophie, Bd. II, S. 440.
11 Fichte, a.a.O., Bd. 2, S. 259.
12 Vgl. zum Problem der Vertragstheorie unten S. 733 ff.
13 Fichte, a.a.O., Bd. 2, S. 265.

Dritter Teil. Vergeistigung und Verleiblichung
Zur Gliederung Seite 336

1 Unter dem Aspekt der Verwissenschaftlichung zeigt sich ein sehr enger Zusammenhang der folgenden Analyse der Anthropologie mit der im ersten Teil thematisierten Problematik.
2 Die Dialektik, die zwischen Verwissenschaftlichung, Vergeschichtlichung und Verantwortung besteht, wird im Nachwort zusammenfassend herausgestellt, vgl. unten S. 847 ff.

A. Die metaphysische Anthropologie unter dem Prinzip der Vergeistigung. Zur geschichtlichen Entwicklung der Anthropologie von Plato bis Hegel Seite 339

1 Zu Platos Philosopohie, insbesondere seiner Ethik, vgl. H. G. Gadamer, Platos dialektische Ethik, 2. Aufl., Hamburg 1968; ders., Kleine Schriften, Bd. 3, Tübingen 1972; W. Schulz, Das Problem der Aporie in den Tugenddialogen Platos, in: Die Gegenwart der Griechen im neueren Denken. Festschrift für H. G. Gadamer, hrsg. von D. Henrich u. a., Tübingen 1960, S. 262 ff.
2 Plato, Phaidon, 106 e ff.
3 ebd., 64 a 4 ff.
4 Vgl. J. Stenzel, Plato, der Erzieher, Hamburg 1962; ders., Kleine Schriften zur griechischen Philosophie, Darmstadt 1957.
5 Plato, Politeia, 435 a ff.
6 Plato, Phaidon, 70 a ff.
7 Plato, Politeia, 439 e.
8 ebd., 571 c ff.
9 ebd., 572 b f.
10 Aristoteles, Metaphysik, 1072 f.; Übersetzung von H. G. Gadamer, Aristoteles. Metaphysik, Buch 12, Frankfurt/Main 1948, S. 29 ff.
11 Aristoteles, Über Werden und Vergehen, 736 d.
12 Aristoteles, Über die Seele, 408 b; Übersetzung von W. Bröcker, Aristoteles, 2. Aufl., Frankfurt/Main 1964, S. 282.
13 Vgl. die Analyse der ethischen Tugenden in der Nik. Ethik des Aristoteles.
14 Aristoteles, Nik. Eth. 1137 b.
15 Zu Descartes' Metaphysik vgl. oben S. 258 ff.
16 Descartes, Meditationen, mit den sämtlichen Einwänden und Erwiderungen, hrsg. von A. Buchenau, Hamburg 1965, S. 144.
17 Descartes, Meditationen, hrsg. von E. Schröder, Hamburg 1959, S. 141.
18 Descartes, Über die Leidenschaften der Seele, 2. Teil, Artikel 105.
19 G. Krüger, Die Herkunft des philosophischen Selbstbewußtseins, in: G. Krüger, Freiheit und Weltverwaltung, Freiburg 1958, S. 45.
20 Descartes, Meditationen, hrsg. von E. Schröder, S. 101.
21 Descartes, Über die Leidenschaften der Seele, 3. Teil, Artikel 151.
22 Vgl. Krüger, a.a.O., S. 43 ff.
23 Vgl. oben S. 257 f.
24 Vgl. zu Spinozas Ethik W. Schulz, Der Gott der neuzeitlichen Metaphysik, S. 62 ff.
25 Spinoza, Ethik, hrsg. von O. Baensch, Leipzig 1955, S. 110.
26 ebd., S. 289.
27 Vgl. zu Kants theoretischem Ansatz oben S. 103 f.
28 Kant, Kritik der Urteilskraft, hrsg. von K. Vorländer, Hamburg 1968, S. 35.
29 Vgl. zum Ansatz der modernen Anthropologie das Schlußkapitel dieses Teiles unten S. 457 ff.
30 Kant, Grundlegung zur Metaphysik der Sitten, hrsg. von K. Vorländer, Hamburg 1965, S. 35.
31 ebd., S. 44.
32 ebd., S. 34.
33 ebd., S. 51.
34 ebd., S. 20 Anm.
35 Kant, Kritik der praktischen Vernunft, hrsg. von K. Vorländer, Hamburg 1967, S. 118.
36 Kant, Metaphysik der Sitten, hrsg. von K. Vorländer, Hamburg 1966, S. 306.
37 Vgl. unsere Analyse von Kants Geschichtsphilosophie unten S. 484 ff.
38 Kant, Kleinere Schriften zur Geschichtsphilosophie, Ethik und Politik, hrsg. von K. Vorländer, Hamburg 1964, S. 151 f.
39 Wir interpretieren im folgenden Hegel, Enzyklopädie der philosophischen Wissenschaften, hrsg. von F. Nicolin, Hamburg 1958, S. 317 ff.
40 Vgl. zu Hegels Anthropologie I. Fetscher, Hegels Lehre vom Menschen, Stuttgart 1970.
41 Hegel, Enzyklopädie, S. 327.
42 ebd., S. 342.
43 ebd., S. 325 f.
44 Vgl. Hegel, Phänomenologie des Geistes, Einleitung.
45 Vgl. Hegel, Phänomenologie des Geistes, Das Selbstbewußtsein.
46 Hegel, Enzyklopädie, S. 354.
47 ebd., S. 379.
48 ebd., S. 379.
49 ebd., S. 385.
50 Hegel, Grundlinien der Philosophie des Rechts, § 4.
51 Hegel, Enzyklopädie, S. 463.
52 Vgl. insbesondere N. Hartmann, Zur Grundlegung der Ontologie, 3. Aufl., Berlin 1948.
53 Zu Darwins Ansatz vgl. unten S. 567 ff.

B. Die metaphysische Anthropologie unter dem Prinzip der Verleiblichung Seite 369
Vorbemerkung: Der Umbruch der metaphysischen Grundeinstellung im späteren 19. Jahrhundert Seite 369

1 Die Anthropologie der hier zu behandelnden Denker muß jeweilig auf dem Hintergrund

der sie bestimmenden Metaphysik betrachtet werden, denn nur so wird die Entwertung des Geistes zugunsten der Triebe in ihrer Bedeutung verständlich.

Erstes Kapitel. Feuerbach: Der Mensch als sinnliches Wesen Seite 371

1 Zu Feuerbach und der durch ihn eingeleiteten Epoche vgl. K. Löwith, Von Hegel zu Nietzsche, 3. Aufl., Stuttgart 1953; dies Werk ist der erste zureichende Versuch, die Philosophie des späteren 19. Jahrhunderts im Ganzen ihrer Bezüge zu interpretieren. – Feuerbach wird nach Möglichkeit nach der Paragrapheneinteilung zitiert, die er in seinen programmatischen Werken durchführt; wo keine Paragrapheneinteilung vorliegt, zitieren wir nach: Sämtliche Schriften, hrsg. von W. Bolin, Stuttgart 1960 ff.
2 Feuerbach, Sämtliche Schriften, Bd. 2, S. 318.
3 Feuerbach, a.a.O., Bd. 7, S. 50.
4 Feuerbach, Grundsätze der Philosophie der Zukunft, § 1.
5 Feuerbach, a.a.O., Bd. 2, S. 252.
6 ebd., S. 257.
7 Hegel, Phänomenologie des Geistes, Die sinnliche Gewißheit.
8 Feuerbach, Grundsätze der Philosophie der Zukunft, § 34.
9 ebd., § 32.
10 ebd., § 53.
11 ebd., § 53.
12 ebd., § 59.

Zweites Kapitel. Der späte Schelling: Die Entwertung des Denkens zugunsten des Wollens Seite 377

1 Zu Schellings Philosophie im Rahmen der Entwicklung der abendländischen Metaphysik vgl. oben S. 266 ff.
2 Eine genauere Interpretation der Entwicklung Schellings sucht der Verfasser zu geben in: W. Schulz, Die Vollendung des deutschen Idealismus in der Spätphilosophie Schellings, Stuttgart 1954, S. 112 ff.
3 Vgl. oben S. 266 ff.
4 Vgl. Schelling, Philosophische Untersuchungen über das Wesen der menschlichen Freiheit, S. W., Bd. 7, S. 334 ff.
5 Die schwierige Potenzenlehre muß hier behandelt werden, da sie der Schlüssel zur Anthropologie des späten Schelling ist.
6 Schelling, S. W., Bd. 13, S. 206 f., S. 213.
7 Fichtes Uminterpretation der traditionellen Trieblehre ist für das Verständnis der Wandlungen der anthropologischen Grundbegriffe im 19. Jahrhundert von entscheidender Bedeutung; wir können hier jedoch nur den Grundansatz kennzeichnen.
8 Vgl. Augustins Selbstanklage in den Confessiones: Augustin verurteilt sich, weil er sich den temporalia und carnalia, das heißt dem Äußeren, bedenkenlos hingegeben habe.
9 Vgl. G. Krüger, Einsicht und Leidenschaft. Das Wesen des platonischen Denkens, 3. Aufl., Frankfurt/Main 1963.
10 Vgl. insbesondere unsere Interpretation der Psychoanalyse unten S. 673 ff.
11 Schelling, S. W., Bd. 7, S. 350.
12 Schelling, a.a.O., Bd. 13, S. 300.
13 Schelling bezeichnet den Gottesbegriff des Aristoteles als unzureichend, weil nach Aristoteles Gott »nach außen hin untätig ist«.
14 Schelling, a.a.O., Bd. 10, S. 155.
15 Schelling, a.a.O., Bd. 14, S. 352.
16 ebd., S. 352.
17 Schelling, a.a.O., Bd. 10, S. 289.
18 ebd., S. 289.
19 Schelling, a.a.O., Bd. 7, S. 468.
20 ebd., S. 469.
21 Schelling, a.a.O., Bd. 13, S. 7.
22 Schelling, a.a.O., Bd. 7, S. 339.

Drittes Kapitel. Kierkegaard: Die Leibgebundenheit des Geistes als Quelle der Angst Seite 388

1 Dieses Kapitel erschien in: Verstehen und Vertrauen. Festschrift für O. F. Bollnow zum 65. Geburtstag, Stuttgart 1968, S. 161 ff.
2 Wie maßgebend der Aspekt der Verwissenschaftlichung für die Interpretation der Triebproblematik ist, soll unsere Erörterung der gegenwärtigen Diskussion der Aggressionsproblematik zeigen. Vgl. unten S. 765 ff.
3 Der Begriff »Angst« wird zitiert in der Übersetzung von L. Richter: Sören Kierkegaard, Der Begriff Angst, übers. und hrsg. von L. Richter, Hamburg 1960.
4 Vgl. ebd., S. 16 ff.
5 Vgl. unsere Analyse des Begriffes der Selbstwahl bei Kierkegaard oben S. 282 ff.
6 Vgl. zu dieser Bestimmung der Existenz insbesondere Kierkegaard, Die Krankheit zum Tode.
7 .Vgl. Kierkegaard, Werke, hrsg. v. Chr. Schrempf, Bd. 3, S. 183.
8 Kierkegaard, Der Begriff Angst, S. 40.
9 ebd., S. 46.
10 ebd., S. 64.
11 Vgl. zu diesem Problem Kierkegaard, Der Reflex des Antik-Tragischen in dem Modern-

Tragischen, in: Kierkegaard, Entweder/Oder, 1. Teil.
12 Kierkegaard, Der Begriff Angst, S. 61.
13 ebd., S. 61.
14 ebd., S. 85 Anm.
15 Vgl. unsere Analyse der platonischen Anthropologie oben S. 339 ff.
16 Vgl. unsere Analyse des Leibbewußtseins bei Sartre oben S. 305 ff.
17 Vgl. oben S. 328.

Viertes Kapitel. Schopenhauer: Der Wille als Quelle des Leidens Seite 399

1 Dieses Kapitel erschien in: Natur und Geschichte. Festschrift für K. Löwith, Stuttgart 1967, S. 302 ff. – Schopenhauer wird zitiert nach: A. Schopenhauer, Sämtliche Werke, hrsg. von P. Deussen, München 1911 ff.
2 Schopenhauer, a.a.O., Bd. 2, S. 224.
3 Schopenhauer, a.a.O., Bd. 1, S. 120 f.
4 ebd., S. 129.
5 Schopenhauer, a.a.O., Bd. 2, S. 231.
6 G. Simmel, Schopenhauer und Nietzsche, Leipzig 1907, S. 60 f.
7 Schopenhauer, a.a.O., Bd. 3, S. 666.
8 Schopenhauer, a.a.O., Bd. 1, S. 179.
9 Schopenhauer, a.a.O., Bd. 10, S. 510 f.
10 Schopenhauer, a.a.O., Bd. 1, S. 181.
11 Daß die Kunst vom Leben her gesehen die Funktion einer Entlastung übernimmt, ist ein Gedanke, der bei A. Gehlen wiederkehrt. Vgl. unten S. 455 f.
12 Schopenhauer, a.a.O., Bd. 3, S. 678.
13 Vgl. zur ethischen Bedeutung des Mitleids unsere Analyse im 5. Teil unten S. 749 ff.

Fünftes Kapitel. Nietzsche: Die metaphysische Sanktionierung der Triebschicht Seite 408

1 Zu Nietzsche vgl. K. Löwith, Nietzsches Philosophie der ewigen Wiederkehr des Gleichen, 2. Aufl., Stuttgart 1956; W. Schulz, Der Gott der neuzeitlichen Metaphysik, S. 100 ff. – Nietzsche wird zitiert nach: F. Nietzsche, Werke in 3 Bänden, hrsg. von K. Schlechta, München 1956 f.
2 Vgl. zur Analyse von Nietzsches Wandlungen K. Löwith, a.a.O., S. 25 ff.
3 Nietzsche, a.a.O., Bd. 1, S. 21.
4 ebd., S. 48.
5 Vgl. insbesondere Nietzsche: Menschliches, Allzumenschliches, und: Morgenröte.
6 Nietzsche, a.a.O., Bd. 1, S. 447.
7 ebd., S. 1082 f.
8 ebd., S. 1095.
9 ebd., S. 1096.
10 Vgl. unten S. 707 f.
11 Nietzsche, a.a.O., Bd. 2, S. 126 ff.
12 ebd., S. 196 f.
13 Vgl. unten S. 752 ff.
14 Nietzsche, a.a.O., Bd. 2, S. 280.
15 ebd., S. 298.
16 ebd., S. 300.
17 ebd., S. 284.
18 ebd., S. 284.
19 Vgl. zur Problematik der Metaphysik unter dem neuzeitlichen Aspekt der Vorrangstellung des Menschen M. Heidegger, Nietzsche, 2 Bde., Pfullingen 1961.
20 Nietzsche, a.a.O., Bd. 2, S. 392 ff.
21 ebd., S. 395.
22 ebd., S. 395.
23 ebd., S. 409.
24 K. Löwith, a.a.O., S. 59 ff.
25 Nietzsche, a.a.O., Bd. 2, S. 294.
26 M. Heidegger, Der Satz vom Grund, Pfullingen 1957, S. 188.
27 Nietzsche, Werke, Leipzig 1905 (Großoktavausgabe), Bd. 12, S. 64 f.
28 Nietzsche, Werke, hrsg. von K. Schlechta, Bd. 2, S. 963.

C. Die Epoche der nichtspekulativen Anthropologie Seite 419
Vorbemerkung: Die biologische Frage nach dem Wesen des Menschen als philosophisches Problem Seite 419

1 Die Entwicklung der modernen Anthropologie läuft also der im 1. Teil aufgezeigten Entwicklung der Naturwissenschaft und der Soziologie insofern parallel, als in allen drei Wissensbereichen gegenwärtig die Ausklammerung philosophischer Fragestellungen vollzogen wird.

Erstes Kapitel. Scheler: »Die Stellung des Menschen im Kosmos« Seite 421

1 Wir beschränken uns hier im wesentlichen auf die Interpretation von Schelers anthropologischer Programmschrift: Die Stellung des Menschen im Kosmos, München 1947.
2 M. Scheler, Der Formalismus in der Ethik und die materiale Wertethik, Bern 1954.
3 M. Scheler, Die Stellung des Menschen im Kosmos, S. 14.
4 ebd., S. 16.
5 ebd., S. 16.
6 Vgl. unseren Exkurs über Fichtes Bestimmung der Triebschicht oben S. 381 f.
7 M. Scheler, Erkenntnis und Arbeit, in: M.

Scheler, Die Wissensformen und die Gesellschaft, Leipzig 1926; ders., Idealismus und Realismus, in: Philosophischer Anzeiger, 2. Jg., Heft 3 (1927).
8 M. Scheler, Die Stellung des Menschen im Kosmos, S. 20.
9 ebd., S. 22.
10 Vgl. A. Gehlen, Anthropologische Forschung, Hamburg 1961, S. 60 ff.
11 M. Scheler, Die Stellung des Menschen im Kosmos, S. 27.
12 ebd., S. 30.
13 ebd., S. 34 Anm.
14 Vgl. M. Scheler, Die Formen des Wissens und der Bildung, in: M. Scheler, Philosophische Weltanschauung, Bonn 1954, S. 16 ff.
15 M. Scheler, Die Stellung des Menschen im Kosmos, S. 34.
16 Vgl. unsere Analyse des transzendentalphilosophischen Ansatzes bei Husserl oben S. 285 ff.
17 M. Scheler, Philosophische Weltanschauung, S. 10 ff.
18 M. Scheler, Die Stellung des Menschen im Kosmos, S. 36.
19 M. Scheler, ebd., S. 37.
20 ebd., S. 44 f.
21 ebd., S. 57.
22 ebd., S. 58.
23 ebd., S. 61
24 Vgl. oben S. 382 ff.
25 M. Scheler, Die Stellung des Menschen im Kosmos, S. 84 f.
26 ebd., S. 85.
27 ebd., S. 86.
28 Vgl. oben S. 345 ff.
29 M. Scheler, Zur Idee des Menschen, in: M. Scheler, Abhandlungen und Aufsätze, Bd. 1, Leipzig 1915, S. 319.
30 ebd., S. 324. – Heidegger hat die beiden zuletzt genannten Stellen im § 37 seines Kant-Buches (Kant und das Problem der Metaphysik) diskutiert, vgl. a.a.O., S. 199 ff.

Zweites Kapitel. Plessner: »Die Stufen des Organischen und der Mensch« Seite 433

1 Wir thematisieren hier insbesondere Plessners anthropologisches Hauptwerk: Die Stufen des Organischen und der Mensch, 2. Aufl., Berlin 1965. Vgl. auch H. Plessner, Philosophische Anthropologie, Frankfurt/Main 1970, darin die wichtige Abhandlung »Lachen und Weinen«. – Zu Plessners Ansatz vgl. M. Österreicher-Mollwo, Rolle und Distanz, Untersuchungen zu H. Plessners Anthropologie (Tübinger Diss. 1972).

2 H. Plessner, Die Stufen des Organischen und der Mensch, S. XI.
3 ebd., S. 219.
4 ebd., S. 226.
5 ebd., S. 239.
6 ebd., S. 288.
7 ebd., S. 290.
8 ebd., S. 299.
9 Vgl. unsere Abschlußbemerkungen über die Chancen der gegenwärtigen Anthropologie unten S. 458 f.
10 H. Plessner, a.a.O., S. XIX.
11 ebd., S. XX.
12 ebd., S. 342.
13 ebd., S. 345.
14 ebd., S. 346.
15 ebd., S. 346.
16 ebd., S. 321.
17 ebd., S. 328.
18 ebd., S. 328.
19 ebd., S. 341.
20 ebd., S. 338.
21 H. Plessner, Conditio humana, in: Propyläen-Weltgeschichte, Band 1, Berlin 1964, S. 75.
22 H. Plessner, Die verspätete Nation, Stuttgart 1959, insbesondere S. 146 ff.
23 H. Plessner, Conditio humana, S. 78.
24 H. Plessner, Die Stufen des Organischen und der Mensch, S. 325.

Drittes Kapitel. Gehlen: »Der Mensch. Seine Natur und seine Stellung in der Welt« Seite 442

1 Wir analysieren zunächst Gehlens anthropologisches Hauptwerk: Der Mensch. Seine Natur und seine Stellung in der Welt, 3. Aufl., Berlin 1944, und behandeln sodann Gehlens spätere Schriften, um Gehlens Wende zur soziologischen Fragestellung zu verdeutlichen.
2 A. Gehlen, Theorie der Willensfreiheit und frühe philosophische Schriften, Neuwied 1965.
3 Vgl. zu dem Problem der Vermittlung das in Anmerkung 2 genannte Werk, insbesondere das Kapitel »Freiwillige Aufgabe der Freiheit«.
4 A. Gehlen, Der Mensch, S. 14.
5 ebd., S. 17.
6 ebd., S. 10.
7 ebd., S. 31.
8 ebd., S. 34.
9 Das Nichtfestgelegtsein des Menschen bedeutet also auch, daß der Mensch weder im Sinne der Geistmetaphysik noch der Leibmetaphysik eindeutig zu bestimmen ist.

10 A. Gehlen, Der Mensch, S. 161.
11 ebd., S. 287 ff.
12 ebd., S. 290.
13 ebd., S. 296.
14 ebd., S. 424.
15 A. Gehlen, Studien zur Anthropologie und Soziologie, Neuwied 1963, S. 52.
16 A. Gehlen, Der Mensch, S. 454.
17 A. Gehlen, Studien zur Anthropologie und Soziologie, S. 59.
18 A. Gehlen, Der Mensch, S. 430 f.
19 A. Gehlen, Studien zur Anthropologie und Soziologie, S. 60.
20 A. Gehlen, Urmensch und Spätkultur, Bonn 1956.
21 A. Gehlen, Der Mensch, S. 60.
22 ebd., S. 477.
23 ebd., S. 467.
24 ebd., S. 62.
25 ebd., S. 508.
26 ebd., S. 512.
27 In »Urmensch und Spätkultur« entwickelt A. Gehlen sehr ausführlich seine Institutionenlehre.
28 A. Gehlen, Die Seele im technischen Zeitalter, Hamburg 1957, S. 118.
29 A. Gehlen, Studien zur Anthropologie und Soziologie, S. 245.
30 A. Gehlen, Zeit-Bilder, Bonn 1960.
31 ebd., S. 165.
32 ebd., S. 207.
33 ebd., S. 165.
34 Vgl. H. Marcuse, Der eindimensionale Mensch. 4. Aufl., Neuwied 1968.
35 Gehlen hat in seinem Werk: Moral und Hypermoral, Frankfurt/Main 1969, einen scharfen Angriff gegen die Zeitströmung des »freischwebenden Intellektualismus« durchgeführt und den Dienst in den Institutionen als die einzig noch moralisch vertretbare Haltung herausgestellt.
36 A. Gehlen, Studien zur Anthropologie und Soziologie, S. 316.

D. Die Aufhebung der philosophischen Anthropologie Seite 457

1 Vgl. unsere Analyse der verschiedenen Aspekte, von denen her das Phänomen der Aggression heute thematisiert wird unten S. 765 ff.
2 Gehlen hat das Thema der Vermittlung in seinen frühen Schriften thematisiert, insbesondere in: Theorie der Willensfreiheit.
3 Kant, Anthropologie in pragmatischer Hinsicht, § 1.
4 Vgl. oben S. 330.
5 Als ein Beispiel indirekter Ich-Analyse werden wir bestimmte Ansätze der Psychoanalyse thematisieren, vgl. unten S. 677 ff.
6 Vgl. unsere Analyse der modernen Physik oben S. 107 ff.
7 Vgl. oben S. 194 ff.
8 Vgl. zum Problem der »offenen Leitbegriffe« insbesondere unten S. 842 f.
9 Vgl. unten S. 673 ff.
10 Vgl. zum Unterschied von Großgruppen und Kleingruppen unten S. 786 ff.
11 Vgl. unseren Hinweis auf das Prinzip des Liberalismus unten S. 827 ff.

Vierter Teil. Vergeschichtlichung
Zur Gliederung Seite 470

1 Vgl. unten S. 850 f.

A. Zur Entwicklung der Geschichtsproblematik von den Griechen bis zur Aufklärung Seite 473

1 Vgl. zur Entwicklung des abendländischen Geschichtsdenkens R. G. Collingwood, Philosophie der Geschichte, Stuttgart 1955; K. Löwith, Weltgeschichte und Heilsgeschehen, 4. Aufl., Stuttgart 1953; F. Wagner, Geschichtswissenschaft, Freiburg 1951, hier ausführliche Literaturangaben über die Geschichtswissenschaft und ihre Entwicklung.
2 Die anthropologischen Voraussetzungen der griechischen Tragödie und der griechischen Geschichtswissenschaft hat W. Schadewaldt eindringlich herausgestellt, vgl. insbesondere W. Schadewaldt, Hellas und Hesperien. Ges. Schriften zur Antike und zur neueren Literatur, Zürich 1960, S. 99 ff.
3 Zum Problem der Machtpolitik bei Thukydides vgl. K. Reinhardt, Thukydides und Machiavelli, in: K. Reinhardt, Von Werken und Formen, Godesberg 1948, S. 237 ff.
4 Zu Spenglers These vom Ahistorismus der Griechen vgl. das Spengler-Heft der Zeitschrift »LOGOS«, Bd. 9, Heft 2 (1921), dort insbes. den Aufsatz von E. Schwartz »Über das Verhältnis der Hellenen zur Geschichte«.
5 Zum Problem der Geschichte bei Plato vgl. K. Gaiser, Platos ungeschriebene Lehre, Stuttgart 1963, S. 205 ff.
6 Collingwood, a.a.O., S. 41.
7 Zum Ansatz des christlichen Geschichtsverständnisses vgl. auch oben S. 253 ff.
8 Zum Zusammenhang von Weltgeschichte und Heilsgeschichte vgl. K. Löwith, a.a.O., S. 148 ff. und S. 168 ff.

9 Vgl. R. Bultmann, Geschichte und Eschatologie, Tübingen 1958.
10 Zu Augustins Geschichtssicht vgl. W. Kamlah, Christentum und Geschichtlichkeit, 2. Aufl., Stuttgart 1951.
11 Zu Hegels Deutung des Christentums vgl. M. Theunissen, Hegels Lehre vom absoluten Geist als theologisch-politischer Traktat, Berlin 1970.
12 Vgl. R. Wittram, Das Interesse an der Geschichte, 2. Aufl., Göttingen 1963, besonders Kap. 11: Geschichte der Kirche und Geschichte der Welt.
13 ebd., S. 145.
14 Zu Joachim vgl. H. Grundmann, Studien über Joachim von Floris, Leipzig 1927.
15 Zum Problem der Säkularisation vgl. H. Lübbe, Säkularisierung, Freiburg 1965; H. Blumenberg, Die Legitimität der Neuzeit, Frankfurt/Main 1966.
16 Zu Descartes' Metaphysik vgl. oben S. 258 ff.
17 Descartes, Von der Methode, hrsg. v. L. Gäbe, Hamburg 1960, S. 11.
18 Zur geschichtlichen Problematik des modernen Bildungsbegriffes vgl. H. G. Gadamer, Wahrheit und Methode, insbesondere S. 7 ff. und 77 ff.
19 Zur Aufklärung vgl. das immer noch wichtige Werk von E. Cassirer, Die Philosophie der Aufklärung, Tübingen 1932; W. Krauss, Studien zur deutschen und französischen Aufklärung, Berlin 1963; R. Denker, Grenzen liberaler Aufklärung bei Kant und anderen, Stuttgart 1968.
20 Kant, Kleinere Schriften zur Logik und Metaphysik, 2. Abt., hrsg. v. K. Vorländer, Leipzig 1925, S. 141.
21 Zu Voltaire vgl. W. Weischedel, Voltaire und das Problem der Geschichte, in: W. Weischedel, Wirklichkeit und Wirklichkeiten, Berlin 1960, S. 69 ff.
22 Zu Kants Anthropologie und Ethik vgl. oben S. 356 ff.
23 Zum Problem der alltäglichen Lebenserfahrung bei Kant vgl. G. Krüger, Philosophie und Moral in der kantischen Kritik, Tübingen 1931; J. Schwartländer, Der Mensch ist Person. Kants Lehre vom Menschen, Stuttgart 1968.
24 Kant, Kleinere Schriften zur Geschichtsphilosophie, Ethik und Politik, hrsg. v. K. Vorländer, Hamburg 1964, S. 9 f.
25 ebd., S. 7.
26 ebd., S. 3–20.
27 Zu Vicos philosophischem Gesamtansatz vgl. das grundlegende Werk von B. Croce, Die Philosophie G. B. Vicos, Tübingen 1927.
28 G. B. Vico, Die neue Wissenschaft über die gemeinschaftliche Natur der Völker, übersetzt von E. Auerbach, München 1924, S. 139.
29 Zur geschichtlichen Bedeutung des Begriffes »sensus communis« vgl. H. G. Gadamer, a.a.O., S. 16 ff.
30 Zu Herder vgl. Th. Litt, Die Befreiung des geschichtlichen Bewußtseins durch J. G. Herder, in: Th. Litt. Die Wiederentdeckung des geschichtlichen Bewußtseins, Leipzig 1956, S. 94 ff.
31 Vgl. Herder, Sprachphilosophische Schriften, hrsg. v. E. Heintel, Hamburg 1964; besonders wichtig: »Abhandlung über den Ursprung der Sprache«.
32 Vgl. unsere Analyse der Anthropologie Gehlens oben S. 442 ff.
33 Vgl. H. G. Gadamer, Herder und die geschichtliche Welt, in: H. G. Gadamer, Kleine Schriften, Bd. 3, Tübingen 1972, S. 101 ff.
34 Vgl. zum Problem des Sinnes der Geschichte bei Herder die in Anm. 30 genannte Arbeit von Th. Litt.
35 Kant, a.a.O., S. 31.

B. Stufen des Historismus. Von Hegel bis zur Gegenwart Seite 492
Vorbemerkung: Geschichte als Prinzip Seite 492

1 Eine Geschichte des modernen Historismus, die dessen Problematik philosophisch zureichend untersucht, steht noch aus trotz der Arbeiten von F. Meinecke, Die Entstehung des Historismus, Stuttgart 1959; und: E. Troeltsch, Der Historismus und seine Probleme, Tübingen 1961. Am weitesten führen die geschichtlichen Analysen Diltheys über die Entstehung des modernen Bewußtseins, die Dilthey im Ganzen seines Werkes durchgeführt hat, und, vom Gesichtspunkt der Wirkungsgeschichte her, H. G. Gadamers Untersuchungen in »Wahrheit und Methode«.
2 Vgl. E. Troeltsch, Der Historismus und seine Überwindung, Berlin 1924, dort insbes. den Aufsatz: »Ethik und Geschichtsphilosophie«.

Erstes Kapitel. Hegel: Geschichte als Weltgeschichte des Geistes Seite 494

1 Diesem Kapitel liegt ein Vortrag zugrunde, der zum Hegel-Gedenkjahr 1970 in Bern, Basel, Bremen, Wien, Konstanz und Mainz gehalten wurde.

2 Hegel, Differenz des Fichte'schen und Schelling'schen Systems der Philosophie, hrsg. v. G. Lasson, Hamburg 1962, S. 16.
3 Hegel, Die Vernunft in der Geschichte, 5. Aufl., hrsg. v. J. Hoffmeister, Hamburg 1955, S. 114.
4 Hegel, Phänomenologie des Geistes, 6. Aufl., hrsg. v. J. Hoffmeister, Hamburg 1952, S. 22.
5 ebd., S. 563.
6 ebd., S. 564.
7 ebd., S. 564.
8 E. Bloch, Subjekt-Objekt, Frankfurt/Main 1962, S. 229.
9 Hegel, Die Vernunft in der Geschichte, S. 55.
10 Hegel, Phänomenologie des Geistes, S. 558.
11 ebd., S. 413 ff.
12 E. Bloch, a.a.O., S. 227. – Bloch hebt sehr eindringlich die Unzuträglichkeit, besser: die Unverträglichkeit hervor, die »zwischen Hegel als Freund und Denker des *Geschehens* und Hegel als Reichsverwalter der *Geschichte*« besteht.
13 Zum Problem der verschiedenen Geschichtsansätze bei Hegel vgl. H. F. Fulda, Das Problem einer Einleitung in Hegels Wissenschaft der Logik, Frankfurt/Main 1965, S. 194 ff.
14 Vgl. das Nachwort dieser Arbeit unten S. 841 ff.
15 Vgl. oben S. 481 f.
16 Vgl. Gadamer, a.a.O., insbes. S. 324 ff.
17 Hegel, Die Vernunft in der Geschichte, S. 31.
18 ebd., S. 31.
19 ebd., S. 70.
20 ebd., S. 50.
21 ebd., S. 34.
22 ebd., S. 164.
23 ebd., S. 22.
24 ebd., S. 62.
25 Zu Hegels Staatsphilosophie vgl. unten S. 804 ff.
26 H. Marcuse, Vernunft und Revolution, Neuwied 1962, S. 206.
27 ebd., S. 211.
28 Hegel, a.a.O., S. 109.
29 ebd., S. 19.
30 ebd., S. 92 f.
31 ebd., S. 78 ff.
32 ebd., S. 105.
33 K. Löwith, a.a.O., S. 58.
34 Hegel, a.a.O., S. 60.
35 E. Bloch, a.a.O., S. 230.
36 Hegel, a.a.O., S. 59.
37 Zum Problem der Geschichtssubjekte vgl. unten S. 624 ff.
38 Zu Hegels Anthropologie vgl. oben S. 362 ff.
39 Zum Zusammenhang von Bildung und Arbeit bei Hegel vgl. Hegel, Phänomenologie des Geistes, S. 146 ff.
40 Hegel, Die Vernunft in der Geschichte, S. 71 f.
41 ebd., S. 95.
42 ebd., S. 97.

Zweites Kapitel. Die Aufhebung der Geschichtsphilosophie Hegels in den Geschichtskonzeptionen des späteren 19. Jahrhunderts Seite 508

1 Zu Marx' Geschichtskonzeption vgl. unten S. 553 ff.
2 K. Rosenkranz, Georg Wilhelm Friedrich Hegels Leben, Darmstadt 1962; R. Haym, Hegel und seine Zeit, Darmstadt 1962.
3 Haym, a.a.O., S. 5.
4 ebd., S. 7.
5 ebd., S. 9.
6 Rosenkranz, a.a.O., S. XXIX.
7 ebd., S. XXX.
8 ebd., S. XXXVII.
9 Ranke, Die großen Mächte, Hist.-pol. Zeitschrift, Bd. 2, S. 49 f.
10 Ranke, SW, Leipzig 1867 ff., Bd. 15, S. 103.
11 Vgl. Gadamer, a.a.O., S. 191 ff.
12 J. G. Droysen, Historik, 2. Aufl., München 1943, S. 33.
13 ebd., S. 357.

Drittes Kapitel. Dilthey: Die Grundlegung der Geschichtswissenschaft in der Philosophie des Lebens Seite 514

1 Dilthey wird zitiert nach der von seinen Schülern herausgegebenen Ausgabe seiner Werke: Gesammelte Schriften, Bd. 1–14; besonders wichtig: Bd. 7, »Der Aufbau der geschichtlichen Welt in den Geisteswissenschaften« und Bd. 8, »Weltanschauungslehre. Abhandlungen zur Philosophie der Philosophie«. – Zu Dilthey vgl. O. F. Bollnow, Dilthey, 3. Aufl., Stuttgart 1967.
2 Dilthey, Ges. Schriften, Bd. 8, S. 180.
3 Dilthey, a.a.O., Bd. 1, S. 406.
4 Dilthey, a.a.O., Bd. 7, S. 278.
5 Vgl. die Einleitung zu Bd. 7 von B. Groethuysen, ebd., S. X ff.
6 Dilthey, a.a.O., Bd. 7, S. 234.
7 Dilthey, a.a.O., Bd. 5, S. 200.
8 Dilthey, a.a.O., Bd. 7, S. 15.
9 Briefwechsel zwischen Wilhelm Dilthey und dem Grafen Paul Yorck von Wartenburg, Halle 1923, S. 247.
10 Dilthey, a.a.O., Bd. 7, S. 148 ff.
11 ebd., S. 201.
12 ebd., S. 279.

13 ebd., S. 199.
14 ebd., S. 200.
15 ebd., S. 204.
16 ebd., S. 260.
17 ebd., S. 260.
18 ebd., S. 85.
19 ebd., S. 212.
20 ebd., S. 212 f.
21 ebd., S. 213.
22 ebd., S. 290 f.
23 Dilthey, a.a.O., Bd. 8, S. 223.
24 ebd., S. 223.
25 Vgl. insbes. G. Simmels letztes Werk »Lebensanschauung«, München 1918.
26 ebd., S. 141.
27 ebd., S. 14 ff.
28 Vgl. zur Bestimmung des Lebens als irrationaler Macht bei Dilthey H. J. Lieber, Geschichte und Gesellschaft im Denken Diltheys, in: Kölner Zeitschrift f. Soziologie und Sozialpsychologie, 17. Jg. (1965), S. 703 ff.
29 Dilthey, a.a.O., Bd. 7, S. 216.
30 Zur Problematik der Geisteswissenschaften vgl. unten S. 541 ff.
31 Vgl. zu der Frage der Stellung Diltheys zur Soziologie den in Anmerkung 28 genannten Aufsatz von H. J. Lieber.

Viertes Kapitel. Die Existenzphilosophie: Die Fundierung der Geschichte in der Geschichtlichkeit Seite 523

1 Zum Gesamtansatz der Existenzphilosophie vgl. oben S. 272 ff.
2 Vgl. M. Heideggers Interpretation der Geschichtssicht des Grafen Yorck in: »Sein und Zeit«, S. 397 ff., insbes. S. 401.
3 K. Jaspers, Philosophie, 3. Aufl., Berlin 1956, Bd. 2, S. 119.
4 ebd., S. 119.
5 ebd., S. 122 ff.
6 ebd., S. 121.
7 K. Jaspers, Vom Ursprung und Ziel der Geschichte, Frankfurt/Main 1955, S. 260 f.
8 K. Jaspers, Philosophie, Bd. 1, S. 196.
9 K. Jaspers, Vom Ursprung und Ziel der Geschichte, S. 33 f.
10 ebd., S. 96.
11 ebd., S. 136 f.
12 ebd., S. 194.
13 ebd., S. 253.
14 ebd., S. 181.
15 Vgl. oben S. 293 ff.
16 M. Heidegger, Sein und Zeit, 11. Aufl., Tübingen 1967, S. 19 f.
17 Vgl. ebd., S. 397 ff.
18 ebd., S. 383.
19 ebd., S. 385.

Fünftes Kapitel. Die Vollendung des geschichtlichen Bewußtseins: Seinsgeschichte und hermeneutische Wirkungsgeschichte Seite 531

1 Der zweite Teil dieses Kapitels, der die hermeneutische Wirkungsgeschichte behandelt, erschien unter dem Titel: »Anmerkungen zu Gadamers Hermeneutik« in der Festschrift zum 70. Geburtstag H. G. Gadamers: Hermeneutik und Dialektik, hrsg. v. R. Bubner u. a., Tübingen 1970, Bd. 1, S. 305 ff.
2 Zum »Entwicklungsgang« der Philosophie M. Heideggers vgl. W. Schulz, Über den philosophiegeschichtlichen Ort Martin Heideggers, in: Heidegger, hrsg. v. O. Pöggeler, Köln 1965, S. 95 ff.
3 Vgl. M. Heidegger, Nietzsche, 2 Bde., Pfullingen 1961.
4 M. Heidegger, Vorträge und Aufsätze, Pfullingen 1954, S. 21.
5 ebd., S. 22.
6 ebd., S. 36.
7 ebd., S. 99.
8 M. Heidegger, Nietzsche, Bd. 2, S. 489.
9 Vgl. zur Problematik der Seinsgeschichte bei Heidegger M. Müller, Existenzphilosophie im geistigen Leben der Gegenwart, 3. Aufl., Heidelberg 1964, insbes. S. 95 ff.
10 Zur »Sprachdialektik« bei Heidegger vgl. den in Anmerkung 2 genannten Aufsatz von W. Schulz, insbes. S. 121 ff.
11 Vgl. M. Heidegger, Erläuterungen zu Hölderlins Dichtung, 4. Aufl., Frankfurt/Main 1971.
12 Zu Hegels Deutung der Sprache vgl. J. Simon, Das Problem der Sprache bei Hegel, Stuttgart 1966.
13 Vgl. zum Ansatz der Sprachanalytik oben S. 68 ff.
14 Einen vorzüglichen Überblick über die Geschichte der Hermeneutik gibt G. Ebeling in dem Artikel »Hermeneutik« in der RGG, 3. Aufl.
15 Hegel, Phänomenologie des Geistes, S. 49 ff.
16 H. G. Gadamer, Wahrheit und Methode, 2. Aufl., Tübingen 1965, S. 464.
17 ebd., S. 421.
18 ebd., S. 423.
19 ebd., S. 426.
20 ebd., S. 429.
21 ebd., S. 450.
22 ebd., S. 450.
23 H. G. Gadamer, Kleine Schriften, Bd. 1, Tübingen 1967, S. 119.
24 Zur theologischen Hermeneutik vgl. insbes. G. Ebeling, Einführung in theologische Sprachlehre, Tübingen 1971.

25 H. G. Gadamer, Kleine Schriften, Bd. 1, S. 160.
26 ebd., S. 159.
27 ebd., S. 157 f.
28 H. G. Gadamer, Kleine Schriften, Bd. 2, S. 201.
29 ebd., S. 207.
30 H. G. Gadamer, Wahrheit und Methode, S. 285 f.
31 ebd., S. 465.
32 ebd., S. XIV.
33 H. G. Gadamer, Kleine Schriften, Bd. 1, S. 127.

Exkurs: Die gegenwärtigen Chancen der historischen Geisteswissenschaften
Seite 542

1 Vgl. zum Ansatz der modernen Wissenschaft unter dem Gesichtspunkt der Vermittlung oben S. 91 ff.
2 Daß die Einklammerung der Wesensfrage auch in der Entwicklung der modernen Anthropologie eine Rolle spielt, haben wir zu zeigen gesucht, vgl. oben S. 461 ff.
3 Vgl. das Nachwort zu dieser Arbeit unten S. 841 ff.
4 Vgl. zu dieser Problematik insbes. den Schluß unserer Darstellung der Philosophie Diltheys oben S. 521 ff.
5 H. G. Gadamer, Wahrheit und Methode, S. 271.
6 Vgl. unsere Darstellung von Nietzsches Geschichtssicht unten S. 572 ff.
7 Vgl. unten S. 599 ff.
8 Vgl. oben S. 520.
9 H. Heimpel, Der Mensch in seiner Gegenwart, 2. Aufl., Göttingen 1957, S. 218.
10 Descartes, Von der Methode des richtigen Vernunftgebrauchs, übers. von L. Gäbe, Hamburg 1964, S. 11.
11 H. G. Gadamer, Wahrheit und Methode, S. 40.
12 Die Reflexion steht, wie Hegel herausgestellt hat, immer in Gefahr, zum bloßen Raisonnement zu werden. Gleichwohl ist sie die unabdingbare Voraussetzung für den Versuch, die Voreingenommenheit durch die Bedingtheit des eigenen Standortes in Richtung auf ein Konkret-Allgemeines zu überschreiten.
13 Zur indirekten Vermittlung vgl. insbes. oben S. 465 ff.
14 Vgl. unten S. 705 ff.
15 Zu Gehlens Analyse der modernen Kunst vgl. oben S. 455 f.
16 J. Ritter, Die Aufgabe der Geisteswissenschaften in der modernen Gesellschaft, Schriften der Gesellschaft zur Förderung der Westfälischen Wilhelms-Universität zu Münster, Heft 51 (1963).
17 ebd., S. 28.
18 Vgl. E. Husserl, Zur Phänomenologie des inneren Zeitbewußtseins, Husserliana Bd. 10, Den Haag 1966.
19 Vgl. zum Problem der Erinnerung die ausgezeichneten Analysen von F. G. Jünger, Gedächtnis und Erinnerung, Frankfurt/Main 1957.
20 Augustin, conf. X, 14.
21 Briefwechsel zwischen Wilhelm Dilthey und dem Grafen Paul Yorck von Wartenburg, S. 133.
22 Hegel, Die Vernunft in der Geschichte, S. 35.
23 J. Burckhardt, Weltgeschichtliche Betrachtungen, Ges. Werke, Bd. 4, Basel 1956, S. 7.
24 ebd., S. 3.
25 ebd., S. 196.
26 Zu Schopenhauers Kunstbetrachtung vgl. oben S. 404.
27 Schopenhauer, S.W., Bd. 1, S. 210.

Sechstes Kapitel. Marx: Geschichte als Weg zur Selbstbefreiung Seite 553

1 Zur Bestimmung der Geschichte bei Marx vgl. insbes. G. Lukács, Geschichte und Klassenbewußtsein, Neuwied 1970; R. E. Schulz, Geschichte und teleologisches System bei Karl Marx, in: Wesen und Wirklichkeit des Menschen, Festschrift für H. Plessner, Göttingen 1957, S. 153 ff.; A. Schmidt, Geschichte und Struktur – Fragen einer marxistischen Historik, München 1971. – Marx wird zitiert nach: Karl Marx, Werke, hrsg. von H. J. Lieber und P. Furth, Berlin 1962 ff.
2 Vgl. unten S. 821 ff.
3 Zu Feuerbachs Philosophie vgl. oben S. 371 ff.
4 Insbes. K. Löwith hat den geschichtsphilosophischen Ansatz bei Marx als Aufhebung der christlichen Eschatologie interpretiert, vgl. K. Löwith, Weltgeschichte und Heilsgeschehen, S. 38 ff.
5 Marx, a.a.O., Bd. 1, S. 644.
6 ebd., S. 767.
7 ebd., S. 767.
8 ebd., S. 71 f.
9 Marx, a.a.O., Bd. 2, S. 4.
10 ebd., S. 1.
11 Marx, a.a.O., Bd. 1, S. 637 ff.
12 ebd., S. 649 f.
13 ebd., S. 650.
14 ebd., S. 652.

15 Vgl. zum Problem des Verhältnisses von Naturbeherrschung und zwischenmenschlichem Bezug bei Marx J. Habermas, Erkenntnis und Interesse, Frankfurt/Main 1968, S. 36 ff.
16 K. Marx, Das Kapital, Berlin 1957 (Dietz-Verlag), Bd. 1, S. 185.
17 ebd., S. 186.
18 ebd., S. 350.
19 ebd., S. 440 ff.
20 Marx, a.a.O., Bd. 1, S. 631.
21 ebd., S. 631.
22 ebd., S. 576.
23 ebd., S. 559 ff.
24 In: Folgen einer Theorie. Essays über »Das Kapital« von Karl Marx, Frankfurt/Main 1967, S. 103 ff.
25 ebd., S. 128.
26 Marx, a.a.O., Bd. 1, S. 593 f.
27 R. E. Schulz, a.a.O., S. 191.
28 Vgl. zum Problem des »totalen Menschen« bei Marx H. Lefèbvre, Der dialektische Materialismus, Frankfurt/Main 1966, S. 121 ff. und A. Schmidts Kritik an Lefèbvres Ausführungen, ebd., S. 163.
29 Vgl. zur Kritik am Marxismus unten S. 822 ff.
30 Vgl. Existentialismus und Materialismus. Eine Kontroverse zwischen Sartre, Garaudy, Hyppolite, Vigier und Orcel, Frankfurt/Main 1966.
31 F. Engels, Dialektik der Natur, Berlin 1961, S. 224.
32 ebd., S. 28.
33 Vgl. W. Schulz, Die Vollendung des Deutschen Idealismus in der Spätphilosophie Schellings, Stuttgart 1954, S. 297 ff.

Siebentes Kapitel. Geschichtskonzeptionen im Gegenzug zum Historismus Seite 567

1 Zum Problem des gegenwärtigen Ahistorismus vgl. unten S. 581 ff., 595 ff.
2 Zu Darwin vgl. R. Denker, Aufklärung über Aggression, 3. Aufl., Stuttgart 1971, S. 19 ff.
3 Darwin, Die Entstehung der Arten, Stuttgart 1963, S. 119; zitiert nach Denker, a.a.O., S. 21.
4 Darwin, Die Abstammung des Menschen, Stuttgart 1966, S. 151 ff; zitiert nach Denker, a.a.O., S. 25 f.
5 Vgl. M. Scheler, Die Ursachen des Deutschenhasses, Leipzig 1917.
6 Zu Comtes soziologischem Ansatz vgl. oben S. 152 ff.
7 Vgl. zu dieser Periodisierung A. Comte, Rede über den Geist des Positivismus, übers. von I. Fetscher, Hamburg 1956, S. 5 ff.
8 ebd., S. 91.
9 Zu Burckhardt vgl. K. Löwith, Jacob Burckhardt. Der Mensch inmitten der Geschichte, 2. Aufl., Stuttgart 1968.
10 J. Burckhardt, Weltgeschichtliche Betrachtungen, Ges. Werke, Bd. 4, Basel 1956, S. 3.
11 ebd., S. 5 f.
12 ebd., S. 6.
13 ebd., S. 6 f.
14 Vgl. oben S. 547 ff.
15 J. Burckhardt, a.a.O., S. 70.
16 ebd., S. 193.
17 Zu Nietzsches Geschichtsauffassung vgl. G. Häuptner, Die Geschichtsansicht des jungen Nietzsche, Stuttgart 1936.
18 Vgl. oben S. 417 f.
19 Vgl. unten S. 597.
20 Nietzsche, Werke, hrsg. von K. Schlechta, München 1956, Bd. 1, S. 225.
21 ebd., S. 229.
22 ebd., S. 229.
23 ebd., S. 230.
24 ebd., S. 230.
25 Vgl. M. Heidegger, Sein und Zeit, S. 396 f.
26 Zu Spenglers Geschichtsbetrachtung vgl. A. M. Koktanek, Oswald Spengler in seiner Zeit, München 1968.
27 O. Spengler, Der Untergang des Abendlandes, vollständige Ausgabe in einem Band, München 1963, S. 64.
28 ebd., S. 8.
29 ebd., insbes. S. 210 ff.
30 ebd., S. 19.
31 ebd., S. 1195.
32 ebd., S. 68.
33 ebd., S. 1194.
34 Vgl. O. Spengler, Politische Schriften, München 1934; ders., Jahre der Entscheidung, München 1953.
35 O. Spengler, Der Untergang des Abendlandes, S. 1194.
36 ebd., S. 68 Anm.
37 O. Spengler, Urfragen. Fragmente aus dem Nachlaß, München 1965.
38 ebd., S. 344.

C. Tendenzen zur Enthistorisierung in der gegenwärtigen Wissenschaft Seite 581

1 Daß die gegenwärtige analytische Soziologie von der Tendenz zur Enthistorisierung bestimmt ist, haben wir in unserer Darstellung der Grundansätze dieser Soziologie mehrfach zur Sprache gebracht, vgl. oben S. 145 ff.

2 Vgl. oben S. 29 ff.
3 Zum Problem der Leeraussagen vgl. E. Topitsch, Über Leerformeln, in: Probleme der Wissenschaftstheorie, Festschrift für V. Kraft, hrsg. von E. Topitsch, Wien 1960, S. 233 ff.
4 Vgl. oben S. 84 ff.
5 Vgl. oben S. 86.
6 Zum Problem der »Hinterfragbarkeit« der Ideologie vgl. oben S. 166 f.
7 Vgl. oben S. 75 f.
8 Insbes. K. O. Apel und J. Habermas haben eine Verbindung zwischen Sprachanalytik und Hermeneutik herzustellen versucht. Vgl. zu dieser Problematik oben S. 164 ff.
9 Vgl. W. Schulz, Wittgenstein, Pfullingen 1967, S. 70 ff.
10 Entscheidende Hinweise zum Verständnis der modernen Linguistik verdanke ich H. M. Gauger, vgl. insbesondere H. M. Gauger, Wort und Sprache, Tübingen 1970.
11 C. Lepschy, Die strukturale Sprachwissenschaft, München 1969, S. 12.
12 Vgl. insbesondere N. Chomsky, Aspekte der Syntax-Theorie, Frankfurt/Main 1969.
13 N. Chomsky, Sprache und Geist, Frankfurt/Main 1970, S. 106.
14 ebd., S. 130.
15 ebd., S. 42.
16 ebd., S. 44.
17 Vgl. N. Chomsky, Cartesianische Linguistik, Tübingen 1971.
18 Vgl. oben S. 91 ff.
19 M. Bierwisch, Strukturalismus. Geschichte, Probleme und Methoden, in: Kursbuch 5 (1966), S. 147 f.
20 Zum soziologischen Rollenbegriff vgl. oben S. 194 ff.
21 Zum Problem der Bedeutung des Wortes für die Sprachanalyse vgl. die in Anm. 10 genannte Arbeit von H. M. Gauger, a.a.O., S. 45 ff.
22 P. Aubanque, Sprache, Strukturen, Gesellschaft, in: Philos. Perspektiven, 2. Band (1970), S. 9 ff.
23 ebd., S. 24.
24 ebd., S. 24 f.
25 Zur Sprachdeutung in Heideggers Spätwerk vgl. oben S. 533 f.
26 Daß der Strukturalismus in immer stärkerem Maße in verschiedene Richtungen divergiert – auch in bezug auf Deutung und Beurteilung der Geschichte –, zeigt seine Entwicklung in Frankreich; insofern ist die Behauptung, daß Lévi-Strauss der führende Kopf des Strukturalismus sei, nur bedingt gültig.

27 C. Lévi-Strauss, Strukturale Anthropologie, Frankfurt/Main 1967, S. 43 ff.
28 ebd., S. 45 f.
29 ebd., S. 71 f.
30 ebd., S. 394.
31 ebd., S. 94.
32 ebd., S. 301.
33 Vgl. insbes. M. Foucault, Die Ordnung der Dinge, Frankfurt/Main 1972.
34 Vgl. insbes. L. Sebag, Marxismus und Strukturalismus, Frankfurt/Main 1967.
35 Vgl. insbes. L. Althusser, Lire le Capital I, II, Paris 1966; Für Marx, Frankfurt/Main 1968.
36 Vgl. L. Goldmann, Dialektische Untersuchungen, Neuwied 1966; Sciences humaines et philosophie, 2. Aufl., Paris 1966.
37 J. P. Sartre, Interview mit B. Pingaud, in: Alternative 54 (1967), S. 129 ff.
38 ebd., S. 132 f.
39 ebd., S. 133.
40 ebd., S. 133.
41 Vgl. unsere Darstellung der Philosophie Sartres oben S. 302 ff.
42 Zum politischen Engagement des Existentialismus in der Widerstandsbewegung vgl. R. W. Meyer, Merleau-Ponty und das Schicksal des französischen Existentialismus, in: Philos. Rundschau, 3. Bd. (1955).
43 Zur Frage der Geschichtssubjekte vgl. unten S. 624 ff.

D. Anmerkungen zu einer zeitgemäßen »Philosophie der Geschichte« Seite 595
Vorbemerkung: Der Ahistorismus als allgemeine Zeiterscheinung. Abschied von der Geschichte. Vergeschichtlichung als Reflexionshandlung Seite 595

1 J. Moltmann, Das Ende der Geschichte, in: Geschichte – Element der Zukunft (Ev. Hochschultage 1965), Tübingen 1965, S. 53.
2 Zum Begriff »Technologie« vgl. das instruktive Buch von H. Lenk, Philosophie im technologischen Zeitalter, Stuttgart 1971, dort reichhaltige Belege für den unterschiedlichen Gebrauch dieses Begriffs S. 133 ff. und S. 161 ff.
3 Zum außengelenkten Typ vergl. D. Riesman, Die einsame Masse, Hamburg 1958, S. 137 ff.
4 Eine gewisse Ausnahme bilden Werke, die – leichtverständlich geschrieben – in aktualisierender Form ferne Vergangenheit beschreiben, so zum Beispiel die Bücher von C. W. Ceram.
5 Vgl. insbesondere E. Jünger, Der Arbeiter,

Hamburg 1932; ders., An der Zeitmauer, Stuttgart 1959; ders., Vom Ende des geschichtlichen Zeitalters, in: Martin Heidegger zum 70. Geburtstag, Pfullingen 1959. Die zuletzt genannte Arbeit ist eine von R. E. Schulz besorgte Zusammenstellung der wesentlichsten geschichtsphilosophischen Äußerungen Jüngers aus »An der Zeitmauer«.
6 E. Jünger, Vom Ende des geschichtlichen Zeitalters, a.a.O., S. 329.
7 ebd., S. 311.
8 A. Gehlen, Über kulturelle Evolutionen, in: Die Philosophie und die Frage nach dem Fortschritt, hrsg. von H. Kuhn und F. Wiedmann, Meisenheim 1964, S. 220.
9 H. Freyer, Theorie des gegenwärtigen Zeitalters, Stuttgart 1961.
10 J. Habermas, Praktische Folgen des wissenschaftlich-technischen Fortschritts, in: Gesellschaft, Recht und Politik. Festschrift für W. Abendroth, Neuwied 1968, S. 121 ff.
11 Vgl. insbesondere Th. Geiger, Demokratie ohne Dogma, München 1963.
12 Vgl. W. Schulz, J. G. Fichte. Vernunft und Freiheit, Pfullingen 1962.
13 Vgl. oben S. 461 ff.

Erstes Kapitel. Die Dialektik von Macht und Ohnmacht in der Geschichte Seite 602

1 Dies Kapitel erschien in: Das Altertum und jedes neue Gute. Festschrift für W. Schadewaldt, Stuttgart 1970, S. 415 ff.
2 Vgl. unsere Analyse der Moralität in Hegels Sicht oben S. 269 ff.
3 Vgl. insbes. J. P. Sartre, Die schmutzigen Hände, in: Dramen, Hamburg 1949.
4 Vgl. insbes. A. Gehlen, Die Seele im technischen Zeitalter, Hamburg 1957; H. Marcuse, Der eindimensionale Mensch, 4. Aufl., Neuwied 1968.
5 Vgl. Plato, Politeia, Buch I.
6 Vgl. oben S. 563 f.
7 Fichte, Die Bestimmung des Menschen, insbes. Buch II.
8 Descartes, Discours de la Méthode, insbes. 6. Teil.
9 Vgl. zu diesem Sachverhalt das vorausgehende Kapitel, insbes., S.598 f.
10 Th. Geiger, a.a.O., S. 324 ff.
11 Vgl. K. Steinbuch, Falsch programmiert, Stuttgart 1968.
12 Zum Problem der Rationalisierung der Politik vgl. unten S. 813 ff.
13 Vgl. L. A. Coser, Theorie sozialer Konflikte, Neuwied 1966; R. Dahrendorf, Pfade aus Utopia, München 1967.

14 Fr. Jonas, Technik als Ideologie, in: Tendenzen im technischen Zeitalter, hrsg. von H. Freyer, Düsseldorf 1965, S. 134.
15 Vgl. unten S. 743 ff.
16 Vgl. M. Heidegger, Sein und Zeit, § 72 ff.

Zweites Kapitel. Die Frage nach dem Sinn der Geschichte Seite 610

1 Vgl. unten S. 614 ff.
2 M. Heidegger, Sein und Zeit, S. 151.
3 ebd., S. 151.
4 Zum Problem der Sinngebung in der Geschichte vgl. Th. Lessing, Geschichte als Sinngebung des Sinnlosen, Hamburg 1966.
5 Vgl. M. Heidegger, Was ist Metaphysik? in: Wegmarken, Frankfurt/Main 1967, S. 1 ff.

Drittes Kapitel. Zur Revision der gegenwärtigen Geschichtswissenschaft Seite 614

1 Vgl. unsere Ausführungen über Ranke und Droysen oben S. 511 ff.
2 H. Heimpel, Der Mensch in seiner Gegenwart, 2. Aufl., Göttingen 1957, S. 214.
3 ebd., S. 220.
4 Wir nennen hier nur beispielhaft die Arbeiten von H. Heimpel, Kapitulation vor der Geschichte, 3. Aufl., Göttingen 1960; ders., Der Mensch in seiner Gegenwart, 2. Aufl., 1957; A. Heuss, Zur Theorie der Weltgeschichte, Berlin 1968; ders., Verlust der Geschichte, Göttingen 1959; Th. Schieder, Geschichte als Wissenschaft, München 1965; F. Wagner, Moderne Geschichtsschreibung, Berlin 1960; ders., Der Historiker und die Weltgeschichte, Freiburg 1965; R. Wittram, Das Interesse an der Geschichte, 3. Aufl., Göttingen 1968; ders., Anspruch und Fragwürdigkeit der Geschichte, Göttingen 1969.
5 R. Wittram, Das Interesse an der Geschichte, S. 23.
6 Zum soziologischen Rollenbegriff vgl. oben S. 194 ff.
7 Vgl. unten S. 816 f.
8 Vgl. A. Heuss, Zur Theorie der Weltgeschichte, insbes. S. 27 ff.
9 R. Wittram, a.a.O., S. 125.
10 K. E. Faber, Theorie der Geschichtswissenschaft, München 1971; dort S. 221 ff. ein ausführliches Literaturverzeichnis der wichtigsten gegenwärtigen Arbeiten zur wissenschaftstheoretischen Begründung der Historie.
11 ebd., S. 22.
12 ebd., S. 35.

13 ebd., S. 39.
14 ebd., S. 43.
15 ebd., S. 86.
16 ebd., S. 206.
17 ebd., S. 207.
18 ebd., S. 208.
19 ebd., S. 210.
20 ebd., S. 219.
21 ebd., S. 217 f.
22 ebd., S. 218.
23 ebd., S. 220.

Viertes Kapitel. Die Menschheit als werdendes Subjekt der Geschichte Seite 624
1 Zum Problem der Menschheit unter ethichem Aspekt vgl. unten S. 740 ff.
2 Vgl. unsere Analysen von Hegels Geschichtsphilosophie oben S. 494 ff.
3 Vgl. unsere Analyse des Begriffs der Ordnung unten S. 727 ff.
4 Daß eine Situationsanalyse der geschichtlichen Verhältnisse vom jeweiligen Gegenwartsstandpunkt her nur relative Gültigkeit beanspruchen kann, haben wir mehrfach betont.
5 Vgl. unten S. 816 f.
6 Vgl. die Bergedorfer Tagung vom 21. 11. 1966, auf der C. F. v. Weizsäcker ein Referat unter dem Titel hielt: »Ist der Weltfriede unvermeidbar?«; Bergedorfer Gespräche, 24. Tagung (1966).
7 Zur Problematik der Protestaktionen der Intellektuellen vgl. unten S. 665 ff.
8 Die Linke antwortet Jürgen Habermas, Frankfurt/Main 1968, S. 39.

Fünfter Teil. Verantwortung
Zur Gliederung Seite 630
1 Zur sprachanalytischen Ethik vgl. oben S. 76 ff. und zur Logik des moralischen Argumentierens unten S. 644 ff.
2 Vgl. unten S. 641 f.
3 Vgl. unten S. 651 ff.
4 A. Schweitzer, Kultur und Ethik, München 1923, S. 21.
5 ebd., S. 234.
6 ebd., S. 232.

A. Das Problem der Ethik in der Tradition Seite 635
1 Vgl. oben S. 88 ff., 253 ff., 339 ff.
2 Eine problemgeschichtlich zureichende Darstellung der abendländischen Ethik gibt es zur Zeit nicht. Das gründliche und umfassende Werk von F. Jodl, Geschichte der Ethik als philosophischer Wissenschaft, (4. Aufl., Stuttgart 1930) ist veraltet. Gut orientierend sind die im »Handbuch für Philosophie« (3. Bd., München 1927) erschienenen Zusammenfassungen von E. Howald, Ethik des Altertums; A. Dempf, Ethik des Mittelalters; Th. Litt, Ethik der Neuzeit. A. Schweitzers Werk »Kultur und Ethik« stellt die Grundlinien der Ethik sehr eindringlich und kritisch heraus; auf dies Werk sei ausdrücklich hingewiesen.
3 Vgl. oben S. 91 f.
4 Vgl. insbes. oben S. 205 ff.
5 Vgl. die instruktiven Aufsätze zur Ethik und Politik des Aristoteles von J. Ritter, jetzt gesammelt in: J. Ritter, Metaphysik und Politik. Studien zu Aristoteles und Hegel, Frankfurt/Main 1969.
6 Vgl. oben S. 148.
7 Vgl. unsere Darstellung der Philosophie von Jaspers oben S. 315 ff.
8 Vgl. oben S. 148 ff.
9 Zum Problem der Wertfreiheit in den Wissenschaften, insbesondere in der Soziologie, vgl. den vorzüglichen Sammelband: Werturteilsstreit, hrsg. von H. Albert und E. Topitsch, Darmstadt 1971.
10 Vgl. oben S. 419 ff.
11 Vgl. oben S. 457 ff.
12 Vgl. insbes. unsere Darstellung der Psychoanalyse unten S. 673 ff.
13 Zum Problem des Zusammenhangs von Ethik und Metaphysik vgl. unsere Analyse der klassischen Philosophie der Innerlichkeit oben S. 253 ff.
14 Vgl. unsere Darstellung von Spinozas Philosophie oben S. 353 ff.
15 Vgl. Descartes, Meditationes de prima philosophia, hrsg. von L. Gaebe, Hamburg 1959, S. 101 ff.
16 Vgl. unsere Darstellung der Bestimmung des Verhältnisses von Staat und Gesellschaft bei Hegel unten S. 804 ff
17 Vgl. oben S. 198 f.
18 Zum Ideologieproblem vgl. E. Topitsch, Sozialphilosophie zwischen Ideologie und Wissenschaft, 3. Aufl., Darmstadt 1971, insbes. den Aufsatz: Begriff und Funktion der Ideologie.
19 Vgl. unsere Analyse der Philosophie Nietzsches oben S. 408 ff.
20 Vgl. oben S. 449.

B. Zur Situation der Ethik in der Gegenwart Seite 643
Erstes Kapitel. Die gegenwärtigen ethischen Grundeinstellungen Seite 643

1 Vgl. zu Heideggers Ansatz unten S. 709 f.
2 Vgl. oben S. 421 f.
3 Vgl. oben S. 76 ff.

4 Vgl. oben S. 163 f.
5 Vgl. oben S. 142 f.
6 P. Lorenzen, Normative Logic and Ethics, Mannheim 1969.
7 In: Hermeneutik und Dialektik. Festschrift für H. G. Gadamer, Tübingen 1970, Bd. 1, S. 57 ff.
8 ebd., S. 66.
9 Vgl. unten S. 748 f.
10 O. Schwemmer, Philosophie der Praxis, Frankfurt/Main 1971, S. 243.
11 ebd., S. 220.
12 Vgl. H. G. Gadamer in: Hermeneutik und Ideologiekritik, hrsg. von J. Habermas, Frankfurt/Main 1971, S. 341.
13 Zu Fichtes Analyse der Freiheit vgl. unten S. 706 ff.
14 J. Habermas, Erkenntnis und Interesse, Frankfurt/Main 1968, S. 255 und S. 258.
15 ebd., S. 350.
16 Vgl. J. Habermas, Erkenntnis und Interesse, in: J. Habermas, Technik und Wissenschaft als »Ideologie«, Frankfurt/Main 1968, S. 158 ff.
17 Vgl. Th. W. Adorno, Negative Dialektik, Frankfurt/Main 1966.
18 ebd., S. 15.
19 ebd., S. 292.
20 ebd., S. 228.
21 Th. W. Adorno, in: Hess. Hochschulwochen für staatswissenschaftliche Fortbildung, 17. Bd., Bad Homburg 1968, S. 184.
22 Vgl. Th. Geiger, Demokratie ohne Dogma?, München 1963, S. 35 ff.
23 R. F. Behrendt, Zwischen Anarchie und neuen Ordnungen, Freiburg 1967, S. 289.
24 Bulletin des Fränkischen Kreises, hrsg. von F. P. Schneider, Nr. 123 (Juli 1969), S. 11.
25 Fr. Jonas, Technik als Ideologie, in: Technik im technischen Zeitalter, hrsg. von H. Freyer, Düsseldorf 1965, S. 282.
26 H. v. Hentig, in: Mögliche und wünschbare Zukünfte, Bergedorfer Gespräche, 31. Tagung (1968), S. 47.
27 Fichte, Von den Pflichten der Gelehrten (Jenaer Vorlesung 1794/95), hrsg. von R. Lauth, Hamburg 1971.
28 ebd., S. 16.
29 Vgl. oben S. 328 ff.
30 Fichte, Deduzierter Plan einer in Berlin zu errichtenden höheren Lehranstalt, in: Die Idee der deutschen Universität. Die fünf Grundschriften zur Zeit ihrer Neugründung durch klassischen Idealismus und romantischen Realismus, Darmstadt 1956, S. 139.
31 ebd., S. 138.
32 Fichte, Von den Pflichten der Gelehrten, S. 30.
33 ebd., S. 30.
34 H. Schelsky, Einsamkeit und Freiheit, Schriften der Gesellschaft zur Förderung der Westfälischen Wilhelms-Universität zu Münster, Heft 45 (Münster 1960), S. 30. Vgl. auch das gleichnamige Buch Schelskys, Hamburg 1963.
35 Diese Äußerung ist das sinngemäß wiedergegebene Zitat eines Industriellen bei einem Bergedorfer Gespräch.
36 Vgl. H. Albert, Traktat über kritische Vernunft, Tübingen 1968; ders., Plädoyer für kritischen Rationalismus, München 1971.
37 G. Neuweiler in: Die Biologie als technische Weltmacht, Bergedorfer Gespräche, 32. Tagung (1969), S. 23.
38 G. Neuweiler, a.a.O., S. 38.
39 W. Wieser, a.a.O., S. 35.
40 F. Cramer, a.a.O., S. 35.
41 G. Böhme, a.a.O., S. 53.
42 G. Böhme, a.a.O., S. 53.
43 H. Tuppy, a.a.O., S. 25.
44 H. Pommer, a.a.O., S. 33.
45 H. Bastian in: Information und Kommunikation, hrsg. von S. Moser, München 1967, S. 185.
46 Vgl. insbes. oben S. 179 ff.
47 Vgl. unten S. 693 ff.
48 O. F. Bollnow hat die Struktur der »Einfachen Sittlichkeit« eindringlich herausgearbeitet; vgl. insbes. O. F. Bollnow, Wesen und Wandel der Tugenden, Frankfurt/Main 1958; ders., Einfache Sittlichkeit, 3. Aufl., Göttingen 1962; ders., Maß und Vermessenheit des Menschen, Göttingen 1962.
49 Vgl. insbes. oben S. 625 ff.

Zweites Kapitel. Die Protestaktionen der Intellektuellen Seite 665

1 Vgl. Die Wiedertäufer der Wohlstandsgesellschaft, hrsg. von E. K. Scheuch, Köln 1968; H. Kuhn, Jugend im Aufbruch, München 1970; G. Rohrmoser, Das Elend der Kritischen Theorie, Freiburg 1970; ders., Nietzsche und das Ende der Emanzipation, Freiburg 1971. Zur studentischen Protestaktion in bezug auf die Hochschulreform vgl. J. Habermas, Protestbewegung und Hochschulreform, Frankfurt/Main 1969.
2 Vgl. H. Marcuse, Triebstruktur und Gesellschaft, Frankfurt/Main 1965, insbes. S. 140 ff.
3 Vgl. Die Linke antwortet Jürgen Habermas. Mit Beiträgen von W. Abendroth u. a.,

Frankfurt/Main 1968, insbes. S. 155 ff.
4 H. Marcuse, a.a.O., S. 194.
5 Zur Kritik an Marcuse von seiten der Psychoanalyse vgl. insbes. E. Fromm, Analytische Sozialpsychologie und Gesellschaftstheorie, Frankfurt/Main 1970, S. 211 ff.
6 H. Marcuse, a.a.O., S. 129 ff.
7 A. Plack, Die Gesellschaft und das Böse. Eine Kritik der herrschenden Moral, München 1967, S. 317.
8 R. E. L. Masters, J. Houston, Psychedelische Kunst, München 1971, S. 121 f.
9 Vgl. oben S. 626 f.
10 Vgl. Organisationsfrage und revolutionäres Subjekt. Fragen an Herbert Marcuse, in: Kursbuch 22 (1970), S. 53.
11 ebd., S. 57.
12 Nietzsche, Kritische Gesamtausgabe, hrsg. von Colli und Montinari, Berlin 1968 ff., Abteilung IV, Bd. 3, S. 436.
13 J. Habermas, Philosophisch-politische Profile, Frankfurt/Main 1971, S. 35 f.
14 ebd., S. 36.

Drittes Kapitel. Die Psychoanalyse und ihre Auswirkungen Seite 673

1 Die folgenden Analysen sind in dankbarem Gedenken an Ludwig Binswanger geschrieben, dem der Verfasser entscheidende Hinweise nicht nur für das Verständnis der Psychoanalyse, sondern auch für die möglichen Zusammenhänge von Psychoanalyse, Anthropologie und Philosophie verdankt. – Freud wird zitiert nach: Gesammelte Werke in 18 Bänden, London 1952 ff.
2 Vgl. oben S. 399 ff.
3 S. Freud, Ges. Werke, Bd. 15, S. 86.
4 Vgl. oben S. 553 ff.
5 Freud, a.a.O., Bd. 13, S. 224.
6 Freud, a.a.O., Bd. 10, S. 272.
7 ebd., S. 291.
8 ebd., S. 211.
9 ebd., S. 215.
10 ebd., S. 215.
11 Vgl. oben S. 381 f.
12 Freud, a.a.O., Bd. 10, S. 285.
13 ebd., S. 286.
14 Vgl. den Brief an L. Binswanger vom 8. Oktober 1936, in: S. Freud, Briefe 1873–1939, Frankfurt/Main 1960, S. 424.
15 Freud, a.a.O., Bd. 10, S. 281.
16 ebd., S. 272.
17 Freud, a.a.O., Bd. 8, S. 233.
18 Freud, a.a.O., Bd. 15, S. 80.
19 Freud, a.a.O., Bd. 10, S. 161.
20 Freud, a.a.O., Bd. 13, S. 268.
21 Freud, a.a.O., Bd. 14, S. 481.
22 Freud, a.a.O., Bd. 13, S. 268 f.
23 Freud, a.a.O., Bd. 16, S. 22.
24 Freud, a.a.O., Bd. 15, S. 101.
25 Freud, a.a.O., Bd. 14, S. 506.
26 Freud, a.a.O., Bd. 13, S. 251.
27 Freud, a.a.O., Bd. 15, S. 86.
28 ebd., S. 70.
29 Freud, a.a.O., Bd. 14, S. 481.
30 ebd., S. 502.
31 Freud, a.a.O., Bd. 15, S. 73.
32 Freud, a.a.O., Bd. 13, S. 147.
33 Freud, a.a.O., Bd. 14, S. 506.
34 ebd., S. 503.
35 Freud, a.a.O., Bd. 10, S. 331 f.
36 Vgl. oben S. 681.
37 Freud, a.a.O., Bd. 14, S. 482 f.
38 Freud, a.a.O., Bd. 15, S. 85.
39 Vgl. J. Habermas, Erkenntnis und Interesse, S. 262 ff.
40 Vgl. A. Plack, Die Gesellschaft und das Böse. Plack vermeint, der nicht von äußeren Zwängen eingeschränkte Trieb könne sich selbst das Maß setzen.
41 Vgl. insbesondere A. Mitscherlich, Auf dem Wege zur vaterlosen Gesellschaft, München 1965; A. und M. Mitscherlich, Die Unfähigkeit zu trauern, München 1967. – Auf Mitscherlichs Thesen über Aggression wird weiter unten eingegangen.
42 E. Neumann, Tiefenpsychologie und neue Ethik, Zürich 1949.
43 A. Mitscherlich, Krankheit als Konflikt, Bd. 1, Frankfurt/Main 1966, S. 30.
44 ebd., S. 34.
45 Vgl. oben S. 465 ff.
46 B. F. Skinner, Science and human behavior, New York 1959, p. 35.
47 B. F. Skinner, Kritik psychoanalytischer Begriffe und Theorien, in: Logik der Sozialwissenschaften, hrsg. von E. Topitsch, Köln 1965, S. 454.
48 ebd., S. 457.
49 Vgl. F. C. Redlich, Der Gesundheitsbegriff in der Psychiatrie, in: Der Kranke in der modernen Gesellschaft, hrsg. von A. Mitscherlich, Köln 1967, S. 97.
50 ebd., S. 97.
51 F. B. Skinner, Kritik psychoanalytischer Begriffe, a.a.O., S. 462.
52 F. B. Skinner, Walden Two, deutsch: Futurum Zwei, Hamburg 1970; ders., Beyond Freedom and Dignity, New York 1971.

C. Aufriß einer zeitgemäßen Ethik Seite 698
Zur Gliederung Seite 698

1 Vgl. unten S. 854.

Erstes Kapitel. Voraussetzungen und Grundbegriffe Seite 700

1 Vgl. Plato, Apologie und Kriton.
2 Vgl. H. G. Gadamer, Über die Möglichkeit einer philosophischen Ethik, in: Sein und Ethos, Bd. I der Walberberger Studien, Mainz 1963, S. 12.
3 Descartes, Meditationes de prima philosophia, hrsg. von L. Gäbe, Hamburg 1960, S. 3 ff.
4 Vgl. D. Henrich, Der Begriff der sittlichen Einsicht und Kants Lehre vom Faktum der Vernunft, in: Die Gegenwart der Griechen im neueren Denken. Festschrift für H. G. Gadamer zum 60. Geburtstag, hrsg. v. D. Henrich u. a., Tübingen 1960, S. 77 ff.
5 O. Schwemmer, Philosophie der Praxis, S. 241 f.
6 Vgl. zur Problematik der sprachanalytischen Ethik oben S. 76 ff.
7 Die gegenwärtigen Versuche, Anthropologie, Ethik und Politik zur praktischen Philosophie zusammenzuschließen, sind nur sinnvoll, wenn sie bei der Erörterung der menschlichen Handlungsproblematik von vornherein die Tatsache, daß der Mensch ein sich verstehendes Wesen ist, berücksichtigen. – Der soeben erschienene Sammelband: Rehabilitierung der praktischen Philosophie, hrsg. von M. Riedel, Freiburg 1972, konnte leider hier nicht mehr berücksichtigt werden.
8 Vgl. unsere kritischen Bemerkungen zum Ansatz der Anthropologie oben S. 458 ff.
9 Daß der Appell an den Einzelnen auf dessen Einsatz für das Konkret-Allgemeine abzielt, werden wir wiederholt herauszuarbeiten suchen.
10 Zum Zusammenhang von Selbstbewußtsein und Rechenschaftsabgabe bei Sokrates vgl. H. Kuhn, Sokrates, 2. Aufl., München 1959.
11 Vgl. W. Schulz, J. G. Fichte, Vernunft und Freiheit, Pfullingen 1962.
12 Vgl. oben S. 328 ff.
13 Fichte, S.W., Bd. 1, S. 433.
14 ebd., S. 433 f.
15 Zum Problem des Determinismus vgl. unsere Ausführungen über die Dialektik von Freiheit und Unfreiheit unten S. 752 ff.
16 Diese Aussage, die hier sinngemäß wiedergegeben wird, fiel auf einer Tagung über das Thema »Schuld und Verantwortlichkeit«, die die Deutsche Richterakademie in Lübeck am 30. April 1969 abhielt.
17 Zu Kierkegaards existenzphilosophischem Ansatz vgl. oben S. 276 ff.
18 Zu Heideggers transzendentalphilosophischer Analyse des menschlichen Daseins vgl. oben S. 291 ff.
19 M. Heidegger, Sein und Zeit, S. 295.
20 ebd., S. 298.
21 Kierkegaard versteht den Akt der Selbstwahl in Analogie zum Akt der Bekehrung, der den Menschen im Ganzen seines Seins umwandelt.
22 Zum Begriff der Verantwortung vgl. W. Weischedel, Vom Wesen der Verantwortung, 2. Aufl., Frankfurt/Main 1958; R. Ingarden, Über die Verantwortung, Stuttgart 1970; G. Picht, Wahrheit, Vernunft, Verantwortung, Stuttgart 1969.
23 Hegel, Grundlinien der Philosophie des Rechts, § 117.
24 ebd., § 284.
25 Vgl. die in Anmerkung 22 genannte Arbeit von G. Picht, a.a.O., S. 318 ff.
26 Von der Bestimmung »Verantwortung« her zeigt sich, daß die Verrechnung, wie sie den Vertragstheorien zugrunde liegt, keine Fundierung der Ethik darstellen kann. Zum Problem der Vertragstheorien vgl. unten S. 733 ff.
27 Vgl. zur Ethik des Bezuges M. Theunissen, Der Andere, Berlin 1965; H. H. Schrey, Das dialogische Denken, Darmstadt 1970.
28 Vgl. zu Feuerbachs Anthropologie oben S. 371 ff.
29 Vgl. W. Schulz, Die Vollendung des deutschen Idealismus in der Spätphilosophie Schellings, S. 236.
30 Vgl. insbes. F. Gogarten, Ich glaube an den dreieinigen Gott, Jena 1926; ders., Glaube und Wirklichkeit, Jena 1928; ders., Der Mensch zwischen Gott und Welt, Stuttgart 1956.
31 M. Buber, Die Schriften über das dialogische Prinzip, Heidelberg 1954, S. 7.
32 ebd., S. 37.
33 ebd., S. 37.
34 Zu M. Webers soziologischem Ansatz vgl. oben S. 154 ff.
35 Vgl. K. Jaspers, M. Weber, Oldenburg 1932, besonders S. 31 ff.
36 M. Weber, Ges. Politische Schriften, 2. Aufl., Tübingen 1958, S. 546.
37 Vgl. zu Webers Konzeption der Politik Chr. v. Ferber, Die Gewalt in der Politik. Eine Auseinandersetzung mit Max Weber, Stuttgart 1970.
38 M. Weber, a.a.O., S. 538.
39 ebd., S. 540.
40 ebd., S. 540.
41 ebd., S. 545.
42 ebd., S. 547.

Zweites Kapitel. Gut und Böse Seite 718

1 Vgl. oben S. 647 ff.
2 Eine knappe, aber instruktive Orientierung über die heute maßgebenden Interpretationen des Bösen bietet das von G. Zacharias herausgegebene Buch »Das Böse« (München 1972). Das Böse wird hier unter religionsgeschichtlichen, ethnologischen, biologischen und sozialpsychologischen Aspekten thematisiert; der ethisch-moralische Gesichtspunkt wird nicht diskutiert. Diese Ausklammerung der ethisch-moralischen Fragestellung, die dem Geist der Verwissenschaftlichung entspricht, scheint uns verhängnisvoll, insofern hier Aufklärung und Rationalisierung als die einzig legitimen Möglichkeiten einer Überwindung des Bösen erscheinen. – Vgl. ferner: Das Böse. Studien aus dem C. G. Jung-Institut Zürich, Bd. 13, Zürich 1961; Gut und Böse in der Psychotherapie, hrsg. von W. Bitter, Stuttgart 1959; P. Ricoeur, Phänomenologie der Schuld, 2 Bde., Freiburg 1971 f.
3 Zur Auslegung der Aggression vgl. unten S. 765 ff.
4 Vgl. unsere Interpretation der Daseinsanalytik Heideggers oben S. 291 ff.
5 Zum Gegensatz von Gerechtigkeit und Ungerechtigkeit als Ursprung der platonischen Politeia vgl. H. G. Gadamer, Platos Staat der Erziehung, in: H. G. Gadamer, Platos dialektische Ethik, 2. Aufl., Hamburg 1968, S. 205 ff.
6 Zur Problematik der Vertragstheorie vgl. unten S. 733 ff.
7 Vgl. Leibniz, Die Theodizee, hrsg. v. M. Stockhammer, Hamburg 1968, S. 287 ff.
8 Vgl. unten S. 765 ff.
9 Vgl. unsere Ausführungen über die Dialektik der Freiheit unten S. 752 ff.
10 Vgl. oben S. 388 ff.
11 Vgl. oben S. 706 ff.
12 Zur Einordnung der Anthropologie Kants in das Ganze seiner Philosophie vgl. G. Krüger, Philosophie und Moral in der kantischen Kritik, Tübingen 1931; J. Schwartländer, Der Mensch ist Person, Stuttgart 1968.
13 Vgl. unsere Analyse der Triebproblematik bei Fichte oben S. 381 f.
14 Vgl. Fichte, S.W., Bd. 2, S. 259.
15 Zu Schopenhauers Kennzeichnung der Grausamkeit vgl. oben S. 403.
16 A. Gehlen, Moral und Hypermoral, Frankfurt/Main 1969, S. 184.
17 Vgl. Kant, Die Religion innerhalb der Grenzen der bloßen Vernunft, hrsg. von K. Vorländer, Hamburg 1966, S. 30.
18 Vgl. oben S. 377 ff. – Zu Schellings Freiheitsschrift, in der die Frage nach dem Ursprung des Bösen thematisiert wird, ist jetzt zu vergleichen M. Heidegger, Schellings Abhandlung über das Wesen der menschlichen Freiheit (1809), Tübingen 1971.
19 Vgl. Schelling, S.W., Bd. 7, S. 468.
20 Vgl. W. Schulz, Das Problem der Angst in der neueren Philosophie, in: Aspekte der Angst, hrsg. von H. v. Ditfurth, Stuttgart 1965, S. 7.
21 Vgl. Schopenhauer, S.W., Bd. 10, S. 510 f.
22 Vgl. S. Freud, Ges. Werke, Bd. 14, S. 506.
23 Hegel, Grundlinien der Philosophie des Rechts, § 139.
24 Vgl. H. Kuhn, Sokrates, 2. Aufl., München 1959.
25 Vgl. W. Schulz, Das Problem der Aporie in den Tugenddialogen Platos, in: Die Gegenwart der Griechen im neueren Denken. Festschrift für H. G. Gadamer, hrsg. von D. Henrich, Tübingen 1960, S. 272 ff.
26 W. Dilthey, Ges. Schriften, Bd. 10, S. 98.
27 ebd., S. 99.
28 Hegel, Grundlinien der Philosophie des Rechts, § 142.
29 Kierkegaard, Der Begriff »Angst«, übersetzt von L. Richter, Hamburg 1960, S. 102.
30 ebd., S. 102 f.
31 Vgl. zum Problem der »Dunkelheit« des bösen Handelns G. Krüger, Philosophie und Moral in der Kantischen Kritik, Tübingen 1931, insbes. S. 210 ff.
32 Kierkegaard, a.a.O., S. 108 ff.
33 Vgl. W. Schulz, Die Vollendung des deutschen Idealismus in der Spätphilosophie Schellings, S. 249 ff.
34 Hegel, Theologische Jugendschriften, hrsg. von H. Nohl, Tübingen 1907, S. 322.
35 Vgl. unten S. 801 f.
36 I. Fetscher, Der gesellschaftliche »Naturzustand« und das Menschenbild bei Hobbes, Pufendorf, Cumberland und Rousseau, in: Schmollers Jahrbuch für Gesetzgebung und Verwaltung, 80. Jg. (1960), S. 683.
37 Vgl. unsere Ausführungen zur Unterscheidung der Bestimmungen »Verantwortung« und »Verrechnung« oben S. 712.
38 Vgl. zu Hegels Kritik an der Moralität oben S. 269 ff.
39 Die Ausrichtung des Begriffes »Ordnung« am Handlungsbewußtsein, die unter Umständen auch die Notwendigkeit einer die Tradition negierenden Revolution einschließt, scheint uns unbedingt erfordert, wenn an-

ders man den Gedanken der Ordnung aus der Verklammerung mit der traditionellen Metaphysik herauslösen will. Wie sehr diese Verklammerung noch bis zur Gegenwart hin lebendig ist, zeigt die Tagung des Deutschen Kongresses für Philosophie über das Problem der Ordnung im Jahr 1960; vgl. Das Problem der Ordnung, hrsg. von H. Kuhn und Fr. Wiedmann, Meisenheim 1962, insbes. den Eröffnungsvortrag von H. Kuhn, Ordnung im Werden und Zerfall. – Zum Problem der Ordnung unter rechtsphilosophischem Aspekt vgl. W. Maihofer, Vom Sinn menschlicher Ordnung, Frankfurt/Main 1956.

40 Kant, Metaphysik der Sitten, hrsg. von K. Vorländer, Hamburg 1966, S. 306.

Drittes Kapitel. Ethische Maximen der Gegenwart Seite 738

1 Daß dies Ausdrücklichmachen moralischer Maximen, das unter Umständen ihre Neufassung einschließt, insbesondere in Krisenzeiten notwendig ist, wird später entwickelt werden, vgl. unten S. 784 f.
2 Kant, Grundlegung zur Metaphysik der Sitten, hrsg. von K. Vorländer, Hamburg 1965, S. 54.
3 Vgl. zur Fundierung des ethischen Verhaltens im Phänomen der Anerkennung der Mitmenschen Fichte, S.W., Bd. 2, S. 259.
4 A. Schweitzer, Kultur und Ethik, München 1958, S. 227.
5 ebd., S. 231.
6 ebd., S. 234.
7 Vgl. zu Schweitzers ethischer Grundformel »Ehrfurcht vor dem Leben«, die auch das Verhalten zu den Tieren einschließt, O. Spear, Kein Vorrecht auf Glück und auf Rang, Albert-Schweitzer-Reflexionen, in: Universitas, 27. Jg. (1972), S. 299 ff.
8 Vgl. insbes. unsere Erörterung des Aggressionsproblems unten S. 765 ff.
9 Vgl. A. Gehlen, Moral und Hypermoral, Frankfurt/Main 1969. – Gehlen wertet die »Erweiterung« im ethischen Bereich weithin negativ; so ist die Erweiterung als Übergang vom Familienethos zum Humanitarismus ein Verfallszeichen.
10 Vgl. oben S. 624 ff.
11 Vgl. oben S. 727 ff.
12 Zu Nietzsches Analyse der »christlich-bürgerlichen Durchschnittstugend« vgl. insbes. Nietzsche, Zur Genealogie der Moral, Werke, hrsg. von K. Schlechta, Bd. 2, S. 782 ff.
13 Die Entwicklung der bürgerlichen Moral vollzieht sich in den einzelnen Kulturstaaten natürlich nicht nur in unterschiedlicher Form, sondern auch mit unterschiedlicher geschichtlicher Intensität. Zur deutschen Situation vgl. H. Plessner, Die verspätete Nation, Stuttgart 1959.
14 A. Schweitzer, a.a.O., S. 74.
15 Vgl. oben S. 362.
16 Die Beachtung dieses Sachverhalts erscheint uns für die Diskussion ethischer Maximen unerläßlich, wenn anders die Ethik wirklich den konkreten Menschen treffen will.
17 Der Ausdruck »weltanschauliche Bedürfnisse« kommt erst innerhalb einer pluralistischen liberalen Gesellschaft auf, die eine allgemeine verpflichtende metaphysische Ethik nicht mehr kennt.
18 Daß die Auswahl der hohen Werte weithin klassenbedingt oder – neutraler gesagt – gruppenspezifisch ist, hat der Marxismus und in seiner Nachfolge die sogenannte »Wissenssoziologie« herausgestellt. Vgl. K. Mannheim, Wissenssoziologie, 2. Aufl., Darmstadt 1970, insbes. den Aufsatz »Ideologische und soziologische Interpretationen der geistigen Gebilde«.
19 Diesen Gedanken hat Aristoteles in seiner Ethik herausgestellt, insofern er das Erstreben des Guten mit der Verwirklichung des geglückten Lebens in eins setzt. Vgl. dazu den ausgezeichneten Aufsatz über die Ethik des Aristoteles von W. Szilasi, in: W. Szilasi, Macht und Ohnmacht des Geistes, Freiburg 1946, S. 107 ff.
20 Vgl. zum Zusammenhang von Wissenschaft, Ethik und Politik unter dem Aspekt der Planung H. Lübbe, Theorie und Entscheidung, Studien zum Primat der praktischen Vernunft, Freiburg 1971; H. Lenk, Erklärung – Prognose – Planung, Freiburg 1972; H. Sachsse, Technik und Verantwortung. Probleme der Ethik im technischen Zeitalter, Freiburg 1972.
21 Vgl. unsere Ausführungen über die Freiheit als rationales Entscheidenkönnen oben S. 651 ff.

Viertes Kapitel. Instanzen der Ethik Seite 748

1 Vgl. oben S. 635 ff.
2 Wenn hier Vernunft und Mitleid trotz ihrer »Gegensätzlichkeit« als gleichberechtigte Instanzen der Ethik herausgestellt werden, so gründet dies in der Überzeugung, daß es heute nicht angeht, die Ethik von eindeuti-

gen absoluten Prinzipien her zu fundieren.
3 Hegel, Grundlinien der Philosophie des Rechts, § 137.
4 Daß das Gewissen »letzte Instanz« ist, haben die Existenzphilosophen – insbesondere Jaspers – mit Recht herausgestellt. – Eine völlig andere Auslegung des Gewissens legt N. Luhmann vor, der das Gewissen als soziale Entlastungsfunktion innerhalb nicht mehr intakter Gesellschaften interpretiert; vgl. N. Luhmann, Die Gewissensfreiheit und das Gewissen, in: Archiv für öffentl. Recht, 90. Bd. (1965), S. 257 ff.
5 Kant, Grundlegung zur Metaphysik der Sitten, S. 35.
6 Die verschiedenen, psychologisch außerordentlich interessanten, aber zum Teil widersprüchlichen Aspekte, unter denen Nietzsche das Mitleid thematisiert, bedürften einer gesonderten Untersuchung. – Zur zweideutigen Bewertung der Moral überhaupt bei Nietzsche vgl. K. Jaspers, Nietzsche, Berlin 1950, S. 136 ff.
7 Nietzsche, Werke (Großoktavausgabe), Bd. 8, S. 143.
8 Vgl. oben S. 406 f.
9 Zum Begriff der Ferntugend vgl. A. Gehlen, Studien zur Anthropologie und Soziologie, Neuwied 1963, S. 327 f. Gehlen spricht von einem faktischen Gefühl der Verantwortung für abstrakte Partner.
10 Daß der allgemeine Wille zu helfen kein konstitutives, sondern ein regulatives Prinzip der Ethik ist, ist offensichtlich. Als solches ist er jedoch notwendig, denn die zunächst auf technischem Wege herbeigeführte Weltverzahnung hat nicht nur politische, sondern auch ethische Konsequenzen. Sie erfordert als moralisches Handlungsäquivalent das Bewußtsein universaler Verantwortung.

Fünftes Kapitel. Die Dialektik von Freiheit und Unfreiheit als Grundproblem der Ethik. Zum Verhältnis von Ethik und Wissenschaft Seite 752

1 Vgl. unsere Ausführungen über Kants Anthropologie und Ethik oben S. 356 ff.
2 Als Beispiel für die Problematik der Beurteilung pathologischer Fälle sei auf den Prozeß gegen den Sexualstraftäter J. Bartsch in Münster im Jahr 1967 hingewiesen. Vgl. das Vorwort von G. Mauz zu: P. Moor, Die psychosexuelle Selbstbiographie des Jürgen Bartsch, Frankfurt/Main 1972.
3 Zum Problem der Beurteilung der Grenzen der Verantwortung vgl. W. Schulz, Wandlungen der Begriffe »Schuld« und »Verantwortung«, in: Jahrbuch für Psychologie und Psychotherapie, 16. Jg. (1968), S. 196 ff.
4 Vgl. zu Fichte oben S. 706 ff.
5 Vgl. oben S. 723.
6 Pascal, Pensées, Erste Abteilung, 4. Artikel, Nr. 6.
7 Zur Problematik der »Entschuldigung« vgl. auch unsere Ausführungen über die Wirkungen der Psychoanalyse auf das allgemeine Bewußtsein oben S. 687 ff.
8 Zur Problematik der Maßstäbe der Wissenschaft vgl. auch unten S. 779 f.
9 Kant, Metaphysik der Sitten, hrsg. von K. Vorländer, Hamburg 1966, S. 21. Zu Kants und Hegels Strafrechtstheorie vgl. U. Klug, Phänomenologische Aspekte der Strafrechtsphilosophie von Kant und Hegel, in: Phänomenologie, Rechtsphilosophie, Jurisprudenz, Festschrift für G. Husserl zum 75. Geburtstag, Frankfurt/Main 1969, S. 212 ff.
10 Kant, a.a.O., S. 35.
11 ebd., S. 158.
12 ebd., S. 163.
13 ebd., S. 161.
14 Vgl. Hegel, Grundlinien der Philosophie des Rechts, insbes. § 99 ff.
15 Zur Einführung in die Problematik einer metaphysischen Fundierung des Rechts vgl. Die ontologische Begründung des Rechts, hrsg. von A. Kaufmann, Darmstadt 1965; Naturrecht oder Rechtspositivismus?, hrsg. von W. Maihofer, 2. Aufl., Darmstadt 1972.
16 Vgl. zum Zusammenhang von Ethik und Strafe P. Noll, Die ethische Begründung der Strafe, Tübingen 1962.
17 K. Engisch, Die Lehre von der Willensfreiheit in der strafrechtsphilosophischen Doktrin der Gegenwart, 2. Aufl., Berlin 1965.
18 ebd., S. 65.
19 ebd., S. 65.
20 ebd., S. 65.
21 Alternativ-Entwurf eines Strafgesetzbuches. Allgemeiner Teil. 2. Aufl., hrsg. von J. Baumann u. a., Tübingen 1969; Programm für ein neues Strafgesetzbuch, hrsg. von J. Baumann, Frankfurt/Main 1968; Mißlingt die Strafrechtsreform?, hrsg. von J. Baumann, Neuwied 1969; Jürgen Baumann, Weitere Streitschriften zur Strafrechtsreform, Bielefeld 1969.
22 Mißlingt die Strafrechtsreform?, S. 8.
23 ebd., S. 9.
24 Vgl. M. Melzer, Die neue Sozialverteidigung und die deutsche Strafrechtsreform, Tübingen 1970.
25 Mißlingt die Strafrechtsreform?, S. 13.

26 ebd., S. 44.
27 ebd., S. 44.
28 ebd., S. 103.
29 Vgl. zu Hegels Auslegung des lebendigen Guten und des Lebens als der Vereinigung und Versöhnung des Getrennten und Verfeindeten Theol. Jugendschriften, hrsg. von H. Nohl, Tübingen 1907, insbes. Der Geist des Christentums und sein Schicksal.
30 P. Bockelmann, Schuld, Schicksal und Verantwortung des Menschen, hrsg. von der Stadt Goslar 1966 (als Manuskript gedruckt), S. 33; vgl. auch P. Bockelmann, Schuld und Sühne, 2. Aufl., München 1958.
31 Vgl. W. Schulz, Wandlungen der Begriffe »Schuld« und »Verantwortung«, in: Jahrbuch für Psychologie und Psychotherapie, 16. Jg. (1968), S. 196 ff.
32 Vgl. Zur Problematik der Urteile des Bundesgerichtshofs W. Weischedel, Recht und Ethik. Zur Anwendung ethischer Prinzipien in der Rechtssprechung des Bundesgerichtshofs, in: Wilhelm Weischedel, Wirklichkeit und Wirklichkeiten, Berlin 1960, S. 230 ff.
33 E. Naegeli, Das Böse und das Strafrecht, München o. J., S. 91.
34 Auf den sehr instruktiven Sammelband: Rechtstheorie. Beiträge zur Grundlagendiskussion, hrsg. von G. Jahr und W. Maihofer, Frankfurt/Main 1972, kann hier nur noch hingewiesen werden. Dies Buch zeigt, daß die Frage nach dem Wesen und der Funktion des Rechts immer mehr von wissenschaftstheoretischen und methodologischen Gesichtspunkten her angegangen wird. Man versucht, die Rechtstheorie als Systemtheorie zu entwickeln, sie mit Hilfe einer deduktiv-axiomatischen Methode zu konstruieren, sie als deontische Logik aufzubauen, oder sie gar durch eine Protojuridik, die in Analogie zur Protophysik steht, zu fundieren. Daß von diesen Grundlagendiskussionen kaum ein unmittelbarer Zugang zu den oben entwickelten praktischen Fragestellungen möglich ist, wird man wohl nicht abstreiten dürfen. Es wäre zudem zu fragen, ob eine Vermittlung oder ein Ausgleich zwischen diesen verschiedenen Ansätzen überhaupt möglich ist, vgl. dazu die Schlußbemerkung zu diesem Werk von W. Maihofer: Die Rechtstheorie als Grundlagenwissenschaft der Rechtswissenschaft. – Zur wissenschaftstheoretischen Diskussion der Strafrechtsproblematik vgl. E. v. Savigny, Die Überprüfbarkeit der Strafrechtssätze, Freiburg 1967.
35 H. Kunz gibt eine ausführliche Bibliographie zum Aggressionsproblem in dem Sammelband: Bis hierher und nicht weiter. Ist die menschliche Aggression unbefriedbar?, hrsg. von A. Mitscherlich, München 1969, S. 271 ff.; vgl. auch R. Denker, Aufklärung über Aggression, 3. Aufl., Stuttgart 1971, dort ebenfalls ausführliche Bibliographie. – Zur Friedensforschung vgl. unten S. 817 ff.
36 K. Lorenz, Über tierisches und menschliches Verhalten, Ges. Abhandlungen, Bd. 2, München 1966, S. 192.
37 K. Lorenz, Das sogenannte Böse, Wien 1963, S. 336.
38 Vgl. oben S. 381 f.
39 Vgl. Nietzsche, Werke, hrsg. von K. Schlechta, Bd. 2, S. 824 f.
40 S. Freud, Ges. Werke, Bd. 14, S. 482 f.
41 A. Plack, Die Gesellschaft und das Böse, München 1967.
42 Vgl. zu Marcuses Kritik der gegenwärtigen Gesellschaft oben S. 666 ff.
43 Vgl. N. E. Miller, R. R. Sears u. a., Die Frustrations-Aggressions-Hypothese, in: Die Motivationen menschlichen Handelns, hrsg. von H. Thomae, Köln 1965, S. 208.
44 R. Bergius in: Verstärken oder verringern sich die Bedingungen für Aggressivität?, Bergedorfer Gespräche, 33. Tagung (1969), S. 23.
45 ebd., S. 24.
46 A. Plack, a.a.O., S. 25 ff.
47 A. Mitscherlich, Aggression und Anpassung, in: Aggression und Anpassung in der Industriegesellschaft, Frankfurt/Main 1968, S. 83.
48 ebd., S. 83.
49 ebd., S. 90.
50 ebd., S. 102.
51 ebd., S. 114.
52 H. Kunz, a.a.O., S. 260.
53 Vgl. oben S. 458 f.
54 Vgl. H. Marcuse, Aggressivität in der gegenwärtigen Industriegesellschaft, in: Aggression und Anpassung in der Industriegesellschaft, S. 7 ff.
55 H. Kunz, a.a.O., S. 260.
56 Vgl. oben S. 732 ff.
57 Vgl. auch A. Mitscherlich, Die Idee des Friedens und die menschliche Aggressivität, Frankfurt/Main 1969.
58 Vgl. oben S. 693 ff.
59 Zur Aggression verdammt?, hrsg. von H. Selg, Stuttgart 1971.
60 ebd., S. 55.
61 Vgl. ebd., S. 57.
62 ebd., S. 58.
63 ebd., S. 150.
64 ebd., S. 119 ff.
65 ebd., S. 120.

66 ebd., S. 130.
67 ebd., S. 130.
68 ebd., S. 135.
69 Vgl. oben S. 109 ff. und S. 194 ff.
70 Zur Aggression verdammt?, S. 146.
71 ebd., S. 149.
72 ebd., S. 154.
73 N. Chomsky, Amerika und die neuen Mandarine, Frankfurt/Main 1969; ders., Die Verantwortung der Intellektuellen, Frankfurt/Main 1971.
74 N. Chomsky, Die Verantwortung der Intellektuellen, S. 45.
75 G. Szczesny, Das sogenannte Gute, Hamburg 1971.
76 ebd., S. 74.

Sechstes Kapitel. Sittlichkeit und Moralität. Kleingruppen und Großgruppen. Nahhorizont und Fernhorizont Seite 781

1 Vgl. oben S. 253 ff.
2 H. G. Gadamer, Über die Möglichkeit einer philosophischen Ethik, in: Sein und Ethos, Bd. 1 der Walberberger Studien, Mainz 1963, S. 21.
3 ebd., S. 21.
4 Vgl. zu Aristoteles' und Hegels Staatsphilosophie J. Ritter, Metaphysik und Politik. Studien zu Aristoteles und Hegel, Frankfurt/Main 1969.
5 H. G. Gadamer, a.a.O., S. 23.
6 Fichte, S. W., Bd. 7, S. 7.
7 In: Die Biologie als technische Weltmacht, Bergedorfer Gespräche, 32. Tagung (1969), S. 33.
8 Zitiert nach A. Mitscherlich, Die Idee des Friedens und die menschliche Aggressivität, S. 134 f.
9 F. Tönnies, Gemeinschaft und Gesellschaft, 3. Aufl., Darmstadt 1972.
10 Th. Geiger, Demokratie ohne Dogma, München 1963, S. 39.
11 Auch die sogenannte Gruppentherapie ist nicht von der Alternative: Organisation oder Nichtorganisation her zu erfassen. Zur Gruppentherapie vgl. H. E. Richter, Die Gruppe. Hoffnung auf einen neuen Weg, sich selbst und andere zu befreien, Hamburg 1971.
12 Vgl. G. C. Homans, Theorie der sozialen Gruppen, 2. Aufl., Köln 1965.
13 Vgl. oben S. 179 ff., 243 ff.
14 H. G. Gadamer, Wahrheit und Methode, S. 286.

Siebentes Kapitel. Zur Ethik im Nahhorizont Seite 791

1 Der relative Dauerkontakt muß als wesentliches Merkmal des Verhaltens im Nahhorizont herausgestellt werden im Unterschied zu Formen der »Einfachen Sittlichkeit«, die sich auch in zufälligen und schnell vorübergehenden Begegnungen als bestimmend zeigen. Zur »Einfachen Sittlichkeit« vgl. die oben genannten Arbeiten O. F. Bollnows.
2 Vgl. unsere Analyse der Bestimmung des »Zwischen« bei Buber oben S. 713 f.
3 Diese Dialektik ist für den sittlichen Umgang in der Kleingruppe entscheidend, nur von ihr her zeigt sich der Unterschied zum »Verrechnen auf Gegenseitigkeit«.
4 Vgl. zur Dialektik von Entzweiung und Versöhnung Hegel, Theologische Jugendschriften, S. 241 ff.
5 Vgl. zum Problem der Zwänge der Superstrukturen Gehlens Analyse der industriellen Gesellschaft, in: A. Gehlen, Die Seele im technischen Zeitalter, Hamburg 1957.
6 R. F. Behrendt, Zwischen Anarchie und neuen Ordnungen, Freiburg 1967, S. 78.
7 H. P. Bahrdt, Wege zur Soziologie, München 1966, S. 94 f. Vgl. auch H. Schelsky, Wandlungen der deutschen Familie in der Gegenwart, 3. Aufl., Stuttgart 1955.
8 Vgl. Hegel, Grundlinien der Philosophie des Rechts, § 158 ff.
9 Hegel, Enzyklopädie der philosophischen Wissenschaften, § 522.
10 Aristoteles, Nik. Ethik, Buch 8; Goethe, An den Mond.
11 Vgl. unsere Ausführungen über die ethischen Ansätze der Gegenwart oben S. 647 ff.
12 H. Klages, Soziologie zwischen Wirklichkeit und Möglichkeit, Köln 1968, S. 65 f.
13 Vgl. H. H. Schrey, Dialogisches Denken, Darmstadt 1970, S. 10 ff.
14 Vgl. zur Dialektik des Verhältnisses von Herr und Knecht Hegel, Phänomenologie des Geistes, S. 146 ff.

Achtes Kapitel. Zur Ethik im Fernhorizont Seite 798

1 Vgl. oben S. 786 ff.
2 Zur Analyse der Massengesellschaft vgl. Th. Geiger, Die Massengesellschaft der Neuzeit, in: Th. Geiger, Demokratie ohne Dogma, München 1963, S. 35 ff.
3 Vgl. Theorien des sozialen Wandels, hrsg. von W. Zapf, Köln 1969.
4 Zu Platos »Politeia« vgl. R. Maurer, Platos »Staat« und die Demokratie, Berlin 1970.
5 Zur Kritik an Plato vom kritischen Rationalismus her vgl. K. R. Popper, Die offene Gesellschaft und ihre Feinde, 1. Bd.: Der Zauber Platons, Bern 1957.

6 Vgl. oben S. 477 ff.
7 Vgl. W. Schulz, Wandlungen der Begriffe »Schuld« und »Verantwortung«, a.a.O., S. 198 ff.
8 Die Ansätze der Vertragstheorie wurden unter ethischem Aspekt bereits abgehandelt, vgl. oben S. 733 ff.
9 Durch E. Bloch ist die Erörterung der Utopie in historischer und systematischer Hinsicht zu einem philosophischen Grundthema erhoben worden. Vgl. insbes. E. Bloch, Das Prinzip Hoffnung, 36. und 37. Kapitel: Freiheit und Ordnung, Abriß der Sozialutopien; Wille und Natur, die technischen Utopien, Gesamtausgabe Bd. 5, Frankfurt/Main 1959; E. Bloch, Geist der Utopie, Gesamtausgabe Bd. 3, Frankfurt/Main 1964.
10 Th. Morus, Utopia, 31. Abschnitt: Lob der utopischen Staatsverfassung.
11 Vgl. H. Lenk, Erklärung – Prognose – Planung, Skizzen zu Brennpunktfragen der Wissenschaftstheorie, Freiburg 1971.
12 Vgl. zum Zusammenhang von Planung und Utopie G. Picht, Prognose, Utopie, Planung, Stuttgart 1967; ders., Mut zur Utopie, München 1969.
13 W. Dilthey, Ges. Schriften, Bd. 2, S. 269.
14 Fr. Meinecke, Die Idee der Staatsräson in der neueren Geschichte, 3. Aufl., München 1929.
15 G. Ritter, Machtstaat und Utopie, 2. Aufl., München 1941, S. 49; die 6. Aufl. erschien unter dem Titel »Dämonie der Macht«, München 1948.
16 Vgl. G. Ritter, a.a.O., insbes. S. 134 ff.
17 Vgl. oben S. 262 f., 268 ff., 484 ff., 508 ff.
18 Vgl. zur Rechtsphilosophie Hegels die ausgezeichneten Arbeiten von M. Riedel, Studien zu Hegels Rechtsphilosophie, 2. Aufl., Frankfurt/Main 1970; ders., Bürgerliche Gesellschaft und Staat bei Hegel, Neuwied 1970.
19 Vgl. Hegel, Grundlinien der Philosophie des Rechts, § 199 ff.
20 J. Ritter, Hegel und die französische Revolution, in: J. Ritter, Metaphysik und Politik, S. 228.
21 Vgl. oben S. 509 ff.
22 Eine vorzügliche Einführung in die moderne Politologie gibt das folgende Werk: Einführung in die moderne politische Theorie, Bd. 1 W. D. Narr, Theoriebegriffe und Systemtheorie, Bd. 2 F. Naschold, Systemsteuerung, Bd. 3 Narr-Naschold, Theorie der Demokratie, Stuttgart 1969 ff. Vgl. ferner Wissensch. Politik, hrsg. von D. Oberndörfer, 2. Aufl., Freiburg 1966; Einführung in die Politische Wissenschaft, hrsg. von W. Abendroth und K. Lenk, Bern 1968; Politikwissenschaft, hrsg. von G. Kress und D. Senghaas, Frankfurt/Main 1969; Aufgaben und Selbstverständnis der Politischen Wissenschaft, hrsg. von H. Schneider, Darmstadt 1967; K. v. Beyme, Politische Theorien der Gegenwart, München 1972.
23 Zum Zusammenhang von praktischer Philosophie und Politologie vgl. W. Hennis, Politik und praktische Philosophie. Eine Studie zur Rekonstruktion der politischen Wissenschaft, Neuwied 1963.
24 Vgl. zu diesem Problem K. v. Beyme, Interessengruppen in der Demokratie, München 1969.
25 Vgl. E. K. Scheuch, Abschied von den Eliten, in: Das 198. Jahrzehnt, hrsg. von Cl. Grossner, Hamburg 1969, S. 305 ff.
26 Vgl. unsere Analyse der Auseinandersetzung der Anhänger der Kritischen Theorie mit der analytischen Soziologie oben S. 158 ff.
27 Vgl. zur Problematik des Verhältnisses von Politik und Ethik unten S. 831 ff.
28 Vgl. zur Frage des Bezuges von Moral und Politik bei Kant den instruktiven Aufsatz von J. Habermas, Über das Verhältnis von Politik und Moral, in: Das Problem der Ordnung, hrsg. von H. Kuhn und Fr. Wiedmann, Meisenheim 1962, S. 94 ff.
29 Vgl. oben S. 752 f.
30 Hegel, Grundlinien der Philosophie des Rechts, § 340.
31 Vgl. E. Bloch, Naturrecht und menschliche Würde, Gesamtausgabe Bd. 6, Frankfurt/Main 1961.
32 R. Aron, Zukunft des Friedens, in: Das 198. Jahrzehnt, S. 163 ff.; ders., Frieden und Krieg, Frankfurt/Main 1963.
33 R. Aron, Zukunft des Friedens, a.a.O., S. 176.
34 C. F. v. Weizsäcker, Gedanken über unsere Zukunft, Göttingen 1966, S. 37.
35 Vgl. zur Eskalation H. Kahn, Eskalation. Die Politik mit der Vernichtungsspirale, Berlin 1971; D. Senghaas, Zur Pathologie des Rüstungswettlaufes, Frankfurt/Main 1970.
36 D. Senghaas, Aggressivität und Gewalt. Thesen zur Abschreckungspolitik, in: Aggression und Anpassung in der Industriegesellschaft, S. 136.
37 K. W. Deutsch, Politische Kybernetik, 2. Aufl., Freiburg 1970, S. 119.
38 Vgl. D. Senghaas, a.a.O., S. 132 ff.
39 Thukydides, Pelop. Krieg, 5, 85 ff. Vgl. dazu W. Jäger, Thukydides als politischer Denker, in: W. Jäger, Paideia, 1. Bd., Leipzig 1936, S. 479 ff.

40 F. Naschold in: »Systemsteuerung«, S. 128 ff.
41 Vgl. zur amerikanischen Politologie die oben erwähnte Einführung in die moderne politische Theorie von Narr und Naschold.
42 Vgl. K. W. Deutsch, Politische Kybernetik, 2. Aufl., Freiburg 1970, insbes. S. 233 ff. und S. 326 ff.
43 ebd., S. 335.
44 Vgl. zur Problematik der Rationalisierung der Politik H. Lübbe, Theorie und Entscheidung, Studien zum Primat der praktischen Vernunft, Freiburg 1971.
45 Vgl. oben S. 771.
46 Vgl. Friedensforschung, hrsg. von E. Krippendorf, Köln 1968; P. Menke-Glückert, Friedensstrategien, Hamburg 1969; Kritische Friedensforschung, hrsg. von D. Senghaas, Frankfurt 1971; in diesen Werken ausführliche Literaturhinweise.
47 D. Senghaas, a.a.O., S. 316.
48 Vgl. Der Krieg, hrsg. von M. Fried u. a., Frankfurt/Main 1971, S. 114, S. 208 ff.
49 Auch hier zeigt sich die des öfteren herausgestellte Problematik des Vorurteils, daß man nur mit eindeutig definierten Begriffen in der Forschung arbeiten könne.
50 S. Melman, Die Entscheidung über Krieg und Frieden, in: Der Krieg, S. 255.
51 Daß solche konkreten Beispiele nicht eindeutigen Beweischarakter tragen, insofern sie Ereignisse der Gegenwart thematisieren, wurde mehrfach betont.
52 M. Mead, Alternativen zum Krieg, in: Der Krieg, S. 235 ff.
53 Vgl. W. Brandts Rede zum Empfang des Friedensnobelpreises 1971.
54 Zum Problem der Gewaltlosigkeit vgl. Th. Ebert, Gewaltfreier Aufstand, 2. Aufl., Frankfurt/Main 1970; ders., Ziviler Widerstand. Fallstudien zur gewaltfreien direkten Aktion aus der innenpolitischen Friedens- und Konfliktforschung, Düsseldorf 1970.
55 Vgl. oben S. 322 ff.
56 In: Zugänge zur Friedensforschung. Soziale und politische Perspektiven, Bergedorfer Gespräche, 35. Tagung (1970), S. 6.
57 Vgl. Revolutionäre Praxis, hrsg. von G. Petrović, Freiburg 1969.
58 Vgl. insbes. oben S. 602 ff.
59 M. Marcović, Dialektik der Praxis, Frankfurt/Main 1968, S. 193.
60 M. Merleau-Ponty, Humanismus und Terror, 2 Bde., Frankfurt/Main 1966.
61 M. Merleau-Ponty, Die Abenteuer der Dialektik, Frankfurt/Main 1968.
62 M. Merleau-Ponty, Humanismus und Terror, Bd. 1, S. 86 ff.
63 M. Merleau-Ponty, a.a.O., Bd. 2, S. 56.
64 M. Merleau-Ponty, a.a.O., Bd. 1, S. 83.
65 ebd., S. 108.
66 M. Merleau-Ponty, a.a.O., Bd. 2, S. 60.
67 J. P. Sartre, Determination und Freiheit, in: Moral und Gesellschaft, Beiträge von K. Kosík u. a., Frankfurt/Main 1968, S. 24 ff.
68 ebd., S. 26.
69 M. Merleau-Ponty, Die Abenteuer der Dialektik, S. 139.
70 ebd., S. 215.
71 ebd., S. 66.
72 ebd., S. 242.
73 ebd., S. 272.
74 L. Kofler, Zur Geschichte der bürgerlichen Gesellschaft, Neuwied 1966.
75 R. Dahrendorf, Sozialismus und Liberalismus, in: Das 198. Jahrzehnt, hrsg. von Cl. Grossner u. a., Hamburg 1969, S. 340.
76 R. Aron, Über die Freiheiten, Frankfurt/Main 1968, S. 116.
77 Die »Praxis« erscheint seit 1964, hrsg. von G. Petrović und R. Supek, als Organ der jugoslawischen Philosophischen Gesellschaft.
78 J. P. Sartre, Der Intellektuelle und die Revolution, Neuwied 1971, S. 27.
79 Vgl. Sartre, Rede vor Renault-Arbeitern, und: Bürgerkrieg in Frankreich, a.a.O., S. 149 ff. und S. 36 ff.
80 J. P. Sartre, a.a.O., S. 70.
81 ebd., S. 78.
82 ebd., S. 79.
83 Vgl. oben S. 748 f.
84 Zur Theorie des Thrasymachos vgl. R. Dahrendorf, Lob des Thrasymachos, in: Pfade aus Utopia, München 1967, S. 294 ff.
85 Um den ethischen Charakter des Begriffes der Ordnung herauszuarbeiten, haben wir die Bestimmung der Ordnung als des Guten mit den Maximen und Instanzen der Ethik zu vermitteln gesucht, vgl. oben S. 738 ff., 748 ff.
86 K. Jaspers, Vom Ursprung und Ziel der Geschichte, Frankfurt/Main 1955, S. 136.
87 Vgl. G. R. Taylor, Das Selbstmordprogramm. Zukunft oder Untergang der Menschheit, Frankfurt/Main 1970; Gefährdete Zukunft – Prognosen angloamerikanischer Wissenschaftler, hrsg. von M. Lohmann, München 1970.
88 G. F. Kennan, Weltkonflikte und Weltpolizisten, in: Das 198. Jahrzehnt, S. 151.

89 Vgl. insbes. das Kapitel »Die Protestaktionen der Intellektuellen«, oben S. 665 ff.
90 Zitiert nach P. Menke-Glückert, Friedensstrategien, S. 100.
91 A. Rapoport, Das Klasseninteresse der Intellektuellen und die Machtelite, in: Aggression und Anpassung in der Industriegesellschaft, S. 40.
92 ebd., S. 45.
93 ebd., S. 43.
94 ebd., S. 46.
95 ebd., S. 47.
96 ebd., S. 58.
97 Vgl. oben S. 779.
98 Vgl. oben S. 456.
99 Vgl. oben S. 602 ff.
100 J. P. Sartre, Kritik der dialektischen Vernunft, 1. Bd., Hamburg 1967, S. 46 ff.
101 J. P. Sartre, Marxismus und Existentialismus, Hamburg 1964, S. 128.
102 ebd., S. 29.
103 H. v. Hentig, Erziehung zum Frieden (Vortrag auf dem Evangelischen Kirchentag 1967), als Manuskript gedruckt, S. 39.
104 K. W. Deutsch, Politische Kybernetik, S. 385.
105 Vgl. unsere Analyse des Mitleids oben S. 749 ff.
106 Vgl. insbes. unsere Ausführungen über Gut und Böse und das ethische Engagement oben S. 718 ff., 705 ff.

Nachwort. Dialektische Wirklichkeit
Seite 841

1 Vgl. Hegel, Grundlinien der Philosophie des Rechts, hrsg. von J. Hoffmeister, Hamburg 1967, S. 15.
2 K. R. Popper, Was ist Dialektik? in: Logik der Sozialwissenschaften, hrsg. von E. Topitsch, Köln 1965, S. 262 ff.
3 Vgl. auch die Aufsätze von H. Albert in: Der Positivismusstreit in der deutschen Soziologie, hrsg. von Th. W. Adorno u. a., Neuwied 1969.
4 Hegel, Geschichte der Philosophie, hrsg. von J. G. Bolland, Leiden 1908, S. 1011.
5 Vgl. W. Schulz, Hegel und das Problem der Metaphysik, in: Martin Heidegger zum 70. Geburtstag, hrsg. von G. Neske, Pfullingen 1969, S. 67 ff.
6 Vgl. W. Schulz, Das Problem der absoluten Reflexion, Frankfurt/Main 1963.
7 Hegel, Phänomenologie des Geistes, hrsg. von J. Hoffmeister, Hamburg 1952, S. 79 ff.
8 Hegel, Geschichte der Philosophie, S. 46.
9 ebd., S. 46.
10 Vgl. unsere Ausführungen über Hegels »Phänomenologie des Geistes« oben S. 495 ff.
11 Vgl. Hegel, Phänomenologie des Geistes, S. 562, und: Enzyklopädie, § 577.
12 Vgl. H. G. Gadamer, Wahrheit und Methode, 2. Aufl., Tübingen 1965, insbes. S. 178 f.

Namenregister

Abendroth, W. 879, 881, 889
Adorno, Th. 81, 147, 158, 163 f., 174, 176 ff., 648 ff., 860 f., 881, 891
Albert, H. 158 f., 163 f., 194, 204, 659, 857, 860, 862, 880 f., 891
Alexander der Große 605
Althusser, L. 591, 878
Apel, K.-O. 166 f., 856 f., 861, 878
Aristoteles 8, 80, 91, 97, 99, 104, 140, 148 f., 185, 339, 345 ff., 350, 363, 367, 385, 427, 430, 475, 568, 636 f., 745 f., 782 f., 785, 793, 795, 809 f., 833, 858, 868, 885, 888
Aron, R. 811, 828, 889 f.
Aubenque, P. 587 f., 878
Auerbach, E. 873
Augustin 7, 100, 179, 249, 253 ff., 258, 260, 267, 290, 296, 336, 343, 348, 382, 477, 479, 550, 571, 610, 782, 800, 858, 865, 869, 873
Ayer, A. J. 856

Bacon, F. 358
Bähr, H. W. 858, 867
Baensch, O. 868
Bahrdt, H. P. 794, 888
Baier, K. 77 f., 857
Bandura, A. 775
Bar-Hillel, Y. 216, 223, 231
Bartsch, J. 886
Bastian, H. 881
Baumann, J. 759 ff., 886
Beer, S. 210
Behrendt, R. F. 652, 794, 881, 888
Belschner, W. 774 f., 778
Bentham, J. 743 f.
Bergius, R. 769
Bergmann, G. 120, 123, 859
Bergmann, J. 861
Bertalanffy, L. v. 241 f., 864
Bertaux, P. 210, 863
Beyme, K. v. 889
Bierwisch, M. 586, 878
Binswanger, L. 882
Bitter, W. 884
Bloch, E. 651, 874, 889
Blumenberg, H. 873
Bockelmann, P. 763, 887
Böhme, G. 660, 881
Bohr, N. 110, 112, 128, 140, 858
Bolin, W. 869
Bolk, L. 444
Bolland, G. 865, 891
Bollnow, O. F. 865, 869, 874, 881, 888
Bosl, K. 622

Boulding, K. 834
Brandt, G. 861
Brandt, W. 820, 890
Brecht, B. 547
Bresch, C. 864
Bridgman, P. W. 120 f., 142, 859
Bröcker, W. 868
Brouwer, L. 46
Buber, M. 710, 712 ff., 792, 797, 883, 888
Bubner, R. 861, 875
Buchan, A. 811, 868
Bultmann, R. 476, 864 f., 873
Bunge, M. 122, 124, 859
Burckhardt, J. 493, 552, 570 ff., 576, 877
Bush, V. 234

Camus, A. 311, 603
Cannon, W. B. 181
Carnap, R. 13 ff., 20, 30 f., 35 ff., 42, 45 f., 48 f., 52 ff., 58 ff., 62 ff., 69, 71, 73 f., 116, 118 f., 124, 136, 142, 175, 183, 582, 856 f., 859
Caruti, F. 626
Cassirer, E. 137, 859, 873
Ceram, C. W. 878
Chomsky, N. 170, 585 f., 779, 835, 878, 888
Claessens, D. 188, 197 f., 862
Colli, G. 882
Collingwood, R. G. 475, 872
Comte, A. 150, 152 f., 522, 569 f., 595, 788, 860, 877
Cooley, Ch. 786, 798
Coser, L. A. 191, 879
Couffignal, L. 213, 863
Cramer, F. 881
Crispinus 729
Croce, B. 873
Crombie, A. C. 106
Cube, F. v. 211, 863
Cumberland, R. 884
Cusanus, N. 242, 858

Dahrendorf, R. 146, 158, 162, 175, 179, 183, 190 ff., 197 ff., 206, 828, 861 ff., 879, 890
Darwin, Ch. 367, 419, 493, 568 f., 572, 576, 744, 868, 877
Demokrit 109, 113, 130
Dempf, A. 880
Denker, R. 873, 877, 887
Descartes, R. 7 f., 12, 23 f., 27 f., 88, 91, 93, 100 f., 105, 109, 138, 148, 253, 257 ff., 277, 287, 292, 303, 339, 343, 348 ff., 363 f., 373, 401, 473, 481 f., 487, 519, 531, 544 f., 586, 605, 636 f., 646, 675, 701, 858, 865, 868,

873, 876, 879 f., 883
Deussen, P. 870
Deutsch, K. W. 243 f., 812, 815 f., 838 f., 864, 889 ff.
Diem, H. 866
Diemer, A. 857
Dilthey, W. 18, 153, 169, 438, 471, 487, 493, 514 ff., 528 f., 534, 542 ff., 548, 550 f., 553, 570, 581, 610, 728 f., 850, 858, 860 f., 873 ff., 884, 889
Ditfurth, H. v. 863 f., 867, 884
Dirac, P. 111, 237
Dollard, J. 768
Droysen, J. G. 511 ff., 528, 542, 874, 879

Ebeling, G. 875
Ebert, Th. 890
Edison, Th. A. 426
Einstein, A. 137, 681, 686
Elias, N. 785
Engels, F. 565, 838, 877
Engisch, K. 758 f., 886
Enzensberger, H. M. 867
Eusebius, 478

Faber, K.-G. 620 ff., 879
Fahrenbach, H. 857
Feigl, H. 37, 856
Ferber, Ch. v. 883
Fermi, E. 111
Fetscher, I. 734, 860, 868, 877, 884
Feuerbach, L. 272, 292, 337, 369, 371 ff., 386, 394, 413, 554 f., 557, 564, 713, 869, 883
Fichte, I. H. 855, 865
Fichte, J. G. 7, 23, 104, 226, 251, 262 ff., 285 f., 288, 327 ff., 366, 377, 381 f., 423, 438, 442, 448, 459, 494, 511, 555, 599, 605, 639, 645, 648, 656 f., 676, 688, 705 ff., 716, 723 ff., 735, 753 f., 767, 784, 806, 844, 855, 858, 865 ff., 867, 869, 879, 881, 883, 885 f., 888
Flaubert, G. 307, 867
Foucault, M. 591, 878
Frank, H. 210, 864
Frank, Ph. 43, 118
Frege, G. 45
Freksa, H.-F. 236, 864
Freud, A. 691
Freud, S. 170, 431, 450, 651, 667, 673 ff., 695 f., 717, 723, 726 f., 767, 770, 882, 884, 887
Frey, G. 220 f., 863
Freyer, H. 214, 598, 879, 881
Fried, M. 890
Fromm, E. 882
Fuchs, W. R. 216, 863 f.
Fulda, H. F. 874
Furth, P. 876

Gadamer, H.-G. 165, 172, 189, 499, 535, 537 ff., 543, 550, 647, 782 f., 789, 850, 587 f., 861, 868, 873 ff., 881, 883 f., 888, 891
Gaebe, L. 865, 873, 876, 880, 883
Gaiser, K. 872
Galilei, G. 12, 23, 91, 105 f., 109
Garaudy, R. 823, 877
Gauger, H.-M. 878
Gehlen, A. 186 ff., 214 f., 337 f., 420, 426, 428, 431 ff., 442 ff., 461, 464, 466, 488, 548, 550, 577, 598, 604, 704, 725, 742, 746, 749, 766, 784, 855, 863, 870 ff., 876, 879, 884 ff., 888
Geiger, Th. 598, 606, 652, 786, 879, 881, 888
Gell-Mann, M. 111
Gentner, W. 112 f., 858 f.
Gerhardt, P. 661
Giegel, H.-J. 172, 861
Goethe, J. W. v. 242, 492, 511, 543, 579, 795, 888
Gogarten, F. 713, 883
Gölz, W. 225, 864
Goldmann, L. 592, 878
Goodman, N. 37
Gramsci, A. 826
Groethuysen, B. 874
Grossner, C. 861, 889 f.
Grotius, H. 810
Grundmann, H. 873
Günther, G. 212, 227 ff., 236, 864
Guetzkow, H. 861

Habermas, J. 146, 158, 160, 163 ff., 185, 187 ff., 598, 644, 646 ff., 651, 671, 689, 855, 860 ff., 877 ff., 880 ff., 889
Haeuptner, G. 877
Hahn, H. 30
Hahn, O. 111
Haller, A. v. 94
Hare, R. M. 77 f., 857
Harvey, W. 88
Hartmann, N. 342, 367, 758, 868
Haseloff, O. W. 210, 213, 239 f., 863 f.
Haym, R. 510, 874
Hegel, G. W. F. 7, 9, 12, 14, 18, 59, 86, 88 f., 105, 150 ff., 159, 171, 179, 189, 229, 248, 250, 257, 262, 267 ff., 275 ff., 280, 282 ff., 311, 327 f., 337, 339, 356, 362 ff., 373 f., 384, 387, 390, 394, 397, 419, 430, 470 f., 473, 478, 486, 490, 492 ff., 510 f., 513 f., 518, 521 f., 528, 534 ff., 538, 540, 542, 544 f., 548, 550 f., 553, 555 ff., 563, 565, 567, 569 f., 575 f., 578, 603 f., 607, 610, 618, 620, 624, 640, 645, 666, 750 f., 709, 711, 717, 727, 730, 735 f., 748 f., 758, 760 f., 763, 782 f., 785, 793 ff., 799, 804 ff., 808 ff., 826, 833, 836, 843 ff., 850, 856, 858, 860, 865 ff., 873 ff., 879, 883 f., 886, 888 f., 891

Heidegger, M. 7, 9, 18, 24, 27 f., 38, 68, 144, 196, 214, 248, 250, 273, 275, 285, 291 ff., 304 f., 309, 315, 327, 331, 389, 397, 417, 438, 493, 523 ff., 527 ff., 538 ff., 547, 575, 588, 610 ff., 643, 705 f., 709 f., 721, 848, 850, 855 f., 858, 862 f., 865 f., 870, 875, 877 ff., 880, 883 f., 891
Heintel, E. 873
Heimpel, H. 544, 614, 876, 879
Heisenberg, W. 43, 93, 110, 115, 117 f., 127 ff., 135, 138 ff., 460, 858 ff.
Heistermann, W. 225
Helmholtz, H. v. 435
Hempel, C. G. 84, 156, 582, 857, 860
Hennis, W. 889
Henrich, D. 868, 883 f.
Hentig, H. v. 653 f., 838, 881, 891
Heraklit 417
Herder, J. G. 444, 473, 483, 486 ff., 806, 873
Herodot 474, 551
Heuss, Th. 220
Heuß, A. 617, 879
Heyting, A. 46
Hilbert, D. 46
Hobbes, Th. 148, 152, 637, 733 f., 743, 801, 820, 884
Hochkeppel, W. 861
Hölderlin, F. 532, 534
Hoffmeister, H. 858
Hoffmeister, J. 856, 865, 874, 891
Hofmann, W. 162, 194, 862
Hofstätter, P. R. 218, 863
Homans, G. C. 788, 888
Homer 543, 551
Hoppe, H. 858
Horkheimer, M. 147, 163 f., 174, 648, 861
Houston, J. 882
Howald, E. 880
Hübner, G. 863
Humboldt, W. v. 586
Hume, D. 148, 374
Husserl, E. 15, 19 ff., 33, 68, 89, 144, 186 f., 250, 275, 285 ff., 297 ff., 303, 305, 427, 549, 855, 860, 866, 871, 876
Husserl, G. 886
Hyppolite, J. 877

Ingarden, R. 883
Inhelder, B. 864

Jäger, W. 889
Jahr, G. 887
Janich, P. 142, 860
Jaspers, K. 250, 274, 285, 312, 315 ff., 331, 397, 493, 524 ff., 542, 637, 643, 714, 820, 833, 865, 867, 875, 880, 883, 886, 890
Joachim von Floris 479

Jodl, F. 880
Jonas, F. 608, 653, 879, 881
Jonas, H. 865
Joyce, J. 111
Jünger, E. 878
Jünger, F. G. 876
Jung, C. G. 691
Jungk, R. 863

Kahn, H. 889
Kamlah, W. 860
Kant, I. 7, 12, 45, 70, 80, 88 f., 93 ff., 99, 104 f., 109, 114 f., 129 f., 133 ff., 141 f., 149, 171, 191 ff., 226, 249, 262 ff., 269, 274 f., 288, 295, 298, 317, 339, 356 ff., 366, 374, 406, 459, 482 ff., 488, 490 f., 511, 514 ff., 625, 636 f., 648, 701 f., 722 ff., 729 ff., 735, 737 f., 740, 745, 749, 752 f., 757 f., 760, 782 f., 804, 809, 826, 836, 843 ff., 856, 858 f., 865 f., 868, 871 ff., 883 ff., 889
Kaufmann, A. 886
Kennan, G. F. 833, 890
Kierkegaard, S. 250, 272 ff., 290, 292, 294, 302, 313, 327 f., 337, 369, 388 ff., 529, 562, 687, 705 f., 708 ff., 723, 726, 730 f., 737, 742, 772, 865 f., 869, 883 f.
Klages, H. 796, 888
Klaus, G. 210, 212, 863
Klug, U. 886
Knorr, L. 652
Koch, C. 864
Köhler, W. 425
König, J. 860
Körber, K. 861
Koestler, A. 864
Kofler, L. 828, 890
Kraft, V. 855, 878
Krauss, W. 873
Krehbiel, Ch. 864
Kress, G. 889
Krippendorf, E. 890
Krüger, G. 868 f., 873, 884
Krüger, L. 120, 858 f.
Kuhn, H. 879, 881, 883 ff., 889
Kuiper, 778
Kunz, H. 770 ff., 887

Lakatos, I. 83
Lange, A. 569
Laplace, Marquis de 88
Lasson, G. 874
Lauth, R. 881
Lefèbvre, H. 877
Leibniz, G. W. 88, 95, 109, 138, 190, 237, 242, 465, 492, 722, 828, 884
Lenin, W. I. 669, 822
Lenk, H., 212, 222, 224, 863, 878, 885, 889

Lenk, K. 889
Lepschy, C. 584, 878
Lessing, G. E. 511
Lessing, Th. 879
Lévi-Strauss, C. 581, 584, 588 ff., 878
Lieber, H.-J. 875 f.
Litt, Th. 873
Locke, J. 148, 374
Löwith, K. 416, 869 f., 872, 874, 876 f.
Lohmann, M. 890
Lorenz, Konrad 723, 765 ff., 771, 887
Lorenz, Kuno 143, 860
Lorenzen, P. 105 f., 142, 172, 644, 646 f., 702, 777, 860, 881
Lübbe, H. 873, 885, 890
Luhmann, N. 146, 170 ff., 179, 185 ff., 240, 243, 861 f., 886
Lukács, G. 876
Luther, M. 296, 521, 717, 801

McArthur, D. 218
Mach, E. 42
Machiavelli, N. 637, 802 ff., 807, 809, 832
Maihofer, W. 885 ff.
Mannheim, K. 885
Mao Tse-tung 669
March, A. 137, 859
Marcuse, H. 456, 501, 598, 606, 649, 651, 666 f., 669 f., 685, 691, 768, 772, 829, 867, 872, 874, 879, 881, 887
Markovic, M. 822, 890
Marx, K. 86, 150, 155, 169 f., 179, 191, 272, 292, 312, 375 f., 429, 455, 471, 493, 497, 501, 508, 553 ff., 591, 605, 626, 641, 645 f., 648, 665, 667, 674, 717, 788, 802, 806, 808 f., 824, 827, 835, 860, 874, 876
Masters, R. E. L. 882
Mauter, R. 888
Mauz, G. 886
Mead, M. 820, 890
Meinecke, F. 492, 804, 873, 889
Melman, S. 819, 890
Melzer, M. 886
Menke-Glückert, P. 890 f.
Merleau-Ponty, M. 312, 823, 825 ff., 830, 878, 890
Merton, R. 205
Meyer, R. W. 878
Mill, J. St. 744 f.
Miller, N. E. 887
Mitscherlich, A. 651, 691 f., 770, 774, 882, 887 f.
Mittelstrass, J. 105 f., 858
Möser, J. v. 806
Mohl, E. Th. 861
Moltmann, J. 878
Montinari, M. 882
Moore, G. E. 77, 857

Morris, Ch. 31, 70, 72 f., 857
Morus, Th. 802, 889
Moser, S. 857, 863, 881
Müller, M. 875

Naegeli, E. 887
Nagel, E. 121, 859
Napoleon, 605
Narr, W. D. 889 f.
Naschold, F. 814, 889 f.
Nauta, L. W. 867
Neske, G. 856, 891
Neumann, E. 882
Neurath, O. 30, 37, 60 f.
Neuweiler, G. 659, 881
Newton, I. 88, 106, 137, 228
Nicolin, F. 868
Nietzsche, F. 7, 38, 337, 370, 373, 383, 388, 398, 408 ff., 423, 429, 443, 450, 452, 493, 531 f., 544, 547, 570, 572 ff., 579 f., 596, 607, 641, 670, 673, 677, 704, 719, 726, 743, 749 f., 767, 849, 856, 869 f., 875, 877, 882, 885, 887
Nohl, H. 884, 887
Noll, P. 886

Oberndörfer, D. 889
Occam, W. v. 100
Österreicher-Mollwo, M. 871
Offe, C. 861
Oldemeyer, E. 224, 864
Oppenheim, P. 84, 582, 857
Orcel, J. 877
Orosius 479
Ostwald, W. 121

Parsons, T. 146, 165, 179 ff., 193 f., 196, 242 f., 862
Pascal, B. 754, 886
Patzig, G. 856
Paulus 253
Pawlow, I. 775
Peirce, Ch. S. 168 f.
Petrović, G. 890
Piaget, J. 864
Picht, G. 712, 883, 889
Pilot, H. 160
Pindar 385
Pingaud, B. 878
Plack, A. 668, 768, 770, 882, 887
Planck, M. 13, 29, 118, 131 ff., 859, 865
Plato 7, 39, 80, 129, 149, 184, 258, 278 f., 294, 336 f., 339 ff., 348, 396, 475, 531, 540, 543, 547, 551, 604, 616, 637, 639, 700, 721, 728 f., 736, 783, 800, 809, 832, 844, 847, 849, 868, 872, 883 f., 888
Plessner, H. 337 f., 420, 428, 432 ff., 457 f., 461, 464, 641, 704, 871, 876, 885

Plotin 639
Pöggeler, O. 866, 875
Pommer, H. 881
Popitz, H. 196, 862
Popper, K. R. 15, 20, 57, 63, 78 ff., 158 ff., 174, 203, 206, 497, 582, 619, 659, 842 f., 856 f., 888, 891
Pufendorf, S. 884

Ranke, L. v. 511 f., 553, 611, 874
Rapoport, A. 835, 891
Redlich, F. C. 882
Reichenbach, H. 30, 42 ff., 117, 859
Reidemeister 46
Reinhardt, K. 872
Richter, H. E. 888
Richter, L. 869, 884
Ricoeur, P. 884
Riedel, M. 883, 889
Riesman, D. 878
Rilke, R. M. 539
Ritter, G. 804, 889
Ritter, J. 548, 805, 876, 880, 888 f.,
Rohrmoser, G. 881
Roscher, W. 509
Rosenkranz, K. 510 f., 874
Rousseau, J. J. 191, 733 f., 884
Rüschemeyer, D. 161, 182, 184, 860 ff.
Russell, B. 45, 52, 69
Rutherford, E. 110

Sartre, J.-P. 250, 275, 285, 302 ff., 331, 397 f., 411, 436, 565, 592 f., 603, 823, 826, 830 f., 837 f., 866 f., 877 ff., 890 f.
Saussure, F. de 584 f.
Savigny, E. v. 857, 887
Savigny, F. K. v. 509
Schadewaldt, W. 864, 872, 879
Schaeder, H. H. 866
Schäfer, L. 857 f.
Scheler, M. 18, 336 ff., 342, 420 ff., 442 ff., 450, 457 f., 461, 569, 641, 643, 717, 758, 870 f., 877
Schelling, F. W. J. v. 89, 101, 129, 258, 262, 266 ff., 337, 353, 369, 377 ff., 396, 401, 423, 429, 494, 724 ff., 730 ff., 844, 858, 865, 869, 883 f.
Schelling, K. F. A. 865
Schelsky, H. 215, 657, 794, 863, 881, 888
Scheuch, E. 160 ff., 860 ff., 881, 889
Schieder, Th. 879
Schiller, F. 511, 543, 617
Schilpp, P. A. 856
Schlechta, K. 856, 870, 877, 885, 887
Schlegel, F. 281
Schlick, M. 29 f., 47, 67
Schmidt, A. 561, 861, 876

Schmidt, S. J. 211, 224, 857, 863 f.
Schmoller, G. v. 154, 884
Schnädelbach, H. 855
Schneider, F. P. 881
Schneider, H. 863, 889
Scholz, H. 45, 865
Schopenhauer, A. 334, 337, 370, 373, 383, 388, 398 ff., 411, 415 ff., 429, 450, 547, 552, 641, 673, 699, 725 ff., 740, 750 f., 759, 767, 870, 884
Schott, F. 777 f.
Schramm, G. 237, 864
Schrempf, Chr. 865 f., 869
Schrey, H. H. 883, 888
Schröder, E. 865, 868
Schulz, R.-E. 876 f., 879
Schulz, W. 855 ff., 858, 864 ff., 875, 877 f., 883 f., 887, 889, 891
Schwartländer, J. 873, 884
Schwartz, E. 872
Schweitzer, A. 633, 665, 741, 744, 880, 885
Schwemmer, O. 645, 702, 881, 883
Sears, R. R. 887
Sebag, L. 591, 878
Selg, H. 776 ff., 887
Senghaas, D. 244, 812, 817, 864, 889 f.
Simmel, G. 180, 295, 401, 521, 866, 870, 875
Simon, H. A. 861, 875
Skinner, B. F. 694, 696, 775, 882
Skriven, M. 856
Sokrates 7, 199, 278 f., 343 f., 506 f., 551, 701, 705 f., 721, 728, 832, 883 f.
Spear, O. 885
Spencer, H. 179, 744, 788
Spengler, O. 474, 487, 493, 576 ff., 598, 872, 877
Spinoza, B. 339, 353 ff., 362, 364, 639, 701, 868
Stalin, J. W. 669
Stegmüller, W. 66, 855
Steinbuch, K. 210 f., 213, 218, 223, 231, 653, 863 f., 879
Stenzel, J. 868
Stevenson, Ch. L. 77, 857
Stirner, M. 554
Stockhammer, M. v. 884
Stratenwerth, G. 761 f.
Supek, R. 890
Szczesny, G. 779 f., 888
Szilasi, W. 134, 859, 885

Tarski, A. 30
Taylor, G. R. 890
Theunissen, M. 873, 883
Thomae, H. 887
Thorndike, E. L. 775
Thrasymachos 832, 890
Thukydides 474, 551, 813 f., 889

Tönnies, F. 786, 888
Topitsch, E. 857, 859 ff., 878, 880, 882, 891
Toulmin, S. 14, 32, 855
Troeltsch, E. 492, 873
Trubetzkoi, N. 588
Truman, H. S. 218
Tuchel, K. 213, 863
Tuppy, H. 881

Uexküll, J. v. 423

Vico, G. 473, 486 ff., 490, 873
Vigier, J.-P. 877
Volkmann-Schluck, K.-H. 858
Voltaire 483 f., 553, 873
Vorländer, K. 858, 868, 873, 884, 886
Voto, de 788

Wagner, F. 872, 879
Waismann, F. 30
Walter, W. G. 228
Walther, A. 220, 863
Wandschneider, D. 856
Watson, J. B. 693 f., 775

Weber, M. 146, 154 ff., 179, 194, 206, 638, 710, 714 ff., 807, 860, 883
Weischedel, W. 873, 883, 887
Weismann, A. 680
Weizsäcker, C. F. v. 112, 114 ff., 120, 125 ff., 136, 141, 212, 227, 235 ff., 812, 820 f., 858 f., 864, 880, 889
Wellmer, A. 164 f., 169, 646, 861
Whitehead, A. N. 45
Wiedmann, F. 879, 885, 889
Wieland, W. 137, 858 f.
Wiener, N. 210, 212, 230, 234 f., 863 f.
Wieser, W. 660, 881
Wittgenstein, L. 30 f., 33, 35, 48 ff., 52, 55 f., 61 f., 68 f., 74 f., 120, 141, 165, 216, 534, 721, 855 ff.
Wittram, R. 479, 617, 873, 879
Wright, G. H. v. 30

Yorck, v. Wartenburg 517, 528, 550 f., 874, 876

Zacharias G. 884
Zapf, W. 888
Zemanek, H. 211, 863

Inhalt

Vorwort 7

Erster Teil
Verwissenschaftlichung

Zur Gliederung 12

A. Der Bezug von Philosophie und Wissenschaft
unter dem Aspekt der gegenwärtigen Philosophie 17

Vorbemerkung: Die Aufhebung der traditionellen Wissenschaftseinteilung und die Vieldeutigkeit der philosophischen Einstellung zur Wissenschaft 17.

1. Kapitel: Husserl: Die weltlose Subjektivität als Ursprungsort
   der reinen Wissenschaft 21

2. Kapitel: Der Logische Positivismus: Die Problematik der
   Reduktion der Philosophie auf Wissenschaftstheorie 29

Vorbemerkung: Der Ansatz des Logischen Positivismus und seine philosophische Bedeutung 29.

   1. *Die Entwicklung des Logischen Positivismus, dargestellt
      insbesondere an der Philosophie Carnaps* 35

   Die Kritik an der Metaphysik 35. Die Einteilung der realen Wissenschaften gemäß dem Vorrang der Physik. Der Physikalismus 40. Die Bedeutung der Mathematik 45. Wissenschaftstheorie als Sprachanalyse 47. Das Verifikationsprinzip und seine Problematik 50. Die konventionalistische These 53. Zum Verhältnis von Satz und Wirklichkeit in ontologischer Sicht. Der Atomismus 55. Zur Logik der Forschung 57. Ausschaltung des Erfahrungsbezuges. Die »Dialektik« des empiristischen Sinnkriteriums 59. Zur späteren Entwicklung des Positivismus. Carnap: »Theoretische Begriffe der Wissenschaft« 62.

   2. *Die Aufhebung des Logischen Positivismus in der sprach-
      analytischen Philosophie* 68

   Die Unterscheidung von Objektsprache und Metasprache 68. Ergänzung der Syntax durch Semantik und Pragmatik. Die Semiotik von Morris 70. Probleme des Übergangs von der Wissenschaftssprache zu der Betrachtung der natürlichen Sprachen 73. Ansätze zu einer Überwindung der behavioristisch orientierten Sprachanalyse 75. Zur Fragestellung der sprachanalytischen Ethik 76.

3. Kapitel: Karl R. Popper: »Logik der Forschung«   79

B. Strukturen der gegenwärtigen Wissenschaft   88

Vorbemerkung: Die Entfremdung zwischen Philosophie und Wissenschaft. Wissenschaft als Forschungsprozeß 88.

1. Kapitel: Der gebrochene Gegenstandsbezug: Zur Forschungssituation der Physik   97

Zur Gliederung   97

1. *Zur Naturdeutung von Aristoteles bis Kant*   99

Aristoteles 99. Die Naturkonzeption des Christentums und ihre Folgen 100. Kant 103.

2. *Der doppeldeutige Ansatz der gegenwärtigen Physik*   107

3. *Zur Problematik der Atomtheorie der gegenwärtigen Physik*   109

Zur Genesis der modernen Situation. Die Auflösung des Objektivismus 109. Der Rückgriff auf Kant 114. Die positivistische Deutung der Physik. Theorie- und Beobachtungssprache (Carnap) 116. Die fließende Grenze zwischen Beobachtung und Theorie 119. Die Verflüssigung der Begriffe im Operationalismus und Instrumentalismus 120. Die Untrennbarkeit von methodologischer und ontologischer Fragestellung 122. Natur als einheitliche Ordnung. Die Reduktion des Atoms auf den Geist als objektive Verstehbarkeit (von Weizsäcker) 125.

4. *Die Welt der Physik und ihr Verhältnis zur Lebenswelt*   131

Plancks Unterscheidung der sinnlichen, der realen und der physikalischen Welt und ihre Modifizierung in der Gegenwart 131. Abschließende Bemerkungen über den Charakter der physikalischen Welt 133. Zum Sprachproblem der Physik 136. Anmerkung zur »Protophysik« (Lorenzen) 142. Natürliche Welt und wissenschaftliche Welt als dialektische Gegenpole 143.

2. Kapitel: Theorie und gesellschaftliche Realität: Zur Forschungssituation der Soziologie   145

Zur Gliederung   145

1. *Sozialphilosophische und sozialwissenschaftliche Konzeptionen von der Antike bis zur Gegenwart*   148

Zur Problematik der Sozialphilosophie in der Antike und in der Neuzeit 148. Die Verwissenschaftlichung der Soziologie als Rationalisierung 149. Hegel 150. Comte 152. Max Weber 154.

2. *Der Gegensatz von kritischer und analytischer Theorie in der Soziologie. Der »Positivismusstreit«*   158

Vorbemerkung 158. Habermas: »Analytische Wissenschaftstheorie und Dialektik« 158. Die Kritik des dialektischen Ansatzes durch Popper und Albert 159. Exkurs: Die wissenschaftstheoretische Ausklammerung der Frage nach der Gesellschaft im Ganzen (Erwin Scheuch) 160. Der Gegensatz von wissenschaftstheoretischer Analyse und politischem Praxisbezug (Die Frankfurter Tagung für Soziologie) 163. Habermas' Wendung zur Wissenschaftstheorie 164. Wissenschaftstheorie und Verwissenschaftlichung 173. Abschließende Bemerkung über das Verhältnis von kritischer und analytischer Soziologie 174. Exkurs: Erläuterung des Begriffes »Entwirklichung« im Gegenzug zu Adornos Begriff der »Entfremdung« 176.

3. *Zur Problematik der gegenwärtigen soziologischen Modelltheorien*   179

Vorbemerkung 179. Das strukturell-funktionale System (Parsons) 179. Die funktionalistische Methode (Luhmann) 185. Die Konflikttheorie (Dahrendorf) 190.

4. *Zum Begriff der sozialen Rolle*   194

Homo oeconomicus 194. Die Zweideutigkeit der Bestimmung »Rolle« 195. Rolle und Individuum. Die Theorie Dahrendorfs (Homo sociologicus) 197. Die geschichtliche Bedingtheit des Rollenbegriffs 198. Das Verhalten zur Rolle als objektives Bezugsverhältnis 199.

5. *Soziologie als Entwurf von pluralistischen Orientierungsthesen*   202

6. *Theoretische und empirische Soziologie. Zum Praxisbezug der analytischen Soziologie*   205

3. Kapitel: »Denkzeug« und Information: Zur Forschungssituation der Kybernetik   208

Zur Gliederung   208

1. *Die Vielfalt der Fragestellungen in der Kybernetik*   210

2. *Die Intention der Kybernetik unter technischem Aspekt*   214

Das universale Werkzeug 214. Zur Verschränkung von Technik und Wissenschaft. Wissenschaft als Steigerung von Wissen 215. Die Sonderstellung des Computers innerhalb der Ersatzwerkzeuge 216.

3. *Der Computer als »vermittelnder Partner«*   219

Information des Computers und Information durch den Computer 219. Die Dialektik der kybernetischen Vermittlungsbewegung 221. Die Mehrdeutigkeit der Frage nach der Denkfähigkeit des Computers 222.

4. *Zur philosophischen Deutung der Kybernetik*   227

Vorbemerkung 227. Information als objektiver Geist (von Weizsäcker) 227. Information als ontologische Dimension neben Geist und Materie (Günther) 228. Die Objektivation des Schaffens im Werk (Günther) 231.

5. *Information als biologische, psychologische und soziologische Bestimmung*   234

Vorbemerkung 234. Die Universalität der kybernetischen Grundbestimmungen (Wiener) 234. Die biologische Information der Genstrukturen 235. Exkurs: Zur philosophischen Auslegung der biologischen Information 236. Information im Bereich der Psychologie und der Soziologie 238.

6. *Zum Ansatz der Allgemeinen Systemtheorie und der Sozialkybernetik*   241

Vorbemerkung 241. Zur Allgemeinen Systemtheorie 241. Zur Sozialkybernetik 243. Zum »Subjektcharakter« sozialkybernetischer Systeme 244.

Zweiter Teil
Verinnerlichung

Zur Gliederung   248

A. Philosophie als Bewegung zum Unendlichen. Zur geschichtlichen Entwicklung der Metaphysik der Innerlichkeit von Augustin bis zum Deutschen Idealismus   253

Vorbemerkung 253. Die Dialektik von Gott, Welt und Mensch im frühen Christentum 253. Augustin 254. Der transzendentalphilosophische und der spekulative Ansatz in der neuzeitlichen Philosophie 257. Descartes 258. Kant 262. Fichte 263. Schelling 266. Hegel 268.

B. Die Philosophie der Existenz als Bewegung der Verendlichung   272

Vorbemerkung: Existenzphilosophie und Metaphysik der Innerlichkeit 272.

1. Kapitel: Kierkegaard: Der Gegenzug gegen Hegels Verweltlichung der Philosophie — 276

Exkurs. Husserl: Das reine Bewußtsein als Forschungsfeld — 285

2. Kapitel: Heidegger: Die transzendentalphilosophische Sicherung der Endlichkeit — 291

3. Kapitel: Sartre: Die absolute Freiheit — 302

4. Kapitel: Jaspers: Die existentielle Reflexion — 315

C. Zur Überwindung der Philosophie der Subjektivität — 326

Dritter Teil
Vergeistigung und Verleiblichung

Zur Gliederung — 336

A. Die metaphysische Anthropologie unter dem Prinzip der Vergeistigung. Zur geschichtlichen Entwicklung der Anthropologie von Plato bis Hegel — 339

Vorbemerkung 339. Plato 339. Aristoteles 345. Descartes 348. Spinoza 353. Kant 356. Hegel 362.

B. Die metaphysische Anthropologie unter dem Prinzip der Verleiblichung — 369

Vorbemerkung: Der Umbruch der metaphysischen Grundeinstellung im späteren 19. Jahrhundert 369.

1. Kapitel: Feuerbach: Der Mensch als sinnliches Wesen — 371

2. Kapitel: Der späte Schelling: Die Entwertung des Denkens zugunsten des Wollens — 377

3. Kapitel: Kierkegaard: Die Leibgebundenheit des Geistes als Quelle der Angst — 388

4. Kapitel: Schopenhauer: Der Wille als Quelle des Leidens — 399

5. Kapitel: Nietzsche: Die metaphysische Sanktionierung
der Triebschicht   408

C. Die Epoche der nichtspekulativen Anthropologie   419

Vorbemerkung: Die biologische Frage nach dem Wesen des Menschen als philosophisches Problem 419.

1. Kapitel: Scheler: »Die Stellung des Menschen im Kosmos«   421

2. Kapitel: Plessner: »Die Stufen des Organischen und
der Mensch«   433

3. Kapitel: Gehlen: »Der Mensch. Seine Natur und seine Stellung
in der Welt«   442

Die Selbsterhaltung als Prinzip des menschlichen Lebens 442. Institutionen und Reflexionskultur 451.

D. Die Aufhebung der philosophischen Anthropologie   457

Vorbemerkung 457. Die Zweideutigkeit der biologisch orientierten Anthropologie. Der Vergleich von Tier und Mensch 458. Die Notwendigkeit einer Methodenvielfalt der anthropologischen Untersuchungen 459. Die Vergleichgültigung der Grundbestimmungen der philosophischen Anthropologie 461. Die ethische Ausrichtung der Anthropologie 463.

Vierter Teil
Vergeschichtlichung

Zur Gliederung   470

A. Zur Entwicklung der Geschichtsproblematik von
den Griechen bis zur Aufklärung   473

Vorbemerkung 473. Die Antike: Geschichte als Kunde vom menschlichen Tun 473. Der christliche Ansatz: Das dialektische Verhältnis von Weltgeschichte, Heilsgeschichte und persönlicher Glaubensgeschichte 476. Descartes: Die Abwertung der Geschichte vom Standort der Naturwissenschaft aus 481. Der Grundgedanke der Aufklärung: Vernünftigkeit als wahre Natürlichkeit 482. Die Idee des Fortschritts bei Voltaire und Kant 483. Vico und Herder als Vorläufer des Historismus 486. Kritischer Rückblick auf die Neuzeit 490.

B. Stufen des Historismus. Von Hegel bis
zur Gegenwart   492

Vorbemerkung: Geschichte als Prinzip 492.

1. Kapitel: Hegel: Geschichte als Weltgeschichte des Geistes   494

2. Kapitel: Die Aufhebung der Geschichtsphilosophie Hegels in den Geschichtskonzeptionen des späteren 19. Jahrhunderts   508

3. Kapitel: Dilthey: Die Grundlegung der Geschichtswissenschaft in der Philosophie des Lebens   514

4. Kapitel: Die Existenzphilosophie: Die Fundierung der Geschichte in der Geschichtlichkeit   523

5. Kapitel: Die Vollendung des geschichtlichen Bewußtseins: Seinsgeschichte und hermeneutische Wirkungsgeschichte   531

Exkurs. Die gegenwärtigen Chancen der historischen Geisteswissenschaften   542

6. Kapitel: Marx: Geschichte als Weg zur Selbstbefreiung   553

7. Kapitel: Geschichtskonzeptionen im Gegenzug zum Historismus   567

Vorbemerkung 567. Das Evolutionsprinzip 567. Comte 569. Burckhardt und Nietzsche 570. Spengler 576.

C. Tendenzen zur Enthistorisierung in der gegenwärtigen Wissenschaft   581

Vorbemerkung 581. Zur Geschichtsproblematik im Logischen Positivismus 581. Zum Ansatz der strukturalen Sprachtheorie und der generativen Grammatik 584. Die Ausklammerung der Subjektivität und der Geschichtlichkeit in der strukturalen Anthropologie, insbesondere bei Lévi-Strauss 588.

D. Anmerkungen zu einer zeitgemäßen »Philosophie der Geschichte«   595

Vorbemerkung: Der Ahistorismus als allgemeine Zeiterscheinung. Abschied von der Geschichte. Vergeschichtlichung als Reflexionshandlung 595.

1. Kapitel: Die Dialektik von Macht und Ohnmacht in der Geschichte   602

2. Kapitel: Die Frage nach dem Sinn der Geschichte   610

3. Kapitel: Zur Revision der gegenwärtigen Geschichtswissenschaft   614

4. Kapitel: Die Menschheit als werdendes Subjekt der Geschichte   624

Fünfter Teil
Verantwortung

Zur Gliederung   630

A. Das Problem der Ethik in der Tradition   635

Vorbemerkung 635. Die Ethik unter dem Aspekt der Wissenschaft 635. Die Ethik unter dem Aspekt der Metaphysik 639.

B. Zur Situation der Ethik in der Gegenwart   643

1. Kapitel: Die gegenwärtigen ethischen Grundeinstellungen   643

Vorbemerkung 643. Zur Diskussion der Ethik in der gegenwärtigen Philosophie 643. Zum Ansatz der Analyse der gegenwärtigen ethischen Grundeinstellungen: Das Problem der Freiheit 647. Freiheit als Negation von Zwang 648. Freiheit als rationales Entscheidenkönnen 651. Exkurs: Die Pädagogik unter dem Aspekt der technologischen Freiheitskonzeption 654. Die ethische Relevanz der Freiheit als Entscheidenkönnen 657. Schlußbemerkung 663.

2. Kapitel: Die Protestaktionen der Intellektuellen   665

3. Kapitel: Die Psychoanalyse und ihre Auswirkungen   673

Vorbemerkung 673. Freuds Wissenschaftsbegriff 674. Das Unbewußte und der Trieb 675. Das Ich 677. Der Kampf der Triebe gegeneinander. Eros und Todestrieb 680. Das Über-Ich 682. Das Phänomen der Moral 684. Die Verdrängung der ethischen Kategorien 687. Die Tendenz zur absoluten Aufklärung 689. Das Problem der Kultur unter dem Gesichtspunkt der Psychoanalyse 689. Behaviorismus, Verhaltenspsychologie und Verhaltenstherapie 693.

C. Aufriß einer zeitgemäßen Ethik   698

Zur Gliederung   698

1. Kapitel: Voraussetzungen und Grundbegriffe   700

Vorbemerkung 700. Zur Problematik einer wissenschaftlichen Ethik 700. Möglichkeit und Notwendigkeit der Ethik überhaupt 703. Der ethische Selbsteinsatz. Rückerinnerung an Fichte, Kierkegaard und Heidegger 705. Begriffsgeschichtliche Anmerkungen zur Bestimmung »Verantwortung«. Der Ich-Du-Bezug bei Martin Buber und die Verantwortungsethik bei Max Weber 710.

2. Kapitel: Gut und Böse   718

Vorbemerkung 718. Der zwischenmenschliche Bezug und seine Gefährdung durch das Böse 721. Die Ambivalenz des Ich. Egoismus und reine Negation. Rückgriff auf Kant, Fichte und Schelling 723. Die Vermittlung zur Ordnung. Der gegenständliche Begriff des Guten und das Gute als Bestimmung der Innerlichkeit 727. Das Gute als Handlungsprinzip 729. Die Bestimmung des Guten bei Hegel, Kierkegaard und Schelling 730. Die Grundformen der Vermittlung menschlichen Zusammenlebens 732.

3. Kapitel: Ethische Maximen der Gegenwart   738

Vorbemerkung 738. Abgrenzung gegen traditionelle Wertvorstellungen 738. Rückgriff auf Kants Bestimmung des Menschen als Zweck an sich selbst 740. Der Wille zum Leben als Grundprinzip 740. Die Minderung des Leidens und die Mehrung der Wohlfahrt. Das größte Glück der größten Zahl 743.

4. Kapitel: Instanzen der Ethik   748

Vorbemerkung 748. Vernunft 748. Mitleid 749.

5. Kapitel: Die Dialektik von Freiheit und Unfreiheit als
   Grundproblem der Ethik. Zum Verhältnis von Ethik
   und Wissenschaft   752

Vorbemerkung 752. Der undialektische Ansatz der traditionellen Ethik (Kant) 752. Der Vorrang der Freiheit 753. Der undogmatische Ansatz der Freiheitsproblematik in der Gegenwart 755. Das Problem der Willensfreiheit unter juristischem Aspekt. Anmerkungen zur gegenwärtigen Reform des Strafrechts 757. Das Problem der Aggression in biologischer, sozialpsychologischer und ethischer Sicht 765.

6. Kapitel: Sittlichkeit und Moralität. Kleingruppen und Großgruppen. Nahhorizont und Fernhorizont   781

Vorbemerkung 781. Sittlichkeit und Moralität als Grundmöglichkeiten ethischen Verhaltens 781. Zum Problem der gegenwärtigen soziologischen Gruppenforschung 786. Der Horizont als Grundbegriff des Verstehens 789.

7. Kapitel: Zur Ethik im Nahhorizont   791

Das ethische Verhalten innerhalb der Kleingruppen: Unmittelbare Sittlichkeit

791. Zum gegenwärtigen Verhältnis von Kleingruppen und Großgruppen 793.
Die gegenwärtige Gefährdung der Kleingruppen 794. Schlußbemerkung 796.

8. Kapitel: Zur Ethik im Fernhorizont   798

Schwierigkeiten einer Analyse der Großgruppen 798. Zur Entwicklung des politischen Denkens von der Antike bis zur Gegenwart 800. Die Zweideutigkeit der gegenwärtigen Weltpolitik 810. Vorzüge und Nachteile der Rationalisierung und Technisierung der Politik 813. Die gegenwärtigen Möglichkeiten einer Humanisierung des politischen Lebens. Marxismus und Liberalismus 821. Einheit und Widerspruch von Politik und Ethik 831.

Nachwort. Dialektische Wirklichkeit   841

Vorbemerkung 841. Philosophie als Zeitanalyse 841. Die Vieldeutigkeit des Begriffes »Dialektik«. »Denkdialektik« und »Seinsdialektik«. Hegel 843. Einheit und Zerrissenheit unserer Wirklichkeit 847.

Anmerkungen   855

Namenregister   892

WALTER SCHULZ

Der Gott der neuzeitlichen Metaphysik
4. Auflage. 116 Seiten. Kartoniert

Ein kritischer Beitrag zur vielumstrittenen Frage der Möglichkeit eines metaphysischen Denkens in der Gegenwartsphilosophie.

»In dem philosophischen Gespräch unserer Tage markiert die Schrift von Schulz eine Position, die unserem Denken Entscheidungen auferlegt, sofern es nicht ganz in Skepsis und Ohnmacht verfallen will. Schulz zeigt mit bewundernswerter Klarheit, Übersichtlichkeit und Überzeugungskraft, wie es zu dieser Position gekommen ist.«
Stuttgarter Zeitung.

Wittgenstein
Die Negation der Philosophie
114 Seiten. Kartoniert

Schulz sieht in Wittgenstein keine neue Möglichkeit für das philosophische Denken, vielmehr ein unerbittliches Symptom für das mögliche Ende der Philosophie.

»Wo Wittgenstein am schwierigsten ist, läßt Schulz ihn selbst sprechen – die Zitate sind hervorragend gewählt; man kann die Exegese von Walter Schulz als laufenden Kommentar betrachten. Ein hervorragendes Buch!«
Zeitschrift für Philosophische Forschung.

Sören Kierkegaard
Existenz und System
Reihe »Opuscula. Aus Wissenschaft und Dichtung« Band 34. 37 Seiten. Kartoniert

Wirklichkeit und Reflexion
Festschrift für Walter Schulz
zum 60. Geburtstag

Herausgegeben von Helmut Fahrenbach
414 Seiten Leinen

Mit Beiträgen von Ernst Bloch · Otto Friedrich Bollnow · Margherita von Brentano · Rolf Denker · Helmut Fahrenbach · Iring Fetscher · Hans-Georg Gadamer · Hans-Martin Gauger · Gotthard Günther · Jürgen Habermas · Erich Heintel · Hans Holländer · Dieter Jähnig · Helmuth Plessner · Wolfgang Schadewaldt · Ruth-Eva Schulz-Seitz · Karl-Heinz Volkmann-Schluck · Wolfgang Wieland

Verlag Günther Neske Pfullingen